Ihr Vorteil als Käufer dieses Buches

Auf der Bonus-Webseite zu diesem Buch finden Sie zusätzliche Informationen und Services. Dazu gehört auch ein kostenloser **Testzugang** zur Online-Fassung Ihres Buches. Und der besondere Vorteil: Wenn Sie Ihr **Online-Buch** auch weiterhin nutzen wollen, erhalten Sie den vollen Zugang zum **Vorzugspreis**.

So nutzen Sie Ihren Vorteil

Halten Sie den unten abgedruckten Zugangscode bereit und gehen Sie auf **www.galileodesign.de**. Dort finden Sie den Kasten **Die Bonus-Seite für Buchkäufer**. Klicken Sie auf **Zur Bonus-Seite/Buch registrieren**, und geben Sie Ihren **Zugangscode** ein. Schon stehen Ihnen die Bonus-Angebote zur Verfügung.

Ihr persönlicher **Zugangscode**: k8z3-xtbr-aqwd-gip9

Hans Peter Schneeberger
Robert Feix

Adobe InDesign CS5

Das umfassende Handbuch

Liebe Leserin, lieber Leser,

vielleicht kennen Sie die beiden Autoren ja schon: Hans Peter Schneeberger und Robert Feix haben über viele Jahre ihren Bestseller »Adobe InDesign verständlich erklärt« bei Galileo Design veröffentlicht. Und wenn Sie dieses Werk kennen, erinnern Sie sich sicher, dass es vor Informationen und Hintergrundwissen geradezu überquoll. Deshalb haben wir vor zwei Jahren beschlossen, den Autoren endlich mehr Platz und mehr Seiten zu geben. Das Ergebnis halten Sie gerade in den Händen: über 970 Seiten geballtes Profiwissen zu Adobe InDesign CS5!

Das Buch behandelt alle Aspekte der Software, so dass Sie bei einer Frage rund um Ihr Layoutprogramm nur zu diesem Handbuch greifen müssen, um Hilfe zu finden. Dabei verstehen es die Autoren, auch schwierige Themen klar verständlich und leicht zugänglich zu vermitteln. Durch zahlreiche Schritt-für-Schritt-Anleitungen finden besonders Einsteiger praktische Hilfen, aber auch Fortgeschrittene und Umsteiger von QuarkXPress kommen nicht zu kurz: In der Seitenspalte geben die Autoren viele weiterführende Tipps und Hinweise, die Ihnen die Arbeit mit InDesign CS5 noch weiter erleichtern.

Besonders praktisch ist auch die Referenzkarte zum Buch, auf der die wichtigsten Tastaturbefehle handlich aufbereitet wurden. Auf der DVD haben wir für Sie Demoversionen hilfreicher Plug-ins und weiterführende Informationen zum Skripten mit InDesign CS5 gesammelt. Über 1 Stunde kostenlose Video-Lektionen runden das Gesamtpaket ab.

Und wem das noch nicht reicht, der findet auf der Bonus-Seite zum Buch weitere Informationen zu den Themen InCopy, interaktive Dokumente, Animation und Adobe Bridge: http://www.galileodesign.de. Einfach auf »Zur Bonus-Seite« klicken und den Buch-Code von der vorderen Innenklappe eingeben, schon stehen Ihnen die PDFs zur Verfügung.

Nun bleibt mir nur noch, Ihnen viel Spaß mit diesem Buch zu wünschen. Ich hoffe, dass es seinen festen Platz neben Ihrem Rechner findet und Ihnen stets weiterhelfen wird!

Katharina Geißler
Lektorat Galileo Design

katharina.geissler@galileo-presss.de
www.galileodesign.de
Galileo Press • Rheinwerkallee 4 • 53227 Bonn

Auf einen Blick

TEIL I Bevor Sie loslegen 39

TEIL II Dokumente anlegen und formatieren 115

TEIL III Effizienz steigern 561

TEIL IV Technologien 709

TEIL V Printproduktion – Prüfung und Ausgabe
von Dokumenten 755

TEIL VI Kollaborierendes Arbeiten 897

TEIL VII Infoteil 943

Inhalt

1		**Das Wunderwerk(spiel)zeug InDesign CS5**	**33**
1.1		Die Entwicklung von InDesign	33
	1.1.1	Gedanken zur aktuellen Version	34
	1.1.2	Rüstzeug für die Zukunft	35
1.2		Änderungen zur Creative Suite 4	35
	1.2.1	Neue Funktionen für »Design und Layout«	35
	1.2.2	Neue Funktionen für »Kollaborierendes Arbeiten«	36
	1.2.3	Neue Funktionen zur Erstellung von »Cross-Media-Dokumenten«	36
1.3		Die Ausrichtung im Buch	37
	1.3.1	Was Sie erwartet	37
	1.3.2	Was Sie hier dennoch nicht finden	37
1.4		Danksagung	38

TEIL I   Bevor Sie loslegen

2		**Arbeitsoberfläche**	**41**
2.1		Startbildschirm	41
2.2		Die Oberfläche	42
	2.2.1	Die Anwendungsleiste	42
	2.2.2	Unterschiede zwischen den Betriebssystemen	42
	2.2.3	Oberfläche für Mac OS X und Windows gleichschalten	46
	2.2.4	Elemente der Oberfläche	47
2.3		Bedienfelder	50
	2.3.1	Das Werkzeug-Bedienfeld	50
	2.3.2	Das Steuerung-Bedienfeld	51
	2.3.3	Bedienfeldstapel/Registerkartengruppen	54
	2.3.4	Bedienfelder für eigene Arbeitsweisen einrichten	55
	2.3.5	Aufbau und Funktionen von Bedienfeldern	60
	2.3.6	Bedienfeldoptionen	60
	2.3.7	Einträge in Bedienfeldern anordnen	60
	2.3.8	Werte in Bedienfelder eingeben	61
	2.3.9	Arbeitsbereiche	62
2.4		Werkzeuge	64
	2.4.1	Die Struktur des Werkzeug-Bedienfelds	64

	2.4.2	Ansichtsmodi	67
2.5	Menüs		67
	2.5.1	Menüs konfigurieren	68
	2.5.2	Schnell anwenden von Menüs	69
2.6	Navigation		70
	2.6.1	Seite – Druckbogen – Montagefläche	70
	2.6.2	Navigation über das Seiten-Bedienfeld	73
2.7	Zoomen		74
2.8	Scrollen im Dokumentfenster		76
2.9	Tastaturbefehle		77
	2.9.1	Der Tastaturbefehle-Dialog	77
	2.9.2	Definieren eines eigenen Tastaturkürzel-Satzes	78

3 Vorbereitende Schritte ... 81

3.1	Installation von InDesign		81
	3.1.1	Durchführen der Updates	82
	3.1.2	Hinweise zur Installation der Creative Suite	83
	3.1.3	Anlegen eines Adobe Accounts	84
3.2	Farbeinstellungen vornehmen		84
3.3	Einstellungen für Adobe Bridge CS5		85
	3.3.1	Deaktivieren von Ballast	85
	3.3.2	Grundeinstellungen für Adobe Bridge CS5 vornehmen	87
	3.3.3	Synchronisieren der Farbeinstellungen	88
3.4	Finetuning für InDesign		89
	3.4.1	Voreinstellungen für den Printbereich festlegen	89
	3.4.2	Menüsatz einrichten	95
	3.4.3	Arbeitsbereich einrichten	95
	3.4.4	Grundeinstellung beim Skalieren von Linien	95
	3.4.5	Tastenkürzelset festlegen	96
	3.4.6	Farbeinstellungen für InDesign anpassen	96
	3.4.7	Beim Öffnen von InDesign-Dokumenten mit Profilwarnungen umgehen	97
	3.4.8	Optionale Einstellungen	98
3.5	Adobe Online-Dienste		99
	3.5.1	CS Live	99
	3.5.2	Acrobat.com	100

4 Adobe Bridge CS5 – Überblick 101

4.1 Arbeiten mit Adobe Bridge CS5 101
    4.1.1 Grundeinstellungen vornehmen 101
    4.1.2 Die Oberfläche 102
    4.1.3 Arbeitsbereiche 103
    4.1.4 Navigation 105
    4.1.5 Dateien kennzeichnen und bewerten 106
    4.1.6 Dateien anzeigen und filtern 108
    4.1.5 Inhalte organisieren 110
    4.1.6 Inhalte sichten 112
    4.1.7 Das Bedienfeld »Vorschau« 113
    4.1.8 Metadaten und Stichwörter 114

TEIL II Dokumente anlegen und formatieren

5 Neue Dokumente 117

5.1 Erste Gedanken zum Projekt 117
5.2 Überlegungen zu Umfang, Seitenformat
    und Satzspiegel 118
    5.2.1 Überlegungen zum Projektkern 118
    5.2.2 Überlegungen zum Umschlag 120
5.3 Ein neues Dokument anlegen 121
    5.3.1 Grundlegende Parameter der
           Dokumentanlage 121
    5.3.2 Erweiterte Parameter der
           Dokumentanlage 123
    5.3.3 Dokumentvorgaben 124
    5.3.4 Anlegen des Umschlags mit Allonge 125
5.4 Die Bereiche eines Dokuments 129
5.5 Das Seiten-Bedienfeld 129
    5.5.1 Bedienfeldoptionen 130
    5.5.2 Einfügen und Löschen von Seiten 132
    5.5.3 Seitenformat zuweisen 133
    5.5.4 Seiten mit Farbetiketten versehen 134
    5.5.5 Ändern der Seitenanordnung 134
    5.5.6 Verschieben und Duplizieren von Seiten ... 136
    5.5.7 Druckbogenansicht drehen 138

6 Ebenen 139

6.1 Überlegungen zu Ebenen 139
    6.1.1 Ebenen im Magazinlayout 140
    6.1.2 Ebenen für Sprachmutationen 143

	6.1.3	Organisations- und produktionsbedingte Ebenen	144
6.2	Das Ebenen-Bedienfeld		147
	6.2.1	Ebenen der obersten Hierarchie	147
	6.2.2	Unterebenen und Objektgruppen	148
6.3	Handhabung von Ebenen		149
	6.3.1	Erstellen von Ebenen und Ebenenoptionen	149
	6.3.2	Ebenenreihenfolge verändern	150
	6.3.3	Objekte über das Ebenen-Bedienfeld auswählen	150
	6.3.4	Objekte auf eine andere Ebene verschieben	151
	6.3.5	Zusätzliche Funktionen im Bedienfeldmenü	151
6.4	Tipps zum Umgang mit Ebenen		152
6.5	Anlegen der Ebenen für unser Projekt		153

7 Hilfslinien und Lineale 155

7.1	Lineale		155
7.2	Hilfslinien		157
	7.2.1	Hilfslinien erstellen, positionieren, übertragen und löschen	157
	7.2.2	Erstellen eines Hilfslinienrasters	161
7.3	Grundlinien- und Dokumentraster		164
	7.3.1	Dokumentraster	164
	7.3.2	Grundlinienraster	164
7.4	Dokumentformat und Satzspiegel ändern		167
	7.4.1	Dokumentformat ändern	167
	7.4.2	Satzspiegel ändern	168
	7.4.3	Unregelmäßige Spalteneinteilung erstellen	168
7.5	Linealeinstellungen und Raster für unser Projekt einstellen		169

8 Rahmen erstellen und ändern 171

8.1	Rahmenkonzepte		171
8.2	Der Rahmen		172
	8.2.1	Rahmenwerkzeuge	172
	8.2.2	Der Aufbau von Rahmen	173
8.3	Rahmen erstellen, positionieren und auswählen		174
	8.3.1	Erstellen von Rahmen	174
	8.3.2	Exakte Bestimmung der Position und der Größe	176

	8.3.3	Auswählen von Rahmen	177
8.4	Rahmen transformieren		178
	8.4.1	Werkzeuge zum Transformieren von Rahmen	178
	8.4.2	Transformieren ausgewählter Objekte	182
	8.4.3	Verschieben von Objekten	183
	8.4.4	Spiegeln von Objekten	184
8.5	Rahmenformen ändern		185
	8.5.1	Werkzeuge zum Ändern von Rahmenformen	185
	8.5.2	Verändern von Rahmenecken	189
	8.5.3	Rahmenformveränderung durch Form konvertieren	190
	8.5.4	Rahmenformen in freie Formen umwandeln	193

9	**Rahmen anordnen und verteilen**		**195**
9.1	Rahmen und Objekte duplizieren		195
	9.1.1	Einfaches Duplizieren	195
	9.1.2	Mehrfaches Duplizieren	196
	9.1.3	Ein Raster aus Duplikaten erstellen	197
9.2	Objektanordnung vornehmen		199
	9.2.1	Objektanordnung in einer Ebene	199
	9.2.2	Objektanordnung durch Ebenen	200
	9.2.3	Dahinterliegendes Objekt auswählen	200
	9.2.4	Dahinterliegendes Objekt verschieben	200
9.3	Objekte ausrichten und verteilen		201
	9.3.1	Objekte aneinander ausrichten oder verteilen	201
	9.3.2	Objekte im Layout ausrichten oder verteilen	204
	9.3.3	Ausrichten mit intelligenten Hilfslinien	206
	9.3.4	Zwischenräume mit dem Lückenwerkzeug anpassen	209
9.4	Objekte sperren oder ausblenden		210
	9.4.1	Objekte sperren	210
	9.4.2	Objekte entsperren	210
	9.4.3	Objekte aus- und einblenden	211
9.5	Objektgruppen		211
	9.5.1	Objekte gruppieren	211
	9.5.2	Objekte in Gruppen auswählen	212
9.6	Spezialfunktionen zum Skalieren und Transformieren		215
	9.6.1	Objekte skalieren	215

9.6.2	Eigenartiges Verhalten bei skalierten Objekten nach einer Übernahme von InDesign-Dokumenten	215
9.6.3	Wiederholen von Transformationen	217
9.6.4	Abschließendes Beispiel	220

10 Texte platzieren und bearbeiten ... 221

- 10.1 Grundlagen zum Textrahmen ... 221
- 10.2 Schreiben, Kopieren und Platzieren von Texten ... 222
    - 10.2.1 Texte in InDesign schreiben ... 222
    - 10.2.2 Texte durch Kopieren hinzufügen ... 222
    - 10.2.3 Texte durch Platzieren hinzufügen ... 224
- 10.3 Texte importieren ... 226
    - 10.3.1 Das richtige Format für den Austausch von Texten ... 226
    - 10.3.2 Texte über Importoptionen platzieren ... 228
    - 10.3.3 Texte aus Buzzword platzieren ... 231
    - 10.3.4 XML importieren ... 232
    - 10.3.5 Mit Blindtext arbeiten ... 234
- 10.4 Markieren von Texten ... 235
- 10.5 Texte verschieben ... 236
- 10.6 Das Informationen-Bedienfeld in Verbindung mit Text ... 238
- 10.7 Textrahmenoptionen ... 238
    - 10.7.1 Einstellungen im Register »Allgemein« ... 239
    - 10.7.2 Einstellungen im Register »Grundlinienoptionen« ... 241
- 10.8 Text im Textmodus bearbeiten ... 243
- 10.9 Textfluss und Textverkettung ... 244
    - 10.9.1 Verketten von Textrahmen ... 244
    - 10.9.2 Steuern des Textflusses ... 246

11 Bilder und Grafiken platzieren ... 247

- 11.1 Grundlegende Gedanken ... 247
- 11.2 Dateiformate ... 248
- 11.3 Platzieren von Bildern, Grafiken und PDF-Dateien ... 249
    - 11.3.1 Vorgehensweisen beim Platzieren von Bildern ... 250
    - 11.3.2 Die Bild-platzieren-Symbole ... 251
    - 11.3.3 Mehrere Bilder in einem Vorgang platzieren ... 251
    - 11.3.4 Bilder über Mini Bridge platzieren ... 251
- 11.4 Bildimportoptionen ... 254
    - 11.4.1 TIFF-Bildimportoptionen ... 254

		11.4.2	PSD-Bildimportoptionen	255
		11.4.3	EPS-Bildimportoptionen	256
		11.4.4	PDF-Importoptionen	258
		11.4.5	Adobe Illustrator-Importoptionen	260
	11.5	Gemischte Inhalte und InDesign-Dateien platzieren		261
12	**Bilder und Grafiken anpassen und managen**			**263**
	12.1	Bildrahmen und Inhalt bearbeiten		263
		12.1.1	Bilder mit Bildrahmen positionieren, beschneiden und skalieren	263
		12.1.2	Bild im Rahmen auswählen	266
		12.1.3	Bilder im Bildrahmen verschieben und skalieren	267
		12.1.4	Rahmeneinpassungsoptionen	269
		12.1.5	Schnelles Freistellen von Bildern	270
	12.2	Das Informationen-Bedienfeld und Bilderrahmen		272
	12.3	Spezialitäten mit Bildern		273
		12.3.1	InDesign-Kontaktabzug erstellen	273
		12.3.2	Abstände zwischen Bildern anpassen	276
		12.3.3	Bildunterschriften aus Metadaten erzeugen	278
		12.3.4	Bilder auf eine bestimmte Breite bringen	281
		12.3.5	Auslesen und Anwenden von Pfaden und Alpha-Kanälen	283
		12.3.6	Nachträgliches Aktivieren von Objektebenen	285
		12.3.7	Ein Bild in einen leeren Bildrahmen kopieren	285
	12.4	Arbeiten mit Verknüpfungen		286
		12.4.1	Das Verknüpfungen-Bedienfeld im Überblick	287
		12.4.2	Das Verknüpfungen-Bedienfeld konfigurieren	289
		12.4.3	Voreinstellungen zur Bildaktualisierung	294
		12.4.4	Aktualisieren und erneutes Verknüpfen von platzierten Bildern	295
		12.4.5	Öffnen von Bildern in der Ausgangsapplikation	299
		12.4.6	Einbetten und Herauslösen platzierter Grafiken	299
		12.4.7	Verknüpfungen platzierter Textdateien aufheben	301
		12.4.8	Anzeigen von Metadaten zu Verknüpfungen	301

		12.4.9	Informationen zu verknüpften Dateien.........	301

		12.4.10	Weitere Möglichkeiten im Bedienfeldmenü	301

13 Pfade und Vektoren 303

13.1 Pfade... 303
      13.1.1 Die Anatomie von Pfaden 303
      13.1.2 Pfadwerkzeuge 305
      13.1.3 Erstellen von Pfaden aus geraden Linien....... 305
      13.1.4 Richtungslinien 306
      13.1.5 Pfade bearbeiten... 309
      13.1.6 Pfade zerschneiden und verbinden............... 311
      13.1.7 Pfade öffnen und schließen.......................... 313
      13.1.8 Universalwerkzeug Zeichenstift 313
      13.1.9 Die Freihand-Werkzeuge............................... 315
      13.1.10 Das Linienzeichner-Werkzeug 317
13.2 Das Aussehen eines Pfads bestimmen........................ 317
      13.2.1 Das Kontur-Bedienfeld................................. 318
      13.2.2 Konturenstile 319
      13.2.3 Pfade skalieren... 321
13.3 Pfade, Rahmen und Objekte verschachteln 322
      13.3.1 Pfade verknüpfen.. 322
      13.3.2 Pathfinder.. 325
      13.3.3 Objekte in die Auswahl einfügen................. 328

14 Farben 331

14.1 Der Farbwähler 331
      14.1.1 Eine Farbe wählen 331
      14.1.2 Die Farbräume 332
14.2 Das Farbfelder-Bedienfeld 333
14.3 Erstellen und Löschen von Farben über das Farbfelder-Bedienfeld 335
      14.3.1 Erstellen einer Prozess- und Volltonfarbe 335
      14.3.2 Farbtöne anlegen.. 336
      14.3.3 Löschen von Farben..................................... 337
      14.3.4 Erstellen von Verlaufsfeldern........................ 338
      14.3.5 Erstellen von Mischdruckfarben 341
14.4 Farben auf Konturen, Flächen, Text oder Textkontur anwenden.. 344
14.5 Das Farbe-Bedienfeld 345
      14.5.1 Farben definieren... 345
      14.5.2 Objekt einfärben oder Farbe den Farbfeldern hinzufügen 346
      14.5.3 Farbtöne erzeugen.. 346

14.6	Verläufe		346
	14.6.1	Das Verlaufsfarbfeld-Werkzeug	346
	14.6.2	Das Verlauf-Bedienfeld	347
	14.6.3	Das Weiche-Verlaufskante-Werkzeug	348
14.7	Spezialitäten bei Farben		348
	14.7.1	Die Farben Schwarz und [Schwarz]	348
	14.7.2	Einfärben von Bitmap- und Graustufenbildern	349
	14.7.3	Bilder partiell lackieren	350
	14.7.4	Druckfarben-Manager	352
14.8	Löschen, Hinzufügen, Umwandeln, Ersetzen und Duplizieren von Farben		354
	14.8.1	Unbenannte Farben hinzufügen	354
	14.8.2	Importierte Volltonfarben umwandeln oder löschen	355
	14.8.3	Duplizieren von Farben	355
	14.8.4	Farbfelder zusammenführen	355
	14.8.5	Farbfelder innerhalb der Creative Suite austauschen	355
	14.8.6	Farbfelder suchen und ersetzen	356
14.9	Adobe Kuler		357
14.10	Anlegen der Farben für das Projekt		358

15	**Effekte**		**359**
15.1	Hinzufügen von Transparenzeffekten		359
	15.1.1	Das Effekte-Bedienfeld	360
	15.1.2	Eine Transparenz oder einen Effekt hinzufügen	362
	15.1.3	Effekte löschen und auf andere Objekte übertragen	363
15.2	Parameter für erweiterte Effekte		363
15.3	Effekte im Detail		365
	15.3.1	Schlagschatten	365
	15.3.2	Schatten nach innen	368
	15.3.3	Schein nach außen – Schein nach innen	368
	15.3.4	Abgeflachte Kante und Relief	368
	15.3.5	Glanz	369
	15.3.6	Einfache weiche Kante	369
	15.3.7	Direktionale weiche Kante	369
	15.3.8	Weiche Verlaufskante	370

| 16 | **Mustervorlagen** | 371 |

16.1	Sinn und Zweck von Mustervorlagen	371
	16.1.1 Was wird auf einer Mustervorlage platziert?	371
	16.1.2 Wann sollten Mustervorlagen angelegt werden?	371
16.2	Erstellen einer Mustervorlage	372
	16.2.1 Ändern der Mustervorlagenbezeichnung	372
	16.2.2 Linealeinstellung und Grundlinienraster überprüfen	374
	16.2.3 Textrahmen auf der Mustervorlage anbringen	374
	16.2.4 Hilfslinien anlegen	374
	16.2.5 Erstellen der automatischen Pagina und einer Abschnittsmarke	376
16.3	Hierarchische Mustervorlagen erstellen	378
	16.3.1 Weitere Mustervorlagen anlegen	378
	16.3.2 Mustervorlagen für den Kapitelanfang anlegen	380
16.4	Mit Mustervorlagen umgehen	383
	16.4.1 Dokumentseiten als Mustervorlage speichern	383
	16.4.2 Mustervorlagen von anderen Dokumenten übernehmen	383
	16.4.3 Mustervorlagen löschen	384
16.5	Zuordnen der Mustervorlagen zu den Dokumentseiten	385
16.6	Setzen von Abschnitten	386

| 17 | **Zeichen** | 389 |

17.1	Das Zeichen- und Steuerung-Bedienfeld	389
	17.1.1 Gemeinsame Funktionen	389
	17.1.2 Zusatzfunktionen des Steuerung-Bedienfelds	391
	17.1.3 Tastaturbefehle	393
	17.1.4 Groß-/Kleinschreibung ändern	393
	17.1.5 OpenType	393
	17.1.6 Ligaturen	398
	17.1.7 Unterstreichungs- und Durchstreichungsoptionen	398
	17.1.8 Kerning und Laufweite	400
	17.1.9 Verzerren von Schrift	401

17.2		Besondere Zeichen	402
	17.2.1	Leerräume	402
	17.2.2	Verschiedene Striche	405
	17.2.3	Weitere Sonderzeichen	408
	17.2.4	Glyphen und Glyphensätze	408
17.3		Steuerzeichen	412
	17.3.1	Seitenzahlen, Abschnittsmarken und Fußnotennummern	412
	17.3.2	Tabulatoren	413
	17.3.3	Einzug bis hierhin	413
	17.3.4	Umbrüche	414
	17.3.5	Löschen von Steuerzeichen	415
	17.3.6	Symbole und Tastenkürzel der Steuerzeichen	416

18 Absätze 417

18.1		Das Absatz- und Steuerung-Bedienfeld	417
	18.1.1	Gemeinsame Funktionen	417
	18.1.2	Absatzausrichtung	418
	18.1.3	Abstände und Einzüge	420
	18.1.4	Hängende Initialen	421
	18.1.5	Grundlinienraster	423
	18.1.6	Silbentrennung	425
	18.1.7	Absatz- und Ein-Zeilen-Setzer	427
	18.1.8	Flattersatzausgleich	430
	18.1.9	Optischer Randausgleich	431
	18.1.10	Absatzumbrüche, Schusterjungen und Hurenkinder	432
	18.1.11	Spaltenspanne und unterteile Spalte	435
	18.1.12	Absatzlinien	437
	18.1.13	Aufgaben	441
18.2		Tabulatoren	441
	18.2.1	Tabulatoren-Bedienfeld	442
	18.2.2	Setzen von Tabulatoren	443
	18.2.3	Handhabung des Tabulator-Bedienfelds	444
	18.2.4	Tabulatoren löschen und duplizieren	444
18.3		Aufzählungszeichen und Nummerierung	445
	18.3.1	Grundfunktionen für Listen	445
	18.3.2	Nummerierte Liste	446
	18.3.3	Aufzählungszeichen	448
	18.3.4	Nummerierte Listen aus Word übernehmen	450

| 19 | **Textformatierung** | 453 |

19.1	Möglichkeiten der Textformatierung	453
19.1.1	Textformatierung mit Bedienfeldern	453
19.1.2	Textformatierung mit der Pipette	454
19.1.3	Textformatierung mit Zeichen- und Absatzformaten	456
19.2	Grundlegende Handhabung von Absatz- und Zeichenformaten	458
19.2.1	Die Bedienfelder	458
19.2.2	Formate anlegen	458
19.2.3	Formate sinnvoll benennen	460
19.2.4	Wann sollen Formate aufeinander basieren?	461
19.2.5	Formate sortieren	461
19.2.6	Formate in Gruppen zusammenfassen	462
19.3	Zeichenformate	463
19.3.1	Das Zeichenformat »[Ohne]«	463
19.3.2	Ein Zeichenformat anlegen	463
19.3.3	Zeichenformate anwenden und ändern	466
19.3.4	Abweichendes Zeichenformat	467
19.3.5	Formate duplizieren, löschen und neu definieren	468
19.3.6	Zeichenformate in verschachtelten Absatzformaten	470
19.4	Absatzformate	471
19.4.1	Das Absatzformat »Einfacher Absatz«	471
19.4.2	Absatzformat erstellen, ändern und neu zuweisen	472
19.4.3	Aufeinander basierende Absatzformate	476
19.4.4	Initialen und verschachtelte Absatzformate	478
19.4.5	Verschachtelte Formate wiederholen	481
19.4.6	Verschachtelte Zeilenformate	483
19.4.7	GREP-Stile	484
19.4.8	Abweichende Formate	488
19.4.9	»Nächstes Format« nachträglich anwenden	489
19.4.10	Formate löschen und Formatverknüpfung aufheben	490
19.5	Arbeiten mit Formaten	491
19.5.1	Formate erst bei Bedarf anlegen	491
19.5.2	Formate austauschen	492
19.5.3	Formate über Snippets weitergeben	493
19.5.4	Schnell anwenden	493

		19.5.5	Formate suchen und ersetzen	494
		19.5.6	Formate aus anderen Dokumenten übernehmen	496
		19.5.7	Formate aus Word-Dokumenten übernehmen	498
		19.5.8	Formate aus RTF-Dokumenten übernehmen	502
20	**Tabellen**			**503**
	20.1	Texttabellen		503
	20.2	Tabellen einfügen, umwandeln und importieren		506
		20.2.1	Leere Tabellen einfügen	506
		20.2.2	Text in Tabelle umwandeln	508
		20.2.3	Tabelle in Text umwandeln	509
		20.2.4	Excel-Tabellen importieren	509
	20.3	Tabellen bearbeiten		512
		20.3.1	Tabellen, Zeilen und Spalten auswählen	512
		20.3.2	Tabellenformatierung mit dem Steuerung-Bedienfeld	513
		20.3.3	Erweitertes Steuerung-, Tabelle- und Kontur-Bedienfeld	515
		20.3.4	Zeilen und Spalten einfügen und löschen	516
		20.3.5	Zellen verbinden und teilen	518
		20.3.6	Und nun zusammen	518
		20.3.7	Tabellenkopf und -fuß	521
	20.4	Tabellenoptionen		524
		20.4.1	Tabelle einrichten	524
		20.4.2	Zeilen- und Spaltenkonturen	525
		20.4.3	Abwechselnde Flächen	527
		20.4.4	Tabellenkopf und -fuß	527
	20.5	Zellenoptionen		527
		20.5.1	Text	528
		20.5.2	Konturen und Flächen	529
		20.5.3	Zeilen und Spalten	529
		20.5.4	Diagonale Linien	530
	20.6	Verschiedene Zelleninhalte		531
		20.6.1	Textrahmen	531
		20.6.2	Bilder	532
		20.6.3	Inhalte für das Webdesign	532
		20.6.4	Tabellen in Tabellen	533
		20.6.5	Tabulatoren in Tabellen	534
	20.7	Zellen- und Tabellenformate		535
		20.7.1	Zellenformate-Bedienfeld	535

	20.7.2 Ein Zellenformat anlegen	536
	20.7.3 Tabellenformate-Bedienfeld	537
	20.7.4 Ein Tabellenformat anlegen	538
	20.7.5 Formate organisieren	542
20.8	Importierte Inhalte aktualisieren	543
	20.8.1 Textverknüpfungen	543
	20.8.2 Excel-Tabellen	545
	20.8.3 Excel-Importoptionen	545
	20.8.4 Inhalte über die Zwischenablage aktualisieren	546
	20.8.5 Smart Styles	548
21	**Konturensatz und Text auf Pfad**	**549**
21.1	Konturenführung und Formsatz	549
	21.1.1 Konturenführung-Bedienfeld	549
	21.1.2 Konturenführungsoptionen	551
	21.1.3 Bilder mithilfe von Freistellpfaden umfließen	552
	21.1.4 Beschneidungspfad in Rahmen umwandeln	553
	21.1.5 Frei geformte Textrahmen	556
21.2	Texte und Pfade	557
	21.2.1 Text auf Pfad	557
	21.2.2 Text in Pfad umwandeln	559

TEIL III Effizienz steigern

22	**Objektformate und verankerte Objekte**	**563**
22.1	Objektformate	563
	22.1.1 Das Objektformate-Bedienfeld	564
	22.1.2 Anlegen von Objektformaten	565
	22.1.3 Anwenden von Objektformaten	571
	22.1.4 Arbeiten mit Objektformaten	572
	22.1.5 Objektformate und Effekte	572
	22.1.6 Objektformate verwalten	574
	22.1.7 Nach Objektformaten suchen	575
	22.1.8 InDesign benimmt sich plötzlich komisch?	577
22.2	Verankerte Objekte	579
	22.2.1 Objekte in Text einbinden	579
	22.2.2 Eingebunden oder über Zeile	581
	22.2.3 Benutzerdefiniert – »freilaufende« Objekte	583
	22.2.4 Verankertes Objekt lösen	590

23 Text suchen und korrigieren ... 591

- 23.1 Das Fundbüro: Suchen/Ersetzen ... 591
  - 23.1.1 Die Möglichkeiten ... 591
  - 23.1.2 Das Suchen/Ersetzen-Fenster ... 592
  - 23.1.3 Gemeinsame Funktionen ... 592
- 23.2 Textsuche ... 594
  - 23.2.1 Text ... 594
  - 23.2.2 GREP ... 597
  - 23.2.3 Formatierte Texte suchen ... 599
  - 23.2.4 Glyphen suchen ... 600
- 23.3 Rechtschreibung ... 602
  - 23.3.1 Wörterbücher ... 602
  - 23.3.2 Voreinstellungen »Wörterbuch« ... 602
  - 23.3.3 Benutzerwörterbücher verwalten ... 604
  - 23.3.4 Voreinstellungen »Rechtschreibung« ... 605
  - 23.3.5 Manuelle Rechtschreibprüfung ... 605
  - 23.3.6 Dynamische Rechtschreibprüfung ... 607
  - 23.3.7 Wörterbücher bearbeiten ... 608
  - 23.3.8 Autokorrektur ... 610
- 23.4 Silbentrennung ... 612
  - 23.4.1 Eigene Silbentrennungen definieren ... 612
  - 23.4.2 Silbentrennung und Verpacken ... 613
- 23.5 Mit anderen Wörterbüchern arbeiten ... 614

24 Redaktionelle Aufgaben ... 615

- 24.1 InCopy ... 615
- 24.2 Benutzer ... 616
- 24.3 Textänderungen verfolgen ... 616
  - 24.3.1 Änderungsarten ... 617
  - 24.3.2 Voreinstellungen ... 618
  - 24.3.3 Änderungen mit InDesign verfolgen ... 619
  - 24.3.4 Änderungen aus InCopy überprüfen ... 621
- 24.4 Notizen ... 621
  - 24.4.1 Notizenmodus ... 621
  - 24.4.2 Mit Notizen arbeiten ... 622
  - 24.4.3 Voreinstellungen für Notizen ... 623

25 Text verwalten ... 625

- 25.1 Fußnoten ... 625
  - 25.1.1 Eine Fußnote einfügen ... 625
  - 25.1.2 Fußnoten verwalten und gestalten ... 626
  - 25.1.3 Fußnoten löschen ... 630

	25.1.4	Fußnoten aus Word-Dokumenten übernehmen	630
	25.1.5	Einschränkungen	630
25.2	Bedingter Text		631
	25.2.1	Anwendungsgebiete	631
	25.2.2	Bedingten Text verwenden	632
	25.2.3	Zusätzliche Funktionen für bedingten Text	636
	25.2.4	Den Einsatz von bedingtem Text planen	639

26 Text verwalten lassen — 641

26.1	Listen		641
	26.1.1	Probleme der Standardnummerierung	641
	26.1.2	Listen anlegen	642
	26.1.3	Fortlaufende Listen	643
	26.1.4	Listen verwalten	646
26.2	Textvariablen		646
	26.2.1	Die Standardvariablen	646
	26.2.2	Variablen einfügen	647
	26.2.3	Die Variablentypen	647
	26.2.4	Variablen verwalten	657
26.3	Querverweise		659
	26.3.1	Einen Querverweis anlegen	659
	26.3.2	Querverweis auf Absatz	661
	26.3.3	Querverweis auf Textanker	663
	26.3.4	Querverweisformate	664
	26.3.5	Querverweise verwalten	668

27 Buch, Inhaltsverzeichnis und Index — 671

27.1	Bücher		671
	27.1.1	Das Buchdokument	671
	27.1.2	Nummerierungsoptionen	673
	27.1.3	Seitennummerierungsoptionen für Buch	675
	27.1.4	Buch synchronisieren	677
	27.1.5	Listen in Büchern	678
	27.1.6	Querverweise im Buch	679
	27.1.7	Das Buch ausgeben	680
	27.1.8	Automatische Dokumentkonvertierung	682
27.2	Inhaltsverzeichnisse		683
	27.2.1	Die Voraussetzungen	683
	27.2.2	Inhaltsverzeichnis erstellen	683
	27.2.3	Inhaltsverzeichnisformate	688
	27.2.4	Inhaltsverzeichnis aktualisieren	689

	27.3	Index erstellen...	689
		27.3.1 Das Index-Bedienfeld..................................	689
		27.3.2 Einen einfachen Index aufbauen	691
		27.3.3 Indexeinträge sortieren	693
		27.3.4 Verweise erstellen..	694
		27.3.5 Themenstufen...	695
		27.3.6 Index generieren..	696
		27.3.7 Themen...	698
		27.3.8 Indexeinträge suchen	698
		27.3.9 Großbuchstaben	698
		27.3.10 Sortieroptionen..	699

28 Recycling – Objekte wiederverwenden 701

28.1	Bibliotheken	701
	28.1.1 Das Bibliothek-Bedienfeld..........................	701
	28.1.2 Bibliotheken aufbauen	702
	28.1.3 Bibliotheksobjekte verwalten	704
28.2	Snippets	707
	28.2.1 Snippets erstellen...	707
	28.2.2 Snippets einfügen	707
	28.2.3 Voreinstellungen für Snippets.....................	708

TEIL IV Technologien

29 GREP 711

29.1	Was ist GREP?	711
29.2	Textteile suchen..	712
	29.2.1 Reguläre Ausdrücke	713
	29.2.2 Zeichen, Wörter, Satzteile	713
	29.2.3 X oder u?..	716
	29.2.4 Platzhalter	716
	29.2.5 Sonderzeichen	717
	29.2.6 Die Suche in Gruppen aufteilen	718
29.3	Text austauschen	719
	29.3.1 Zeichen, Wörter, Textteile	719
	29.3.2 Fundstellen...	719
29.4	Wiederholungen	720
29.5	Entsprechungen und Bedingungen	721
29.6	Sinnvoll und kryptisch	722

30 Digitale Schrift.. 723

30.1	Fonttechnologie	723
	30.1.1 Vorgeschichte	723

	30.1.2	Fontformate	724
	30.1.3	Welche Schriftentechnologie soll ich verwenden?	726
30.2	Schriften verwalten		727
30.3	InDesign kümmert sich		727
	30.3.1	Fonts-Ordner der Creative Suite	727
	30.3.2	Der InDesign-Fonts-Ordner	728
	30.3.3	Der Document fonts-Ordner	728
	30.3.4	Reihenfolge	728

31 Farbmanagement ... 729

31.1	Eine kleine Einführung		729
	31.1.1	Color Gamut	730
	31.1.2	ICC-Profile	731
	31.1.3	Color Engine	732
	31.1.4	Rendering-Intent	732
31.2	Farbeinstellungen		734
	31.2.1	Welche Profile sollten verwendet werden?	734
	31.2.2	Der Farbeinstellungen-Dialog	735
	31.2.3	Farbeinstellungssets für alle Papierklassen anlegen	736
	31.2.4	Farbeinstellungen synchronisieren	739
31.3	Zuweisen oder konvertieren?		740
	31.3.1	Profile zuweisen	740
	31.3.2	In Profil umwandeln	740

32 Transparenzen ... 741

32.1	Transparenzformen		741
	32.1.1	Reduzierte Transparenzen	741
	32.1.2	Native (Live-)Transparenzen	743
32.2	Die Transparenzreduzierung		743
32.3	Transparenzen in InDesign		744
	32.3.1	Transparenz verursachende Optionen	744
	32.3.2	Importierte Transparenzen	745
32.4	Ausgabe von Transparenzen		745
	32.4.1	Über PostScript (CPSI)	745
	32.4.2	Über Adobe PDF Print Engine (APPE)	746

33 PDF-Technologie ... 747

33.1	Allgemeines zu PDF		747
33.2	PDF-Erstellung		748
	33.2.1	PDF-Erstellung über PostScript	748
	33.2.2	PDF-Erstellung über nativen Export	749

33.3	PDF-Spezifikationen	749
33.4	PDF/X	752
	33.4.1 Was ist PDF/X nicht?	754
33.5	Quo vadis PDF?	754

TEIL V Printproduktion – Prüfung und Ausgabe von Dokumenten

34 Ausgabe von Transparenzen ... 757

34.1	Der Transparenzfüllraum	757
34.2	Die Transparenzreduzierungsvorgaben	758
34.3	Problemfelder der Reduzierung	760
	34.3.1 Transparenzen und Vollton	760
	34.3.2 Transparenzreduzierung für DCS-Workflows	761
	34.3.3 Verhindern von Transparenzproblemen	761

35 Überfüllen, Überdrucken, Aussparen und Anzeigen ... 763

35.1	Überfüllen	763
	35.1.1 Überfüllungen aus InDesign heraus durchführen	764
	35.1.2 Das Überfüllungsvorgaben-Bedienfeld	764
	35.1.3 Überfüllungsvorgaben definieren	765
	35.1.4 Überfüllungsvorgaben zuweisen	767
	35.1.5 Überfüllungsvorgaben löschen	767
35.2	Überdrucken und Aussparen	767
35.3	Hochauflösende Darstellung	768
	35.3.1 Anzeigeoptionen	768
	35.3.2 Anzeigeoptionen für Bereiche wählen	768

36 Ausgabehilfen ... 769

36.1	Die Bildschirm-Modi	769
36.2	Die Überdruckenvorschau	771
	36.2.1 Überdrucken und dessen Sinnhaftigkeit	772
36.3	Reduzierungsvorschau	776
36.4	Die Separationsvorschau	780
36.5	Gesamtfarbauftrag-Vorschau	782

37 Preflight ... 783

| 37.1 | Grundlagen zu Preflight | 783 |
| 37.2 | Eine Prüfung durchführen | 785 |

37.3	Parameter eines Preflight-Profils	786
	37.3.1 Parameter der Hauptgruppe »Verknüpfungen«	786
	37.3.2 Parameter der Hauptgruppe »Farbe«	787
	37.3.3 Parameter der Hauptgruppe »Bilder und Objekte«	788
	37.3.4 Parameter der Hauptgruppe »Text«	791
	37.3.5 Parameter der Hauptgruppe »Dokument«	795
37.4	Erstellen eines Preflight-Profils	797
37.5	Mit Profilen arbeiten	803
	37.5.1 Festlegen der Preflight-Optionen	803
	37.5.2 Exportieren, Löschen, Laden und Einbetten von Preflight-Profilen	804
	37.5.3 Einbettung von Profilen ändern oder aufheben	805
37.6	Fehler anzeigen und beheben	806
37.7	Preflight-Report	808
	37.7.1 Prüfbericht in Form einer PDF-Datei erstellen	808

38 Übernahme von Dokumenten nach InDesign ... 809

38.1	Übernahme und Prüfung von älteren InDesign-Dokumenten	809
	38.1.1 Konvertieren von ID 2.x- bis CS4-Dokumenten	809
	38.1.2 Wissenswertes bei der Konvertierung von InDesign-Dokumenten	810
	38.1.3 Öffnen von InDesign-Dokumenten mit unterschiedlichen Wörterbüchern	812
	38.1.4 Konvertieren von InDesign-Bibliotheken	812
38.2	QuarkXPress-Dateien konvertieren	812
	38.2.1 Vorbereitende Schritte vor der Konvertierung	813
	38.2.2 Hinweise zum konvertierten Dokument	814

39 Schriftprobleme lösen ... 821

39.1	Schriften und InDesign	821
	39.1.1 Wie Sie die benötigten Schriften erkennen	822
	39.1.2 Verfahren bei Schriftnamensgleichheit	822
	39.1.3 Der Dokument-Schriftarten-Ordner	823
39.2	Arbeitsweise bei nicht geladenen oder fehlenden Schriften	823

39.3		Der »Schriftart suchen«-Dialog	824
	39.3.1	Verwendete Schriften in platzierten Grafiken	826
	39.3.2	Umgang mit geschützten Schriften	826
	39.3.3	Schriften ersetzen	827

40 Verpacken ... 829

40.1	Warum werden Pakete geschnürt?	829
40.2	Verpacken eines Dokuments	830
40.3	Verpacken von Büchern	836

41 Drucken ... 837

41.1	Bereiche des Druckdialogs		837
	41.1.1	Wahl des Druckers	838
	41.1.2	Register wählen und Einstellungen vornehmen	839
	41.1.3	Vorschauansicht	839
	41.1.4	Gerätespezifische Optionen	840
41.2	Druckoptionen		840
	41.2.1	Druckdialog aufrufen	841
	41.2.2	Das Register »Allgemein«	842
	41.2.3	Das Register »Einrichten«	845
	41.2.4	Das Register »Marken und Anschnitt«	846
	41.2.5	Das Register »Ausgabe«	848
	41.2.6	Das Register »Grafiken«	853
	41.2.7	Das Register »Farbmanagement«	855
	41.2.8	Das Register »Erweitert«	859
	41.2.9	Das Register »Übersicht«	860
41.3	Tintenstrahl- und PCL-Drucker		861
	41.3.1	Das Register »Marken und Anschnitt«	862
	41.3.2	Das Register »Ausgabe«	862
	41.3.3	Das Register »Farbmanagement«	863
	41.3.4	Das Register »Erweitert«	864
41.4	Proofen		864
41.5	Druckvorgaben		867
	41.5.1	Alternative Vorgehensweise zum Anlegen einer Druckvorgabe	871
	41.5.2	Ausführen des Druckbefehls über Druckvorgaben	872
41.6	Broschüre drucken		872
	41.6.1	Was ist ausschießen, und was ist montieren?	872
	41.6.2	Ausgabe einer Broschüre auf einem Farbkopierer	873

	41.6.3	Ausgabe eines Buchs als PDF für die Klebebindung	874
	41.6.4	Seitenverdrängung beim Ausschießen	875
	41.6.5	Unterschiede in den Broschürentypen	876

42 PDF-Export für die Druckvorstufe ... 877

42.1 PDF exportieren ... 877
    42.1.1 Überlegungen zum PDF-Export ... 877
    42.1.2 Das Register »Allgemein« ... 880
    42.1.3 Das Register »Komprimierung« ... 882
    42.1.4 Das Register »Marken und Anschnitt« ... 885
    42.1.5 Das Register »Ausgabe« ... 886
    42.1.6 Das Register »Erweitert« ... 891
    42.1.7 Das Register »Sicherheit« ... 893
    42.1.8 Das Register »Übersicht« ... 895

42.2 Adobe PDF-Vorgaben anlegen, speichern und importieren ... 895
    42.2.1 PDF-Export über PDF-Export-Vorgaben ausführen ... 896
    42.2.2 PDF exportieren im Hintergrund ... 896

TEIL VI Kollaborierendes Arbeiten

43 Daten per Export austauschen ... 899

43.1 Text-Export ... 899
    43.1.1 Nur Text ... 899
    43.1.2 RTF ... 900
    43.1.3 Adobe InDesign-Tagged-Text ... 900

43.2 Bild-Export ... 902
    43.2.1 EPS ... 902
    43.2.2 JPEG ... 903

43.3 Weiterverarbeitung in InDesign ... 905
    43.3.1 IDML – InDesign Markup-Format ... 905
    43.3.2 Übernahme einer InDesign CS5-Markup-Datei nach InDesign CS4 ... 905
    43.3.3 Speichern einer InDesign CS4-Datei für InDesign CS3 ... 906

44 Integration von Buzzword ... 907

44.1 Arbeiten mit Buzzword ... 907
    44.1.1 Die Oberfläche ... 908
    44.1.2 Dokumentversionen ... 908
    44.1.3 Für andere Benutzer freigeben ... 909

44.2	Texte nach Buzzword bringen	910
	44.2.1 Buzzword-Dokument anlegen oder importieren	910
	44.2.2 Buzzword-Dokument aus InDesign exportieren	910
44.3	Buzzword-Dokumente in InDesign platzieren	911

45 Layouts zur Überprüfung senden ... 913

45.1	Überprüfung auf der Basis von PDF	913
45.2	Überprüfung über CS Review	915

46 Database-Publishing mit Bordwerkzeugen ... 919

46.1	Vorbereitende Schritte	919
	46.1.1 Bilddaten vorbereiten	920
	46.1.2 Datenquellen erstellen	920
	46.1.3 InDesign-Layoutvorlage erstellen	921
46.2	Datenzusammenführung	922
	46.2.1 Datenquelle wählen	922
	46.2.2 Datenfelder in das Layout übertragen	922
	46.2.3 Optionen für die Inhaltsplatzierung festlegen	923
46.3	Ausgabe zusammengeführter Daten	924
	46.3.1 Vorbereitende Arbeiten	924
	46.3.2 Zusammenführen einzelner Datensätze	925
	46.3.3 Erstellen von mehreren Datensätzen pro Seite	926
46.4	Weiterführende Hinweise	928

47 Publishing mit XML ... 929

47.1	Was kann man mit XML erreichen?	929
	47.1.1 Sinnvoller XML-Einsatz	929
47.2	XML-Struktur	930
	47.2.1 Ein Beispiel	930
	47.2.2 Tag-Definition	931
	47.2.3 DTD und Validierung	931
	47.2.4 XML-Regelsätze	932
47.3	XML exportieren	933
	47.3.1 Aufbau des Beispiels	933
	47.3.2 Anlegen der Tags	934
	47.3.3 Rahmen mit Tags versehen	935
	47.3.4 Formate den Tags zuordnen	936
	47.3.5 Anzeige von Struktur und Tags	937
	47.3.6 Struktur verfeinern	937

	47.3.7	Exportieren	938
	47.3.8	Die XML-Datei	940
47.4	XML importieren		941
	47.4.1	Datei vorbereiten	941
	47.4.2	XML importieren	941
	47.4.3	Tags zu Formaten zuordnen	942

TEIL VII Infoteil

48 Plug-ins 945

49 Links 949

49.1	Informationen von Adobe	949
49.2	Andere Organisationen und Unternehmen	950
49.3	Foren und Blogs	950

50 Die DVD zum Buch 951

50.1	Adobe-Testversionen	951
50.2	Beispielmaterial	951
50.3	Settings	951
50.4	Zusatzkapitel	952
50.5	Video-Lektionen	952
50.6	Sonstiges	953
50.7	Plug-ins-Demoversionen	954

Index 955

Video-Lektionen

Die Video-Lektionen wurden dem Video-Training »Adobe InDesign CS5 – Das umfassende Training« von Orhan Tançgil (ISBN 978-3-8362-1573-2) entnommen.

Kapitel 1: Effizient arbeiten
1.1 Grafiken beschriften (04:36 Min.)
1.2 Platzieren mit der Tastatur (07:41 Min.)
1.3 Mit Bibliotheken arbeiten (04:11 Min.)

Kapitel 2: Interaktivität
2.1 Hyperlinks hinzufügen (05:36 Min.)
2.2 Schaltflächen (03:06 Min.)
2.3 Objekte animieren (05:16 Min.)
2.4 Lesezeichen setzen (03:49 Min.)
2.5 Flash-Datei erzeugen (02:06 Min.)
2.6 Ein interaktives SWF (07:26 Min.)

Kapitel 3: InDesign-Projekte
3.1 Tabellen gestalten (09:57 Min.)
3.2 Listen erstellen (08:00 Min.)

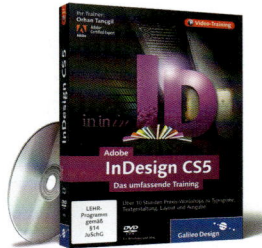

Workshops

Arbeitsoberfläche
- Bedienfeldanordnung für den täglichen Gebrauch einrichten 56
- Erstellen eines Tastaturkürzel-Satzes 79

Vorbereitende Schritte
- Deaktivieren der Startskripte 86
- Ändern der InDesign-Voreinstellungen für die Print-Produktion 90
- Farbeinstellungen für InDesign-Dokumente anpassen 97

Neue Dokumente
- Ein benutzerdefiniertes Seitenformat als Vorlage anlegen 127
- Zusammenstellen von Seiten in einem Dokument mit unterschiedlichen Seitenformaten 135

Ebenen
- Grundebenen und Ebenen für ein mehrsprachiges Projekt anlegen 154

Hilfslinien und Lineale
- Eine Hilfslinie schnell auf einer bestimmten Position erstellen 158
- Eine vertikale Hilfslinie mittig im Satzspiegel schnell erstellen 162
- Linealeinstellungen und Raster festlegen 169

Rahmen erstellen und ändern
- Umwandeln von mehreren Sternen mit acht Seiten in Sterne mit fünf Seiten (Europa-Sterne) 191
- Einen Torbogen aus geometrischen Formen erstellen 193

Rahmen anordnen und verteilen
- Eine Zielscheibe erstellen 202
- Eine vertikale Hilfslinie mittig im Satzspiegel über das Ausrichten-Bedienfeld erstellen 205
- Erstellen der Europa-Flagge 218

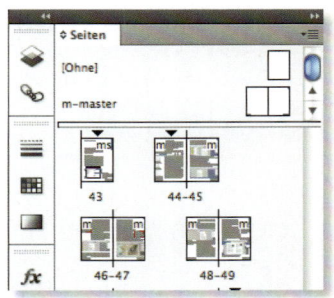
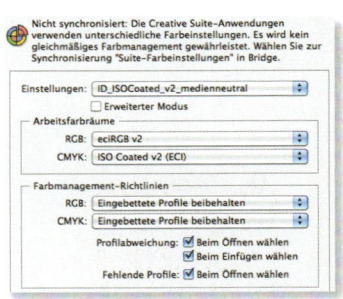

Bilder und Grafiken anpassen und managen

▶ Freistellen eines Bildes mit dem Buntstift-Werkzeug 270
▶ Erstellen eines Kontaktabzugs mit variabler Bildanzahl und variablem Bildabstand 273
▶ Horizontale Abstände in einem Kontaktabzug mit dem Lückenwerkzeug ändern 276
▶ Formatierte Bildunterschriften aus Metadaten automatisiert erzeugen lassen 278
▶ Mehrere Bilder auf dieselbe Höhe bringen 282
▶ Aktualisieren von niedrigauflösenden JPEG-Bildern durch hochauflösende TIFF-Bilder 297
▶ Die Einbettung von Verknüpfungen aufheben 300

Pfade und Vektoren

▶ Einen geschlossenen Pfad erstellen 308
▶ Verknüpfte Pfade erstellen 323
▶ Pathfinder anwenden 327
▶ In die Auswahl einfügen 329

Farben

▶ Verlauf mit hartem Übergang erstellen 340
▶ Partielles Lackieren von Bildteilen 351
▶ Farben für das Projekt anlegen 358

Effekte

▶ Erstellen einer Schattenschrift 366

Zeichen

▶ Glyphensatz anlegen und verwenden 410

Typografie

Absätze

▶ Eine verschachtelte Liste erstellen 448

Textformatierung

▶ Zeichenformat definieren 465
▶ Das Absatzformat »Preistabelle« definieren und anwenden 473
▶ Neues Format »Preistabelle mit Linie« auf bestehendem Format definieren und anwenden 476
▶ Verschachteltes Absatzformat »Artikelbeschreibung« definieren und anwenden 479

Tabellen

▶ Tabelle mit Absatzformaten gestalten 504
▶ Grundlegende Tabellenformatierung 519
▶ Tabellenformat erstellen 539

Konturensatz und Text auf Pfad

▶ Partielle Lackierung erstellen 554
▶ Einen Textrahmen konstruieren 556

Objektformate und verankerte Objekte

▶ Ein Objektformat zur Formatierung eines
   Textrahmens erstellen 565
▶ Ein verankertes Objekt in eine Marginalspalte einfügen... 586

Text suchen und korrigieren

▶ Text gegen Bild austauschen.. 596

Text verwalten

▶ Arbeits- und Lösungsblatt erstellen 633

Text verwalten lassen

▶ Eine fortlaufende Liste erstellen 643
▶ Lebende Kolumnentitel erstellen...................................... 655
▶ Querverweisformat definieren.. 666

Farbmanagement

▶ Farbeinstellungsset für Papierklasse 1 erstellen................ 737

Ausgabehilfen

▶ Überdrucken, Aussparen und die Darstellung
   von Schwarz und Schmuckfarben austesten 773

Preflight

▶ Erstellen eines Preflight-Profils 797
▶ Anpassen des Prüfberichts 808

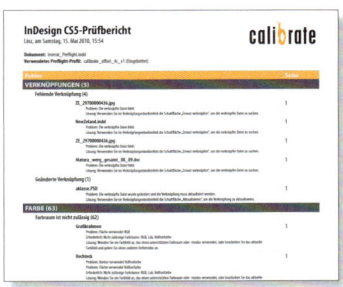

Übernahme von Dokumenten nach InDesign

▶ Speichern von XPress-Dokumenten und Konvertieren
   in InDesign CS5 817

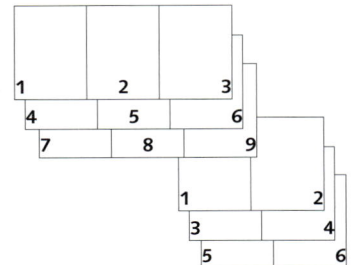

Schriftprobleme lösen
▶ Fehlende Schriften ersetzen 827

Verpacken
▶ Verpacken von InDesign-Dokumenten 830

Drucken
▶ Proofen auf einem Farblaserdrucker 865
▶ Anlegen einer Druckvorgabe 867

Integration von Buzzword
▶ Texte aus InDesign als Buzzword-Dokument
exportieren 910

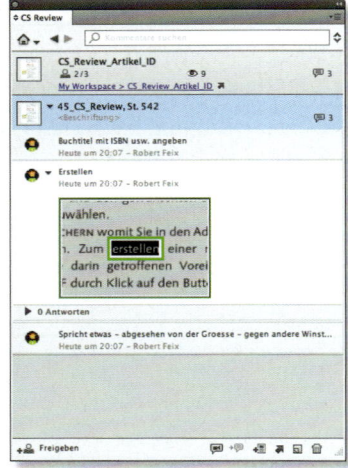

Layouts zur Überprüfung senden
▶ PDF-Datei aus InDesign erzeugen und für die
elektronische Korrektur aufbereiten 914
▶ Ein InDesign-Dokument in einem elektronischen
Korrekturprozess über CS Review abbilden 916

1 Das Wunderwerk(spiel)zeug InDesign CS5

Wenn Sie dieses Buch vor sich haben und dabei fast 3 kg Papier in den Händen halten, so werden Sie sich wahrscheinlich fragen: »Und das alles soll ich wissen? Ich will doch nur einen Flyer machen!« Wir können Ihnen auch unsere Gedanken verraten: »Und wie sollen wir all das, was das Programm an Funktionen kann, auf 976 Seiten verpacken, sodass der Leser, der etwas Bestimmtes sucht, dies auch findet, und ein ›Neuling‹ das Programm von der Pike auf strukturiert erlernen kann?«

Da Adobe mit InDesign CS5 neben der klassischen Printproduktion auch die Möglichkeiten zur Erstellung von Cross-Media-Produkten enorm ausgeweitet hat, sind wir nun endgültig an unsere Grenzen gestoßen. In der uns zur Verfügung stehenden Seitenanzahl lässt sich dieser Inhalt nicht mehr in der von uns vertretbaren Dichte beschreiben! Aus diesem Grunde haben wir uns vor dem Schreiben des Buches gründlich die Ausrichtung dieses Werkes überlegt, um Sie als Leser mit dem wirklich Wesentlichen im Umgang mit InDesign versorgen zu können. Dazu aber gleich später.

> **Auch für die Vorversionen geeignet?**
>
> Sie können in diesem Buch nicht nur die neuesten Funktionen nachschlagen, sondern Sie werden darin allgemeine Informationen zum Arbeiten mit Adobe InDesign finden, die auch für frühere Versionen von InDesign gelten.
>
> Um nicht den Seitenrahmen zu sprengen, haben wir uns jedoch in dieser Ausgabe darauf beschränkt, die Funktion und deren Arbeitsweise, wie sie in InDesign CS5 zu handhaben ist, zu beschreiben. Die vielen Hinweise zu früheren Versionen, die Sie eventuell aus früheren Ausgaben unserer InDesign-Bücher kennen, mussten aus Platzgründen entfallen.
>
> Dennoch glauben wir, dass Sie auch mit diesem Buch ohne größere Schwierigkeiten die Arbeitsweise mit älteren Versionen von InDesign erlernen können.

1.1 Die Entwicklung von InDesign

Die kreativen Wünsche und die geänderten Arbeitsweisen in der Grafik- und Druckvorstufenszene haben Spuren bei Adobe hinterlassen und unter anderem dazu geführt, dass InDesign im Laufe seiner Geschichte an Funktionalität stark zugenommen hat. Diese Vielfalt an Möglichkeiten verschafft den Kreativen ungeahnte Möglichkeiten und der Druckvorstufe die eine oder andere unerklärliche Überraschung in der Ausgabe.

Nicht nur die kreativen Möglichkeiten begeistern die Anwender, sondern immer mehr jene Funktionen, die einerseits gewohnte Arbeitsweisen zur Gänze auf den Kopf stellen und andererseits Automatismen bieten, die eine gestraffte und somit kosteneffiziente Arbeitsweise ermöglichen.

InDesign wurde erstmals 1999 auf den Markt gebracht und hat seither viel an Funktionen und auch an Ausgabemöglichkeiten dazugewonnen. Mit InDesign CS5 liegt nun die siebte Version des Layoutprogramms vor.

Durch die Übernahme von Macromedia ist Adobe im Besitz der wesentlichsten Technologien wie Flash und PDF. Diese Technologien unter eine Haube zu bringen und Möglichkeiten zur Nutzung bzw. zur Ausgabe in diese Technologien zu finden, war die große Herausforderung, die sich Adobe in der Entwicklung der letzten Creative Suite gestellt hat.

1.1.1 Gedanken zur aktuellen Version

InDesign ist und bleibt in jedem Fall das beste Design- und Layouttool zur Erstellung von Druckdokumenten. Die Möglichkeiten, die InDesign uns bislang zur Verfügung gestellt hat, waren eigentlich schon ausreichend, um perfekte, typografisch korrekte und drucktauglich standardisierte Dokumente zu erstellen. Die neuen Funktionen in InDesign CS5 lassen diesen Erstellungsprozess noch viel smarter von der Hand gehen, und Adobe hat auch die eine oder andere Fehlfunktion mit dem aktuellen Release wiederum behoben.

Inwieweit soll jedoch InDesign dazu ausgebaut werden, jegliche Art von Dokumenten zu erzeugen? Adobe hat sich dieser Frage in der Entwicklung der letzten Creative Suites immer mehr angenommen und den Programmen dahingehend immer mehr an Funktionalität verpasst. InDesign wird dadurch zunehmend ein »eierlegendes Wollmilch«-Werkzeug, womit verschiedene Arbeitsschritte, die bislang von unterschiedlichen Werkzeugen verrichtet worden sind, ausgeführt werden können.

Auch wenn viele Anwender es schätzen, mit InDesign ein Werkzeug zur Verfügung zu haben, womit nicht nur Druckdokumente, sondern alle Arten von Dokumenten erstellt werden können, so teilen wir diese Ansicht immer weniger. Die Gründe dafür sind:

- Die Zusatzmöglichkeiten blähen den Funktionsumfang auf und machen das Programm immer unübersichtlicher.
- Die Implementierung der Zusatzmöglichkeiten ist teilweise sehr weit fortgeschritten, jedoch zeigt es sich in der Praxis, dass zur Erstellung von professionellen Dokumenten eigentlich immer auf diejenigen Werkzeuge zurückgegriffen werden muss, die speziell für dieses Arbeitsgebiet geschaffen wurden.
- Durch zusätzliche Möglichkeiten wird dem Anwender suggeriert, dass zur Erstellung von »Nicht-Print-Dokumenten« eigentlich nur ein Klick notwendig ist. Die Wertschätzung gegenüber den Spezialisten in diesen Bereichen nimmt damit

sehr stark ab, und auch der Wert der eigenständigen Werkzeuge für diesen Bereich wird entsprechend relativiert.

1.1.2 Rüstzeug für die Zukunft

Trotz der eben genannten Bedenken sind wir der Ansicht, dass Sie mit InDesign jenes Werkzeug gefunden haben, mit dem Sie zu 100 % Ihre Printproduktionen abwickeln können. Durch die Integration der Technologien wie PDF, XML und Flash stehen darüber hinaus jene Möglichkeiten zur Verfügung, um modernes Publizieren zu leben und somit auch das eine oder andere »Dokument« für andere Medien, z.B. das Web, auf einfache Weise, wenn auch nicht in perfekter Form, erstellen zu können.

Adobe wird sich in den nächsten Versionen entscheiden müssen, ob nicht doch mehr offizielle Standards implementiert werden sollen oder ob weiterhin ein »Adobe-Standard« den Markt beeinflussen soll. Die Ausrichtung von Adobe ist aus unserer Sicht am Scheideweg angelangt. Das Erstellen von Printprodukten ist davon ausgenommen, denn das ist dasjenige, was InDesign perfekt kann.

1.2 Änderungen zur Creative Suite 4

Bei der Entwicklung von InDesign CS5 hat Adobe drei Gruppen von Entwicklungsteams eingesetzt. Ein Team kümmerte sich um die Funktionen für »Design und Layout«, ein anderes Team kümmerte sich um Funktionen und Arbeitsweisen für »Kollaborierendes Arbeiten« und das dritte Team schlussendlich um Funktionen und Wege zur Erstelleung von »Cross-Media-Dokumenten«.

Anhand dieser Gruppen wollen wir an dieser Stelle einen groben Überblick über alle neuen Funktionenen geben, die in InDesign CS5 zu finden sind.

1.2.1 Neue Funktionen für »Design und Layout«

Die Neuerungen in diesem Bereich betreffen alle Anwender von InDesign, ob für Print oder Cross Media. Die wichtigsten Neuerungen sind:

- **Unterschiedliche Seitengrößen in einem Dokument:** Diese längst überfällige Funktion steht nun endlich zur Verfügung.
- **Überarbeitetes Ebenen-Bedienfeld:** Durch die Neuerungen hinsichtlich der Bearbeitbarkeit von Ebenen und Unterebenen tun sich ganz neue Arbeitsweisen auf.
- **Vereinfachungen beim Transformieren:** Mit dem Auswahlwerkzeug stehen nun mehr Möglichkeiten zur Verfügung.

- **Lückenwerkzeug:** Damit können Abstände zwischen Objekten vereinfacht verändert werden.
- **Spaltenspanne und unterteilte Spalte:** Headlines oder Absätze über mehrere Spalten zu setzen bzw. eine Spalte für Absätze zu unterteilen, ohne dafür einen eigenen Textrahmen aufziehen zu müssen, ist wohl für viele die wichtigste neue Funktion in InDesign CS5.
- **Mini Bridge:** Wesentliche Teile der Adobe Bridge in Form eines Bedienfeldes zur Verfügung zu haben, kann Layoutprozesse enorm beschleunigen.
- **Eckenabrundungen:** Diese können nun einfacher erstellt und verändert werden.
- **Inhalte aus Metadaten automatisiert auslesen:** Immer häufiger sind Informationen für die Texterstellung aus den Metadaten auszulesen und auch zu aktualisieren. Erste gute Ansätze dazu sind in InDesign CS5 zu finden.

1.2.2 Neue Funktionen für »Kollaborierendes Arbeiten«

Mehrere Personen sind an einem Projekt beteiligt. Diese in einen Prozess zu integrieren, war das Ziel für die Entwickler in diesem Team. Was ist dabei herausgekommen?

- **Buzzword-Integration:** Texte über eine Online-Textverarbeitung zu erstellen bzw. zu ändern und diese mit InDesign abzugleichen, kann in einigen Fällen sehr nützlich sein.
- **Integrierter elektronischer Kommentarzyklus:** Eine neue Möglichkeit, Dokumente zur Korrektur anderen Personen vorzulegen und Korrekturmöglichkeiten zur Verfügung zu stellen.
- **Änderungsverfolgung:** Eine längst überfällige Funktion zum Nachvollziehen und Versionieren von Textänderungen.
- **Präsentationsmodus:** Sie können InDesign nun ohne Umwege über PDF als Präsentationswerkzeug verwenden.

1.2.3 Neue Funktionen zur Erstellung von »Cross-Media-Dokumenten«

Für diesen Bereich hatte das Entwicklungsteam die Aufgabe, Möglichkeiten zur Erstellung bewegter »Dokumente« zu schaffen. Was ist dabei herausgekommen?

- **Bedienfelder zum Erstellen von bewegten Assets:** Um statischen Elementen das »Laufen« beizubringen, müssen Objekten verschiedene Zustände und Eigenschaften zugewiesen werden. Dazu benötigt man Eingabeformen, die in InDesign CS5 über die Animation-, Medien-, Objektstatus-, Schaltflächen-, Seitenübergänge-, Vorschau- und Zeitpunkt-Bedienfelder zur Verfügung stehen.

- **Erweiterter Export:** Die Funktionen zum Export für Cross-Media-Dokumente wurden in den Bereichen Flash, XHTML und JPEG ausgebaut.
- **Erweiterter Import:** Wenn schon Cross-Media-Dokumente erstellt werden sollen, so werden zur Erstellung dieser sowohl Sounds und Movies als auch SWF-Dateien benötigt. InDesign kann fast jegliches Format in diesem Bereich einlesen.

1.3 Die Ausrichtung im Buch

Adobe hat mit InDesign ein sehr mächtiges Werkzeug entwickelt. Die Mächtigkeit des Programms ist auch gleichzeitig sein größtes Manko. Mittlerweile könnte man nämlich ein InDesign-Buch für Kreative und Künstler, für Reinzeichner und Datenprüfer, für Druckvorstufenprofis und Druckformenhersteller, für Ersteller von Katalogen, die aus Datenbanken automatisiert befüllt werden sollen, für Präsentatoren und für das Erstellen von Cross-Media-Dokumenten schreiben. Diese Liste ließe sich noch lange fortsetzen.

Auf 976 Seiten lassen sich sicherlich nicht all diese Arbeitsweisen erschöpfend beschreiben. Aus diesem Grund mussten wir eine Gewichtung vornehmen.

1.3.1 Was Sie erwartet

Auch wir Autoren sind nur Menschen. Auch wir haben unser Fachwissen in einigen Bereichen, doch nicht in allen. Deshalb haben wir den großen Bogen spannen und Informationen aus verschiedenen Bereichen zusammentragen und diese so aufbereiten müssen, dass jeder Leser für seinen Bereich die notwendigen Hinweise findet.

Dieses Buch liefert Ihnen Grundlagenwissen im Bereich der Technik, der Typografie, des Satzes, des Layouts und der Produktion von Daten speziell für den Printbereich, Programmkenntnisse zum Handling der Werkzeuge, Anleitungen für die Umsetzung von grafischen Vorhaben, Rezepte für das Umsetzen von Standards und Konzepte für Arbeitsweisen in der klassischen Printindustrie. Bereiche wie Online, Präsentation usw. werden in Form von Beispielen als Zusatzdokumente beschrieben, und technisches Hintergrundwissen wird durch die Glossare und Informationskästen zum besseren Verständnis vermittelt.

1.3.2 Was Sie hier dennoch nicht finden

Wie Sie das Programm anwenden, um Effekte, Grafiken und Layouts zu erstellen, das vermitteln wir in diesem Buch. Wenn Sie erwarten, dass Sie kreative Tipps und gestalterische Highlights darin finden, dann ist dieses Buch nicht die richtige Adresse. Unser Ansatz ist die technische Implementierung von Arbeitsabläufen und Prozessen. Die künstlerischen und gestalterischen Aufgaben sind nicht zentraler Punkt der Betrachtung, auch wenn wir uns einen Seitenhieb nicht immer verkneifen können.

Was Sie darüber hinaus in der gedruckten Version auch nicht finden werden, ist die Beschreibung der Funktionen, die Sie zur Erstellung von Cross-Media-Dokumenten benötigen. Wie Sie eine standardisierte Übergabe für andere Bereiche (außerhalb der Printproduktion) durchführen können, ist jedoch schon Inhalt dieses Buches.

Damit Sie aber für den Fall der Fälle auf die Informationen zur Erstellung von Cross-Media-Dokumenten zurückgreifen können, steht Ihnen auf dem Webserver von Galileo eine Beschreibung zu diesen Funktionen zum Download zur Verfügung.

Wir sind überzeugt, dass Sie sich mit diesem Buch das notwendige Rüstzeug zum Erstellen von professionellen Print-Dokumenten aneignen können. Inwieweit wir mit unserer Einschätzung, die Erstellung von Cross-Media-Dokumenten etwas stiefmütterlicher zu behandeln, richtig liegen oder nicht, werden wir bald abschätzen können. Für Rückmeldungen sind wird Ihnen dankbar.

1.4 Danksagung

Den Menschen im Hintergrund, die zur Vollendung dieses Buchs beigetragen haben, sei an dieser Stelle besonderer Dank ausgesprochen. Dieser Dank gilt in erster Linie unseren Familienmitgliedern, die das notwendige Verständnis für die mangelnde Zeit aufgebracht haben, dem Verlag und hier speziell Katharina Geißler für die professionelle Zusammenarbeit und für den sehr rücksichtsvollen Umgang mit den gestressten Herrn und natürlich auch unserer Korrektorin, Frau Friederike Daenecke, die in unglaublicher Genauigkeit unsere Wortwahl gleichgeschaltet hat.

Viele Beispiele aus dem Buch stammen aus Projekten, die wir in der Praxis gemeinsam mit Firmen umgesetzt haben. Besonderer Dank gilt dabei den Firmen typoplus (Bozen, IT), dem Print-Zeitungsverlag (Innsbruck, AT) und dem News-Verlag (Wien, AT). Spezieller Dank gilt den Schülern des MultiAugustinum (St. Margarethen, SBG, AT) und den Schülern der Abteilung Grafik- und Kommunikationsdesign an der HTL1 Bau und Design (Linz, AT) für das Überlassen der Bildrechte.

TEIL I
Bevor Sie loslegen

2   Arbeitsoberfläche

KAPITEL 2

Jedes Programm hat seine Eigenheiten. Die Bezeichnungen, der Umgang mit den Werkzeugen und die Bedienoberfläche müssen vom Nutzer erst angenommen werden. Werfen Sie in diesem Kapitel einen ersten Blick auf InDesign, und erfahren Sie, wie die Bedienoberfläche aufgebaut ist, wie Sie sich in einem Dokument bewegen können, wo welche Werkzeuge zu finden sind und wie die Menüs strukturiert sind.

2.1   Startbildschirm

Wenn Sie InDesign starten, erscheint zumindest das erste Mal ein Startbildschirm, der Ihnen als Anfänger sicherlich sehr hilfreich sein wird. Sie können darüber auf die zuletzt verwendeten Dokumente ❶ zugreifen, ein neues Dokument ❸ bzw. Buch oder eine neue Bibliothek erstellen oder auf die Hilfedokumente im Bereich Community ❹, die von Adobe angeboten werden, jederzeit online zugreifen.

Wir empfehlen, diesen Startbildschirm durch Aktivierung der Option Nicht mehr anzeigen ❷ beim Starten nicht mehr anzeigen zu lassen. Sie haben darauf ohnehin über Hilfe • Startbildschirm immer Zugriff.

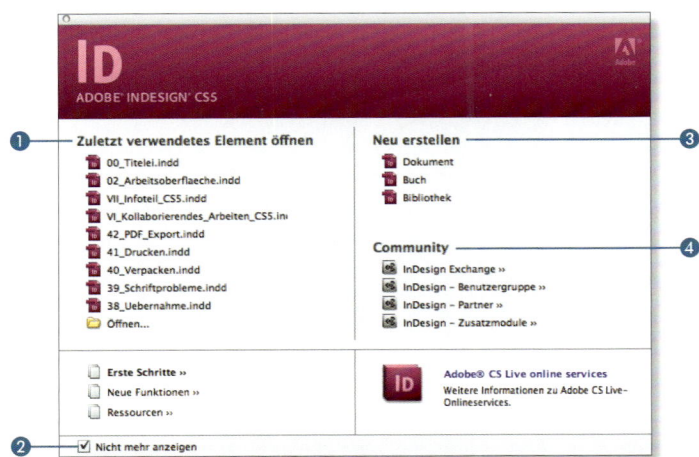

◂ **Abbildung 2.1**
Der Startbildschirm ist für Anfänger sehr hilfreich. Bei der täglichen Arbeit ist jedoch der Anblick dieses Dialogs morgens ohne Kaffee nicht förderlich, da Sie ihn ohnehin jedes Mal schließen.

2.2 Die Oberfläche

Wenn Sie InDesign starten, zeigt sich der Arbeitsbereich zunächst sehr aufgeräumt. Das liegt an der Strategie, die sich Adobe mit der ersten Creative Suite für die Verwaltung der Bedienfelder hat einfallen lassen. Wie sich die Oberfläche Ihnen präsentiert, hängt in erster Linie einmal sehr vom verwendeten Betriebssystem, von der Aktivierung der *Anwendungsleiste* und von der Aktivierung des *Anwendungsrahmens* bei Mac OS X ab.

2.2.1 Die Anwendungsleiste

Unter »Anwendungsleisten« werden unter Mac OS X die Steuerungsschaltflächen unterhalb der Menüleiste verstanden. Unter Windows werden die Objekte der Anwendungsleiste in der Menüleiste dargestellt.

▼ **Abbildung 2.2**
Die Anwendungsleiste aus InDesign unter Mac OS X

Die Anwendungsleiste zeigt immer den gewählten Arbeitsbereich ❻ – hier BUCH SCHREIBEN – und ermöglicht einen schnellen Wechsel zwischen diesen. Darüber hinaus können Sie damit den Zoomfaktor ❷ zur Darstellung eines Dokuments ändern, die Anzeigeoptionen ❸ steuern, den Bildschirmmodus ❹ wechseln, die Dokumentanordnung ❺ wählen, eine Suche ❼ durchführen oder rasch auf Elemente wie Adobe Bridge CS5 ❶ zugreifen. Um auf die Online-Dienste von Adobe zugreifen zu können, steht das Menü CS LIVE ❽ zur Verfügung.

Die Anwendungsleiste kann über das Menü FENSTER • ANWENDUNGSLEISTE (Mac OS X), wenn Sie den Anwendungsrahmen nicht aktiviert haben, aus- bzw. eingeblendet werden. Wir haben die Anwendungsleiste in diesem Buch aktiviert gehalten.

▲ **Abbildung 2.3**
ANZEIGEOPTIONEN ❸

▲ **Abbildung 2.4**
BILDSCHIRMMODUS ❹

▲ **Abbildung 2.5**
DOKUMENT ANORDNEN ❺

2.2.2 Unterschiede zwischen den Betriebssystemen

Die Arbeitsoberfläche ist unter Windows anders organisiert als unter Mac OS X. Unter Windows läuft InDesign (wie jedes Programm) in einem Anwendungsfenster, das in seiner Größe verändert werden kann, in der Regel aber den gesamten Bildschirm belegen wird. Unter Mac OS X wird die gesamte Fläche des Bildschirms als Arbeitsoberfläche betrachtet. Seit InDesign CS4 kann auch unter Mac OS X das Programm in einem Anwendungsfenster ablaufen. Wir können somit zwischen vier Darstellungen bei Mac OS X und zwei Darstellungen unter Windows unterscheiden. Die nachfolgenden Abbildungen sollen diese verdeutlichen.

Standard-Oberfläche unter Mac OS X mit frei schwebenden Dokumentfenstern | Sind mehrere Dokumente geöffnet, so können Sie wie gewohnt jedes Dokument frei auf der Oberfläche anordnen, in der Größe verändern und verschieben.

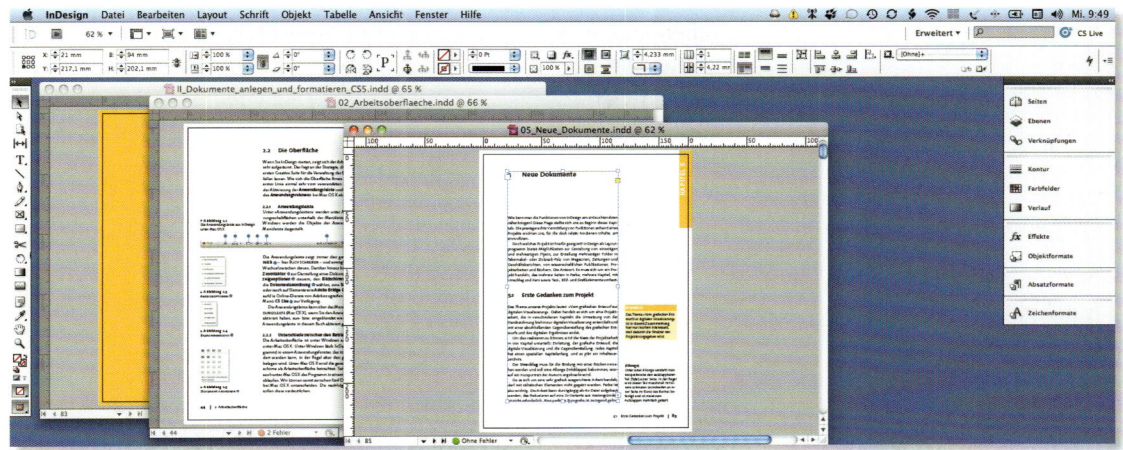

▲ **Abbildung 2.6**
Oberfläche mit frei schwebenden Dokumentfenstern

Wenn Sie die Voreinstellungen von InDesign noch nicht verändert haben, so werden Sie beobachten, dass sich beim Öffnen von Dokumenten diese in Registerkarten angeordnet zeigen. Wenn Sie also die Anordnung aus Abbildung 2.6 bevorzugen, so müssen Sie über INDESIGN • VOREINSTELLUNGEN • BENUTZEROBERFLÄCHE die Option DOKUMENTE IN REGISTERKARTE ÖFFNEN deaktivieren.

Standard-Oberfläche unter Mac OS X mit mehreren Dokumenten in einem Dokumentfenster | Lassen Sie jedoch die Option DOKUMENTE IN REGISTERKARTEN ÖFFNEN aktiviert, so fasst InDesign alle geöffneten Dokumente in einem Dokumentfenster zusammen, das Sie frei auf der Oberfläche verschieben können.

▼ **Abbildung 2.7**
Oberfläche mit frei schwebendem Dokumentfenster. Die geöffneten Dokumente sind hier in Registerkarten abgelegt.

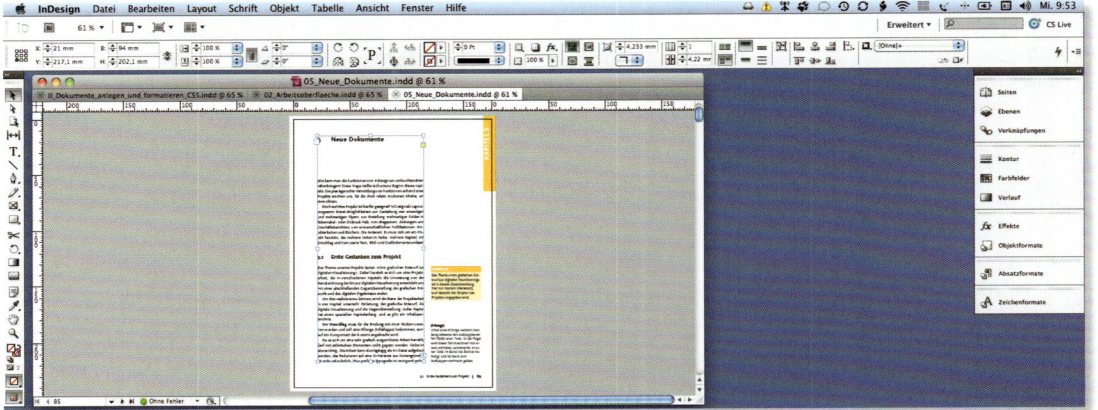

2.2 Die Oberfläche | **43**

> **TOP-TIPP: Zwischen Registerkarten wechseln für Mac OS X**
>
> Mac OS X-Anwender können standardmäßig in jedem Programm zwischen geöffneten Dokumenten wechseln, indem sie ⌘+< drücken. Damit können Sie auch zwischen den Registerkarten wechseln.
>
> Sollte dieses Tastaturkürzel bei Ihnen nicht funktionieren, so aktivieren Sie in den Tastaturkurzbefehlen der Systemeinstellungen die Option NÄCHSTES FENSTER IM AKTIVEN PROGRAMM AUSWÄHLEN.

Die einzelnen Dokumente sind dabei in Registerkarten abgelegt. Durch einen Klick auf die Registerkarte wird das Dokument in den Vordergrund gebracht. Die Oberfläche präsentiert sich dann so, wie in Abbildung 2.7 gezeigt.

Der Mac OS X-Anwender behält dadurch die gewohnte Arbeitsweise bei, durch Klick auf den Schreibtisch bzw. auf ein dahinterliegendes Fenster auf dieses zu wechseln oder durch Doppelklick auf den Dokumentfenstertitel das Dokumentfenster mit allen Registerkarten im Dock abzulegen. Diese Oberfläche wird den meisten Mac OS X-Anwendern wohl am sympathischsten sein. Sie ist unsere bevorzugte Arbeitsweise.

Sie können, auch wenn Sie diese Oberflächengestaltung benutzen, jederzeit aus einem Dokument ein schwebendes Dokumentfenster erzeugen, indem Sie einfach auf die Registerkarte klicken und diese per Drag & Drop verschieben.

Oberfläche unter Mac OS X mit aktiviertem Anwendungsrahmen | Um den Mac OS X-Anwendern das annähernd gleiche Verhalten wie unter Windows zur Verfügung zu stellen, kann seit der Creative Suite 4 für jede Anwendung der Anwendungsrahmen – er entspricht dem Anwendungsfenster unter Windows – eingeschaltet werden.

Sie können dieses Verhalten über den Befehl FENSTER • ANWENDUNGSRAHMEN jederzeit aus- und einschalten.

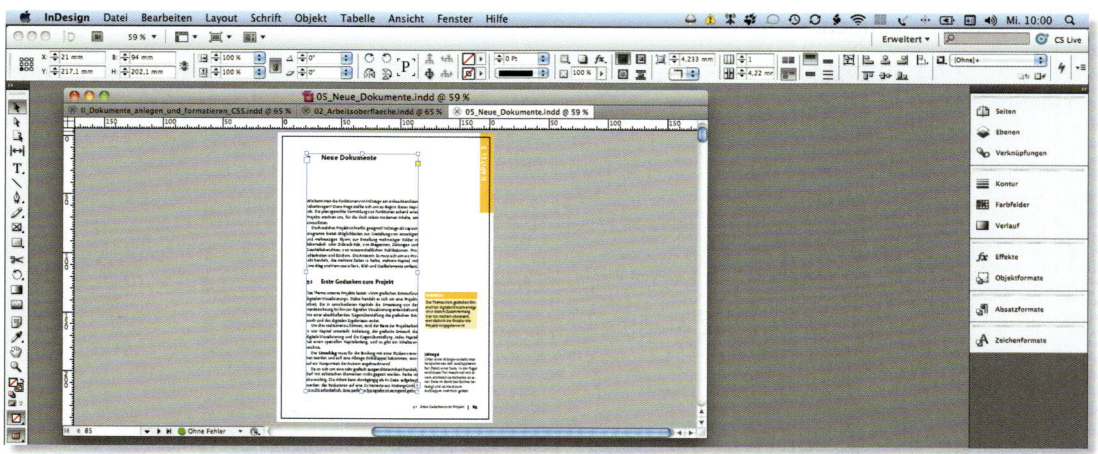

▲ **Abbildung 2.8**
Oberfläche mit frei schwebendem Dokumentfenster und aktiviertem Anwendungsrahmen. Die geöffneten Dokumente sind hier in Registerkarten abgelegt.

Im Unterschied zur zuvor beschriebenen Oberfläche kann nun nicht mehr auf den Schreibtisch oder auf ein dahinterliegendes Fenster gewechselt werden. Dafür bleiben einerseits alle anderen gewohnten Arbeitsweisen, wie das Ablegen im Dock und das Erzeugen von schwebenden Dokumentfenstern, erhalten, und andererseits verhält sich der Anwendungsrahmen dann Windows-konform: Durch einen Doppelklick auf die graue Fläche des Anwendungsrahmens wird der Befehl ÖFFNEN ausgeführt.

Diese Oberflächenanordnung empfehlen wir Ihnen nicht, da sich das Dokumentfenster mit allen Registerkarten der geöffneten Dokumente oberhalb des Anwendungsrahmens befindet, weshalb Sie somit das Dokumentfenster über die Bedienfelder und auch über die Anwendungsleiste verschieben können. Das Arbeiten ist damit sehr schwer möglich.

Wenn Sie die Oberfläche mit aktiviertem Anwendungsrahmen wählen, so empfehlen wir Ihnen, immer das Dokumentfenster mit den Registerkarten an das Steuerung-Bedienfeld anzudocken. Dies können Sie ganz einfach durch Verschieben des Dokumentfensters an die untere Kante des Steuerung-Bedienfelds tun. Sobald eine blaue Linie erscheint, lassen Sie die Maus los.

Oberfläche unter Windows mit frei schwebendem Dokumentfenster | Unter Windows kann die Anwendungsleiste nicht ein- bzw. ausgeblendet werden, weshalb auch kein entsprechender Menübefehl zur Verfügung steht. Die Elemente der Anwendungsleiste – ZOOMFAKTOR, ANZEIGEOPTIONEN, BILDSCHIRMMODUS und DOKUMENTE ANORDNEN – befinden sich hier in der Menüleiste von InDesign. Da unter Windows immer ein Anwendungsfenster besteht, kann eine Oberfläche mit schwebenden Fenstern, wobei Sie auf den Desktop oder andere darunterliegende Anwendungsrahmen klicken können, nicht eingerichtet werden.

TOP-TIPP: Zwischen Registerkarten wechseln für Windows

Windows-Anwender können zwischen geöffneten Dokumenten, die in Registerkarten abgelegt sind, wechseln, indem sie [Strg]+[⇆] drücken.

▼ **Abbildung 2.9**
Oberfläche mit frei schwebendem Dokumentfenster unter Windows. Die geöffneten Dokumente sind hier in Registerkarten abgelegt.

2.2 Die Oberfläche

Wie unter Mac OS X können einzelne Dokumente durch Herausziehen der Registerkarte in ein eigenes Dokumentfenster gebracht werden.

Oberfläche unter Mac OS X mit angedocktem Dokumentfenster, wobei Dokumente in Registerkarten abgelegt sind | Mit dieser Oberfläche wird die Oberfläche jener der Windows-Welt am ähnlichsten dargestellt. Damit können Anwender schnell zwischen den Dokumenten wechseln und das gesamte Anwendungsfenster inklusive aller geöffneten Dokumente minimieren (in der Tasleiste bzw. dem Dock ablegen).

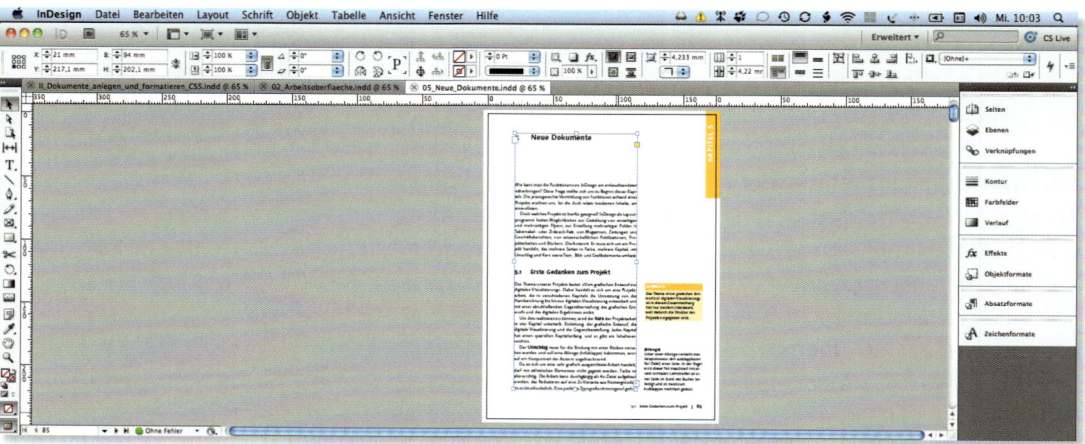

▲ **Abbildung 2.10**
Oberfläche mit angedocktem Dokumentfenster unter Windows. Die geöffneten Dokumente sind hier in Registerkarten abgelegt.

Das Andocken des Dokumentfensters funktioniert bei beiden Betriebssystemen durch einfaches Ziehen eines Dokumentfensters an die Unterkante des Steuerung-Bedienfelds.

Wir werden in diesem Buch mit dieser Oberfläche arbeiten. Wundern Sie sich als Mac OS X-Anwender also nicht, wenn Sie die Oberfläche in den Screenshots immer wieder sehen.

2.2.3 Oberfläche für Mac OS X und Windows gleichschalten

Mac OS X-Anwender sind es gewohnt, mit schwebenden Fenstern zu arbeiten. Damit lassen sie schnell Fenster im Dock verschwinden; man kann schnell ein Fenster mal auf die Seite schieben; man kann ganz schnell auf Dokumentfenster anderer Programme wechseln, und man kommt das eine oder andere Mal doch auch ungewollt auf den Schreibtisch. Diese Möglichkeit bleibt InDesign-Anwendern unter Mac OS X auch so erhalten.

Nach der Grundinstallation von InDesign zeigt sich das Programm mit einem schwebenden Dokumtenrahmen, in dem alle geöffneten Dokumente als Registerkarten abgelegt werden. Wir haben jedoch für die Abbildungen in diesem Buch den Anwendungsrahmen aktiviert. Wenn Sie dies auch so sehen wollen, rufen Sie dazu den Befehl Fenster • Anwendungsrahmen auf. InDesign läuft dann als Programm in einem Anwendungsfenster, womit kein Durchklicken auf den Schreibtisch oder auf dahinterliegende Fenster mehr möglich ist.

2.2.4 Elemente der Oberfläche

Die Beschreibung der Oberflächenelemente erfolgt anhand der Mac OS X-Oberfläche. Sollten sich Änderungen hinsichtlich der Windows-Oberfläche ergeben, so wird dies im Text angeführt.

Menüleiste ❶ | Die Darstellung der Menüleiste und auch die Anordnung einiger Befehle in den Menüs unterscheiden sich aufgrund der Gepflogenheiten der beiden Betriebssysteme.

Unter Mac OS findet sich neben dem Apfel-Menü das Menü InDesign. Es beinhaltet neben einigen Standardbefehlen, die vom Betriebssystem zur Verfügung gestellt werden, die Befehle Über InDesign, Zusatzmodule konfigurieren, Voreinstellungen sowie die Befehle InDesign ausblenden und InDesign beenden.

Unter Windows erreichen Sie Zusatzmodule konfigurieren und Über InDesign über das Hilfe-Menü, Voreinstellungen über das Bearbeiten-Menü und den Befehl InDesign beenden im Menü Datei.

> **Arbeitsvorbereitung**
>
> Wenn Sie InDesign zum ersten Mal starten, wird der Arbeitsbereich Grundlagen aktiviert. Da dieser Arbeitsbereich auch einen reduzierten Befehlsumfang vorsieht, stellen wir sofort auf den Arbeitsbereich Erweitert um.
>
> Führen Sie dazu den Befehl Fenster • Arbeitsbereich • [Erweitert] und dann den Befehl Fenster • Arbeitsbereich • Erweitert zurücksetzen aus. Damit kommen Sie auf den unveränderten Arbeitsbereich Erweitert zurück. Die Oberfläche sollte sich dann so wie in Abbildung 2.11 darstellen.

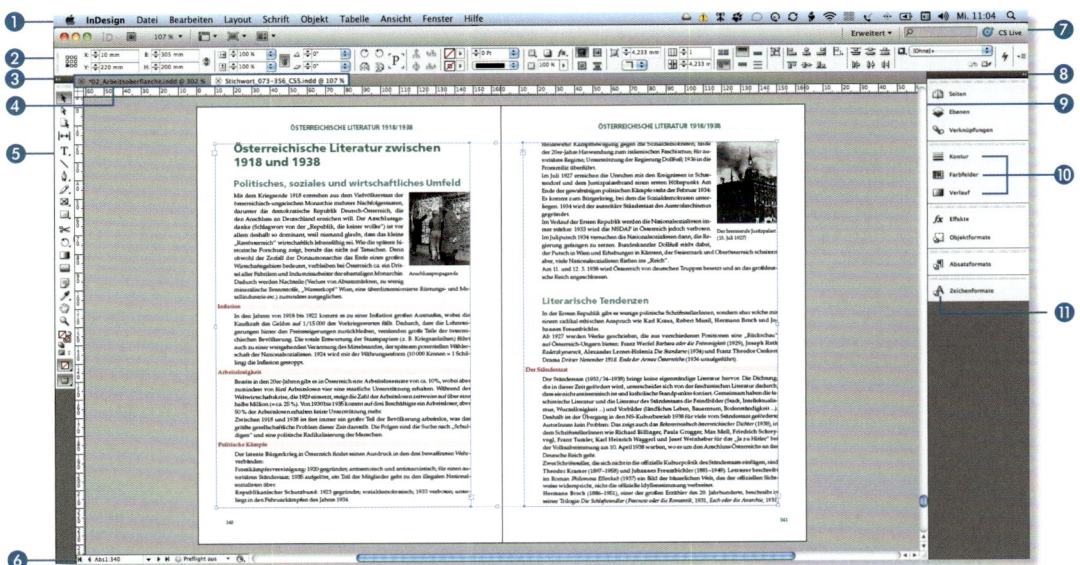

▼ **Abbildung 2.11**
Die Arbeitsoberfläche von InDesign unter Mac OS X

Anwendungsleiste ❼ | Die Funktionen der Anwendungsleiste werden unter Windows am Ende der Menüleiste angehängt.

> **Steuerung-Bedienfeld deckt mehrere Bedienfelder ab**
>
> Das Steuerung-Bedienfeld deckt mehrere Bedienfelder ab, zwischen denen InDesign je nach aktiviertem Objekt oder Werkzeug umschaltet.
>
> Der Anwender kann bei der Bearbeitung von Texten darüber hinaus manuell zwischen den Bedienfeldern zur Absatz- und Zeichenformatierung umschalten. Wenn Sie allerdings einen großen Bildschirm besitzen, werden Ihnen die Absatz- und die Zeichenformatierung nebeneinander auf einer Ebene dargestellt.

Unter Mac OS X wird die Anwendungsleiste unterhalb der Menüleiste angedockt. Da wir mit aktiviertem Anwendungsrahmen arbeiten, kann sie auch nicht über FENSTER • ANWENDUNGSLEISTE deaktiviert werden.

Steuerung-Bedienfeld ❷ | Unterhalb der Anwendungsleiste finden Sie das Steuerung-Bedienfeld. Benutzern von QuarkXPress – dort heißt es Maßpalette – wird es vertraut erscheinen. Hier können die wichtigsten Parameter für das aktuell ausgewählte Objekt eingestellt und verändert werden. Das Steuerung-Bedienfeld kann, wie alle anderen Bedienfelder auch, verschoben und angedockt werden.

Auch wenn für QuarkXPress-Umsteiger die Versuchung sehr groß ist, das Steuerung-Bedienfeld an den unteren Rand zu verschieben, so raten wir davon ab. Die Beschreibung in diesem Buch geht von der Grundanordnung aus.

Dokumentfenster ❹ | Unterhalb des Steuerung-Bedienfelds befindet sich das angedockte Dokumentfenster, in dem geöffnete Dokumente in Registerkarten abgelegt sind. Das Umschalten zwischen den Registerkarten erfolgt durch einfachen Klick auf die Registerkarte oder unter Mac OS X über die Tastenkombination ⌘+< bzw. Strg+↹.

Werkzeug-Bedienfeld | Am linken Bildschirmrand wird standardmäßig das Werkzeug-Bedienfeld ❺ angezeigt, das in seiner Größe verändert und auch verschoben werden kann. Das Aussehen dieses Bedienfelds kann in den VOREINSTELLUNGEN – im Register BENUTZEROBERFLÄCHE – bzw. durch Klick auf ANDOCKEN MAXIMIEREN ❸ verändert werden. Sie sollten dieses auch maximieren.

Bedienfelder | Am rechten Bildschirmrand sind im Verankerungsbereich die Bedienfelder angedockt – sie werden benötigt, um verschiedene Einstellungen vorzunehmen.

▶ **Darstellungsform von Bedienfeldern:**
  ▶ Normalform: Die Normalform des Arbeitsbereichs ERWEITERT ist in Abbildung 2.11 zu sehen.
  ▶ Minimalform: Dabei wird die Ansicht nur auf die Darstellung von Symbole beschränkt. Um dies zu erreichen, müssen Sie lediglich den Verankerungsbereich durch Ziehen an der linken Kante ❾ verkleinern – der Cursor ändert sich dabei in das Symbol ↔.
  ▶ Maximalform: Lässt sich der Verankerungsbereich nicht verkleinern, so befinden Sie sich in der Maximalformdarstel-

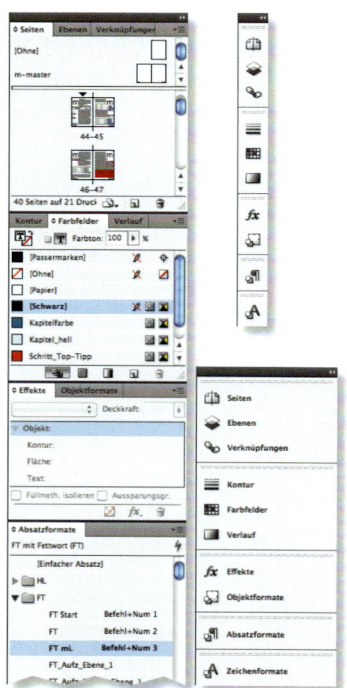

▲ **Abbildung 2.12**
Links: Verankerungsbereich in der Maximalformdarstellung;
Rechts oben: Verankerungsbereich in der Minimalformdarstellung;
Rechts unten: Verankerungsbereich in der Normalformdarstellung

lung, die Sie nur durch Klick auf ANDOCKEN MAXIMIEREN ❽ wieder umschalten können.

- **Verändern der Anordnung:** Im Verankerungsbereich sind einzelne Bedienfelder zu Stapeln ❿ zusammengefasst. Diese können durch Klick auf die Stapel-Titelleiste und anschließendes Ziehen aus dem Verankerungsbereich heraus- bzw. wieder in ihn hineingeschoben werden. Dadurch wird der Stapel mit allen Bedienfeldern zu einem »schwebenden Bedienfeld« umfunktioniert. Diese Arbeitsweise ist QuarkXPress-Usern und InDesign-Anwendern der Vorversionen bereits vertraut. Glücklich ist, wer einen eigenen Bedienfeldmonitor besitzt und somit die Chance hat, einzelne Bedienfelder, ja sogar ganze Stapel, auf den dafür bereitgestellten zweiten Monitor zu verschieben.
- **Eingabe:** Um in die einzelnen Bedienfelder zu gelangen, müssen Sie nur auf den jeweiligen Eintrag bzw. auf die Symbole ⓫ der einzelnen Bedienfelder klicken. Dadurch werden diese in zweiter Reihe in einem eigenständigen Fenster geöffnet. Ob Bedienfelder geöffnet bleiben oder nach dem Verlassen des Feldes geschlossen werden, hängt von den getroffenen Voreinstellungen ab. Möchten Sie, dass Ihr Bedienfeld so lange geöffnet bleibt, bis Sie ein anderes Bedienfeld anklicken, so deaktivieren Sie in den VOREINSTELLUNGEN im Register BENUTZEROBERFLÄCHE die Option BEDIENFELDER AUTOMATISCH AUF SYMBOLE MINIMIEREN.

Statuszeile ❻ | Der untere Rand des Dokuments wird durch die Statuszeile begrenzt. In der Statuszeile kann eine Seitennavigation erfolgen, und hier wird auch der Preflightstatus angezeigt.

Für alle Objekte auf der Arbeitsoberfläche gilt, dass kurze Informationen über ihre Funktionen bzw. Inhalte – die **QuickInfo** – angezeigt werden, wenn Sie den Mauszeiger über einem Werkzeug oder Symbol positionieren. In diesem Fall taucht rechts unter dem entsprechenden Element ein kleines, gelbes Feld auf, das den Namen des Werkzeugs mit dem entsprechenden Tastaturbefehl oder eine kurze Erklärung zur Funktion des Elements enthält.

Gerade für Anfänger, aber auch für Umsteiger ist diese Funktion praktisch. Wenn in diesem Buch etwa vom »Buntstift« die Rede sein wird, kann das entsprechende Werkzeug im Werkzeug-Bedienfeld leichter gefunden werden, wenn Sie den Mauszeiger einmal über dem Werkzeug-Bedienfeld kreisen lassen und die auftauchenden QuickInfos beobachten. Die Einblendgeschwindigkeit können Sie dazu unter VOREINSTELLUNGEN • BENUTZEROBERFLÄCHE durch Auswahl der Option QUICKINFO verändern.

▲ **Abbildung 2.13**
Ein Bedienfeld-Stapel in der Maximalformdarstellung. Ein Stapel kann mehrere Bedienfelder besitzen. Aus Gründen der Übersicht sollten nicht zu viele Bedienfelder in einem Stapel zusammengefasst werden.

> **Deaktivieren der QuickInfos**
>
> Geübte InDesign-Anwender finden die permanente Anzeige der QuickInfos eher störend.
>
> Um die Anzeige abzuschalten, wählen Sie den Eintrag OHNE in der Option QUICKINFO, die Sie in den InDesign-Voreinstellungen im Register BENUTZEROBERFLÄCHE finden.

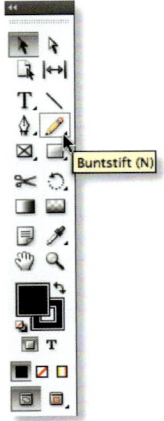

▲ **Abbildung 2.14**
Das QuickInfo-Feld zum Buntstift-Werkzeug

2.3 Bedienfelder

Grundsätzlich ist zwischen zwei Arten von Bedienfeldern zu unterscheiden:

> **Bedienfelder zur Grundbedienung:** Ein Teil der Bedienfelder, nämlich das Werkzeug- und das Steuerung-Bedienfeld, beziehen sich auf die Grundbedienung des Programms.
> InDesign nimmt in der Grundeinstellung beim Anlegen eines neuen Dokuments auf diese beiden Bedienfelder Rücksicht und passt das neue Fenster so in die Arbeitsoberfläche ein, dass es nicht mit den beiden Bedienfeldern kollidiert. Dies gilt auch dann, wenn Sie die Standardposition der beiden Bedienfelder verändern. Das Steuerung-Bedienfeld kann allerdings vom Benutzer als schwebendes Bedienfeld – so wie es QuarkXPress-Anwender kennen – über der Arbeitsoberfläche positioniert werden. In diesem Fall wird der Platzbedarf ignoriert.

> **Erweiterte Bedienfelder:** Die zweite Art von Bedienfeldern dient der Feineinstellung verschiedener Attribute von Layoutelementen. In den unterschiedlichen Situationen der Layoutentwicklung oder abhängig vom jeweiligen Arbeitsauftrag werden nicht alle Funktionen benötigt. Die nicht benötigten Bedienfelder können bei Bedarf auf die Minimaldarstellung (Symbole) reduziert oder ganz geschlossen werden. Sie können vom Benutzer konfiguriert und angeordnet werden, wie es für die jeweilige Situation am besten erscheint.

2.3.1 Das Werkzeug-Bedienfeld

Im Werkzeug-Bedienfeld befinden sich alle Werkzeuge, die Sie zur Bearbeitung der einzelnen Layoutobjekte benötigen. Ihre jeweilige Funktion werden wir Ihnen in den folgenden Kapiteln erklären. Sie können das Werkzeug-Bedienfeld am oberen Rand ❶ mit der Maus »greifen« und an eine beliebige Stelle auf dem Bildschirm bewegen. Dabei überdeckt das Werkzeug-Bedienfeld immer sowohl das Dokumentfenster als auch das Steuerung-Bedienfeld. Die übrigen Bedienfelder können auch das Werkzeug-Bedienfeld verdecken.

Das Werkzeug-Bedienfeld verhält sich beim Verschieben wie alle anderen Bedienfelder auch. Bedienfelder docken automatisch an, wenn Sie in die Gegend des linken oder rechten Randes der Arbeitsoberfläche bzw. in die Nähe eines bestehenden Verankerungsbereichs kommen. Das erleichtert es Ihnen, Bedienfelder platzsparend und exakt an sinnvollen Positionen abzulegen.

Darüber hinaus können Sie die Anordnung der Werkzeuge im Werkzeug-Bedienfeld beeinflussen, indem Sie auf die Pfeile ❷ am

---

Bedienfelder zur Grundbedienung

Auch wenn das Werkzeug- und das Steuerung-Bedienfeld ausgeblendet werden können, sollten Sie sie immer im Zugriff haben.

Schwebende Bedienfelder

Schwebende Bedienfelder sind an keiner bestimmten Stelle des Arbeitsbereichs fixiert, frei beweglich und befinden sich immer über den Dokumentfenstern. Sie können nur von anderen schwebenden Bedienfeldern verdeckt werden, was sie in der Regel auch immer sind.

▲ **Abbildung 2.15**
Links: einspaltiges Werkzeug-Bedienfeld; Rechts: zweispaltiges Werkzeug-Bedienfeld

oberen Rand des Bedienfelds klicken. Beim ersten Klick werden alle Werkzeuge in einer Reihe untereinander dargestellt; beim nächsten Klick werden die Werkzeuge ebenfalls einreihig angeordnet, dann allerdings horizontal.

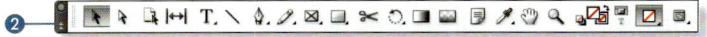

◄ **Abbildung 2.16**
Einzeiliges Werkzeug-Bedienfeld

Mit einem weiteren Klick stellen Sie den Ursprungszustand wieder her. Um eine generelle Änderung der Darstellung des Werkzeug-Bedienfelds vorzunehmen, ändern Sie die Einstellung unter VOR-EINSTELLUNGEN • BENUTZEROBERFLÄCHE durch Auswahl in der Option VERSCHIEBBARES WERKZEUGBEDIENFELD.

> **TIPP**
>
> Benutzer, die gerne den linken Rand der Arbeitsoberfläche frei von Bedienfeldern haben, sollten einfach die Werkzeuge als zweiten Verankerungsbereich an der rechten Seite andocken.

2.3.2 Das Steuerung-Bedienfeld

Sie können das Steuerung-Bedienfeld mit dem Menü FENSTER • STEUERUNG oder dem Tastaturkürzel [Strg]+[Alt]+[6] bzw. [⌘]+[⌥]+[6] ein- oder ausblenden.

Manipulation des Steuerung-Bedienfelds | Im Normalzustand erscheint das Bedienfeld unter der Menüleiste angedockt. Allerdings kann das Steuerung-Bedienfeld über die Bedienfeldleiste ❸ aus dieser Position gezogen werden, womit es sich in ein normales schwebendes Bedienfeld verwandelt.

Aus dem schwebenden Zustand kann das Bedienfeld wieder über die Titelleiste an seine ursprüngliche Position unter der Menüleiste verschoben und angedockt werden.

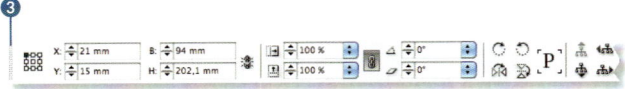

▲ **Abbildung 2.17**
Auch das Steuerung-Bedienfeld besitzt ein Bedienfeldmenü ❹.

Darüber hinaus verfügt das Steuerung-Bedienfeld, so wie jedes andere Bedienfeld, über ein Bedienfeldmenü ❹, über das die Position und der Zustand des Bedienfelds – angedockt oder nicht – mit den drei Befehlen OBEN ANDOCKEN, UNTEN ANDOCKEN und VERSCHIEBBAR, eingestellt werden können. Leider wurde das Symbol für das Bedienfeldmenü ▾≡ von Adobe extrem klein gewählt, was den Einstieg in InDesign für Anfänger etwas erschwert.

Funktionen des Steuerung-Bedienfelds | Das Steuerung-Bedienfeld ist kontextsensitiv – das bedeutet, die Parameter, die zur Verfügung stehen, ändern sich abhängig vom Werkzeug und vom ausgewählten Objekt.

▸ **Kontrolle von Objekten:** Sind Objekte – Text-, Bildrahmen oder lediglich ein Pfad – in InDesign ausgewählt, so können hier unter anderem die Position, die Transformation, die Konturstärke, die Flächen- und Konturfarbe, der Konturenstil, die Effekte, die Konturenführung, Eckenabrundungen, die Sapltenanzahl und der Spaltenabstand, die vertikale Ausrichtung eines Textes im Rahmen und die Rahmeneinpassungsoptionen bestimmt werden. Sind mehrere Objekte ausgewählt, so kann darüber hinaus noch deren Anordnung zueinander gewählt werden.

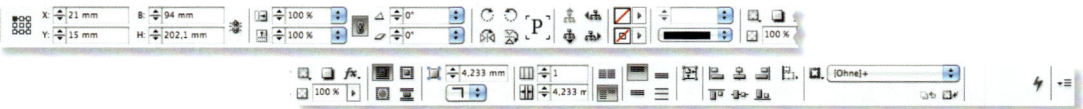

▼ **Abbildung 2.18**
Das Steuerung-Bedienfeld, wenn ein Textrahmen ausgewählt ist

Wenn Sie einen Text- oder einen Bildrahmen gewählt haben, können die angezeigten Parameter im Bedienfeld darüber hinaus noch variieren.

▶ **Kontrolle von Tabellen:** Ist eine Tabelle ausgewählt, so sehen Sie die dazu benötigten Befehle zum Bestimmen der vertikalen Ausrichtung bzw. der Drehung des Textes in der Zelle, der Zellenhöhe und Zellenbreite, der Anzahl der Spalten und Zeilen in der Tabelle, der Spalten- und Trennlinien und deren Farbe und Konturstärke sowie zum Bestimmen der Farbe der Zellfläche, des Einzugs des Textes in Zellen und die Befehle für eine eventuelle Zuweisung von Tabellen- oder Zellenformaten.

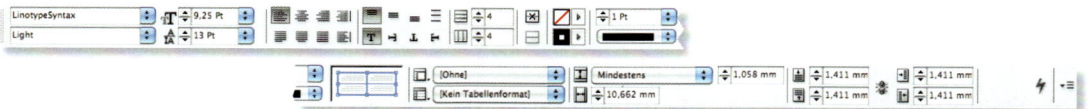

▼ **Abbildung 2.19**
Das Steuerung-Bedienfeld, wenn eine Tabelle ausgewählt ist

Es stehen natürlich auch Textformatierungsmöglichkeiten zur Verfügung. Diese sind jedoch auf die Auswahl der Schrift bzw. des Schriftschnittes, der Schriftgröße und des Zeilenabstands sowie der horizontalen Ausrichtung des Textes beschränkt. Sobald Sie eine erweiterte Textformatierung vornehmen wollen, müssen Sie speziell in der Formatierung von Tabellen auf das Absatz- und Zeichen-Bedienfeld zurückgreifen.

▶ **Kontrolle über Texte:** Sobald das Textwerkzeug T. ausgewählt ist, zeigt das Steuerung-Bedienfeld die Optionen für Zeichenformatierung und bzw. oder Absatzformatierung an.

▼ **Abbildung 2.20**
Das Steuerung-Bedienfeld, wenn das Textwerkzeug ausgewählt ist

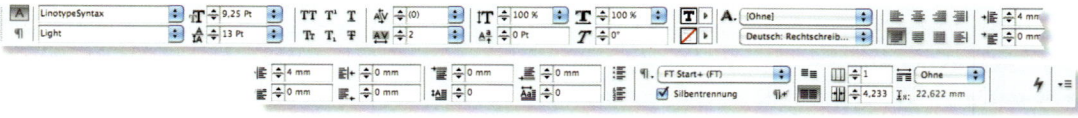

Sie können darin die wichtigsten Parameter finden, die zur Formatierung von Texten benötigt werden. Sollten Sie den einen oder anderen speziellen Befehl nicht antreffen, so ist dieser sicherlich im Bedienfeldmenü des Steuerung-Bedienfelds zu finden.

Da speziell bei kleineren Monitoren nicht alle Funktionen in einem Bedienfeld untergebracht werden können, lässt sich das Bedienfeld zwischen den beiden Formatierungszuständen ABSATZ ❶ und ZEICHEN umschalten. Natürlich gibt es auch dafür ein Tastenkürzel: [Strg]+[Alt]+[7] bzw. [⌘]+[⌥]+[7].

▼ **Abbildung 2.21**
Das Steuerung-Bedienfeld mit ausgewählter Absatzformatierung

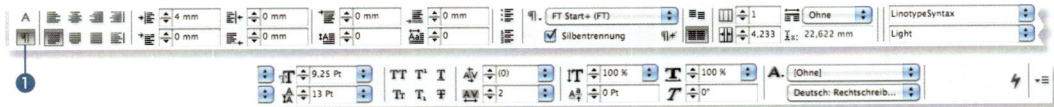

InDesign passt die Anzahl der dargestellten Funktionen intuitiv an die Länge der zur Verfügung stehenden Fläche an. Selbst wenn Sie den Anwendungsrahmen in der Größe verändern, ändert sich die Anzahl der Funktionen im Steuerung-Bedienfeld.

▶ **Kontrolle über Seitengröße:** Durch die Auswahl des Seitenwerkzeugs aus dem Werkzeug-Bedienfeld und die Auswahl einer Seite stehen seit InDesign CS5 weitere Funktionen im Steuerung-Bedienfeld zur Verfügung.

▼ **Abbildung 2.22**
Das Steuerung-Bedienfeld mit ausgewähltem Seitenwerkzeug

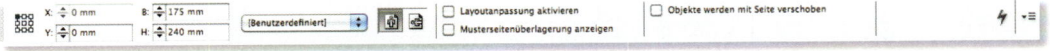

Konfiguration des Steuerung-Bedienfelds | Wenn Sie im Laufe Ihrer Arbeit bemerken, dass Sie gewisse Funktionen niemals über das Steuerung-Bedienfeld ausführen, so können Sie den Umfang der Funktionen selbst bestimmen, indem Sie im Bedienfeldmenü die Funktion ANPASSEN aufrufen.

> **TOP-TIPP: Steuerung-Bedienfeld für Redakteure**
>
> Da Redakteure sich auf den Text konzentrieren sollen, ist es ratsam, den Funktionsumfang im Steuerung-Bedienfeld für gewisse Anwendergruppen einzuschränken.

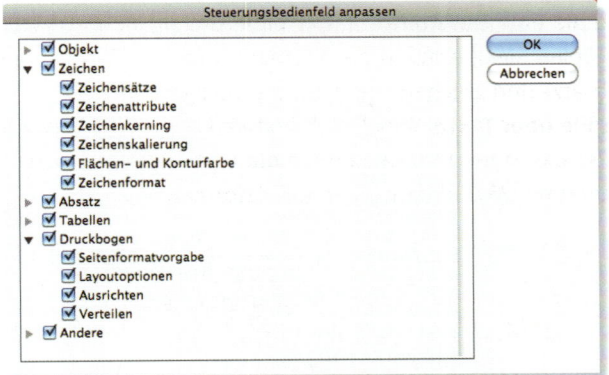

◀ **Abbildung 2.23**
Durch Deaktivieren von Funktionen im Dialog STEUERUNGSBEDIENFELD ANPASSEN kann ein sehr schlankes Steuerung-Bedienfeld für jeden Arbeitsbereich angelegt werden.

2.3.3 Bedienfeldstapel/Registerkartengruppen

Am rechten Rand befindet sich der Verankerungsbereich, in dem eine Reihe von Bedienfeldstapeln liegt. Sie sind optisch durch eine Trennlinie ❸ abgehoben. Beim gewählten Arbeitsbereich Erweitert werden dabei die Bedienfelder im Verankerungsbereich in der Normalformdarstellung zur Verfügung gestellt.

Sie können mit einem Klick auf ein Bedienfeldsymbol bzw. auf den Namen des Bedienfelds den gesamten Bedienfeldstapel aufklappen (Maximalformdarstellung) und dann zwischen den einzelnen Bedienfeldern durch Klick auf den Reiter umschalten.

▲ **Abbildung 2.24**
Durch Klick auf das Stapelsymbol öffnet sich der Stapel in der Maximaldarstellungsform.

Hinzufügen und Herauslösen von Bedienfeldern | Das Hinzufügen eines weiteren Bedienfelds zu einem bereits vorliegenden Stapel funktioniert durch Ziehen des gewünschten Bedienfelds in den Stapel – klicken Sie dabei auf den Bedienfeldnamen ❷. Das Herauslösen funktioniert auf dieselbe Art und Weise.

Ändern der Bedienfeld-Reihenfolge im Stapel | Das Anordnen der Reihenfolge in einem Stapel kann mit InDesign durch einfaches Verschieben des Bedienfeldnamens ❷ bzw. des Bedienfeldsymbols im Verankerungsbereich bzw. im Stapel erfolgen.

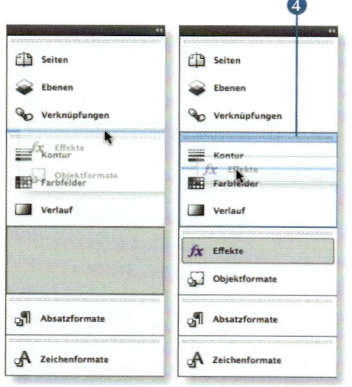

▲ **Abbildung 2.25**
Links: Verschieben eines Bedienfeldstapels an eine andere Position im Verankerungsbereich;
Rechts: Verschieben von Bedienfeldern in einen anderen Bedienfeldstapel

Ändern der Bedienfeldstapel-Reihenfolge im Verankerungsbereich | Um einen gesamten Bedienfeldstapel im Verankerungsbereich an eine andere Stelle zu verschieben, greifen Sie den Stapel an der Stapelkopflinie ❶ und verschieben ihn dann an die gewünschte Stelle. Die Stapeltrennlinie zwischen den Stapeln wird, wie in Abbildung 2.25 links gezeigt, blau.

Bedienfeld eines Stapels in einen anderen Stapel verschieben | Gehen Sie dazu wie zuvor beschrieben vor. Die Stapelkopflinie ❹ des Zielstapels wird dabei blau (siehe Abbildung 2.25 rechts).

Schließen von Bedienfeldern | Innerhalb eines Bedienfeldstapels kann das Schließen eines Bedienfelds nur über den Befehl Schliessen aus dem Kontextmenü – Rechtsklick auf den Bedienfeldnamen – oder durch Deaktivieren des Bedienfeldnamens im Menü Fenster erfolgen. Das Schließen bei herausgelösten Bedienfeldern erfolgt ganz normal durch Klick auf den Schließen-Button.

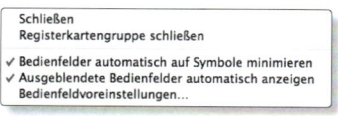

▲ **Abbildung 2.26**
Über das Kontextmenü bei Bedienfeldern können die wesentlichen Arbeitsschritte aufgerufen werden.

Ausblenden eines Bedienfeldstapels | Sie können einen Stapel, je nach gewählter Voreinstellung, ausblenden,

▸ indem Sie ein anderes Bedienfeld in einem anderen Stapel anklicken – die Option Bedienfelder automatisch auf Sym-

bole minimieren im Register Benutzeroberfläche in den Voreinstellungen ist deaktiviert –, oder
- indem Sie im Dokument ein Objekt anwählen oder in einen leeren Bereich klicken – die Option Bedienfelder automatisch auf Symbole minimieren im Register Benutzeroberfläche ist aktiviert.

Minimieren und Maximieren von Bedienfeldern | Das Minimieren des Bedienfeldstapels kann durch Klick auf den grauen Bereich ❻ im Bedienfeldkopf oder durch Auswahl des Befehls Minimieren aus dem Kontextmenü erfolgen. Das Maximieren des Bedienfelds erfolgt analog dazu.

Durch Doppelklick auf den jeweiligen Bedienfeldnamen ❺ oder durch einfachen Klick auf das Symbol ✧ im Registerfeld können Sie darüber hinaus die einzelnen Bedienfelder minimieren, maximieren bzw. zusätzlich die Optionen – falls vorhanden – im Bedienfeld anzeigen oder ausblenden lassen.

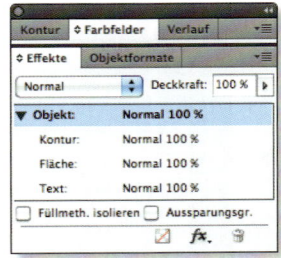

▲ **Abbildung 2.27**
Das Farbfelder-Bedienfeld wurde durch Doppelklick in den grauen Bereich im Bedienfeldkopf oder durch Doppelklick auf den Bedienfeldnamen minimiert. Diese Minimierung gilt jedoch nur für dieses Bedienfeld. Wird beispielsweise auf das Kontur-Bedienfeld umgeschaltet, so zeigt sich dieses in seiner zuletzt getroffenen Einstellung.

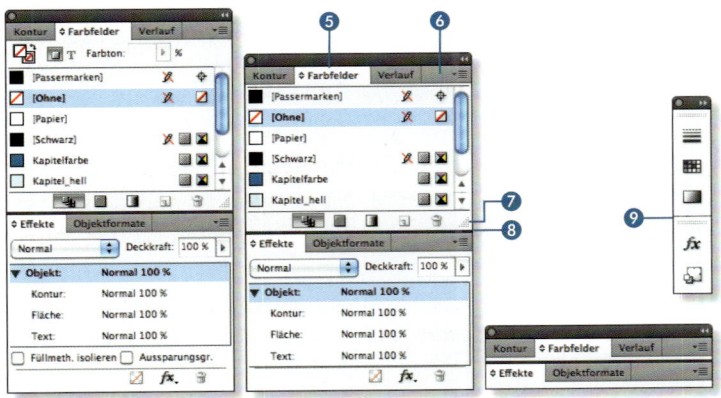

◀ **Abbildung 2.28**
Links: Bedienfelder in maximierter Form mit eingeblendeten Optionen;
Mitte: Bedienfelder in maximierter Form, jedoch mit ausgeblendeten Optionen;
Rechts unten: Bedienfelder in minimierter Form;
Rechts oben: Bedienfelder in der Symboldarstellung ❾, die Sie durch Doppelklick auf die Bedienfeldstapel-Kopfleiste erhalten

Nicht jedes Bedienfeld bietet Optionen an. Wie in Abbildung 2.28 zu sehen ist, wird das Farbfelder-Bedienfeld in der maximierten Darstellung ohne Optionen und ohne die Möglichkeit zur Flächen-, Konturfarbe- und Farbtonangabe dargestellt. Beim Effekte-Bedienfeld fehlen die Optionen Füllmeth. isolieren und Aussparungsgr. zur Gänze.

2.3.4 Bedienfelder für eigene Arbeitsweisen einrichten

Normalerweise gönnen sich Layouter und Grafiker den Luxus eines zweiten Monitors, der nur zur Ablage von Bedienfeldern bzw. zur Anzeige der Adobe Bridge verwendet wird. Da man sich in wirtschaftlich etwas müderen Zeiten diesen Luxus oft spart, müssen alle Bedienfelder möglichst platzsparend am Monitor angeordnet werden. Aus diesem Grund möchten wir Ihnen eine

Den von uns vorgeschlagenen Arbeitsbereich – er beinhaltet auch die Bedienfeldanordnung – finden Sie auf der Buch-DVD im Verzeichnis Settings • Arbeitsbereiche unter dem Namen »Layouten.xml«. Wie Sie diese Einstellungsdatei verwenden, erfahren Sie in diesem Kapitel auf Seite 63.

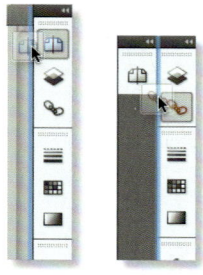

▲ **Abbildung 2.29**
Links: Das Bedienfeld Seiten wird an der linken Kante des Verankerungsbereichs angedockt.
Rechts: Das Bedienfeld Verknüpfungen wird zwischen den Verankerungsbereichen eingefügt.

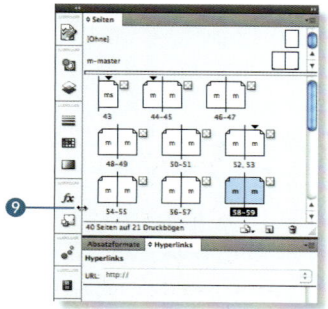

▲ **Abbildung 2.30**
Die Breite des Verankerungsbereichs in der Maximalformdarstellung kann gewisse Dimensionen nicht unterschreiten.

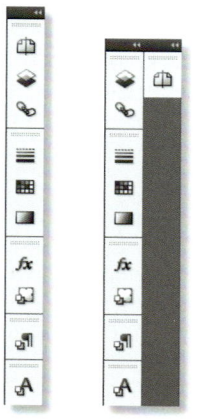

▲ **Abbildung 2.31**
Ergebnis von Schritt 2

Bedienfeldanordnung ans Herz legen, mit der Sie beim Durcharbeiten des Buches und auch für Ihre tägliche Arbeit im Grafik- und Druckvorstufenumfeld gut zurechtkommen werden. Doch zuerst ein paar allgemeine Hinweise.

Verankerungsbereich mehrspaltig machen | Ein Bedienfeldstapel kann durch Ziehen als zusätzlicher Verankerungsbereich neben dem ersten angedockt werden (linkes Bild in Abbildung 2.29). Durch Schieben eines Bedienfelds oder Bedienfeldstapels zwischen zwei bestehende Verankerungsbereiche kann dieser dazwischen eingefügt werden (rechtes Bild in Abbildung 2.29).

Veränderung der Höhe und der Breite eines Bedienfelds | Die Höhe des Bedienfelds – in der Maximalformdarstellung – kann bei einem schwebenden Stapel oder in einem Verankerungsbereich mit den Angreifern ❼ bzw. im Verankerungsbereich durch Verschieben der Linie ❽ (Abbildung 2.28) verändert werden.

Die Breite lässt sich im schwebenden Zustand nicht bei allen Bedienfeldern verändern. Die Breite des Verankerungsbereichs kann durch Verschieben der linken Kante – es erscheint das Verschieben-Symbol ❾ – verändert werden. Beachten Sie jedoch auch hier, dass der Verankerungsbereich in der Maximalformdarstellung gewisse Breiten von Bedienfeldern nicht unterschreiten kann. In der Normalformdarstellung kann die Breite des Verankerungsbereichs auf das Symbol reduziert werden.

Schritt für Schritt: Bedienfeldanordnung für den täglichen Gebrauch einrichten

1 Ausgangspunkt – Arbeitsbereich [Erweitert]
Wenn Sie den Hinweiskasten »Arbeitsvorbereitung« auf Seite 47 beherzigt haben, so müsste sich der Verankerungsbereich wie in Abbildung 2.11 abgebildet darstellen. Wählen Sie ansonsten den Befehl Fenster • Arbeitsbereich • [Erweitert] aus.

2 Zwei unterschiedliche Verankerungsbereiche anlegen
Die Normalformdarstellung des Verankerungsbereichs reduzieren Sie auf Bedienfeldsymbole, indem Sie auf die linke Kante des Verankerungsbereichs zeigen und mit dem Symbol ⬌ die Breite des Verankerungsbereichs auf die Symbole minimieren. Das Ergebnis ist im linken Bild der Abbildung 2.31 zu sehen. Danach docken Sie das Symbol des Seiten-Bedienfelds durch Verschieben des Symbols an der rechten Kante des Verankerungsbereichs an.

3 Seiten-Bedienfeld konfigurieren

Als Nächstes erweitern wir die Darstellungsform des rechten Verankerungsbereichs auf die Maximalformdarstellung. Dazu klicken Sie einmalig auf das BEDIENFELD ERWEITERN-Symbol ![] im Kopfbereich des Verankerungsbereichs.

Die Verankerungsbereiche zeigen sich dann wie in Abbildung 2.32 dargestellt. Das Seiten-Bedienfeld nimmt nun die gesamte Höhe des verfügbaren Platzes im Verankerungsbereich ein, der linke Verankerungsbereich bleibt auf Symbole reduziert.

Da wir mit dem verfügbaren Platz haushalten müssen, empfehlen wir, an dieser Stelle die vertikale Anordnung der Doppelseiten im Seiten-Bedienfeld auf eine platzsparendere Form umzustellen. Rufen Sie dazu im Bedienfeldmenü die BEDIENFELDOPTIONEN auf, und deaktivieren Sie im Bereich SEITEN die Option VERTIKAL ANZEIGEN ❶.

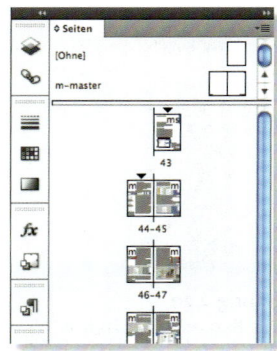

▲ **Abbildung 2.32**
Der rechte Verankerungsbereich wird in der Maximalformdarstellung, der linke Verankerungsbereich in der Symboldarstellung angezeigt.

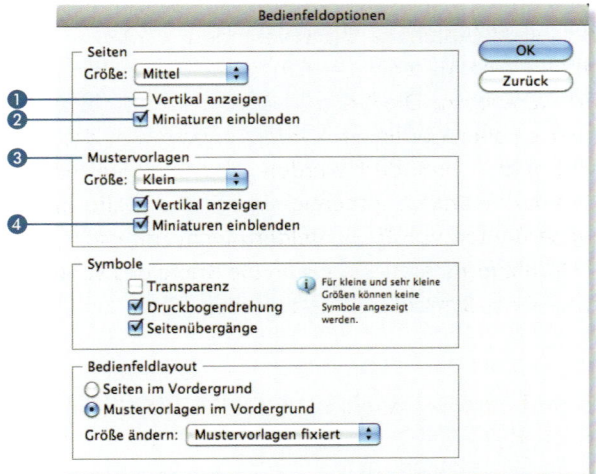

◄ **Abbildung 2.33**
In den BEDIENFELDOPTIONEN des Seiten-Bedienfelds kann die Anordnung der Doppelseiten in einer vertikalen Form geändert werden. Das Deaktivieren der Option VERTIKAL ANZEIGEN ❶ lässt die Doppelseitenanordnung in horizontaler Form zu. Sollten Sie jedoch ein leistungsschwaches System besitzen, so empfehlen wir, hier zusätzlich die Option MINIATUREN EINBLENDEN (❷ bzw. ❹) für beide Bereiche zu deaktivieren.

Damit werden die Doppelseiten nun im Seitenbereich horizontal angeordnet. Ob Sie das auch für die MUSTERVORLAGEN ❸ machen wollen, bleibt Ihnen vorbehalten.

4 Weitere Bedienfelder hinzufügen und die Verankerungsbereiche fertigstellen

In Abbildung 2.35 (auf der nächsten Seite) sehen Sie den fertig konfigurierten Verankerungsbereich, der eigentlich aus zwei Verankerungsbereichen besteht:

▶ **Rechter Verankerungsbereich:** Darin werden die Bedienfelder, die zum Layouten am häufigsten verwendet werden, in der Maximalformdarstellung gezeigt. Die Breite dieses Bereichs sollte an die Erfordernisse angepasst werden, die sich aus den

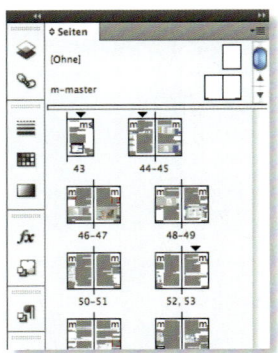

▲ **Abbildung 2.34**
Ergebnis von Schritt 3

2.3 Bedienfelder | **57**

einzelnen Bedienfeldern ergeben: Hier sollen alle Spalten im Verknüpfungen-Bedienfeld angezeigt werden.
- **Linker Verankerungsbereich:** Darin werden alle jene Bedienfelder eingefügt, die seltener verwendet werden müssen. Bedienfelder, die Sie überhaupt nie benötigen, sollten auch in diesem Bereich nicht aufgenommen werden.

Konfigurieren Sie nun den rechten Verankerungsbereich, indem Sie die vorgesehenen Bedienfelder über das Menü FENSTER aufrufen und dann an die vorgesehene Stelle verschieben.
- EBENEN: Stellen Sie diese rechts neben das Seiten-Bedienfeld.
- FARBFELDER: Docken Sie unterhalb des Seiten-Bedienfelds das Farbfelder-Bedienfeld an. Verschieben Sie dazu das Bedienfeld an die untere Kante des Seiten-Bedienfelds, bis ein blauer Strich erkennbar ist.
- KONTUR: Dieses Bedienfeld – es dient zur Eingabe von Konturstärken und -formen – wird neben den Farbfeldern eingefügt.
- ABSATZ- und ZEICHENFORMATE: Die Bedienfelder zum Anlegen und Zuweisen von Typoformaten werden unterhalb des Objektstapels FARBFELDER und KONTUR angedockt.
- VERKNÜPFUNGEN: Der permanente Überblick über die verknüpften Datenbestände ist wichtig. Docken Sie dieses Bedienfeld ganz unten alleinstehend an, und blenden Sie die Verknüpfungsinformationen aus.
- MINI BRIDGE: Sind Favoriten eingerichtet und wird aktiv mit der Adobe Bridge zum Verwalten und Kennzeichnen von Dateien gearbeitet, so kann zum Platzieren von Dateien, ohne einen Programmwechsel durchzuführen, auf die Daten zugegriffen werden. Docken Sie dieses Bedienfeld unterhalb des Verknüpfungen-Bedienfelds an, und achten Sie darauf, dass der Bereich der NAVIGATION oberhalb des Bereichs INHALT steht.

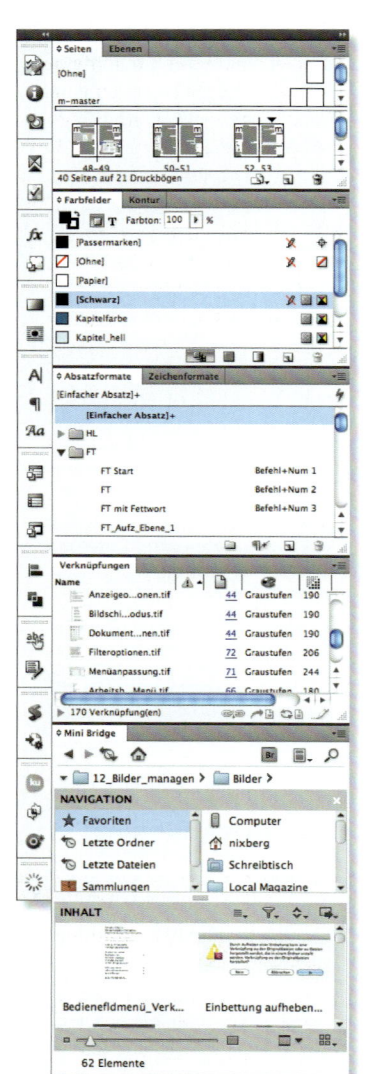

▲ **Abbildung 2.35**
Ergebnis von Schritt 4 – eine übersichtliche und praxisgerechte Anordnung der Verankerungsbereiche

Konfigurieren Sie nun den linken Verankerungsbereich mit den von uns vorgeschlagenen Bedienfeldstapeln.
- PREFLIGHT, INFORMATIONEN und ATTRIBUTE: Der erste Stapel dient zur Kontrolle des Dokuments, zum Auslesen von Informationen und zum Setzen von Attributen hinsichtlich Überdrucken zu ausgewählten Objekten. Beachten Sie, dass die Bedienfelder PREFLIGHT und ATTRIBUTE über das Menü FENSTER • AUSGABE aufgerufen werden müssen.
- SEPARATIONS- und REDUZIERUNGSVORSCHAU: Die Bedienfelder werden zur Kontrolle von Dokumenten benötigt. Auch sie befinden sich unter FENSTER • AUSGABE.

- Effekte ⓕ und Objektformate ▣: Damit können Effekte und Stile einzelnen Objekten zugewiesen werden.
- Verlauf ▣ und Konturenführung ▣: Modifizieren Sie damit Verläufe, bzw. bestimmen Sie, wie Texte bzw. Objekte umflossen werden sollen.
- Zeichen A, Absatz ¶ und Glyphen Aa: Speziell beim Editieren von Tabellen müssen Sie öfter auf Zeichen- und Absatzformatierungen zurückgreifen. Dazu sollten Sie diese Bedienfelder im Griff haben. Absatz- und Zeichenformatierung erledigen Sie ja normalerweise über das Steuerung-Bedienfeld. Über Glyphen haben Sie Zugriff auf alle verfügbaren Sonderzeichen der aktuell gewählten Schrift.
- Tabellenformate ▣, Tabelle ▣ und Zellenformate ▣: Damit können Tabellen bis ins Detail formatiert und für eine spätere Aktualisierung aufbereitet werden. Alle drei Bedienfelder bekommen Sie, wenn Sie das Bedienfeld Tabelle unter Fenster • Schrift und Tabellen aufrufen.
- Ausrichten ▣ und Pathfinder ▣: Viel Arbeit können Sie sich beim Erstellen von geometrischen Formen und bei deren Ausrichtung über diese Bedienfelder sparen. Ob Sie das Ausrichten-Bedienfeld aufgrund der intelligenten Hilfslinien noch benötigen, entscheiden Sie selbst. Beide Bedienfelder finden Sie unter Fenster • Objekt und Layout.
- Hyperlinks ▣ und Änderung verfolgen ▣: Diese Bedienfelder werden einerseits zum Erstellen von Verweisen auf andere Textstellen und zur Verfolgung der Textänderungen benötigt. Das Bedienfeld Hyperlinks muss über Fenster • Interaktiv und das Bedienfeld Änderungen verfolgen über Fenster • Redaktionelle Aufgaben aufgerufen werden.
- Skripte ▣ und Datenzusammenführung ▣: Damit können Sie einerseits auf alle zur Verfügung stehenden Skripte und andererseits auf die Funktionen zum Erstellen von Layouts zurückgreifen, die auf variablen Daten basieren.
- Kuler ▣, CS Review ▣ und Auf CS Live zugreifen ▣: Greifen Sie darüber auf die Online-Farbhilfe Kuler und die zusätzlichen Hilfsprogramme für das kooperative Publizieren zurück.
- Hintergrundaufgaben ▣: Überwachen Sie darin den Fortschritt in der PDF-Erstellung.

Diese Anordnung wird Ihnen helfen, den Überblick über Hunderte von Möglichkeiten und die vielen Bedienfelder zu wahren. ■

Andocken von Bedienfeldern

Auch schwebende Bedienfelder können untereinander an einen Stapel angedockt werden. Ziehen Sie dazu ein Bedienfeld an seinem Bedienfeldnamen an die Unterkante eines anderen schwebenden Bedienfelds, bis ein blauer Strich erscheint. Die beiden Bedienfelder werden dann untereinander in einem Bedienfeldstapel zusammengefasst und können miteinander bewegt werden.

HINWEIS

Welche Bedienfeldanordnung wir für den Bereich »Erstellen von bewegten Inhalten« empfehlen würden, erfahren Sie in unserem Bonuskapitel, das sich auf dem Webserver von Galileo Press zu diesem Buch befindet.

▲ Abbildung 2.36
Die einzelnen Bereiche und Funktionen in einem Bedienfeld

Eingabedialog öffnen

Drücken Sie beim Klicken auf das Symbol ▣ gleichzeitig die [Alt]- bzw. [⌥]-Taste, so öffnet sich bei vielen Bedienfeldern der zuständige Eingabedialog der jeweiligen Funktion. Bei einigen Bedienfeldern, z. B. INDEX, verhält sich dies leider umgekehrt.

Welche Bedienfelder haben Optionen?

Bei den Bedienfeldern erkennen Sie die Verfügbarkeit von Optionen in der Darstellung des Symbols ✣ neben dem Bedienfeldnamen.

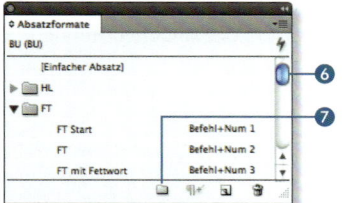

▲ Abbildung 2.37
In einigen Bedienfeldern können Eintragungen in Gruppen zusammengefasst werden.

2.3.5 Aufbau und Funktionen von Bedienfeldern

Ein Bedienfeld kann einen Eingabebereich ❷ zum Eintragen von Werten haben und eine Aktionsleiste ❸ besitzen, mit der die Darstellung des Bedienfelds beeinflusst werden kann oder in der Detailinformationen zu manchen Elementen erscheinen.

Bedienfelder können über ein Bedienfeldmenü ❶ verfügen, mit dem – abhängig vom betreffenden Bedienfeld – zusätzliche Menübefehle aufgerufen werden können.

Manche Bedienfelder dienen lediglich zur Dateneingabe (z. B. Verlauf- oder Steuerung-Bedienfeld); in anderen Bedienfeldern können Werte ausgelesen werden, z. B. im Informationen-Bedienfeld; und in einer dritten Art von Bedienfeldern können Sie neue Elemente für Ihr Dokument selbst definieren, z. B. EBENEN, FARBFELDER oder FORMATE.

Bei der letzten Art von Bedienfeldern finden Sie in der Aktionsleiste das Symbol ▣ ❹. Mit einem Klick auf dieses Symbol legen Sie ein neues Element an. Rechts neben diesem Symbol finden Sie einen kleinen Papierkorb 🗑 ❺, mit dem Sie Einträge aus dem Bedienfeld wieder entfernen können.

2.3.6 Bedienfeldoptionen

Einige Bedienfelder (z. B. Zeichen-, Absatz-, Effekte-, Ausrichten-, Pathfinder- und Kontur-Bedienfeld) zeigen standardmäßig nur einen Teil ihrer Optionen an. Im Bedienfeldmenü finden Sie die Funktion OPTIONEN EINBLENDEN bzw. OPTIONEN AUSBLENDEN, mit der Sie den Umfang der angezeigten Optionen verändern können.

2.3.7 Einträge in Bedienfeldern anordnen

Bedienfelder, deren Einträge Sie selbst anlegen können (wie z. B. Absatzformate oder Farbfelder), haben grundsätzlich unbeschränkten Platzbedarf – je mehr Einträge Sie definieren, umso länger wird die Liste. Taucht ein Scrollbalken ❻ auf, so ist das der Hinweis, dass der Platz nicht mehr zur Anzeige des gesamten Inhalts ausreicht. Um den zur Verfügung stehenden Platz effizienter zu nutzen, bieten die unterschiedlichen Bedienfelder die Möglichkeit, auf alternative Darstellungen und Anordnungen der Einträge umzuschalten, die Einträge zu verschieben oder Gruppen ❼ zur besseren Gliederung der Einträge zu erstellen.

Das Farbfelder-Bedienfeld beispielsweise erlaubt es, in allen Ansichten die einzelnen Einträge manuell anzuordnen. Seit InDesign CS3 funktioniert das manuelle Anordnen jetzt auch für andere Bedienfelder. Nehmen Sie einen Eintrag, und verschieben Sie ihn an die gewünschte Position. Die aktuelle Einfügeposition wird mit einem blauen Balken markiert.

  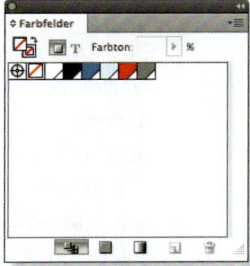 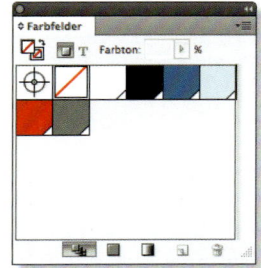

2.3.8 Werte in Bedienfelder eingeben

Für sämtliche Eingabefelder in InDesign-Bedienfeldern gilt: Sie können den darin enthaltenen Wert auswählen und einfach überschreiben. Der neue Wert wird auf das ausgewählte Objekt übertragen, sobald Sie [Enter] bzw. ⏎ drücken oder das Eingabefeld mit der Tabulatortaste ⇥ verlassen. Darüber hinaus können Sie einen bestehenden Wert in einem Eingabefeld erhöhen bzw. verringern, indem Sie den Eintrag mit der Pfeiltaste nach oben [↑] (höherer Wert) oder nach unten [↓] (geringerer Wert) verändern. Einstellungen, die Sie mit den Pfeiltasten verändern, werden unmittelbar auf das ausgewählte Objekt übertragen. Das funktioniert sogar für die Schriftauswahl im Steuerung-Bedienfeld! Dieselbe Funktion ist aber auch mit den Auf- und Ab-Pfeilen ⇅ neben den Eingabefeldern erreichbar.

Außerdem ist in die Eingabefelder ein kleiner Rechner eingebaut. Sie können hier simple Berechnungen vornehmen. Dabei ist InDesign auf die Grundrechenarten beschränkt – auch eine Klammersetzung für die Berechnung ist nicht zulässig. In Abbildung 2.39 sehen Sie eine Linie, die derzeit eine Stärke von 16 Pt aufweist. Sie können nun im Eingabefeld für die Linienstärke z. B. »–4« hinter den aktuellen Wert schreiben. Sobald Sie die Eingabetaste drücken oder per Tabulator das Feld verlassen, wird der neue Wert berechnet und angewendet. Das funktioniert auch mit prozentualen Werten: Um das Ergebnis in diesem Beispiel zu erreichen, können Sie also auch »–25 %« hinter den aktuellen Wert schreiben, und InDesign wird die Stärke der Linie auf 12 Pt setzen.

Eingabefelder verwenden eine Standardeinheit – in unserem Beispiel sind das Pt (Punkt). Sie können auch andere Einheiten eintragen und auch mit ihnen rechnen. Eine Eingabe von »16 pt + 1 mm« führt somit zu einem Ergebnis von 18,835 Pt.

Als Einheiten können die »normalen« Längeneinheiten Millimeter und Zoll verwendet werden und die Standardeinheit im elektronischen Satz, der Punkt (auch bekannt als DTP-Punkt – ist nicht mit dem Didot-Punkt identisch). Zusätzlich können die beiden Einheiten Pica und Cicero verwendet werden.

▲ **Abbildung 2.38**
Verschiedene Darstellungsvarianten des Farbfelder-Bedienfelds

Größere Einheiten

Wenn Sie gleichzeitig mit den Pfeiltasten die Hochstelltaste ⇧ gedrückt halten, werden die Werte um einen größeren Betrag weitergeblättert. Um welchen Betrag dies erfolgt, hängt von den Voreinstellungen ab.

▲ **Abbildung 2.39**
In den Eingabefeldern für numerische Werte können Sie grundsätzlich alle Grundrechenarten verwenden. Allerdings dürfen Sie (leider) keine Klammern setzen.

Auf der Buch-DVD befindet sich im Verzeichnis Zusatzkapitel das Dokument C, »Tastenkuerzel.pdf«. In diesem Zusatzkapitel können Sie zum Umgang mit Bedienfeldern alle Tastaturkürzel nachschlagen.

Einheit	Formulierung	Beschreibung
Zoll	Zoll oder "	Beträgt 2,54 cm.
Millimeter	mm	–
Pica	p (nach dem Wert)	Sind 12 Pt (DTP-Punkte).
Punkt	p (vor dem Wert) bzw. pt (nach dem Wert)	Der DTP-Punkt ist 0,353 mm groß.
Cicero	c (nach dem Wert)	Sind 12 Pt (Didot-Punkte). Ein Didot-Punkt entspricht 0,375 mm.

▲ **Tabelle 2.1**
Maßeinheiten, die beim Rechnen in den Eingabefeldern eingegeben werden können

2.3.9 Arbeitsbereiche

Wenn Sie an mehreren Projekten arbeiten oder in Ihrem Job mit InDesign unterschiedliche Arbeiten wie Layout, Satz, Datenkontrolle, Animationen usw. verrichten müssen, wird Ihre Arbeitsumgebung jedes Mal unterschiedlich aufgebaut sein.

Wir haben in der Schritt-für-Schritt-Anleitung in Abschnitt 2.3.4 die Bedienfeldanordnung für den täglichen Gebrauch von InDesign eingerichtet. Wenn wir nun das Werkzeug-Bedienfeld am linken Bildschirmrand noch auf zweispaltig stellen, so ist unser Arbeitsbereich – Werkzeug-Bedienfeld, Steuerung-Bedienfeld und die beiden Verankerungsbereiche – fertig eingerichtet.

Wenn ich nicht an diesem Buch schreibe, sondern z. B. die Produktionskontrolle der InDesign-Dateien für den Jahresbericht der Privatschule des MultiAugustinums erledige, ist diese Anordnung jedoch außerordentlich ungünstig. Zur Kontrolle wären die Separations- und Reduzierungsvorschau, gekoppelt mit dem Seiten-Bedienfeld und dem Verknüpfungen-Bedienfeld, besser geeignet.

Für solche Situationen können Sie sich einen neuen Arbeitsbereich einrichten, in dem speziell die Bedienfelder, die für die Ausgabekontrolle dienlich sind (wie Separationsvorschau und Reduzierungsvorschau), im maximierten Zustand vorliegen. Einmal eingerichtet, speichere ich den Arbeitsbereich über das Menü FENSTER • ARBEITSBEREICH • NEUER ARBEITSBEREICH ab.

Arbeitsbereich speichern | Der Menüpunkt NEUER ARBEITSBEREICH konfrontiert Sie mit einem Dialogfenster, in dem Sie den Namen für die aktuelle Anordnung des Arbeitsbereichs und Ihre Darstellungsoptionen speichern können.

Aktivieren Sie die Option MENÜANPASSUNG, wenn Sie zusätzlich zur Anordnung der Bedienfelder auch den Funktionsumfang der Menüs beschränkt haben (dazu später). Aktivieren Sie die Option BEDIENFELDPOSITION, wenn Sie darüber hinaus freischwe-

---

> **TOP-TIPP: Arbeitsbereiche über Tastenkürzel wechseln**
>
> Sie können bis zu fünf Arbeitsbereichen Tastenkürzel zuweisen. Gehen Sie dazu im Menü BEARBEITEN • TASTATURBEFEHLE in den Produktbereich FENSTER-MENÜ. Dort können Sie für die ersten fünf Arbeitsbereiche – ARBEITSBEREICH: ARBEITSBEREICH LADEN – Tastenkürzel eintragen. Da es nur neun sein dürfen, sollten Sie die wichtigsten Arbeitsbereiche über eine führende Ziffer im Namen an den Beginn der Liste stellen, z. B. »1_Buch schreiben«, »2_Korrektur« usw.

bende Bedienfelder (beispielsweise auf einem zweiten Monitor) angeordnet haben.

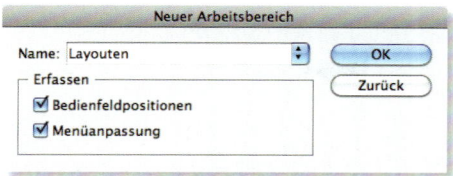

◀ **Abbildung 2.40**
Der Dialog NEUER ARBEITSBEREICH

Arbeitsbereiche verwalten | Wenn Sie den Dialog mit OK bestätigen, wird ein Arbeitsbereich-Set in Form einer XML-Datei abgespeichert. Das Übernehmen von Arbeitsbereichen für andere Arbeitsplätze ist somit einfach möglich. Sie müssen nur wissen, wo Sie den abgespeicherten Arbeitsplatz finden bzw. wohin Sie einen Arbeitsbereich – beispielsweise unseren Arbeitsbereich »Layouten« von der beigefügten DVD – kopieren müssen, um darauf in InDesign zugreifen zu können. Im nebenstehenden Informationskasten können Sie die entsprechenden Verzeichnisse auslesen. Kopieren Sie den abgespeicherten Arbeitsbereich immer nur in das Benutzerverzeichnis. Damit halten Sie für den Fall, dass sich am System ein anderer Benutzer einloggt, das entsprechende ARBEITSBEREICH-Menü kurz.

Arbeitsbereiche auswählen und löschen | In Abbildung 2.41 sehen Sie bereits gespeicherte Arbeitsbereiche. Im oberen Bereich befinden sich alle benutzerspezifischen, im Bereich darunter alle programmspezifischen Arbeitsbereiche – diese sind alle in eckigen Klammern angeführt. Für Umsteiger auf InDesign steht ein eigener Arbeitsbereich [NEU IN CS5] zur Verfügung. Dieser Arbeitsbereich färbt Ihnen alle Menüeinträge blau ein, in denen Neuerungen verglichen zur Vorversion verborgen sind.

Wenn Sie einen Arbeitsbereich ausgewählt haben und während der Arbeit den Arbeitsbereich etwas modifizieren, so speichert sich InDesign den aktuell veränderten Arbeitsbereich ab. Dieser zuletzt ausgewählte Arbeitsbereich wird Ihnen beim Neustart des Programms automatisch wieder angezeigt. Wenn Sie zu einem späteren Zeitpunkt erneut diesen Arbeitsbereich auswählen, so wird Ihnen nicht der Original-Arbeitsbereich, sondern der modifizierte angezeigt. Wenn Sie auf den ursprünglich gespeicherten Arbeitsbereich zurückstellen wollen, so müssen Sie den Befehl NAME ZURÜCKSETZEN – in unserer Abbildung LAYOUTEN ZURÜCKSETZEN – ausführen.

So sehr diese Funktion zur Ordnung auf der Arbeitsoberfläche beitragen kann, so sehr kann die Übersichtlichkeit im Menü

Arbeitsbereiche verwalten

Die Arbeitsbereiche werden unter Mac OS X standardmäßig im Verzeichnis BENUTZER/LIBRARY/ PREFERENCES/ADOBE INDESIGN/ VERSION 7.0/DE_DE/WORKSPACES und unter Windows unter DOKUMENTE UND EINSTELLUNGEN/ BENUTZER/ANWENDUNGSDATEN/ ADOBE/INDESIGN/VERSION 7.0/ DE_DE/WORKSPACES/ als XML-Dateien abgelegt. Die programmspezifischen Arbeitsbereiche liegen im Verzeichnis INDESIGN-PROGRAMM-ORDNER/ PRESETS/INDESIGN WORKSPACES/ DE_DE.

▲ **Abbildung 2.41**
InDesign bietet einige Arbeitsbereiche an. Über dieses Menü können die Arbeitsbereiche verwaltet werden.

ARBEITSBEREICH leiden, wenn sich viele Varianten ansammeln. Um gespeicherte Arbeitsbereiche wieder zu löschen, rufen Sie FENSTER • ARBEITSBEREICH • ARBEITSBEREICH LÖSCHEN auf. Wählen Sie dann den zu löschenden Arbeitsbereich aus dem Menü, und klicken Sie auf LÖSCHEN.

2.4 Werkzeuge

Die Werkzeuge der Adobe-Programme ähneln sich sehr, und insgesamt geht der Trend auch in die Richtung, dass alle Softwareprodukte für den selben Aufgabenbereich sich immer mehr in ihrem Erscheinungsbild angleichen. Da wir bei Ihnen Erfahrungen mit anderen Programmen voraussetzen und die einzelnen Werkzeuge in den folgenden Kapiteln näher beschrieben werden, folgen hier nur eine Darstellung der Struktur des Werkzeug-Bedienfelds und eine Kurzerklärung der Werkzeuge mit angehängtem Tastenkürzel.

> **TOP-TIPP: Werkzeuge im Ausklappmenü auswählen**
>
> Wenn Sie auf ein Werkzeug mit Ausklappmenü bei gedrückter [ctrl]-bzw. [Strg]-Taste klicken, so erscheint gleich das Ausklappmenü, und Sie müssen nicht mehr so lange warten.
> Wenn Sie jedoch die [Alt]- bzw. [⌥]-Taste gedrückt halten und auf das Werkzeug mit dem Ausklappmenü klicken, so wird automatisch das nächste Werkzeug im Aufklappmenü ausgewählt.

2.4.1 Die Struktur des Werkzeug-Bedienfelds

Die verschiedenen Werkzeuge sind im Werkzeug-Bedienfeld zu Gruppen mit ähnlichen Aufgabenstellungen zusammengefasst. Werkzeuggruppen sind mit einem kleinen Dreieck gekennzeichnet. Halten Sie die Maustaste auf dem Werkzeug gedrückt, um die alternativen Varianten im Ausklappmenü aufzurufen und auszuwählen. Um den Namen des jeweiligen Werkzeugs bzw. das Tastenkürzel zu erfahren, stellen Sie den Cursor auf das Werkzeug, bis ein QUICKINFO-Feld erscheint.

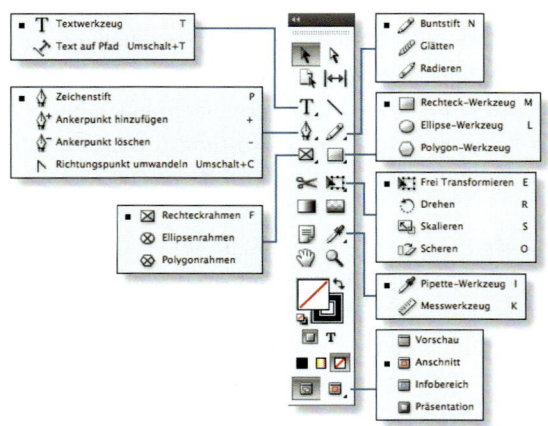

Abbildung 2.42 ▶
Das Werkzeug-Bedienfeld mit allen Werkzeugen. Im Unterschied zur Version CS4 wurden zwei Werkzeuge – SEITENWERKZEUG und LÜCKENWERKZEUG – hinzugefügt.

Auswahl-Werkzeuge | Mit dem Auswahlwerkzeug ▸ [V] werden ganze Objekte ausgewählt, während mit dem Direktauswahl-

Werkzeug ▸ [A] nur Objektteile, wie einzelne Punkte eines Pfades oder der Inhalt eines Bildrahmens (das Bild), ausgewählt werden.

Seitenwerkzeug | Mit diesem Werkzeug ▸ [⇧]+[P] können seit InDesign CS5 ganze Seiten bzw. Druckbögen ausgewählt und hinsichtlich Seitenformat und Abstand der Seiten eines Druckbogens zueinander geändert werden.

Lückenwerkzeug | Um den Abstand zwischen mehreren Objekten in einem Aufwasch zu verändern, steht das Werkzeug mit ↔ [U] ebenfalls seit InDesign CS5 zur Verfügung.

Textwerkzeuge | Zum Erstellen von Textrahmen und zum Bearbeiten von Texten und Tabellen wird das Textwerkzeug **T.** [T] verwendet. Ihm unterlegt ist das Text auf Pfad-Werkzeug ✎ [⇧]+[T], mit dem Texte entlang von Linien gesetzt werden können.

Linienzeichner-Werkzeug | Mit dem Linienzeichner-Werkzeug ╲ [<] können Sie alle Arten von geraden Linien ziehen. In Verbindung mit gedrückter [⇧]-Taste funktioniert das nur in 45°-Schritten.

Zeichenstift-Werkzeuge | Einen Pfad erstellen Sie mit dem Zeichenstift-Werkzeug ✎. [P]. Im Ausklappmenü des Zeichenstifts sind weitere Werkzeuge zur Pfadbearbeitung wie Ankerpunkt hinzufügen ✎ [+], Ankerpunkt löschen ✎ [-] und Richtungspunkt umwandeln ▸ [⇧]+[C] untergebracht.

Freihandzeichenwerkzeuge | Der Buntstift ✎ [N] dient dazu, Freihandformen – die letztlich als normaler Pfad erscheinen – zu erstellen. Die Werkzeuge Glätten ✎ und Radieren ✎ dienen zum Modifizieren dieser Pfade. Glätten vereinfacht Pfade, indem die Anzahl der Ankerpunkte reduziert wird, und Radieren entfernt Pfadkomponenten.

Rahmen-Werkzeuge | Der Rechteckrahmen ⊠. [F] dient dazu, Rahmen aufzuziehen, die dann später mit Inhalten gefüllt werden. Die beiden zugehörigen Werkzeuge Ellipsenrahmen ⊗ und Polygonrahmen ⊗ sind für die anderen Formen von Rahmen zuständig. Rechteck ▪ [M] mit seinen Kollegen Ellipse ⊙ [L] und Polygon ⊙ sind prinzipiell für dieselben Aufgaben geeignet. Im Unterschied zum Rechteckrahmen und dessen Varianten können sie schon standardmäßig mit einer Kontur und Fläche versehen sein.

TIPP

Zwischen dem Auswahl- und Direktauswahlwerkzeug können Sie auch durch Drücken von [Strg]+[⇧] bzw. [ctrl]+[⇧] wechseln.

Zum Auswahl-Werkzeug wechseln (im Textmodus)

Drücken Sie dazu einfach [Esc].

Verketten von Textrahmen

QuarkXPress-Benutzern wird das Fehlen der Werkzeuge zum Ver- und Entketten von Textrahmen auffallen. Diese Funktionen werden von den Auswahl-Werkzeugen in Verbindung mit den Textrahmen übernommen. Lesen Sie dazu mehr in Abschnitt 10.9, »Textfluss und Textverkettung«, auf Seite 244.

Einstellungen für Werkzeuge

Manche Werkzeuge, z. B. das Polygon-Werkzeug, reagieren auf einen Doppelklick: Sie öffnen ein Eingabefenster, in das Sie Werte per Tastatur eingeben können, oder Sie öffnen das zu ihnen gehörende Bedienfeld.

HINWEIS

Beachten Sie immer: Wenn Sie einen Rahmen erstellen und einen Text laden, wird dieser zum Textrahmen; wird ein Bild in den Rahmen geladen, so wird er zum Bildrahmen.

> **TIPP**
>
> Seit InDesign CS5 können Sie zumindest das Skalieren und Drehen von Objekten auch mit dem Auswahlwerkzeug erledigen.

Schere- und Transformieren-Werkzeuge | Mit dem Schere-Werkzeug ✂ [C] können Pfade getrennt werden, indem man auf die gewünschte Trennstelle des Pfads klickt. Grundsätzlich können alle Pfade damit zerschnitten werden. Textrahmen können allerdings nur geöffnet, also an einer Stelle aufgeschnitten werden.

In der danebenliegenden Werkzeuggruppe befinden sich die Transformieren-Werkzeuge. Mit dem Drehen-Werkzeug ↻ [R] können Objekte rotiert werden, wobei Sie den Rotationspunkt ebenfalls mit diesem Werkzeug festlegen können. Mit dem Skalieren-Werkzeug 🔲 [S] kann eine horizontale und vertikale Skalierung von Objekten durchgeführt werden. Mit dem Scheren-Werkzeug 🔲 [O] können Objekte verzerrt und dabei gedreht werden. Noch besser können Sie solche Operationen mit dem Frei Transformieren-Werkzeug 🔲 [E] erledigen, das in Kombination mit der [⇧]-Taste auch für proportionale Skalierung sorgt.

Verlaufs-Werkzeuge | Mit dem Verlaufsfarbfeld-Werkzeug 🔲 [G] werden die Verlaufsrichtung sowie der Start- und Endpunkt des Verlaufs bestimmt. Für eine sinnvolle Arbeit mit dem Verlaufsfarbfeld-Werkzeug benötigen Sie unbedingt das Verlauf-Bedienfeld, das Sie mit einem Doppelklick auf das Werkzeug öffnen, oder bereits definierte Verlaufsfarbfelder. Mit dem Weiche-Verlaufskante-Werkzeug 🔲 [⇧]+[G] können Sie auf elegante Art und Weise nach transparent verlaufende Objekte (es können auch Bilder sein) erstellen. Dabei erstellen Sie einen Effekt, den Sie über den Einstellungsdialog genau bestimmen. Den Einstellungsdialog erhalten Sie wie beim Verlaufsfarbfeld-Werkzeug über einen Doppelklick auf das Werkzeug oder über das Effekte-Bedienfeld.

> **Zoom- und Hand-Werkzeug**
>
> Wenn Sie vorübergehend auf das Hand-Werkzeug umschalten müssen, drücken Sie die [Alt]- bzw. [⌥]-Taste. Zum temporären Umschalten auf das Zoomwerkzeug drücken Sie [Strg] bzw. [⌘]+[Leertaste]. Drücken Sie zuerst die Befehlstaste und danach die Leerschritttaste, damit Sie keine ungewollten Leerzeichen im Text erstellen.

Notiz-, Pipette- und Messwerkzeug | Mit dem Notiz-Werkzeug 📝 können Anmerkungen in Form von Notizzetteln für den nachfolgenden Bearbeiter an die Datei angebracht und somit auch von InCopy-Anwendern zur Abstimmung verwendet werden.

Mit der Pipette 🖉 [I] können im Unterschied zu Adobe Photoshop nicht nur Farben aufgenommen werden, sondern sie dient auch zum Aufnehmen und Übertragen von Text- und Effektattributen. Beim ersten Klick auf ein Element wird die Formatierung des Objekts aufgenommen, die dann mit dem nächsten Klick auf ein anderes Objekt bzw. einen Text übertragen werden kann. Objekte können dabei auch über Dokumente hinweg übertragen werden. Zum erneuten Aufnehmen von Attributen muss die [Alt]- bzw. [⌥]-Taste gedrückt werden. Mit dem Messwerkzeug 🖉 [K] (aus dem Aufklappmenü) können Sie Abstände zwischen Objekten in Ihrem Dokument ausmessen.

Zoomwerkzeuge | Die vorerst letzte Zeile im Bedienfeld beinhaltet die Hand 🖑 [H] und das Zoomwerkzeug 🔍 [Z], die beide zur Navigation im Dokument dienen (dazu später mehr).

Farbgebungs-Werkzeuge | Im unteren Drittel des Werkzeug-Bedienfelds befinden sich die Farbgebungs-Werkzeuge. Mit diesen Werkzeugen kann eingestellt werden, ob sich Farbgebungen auf Flächen oder deren Kontur ❶ bzw. Formatierungen auf Rahmen ❸ oder auf Text ❻ auswirken. Der jeweiligen Auswahl kann eine Füllfarbe ❹ [,] (Komma) oder ein Verlauf ❽ [.] (Punkt) zugewiesen werden. Schließlich kann die Farbgebung auch gelöscht werden ❼ [#]. Kontur- und Flächenfarbe können getauscht ❺ [⇧]+[X] werden, und alle Einstellungen können auf den Standard [D] (Schwarz/keine Flächenfüllung) zurückgestellt werden ❷. Durch Drücken von [X] wird die Kontur oder die Fläche in den Vordergrund gebracht. Ein Doppelklick auf FARBE ANWENDEN ❹ oder VERLAUF ANWENDEN ❽ öffnet das dazugehörige Bedienfeld FARBE, das Sie in jedem Fall benötigen, um diese Werkzeuge genau kontrollieren zu können.

2.4.2 Ansichtsmodi

Die beiden letzten Werkzeuge des Bedienfelds betreffen die Darstellung Ihres Dokuments. Der Ansichtsmodus NORMAL 🔲 stellt alle Hilfslinien, das Grundlinienraster und alle anderen Objektbegrenzungen dar, sofern sie nicht über das ANSICHT-Menü explizit deaktiviert worden sind. Mit dem Modus VORSCHAU 🔲 können Sie all diese Hilfslinien und Objektbegrenzungen ausblenden und Ihr Dokument so betrachten, wie es nach der Produktion – also beschnitten – aussehen würde. Wollen Sie jedoch das Dokument einschließlich des Anschnitts bzw. Infobereichs darstellen, so wählen Sie die Ansichtsmodi ANSCHNITT 🔲 bzw. INFOBEREICH 🔲. Das Umschalten zwischen dem letztgewählten Ansichtsmodus und NORMAL erledigen Sie durch Drücken des Tastenkürzels [W].

Mit InDesign CS5 wird hier erstmal der Modus PRÄSENTATION zur Verfügung gestellt. Sie können auf diesen durch Auswahl des Symbols 🔲 oder durch Drücken von [⇧]+[W] umschalten.

2.5 Menüs

Menüs sind auf einer grafischen Benutzeroberfläche ein zentrales Instrument, um dem ungeübten Anwender den Zugang zu allen Funktionen zu ermöglichen. Menüs sind im Arbeitsablauf in unterschiedlichen Varianten anzutreffen.

Hand-Werkzeug vorübergehend auswählen

Nutzen Sie [Alt]+[Leertaste] bzw. [⌥]+[Leertaste] – sowohl im Text- als auch im Layoutmodus.

Zoomwerkzeug vorübergehend auswählen

Nutzen Sie [Strg]+[Leertaste] bzw. [⌘]+[Leertaste] – sowohl im Text- als auch im Layoutmodus.

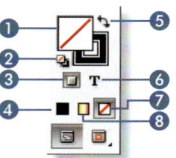

▲ **Abbildung 2.43**
Farbgebungs- und Formatierungswerkzeuge aus dem Werkzeug-Bedienfeld

HINWEIS

Mehr Informationen zu den verschiedenen Ansichtsmodi erhalten Sie in Abschnitt 36.1, »Die Bildschirm-Modi«, auf Seite 769.

Präsentationsmodus verlassen

Durch Drücken von [Esc] bzw. durch erneutes Drücken von [⇧]+[W] können Sie jederzeit den Präsentationsmodus beenden.

> **Menüeinträge der Menüleiste:** Damit werden die wesentlichen Funktionen des Programms aufgerufen oder bestimmte Einstellungen vorgenommen – Sie kennen das Prinzip von der Bedienung Ihres Betriebssystems und dessen Programmen.
> **Bedienfeldmenüs:** Darin befinden sich Menüeinträge, die im Zusammenhang mit dem jeweiligen Bedienfeld zu sehen sind, wie z. B. Bedienfeldoptionen.
> **Kontextmenüs:** Die Kontextmenüs sind bestimmten Objekten zugeordnet und bieten Funktionen an, die in der jeweiligen Situation für das betroffene Element möglich und sinnvoll sind. Das Vorhandensein von Kontextmenüs ist dabei nicht unmittelbar erkennbar – Sie müssen es ausprobieren.

InDesign ist so konzipiert, dass es Ihnen jederzeit genau die Funktionen anbietet, die zum aktuellen Zeitpunkt sinnvoll sind. Dieses Konzept findet sich im Steuerung-Bedienfeld wieder, es ist aber auch über Kontextmenüs konsequent in jedem Objekt Ihres Layouts und zum Teil sogar bei Elementen der Benutzerschnittstelle umgesetzt. Unter Windows sind Kontextmenüs immer schon in allen Applikationen und im Betriebssystem selbst präsent gewesen und als »Rechtsklick« bekannt. Für – vor allem langjährige – Macintosh-Benutzer sind Kontextmenüs eine eher ungewohnte Angelegenheit. Die Verwendung der Kontextmenüs wird für eine effiziente Arbeitsweise von uns dringend empfohlen.

2.5.1 Menüs konfigurieren

InDesign wartet mit einer Unmenge an Funktionen auf, die jedoch in voller »Ausbaustufe« für bestimmte Arbeitsumgebungen unübersichtlich sind. Oft müssen Redakteure in kleinen Verlagen mit der Vollversion von InDesign arbeiten, was häufig den Effekt hat, dass die Redakteure sich bemüßigt fühlen, Layoutarbeiten zu übernehmen und Objekte zu verschieben oder gar den Text so zu spationieren, dass ein Lesen unmöglich wird.

Adobe hat in InDesign Vorkehrungen getroffen, dass Systemadministratoren den Umfang der Bedienfeldfunktionen und die Menüs frei konfigurieren können. Diese Konfiguration kann dann zusammen mit dem Arbeitsbereich abgespeichert werden. Damit kann das Erscheinungsbild und der Funktionsumfang von InDesign über Arbeitsbereiche hinweg auf Arbeitsstationen verteilt werden.

Eigenen Menüsatz anlegen | Führen Sie dazu den Befehl BEARBEITEN • MENÜS aus. Im MENÜANPASSUNG-Dialog können Sie für Menüeinträge einen bereits definierten Menüsatz über die Option SATZ ❶ auswählen. Um einen neuen Menüsatz zu erstellen, wäh-

---

Menüs sortieren

Für alle Menüformen gilt, dass die Menüeinträge alphabetisch sortiert werden können. Halten Sie die Tasten [Strg]+[Alt]+[⇧] bzw. [⌘]+[⌥]+[⇧] gedrückt, und klicken Sie auf ein Menü – alle Einträge erscheinen nun alphabetisch sortiert.

Kontextmenü aufrufen (Mac OS X)

Mit einer Mehrbutton-Maus erreichen Sie Kontextmenüs mit der rechten Maustaste. Mit einer Einbutton-Maus drücken Sie die [ctrl]-Taste, während Sie klicken.

Ein Rechtsklick auf einen leeren Bereich Ihres Dokuments zeigt ein Kontextmenü, das hauptsächlich Darstellungs- und Navigationsoptionen anbietet.

[Menüsatz]

Unter einem Menüsatz versteht man eine Kombination von ein- bzw. ausgeblendeten Menüeinträgen. Ein abgespeicherter Menüsatz wird in den Default-Dateien von InDesign abgespeichert. Leider ist das Exportieren des Menüsatzes nicht möglich, was für einen Roll-out – das Verteilen von Software an eine bestimmte Benutzergruppe in einem Unternehmen – für die Systemadministratoren aber sinnvoll wäre.

len Sie zuerst in der Kategorie ❷ aus, ob Sie Anwendungsmenüs oder Kontext- und Bedienfeldmenüs konfigurieren möchten. Wie Sie in Abbildung 2.44 sehen, sind im gewählten Menüsatz »Redakteur« die Befehlsgruppe Neu mit allen Unterbefehlen zum Erstellen von Dokumenten, Bibliotheken usw. sowie die Befehle Kopie speichern, Aus Buzzword platzieren und XML importieren deaktiviert. Ein Menü wird durch Deaktivierung der Sichtbarkeit 👁 ❹ ausgeblendet.

Konfiguration des Steuerung-Bedienfelds
Die Konfiguration des Steuerung-Bedienfelds können Sie nicht über das herkömmliche Menü durchführen. Konfigurieren Sie das Bedienfeld, indem Sie aus dem Bedienfeldmenü die Option Anpassen auswählen.

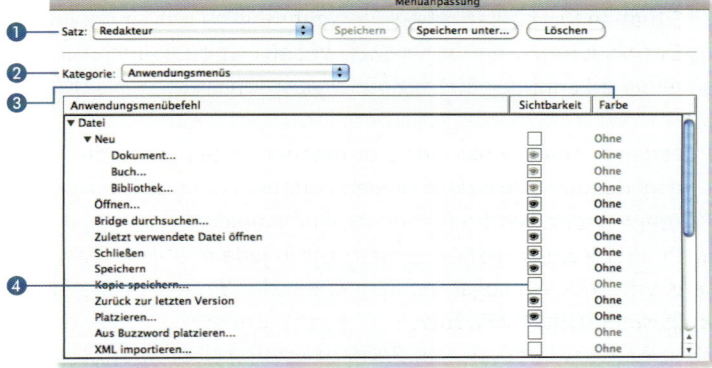

◀ **Abbildung 2.44**
Der Menüanpassung-Dialog von InDesign. Sie können damit Anwendungs-, Bedienfeld- und Kontextmenüs ausblenden. Das Ausblenden von Werkzeugen funktioniert aber leider nicht. Die Möglichkeit der Kennzeichnung von Menüeinträgen über Farbe ❸ kann bei der Einführung von Arbeitsweisen sehr hilfreich sein.

Speichern Sie einen Menüsatz durch Klick auf den Button Speichern unter ab. Vergessen Sie dann nicht, beim Abspeichern des benutzerdefinierten Arbeitsbereichs die Option Menüanpassung aus Abbildung 2.40 von Seite 63 zu aktivieren, wenn das Ausblenden der Menüs mit dem Arbeitsbereich gemeinsam abgespeichert werden soll.

Was Sie aber an dieser Stelle vermissen werden, ist, Werkzeuge ausblenden zu können. Diese Konfiguration könnte jedoch über das Herausnehmen von Plug-ins (viele Werkzeuge stehen als separates Plug-in zur Verfügung) aus dem entsprechenden Ordner des Programms vorgenommen werden. Welche Konstellationen von Plug-ins (gewisse Plug-ins stehen in wechselseitiger Beziehung) entfernt werden können, müssen Sie austesten. Wir raten jedoch von solchen Eingriffen eher ab. Für Redakteure wäre ohnehin das Programm Adobe InCopy die bessere Wahl.

2.5.2 Schnell anwenden von Menüs

Die Möglichkeit, über Bearbeiten • Schnell anwenden bzw. durch Klick auf das Symbol ⚡ im Steuerung-Bedienfeld schnell an die Absatz-, Zeichen- und Objektformate zu gelangen, ist für »Tastaturfetischisten« zu empfehlen. Durch Ausführen des Befehls wird der Dialog Schnell anwenden angezeigt, in dem Sie durch Eingabe des gewünschten Begriffs nach allen im Dokument vor-

Menüsätze ausblenden und alle Befehle sehen
Einmal eingerichtete Menüsätze können vom Anwender durch Drücken der [Strg]- bzw. [⌘]- Taste und Klick auf das Menü jederzeit umgangen werden, womit wiederum dem Anwender alle Befehle zur Verfügung stehen.
Darüber hinaus kann der Anwender durch Ausführen des Befehls Alle Menübefehle einblenden – der in jedem Menü, wo ein Menübefehl ausgeblendet wurde, erscheint – einen Menüsatz ebenfalls umgehen.

▲ **Abbildung 2.45**
Der SCHNELL ANWENDEN-Dialog, den Sie auch durch Klick auf das Symbol ⚡ im Steuerung- und in allen Format-Bedienfeldern (Absatz-, Zeichen- und Objektformat) aufrufen können.

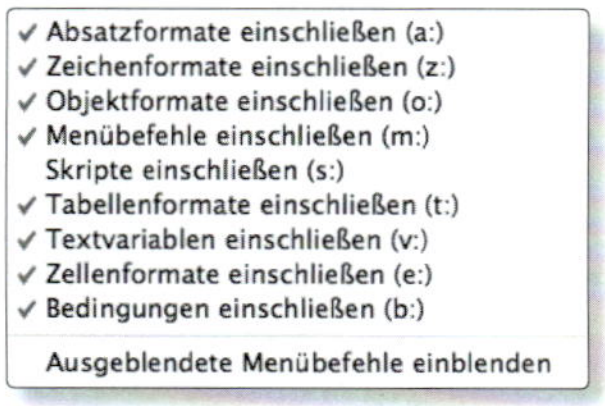

▲ **Abbildung 2.46**
Verschiedene Filtermöglichkeiten im SCHNELL ANWENDEN-Dialog

[Druckbogen]
Ein Druckbogen im Sinne des industriellen Druckprozesses umfasst mehrere Seiten, die erst, nachdem der gesamte Bogen mehrfach gefaltet wurde, richtig zueinander stehen. Um einen solchen Bogen, wie ihn die Druckerei benötigt, zu erstellen – man spricht von Ausschießen –, benötigt man schon eine gewisse Sachkenntnis über den Produktionsprozess.

handenen Befehlen, angelegten Formaten und Stilen suchen können. Wurde die Auswahl gefiltert, so können Sie sich durch Drücken der Pfeiltasten ↑/↓ schnell in der Liste bewegen, den entsprechenden Eintrag auswählen und durch Drücken von ↵ das Ausführen des Befehls erwirken.

Da in vielen Produktionen eine Unmenge von Formaten und Stilen verwendet werden, hilft den Anwendern selbst das Filtern der Einträge oft nicht weiter. Sie könnten für diesen Fall eine Filterung nach Funktionsgruppen durchführen. Wählen Sie durch Drücken des Symbols ▼ im SCHNELL ANWENDEN-Dialog die **Filteroptionen** aus. Wenn Sie beispielsweise nicht wollen, dass die Menübefehle beim Filtern einbezogen werden, so deaktivieren Sie den Eintrag MENÜBEFEHLE EINSCHLIESSEN (m:).

Die Kürzel am Ende des Eintrags (a:) bedeuten, dass Sie im Gegenzug durch Eingabe des Begriffs »a: Suchbegriff« nur in Absatzformaten nach dem Suchbegriff suchen.

2.6 Navigation

Egal, ob Sie ein Dokument mit 100 Seiten bearbeiten oder ein A3-Plakat: In jedem Fall müssen Sie einerseits den Überblick über Ihr gesamtes Dokument behalten, aber andererseits auch einzelne Teile des Dokuments im Detail bearbeiten können. Neben verschiedenen Möglichkeiten, sich in der Struktur des Dokuments zu bewegen, gibt es deshalb eine Reihe von Methoden, die Sichtweise auf die gewünschte Stelle des Dokuments zu verändern.

2.6.1 Seite – Druckbogen – Montagefläche

Ihr Dokument besteht zumindest aus einer Seite. Wenn Sie InDesign einsetzen, um in einer Büroumgebung Berichte und Rundschreiben zu erstellen, deckt sich eine Dokumentseite üblicherweise mit einer Seite, wie Sie sie dann auf Ihrem Drucker ausgeben. Auch wenn der Einsatz von InDesign in einer Büroumgebung durchaus sinnvoll wäre, so ist das zentrale Einsatzgebiet von InDesign doch die professionelle Druckvorstufe; dort werden Dokumentseiten eher selten auf einzelne Seiten gedruckt, sondern zumeist mehrere Seiten auf einem Bogen zusammengefasst.

Mehrseitige Publikationen – wie dieses Buch – bestehen immer aus sich gegenüberliegenden Seiten, die zusammengehören und als Einheit betrachtet werden. Eine einzelne *Dokumentseite* ❶ gibt es lediglich als erste und als letzte Seite. Da in unserem Kulturkreis von links nach rechts gelesen wird, beginnen mehrseitige Dokumente mit einer rechten Seite und enden mit einer linken. Aus

Sicht von InDesign werden zwei oder mehr zusammengehörige Seiten als *Druckbogen* ❸ bezeichnet. Der Begriff »Druckbogen« wird also in InDesign missverständlich eingesetzt.

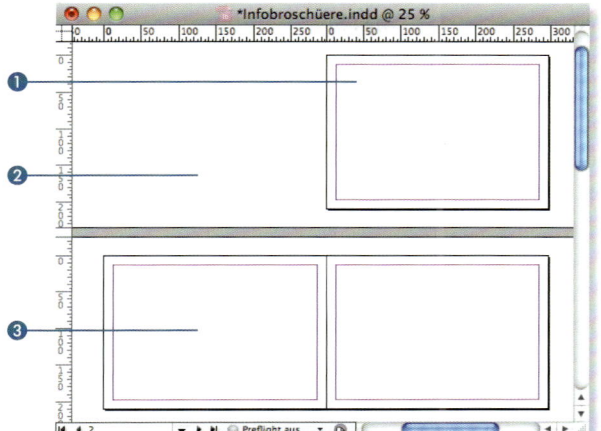

◄ **Abbildung 2.47**
Die Bereiche in einem Dokument: Seite ❶, Druckbogen ❸ und Montagefläche ❷

InDesign bildet die logische Struktur eines Dokuments ab und betrachtet auch den Druckbogen als Einheit.

In der Zeit vor dem elektronischen Layout arbeiteten Layouter an einem Lichttisch, auf dem eine transparente Folie mit dem Satzspiegel lag und auf dem die Einzelteile des Layouts – ebenfalls auf transparenten Folien – montiert wurden. Dazu waren natürlich Ablageflächen notwendig, auf denen diese Einzelteile zunächst einmal zwischengelagert wurden, bis sich der ideale Platz fand. Heute erledigen wir diese Arbeit zwar elektronisch, die prinzipielle Arbeitsweise hat sich aber nicht verändert. InDesign bringt deshalb eine *Montagefläche* ❷ mit, auf der Elemente abgelegt werden können. Elemente, die auf der Montagefläche liegen, werden nicht ausgegeben.

Montagefläche vergrößern | Die Montagefläche wächst mit dem Druckbogen. Wenn Sie einen Druckbogen mit mehreren Seiten erstellen, bleibt immer genügend Ablagefläche am rechten und linken Rand vorhanden. Die Werte für den Abstand der Montagefläche in der Horizontalen und in der Vertikalen können Sie über die Voreinstellungen von InDesign im Register Hilfslinien und Montageflächen durch Ändern der Werte in den Optionen Horizontale Stege und Vertikale Stege einstellen.

Wenn Sie den Hinweis aus dem Infokasten befolgen, können Sie ohne größere Mühe auch mehrere Seiten zu einem Druckbogen zusammenstellen. Darüber hinaus ist InDesign nicht empfindlich, wenn Sie, wie in Abbildung 2.48 gezeigt, Textkästen über die

»Einzelne« Doppelseite

Auch wenn es vom logischen Aufbau mehrseitiger Dokumente her unsinnig erscheint, ist es technisch möglich, z. B. die erste Seite aus einem doppelseitigen Dokument zu entfernen. Tatsächlich ist das bei sehr umfangreichen Montagearbeiten nicht unüblich. Deaktivieren Sie die Option Neue Dokumentseitenanordnung zulassen aus dem Bedienfeldmenü des Seiten-Bedienfelds, markieren Sie die erste Seite des Dokuments im Seiten-Bedienfeld, und klicken Sie auf den Papierkorb. Natürlich müssen dazu mindestens zwei Seiten in Ihrem Dokument existieren – ein leeres Dokument ist nicht erlaubt.

Montagefläche hinaus platzieren wollen. Fühlen Sie sich frei, und stellen Sie Ihre Objekte an die entsprechende Stelle!

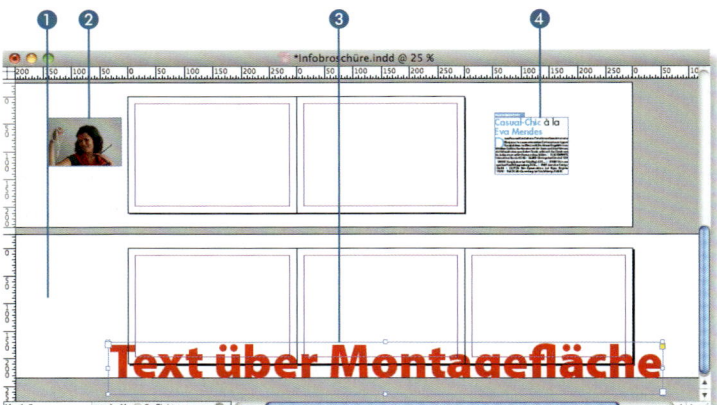

Abbildung 2.48 ▶
Montagefläche mit drei Seiten ❶; Bild- ❷ und ein Textobjekt ❸ auf der Montagefläche; Textobjekt ❹, das über die Montagefläche hinausragt

Ansicht wählen | InDesign bietet Ihnen die Möglichkeit, alle drei Flächen in Ihr Dokumentfenster einzupassen. Durch Ändern der Größe des Dokumentfensters werden die dargestellten Bereiche ebenfalls angepasst und skaliert.

- **Dokumentfenster einpassen:** Wählen Sie dazu Ansicht • Seite in Fenster einpassen, oder drücken Sie das Tastaturkürzel [Strg]+[0] bzw. [⌘]+[0].
- **Druckbogen in das Dokumentfenster einpassen:** Wählen Sie das Menü Ansicht • Druckbogen in Fenster einpassen, oder drücken Sie die Tastenkombination [Strg]+[Alt]+[0] bzw. [⌘]+[⌥]+[0].
- **Montagefläche in Ihr Dokumentfenster einpassen:** Wählen Sie dazu das Menü Ansicht • Ganze Montagefläche oder das Tastenkürzel [Strg]+[Alt]+[⇧]+[0] bzw. [⌘]+[⌥]+[⇧]+[0].

Um die Montagefläche ganz auszublenden und nur Ihre Dokumentseiten so anzuzeigen, wie sie gedruckt werden, klicken Sie auf Vorschau ▪ im Werkzeug-Bedienfeld.

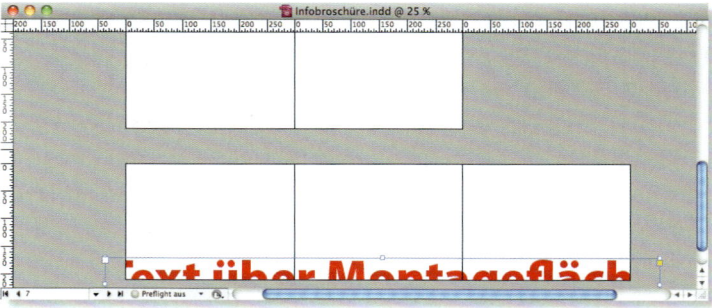

Abbildung 2.49 ▶
Drei Seiten in einem Druckbogen, zusammengestellt mit aktiviertem Vorschau-Modus

2.6.2 Navigation über das Seiten-Bedienfeld

Wenn hier von Dokumentseiten die Rede war, blieb bislang die Frage offen, woher diese Seiten eigentlich kommen. Über das fachgerechte Anlegen von Seiten und das Definieren von Mustervorlagen wird in Abschnitt 5.5, »Das Seiten-Bedienfeld«, auf Seite 129, noch ausführlich die Rede sein. Für die Navigation mithilfe des Seiten-Bedienfelds müssen Sie vorerst nur Folgendes wissen: Das Seiten-Bedienfeld wird von InDesign standardmäßig angezeigt. Sollte es aber dennoch für Sie nicht sichtbar sein, wählen Sie das Menü FENSTER • SEITEN.

Das Seiten-Bedienfeld besteht aus zwei Bereichen. Im oberen Bereich befinden sich die Mustervorlagen ❺. Von diesen Mustervorlagen werden die Dokumentseiten ❻ abgeleitet, indem die Mustervorlagen in den Layoutbereich in der unteren Hälfte gezogen werden.

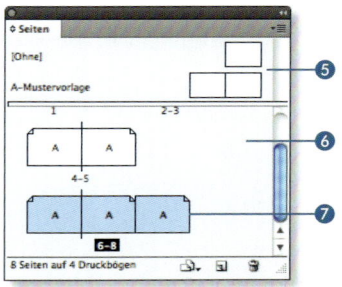

▲ Abbildung 2.50
Das Seiten-Bedienfeld mit dem Mustervorlagenbereich ❺, dem Dokumentseiten-Bereich ❻ und einem ausgewählten Druckbogen ❼

Seiten auswählen | Um eine einzelne Seite in diesem Dokument auszuwählen, bringen Sie zunächst die gewünschte Seite im Seiten-Bedienfeld per Scrollbalken ins Blickfeld. Ein Doppelklick auf die gewünschte Seite stellt sie im Dokumentfenster dar, wobei die derzeitige Skalierung der Seite erhalten bleibt. Wurde die Größe also über eine der Funktionen zum Einpassen festgelegt, wird auch die Seite im entsprechenden Kontext angezeigt. Ein Doppelklick auf die Seitennummern eines Druckbogens bringt den Bogen am Bund ausgerichtet ins Blickfeld, wobei auch hier der derzeitige Ansichtsmodus erhalten bleibt.

Seiten direkt anspringen | Um eine Seite direkt anzusteuern, können Sie auch die Tastenkombination [Strg]+[J] bzw. [⌘]+[J] verwenden. QuarkXPress-Anwender werden diese Tastenkombination möglicherweise kennen. So wie in QuarkXPress öffnet sich auch in InDesign ein Dialog, in den Sie die Seitennummer eingeben können, die Sie anspringen wollen.

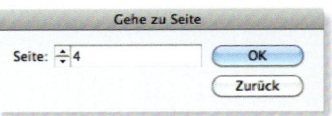

▲ Abbildung 2.51
Der GEHE ZU SEITE-Dialog

Seiten über Statuszeile anspringen | In der Statuszeile wird die aktuell gewählte Seite ❿ angezeigt. Durch Auswählen dieser Seitennummer und Eingabe der gewünschten Seitenzahl können Sie ebenfalls auf jede Seite springen.

In der Statusleiste sind noch weitere Navigationselemente untergebracht. Sie können eine Seite zurück- ❾ oder vorblättern ⓬ und die erste ❽ und die letzte ⓭ Seite direkt anspringen. Mit dem SEITENAUSWAHL-Menü ⓫ können Sie aus den Dokumentseiten inklusive Mustervorlagen gezielt auswählen.

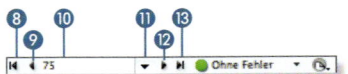

▲ Abbildung 2.52
Navigationsmöglichkeiten in der Statuszeile des Dokumentfensters

Wenn in einem Dokument mehrere Abschnitte mit eigener Seitennummerierung vorhanden sind, macht die direkte Auswahl von Seiten meistens nicht mehr viel Spaß, da dann die Abschnittsbezeichnung eingegeben werden muss.

Blättern über Menübefehle | Die Funktionen zum Blättern können Sie auch über die Menübefehle Erste Seite, Vorherige Seite, Nächste Seite, Letzte Seite, Nächster Druckbogen, Vorheriger Druckbogen, Zurück und Vor im Menü Layout aufrufen. Die entsprechenden Tastaturkürzel dazu entnehmen Sie der Anzeige im Menü oder der Zusammenfassung in Tabelle 2.2.

Befehl	Windows	Max OS X
Erste Seite/Letzte Seite	Strg+⇧+Bild↑/Bild↓	⌘+⇧+↑/↓
Nächste Seite/Vorherige Seite	⇧+Bild↓/Bild↑	⇧+↓/↑
Nächster Druckbogen/Vorheriger Druckbogen	Alt+Bild↓/Bild↑	⌥+↓/↑
In den zuletzt angesehenen Seiten blättern	Strg+Bild↓/Strg+Bild↑	⌘+↓/⌘+↑
Gehe zu Seite	Strg+J	⌘+J

▲ Tabelle 2.2
Tastenkürzelübersicht zum Blättern in InDesign. Alle Tastenkürzel haben wir Ihnen im Dokument C, »Tastenkuerzel.pdf«, das Sie auf der beiliegenden DVD im Ordner Zusatzkapitel finden, zusammengefasst.

2.7 Zoomen

Unter »Zoomen« versteht man die Änderung der Ansichtsgröße. InDesign bietet hierfür ein eigenes Werkzeug 🔍 im Werkzeug-Bedienfeld. Mit dem Zoomwerkzeug – oft auch einfach als Lupe bezeichnet – können Sie einen rechteckigen Bereich in Ihrem Dokument markieren, der anschließend in Ihr Dokumentfenster eingepasst wird.

Zoom-Werkzeug | Ein Klick mit dem Zoomwerkzeug 🔍 auf einen Punkt in Ihrem Dokument – das Symbol ⊕ ist zu sehen – führt dazu, dass genau die angeklickte Stelle ins Zentrum Ihres Dokumentfensters gestellt und der Zoomfaktor um eine Stufe (25 %) erhöht wird. Wenn Sie die Alt- bzw. ⌥-Taste gedrückt halten, während das Zoomwerkzeug ausgewählt ist, ändert sich das in der Lupe dargestellte Pluszeichen in ein Minuszeichen ⊖, und anstatt zu vergrößern, wird nun die Ansicht verkleinert. Auch in diesem Zustand können Sie einen Bereich auswählen.

Da ein verkleinerter Bereich logischerweise nicht in das Fenster eingepasst werden kann, sind die Ergebnisse nicht unbedingt immer vorhersehbar. Am meisten Sinn hat diese Variante des Zoomens dann, wenn der ausgewählte Bereich die aktuelle Fenstergröße überschreitet. Beim Aufziehen des Auswahlrahmens scrollt das Fenster automatisch, und der zu große Bereich kann dann in das Fenster eingepasst werden.

Umschalten auf das Zoomwerkzeug | Sie können aus jedem Werkzeug kurzfristig in das Zoomwerkzeug umschalten. Unter Windows drücken Sie dazu [Strg]+Leertaste, um die vergrößernde, und [Strg]+[Alt]+Leertaste, um die verkleinernde Lupe aufzurufen. Unter Mac OS drücken Sie [⌘]+Leertaste bzw. [⌘]+[⌥]+Leertaste. Solange die Tasten gedrückt sind, steht das Zoomwerkzeug zur Verfügung; wenn Sie die Tasten wieder loslassen, wird in das letzte Werkzeug umgeschaltet.

Zoomen über Anwendungsleiste | Die bei einem einfachen Klick verwendete Zoomstufe wird in der Anwendungsleiste angezeigt. InDesign kann die Ansicht bis zu 4.000 % vergrößern und auf bis zu 5 % verkleinern. Diese Anzeige ist ein Eingabefeld, in dem Sie die gewünschte Zoomstufe direkt eintragen können.

Zoomen über Menü und Tastenkürzel | Ausgehend vom aktuellen Zoomfaktor können Sie die Vergrößerung um jeweils eine Stufe hinaufsetzen, indem Sie das Menü Ansicht • Einzoomen wählen oder die Tastenkombination [Strg]+[+] bzw. [⌘]+[+] eingeben. In die umgekehrte Richtung geht das mit Ansicht • Auszoomen oder mit [Strg]+[-] bzw. [⌘]+[-]. Wenn Sie dabei ein Element Ihres Layouts ausgewählt haben, wird dieses Element immer zentriert im Fenster dargestellt.

Neben Einzoomen und Auszoomen stehen die Befehle Seite in Fenster einpassen, Druckbogen in Fenster einpassen und Ganze Montagefläche zur Verfügung. Die Tastenkombinationen dazu entnehmen Sie entweder Abbildung 2.53 oder unserer Tastaturkürzelübersicht auf der Buch-DVD.

Drei interessante Möglichkeiten seien hier dennoch erwähnt. Durch das Drücken der Tastenkombination [Strg]+[Alt]+[2] bzw. [⌘]+[⌥]+[2] wird zur letzten Zoomstufe gewechselt. Weiters können Sie durch Ausführen der Tastenkombination [Strg]+[Alt]+[+] bzw. [⌘]+[⌥]+[+] das »Ausgewählte« in das Fenster einpassen. Auch in der Anwendungsleiste kann im Feld Zoomfaktor [295,2] jeglicher Prozentsatz eingegeben werden.

Ein Doppelklick auf das Hand-Werkzeug passt den aktuellen Druckbogen in Ihr Dokumentfenster ein, ein Doppelklick auf das Zoomwerkzeug stellt die Skalierung auf 100 % ein.

> **Zoomwerkzeug während der Textbearbeitung**
>
> Die im Text erwähnte Tastenkombination funktioniert auch, wenn der Textcursor in einem Text steht. Allerdings müssen Sie dabei darauf achten, dass Sie die Leertaste zuerst loslassen, sonst müssen Sie mit ungewollten Leerzeichen im Text rechnen. Zum Aktivieren des Tastenkürzels hingegen müssen Sie darauf achtgeben, dass Sie zuerst die Befehlstaste ([Strg]/[⌘]) und danach die Leertaste drücken.

Überdruckenvorschau	⌥⇧⌘Y
Proof einrichten	▶
Farbproof	
Einzoomen	⌘+
Auszoomen	⌘−
Seite in Fenster einpassen	⌘0
✓ Druckbogen in Fenster einpassen	⌥⌘0
Originalgröße	⌘1
Ganze Montagefläche	⌥⇧⌘0

▲ **Abbildung 2.53**
Ausschnitt aus dem Menü Ansicht. Wir empfehlen, sich speziell den Befehl Druckbogen in Fenster einpassen zu merken, der sehr schnell Gesamtübersichten anzeigt.

> **TOP-TIPP**
> **Zoomen und Scrollrad**
>
> Wenn Sie beim Drehen des Scrollrads auf der Maus zusätzlich die [Alt]- bzw. [⌥]-Taste gedrückt halten, so können Sie damit sehr schnell in jede Zoomstufe wechseln.

2.8 Scrollen im Dokumentfenster

Um eine bestimmte Stelle in Ihrem Dokument zu erreichen, ohne dabei die Zoomstufe zu verändern, können Sie Ihr Dokumentfenster natürlich ganz normal scrollen.

Verschieben mit Hand-Werkzeug | Wählen Sie dazu das Hand-Werkzeug aus dem Werkzeug-Bedienfeld aus. Damit können Sie eine beliebige Stelle Ihres Dokuments »greifen« und die Ansicht innerhalb des Dokumentfensters verschieben.

Auch auf dieses Werkzeug können Sie temporär in jeder Situation umschalten. Die Möglichkeiten:

- **Drücken der Leertaste:** Wenn ein anderes als das Textwerkzeug ausgewählt ist, drücken Sie die `Leertaste`. Damit wird das aktuelle Werkzeug auf die Hand umgeschaltet, bis Sie die Leertaste wieder loslassen.
- **Drücken der Alt-Taste:** Ist ein Text ausgewählt oder blinkt der Textcursor in einem Text, würde die Leertaste natürlich Leerzeichen erzeugen. Deshalb gibt es für genau diese Situation die Taste `Alt` bzw. `⌥`.

Bereich über Auswahlrahmen bestimmen | Wenn Sie die Tastenkombination `Alt`+`Leertaste` bzw. `⌥`+`Leertaste` drücken – das Hand-Werkzeug erscheint – und gleichzeitig länger die Maustaste gedrückt halten, erscheint ein roter Auswahlrahmen. Wenn Sie noch etwas zuwarten, zoomt sich die Ansicht aus. Danach können Sie diesen Auswahlrahmen auf eine andere Stelle oder eine andere Seite verschieben und die Maustaste loslassen.

> **TOP-TIPP: Temporäres Umschalten auf das Hand-Werkzeug**
>
> Machen Sie es sich nicht so kompliziert: Drücken Sie immer `Alt`+`Leertaste` bzw. `⌥`+`Leertaste`, denn damit funktioniert das temporäre Umschalten auf das Hand-Werkzeug in jeder Lage.

Abbildung 2.54 ▶
Die Möglichkeit, Bereiche über den Auswahlrahmen zu finden, werden Sie speziell dann schätzen lernen, wenn Sie in vielen kleinen Textkästen Änderungen durchführen müssen.

Nachdem Sie die Maustaste losgelassen haben, wird der Rahmen an die ausgewählte Stelle verschoben und im selben Zoomfaktor wie zuvor eingezoomt.

Sie können jedoch nicht nur den Auswahlrahmen verschieben, sondern auch den Ausschnitt des Rahmens festlegen. Drücken Sie dazu, sobald Sie den Auswahlrahmen sehen, die Tasten [↓]/[↑] bzw. [←]/[→], um die Auswahl zu vergrößern oder zu verkleinern.

> **TOP-TIPP: Ausschnitt für Auswahlrahmen ändern**
>
> Verwenden Sie anstelle der Pfeiltasten einfach das Scrollrad. Damit müssten Sie keinen Kunstgriff auf Ihrer Tastatur ausführen.

2.9 Tastaturbefehle

InDesign kann über weite Strecken per Tastatur bedient werden, einige Funktionen sind sogar nur über die Tastatur erreichbar. Insgesamt werden über 1000 Funktionen unterstützt, die jedoch nicht alle per Tastatur aufgerufen werden können – es müsste sonst auf sehr abstruse Kombinationen zurückgegriffen werden, die mit dem Begriff »Tastenkürzel« nicht mehr viel zu tun hätten.

2.9.1 Der Tastaturbefehle-Dialog

Manuell mit Tastenkombinationen belegbar sind jedoch all diese Funktionen. Rufen Sie das Menü BEARBEITEN • TASTATURBEFEHLE auf, um die Tastenbelegungen zu konfigurieren.

Tastaturbefehle sind in einem SATZ ❷ organisiert. Mit InDesign werden drei Sätze mitgeliefert: [STANDARD] beschreibt die Adobe-Empfehlung und ist dabei sehr stark an Programme wie Photoshop und Illustrator angelehnt. Als Alternativen stehen die Sätze [TASTATURBEFEHLE QUARKXPRESS 4.0] und [TASTATURBEFEHLE PAGEMAKER 7.0] zur Verfügung, um den Umstieg zu erleichtern. Von einer Verwendung raten wir jedoch ab, da Ihnen damit viele Möglichkeiten verstellt bleiben.

> **HINWEIS**
>
> Eine Übersicht zu allen belegten Tastenkürzeln befindet sich auf der Buch-DVD in ZUSATZKAPITEL »C_Tastenkuerzel.pdf«.

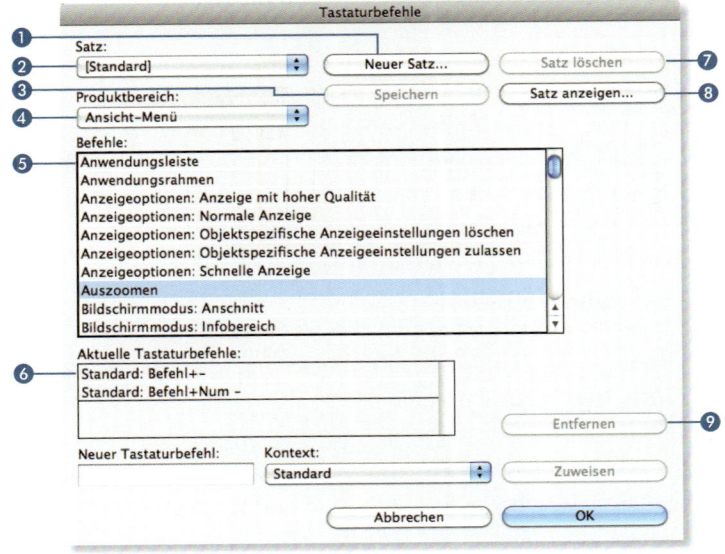

◀ **Abbildung 2.55**
Die Anpassung der Tastaturbefehle ist für viele Anwender ein Muss, wollen sie einen geschmeidigen Arbeitsfluss sicherstellen. Verzichten Sie jedoch in jedem Fall darauf, die mitgelieferten Sätze für Quark-XPress bzw. Adobe PageMaker zu verwenden, da Ihnen dadurch sehr viele Möglichkeiten gar nicht geboten werden.

> **Finden von Tastaturkürzeln**
>
> Um schnell nach einem Tastenkürzel zu suchen, öffnen wir immer das Tastaturkürzelset über den Button Satz anzeigen und suchen darin dann mit der normalen Suchfunktion innerhalb des verwendeten Texteditors.

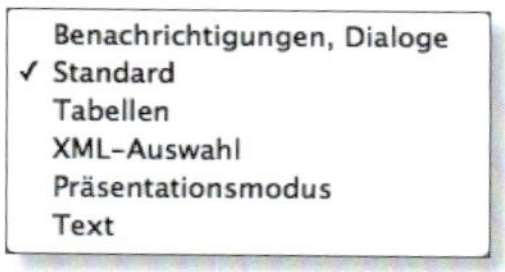

- Neuer Satz ❶: Sie können damit einen eigenen Satz erstellen, wobei Sie einen Namen und eine Vorlage wählen müssen.
- Speichern ❸: Änderungen an einem Satz müssen gespeichert werden.
- Satz löschen ❼: Entfernt den ausgewählten Satz aus der Satz-Sammlung.
- Satz anzeigen ❽: Um einen Überblick über den gesamten Satz zu erlangen, können Sie die gesamte Definition damit in eine Textdatei schreiben lassen und daraus beispielsweise Ihre ganz persönliche Liste der wichtigsten Tastenbelegungen erstellen.
- Produktbereich ❹: Ein Satz ist in sich wieder in sogenannte Produktbereiche gegliedert, die zusammengehörige Funktionen/Befehle zu einer Gruppe vereinen.
- Befehle ❺: In diesem Bereich werden alle Befehle des ausgewählten Produktbereichs angezeigt, denen ein Tastaturkürzel zugewiesen werden kann.
- Aktuelle Tastaturbefehle ❻: Zeigt die aktuelle Belegung des ausgewählten Befehls an. Es kann jedoch durchaus mehrere Belegungen für einen Befehl geben.
- Neuer Tastaturbefehl: Geben Sie hier das neue Tastenkürzel ein. Wählen Sie jedoch zuvor den Kontext aus, für den dieses Tastenkürzel gelten soll.
- Kontext: Unterschiedliche Tastenkürzel können für denselben Befehl in Kombination mit einem bestimmten Kontext definiert werden. Damit können bereits für andere Befehle belegte Tastenkürzel in einem anderen Zusammenhang erneut verwendet werden.
- Entfernen ❾: Einträge in der Liste können gelöscht werden.

▲ **Abbildung 2.56**
Die verschiedenen Bereiche aus dem Menü Kontext

2.9.2 Definieren eines eigenen Tastaturkürzel-Satzes

Das Verändern der Tastaturbefehle kann in bestimmten Arbeitsumgebungen durchaus sinnvoll sein, allerdings ist äußerste Genauigkeit gefordert. Um brauchbare Tastenbefehle zu definieren und unangenehme Kollisionen mit vorhandenen Befehlen zu vermeiden, benötigen Sie einen guten Überblick über den Satz, den Sie als Basis für Ihren eigenen Satz verwenden. Es fragt sich, ob Sie dann aber noch Tastaturbefehle ändern müssen bzw. wollen.

Empfohlene Tastenkürzeländerungen | Neben der Änderung der Tastenkürzel für das Auswahl- und Direktauswahl-Werkzeug empfehlen wir Ihnen, folgende Änderungen vorzunehmen:

- das Umschalten auf die Vorschau, den Anschnitt- und den Infobereich
- Ein- und Ausschalten der dynamischen Rechtschreibprüfung

- das Einfügen eines geschützten Leerraums mit fester Breite
- das Umschalten zwischen den definierten Arbeitsbereichen
- das Aktivieren der korrekten Zeichen für OpenType hoch- und tiefgestellt
- das Ausrichten der ersten Zeile eines Absatzes auf dem Grundlinienraster
- den Zugriff auf alle verwendeten Skripte
- das Aufrufen des Befehls ERNEUT TRANSFORMIEREN • ERNEUT TRANSFORMIEREN

Die folgende Schritt-für-Schritt-Anleitung zeigt Ihnen, wie Sie Änderungen durchführen und den neuen Satz abspeichern können.

Schritt für Schritt: Erstellen eines Tastaturkürzel-Satzes

1 Tastaturbefehle-Dialog öffnen
Öffnen Sie über BEARBEITEN • TASTATURBEFEHLE den Editor, um sich einen eigenen, für Ihre Bedürfnisse modifizierten Tastaturkürzel-Satz anzulegen.

2 Anlegen eines neuen Satzes
Wählen Sie den Satz [STANDARD] aus, und klicken Sie auf die Schaltfläche NEUER SATZ.

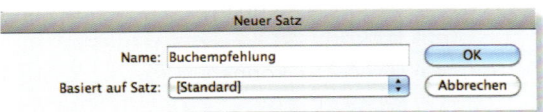

◄ Abbildung 2.57
NEUER SATZ-Dialog

Bezeichnen Sie den neuen Satz mit einem Namen, und lassen Sie ihn auf [STANDARD] basieren. Bestätigen Sie die Eingabe mit OK. Damit haben Sie ein Duplikat des Satzes angelegt, womit Sie jederzeit zurückschalten können.

3 Produktbereich und Befehl wählen
Um einen bestimmten Befehl zu finden, wählen Sie die übergeordnete Gruppe aus dem Auswahlmenü PRODUKTBEREICH ❿ aus. Am Beispiel des Direktauswahl-Werkzeugs wollen wir nun eine Änderung vornehmen.

Dem Direktauswahl-Werkzeug ist standardmäßig [A] zugewiesen. Wenn Sie jedoch gerade Text schreiben und über ein Tastaturkürzel dieses Werkzeug auswählen wollen, so werden Sie mit [A] nicht wirklich zum Ziel gelangen. Um für den Textmodus ein

Auf der Buch-DVD finden Sie im Ordner SETTINGS • TASTATURKUERZEL-SETS den abgespeicherten Satz »Buchempfehlung.indk« zu dieser Schritt-für-Schritt-Anleitung.

Tastenkürzel zu definieren, müssen Sie im PRODUKTBEREICH den Eintrag WERKZEUGE und in BEFEHLE ⓫ den Eintrag DIREKTAUS-WAHL-WERKZEUG aktivieren.

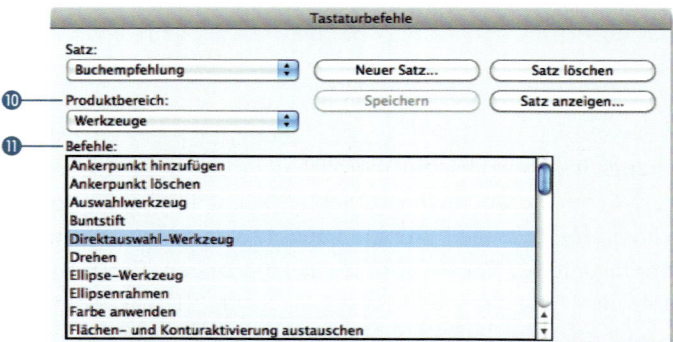

Abbildung 2.58 ▶
Die Wahl des Befehls bzw. des Werkzeugs erfolgt, indem Sie zuvor die Summe an Befehlen durch die Wahl des Produktbereichs filtern.

4 **Tastenkürzel zuweisen**

Um eine neue Tastenbelegung zu definieren, wählen Sie zuerst aus dem Menü KONTEXT ⓬ den Funktionsbereich TEXT aus. Drücken Sie die neue Tastenkombination ⌘+A bzw. ctrl+A im Feld NEUER TASTATURBEFEHL ⓭ und bestätigen Sie die Eingabe mit ZUWEISEN ⓮. Sie können nun darüber hinaus dasselbe Tastenkürzel für den Funktionsbereich TABELLE und zusätzlich für den Funktionsbereich STANDARD festlegen.

Abbildung 2.59 ▶
Für Mac OS X-Anwender eignet sich zur Wahl eines benutzerdefinierten Tastaturbefehls die ctrl-Taste, da diese in den Standardsätzen kaum in Verwendung ist.

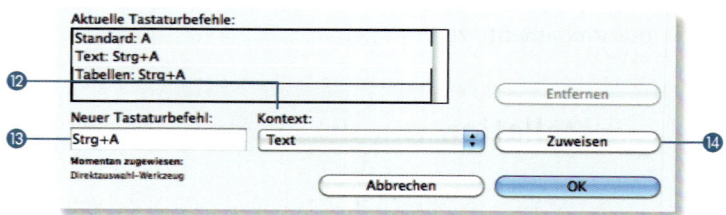

5 **Weitere Änderungen vornehmen**

Weitere Änderungen am Satz können Sie vornehmen, indem Sie Schritt 3 und 4 für die gewünschten Einträge durchführen.

6 **Abspeichern des Satzes**

Nach getaner Arbeit vergessen Sie nicht, SPEICHERN zu drücken. Damit steht Ihnen der Tastaturkürzel-Satz zur Verfügung. ■

> **Wo sind die Tastaturkürzel-Sets gespeichert?**
>
> **Mac OS X:** BENUTZER/LIBRARY/ PREFERENCES/ADOBE INDESIGN/ VERSION 7.0/DE_DE/INDESIGN SHORTCUT SETS
>
> **Windows:** DOKUMENTE UND EIN-STELLUNGEN/BENUTZER/ANWEN-DUNGSDATEN/ADOBE/INDESIGN/ VERSION 7.0/DE_DE/INDESIGN SHORTCUT SETS

Die abgespeicherten Sätze stehen als Datei zur Verfügung und können somit auch auf andere Arbeitsplätze übertragen werden. Beachten Sie, dass ein Austausch zwischen Windows und Mac OS aufgrund der unterschiedlichen Tastaturen nicht möglich ist.

3 Vorbereitende Schritte

Nachdem Sie einen kleinen Überblick über die Arbeitsweise und die mögliche Anordnung Ihrer Oberfläche erhalten haben, sollten Sie nun eigentlich in der Lage sein, mit der Anlage eines Dokuments und dem Erstellen Ihres ersten Layouts loszulegen. Genauso verfahren viele Anwender und erzeugen dadurch Dokumente, bei denen Sie später an irgendeiner Stelle auf ein Problem stoßen und sich fragen: »Was soll ich denn jetzt machen? Das hätte mir jemand schon früher erklären können!«

Um Ihnen genau solche Erfahrungen zu ersparen, möchten wir Ihnen in diesem Kapitel eine von uns empfohlene Vorgehensweise vorstellen, mit der Sie einerseits immer darüber im Bilde sein werden, warum sich InDesign an bestimmter Stelle so verhält, und die Ihnen andererseits hilft, den nachfolgenden Dienstleistern standardisierte Dokumente, seien es InDesign-Dokumente oder PDF-Dateien, zu übermitteln. Gehen Sie Schritt für Schritt die einzelnen Punkte durch, und beginnen Sie erst danach, Ihre Druckdokumente zu erzeugen.

> **HINWEIS**
>
> In diesem Abschnitt werden vorbereitende Schritte erläutert, die sich speziell auf die Erstellung von Dokumenten für den Printbereich beziehen.
>
> Wenn Sie InDesign für den multimedialen Einsatz verwenden, können die Grundeinstellungen deutlich vom hier Gezeigten abweichen.

3.1 Installation von InDesign

Bei der Installation von Adobe InDesign CS5 sollte es, wenn es sich um einen neu installierten Rechner handelt, eigentlich keine Probleme geben. Installationsprobleme treten vor allem dann auf, wenn Sie zuvor schon mal eine Testversion, die Sie nicht freigeschaltet und wiederum deinstalliert haben oder eine Beta-Version auf Ihrem Rechner installiert hatten. In diesem Fall weigert sich der Installer von InDesign bzw. der Creative Suite, überhaupt seinen Dienst aufzunehmen.

Für diesen Spezialfall hilft meistens das aktuelle **Adobe CS5 Cleaner Tool**, das Sie für Mac OS X und Windows von der Adobe-Webseite unter *http://www.adobe.com/support/contact/cs5clean.html* laden können. Damit sollten Sie letzte Reste einer unsauberen Deinstallation entfernen können.

Wenn Sie bereits eine Vorversion von InDesign oder der Creative Suite installiert haben, so sollten Sie sich vor der Installation

> **Deinstallation von Adobe-Applikationen**
>
> Um Adobe-Applikationen zu entfernen verwenden Sie dringend die dafür zur Verfügung stehende Routinen.
>
> Mac OS X-Anwender finden die Deinstaller unter PROGRAMME/DIENSTPROGRAMME/ADOBE INSTALLERS. Windows-Anwender verwenden PROGRAMME DEINSTALLIEREN aus der Systemsteuerung.
>
> Verwenden Sie zum Schluss noch das Adobe CS5 Cleaner Tool, mit dem Sie auch ältere Versionen der Creative Suite entfernen können.

> **Installation einer älteren InDesign-Version**
>
> Das nachträgliche Installieren einer älteren InDesign-Version ist, nachdem Sie InDesign CS5 installiert haben, nicht mehr möglich.
> Um diese durchzuführen, müssen Sie alle neueren Versionen deinstallieren!

von InDesign CS5 überlegen, ob Sie die alte Version installiert lassen wollen oder nicht. Denn einerseits ist es aus lizenzrechtlichen Gründen verboten, zwei Versionen auf einem Rechner installiert zu haben, und andererseits können Sie, nachdem Sie InDesign CS5 installiert haben, nachträglich eine ältere Version der Creative Suite bzw. von InDesign nicht mehr nachinstallieren. Überlegen Sie also genau!

Weiters empfehlen wir, InDesign bzw. die Creative Suite beim ersten Mal als Testversion zu installieren. Geben Sie dazu keine Seriennummer ein, sondern klicken Sie auf den Button TESTVERSION VERWENDEN. Der Vorteil dabei ist, dass Sie damit die Leistung und die Funktionalität von InDesign auf Ihren Rechner testen können und dabei »unerkannt« auch alle Updates durchführen können, die Sie dringend benötigen. Das nachträgliche Eintragen der Seriennummer ist jederzeit (auch innerhalb der 30 Tage) möglich.

3.1.1 Durchführen der Updates

Laden und installieren Sie bitte alle Updates zu InDesign bzw. der Creative Suite, denn Adobe hat bei der Auslieferung der Creative Suite und speziell bei InDesign in der deutschen Version kräftig gepatzt!

Wenn Sie noch InDesign CS5 Version 7.0 unter Mac OS X installiert haben, so wird das Arbeiten für Sie zur Hölle, denn mit jeglichem Drücken der Taste ⏎ wird keine Zeilenschaltung, sondern ein Rahmenumbruch durchgeführt! Dieses Fehlverhalten wurde mit Version 7.01 behoben. Darüber hinaus ist uns beim Schreiben des Buches speziell unter Mac OS X aufgefallen, dass InDesign sich oft aus unerklärlichen Gründen verabschiedet und Performance-Probleme speziell bei längeren Dokumenten in Verbindung mit platzierten PDF-Dateien aufweist.

Auch die Updates zu Adobe Bridge CS5 sollten installiert werden, denn das Synchronisieren der Farbeinstellungen über die gesamte Creative Suite CS5 hinweg funktioniert nämlich dann nicht. Erst Version 4.0.2.1 schafft es zumindest für die wesentlichen Programme innerhalb der Creative Suite.

Überprüfen der Version | Um sicherzugehen, welche Version Sie aktuell verwenden, rufen Sie den Befehl INDESIGN • ÜBER INDESIGN (Mac OS X) bzw. HILFE • ÜBER INDESIGN (Windows) auf. Im erscheinenden Fenster können Sie die aktuell installierte Version auslesen. Mac OS X-Anwender sollten zumindest Version 7.0.1 (siehe Abbildung 3.1) installiert haben.

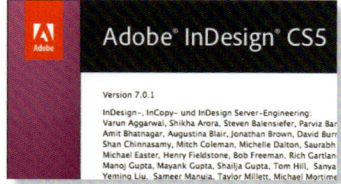

▲ **Abbildung 3.1**
Ausschnitt aus dem ÜBER INDESIGN-Dialog. Die Version 7.01 ist ein Muss für alle InDesign CS5-Anwender unter Mac OS X.

Update durchführen | Selbst wenn Sie InDesign bzw. die Creative Suite als Testversion installiert haben, können Sie zu den Updates gelangen. Rufen Sie dazu den Befehl Hilfe • Aktualisierungen auf. Der **Adobe Application Manager** wird gestartet und überprüft, ob Aktualisierungen vorhanden sind.

▲ **Abbildung 3.2**
Links: Der Adobe Application Manager hat keine Updates gefunden. Rechts: Die Voreinstellungen zum Adobe Application Manager.

Wird Ihnen die linke Abbildung aus Abbildung 3.2 gezeigt, so ist InDesign bzw. sind alle Komponenten der Creative Suite in der aktuellen Version installiert.

Wenn Sie schon in diesem Dialog gelandet sind, so nehmen Sie doch gleich die Voreinstellungen für den Adobe Application Manager vor. Klicken Sie dazu auf das Wort Voreinstellungen in der Kopfzeile der linken Abbildung. Es erscheint dadurch der Voreinstellungen-Dialog, in dem Sie festlegen können, für welche Anwendungen das Programm permanent nach Updates suchen soll.

3.1.2 Hinweise zur Installation der Creative Suite

Hinsichtlich der Installation der Creative Suite 5 gilt alles zuvor Beschriebene. Es sei nur hier noch darauf hingewiesen, dass mit der Installation der Creative Suite 5 das Programm Adobe Acrobat Pro nicht automatisch mit installiert wird. Sie müssen dieses Programm über einen eigenen Installer nachinstallieren und dafür eine separate Seriennummer eingeben. Was dies bedeuten mag, werden wir wohl sehen, wenn Adobe uns mit der nächsten Acrobat-Version beglücken wird.

Zur Installation von Adobe Acrobat Pro sei nur noch angemerkt, dass damit der uns bislang bekannte angelegte Drucker Adobe PDF 9.0 nicht nicht mehr zur Verfügung steht. Wie Sie dennoch unter Mac OS X aus jedem Programm ein PDF erstellen können, lesen Sie auf der Adobe-Webseite unter *http://kb2.adobe.com/cps/509/cpsid_50981.html* nach.

3.1.3 Anlegen eines Adobe Accounts

Eine der wesentlichen Neuerungen von InDesign CS5 ist es, dass über das User-Interface und auch über Funktionen in InDesign auf Online-Dienste wie *Acrobat.com* mit dem darin existierenden *Buzzword*, *Adobe CS Live* und *Adobe Story* zugegriffen werden kann. Damit Sie diese Funktionen nutzen können und an viele zusätzliche Informationen gelangen, werden Sie gezwungen, einen kostenlosen Adobe-Account anzulegen.

Wenn Sie InDesign installiert haben und es zum ersten Mal starten, werden Sie aufgefordert, sich eine Adobe-ID anzulegen.

Abbildung 3.3 ▶
Der Start-Dialog zum Anlegen und zum Anmelden einer Adobe-ID. Sie können den Dialog durch Klick auf den Button DIESEN SCHRITT ÜBERSPRINGEN übergehen. Das nachträgliche Anlegen einer Adobe-ID kann jederzeit nachgeholt werden.

Das Anlegen einer Adobe-ID ist zwar nicht zwingend, Sie werden jedoch relativ bald bemerken, dass Sie ohne diese eventuell auch für Print-Designer interessante Dienste nicht nutzen werden können. Welche Dienste es gibt und welche Dienste für Print-Designer von Bedeutung sind, erfahren Sie in Abschnitt 3.5, »Adobe Online-Dienste«, auf Seite 99.

3.2 Farbeinstellungen vornehmen

Sind InDesign CS5 bzw. die Anwendungen der Creative Suite installiert, so sollten Sie die Farbeinstellungen für die Printproduktionen anlegen. Welche Farbeinstellungen dabei vorzunehmen sind und wie Sie die Farbeinstellungen dazu einrichten, können Sie in Abschnitt 31.2, »Farbeinstellungen«, auf Seite 734 im Rahmen unserer Technologiekapitel nachlesen.

Legen Sie zumindest die Farbeinstellung für die Papierklasse 1 an, und verwenden Sie diese Einstellung, solange Sie keine anderen Hinweise von Druckdienstleistern erhalten. Eine entsprechende Schritt-für-Schritt-Anleitung ist in diesem Technologiekapitel zu finden. Die Wahl der Farbeinstellungen ist beim Anlegen eines InDesign-Dokuments von entscheidender Bedeutung. Mit falschen Farbeinstellungen zu arbeiten behindert Ihre tägliche Arbeit mit InDesign in keiner Weise, Sie werden jedoch spätestens im Druck bzw. bei der PDF-Produktion mit entsprechenden Farbabweichungen konfrontiert werden.

Wie Sie bereits falsch angelegte InDesign-Dokumente hinsichtlich der Farbeinstellungen korrigieren können, erfahren Sie in Abschnitt 3.4.7, »Beim Öffnen von InDesign-Dokumenten mit Profilwarnungen umgehen«, auf Seite 97.

3.3 Einstellungen für Adobe Bridge CS5

Adobe Bridge CS5 – die Schaltzentrale der Creative Suite – ist aus unserer Sicht ein wichtiger Bestandteil der gesamten Suite. Das Arbeiten mit Adobe Bridge CS5 bzw. mit dem neuen Bedienfeld Mini Bridge macht speziell zum Betrachten von Bildern und bei der Verwendung von Snippets sehr viel Sinn. Ob Sie damit arbeiten wollen oder nicht, bleibt Ihren Vorlieben vorbehalten. Für das Vornehmen der Einstellungen müssen Sie dieses Programm jedoch zumindest einmal anwenden.

Bei der Installation eines Programms aus der Creative Suite wird standardmäßig das Programm Adobe Bridge CS5 installiert. Sie können die Installation des Programms gar nicht verhindern, und Sie können auch nicht das Programm Adobe Bridge alleine installieren. Adobe Bridge ist außer einem Finder/Explorer-Ersatz auch die Schaltzentrale für die Creative Suite und stellt wichtige Funktionen wie das Deaktivieren der Startskripte und das Synchronisieren von Farbeinstellungen zur Verfügung.

> **Adobe Bridge CS5**
>
> Die Verwendung von Adobe Bridge CS5 wird von uns empfohlen. Eine kleine Einführung in die wichtigsten Funktionen, die in Zusammenhang mit dem Bedienfeld Mini Bridge stehen, erhalten Sie in Kapitel 4, »Adobe Bridge CS5 – Überblick«.
>
> Die Beschreibung aller Funktionen und Arbeitsweisen der Adobe Bridge stellen wir Ihnen darüber hinaus in einem eigenen Kapitel im Downloadbereich zu diesem Buch zur Verfügung.

3.3.1 Deaktivieren von Ballast

Dass Programme der Creative Suite plötzlich so schnell starten, hat nichts mit der optimierten Programmierung von Adobe zu tun. Der Trick: Alle Programme werden bereits beim Starten des Systems im Hintergrund in gewisser Weise geladen. Das Laden von Programmen benötigt einerseits etwas Zeit, andererseits werden dadurch Ressourcen des Systems reserviert.

Das Deaktivieren von Startskripten kann nur über Adobe Bridge erfolgen. Wie Sie Adobe Bridge CS5 starten und wie Sie zum Deaktivieren der Startskripte vorgehen sollen, können Sie in der nachfolgenden Schritt-für-Schritt-Anleitung nachlesen.

Schritt für Schritt: Deaktivieren der Startskripte

1 Starten von Adobe Bridge CS5

Starten Sie Adobe Bridge CS5, indem Sie auf das Icon [Br] in der Anwendungsleiste von InDesign klicken, oder rufen Sie das Programm aus dem Programmordner auf.

Wenn Sie Adobe Bridge zum ersten Mal starten, wird Ihnen ein Dialog präsentiert, indem Sie festlegen können, ob das Programm nach jedem Neustart des Systems automatisch starten soll. Klicken Sie auf den Button NEIN, wenn Sie dieses Verhalten nicht wollen.

2 Voreinstellungen aufrufen

So wie in jedem Adobe-Programm können Sie die Programm-Voreinstellungen über das Tastenkürzel [Strg]+[K] bzw. [⌘]+[K] oder über das Menü ADOBE BRIDGE CS5 • EINSTELLUNGEN (Mac OS X) bzw. BEARBEITEN • EINSTELLUNGEN (Windows) aufrufen.

3 Startskripte deaktivieren

Im Voreinstellungen-Dialog wählen Sie das Register STARTSKRIPTE aus und deaktivieren darin all jene Programme und Komponenten, die Sie in Ihrer täglichen Arbeit ohnehin nie bis selten benötigen.

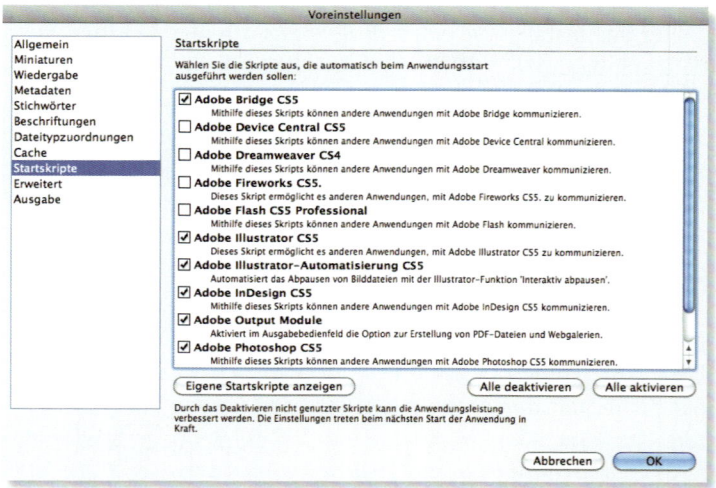

Abbildung 3.4 ▶
Durch das Deaktivieren von Startskripten für Programme, die Sie nie bis selten zu verwenden beabsichtigen, können Ressourcen für Ihr Rechnersystem freigehalten werden. Die Länge der Liste aller Startskripte hängt davon ab, welche Ausprägung der Creative Suite Sie installiert haben. Haben Sie die Master Collection installiert, müssen Sie natürlich die meisten Entscheidungen treffen.

Beachten Sie nur, dass, wenn Sie beispielsweise ADOBE OUTPUT MODULE deaktivieren, damit die Funktionalität zum Erstellen von Bildgalerien in SWF und das Erstellen von Kontaktabzügen in PDF nicht zur Verfügung steht.

4 Beenden der Voreinstellungen

Bestätigen Sie die Änderungen durch Klick auf OK. Damit haben Sie für den nächsten Start Ihres Computersystems die gewünschten Startskripte deaktiviert. ■

3.3.2 Grundeinstellungen für Adobe Bridge CS5 vornehmen

Da wir uns ja gerade in Adobe Bridge CS5 befinden, sollten Sie eventuell noch hilfreiche Optionen aktivieren, die Ihnen das Arbeiten etwas erleichtern. Falls Sie nicht mit Adobe Bridge bzw. mit Mini Bridge arbeiten wollen, so überspringen Sie diesen Punkt.

Unsere Empfehlungen zum Aktivieren von Grundeinstellungen in Adobe Bridge CS5 sind:

Register »Allgemein« | Aktivieren Sie die Option CAMERA RAW-EINSTELLUNGEN IN BRIDGE PER DOPPELKLICK BEARBEITEN, wenn Sie in Ihrer Umgebung viel mit Camera-Raw-Daten arbeiten müssen. Diese Option erleichtert Ihnen den Umgang damit.

Aktivieren Sie darin auch, in welchem Grauton sich die Benutzeroberfläche und der Bildhintergrund darstellen sollen.

Register »Miniaturen« | Wir empfehlen, in diesem Register die Voreinstellungen laut Abbildung 3.5 vorzunehmen.

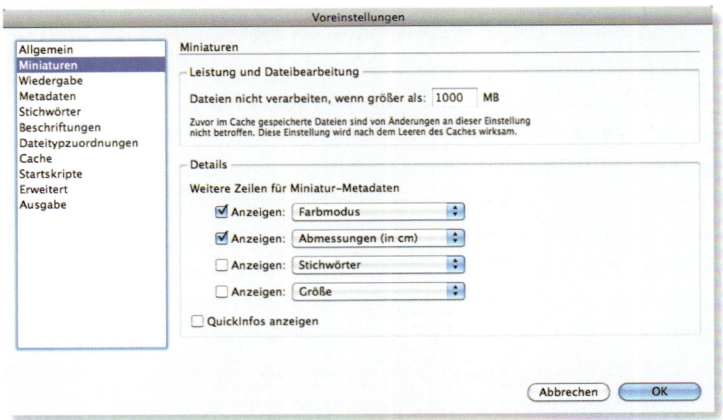

◄ **Abbildung 3.5**
Das Register MINIATUREN der Adobe-Bridge-Voreinstellungen. Durch das Anzeigen des Farbmodus und der Größe von Bildern kann schnell über die Voransicht schon eine Auswahl getroffen werden.

Setzen Sie die Option DATEIEN NICHT VERARBEITEN, WENN GRÖSSER ALS etwas herunter, und aktivieren Sie im Bereich DETAILS die Anzeige des FARBMODUS und die Anzeige der GRÖSSE von Bildern. Damit können Sie RGB von CMYK schon beim Betrachten unterscheiden und die Bildauflösung in der Originalgröße bereits vor dem Öffnen erkennen.

Die QuickInfos sollten zumindest für die Verwendung von Adobe Bridge deaktiviert bleiben, da sie dort beim Betrachten von Bildern sehr lästig werden können.

Beschriftung | Weisen Sie in diesem Register entsprechend Ihrer Arbeitsweise den Farbmarken Bezeichnungen zu, denn diese stehen beim Filtern von Daten in der Auswahlliste zur Verfügung.

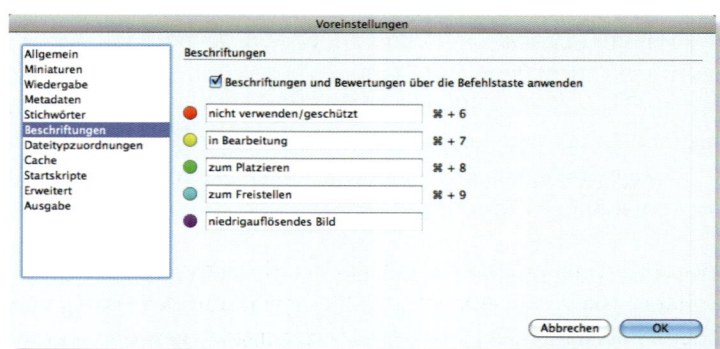

Abbildung 3.6 ▶
Das Register BESCHRIFTUNGEN mit abgeänderten Bezeichnungen für die Farbmarken

Andere Register | In allen anderen Registern können Sie mit den von Adobe angebotenen Grundeinstellungen gut arbeiten. Im Register ERWEITERT können Sie nachträglich die Funktion, ob Adobe Bridge beim Neustart des Systems gestartet werden soll oder nicht, durch Aktivierung der Option BRIDGE BEI ANMELDUNG STARTEN aktivieren bzw. deaktivieren.

Im Register DATEITYPZUORDNUNGEN könnten Sie darüber hinaus vom Finder/Explorer abweichende Einstellungen zum Öffnen von Dateien über Adobe Bridge CS5 vornehmen.

3.3.3 Synchronisieren der Farbeinstellungen

Wenn Sie Ihre Farbeinstellungen mit Adobe Photoshop erstellt und als Set abgespeichert haben, so müssten Sie nun dieses Set in allen Programmen separat laden, um eine Gleichschaltung der Farbeinstellungen über alle Programme der Creative Suite hinweg zu erreichen.

Mit Adobe Bridge CS5 können Sie über den Befehl BEARBEITEN • CREATIVE SUITE-FARBEINSTELLUNGEN oder durch Drücken der Tastenkombination Strg+⇧+K bzw. ⌘+⇧+K jedes angelegte Set ❸ mit einem Klick über alle Adobe-Creative-Suite-Standardprogramme – auch die noch installierten Vorversionen – hinweg synchronisieren.

Wie und wo Sie das Set – die Sets sind auf der Buch-DVD im Ordner SETTINGS • CSF-DATEIEN zu finden – abspeichern müssen, können Sie in Kapitel 31, »Farbmanagement«, nachlesen.

HINWEIS

Das Installieren der CSF-Dateien ist für ein funktionsfähiges Farbmanagement noch nicht ausreichend. Vergewissern Sie sich, dass die entsprechenden ICC-Profile ebenfalls am dafür vorgesehenen Ort installiert sind.

Die zu verwendenden Profile für die Druckproduktion befinden sich ebenfalls auf der Buch-DVD im Ordner SETTINGS • FARBPROFILE (STAND JUNI 2010).

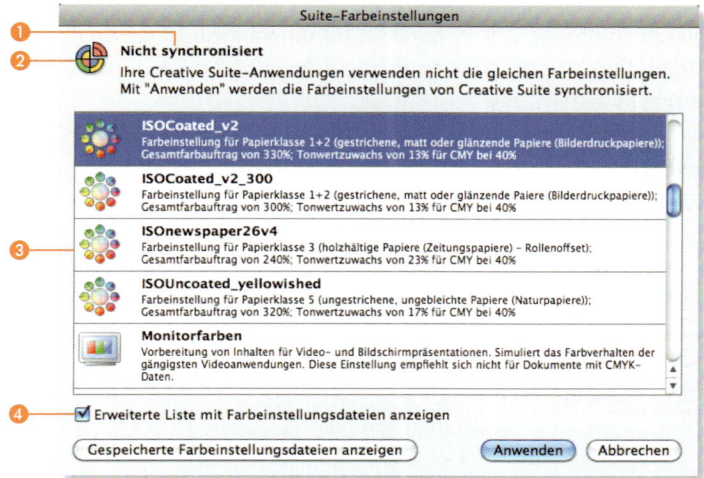

◄ **Abbildung 3.7**
Wählen Sie in der Liste das von Ihnen abgespeicherte Farbeinstellungsset aus, und klicken Sie auf ANWENDEN. Ab diesem Zeitpunkt sind alle Programme der CS5, CS4 und CS3 inklusive Acrobat 8 und 9 mit demselben Set versehen. Sollten Sie in der Liste Ihr Set nicht finden, so müssen Sie die Checkbox ERWEITERTE LISTE MIT FARBEINSTELLUNGSDATEIEN ANZEIGEN ❹ aktivieren.

Achten Sie darauf, dass das Symbol ❷ nicht wie in Abbildung 3.7, sondern wie wie in Abbildung 3.8 aussieht und der Eintrag von NICHT SYNCHRONISIERT ❶ auf SYNCHRONISIERT ❺ geändert wurde.

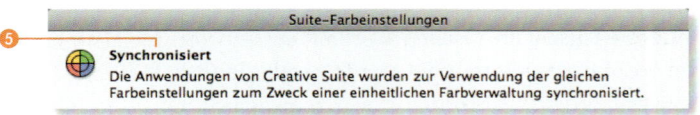

◄ **Abbildung 3.8**
Alle Programme der Creative Suite 5, 4 und 3 sind synchronisiert.

Damit haben Sie alle Programme der Creative Suite 5 auf den Farbstandard eingestellt, der dem ISO-Standard für ISOCoated_v2 mit einem Gesamtfarbauftrag von 330 % entspricht.

3.4 Finetuning für InDesign

Sie haben bisher die Infrastruktur rund um InDesign CS5 optimal eingestellt. Nachfolgend gibt es noch unerlässliches Feintuning, womit InDesign die notwendige Grundlage für einen reibungslosen Betrieb für die Printproduktion erhalten soll.

Die von uns angeführten Schritte stellen Empfehlungen dar, mit denen wir bislang sehr gute Erfahrungen gemacht haben. Abänderungen zu unseren Vorschlägen können Sie jederzeit durchführen, denn wenn Sie unsere Begründungen gelesen haben, wissen Sie ja ganz genau, weshalb Sie sich anders entschieden haben. Das wollen wir auch damit erreichen!

3.4.1 Voreinstellungen für den Printbereich festlegen

InDesign bietet eine Fülle von Voreinstellungen, die das Verhalten des Programms und bestimmter Funktionen wesentlich beeinflus-

> **Beschreibung der InDesign-CS5-Voreinstellungen**
>
> Aus Platzgründen verzichten wir hier auf eine detaillierte Beschreibung der Optionen in den Voreinstellungen. Die ausführliche Beschreibung der Parameter finden Sie in Zusatzkapitel A, »Voreinstellungen«, das Ihnen im Ordner ZUSATZKAPITEL auf der Buch-DVD zur Verfügung steht.

> **HINWEIS**
>
> Die InDesign-Präferenzen befinden sich bei Mac OS X unter BENUTZER/LIBRARY/PREFERENCES/ADOBE INDESIGN/VERSION 7.0/DE_DE/INDESIGN DEFAULTS. Bei Windows finden Sie die Datei im Verzeichnis C:\BENUTZER\ADMINISTRATOR\APPDATA\ROAMING\ADOBE\INDESIGN\VERSION 7.0\DE_DE\INDESIGN DEFAULTS.

sen. Wir empfehlen, diese Voreinstellungen bereits an dieser Stelle vorzunehmen, da eine nachträgliche Änderung sich teilweise nicht bzw. extrem auf die bereits erstellten Dokumente auswirken würde.

Generell wird zwischen zwei Arten von Voreinstellungen unterschieden: solchen, die sich auf das Programm insgesamt beziehen, und solchen, die sich auf das jeweilige Dokument auswirken. In den folgenden Abbildungen wird dies gesondert ausgewiesen. Dort werden die dokumentspezifischen Einstellungen mit dem Zeichen ➡ versehen sein. Alle anderen Voreinstellungen sind programmspezifisch.

Voreinstellungen lassen sich leider nicht als Datei speichern. Änderungen an Voreinstellungen werden beim Schließen des Programms automatisch in die InDesign-Präferenzen geschrieben. Das Verteilen dieser Präferenzen auf andere Arbeitsplätze ist aus unserer Sicht nur dann empfehlenswert, wenn es sich wirklich um 100 % identische Konfigurationen und Installationen handelt. Sind Unterschiede in der Installation gegeben, kann solch eine Datei zu schwerwiegenden Fehlern, ja sogar dazu führen, dass InDesign nicht startet. Die InDesign-Präferenzen sind in der Datei INDESIGN-DEFAULTS gespeichert. Wo Sie diese Datei finden, entnehmen Sie nebenstehendem Hinweis.

Schritt für Schritt: Ändern der InDesign-Voreinstellungen für die Print-Produktion

1 Starten von InDesign ohne geöffnetes Dokument
Um die grundsätzlichen Einstellungen des Programms vorzunehmen, empfehlen wir, kein Dokument zu öffnen, denn dadurch würden sich einige Funktionen nur auf das geöffnete Dokument auswirken.

2 Voreinstellungen öffnen
So wie bei Adobe Bridge kommen Sie auch hier über das Tastenkürzel [Strg]+[K] bzw. [⌘]+[K] oder über den Aufruf im Menü INDESIGN • VOREINSTELLUNGEN (Mac OS X) bzw. BEARBEITEN • VOREINSTELLUNGEN (Windows) zu den Voreinstellungen des Programms.

3 »Allgemein«, »Benutzeroberfläche« und »Eingabe«
Wählen Sie im Register ALLGEMEIN in jedem Fall die Option AUF INHALT ANWENDEN ❷, da dadurch der Schriftgrad nach einer Skalierung des Textrahmens korrekt berechnet und angezeigt wird.

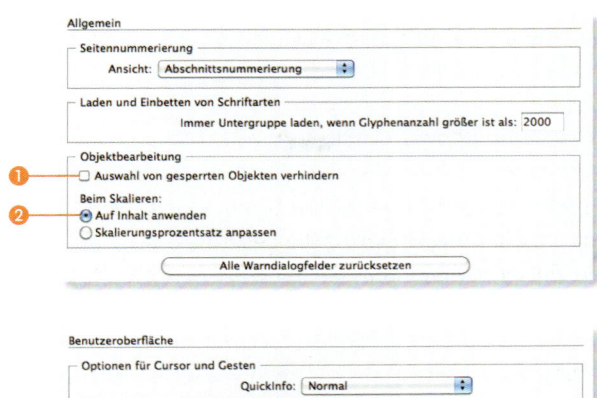

◄ **Abbildung 3.9**
Ob Sie gesperrte Objekte auswählen können, entscheiden Sie durch Aktivieren der Option Auswahl von gesperrten Objekten verhindern ❶. Durch die Wahl der Option Auf Inhalt anwenden ❷ umgehen Sie den der Fehler der Vorgängerversionen, wo die korrekte Textgröße und Linienstärke in Klammern angegeben wurde.

◄ **Abbildung 3.10**
Schalten Sie die Option Verschiebbares Werkzeugbedienfeld ❸ auf zwei Spalten um, da dadurch die Werkzeuge übersichtlicher zur Verfügung stehen. Auch die Option Bedienfelder automatisch auf Symbole minimieren ❹ macht bei der täglichen Arbeit viel Sinn. Über die Option Dynamische Bildschirmaktualisierung ❺ bestimmen Sie, wie schnell InDesign beim Verschieben von Objekten eine hochauflösende Version anzeigen soll.

Die erweiterten Einstellungen im Bereich Bedienfelder beziehen sich vor allem auf die Gestaltung der Oberfläche innerhalb des Dokumentrahmens. Für Mac OS X-Anwender viel Neues!

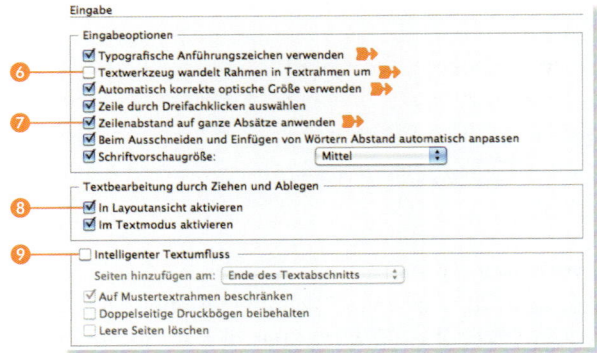

◄ **Abbildung 3.11**
Deaktivieren Sie die Option Textwerkzeug wandelt Rahmen in Textrahmen um ❻, womit ein irrtümliches Umwandeln eines leeren Bildrahmens in einen Textrahmen nicht mehr erfolgen kann. Warum Adobe den Zeilenabstand als Zeichen- und nicht als Absatzattribut standardmäßig vorsieht, ist uns ein Rätsel. Aktivieren Sie unbedingt die Option Zeilenabstand auf ganze Absätze anwenden ❼.

Aktivieren Sie die Option In Layoutansicht aktivieren ❽ im Abschnitt Textbearbeitung durch Ziehen und Ablegen, da dadurch die Möglichkeit gegeben ist, einen Text per Drag & Drop zu verschieben. XPress-Anwender kennen diese Funktion durch die Option Text ziehen und loslassen. Die sicherlich praktischen Optionen in Intelligenter Textumfluss ❾, die mit InDesign CS4 eingeführt wurden, stellen für die Druckvorstufe eher ein Hindernis dar, da Druckdokumente immer im Vorhinein genau geplant werden und somit ein automatisches Hinzufügen oder sogar Löschen von Seiten sicherlich kontraproduktiv wäre.

4 »Erweiterte Eingabe«, »Satz« und »Raster«

Im Register ERWEITERTE EINGABE sind keine Änderungen vorzunehmen. Wenn Sie jedoch die Skalierung für hoch- und tiefgestellte Buchstaben ändern wollen, dann sind Sie hier richtig.

Im Register SATZ aktivieren Sie abweichend nur die Option TEXT NEBEN OBJEKT AUSRICHTEN ❶, womit umfließende linksbündige Texte auf der linken Seite des Objekts durch Blocksatz ausgetrieben werden und rechts neben dem Objekt weiterhin flattern.

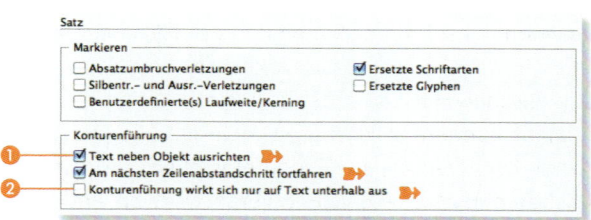

Abbildung 3.12 ▶
Durch die Wahl der Option KONTURENFÜHRUNG WIRKT SICH NUR AUF TEXT UNTERHALB AUS ❷ entstehen ähnliche Verhältnisse, wie dies in QuarkXPress in Sachen Umfließen der Fall ist.

Die standardmäßig eingestellten TASTATURSCHRITTE ❺ sind viel zu groß. Ändern Sie die Werte laut den Vorgaben in Abbildung 3.13. Wenn Sie beim Eingeben der Konturstärke lieber mit Millimeter arbeiten, so können Sie dies seit InDesign CS5 durch die Auswahl der Maßeinheit bei KONTUR ❹ machen.

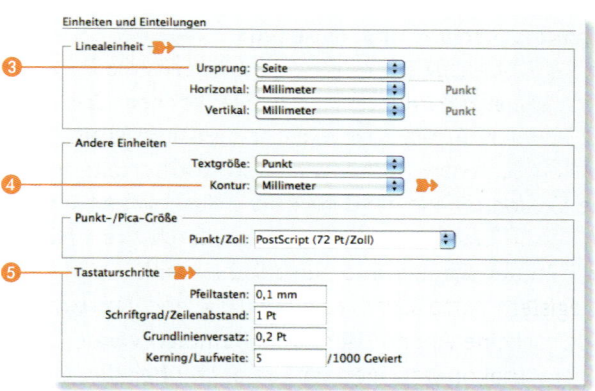

Abbildung 3.13 ▶
Der Default-Wert DRUCKBOGEN in der Option URSPRUNG ❸ sollte auf SEITE gestellt werden, da damit jede Seite ein eigenes Lineal bekommt und Sie somit immer von der linken Kante der Seite mit der X-Koordinate 0 ausgehen können.

5 »Raster«, »Hilfslinien und Montagefläche« und »Wörterbuch«

Ändern Sie die penetrante Farbe ❻ des Grundlinienrasters, da auf dieses beim Layouten mit InDesign sehr viel Bezug genommen wird. Beschränken Sie die Anzeige des Grundlinienrasters auf den Satzspiegel durch die Auswahl von KOPFSTEG in der Option RELAtiv zu ❼. Mit welchem Dokumentenraster Sie arbeiten wollen, können Sie hier dokumentweise unterschiedlich einstellen.

◄ **Abbildung 3.14**
InDesign-Voreinstellungen zur Verwendung von Rastern in einem Dokument. Falls Sie beabsichtigen, mit dem Dokumentraster zu arbeiten, so stellen Sie sich dieses nach Ihren Wünschen ein. Die Werte in der Abbildung führen zu einem Millimeterpapier als Dokumentraster.

Im Register HILFSLINIEN UND MONTAGEFLÄCHEN sind keine Änderungen zu machen, es sei denn, Sie wollen die Hilfslinienfarben verändern, die Montagefläche für das Dokument vergrößern oder Teile der magnetischen Hilfslinien deaktivieren.

Darüber hinaus können Sie darin seit InDesign CS5 die HORIZONTALEN STEGE und VERTIKALEN STEGE einstellen, die für den Abstand zwischen den Montageflächen verantwortlich sind.

Im Register WÖRTERBUCH deaktivieren Sie die Option BEI ÄNDERUNG ALLE TEXTABSCHNITTE NEU UMBRECHEN, wenn Sie Einzelkämpfer sind und nur Ihre Daten für die Ausgabe erzeugen. Aktivieren Sie diese Option, wenn Sie gezielt in Arbeitsgruppen mit Wörterbüchern arbeiten.

❻ »Rechtschreibung«, »Autokorrektur«, »Textmodusanzeige« und »Notizen«

Im Register RECHTSCHREIBUNG können Sie einerseits die DYNAMISCHE RECHTSCHREIBPRÜFUNG aktivieren (Sie können dies aber auch über den Befehl BEARBEITEN • RECHTSCHREIBPRÜFUNG • DYNAMISCHE RECHTSCHREIBPRÜFUNG tun) und andererseits festlegen, welche Vorkommnisse die dynamische Rechtschreibkorrektur meldet und in welcher Farbe sie diese durch Wellenlinien anzeigen soll. Treffen Sie hier Ihre persönliche Wahl.

In den Registern AUTOKORREKTUR, NOTIZEN und TEXTMODUSANZEIGE müssen keine Änderungen vorgenommen werden. Das Aktivieren der Autokorrektur können Sie auch über den Befehl BEARBEITEN • RECHTSCHREIBPRÜFUNG • AUTOKORREKTUR erledigen.

> **HINWEIS**
>
> Hinsichtlich Korrekturmöglichkeiten erfahren Sie mehr in Kapitel 23, »Text suchen und korrigieren«, auf Seite 591.

❼ »Anzeigeleistung« und »Schwarzdarstellung«

Stellen Sie im Register ANZEIGELEISTUNG den Wert in der Option TEXT AUSGRAUEN UNTER ❾ auf 0 Pt, da dadurch auch Texte am Monitor bei extremer Verkleinerung noch lesbar bleiben und nicht zur Darstellung ausgegraut werden.

Abbildung 3.15 ▶
Die Grundparameter des Registers ANZEIGELEISTUNG sind für eine performante und qualitativ hochwertige Anzeige von Bildern und Texten am Monitor generell gut eingestellt. Aktivieren Sie die Option OBJEKTSPEZIFISCHE ANZEIGEEINSTELLUNGEN BEIBEHALTEN ❽ nicht, da dadurch die Dateigröße des InDesign-Dokuments in die Höhe schnellt.

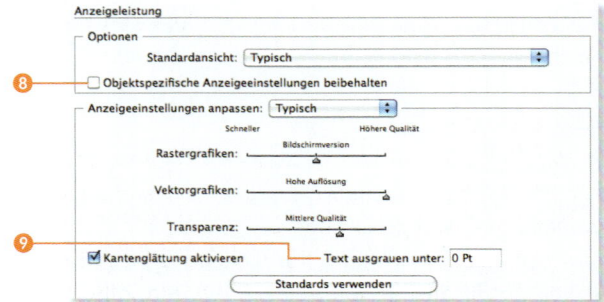

Wählen Sie im Register SCHWARZDARSTELLUNG sowohl in der Option AM BILDSCHIRM als auch BEIM DRUCK/EXPORT den Wert ALLE SCHWARZTÖNE KORREKT ANZEIGEN/AUSGEBEN aus, damit Sie bereits in der Überdruckenvorschau am Monitor die Farbunterschiede überdruckender schwarzer Flächen erkennen können.

Abbildung 3.16 ▶
Die Änderung der Voreinstellung zur Schwarzdarstellung macht das Suchen nach unbeabsichtigten überdruckenden Schwarzflächen bereits am Monitor möglich.

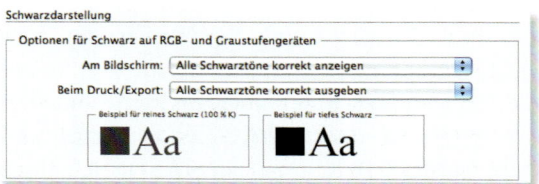

8 »Dateihandhabung« und »Zwischenablageoptionen«

Im Register DATEIHANDHABUNG ist die Wahl der Option VERKNÜPFUNGEN VOR DEM ÖFFNEN DES DOKUMENTS ÜBERPRÜFEN ⓫ für die Produktion sinnvoll. Wenn Sie jedoch die Option FEHLENDE VERKNÜPFUNGEN VOR DEM ÖFFNEN DES DOKUMENTS SUCHEN ⓬ aktiviert lassen, so durchsucht InDesign alle verfügbaren Verzeichnisse nach den fehlenden Verknüpfungen. Dies kann in größeren Arbeitsgruppen und bei mehreren Serververzeichnissen enorm viel Zeit in Anspruch nehmen. Deaktivieren Sie in diesem Fall diese Option.

Abbildung 3.17 ▶
Bestimmen Sie, wenn Sie mit Snippets arbeiten wollen, über die Optionen im Bereich SNIPPET-IMPORT ❿, ob die Snippets beim Platzieren an der Cursor- oder an der Originalposition platziert werden sollen. Sie können das Verhalten beim Platzieren von Snippets durch das Drücken der Alt- bzw. ⌥-Taste jeweils auf die nicht aktivierte Option ändern.

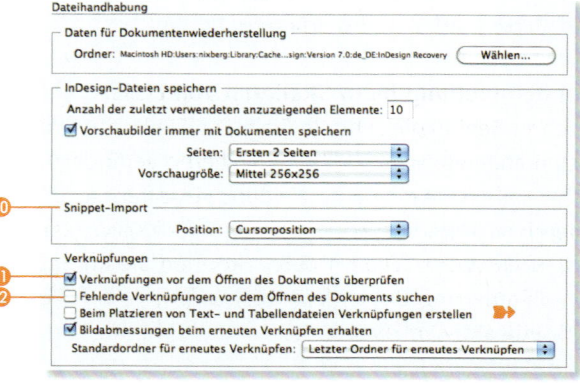

Im Register ZWISCHENABLAGEOPTIONEN müssen keine Änderungen vorgenommen werden.

9 Beenden von InDesign

Damit diese Voreinstellungen als Defaultwerte gelten, müssen Sie InDesign nun beenden. Damit werden diese Einstellungen in die InDesign-Defaults-Datei geschrieben.

Wir haben nun die wichtigsten Voreinstellungen geändert. Einer Arbeitsweise ohne allzu große Überraschungen sollte damit nichts mehr im Wege stehen. ■

3.4.2 Menüsatz einrichten

Soll der Menüumfang für die Arbeitsweise in InDesign beschränkt werden, so können Sie dies über das Menü BEARBEITEN • MENÜS tun. Wir empfehlen Ihnen jedoch, dies beim Erlernen von InDesign nicht zu tun, da Sie sonst immer wieder den einen oder anderen Befehl suchen werden.

Überprüfen Sie, ob Sie wirklich auf alle Menüs von InDesign zugreifen können, indem Sie den Befehl FENSTER • ARBEITSBEREICH • VOLLSTÄNDIGE MENÜS ANZEIGEN auswählen. Ist dieser Befehl ausgegraut, so haben Sie den vollen Zugriff.

> **HINWEIS**
>
> Wie Sie einen eigenen Menüsatz einrichten, können Sie in Abschnitt 2.5.1, »Menüs konfigurieren«, auf Seite 68 nachlesen.

3.4.3 Arbeitsbereich einrichten

Nachdem Sie InDesign wiederum gestartet haben, sollten Sie als nächsten Schritt Ihren gewünschten Arbeitsbereich einrichten. Sie können Ihren Arbeitsbereich beliebig gestalten, je nach Platz auf Ihrem Monitor bzw. auch auf einem Zusatzmonitor.

Einen aus unserer Sicht sinnvoll zu verwendenden Arbeitsbereich haben wir für Sie auf der Buch-DVD im Verzeichnis SETTINGS • ARBEITSBEREICHE gespeichert. Wie Sie solch einen Arbeitsbereich einrichten können bzw. wohin Sie den Arbeitsbereich der Buch-DVD kopieren müssen, haben Sie bereits in Kapitel 2, »Arbeitsoberfläche«, auf Seite 56 erfahren.

> **HINWEIS**
>
> Vergewissern Sie sich vor dem Abspeichern Ihres eigenen Arbeitsbereiches, dass jener Menüsatz, den Sie für diese Arbeitsstation verwenden wollen, aktiviert ist.

3.4.4 Grundeinstellung beim Skalieren von Linien

Stellen Sie sich zu Beginn die zentrale Frage, ob Sie Konturstärken, die in InDesign angelegt wurden, beim Skalieren verändern wollen oder nicht? Haben Sie eine Entscheidung getroffen, so aktivieren/deaktivieren Sie dementsprechend den Befehl KONTURSTÄRKE BEIM SKALIEREN ANPASSEN. Diesen Befehl können Sie im Bedienfeldmenü des Steuerung-Bedienfeld auswählen, wenn Sie das Auswahlwerkzeug aktiviert haben.

HINWEIS

Wie Sie ein eigenes Tastenkürzelset einrichten, können Sie in Abschnitt 2.9.2, »Definieren eines eigenen Tastaturkürzel-Satzes«, auf Seite 78 nachlesen.

3.4.5 Tastenkürzelset festlegen

Mit dem Tastenkürzelset STANDARD finden InDesign-Anfänger in der Regel immer das Auslangen. Bei QuarkXPress-Umsteigern oder langgedienten InDesign-Profis haben sich einige Tastenkürzel schon so in das Hirn gebrannt, dass sie einfach ohne diese nicht mehr arbeiten können und wollen.

Diesen Personen raten wir, das Tastenkürzelset STANDARD für den eigenen Arbeitsschwung anzupassen bzw. sich unsere Vorschläge zur Abänderung des Satzes STANDARD durchzulesen.

3.4.6 Farbeinstellungen für InDesign anpassen

Adobe wäre nicht Adobe, wenn Sie sich nicht noch einmal mit dem Thema Farbeinstellungen auseinandersetzen müssten. Durch die Synchronisierung der Farbeinstellungen über die gesamte Creative Suite hinweg (siehe Seite 88) wurde dies auch für InDesign erledigt. Dabei stellt Adobe im Bereich FARBMANAGEMENT-RICHTLINIEN den Eintrag für CMYK auf WERTE BEIBEHALTEN (PROFILE IN VERKNÜPFUNGEN IGNORIEREN) – linkes Bild in Abbildung 3.18. Damit werden von CMYK-Bildern alle angehängten ICC-Profile verworfen und wird das eingestellte Arbeitsfarbraum-Profil (in unserem Fall ISOCoated_v2) zugewiesen. Ein definitiv falscher Ansatz, wenn Sie farbmetrisch richtig arbeiten wollen. Ein definitiv richtiger Ansatz, wenn Sie CMYK-Bilder beim Drucken oder Exportieren in eine PDF-Datei sicherlich nicht verändern wollen. Entscheiden Sie nun selbst!

▼ **Abbildung 3.18**
Links: Die Farbeinstellungen nach der Synchronisierung über Adobe Bridge CS5. Damit werden platzierte CMYK-Dateien von einer Farbverrechnung ausgenommen. Rechts: Die Farbeinstellungen für eine farbmetrisch korrekte Farbverrechnung aus InDesign heraus.

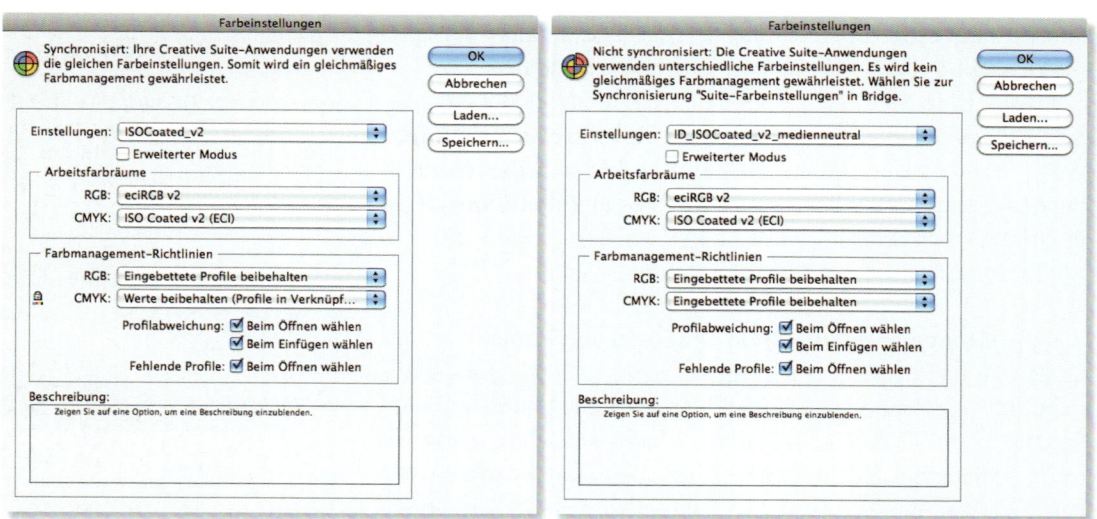

Wollen Sie farbmetrisch korrekt arbeiten (auch CMYK-Bildbestände mit anderen Quellprofilen müssen in den Zielfarbraum konvertiert werden) so wählen Sie den Eintrag EINGEBETTETE PROFILE BEIBEHALTEN für CMYK aus und speichern dieses Set mit vorangestelltem »ID« zur Kennzeichnung, dass dieses Set nur für InDesign verwendet werden soll. Damit bleiben angehängte ICC-Profile bei CMYK-Dateien als Quellprofil für eine farbmetrisch korrekte Verrechnung erhalten. Besitzt hingegen eine CMYK-Datei beim Platzieren kein angehängtes ICC-Profil, so wird für diesen Fall das Arbeitsfarbraum-Profil für CMYK als Quellprofil zugewiesen. Und genau deshalb sollten Vektorgrafiken, die nur in CMYK angelegt wurden, ohne ICC-Profil abgespeichert werden. Eine Farbverrechnung sollte für Vektorgrafiken nicht erfolgen!

Auf der Buch-DVD finden Sie im Ordner SETTINGS • CSF-DATEIEN die abgespeicherte Farbeinstellungsdatei »ID_ISOCoated_v2.csf«.

3.4.7 Beim Öffnen von InDesign-Dokumenten mit Profilwarnungen umgehen

Wenn Sie die Farbeinstellung für InDesign auf farbmetrisch korrekte Farbverrechnung eingestellt haben und Sie danach bereits angelegte InDesign-Dokumente an diese Farbeinstellung anpassen wollen, so verfahren Sie, wie in der folgenden Schritt-für-Schritt-Anleitung beschrieben.

Schritt für Schritt: Farbeinstellungen für InDesign-Dokumente anpassen

1 Öffnen des InDesign-Dokuments
Öffnen Sie das InDesign-Dokument, das auf farbmetrisch korrekte Arbeitsweise umgestellt werden soll. Im erscheinenden Dialog können Sie zwei verschiedene Vorgehensweisen wählen.

2 Umstellen auf farbmetrisch korrekte Farbverrechnung
Wählen Sie DOKUMENT AN DIE AKTUELLEN FARBEINSTELLUNGEN ANPASSEN und aus der Option PROFIL ZUWEISEN den Eintrag ALLE PROFILE AKTIVIEREN aus.

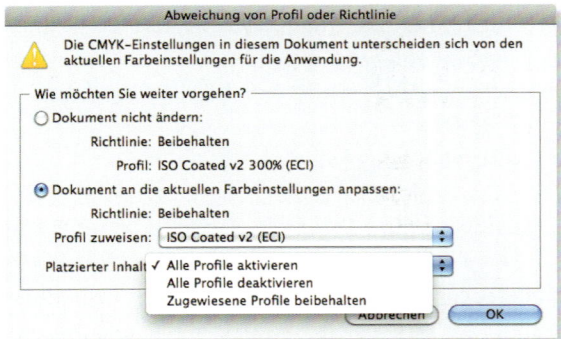

◄ Abbildung 3.19
Der Farbwarnungen-Dialog von InDesign. Beachten Sie, dass InDesign Sie mit zwei Farbwanungen konfrontieren kann, da in InDesign, im Unterschied zu Illustrator und Photoshop, zur gleichen Zeit RGB- und CMYK-Farbbestände verwaltet werden können.

Damit wird einerseits dem InDesign-Dokument das neue Arbeitsfarbraum-Profil zugewiesen, und andererseits werden damit alle Quellprofile für CMYK-Dateien aus den Originalbildern ausgelesen. Die Zuweisung des Arbeitsfarbraum-Profils für diese Dateien entfällt.

3 **Nur das Dokument und für zukünftige Platzierungen das Farbmanagement anpassen**

Wählen Sie dazu DOKUMENT AN DIE AKTUELLEN FARBEINSTELLUNGEN ANPASSEN und aus der Option PROFIL ZUWEISEN den Eintrag ZUGEWIESENE PROFILE BEIBEHALTEN aus.

Damit wird nur dem InDesign-Dokument das neue Arbeitsfarbraum-Profil zugewiesen, und es werden keine Änderungen bei den bereits platzierten Bildbeständen durchgeführt. Wollen Sie nun jedoch einzelnen Bildern von Hand das korrekte Quellprofil zuweisen, so wählen Sie das Bild mit dem Auswahlwerkzeug aus, und rufen Sie dann den Befehl OBJEKT • FARBEINSTELLUNGEN FÜR BILD auf.

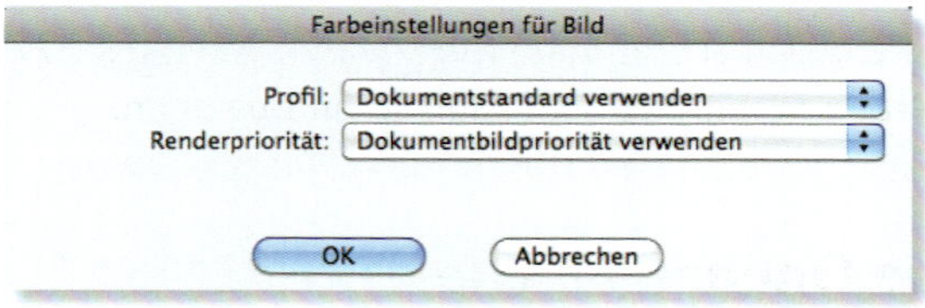

Abbildung 3.20 ▶
Der FARBEINSTELLUNGEN FÜR BILD-Dialog. Sie können nachträglich jedem Bild ein x-beliebiges Quellprofil oder den verwendeten Dokumentstandard zuweisen.

Wählen Sie für die Option PROFIL den Eintrag DOKUMENTSTANDARD VERWENDEN aus. Dadurch wird InDesign veranlasst, zugewiesene Profile zu entfernen und aus der Datei das Original-Quellprofil auszulesen. Beachten Sie jedoch, dass beim Platzieren von neuen Bildbeständen die Verfahrensweise aus dem Farbeinstellungsset angewandt wird. ■

3.4.8 Optionale Einstellungen

InDesign-Profis können an dieser Stelle noch weitere Einstellungen vornehmen oder die entsprechend gespeicherten Vorgaben an die dafür vorgesehenen Stellen kopieren bzw. importieren.

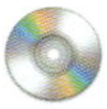

Auf der Buch-DVD finden Sie im Ordner SETTINGS • PRUEFPROFILE das abgespeicherte Prüfprofil »projekt_4c_v1.idpp«.

Prüfprofile für Preflight festlegen | Wie Sie ein Prüfprofil anlegen bzw. wie Sie das Prüfprofil »projekt_4c_v1.idpp« von der Buch-DVD als Defaultwert für InDesign festlegen, erfahren Sie in Abschnitt 37.4, »Erstellen eines Preflight-Profils«, auf Seite 797. Vergessen Sie dabei nicht, es als ARBEITSPROFIL in den PREFLIGHT-OPTIONEN zu setzen.

Druckeinstellungen festlegen | Welche Druckvorgaben Sie für Ihren Arbeitsbereich verwenden, hängt von den Ihnen zur Verfügung stehenden Ausgabemöglichkeiten ab.

Legen Sie sich Ihre benötigten Druckeinstellungen an. Wie Sie eine Druckvorgabe anlegen und abspeichern, erfahren Sie in Kapitel 41, »Drucken«, ab Seite 837.

PDF-Export-Einstellungen festlegen | Welche PDF-Exporteinstellungen Sie benutzen sollten, hängt im Wesentlichen vom abzuwickelnden Projekt ab. Viele Druckereien stellen Ihnen dazu die entsprechenden PDF-Exportvorgaben zur Verfügung.

Wie Sie solch eine Exportvorgabe anlegen bzw. wie Sie eine Exportvorgabe von der Druckerei laden können, erfahren Sie in Kapitel 42, »PDF-Export für die Druckvorstufe«, ab Seite 877. Wir haben Ihnen zwei PDF-Exportvorgaben für eine moderne Arbeitsweise auf der Buch-DVD abgespeichert. Laden Sie sich diese in InDesign, und versuchen Sie in Absprache mit der Druckerei, auch auf diese Vorgaben zurückzugreifen.

Auf der Buch-DVD finden Sie im Ordner Settings • PDF-Exportvorgaben die abgespeicherten Vorgaben »ID_PDF_ZIP_3mm_4c_Transparenzen_x4.joboptions« und »ID_PDF_ZIP_3mm_medienneutral_Transparenzen_x4.joboptions«.

Damit haben Sie wirklich alle Vorbereitungen abgeschlossen. Das professionelle Arbeiten mit InDesign kann somit beginnen.

3.5 Adobe Online-Dienste

Adobe versucht, über Online-Dienste den Mehrwert für die Creative Suite zu steigern und damit – sicherlich nicht uneigennützig – Kunden an die Adobe-Technologie und -Dienste zu binden. Schlussendlich will man ja in der Zukunft mit den aktuell kostenlos zur Verfügung gestellten Diensten Geld machen.

Wir wollen Ihnen nachfolgend einen kurzen Überblick über die für die Print-Produktion relevanten Dienste geben.

3.5.1 CS Live

Ihnen ist sicherlich schon ganz rechts oben in der Anwendungsleiste (Mac OS X) bzw. im Steuerung-Bedienfeld (Windows) das Symbol aufgefallen. Über dieses Symbol können Sie auf alle fünf Online-Dienste – *BrowserLab*, *CS Review*, *Acrobat.com*, *Adobe Story* und *SiteCatalyst NetAverages* – von Adobe zurückgreifen.

Verschaffen Sie sich online einen Überlick über alle Dienste, und führen Sie dazu den Befehl CS Live-Services entdecken aus. Sie gelangen damit auf die CS Live-Website, in der Sie auf alle Dienste zugreifen können.

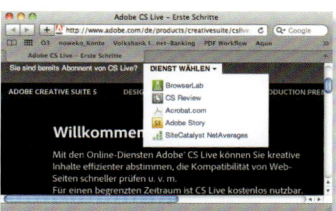

▲ **Abbildung 3.21**
Ausschnitt aus der CS Live-Website, in der Sie Zugriff auf alle Online-Dienste von Adobe haben.

3.5.2 Acrobat.com

Mit der Anmeldung Ihrer Adobe-ID haben Sie automatisch kostenlos Zugriff auf Dienste, die innerhalb von Acrobat.com angeboten werden. Was kann damit gemacht werden?

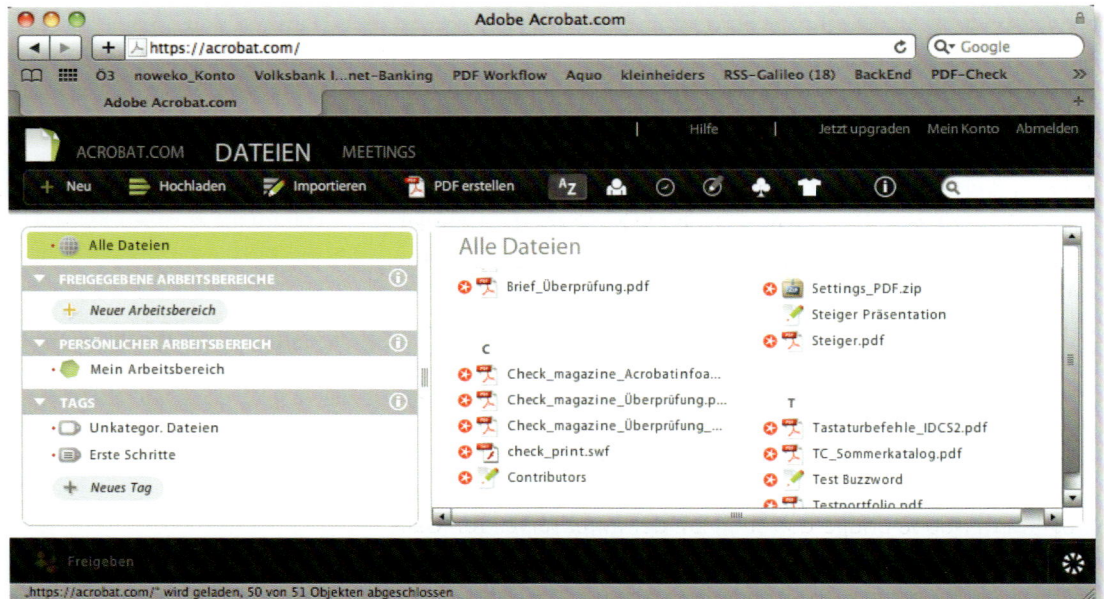

▲ **Abbildung 3.22**
Die auf Flash basierende Oberfläche von Acrobat.com. Bis Sie sich darin zurechtfinden, kann es schon einige Zeit dauern. Beachten Sie, dass der kostenlose Account zwar alle Dienste zur Verfügung stellt, diese jedoch teilweise – z.B. das Online-Erstellen von PDF-Dokumenten – in einem eingeschränkten Funktionsumfang anbietet.

> **HINWEIS**
>
> Wie Sie mit Buzzword zusammenarbeiten und wie Sie einen Review anstoßen und abarbeiten, erfahren Sie in den dafür eigens zur Verfügung gestellten Kapiteln 44, »Integration von Buzzword«, und 45, »Layouts zur Überprüfung senden«.

- Sie erhalten 5 GB gratis Online-Space zum Hochladen von Dateien.
- Dateien auf Acrobat.com können einerseits getaggt und in Arbeitsbereichen zusammengefasst werden und andererseits zum Download für andere Personen freigegeben werden. Freigegebene Personen erhalten dadurch einen Download-Link.
- Über den Befehl MEINEN BILDSCHIRM FREIGEBEN aus dem Menü DATEI in InDesign kann über Acrobat.com eine Videokonferenz mit bis zu drei Personen abgehalten werden.
- Über den Befehl NEUEN REVIEW ERSTELLEN aus dem Menü DATEI in InDesign bzw. über NEU • CS REVIEW in Acrobat.com kann ein Online-Korrekturzyklus abgebildet werden.
- Über den Befehl NEU • BUZZWORD-DOKUMENTE in Acrobat.com kann eine Online-Textverarbeitung gestartet werden. Sie können darin Word-Dokumente importieren und online mit verschiedenen Personen versionierte Textdateien erzeugen, die Sie dann schlussendlich über den Befehl AUS BUZZWORD PLATZIEREN in InDesign überführen können.
- Über die Befehle NEU • PRÄSENTATION und NEU • TABELLEN in Acrobat.com stehen zwei weitere Dienste zur Verfügung.

4 Adobe Bridge CS5 – Überblick

Adobe Bridge stellt die Schaltzentrale innerhalb der Creative Suite dar. Da seit InDesign CS5 eine Miniversion dieser Schaltzentrale in Form des Bedienfelds Mini Bridge zur Verfügung steht, wollen wir Ihnen in diesem Kapitel jenen Überblick geben, der notwendig ist, um mit dem Bedienfeld innerhalb von InDesign nutzbringend arbeiten zu können.

Die Funktionen der Mini Bridge beschränken sich gegenüber der Adobe Bridge CS5 auf das Finden, Filtern und Anzeigen von Dateien, sodass Sie möglichst schnell Daten aus der Mini Bridge zum Layouten verwenden können. Lassen Sie uns also nur jene Funktionen der Adobe Bridge auflisten, die Sie für die Funktionen der Mini Bridge benötigen. Die umfassende Beschreibung des Programms Adobe Bridge CS5 steht auf dem Webserver von Galileo als Zusatzkapitel »Adobe Bridge CS5«, zur Verfügung. Für weiterführende Hinweise schlagen Sie dort nach.

> **Arbeitsweisen zu Mini Bridge**
>
> Wie Sie mit Mini Bridge arbeiten können, erfahren Sie noch in Abschnitt 11.3.4, »Bilder über Mini Bridge platzieren«, auf Seite 251.

4.1 Arbeiten mit Adobe Bridge CS5

Bei der Installation von InDesign CS5 wird auch Adobe Bridge CS5 als Navigator zum Organisieren, Arrangieren, Speichern und Öffnen von Dokumenten installiert. Diese täglichen Arbeiten können wie bisher über den Finder unter Mac OS X bzw. über den Explorer unter Windows durchgeführt oder eben mit Adobe Bridge CS5 noch effizienter organisiert werden.

Ob Sie lieber weiterhin mit dem Finder bzw. dem Explorer arbeiten wollen oder sich Adobe Bridge mal näher ansehen, bleibt natürlich Ihnen überlassen. All jenen, die beginnen, mit der Adobe Bridge zu arbeiten, legen wir ans Herz, sich zuvor über die Möglichkeiten in unserem Bonuskapitel zu informieren.

4.1.1 Grundeinstellungen vornehmen

Welche Grundeinstellungen Sie für Adobe Bridge CS5 vornehmen sollten und wie Sie Adobe Bridge CS5 starten, haben Sie bereits in Abschnitt 3.3, »Einstellungen für Adobe Bridge CS5«, auf Seite 85 erfahren.

> **Adobe Bridge automatisch starten**
>
> Wollen Sie Adobe Bridge CS5 automatisch beim Starten Ihres Systems hochfahren, so aktivieren Sie in den Voreinstellungen zu Adobe Bridge im Bereich Erweitert die Option Bridge beim Anmelden starten.
>
> Zu den Voreinstellungen gelangen Sie durch Drücken des Tastenkürzels [Strg]+[K] bzw. [⌘]+[K].

4.1.2 Die Oberfläche

Die Oberfläche von Adobe Bridge CS5 ist nach dem ersten Start in drei Hauptbereiche unterteilt.

▲ **Abbildung 4.1**
Die Standardoberfläche von Adobe Bridge CS5 mit aktiviertem Arbeitsbereich GRUNDLAGEN

> **Andere Oberfläche**
>
> Sollte sich die Oberfläche, die Sie sehen, von Abbildung 4.1 unterscheiden, so müssen Sie in den meisten Fällen nur auf den Grundlagenarbeitsbereich zurückstellen. Erledigen Sie diesen Schritt, indem Sie den Befehl FENSTER • ARBEITSBEREICH • STANDARDARBEITSBEREICHE ZURÜCKSETZEN ausführen.

- **Anwendungsleiste** ❶: Führen Sie daraus bestimmte Aufgaben aus, schalten Sie darin zwischen verschiedenen Ansichten um, und navigieren Sie darin zu den einzelnen Verzeichnissen.
- **Bedienfelder:** Im Arbeitsbereich GRUNDLAGEN sind die angezeigten Bedienfelder in drei Spalten zusammengefasst.
    - Linke Spalte ❷: Darin stehen die Bedienfelder FAVORITEN, ORDNER, FILTER, SAMMLUNGEN und EXPORTIEREN zur Verfügung. Die ersten beiden dienen zur Navigation, die unteren dienen zum schnelleren Suchen von beschrifteten Inhalten der aktuell angezeigten Dateien des Bedienfelds INHALT und zum Eingeben der Exportparameter für die Ausgabe eines Kontaktabzugs in Form eines PDFs.
    - Mittlere Spalte ❸: Im Bedienfeld INHALT werden Vorschauansichten der im ausgewählten Ordner befindlichen Dateien angezeigt. Die Darstellungsgröße der Vorschauansichten kann über einen Schieberegler ❽ in der Fußleiste des Anwendungsfensters bestimmt werden.
    - Rechte Spalte ❺: Darin befinden sich die Bedienfelder VORSCHAU, METADATEN und STICHWÖRTER. Während das Bedienfeld VORSCHAU das/die aktuell ausgewählte Datei/en anzeigt, können in den Bedienfeldern METADATEN und STICHWÖRTER Informationen hinzugefügt werden, die dem schnelleren

Auffinden von Dateien oder dem Hinterlegen von Copyright-Informationen dienen.

- **Fußleiste ❹:** Die Fußleiste beherbergt einerseits Informationen zum aktuell ausgewählten Verzeichnis und andererseits Optionen, die die Darstellung der Vorschauansichten bestimmen oder zum Schutz von Darstellungsänderungen dienen.

4.1.3 Arbeitsbereiche

Die einzelnen Teilbereiche der Oberfläche können Sie durch Ziehen in der Breite ❼ verändern, und die Fenster (Bedienfelder) in den Bereichen können Sie durch Ziehen in der Höhe ❻ größer bzw. kleiner machen.

Wollen Sie ein Bedienfeld ausblenden, so erledigen Sie das am einfachsten durch Auswahl des jeweiligen Bedienfelds im Menü Fenster (Abbildung 4.2). Wollen Sie ein Bedienfeld an eine andere Position verschieben, so ziehen Sie die Bedienfeldbezeichnung im Kopf des jeweiligen Bedienfelds.

Mit Adobe Bridge CS5 stehen standardmäßig acht Arbeitsbereiche zur Verfügung, die je nach Aufgabenstellung die gewünschten Informationen zeigen. Sollten Sie jedoch damit nicht auskommen, so müssen Sie sich einen eigenen Arbeitsbereich einrichten.

- **Grundlagen-Arbeitsbereich:** Diesen Arbeitsbereich haben Sie schon in Abbildung 4.1 kennengelernt. Wählen Sie diesen Arbeitsbereich, wenn Sie Bridge zum Suchen, Ordnen und Platzieren von Bildern in InDesign benötigen.
- **Filmstreifen-Arbeitsbereich:** Dieser Arbeitsbereich wird beim »Sichten von Dateien« sehr gerne verwendet, da einerseits alle Bilder als Filmstreifen im Bedienfeld Inhalt angeordnet sind und somit ein schnelles Auswählen durch Drücken der ←/→-Tasten möglich ist und andererseits das jeweils ausgewählte Bild sehr groß im Bedienfeld Vorschau angezeigt wird. Die Beurteilung der Bildqualität ist damit gewährleistet.

▲ **Abbildung 4.2**
Die Bedienfelder (Fenster) von Adobe Bridge CS5 können über das Menü Fenster aus- oder eingeblendet werden.

Arbeitsbereiche über Tastaturkürzel aufrufen

Die ersten sechs Arbeitsbereiche können über die Tastenkombination ⌃+F1 bzw. ⌘+F1 bis ⌃+F6 bzw. ⌘+F6 aufgerufen werden.

◄ **Abbildung 4.3**
Der Arbeitsbereich Filmstreifen ermöglicht ein schnelles Sichten und Beurteilen von Bildern. Diese Darstellung kann in Mini Bridge über die Auswahl der Ansicht Filmstreifen ebenfalls dargestellt werden.

▶ **Metadaten-Arbeitsbereich:** Der Fokus dieses Arbeitsbereichs liegt auf der Darstellung von Metadaten und der Sortierung dieser Inhalte nach diesen Informationen.

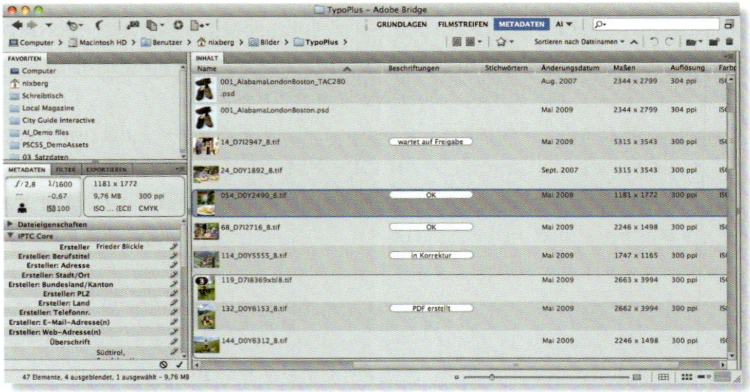

Abbildung 4.4 ▶
Der Arbeitsbereich METADATEN legt den Fokus auf Informationen zum Bild und nicht auf das Bild selbst. Eine ähnliche Ansicht kann über Mini Bridge über die Ansicht ALS DETAILS angezeigt werden.

▶ **Stichwörter-Arbeitsbereich:** In diesem Arbeitsbereich liegt der Fokus auf Copyright-Informationen und Stichwörtern, die den jeweiligen Dateien hinzugefügt wurden.

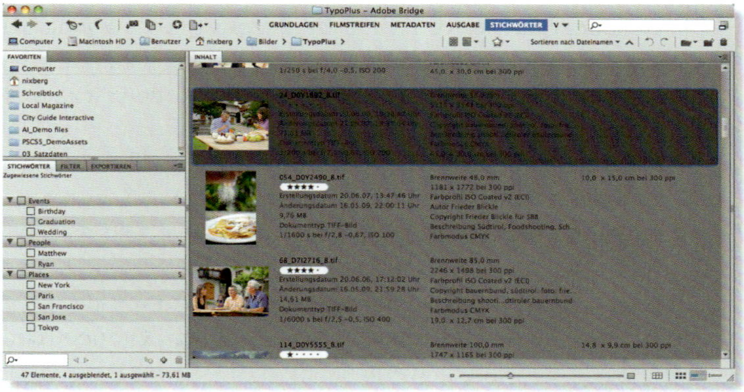

Abbildung 4.5 ▶
Der Arbeitsbereich STICHWÖRTER liefert Zusatzinformationen zum Bild. Eine ähnliche Ansicht kann über Mini Bridge über die Ansicht ALS LISTE angezeigt werden.

HINWEIS

Die Arbeitsbereiche AUSGABE, VORSCHAU, LEUCHTTISCH und ORDNER können über das Bedienfeld Mini Bridge nicht abgebildet werden.

▶ **Ausgabe-Arbeitsbereich:** Verwenden Sie diesen Arbeitsbereich zum Erstellen von Bildübersichten/Kontaktabzügen als PDF oder als SWF.
▶ **Vorschau-Arbeitsbereich:** Dieser Arbeitsbereich konzentriert sich auf die Bildbeurteilung im Bedienfeld VORSCHAU. Er ist dem Arbeitsbereich FILMSTREIFEN sehr ähnlich.
▶ **Leuchttisch-Arbeitsbereich:** Mit diesem Arbeitsbereich legen Sie den Fokus auf die Betrachtung von Bildern. Er ist für Fotografen ideal, die die Betrachtung von Dias am Leuchttisch simulieren wollen.
▶ **Ordner-Arbeitsbereich:** Diesen Arbeitsbereich nutzen Sie für das Dateimanagement. Neben dem Bedienfeld INHALT stehen

die Bedienfelder ORDNER und FAVORITEN zur Verfügung, die ein schnelles Einsortieren von Bildern und Dateien in die dazu angelegten Ordner ermöglichen.

Arbeitsbereich auswählen | Ein Umschalten zwischen den Arbeitsbereichen erfolgt entweder über die im Menü FENSTER • ARBEITSBEREICH definierten Tastaturkürzel – z. B. [Strg]+[F1] oder [⌘]+[F1] – oder über einen Klick auf den Namen des Arbeitsbereichs in der Anwendungsleiste.

4.1.4 Navigation

Wählen Sie den Grundlagen-Arbeitsbereich aus und sehen Sie sich einmal die Möglichkeiten an, die zur Navigation dienen.

Bedienfeld »Favoriten« | Das Bedienfeld FAVORITEN – Abbildung 4.6 – dient zur schnellen Navigation, um bestimmte Ordner Ihrer Festplatte oder eines Netzwerk-Servers anzuspringen, die u. a. als Favoriten in diesem Bereich abgelegt worden sind.

▲ **Abbildung 4.6**
Das Bedienfeld FAVORITEN, das Sie durch Ablegen bestimmter Favoriten an Ihre Arbeitsweise anpassen können

- **Zugriff auf das Dateisystem:** Durch Klick auf COMPUTER können Sie im Dateisystem navigieren. Speziell für Windows-Anwender ist diese Art der Navigation etwas ungewohnt. Sie können jedoch durch Aktivieren des Bedienfelds ORDNER auf eine Navigationsmöglichkeit ähnlich dem Windows-Explorer zurückgreifen.
- **Hinzufügen von Favoriten:** Unterhalb der Trennlinie können Sie durch einfaches Drag & Drop Verzeichnisse und Servervolumes, die Sie sehr häufig frequentieren, als Favoriten hinzufügen. Diese Möglichkeit ist, speziell wenn Sie mit Mini Bridge arbeiten wollen, extrem wichtig und für Windows-Benutzer interessant, da damit die Wege zu bestimmten Ordnern und Servervolumes verkürzt werden.
- **Entfernen eines Favoriten:** Dies erfolgt am einfachsten durch Rechtsklick auf den Eintrag und durch Auswahl des Befehls AUS FAVORITEN ENTFERNEN.

Navigation über die Anwendungsleiste | Über die verschiedenen Symbole kann der Anwender sehr schnell in den gewünschten Ordner springen. Die Möglichkeiten sind:

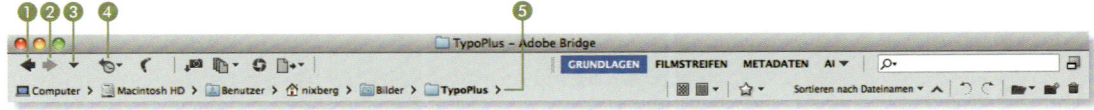

▲ **Abbildung 4.7**
Anwendungsleiste von Bridge CS5

- **Weiter/Zurück:** Jeder Schritt bei der Navigation in Adobe Bridge wird protokolliert. Durch Klick auf ZURÜCK ◀ ❶ sprin-

> **Navigationsmöglichkeiten im Bedienfeld Mini Bridge**
>
> Im Bedienfeld Mini Bridge stehen nur die Möglichkeiten, Nach Vorn und Zurück zu springen, Die Letzte Datei anzuzeigen oder zum Letzten Ordner zu wechseln und die Pfadleiste zur Verfügung.

gen Sie in den vorher ausgewählten Ordner. Durch Klick auf Weiter ➡ ❷ wechseln Sie wiederum nach vorn in den zuvor gewählten Ordner.

▶ **Zum übergeordneten Element oder zu Favoriten wechseln:** Ist Ihre Favoritenliste zu lang, sodass Sie den jeweiligen Eintrag im Bedienfeld Favoriten nicht mehr sehen können, so greifen Sie durch Klick auf das Symbol ▾ ❸ in der Liste auf alle Favoriten und Systemverzeichnisse zurück.

▶ **Letzte Datei anzeigen oder zum letzten Ordner wechseln:** Durch Klick auf das Symbol ❹ springen Sie einerseits gezielt zu den zuvor verwendeten Ordnern und öffnen andererseits Dokumente, die in anderen Programmen zuletzt verwendet wurden, in der Ursprungsapplikation.

▶ **Pfadleiste ❺:** In der Pfadleiste sehen Sie den aktuellen Pfad zum derzeit angezeigten Ordner. Ein Klick auf den jeweiligen Ordner in der Pfadleiste wechselt sofort in dieses Verzeichnis. Sollte sich Ihnen diese Pfadleiste nicht zeigen, so blenden Sie diese zuvor über das Menü Fenster • Pfadleiste ein.

Bedienfeld »Ordner« | Vor allem Windows-Anwender sind die Navigation über den Windows Explorer gewohnt. Im Bedienfeld Ordner wird die Ordnerhierarchie Ihres Dateisystems angezeigt, das Navigieren darin ist dabei vor allem Windows-Anwendern vertraut.

Blenden Sie dieses Bedienfeld vor allem dann ein, wenn Sie viele Dateien zwischen einzelnen Verzeichnissen verschieben oder viele Dateien löschen oder duplizieren müssen.

▲ **Abbildung 4.8**
Das Bedienfeld Ordner entspricht der Navigationsmöglichkeit des Windows Explorers.

4.1.5 Dateien kennzeichnen und bewerten

In Arbeitsgruppen werden bestimmte Vorgänge meistens von verschiedenen Personen erledigt. Der Fotograf überspielt seine Aufnahmen in einen dafür vorgesehenen Projektordner auf den Server; der Bildredakteur sichtet die Bilder und entscheidet, welche Bilder für das Projekt verwendet werden sollen; der Bildbearbeiter muss die ausgewählten Bilder farblich bearbeiten, retuschieren und freistellen; der Layouter greift für das Erstlayout auf die noch unbearbeiteten Bilder zurück; die Personen in der Produktion benutzen die bearbeiteten und freigestellten Bilder usw.

All diese Bearbeitungsschritte müssen organisiert werden, und vor allem müssen Personen, die nachfolgende Arbeitsschritte erledigen, davon in Kenntnis gesetzt werden, dass das Bild schon zur Verwendung freigegeben ist. In der Praxis werden diese Organisationsstufen gerne über Ordner abgebildet. Mit Adobe Bridge CS5 können nun die einzelnen Personen in der Arbeitsgruppe sehr effizient die Dateien sichten und ihnen dabei eine Beschriftung verpassen. Wählen Sie dazu den gewünschten Eintrag im Menü BESCHRIFTUNG aus.

Bewertung | So wie Sie Musikstücke in Soundbibliotheken kennzeichnen, können Sie über Adobe Bridge CS5 auch Ihre Dateien bewerten, indem Sie diese mit Sternen – keine bis fünf Sterne – versehen. Der Bildredakteur entscheidet, welche Bilder in der Auswahl zu verwenden sind, und gibt durch die Bewertung auch gleichzeitig seine Präferenz kund.

Wählen Sie dazu den gewünschten Eintrag im Menü BESCHRIFTUNG aus, oder drücken Sie das entsprechende Tastenkürzel, das Sie ebenfalls dem Menü (Abbildung 4.10) entnehmen können.

> **Beschriftungsmöglichkeiten im Bedienfeld Mini Bridge**
>
> Im Bedienfeld MINI BRIDGE können Sie keine Beschriftungen für Dateien vornehmen. Sie können darin nur nach beschrifteten Dateien filtern.

◀ **Abbildung 4.9**
Bilder wurden unterschiedlich bewertet, und ein Bild wurde zurückgewiesen. Letzteres wird deutlich in roten Buchstaben angezeigt.

Besonderes Augenmerk sollten Sie auf den Menübefehl ZURÜCKWEISEN legen. Dieser Befehl sollte vom Layouter verwendet werden, um alle Bilder zu kennzeichnen, die nicht im Layout benötigt wurden. In Bridge CS5 und Mini Bridge werden zurückgewiesene Bilder durch ein rotes ZURÜCK hervorgehoben, was das Auffinden dieser Inhalte vereinfacht.

Beschriftung | Im Unterschied zur Bewertung können über BESCHRIFTUNG Dateien durch eine farbliche Kennzeichnung hervorgehoben werden. Was diese farbliche Kennzeichnung dabei bedeutet, kann der jeweiligen Arbeitsweise in der Arbeitsgruppe angepasst werden. Das Anpassen der Begriffe erfolgt in den Voreinstellungen von Adobe Bridge CS5, worin Sie nur die Benennung der Beschriftung – nicht jedoch die Farbe – ändern oder eine zusätzliche Kategorie einfügen können. Wie Sie die Begriffe umbenennen können, lesen Sie in Abschnitt 3.3.2, »Grundeinstellungen für Adobe Bridge CS5 vornehmen«, auf Seite 87 nach.

▲ **Abbildung 4.10**
Das Menü BESCHRIFTUNG

4.1.6 Dateien anzeigen und filtern

Nicht jeder Mitarbeiter in der Arbeitsgruppe benötigt alle Daten, um seinen Job zu erledigen. Deshalb wäre es doch ideal, wenn die Sichtweise auf die Daten für den jeweiligen Arbeitsschritt gefiltert würde und somit nur jene Dateien zur Auswahl stünden, die zu verarbeiten sind.

Das Bedienfeld FILTER dient dem schnellen Filtern von Inhalten. Sobald Sie ein Verzeichnis über Adobe Bridge CS5 öffnen, werden einerseits alle Vorschaubilder generiert und andererseits die Metadaten aus den Dateien ausgelesen. Wie viele Objekte sich im Verzeichnis befinden, wie viele ausgeblendet oder ausgewählt sind und die Größe der ausgewählten Datei – all das wird Ihnen in der Fußzeile des Adobe Bridge CS5-Fensters angezeigt.

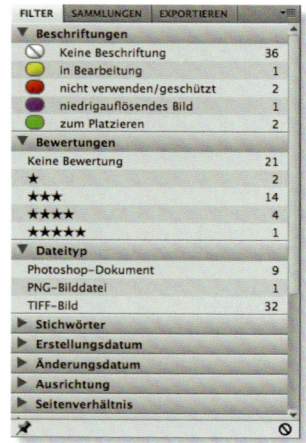

▲ **Abbildung 4.11**
Das Bedienfeld FILTER mit aufgeklappten Kriterien BESCHRIFTUNGEN, WERTUNGEN und DATEITYP. Auf einen Blick können Sie die Anzahl der Dateien eines bestimmten Status und die Wertung erkennen.

Vorschaubilder generieren | Das Generieren von Vorschaubildern für die Bedienfelder INHALT und VORSCHAU kann bei größeren Datenansammlungen und speziell dann, wenn Sie EPS verwenden, schon eine gewisse Zeit dauern. Vorschaubilder werden dabei standardmäßig in einen für den Ordner angelegten Cache auf die lokale Festplatte geschrieben. Dieses Verhalten kann jedoch in den Voreinstellungen deaktiviert werden.

Qualität der Vorschaubilder bestimmen | In welcher Qualität die Vorschaubilder berechnet werden, hängt von den Voreinstellungen ab, die Sie in den OPTIONEN FÜR MINIATURENQUALITÄT UND VORSCHAUERSTELLUNG ❶ in der Anwendungsleiste des Adobe Bridge-Fensters vorgenommen haben.

▲ **Abbildung 4.12**
Die Anwendungsleiste von Adobe Bridge CS5. Bestimmen Sie hier, in welcher Qualität die Vorschaubilder generiert werden sollen.
Mini Bridge übernimmt die Darstellungsqualität der Vorschaubilder aus den Einstellungen aus Adobe Bridge CS5.

Wählen Sie darin aus den Möglichkeiten aus, und bestimmen Sie damit die Verarbeitungsgeschwindigkeit beim erstmaligen Öffnen eines Verzeichnisses.

Kriteriengruppen anzeigen | Die Generierung von Kriterien im Filter-Bedienfeld erfolgt dynamisch. Welche Kriterien angezeigt werden, ist von zweierlei Faktoren abhängig:
1. von den Dateien, die im Bedienfeld INHALT angezeigt werden, und von den zugehörigen Metadaten oder Speicherorten.
2. von der Voreinstellung, welche Filterkategorie überhaupt angezeigt werden. Diese Voreinstellung nehmen Sie durch Klick auf das Bedienfeldmenü im Bedienfeld FILTER und Auswahl des Befehls FILTERKATEGORIEN AUSWÄHLEN vor.

Wie Sie in Abbildung 4.13 erkennen, fasst Adobe Bridge CS5 die Metadaten und Informationen der gefundenen Dateien in verschiedenen Gruppen zusammen, was das Filtern von Dateien nach Interessengebieten sehr erleichtert. Was in den jeweiligen Filtergruppen angezeigt wird, kann aus der Bezeichnung herausgelesen werden.

Beachten Sie jedoch die Befehle Alle auffalten und Alle zusammenfalten. Damit können Sie die lange Liste der aufgeklappten Filterkategorien sehr schnell maximieren bzw. im gegenteiligen Fall minimieren.

Filtern nach Kriterien im Bedienfeld »Filter« | Wollen Sie nur Dateien angezeigt bekommen, die den Status OK, vier Sterne und das ISOCoated v2-Profil getaggt haben, so filtern Sie sie einfach durch Klick auf die Einträge in den Gruppen. Sie können dabei nur eine Filtergruppe oder auch aus verschiedenen Gruppen wählen.

Wenn Sie beispielsweise alle querformatigen PSD-Bilder sehen wollen, wählen Sie PSD in der Gruppe Dateityp und Querformat in der Gruppe Ausrichtung. Damit werden nur die Dateien, die diesen Kriterien entsprechen, im Bedienfeld Inhalt angezeigt. Damit kann beispielsweise ein Bildbearbeiter immer den im Workflow bestimmten Ordner gefiltert anzeigen lassen, womit er sofort erkennt, ob ein Bild zur Bearbeitung vorliegt.

▲ **Abbildung 4.13**
Die möglichen Filtergruppen aus Adobe Bridge CS5

Filter löschen | Haben Sie einen oder einige Filter gewählt, so können Sie durch erneuten Klick auf den gewählten Filter diesen deaktivieren. Für den Fall, dass Sie mehrere Filter gewählt haben, ist das Deaktivieren der einzelnen Filter sehr zeitaufwendig und unpraktisch. Um alle Filter in einem Aufwasch zu löschen, führen Sie den Befehl Filter löschen ❷ durch Drücken des Tastenkürzels [Strg]+[Alt]+[A] bzw. [⌘]+[⌥]+[A] aus. Dieser Befehl steht nur im Menü Objekte nach Wertung filtern ❸ in der Anwendungsleiste des Adobe Bridge-Fensters zur Verfügung.

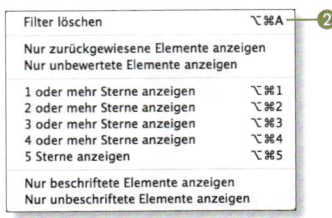

▲ **Abbildung 4.14**
Die Befehle aus dem Menü Objekte nach Wertung filtern der Anwendungsleiste von Adobe Bridge CS5. In den Menüs zu Adobe Bridge CS5 finden Sie diesen Befehl nicht!

Filtermöglichkeiten in der Anwendungsleiste | In der Anwendungsleiste des Adobe Bridge-Fensters befinden sich im Symbol ☆▾ ❸ erweiterte Filtermöglichkeiten und die dazu passenden Kurzbefehle.

Die Möglichkeiten in diesem Menü sind etwas beschränkt. Lediglich der Befehl Filter löschen und die Kurzbefehle, um schnell

▲ **Abbildung 4.15**
Das Symbol ❸ zum Filtern von Daten

> **Filterungsmöglichkeiten im Bedienfeld Mini Bridge**
>
> Im Bedienfeld MINI BRIDGE haben Sie nur die Möglichkeit, nach BEWERTUNGEN, nicht jedoch nach BESCHRIFTUNGEN zu filtern. Das Filtern nach Kriteriengruppen ist somit nur in Adobe Bridge CS5 möglich. Das Finden von zurückgewiesenen Dateien ist jedoch bei beiden Varianten möglich.
>
> Die Möglichkeit, ELEMENTE IN UNTERORDNERN ANZEIGEN zu lassen, steht ebenfalls nur in der Adobe Bridge CS5 und nicht in der Mini Bridge zur Verfügung.

Dateien mit einer gewissen Bewertung zu filtern, sind hier essenziell. Alle anderen Befehle können ebenfalls durch Klick auf die jeweilige Filterkategorie im Bedienfeld FILTER ausgeführt werden.

Inhalte aller Unterordner anzeigen | Oft werden die Daten eines Projekts in vielen Unterordnern abgelegt. Das Platzieren oder Bearbeiten von Bildern ist dabei nur mit sehr vielen Navigationsschritten zu bewerkstelligen.

Adobe bietet für diesen Fall dem Anwender an, im Bedienfeld INHALT alle Dateien des ausgewählten Ordners und alle Dateien der darunterliegenden Verzeichnisse anzeigen zu lassen. Führen Sie dazu den Befehl ELEMENTE IN UNTERORDNERN ANZEIGEN im Menü ANSICHT aus. Leider hat Adobe vergessen, diesem wichtigen Befehl einen Shortcut zu verpassen. Für Mac OS X-Anwender gab es bis zu Adobe Bridge CS4 einen Workaround (nämlich ein Tastenkürzel über die Tastatur-Systemeinstellungen für Adobe Bridge zu definieren), den Adobe den Mac-Anwendern nun auch noch genommen hat.

Alle platzierten Bilder einer InDesign-Datei anzeigen | In vielen Produktionen möchte der Layouter genau jene Bilder, die bereits in einem anderen Printprodukt des Kunden verwendet wurden, für das neue Layout eines zusätzlichen Printprodukts verwenden. Die Frage »Welche Bilder sind das?« kann seit Adobe Bridge CS5 ganz schnell beantwortet werden.

Seit InDesign CS5 werden die Pfade und die Namen der platzierten Dateien mit in den Metadaten des InDesign-Dokuments gespeichert. Adobe Bridge CS5 (und auch Mini Bridge) verfügen über den Befehl VERKNÜPFTE DATEIEN ANZEIGEN, den Sie, wenn Sie ein InDesign CS5-Dokument ausgewählt haben, über das Menü ANSICHT ausführen können.

4.1.5 Inhalte organisieren

Im Bedienfeld INHALT werden die Vorschaudateien angezeigt. Die Größe und die Darstellungsqualität der Vorschaudateien kann Ihrer Arbeitsweise angepasst werden.

> **Anordnungen von Dateien sind in der Gruppe für alle sichtbar**
>
> Wenn Sie eine Dateianordnung vornehmen, so wird diese mit in den Cache geschrieben. Damit wird sichergestellt, dass jeder Anwender der Arbeitsgruppe die Dateianordnung in derselben Form sieht.
>
> Ändert jedoch ein anderer Anwender an der Dateianordnung etwas, so überschreibt er die zuvor getroffene Auswahl.

Miniaturgröße bestimmen | Bestimmen Sie die Größe der Miniaturen, indem Sie den Schieberegler in der Fußzeile des Adobe Bridge CS5-Anwendungsfensters verschieben.

Dateien verschieben und kopieren | Bilder können frei im Fenster verschoben werden, um somit eine andere Anordnung für den Arbeitsplatz einzustellen. Das Kopieren und Verschieben von

Dateien und Ordnern ist an Ihre bisherige Arbeitsweise angelehnt: Entweder Sie verwenden dazu das Kontextmenü – rechte Maustaste – und führen darin die Befehle KOPIEREN, KOPIEREN NACH oder VERSCHIEBEN NACH aus, oder Sie kopieren Ordner und Dateien mit gedrückter [Alt]- bzw. [⌥]-Taste.

Dateien löschen, Ansicht drehen und Ordner anlegen | Um Bilder zu löschen ❺, die Ansicht zu drehen ❸ oder einen Unterordner ❹ im Verzeichnis anzulegen, greifen Sie auf die in der Anwendungsleiste verfügbaren Symbole zurück.

> **Manipulationsmöglichkeiten im Bedienfeld Mini Bridge**
>
> Im Bedienfeld MINI BRIDGE können Sie Dateien nicht verschieben, nicht kopieren, nicht löschen, keine Ordner anlegen und die Ansicht der Vorschauabbildung auch nicht drehen.

▲ Abbildung 4.16
In der Anwendungsleiste stehen zahlreiche Symbole zum Organisieren von Inhalten zur Verfügung.

Selbstverständlich können Sie eine Datei auch löschen, indem Sie unter Mac OS X auf [⌘]+[←] bzw. unter Windows auf [Entf] drücken oder den Befehl IN DEN PAPIERKORB VERSCHIEBEN aus dem Kontextmenü aufrufen.

Dateien sortieren | Die Dateien im Bedienfeld INHALT können einfach durch Verschieben angeordnet oder nach verschiedenen Kriterien – siehe Abbildung 4.17 – sortiert werden. Eine Sortierung nehmen Sie vor, indem Sie in der Anwendungsleiste auf den Eintrag ❶ klicken und im Submenü das gewünschte Kriterium auswählen.

Ob die Sortierung dabei aufsteigend oder absteigend erfolgen soll, entscheiden Sie durch Klick auf das Symbol ⌃ ❷ in der Anwendungsleiste von Adobe Bridge CS5. In Mini Bridge steht dazu der Befehl AUFSTEIGENDE REIHENFOLGE zur Verfügung.

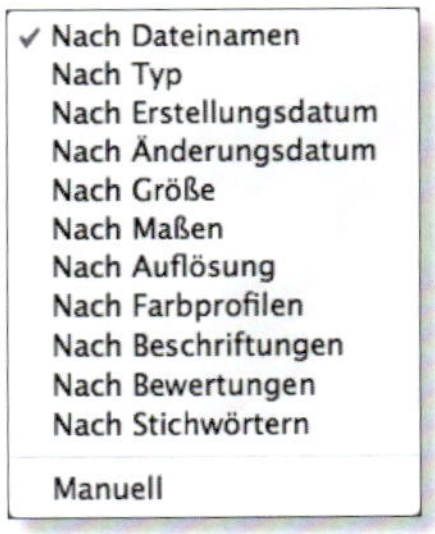

▲ Abbildung 4.17
Nach diesen Kriterien kann der Inhalt der Adobe Bridge, aber auch der Mini Bridge sortiert werden.

Eine Datei umbenennen | Das Umbenennen einer Datei erledigen Sie wie gewohnt durch Überschreiben des Dateinamens oder über den Befehl UMBENENNEN aus dem Kontextmenü. In Mini Bridge ist das Umbenennen von Dateien nur über das Kontextmenü möglich.

Mehrere Dateien umbenennen | Wenn Sie jedoch ein Fotoshooting, das aus Hunderten von Bildern besteht, in einem Aufwasch umbenennen wollen, so tun Sie dies am schnellsten über das Menü WERKZEUGE • STAPEL-UMBENENNUNG oder durch Aufruf des Tastenkürzels [Strg]+[⇧]+[R] bzw. [⌘]+[⇧]+[R].

Stapeln von Dateien | Sind mehrere Bilder im Bedienfeld INHALT markiert, so können Sie sie über STAPEL • ALS STAPEL GRUPPIEREN

> **HINWEIS**
>
> Im Bedienfeld Mini Bridge können Sie keine Stapel sehen. Demnach können Sie auch auf die Möglichkeiten dieser Funktion darin nicht zurückgreifen.

([Strg]+[G] bzw. [⌘]+[G]) zusammenfassen. Um einen Stapel zu lösen, führen Sie den Befehl Stapel • Aus Stapelgruppierung lösen ([Strg]+[⇧]+[R] bzw. [⌘]+[⇧]+[R]) aus.

Gruppierte Dateien helfen Ihnen beim Organisieren Ihrer Inhalte. Verschieben Sie damit mehrere Bilder innerhalb von Bridge, oder platzieren Sie einen Bildstapel sehr schnell in Adobe InDesign CS5.

4.1.6 Inhalte sichten

Speziell dann, wenn Bilder bewertet oder beschriftet werden sollen, müssen sie genauer betrachtet werden. Natürlich können Sie dazu auf einen anderen Arbeitsbereich umschalten oder das Vorschau-Bedienfeld größer im Arbeitsbereich anordnen. Mit Adobe Bridge CS5 stehen Ihnen darüber hinaus weitere Möglichkeiten zum Sichten der Dateien zur Verfügung.

> **Ansichtsmodi im Bedienfeld Mini Bridge**
>
> Im Bedienfeld Mini Bridge stehen der Präsentationsmodus (als Modus Diashow), der Überprüfungsmodus (als Betrachtungsmodus), der Modus Vollbildvorschau und das Bedienfeld Vorschau zur Verfügung.

Präsentation | Um in den Präsentationsmodus zu gelangen, führen Sie den Befehl Ansicht • Präsentation aus, oder drücken Sie die Tastenkombination [Strg]+[L] bzw. [⌘]+[L]. Dadurch wird das aktuell ausgewählte Bild – ist kein Bild ausgewählt, wird das erste Bild verwendet – im Vollbildmodus am Monitor angezeigt.

Um zum nächsten Bild zu wechseln, drücken Sie [→]; um zum vorherigen Bild zu gelangen, drücken Sie [←]. Wenn Sie den Präsentationsmodus verlassen wollen, drücken Sie [Esc].

Überprüfungsmodus | Um in den Überprüfungsmodus zu gelangen, führen Sie den Befehl Ansicht • Überprüfungsmodus aus, oder drücken Sie die Tastenkombination [Strg]+[B] bzw. [⌘]+[B]. Dadurch werden alle ausgewählten Bilder in einem rotierenden Karussell zur Auswahl angeboten.

Sie können vorwärts oder rückwärts blättern, indem Sie die Tasten [→] bzw. [←] drücken oder am linken unteren Rand auf die dafür vorgesehenen Symbole klicken.

Wollen Sie ein Bild aus der Auswahl ausscheiden, so drücken Sie [↓] oder klicken auf das ebenfalls zur Verfügung stehende Symbol am linken unteren Rand. Dadurch reduziert sich die Anzahl der ausgewählten Bilder, womit Sie eine wirklich schnelle Selektion der betrachteten Bilder vornehmen können.

Wenn Sie Details im Bild ansehen möchten, so können Sie dazu die **Lupe** verwenden. Diese schalten Sie durch [Strg]+Klick bzw. [⌘]+Klick ein, oder Sie wählen dazu das entsprechende Symbol am rechten unteren Fensterrand aus.

Haben Sie im Überprüfungsmodus alle »schlechten« Bilder ausgesondert und wollen Sie die nun aktuell ausgewählte Selektion zu einem späteren Zeitpunkt wieder aufrufen, so erstellen Sie daraus eine **Sammlung**. Klicken Sie dazu auf das dafür vorgesehene Symbol am rechten unteren Rand, und vergeben Sie im erscheinenden Dialog einen Namen für die Kollektion. Die abgespeicherte Kollektion können Sie nun zu jeder Zeit über das Bedienfeld KOLLEKTIONEN durch Klick auf den Namen der Sammlung aufrufen.

Um den Überprüfungsmodus zu verlassen, drücken Sie entweder [Esc] oder klicken auf das dafür vorgesehene Symbol am rechten unteren Fensterrand.

Kompaktmodus | Eine besondere Funktion versteckt sich hinter dem Symbol ❶ in der Anwendungsleiste von Adobe Bridge CS5.

Zugriff auf Sammlungen im Bedienfeld Mini Bridge

Abgespeicherte Sammlungen können auch über Mini Bridge aufgerufen werden. Damit können intelligente Abfragen, die als Sammlung abgespeichert wurden, sehr sinnvoll in der Produktion über Mini Bridge eingesetzt werden.

▼ **Abbildung 4.18**
Symbole zum Organisieren von Inhalten

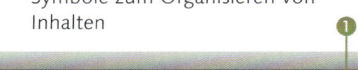

Durch Klick auf dieses Symbol wird die Bridge auf den Kompaktmodus umgeschaltet. Schneller geht es über die Tastenkombination [⌘]+[↵] bzw. [Strg]+[↵]. Bis auf das Bedienfeld INHALT werden alle Teilfenster ausgeblendet, und Adobe Bridge CS5 wird auf die Größe eines Bedienfelds reduziert.

Das Minimieren des Kompaktmodus erfolgt durch Klick auf das Symbol ❷, und das Maximieren zum »normalen« Adobe Bridge-Fenster erfolgt durch Klick auf das Symbol ❸.

4.1.7 Das Bedienfeld »Vorschau«

Im Bedienfeld VORSCHAU wird je nach Fenstergröße eine Detailansicht des gewählten Bildes bzw. der gewählten Bilder angezeigt.

Lupe | Das aus Adobe Photoshop Lightroom bekannte Werkzeug steht nur im Überprüfungsmodus und im Bedienfeld VORSCHAU zur Verfügung. Klicken Sie mit der Maus auf die gewünschte Position, um die Lupe zu aktivieren.

▲ **Abbildung 4.19**
Die Adobe Bridge CS5 im Kompaktmodus

Die Lupe in der Mini Bridge

Auch in der Mini Bridge haben Sie, wenn Sie den Ansichtsmodus VORSCHAU gewählt haben, auf die Lupe Zugriff.

◄ **Abbildung 4.20**
Ohne ein Bild in einem Bildverarbeitungsprogramm öffnen zu müssen, können Sie über die Lupe bereits in Adobe Bridge CS5 und im Bedienfeld MINI BRIDGE erkennen, ob ein Bild die notwendige Schärfe hat. Die Qualität der Vorschau ist exzellent.

> **Camera-RAW-Dateien anzeigen**
>
> Camera-RAW-Dateien können von Adobe Bridge CS5 dargestellt werden, ohne sie vorher einer »Entwicklung« zu unterziehen.

▶ **Ausschnitt in der Lupe bestimmen:** Die Lupe zeigt den gewählten Punkt in 100 %. Durch Drehen am Scrollrad der Maus können Sie die Zoomstufe der Lupe bis auf 400 % vergrößern. Auf diese Weise können Sie, ohne die Datei zuvor in Adobe Photoshop öffnen zu müssen, sehr schnell erkennen, ob das Bild scharf oder unbrauchbar ist. Drücken Sie beim Zoomen zusätzlich Strg bzw. ⌘, so wird der Inhalt aller gesetzten Lupen gleichzeitig vergrößert.

▶ **Mehrere Lupen verwenden:** Sie können pro Bild im Bedienfeld VORSCHAU nur eine Lupe setzen.

▶ **Lupe deaktivieren:** Klicken Sie erneut auf die Lupe.

▶ **Lupe verschieben:** Klicken Sie dazu auf die Lupe, und verschieben Sie sie an die neue Position. Wenn Sie die Lupen in den Vergleichsbildern synchron verschieben möchten, drücken Sie beim Verschieben zusätzlich Strg bzw. ⌘.

4.1.8 Metadaten und Stichwörter

Metadaten sind standardisierte Dateiinformationen wie Autorname, Auflösung, Copyright usw., die durch die jeweiligen Eingabegeräte als Zusatzinformation den Dateien beim Abspeichern angehängt werden. In den meisten Fällen werden die Metadaten in der Datei gespeichert. Ist keine Speicherung der Informationen in der Datei möglich, werden die Metadaten in einer separaten Datei (in einem sogenannten Filialdokument) gespeichert.

> **[XMP]**
>
> Die Extensible Metadata Platform (XMP) ist ein Standard, um Metadaten in digitale Medien einzubetten. Sie wurde von Adobe im Jahr 2001 veröffentlicht und erstmals in den Acrobat Reader 5 integriert.

Bedienfeld »Metadaten« | Im Bedienfeld METADATEN werden alle Informationen angezeigt, die bereits als Metadaten angehängt wurden. Metadaten können Sie durch Hinzufügen weiterer Einträge für eine Datei oder mehrere ausgewählte Dateien ergänzen oder überarbeiten.

Bedienfeld »Stichwörter« | In diesem Bedienfeld können Sie Stichwörter, die aus über- und untergeordneten Stichwörtern bestehen, anlegen, löschen und den jeweiligen Dateien zuweisen. Mithilfe von Stichwörtern können Sie Dateien anhand ihres Inhalts erkennen und über eine Suche schneller nach Bildern mit demselben Inhalt filtern.

Beide Bedienfelder haben in Zusammenarbeit mit Mini Bridge keinerlei Bedeutung. Wie Sie mit Adobe Bridge CS5 in Verbindung mit Metadaten und Stichwörtern arbeiten, lesen Sie am einfachsten im Bonuskapitel nach. Dies gilt auch für die Suche von Dateien anhand des Dateinamens bzw. von eingetragenen Metadaten.

TEIL II
Dokumente anlegen und formatieren

5 Neue Dokumente

Wie kann man die Funktionen von InDesign am einleuchtendsten näherbringen? Diese Frage stellte sich uns zu Beginn dieses Kapitels. Die praxisgerechte Vermittlung von Funktionen anhand eines Projekts erschien uns für die doch relativ trockenen Inhalte am sinnvollsten.

Doch welches Projekt ist hierfür geeignet? InDesign als Layoutprogramm bietet Möglichkeiten zur Gestaltung von einseitigen und mehrseitigen Flyern, zur Erstellung mehrseitiger Folder in Tabernakel- oder Zickzack-Falz, von Magazinen, Zeitungen und Geschäftsberichten, von wissenschaftlichen Publikationen, Projektarbeiten und Büchern. Die Antwort: Es muss sich um ein Projekt handeln, das mehrere Seiten in Farbe, mehrere Kapitel, mit Umschlag und Kern sowie Text-, Bild- und Grafikelemente umfasst.

5.1 Erste Gedanken zum Projekt

Das Thema unseres Projekts lautet: »Vom grafischen Entwurf zur digitalen Visualisierung«. Dabei handelt es sich um eine Projektarbeit, die in verschiedenen Kapiteln die Umsetzung von der Handzeichnung bis hin zur digitalen Visualisierung entwickelt und mit einer abschließenden Gegenüberstellung des grafischen Entwurfs und des digitalen Ergebnisses endet.

Um dies realisieren zu können, wird der *Kern* der Projektarbeit in vier Kapitel unterteilt: Einleitung, der grafische Entwurf, die digitale Visualisierung und die Gegenüberstellung. Jedes Kapitel hat einen speziellen Kapitelanfang, und es gibt ein Inhaltsverzeichnis.

Der *Umschlag* muss für die Bindung mit einer Rücken versehen werden und soll eine Allonge (Infoklappe) bekommen, auf der ein Kurzporträt der Autorin angebracht wird.

Da es sich um eine sehr grafisch ausgerichtete Arbeit handelt, darf mit stilistischen Elementen nicht gegeizt werden. Farbe ist also wichtig. Die Arbeit kann durchgängig als 4c-Datei aufgebaut werden; das Reduzieren auf eine 2c-Variante aus Kostengründen ist nicht erforderlich. Eine perfekte Typografie ist zwingend gefor-

> **HINWEIS**
>
> Das Thema »Vom grafischen Entwurf zur digitalen Visualisierung« ist in diesem Zusammenhang hier nur insofern interessant, als dadurch die Struktur des Projekts vorgegeben wird.

[Allonge]
Unter einer Allonge versteht man beispielsweise den ausklappbaren Teil (Tafel) einer Seite. In der Regel wird dieser Teil maschinell mit einem schmalen Leimstreifen an einer Seite im Bund des Buches befestigt und ist meist zum Aufklappen mehrfach gefalzt.

[60er-Raster]
In Programmen der Druckvorstufe wird die Rasterweite in lpi (lines per inch) angegeben. Der Begriff 60er-Raster (60 Linien pro Zentimeter) ist deutscher Sprachgebrauch und entspricht einer Rasterweite von 150 lpi.

Buchempfehlung
Als weiterführende Literatur zum Thema »Typografie« empfehlen wir das Buch »Grundkurs Typografie und Layout« aus dem Hause Galileo Design (ISBN 978-3-8362-1207-6).

[Satzspiegel]
Auch Seitenspiegel genannt. Definiert den Bereich einer Seite bzw. Doppelseite, der mit sich änderndem Inhalt versehen wird. Die Randstege liegen außerhalb des Satzspiegels. Die Pagina liegt außerhalb, und der Kolumnentitel liegt manchmal innerhalb und manchmal außerhalb des Satzspiegels.

[Pagina]
Unter diesem Begriff wird die Seitenziffer (Seitennummerierung) oder die Kolumnenziffer verstanden.

dert, und somit ist auch ein ausgewogener Aufbau des Layouts erwünscht.

Der Kern des Projekts soll im Anschluss im 60er-Raster auf 100 Gramm starkem, matt gestrichenem Papier im Offsetverfahren gedruckt werden. Als Bindung wird die Fadenheftung gewählt. Der Umschlag soll auf einem 250 Gramm starken glänzenden, gestrichenen Papier gedruckt werden. Die dafür benötigten Farbeinstellungen haben wir bereits in Abschnitt 3.2, »Farbeinstellungen vornehmen«, auf Seite 84 festgelegt. Hinweise zu Papier und Farbprofil entnehmen Sie dem Abschnitt 31.2, »Farbeinstellungen«, auf Seite 734.

5.2 Überlegungen zu Umfang, Seitenformat und Satzspiegel

5.2.1 Überlegungen zum Projektkern

Die ersten Überlegungen zum Projektkern sind in Bezug auf das *Seitenformat* zu treffen. Welches Format ist das geeignetste, um eine Projektarbeit mit dem gestellten Thema in ein angemessenes Gewand zu packen? Ganze Bücher widmen sich diesem Thema.

Die Gedanken, mit denen wir dabei gespielt haben, lassen sich in ein paar Fragen zusammenfassen: Nehmen wir ein Standardpapierformat? Es wäre günstig in der Produktion und mutet bekannt, aber somit auch langweilig an. Oder sollen wir auf ein Quartformat zurückgreifen? Wir entschieden uns für ein ausgefalleneres Seitenformat: Es wurde schließlich mit 195 × 246 mm festgelegt.

Die nächste, alles entscheidende Frage ist die Frage nach der Größe des *Satzspiegels*. Wie breit soll dieser sein? Sollen wir einspaltig oder mehrspaltig werden? Wäre eine Marginalspalte in Verbindung mit einem Einspalter optimal? Wie breit soll dann die Marginalspalte, wie breit der Satzspiegel sein? Muss sich der Satzspiegel zwischen rechter und linker Seite unterscheiden? Welche Ränder sind oben, außen, in der Mitte und unten zu wählen?

Die Antwort auf die Frage nach der Breite des Satzspiegels kann nur in Zusammenhang mit der gewählten Schrift, der gewählten Schriftgröße und der daraus resultierenden Zeilenlänge erfolgen. Die Höhe des Satzspiegels ergibt sich aus den Mindesträndern, die zum Anfassen des Gedruckten benötigt werden, sowie aus dem gewählten Zeilenabstand, der den notwendigen Grauwert im Mengentext gewährleistet. Auch zu diesem Thema können Sie Fachliteratur unterschiedlichster Ausrichtung studieren. Jede Projektart, ob Buch, Zeitung, Magazin, wissenschaftliche Arbeit oder Geschäftsbericht, folgt dabei eigenen Gesetzen, die es kennenzulernen und umzusetzen gilt. Wir haben uns für die Verwendung der Schrift »Myriad Pro« entschieden, die jedem InDesign-Anwender zum Nachvollziehen des Projekts zur Verfügung steht. Der Schriftgrad wird mit 10 Pt, der Zeilenabstand mit 5 mm bestimmt, womit wir einer einfachen Regel (Zeilenabstand = halber Schriftgrad in Millimeter) gefolgt sind.

Die BREITE des Satzspiegels wird mit 95 mm, die HÖHE mit 185 mm – einem Vielfachen des Zeilenabstandes – festgelegt. Wir haben uns auf ein doppelseitiges Layout geeinigt und die Ränder wie folgt bestimmt: INNEN 30 mm, AUSSEN 70 mm, OBEN 28 mm und UNTEN 33 mm.

Bedingt durch die Satzspiegelbreite, die gewählte Schriftgröße und den gewählten Zeilenabstand können somit in einer Zeile um die 60 Zeichen (eine gerade noch vertretbare Anzahl an Zeichen für die Gewährleistung einer guten Lesbarkeit) und auf einer Seite 37 Zeilen gesetzt werden. Um zusätzliche Informationen im Layout unterbringen zu können, haben wir uns entschieden, eine Marginalspalte mit der Breite von 40 mm zu verwenden, die einen Abstand von 10 mm zum Satzspiegel einhält.

[Stege]
Unter Stegen werden die weißen Bereiche außerhalb des Satzspiegels und beim mehrspaltigen Text auch der Spaltenabstand verstanden.

[Schriftsippe]
Schriften können nach unterschiedlichen Methoden klassifiziert werden. Eine relativ neue Klasse von Schriften sind in Großfamilien, den Schriftsippen, organisiert. In den Sippen finden sich Schriftfamilien mit unterschiedlichen Stilen, die aber dennoch zueinander passen, weil sie aufeinander abgestimmt wurden.

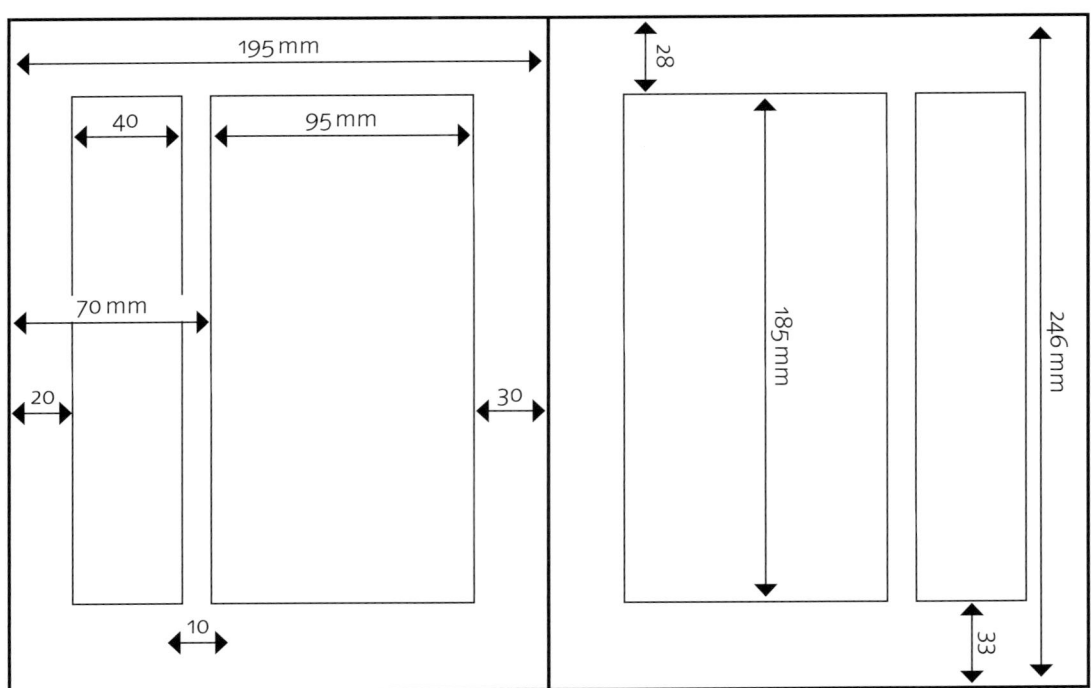

▲ **Abbildung 5.1**
Der Satzspiegel: unser Layout für die Projektarbeit

Der *Umfang* des Projekts ergibt sich aus dem vorliegenden Manuskript zuzüglich Zwischenblättern für die einzelnen Abschnitte und Umschlag. Aus dem Manuskript ergibt sich ein Gesamtumfang von 72 Seiten. Achten Sie bei Druckprojekten darauf, ein Vielfaches von vier als Seitenanzahl anzupeilen, da diese meistens auf Druckbögen mit mindestens vier Seiten gedruckt werden. Bei mehrseitigen Arbeiten sollte die Seitenanzahl zumindest durch zwei teilbar sein.

5.2.2 Überlegungen zum Umschlag

Ein normaler Umschlag besteht aus vier Seiten. Da wir beabsichtigen, dem Umschlag eine Allonge mit einer Breite von 65 mm zu verpassen, kann das Dokument entweder mit sechs Seiten – vier Seiten für den Umschlag und zwei Seiten für die Vorder- und Rückseite der Allonge – oder mit vier Seiten geplant werden, wobei die rechte Seite entsprechend der Allongengröße größer angelegt wird. Diese Möglichkeit ist erstmals seit InDesign CS5 möglich. Wir entscheiden uns für die erste Variante (sechs Seiten), da damit bei der PDF-Erstellung automatisch Falzmarken für die Endfertigung angebracht werden und somit keine zusätzlichen Marken hinzugefügt werden müssen.

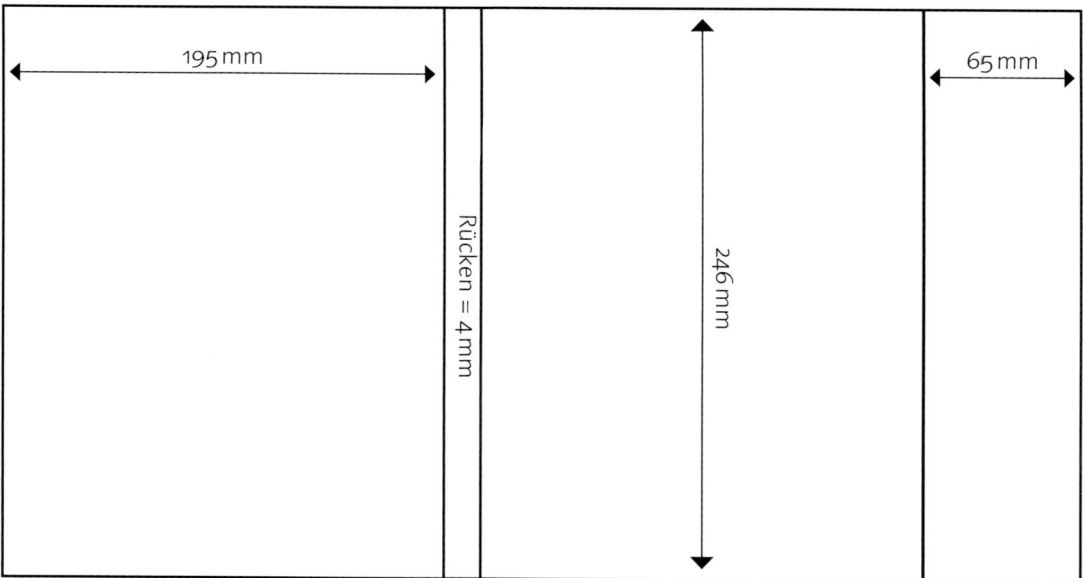

▲ **Abbildung 5.2**
Der Umschlag unserer Projektarbeit mit Allonge. Die Rückenbreite ist in der Abbildung zwar schon eingeplant, wird jedoch beim Anlegen des Dokuments noch nicht berücksichtigt.

Beim Anlegen des Dokuments wissen wir jedoch noch nicht, welche Stärke der Buchrücken haben wird. Die Stärke des Rückens ist schlussendlich von der Anzahl der Seiten und dem gewählten Papier (Papierstärke) abhängig.

Wir werden den Umschlag in Originalgröße (ohne Buchrücken) anlegen und kurz vor der Drucklegung die entsprechende Seitengröße zuzüglich der Rückenbreite noch nachträglich ändern.

5.3 Ein neues Dokument anlegen

Nachdem nun die Grundlagenarbeit abgeschlossen ist, können wir an die Umsetzung in InDesign herangehen und unseren Projektkern gemäß den Vorgaben anlegen. Starten Sie InDesign, und führen Sie den Befehl DATEI • NEU • DOKUMENT aus, oder drücken Sie das Tastenkürzel [Strg]+[N] bzw. [⌘]+[N].

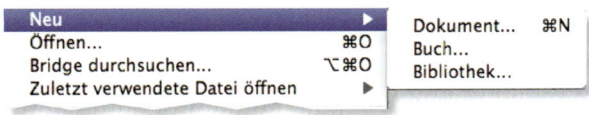

◄ Abbildung 5.3
Erstellen eines neuen Dokuments

Wie Sie aus der Abbildung erkennen können, sind über den Befehl NEU zwei weitere Befehle zum Anlegen eines Buches und zum Anlegen einer Bibliothek zu erreichen. Weitere Befehle könnten durch die Installation von Plug-ins auftauchen. Wissenswertes zum Erstellen und Arbeiten mit Bibliotheken erfahren Sie in Kapitel 28, »Recycling – Objekte wiederverwenden«, und zum Buchsatz in Kapitel 27, »Buch, Inhaltsverzeichnis und Index«.

5.3.1 Grundlegende Parameter der Dokumentanlage

Nachdem Sie den Befehl ausgeführt haben, öffnet sich der Dialog NEUES DOKUMENT. Legen Sie hier Seitenanzahl, Seitennummer der ersten Seite, Seitenorientierung, Seitenformat, die Anzahl der Spalten mit dem Steg und die Ränder des Satzspiegels fest.

◄ Abbildung 5.4
Der Dialog NEUES DOKUMENT ermöglicht die Eingabe der Seitengröße, der Spaltenanzahl und der -abstände sowie der Ränder für den Satzspiegel.

Allgemein | Legen Sie zunächst die grundlegenden Parameter für den Projektumfang fest, und bestimmen Sie, ob es sich um ein einseitiges oder doppelseitiges Layout handelt.

▶ **Zielmedium:** Definieren Sie hier, ob Sie das Dokument für den DRUCK oder für das WEB erstellen wollen. Für unsere Projekt-

> **HINWEIS**
>
> Legen Sie in InDesign keine zu umfangreichen Dokumente an. Denken Sie immer an die Möglichkeit der Buchfunktion!

> **Nachträgliches Ändern des Zielmediums**
>
> Nachdem Sie das Dokument angelegt haben, ist es nicht mehr möglich, das Zielmedium nachträglich zu ändern.

arbeit wählen wir DRUCK aus. Wenn Sie jedoch ein Dokument – ob im PDF- oder SWF-Format spielt dabei keine Rolle – für den Einsatz im Internet erstellen wollen und Sie den Eintrag WEB auswählen, so ändern sich mehrere Optionen.

- ▸ DOPPELSEITE wird deaktiviert.
- ▸ Die AUSRICHTUNG wird von HOCH- in QUERFORMAT geändert.
- ▸ Ein Seitenformat wird gewählt, das auf der Bildschirmauflösung (in Pixel) basiert.
- ▸ **Seitenanzahl:** Definieren Sie hier die gewünschte Seitenanzahl. InDesign generiert damit die vorgegebene Anzahl von Dokumentseiten im neuen Dokument. Ein nachträgliches Hinzufügen weiterer Seiten ist selbstverständlich jederzeit möglich. Die Anzahl der Seiten ist in InDesign auf 9.999 Seiten beschränkt, wir geben für unser Projekt jedoch 72 ein.
- ▸ **Startseitennr.:** Damit definieren Sie, welche absolute Seitennummer (Pagina) auf der ersten Seite im Dokument gedruckt werden soll. Für unser Projekt geben wir die Zahl 3 ein, da die Seitennummerierung für unser Projekt mit der ersten Seite des Umschlags begonnen wird. Somit besitzt unser Projekt 72 Seiten von der Seitennummer 3 bis 74.

> **[Doppelseite]**
>
> Gegenüberliegende bzw. zusammengehörige Seiten werden gleich zu einem Bogen zusammengefasst.

- ▸ **Doppelseite:** Aktivieren Sie diese Option, wenn Sie Zeitschriften, mehrseitige Broschüren oder ein Buch erstellen möchten. Die Option veranlasst InDesign, die Seiten im Seiten-Bedienfeld paarweise zusammenzustellen und somit auch im Satzspiegel zwischen rechter und linker Seite zu unterscheiden, indem die Stege am Bund gespiegelt werden.

  Ist die Option deaktiviert, werden Einzelseiten erstellt. Anwendung findet diese Einstellung bei Plakaten, Anzeigen, Visitenkarten und anderen einfachen Drucksachen. Für unsere Projektarbeit aktivieren wir die Option DOPPELSEITE.

> **Intelligenter Textfluss**
>
> In InDesign funktioniert das automatische Hinzufügen von neuen Seiten beim Schreiben in InDesign standardmäßig nur dann, wenn auf den Mustervorlagen ein verketteter Mustertextrahmen angelegt wurde.

- ▸ **Mustertextrahmen:** Diese Funktion erstellt im Dokument automatisch einen Textrahmen im Ausmaß des Satzspiegels. Aktivieren Sie diese Option, wenn Sie über mehrere Seiten mit dem gleichen Satzspiegel arbeiten wollen. Immer wenn Sie eine neue Seite einfügen, wird automatisch ein Textrahmen zur Verfügung gestellt. In der Praxis wird diese eigentlich sehr nützliche Option fast immer deaktiviert, da ein Textrahmen schnell genau dort aufgezogen ist, wo er gebraucht wird.

  Wenn es Ihnen aber nur darum geht, dass Sie einen vorliegenden Text in InDesign einfließen lassen möchten, so ist das Aktivieren dieser Funktion nicht zwingend, da InDesign beim Importieren von Texten automatisch innerhalb des Satzspiegels einen Textrahmen anlegt. Wenn Sie jedoch auf den intelligenten Textfluss zurückgreifen wollen, dann ist es ein Muss.

Seitenformat | In diesem Bereich des Dialogs definieren Sie die Breite und die Höhe des Endformats sowie die Ausrichtung (Hoch | Quer) der Seite. Die Eingabe der Werte kann dabei in jeglicher von InDesign verarbeitbaren Maßeinheit erfolgen.

Da meistens mit Standardformaten gearbeitet wird, bietet InDesign im Popup-Menü Seitenformat neben US-Formaten auch DIN-Formate sowie das Format der Compact Disc (Format des Booklets) an. Für unsere Projektarbeit geben Sie direkt im Dialog die vorgesehenen Werte 195 mm und 246 mm ein.

Spalten | Wenn das zu bearbeitende Projekt durchgängig auf mehrere Spalten ausgelegt ist, definieren Sie dies durch Eingabe der Werte für die Anzahl der Spalten und für den Steg. Es können bis zu 216 Spalten pro Seite angelegt werden.

Stege | Der Satzspiegel wird über die Eingabe der Stege bestimmt. Die Stege (Ränder) der Projektarbeit werden mit Oben 28 mm, Unten 33 mm, Innen 30 mm und Aussen 70 mm festgelegt. Achten Sie bei der Eingabe darauf, dass der Verkettungsbutton ❶ nicht aktiviert ist, da ansonsten Eingaben in einem Feld immer automatisch in die anderen übertragen werden. Sollten Sie anstelle von Innen und Aussen die Bezeichnungen Links und Rechts sehen, so haben Sie vergessen, die Option Doppelseite zu aktivieren.

5.3.2 Erweiterte Parameter der Dokumentanlage

Für »abfallende« Druckprodukte muss noch der Anschnitt definiert werden. Klicken Sie dazu auf den Button Mehr Optionen. Damit erweitert sich das Dialogfeld um die Möglichkeit der Eingabe von Anschnitt und Infobereich.

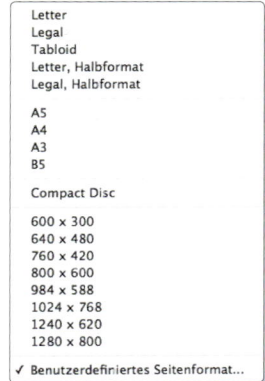

▲ **Abbildung 5.5**
Vordefinierte Standardseitenformate

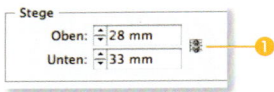

▲ **Abbildung 5.6**
Damit für Oben, Unten, Innen und Aussen getrennt Werte eingegeben werden können, muss der Verkettungsbutton entkettet sein.

[Abfallend]
Abfallend bedeutet, dass Objekte über den Rand hinaus – aus der Seite abfallend – platziert werden, damit genügend Spielraum zum Beschneiden des Endformats besteht.

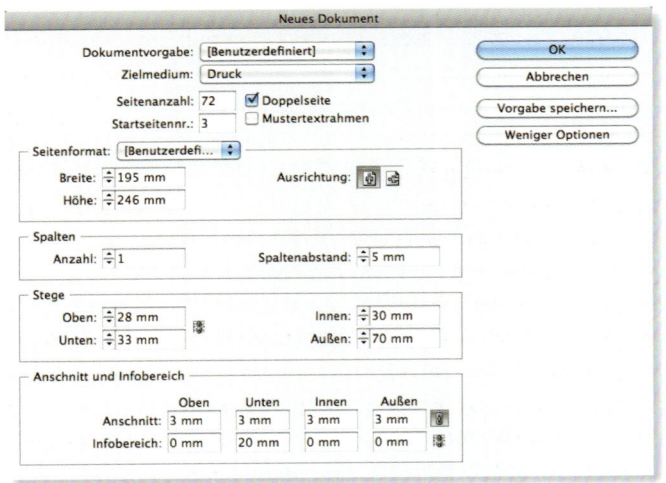

◄ **Abbildung 5.7**
Die erweiterten Optionen im Dialog Neues Dokument

Anschnitt und Infobereich | Bestimmen Sie hier die Dimension der zusätzlichen Flächen um das Endformat, damit »abfallend« gedruckt werden kann.

▶ **Anschnitt:** Der Anschnitt dient zum Beschneiden von Objekten, die über das Endformat reichen. Neben der Beschneidung kommt dieser Option auch noch bei der Wahl der Vorschau und bei der Ausgabe von Dokumenten eine zentrale Rolle zu. Für unsere Projektarbeit wählen wir einen ANSCHNITT von 3 mm, da wir in der Kopfzeile die Kapitel durch Farbbalken kennzeichnen wollen, die abfallend bis an den Rand laufen.

▶ **Infobereich:** Der Infobereich kann Anweisungen an die Druckerei oder Informationen zum Dokument beinhalten, womit bereits bei der Erstellung die Informationen für die Ausgabe im Dokument untergebracht werden können. Für unsere Projektarbeit definieren wir nur unten einen INFOBEREICH. Wir wollen später in diesem Bereich einen Hinweis bezüglich Archivierung für den Nachdruck anbringen, um ihn mit auszugeben. Geben Sie die Werte laut Abbildung 5.7 ein. So wie dem Anschnitt kommt auch dem Infobereich bei der Vorschau sowie bei der Ausgabe eine gesonderte Rolle zu.

Bevor Sie die Eingaben durch Anklicken von OK bestätigen, sollten Sie sich überlegen, ob Sie dieses Dokumentformat eventuell für spätere Arbeiten als Vorgabe abspeichern wollen.

5.3.3 Dokumentvorgaben

Das Abspeichern einer Dokumentvorgabe erfolgt einfach durch Anklicken des Buttons VORGABE SPEICHERN im NEUES DOKUMENT-Dialog.

Auf der Buch-DVD finden Sie im Ordner BEISPIELMATERIAL • KAPITEL_05 das fertige Dokument »Projektarbeit.indd«.

Abbildung 5.8 ▶
Vergeben Sie einen sprechenden Namen für Ihre Dokumentvorgabe.

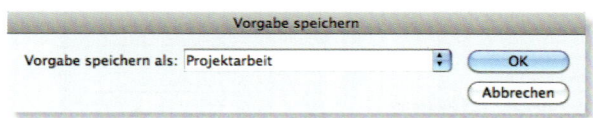

Geben Sie der Vorgabe im Dialog einen Namen, und bestätigen Sie ihn mit OK.

Eine andere Möglichkeit besteht im Ausführen des Befehls DATEI • DOKUMENTVORGABEN • DEFINIEREN. Nachdem Sie im erscheinenden Dialog den Button NEU betätigt haben, bekommen Sie den Dialog NEUE DOKUMENTVORGABE angezeigt, in dem Sie die gewünschten Eingaben vornehmen können.

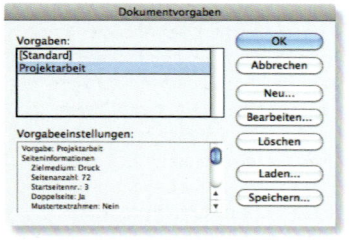

▲ **Abbildung 5.9**
Hier verwalten Sie die Dokumentvorgaben

Dokument über Vorgabe anlegen | Um schnell ein neues Dokument basierend auf einer Vorgabe zu erstellen, müssen Sie lediglich die Vorgabe in DATEI • DOKUMENTVORGABEN • NAME DER VORGABE auswählen, die gewünschte Seitenanzahl im erscheinenden Dialog ändern und mit OK bestätigen.

◄ **Abbildung 5.10**
Auf einer Vorgabe basierendes Anlegen eines neuen Dokuments über den Befehl DATEI • DOKUMENTVORGABEN • NAME DER VORGABE

Vorgabe im Neues Dokument-Dialog auswählen | Um einem neuen Dokument eine Vorlage zuzuweisen, wählen Sie im Popup-Menü DOKUMENTVORGABE des NEUES DOKUMENT-Dialogs die gewünschte Vorgabe aus. Passen Sie dann noch die Seitenanzahl an, und bestätigen Sie mit OK.

Vorgabe [Standard] mit sinnvollen Werten festlegen | Die Vorgabe [STANDARD] wird von InDesign immer benutzt, wenn Sie ein neues Dokument über den Tastaturbefehl ⌘+N bzw. Strg+N anlegen. Welche Einstellungen dabei verwendet werden, können Sie festlegen, indem Sie den Befehl DATEI • DOKUMENTVORGABEN • DEFINIEREN aufrufen, darin den Eintrag [STANDARD] auswählen und auf den Button BEARBEITEN klicken. Überschreiben Sie darin die Werte nach Ihren Wünschen, und speichern Sie die Vorgabe.

> **TOP-TIPP: Dokumentvorgabe [Standard] überschreiben**
>
> Überschreiben Sie die Werte für die Dokumentvorgabe [STANDARD], um zukünftig Ihre Grundeinstellungen in der Anlage von Dokumenten angeboten zu bekommen. Das Hinzufügen eines Anschnitts von 3 mm ist sicherlich dabei immer gewünscht.

5.3.4 Anlegen des Umschlags mit Allonge

Der Kern unseres Projekts ist jetzt angelegt. Für den Umschlag legen wir ebenfalls ein neues Dokument an. Rufen Sie dazu erneut den Befehl DATEI • NEU • DOKUMENT auf, und geben Sie nachstehende Werte ein.

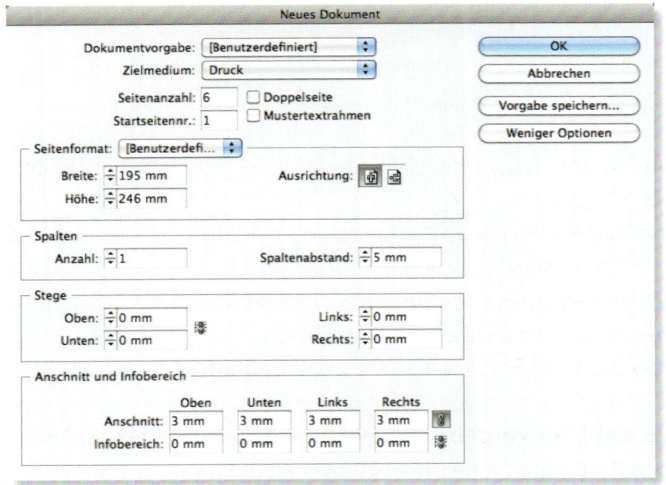

◄ **Abbildung 5.11**
Anlegen des Umschlages unser Projektarbeit mit einer Allonge. Es ist absolut sinnvoll, den Umschlag eines Projekts getrennt vom Kern in einer eigenen Datei anzulegen, da in den meisten Fällen die beiden Teile auf einem unterschiedlichen Papier und somit meist auf unterschiedlichen Ausgabegeräten produziert werden müssen. Unterschiedliche Ausgabegeräte bedeuten in aller Regel auch unterschiedlich eingestelltes Farbmanagement.

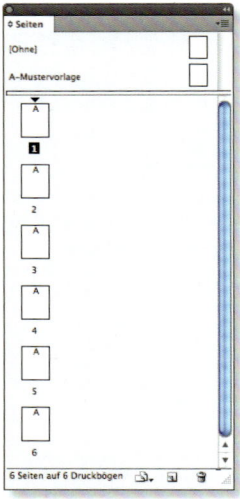

▲ Abbildung 5.12
Das Seiten-Bedienfeld des Projektumschlags

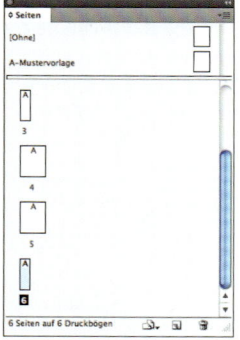

▲ Abbildung 5.13
Das Seiten-Bedienfeld des Projektumschlags nach Änderung des Seitenformats für Seite 3 und 6.

▲ Abbildung 5.14
Das Steuerung-Bedienfeld bei gewähltem Seitenwerkzeug und aktivierter Seite

Im Unterschied zum Kern legen wir diese Datei als »Einzelseiten«-Dokument an, weshalb die Option DOPPELSEITE dekativiert wurde. Für die SEITENANZAHL geben wir 6 ein. Das SEITENFORMAT wird identisch zum Kern angelegt, und die STEGE werden auf 0 mm gestellt, da wir für den Umschlag nicht zwischen rechter und linker Seite unterscheiden müssen. Da der Umschlag ebenfalls »abfallend« gedruckt werden muss, fügen wir auch hier einen ANSCHNITT von 3 mm hinzu. Auf die Nutzung des INFOBEREICHS verzichten wir jedoch.

Nach dem Sie die Werte wie in Abbildung 5.11 eingegeben und auf den Button OK geklickt haben, zeigt sich Ihnen das Seiten-Bedienfeld so, wie es in Abbildung 5.12 dargestellt ist: sechs Einzelseiten in einem Dokument.

Es müssten nun drei Seiten zu einem Druckbogen zusammengefügt werden und dabei die rechte Seite auf 65 mm Breite verkleinert werden. Das Zusammenfügen von Seiten zu einem Druckbogen zeigen wir etwas später, das Erstellen eines benutzerdefinierten Seitenformats in einem Dokument können wir jedoch gleich erledigen.

Anlegen eines unterschiedlichen Seitenformats | Zum Verändern des Seitenformats hat Adobe mit InDesign CS5 ein neues Werkzeug, das SEITENWERKZEUG, zur Verfügung gestellt. Damit können Sie sehr schnell die Größe einer Seite beliebig verändern. Zum Ändern des Seitenformats für die Seiten 3 und 6 gehen Sie wie folgt vor:

1. Wählen Sie im Seiten-Bedienfeld die Seite 3 aus. Dies erledigen Sie am einfachsten, indem Sie das Auswahlwerkzeug wählen und auf die Seite 3 doppelklicken.
2. Drücken Sie [Strg]+[Alt]+[0] bzw. [⌘]+[⌥]+[0], um die ganze Seite am Monitor angezeigt zu bekommen.
3. Wählen Sie das Seitenwerkzeug aus, und klicken Sie damit auf die Dokumentseite, die sich dadurch bläulich einfärbt.
4. Sobald die Seite mit dem Seitenwerkzeug ausgewählt ist, ändert sich das Steuerung-Bedienfeld, wie nachfolgend gezeigt.
5. Geben Sie im Feld für die BREITE 65 mm ein. Damit haben Sie die Breite der Allonge fixiert.
6. Wiederholen Sie die Schritte 1 bis 5 für die Seite 6. Ob Sie alles korrekt gemacht haben, können Sie am schnellsten im Seiten-Bedienfeld sehen. Es müsste Seite 3 und Seite 6, wie in Abbildung 5.13 zu sehen ist, verkleinert darstellen.

Sie sehen, dass eine Änderung des Seitenformats über das Seitenwerkzeug und das Steuerung-Bedienfeld rasch zu erledigen ist. Zusätzliche Optionen im Bedienfeld helfen beim nachträglichen Verändern des Seitenformats:

- **X- und Y-Wert:** Durch Ändern dieser Werte kann die vertikale und horizontale Position der Seite, bezogen auf andere Seiten im Druckbogen, festgelegt werden. Da wir für den Umschlag ein einseitiges Dokument gewählt haben, kann keinerlei Änderung in diesem Dokument vorgenommen werden.
- **Breite und Höhe:** Damit ändern Sie die Breite und die Höhe der ausgewählten Seiten.
- **Benutzerdefiniertes Format:** Sie können einerseits darin ein bereits angelegtes Format auswählen und andererseits ein öfter verwendetes Format sich als FORMATVORLAGE anlegen. Wie Sie das machen, erfahren Sie in der nachfolgenden Schritt-für-Schritt-Anleitung.
- **Ausrichtung:** Damit verändern Sie die Seitenausrichtung auf ein Quer- oder Hochformat.
- **Layoutanpassung aktivieren:** Wenn Sie ein bereits gelayoutetes Dokument nachträglich verändern wollen, können Sie durch Aktivieren der Option LAYOUTANPASSUNG AKTIVIEREN die Seite automatisch anpassen lassen.
- **Musterseitenüberlagerung anzeigen:** Diese Option ist zu wählen, wenn über jeder Seite, die mit dem Seitenwerkzeug ausgewählt wird, eine Musterseitenüberlagerung angezeigt werden soll.
- **Objekte werden mit Seite verschoben:** Muss das Seitenformat nachträglich in der Größe verändert werden, so können Sie durch das Aktivieren der Option OBJEKTE WERDEN MIT SEITE VERSCHOBEN veranlassen, dass die Objekte mit der Seite verschoben werden, aber nur dann, wenn die X- und Y-Werte angepasst werden. Beim Ändern der Breite oder Höhe des Seitenformats werden die Objekte nicht verschoben!

Auf der Buch-DVD finden Sie das Umschlag-Dokument im Ordner BEISPIELMATERIAL • KAPITEL_05 unter der Bezeichnung »Umschlag_v1.indd«.

> **HINWEIS**
>
> Unter einer MUSTERSEITENÜBERLAGERUNG versteht man, wenn eine Mustervorlage auf einer anderen Mustervorlage basiert. Wie Sie eine Mustervorlage auf eine andere basieren können erfahren Sie mehr in Abschnitt 16.3.1, »Weitere Mustervorlagen anlegen«, auf Seite 378.

Schritt für Schritt: Ein benutzerdefiniertes Seitenformat als Vorlage anlegen

Durch die Möglichkeit, benutzerdefinierte Seitenformate anzulegen, können einfach unterschiedliche Standardformate in einem Projekt verwendet werden. So benötigen Sie immer wieder mal eine Visitenkarte, ein C 5/6-Kuvert oder eine Rückantwortkarte.

Wir wollen Ihnen zeigen, wie Sie solch ein Format als Vorlage anlegen können, damit Sie diese dann jederzeit auf eine ausgewählte Seite anwenden können. Gehen Sie dabei folgendermaßen vor:

1 Ein neues Dokument anlegen

Rufen Sie dazu den Befehl DATEI • NEU • DOKUMENT auf, und wählen Sie im NEUES DOKUMENT-Dialog ein Standardformat (z.B. A4) aus. Geben Sie im Bereich STEGE in allen Feldern 0 mm ein und bestätigen Sie die Eingabe durch Drücken von OK.

2 Aufruf des benutzerdefinierten Seitenformat-Dialogs

Wählen Sie das Seitenwerkzeug aus, und klicken Sie auf die Dokumentseite.

Im Steuerung-Bedienfeld wählen Sie in der Option [BENUTZERDEFINIERT] den Eintrag BENUTZERDEFINIERTES SEITENFORMAT aus. Dadurch öffnet sich der entsprechende Dialog.

3 Eingabe der benutzerdefinierten Seitenformate

Vergeben Sie den gewünschten NAMEN, geben Sie das Seitenformat über BREITE und HÖHE ein, und bestimmen Sie die AUSRICHTUNG durch Klick auf das jeweilige Symbol.

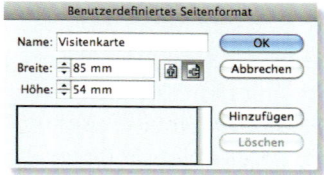

Abbildung 5.15 ▶
Der Dialog zum Anlegen des benutzerdefinierten Seitenformats

Klicken Sie danach auf HINZUFÜGEN, und legen Sie weitere benutzerdefinierte Formate an. Nach Abschluss der Eingabe drücken Sie OK. InDesign versucht nun das aktuell ausgewählte Format auf die zuvor aktivierte Seite anzuwenden.

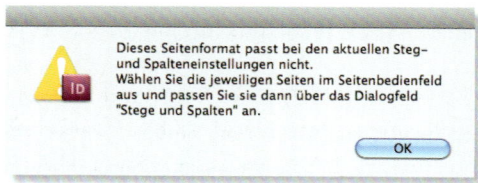

Abbildung 5.16 ▶
Warnmeldung, wenn die Werte zu den Stegen beim Satzspiegel zu groß angelegt wurden.

Sollten Sie dabei jedoch diese Fehlermeldung angezeigt bekommen, so sind Sie der Empfehlung aus Schritt 1 nicht gefolgt. Um dennoch das geänderte Seitenformat auf die Seiten anzuwenden, müssen Sie zuvor die Stege über den Befehl LAYOUT • STEGE UND SPALTEN auf 0 mm stellen und erneut über den BENUTZERDEFINIERTES SEITENFORMAT-Dialog das Format zuweisen. ■

5.4 Die Bereiche eines Dokuments

Nachdem der Neues Dokument-Dialog mit OK bestätigt wurde, erscheint ein neues Dokument. Verschiedene farbige Hilfslinien kennzeichnen in der Grundeinstellung die unterschiedlichen Bereiche. Die Farben der Ränder können Sie in den Voreinstellungen von InDesign unter Bearbeiten • Voreinstellungen • Hilfslinien und Montagefläche (Windows) bzw. InDesign • Voreinstellungen • Hilfslinien und Montagefläche (Mac) festlegen.

◄ **Abbildung 5.17**
Die verschiedenen Bereiche in einem Dokument. Infobereich und Anschnitt können für die Vorschau oder beim Ausdruck bzw. Exportieren in eine PDF-Datei eine wichtige Rolle spielen.

- **Infobereich** ❹: Die rasterblaue Begrenzung umfasst den Infobereich. Hier können Informationen zu den Druckbögen, wie allgemeine Dokumenteninformationen oder Farbkeile für die Qualitätskontrolle, abgelegt werden.
- **Anschnitt** ❶: Die feuerrote Linie beschreibt den Beschnittzugabe-Bereich. Dieser wird auch als »Bruttoformat« oder auf Österreichisch bzw. in FreeHand als »Überfüller« bezeichnet.
- **Seitenformat** ❷: Eine schwarze Begrenzung mit Schatten begrenzt das Endformat, auch manchmal als das »Nettoformat« bezeichnet.
- **Ränder** ❸: Normalerweise beschreiben die magenta- und rosafarbenen Linien den definierten Satzspiegel. Aufgrund unserer Voreinstellung sind Spalten- und Stegehilfslinien lila gefärbt.

HINWEIS

Der Anschnitt und das Seitenformat sind zentrale Bereiche, die in der Verarbeitung von PDF-Daten benötigt werden.

In einer PDF-Datei spricht man von der **BleedBox**, wenn man den Anschnitt meint, und von der **TrimBox**, wenn man das Endformat meint.

Nähere Informationen dazu erhalten Sie in Abschnitt 42.1.4, »Das Register ›Marken und Anschnitt‹«, auf Seite 885.

5.5 Das Seiten-Bedienfeld

Die Zentrale zum Aktivieren, Einfügen, Verschieben, Löschen von Seiten und zum Zuweisen von benutzerdefinierten Formaten ist das Seiten-Bedienfeld. Sollte das Bedienfeld nicht angezeigt wer-

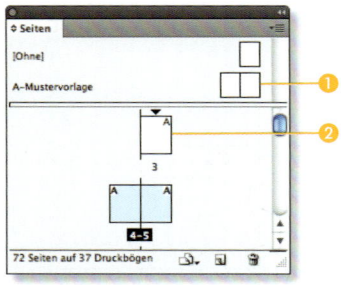

▲ **Abbildung 5.18**
Das Seiten-Bedienfeld des Arbeitsbereiches ERWEITERT im Falle unserer Projektarbeit

▲ **Abbildung 5.19**
Sobald Bilder und Texte auf den Dokumentseiten platziert wurden, wird eine Vorschau angezeigt.

Abbildung 5.20 ▶
Mit den BEDIENFELDOPTIONEN können Sie das Erscheinungsbild des Seiten-Bedienfeldes bestimmen. Das Generieren von Miniaturen »on the fly« – diese werden nicht mit dem Dokument gespeichert – benötigt hohe Rechnerleistung.

den, können Sie es über das Menü FENSTER • SEITEN, durch einfachen Klick auf das Symbol aus den Bedienfeldern der rechten Seite oder über F12 aufrufen.

Unsere Projektarbeit umfasst 72 Seiten. Das Seiten-Bedienfeld zeigt sich bei gewähltem Arbeitsbereich ERWEITERT so, wie dies in Abbildung 5.18 dargestellt ist. MUSTERVORLAGEN ❶ (darauf werden wiederkehrende Elemente der Seite angelegt) sind im oberen Teil, die DOKUMENTSEITEN ❷ (hier erfolgt das eigentliche Layout) sind im unteren Teil des Bedienfeldes abgebildet. Standardmäßig wird eine Dokumentvorschau auf den DOKUMENTSEITEN angezeigt. Da unser Projekt noch keine Elemente, Grafiken oder Texte auf den Seiten besitzt, werden somit nur leere, weiße Seiten angezeigt.

5.5.1 Bedienfeldoptionen

Vielen QuarkXPress-Anwendern dürfte die Darstellung aus Abbildung 5.12 geläufig sein – nein, nicht ganz, denn Sie haben sicherlich in XPress die Seiten-Palette mindestens viermal so hoch aufgezogen. Schließlich wollen Sie ja mehrere Seiten ohne Scrollen anspringen können. Da InDesign mit sehr vielen Bedienfeldern arbeitet, gilt als oberstes Gebot, die einzelnen Bedienfelder so klein wie möglich zu halten oder sich einen eigenen Paletten-Monitor zuzulegen. Damit mehrere Dokumentseiten im Bedienfeld dargestellt werden können, empfehlen wir, im Bedienfeldmenü ❸ die BEDIENFELDOPTIONEN aufzurufen und die Optionen so zu wählen, wie in Abbildung 5.20 dargestellt.

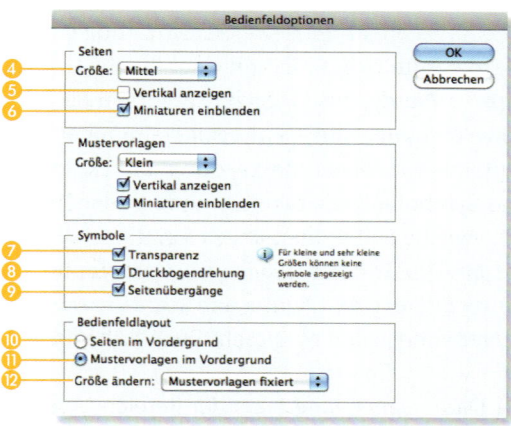

Seiten | Hier bestimmen Sie neben der GRÖSSE ❹ der Dokument-Seitensymbole auch deren Anordnung.

▶ **Vertikal anzeigen:** Durch das Deaktivieren der Option VERTIKAL ANZEIGEN ❺ werden in der Folge die Seitensymbole nicht mehr vertikal, sondern nebeneinander aufgereiht, soweit der Platz reicht (Abbildung 5.21).

- **Miniaturen einblenden:** Bestimmen Sie über die Option Miniaturen einblenden ❻, ob InDesign bereits im Seiten-Bedienfeld Miniaturansichten der Dokumentseiten darstellen soll. Das ist eine besonders sinnvolle Funktion, mit der Sie nun gezielt die gewünschte Seite aktivieren können. Sie benötigt jedoch dafür enorm viel an Rechnerressourcen. Darüber hinaus kann die Option nicht aktiviert werden, sobald Sie die Größe ❹ der Seitensymbole in der gleichnamigen Einblendliste auf Klein oder Sehr klein gestellt haben.

Mustervorlagen | Die Einstellungen sind analog zum Bereich Seiten vorzunehmen, allerdings ist davon nur der obere Bereich des Seiten-Bedienfeldes betroffen.

Symbole | Bestimmen Sie in diesem Bereich, ob die Kennzeichnung bestimmter Attribute, die den Seiten anhaften, im Seiten-Bedienfeld erscheinen sollen.

- **Transparenz** ❼: Sobald sich auf dem Druckbogen Transparenzen befinden – ja, es reicht, wenn lediglich ein transparentes Objekt auf der rechten oder linken Seite angebracht wurde –, wird dies bei aktivierter Option dem Layouter durch das Symbol ▨ in der oberen rechten Ecke des Druckbogens angezeigt.
- **Druckbogendrehung** ❽: Wurde der Druckbogen zur besseren Bearbeitung von gestürzten Seiten gedreht, wird dies dem Layouter bei aktivierter Option durch das Symbol ↻ rechts in der Mitte des Druckbogens angezeigt. Wie Sie Druckbögen drehen, erfahren Sie auf Seite 138 in diesem Kapitel.
- **Seitenübergänge** ❾: Wurde dem Druckbogen für die Ausgabe einer interaktiven PDF- oder SWF-Datei eine Seitenüberblendung hinzugefügt, so wird dies dem Layouter bei aktivierter Option durch das Symbol ▦ rechts unten neben dem Druckbogen angezeigt. Welche Seitenübergänge es gibt und wie Sie Seitenübergänge an Druckbögen anbringen, erfahren Sie im Bonuskapitel »Interaktive Dokumente und Animation«, das sich am Web-Server von Galileo zu diesem Buch befindet.

Bedienfeldlayout | Darin legen Sie fest, ob der Bereich Mustervorlage über oder unterhalb des Seitenbereiches im Bedienfeld angeordnet ist.

- Mit der Option Seiten im Vordergrund ❿ können Sie die bestehende Anordnung – oben Mustervorlagen, unten Dokumentseiten – umdrehen.

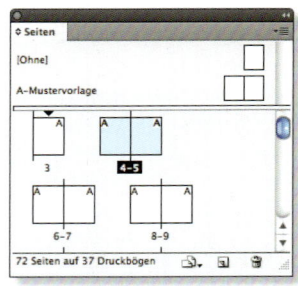

▲ **Abbildung 5.21**
Das Seiten-Bedienfeld mit deaktivierter Option Vertikal anzeigen. Wenn Sie die Größe der Seitensymbole noch auf Klein stellen, können viele Seiten in einem kleinen Bedienfeld dargestellt werden.

HINWEIS

Sobald der Eintrag Klein bzw. Sehr klein in der Option Größe ausgewählt wurde, werden keine Symbole für Transparenz, Druckbogendrehung und Seitenübergänge im Seiten-Bedienfeld angezeigt. Dies wird Ihnen auch in den Bedienfeldoptionen im Bereich Symbole als Warnhinweis angezeigt.

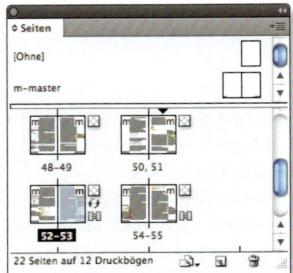

▲ **Abbildung 5.22**
Das Seiten-Bedienfeld, an dem der Layouter erkennt, dass der Druckbogen 52–53 eine Transparenz besitzt, einen Seitenübergang enthält und zur Darstellung in InDesign gedreht wurde.

Performance-Probleme mit InDesign

Wenn Sie InDesign auf einem etwas schwächer ausgestatteten Rechner betreiben, so empfehlen wir Ihnen, die Option MINIATUREN EINBLENDEN zu deaktivieren.

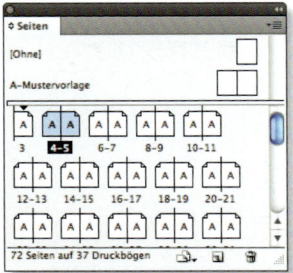

▲ **Abbildung 5.23**
Viel Überblick in einem kleinen Seiten-Bedienfeld durch Deaktivieren der entsprechenden Optionen

TOP-TIPP
Eine Seite gezielt einfügen

Vergessen Sie in InDesign nie, die Alt- bzw. ⌥-Taste zu drücken, wenn Sie einen neuen Eintrag in Bedienfeldern durch Klick auf das Symbol anlegen. Dadurch wird automatisch der Einstellungsdialog zum Anlegen des neuen Eintrages geöffnet.
In unserem Falle können Sie durch den Einstellungsdialog aus Abbildung 5.24 gezielt eine oder mehrere Seiten an einer bestimmten Stelle im Dokument einfügen und diese einer bestimmten Mustervorlage zuweisen.

▶ Durch die Aktivierung der Option MUSTERVORLAGEN IM VORDERGRUND ⓫ wird der Ausgangszustand wiederhergestellt. Diese Anordnung ist auch allen QuarkXPress-Umsteigern eher geläufig und sollte somit nicht umgestellt werden.
▶ Mit den Optionen im Pop-up-Menü GRÖSSE ÄNDERN ⓬ bestimmen Sie, ob bei einer Vergrößerung des Seiten-Bedienfelds der Mustervorlagenbereich – Option MUSTERVORLAGEN FIXIERT – bzw. der Seitenbereich fixiert bleibt oder ob sich beide Bereiche proportional verändern.

Wenn Sie die Option VERTIKAL ANZEIGEN im Bereich SEITEN deaktivieren und darüber hinaus noch den Eintrag KLEIN in der Option GRÖSSE auswählen, stellt sich das Seiten-Bedienfeld unserer Projektarbeit wie in Abbildung 5.23 gezeigt dar. Damit ist ein guter Überblick über das gesamte Dokument geschaffen und ein schnelleres Springen zu einer bestimmten Seite um ein Vielfaches erleichtert worden. Wie Sie von einer Seite auf die nächste gelangen, wie Sie zwischen den Seiten hin und her springen und am schnellsten auf eine bestimmte Seite kommen, haben Sie bereits in 2.6, »Navigation«, auf Seite 70 erfahren.

5.5.2 Einfügen und Löschen von Seiten

Wenn Sie im Dialog NEUES DOKUMENT nicht genügend oder zu viele Seiten für das Dokument angelegt haben, besteht natürlich die Möglichkeit, weitere Seiten nachträglich beliebig hinzuzufügen oder auch gezielt einzufügen bzw. überflüssige Seiten zu löschen. Folgende Optionen stehen Ihnen dabei zur Verfügung:

Eine Seite einfügen | Durch Drücken des Symbols oder durch Drücken der Tastenkombination Strg+⇧+P bzw. ⌘+⇧+P wird eine neue Seite nach dem aktivierten Druckbogen in das Dokument eingefügt. Nachfolgende Seiten werden um die eingefügte Seite verschoben, was in den meisten Fällen jedoch zu Verschiebungen im Layout führt. Für die neue Seite wird dieselbe Mustervorlage verwendet wie für die vorhandene aktive Seite.

Mehrere Seiten einfügen | Über das Bedienfeldmenü können Sie den Befehl SEITEN EINFÜGEN aufrufen, oder Sie drücken das Symbol mit gedrückter Alt- bzw. ⌥-Taste. Hier können Sie die Anzahl der einzufügenden SEITEN ❶ und die Einfügeposition über die Option EINFÜGEN ❷ exakt bestimmen. Dabei stehen zur Auswahl: NACH SEITE, VOR SEITE, AM ANFANG DES DOKUMENTS und AM ENDE DES DOKUMENTS. Welche Mustervorlage dabei der Seite zugrunde liegt, definiert die Option MUSTERVORLAGE ❸.

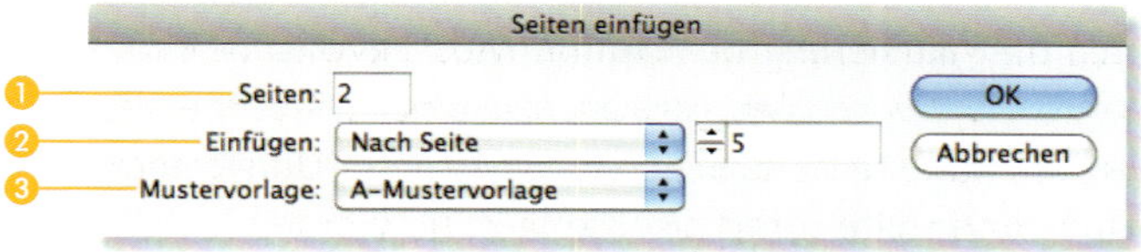

◀ **Abbildung 5.24**
Der Dialog SEITEN EINFÜGEN

Sie können aber auch über DATEI • DOKUMENT EINRICHTEN oder durch Drücken der Tastenkombination [Strg]+[⌥]+[P] bzw. [⌘]+[⌥]+[P] die Gesamtzahl der Dokumentseiten ändern. In diesem Fall fügt InDesign die zusätzlichen Seiten am Ende des Dokuments hinzu, was meist auch die praktikabelste Form ist.

Manuelles Einfügen von Seiten durch Ziehen aus dem Mustervorlagenbereich in den Seitenbereich | Wenn Sie eine Mustervorlage in den Dokumentseitenbereich ziehen – klicken Sie dabei am besten auf den Namen der Mustervorlage –, können Sie zwischen zwei Seiten eine Doppelseite einfügen. Ziehen Sie das Symbol, bis es sich wie in Abbildung 5.25 zeigt. Beim Loslassen werden die Seiten an jener Stelle eingefügt und die nachfolgenden Seiten um die Doppelseite nach hinten verschoben.

Wollen Sie nur eine Seite hinzufügen, so klicken Sie auf eine Seite im Mustervorlagenbereich und ziehen diese dann an die dafür vorgesehene Stelle. Auch dabei werden, wenn Sie den Standardwert im Bedienfeldmenü nicht geändert haben, alle nachfolgenden Seiten nach hinten verschoben.

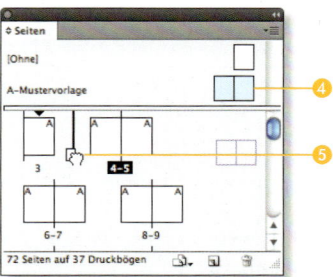

▲ **Abbildung 5.25**
Eine Doppelseite wird durch Ziehen aus dem Mustervorlagenbereich ❹ in den Dokumentseitenbereich nach Seite 3 ❺ eingefügt.

Ausgewählte Seiten löschen | Durch Klicken auf das Symbol 🗑 oder Ausführen des Befehls SEITE (DRUCKBOGEN) LÖSCHEN aus dem Bedienfeldmenü bzw. LAYOUT • SEITEN • SEITEN LÖSCHEN kann eine ausgewählte Seite bzw. ein ausgewählter Druckbogen gelöscht werden – InDesign warnt Sie daraufhin mit einer Meldung, dass Objekte auf den Seiten verlorengehen. Um mehrere Seiten zu aktivieren, bedienen Sie sich der [⇧]-Taste oder der [Strg]- bzw. [⌘]-Taste.

Wird eine Seite aus einem Druckbogen herausgelöscht, so werden nicht zwingend alle Objekte gelöscht. Objekte, die auf der Montagefläche stehen, bleiben an derselben Position auf der »nachrutschenden« Seite stehen. Denken Sie daran, dass Objekte nur dann gelöscht werden, wenn der überwiegende Teil des Objekts auf der Seite positioniert ist.

> **Löschen von Seiten**
>
> Sind Textrahmen miteinander über Seiten hinweg verkettet, wird durch das Löschen einer Seite nicht der Text gelöscht, sondern lediglich die Seite mit dem Textrahmen. Bedingt durch die Verkettung wird der darin bestehende Text in den nachfolgenden Textrahmen weitergeschoben.

5.5.3 Seitenformat zuweisen

In der Schritt-für-Schritt-Anleitung auf Seite 127 haben wir gezeigt, wie Sie ein benutzerdefiniertes Seitenformat anlegen können. Der Eintrag BENUTZERDEFINIERTES SEITENFORMAT aus Schritt 2

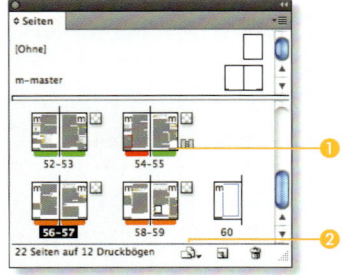

▲ Abbildung 5.26
Den einzelnen Seiten/Druckbögen kann ein FARBETIKETT ❶ hinzugefügt werden, um den Status einer Seite in der Produktion zu kennzeichnen.

▲ Abbildung 5.27
Die Liste der möglichen Farben von Etiketten. Der Befehl MUSTERFARBE VERWENDEN ❸ dient dazu, um einer einzelnen Seite wiederum die Farbetikette der Musterseite zuzuweisen.

der Anleitung kann nicht nur über den dort gezeigten Weg aufgerufen werden. Klicken Sie dazu alternativ auf das Symbol SEITENFORMAT BEARBEITEN ❷ in der Fußleiste des Seiten-Bedienfelds, und wählen Sie darin den Befehl aus.

Das Symbol SEITENFORMAT BEARBEITEN ❷ kann jedoch auch dazu verwendet werden, eine ausgewählte Seite oder einen ausgewählten Druckbogen auf ein vordefiniertes Seitenformat zu bringen. Wählen Sie dazu einfach die gewünschte Seite oder den gewünschten Druckbogen aus, und wählen Sie aus der Liste das gewünschte Seitenformat aus. Sind die Stege zu groß für das neue Seitenformat angelegt, bekommen Sie auch hier die Warnmeldung aus Schritt 3 der Anleitung angezeigt.

5.5.4 Seiten mit Farbetiketten versehen

Den einzelnen Seitenminiaturen im Seiten-Bedienfeld können seit InDesign CS5 farbige Markierungen zugewiesen werden. Mithilfe einer Farbbezeichnung könnte in der Praxis auf den Status der Seiten hingewiesen werden, z.B.: grüne Bezeichnungen für abgeschlossene Druckbögen, orange Bezeichnungen für Druckbögen, die noch in Bearbeitung sind, und rote Bezeichnungen für noch unbearbeitete Seiten.

Farbetiketten können dabei den Musterseiten und den einzelnen Seiten bzw. Druckbögen zugewiesen werden. Sind Etiketten den Musterseiten zugewiesen, so werden diese den jeweiligen Seiten, die auf der Musterseite basieren, automatisch zugewiesen. Wird solch einer Seite eine neue Farbetikette zugewiesen, so überschreibt diese Etikette die der Musterseite.

Um ein Farbetikett einer Seite bzw. Musterseite hinzuzufügen, wählen Sie die Seite im Seiten-Bedienfeld aus und rufen danach den Befehl FARBETIKETT • GEWÜNSCHTE FARBE (siehe Abbildung 5.27) aus dem Bedienfeldmenü auf. Das Farbetikett ❶ wird daraufhin unter der Seitenminiatur angezeigt. Ein Seiten-Bedienfeld könnte so, wie in Abbildung 5.26 gezeigt, in der Praxis aussehen. Ob das Ihrer Arbeitsweise entgegenkommt, bestimmen Sie immer noch selbst.

5.5.5 Ändern der Seitenanordnung

Beim Einfügen der Seiten wird Ihnen aufgefallen sein, dass, egal ob Sie eine Seite oder eine Doppelseite einfügen, immer die jeweils folgenden Seiten weitergeschoben werden. Es ist in unserem Projektbeispiel weder möglich, eine einzelne Seite zwischen zwei Druckbögen einfügen noch eine dritte Seite einem Druckbogen anzuhängen. Diese Funktion würden wir aber benötigen, um beispielsweise die Allonge für unseren Umschlag erstellen zu können. Der Grund für dieses »automatische« Vorwärtsschieben und Beibehalten von Doppelseiten ist der Befehl NEUE DOKUMENTSEITENANORDNUNG ZULASSEN aus dem Bedienfeldmenü. Dieser Befehl ist standardmäßig aktiviert, sollte aus unserer Sicht jedoch für die tägliche Arbeit deaktiviert werden. Um also eine weitere Seite an eine Doppelseite anzuhängen, gibt es in InDesign zwei Verfahren:

Neue Dokumentseitenanordnung zulassen | Deaktivieren Sie den Befehl im Bedienfeldmenü. Dadurch können Einzel- oder Doppelseiten an eine Seite bzw. an den Druckbogen angehängt werden. Deaktivieren Sie diese Option speziell dann, wenn Sie in Projekten Seiten im Dokument verschieben müssen.

Wenn Sie diese Option deaktiviert haben, kann es beim Einfügen von mehreren Seiten zu folgender Fehlermeldung kommen:

> **Vorsicht: Neue Dokumentseitenanordnung zulassen**
>
> Wurde die Option NEUE DOKUMENTSEITENANORDNUNG deaktiviert, so führt die Option NACH SEITE im SEITEN EINFÜGEN-Dialog dazu, dass die einzufügenden Seiten an die markierten Druckbogen angehängt werden.

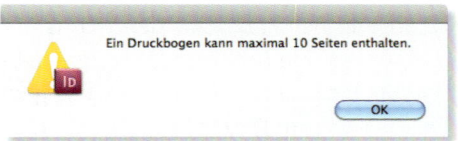

◀ **Abbildung 5.28**
Fehlermeldung, wenn versucht wird, mehr als neun Seiten nach einer bestimmten Seite über den Befehl SEITEN EINFÜGEN einzufügen.

Diese Fehlermeldung ist die logische Folge, wenn Sie nach einer Seite mehr als neun Seiten über den Befehl SEITEN EINFÜGEN aus dem Bedienfeldmenü des Seiten-Bedienfelds mit ausgewähltem Eintrag NACH SEITE in der Option EINFÜGEN einfügen wollen.

Neue Druckbogenanordnung zulassen | Ebenfalls im Bedienfeldmenü des Seiten-Bedienfelds befindet sich der Befehl NEUE DRUCKBOGENANORDNUNG ZULASSEN. Dadurch wird der aktivierte Druckbogen zu einer Einheit zusammengefasst. Zu erkennen ist dies an der Seitenbezeichnung [4–6] ❹. Der Unterschied zum oben genannten Verfahren besteht darin, dass die Funktion NEUE DOKUMENTSEITENANORDNUNG ZULASSEN für alle Seiten gilt, die Option NEUE DRUCKBOGENANORDNUNG ZULASSEN hingegen nur für den ausgewählten Druckbogen.

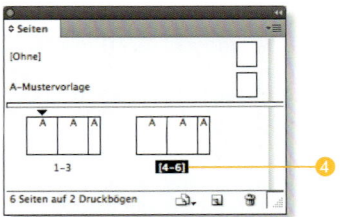

▲ **Abbildung 5.29**
Zusätzliche Seiten wurden an eine Doppelseite angehängt. Der neue Druckbogen 1–3 ist durch Deaktivieren der Option NEUE DOKUMENTSEITENANORDNUNG ZULASSEN entstanden, der Druckbogen [4–6] durch Markieren des Druckbogens über den Befehl NEUE DRUCKBOGENANORDNUNG ZULASSEN.

Schritt für Schritt: Zusammenstellen von Seiten in einem Dokument mit unterschiedlichen Seitenformaten

1 Anfangsdokument öffnen

Öffnen Sie das Dokument »Umschlag_v1.indd«, das sich auf der beiliegenden DVD im Ordner BEISPIELMATERIAL • KAPITEL_05 befindet.

2 **Neue Dokumentseitenanordnung zulassen aktivieren**

Damit wir die Einzelseiten zu Druckbögen (für die Vorder- und Rückseite des Umschlags unserer Projektarbeit) zusammenfügen können, deaktivieren wir den Befehl Neue Dokumentseitenanordnung zulassen aus dem Bedienfeldmenü.

3 **Erstellen der zwei Druckbögen**

Schieben Sie nun Seite 2 zu Seite 1, bis Sie das Symbol der Hand mit dem Pfeil nach rechts sehen (linke Abbildung), und lassen Sie die Maustaste los. Verschieben Sie Seite 5 zu Seite 4. Das Ergebnis beider Aktionen ist in der mittleren Abbildung zu sehen.

▼ **Abbildung 5.30**
Verschiedene Zustände des Seiten-Bedienfelds beim Zusammenlegen von Einzelseiten zu Druckbögen

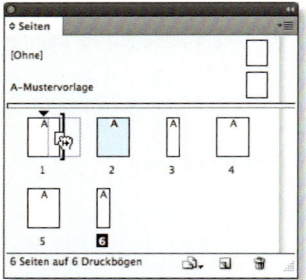
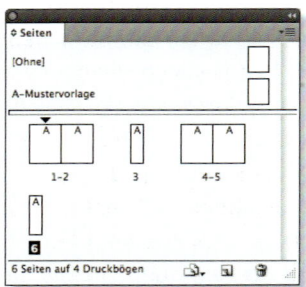
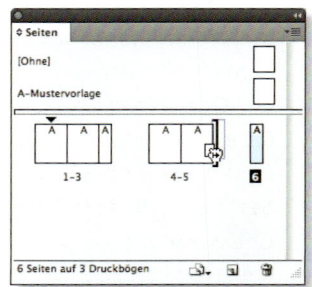

Verfahren Sie danach mit Seite 3 und Seite 6 genauso. Das Ergebnis der letzten Aktion ist in der rechten Abbildung zu sehen.

Damit haben wir unser Umschlag-Dokument mit der Allonge fertiggestellt. ■

Auf der Buch-DVD finden Sie das finale InDesign-Dokument dieser Schritt-für-Schritt-Anleitung im Ordner Beispielmaterial • Kapitel_05 unter der Bezeichnung »Umschlag_v2.indd«.

5.5.6 Verschieben und Duplizieren von Seiten

Da Sie nun wissen, wie man eine Seite an einer bestimmten Stelle einfügen kann, müssen Sie nun noch davon in Kenntnis gesetzt werden, wie Sie am einfachsten Seiten in einem Dokument bzw. in ein anderes Dokument verschieben oder auch duplizieren.

Verschieben | Das Verschieben von Seiten erfolgt entweder über Drag & Drop von Einzelseiten bzw. Druckbögen an die gewünschte Stelle im Dokumentseitenbereich oder über das Bedienfeldmenü und Seiten verschieben bzw. den Befehl Layout • Seiten • Seiten verschieben. Wir empfehlen Ihnen, den Seiten verschieben-Dialog aufzurufen, da Sie darin eine exakte Kontrolle zum Verschieben von Seiten, sogar über Dokumente hinweg, besitzen.

Abbildung 5.31 ▶
Der Seiten verschieben-Dialog aus dem Bedienfeldmenü des Seiten-Bedienfelds

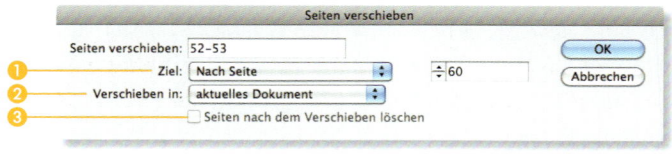

- **Seiten verschieben:** Geben Sie hier den zu verschiebenden Seitenbereich ein. Sollten Sie zuvor Seiten im Seitenbereich markiert haben, wird automatisch dieser Seitenbereich hier eingetragen. Sogar das Verschieben von mehreren unabhängigen Seitenbereichen und Einzelseiten ist möglich.
- **Ziel:** An welche Stelle im Dokument die Seiten verschoben werden sollen, bestimmen Sie über Auswahl eines Eintrags in der Option ZIEL ❶. Es stehen dabei die Möglichkeiten NACH SEITE, VOR SEITE, AM ANFANG DES DOKUMENTS oder AM ENDE DES DOKUMENTS zur Verfügung. Bei NACH SEITE und VOR SEITE müssen Sie natürlich noch eine Seitennummer angeben.
- **Verschieben in:** Das Verschieben von Seiten können Sie auch über Dokumente hinweg erledigen. Öffnen Sie dazu neben dem Quell- auch das Zieldokument, und wählen Sie dann unter der Option VERSCHIEBEN IN ❷ das Zieldokument aus. Sobald Sie ein Zieldokument ausgewählt haben, können Sie die Option SEITEN NACH DEM VERSCHIEBEN LÖSCHEN auswählen.
- **Seiten nach dem Verschieben löschen:** Aktivieren Sie die Checkbox SEITEN NACH DEM VERSCHIEBEN LÖSCHEN ❸, wenn die zu verschiebenden Seiten nach dem Einfügen in das neue Dokument aus dem Quelldokument entfernt werden sollen.

> **Ganze Seiten von einem Dokument übernehmen**
>
> Anwender, die es gewohnt sind, alles zu markieren und über Kopieren und Einfügen den gesamten Seitenaufbau in das andere Dokument zu bringen, sind gut beraten, wenn sie sich der genialen Funktion bedienen, Seiten einfach per Drag & Drop zwischen Dokumenten zu verschieben oder dies über den SEITEN VERSCHIEBEN-Dialog abzubilden.

Beim Verschieben von Seiten innerhalb eines Dokuments per Drag & Drop müssen Sie Präzision an den Tag legen, denn bereits geringfügige Veränderungen in der Position bewirken, dass die Seite sich einmal rechts und ein anderes Mal links vom Bund anhängt. Achten Sie genau auf die kleinen Pfeilabbildungen, die beim Verschieben von Seiten zu sehen sind.

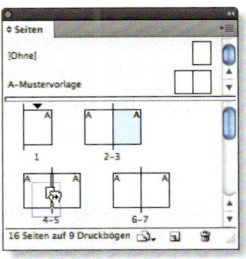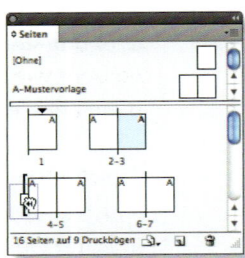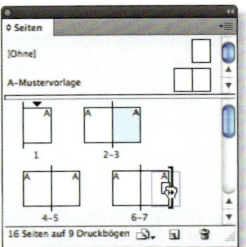

▲ **Abbildung 5.32**
Nur eine kleine Positionsänderung, und der Pfeil zeigt nach links oder rechts (erste und zweite Abbildung).

In der ersten Abbildung wird die Seite als linke Seite nach Seite 4 eingefügt. In der zweiten Abbildung wird die Seite als rechte Seite vor Seite 5 eingefügt. In der dritten Abbildung wird die Seite als linke Seite vor Seite 4 eingefügt und in der letzten Abbildung als rechte Seite nach Seite 7.

Während das Vorgehen aus den ersten beiden Abbildungen in jedem Fall möglich ist, können die Ergebnisse der letzten beiden

Druckbogen und Seiten anzeigen

Wenn Sie nur eine Seite in voller Größe dargestellt bekommen wollen, so doppelklicken Sie auf das Seiten-Symbol im Seiten-Bedienfeld.

Wollen Sie hingegen den Druckbogen anzeigen, so doppelklicken Sie auf die Seitenziffern unter den Seiten-Symbolen.

Abbildung 5.33 ▶
Das Bedienfeldmenü des Seiten-Bedienfeldes. Sie können damit SEITEN EINFÜGEN, DUPLIZIEREN, VERSCHIEBEN und LÖSCHEN. Das automatische Ändern der Seitenanordnung kann durch die Befehle NEUE DOKUMENTSEITENANORDNUNG ZULASSEN ❷ und NEUE DRUCKBOGENANORDNUNG ZULASSEN ❸ unterbunden werden.

HINWEIS

Das Drehen der Druckbogenansicht hat keinen Einfluss auf die Druck- und Ausgabeergebnisse. Wenn jedoch die Druckbogenansicht während des Druckvorgangs noch aktiviert ist, müssen Sie im Bereich EINRICHTEN des Dialogfelds DRUCKEN möglicherweise die Ausrichtung ändern, um sicherzustellen, dass der gedrehte Druckbogen wie dargestellt gedruckt wird.

Sie sollten immer vor dem Drucken die Drehung der Druckbogenansicht aufheben!

Abbildungen nur erzielt werden, wenn die Option NEUE DOKUMENTSEITENANORDNUNG ZULASSEN deaktiviert ist.

Duplizieren | Das Duplizieren von Seiten erfolgt entweder durch Ziehen der Seitenbereichszahl unter einem Druckbogen auf das Symbol, über den Befehl SEITE DUPLIZIEREN aus dem Bedienfeldmenü, über den Befehl LAYOUT • SEITEN • SEITEN DUPLIZIEREN oder durch Markieren eines Druckbogens bzw. einer Seite und Verschieben der Seite bei gedrückter [Alt]- bzw. [⌥]-Taste.

Die Befehle im Bedienfeldmenü nennen sich, je nachdem, ob lediglich eine Seite oder eine Doppelseite aktiviert ist, entweder SEITE DUPLIZIEREN oder DRUCKBOGEN DUPLIZIEREN.

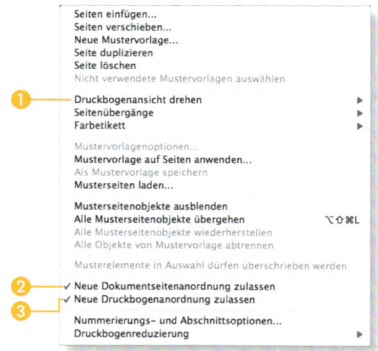

5.5.7 Druckbogenansicht drehen

In gewissen Situationen müssen gestürzte bzw. gedrehte Inhalte bearbeitet werden. Anstatt den Kopf zur Seite zu legen oder den Monitor zu drehen, kann die Druckbogenansicht gedreht werden.

Drehung ausführen | Zum Drehen der Druckbogenansicht markieren Sie den gewünschten Druckbogen im Seiten-Bedienfeld und führen dann im Bedienfeldmenü den Befehl DRUCKBOGENANSICHT DREHEN ❶ aus. Darin haben Sie die Möglichkeiten, entweder den Druckbogen um 90° IM UZS, 90° GEGEN UZS oder 180° zu drehen. Haben Sie die Option zum Anzeigen der SYMBOLE in den Bedienfeldoptionen markiert, so erscheint das Symbol neben dem Druckbogen.

Drehung entfernen | Einmal angebrachte Drehungen der Druckbogenansicht sollten vor der Ausgabe entfernt werden. Dazu führen Sie am einfachsten einen Rechtsklick auf das Symbol neben dem Druckbogen im Seiten-Bedienfeld aus und wählen den Befehl DREHUNG LÖSCHEN. Natürlich findet sich dieser Befehl auch im Bedienfeldmenü unter DRUCKBOGENANSICHT DREHEN wieder.

6 Ebenen

Mithilfe von Ebenen und Unterebenen ist es möglich, Rahmen in den Vorder- oder Hintergrund zu stellen, mehrsprachige Textversionen zu verwalten und eine genaue Kontrolle oder das Einblenden von nicht druckbaren Objekten zu gewährleisten. Bislang haben sich InDesign-Anwender (gerne) über diese Funktion hinweggesetzt und meist das gesamte Layout auf einer Ebene aufgebaut. Mit der Einführung von InDesign CS5 erzeugt das Programm für jedes Objekt eine Unterebene, wodurch InDesign sich jetzt genauso wie Adobe Illustrator verhält.

Grafiker und Layouter sind angehalten, sich genau mit diesem Thema auseinandersetzen, um einerseits Ordnung in das Dokument zu bekommen und um andererseits die Handhabung im Umgang mit Objekten in umfangreichen Projekten zu vereinfachen.

6.1 Überlegungen zu Ebenen

Ebenen in InDesign sind schlicht und einfach transparente Folien, die übereinander angeordnet sind. In InDesign angelegte Ebenen stehen auf jeder Seite – im Unterschied zu QuarkXPress auch auf den Mustervorlagen – im Zugriff und haben dort auch immer dieselbe Funktion. Sie können somit den InDesign-Ebenen im Unterschied zu Photoshop keine Transparenz hinzufügen oder Maskierungen auf Ebenen vornehmen. Ebenen sind sehr einfach gestrickt, womit ihre Anwendungsmöglichkeiten für den Einsatz im Kreativumfeld eingeschränkt sind.

Dennoch ist bei komplexen Dokumenten eine Ebenenverwaltung enorm hilfreich und eröffnet dem Anwender bei der Dokumentplanung viele Freiheiten. Ebenen und Unterebenen helfen dem Anwender dabei, Objekte einfach und gezielt auszuwählen und /oder auszublenden, schneller bearbeitbar zu machen und in einem Dokument verschiedenste Layoutversionen zusammenzuhalten.

Doch worin liegen nun die Vorteile, wenn der Layouter mit Ebenen und Unterebenen arbeitet? Ebenen haben folgende Vorteile:

Objekte nach vorne oder hinten stellen

Unabhängig von den genannten Vorteilen, Projekte mit Ebenen in InDesign-Dokumenten anzulegen, lässt sich jedes Layout auch ohne Ebenen bearbeiten und ausgeben. InDesign arbeitet zwar immer mit einer Ebene, jedoch kann über die Befehle Objekt • Anordnen • In den Vordergrund bzw. Objekt • Anordnen • In den Hintergrund die Objektreihenfolge beliebig sortiert werden.

Bei sehr komplexen Layouts kann dabei schon mal die Übersicht verlorengehen, wenn Sie Objekte in den Vordergrund bzw. Hintergrund stellen. Durch den Einsatz von Ebenen und den gezielten Umgang mit Unterebenen kann eine Reihenfolge schneller verändert werden.

> **Ganzseitige Bilder**
>
> In Publikationen, wo ganzseitige Bilder als stilistisches Element eingesetzt werden, muss darauf geachtet werden, dass diese Bilder nicht die Pagina verdecken. Wenn Sie das Musterseitenkonzept so aufgebaut haben, dass die auf der Musterseite angebrachte automatische Seitennummer in der Vordergrundebene steht, so kann Ihnen beim Layouten dieser Fehler nicht unterlaufen.

> **Anbringen von Anmerkungen**
>
> Sie können natürlich auch Anmerkungen über das Notiz-Werkzeug in InDesign anbringen. Diese sind jedoch für manche Layouter nicht so auffallend, sodass sie Gefahr laufen, eine wichtige Anmerkung zu übersehen.

> **HINWEIS**
>
> Sie sollten jedoch immer im Hinterkopf behalten, dass Ebenen für das ganze Dokument gelten und nicht für einzelne Seiten angelegt werden können.
>
> Sie sollten jedoch auch daran denken, dass die Ebenen somit auch auf den Mustervorlagenseiten- und dokumentübergreifend zur Verfügung stehen.

- Trennung von Text, Bild und Vektoren, um mehr Struktur und Ordnung in ein Dokument zu bringen
- Trennung der Objekte auf Ebenen nach Zuordnung der Funktionen in einem Arbeitsfluss. Bildredakteure sollen nur Bilder und Bildtexte bearbeiten, und die Redakteure sollen nur ihre Kolumnen und Geschichten schreiben.
- Arbeiten mit Unterebenen, damit das gezielte Ergreifen, Auswählen und Verschieben von Objekten in komplexen Dokumenten von jedermann/frau bewerkstelligt werden kann.
- Erstellen von Hilfsebenen, wodurch produktionstechnische Stolpersteine – Probleme mit Texten in Verbindung mit Schlagschatten – von vornherein ausgeschaltet werden.
- Erstellen einer Hilfslinienebene, um Hilfslinien separat von den anderen Ebenen zu schützen oder ein- und auszublenden
- Erstellen einer Info-Ebene, die zum Anbringen von Anmerkungen bestimmt ist, worüber die interne Kommunikation zwischen den Layoutern abgebildet werden kann
- Aufbau von Projekten in Ebenen, um mehrsprachige Textversionen in einer Layoutdatei zu verwalten und damit die Aktualisierung der Daten zu vereinfachen
- Aufbau von Layouts in Ebenen, um identische Layoutentwürfe mit alternativen Bildmotiven abzubilden
- Aufbau von Projekten in Ebenen, um damit das Musterseitenkonzept nicht durch Herauslösen von Objekten zu gefährden
- Aufbau von Ebenen, damit in nachfolgenden Workflows in PDF-Dateien leichter Verarbeitungsschritte durchgeführt werden können

Anhand von drei Beispielen möchten wir Ihnen das Einsatzgebiet von Ebenen in Praxisprojekten kurz vorstellen. Wie Sie Ebenen anlegen, wie Sie Objekte auf den Ebenen bewegen und welche Optionen dafür von InDesign angeboten werden, das beschreiben wir dann im Anschluss.

6.1.1 Ebenen im Magazinlayout

Die Erstellung von Magazinen stellt für die Layouter, die Redakteure und die Producer, eingeschnürt in ein sehr enges Zeitkorsett, Ausgabe für Ausgabe immer wieder eine Herausforderung dar. Um dabei nicht zu oft die Nerven zu verlieren, brauchen Sie ein durchdachtes Konzept, eine gute Arbeitsvorbereitung und eine Grundlage, um Ideen möglichst rasch in der Produktion umzusetzen.

In vielen Magazinen wird meist »Layout vor Text« gearbeitet. Dabei werden zuerst mit dem Redakteur die Textlänge, die Anzahl der Zusatzinformationskästen oder Tabellen, die Anzahl von Bildern und der im Artikel beschriebene Text besprochen. Danach wird, aufbauend auf diesem Wissen, das erste Layout – meist gefüllt mit Blindtexten – erstellt und zur Begutachtung vorgelegt.

Der Aufbau des Layouts muss rasch und modulartig erfolgen und den Anforderungen gerecht werden, die beispielsweise ein eingeführtes Redaktionssystem mit sich bringt. Unser gezeigtes Beispiel stammt aus einem Frauenmagazin, das mit einem Redaktionssystem produziert werden muss. Anhand von zwei Kriterien wird die sinnvolle Verwendung von Ebenen erklärt:

1. Zum Freischalten der Texte müssen schnell alle Textrahmen für den Layouter greifbar sein, damit das Freischalten für den Redakteur nicht in zusätzliche Arbeit ausartet, und
2. die Streckenkennzeichnung ❹ soll auf der Musterseite angelegt sein, womit einerseits ein irrtümliches Verschieben des Objektes verhindert und andererseits dieses Objekt einmalig für mehrere Seiten pro Strecke zur Verfügung gestellt wird.

Auf der Buch-DVD finden Sie im Ordner BEISPIELMATERIAL • KAPITEL_06 • BEAUTY das fertige Dokument »Beauty.indd«.

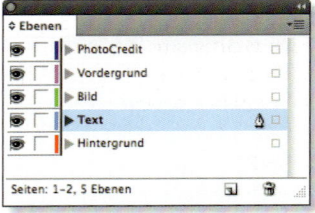

▲ **Abbildung 6.1**
Das Ebenen-Bedienfeld aus dem Beispiel-Magazin

Das Magazin wurde, wie Sie in Abbildung 6.1 sehen können, aus fünf Ebenen aufgebaut. Die Textrahmen – Vorspann ❷, Story ❸, zwei Infokästen ❺ – stehen auf der Ebene TEXT, die Headline ❶ auf der Ebene VORDERGRUND. Das Bild steht auf der Ebene BILD.

▼ **Abbildung 6.2**
Unser Beispieldokument – eine Doppelseite aus dem Frauenmagazin WOMAN

6.1 Überlegungen zu Ebenen

> **Alternative zum Auswählen von Textrahmen**
>
> Wenn Sie jedoch alle Textrahmen auf einer Seite auswählen wollen, so können Sie dies auch über das Skript SELECTOBJECTS tun, das standardmäßig mit Adobe InDesign installiert wird. Das Skript stand in früheren InDesign-Versionen auch schon zur Verfügung!

> Auf der Buch-DVD finden Sie im Ordner ZUSATZKAPITEL das Kapitel B, »Skripte«, worin weiterführende Hinweise zum Skript selbst und zum Umgang mit Skripten enthalten sind.

> **Gelöste Objekte**
>
> Attribute von Objekten, die aus der Mustervorlage gelöst, aber nicht auf der Originalseite verändert wurden, bleiben mit der Musterseite verbunden.

Zu Kriterium 1 | Für das Redaktionssystem muss der Layouter alle Textrahmen freischalten, die der Redakteur schreiben wird. Dazu muss eine schnelle Möglichkeit geschaffen werden, diese auszuwählen, um den Befehl FREISCHALTEN für das Redaktionssystem auszuführen. Durch Klick auf den Ebeneneintrag TEXT mit gedrückter Alt- bzw. ⌥-Taste kann der Layouter sehr schnell alle Rahmen dieser Ebene aktivieren und freischalten. Ähnlich verfährt der Layouter, wenn er alle Bildtexte, Bilder und auch den Fotocredit für die entsprechenden Personen in der Reaktion freischalten möchte.

Zu Kriterium 2 | Die Streckenkennzeichnung ❹ wurde korrekterweise auf den Mustervorlagen angelegt, da im Falle einer längeren Dokumentenstrecke nicht auf jeder Seite die Streckenkennzeichnung ausgefüllt werden muss. Das einmalige Eingeben der Streckenkennzeichnung – in diesem Falle wurde dies über eine Textvariable gelöst – verhindert, dass diese irrtümlich bei Änderungen der Streckenkennzeichnung auf den Folgeseiten vergessen wird. Eigentlich ganz logisch! Doch was würde passieren, wenn das Magazin nur auf einer Ebene aufgebaut wäre und Sie, wie in unserem Beispiel gezeigt, ein abfallendes Bild hinter die Streckenbezeichnung platzieren sollen? Die Streckenkennzeichnung würde immer hinter dem Bild angeordnet sein. Auch das Ausführen des Befehls OBJEKT • ANORDNEN • IN DEN HINTERGRUND würde an diesem Sachverhalt nichts ändern, denn Sie können mit diesem Befehl nur Objekte in den Ebenen anordnen; hinter die Objekte einer Mustervorlage kann jedoch kein Objekt auf den Layoutseiten verschoben werden.

Die nicht elegante Lösung für dieses Problem wäre, wenn Sie die Streckenkennzeichnung aus der Mustervorlage herauslösen und dann über die Befehle IN DEN HINTERGRUND bzw. IN DEN VORDERGRUND aus dem Menü OBJEKT • ANORDNEN in die richtige Objektreihenfolge bringen würden. Der Nachteil dieser Variante ist, dass dadurch eine Textänderung auf der Mustervorlage nicht mehr auf das herausgelöste Objekt angewandt wird und dass dadurch eventuell irrtümlich dieser Textrahmen dem Redakteur zur Bearbeitung freigegeben würde.

Die elegante Lösung ist: Legen Sie im Dokument neben der Arbeitsebene zumindest eine Ebene VORDERGRUND an. Stellen Sie dann alle Mustervorlagenobjekte, die immer sichtbar sein müssen, auf die Ebene VORDERGRUND. Dadurch liegen Objekte, die auf der Ebene BILD platziert werden, immer in der Objektanordnung unterhalb der Ebene VORDERGRUND. Eleganter geht es wohl nicht!

6.1.2 Ebenen für Sprachmutationen

Mehrsprachige Dokumente können über einzelne Sprachebenen, getrennt von einer Bildebene und zusätzlichen Vordergrund- und Hintergrundebenen, hervorragend organisiert werden. Wird ein Bild ausgetauscht, wird eine kleine Layoutänderung auf der Dokumentvorlage gemacht; werden zusätzlich Bilder, die nur in gewissen Sprachen erscheinen müssen (Warnhinweise und dergleichen), benötigt oder müssen einfach nur Seiten im Dokument verschoben werden, so sind diese Aufgaben somit nur einmal – nicht wie üblich in mehreren Sprachdokumenten – durchzuführen. Etwas aufwendiger wird die Sache, wenn Änderungen im Layout auch hinsichtlich der Textrahmen durchgeführt werden müssen. Sind jedoch alle Textrahmen in einem Dokument vorhanden, so können relativ schnell dieselben Werte für den veränderten Textrahmen auf alle drei Sprachebenen übertragen werden.

▲ **Abbildung 6.3**
Das Ebenen-Bedienfeld aus dem Kochbuch in Abbildung 6.4

Auf der Buch-DVD finden Sie im Ordner Beispielmaterial • Kapitel_06 • Kochbuch das Dokument »Kochbuch.indd«.

▲ **Abbildung 6.4**
Unser Beispieldokument – eine Doppelseite mit überlagerten Sprachebenen aus »Meine Südtiroler Küche« von Herbert Hintner, das in Italienisch und Deutsch abgefasst wurde

Der Aufbau von mehrsprachigen Dokumenten mit Ebenen in InDesign stellt jedoch gewisse Anforderungen an das Layout. So muss der Layouter beim Aufbau des Dokuments auf gewisse Dinge Rücksicht nehmen:

- **Textlängen:** Für ein deutsch-, englisch- oder italienischsprachiges Dokument ist zu berücksichtigen, dass Texte in Deutsch

6.1 Überlegungen zu Ebenen | **143**

und Italienisch länger sind als im kompakteren Englisch. Das bedeutet, dass im Satzspiegel kleine Pufferzonen eingerichtet werden müssen, die – gleich ob mit Text gefüllt oder nicht – das Gesamtbild des Layouts nicht stören dürfen.

- **Interaktion zwischen Text und Bild:** Texte sollen mit den Bildern im Layout nicht in Berührung kommen, damit in der Druckvorstufe separate Druckplatten für die jeweilige Sprache und für den restlichen Dokumenteninhalt ausgegeben werden können. Damit werden enorme Kosten in der Produktion eingespart, denn es ist schon – bei einem dreisprachigen Dokument – ein Unterschied, ob ich sieben Druckplatten für einen Bogen benötige oder ob ich zwölf Druckplatten dafür verschwenden muss.
- **Text und Effekte:** Vermeiden Sie auch, irgendwelche Effekte auf Texte anzuwenden, da ansonsten in der Ausgabe gewisse Textstellen in ein Pixelbild umgewandelt werden müssen, weshalb hier wiederum Text auf mehreren Druckplatten ausgegeben würde.
- **Absatzformate:** Darüber hinaus ist es notwendig, dass Sie für jede Sprache eigene Absatzformate anlegen, damit der Text in der jeweiligen Sprache korrekt umbrochen wird. Dazu verwenden Sie Absatzformate, die aufeinander basieren und sich nur im verwendeten Wörterbuch unterscheiden.

> **HINWEIS**
> Nähere Informationen zum Aufbau von aufeinander basierenden Absatzformaten können Sie in Abschnitt 19.4.3, »Aufeinander basierende Absatzformate«, auf Seite 476 nachlesen.

6.1.3 Organisations- und produktionsbedingte Ebenen

Auch wenn Sie kein mehrsprachiges Dokument und auch kein Periodikum erstellen müssen, liegen aus unserer Sicht einige organisatorische und für eine spätere technisch perfekte Ausgabe auch produktionsbedingte Gründe vor, die dafür sprechen doch mit Ebenen in all Ihren InDesign-Projekten zu arbeiten.

Ebene für die interne Kommunikation und zur Fehlervermeidung in der Ausgabe | Legen Sie, sobald mehrere Personen an einem Projekt arbeiten müssen, eine nicht druckbare Ebene mit der Bezeichnung INTERN an. Wie Sie eine nicht druckbare Ebene anlegen, erfahren Sie auf Seite 152.

Doch was sollen Layouter und Grafiker mit dieser Ebene anfangen? Hier ein paar kleine Hinweise:

- **Inserateplatzierung:** Die ganze Finanzierung der Medienlandschaft basiert auf dem Kampf um Inserate. Inserate müssen im Layout untergebracht werden, und wie es in der Praxis eben so ist, stehen diese Bestandteile in der Produktion erst kurz vor Abgabeschluss zur Verfügung. Meistens werden von Firmen Inserate in derselben Größe, jedoch mit unterschiedlichem

Inhalt geschaltet. Der Layouter kann, um eine bessere Abstimmung des Layouts zu erreichen, bereits das Inserat der letzten Produktion platzieren und dieses dabei auf die Ebene INTERN stellen. Dadurch ist gewährleistet, dass der Layouter sich ein besseres Gesamtbild von der gestalteten Seite machen kann, und sichergestellt, dass das Inserat nicht irrtümlich in der Ausgabe erscheint. Steht das Originalinserat zur Verfügung, so muss nur noch der Austausch des bereits korrekt platzierten Inserats erfolgen, gefolgt vom Verschieben des Inserats auf eine der Produktionsebenen.

> **Hinweise:** Notizen zum Layout, Informationen für Personen, die zu einem späteren Zeitpunkt das Dokument weiterbearbeiten müssen, oder Informationen für die Reproabteilung zur Übermittlung von Wünschen, was mit den Bildern gemacht werden soll, können ebenfalls auf der Ebene INTERN abgebildet werden. Auch hier wird sichergestellt, dass nicht irrtümlich interne Anweisungen im gedruckten Projekt erscheinen. Oder würde es bei Ihrem Chef ein gutes Bild machen, wenn in der Firmenbroschüre die Anmerkung »aktuelles schlankeres Bild vom Alten einfügen« erscheinen würde?

HINWEIS

Beachten Sie jedoch für die Ausgabe in eine PostScript- oder PDF-Datei genau, welche Auswahl Sie im Druck- bzw. PDF-Export-Dialog in der Option EBENE DRUCKEN bzw. EBENEN EXPORTIEREN getroffen haben.

Informationen zu Auswirkungen der Einstellungen, die Sie in der Option EBENE DRUCKEN vornehmen können erhalten Sie auf Seite 844, zu EBENEN EXPORTIEREN auf Seite 880.

Vorder- und Hintergrundebene | Legen Sie zusätzlich zu einer Arbeitsebene noch eine Vorder- und eine Hintergrundebene an. Wie Sie diese bezeichnen – als »oben«, »unten«, »vorne«, »hinten«, »Musterobjekt«, »Rest« –, bleibt Ihrer Kreativität überlassen. Vergeben Sie jedoch einen Namen, und arbeiten Sie nicht mit den Bezeichnungen »Ebene 1«, »Ebene 2« usw.

Doch was sollen Layouter und Grafiker mit diesen Ebenen anfangen? Hier ein paar kleine Hinweise:

> **Vollflächige Hintergründe:** In einigen Projekten werden vollflächige Abbildungen oder Farbflächen im Hintergrund benötigt. Solche Objekte können, wenn sie sich durch das gesamte Projekt hindurchziehen, auf der Mustervorlage platziert werden. Ist dies jedoch nur sporadisch der Fall, so können solche Objekte auf der Hintergrundebene angebracht und über das Sperren der Ebene vor einem weiteren unbeabsichtigten Zugriff durch den Layouter geschützt werden.

> **Anbringen von Mustervorlagenobjekten:** Wie schon zuvor beim Magazin bemerkt wurde, müssen Mustervorlagenobjekte, die immer in der obersten Hierarchie erscheinen müssen, auf der Vordergrundebene angebracht werden. Damit wird sichergestellt, dass nicht irrtümlich die Pagina oder eine Streckenkennzeichnung durch ein platziertes Objekt verdeckt wird.

▲ **Abbildung 6.5**
Sowohl die gelbe als auch die blaue Fläche wurden in diesem Projekt auf der Hintergrundebene angebracht.

> **HINWEIS**
>
> Nähere Informationen zur Transparenzreduzierung und den dabei zu beachtenden Vorgehensweisen können Sie in Kapitel 32, »Transparenzen«, nachlesen.

Ebenen und Transparenzen | Als Faustregel und als Hinweis auf die später erläuterte Transparenzreduzierung sollten Sie unbedingt beachten, dass Sie Texte oberhalb von Bildern platzieren sollten. Das hat folgenden Hintergrund: Bei der Transparenzreduzierung werden Objekte mit Effekten mit darunterliegenden Objekten verrechnet. Dabei wird kein Unterschied gemacht, ob es sich dabei um Texte, Vektoren oder Bilder handelt. Wird beispielsweise ein Schlagschatten auf ein platziertes Bild angewandt und wurde irrtümlich dieses Objekt in der Objektanordnung oberhalb eines benachbarten Textkastens gebracht, so muss der Schlagschatten bei der Transparenzreduzierung mit dem Text verrechnet werden. Dadurch können teilweise Texte in Pixelbilder umgewandelt oder mit einer zusätzlichen Kontur versehen werden, was bei niedrigauflösenden Ausgabegeräten in einigen Fällen zur Verdickung der Schrift führen würde.

Ob Sie nun eigene Ebenen für Text und Bild anlegen oder ob Sie nur im Fall der Fälle das betroffene Objekt auf die Hintergrundebene stellen, bleibt Ihrer Arbeitsweise überlassen. Auch wenn das Anlegen einer Text- und Bildebene, gerade hinsichtlich der Ausgabeproblematiken, sinnvoll wäre, so können wir aus der Praxis erkennen, dass in sehr vielen Layouts eine solche Trennung nicht wirklich abbildbar ist.

> **HINWEIS**
>
> Bilder können aber auch in Photoshop mit einer Volltonfarbe Lack versehen und dann als PSD-Datei in InDesign platziert werden. Reproduktionstechnisch ist diese Arbeitsweise jener mit der Ebene Lack gleichzusetzen.
>
> Der Vorteil dieser Arbeitsweise über Photoshop besteht darin, dass Sie den Lack am Objekt viel genauer und selektiver anbringen und darüber hinaus noch im Layout das Bild skalieren können, ohne immer das Original- und das Lackobjekt zu verändern.
>
> Der Nachteil ist, dass Sie immer auf den Lack-Kanal Rücksicht nehmen müssen, wenn das Bild mehrfach verwendet wird.

Ebenen für Lackformen | Wollen Sie im Druck zusätzlich partiell lackieren, um die Brillanz des Druckbildes zu erhöhen oder die Bilder oder schwarze Flächen vor Fettspuren zu schützen, die dadurch entstehen, dass das Druckprodukt angefasst wird, so müssen die Daten bereits im Vorfeld mit einer eigenen Lackfarbe angelegt und die entsprechenden Bereiche mit dem Farbfeld für Lack versehen sein. Auch diese Idee kann über eine eigene Lackebene abgebildet werden. Legen Sie dazu zuerst die Lackfarbe als Volltonfarbe und eine Ebene mit der Bezeichnung Lack an. Dann duplizieren Sie alle Objekte, die lackiert werden sollten, auf die zuvor erstellte Ebene, löschen die Inhalte aus den Bildkästen und füllen diese dann mit der angelegten Farbe Lack. Nun können Sie jederzeit die Ebene Lack zur besseren Bearbeitung des Dokuments deaktivieren und in der Ausgabe schlussendlich einen eigenen Lackauszug für die Druckerei generieren.

Ebenen für das PDF übergeben | Da seit der PDF-Version 1.5 auch in PDF-Dateien Ebenen vorhanden sein können und Sie durch den nativen PDF-Export auch InDesign-Ebenen nach PDF übergeben können, eröffnen sich für so manche Workflows ungeahnte Möglichkeiten, die eine Vereinfachung der Handhabung nach sich ziehen können. Denken Sie einmal darüber nach. Es werden Ihnen sicherlich einige Ideen kommen, wie Sie aus diesen Möglichkeiten Kapital schlagen können.

> **HINWEIS**
>
> Nähere Informationen zu PDF-Versionen können Sie in Abschnitt 33.3, »PDF-Spezifikationen«, auf Seite 749 nachlesen.

6.2 Das Ebenen-Bedienfeld

Die Voraussetzung für das Arbeiten mit Ebenen ist das eingeblendete Ebenen-Bedienfeld. Es ist im Arbeitsbereich ERWEITERT als zweites Symbol in der zweiten Bedienfeldreihe verankert und durch das Symbol schnell zu erkennen. Sollten Sie das Ebenen-Bedienfeld entfernt haben, können Sie es jederzeit über das Menü FENSTER • EBENEN oder über das Tastaturkürzel F7 einblenden.

Zur besseren Strukturierung von Dokumenten empfiehlt es sich, gleich zu Beginn die voraussichtlich benötigten Ebenen anzulegen. Dabei ist es ratsam, die Standardbezeichnungen wie »Ebene 1«, »Ebene 2« usw. durch geeignete sprechende Ebenenbezeichnungen zu ersetzen. Es empfiehlt sich, immer mindestens drei Ebenen, eine *Arbeitsebene* für Texte und Bilder, eine *Hintergrund-* und eine *Vordergrundebene*, anzulegen.

6.2.1 Ebenen der obersten Hierarchie

Wie bei allen Bedienfeldern in InDesign können Sie durch Drücken des Symbols NEUE EBENE ERSTELLEN ❻ eine neue Ebene anlegen und durch Drücken des Symbols AUSGEWÄHLTE EBENEN LÖSCHEN ❿ die aktive Ebene entfernen. Die Sichtbarkeit ❺ einer Ebene (die Ebenen ITALIENISCH und ENGLISCH ❹ sind derzeit ausgeblendet) bzw. die Eigenschaft, ob eine Ebene gesperrt ❷ ist oder nicht (die Ebenen HINTERGRUND und VORDERGRUND sind derzeit nicht zur Bearbeitung freigegeben), können für jede Ebene und auch für Unterebenen getrennt festgelegt werden.

> **Ebenenbezeichnung ist kursiv**
>
> Alle Ebenen, deren Ebenenbezeichnungen kursiv ❼ dargestellt werden, sind Ebenen, die als »nicht druckbare Ebene« gekennzeichnet wurden. Nähere Informationen dazu finden Sie auf Seite 150.

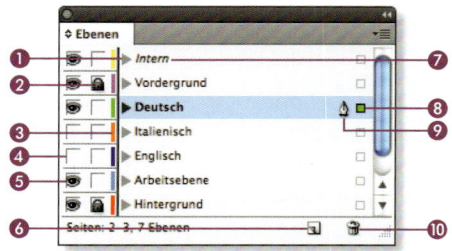

◀ **Abbildung 6.6**
Das Ebenen-Bedienfeld und alle seine möglichen Ausprägungen

Ein Farbbalken ❸ vor dem Ebenennamen verleiht den Rahmen der darauf befindlichen Objekte beim Aktivieren die entsprechende Farbe. Die derzeit aktive Ebene wird durch das Zeichenstift-Symbol ❾ angezeigt. Es signalisiert dem Anwender, dass das nächste Objekt, das gezeichnet oder – in Abhängigkeit von der gewählten Option – eingefügt wird, der Ebene DEUTSCH zugeordnet wird. Ist ein Objekt im InDesign-Dokument ausgewählt, so erscheint der Markierungspunkt ■ ❽; sind mehrere Objekte unterschiedlicher Ebenen ausgewählt, so erscheint der Markierungspunkt auf jeder einzelnen Ebene.

Vor jedem Ebenennamen befindet sich ein Pfeil ▶ ❶, der Ihnen ermöglicht, auf die einzelnen Unterebenen zuzugreifen. Klicken Sie auf den Pfeil, um alle Unterebenen der Ebene zu sehen.

6.2.2 Unterebenen und Objektgruppen

Seit InDesign CS5 wird jedes Objekt als eigene Unterebene angelegt. Damit wird es dem Anwender ermöglicht, jedes Objekt des Layouts auszuwählen, zu verschieben, auszublenden, zu sperren und zu benennen.

> **TOP-TIPP**
> **Objekt ausblenden**
>
> Ein Objekt kann über das Ebenen-Bedienfeld oder über den Befehl OBJEKT • AUSBLENDEN bzw. durch Drücken von [Strg]+[3] bzw. [⌘]+[3] ausgeblendet werden.

Abbildung 6.7 ▶
Das Ebenen-Bedienfeld mit aufgeklappter Ebenenhierarchie. Für jedes Objekt im Layout werden Unterebenen erzeugt, die je nach Objektart standardmäßig einen Namen bekommen. Der Ebenenname des Objekts kann natürlich beliebig vergeben werden.

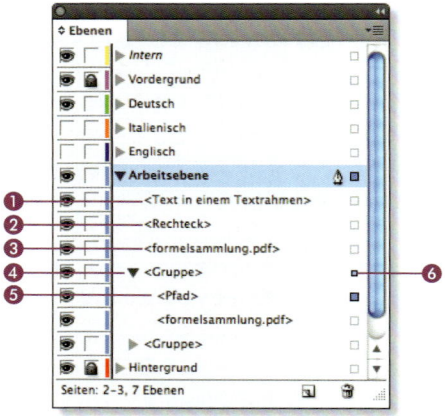

Der Standardname einer Unterebene wird dabei in Abhängigkeit vom verwendeten Werkzeug vorgegeben. Die Namen sind:
- **Rechteck** ❷: Objekte, die mit dem Rechteckrahmen- und dem Rechteck-Werkzeug erstellt worden sind
- **Ellipse:** Objekte, die mit dem Ellipsenrahmen- und dem Ellipse-Werkzeug erstellt worden sind
- **Polygon:** Objekte, die mit dem Polygonrahmen- und dem Polygon-Werkzeug erstellt worden sind
- **Pfad** ❺: Objekte, die mit dem Zeichenstift-, Linienzeichner- und dem Buntstift-Werkzeug erstellt worden sind
- **Dateinamen** ❸: Dateien, die in InDesign platziert wurden, bekommen automatisch den Dateinamen zugewiesen
- **Beliebiger Text** ❶: Wurde ein Textrahmen aufgezogen und darin ein Text geschrieben, so wird der Anfang des Textes als Name verwendet.

> **Namen für Unterebenen**
>
> Den Namen einer Unterebene können Sie jederzeit ändern und somit Ordnung in den Aufbau von komplexen Dokumenten bringen. Markieren Sie dazu die jeweilige Unterebene im Ebenen-Bedienfeld, und klicken Sie dann ein weiteres Mal auf den Namen.

▶ **Gruppe** ❹**:** Werden Objekte im Layout gruppiert, so werden die davon betroffenen Unterebenen auch in der Ebenenhierarchie zusammengefasst. Auch hier steht dann wiederum ein Pfeil zum Aufklappen zur Verfügung. Befindet sich hinter dem Ebenennamen der Gruppe ein kleiner Markierungspunkt ❻, so sind nicht alle Objekte der Gruppe ausgewählt.

> **TOP-TIPP: Objekte in- oder aus einer Gruppe verschieben**
>
> Die Möglichkeit, einzelne Objekte über das Ebenen-Bedienfeld auszuwählen, schafft jene Flexibilität, mit der Sie nun das ausgewählte Objekt in eine bestehende Gruppe hinein- oder aus ihr herausbewegen können.

6.3 Handhabung von Ebenen

Nachdem wir nun wissen, was die einzelnen Symbole und Bezeichnungen im Ebenen-Bedienfeld bedeuten, können wir uns daran machen, Ebenen einzurichten.

6.3.1 Erstellen von Ebenen und Ebenenoptionen

Sie können durch Klick auf das Symbol NEUE EBENE ERSTELLEN eine neue Ebene mit dem Namen »Ebene 2« anlegen. Halten Sie dabei die [Alt]- bzw. [⌥]-Taste gedrückt, öffnet sich damit sofort der EBENENOPTIONEN-Dialog.

Beim Erstellen von Ebenen sollten Sie auf die EBENENOPTIONEN besonderes Augenmerk legen. Die dortigen Funktionen lassen weitere Ideen für den Aufbau einer Dokumentenstruktur zu:

> **TIPP**
>
> Die Ebenenoptionen können natürlich nachträglich geändert werden. Doppelklicken Sie dazu auf den Hauptebenennamen, oder rufen Sie EBENENOPTIONEN FÜR »NAME DER EBENE« aus dem Bedienfeldmenü auf.

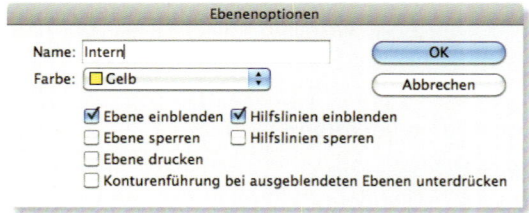

◀ **Abbildung 6.8**
Die EBENENOPTIONEN des Ebenen-Bedienfelds von InDesign, die seit Version InDesign CS3 um die Option EBENE DRUCKEN erweitert wurden

▶ **Name:** Vergeben Sie hier einen »sprechenden« Namen für die Ebene.
▶ **Farbe:** Wählen Sie eine entsprechende Farbe aus. Sie ist maßgebend für die Farbe eines aktivierten Rahmens. Über BENUTZERDEFINIERT können Sie dort jede gewünschte Farbe auswählen. Beachten Sie dazu den nebenstehenden Tipp.
▶ **Ebene einblenden:** Regelt das Ein- bzw. Ausblenden von Ebenen.
▶ **Hilfslinien einblenden:** Aus dieser Option ist ersichtlich, dass Hilfslinien bestimmten Ebenen zugeordnet und somit gemeinsam mit den Objekten einer Ebene ein- bzw. ausgeblendet werden können. Ob Sie eine eigene Hilfslinienebene generieren und auf allen anderen Ebenen die Hilfslinien ausblenden lassen, bleibt Ihrer Fantasie und Arbeitsweise überlassen. Wei-

> **TIPP**
>
> Wählen Sie nie Schwarz als Ebenenfarbe aus, da die Farbe des Inhaltsrahmens bei Bildern immer die Komplementärfarbe der Ebenenfarbe besitzt und somit Weiß wäre.

terführende Informationen zum Thema Hilfslinien erhalten Sie im nächsten Kapitel, »Hilfslinien und Lineale«.

▶ **Ebene sperren:** Sperrt und entsperrt die Ebene und regelt somit den Zugriff auf die Objekte dieser Ebene.

▶ **Hilfslinien sperren:** Hilfslinien, die einer Ebene zugewiesen sind, können hiermit gegen ungewolltes Verschieben separat gesperrt werden. Daraus ergeben sich unterschiedliche Konzepte zum Aufbau der Dokumente.

▶ **Ebene drucken:** Durch Deaktivieren dieser Funktion können Ebenen quasi als Vorlagenebene – als nicht druckbare Ebene – definiert werden. Dieses Konzept kennen viele Macromedia-Freehand- und Adobe-Illustrator-Anwender, die Vorlagen zum Nachzeichnen auf einer nicht druckbaren Ebene positionieren. Ein anderer Anwendungszweck dafür wurde Ihnen bereits am Beispiel der Ebene INTERN gezeigt, die zur verbesserten Kommunikation zwischen Layoutern und der Druckvorstufe verwendet werden kann.

▶ **Konturenführung bei ausgeblendeten Ebenen unterdrücken:** Wird diese Option aktiviert, so werden textverdrängende Objekte nach dem Ausblenden der Ebene auf nicht umfließend gestellt. Es erfolgt dadurch ein komplett neuer Umbruch des Textes. Die Standardeinstellung behält somit konturengeführte Texte so bei, als wäre das Objekt noch sichtbar. Die Anwendungsmöglichkeiten für diese Option sind allerdings sehr eingeschränkt.

6.3.2 Ebenenreihenfolge verändern

Das Verschieben von Ebenen erfolgt durch einfaches Ziehen der Ebenenbezeichnung an eine andere Position in der Liste.

6.3.3 Objekte über das Ebenen-Bedienfeld auswählen

Wenn Sie ein Objekt im Layout auswählen wollen, so steht Ihnen die klassische Art und Weise, das Objekt mit dem Auswahl- bzw. Direktauswahl-Werkzeug zu markieren, jederzeit zur Verfügung. Einige Objekte sind in einem komplex aufgebauten Dokument damit jedoch nur schwer auszuwählen. Über das Ebenen-Bedienfeld können Sie auch diese Objekte schnell erreichen und auswählen. Es stehen Ihnen dabei folgende Möglichkeiten zur Verfügung:

Alle Objekte einer Ebene auswählen | Alle Objekte einer Ebene können auf einem Druckbogen ausgewählt werden, indem Sie mit dem Auswahlwerkzeug und gedrückter [Alt]- bzw. [⌥]-Taste auf die Ebenenbezeichnung im Ebenen-Bedienfeld oder auf den Markierungspunkt ❶ klicken. Sie können dies natürlich auch erledi-

HINWEIS

Beachten Sie auch, dass Objekte einer solchen Ebene durch das Aktivieren der ÜBERDRUCKENVORSCHAU aus dem Menü ANSICHT bzw. durch das Aktivieren des VORSCHAU-MODUS in der Werkzeugleiste ebenfalls ausgeblendet werden.

Konturenführendes Objekt

Soll in Ausnahmefällen ein unsichtbares Objekt zur Konturenführung verwendet werden, so sollten Sie dazu einen Pfad ohne Kontur verwenden.

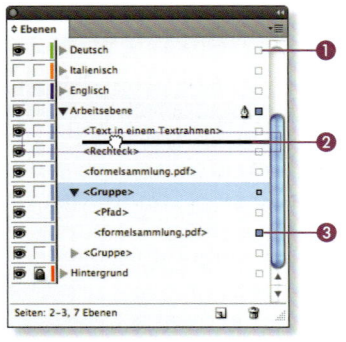

▲ **Abbildung 6.9**
Die Möglichkeit, eine gesamte Gruppe in der Hierarchie innerhalb einer Ebene zu verschieben, steht erst seit CS5 zur Verfügung.

gen, indem Sie über einen Rechtsklick auf die Ebenenbezeichnung den Befehl ELEMENT(E) AUF »NAME DER EBENE« AUSWÄHLEN aufrufen.

Einzelnes Objekt auswählen | Wenn Sie mit der rechten Maustaste auf den Namen der Unterebene klicken, können Sie zwischen zwei Möglichkeiten auswählen:

- ELEMENT(E) AUSWÄHLEN: Damit wird das Element nur markiert und kein Zoom auf das Objekt ausgeführt. Schneller geht es jedoch, wenn Sie einfach auf das leere Markierungssymbol in der Unterebene klicken.
- ELEMENT AUSWÄHLEN UND EINPASSEN: Damit wird das Objekt ausgewählt und automatisch auf das Objekt gezoomt, sodass es mittig am Monitor in einer entsprechenden Zoomstufe angezeigt wird.

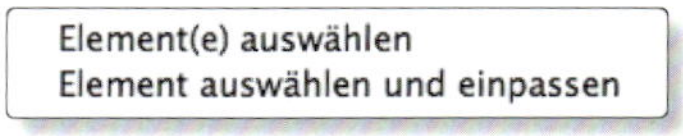

> Element(e) auswählen
> Element auswählen und einpassen
>
> ▲ **Abbildung 6.10**
> Die Möglichkeiten, Objekte auszuwählen, stehen über das Kontextmenü durch Klick auf die Unterebene im Ebenen-Bedienfeld und natürlich auch über das Bedienfeldmenü zur Verfügung.

6.3.4 Objekte auf eine andere Ebene verschieben

Wenn Sie jedoch lediglich ein Objekt von einer Ebene auf eine andere verschieben oder kopieren wollen, so stehen Ihnen drei Vorgehensweisen zur Verfügung:

- Zuerst müssen Sie das gewünschte Objekt auswählen. Ausgewählte Objekte werden durch den Markierungspunkt ■ ❸ im Ebenen-Bedienfeld angezeigt. Verschieben Sie den Markierungspunkt im Ebenen-Bedienfeld auf die gewünschte Ebene.
- Verschieben Sie das jeweilige Objekt durch einfaches Verschieben ❷ des Eintrages auf die gewünschte Zielposition. In Abbildung 6.9 wird gerade die gesamte Gruppe unterhalb eines Textrahmens verschoben.
- Kopieren Sie das gewünschte Objekt über [Strg]+[C] bzw. [⌘]+[C] in die Zwischenablage. Wählen Sie dann die Zielebene im Ebenen-Bedienfeld aus, und führen Sie den Befehl BEARBEITEN • AN ORIGINALPOSITION EINFÜGEN aus, oder drücken Sie das Tastenkürzel [Strg]+[Alt]+[⇧]+[V] bzw. [⌘]+[Alt]+[⇧]+[V]. Sollten Sie noch keine Änderungen im Bedienfeldmenü vorgenommen haben, so wird das Objekt auf der Zielebene eingefügt.

> **Eingefügtes Objekt befindet sich nicht auf der Zielebene**
>
> Erscheint das eingefügte Objekt auf derselben Ebene, obwohl Sie eine andere Ebene ausgewählt haben, so wurde der Befehl EBENEN BEIM EINFÜGEN ERHALTEN aus dem Bedienfeldmenü des Ebenen-Bedienfelds aktiviert.

6.3.5 Zusätzliche Funktionen im Bedienfeldmenü

Viele der bisher gezeigten Funktionen können auch über das Bedienfeldmenü des Ebenen-Bedienfelds aufgerufen werden. Zusätzliche erklärungsbedürftige Funktionen sind:

- **Neue Ebene:** Im Unterschied zu der zuvor beschriebenen Funktion öffnet sich nach dem Ausführen des Befehls ein eigener EBENENOPTIONEN-Dialog.

> Neue Ebene...
> Ebene "Italienisch" duplizieren
> Ebene "Italienisch" löschen
>
> Ebenenoptionen für "Italienisch"...
>
> Alle Ebenen einblenden
> Alle Ebenen entsperren
> Alle entsperren
>
> Ebenen beim Einfügen erhalten
>
> Auf eine Ebene reduzieren
> Unbenutzte Ebenen löschen
>
> Element(e) auswählen
> Element auswählen und einpassen
>
> Kleine Bedienfeldreihen
>
> ▲ **Abbildung 6.11**
> Das Bedienfeldmenü des Ebenen-Bedienfelds

- **Ebene »Name« duplizieren:** Es wird ein Duplikat der gesamten Ebene des Dokuments erstellt, also mit allen Objekten der Ebene. Führen Sie diesen Befehl aus, wenn Sie stellungsgleich Objekte auf eine neue Ebene bringen möchten. Nach Aufruf des Befehls erscheint der Dialog Ebenen duplizieren, in dem Sie den Namen und die Ebenenoptionen für die neu erstellte Ebene einstellen können.
- **Alle entsperren:** Damit können Sie nun auch über das Bedienfeld alle gesperrten Objekte in einem Aufwasch entsperren.
- **Ebenen beim Einfügen erhalten:** Diese Option ist standardmäßig nicht aktiviert. Die Aktivierung hätte zur Folge, dass, wenn Sie ein Objekt der Ebene Deutsch kopieren und danach die Ebene Italienisch aktivieren und das Objekt aus der Zwischenablage einfügen, das Objekt weiterhin der Ebene Deutsch zugewiesen wäre. Ist die Option deaktiviert, so wird das eingefügte Objekt der Ebene Italienisch zugewiesen.
- **Auf eine Ebene reduzieren:** Sind zwei oder mehrere Ebenen im Bedienfeld markiert, so können diese zu einer Ebene verschmolzen werden, ohne dabei Objekte der einzelnen Ebenen zu verlieren.
- **Unbenutzte Ebenen löschen:** Alle unbenutzten Ebenen werden mit diesem Befehl markiert und ohne weitere Warnmeldung eliminiert.
- **Kleine Bedienfeldreihen:** Wenn Sie sehr viele Ebenen in einem Dokument verwenden, können Sie auf diese kompaktere Darstellungsform umschalten. Mit mehr als drei bis fünf Ebenen zu arbeiten, ist nicht empfehlenswert.

6.4 Tipps zum Umgang mit Ebenen

Zum Arbeiten mit Ebenen möchten wir Ihnen noch ein paar wichtige Hinweise geben.

Ausblenden aller Ebenen bis auf eine | Angenommen, Sie wollen nur den deutschen Text bearbeiten und dazu alle anderen Ebenen ausblenden. Klicken Sie dazu auf das Symbol 👁 vor der jeweiligen Ebenenbezeichnung, und halten Sie dabei die Alt- bzw. ⌥-Taste gedrückt. Alle anderen Ebenen werden dann ausgeblendet. Zum Einblenden der Ebenen verfahren Sie analog.

Sperren aller Ebenen bis auf eine | So, wie Sie zuvor beim Ausblenden verfahren sind, können Sie alle Ebenen auch durch Klick auf das Symbol 🔒 vor der jeweiligen Ebenenbezeichnung und

---

InDesign-Vorgehensweise beim Ebenenreduzieren

Alle Objekte werden beim Reduzieren auf die zuerst aktivierte Ebene – nicht wie vermutet auf die unterste Ebene – reduziert.

Keine Ordner und Gruppen bei Ebenen

Obwohl in vielen anderen Bedienfeldern die Möglichkeit existiert, Elemente in Gruppen zusammenzufassen, funktioniert dies bei Ebenen nicht.

HINWEIS

Photoshop-Anwender sind das Ausblenden und das Schützen von Ebenen durch einfaches Darüberstreichen über die Symbole 👁 bzw. 🔒 der verschiedenen Ebenen gewohnt. Sie können diese Arbeitsweise auch bei InDesign so beibehalten.

Drücken der ⟨Alt⟩- bzw. ⟨⌥⟩-Taste bis auf eine sperren. Vergessen Sie nicht, dass der Befehl ANDERE SPERREN aus dem Bedienfeldmenü denselben Zweck erfüllt.

Zugriff auf gesperrte Ebenen | Sollten Sie beim Versuch, einen Rahmen zu erstellen, einmal das Symbol ⊗ sehen, so versuchen Sie gerade, auf eine geschützte Ebene zuzugreifen. Klicken Sie auf die Arbeitsfläche, und eine Warnmeldung erscheint.

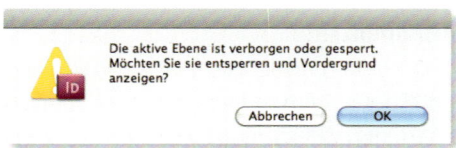

◂ **Abbildung 6.12**
Diese Warnmeldung erscheint, wenn Sie versuchen, auf einer gesperrten oder verborgenen Ebene Objekte zu erstellen.

Ausgewählte Objekte auf eine ausgeblendete oder gesperrte Ebene verschieben | Dieses eigentlich unmögliche Unterfangen können Sie dennoch durchführen, indem Sie die ⟨Strg⟩- bzw. ⟨⌘⟩-Taste drücken, während Sie den Markierungspunkt ▪ auf die Zielebene verschieben.

Ausgewählte Objekte auf andere Ebene kopieren | Wie in anderen Situationen auch, können auch hier Objekte durch Drücken der ⟨Alt⟩- bzw. ⟨⌥⟩-Taste dupliziert werden. Markieren Sie die gewünschten Objekte, und drücken Sie diese Taste, während Sie den Markierungspunkt ▪ auf die Zielebene verschieben.

In Kombination mit der ⟨Strg⟩- bzw. ⟨⌘⟩-Taste können Sie damit auch Objekte auf eine ausgeblendete bzw. gesperrte Ebene kopieren und somit duplizieren.

Ebenen anlegen | Beim Anlegen von Ebenen können Sie bestimmen, ob die Ebene oberhalb oder unterhalb der aktuellen Ebene erzeugt wird. Drücken Sie die ⟨⇧⟩-Taste, so wird die Ebene oberhalb eingefügt, mit gedrückter ⟨Strg⟩- bzw. ⟨⌘⟩-Taste hingegen unterhalb.

> **TIPP**
> Natürlich funktionieren diese Tastenkürzel auch in Verbindung mit der ⟨Alt⟩- bzw. ⟨⌥⟩-Taste, womit Sie darüber hinaus in den Ebenenoptionen-Dialog gelangen.

6.5 Anlegen der Ebenen für unser Projekt

Wir wollen unsere Projektarbeit natürlich auf Ebenen aufbauen. Dazu beabsichtigen wir, das Projekt in drei Ebenen anzulegen: einer Vordergrundebene, einer Hintergrundebene und einer Arbeitsebene, auf der Text und Bild arrangiert werden. Die nachstehende Schritt-für-Schritt-Anleitung zeigt, wie Sie diese Ebenen und weitere Ebenen für das Projekte anlegen.

Auf der Buch-DVD finden Sie im Ordner BEISPIELMATERIAL • KAPITEL_05 das Ausgangsdokument »Projektarbeit.indd« und im Ordner KAPITEL_06 das mit Ebenen versehene Dokument »Projektarbeit_Ebenen.indd«.

Schritt für Schritt: Grundebenen und Ebenen für ein mehrsprachiges Projekt anlegen

1 **Dokument einrichten**

Erstellen Sie das neue Dokument, legen Sie darin Seitenanzahl, Satzspiegel, Stegbreite und eine mögliche Doppelseitigkeit fest. Jedem neu erstellten Dokument ist eine Ebene mit der Bezeichnung EBENE 1 zugrunde gelegt.

2 **Anlegen der Grundebenen**

Öffnen Sie das Ebenen-Bedienfeld, und führen Sie einen Doppelklick auf EBENE 1 aus. Im erscheinenden EBENENOPTIONEN-Dialog wählen Sie die Einstellungen aus Abbildung 6.13 aus und ändern den Namen der Ebene auf ARBEITSEBENE ab.

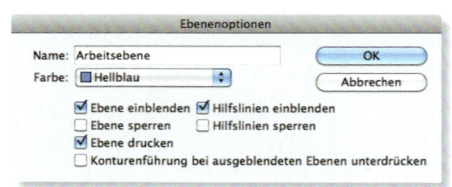

Abbildung 6.13 ▶
Der EBENENOPTIONEN-Dialog zum Steuern des Ebenenverhaltens

Bestätigen Sie den Dialog, und legen Sie danach noch die Ebenen VORDERGRUND und HINDERGRUND an. Vergessen Sie dabei nicht, mit gedrückter ⌥-Alt-⌥ bzw. ⌥-Taste auf das Symbol 🗇 im Ebenen-Bedienfeld zu drücken. Im EBENENOPTIONEN-Dialog ändern Sie lediglich den Namen.

3 **Zusätzliche Ebenen anlegen**

Legen Sie noch die Ebene INTERN in der gewünschten Ebenenanordnung an. Hier deaktivieren Sie die Option EBENE DRUCKEN.

Zum Setzen des deutschsprachigen Textes erstellen Sie noch eine Ebene mit der Bezeichnung DEUTSCH. Hier lassen Sie in den Ebenenoptionen wiederum die Grundeinstellungen aktiviert.

4 **Finalisieren der Version »Deutsch«**

Bevor Sie an eine Mutation für eine andere Sprache denken, müssen Sie zuerst das Layout für die deutsche Version finalisieren und stellungsrichtig abspeichern.

5 **Mehrsprachigkeit hinzufügen**

Wählen Sie im Ebenen-Bedienfeld die Ebene DEUTSCH aus, und führen Sie dann den Befehl EBENE »DEUTSCH« DUPLIZIEREN aus dem Bedienfeldmenü aus. Nach dem Umbenennen der Ebene können Sie nun den italienischen Text einfügen. ■

💿 Auf der Buch-DVD finden Sie im Ordner BEISPIELMATERIAL • KAPITEL_06 die zwei Textdokumente »Deutscher_Text.txt« und »Italienischer_Text.txt«, die Sie in die jeweiligen Ebenen einfügen können.

7 Hilfslinien und Lineale

Hilfslinien sind in der Layoutphase eines Projekts sehr wichtig. Sie dienen der Ausrichtung und der Gliederung von Objekten in einem Layout und müssen daher flexibel einsetzbar sein. Damit die Flexibilität gewährleistet ist, werden in InDesign Hilfslinien wie Rahmen behandelt, die exakt positioniert, verschoben und gelöscht werden können. InDesign bietet in dieser Hinsicht fast alles, was sich Profis für das Layout wünschen. InDesign kennt verschiedene Arten von Hilfslinien:

- Randhilfslinien
- Spaltenhilfslinien
- frei wählbare Hilfslinien (nur horizontal und vertikal)
- Anschnitt-Hilfslinien
- Infobereichs-Hilfslinien
- Hilfslinien des Grundlinien- und Dokumentenrasters
- intelligente Hilfslinien

All diese Hilfslinienarten stehen in InDesign zur Verfügung und können zur Anlage von Projekten sinnvoll vom Layouter verwendet werden. Versuchen Sie, mit möglichst wenigen Hilfslinien zu agieren. Zu viele Hilfslinien stören den Betrachter des Dokuments.

Alternative zu Hilfslinien

Wenn Sie längere Zeit mit Adobe InDesign arbeiten, werden Sie feststellen, dass es neben Hilfslinien eine Vielzahl von anderen Möglichkeiten gibt, Objekte anzuordnen. Obwohl viele Dokumente in der Praxis in InDesign meist nur mit Grundlinienraster und Satzspiegel- und Spaltenhilfslinien angelegt werden, erscheint es uns jedoch vor allem für QuarkXPress-Umsteiger extrem wichtig, den exakten Umgang mit Hilfslinien zu erklären.

Intelligente Hilfslinien

Informationen zu intelligenten Hilfslinien und intelligenten Abmessungen und Abständen erhalten Sie in Abschnitt 9.3.3, »Ausrichten mit intelligenten Hilfslinien«, auf Seite 206.

7.1 Lineale

Lineale sind der Ursprung jeglicher Bemaßung und somit auch jeder Hilfslinie. Sollten keine Lineale sichtbar sein, blenden Sie sie über Ansicht • Lineale einblenden oder über das Kürzel [Strg]+[R] bzw. [⌘]+[R] ein. Ein horizontales und ein vertikales Lineal begrenzen nun das Dokument an der oberen und linken Seite. Das Ausblenden funktioniert dann natürlich über das gleiche Tastaturkürzel.

Die verwendete Maßeinheit der Lineale wird von den Voreinstellungen im Menü InDesign • Voreinstellungen • Einheiten und Einteilungen (Mac) bzw. Bearbeiten • Voreinstellungen • Einheiten und Einteilungen (Windows) bestimmt. Wenn Sie jedoch kurzfristig auf eine andere Maßeinheit umsteigen wol-

▲ Abbildung 7.1
Die Möglichkeiten des Kontextmenüs eines Lineals erscheinen durch Klick auf das Lineal. Die Maßeinheit Pixel wird erstmals mit InDesign CS5, aufgrund der erweiterten Funktionalitäten in Richtung Animation, angeboten.

TIPP

Das Arbeiten mit einem Lineal pro Seite entspricht den Gewohnheiten der Layouter und Grafiker. Stellen Sie in jedem Fall die Option LINEAL PRO SEITE als Default-Wert im Reiter EINHEITEN UND EINTEILUNGEN in den Voreinstellungen von InDesign ein.

Manuelles Positionieren

Natürlich können Objekte auch numerisch positioniert, mit dem Ausrichten-Bedienfeld aneinander ausgerichtet und mit den neuen magnetischen Hilfslinien manuell exakt positioniert und ausgerichtet werden.

len, so müssen Sie dies nicht in den Voreinstellungen tun, sondern es reicht, wenn Sie mit der rechten Maustaste auf das horizontale oder vertikale Lineal klicken und im Kontextmenü eine andere Maßeinheit festlegen. Wie Sie dem Menü entnehmen können, können Sie auch LINEAL PRO SEITE, LINEAL PRO DRUCKBOGEN und LINEAL AM BUND auswählen. Das Ausblenden der Lineale erfolgt über den Befehl LINEALE AUSBLENDEN.

Der **Ursprung** des Koordinatensystems liegt standardmäßig in der linken oberen Ecke des Dokuments. Je nach Einstellung kann sich der Ursprung – er wird in InDesign **Bezugspunkt** genannt – jedoch verschieben.

▶ **Lineal pro Druckbogen:** Ist dieser Eintrag gewählt, so läuft die Bemaßung des horizontalen Lineals vom Ursprung durchgehend über den ganzen Druckbogen hinweg. Wenn sich beispielsweise zwei A4-Seiten auf einem Druckbogen befinden, beginnt die linke Seite bei x=0 und endet bei 210 mm; die rechte Seite beginnt bei x=210 mm und endet bei 420 mm. Alle Objekte der rechten Seite würden somit ausgehend vom Nullpunkt in Bezug auf die x-Koordinate eingegeben werden.

▶ **Lineal pro Seite:** Ist jedoch LINEAL PRO SEITE ausgewählt, so wird jeder einzelnen Seite im Druckbogen ein eigenes Koordinatensystem mit Ursprung in der linken oberen Ecke spendiert.

▶ **Lineal am Bund:** Dadurch wird der Druckbogen in zwei Bereiche – links und rechts des Bundes – aufgeteilt. Diese Einstellung unterscheidet sich von LINEAL PRO SEITE nur dann, wenn zumindest in einem Bereich (rechts oder links des Bundes) mehrere Dokumentseiten angelegt wurden. Alle Seiten im selben Bereich verwenden dann das gleiche Koordinatensystem.

Der Ursprung einer Seite – der Nullpunkt der Lineale – kann vom Anwender pro Dokument individuell gesetzt und fixiert werden. Das defaultmäßige Versetzen des Nullpunkts ist nicht vorgesehen.

Nullpunkt verschieben | Um den Nullpunkt an eine andere Position im Dokument zu verschieben, klicken Sie in den Kreuzungsbereich des horizontalen und des vertikalen Lineals ❶ und ziehen das Fadenkreuz auf die gewünschte Position im Dokument. Das Verschieben des Nullpunkts hat nur in ganz speziellen Situationen seine Berechtigung – z.B. wenn Sie mit einem größeren Dokumentenformat arbeiten und die Positionsangaben nur innerhalb des Satzspiegels eingeben wollen.

Nullpunkt auf Standard zurücksetzen | Sollte der Nullpunkt irrtümlich versetzt worden sein, so können Sie ihn auf die Programmvoreinstellung zurücksetzen, indem Sie in den Kreuzungsbereich der Lineale doppelklicken.

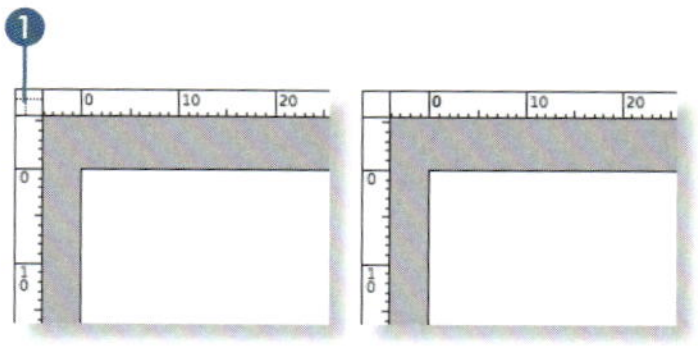

Nullpunkt fixieren und lösen | Sollten Sie aber bewusst den Nullpunkt verschoben haben, so ist es ratsam, diesen auch zu fixieren. Das Fixieren erfolgt, indem Sie über dem Kreuzungsbereich im Kontextmenü den Befehl NULLPUNKT FIXIEREN aktivieren. Sobald Sie den Nullpunkt fixiert haben, ist der Kreuzungsbereich weiß.

▲ **Abbildung 7.2**
Links: Im Kreuzungsbereich kann der Nullpunkt noch verschoben werden.
Rechts: Der Nullpunkt wurde über das Kontextmenü fixiert.

7.2 Hilfslinien

Lineale sind der Ausgangspunkt zum Erstellen von Hilfslinien. Wenn Sie also Hilfslinien durch Drag & Drop an einer Position im Dokument anbringen wollen, so müssen Sie zuerst natürlich das Lineal eingeblendet haben.

Beachten Sie jedoch, dass in InDesign nur horizontale und vertikale Hilfslinien zur Verfügung stehen und dass Sie, wie Sie es eventuell aus Adobe Illustrator gewohnt sind, ein Hilfslinienkonstrukt nicht in ein zeichnendes (druckendes) Objekt konvertieren können und umgekehrt.

7.2.1 Hilfslinien erstellen, positionieren, übertragen und löschen

Hilfslinien werden erstellt, indem sie mit gedrückter Maustaste aus dem horizontalen oder vertikalen Lineal herausgezogen und auf der Montagefläche positioniert werden. Da Hilfslinien Objekte sind, können sie jederzeit aktiviert, verschoben und über die [Entf]-Taste oder [←]-Taste gelöscht werden. Nachstehend einige Hinweise zum Erstellen und Positionieren von Hilfslinien:

Hilfslinien auf einer Seite erstellen | Ziehen Sie aus dem Lineal eine Hilfslinie mit gedrückter Maustaste heraus, und bewegen Sie sie entweder auf die linke oder rechte Seite Ihres Druckbogens. Die Hilfslinie kann dabei jeden Wert im Lineal annehmen. Wenn Sie gleichzeitig die [⇧]-Taste drücken, so können Sie nur Hilfslinien erstellen, die sich genau mit den Einteilungen (Teilstriche) im Lineal decken.

Hilfslinien für einen Druckbogen erstellen | Hilfslinien, die über eine Seite oder über zwei Seiten (Druckbogen) hinausragen, können auf zweierlei Arten erstellt werden: Ziehen Sie dazu entweder die Hilfslinie außerhalb des Druckbogens aus dem Lineal heraus

TOP-TIPP
Schnelleres Anfassen von Hilfslinien zum späteren Zeitpunkt

Ziehen Sie Hilfslinien immer mit gedrückter [Strg]- bzw. [⌘]-Taste aus dem Lineal heraus. Dadurch können Sie die Hilfslinien später leichter außerhalb des Druckbogens markieren und verschieben.

> **Alle Hilfslinien markieren**
>
> Wenn Sie den Top-Tipp befolgt haben, erzeugen Sie Hilfslinien, die nicht am Seitenrand enden, sondern in die Montagefläche hineinragen. Um schnell Hilfslinien markieren zu können, obwohl schon Text- bzw. Grafikrahmen auf der Seite bestehen, markieren Sie die Hilfslinie auf der Montagefläche, indem Sie mit dem Auswahlwerkzeug darüberstreichen.

– wie bei QuarkXPress –, oder halten Sie gleichzeitig die ⌈Strg⌉- bzw. ⌈⌘⌉-Taste gedrückt, womit Sie die Hilfslinie auch auf die Seite ziehen können.

Dies funktioniert auch für vertikale Hilfslinien, die über die Seite hinausragen sollen.

Hilfslinien um InDesign-Objekte erstellen | Wenn Sie bereits einige Objekte (Text- oder Bildrahmen) auf der Dokumentseite angebracht haben, so besteht oft der Wunsch, dass – um die Objekte bzw. am Mittelpunkt der Objekte ausgerichtet – Hilfslinien angelegt werden sollen. InDesign stellt dafür keine eigene Funktion mittels Bordwerkzeugen zur Verfügung. Dennoch können Sie dieses Vorhaben über das Skript AddGuides abbilden. Lesen Sie dazu mehr in Zusatzkapitel B, »Skripte«, das sich auf der Buch-DVD im Ordner Zusatzkapitel befindet.

Hilfslinien positionieren | Eine Hilfslinie ist ein Objekt und kann somit jederzeit mit dem Auswahlwerkzeug ▸ aktiviert und verschoben werden. XPress 7-Umsteiger brauchen dazu mit InDesign nicht mehr auf die XPert-Tools zurückzugreifen bzw. die Zoomstufe 400 % zu aktivieren, um eine Hilfslinie genau zu positionieren, sondern können direkt über das Steuerung- oder Transformieren-Bedienfeld die X-Position für die vertikalen und die Y-Position für die horizontalen Hilfslinien eingeben.

Schritt für Schritt: Eine Hilfslinie schnell auf einer bestimmten Position erstellen

Wenn Sie eine horizontale Hilfslinie schnell auf der Y-Position 199 mm anlegen wollen, so ist das in zwei Schritten erledigt:.

1 Hilfslinie an beliebige Position stellen
Aktivieren Sie das Auswahlwerkzeug ▸, ziehen Sie aus dem horizontalen Lineal eine Hilfslinie heraus, und stellen Sie diese an eine beliebige Position im Dokument. Ob Sie dabei mit gedrückter ⌈Strg⌉- bzw. ⌈⌘⌉-Taste die Hilfslinie über den Druckbogen hinweg angelegt haben oder nicht, spielt dabei keine Rolle.

2 Position eingeben und bestätigen
Drücken Sie ⌈Strg⌉+⌈6⌉ bzw. ⌈⌘⌉+⌈6⌉, womit Sie sofort in das Eingabefeld der Y-Position im Steuerung-Bedienfeld springen und den eingegebenen Wert markiert haben. Geben Sie danach den Wert »199« ein, und drücken Sie ⌈↵⌉. ∎

Hilfslinien auswählen, kopieren und auf anderer Seite einfügen | Haben Sie die benötigten Hilfslinien oder ein Hilfslinienraster erstellt, so können Sie, solange noch kein Text- oder Grafikrahmen aufgezogen wurde, über den Befehl [Strg]+[A] bzw. [⌘]+[A] alle Hilfslinien auswählen. Sind bereits Objekte platziert, können Sie Hilfslinien wie jedes andere Objekt mit dem Auswahlwerkzeug markieren. Mit gedrückter [⇧]-Taste können Sie somit mehrere Hilfslinien markieren. Wenn Sie die Hilfslinien kopieren und auf einer anderen Seite einsetzen, stehen sie dort an exakt der gleichen Position. Falls Sie jedoch bestimmte Hilfslinien auf jeder Seite benötigen, so sollten Sie die Hilfslinien auf der Mustervorlage anbringen und den Originalseiten die Mustervorlage zuweisen.

Kopieren von Hilfslinien zwischen Dokumenten

Das Kopieren von Hilfslinien kann auch zwischen Dokumenten erfolgen. Sinn ergibt das jedoch nur, wenn beide Dokumente im gleichen Seitenformat vorliegen, da sonst die Hilfslinien ausgehend vom Nullpunkt des neuen Dokuments platziert würden.

Hilfslinien und Ebenen | Sie können Hilfslinien auch verschiedenen Ebenen zuordnen. Achten Sie also beim Aufziehen von Hilfslinien darauf, welche Ebene Sie aktiviert haben. Sobald Sie eine Hilfslinie aus dem Lineal herausziehen, wird sie der derzeit aktiven Ebene zugeordnet. Welche Hilfslinie welcher Ebene zugeordnet ist, erkennen Sie, wie bei anderen Rahmen und Linien, an der entsprechenden Markierungsfarbe. Sind Hilfslinien auf einer »roten« Ebene erstellt worden, so sind sie im aktivierten Zustand auch »rot« markiert. Das Verschieben einer Hilfslinie auf eine andere Ebene funktioniert wie bei allen anderen Objekten durch das Verschieben des Markierungspunktes im Ebenen-Bedienfeld. Wie Sie schon bei der Beschreibung der EBENENOPTIONEN – siehe dazu Seite 149 – erfahren haben, können auf diese Weise die Hilfslinien mit der Ebene ein- und ausgeblendet und für die Ebene gesperrt werden.

Hilfslinien erzeugen keine Unterebenen

Wie Sie in Kapitel 6, »Ebenen«, erfahren haben, werden für alle erstellten Objekte Unterebenen erzeugt. Dies gilt (Gott sei Dank) nicht für Hilfslinien!

Hilfslinien sperren bzw. entsperren | Die Position von Hilfslinien kann in bestimmten Fällen vor unerwünschtem Verschieben oder Löschen geschützt werden. Über den Befehl ANSICHT • RASTER UND HILFSLINIEN • HILFSLINIEN SPERREN (auch über einen rechten Mausklick bei aktivierter Hilfslinie ausführbar) bzw. über das Tastaturkürzel [Strg]+[Alt]+[Ü] bzw. [⌘]+[⌥]+[Ü] werden alle Hilfslinien gesperrt. Achtung: Einzelne Hilfslinien können nicht über diesen Befehl gesperrt werden. Da Hilfslinien quasi InDesign-Objekten gleichgestellt sind, müssen Sie das Sperren einer Hilfslinie über den Befehl OBJEKT • SPERREN, über das Kontextmenü bei markierter Hilfslinie oder über [Strg]+[L] bzw. [⌘]+[L] erledigen.

Das Sperren und Entsperren von Hilfslinien kann in InDesign auf vielfältigste Art und Weise erfolgen. In der Praxis werden wir

Ausschneiden	⌘X
Kopieren	⌘C
Einfügen	⌘V
Hilfslinien...	
Hilfslinien ausblenden	⌘Ü
Hilfslinien sperren	⌥⌘Ü
✓ An Hilfslinien ausrichten	⇧⌘Ü
✓ Intelligente Hilfslinien	⌘U
✓ Hilfslinien im Hintergrund	
Hilfslinien verschieben...	
Sperren	⌘L
Alle Hilfslinien auf Druckbogen löschen	

▲ **Abbildung 7.3**
Die Möglichkeiten des Kontextmenüs einer Hilfslinie. Damit können Sie die wichtigsten Befehle im Zusammenhang mit Hilfslinien ausführen.

Herauslösen von Hilfslinien
Vorab hier nur der kleine Hinweis, dass eine Hilfslinie, die sich auf der Mustervorlage befindet, nur über einen Spezialgriff herausgelöst werden kann. Wählen Sie zuerst das Auswahlwerkzeug ▶ aus, und klicken Sie mit gedrückter ⌘+⇧- bzw. Strg+⇧-Taste auf die Hilfslinie auf der Dokumentseite.

Hilfslinien entsperren
Hilfslinien, die über den Befehl Objekt • Sperren gesperrt wurden, sind auch in diesem Zustand auswählbar – auch wenn die Option Auswahl von gesperrten Objekten verhindern im Register Allgemein der InDesign-Voreinstellung aktiviert ist. Das Entsperren von Hilfslinien erfolgt durch Auswahl der gesperrten Hilfslinie und Ausführen des Befehls Objekt • Alles auf Druckbogen entsperren.

Löschen von Hilfslinien
Das Löschen von Hilfslinien kann auf zweierlei Arten erfolgen: Einerseits kann, da Hilfslinien wie normale Objekte behandelt werden, einfach markiert und mit der Entf- oder ←-Taste gelöscht werden oder andererseits, so wie es QuarkXPress-Anwender machen, durch Zurückschieben der Hilfslinie in das Lineal. Vergessen Sie beim Löschen nicht, dass alle Hilfslinien über das Kontextmenü Alle Hilfslinien löschen am schnellsten entfernt werden können.

immer wieder mit der Frage konfrontiert: »Wie kann die Hilfslinie verschoben werden, wenn ich sie doch nicht markieren kann?« Deshalb möchten wir Ihnen kurz Gründe für nicht aktivier- und verschiebbare Hilfslinien nennen:

▶ Die Hilfslinie steht auf der Mustervorlage und muss zum Aktivieren herausgelöst werden.
▶ Alle Hilfslinien wurden über den Befehl Hilfslinien sperren aus dem Menü Ansicht • Raster und Hilfslinien für das gesamte Dokument gesperrt.
▶ Die Hilfslinien wurden über den Befehl Hilfslinien sperren aus den Ebenenoptionen des Ebenen-Bedienfelds für die aktuelle Ebene gesperrt.
▶ Die Hilfslinien der Ebene sind nicht aktivierbar, obwohl der Befehl Hilfslinien sperren in den Ebenenoptionen nicht aktiviert ist. Dann ist die jeweilige Ebene für jeglichen Zugriff gesperrt.
▶ Die Hilfslinie wurde mit dem Befehl Objekt • Sperren gegen unbeabsichtigtes Verschieben gesperrt.

Hilfslinien ausblenden und einblenden | Hilfslinien werden zum einen über den Befehl Ansicht • Raster und Hilfslinien • Hilfslinien ausblenden oder über das Tastaturkürzel Strg+Ü bzw. ⌘+Ü ausgeblendet. Darüber hinaus werden auch alle Hilfslinien durch die Anwahl des Vorschaumodus im Werkzeug-Bedienfeld bzw. über Aktivierung der Überdruckenvorschau aus dem Menü Ansicht ausgeblendet – eine wirklich sinnvolle Einrichtung. Das Einblenden der Hilfslinien erfolgt analog zum Ausblenden.

Weshalb Hilfslinien nicht sichtbar sind, kann verschiedenste Gründe haben. Deshalb seien hier exemplarisch einige davon genannt:

▶ Die Hilfslinien wurden über den Befehl Ansicht • Raster und Hilfslinien • Hilfslinien ausblenden ausgeblendet. Blenden Sie die Hilfslinien über Strg+Ü bzw. ⌘+Ü wieder ein.
▶ Der Vorschau-Modus im Werkzeug-Bedienfeld ist aktiviert. Deaktivieren Sie ihn durch einen Klick auf das Symbol oder durch Drücken der Taste W.
▶ Die entsprechende Ebene wurde im Ebenen-Bedienfeld ausgeblendet. Blenden Sie die Ebene, auf der sich die Hilfslinie befindet, über einen Klick auf das Symbol ein.
▶ Ein weißes Objekt steht oberhalb der Hilfslinie. Dies kann jedoch nur der Fall sein, wenn im Register Hilfslinien und Montagefläche der Voreinstellungen die Option Hilfslinien im Hintergrund aktiviert ist. Ändern Sie dort diese Vor-

einstellung, wenn Sie alle Hilfslinien im Vordergrund sehen wollen – das ist auch der Standardfall.

Hilfslinien einer Farbe und einer Zoomstufe zuordnen | Im Kontextmenü einer Hilfslinie gibt es unter anderem einen Menüpunkt Hilfslinien, den Sie aber auch über das Menü Layout • Hilfslinien aufrufen können.

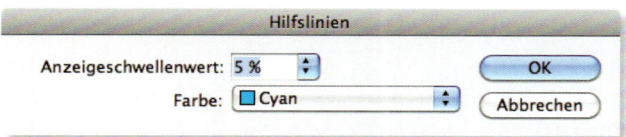

◄ **Abbildung 7.4**
Optionen, die für jede einzelne Hilfslinie eingestellt werden können

Über diesen Dialog können Sie jeder Hilfslinie eine Farbe zuordnen, die angezeigt wird, wenn die Hilfslinie nicht aktiviert ist, und Sie können festlegen, ab welcher Zoomstufe die Hilfslinie überhaupt angezeigt wird.

- **Farbe:** Ist die Hilfslinie aktiviert, so wird sie standardmäßig in der Ebenenfarbe eingefärbt. Durch Auswahl einer Farbe in diesem Dialog werden aktuell markierte Hilfslinien für die Darstellung im nicht aktivierten Zustand in der gewählten Farbe angezeigt. Der Sinn kann darin liegen, dass auch Hilfslinien bestimmten Arten von Objekten zugewiesen werden können. So wäre das Einfärben sämtlicher Hilfslinien, die speziell für die Bildplatzierung benötigt werden, in derselben Farbe sinnvoll.
- **Anzeigeschwellenwert:** Über den Anzeigeschwellenwert legen Sie fest, ab welcher Zoomstufe die Hilfslinie angezeigt wird. Hilfslinien, die auf einen Anzeigeschwellenwert von 70 % gestellt sind, würden sich somit automatisch in der Normalansicht ausblenden, wenn zur Darstellung des Druckbogens von InDesign unter 70 % gezoomt werden muss.

7.2.2 Erstellen eines Hilfslinienrasters

Ein gutes Layout besticht durch Ordnung. Die Platzierung von Objekten passiert dabei nicht zufällig, sondern folgt meistens bestimmten Gesetzmäßigkeiten, die häufig auf Basis eines Rasters entwickelt werden. Mit InDesign CS5 kann ein Hilfslinienraster erstellt werden, um einzelne Hilfslinien an bestimmten regelmäßigen Positionen im Layout zu platzieren.

Den Befehl zum Erstellen eines Hilfslinienrasters rufen Sie über das Menü Layout • Hilfslinien erstellen auf. Legen Sie darin die Anzahl der Zeilen- und Spaltenhilfslinien fest, und bestimmen Sie, ob diese innerhalb des Satzspiegels (Ränder ❹) oder bezogen auf das Papierformat (Seite ❶) verteilt werden sollen. Bereits von

> **TIPP**
>
> Färben Sie Hilfslinien, an denen im Layout Textrahmen ausgerichtet werden sollen, einheitlich ein. Färben Sie Hilfslinien, an denen Bilder oder Kästen ausgerichtet werden sollen, in einer anderen Farbe ein.
>
> Speziell wenn Sie nur mit einer Arbeitsebene arbeiten, sollten Sie eine Trennung in der farbigen Darstellung der Hilfslinien vornehmen. Dadurch können Layouter die Objekte schneller positionieren, ohne immer nachdenken zu müssen, welche Hilfslinie nun eigentlich für welche Begrenzung zuständig ist.

Hand erstellte Linien können über die Option VORHANDENE HILFSLINIEN ENTFERNEN ❷ auch entfernt werden.

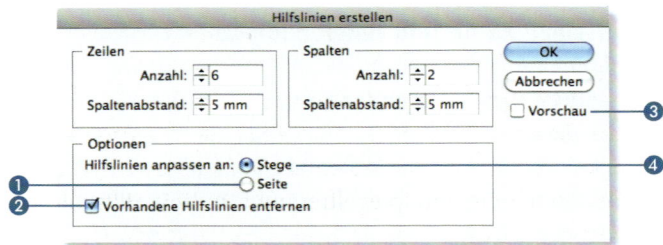

Abbildung 7.5 ►
Erstellen eines Hilfslinienrasters über den Befehl HILFSLINIEN ERSTELLEN aus dem Menü LAYOUT

Zeilen und Spalten | Geben Sie die ANZAHL der SPALTEN und den SPALTENABSTAND sowie die ANZAHL der ZEILEN, meistens ohne SPALTENABSTAND, ein. Aktivieren Sie den Button VORSCHAU ❸, um immer einen Überblick über das gerade erstellte Hilfslinienraster zu haben.

Optionen | Wählen Sie aus, ob sich das Hilfslinienraster am Seitenrand (Papierformat) oder am Satzspiegel ausrichten soll. Für den Seitenrand wählen Sie die Option SEITE ❶, für den Satzspiegel die Option STEGE ❹. Bereits erstellte Hilfslinien werden automatisch gelöscht und durch das neue Hilfslinienraster überschrieben, wenn Sie die Option VORHANDENE HILFSLINIEN ENTFERNEN ❷ aktivieren.

Das Erstellen eines Hilfslinienrasters durch Eingabe einer bestimmten Start- bzw. Endposition und der gewünschten Anzahl an Hilfslinien im Zwischenraum ist leider in InDesign nicht möglich. In dieser Hinsicht kann in QuarkXPress 7 in Verbindung mit den XPert-Tools etwas vielschichtiger mit Hilfslinien umgegangen werden. In QuarkXPress 8 wird dem Anwender hinsichtlich des Erstellens von Hilfslinien und Hilfslinienrastern eine Funktionalität zur Verfügung gestellt, die über die in InDesign hinausgeht.

Wo wird das Hilfslinienraster eigentlich angelegt?

Achten Sie vor dem Aufrufen des Befehls HILFSLINIEN ERSTELLEN darauf, welche Ebene Sie aktiviert haben und ob Sie einen Druckbogen oder nur eine Seite im Seiten-Bedienfeld ausgewählt haben, denn das Hilfslinienraster wird nur auf der ausgewählten Seite und Ebene erstellt.

Schritt für Schritt: Eine vertikale Hilfslinie mittig im Satzspiegel schnell erstellen

Um den Satzspiegel in zwei Hälften zu teilen, wollen wir nun mittig im Satzspiegel eine Hilfslinie erstellen.

Da wir in der Praxis des Öfteren erfahren mussten, dass Layouter nicht einmal die Dokumentengröße, die Ränder, ja geschweige denn die Breite des Satzspiegels des aktuellen Dokuments kennen, ist diese doch unscheinbare Aufgabe für viele eine eher unangenehme Arbeit, da gerechnet werden muss.

Noch schwieriger gestaltet sich das Vorhaben, wenn im Dokument ungleiche Ränder für LINKS und RECHTS bzw. für INNEN und AUSSEN angelegt wurden. Mit etwas Köpfchen können Sie diese simple Aufgabe ganz schnell erledigen.

1 Markieren der Einzel- oder Doppelseite

Wollen Sie dieses Vorhaben nur auf einer Seite ausführen, so doppelklicken Sie im Seiten-Bedienfeld auf die jeweilige Seite. Wollen Sie jedoch die Satzspiegeltrennung mittels Hilfslinie auf der Doppelseite ausführen, so müssen Sie zuerst den Druckbogen markieren.

Soll dieses Vorhaben für ein ganzes Dokument gelten, so muss zuvor die Mustervorlage – einseitig oder doppelseitig – markiert werden.

2 Anlegen eines Hilfslinienrasters

Führen Sie den Befehl LAYOUT • HILFSLINIEN ERSTELLEN aus, und geben Sie im Dialog HILFSLINIEN ERSTELLEN die Werte aus Abbildung 7.6 ein.

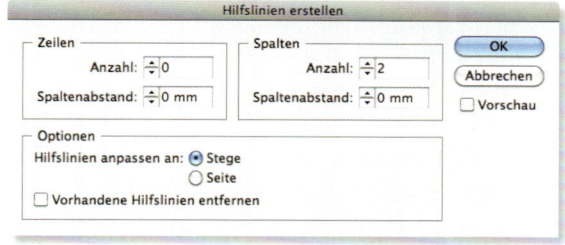

◄ **Abbildung 7.6**
Der HILFSLINIEN ERSTELLEN-Dialog mit den Einstellungen zum Erzeugen eines zweispaltigen Rasters, bezogen auf den Satzspiegel

Wollen Sie noch andere Hilfslinien auf der Seite entfernen, so markieren Sie die Option VORHANDENE HILFSLINIEN ENTFERNEN.

Bestätigen Sie die gewählten Einstellungen durch Drücken von OK. Damit wird an der linken und rechten Satzspiegelkante und in der Mitte des Satzspiegels eine Hilfslinie angelegt. Sie sehen: So einfach geht das! ■

Natürlich können Sie die Hilfslinie auch erstellen, indem Sie die Koordinaten der Hilfslinie über die X-Koordinate eingeben bzw. über MITTIG AUSRICHTEN im Ausrichten-Bedienfeld anpassen, wenn die Option AN RÄNDERN AUSRICHTEN gewählt ist.

Nähere Hinweise dazu erhalten Sie in Abschnitt 9.3.1, »Objekte aneinander ausrichten oder verteilen«, auf Seite 201.

7.3 Grundlinien- und Dokumentraster

Das Ausrichten von Rahmen an Hilfslinien ist eine Möglichkeit, Ordnung in ein Layout zu bringen. InDesign bietet darüber hinaus noch zwei weitere Raster: das Dokumentraster und das Grundlinienraster. Auch diese können im Layout dazu verwendet werden, Objekte auszurichten.

7.3.1 Dokumentraster

Unter einem Dokumentraster versteht man quasi ein elektronisches Millimeterpapier, das Sie über BEARBEITEN • VOREINSTELLUNGEN • RASTER (Windows) bzw. INDESIGN • VOREINSTELLUNGEN • RASTER (Mac OS X) definieren und über das Menü ANSICHT • RASTER UND HILFSLINIEN • DOKUMENTRASTER einblenden oder mit der Tastenkombination [Strg]+[ß] bzw. [⌘]+[ß] sichtbar machen können. Die Werte unserer Voreinstellungen (Abbildung 7.8) erzeugen ein hellgraues Raster, bei dem pro Millimeter ein dünner und pro Zentimeter ein dickerer Rasterstrich horizontal und vertikal gezeichnet wird. Dabei wird das Raster im Hintergrund über die Option RASTER IM HINTERGRUND ❻ angelegt.

> **Beim Verschieben von Objekten lassen sich Objekte nicht exakt positionieren**
>
> Sollten Sie beim Platzieren von Objekten das Gefühl haben, dass sich das Objekt nicht exakt auf einer Hilfslinie ausrichten lässt, so liegt das meist daran, dass Sie die Option ANSICHT • RASTER UND HILFSLINIEN • AN DOKUMENTRASTER AUSRICHTEN aktiviert haben.

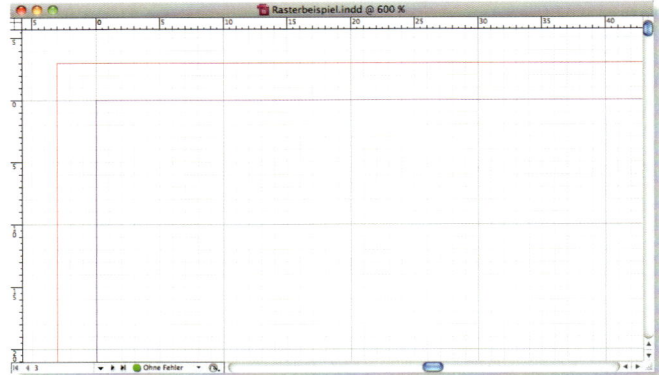

Abbildung 7.7 ▶
Das Millimeterpapier, das Sie durch Wahl der Parameter in den Voreinstellungen aus Abbildung 7.8 erhalten

Ein Dokumentraster kann gut zum Ausrichten und Anordnen von Objekten in einem Layout verwendet werden. Wenn Sie zusätzlich das Menü ANSICHT • RASTER UND HILFSLINIEN • AN DOKUMENTRASTER AUSRICHTEN aktiviert haben, sind die Hilfslinien des Rasters magnetisch, wodurch Objekte beim Ausrichten automatisch angezogen werden und es nicht zu Ungenauigkeiten kommt.

> **Die Ausrichtung erfolgt auf Basis der Kontur**
>
> Bei Objekten mit Konturen wird immer der Umriss und nicht der Pfad des Objekts zur Ausrichtung verwendet. Die Lage der Kontur auf dem Pfad wird also nicht berücksichtigt.

7.3.2 Grundlinienraster

Unter einem Grundlinienraster versteht man ein Raster, an dem sich Textzeilen ausrichten können. Die Gründe für den Einsatz eines Grundlinienrasters sind vielfältig:

- **Zeilen in Spalten sollen nicht gegeneinander verlaufen:** Wenn Zeilen in nebeneinanderliegenden Spalten nicht auf derselben Grundlinie stehen, führt dies zu einem unruhigen Layout. Speziell bei Mengensatz – so wie in unserer Projektarbeit – ist das Verwenden des Grundlinienrasters nahezu Pflicht.
- **Texte der Rückseite schlagen durch:** Die Texte der Papierrückseite können bei dünnem Papier und bei Nichtaktivierung des Grundlinienrasters sichtbar werden, wodurch die Lesbarkeit des Textes leidet.
- **Ausrichten von Bildern am Grundlinienraster:** In vielen Fällen sollen Bildunterkanten mit der Grundlinie des danebenstehenden Textes abschließen. Durch die Aktivierung des Grundlinienrasters kann diese Ausrichtung sehr schnell im Layout vorgenommen werden.

Flexibles Grundlinienraster

InDesign kennt nicht nur ein Grundlinienraster, das für das gesamte Dokument verwendet wird, sondern auch ein Grundlinienraster, das für jeden Rahmen beliebig eingestellt werden kann. Nähere Informationen dazu erhalten Sie in Abschnitt 10.7, »Textrahmenoptionen«, auf Seite 238.

Definieren des Grundlinienrasters | Das allgemeine Grundlinienraster für ein Dokument wird über das Register RASTER in den Voreinstellungen von InDesign festgelegt.

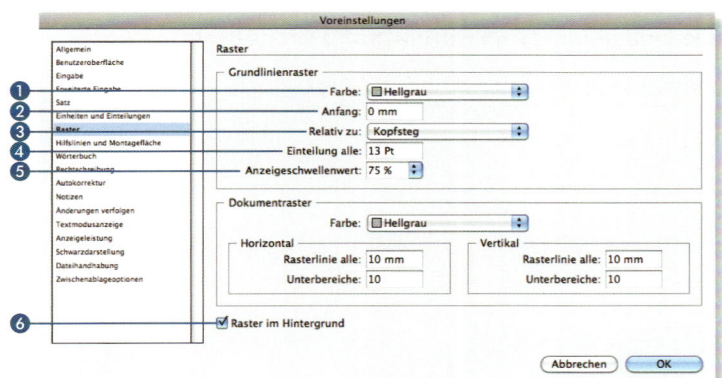

◄ **Abbildung 7.8**
Der VOREINSTELLUNGEN-Dialog zum Thema Raster. Neben der Definition des Grundlinienrasters können Sie hier auch ein Dokumentraster festlegen und beeinflussen, ob die Raster im Vorder- oder im Hintergrund ❻ des Dokuments angezeigt werden.

- **Anfang:** Jedes Grundlinienraster besitzt einen Startpunkt, an dem es auf einer Seite bzw. im Satzspiegel wirksam wird; Sie definieren ihn über die Option ANFANG ❷.
- **Relativ zu:** ❸ Damit kann der Startpunkt Bezug nehmend auf den gewählten Rand festgelegt werden.
    - OBEREM SEITENRAND: Als Bezug wird hier die Seitengröße (Endformat) verwendet. Das Grundlinienraster verläuft somit über die ganze Seite bzw. Doppelseite.
    - KOPFSTEG: Als Bezug wird hier der definierte Satzspiegel verwendet. Das Grundlinienraster wird visuell auf den Satzspiegel beschränkt. Auch wenn das Grundlinienraster außerhalb des Satzspiegels nicht sichtbar ist, können außerhalb liegende Objekte daran ausgerichtet werden.

TIPP

Je nach verwendeter Schrift und Schriftgröße müssen Sie den Startpunkt über die Option ANFANG so anpassen, dass die Oberlänge der Schrift ziemlich gleichauf mit der Satzspiegeloberkante ist.

> **Neuerung seit InDesign CS4**
>
> Bis InDesign CS3 wurden in den VOREINSTELLUNGEN für die Option EINTEILUNG ALLE nur Werte in der Maßeinheit des vertikalen Lineals angezeigt. Seit InDesign CS4 sind auch InDesign-Anwender – QuarkXPress-Anwender waren dies schon immer – mit der kleinen Überraschung konfrontiert, dass hier die Schrittweite in der gewohnten Maßeinheit »Pt« eingegeben werden kann.

▶ **Einteilung alle:** Die Schrittweite des Grundlinienrasters (so heißt es in QuarkXPress) wird in InDesign über die Option EINTEILUNG ALLE ❹ festgelegt. Hier geben Sie normalerweise die Größe des Zeilenabstandes ein. Damit kann der Zeilenabstand eines Textes, der auf Grundlinienraster gesetzt wurde, nicht mehr fließend kontrolliert werden, sondern nur noch in Sprüngen des Rasters.

▶ **Farbe ❶:** Die Wahl einer nicht zu dominanten Farbe aus dem gleichnamigen Menü macht das Arbeiten mit Grundlinienrastern noch angenehmer.

▶ **Anzeigeschwellenwert ❺:** So wie beim Dokumentraster wird auch hier festgelegt, ab welcher Zoomstufe das Grundlinienraster überhaupt eingeblendet werden soll. Wenn Sie beispielsweise beim Anzeigen der Doppelseite – Tastaturkombination [Strg]+[Alt]+[0] oder [⌘]+[⌥]+[0] – automatisch das Grundlinienraster ausblenden wollen, so geben Sie den dafür zu verwendenden Zoomfaktor ein.

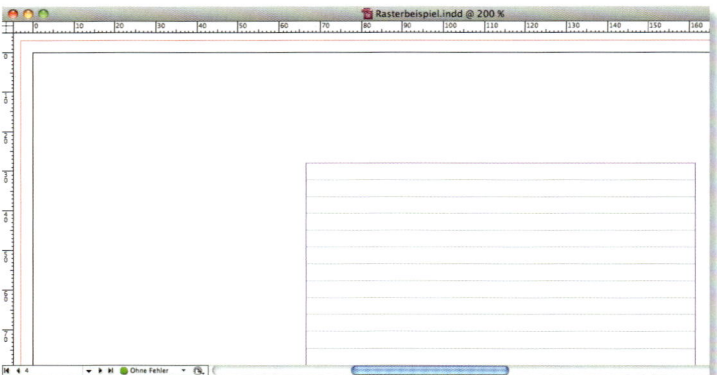

Abbildung 7.9 ▶
Das Grundlinienraster, das Sie durch Wahl der Parameter in den Voreinstellungen aus Abbildung 7.8 bekommen. Da in der Option RELATIV ZU der Eintrag KOPFSTEG gewählt wurde, werden die Hilfslinien des Grundlinienrasters nicht über den Satzspiegel hinaus angezeigt.

Einblenden des Grundlinienrasters | Das Grundlinienraster wird über das Menü ANSICHT • RASTER UND HILFSLINIEN • GRUNDLINIENRASTER EINBLENDEN bzw. [Strg]+[Alt]+[ß] oder [⌘]+[⌥]+[ß] angezeigt.

Absätze eines Textes können dann über das Absatz- oder Steuerung-Bedienfeld – siehe dazu Seite 418 – wahlweise am Grundlinienraster ausgerichtet werden. Das Ausrichten von Objekten auf das Grundlinienraster ist mit dem Menü ANSICHT • RASTER UND HILFSLINIEN • AN HILFSLINIEN AUSRICHTEN verbunden. Sie können das Ausrichten über die Tastenkombination [Strg]+[⇧]+[Ü] bzw. [⌘]+[⇧]+[Ü] ein- bzw. ausschalten.

Das Grundlinienraster ist ein sehr wichtiges Instrument, um Ordnung im Layout und in der Typografie entstehen zu lassen. Befassen Sie sich deshalb mit seiner Arbeitsweise und den verschiedenen Möglichkeiten – z. B. auch damit, ein abweichendes Grundlinienraster für einen Textrahmen zu definieren.

7.4 Dokumentformat und Satzspiegel ändern

Das nachträgliche Ändern von Endformaten ist immer eine lästige Sache, da es dabei nicht nur beim Ausführen des Befehls bleibt, sondern weil es immer ganze Satz- und Layoutumbrüche mit sich bringt. Dennoch müssen Sie auch diese Funktion in InDesign kennen.

7.4.1 Dokumentformat ändern

Haben Sie ein Dokument angelegt, so stehen Breite und Höhe des Endformats sowie der Satzspiegel, der über Stege definiert wurde, bereits fest. Die Dokumentgröße können Sie nachträglich über den Dialog des Menüs DATEI • DOKUMENT EINRICHTEN ändern.

> **Unterschiedliche Seitengrößen**
>
> Alle Änderungen über den Befehl DATEI • DOKUMENT EINRICHTEN betreffen immer das gesamte Dokument und nicht nur die aktivierte Seite.
>
> Wie Sie in InDesign unterschiedliche Seitengrößen in einem Dokument erzeugen, haben Sie auf Seite 126 erfahren.

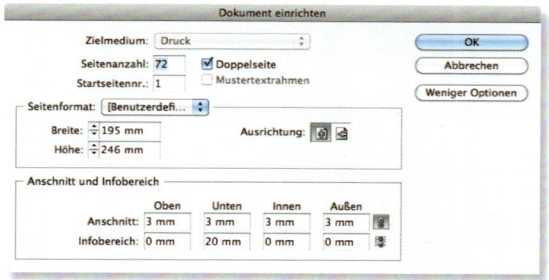

◄ **Abbildung 7.10**
Änderungen im DOKUMENT EINRICHTEN-Dialog betreffen das gesamte Dokument.

Sie können ein bestehendes Doppelseitenlayout mit einem Klick auf die Option DOPPELSEITE auf ein einseitiges Dokument zurücksetzen, nachträglich die BREITE und HÖHE des Dokuments und die STARTSEITENNR.: ändern und darüber hinaus einen noch nicht vorhandenen ANSCHNITT und INFOBEREICH hinzufügen oder diese nachträglich ändern.

Wenn Sie beispielsweise das Dokument in der Breite ändern müssen – Sie müssen dem Dokument mehr Bund hinzufügen, dürfen jedoch dabei den Satzspiegel nicht ändern –, so ändern Sie einfach die BREITE im DOKUMENT EINRICHTEN-Dialog, und bestätigen Sie dies durch Drücken auf OK. Sie werden feststellen, dass nach der Änderung der Inhalt des Dokuments horizontal mittig auf der Seite verschoben wird. Bei einem umfangreichen Dokument würde das nun bedeuten, dass Sie alle Objekte einer jeden Seite um einen gewissen Betrag nach außen verschieben müssen. Beginnen Sie in diesem Fall nicht einfach mit dem Verschieben der

> **TIPP**
>
> Die Startseitennummer können Sie auch über die NUMMERIE-RUNGS- UND ABSCHNITTSOPTION ändern.

> **TOP-TIPP**
> **Ändern des Seitenformats**
>
> Sollten Sie nachträglich mehr Raum im Bund benötigen, so empfehlen wir, die Änderung des Seitenformats über das SEITENWERKZEUG durchzuführen, da Sie damit nicht alle Objekte aus dem Bund heraus verschieben müssen.

🔘 Auf der Buch-DVD finden Sie im Ordner ZUSATZKAPITEL das Kapitel B, »Skripte«.

Spalteneinstellungen für einen Textrahmen ändern

Einstellungen im Dialog STEGE UND SPALTEN wirken sich nicht auf die Spalteneinstellungen innerhalb eines Textrahmens aus. Änderungen diesbezüglich werden ausschließlich in den TEXTRAHMENOPTIONEN vorgenommen, die Sie über das Menü OBJEKT • TEXTRAHMENOPTIONEN aufrufen können.

Abbildung 7.11 ▶
Änderungen im STEGE UND SPALTEN-Dialog wirken sich auf die aktivierte Seite bzw. den aktivierten Druckbogen aus.

Unterschiedliche Satzspiegel

Unterschiedliche Satzspiegel werden in der Regel nicht manuell, sondern über Mustervorlagen eingerichtet.

HINWEIS

Das Verschieben von Spaltenhilfslinien über den Satzspiegel bzw. über die Seite hinaus ist nicht möglich.

Objekte auf den Seiten, sondern lesen Sie in Zusatzkapitel B, »Skripte«, nach, wie Sie diese Aufgabe schnell mit dem Skript »AdjustLayout.jsx« erledigen können.

7.4.2 Satzspiegel ändern

Das Ändern des Satzspiegels in einem Dokument ist im Unterschied zum Ändern des Dokumentformats nur für die jeweils aktivierte Seite bzw. den aktivierten Druckbogen – dies kann aber auch eine Mustervorlage sein – möglich. Achten Sie also vor dem Ausführen des Befehls darauf, dass Sie die gewünschte Seite oder den gewünschten Druckbogen markiert haben.

Eine Änderung des Satzspiegels auf einer Mustervorlage wirkt sich auf alle Seiten aus, die auf dieser Seite basieren. Vor allem in einem Layout für Magazine weichen manche Seiten vom definierten Satzspiegel ab. Damit Sie auch für diese Seiten einen »benutzerdefinierten« Satzspiegel festlegen können, müssen Sie lediglich die zu ändernde Seite im Seiten-Bedienfeld durch einen Doppelklick aktivieren, um dann über das Menü LAYOUT • STEGE UND SPALTEN die notwendigen Änderungen vornehmen zu können.

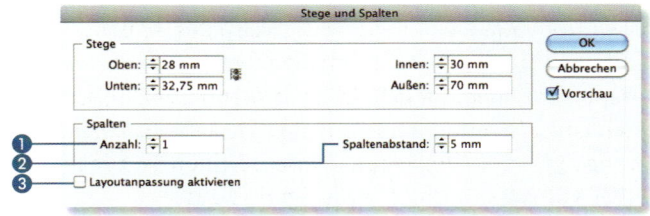

Bestimmen Sie für die ausgewählte Seite den gewünschten Druckbogen sowie die neuen RÄNDER, und legen Sie bei Bedarf eine andere Spaltenanzahl fest. Steht anstelle von INNEN und AUSSEN nun RECHTS und LINKS, so haben Sie die Option DOPPELSEITE in Abbildung 7.10 nicht ausgewählt. Durch Aktivieren der Option LAYOUTANPASSUNG AKTIVIEREN ❸ werden alle Objekte innerhalb des Satzspiegels den neuen Gegebenheiten angepasst.

7.4.3 Unregelmäßige Spalteneinteilung erstellen

Die Eingabe mehrerer Spalten unter der Option ANZAHL ❶ in Verbindung mit dem SPALTENABSTAND ❷ erzeugt auf der aktivierten Seite bzw. dem aktivierten Druckbogen immer gleich breite Spalten. In sehr vielen Fällen ist jedoch eine unregelmäßige Spaltenverteilung vorgesehen.

Wechseln Sie zum Erstellen von unregelmäßigen Spaltenbreiten auf die dazugehörige Mustervorlage. Zum Verschieben der Spaltenhilfslinien müssen Sie jedoch zuerst den standardmäßig

aktivierten Befehl ANSICHT • RASTER UND HILFSLINIEN • SPALTEN-
HILFSLINIEN SPERREN deaktivieren. Nun können Sie mit dem Auswahlwerkzeug ▶ die Spaltenhilfslinien verschieben.

Das Erstellen unterschiedlicher Stegbreiten ist jedoch leider nicht einmal mit InDesign CS5 möglich.

7.5 Linealeinstellungen und Raster für unser Projekt einstellen

Für unsere Projektarbeit wollen wir in den Linealeinstellungen keine Änderung der Maßeinheit vornehmen – wir bleiben bei Millimeter. Wir wollen jedoch den Nullpunkt fixieren, damit ein irrtümlicher Versatz des Nullpunktes verhindert wird.

Das Grundlinienraster wollen wir ausgehend vom Satzspiegel festlegen und dabei die Schrittweite auf 14 Pt stellen, da wir planen, den Mengentext mit einer Schriftgröße von 10 Pt und einem Zeilenabstand von 14 Pt zu setzen. Das mögliche Nachjustieren des Satzspiegels hinsichtlich der Höhe wird durch die Wahl dieser Parameter jedoch nicht zu verhindern sein.

Auch wenn wir das Dokument quasi zweispaltig – mit Mengentext und einer Marginalspalte – aufbauen wollen, sollten wir dieses Konzept nicht über unregelmäßige Spaltenhilfslinien, sondern über einen einspaltigen Textrahmen und eine außerhalb des Satzspiegels angeordnete Marginalspalte lösen. Führen Sie zur Umsetzung dieser Vorhaben nachstehende Schritte aus.

Hilfslinien für das Projekt anlegen
Die benötigen Hilfslinien für das Projekt werden wir zu einem späteren Zeitpunkt anlegen. Lesen Sie dazu mehr in Abschnitt 16.2.4, »Hilfslinien anlegen«, auf Seite 374.

Schritt für Schritt: Linealeinstellungen und Raster festlegen

1 Projektarbeit öffnen und Nullpunkt fixieren

Öffnen Sie unsere 72-seitige Projektarbeit, und führen Sie den Befehl NULLPUNKT FIXIEREN aus, den Sie über einen Rechtsklick in den Kreuzungsbereichs des Lineals aufrufen können. Der Kreuzungsbereich wird leer – wie in Abbildung 7.12 gezeigt.

Auf der Buch-DVD finden Sie im Ordner BEISPIELMATERIAL • KAPITEL_07 das Dokument »Projektarbeit_Raster.indd«.

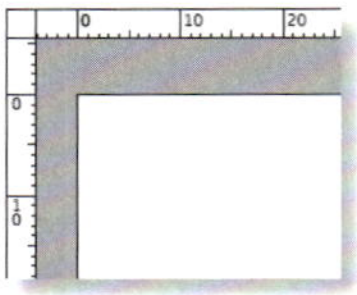

◀ **Abbildung 7.12**
Ist der Nullpunkt fixiert, so ist der Kreuzungsbereich der Lineale leer.

2 Grundlinienraster für Schrift und Zeilenabstand

Zur Definition des Grundlinienrasters rufen Sie das Register RASTER in den InDesign-Voreinstellungen auf.

Geben Sie die Werte aus Abbildung 7.13 ein, um das Dokumentraster für das gesamte Dokument festzulegen.

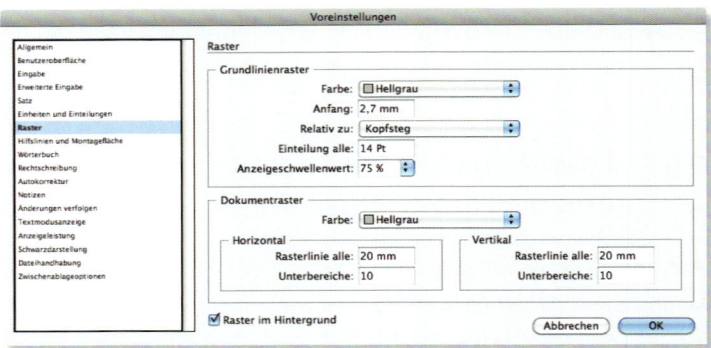

Abbildung 7.13 ▶
Die Wahl der Parameter für das Grundlinienraster erfolgt für das gesamte Dokument im Register Raster der Voreinstellungen.

Der Wert für Anfang wurde mit 2,7 mm festgelegt, damit die Versalhöhe unserer Schrift »Myriad Pro Regular« bei einer Schriftgröße von 10 Pt bündig mit der Oberkante des Satzspiegels ist.

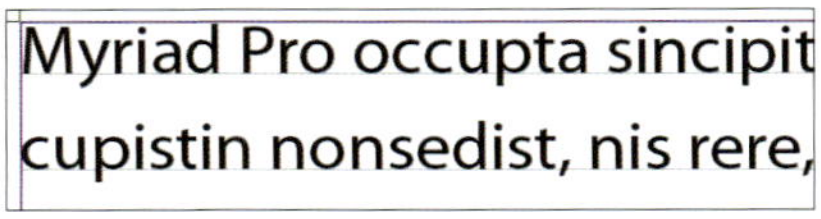

Abbildung 7.14 ▶
Der Wert in Anfang wurde angepasst, bis die Versalhöhen mit der oberen Satzspiegelkante abschließen.

3 Satzspiegel ändern

Wenn Sie einen Blick auf die untere Satzspiegelkante des Dokuments werfen, so werden Sie sehen, dass der untere Rand sich nicht mit der letzten Grundlinie unseres Grundlinienrasters deckt.

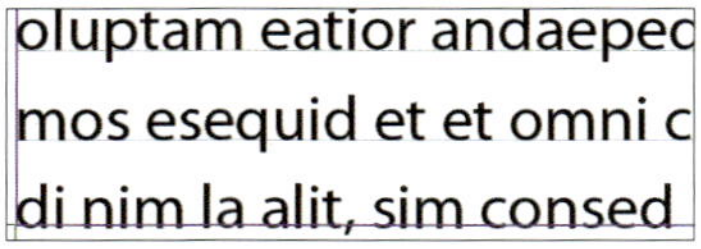

Abbildung 7.15 ▶
Die letzte Zeile des Grundlinienrasters (violette Linie) schließt nicht mit dem Satzspiegel bündig ab.

Damit dieser Fehler behoben wird, müssen wir den Rand für Unten anpassen. Markieren Sie dazu zuerst die Mustervorlage A-Mustervorlage durch einen Doppelklick auf das Symbol im Seiten-Bedienfeld. Rufen Sie danach den Befehl Layout • Stege und Spalten auf, und ändern Sie den Rand Unten auf 32,75 mm. Bestätigen Sie den Dialog mit OK.

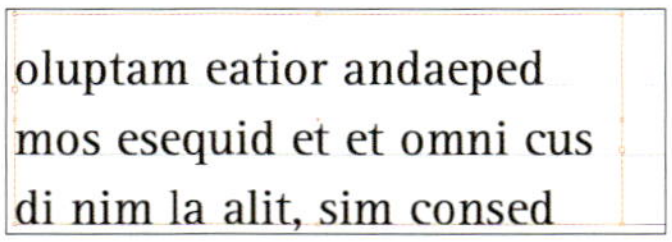

Abbildung 7.16 ▶
Die Änderung des Satzspiegelkante Unten lässt Satzspiegel und Grundlinienraster bündig werden.

Damit sind nun das Grundlinienraster und der Satzspiegel in Einklang gebracht worden. Nun können wir loslegen! ■

8 Rahmen erstellen und ändern

Alle Objekte innerhalb von InDesign werden als Rahmen behandelt. Der Umgang mit Rahmen gehört somit zu den Grundfähigkeiten, um schnell mit dem Layoutprogramm arbeiten zu können.

8.1 Rahmenkonzepte

Das Rahmenkonzept von InDesign ist sehr einfach. Jedes Objekt bedient sich eines Objektrahmens, um die Inhalte im Layout zu platzieren und deren Größe zu bestimmen. Unterschieden wird lediglich zwischen Rahmen,

- in denen Inhalte wie Bilder oder Vektorgrafiken stehen (in Zukunft **Bildrahmen** genannt),
- in denen Texte geschrieben und formatiert werden können (in Zukunft **Textrahmen** genannt), und
- Rahmen, die zur direkten grafischen Bearbeitung – dem Erstellen von Formen und Flächen – vorgesehen sind (in Zukunft **Grafikrahmen** genannt).

Die Handhabung der Rahmen ist dabei für alle Rahmentypen gleich, minimale Unterschiede in der Bearbeitung ergeben sich nur durch den Inhalt des Rahmens.

Die Trennung der Rahmentypen ist sinnvoll, denn Bild- und Textrahmen, die durch das Rechteckrahmen-Werkzeug ⊠ – mit dem dazugehörigen Ellipsen- ⊗ und Polygonrahmen-Werkzeug ⊗ – und das Textwerkzeug T. erzeugt werden, besitzen standardmäßig keine Kontur- und Flächenfarbe. Hingegen wird mit dem Rechteck-Werkzeug ▢ ein Rahmen (Grafikrahmen) erstellt, der sowohl Kontur als auch Füllung bereits beim Aufziehen des Rahmens enthalten kann. Damit soll nicht der Anschein erweckt werden, dass dem Rechteckrahmen-Werkzeug keine Kontur und keine Flächenfarbe verabreicht werden kann, sondern aufgezeigt werden, dass bestimmte Werkzeuge für bestimmte Arten von Rahmen verwendet werden sollen.

> **Technische Betrachtung**
>
> Technisch gesehen, ist ein Rahmen ein Pfad, der mit unterschiedlichen Inhalten gefüllt werden kann. Dieser Inhalt kann jederzeit ausgetauscht werden, wodurch aus einem Bildrahmen ein Textrahmen erzeugt werden kann.
>
> Die von uns gewählte Nomenklatur – Bild-, Text- und Grafikrahmen – entspricht somit nicht der Definition von Rahmen in InDesign.

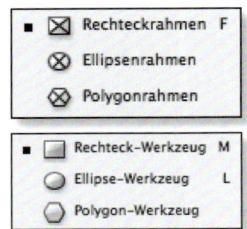

▲ **Abbildung 8.1**
Verschiedene Formen stehen dem Anwender sowohl im Fly-out-Menü des Rechteckrahmen- als auch des Rechteck-Werkzeugs zur Verfügung.

8.2 Der Rahmen

Mit welchen Werkzeugen sollen Sie nun Rahmen erstellen? Wie können Sie am schnellsten gewisse Rahmengrößen anlegen und genau positionieren? Wieso benötigen Sie überhaupt drei verschiedene Werkzeuge, wenn doch die Trennung zwischen Text-, Bild- und Grafikrahmen eigentlich nicht gegeben ist? Kann ein alter XPress-Hase genauso weiterarbeiten, wie er es in QuarkXPress 7 gewohnt war? All diese Fragen sollten in diesem Abschnitt ausreichend beantwortet werden. Ihren Arbeitsstil bestimmen Sie jedoch selbst!

Rahmentrennung
Während bei QuarkXPress bis Version 7 noch eine klare Trennung zwischen Text,- Bild- und Grafikrahmen im Programm gegeben war, so ist mit QuarkXPress 8 diese starre Trennung verschwunden. Nun verhält sich QuarkXPress in Sachen Rahmenhandhabung so wie InDesign.

HINWEIS

Sollte Ihr Rahmen ein kleines gelbes Quadrat in der Nähe der oberen rechten Ecke anzeigen, so dient dies zum Bearbeiten der Ecken. Lesen Sie dazu mehr auf Seite 190.

8.2.1 Rahmenwerkzeuge

Zum Erstellen von Rahmen bietet InDesign drei Werkzeuge an: das Textwerkzeug, das Rechteckrahmen-Werkzeug und das Rechteck-Werkzeug. Die Verwendung der Werkzeuge kann wie folgt beschrieben werden:

Textwerkzeug T. | Verwenden Sie dieses Werkzeug, um Texte zu bearbeiten und um Textrahmen aufzuziehen, die weder mit einer Kontur noch mit einer Flächenfarbe versehen sein sollen. Das nachträgliche Einfärben und Versehen mit einer Kontur ist natürlich jederzeit möglich. Textrahmen werden in erster Linie zum Schreiben bzw. zum Platzieren von Texten verwendet. Bedingt durch die offene Art und Weise der Rahmenhandhabung ist auch das Platzieren von Grafiken und Bildern in einem Textrahmen möglich. Dabei wird der Rahmen automatisch in einen Rechteckrahmen – oder seine Verwandten – umgewandelt. Sie können den Textrahmen auch mittels Eingabe über den Befehl OBJEKT • INHALT • GRAFIK oder durch Platzieren eines Bildes umwandeln. Die typische Darstellung eines aktivierten Textrahmens ist in Abbildung 8.2 zu sehen.

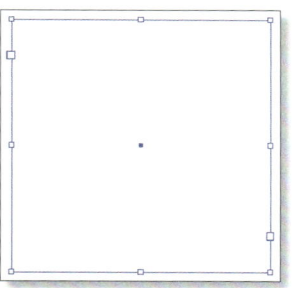

▲ **Abbildung 8.2**
Ein Textrahmen. Die markanten Merkmale sind die Textverkettungsmarken am linken oberen und rechten unteren Rand.

Rechteckrahmen-Werkzeug ⊠. | Verwenden Sie diesen Rahmentyp, um im Layout einen Container für zu platzierende Bilder, Illustrationen oder Logos (Bildrahmen) einzurichten. Dieser Platzhalter hat standardmäßig wie der Textrahmen weder Kontur- noch Flächenfüllung. Auch hier gibt es selbstverständlich die Möglichkeit einer nachträglichen Veränderung. Das spätere Umwandeln eines leeren Rechteckrahmens in einen Textrahmen ist durch einen Klick mit dem Textwerkzeug auf den Rechteckrahmen oder über den Befehl OBJEKT • INHALT • TEXT möglich. Die typische Darstellungsform eines Platzhalters mit dem durchkreuzten Rahmen ist in Abbildung 8.3 zu sehen.

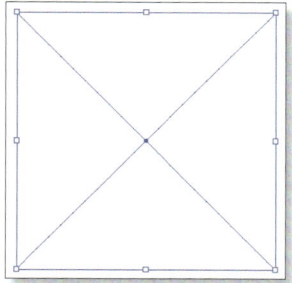

▲ **Abbildung 8.3**
Ein Bildrahmen. Das Kreuz im Rahmen ist typisch dafür.

Rechteck-Werkzeug ▫ | Verwenden Sie diesen Rahmentyp, wenn Sie eine reine Fläche oder einen Rahmen mit Kontur ohne Inhalt oder die Kombination beider (Grafikrahmen) in Ihrem Layout benötigen. Je nach Voreinstellung der Konturstärke sowie der Kontur- und Flächenfarbe werden dem Rahmen bereits beim Aufziehen alle Attribute zugewiesen. Ein nachträgliches Umwandeln in einen Text- bzw. Rechteckrahmen erfolgt über den Befehl OBJEKT • INHALT • TEXT bzw. GRAFIK oder über das Platzieren eines Textes bzw. Bildes in den Rahmen. Das Umwandeln eines Text- bzw. Rechteckrahmens in ein Rechteck erfolgt über den Befehl OBJEKT • INHALT • NICHT ZUGEWIESEN. Die typische Darstellung eines solchen Rahmens ist in Abbildung 8.4 zu sehen.

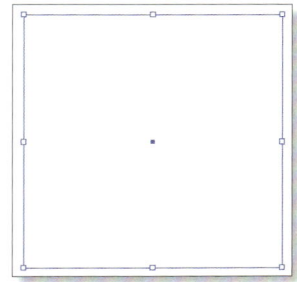

▲ Abbildung 8.4
Ein Rahmen, der mit dem Rechteck-Werkzeug erstellt wurde

Unterschied zu Quark | Ein wesentlicher Unterschied zu QuarkXPress – einschließlich Version 7 – besteht darin, dass in InDesign keine strenge Trennung zwischen Text- und Bildrahmen erfolgt. Es können in InDesign in einem leeren Text-, Bild- oder Grafikrahmen alle möglichen Elemente platziert oder Texte geschrieben werden. Ist der Rahmen mit Inhalt gefüllt, so handelt es sich intern auch um einen Bild- oder Textrahmen. QuarkXPress-Anwender konnten in einen Textrahmen nur Text laden und in einen Bildrahmen nur Bilder bzw. Grafiken. Rahmen, die in InDesign mit dem Rechteck-Werkzeug aufgezogen werden, können in QuarkXPress nur über die Zuweisung KEIN INHALT erzeugt werden.

8.2.2 Der Aufbau von Rahmen

Ein Rahmen besteht generell aus einer *Fläche* und einer *Kontur*. (In QuarkXPress wird die Fläche als »Inhalt« und die Kontur als »Rahmen« oder »Linie« bezeichnet.) Der Kontur können Attribute wie Konturstärke oder Konturtyp (gestrichelt, gepunktet, streifig oder durchgängig) sowie die Konturfarbe – eine reine Farbe, ein Farbton oder ein Verlauf – zugewiesen werden. Die Fläche kann hingegen nur mit einer Flächenfarbe, einem Farbton oder einem Verlauf eingefärbt und darüber hinaus mit Bildern, Grafiken oder auch Text versehen werden.

Ein Rahmen wird standardmäßig durch neun Punkte (siehe Abbildung 8.4) beschrieben. Acht Punkte stehen am Rand zum Anfassen zur Verfügung, und der Mittelpunkt stellt das rechnerische Zentrum des Rahmens dar. Im Unterschied zu QuarkXPress können in InDesign alle Rahmentypen, somit auch Text- und Bildrahmen, »offen« sein. Eine gefüllte Fläche wird dann durch die direkte Verbindung zwischen Anfangs- und Endpunkt – wie dem Adobe Illustrator-Anwender bekannt ist – beschnitten. Auch Bilder und Text werden in derselben Art und Weise abgeschnitten.

> **Umwandeln von Bild- und Grafikrahmen in einen Textrahmen**
>
> Beachten Sie, dass standardmäßig ein leerer Bild- oder Grafikrahmen sofort in einen Textrahmen umgewandelt wird, wenn Sie bei ausgewähltem Textwerkzeug auf ihn klicken.
>
> Um dieses Verhalten zu ändern, empfehlen wir Ihnen, die Option TEXTWERKZEUG WANDELT RAHMEN IN TEXTRAHMEN UM im Register EINGABE der InDesign-Voreinstellungen zu deaktivieren.

▲ Abbildung 8.5
Rahmen müssen in InDesign nicht geschlossen sein. Offene Rahmen sollten jedoch weitestgehend vermieden werden.

8.3 Rahmen erstellen, positionieren und auswählen

Für das Layout werden verschiedene Platzhalter für Inhalte benötigt. Dazu kann der Layouter auf verschiedene Werkzeuge und Techniken zurückgreifen, um das Layout stellungsgenau für die Bearbeitung aufzubereiten. Doch schön der Reihe nach.

8.3.1 Erstellen von Rahmen

Ein Rahmen ist schnell erstellt. Wählen Sie eines der zuvor genannten Werkzeuge im Werkzeug-Bedienfeld aus, und ziehen Sie mit gedrückter Maustaste einen Rahmen auf Ihrer Seite auf. Die Größe des Rahmens wird Ihnen sofort am Objekt angezeigt. Sie erhalten – im normalen Ansichtsmodus – nach dem Loslassen einen aktiven Rahmen. Lediglich wenn Sie das Textwerkzeug verwendet haben, blinkt der Cursor, zur Texteingabe im Textrahmen bereit. Mit dem Rechteckrahmen-, Rechteck- und Textwerkzeug können in Kombination mit diversen Tastenkombinationen gezielt Formen erstellt werden.

Erstellen von Quadraten und Kreisen | Mit gleichzeitig gedrückter ⇧-Taste ziehen Sie ein Quadrat auf. Bei der Ellipse erzielen Sie dadurch einen Kreis, beim Polygon ein gleichseitiges Vieleck.

Erstellen von Rahmen aus dem Zentrum | Drücken Sie während des Aufziehens des Rahmens gleichzeitig die Alt- bzw. ⌥-Taste. Der Rahmen wird aus dem Mittelpunkt heraus aufgezogen.

Erstellen eines Kreises, Quadrats bzw. gleichseitigen Vielecks aus dem Zentrum | Kombiniert mit der Alt+⇧- bzw. ⌥+⇧-Taste, ziehen Sie aus dem Mittelpunkt heraus ein Quadrat, einen Kreis oder ein gleichseitiges Vieleck auf.

Numerische Eingabe der Breite und Höhe | Um die Eingabe numerisch vorzunehmen, wählen Sie eines der Werkzeuge – jedoch nicht das Textwerkzeug – zum Erstellen von Rahmen aus und klicken einfach auf die Seite oder auf die Montagefläche. Je nachdem, ob Sie ein Rechteck, eine Ellipse oder ein Polygon gewählt haben, erscheint der entsprechende Dialog.

> **Wie können Rahmen noch erstellt werden?**
>
> Neben dem Erstellen von Rahmen mit den zuvor genannten Werkzeugen können Rahmen darüber hinaus durch das Einfügen von Dateien über die Funktion PLATZIEREN, durch Einfügen einer Datei per Drag & Drop oder durch Einfügen von Objekten aus der Zwischenablage erstellt werden.

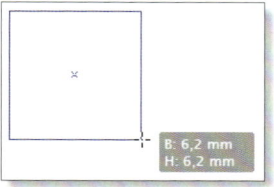

▲ **Abbildung 8.6**
Manuelles Aufziehen eines Rahmens mit der Anzeige der Größe

> **Rahmen ohne Kontur mit einer Konturstärke von 1 Pt versehen**
>
> Ist lediglich ein Rahmen ohne Kontur und Fläche aufgezogen worden, so kann dem markierten Rahmen eine 1 Pt starke schwarze Kontur (die Stärke ist abhängig von der zuvor eingestellten Konturstärke) gegeben werden, indem Sie D drücken.

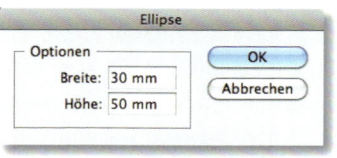 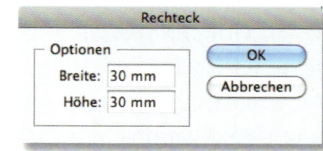

Abbildung 8.7 ▶
Ellipsen- und Rechteckerstellung durch numerische Eingabe

◀ **Abbildung 8.8**
Erstellen eines Sterns durch numerische Eingabe. Über die ANZAHL DER SEITEN und den Prozentwert der STERNFORM bestimmen Sie die Form des Polygons.

In allen drei Dialogen können Sie durch Eingabe der BREITE und der HÖHE die Größe des zu erstellenden Rechtecks, der Ellipse und des Polygons bestimmen. Darüber hinaus müssen Sie bei der Eingabe eines Polygons die ANZAHL DER SEITEN und die STERN-FORM angeben, mit der die Tiefe der Einbuchtungen im Stern in Prozent definiert wird.

TIPP

Um eine Eingabe in den Dialogen rückgängig zu machen, drücken Sie die [Alt]- bzw. [⌥]-Taste, wodurch sich der Button ABBRECHEN in ZURÜCK ändert. Ein Klick auf ZURÜCK stellt die Ausgangswerte wieder her.

Anzahl der Seiten und Sternform beim Aufziehen des Polygons bestimmen | Eine spezielle Möglichkeit stellt InDesign beim Aufziehen von Polygonen zur Verfügung: So wie bei Adobe Illustrator können Sie die Anzahl der Seiten und die Sternform beim Aufziehen des Polygons verändern.

- **Anzahl der Seiten verändern:** Während des Aufziehens des Polygons kann durch einmaliges Drücken der Leerschritttaste umgeschaltet werden, damit durch Drücken der Pfeiltaste [↑] die Anzahl der Seiten auf maximal 100 erhöht bzw. durch Drücken der [↓]-Taste auf maximal drei Seiten verringert werden kann.
- **Verändern der Sternform:** Auch hier müssen Sie während des Aufziehens des Polygons einmalig die Leerschritttaste drücken, damit Sie durch Drücken der Pfeiltaste [→] die Einbuchtungen der Sternform vergrößern und durch Drücken der [←]-Taste die Einbuchtung der Sternform auf ein normales Polygon verringern.

▲ **Abbildung 8.9**
Links: maximale Seitenanzahl eines Polygons von 100; Rechts: minimale Seitenanzahl von 3

HINWEIS

Das nachträgliche Ändern der Sternform ist über die Pfeiltasten nicht mehr möglich. Hier können Sie entweder auf FORM KONVERTIEREN zurückgreifen oder durch Doppelklick auf das Polygon-Werkzeug die Form verändern. Lesen Sie dazu mehr in Abschnitt 13.3.2, »Pathfinder«, auf Seite 325.

Die Werte aus Abbildung 8.8 ergeben einen Stern mit zwölf Zacken; die Einbuchtungen zum Mittelpunkt hin betragen 35 % (ca. ⅓ des Radius). Wird der Prozentwert auf 0 % gesetzt, so erhalten Sie ein zwölfseitiges Vieleck; wird der Prozentwert auf 100 % gestellt, so erhalten Sie einen Strahlenstern, bestehend aus zwölf Einzelstrahlen. Alle Formen sind in Abbildung 8.10 zu sehen.

Erstellen von mehreren Objekten in einem Raster | Beabsichtigen Sie ein regelmäßiges Raster von gleichen Objekten zu erstellen, so können Sie dies seit InDesign CS5 schon beim Erstellen des Objektes erledigen. Sie können dabei die Anzahl der Spalten und Zeilen wie auch den Abstand der Objekte zueinander sowohl

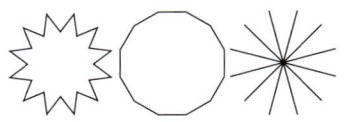

▲ **Abbildung 8.10**
Polygonvariationen

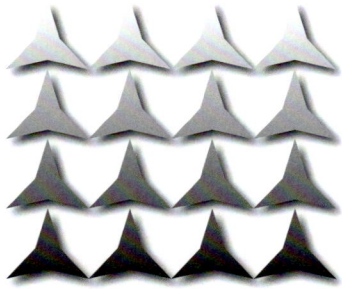

▲ **Abbildung 8.11**
Das Erstellen eines regelmäßigen Rasters von gleichartigen Polygonobjekten kann gleich beim Aufziehen des Objektes durch Drücken der zusätzlichen Tasten erledigt werden. Der Verlauf und der Schatten wurden nachträglich hinzugefügt.

horizontal als auch vertikal visuell bestimmen. Die exakte Eingabe der Größen ist dabei nicht vorgesehen. Gehen Sie dazu wie folgt vor:

1. Wählen Sie ein Rahmenwerkzeug – es geht auch mit dem Textwerkzeug – aus dem Werkzeug-Bedienfeld aus, und beginnen Sie, den Rahmen aufzuziehen.
2. Während des Aufziehens können Sie durch Drücken der Pfeiltaste → die Anzahl der Spalten vergrößern und durch Drücken der ← -Taste die Anzahl der Spalten reduzieren. Analog dazu verfahren Sie mit den Pfeiltasten ↑ / ↓ , um die Anzahl der Zeilen zu erhöhen bzw. zu reduzieren.
3. Um den Abstand zwischen den Objekten zu verringern bzw. zu vergrößern, drücken Sie zusätzlich zu den Pfeiltasten ↑ / ↓ die Strg - bzw. ⌘-Taste. Damit verändern Sie den horizontalen Abstand zwischen den Objekten. Drücken Sie hingegen die Pfeiltasten ← / → , so verändern Sie den vertikalen Abstand zwischen den Objekten.

Beachten Sie, dass der Abstand zwischen den einzelnen Objekten lediglich 0 mm betragen kann. Ein negativer Wert ist also dabei nicht zulässig.

8.3.2 Exakte Bestimmung der Position und der Größe

Ein schnell aufgezogener Rahmen wurde aus Sicht eines Layouters nur visuell in der Position und in der Dimension bestimmt. Doch alles im Leben hat seine Ordnung. Dies gilt auch für die Position und die Größe der verwendeten Rahmen. Vor allem bei Projekten wie Zeitungen, Magazinen, Dissertationen und auch unserer Projektarbeit spielen bestimmte Rahmenbreiten, die sich aus der Spaltenbreite oder aus der Breite des Satzspiegels ergeben, eine zentrale Rolle. Die Rahmenhöhe ist dabei meistens flexibel. Doch auch hier können sich Höhen auf ein Vielfaches des Zeilenabstandes beschränken und am Grundlinienraster ausgerichtet werden.

Um Rahmen exakt zu positionieren und die Breite und die Höhe zu bestimmen, bietet InDesign zwei Möglichkeiten an: Zentral können die Werte über das Steuerung- und das Transformieren-Bedienfeld gesteuert werden. Das Steuerung-Bedienfeld steht den Anwendern in der Standardansicht unterhalb der Menüleiste zur Verfügung. Das Transformieren-Bedienfeld muss über das Menü FENSTER • OBJEKT UND LAYOUT • TRANSFORMIEREN oder durch Klick auf das Symbol in der Bedienfeldleiste aufgerufen werden. Hinzu kommt, dass das Aufrufen des Transformieren-Bedienfeldes eigentlich unnötig ist, da alle Einstellungen im Steuerung-Bedienfeld identisch abgebildet werden können.

> **HINWEIS**
>
> Waren InDesign-Anwender früherer Versionen gewohnt, das Transformieren-Bedienfeld über das Tastaturkürzel F9 aufzurufen, so können sie dies seit InDesign CS3 nur noch über das Menü erledigen. Die Belegung wurde aus Kompatibilitätsgründen zum Betriebssystem Mac OS X gestrichen, wo F9 bereits anderweitig vergeben ist.

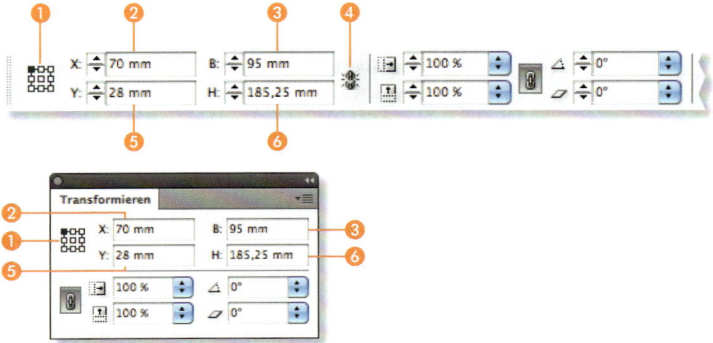

◄ **Abbildung 8.12**
Das Steuerung- und das Transformieren-Bedienfeld

Der Bezugspunkt ❶ kann vom Anwender frei gewählt werden. Alle Eingaben über das Bedienfeld erfolgen in Abhängigkeit vom gewählten Bezugspunkt. Für QuarkXPress-Anwender stellt diese Möglichkeit zu Beginn die größte Schwierigkeit dar, da sie zumeist davon ausgehen, dass der Ursprung eines Rahmens immer der linke obere Rahmenpunkt ist. Wenn Sie diesen Zustand jedoch herstellen möchten, wählen Sie den linken oberen Punkt im *Ursprung* aus. InDesign schreibt beim Beenden des Programms den zuletzt gewählten Punkt in die Voreinstellungsdatei. Wie wir später aber noch sehen werden, kann für jeden Rahmen der Ursprung unterschiedlich über die RAHMENEINPASSUNGSOPTIONEN festgelegt werden. Seien Sie also nicht verwundert, wenn Sie bestehende Rahmen aktivieren und dabei immer einen anderen Ursprung markiert bekommen.

Durch die Eingabe der X-Koordinate ❷ bestimmen Sie den Versatz des linken oberen Punkts vom linken Rand, mit der Y-Koordinate ❺ hingegen den Versatz vom oberen Rand. Achten Sie darauf, dass sich eingegebene Werte immer auf die Maßeinheit des aktuell gewählten Lineals beziehen. Verschieben Sie den Ursprung im Lineal nicht, denn damit verwirren Sie den ungeübten Benutzer sicherlich vollends.

Bestimmen Sie durch die Eingabe von BREITE ❸ und HÖHE ❻ die Größe des Rahmens. Sollte sich bei der Eingabe der BREITE automatisch der Wert der HÖHE verändern, so haben Sie die Option PROPORTIONEN FÜR BREITE UND HÖHE BEIBEHALTEN ❹ aktiviert. Deaktivieren Sie dieses Verhalten durch Klicken auf das Symbol. Wenn das Symbol die Darstellung besitzt, können Sie nicht-proportionale Verhältnisse eingeben.

8.3.3 Auswählen von Rahmen
Erstellte Rahmen müssen jederzeit verändert werden können. Eine Veränderung kann jedoch nur durchgeführt werden, wenn der Rahmen zuvor ausgewählt wurde.

TOP-TIPP
Schnelle Eingabe der Werte

Ziehen Sie den Rahmen auf. Drücken Sie das Tastaturkürzel [Strg]+[6] bzw. [⌘]+[6]. Geben Sie den X-WERT ein, drücken Sie [↹], und geben Sie dann den Y-WERT ein. Mit [↵] beenden Sie die Eingabe.

TIPP

Beachten Sie, dass in den Voreinstellungen – Register EINHEITEN UND EINTEILUNGEN – festgelegt sein soll, dass jede Seite ihren eigenen Ursprung hat. Stellen Sie dort die Option URSPRUNG auf SEITE.

Zum Auswählen von Rahmen stehen in erster Linie das Auswahlwerkzeug und das Direktauswahl-Werkzeug zur Verfügung. Zum Auswählen von Objekten beachten Sie folgende Hinweise:

Auswählen mit dem Auswahlwerkzeug | Mit diesem Werkzeug können Sie den Rahmen auswählen, ihn in der Größe verändern und die Position verschieben. Seit InDesign CS5 werden die Rahmenkanten standardmäßig hervorgehoben, wenn Sie das Auswahlwerkzeug über ein Element auf einer Seite bewegen. Gruppen werden durch eine gestrichelte Linie hervorgehoben. Damit können Sie die Elemente, die Sie auswählen möchten, schneller finden und somit auswählen.

> **HINWEIS**
>
> Die Funktion, dass die Rahmenkanten beim Darüberstreichen angezeigt werden, ist besonders hilfreich, wenn Sie im Vorschaumodus oder bei aktivierter Option RAHMENKANTEN AUSBLENDEN arbeiten. Letztere Option können Sie im Menü ANSICHT • EXTRAS auswählen.

Auswählen mit den Direktauswahl-Werkzeug | Durch das Auswählen von Rahmen mit diesem Werkzeug können die einzelnen Pfadpunkte und die Pfadlinien verschoben werden. Seit InDesign CS5 werden die einzelnen Pfadpunkte der Rahmen angezeigt, wenn Sie den Cursor über ein Seitenelement bewegen. Damit können Sie den zu bearbeitenden Pfadpunkt leichter finden.

Darunterliegendes Objekt auswählen | Befindet sich ein Objekt unterhalb eines anderen Rahmens, so kann es nur ausgewählt werden, indem Sie mit einem Auswahlwerkzeug mit gedrückter ⌃Strg - bzw. ⌘-Taste auf das Objekt klicken.

Rahmen über das Ebenen-Bedienfeld auswählen | Durch Klick auf den leeren Markierungspunkt im Ebenen-Bedienfeld können ebenfalls Rahmen ausgewählt werden. Nähere Informationen dazu finden Sie in Abschnitt 6.3.3, »Objekte über das Ebenen-Bedienfeld auswählen«, auf Seite 150.

8.4 Rahmen transformieren

Das Verschieben, Drehen, Skalieren, Spiegeln und Scheren von Rahmen kann über die dazu vorgesehenen Werkzeuge oder per Eingabe über das Steuerung- und das Transformieren-Bedienfeld sowie über Eingabedialoge in den jeweiligen Werkzeugen erfolgen.

> **Wo sind die Transformations-Werkzeuge?**
>
> Alle vier Transformations-Werkzeuge befinden sich im Flyout-Menü des Werkzeug-Bedienfelds.

8.4.1 Werkzeuge zum Transformieren von Rahmen

Doch zuerst einmal wollen wir uns die vier Werkzeuge ansehen, mit denen eine Transformation von Rahmen durchgeführt werden kann. Vorausgeschickt sei, dass einerseits bei allen Transformationen in Verbindung mit der ⬚-Taste immer die Proportionen erhalten bleiben oder feste Winkel angenommen werden und dass andererseits Transformationen sich auf den gewählten Ursprung beziehen.

Drehen-Werkzeug ↻ | Durch Aktivieren des Werkzeugs aus dem Flyout-Menü oder durch Drücken der Taste ⬚R⬚ erhält der ausgewählte Rahmen an der Position des gewählten Ursprungs ein Fadenkreuz ✛. Dieses Fadenkreuz stellt den Bezugspunkt für die Drehung, den *Rotationspunkt*, dar. Mit gedrückter Maustaste kann das Objekt nun beliebig um diesen Punkt gedreht werden. Halten Sie gleichzeitig die ⬚-Taste gedrückt, so kann nur in 45°-Schritten gedreht werden. Wenn Sie zu drehen beginnen und nachträglich die ⬚Alt⬚- bzw. ⬚⌥⬚-Taste drücken, so wird zugleich ein Duplikat erstellt.

Beim manuellen Drehen wird der Rotationswinkel direkt beim Objekt angezeigt. Diese Funktion vereinfacht das Rotieren und alle anderen Bearbeitungsprozesse enorm. Wenn Sie die Anzeige der Transformationswerte nicht wünschen, so müssen Sie die Option TRANSFORMATIONSWERTE ANZEIGEN im Register BENUTZEROBERFLÄCHE der InDesign-Voreinstellungen deaktivieren.

Als Bezugspunkt kann im Ursprung ❶ (Abbildung 8.12) jeder der neun Punkte, also auch der Mittelpunkt, bereits vor oder nach dem Anwählen des Drehen-Werkzeugs festgelegt werden. Wenn Sie jedoch den Bezugspunkt verlegen möchten, so verschieben Sie ihn an die gewünschte Stelle, klicken bei ausgewähltem Werkzeug an die vorgesehene Stelle oder ändern den Bezugspunkt über das Steuerung- bzw. Transformieren-Bedienfeld.

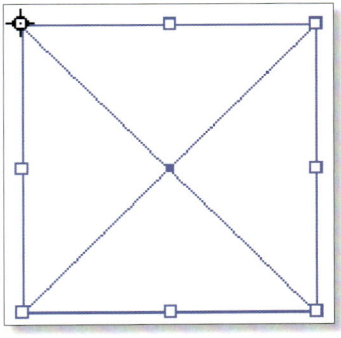
▲ **Abbildung 8.13**
Das Fadenkreuz (links oben) markiert den Rotationspunkt.

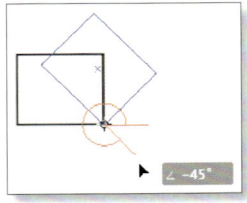
▲ **Abbildung 8.14**
Anzeige des Winkels beim manuellen Drehen von Objekten

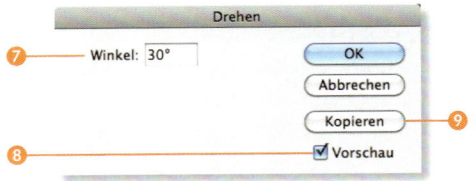

◀ **Abbildung 8.15**
Die numerische Eingabe für das Drehen-Werkzeug, die u. a. durch Klick auf das Symbol △ im Steuerung-Bedienfeld bei gedrückter ⬚Alt⬚- bzw. ⬚⌥⬚-Taste erscheint.

Durch Doppelklick auf das Drehen-Werkzeug oder durch Klick auf den gewünschten Rotationspunkt bei gedrückter ⬚Alt⬚- bzw. ⬚⌥⬚-Taste erscheint der Dialog aus Abbildung 8.15, in den Sie den WINKEL ❼ numerisch eingeben können. Ein positiver Rotationswinkel dreht das ausgewählte Objekt im Uhrzeigersinn um den Rotationspunkt, ein negativer Winkel somit gegen den Uhrzeigersinn. Damit Sie die Aktion auch gut kontrollieren können, sollten Sie die VORSCHAU ❽ markieren. Durch Drücken des Buttons KOPIEREN ❾ erzeugen Sie ein zweites gedrehtes Objekt.

> **Verschieben des Rotationspunktes**
>
> Ist das Drehen-Werkzeug ausgewählt, so wird die Auswahl des Objekts durch Klicken auf eine Stelle außerhalb des Objekts nicht aufgehoben. Das Klicken verschiebt in diesem Fall den Rotationspunkt auf diese Stelle.

> **HINWEIS**
>
> Die beschriebene Vorgehensweise gilt für alle Transformationsarten seit InDesign CS3. Der Unterschied zu früheren Versionen besteht dabei darin, dass die Option INHALTE TRANSFORMIEREN aus dem Bedienfeldmenü des Steuerung- bzw. Transformieren-Bedienfeldes und somit auch aus den Eingabedialogen der Transformationswerkzeuge verschwunden ist.

Ob das Objekt mit Inhalt, der Rahmen ohne Inhalt oder nur der Inhalt gedreht wird, hängt von folgenden Faktoren ab:

- **Drehen des Objekts mit Inhalt:** Dazu wählen Sie das Objekt vor dem Drehen mit dem Auswahlwerkzeug aus.
- **Drehen des Rahmens ohne Inhalt:** Dazu markieren Sie den Rahmen mit dem Direktauswahl-Werkzeug . Achten Sie darauf, dass alle Ankerpunkte des Rahmens markiert sind (sie sind nicht weiß). Sollte dies nicht der Fall sein, so markieren Sie alle Punkte, indem Sie mit gedrückter [Alt]- bzw. [⌥]-Taste auf irgendeinen Punkt des Pfades klicken.
- **Drehen des Inhalts:** Dazu markieren Sie den Inhalt (das Bild oder die Grafik) mit dem Direktauswahl-Werkzeug . Achten Sie darauf, dass der Inhaltsrahmen (die Farbe des Rahmens ist nun eine andere) sichtbar ist.

Das Drehen kann also per Hand oder über die Eingabe im DREHEN-Dialog erfolgen. Sie können darüber hinaus noch den Winkel über das Steuerung-Bedienfeld eingeben oder durch Klick auf das Symbol UM 90° DREHEN (UHRZEIGERSINN) oder auf das Symbol UM 90° DREHEN (GEGEN UHRZEIGERSINN) im Steuerung-Bedienfeld das ausgewählte Objekt in 90°-Schritten drehen.

Ist ein Objekt gedreht, so erkennen Sie das an der symbolischen Drehung des Symbols *P* im Steuerung-Bedienfeld. Den exakten Winkel können Sie aus dem Feld daneben auslesen. Die Rotation auf den Ausgangswert zurückstellen können Sie, indem Sie einen Rechtsklick auf das Symbol *P* ausführen und den Befehl TRANSFORMATIONEN LÖSCHEN wählen.

In InDesign CS5 wurde eine weitere intuitivere Möglichkeit eingebaut. Dazu wählen Sie mit dem Auswahlwerkzeug einen Rahmen aus und stellen den Zeiger außerhalb des Rahmens in die Nähe eines Auswahlgriffs: So ändert sich der Zeiger in . Drehen Sie damit den Rahmen um den gewünschten Winkel.

▲ **Abbildung 8.16**
Den Drehwinkel lesen Sie im Steuerung-Bedienfeld ab.

> **Keine Transformationswerte**
>
> Waren wir bis jetzt angenehm von der Anzeige der Transformationswerte beim Aufziehen und Rotieren von Rahmen überrascht, so müssen wir in der Handhabung des Skalieren-Werkzeugs auf diese kleine Annehmlichkeit verzichten. Die prozentuale Skalierung wird aber im Steuerung-Bedienfeld während des Skalierens live angezeigt.

Skalieren-Werkzeug | Die Skalieren-Funktion arbeitet ähnlich wie das Drehen-Werkzeug. Wählen Sie einen Rahmen aus, und klicken Sie auf das Skalieren-Werkzeug, oder drücken Sie die Taste [S]. Auch hier erhalten Sie einen Ausgangspunkt für die Skalierung, der identisch mit dem gewählten Bezugspunkt ist. Ziehen Sie die Maus in die gewünschte Richtung, und das Objekt wird unproportional skaliert. Wenn Sie rechts neben den Skalierungspunkt klicken und dann mit gedrückter Maustaste nach links ziehen, so wird das Objekt um die horizontale Skalierungsachse gespiegelt und zusätzlich skaliert. Das horizontale oder vertikale Spiegeln geht aber auch einfacher (siehe Abschnitt 8.4.4).

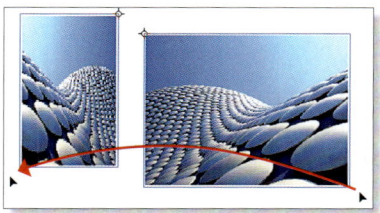

◀ **Abbildung 8.17**
Erzeugen eines gespiegelten und skalierten Bildes durch das Skalieren-Werkzeug

Das Verschieben des Skalierungspunkts funktioniert analog zum Verschieben des Rotationspunkts. Etwas anders verhält es sich, wenn Sie beim Skalieren die ⇧-Taste gedrückt halten. Durch Ziehen in die Senkrechte bzw. in die Waagrechte wird nur vertikal bzw. horizontal skaliert. Ziehen Sie jedoch nach rechts unten, so wird der Rahmen (mit Inhalt) proportional vergrößert.

Ist ein Rahmen markiert, kann durch einen Doppelklick auf das dazugehörige Werkzeug-Symbol oder durch einen Klick an die gewünschte Stelle mit gedrückter Alt - bzw. ⌥-Taste der Eingabedialog zum Skalieren geöffnet werden. Darin können Sie numerisch die gewünschten Werte und Einstellungen analog zum Drehen-Werkzeug eingeben.

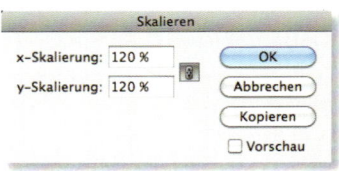

▲ **Abbildung 8.18**
Der Eingabedialog des Skalieren-Werkzeugs

Natürlich können Sie auch einen Rahmen skalieren, in dem Sie mit dem Auswahlwerkzeug einen Rahmen auswählen und den Zeiger außerhalb des Rahmens in die Nähe eines Auswahlgriffs stellen, bis sich das Symbol ↗ zeigt.

Scheren-Werkzeug ✄ | Diese Funktion dient dem Verbiegen eines Rahmens, und zwar in zwei Richtungen. Dadurch können Bilder, Grafiken und Texte in einer pseudodreidimensionalen Art verzogen und dabei skaliert werden. Das Verbiegen-Werkzeug verhält sich analog zum Skalieren-Werkzeug. Um wirklich ansprechende Ergebnisse damit zu erzeugen, benötigen Sie etwas Geduld und vor allem viel Übung. Vielleicht hilft es Ihnen, wenn Sie numerische Werte im Eingabedialog eingeben und dabei die Vorschau aktivieren.

> **Tastenkürzel für das Scheren-Werkzeug**
>
> Durch Drücken der Sie Taste O wählen Sie das Scheren-Werkzeug aus – bis InDesign CS4 wurde es Verbiegen-Werkzeug genannt.

◀ **Abbildung 8.19**
Anwendungsbeispiele des Scheren-Werkzeugs

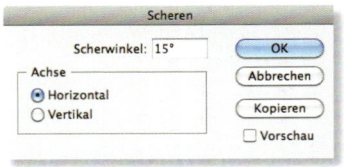

▲ **Abbildung 8.20**
Der Eingabedialog des Scheren-Werkzeugs

Im Scheren-Eingabedialog kann nur Horizontal und Vertikal geschert werden. Das gleichzeitige horizontale und vertikale Scheren ist nicht möglich. Was Sie dabei verbiegen, hängt davon ab, mit welchem Werkzeug Sie die Auswahl vorgenommen haben.

Frei Transformieren-Werkzeug | Das aus Adobe Photoshop und Adobe Illustrator bekannte Werkzeug ist ein Kombinationswerkzeug, mit dem Sie sowohl verschieben, drehen, skalieren, spiegeln und verbiegen als auch frei transformieren können. Sie erreichen das Werkzeug durch Drücken von [E].

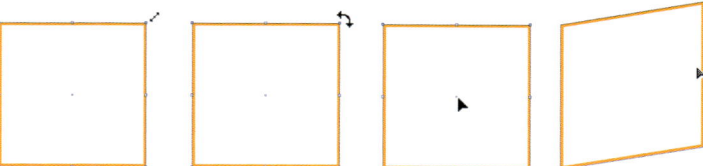

Abbildung 8.21 ►
Die verschiedenen Symbole des Frei Transformieren-Werkzeugs: Skalieren, Rotieren, Verschieben und Scheren.

> **TIPP**
>
> Um in die Eingabedialoge und zu den entsprechenden Eingabefeldern der Werkzeuge zu gelangen, können Sie auch mit gedrückter [Alt]- bzw. [⌥]-Taste auf das Symbol klicken (z. B. links neben dem Eingabefeld). Dies könnte sinnvoll sein, wenn Sie nicht nur transformieren, sondern gleichzeitig auch ein Duplikat erstellen wollen.

Markieren Sie einen Rahmen, und aktivieren Sie das Frei Transformieren-Werkzeug. Die Funktionsweise ist schnell erklärt:

▶ **Skalieren:** Um zu skalieren, bewegen Sie den Cursor auf einen Anfasserpunkt des Markierungsrahmens – dabei wandelt sich der Cursor in das Symbol ↗ um. Wollen Sie dabei das Objekt ausgehend vom Zentrum skalieren, so vergessen Sie nicht, die [Alt]- bzw. [⌥]-Taste zu drücken.

▶ **Drehen:** Um drehen zu können, müssen Sie den Cursor irgendwo außerhalb des Rahmens in die Nähe eines Anfasserpunktes bewegen. Erscheint das Symbol ↻, so können Sie klicken und rotieren.

▶ **Verschieben:** Um den Rahmen zu verschieben, platzieren Sie den Cursor ▶ innerhalb des Objekts und verschieben das Objekt an die neue Position.

▶ **Scheren:** Lediglich beim Scheren müssen Sie zuerst auf einen Anfasserpunkt, jedoch nicht auf einen Anfasser im Eck, klicken und nachträglich zusätzlich die Steuerungstasten drücken:

  ▶ Das Drücken der [Strg]- bzw. [⌘]-Taste verzerrt nur eine Seite, während die andere Seite an ihrer Position bleibt. Der Cursor verwandelt sich in das Symbol ▶↕.

  ▶ Das Drücken der [Strg]+[Alt]- bzw. [⌘]+[⌥]-Taste verzerrt in beide Richtungen.

Um zu spiegeln (wie Sie gezielt spiegeln, erfahren Sie genauer auf Seite 184), müssen Sie einen Griffpunkt des Markierungsrahmens über die gegenüberliegende Kante hinaus verschieben.

8.4.2 Transformieren ausgewählter Objekte

Wenn Sie mehrere Objekte ausgewählt haben, so können Sie über die zuvor beschriebenen Transformations-Werkzeuge selbstverständlich auch alle Objekte in einem Aufwasch transformieren. Mit InDesign CS5 wurde eine längst überfällige Funktion eingeführt: das Transformieren von ausgewählten Objekten über das Auswahlwerkzeug. Markieren Sie dazu die Objekte – ein Auswahlrahmen umklammert alle ausgewählten Objekte –, und skalieren oder rotieren Sie die gesamte Auswahl, indem Sie außerhalb eines Anfasserpunktes den Cursor verschieben, bis das Symbol ↗ oder ↷ erscheint, um dann die Transformation vorzunehmen.

HINWEIS
InDesign CS4-Anwender müssen dazu zuerst die Objekte gruppieren, um dann eine Skalierung vornehmen zu können.

8.4.3 Verschieben von Objekten

Zum Verschieben von Objekten steht dem Anwender das Auswahlwerkzeug ▸ und zum Verschieben von Inhalten das Direktauswahl-Werkzeug ▸ oder der Inhaltsanfasser zur Verfügung. Das Verschieben von Objekten um einen bestimmten Wert innerhalb eines Druckbogens erfolgt entweder über einen Doppelklick auf das aktivierte Auswahlwerkzeug, über den Befehl OBJEKT • TRANSFORMIEREN • VERSCHIEBEN oder über das Tastenkürzel [Strg]+[⇧]+[M] bzw. [⌘]+[⇧]+[M].

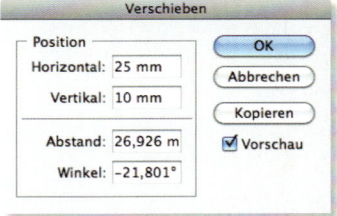

▲ **Abbildung 8.22**
Der VERSCHIEBEN-Dialog von Adobe InDesign, der unter anderem durch Klick auf X bzw. Y im Steuerung-Bedienfeld bei gedrückter [Alt]- bzw. [⌥]-Taste erscheint.

Verschieben Sie das ausgewählte Objekt horizontal und/oder vertikal durch Eingabe eines Werts in HORIZONTAL bzw. VERTIKAL. Durch Eingaben in diesen Feldern werden automatisch die Werte in ABSTAND und WINKEL angepasst. Wenn Sie lieber das Objekt entlang einer vom Winkel definierten Achse verschieben wollen, können Sie Werte in ABSTAND und WINKEL eingeben.

Das Verschieben von Objekten kann aber auch über andere Befehle ausgeführt werden. Dazu zählen:

- **Ausschneiden und Einfügen:** Ausgewählte Objekte können von einer Seite auf die andere bzw. in andere Dokumente verschoben werden. Wählen Sie dazu das Objekt aus, und führen Sie den Befehl BEARBEITEN • AUSSCHNEIDEN aus. Springen Sie auf die gewünschte Seite im Dokument, und führen Sie den Befehl BEARBEITEN • EINFÜGEN aus. Das kopierte Objekt wird in der Mitte am Monitor eingefügt.
- **Objekt an Originalstelle auf eine andere Seite verschieben:** Gehen Sie dazu wie zuvor beschrieben vor. Beim Einfügen wählen Sie lediglich den Befehl BEARBEITEN • AN ORIGINALPOSITION EINFÜGEN aus.
- **Objekt auf vielen Seiten auf dieselbe Position setzen:** Gehen Sie dazu wie zuvor beschrieben vor, und stellen Sie das Objekt auf die Mustervorlage(n) des Dokuments.
- **Objekt mit Pfeiltasten verschieben:** Das Verschieben über die Pfeiltasten kann ebenfalls schnell zum gewünschten Ergebnis führen. In welchen Schritten dabei verschoben wird, hängt von den Voreinstellungen im Register EINHEITEN UND EINTEILUNGEN ab. Wird dabei zusätzlich die [⇧]-Taste gedrückt, so verschiebt sich das Objekt um den zehnfachen Wert.

Wichtige Kurzbefehle
- Ausschneiden von Objekten: [Strg]+[X] bzw. [⌘]+[X]
- Einfügen von Objekten: [Strg]+[V] bzw. [⌘]+[V]
- An Originalposition einfügen: [Strg]+[Alt]+[⇧]+[V] bzw. [⌘]+[⌥]+[⇧]+[V]

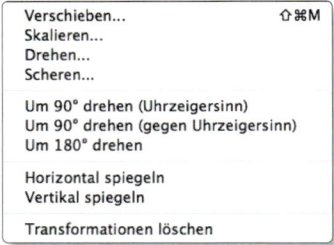

▲ **Abbildung 8.23**
Die verschiedenen Möglichkeiten des Menüs OBJEKT • TRANSFORMIEREN

Andere Möglichkeiten, die ein Verschieben, Drehen, Skalieren und Verbiegen über einen Eingabedialog ermöglichen, bestehen im Ausführen der Befehle VERSCHIEBEN, SKALIEREN, DREHEN und SCHEREN aus dem Menü OBJEKT • TRANSFORMIEREN. Dabei gelangen Sie zu den bisher gezeigten Eingabedialogen.

Auch die bereits zuvor beim Drehen genannten Funktionen UM 90° DREHEN (UHRZEIGERSINN), UM 90° DREHEN (GEGEN UHRZEIGERSINN) und TRANSFORMATIONEN LÖSCHEN können hier aufgerufen werden. Die Funktion UM 180° DREHEN finden Sie jedoch nur in diesem Menüeintrag.

Alle bisher beschriebenen Funktionen können auch über das Steuerung- und das Transformieren-Bedienfeld ausgeführt werden.

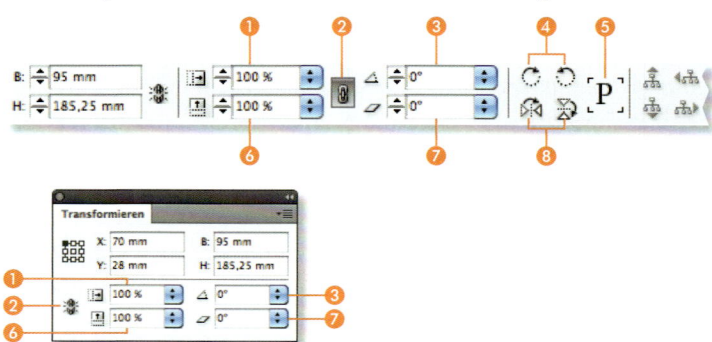

Abbildung 8.24 ▶
Das Steuerung- und das Transformieren-Bedienfeld

Das Skalieren eines ausgewählten Rahmens erfolgt durch Eingabe eines Prozentwerts für die X-SKALIERUNG ❶ und die entsprechende Y-SKALIERUNG ❻. Damit Sie immer über die Eingabe proportional skalieren, ist die Option PROPORTIONEN BEIM SKALIEREN BEIBEHALTEN ❷ aktiviert. ROTIEREN ❸ und SCHEREN ❼ erfolgt über die Eingabe der gewünschten Winkel.

8.4.4 Spiegeln von Objekten

Wie Sie im Menü OBJEKT • TRANSFORMIEREN bereits gesehen haben, gibt es noch weitere Befehle, die ein schnelles Drehen und Spiegeln ermöglichen. Über das Drehen haben wir uns ja schon zuvor ausführlich unterhalten. Wir sollten noch ergänzen, dass zum Rotieren von Objekten auch die Symbole UM 90° DREHEN (UHRZEIGERSINN) und UM 90° DREHEN (GEGEN UHRZEIGERSINN) ❹ im Steuerung-Bedienfeld zur Verfügung stehen.

Das Spiegeln von Objekten kann neben dem Ausführen des Befehls HORIZONTAL SPIEGELN bzw. VERTIKAL SPIEGELN aus dem Menü OBJEKT • TRANSFORMIEREN auch über die Symbole 🔃 HORIZONTAL SPIEGELN und 🔃 VERTIKAL SPIEGELN ❽ im Steuerung-Bedienfeld erledigt werden. Ob das Bild gespiegelt oder rotiert ist, können Sie nun einfach am Symbol ⌈P⌉ ❺ erkennen. Drehungen drehen das Symbol ⌐P⌐, Spiegelungen lassen das P im Symbol mit einer Outline und gespiegelt ⌐ꟼ⌐ erscheinen. Damit haben Sie auf einen Blick erfasst, was mit dem aktivierten Objekt passiert ist.

Wollen Sie alle Transformationen hinsichtlich Rotieren und Spiegeln rückgängig machen, so erledigen Sie das am einfachsten über einen Rechtsklick auf das Symbol ⌐P⌐ und den Befehl TRANSFORMATIONEN LÖSCHEN. Natürlich steht Ihnen auch der Befehl OBJEKT • TRANSFORMIEREN • TRANSFORMATIONEN LÖSCHEN zur Verfügung.

Die Eingabe der Werte erfolgt, wie in allen Feldern des Transformieren- und des Steuerung-Bedienfeldes, über direkte Eingabe oder die Auswahl vordefinierter Werte aus dem Popup-Menü des jeweiligen Eingabefeldes. Wenn Sie den Cursor im Eingabefeld positionieren, können Sie auch die Werte über die Pfeiltasten ↑/↓ hinauf- oder heruntersetzen.

> **HINWEIS**
>
> Erweiterte Funktionen zum Erstellen von Transformationen lernen Sie in Abschnitt 9.6.3, »Wiederholen von Transformationen«, auf Seite 217 kennen.

8.5 Rahmenformen ändern

Wie Sie Rahmen erstellen, diese exakt positionieren und mit den dafür vorgesehenen Werkzeugen verändern können, dürfte Ihnen jetzt bekannt sein. Doch es ist nicht immer angenehm, in einem Arbeitsgang zwischen Werkzeugen zu wechseln. Viele Standardarbeiten wie das Vergrößern, Verschieben und Verkleinern von Rahmen können einfacher bewerkstelligt werden. Nur das Verformen von Rahmen – sie sind meistens viereckig – kann ausschließlich über spezielle Techniken erfolgen.

8.5.1 Werkzeuge zum Ändern von Rahmenformen

Die für die einfache Bearbeitung vorgesehenen Werkzeuge sind das Auswahlwerkzeug ▶ [V] bzw. [Esc], wenn Sie gerade einen Text schreiben, das Direktauswahl-Werkzeug ▶ [A] und das Zeichenstift-Werkzeug ✎ [P]. Mit diesen Werkzeugen ist es möglich, Rahmen zu bearbeiten, die im Wesentlichen aus einem Pfad und aus der darin eingeschlossenen Fläche bestehen. InDesign unterscheidet dabei, ob Sie nur den Rahmen als Ganzes oder den Inhalt bzw. die Kontur bearbeiten wollen.

Diese Trennung kommt durch das Auswahl- und Direktauswahl-Werkzeug zum Ausdruck. In Verbindung mit diversen Tastaturkürzeln können schnell Positions-, Größen- und Formveränderungen durchgeführt werden.

Auswahlwerkzeug ▶ | Das Verhalten dieses Werkzeugs ist aus der Beschreibung des Frei Transformieren-Werkzeugs bekannt.

> **Schnelles Umschalten zwischen Auswahl und Direktauswahl**
>
> Ein schneller Wechsel zwischen Auswahl- und Direktauswahl-Werkzeug kann durch Drücken der Tastenkürzel [V] bzw. [A] oder durch Drücken von [ctrl]+[⇧]-Taste (nur Mac) erfolgen.
>
> Im Falle von Bildrahmen können Sie das Bild auch mit dem INHALTSAUSWAHLWERKZEUG verschieben, ohne dass dabei das Werkzeug zu wechseln ist.

> **TOP-TIPP: Konturstärke beim Skalieren nicht ändern**
>
> Wenn Sie ein Objekt mit einer Kontur skalieren wollen, müssen Sie sich entscheiden, ob InDesign dabei die Linienstärke skalieren soll oder nicht.
>
> Um Linien beim Skalieren nicht zu verändern, müssen Sie im Bedienfeldmenü des Steuerung-Bedienfelds die Option KONTURSTÄRKE BEI SKALIERUNG ANPASSEN deaktivieren.

- **Rahmen mit Inhalt verschieben:** Dabei müssen Sie innerhalb des markierten Rahmens – nicht jedoch auf das INHALTSWERKZEUG – den Cursor positionieren und verschieben.
- **Rahmengröße ändern:** Um die Größe des Rahmens zu verändern, ohne dabei den Inhalt zu skalieren, müssen Sie auf einen Griffpunkt des Markierungsrahmens klicken und dann ziehen.
- **Rahmen mit und ohne Inhalt proportional skalieren:** Bei gleichzeitig gedrückter ⇧-Taste wird der Rahmen (ohne Inhalt) proportional vergrößert bzw. verkleinert. Wenn Sie zusätzlich zur ⇧-Taste die Strg- bzw. ⌘-Taste gedrückt haben, so wird der gesamte Inhalt mit Rahmen und Kontur proportional skaliert.
- **Rahmen mit und ohne Inhalt verzerren:** Das unproportionale Skalieren von Rahmen mitsamt des Inhalts erfolgt durch Ziehen bei gedrückter Strg- bzw. ⌘-Taste.

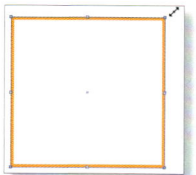 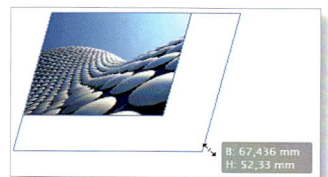

Abbildung 8.25 ▸
Die linke Abbildung zeigt das Symbol, das beim Skalieren von Rahmen zu sehen ist. Die rechte Abbildung zeigt, wie ein Rahmen mit Inhalt skaliert wird.

- **Anpassen des Rahmens an den Inhalt:** Dies erfolgt über einen Doppelklick auf einen Anfasserpunkt. Es ist dabei zu unterscheiden, ob Sie auf einen Eckpunktanfasser oder auf einen Breiten- bzw. Höhenpunktanfasser doppelklicken. Im ersten Fall wird der Rahmen sowohl in der Höhe als auch in der Breite an den Inhalt angepasst; im zweiten Fall wird der Rahmen an die Breite bzw. die Höhe des Inhalts angepasst. Es ist auch wichtig zu wissen, dass der Punkt, auf den Sie doppelklicken, verändert wird und dass nicht, wie zu vermuten wäre, von diesem Punkt ausgehend eine Änderung durchgeführt wird. Also: Wollen Sie beispielsweise einen Textrahmen mit Übersatz nach rechts erweitern, so klicken Sie auf den rechten Breitenpunktanfasser. Wollen Sie ihn links an die Breite anpassen, so klicken Sie auf den linken Breitenpunktanfasser.

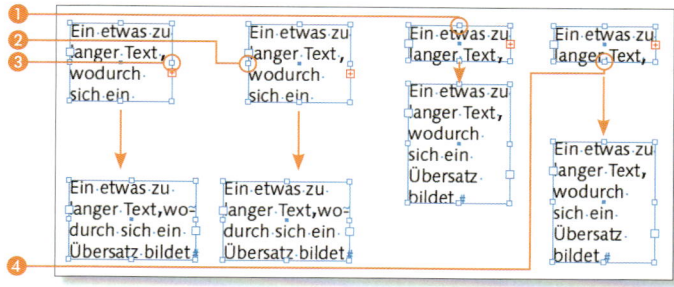

Abbildung 8.26 ▸
Abhängig davon, auf welchem Anfasser Sie einen Doppelklick ausführen, erfolgt die Anpassung des Textrahmens.

Durch einen Doppelklick auf den rechten Breitenanfasser ❸ wird der Rahmen ausgehend von links so weit in die Breite verschoben, dass der ganze Text im Rahmen sichtbar ist. Analog wird durch einen Doppelklick auf den linken Breitenanfasser ❷ der Textrahmen von rechts ausgehend links angepasst. Wenn Sie hingegen auf den oberen Höhenanfasser ❶ doppelklicken, so passt sich der Rahmen ausgehend von der unteren Rahmenkante nach oben an. Analog verfährt das Programm, wenn Sie auf den unteren Höhenanfasser ❹ doppelklicken. Ausgehend von der oberen Rahmenkante wird der Textrahmen nach unten angepasst. Letztere Möglichkeit kann auch durch Ausführen des Tastaturkürzels [Strg]+[Alt]+[C] bzw. [⌘]+[⌥]+[C] bzw. durch Aufruf des Befehls OBJEKT • ANPASSEN • RAHMEN AN INHALT ANPASSEN erfolgen. Sollten die Möglichkeiten nicht funktionieren, so lesen Sie den nebenstehenden Hinweis.

HINWEIS

Die Möglichkeit, Rahmen durch einen Doppelklick auf einen Anfasserpunkt anzupassen, funktioniert bei Textrahmen nur so lange, wie kein mehrspaltiger Textrahmen angelegt bzw. der Textrahmen noch nicht mit einem anderen Textrahmen verkettet wurde.

Direktauswahl-Werkzeug | Um den Inhalt eines Rahmens – seit InDesign CS5 kann dies auch bei Bildern über das INHALTS-WERKZEUG (Kreise in der Bildmitte) erfolgen – oder die Form der Kontur zu ändern, verwenden Sie dieses Werkzeug, das Sie unter anderem auch über das Tastaturkürzel [A] auswählen können. Markieren Sie einen Rahmen mit dem Auswahlwerkzeug, und schalten Sie anschließend, am einfachsten durch einen Doppelklick (das geht nur bei Bild- und nicht bei Textrahmen), auf das Direktauswahl-Werkzeug um.

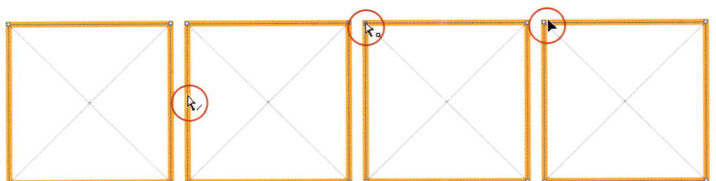

◀ **Abbildung 8.27**
Links: ausgewähltes Rechteck mit dem Direktauswahl-Werkzeug
Restliche: drei Formen des Direktauswahl-Werkzeugs, durch rote Kreise markiert

Die uns bisher bekannten acht Punkte des Markierungsrahmens verschwinden, und stattdessen werden die einzelnen Pfadpunkte des Rahmens angezeigt (linkes Bild in Abbildung 8.27). Welche Arbeiten können nun mit diesem Werkzeug erledigt werden?

▶ **Linie verschieben:** Wenn Sie den Cursor auf eine Linie zwischen zwei Pfadpunkten bewegen, so ändert sich die Darstellung des Direktauswahl-Werkzeugs. Wird das Werkzeug durch einen kleinen Strich ergänzt, so können Sie die Linie zwischen den beiden Ankerpunkten verschieben.

▶ **Einzelnen Punkt verschieben:** Bewegen Sie hingegen den Cursor auf einen Ankerpunkt – das Werkzeug wird um einen kleinen weißen Punkt ergänzt –, so können Sie den Pfad-

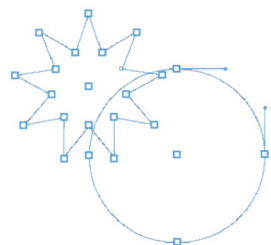

▲ **Abbildung 8.28**
Mit dem Direktauswahl-Werkzeug können alle Pfadpunkte eines Rahmens ausgewählt und verschoben werden.

punkt markieren und ihn mit gedrückter Maustaste verschieben.

▶ **Objekt verschieben:** Wenn Sie den Cursor auf die Fläche des Objekts bewegen, so ändert der Cursor die Darstellungsform auf das Symbol ▶. Damit können Sie das Objekt auch mit dem Direktauswahl-Werkzeug verschieben.

Durch das Verschieben von Pfadpunkten können somit verschiedenste Formen eines Rahmens erzeugt werden. Erzeugen Sie einen Stern, und verschieben Sie eine Spitze, um damit einen unregelmäßigen Stern zu erstellen, oder erzeugen Sie eine Raute, indem Sie die Linie der oberen Seite eines Rechtecks verschieben.

Ein Spezialfall ist das Löschen eines markierten Pfadpunktes durch Drücken der ⌊Entf⌋-Taste bzw. ⌊←⌋-Taste. Dadurch wird ein Rahmen quasi »aufgeschnitten«, und es ist keine durchgängige Kontur mehr erkennbar. Erstellen Sie auf diese Weise aus einem Kreis einen Halbkreis, der an der Unterseite keine Kontur besitzt. Erstellen Sie damit aus einem Quadrat einen Pfeil oder aus einem Kreis ein Kreissegment, indem Sie zwei der vier Pfadpunkte löschen.

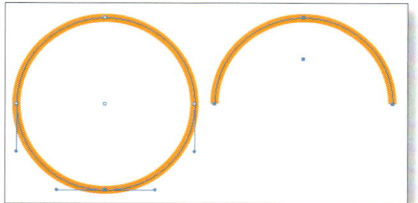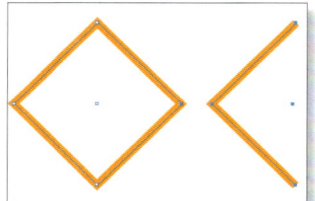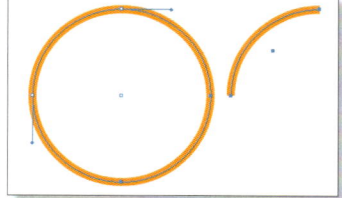

▲ **Abbildung 8.29**
Links: Löschen des unteren Pfadpunkts erzeugt einen Halbkreis.
Mitte: Löschen des rechten Pfadpunkts erstellt einen Pfeil.
Rechts: Markieren und Löschen des rechten und unteren Pfadpunkts erstellt ein Kreissegment.

Zeichenstift-Werkzeug ✑ **|** Da es sich bei einem Rahmen um einen Pfad handelt, können einzelne Punkte verändert werden. Um jedoch einen Punkt aus dem Pfad zu löschen (ohne dass der Rahmen dabei »offen« wird), einen neuen Pfadpunkt hinzuzufügen, einen Kurvenpunkt asymmetrisch zu verändern oder aus einem Kurvenpunkt einen Eckpunkt zu machen, bedarf es des Zeichenstift-Werkzeugs, das in seiner Arbeitsweise genauer in 13.2.2, »Konturenstile«, auf Seite 319 vorgestellt wird.

Schere-Werkzeug ✂ **|** Um die Form eines Rahmens zu verändern, können Sie das Schere-Werkzeug nutzen. Durch einfaches Markieren von Pfadpunkten können damit Rahmen aufgeschnitten und somit in zwei Hälften zerteilt werden. Achtung: Textrahmen können nur mit der Schere geöffnet, jedoch nicht durchgeschnitten werden. Erweiterte Arbeitsweisen mit diesem Werkzeug werden auf Seite 311 vorgestellt.

8.5.2 Verändern von Rahmenecken

Gerade bei geometrischen Figuren ergibt sich gelegentlich der Bedarf, die Kontur zu modifizieren, indem z. B. Kanten abgerundet werden. Diese Modifikationen können Sie auf dreierlei Art und Weise erledigen. Diese sind:

Einstellungen über den Eckenoptionen-Dialog | Um in den Eckenoptionen-Dialog zu gelangen, markieren Sie ein Objekt und rufen danach den Befehl ECKENOPTIONEN aus dem Menü OBJEKT auf.

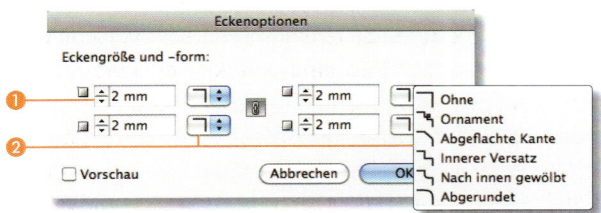

◀ **Abbildung 8.30**
Der ECKENOPTIONEN-Dialog, der sich seit InDesign CS5 im neuen Gewand zeigt. Erstmals können unterschiedliche Eckeneffekte auf einzelne Ecken gesetzt werden.

▶ **Eckenform:** Über das Aufklappmenü ECKENFORM ❷ kann für jeden einzelnen Punkt ausgewählt werden, welche Form die Ecke bekommen soll. Es stehen die Formen ORNAMENT, ABGEFLACHTE KANTE, INNERER VERSATZ, NACH INNEN GEWÖLBT und ABGERUNDET zur Verfügung.

▶ **Eckengröße:** ❶ Darin kann für jeden Eckpunkt festgelegt werden, wie stark diese Veränderung ausfallen soll. Werte in ECKENGRÖSSE definieren den Radius eines gedachten Kreises, der in eine Ecke geschmiegt wird und die Wirkung des Effekts begrenzt. Deshalb kann er einerseits nicht kleiner als 0 werden, zeigt aber andererseits ab einer bestimmten Obergrenze keine Wirkung mehr. Ist der Radius einmal so groß, dass er die beteiligten Pfadsegmente der Ecke überdeckt, hat eine weitere Ausdehnung des Wirkungsradius keinen Effekt mehr.

HINWEIS

Sie können ECKENOPTIONEN auf offene und geschlossene Pfade anwenden. Allerdings wirken sie nur – der Name deutet es an – auf eckige Pfadübergänge. In Kurvenpunkten sind die Effekte unwirksam.

Da die Auswahl an Standardeffekten, die hier angeboten werden, schwer zu beschreiben ist, stellen wir die Effekte einfach anhand eines Beispiels dar. Der Ausgangspunkt ist dabei ein sechseckiges Polygon:

▼ **Abbildung 8.31**
Die verfügbaren Standard-Eckenoptionen aus InDesign

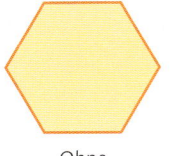
Ohne

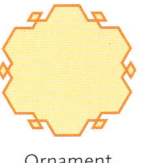
Ornament

Abgeflachte Kante

Innerer Versatz

Nach innen gewölbt

Abgerundet

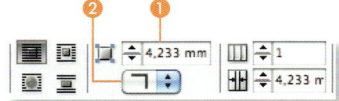

▲ **Abbildung 8.32**
Die Möglichkeit, die ECKENFORM ❷ und ECKENGRÖSSE ❶ im Steuerung-Bedienfeld zu ändern, steht erst seit InDesign CS5 zur Verfügung.

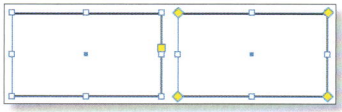

▲ **Abbildung 8.33**
Durch Klick auf das gelbe Quadrat (linkes Bild) kann auf die Bearbeitung der Ecken umgeschaltet werden. Sobald gelbe Rauten an den Eckpunkten sichtbar sind, können die Eckengröße und die Eckenform durch einfaches Verschieben geändert werden.

TOP-TIPP
Eckenformen über Objektstile

Sollten Sie immer wiederkehrende Rahmen mit Eckenformen benötigen, so erstellen Sie sich dafür einen Objektstil, in dem Sie die Eckenformen ebenfalls abspeichern können.

Rechteck
Abgerundetes Rechteck
Rechteck mit abgeflachten Ecken
Rechteck mit nach innen gewölbten Ecken
Ellipse
Dreieck
Polygon
Linie
Rechtwinklige Linie

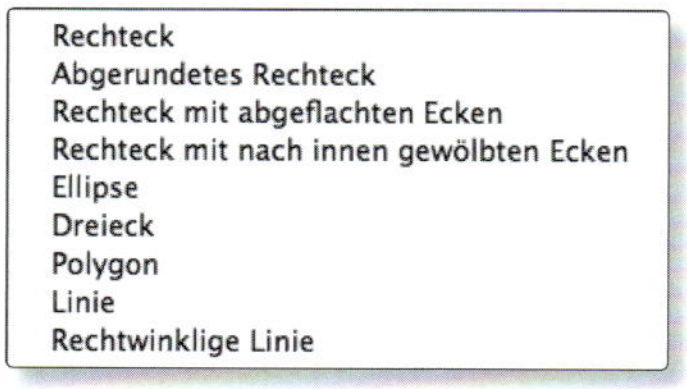

▲ **Abbildung 8.34**
Die verschiedenen Möglichkeiten aus dem Menü OBJEKT • FORM KONVERTIEREN

Die ECKENOPTIONEN lassen also die Grundform unverändert und können auch wieder entfernt werden, indem Sie den EFFEKT eines Pfades wieder auf OHNE setzen.

Selbstverständlich können Sie auch die ECKENOPTIONEN über das Steuerung-Bedienfeld auswählen. Die einzige Einschränkung besteht darin, dass Sie dabei die Eckenform nicht für jede einzelne Ecke, sondern nur für das gesamte Objekt verändern können.

Verändern der Eckenoptionen über ein Skript | Mit dem Skript »CornerEffects«, das Sie aus dem Skripte-Bedienfeld aufrufen können, können Sie ebenfalls Eckenformen und Eckengrößen verändern. Nähere Informationen dazu erhalten Sie in Kapitel B, »Skripte«, das sich auf der Buch-DVD befindet.

Verändern der Ecken über die dynamischen Ecken | Um mit dynamischen Ecken arbeiten zu können, müssen Sie zuerst überprüfen, ob der Befehl ANSICHT • EXTRAS • DYNAMISCHE ECKEN EINBLENDEN aktiviert ist. Ist dieser Befehl aktiviert, so besitzt jeder Rahmen in der oberen Hälfte der rechten Rahmenkante ein gelbes Quadrat (Abbildung 8.33, linkes Bild).

Aktivieren Sie die dynamische Eckenfunktion, indem Sie einmal auf das gelbe Quadrat klicken, womit Sie nun für jeden Eckpunkt eine gelbe Raute (Abbildung 8.33, rechtes Bild) erhalten. Durch Klicken auf eine Raute können Sie die Eckengröße dynamisch für alle Ecken verändern. Wenn Sie dabei die ⇧-Taste gedrückt halten, so ändern Sie nur die gewählte Ecke. Durch Drücken der Alt - bzw. ⌥-Taste können Sie die Eckenform ändern.

8.5.3 Rahmenformveränderung durch Form konvertieren

Wenn Sie die Form eines Objekts verändern möchten, können Sie dazu aus dem Menü OBJEKT • FORM KONVERTIEREN aus verschiedenen Formen auswählen. Wir wollen Ihnen (und uns) an dieser Stelle die Erklärung ersparen, wie ein Dreieck aussieht – die Bezeichnungen erscheinen uns selbsterklärend.

Bestimmte Fakten sollten Sie zu den FORM KONVERTIEREN-Funktionen jedoch kennen:

▶ In welche Art von Polygon – bestimmt über die ANZAHL DER SEITEN und STERNFORM (siehe Seite 175) – umgewandelt wird, ergibt sich aus den Default-Einstellungen des Polygon-Werkzeuges, die Sie über einen Doppelklick auf das Werkzeug im Werkzeug-Bedienfeld ändern können.

▶ Ein Dreieck ist immer gleichschenkelig und wird bei der Konvertierung immer in den Objektrahmen der ursprünglichen Form eingepasst.

- Bei Objekten mit Eckenoptionen werden die Effekte in die neue Form übernommen, sofern für diese Form Eckenoptionen möglich sind, ansonsten gehen sie verloren.
- Orthogonale Linien können zwar eine starke Kontur besitzen und deshalb eine Fläche belegen, aber trotzdem nicht in eine Form verwandelt werden, die eine Fläche in Form eines Objektrahmens besitzt. Bei Linien, die nicht ausschließlich horizontal oder vertikal verlaufen, funktioniert das schon, weil hier die Ausdehnung bereits über eine Fläche beschrieben wird.
- Werden Objekte wie Kreise oder Rechtecke in eine Linie konvertiert, so kann eine Rückkonvertierung in einen Kreis oder ein Rechteck nicht mehr erfolgen.

All diese Konvertierungen können in InDesign auch über das Bedienfeld PATHFINDER durchgeführt werden. Sie können den Pathfinder entweder über das Menü FENSTER • OBJEKT UND LAYOUT • PATHFINDER oder durch Klick auf das Symbol in der Bedienfeldleiste aufrufen.

Während im oberen Teil des Bedienfelds Formen miteinander verrechnet werden können, stehen im unteren Teil die zuvor genannten FORM KONVERTIEREN-Möglichkeiten zur Verfügung.

Eckenformen skalieren

Wenn Sie die Größe eines Objekts verändern, bleibt der Eckenradius gleich. Wenn Sie das Objekt aber skalieren, wird der Eckenradius ebenfalls mitskaliert.

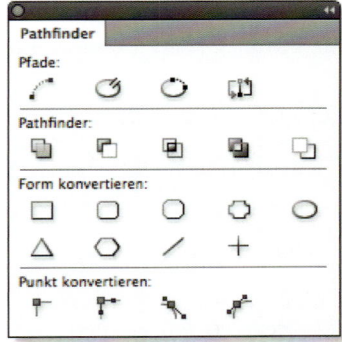

▲ **Abbildung 8.35**
Das Bedienfeld PATHFINDER mit den FORM KONVERTIEREN-Optionen

Schritt für Schritt: Umwandeln von mehreren Sternen mit acht Seiten in Sterne mit fünf Seiten (Europa-Sterne)

1 Die Ausgangssituation

Sie haben viel Zeit dafür verwendet, einen Kreis aus Sternen zu erstellen. Dafür haben Sie beim Erstellen im POLYGON-Eingabedialog die Werte für die ANZAHL DER SEITEN auf 8 und für die STERNFORM auf 35 % gestellt.

Auf der Buch-DVD finden Sie im Ordner BEISPIELMATERIAL • KAPITEL_08 das Ausgangsdokument »Europa_Sterne.indd«.

◀ **Abbildung 8.36**
Die Ausgangssituation: Die Sterne besitzen acht Seiten und eine Sternform von 35 %.

Das Ausgangsobjekt ist fertig – wie Sie dieses erstellen, erfahren Sie im nächsten Kapitel in Abschnitt 9.6.3, »Wiederholen von Transformationen«, auf Seite 217.

Ihr Auftraggeber sieht die Grafik und bemängelt, dass Europa-Sterne nur fünf Seiten besitzen. Die Frage, die sich nun stellt, ist: Wie kann ich diese Änderung am schnellsten durchführen?

Wenn Sie nun einfach alle Sterne auswählen und das Menü Objekt • Form konvertieren • Polygon auswählen (oder auf das entsprechende Symbol im Pathfinder klicken), ändert sich zwar möglicherweise die Grafik, jedoch Ihr gewünschtes Ergebnis kann damit nicht erzielt werden.

2 Ändern der Default-Einstellungen im Polygon-Werkzeug

Da die Form konvertieren-Möglichkeiten auf die Default-Einstellungen der Werkzeuge zurückgreifen, müssen Sie zuerst diese Einstellung entsprechend Ihrem Wunsch ändern.

Führen Sie dazu einen Doppelklick auf das Polygon-Werkzeug aus – dabei ist es unerheblich, ob Sie auf das Symbol ⊗. oder ⊙. klicken –, und geben Sie die Werte aus Abbildung 8.37 ein.

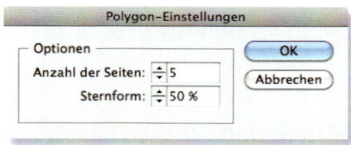

Abbildung 8.37 ▶
Der Polygon-Einstellungen-Dialog

3 Objekte auswählen und Form konvertieren

Wählen Sie alle Sterne dieser Grafik aus, und führen Sie nun den Befehl Objekt • Form konvertieren • Polygon aus, oder klicken Sie auf das entsprechende Symbol im Pathfinder.

Abbildung 8.38 ▶
Das Endergebnis

So einfach kann das Arbeiten sein. Wir sind uns sicher, dass sehr viele Anwender die Grafik erneut erstellt hätten. ■

8.5.4 Rahmenformen in freie Formen umwandeln

Der Wunsch, geometrische Objekte in x-beliebige Formen umzuwandeln, kann mit InDesign auf verschiedene Art und Weise realisiert werden. An dieser Stelle soll nur ein kurzer Überblick über die Möglichkeiten gegeben werden.

> **HINWEIS**
>
> Nähere Hinweise, wie Sie Rahmenformen in freie Formen umwandeln können, finden Sie in Kapitel 13, »Pfade und Vektoren«, auf Seite 303.

Mehrere Objekte in eine Form umwandeln | Wenn Sie beispielsweise einen Torbogen erstellen wollen, so kann dies durch Zeichnen mit dem Zeichenstift-Werkzeug erfolgen oder einfach durch Verschmelzen eines Kreises mit einem Rechteck.

Um mit dem Zeichenstift-Werkzeug dieses Objekt zu erstellen, nehmen viele Anwender Hilfslinien zur Hand, um die entsprechenden Pfadpunkte an der dafür vorgesehenen Stelle zu platzieren. Einfacher geht es aber, wenn Sie ein Rechteck und einen Kreis aufziehen und diese über den Pathfinder verschmelzen.

Schritt für Schritt: Einen Torbogen aus geometrischen Formen erstellen

1 Rechteck zeichnen und Flächen- und Konturattribute bestimmen

Ziehen Sie ein Rechteck auf, füllen Sie es mit dem gewünschten Farbton, und legen Sie die gewünschte Konturstärke und Konturfarbe fest.

◄ **Abbildung 8.39**
Die Ausgangssituation: ein gefülltes Quadrat, versehen mit einer Kontur

2 Duplizieren und Verschieben des Rechtecks

Nun duplizieren Sie das Rechteck und verschieben es mit dem Mittelpunkt auf die obere Kante des Rechtecks. Dies erledigen Sie, indem Sie das Auswahlwerkzeug wählen und mit gedrückter [Alt]+[⇧]- bzw. [⌥]+[⇧]-Taste das Rechteck mit dem Mittelpunkt auf die obere Rahmenkante verschieben.

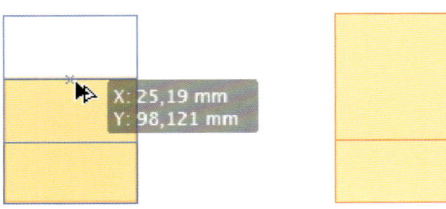

◄ **Abbildung 8.40**
Links: Das Quadrat wird dupliziert. Rechts: das Ergebnis

3 **Oberes Rechteck in Kreis umwandeln**
Markieren Sie das obere Rechteck, und führen Sie den Befehl OBJEKT • FORM KONVERTIEREN • ELLIPSE aus.

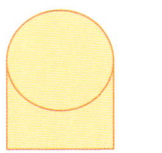

Abbildung 8.41 ▶
Das obere Quadrat wird über FORM KONVERTIEREN in einen Kreis umgewandelt.

4 **Objekte miteinander verschmelzen**
Nun müssen Sie beide Objekte markieren und über das Menü OBJEKT • PATHFINDER • ADDIEREN zu einem Objekt verschmelzen.

Abbildung 8.42 ▶
Das Endergebnis

Sie können diesen Vorgang natürlich auch über das Bedienfeld PATHFINDER erledigen, indem Sie auf das entsprechende Symbol klicken. ■

Darüber hinausgehende Informationen zum Bedienfeld PATHFINDER und die Beschreibung aller Funktionen finden Sie in Abschnitt 13.3.2, »Pathfinder«, auf Seite 325.

Geometrische Objekte in freie Formen umwandeln | Ausgehend von einem geometrischen Objekt kann jede Abwandlung der Objekte am einfachsten über das Zeichenstift-Werkzeug erfolgen. Wie Sie entsprechende Pfadpunkte hinzufügen, diese löschen und auch verändern, erfahren Sie in Abschnitt 13.1.5, »Pfade bearbeiten«, auf Seite 309.

Zufällige Rahmenformen aus geometrischen Objekten erstellen | Um zufällige Konstrukte aus geometrischen Objekten generieren zu lassen, müssen Sie die in InDesign installierten Skripte verwenden. Die Sonderform in Abbildung 8.43 wurde ausgehend von einem Rechteck über das Skript »PathEffects« in Kombination mit dem Skript »AddPoints« erstellt. Welche Skripte zur Verfügung stehen und was diese eigentlich machen, erfahren Sie in Zusatzkapitel B, »Skripte«, auf der Buch-DVD.

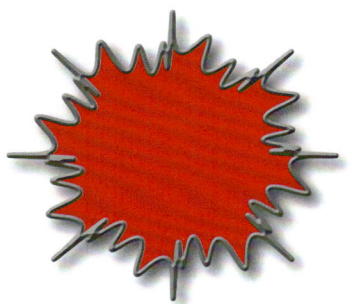

▲ **Abbildung 8.43**
Über Skripte kann ein Rechteck ganz schnell in diese zufällige Form umgewandelt werden.

9 Rahmen anordnen und verteilen

Wie Sie einzelne Rahmen erstellen und in der Form verändern, ist Ihnen nach dem Lesen des vorigen Kapitels bekannt. Das Raster unseres Layouts kann somit mit den jeweiligen Rahmenformen uneingeschränkt von Ihnen aufgebaut werden.

Beim Befüllen des Layouts mit Rahmen werden jedoch öfter dieselben Rahmenformen in einem Raster erstellt und angeordnet. Um diesen Prozessschritt im Layout möglichst schnell durchzuführen, können Sie in InDesign auf Werkzeuge und Funktionen zum Vervielfältigen und Anordnen von Rahmen zurückgreifen. Das sorgfältige Studieren dieses Kapitels kann Ihnen sehr viel Zeit ersparen!

9.1 Rahmen und Objekte duplizieren

Oft benötigt man einzelne Objekte, die man mühevoll erstellt hat, oder ganze Gruppen von Objekten ein zweites Mal. Das gilt z. B. auch für Textrahmen, die Sie an einer anderen Stelle in genau der gleichen Dimension mit der gleichen Kontur und Füllung usw. brauchen. InDesign stellt dazu eine Reihe von Möglichkeiten zur Verfügung.

9.1.1 Einfaches Duplizieren

Das einfache Duplizieren von Objekten oder Objektgruppen kann auf verschiedene Art erfolgen. Je nachdem, welches Endergebnis gewünscht wird, wählen Sie eine der nachfolgenden Vorgehensweisen aus:

Duplizieren über das Menü | Wählen Sie das Ausgangsobjekt mit dem Auswahlwerkzeug aus, und rufen Sie BEARBEITEN • DUPLIZIEREN auf, oder drücken Sie die Tastenkombination [Alt]+[⇧]+[Strg]+[D] bzw. [⌥]+[⇧]+[⌘]+[D]. Ihr Objekt wird dupliziert und, um ein kleines Stück horizontal und vertikal versetzt, neben das Original gestellt.

> **Versatz beim Duplizieren**
>
> Welcher Versatz dabei zum Tragen kommt, ist davon abhängig, welchen horizontalen und vertikalen Versatz Sie das letzte Mal entweder im DUPLIZIEREN UND VERSETZT EINFÜGEN-Dialog eingegeben bzw. durch das Verschieben von Objekten mit gedrückter [Alt]- bzw. [⌥]-Taste durchgeführt haben.

Duplizieren über Kopieren und Einsetzen | Im Unterschied zum Befehl DUPLIZIEREN verwendet die Abfolge der Befehle BEARBEITEN • KOPIEREN (`Strg`+`C` bzw. `⌘`+`C`) und BEARBEITEN • EINFÜGEN (`Strg`+`V` bzw. `⌘`+`V`) die Zwischenablage – der Inhalt bleibt also in der Zwischenablage erhalten. Zusätzlich setzt InDesign ein Objekt, das über die Zwischenablage eingesetzt wird, immer in die Mitte des Dokumentfensters, wo man es in den meisten Fällen nicht wirklich haben will.

Duplizieren an derselben Stelle | Um zwei Arbeitsschritte kommen Sie nicht herum, wenn Sie die Kopie eines Objekts genau über dem Original einfügen bzw. das Objekt auf einer anderen Seite an derselben Position einfügen wollen.

Für diese Fälle wählen Sie beim Einfügen des Objekts den Menübefehl BEARBEITEN • AN ORIGINALPOSITION EINFÜGEN oder benutzen das – etwas unbequem zu drückende – Tastenkürzel `Strg`+`Alt`+`⇧`+`V` bzw. `⌘`+`⌥`+`⇧`+`V`.

Duplizieren um einen visuell bestimmten Versatz | Ein Duplikat anlegen und die Zielposition in einem Schritt festlegen können Sie, wenn Sie ein ausgewähltes Objekt mit dem Auswahlwerkzeug bei gedrückter `Alt`- bzw. `⌥`-Taste bewegen. Das Originalobjekt bleibt bestehen, und InDesign erzeugt automatisch ein Duplikat, das Sie an die neue Position bewegen können. Der damit erzeugte Versatz ist ab sofort der Default-Wert für Duplikate, die über den zuvor beschriebenen Befehl BEARBEITEN • DUPLIZIEREN erstellt werden.

9.1.2 Mehrfaches Duplizieren

Bei vielen Duplikaten sind allerdings auch die zuvor beschriebenen Möglichkeiten recht mühsam, da das exakte Positionieren vieler Duplikate gut geplant werden will.

Mehrere Objekte mit bestimmten Versatz duplizieren | Wählen Sie das Objekt aus, das Sie mehrfach duplizieren und gleich exakt positionieren wollen, und rufen Sie BEARBEITEN • DUPLIZIEREN UND VERSETZT EINFÜGEN auf.

> **Ein Duplikat an der Originalposition erstellen**
>
> Um ein Objekt an der Originalposition zu duplizieren, können Sie alternativ folgende Vorgehensweise wählen:
> Markieren Sie das Objekt, und erzeugen Sie durch einmaliges Drücken einer Cursor-Taste bei gedrückter `Alt`- bzw. `⌥`-Taste ein Duplikat. Lassen Sie dann die `Alt`- bzw. `⌥`-Taste los, und drücken Sie die Pfeiltaste in die entgegengesetzte Richtung.

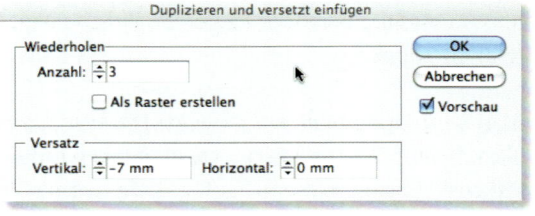

◄ **Abbildung 9.1**
Der Dialog DUPLIZIEREN UND VERSETZT EINFÜGEN. Der daneben befindliche Stapel aus Rechtecken wurde mit dieser Einstellung dupliziert.

- **Wiederholen:** Damit legen Sie die ANZAHL fest, also wie oft das Objekt dupliziert werden soll. Beachten Sie, dass, wenn Sie die Zahl 3 eingeben, im Endeffekt vier Objekte gezeichnet werden.
- **Versatz:** Damit legen Sie fest, in welchem Abstand die Duplikate VERTIKAL bzw. HORIZONTAL angelegt werden sollen. Dabei wird von der linken bzw. oberen Kante des Objekts ausgegangen. Wenn Sie sowohl einen horizontalen als auch einen vertikalen Versatz eintragen, ergibt sich dabei eine »diagonale« Anordnung der Duplikate.
- **Vorschau:** Durch die Vorschaumöglichkeit kann das Ergebnis visuell schnell kontrolliert abgesetzt werden.

Alternative Vorgehensweisen zum mehrfachen Duplizieren von Objekten | Mit dem zuvor Erlernten können Sie nun schnell eine Mehrfachduplizierung vornehmen. Die Varianten sind:
- Durch mehrfaches Ausführen des Befehls OBJEKT • DUPLIZIEREN kann ein Objekt immer um denselben – eher unbestimmten – Wert versetzt dupliziert werden.
- Durch Verschieben des Objektes mit gedrückter ⎇-bzw. ⌥-Taste kann das erste Duplikat visuell an die Zielposition verschoben werden. Wenn Sie dann den Befehl OBJEKT • DUPLIZIEREN oder die Tastenkombination Strg+Alt+⇧+D bzw. ⌘+⌥+⇧+D erneut aufrufen, so wird im selben Abstand ein zusätzliches Duplikat erstellt.
- Anstelle des Befehls BEARBEITEN • DUPLIZIEREN kann auch der Befehl OBJEKT • ERNEUT TRANSFORMIEREN • ERNEUT TRANSFORMIEREN aufgerufen werden. Der Befehl ist seit InDesign CS5 standardmäßig nicht über ein Tastenkürzel aufrufbar. Wenn Sie jedoch unseren Empfehlungen in Abschnitt 2.9.2, »Definieren eines eigenen Tastaturkürzel-Satzes«, auf Seite 78 gefolgt sind, so können Sie diesen Befehl auch über das Tastenkürzel Strg+Alt+⇧+T bzw. ⌘+⌥+⇧+T ansprechen.

9.1.3 Ein Raster aus Duplikaten erstellen

Das Erstellen eines Rasters aus denselben Rahmenformen kann natürlich über die zuvor beschriebenen Möglichkeiten jederzeit abgebildet werden. Mit InDesign CS5 hat Adobe in der Funktionalität jedoch noch einmal nachgebessert, wodurch Sie zum Erstellen eines Rasters von Duplikaten auf zwei zusätzliche Möglichkeiten zurückgreifen können.

Als Raster erstellen | Im DUPLIZIEREN UND VERSETZT EINFÜGEN-Dialog kann die Option ALS RASTER ERSTELLEN aktiviert werden, wodurch ein zusätzliches Eingabefeld hinzugefügt wird, womit Sie die Anzahl der ZEILEN und SPALTEN getrennt bestimmen können. In Verbindung mit dem horizontalen und vertikalen Versatz kann somit schnell das Raster erstellt werden.

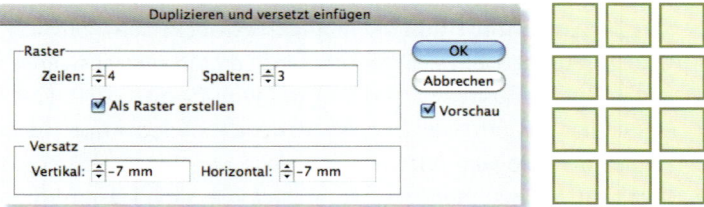

Abbildung 9.2 ▶
Der Dialog DUPLIZIEREN UND VERSETZT EINFÜGEN mit aktivierter Option ALS RASTER ERSTELLEN. Das daneben befindliche Raster aus Rechtecken wurde mit dieser Einstellung (ausgehend vom rechten unteren Quadrat) erstellt.

Raster über Maus und Tastatur erstellen | Auf ähnliche Art und Weise, wie Sie ein Raster zum Aufziehen von Rahmen (siehe dazu Seite 175) genutzt haben, können Sie dies auch noch später nachholen. Gehen Sie dabei wie folgt vor:

1. Wählen Sie das im Raster zu duplizierende Objekt mit dem Auswahlwerkzeug aus.
2. Drücken Sie die [Alt]- bzw. [⌥]-Taste, und verschieben Sie das Objekt in der Diagonale auf den gegenüberliegenden Eckpunkt des zu erstellenden Rasters.
3. Dann lassen Sie die [Alt]- bzw. [⌥]-Taste los und drücken stattdessen die [→]-Taste, um die Anzahl der Spalten zu erhöhen. Drücken Sie die [←]-Taste, um die Anzahl der Spalten zu reduzieren. Analog dazu verfahren Sie mit den Pfeiltasten [↑]/[↓], um die Anzahl der Zeilen zu verändern. Es erstellt sich dadurch das Raster aus Abbildung 9.3.

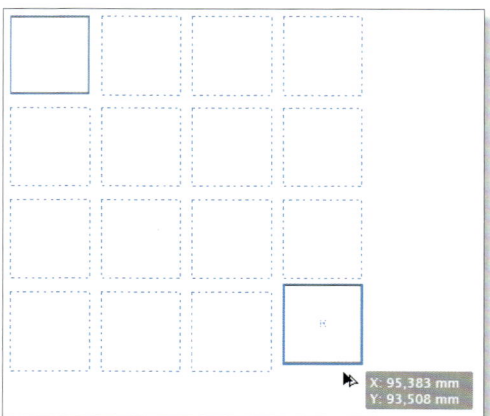

Abbildung 9.3 ▶
Symbolhaft wird das Raster angezeigt. Erst durch das Loslassen der Maustaste werden die Objekte schlussendlich erstellt und in dieser Anordnung angebracht.

4. Verschieben Sie noch das duplizierte Objekte, um den Rahmenabstand anzupassen. Ist das Raster perfekt, so müssen Sie nur noch die Maustaste loslassen.

9.2 Objektanordnung vornehmen

Haben Sie mehrere Rahmen bzw. Objekte aufgezogen oder durch Duplizieren erstellt, so können diese sich teilweise überlagern oder zur Gänze durch andere Objekte verdeckt sein. Für den Anwender ist es extrem wichtig, zu jeder Zeit Objekte auswählen und diese in die richtige Objektanordnung bringen zu können.

Generell sei hierbei angemerkt, dass das zuletzt durch ein Werkzeug aufgezogene oder über die Zwischenablage eingefügte Objekt sich immer an der obersten Stelle in der Objektanordnung befindet. Etwas anders verhält es sich beim Duplizieren von Objekten, denn hier wird das duplizierte Objekt oberhalb des Ausgangsobjekts erstellt.

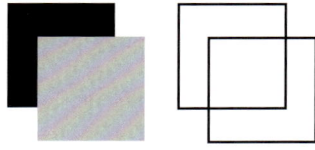

◄ **Abbildung 9.4**
Das graue Quadrat liegt über dem schwarzen Quadrat. Aber welcher Rahmen überlappt welchen?

  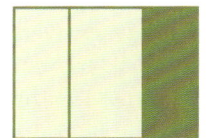 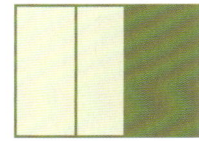

◄ **Abbildung 9.5**
Beispiel der Objektanordnung durch Kopieren und Duplizieren

Im Beispiel in Abbildung 9.5 ist links der Ausgangszustand zu sehen: ein Rechteck mit heller Fläche und ein Rechteck mit dunkler Fläche. Dabei wurde zuerst das helle und dann das dunkle Rechteck über ein Werkzeug erstellt. In der mittleren Abbildung ist zu sehen, dass durch das Kopieren und Einfügen des linken, hellen Rechtecks dieses in der Objektanordnung ganz in den Vordergrund gestellt wird. Wird hingegen das linke, helle Rechteck dupliziert – hier durch Verschieben mit dem Auswahlwerkzeug bei gedrückter ⌐Alt¬- bzw. ⌐⌥¬-Taste –, so wird das Rechteck zwar oberhalb des hellen, jedoch unterhalb des dunklen Rechtecks in der Objektanordnung eingefügt.

9.2.1 Objektanordnung in einer Ebene

Objekte können sich somit auf der gleichen Ebene überlappen. Die Anordnung ist in einem solchen Fall nur über Subebenen im Ebenen-Bedienfeld klar erkennbar. Wollen Sie jedoch nicht über das Ebenen-Bedienfeld eine Anordnung vornehmen, so können Sie Objekte auch über das Menü OBJEKT • ANORDNEN bzw. im Kontextmenü eines Objekts verschieben. Die vier Befehle sind:

▶ **In den Vordergrund:** Damit wird das ausgewählte Objekt auf der gleichen Ebene ganz nach oben gesetzt. Das Tastenkürzel ⌐Strg¬+⌐⇧¬+⌐Ä¬ bzw. ⌐⌘¬+⌐⇧¬+⌐Ä¬ sollten Sie sich für eine schnelle Arbeitsweise gut einprägen.

▶ **In den Hintergrund:** Damit wird das ausgewählte Objekt auf der gleichen Ebene ganz nach unten gesetzt. Auch dieses Tas-

> **Kleiner Scherz am Rande**
>
> Wie kann man sich denn solche komischen Kurzbefehle zum Verschieben von Objekten in den Vordergrund bzw. in den Hintergrund merken? Ganz einfach:
>
> Tiroler Ureinwohner kommentieren das Verschwinden von Sachen immer mit dem Laut »Ö«. Wenn sie wiederum das Gesuchte gefunden haben, tun sie ihre Freude durch den Laut »Aaahh« kund.

tenkürzel, [Strg]+[⇧]+[Ö] bzw. [⌘]+[⇧]+[Ö], sollten Sie sich gut einprägen.

▶ **Schrittweise nach vorn** bzw. **Schrittweise nach hinten:** Mit diesen beiden Befehlen können Sie das ausgewählte Objekt fein dosiert innerhalb des Objektstapels verschieben. Wenn Ihr Layout nur aus einer Ebene aufgebaut ist und es sich dabei um einen etwas komplexeren Aufbau handelt, zeigt die Ausführung dieser Befehle schon das eine oder andere Mal keine Auswirkung, da sich nebeneinanderliegende Objekte nicht zwangsläufig auch untereinander im Objektstapel berühren müssen.

9.2.2 Objektanordnung durch Ebenen

Eine Objektanordnung kann auch durch Verschieben der Objekte auf eine andere Ebene oder durch Verschieben der Subebene in der Ebene erfolgen. Diese Vorgehensweise entspricht eher einem kontrollierten Aufbau der Objektanordnung und schafft speziell bei umfangreichen Projekten den Durchblick. Wie Sie dabei vorgehen, haben Sie bereits in Abschnitt 6.3.2, »Ebenenreihenfolge verändern«, auf Seite 150 erfahren.

9.2.3 Dahinterliegendes Objekt auswählen

Ist ein Objekt zur Gänze durch andere Objekte verdeckt, so wäre die Vorgehensweise, zuerst alle anderen Objekte in den Hintergrund zu stellen, um das verdeckte Objekt sichtbar und somit auch auswählbar zu machen, sicherlich der falsche Weg.

InDesign stellt dem Anwender zum »Durchklicken« innerhalb eines Objektstapels die Möglichkeit zur Verfügung, dies durch einfache Klicks auf das Objekt bei gedrückter [Strg]- bzw. [⌘]-Taste zu erledigen.

Natürlich können Sie auch jedes Objekt über das Ebenen-Bedienfeld auswählen. Lesen Sie dazu mehr auf Seite 150.

9.2.4 Dahinterliegendes Objekt verschieben

Wenn Sie nun das verdeckte Objekt durch das »Durchklicken« auswählen konnten, so müssen Sie dieses Objekt nicht zuerst in den Vordergrund bringen, um es an eine andere Stelle zu verschieben. Dennoch führt ein einfacher Klick auf das Objekt – irgendwo auf der Fläche – dabei nicht zum Erfolg, da dabei wiederum das oberste Objekt in der Objektanordnung ausgewählt würde.

Das Verschieben des verdeckten Objekts gelingt am besten durch Klick auf den Objektmittelpunkt oder auf den Rand des Objekts. Natürlich kann das markierte Objekt auch durch Drücken der Cursor-Pfeile in alle Himmelsrichtungen verschoben werden.

> **Darunterliegende Objekte können nicht ausgewählt werden**
>
> Wenn Sie durch Drücken der [Strg]- bzw. [⌘]-Taste ein darunterliegendes Objekt nicht auswählen können, so sind die Objekte miteinander gruppiert worden. Wie Sie dennoch darunterliegende Objekte in einer Gruppe auswählen können, erfahren Sie auf Seite 212.

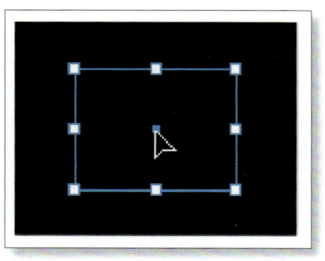

▲ **Abbildung 9.6**
Wählen Sie den Objektmittelpunkt zum Verschieben von Objekten aus.

9.3 Objekte ausrichten und verteilen

Layoutrahmen einzeln zu positionieren, ist zeitraubend und mühsam, insbesondere wenn Rahmen regelmäßig an anderen Rahmen, am Satzspiegel oder am Seitenrand ausgerichtet werden sollen. Neben der Möglichkeit, die Ausrichtung anhand von Hilfslinien zu bewerkstelligen (wie Sie mit Hilfslinien arbeiten und diese anlegen, haben Sie in Kapitel 7, »Hilfslinien und Lineale«, schon gelesen), stellt InDesign für diese Anforderungen darüber hinausgehende Werkzeuge zur Verfügung.

Jegliche Art von Objektansammlung kann über das Ausrichten-Bedienfeld erfolgen, das Sie über das Menü FENSTER • OBJEKT UND LAYOUT • AUSRICHTEN, durch Klick auf das Symbol in der Bedienfeldleiste oder durch Drücken der Tastenkombination ⇧+F7 aufrufen können.

Im Bedienfeld müssen Sie vor dem Anwenden eines Befehls festlegen, ob Sie Objekte zueinander (AN AUSWAHL AUSRICHTEN) oder an einem vom Layout vorgegebenen Rand (Druckbogen, Seite oder Stege) ausrichten wollen. Für letzteres Verhalten wählen Sie AN STEGEN AUSRICHTEN, AN SEITE AUSRICHTEN oder AN DRUCKBOGEN AUSRICHTEN aus.

Betrachten wir zunächst das Ausrichten von Objekten zueinander – dies sind die Standardfunktionen. Stellen Sie hierzu im Bedienfeld AN AUSWAHL AUSRICHTEN ❹ ein.

9.3.1 Objekte aneinander ausrichten oder verteilen

Sie können mehrere OBJEKTE AUSRICHTEN ❶ oder mehrere OBJEKTE VERTEILEN ❷, wobei dabei zwischen den Objekten zusätzlich ein Abstand über die Option ABSTAND VERWENDEN ❸ vorgegeben werden kann.

Über die Funktionen in ABSTAND VERTEILEN ❺ können Objekte innerhalb des ausgewählten Bereichs verteilt werden, wodurch der Abstand zwischen den Objekten gleichmäßig aufgeteilt wird. Über die Option ABSTAND VERWENDEN ❻ kann, wie bei OBJEKTE VERTEILEN, ein zusätzlicher Abstand zwischen den Objekten eingefügt werden.

Objekte können generell vertikal und horizontal ausgerichtet und verteilt werden. Dabei kann in jeder Ausrichtungsart der Bezugspunkt der Ausrichtung zusätzlich unterschiedlich gewählt werden.

▲ **Abbildung 9.7**
Das Bedienfeld AUSRICHTEN mit gewählter Standardfunktion AN AUSWAHL AUSRICHTEN

Objekte aneinander ausrichten | Die Funktionsgruppe dient dazu, ausgewählte Objekte vertikal auszurichten. Eine Ausrichtung kann dabei an der linken Kante, am Mittelpunkt

> **Gedrehte Objekte**
>
> Bei gedrehten Rahmen ist es schwierig, von einer linken, rechten, oberen und unteren Kante zu sprechen. Die Ergebnisse sind deshalb nicht unbedingt vorhersehbar.

> **Mehrere Objekte am Mittelpunkt ausrichten**
>
> Um zwei Objekte genau übereinanderzulegen, wählen Sie die beiden Objekte aus und richten sie zuerst vertikal und dann horizontal am Mittelpunkt aus. Damit decken sich die Mittelpunkte und somit die beiden Objekte technisch ganz exakt.

oder an der rechten Kante ⬛ der ausgewählten Objekte vorgenommen werden. Bei einer Ausrichtung an der linken oder rechten Kante werden alle Objekte an der linken bzw. rechten Kante des am weitesten links/rechts stehenden Objekts ausgerichtet. Bei der Ausrichtung am Mittelpunkt wird jener Bezugspunkt – rechnerischer Mittelpunkt zwischen den beiden äußersten der ausgewählten Objekte – verwendet; die horizontale Position der ausgerichteten Objekte ändert sich dadurch nicht.

Die Funktionsgruppe ⬛ ⬛ ⬛ dient zur horizontalen Ausrichtung mehrerer Objekte, wobei sich alle Funktionen analog zu denen der vertikalen Ausrichtung verhalten. Die vertikale Position der Objekte bleibt unverändert, und die Ausrichtung erfolgt an der Ober- bzw. Unterkante oder dem Mittelpunkt.

Schritt für Schritt: Eine Zielscheibe erstellen

1 **Vier Kreise erstellen und einfärben**
Erstellen Sie als Erstes vier Kreise mit den Radien 40 mm, 30 mm, 20 mm und 10 mm, und färben Sie diese dann mit den gewünschten Flächenfarben ein. Achten Sie darauf, dass Sie mit dem großen Kreis beginnen und sich dann bis zum kleinen Kreis durcharbeiten, denn der große Kreis muss das unterste Objekt im Objektstapel sein. Die Position der Kreise ist vollkommen egal.

Abbildung 9.8 ▶
Vier Kreise mit regelmäßig abgestuften Radien, abwechselnd eingefärbt

2 **Eine horizontale und vertikale Linie erstellen**
Wählen Sie das Linienzeichner-Werkzeug ↘ aus, und ziehen Sie bei gedrückter ⬛-Taste eine horizontale Linie. Die Konturstärke wird mit 1 Pt und die Länge mit 50 mm festgelegt. Färben Sie dann die Linie noch rot ein.

Abbildung 9.9 ▶
Eine waagrechte rote Linie

Duplizieren Sie diese Linie, indem Sie das Auswahlwerkzeug ▶ wählen und sie mit gedrückter Alt- bzw. ⌥-Taste durch Verschieben duplizieren. Drehen Sie die duplizierte Linie um 90°. Dies können Sie am schnellsten erledigen, indem Sie auf das Symbol ↻ im Steuerung-Bedienfeld klicken.

3 Objekte ausrichten

Markieren Sie zum Schluss alle erstellten Objekte – vier Kreise und zwei Linien –, und klicken Sie im Ausrichten-Bedienfeld auf die Symbole ⬒ und ⬓.

◄ **Abbildung 9.10**
Das Endergebnis – eine Zielscheibe

Damit werden alle Objekte am Mittelpunkt horizontal und vertikal ausgerichtet. Die fertige Zielscheibe müsste sich dann wie in Abbildung 9.10 darstellen. ■

Unter OBJEKTE VERTEILEN finden Sie wiederum zwei Funktionsgruppen zur vertikalen ⬒ ⬓ ⬔ und horizontalen ⬕ ⬖ ⬗ Verteilung von Objekten. Der Unterschied zum Ausrichten ist hier lediglich, dass die äußeren Objekte ihre vertikale/horizontale Position nicht ändern, sondern dass nur die Objekte, die zwischen den beiden liegen, gleichmäßig verteilt werden. Daraus folgt, dass diese Funktionen nur Wirkung zeigen, wenn Sie zumindest drei Objekte ausgewählt haben. Dabei können Sie in beiden Funktionsgruppen auswählen, ob die linke oder rechte Kante oder der Objektmittelpunkt zur Verteilung herangezogen werden soll.

Völlig anders verhalten sich die Funktionen aber, wenn Sie die Option ABSTAND VERWENDEN ❸ (siehe dazu Abbildung 9.7) aktivieren und im entsprechenden Feld einen Wert eintragen. Dann erfolgt keine gleichmäßige Verteilung der Objekte zwischen den äußeren Objekten mehr, sondern es werden die gewählten Objekte im festgelegten Abstand gegeneinander versetzt. Dabei können Sie wieder wählen, ob die Kanten oder die Objektmittelpunkte gestaffelt werden sollen. Das funktioniert auch mit nur

> **TOP-TIPP: Objekte an einem bestimmten Objekt ausrichten**
>
> Sie haben drei Objekte ausgewählt und wollen alle Objekte am mittleren Objekt links ausrichten. Wenn Sie im Ausrichten-Bedienfeld auf das Symbol klicken, so werden alle Objekte am linken ausgewählten Objekt links ausgerichtet.
>
> Wenn Sie jedoch zuvor das mittlere Objekt sperren – Menü OBJEKT • POSITION SPERREN – und dann auf das Symbol im Ausrichten-Bedienfeld klicken, so werden alle Objekte an der linken Kante des gesperrten Objekts ausgerichtet.

> **Ausrichten über das Steuerung-Bedienfeld**
>
> Die sechs Ausrichten-Funktionen finden Sie auch im Steuerung-Bedienfeld, sobald Sie zwei oder mehr Objekte ausgewählt haben und sofern Ihr Monitor Platz für das verlängerte Steuerung-Bedienfeld bietet.

zwei Objekten. Bei der vertikalen Verteilung ändert sich die horizontale und bei der horizontalen Verteilung die vertikale Position der beteiligten Objekte nicht.

Alle diese Ausrichtungs- und Verteilungsfunktionen beziehen sich auf die Kanten oder die Mittelpunkte der Objekte.

Objekte aneinander verteilen | Mit der Zusatzoption ABSTAND VERTEILEN werden Objekte vertikal ⊟ oder horizontal ⊪ ausgerichtet, indem der Abstand zwischen ihnen gleichmäßig verteilt wird. Welcher rechnerische Wert sich für den Abstand dabei ergibt, hängt von den beiden Bezugsobjekten – das jeweils linke/obere und das jeweils rechte/untere – ab. Somit ist logisch, dass diese Option wiederum nur dann funktioniert, wenn zumindest drei Objekte beteiligt sind.

Wenn Sie allerdings die Option ABSTAND VERWENDEN aktivieren und einen entsprechenden Eintrag im dazugehörigen Feld machen, werden die Abstände wiederum absolut festgelegt, was auch bei zwei Objekten funktioniert und damit die Anordnung der Objekte auf der entsprechenden Achse verändert.

> **Gesperrte Objekte**
>
> Wenn sich die Ausrichtungs- und Verteilungswerkzeuge nicht so verhalten, wie Sie es erwarten, überprüfen Sie, ob ein Objekt der Gruppe, die Sie ausrichten wollen, mit OBJEKT • SPERREN fixiert wurde. Entsperren Sie dieses Objekt, und alles sollte sich ordnungsgemäß verhalten.

9.3.2 Objekte im Layout ausrichten oder verteilen

Auf welchen Teil des Layouts sich die Ausrichtung beziehen soll, können Sie im Aufklappmenü des Ausrichten-Bedienfelds einstellen. Neben der bereits bekannten Einstellung AN AUSWAHL AUSRICHTEN gibt es folgende Möglichkeiten:

An Stegen ausrichten ❶ | Das Bezugsobjekt für die Ausrichtung ist hier der Satzspiegel der jeweiligen Seite. Damit können Sie sehr schnell mehrere Grafiken innerhalb des Satzspiegels horizontal verteilen. Beachten Sie, dass Sie dafür zuerst AN STEGEN AUSRICHTEN auswählen müssen und erst nachträglich auf das Symbol ⊪ klicken. Das nachträgliche Ändern des Bezugs auf AN STEGEN AUSRICHTEN führt zu keiner Veränderung.

▲ **Abbildung 9.11**
Das Ausrichten-Bedienfeld verfügt auch über die Möglichkeit, Objekte im Satzspiegel, auf der Seite oder am Druckbogen auszurichten.

An Seite ausrichten | Die einzelnen Objekte werden am Endformat – also an der Seite, die unter DATEI • DOKUMENT EINRICHTEN definiert wurde – ausgerichtet.

An Druckbogen ausrichten ❷ | Bei einem Dokument mit einzelnen Seiten ist diese Option identisch mit AN SEITE AUSRICHTEN, bei allen anderen Dokumenten ist die Bezugsfläche die Fläche, die der aktuelle Druckbogen einnimmt. Bei einem zweiseitigen Layout sind die Bezugsflächen also die beiden gegenüberliegenden Seiten, und bei Bögen, die aus mehreren Seiten zusammengestellt wurden, ist die Bezugsfläche der Gesamtumriss aller zum Bogen gehörenden Seiten.

Einzelne Objekte ausrichten | Da bei allen drei Optionen bereits ein Bezugsobjekt existiert, können somit einzelne Objekte im Layout ausgerichtet werden. Haben Sie mehrere Objekte ausgewählt, werden alle Objekte mit ihrer entsprechenden Kante im Layout eingerichtet.

Wenn Sie mehrere Objekte verteilen und keinen Abstand vorgeben, werden die Objekte gleichmäßig im jeweiligen Layout verteilt. Kommt ein Abstand ins Spiel, orientiert sich InDesign an der linken bzw. oberen Kante der begrenzenden Fläche. So können einzelne Objekte auch von der Seite rutschen. Für das Verteilen von Abständen gilt dasselbe, weshalb sich die Ergebnisse bei mehreren Objekten nicht unbedingt ohne Weiteres vorhersehen lassen. Natürlich hat InDesign immer die gleiche Vorgehensweise, jedoch reicht bei vielen Objekten die Vorstellungskraft nicht aus.

Für sehr viele Objekte werden Sie diese Möglichkeiten aber auch kaum einsetzen. Wesentlich ist, dass seit InDesign CS3 einzelne Objekte exakt im Satzspiegel, auf der Seite oder dem Druckbogen zentriert werden können, indem Sie das Objekt für die jeweilige Bezugsgröße einfach horizontal und vertikal ausrichten.

> **Objekte an Hilfslinie ausrichten**
>
> Da Sie in InDesign nicht zur gleichen Zeit Hilfslinien und Objekte auswählen können, ist das Ausrichten von Objekten an den Hilfslinien leider nicht möglich.
>
> Diese eigentlich sehr nützliche Funktion gibt es nur in Adobe Illustrator.

Schritt für Schritt: Eine vertikale Hilfslinie mittig im Satzspiegel über das Ausrichten-Bedienfeld erstellen

Nicht nur InDesign-Objekte können über das Ausrichten-Bedienfeld ausgerichtet bzw. verteilt werden. Da für InDesign Hilfslinien auch Objekte darstellen, können natürlich auch Hilfslinien damit exakt ausgerichtet bzw. verteilt werden.

1 Vertikale Hilfslinie erstellen

Erstellen Sie eine vertikale Hilfslinie, indem Sie sie aus dem vertikalen Lineal herausziehen und auf die gewünschte Seite verschieben. Die Position der Hilfslinie ist dabei egal, sie muss nur auf der gewünschten Seite und nicht auf dem Druckbogen liegen.

2 Ausgewählte Hilfslinie über das Ausrichten-Bedienfeld mittig im Satzspiegel positionieren

Wählen Sie zuerst die Hilfslinie aus, und aktivieren Sie dann den Eintrag AN STEGEN AUSRICHTEN ❶ im Ausrichten-Bedienfeld. Klicken Sie erst dann auf das Symbol bei OBJEKTE AUSRICHTEN. Die Hilfslinie wird damit mittig im Satzspiegel ausgerichtet. ■

▲ **Abbildung 9.12**
Wird ein Objekt dupliziert und/oder verschoben, so werden intelligente Hilfslinien (die Standardfarbe ist Grün) sowohl an der oberen und unteren Kante als auch entlang des Mittelpunkts angezeigt, um das Ausrichten zu erleichtern.

9.3.3 Ausrichten mit intelligenten Hilfslinien

Intelligente Hilfslinien wurden erstmals mit Photoshop CS eingeführt. Photoshop-Anwender liebten diese Funktion, da damit das Ausrichten von Objekten an anderen Elementen in der Photoshop-Datei wesentlich erleichtert wurde. Das wunderbar hilfreiche Konzept hat mit der Vorstellung der Creative Suite 4 die Hauptprogramme Photoshop, Illustrator und InDesign erreicht.

Wie funktioniert das Konzept? Beim Ziehen oder Erstellen eines Objekts werden vorübergehend Hilfslinien angezeigt, an denen Sie erkennen, dass das Objekt an einer Kante, an der Seitenmitte oder an einem anderen Seitenobjekt ausgerichtet wird.

Intelligente Hilfslinien werden standardmäßig angezeigt. Sie können sie jedoch insgesamt deaktivieren oder einzelne Kategorien der intelligenten Hilfslinien deaktivieren.

> **Anzeige von intelligenten Hilfslinien über Ebenen hinweg**
>
> Intelligente Hilfslinien werden, auch wenn sich die verschobenen Objekte auf einer anderen Ebene befinden, gegenüber Objekten anderer Ebenen angezeigt. Selbst wenn Objekte auf gesperrten Ebenen liegen, werden die Hilfslinien noch angezeigt.

Intelligente Hilfslinien insgesamt deaktivieren | In sehr komplexen Layouts kann das Anzeigen von intelligenten Hilfslinien eher als störend denn als hilfreich angesehen werden. Wenn Sie die Anzeige von intelligenten Hilfslinien generell deaktivieren wollen, so müssen Sie den Befehl ANSICHT • RASTER UND HILFSLINIEN • INTELLIGENTE HILFSLINIEN ausführen oder die Tastenkombination [Strg]+[U] bzw. [⌘]+[U] drücken.

Einzelne Kategorien von intelligenten Hilfslinien anzeigen lassen | Welche Art von intelligenten Hilfslinien überhaupt angezeigt wird, bestimmen Sie über das Register HILFSLINIEN UND MONTAGEFLÄCHE der InDesign-Voreinstellungen.

Abbildung 9.13 ▶
Das Register HILFSLINIEN UND MONTAGEFLÄCHE der InDesign-Voreinstellungen. Darin können Sie einerseits die Farbe von INTELLIGENTE HILFSLINIEN ❶ als auch die Arten der Hilfslinien, die angezeigt werden sollen, im Bereich OPTIONEN FÜR INTELLIGENTE HILFSLINIEN ❷ auswählen.

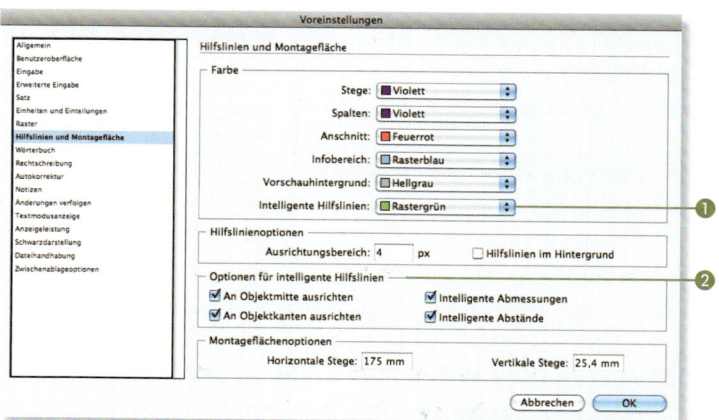

▶ **An Objektmitte ausrichten:** Diese intelligente Objektausrichtung ermöglicht ein einfaches Ausrichten an der Mitte von Seitenobjekten – Objekte rasten beim Verschieben automatisch am Mittelpunkt benachbarter Objekte ein. Zusätzlich zur Ausrichtung werden intelligente Hilfslinien dynamisch erstellt, um dem Anwender anzuzeigen, an welchem Objekt die Ausrichtung erfolgt.

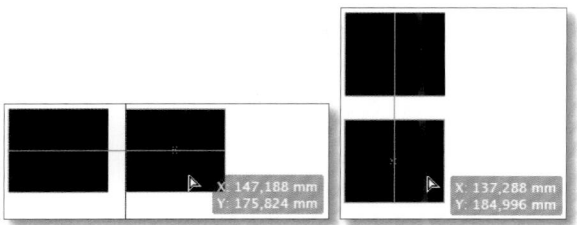

◄ **Abbildung 9.14**
Ist nur An Objektmitte ausrichten aktiviert, so werden nur Hilfslinien, die eine mittige Ausrichtung ermöglichen, angezeigt.

Bemerkenswert an der linken Abbildung ist, dass neben der grünen, horizontalen intelligenten Hilfslinie auch eine vertikale, violette Hilfslinie beim Verschieben dieses Objekts angezeigt wird. Diese vertikale intelligente Spaltenhilfslinie zeigt dem Anwender in diesem Fall, dass einerseits beide Objekte horizontal mittig ausgerichtet sind und dass darüber hinaus die linke Kante des zweiten Objektes mittig im Satzspiegel angeordnet ist.

▶ **An Objektkante ausrichten:** Durch diese intelligente Objektausrichtung werden die Objekte beim Verschieben automatisch an der oberen/unteren bzw. an der linken oder rechten Objektkante benachbarter Objekte ausgerichtet.

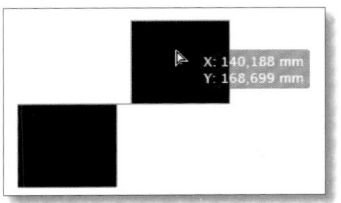 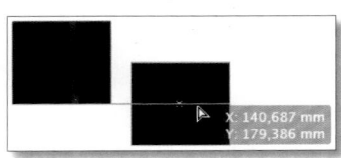 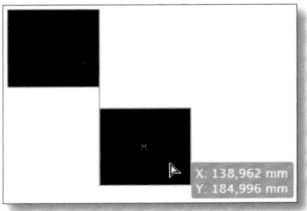

Besonders zu erwähnen ist, dass auch eine Ausrichtung des Mittelpunktes des verschobenen Objektes zu einer Objektkante durchgeführt wird (mittlere Abbildung).

▶ **Intelligente Abmessungen:** Intelligente Abmessungen werden bezugnehmend auf andere Objekte angezeigt, wenn Sie Seitenobjekte erstellen, drehen oder deren Größe ändern.
Wenn Sie beispielsweise ein Objekt auf der Seite um 17° gedreht haben, wird ein Drehsymbol angezeigt, wenn Sie ein anderes Objekt ebenfalls um 17° drehen. Mithilfe dieses Hinweises können Sie das Objekt am selben Drehwinkel ausrichten wie das benachbarte Objekt. Wie dies Ihnen angezeigt wird, sehen Sie in Abbildung 9.16 auf der nächsten Seite.

▲ **Abbildung 9.15**
Ist nur An Objektkanten ausrichten aktiviert, so werden nur solche Hilfslinien angezeigt, die eine Ausrichtung an der oberen/unteren bzw. linken/rechten Kante ermöglichen.

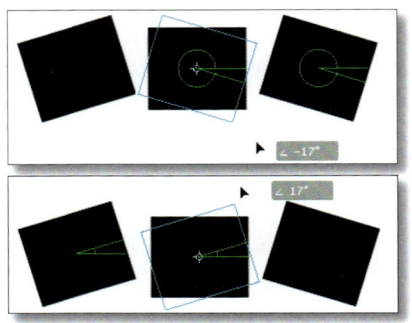

Abbildung 9.16 ▶
Intelligente Abmessungen zeigen an, wann der Drehwinkel des Objekts mit einem Winkel eines benachbarten Objekts übereinstimmt.

Ähnlich ist es, wenn Sie die Größe eines Objekts neben einem anderen Objekt ändern. In diesem Fall wird Ihnen durch ein Liniensegment mit Pfeilen an beiden Enden angezeigt, wann das Objekt dieselbe Breite oder Länge hat wie das benachbarte Objekt.

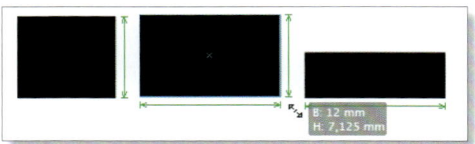

Abbildung 9.17 ▶
Beim Skalieren eines Objekts wird angezeigt, wann das Objekt in der Breite oder Höhe mit einem benachbarten Objekt übereinstimmt.

▶ **Intelligente Abstände:** Damit können Sie Seitenobjekte schnell anordnen, da temporäre Hilfslinien angezeigt werden, wenn der Abstand zwischen Objekten gleich ist.

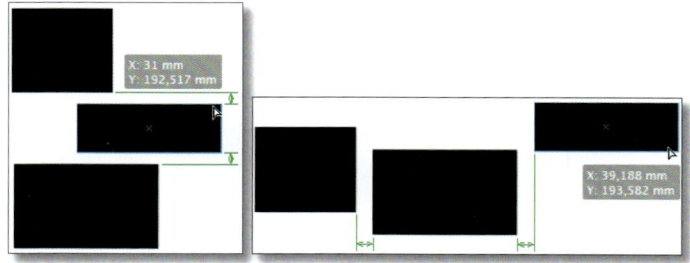

Abbildung 9.18 ▶
Beim Verschieben eines Objekts wird angezeigt, wann das Objekt im selben Abstand zu benachbarten Objekten steht.

Intelligente Abstände werden nur zwischen Objekten angezeigt, die sich in der Höhe bzw. Breite etwas überlagern.

Wenn Sie ein Objekt verschieben oder seine Größe ändern, wird die Position des Cursors in einem grauen Kästchen als X- und Y-Werte angezeigt. Diese Anzeige ist unabhängig von den intelligenten Hilfslinien zu sehen.

Wenn Sie diese Anzeige nicht wünschen, so müssen Sie die entsprechende Voreinstellung TRANSFORMATIONSWERTE ANZEIGEN im Register BENUTZEROBERFLÄCHE der InDesign-Voreinstellungen deaktivieren.

> **Welche intelligenten Hilfslinien sollen angezeigt werden?**
>
> Wir empfehlen, grundsätzlich alle intelligenten Hilfslinien anzeigen zu lassen. Sollten Sie in einem komplexen Layout die Anzeige eher als störend denn als hilfreich empfinden, so können Sie die Anzeige der intelligenten Hilfslinien temporär über das Tastaturkürzel [Strg]+[U] bzw. [⌘]+[U] deaktivieren.

9.3.4 Zwischenräume mit dem Lückenwerkzeug anpassen

Das nachträgliche Ändern bzw. Gleichschalten von Abständen zwischen einzelnen Rahmen kann so manchem Layout die notwendige Ordnung und Spannung verleihen. Dieser Vorgang kann viel Zeit in Anspruch nehmen. Adobe hat deshalb mit der Vorstellung von InDesign CS5 auch ein neues Werkzeug, das LÜCKEN-WERKZEUG |↔| [U], in das Werkzeug-Bedienfeld aufgenommen.

> **HINWEIS**
> Gesperrte Objekte und Musterseitenelemente werden bei der Verwendung des Lückenwerkzeugs ignoriert.

Mit diesem Werkzeug können Sie einerseits die Größe des Abstandes zwischen zwei oder mehr Objekten schnell anpassen oder andererseits mehrere Objekte mit einheitlich ausgerichteten Kanten gleichzeitig ändern, während der Abstand dazwischen unverändert bleibt.

Es gilt also bei der Verwendung des Lückenwerkzeugs zuerst die Lücke zwischen Objekten auszuwählen und danach zu bestimmen, was mit der Lücke geschehen soll. Beachten Sie folgende Hinweise:

Auswahl der Lücke | Wählen Sie dazu das Lückenwerkzeug aus dem Werkzeug-Bedienfeld aus, und bewegen Sie das Werkzeug zwischen Objekte. InDesign zeigt an, welcher Abstand verändert werden würde, wenn Sie die Maustaste drücken und die Objekte verschieben würden.

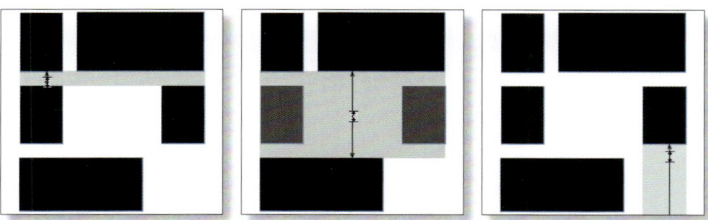

◀ **Abbildung 9.19**
Je nach Position des Cursors wird angezeigt, welcher horizontale Abstand verändert werden würde.

Welcher horizontale (Abbildung oben) bzw. vertikale (Abbildung unten) Abstand ausgewählt wird, hängt von der Position des Cursors ab. InDesign zeigt dabei sehr deutlich, welcher Abstand dabei verändert werden würde.

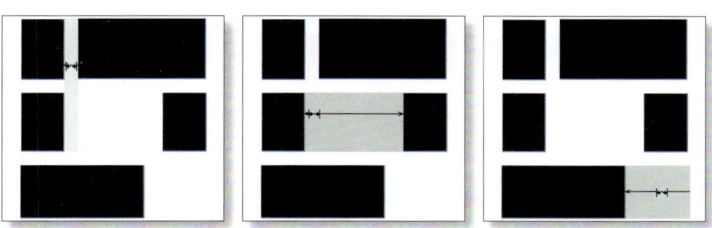

◀ **Abbildung 9.20**
Je nach Position des Cursors wird angezeigt, welcher vertikale Abstand verändert werden würde.

Durch eine kleine Positionsänderung kann relativ schnell ein ganz anderer Bereich angesprochen werden.

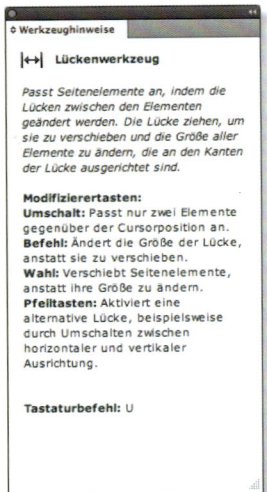

▲ Abbildung 9.21
Hinweise zur Verwendung des Lückenwerkzeugs werden im Werkzeughinweise-Bedienfeld angezeigt, wenn Sie das Lückenwerkzeug ausgewählt haben. Dieses Bedienfeld können Sie über FENSTER • HILFSPROGRAMME • WERKZEUGHINWEISE aufrufen.

> **TOP-TIPP**
> **Gesperrte Objekte aktivierbar machen, jedoch gegen Positionsänderungen schützen**
>
> Wenn Sie in den InDesign-Voreinstellungen im Bereich ALLGEMEIN die Option AUSWAHL VON GESPERRTEN OBJEKTEN VERHINDERN deaktivieren, so können Sie gesperrte Objekte auswählen und somit deren Attribute wie z.B. die Farbe ändern.

▲ Abbildung 9.22
Ein Schloss-Symbol zeigt, dass das Objekt gesperrt ist.

Verändern der Lücke | Dieser Vorgang kann durch Drücken von zusätzlichen Tasten zu unterschiedlichen Ergebnissen führen.

- Einfaches Ziehen: Damit wird die Lücke verschoben und die Größe aller an der Lücke ausgerichteten Objekte geändert.
- Ziehen und Drücken der ⇧-Taste: Damit wird nur die Lücke zwischen den zwei nächstliegenden Objekten verschoben.
- Ziehen und Drücken der Strg- bzw. ⌘-Taste: Damit wird nur die Größe der Lücke geändert. Die Lücke wird nicht verschoben.
- Ziehen und Drücken der Strg+⇧- bzw. ⌘+⇧-Taste: Dadurch wird nur die Größe der Lücke zwischen den zwei nächstliegenden Objekten geändert.
- Ziehen und Drücken der Alt- bzw. ⌥-Taste: Damit werden die Lücke und die Objekte in derselben Richtung verschoben.
- Ziehen und Drücken der Alt+⇧- bzw. ⌥+⇧-Taste: Es werden nur die zwei nächstliegenden Objekte verschoben.
- Ziehen und Drücken der Strg+Alt- bzw. ⌘+⌥-Taste: Damit wird die Größe der Lücke geändert, und die Objekte werden verschoben.
- Ziehen und Drücken der Strg+Alt+⇧- bzw. ⌘+⌥+⇧-Taste: Damit wird die Größe der Lücke geändert, und es werden nur die zwei nächstliegenden Objekte verschoben.

9.4 Objekte sperren oder ausblenden

In umfangreicheren Projekten ist es nicht unüblich, dass bestimmte Objekte vor unerlaubter Bearbeitung geschützt oder von der Betrachtung ausgeschlossen werden sollen. Beide Funktionen können in InDesign elegant abgebildet werden.

9.4.1 Objekte sperren

Objekte können gesperrt werden, indem Sie das Objekt auswählen und den Befehl OBJEKT • SPERREN oder das Tastenkürzel Strg+L bzw. ⌘+L drücken. Solange ein Objekt gesperrt ist, kann es nicht verschoben werden, jedoch je nach Voreinstellung ausgewählt werden.

9.4.2 Objekte entsperren

Gesperrte Objekte besitzen seit InDesign CS5 ein Symbol, woran jeder Anwender sofort erkennen kann, dass das Objekte gegen unerlaubte Bearbeitung geschützt wurde. Um gesperrte Objekte zu entsperren, stehen Ihnen verschiedene Möglichkeiten zur Verfügung:

▶ Über den Befehl Objekt • Alles auf Druckbogen entsperren oder durch Drücken von ⌃+⇧+L bzw. ⌘+⇧+L können alle gesperrten Objekte eines Druckbogens auf einmal entsperrt werden. Leider ist das Entsperren von einem einzigen Objekt nicht über einen Menübefehl ausführbar.

▶ Um ein einziges Objekt zu entsperren, bewegen Sie den Cursor auf das Schlosssymbol. Wenn sich das Symbol ändert, so können Sie durch einfachen Klick das Objekt entsperren.

9.4.3 Objekte aus- und einblenden

Um Objekte vorübergehend auszublenden, kann das jeweilige Objekt ausgewählt und über den Befehl Objekt • Ausblenden oder das Tastenkürzel ⌃+3 bzw. ⌘+3 ausgeblendet werden. Ausgeblendete Objekte können weder gesehen, ausgewählt noch gedruckt und somit auch nicht exportiert werden.

Um gesperrte Objekte wiederum einzublenden, rufen Sie den Befehl Objekt • Alles auf Druckbogen anzeigen auf oder drücken das Tastenkürzel ⌃+Alt+3 bzw. ⌘+⌥+3.

9.5 Objektgruppen

Die Ausrichtungs- und Verteilungsfunktionen brauchen eine gewisse Übung. Wenn Sie nun nach einigem Training viele Objekte so angeordnet haben, wie Sie es wollten, sollte sich diese Anordnung natürlich nicht mehr ändern. Sie können die Position aller beteiligten Objekte natürlich sperren, allerdings bedeutet »Anordnung zueinander« zumeist noch nicht, dass auch schon die richtige Position der Objektgruppe gefunden wurde.

In diesem Fall müssten Sie alle Objekte wieder entsperren, und eine kleine Unachtsamkeit beim Auswählen aller Objekte würde die ganze Arbeit leicht wieder zunichtemachen.

9.5.1 Objekte gruppieren

Damit so etwas nicht passiert, sollten Sie Objekte, die sich in ihrer Position zueinander nicht mehr verändern sollen, gruppieren. Wählen Sie dazu aus dem Menü Objekt die Funktion Gruppieren. Die logische Tastenkombination ist ⌃+G bzw. ⌘+G. Um eine Objektgruppe wieder in ihre Einzelkomponenten aufzulösen, wählen Sie Objekt • Gruppierung aufheben oder drücken die Tastenkombination ⌃+⇧+G bzw. ⌘+⇧+G.

Gruppierte Objekte werden mit einem einzigen Auswahlrahmen umgeben und können miteinander bewegt werden. Die Objekte innerhalb der Gruppe können mit dem Direktauswahl-

> **HINWEIS**
>
> Sie können Objekte und Ebenen auch über das Ebenen-Bedienfeld sperren und entsperren. Lesen Sie dazu mehr in Abschnitt 6.2, »Das Ebenen-Bedienfeld«, auf Seite 147.

▲ **Abbildung 9.23**
Ein Schlosssymbol zeigt, dass das Objekt durch einen einfachen Klick entsperrt werden kann.

▲ **Abbildung 9.24**
Vier Objekte (oben) werden zu einer Gruppe (unten) zusammengefasst.

> **TOP-TIPP**
> **Objekte in Gruppe auswählen**
>
> Objekte in einer Gruppe können seit InDesign CS5 durch einfaches »Durchklicken« mit dem Auswahlwerkzeug ausgewählt werden. Wollen Sie die darüberliegende Gruppe auswählen, so drücken Sie einfach die `Esc`-Taste. Damit kommen Sie in einer verschachtelten Gruppe immer eine Gruppe höher.

Abbildung 9.25 ▶
Die Gruppierungswarnung erscheint, wenn sich in einer Objektgruppe sowohl gesperrte als auch nicht gesperrte Objekte befinden

> **Verdeckte Objekte auswählen**
>
> Zur Erinnerung: Bei nicht gruppierten, überlappenden Objekten können Sie das darunterliegende Objekt auswählen, indem Sie die `Strg`- bzw. `⌘`-Taste drücken und auf die Stelle klicken, an der das Objekt liegt. Verlässlich funktioniert das nur, wenn dieses Objekt eine Füllung besitzt, da die verdeckten Konturen nur schwer zu treffen sind. Dafür funktioniert diese Methode auch bei Objekten auf unterschiedlichen Ebenen.

Werkzeug bzw. durch Doppelklick auf das jeweilige Objekt mit dem Auswahlwerkzeug trotzdem noch getrennt bearbeitet werden. Der Rahmen einer Gruppe unterscheidet sich optisch von einem normalen Objektrahmen durch eine gröber gestrichelte Linie, um die Rahmen so besser unterscheiden zu können.

Gruppieren von gesperrten Objekten | Sie können aber keine Objektansammlung gruppieren, die sowohl gesperrte als auch nicht gesperrte Objekte enthält. Wenn Sie es versuchen, können Sie aber entscheiden, wie die betroffenen Objekte behandelt werden sollen:

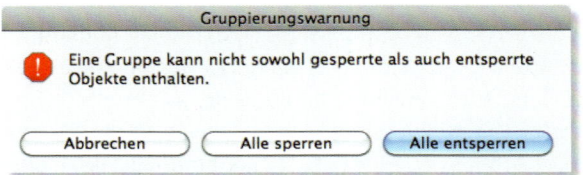

Gruppieren von Objekten unterschiedlicher Ebenen | Wenn Sie Objekte, die sich auf unterschiedlichen Ebenen befinden, gruppieren wollen, werden alle Objekte der Gruppe auf eine Ebene gestellt. Die ganze Gruppe wird dabei in die Ebene des am weitesten oben liegenden Objekts verschoben.

9.5.2 Objekte in Gruppen auswählen

Im Abschnitt 9.2, »Objektanordnung vornehmen«, auf Seite 199 haben wir Ihnen gezeigt, wie Sie die Stapelordnung von Objekten verändern können. Was wir Ihnen aber verschwiegen haben, ist, wie Sie ein Objekt einer Gruppe auswählen können, das zur Gänze von einem Objekt verdeckt wird. Diese Methoden reichen wir nun nach, da sie für beide Arten, sich überlappende oder verknüpfte Objekte, im Wesentlichen gleich funktionieren.

Übereinanderliegende Objekte auswählen | Der einfachste Fall ist, wenn sich Objekte überlappen, die in keiner besonderen Beziehung zueinander stehen. Solange von jedem Objektrahmen ein Stück angeklickt werden kann, ist das kein Problem – Sie klicken das Objekt mit einem der beiden Auswahlwerkzeuge an, um es auszuwählen. Wenn ein Objekt vollständig ein anderes verdeckt, müssen Sie zunächst das oben liegende Objekt auswählen und können dann die Auswahl im Objektstapel mit den Befehlen des Menüs Objekt • Auswählen verschieben.

Die vier Menübefehle Erstes Objekt darüber, Nächstes Objekt darüber, Nächstes Objekt darunter und Letztes Objekt darunter sind selbsterklärend und den Befehlen zum Anordnen im gleichnamigen Menü sehr ähnlich. Diese Befehle finden Sie auch im Kontextmenü aller Objekte – dieser Zugang ist vorzuziehen –, und sie können über die entsprechenden Tastaturkürzel ausgeführt werden.

Objekte in Containern bzw. Gruppen auswählen | Gruppierte Objekte besitzen einen Gruppenrahmen, der einen Behälter für die einzelnen Objekte darstellt. Solche Objektgruppen können auch in andere Objekte eingesetzt werden – wie, das zeigen wir Ihnen in Abschnitt 13.3.3, »Objekte in die Auswahl einfügen«, auf Seite 328. Dieses Objekt wird dann zum Behälter (Container) der ganzen Gruppe. Auch bei gruppierten Objekten und Objektgruppen, die in andere Objekte eingesetzt sind, können Sie die einzelnen Objekte weiterhin auswählen und bearbeiten.

▲ **Abbildung 9.26**
Über das Direktauswahl-Werkzeug können bei gedrückter ⇧-Taste mehrere Objekte in der Gruppe ausgewählt werden.

Zum Bearbeiten von Objekten in einer Gruppe wählen Sie das Auswahlwerkzeug ▸ aus und führen einen Doppelklick auf das gewünschte Objekt aus. Damit können Sie das Objekt verschieben, in der Größe verändern und die Attribute des Rahmens (z.B. Farbe) ändern. Mit gedrückter ⇧-Taste können Sie zusätzliche Objekte in der Gruppe auswählen.

Um die Form von Objekten in einer Gruppe zu bearbeiten, wählen Sie das Direktauswahl-Werkzeug ▸ aus und aktivieren damit das gewünschte Objekt. Mit gedrückter ⇧-Taste können Sie zusätzliche Objekte in der Gruppe auswählen – man spricht dann vom Gruppenauswahl-Werkzeug. Sobald Sie ein oder mehrere Objekte in der Gruppe ausgewählt haben, können Sie es/sie wiederum mit allen Werkzeugen bearbeiten.

Auch innerhalb einer Gruppe haben die einzelnen Objekte eine Reihenfolge. Wurden beispielsweise mehrere Objekte in einer Gruppe zusammengefasst und im Anschluss mehrere solcher Gruppen wiederum gruppiert, so erhalten Sie eine verschachtelte Gruppe. Wenn diese übergeordnete Gruppe danach ausgeschnitten und in einen weiteren Rahmen innen eingefügt wurde, so dient dieser Rahmen als Container für die darin liegende verschachtelte Gruppe.

Um Objekte in diesem Objektstapel auszuwählen bzw. zu verändern, stehen Ihnen weitere Befehle im Menü Objekt • Auswählen zur Verfügung. Die vier Menübefehle Container, Inhalt, Vorheriges Objekt und Nächstes Objekt verfügen über keine Tastaturbefehle und wären deshalb in ihrer Anwendung sehr aufwendig. Es gibt aber eine Abkürzung zu diesen Befehlen: Sobald Sie eine Objektgruppe oder ein Objekt ausgewählt haben, stehen im Steuerung-Bedienfeld alle Befehle als Schaltflächen zur Verfü-

▲ **Abbildung 9.27**
Ausschnitt aus dem Steuerung-Bedienfeld mit den Funktionen zum Auswählen von Objekten in einem Container

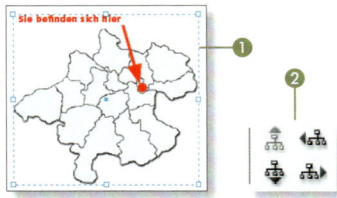

▲ **Abbildung 9.28**
Eine ausgewählte Gruppe (links). Die Schaltfläche CONTAINER ❷ kann jetzt nicht ausgewählt werden.

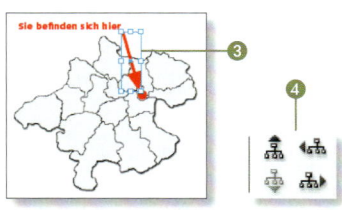

▲ **Abbildung 9.29**
Das oberste Objekt im Objektstapel ist ausgewählt (links). Die Schaltfläche CONTAINER ❹ kann jetzt ausgewählt werden.

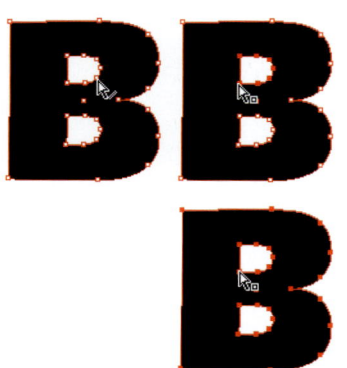

▲ **Abbildung 9.30**
Ein Klick mit dem Direktauswahl-Werkzeug wählt einen Teilpfad aus (oben links), ein weiterer Klick mit gedrückter [Alt]- bzw. [⌥]-Taste wählt alle Teilpfad-Punkte aus (oben rechts) und ein dritter Klick den gesamten verknüpften Pfad (unten).

gung. Wählen Sie mit dem Auswahlwerkzeug eine Gruppe aus. Die Gruppe wird durch eine gestrichelte Linie ❶ umgeben. Die Objektauswahl-Schaltfläche stellt sich dann so wie in Abbildung 9.28 gezeigt dar.

- **Inhalt** : Um den Inhalt des Containers auszuwählen, müssen Sie eine Stufe nach unten steigen. Dies erledigen Sie durch Klick auf diese Schaltfläche. Allerdings werden dadurch nicht alle Elemente des Inhalts ausgewählt, sondern nur jenes Element, das am weitesten oben im Objektstapel liegt. Dies können Sie seit InDesign CS5 auch durch einen Doppelklick mit dem Auswahlwerkzeug erledigen.
- **Container** : Unter »Container« wird der Rahmen verstanden, der die gesamte Objektgruppe umfasst. Ist ein Objekt in der Gruppe ausgewählt ❸, so kann durch Klick auf diese Schaltfläche ganz nach oben im Objektstapel gesprungen werden. Diese Funktion können Sie seit InDesign CS5 auch durch Drücken der [Esc]-Taste ausführen.
- **Vorheriges Objekt** : Ist ein einzelnes Objekt innerhalb der Gruppe ausgewählt, wählen Sie das vorherige Objekt (das ist das Objekt, das als nächstes unter dem aktuell ausgewählten liegt) im Objektstapel aus.
- **Nächstes Objekt** : Hier geht es in die Gegenrichtung – Sie bewegen die Auswahl zum Objekt oberhalb des aktuell ausgewählten.

Teilpfade von verknüpften Pfaden auswählen | Die Teilpfade eines verknüpften Pfades können Sie einzeln auswählen, indem Sie mit dem Direktauswahl-Werkzeug auf den Pfad (nicht auf einen Punkt) klicken. Um einen Teilpfad – in unserem Beispiel aus Abbildung 9.30 ist es die Punze des Buchstabens – zu verschieben, müssen alle Punkte ausgewählt sein.

Um die Auswahl innerhalb eines verknüpften Pfades zu verändern, müssen Sie eine Zusatzfunktion des Direktauswahl-Werkzeugs ausnutzen: Drücken Sie die [Alt]- bzw. [⌥]-Taste, und das Direktauswahl-Werkzeug verwandelt sich in das Gruppenauswahl-Werkzeug – der Mauszeiger wird zur Kennzeichnung mit einem Plus versehen. Machen Sie mit dem Gruppenauswahl-Werkzeug einen zweiten Klick auf den ausgewählten Teilpfad. Damit werden alle Punkte des Teilpfades ausgewählt. Ein weiterer Klick mit dem Gruppenauswahl-Werkzeug auf den Teilpfad wählt schließlich den gesamten verknüpften Pfad aus. Sobald Sie die gewünschte Auswahl hergestellt haben, können Sie den Pfad wie gewohnt bearbeiten.

9.6 Spezialfunktionen zum Skalieren und Transformieren

9.6.1 Objekte skalieren

Die Funktionen zum Skalieren von Rahmen haben wir bereits in Abschnitt 8.4, »Rahmen transformieren«, auf Seite 178 behandelt. Da Rahmen auch Vektoren sind und Rahmen oft als grafisches Element – mit Konturstärke versehen – eingesetzt werden, muss beim Skalieren die zentrale Frage gestellt werden: Soll die Konturstärke beim Skalieren verändert werden, oder soll nur das Objekt, bei gleichbleibender Konturstärke, skaliert werden?

Die Grundeinstellung von InDesign ist, dass sich die Konturstärke beim Skalieren verändert. Das gilt somit auch für das Skalieren eines Objektes. Wenn Sie dies nicht wollen, so müssen Sie die Option KONTURSTÄRKE BEI SKALIERUNG ANPASSEN ❺ im Bedienfeldmenü des Steuerung-Bedienfelds deaktivieren.

Beachten Sie, dass das Ändern dieses Verhaltens nur für den Rechner gilt, an dem Sie gerade arbeiten. Sie können somit dem aktuell geöffneten Dokument das Verhalten nicht mitgeben.

Wir empfehlen Ihnen, sich gleich bei der Installation von InDesign für eine Grundeinstellung für die Skalierung von Konturstärken zu entscheiden. Unserer Ansicht nach sollten Sie zu Ihrer Sicherheit das Skalieren der Konturstärke nicht erlauben.

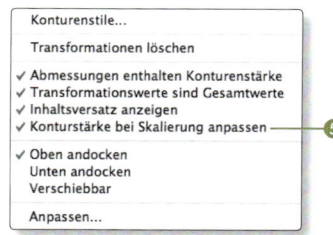

▲ **Abbildung 9.31**
Bedienfeldmenü des Steuerung-Bedienfelds. Um bei einer Transformation die Konturstärke nicht skalieren zu lassen, muss die Option KONTURSTÄRKE BEI SKALIERUNG ANPASSEN ❺ abgewählt werden.

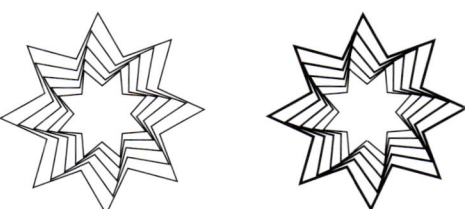

◀ **Abbildung 9.32**
Der linke Stern wurde ohne aktivierte Option KONTURSTÄRKE BEI SKALIERUNG ANPASSEN erstellt. Beim rechten Stern war die Option aktiviert.

9.6.2 Eigenartiges Verhalten bei skalierten Objekten nach einer Übernahme von InDesign-Dokumenten

In InDesign CS3 wurde der Umgang mit dem Skalieren von Objekten vollständig neu programmiert. Dies hat zur Folge, dass ältere InDesign-Dokumente hinsichtlich der Konturstärke und der Angabe zur Schriftgröße ein eigenartiges Verhalten an den Tag legen. Folgende Sachverhalte können Sie antreffen:

- Die Konturstärke wird mit 3 mm angegeben, erscheint jedoch visuell sehr viel kleiner.
- Zwei Linien mit einer Konturstärke von 5 Pt stehen nebeneinander, eine ist aber dünner als die andere.
- Die Textgröße wird mit 12 Pt (7,92 Pt) angegeben.

Warum ist das so, und wie kann ich InDesign dieselbe Arbeitsweise aufzwingen? | Adobe sah bis InDesign CS vor, dass das Programm mit Objekthierarchien arbeitet, die beliebig tief verschachtelt sein können. Das hat zur Folge, dass, wenn Sie eine Gruppe aus Text, Bild und Konturen auf 66 % verkleinern, den Objekten lediglich der Skalierungsfaktor angeheftet wird, die Originalgrößen jedoch in der Anzeige erhalten bleiben. So wird ein Text mit 12 Pt auf die Größe von 7,92 Pt verkleinert und somit die Größe im Steuerung-Bedienfeld mit 12 Pt (7,92 Pt) angegeben. Der erste Wert stellt die Originalgröße, der Wert in der Klammer die tatsächliche Schriftgröße dar. Ganz gleich verhält sich dies mit den Konturstärken. Ein Unterschied ist jedoch gegeben: Es wird nur die Originalkonturstärke angezeigt, die tatsächliche Stärke wird hier nicht angezeigt.

Mit der Umstellung auf InDesign CS3 wurde diese Arbeitsweise zur Gänze überholt. Anwender, die dennoch dieses Verhalten für InDesign erzwingen wollen, können dazu die Option SKALIERUNGSPROZENTSATZ ANPASSEN ❶ im Register ALLGEMEIN der InDesign-Voreinstellungen auswählen.

> **Ändern der Schriftgröße ist nicht möglich**
>
> Wird die Schriftgröße mit 12 Pt (7,92 Pt) angegeben, so können Sie die Schriftgröße nicht einfach auf 8 Pt stellen, indem Sie diesen Wert eingeben. Wenn Sie das machen, wird die absolute Schriftgröße mit dem zugewiesenen Skalierungswert multipliziert.

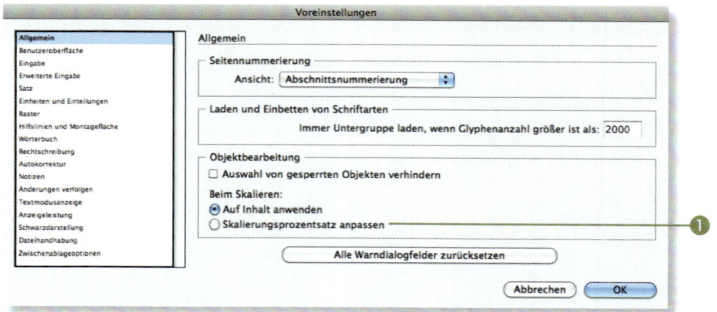

Abbildung 9.33 ▶
Wählen Sie diese Voreinstellung, wenn Sie hinsichtlich Skalierung dasselbe Verhalten, wie es Ihnen aus älteren InDesign-Versionen bekannt war, in InDesign CS5 haben möchten.

Durch die Auswahl dieser Option steht Ihnen die zuvor beschriebene Option KONTURSTÄRKE BEI SKALIERUNG ANPASSEN nicht mehr im Steuerung-Bedienfeld zur Verfügung. Die Konsequenz:

▶ Linien werden automatisch beim Skalieren in der Konturstärke angepasst. Der Wert der Konturstärke ändert sich im Eingabefeld nicht, eine Skalierung ist dadurch nicht erkennbar.
▶ Die Schrift wird vergrößert, und die Angabe der Schriftgröße erfolgt beispielsweise als »12 Pt (7,92 Pt)«.

> **»Skalierung als 100 % neu definieren« nicht verfügbar**
>
> Wenn Ihnen der Befehl im Bedienfeldmenü des Steuerung-Bedienfelds nicht zur Verfügung steht, so befinden sich keinerlei Objekte mit einem angehefteten Skalierungsprozentsatz auf der Seite.

Konturstärke zurückstellen, damit die korrekte Stärke angezeigt wird | Wenn Sie nicht korrekt angegebene Konturstärken in einem übernommenen InDesign-Dokument finden, so können Sie dieses Verhalten nicht einfach durch Aktivieren der korrekten Voreinstellung in InDesign CS5 ändern. Sie müssen in diesem Fall alle Objekte auf dem Druckbogen markieren und den Befehl Skalierung als 100 % neu definieren aus dem Bedienfeldmenü des Steuerung-Bedienfelds ausführen. Die korrekten Größen für die Konturstärken werden nun angezeigt.

Schriftgröße 12 Pt (7,92) auf 7,92 umstellen | Dieses Problem können Sie beheben, indem Sie den/die Textrahmen markieren und ebenfalls den Befehl Skalierung als 100 % neu definieren aus dem Bedienfeldmenü auswählen.

Wenn Sie diesen Vorgang für eine Gruppe von Textrahmen ausführen wollen, so funktioniert dies nur, wenn Sie die Gruppe auflösen und danach erst den Befehl ausführen.

TIPP
Beobachten Sie genau, ob sich nach dem Ausführen des Befehls Skalierung als 100 % neu definieren etwas auf der Seite verändert. Speziell bei konturgeführten Texten und bei Effekten kann es dadurch zu ungewollten Ergebnissen kommen.

9.6.3 Wiederholen von Transformationen
Einmal getätigte Transformationen in Bezug auf Skalieren, Verschieben, Drehen und Verbiegen können Sie mit dem Befehl Objekt • Erneut transformieren und den dazugehörigen Menüeinträgen elegant lösen.

Erstellen Sie dazu zuerst ein Objekt, und führen Sie eine der Transformationen aus dem Menü Objekt • Transformieren aus. In den Eingabedialogen kann der Button Kopieren gedrückt werden, wodurch ein transformierter Klon erstellt wird. Um eine weitere Kopie mit denselben Transformationswerten zu erstellen, führen Sie den Befehl Objekt • Erneut transformieren • Erneut transformieren aus bzw. nutzen das Tastenkürzel Strg+Alt+⇧+T bzw. ⌘+⌥+⇧+T (ein Tastaturkürzel aus unseren Empfehlungen).

Duplizieren von Objekten
Wie man Objekte duplizieren kann, haben Sie in diesem Kapitel schon gelernt. Wir möchten Sie darauf hinweisen, dass Sie mit dem Befehl Erneut transformieren diesen Vorgang ebenfalls erledigen können. Somit müssen Sie sich nur einen Kurzbefehl merken und schlagen damit zwei Fliegen mit einer Klappe.

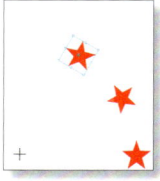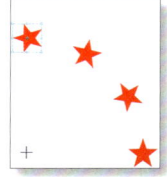

◄ **Abbildung 9.34**
Schrittweise Erstellung von Sternen, die sich um den Drehpunkt + in 30°-Schritten positionieren, mit der Erneut transformieren-Funktion

Die Vorgehensweise in Abbildung 9.34 kann wie folgt beschrieben werden: Zuerst wurde ein Stern mit fünf Seiten erstellt (links). Danach wurde das Rotieren-Werkzeug ausgewählt und mit gedrückter Alt- bzw. ⌥-Taste auf das Kreuz + geklickt. Im erscheinenden Dialog wurde 30° eingegeben und auf den Button Kopieren ❷ gedrückt (zweites Bild von links). Nach Bestätigung des Eingabedialogs wurde über das Tastenkürzel Strg+Alt+⇧+T bzw. ⌘+⌥+⇧+T die Transformation wiederholt (drittes Bild von links). Ein neuerliches Drücken der Tastenkombination erzeugt den vierten Stern (Bild rechts).

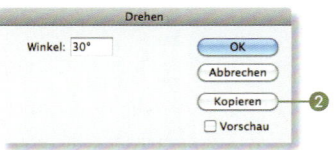

▲ **Abbildung 9.35**
Eingabe des Rotationswinkels im Drehen-Dialog

▲ **Abbildung 9.36**
Die Europa-Flagge

Damit haben wir die Sterne sehr schnell um einen Rotationspunkt rotiert. Jedoch haben sich die Sterne nicht nur um den Rotationspunkt, sondern auch in sich um 30° nach links gedreht. Wenn Sie einmal einen Blick auf die Europa-Flagge werfen, so werden Sie erkennen, dass der Sternenkreis aus Sternen besteht, die in sich nicht gedreht sind.

Da InDesign die Schritte der Abfolge für das ausgewählte Objekt aufzeichnet, bis Sie ein anderes Objekt aktivieren, kann auch dieses Problem gelöst werden. Dazu müssen Sie nur eine Abfolge von Transformierungen, z. B. Rotieren und dann Transformieren, auf ein Objekt anwenden und mit dem Befehl OBJEKT • ERNEUT TRANSFORMIEREN • ERNEUT TRANSFORMIEREN – ABFOLGE oder mit dem Tastenkürzel [Strg]+[Alt]+[4] bzw. [⌘]+[⌥]+[4] die letzte Abfolge von Schritten erneut auf das Objekt anwenden.

Schritt für Schritt: Erstellen der Europa-Flagge

1 **Blaue Flagge und gelben Stern erstellen**

Erstellen Sie ein Rechteck mit den Maßen 22 x 16 mm, und färben Sie die Fläche mit Blau (100/70/0/0) ein. Erstellen Sie dann mit dem Polygon-Werkzeug einen Stern mit fünf Seiten und einer STERNFORM von 50 %. Die Größe des Sterns wird mit 2 mm mal 2 mm, die Farbe mit (0/15/100/0) festgelegt.

Bedienen Sie sich zweier Hilfslinien, und ordnen Sie Stern und Rechteck wie in Abbildung 9.37 gezeigt an.

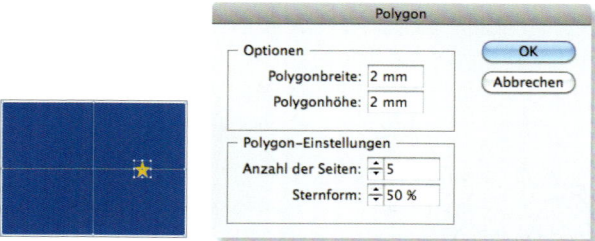

Abbildung 9.37 ▶
Erstellen eines gelben Sterns mit fünf Seiten und einer STERNFORM von 50 %

2 **Den Stern um 30° um den Mittelpunkt rotieren**

Wählen Sie mit dem Auswahlwerkzeug den Stern aus, und wechseln Sie dann auf das Drehen-Werkzeug. Drücken Sie in diesem Fall nicht das Tastenkürzel [D], da dadurch der Stern auf die Standardfläche und -kontur (schwarze Kontur mit keiner Flächenfarbe) zurückgesetzt wird.

Nun müssen Sie den Cursor genau auf den gewünschten Rotationspunkt (Schnittpunkt beider Hilfslinien) stellen und mit gedrückter [Alt]- bzw. [⌥]-Taste auf den Punkt klicken.

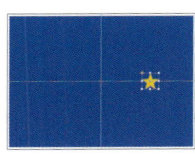 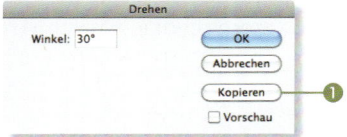

◀ **Abbildung 9.38**
Setzen des Rotationspunktes und Erstellen einer Kopie

Im DREHEN-Dialog geben Sie jetzt 30° ein und klicken dann auf den Button KOPIEREN ❶. Der Dialog schließt sich, und eine rotierte Kopie des Sterns wurde erstellt und ist ausgewählt.

Es ist nun wichtig, dass Sie nicht inzwischen eine andere Tätigkeit ausführen oder etwa den ausgewählten Stern deaktivieren, da Sie damit die Transformationsfolge unterbrächen.

3 Den rotierten Stern in sich zurückdrehen

Das Ergebnis des zweiten Schrittes stellt sich üblicherweise wie in Abbildung 9.39 gezeigt dar. Beachten Sie, welcher Punkt im Ursprung ausgewählt ist! In den meisten Fällen ist der linke obere Punkt ausgewählt.

Da wir ja den Stern in sich zurückdrehen wollen, müssen wir zuvor den Rotationspunkt im Ursprung auf das Zentrum ✧ setzen. Der Rotationspunkt verschiebt sich beim ausgewähltem Objekt in die Mitte.

◀ **Abbildung 9.39**
Die Kopie des Sterns soll in sich zurückgedreht werden. Dazu muss der Mittelpunkt der Kopie über einen Klick im Ursprung auf den Mittelpunkt gesetzt werden.

Führen Sie einen Doppelklick auf das Drehen-Werkzeug aus, und geben Sie im erscheinenden Dialog »–30°« ein. Der entscheidende Punkt ist nun, dass Sie jetzt nicht mehr den Button KOPIEREN drücken, sondern die Eingabe mit OK ❷ bestätigen.

 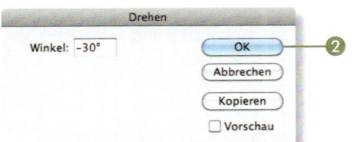

◀ **Abbildung 9.40**
Die Kopie des Sterns ist wiederum auf 0° gesetzt.

Damit haben Sie die Transformationsreihenfolge festgelegt und abgeschlossen. Beide Sterne stehen nun in derselben Ausrichtung, jedoch um den Rotationspunkt gedreht, zur Verfügung.

4 Wiederholen der Transformationsfolge

Nun müssen Sie nur noch zehnmal den Befehl OBJEKT • ERNEUT TRANSFORMIEREN • ERNEUT TRANSFORMIEREN – ABFOLGE ausführen oder das Tastenkürzel ⌃+Alt+4 bzw. ⌘+⌥+4 drücken.

◀ **Abbildung 9.41**
Das Endergebnis – die Europa-Flagge

Das Ergebnis kann sich sehen lassen. Ein allzu großer Aufwand ist dafür wohl nicht betrieben worden. ■

Neben den zwei Befehlen ERNEUT TRANSFORMIEREN und ERNEUT TRANSFORMIEREN – ABFOLGE stehen im Menü OBJEKT • ERNEUT TRANSFORMIEREN noch zwei weitere Befehle zur Verfügung: ERNEUT TRANSFORMIEREN – EINZELN bzw. ERNEUT TRANSFORMIEREN – ABFOLGE, EINZELN. Diese beiden Befehle unterscheiden sich von den zuerst beschriebenen nur dadurch, dass durch sie Transformationen nur auf einzelne Objekte einer Gruppe und nicht auf die gesamte Gruppe angewandt werden.

Sie sehen also, dass Rahmen in InDesign eine zentrale Rolle spielen. Deshalb haben wir uns mit diesem Thema etwas genauer auseinandergesetzt und Ihnen schon zu einem relativ frühen Zeitpunkt auch alle Transformationsmöglichkeiten beschrieben.

9.6.4 Abschließendes Beispiel

Wenn Sie alle Möglichkeiten in diesem Kapitel verstanden haben, sollten Sie das Beispiel aus Abbildung 9.42 mit geringem Aufwand in wenigen Minuten – ca. 3 Minuten als Vorgabe – erstellen können. Die Schritte sind:

1. Kreis erstellen, mit Kontur und Flächenfarbe versehen
2. Eine kurze Linie auf 12 Uhr anlegen, um –30° um den Mittelpunkt rotieren und die Länge der Linie mit Skalieren etwas vergrößern. Mit ERNEUT TRANSFORMIEREN – ABFOLGE erneut elf Mal transformieren.
3. Uhrzeitform mit abgerundeten Ecken, einer Kontur und weißer Fläche erstellen. Diese dann ebenfalls um –30° rotieren lassen und als zweiten Schritt in sich zurückdrehen. Die Transformationsabfolge abschließen und ebenfalls mit ERNEUT TRANSFORMIEREN – ABFOLGE erneut elfmal transformieren.
4. Nun müssen Sie nur noch die Zahlen austauschen. Nur keine Angst: Dies geht dann wirklich nicht mehr automatisch.

> **TOP-TIPP**
> **Rahmen gleich breit machen**
>
> Sie haben verschiedene Rahmen auf einer Seite erstellt. Diese Rahmen besitzen jedoch eine unterschiedliche Rahmenbreite, die Sie vereinheitlichen wollen.
>
> Wählen Sie dazu einen Rahmen aus, und bringen Sie diesen durch Eingabe der korrekten Rahmenbreite auf die Zielgröße. Wählen Sie danach alle anderen Rahmen aus, und führen Sie dann den Befehl OBJEKT • ERNEUT TRANSFORMIEREN • ERNEUT TRANSFORMIEREN – ABFOLGE, EINZELN aus. Alle Rahmen bekommen dieselbe Rahmenbreite.

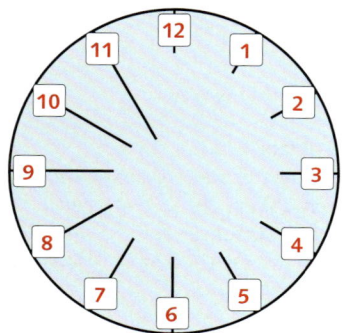

▲ **Abbildung 9.42**
Die Prüfung: Testen Sie sich mit dieser kleinen Herausforderung.

10 Texte platzieren und bearbeiten

Bisher haben Sie erfahren, wie Rahmen als Objekte funktionieren, wie sie verändert bzw. transformiert und wie sie exakt auf eine bestimmte Position, auf einer bestimmten Ebene mit oder ohne Hilfslinien positioniert werden können. Ein Layout besteht eben nicht nur aus leeren Rahmen, sondern lebt von Inhalten und der Anordnung. In diesem und im nächsten Kapitel werden wir uns die Arbeitsweisen mit Text- und Bildrahmen näher ansehen. Beginnen wir mit den Textrahmen.

10.1 Grundlagen zum Textrahmen

Der am meisten eingesetzte Rahmen ist der Textrahmen. Er enthält den Text, der in InDesign gesetzt wird, und ähnelt in der Arbeitsweise den Textrahmen in QuarkXPress sehr. Textrahmen können wie Grafikrahmen verschoben und in der Größe sowie in der Form manipuliert werden. Zum Aufziehen eines Rahmens, zum Schreiben oder zum Editieren von Texten ist das Textwerkzeug T. zu verwenden. Zum Positionieren sowie zum Verändern der Größe nehmen Sie das Auswahl-Werkzeug , zum Ändern der Form des Textrahmens sollten Sie das Direktauswahl- oder das Zeichenstift-Werkzeug verwenden.

Beim Aufziehen des Textrahmens ist die Startposition für die Positionierung des Rahmens entscheidend. Sobald Sie das Textwerkzeug ausgewählt haben und den Cursor auf die Montagefläche der Seite bewegen, erscheint die Textmarke (I-Beam). Die Startposition (linker oberer X/Y-Wert) des Textrahmens ist dabei der Schnittpunkt aus dem horizontalen und dem vertikalen Strich in der Textmarke. Beachten Sie die Textmarke ganz genau. Befindet sich nämlich der Cursor in der Nähe einer Hilfslinie – Grundlinienraster, Dokumentraster oder eine normale Hilfslinie –, ändert sich die Textmarke in das Symbol (magnetische Textmarke). Damit können Sie beim Layouten sehr schnell im Raster Textrahmen, ausgerichtet an den Hilfslinien, erstellen.

> **Technische Betrachtung**
>
> Auch Textrahmen sind technisch betrachtet nur Pfade. Ihr Inhalt kann jederzeit ausgetauscht werden und somit kann aus einem Textrahmen ein Bildrahmen erzeugt werden.

> **[I-Beam]**
>
> Der Begriff steht für einen I-förmigen Balken, der als typischer Maus-Cursor für die Einfügemarke bei Textverarbeitungsprogrammen eingesetzt wird.

> **Verschieben eines Textrahmens im Textbearbeitungsmodus**
>
> Wenn Sie während des Schreibens von Text einen Rahmen verschieben möchten, so müssen Sie dazu nicht das Auswahl-Werkzeug wählen. Durch Drücken der [Strg]- bzw. [⌘]-Taste können Sie kurzzeitig auf das Auswahl-Werkzeug umschalten.
>
> Ein einfacher Klick markiert den Rahmen, der damit verschoben und in der Größe geändert werden kann. Mit einem Doppelklick kann wiederum in den Textbearbeitungsmodus umgeschaltet werden.

Sobald Sie den Rahmen aufgezogen haben, blinkt der Textcursor im Rahmen. InDesign ist somit zur Texteingabe bereit. Dieser Zustand wird als *Textbearbeitungsmodus* bezeichnet. Das Umschalten auf den *Grafikmodus* können Sie einerseits durch Aktivieren des Auswahl-Werkzeugs oder durch Drücken der [Esc]-Taste herbeiführen. Der neuerliche Wechsel in den Textbearbeitungsmodus erfolgt durch einen Doppelklick in den Text oder durch Auswahl des Textwerkzeugs.

Erstellen Sie nun zu Übungszwecken auf einer leeren Seite unserer Projektarbeit einen Textrahmen. Der Textrahmen sollte auf der linken Seite innerhalb des Satzspiegels aufgezogen werden. Daraus ergeben sich folgende Koordinaten: X = 70, Y = 28, B = 95, H = 185, die Sie aus dem Steuerung-Bedienfeld jederzeit auslesen können.

10.2 Schreiben, Kopieren und Platzieren von Texten

Wie kommt der Text in einen Textrahmen? Um Texte in InDesign zu bringen, gibt es verschiedene Möglichkeiten, die je nach Arbeitsweise herangezogen werden können.

10.2.1 Texte in InDesign schreiben

Die einfachste Möglichkeit stellt dabei das Schreiben von Texten in InDesign dar. Text kann, wenn Absatz- und Zeichenformate bereits definiert sind, gleich beim Schreiben sehr schnell formatiert und ausgezeichnet werden. Die Vielfältigkeit, die InDesign hinsichtlich der Formatierung bietet, könnte als Vorbild für so manche Textverarbeitungsprogramme dienen.

Die integrierte Rechtschreibprüfung, die Möglichkeit, beim Schreiben automatische Eingabekorrekturen durchzuführen, und alle typografischen Feinheiten, wie verschiedene Leerräume, der Zugriff auf Sonderzeichen oder das Trennen mit weichen Trennungen, machen das Schreiben in InDesign sehr komfortabel.

> **Übernahme von Formatvorlagen aus MS Word**
>
> Beim Löschen von Absatzformaten kann ein anderes Absatzformat zugewiesen werden. Damit ist selbst die Verarbeitung von übernommenen Formatvorlagen aus Word fast kein Problem mehr. Mehr Informationen dazu erhalten Sie in Abschnitt 19.5.7, »Formate aus Word-Dokumenten übernehmen«, auf Seite 498.

10.2.2 Texte durch Kopieren hinzufügen

Texte, die meist bereits in Microsoft Word, in einem E-Mail- oder einem anderen Texteditor vorliegen, können auf zwei Wegen in InDesign eingefügt werden. Die dabei in der Praxis gängigste Form ist, neben dem InDesign-Dokument auch das entsprechende Textdokument z. B. in Word zu öffnen und die Texte durch Kopieren über die Zwischenablage in einen bereits definierten Rahmen einzufügen.

Ob Sie dabei den reinen Text oder formatierten Text wählen, wodurch auch die Formatvorlagen aus Word übernommen werden, hängt von den gewählten Voreinstellungen ab.

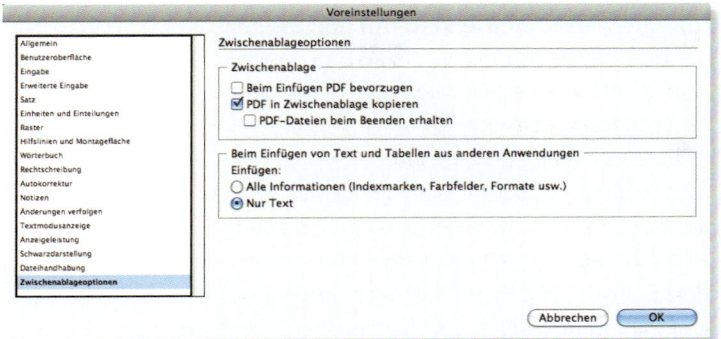

◀ **Abbildung 10.1**
Die Default-Einstellung im Register ZWISCHENABLAGEOPTIONEN, mit der nur der reine Text beim Einfügen von Text übernommen wird, ist eine gute Wahl, da Sie ansonsten eventuell störende Absatz- und Zeichenformate durch das Einfügen in Ihre sauber angelegte InDesign-Datei bekommen.

In InDesign CS5 können Sie in den VOREINSTELLUNGEN im Register ZWISCHENABLAGEOPTIONEN im Bereich BEIM EINFÜGEN VON TEXT UND TABELLEN AUS ANDEREN ANWENDUNGEN durch Aktivierung der Option NUR TEXT (das ist die Default-Einstellung von InDesign) das Übernehmen der Formatierung und der Formatvorlagen abschalten.

Texte aus anderen Programmen kopieren | Texte aus Word, aus E-Mail- oder anderen Texteditoren werden somit über den Befehl BEARBEITEN • EINFÜGEN oder über die Tastenkombination [Strg]+[V] bzw. [⌘]+[V] ohne Formatierung in den InDesign-Textrahmen eingefügt. Welche Formatierung dem Text in InDesign zugewiesen wird, ist abhängig davon, welches Absatz- oder Zeichenformat dem Textcursor in InDesign zugewiesen wurde. Wenn Sie keine spezielle Formatierung wünschen, empfehlen wir Ihnen, zuerst im Bedienfeld ABSATZFORMATE auf [EINFACHER ABSATZ] und im Bedienfeld ZEICHENFORMATE auf [OHNE] zu klicken, bevor Sie den Befehl EINFÜGEN ausführen.

Texte aus anderen InDesign-Dokumenten kopieren | Der zuvor beschriebene Weg würde beim Kopieren und Einfügen von Textpassagen aus anderen InDesign-Dokumenten dazu führen, dass nicht nur der Text, sondern auch die Formatierung des Textes aus dem Ursprungsdokument übernommen würde. An dieser Stelle greift die Voreinstellung in den ZWISCHENABLAGEOPTIONEN von InDesign nicht mehr.

Um dennoch nur den Text in das Zieldokument zu übertragen, stehen der Befehl BEARBEITEN • UNFORMATIERT EINFÜGEN oder das entsprechende Tastenkürzel [Strg]+[⇧]+[V] bzw. [⌘]+[⇧]+[V] zur

HINWEIS

Wenn Sie beim Einfügen von kopierten Texten den Textcursor nicht in einem Textrahmen stehen lassen, erzeugt InDesign automatisch einen Standard-Textrahmen in einer fixen Breite und platziert darin den Text.

Verfügung. Dadurch werden nur Textzeichen inklusive aller Weißräume und anderer typografischer Spezialitäten eingefügt und in der zugrunde liegenden Formatierung ausgezeichnet.

10.2.3 Texte durch Platzieren hinzufügen

Für umfangreichere Textvorlagen aus Word ist die zuvor beschriebene Arbeitsweise allerdings sehr aufwendig. InDesign wurde mit einer Reihe von Text-Import-Filtern versehen, mit denen ohne großen Aufwand das Platzieren von Texten aus Textverarbeitungs- und Tabellenkalkulationsprogrammen ermöglicht wird. Ja, Sie haben richtig gelesen! Excel-Dateien (.»xls«) können innerhalb eines InDesign-Textrahmens als reiner Text oder als Tabelle platziert werden. Mehr dazu erfahren Sie in Abschnitt 20.2, »Tabellen einfügen, umwandeln und importieren«, auf Seite 506.

Sie können über DATEI • PLATZIEREN oder das Tastaturkürzel [Strg]+[D] bzw. [⌘]+[D] – XPress-Umsteiger können sich diesen Befehl mit der Eselsbrücke »D steht für ›**D**en Text platzieren‹« merken – den Platziervorgang starten. Beim Platzieren von Texten/Tabellen können fünf verschiedene Vorgehensweisen unterschieden werden:

Die Textmarke steht in einem Textrahmen | Nach dem Aufziehen eines Textrahmens steht der Textcursor bereits innerhalb des Rahmens. Führen Sie nun den Befehl PLATZIEREN aus, so wird der Text in den Rahmen platziert. Ein Textüberhang wird durch die Textüberlauf-Marke (siehe dazu Seite 244) angezeigt.

> **Text-Import-Filter**
>
> Direkt in InDesign können Texte im ASCII-, Nur-Text-, RTF-, MS Word-, MS Excel-, XML- sowie im InDesign-Tagged-Format als auch Buzzword-Dateien importiert werden. Spezielle Filter für andere Textverarbeitungsprogramme liegen nicht vor.

> **Texte per Drag & Drop platzieren**
>
> Sie können Texte, wenn geeignete Textimportfilter zur Verfügung stehen, auch per Drag & Drop platzieren. Ziehen Sie aus Ihrem Arbeitsplatz oder dem Finder eine Textdatei mit gedrückter Maustaste in ein geöffnetes InDesign-Dokument. Es erscheint die Texteinfügemarke mit der Vorschau des Textes analog zum Platzieren von Bildern.

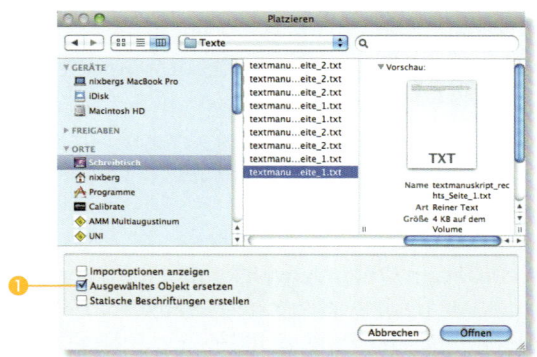

◀ Abbildung 10.2
Der PLATZIEREN-Dialog mit gewählter Option AUSGEWÄHLTES OBJEKT ERSETZEN ❶

Steht der Textcursor in einem bereits vorhandenen Text, so wird der neue Text beim Platzieren genau an dieser Stelle eingefügt. Nachfolgender Text wird am Ende des Textes angehängt.

Ein Textrahmen ist markiert | Markieren Sie einen Textrahmen mit dem Auswahl-Werkzeug, und führen Sie den Befehl PLATZIEren aus. Der Text wird in den markierten Rahmen platziert. Sollte sich bereits Text im Rahmen befinden, so wird dieser, wenn die Option AUSGEWÄHLTES OBJEKT ERSETZEN ❶ im PLATZIEREN-Dialog aktiviert ist, durch den neuen Text überschrieben.

Ein Grafikrahmen ist markiert | Sie können einen Text in einen Grafikrahmen platzieren, wodurch der Grafikrahmen in einen Textrahmen umgewandelt wird. Quark hat diese Funktion erst mit QuarkXPress 8 zur Verfügung gestellt.

Ist im Grafikrahmen bereits ein Bild oder eine Grafik vorhanden, so wird das Bild bzw. die Grafik gelöscht und durch Text ersetzt. Das ist oft praktisch, allerdings können auch schnell Fehler passieren. Gott sei Dank gibt es in InDesign das Tastaturkürzel `Strg`+`Z` bzw. `⌘`+`Z`, womit sogar der PLATZIEREN-Befehl rückgängig gemacht werden kann, wobei aber dabei der Text im Platzier-Cursor zum Platzieren erhalten bleibt.

Ein leerer Textrahmen steht bereit | Im Zusammenspiel mit Adobe Bridge und Mini Bridge können daraus Textdateien per Drag & Drop bzw. aus dem Arbeitsplatz/Finder auf den leeren Textrahmen verschoben werden. Das dabei gezeigte Symbol ist in Abbildung 10.3 zu sehen. Das Platzieren von Texten aus der Bridge auf bereits gefüllte Rahmen funktioniert nicht.

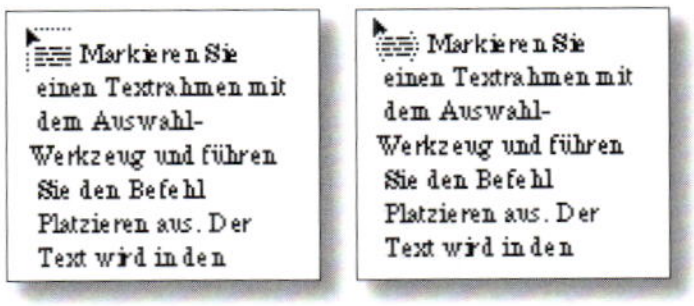

Platzieren, ohne einen Rahmen markiert zu haben | Wenn Sie keinen Rahmen markiert haben, können Sie dennoch den PLATZIEREN-Befehl ausführen. Adobe PageMaker-Anwendern ist das Platzieren von Texten in dieser Form bekannt, QuarkXPress-Anwendern bis zu Version 8 dagegen vollkommen fremd.

Deaktivieren Sie zuvor ausgewählte Objekte, indem Sie den Befehl BEARBEITEN • AUSWAHL AUFHEBEN oder die Tastenkombination `Strg`+`⇧`+`A` bzw. `⌘`+`⇧`+`A` ausführen. Nach der Ausführung des Befehls PLATZIEREN ändert sich der Cursor in das Text-platzieren-Symbol.

Zeigt sich das Text-platzieren-Symbol wie in Abbildung 10.4 links dargestellt, so können Sie damit einen Textrahmen aufziehen, in den sich der geladene Text dann einfügt, oder Sie können an eine beliebige Stelle auf der Montagefläche klicken, wodurch sich automatisch ein Textrahmen einfügt, der den geladenen Text enthält.

Wenn Sie mit dem Text-platzieren-Symbol über einen leeren Text- oder nicht zugewiesenen Rahmen fahren, ändert sich der Cursor. Das rechte Symbol aus Abbildung 10.4 zeigt, dass sich darunter ein leerer Rahmen befindet und durch einen Klick der gela-

> **TOP-TIPP**
> **Vor dem Platzieren beachten**
>
> Um nicht unerwartet Texte oder Bilder durch den PLATZIEREN-Befehl zu löschen, empfehlen wir, vor dem Ausführen des Befehls den Befehl BEARBEITEN • AUSWAHL AUFHEBEN (`Strg`+`⇧`+`A` bzw. `⌘`+`⇧`+`A`) auszuführen, um damit eine eventuell vorhandene Auswahl aufzuheben.

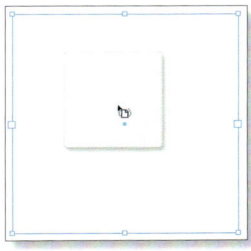

▲ **Abbildung 10.3**
Ein Textdokument wird von Adobe Bridge auf einen leeren Textrahmen gezogen und dadurch platziert.

▲ **Abbildung 10.4**
Die Text-platzieren-Symbole in InDesign zeigen den zu platzierenden Text an.

> **Text platzieren abbrechen**
>
> In diesem Zustand zeigt sich der Platzieren-Cursor auch, wenn das Text-Plazieren rückgängig gemacht wurde.
>
> Das Abbrechen des Text-Platzierens erreichen Sie durch Drücken von `Esc` oder durch Auswahl eines anderen Werkzeugs.

10.2 Schreiben, Kopieren und Platzieren von Texten | **225**

dene Text in den Rahmen eingefügt würde. Eine spezielle Form des Text-platzieren-Symbols ist das Symbol . Durch diese Darstellung wird dem Anwender symbolisiert, dass sich das Text-platzieren-Symbol an einer Hilfslinie orientiert und dadurch automatisch die linke bzw. obere Kante des Textrahmens an der Hilfslinie ausrichtet.

Das Ersetzen von platzierten Bildern durch eines der Symbole ist glücklicherweise nicht vorgesehen. Dies passiert nur, wenn Sie einen Text platzieren und dabei einen Bildrahmen in InDesign ausgewählt haben und die Option AUSWAHL ERSETZEN nicht deaktiviert haben.

10.3 Texte importieren

Sie können nun in Ihrem aufgezogenen Rahmen über die zuvor beschriebenen Möglichkeiten Texte in das InDesign-Dokument bringen. Um jedoch beim Platzieren keine ungewollten »Konvertierungen« bzw. den Verlust von Auszeichnungen zu erleben, können beim Platzieren spezielle Importoptionen gewählt werden.

10.3.1 Das richtige Format für den Austausch von Texten

In Projekten werden meistens Texte in Microsoft Word erstellt und dann dem Layouter zur Verfügung gestellt. In der Zusammenarbeit zwischen der schreibenden und der layoutenden Zunft könnte durch eine bessere Absprache der Reibungsverlust minimiert werden. Verschiedene Arbeitsweisen sind dabei möglich:

- **Übernahme von unformatierten Texten:** Werden Texte in Word geschrieben und zur Formatierung dabei keine Formatvorlagen verwendet, so empfehlen wir, die Texte unformatiert in das Layoutprogramm zu übernehmen. Das geeignete Dateiformat dafür ist ».txt« – reine Textdateien –, da Sie damit wirklich jeglichen »Schwachsinn« an Formatierung aus dem Text herausnehmen können.
- **Übernahme von vorformatierten Texten:** Wenn dem Schreibenden ein Word-Dokument-Template zur Verfügung gestellt wird, in dem bereits Formatvorlagen zur Auszeichnung vorbereitet sind, kann, mit gutem Willen des Schreibenden, bereits beim Schreiben dem Text die notwendige Auszeichnung zugewiesen werden. Diese Vorformatierung kann der Layouter beim Import geschickt umsetzen, womit viel Formatierungsarbeit im Layoutprogramm gespart werden könnte. Für diese Arbeitsweise sind Formate wie RTF, ».doc« und ».docx« die beste Wahl.

> **HINWEIS**
>
> Eine unformatierte Übernahme über die Word-Importoptionen durch Platzieren einer ».doc«-Datei kann hier ebenfalls zum Ziel führen. Lesen mehr dazu in Abschnitt 19.5.7, »Formate aus Word-Dokumenten übernehmen«, auf Seite 498.

> **Formatierungsfehler in Word**
>
> An chaotischen Formatvorlagen in Word ist nicht immer der Anwender schuld. Das Programm neigt leider zu einem gewissen Eigenleben und chronischer Bevormundung!

- **Übernahme von formatierten Texten aus InDesign oder Textdumps aus Datenbanken:** Ein Austausch von Textabschnitten zwischen zwei InDesign-Dokumenten oder auch aus Datenbanken heraus kann hervorragend über das **Adobe InDesign-Tagged-Text-Format** erfolgen, da über diese spezielle Textbeschreibung Informationen zu Absatz- und Zeichenformaten beim Importieren mitgegeben werden können.

  Beim Erstellen eines Dumps aus Datenbanken heraus müssen dabei Texte mit den entsprechenden InDesign-Tags angereichert werden, damit eine saubere Zuordnung im InDesign-Dokument erfolgen kann. Damit auch Bilder, verbunden mit formatierten Texten, eingelesen werden können, stehen diverse Erweiterungen in Form von Plug-ins zur Verfügung. Das Plug-in **Xtags** von EM-Software kann dabei mit sehr guten Funktionen aufwarten und wird explizit von uns dafür empfohlen.

- **Nachträgliche Änderungen im bereits fertigen Dokument:** Wurden die Texte im Layout platziert und formatiert, gibt es häufig durch Kundenkorrekturen noch Änderungen am Text. Es stellt sich dabei immer die Frage: »An welcher Stelle sollen die Änderungen vorgenommen werden?«

  - **Textänderungen im Layout:** Diese Arbeitsweise stellt die wohl gängigste Form dar. Der Haken dabei ist, dass Übernahmefehler entstehen können. Eine mögliche Lösung wäre das Eingeben der Änderungen durch den Schreibenden. Da sich nicht jeder dafür ein InDesign zulegen möchte und damit sich Schreibende – mit den Werkzeugen und Funktionen in InDesign – nicht am Layout vergreifen können, gibt es **Adobe InCopy**, wodurch der Schreibende nur noch seine Texte bearbeiten kann.
  - **Textänderung durch Aktualisierung:** In InDesign werden standardmäßig Texte durch den Import von lokalen Dateien in das Layout übernommen. Eine Verknüpfung mit der Originaldatei besteht dabei nicht. Wenn Sie jedoch in den Voreinstellungen im Register Dateihandhabung die Option Beim Platzieren von Text- und Tabellendateien Verknüpfungen erstellen ❶ aktiviert haben, so wird beim Platzieren eine Verknüpfung zu dieser Datei hergestellt.

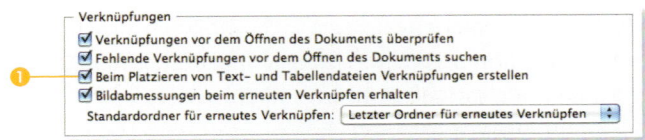

> **XML hat das Adobe InDesign-Tagged-Text-Format abgelöst**
>
> Da das Adobe InDesign-Tagged-Text-Format nur für InDesign und das XPress Tagged-Text-Format nur für QuarkXPress verwendet werden kann, haben beide Softwarepakete in den letzten Versionen Schnittstellen zu XML – einen internationalen Standard zur Beschreibung von Daten – verabreicht bekommen. Wie Sie über XML einen Datenimport mit gleichzeitiger Formatierung abbilden können, lesen Sie in Kapitel 47, »Publishing mit XML«. Hinweise zum XML-Import erhalten Sie in Abschnitt 10.3.4, »XML importieren«, auf Seite 232.

> **HINWEIS**
>
> Wie Sie einen Workflow zwischen InDesign und InCopy aufbauen und welche Möglichkeiten die Schreibenden dann in InCopy haben, erfahren Sie im Kapitel zu InCopy, das im Download-Bereich zu diesem Buch zur Verfügung steht.

◀ **Abbildung 10.5**
Der Abschnitt Verknüpfungen des Registers Dateihandhabung der InDesign-Voreinstellungen.

> **Plazierte Texte aus Buzzword**
>
> Wurden Texte aus Buzzword platziert, so können diese ebenfalls in den Importoptionen mit dem InDesign-Dokument verknüpft werden. In der aktuell zur Verfügung stehenden Buzzword-Version (Juli 2010) stehen wichtige Funktionen wie Absatz- und Zeichenformate noch nicht zur Verfügung. Aus diesem Grund gilt nebenstehende Empfehlung, derzeit nicht mit Textaktualisierungen zu arbeiten, auch für diese Arbeitsweise.
>
> Wie Sie Texte aus Buzzword platzieren, erfahren Sie noch in diesem Kapitel auf Seite 231.

Eine Änderung in der verknüpften Datei könnte somit aktualisiert werden. Auch wenn diese Arbeitsweise sehr einleuchtend klingt, können wir Ihnen zumindest bei Textdateien nur davon abraten, solche Aktualisierungen in einem Projekt einzuplanen. Der Grund: Es müssen in einem Layout, zumindest was Umbrüche angeht, Änderungen am Text vorgenommen werden, die bei einer Aktualisierung des Textes wiederum alle verloren gehen würden.

Bei Tabellen sieht die Sache hingegen schon anders aus. Hier kann eine Aktualisierung in gewissen Fällen sehr viel Zeit ersparen. Wie Sie solche Arbeitsweisen einrichten, erfahren Sie in Abschnitt 20.8, »Importierte Inhalte aktualisieren«, auf Seite 543.

10.3.2 Texte über Importoptionen platzieren

Ob es sich um eine Microsoft Word-, eine RTF- oder eine reine Textdatei handelt, spielt für InDesign keine Rolle. Je nach Format bietet InDesign unterschiedliche Einstellungen in den Importoptionen an, mit denen Sie genau regeln können, welcher Inhalt in welcher Form – formatiert oder unformatiert – in InDesign übernommen werden soll.

Beachten Sie, dass die Importoptionen durch Verschieben (also Drag & Drop) von Texten aus Adobe Bridge, Mini Bridge bzw. dem Arbeitsplatz oder Finder nicht aufgerufen werden können.

Abbildung 10.6 ▶
Der PLATZIEREN-Dialog mit aktivierter Option IMPORTOPTIONEN ANZEIGEN

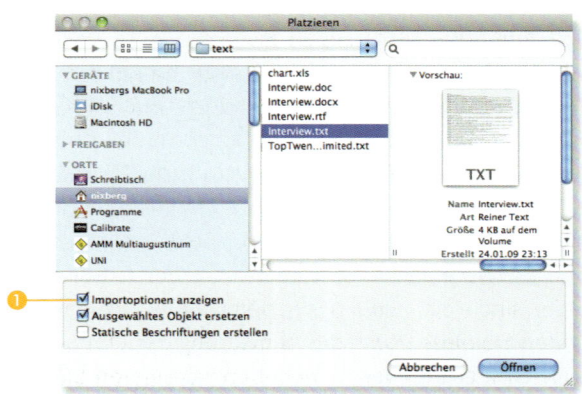

> **TOP-TIPP: Importoptionen vorübergehend aufrufen**
>
> Sie können die Importoptionen auch temporär aktivieren, indem Sie beim Platzieren die ⇧-Taste gedrückt halten.

Die TEXTIMPORTOPTIONEN erreichen Sie, indem Sie den Befehl DATEI • PLATZIEREN oder das Tastaturkürzel [Strg]+[D] bzw. [⌘]+[D] ausführen und im PLATZIEREN-Dialog die Option IMPORTOPTIONEN ANZEIGEN ❶ aktivieren. Wählen Sie das Textdokument aus, und bestätigen Sie den Befehl mit ÖFFNEN. Abhängig von dem zu platzierenden Dateiformat erscheint ein gesonderter TEXTIMPORTOPTIONEN-Dialog.

Import einer reinen Textdatei | Die einfachste Textdatei ist eine Nur-Text- oder eine ASCII-Datei. Diese Dateien enthalten alle verwendeten Zeichen und Steuerzeichen wie Tabulatoren und Zeilenschaltungen, jedoch keinerlei Formatierung.

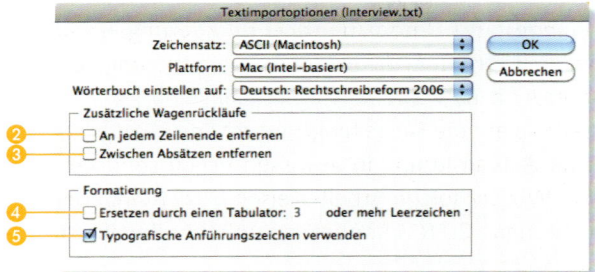

◀ **Abbildung 10.7**
Spezielle TEXTIMPORTOPTIONEN, die beim Import von ASCII- bzw. Nur-Text-Dateien wählbar sind

- **Zeichensatz:** Standardmäßig ist hier der Zeichensatz ausgewählt, der der Standardsprache von InDesign entspricht. Um jedoch Texte zu importieren, die auf anderen Grundlagen basierend abgespeichert wurden, können Sie verschiedene Zeichensätze wie ANSI, UNICODE oder WINDOWS CE auswählen. Beim Importieren konvertiert InDesign den Text für die interne Verarbeitung in das UNICODE-FORMAT UTF-8.
- **Plattform:** Legen Sie hier fest, auf welcher Plattform die Textdatei abgespeichert wurde. Fehler wie fehlende bzw. konvertierte Umlaute oder nicht vorhandene »ß« können damit behoben werden.
- **Wörterbuch einstellen auf:** Legen Sie damit fest, welches Wörterbuch auf den importierten Text angewendet werden soll. Durch die Zuordnung des korrekten Wörterbuchs können Wörter sofort richtig getrennt und einer Rechtschreibprüfung unterzogen werden. Die Autokorrektur von InDesign wird dabei nicht angewandt.
- **Zusätzliche Wagenrückläufe:** Sollten Sie Textdateien erhalten, die durch Zeilenschaltungen am Ende einer jeden Zeile erstellt worden sind – eine Lieblingsdisziplin von Word-Vollprofis –, so können Sie diese durch die Aktivierung der Option AN JEDEM ZEILENENDE ENTFERNEN ❷ beheben. Aktivieren Sie die Option ZWISCHEN ABSÄTZEN ENTFERNEN ❸, wenn mehrere hintereinander auftauchende Zeilenschaltungen auf eine Zeilenschaltung reduziert werden sollen.
- **Formatierung:** Da Texte aus Datenbanken manches Mal zur Trennung zwischen den Feldern mit Leerzeichen aufgefüllt werden, kann mit der Option ERSETZEN DURCH EINEN TABULATOR: 3 ODER MEHR LEERZEICHEN ❹ eine längere Serie von Leerzeichen durch ein Tab-Zeichen ersetzt werden. Wählen Sie als Unter-

HINWEIS

Aufgrund der Rechtschreibreformen der deutschen Sprache sind in InDesign mehrere Wörterbücher für die deutsche Sprache installiert.

[Wagenrücklauf]
Es gab auch eine Zeit vor dem Computer. Im Zeitalter der Schreibmaschine wurde der Wagen mit der Andruckwalze zum Einspannen des Papierbogens über das Biegen eines Hebels zurückgesetzt, um eine neue Zeile zu beginnen. Wer diesen mit einem leisen Klingeln quittierten Arbeitsschritt nicht mehr kennt, der sollte einmal auf dem Dachboden die Adler, Olympia oder Erika mit Duoband herausholen.

> **TOP-TIPP**
> **Kontrolle der Voreinstellungen**
>
> Bevor Sie einen Import durchführen, kontrollieren Sie in den InDesign-Voreinstellungen, welche typografischen Anführungszeichen für DOPPELTE ANFÜHRUNGSZEICHEN gesetzt sind.

grenze mindestens zwei Leerzeichen, da ohnehin niemals zwei Leerzeichen in Folge stehen dürfen!

Gerade Anführungszeichen (" ") und Apostrophe (' ') können mit der Option TYPOGRAFISCHE ANFÜHRUNGSZEICHEN VERWENDEN ❺ rasch in typografische Anführungszeichen („ " – auch 99–66 genannt) und Apostrophe (' ') umgewandelt werden. Wenn Sie im Register WÖRTERBUCH der Voreinstellungen in den Optionen für DOPPELTE ANFÜHRUNGSZEICHEN ❶ die französischen Guillemets (»«) eingetragen haben, werden diese natürlich für die Umwandlung beim Textimport verwendet.

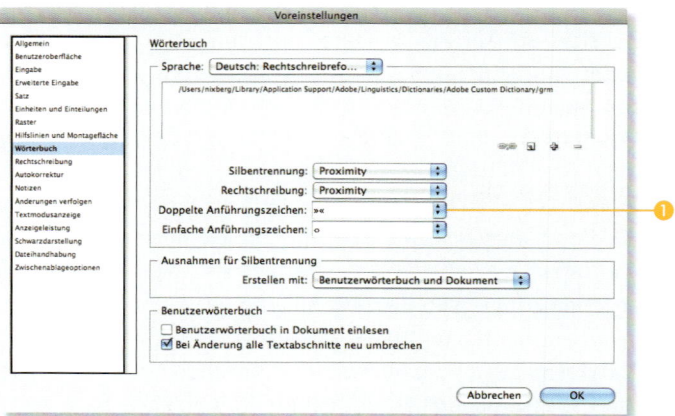

Abbildung 10.8 ▶
Die Einstellungen im Register WÖRTERBUCH der InDesign-Voreinstellungen entscheiden, welche typografischen Anführungszeichen beim Import zugewiesen werden.

Import von RTF-Dateien | Ein etwas umfangreicheres Textformat ist RTF. RTF-Dateien enthalten, wie der Name »Rich Text Format« schon aussagt, neben den Text- und Steuerzeichen auch noch Formatierungsanweisungen wie Schriftfamilie, Schriftschnitt, Größe, Einzüge, Seitenumbrüche, Farben und noch vieles mehr. Es werden RTF 1.4, 1.5, 1.6 und RTF-J für japanischen Text vom Importfilter unterstützt. Die TEXTIMPORTOPTIONEN sind identisch mit jenen eines Word-Imports.

> **HINWEIS**
>
> Das automatische Generieren von Kleinanzeigen mit QuarkXPress basiert fast immer auf »XPress-Tags«. Werden solche Automatisierungen auf InDesign umgestellt, so bedienen Sie sich eher der XML-Schnittstelle von InDesign und nicht der proprietären InDesign-Tags-Auszeichnungssprache.
>
> Nähere Informationen zum Erzeugen und Importieren von XML-Dateien erhalten Sie in Kapitel 47, »Publishing mit XML«, auf Seite 929.

Import von Word-Dateien | Welche Optionen beim Importieren von Texten aus Word-Dokumenten zur Verfügung stehen und vor allem, welche Arbeitsweisen sich daraus ergeben, wird ausführlich in Abschnitt 19.5.7, »Formate aus Word-Dokumenten übernehmen«, auf Seite 498 beschrieben.

Import von Adobe InDesign-Tagged-Text-Dateien | Eine spezielle Form, Texte in InDesign zu platzieren, stellt der Import von Tagged-Text-Dateien dar. Darunter versteht man Textdateien, die mit speziellen, für InDesign interpretierbaren Tags (Markierungen) ausgestattet wurden. Solche Textdateien werden meistens automatisiert aus Datenbanken zum Setzen von Kleinanzeigen, Immobilienanzeigen usw. erzeugt.

10.3.3 Texte aus Buzzword platzieren

Mit InDesign CS5 wurde eine neue Möglichkeit geschaffen, auf abgespeicherte Texte, die mit dem webbasierten Texteditor *Buzzword* erstellt worden sind, auf »Acrobat.com« zuzugreifen.

Das Platzieren von Buzzword-Dateien erfolgt nicht über den Befehl Datei • Platzieren, sondern über den Befehl Datei • Aus Buzzword platzieren bzw. über den Befehl Platzieren aus Buzzword, den Sie über das CS Live-Menü aufrufen können.

Da sich die Buzzword-Datei auf dem Acrobat.com-Server befindet, müssen Sie sich zuvor über Ihren CS Live-Account anmelden, um auf Buzzword-Dateien zugreifen zu können. Es erscheint der Dialog aus Abbildung 10.9 mit folgenden Optionen:

> **HINWEIS**
>
> Nähere Informationen zu Adobe InDesign-Tagged-Text erhalten Sie in Abschnitt 43.1.3, »Adobe InDesign-Tagged-Text«, auf Seite 900.

◄ **Abbildung 10.9**
Der Buzzword-Dokumente-platzieren-Dialog. Bestimmen Sie mit der Option Mit Dokument verknüpfen, ob InDesign mit dem Dokument verbunden bleiben soll, um eine spätere Aktualisierung durchführen zu können.

- Importoptionen anzeigen: Damit wird Ihnen derselbe Importoptionen-Dialog zur Verfügung gestellt, den Sie beim Platzieren von RTF- bzw. Word-Dateien angezeigt bekommen. Welche Parameter Sie darin wählen, erfahren Sie in Abschnitt 19.5.8, »Formate aus RTF-Dokumenten übernehmen«, auf Seite 502.
- Ausgewähltes Element ersetzen: Wählen Sie diese Option, um das aktuell im Dokument ausgewählte Objekt zu ersetzen.
- Mit Dokument verknüpfen: Wählen Sie diese Option, um eine Verknüpfung – im Verknüpfungen-Bedienfeld – zwischen dem Buzzword-Dokument und dem platzierten Text herzustellen. Wird das Buzzword-Dokument vom Autor aktualisiert, werden Sie im Verknüpfungen-Bedienfeld darauf hingewiesen. Beim Aktualisieren der Verknüpfung gehen jedoch alle vorgenommenen Textänderungen und Formatierungen aus InDesign verloren, da in Buzzword aktuell keine Absatz- und Zeichenfor-

> **HINWEIS**
>
> Adobe plant, die Dienste um Acrobat.com und speziell für Buzzword enorm auszubauen. Zukünftig könnte dies bedeuten, dass Möglichkeiten eingebaut werden, um das Zusammenspiel zwischen Buzzword und InDesign zu verbessern, und dass auch eine Textaktualisierung mit Übernahme der Formate möglich sein wird.
>
> Nähere Informationen zu kollaborierenden Arbeitsweisen mit Buzzword erhalten Sie in Kapitel 44, »Integration von Buzzword«, auf Seite 907.

mate zur Verfügung stehen und somit ein »Mappen« mit den Absatz- und Zeichenformaten in InDesign nicht umgesetzt werden kann.

10.3.4 XML importieren

So wie Buzzword-Dateien können auch XML-Dateien nicht über den normalen Befehl DATEI • PLATZIEREN importiert werden. Für den Fall, dass Sie XML-Dateien importieren müssen, rufen Sie den dafür eigens implementierten Befehl DATEI • XML IMPORTIEREN auf. Im erscheinenden Dialog können Sie durch verschiedene Optionen unterschiedliche Verarbeitungsweisen wählen.

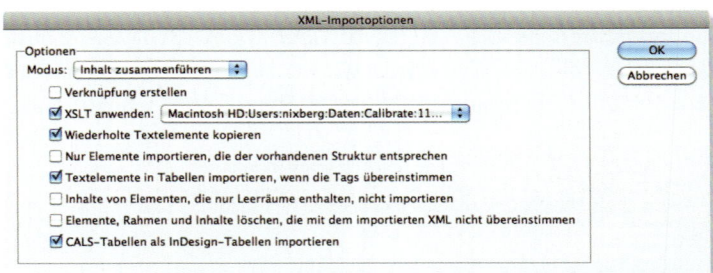

Abbildung 10.10 ▶
Der XML-IMPORTOPTIONEN-Dialog. Darin können Sie spezielle Arbeitsweisen zum Abgleich der importierten XML-Datei mit der vorhandenen Dokumentenstruktur abbilden und Transformationen über XSLT beim Import durchführen.

▶ MODUS: Wählen Sie hier zwischen INHALT ZUSAMMENFÜHREN und ANHÄNGEN aus. Welche Wahl Sie dabei treffen, hängt vom gewählten Arbeitsablauf ab.
  ▶ ANHÄNGEN: Dadurch bleiben die vorhandene Struktur und der vorhandene Inhalt des Dokuments unverändert erhalten. Der neue XML-Inhalt wird am unteren Ende der Strukturansicht in Form von Elementen hinzugefügt.
  ▶ INHALT ZUSAMMENFÜHREN: Dabei vergleicht InDesign die eingehenden XML-Daten mit der Struktur und den Namen der Elemente, die bereits im Dokument vorhanden sind. Wenn die Elemente übereinstimmen, ersetzen die importierten Daten den vorhandenen Dokumentinhalt und werden in korrekt markierten Rahmen im Layout zusammengeführt. Durch diese Methode können Sie ein automatisiertes Layout ermöglichen und weitere Importoptionen nutzen, einschließlich der Möglichkeit, den Text, den Sie importieren wollen, zu filtern und Elemente für sich wiederholende Daten zu kopieren.
▶ VERKNÜPFUNG ERSTELLEN: Damit wird auch hier eine Verknüpfung im Verknüpfungen-Bedienfeld angelegt. Eine Änderung an der XML-Datei wird dem Benutzer dort angezeigt.
▶ XSLT ANWENDEN: Müssen beim Import einer XML-Datei noch umfangreiche Transformationen in der XML-Datei vorgenom-

> **Elemente ohne Entsprechung im InDesign-Dokument**
>
> Elemente, für die InDesign keine übereinstimmenden Namen und Hierarchieebenen finden kann, werden nur in der Strukturansicht angezeigt, wenn die entsprechenden Optionen aktiviert worden sind. Das Platzieren dieser Elemente muss dabei manuell erfolgen.

men werden, so kann dies über eine XSLT-Datei erfolgen. Beachten Sie jedoch, dass InDesign, selbst in InDesign CS5, nur XSLT Version 1 versteht, womit so manches »Matching« für den Schreiber der XSLT-Datei zur Herausforderung wird.

[XSLT]
XSLT steht für **EX**tensible **S**tylesheet **L**angugage (XSL), und das T steht für Transformation. Eine »XSL Transformation« ist eine Programmiersprache zur Transformation von XML-Dokumenten. XSLT baut selbst auf der logischen Baumstruktur eines XML-Dokuments auf und dient zur Definition von Umwandlungsregeln.

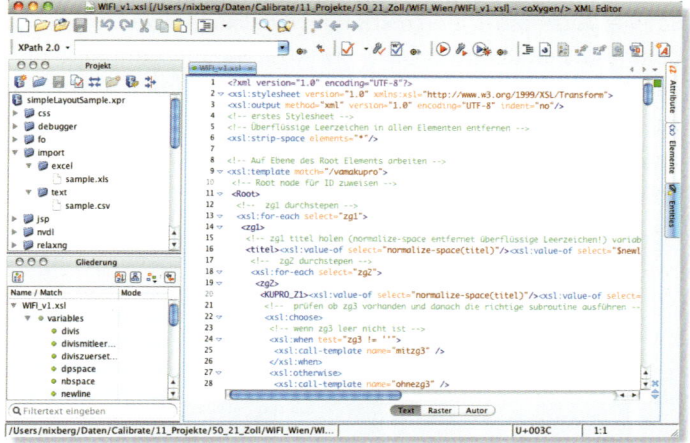

◂ **Abbildung 10.11**
Auszug aus einer XSLT-Datei, worin Tags aus der importierten XML-Datei entsprechenden Tags in der XML-Struktur in InDesign zugewiesen werden bzw. bestimmte Strukturänderungen im XML-Baum vorgenommen werden.

- WIEDERHOLTE TEXTELEMENTE KOPIEREN: Entscheiden Sie damit, ob Elemente in der zu importierenden XML-Datei auch dann importiert werden sollen, wenn keine Entsprechung in der vorliegenden Dokumentenstruktur gefunden wird. Das manuelle Platzieren dieser Textelemente ist dabei jedoch erforderlich.
- NUR ELEMENTE IMPORTIEREN, DIE DER VORHANDENEN STRUKTUR ENTSPRECHEN: Besteht eine Dokumentenstruktur im InDesign-Dokument, so werden durch die Aktivierung dieser Option nur diejenigen Elemente importiert, die exakt der Struktur entsprechen. Alle anderen Elemente werden nicht übernommen und können somit nicht manuell platziert werden.
- TEXTELEMENTE IN TABELLEN IMPORTIEREN, WENN DIE TAGS ÜBEREINSTIMMEN: Diese Option überprüft speziell Tags für Tabellen und übernimmt diese nur dann, wenn eine Entsprechung in der Dokumentenstruktur innerhalb der Tabelle vorliegt.
- INHALTE VON ELEMENTEN, DIE NUR LEERRÄUME ENTHALTEN, NICHT IMPORTIEREN: Befinden sich in der XML-Datei leere »Schachteln« (XML-Tags), so werden diese durch die Aktivierung der Option nicht importiert.
- ELEMENTE, RAHMEN UND INHALTE LÖSCHEN, DIE MIT DEM IMPORTIERTEN XML NICHT ÜBEREINSTIMMEN: Dadurch werden alle Elemente, Inhalte und Rahmen, denen ein Tag zugewiesen worden ist, in InDesign gelöscht, wenn keine Entsprechung in der importierten XML-Datei vorliegt. Beachten Sie, dass durch die Aktivierung dieser Option automatisiert Objekte im Layout

HINWEIS

Bestimmte Satzzeichen und spezielle Leerzeichen, die nur innerhalb von InDesign verwendet werden, können nicht in einer XML-Datei codiert werden. Um dennoch solche speziellen Formatierungsregeln zu ermöglichen, müssen bestimmte Zeichen durch eine XSLT-Transformation umgewandelt werden.

Ein nachträgliches Umwandeln von Zeichen in der InDesign-Datei kann natürlich noch von Hand über GREP-Stile und GREP-Ersetzungen durchgeführt werden.

[CALS]
CALS steht für **C**omputer-Aided **A**cquisition and **L**ife-Cycle **S**upport. CALS ist seit den 80er-Jahren die Bezeichnung für Strategien zur Umstellung umfangreicher technischer Dokumentationen von Papier auf elektronische Dokumente. CALS wurde vom US-Verteidigungsministerium entwickelt und wird vor allem von Behörden und großen Unternehmen angewandt, um auf Standards in der Umstellung auf die elektronische Dokumentation zu referenzieren. Innerhalb von CALS gibt es auch ein speziell dafür definiertes Beschreibungsmodell für Tabellen.

Jabber

QuarkXPress-Anwender kennen die Funktion BLINDTEXT unter JABBER.

HINWEIS

Befindet sich im Textrahmen bereits Text, so wird durch Aufrufen des Befehls MIT PLATZHALTERTEXT FÜLLEN dieser Text nicht ersetzt, sondern nur mit Blindtext aufgefüllt.

Tecaer spiet dol upta tam rempor abori ommolupta que ani nobita voluptas sitem excest vendis rero tendae con estia.

▲ **Abbildung 10.12**
Standard-Platzhaltertext aus InDesign. Ihre Lateinkenntnisse nützen Ihnen für die Übersetzung des Textes nichts. :-)

verschwinden können. Ein kleiner Fehler in der XML-Datei kann somit verheerende Folgen haben.
▶ CALS-TABELLEN ALS INDESIGN-TABELLEN IMPORTIEREN: Eine spezielle Beschreibung von Tabellen basierend auf XML – das CALS-Tabellenmodell – kann durch die Aktivierung dieser Option in eine saubere InDesign-Tabelle umgewandelt werden.

Wie Sie aus der Beschreibung ersehen können, ist der Import von XML-Dateien eher nur jenen vorbehalten, die sich mit dem Thema XML auseinandergesetzt haben. Dennoch sollten Sie an dieser Stelle die Mächtigkeit des Textimportes aus einer XML-Datei erkannt haben, um eventuelle Automatisierungen über InDesign in Absprache mit den »Codern« überhaupt angehen zu können. Wie Sie beispielsweise Kleinanzeigen automatisiert in InDesign über den XML-Import erstellen können und welche Vorarbeiten dazu nötig sind, lesen Sie in Abschnitt 47, »Publishing mit XML«, auf Seite 929 nach.

10.3.5 Mit Blindtext arbeiten

InDesign bietet, gerade für die Layoutphase, die Möglichkeit, einen Blindtext genau in der Länge des zur Verfügung stehenden Rahmens einfließen zu lassen. Dazu stellen Sie den Textcursor in einen Textrahmen und führen den Befehl SCHRIFT • MIT PLATZHALTERTEXT FÜLLEN (auch über die Auswahl im Kontextmenü) aus. Ein aus Kunstwörtern bestehender Text fließt in der ausgewählten Formatierung bis zum Rahmenende ein. Der Text zeichnet sich dadurch aus, dass er nicht immer derselbe ist, sondern wirklich beim Einfügen jedes Mal neu generiert wird. Das Manko dieses Blindtextes ist, dass dabei zu kurze Wörter generiert werden, womit die Beurteilung des Grauwertes beim Einstellen der SILBENTRENNUNG und der ABSTÄNDE nicht wirklich optimal ist. Verwenden Sie lieber einen in der jeweils verwendeten Sprache abgefassten Blindtext.

Eigenen Blindtext verwenden | Ihre persönlichen Blindtexte können Sie einerseits weiterhin durch Import oder Kopieren einsetzen. Wenn Sie jedoch Ihren eigenen Blindtext mit dem Befehl MIT PLATZHALTERTEXT FÜLLEN einfließen lassen wollen, so können Sie auch dies mit InDesign erreichen.

Dazu müssen Sie lediglich den gewünschten Text in InDesign schreiben, im Format NUR TEXT mit der Bezeichnung »Platzhalter.txt« abspeichern und dann die Datei in den Programmordner von InDesign kopieren. Sobald sich diese Datei dort befindet, greift InDesign beim nächsten Ausführen des Befehls darauf zurück.

10.4 Markieren von Texten

Das Markieren von Text kann in InDesign auf unterschiedlichste Art und Weise erfolgen. Das klassische »Darüberstreichen« beim Markieren ist in der Praxis weitverbreitet. Dadurch schleichen sich beim Arbeiten mit InDesign oft kleine Fehler ein. Fragen wie »Wo habe ich im Dokument eine Times verwendet?«, die sich vor allem beim Öffnen eines Dokuments stellt, oder »Wieso kann ich den Zeilenabstand in dieser Zeile nicht verkleinern?« könnten durch exaktes Markieren von Texten verhindert werden. Welche Möglichkeiten der Textmarkierung bestehen in InDesign?

Markieren eines Wortes | Durch einen Doppelklick mit dem Textwerkzeug auf ein Wort wird dieses markiert. Beachten Sie, dass das Leerzeichen nach dem Wort nicht markiert ist.

Markieren einer Zeile | Dies können Sie mit einem Dreifachklick schnell durchführen. Sollte bei Ihnen dadurch der ganze Absatz ausgewählt werden, so haben Sie in den InDesign-Voreinstellungen im Register EINGABE die Option ZEILEN DURCH DREIFACHKLICK AUSWÄHLEN deaktiviert.

> **TOP-TIPP: Zeilen durch Dreifachklick auswählen**
>
> Wir raten Ihnen, diese Option in den InDesign-Voreinstellungen im Register EINGABE zu aktivieren. Dadurch erhalten Sie eine größere Flexibilität beim Markieren von Texten.

Markieren eines Absatzes | Wie könnte es anders sein – Sie müssen einen Vierfachklick vornehmen. Beachten Sie dabei, dass dadurch auch das letzte Zeichen eines Absatzes – die Zeilenschaltung – ebenfalls mit ausgewählt wird. Sollte bei Ihnen dadurch der gesamte Text ausgewählt werden, so haben Sie in den InDesign-Voreinstellungen im Register EINGABE die Option ZEILEN DURCH DREIFACHKLICK AUSWÄHLEN deaktiviert.

Markieren des gesamten Textes eines Textabschnitts inklusive Übersatz | Dies erreichen Sie entweder durch einen Fünffachklick oder schneller durch Drücken des Tastenkürzels Strg+A bzw. ⌘+A.

> **Textabschnitt**
>
> Als Textabschnitt wird in InDesign jener Text bezeichnet, der sich durchgängig in einem Rahmen bzw. verteilt auf mehrere Rahmen befindet, die miteinander verkettet sind. Sobald die Textkette unterbrochen wird, beginnt ein neuer Textabschnitt.

Zeichenweise markieren nach rechts bzw. nach links | Steht der Textcursor im Text, so können Sie einfach durch Drücken der Tastenkombination ⇧+→ bzw. ⇧+← den nächsten bzw. vorhergehenden Buchstaben markieren.

Wortweise markieren nach rechts bzw. nach links | Steht der Textcursor im Text, so können Sie durch Drücken der Tastenkombination Strg+⇧+→ bzw. ⌘+⇧+← das nächste bzw. vorhergehende Wort inklusive des Leerzeichens markieren.

Zeilenweise markieren nach oben bzw. nach unten | Steht der Textcursor im Text, so können Sie durch Drücken der Tastenkombination ⬆+↑ bzw. ⬆+↓ die vorige/nachfolgende Zeile bis zur vertikalen Cursorposition auswählen.

Absatzweise markieren nach oben bzw. nach unten | Steht der Textcursor im Text, so können Sie durch Drücken der Tastenkombination Strg+⬆+↑ bzw. ⌘+⬆+↓ zuerst den aktuellen Absatz bis zum Anfang/Ende auswählen und mit erneutem Drücken der Tastenkombination den vorigen/nachfolgenden Absatz auswählen.

Bis zum Anfang bzw. Ende der Zeile auswählen | Steht der Textcursor im Text, so können Sie durch Drücken der Tastenkombination ⬆+Pos1 bzw. ⬆+home die Zeile bis zum Anfang auswählen. Drücken Sie hingegen ⬆+Ende bzw. ⬆+end, wird der Rest der aktuellen Zeile markiert.

Bis zum Anfang des Textabschnitts auswählen | Ausgehend vom Textcursor im Text können Sie durch Drücken der Tastenkombination Strg+⬆+Pos1 bzw. ⌘+⬆+home den Text bis zum Anfang des Textabschnittes – über verkettete Textrahmen hinweg – auswählen.

Bis zum Ende des Textabschnitts auswählen | Ausgehend vom Textcursor im Text können Sie durch Drücken der Tastenkombination Strg+⬆+Ende bzw. ⌘+⬆+end den Text bis zum Ende des Textabschnittes auswählen. Dabei wird auch der Übersatz markiert.

Nutzen Sie diese vielfältigen Möglichkeiten, um möglichst schnell Text gezielt auszuwählen. Word-Anwendern sollten diese Möglichkeiten schon sehr bekannt vorkommen!

> **HINWEIS**
>
> Leider hat Adobe den Wunsch vieler Anwender, Texte selektiv (d.h. mehrere Wörter, die getrennt durch andere Zeichen stehen) markieren zu können, bislang nicht berücksichtigt. Ja, man benötigt eben noch viele Neuerungen für kommende Versionen.

10.5 Texte verschieben

QuarkXPress- und Word-Anwender schätzen die Möglichkeit sehr, markierten Text einfach durch Verschieben an eine andere Textstelle zu bewegen. Bei Quark nannte sich die Funktion Text ziehen und loslassen. Auch InDesign kennt solch eine Funktion, die aber leider standardmäßig nicht für den Anwender freigegeben ist, weshalb in vielen InDesign-Trainings immer wieder die Frage nach dieser Möglichkeit gestellt wird.

Wenn Sie die Möglichkeit, Texte per Drag & Drop zu verschieben, nutzen wollen, so müssen Sie die Option IN LAYOUTANSICHT AKTIVIEREN aus den InDesign-Voreinstellungen im Register EINGABE aktivieren.

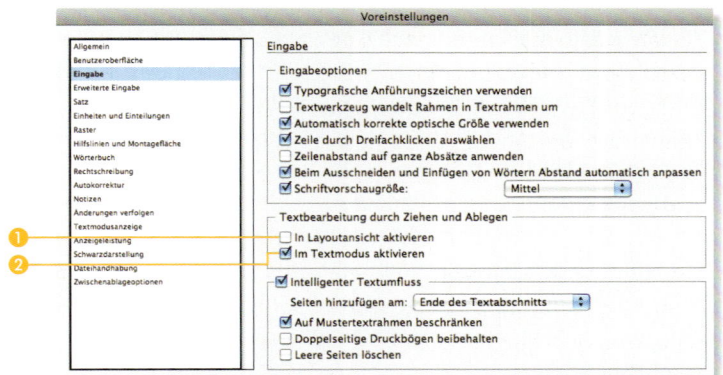

◄ **Abbildung 10.13**
Das Register EINGABE der InDesign-Voreinstellungen in der Grundkonfiguration. Daraus ist ersichtlich, dass die Option IN LAYOUTANSICHT AKTIVIEREN im Bereich TEXTBEARBEITUNG DURCH ZIEHEN UND ABLEGEN standardmäßig deaktiviert ist.

Haben Sie die Option ❶ aktiviert und den Cursor an das rechte untere Ende der Markierung gestellt, so verändert sich dieser in das Symbol. Sie können nun durch Drücken der Maustaste den ausgewählten Text an eine andere Stelle verschieben. Beachten Sie, dass, wenn Sie den Text mitten in einem Wort fallen lassen, InDesign automatisch vor und nach dem verschobenen Text ein Leerzeichen einfügt.

Es bestehen jedoch weitere Möglichkeiten, mit markierten Text umzugehen. Diese sind:
- **Markierten Text verschieben und dabei duplizieren:** Gehen Sie dazu wie zuvor beschrieben vor. Drücken Sie jedoch hierbei, nachdem Sie schon mit dem Verschieben des Textes begonnen haben, die [Alt]- bzw. [⌥]-Taste, womit sich der Cursor in das Symbol verwandelt. Damit wird der Text an der Zielposition eingefügt; der Originaltext bleibt jedoch an der Originalposition stehen.
- **Markierten Text in einen neuen Textrahmen verschieben:** Verschieben Sie den markierten Text wie zuvor beschrieben. Wenn Sie schon mit dem Verschieben begonnen haben, so drücken Sie die [Strg]- bzw. [⌘]-Taste, womit sich der Cursor in das Symbol verwandelt. Lassen Sie die Maustaste los, womit der Text in einen neuen Textrahmen verschoben wird. Die Größe des Textrahmens ist immer 150 pt x 150 pt.
- **Markierten Text in einen neuen Textrahmen duplizieren:** Gehen Sie dabei wie zuvor beschrieben vor, und drücken Sie zusätzlich zur [Strg]- bzw. [⌘]-Taste auch noch die [Alt]- bzw. [⌥]-Taste. Das Duplikat wird im neuen Rahmen erstellt.

> **Texte zwischen Layoutansicht und Textmodus verschieben**
>
> Die Option IM TEXTMODUS AKTIVIEREN ❷ der InDesign-Voreinstellungen des Registers EINGABE ist standardmäßig aktiviert. Durch diese Option können Texte im Textmodus, wie in diesem Abschnitt beschrieben, nach Belieben verschoben bzw. dupliziert werden.
>
> Das Verschieben von markierten Textstellen ist somit standardmäßig aus dem Textmodus in die Layoutansicht möglich, was in der Praxis speziell zum Herauslösen von Übersatztext angewandt werden kann.

10.6 Das Informationen-Bedienfeld in Verbindung mit Text

Das Informationen-Bedienfeld, das Sie über den Befehl FENSTER • INFORMATIONEN bzw. F8 aufrufen können, bietet in Verbindung mit Text viele interessante Hinweise.

Stellen Sie den Cursor in den aktuellen Text, um an die entsprechenden Informationen zu gelangen. Sollten Sie nicht alles sehen, was in Abbildung 10.14 dargestellt ist, so müssen Sie den Befehl OPTIONEN EINBLENDEN im Bedienfeldmenü aktivieren.

Das Informationen-Bedienfeld zeigt neben der aktuellen Cursorposition – einer überflüssigen Information – auch die BREITE und HÖHE ❶ des aktuellen Rahmens an. Den interessanteren Teil stellt jedoch die Information darunter dar. Sie sehen auf einen Blick, wie viele ZEICHEN, WÖRTER, ZEILEN und ABSÄTZE sich im ausgewählten Text befinden. Wenn Sie den gesamten Text markieren, können zusätzlich die Zahlen mit einem + und einer Zahl versehen sein, wodurch der Übersatztext in Zahlen für Sie dargestellt wird. Damit ist für Sie beim Schreiben immer ersichtlich, wie viele ZEICHEN, WÖRTER und ABSÄTZE sich derzeit im Übersatz befinden.

Bei ZEILEN ❷ steht bei einem Übersatz immer ein Fragezeichen, weil das Programm die Anzahl der Zeilen nur errechnen kann, wenn es weiß, in welcher Spaltenbreite der Text fortfahren würde. Warum man dabei nicht davon ausgeht, dass der Text in der gleichen Spaltenbreite fortfährt, bleibt unklar. Eine seriöse Lösung für die Angaben scheint es nicht zu geben.

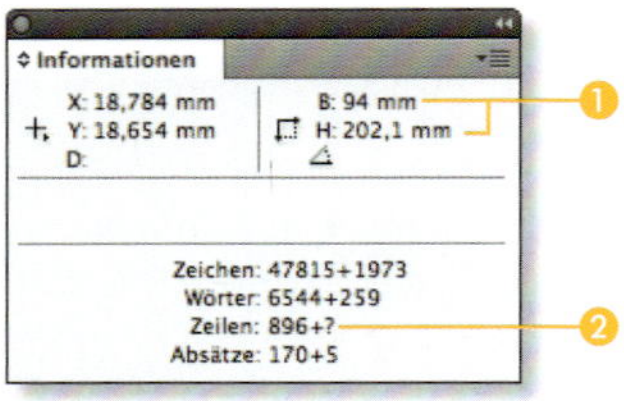

▲ **Abbildung 10.14**
Das Informationen-Bedienfeld in Verbindung mit Text

Übersatztext

Die Anzahl der Wörter im Übersatz des Informationen-Bedienfelds sagt einem Redakteur nicht viel. Wie Sie einen Übersatz bearbeiten können, erfahren Sie in diesem Kapitel auf Seite 243.

10.7 Textrahmenoptionen

Wird ein Textrahmen aufgezogen und mit Text gefüllt, so geht InDesign davon aus, dass der Text bis zum Rand – sowohl oben/unten als auch links/rechts – laufen kann. Alle Formatierungen des Textes werden dabei der aktuell ausgewählten Zeichen- und Absatzformatierung entnommen. Die Formatierung des Textrahmens in Bezug auf Versatzabstand sowie vertikale Ausrichtung und das Festlegen des Grundlinienrasters für den Textrahmen wird durch die Textrahmenoptionen bestimmt. Diese erreichen Sie über das Menü OBJEKT • TEXTRAHMENOPTIONEN, über das Tastenkürzel Strg + B bzw. ⌘ + B oder über das Kontextmenü eines Textrahmens. Haben Sie das Auswahl- oder das Direktauswahl-Werkzeug aktiviert, so können Sie darüber hinaus durch Doppelklick bei gedrückter Alt - bzw. ⌥ -Taste den Dialog aufrufen.

Aufrufen der Textrahmenoptionen

Um die Textrahmenoptionen aufrufen zu können, müssen Sie entweder den Textcursor in den Textrahmen setzen oder den gewünschten Textrahmen markieren. Sind mehrere Textrahmen miteinander verkettet, so gelten die Einstellungen dennoch nur für den ausgewählten Textrahmen.

Der Dialog ist in InDesign in zwei Register – ALLGEMEIN und GRUNDLINIENOPTIONEN – aufgeteilt.

10.7.1 Einstellungen im Register »Allgemein«

Im Register ALLGEMEIN bestimmen Sie alle Einstellungen hinsichtlich der Spalten eines Textrahmens, des Textabstandes zum Textrahmen und der vertikalen Ausrichtung des Textes im Rahmen.

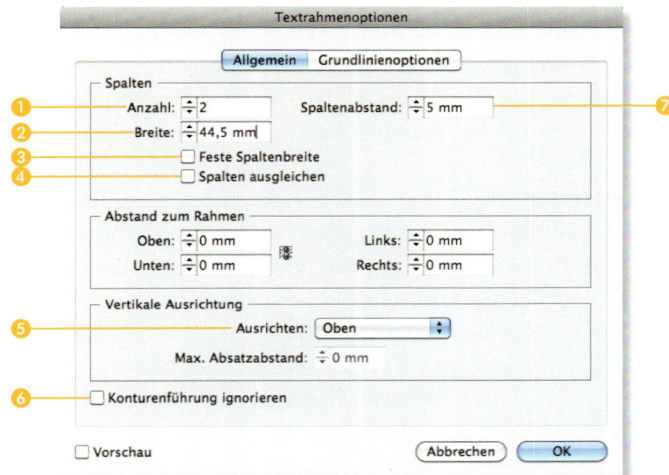

◀ **Abbildung 10.15**
Über die TEXTRAHMENOPTIONEN können Sie die ANZAHL und BREITE der SPALTEN, den ABSTAND zum Rahmen sowie die VERTIKALE AUSRICHTUNG des Textes im Textrahmen bestimmen.

Spalten | Definieren Sie hier die ANZAHL ❶ der Spalten und den entsprechenden SPALTENABSTAND ❼. Bei einer Rahmenbreite von 95 mm und einer Anzahl von zwei Spalten mit 5 mm Spaltenabstand würde sich im Eingabefeld für die BREITE ❷ »44,5 mm« automatisch eintragen.

Sie könnten aber auch im Eingabefeld für die BREITE die gewünschte Spaltenbreite eingeben, wodurch sich automatisch die Rahmenbreite im Layout ändern würde.

Wenn Sie die Option FESTE SPALTENBREITE ❸ aktivieren, wird sich je nach Anzahl und gesetzter Breite die Rahmenbreite entsprechend ändern. Über die Option SPALTEN AUSGLEICHEN ❹ wird versucht, alle Textlängen in der Vertikalen in die gleiche Höhe zu bringen.

> **Textrahmenoptionen für mehrere Rahmen festlegen**
>
> Wenn Sie die gleichen Textrahmeneigenschaften für mehrere Textrahmen verwenden möchten, erstellen Sie ein **Objektformat** und wenden dieses auf die gewünschten Rahmen an.
>
> Wie Sie Objektformate anlegen und auf Rahmen anwenden, können Sie in Abschnitt 22.1.7, »Nach Objektformaten suchen«, auf Seite 575 nachlesen.

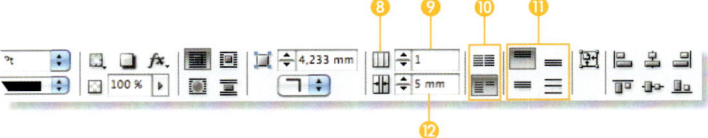

◀ **Abbildung 10.16**
Optionen im Steuerung-Bedienfeld

Im Steuerung-Bedienfeld stehen fast alle Optionen der Textrahmenoption zur Verfügung. Geben Sie die Anzahl der Spalten in das dafür vorgesehene Feld ❾ ein. Der SPALTENABSTAND ⓬ und

Zum Erstellen dieses Kastens benötigen Sie im Programm InDesign nur einen Textrahmen, den Sie über die Textrahmenoptionen mit dem notwendigen Versatz versehen.

▲ **Abbildung 10.17**
Text in einem Textrahmen mit Versatzabstand

der SPALTENAUSGLEICH (10) können und auch hier eingegeben werden, was das Aufrufen der TEXTRAHMENOPTIONEN somit nicht immer erforderlich macht.

Zu den TEXTRAHMENOPTIONEN gelangen Sie, wie bereits für andere Eingabewerte erwähnt, in dem Sie bei gedrückter [Alt]- bzw. [⌥]-Taste auf das Symbol ▥ (8) klicken.

Abstand zum Rahmen | Mit diesen Abständen legen Sie fest, wie weit der Text im Rahmen von der Rahmenkante entfernt liegen soll. Diese Funktion ist nützlich, wenn Sie eine Textspalte über einer farbigen Fläche anordnen wollen und der Textkörper dabei nicht die Rahmenkante berühren soll (siehe Abbildung 10.17).

Vertikaler Keil funktioniert seit InDesign CS5 wie erwartet

Konturenführende Objekte, die den Textrahmen berühren, und abgerundete Ecken setzten bis InDesign CS4 die Option VERTIKALER KEIL außer Kraft.

Mit InDesign CS5 kann der vertikale Keil uneingeschränkt eingesetzt werden.

Vertikale Ausrichtung | Die vertikale Ausrichtung im Textrahmen bezieht sich auf den gesamten Inhalt. Die dafür im Popup-Menü AUSRICHTEN (5) zur Verfügung stehenden Optionen wie OBEN, ZENTRIERT und UNTEN sprechen für sich. Die Option VERTIKALER KEIL hingegen sorgt dafür, dass alle Zeilen, unabhängig vom eingestellten Zeilenabstand, auf die volle Rahmenhöhe verteilt werden – abzüglich der Werte OBEN und UNTEN, die über VERSATZABSTAND definiert wurden. Alle vier Optionen können über das Steuerung-Bedienfeld durch Anklicken der dafür vorgesehenen Buttons (11) aktiviert werden (siehe Abbildung 10.16) – der vertikale Keil nennt sich dort leider noch immer BLOCKSATZ VERTIKAL.

Eine Besonderheit des vertikalen Keils ist, dass in seine Berechnung auch bestehende Absätze im Text einbezogen werden können. Sobald Sie die Option VERTIKALER KEIL aktiviert haben, können Sie im Eingabefeld für MAX. ABSATZABSTAND einen Wert eingeben, der dann zum vertikalen Zeilenabstand addiert wird und somit den gesamten Abstand zwischen zwei Absätzen ergibt. Beachten Sie, dass der Begriff VERTIKALER KEIL der TEXTRAHMENOPTIONEN im Steuerung-Bedienfeld BLOCKSATZ VERTIKAL lautet.

Wer heiratet, kann die Sorgen teilen, die er vorher gar nicht hatte!

▲ **Abbildung 10.18**
Ein Spruch, der unten ausgerichtet wurde. Ist kein Versatzabstand unten definiert, so ragen Unterlängen aus dem Rahmen heraus.

Wer den Mund hält, wenn er merkt, dass er Unrecht hat, ist weise.

Wer den Mund hält, obwohl er Recht hat, ist verheiratet.

Die Frau ist nicht aus der Rippe des Mannes geschaffen, sondern aus dessen Gehirn.

Der Beweis ist einfach: Die Rippe hat der Mann noch …

Abbildung 10.19 ▶
Speziell bei Sprüchen wird zwischen den Absätzen mehr Abstand verlangt. In Verbindung mit dem VERTIKALEN KEIL kann dies über das Eingabefeld MAX. ABSATZABSTAND geregelt werden – bei beiden Rahmen wurde 3 mm eingegeben.

Konturenführung ignorieren | Die Option (6) (siehe Abbildung 10.15) ist zu aktivieren, wenn Sie einen Textrahmen über einem auf Konturenführung gestellten Objekt platzieren wollen. Dies ist beispielsweise der Fall, wenn Sie ein Bild konturenführend im Layout platzieren und Sie dennoch im Bild eine Bildbeschreibung – im nebenstehenden Bild den Text »Nicht verdrängte Bildbeschreibung« – anbringen möchten.

Durch Aktivieren der Option KEINE KONTURENFÜHRUNG wird das Verdrängen des Textes für diesen Rahmen außer Kraft gesetzt. Nähere Informationen zur Erstellung und Bearbeitung einer Konturenführung erhalten Sie in Abschnitt 21.1, »Konturenführung und Formsatz«, auf Seite 549.

Ein Text wird vom Bild verdrängt, indem die Konturenführung in Adobe InDesign aktiviert wurde. Es muss dennoch ein Text über dem Bild platziert werden.

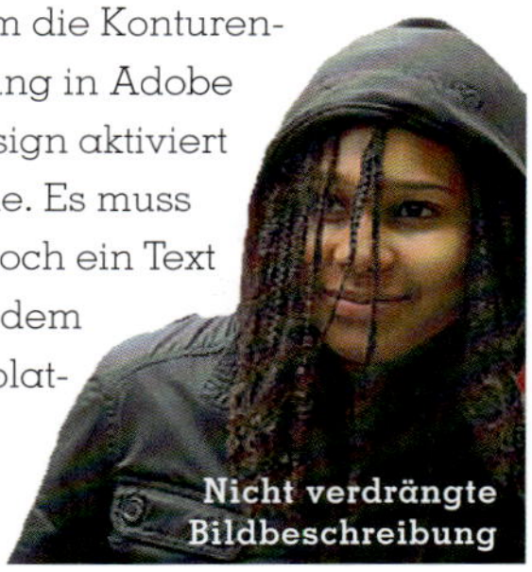

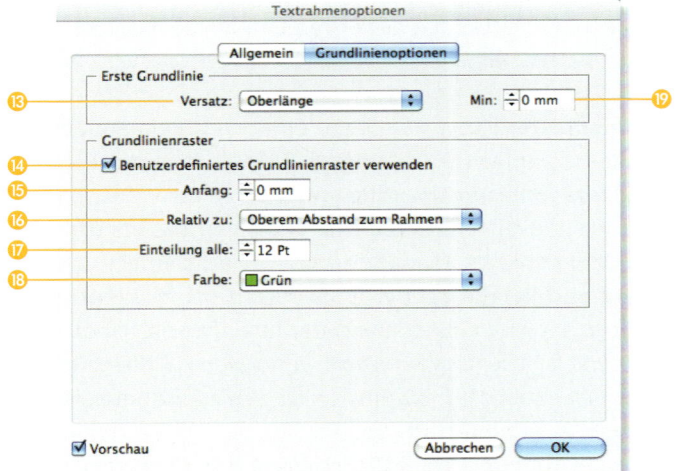

▲ **Abbildung 10.20**
Durch die Option KEINE KONTURENFÜHRUNG kann Text auf konturenführende Objekte gestellt werden.

10.7.2 Einstellungen im Register »Grundlinienoptionen«

Die Verwendung unterschiedlicher Grundlinienraster in einem Dokument ist oft für viele Arbeitsweisen gewünscht. Seit InDesign CS2 wird diese Option angeboten, womit für jeden Textrahmen ein vom Dokument-Grundlinienraster entkoppeltes Grundlinienraster definiert werden kann.

TOP-TIPP
Grundlinienraster für verkettete Rahmen definieren

Soll das Grundlinienraster für alle in einer Verkettung befindlichen Rahmen gelten, auch wenn diese noch keinen Text enthalten, so platzieren Sie die Einfügemarke im Text und stellen erst dann in den TEXTRAHMENOPTIONEN die gewünschten GRUNDLINIENOPTIONEN ein.

◀ **Abbildung 10.21**
GRUNDLINIENOPTIONEN in den TEXTRAHMENOPTIONEN

Erste Grundlinie | Über die Optionen in ERSTE GRUNDLINIE kann der Versatz der ersten Grundlinie basierend auf einem vordefinierten VERSATZ ⑬ und einem zusätzlichen Wert im Rahmen festgelegt werden. Standardmäßig ist dieser Wert mit OBERLÄNGE und einem Wert – MIN. ⑲ – von 0 mm eingestellt. Dadurch wird die Grundlinie der ersten Zeile um die Versalhöhe zuzüglich der Oberlänge von der oberen Rahmenkante aus versetzt.

- **Versatz:** Im Popup-Menü haben Sie hier verschiedene Einstellungen zur Auswahl (Abbildung 10.22). Die Ausrichtung des Abstandes auf die Versalhöhe wird durch die Option GROSSBUCHSTABENHÖHE, die Ausrichtung der Zeilen auf den eingestellten Zeilenabstand durch die Option ZEILENABSTAND und

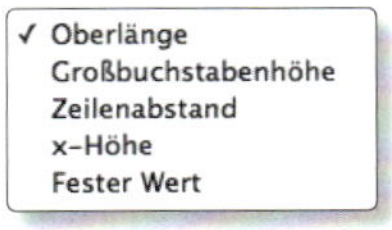

▲ **Abbildung 10.22**
Optionen zur Ausrichtung der ersten Grundlinie im Rahmen

> **Spruch des Tages**
> Gott sieht alles!
> Er petzt jedoch nicht.

▲ **Abbildung 10.23**
»Spruch des Tages« wurde im Eingabefeld MIN. ⓳ auf »0 mm« gesetzt. Damit ist die obere Rahmenkante mit der Grundlinie des Textes gleichgeschaltet. Die Eingabe eines Minuswerts ist nicht möglich.

HINWEIS

Wenn Sie keinen Unterschied zwischen Oberlänge und Großbuchstabenhöhe erkennen können, so besitzt die gewählte Schrift keine zusätzlichen Oberlängen, die über die Versalhöhe hinausragen.

Ist ein Grundlinienraster im Textrahmen definiert?

Wird das Grundlinienraster des Dokuments nicht vor oder hinter dem markierten Textrahmen angezeigt, so besitzt der Textrahmen ein eigenes Grundlinienraster.

```
  Oberem Seitenrand
  Kopfsteg
  Oberem Rahmenrand
✓ Oberem Abstand zum Rahmen
```

▲ **Abbildung 10.24**
Optionen zur Berechnung der Position der Grundlinien in Abhängigkeit vom Dokumentenformat, vom gewählten Satzspiegel, von der Position des Textrahmens und vom gewählten Versatz im Textrahmen.

die Ausrichtung auf die Mittellänge durch die Option X-HÖHE eingestellt.

Durch die Option FESTER WERT wird die erste Grundlinie mit der oberen Rahmenkante gleichgeschaltet, was dafür genutzt werden kann, Texte oberhalb des Rahmens zu setzen. Ein zusätzlicher Versatz oberhalb des Rahmens müsste mit einem Grundlinienversatz erfolgen, da die Eingabe von Minuswerten in der Option MIN. nicht zulässig ist.

- **Min.:** Geben Sie den gewünschten Abstand der ersten Grundlinie – vom ausgewählten VERSATZ ausgehend – im Eingabefeld MIN. ⓳ ein. Die Eingabe eines Wertes in Verbindung mit den anderen Optionen ist nicht zu empfehlen, da damit eine exakte Positionierung fast unmöglich wird.

Wenn Sie kein Grundlinienraster verwenden und die obere Kante des Textrahmens an einem Raster ausrichten möchten, empfehlen wir, die Optionen GROSSBUCHSTABENHÖHE oder FIXIERT zu wählen. Damit steuern Sie die Lage der ersten Grundlinie in einem Textrahmen am elegantesten.

Grundlinienraster | Legen Sie darin ein vom Dokument-Grundlinienraster entkoppeltes Textrahmen-Grundlinienraster fest:

- **Benutzerdefiniertes Grundlinienraster:** Um ein entkoppeltes Raster zu nutzen, muss die Checkbox BENUTZERDEFINIERTES GRUNDLINIENRASTER VERWENDEN ⓮ aktiviert werden.
- **Anfang und Relativ zu:** Bevor Sie über die Option ANFANG ⓯ festlegen, wo das Grundlinienraster beginnen soll, sollten Sie sich zuerst darüber im Klaren sein, von welcher Position aus das Raster berechnet wird. Bestimmen Sie also zuerst unter RELATIV ZU ⓰ den absoluten Startwert.
  - OBEREM SEITENRAND: Dabei erfolgt die Berechnung von der Oberkante des Endformats (Papierformats). Dabei ist es nicht von Bedeutung, ob der Nullpunkt im Lineal verschoben wurde.
  - KOPFSTEG: Mit der Wahl dieses Eintrags erfolgt die Berechnung von der Oberkante des definierten Satzspiegels.
  - OBEREM RAHMENRAND: Dieser Eintrag bezieht sich dann logischerweise auf den aktuell ausgewählten Textrahmen.
  - OBEREM ABSTAND ZUM RAHMEN: Mit der Auswahl dieses Eintrags wird die erste Grundlinie um den Eintrag des Versatzes OBEN im Register ALLGEMEIN verschoben.
- **Einteilung alle:** ⓱ Damit bestimmen Sie die Schrittweite des Abstandes der einzelnen Grundlinien. In der Regel ist dieser Abstand mit dem gewählten Zeilenabstand identisch.

▸ **Farbe:** Mit Farbe ⑱ bestimmen Sie den Farbton des Grundlinienrasters. Halten Sie sich aber auch hier am besten an die Ebenenfarbe.

10.8 Text im Textmodus bearbeiten

Die Funktion Im Textmodus bearbeiten ist für Adobe-PageMaker-Anwender – dort als **Story Editor** bezeichnet – ein altbekanntes Feature. Texte können dadurch in einer vereinfachten Darstellung am Monitor bearbeitet werden. Diese vereinfachte Darstellung ermöglicht es, dass man in der Korrektur bzw. in der Texterstellung nicht durch Layout und Formatierung von der Arbeit abgelenkt wird. In welcher Schriftart und Schriftgröße Texte dargestellt werden, können Sie selbst in den InDesign-Voreinstellungen im Register Textmodusanzeige bestimmen.

> **TOP-TIPP**
> **Overset-Manager**
>
> Das Plug-in aus dem Hause Vijon zeigt den Übersatz in einem nebenstehenden Textrahmen an. Es ist die ideale Ergänzung für Redakteure, die nicht über den Textmodus einen Übersatz bearbeiten möchten.

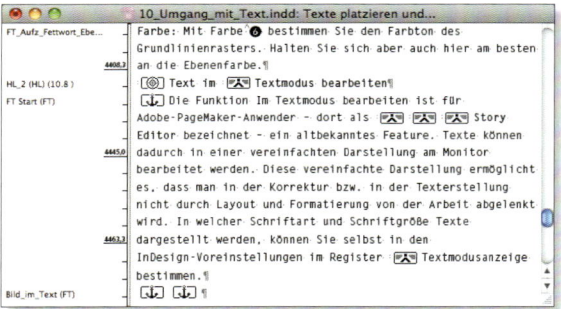

Für jeden Textabschnitt gibt es ein eigenes Textmodus-Fenster, das den vorhandenen Text, auch den Übersatz, ohne Unterbrechung in einer einzigen, links ausgerichteten Spalte abbildet. Die Titelleiste des Fensters zeigt Dateiname und die ersten Wörter des Textflusses an. InDesign-Platzhalter wie Variablen und Verankerungen werden in Form von Symbolen eingefügt. Im deutlich gekennzeichneten Übersatzbereich ❶ können Texte elegant bearbeitet werden.

◂ **Abbildung 10.25**
Das Textmodus-Fenster zeigt in der linken Spalte die dem Text zugewiesenen Absatzformate; die rechte Spalte enthält den Text. Im Textfenster werden nur bestimmte Auszeichnungen wie fett und kursiv abgebildet. Aufzählungen ⦿, Indexmarkierungen und Verankerungen ⌽ und Variablen ⦿ Kapitelnummer 10. werden als Symbole angezeigt.

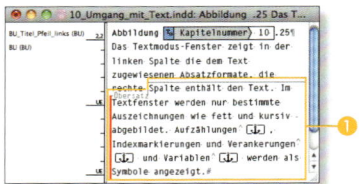

▴ **Abbildung 10.26**
Anzeige des Übersatzes im Textmodus

Textmodus aufrufen | In das Textmodus-Fenster können Sie über den Befehl Bearbeiten • Im Textmodus bearbeiten, über den gleichlautenden Befehl aus dem Kontextmenü oder über das Tastaturkürzel [Strg]+[Y] bzw. [⌘]+[Y] umschalten. Führen Sie alle gewünschten Textänderungen durch. Änderungen werden sofort im Originallayout aktualisiert. Der Inhalt in Tabellenzellen kann über diesen Modus erst seit InDesign CS4 bearbeitet werden. In früheren Versionen war nur ein Platzhalter zu sehen.

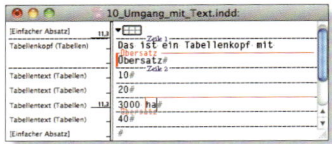

▴ **Abbildung 10.27**
Übersatz in Tabellenzellen kann seit InDesign CS4 auch im Textmodus geändert werden.

Änderungen verfolgen

Wenn Sie in InDesign CS5 mit der neuen Funktion ÄNDERUNGEN VERFOLGEN arbeiten wollen, so kann dies nur über den Textmodus erfolgen. Merken Sie sich also dringend die Tastenkürzel zum Aufrufen des Textmodus.

Nähere Hinweise zu ÄNDERUNGEN VERFOLGEN erfahren Sie in Abschnitt 24.3, »Textänderungen verfolgen«, auf Seite 616.

Externe Verkettung von Texten

InDesign kann sehr viel, eine externe Verkettung von Textrahmen in ein anderes Dokument ist jedoch nicht möglich.

Textmodus verlassen | Sie verlassen den Textmodus durch Schließen des Fensters oder durch das Drücken des Tastaturkürzels [Strg]+[Y] bzw. [⌘]+[Y].

10.9 Textfluss und Textverkettung

Nicht jeder Text findet auf einer Seite in einem Rahmen Platz. Längere Texte müssen somit über mehrere Rahmen verteilt werden, die sich auf derselben oder auf einer anderen Seite im Dokument befinden können.

10.9.1 Verketten von Textrahmen

Um Texte über Rahmen und Seiten hinweg zu setzen, müssen Textrahmen miteinander verknüpft werden. QuarkXPress-Anwender vermissen im Werkzeug-Bedienfeld das Verkettungs- und Entkettungswerkzeug, mit dem dies in QuarkXPress abgebildet worden ist. Adobe PageMaker-Anwender hingegen kennen die Vorgehensweise des Textverkettens, wie es in InDesign gehandhabt wird.

Jeder Textrahmen besitzt einen *Eingang* und einen *Ausgang*, über die Verbindungen zu anderen Textrahmen hergestellt werden können. Diese Ein- und Ausgänge können dabei verschiedene Symbole enthalten. Bevor wir an das Verknüpfen von Textrahmen gehen, sollen zuerst die Symbole erklärt werden.

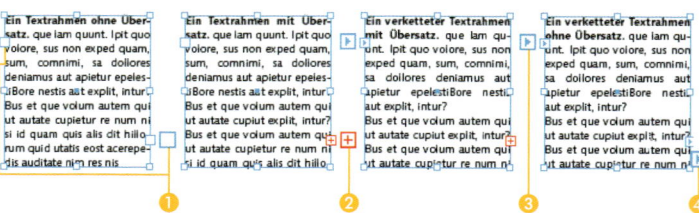

Abbildung 10.28 ▶
Der Ein- bzw. Ausgang eines Textrahmens gibt Auskunft über den Textfluss.

Textverkettung und Löschen von Textrahmen

Wenn Sie einen Textrahmen aus einem Textfluss löschen, so wird der Text nicht gelöscht. Der Text fließt automatisch in den nächsten Rahmen weiter.

❶ **Leerer Ein- bzw. Ausgang:** Das Symbol ☐ zeigt, dass hier der Textabschnitt beginnt und auch endet.

❷ **Ein rotes [+]-Zeichen am Ausgang:** Das Symbol ⊞ sagt uns, dass ein Übersatz vorhanden ist. Der gesamte Text befindet sich zwar im Rahmen, es kann aber nicht alles dargestellt werden. Wie viel Übersatz vorhanden ist, können Sie aus dem Informationen-Bedienfeld oder über den Textmodus auslesen.

❸ **Ein Pfeil im Eingang:** Steht das Symbol ▶ am Eingang des Textrahmens, so wissen wir, dass der Textrahmen mit einem anderen Textrahmen davor verbunden ist.

❹ **Ein Pfeil am Ausgang:** Befindet sich das Symbol ▶ im Ausgang, so wissen wir, dass weiterer Text in einem verknüpften Textrahmen folgt.

Um zwei Textrahmen miteinander zu verketten, aktivieren Sie mit dem Auswahl- oder dem Direktauswahl-Werkzeug zuerst den ersten Rahmen und klicken dann auf den Ausgang. Je nach Tätigkeit ändert sich der Cursor:

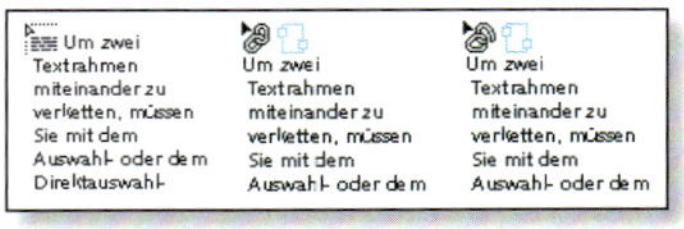

▸ **Text-platzieren-Symbol:** Damit können Sie einen neuen Textrahmen aufziehen bzw. durch einfachen Klick innerhalb des Satzspiegels einen neuen Textrahmen in der Breite des Satzspiegels erstellen lassen.

▸ **Verketten-Symbol:** Dieses Symbol erhalten Sie, wenn Sie das Text-platzieren-Symbol über einen anderen Rahmen bewegen – egal ob dieser leer oder bereits mit Text gefüllt ist. Ein einfacher Klick in den zweiten Rahmen erstellt die Verknüpfung, mit der der Text automatisch bis zum Ende des Zielrahmens fließt. Ob und wie der Text automatisch noch in weitere Rahmen weiterfließen kann, erfahren Sie auf der nächsten Seite.

▸ **Entketten-Symbol:** Bereits verknüpfte Textrahmen können gelöst werden, indem Sie mit dem Auswahl-Werkzeug den verknüpften Rahmen markieren und auf den Eingang klicken. Wenn Sie den Cursor innerhalb des Rahmens bewegen, so ändert sich die Form des Cursors in das Entketten-Symbol. Ein einfacher Klick auf den Rahmen löst die Verknüpfung.

Textverkettung sichtbar machen | Um die Verkettung für Sie sichtbar zu machen, verwenden Sie den Befehl ANSICHT • EXTRAS • TEXTVERKETTUNGEN EINBLENDEN. Immer wenn Sie mit dem Auswahl-Werkzeug einen Textrahmen markieren, sehen Sie die Verbindungslinien.

Textrahmen in bestehenden Textfluss einfügen | Wurde ein Dokument aufgebaut und der Textfluss über mehrere verkettete Textrahmen darin bereits festgelegt, so ergeben sich immer wieder Situationen, in denen zusätzlicher Text in den Textfluss eingefügt werden soll. Das Einfügen von Texten ist Standardarbeit – meistens durch Copy & Paste. Soll jedoch der Text in einem eigenen Textrahmen erscheinen, muss wie folgt vorgegangen werden:

Um zwischen Rahmen 1 und Rahmen 2 einen Textrahmen einzufügen, wählen Sie das Auswahl-Werkzeug, verschieben Rahmen 2 und klicken auf den Ausgang von Rahmen 1. Es erscheint jetzt das Text-platzieren-Symbol. Ziehen Sie einfach mit dem Symbol

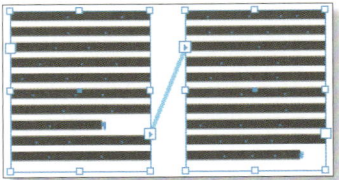

▲ **Abbildung 10.29**
Das Text-platzieren-Symbol (links) ändert sich beim Verketten (Mitte) und beim Entketten (rechts).

Verkettungsvorgang abbrechen

Wollen Sie den Verkettungsvorgang abbrechen, so klicken Sie einfach auf das Auswahl-Werkzeug, oder drücken Sie [Esc].

▲ **Abbildung 10.30**
Das Anzeigen der Textverkettungen erfolgt über das Menü ANSICHT • TEXTVERKETTUNGEN EINBLENDEN.

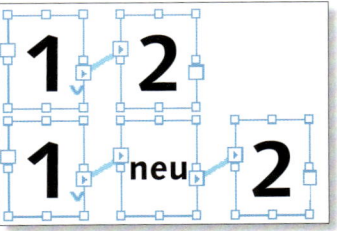

▲ **Abbildung 10.31**
In einen bestehenden Textfluss soll ein weiterer Textrahmen eingefügt werden.

10.9 Textfluss und Textverkettung | **245**

einen neuen Textrahmen an beliebiger Stelle auf. Sobald Sie die Maustaste loslassen, fließt der Text aus Rahmen 1 sofort in den neuen Textrahmen über. Die Verkettung des neuen Textrahmens mit dem bestehenden Textrahmen 2 erledigt InDesign.

10.9.2 Steuern des Textflusses

Beim Platzieren von Texten können Sie sich für eine der nachstehenden Vorgehensweisen entscheiden.

Manuelles Verketten | Ist ein Übersatz im Textrahmen vorhanden, so wird der Ausgang mit dem Symbol ⊞ versehen. Um den Übersatz sichtbar zu machen, klicken Sie auf das Symbol – das Text-platzieren-Symbol erscheint – und verketten es mit den nachfolgenden Rahmen bzw. dem neuen Textrahmen.

Halbautomatisches Verketten | Eine Vereinfachung des Verkettens durch manuelles Verknüpfen erreichen Sie, wenn Sie die ⌥-Taste gedrückt halten. Dadurch verwandelt sich das Text-platzieren-Symbol in das halbautomatische Text-platzieren-Symbol. Der Unterschied dabei ist, dass nach dem Platzieren des Textes automatisch, solange Sie die ⌥-Taste gedrückt halten, das Text-platzieren-Symbol beibehalten wird und Sie somit schnell Rahmen für Rahmen – bestehende oder durch Neu-Aufziehen – miteinander verknüpfen können.

Vollautomatische Verkettung | Durch Drücken der ⇧-Taste schalten Sie beim Verknüpfen in den vollautomatischen Textfluss um. Das Symbol sorgt dafür, dass beim Platzieren Textrahmen vollautomatisiert innerhalb des gewählten Satzspiegels und innerhalb von Leerseiten hinzugefügt werden, und zwar so lange, bis der gesamte Text im Dokument sichtbar ist. Dabei legt InDesign so viele Seiten an, wie tatsächlich zur Darstellung des gesamten Textabschnitts auf dem gewählten Satzspiegel benötigt werden. Wurde der Satzspiegel als dreispaltiges Layout auf der Mustervorlage angelegt, so werden dadurch automatisch drei Textrahmen aufgezogen, die miteinander verknüpft sind.

Vollautomatische Verkettung mit fixer Seitenanzahl | Durch Drücken der ⌥+⇧- bzw. ⌥+⇧-Taste schalten Sie in einen vollautomatischen Textfluss mit fixierten Seiten um, der sich im Wesentlichen wie der vollautomatische Textfluss verhält, bei dem jedoch keine neuen Seiten erzeugt werden. Der Text fließt somit nur bis zur letzten Seite im Dokument ein. Ein möglicher Übersatz wird Ihnen durch das entsprechende Symbol angezeigt.

Bildrahmen in einem Textrahmen verankern

Um einen Bildrahmen im Textfluss zu verankern, müssen Sie nur den Bildrahmen mit dem Auswahl-Werkzeug auswählen, ausschneiden und an der gewünschten Textstelle einfügen. Wie Sie jedoch professionell verankerte Objekte erstellen können, erfahren Sie in Abschnitt 22.2, »Verankerte Objekte«, auf Seite 579.

Verketteten Textrahmen ohne Übersatz duplizieren

Wurde bislang ein Textrahmen aus einem Textfluss dupliziert, so blieb immer der nachfolgende Text als Übersatz erhalten. Duplizieren Sie einen Textrahmen aus dem Textfluss mittels Auswahl-Werkzeug in Kombination mit gedrückter ⌥- bzw. ⌥-Taste, so entsteht ein herausgelöster Textrahmen ohne Übersatz.

Intelligenter Textfluss und das Platzieren von Texten

Die Option, mit einem intelligenten Textfluss (dem automatischen Hinzufügen von Seiten) zu arbeiten, funktioniert nur beim Schreiben eines Textes und nicht beim Platzieren von Texten in InDesign.

Verwenden Sie, wenn Sie neue Seiten automatisch hinzufügen wollen, den vollautomatischen Textverkettungsmodus.

11 Bilder und Grafiken platzieren

Ein Layoutprogramm soll nicht nur mit Text hervorragend umgehen können, es muss vor allem auch eine Bild- bzw. Grafikintegration ermöglichen. Zu diesem Zweck können in InDesign Bilder in Rahmen – nachfolgend Bildrahmen genannt – geladen werden.

11.1 Grundlegende Gedanken

Das Aufziehen von Platzhaltern für Grafik- und Bildbestände erfolgt auf dieselbe Art, wie Sie es bereits bei den Textrahmen gelesen haben. Welche Bildformate platziert werden können, hängt im Wesentlichen von den zur Verfügung stehenden Importfiltern ab. Sind die Bestände einmal importiert, müssen Sie sie noch exakt positionieren und den Ausschnitt bestimmen.

Wer in der Vergangenheit mit Ungenauigkeiten in der Bildschirmdarstellung konfrontiert war und wer einfache Montagearbeiten immer mit Adobe Photoshop vornehmen musste, wird InDesign richtig zu schätzen lernen. InDesign hat sich von einem »Montageprogramm«, wie es QuarkXPress bis zur Version 4.1 war, zu einem richtigen Layout- und Kreativprogramm entwickelt. In Verbindung mit Transparenzen, den Effekten, der Unterstützung nativer Dateiformate und einer hervorragenden Bildschirmdarstellungsqualität bietet das Programm jene Vorteile, die heutzutage kein Layouter und Grafiker mehr missen möchte.

InDesign akzeptiert nahezu alle Standardformate (von TIFF über EPS, DCS 1.0 und DCS 2.0, JPEG, BMP bis hin zu PDF) für Bild- und Vektordateien. Darüber hinaus unterstützt InDesign die nativen Formate von Photoshop und Adobe Illustrator (das PSD- und das AI-Format) und seit InDesign CS3 auch InDesign-Dateien. Damit können Sie mit InDesign-Dateien, Bild- und Grafikbeständen arbeiten, in denen Alpha-Kanäle, Ebeneneffekte, Einstellungsebenen, Ebenenkompositionen, Freistellpfade sowie Schmuckfarben integriert sind – ein unglaublicher Vorteil für alle Designer, die unter Zeitdruck gute Ergebnisse präsentieren und dabei sofort beurteilen müssen, wie sich ein Photoshop-Composing in das Layout einfügt.

> **Verwendung von EPS**
>
> Die Umstellung von QuarkXPress auf InDesign zieht meistens auch ein Umdenken in der Verwendung des Dateiformats für Bildbestände nach sich. Das bisher gut funktionierende EPS wird dabei zunehmend ins Abseits gestellt. Sie werden die Vorzüge von TIFF- und PSD-Dateien erkennen und somit Ihre Bildbestände zukünftig nur noch in diesen Dateiformaten abspeichern. Die Verwendung von EPS für Vektordaten bzw. gemischte Inhalte hat oft noch ihre Berechtigung. Aber auch da werden Sie die Vorteile der Nutzung von PDF und AI anstelle von EPS erkennen.

Der Nachteil, den manche sehen, ist, dass man dadurch mit sehr großen Dateien im Layout arbeitet. Wir können Sie da schnell beruhigen. Die Praxis zeigt: Wer die Vorteile von InDesign in Bezug auf Composing ausnutzt, benötigt keine 30-Ebenen-Photoshop-Dateien mehr, um seine Vorstellungen zu verwirklichen. Photoshop-Dateien mit bis zu fünf Ebenen sind dann die Norm, mit der Sie sicherlich auskommen werden. Darüber hinaus können Sie ja Ihre gewohnte Arbeitsweise mit InDesign fortsetzen.

Wenn Sie aber dennoch die Composings in Adobe Photoshop erstellen wollen, so setzen Sie dort die Funktion der Ebenenkomposition ein, die mit Photoshop CS eingeführt wurde. Erstellen Sie in Photoshop verschiedene »Views« auf Ihre Komposition, die durch einfaches Aktivieren und Deaktivieren von Ebenen erfolgen, und speichern Sie diese Ansichten im Bedienfeld EBENENKOMP. im PSD-Format ab. Was Sie davon haben, erklären wir Ihnen in Abschnitt 11.4.2, »PSD-Bildimportoptionen«, auf Seite 255.

11.2 Dateiformate

Bevor Sie mehr zum Platzieren erfahren, erhalten Sie vorab Informationen zur Frage: Welches Dateiformat wähle ich, wenn ich Bild- (also Pixel-) und Grafikdateien (Vektoren bzw. Pixel-Vektor-Kombinationen) abspeichern möchte?

Tabelle 11.1 sollte Ihnen die Grundlage dafür liefern. Die Möglichkeiten, Sound-, Videoformate und Animationsdaten zu integrieren, werden hier nicht behandelt.

▼ **Tabelle 11.1**
Speicherformate und ihre Anwendungsgebiete

Format	Verwendung	Unterstützte Funktionen in InDesign
TIFF	Bitmap-, Graustufen- und Farbbilder	Kompressionen: ohne, JPEG, ZIP, LZW; Freistellpfade, Schmuckfarben, Alpha-Kanäle, Ebenen, Transparenzen, Farbmanagement
EPS	Graustufen- bzw. 4c-Farbbilder und -vektoren	Kompression: ohne, JPEG; Freistellpfade, Schmuckfarben, Duplex, Triplex, Quadruplex
PSD	Bitmap-, Graustufen- und Farbbilder	Kompression: ZIP; Freistellpfade, Schmuckfarben, Duplex, Alpha-Kanäle, Ebenen, Ebenenkompositionen, Transparenzen, Farbmanagement
PDF	alles	Kompression: ohne, ZIP, CCITT, JPEG, JPEG2000; Transparenzen ab PDF 1.4, Farbmanagement
JPEG	Graustufen- und Farbbilder	Kompression: JPEG; Freistellpfade, Farbmanagement
DCS 1.0	CMYK-Bilder	Kompression: ohne, JPEG; Freistellpfade
DCS 2.0	CMYK-Bilder und Schmuckfarben	Kompression: ohne, JPEG; Freistellpfade, Schmuckfarben
GIF	indizierte Bilder	Kompression: ZIP; ist nur für den Einsatz am Monitor bestimmt.

Format	Verwendung	Unterstützte Funktionen in InDesign
PNG	Online-Dokumente	Ist für Office-Dokumente mit Transparenzen bestimmt, Alpha-Kanäle; patentfreie Alternative zu GIF
BMP	RGB-Bilder	Ist für Office-Dokumente bestimmt.
AI	Vektor- und gemischte Daten	Ist zur Übergabe von Illustrator-Dateien an InDesign als Container geeignet. InDesign behandelt AI-Dateien wie PDF-Dateien.
InDesign	vollständige Inseratensujets oder einzelne Artikel in Redaktionsumgebungen	Inserate, die in InDesign erstellt wurden, müssen nicht in ein PDF überführt werden. Müssen mehrere Kollegen zur selben Zeit Texte in das Layout schreiben, so kann dies über einzelne angelegte Artikel (als InDesign-Datei) erfolgen, die im Layout zusammengeführt werden.

▲ **Tabelle 11.1**
Speicherformate und ihre Anwendungsgebiete (Forts.)

Wie Sie der Tabelle entnehmen können, spricht sehr viel für die Verwendung von TIFF und PSD in Verbindung mit Bilddaten sowie für PDF, AI und InDesign-Dateien als Format für gemischte Layout- und Grafikdaten.

Wenn Sie Daten nur innerhalb der Creative Suite austauschen, so können Sie fast uneingeschränkt die Dateiformate mit ihren Eigenschaften nutzen. Müssen Sie jedoch Datenbestände generieren, die sowohl für Adobe FreeHand als auch für CorelDRAW und QuarkXPress verwendbar sein sollen, so müssen Sie sich auf den kleinsten gemeinsamen Nenner begeben. Verwenden Sie dann nur TIFF, EPS, PDF und ab XPress 6.5 PDF und PSD. Speichern Sie TIFF-Daten entweder unkomprimiert oder mit der Kompression LZW ab. EPS-Bestände können JPEG-komprimiert verwendet werden, und PDF-Dateien müssen in PDF 1.3 vorliegen. Lediglich mit QuarkXPress 7 und 8 könnten PDF 1.4-Dateien (mit Transparenzen) verwendet werden – es wird jedoch auch hier, aufgrund der Transparenzreduzierungsschwächen von QuarkXPress 7 bzw. 8, davon abgeraten. Alle anderen Varianten führen zu Problemen in der Produktion. Zwar beschränken Sie so Ihre Möglichkeiten, eine Produktion ist dennoch gut zu bewältigen.

11.3 Platzieren von Bildern, Grafiken und PDF-Dateien

Das Platzieren von Bild- oder Grafikdateien funktioniert wie das Platzieren von Texten. Ob Sie einen Rahmen vorher aufgezogen haben, keinen Rahmen bestimmt haben oder ob Sie die Datei per Drag & Drop vom Schreibtisch bzw. aus Bridge oder Mini Bridge auf die Montagefläche ziehen: Die Arbeitsweise ist analog zur Vorgehensweise mit Textrahmen. Zusätzliche Informationen dazu

HINWEIS

JPEG2000-Daten können nicht importiert werden.

Platzieren versus Kopieren

Bringen Sie Bild- und Grafikbestände immer über den Befehl PLATZIEREN auf Ihrem Druckbogen an, da InDesign damit eine Verknüpfung zu den Originaldateien aufrechterhält. Eine Aktualisierung bzw. das Austauschen von Bildern ist somit wesentlich einfacher. Durch Kopieren von Bildern und Grafiken über die Zwischenablage können Sie diesen Vorteil nicht mehr nutzen. Ob die Qualität beim Kopieren ausreichend ist, kann nicht allgemeingültig beantwortet werden. Eine einzige Ausnahme besteht nur in Zusammenhang mit der Übergabe von AICB-Grafikbeständen aus Illustrator.

Ist die Option AICB im Register DATEI VERARBEITEN UND ZWISCHENABLAGE gewählt, so können über die Zwischenablage Illustrationen mit editierbaren Pfaden, bis zu einer gewissen Komplexität, in InDesign eingefügt werden.

können Sie in Abschnitt 10.2.3, »Texte durch Platzieren hinzufügen«, auf Seite 224 nachlesen. Die Unterschiede bestehen einerseits im Symbol und andererseits in anderen Möglichkeiten beim Platzieren von Bildern.

11.3.1 Vorgehensweisen beim Platzieren von Bildern

Je nachdem, ob ein Bild in einen Rahmen eingefügt bzw. ersetzt wird oder irgendwo auf der Arbeitsfläche platziert werden soll, unterscheidet man verschiedene Vorgehensweisen. Führen Sie das Platzieren entweder über den Befehl DATEI • PLATZIEREN, das Tastaturkürzel [Strg]+[D] bzw. [⌘]+[D] oder durch Verschieben der Datei aus dem Windows-Explorer bzw. dem Mac OS-Finder oder aus Adobe Bridge bzw. der Mini Bridge aus.

▲ Abbildung 11.1
Das Bild wurde in einem leeren Bildrahmen platziert. Es wird ein Ausschnitt in Originalgröße gezeigt.

Bild in Bildrahmen platzieren | Steht ein Platzhalterrahmen für ein Bild im Layout bereits zur Verfügung, so wird das Bild in Originalgröße in den Rahmen eingefügt. In den meisten Fällen sehen Sie dann nur einen Ausschnitt des gesamten Bildes.

Bild in Originalgröße platzieren | Steht kein Bildrahmen im Layout zur Verfügung, so wird das Bild in Originalgröße an der entsprechenden Stelle platziert. InDesign erstellt dabei automatisch einen Bildrahmen (siehe Abbildung 11.2).

▲ Abbildung 11.2
Ein Klick mit dem Bild-platzieren-Symbol platziert das Bild in der Originalgröße.

Bild proportional durch Aufziehen eines Rahmens platzieren | Wird mit dem Bild-platzieren-Symbol ein neuer Bildrahmen aufgezogen, so wird der Bildrahmen automatisch proportional aufgezogen und das gesamte Bild füllend im Rahmen positioniert. Mit welchem Prozentsatz dabei das Bild verkleinert bzw. vergrößert im Layout platziert wird, wird Ihnen bereits beim Platzieren des Bildes über die Transformationswerte angegeben (siehe Abbildung 11.3).

Wollen Sie beim Aufziehen des Bildrahmens einen nicht den Proportionen des Bildes entsprechenden Rahmen erstellen, so müssen Sie beim Ziehen die [⇧]-Taste gedrückt halten. Sie erstellen damit zwar einen x-beliebig großen Rahmen, das Bild wird dennoch proportional bildfüllend in den Rahmen geladen.

▲ Abbildung 11.3
Beim Aufziehen eines Bildrahmens mit dem Bild-platzieren-Symbol (links) werden die Transformationswerte während des Aufziehens angegeben (rechts) .

Bild ersetzen | Soll ein bereits platziertes Bild durch ein anderes ersetzt werden, so kann dies entweder durch Aktivieren der Option AUSGEWÄHLTES OBJEKT ERSETZEN im BILD PLATZIEREN-Dialog oder durch einfaches Verschieben einer Datei aus dem Explorer bzw. Finder oder über die Bridge bzw. Mini Bridge auf ein bestehendes Bild im Layout erfolgen. Dabei bleiben die Position des Bildes und der Skalierungsfaktor im Rahmen erhalten. Natürlich kann dieser Vorgang auch über das Verknüpfungen-Bedienfeld für einzelne und für mehrere Vorkommen des Bildes durch Drücken des Buttons ERNEUT VERKNÜPFEN ausgeführt werden. Mehr dazu erfahren Sie in Abschnitt 12.4, »Arbeiten mit Verknüpfungen«, auf Seite 286.

11.3.2 Die Bild-platzieren-Symbole

Anstelle des Text-platzieren-Symbols bei Textrahmen wird das Bild-platzieren-Symbol (bzw. , wenn es in der Nähe einer Hilfslinie steht) angezeigt. Wird das Symbol angezeigt, so befindet sich der Cursor über einem leeren Rahmen.

   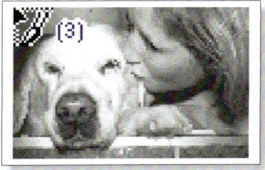

▲ **Abbildung 11.4**
Die Bild-platzieren-Symbole werden seit InDesign CS3 durch eine Bildvorschau ergänzt.

Die Möglichkeit, sich im Bild-platzieren-Symbol zusätzlich noch eine Preview des Bildes anzeigen zu lassen, kann durch die InDesign-Voreinstellung BEIM PLATZIEREN MINIATUR EINBLENDEN im Register BENUTZEROBERFLÄCHE deaktiviert werden.

11.3.3 Mehrere Bilder in einem Vorgang platzieren

Im PLATZIEREN-Dialog können Sie mehrere Dateien durch Drücken der [Strg]- bzw. [⌘]- oder der [⇧]-Taste auswählen. Damit wird es Ihnen ermöglicht, in einem Aufwasch mehrere Bilder zu platzieren. Sie können natürlich auch mehrere Bilder im Windows-Explorer bzw. Mac OS-Finder oder in der Adobe Bridge bzw. der Mini Bridge auswählen und dann auf die Arbeitsfläche im InDesign-Dokument ziehen.

Sind mehrere Bilder zum Platzieren ausgewählt, so erscheint neben dem Bild-platzieren-Symbol zusätzlich eine Zahl, die die Anzahl der zu platzierenden Bilder wiedergibt. Welches Bild platziert wird, kann durch Drücken der [←]/[→]- bzw. [↑]/[↓]-Tasten bestimmt werden.

Auswahl von Dateien

Die zusammenhängende Auswahl von Dateien in einer Liste erfolgt durch Drücken der [⇧]-Taste. Wollen Sie jedoch in einer Liste mehrere Dateien einzeln auswählen, so drücken Sie [⌘].

11.3.4 Bilder über Mini Bridge platzieren

Wie Sie in Kapitel 4, »Adobe Bridge CS5 – Überblick«, auf Seite 101 gelesen haben, stellt das Mini Bridge-Bedienfeld eine Untergruppe des Befehlsumfanges der Adobe Bridge dar. Mit Mini Bridge können Sie im Dateisystem navigieren und Vorschauen von Dateien als Miniaturen anzeigen, ohne dabei InDesign verlassen

▲ Abbildung 11.5
Das Bedienfeld Mini Bridge beim erstmaligen Aufruf

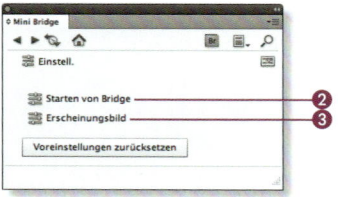

▲ Abbildung 11.6
Das Bedienfeld Mini Bridge, wenn Einstellungen für das Verhalten der Mini Bridge vorgenommen werden

▲ Abbildung 11.7
Mini Bridge beim Durchsuchen von Letzte Dateien. Das Suchen von Dateien erfolgt durch Verwenden von Optionen im Bereich Navigation. Die Dateien werden sodann im Bereich Inhalt angezeigt.

zu müssen. Anstatt Dateien in einem Dokument zu platzieren, können Sie die Dateien direkt per Drag & Drop aus Mini Bridge in InDesign ziehen. Dabei werden die durch Ziehen verschobenen Bilder, ebenso wie beim Ziehen aus Bridge, in den Platzierungscursor geladen. Die Arbeitsweise in Mini Bridge ist mit der Arbeitsweise der Adobe Bridge gleichzusetzen.

Mini Bridge aufrufen | Rufen Sie das Bedienfeld über Fenster • Mini Bridge auf. Erstmalig aufgerufen, zeigt sich die Mini Bridge so, wie in Abbildung 11.5 gezeigt. Um mit Mini Bridge arbeiten zu können, müssen Sie auf Dateien durchsuchen ❶ klicken. Beachten Sie, dass Mini Bridge nur dann funktioniert, wenn im Hintergrund die Adobe Bridge gestartet ist. Ist Adobe Bridge noch nicht verfügbar, so wird das Programm im Hintergrund gestartet.

Durch Klick auf Einstell. können Sie das Verhalten von Mini Bridge steuern. Sie können jederzeit die Voreinstellungen ändern. Rufen Sie dazu Einstellungen aus dem Bedienfeldmenü auf.

▶ Starten von Bridge ❷: Legen Sie darin fest, ob Adobe Bridge automatisch gestartet und mit der Suche fortgesetzt wird oder ob die Startseite von Adobe Bridge aufgerufen werden soll. Bestimmen Sie darin auch, ob Sie im Mini Bridge-Fenster oder im eigenen Adobe Bridge-Fenster – dies stellt die bis InDesign CS5 bekannte Vorgehensweise dar – das Durchsuchen weiter fortführen wollen.

▶ Erscheinungsbild ❸: Bestimmen Sie darin die Helligkeit der Benutzeroberfläche und die Farbe des Bildhintergrunds. Über die Checkbox Farbmanagement für Bedienfeld können Sie das eingestellte Farbmanagement auch für die Anzeige der Vorschaudateien aktivieren.

Dateien lokalisieren | Im Bereich Navigation ❹ können Sie im linken Teil des Fensters über die entsprechenden Symbole auf Favoriten, Letzte Ordner, Letzte Dateien oder auf Sammlungen auf bekannte Dateien zurückgreifen.

▶ Durch Klick auf das Symbol Favoriten ❺ können Sie im rechten Teil des Navigationsfensters auf alle in Adobe Bridge angelegten Favoriten zurückgreifen. Fügen Sie also im Vorhinein Ihre Favoriten in Adobe Bridge hinzu, um in Mini Bridge auf diese zurückgreifen zu können.

▶ Durch Klick auf das Symbol Letzte Ordner ❻ werden Ihnen die letzten zehn Verzeichnisse im rechten Teil des Navigationsfensters angezeigt.

▶ Durch Klick auf das Symbol Letzte Dateien ❼ können Sie auf alle zuletzt verwendeten Dateien der Programme Illustrator,

InDesign und Photoshop zurückgreifen. Dieser Zustand ist in Abbildung 11.7 abgebildet.

Anzeigen der Miniaturbilder | Im Bereich Inhalt ❾ werden die Miniaturabbildungen der Bilder, Grafiken und InDesign-Dateien angezeigt. Wie viele Objekte sich im gewählten Ordner befinden, wird in der Fußzeile ⓫ des Bedienfelds angezeigt. Die Größe der Miniaturbilder können Sie durch Verschieben des Reglers ❿ selbst bestimmen. Welche Dateien angezeigt werden, welche ausgeblendet werden und in welcher Reihenfolge die Objekte angezeigt werden, können Sie über die Optionen in der Titelleiste des Bereichs Inhalt regeln. Diese sind:

- **Auswählen:** Bestimmen Sie darin, ob zurückgewiesene bzw. verborgene Dateien und ob Ordner angezeigt werden sollen. Auch die Optionen Alles auswählen, Auswahl aufheben und Auswahl umkehren stehen darin zur Verfügung. Um die Anzeige im Bereich Inhalt zu erneuern, führen Sie darin den Befehl Aktualisieren aus.

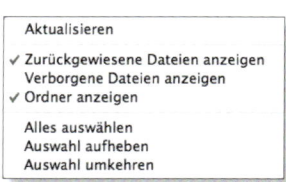

▲ Abbildung 11.8
Auswahlmöglichkeiten

- **Elemente nach Bewertung filtern:** Haben Sie in Adobe Bridge Dateien über das Menü Beschriftung einer Bewertung (durch Hinzufügen von Sternen) unterzogen, so können Sie hier sich nur Dateien mit entsprechender Bewertung, z.B. Dateien mit fünf Sternen bzw. Dateien mit drei und mehreren Sternen, anzeigen lassen. Wollen Sie einen vorgenommenen Filter deaktivieren, so wählen Sie den Menüeintrag Filter löschen aus. Mit der Option Filter beim Durchsuchen beibehalten wird die Filtereinstellung auf jeden über Mini Bridge angesprungenen Ordner angewendet. Mit den Optionen Nur zurückgewiesene Elemente anzeigen, Nur unbewertete Elemente anzeigen, Nur beschriftete Elemente anzeigen und Nur unbeschriftete Elemente anzeigen kann eine Vorauswahl auf die Dateien vorgenommen werden.

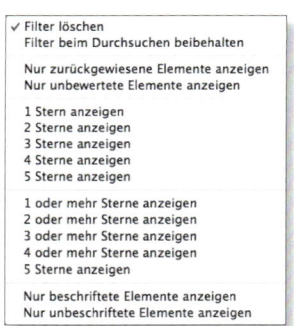

▲ Abbildung 11.9
Filtermöglichkeiten

- **Sortieren:** Bestimmen Sie darin die Sortierreihenfolge (auf- oder absteigend) und nach welchen Kriterien (Dateinamen, Typ, Erstellungsdatum… usw.) sortiert werden soll.
- **Extras:** Über dieses Menü können Sie Dateien in Photoshop oder InDesign platzieren. Über das Menü Photoshop können Sie verschiedene Aktionen (wie Photomerge, Zu HDR Pro zusammenfügen u.dgl.) aufrufen.

▲ Abbildung 11.10
Links: Sortiermöglichkeiten;
Rechts: Funktionen über Extra

Ansichtseinstellungen | Über die neben dem Schieberegler ❿ abgebildeten Funktionen Vorschau und Ansicht legen Sie die Art und Weise der Präsentation und Darstellung in Mini Bridge fest.

▲ **Abbildung 11.11**
Oben: Vorschauoptionen;
Unten: Ansichtsoptionen

▶ VORSCHAU: Sie können auch über Mini Bridge in den Präsentationsmodus von Adobe Bridge wechseln. Aktivieren Sie dazu entweder den Modus DIASHOW, BETRACHTUNGSMODUS, VOLLBILDVORSCHAU oder die Normalansicht, den Modus VORSCHAU.

▶ ANSICHT: Je nachdem, welchen Raum Sie der Mini Bridge zugestehen, können Sie sich nur die MINIATUREN oder die Miniaturansichten mit Zusatzinformationen anzeigen lassen. Es stehen die Optionen ALS MINIATUREN, ALS FILMSTREIFEN, ALS DETAILS oder ALS LISTE zur Verfügung.

11.4 Bildimportoptionen

Wie beim Import von Textdateien können Sie auch bei Bild- und Grafikdateien die Option IMPORTOPTIONEN ANZEIGEN aktivieren. Je nach Dateiformat ändern sich die angebotenen Optionen.

Nachstehend möchten wir Ihnen die Importoptionen für TIFF, PSD, EPS und PDF erläutern. Ausführliche Informationen zu Textimportoptionen haben Sie ja bereits in Abschnitt 10.3.2, »Texte über Importoptionen platzieren«, auf Seite 228 erhalten.

11.4.1 TIFF-Bildimportoptionen

Die Importoptionen für TIFF-Dateien gliedern sich in die Register BILD und FARBE.

Bild | Darin können Beschneidungspfade, die in Photoshop als solche definiert wurden, als Default-Pfade für den Freisteller verwendet werden.

▶ **Photoshop-Beschneidungspfad anwenden:** Ist diese Option deaktiviert, wird beim Importieren das ganze Bild – nicht freigestellt – platziert. Sind weitere Pfade in der TIFF-Datei angelegt und gespeichert worden, so können diese beim Import leider nicht ausgewählt werden. Wie Sie dennoch auf die anderen Beschneidungspfade zugreifen können, erfahren Sie noch in Abschnitt 12.3.5, »Auslesen und Anwenden von Pfaden und Alpha-Kanälen«, auf Seite 283.

TOP-TIPP
Aufruf der Importoptionen

Sie können auf die Importoptionen zurückgreifen, indem Sie die Option IMPORTOPTIONEN ANZEIGEN im PLATZIEREN-Dialog aktivieren oder einfach die ⌥-Taste gedrückt halten, während Sie den Button ÖFFNEN anklicken.

Beim Verschieben von Dateien vom Windows-Explorer bzw. Mac OS-Finder können Sie nicht auf die Importoptionen zurückgreifen!

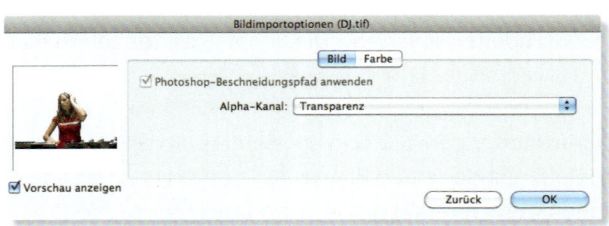

Abbildung 11.12 ▶
Das Register BILD der Importoptionen von TIFF-Dateien

▶ **Alpha-Kanal:** Der Zugriff auf alle vorhandenen Alpha-Kanäle in der TIFF-Datei ist durch die Auswahl des Kanals möglich. Damit lassen sich Freisteller, die in Photoshop auf transparentem Hintergrund erstellt wurden, sowie verlaufende Bilder in perfekter Qualität in InDesign platzieren und ausgeben. Um Bilder nach transparent verlaufend zu erstellen, bietet InDesign neben dem Weiche-Verlaufskante-Werkzeug auch im erweiterten Effekte-Bedienfeld alternative Vorgehensweisen an.

Das Beispiel in Abbildung 11.13 zeigt, wie eine einfache Montage schnell damit umzusetzen ist. Die Frau wurde mit ausgewähltem Alpha-Kanal auf den Hintergrund in InDesign platziert. Der Text wurde geschrieben und hinter das Bild der Frau gestellt.

◂ **Abbildung 11.13**
Eine Bild-Text-Montage in InDesign

Farbe | Im Register FARBE können Sie dem importierten Bild ein Quellprofil und einen Rendering Intent zuweisen.
▶ **Profil:** Durch die Wahl des Eintrags DOKUMENTBILDPRIORITÄT VERWENDEN greifen Sie auf das im Bild angehängte Profil zurück. Das Auswählen eines anderen Profils weist dem importierten Bild das neue Quellprofil zu, was eigentlich nur dann Sinn hat, wenn dem TIFF-Bild kein Profil beim Abspeichern angehängt wurde. Der Default-Wert für das zugewiesene Profil wird von den Farbeinstellungen von InDesign bestimmt.

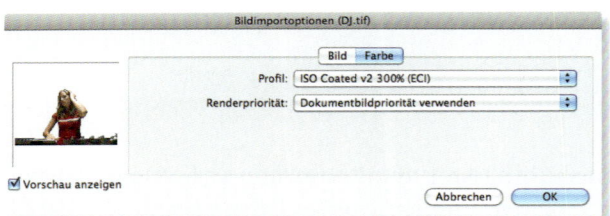

◂ **Abbildung 11.14**
Das Register FARBE der BILDIMPORT-OPTIONEN von TIFF-Dateien

▶ **Renderingpriorität:** Damit weisen Sie dem Bild den bevorzugten Rendering-Intent zu, der dann im Zuge der Farbkonvertierung herangezogen wird.

In beiden Fällen kommt es dabei nicht zu einer Konvertierung der Bildbestände. Es wird dem Bild lediglich ein Quellprofil zugewiesen, um eine farbgetreue Wiedergabe am Monitor zu erreichen.

11.4.2 PSD-Bildimportoptionen
Die Importoptionen für PSD-Dateien gliedern sich in InDesign CS5 in die Reiter BILD, FARBE und EBENEN. Die Register BILD und FARBE entsprechen den TIFF-Bildimportoptionen.

Rendering-Intent

Das Verschieben nicht druckbarer Farben in den Bereich druckbarer Farben kann auf unterschiedlichste Art und Weise erfolgen. Die dafür verantwortlichen Algorithmen werden als Rendering-Intent oder Renderingpriorität bezeichnet. Speziell für das Layout sind der perzeptive bzw. der relativ farbmetrische Rendering-Intent von Bedeutung.

Ebenen | Im Bereich EBENEN EINBLENDEN können Sie auf jede einzelne Ebene und Ebenengruppe zugreifen, um diese zu aktivieren bzw. zu deaktivieren. Diese Möglichkeit schafft ungeahnte Flexibilität in der Kreation und der Mehrfachverwendung einzelner PSD-Dateien innerhalb eines Layouts.

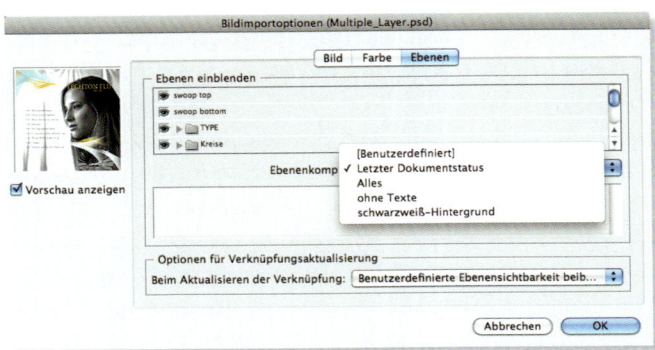

Abbildung 11.15 ▶
Das Register EBENEN der Importoptionen von PSD-Dateien. Greifen Sie auf Ebenenkompositionen zurück, und bestimmen Sie im Bereich EBENEN EINBLENDEN, welche Ebenen importiert und somit ausgegeben werden.

Sollten Sie in Photoshop diverse »Views« in Form von **Ebenenkompositionen** angelegt haben, so können Sie beim Import von Bildern auf diese sehr schnell durch die Wahl einer Ebenenkomposition in der Option EBENENKOMP. zugreifen.

Im Bereich OPTIONEN FÜR VERKNÜPFUNGSAKTUALISIERUNG müssen Sie zuletzt noch festlegen, wie InDesign verfahren soll, wenn Bildbestände außerhalb von InDesign verändert worden sind.

HINWEIS

Das Verschieben von Ebenen in ihrer Reihenfolge ist leider nicht möglich.

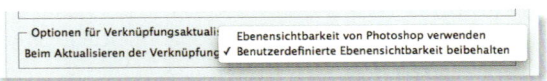

Abbildung 11.16 ▶
OPTIONEN FÜR VERKNÜPFUNGSAKTUALISIERUNG im PSD-Importdialog

HINWEIS

Ob eine von der Photoshop-Datei abweichende Ebenensichtbarkeit in InDesign ausgewählt wurde, können Sie sich schnell über das Verknüpfungen-Bedienfeld anzeigen lassen, wenn darin die betreffende Kategoriespalte ABWEICH. EBENENEINST. zur Anzeige freigegeben wurde.

Diese Zusatzspalte sollten sich Druckdienstleister unbedingt im Verknüpfungen-Bedienfeld anzeigen lassen, da dann keine Überraschungen auftreten können, wenn Sie die Bilddateien aus InDesign heraus in Photoshop öffnen.

▶ **Ebenensichtbarkeit von Photoshop verwenden:** Wenn Sie sich für diesen Wert entscheiden, so wird nach einer Aktualisierung wiederum der Originalzustand importiert – also jener, der beim Abspeichern der PSD-Datei bestand.
▶ **Benutzerdefinierte Ebenensichtbarkeit beibehalten:** Wählen Sie diesen Eintrag, wenn Sie einzelne Ebenen beim Importieren oder im Nachhinein über das Menü OBJEKT • OBJEKTEBENENOPTIONEN deaktiviert haben. Dadurch bleiben die nicht sichtbaren Ebenen auch bei einer Aktualisierung des Bildes ausgeblendet. Beachten Sie, dass eine Abweichung beim Öffnen des Bildes in Photoshop ein anderes Bild zeigen kann.

11.4.3 EPS-Bildimportoptionen

Die Importoptionen bei EPS-Dateien beschränken sich auf wenige, jedoch für die Darstellung am Monitor sehr wichtige Einstellungen.

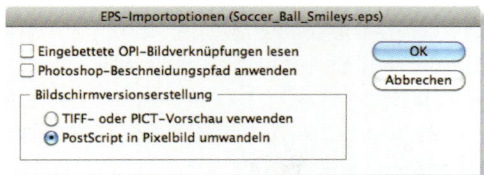

◀ **Abbildung 11.17**
Die Importoptionen beim Platzieren von EPS-Dateien

▶ **Eingebettete OPI-Bildverknüpfungen lesen:** Diese Option ist nur zu aktivieren, wenn Sie im Zusammenhang mit OPI-Workflows produzieren.

▶ **Photoshop-Beschneidungspfad anwenden:** Wenn Sie den gespeicherten Beschneidungspfad in einer EPS-Datei standardmäßig anwenden wollen, so aktivieren Sie diese Option. Bleibt die Option deaktiviert, so wird die gesamte EPS-Datei platziert. Beachten Sie, dass Sie nur dann auf den Beschneidungspfad zurückgreifen können, wenn ein Pfad in Photoshop auch als Beschneidungspfad markiert abgespeichert wurde.

[OPI]
OPI steht für Open Prepress Interface und stellt eine Arbeitsweise dar, bei der im Layout lediglich niedrigauflösende Bilder zum Platzieren verwendet werden, die dann bei der Ausgabe von einem OPI-Server durch Feindaten ersetzt werden.

Bildschirmversionserstellung | Wenn Sie EPS-Dateien platzieren, so können Sie über diese Optionen festlegen, ob InDesign das 72-ppi-Vorschaubild aus der EPS-Datei platzieren soll oder ob eine hochaufgelöste Vorschaudarstellung berechnet werden soll, die in das InDesign-Dokument hineingerechnet wird.

▶ **TIFF- oder PICT-Vorschau verwenden:** Wählen Sie diese Option, wenn in InDesign das 72-ppi-Vorschaubild aus der EPS-Datei platziert werden soll. Dabei werden, speziell bei älteren EPS-Dateien, transparente Stellen eines Logos nicht transparent, sondern am Monitor weiß dargestellt.

▶ **PostScript in Pixelbild umwandeln:** Aktivieren Sie diese Option, um eine farbgetreue und hochauflösende Darstellung am Monitor zu erlangen. Eine farbgetreue und korrekte Abbildung von älteren EPS-Dateien ist damit sichergestellt.

Aktivieren Sie immer die Option PostScript in Pixelbild umwandeln, da es sonst zu einer falschen Darstellung älterer EPS-Dateien am Monitor kommen kann. In Abbildung 11.18 wurde auf einer gelben Fläche zweimal das gleiche Logo platziert. Links wurde es mit aktivierter Option PostScript in Pixelbild umwandeln platziert und rechts mit der Standardoption TIFF- oder PICT-Vorschau verwenden. Der eigentlich transparente Hintergrund wird als weißes Viereck am Monitor dargestellt; er würde jedoch korrekt ausgegeben.

Wenn Sie dieses Darstellungsproblem bei Ihren Dokumenten ebenfalls haben, so können Sie dennoch eine korrekte Darstellung am Monitor erhalten:

TOP-TIPP
Platzieren von EPS-Dateien

Um immer eine hochauflösende und farbgetreue EPS-Vorschau in InDesign zu erhalten, müssen Sie die Option PostScript in Pixelbild umwandeln in den EPS-Importoptionen einmalig aktivieren. InDesign merkt sich diese Voreinstellung für zukünftige EPS-Platziervorgänge.

▲ **Abbildung 11.18**
Eine EPS-Datei wurde mit den unterschiedlichen Importoptionen zweimal platziert. Die eigentlich perfekte Vorschau von InDesign kann transparente Stellen in der PICT-Preview nicht korrekt darstellen.

Keine Vorschau in der EPS-Datei gespeichert

Besitzt eine EPS-Datei keine Vorschau, so wird beim Importieren in InDesign automatisch eine Vorschau berechnet.

> **Anzeige mit hoher Qualität:** Durch das Umschalten auf die hochaufgelöste Darstellung über den Befehl OBJEKT • ANZEIGELEISTUNG • ANZEIGE MIT HOHER QUALITÄT kann temporär dieses Problem auch in der Darstellung am Monitor korrigiert werden. Der Nachteil dabei ist, dass Anwender niemals auf die Normaldarstellung zurückschalten werden und damit InDesign in der Verarbeitung am Monitor extrem langsam werden kann.

> **Überdruckenvorschau:** Durch die Aktivierung der Überdruckenvorschau über den Befehl ANSICHT • ÜBERDRUCKENVORSCHAU (Strg + Alt + ◊ + Y bzw. ⌘ + ⌥ + ◊ + Y) kann ebenfalls temporär die Ansicht für alle Objekte hochauflösend erfolgen. Die Wahrscheinlichkeit, dass Anwender diesen Modus ein- bzw. ausschalten, ist dabei größer.

> **Bildschirmversionserstellung ändern:** Das nachträgliche Ändern der Bildschirmversionserstellung beim EPS-Import auf POSTSCRIPT IN PIXELBILD UMWANDELN anstelle der Standardoption TIFF- ODER PICT- VORSCHAU VERWENDEN führt für das bereits erstellte Dokument leider zu keinem Ergebnis. Sie müssen diese Einstellung in jedem Fall im Voraus ändern.

HINWEIS
Nähere Informationen zur Überdruckenvorschau erhalten Sie auf Seite 771.

HINWEIS
Wird eine Datei mehrmals in ein Dokument importiert, so gelten die Einstellungen für die Anzeigeleistung der ersten Instanz für alle Instanzen dieser Datei.

11.4.4 PDF-Importoptionen

Eine Spezialität von InDesign ist der PDF-Importdialog, durch den Sie beim Platzieren exakt auf bestimmte Bereiche, Seiten und Ebenen in einer PDF- und AI-Datei zurückgreifen können.

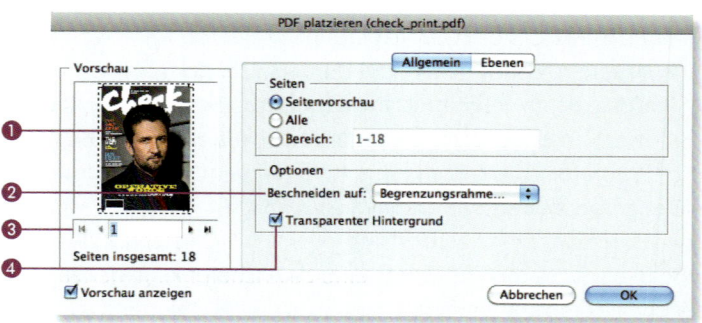

Abbildung 11.19 ▶
Das Register ALLGEMEIN des Dialogs PDF PLATZIEREN. Bestimmen Sie damit, welche Seiten einer mehrseitigen PDF-Datei und auch welcher Ausschnitt der jeweiligen Seite platziert werden soll.

Allgemein | Hier bestimmen Sie, welche Seite(n) und welcher Ausschnitt der Seite platziert werden soll und ob weiße Bereiche des Dokuments transparent erscheinen sollen oder nicht.

> **Seitenangabe:** Hier können Sie sehen, wie viele Seiten ❸ sich in der PDF-Datei befinden und welche Seite angezeigt und platziert werden soll. Gehen Sie auf die Seite, die Sie platzieren wollen, indem Sie auf die Steuerungspfeile klicken. Wollen Sie mehrere Seiten importieren, so geben Sie den zu platzierenden Seitenbereich in der Option BEREICH ein. Die Eingabe »1,2,2-3«

platziert dabei Seite 1 und 2 und die Doppelseite 2–3, jedoch leider als Einzelseiten.

- **Beschneiden auf:** Liegen in der PDF-Datei Seitenbereiche (PDF-Boxen) vor, so können Sie mit der Option BESCHNEIDEN AUF ❷ auf eine der fünf möglichen PDF-Boxen zurückgreifen:
  - BEGRENZUNGSRAHMEN: Durch die Auswahl dieses Eintrags – dies ist der Default-Wert – wird der kleinste Bereich aus der PDF-Datei platziert, der die Seitenobjekte inklusive der Druckmarken einschließt. Diese Option spielt besonders beim Platzieren von Illustrator-Dateien eine entscheidende Rolle. Lesen Sie dazu auf der nächsten Seite mehr.
  - OBJEKT: Durch die Auswahl dieses Eintrags greifen Sie auf die *ArtBox* (einen vom Dokumentenersteller angelegten Objektbereich) in der PDF-Datei zurück. Diese ist jedoch meistens mit der Trim- oder CropBox, in Abhängigkeit vom PDF-Erstellerprogramm, gleichgeschaltet.
  - BESCHNITT: Ist in der PDF-Datei ein Beschneidungsrahmen (*CropBox* ❽) angelegt worden, so können Sie durch Anwahl dieser Option genau auf diesen Bereich zurückgreifen.
  - ZUSCHNITT: Wählen Sie diesen Eintrag, um den Teil der PDF-Datei zu platzieren, der dem Bereich des Endformats entspricht. Die entsprechende PDF-Box ist die *TrimBox* ❼.
  - ANSCHNITT: Wählen Sie diesen Eintrag, wenn Sie den Endformat-Bereich inklusive des Anschnitts, beispielsweise für abfallende Inserate, platzieren wollen. Die entsprechende PDF-Box ist die *BleedBox* ❻.
  - MEDIEN: Wählen Sie diesen Eintrag, um das gesamte PDF in der Originalgröße inklusive aller Druckermarken zu platzieren. Die entsprechende PDF-Box ist die *MediaBox* ❺.

InDesign bezeichnet die Boxen leider etwas anders als allgemein üblich. Je nachdem, welchen Seitenbereich Sie ausgewählt haben, wird in der VORSCHAU ❶ durch eine gestrichelte Linie der zu platzierende Bereich eingefasst.

- **Transparenter Hintergrund:** Da in den meisten PDF-Dateien ein über den Anschnitt hinausreichender Bereich, der Medienrahmen, definiert ist, können Sie den weißen Bereich durch Aktivieren von TRANSPARENTER HINTERGRUND ❹ ausblenden.
- **Alle PDF-Seiten platzieren:** Wählen Sie dazu im Bereich SEITEN die Option ALLE aus. Ihnen wird das PDF-platzieren-Symbol angezeigt. Ziert ein [+]-Zeichen das Acrobat-Symbol, so ist das die Kennzeichnung eines mehrseitigen PDF. Durch einfaches Klicken auf den gewünschten Druckbogenbereich wird beim ersten Klick die erste Seite, beim zweiten Klick die zweite

▲ **Abbildung 11.20**
Mögliche Optionen zum Beschneiden der PDF-Datei. Es werden jedoch immer alle Optionen angezeigt, auch wenn bestimmte Boxen nicht vorhanden sind.

▲ **Abbildung 11.21**
Die Boxen, die beim Schreiben einer PDF-Datei erstellt werden müssen

▲ **Abbildung 11.22**
Die verschiedenen PDF-platzieren-Symbole, die etwas von den normalen Bild-platzieren-Symbolen abweichen. Das mittlere Symbol weist wiederum auf die Nähe zu einer Hilfslinie hin. Das rechte obere Symbol zeigt, dass ein mehrseitiges PDF platziert wird. Das rechte untere Symbol zeigt, dass ein mehrseitiges PDF auf einer Seite platziert wird.

Seite usw. platziert. Sie können damit sehr schnell viele Seiten einer PDF-Datei im Layout platzieren. Wollen Sie jedoch alle Seiten automatisch auf der Seite platzieren, so drücken Sie zusätzlich die [Alt]- bzw. [⌥]-Taste. Das PDF-platzieren-Symbol ändert sich daraufhin in . Etwas schwierig sind die Symbole mit eingeblendeter Miniaturvorschau schon zu erkennen.

Ebenen | Auch hier können Sie auf vorhandene Ebenen zurückgreifen und die Verfahrensweise für eine Aktualisierung festlegen.

▸ **Ebenen einblenden:** Bestimmen Sie hier, welche Ebenen zur Darstellung und zur Ausgabe verwendet werden sollen. Klicken Sie dazu auf das Symbol , um eine derzeit sichtbare Ebene auszublenden. Das Deaktivieren einer Ebene wird auch in der Vorschau – hier ohne Text – abgebildet.

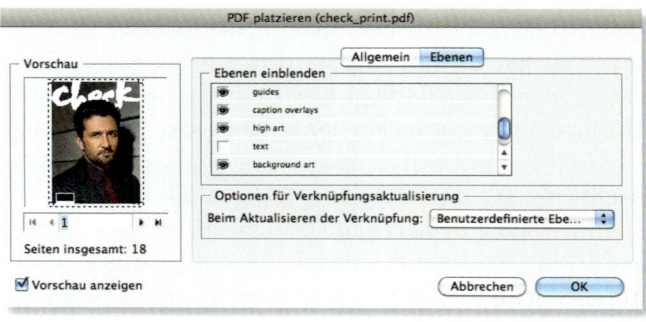

Abbildung 11.23 ▸
Ähnlich wie beim PSD-Import wählen Sie die zu verarbeitenden Ebenen aus und regeln, wie bei Aktualisierungen verfahren werden soll. Die Funktionen sind hier den Importoptionen einer PSD-Datei gleichzustellen.

▸ **Optionen für Verknüpfungsaktualisierung:** Legen Sie darin Ihre Strategie zur Handhabung von Aktualisierungen fest.

11.4.5 Adobe Illustrator-Importoptionen

Das Adobe Ilustrator-Format (.ai) entspricht inhaltlich einem PDF. Deshalb unterscheidet sich der Importdialog in keiner Weise vom PDF platzieren-Dialog. Warum wir aber dennoch an dieser Stelle speziell auf dieses Dateiformat eingehen, hat einen bestimmten Grund, der in der Praxis immer dazu führt, dass Anwender sich statt für das .ai-Format immer noch für EPS als das Dateiformat für Vektorgrafiken entscheiden.

Das Problem: Wenn Sie ein Logo, abgespeichert als EPS, in InDesign platzieren, so wird dieses sauber, beschnitten durch die in PostScript definierte BoundingBox, platziert. Keine Ungenauigkeiten und vor allem keine weißen Ränder werden um das Logo herum angezeigt und gedruckt (Abbildung 11.24).

▲ **Abbildung 11.24**
Die EPS-Datei wird im InDesign-Rahmen bis zum Rand platziert.

Wenn Sie denselben Vorgang mit einer .ai-Datei durchführen, so wird, aus für Sie unerklärlichen Gründen, das Logo mit einem bestimmten Rand versetzt im Bildrahmen platziert. Dieser Sachverhalt ist darauf zurückzuführen, dass Illustrator dabei einen Bereichsrahmen definiert, der keiner PDF-Box entspricht.

Die Lösung: Dieser Umstand tritt in InDesign nur zutage, wenn in den Importoptionen die Option BESCHNEIDEN AUF auf den Wert BEGRENZUNGSRAHMEN gesetzt wurde. Aktivieren Sie den Wert OBJEKT, dann verhält sich der Import, wie es sein soll.

▲ Abbildung 11.25
Die .ai-Datei wird im Bildrahmen etwas versetzt vom Rand platziert.

11.5 Gemischte Inhalte und InDesign-Dateien platzieren

Generell sollten Bilder, Texte und InDesign-Dokumente immer über den Befehl DATEI • PLATZIEREN in ein Layout eingebaut werden, da über ihn sämtliche Parameter der Importoptionen ausgeschöpft werden können. Sind jedoch die Importoptionen nicht von Bedeutung, können Bilder, Grafiken, PDF-Dateien, Texte und InDesign-Dateien auch per Drag & Drop aus der Adobe Bridge, Mini Bridge oder vom Windows-Explorer bzw. Mac OS-Finder auf den Druckbogen bzw. in definierten Rahmen verschoben werden.

> **TIPP**
>
> Haben Sie vergessen, eine Datei in den Stapel zu legen, können Sie einfach den Befehl DATEI • PLATZIEREN erneut ausführen und weitere Dateien laden. Nach dem Bestätigen werden diese dem Stapel hinzugefügt.

Gemischte Inhalte platzieren | Markieren Sie alle Bilder und Texte, die Sie für das Layout benötigen – es können auch InDesign-Dateien sein –, entweder über DATEI • PLATZIEREN oder einfach in der Adobe Bridge bzw. Mini Bridge. Verschieben Sie die ausgewählten Objekte auf die Arbeitsfläche des Layouts. Beim Verschieben erscheint das Symbol aus Abbildung 11.26.

In InDesign sehen Sie dann das bereits bekannte Platzieren-Symbol (Abbildung 11.27). Die Zahl im Zeiger gibt die Menge der zu platzierenden Dateien an, und das Platzieren-Symbol ändert sich, wenn sich die Marke über einem leeren Rahmen bzw. auf einem freien Hintergrund befindet. Bestimmen Sie durch Drücken der Tasten ←/→ bzw. ↑/↓, welches Bild platziert werden soll, oder drücken Sie die Esc-Taste, um ein Bild aus dem Platzierstapel zu löschen.

▲ Abbildung 11.26
Wenn Sie mehrere Objekte durch Drag & Drop aus Bridge bzw. Mini Bridge heraus auf die Arbeitsfläche platzieren, erscheint dieses Symbol.

InDesign-Dokumente platzieren | Der Unterschied zu anderen Importoptionen liegt bei InDesign im Bereich OPTIONEN.

▲ Abbildung 11.27
Vier verschiedene Bilder in einem Platzierstapel. Mit den Pfeilen auf der Tastatur können Sie zwischen den Bildern hin und her schalten.

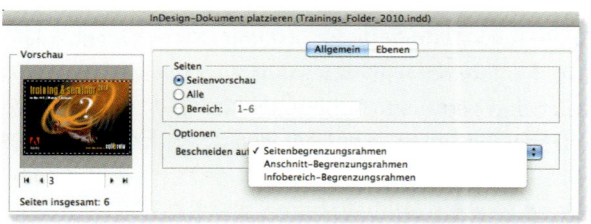

◀ Abbildung 11.28
Der InDesign-Importdialog. Wählen Sie den InDesign-Seitenbereich aus, den Sie platzieren wollen.

Optionen | Statt auf die Seitenbereiche einer PDF-Datei (PDF-Boxen) können Sie beim Platzieren auf die InDesign-Seitenbereiche SEITENBEGRENZUNGSRAHMEN, ANSCHNITT-BEGRENZUNGSRAHMEN und INFOBEREICH-BEGRENZUNGSRAHMEN zurückgreifen. Ansonsten verfahren Sie in den Registern ALLGEMEIN und EBENEN, wie es beim Import von PDF-Dateien beschrieben wurde.

Das Platzieren von InDesign-Dateien kann in verschiedenen Situationen sehr hilfreich sein. Lassen Sie uns kurz auf die Anwendungsgebiete und die damit verbundenen Vor- und Nachteile eingehen:

- **Platzieren von Inseraten:** Wurden Inserate für ein Magazin im eigenen Haus produziert, so ist es in vielen Fällen sinnvoll, nicht zuerst ein PDF zu erzeugen, um diese zu platzieren, sondern gleich die InDesign-Datei zu platzieren. Änderungen im Inserat können damit sehr schnell durchgeführt und im Layout aktualisiert werden. Der Nachteil: Sie müssen den Zugriff auf die Schriften und die Bilder sicherstellen.

- **Zwei Personen müssen in einem Dokument arbeiten:** Angenommen, in einem Layout muss ein Terminkalender in der Randspalte von einer anderen Person gesetzt werden. Wie wäre es, wenn Sie eine Datei in der korrekten Größe des Terminkalenders anlegen und im Layout platzieren? Der Terminkalender kann je nach Fortschritt im Layout aktualisiert werden. Auch hierbei muss der Zugriff auf Schriften und Bilder sichergestellt sein. Leider können platzierte InDesign-Dateien nicht im Nachhinein in InDesign-Objekte umgewandelt werden.

- **Übersicht wahren:** Sie sind für die Produktion eines Magazins verantwortlich. Dabei ist Ihr größter Wunsch, einen Überblick über den Fortschritt auf den einzelnen Seiten zu haben. Warum platzieren Sie nicht die einzelnen Dokumente in einer neuen InDesign-Datei und aktualisieren, wann immer Sie wollen, Ihre Datei? Sie können damit zwar den Fortschritt schnell erkennen, eine Textkorrektur kann jedoch nur im Originaldokument durchgeführt werden.

- **Manueller Ausschuss:** Erstellen Sie Ihr gewünschtes Ausschussschema, und platzieren Sie darauf die gewünschten Seiten des InDesign-Dokuments. Egal, ob Sie dabei Visitenkarten oder ganze Bücher ausschießen wollen, es ist gar keine so schlechte Idee und spart mögliche teure Lösungen für den Ausschuss. Der Nachteil liegt hier ganz klar in der Erstellung des Schemas. Eine Aktualisierung einer anderen InDesign-Datei geht hingegen sehr schnell.

HINWEIS

Das Platzieren von InDesign-Dateien bedeutet nicht, dass diese Dateien dann veränderbar sind. Platzierte InDesign-Dateien verhalten sich wie platzierte PDF-Dateien. Änderungen müssen durch das Öffnen der platzierten InDesign-Datei erfolgen.

Mehrere Personen müssen an einer InDesign-Datei arbeiten

Damit nicht der falsche Eindruck entsteht, dass wir InDesign als das Redaktionssystem ansehen, verweisen wir hier auf elegantere Möglichkeiten in Zusammenarbeit mit InCopy. Mehr dazu lesen Sie im Kapitel zu InCopy, das sich im Webbereich zu diesem Buch auf dem Galileo-Server befindet.

HINWEIS

Sie können nicht nur InDesign CS5-Dateien positionieren, auch ältere InDesign-Dateien können platziert werden. Diese werden jedoch beim Platzieren zuerst von InDesign (mit all den damit verbundenen Änderungen) konvertiert.

12 Bilder und Grafiken anpassen und managen

Sind die Bilder platziert, so müssen sie nur noch für das Layout in die gewünschte Form, Größe und den gewünschten Ausschnitt gebracht werden. Dabei stehen dem Grafiker in InDesign Möglichkeiten zur Verfügung, von denen Sie schon einige in den vorangegangenen Kapitel kennengelernt haben. Ein Bildrahmen besteht jedoch aus dem Bildrahmen und dem darin befindlichen Inhalt. Sowohl der Bildrahmen als auch der Inhalt können dazu mit den notwendigen Techniken bearbeitet und in Form gebracht werden. Wie Sie dies am einfachsten erledigen, erfahren Sie in diesem Kapitel.

12.1 Bildrahmen und Inhalt bearbeiten

Wenn Sie eine Grafik oder ein Bild in einem vordefinierten Rahmen platziert haben, so entsprechen Breite und Höhe des Bildes meistens nicht den Dimensionen des Rahmens – das Bild passt also nicht genau in den Rahmen. Sie müssen entweder das Bild in den Rahmen einpassen oder den Rahmen an das Bild anpassen.

12.1.1 Bilder mit Bildrahmen positionieren, beschneiden und skalieren

Das Bearbeiten von Bildrahmen ist identisch mit dem Bearbeiten von Textrahmen. Mit dem Auswahlwerkzeug ▸ können Sie einerseits die Position des Rahmens verändern, indem Sie in den Rahmen klicken und ihn verschieben, andererseits ein Bild beschneiden oder den Ausschnitt vergrößern, indem Sie auf einen Rahmenanfasser klicken und ziehen.

Position und Größe des Bildrahmens bestimmen | Durch die Auswahl eines Rahmens mit dem Auswahlwerkzeug markieren Sie den Bildrahmen. Die Farbe des Markierungsrahmens und der Anfasser ist jedoch, wie bereits ausgeführt, von der Ebenenfarbe abhängig.

> **TOP-TIPP: Mehrere Rahmen in der Größe verändern**
>
> Mit InDesign CS5 besteht erstmals die Möglichkeit, mehrere Rahmen zu markieren und in der Breite oder Höhe gemeinsam zu verändern.
>
> Wenn Sie also zwei übereinanderliegende Bilder – Hintergrund und Freisteller – gemeinsam in der Breite verändern wollen, so markieren Sie beide Rahmen mit dem Auswahlwerkzeug, fassen damit den rechten Anfasserpunkt an und verändern die gemeinsame Breite von beiden Bildern.

▲ **Abbildung 12.1**
Ein mit dem Auswahlwerkzeug ausgewähltes Bild mit dazu passendem Steuerung-Bedienfeld

Die Position kann durch einfaches Klicken auf und Ziehen am Bildrahmen oder Mittelpunkt des Bildes verändert werden. Die Position des Bildrahmens wird durch die Koordinaten X/Y ❷ und die Größe durch B/H ❸ bestimmt. Alle Werte im Steuerung-Bedienfeld beziehen sich dabei auf den Bezugspunkt ❶. Die Größe des Bildrahmens kann durch Klicken und Ziehen eines Anfasserpunktes frei verändert werden. Bei gleichzeitig gedrückter ⇧-Taste wird der Grafikrahmen (aber nicht der Inhalt) proportional vergrößert bzw. verkleinert.

Wollen Sie den Bildrahmen an die Bildhöhe anpassen, so führen Sie einen Doppelklick auf den oberen oder unteren mittleren Anfasser aus. Wollen Sie hingegen den Bildrahmen an die Bildbreite anpassen, so doppelklicken Sie auf den linken oder rechten mittleren Bildanfasser. Wollen Sie den Bildrahmen an das Bild anpassen, so führt ein Doppelklick auf einen der Eckenanfasser oder die Tastenkombination [Strg]+[Alt]+[C] bzw. [⌘]+[⌥]+[C] zum Erfolg.

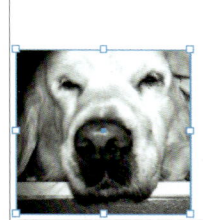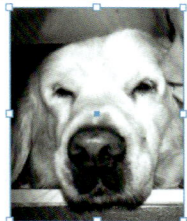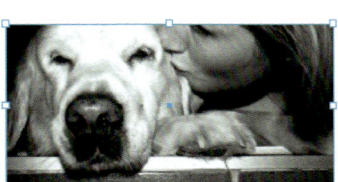

▲ **Abbildung 12.2**
Durch einen Doppelklick auf einen der Anfasser kann der Bildrahmen an die Bildhöhe (zweites Bild), an die Bildbreite (drittes Bild) oder an Bildhöhe und -breite (viertes Bild) angepasst werden.

Bildgröße mit Rahmen verändern | Wenn Sie das Bild mit Rahmen bei einer Dimensionsänderung des Rahmens skalieren wollen, so können Sie zwischen drei Arten wählen:

▸ **Durch Ziehen mit zusätzlicher Option:** Haben Sie im Steuerung-Bedienfeld die Option Automatisch einpassen ❽ aktiviert, so können Sie den Bildrahmen nach Belieben verändern, das Bild im Rahmen passt sich dabei der Größe an.
▸ **Durch Ziehen ohne zusätzlich gewählte Option:** Wenn Sie beim Ziehen [Strg]+[⇧] bzw. [⌘]+[⇧] gedrückt halten, so wird der Inhalt mit dem Rahmen proportional skaliert. Ohne ⇧-Taste wird das Bild mit Bildrahmen verzerrt.
▸ **Durch Tastenkombination:** Durch Drücken der Tastenkombination [Strg]+[.] bzw. [⌘]+[.] kann ein ausgewählter Bildrahmen mit dem Inhalt proportional vergrößert werden. Wenn Sie anstelle von [.] (Punkt) das [,] (Komma) drücken, so wird das

Bild mit dem Bildrahmen verkleinert. Durch zusätzliches Drücken der ⌐Alt¬- bzw. ⌐⌥¬-Taste geht es etwas schneller!

Ob das Bild skaliert ist oder nicht, können Sie mit ausgewähltem Auswahlwerkzeug nicht erkennen. Selbst wenn Sie den Prozentwert im Steuerung-Bedienfeld von Hand ändern, wechselt der Prozentwert im Feld x-SKALIERUNG ▣ bzw. ▣ ❹ wiederum auf 100 % zurück. Wenn Sie unbedingt den Skalierungsprozentsatz in Kombination mit dem Auswahlwerkzeug sehen wollen, so müssen Sie in den InDesign-Voreinstellungen die Option SKALIERUNGSPROZENTSATZ ANPASSEN im Register ALLGEMEIN aktivieren und auf die Default-Einstellung AUF INHALT ANWENDEN verzichten. Wir empfehlen, diese Einstellung **nicht** umzustellen!

> **Den Prozentsatz der Skalierung auslesen**
>
> Wählen Sie dazu entweder mit dem Direktauswahl-Werkzeug das Bild im Rahmen aus, oder aktivieren Sie die Option SKALIERUNGSPROZENTSATZ ANPASSEN in den InDesign-Voreinstellungen.

Verzerren, Rotieren und Spiegeln von Bildern mit Bildrahmen über das Steuerung-Bedienfeld | Das Rotieren ↻ ↺ bzw. das Spiegeln ▨ ▧ des Rahmens (mit Bildinhalt) erledigen Sie am bequemsten durch einen Klick auf das jeweilige Symbol ❼ im Steuerung-Bedienfeld. Ob der Bildrahmen gespiegelt oder rotiert wurde, erkennen Sie an den Symbolen (Abbildung 12.3). Natürlich können Sie auch den Winkel im Steuerung-Bedienfeld durch Eingabe eines Wertes im Eingabefeld DREHWINKEL △ ❺ bestimmen. Das Verbiegen eines Bildes funktioniert auf dieselbe Weise. Geben Sie dazu im Eingabefeld VERBIEGUNGSWINKEL ⟋ ❻ Ihren gewünschten Winkel ein. Beachten Sie, dass Sie beim Rotieren und Spiegeln des Bildes um die Bildmitte auch den dazu passenden Bezugspunkt ▦ im Steuerung-Bedienfeld aktiviert haben müssen und dass durch die Auswahl des Bildrahmens mit dem Auswahlwerkzeug immer Bildrahmen und Bild gemeinsam transformiert werden.

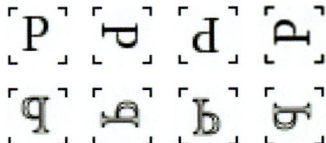

▲ **Abbildung 12.3**
Obere Reihe: rotierte Objekte
Untere Reihe: rotierte und gespiegelte Objekte

Wir wollen Sie an dieser Stelle noch einmal darauf hinweisen, dass sich, wenn Sie mit dem Auswahlwerkzeug den Zeiger außerhalb des Rahmens in die Nähe eines Ecken-Auswahlgriffs stellen, der Cursor in ↻ bzw. ↗ ändert, womit Sie das Drehen und Skalieren des Bildrahmens erledigen können. Wenn Sie dabei ⌐Strg¬+⌐⇧¬ bzw. ⌐⌘¬+⌐⇧¬ gedrückt halten, so dreht bzw. skaliert sich auch der Bildinhalt mit dem Rahmen mit.

Bildrahmenform verändern | Eine besondere Funktion kommt dabei dem Direktauswahl-Werkzeug ▸ zu. Wie bei allen Rahmen können damit Pfadpunkte versetzt oder gelöscht werden. Das Versetzen eines Pfadpunktes erfolgt durch Auswahl eines nicht eingefärbten Eckpunkts und das Verschieben dieses Punktes an die gewünschte Stelle. Wie Sie Pfadpunkte hinzufügen, löschen oder wie Sie aus Eckpunkten Kurvenpunkte erstellen, erfahren Sie in Abschnitt 13.2, »Das Aussehen eines Pfads bestimmen«, auf Seite 317. Welche Möglichkeiten der Veränderung eines Rahmens in InDesign bestehen, haben Sie ja schon in Abschnitt 8.4, »Rahmen transformieren«, auf Seite 178 gelesen.

HINWEIS
Anwender von früheren InDesign-Versionen können natürlich den Inhalt eines Bildrahmens weiterhin wie gewohnt mit dem Auswahl- und dem Direktauswahl-Werkzeug bearbeiten.

12.1.2 Bild im Rahmen auswählen

Um eine Transformation des Bildinhalts durchführen zu können, muss der Bildinhalt zuvor ausgewählt werden. Dazu mussten Anwender bis InDesign CS4 immer das Direktauswahl-Werkzeug aktivieren und den Inhalt auswählen. Als CS5-Anwender können Sie zwischen zwei Vorgehensweisen wählen:

Arbeiten mit dem Inhaltsauswahlwerkzeug | Mit InDesign CS5 ist der Wechsel zum Direktauswahl-Werkzeug nicht mehr zwingend erforderlich, denn seit dieser Version erscheint, sobald Sie den Cursor mit ausgewähltem Auswahlwerkzeug auf ein Bild bewegen, das INHALTSAUSWAHLWERKZEUG ❶. Das INHALTSAUSWAHLWERKZEUG wird in der Mitte des jeweiligen Rahmens in Form von zwei konzentrischen Kreisen angezeigt, wie in Abbildung 12.4 dargestellt.

▲ Abbildung 12.4
Bild mit Inhaltsauswahlwerkzeug

Um den Inhalt auszuwählen, bewegen Sie den Cursor auf das INHALTSAUSWAHLWERKZEUG, wodurch sich der Cursor, wie in Abbildung 12.5 gezeigt, in das Hand-Symbol verändert. Ein einfacher Klick auf diesen Bereich wählt den Inhalt des Rahmens aus, obwohl weiterhin das Auswahlwerkzeug aktiviert bleibt.

▲ Abbildung 12.5
Das Hand-Symbol erscheint, wenn der Cursor sich über dem Inhaltsauswahlwerkzeug befindet.

Arbeiten wie bis InDesign CS4 | Speziell alten InDesign-Haudegen ist die bislang gewohnte Arbeitsweise, zwischen Auswahl- und Direktauswahl-Werkzeug zu wechseln, schon so in Fleisch und Blut übergegangen, dass diese gerne den alten Zustand wieder herbeiführen möchten. Diesen Anwendern kann gesagt werden, dass sie weiterhin auf die gleiche Art und Weise die Auswahl vornehmen können. Wenn das Inhaltsauswahlwerkzeug Sie dabei stört, so können Sie die Anzeige der Kreise über den Menübefehl ANSICHT • EXTRAS • INHALTSAUSWAHLWERKZEUG AUSBLENDEN jederzeit deaktivieren.

TOP-TIPP
Zwischen Auswahl- und Direktauswahl-Werkzeug wechseln

Durch einen Doppelklick auf einen Bildrahmen kann der Inhalt des Bildrahmens ausgewählt und auf das Direktauswahl-Werkzeug umgeschaltet werden.

Klicken Sie dreimal, um bei ausgewähltem Inhalt wiederum zum Auswahlwerkzeug zu wechseln.

Wählen Sie bei dieser Arbeitsweise zuvor den Bildrahmen mit dem Auswahlwerkzeug aus, und schalten Sie danach auf das Direktauswahl-Werkzeug um. Durch einen Klick auf das Bild wird der Inhalt ausgewählt, womit mit der Transformation für den Inhalt begonnen werden kann.

Zum schnellen Wechsel zwischen dem Auswahl- und Direktauswahl-Werkzeug drücken Sie A und V. Um bei ausgewähltem Inhalt möglichst schnell den Bilderrahmen auszuwählen, können Sie auch die ⌈Esc⌉-Taste drücken.

12.1.3 Bilder im Bildrahmen verschieben und skalieren

Um das Bild im Rahmen zu verschieben oder zu transformieren, muss der Inhalt ausgewählt werden. Wählen Sie dazu eine der zuvor gezeigten Möglichkeiten aus. Ist der Inhalt ausgewählt, verwandelt sich der Cursor in eine Hand, womit jeder Layouter weiß, was er nun machen kann. Der orange-braune (siehe Abbildung 12.6 rechts oben) Rahmen zeigt die Originalgröße des Bildes an.

▲ **Abbildung 12.6**
Ein mit dem Direktauswahl-Werkzeug ausgewähltes Bild und das dazu passende Steuerung-Bedienfeld

Im Unterschied zur Arbeitsweise mit dem Inhaltsauswahlwerkzeug ist die Rahmenfarbe hier Orange-Braun. Da die Farbe des Rahmens für das Bild immer die Komplementärfarbe zur Ebenenfarbe ist, sollten Sie die Ebenenfarbe nie auf Schwarz stellen. Sobald Sie einen braunen Bildrahmen sehen, wissen Sie, dass hier der Inhalt aktiviert ist und nicht der dazugehörende Bildrahmen.

Die Maße im Steuerung-Bedienfeld ändern sich entsprechend. Die Koordinaten für X und Y sind jetzt keine absoluten Koordinaten mehr, sondern sie sind relativ zum Bildrahmen zu sehen. Auch die Breite und Höhe kennzeichnen die Originalgröße des Bildes. Mit welchem Prozentsatz das Bild skaliert wurde, können Sie nun in den Eingabefeldern 🔲 ⇕ 95,11656 ⇕ bzw. 🔲 ⇕ 95,11656 ⇕ sehen.

Bild im Rahmen verschieben | Das Verschieben des Inhalts kann, wenn das Hand-Symbol sichtbar ist, durch einfaches Klicken und Bewegen erfolgen. Ist jedoch noch das Auswahlwerkzeug ausgewählt, so kann der Inhalt durch Klick auf das Inhaltsauswahlwerkzeug und Bewegen des Cursors ebenfalls, ohne dabei ein Werkzeug wechseln zu müssen, verschoben werden.

Für beide Fälle gilt, dass InDesign eine abgedimmte Vorschau des nicht platzierten Bildteils anzeigt, was zum Platzieren des richtigen Bildausschnitts sehr nützlich ist. Anwender von früheren Versionen mussten immer eine kleine Weile abwarten, bis Sie die abgedimmte Vorschau sehen konnten. Diesem Missstand wurde durch den Eintrag SOFORT in der Option DYNAMISCHE BILDSCHIRMAKTUALISIERUNG der InDesign-Voreinstellungen im Register BENUTZEROBERFLÄCHE der Garaus gemacht.

Natürlich können Sie auch das Verschieben über eine Eingabe im Steuerung-Bedienfeld bei den X- und Y-Koordinaten durchführen oder durch Drücken der Cursorpfeile ⌈←⌉/⌈→⌉ bzw. ⌈↑⌉/⌈↓⌉. In welchen Sprüngen dabei verschoben wird, hängt von den Vor-

▲ **Abbildung 12.7**
Verschieben von Bildern durch das Direktauswahl-Werkzeug mit einer abgedimmten Vorschau

einstellungen im Register EINHEITEN UND EINTEILUNGEN in der Option PFEILTASTEN ab. Wollen Sie größere Sprünge beim Verschieben verwenden, ändern Sie die Voreinstellung, oder drücken Sie zusätzlich die ⇧-Taste, während Sie die Pfeiltasten drücken.

Bild im Rahmen transformieren | Haben Sie den Inhalt des Bildrahmens ausgewählt, so können Sie jegliche Transformation – Skalieren, Rotieren, Spiegeln und Verzerren – entweder durch ein entsprechendes Werkzeug im Werkzeug-Bedienfeld oder über die Eingabe von Werten im Steuerung-Bedienfeld erledigen. Worauf Sie dabei achten sollten, haben Sie ja bereits in Abschnitt 8.4, »Rahmen transformieren«, auf Seite 178 gelesen.

Das Skalieren des Inhalts funktioniert auch über die Tastenkürzel Strg +. bzw. ⌘+. zum Vergrößern bzw. Strg +, bzw. ⌘+, zum Verkleinern des Bildes sowie auch durch die Verwendung der Symbole ↻ bzw. ↗, die Sie bekommen, wenn Sie den Cursor außerhalb des Rahmens in die Nähe eines Ecken-Auswahlgriffs bewegen.

> **TIPP**
>
> Beachten Sie beim Ändern der Breite im Eingabefeld des Steuerung-Bedienfelds, dass dabei standardmäßig nur die Breite, nicht jedoch proportional die Höhe angepasst wird. Sie erhalten dadurch ein verzerrtes Bild.
> Wenn Sie die Proportionen beibehalten wollen, so aktivieren Sie zuvor das Symbol 🔗 rechts neben den Eingabefeldern.

Bild im Rahmen einpassen | Natürlich sind Sie in gewissen Situationen darauf beschränkt, Bilder in vorhandene Rahmen optimal einzupassen. QuarkXPress- und Adobe PageMaker-Anwender haben sich dabei spezielle Techniken erarbeitet. Das Einpassen von Bildern kann einerseits über das Skalieren des Bildinhalts (brauner Rahmen) mit den uns bekannten Werkzeugen und andererseits über bestimmte Befehle und die dazu passenden Tastaturkürzel erfolgen. InDesign wartet hier im Vergleich zu den bekannten Funktionen darüber hinaus mit den Befehlen OBJEKT • ANPASSEN • RAHMEN PROPORTIONAL FÜLLEN und OBJEKT • ANPASSEN • RAHMENEINPASSUNGSOPTIONEN auf.

Alle Befehle können über das Menü OBJEKT • ANPASSEN, über die Symbole im Steuerung-Bedienfeld oder über Tastaturkürzel aufgerufen werden. Die Optionen im Einzelnen:

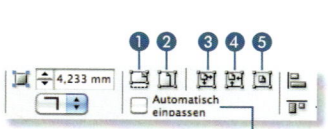

▲ **Abbildung 12.8**
Die Anpassen-Symbole des Steuerung-Bedienfelds

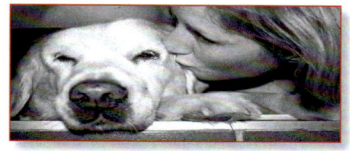

▲ **Abbildung 12.9**
Der Inhalt wurde hier an den roten Rahmen angepasst.

- **Inhalt an Rahmen anpassen:** Damit wird das Bild vollflächig verzerrt in den Rahmen eingepasst. Die Proportionen bleiben nicht erhalten, womit eine Veränderung der Auflösung des Bildes dabei in einer Richtung erfolgt! Den Befehl können Sie auch über das Symbol ❸ im Steuerung-Bedienfeld oder über die Tastenkombination Strg +Alt +E bzw. ⌘+⌥+E ausführen.
- **Rahmen an Inhalt anpassen:** Damit wird der Bildrahmen an das Bild angepasst. Den Befehl können Sie auch über das Symbol ❹ im Steuerung-Bedienfeld oder über das Tastaturkürzel Strg +Alt +C bzw. ⌘+⌥+C ausführen.

▸ **Inhalt zentrieren:** Damit wird das Bild zentriert in den vorhandenen Rahmen eingepasst. Die Bildgröße ändert sich dabei nicht! Den Befehl können Sie auch über das Symbol ❺ im Steuerung-Bedienfeld oder über die Tastenkombination ⌃Strg+⇧+E bzw. ⌘+⇧+E ausführen.

▸ **Inhalt proportional anpassen:** Damit wird das Bild zur Gänze proportional in den Rahmen eingepasst. Die Proportionen bleiben erhalten, die Bildauflösung passt sich dementsprechend an! Den Befehl können Sie auch über das Symbol ❷ im Steuerung-Bedienfeld oder über das Tastaturkürzel ⌃Strg+Alt+⇧+E bzw. ⌘+⌥+⇧+E ausführen.

▲ **Abbildung 12.10**
Der Inhalt wurde hier proportional im roten Rahmen eingepasst.

▸ **Rahmen proportional füllen:** Durch den Befehl Rahmen proportional füllen passen Sie Bilder an der schmaleren Seite des Originals in den Rahmen ein. Die Proportionen bleiben erhalten, die Bildauflösung passt sich dementsprechend an. Die Einpassung erfolgt immer von der linken oberen Ecke aus. Das Ändern des Bezugspunktes im Steuerung-Bedienfeld hat keine Auswirkung auf diesen Befehl. Den Befehl können Sie auch über das Symbol ❶ im Steuerung-Bedienfeld oder über das Tastaturkürzel ⌃Strg+Alt+⇧+C bzw. ⌘+⌥+⇧+C ausführen.

▲ **Abbildung 12.11**
Der Inhalt wurde hier proportional an der schmaleren Seite des roten Rahmens eingepasst.

12.1.4 Rahmeneinpassungsoptionen

Mit dem Befehl Rahmeneinpassungsoptionen aus dem Menü Objekt • Anpassen können Sie den Bildrahmen bereits vor dem Befüllen mit Einpassungsparametern versehen, was speziell in der automatisierten Dokumenterstellung für das Importieren von Bildern oder als beabsichtigter Default-Wert für InDesign von zentraler Bedeutung ist.

TOP-TIPP
Bilder immer proportional gefüllt in den Bildrahmen laden

Hinterlegen Sie den Wert Rahmen proportional füllen mit dem Objektstil [Einfacher Grafikrahmen], wodurch diese Einstellung jedem neu aufgezogenen Grafikrahmen mitgegeben wird.

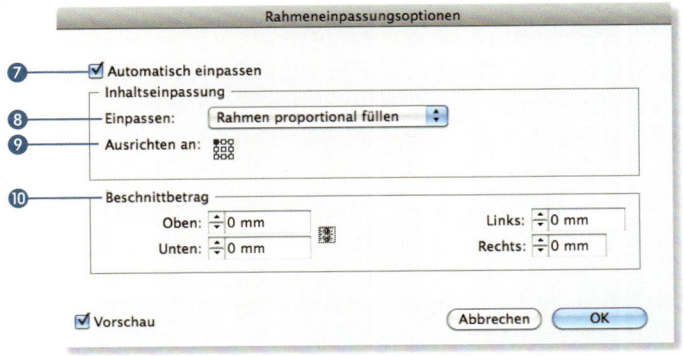

◂ **Abbildung 12.12**
Mit den Rahmeneinpassungsoptionen können Sie leeren Grafikrahmen bereits beim Layouten Einpassungsoptionen zuweisen.

▸ **Automatisch einpassen ❼:** Werden Bildrahmen mit dieser Funktion versehen, so wird das Bild bzw. der Bildausschnitt bei einer nachträglichen Änderung automatisch in der Größe ange-

> **Rahmen proportional aus dem Zentrum heraus füllen**
>
> Während beim Ausführen des Befehls Rahmen proportional füllen immer von der oberen linken Koordinate ausgegangen wird, können Sie den Bezugspunkt in den Rahmeneinpassungsoptionen frei wählen. Erstellen Sie einen Objektstil, und wenden Sie diesen dann auf die gewünschten Bilder an.

passt. Diese Option kann auch im Steuerung-Bedienfeld über die Checkbox ❻ (siehe Abbildung 12.8) aktiviert werden.

- **Inhaltseinpassung:** Im Bereich Inhaltseinpassung können Sie über die Option Einpassen ❽ Ihre bevorzugte Einpassungsstrategie hinterlegen. Darüber hinaus können Sie bei Ausrichten an ❾ den Bezugspunkt für die Einpassungsoptionen wählen. Damit können Sie festlegen, dass der Inhalt immer vom Mittelpunkt aus proportional gefüllt wird. Wir empfehlen, eine Grundeinstellung – Bezugspunkt mittig und Rahmen proportional füllen (siehe Abbildung 12.12) – vorzunehmen und diese Werte im Objektstil [Einfacher Grafikrahmen] zu definieren.
- **Beschnittbetrag** ❿**:** In diesem Bereich können Sie einen Versatz des Bildes im Rahmen absolut festlegen. Das automatisierte Platzieren von Bildern mit einem Abstand von 2 mm (Sie müssen in diesem Fall den Wert »–2 mm« eingeben) von der oberen Bildkante ist damit schon beim Platzieren möglich.

Das Löschen von definierten Rahmeneinpassungsoptionen kann in der Grundeinstellung von InDesign nur über den Befehl Objekt • Anpassen • Rahmeneinpassungsoptionen löschen ausgeführt werden. Weder für diesen Befehl noch für den Befehl, um die Rahmeneinpassungsoptionen aufzurufen, ist standardmäßig ein Tastenkürzel vorgesehen. Sie können sich jedoch dafür die Tastenkürzel selbst anlegen.

12.1.5 Schnelles Freistellen von Bildern

In vielen Produktionen müssen Layouter schnell auf der Seite Vorschaubilder platzieren, die jedoch noch ohne Pfade abgespeichert werden, und das Bild in sehr groben Zügen freistellen.

Dazu bieten sich mehrere Arbeitsweisen an. Einerseits kann mit dem Zeichenstift-Werkzeug zuerst ein Polygon-Bildrahmen gezeichnet werden, andererseits kann nachträglich ein platziertes Bild mit diesem Werkzeug grob freigestellt werden. Beide Verfahren sind sehr zeitaufwendig. In Verbindung mit dem Buntstift-Werkzeug ✏ können Sie das Vorhaben relativ schnell umsetzen.

Schritt für Schritt: Freistellen eines Bildes mit dem Buntstift-Werkzeug

1 **Bild platzieren und auf die gewünschte Größe bringen**
Platzieren Sie zuerst das Bild im Layout, und bringen Sie es auf die richtige Größe, Winkelung und den korrekten Ausschnitt.

2 Wechseln des Werkzeugs

Führen Sie den Befehl BEARBEITEN • AUSWAHL AUFHEBEN aus, und wechseln Sie dann zum Direktauswahl-Werkzeug . Markieren Sie damit den Pfad des Bildrahmens. Es müssten damit die vier weißen Eckpunkten des Bildrahmens sichtbar sein. Erst danach wechseln Sie zum Buntstift-Werkzeug .

3 Zeichnen des Freistellers

Beginnen Sie, vom Bildrahmenpfad ausgehend, den groben Freisteller zu zeichnen. Zeichnen Sie den Freisteller in einem Pfad durch, und beenden Sie das Zeichnen am Ausgangspunkt des Pfades bzw. etwas außerhalb des Bildrahmenpfades.

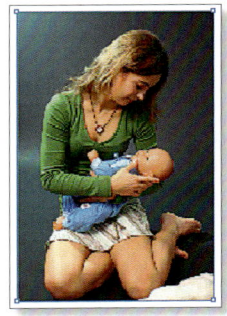

▲ **Abbildung 12.13**
Durch die Auswahl des Pfades mit dem Direktauswahl-Werkzeug werden die vier Eckpunkte des Bildrahmens sichtbar. Der Pfad ist somit editierbar.

◀ **Abbildung 12.14**
Der gezeichnete Freisteller. Gehen Sie dabei immer vom editierbaren Bildrahmen aus.

Wenn Sie den Buntstift nun loslassen, steht Ihnen das grob freigestellte Bild zur weiteren Verarbeitung zur Verfügung.

> **HINWEIS**
>
> Damit das Freistellen des Objektes mit dem Buntstift-Werkzeug so funktioniert, muss die Option AUSGEWÄHLTE PFADE BEARBEITEN in den Optionen des Werkzeugs ausgewählt sein. Da dies die Standardeinstellung des Werkzeugs darstellt, haben wir im Text darauf nicht hingewiesen.

◀ **Abbildung 12.15**
Das freigestellte Bild

Sie sehen, dass damit sehr schnell ein grober Freisteller erstellt werden kann, der zumindest für die Konturenführung des Textes herangezogen werden kann. Ein sauberer Freisteller wird von den Pixelkünstlern über Masken und/oder Pfade erzeugt. ■

12.2 Das Informationen-Bedienfeld und Bilderrahmen

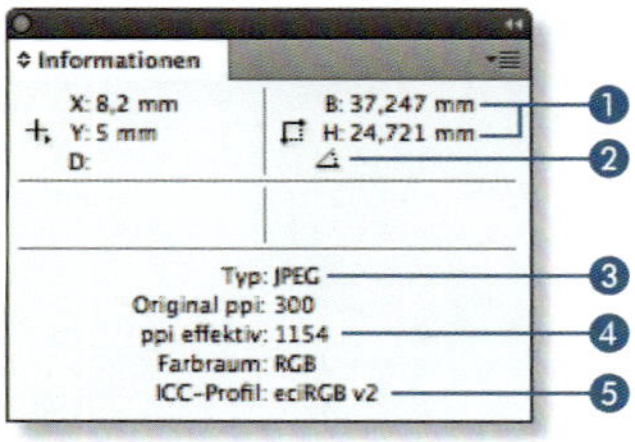

Das Informationen-Bedienfeld liefert vor allem in Verbindung mit Bildern sehr aufschlussreiche Informationen. Neben der aktuellen Cursorposition, der Breite und Höhe ❶ des Bildrahmens bzw. des Originalbildes und der Winkelung ❷ (sie wird nur während der Drehung angezeigt) des Bildes durch den Rahmen oder im Rahmen kann der Anwender den Dateityp (Typ ❸), die Original ppi (die Bildauflösung, die das Bild beim Öffnen in Photoshop besitzt), die effektive Bildauflösung (ppi effektiv ❹), den Farbraum sowie das angehängte ICC-Profil ❺ auslesen.

Beachtenswert ist vor allem, dass sogar Schmuckfarben (Volltonfarben) in PSD- oder TIFF-Dateien angezeigt werden. Von zentraler Bedeutung sind drei Parameter:

▶ **ppi effektiv ❹:** Die effektive Auflösung (also die Ausgabeauflösung) errechnet sich aus der Originalauflösung (Original ppi) multipliziert/dividiert mit dem bzw. durch den Skalierungsfaktor. Beachten Sie, dass das Bild verzerrt sein muss, wenn hier zwei Werte (z.B.: 1154 x 1090) angezeigt werden. Bei proportional skalierten Bildern sind die horizontale und vertikale Skalierung identisch, womit nur ein Wert angezeigt werden muss.

▶ **Farbraum:** Damit erkennen Sie schon sehr früh, ob ein RGB-Bild platziert wurde. Diese Information ist speziell für Anwender von InDesign vor CS4 wichtig, denn Anwender der aktuellen InDesign-Versionen lassen sich diesen Fehler eher über das Preflight-Bedienfeld anzeigen.

▶ **ICC-Profil ❺:** Sie erkennen speziell bei RGB-Bildern, ob die Anzeige des Bildes am Monitor durch Zuweisung des Dokument-RGB-Profils oder durch ein angehängtes Profil für die farbliche Darstellung erfolgt. Denn wird für das platzierte Bild als Quellprofil das Profil Ihrer Farbeinstellungen angezeigt, so kann es durchaus sein, dass das platzierte Bild ohne ICC-Profil abgespeichert wurde. Beim Platzieren von RGB-Bildern wird standardmäßig für alle Bilder ohne Profil das Profil des Arbeitsfarbraums zugewiesen. Dieser Schritt ist für eine CMYK-Konvertierung in der Ausgabe wichtig. Eine korrekte Farbverrechnung ist dadurch jedoch meistens nicht gewährleistet.

Da in PDF-, AI-, InDesign- und EPS-Dateien verschiedene Inhalte – Pixel und Vektoren – und deshalb auch unterschiedliche Farbräume vorhanden sein können, wird die Information bei bestimmten Dateitypen nicht angezeigt. Lediglich reine Pixel-PDF- und -EPS-Dateien können ihre Farbräume bekanntgeben.

▲ **Abbildung 12.16**
Das Informationen-Bedienfeld in Verbindung mit einem ausgewählten Bild

Zuweisen eines ICC-Profils
Wenn Sie einem platzierten Bild ein anderes Quellprofil zuweisen wollen, so tun Sie das über das Menü Objekt • Farbeinstellungen für Bild.

Keine Auflösungsinformation?
Handelt es sich um Vektorbilder und PDFs, so wird keine Auflösungsinformation angezeigt.

12.3 Spezialitäten mit Bildern

In Bildern können zusätzliche Informationen wie Alpha-Kanäle, Masken, Sonderfarben, Freistellpfade und dergleichen abgespeichert sein. Wie Sie auf diese Informationen zugreifen können und welche sonstigen Spezialitäten es beim Platzieren gibt, möchten wir Ihnen hier kurz vorstellen.

12.3.1 InDesign-Kontaktabzug erstellen

Das Erstellen von Kontaktabzügen gehört fast zur täglichen Arbeit eines Grafikers, denn immer wieder muss aus einem Pool von Bildern eine Auswahl vorgenommen werden, die der Grafiker in Form einer Übersicht dem Kunden zur Auswahl vorlegt.

Über den Arbeitsbereich Ausgabe der Adobe Bridge stellt Adobe jedem, auch Nicht-InDesign-Anwendern, die Möglichkeit zur Verfügung, einen Kontaktabzug als PDF zu erstellen. Wie Sie einen Kontaktabzug als PDF und als SWF erstellen können, erfahren Sie im Zusatzkapitel »Adobe Bridge CS5«, das Sie sich als Webbonus zu diesem Buch vom Galileo-Server herunterladen können.

Adobe bietet jedoch für InDesign-Anwender eine kleine Alternative dazu an. In der folgenden Schritt-für-Schritt-Anleitung erfahren Sie, wie Sie in einem regelmäßigen Raster eine größere Anzahl von Bildern schnell platzieren können.

 Das Erstellen eines Kontaktabzugs kann auch über das standardmäßig installierte Skript »imageCatalog.jsx« erfolgen. Nähere Informationen dazu erhalten Sie in Kapitel B, »Skripte«, das sich auf der Buch-DVD im Ordner Zusatzkapitel befindet.

Schritt für Schritt: Erstellen eines Kontaktabzugs mit variabler Bildanzahl und variablem Bildabstand

1 Bilder auswählen

Angenommen, Sie wollen eine größere Anzahl von Bildern in einem regelmäßigen Raster platzieren, so müssen Sie eine InDesign-Datei geöffnet haben, Bilder in Bridge/Mini Bridge bzw. dem Windows-Explorer/Mac OS-Finder auswählen und diese Auswahl auf die Arbeitsfläche von InDesign ziehen.

2 Erstellen eines Standard-Kontaktabzugs

Sie sehen das typische Bild-platzieren-Symbol mit der Zahl im Symbol, die uns anzeigt, wie viele Bilder platziert werden sollen.

Drücken Sie nun [Strg]+[⇧] bzw. [⌘]+[⇧]. Es er-scheint das Symbol, mit dem angezeigt wird, dass Sie einen Kontaktabzug von standardmäßig acht Bildern machen wollen.

Wenn Sie nun klicken, erstellt InDesign einen Kontaktabzug von acht Bildern bei einem Querformat; bei einem Hochformat sind es neun Bilder. Die restlichen, noch nicht platzierten Bilder

▲ **Abbildung 12.17**
Das Bild-platzieren-Symbol mit 32 geladenen Bildern

bleiben im Platzierstapel stehen. Das erste Bild wird dabei standardmäßig auf den Koordinaten X=0 und Y=0 platziert. Die Größe der Bilder wird aus der zur Verfügung stehenden Seitengröße (nicht aus dem Satzspiegel) und der Anzahl der platzierten Bilder pro Seite berechnet. Das Ergebnis sieht so aus:

Abbildung 12.18 ▶
Der Standard-Kontaktabzug – bis auf den Seitenrand gefüllt – ohne zusätzlich gedrückte Tastenkombination. Die restlichen Bilder bleiben im Platzier-Cursor geladen, womit Sie denselben Vorgang auf der nächsten Seite ausführen können.

3 Den Kontaktabzug anpassen

Sie wollen jedoch nicht nur acht Bilder auf dem Querformat platzieren, sondern Sie wollen sie einerseits innerhalb des Satzspiegels und andererseits noch mehr Bilder platzieren.

Um den Kontaktabzug innerhalb des Satzspiegels zu platzieren, müssen Sie nur bei gedrückter [Strg]+[⇧]- bzw. [⌘]+[⇧]-Taste den Cursor an der linken oberen Satzspiegelkante platzieren und ein Rechteck bis zur unteren rechten Satzspiegelkante aufziehen. Am Monitor wird das folgende Raster gezeigt:

Abbildung 12.19 ▶
Ein geändertes Raster zum Platzieren von zwölf Bildern auf einer Seite

Damit Sie aber, wie in der Abbildung gezeigt, zwölf Bilder platzieren können, müssen Sie die Maustaste gedrückt lassen und mit den Cursorpfeilen die Anzahl der Bilder erhöhen oder verringern. Drücken Sie [←]/[→], wird die Anzahl der Spalten verringert bzw. erhöht. Drücken Sie jedoch [↑]/[↓], so wird die Anzahl der Zeilen jeweils um eine Zeile reduziert oder erweitert.

Haben Sie die gewünschte Spalten- und Zeilenanzahl festgelegt, können Sie die Maustaste loslassen.

4 Den Abstand zwischen den Bildern verändern

Um jedoch genügend Platz für die Bildbeschriftung unterhalb des Bildes zu bekommen, müssen die Abstände zwischen den Bildern zumindest in der Horizontalen angepasst werden.

Dazu gehen Sie wie zuvor beschrieben vor und ziehen innerhalb des Satzspiegels das Platzierrechteck auf. Wenn Sie das Raster sehen, so halten Sie die Maustaste gedrückt und ändern durch nachträgliches Drücken der [Strg]- bzw. [⌘]-Taste und Betätigung der Pfeiltasten den Abstand zwischen den Bildern in der Horizontalen und der Vertikalen. Das Ergebnis:

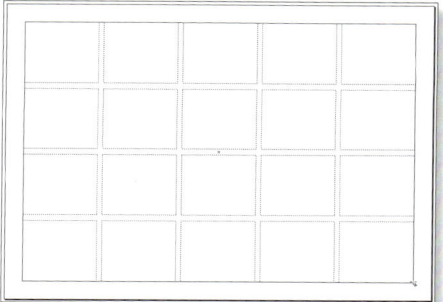

◄ **Abbildung 12.20**
Ein geändertes Raster zum Platzieren von 20 Bildern auf einer Seite. Der horizontale und vertikale Abstand wurde darüber hinaus angepasst, damit eine Bildunterschrift noch zwischen den Bildern Platz finden kann.

Wenn Sie nun die Maustaste loslassen, werden alle geladenen Bilder in die kleinen Bildrähmchen platziert.

Da wir hoch- und quergestellte Bilder in unserem Stapel geladen hatten, ist nun natürlich bei manchen Bildern der Bildrahmen größer als das Bild. Drücken Sie die Tastenkombination [Strg]+[Alt]+[C] bzw. [⌘]+[⌥]+[C], wodurch nun alle Bildrahmen an das Bild angepasst werden. Das Ergebnis:

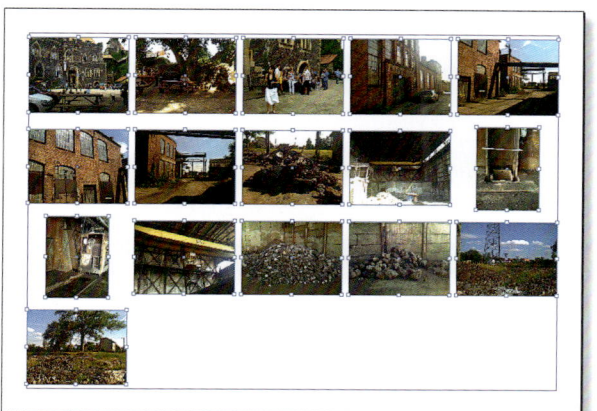

◄ **Abbildung 12.21**
Der fertige Kontaktabzug, wobei die Rahmen schon über den entsprechenden Befehl Rahmen an Inhalt anpassen angepasst wurden

12.3.2 Abstände zwischen Bildern anpassen

Haben Sie ein Raster von Bildern entweder wie zuvor in der Schritt-für-Schritt-Anleitung über einen Kontaktabzug oder durch manuelles Anordnen von Bildern zueinander erstellt, so besteht im Nachhinein immer wieder der Wunsch, die Abstände zwischen den Bildern zu ändern.

InDesign bietet dazu eine Reihe von Möglichkeiten an, die wir an dieser Stelle in Erinnerung rufen wollen. Die Funktionsweisen der einzelnen Werkzeuge und Vorgehensweisen sind an anderen Stellen im Buch beschrieben.

> **HINWEIS**
>
> Welche Tastenkürzel Sie in Verbindung mit dem Lückenwerkzeug verwenden und was diese dabei bewirken, können Sie in Abschnitt 9.3.4, »Zwischenräume mit dem Lückenwerkzeug anpassen«, auf Seite 209 nachlesen.

Lückenwerkzeug | Gerade, wenn Sie einen Kontaktabzug erstellt haben, werden Sie oft den Leerraum für das Anbringen von Bildunterschriften zwischen den Bildzeilen vergessen haben. Diese Aufgabe lässt sich mit dem LÜCKENWERKZEUG ↔ bequem lösen.

Schritt für Schritt: Horizontale Abstände in einem Kontaktabzug mit dem Lückenwerkzeug ändern

1 Kontaktabzug erstellen

Führen Sie die Schritte der vorherigen Schritt-für-Schritt-Anleitung einschließlich Schritt 3 aus. Das Ergebnis ist ein Kontaktabzug mit Standardabständen zwischen den Bildern.

2 Bilder mit Rahmeneinpassungsoptionen einpassen

Nachdem hoch- und quergestellte Bilder platziert worden sind, ist nun natürlich bei manchen Bildern der Bildrahmen größer als das Bild. Damit das Lückenwerkzeug funktioniert, müssen alle Bilder dieselbe Größe besitzen, damit das Lückenwerkzeug auch gleiche Abstände finden kann. Darüber hinaus soll sich der Bildausschnitt nach dem Ändern des Abstandes entsprechend der Veränderung anpassen.

Um beides zu erreichen, müssen Sie zuerst alle Bildrahmen auswählen – drücken Sie bei ausgewähltem Auswahlwerkzeug die Tastenkombination [Strg]+[A] bzw. [⌘]+[A] – und diese mit der Rahmeneinpassungsoption AUTOMATISCH EINPASSEN belegen. Diese Option können Sie über das Menü OBJEKT • ANPASSEN • EINPASSUNGSOPTIONEN oder durch Auswahl der entsprechenden Option im Steuerung-Bedienfeld aktivieren.

Drücken Sie danach noch die Tastenkombination [Strg]+[Alt]+[⇧]+[C] bzw. [⌘]+[⌥]+[⇧]+[C] und [Strg]+[Alt]+[E] bzw. [⌘]+[⌥]+[E], womit alle Bilder proportional zentriert im Bildrahmen eingepasst werden. Das Ergebnis sieht folgendermaßen aus:

◄ **Abbildung 12.22**
Der Kontaktabzug besteht aus vier Bildzeilen und fünf Bildspalten mit den Defaultabständen zwischen den Bildern.

3   Horizontale Abstände ändern

Der Abstand kann, sobald Sie die Maustaste nach dem Aufziehen des Rasters losgelassen haben, nicht mehr nachträglich über die Pfeiltasten verändert werden. Die einzige Möglichkeit liegt nun in der Verwendung des Lückenwerkzeugs.

Wählen Sie das Lückenwerkzeug aus dem Werkzeug-Bedienfeld aus, und bewegen Sie den Cursor in den Abstand zwischen den Bildzeilen.

◄ **Abbildung 12.23**
Der Kontaktabzug mit bereits geändertem Abstand für die erste Bildzeile. Der graue Bereich (er wurde für die Abbildung etwas abgedunkelt) zeigt an, welcher Abstand beim Verschieben des Cursors verändert wird. Welcher Abstand dabei erzeugt wird, ist in den Transformationswerten abzulesen.

Eine hellgraue Fläche zeigt den Bereich des gefundenen gleichen Abstandes an. Durch Verschieben des Abstandes in Verbindung mit der gedrückten [Strg]- bzw. [⌘]-Taste verändert sich der Abstand zwischen den Bildzeilen.

Der Abstand zwischen den Bildern wird über die Anzeige der Transformationswerte ❷ beim Cursor angezeigt. Wenn Sie darüber hinaus die intelligenten Hilfslinien aktiviert haben, so zeigt Ihnen InDesign an ❶, wenn, wie in unserem Beispiel, der Abstand der zweiten Zeile gleich dem Abstand der ersten Zeile ist. ∎

HINWEIS

Nähere Information zur Arbeitsweise mit dem Ausrichten-Bedienfeld erhalten Sie in Abschnitt 9.3.2, »Objekte im Layout ausrichten oder verteilen«, auf Seite 204.

HINWEIS

Alle Befehle des Menüs Objekt • Beschriftung können für das jeweilige Bild auch über das Verknüpfungen-Bedienfeld ausgeführt werden.

Ausrichten-Bedienfeld | Eine weitere Möglichkeit, Abstände zwischen Objekten zu verändern, besteht in der Verwendung des Ausrichten-Bedienfelds. Damit können Sie fixe Abstände zwischen den Objekten einfügen bzw. die Abstände der Objekte auf eine bestimmte Breite oder Höhe hin verteilen.

12.3.3 Bildunterschriften aus Metadaten erzeugen

Ein Kontaktabzug ist erst dann perfekt, wenn sich unterhalb des Bildes der jeweilige Dateiname oder sonst irgendwelche Informationen, wie der Name des Fotografen oder eine Copyrightinformation, befinden. Anwender von früheren InDesign-Versionen haben dabei auf ein Skript mit dem Namen »LabelGraphics.jsx« zurückgegriffen, das Adobe mit InDesign CS5 aus der Standardinstallation entfernt hat. Adobe bietet seit dieser Version eine dafür geeignetere Funktion mit der Bezeichnung Beschriftungen an, die weit über den Funktionsinhalt des Skriptes hinausgeht.

Über die Funktionen im Menü Objekt • Beschriftungen können Sie das Defaultverhalten dieser Funktion definieren, zu ausgewählten Bildern eine dynamische oder statische Beschriftung erzeugen lassen und dabei für den Inhalt auf eine sehr große Vielfalt von Metadatenfeldern, Dateinamen, Pfade usw. zurückgreifen. Lassen Sie uns diese Funktion anhand einer Schritt-für-Schritt-Anleitung erkunden, in der der Dateiname mit einer vorangestellten Bezeichnung unterhalb jedes Bildes erzeugt wird.

Schritt für Schritt: Formatierte Bildunterschriften aus Metadaten automatisiert erzeugen lassen

1 Einrichten der Vorgabewerte für die Beschriftung

Um das Verhalten und die Form der Bildbeschriftung zu bestimmen, müssen Sie zuvor über den Befehl Objekt • Beschriftung • Beschriftung einrichten die Vorgabewerte festlegen. Da es sich hierbei um einen Defaultwert handelt, müssen Sie dazu lediglich die entsprechende Datei geöffnet haben. Die Auswahl eines bestimmten Werkzeugs ist nicht nötig.

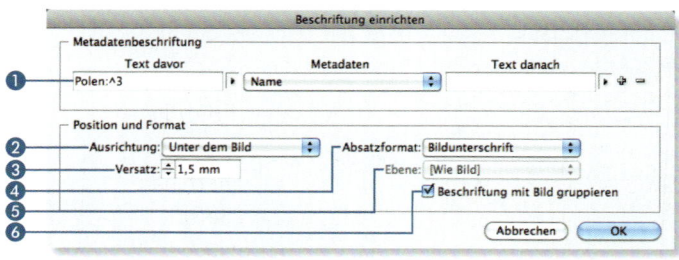

Abbildung 12.24 ▶
Die Parameter, die Sie beim Ausführen des Skripts einstellen können

Legen Sie im Bereich METADATENBESCHRIFTUNG fest, ob vor oder nach der Metadateninformation eine Bezeichnung eingefügt werden soll. In unserem Beispiel haben wir im Feld TEXT DAVOR ❶ das Wort POLEN:, gefolgt von einem Drittelgeviert-Leerraum, eingefügt. Das Leerzeichen wurde durch Anklicken des Symbols und Auswahl des Eintrags DRITTELGEVIERT eingefügt.

Im Bereich POSITION UND FORMAT bestimmen Sie, wo das Textfeld mit der Bildunterschrift in Bezug auf das Bild positioniert wird und wie weit der Text zum Bild versetzt werden soll. Wählen Sie dazu in AUSRICHTUNG ❷ in unserem Fall UNTER DEM BILD aus, und bestimmen Sie den VERSATZ ❸ des Textes mit 1,5 mm.

In welcher Schrift, Schriftgröße, Farbe usw. die Bildunterschrift gesetzt werden soll, bestimmen Sie am einfachsten durch Auswahl eines Absatzformates in ABSATZFORMAT ❹.

Wenn der Textrahmen auf einer anderen Ebene positioniert werden soll – Sie wollen die Möglichkeit haben, Bildunterschriften schnell auszublenden, wählen Sie in der Option EBENE ❺ eine dafür geeignete Ebene aus.

Wenn Sie das Bild mit der Beschriftung gruppieren wollen, so aktivieren Sie die Option BESCHRIFTUNG MIT BILD GRUPPIEREN ❻. Durch die Wahl dieser Option können Sie natürlich keine abweichende Ebene mehr auswählen, da InDesign Objekte nur dann gruppieren kann, wenn diese sich auf derselben Ebene befinden.

HINWEIS
Nähere Informationen zum Anlegen von Absatzformaten erhalten Sie in Abschnitt 19.4, »Absatzformate«, auf Seite 471.

2 Eine Beschriftung hinzufügen

Was nun fehlt, ist die Bildbeschriftung. Um diese zu erstellen, wählen Sie die zu kennzeichnenden oder alle Bilder mit ausgewähltem Auswahlwerkzeug aus. Danach rufen Sie den Befehl OBJEKT • BESCHRIFTUNG • DYNAMISCHE BESCHRIFTUNG ERSTELLEN bzw. OBJEKT • BESCHRIFTUNG • STATISCHE BESCHRIFTUNG ERSTELLEN auf. Das Ergebnis sieht dann so aus:

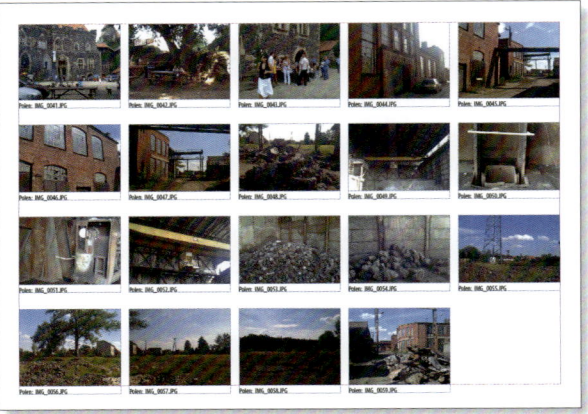

◀ **Abbildung 12.25**
Der fertige Kontaktabzug mit eingefügten Bilduntertiteln, die über die Funktion DYNAMISCHE BESCHRIFTUNG EINFÜGEN erstellt worden sind

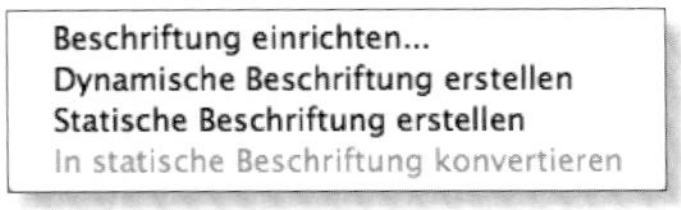

```
Beschriftung einrichten...
Dynamische Beschriftung erstellen
Statische Beschriftung erstellen
In statische Beschriftung konvertieren
```

▲ **Abbildung 12.26**
Die Befehle des Menüeintrags
OBJEKT • BESCHRIFTUNGEN

```
✓ Name
  Status
  Seite
  Größe
  Farbraum
  ICC-Profil
  Abweich. Eheneneinstell.
  Original PPI
  PPI effektiv
  Transparenz
  Abmessungen
  Skalieren
  Neigen
  Drehung
  Ebene
  Pfad
  Blende
  Verschlusszeit
  ISO-Empfindlichkeit
  Kamera
  Objektiv
  Brennweite
  Stichwörter
  Aufnahmedatum
  Bewertung
  Verwendete Farbfelder
  Urheber
  Beschreibung
  Überschrift
  Ort
  Stadt
  Bundesland/Kanton
  Land
  Format
  Verknüpfungstyp
  Autor
  Titel
  Ersteller
  Platzierungsdatum
  Copyright
  Geändert
  Anzahl Unterverknüpfungen
  Erstellungsdatum
  Ordner 0
  Ordner 1
  Ordner 2
  Ordner 3
  Ordner 4
  Ordner 5
  Ordner 6
  Ordner 7
  Ordner 8
  Laufwerk
  Textabschnittstatus
  Anzahl Notizen
  Änderungen verfolgen
  Textabschnittsetikett
  Aufgabe
  Zugewiesen
  Verwalteter Status
  Bearbeitet von
```

▲ **Abbildung 12.27**
Aus dieser Vielfalt können Informationen aus den Metadatenfeldern ausgelesen werden

Dynamische Beschriftung erstellen | Wird eine dynamische Beschriftung erzeugt, so besteht eine Verbindung zur platzierten Datei. Werden beispielsweise Metadaten für dieses Bild ergänzt, wird der Anwender über das Verknüpfungen-Bedienfeld darauf aufmerksam gemacht, dass die Datei sich seit dem Platzieren geändert hat. Wird eine Aktualisierung durchgeführt, so wird auch die dynamische Beschriftung aktualisiert. Eine Änderung im Text der Bildunterschrift kann dadurch erfolgen.

Statische Beschriftung erstellen | Wird eine STATISCHE BESCHRIFTUNG erzeugt, werden die Informationen einmalig ausgelesen und platziert. Ändern sich Metadaten und wird das Bild über das Verknüpfungen-Bedienfeld aktualisiert, so erfolgt kein erneuter Austausch der Metadaten.

In statische Beschriftung konvertieren | Durch die Auswahl des Textrahmens, der über die Funktion DYNAMISCHE BESCHRIFTUNG ERSTELLEN erzeugt worden ist, kann dieser Befehl ausgeführt werden. InDesign entkoppelt damit den Textrahmen von den hinterlegten Metadaten im Bild.

Einschränkungen | Die Funktion der dynamischen Beschriftung ist sicherlich in vielen Fällen einsetzbar. Wir möchten es aber nicht versäumen, Sie an dieser Stelle auf die eine oder andere Einschränkung hinzuweisen, sodass Sie bereits bei der Planung des Einsatzes der Funktion darauf Rücksicht nehmen können. Welche Einschränkungen gibt es?

▶ **Anzahl der Metadatenfelder:** Auch wenn es den Anschein hat, dass beim Einrichten der Beschriftung auf eine sehr große Anzahl von Metadatenfeldern zurückgegriffen werden kann, stehen dabei leider sehr viele Eintragungen zur Verfügung, die normalerweise niemand benutzt. Beachten Sie also, ob das Metadatenfeld, das Sie für diesen Automatismus verwenden wollen, auch wirklich zur Verfügung steht.

▶ **Beschriftungen sind Textvariablen:** Eine dynamische Beschriftung wird in InDesign als eingefügte Textvariable abgebildet. Bei Textvariablen haben Sie mit gewissen Einschränkungen zu rechnen. Diese sind:
  ▶ Umbrüche können nicht von Hand kann eingefügt werden.
  ▶ Verschachtelte Absatzformate können nicht darauf angewandt werden.

Für weitere Informationen zu Textvariablen lesen Sie bitte in Abschnitt 26.2, »Textvariablen«, auf Seite 646 nach.

▸ **Der Rahmen der Beschriftung muss an das Bild andocken:** Damit der Inhalt eines Metadatenfeldes wirklich ausgelesen und aktualisiert werden kann, muss einerseits eine dynamische Beschriftung erzeugt werden und der dabei entstehende Textrahmen muss den Bildrahmen berühren oder überragen. Sobald Sie den Textrahmen vom Bild entfernen, fehlt der dynamischen Beschriftung der Bezug zum Bild (siehe Abbildung 12.28). Beachten Sie also in der Planung dieses Verhalten. Damit sind automatisierte Fotocredits, die im Bund eines Magazins stehen, nicht zu erzeugen und zu aktualisieren.

▲ **Abbildung 12.28**
Solch eine Textzeile weist darauf hin, dass der Inhalt der dynamischen Beschriftung nicht aus den Metadaten ausgelesen werden kann.

12.3.4 Bilder auf eine bestimmte Breite bringen

Wie Sie Bilder vergrößern bzw. verkleinern, haben Sie ja schon gelernt. Doch wie Sie einzelne oder mehrere Bilder auf ein und dieselbe Breite oder Höhe bringen, bedarf kleiner Hinweise bzw. einiger Tricks.

Einzelnes Bild auf eine bestimmte Breite bringen | Sie haben ein 66 mm breites Bild im richtigen Ausschnitt im Layout platziert. Aufgrund einer kleinen Formatänderung möchten Sie nun das Bild jedoch auf eine Breite von 70 mm bringen.

Nichts einfacher als das, denken Sie. Man muss doch nur das Bild markieren und im Steuerung-Bedienfeld die neue Breite des Rahmens eingeben. Wenn Sie das tun, ändert sich ja dieser Rahmen auch tatsächlich auf die neue Breite, das Bild jedoch wird nicht mitskaliert. Folgende Lösungen stehen zur Verfügung:

▸ **Lösung 1:** Markieren Sie das Bild, und aktivieren Sie die Option Automatisch einpassen ❺ aus dem Steuerung-Bedienfeld. Danach aktivieren Sie dort auch die Option Proportionen für Breite und Höhe beibehalten ❷ und geben die neue Breite im Feld für die Breite ❶ ein.
▸ **Lösung 2:** Markieren Sie das Bild mit dem Auswahlwerkzeug, und geben Sie im Eingabefeld der x-Skalierung ❸ einfach »30 mm« ein. Achten Sie jedoch darauf, dass die Option Proportionen beim Skalieren beibehalten ❹ aktiviert ist.
Auch wenn Sie nun denken, das hätten Sie ja auch durch die Änderung der Breite des Rahmens und dann mit erneutem Aufruf des Befehls Rahmen proportional füllen erledigen können, so stimmt das. Wurde jedoch ein Bildausschnitt gewählt, so funktionieren Ihre Überlegungen nicht mehr.

▼ **Abbildung 12.29**
Oben: Bild mit gewähltem Ausschnitt mit einer Breite von 20 mm; Unten: das Bild in der Breite von 34 mm

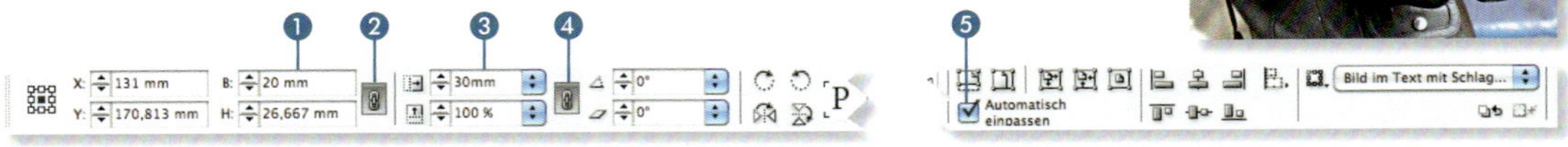

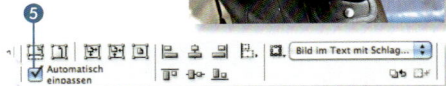

Mehrere Bilder auf dieselbe Höhe bringen | Sie können die zuvor beschriebenen Verfahren auf mehrere Bilder einzeln anwenden, das verschlingt aber eine Menge Zeit. Unter bestimmten Gegebenheiten kann man sich diese Zeit sparen und eine Transformation über die Befehle in Erneut transformieren aus dem Menü Objekt erneut ausführen.

Schritt für Schritt: Mehrere Bilder auf dieselbe Höhe bringen

1 Das Problem und das Ziel

Sie haben eine Reihe von Bildern waagrecht in beliebiger Größe und unregelmäßig verteilt platziert. Die Bilder werden vollflächig angezeigt, ohne dass Sie einen Ausschnitt gewählt haben.

Abbildung 12.30 ▶
Ungleich große und unregelmäßig platzierte Bilder, waagrecht angeordnet

Ziel: Alle Bilder auf die gleiche Höhe (27 mm) bringen und in der Satzspiegelbreite gleichmäßig verteilen.

2 Ein Bild auf die korrekte Höhe bringen

Wählen Sie mit dem Auswahlwerkzeug ein Bild aus, und bringen Sie die Höhe des Rahmens auf 27 mm.

Abbildung 12.31 ▶
Ein Bild wird mit aktivierter Option Proportionen für Breite und Höhe beibehalten auf die richtige Höhe gebracht.

Aktivieren Sie dazu im Steuerung-Bedienfeld die Option Proportionen für Breite und Höhe beibehalten , und geben Sie im Eingabefeld der Höhe den Wert »27 mm« ein.

3 Rahmen proportional füllen

Führen Sie dann den Befehl Objekt • Anpassen • Rahmen proportional füllen aus. Dadurch wird das Bild wiederum vollflächig in den Rahmen eingepasst.

4 Alle Bilder auf dieselbe Höhe bringen und ausrichten

Wählen Sie nun alle Bilder aus, und führen Sie den Befehl OBJEKT • ERNEUT TRANSFORMIEREN • ERNEUT TRANSFORMIEREN – ABFOLGE, EINZELN aus.

◄ **Abbildung 12.32**
Die Transformationsfolge (Rahmengröße ändern und RAHMEN PROPORTIONAL FÜLLEN) wird über den Befehl ERNEUT TRANSFORMIEREN – ABFOLGE, EINZELN auf jedes einzelne Bild in der Auswahl übertragen.

Zum Schluss müssen Sie nun nur noch die Objekte über das Ausrichten-Bedienfeld innerhalb des Satzspiegels gleichmäßig ausrichten. Fertig ist der Spaß. ■

▲ **Abbildung 12.33**
Durch Auswahl der Option AN STEGEN AUSRICHTEN und Klick auf den Button ZWISCHENRAUM HORIZONTAL VERTEILEN erhalten Sie das Ergebnis der Schritt-für-Schritt-Anleitung.

12.3.5 Auslesen und Anwenden von Pfaden und Alpha-Kanälen

Haben Sie Bilder, die in Photoshop mit Pfaden oder einem Alpha-Kanal (einem unsichtbaren Kanal, der transparente Bereiche eines Bildes definiert) erstellt worden sind, in InDesign platziert, so können Sie, wie bereits beschrieben, schon in den Importoptionen zumindest auf die Alpha-Kanäle bzw. den definierten Beschneidungspfad eingehen. Wenn Sie jedoch beim Importieren vergessen haben, dies zu aktivieren, so können Sie in InDesign jederzeit auch nachträglich auf diese Informationen zurückgreifen.

Um auf Pfade und Alpha-Kanäle in Bildern zurückzugreifen, markieren Sie das Bild und führen den Befehl OBJEKT • BESCHNEIDUNGSPFAD • OPTIONEN aus, oder betätigen Sie das Tastaturkürzel Strg+Alt+⇧+K bzw. ⌘+⌥+⇧+K. Aus unerklärlichen Gründen finden Sie diesen Menübefehl nicht im Kontextmenü.

- Im Dialog BESCHNEIDUNGSPFAD (Abbildung 12.35) wählen Sie in der Option ART eine der Möglichkeiten aus (Abbildung 12.34):
  - KANTEN SUCHEN: Diese Option erstellt einen Pfad, der Pixelpunkte innerhalb des gewählten Schwellenwerts umschließt. Dies führt jedoch nur bei Bildern mit einem sehr hellen bis weißen Hintergrund zum gewünschten Ergebnis.
  - ALPHA-KANAL: Damit greifen Sie auf vorhandene Alpha-Kanäle bzw. Transparenzen in der platzierten Bilddatei zu.
  - PHOTOSHOP-PFAD: Über diese Option können Sie auf alle abgespeicherten Pfade (auch auf den Beschneidungspfad) in der importierten Datei zugreifen.

▲ **Abbildung 12.34**
Die Beschneidungspfad-Arten KANTEN SUCHEN, ALPHA-KANAL und PHOTOSHOP-PFAD. Wurde der Freistellpfad in InDesign vom Layouter verändert, so wird der Eintrag VOM BENUTZER GEÄNDERTER PFAD aktiv.

Alpha-Kanäle: Dateiformate

Alpha-Kanäle können durch Adobe Photoshop für die Druckvorstufe nur in den Dateiformaten *PSD* und *TIFF* abgespeichert werden. Für Online-Dokumente wäre auch PNG geeignet.

Abbildung 12.35 ▶
Der Dialog BESCHNEIDUNGSPFAD, in dem Sie nachträglich Beschneidungspfade auswählen können

> **Dateiformate, die mehrere Pfade abspeichern können**
>
> Beschneidungspfade können durch Adobe Photoshop nur in den Dateiformaten *PSD*, *TIFF*, *EPS*, *DCS 1.0*, *DCS 2.0* und *JPEG* abgespeichert werden.

> **Beschneidungspfad in Rahmen konvertieren**
>
> Wenn Sie einen Beschneidungspfad eines Bildes als Bildrahmen für ein anderes Bild benötigen, so können Sie den Beschneidungspfad über den Befehl OBJEKT • BESCHNEIDUNGSPFAD • BESCHNEIDUNGSPFAD IN RAHMEN UMWANDELN konvertieren. Weitere Informationen dazu erhalten Sie in Abschnitt 21.1.4, »Beschneidungspfad in Rahmen umwandeln«, auf Seite 553.

> **Hochauflösungsbild verwenden**
>
> Durch die Wahl der Option HOCHAUFLÖSUNGSBILD VERWENDEN werden die Bildbereiche auf der Grundlage der tatsächlichen Datei berechnet, um die größtmögliche Präzision zu erzielen. Diese Option steht in Verbindung mit der Option ALPHA-KANAL NICHT VERFÜGBAR, da in InDesign ein Alpha-Kanal immer mit der tatsächlichen Auflösung verwendet wird.

▶ **Pfad:** Sollten Sie mehrere Pfade in der Bilddatei abgespeichert haben, so können Sie hier den Pfad auswählen, der als Freisteller verwendet werden soll. Wurde ein Pfad in Photoshop als Freistellpfad gespeichert, so wird dieser standardmäßig beim Platzieren des Bildes verwendet. Wollen Sie diesen Pfad jedoch nicht verwenden, so können Sie diesen bereits in den Importoptionen durch Deaktivieren der Option PHOTOSHOP-BESCHNEIDUNGSPFAD VERWENDEN aufheben.

▶ **Schwellenwert und Toleranz:** Da es sich bei einem Pfad um eine klare Kontur handelt, können Sie hier keine Schwellenwertverschiebungen durchführen. Wären dagegen Alpha-Kanäle, Transparenzen oder die Option KANTEN SUCHEN im Spiel, so könnten Anpassungen des Freistellers mit den Optionen SCHWELLENWERT und TOLERANZ vorgenommen werden. Die Ergebnisse sind dabei meist nicht zufriedenstellend.

▶ **Innerer Rahmenversatz:** Sie können damit den Beschneidungspfad erweitern oder verkleinern. So können Fehler bei Streupixeln behoben werden.

▶ **Umkehren:** Die Aktivierung dieser Option veranlasst, dass Bildbereiche innerhalb des Beschneidungspfades ausgeblendet und dafür Bildbereiche außerhalb des Beschneidungspfades eingeblendet werden. Eine hilfreiche Funktion, wenn der Beschneidungspfad bereits in der Photoshop-, TIFF-, EPS- oder JPEG-Datei den falschen Bereich maskiert.

▶ **Innenkanten einschließen:** In Verbindung mit KANTEN SUCHEN, wo über den SCHWELLENWERT die Transparenz je nach Helligkeit bestimmt wird, können Sie damit den Pfad für helle Bereiche, die den Grenzwert erreichen, im Bild erweitern.

▶ **Auf Rahmen begrenzen:** Der Standardwert sorgt dafür, dass Bilder, die größer als der Bildrahmen sind, auch durch den Bildrahmen beschnitten werden. Wird die Option deaktiviert, ragt der Pfad über die Rahmenkanten hinaus.

Nachdem Sie den gewünschten Pfad ausgewählt und den BESCHNEIDUNGSPFAD-Dialog mit OK bestätigt haben, bemerken

Sie, dass der Inhaltsrahmen (brauner Rahmen) nun den Beschneidungspfad darstellt. Dieser Rahmen könnte nachträglich durch den Layouter verändert werden, um noch kleine Fehler zu beheben, die im Beschneidungspfad vorliegen. Wir weisen Sie jedoch hier ausdrücklich darauf hin, dass Änderungen im Beschneidungspfad im Originaldokument – also in der Photoshop-Datei – vorzunehmen sind, da eine Änderung des Beschneidungspfades in Photoshop bei einer Aktualisierung des Bildes nicht den benutzerdefinierten Beschneidungspfad in InDesign überschreiben würde. Damit würde die gewünschte Änderung des Beschneidungspfades durch InDesign ignoriert.

Zurücksetzen geänderter Beschneidungspfade
Wurde ein Beschneidungspfad durch den Anwender geändert, so sollte dies durch erneute Auswahl des Photoshop-Beschneidungspfades im BESCHNEIDUNGSPFAD-Dialog zurückgesetzt werden.

12.3.6 Nachträgliches Aktivieren von Objektebenen
Wie beim Platzieren von Bildern bereits beschrieben, können Sie schon beim Import von PSD-, PDF- und AI-Dateien entscheiden, welche Ebenen zur Ansicht und somit zur Ausgabe in InDesign aktiviert werden sollen. Wurde eine benutzerdefinierte Ebenenansicht verwendet, so können Sie diese Ansicht durch Ausführen des Befehls OBJEKT • OBJEKTEBENENOPTIONEN oder durch den gleichnamigen Befehl im Kontextmenü nachträglich verändern.

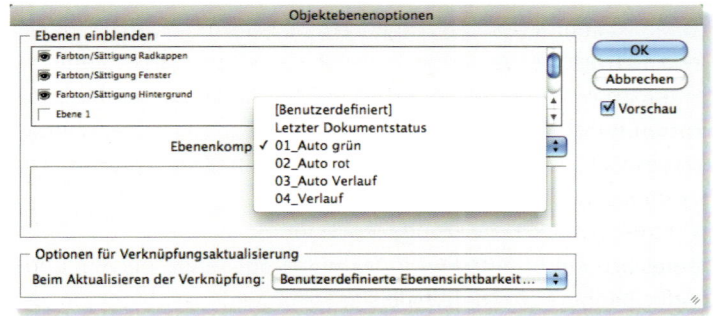

◄ Abbildung 12.36
Das Ändern einer benutzerdefinierten Ansicht ist nachträglich noch über den Befehl OBJEKT • OBJEKTEBENENOPTIONEN möglich.

Vor allem dann, wenn Sie in Photoshop mit Ebenenkompositionen oder in PDF-Dateien mit Sprachmutationen gearbeitet haben, steht Ihnen ein schnelles Umschalten zwischen den einzelnen »Views« bzw. »Sprachvarianten« bequem zur Verfügung.

Bilder und PDF-Dateien, die mit einer benutzerdefinierten Ansicht bzw. Ebene platziert worden sind, werden im Verknüpfungen-Bedienfeld speziell gekennzeichnet. Damit kann der Druckdienstleister sehr schnell erkennen, welche Bilder er besonders genau kontrollieren muss.

HINWEIS
Abweichende Objektebenenoptionen werden in InDesign nicht standardmäßig im Verknüpfungen-Bedienfeld gekennzeichnet. Um sie anzuzeigen, müssen Sie eine spezielle Option aktivieren. Dazu aber später.

12.3.7 Ein Bild in einen leeren Bildrahmen kopieren
Ein in der Praxis sehr oft falsch durchgeführter Arbeitsschritt ist das Kopieren eines platzierten Bildes in einen leeren Bildrahmen.

12.3 Spezialitäten mit Bildern | **285**

Der falsche Weg | Umsteiger von QuarkXPress markieren zu diesem Zweck das Bild mit dem Auswahlwerkzeug und kopieren es über die Tastenkombination Strg+C bzw. ⌘+C in die Zwischenablage. Dann markieren sie den leeren Bildrahmen und fügen den Inhalt der Zwischenablage über den Befehl Bearbeiten • In die Auswahl einfügen bzw. über die Tastenkombination Strg+Alt+V bzw. ⌘+⌥+V in den Bildrahmen ein.

Damit haben sie eine Verschachtelung von Bildrahmen erzeugt, da sie ja einen Bildrahmen mit dem Bildinhalt in einen weiteren Bildrahmen eingefügt haben. Die korrekte Arbeit mit dieser Verschachtelung bedarf einiger Übung. Wie Sie damit umgehen sollten, können Sie in Abschnitt 9.5.2, »Objekte in Gruppen auswählen«, auf Seite 212 nachlesen.

Der richtige Weg | Wählen Sie, bevor Sie den Kopieren- Befehl ausführen, das Bild mit dem Direktauswahl-Werkzeug bzw. mit dem Inhaltsauswahlwerkzeug aus. Damit wird nur das Bild kopiert und somit nur das Bild in den neuen Bildrahmen eingefügt.

12.4 Arbeiten mit Verknüpfungen

Beim Platzieren von Dateien in InDesign werden, damit eine korrekte Positionierung durchgeführt werden kann, Voransichten zur Verfügung gestellt. Platzierte Daten können dabei entweder lediglich verknüpft oder in das InDesign-Dokument eingebettet werden.

Verknüpftes Bildmaterial | Das platzierte Bildmaterial ist mit dem InDesign-Dokument lediglich verknüpft. Dadurch bleibt das Material vom Dokument unabhängig, womit auch die Dateigröße des InDesign-Dokuments möglichst klein gehalten werden kann. Selbstverständlich können Sie alle Transformationen in InDesign auch auf dieses Material anwenden, der Zugriff auf einzelne Bildkomponenten (Pixel) bleibt jedoch den dafür vorgesehenen Programmen wie Photoshop vorbehalten.

Werden verknüpfte Bilder mehrfach verwendet, so kann dies ohne Einschränkung erfolgen. Die Dokumentengröße nimmt dabei zwar ein wenig zu, aber nicht in dem gleichen Ausmaß, als wenn Sie neue Bilder platzieren würden. Darüber hinaus können Sie alle Verknüpfungen desselben Bildes in einem Aufwasch aktualisieren.

Beim Exportieren oder Drucken werden die Vorschauansichten durch die Originaldaten ausgetauscht, womit einer hochauflösen-

---

QuarkXPress und Links

QuarkXPress-Anwender mussten immer über den Befehl Verwendung die Liste der Bilder einsehen. Bei sehr umfangreichen Dokumenten war die Generierung der Liste sehr oft eine Geduldsprobe. Das Pendant in InDesign ist das Verknüpfungen-Bedienfeld, das als eigenständiges Bedienfeld immer zur Verfügung steht – sofern es eingeblendet ist. Sie haben in InDesign damit eine hervorragende Kontrolle über alle verknüpften und eingebetteten Dateien.

den Ausgabe nichts mehr im Wege steht. Ist jedoch die Verknüpfung nicht aktuell, so kann nur die Voransicht – also ein niedrigauflösendes Bild – in der Ausgabe verwendet werden.

Eingebettetes Bildmaterial | Werden importierte Grafiken/Bilder eingebettet, so werden diese in der vollen Auflösung in das Dokument aufgenommen. Damit ist klar, dass die Dateigröße des InDesign-Dokuments um die Dateigröße (in kB) der eingebetteten Objekte zunimmt.

Durch das Einbetten wird das InDesign-Dokument von externen Verweisen entkoppelt und somit unabhängig. Es ist dann aber nicht mehr möglich, ein Bild aus InDesign heraus in Photoshop zu bearbeiten. Der Status eines eingebetteten Bildes kann über das Verknüpfungen-Bedienfeld geändert werden.

Standardmäßig werden Grafikdateien, die kleiner als 48 kB sind, automatisch in das InDesign-Dokument aufgenommen. Es bleibt jedoch für diese Daten eine Verknüpfung zur Originaldatei erhalten, womit ein Aktualisieren auch weiterhin möglich ist.

Alle Bilder im Blick | Die Übersicht über alle verknüpften Dateien wird in InDesign über das Verknüpfungen-Bedienfeld abgebildet. Während alle Grafik- und Layoutprogramme nur Verknüpfungen zu Grafikdateien halten können, können mit InDesign darüber hinaus Verknüpfungen zu Text- und Excel-Dateien bestehen bleiben. Letztere sind dabei von den in InDesign getroffenen Voreinstellungen abhängig.

Wenn Sie ein Dokument öffnen, in dem Verknüpfungen bestehen, die entweder als nicht aktuell (modifiziert) oder als fehlend erkannt werden, öffnet InDesign automatisch das Verknüpfungen-Bedienfeld, mit dem es sehr einfach ist, Verknüpfungsprobleme zu lösen. Dabei erlaubt InDesign das erneute Verknüpfen von Grafiken mit unterschiedlichen Namen und unterschiedlichen Dateiformaten. Alle Transformations-, Positionierungs- und Beschneidungsparameter bleiben beim erneuten Verknüpfen natürlich erhalten.

12.4.1 Das Verknüpfungen-Bedienfeld im Überblick

Das Bedienfeld VERKNÜPFUNGEN können Sie über den Befehl FENSTER • VERKNÜPFUNGEN, die Tastenkombination [Strg]+[⇧]+[D] bzw. [⌘]+[⇧]+[D] oder über einen Klick auf das Symbol in der Symbolleiste öffnen.

Das Bedienfeld hat zwei Bereiche: das Listenfeld für die Verknüpfungen und die VERKNÜPFUNGSINFORMATIONEN, womit das Informationen-Bedienfeld für die Anwender überflüssig wird.

> **HINWEIS**
>
> In InDesign CS5 werden alle Pfade auf platzierte Dateien in die Metadaten des InDesign-Dokuments aufgenommen. Damit haben Sie die Möglichkeit, in der Adobe Bridge bzw. der Mini Bridge schnell auf alle platzierten Dateien zuzugreifen.

> **HINWEIS**
>
> Wenn Sie ein Dokument in einen anderen Ordner oder auf einen anderen Datenträger verschieben, so müssen Sie auch die verknüpften Grafikdateien verschieben bzw. neu verknüpfen, da diese nicht innerhalb des Dokuments gespeichert werden.

Listenfeld der Verknüpfungen | Im oberen Teil des Bedienfelds werden alle platzierten Objekte in Listenform angezeigt. Das Bedienfeld erscheint standardmäßig in einer gewissen Form:

- **Kategoriespalten:** Es stehen die Spalten für den NAMEN ❸ der Datei, die Kennzeichnung des STATUS ❶ und die Angabe der SEITE ❷ zur Verfügung. Weitere Kategoriespalten können über die Bedienfeldoptionen eingeblendet werden. Lesen Sie dazu mehr auf der nächsten Seite.
- **Sortierung:** Die Reihenfolge der Eintragungen wird dadurch bestimmt, in welcher Kategoriespalte welche Reihenfolge über das jeweilige Symbol gewählt wurde, z. B. ▯▴ oder ▯▾.
- **Miniatur:** Eine Miniatur ❺ zeigt Ihnen sofort, um welches Bild es sich handelt. Ob eine Miniatur angezeigt wird oder nicht, wählen Sie in den Bedienfeldoptionen des Verknüpfungen-Bedienfelds über die Option MINIATUREN: IN NAMENSSPALTE ANZEIGEN.
- **Mehrfachverwendung:** Wurden Bilder mehrfach in der Datei platziert, so werden sie in einer Gruppe zusammengefasst. Dabei wird am Ende des Namens ▶ Bild_mitProfil.jpg in runden Klammern angegeben, wie viele Vorkommen in der Datei angetroffen wurden. Durch Klick auf das Symbol ⊺ ❹ wird die Liste aller Einträge sichtbar. Erst darin können Sie erkennen, auf welcher Seite sich die jeweilige Instanz des Bildes befindet. Wenn diese Darstellungsform Ihrer Arbeitsweise nicht entgegenkommt, so können Sie dieses Verhalten in den Bedienfeldoptionen des Verknüpfungen-Bedienfelds über die Option MEHRERE VERKNÜPFUNGEN MIT GLEICHER QUELLE MINIMIEREN abwählen.

▲ **Abbildung 12.37**
Das Verknüpfungen-Bedienfeld. Es ist in zwei Bereiche eingeteilt. Beide Bereiche können je nach Konfiguration in den Bedienfeldoptionen stark von der hier gezeigten Abbildung abweichen.

▲ **Abbildung 12.38**
Wenn Sie den Cursor auf die Aktionsleiste ⓫ des Verknüpfungen-Bedienfelds bewegen, erhalten Sie in Form einer QuickInfo den Überblick über den Status aller im Dokument platzierten Dateien.

Verknüpfungsinformationen | In diesem Bereich können Sie alle Informationen zum ausgewählten Bild ablesen. Welche Informationen dabei angezeigt werden und ob überhaupt dieser Bereich zum Aufklappen ❻ zur Verfügung steht, kann individuell in den Bedienfeldoptionen über die Option VERKNÜPFUNGSINFORMATIONEN ANZEIGEN bestimmt werden.

Status der Einträge erkennen | In der Kategoriespalte STATUS sind manche Einträge mit einem Symbol versehen. Am Symbol können Sie ersehen, was es mit diesem Eintrag auf sich hat; befindet sich kein Symbol in dieser Spalte, so handelt es sich um eine aktualisierte Verknüpfung.

- **Fehlende Verknüpfungen ❼:** Sie werden durch das Symbol ❓ dargestellt. Ein Grund dafür kann sein, dass Bilder in einen anderen Ordner verschoben worden sind. Das Verschieben oder Umbenennen einer Datei oder eines Ordners, während das dazugehörige Dokument geöffnet ist, veranlasst InDesign leider nicht dazu, alle Pfade zu aktualisieren. Ein weiterer Grund für die fehlende Verknüpfung könnte sein, dass Bilder, die zuerst im EPS-Format vorlagen, nun über Photoshop in ein TIFF-Format gespeichert wurden. Eine automatische Zuweisung ist in InDesign nicht vorgesehen. Fehlende Verknüpfungen müssen mit den Originaldateien über ERNEUT VERKNÜPFEN , in der Aktionsleiste ⓫ neu verbunden werden.

- **Geänderte Verknüpfung ❽:** Geänderte Verknüpfungen werden durch das Symbol ⚠ dargestellt. Das Aktualisieren des Bildes erfolgt über den Button VERKNÜPFUNGEN AKTUALISIEREN ⟲ in der Aktionsleiste ⓫, durch den gleichnamigen Befehl des Bedienfeldmenüs oder durch Doppelklick auf das Warndreieck.
  Eine etwas andere Version des Symbols ⚠ ❾ wird angezeigt, wenn eine Grafik geändert und eine oder mehrere Instanzen entsprechend aktualisiert werden, andere jedoch nicht.
- **Eingebettete Datei ❿:** Das Symbol 🖼 weist Sie darauf hin, dass dieses Bild platziert worden ist, jedoch die Grafik vom Anwender über den Menüpunkt VERKNÜPFUNG EINBETTEN aus dem Bedienfeldmenü komplett in die InDesign-Datei übernommen wurde.

▲ **Abbildung 12.39**
Das Verknüpfungen-Bedienfeld mit ausgeblendeten Verknüpfungsinformationen. Die Einträge wurden hier in der Kategoriespalte STATUS nach dem Zustand aufsteigend sortiert.

Seitenbezug erkennen | In der Kategoriespalte SEITE ❷ wird die Seitenzahl angegeben, auf der sich diese Verknüpfung befindet. Anstelle der Seitenzahlen können Abkürzungen wie *MF* (Bilder auf der Montagefläche), *UE* (verankerte Bilder im Übersatz), *A* für das Präfix einer Mustervorlage (für Bilder auf der Mustervorlage A) vorkommen bzw. *VT* für Bilder in verborgenen Texten.
Springen Sie zu einem Bild, indem Sie auf die Seitenzahl in der Spalte oder auf das Symbol GEHE ZU VERKNÜPFUNG in der Aktionsleiste ⓫ klicken, oder führen Sie den gleichnamigen Befehl des Bedienfeldmenüs aus.

12.4.2 Das Verknüpfungen-Bedienfeld konfigurieren

Das Verknüpfungen-Bedienfeld kann abweichend von der Grundeinstellung mit weiteren Spaltenkategorien versehen werden, die zusätzliche Informationen zu den Grafiken bieten. Für jede Kategorie kann dabei angegeben werden, ob diese als Spalte im Verknüpfungen-Bedienfeld wie auch im Bereich VERKNÜPFUNGSINFORMATIONEN erscheinen soll.

Einstellungen ändern | Um eine Änderung im Verknüpfungen-Bedienfeld vorzunehmen, wählen Sie aus dem Bedienfeldmenü den Eintrag BEDIENFELDOPTIONEN aus. Im erscheinenden Dialog aktivieren Sie die entsprechenden Kontrollkästchen.

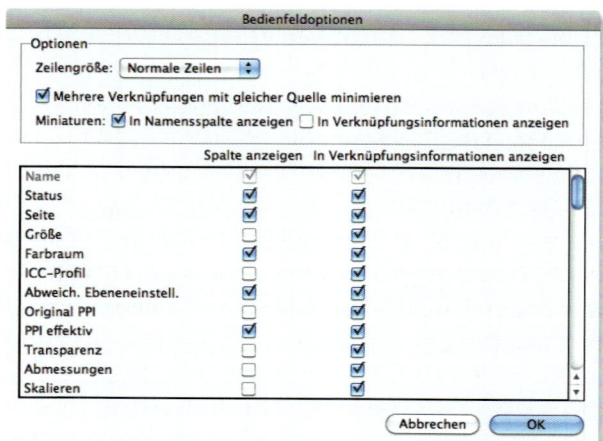

Abbildung 12.40 ▶
Die BEDIENFELDOPTIONEN des Verknüpfungen-Bedienfelds in einer von uns vorgeschlagenen Grundkonfiguration

> **HINWEIS**
>
> Jegliches Anzeigen von Miniaturen bedeutet einen zusätzlichen Performance-Verlust, da InDesign einen permanenten Redraw dieser Voransichten durchführt, wenn sie gerade angezeigt werden.

- **Zeilengröße:** Wählen Sie KLEINE ZEILEN, NORMALE ZEILEN und GROSSE ZEILEN aus, um die Größe des Eintrags zu bestimmen.
- **Mehrere Verknüpfungen mit gleicher Quelle minimieren:** Deaktivieren Sie diese Option, wenn Mehrfachvorkommen von Bildern nicht in Gruppen zusammengefasst werden sollen.
- **Miniaturen / In Verknüpfungsinformationen anzeigen:** Ob Sie eine Miniaturvorschau in der Namensspalte und/oder in den VERKNÜPFUNGSINFORMATIONEN anzeigen lassen wollen, bestimmen Sie durch die Wahl der jeweiligen Checkbox.

Zur Verfügung stehende Kategorien | Viele Kategorien stehen zum Einblenden zur Verfügung. Wir wollen in der nachfolgenden Liste die Bedeutung und die Idee, die hinter der Auswahl der Option steht, bewerten.

- **Status:** Beschreibt den Zustand der jeweiligen Verknüpfung. Sie muss für jegliche Konfiguration angezeigt werden.
- **Seite:** Auf welcher Seite sich das Bild befindet, ist sicherlich eine wichtige Information, besonders wenn Verknüpfungen im Übersatz, auf den Musterseiten, in verborgenen Textstellen oder auf der Montagefläche stehen. Also ein Muss!
  Steht keine Seitenzahl in dieser Spalte, so handelt es sich um eine Gruppe von mehrfach platzierten Dateien. Auf welcher Seite sich das jeweilige Vorkommen der Datei befindet, können Sie nur erkennen, wenn Sie die Gruppe öffnen, indem Sie auf das Symbol ⊡ klicken.
- **Größe:** Darunter wird die Dateigröße der verknüpften Datei verstanden. Diese Kategorie ist also nicht wirklich sinnvoll.

- **Farbraum:** Kann der Verknüpfung ein eindeutiger Farbraum entnommen werden, so ist diese Kategorie sehr hilfreich, wenn Sie schnell alle RGB-Bilder im Überblick aufgelistet bekommen wollen. Unsere Empfehlung: Aktivieren!
- **ICC-Profil:** Speziell, wenn Sie farbmetrisch korrekt arbeiten wollen, sollten Sie immer einen Überblick darüber haben, welches Quellprofil das importierte Bild besitzt. Sie können damit schnell Bilder finden, denen kein Quellprofil zugewiesen ist.
- **Abweich. Ebeneneinstell.:** An dem simplen Eintrag JA (1) in dieser Spalte können Sie sofort erkennen, ob ein Layouter einer PSD- oder PDF-Datei eine abweichende Ebenensichtbarkeit für die Darstellung und Ausgabe aus InDesign zugewiesen hat. Ein Doppelklick auf den Eintrag öffnet sofort die OBJEKTEBENENOPTIONEN aus dem Menü OBJEKT. Diese Kategorie ist speziell für Datenübernehmer wie Druckdienstleister interessant. Abweichende Ebenensichtbarkeiten sollten bei Dienstleistern sofort erkannt werden können.
- **Original ppi:** Damit wird die Originalauflösung des Bildes in der Ursprungsapplikation angezeigt. Für die Praxis kann diese Anzeige entfallen.
- **PPI effektiv:** Um schnell die Auflösung der platzierten Bilder für die Ausgabe erkennen zu können, sollte diese Kategorie immer aktiviert sein. Sie finden damit schnell Bilder, die durch die Skalierung unter eine bestimmte Auflösung gefallen sind, und auch Bilder, die nicht proportional skaliert wurden. Ob Bilder verzerrt wurden, erkennen Sie, wenn Sie zwei Werte in der Spalte PPI EFFEKTIV ❶ angezeigt bekommen.
- **Transparenz:** Ist der Bildrahmen mit irgendeinem Effekt oder einer Transparenz versehen, so steht in dieser Kategoriespalte JA. Bitte beachten Sie, dass nur Transparenzen auf Bildrahmen erkannt werden. Transparenzen, die auf dem Bildinhalt angebracht wurden, erkennt InDesign nicht, und es lässt Sie im Glauben, dass dem Bild keine Transparenz anhaftet. Das Einblenden der Kategorie ist für Druckdienstleister zu empfehlen.
- **Abmessungen:** Die Angabe der Abmessung erfolgt nur in Pixel. Eine Abmessungsangabe in einer Maßeinheit wäre sinnvoller.
- **Skalieren:** Speziell für QuarkXPress-Umsteiger ist diese Information hilfreich, da sie eigentlich immer mit Skalierungsprozentsätzen gearbeitet haben, um zu erkennen, ob das Bild die richtige Auflösung für die Ausgabe besitzt.
- **Neigen:** Zeigt an, ob ein Bild in InDesign horizontal oder vertikal verzerrt wurde.
- **Drehung:** Damit erkennen Sie, ob und in welchem Winkel der Bildrahmen gedreht wurde.

> **Kein Farbraum angegeben**
>
> Ist kein Farbraum in der gleichnamigen Spalte angegeben, so handelt es sich um Dateien, in denen mehrere Farbräume vorkommen können, beispielsweise PDF-, EPS- und InDesign-Dateien.

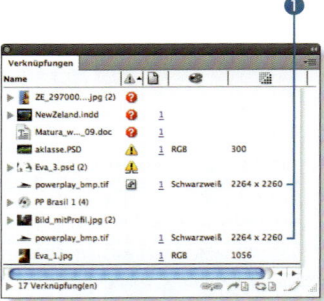

▲ **Abbildung 12.41**
Sind zwei Werte ❶ in der Kategoriespalte PPI EFFEKTIV zu sehen, so ist das Bild verzerrt.

> **Erkennen von Bildverzerrungen**
>
> Ob das Bild durch das Skalieren verzerrt wurde, erkennen Sie über den Eintrag in der Spalte VERZERREN nicht. Sie finden es aber über die Auflösungsinformation PPI EFFEKTIV schnell heraus.

> **Schnelles Auslesen des Speicherpfades**
>
> Wenn Sie den Pfad zur Originaldatei wissen wollen und die Kategorie Format nicht eingeblendet haben, so brauchen Sie nur die Datei im Verknüpfungen-Bedienfeld zu aktivieren und kurz auf dem Eintrag zu verweilen. Es erscheint die QuickInfo, ein gelbes Feld, in dem der gesamte Pfad jederzeit für Sie ersichtlich ist.

> **TOP-TIPP**
> **Fotocredits schnell erstellen**
>
> Wenn Sie sich im Verknüpfungen-Bedienfeld die Kategoriespalte Copyright anzeigen lassen, können Sie sehr schnell auf die Urheberinformationen zur Verknüpfung zurückgreifen.
>
> Einfacher geht es aber, indem Sie eine statische oder dynamische Beschriftung durch InDesign erzeugen lassen.

- ▶ **Ebene:** Daran sehen Sie schnell, auf welcher Ebene (InDesign-Ebene) sich die jeweilige Verknüpfung befindet. Speziell, wenn Sie mit einer nicht druckenden Ebene arbeiten, sollten Sie schnell erkennen können, ob sich noch platzierte Objekte auf dieser Ebene befinden.
- ▶ **Pfad:** Damit wird Ihnen der gesamte Verknüpfungspfad angezeigt. Dieser kann ziemlich lang sein und kann in keiner Weise übersichtlich im Bedienfeld angezeigt werden.
- ▶ **EXIF-Daten:** Informationen zu Blende, Verschlusszeit, ISO-Empfindlichkeit, Kamera, Objektiv, Brennweite, Aufnahmedatum, Urheber, Beschreibung, Überschrift, Ort, Stadt und Bundesland/Kanton können in separaten Spalten eingeblendet werden. Der Sinn und die Praxistauglichkeit für den Layouter sind allerdings zu hinterfragen.
- ▶ **Metainformationen:** Auch die Informationen zu Stichwörtern, einer zugewiesenen Bewertung und die Namen der verwendeten Farbfelder können in separaten Spalten angezeigt werden. In der Praxis können wir uns lediglich die Bewertung als sinnvollen Eintrag vorstellen.
- ▶ **Format:** Welches Dateiformat der Verknüpfung zugrunde liegt, kann für die Weiterverarbeitung – das Öffnen der Verknüpfung aus InDesign heraus – schon von Bedeutung sein.
- ▶ **Verknüpfungstyp:** Hier steht aktuell nur der Eintrag Importieren zur Verfügung. Andere Zustände konnten bislang noch nicht festgestellt werden.
- ▶ **Autor bzw. Titel:** Speziell in Redaktionen müssen Bildunterschriften angebracht werden. Wenn in den Metadaten der Bilder die Bildunterschriften im Feld für Autor oder Titel eingesetzt würden, könnten Layouter ganz einfach über das Verknüpfungen-Bedienfeld auf diese Information zugreifen.
- ▶ **Ersteller:** Damit ist nicht der Fotograf gemeint, sondern die Erstellungsapplikation. Sie ist für die normale Arbeitsweise nicht immer wichtig.
- ▶ **Platzierungsdatum:** Gibt an, an welchem Tag das Bild platziert wurde. Eventuell ist diese Information für Aktualisierungen und Überprüfungen interessant.
- ▶ **Coypright:** Auch hier werden Informationen aus dem Metadatenfeld Copyright angezeigt. Dort sollten zumindest die Informationen zum Urheber eingetragen sein. Layouter können somit schnell für die Erstellung des Fotocredits auf diese Information zurückgreifen.
- ▶ **Geändert:** Damit wird das Aktualisierungsdatum der Verknüpfung preisgegeben. Kann ebenfalls bei gewissen Arbeitsweisen als sinnvolle Information verwendet werden.

- **Anzahl Unterverknüpfungen:** Speziell wenn Sie InDesign- oder EPS-Dateien platzieren, in denen weitere Verknüpfungen von Bildern gefunden werden, ist die Angabe der Anzahl von Unterverknüpfungen sehr interessant. Sie können durch einen Klick auf das Symbol vor der InDesign- bzw. EPS-Datei alle Unterverknüpfungen ansehen und auf Aktualität beurteilen.
- **Erstellungsdatum:** Damit wird Ihnen das Erstellungsdatum des Bildes angezeigt. Die Anzeige ist nicht immer sinnvoll.
- **Ordner 0 bis Ordner 8:** Für die Aktualisierung von Bildern ist es immer wichtig zu wissen, in welchem Ordner sich eigentlich das platzierte Bild befindet. Da die Anzeige des gesamten Pfades zwar möglich ist, jedoch damit sicherlich der Speicherort nicht schnell erkennbar ist, bietet Adobe eine Möglichkeit an, sich Pfadsegmente im Verknüpfungen-Bedienfeld anzeigen zu lassen. Lautet der Pfad beispielsweise USER/NIXBERG/DATEN/BUCH CS5/SATZDATEN/KAPITEL 12/BILDER, so würde in der Spalte ORDNER 0 das letzte Segment des Pfades (hier BILDER) angezeigt. In der Spalte ORDNER 1 würde das vorletzte Segment des Pfades (in unserem Fall KAPITEL 12) angezeigt usw. Damit können Sie sich schnell einen Überblick über Bilder verschaffen, die sich in einer bestimmten Ordnerhierarchie befinden.
- **Laufwerk:** Speziell wenn sich beispielsweise Bilder zum Layouten auf dem lokalen Verzeichnis C: und die Druckdaten auf dem Laufwerk F: auf dem Server befinden, können Sie hier prüfen, ob die Verknüpfungen mit den Druckdaten in Ihrem Dokument aktuell sind.
- **Textabschnittstatus, Anzahl Notizen, Änderungen verfolgen, Textabschnittsetikett und Aufgabe:** Diese Informationen stehen nur zur Verfügung, wenn Sie Textabschnitte für InCopy freigegeben haben. Wenn Sie Texte auf diese Weise freigegeben haben, kann die Information zu den einzelnen Bereichen sehr hilfreich sein. Was mit den einzelnen Begriffen gemeint ist, lesen Sie in Kapitel 1 »InCopy«, das Sie im Downloadbereich zu diesem Buch auf dem Galileo-Server finden.

> **Aktualisieren von Unterverknüpfungen**
>
> Das Aktualisieren der Unterverknüpfungen von InDesign- bzw. EPS-Dateien kann nur in der Originalapplikation durchgeführt werden.

> **Optionen für InCopy-Workflow**
>
> Die Informationen aus den Optionen ZUGEWIESEN, VERWALTETER STATUS und BEARBEITET VON sind nur in einem InCopy-Workflow von Bedeutung. Damit können Layouter den Überblick über die Verteilung von Aufgaben behalten.

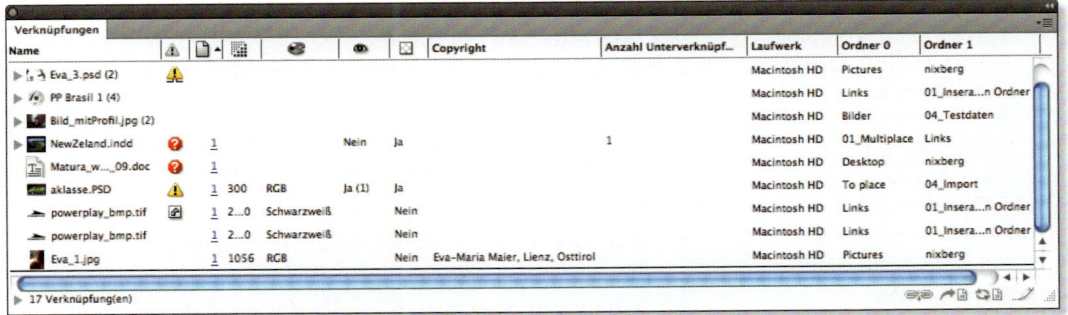

▼ **Abbildung 12.42**
Ein Vorschlag, wie das optimale Verknüpfungen-Bedienfeld aussehen kann. Es benötigt zwar etwas viel Platz, die Informationen, die Sie ihm entnehmen können, sind jedoch enorm.

Ändern der Spalten-Reihenfolge und der Spaltenbreite | Sie können die Reihenfolge der Spalten ändern, indem Sie eine Spalte markieren und an eine andere Stelle ziehen. Ziehen Sie an den Spaltengrenzen, um die Spaltenbreite zu ändern.

Ändern der Sortierreihenfolge | Wenn Sie auf einen Kategorietitel klicken, werden die Verknüpfungen in aufsteigender Reihenfolge nach dieser Kategorie geordnet. Bei erneutem Klicken wird die Sortierreihenfolge umgedreht (absteigend).

12.4.3 Voreinstellungen zur Bildaktualisierung

Die Voreinstellungen zur Bildaktualisierung ❶ in InDesign regeln, wie das Programm bei Problemen verfahren soll. Je nach gewählter Option können verschiedene Strategien für diverse Arbeitsweisen genutzt werden. Rufen Sie dafür das Register DATEIHANDHABUNG der InDesign-Voreinstellungen auf.

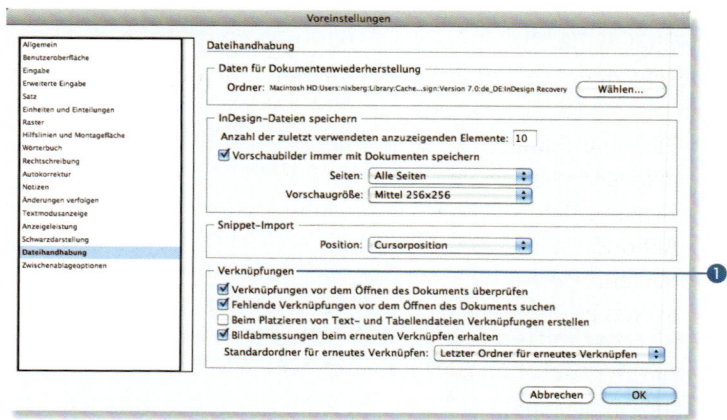

Abbildung 12.43 ▶
Die Optionen im Bereich VERKNÜPFUNGEN der InDesign-Voreinstellungen regeln, wie InDesign in bestimmten Situationen reagieren soll.

> **Manuelles Überprüfen der Verknüpfungen**
>
> Haben Sie in den Voreinstellungen die Option VERKNÜPFUNGEN VOR DEM ÖFFNEN DES DOKUMENTS ÜBERPRÜFEN deaktiviert, so können Sie dennoch manuell diesen Vorgang starten.
> Führen Sie dazu den Befehl NACH FEHLENDEN VERKNÜPFUNGEN SUCHEN aus dem Bedienfeldmenü HILFSPROGRAMME aus.

▶ **Verknüpfungen vor dem Öffnen des Dokuments überprüfen:** Mit dieser Standardeinstellung veranlassen Sie InDesign, beim Öffnen alle Verknüpfungen auf deren Aktualität hin zu überprüfen. In einigen Arbeitsweisen ist das Erscheinen der Warnmeldung, dass Verknüpfungen nicht aktuell sind bzw. fehlen, nicht erwünscht. Durch Deaktivieren der Option unterbinden Sie somit die Warnmeldung für diese Station.

▶ **Fehlende Verknüpfungen vor dem Öffnen des Dokuments suchen:** Damit wird InDesign veranlasst, das Problem mit den fehlenden Verknüpfungen durch eigenmächtiges Suchen im Dateisystem zu lösen. In manchen Fällen ist das Deaktivieren der Option sinnvoll, wenn beispielsweise das Öffnen von InDesign-Dateien verlangsamt wird, weil InDesign versucht, im Dateisystem des Servers die Verknüpfungsproblematik zu lösen.

- **Beim Platzieren von Text- und Tabellendateien Verknüpfungen erstellen:** Diese Option muss nur dann aktiviert werden, wenn Sie beispielsweise Excel-Tabellen in InDesign aktualisieren wollen.
- **Bildabmessungen beim erneuten Verknüpfen erhalten:** Beim Aktualisieren oder Wiederherstellen einer Verknüpfung über die Funktion ERNEUT VERKNÜPFEN bleiben alle in InDesign vorgenommenen Transformationen erhalten, sofern Sie diese Option aktiviert haben.

12.4.4 Aktualisieren und erneutes Verknüpfen von platzierten Bildern

Nachdem Sie nun das Bedienfeld Ihren Anforderungen entsprechend konfiguriert haben, lernen Sie nun die Grundarbeiten zum Aktualisieren und erneuten Verknüpfen kennen.

Standardordner für erneutes Verknüpfen festlegen

Durch die Wahl der Option LETZTER ORDNER FÜR ERNEUTES VERKNÜPFEN wird der beim erneuten Verknüpfen zuletzt verwendete Ordner angezeigt. Durch die Wahl der Option URSPRÜNGLICHER ORDNER FÜR ERNEUTES VERKNÜPFEN wird der ursprüngliche Speicherort der verknüpften Datei angezeigt.

Erneut verknüpfen | Fehlende Verknüpfungen werden mit dem Symbol ❓ im Verknüpfungen-Bedienfeld angezeigt. Sie haben verschiedene Möglichkeiten, die Verknüpfung wiederherzustellen.

- **Einzelne fehlende Verknüpfung von Hand zuordnen:** Dazu markieren Sie den Eintrag in der Liste der Verknüpfungen und klicken auf den Button VERKNÜPFUNG AKTUALISIEREN in der Aktionsleiste oder führen den gleichnamigen Befehl aus dem Bedienfeldmenü aus. Im erscheinenden SUCHEN-Dialog wählen Sie das zu verknüpfende Bild aus.

Welchen Dateinamen hat das platzierte Bild?

Wenn Sie mit dem Auswahl- bzw. Direktauswahl-Werkzeug ein platziertes Grafik-, Bild-, Textobjekt oder ein platziertes InDesign- bzw. PDF-Dokument auswählen, markiert InDesign automatisch den Eintrag im Verknüpfungen-Bedienfeld.
Schneller können Sie wirklich nicht erkennen, welche Grafik Sie markiert haben.

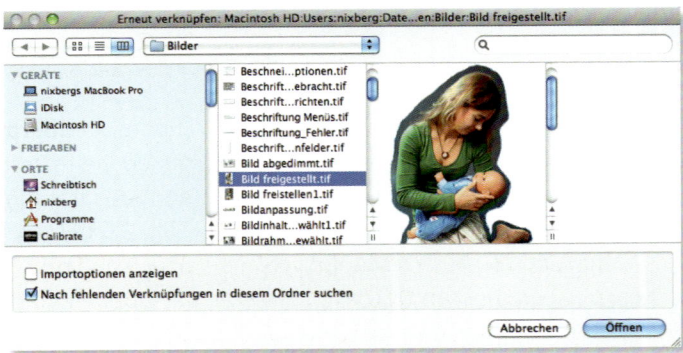

◂ **Abbildung 12.44**
Der ERNEUT VERKNÜPFEN-Dialog

- IMPORTOPTIONEN ANZEIGEN: Diese Option ist nur dann zu aktivieren, wenn Sie beim erneuten Verknüpfen der Datei eine geänderte Importstrategie verfolgen wollen.
- NACH FEHLENDEN VERKNÜPFUNGEN IN DIESEM ORDNER SUCHEN: Diese Option veranlasst InDesign, im aktuell gewählten Ordner automatisch nach dem gesuchten Dateina-

men zu suchen. Wird ein passender Eintrag gefunden, so wird dieser automatisch ausgewählt.

Wenn Sie die Auswahl bestätigen, so wird die Verknüpfung zur ausgewählten Datei hergestellt und die Vorschau in InDesign aktualisiert. Wurde das eben verknüpfte Bild mehrfach in InDesign platziert, so wird damit nur der aktuell ausgewählte Eintrag neu verknüpft. Sollen mehrere Bilder in einem Schritt aktualisiert werden, so sind alle Einträge zuvor im Verknüpfungen-Bedienfeld zu markieren. Markieren Sie dabei einzelne Einträge durch Drücken der ⌈Strg⌉- bzw. ⌈⌘⌉-Taste.

- **Alle fehlenden Verknüpfungen über den Suchen-Dialog neu zuordnen:** Dazu verfahren Sie ähnlich wie zuvor beschrieben. Sie müssen nur mit gedrückter ⌈Alt⌉- bzw. ⌈⌥⌉-Taste auf den Button Verknüpfung aktualisieren ⟳ in der Aktionsleiste klicken. Damit wird einerseits für jeden Eintrag fehlender Verknüpfungen der Suchen-Dialog angezeigt, und andererseits werden mehrfach platzierte Bilder in einem Aufwasch neu verknüpft und aktualisiert.

- **Alle fehlenden Verknüpfungen ohne den Suchen-Dialog neu zuordnen:** Um schnell alle Bilder neu zu verknüpfen, empfehlen wir, alle Bilder im gleichen Ordner wie die InDesign-Datei zu speichern und dann das InDesign-Dokument erneut zu öffnen. InDesign sucht fehlende Bilder zunächst anhand des hinterlegten Speicherpfades und dann in dem Verzeichnis, in dem sich auch das InDesign-Dokument befindet.

Gehe zu | Damit Sie das gewählte Bild in der Liste anspringen und genau inspizieren können, klicken Sie entweder auf die Seitenzahl in der Spaltenkategorie Seite oder einfach auf das Gehe zu-Symbol in der Aktionsleiste. InDesign zoomt dann bildschirmfüllend auf das Bild.

Verknüpfungen aktualisieren | Modifizierte Verknüpfungen werden mit dem Symbol ⚠ im Verknüpfungen-Bedienfeld angezeigt. Auch hier stehen verschiedene Strategien zur Verfügung:

- **Ausgewählte Datei aktualisieren:** Wählen Sie zum Aktualisieren den gewünschten Eintrag in der Liste aus. Das Aktualisieren der Verknüpfung selbst erfolgt entweder durch Klick auf das Symbol ⟳, Doppelklick auf das Warndreieck oder durch Ausführen des Befehls Verknüpfung aktualisieren aus dem Bedienfeldmenü. Damit haben Sie nur den ausgewählten Eintrag aktualisiert, und InDesign berechnet die neue Vorschau.

- **Alle Verknüpfungen aktualisieren:** Verfahren Sie wie zuvor beschrieben, halten Sie jedoch dabei die ⌈Alt⌉- bzw. ⌈⌥⌉-Taste gedrückt, während Sie auf VERKNÜPFUNG AKTUALISIEREN klicken. Sie können dazu aber auch den Befehl ALLE VERKNÜPFUNGEN AKTUALISIEREN aus dem Bedienfeldmenü auswählen.

In vielen Arbeitsweisen werden für das Erstlayout niedrigauflösende Bilder platziert und grob freigestellt. Nachdem die Reproarbeiten an den Originalbildern abgeschlossen sind, besteht der Wunsch, möglichst schnell die niedrigauflösenden Bilder durch die hochauflösenden Bilder in InDesign zu ersetzen.

Die folgende Schritt-für-Schritt-Anleitung zeigt Ihnen, wie Sie niedrigauflösende JPEG-Bilder durch gleichnamige hochauflösende TIFF-Bilder ersetzen können. Diese Funktionalität steht jedoch erst seit InDesign CS4 zur Verfügung.

Schritt für Schritt: Aktualisieren von niedrigauflösenden JPEG-Bildern durch hochauflösende TIFF-Bilder

1 Auswählen der Bilder im Verknüpfungen-Bedienfeld
Bringen Sie das Verknüpfungen-Bedienfeld über das Menü FENSTER • VERKNÜPFUNGEN in den Vordergrund.

Um schnell alle niedrigauflösenden Bilder in der Liste zu finden, sortieren Sie die Einträge durch Klick in den Kategorietitel der Spalte AUFLÖSUNG. Dadurch wird die Liste aufsteigend nach der Auflösung sortiert.

Wählen Sie dann darin die zu ersetzenden Einträge durch einfachen Klick mit gedrückter `Strg`- bzw. `⌘`- oder `⇧`-Taste aus.

2 Zuweisung vornehmen
Rufen Sie über das Bedienfeldmenü den Befehl ERNEUT MIT ORDNER VERKNÜPFEN oder den Befehl DATEIERWEITERUNG ERNEUT VERKNÜPFEN auf. Letzterer Befehl kann nur eingesetzt werden, wenn sich die hochauflösenden Bilder im selben Ordner befinden.

▲ **Abbildung 12.45**
Alle Bilder, die neu zugewiesen werden sollen, müssen zuerst in der nach Auflösung sortierten Liste ausgewählt werden.

◄ **Abbildung 12.46**
Auswahl des Ordners mit den hochauflösenden Bilddaten im Dateisystem Ihres Computers

Suchen Sie den Ordner, in dem sich die hochauflösenden Bilder befinden. In diesem Ordner sollen alle Bilder mit dem gleichen Dateinamen, jedoch einer anderen Dateierweiterung liegen.

Aktivieren Sie je nach Vorgehensweise die Option GLEICHER DATEINAME UND GLEICHE ERWEITERUNG oder wie in unserem Fall GLEICHER DATEINAME, JEDOCH MIT DIESER ERWEITERUNG, und tragen Sie im dazugehörigen Feld die geänderte Dateierweiterung ein. In unserem Fall müssen wir dazu »TIFF« eingeben.

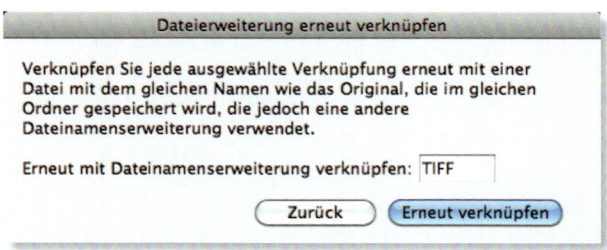

Abbildung 12.47 ▶
Eingabe der Dateinamenserweiterung für automatisches Aktualisieren von Bildern im gleichen Ordner

Falls Sie die Funktion DATEIERWEITERUNG ERNEUT VERKNÜPFEN nutzen, müssen Sie den Ordner nicht angeben, da diese Funktion davon ausgeht, dass sich die Bilder mit gleichen Dateinamen und anderer Dateierweiterung im selben Ordner befinden.

3 Zuweisung abschließen

Klicken Sie auf den Button AUSWÄHLEN bzw. ERNEUT VERKNÜPFEN. InDesign führt für jeden gefundenen Eintrag einen neuen Import durch. Das Ergebnis müsste eine neu generierte Liste sein, wie sie in Abbildung 12.48 zu sehen ist.

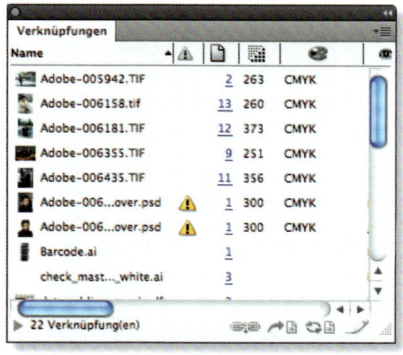

Abbildung 12.48 ▶
Das Ergebnis des Bildtauschs

Damit haben Sie sehr schnell eine Neuzuordnung von hochauflösenden Dateien vorgenommen. ■

12.4.5 Öffnen von Bildern in der Ausgangsapplikation

Liegt das Bild im falschen Farbraum vor, muss es farblich geändert bzw. retuschiert oder soll der Beschneidungspfad des Bildes überarbeitet werden, so können diese Veränderungen nur in der Originalapplikation erfolgen.

Öffnen Sie das Bild bzw. die Grafik im Ursprungsprogramm (meistens Photoshop, Illustrator oder Acrobat) durch Anklicken des Symbols ORIGINAL BEARBEITEN ✏ im Verknüpfungen-Bedienfeld. Geübte Anwender werden das Tastenkürzel [Alt] bzw. [⌥] und Doppelklick mit dem Auswahl- bzw. Direktauswahl-Werkzeug auf das Bild verwenden. Führen Sie die gewünschten Änderungen durch, und speichern Sie die Datei ab.

Nachdem Sie die Datei geschlossen haben, werden Sie bemerken, dass eine Aktualisierung des Bildes in InDesign sofort durchgeführt wird. InDesign aktualisiert automatisch nur Verknüpfungen, wenn Sie diese aus InDesign geöffnet haben. Wurde ein Bild, das mehrfach im InDesign-Dokument platziert ist, aus InDesign geöffnet und geändert, so wird durch das Abspeichern der Änderung nur jenes Bild in InDesign automatisch aktualisiert, das Sie geöffnet haben. Alle anderen Verknüpfungen werden im Verknüpfungen-Bedienfeld als modifiziert ⚠ gekennzeichnet. Durch diese Arbeitsweise ersparen Sie sich viel Zeit für das Datenhandling.

12.4.6 Einbetten und Herauslösen platzierter Grafiken

Nachdem Bilder in InDesign platziert wurden, besteht eine Verknüpfung zur aktuellen Datei auf der Festplatte oder auf einem Server. Anwender von InDesign haben die Möglichkeit, jede einzelne Grafik in das Dokument einzubetten. Einbetten bedeutet, dass sich einerseits das InDesign-Dokument um die Dateigröße der Verknüpfung vergrößert und andererseits das Hantieren mit Grafiken für den Druckvorstufenbetrieb bei Änderungen erschwert wird. Originale von Bildern, die in das Dokument eingebettet sind, können nicht mehr über das Symbol ORIGINAL BEARBEITEN ✏ oder im Kontextmenü geöffnet werden. Sie müssen in diesem Fall zuerst die Einbettung der Datei aufheben.

Einbetten von Verknüpfungen | Das Einbetten einer Verknüpfung bzw. eines Bildes erfolgt über den Befehl VERKNÜPFUNG EINBETTEN aus dem Bedienfeldmenü des Verknüpfungen-Bedienfelds. Eingebettete Dateien erkennen Sie am Symbol 📎, das sich in der Kategoriespalte STATUS zeigt. InDesign merkt sich trotz Einbettung den Speicherort (Pfad) und den Dateinamen, wodurch eine Aufhebung der Einbettung möglich wird.

Photoshop-EPS-Dateien öffnen sich in Illustrator?

Mit welcher Anwendung die verknüpfte Datei geöffnet wird, hängt von den Einstellungen ab, die Sie auf Systemebene zugewiesen haben. Eine Änderung der Dateizuordnung in Adobe Bridge wirkt sich darauf nicht aus.

TOP-TIPP
Verknüpfungen in einem anderen Programm öffnen

Durch den Doppelklick mit gedrückter [Alt]- bzw. [⌥]-Taste werden Verknüpfungen in ihrer Ausgangsapplikation geöffnet. Das Öffnen der ausgewählten Verknüpfung in einem anderen Programm kann über den Befehl BEARBEITEN MIT aus dem Bedienfeldmenü erfolgen.

Einbetten von Dateien nicht immer notwendig

Verwenden Sie die Funktion des Einbettens von Dateien nur bewusst. Eine beschränkte Bearbeitungsmöglichkeit und die Dateigröße sind dafür Grund genug.

Verwenden Sie diese Funktion nur, wenn Sie Logos auf den Mustervorlagen verwenden. Wenn Sie Warnmeldungen zu fehlenden Bildern beim Öffnen der InDesign-Datei unterbinden möchten, erreichen Sie das einfacher, indem Sie die Option der InDesign-Voreinstellung VERKNÜPFUNGEN VOR DEM ÖFFNEN DES DOKUMENTS ÜBERPRÜFEN im Register DATEIHANDHABUNG deaktivieren.

Bilder aus Office-Dateien

Eingebettete Bilder können auch aus importierten Office-Dateien in InDesign vorhanden sein. Diese Bilder werden mit der Bezeichnung BILD und einer nachstehenden, fortlaufenden Nummer aufgelistet. Man erkennt diese Bilder eindeutig an der Dateiendung ».png«.

Herauslösen von Bildern, die über die Zwischenablage in InDesign kopiert wurden | Wurden Bilder über die Zwischenablage in das InDesign-Dokument kopiert, so sind keine Einträge im Verknüpfungen-Bedienfeld hinterlegt. Damit ist das Herauslösen und das Bearbeiten der Bilder und Grafiken im Originalprogramm nicht mehr möglich.

Die einzige Möglichkeit, an das Bild heranzukommen, ist, die InDesign-Datei in ein PDF zu konvertieren und das Bild in Acrobat mit dem TouchUp-Objektwerkzeug herauszulösen.

Schritt für Schritt: Die Einbettung von Verknüpfungen aufheben

1 Markieren des Eintrags

Markieren Sie im Verknüpfungen-Bedienfeld den Eintrag des eingebetteten Objekts.

2 Einbettung aufheben

Wählen Sie im Bedienfeldmenü den Eintrag EINBETTUNG VON VERKNÜPFUNG AUFHEBEN.

3 Wahl der Strategie

Im erscheinenden Dialog wählen Sie JA, wenn Sie den mit abgespeicherten Pfad verwenden und somit wiederum eine Verknüpfung zur Originaldatei erstellen wollen. Damit InDesign einen Pfad erneut aktivieren kann, müssen zwei Voraussetzungen erfüllt sein: Der Dateiname muss mit dem Namen der Ursprungsdatei übereinstimmen, und der Speicherort (Pfad zur Originaldatei) muss ebenfalls identisch sein.

Abbildung 12.49 ▶
Die Warnmeldung, in der Sie bestimmen können, ob eine Verknüpfung zur Originaldatei am selben Ort mit demselben Namen hergestellt oder ob die Datei aus InDesign extrahiert werden soll.

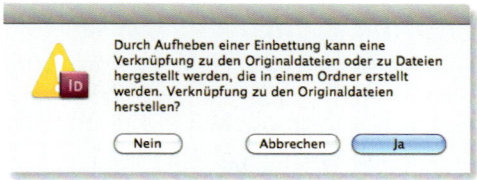

Wenn Sie ein Dokument bearbeiten müssen, das Sie nicht auf Ihrer Arbeitsstation erstellt haben, so werden Sie mit großer Wahrscheinlichkeit weder das Originalbild besitzen noch dieselbe Filestruktur auf Ihrer Arbeitsstation vorliegen haben. In diesem Fall müssen Sie das Bild herauslösen (extrahieren) und an der gewünschten Stelle abspeichern. Dies können Sie durchführen, wenn Sie auf NEIN klicken. ∎

12.4.7 Verknüpfungen platzierter Textdateien aufheben

Anders als bei Grafiken wird mit InDesign eine Textdatei komplett in das Dokument übernommen. Somit ist ein freies Editieren des Textes ohne Öffnen im Ursprungsprogramm in InDesign möglich.

Ist die Option BEIM PLATZIEREN VON TEXT- UND TABELLENDATEIEN VERKNÜPFUNG ERSTELLEN im Register DATEIHANDHABUNG der InDesign-Voreinstellungen aktiviert oder wurde aus Buzzword ein Text mit aktivierter Option MIT DOKUMENT VERKNÜPFEN platziert, so kann zusätzlich die Verknüpfung zu den Text- und Tabellendateien erhalten bleiben, was dazu führt, dass im Verknüpfungen-Bedienfeld der Dokumentname aufgelistet wird. So kann der Benutzer überprüfen, ob an den platzierten Text- bzw. Tabellendokumenten eine Änderung vorgenommen wurde.

Einmal platzierte Text- bzw. Tabellendokumente können über das Bedienfeldmenü des Verknüpfungen-Bedienfelds mit dem Befehl VERKNÜPFUNG AUFHEBEN entkoppelt werden. Dies ist dann sinnvoll, wenn der Text ausschließlich in InDesign verändert werden soll. In Verbindung mit dem Aktualisieren von Tabellen sollten Sie sich jedoch das Loslösen wirklich gut überlegen.

> **Vorsicht bei konvertierten InDesign-2.0-Dokumenten**
>
> Handelt es sich um ein aus InDesign 2.0 konvertiertes Dokument, so müssen Sie damit rechnen, dass im Verknüpfungen-Bedienfeld auch Textdokumente enthalten sein können. Aktualisieren Sie dann unter keinen Umständen alle Einträge im Bedienfeld, da sonst alle Textdateien neu importiert werden und somit alle Formatierungen und Korrekturen in InDesign verlorengehen!

12.4.8 Anzeigen von Metadaten zu Verknüpfungen

Enthalten verknüpfte Dateien Metadaten, so können Sie über den Befehl HILFSPROGRAMME • XMP-DATEIINFORMATIONEN aus dem Bedienfeldmenü auf diese Informationen zurückgreifen, um sie selektiv durch Kopieren für das Layout zu übernehmen. Die Möglichkeit, Metadaten für verknüpfte Dateien zu ändern, ist jedoch nicht gegeben. Diese müssen in der Originalapplikation oder über Adobe Bridge durchgeführt werden.

12.4.9 Informationen zu verknüpften Dateien

Mehr Informationen zu platzierten Dateien erhalten Sie, wenn Sie auf den jeweiligen Eintrag im Bedienfeld doppelklicken. Dadurch wird der Bereich **Verknüpfungsinformationen** im Bedienfeld aufgeklappt, worin Sie all jene Informationen auslesen können, die Sie für diesen Bereich in den Bedienfeldoptionen aktiviert haben.

Wenn Sie nicht alle Informationen benötigen, reicht meistens die Verwendung des Informationen-Bedienfelds aus, in dem Sie die effektive Auflösung der Bilder, den verwendeten Farbraum, den Dateityp und die Informationen zum angehängten Profil auslesen können.

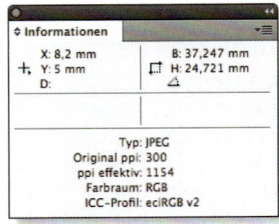

▲ **Abbildung 12.50**
Das Informationen-Bedienfeld mit den Informationen zu einem aktivierten Bild

12.4.10 Weitere Möglichkeiten im Bedienfeldmenü

Im Bedienfeldmenü sind viele der bisher gezeigten Funktionen wie ERNEUT VERKNÜPFEN, ERNEUT MIT ORDNER VERKNÜPFEN,

▲ **Abbildung 12.51**
Das Bedienfeldmenü des Verknüpfungen-Bedienfelds

> **HINWEIS**
>
> Über das Bedienfeldmenü des Verknüpfungen-Bedienfelds können Sie ebenfalls auf alle Befehle für die Funktion BESCHRIFTUNGEN zugreifen.

```
/Users/nixberg/Daten/Buch
InDesign_CS4/03_Satzda-
ten/10_Bilder_Grafiken/Bilder/
Bild abgedimmt.tif
```

▲ **Abbildung 12.52**
Beispiel eines vollständigen Pfades

```
nixberg:Users:nixberg:Daten:B
uch_InDesign_CS4:03_Satzda-
ten:10_Bilder_Grafiken:Bilder:
Bild abgedimmt.tif
```

▲ **Abbildung 12.53**
Beispiel eines Plattformstilpfades

Name	Bild.tif
Status	OK
Seite	205
PPI effektiv	181
Farbraum	RGB
Transparenz	Ja
Copyright	HPS
Anzahl Unterverk.	1
Laufwerk	Harddisk
Ordner 0	Bilder
Ordner 1	12 Bilder

▲ **Abbildung 12.54**
Beispiel für Infos

DATEIERWEITERUNG ERNEUT VERKNÜPFEN, VERKNÜPFUNG AKTUALISIEREN, ALLE VERKNÜPFUNGEN AKTUALISIEREN, GEHE ZU VERKNÜPFUNG, VERKNÜPFUNG EINBETTEN und ORIGINAL BEARBEITEN ebenfalls aufzurufen. Darüber hinaus können Sie auf weitere Dienste zurückgreifen.

Bearbeiten mit | Damit können Verknüpfungen in anderen Programmen gezielt aus InDesign heraus geöffnet werden.

Im Finder/Explorer anzeigen bzw. In Bridge/In Mini Bridge anzeigen | In vielen Fällen ist es hilfreich, zur Originaldatei im Dateisystem zu springen. Je nachdem, ob Sie sich diese dabei im Finder/Explorer oder in Adobe Bridge bzw. Mini Bridge anzeigen lassen wollen, wählen Sie den entsprechenden Befehl.

Hilfsprogramme | Darunter verbergen sich weitere Dienste, die Ihnen das Leben mit Bildern sehr vereinfachen können:

- NACH FEHLENDEN VERKNÜPFUNGEN SUCHEN: Damit stoßen Sie die Routine an, nach fehlenden Verknüpfungen zu suchen, die standardmäßig beim Öffnen eines InDesign-Dokuments durchgeführt wird.
- VERKNÜPFUNG(EN) KOPIEREN NACH: Mit diesem Befehl können Sie Verknüpfungen in einen anderen Ordner kopieren und dabei den Pfad zu den kopierten Dateien umleiten. Dieser Befehl ist besonders hilfreich, wenn Dateien während der Arbeit auf ein anderes Laufwerk verschoben werden sollen.
- XMP-DATEIINFORMATIONEN: Öffnen Sie damit den dem Bild zugeordneten XMP-Dialog.

Informationen kopieren | Damit können Sie Metadateninformationen zu Dateien für eine textuelle Bearbeitung kopieren.

- VOLLSTÄNDIGEN PFAD KOPIEREN: Sie kopieren damit den vollständigen Pfad des ausgewählten Bildes. So können Sie den Pfad zu Grafikdateien an Personen im Grafikteam weitergeben.
- PLATTFORMSTILPFAD KOPIEREN: Damit wird der Speicherpfad wie zuvor, jedoch in einer anderen Form kopiert. Bei der Skripterstellung ist es sinnvoller, diesen Pfad zu verwenden.
- ALLE VERKNÜPFUNGSINFORMATIONEN KOPIEREN: Damit werden alle Informationen der ausgewählten Datei kopiert, die im Verknüpfungsinformationen-Fenster angezeigt werden.
- INFOS FÜR AUSGEWÄHLTE VERKNÜPFUNGEN KOPIEREN: Damit werden alle Informationen kopiert, die Sie sich im Verknüpfungen-Bedienfeld über die Bedienfeldoptionen haben einblenden lassen.

13 Pfade und Vektoren

Der Bedarf an Werkzeugen für die Erstellung und Bearbeitung von Grafiken erscheint in einem Layoutprogramm auf den ersten Blick gering zu sein. Trotzdem bietet InDesign viele Werkzeuge zur Bearbeitung von Pfaden. Selbstverständlich ist Adobe Illustrator das geeignetere Werkzeug für Grafiker, aber auch im Layoutbereich gibt es eine Reihe von Anwendungen für Vektoren. Sie tauchen in allen Konturen auf und werden benötigt, um Text um diese Konturen herumzuführen. Darüber hinaus muss nicht auf jede kleine Grafik mit Illustrator eingeschlagen werden.

13.1 Pfade

Zunächst einige Worte zu den verschiedenen Bezeichnungen: Der Begriff »Vektor« bezeichnet in Mathematik und Physik zumeist eine Richtung oder eine Kraft, die in eine bestimmte Richtung zeigt und eine bestimmte Größe besitzt. Aus diesen Eigenschaften kann man auch die Bedeutung in der Grafik ableiten. Vektoren beschreiben hier Linien, die sichtbar sein können, aber nicht müssen. Diese Linien haben eine bestimmte Richtung und Länge und beschreiben eine Form. Ist die Linie sichtbar, hat sie zusätzlich eine Stärke und andere Eigenschaften wie Farbe, Farbton und Form.

13.1.1 Die Anatomie von Pfaden

Sie können in InDesign kein Objekt erstellen, ohne dabei einen Pfad anzulegen. Ein normaler Textrahmen nimmt eine Fläche ein, die von einem Pfad begrenzt wird.

Konkret gibt es im Fall eines Quadrats (Rechtecks) vier Punkte, die mit Linien verbunden sind und somit den Rahmen bilden. Diese Punkte werden **Ankerpunkte** genannt. Sie können einzeln bewegt und verändert werden.

Ein Rahmen in InDesign ist die klassische Form eines geschlossenen Pfades – die vier Punkte sind miteinander verbunden. Wenn Sie mit dem Linienzeichner eine Linie ziehen, entsteht ebenfalls ein Pfad. Dieser ist allerdings offen. Das bedeutet, dass

Vektor, Pfad, Zeichenweg

Grafiker sagen zu Vektoren auch gerne »Pfade«, weil Vektoren eben einen bestimmten Weg beschreiben. Altgediente Free-Hand-Hasen sagen auch gelegentlich »Zeichenweg«. Wir werden hier die Begriffe »Pfad« und »Vektor« gleichwertig verwenden, auch wenn gelegentlich Diskussionen über Unterschiede entbrennen.

Rahmen als Pfad

Gerade Umsteiger von QuarkXPress haben bestimmt schon die Erfahrung gemacht, dass sie mit dem Direktauswahl-Werkzeug versuchten, einen Rahmen in seiner Größe zu verändern, und tatsächlich nur eine Ecke aus der Form herausgezogen haben.

Abbildung 13.1 ▶
InDesign bezeichnet die verschiedenen Ankerpunkte nicht sehr logisch – wir beschränken uns vorerst auf die prinzipiellen Unterschiede.

die beiden Ankerpunkte, die Anfangs- und Endpunkt der Linie markieren, mit keinen weiteren Linien mehr verbunden sind. In einem Ankerpunkt treffen genau zwei Pfadsegmente aufeinander, oder es endet ein Segment im Ankerpunkt. Es gibt keinen Ankerpunkt, der drei oder mehr Linien verbindet!

Die Art, wie sich zwei Liniensegmente in einem Ankerpunkt treffen können, muss ebenfalls unterschieden werden.

- **Einfacher Eckpunkt**: Zunächst können zwei gerade Segmente aufeinandertreffen ❶. Dabei entsteht eine Ecke im Ankerpunkt. Bei einem normalen InDesign-Rahmen passiert genau dies. Die Bezeichnung EINFACHER ECKPUNKT wird auch von InDesign verwendet.
- **Kurvenpunkt**: Zum anderen können aber auch zwei gekrümmte Linien aufeinandertreffen ❷. In diesem Fall entsteht im Ankerpunkt ein weicher Übergang und keine Ecke.
- **Anschlusspunkt**: Zu guter Letzt kann eine gekrümmte auf eine gerade Linie treffen ❸ – dabei entsteht zwar eine Ecke, diese ist aber ganz allein Eigentum der geraden Linie.

Beim Zeichnen eines Pfades bestimmen Sie je nach Werkzeughandhabung, ob Sie einen Eck- oder einen Kurvenpunkt erzeugen. Dabei ist es oft hilfreich, wenn durch einfaches Klicken die Form zunächst grob aus Eckpunkten aufgebaut wird. Die Feinabstimmung des Pfades wird dann vorgenommen, indem Sie die einzelnen Punkte in eine andere Form ändern.

Um den Pfad zu ändern, müssen Sie zuerst die Ankerpunkte sichtbar machen, indem Sie das Objekt mit dem Direktauswahl-Werkzeug anklicken. Ob der Pfad eine sichtbare Linie darstellt, bestimmen Sie, indem Sie dem Pfad eine Kontur bzw. eine Konturstärke und eine Farbe zuweisen – über Konturen werden wir uns noch später in diesem Kapitel unterhalten.

Die Krümmung des Pfades wird durch Tangenten im Kurvenpunkt beschrieben und kann damit auch geändert werden. InDesign bezeichnet die Tangentenabschnitte als **Richtungslinien**. Diese Richtungslinien können an ihren Endpunkten angefasst und um den Ankerpunkt gedreht oder in ihrer Länge verändert werden. Der Pfad folgt dabei den Bewegungen der Richtungslinien und schmiegt sich immer exakt an diese an. Die

▲ **Abbildung 13.2**
Verzerrung eines Pfades durch unterschiedliche Lage und Länge der Richtungslinien. InDesign nennt einen Ankerpunkt mit gleich langen Richtungslinien einen **symmetrischen Kurvenpunkt**, einen Ankerpunkt mit ungleich langen Tangentenschenkeln einfach einen **Kurvenpunkt**.

Lage der Richtungslinien bestimmt die Verzerrung des Pfades, und die Länge der einzelnen Richtungslinie wiederum bestimmt, wie weit die Krümmung über den Ankerpunkt hinausgezogen wird.

Ein Anschlusspunkt, in dem eine Linie endet, besitzt nur eine Richtungslinie, die die Form des gekrümmten Pfadstückes beeinflusst. Als Sonderform können auch zwei gekrümmte Linien in einem Ankerpunkt aufeinandertreffen und dabei trotzdem eine Ecke bilden. In diesem Fall werden tatsächlich zwei voneinander unabhängige Richtungslinien an den Pfad angelegt, die auch getrennt voneinander bewegt werden können. InDesign nennt diese Art des Übergangs einen **Eckpunkt** (im Gegensatz zum einfachen Eckpunkt, der keine Richtungslinien aufweist).

▲ **Abbildung 13.3**
Links: ein Anschlusspunkt (In InDesign gibt es dafür keinen eigenen Namen.)
Rechts: Eckpunkt – Übergang zwischen Pfadsegmenten, die über getrennte Richtungslinien verfügen.

13.1.2 Pfadwerkzeuge

Die Bearbeitung von Pfaden und Ankerpunkten kann auf jeden Pfad angewendet werden, also auch auf Pfade, die ganz automatisch entstehen, wenn Sie einen Rahmen oder eine Linie zeichnen, Pfade einer Konturenführung, oder auf Freistellpfade, die in platzierten Bildern enthalten sind. Sämtliche Werkzeuge finden Sie im Werkzeug-Bedienfeld im Wesentlichen in zwei Gruppen.

Die erste Gruppe umfasst alle Werkzeuge zur exakten Konstruktion von Pfaden. Hierbei handelt es sich um die vier Werkzeuge Zeichenstift, Ankerpunkt hinzufügen, Ankerpunkt löschen und Richtungspunkt umwandeln, die Sie aus einem Menü auswählen können. Die zweite Gruppe umfasst die Freihand-Werkzeuge Buntstift, Glätten und Radieren, die ebenfalls in einem Menü zusammengefasst sind.

Die meisten Werkzeuge können über Tastaturbefehle aufgerufen werden:

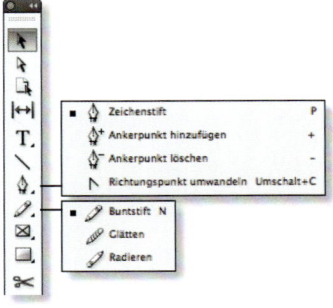

▲ **Abbildung 13.4**
Die Werkzeuge zur Pfadbearbeitung

Werkzeug	Windows	Mac OS
Zeichenstift	P	P
Ankerpunkt hinzufügen	+	+
Ankerpunkt löschen	-	-
Richtungspunkt umwandeln	⇧+C	⇧+C
Buntstift	N	N

▲ **Tabelle 13.1**
Tastaturbefehle zum Aufrufen der Pfadwerkzeuge

Werkzeuge auswählen

Wenn Sie die Alt- bzw. ⌥-Taste gedrückt halten, während Sie auf ein Pfadwerkzeug im Werkzeug-Bedienfeld klicken, wird auf das nächste Werkzeug der Gruppe umgeschaltet und dieses ausgewählt – das funktioniert auch bei allen anderen Werkzeuggruppen.

13.1.3 Erstellen von Pfaden aus geraden Linien

Das zentrale Werkzeug zum Erstellen eines Pfades ist das Zeichenstift-Werkzeug . Wählen Sie es aus, und klicken Sie auf die Arbeitsfläche. Damit wird ein erster Ankerpunkt gesetzt. Um

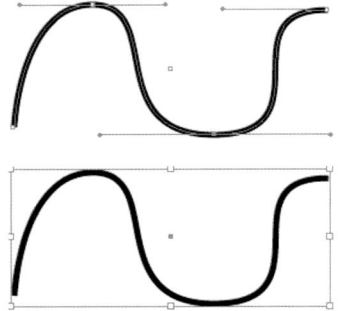

▲ **Abbildung 13.5**
Auswahl eines Pfades mit dem Direktauswahlwerkzeug (oben) und dem Auswahl-Werkzeug (unten). Beachten Sie beim Direktauswahl-Werkzeug den eingeblendeten Mittelpunkt, mit dem Sie den gesamten Pfad verschieben können.

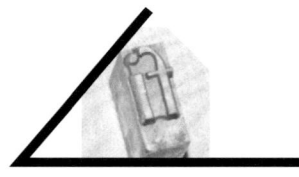

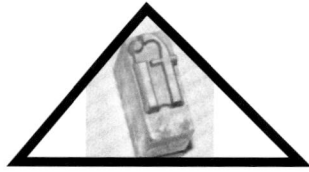

▲ **Abbildung 13.6**
Ein offener Pfad (oben) und ein geschlossener Pfad (unten) mit Bildfüllung

einen weiteren Ankerpunkt zu setzen, klicken Sie an eine andere Stelle. InDesign verbindet beide Punkte mit einer Linie. Setzen Sie einen dritten Punkt an eine Stelle, sodass sich letztlich ein etwa gleichseitiges Dreieck ergibt. Nähern Sie sich nun Ihrem Ausgangspunkt, wird dem Zeichenstift-Mauszeiger ein kleiner Kreis hinzugefügt. Dieser Kreis ist das Zeichen dafür, dass Ihr Pfad nun geschlossen wird.

Pfade müssen aber nicht geschlossen werden. Wenn Sie nach dem dritten Punkt die [Strg]- bzw. [⌘]-Taste drücken und erneut klicken oder [↵] drücken, wird der Pfad zwar beendet, aber nicht geschlossen. Das Auswählen eines anderen Werkzeugs oder ein zusätzlicher Klick auf das Zeichenstift-Werkzeug führt zum selben Ergebnis.

Klicken Sie nun mit dem Auswahlwerkzeug einmal auf den Pfad. Nun wird der Rahmen ausgewählt, der Ihren Pfad umfasst; der Pfad selbst ist Inhalt dieses Rahmens. Somit ist klar, dass Sie die Dimensionen Ihres Pfades einfach durch Änderung des umfassenden Rahmens verändern können.

Die Tatsache, dass auch bei Pfaden konsequent zwischen Inhalt und Rahmen unterschieden wird, hat den angenehmen Nebeneffekt, dass Sie Ihren Pfad nun füllen können, egal, ob er geschlossen ist oder nicht. Auch offene Pfade füllen zu können, ist keine Selbstverständlichkeit. Neben normalen Farbfüllungen ist es auch möglich, Bilder und Texte in die Fläche zu platzieren, die der Pfad umgibt. Der Inhalt wird auf der offenen Seite der Form so beschnitten, als wenn die beiden Endpunkte miteinander verbunden wären.

Klicken Sie nun mit dem Direktauswahl-Werkzeug auf den Pfad, und bewegen Sie den Mauszeiger über die Pfadkomponenten. Der Mauszeiger ändert sich abhängig davon, welche Pfadkomponente Sie berühren. Der Zeiger bedeutet, dass Sie einen Ankerpunkt bearbeiten oder verschieben können. Mit dem Zeiger können Sie die Linien zwischen zwei Ankerpunkten auswählen und bewegen. Um den gesamten Pfad zu bewegen, ziehen Sie den eingeblendeten Mittelpunkt.

13.1.4 Richtungslinien

Das Zeichnen gekrümmter Pfade funktioniert ganz ähnlich wie bei geraden Pfaden und vor allem auch mit dem Zeichenstift-Werkzeug.

Wenn Sie einen Ankerpunkt setzen und bei gedrückter Maustaste am Ankerpunkt ziehen, werden die beiden Richtungslinien aus dem Ankerpunkt symmetrisch herausgezogen. Dadurch entsteht ein Kurvenpunkt. Der Pfad passt sich dabei an Ihre Bewegungen an. Der Rest läuft wie bisher: Schließen Sie die Form, oder beenden Sie den Pfad, indem Sie die ⌃Strg- bzw. ⌘-Taste drücken, während Sie einen Mausklick machen. Die beiden Richtungslinien sind zunächst immer gleich lang.

Diese Art, Pfade zu erstellen, erfordert erfahrungsgemäß eine gewisse Übung und vor allem ein großes Maß an Vorstellungsvermögen. Sie müssen einerseits die gewünschte Form im Kopf haben und andererseits diese Form auf die technische Umsetzung mit Ankerpunkten und Richtungslinien abbilden können. Das gelingt nicht immer, weshalb es eine Reihe von Funktionen gibt, um einen Pfad nachträglich zu verändern. Aber auch während der Pfaderstellung können Sie Einfluss auf den Pfad nehmen und Korrekturen anbringen:

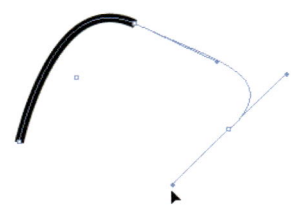

▲ **Abbildung 13.7**
Klicken Sie, um einen Ankerpunkt zu setzen, und ziehen Sie bei gedrückter Maustaste, um die Richtungslinien aus dem Ankerpunkt zu ziehen.

Ankerpunkt verschieben | Egal, ob Sie bereits Richtungslinien aus dem Ankerpunkt gezogen haben oder nicht: Solange Sie die Maustaste gedrückt halten, können Sie zusätzlich die Leertaste drücken, während Sie den Cursor bewegen. Die aktuelle Anordnung von Ankerpunkt und Richtungslinien kann nun noch verschoben werden.

Gewinkelten Pfad erstellen | Um beim Zeichnen einen Anschlusspunkt von einem gekrümmten zu einem geraden Pfadsegment zu erstellen, setzen Sie zunächst einen normalen Ankerpunkt und ziehen beide Richtungslinien aus dem Punkt. Drücken Sie dann die Alt- bzw. ⌥-Taste, und bewegen Sie die aktuelle Richtungslinie weiter. Die gedrückte Alt/⌥-Taste entkoppelt in diesem Fall die beiden Richtungslinien. Sie können sowohl die Länge als auch den Winkel der beiden Richtungslinien zueinander verändern und die aktuelle Richtungslinie auch ganz in den Ankerpunkt zurückschieben.

Eine Richtungslinie unmittelbar nach dem Herausziehen löschen | Sobald Sie die Richtungslinien aus einem Ankerpunkt herausgezogen haben, können Sie die Alt/⌥-Taste drücken und auf einen Anfasser einer Richtungslinie klicken. Der dazugehörige Schenkel wird gelöscht und der Ankerpunkt so in einen Anschlusspunkt verwandelt. Der Pfad wird dadurch nicht beendet – Sie können also ganz normal weiterzeichnen.

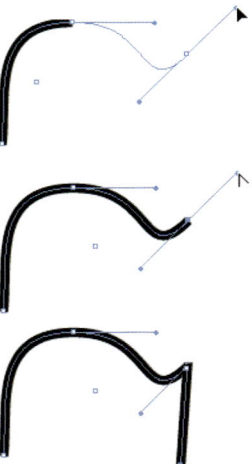

▲ **Abbildung 13.8**
Einen Anschlusspunkt erstellen: Ziehen Sie eine Richtungslinie aus dem Ankerpunkt (oben), drücken Sie die Alt/⌥- Taste, und klicken Sie auf einen Anfasser der Richtungslinie (Mitte), um den Schenkel zu löschen und einen Anschlusspunkt zu erstellen. Wenn Sie weiterzeichnen, wird mit einer geraden Linie fortgesetzt (unten).

Richtungslinien in 45°-Schritten bewegen | Drücken Sie die ⇧-Taste, um dafür sorgen, dass sich die Richtungslinien nur noch in 45°-Schritten bewegen lassen. Diese Funktion benötigen Sie häufig, wenn Sie gleichmäßige geometrische Figuren zeichnen.

Zusätzlich können Sie mit der ⌃Strg - bzw. ⌘-Taste das Zeichenstift-Werkzeug jederzeit in das Direktauswahl-Werkzeug verwandeln, um beispielsweise einen Punkt noch zu verschieben.

Schritt für Schritt: Einen geschlossenen Pfad erstellen

Sie werden nun eine einfache geometrische Form erstellen. Folgende Grafik dient Ihnen als Vorlage – wir haben die Hilfslinien, die Sie benötigen werden, grau hervorgehoben:

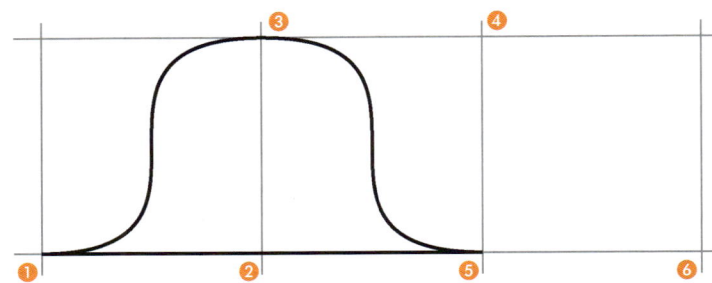

Abbildung 13.9 ▶
»Malen nach Zahen« – die Nummern in dieser Schablone folgen der Reihenfolge der Schritte.

▲ **Abbildung 13.10**
Stellen Sie die Kontur für die Form im Kontur-Bedienfeld auf 2 Pt, wie hier gezeigt – Details zum Kontur-Bedienfeld erfahren Sie in Abschnitt 13.2.1.

1 **Hilfslinien anlegen und Konturstärke festlegen**
Legen Sie vier vertikale Hilfslinien mit einem Abstand von 40 mm und zwei horizontale Hilfslinien an, ebenfalls mit einem Abstand von 40 mm. Öffnen Sie das Kontur-Bedienfeld über FENSTER • KONTUR oder F10 bzw. ⌘+F10, und legen Sie im Kontur-Bedienfeld die STÄRKE auf 2 Pt fest.

2 **Die linke Hälfte der Form zeichnen**
Wählen Sie das Zeichenstift-Werkzeug, und klicken Sie in den Kreuzungspunkt der Hilfslinien ❶. Halten Sie die Maustaste gedrückt, und ziehen Sie die Richtungslinien aus dem Punkt. Ziehen Sie die rechte Linie genau auf den Kreuzungspunkt ❷. Lassen Sie die Maustaste los.

3 **Den Scheitelpunkt zeichnen**
Klicken Sie auf den Kreuzungspunkt ❸, und ziehen Sie die Richtungslinie genau bis zum Kreuzungspunkt ❹.

4 **Die rechte Hälfte der Form mit einer Ecke zeichnen**
Klicken Sie nun auf den Kreuzungspunkt ❺, und ziehen Sie den Tangentenschenkel bis zum Punkt ❻. Drücken Sie anschließend die Alt - bzw. ⌥-Taste, und klicken Sie auf den Tangentenschenkel, den Sie gerade aus dem Ankerpunkt gezogen haben,

um ihn zu löschen. Wenn Sie die Form nicht schließen möchten, müssen Sie den Pfad nun beenden – dies geschieht automatisch, wenn Sie auf ein anderes Werkzeug wechseln oder ganz einfach die [Strg]- bzw. [⌘]-Taste drücken und einen Mausklick machen. Hierdurch wechseln Sie kurzfristig zum Direktauswahl-Werkzeug, beenden den Pfad und lassen die Form offen. Wollen Sie die Form jedoch schließen, klicken Sie auf den Ausgangspunkt ❶. ∎

Die Methode, eine gleichmäßige Form über Hilfslinien festzulegen, hat sich gerade für Anfänger gut bewährt. Wenn Sie eine Vorlage nachzeichnen möchten, können Sie zuerst ein Raster aus Hilfslinien festlegen, in dem die Kreuzungspunkte an den markanten Punkten liegen, wo der Pfad seine Richtung ändern wird.

13.1.5 Pfade bearbeiten

Auch die beste Planung und die ausgeprägteste Fantasie führen nicht zwingend zu einem perfekten Ergebnis im ersten Anlauf. Sie werden Ankerpunkte hinzufügen und löschen und die Art, wie ein Pfad seine Richtung ändert, verändern wollen bzw. müssen. Dazu gibt es unterschiedliche Methoden, die in verschiedenen Situationen bevorzugt werden. Grundsätzlich gilt, dass alle Werkzeuge immer von einem bestimmten Zustand ausgehen.

Sollte sich ein Werkzeug nicht so verhalten, wie wir es hier beschreiben, liegt das zumeist an einer falschen Pfadauswahl. Heben Sie zunächst die Auswahl auf, indem Sie BEARBEITEN • AUSWAHL AUFHEBEN wählen oder die Tastenkombination [Strg]+[⇧]+[A] bzw. [⌘]+[⇧]+[A] drücken. Wählen Sie dann den betreffenden Pfad mit dem Direktauswahl-Werkzeug aus.

Um einen einzelnen Ankerpunkt zu verschieben oder die Richtung des Pfades im Punkt zu verändern, klicken Sie diesen Punkt mit dem Direktauswahl-Werkzeug an. Der Ankerpunkt wird gefüllt, und seine Richtungslinien werden angezeigt. Zusätzlich werden die Richtungslinien der beiden zugehörigen Pfadsegmente in den benachbarten Ankerpunkten angezeigt. Diese beiden Hälften der Richtungslinien beeinflussen den Verlauf des Pfades in diesem Bereich nämlich ebenfalls. Greifen Sie den Punkt, und verschieben Sie ihn an die gewollte Stelle, oder verändern Sie sowohl die Position als auch die Länge der Richtungslinien.

Die Länge der Richtungslinien können Sie getrennt verändern; den Winkel, den die beiden zueinander haben, allerdings nur dann, wenn die beiden Schenkel schon getrennt wurden – dazu kommen wir später. Während Sie den Ankerpunkt oder die Anfasser der Richtunslinien bewegen, ändert sich der Mauszeiger in

> **InDesign CS5: Ankerpunkte immer sichtbar**
>
> Das Verfahren um einen einzelnen Ankerpunkt auszuwählen, wurde in InDesign CS5 wesentlich verbessert: Nähern Sie sich mit dem Direktauswahl-Werkzeug einem Pfad (auch einem nicht-ausgewählten), und seine Komponenten werden eingeblendet – so sind immer alle Ankerpunkte sichtbar, wenn Sie im Begriff sind, einen bestimmten Punkt auszuwählen.

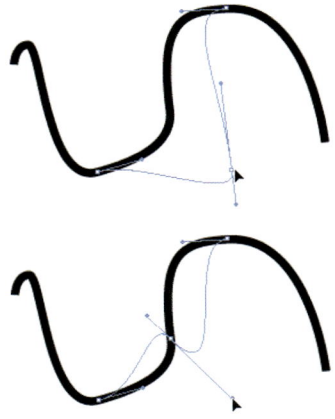

▲ Abbildung 13.11
Ankerpunkt versetzen (oben) und Richtungslinien bewegen (unten)

> **Universalwerkzeug Zeichenstift**
>
> Das Auswählen der verschiedenen Werkzeuge aus dem Werkzeug-Bedienfeld ist zu Beginn noch erträglich. Wie Sie in Abschnitt 13.1.8 sehen werden, kann das Zeichenstift-Werkzeug alle Funktionen der Pfadwerkzeuge übernehmen, wenn es in Verbindung mit diversen Tastenkombinationen verwendet wird.

einen Pfeil ▶; die neue Kontur wird selbstverständlich angezeigt. Natürlich können Sie auch gekrümmte Pfade mit dem Direktauswahl-Werkzeug und dem ▶-Cursor verschieben.

Ankerpunkt hinzufügen | Um Ihrem Pfad einen Ankerpunkt hinzuzufügen, wählen Sie zunächst den Pfad aus und klicken dann mit dem Ankerpunkt hinzufügen-Werkzeug ✑ an die Stelle in Ihrem Pfad, wo der Punkt eingefügt werden soll. Solange Sie die Maustaste noch gedrückt halten, können Sie natürlich auch gleich die Richtungslinien aus dem neuen Punkt ziehen.

Ankerpunkt löschen | Um einen Ankerpunkt zu löschen, klicken Sie mit dem Ankerpunkt löschen-Werkzeug ✑ auf den betreffenden Punkt. Handelt es sich dabei um einen Endpunkt eines offenen Pfades, so wird damit das letzte Pfadsegment gelöscht. Wird ein Ankerpunkt innerhalb eines geschlossenen Pfades oder im Innenbereich eines offenen Pfades gelöscht, so entsteht ein neues Pfadsegment, das den vorhergehenden und den nachfolgenden Ankerpunkt verbindet.

▲ **Abbildung 13.12**
Aus dem Pfad oben wird ein Ankerpunkt gelöscht, wodurch sich die untere Form ergibt.

Richtungspunkt umwandeln | Mit dem Direktauswahl-Werkzeug können Sie lediglich die Länge der einzelnen Tangentenschenkel verändern, nicht aber den Winkel zwischen den beiden Schenkeln. Dazu müssen Sie zuerst die Art, in der der Pfad seine Richtung im Ankerpunkt wechselt, mit dem Richtungspunkt umwandeln-Werkzeug ▷ verändern.

  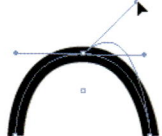

Abbildung 13.13 ▶
Ein Klick mit dem Richtungspunkt umwandeln-Werkzeug verändert eine Kurve (links) in eine Ecke (Mitte). Getrennte Richtungslinien sehen Sie rechts.

Dabei gibt es mehrere Möglichkeiten:
1. **Es handelt sich um einen Kurvenpunkt:** Klicken Sie mit dem Richtungspunkt umwandeln-Werkzeug auf den Ankerpunkt. Der Ankerpunkt wird auf einen einfachen Eckpunkt umgestellt, womit die beiden Pfadsegmente »gerade gebogen« werden.
2. **Der Ankerpunkt ist bereits ein Eckpunkt:** Klicken Sie mit dem Richtungspunkt umwandeln-Werkzeug auf den Ankerpunkt, und ziehen Sie die Richtungslinien in Zeichenrichtung heraus.
3. **Im Ankerpunkt existiert bereits eine Richtungslinie:** Fassen Sie eine einzelne Richtungslinie an ihrem Anfasser an, und verschieben Sie sie. Bei zwei Schenkeln ändern Sie damit den

Winkel zwischen den beiden Schenkeln, sie werden also entkoppelt. Sie können eine einzelne (entkoppelte) Richtungslinie auch in den Ankerpunkt zurückschieben. Um eine einzelne Richtungslinie zu löschen, genügt seit InDesign CS4 ein einfacher Klick auf den Anfasser der zu löschenden Linie.

Um Ankerpunkte gezielt umzuwandeln, finden Sie im Menü OBJEKT • PUNKT KONVERTIEREN folgende Funktionen:

- EINFACHER ECKPUNKT entfernt die Richtungslinien aus dem ausgewählten Ankerpunkt. Je nachdem, wie der Pfad in diesem Ankerpunkt verläuft, entsteht dabei eben ein einfacher Eckpunkt oder ein Anschlusspunkt.
- ECKPUNKT entkoppelt die Schenkel im ausgewählten Punkt und wandelt ihn somit in einen Anschlusspunkt um.
- KURVENPUNKT koppelt die zwei entkoppelten Schenkel, ohne jedoch die Länge der einzelnen Schenkel zu verändern.
- SYMMETRISCHER KURVENPUNKT dagegen koppelt die beiden Schenkel und passt die Länge beider Schenkel an die Länge des zuletzt veränderten Schenkels an.

Sind die beiden Tangentenschenkel einmal getrennt, können sie auch mit dem Direktauswahl-Werkzeug getrennt bewegt werden.

> **Neue Namensgebung in InDesign CS5**
>
> Wie bereits erwähnt, erscheint uns die Bezeichnung, die Adobe für die verschiedenen Ankerpunkte gewählt hat, nicht sehr glücklich. Allerdings sind die Bezeichnungen in InDesign CS5 schon viel besser als noch in InDesign CS4 – dort waren die Bezeichnungen teilweise widersprüchlich und kollidierten mit Bezeichnungen für Funktionen, die etwas ganz anderes bedeuten.

13.1.6 Pfade zerschneiden und verbinden

Das Entfernen eines Ankerpunktes mit dem Ankerpunkt löschen-Werkzeug dient primär dazu, eine Form zu vereinfachen. Da die Pfadsegmente verbunden bleiben, flacht sich die Form zumeist ab, und der gesamte Pfad wird vereinfacht. Wenn eine Form im ersten Anlauf etwas zu holprig geraten ist, kann sie so gut optimiert werden.

Ankerpunkt löschen | Sie können einen Ankerpunkt auch löschen, indem Sie ihn mit dem Direktauswahl-Werkzeug markieren (er ist dann gefüllt) und ihn wie jedes andere Element löschen. Der Ankerpunkt nimmt dabei die beiden Pfadsegmente, die sich in ihm treffen, mit ins Nirwana. Dabei zerfällt der Pfad also in zwei Teile.

Pfad zerschneiden | Wenn Sie einen Pfad in mehrere Teile zerschneiden, dabei aber alle Pfadkomponenten erhalten wollen, hilft Ihnen also diese Funktion nicht. InDesign bietet deshalb dafür ein eigenes Werkzeug – die Schere ✂ – an. Es befindet sich im Werkzeug-Bedienfeld etwas abseits der anderen Pfadwerkzeuge unter den Rahmenwerkzeugen.

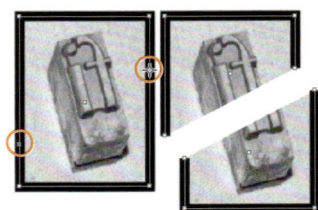

▲ **Abbildung 13.14**
Der Bildrahmen links wird mit zwei Klicks mit dem Schere-Werkzeug in zwei Bildrahmen zerlegt (rechts). Die Schneidepunkte sind mit einem kleinen Kreis gekennzeichnet.

Um einen Pfad zu zerschneiden, wählen Sie das Schere-Werkzeug aus und klicken auf die Stelle des Pfades, an der geschnitten werden soll. Der Pfad muss dabei nicht ausgewählt sein. Ein kleines Fadenkreuz kennzeichnet den Schnittpunkt auf dem Pfad.

Ein offener Pfad zerfällt mit einem Schnitt in zwei Teilpfade, die wirklich vollständig getrennt sind. Ein geschlossener Pfad wird mit einem Schnitt »aufgeschnitten« und mit einem weiteren Schnitt in zwei getrennte Pfade verwandelt.

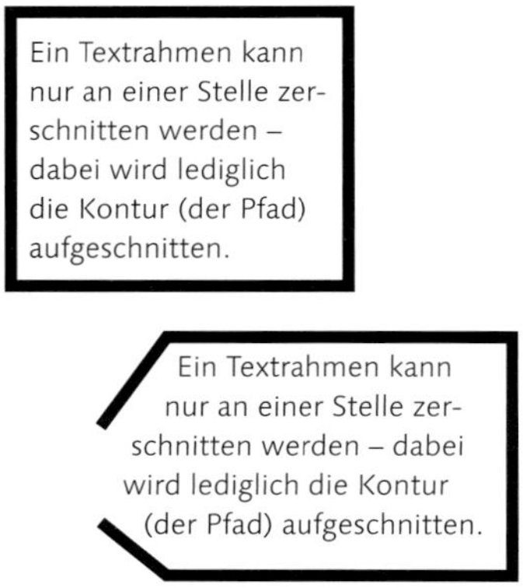

Da Rahmen in InDesign nichts anderes als Pfade sind, können sie natürlich auch zerschnitten werden, wobei allerdings wesentlich ist, welchen Inhalt ein Rahmen hat. Ein Bildrahmen oder ein Rahmen ohne Inhalt (aber z. B. mit Kontur und Füllung) kann so in zwei Pfade zerlegt werden, die als offene Pfade aber genau den Inhalt erhalten, den der ursprüngliche Rahmen hatte. Auch die Konturen bleiben erhalten; da aber nun offene Pfade entstanden sind, fehlt die Kontur entlang der Schnittlinie.

Ein Textrahmen kann dagegen nicht in zwei Teilpfade zerschnitten werden. Hier können Sie lediglich die Kontur des Rahmens aufschneiden. Der Inhalt bleibt dabei erhalten, die Kontur ist geöffnet und kann so eine Lücke aufweisen.

▲ **Abbildung 13.15**
Ein Textrahmen kann nur an einer Stelle aufgeschnitten werden. Werden die Ankerpunkte versetzt, folgt der Text der Kontur.

Pfade verbinden | Um die Lücke wieder zu schließen, können wir erneut auf das Zeichenstift-Werkzeug zurückgreifen. Klicken Sie mit dem Zeichenstift auf einen Endpunkt des Pfades – damit wird dieser Punkt wieder aufgenommen, und Sie können weitere Ankerpunkte setzen oder den Pfad schließen, indem Sie auf den anderen Endpunkt des Pfades klicken. Sobald Sie den Endpunkt getroffen haben, zeigt InDesign ein Verbindungssymbol an.

Wenn Sie einen offenen Pfad auf die gerade beschriebene Weise schließen, ändert sich an der Kontur – um genau zu sein, an ihrer Stärke, ihrer Farbe, ihrem Stil – nichts.

Wenn Sie allerdings Pfade mit sichtbaren Konturen unterschiedlicher Eigenschaften miteinander verbinden, ist die Reihenfolge beim Verbinden entscheidend. Dabei gilt: Der aus der Verbindung mehrerer Pfade (Sie können mehrere Pfade in einem Arbeitsgang verbinden) resultierende Pfad übernimmt alle Konturattribute des Pfades, der dem Gesamtpfad als letzter hinzugefügt wurde.

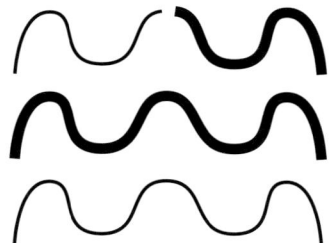

▲ **Abbildung 13.16**
Die beiden Pfade (oben) werden miteinander verbunden. Wird der rechte Endpunkt des dünnen Pfades mit dem linken Endpunkt des dicken Pfades verbunden, wird die Kontur des dicken Pfades übernommen (Mitte). In umgekehrter Richtung übernimmt der resultierende Pfad die Kontur des dünnen Pfades (unten).

Ganz anders verhält sich die Sache mit der Funktion OBJEKT • PFADE • VERBINDEN, die insgesamt drei Funktionen übernimmt:
1. Wenn genau *ein* offener Pfad ausgewählt ist, wird dieser geschlossen – VERBINDEN unterscheidet sich in diesem Fall nicht von der Funktion PFAD SCHLIESSEN, die Sie gleich kennenlernen werden.

2. Sind *zwei* offene Pfade ausgewählt, werden die beiden Pfade an den beiden Ankerpunkten, die am nächsten liegen, zu einem offenen Pfad verbunden.
3. Sind die Endpunkte zweier getrennter Pfade ausgewählt, werden die beiden Pfade an genau diesen Punkten miteinander verbunden. Der resultierende Pfad übernimmt hier die Eigenschaften des Pfades, dessen Endpunkt Sie als Erstes ausgewählt haben.

Sind mehr als zwei offene Pfade ausgewählt, hat die Funktion keine Auswirkung. Enthält die Auswahl einen geschlossenen Pfad, so wird dieser ignoriert.

13.1.7 Pfade öffnen und schließen

Wenn *ein* offener Pfad lediglich geschlossen werden soll, können Sie also auf die Funktion VEBINDEN zurückgreifen. Wenn Sie jedoch mehrere offene Pfade in einem Arbeitsgang schließen wollen, benutzen Sie besser OBJEKT • PFADE • PFAD SCHLIESSEN. Bei jedem ausgewählten Pfad werden die beiden Endpunkte verbunden, und das Ergebnis entspricht dem, das Sie auch mit dem Zeichenstift erreicht hätten.

Im Menü OBJEKT • PFADE finden Sie auch den Befehl PFAD ÖFFNEN, mit dem geschlossene Pfade an dem Ankerpunkt geöffnet werden, der zuletzt gezeichnet wurde. Welcher Punkt das tatsächlich ist, ist natürlich nicht immer vorhersehbar, da z. B. bei einem Polygon-Rahmen nicht direkt erkennbar ist, welcher Ankerpunkt von InDesign zuletzt gesetzt wurde. Sobald der Pfad geöffnet ist, wird der Punkt, an dem der Pfad geöffnet wurde, jedoch für Sie ausgewählt.

Es wäre schön, wenn man zuerst einen Ankerpunkt auswählen könnte und der Pfad dann an genau diesem Punkt geöffnet würde, aber leider wirkt sich eine solche Auswahl nicht auf das Ergebnis aus. Hier können wir lediglich auf eine zukünftige Version vertrauen.

Im Pathfinder-Bedienfeld werden die Funktionen des PFADE-Menüs ebenfalls angeboten – siehe Seite 325. Den Befehl im Menü OBJEKT • PFADE • PFAD UMKEHREN werden wir ebenfalls dort behandeln.

13.1.8 Universalwerkzeug Zeichenstift

Mit dem Zeichenstift-Werkzeug können Sie nicht nur zeichnen, sondern auch Pfade manipulieren. Tatsächlich ist es gewissermaßen das »Schweizer Messer« unter den Pfadwerkzeugen, weil es sämtliche Funktionen der bisher vorgestellten Werkzeuge über-

---

Tastaturbefehl definieren

Da die Funktion PFAD SCHLIESSEN relativ häufig gebraucht wird, wäre es günstig, wenn sie über einen Tastaturbefehl erreichbar wäre – hier werden wir aber noch auf eine zukünftige Version von InDesign warten müssen.

Wie Sie eigene Tastaturbefehle definieren können, können Sie auf Seite 78 nachlesen.

Punkte und Segmente löschen

Wenn Sie einen Ankerpunkt mit dem Direktauswahl-Werkzeug markieren und mit der [Entf]- bzw. [←]-Taste (Rückschritt) löschen, dann wird nicht nur der Ankerpunkt gelöscht, sondern auch die zwei Pfadsegmente, die in ihm münden. Ein geschlossener Pfad wird dadurch logischerweise geöffnet. Ein offener Pfad wird in zwei getrennte Pfade zerlegt.

nehmen kann. Einige Funktionen trägt es dabei direkt in sich, für andere Funktionen müssen zusätzliche Tasten gedrückt werden.

Werkzeug	Aktion
Direktauswahl-Werkzeug	⌃Strg bzw. ⌘
Ankerpunkt hinzufügen	Auf gewünschte Stelle im Pfad klicken
Ankerpunkt löschen	Auf einen Ankerpunkt klicken
Richtungspunkt umwandeln	Alt bzw. ⌥

▲ **Tabelle 13.2**
Funktionen des Zeichenstift-Werkzeugs

Durch Kombination der internen Funktionen mit den über die Zusatztasten erreichbaren Funktionen können Sie mit einem einzigen Werkzeug alle anderen Werkzeuge simulieren:

Funktion	Aktion
Verschieben eines Ankerpunktes	Strg bzw. ⌘ und Ankerpunkt bewegen
Verschieben eines Pfadsegments	Strg bzw. ⌘ und Pfadsegment bewegen
Ankerpunkt hinzufügen	Auf gewünschte Stelle im Pfad klicken
Ankerpunkt löschen, Pfad erhalten	Auf einen bestehenden Ankerpunkt klicken
Ankerpunkt löschen, Pfad trennen	Mit Strg bzw. ⌘ einen Ankerpunkt markieren und löschen
Umwandeln eines Eckpunkts in einen symmetrischen Kurvenpunkt	Mit Strg bzw. ⌘ einen Ankerpunkt aktivieren und dann mit Alt bzw. ⌥ Richtungslinien aus dem Ankerpunkt ziehen
Umwandeln eines Kurvenpunkts in einen Anschlusspunkt	Mit Strg bzw. ⌘ einen Ankerpunkt aktivieren und dann mit Alt bzw. ⌥ die Richtungslinien getrennt bewegen
Umwandeln eines Kurvenpunkts in einen Eckpunkt	Klick mit Alt bzw. ⌥ auf den Ankerpunkt
Erzeugen eines Kurvenpunkts	Mit Strg bzw. ⌘ einen Ankerpunkt aktivieren und dann mit Strg bzw. ⌘ Richtungslinien bewegen

▲ **Tabelle 13.3**
Funktionen des Zeichenstift-Werkzeugs

All diese Funktionen beziehen sich auf jeweils einen Punkt. Mit den Funktionen im Menü OBJEKT • PUNKT KONVERTIEREN können Sie auch mehrere Punkte gleichzeitig umwandeln. Wählen Sie mehrere Punkte aus, indem Sie auf alle Punkte mit gedrückter ⇧-Taste klicken, oder benutzen Sie das Direktauswahl-Werkzeug, um einen Auswahlrahmen um alle Punkte zu ziehen. Ein Lasso, wie in Illustrator, gibt es leider nicht.

13.1.9 Die Freihand-Werkzeuge

Die vielen Funktionen des Zeichenstift-Werkzeugs brauchen natürlich ein gewisses Training. Um den Umgang mit Pfaden etwas natürlicher zu gestalten, bietet InDesign drei weitere Pfadwerkzeuge an: das Buntstift-Werkzeug ✏︎, das Glätten-Werkzeug ✎ und das Radieren-Werkzeug ✐. Das Buntstift-Werkzeug können Sie auch mit der Taste [N] erreichen.

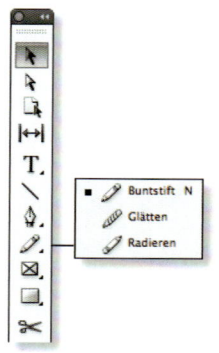

▲ **Abbildung 13.17**
Die Freihand-Werkzeuge

Buntstift | Wenn Sie mit dem Buntstift-Werkzeug eine Linie zeichnen, hinterlässt es zunächst nur eine Spur aus winzigen Punkten, die von InDesign in einen Pfad umgerechnet werden, sobald Sie den Stift absetzen (also die Maustaste loslassen). Dabei entstehen zumeist eher »krakelige« Linien, die aber als Pfade mit allen Pfadwerkzeugen bearbeitet werden können. Mit den anderen beiden Freihand-Werkzeugen können die Formen darüber hinaus entschärft werden. Um den entstehenden Pfad von vornherein besser anzulegen, können Sie das Buntstift-Werkzeug nach Ihren eigenen Wünschen einstellen, indem Sie auf das Werkzeug im Werkzeug-Bedienfeld doppelklicken. So gelangen Sie in das Fenster VOREINSTELLUNGEN FÜR BUNTSTIFT-WERKZEUG, in dem Sie fünf Parameter festlegen können.

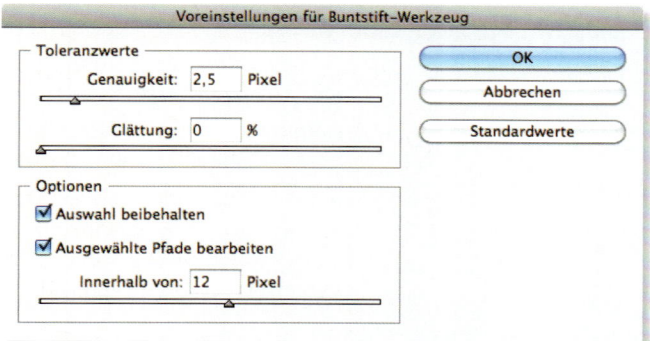

◄ **Abbildung 13.18**
VOREINSTELLUNGEN FÜR BUNTSTIFT-WERKZEUG

Toleranzwerte | Im Bereich TOLERANZWERTE bestimmen Sie, wie exakt den handgezeichneten Linien gefolgt werden soll.
- GENAUIGKEIT: Sie können einen Wert zwischen 0,5 und 20 Pixel eingeben. InDesign geht davon aus, dass Sie beim Zeichnen von der idealen Form geringfügig abweichen werden. Je geringer der Wert ist, desto früher wird Ihre Bewegung als Richtungswechsel des Pfades interpretiert. Ein höherer Wert erzeugt eine gleichmäßigere Kurve, da geringfügige Abweichungen ignoriert werden.
- GLÄTTUNG: Der Wert der GLÄTTUNG reicht von 0% bis 100%. Höhere Werte führen zu weniger Ankerpunkten und somit zu

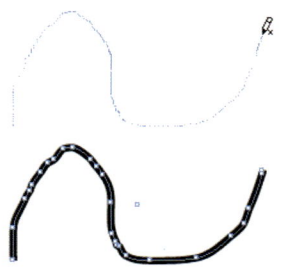

▲ **Abbildung 13.19**
Eine freihändig gezeichnete Linie und ihre Darstellung als Pfad

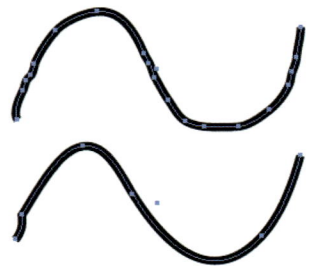

▲ **Abbildung 13.20**
Eine Form, die mit den Standardeinstellungen erzeugt wurde (oben) – und etwa die gleiche Form mit der Genauigkeit 10 Pixel und einer Glättung von 100 % (unten).

> **Freistellen mit dem Buntstift**
>
> Bitte beachten Sie die sehr praktische Anwendung des Buntstiftes zum schnellen Freistellen eines Bildes auf Seite 270.

> **Vorsicht mit dem Glätten-Werkzeug**
>
> Durch mehrfaches Anwenden des Glätten-Werkzeugs können Sie einen Pfad »zu Tode glätten« – der Optimierungsprozess führt nicht zwingend zu einer Reduktion von Ankerpunkten, sondern kann auch zusätzliche Ankerpunkte einfügen, um die Form zu erhalten.

einer glatteren Kurve. Der Standardwert beträgt 0 %, d. h., es findet keine Glättung statt.

Optionen | Der Abschnitt Optionen legt fest, wie mit einem bereits gezeichneten Pfad verfahren werden soll.

▶ Auswahl beibehalten: Ist diese Option aktiviert, wird der neu gezeichnete Pfad nach dem Zeichnen ausgewählt und kann somit sofort nachbearbeitet werden.

▶ Ausgewählte Pfade bearbeiten: Wenn Sie einen Pfad ausgewählt haben, können Sie ihn mit dem Buntstift weiterbearbeiten, z. B. verlängern oder einzelne Pfadsegmente neu zeichnen, sofern Sie eine bestimmte Distanz zum Pfad einhalten.

▶ Innerhalb von: Dieser Wert kann in einem Bereich von 2 bis 20 Pixel eingestellt werden und gehört zur Option Ausgewählte Pfade bearbeiten. Sie legen damit fest, ab wann die Bearbeitung eines ausgewählten Pfades wirksam werden soll, bestimmen also die erwähnte Distanz. Der Standardwert 12 Pixel bedeutet, dass Sie den ausgewählten Pfad verlängern, wenn Sie im Abstand von maximal 12 Pixel vom Endpunkt des Pfades aus gesehen mit dem Buntstift zeichnen. Wird hingegen außerhalb des Abstandes von 12 Pixel das Zeichnen des Pfades fortgesetzt, so wird ein neuer Pfad erstellt; eine Verbindung zum anderen Pfad besteht somit nicht.

Pfade glätten | Wenn Sie mit dem Ankerpunkt löschen- oder dem Zeichenstift-Werkzeug Ankerpunkte aus einem Pfad entfernen, beeinflussen Sie die Form wesentlich. Eine Glättung des Pfades ist auf diese Weise nur möglich, wenn sich viele Ankerpunkte nah beieinander befinden. Die Ergebnisse sind oft schwer abzuschätzen. Hier setzt das Glätten-Werkzeug an.

Sie können damit einem ausgewählten Pfad folgen, und das Werkzeug wird im überstrichenen Bereich den Pfad glätten, indem zwar Ankerpunkte entfernt werden, die Form des Pfades dabei aber im Wesentlichen erhalten bleibt. Auch das Glätten-Werkzeug kann eingestellt werden, wenn Sie auf das Werkzeug doppelklicken. Sie finden dann die beiden Optionen aus dem Bereich Toleranzwerte des Buntstift-Werkzeugs vor, die auch vollkommen gleich zu verstehen sind. Im Prinzip wird der Bereich des Pfades, den Sie überstreichen, mit den geänderten Parametern also neu gezeichnet.

Pfadabschnitte wegradieren | Das Radieren-Werkzeug ist auf die gleiche Weise zu handhaben – Sie überstreichen damit einen Bereich eines ausgewählten Pfades. Der betroffene Bereich wird aus dem Pfad entfernt. Somit verhält sich das Radieren-Werkzeug wie eine Mischung aus Schere-Werkzeug und dem Löschen von Ankerpunkten bzw. Pfadsegmenten. Einstellungen können Sie für das Radieren-Werkzeug nicht vornehmen.

Die drei Freihand-Werkzeuge sind mit der Maus nur schwer zu kontrollieren und mit den üblichen Zeigewerkzeugen, wie sie bei Laptop-Computern zum Einsatz kommen, noch schwerer. In Kombination mit einem Grafiktablett können Sie allerdings sehr intuitiv und elegant damit arbeiten. Alle drei Werkzeuge können mit der [Strg]- bzw. [⌘]-Taste in das Direktauswahl-Werkzeug umgeschaltet werden. Das Buntstift-Werkzeug wird in Kombination mit der [Alt]- bzw. [⌥]-Taste zum Glätten-Werkzeug.

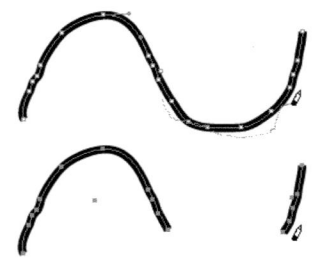

▲ **Abbildung 13.21**
Überstreichen Sie mit dem Radieren-Werkzeug einen Bereich eines ausgewählten Pfads, um Ankerpunkte und dazugehörige Pfadsegmente zu löschen. Eine exakte Kontrolle bietet dieses Werkzeug somit nicht.

13.1.10 Das Linienzeichner-Werkzeug

Das Aufziehen einer Linie mit dem Linienzeichner ╲ erfolgt analog zum Aufziehen von Rahmen. Wählen Sie das Werkzeug ╲ im Werkzeug-Bedienfeld aus, und bewegen Sie den Cursor auf die Montagefläche. Beginnen Sie, eine Linie zu zeichnen, indem Sie klicken und die Linie in der gewünschten Länge in die gewünschte Richtung ziehen und am Endpunkt loslassen.

Auch hier helfen die uns bekannten Tastaturkürzel, Linien gezielter zu erstellen. Durch gleichzeitiges Drücken der [⇧]-Taste können Sie Linien nur in 45°-Abstufungen zeichnen. Sollten Sie anstelle der [⇧]-Taste die [Alt]- bzw. [⌥]-Taste gedrückt halten, so wird eine symmetrische Linie aus dem gesetzten Startpunkt (somit Mittelpunkt des Objekts) heraus gezeichnet. Die Kombination beider Tasten führt dazu, dass Sie aus dem Startpunkt in 45°-Schritten eine symmetrische Linie erstellen.

Ansonsten kann zum Linienzeichner nur noch gesagt werden, dass eine Linie als Kontur selbstverständlich nichts anderes als ein Pfad ist. Sie können Linien auch erstellen, indem Sie mit dem Zeichenstift-Werkzeug zwei Punkte setzen (mit dem Linienzeichner-Werkzeug wird die Linie aufgezogen). Das Ergebnis ist das gleiche. Sie können Linien, die mit dem Linienzeichner-Werkzeug erstellt wurden, über ihre Endpunkte an bestehende Pfade anbinden und auch alle anderen Funktionen auf sie anwenden.

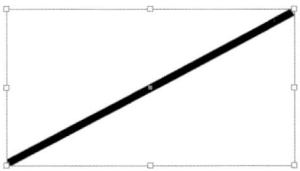

▲ **Abbildung 13.22**
Auch eine Linie, die mit dem Linienzeichner-Werkzeug erstellt wurde, ist von einem normalen Objektrahmen umgeben und unterscheidet sich nicht von einem geraden Pfadsegment, das z. B. mit dem Zeichenstift entstanden ist.

13.2 Das Aussehen eines Pfads bestimmen

Nicht nur Objekte, die Sie mit den beschriebenen Werkzeugen erstellen, bestehen aus Pfaden; auch Rahmen sind Objekte, die von einem Pfad begrenzt sind. Es nun an der Zeit, sich über Konturen und deren Attribute zu unterhalten.

13.2.1 Das Kontur-Bedienfeld

Sie können einer Kontur nicht nur Attribute wie Konturstärke und Linientyp aus dem Steuerung-Bedienfeld zuweisen. Um alle Attribute zuweisen zu können, müssen Sie sich der Optionen des Kontur-Bedienfelds bedienen, das Sie über das Menü FENSTER • KONTUR oder über das Tastaturkürzel [F10] bzw. [⌘]+[F10] erreichen. Sollten Sie das Kontur-Bedienfeld in seiner Sparversion – nur die STÄRKE wird angezeigt – sehen, so müssen Sie im Bedienfeldmenü den Befehl OPTIONEN EINBLENDEN ausführen oder auf die Pfeile ⇕ vor dem Bedienfeldnamen klicken.

So wie im Steuerung-Bedienfeld können Sie auch im Kontur-Bedienfeld die STÄRKE ❶ der Linie eingeben oder über das Pop-up-Menü ⇕ auswählen. Es ist natürlich auch hier zulässig, die Stärke in einer anderen Maßeinheit einzugeben oder im Eingabefeld eine Berechnung durchzuführen. Die resultierende Maßeinheit ist von den getroffenen Voreinstellungen abhängig.

Eine Linie besteht aus einem Anfangs- und einem Endpunkt. Die Form, wie eine Linie vorn und hinten abgeschlossen wird, bestimmen Sie über die Option ABSCHLUSS ❸ – die Auswirkungen zeigt Abbildung 13.24.

Wie beim Abschluss können Sie auch die Form der ECKE ❹ wählen. Ob die Ecken spitz, abgerundet oder abgeflacht sind, hängt darüber hinaus mit der GEHRUNGSGRENZE ❷ zusammen. Je kleiner der Winkel einer Ecke ist, umso größer muss die Gehrungsgrenze gesetzt werden, damit die Ecke nicht automatisch abgeflacht wird. Je niedriger die Gehrungsgrenze gesetzt wird, um so eher wird eine Abflachung der Ecken erfolgen.

Ein wesentlicher Punkt ist die Option KONTUR AUSRICHTEN ❺. Das Zusammenspiel mit der Objektgröße soll dazu an einem Beispiel verdeutlicht werden. Angenommen, Sie ziehen einen Rahmen mit einer Breite von 15 mm x 15 mm auf:

Wählen Sie zuerst die Option KONTUR INNEN AUSRICHTEN (mittleres Symbol der Option KONTUR AUSRICHTEN) und weisen Sie der Kontur eine STÄRKE von 1 mm zu, so bleibt der Rahmen 15 mm x 15 mm groß, und die 1 mm starke Kontur wächst nach innen. Wählen Sie hingegen zuerst die Option KONTUR MITTIG AUSRICHTEN (linkes Symbol), so sind die neuen Ausmaße des Rahmens 15,5 mm x 15,5 mm. Haben Sie die Option KONTUR AUSSEN AUSRICHTEN gewählt, so ist die neue Rahmengröße 16 mm x 16 mm.

Mit ANFANG ❼ und ENDE ❽ können Sie spezielle Formen zur Erstellung von Pfeilen auswählen. Das Editieren der Spitzenformen ist in InDesign nicht vorgesehen, weshalb der Einsatz der Linienanfänge und -enden in sehr vielen Fällen unbrauchbar ist.

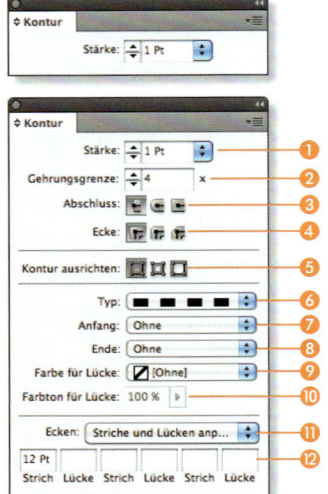

▲ **Abbildung 13.23**
Sind die Optionen des Kontur-Bedienfelds ausgeblendet, kann nur noch die STÄRKE eingestellt werden (oben).
In der erweiterten Darstellung (unten) haben Sie Zugriff auf alle Linienattribute. Einträge in ⓬ können allerdings nur erfolgen, wenn der Typ GESTRICHELT aktiviert ist.

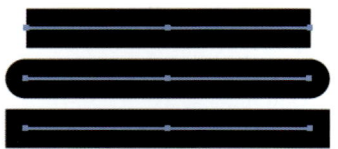

▲ **Abbildung 13.24**
ABSCHLUSS: Die Auswirkungen der drei möglichen Optionen – ABGEFLACHT, ABGERUNDET oder ÜBERSTEHEND.

Kontur für XPress-Anwender

Für QuarkXPress-Anwender ist zu empfehlen, die mittlere Option KONTUR INNEN AUSRICHTEN auszuwählen, da dies den Standardvorgaben von QuarkXPress entspricht.

Mit der Option Typ ❻ können Sie aus einer definierten Liste verschiedene Linientypen auswählen. Wie Sie aus der Liste erkennen, gibt es dabei durchgehende und gestrichelte Linien sowie Linienformen, die sich durch Streifen aufbauen. Wir werden später noch sehen, dass es einfach ist, einer Linie eine Farbe bzw. einen Farbton zuzuweisen. Wenn das für eine Linie möglich ist, muss es auch für die »weißen« Teile einer Linie oder eines Streifens gelten. Genau diese Zuweisung können Sie mit den Optionen Farbe für Lücke ❾ und Farbton für Lücke ❿ vornehmen. Es ergeben sich dadurch interessante Möglichkeiten für Unterstreichungen und grafische Formen.

Wurde in der Option Typ die Linienform Gestrichelt ausgewählt, so werden am Ende des Bedienfelds sechs Eingabefelder ⓬ hinzugefügt. Der erste Wert definiert die Strichlänge des ersten Strichs in der gestrichelten Linie. Der zweite Wert legt die Länge der Lücke fest. Fahren Sie dementsprechend mit den restlichen Eingabefeldern fort. Wird kein weiterer Wert eingegeben, so wiederholt sich die definierte Länge des Strichs und der Lücke für den Rest der gestrichelten Linie.

Über die Option Ecken ⓫ können Sie festlegen, wie InDesign die Ecken für eine gestrichelte Linie ausführen soll. Wählen Sie dabei zwischen Ohne, Striche anpassen, Lücken anpassen oder Striche und Lücken anpassen. In den meisten Fällen führt die letzte Option zur besten grafischen Form.

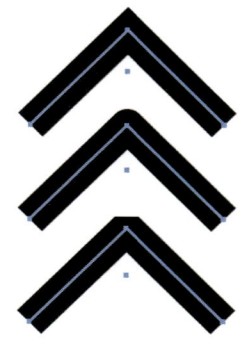

▲ **Abbildung 13.25**
Eckenformen

> **Kontur auf Standard setzen**
>
> Ist keine Linie – Linienfarbe und Linienstärke – nach dem Aufziehen sichtbar, so drücken Sie einfach die Taste [D]. Dadurch erhält die Linie automatisch die Konturenfarbe [Schwarz] und eine Stärke der zuletzt gewählten Konturstärke im Kontur-Bedienfeld.

◀ **Abbildung 13.26**
Die vier verschiedenen Optionen zum Anpassen der Striche bzw. Lücken über die Option Ecke

Über das Kontur-Bedienfeld lassen sich somit unterschiedlichste Formen erstellen, wie Abbildung 13.27 zeigt.

◀ **Abbildung 13.27**
Wahre grafische Prachtstücke von Linienformen mit unterschiedlichen Attributen

13.2.2 Konturenstile

Die Liste der definierten Konturenstile aus der Option Typ (siehe Abbildung 13.28) umfasst einerseits eine umfangreiche Sammlung an Standardstilen, die vor allem PageMaker- und QuarkXPress-

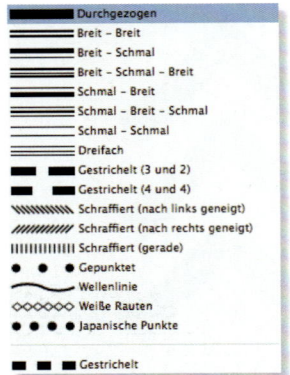

▲ **Abbildung 13.28**
Die Standard-Linientypen

Abbildung 13.29 ▶
Der Konturenstile-Editor. Konturen in eckigen Klammern sind Standardkonturen, die Sie nicht löschen können. Die Linie »Rainbow« erhalten Sie, wenn Sie eine neue Streifenkontur definieren und dieser den Namen »Rainbow« geben. »Feet« erhalten Sie, wenn Sie eine Strichkontur mit dem Namen »Feet« anlegen.

Tabellenlinien
Wenn in einer Tabelle die senkrechten Linien nicht die horizontalen Linien berühren, sondern im Abstand von z. B. 1 mm enden sollen, können Sie einen Konturenstil weiß–schwarz–weiß anlegen und diesen auf die horizontalen Linien in einer etwas größeren Konturstärke anwenden.

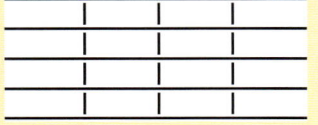

Anwender gewohnt waren, und andererseits spezielle Effektstile, die Sie nicht selbst im Konturenstile-Editor erstellen könnten. Alle vorhandenen Konturen können Sie in den Dialogen UNTERSTREICHEN, DURCHSTREICHEN, ABSATZLINIEN und TABELLEN verwenden.

Einen Konturenstil erstellen | Um eigene Formen für Linien und Streifen zu erstellen, öffnen Sie die KONTURENSTILE, die Sie über das Bedienfeldmenü des Kontur-Bedienfelds oder über das Bedienfeldmenü des Steuerung-Bedienfelds aufrufen können.

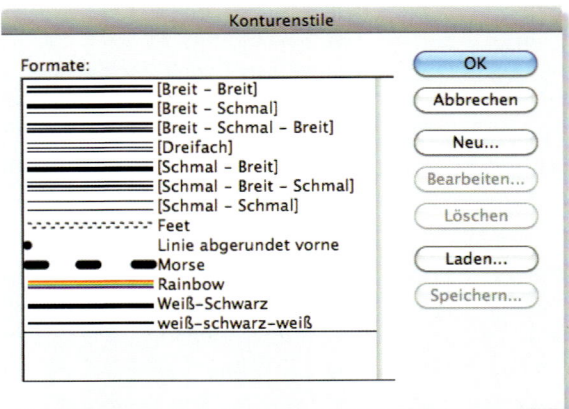

Über den Editor können Sie einen neuen Konturenstil erstellen, vorhandene BEARBEITEN oder LÖSCHEN bzw. ausgewählte Konturenstile SPEICHERN und diese dann in anderen Dokumenten wieder LADEN.

Drücken Sie NEU, um einen eigenen Konturenstil zu erstellen. Im eigentlichen Editor müssen Sie zuerst den NAMEN ❶ des Stils festlegen. Danach wählen Sie unter der Option ART ❷ aus, welche Art von Linie (GEPUNKTET, STRICH oder STREIFEN) Sie erstellen wollen. Je nach Typ unterscheiden sich die Eingabedialoge. Um eine benutzerdefinierte Streifen- oder eine Strich-Linienform zu erstellen, müssen Sie lediglich im Lineal die Randmarken ❸ (Anfang und Ende) bewegen. Das Ergebnis der Änderungen wird Ihnen permanent angezeigt.

Um beispielsweise eine zusätzliche Linie innerhalb des Streifens hinzuzufügen, müssen Sie nur im leeren Bereich des Lineals einen neuen Strich aufziehen. Bei STREIFEN und STRICH können Sie die Anfangs- und Endmarke ❹ auch numerisch eingeben. Bei den Linientypen GEPUNKTET und STRICH können Sie die LÄNGE DES MUSTERS ❼ darüber hinaus numerisch bestimmen. Zur permanenten Kontrolle steht Ihnen im Bereich VORSCHAU ❺ immer die aktualisierte Form der Kontur zur Begutachtung zur Verfügung.

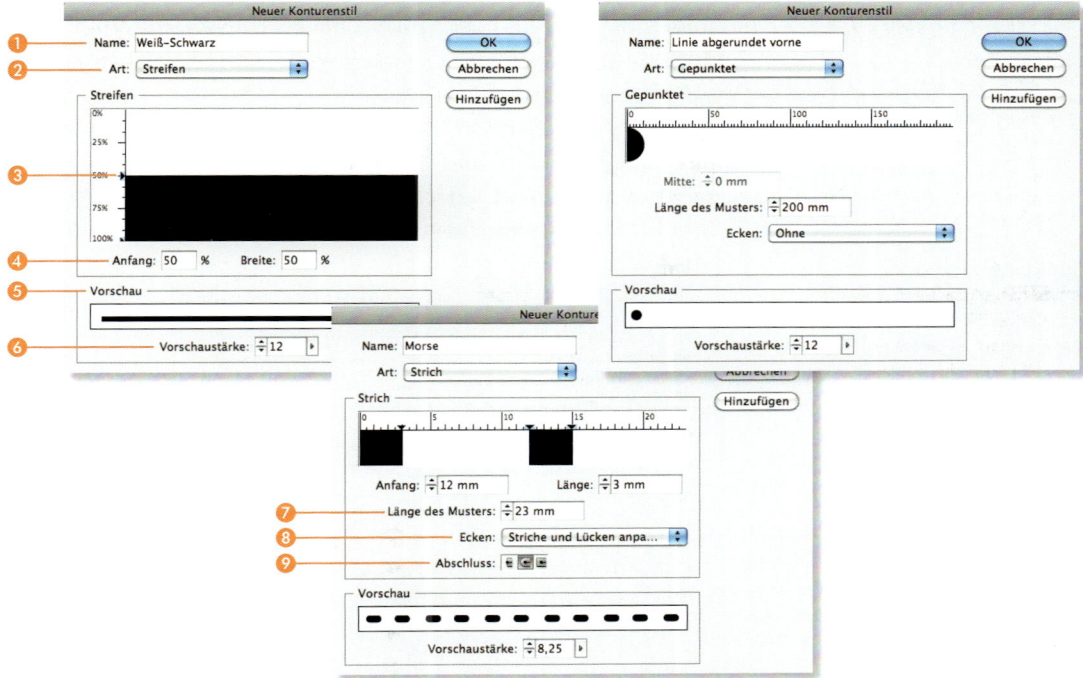

Mit der notwendigen VORSCHAUSTÄRKE ❻ können Sie sich darüber hinaus die Erscheinungsweise der Kontur in einer bestimmten Strich- bzw. Streifenstärke anzeigen lassen. Die Möglichkeit, ECKEN ❽ und ABSCHLUSS ❾ bei Linien zu definieren, rundet den gesamten Konturenstile-Editor ab.

Um eine Linie zu erstellen, die nur links abgerundet ist, müssen Sie die Werte aus dem Konturenstil LINIE ABGERUNDET VORNE in Abbildung 13.30 einstellen. Bedingt durch die große Länge des Musters wird nur zu Beginn der Linie ein Punkt gesetzt. Um eine Kontur zu erstellen, die nach außen hin eine weiße Kontur, gefolgt von einer schwarzen Linie, besitzt, müssen Sie die Werte aus dem Konturenstil WEISS-SCHWARZ aus Abbildung 13.30 einstellen.

Konturenstile verwalten | Erstellte Linien und Streifen werden dann mit dem Dokument und in den Programmvorgaben abgespeichert. Wenn Sie die Programmvorgaben zurücksetzen, werden auch definierte Konturenstile gelöscht. Also sichern Sie Ihre Kunstwerke in einer gesonderten Datei durch Drücken des Buttons SPEICHERN. Die erzeugte Datei bekommt die Endung ».inst«.

13.2.3 Pfade skalieren

Wie bei allen anderen Objekten auch (die ja letztlich von Pfaden umgeben sind) müssen Sie auch bei Pfaden mit sichtbaren Kon-

▲ **Abbildung 13.30**
Je nachdem, ob Sie einen Konturenstil für STREIFEN, GEPUNKTET oder STRICH erstellen wollen, müssen unterschiedliche Dialoge bearbeitet werden.

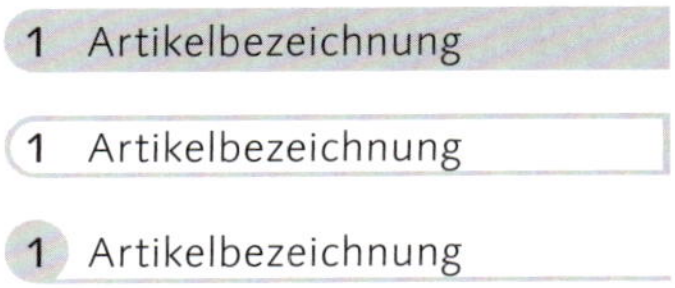

▲ **Abbildung 13.31**
Mögliche Absatzlinien, die durch Verwendung des Konturenstils LINIE ABGERUNDET VORNE aus Abbildung 13.30 erzeugt werden können. In Verbindung mit normalen Linien funktioniert dieser Konturenstil nicht. Verwenden Sie in diesem Fall die Option ABSCHLUSS des Kontur-Bedienfelds.

turen unterscheiden, ob Sie die Größe des Objekts ändern oder das Objekt skalieren. Bei einer Skalierung wird die Stärke der Kontur grundsätzlich mitskaliert.

Ob die veränderte Konturstärke auch als numerischer Wert in den Eingabefeldern des Steuerung- bzw. Kontur-Bedienfelds sichtbar wird, hängt jedoch von den InDesign-Voreinstellungen für die Objektbearbeitung im Abschnitt Allgemein ab:

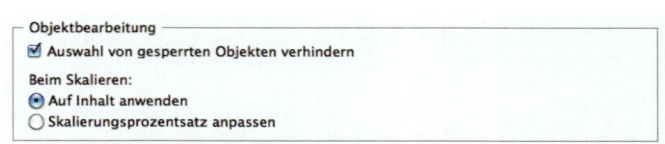

Abbildung 13.32 ▶
Voreinstellungen • Allgemein • Beim Skalieren: Diese Einstellungen beeinflussen, ob die Konturstärke eines Pfads in ihrer tatsächlichen Stärke oder skaliert angezeigt wird.

Die Einstellung Auf Inhalt anwenden unter Beim Skalieren bewirkt, das eine 10 Pt starke Kontur, die um 100 % skaliert wurde, anschließend als 20 Pt stark mit einer Skalierung von 100 % angezeigt wird. Die Einstellung Skalierungsprozentsatz anpassen führt hingegen dazu, dass die Konturstärke weiterhin mit 10 Pt angegeben bleibt, jedoch mit einer Größe von 200 %.

Jede weitere Änderung an der Konturstärke wird in der Folge auf diese Skalierung zurückgerechnet, was zumeist sehr verwirrend ist. Wählen Sie in diesem Fall Skalierung als 100% neu definieren aus dem Bedienfeldmenü des Steuerung-Bedienfelds, um die tatsächliche Stärke der Kontur anzeigen zu lassen.

> **Größe und Skalierung**
>
> **Größe des Objekts:** Änderung der Größe des Auswahlrahmens.
> **Skalierung:** Eingabe in den Skalierungsfeldern des Steuerung-Bedienfelds bzw. dem Dialog des Skalieren-Werkzeugs und Größenänderung mit gedrückter `Strg`- bzw. `⌘`-Taste.

13.3 Pfade, Rahmen und Objekte verschachteln

Wie Sie bereits wissen, gibt es in Pfaden keine »Abzweigungen«; Sie können also keine Ankerpunkte erzeugen, in denen mehr als zwei Pfadsegmente münden. Trotzdem können Pfade aber miteinander kombiniert werden. Es ist allerdings sehr wichtig, zu verstehen, wie sich dabei die Eigenschaften der beteiligten Pfade verändern.

13.3.1 Pfade verknüpfen

Komplexe Formen können nicht in einem einzigen Pfad erstellt werden. Selbst simple Signets oder Ornamente sind schon aus mehreren Pfaden zusammengesetzt. Dabei ist es günstig, wenn die einzelnen Teilpfade bearbeitbar bleiben, aber trotzdem die gesamte Konstruktion wie ein einziges Objekt behandelt wird.

Wählen Sie zwei oder mehrere Pfade aus, und rufen Sie den Befehl Objekt • Pfade • Verknüpften Pfad erstellen auf, oder

▲ **Abbildung 13.33**
Ein solches Signet besteht aus zwei verknüpften Pfaden, wobei das schwarze Quadrat ein simpler Rahmen ist.

drücken Sie die Tastenkombination [Strg]+[8] bzw. [⌘]+[8]. Es entsteht nun ein neuer Pfad, der die Ausgangspfade als Teilpfade enthält.

Da aber ein übergeordneter einzelner Pfad entsteht, muss wiederum geklärt werden, welche Attribute die Pfadkontur und die Fläche haben sollen. InDesign geht dabei so vor, dass das Ergebnis alle Attribute von dem Objekt übernimmt, das am weitesten hinten liegt. Deshalb ist es wichtig, dass Sie die einzelnen Pfade zuerst in die richtige Reihenfolge bringen, bevor Sie sie verknüpfen.

Ein weiterer wichtiger Aspekt ist, dass InDesign beim erstmaligen Verknüpfen von Pfaden diese Pfade als »gegenläufig« betrachtet. Das bedeutet, dass Überlappungen automatisch entfernt werden, womit ein Signet wie in Abbildung 13.33 also tatsächlich ein Loch in Kleeblattform enthält. Pfade haben also eine Richtung, wie es sich für Vektoren eben gehört. Die Richtung des Pfads legt dabei fest, wie er mit anderen Pfaden interagiert. Die Pfadrichtung ist natürlich umkehrbar, wie wir Ihnen gleich zeigen werden.

Werden verknüpfte Pfade mit dem Menübefehl OBJEKT • PFADE • VERKNÜPFTEN PFAD LÖSEN wieder getrennt, übernehmen die einzelnen Teilpfade die Richtung des Gesamtpfades. Bevor Sie solche Pfade wieder verknüpfen, sollten Sie die Pfadrichtung also wieder ändern. Aber natürlich können Sie auch das im Nachhinein noch erledigen und so auch die Wechselwirkung vieler verknüpfter Pfade zueinander noch exakt kontrollieren.

Dreiecke

Dreiecke sind zwar simple grafische Formen, aber trotzdem schwierig zu zeichnen. Sie müssen allerdings nicht jedes Problem mit dem Zeichenstift lösen. Sie können jede Form, die eine Fläche belegt, in ein Dreieck umwandeln und sollten vor allem auch die Optionen des Polygon-Werkzeugs beachten (doppelklicken Sie auf das Werkzeug).

[Even-Odd-Füllung]
Das Prinzip der gegenläufigen Pfade kommt aus PostScript und wird dort »Even-Odd-Füllung« genannt. Die Zeichenrichtung von überlagernden Pfaden bestimmt, ob die eingeschlossene Fläche schwarz oder weiß (durchsichtig) ist.

Schritt für Schritt: Verknüpfte Pfade erstellen

1 Die beiden Teilpfade erstellen

Erstellen Sie zunächst ein Quadrat mit einer Kantenlänge von 20 mm, und füllen Sie es grün. Setzen Sie die Kontur auf 0 Pt. Als Nächstes erstellen Sie ein sechseckiges Polygon, füllen es blau und geben ihm eine innenliegende Kontur von 5 Pt. Stellen Sie die Dimensionen des Objektrahmens auf 15 × 15 mm.

Bei der Wahl der Attribute der beiden Objekte ist hier lediglich wichtig, dass das kleine Objekt zur Gänze im großen Objekt liegen kann und dass sich die Eigenschaften der beiden Pfade deutlich unterscheiden.

2 Anordnung prüfen/korrigieren

Wenn Sie das kleine Polygon tatsächlich nach dem großen Quadrat erstellt haben, liegt es im Objektstapel bereits über dem großen Quadrat. Um sicherzugehen, wählen Sie das kleine Polygon

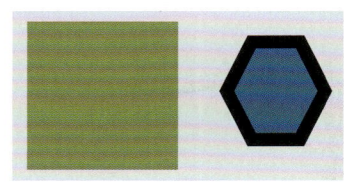

▲ **Abbildung 13.34**
Diese beiden Pfade werden verknüpft – die Eigenschaften des Polygons werden dabei bald verlorengehen. Der farbige Hintergrund dient lediglich dazu, die Auswirkungen einer Pfad-Verknüpfung besser sichtbar zu machen. Er ist an der Verknüpfung selbst jedoch nicht beteiligt.

▲ **Abbildung 13.35**
Die beiden Pfade sind gegenläufig. Deshalb spart das Polygon das Quadrat aus.

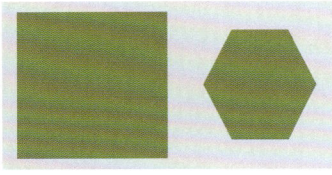

▲ **Abbildung 13.36**
Nach dem Lösen der Verknüpfung wird deutlich sichtbar, dass alle Teilpfade dieselben Eigenschaften haben.

▲ **Abbildung 13.37**
Die beiden Pfade sind wieder verknüpft, aber haben die gleiche Richtung.

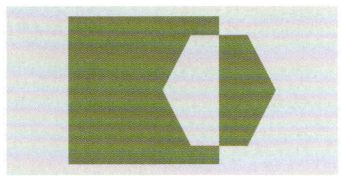

▲ **Abbildung 13.38**
Nachdem die Richtung des Polygons umgekehrt wurde, spart der überlappende Bereich das Quadrat wieder aus.

aus und anschließend Objekt • Anordnen • In den Vordergrund oder drücken ⇧+Strg+Ä bzw. ⇧+⌘+Ä.

3 **Übereinanderlegen und beide Objekte auswählen**
Legen Sie das kleine Polygon in das große Quadrat (die intelligenten Hilfslinien von InDesign CS5 sind dabei eine große Hilfe), lassen Sie es selektiert, und wählen Sie das große Quadrat zusätzlich aus, indem Sie die ⇧-Taste drücken und auf das große Quadrat klicken.

4 **Verknüpften Pfad erstellen**
Wählen Sie Objekt • Pfade • Verknüpften Pfad erstellen, oder drücken Sie Strg+8 bzw. ⌘+8. Wie Sie sehen, spart das Polygon nun das Quadrat aus und übernimmt alle Eigenschaften vom untenliegenden Quadrat. Da die beiden Pfade nun als ein Pfad behandelt werden, können sie logischerweise keine unterschiedlichen Eigenschaften mehr haben. Vergewissern Sie sich, dass der Innenraum der neuen Form nun wirklich transparent ist, indem Sie sie über ein anderes Objekt stellen.

5 **Verknüpfung aufheben**
Heben Sie die Verknüpfung wieder auf, indem Sie den Pfad auswählen und den Menübefehl Objekt • Pfade • Verknüpften Pfad lösen aufrufen oder das Tastenkürzel Strg+Alt+⇧+8 bzw. ⌘+⌥+⇧+8 verwenden. Nun werden Sie feststellen, dass das Polygon wirklich alle Eigenschaften des großen Quadrats übernommen hat.

6 **Polygon verschieben und neu verknüpfen**
Ziehen Sie das kleine Polygon so auf die rechte Kante des großen Quadrats, dass sich die beiden überlappen, und erstellen Sie aus den beiden Pfaden einen neuen verknüpften Pfad.

7 **Teilpfad auswählen und umkehren**
Wählen Sie nun mit dem Direktauswahl-Werkzeug das kleine Polygon aus. Sie können sehen, dass beide Teilpfade in der Gesamtform existieren. Wählen Sie einen einzelnen Punkt der Kontur des Polygons aus, um sicherzustellen, dass der richtige Pfad ausgewählt ist.
Wählen Sie den Menübefehl Objekt • Pfade • Pfad umkehren. Die Überlappung wird nun wieder aus der Form entfernt. Dabei bleiben beide Pfad natürlich wieder erhalten. ∎

Verknüpfte Pfade benötigen Sie sehr oft in der Logo- und Signetgestaltung. Wenn Sie eine Schrift in einen Pfad umwandeln (dazu folgt später in 21.2, »Texte und Pfade«, mehr), werden die Öffnungen mancher Buchstaben über verknüpfte Pfade umgesetzt. Sie brauchen verknüpfte Pfade aber auch dann, wenn Sie getrennte Formen mit einem zusammenhängenden Inhalt füllen möchten. Nomale Farb- oder Verlaufsfüllungen sind dabei kein Problem – dazu reicht es aus, wenn Sie die beteiligten Objekte gruppieren. Für eine Füllung z.B. mit einem Pixelbild müssen Sie die Pfade jedoch verknüpfen.

▲ **Abbildung 13.39**
Auch Objekte, die sich nicht berühren, kann man verknüpfen und dann auch mit **einem** Bild füllen.

13.3.2 Pathfinder

Oft will man komplexe Pfade erstellen, ohne ihre Einzelteile zu erhalten. So können Sie Teile aus Pfaden ausstanzen und die neue Form wieder als eigenständigen Pfad bearbeiten. Auf diese Weise verschmolzene Pfade verändern in der Regel ihre Form und gehen so verloren.

Die nötigen Befehle finden Sie einerseits im Pathfinder-Bedienfeld , das Sie im Menü FENSTER • OBJEKT UND LAYOUT aufrufen können, und andererseits im Menü OBJEKT • PATHFINDER mit insgesamt fünf Menübefehlen, die den fünf oberen Schaltflächen des Pathfinder-Bedienfelds entsprechen.

Das Pathfinder-Bedienfeld wurde in jeder neuen Version von InDesign erweitert, und auch InDesign CS5 ist hier keine Ausnahme. Es enthält nun fast alle pfadbezogenen Funktionen aus dem Menü OBJEKT in Form von Schaltflächen. In InDesign CS5 wurden die Funktionen unter PFAD • PUNKT KONVERTIEREN in das Pathfinder-Bedienfeld eingebaut.

Das Pathfinder-Bedienfeld ist in vier Funktionsgruppen aufgeteilt – beginnen wir mit den Funktionen, die Ihnen bereits bekannt sind:

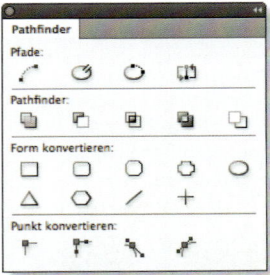

▲ **Abbildung 13.40**
Das Pathfinder-Bedienfeld

Pfade | Die vier Funktionen sind alte Bekannte (siehe Seite 311), die hier über Icons dargestellt und sehr schnell aufzurufen sind: PFAD VERBINDEN , PFAD ÖFFNEN , PFAD SCHLIESSEN und PFAD UMKEHREN .

Punkt konvertieren | Auch die vier Funktionen EINFACHER ECKPUNKT , ECKPUNKT , KURVENPUNKT und SYMMETRISCHER KURVENPUNKT sind Ihnen bereits bekannt – schlagen Sie nötigenfalls auf Seite 311 nach.

Form konvertieren | Im dritten Bereich des Pathfinder-Bedienfelds können Sie mit einem einzigen Klick sämtliche Transfor-

> **TOP-TIPP: Eckenoptionen in Pfad umwandeln**
>
> Wenn Sie ein Objekt mit darauf angewendeten Eckenoptionen in einen bearbeitbaren Pfad umwandeln wollen, wählen Sie das Objekt aus und klicken auf PFAD SCHLIESSEN im Pathfinder-Bedienfeld. Oder wählen Sie den gleichnamigen Befehl aus dem Menü OBJEKT • PFADE: InDesign wandelt den Effekt in einen normalen InDesign-Pfad um.

mationen für Pfadformen aus OBJEKT • FORM KONVERTIEREN aufrufen (wir verwenden die Namen der Menübefehle): RECHTECK ▢, ABGERUNDETES RECHTECK ▢, RECHTECK MIT ABGEFLACHTEN ECKEN ⌬, RECHTECK MIT NACH INNEN GEWÖLBTEN ECKEN ⌬, ELLIPSE ○, DREIECK △, POLYGON ⬡, LINIE ╱ und RECHTWINKLIGE LINIE ✚.

Die durch diese Funktionen entstehenden Formen entsprechen den Formen, die durch OBJEKT • ECKENOPTIONEN erzeugt werden. Sie sind also über einen Effekt beschrieben, der auf einen Pfad angewendet wird und lediglich das Aussehen verändert, aber nicht den Pfad. Die drei Funktionen, die abgerundete, abgeflachte und gewölbte Ecken erzeugen, greifen dabei auch auf die aktuellen Einstellungen der Eckenoptionen zu.

Pathfinder | Im zweiten Bereich des Bedienfelds finden Sie die Funktionen aus dem Menü PFADE • PATHFINDER, die sich geringfügig anders verhalten, wenn Sie sie auf Pfade anwenden, die sich vollständig überlappen, als bei Pfaden, die sich nur teilweise überlappen. Das Endergebnis ist immer dasselbe, aber die Art, in der die modifizierten Pfade vorliegen, kann sich unterscheiden.

Wir gehen in der folgenden Aufstellung von den beiden Formen in Abbildung 13.41 aus, wobei jede Funktion auf die beiden Formen getrennt angewendet wird. In der Randspalte finden Sie neben der Beschreibung der Funktion das jeweilige Ergebnis.

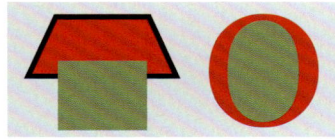

▲ **Abbildung 13.41**
Die Ausgangsform für die verschiedenen PATHFINDER-Funktionen. Auch hier dient der farbige Hintergrund lediglich dazu, die Auswirkungen der Funktionen besser sichtbar zu machen.

▶ ADDIEREN ▢: Der Umriss der beiden Pfade wird zu einem Pfad ausgeweitet, der als zusammenhängende Form vorliegt. Der resultierende Pfad übernimmt die Eigenschaften des oben liegenden Pfades.

▶ SUBTRAHIEREN ▢: Der überlappende Teil des oben liegenden Pfades wird aus dem unten liegenden Pfad ausgestanzt. Das Ergebnis übernimmt die Eigenschaften des unteren Pfades. Bei Objekten, die sich vollständig überlappen, entsteht ein verknüpfter Pfad, den Sie auch wieder lösen können.

▶ SCHNITTMENGE BILDEN ▢: Aus beiden Pfaden werden alle Bereiche entfernt, die sich nicht überlappen. Der resultierende Pfad übernimmt die Eigenschaften des oben liegenden Pfades. Bei zwei Objekten, die sich vollständig überlappen, verschwindet dadurch einfach das größe Objekt.

▶ ÜBERLAPPUNG AUSSCHLIESSEN ▢: Aus beiden Pfaden werden alle Bereiche entfernt, die sich überlappen. Dies entspricht der normalen Funktion PFADE • VERKNÜPFTEN PFAD ERSTELLEN. Allerdings übernimmt hier im Gegensatz dazu der resultierende Pfad die Eigenschaften des oben liegenden Pfades. Die beiden Objekte müssen sich wirklich überlappen, damit die PATHFINder-Funktion funktioniert, was für einen verknüpften Pfad keine Voraussetzung ist.

▶ Hinteres Objekt abziehen: Der unten liegende Pfad wird zur Gänze entfernt. Zusätzlich werden alle Überlappungen gelöscht. Bei einem oben liegenden Pfad, der zur Gänze im unteren Pfad liegt, kann das natürlich nicht funktionieren – Sie werden mit der Warnung »Der Vorgang konnte nicht abgeschlossen werden. Das Pathfinder-Ergebnis beschreibt einen leeren Bereich.« informiert, und die Pfade werden nicht angetastet.

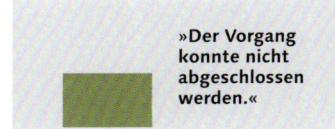

Die Pathfinder-Funktionen werden häufig in der Logo- und Signet-Gestaltung verwendet oder auch für optische Effekte, wie in folgendem Beispiel.

Schritt für Schritt: Pathfinder anwenden

1 Schriftzug erstellen
Erstellen Sie einen großen, fetten Schriftzug, und färben Sie ihn ein. Die Farbe der Schrift wird bei den folgenden Transformationen in das Ergebnis einfließen.

2 Schrift in Pfade wandeln
Wählen Sie den Textrahmen aus (**nicht** die Schrift!), und wählen Sie Schrift • In Pfade umwandeln. Diese Funktion werden wir auf Seite 559 noch ausführlich behandeln – wir wenden sie an dieser Stelle schon einmal an.

3 Eine zweite Form anlegen
Stellen Sie eine gefüllte Fläche hinter das Ergebnis, sodass sie in etwa die untere Hälfte der Schrift überlagert. Die Art der Füllung ist egal, da sie im nächsten Schritt ohnehin verloren gehen wird; sie dient hier nur der besseren Sichtbarkeit beim Positionieren der Fläche.

Skripte und Eckenoptionen

Eine weitere Möglichkeit, um verschiedene grafische Formen aus und mit Pfaden zu erstellen, hält InDesign mit einigen Skripte für Sie bereit. Lesen Sie dazu im Zusatzkapitel B, »Skripte«, auf der Buch-DVD die Beschreibungen der Skripten »CornerEffects.jsx«, »PathEffects.jsx« und »AddPoints.jsx«.

Bitte beachten Sie auch das Kapitel 8, »Rahmen erstellen und ändern«, und die Beschreibung der Eckenoptionen ab Seite 189.

◀ **Abbildung 13.42**
Achten Sie darauf, dass die Oberkante der Fläche die Querstriche der Schrift etwa halbiert.

4 Überlappung ausschließen
Wählen Sie beide Objekte aus, und klicken Sie im Pathfinder-Bedienfeld auf die Funktion Überlappung ausschliessen.

Abbildung 13.43 ▶
Es entsteht ein verknüpfter Pfad, deshalb übernimmt das Ergebnis die Eigenschaften der Schrift.

Als Ergebnis liegt nun ein verknüpfter Pfad vor. Aus der Fläche sind die überlappenden Anteile der Schrift ausgespart worden, und die Reste der Schrift haben die Füllung der Fläche übernommen. Der Pfad sollte ausgewählt sein.

5   Verknüpfte Pfade lösen und füllen
Wählen Sie nun PFADE • VERKNÜPFTEN PFAD LÖSEN aus dem Menü OBJEKT.

Abbildung 13.44 ▶
Die getrennten Pfade können beliebig bearbeitet werden, sollten dann aber zumindest gruppiert werden.

Die einzelnen Komponenten erscheinen nun in ihren eigenen Objektrahmen. Die Einzelteile der Schrift können jetzt einzeln oder als Gruppe ausgewählt und beliebig gefüllt werden. Die Punzen (Innenräume von Zeichen wie e oder o), die bei dieser Operation nicht geteilt wurden, müssen Sie dabei gesondert behandeln.

Sie können die Zeichen mit Punzen z. B. wieder mit ihren Punzen in verbundene Pfaden umwandeln, müssen dann aber die Pfadrichtung der innen liegenden Pfade umkehren, damit sie ausgespart werden. ■

Wenn Sie Objekte mit und ohne Eckeneffekte über PATHFINDER-Funktionen verknüpfen, werden die Effekte in den resultierenden Pfad hineingerechnet. Der Effekt an sich geht also verloren; die Darstellung wird erhalten. Dafür fügt InDesign zusätzliche Ankerpunkte in das Ergebnis ein.

13.3.3   Objekte in die Auswahl einfügen
Bei vielen grafischen Aufgabenstellungen ist es notwendig, verschiedene Komponenten in eine bestimmte Form einzusetzen und somit zu beschneiden. FreeHand-Anwender kennen diese Funktion als »Innen einsetzen«, Illustrator-Anwender verwenden hierzu »Schnittmasken«. InDesign beherrscht diese Disziplin natürlich auch, und wir werden Ihnen in der Folge zeigen, wie Sie solche Konstruktionen erstellen und bearbeiten können. Das Ziel ist es, den Lageplan aus Abbildung 13.45 zu erstellen.

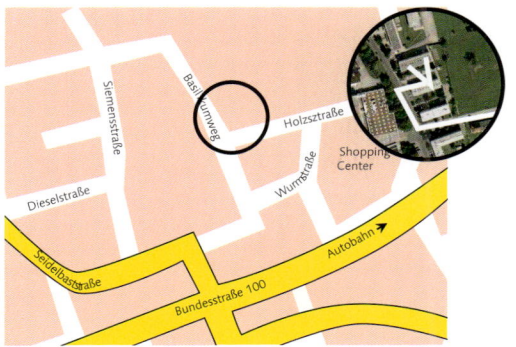

◄ **Abbildung 13.45**
Ein solcher Lageplan besteht aus Pfaden, Schrift und Pixelbildern, die allesamt von anderen Pfaden beschnitten sind.

Der Lageplan besteht aus mehreren Komponenten. Zum einen wäre hier die Straßenkarte, die von einer Vorlage aus simplen, eingefärbten Flächen nachgezeichnet wurde. Die gelbe Hauptverkehrsstraße wird zusätzlich mit einer Kontur dargestellt. Da sie im Plan an mehreren Stellen offen ist, ragt sie in der Rohzeichnung über das Endformat hinaus und muss also beschnitten werden. Diese Beschneidung begrenzt dabei mehrere Pfade und gleichzeitig die Beschriftung der Straße. Die Detaildarstellung als Pixelbild, kombiniert mit einem Pfad als Wegbeschreibung, wird von einem Kreis beschnitten, der Pixelbild und Pfad enthalten muss. Beide Grafiken können dann ganz normal – zusammen mit der Markierung der Detailansicht – montiert werden.

Schritt für Schritt: In die Auswahl einfügen

1 Rohmaterial vorbereiten

Erstellen Sie zunächst die Straßenkarte aus einfachen, gefüllten Flächen. Die Straßenzüge ergeben sich aus den Abständen zwischen diesen Flächen. Lediglich der Hauptverkehrsweg wird als eigenständige Form über die Karte gelegt. Wie Sie in Abbildung 13.46 sehen, können Sie in den Randbereichen recht ungenau sein, da diese ohnehin beschnitten werden. Fügen Sie die Straßenbeschriftung hinzu.

2 Beschneidung vorbereiten

Legen Sie den Rahmen fest, der den Lageplan begrenzen soll. Wählen Sie dann alle Komponenten der Straßenkarte aus, und gruppieren Sie sie. Dieser Schritt stellt sicher, dass Sie alle Komponenten in das Rechteck einsetzen können. Sobald mehr als ein Objekt in eine Form eingesetzt werden soll, müssen die Objekte gruppiert werden!

Auf der Buch-DVD finden Sie unter BEISPIELMATERIAL • KAPITEL_13 die Datei »Lageplan_roh.indd«.

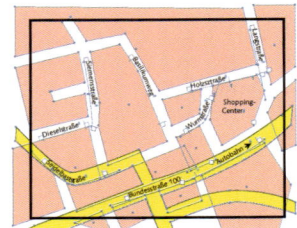

▲ **Abbildung 13.46**
Die Rohversion des Plans ist in den Randbereichen recht ungenau, weil die Ränder ohnehin beschnitten werden. Das gewünschte Endformat ist zur Orientierung eingezeichnet.

▲ **Abbildung 13.47**
Die Pixelbild-Detailansicht wird mit einem Pfad versehen (oben) und in einen Kreis eingesetzt (unten).

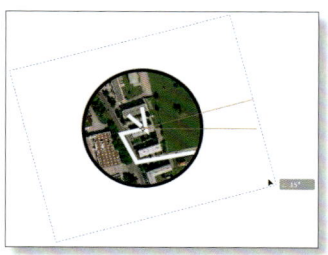

▲ **Abbildung 13.48**
Auch Objekte und Objektgruppen, die in ein anderes Objekt eingesetzt wurden, können noch bearbeitet werden.

3 In die Auswahl einfügen
Kopieren Sie nun die Objektgruppe des Straßenplans, oder schneiden Sie sie aus. Wählen Sie den Rahmen aus, und rufen Sie In die Auswahl einfügen aus dem Menü Bearbeiten auf. Die Objektgruppe erscheint nun im Rahmen und wird von dessen Kontur begrenzt (in unserem Fall ist diese aber 0 Pt stark).

4 Detailansicht erstellen
Platzieren Sie das Bild mit der Detailansicht, und fügen Sie einen Pfad hinzu, der die Zufahrt beschreibt. Gruppieren Sie auch diese beiden Komponenten. Erstellen Sie einen Kreis, der die Detailansicht aufnehmen soll, und setzen Sie die Detailansicht-Gruppe so in diesen Kreis ein, wie in Schritt 3 beschrieben.

5 Einzelteile montieren
Sie können nun die Einzelteile des Lageplans in die richtigen Positionen bringen, wie z. B. in Abbildung 13.46 zu sehen ist. Möglicherweise müssen Sie nun einige Korrekturen vornehmen.

6 Detailansicht korrigieren
Wenn die Orientierung der Detailansicht noch nicht zur Karte bzw. zum Straßenverlauf passt, markieren Sie sie, und klicken Sie auf Inhalt auswählen im Steuerung-Bedienfeld. Dadurch wird die Objektgruppe im Kreis ausgewählt und kann bearbeitet werden. Wählen Sie das Drehen-Werkzeug und einen Rotationspunkt, und drehen Sie den Inhalt des Kreises in die gewünschte Position. Nun können Sie die Montage endgültig abschließen, indem Sie alle Komponenten gruppieren und an ihrem Bestimmungsort absetzen. ■

Objektgruppen, die in andere Objekte eingesetzt wurden, bleiben natürlich Objektgruppen und können (wie Sie im letzten Schritt gesehen haben) innerhalb der Gruppe ausgewählt und wie gewohnt bearbeitet werden, – schlagen Sie im Zweifelsfall in Abschnitt 9.5, »Objektgruppen«, nach.

14 Farben

Der Einsatz von Farbe nimmt in der gesamten Kommunikation eine zentrale Stellung ein. Farben dienen zur Information, zur Orientierung und zur Steigerung der Informationsaufnahme.

Adobe InDesign bietet Ihnen alles, was man zum Thema Farbe benötigt. Farben, Farbtöne, Volltonfarben, normale Verläufe und auch weiche Verläufe sowie Kombinationen in Form von Mischdruckfarben gehören zum Repertoire. Das Erstellen von Farben kann in unterschiedlicher Weise erfolgen. Sie können Farben über den FARBWÄHLER, das Farbfelder-Bedienfeld oder über die Pipette des Farbe-Bedienfelds erstellen, mit der Sie eine Farbe intuitiv aus dem Spektrum am unteren Rand des Bedienfelds aufnehmen können.

Zur Anlage und speziell zur Weitergabe von InDesign-Dokumenten ist es wichtig, dass Farben als fixer Bestandteil eines Dokuments im Farbfelder-Bedienfeld benannt und abgelegt werden, damit eine Korrektur von Farben für Sie nicht zum Überlebenstraining wird. Volltonfarben aus importierten Grafiken und Bildern werden ebenfalls dort abgelegt.

Auf der Buch-DVD finden Sie im Ordner BEISPIELMATERIAL • KAPITEL_14 das fertige Dokument »Projektarbeit_Farbe.indd«.

14.1 Der Farbwähler

Welche Farbfüllung bzw. Konturfüllung das aktuell ausgewählte Objekt besitzt, erkennen Sie am schnellsten anhand des Werkzeug-Bedienfelds im Symbol der Fläche ❶ und der Kontur ❷. Ein rot durchgestrichenes Symbol zeigt an, dass die Fläche bzw. die Kontur keine zugewiesene Farbe besitzt. Die Angaben aus Abbildung 14.1 symbolisieren somit, dass das gewählte Objekt eine rote Fläche ohne gefärbte Kontur besitzt. Besitzt die Kontur keine Farbe, so folgt daraus, dass die Kontur auch keine Konturstärke besitzt.

▲ **Abbildung 14.1**
Das Werkzeug-Bedienfeld gibt Auskunft über den »Farbzustand« des gewählten Objekts.

14.1.1 Eine Farbe wählen

Führen Sie einen Doppelklick auf das Quadrat (Füllung) oder das Kontur-Symbol aus. Damit öffnen Sie den FARBWÄHLER, den Sie vielleicht schon aus Adobe Photoshop kennen.

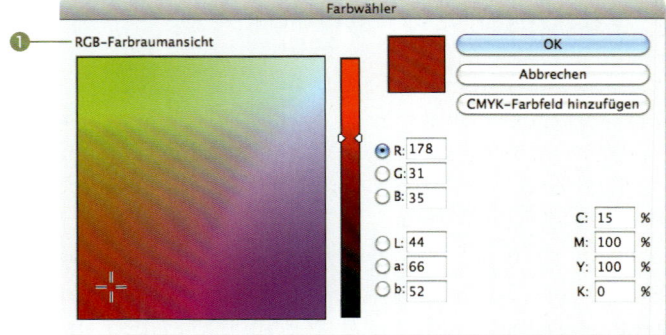

Abbildung 14.2 ▶
Der FARBWÄHLER erleichtert das Anmischen von Farben. Eine farbverbindliche Darstellung der CMYK-Werte in der Farbraumansicht ist damit jedoch nicht gegeben.

Mit einem Klick in das Farbspektrum wählen Sie eine Farbe aus. Es werden dadurch gleichzeitig die RGB-, Lab- und CMYK-Werte der ausgewählten Farbe angezeigt, die in Abhängigkeit vom gewählten Dokument-Arbeitsfarbraum für RGB und CMYK von der Abbildung abweichen können. Das Farbspektrum wird dabei immer im RGB-Farbraum – RGB-FARBRAUMANSICHT ❶ – angezeigt.

14.1.2 Die Farbräume

Zur Eingabe im FARBWÄHLER stehen die drei Farbräume RGB, Lab und CMYK zur Verfügung. Sonderfarben wie Gold, Pantone, HKS und dergleichen können hier nicht angemischt werden.

RGB | Geben Sie in den Eingabefeldern die gewünschten RGB-Werte von 0 bis 255 ein. Ein absolutes Schwarz wird in RGB durch 0, 0, 0 wiedergegeben, ein absolutes Weiß somit mit 255, 255, 255. Wenn Sie in das Eingabefeld eines der RGB-Werte klicken, ändert sich der Button CMYK-FARBFELDER HINZUFÜGEN in RGB-FARBE HINZUFÜGEN. Durch Klick auf den Button können Sie die angelegte Farbe dem Farbfelder-Bedienfeld hinzufügen.

Farbquäler

Obwohl das Anmischen von Farben über CMYK im FARBWÄHLER möglich ist, wird dennoch das Farbspektrum immer in RGB angezeigt. Das erschwert die visuelle Beurteilung von Farben für den Ungeübten enorm. Darüber hinaus fehlt in diesem Dialog auch die **Farbumfangswarnung**, die jeder Photoshop-Anwender nützlich findet, wenn es darum geht, Farben anzumischen und die Farbwerte an die Grenzen des Druckbaren zu bringen.

Lab | Im Lab-Modus bestimmt der L-Kanal die Luminanz von 0 bis 100 %, der a-Kanal die Rot-Grün-Achse und der b-Kanal die Gelb-Blau-Achse. Die Werte der a- und b-Achse können von –127 bis +127 reichen. Betragen die Werte in beiden Achsen 0, so haben Sie ein technisch neutrales Grau erreicht. Durch Klick auf einen Button bei Lab ändert sich der Button CMYK-FARBFELDER HINZUFÜGEN in LAB-FARBE HINZUFÜGEN.

CMYK | Da das Anmischen von RGB- und Lab-Farben für Personen in der Druckvorstufe eher intuitiv erfolgen muss, beschränken wir uns nun auf die CMYK-Mischung. Sie können Werte zwischen 0 und 100 eingeben. Die Eingabe von Kommastellen für Farbe ist in InDesign nicht vorgesehen und auch nicht sinnvoll.

14.2 Das Farbfelder-Bedienfeld

Bevor wir jedoch Farben anlegen, sollten wir uns über die Symbolik im Farbfelder-Bedienfeld klarwerden. Das Bedienfeld können Sie im Menü FENSTER • FARBE • FARBFELDER oder durch Drücken des Tastenkürzels [F5] oder durch Klick auf das Symbol in der Bedienfeldleiste aufrufen.

In Abbildung 14.3 wollen wir Ihnen die drei möglichen Darstellungsformen gegenüberstellen.

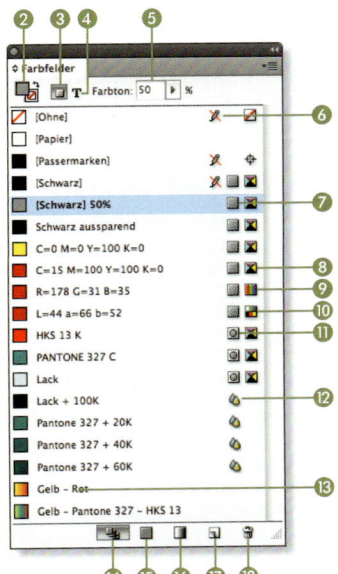

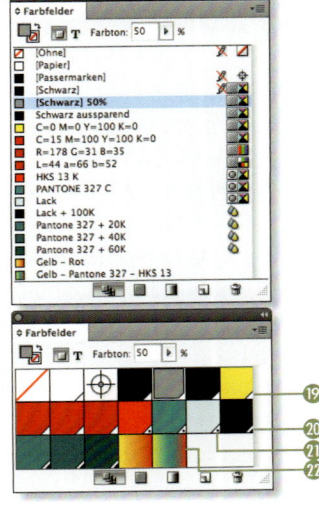

◄ **Abbildung 14.3**
Das Farbfelder-Bedienfeld kann als Namensliste (linke Abbildung), als kleine Namensliste (rechte Abbildung oben) oder als großes (rechte Abbildung unten) und kleines Farbfeld dargestellt werden. Das Umschalten auf die verschiedenen Ansichten erledigen Sie über die gleichnamigen Optionen des Bedienfeldmenüs.

Im *Kopfbereich* des Bedienfelds sehen Sie eine Miniatur des Werkzeugs Fläche und Kontur ❷ aus dem Werkzeug-Bedienfeld. Dann folgen die zwei Symbole FORMATIERUNG WIRKT SICH AUF RAHMEN AUS ❸, das der Farbzuweisung für Rahmenflächen und Konturen dient, sowie FORMATIERUNG WIRKT SICH AUF TEXT AUS ❹, das zur Farbzuweisung auf Text und dessen Kontur verwendet wird. Daneben finden Sie das Eingabefeld zur Farbtonerstellung ❺. Im *mittleren Bereich* befindet sich, je nach gewählter Darstellungsform NAME, NAME (KLEIN), KLEINES FARBFELD oder GROSSES FARBFELD, eine Liste aller im Dokument befindlichen Farbfelder, Verläufe und Farbtöne.

An der *unteren Bedienfeldkante* finden Sie die Buttons ALLE FARBFELDER EINBLENDEN ⓮, FARBFELDER EINBLENDEN ⓯ (durch den nur Farben und Farbtöne in der Liste angezeigt werden), VERLAUFSFELDER EINBLENDEN ⓰, NEUES FARBFELD ⓱ und FARBFELD LÖSCHEN ⓲.

Hilfe, ich sehe meine angelegten Verläufe nicht!

Wenn Sie nach dem Erstellen von Farbverläufen diese nicht im Farbfelder-Bedienfeld sehen, haben Sie wahrscheinlich nicht den Button ALLE FARBFELDER EINBLENDEN ⓮ in der Fußzeile des Farbfelder-Bedienfelds aktiviert.

[Passermarken]
Die Farbe [PASSERMAKEN] dient zur Markierung von Schittmarken und Passkreuzen, die auf allen Farbauszügen vorhanden sein müssen. Sie ist als CMYK-Farbe (100|100|100|100 + 100 % jeder verwendeten Schmuckfarbe) definiert.

Aufbau der Farbliste | Der Eintrag einer Farbe in der Farbliste hat immer denselben Aufbau. Zuerst wird die Farbe in einem kleinen Farbfeld, gefolgt vom Farbnamen, dargestellt. Die Namen können dabei in eckigen Klammern, z. B. [Schwarz], als Farbwertangabe (z. B. C=100 M=0 Y=0 K=0) oder selbst definiert ausgeführt sein. Farben in eckigen Klammern sagen uns, dass sie »Grundfarben« sind und somit nicht gelöscht werden können. Das Symbol ❻ bedeutet, dass die Farbwerte der Farbe nicht geändert werden können.

Alle Farben, die nicht geschützt und nicht als Volltonfarbe über eine EPS-, PDF-, TIFF- oder PSD-Datei importiert worden sind, können jederzeit umgestellt werden. Bei importierten Volltonfarben kann nur der Farbmodus geändert werden, nicht jedoch die Farbwerte.

Farbtyp und Farbmodus | Die letzten beiden Symbole eines Farbeintrags signalisieren uns einerseits den Farbtyp und andererseits den gewählten Farbmodus.

Beim **Farbtyp** wird zwischen Prozess ❼ und Vollton ⓫ unterschieden. Die Darstellung des Farbtyps in der großen Farbfeld-Darstellung (Abbildung 14.3 rechts unten) erfolgt im rechten unteren Dreieck des Farbfelds. Ist das Dreieck leer ⓳, so handelt es sich um eine Prozessfarbe. Ist ein Punkt im Dreieck ㉑ zu sehen, so handelt es sich um eine Volltonfarbe.

Der **Farbmodus** bestimmt, in welchem Farbraum die Farbdefinition vorgenommen wurde. Dabei wird zwischen Lab ❿, RGB ❾ und CMYK ❽ unterschieden. Der Farbmodus ist aus der großen Farbfeld-Darstellung (Abbildung 14.3 rechts unten) nur über die eingeblendeten Werte in der QuickInfo ersichtlich.

Eine Besonderheit dabei ist, dass, wenn Sie Volltonfarben aus den mitgelieferten Farbskalen HKS bzw. Pantone auswählen, diese zwar als Volltonfarben gekennzeichnet sind, ihnen als Farbmodus jedoch CMYK zugewiesen wird. Dies resultiert daraus, dass für jede Volltonfarbe ein sogenannter Alternativfarbraum hinterlegt ist, und der ist eben CMYK. Damit wissen wir immer, mit welchen CMYK-Werten eine Volltonfarbe durch eine CMYK-Umwandlung separiert würde. Eine davon abweichende Vorgehensweise steht im Druckfarben-Manager zur Verfügung.

Mischdruckfarben und Verläufe | Eine Mischdruckfarbe erkennen Sie am Symbol ⓬ und ⓴. Ein Verlauf ⓭ und ㉗ kann aus verschiedenen Farben bzw. auch aus transparenten Bereichen zusammengesetzt sein, weshalb keine Farbtyp- und Farbmodus-Kennzeichnung vorliegt.

Editieren der Farbe [Papier]

Die Farbe [Papier] kann durch den Anwender selbst festgelegt werden. Damit lässt sich beispielsweise ein Papierton – etwa der Papierton der Financial Times – zur Simulation der Kontraste am Monitor definieren. Achtung: Der gewählte Papierton wird nicht ausgegeben. Papier ist somit immer weiß, egal, welcher Farbwert eingestellt ist.

Prozess- und Volltonfarben

Mit *Prozessfarben* sind Farbdefinitionen gemeint, die in der Ausgabe (Separation) in die vier Skalafarben aufgeteilt werden. *Volltonfarben*, auch als Sonder- oder Schmuckfarben bezeichnet, sind dagegen Farben, die als eigenständige Farben gedruckt werden sollen. Typische Beispiele für die Verwendung von Volltonfarben sind Lacke, fluoreszierende Farben, Gold, Silber und andere Metalltöne, die vorwiegend von den Farbenherstellern Pantone oder HKS verkauft werden.

[Mischdruckfarben]

Mischdruckfarben sind Farben, die zumindest aus zwei Farben, entweder einer Skalafarbe und einer Volltonfarbe oder aus zwei Volltonfarben, bestehen. Der Farbmodus ist aus der großen Farbfeld-Darstellung (Abbildung 14.3 rechts unten) über ein halbgefülltes Rechteck ersichtlich.

14.3 Erstellen und Löschen von Farben über das Farbfelder-Bedienfeld

Das Erstellen von Farben führt über das Farbfelder-Bedienfeld schnell und vor allem mit exakt definierten Farbwerten zum gewünschten Ergebnis.

14.3.1 Erstellen einer Prozess- und Volltonfarbe

Rufen Sie die Funktion NEUES FARBFELD im Bedienfeldmenü des Farbfelder-Bedienfelds auf. Für Tastaturkürzel-Liebhaber empfiehlt es sich, das NEUES FARBFELD-Symbol ￼ bei gleichzeitig gedrückter Alt- bzw. ⌥-Taste anzuklicken. Im erscheinenden Dialog können Sie Farben sowohl für den gewünschten Farbtyp als auch für den Farbmodus erstellen.

> **TOP-TIPP**
> **Farbfeld anlegen**
>
> Wählen Sie zuerst eine bereits definierte Farbe aus, und klicken Sie danach mit Alt bzw. ⌥ auf das Symbol NEUES FARBFELD. Damit werden die Farbwerte der zuerst gewählten Farbe der neuen Farbe zugrunde gelegt. Achten Sie dabei darauf, dass nichts markiert ist, da sonst das Objekt die Farbe zugewiesen bekommt.

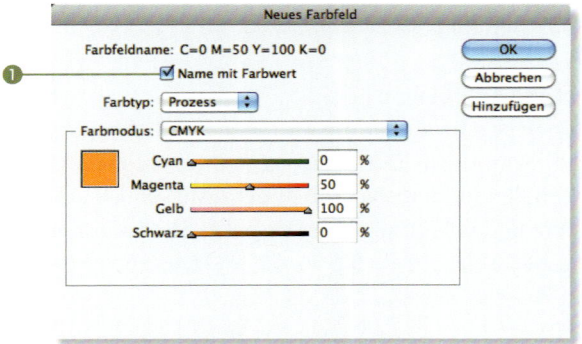

◄ Abbildung 14.4
Ein neues Farbfeld definieren. Legen Sie den gewünschten FARBTYP und FARBMODUS fest, und bestimmen Sie den Farbfeldnamen. Diesen können Sie jedoch nur verändern, wenn Sie die Checkbox NAME MIT FARBWERT ❶ deaktivieren.

- **Farbfeldname:** Standardmäßig wird der FARBFELDNAME automatisch aus den eingegebenen Werten (CMYK, RGB, Lab) generiert. Wenn Sie jedoch einen eigenen Farbnamen vergeben wollen, ist die Checkbox NAME MIT FARBWERT ❶ zu deaktivieren.
- **Farbtyp:** Ob Sie eine Prozessfarbe oder eine Volltonfarbe erstellen wollen, legen Sie mit der Option FARBTYP ❷ fest.

> **Namen von Farben**
>
> Speziell in umfangreicheren Projekten ist es absolut ratsam, den Farben eine eindeutige Kennzeichnung zukommen zu lassen, denn es ist in der Praxis nicht unüblich, dass verschiedene (oder sogar derselbe) Benutzer/Bearbeiter dem selben Farbton verschiedene Namen wie »Rot«, »HKS 13«, »Red«, »Kapitelfarbe« usw. gegeben hat.

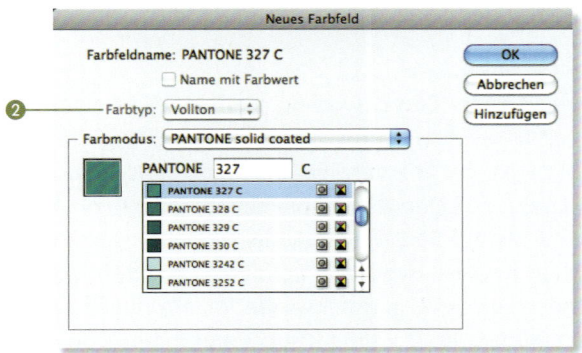

◄ Abbildung 14.5
Eingabe einer Pantone-Farbe über die entsprechende Farbnummer des gewählten Farbsystems

▲ **Abbildung 14.6**
Alle Farbmodi, die zur Definition von Farben in InDesign zur Verfügung stehen

Abbildung 14.7 ▶
Definieren eines 50 % schwarzen Farbtonfelds. Sie können auch ein Farbtonfeld anlegen, indem Sie zuvor den Prozentwert im Eingabefeld FARBTON ❷ eingeben und dann mit gedrückter [Alt]- bzw. [⌥]-Taste auf das Symbol NEUES FARBFELD klicken.

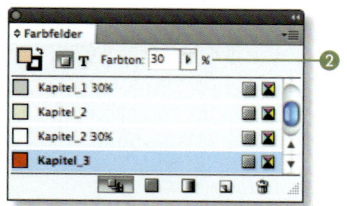

▲ **Abbildung 14.8**
Eingabe des Farbtons im Bedienfeld

▶ **Farbmodus:** Wählen Sie den gewünschten FARBMODUS aus der Liste der verfügbaren Farbmodi (Abbildung 14.6) zum Eingeben der Farbnummern aus. Sollen Sie beispielsweise eine Pantone-Farbe definieren, so können Sie die Nummer der Farbe über das Eingabefeld festlegen. Es wird Ihnen dabei auffallen, dass Sie in diesem Fall FARBFELDNAME und FARBTYP nicht mehr ändern können. Wenn Sie auf die CMYK-Werte der Pantone-Farbe zurückgreifen wollen, ändern Sie den FARBMODUS wiederum auf CMYK.

Haben Sie die Definition eines Farbfeldes vorgenommen, so können Sie durch Klicken auf den Button HINZUFÜGEN die aktuell eingestellten Farbwerte als Farbfeld der Liste anfügen. Sie können damit weiterhin im Dialog NEUES FARBFELD bleiben und weitere Farben anlegen. Mit OK bestätigen Sie die Eingabe, und der Eingabedialog wird geschlossen.

14.3.2 Farbtöne anlegen

Unter Farbtönen versteht man die einheitliche Rücknahme des Farbauftrags in einer Farbe. Das Definieren von Farbtönen ist einfach: Markieren Sie den Basisfarbton in der Liste, und führen Sie danach aus dem Bedienfeldmenü den Befehl NEUES FARBTONFELD aus. Im Eingabedialog geben Sie in das Feld FARBTON ❶ den gewünschten Prozentwert ein.

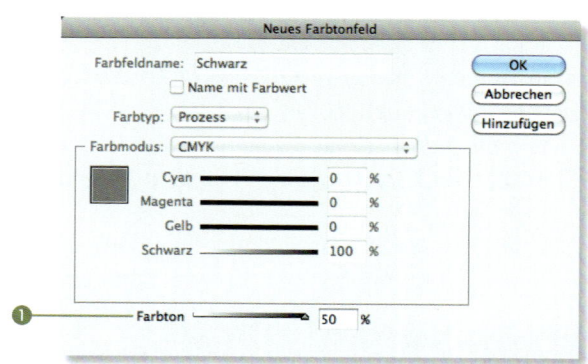

An dieser Stelle fragen Sie sich vielleicht, ob es nicht einfacher wäre, einen Farbton erst im Layout durch Setzen des Prozentwerts im Eingabefeld FARBTON ❷ zu erzielen. Diese Arbeitsweise steht Ihnen natürlich zur Verfügung. Es empfiehlt sich jedoch, die Farbtöne auch im Farbfelder-Bedienfeld anzulegen, denn wie oft ist es im Layout schon passiert, dass nach dem Proof festgestellt wird, dass die Farbtöne zu dunkel gewählt wurden? Sie können nun alle eingefärbten Farbtöne im Dokument suchen und durch den helleren Farbton ersetzen, oder Sie ändern lediglich den FARBTON im Farbfelder-Bedienfeld. Den Vorteil einer nachträglichen Korrektur sollten Sie sich nicht entgehen lassen.

14.3.3 Löschen von Farben

Farben können einzeln oder, wenn mehrere in der Farbliste aktiviert wurden, gemeinsam gelöscht werden. Der Vorgang des Löschens soll jedoch sehr gut überlegt sein.

Alle überflüssigen Farben aus dem Dokument entfernen | Bevor wir jedoch eine Farbe anlegen, empfehlen wir, alle überflüssigen Farben aus dem Dokument zu entfernen, damit der Überblick über die verwendeten Farben gewahrt bleibt. Dazu wählen Sie im Bedienfeldmenü den Befehl ALLE NICHT VERWENDETEN AUSWÄHLEN. Dadurch werden alle nicht im Dokument verwendeten Farben in der Farbfeldliste markiert. Schauen Sie sich die Liste der Farben an, und entscheiden Sie, ob eventuell die eine oder andere Farbe doch nicht gelöscht werden soll.

Um eine Farbe aus der Auswahl zu entfernen, müssen Sie nur die [Strg]- bzw. [⌘]-Taste drücken und auf den entsprechenden Eintrag klicken. Um die ausgewählten Farben zu löschen, klicken Sie auf das Symbol FARBFELDER LÖSCHEN 🗑. Alle Farben werden ohne weitere Rückfrage aus dem Farbfelder-Bedienfeld entfernt.

Löschen von verwendeten Farben | Wenn Sie versuchen, eine Farbe zu löschen, die im Dokument verwendet worden ist, werden Sie durch einen Dialog aufgefordert, eine andere Farbe zur Kennzeichnung der eingefärbten Objekte zu wählen.

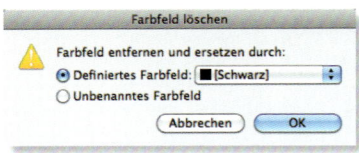

◀ **Abbildung 14.9**
Löschen einer in Verwendung befindlichen Farbe

> **Farbtöne in Photoshop**
>
> Der Begriff »Farbton« wird in Adobe Photoshop durch die Bezeichnung »Deckkraft« abgebildet. Den Begriff der Deckkraft finden Sie in InDesign auch. Wir weisen Sie jedoch darauf hin, dass damit eine Transparenz erzeugt wird.

> **HINWEIS**
>
> Falls Sie nebenstehende Anweisung durchführen, wenn kein Dokument geöffnet ist, so wird jedes neue Dokument nur mit den »nicht löschbaren« Farben angelegt.

▶ DEFINIERTES FARBFELD: Löschen Sie Farben, indem Sie sie durch die ausgewählte Farbe ersetzen.
▶ UNBENANNTES FARBFELD: Das Umwandeln in ein unbenanntes Farbfeld erhält die Farbwerte für die zugewiesenen Objekte, das Farbfeld wird jedoch aus dem Bedienfeld gelöscht. Damit kann diese Farbe nicht mehr global geändert werden.

Unbenannte Farben | Wurden im Layout Farben einzelnen Objekten zugewiesen – über Farbaufnahme durch die Pipette bzw. über das Farbe-Bedienfeld durch einfachen Klick in das

> **Anlegen von Primärfarben**
>
> Wenn Sie beim Anlegen der Farben die Farbnamen »Magenta«, »Gelb«, »Cyan« oder »Schwarz« verwenden, werden Sie darauf hingewiesen, dass diese bereits definiert sind. Verwenden Sie eine andere Bezeichnung wie »100 M«, oder ergänzen Sie den Farbnamen durch ein Leerzeichen.

Spektrum –, so haben Sie unbenannte Farbfelder erstellt. Um diese Farbwerte einerseits in das Farbfelder-Bedienfeld aufzunehmen und andererseits damit einen Bezug zwischen Objektfarben und den Einträgen im Farbfelder-Bedienfeld herzustellen, müssen Sie nur im Bedienfeldmenü den Befehl Unbenannte Farben hinzufügen auswählen. Damit können sich beispielsweise Druckdienstleister, die das Dokument überarbeiten müssen, ganz einfach einen Überblick über die verwendeten Farben verschaffen.

Farbliste sortieren | Farbfelder können sortiert und zusammengestellt werden, indem Sie den Eintrag wie bei den Ebenen nach oben oder unten verschieben. Die Möglichkeit, Gruppen von Farben anzulegen, wie dies für Absatz-, Zeichen-, Zellen- und Tabellenformate sowie Objektstile in InDesign möglich ist, fehlt.

14.3.4 Erstellen von Verlaufsfeldern

Der Weisheit »Hat der Grafiker nichts drauf, macht er einen Verlauf« können wir uns nur bedingt anschließen. Verläufe können neben ihrer eigentlichen Funktion in Verbindung mit Transparenzen bzw. als transparent auslaufende Verläufe oder einfache Verläufe im selben Farbton genial eingesetzt werden.

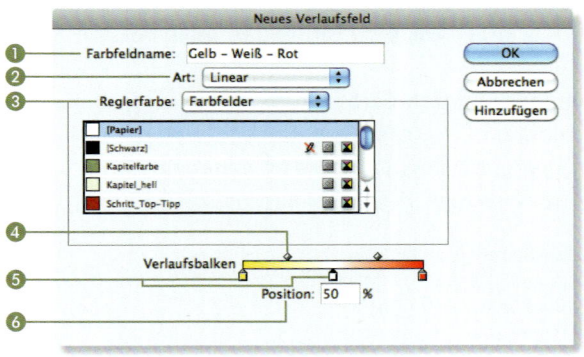

Abbildung 14.10 ▶
Die Definition eines Verlaufs. Dabei ist es noch unerheblich, ob der Verlauf ein deckender oder ein transparent auslaufender Verlauf werden wird.

Um einen Verlauf zu erstellen, führen Sie den Befehl Neues Verlaufsfeld aus dem Bedienfeldmenü aus. Das Definieren von Verlaufsfeldern funktioniert wie in Adobe Photoshop oder Adobe Illustrator.

▶ Farbfeldname ❶: Geben Sie dem Verlauf einen treffenden Namen.
▶ Art ❷: Mit dieser Option bestimmen Sie, ob Sie einen linearen oder einen radialen Verlauf erstellen wollen. Standardmäßig wird ein linearer Weiß-Schwarz-Verlauf angezeigt.
▶ Verlaufsbalken: Um dem Verlauf eine Farbe zuordnen zu können, müssen Sie zuerst auf einen der Regler ❺ klicken.

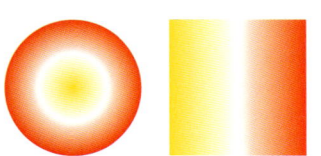

▲ **Abbildung 14.11**
Radialer bzw. linearer Verlauf

▶ Reglerfarbe ❸: Über diese Option können Sie nun auf die bereits definierten Farbfelder zurückgreifen.

Jetzt können Sie für den ersten und dann für den letzten Regler die Farbe definieren. Auch hier zahlt es sich aus, wenn Sie bereits definierte Farbfelder verwenden. Einerseits können Sie dann auf definierte Farbtöne im Verlauf zurückgreifen, und andererseits führt eine spätere Änderung einer definierten Farbe auch zu einer Anpassung des Verlaufs. Wollen Sie diesen Vorteil aber nicht einsetzen, können Sie über die Option Reglerfarbe einen anderen Farbraum zum Definieren der Reglerfarbe bestimmen. Zur Verfügung stehen Lab, CMYK und RGB.

Zusätzliche Farbe im Verlauf einbauen | Eine zusätzliche Farbe können Sie durch Hinzufügen eines weiteren Reglers ❺ in einen Verlauf hineinbringen. Dazu müssen Sie nur zwischen die bestehenden Regler unterhalb des Verlaufsbalkens klicken und den neuen Regler an die gewünschte Position bringen. Ist ein Regler aktiviert, so kann er auch über die numerische Eingabe der Position ❻ exakt gesetzt werden. Durch das Verschieben der Reglerpositionen können Sie sehr einfach einen asymmetrischen Verlauf erstellen.

Verlaufsübergänge einstellen | Eine besondere Aufgabe hat das Positionssymbol ❹ zu erfüllen. Ein Verlauf wird normalerweise »fließend« von einer Farbe in die andere bzw. nach transparent überführt. Durch Verschieben des Positionssymbols können Sie breitere oder kürzere Verlaufsübergänge erstellen.

Verlauf mit hartem Farbübergang erstellen | Wenn zwei Regler auf dieselbe Position gestellt werden – dies kann nur über die numerische Eingabe der Position erfolgen –, so kann auch ein Verlauf erstellt werden, der aus einem weichen und einem harten Übergang besteht. Somit können Sie den Kastentitel »TV-Tipp«, wie er in Abbildung 14.13 dargestellt ist, mit nur einem einzigen Textkasten abbilden. Ein kurzer Verlauf von Weiß nach Dunkelrot und daran anschließend ein Verlauf von Rot nach Rot ermöglicht dieses Vorhaben.

Da Sie auch Verläufe auf Linien anwenden können, ergeben sich daraus noch zusätzliche interessante Möglichkeiten. Abbildung 14.14 auf der nächsten Seite zeigt Ihnen dazu ein Beispiel aus einem österreichischen Multimedia-Magazin. Der Kastentitel muss mit einer dunkeltürkisen und einer türkisen Fläche unterlegt werden. Dieses Vorhaben wäre eigentlich mit einfachen Absatzli-

> **HINWEIS**
>
> Sobald Sie den zweiten Farbregler auswählen, schaltet InDesign leider wieder auf die Farbbalken um.

```
  Lab
✓ CMYK
  RGB
  Farbfelder
```

▲ **Abbildung 14.12**
Farbmodi für Reglerfarben

▲ **Abbildung 14.13**
Während das Bild an der linken Seite mit einem normalen Schlagschatten versehen ist, muss der rote Titelbalken mit einem von Dunkelrot nach Weiß verlaufenden Schatten versehen werden. Am harten Übergang zwischen Dunkelrot und Rot stehen beide Regler an derselben Position.

▲ **Abbildung 14.14**
Eine hart verlaufende Absatzlinie oben, gekoppelt mit einer punktierten Absatzlinie darunter

nien darüber und darunter (mehr Informationen dazu erhalten Sie in Abschnitt 18.1.12, »Absatzlinien«, auf Seite 437) abbildbar. Doch da zusätzlich eine punktierte Linie an der unteren Titelkanten stehen muss, können Sie nur noch eine ABSATZLINIE DARÜBER, die mit einem harten Verlaufsübergang ausgestattet ist, dafür verwenden. Den entsprechenden Verlauf erstellen Sie durch Eingabe von numerischen Positionen. Wie das geht, erfahren Sie in der folgenden Schritt-für-Schritt-Anleitung.

Schritt für Schritt: Verlauf mit hartem Übergang erstellen

1 Anlegen des Basisverlaufs
Rufen Sie aus dem Bedienfeldmenü des Farbfelder-Bedienfelds den Befehl NEUES VERLAUFSFELD auf.

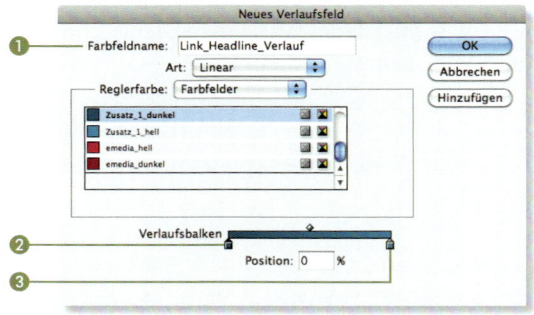

Abbildung 14.15 ▶
Anlegen eines Verlaufs von einer dunkleren zu einer helleren Farbe

Geben Sie den Namen für den Verlauf im Eingabefeld FARBFELDNAME ❶ ein.

Wählen Sie dann den ersten Regler ❷ aus, und weisen Sie die dunklere Farbe aus den Farbfeldern zu. Dann wählen Sie den zweiten Regler ❸ aus und weisen diesem die hellere Farbe zu. Das Ergebnis müsste dann wie in Abbildung 14.15 aussehen.

2 Zwei Regler hinzufügen
Fügen Sie einen weiteren Regler ❹ hinzu, und setzen Sie diesen auf die dunklere Farbe. Stellen Sie dann die POSITION des Reglers auf 33 %. An dieser Position soll der harte Verlaufsübergang erfolgen.

Fügen Sie dann den zusätzlichen Regler ❺ hinzu, und färben Sie diesen mit der helleren Farbe ein. Welche Position Sie diesem Regler geben, ist egal. Wichtig ist nur, dass der neue Regler ❺ rechts neben dem ersten ❹ steht und dass er auch als zweiter angelegt wurde. Der Dialog stellt sich dann so dar wie in Abbildung 14.16 .

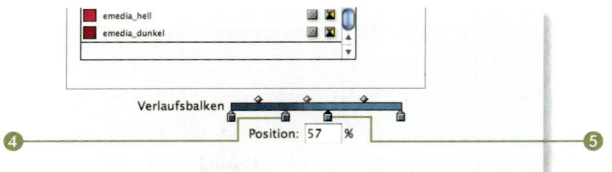

◄ **Abbildung 14.16**
Der neue Verlauf besteht nun aus zwei Reglern mit dunklerer Farbe (POSITION 0% und 33%) – und zwei weiteren Reglern mit zugewiesener hellerer Farbe; die POSITION des letzten Reglers ist 100%.

3 Die Position für den zweiten Regler bestimmen

Abschließend müssen Sie nur noch den zweiten Regler ❼ auswählen und ebenfalls dessen POSITION ❻ auf 33% stellen.

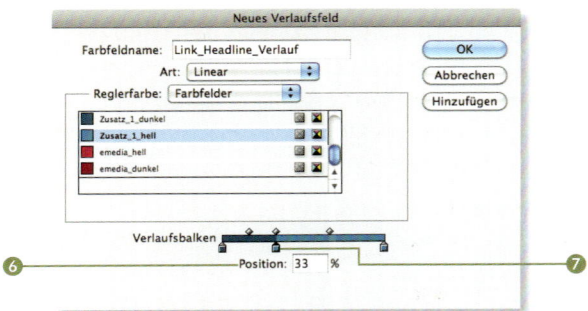

◄ **Abbildung 14.17**
Auswählen des zweiten Reglers ❼ und Eingabe der POSITION. Es stehen nun zwei Regler übereinander an der gleichen Position.

Damit haben Sie den Verlauf mit einem harten Übergang erstellt. Bestätigen Sie Ihre Eingabe mit OK. ■

Volltonfarben in Verläufen verwenden | Mit InDesign können Verläufe von Vollton- zu Volltonfarben, Verläufe von Vollton- zu Prozessfarben und auch Verläufe nach transparent erstellt werden. Einer korrekten Ausgabe dieser Verläufe steht nichts im Wege, wenn darauf verzichtet wird, Flächen mit diesen Verläufen über das Effekte-Bedienfeld mit einer FÜLLMETHODE zu versehen – ausgenommen davon ist die Füllmethode MULTIPLIZIEREN.

Damit ein Vollton-zu-Vollton-Verlauf korrekt ausgegeben werden kann, werden die verlaufenden Volltonfarben gegenüber der zweiten Farbe auf Überdrucken gestellt.

14.3.5 Erstellen von Mischdruckfarben

Bei Mischdruckfarben handelt es sich um Farben, die aus zumindest einer Volltonfarbe und einer oder mehreren anderen Farben »gemischt« werden. Das Einsatzgebiet ist vor allem bei 2c-Produktionen, die aus Schwarz und einer Volltonfarbe bestehen, zu finden oder in Produktionen, bei denen Lack in Verbindung mit Farbe eingesetzt werden soll.

Lassen Sie uns an einem Beispiel das Einsatzgebiet erklären: Angenommen, Sie sollen einen Geschäftsbericht erstellen. Aus

Darstellungsproblem bei Volltonfarbverläufen

Wenn Sie einen Verlauf, in dem eine Volltonfarbe vorkommt, in ein PDF exportieren, könnte es passieren, dass der Verlauf im PDF nicht korrekt angezeigt wird. Es handelt sich dabei nicht um ein Problem von InDesign oder PDF, sondern lediglich um ein Darstellungsproblem.

Volltonfarben werden zur korrekten Abbildung auf ÜBERDRUCKEN gestellt. Aktivieren Sie zum Anzeigen der Verläufe unbedingt die Überdrucken-Vorschau in Acrobat Professional bzw. im Adobe Reader (ab Version 7).

CI-Gründen dürfen Sie nur Pantone Orange 021 C (als Volltonfarbe) und Schwarz einsetzen.

Geschäftsberichte zeichnen sich meistens durch das Vorhandensein vieler Tabellen aus. Um Tabellen attraktiver zu gestalten, werden gerne Zeilen farbig hinterlegt. Sie haben nun die Möglichkeit, die Zeilen schwarz oder orange mit allen Farbtonabstufungen (Schwarz 10%, Schwarz 20% bis Orange 80%, Orange 90%) zu hinterlegen. Das Leben ist manchmal grau genug, weshalb Sie gerne die Tabellen mit Orange-Farbtönen hinterlegen würden – eine wahrscheinlich nicht optimale Grafikleistung. Durch die Verwendung einer Mischdruckfarbe können Sie sämtliche Farbkombinationen wie beispielsweise Orange 100% + Schwarz 10% und somit dunklere Orangetöne erstellen, obwohl Sie nur mit zwei Farben arbeiten dürfen.

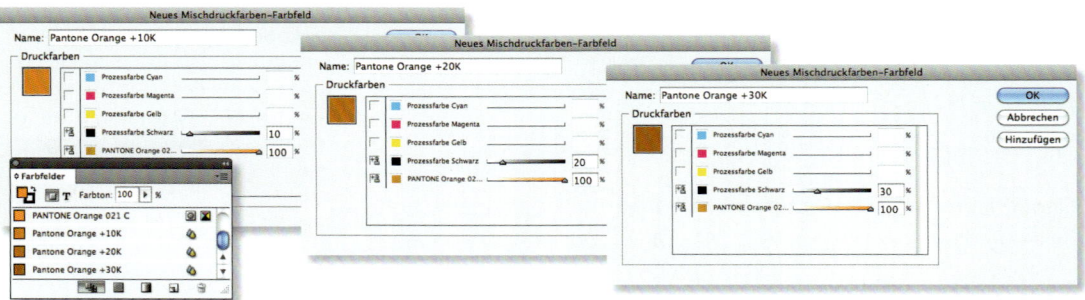

▲ **Abbildung 14.18**
Mit Mischdruckfarben können in 2c-Produktionen mehrere Farbabstufungen erzeugt werden.

Partielles Lackieren | Ein anderes Einsatzgebiet ist, wenn Sie bestimmte Schwarzpartien – gewisse Headlines oder Flächen – aus Effektgründen partiell lackieren möchten. Mit Mischdruckfarben erstellen Sie sehr schnell neben »Schwarz« auch ein »Schwarz +Lack«, wodurch Sie nun alles, was Sie schwarz und lackiert haben möchten, einfach mit der neuen Mischdruckfarbe einfärben.

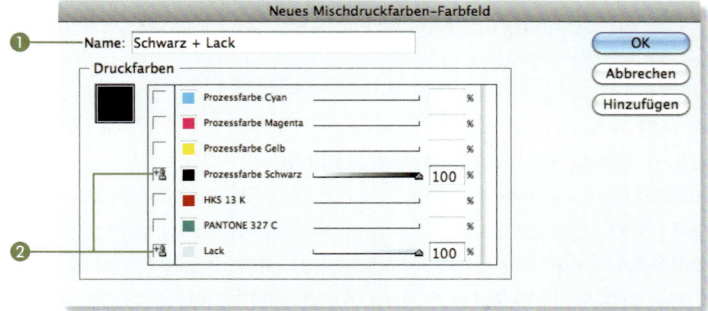

Abbildung 14.19 ▶
Anlegen einer Mischdruckfarbe. Bei Mischdruckfarben können Sie zwei oder mehr Vollton- bzw. Prozessfarben miteinander kombinieren.

Mischdruckfarben anlegen | Eine Mischdruckfarbe legen Sie an, indem Sie aus dem Bedienfeldmenü den Befehl Neues Mischdruckfarben-Farbfeld ausführen. Vergeben Sie darin einen entsprechenden Namen ❶, und aktivieren Sie in den Aktivierungsfeldern ❷ die Farben, die zur Mischdruckfarbe gehören. Sie müssen dann noch den Prozentwert definieren, mit dem die einzelnen Farben im Druck gemischt werden sollen.

> **»Neues Mischdruckfarben-Farbfeld« nicht aktiv**
>
> Der Befehl Neues Mischdruckfarben-Farbfeld ist nur aktiv, wenn zumindest eine Schmuckfarbe existiert.

Mischdruckfarben-Gruppe anlegen | Das Erstellen einer Mischdruckfarben-Gruppe ist sehr einfach. Aktivieren Sie alle Farben, die in der Mischdruckfarbe vorhanden sein sollen, und bestimmen Sie den Anfangswert, die Anzahl der Wiederholungen und in welcher Abstufung ❸ Mischdruckfarben erstellt werden sollen.

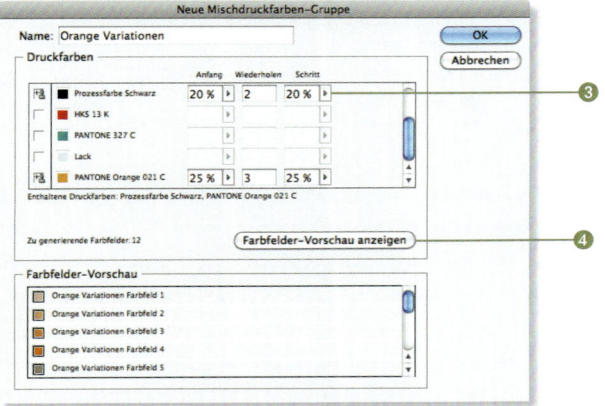

◄ **Abbildung 14.20**
Sollten Sie mehrere Abstufungen von Mischdruckfarben benötigen, so empfehlen wir Ihnen, dies über den Befehl Neue Mischdruckfarben-Gruppe aus dem Bedienfeldmenü zu erledigen.

Durch Anklicken des Buttons Farbfelder-Vorschau anzeigen ❹ sehen Sie alle Farbfelder, die generiert werden.

Es werden durch diese Eingaben 12 Farbfelder erstellt. Vier Mischdruckfarben mit einem Schwarzanteil von 20% und einem Pantone-Anteil von 25%, 50%, 75% und 100%, vier Mischdruckfarben mit einem Schwarzanteil von 40% und den vier Pantone-Abstufungen und noch weitere vier Mischdruckfarben mit einem Schwarzanteil von 60% und ebenfalls den vier Pantone-Abstufungen.

Gesamtfarbauftrag beachten | Beim Anlegen von Mischdruckfarben, die aus drei oder vier Farben bestehen, ist sehr schnell der maximale Gesamtfarbauftrag erreicht. Der Gesamtfarbauftrag sollte nie überschritten werden, da das Druckbild der gegenüberliegenden Seite auf die abgelegte Seite durchschlagen kann.

Für welche Papierklasse in Verbindung mit welchem ISO/PSO-Profil welcher maximale Gesamtfarbauftrag verwendet werden darf entnehmen Sie am schnellsten Tabelle 31.1 in Abschnitt 31.2.3, »Farbeinstellungssets für alle Papierklassen anlegen«, auf Seite 739.

14.4 Farben auf Konturen, Flächen, Text oder Textkontur anwenden

Nachdem Sie nun imstande sind, Text-, Grafikrahmen sowie Konturen und Farben zu erstellen, dürfte es für Sie durch die Kombination aller bisher genannten Bedienfelder eine einfache Übung werden, Farben auch zuzuweisen. Sie können Flächen, Konturen und den Lücken einer Kontur eine Farbe zuweisen.

Abbildung 14.21 ▶
Zuweisen der Farben über das Werkzeuge- bzw. Farbfelder-Bedienfeld

Bevor Sie Farben zuweisen, ist es wichtig, sich darüber im Klaren zu sein, ob Sie eine Farbe einem Rahmen bzw. einer Kontur oder einem Text zuweisen möchten. Die Auswahl nehmen Sie mit dem Symbol FORMATIERUNG WIRKT SICH AUF RAHMEN AUS ❸ bzw. FORMATIERUNG WIRKT SICH AUF TEXT AUS ❽ vor. Sind das Symbol für FLÄCHE ❶ und KONTUR ❼ mit einer roten Diagonale durchgestrichen, so besitzt der aktivierte Rahmen weder eine Flächen- noch eine Konturfarbe bzw. Konturstärke. Im Falle des Textes bedeutet die Abbildung, dass der Text eine rote Fläche, jedoch keine Konturfarbe besitzt.

Fläche mit Farbe füllen | Einen Rahmen können Sie auf zweierlei Art mit Farbe füllen.
1. Sie müssen zuvor den Text- bzw. Grafikrahmen aktiviert haben. Danach klicken Sie auf das Symbol FLÄCHE ❶ und wählen aus dem Farbfelder-Bedienfeld die gewünschte Flächenfarbe aus.
2. Sie haben keinen Rahmen aktiviert oder über das Tastaturkürzel [Strg]+[⇧]+[A] bzw. [⌘]+[⇧]+[A] alles deaktiviert. Dann ziehen Sie aus dem Farbfelder-Bedienfeld die gewünschte Farbe auf die leere Fläche, die Sie einfärben wollen. Der Cursor verändert sich und zeigt damit an, dass die darunterliegende Fläche nun eingefärbt werden kann.

Kontur mit Farbe füllen | Um der Kontur des Rahmens eine Farbe zuzuweisen, müssen Sie ihr zuerst im Kontur- oder Steuerung-Bedienfeld eine Konturstärke geben. Danach klicken Sie auf das Symbol KONTUR ❼ – das Symbol springt dabei in den Vordergrund – und weisen (wie bei der Fläche) der Kontur die gewünschte

---

TOP-TIPP: Farbfelder mit Farbton umfärben

Ist eine Fläche oder eine Kontur mit einer Farbe und über das Feld FARBTON ❿ mit einem Prozentwert von 50 % versehen worden, so wird beim Aktivieren einer anderen Farbe ebenfalls der zuvor definierte Tonwert in der neuen Farbe dargestellt. Ein neuerlicher Klick auf das Farbfeld setzt den Tonwert auf 100 % zurück.

Konturfarbe zu. So wie bei der Fläche können Sie auch die Kontur eines Objekts mit Farbe versehen, indem Sie eine Farbe aus dem Farbfelder-Bedienfeld auf die Kontur ziehen. Der Cursor ändert sich dabei in das Symbol ▸.

Sie können beiden Elementen – Fläche oder Kontur – alle Farbfelder, Farbtöne, Mischdruckfarben sowie Verläufe zuordnen.

Standard-Kontur- und -Flächenfarbe herstellen | Durch Klicken auf das Standardflächen- und -kontur-Symbol ❷ setzen Sie den aktivierten Rahmen auf den Standardwert, keine Flächenfarbe und eine 1 Pt starke schwarze Kontur, zurück – eine sehr wertvolle Funktion, die Sie durch Drücken von D ausführen können. Um Kontur- und Flächenfarbe zu wechseln klicken Sie auf das Symbol FLÄCHE UND KONTUR AUSTAUSCHEN ❻.

Farbe und Verlauf auf Fläche oder Kontur anwenden | Durch Klick auf das Symbol FARBE ANWENDEN ❹ bzw. Drücken der Taste , wird die darin gezeigte Farbe auf die gewählte Kontur oder Fläche angewandt. Um einen Verlauf anzuwenden, klicken Sie auf das Symbol VERLAUF ANWENDEN ❺ bzw. drücken die Taste . . Um die Farbzuweisung zu entfernen, klicken Sie auf das Symbol KEINE ANWENDEN ❾ bzw. drücken die Taste #. Natürlich können Sie dies auch über das Farbfelder-Bedienfeld erledigen.

Zum Einfärben von Text gehen Sie analog vor. Achten Sie jedoch darauf, dass normalerweise eine Schrift nur aus einer Fläche besteht und somit keine Kontur besitzt.

Schneller Tausch zwischen Flächen- und Konturfarbe

Zum schnellen Austausch der Flächen- und Konturfarbe eines Rahmens drücken Sie das Tastaturkürzel ⇧+X. Um lediglich das Konturen- oder Flächensymbol in den Vordergrund zu stellen, drücken Sie nur X.

▲ **Abbildung 14.22**
Beispiel zur Farbzuweisung bei Text. Sie benötigen dazu einen Verlauf mit einem harten Übergang. Eine grafische Meisterleistung :-)

14.5 Das Farbe-Bedienfeld

Neben dem Farbfelder-Bedienfeld steht das Farbe-Bedienfeld, das Sie über das Menü FENSTER • FARBE • FARBE, die F6-Taste oder durch Klick auf das Symbol 🎨 bei den Bedienfeldern aufrufen, als eine weitere, eventuell intuitivere Methode zur Verfügung, um Farben und Farbtonfelder zu definieren.

14.5.1 Farben definieren

Eine Farbe definieren Sie, indem Sie im Bedienfeldmenü den gewünschten Farbraum auswählen (siehe Abbildung 14.24) und dann entweder im Farbfeld-Spektrum ⓫ mit der Pipette – sie erscheint automatisch, sobald der Mauszeiger das Spektrum berührt – die gewünschte Farbe durch Klicken auswählen oder sie durch die numerische Eingabe der Prozentwerte bestimmen. Die Farben [SCHWARZ] ⓮ bzw. [PAPIER] ⓭ können Sie am rechten Ende

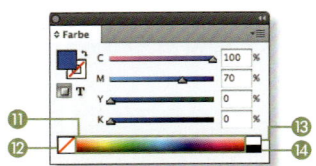

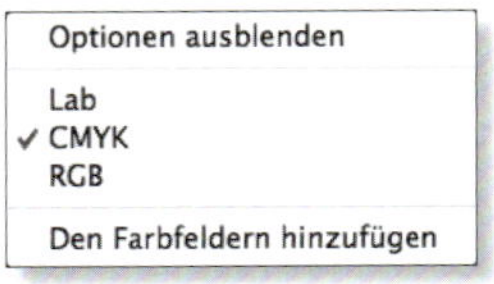

▲ **Abbildung 14.23**
Das Farbe-Bedienfeld

▲ **Abbildung 14.24**
Das Bedienfeldmenü des Farbe-Bedienfelds

> **Nur das Farbspektrum ist sichtbar**
>
> Sollte nur das Farbspektrum im Farbe-Bedienfeld sichtbar sein, so müssen Sie im Bedienfeldmenü den Befehl OPTIONEN EINBLENDEN auswählen.

des Farbfeldspektrums, die Farbe [OHNE] ⓬ am linken Rand auswählen.

14.5.2 Objekt einfärben oder Farbe den Farbfeldern hinzufügen

Entspricht die Farbe Ihren Vorstellungen, so können Sie sie durch Ziehen auf ein Objekt anwenden oder durch Ziehen auf das Farbfelder-Bedienfeld dort hinzufügen. Letzteren Schritt können Sie auch über das Bedienfeldmenü bzw. über einen Rechtsklick über den Befehl DEN FARBFELDERN HINZUFÜGEN erledigen.

14.5.3 Farbtöne erzeugen

Aktivieren Sie eine Farbe im Farbfelder-Bedienfeld, und beachten Sie die Änderungen im Farbe-Bedienfeld. Das Bedienfeld ändert sich insofern, als Sie über das Farbtonspektrum mit der Pipette nun einen Farbton durch Klicken auswählen können. Die numerische Eingabe ist auch hier selbstverständlich möglich. Ein ausgewählter Farbton kann auf ein Objekt gezogen oder durch Ziehen auf das Farbfelder-Bedienfeld dort hinzufügt werden. Letzteren Schritt können Sie auch hier über den Befehl DEN FARBFELDERN HINZUFÜGEN im Farbfelder-Bedienfeld erledigen.

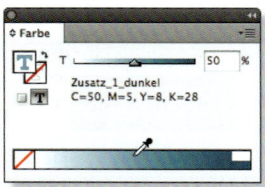

▲ Abbildung 14.25
Definieren eines Farbtons im Farbe-Bedienfeld mit dem Farbton-Spektrum. Wenn Sie jedoch diesen Modus wiederum verlassen wollen, so müssen Sie den gewünschten Farbraum im Bedienfeldmenü auswählen.

14.6 Verläufe

Wie Sie einen Verlauf im Farbfelder-Bedienfeld anlegen und ihn auf eine Fläche bzw. Kontur anwenden, ist Ihnen schon bekannt. Da Sie aber nicht immer einen horizontalen linearen Verlauf wünschen, muss es noch Möglichkeiten geben, den Winkel und die Verlaufsbreite zu bestimmen. Diese Möglichkeiten bestehen im **Verlauf-Bedienfeld** und durch das **Verlaufsfarbfeld-Werkzeug**.

14.6.1 Das Verlaufsfarbfeld-Werkzeug

Erstellen Sie einen Rahmen, und färben Sie diesen mit unserem bereits definierten Gelb-Weiß-Rot-Verlauf ein. Dann wählen Sie aus dem Werkzeug-Bedienfeld das Verlaufsfarbfeld-Werkzeug – Tastaturkürzel G – aus.

Fahren Sie mit dem Cursor an die Position, an der Sie den Startpunkt des Verlaufs setzen wollen. Klicken Sie, ziehen Sie in die gewünschte Verlaufsrichtung, und lassen Sie an der gewünschten Stelle (Endpunkt des Verlaufs) die Maustaste los. Sie sehen, dass sich die Verlaufsbreite umso kürzer darstellt, je näher Sie Start- und Endpunkt zueinander setzen. Jene Teile der Form, die nicht überstrichen wurden, werden mit den beiden Endfarben

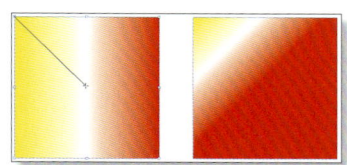

▲ Abbildung 14.26
Links: Aufziehen des Verlaufs mit dem Verlaufsfarbfeld-Werkzeug
Rechts: der fertige Verlauf

aufgefüllt. Wenn Sie beim Ziehen die ⬧-Taste gedrückt halten, kann der Verlauf nur in 45°-Schritten aufgezogen werden.

14.6.2 Das Verlauf-Bedienfeld

Wie der Verlauf aufgebaut ist, können Sie sich im Verlauf-Bedienfeld ansehen. Das Bedienfeld können Sie über das Menü FENSTER • FARBE • VERLAUF oder durch einen Klick auf das Verlaufsfarbfeld-Werkzeug ▣ in den Vordergrund bringen.

Sollte das Bedienfeld nicht das zeigen, was in Abbildung 14.27 dargestellt wird, so müssen Sie noch den Befehl OPTIONEN EINBLENDEN im Bedienfeldmenü ausführen oder im Bedienfeldreiter einmal auf die Pfeile klicken. Wenn Sie im Bedienfeld keine Änderungen machen können, so müssen Sie natürlich zuerst das Objekt mit dem Verlauf mit dem Auswahlwerkzeug markieren. Folgende Einstellungen können Sie vornehmen:

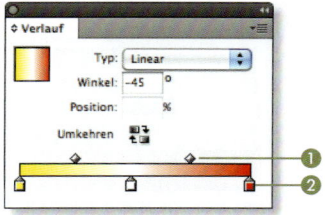

▲ **Abbildung 14.27**
Das Verlauf-Bedienfeld mit einem Gelb-Weiß-Rot-Verlauf, der sich bei einem Quadrat in der Diagonalen erstreckt.

- **Typ:** Wählen Sie aus, ob Sie einen linearen oder einen radialen Verlauf für das ausgewählte Objekt verwenden wollen.
- **Winkel:** Ändern Sie hier nachträglich den Verlaufswinkel.
- **Umkehren:** Damit können Sie die Verlaufsrichtung umdrehen. Klicken Sie dazu auf das Symbol ⇌.
- **Verlaufsbalken, Regler und Position:**
  - Position des Reglers: Verschieben Sie die Regler ❷ in die gewünschte Position, oder bestimmen Sie über das Eingabefeld POSITION die Position des Reglers.
  - Neuen Regler hinzufügen: Fügen Sie neue Regler an der Unterseite des Verlaufsbalkens durch einfachen Klick hinzu.
  - Positionssymbol: Über die Stellung des Positionssymbols ❶ wird der Übergang zwischen der Start- und der Endfarbe des Verlaufs bestimmt.
  - Farbe dem Regler zuweisen: Um einem Regler eine andere Farbe zuzuweisen, müssen Sie ihn markieren und im Farbfelder- bzw. Farbe-Bedienfeld mit ⌐Alt⌐ bzw. ⌐⌥⌐ die Farbe anklicken.

> **Verlauf über mehrere Objekte**
>
> Sind mehrere Objekte ausgewählt, wird der Verlauf durch Ziehen mit dem Verlaufsfarbfeld-Werkzeug auf alle Objekte durchgängig angewandt.
>
> Soll jedoch der Verlauf für jedes einzelne Objekt angewandt werden, so müssen Sie die entsprechenden Objekte markieren und im Farbfelder-Bedienfeld einen Verlauf auswählen.

Sie sehen, dass Sie mit dem Verlauf-Bedienfeld eigentlich alles numerisch bestimmen können. Nur die Koordinaten des Start- bzw. Endpunkts lassen sich nicht numerisch eingeben. Damit wird das Rekonstruieren eines Verlaufs zur Glückssache. Sogar die Übernahme des Verlaufs mit der Pipette versagt hier zur Gänze.

Radialverlauf | Das Arbeiten mit Radialverläufen erfolgt wie soeben beschrieben. Eine Spezialität des radialen Verlaufs ist, dass man hier nicht nur symmetrische Verläufe, sondern auch asymmetrische Verläufe, die einen 3D-Effekt abbilden, erzeugen kann.

▲ Abbildung 14.28
Ein spezieller radialer Verlauf

Um das in Abbildung 14.28 gezeigte Ergebnis zu erstellen, ziehen Sie zunächst den Verlauf von der Mitte nach oben (etwas außerhalb des Kreises) auf. Danach klicken Sie einmal mit dem Verlaufsfarbfeld-Werkzeug an den gewünschten Punkt, wo die hellere Farbe den hellsten Punkt haben soll. Das Ergebnis müsste dann so wie nebenstehend gezeigt aussehen.

Sollte InDesign nicht das machen, was Sie wollen, so empfehlen wir, in diesem Fall den Kreis erneut aufzuziehen und den Vorgang zu wiederholen. In manchen Fällen sind den Objekten Parameter zugewiesen, mit denen dieser Effekt nicht beim ersten Versuch erzielt werden kann.

14.6.3 Das Weiche-Verlaufskante-Werkzeug

Mit dem Weiche-Verlaufskante-Werkzeug ▫ können Sie Objekte im Hintergrund verblassen lassen. Es handelt sich dabei nicht um einen Verlauf, sondern um einen Effekt.

▲ Abbildung 14.29
Ein Verlauf verläuft vom Inhalt (Vordergrund) ins Nichts (transparent).

Verwenden Sie dieses Werkzeug, wie Sie es vom Verlaufsfarbfeld-Werkzeug kennen. Der Unterschied liegt lediglich darin, dass zur Verwendung des Weiche-Verlaufskante-Werkzeuges kein Farbverlauf definiert werden muss. Sie können diesen Effekt in InDesign auf alle Objekte anwenden (einen Verlauf, ein platziertes Bild bzw. eine Illustration, einen Text, eine Kontur oder eine Fläche usw.). Wie Sie diesen Effekt steuern und einstellen, erfahren Sie genauer in Abschnitt 15.3.8, »Weiche Verlaufskante«, auf Seite 370.

14.7 Spezialitäten bei Farben

Durch die Verwendung von Farben können Anwender den einen oder anderen Effekt erzielen. In diesem Abschnitt möchten wir speziell auf ein paar Sachverhalte hinweisen, die in Zusammenhang mit Farbe wichtig sind.

14.7.1 Die Farben Schwarz und [Schwarz]

Schwarz ist nicht gleich [SCHWARZ]! In der Praxis finden wir immer wieder zumindest zwei Farbfelder, die beide mit 100 % K definiert sind, im Farbfelder-Bedienfeld vor. Dies kann beabsichtigt sein, ist jedoch in fast allen Fällen eher unbeabsichtigt, da diese Farben durch eine Konvertierung aus QuarkXPress übernommen wurden.

Sie mögen nun denken: Wo sehen die Autoren das Problem, wenn sich unnütze, nicht verwendete Farben im Farbfelder-Bedienfeld befinden? Wir wollen Ihnen deshalb an dieser Stelle die dazu notwendige Erklärung liefern.

[Schwarz] | Dieses Farbfeld ist in jedem InDesign-Dokument vorhanden und kann auch nicht gelöscht werden. Wenn Sie dieses Schwarz zum Einfärben von Flächen oder Texten verwenden und die Grundeinstellungen in InDesign diesbezüglich nicht verändert haben, so wird diese Fläche bzw. der Text gegenüber dem Hintergrund überdruckt.

Der Grund dafür liegt in den VOREINSTELLUNGEN von InDesign, wo im Register SCHWARZDARSTELLUNG die Option FARBFELD [SCHWARZ] 100 % ÜBERDRUCKEN aktiviert ist.

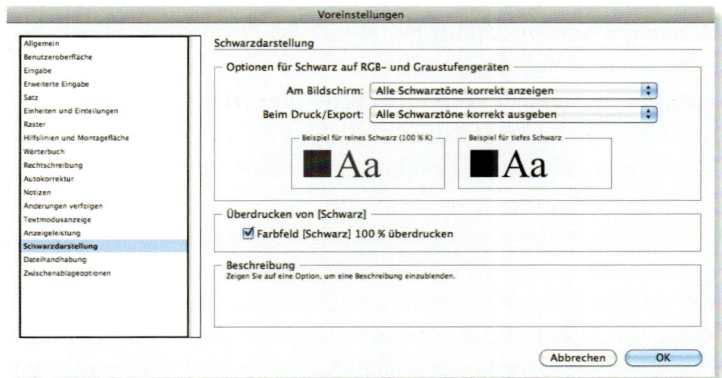

◄ **Abbildung 14.30**
Die VOREINSTELLUNGEN des Registers SCHWARZDARSTELLUNG in InDesign

Sie sollten diese Grundeinstellung nicht ändern. Welche negativen Effekte bzw. welche Vorteile dadurch für die Druckvorstufe gegeben sind, können Sie in Abschnitt 36.2.1, »Überdrucken und dessen Sinnhaftigkeit«, auf Seite 772 nachlesen.

Schwarz | Werden Objekte mit dem Farbfeld SCHWARZ (ohne eckige Klammer mit C=0|M=0|Y=0|K=100) eingefärbt, so werden diese Objekte immer gegenüber dem Hintergrund ausgespart. Die Möglichkeit eines »Blitzers« ist im Druck gegeben.

Tiefschwarz | Darunter versteht man eine Farbe Schwarz, wo neben 100 % K zumindest eine weitere Farbe – meistens Cyan mit 60 % – untergemischt wird. Diese Farbe wird gegenüber dem Hintergrund natürlich ausgespart, sie besitzt jedoch zumindest im Cyan-Farbkanal Werte, womit einerseits ein »dunkleres« Schwarz im Druck erzeugt wird und andererseits die Gefahr des »Blitzers« eher gebannt ist.

> **Tiefschwarz**
>
> Die empfohlenen Werte für Tiefschwarz sind C=60 %, M=0 %, Y=0 %, K=100 %. Wem dieses Schwarz zu »kühl« vorkommt, der sollte die Werte C=50 %, M=50 %, Y=0 %, K=100 % wählen. Fügen Sie nicht noch Gelb hinzu, da Sie sonst Gefahr laufen, den maximalen Gesamtfarbauftrag zu überschreiten.

14.7.2 Einfärben von Bitmap- und Graustufenbildern

Ein wesentlicher Vorteil von TIFF- und PSD-Dateien ist, dass sich Bilder, die im Bitmap- oder Graustufenmodus abgespeichert worden sind, im Layoutprogramm einfärben lassen. Dies ist vor allem bei zweifarbigen Logos interessant, die erst im Layout die Farbe zugewiesen bekommen sollen.

Bilder einfärben | Zum Einfärben der Bilder müssen Sie aber Folgendes berücksichtigen: Wollen Sie nur das Bild (alle schwarzen Pixel) durch eine andere Farbe ersetzen (siehe Abbildung 14.31, ❷), so klicken Sie mit dem Direktauswahl-Werkzeug auf das Bild und wählen danach das entsprechende Farbfeld im Bedienfeld aus. Sie können das aber auch durch Verschieben der Farbe auf den Bildinhalt erledigen.

Wollen Sie den Hintergrund (weiße Pixel) einfärben (siehe Abbildung 14.31, ❸), so markieren Sie zuerst das Bild mit dem Auswahlwerkzeug und danach die Farbe im Farbe- oder Farbfelder-Bedienfeld. Das Zuweisen von Farbverläufen auf Bilder geht nicht, das Zuweisen von transparent auslaufenden Verläufen jedoch schon!

Ist die Ausgabe von eingefärbten Schwarz-Weiß- und Graustufenbildern für QuarkXPress-Anwender mit der notwendigen Vorsicht zu genießen, können InDesign-Anwender diese Funktion uneingeschränkt nutzen. Sogar die Verwendung von Schmuckfarben stellt kein Problem dar. Stellen Sie sich Abbildung 14.31 in Verbindung mit Lack vor – eine interessante Erscheinung.

▲ Abbildung 14.31
Das Bild wurde geviertelt und jeder Streifen unterschiedlich behandelt.
❹ normales Graustufenbild
❸ Der Hintergrund (weiße Pixel) wurde eingefärbt.
❷ Das Bild (alle schwarzen Pixel) wurde eingefärbt.
❶ Der Hintergrund wurde mit der Farbe Blau, das Bild mit der Farbe [Papier] eingefärbt.

Schwarze Bitmap-Bilder werden ausgespart | Auch wenn Sie gerade gelesen haben, dass alle Objekte, die mit der Farbe [Schwarz] eingefärbt sind, aufgrund der InDesign-Voreinstellung im Register Schwarzdarstellung überdruckt werden, so gilt dieser Sachverhalt standardmäßig nicht für platzierte Graustufen- und Schwarzweiß-Bilder. Werden solche Bilder auf einer Hintergrundfläche platziert, so wird das Bild von der Hintergrundfläche ausgespart.

Wenn Sie diesen Sachverhalt für die Druckausgabe korrigieren wollen – damit keine »Blitzer« entstehen –, so müssen Sie manuell das Bild (den Inhalt des Rahmens) im Attribute-Bedienfeld auf Überdrucken stellen. Nähere Informationen zum Attribute-Bedienfeld erhalten Sie in Abschnitt 36.2, »Die Überdruckenvorschau«, auf Seite 771.

▲ Abbildung 14.32
Links: Normales Schwarzweiß-Bild mit eingefärbter Hintergrundfläche; Rechts: Das Ergebnis, wenn im Bedienfeld Separationsvorschau der Farbauszug für Schwarz ausgeblendet wird. Die Möglichkeit für Blitzer ist gegeben!

14.7.3 Bilder partiell lackieren

Auch wenn Sie in diesem Kapitel auf Seite 342 schon gelernt haben, wie man partielles Lackieren für InDesign-Objekte am einfachsten anlegen kann, so müssen in der Praxis sehr häufig Teile aus einem platzierten Bild in der InDesign-Datei partiell lackiert werden.

Die typische Arbeitsweise für diesen Vorgang ist, dass jene Bereiche, die lackiert werden sollen, mit einem Pfad eingefasst werden und die daraus entstandene Fläche mit der Schmuckfarbe LACK gefüllt und überdruckt wird. Die Schwachpunkte dieser Vorgehensweise sind:

- Die Fläche muss, damit diese nicht ausgespart wird, manuell im Attribute-Bedienfeld auf Überdrucken gestellt werden.
- Ein nachträgliches Verändern der Position oder der Größe muss gemeinsam mit den überdruckenden Lackstellen erfolgen.
- Der Lack kann, wenn man nicht zusätzliche Effekte in InDesign darauf anwendet, nur mit scharfen Kanten angebracht werden.

In der folgenden Schritt-für-Schritt-Anleitung wollen wir Ihnen zeigen, wie Sie im Zusammenspiel mit Photoshop dieses Vorhaben eleganter lösen können.

Schritt für Schritt: Partielles Lackieren von Bildteilen

1 Die Farbe »Lack« in InDesign anlegen
Legen Sie in InDesign eine VOLLTONFARBE mit dem Namen »Lack« mit den Werten C=20|M=10|Y=10|K=0 an. Wie Sie das erledigen, haben Sie schon in Abschnitt 14.3.1, »Erstellen einer Prozess- und Volltonfarbe«, auf Seite 335 erfahren.

2 Bildstellen in Photoshop partiell lackieren
Öffnen Sie das Bild, das an bestimmten Stellen lackiert werden soll, in Adobe Photoshop.
Öffnen Sie dort das Kanäle-Bedienfeld aus dem Menü FENSTER, und legen Sie für das Bild einen neuen VOLLTONFARBKANAL an. Wählen Sie dazu den gleichnamigen Befehl aus dem Bedienfeldmenü aus, und vergeben Sie denselben Namen für die Farbe »Lack«, wie Sie dies in InDesign getan haben.

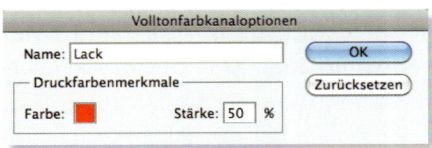

◄ **Abbildung 14.33**
Volltonfarbkanaloptionen für einen angelegten Volltonfarbkanal in Adobe Photoshop

Markieren Sie nun in diesem Kanal jene Bereiche, die mit Lack versehen werden sollen. Ob Sie dabei in Photoshop auf das Pinsel-, Buntstift- oder Verlaufswerkzeug zurückgreifen, bleibt Ihnen überlassen. In unserem Beispiel wurde der jeweilige Bereich über das Menü AUSWAHL • FARBBEREICH ausgewählt und im Anschluss mit Farbe gefüllt. Das Bedienfeld und das Bild sollten sich dann folgendermaßen präsentieren:

Abbildung 14.34 ▶
Das CMYK-Bild präsentiert sich mit angelegtem Volltonfarbkanal, wenn die Optionen laut Abbildung 14.33 eingegeben worden sind.

3 Abspeichern des Bildes

Sie müssen das Bild dann entweder als PSD- oder TIFF-Datei abspeichern. Vergewissern Sie sich, dass Sie im SPEICHERN-Dialog die Option VOLLTONFARBKANAL aktiviert haben.

4 Bild in InDesign platzieren

Das Bild mit dem Volltonfarbkanal kann nun in jeder gewünschten Position und Größe platziert werden. Da es in InDesign bereits eine Farbe »Lack« gibt, wird beim Import diese automatisch zugewiesen. Wäre die Farbe noch nicht definiert, so würde automatisch die Farbe »Lack« mit der Farbdefinition aus Photoshop (hier bei uns Rot) angelegt werden.

Überprüfen Sie über das Bedienfeld SEPARATIONSVORSCHAU, ob sich der Volltonfarbkanal auch wirklich für das Bild anzeigen lässt. Aus dieser Betrachtung können Sie erkennen, dass der Volltonfarbkanal nicht ausspart und somit, wie es für Lack üblich ist, überdruckend ausgegeben wird. ∎

14.7.4 Druckfarben-Manager

Das wohl genialste Tool des Farbfelder-Bedienfelds ist der Druckfarben-Manager. Sie werden ihn vor allem dann schätzen lernen, wenn Sie mit vielen Fremddateien arbeiten müssen, die mit unzähligen Schmuckfarben und den unmöglichsten Farbbezeichnungen angeliefert werden. Ein kleines Beispiel soll die Problematik erklären. In den CI-Richtlinien einer Firma steht: »Unsere Firmenfarbe Gelb ist in CMYK mit C = 0 M = 0 Y = 100 K = 0 und als Sonderfarbe entweder in HKS 03 K oder Pantone 102 C anzuliefern.«

Genau das befolgen auch die Grafiker und liefern Grafiken in Volltonfarben mit unterschiedlichen Namen an. Sie platzieren nun

Grafik für Grafik in das Layout. Befinden sich Volltonfarben in einer importierten Grafik, so werden diese automatisch beim Platzieren im Farbfelder-Bedienfeld mit der vom Grafiker gewählten Farbbezeichnung aufgenommen. Was ist zu tun? Sie haben nun als Layouter die Möglichkeit, alle Grafiken zu öffnen und die Farben in den Originalen zu vereinheitlichen, sofern Sie die Erzeuger-Applikation in der korrekten Version installiert haben. Alternativ greifen Sie auf den Druckfarben-Manager zurück, der in der Lage ist, zwei Farben auf einen Auszug (Auszugsfarbe) »zusammenzumappen«. Darüber hinaus können Sie darin für die Ausgabe bestimmen, welche Auszüge gedruckt werden und ob vorhandene Volltonfarben in Prozessfarben umgewandelt werden sollen.

Druckfarben-Manager aufrufen | Rufen Sie den Druckfarben-Manager über das Bedienfeldmenü des Farbfelder-Bedienfelds auf. Sie können darauf jedoch auch im Druck- und Exportdialog von InDesign zurückgreifen, da Sie meistens erst bei der Ausgabe wissen, was im Druck gewünscht ist.

Parameter im Druckfarben-Manager | Der Druckfarben-Manager liefert Ihnen Informationen über alle im Dokument verwendeten Volltonfarben und zur Art, Dichte und Druckabfolge. Auf einen Blick erkennen Sie, wie viele Separationen aus Ihrem InDesign-Dokument für die Belichtung ausgegeben würden.

Import von Volltonfarben

InDesign führt beim Importieren von Volltonfarben mit uneinheitlichen Farbkennungen – C, CV, CVS – diese automatisch zusammen. Ein Mappen von Schmuckfarben mit uneinheitlicher Farbkennung ist aus diesem Grunde fast nicht mehr notwendig. Ausgenommen ist nur, wenn Sie in InDesign uneinheitliche Kennungen für Volltonfarben anlegen.

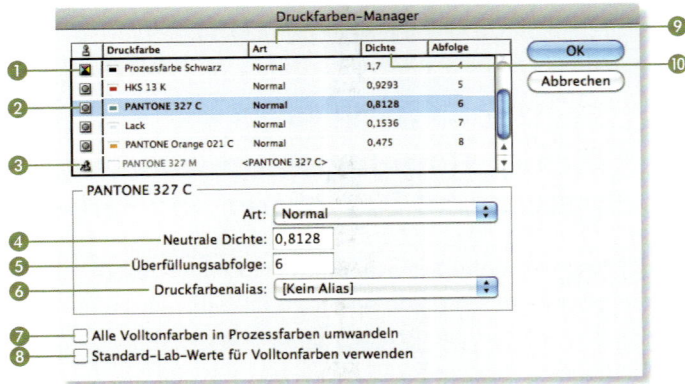

◄ **Abbildung 14.35**
Der DRUCKFARBEN-MANAGER mit der Option, bei der Konvertierung der Volltonfarben nicht nur auf die Alternativ-CMYK-Werte, sondern auf die dahinterliegenden Lab-Werte zurückzugreifen

Tipp zum »Mappen« von Farben

»Mappen« Sie Farben durch den Druckfarben-Manager erst in der Ausgabe, denn erst in diesem Stadium ist klar, wie viele Auszüge aus dem InDesign-Dokument ausgegeben werden sollen. Wie Sie den Druckfarben-Manager im Druck- bzw. Exportdialog aufrufen können, erfahren Sie in Abschnitt 41.2.7, »Das Register »Farbmanagement««, auf Seite 855.

▶ **Vorhandene Prozessfarben** ❶: Den vier Prozessfarben sind die Standardwerte für die DICHTE ❿ und die ART ❾ zugewiesen. Änderungen sind nicht erforderlich.

▶ **Vorhandene Volltonfarben:** Alle vorhandenen Volltonfarben werden durch das bekannte Symbol ❷ dargestellt. Einzelne Volltonfarben können durch Klick auf dieses Symbol in eine Prozessfarbe umgewandelt werden.

14.7 Spezialitäten bei Farben | 353

> **»Mappen« löscht nicht den Farbeintrag im Bedienfeld**
>
> Durch das »Mappen« von Volltonfarben werden gemappte Farben nicht aus dem Farbfelder-Bedienfeld gelöscht. Die Zuweisung erfolgt erst in der Ausgabe und somit auch in der Separationsvorschau.

HINWEIS

Die alternativen CMYK-Farbwerte, die den Sonderfarben hinterlegt sind, wurden vom Farbenhersteller Pantone öfter angepasst. Dies kann zu leichten Farbverschiebungen in der Ausgabe führen, wenn ältere Logos mit Pantone-Farben innerhalb von Projekten verwendet werden.

▶ **Gemappte Volltonfarben ❸:** Die Volltonfarbe PANTONE 327 M wurde der Volltonfarbe PANTONE 327 C über die Einstellung DRUCKFARBENALIAS ❻ zugewiesen. Durch die Zuweisung werden alle PANTONE 327 M-Farbelemente auf der Druckplatte der Farbe PANTONE 327 C ausgegeben – dabei ist es unerheblich, ob die Elemente in InDesign erstellt oder über eine Datei importiert wurden. Die digitale Kontrolle der Auszüge über das Separationsvorschau-Bedienfeld zeigt Ihnen dann das Ergebnis. Dazu folgt später mehr in Abschnitt 36.4, »Die Separationsvorschau«, auf Seite 780.

▶ **Alle Volltonfarben in Prozessfarben umwandeln ❼:** Durch Aktivieren dieser Option werden alle Volltonfarben des Dokuments in Prozessfarben umgewandelt. Die Umwandlung erfolgt dabei in CMYK-Werte des »Alternate Color Space«, die den Volltonfarben hinterlegt sind.

▶ **Standard-Lab-Werte für Volltonfarben verwenden ❽:** Durch diese Funktion werden für die Konvertierung der Volltonfarben nach CMYK die im Arbeitsfarbraum-Profil gespeicherten Lab-Werte herangezogen. Damit können durch das Colormanagement für Volltonfarben im Zielfarbraum »korrektere« Farben abgebildet werden, womit auch die entsprechenden Farbverschiebungen für ältere Logos angeglichen werden können.

In einem Überfüllungs-Workflow können Sie außerdem über die Eingabe bei NEUTRALE DICHTE ❹ einstellen, wann überfüllt wird, und die ÜBERFÜLLUNGSABFOLGE ❺ der Druckfarben festlegen. Dieses Spezialthema ist jedoch Druckvorstufenprofis vorbehalten.

14.8 Löschen, Hinzufügen, Umwandeln, Ersetzen und Duplizieren von Farben

Wie Sie Farben anlegen, benennen, löschen und ersetzen, haben Sie in diesem Kapitel schon erfahren. Zu diesem Thema möchten wir Ihnen hier noch einige Arbeitsweisen zeigen.

14.8.1 Unbenannte Farben hinzufügen

Farben werden nicht immer sauber über das Farbfelder-Bedienfeld angelegt, sondern gerne über das Farbe-Bedienfeld oder über den Farbwähler ausgewählt und den Objekten zugewiesen. Über den Befehl UNBENANNTE FARBEN HINZUFÜGEN aus dem Bedienfeldmenü werden alle undefinierten Farben als Farbfelder aufgenommen. Der Farbname wird dabei automatisch durch die entsprechenden CMYK- bzw. RGB-Werte angelegt.

▲ **Abbildung 14.36**
Das Bedienfeldmenü des Farbfelder-Bedienfelds bietet erweiterte Funktionen zur Handhabung von Farben an.

14.8.2 Importierte Volltonfarben umwandeln oder löschen

Volltonfarben aus platzierten PDF-, EPS-, PSD- und TIFF-Dateien werden im Farbfelder-Bedienfeld als Volltonfarben angezeigt.

Umwandeln von importierten Volltonfarben | Sie können diese Farben auf Objekte in Ihrem Dokument anwenden oder sie in Prozessfarben konvertieren. Dies können Sie entweder über den Druckfarben-Manager oder durch einfachen Doppelklick auf das Farbfeld im Farbfelder-Bedienfeld und Umstellen des Farbtyps im FARBFELDER DEFINIEREN-Dialog erledigen. Die Farbwerte können jedoch nicht geändert werden.

Importierte Volltonfarben löschen | Volltonfarben, die durch das Platzieren von Grafiken im Farbfelder-Bedienfeld aufgenommen werden, können, solange die Grafik noch im Layout vorhanden ist, nicht gelöscht und durch eine andere Farbe ersetzt werden. Wenn Sie die platzierte Grafik löschen, werden die Farben in InDesign-Farben konvertiert. Damit können sie bearbeitet und gelöscht werden.

> **Farben lassen sich nicht löschen**
>
> Sollte sich eine Volltonfarbe nicht löschen lassen, obwohl kein Bezug mehr zu importierten Grafiken besteht, so hilft es in den meisten Fällen, das InDesign-Dokument in das InDesign-Austauschformat (.idml) zu exportieren und es dann erneut zu öffnen.

14.8.3 Duplizieren von Farben

Das Duplizieren von Farben erfolgt über den Befehl FARBFELD DUPLIZIEREN aus dem Bedienfeldmenü oder durch Markieren der Farbe in der Liste und anschließenden Klick (oder durch Daraufziehen der Farbe) auf den Button NEUE FARBE ERSTELLEN.

14.8.4 Farbfelder zusammenführen

Wenn Sie irrtümlich dieselben Farben mit unterschiedlichen Bezeichnungen im Farbfelder-Bedienfeld erzeugt haben, können Sie über das Bedienfeldmenü FARBFELDER ZUSAMMENFÜHREN die Farben auf einen Eintrag reduzieren. Dabei gehen Sie wie bei den Ebenen vor. Das Zusammenführen mehrerer unterschiedlicher Volltonfarben, die aus importierten Grafiken entstanden sind, funktioniert jedoch nur über den Druckfarben-Manager.

14.8.5 Farbfelder innerhalb der Creative Suite austauschen

Farbfelder, die Sie in einer der Adobe-Creative-Suite-Anwendungen erstellt haben, können exportiert und somit allen anderen Applikationen der Suite zur Verfügung gestellt werden.

Legen Sie dazu Farben im Farbfelder-Bedienfeld von InDesign an, und löschen Sie alle nicht benötigten Farben. Wählen Sie die gewünschten Farben im Farbfelder-Bedienfeld aus. Speichern Sie diese Farben in eine Farbfelderbibliothek – eine *ASE-Datei* –, indem Sie den Befehl FARBFELDER SPEICHERN aus dem Bedienfeld-

▲ **Abbildung 14.37**
Das Icon der Farbfelderbibliothek, die zum Austausch zwischen den Creative-Suite-Anwendungen gespeichert werden kann

menü ausführen. Nennen Sie die Datei wie Sie wollen, und speichern Sie sie an der gewünschten Stelle ab.

Diese ASE-Datei kann nun in jeder Creative-Suite-Anwendung ganz einfach über den Befehl FARBFELDER LADEN aus dem Bedienfeldmenü des Farbfelder-Bedienfelds importiert werden.

Leider können nicht alle angelegten Farbdefinitionen abgespeichert werden. Eine Warnmeldung macht Sie darauf aufmerksam.

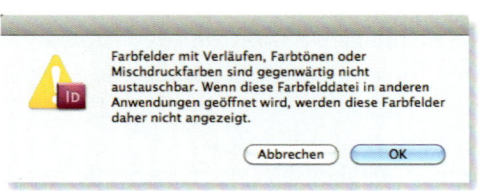

Abbildung 14.38 ▶
Leider wurde die Funktionalität der Farbfelderbibliothek mit CS5 noch immer nicht erweitert.

14.8.6 Farbfelder suchen und ersetzen

Durch die SUCHEN/ERSETZEN-Funktion in InDesign können (fast) alle Objekte identifiziert und durch andere grafische Eigenschaften ersetzt werden, auch Farben.

Wenn Sie also Objekte suchen wollen, denen eine bestimmte Farbe zugewiesen wurde, so rufen Sie aus dem Menü BEARBEITEN den Befehl SUCHEN/ERSETZEN – [Strg]+[F] bzw. [⌘]+[F] – auf, und wählen Sie dann den Reiter OBJEKT aus.

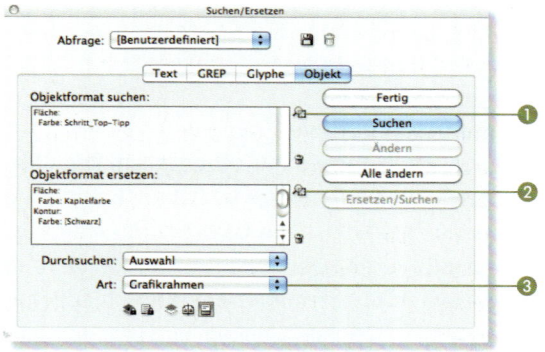

Abbildung 14.39 ▶
Im Dialog SUCHEN/ERSETZEN können Sie alle Eigenschaften eines Layoutrahmens suchen und durch andere ersetzen. Speziell zum Finden von Objekten mit einer bestimmten Farbkennzeichnung ist das sehr hilfreich. Über die Option ART ❸ können Sie dabei zwischen ALLE RAHMEN, TEXTRAHMEN, GRAFIKRAHMEN und NICHT ZUGEWIESENE RAHMEN filtern.

Objektformat suchen | Klicken Sie in diesem Bereich auf das Symbol 🔍 ❶, und stellen Sie im erscheinenden Dialog OPTIONEN FÜR OBJEKTFORMATSUCHE jene Suchkriterien ein, nach denen im Dokument gesucht werden soll. *Wichtig:* Sie können hier nur nach Attributen von Objekten (Rahmen) suchen.

Objektformat ersetzen | Klicken Sie hier ebenfalls auf das Symbol 🔍 ❷, womit Sie im Dialog OPTIONEN FÜR OBJEKTFORMATERSETZUNG jene Attribute festlegen können, die durch das Ersetzen den spezifisch gefundenen Objekten zugewiesen werden sollen.

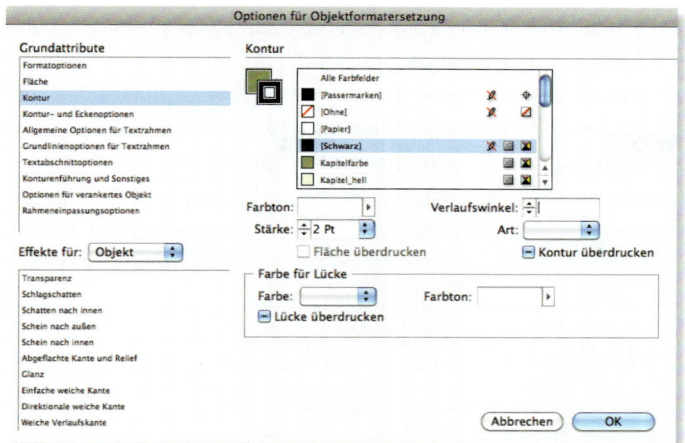

◀ **Abbildung 14.40**
Der Dialog OPTIONEN FÜR OBJEKTFORMATERSETZUNG in einer – Photoshop hat hier nachhelfen müssen – reduzierteren Darstellung.

Starten Sie nach dem Festlegen der Parameter die Suche durch Klick auf den Button SUCHEN. Verabreichen Sie dann dem gefundenen Objekt durch Klick auf ÄNDERN die neuen Attribute. Durch Klick auf ALLE ÄNDERN werden alle Objekte, die gefunden werden, mit den neuen Attributen versehen.

14.9 Adobe Kuler

Adobe Kuler, ein Hilfsprogramm zum weltweiten Austauschen von Farbkombinationen, steht in allen Programmen der Creative Suite als Erweiterung zur Verfügung.

Rufen Sie Adobe Kuler über das Menü FENSTER • ERWEITERUNGEN • KULER oder durch Klick auf das Icon in der Bedienfeld-Leiste auf. Im Kuler-Bedienfeld können Sie im Suchen-Feld ❹ zu bestimmten Begriffen nach Farbschemata suchen. Bestätigen Sie die Eingabe, und die Datenbank wird nach Farbschemata, die alle aus fünf Farben bestehen, durchsucht. Die gefundenen Einträge werden in der Suchergebnis-Liste ❻ angezeigt.

Gefällt Ihnen eine Farbkombination, so wählen Sie diese aus und klicken dann auf das Symbol AUSGEWÄHLTES SCHEMA ZU FARBFELDERN HINZUFÜGEN ❽. Wollen Sie jedoch das gewählte Schema noch überarbeiten, so klicken Sie auf das Symbol ❼. Beide Befehle können Sie auch durch Klick auf den Pfeil ❺ im ausgewählten Schema im dann erscheinenden Menü (Abbildung 14.42) ebenfalls auswählen. Darin befinden sich noch die Befehle ONLINE IN KULER ANZEIGEN und BEDENKEN ÄUSSERN, womit Sie, wenn Sie sich über ihre Adobe ID authentifizieren, Bewertungen oder Kommentare abgeben und Informationen zu diesem Farbschema einsehen können.

▲ **Abbildung 14.41**
Der Bereich DURCHSUCHEN im Adobe-Kuler-Bedienfeld.

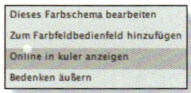

▲ **Abbildung 14.42**
Ausführbare Befehle für das gewählte Farbschema

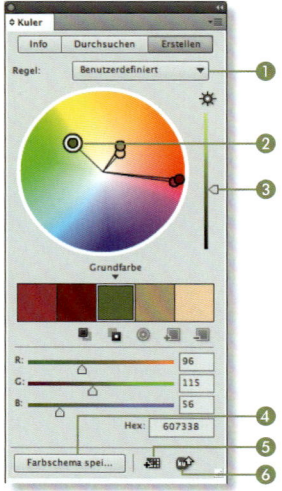

▲ Abbildung 14.43
Der Bereich ERSTELLEN im Adobe-Kuler-Bedienfeld

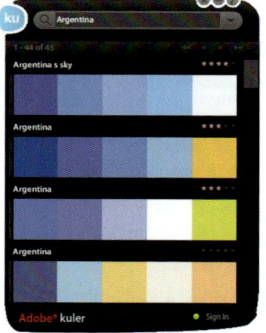

▲ Abbildung 14.44
Als Desktop-Air-Applikation steht Kuler als Standalone-Programm zur Verfügung. Es wurde hier nach Farbkombinationen für Argentinien gesucht.

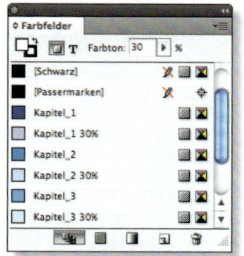

▲ Abbildung 14.45
Die benötigten Farbfelder und Farbtöne unserer Projektarbeit

Durch den Klick auf das Symbol ✎ schaltet Kuler in den Bereich ERSTELLEN um. Sie sehen einen Farbkreis, in dem die fünf Farben des Farbschemas angezeigt werden. Die Leitfarbe – GRUNDFARBE ❷ – ist speziell durch einen weißen Ring markiert. Durch das Verschieben der einzelnen Farben im Farbkreis oder durch Eingabe anderer RGB-Werte (Schemata können nur in RGB angelegt werden) kann das Farbschema verändert werden.

Wählen Sie im Auswahlmenü REGEL ❶ entweder ANALOG, MONOCHROMATISCH, TRIADE, KOMPLEMENTÄR, ZUSAMMENGESETZT oder SCHATTIERUNG aus, wodurch das Farbschema ausgehend von der Grundfarbe überarbeitet wird. Solange Sie eine der oben genannten Optionen als REGEL gewählt haben, bleibt durch das Verschieben der GRUNDFARBE bzw. Ändern der HELLIGKEIT ❸ der Abstand der Farben zueinander erhalten. Erst durch das Umstellen auf BENUTZERDEFINIERT können Sie alle Farben getrennt bearbeiten.

Sind die Änderungen abgeschlossen, können Sie entweder das Farbschema lokal speichern ❹, dem FARBFELDER-BEDIENFELD HINZUFÜGEN ❺ oder das Farbschema online in KULER LADEN ❻. Klicken Sie dazu auf die entsprechenden Buttons.

14.10 Anlegen der Farben für das Projekt

Zum Schluss legen wir nun für unser Projekt die Farben für die vier Kapitel an. Greifen wir dabei auf Kuler zurück.

Schritt für Schritt: Farben für das Projekt anlegen

1 In Adobe Kuler Farben suchen und hinzufügen

Zum Thema der Projektarbeit passend, suchen wir nach dem Begriff »Digital«. Fügen Sie das Farbschema »Digital« dem Farbfelder-Bedienfeld Ihrer Projektarbeit hinzu.

2 Hinzugefügte Farbfelder in CMYK wandeln

Da die hinzugefügten Farben alle in RGB aus Adobe Kuler übernommen wurden, müssen Sie noch alle Farben durch Änderung des Farbmodus in CMYK konvertieren.

Erledigen Sie dies durch einen Doppelklick auf das Farbfeld, die Änderung des Farbmodus, die Vergabe eines Farbnamens – »Kapitel_1« usw. – und das Bereinigen der Farbwerte.

3 Farbtöne hinzufügen

Zum Schluss legen wir noch zu jeder Kapitelfarbe einen Farbton mit 30 % an. Das Ergebnis ist in Abbildung 14.45 zu sehen. ■

15   Effekte

Licht aus, Spot an: Deckkraft reduzieren, Farben miteinander negativ multiplizieren, Rahmen mit weichen Kanten und Schattenwürfen versehen – das sind Grafikern und Layoutern bekannte Funktionen, die sie aus Adobe Photoshop kennen. Als InDesign-Anwender wählen Sie diese Funktionen über das Effekte-Bedienfeld aus.

Beachten Sie beim Anwenden von Effekten immer, dass jeglicher Effekt (damit sind auch Deckkraftänderungen gemeint) eine Transparenz erzeugt! Was Sie unter einer Transparenz verstehen und worauf Sie bei Transparenzen für die Ausgabe Rücksicht nehmen sollten, erfahren Sie in den Kapiteln 32, »Transparenzen«, und 34, »Ausgabe von Transparenzen«. Doch nun lassen Sie uns einmal die Möglichkeiten aufzeigen, ohne dabei nur an Probleme zu denken.

> **Effekte wirken nur auf Objekte**
>
> Für die Anwendung von Effekten ist vorweg klar darauf hinzuweisen, dass Effekte immer nur auf ein Objekt und nicht auf Teile eines Objekts, beispielsweise auf einzelne Buchstaben in einem Textfeld, auf Absatzlinien oder Unter- bzw. Durchstreichungen, angewendet werden können.

15.1   Hinzufügen von Transparenzeffekten

In der Erstellung und der Ausgabe von Transparenzen liegt der wohl offensichtlichste Unterschied zwischen InDesign und den anderen Layoutprogrammen. InDesign wie auch Illustrator bieten eine breite Palette an Funktionen an, die so mancher Anwender gar nicht als Transparenzen zu erkennen vermag.

Mit dem Effekte-Bedienfeld können Sie über die Optionen Deckkraft und Füllmethode Transparenzen festlegen, und zwar für das gesamte Objekt bzw. die Objektgruppe oder für die jeweilige Kontur, Fläche, für den Text und die Grafik des Objekts. Auch das Isolieren von Füllmethoden für bestimmte Gruppen und das Aussparen von Objekten in Bezug auf Transparenzen nehmen Sie damit vor.

Wenn Sie mehrere Objekte über den Befehl Objekt • Gruppieren zu einer Gruppe zusammenfassen, gilt ein angewandter Effekt immer gleichermaßen für alle Objekte innerhalb der Gruppe. Wenn Sie dennoch auf einzelne Objekte einer Gruppe einen Effekt anwenden möchten, so müssen Sie diese Objekte zuerst mit dem Auswahl- oder Direktauswahl-Werkzeug markieren.

▲ **Abbildung 15.1**
Das Erstellen eines Aufhellers im Hintergrund eines Textrahmens ist eine einfache Angelegenheit für InDesign.

> **Effekte einstellen**
>
> Neben dem Effekte-Bedienfeld und der Möglichkeit, im Steuerung-Bedienfeld den Einstellungsdialog der Effekte aufzurufen, können Sie auch über den Menübefehl OBJEKT • EFFEKTE darauf zugreifen.

In InDesign wird zwischen einer einfachen Transparenz und einem Effekt unterschieden. Zu den einfachen Transparenzen zählen DECKKRAFT und FÜLLMETHODE. Sobald ein SCHLAGSCHATTEN, eine WEICHE KANTE oder andere Methoden verwendet werden, handelt es sich um einen erweiterten Effekt. Die Unterscheidung ist für das Entfernen eines Effekts entscheidend.

15.1.1 Das Effekte-Bedienfeld

Öffnen Sie das Effekte-Bedienfeld über das Menü FENSTER • EFFEKTE, oder drücken Sie [Strg]+[⇧]+[F10] bzw. [⌘]+[⇧]+[F10]. Sie können das Bedienfeld auch öffnen, indem Sie auf das Symbol [fx] in der Bedienfeldleiste klicken.

Markieren Sie zum Anwenden eines Effektes das Objekt mit dem Auswahl- oder Direktauswahl-Werkzeug. Wählen Sie OBJEKT ❷, wenn sich die Einstellungen auf das gesamte Objekt auswirken sollen. Wollen Sie jedoch bestimmte Einstellungen nur auf die KONTUR, die FLÄCHE oder den TEXT wirken lassen, so aktivieren Sie den entsprechenden Eintrag im Bedienfeld. Wenn Sie das Effekte-Bedienfeld nicht so wie in Abbildung 15.2 vorfinden, müssen Sie nur auf den Pfeil ▶ vor dem Eintrag OBJEKT klicken. Sofort haben Sie Zugriff auf alle Eigenschaften des Objekts. Fehlt in der Abbildung die letzte Zeile mit den Optionen FÜLLMETH. ISOLIEREN ❸ und AUSSPARUNGSGR. ❹, so müssen Sie darüber hinaus die Option OPTIONEN EINBLENDEN im Bedienfeldmenü auswählen. Nehmen Sie dann im Bedienfeld die gewünschten Einstellungen vor.

▲ **Abbildung 15.2**
Das Effekte-Bedienfeld mit vollem Funktionsumfang

Füllmethode ❶ | Wie aus Abbildung 15.2 ersichtlich, können auf ganze Objekte bzw. auf deren Einzelteile verschiedene Füllmethoden angewandt werden. Photoshop- und Illustrator-Anwendern werden diese Methoden bereits geläufig sein.

- **Normal:** Damit wird keine Wechselwirkung zwischen Grund- und Angleichungsfarbe – also der Farbe des auf transparent gesetzten Objekts – erzeugt.
- **Multiplizieren:** Dabei werden Farben wir bei der Farbmischung von RGB addiert. Das Ergebnis ist immer eine dunklere Farbe, also eignet sich dieser Effekt u.a. für die Gestaltung von Schatten oder um Graustufenbilder mit einem farbigen Untergrund zu verbinden.
- **Negativ multiplizieren:** Hier erfolgt die Farbmischung wie bei CMYK. Es entsteht durch mehr Farbe immer eine hellere Farbe, wodurch Effekte für Lichter oder Glüheffekte erzeugt werden können. Weiße Flächen mit 50%iger Deckkraft und dieser Füllmethode werden zum Aufhellen von Bildern verwendet.

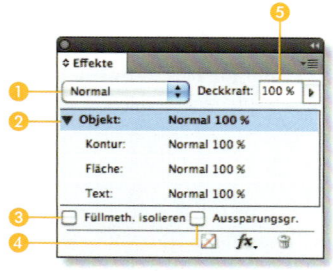

▲ **Abbildung 15.3**
Die verschiedenen Füllmethoden, die wir hier beschrieben haben

- **Ineinanderkopieren:** Durch INEINANDERKOPIEREN wird die Angleichungsfarbe je nach Hintergrundfarbe multipliziert oder negativ multipliziert. Durch das Mischen mit der Angleichungsfarbe bleiben der Helligkeitsgrad der Ursprungsfarbe, die Spitzlichter und Schatten der Hintergrundfarbe erhalten.
- **Weiches Licht:** Damit erzielen Sie durch eine hellere Angleichungsfarbe eine Aufhellung der Grundfarbe, bei einer dunkleren Angleichungsfarbe entsprechend eine Verdunkelung der Hintergrundfarbe.
- **Hartes Licht:** Damit erzielen Sie den umgekehrten Effekt. Die Wirkung entspricht dabei dem Anstrahlen von Objekten mit einem grellen Scheinwerferlicht.
- **Farbig abwedeln:** Damit kann die Hintergrundfarbe aufgehellt werden.
- **Farbig nachbelichten:** Damit kann die Grundfarbe abgedunkelt werden.

▲ **Abbildung 15.4**
Die verschiedenen Füllmethoden, die wir hier nicht erklären

Die Füllmethoden ABDUNKELN, AUFHELLEN, DIFFERENZ, AUSSCHLUSS, FARBTON, SÄTTIGUNG, FARBE und LUMINANZ testen Sie am einfachsten selbst aus. Die Beschreibung aller Effekte entfällt hier aufgrund Platzmangels; Beispiele sehen Sie in Abbildung 15.4.

Deckkraft ❺ | Geben Sie die Deckkraft in Prozent ein, mit der Sie Objekte oder Füllmethoden in die darunterliegenden Objekte einrechnen wollen.

Füllmethode isolieren ❸ | Wenn Sie eine der oben genannten Füllmethoden auf Objekte in einer Gruppe anwenden, so wirken sich die Einstellungen immer auch auf darunterliegende Objekte aus. Durch Aktivieren der Checkbox FÜLLMETHODE ISOLIEREN verhindern Sie, dass die ausgewählte Füllmethode, auf Objekte innerhalb einer Gruppe angewandt wurde, auch auf die Objekte unterhalb verrechnet wird. In Abbildung 15.5 wurden die Kreise mit der Füllmethode MULTIPLIZIEREN versehen. Damit sich das nicht auch auf den Hintergrund auswirkt, wurde zusätzlich die Option FÜLLMETHODE ISOLIEREN gewählt.

▲ **Abbildung 15.5**
Die Füllmethode der Kreise wirkt sich auf die Kreise und nicht auf den Hintergrund aus – aktivierte Option FÜLLMETHODE ISOLIEREN.

Aussparungsgruppe ❹ | Durch die Aktivierung dieser Option werden alle Deckkraft- und Angleichungsattribute der Objekte in der ausgewählten Gruppe ausgespart. In Abbildung 15.6 wurden alle Kreise unterschiedlich eingefärbt und mit der Füllmethode MULTIPLIZIEREN versehen. Alle Kreise wurden dann zu einer Gruppe zusammengefasst und auf einen grauen Hintergrund gestellt. Der Effekt: Alle Kreise werden miteinander und mit dem

▲ **Abbildung 15.6**
Die Füllmethode der Kreise wirkt sich auf die Kreise und den Hintergrund aus – AUSSPARUNGSGRUPPE nicht aktiviert.

▲ **Abbildung 15.7**
Die Füllmethode der Kreise wirkt sich nur noch gegenüber dem Hintergrund aus – aktivierte Aussparungsgruppe.

Hintergrund multipliziert. In Abbildung 15.7 wurde die Gruppe mit den Kreisen mit der Option Aussparungsgruppe versehen. Der Effekt: Die Kreise werden zwar gegenüber dem Hintergrund multipliziert, jedoch innerhalb der Gruppe ausgespart. Damit haben Sie im Wesentlichen das Gegenteil zur Option Füllmethode isolieren erreicht.

15.1.2 Eine Transparenz oder einen Effekt hinzufügen

Es gibt mehrere Möglichkeiten, Transparenzen oder Effekte auf ausgewählte Objekte anzuwenden. Diese sind:

Effekte-Bedienfeld | Um einen Effekt hinzuzufügen, ist der jeweilige Effekt über das Symbol *fx.* in der Fußzeile des Bedienfelds auszuwählen. Füllmethode und Deckkraft können über die entsprechenden Eingabefelder gesetzt werden. Auf welchen Objektteil sich die Transparenz auswirken soll, muss zuvor durch Auswahl des Eintrags Objekt, Kontur, Fläche oder Text bestimmt werden.

Menüauswahl | Über den Befehl Objekt • Effekte gelangen Sie in den Einstellungen-Dialog für Transparenz und Effekte. Der Dialog ist in verschiedene Bereiche eingeteilt:

> **Schnelles Aufrufen des Dialogs**
>
> Rufen Sie den Einstellungsdialog für Effekte und Transparenz auf, indem Sie auf einem Eintrag im Effekte-Bedienfeld – Objekt, Kontur, Fläche oder Text – einen Doppelklick ausführen.

Abbildung 15.8 ▶
Die Transparenzeinstellungen für das Bild bzw. die Grafik in einem Bildrahmen

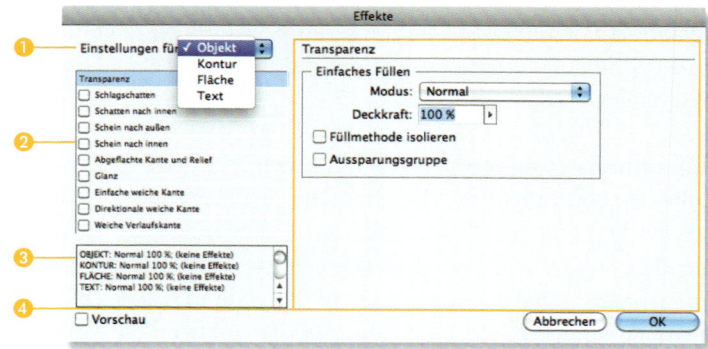

- **Einstellungen für ❶:** Wählen Sie zuerst den Objektteil aus, dem Sie eine Transparenz oder einen Effekt zuweisen wollen.
- **Auswahlbereich ❷:** Wählen Sie hier den gewünschten Effekt oder ob lediglich eine Transparenz angebracht werden soll.
- **Parameterbereich ❹:** Dieser Bereich steht dann für die Einstellung der jeweiligen Parameter zur Verfügung.
- **Zusammenfassung ❸:** Alle angewandten Effekte und Transparenzen werden hier nach Objektteil gegliedert aufgeführt.

Steuerung-Bedienfeld | Wählen Sie auch hier immer zuerst den Objektteil über das Symbol ❺ aus, und bestimmen Sie erst dann, welchen EFFEKT ❼, SCHLAGSCHATTEN ❻ oder welche Deckkraft ❽ Sie dem ausgewählten Teil zuweisen wollen. Den Prozentsatz für die Deckkraft regeln Sie über das Eingabefeld ❾.

▲ Abbildung 15.9
Effekte-Steuerung im Steuerung-Bedienfeld

15.1.3 Effekte löschen und auf andere Objekte übertragen

Befindet sich in der rechten Spalte im Effekte-Bedienfeld das Symbol *fx* ⓬, so ist ein Effekt auf den jeweiligen Objektteil angewandt worden. Ob Transparenzen angelegt wurden, sehen Sie durch den Eintrag ❿ im Effekte-Bedienfeld.

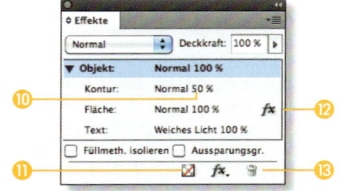

▲ Abbildung 15.10
Das Effekte-Bedienfeld mit einem erweiterten Effekt auf die Fläche. Übertragen Sie diese Einstellung, indem Sie das Symbol ⓬ einfach auf das Zielobjekt ziehen.

Entfernen von Effekt und Transparenz | Durch Klick auf das EFFEKT LÖSCHEN-Symbol ⓫ werden alle Effekte – auch die Reduzierung der DECKKRAFT und die FÜLLMETHODE – auf einmal entfernt, und das Objekt wird wieder lichtundurchlässig gemacht.

Entfernen des Effekts | Wollen Sie hingegen nur den Effekt entfernen, die Transparenz jedoch beibehalten, so klicken Sie auf das EFFEKTE ENTFERNEN-Symbol ⓭.

Effekte übertragen | Übertragen Sie einen Effekt von einem Objekt auf ein anderes, indem Sie das erste Objekt markieren und das Effekte-Symbol *fx* ⓬ auf das Zielobjekt ziehen. Alle Parameter werden somit dem Zielobjekt zugewiesen.

Achtung: Wirkt ein anderer Effekt bereits auf das Zielobjekt, so wird der neue Effekt nur hinzugefügt, der erste Effekt aber nicht gelöscht. Sollten Sie mehrere Objekte mit Effekten ausstatten müssen, so legen wir Ihnen nahe, dies mit Objektstilen zu tun. Lesen Sie dazu mehr in Abschnitt 18.4, »Objektstile«, auf Seite 695.

> **Effekte übertragen**
>
> Das Übertragen von Effekten hingegen funktioniert nicht für Deckkraft und Füllmethode, sondern lediglich für die erweiterten Effekte.

15.2 Parameter für erweiterte Effekte

Bevor wir die einzelnen Effekte näher beleuchten, sollten ein paar Begriffe, die sich in vielen Dialogen wiederfinden, einmal erklärt werden. Viele Parameter stehen in Wechselwirkung zueinander und können nicht sinnvoll beschrieben werden. Probieren ist angesagt, dennoch sollten Sie wissen, in welche Richtung Sie mit den einzelnen Optionen etwas verändern. Die wichtigsten Parameter für Effekte sind:

▸ WINKEL: Über den Parameter WINKEL wird der Beleuchtungswinkel für die Anwendung eines Lichteffekts auf die Effekte SCHLAGSCHATTEN, SCHATTEN NACH INNEN, ABGEFLACHTE KANTE UND RELIEF und GLANZ bestimmt. Beträgt der WINKEL 0°, so

▲ Abbildung 15.11
Beispiele in Verbindung mit Winkeln und verschiedenen Effekten:
1. Reihe: SCHLAGSCHATTEN
2. Reihe: SCHATTEN NACH INNEN
3. Reihe: GLANZ
4. Reihe: ABGEFLACHTE KANTE UND RELIEF bei einer Höhe von 30°

wird dabei von einer Beleuchtung auf Bodenhöhe ausgegangen, ist der WINKEL 90°, so steht die Lichtquelle senkrecht über dem Objekt. In Verbindung mit Effektverläufen wird über den Winkel natürlich nur die Verlaufsrichtung bestimmt.

- HÖHE: Über diesen Parameter bestimmen Sie im Effekt ABGEFLACHTE KANTE UND RELIEF die optische Erhebung bzw. Tiefe. Beträgt der Wert 0°, so wirkt fast nur der Parameter WINKEL. Gleiches gilt für 90°, eine HÖHE dazwischen führt eher zum gewünschten Effekt.
- GLOBALES LICHT: Wenn Sie sich einmal in einem Projekt für einen Beleuchtungswinkel entschieden haben, so sollten Sie diese Einstellung über die Option GLOBALES LICHT aus dem Bedienfeldmenü des Effekte-Bedienfelds festlegen und über die Option GLOBALES LICHT VERWENDEN bei den einzelnen Effekten darauf zurückgreifen.
- GRÖSSE: Damit legen Sie den Umfang des Schattens oder Scheins fest. Diese Option steht bei den Effekten SCHLAGSCHATTEN, SCHATTEN NACH INNEN, SCHEIN NACH AUSSEN, SCHEIN NACH INNEN und GLANZ zur Verfügung.
- ABSCHWÄCHEN: In Kombination mit der Option GRÖSSE wird damit festgelegt, wie viel des Schattens oder Scheins deckend und wie viel transparent bleiben soll. Ist der Wert hoch, so wird die Deckkraft erhöht, und je niedriger der Wert ist, umso transparenter werden die Effekte ausgeführt. Diese Option steht bei den Effekten SCHATTEN NACH INNEN, SCHEIN NACH INNEN und WEICHE KANTE zur Verfügung.
- ABSTAND: Damit wird der Versatzabstand für die Effekte SCHLAGSCHATTEN, SCHATTEN NACH INNEN und GLANZ festgelegt. Bestimmen Sie den WINKEL und den ABSTAND, der entsprechende x- und y-Versatz errechnet sich daraus automatisch.
- X-VERSATZ und Y-VERSATZ: Versetzt jeweils den Schatten auf der x- bzw. y-Achse um den festgelegten Wert. Diese Werte stehen in Wechselwirkung zum gewählten WINKEL und zum definierten ABSTAND. Durch die Eingabe von Werten können sich die Werte bei der Option WINKEL automatisch verändern. Einen Versatz können Sie bei den Effekten SCHLAGSCHATTEN und SCHATTEN NACH INNEN verwenden.
- RAUSCHEN: Damit wird eine Störung für den Schein, die weiche Kante und alle Schattenformen hinzugefügt. Glatte Schlagschatten können damit etwas effektvoller aufbereitet werden.
- ÜBERGRIFF: Während die Option UNTERFÜLLEN für alle Effekte, die einen Lichteffekt nach innen verwenden – SCHATTEN NACH INNEN, SCHEIN NACH INNEN und WEICHE KANTE –, eingestellt werden kann, steht die Option ÜBERGRIFF für alle Effekte, die

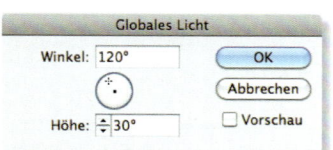

▲ **Abbildung 15.12**
Legen Sie in der Option GLOBALES LICHT aus dem Bedienfeldmenü eine generelle Beleuchtungseinstellung fest.

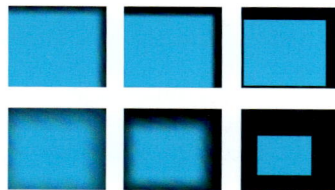

▲ **Abbildung 15.13**
Das Zusammenspiel von GRÖSSE und ABSCHWÄCHEN am Beispiel des Effekts SCHEIN NACH INNEN. In der ersten Reihe wurde eine GRÖSSE von 1 mm und in der zweiten ein Wert von 3 mm vergeben. Die linken Kästchen sind mit ABSCHWÄCHEN von 0 %, in der Mitte von 50 % und rechts von 100 % ausgestattet.

▲ **Abbildung 15.14**
Der Effekt SCHEIN NACH INNEN mit keinem RAUSCHEN (0 % links), in der Mitte 15 % RAUSCHEN und rechts 40 % RAUSCHEN

einen Lichteffekt nach außen verwenden – Schlagschatten und Schein nach aussen – zur Verfügung.

Wie Abschwächen steht auch die Option Übergriff im Zusammenhang mit der Grösse. Damit können Sie, wie in Abbildung 15.15 gezeigt, sehr einfach eine Dreifarbenschrift erzeugen. Der Text ist mit einer Farbe ausgezeichnet, die Kontur des Textes mit einer zweiten Farbe, und der Schlagschatten (x- und y-Versatz sind auf 0 mm gestellt) bekommt schließlich die dritte Farbe. Viele Versandhäuser und Lebensmittelvertriebsketten bedienen sich allzu gerne dieses Effekts.

▶ Technik: Mit dieser Option wird die Wechselwirkung zwischen dem Rand eines Transparenzeffekts und der Hintergrundfarbe bestimmt. Sie können dabei aus zwei Parametern, die für die Effekte Schein nach aussen und Schein nach innen zur Verfügung stehen, auswählen:

  ▶ Weicher: Damit wird eine Weichzeichnung auf den Rand des Effektes gelegt. Bei größeren Elementen kommt es dabei zu Detailverlusten.
  ▶ Präzise: Damit wird die Effektkante einschließlich der Ecken schärfer umrissen. Details bleiben hier besser erhalten.

Alle anderen Parameter betreffen die bereits zuvor beschriebenen Einstellungen für Deckkraft und Füllmethode, die ebenfalls in allen erweiterten Effekten angewandt werden können. Wie sich die Parameter verhalten, lesen Sie bitte dort nach.

▲ Abbildung 15.15
Übergriff-Beispiele: oben 0 % Übergriff; Mitte 50 % und unten 100 %

▲ Abbildung 15.16
Die Unterschiede in der Technik. Links: Weicher, rechts: Präzise.

15.3 Effekte im Detail

Die folgenden Effekte – Photoshop-Usern dürften diese bekannt sein – stehen in InDesign zur Verfügung. Eine kurze Beschreibung der Effekte in Verbindung mit Abbildungen zu möglichen Einsatzgebieten soll Ihnen das Experimentieren schmackhaft machen.

15.3.1 Schlagschatten

Mit diesem Effekt werden Schatten für ausgewählte Objekte bzw. Objektteile erstellt. Klicken Sie zum Erstellen eines Schlagschattens auf einen Eintrag im Effekte-Bedienfeld. Schneller kommen Sie zum Einstellungsdialog über das Tastaturkürzel [Alt]+[Strg]+[M] bzw. [⌘]+[⌥]+[M] oder über das Kontextmenü Effekte.

Im Einstellungsdialog können Sie im Bereich Füllen den Modus ❶ und die Deckkraft ❸ regeln. Im Bereich Position bestimmen Sie die Lage des Schattens. Dabei stehen die Optionen Abstand und Winkel in Abhängigkeit zum x- und y-Versatz.

Erweiterte Effekte werden Pixeldaten

Alle erweiterten Effekte werden bei der Transparenzreduzierung immer in Pixeldaten umgewandelt. Berücksichtigen Sie dies speziell beim Downsampling von Farb- und Graustufenbildern in Ihren PDF-Export-Settings.

Schlagschatten immer multiplizieren!

Stellen Sie beim Effekt Schlagschatten immer den Modus auf Multiplizieren und nie auf Normal. Im letzteren Fall wird der Schlagschatten aus der Hintergrundfarbe ausgespart, was im Ausdruck zu einem unnatürlichen Schlagschatten führen würde.

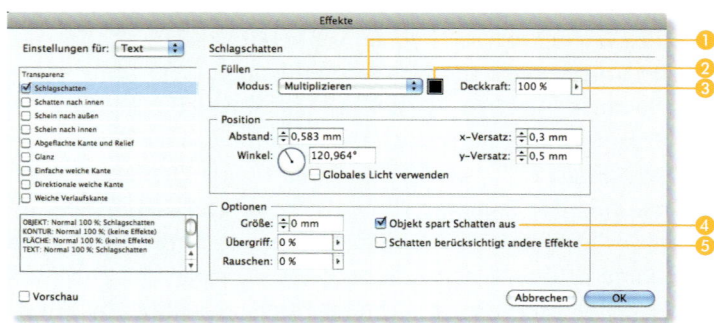

Abbildung 15.17 ▶
Die Einstellungen für den harten Schlagschatten der Uhrzeitangabe aus Abbildung 15.18 (mittleres Bild). Die Farbe des Schlagschattens wählen Sie über die Option TIEFEN-FARBE FESTLEGEN ❷.

Optionen | Hier können Sie mit den Optionen GRÖSSE, ÜBERGRIFF und RAUSCHEN spielen. Eine GRÖSSE von 0 mm erzeugt immer einen harten Schlagschatten (Textschatten in der mittleren Uhrzeit bzw. Kastenschatten in der linken Uhrzeit in Abbildung 15.18). Bestimmen Sie die Lage des Schlagschattens am einfachsten über die Eingabe des x- und y-VERSATZES.

Abbildung 15.18 ▶
Verschiedene Uhrzeitangaben aus diversen TV-Magazinen

Mit der Option OBJEKT SPART SCHATTEN AUS ❹ verdeckt das Objekt den erstellten Schatten. Anhand der nachfolgenden Schriitt-für-Schritt-Anleitung sehen wir uns die Option näher an.

Schritt für Schritt: Erstellen einer Schattenschrift

Wenn Sie lediglich einen Schatten von einem Text benötigen, so müssen Sie mit den Optionen im EFFEKTE-Dialog spielen.

1 **Text für Schattenschrift schreiben und Schlagschatten anbringen**

Ziehen Sie einen Textrahmen auf, und schreiben Sie den gewünschten Text hinein. Zeichnen Sie den Text mit einem möglichst fetten Schriftschnitt aus, und vergeben Sie als Textfarbe [PAPIER].

Fügen Sie dann dem Text (Achtung: nur dem Text und nicht dem Objekt) einen Schlagschatten hinzu. Experimentieren Sie im EFFEKTE-Dialog (Abbildung 15.17) mit den Optionen DECKKRAFT, ABSTAND, WINKEL, GRÖSSE, ÜBERGRIFF und RAUSCHEN. Ihr Beispiel könnte wie nachfolgend dargestellt aussehen:

Abbildung 15.19 ▶
Eine weißer Text mit einem Schlagschatten

2 Schrift entfernen und Schatten stehen lassen

Wenn Sie nun glauben, dass Sie einfach nur der Schrift die Füllfarbe [KEINE] zuweisen müssen, haben Sie sich geirrt, denn wo keine Fläche ist, da ist auch ein Schatten.

Deaktivieren Sie in den Effekte-Einstellungen für Schlagschatten die Option OBJEKT SPART SCHATTEN AUS ❹, und achten Sie darauf, dass Sie diese Option nur für den Objektteil TEXT (Auswahl in der Option EINSTELLUNGEN FÜR) auswählen.

Als letzten Schritt müssen Sie noch im Effekte-Bedienfeld den Objektteil TEXT auf MULTIPLIZIEREN stellen. Da nun weißer Text auf den Hintergrund multipliziert und das Objekt (der Text) nicht mehr aus dem Schlagschatten ausgespart wird, ergibt sich unser gewünschtes Ergebnis.

 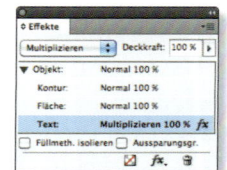

◄ Abbildung 15.20
Die Schlagschattenschrift mit den Einstellungen der Füllmethode für TEXT auf MULTIPLIZIEREN

Sie sehen, alles ist ganz einfach. ■

Mit der Option SCHATTEN BERÜCKSICHTIGT ANDERE EFFEKTE ❺ können Sie beispielsweise die Abhängigkeit zwischen einem erstellten Schlagschatten und der einfachen weichen Kante für den Text regeln. In Abbildung 15.21 wurde links die Option nicht aktiviert, rechts wurde sie aktiviert. Achtung: Die Abhängigkeit ist nur innerhalb eines Objektteils gewährleistet, zwischen Text und Fläche jedoch nicht.

▲ Abbildung 15.21
Auswirkungen der Option SCHATTEN BERÜCKSICHTIGT ANDERE EFFEKTE

Schlagschatten bei Bildern | Schlagschatten können bei einem Bild auf den Bildinhalt und auf den Rahmen getrennt angewandt werden. Sie müssen dazu den Inhalt mit dem Direktauswahl-Werkzeug anwählen und mit einem Schlagschatten versehen und mit dem Auswahlwerkzeug dem Objekt den Effekt zuweisen.

◄ Abbildung 15.22
Links: Dem Rahmen und dem Bildinhalt wurde separat je ein Schlagschatten zugewiesen.
Rechts: Wird die Fläche des Rahmens mit der Farbe [OHNE] gefüllt, so bleiben beide Schlagschatten erhalten. Der Effekt: ein sehr dunkler Schlagschatten.

▲ Abbildung 15.23
Mit dem SCHLAGSCHATTEN NACH INNEN kommt es zur Anmutung, als wenn die Wolken aus der Fläche ausgeschnitten wären.

▲ Abbildung 15.24
Eine glühende weiße Schrift, erzeugt durch einen SCHEIN NACH AUSSEN

▲ Abbildung 15.25
Eine weiße Schrift mit dünner Kontur, versehen mit dem Effekt SCHEIN NACH INNEN in der Farbe Violett

▲ Abbildung 15.26
Beispiel für ABGEFLACHTE KANTE in Verbindung mit einem SCHEIN NACH AUSSEN

Abbildung 15.27 ▶
Der sehr umfangreich einzustellende Effekt ABGEFLACHTE KANTE UND RELIEF. Die Werte aus der Abbildung entsprechen den Einstellungen aus Abbildung 15.26 bei einer Schriftgröße von ca. 75 Pt.

15.3.2 Schatten nach innen

Bei diesem Effekt wird der Schatten innerhalb des Objekts platziert, wodurch der Eindruck einer Vertiefung (Abbildung 15.23) entsteht. Sie können den SCHATTEN NACH INNEN entlang unterschiedlicher Achsen versetzen und mit den Optionen MODUS, DECKKRAFT, ABSTAND, WINKEL, GRÖSSE, RAUSCHEN und UNTERFÜLLUNG variieren.

15.3.3 Schein nach außen – Schein nach innen

Mit SCHEIN NACH AUSSEN wird das Objekt wie von einem Scheinwerfer von der Objektunterseite angestrahlt. Damit erzielen Sie schnell ein »Glühen« (Abbildung 15.24) hinter Objekten oder Texten. Sie können darin die Optionen MODUS, DECKKRAFT, TECHNIK, RAUSCHEN, GRÖSSE und ÜBERGRIFF festlegen.

Mit SCHEIN NACH INNEN wird ein Schein ausgehend von der QUELLE ausgestrahlt. Damit kann die Anmutung einer leichten Erhebung erzeugt werden. Im Unterschied zum Effekt SCHEIN NACH AUSSEN können Sie hier zusätzlich die QUELLE – den Startpunkt des Scheins – festlegen.

Wählen Sie für die QUELLE: MITTE, wenn der Schein vom Mittelpunkt ausgehen soll. Wählen Sie als QUELLE die Option KANTE, wenn der Schein von den Rändern ausgehen soll.

15.3.4 Abgeflachte Kante und Relief

Mit diesem Effekt können Sie Objekten ein realistisches, dreidimensionales Aussehen verleihen. Im Bereich STRUKTUR werden Größe und Form des Objekts bestimmt. Wählen Sie unter der Option FORMAT zwischen ABGEFLACHTE KANTE sowie RELIEF. Beide Stile können nach INNEN oder nach AUSSEN ausgewählt werden. Über die Optionen TECHNIK, RICHTUNG, GRÖSSE, WEICHZEICHNEN und TIEFE regeln Sie die Erscheinungsform des Effekts.

Das Beispiel aus Abbildung 15.26 – Schrift im Aqua-Design – ist ein typischer Vertreter dieses Effekts, gekoppelt mit einem SCHEIN NACH AUSSEN. Die Einstellungen aus den beiden folgenden Dialogen führen zum Ergebnis aus der Abbildung.

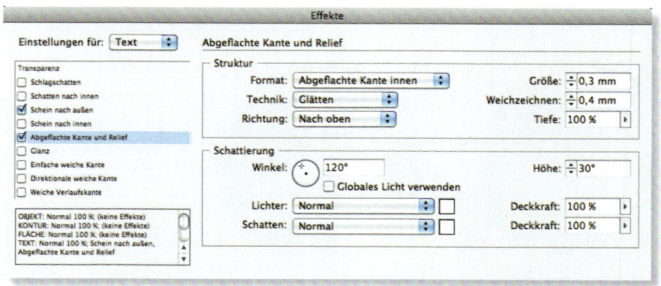

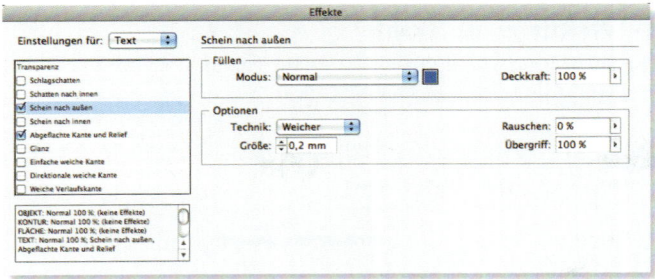

◄ **Abbildung 15.28**
Um eine dünne Kontur für die Buchstaben zu erzeugen, muss der Effekt Schein nach aussen angewandt werden. Die Werte aus der Abbildung entsprechen den Einstellungen für das Beispiel in Abbildung 15.26 bei einer Schriftgröße von ca 75 pt.

Durch das Format Relief wird die Aufwölbung des Objekts in Bezug auf darunterliegende Objekte simuliert. In Abbildung 15.29 sehen Sie Kreise mit dem Effekt Relief und der Anwendung von verschiedenen Techniken im Effekte-Dialog.

Im Bereich Schattierung legen Sie die Werte für Winkel und Höhe fest und bestimmen, wie die Aufhellungs- und Abdunkelungsbereiche gegenüber dem Hintergrund erstellt werden.

▲ **Abbildung 15.29**
Beispiele zu Relief in Kombination mit unterschiedlicher Technik. Von links nach rechts: Glätten, Hart meisseln, Weich meisseln.

15.3.5 Glanz

Damit können Sie den Objekten eine glatte, glänzende Oberfläche geben. Wählen Sie dabei aus den Einstellungen für Modus, Deckkraft, Winkel, Abstand und Grösse. Sie können hier darüber hinaus festlegen, ob die Farben bzw. Transparenzen invertiert werden sollen (über Umkehren).

15.3.6 Einfache weiche Kante

Dieser Effekt bewirkt ein Weichzeichnen (Verblassen) der Objektkanten über einen von Ihnen festgelegten Abstand. Der Effekt wirkt sich dabei auf alle Kanten im Objekt aus.

Über die Option Breite legen Sie den Bereich an, in dem das Objekt von deckend bis transparent auslaufen soll. Verfeinern Sie das Erscheinungsbild über die Optionen Abschwächen und Rauschen.

Ein besonderes Augenmerk sollte auf die Option Ecken gelegt werden. Die darin auswählbaren Optionen Verschwommen, Abgerundet und Spitz ähneln sehr den Ausprägungen der Option Technik der anderen Effekte.

▲ **Abbildung 15.30**
Beispiele einer einfachen weichen Kante. Links mit ausgewählter Ecken-Option Spitz und rechts mit ausgewählter Ecken-Option Abgerundet.

15.3.7 Direktionale weiche Kante

Wenn Sie eine weiche Kante benötigen, diese jedoch nicht auf allen Seiten in derselben Ausprägung wünschen, dann sind Sie mit diesem Effekt gut bedient. Damit können Sie beispielsweise eine einfache weiche Kante auf der oberen und rechten Seite eines Bildes erstellen, jedoch die linke und untere Kante des Bildes mit einer harten Kante abschließen (Bild links aus Abbildung 15.31).

▲ **Abbildung 15.31**
Beispiele einer Direktionalen weichen Kante. Links wurden nur die obere und die rechte Kante abgesoftet. Rechts wurden dieselben Einstellungen mit Nur erste Kante (aus der Option Form) und einem Winkel von 45° versehen.

15.3.8 Weiche Verlaufskante

Durch diesen Effekt erreichen Sie ein Weichzeichnen des Objekts durch Auslaufen in Transparenz.

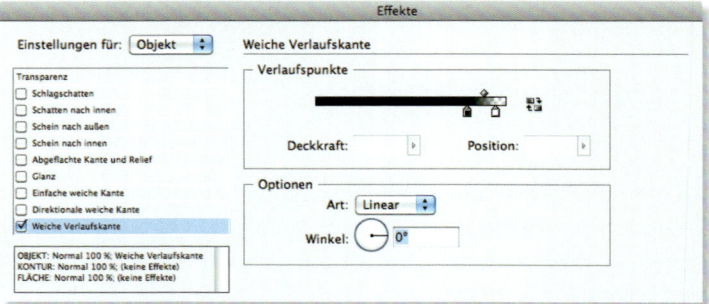

Abbildung 15.32 ▶
Die Einstellungen im Effekt WEICHE VERLAUFSKANTE für das linke untere Bild in Abbildung 15.33.

Bestimmen Sie eine Verlaufsunterbrechung – wie bei einem normalen Farbverlauf – durch Setzen einzelner Regler und Definition des Farbtons (spricht Deckkraft) der jeweiligen Position. Das Hinzufügen von Reglern erfolgt analog zur Erstellung eines Farbverlaufs. Im Bereich OPTIONEN bestimmen Sie noch über die Option ART, ob die weiche Verlaufskante RADIAL oder LINEAR sein soll und in welchem WINKEL der lineare Verlauf erfolgen soll.

Die Anwendungsgebiete für eine weiche Verlaufskante sind vielfältig. Einfache Bildmontagen können somit im Layoutprogramm erfolgen, womit ein nachträgliches Ändern von Ausschnitten oder sogar der Austausch von Bildern sehr schnell möglich ist, ohne dass dadurch der Effekt neu definiert werden muss.

Beachten Sie, dass Sie mit dem Weiche-Verlaufskante-Werkzeug genau diesen Effekt erzeugen. Wir empfehlen Ihnen jedoch, die Einstellungen dazu kontrolliert über das Bedienfeld vorzunehmen, denn damit sind Sie in der Lage, denselben Effekt wiederum auf andere Bilder zu übertragen.

Abbildung 15.33 ▶
Im oberen Bildabschnitt wurden zwei Bilder nebeneinandergestellt. Im unteren Bildabschnitt wurden die beiden Bilder über eine WEICHE VERLAUFSKANTE zu einem Bild verschmolzen.

16 Mustervorlagen

Nachdem wir die Grundwerkzeuge und die dazugehörigen Arbeitsschritte kennengelernt haben, ist es an der Zeit, unsere Projektarbeit, die derzeit nur aus einem Dokument mit 72 Doppelseiten und einem Satzspiegel von 195 x 246 mm besteht, mit konkreten Layoutelementen auszustatten.

Bevor wir dies angehen, sollten wir uns noch darüber klarwerden, welche Struktur unsere Projektarbeit hat. Basierend auf dieser Überlegung sind Mustervorlagen anzufertigen, die als Grundlage für jede Seite der Projektarbeit dienen werden.

16.1 Sinn und Zweck von Mustervorlagen

Wozu braucht man Mustervorlagen? Was bringt man sinnvollerweise darauf unter? Mustervorlagen sind Grundseiten, die aus bestimmten Elementen (Objekten) aufgebaut sind. Einer Dokumentseite liegt immer eine und nur eine Mustervorlage zugrunde. Der Begriff »Mustervorlage« ist der interne Begriff von InDesign für den allgemein bekannten Begriff »Musterseite«, wie ihn alle QuarkXPress-Anwender kennen.

16.1.1 Was wird auf einer Mustervorlage platziert?

Auf einer Mustervorlage sollen Objekte untergebracht werden, die standgenau auf den einzelnen Dokumentseiten erscheinen sollen. Typische Objekte für Mustervorlagen sind zum Beispiel die Pagina, das Firmenlogo, Kolumnentitel oder auch Registerflächen, die oft zur Kennzeichnung von Kapiteln verwendet werden. Auch Satzspiegel und Hilfslinien sind zu definierende Elemente auf einer Mustervorlage.

16.1.2 Wann sollten Mustervorlagen angelegt werden?

Handelt es sich bei der Arbeit um einen Einseiter oder einen kleinen A6-Folder mit sechs Seiten, so werden Sie in den meisten Fällen mit der Standard-Mustervorlage A-Mustervorlage zurechtkommen. Es reicht meistens, den Satzspiegel festzulegen und eventuell ein Hilfslinienraster darüberzustreuen.

Farben anlegen

Haben Sie die Farben für unsere Projektarbeit aus dem vorherigen Kapitel angelegt?

Wenn nicht, dann holen Sie das noch nach, oder greifen Sie auf das Dokument »Projektarbeit_Farbe.indd« zurück, das sich im Verzeichnis Beispielmaterial • Kapitel_14 auf der Buch-DVD befindet.

A-Mustervorlage

Beim Anlegen eines Dokuments entsteht automatisch eine Mustervorlage mit der Bezeichnung A-Mustervorlage.

Sie können also gar nicht ohne Mustervorlagen arbeiten. Warum legen Sie sich dann nicht eigene Mustervorlagen an?

Anlegen von Mustervorlagen

Sobald nur ein einziges Element auf zwei Seiten erscheinen soll, ist eine Mustervorlage anzulegen. Ersparen Sie sich das Ausrichten desselben Objekts auf der immer gleich bleibenden Position. Selbst die Änderung eines Satzspiegels oder der Seitengröße könnte so im Nachhinein noch relativ elegant abgewickelt werden.

[Pagina]
Unter dem Begriff Pagina versteht man die Seitenziffer. Die Paginierung ist somit das fortlaufende Nummerieren eines Druckwerks mit der Seitenziffer.

[Abschnittsmarke]
Darunter wird ein Text-Platzhalter (Textvariable) verstanden, der zur Kennzeichnung von Abschnittsbezeichnungen wie Kapitelüberschriften und dergleichen auf Mustervorlagen eingesetzt werden kann.

[Kapitelnummer]
In umfangreicheren Projekten erfolgt eine Kennzeichnung eines Kapitels durch eine Kapitelnummer. Eine Kapitelnummer kann pro Dokument nur einmal vergeben werden.

Wird jedoch eine mehrseitige Broschüre, eine Zeitschrift oder ein Buch erstellt, so ist das Arbeiten mit mehreren Mustervorlagen unumgänglich. Das Verwalten der Pagina, diverser Textvariablen wie Abschnittsmarke oder Kapitelnummer und der Kolumnentitel wird dadurch sehr vereinfacht. Oder können Sie sich vorstellen, in einem 100-seitigen Dokument die Pagina auf jeder Seite an dieselbe Stelle zu setzen und dazu noch die Seitenanzahl manuell einzugeben? Stellen Sie sich einfach vor, Sie müssten dem Dokument Seiten – am Anfang oder mitten darin – hinzufügen oder Seiten im Dokument umstellen, dann verstehen Sie schnell, worin der Sinn von Mustervorlagen und speziell der daraufliegenden Textvariablen liegt.

InDesign unterstützt Sie beim Erstellen und Anwenden von Mustervorlagen auf sehr intelligente Art und Weise. Viele Funktionen stehen zur Verfügung, um die Arbeit möglichst reibungslos ausführen zu können. Legen Sie mit uns gemeinsam, unter Zuhilfenahme aller bisherigen Erkenntnisse, Mustervorlagen für unsere Projektarbeit – aus Kapitel 5, »Neue Dokumente«, – an, und platzieren Sie darauf die notwendigen Elemente, die wir auf jeder Seite und auf den Seiten der einzelnen Kapitel benötigen.

16.2 Erstellen einer Mustervorlage

Zuerst fragen wir uns, welche Elemente auf jeder Seite vorkommen sollen. Es ist sinnvoll, wenn sich die notwendigen Hilfslinien, der Satzspiegel, die Marginalspalte und die Pagina sowie der Kolumnentitel auf dem Master befinden.

Wie uns aus Abschnitt 5.5, »Das Seiten-Bedienfeld«, auf Seite 129 bekannt ist, ist das Bedienfeld in zwei Bereiche unterteilt. Während sich im oberen Teil die *Mustervorlagen* ❶ befinden, sind im unteren Teil die *Dokumentseiten* ❷ platziert.

16.2.1 Ändern der Mustervorlagenbezeichnung

Wir wollen zu Beginn einen Mustervorlagen-Master anlegen, auf dem sich nur Elemente befinden, die sich auf jeder Seite wiederholen. Dazu werden wir die bestehende Mustervorlage A-Mustervorlage einfach umbenennen. Das Ändern der Mustervorlagenbezeichnung erfolgt in den Mustervorlagenoptionen, die Sie auf zweierlei Weise aufrufen können:

1. Aktivieren Sie die verfügbare Mustervorlage mit einem Doppelklick auf die Bezeichnung A-Mustervorlage. Rufen Sie danach über das Bedienfeldmenü den Befehl Mustervorlagenoptionen für "A-Mustervorlage" auf.

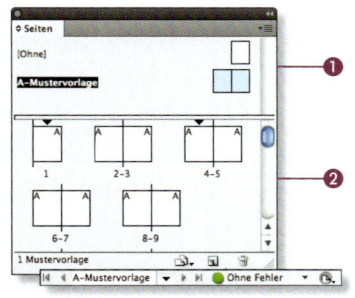

▲ **Abbildung 16.1**
Ein Doppelklick auf den Namen A-Mustervorlage aktiviert die Mustervorlage. Beachten Sie dabei auch, dass in der Statuszeile (links unten im Dokumentenfenster) der Name der Mustervorlage erscheint.

2. Drücken Sie [Alt] bzw. [⌥], und klicken Sie doppelt auf den Namen A-MUSTERVORLAGE.

Im Dialog geben Sie die Werte aus Abbildung 16.2 ein.

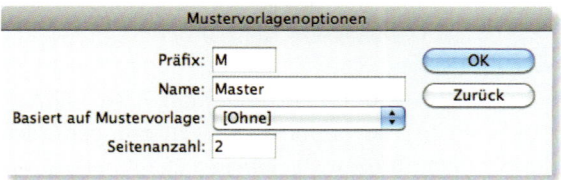

◄ **Abbildung 16.2**
MUSTERVORLAGENOPTIONEN aus dem Bedienfeldmenü des Seiten-Bedienfelds

▶ PRÄFIX: Der Buchstabe bezeichnet die zugrunde liegende Mustervorlage auf den Seitenminiaturen im Seiten-Bedienfeld. Stellen Sie das A auf M – für »Master« – um.
▶ NAME: Vergeben Sie einen kurzen, prägnanten Namen, und vermeiden Sie, alles als »Mustervorlage 1« usw. zu bezeichnen.
▶ BASIERT AUF MUSTERVORLAGE: Da der Master eigenständig ist, ist die Option [OHNE] zu wählen. Hier weisen Sie für unsere weiteren Mustervorlagen die eben erstellte M-Master-Mustervorlage als Basis zu.
▶ SEITENANZAHL: Legen Sie fest, aus wie vielen Seiten die Mustervorlage bestehen soll. Für ein einseitiges Dokument wählen Sie 1; in unserem Fall, wo wir in der Projektarbeit zwischen rechter und linker Seite unterscheiden wollen, wählen wir 2.

Nachdem Sie den Dialog mit OK bestätigt haben, werden alle »A« auf den Dokumentensymbolen des Seiten-Bedienfelds durch »M« ersetzt, und der Name der Mustervorlage auf »Master« geändert.

Präfix als Information nutzen

Verwenden Sie für das Präfix sprechende Buchstabenkombinationen wie *S* für Sport, *K* für Kultur, *P* für Politik, *IHV* für Inhaltsverzeichnis, *V* für Vorwort usw., anstatt einfach nach dem Alphabet vorzugehen. Sie können das Präfix mit maximal drei Buchstaben versehen.

Erstellen einer Mustervorlage von einer Dokumentseite

Ausgehend von einer Dokumentseite kann eine Mustervorlage erzeugt werden. Ziehen Sie dazu entweder den ganzen Druckbogen aus dem Seitenbereich des Seiten-Bedienfelds auf den Mustervorlagenbereich, oder wählen Sie im Seiten-Bedienfeld einen Druckbogen und dann im Bedienfeldmenü die Option ALS MUSTERVORLAGE SPEICHERN aus.

◄ **Abbildung 16.3**
Die Doppelseite unseres Masters zu Beginn der Arbeiten. Der äußere (rote) Rahmen kennzeichnet den Anschnittbereich, der schwarze Rahmen stellt das Endformat dar. Der blaue Rahmen kennzeichnet den Infobereich.

16.2 Erstellen einer Mustervorlage | **373**

16.2.2 Linealeinstellung und Grundlinienraster überprüfen

Der Master besteht aus einem definierten Satzspiegel. Dem Dokument ist ein Standard-Grundlinienraster zugewiesen. Sollten Sie das *Grundlinienraster* nicht sehen, so müssen Sie den Befehl ANSICHT • RASTER UND HILFSLINIEN • GRUNDLINIENRASTER EINBLENDEN aktivieren. Das Grundlinienraster für unsere Projektarbeit haben wir bereits in Abschnitt 7.5, »Linealeinstellungen und Raster für unser Projekt einstellen«, auf Seite 169 angelegt.

Überprüfen Sie als Nächstes, ob die *Linealeinstellungen* stimmen. Stellen Sie sonst im Kontextmenü des Lineals LINEAL PRO SEITE ein. Anschließend sollten Sie das Lineal gegen unerwünschten Versatz des Nullpunkts schützen. Aktivieren Sie hierzu im Kontextmenü des Kreuzungsbereichs der Lineale den Befehl NULLPUNKT FIXIEREN.

16.2.3 Textrahmen auf der Mustervorlage anbringen

Nun beginnen wir, die ersten Textrahmen auf dem Master zu platzieren. Wir benötigen mindestens vier Rahmen auf der Doppelseite: je einen Textrahmen für die Marginalspalte der rechten bzw. linken Seite und einen Textrahmen für den Mengensatz innerhalb des Satzspiegels. Gerade bei den letzteren beiden Rahmen ist fraglich, ob überhaupt ein Mustertextrahmen aufgezogen werden soll, denn wenn Sie die vollautomatische Textplatzierung verwenden, würde ja automatisch beim Einfließen des Textes ein Textrahmen erstellt. Wir hätten dann zwei identisch übereinanderliegende Textrahmen. Da wir jedoch die Projektarbeit über Copy & Paste mit Texten bestücken wollen, schalten wir beim Platzieren auf den manuellen bzw. halbautomatischen Textfluss um. Wir erstellen somit für den Satzspiegel sowohl auf der linken als auch auf der rechten Seite einen Mustertextrahmen und verketten diese beiden Rahmen miteinander.

Ziehen Sie nun auf der linken und der rechten Seite einen Textrahmen innerhalb des Satzspiegels auf. Die Koordinaten müssten mit den Satzspiegelrändern übereinstimmen. Verketten Sie beide Rahmen, wie Sie es bereits in Abschnitt 10.9, »Textfluss und Textverkettung«, auf Seite 244 gelernt haben.

16.2.4 Hilfslinien anlegen

Unser nächster Arbeitsschritt führt uns zu den Hilfslinien, denn es gilt, die wesentlichen Hilfslinien auf dem Mustervorlagen-Master zu setzen. Erstellen Sie nun folgende Hilfslinien:

Hilfslinien für obere und untere Kante des Satzspiegels | Ziehen Sie je eine horizontale Hilfslinie über den Druckbogen an die

> **Mustertextrahmen erforderlich**
>
> Sollten Sie ein umfangreiches Buch, eine große Projektarbeit oder eine Dissertation erstellen müssen, das durchgängig zweispaltig innerhalb des Satzspiegels aufgebaut ist, so ist das Anbringen von zweispaltigen Mustertextrahmen, die darüber hinaus miteinander verkettet sind, dringend zu empfehlen.
>
> Darüber hinaus kann damit auch mit der Funktion INTELLIGENTER TEXTUMFLUSS gearbeitet werden, die nur dann aktiviert werden soll, wenn es gewünscht ist, dass sich automatisch Seiten dem Dokument hinzufügen sollen, wenn ein Übersatz entsteht.
>
> Die Funktion ist dazu in den InDesign-Voreinstellungen im Register EINGABE zu aktivieren.

▲ **Abbildung 16.4**
Achten Sie darauf, dass beim Anlegen der Textrahmen zuvor die Ebene DEUTSCH ausgewählt wurde. Diese Ebenenhierarchie haben wir bereits in Kapitel 6, »Ebenen«, auf Seite 153 erstellt.

Oberseite (y = 28 mm) und an die Unterseite (y = 213,239 mm) des Satzspiegels. Zur Erinnerung: Beim Aufziehen der Hilfslinie sollten Sie die [Strg]- bzw. [⌘]-Taste gedrückt halten, womit die Hilfslinie gleich über dem gesamten Druckbogen erstellt wird.

Hilfslinien für die seitliche Begrenzung des Satzspiegels | Ebenso möchten wir die seitlichen Grenzen des Satzspiegels mit Hilfslinien versehen. Ziehen Sie auf der linken Seite eine Hilfslinie an die linke (x = 70 mm) und eine an die rechte (x = 165 mm) Kante des Satzspiegels. Genauso verfahren Sie mit den Hilfslinien zur Begrenzung des Satzspiegels auf der rechten Seite. Die Koordinaten für diese Hilfslinien sind: x = 30 mm und x = 125 mm.

Hilfslinien für die Marginalspalte | Zur Erstellung der Textrahmen für die Marginalien-Textkästen sollen ebenfalls zwei Hilfslinien angelegt werden. Die Koordinaten für die linke Seite sind x = 20 mm und x = 60 mm. Für die rechte Seite lauten die Koordinaten: x = 135 mm und x = 175 mm. Sollte es bei der Eingabe der Koordinaten für die Hilfslinie der rechten Seite Probleme geben, so haben Sie den Schritt der Überprüfung der Linealeinstellungen – das Setzen der Linealeinstellung auf LINEAL PRO SEITE – übersprungen. Holen Sie diesen unbedingt nach!

Hilfslinien für Bilder | Bilder, die in der Marginalspalte platziert werden, dürfen in unserem Fall auch in den Satzspiegel reichen. Damit die entsprechende Ordnung im Layout gewahrt bleibt, setzen wir eine Hilfslinie. Dazu aktivieren Sie die Ebene ARBEITSEBENE (wir haben sie bereits bei der Behandlung der Ebenen für unsere Projektarbeit erstellt) und ziehen eine vertikale Hilfslinie auf die Position x = 95 mm für die linke Seite und eine auf die Position x = 100 mm für die rechte Seite.

Markieren Sie dann beide Hilfslinien, und versehen Sie sie mit einer anderen Farbe. Zur Erinnerung: Hilfslinien markieren und im Kontextmenü den Befehl HILFSLINIEN ausführen.

Textkasten für Marginalie | Nachdem wir nun die Hilfslinien für die Marginalspalte erstellt haben, empfehlen wir für die Projektarbeit, die entsprechenden Marginalien-Textkästen noch auf der Mustervorlage zu erstellen. Die Koordinaten des Textkastens bei aktiviertem linken oberen Ursprung für die linke Seite lauten x = 20, y = 28, B = 40, H = 185,239. Erstellen Sie analog durch Duplizieren und Verschieben des Textkastens mit gedrückter [Alt]+[⇧]- bzw. [⌥]+[⇧]-Taste auch den rechten Marginalien-Textkasten. Eine Textrahmen-Verkettung ist hier nicht sinnvoll.

> **Hilfslinien über Druckbogen hinweg anlegen**
>
> Sie können Hilfslinien über den Druckbogen hinweg auch anlegen, wenn Sie beim Erstellen der Hilfslinie diese auf die Montagefläche ziehen und ablegen.

> **Hilfslinien einfärben**
>
> Das Einfärben von Hilfslinien für das Platzieren von Bildern oder Textkästen kann den Layouter beim Platzieren sehr unterstützen. Damit kann nicht mehr so leicht beispielsweise ein Bild an der falschen Kante abgelegt werden.

16.2.5 Erstellen der automatischen Pagina und einer Abschnittsmarke

Einer der wesentlichen Vorteile von Mustervorlagen ist, dass auf sie eine automatische Pagina gesetzt werden kann, die sich den jeweiligen Neuumbrüchen und den geänderten Seitenanordnungen anpasst. Darüber hinaus können Sie eine Abschnittsmarke – eine Marke zum Anbringen von Abschnitts-/Kapitelbezeichnungen – setzen, die ebenfalls am sinnvollsten auf einer Mustervorlage unterzubringen ist. Wir werden diese Abschnittsmarke in unserer Projektarbeit als Platzhaltermarke für den Kolumnentitel verwenden. Doch zunächst zum Setzen der Pagina.

Pagina erstellen | Auf der linken Seite soll die Pagina links unten, bündig mit der Marginalspalte und um ca. eine Leerzeile nach unten versetzt, angebracht werden.

▶ **Hilfslinie für den Textrahmen erstellen:** Erstellen Sie auf der Position y = 220,2 mm eine Hilfslinie über den Druckbogen, die als Oberkante unseres Textrahmens für die Pagina dienen soll.

▶ **Textrahmen aufziehen:** Ziehen Sie dann an der Kreuzung der beiden Hilfslinien x = 20 mm und y = 220,2 mm einen Textrahmen mit einer Breite von 100 mm und einer Höhe von 5 mm auf.

▶ **Festlegen der Schrift:** Nach dem Aufziehen blinkt der Textcursor im Rahmen. Stellen Sie nun die gewünschte Schrift, den Schriftgrad und den Schriftschnitt ein. Wir wählen für die Projektarbeit die Schrift »Myriad Pro«, den Schriftschnitt »Regular« und den Schriftgrad 10 Pt aus.

▶ **Platzhalter für aktuelle Seitenzahl einfügen:** Diesen Platzhalter fügen Sie durch Ausführen des Befehls Schrift • Sonderzeichen einfügen • Marken • Aktuelle Seitenzahl oder durch Drücken des Tastaturkürzels ⌃+Alt+⇧+N bzw. ⌘+⌥+⇧+N aus. Als Platzhalter erscheint der Buchstabe »M« (jener Buchstabe, den Sie als Präfix in den Mustervorlagenoptionen für die Musterseite definiert haben).

▶ **Kolumnentitel fertigstellen:** Neben der Pagina möchten wir auf der linken Seite der Projektarbeit immer den Titel der Arbeit erscheinen lassen. Unsere Wunschvorgabe für den Kolumnentitel sieht wie folgt aus: »M | Vom grafischen Entwurf bis zur digitalen Visualisierung«. Wir müssen nun nach der Pagina einen fixen Leerraum einfügen. Dazu führen Sie den Befehl Schrift • Leerraum einfügen • Halbgeviert aus, wodurch ein Leerraum in der Breite eines Halbgeviertes (= halber Schriftgrad) eingefügt wird. Den senkrechten Strich bekommen Sie, indem Sie das Tastaturkürzel ⌥+7 (Mac OS) bzw. unter

---

Dateinamen und Pfad

Auf dem Ausdruck von Seiten sollte die Angabe, um welches Dokument es sich handelt, nicht fehlen. Mit InDesign können Sie darüber hinaus über Variablen auch den Dateipfad ausgeben. Ziehen Sie dazu im Infobereich außerhalb des Endformats einen Textkasten auf, und fügen Sie die Variable Dateinamen über das Menü Schrift • Textvariablen • Variable einfügen ein. Wie Sie solch eine Variable anlegen, erfahren Sie in Abschnitt 26.2, »Textvariablen«, auf Seite 646.

Probleme beim Setzen der aktuellen Seitenzahl

Aufgrund der variablen Breite müssen Textrahmen, die den Platzhalter für die aktuelle Seitenzahl enthalten, unverhältnismäßig groß sein. Geben Sie dem Platzhalter-Textrahmen somit immer mehr Freiraum.

[Geviert]

Ein Geviert ist eine relative Maßeinheit, die in der Typografie primär zur Bemessung von Leerräumen, Leerraumzeichen und Strichen sowie als Maß für das Kerning, die Schriftlaufweite und den Wortzwischenraum verwendet wird. Ein Geviert ergibt sich aus der Höhe des (virtuellen) Bleikegels eines Buchstabens, eines Zeichens oder einer Ziffer, also dem Schriftgrad, der auf die Breite umgelegt wird. So ist beispielsweise ein ¼-Geviert großes Leerraumzeichen bei einer 10 Punkt großen Schrift 2,5 Punkt breit.

Windows [AltGr]+[<] drücken. Danach folgen wiederum das fixe Leerzeichen in der Größe eines Halbgevierts und der Text »Vom grafischen Entwurf bis zur digitalen Visualisierung«.

Duplizieren des Pagina-Rahmens | Ähnlich wie auf der linken Seite benötigen wir auf der rechten Seite ebenfalls die Pagina. Doch hier wollen wir den Kolumnentitel mit der aktuellen Kapitelüberschrift versehen. Gehen Sie dazu wie folgt vor:

Duplizieren Sie den Rahmen der linken Seite mit der Pagina, indem Sie die [Alt]- bzw. [⌥]-Taste gedrückt halten und bei gleichzeitig gedrückter [⇧]-Taste den Rahmen horizontal bis zur rechten Hilfslinie der Außenbegrenzung der rechten Marginalspalte ziehen. Sie haben dadurch den Rahmen dupliziert und auf die korrekte Position auf der rechten Seite gestellt.

Rechtsbündig ausgerichtete Abschnittsmarke einfügen | Nun gilt es, den Kolumnentitel für die rechte Seite zu erstellen.

- **Text rechtsbündig ausrichten:** Dazu markieren Sie den Text im Rahmen (zuerst Doppelklick, damit verwandelt sich das Auswahl-Werkzeug in das Textwerkzeug, und dann ein Dreifachklick, um den gesamten Text zu markieren) und stellen ihn entweder im Steuerung-Bedienfeld oder über den Befehl SCHRIFT • ABSATZ ¶ auf rechtsbündig (siehe Abbildung 16.5). Wenn Sie jedoch mit dem Auswahl-Werkzeug den Textrahmen markiert haben, so stehen im Steuerung-Bedienfeld die Ausrichtungsmöglichkeiten nicht zur Verfügung. Für diesen Fall empfehlen wir, das Tastaturkürzel [Strg]+[⇧]+[R] bzw. [⌘]+[⇧]+[R] zu drücken.
- **Abschnittsmarke einfügen:** Nun überschreiben wir den markierten Text, indem wir die Abschnittsmarke über den Befehl SCHRIFT • SONDERZEICHEN EINFÜGEN • MARKEN • ABSCHNITTSMARKE einsetzen.
- **Leerräume einfügen:** Der Abschnittsmarke folgen ein Halbgeviert-Leerzeichen, ein senkrechter Strich, ein weiteres Halbgeviert-Leerzeichen und der Platzhalter für die automatische Seitennummerierung. Die damit erzeugte Textzeile sieht nun wie folgt aus: »Abschnitt | M«.

Rahmen vor dem Überschreiben bzw. vor einer Positionsänderung schützen | Während die erstellten Textrahmen für die Marginalspalte und für den Mengensatz auf den Originalseiten überschrieben werden können oder sich ihre Höhenposition ändern kann, bleiben die Textrahmen für die Kolumnentitel immer an derselben Stelle, und sie müssen auch nicht auf den Originalseiten

---

Mustervorlagenobjekte auf Dokumentseiten darstellen

Mustervorlagenobjekte, die auf Dokumentseiten angezeigt werden, sind mit einem gepunkteten Rand umgeben, solange die standardmäßig aktivierte Option MUSTERELEMENTE IN AUSWAHL DÜRFEN ÜBERSCHRIEBEN WERDEN aus dem Bedienfeldmenü des Seiten-Bedienfelds aktiviert bleibt.

▲ **Abbildung 16.5**
Verwenden Sie das Absatz-Bedienfeld zur rechtsbündigen Ausrichtung eines Absatzes.

Sperren in InDesign CS5

Das Sperren und Entsperren von Objekten sowie die Handhabung von gesperrten Objekten wurde mit InDesign CS5 generalüberholt.

Zum Entsperren von Objekten reicht nun ein Klick auf das Schlosssymbol, und ob gesperrte Objekte ausgewählt werden können oder nicht, kann in den InDesign-Voreinstellungen im Register ALLGEMEIN bestimmt werden.

überschrieben werden. Das Schützen von Rahmen vor einer Positionsänderung erfolgt über den Befehl OBJEKT • SPERREN oder durch Drücken von [Strg]+[L] bzw. [⌘]+[L].

Um Rahmen auf der Mustervorlage vor dem Überschreiben (Herauslösen auf den Dokumentseiten) zu schützen, deaktivieren Sie den Befehl MUSTERELEMENTE IN AUSWAHL DÜRFEN ÜBERSCHRIEBEN WERDEN – dieser Befehl ist standardmäßig aktiviert – im Bedienfeldmenü des Seiten-Bedienfelds.

Markieren Sie beide Kolumnentitel-Textrahmen, und schützen Sie diese vor dem Überschreiben, indem Sie den Befehl aus dem Kontextmenü deaktivieren.

> **HINWEIS**
> Mustervorlagenobjekte, auf die der Befehl MUSTERELEMENTE IN AUSWAHL DÜRFEN ÜBERSCHRIEBEN WERDEN angewandt wurde, können nicht mehr mit [Strg]+[⇧]- bzw. [⌘]+[⇧]+Klick auf das Objekt auf den Dokumentseiten herausgelöst werden. Dies wird dem Anwender dadurch kundgetan, dass keine gepunktete Linien auf der Originalseite mehr sichtbar sind.

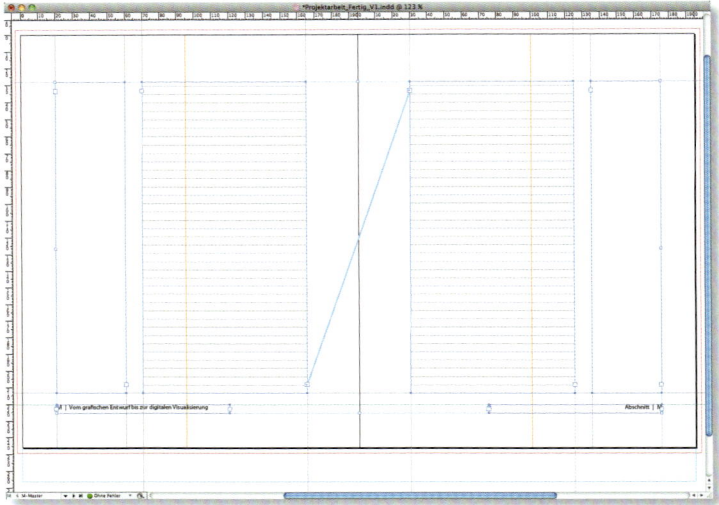

Abbildung 16.6 ▶
Die Doppelseite unseres Mustervorlagen-Masters nach getaner Arbeit. Zur besseren Veranschaulichung wurden die Hilfslinien mit einer etwas markanteren Farbe versehen.

16.3 Hierarchische Mustervorlagen erstellen

Basierend auf unserer Mustervorlage »Master« möchten wir weitere Mustervorlagen erstellen. Wir denken dabei an einen Master für den »Kapitelanfang« und einen Master für »Kapiteltext«, und das für alle vier Kapitel.

16.3.1 Weitere Mustervorlagen anlegen

> **Aufeinander basierende Mustervorlagen**
> Um eine Mustervorlage auf einer anderen basieren zu lassen, reicht es auch, wenn Sie die Basis-Mustervorlage auf das Ziel-Mustervorlagensymbol ziehen.

Um eine neue Mustervorlage anzulegen, führen Sie den Befehl NEUE MUSTERVORLAGE aus dem Bedienfeldmenü des Seiten-Bedienfelds oder aus dem Kontextmenü aus. Im erscheinenden Dialog geben Sie das PRÄFIX »K1« und den Namen »Kapitel 1« ein. Legen Sie fest, dass diese Mustervorlage auf unserem bereits erstellten M-MASTER basiert, und klicken Sie auf OK.

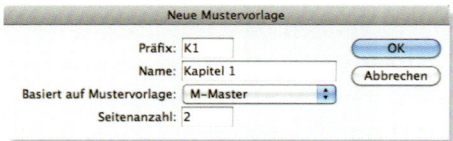

◄ **Abbildung 16.7**
Erstellen einer Mustervorlage, basierend auf einer bereits bestehenden Vorlage

Jede Doppelseite eines Kapitels soll über den Master hinaus noch mit einem kleinen Farbbalken auf der linken Seite gekennzeichnet sein – als eine Orientierungshilfe für den Leser, damit er immer weiß, in welchem Kapitel er sich gerade befindet.

Dazu markieren Sie im Steuerung-Bedienfeld den linken oberen Ursprungspunkt und ziehen dann ein Viereck – mit dem Rechteck-Werkzeug – auf der linken Seite links oben auf. Versehen Sie das Viereck im Anschluss mit folgenden Koordinaten: x = –3, y = –3, B = 12, H = 20, und färben Sie nur die Fläche mit der Farbe KAPITEL 1 (dunkles Blau) aus dem Farbfelder-Bedienfeld ein. Sie haben nun einen kleinen Farbbalken erstellt, der um 3 mm über den Rand hinaus (abfallend) positioniert wird. Dieser Anschnitt wird zum Beschneiden auf das Endformat benötigt, da es sonst zu einem ungewollten weißen Rand am Farbbalken kommen kann.

▲ **Abbildung 16.8**
In der linken oberen Ecke soll ein Farbbalken in der jeweiligen Kapitelfarbe abfallend angebracht werden.

Mustervorlage für Kapitel 2 anlegen | Führen Sie dazu erneut den Befehl NEUE MUSTERVORLAGE aus dem Bedienfeldmenü oder über das Kontextmenü aus. Bezeichnen Sie das PRÄFIX mit »K2«, den Namen mit »Kapitel 2«, und wählen Sie in der Option BASIERT AUF MUSTERVORLAGE: K1-KAPITEL 1 aus.

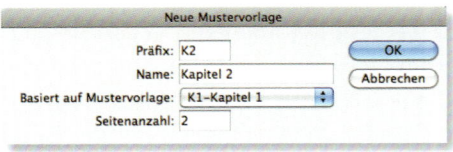

◄ **Abbildung 16.9**
Erstellen einer Mustervorlage für die Kapiteltextseiten – hier für Kapitel 2

Damit haben Sie eine Mustervorlage erstellt, die auf dem zuerst erstellten K1-MASTER basiert. Der einzige Unterschied für Kapitel 2 ist, dass anstelle von Dunkelblau das Farbfeld KAPITEL 2 (Blau) verwendet wird. Sie denken sich nun: »Nichts einfacher als das«, und versuchen, den Balken zu markieren, um ihn einzufärben. Aber das funktioniert nicht: Alle Elemente auf der Mustervorlage sind ja Elemente, die zu einer anderen Mustervorlage gehören (in diesem Fall zu Kapitel 1).

Objekte aus Mustervorlagen herauslösen | Um ein Objekt anzuwählen, um es zu löschen oder zu verändern, müssen Sie das Objekt zuerst aus der Mustervorlage herauslösen. Dazu markieren

> **Herauslösen von Elementen aus Mustervorlagen**
>
> Im Unterschied zu QuarkXPress, wo alle Elemente der Musterseite auf den Originalseiten bearbeitet werden können, müssen in InDesign Elemente der Mustervorlage vor der Bearbeitung herausgelöst werden. Das Herauslösen der Elemente kann durch einfachen Klick in Verbindung mit gedrückter [Strg]+[⇧]- bzw. [⌘]+[⇧]-Taste mit dem Auswahl-Werkzeug erfolgen. Damit können Sie jedes Element – mit Ausnahme jener Elemente, die vom Überschreiben ausgenommen wurden – einzeln herauslösen.
> Um alle Elemente der Mustervorlage in einem Schritt herauszulösen, wählen Sie den Befehl ALLE MUSTERSEITENOBJEKTE ÜBERGEHEN aus dem Bedienfeldmenü des Seiten-Bedienfelds.

> **TOP-TIPP: Den Bezug von herausgelösten Elementen aufheben**
>
> Haben Sie Mustervorlagen-Mutationen aufeinander basieren lassen, so ist es in manchen Fällen gewünscht, dass einzelne herausgelöste Objekte den Bezug zur basierten Mustervorlage verlieren.
> Dieses Vorhaben können Sie mit dem Befehl AUSGEWÄHLTE OBJEKTE VON MUSTERVORLAGE ABTRENNEN aus dem Bedienfeldmenü realisieren. Sind keine Objekte ausgewählt, so lautet der Befehl ALLE OBJEKTE VON MUSTERVORLAGE ABTRENNEN.

Sie das Auswahl-Werkzeug, drücken die [Strg]+[⇧]- bzw. [⌘]+[⇧]-Taste und klicken auf den dunkelblauen Farbbalken. Damit haben Sie den Rahmen aus der Basis-Mustervorlage herausgelöst – das Objekt gehört nun der Mustervorlage »K2«. Nun können Sie den Farbbalken auf Blau umfärben.

Duplizieren von Mustervorlagen | Wenn Sie sich jetzt die Frage stellen, weshalb man nicht einfach über den Befehl MUSTERDRUCKBOGEN »K1-KAPITEL 1« DUPLIZIEREN aus dem Bedienfeldmenü des Seiten-Bedienfelds ein Duplikat der Musterseite erzeugt, so möchten wir an dieser Stelle die Unterschiede zwischen beiden Vorgehensweisen erklären.

▶ **Mustervorlage duplizieren:** Durch das Duplizieren von Mustervorlagen werden komplett eigenständige Mustervorlagen erzeugt, die keinen Bezug zur ursprünglichen Mustervorlage »K1« besitzen. Im Falle einer Änderung – beispielsweise soll der Farbbalken etwas breiter gemacht werden – muss dieser Schritt für alle eigenständigen Mustervorlagen erfolgen.

▶ **Mustervorlagen basierend auf:** Obwohl Objekte durch das Herauslösen vom Mustervorlagen-Master quasi auf die aktuelle Mustervorlage übertragen wurden, bleibt dennoch hinsichtlich der Objektkoordinaten der Bezug zum Mustervorlagen-Master erhalten. Das bedeutet, dass eine Änderung der Position von Objekten auf dem Mustervorlagen-Master automatisch auf herausgelöste Objekte übertragen wird. Diesen Vorteil sollte man gezielt beim Aufbau von Mustervorlagen einsetzen.

Mustervorlagen für Kapitel 3 und 4 anlegen | Legen Sie jetzt den Master für Kapitel 3 und Kapitel 4 an. Lassen Sie dabei die neuen Mustervorlagen immer auf der K1-KAPITEL 1-Mustervorlage basieren. Färben Sie den Farbbalken für Kapitel 3 mit der Farbe KAPITEL 3 (Hellblau) und für Kapitel 4 mit der Farbe KAPITEL 4 (helles Cyan) ein. Auch dabei muss der Farbbalken herausgelöst und umgefärbt werden.

16.3.2 Mustervorlagen für den Kapitelanfang anlegen

Zum Abschluss erstellen wir noch eine eigene Mustervorlage für den Kapitelanfang. Die Änderungen, die sich für diese Mustervorlage gegenüber dem Master ergeben, sind einerseits ein in der Höhe verkürzter Satzspiegel der linken Seite und andererseits eine Kapitelüberschrift, die automatisch die Länge des Farbbalkens an die Länge des Titels anpasst. Legen Sie dazu eine neue Mustervorlage über den Befehl NEUE MUSTERVORLAGE des Bedienfeldmenüs des Seiten-Bedienfelds an. Bezeichnen Sie das PRÄFIX mit »KA1«, und geben Sie bei NAME im NEUE MUSTERVORLAGE-Dialog »Kapitelanfang 1« ein. Die neue Mustervorlage sollte dabei auf der Mustervorlage K1-KAPITEL 1 basieren. Bestätigen Sie Ihre Eingaben mit OK.

◄ **Abbildung 16.10**
Erstellen einer Mustervorlage für den Kapitelanfang

Ändern des Satzspiegels | Nun wollen wir zuerst den Satzspiegel für die linke Seite etwas modifizieren. Dazu aktivieren Sie nur die linke Seite der Mustervorlage durch einen Doppelklick auf das linke Seitensymbol der Mustervorlage »Kapitelanfang 1«.

Das nachträgliche Ändern des Satzspiegels erfolgt über den Befehl LAYOUT • STEGE UND SPALTEN. Geben Sie die Werte laut Abbildung 16.11 ein, und bestätigen Sie die Eingabe mit OK.

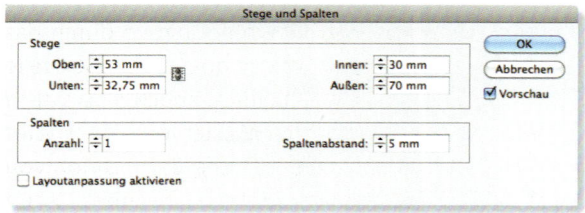

◄ **Abbildung 16.11**
Ändern der Ränder für die linke Seite des Kapitelanfangs

Anpassen des Textrahmens | Der Textrahmen, der im Mustervorlagen-Master definiert wurde, steht nach wie vor an derselben Position. Lösen Sie zuerst den Textrahmen heraus, und verschieben Sie nun die Oberkante des Textrahmens genau auf die Oberkante des Satzspiegels (53 mm).

Dazu müssen Sie zuerst den Textrahmen herauslösen und dann in der Höhe entsprechend verkleinern. Genauso sollten Sie mit dem Textrahmen der Marginalspalte verfahren.

Löschen des kleinen Farbbalkens | Da wir bei einem Kapitelanfang die kleine Farbmarke auf der linken Seite nicht benötigen, müssen wir sie zuerst herauslösen und dann löschen. Anstelle dieser kleinen Farbmarke soll ein Farbbalken in der Kapitelfarbe angebracht werden, der automatisch mit der Länge der Kapitelüberschrift »mitwächst«. Wie das geht, erklären wir gleich.

Erstellen der Kapitelüberschrift | Als Nächstes gilt es, die Kapitelüberschrift in entsprechender Schriftgröße und mit dem gewünschten Schriftschnitt in einen speziell dafür einzurichtenden

Mustervorlagen zwischen Dokumenten austauschen

Sie können Mustervorlagen innerhalb eines Dokuments oder zwischen Dokumenten kopieren oder verschieben, um sie als Grundlage für neue Mustervorlagen zu verwenden.

Um Mustervorlagen in ein anderes Dokument zu übertragen, öffnen Sie das Quell- und das Zieldokument und führen aus dem Bedienfeldmenü den Befehl MUSTERSEITEN VERSCHIEBEN aus. Warum Adobe nun »Musterseiten« dazu sagt, muss Ihnen an dieser Stelle einfach nur egal sein.

> **Absatzformat anlegen und für Inhaltsverzeichnis vorbereiten**
>
> Die Kapitelüberschrift würde in der Praxis darüber hinaus als Absatzformat definiert, damit sie in ein automatisch erstelltes Inhaltsverzeichnis aufgenommen werden könnte.
>
> Wie Sie ein Absatzformat erstellen, erfahren Sie in Kapitel 19, »Textformatierung«, und wie Sie ein Inhaltsverzeichnis anlegen, lesen Sie in Kapitel 27, »Buch, Inhaltsverzeichnis und Index«.

Rahmen zu stellen und diesen mit einer »intelligenten« Linie zu versehen. Ziehen Sie dazu einen Rahmen auf den Koordinaten x = 20, y = 33 mit einer Breite von 145 mm und einer Höhe von 15 mm auf. Setzen Sie in den Rahmen die Abschnittsmarke über den Befehl SCHRIFT • SONDERZEICHEN EINFÜGEN • MARKEN • ABSCHNITTSMARKE ein. Formatieren Sie die Abschnittsmarke »Abschnitt« mit der Schrift »Myriad Pro«, dem Schriftschnitt »Black« und dem Schriftgrad »30 Pt«.

Absatzlinie für Kapitelüberschrift anlegen | Im Anschluss setzen Sie noch die »intelligente« Linie. Hier greifen wir etwas vor; die notwendigen Erklärungen dazu finden Sie in Abschnitt 18.1.12, »Absatzlinien«, auf Seite 437.

Um diese intelligente Linie zu definieren, bedienen wir uns einer sogenannten *Absatzlinie*. Klicken Sie mit dem Textwerkzeug irgendwo in die Abschnittsmarke »Abschnitt« hinein, und rufen Sie den Befehl ABSATZLINIEN entweder über das Bedienfeldmenü des Absatz- bzw. des Steuerung-Bedienfelds auf oder über die Tastenkombination [Strg]+[Alt]+[J] bzw. [⌘]+[⌥]+[J].

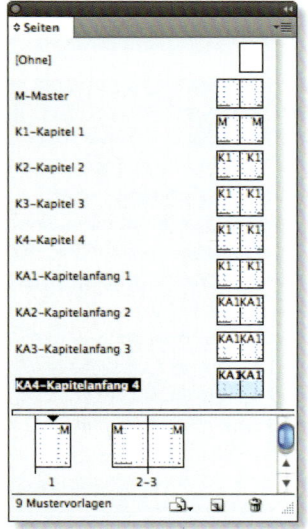

◀ **Abbildung 16.12**
Erstellen einer »intelligenten« Absatzlinie für den Kapiteltitel mit Farbbalken. Wählen Sie LINIE DARÜBER aus, und aktivieren Sie die Checkbox ABSATZLINIE EIN.

Die STÄRKE 57 Pt entspricht dabei der Höhe des Farbbalkens, die FARBE: KAPITEL_1 (Dunkelblau) steht für Kapitel 1, die BREITE ist auf TEXT gestellt, womit sich die Länge der Linie automatisch an die Textlänge anpasst, der VERSATZ von 24 mm entspricht dem Versatz der Linie von der Grundlinie des Textes. Der EINZUG LINKS von −23 mm entspricht dem Versatz des Linienanfangs von −20 mm bis zum Seitenrand und zusätzlichen 3 mm für den Anschnitt. Damit haben wir unsere intelligente Linie erstellt.

Restliche Mustervorlagen für die Kapitelanfänge erstellen | Jetzt müssen Sie nur noch die Mustervorlagen für Kapitelanfang 2, Kapitelanfang 3 und Kapitelanfang 4 erstellen.

Gehen Sie dabei wie zuvor beschrieben vor. Legen Sie jeweils eine neue Mustervorlage an, benennen Sie diese laut unseren

▲ **Abbildung 16.13**
Das Seiten-Bedienfeld nach dem Anlegen aller Mustervorlagen

Vorgaben, und lassen Sie jede auf der Mustervorlage KA1-Kapitelanfang 1 basieren. Lösen Sie dann den Textrahmen für die Kapitelüberschriften heraus, und weisen Sie danach in der Absatzlinie die entsprechenden Kapitelfarben – bei Kapitel 2 ist es Blau, bei Kapitel 3 Hellblau und bei Kapitel 4 helles Cyan – zu.

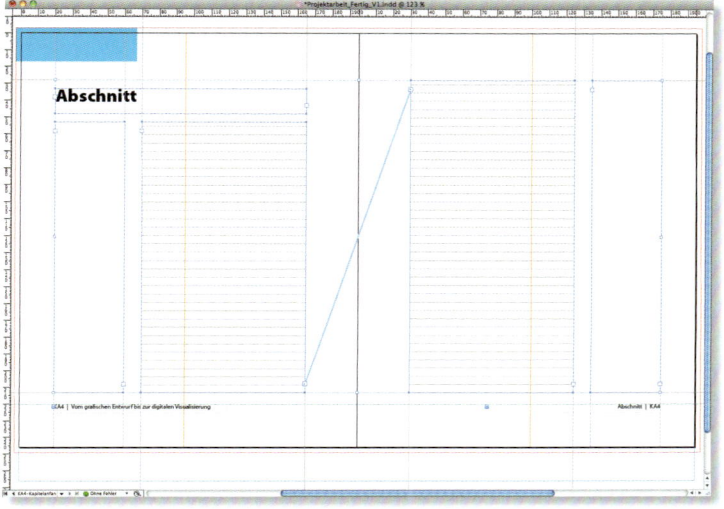

◄ **Abbildung 16.14**
So müsste Ihre Mustervorlage für den Kapitelanfang für das vierte Kapitel aussehen. Dies betrifft nur die linke Seite, die rechte Seite basiert weiterhin auf der Mustervorlage Master. Zur besseren Darstellung der Verknüpfungen wurden für den Screenshot alle Rahmen mit dem Befehl Alle Musterseitenobjekte übergehen aus dem Bedienfeldmenü des Seiten-Bedienfelds herausgelöst und aktiviert.

16.4 Mit Mustervorlagen umgehen

Nachdem Sie nun wissen, wie man hierarchisch aufbauende Mustervorlagen anlegt, ist es an der Zeit, dass Sie erfahren, auf welche Art und Weise Mustervorlagen noch erstellt bzw. von anderen Projekten übernommen werden können und wie Sie überflüssige Mustervorlagen löschen.

16.4.1 Dokumentseiten als Mustervorlage speichern

Wenn Sie irrtümlich eine Mustervorlage auf einer Dokumentseite angelegt haben, so speichern Sie sie am einfachsten über den Befehl Als Mustervorlage speichern aus dem Bedienfeldmenü des Seiten-Bedienfelds.

InDesign erstellt dadurch von den aktuell ausgewählten Dokumentseiten inklusive aller Seitenelemente und Hilfslinien eine Mustervorlage mit der Bezeichnung »A-Mustervorlage«.

16.4.2 Mustervorlagen von anderen Dokumenten übernehmen

Die Übernahme von Mustervorlagen aus anderen Dokumenten kann auf dreierlei Art und Weise umgesetzt werden. In allen Fäl-

Dokumentseiten von Hand übertragen

Sie können diesen Vorgang jedoch auch von Hand durchführen, indem Sie eine neue Mustervorlage anlegen und dann über Bearbeiten • Kopieren alle Seitenelemente auswählen und über Bearbeiten • An Originalposition einfügen auf der neu erstellten Mustervorlage einsetzen. Nachteil: Sie müssen die Hilfslinien in einem zweiten Kopiervorgang übertragen.

len wird jedoch vorausgesetzt, dass Quell- und Zieldokument die gleichen Dokumentgrößen und die gleiche Ausrichtung (hoch und quer) besitzen.

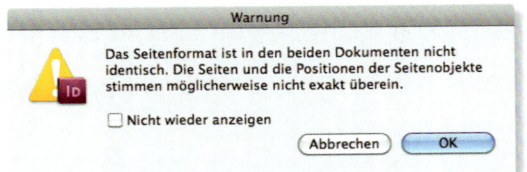

Abbildung 16.15 ►
Warnmeldung, wenn die Seitengröße der Mustervorlage des Zieldokuments nicht mit dem Seitenformat des Quelldokuments übereinstimmt.

Musterseiten laden | Durch Aufrufen des Befehls MUSTERSEITEN LADEN aus dem Bedienfeldmenü können Sie ein anderes InDesign-Dokument auswählen und alle Mustervorlagen des Quelldokuments übernehmen. Leider kann beim Öffnen des Dokuments keine Auswahl getroffen werden.

Musterseiten verschieben | Um Mustervorlagen über den Befehl MUSTERSEITEN VERSCHIEBEN aus dem Bedienfeldmenü zu verschieben, muss sowohl das Quell- als auch das Zieldokument geöffnet sein. Wählen Sie im Quelldokument eine Mustervorlage aus, und führen Sie den Befehl aus. Im erscheinenden Dialog wählen Sie das Zieldokument aus und bestimmen, ob die Mustervorlage im Anschluss gelöscht werden soll oder nicht. Damit können Sie gezielt einzelne Mustervorlagen aus Projekten übernehmen.

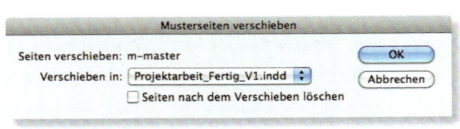

Abbildung 16.16 ►
Der MUSTERSEITEN VERSCHIEBEN-Dialog aus InDesign

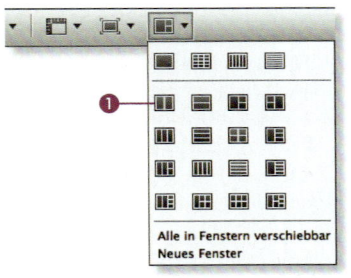

▲ **Abbildung 16.17**
Dokumente nebeneinander anordnen geht am schnellsten über die DOKUMENT ANORDNEN-Funktion aus der Anwendungsleiste.

Musterseiten per Drag & Drop überführen | Wenn Sie sowohl das Quell- als auch das Zieldokument nebeneinander angeordnet haben (dies geht am schnellsten über die Funktion DOKUMENT ANORDNEN ❶ in der Anwendungsleiste), können Sie auch Mustervorlagen durch Drag & Drop in das Zieldokument übernehmen.

16.4.3 Mustervorlagen löschen

Das Löschen einer Mustervorlage erfolgt durch Auswahl der zu löschenden Mustervorlage und Ausführen des Befehls MUSTERDRUCKBOGEN LÖSCHEN aus dem Bedienfeldmenü.

Wenn Sie nicht verwendete Mustervorlagen löschen wollen, so führen Sie zuerst den Befehl NICHT VERWENDETE MUSTERVORLAGEN AUSWÄHLEN aus. Löschen Sie dann die ausgewählten Mustervorlagen entweder über das Bedienfeldmenü oder durch Klick auf das Symbol 🗑 im Seiten-Bedienfeld.

16.5 Zuordnen der Mustervorlagen zu den Dokumentseiten

Nachdem nun alle Mustervorlagen definiert sind, können wir sie den Dokumentseiten zuweisen. Für unsere Projektarbeit gehen wir davon aus, dass Seite 1 leer bleibt und auf den Seiten 2–3 das Inhaltsverzeichnis gesetzt werden soll. Die Seiten 4–15 sind für Kapitel 1 vorgesehen, Seite 16–33 für Kapitel 2, Seite 34–57 für Kapitel 3 und Seite 58–71 für Kapitel 4. Seite 72 bleibt wiederum leer. Das Zuweisen kann auf zweierlei Arten erfolgen:

Ziehen der Mustervorlage auf die Dokumentseite | Um Seite 1 die Mustervorlage [OHNE] zuzuweisen, brauchen Sie lediglich das Mustervorlagen-Symbol irgendwo auf Seite 1 zu ziehen (siehe Abbildung 16.18).

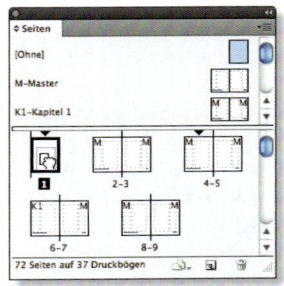

▲ **Abbildung 16.18**
Zuweisen der Mustervorlage auf eine Dokumentseite durch Drag & Drop

Wollen Sie jedoch einer Doppelseite eine Mustervorlage zuweisen, so empfehlen wir Ihnen, entweder das Mustervorlagensymbol oder den Namen der Mustervorlage z. B. KA1-KAPITELANFANG 1 zu greifen und auf das Dokumentseiten-Symbol zu ziehen.

Achten Sie dabei darauf, was beim Daraufziehen schwarz eingerahmt wird. Wird nur die rechte oder die linke Seite schwarz umrandet, wird die Mustervorlage auch nur auf diese Seite angewendet. Um beiden Seiten die Mustervorlage zuzuweisen, empfehlen wir Ihnen, an die linke oder rechte untere Ecke der Dokumentseite im Seiten-Bedienfeld zu ziehen. Damit ist die Doppelseite – siehe Abbildung 16.19 – schwarz umrandet, womit der Doppelseite auch die Mustervorlage zugewiesen wird.

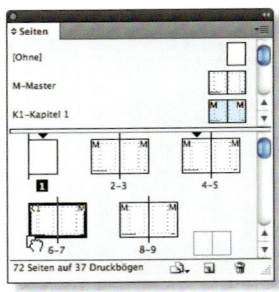

▲ **Abbildung 16.19**
Zuweisen der Mustervorlage auf eine Doppelseite

Eine Musterseite mehreren Dokumentseiten zuweisen | Wenn Sie genügend Zeit haben, können Sie nun die Mustervorlage durch Ziehen jeder einzelnen Doppelseite zuweisen. Schneller geht es, wenn Sie laut unseren Vorgaben die Seiten 6–15 durch Klicken auf Seite 6 und dann durch Klicken auf Seite 15 bei gleichzeitig gedrückter ⇧-Taste aktivieren und den Befehl MUSTERVORLAGE AUF SEITEN ANWENDEN aus dem Bedienfeldmenü des Seiten-Bedienfelds auswählen.

Im sich öffnenden Dialog wählen Sie bei der Option MUSTERVORLAGEN ANWENDEN die Mustervorlage K1-KAPITEL 1 aus und geben unter AUF SEITEN den gewünschten Seitenbereich an. Durch das Markieren der Seiten im Vorfeld sind diese bereits eingetragen. Sie können hier aber selbst bestimmen, welche Seiten die ausgewählte Mustervorlage zugewiesen bekommen sollen. Ein Eintrag »6-15;18« würde bedeuten, dass den Dokumentseiten 6 bis 15 und der Seite 18 die Mustervorlage zugewiesen wird.

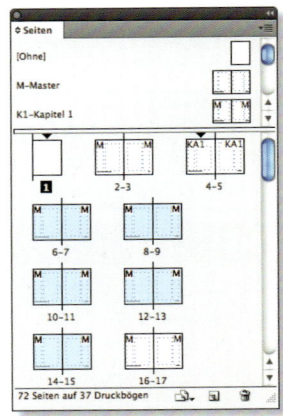

▲ **Abbildung 16.20**
Markieren mehrerer Seiten im Seiten-Bedienfeld

Abbildung 16.21 ▶
Zuweisen einer Mustervorlage über den Befehl Mustervorlage auf Seiten anwenden

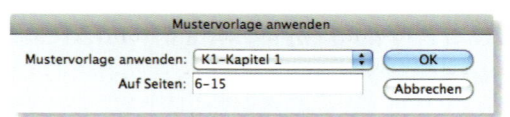

TOP-TIPP: Mustervorlagen auf Seiten anwenden

Wenn Ihnen das Aufrufen des Mustervorlage anwenden-Dialogs zu aufwendig ist, so wählen Sie die gewünschten Seiten im Seitenbereich aus, drücken die ⎇-bzw. ⌥-Taste und klicken dann auf die gewünschte Mustervorlage. Fertig!

Weisen Sie nun den Seiten 16 bis 33 die Mustervorlage Kapitel 2, den Seiten 34 bis 57 die Mustervorlage Kapitel 3 und den Seiten 58 bis 71 die Mustervorlage Kapitel 4 zu. Seite 72 wird die Mustervorlage [Ohne] zugewiesen.

Jetzt müssen Sie noch den ersten Seiten der jeweiligen Kapitel die Mustervorlage des Kapitelanfangs zuweisen. Führen Sie diese Zuweisung durch, indem Sie durch Drag & Drop die Musterseitenvorlage für Kapitelanfang 1 den Seiten 4–5, für Kapitelanfang 2 den Seiten 16–17, für Kapitelanfang 3 den Seiten 34–35 und für Kapitelanfang 4 den Seiten 58–59 zuweisen.

Das Seiten-Bedienfeld müsste danach Abbildung 16.22 entsprechen. Seien Sie jedoch nicht irritiert, wenn auf den Kapitelanfangsseiten nur eine kleine farbige Fläche, jedoch nicht der Kapitelname zu sehen ist. Die Ursache dafür liegt in dem noch zu definierenden Abschnittsparameter.

16.6 Setzen von Abschnitten

InDesigns Begriff »Abschnitt« kann in unserem Projekt mit dem Wort »Kapitel« gleichgesetzt werden. Viele QuarkXPress-Anwender kennen diese Funktion entweder unter dem Begriff »Ressort« oder unter »Abschnitt«.

Während QuarkXPress-Anwender diese Funktion lediglich benötigen, um die Paginierung zu ändern, können in InDesign darüber hinaus die Abschnittsmarke ❶, die in unserem Projekt als Platzhalter für die Kapitelüberschriften dient, und die Kapitelnummerierung ❷ für das Dokument einmalig eingegeben werden.

Der Vorteil der **Abschnittsmarken** wird erst jetzt so richtig klar, denn Sie müssen nur einmal pro Abschnitt eine Kapitelüberschrift definieren. Sie wird dann automatisch in der Kapitelüberschrift der Mustervorlage »Kapitelanfang« und in den Kolumnentitel aller Dokumentseiten eingefügt. Ein nachträgliches Einfügen von Seiten repaginiert die Seitennummern und fügt automatisch auf den Seiten den korrekten Kolumnentitel ein.

Die Funktion **Kapitelnummer** kann speziell bei langen Dokumenten verwendet werden, so wie in diesem Buch für die Nummerierung der Bildunterschriften – z. B. »Abbildung 16.1«, wobei

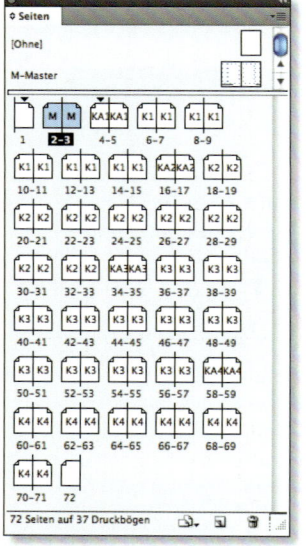

▲ **Abbildung 16.22**
Das Seiten-Bedienfeld des fertiggestellten Projekts.

HINWEIS

Abschnittsmarken sind eigentlich Textvariablen. Damit gelten auch für Abschnittsmarken alle Einschränkungen hinsichtlich der Formatierung des Textes. Lesen Sie dazu in Abschnitt 26.2.2, »Variablen einfügen«, auf Seite 647 nach.

die erste Zahl die Referenz auf das Kapitel darstellt und die folgende Zahl fortlaufend erhöht wird – was die oft lästigen Anpassungsfehler verhindert und das schnelle Verschieben von Textstellen zwischen Dokumenten (Kapiteln) vereinfacht.

Diese doch sehr interessanten Funktionen verstecken sich im Bedienfeldmenü des Seiten-Bedienfelds. Bevor Sie den Befehl jedoch aufrufen, müssen Sie die jeweilige Kapitelanfangsseite im Seiten-Bedienfeld aktivieren. Doppelklicken Sie auf Seite 4, und führen Sie danach den Befehl NUMMERIERUNGS- UND ABSCHNITTSOPTIONEN aus dem Bedienfeldmenü aus. Im erscheinenden Dialog NUMMERIERUNGS- UND ABSCHNITTSOPTIONEN legen Sie die gewünschte Kapitelnummer und die ABSCHNITTSMARKE ❶ fest.

Abschnittspräfix – Probleme und richtiges Einsetzen

Wenn Sie das Abschnittspräfix der Pagina voranstellen wollen, so ist diese Funktion sinnvoll. Sollten Sie jedoch dieses Feature nicht benötigen, raten wir allen Anwendern vor InDesign CS4 dringend, den Deafult-Eintrag ABS1:, ABS2: usw. zu löschen, da Sie sonst beim Drucken bzw. beim Exportieren eines PDF im Seitenbereich immer das Abschnittspräfix eingeben müssten.

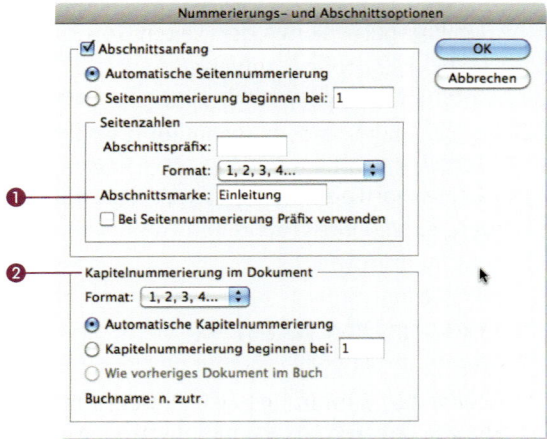

◀ **Abbildung 16.23**
Die NUMMERIERUNGS- UND ABSCHNITTSOPTIONEN. Informationen zum Anlegen und zur Verwendung von Kapitelnummern erhalten Sie in Abschnitt 27.1.2, »Nummerierungsoptionen«, auf Seite 673.

Abschnittsanfang | Aktivieren Sie die Option ABSCHNITTSANFANG, wenn Sie die aktivierte Seite als erste Seite eines Abschnitts kennzeichnen wollen.

▶ AUTOMATISCHE SEITENNUMMERIERUNG: Ist diese Option gewählt, so kümmert sich InDesign darum, dass die Pagina »normal« weitergezählt und kein spezieller Seitensprung durchgeführt wird.

▶ SEITENNUMMERIERUNG BEGINNEN BEI: Wollen Sie, dass beispielsweise die Seitennummer der Seite 4 mit 6 beginnt, so müssen Sie diese Option aktivieren und im Eingabefeld die entsprechende Seitennummer eintragen. Diese Option wird oft verwendet, wenn eine Allonge benötigt und dafür eine zusätzliche Seite an einer Doppelseite angefügt wird. Das zusätzliche Einfügen einer Seite würde die automatische Paginierung durcheinanderbringen. Mit dem Setzen eines neuen Abschnitts können Sie die eingefügte Seite außer Kraft setzen und eine fixe Pagina für die Folgeseite vergeben. Beachten Sie auch, dass Sie

Automatische Seitennummerierung bei Büchern

Achten Sie darauf, wenn Sie mehrere Dokumente in einem Buch zusammenfassen wollen, dass die Option AUTOMATISCHE SEITENNUMMERIERUNG bei den Dokumenten im ersten Abschnittsanfang eingestellt ist, da ansonsten die automatische Repaginierung im Falle einer Änderung des Seitenumfangs nicht funktioniert.

> **Allongen erstellen**
>
> Allongen können durch Hinzufügen von Seiten oder durch Verändern der Seitengröße angelegt werden.
>
> Um sich die zusätzliche Mühe mit der Änderung der Seitennummer zu ersparen, empfehlen wir Ihnen, die Allonge immer durch Ändern der Seitengröße innerhalb des Dokuments zu definieren.

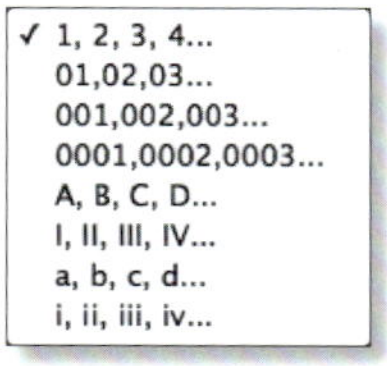

mit InDesign CS5 nun in der Lage sind, anstelle einer zusätzlichen Seite für die Allonge eine unterschiedlich große Seite für die Seite mit der Allonge zu definieren.

- SEITENZAHLEN:
  - ABSCHNITTSPRÄFIX: Verwenden Sie die Option nur, wenn Sie vor der Seitenzahl einen Zusatz einfügen wollen. Ein typisches Beispiel dafür wäre, wenn Sie einer Seitennummer immer einen senkrechten Strich und einen Halbgeviert-Leerraum voranstellen wollen – »| 1«. Auch könnten wir uns vorstellen, dass Sie die Seitennummer in einem Anhang mit »Anhang I, Anhang II« versehen wollen.
  - FORMAT: Damit wählen Sie die Form der Seitenzahl aus. Es stehen Ihnen dazu einige Formatvorlagen (siehe Abbildung 16.24) zur Verfügung.

▲ **Abbildung 16.24**
Liste der zur Verfügung stehenden Nummerierungsformate

Im Eingabefeld der Option ABSCHNITTSMARKE fügen Sie nun den Titel des Kapitels ein. Wichtig ist, dass der eingefügte Text in der Formatierung der Abschnittsmarke auf der Mustervorlage dargestellt wird. Eine zusätzliche paarweise Unterschneidung von Buchstaben oder das Anwenden von verschachtelten Absatzformaten ist dabei natürlich nicht mehr möglich.

Wenn Sie beispielsweise den Titel »1. Einleitung« nennen wollen – wobei die Zahl »1.« vom Wort »Einleitung« durch ein Halbgeviert-Leerzeichen getrennt sein soll –, so können Sie den Halbgeviert-Leerraum nicht im Dialog auswählen. Die einzige Möglichkeit, so etwas umzusetzen, besteht darin, dass Sie zuerst einen Textrahmen auf der Montagefläche aufziehen, den Text nach Wunsch setzen (mit Halbgeviert-Leerraum) und dann per Copy & Paste in den Dialog einfügen. Die Aktivierung der Option BEI SEITENNUMMERIERUNG PRÄFIX VERWENDEN stellt das oben definierte Präfix der Seitennummer voran.

▲ **Abbildung 16.25**
Die Startseite unseres Kapitels 1

Aktivieren Sie die Option ABSCHNITTSANFANG, fügen Sie in der Abschnittsmarke den Titel des Kapitels ein, und bestätigen Sie den Dialog mit OK. Betrachten Sie nun Seite 4, und Sie sehen die Früchte Ihrer bislang geleisteten Arbeit! Fahren Sie jetzt für jeden Kapitelanfang wie beschrieben fort. Damit haben Sie es bald geschafft, den Kern der Arbeit fertigzustellen.

Sie müssen nur noch die Datei korrekt abspeichern. InDesign-Dokumente erhalten die Dateiendung ».indd«. Dabei steht ».ind« für »InDesign« und der weitere Buchstabe »d« für »Document«. Neben ».indd« werden Sie mit ».indt« (»t« steht dabei für »Template«), ».indl« für »Library«, ».indb« für »Book« und ».inds« bzw. ».idms« (seit InDesign CS4) für »Snippets« Bekanntschaft machen.

Auf der Buch-DVD finden Sie im Ordner BEISPIELMATERIAL • KAPITEL_16 das finale Dokument »Projektarbeit_Fertig_V1.indd«. Überprüfen Sie damit, ob Sie alle Schritte korrekt ausgeführt haben.

17 Zeichen

Jede Aufgabe erfordert das richtige Werkzeug. Für die Bearbeitung von Pixelbildern hat sich Photoshop als Platzhirsch etabliert; bei der Erstellung von Vektorgrafiken wählen Sie Illustrator oder Corel Draw. Für Layout- und Textgestaltung ist InDesign das richtige Werkzeug, auch wenn sich hier viele Funktionen für die Beeinflussung von Pixelbildern und für eine leistungsstarke Bearbeitung von Vektorgrafiken finden. Die anderen Werkzeuge sind gut integriert und können bei Bedarf direkt aus InDesign heraus angesteuert werden. Dreh- und Angelpunkt der Layoutgestaltung ist jedoch InDesign, und somit sind hier alle Funktionen und Möglichkeiten der Typografie versammelt.

Auf der Buch-DVD finden Sie unter BEISPIELMATERIAL • KAPITEL_17 das Dokument »Mikrotypografie.pdf«.

17.1 Das Zeichen- und Steuerung-Bedienfeld

Das Zeichen-Bedienfeld A war von jeher ein zentraler Punkt für die typografischen Grundfunktionen von InDesign. Zusätzlich sind sämtliche Funktionen des Zeichen-Bedienfelds auch im Steuerung-Bedienfeld untergebracht. Das Steuerung-Bedienfeld passt sich kontextsensitiv an die aktuelle Situation an, deckt die beiden Bereiche Zeichen A (»Zeichenformatierung«) und Absatz ¶ (»Absatzformatierungssteuerung«) ab und bietet darüber hinaus zusätzliche Funktionen. Bei Monitoren mit hoher Auflösung (mehr Platz in der Horizontalen) werden im rechten Teil des Bedienfelds im Absatzmodus zusätzlich Funktionen für Zeichen eingeblendet und umgekehrt.

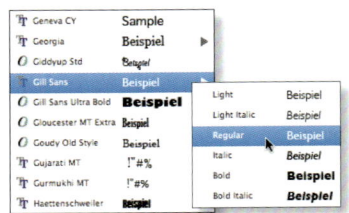

▲ **Abbildung 17.1**
Es werden nicht nur die Namen der Schnitte in den Auswahlfeldern angezeigt, sondern die Schrift selbst, sofern Sie Ihre Voreinstellungen entsprechend getroffen haben.

17.1.1 Gemeinsame Funktionen

Sollte das Steuerung-Bedienfeld nicht eingeblendet sein, öffnen Sie es über das Menü FENSTER • STEUERUNG oder [Strg]+[Alt]+[6] bzw. [⌘]+[⌥]+[6]. Die Darstellungsoptionen des Steuerung-Bedienfelds können Sie in Abschnitt 2.3, »Bedienfelder«, ab Seite 50 nachschlagen. Ob Sie das Zeichen-Bedienfeld bereits am rechten Bildschirmrand angedockt vorfinden, hängt vom Arbeitsbereich ab, den Sie verwenden. Sie können es nötigenfalls über das

Menü Fenster • Schrift und Tabellen • Zeichen bzw. über das Menü Schrift • Zeichen oder das Tastenkürzel [Strg]+[T] bzw. [⌘]+[T] einblenden.

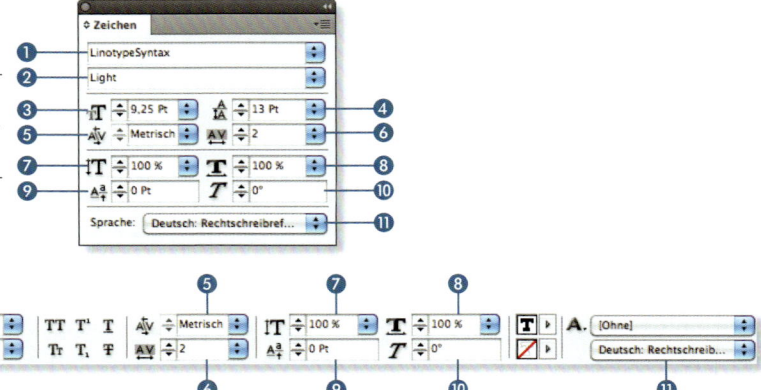

Abbildung 17.2 ▼ ▶
Das Zeichen-Bedienfeld und das Steuerung-Bedienfeld Zeichen. InDesign stellt bei horizontalen Auflösungen des Monitors über 1.024 Pixel im rechten Teil des Steuerung-Bedienfelds weitere Optionen dar. Wir beschränken uns in der Darstellung auf den Teil, der auf allen Monitoren sichtbar ist.

Zeilenabstand

Der Zeilenabstand wird von Grundlinie zu Grundlinie gemessen. Ungewöhnlich ist in InDesign, dass der Zeilenabstand als Attribut der Schrift gehandhabt wird. Eigentlich bestimmt der Zeilenabstand die Platzverhältnisse innerhalb des Absatzes und sollte somit auch ein Absatzattribut sein. Um den Zeilenabstand auf den ganzen Absatz anzuwenden, schalten Sie in den Voreinstellungen unter Eingabe die Option Zeilenabstand auf ganze Absätze anwenden ein.

Tastenkürzel zur Schriftskalierung

QuarkXPress bietet Tastenkürzel zum Skalieren von Schrift an. Seit InDesign CS2 können Sie für die horizontale und vertikale Skalierung selbst Tastenkürzel über Bearbeiten • Tastaturbefehle… definieren. Eine Standardbelegung gibt es nicht!

Schriftfamilie ❶ und Schriftschnitt ❷ können getrennt eingestellt werden. Sofern Sie in den Voreinstellungen im Abschnitt Eingabe die Option Schriftvorschaugrösse aktiviert haben, werden die verschiedenen Familien/Schnitte auch real dargestellt. Der Zeilenabstand ❹ wird automatisch vom Schriftgrad ❸ abgeleitet, indem der Schriftgröße 20% zugeschlagen werden. Das entspricht der gängigen Praxis im digitalen Satz und kann in den Einstellungen für Abstände verändert werden. In beiden Feldern kann aus einem Menü ausgewählt oder ein Wert eingetragen werden.

InDesign unterscheidet genau zwischen Kerning ❺ und Laufweite ❻ – auf die möglichen Einstellungen und Unterschiede zu QuarkXPress werden wir später noch im Detail eingehen.

Die Vertikale ❼ und Horizontale Skalierung ❽ unterscheidet sich wohltuend von den Einstellungsmöglichkeiten von QuarkXPress. Einige grundsätzliche Überlegungen zum Verzerren von Schrift – wozu auch Neigen (Pseudo-Kursiv) ❿ gehört – werden wir ebenfalls später noch anstellen.

Der Grundlinienversatz ❾ wird z. B. für chemische und mathematische Formeln benötigt und erlaubt es, Textelemente in Punkten oder Bruchteilen davon über oder – mit einem negativen Betrag – unter ihre normale Schriftlinie zu verschieben.

Die Sprache des Textes ⓫ wird für die Rechtschreibprüfung und Silbentrennung benötigt. Da technisch gesehen ein Wort lediglich eine Ansammlung von Zeichen darstellt (semiotisch ist die Sache nicht ganz so einfach), ist die Funktion an dieser Stelle sinnvoll.

17.1.2 Zusatzfunktionen des Steuerung-Bedienfelds

Neben den Grundfunktionen des Zeichen-Bedienfelds bietet das Steuerung-Bedienfeld zusätzliche Funktionen, die im Zeichen-Bedienfeld über das Bedienfeldmenü aufgerufen werden müssen.

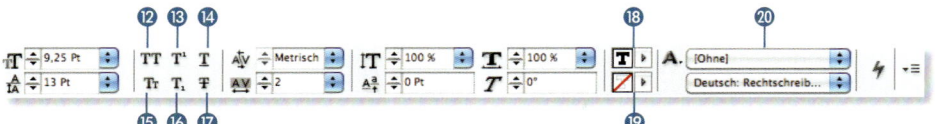

▲ Abbildung 17.3
Die Zusatzfunktionen des Steuerung-Bedienfelds

Sofern Sie Zeichenformate definiert haben, können Sie ein Format über das Menü ZEICHENFORMAT ⓴ oder über die Funktion SCHNELL ANWENDEN ⚡ auswählen – das Erstellen und Anwenden von Zeichenformaten werden Sie später in Abschnitt 19.3, »Zeichenformate«, kennenlernen.

Um einen ausgewählten Text in VERSALIEN ⓬ oder KAPITÄLCHEN ⓯ darzustellen, klicken Sie auf die entsprechenden Schaltflächen. Eine Darstellung in Versalien ist unkritisch und hängt letztlich von Ihren Bedürfnissen ab.

Kapitälchen sollten jedoch immer mit einem entsprechenden Schriftschnitt gesetzt werden. InDesign macht mit dieser Funktion nämlich nichts anderes, als die Kleinbuchstaben als Versalien darzustellen und etwas kleiner zu machen. Um welchen Betrag diese Skalierung erfolgt, können Sie in den VOREINSTELLUNGEN • ERWEITERTE EINGABE einstellen – die Standardeinstellung ist 70%. Skalierte Versalien reduzieren auch ihre Strichstärken (Duktus), die dann nicht mehr zu den »echten« Versalien passen.

[Versalien und Gemeine]
Großbuchstaben werden als »Versalien« oder »Majuskeln« bezeichnet, Kleinbuchstaben als »Gemeine« oder »Minuskeln«.

ECHTE KAPITÄLCHEN
FALSCHE KAPITÄLCHEN

Wie Sie hier sehen, ist der Unterschied gravierend. Beide Schriftproben haben die gleiche Größe von 24 Pt und verwenden dieselbe Stärke »Medium«, unterscheiden sich aber in der Darstellung der Gemeinen (Kleinbuchstaben) erheblich. In den »echten« Kapitälchen hat der Schriftdesigner darauf geachtet, dass die Strichstärken der Gemeinen zu den Versalien passen. Die Strichstärke der »falschen« Kapitälchen wird jedoch ebenfalls um 70% skaliert und wirkt nun zu dünn.

HOCHGESTELLT ⓭ und TIEFGESTELLT ⓰ sind jeweils eine Kombination aus Grundlinienversatz und Schriftskalierung. Auch hier können Sie den Betrag der Skalierung unter VOREINSTELLUNGEN • ERWEITERTE EINGABE verändern. Sofern Sie einen Schriftschnitt

Einfach Schriften testen
Die Eingabefelder des Steuerung- und Zeichen-Bedienfelds arbeiten gut mit den Cursortasten zusammen. Wenn Sie im Entwurfsstadium für einen Text einige Schriftvarianten ausprobieren wollen, lässt sich das gut ausnutzen: Markieren Sie den Text (oder einen ganzen Textrahmen), klicken Sie in das Feld SCHRIFTFAMILIE ❶, und blättern Sie nun mit den Cursortasten durch die Einträge des Menüs. So können Sie schnell unterschiedliche Varianten ausprobieren und beurteilen. Das funktioniert auch in allen anderen Eingabefeldern, wie z. B. für den SCHRIFTSCHNITT.

besitzen, der die notwendigen hoch- und tiefgestellten Indexziffern anbietet, sollten Sie diesen auch verwenden. Bitte beachten Sie, dass es die Auszeichnung »Index« aus QuarkXPress in InDesign nicht gibt – falls Sie Daten aus QuarkXPress übernehmen, müssen Sie diese Textteile also manuell korrigieren!

UNTERSTRICHEN ⓮ und DURCHGESTRICHEN ⓱ sind für einen Lesetext vollkommen ungeeignete Auszeichnungsmethoden. Vor allem stellt sich die Frage, warum man einen gerade geschriebenen Text durchstreichen sollte. Solche Stilelemente haben wohl in der Verwendung von Text als grafisches Element ihre Berechtigung, in einem Lesetext haben sie jedoch nichts verloren. Allerdings erlaubt InDesign über die beiden Bedienfeldmenüs UNTERSTREICHUNGSOPTIONEN und DURCHSTREICHUNGSOPTIONEN, die verwendeten Linien genau zu beeinflussen – wie, das zeigen wir Ihnen ab Seite 398.

Neu in InDesign CS5 ist die Möglichkeit, im Steuerung-Bedienfeld auch die Zeichenfarbe mit der Funktion FLÄCHE ⓲ und die Farbe für eine KONTUR ⓳ der ausgewählten Zeichen einzustellen. Beachten Sie jedoch, dass bei der Wahl der Kontur die ausgewählten Zeichen eine zusätzliche außen liegende Kontur von 1 Pt erhalten, die die Form der Zeichen natürlich verändert.

Beide Funktionen bieten ein Menü ▸ an, mit dem sich ein Fenster im Stil des Farbfelder-Bedienfelds öffnet, aus dem Sie die gewünschte Farbe auswählen können. Halten Sie die ⇧-Taste gedrückt, um den normalen Farbmischer anstelle der Farbfelder aufzurufen.

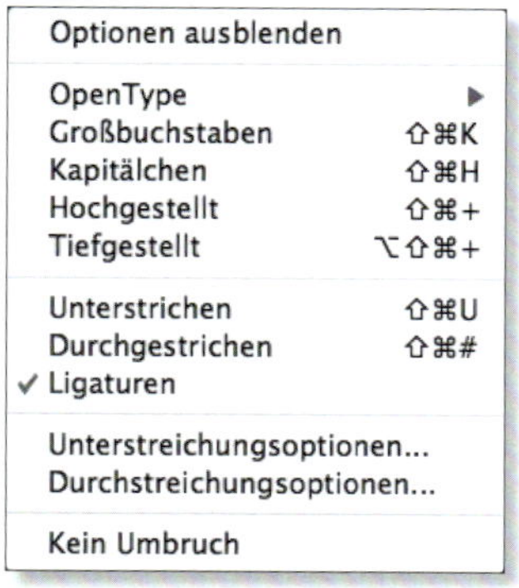

Wenn Sie mit dem Zeichen-Bedienfeld arbeiten, können Sie die Zusatzfunktionen des Steuerung-Bedienfelds über das Bedienfeldmenü erreichen. Hier finden Sie auch die UNTER- und DURCHSTREICHUNGSOPTIONEN sowie die Funktion KEIN UMBRUCH, mit der Sie eine ungewollte Trennung unterbinden können. Für ein einzelnes Wort erreichen Sie das einfacher, indem Sie vor das betreffende Wort einen bedingten Trennstrich setzen. Unter Windows funktioniert das mit der Tastenkombination ⟨Strg⟩+⟨⇧⟩+⟨-⟩, unter Mac OS mit ⟨⌘⟩+⟨⇧⟩+⟨-⟩.

Für Wortgruppen, die nicht getrennt werden sollen – z. B. Namen – kommen Sie um diese Funktion jedoch nicht herum. Dabei sollten Sie aber beachten, dass Sie sie nie auf eine Textmenge anwenden dürfen, die länger als die Spaltenbreite ist. Das würde zu einem Spaltenumbruch führen, da der Text dann ja nicht mehr in die aktuelle Spalte passt.

Im Menü des Steuerung-Bedienfelds gibt es auch noch einige Absatzattribute, auf die wir später eingehen werden.

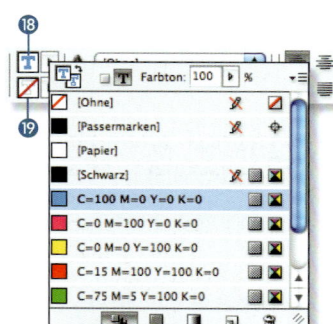

▲ **Abbildung 17.4**
Die Menüs der beiden Funktionen FLÄCHE und KONTUR für Zeichen unterscheiden sich nur unwesentlich vom Farbfelder-Bedienfeld. Da die Funktionen getrennt sind, können Sie nicht zwischen Fläche und Kontur umschalten, allerdings sehr wohl wie gewohnt die beiden Farben austauschen.

▲ **Abbildung 17.5**
Das Bedienfeldmenü des Zeichen-Bedienfelds. Das Menü des Steuerung-Bedienfelds zeigt hier nur eine Untermenge an, weil die Funktionen im Steuerung-Bedienfeld direkt erreicht werden können.

17.1.3 Tastaturbefehle

Die meisten Textformatierungen können Sie über Tastaturbefehle erreichen; einige Einstellungen erreichen Sie sogar nur über Tastaturbefehle wie z.B. »fett« Strg+⇧+B bzw. ⌘+⇧+B oder »kursiv« Strg+⇧+I bzw. ⌘+⇧+I – eine vollständige Liste aller Tastenkürzel finden Sie auf der Buch-DVD.

Beachten Sie dabei, dass die Befehle für solche Textauszeichnungen das entsprechende Attribut jeweils ein- und ausschalten und dass bei der Veränderung von Wortzwischenräumen diese ausgewählt sein müssen (entweder einzelne Zwischenräume oder mehrere Zwischenräume in einer Textauswahl über mehrere Zeichen hinweg). Beim Umschalten zum Schriftschnitt »Bold« (fett) muss in der aktuellen Schriftfamilie ein Schnitt existieren, der als »Bold« erkannt wird – das funktioniert jedoch nicht immer, weil nicht der Name ausgewertet wird, sondern das interne Attribut »Bold« der betreffenden Schrift. Es kann somit auch vorkommen, dass der Semibold- oder Extrabold-Schnitt einer Schrift ausgewählt wird. Das Gleiche gilt auch für »Italic«, also kursiv. Diese Tastenkürzel ändern also den Schriftschnitt nur, sofern vorhanden.

17.1.4 Groß-/Kleinschreibung ändern

Im Menü SCHRIFT finden Sie noch vier weitere Funktionen zur Schriftgestaltung unter dem Menüpunkt GROSS-/KLEINSCHREIBUNG ÄNDERN. Die Namen dieser Funktionen – GROSSBUCHSTABEN, KLEINBUCHSTABEN, ERSTER BUCHSTABE IM WORT GROSS und ERSTER BUCHSTABE IM SATZ GROSS – und die Schreibweise im Menü beschreiben ihre Auswirkung ausreichend.

Allerdings ist etwas rätselhaft, warum diese Funktionen nicht den Zeichenattributen zugeordnet sind und somit in den dazugehörigen Bedienfeldern bzw. in deren Menüs untergebracht wurden. Das führt offensichtlich auch dazu, dass diese Funktionen nicht in Zeichen- und Absatzformaten verwendet werden können und in jedem Fall manuell angewendet werden müssen.

17.1.5 OpenType

Die zweite Option im Bedienfeldmenü des Zeichen-Bedienfelds (und erste Option beim Steuerung-Bedienfeld) ist die sehr mächtige Funktion OPENTYPE.

OpenType-Schriften verfügen über die Möglichkeit, typografische Funktionen über sogenannte Layout Features zur Verfügung zu stellen. Mit dem Befehl OPENTYPE aus dem Bedienfeldmenü können Sie auf diese Funktionen zugreifen – selbstverständlich nur dann, wenn Sie eine OpenType-Schrift ausgewählt haben und diese Schrift auch das gewünschte Layout-Feature anbietet.

Auf der Buch-DVD finden Sie im Ordner ZUSATZKAPITEL das Kapitel C, »Tastenkuerzel«.

Wozu ein Zeichen-Bedienfeld?

Wenn Sie einen oder mehrere Textrahmen ausgewählt haben, schaltet das Steuerung-Bedienfeld in den Objektmodus. Mit dem Zeichen-Bedienfeld können Sie aber weiterhin den gesamten Text in allen Rahmen formatieren.

Outline und Schlagschatten

Positiv fällt auf, dass andere typografische Scheußlichkeiten wie Outline-Schrift oder schattierte Schrift als Standardfunktionen gar nicht angeboten werden und als grafische Elemente mit anderen Funktionen erstellt werden müssen. Das sollte sicherstellen, dass diese Stilmittel nicht leichtfertig verwendet werden, sondern gezielt genau so eingesetzt werden, wie es sinnvoll und nötig ist.

Bedingte Ligaturen
Brüche
Ordinalzeichen
Schwungschrift
[Titelschriftvarianten]
✓ [Kontextbedingte Varianten]
Alles in Kapitälchen
Null mit Schrägstrich
Formatsätze ▶
Positionalform ▶

Hochgestellt
Tiefgestellt
Zähler
Nenner

Versalziffern für Tabellen
Proportionale Mediävalziffern
Proportionale Versalziffern
Mediävalziffern für Tabellen
✓ Standardzahlenformat

▲ **Abbildung 17.6**
OpenType-Menü im Bedienfeldmenü des Zeichen-Bedienfelds

Allerdings unterstützen derzeit noch relativ wenige OpenType-Schriften die gesamte Palette der Layout-Features. Die nicht unterstützten Optionen sind im OPENTYPE-Menü in eckige Klammern gesetzt (siehe Abbildung 17.6: [TITELSCHRIFTVARIANTEN]). Da es sich bei den einzelnen Optionen zum Teil um sehr spezielle Feinheiten der Typografie handelt, sind Änderungen, die sich durch eine Umstellung ergeben, für ein untrainiertes Auge nicht auf Anhieb erkennbar. Viele Feinheiten sind auf dem Monitor nur in extremer Vergrößerung zu erkennen und werden erst im Druck mit hochauflösenden Geräten sichtbar.

Layout-Feature	Beispiel	Schrift
Bedingte Ligaturen	ct, sp, st	Warnock Pro
Brüche	$^{345}/_{754}$, $^{6}/_{8}$	Minion Pro
Ordinalzeichen	1st, 2nd, 3rd, 10th, N° 7	Minion Pro
Schwungschrift	Schwung-Schrift	Warnock Pro
Titelschriftvarianten	TITELSCHRIFT	Adobe Garamond
Kontextbedingte Varianten	Kontextbedingte Varianten	Voluta Script Pro
Alles in Kapitälchen	KAPITÄLCHEN	Warnock Pro
Null mit Schrägstrich	1.000.000	Warnock Pro
Hochgestellt	m^3	Warnock Pro
Tiefgestellt	H_2O	Warnock Pro
Zähler	$^{5}/$	Warnock Pro
Nenner	$/_6$	Warnock Pro
Versalziffern für Tabellen	1234567890	Warnock Pro
Proportionale Mediävalziffern	1234567890	Warnock Pro
Proportionale Versalziffern	1234567890	Warnock Pro
Mediävalziffern für Tabellen	1234567890	Warnock Pro
Standardzahlenformat	1234567890	Warnock Pro

▲ **Tabelle 17.1**
OpenType-Layout-Features

ct, sp, st

Bedingte Ligaturen | Manche Zeichenkombinationen erfordern bestimmte Abstände, wie z. B. fi oder fl. Die beiden Zeichen werden näher zusammengerückt als andere Zeichen und bilden eine Einheit. Im Bleisatz gab es für solche Zeichenkombinationen – sprich Ligaturen – eigene Bleikegel. InDesign kann auf die Standardligaturen in der Schrift zugreifen, sofern sie in der Schrift existieren. Sie erreichen diese Funktion über das Bedienfeldmenü des Zeichen-Bedienfelds. OpenType-Schriften führen zusätzlich den Begriff der »bedingten Ligatur« ein. Dabei werden bestimmte Zeichenkombinationen durch Verbindungsstriche zu einer Einheit zusammengefasst. Dieses Stilmittel ist allerdings nicht für jeden Text geeignet.

Brüche | Bruchzahlen werden üblicherweise mit einem Schrägstrich dargestellt: 1/4 – diese Darstellung ist aus typografischer Sicht jedoch falsch. Zähler und Nenner müssen hoch- bzw. tiefgestellt werden: ¹/₄. Wie Sie jedoch an diesem Beispiel erkennen können, ergeben sich hier wiederum Probleme mit den unterschiedlichen Strichstärken (zum Vergleich – so sollte es aussehen: ¼), die aus der Skalierung der Ziffern resultieren. Das Problem kann durch den Einsatz von sogenannten Expert-Schnitten umgangen werden. Eine gut ausgestattete OpenType-Schrift liefert diese Formen bereits mit. Allerdings bieten hier manche Schriften nur Varianten für Brüche an, in denen sowohl der Nenner als auch der Zähler einstellig sind.

$345/754, 6/8$

[Expert-Schnitt]
Ein Expert-Schnitt ist ein Schriftschnitt, der unterschiedliche Schriftzeichen, die im »normalen« Lesetext nicht vorkommen, vereint. Das können Linien, Bruchziffern, Ligaturen, Sonderzeichen verschiedener Sprachen, aber auch Ornamente und andere grafische Elemente sein.

Ordinalzeichen | Ordinalzeichen sind in der deutschsprachigen Typografie nicht besonders ausgezeichnet. In Tabelle 17.1 sehen Sie englische Beispiele und das Ordinalzeichen für »Nummer«. Wenn die verwendete Schrift Ordinalzeichen unterstützt und die Funktion eingeschaltet ist, werden die Hochstellungen für »st«, »nd« usw. automatisch formatiert. Auch in anderen Sprachen können diese Ordinalzeichen wirksam werden.

$1^{st}, 2^{nd}, 3^{rd}, 10^{th}, N^o\ 7$

Schwungschrift | Schwungschrift verändert die letzten Buchstaben und die Versalzeichen von Wörtern. Das Wortende wird mit einem Fähnchen versehen.

Schwung-Schrift

Titelschriftvarianten | Wenn Titel in Versalien gesetzt werden, werden in der Detailtypografie besondere Regeln für Zeichenabstände wirksam. Die Strichstärke der Schrift ist bei sehr großen Schriftgraden nicht immer passend. Die Titelschriftvarianten bieten hier eigene Darstellungen der Versalbuchstaben. Sie sollten diese Funktion wirklich nur im Versalsatz einsetzen. Bei »normalem« Text passen sonst die Versalien nicht mehr zu den Gemeinen.

TITELSCHRIFT

Kontextbedingte Varianten | Schon Gutenberg ließ für einige Zeichen unterschiedliche Varianten schneiden, die je nach ihrem Umfeld oder den Platzverhältnissen eingesetzt wurden. OpenType bietet mit den kontextbedingten Varianten ein ähnliches Konzept. Derartige Varianten müssen natürlich ganz genau kontrolliert werden. Der automatisierte Satzprozess liefert verständlicherweise

Kontextbedingte Varianten

auch nur ein Ergebnis, das immer gleiche Muster bietet. Das gezeigte Beispiel in der handschriftlichen Schrift Voluta Script Pro zeigt, dass kleine Modifikationen – z. B. der Querstrich im t – die handschriftliche Anmutung noch verstärken können.

ALLES IN KAPITÄLCHEN

Alles in Kapitälchen | Diese Funktion darf nicht mit dem Kapitälchen-Schnitt einer Schrift verwechselt werden. Genau genommen stellt sie lediglich eine alternative Form des Versalsatzes zur Verfügung, wobei die Versalien aber nur die Höhe der Gemeinen erreichen.

1.000.000

Null mit Schrägstrich | Um 0 und O besser unterscheidbar zu machen, können Sie auf die verschiedenen Zahlenformate oder auch auf dieses Layout-Feature zurückgreifen. Die Unterstützung in den verschiedenen Schriften ist allerdings recht spärlich und zumeist auf die Ziffern fixer Breite beschränkt.

Formatsätze | In Formatsätzen sind verschiedene stilistische Alternativen einer Schrift zu Gruppen zusammengefasst. Es können bis zu 15 solcher Gruppen verwendet werden. Sollten Sie mehrere Gruppen ausgewählt haben, wird nur die Gruppe mit der niedrigsten Nummer angewendet. Die Unterschiede in den verschiedenen Gruppen können sehr diffizil sein, und nur sehr wenige Schriften bieten dieses Layout-Feature überhaupt an. In den Versalien der Poetica Std sind die Unterschiede allerdings recht gut sichtbar:

> **Kontextbedingte Variante und Kapitälchen**
>
> Obwohl Type 1- und TrueType-Schriften selbstverständlich keine Layout-Features unterstützen, ist die kontextbedingte Variante auch in diesem Fall standardmäßig aktiviert. Dadurch kann es leider vorkommen, dass Zeichen, die als Kapitälchen formatiert wurden, plötzlich nicht mehr als solche angezeigt werden. Dieses Phänomen verschwindet und taucht dann plötzlich wieder auf. Deaktivieren Sie deshalb die kontextbedingte Variante bei Type 1- und TrueType-Schriften.

A A A A A A A A A A A

Einen schnellen Überblick über die verschiedenen Varianten bietet Ihnen das Glyphen-Bedienfeld (siehe Seite 408).

Positionalform | Im arabischen Schriftsystem (möglicherweise auch in anderen) ändern einzelne Zeichen ihre Form in Abhängigkeit von der Position innerhalb des Wortes. Die jeweiligen Glyphenformen können hier gezielt ausgewählt werden. ALLGEMEINE FORM nimmt keine Rücksicht auf die Position, AUTOMATISCHE FORM bestimmt die Form aus der Position im Wort. Die restlichen Optionen legen die Positionsform unabhängig von der tatsächlichen Position des Zeichens im Wort fest.

> **Allgemeine Form**
>
> Ob in der arabischen Schrift bei Anwendung der allgemeinen Form ein lesbarer Text entsteht, ist von der Sprache abhängig, in der der Text verfasst ist.

Die Positionalform ist der kontextbedingten Variante nicht unähnlich. Solche Zeichenmutationen sind aber zumeist nur in handschriftlich anmutenden Schriften zu finden. Obwohl die Positionalform, z. B. in der Warnock Pro, teilweise angeboten wird, ist keine Änderung im Aussehen der Zeichen feststellbar.

Hochgestellt und Tiefgestellt | Wie Sie bereits wissen, führen die Standardfunktionen für hoch- und tiefgestellte Zeichen, die die vorhandenen Ziffern lediglich skalieren, zu veränderten Strichstärken, die dann nicht mehr zu den anderen Zeichen des Schriftschnitts passen. Gegen dieses Problem muss im Normalfall mit eigenen Expert-Schnitten für den Formelsatz vorgegangen werden. OpenType-Schriften können innerhalb eines Schnitts eigene Indexziffern anbieten und Ihnen so das Leben wesentlich erleichtern.

$m^3 \qquad H_2O$

[Versalziffern]
Versalziffern haben eine einheitliche Höhe und sind heute der Regelfall.

Zähler und Nenner | Hier ist die Situation wie bei den Indexziffern, nur dass besonders auf die Ausrichtung zum Schrägstrich Rücksicht genommen wird.

$^5/ \qquad /_6$

Versalziffern für Tabellen | Diese Option liefert Versalziffern gleicher Breite (Dicke), was bei der Mehrheit der Schriften Standard ist, weil damit gut Zahlenkolonnen gesetzt werden können. Im Bleisatz waren sie die einzig praktikable Möglichkeit in Kombination mit gleich breiten Zwischenräumen, um schnell und exakt ausgerichtet Zahlen zu setzen. Heute löst man dieses Problem mit Tabulatoren und Tabellen. Der Hinweis auf Tabellen ist aus heutiger Sicht also unter Umständen missverständlich.

1234567890

[Mediävalziffern]
Unter Mediävalziffern (mittelalterlichen Ziffern) versteht man Ziffern, die Unter- und Oberlängen haben. Sie leiten sich aus den mittelalterlichen Handschriften ab.

Proportionale Mediävalziffern | »Proportional« bedeutet, dass jede Ziffer genauso breit ist, wie es ihr Schriftbild verlangt. 1 ist somit schmaler als 8. »Mediäval« bedeutet, dass die Ziffern Unter- und Oberlängen haben.

1234567890

Proportionale Versalziffern | Dies sind folglich Versalziffern mit schwankenden Ziffernbreiten. Bei Zahlen in einem Fließtext wirken sie harmonischer, für den Satz von Zahlenkolonnen sind sie allerdings nicht geeignet, weil die Spaltenstruktur verloren geht.

1234567890

Mediävalziffern für Tabellen | Damit ist der Ziffernreigen komplett. Hiermit verwenden Sie Ziffern mit Unter- und Oberlängen, die alle eine einheitliche Dickte haben.

1234567890

Standardzahlenformat | Welches Aussehen die Standardzahlen haben, wird vom Schriftdesigner festgelegt. Bei den meisten digitalen Schriften kommen allerdings einheitlich breite Versalziffern zum Einsatz. Meistens wird hier also kein Unterschied zu den

1234567890

> **TIPP**
>
> Verwenden Sie in einem Fließtext Mediävalziffern. Dadurch wird der Grauwert des Textes weniger gestört.

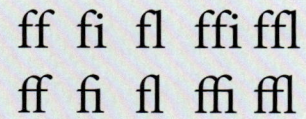

▲ **Abbildung 17.7**
Die klassischen Buchstabenverbindungen, die oft als Ligaturen dargestellt werden. Oben treffen die Zeichen »normal« aufeinander, unten wurden sie als Ligaturen formatiert.

> **Ligaturen abschalten**
>
> Ligaturen sind standardmäßig eingeschaltet. Wenn Sie sie punktuell abschalten möchten, können Sie natürlich auch die betreffende Ligatur auswählen und über das Bedienfeldmenü des Steuer- bzw. Zeichen-Bedienfelds die Ligatur einfach abschalten.
>
> Das Sonderzeichen VERBINDUNG UNTERDRÜCKEN hat den Vorteil, dass es universell wirkt, also auch auf Zeichenverbindungen, die z. B. aus OpenType-Funktionen resultieren.

Versalziffern für Tabellen vorliegen, lediglich die Breite könnte sich unterscheiden. Die Standardbreite von Ziffern im Bleisatz war ein Halbgeviert. Die Breite der nicht proportionalen Ziffern ist zwar für alle Ziffern gleich, über die absolute Breite ist damit allerdings nichts ausgesagt, und sie kann somit vom Halbgeviert abweichen.

17.1.6 Ligaturen

Mit Ligaturen haben Sie zuvor in Form der bedingten Ligaturen als Layout-Feature von OpenType-Schriften Bekanntschaft gemacht. Allerdings sind Ligaturen keine Erfindung des OpenType-Zeitalters und als typografische Spezialität schon lange in Verwendung.

InDesign kann Ligaturen auch in anderen Schriften anwenden, sofern diese Schriften auch Ligaturen anbieten, was bei vielen Qualitätsschriften der Fall ist. Die Option LIGATUREN im Bedienfeldmenü des Zeichen- und des Steuerung-Bedienfelds ist standardmäßig eingeschaltet. InDesign tauscht dann Zeichengruppen, die als Ligatur in Frage kommen, gegen einzelne Zeichen aus. Tatsächlich geschieht das erst beim Druck bzw. bei der PDF-Ausgabe Ihres Dokuments.

Obwohl auch auf dem Monitor Ligaturen dargestellt werden, können Sie weiterhin die einzelnen Zeichen einer Ligatur auswählen. Aus diesem Grund stören Ligaturen auch nicht in der Rechtschreibprüfung – intern betrachtet InDesign Ligaturen immer als getrennte Zeichen.

Verbindung unterdrücken | An dieser Stelle ist ein Vorgriff auf das Thema »Sonderzeichen« notwendig. Im Menü SCHRIFT • SONDERZEICHEN EINFÜGEN • ANDERE finden Sie den Menüpunkt VERBINDUNG UNTERDRÜCKEN, mit dem Sie Ligaturen im Einzelfall deaktivieren können. Eine Satzregel besagt nämlich, dass keine Ligaturen über Silbengrenzen hinweg gebildet werden dürfen. »aufladen« wäre also falsch und sollte richtig als »aufladen« gesetzt werden. Wenn Sie das Sonderzeichen VERBINDUNG UNTERDRÜCKEN zwischen f und l setzen, wird an dieser Stelle keine Ligatur gebildet.

17.1.7 Unterstreichungs- und Durchstreichungsoptionen

Die wenigsten Schriftfamilien verfügen über Schnitte mit Unterstreichungen oder Durchstreichungen. Das ist auch verständlich, weil in einem Mengentext diese Stile ohnehin nicht vernünftig einsetzbar sind. Die elektronisch erzeugten Varianten wurden auch eher stiefmütterlich behandelt und waren zumeist in ihrer Stärke und Position recht unglücklich gestaltet, was eine Verwendung umso weniger empfahl. InDesign bietet nun alle Einstellmöglichkeiten für Unter- und Durchstreichungen. Die Optionen unterscheiden sich nur in einem kleinen Detail: der Lage der Linie. Interessanterweise gibt es aber keine Einstellmöglichkeit für Wortunter- und -durchstreichungen.

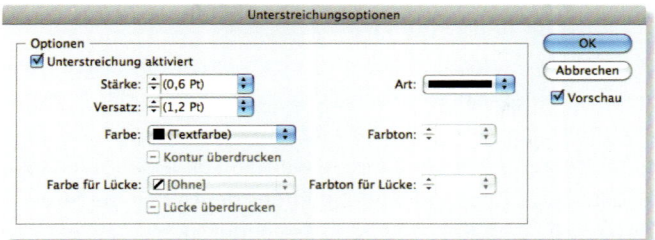

◄ **Abbildung 17.8**
Unterstreichungsoptionen, die im Übrigen genau die gleichen Einstellmöglichkeiten wie die Durchstreichungsoptionen bieten

- **Unterstreichung aktiviert:** Dies entspricht dem Auswählen von Unterstrichen im Bedienfeldmenü.
- **Stärke:** Die Stärke der Linie, wobei bei Linien wie Breit–Schmal–Breit die Stärke natürlich von Ober- zu Unterkante gemessen wird.
- **Art:** Eine ganze Reihe von Linienformen ist bereits vordefiniert und kann hier ausgewählt werden. Wie das Anlegen neuer Arten erfolgt, erfahren Sie in Abschnitt 13.2.2, »Konturenstile«, ab Seite 319.
- **Versatz:** Damit ist der Abstand der Linie von der Grundlinie des Textes gemeint. Hier liegt der einzige Unterschied zu den Durchstreichungsoptionen. Ein positiver Wert versetzt die Linie unter die Grundlinie. In den Durchstreichungsoptionen verschiebt ein positiver Wert die Linie über die Grundlinie.
- **Farbe und Farbton:** Die Farbe der Unterstreichung steht standardmäßig auf Textfarbe, was in den meisten Fällen auch die richtige Einstellung sein dürfte. Sie können natürlich jede definierte Farbe zuweisen und unter Farbton den gewünschten Tonwert eintragen. Sie sollten dafür jedoch immer ein Tonwertfeld anlegen.
- **Kontur überdrucken:** Wenn die Linie in der Textfarbe gedruckt wird, wird sie wie der Text behandelt und verwendet somit auch die Überdrucken-Einstellungen des Textes. Wenn Sie eine abweichende Farbe verwenden, können Sie hier festlegen, ob überdruckt werden soll oder nicht. Sie sollten diese Option nur dann anwenden, wenn ein dringender Anlass dazu besteht, ansonsten erzielen Sie in der Ausgabe unbeabsichtigte Effekte.
- **Farbe für Lücke, Farbton für Lücke, Lücke überdrucken:** In allen gestrichelten Linien entstehen Lücken, aber auch parallel verlaufende Linien bilden einen Abstand aus, der gefüllt werden kann. Alle drei Einstellungen verhalten sich dabei genauso

Unterstreichung missbrauchen

Wenn Sie einen Text wie mit einem Textmarker unterlegen wollen, können Sie ihn unterstreichen, der Unterstreichung eine Farbe geben und sie etwas stärker als den Schriftgrad machen. Wenn Sie den Versatz nun noch so anpassen, dass die Unterstreichung etwas nach oben rückt, sieht das Ganze wie oben in diesem Absatz aus.

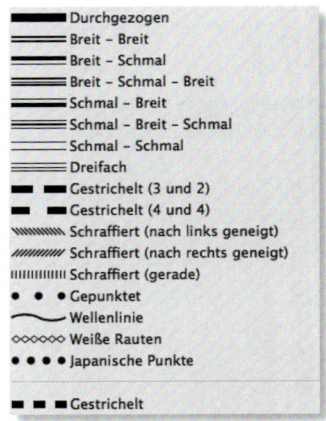

▲ **Abbildung 17.9**
Die standardmäßig verfügbaren Linienarten

> **Laufweite**
>
> Der Begriff »Laufweite« ist etwas unglücklich gewählt, da Laufweite eine Eigenschaft ist, die in der Schrift steckt, hier aber eine Methode zur Änderung der Platzverhältnisse zwischen Zeichen bezeichnet.

> **Aufgefallen?**
>
> Die Brüche, die wir hier verwenden, sehen leider nicht so aus, wie sie sollten, weil unsere Satzschrift über keine Sonderzeichen für solche Brüche verfügt – wir bitten um Entschuldigung!

> **Vorsicht!**
>
> Das Ausgleichen größerer Textmengen durch die Option Optisch bremst das Arbeitstempo von InDesign erheblich!

wie bei der Linie selbst. Die Überdrucken/Aussparen-Problematik potenziert sich hier natürlich, weshalb Sie diesbezüglich keine Einstellungen vornehmen sollten, wenn es keinen triftigen Grund dafür gibt.

17.1.8 Kerning und Laufweite

QuarkXPress-Benutzer sind gewohnt, dass QuarkXPress im Kontext unterscheidet, ob ein Buchstabenpaar zueinander angeglichen werden soll (Unterschneidung) oder ob der Abstand zwischen mehreren Zeichen verändert werden soll (Spationierung). Die beiden Bezeichnungen sind die in der deutschen Setzersprache etablierten Begriffe. InDesign verwendet »Kerning« anstelle von »Unterschneidung« und »Laufweite« anstelle von »Spationierung«.

Dafür bietet InDesign aber eine sehr exakte Kontrolle dieser Eigenschaften, die jeweils in Schritten von einem $1/1000$-Geviert verändert werden können – QuarkXPress und Adobe FreeHand arbeiten hingegen mit einem $1/200$-Geviert.

Zu einigen Vorgaben, die Sie aus den Menüs der Eingabefelder wählen können, kennt Kerning zusätzlich zwei weitere Einstellungen:

Metrisch | Schriften guter Qualität enthalten Unterschneidungstabellen, in denen die Abstände zwischen bestimmten Zeichenkombinationen vermerkt sind. Die Einstellung Metrisch greift auf diese Vorgaben zurück. Sie ist auch die Standardeinstellung.

Optisch | Mit dieser Einstellung versucht InDesign, die Platzverhältnisse anhand der Buchstabenformen zu errechnen. Diese Einstellung ist sinnvoll, wenn Sie in einer Zeile mehrere Schriftarten und -grade mischen und somit die metrischen Abstände nicht mehr stimmen. Besonders zu empfehlen ist die Einstellung Optisch in Verbindung mit Zahlen, da zwischen der Ziffer 1 und den anderen Ziffern zumeist ein zu großer Zwischenraum entsteht. Bei OpenType-Schriften, die proportionale Ziffern als Layout-Feature anbieten, sollten Sie natürlich mit diesen Ziffern arbeiten und brauchen dann die Option Optisch nicht.

Steht der Cursor zwischen zwei Zeichen, wird im Feld Kerning der aktuelle Wert angezeigt, wobei Werte, die aus metrischen oder optischen Einstellungen resultieren, in Klammern dargestellt werden.

Änderungen im Kerning bleiben erhalten, wenn der gleiche Text auch in seiner Laufweite verändert wird. Die einzelnen Einstellungen summieren sich dann, und die relativen Einstellungen verändern sich somit nicht.

Mit der Tastenkombination [Alt]+[→]/[←] bzw. [⌥]+[→]/[←] können die Abstände zwischen Zeichen verändert werden, wobei aber kein Unterschied mehr zwischen Kerning und Laufweite gemacht wird.

17.1.9 Verzerren von Schrift

Einige Funktionen führen implizit zu einer Verzerrung bzw. Skalierung von Schrift (KAPITÄLCHEN, TIEFGESTELLT, HOCHGESTELLT). Auf die damit verbundene Problematik der skalierten Strichstärken haben wir bereits hingewiesen. Wenn Sie keine Expert- oder OpenType-Pro-Schriften zur Verfügung haben oder der Produktionsrahmen eine Detailarbeit nicht zulässt, werden Sie um den Einsatz dieser Funktionen nicht umhinkommen.

Bei den beiden Funktionen VERTIKALE SKALIERUNG ❶ und HORIZONTALE SKALIERUNG ❷ stehen die Dinge allerdings anders. Werden diese bei grafischen Arbeiten – z. B. Logo- oder Signetgestaltung – eingesetzt, ist dagegen natürlich nichts einzuwenden; für Lesetext sind die beiden Funktionen allerdings absolut tabu. Die Schriftenhersteller treiben einen enormen Aufwand, um Schrift schließlich so aussehen zu lassen wie geplant und somit einen Text gut lesbar zu machen, was ja letztlich die Aufgabe der Typografie ist. Eine gut ausgestattete Qualitätsschrift funktioniert somit von sich aus, und InDesign leistet viel, um korrekte und ansprechende Ergebnisse zu erzeugen. Das Verzerren von Schrift stört dieses Gefüge ganz erheblich und widerspricht somit den Idealen der guten Lesetypografie. Zusätzlich ist es aber auch eine Frage des Respekts vor der kulturellen Leistung der Schriftdesigner. Würden Sie es lustig finden, wenn die zuständige Behörde Ihr Bild im Führerschein horizontal auf 150 % skalieren würde?

Die Funktion NEIGEN (PSEUDO-KURSIV) ❸ beschreibt in ihrem Namen schon sehr gut, was sie einer Schrift antun kann. Auch hier gilt, dass die Anwendung im grafischen Bereich durchaus angebracht oder notwendig sein kann; in der Lesetypografie hat sie jedoch nichts verloren. Verwenden Sie immer einen kursiven Schnitt, und überdenken Sie Ihre Schriftwahl, wenn in der verwendeten Schriftfamilie kein Kursivschnitt vorhanden sein sollte.

In Abbildung 17.11 sehen Sie links in der ersten Zeile den Standard-Schnitt der Garamond und in der zweiten Zeile den Italic-Schnitt. Die dritte Zeile kursiviert den Standard-Schnitt mit einem Winkel von 18°, was in etwa dem Winkel des Kursiv-Schnitts entspricht. Sie sehen, dass es im Schriftdesign nicht mit einer puren Verzerrung getan ist. Sämtliche Buchstabenformen – besonders

> **TIPP**
>
> Die Schrittweite, mit der die Cursortasten arbeiten, kann in den Voreinstellungen verändert werden. Halten Sie die [⇧]-Taste zusätzlich gedrückt, erhöht sich der Wert um das Fünffache des eingestellten Vorgabewerts.

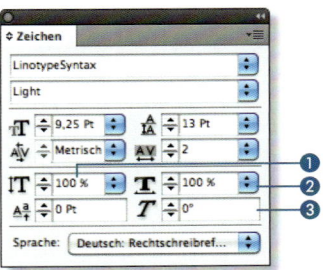

▲ **Abbildung 17.10**
VERTIKALE SKALIERUNG ❶, HORIZONTALE SKALIERUNG ❷ und NEIGEN ❸ im Zeichen-Bedienfeld

> **Glyphenskalierung**
>
> Wir werden Ihnen auf Seite 429 die Funktion GLYHENSKALIERUNG vorstellen, die Blocksatz durch Skalierung der einzelnen Zeichen verbessert. InDesign optimiert dabei den Grauwert des Absatzes und steuert so gegen die optischen Auswirkungen einer – sehr moderaten – Verzerrung der einzelnen Glyphen. Obwohl hier also Zeichen verzerrt werden, ist das Ergebnis nicht mit brutalen Verzerrungen vergleichbar, die mit den Skalierungsfunktionen erzeugt werden können (aber nicht zwangsläufig müssen!).

[Kursiv]
Ursprünglich die Bezeichnung für Handschriften. Bei Satzschriften werden auch die Bezeichnungen »Italic« oder »Oblique« verwendet.

auffällig das a – sind im Kursiv-Schnitt speziell gestaltet worden. Um den Unterschied noch besser sichtbar zu machen, haben wir rechts beide Varianten übereinandergestellt, wobei der Umriss der künstlichen Kursivierung den echten Kursiv-Schnitt überlagert. Die beiden haben so wenig miteinander zu tun, dass in unserem Führerschein-Beispiel nun anstatt Ihres Fotos das Bild eines Fremden zu sehen wäre.

Garamond
Garamond italic *Garamond*
Garamond

Abbildung 17.11 ▶
Vergleich einer echten (Mitte links) und einer durch Verzerren entstandenen Kursiven (unten)

Pseudo-Kursiv kann und muss manchmal verwendet werden, wenn Sie keinen Einfluss auf die Schriftwahl haben, aber auch für grafische Anwendungen, wenn z. B. bestimmte Zeichen nur als Vorlage dienen und letztlich als Pfad weiterverwendet werden, oder eine – zugegebenermaßen ungewöhnliche – Linksneigung gebraucht wird. Bei Grotesk-Schnitten, also serifenlosen Schriften, kann eine sanfte Kursivierung oft ebenfalls vertretbar sein. Bei guten Antiqua-Schriften sollte es immer einen eigenen kursiven Schnitt geben, den Sie auch verwenden sollten.

17.2 Besondere Zeichen

Wie Sie sehen, ist ein gutes Ergebnis nicht nur von der Werkzeughandhabung abhängig. Es gilt auch, die bewährten Regeln des Schriftsatzes zu kennen und anzuwenden. Schriftsetzer unterscheiden sehr genau, welche Abstände wo gemacht werden müssen.

Vielen erfahrenen Setzern blutet das Herz, wenn Trennstriche als Gedankenstriche verwendet werden. InDesign macht es Ihnen allerdings leicht, diese typografischen Feinheiten umzusetzen, die wir in der Folge näher beleuchten wollen.

▲ **Abbildung 17.12**
Die Tastatur einer Monotype-Satzmaschine aus dem Jahr 1931 zeigt, dass Schriftsetzer gewohnt sind, mit etwas mehr einzelnen Zeichen umzugehen, als es z. B. in der Textverarbeitung üblich ist.

17.2.1 Leerräume
Leerraum (oder auch »Weißraum« genannt) tritt an allen Stellen der typografischen Gestaltung auf. Kerning, Laufweite, Einzüge, Zeilenabstand, Tabulatoren usw. steuern die Verteilung von Zeichen und sorgen im Idealfall für einen angenehmen Grauwert im Text und somit für eine gute Lesbarkeit.

Darüber hinaus gibt es aber neben ästhetischen Überlegungen auch Erfahrungswerte, wie einzelne Textbereiche sinnvoll voneinander zu trennen sind.

Die wichtigsten Zwischenräume finden Sie im Menü SCHRIFT • LEERRAUM EINFÜGEN.

Das Fatale an Leerzeichen ist, dass sie sich zwar bemerkbar machen, aus ihrem »Aussehen« aber nicht direkt geschlossen werden kann, um welches Zeichen es sich handelt. Aktivieren Sie deshalb die Option SCHRIFT • VERBORGENE ZEICHEN EINBLENDEN (Alt+Strg+I bzw. ⌥+⌘+I). Nun werden alle nicht direkt sichtbaren Zeichen, wie Absatzmarken, Tabulatoren etc., in Ihrem Text mit eigenen Symbolen angezeigt.

▸ GEVIERT: Ein Geviert ist genauso breit wie der Schriftgrad hoch ist, bei einer 12-Pt-Schrift also auch 12 Pt. Geviert-Leerzeichen wurden im Bleisatz gebraucht, um Einzüge in der ersten Zeile eines Absatzes zu erzeugen. Im digitalen Satz gibt es dafür entsprechende Funktionen, womit das Geviert-Leerzeichen zunehmend bedeutungslos wird. Trotzdem ist es ein guter Anhaltspunkt für die Wahl des richtigen Einzugs in der ersten Zeile. In diesem Buch wird das Geviert-Leerzeichen in den Kolumnentiteln zwischen Kapitelnummer und Titel eingesetzt.

▸ HALBGEVIERT: Ein halbes Geviert ist immer noch ein ziemlich großer Abstand und wird deshalb heute ebenfalls sehr wenig verwendet. Ziffern sind in den meisten Schriften ein Halbgeviert breit, womit sich eine Anwendung im Satz von Zahlenkolonnen anbietet – allerdings ist diese Aufgabe mit Tabulatoren und Tabellen eleganter zu lösen.

▸ GESCHÜTZTES LEERZEICHEN: Das geschützte Leerzeichen verbindet zwei Wörter, was bewirkt, dass verbundene Wörter bei einem Zeilenumbruch nicht voneinander getrennt werden. Allerdings wird die Breite dieses Leerzeichens im Blocksatz variabel gehalten und somit zumeist ein besseres Satzbild erreicht. Sie benötigen es z. B. zwischen Titel und Namen des Titelinhabers oder anderen Wortkombinationen, die unbedingt zusammengehalten werden sollen.

Das GESCHÜTZTE LEERZEICHEN kann mit dem Tastenkürzel Strg+Alt+X bzw. ⌘+⌥+X in den Text eingefügt werden. (Dieses Tastenkürzel war bis InDesign CS2 dem »normalen« geschützten Leerzeichen – jetzt: GESCHÜTZTES LEERZEICHEN (FESTE BREITE) – zugeordnet.)

▸ GESCHÜTZTES LEERZEICHEN (FESTE BREITE): Dieses geschützte Leerzeichen ist genauso breit wie der normale Wortzwischenraum, ändert im Blocksatz aber nicht seine Breite.

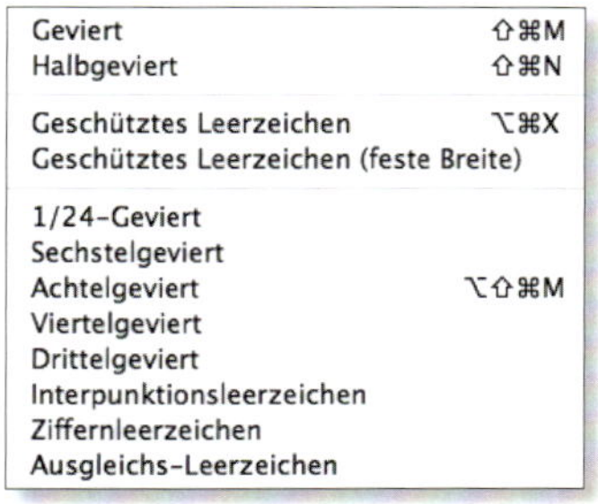

▲ **Abbildung 17.13**
Menü SCHRIFT • LEERRAUM EINFÜGEN

Verboten!
Weißraum mit zwei oder mehr Leerzeichen zu schaffen, ist absolut verboten! Nutzen Sie die vielfältigen Leerräume, die InDesign anbietet.

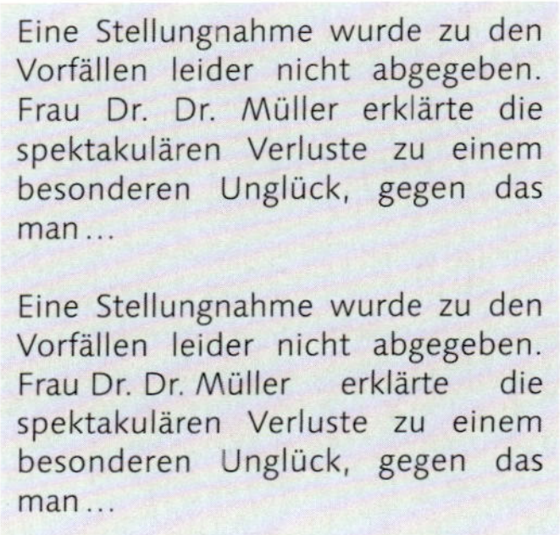

▲ **Abbildung 17.14**
Der Name soll nicht von den Titeln getrennt werden. Im oberen Absatz wird dazu das geschützte Leerzeichen verwendet, im unteren Absatz GESCHÜTZTES LEERZEICHEN (FESTE BREITE) eingestellt. Die Platzverteilung innerhalb der Zeile wird völlig anders.

[Drittelsatz]
Im Bleisatz wurden zumeist Wortabstände von einem Drittelgeviert verwendet, gelegentlich jedoch auch Viertelgevierte, was aber schon recht eng ist. Um klarzustellen, wie gesetzt wurde, sprachen Setzer von »Drittelsatz« bzw. »Viertelsatz«.

Zahlen und Einheiten
Zwischen Zahlen und ihren Einheiten, aber z. B. auch bei 10 % sollte ein Achtelgeviert gesetzt werden. Der Vorteil aller dieser Geviert-Bruchteile ist dabei, dass sie wie geschützte Leerzeichen wirken und deshalb alle diese Zahlenangaben nicht getrennt werden.

Im Bleisatz wurden Wortabstände von einem Drittelgeviert verwendet. Gelegentlich aber auch ein Achtelgeviert, was aber recht eng ist. Um klarzustellen, wie gesetzt wurde, sprachen Setzer von »Drittelsatz« bzw. »Viertelsatz«. rf

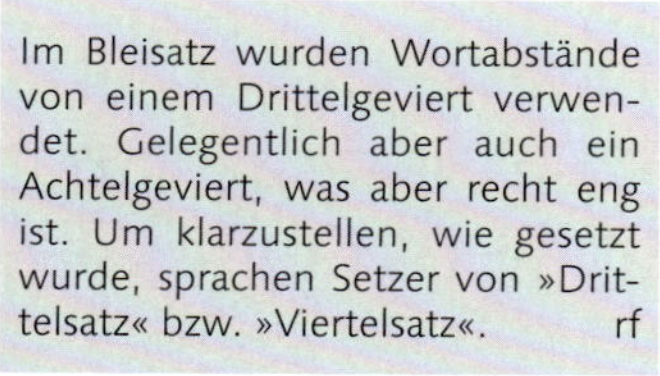

▲ **Abbildung 17.15**
Das Ausgleichs-Leerzeichen hat eine situationsabhängige Breite. Da diese Breite sehr groß ausfallen kann, kann sich der gesamte Absatzumbruch dramatisch verändern.

Voreinstellungen
Damit Wortabstände beim Einsetzen automatisch eingefügt werden, müssen Sie im Bereich EINGABE der Voreinstellungen die Option BEIM AUSSCHNEIDEN UND EINFÜGEN VON WÖRTERN ABSTAND AUTOMATISCH ANPASSEN aktivieren.

▶ 1/24-GEVIERT, SECHSTELGEVIERT, ACHTELGEVIERT, VIERTELGEVIERT, DRITTELGEVIERT: Diese Leerzeichen unterschiedlicher fixer Breite kommen in den unterschiedlichsten Situationen zum Einsatz. Ein so schmales Leerzeichen wie das 1/24-Geviert kann als Trennzeichen vor oder zwischen Satzzeichen verwendet werden. Allerdings streiten hier die Typografen, ob die nötigen Freiräume nicht schon in der Schrift vorgesehen sein sollten. Abkürzungen mehrerer Wörter, wie »z. B.«, sollten mit einem kleinen Zwischenraum gesetzt werden. Das Achtelgeviert ist hierzu geeignet. Außerdem wird es vor und nach einem Geviert- oder Halbgeviertstrich verwendet. Viertelgeviert und Drittelgeviert waren die üblichen Wortzwischenräume im Bleisatz und können somit auch als solche verwendet werden. Das Sechstelgeviert hat in der typografischen Tradition keine besondere Bedeutung und ist nur als zusätzliches Angebot zu sehen.

▶ INTERPUNKTIONSLEERZEICHEN: Die Breite des Interpunktionsleerzeichens entspricht der Breite von Ausrufezeichen, Punkt oder Doppelpunkt, was in etwa einem Viertelgeviert entspricht – so ist das Interpunktionsleerzeichen auch bei Abkürzungen einsetzbar, da sich der Abstand zwischen einem Viertel- und einem Achtelgeviert bewegen soll.

▶ ZIFFERNLEERZEICHEN: Das Ziffernleerzeichen ist genauso breit wie die Standardziffern in der verwendeten Schrift und kann somit im Satz von Zahlenkolonnen verwendet werden. Wie Sie wissen, gibt es allerdings auch Proportionalziffern, die keine einheitliche Breite haben und somit für eine Kombination mit dem Ziffernleerzeichen nicht in Frage kommen.

▶ AUSGLEICHS-LEERZEICHEN: Bei Absätzen mit BLOCKSATZ (ALLE ZEILEN) wird auch die letzte Zeile des Absatzes über die Spaltenbreite ausgetrieben, was aber meistens zu sehr großen und hässlichen Wortabständen führt. Wenn Sie die Zeilenbreite voll ausnutzen müssen – z. B., um einen Artikel mit einem Redakteurskürzel abzuschließen –, setzen Sie vor das Kürzel ein Ausgleichsleerzeichen, das dann den gesamten verfügbaren Platz in der Zeile einnimmt.

Wenn Sie Textteile per Drag & Drop oder über die Zwischenablage an einen neuen Ort verschieben, kümmert sich InDesign darum, dass Wortzwischenräume eingefügt werden, falls das nötig ist. Alle hier beschriebenen Leerzeichen werden nur berücksichtigt, wenn sie auch als Teil des Textes ausgewählt wurden.

Die Symbole, mit denen die Leerzeichen angezeigt werden, und die dazugehörigen Tastenkürzel sind in Tabelle 17.2 zusammengefasst:

Zeichen	Symbol	Windows	Mac OS X
Geviert	—	Strg + ⇧ + M	⌘ + ⇧ + M
Halbgeviert	–	Strg + ⇧ + N	⌘ + ⇧ + N
Geschütztes Leerzeichen (flexibel)	^	Strg + Alt + X	⌘ + ⌥ + X
Geschütztes Leerzeichen (feste Breite)	^	—	—
1/24-Geviert	∙∙	—	—
Sechstelgeviert	∙	—	—
Achtelgeviert	∙	Strg + Alt + ⇧ + M	⌘ + ⌥ + ⇧ + M
Viertelgeviert	∙	—	—
Drittelgeviert	∙	—	—
Interpunktions-leerzeichen	!	—	—
Ziffernleerzeichen	#	—	—
Ausgleichs-Leerzeichen	~	—	—

▲ **Tabelle 17.2**
Alle Leerräume, ihre Tastenkürzel und ihre Symbole, die Sie durch das Einblenden von Sonderzeichen erhalten. Die Grundlinie ist eingeblendet.

17.2.2 Verschiedene Striche

Ein weites Feld, um die Gesetze der Detailtypografie zu verletzen, sind die verschiedenen Striche, die in Texten auftreten können. Grundsätzlich gibt es davon vier. Einer davon (Divis) hat im digitalen Satz verschiedene Funktionen, behält dabei aber sein Aussehen. OpenType-Schriften können allerdings einige Varianten zu den einzelnen Strichen anbieten, die sich in Strichstärke und Grundlinienversatz unterscheiden.

Geviertstrich | Der Geviertstrich belegt den Platz eines Gevierts, nutzt diesen Platz aber nicht ganz aus und ist somit kein Geviert lang. Heute wird er nur noch selten verwendet, obwohl er als Auslassungsstrich in Zahlenkolonnen durchaus sinnvoll genutzt werden kann (siehe Tabelle 17.2).

Halbgeviertstrich | Die Länge beträgt tatsächlich ein Halbgeviert und belegt die gesamte Breite, sodass mit dem Halbgeviertstrich durchgängige Linien gezogen werden könnten (was Sie aber nicht tun sollten). Der Halbgeviertstrich wird oft als Trennstrich missbraucht, was aber falsch ist. Der Trennstrich ist wesentlich kürzer. Aufgrund der Länge des Halbgeviertstrichs sollte er mit verringer-

Überblick
Geviertstrich: —
Halbgeviertstrich: –
Minus: −
Divis: -
Die vier Striche sind linksbündig ausgerichtet – es ist gut zu sehen, dass sie von unterschiedlichen Weißräumen umgeben sind.

Halbgeviertstrich – Anwendung
Sie können den Halbgeviertstrich einsetzen als:
Gedankenstrich – so wie hier
Bis-Strich: 1939–1945
Auslassungsstrich bei Dezimalzahlen: € 27,–

ten Abständen vor und nach dem Strich gesetzt werden und nicht am Zeilenanfang stehen – verbinden Sie ihn deshalb mit dem vorausgehenden Wort mit einem geschützten Leerzeichen. Der Achtelgeviert-Leerraum wäre hierfür gut geeignet.

Minus | Das Minus im Formelsatz ist ebenfalls ein Halbgeviert lang, zumeist etwas dünner und steht in der Zeile etwas höher, was aber in minderwertigen Schriften oft nicht berücksichtigt wird. Zudem ist es zwar in den meisten Schriften vorhanden, aber bei TrueType- und PostScript-Schriften an unterschiedlichen Stellen untergebracht. Das trifft vor allem für Schriften auf den beiden Plattformen Windows und Mac OS zu.

Divis, Trennzeichen, Bindestrich | Ein Divis erscheint, wenn Sie die Taste ⎵-⎵ Ihrer Tastatur drücken. Es hat sowohl die Funktion, Wörter zu teilen, als auch, sie zu verbinden, und kann als Ergänzungsstrich verwendet werden. Ein Divis wird immer ohne Leerraum zu den angrenzenden Zeichen gesetzt. Es übernimmt im digitalen Satz einige Funktionen, mit denen die automatische Silbentrennung beeinflusst werden kann.

Umbruch optimieren | Wenn Sie mit einem **Zeilenumbruch** nicht zufrieden sind, müssen Sie den Umbruch der Zeile innerhalb des Absatzes manuell korrigieren. Die wichtigste Methode ist hier, die Silbentrennung zu überprüfen und gegebenenfalls zu korrigieren. Prinzipiell können Sie Wörter teilen, indem Sie an der gewünschten Trennstelle ein Divis eingeben. Erreicht das Wort den Spaltenrand und ist ein Umbruch nötig, wird an genau dieser Stelle getrennt werden, weil ein normales Divis – genauso wie ein Leerzeichen – als Worttrennzeichen behandelt wird.

Bricht der Text aber neu um, weil Wörter hinzukommen oder gelöscht werden oder andere Korrekturen den Text verändern, bliebe das Divis im Text stehen. Beispiele dafür sehen Sie fast täglich in Ihrer Tageszeitung. Dabei wäre die Lösung ganz einfach: Verwenden Sie einen **bedingten Trennstrich**. Sie erreichen ihn über Schrift • Sonderzeichen einfügen • Bedingter Trennstrich bzw. über die Tastenkombination ⎵⇧⎵+⎵Strg⎵+⎵-⎵ oder ⎵⇧⎵+⎵⌘⎵+⎵-⎵. Kommt das Wort mit dem bedingten Trennstrich zur Trennung infrage, wird an der angegebenen Stelle getrennt und der Trennstrich sichtbar gemacht. Ist die Trennung nicht mehr nötig, verschwindet der Trennstrich automatisch wieder.

InDesign verhält sich bei der Eingabe des bedingten Trennstrichs etwas eigenwillig, denn die Eingabe funktioniert in man-

---

Divis und seine Anwendung

Trennung: Trennstrich
Bindestrich: TrueType-Schriften
Ergänzungsstrich: Zeichen- und Absatzformatierung

chen Fällen nicht. Meistens hilft es, den Trennstrich zu setzen, dann ein Leerzeichen einzufügen und dieses Leerzeichen wieder zu löschen. Dadurch wird InDesign anscheinend angehalten, den Zeilenumbruch neu zu berechnen. Weitere Ursachen, warum das Einfügen des bedingten Trennstrichs nicht funktioniert, können sein:

1. Ein Wort, das nicht am Rand der Spalte steht (es stehen also noch Wortteile oder ein Wort davor oder dahinter), kann über den bedingten Trennstrich nicht getrennt werden.
2. Der Adobe-Absatzsetzer stellt eine Grauwertverletzung fest und verweigert daher die Silbentrennung.
3. Es sind bereits zu viele Silbentrennungsstriche (Trennungen in Folge) vorhanden.
4. Das Wort kann an dieser Stelle nicht getrennt werden, da dabei zu kurze Vor- oder Nachsilben entstehen würden.
5. Auf das Wort wurde Kein Umbruch oder [Keine Sprache] angewendet.

Wenn Sie möchten, dass ein bestimmtes Wort gar nicht getrennt wird – das ist vor allem bei Eigennamen gewünscht –, setzen Sie den bedingten Trennstrich vor das Wort, das nicht geteilt werden soll.

Andererseits gibt es bestimmte Wortverbindungen, die zwar ein Divis enthalten, aber trotzdem nicht getrennt werden sollen, z. B. Firmennamen. In diesem Fall verwenden Sie den **geschützten Trennstrich** anstelle des Trennzeichens. Sie können ihn über Schrift • Sonderzeichen einfügen • Geschützter Trennstrich bzw. das Tastenkürzel [Alt]+[Strg]+[-] oder [⌥]+[⌘]+[-] in Ihren Text einsetzen.

> **Trennungen verhindern**
>
> Zwei weitere Möglichkeiten, eine Trennung zu verhindern:
> ▶ Markieren Sie das betreffende Wort, und wählen Sie Kein Umbruch aus dem Bedienfeldmenü des Zeichen-Bedienfelds.
> ▶ Setzen Sie die Sprache des Wortes auf [Keine Sprache] – InDesign findet dann kein Wörterbuch und kann das Wort nicht trennen.

▼ **Tabelle 17.3**
Die verschiedenen Trenn- und Gedankenstriche. GID ist die Nummer der Glyphe im Zeichensatz, und Unicode ist die Nummer der Glyphe in der Unicode-Spezifikation. Mit diesen Werten können Sie mit der Suchen/Ersetzen-Funktion von InDesign nach den entsprechenden Zeichen suchen.

Strich		Windows	Mac OS X
Geviertstrich GID: 197 Unicode: 2014	—	Schrift • Sonderzeichen einfügen • Trenn- und Gedankenstriche • Geviertstrich	Schrift • Sonderzeichen einfügen • Trenn- und Gedankenstriche • Geviertstrich
Halbgeviertstrich GID: 196 Unicode: 2013	–	Schrift • Sonderzeichen einfügen • Trenn- und Gedankenstriche • Halbgeviertstrich	Schrift • Sonderzeichen einfügen • Trenn- und Gedankenstriche • Halbgeviertstrich
Minus GID: 19 Unicode: 2212	−	über das Glyphen-Bedienfeld	über das Glyphen-Bedienfeld
Divis GID: 34 Unicode: 002D	-	[-]	[-]

17.2.3 Weitere Sonderzeichen

Sie haben nun bereits mit dem Menü SCHRIFT • SONDERZEICHEN EINFÜGEN Bekanntschaft gemacht und festgestellt, dass es hier noch eine Reihe von weiteren Sonderzeichen gibt, die Sie einsetzen können. Im Untermenü SYMBOLE finden Sie folgende druckbare Zeichen:

Sonderzeichen		Windows	Mac OS
Aufzählungszeichen	•	Alt + 8	⌥ + Ü
Copyrightsymbol	©	Alt + G	⌥ + G
Auslassungszeichen	…	Alt + Ü	⌥ + .
Absatzmarke	¶	Alt + 7	⌥ + 3
Symbol für eingetragene Marke	®	Alt + R	⌥ + R
Paragrafenzeichen	§	Alt + 6 oder ⇧ + 3	⇧ + 3
Symbol für Marke	™	Alt + 2	⌥ + ⇧ + D

▲ Tabelle 17.4
SCHRIFT • SONDERZEICHEN EINFÜGEN • SYMBOLE

Französische Anführungszeichen

Für die »französchen Anführungszeichen«, wie wir sie in diesem Buch verwenden und wie sie in der deutschsprachigen Typografie auch vollkommen korrekt sind, kennt InDesign leider keine einfache Ausführung.

Die verschiedenen **Anführungszeichen** können ebenfalls über ein eigenes Untermenü ausgewählt werden. Das ist für verschachtelte Anführungszeichen auch notwendig, da InDesign nicht richtig mit ihnen umgehen kann. Die Form der Anführungszeichen legen Sie in den Voreinstellungen im Register WÖRTERBUCH fest, wobei allerdings festzustellen ist, dass es nicht für alle doppelten Anführungszeichen auch passende Gegenstücke gibt – hier ist noch Bedarf an Nachbesserung. In einigen Schriften (z. B. der Verdana) sind die passenden Zeichen allerdings auch nicht belegt und können deshalb nicht richtig dargestellt werden.

17.2.4 Glyphen und Glyphensätze

Natürlich sind das bei Weitem noch nicht alle Sonderzeichen, die es gibt. Gerade bei OpenType-Schriften können noch viele Hunderte Schmuck- und Sonderzeichen zur Verfügung stehen. Mit aktivierten OpenType-Funktionen kümmert sich InDesign für Sie darum, dass die entsprechenden Glyphen an den richtigen Stellen eingefügt werden.

Wenn Sie aber auf ganz bestimmte Sonderzeichen zugreifen wollen, hilft Ihnen auch die beste Automatik nicht. Schon mit Type 1- und TrueType-Schriften war es schwierig, den Überblick zu bewahren; im Umgang mit OpenType-Schriften, mit einigen

Zigtausend Glyphen, ist dies jedoch nahezu unmöglich. InDesign hilft auch hier mit einem eigenen Bedienfeld – Sie können es über die Menüs Schrift • Glyphen oder Fenster • Schrift und Tabellen • Glyphen bzw. deren Tastenkürzel [Alt]+[⇧]+[F11] oder [⌘]+[⇧]+[F11] aufrufen.

Zunächst einmal können Sie hier die Schriftfamilie ❸ und den Schriftschnitt ❻ auswählen. Diese Auswahl wird auch auf einen markierten Text übertragen. Die Anzahl der dargestellten Glyphen und somit auch ihre Größe können Sie mit den Schaltflächen ❼ und ❽ verändern.

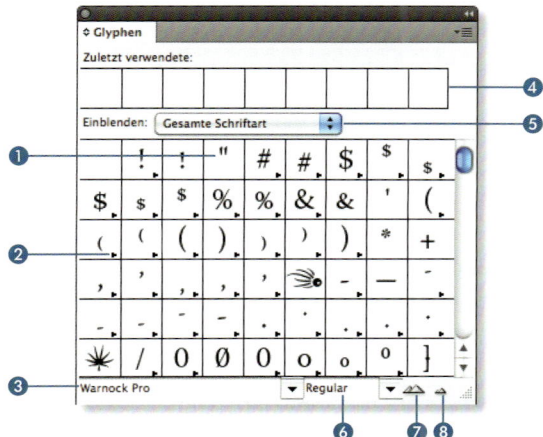

◄ **Abbildung 17.16**
Glyphen-Bedienfeld mit der – sehr gut ausgestatteten – Schrift Warnock Pro, die zum Lieferumfang der Creative Suite gehört

Bei Type 1- und TrueType-Schriften werden die einzelnen Glyphen ohne Zusatz dargestellt ❶. Bei OpenType-Schriften werden hier allerdings alternative Glyphen, sofern vorhanden, angeboten. Glyphen mit alternativen Darstellungen sind mit einem kleinen Menüdreieck gekennzeichnet ❷ – mit einem Klick auf ein solches Menü können Sie sich die Alternativen anzeigen lassen und auswählen.

Über das Menü Einblenden ❺ kann bei Type 1- und TrueType-Schriften der Zeichensatz in Funktionsgruppen wie Währungssymbole, Interpunktionszeichen usw. dargestellt werden. Gesamte Schriftart zeigt alle belegten Zeichen der ausgewählten Schrift an, Alternativen für Auswahl dagegen immer nur das im Bedienfeld ausgewählte Zeichen, da der Mechanismus für alternative Glyphen nur in OpenType-Schriften verfügbar ist.

Bei einer ausgewählten OpenType-Schrift erhalten Sie über Einblenden allerdings den vollen Zugriff auf alle Layout-Features der aktuellen Schrift – auch jene, die nicht über Funktionen im OpenType-Menü des Zeichen-Bedienfelds aktiviert werden können. So können Sie einen bestimmten Bereich auswählen und

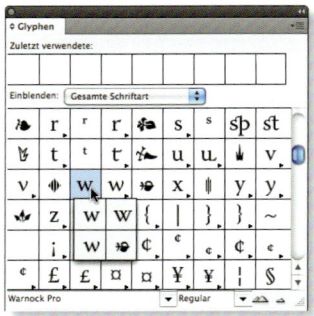

▲ **Abbildung 17.17**
Glyphen-Alternativen

17.2 Besondere Zeichen | **409**

bekommen die entsprechenden Glyphen im Bedienfeld angezeigt. Verfügt eine Schrift über bestimmte Layout-Features nicht, werden sie im Menü auch nicht angezeigt. Unglücklicherweise ist InDesign in der Bezeichnung der Layout-Features nicht sehr konsistent.

Im Feld Zuletzt verwendete: ❹ protokolliert das Bedienfeld die zuletzt verwendeten Glyphen für Sie mit. Darüber hinaus hat Adobe die Möglichkeit vorgesehen, sogenannte **Glyphensätze** anzulegen. Damit können Sie Glyphen, die Sie wiederkehrend beim Setzen Ihrer Publikation benötigen, als Set zusammenstellen. Ein Glyphensatz ist ein Behälter für einzelne Glyphen, wobei Sie festlegen können, ob nur die Glyphe an sich oder auch sonstige Attribute, wie Schriftfamilie, Schriftschnitt etc., gespeichert werden sollen.

Zuletzt verwendete Glyphen
Die Darstellung der Anzahl der verwendeten Glyphen ist abhängig von der Größe des Bedienfelds. Wenn Sie wirklich alle zuletzt verwendeten Glyphen anzeigen lassen wollen, so wählen Sie im Menü Einblenden ❺ den gleichnamigen Eintrag aus.

Schritt für Schritt: Glyphensatz anlegen und verwenden

1 Neuer Glyphensatz
Wählen Sie Neuer Glyphensatz aus dem Bedienfeldmenü des Glyphen-Bedienfelds.

2 Glyphensatz benennen
Benennen Sie im nun erscheinenden Fenster Ihren neuen Glyphensatz. Mit dem Menü Einfügereihenfolge legen Sie fest, ob neue Glyphen in der Reihenfolge, in der sie in den Satz aufgenommen wurden, sortiert werden (Am Anfang einfügen oder Am Ende anhängen) oder ob die Glyphen im Satz nach ihrem Code (Unicode-Reihenfolge) sortiert werden sollen.

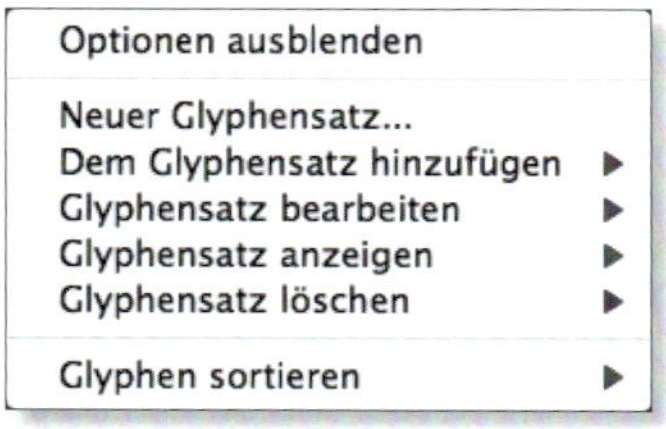

▲ **Abbildung 17.18**
Bedienfeldmenü des Glyphen-Bedienfelds

Abbildung 17.19 ▶
Neuer Glyphensatz. Die Einfügereihenfolge können Sie auch nachträglich noch ändern.

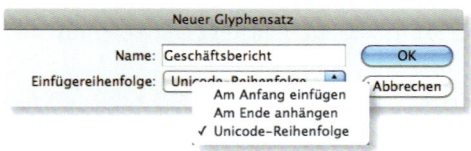

3 Glyphen in Glyphensatz aufnehmen
Wählen Sie eine Glyphe aus dem Glyphen-Bedienfeld aus, und rufen Sie aus dem Bedienfeldmenü Dem Glyphensatz hinzufügen • Geschäftsbericht auf. Wiederholen Sie diesen Schritt für alle Glyphen, die Sie in Ihren Glyphensatz aufnehmen wollen. Dabei können Sie verschiedene Schriftfamilien und Schriftschnitte mischen. Leider können Sie keine Mehrfachauswahl vornehmen.

4 **Glypen aus dem Glyphensatz verwenden**
Wählen Sie aus dem Menü EINBLENDEN den Glyphensatz GESCHÄFTSBERICHT aus. Positionieren Sie den Cursor in einem Text, und doppelklicken Sie auf eine Glyphe, um sie an der Cursorposition einzufügen. ◼

Die Glyphensätze werden von InDesign automatisch verwaltet und gespeichert. Sie sind dem Programm und nicht etwa einem Dokument zugeordnet und somit immer verfügbar, sobald sie angelegt wurden. Werden allerdings die Voreinstellungen von InDesign wiederhergestellt, so werden dabei auch die Glyphensätze gelöscht! Das Sichern von Glyphensätzen ist nicht möglich.

Um einen Glyphensatz zu bearbeiten, wählen Sie im Bedienfeldmenü GLYPHENSATZ BEARBEITEN • [IHR GLYPHENSATZ].

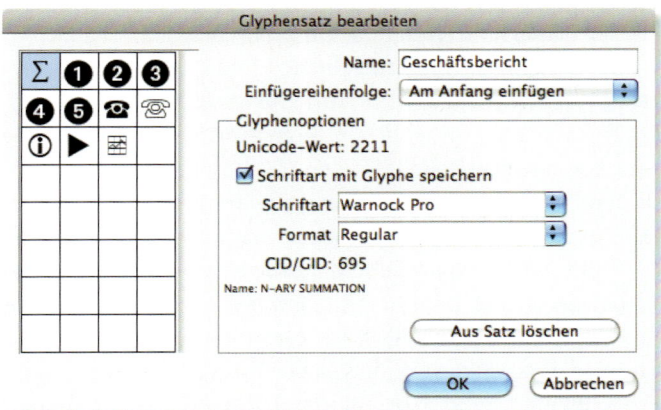

◂ **Abbildung 17.20**
GLYPHENSATZ BEARBEITEN. CID/GID ist die interne Nummer einer Glyphe. Die GID und der Unicode-Wert einer Glyphe werden von InDesign angezeigt, wenn Sie im Glyphen-Bedienfeld den Mauszeiger über eine Glyphe stellen.

Hier können Sie den Namen des Satzes modifizieren und z. B. die SCHRIFTART nachträglich ändern, was aber nur sinnvoll ist, wenn es sich um eine Glyphe handelt, die in der neuen Schrift auch an derselben Stelle vorhanden ist. Wenn Sie SCHRIFTART MIT GLYPHE SPEICHERN deaktivieren, wird nur noch der Code der Glyphe gespeichert. Somit wird beim Einsetzen einer Glyphe in einen vorhandenen Text die Schriftart nicht geändert, sondern die Glyphe im aktuellen Schriftschnitt dargestellt. Zusätzlich können Sie die EINFÜGEREIHENFOLGE hier noch ändern. Einzelne Glyphen können mit einem Klick auf AUS SATZ LÖSCHEN entfernt werden.

Im Kontextmenü einer Glyphe finden Sie zwei interessante Zusatzfunktionen: Mit GLYPHE IN "SUCHEN" LADEN bzw. GLYPHE IN "ERSETZEN" LADEN können Sie einzelne Glyphen in die SUCHEN/ERSETZEN-Funktion übernehmen, was praktisch ist, da exotische Zeichen dort nur schwer eingegeben werden können.

Zuletzt verwendete Glyphen löschen
Die Liste der Glyphen, die unter ZULETZT VERWENDETE gespeichert werden, ist letztlich auch nichts anderes als ein Glyphensatz. Sie können diesen Glyphensatz zwar nicht löschen, seinen Inhalt jedoch schon. Wählen Sie dazu GLYPHENSATZ LÖSCHEN • ZULETZT VERWENDETE GLYPHEN aus dem Bedienfeldmenü des Glyphen-Bedienfelds.

17.3 Steuerzeichen

Neben den bisher vorgestellten Zeichen gibt es eine Reihe von Sonderzeichen, die keine Zeichen im eigentlichen Sinne sind, sondern vielmehr Funktionen, die einen variablen Datenbestand des Dokuments anzeigen oder Strukturen erzeugen und steuern. Diese Steuerzeichen sind wie alle bisherigen Sonderzeichen über das Menü SCHRIFT • SONDERZEICHEN EINFÜGEN erreichbar.

17.3.1 Seitenzahlen, Abschnittsmarken und Fußnotennummern

Seitenzahlen sind im Endergebnis natürlich sichtbare Zeichen, aber selbstverständlich hat sich InDesign um die korrekte Nummerierung zu kümmern. Deshalb werden Seitenzahlen nicht manuell erstellt, sondern über Platzhalter, die zum Teil nur auf Mustervorlagen sinnvoll eingesetzt werden können. Die Gestaltung dieser Platzhalter erfolgt ganz normal; um den Inhalt kümmert sich InDesign. Diese Sonderzeichen sind im Menü SCHRIFT • SONDERZEICHEN EINFÜGEN im Untermenü MARKEN gruppiert:

- **AKTUELLE SEITENZAHL**: Fügt die Seitenzahl der Seite, auf der dieses Sonderzeichen steht, in den Text ein. Bricht der Text auf eine andere Seite um, ändert sich die Seitenzahl entsprechend.
- **NÄCHSTE SEITENZAHL**: Damit wird nicht etwa die Zahl der nächsten physikalischen Seite angezeigt, sondern die Seitenzahl der Seite, auf die der Text umbrechen wird. Wenn Sie einen Textrahmen auf Seite 3 mit einem Rahmen auf Seite 10 verbinden und sich das Sonderzeichen NÄCHSTE SEITENZAHL auf Seite 3 befindet, wird »10« angezeigt.
- **VORHERIGE SEITENZAHL**: Hier ist es umgekehrt: Es wird angezeigt, auf welcher Seite der Text steht, von der der Umbruch auf die aktuelle Seite erfolgt ist.
- **ABSCHNITTSMARKE**: Sie können jeder Seite Ihres Dokuments einen Textabschnitt zuweisen, an dem z. B. die Seitennummerierung neu gestartet werden soll. Mit einem solchen Textabschnitt können Sie auch eine Abschnittsmarke definieren, die ihre Gültigkeit bis zum nächsten Textabschnitt behält und die in Ihrem Text angezeigt werden kann. Der Kolumnentitel auf der rechten Seite unten in diesem Buch und auch in unserer Projektarbeit aus Abschnitt 16.2 ist eine solche Abschnittsmarke, die sich auf der Mustervorlage befindet und auf jeder Seite von InDesign automatisch verwaltet und angezeigt wird.
- **FUSSNOTENNUMMER**: Wenn Sie mit Fußnoten arbeiten, verwaltet InDesign die Indexziffern der einzelnen Fußnoten automatisch. Allerdings kann es vorkommen, dass – aus welchem

---

[Pagina]
Der korrekte Begriff für »Seitenzahl« lautet »Pagina«. Die fortlaufende Nummerierung eines Dokuments nennt man »Paginierung«.

Aktuelle Seitenanzahl:
`Alt`+`⇧`+`Strg`+`N`
bzw. `⌥`+`⇧`+`⌘`+`N`

Nächste und vorherige Seitenzahl

In vielen englischsprachigen Tageszeitungen und Magazinen hat sich die Unsitte eingebürgert, einen Artikel in der gesamten Publikation zu verteilen und mit solchen Marken – »weiter auf Seite« bzw. »Fortsetzung von Seite« – zu verbinden.

Abschnittsmarken

Abschnittsmarken werden von InDesign wie ein einzelnes Zeichen behandelt. Deshalb können sie nicht über mehrere Zeilen umbrechen. Auch andere Mechanismen, wie verschachtelte Formate und GREP-Stile (siehe Abschnitt 19.4, »Absatzformate«) funktionieren deshalb mit Abschnittsmarken nicht.

Grund auch immer – ein Fußnoteneintrag gelöscht wird. Um den zugehörigen Index wieder in Ihr Dokument einsetzen zu lassen, benötigen Sie dieses Steuerzeichen. Da das nur in einem Fußnotenabschnitt möglich ist, ist dieser Menüpunkt auch nur auswählbar, wenn sich der Textcursor in einem Fußnoteneintrag befindet. Wie Sie mit Fußnoten arbeiten, erfahren Sie in Abschnitt 25.1, »Fußnoten«.

17.3.2 Tabulatoren

Tabulatoren dienen der Strukturierung von Absätzen – deshalb werden wir sie im Detail in Kapitel 18, »Absätze«, behandeln. Technisch gesehen sind Tabulatoren einzelne Steuerzeichen, weshalb sie auch im Menü Schrift • Sonderzeichen einfügen • Andere erscheinen. Der normale Tabulator kann hier per Menüauswahl eingesetzt werden, wofür es aber zumeist keinen Grund gibt, da jede Tastatur dafür eine eigene Taste anbietet.

Anders ist es beim Sonderzeichen Schrift • Sonderzeichen einfügen • Andere • Tabulator für rechte Ausrichtung. Wenn Sie eine Tabelle setzen, die immer über die gesamte Spaltenbreite laufen soll, muss sich stets ein Teil der Zeile am rechten Spaltenrand ausrichten. Das klassische Beispiel für solch eine »rechte Seite« wäre eine Speisekarte, deren Preise immer am rechten Spaltenrand stehen.

> **Tabulator in Tabellen**
>
> Bei Tabellen wechselt die ⇥-Taste zwischen den Tabellen-Zellen. Wenn Sie also in einer Tabellen-Zelle einen Tabulator benötigen, müssen Sie ihn über das Menü einsetzen.

Kaffee	2,60	Kaffee	2,60
Tee	2,20	Tee	2,20
Wasser	1,80	Wasser	1,80

Wie Sie später sehen werden, kann man das Problem mit einem fixen, rechts ausgerichteten Tabulator lösen. Dafür ist ein zusätzlicher Arbeitsschritt notwendig, und es hat den Nachteil, dass sich die Spaltenbreite nicht mehr ändern darf bzw. dass bei einer Änderung auch der Tabulator versetzt werden muss. Der Tabulator für rechte Ausrichtung dagegen kann schon während der Texteingabe mit ⇧+⇥ festgelegt werden und richtet sich dann immer am rechten Spaltenrand aus, auch wenn sich die Spaltenbreite verändert.

> **Tabulatoren »skalieren«**
>
> Wenn Sie einen Textrahmen mit gedrückter Strg- bzw. ⌘-Taste skalieren, wird nicht nur der Text mit dem Rahmen skaliert, es werden auch die Tabulatorpositionen entsprechend angepasst. QuarkXPress-Anwender müssen sich bei Änderungen nicht nur um die Schrift kümmern, sondern auch die Tabulatoren versetzen.

17.3.3 Einzug bis hierhin

Einzüge sind ebenfalls eine Methode, um Absätze zu strukturieren, weshalb wir sie im nächsten Kapitel ausführlicher behandeln werden. Aber auch zum Thema Einzüge gibt es einen Sonderfall, der als Sonderzeichen flexibel in Ihren Text eingesetzt werden kann.

> **»Einzug bis hierhin« für QuarkXPress-Anwender**
>
> Die gleiche Funktion erreichen Sie in QuarkXPress mit Strg+8 bzw. ⌘+#.

> 09:00h Abfahrt mit unserem modernen Reisebus mit Klimaanlage,
> Satelliten-TV und Bar
> 12:00h Ankunft in der Raststation »Heiß und Fettig«, gemeinsames
> Mittagessen, Gelegenheit zum Einkauf von Reiseverpflegung

In diesem Beispiel wurde nach der Uhrzeit ein Leerzeichen und dann ein EINZUG BIS HIERHIN gesetzt. Dadurch brechen alle folgenden Zeilen nur bis zu diesem Einzug um. In einem solchen Fall sollten Sie keine Mediävalziffern verwenden. Da diese proportional sind, würde der Einzug in jedem Absatz an einer anderen Stelle landen. Solche Konstruktionen sind deshalb mit »echten« Einzügen besser zu kontrollieren. In einem einzelnen Absatz ist der EINZUG BIS HIERHIN aber oft sehr praktisch und hat den Vorteil, dass er eben als einzelnes Zeichen in Ihrem Text mitläuft. Wenn wir die Zeitangabe wie folgt umstellen, ändert sich der Einzug automatisch:

> 09:00 Uhr Abfahrt mit unserem modernen Reisebus mit Klimaanlage,
> Satelliten-TV und Bar
> 12:00 Uhr Ankunft in der Raststation »Heiß und Fettig«, gemeinsames
> Mittagessen, Gelegenheit zum Einkauf von Reiseverpflegung

Einzug bis hierhin

Der EINZUG BIS HIERHIN macht sich immer erst in der folgenden Zeile des Absatzes bemerkbar, nach der er selbst gesetzt wurde, und wirkt nur innerhalb des aktuellen Absatzes. Wenn Sie ihn trotzdem über mehrere Absätze mitnehmen möchten, können Sie im Flattersatz Absatzumbrüche mit einem harten Zeilenumbruch (siehe nächste Seite) simulieren.

Sie können den EINZUG BIS HIERHIN über die Tastatur eingeben, indem Sie `Strg`+`´` bzw. `⌘`+`´` drücken, oder über das Menü SCHRIFT • SONDERZEICHEN EINFÜGEN • ANDERE • EINZUG BIS HIERHIN. Bei mehreren Einzügen in einer Zeile orientiert sich InDesign an dem Einzug, der am weitesten rechts steht. In unterschiedlichen Zeilen können Sie in einem Absatz durchaus mehrere »Einzüge bis hierhin« verwenden. Dadurch ergibt sich innerhalb eines Absatzes eine Treppenstruktur.

17.3.4 Umbrüche

Die letzte Art von Sonderzeichen, die Sie in Ihren Text einfügen können, sind die Umbruchzeichen, die Sie über SCHRIFT • UMBRUCHZEICHEN EINFÜGEN erreichen. Ein Teil dieser Umbrüche ist nur sinnvoll, wenn sie in mindestens zwei verketteten Textrahmen oder in einem Rahmen mit Spalten angewendet werden.

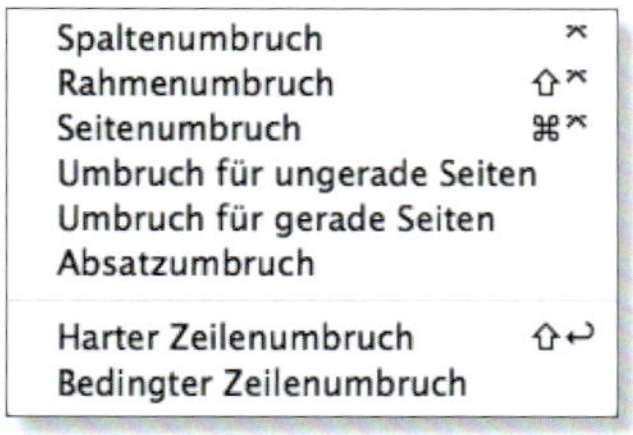

▶ SPALTENUMBRUCH: In einem mehrspaltigen Textrahmen können Sie mit dem Spaltenumbruch `Enter` (auf dem Ziffernblock) bzw. `⏎` dafür sorgen, dass ein Text in die nächste Spalte des Rahmens umbricht. Gibt es in diesem Rahmen keine Spalte mehr, wird in den nächsten verketteten Rahmen umbrochen.

▶ RAHMENUMBRUCH: Der Rahmenumbruch führt dazu, dass ein Text in jedem Fall in den nächsten Rahmen umbricht – auch

▲ **Abbildung 17.21**
SCHRIFT • UMBRUCHZEICHEN EINFÜGEN: Die wichtigsten Umbruchzeichen können über Tastenkürzel eingegeben werden.

dann, wenn noch freie Textspalten verfügbar sind. Enthält ein Rahmen nur eine Spalte, besteht kein Unterschied zum SPALTENUMBRUCH. Das Tastenkürzel lautet: ⇧+Enter bzw. ⇧+⏎.

▶ SEITENUMBRUCH: Der Seitenumbruch führt dazu, dass der Text in einer Reihe von Textrahmen zum nächsten Rahmen auf einer neuen Seite umbricht, obwohl in der Textverkettung auf derselben Seite noch Spalten oder Textrahmen frei wären. Sie können den Seitenumbruch über die Tastatur mit Strg+Enter bzw. ⌘+⏎ eingeben.

▶ UMBRUCH FÜR UNGERADE SEITEN: Entspricht dem SEITENUMBRUCH, wobei aber nur der nächste Rahmen auf einer ungeraden (rechten) Seite verwendet wird.

▶ UMBRUCH FÜR GERADE SEITEN: Entspricht dem SEITENUMBRUCH, wobei aber nur der nächste Rahmen auf einer geraden (linken) Seite verwendet wird.

▶ ABSATZUMBRUCH: Der Absatzumbruch ist der Standardfall, mit dem ein Absatz abgeschlossen wird. Er entspricht dem Drücken auf die Zeilenschaltung ↵.

▶ HARTER ZEILENUMBRUCH: Mit dem harten Zeilenumbruch wird ein Absatz geteilt, wobei er aber als Absatz erhalten bleibt. Alle Absatzeigenschaften bleiben also für alle Einzelteile bestehen, optisch ergibt sich aber der Eindruck mehrerer Absätze. Sie können den harten Zeilenumbruch über die Tastatur mit ⇧+↵ eingeben.

▶ BEDINGTER ZEILENUMBRUCH: Der bedingte Zeilenumbruch ist gewissermaßen das Gegenstück zum bedingten Trennstrich. Wenn Sie ihn in einem Wort setzen und dieses Wort erreicht das Zeilenende, so wird es zwar abgeteilt, es erscheint aber kein Trennstrich, was nur selten gewünscht sein dürfte. Der bedingte Zeilenumbruch könnte eingesetzt werden, wenn Sie einen Ergänzungsbindestrich in die nächste Zeile umbrechen wollen (siehe Beispiel in der Randspalte). In diesem Fall steht ein Ergänzungsbindestrich vor »Schikane« und muss genau so umbrochen werden, wie nebenstehend zu sehen ist. InDesign löst diese Situationen oft richtig, aber nicht immer (siehe rechts oben). Sie können hier für klare Verhältnisse sorgen, wenn Sie vor den Ergänzungsbindestrich einen bedingten Zeilenumbruch setzen (rechts unten).

> **Umbruch für gerade/ungerade Seite**
>
> Je weiter der fortlaufende Text nach einem Umbruch entfernt ist, desto wichtiger ist es, den Leser sicher an diese Stelle zu führen. Hier sind die Sonderzeichen NÄCHSTE und VORHERIGE SEITENZAHL unbedingt notwendig, die Sie für solche Verweise einsetzen sollten.

> **Harter Zeilenumbruch und Blocksatz**
>
> Da der harte Zeilenumbruch den Absatz tatsächlich nicht teilt, wird die umbrochene Zeile weiterhin im Blocksatz gesetzt, was zumeist extrem große Wortzwischenräume erzeugt und entsprechend hässlich ist. In diesem Fall sollten Sie vor der harten Zeilenschaltung ein Ausgleichs-Leerzeichen setzen.

> Bsp.: »Behörden-Willkür und -Schikane«
>
> »Behörden-Willkür und -Schikane«

17.3.5 Löschen von Steuerzeichen

Bedingungen ändern sich, und somit kann auch so manches Sonderzeichen plötzlich nicht mehr erwünscht sein. Um diese Sonderzeichen zu löschen, müssen Sie sie zunächst einmal lokalisie-

> **Verborgene Zeichen einblenden**
>
> Wenn Sie VERBORGENE ZEICHEN EINBLENDEN eingeschaltet haben und trotzdem keine Sonderzeichen sehen, haben Sie entweder den Vorschaumodus oder die Überdruckvorschau (oder beide) aktiviert – schalten Sie in den normalen Ansichtsmodus, schalten Sie die Überdruckenvorschau aus, und die Sonderzeichen werden sichtbar.

ren. Blenden Sie also zunächst alle Sonderzeichen mit dem Menübefehl SCHRIFT • VERBORGENE ZEICHEN EINBLENDEN oder dem Tastenkürzel [Strg]+[Alt]+[I] bzw. [⌘]+[⌥]+[I] ein. Versuchen Sie nun, das betreffende Sonderzeichen auszuwählen. Das gelingt nicht bei allen Sonderzeichen auf Anhieb, und manchmal ist schlicht nicht zu erkennen, ob die Auswahl funktioniert hat. Falls das Zeichen eindeutig ausgewählt wurde, können Sie es wie gewohnt löschen.

Ansonsten setzen Sie die Einfügemarke vor das Zeichen, das dem Sonderzeichen folgt. Benutzen Sie dazu gegebenenfalls die Cursortasten. Nun drücken Sie die Rückschritt-Taste [←] – damit sollte das Sonderzeichen endgültig verschwinden.

17.3.6 Symbole und Tastenkürzel der Steuerzeichen

Damit Sie nicht die falschen Steuerzeichen auswählen und löschen, geben wir Ihnen zum Abschluss noch einen Überblick, wie die verschiedenen Steuerzeichen aussehen, sofern Sie SCHRIFT • VERBORGENE ZEICHEN EINBLENDEN aktiviert haben:

Steuerzeichen		Windows	Mac OS
Tabulator	»	[⇥]	[⇥]
Tabulator für rechte Ausrichtung	⊥	[⇧]+[⇥]	[⇧]+[⇥]
Einzug bis hierhin	±	[Strg]+[`]	[⌘]+[`]
Spaltenumbruch	—	[Enter]	[↵]
Rahmenumbruch	⊻	[⇧]+[Enter]	[⇧]+[↵]
Seitenumbruch	⊥	[Strg]+[Enter]	[⌘]+[↵]
Umbruch für ungerade Seite	⊥	—	—
Umbruch für gerade Seite	⊻	—	—
Absatzumbruch	¶	[↵]	[↵]
Harter Zeilenumbruch	¬	[⇧]+[↵]	[⇧]+[↵]
Bedingter Zeilenumbruch	⊥	—	—

▲ **Tabelle 17.5**
Aussehen der Steuerzeichen und ihre Tastenkürzel

Für Umbrüche zu geraden und ungeraden Seiten und den bedingten Zeilenumbruch gibt es keine Tastenkürzel – diese können aber unter SCHRIFT • TASTATURBEFEHLE belegt werden.

18 Absätze

Einzelne Wörter und die Zeichen, aus denen sie bestehen, sind die kleinsten Einheiten in einem Text. Sie bilden Zeilen, die zu Absätzen zusammengefasst sind. Die Absätze verfügen wiederum über eine Reihe von Attributen. Dabei sollten Sie sich immer vor Augen halten, dass der Absatz zwar aus Text besteht, die Eigenschaften des Textes – Schriftart, Schriftgrad etc. – aber nie mit den Eigenschaften des Absatzes vermischt werden. Der Absatz, der den Text trägt, beschreibt primär die Platzverhältnisse und wie ein Text eine Fläche belegt. Dabei kann der Absatz zwar Eigenschaften des Textes, wie z. B. die Laufweite bei Blocksatz, beeinflussen, aber trotzdem bleibt in diesem Fall die Laufweite eine Eigenschaft des Textes.

18.1 Das Absatz- und Steuerung-Bedienfeld

Alle grundsätzlichen Anmerkungen über das Zeichen-Bedienfeld in Kapitel 17, »Zeichen«, gelten auch für das Absatz-Bedienfeld. Ebenso gilt, dass sich die Grundfunktionen für die Absatzformatierung sowohl im Absatz-Bedienfeld als auch in im Steuerung-Bedienfeld finden.

18.1.1 Gemeinsame Funktionen

Sofern es nicht sichtbar ist, blenden Sie das Absatz-Bedienfeld über das Menü Fenster • Schrift und Tabellen • Absatz oder die Tastenkombination [Alt]+[Strg]+[T] bzw. [⌥]+[⌘]+[T] ein, oder verwenden Sie das Steuerung-Bedienfeld Absatz.

Im Absatz-Bedienfeld steuern Sie alle grundlegenden Funktionen wie die Absatzausrichtung ❶, den Einzug links ❷ oder rechts ❼ und ob bzw. wie weit die erste Zeile eingezogen werden soll ❸. Genau wie der Einzug in der ersten Zeile dient auch ein Einzug in der letzten Zeile dazu, Absätze besser zu kennzeichnen. Gerade im Blocksatz kann es vorkommen, dass die letzte Zeile eines Absatzes über die gesamte Spaltenbreite läuft und somit das Ende des Absatzes nicht mehr erkannt wird. Für solche Fälle kön-

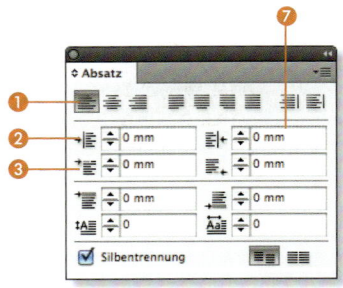

▲ **Abbildung 18.1**
Das Absatz-Bedienfeld

nen Sie auch einen rechten Einzug für die letzte Zeile festlegen ❽. Die Einzüge in der ersten und letzten Zeile summieren sich zu den Einzügen für den Gesamtabsatz.

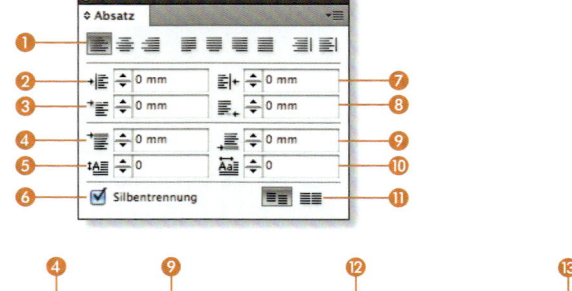

Abbildung 18.2 ▼ ▶
Absatz-Bedienfeld und Steuerung-Bedienfeld Absatz

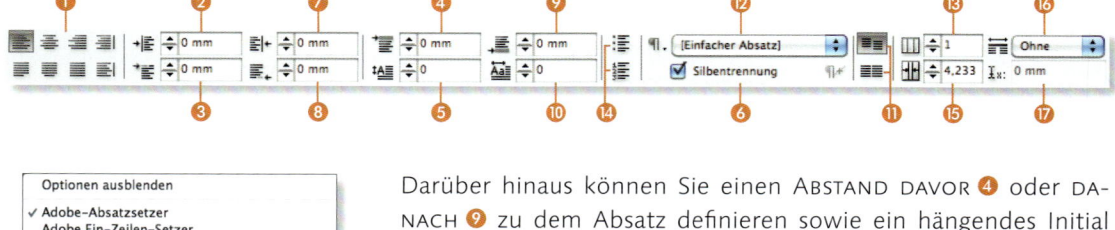

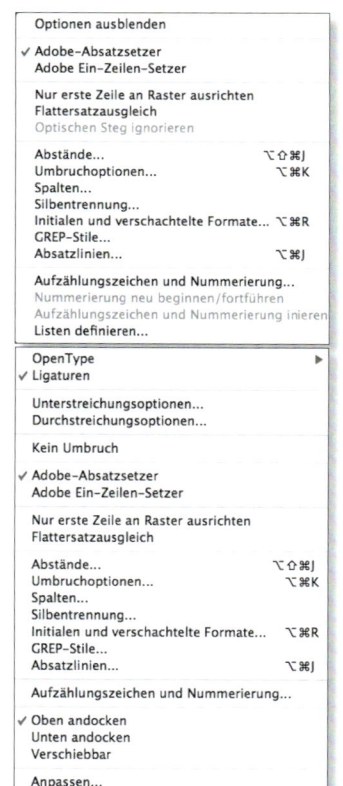

▲ **Abbildung 18.3**
Die Bedienfeldmenüs der beiden Bedienfelder unterscheiden sich in einigen ganz wesentlichen Punkten.

Darüber hinaus können Sie einen Abstand davor ❹ oder danach ❾ zu dem Absatz definieren sowie ein hängendes Initial über seine Initialhöhe ❺ und die Anzahl der Zeichen ❿ festlegen. Die Silbentrennung ❻ beeinflusst die Platzverteilung im Absatz ganz wesentlich und kann hier gezielt ein- und ausgeschaltet werden. Ob sich der Absatz am Grundlinienraster ausrichten soll, kann ebenfalls in beiden Bedienfeldern festgelegt werden ⓫.

Im Steuerung-Bedienfeld wird zusätzlich die Horizontale Cursorposition angezeigt ⓱, und Sie können die Anzahl der Spalten ⓭ des Textrahmens verändern und deren Abstand festlegen ⓯. Diese Funktionsgruppe hat eigentlich nichts mit Absätzen zu tun. Die Information über die Cursorposition ist lediglich beschränkt nützlich, und die Anzahl der Textspalten ist eine Eigenschaft des Textrahmens und nicht der Absätze.

Eine Neuerung von InDesign CS5 ist die Funktion Spaltenspanne ⓰, mit der Absätze einerseits über mehrere Spalten gesetzt werden können, sich andererseits aber auch Spalten innerhalb von Spalten definieren lassen.

Die Funktionen für Aufzählungslisten und nummerierte Listen ⓮ beziehen sich immer auf mehrere Absätze, die als Listen behandelt und dargestellt werden können. Sofern Sie Absatzformate verwenden, können Sie sie Ihrem Absatz zuordnen ⓬.

18.1.2 Absatzausrichtung

Die Absatzausrichtung bedarf wohl keiner großen Erklärung. InDesign hat allerdings einige Spezialitäten zu bieten, die wir zumindest kurz auflisten wollen.

- **Linksbündig ausrichten** ≣ : Das ist der Standardfall – alle Zeilen haben einen gemeinsamen linken Bund und belegen ansonsten so viel Platz, wie sie benötigen. Ein weiterer Zeilenausgleich findet nicht statt.
- **Zentrieren** ≣ : Die Zeilenbreite wird hierdurch ebenfalls nicht beeinflusst. Jede Zeile wird an der Mittelachse der Spaltenbreite ausgerichtet.
- **Rechtsbündig ausrichten** ≣ : Alle Zeilen haben einen gemeinsamen rechten Bund und belegen ansonsten so viel Platz, wie sie benötigen. Ein weiterer Zeilenausgleich findet nicht statt.
- **Blocksatz, letzte Zeile linksbündig** ≣ : Der Standardfall im Blocksatz. Alle Zeilen werden über die Spaltenbreite »ausgetrieben«. Wie die Berechnung der Abstände erfolgen soll, können Sie beeinflussen. Die letzte Zeile wird nicht ausgeglichen, weil das in den meisten Fällen zu unschönen Löchern führen würde.
- **Blocksatz, letzte Zeile zentriert** ≣ : Dies ist eine exotische Variante, die Sie eher selten brauchen werden.
- **Blocksatz, letzte Zeile rechtsbündig** ≣ : Der zweite Exot – auch diese Variante werden Sie selten benötigen. Diese Ausrichtungsvariante wird nur im Absatz-Bedienfeld angezeigt.
- **Blocksatz (alle Zeilen)** ≣ : XPress-Benutzer kennen diese Ausrichtung als »erzwungenen Blocksatz«. Da bei kurzen letzten Zeilen extreme Löcher zwischen Wörtern und Zeichen entstehen können, ist der Einsatz dieser Absatzausrichtung in den meisten Fällen eher nicht angebracht (siehe Abbildung 18.4). InDesign verfügt über Funktionen, die dieses Verhalten in den meisten Fällen entschärfen können – Details erfahren Sie in Abschnitt 18.1.7, »Absatz- und Ein-Zeilen-Setzer«, ab Seite 427.
  Wie Sie aber in Abschnitt 17.2.1, »Leerräume«, erfahren haben, kann diese Ausrichtung allerdings in Kombination mit dem Ausgleichs-Leerzeichen für interessante Absatzabschlüsse eingesetzt werden.
- **Am Rücken ausrichten** ≣ : Befindet sich ein so ausgerichteter Absatz auf einer linken Seite Ihrer Publikation, so entspricht diese Ausrichtung rechtsbündig. Ändert dieser Absatz seine Position auf eine rechte Seite, wird er auf linksbündig umgestellt.
- **Nicht am Rücken ausrichten** ≣ : Befindet sich der so ausgerichtete Absatz auf einer linken Seite Ihrer Publikation, so entspricht diese Ausrichtung linksbündig. Ändert dieser Absatz seine Position auf eine rechte Seite, wird er auf rechtsbündig umgestellt.

> **Vorsicht!**
> Ungeübte Benutzer verwechseln oft das Symbol für Blocksatz, letzte Zeile linksbündig mit dem Symbol für Blocksatz (alle Zeilen). Vergewissern Sie sich, dass Sie im Normalfall Blocksatz, letzte Zeile linksbündig ≣ verwenden.

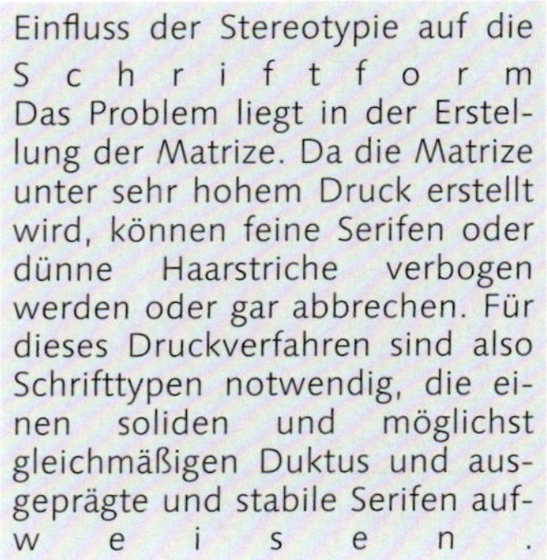

Einfluss der Stereotypie auf die S c h r i f t f o r m
Das Problem liegt in der Erstellung der Matrize. Da die Matrize unter sehr hohem Druck erstellt wird, können feine Serifen oder dünne Haarstriche verbogen werden oder gar abbrechen. Für dieses Druckverfahren sind also Schrifttypen notwendig, die einen soliden und möglichst gleichmäßigen Duktus und ausgeprägte und stabile Serifen aufweisen.

▲ **Abbildung 18.4**
Blocksatz (alle Zeilen) kann sehr hässliche Ergebnisse produzieren.

Die letzten beiden Ausrichtungsvarianten können in jeder Layoutsituation hilfreich sein. Wenn z. B. Bildunterschriften in einem Buch am Bund gespiegelt werden sollen, wird die Ausrichtung automatisch von InDesign korrigiert, wenn sich die Position einer Bildunterschrift auf eine gegenüberliegende Seite verschiebt. Geradezu unverzichtbar werden diese zwei Ausrichtungsarten, wenn Sie im Text verankerte Objekte verwenden, da sich hier die Position der Objekte mit dem Textfluss ändert und die Ausrichtung damit automatisch mitgeändert werden kann. Wie Sie Objekte im Text verankern und mitlaufen lassen, erfahren Sie in Abschnitt 22.2, »Verankerte Objekte«.

18.1.3 Abstände und Einzüge

Das Wort »Absatz« wird zumeist ganz selbstverständlich verwendet, ohne dass dabei überlegt wird, was es eigentlich bedeutet. Die Aufgabe des Absatzes ist es, inhaltlich abgeschlossene Texteinheiten auch optisch voneinander »abzusetzen«. Hierzu gibt es mehrere Methoden, die aber alle den Weißraum um den Absatz herum oder an einzelnen Seiten verändern.

Die beliebteste Methode von Textverarbeitungsbenutzern ist diesbezüglich die **Leerzeile**. Das ist prinzipiell keine schlechte Wahl. Im Bleisatz wurden oft Abstände von einer halben Zeile oder geringer verwendet. Solche Abstände haben den Nachteil, dass sie bei Mengentext einen eher unruhigen Eindruck verursachen und dass damit manchmal keine Registerhaltigkeit möglich ist.

Bei Titelzeilen oder Zwischentiteln, die sich im Schriftgrad oft vom Mengentext unterscheiden, kann Registerhaltigkeit ohnehin nicht gewährleistet werden, und es gibt auch keinen Grund, solche Absätze – denn auch Titelzeilen sind nur Absätze – in die Textproportionen des Lesetextes zu zwängen.

Um die Abstände einzelner Absätze zu anderen Absätzen zu kontrollieren, können Sie einen Abstand vor oder nach einem Absatz festlegen. Eine Kombination beider Abstände will gut überlegt sein, da sie sich natürlich summieren und somit meist nicht zum gewünschten Ergebnis führen. Für mehrere Absätze, die sich am Grundlinienraster ausrichten, ist die Festlegung von Abständen zumeist unsinnig, da in diesem Fall immer ein Mehrfaches des Zeilenabstands des Grundlinienrasters verwendet wird.

Absatzabstände sind aus produktionstechnischer Sicht Platzverschwendung. Eine ökonomisch sehr günstige und ästhetisch recht angenehme Art des »Absetzens« ist ein **Einzug in der ersten Zeile** eines Absatzes. In diesem Buch sehen Sie diese Version in den meisten Absätzen.

[Registerhaltigkeit]
Registerhaltigkeit bedeutet, dass sich alle Zeilen auf allen Seiten an einem gleichen Grundlinienraster orientieren.

TIPP

Der ABSTAND DAVOR kann für die erste Zeile einer Textspalte nicht verwendet werden. Dafür müssen Sie die entsprechenden TEXTRAHMENOPTIONEN oder ein Grundlinienraster verwenden.

Einen allzu großzügigen Einzug in der ersten Zeile sollten Sie jedoch vermeiden, da dadurch Lücken entstehen, die die Absätze nicht nur trennen, sondern völlig voneinander entkoppeln. Als Faustregel können Sie annehmen, dass ein Einzug von einem Geviert in der Regel ausreicht, um den Absatz gut sichtbar zu kennzeichnen. Wichtig ist, den Einzug so zu wählen, dass das kürzeste Wort (bzw. der kürzeste Wortanteil) in der letzten Zeile des vorhergehenden Absatzes den Absatz in jedem Fall überragt.

Die Unsitte, Einzüge mit Leerzeichen zu konstruieren, ist allerdings vollkommen tabu! Ein Einzug ist ein kontrollierter Weißraum und kein Zeichen Ihrer Schrift. InDesign bietet Ihnen eine exakte Kontrolle des Einzugs im Absatz-Bedienfeld.

Eine weitere Möglichkeit, Absätze besonders zu kennzeichnen, ist es, den gesamten Absatz einzuziehen, was InDesign sowohl am linken als auch am rechten Rand vorsieht. Diese Methode werden Sie im Regelfall nur für einzelne Absätze in einer Serie von Absätzen anwenden. Relativ beliebt ist der linke Einzug in Kombination mit einem hängenden **Einzug in der ersten Zeile** des Absatzes:

> Der Einzug des folgenden Absatzes ist eindeutig zu groß. Es entsteht eine Lücke, die über zwei Zeilen reicht und den Leser irritiert.
>
> Der Einzug dieses Absatzes ist eindeutig zu groß. Es entsteht ein Lücke, die über zwei Zeilen reicht und den Leser irritiert.

▲ **Abbildung 18.5**
Ein viel zu großer Einzug – bei Gedichtbänden aber manchmal zu sehen.

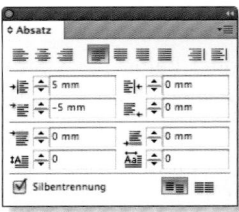

> **Stereotypie**: Das Problem liegt in der Erstellung der Matrize. Da die Matrize unter sehr hohem Druck erstellt wird, können feine Serifen oder dünne Haarstriche verbogen werden oder gar abbrechen. Für dieses Druckverfahren sind also Schrifttypen notwendig, die einen soliden und möglichst gleichmäßigen Duktus und ausgeprägte und stabile Serifen aufweisen.

◀ **Abbildung 18.6**
Die Einstellungen für hängende Einzüge in der ersten Zeile

Dabei legen Sie zunächst den Einzug für den gesamten Absatz fest und ziehen anschließend die erste Zeile um genau denselben Betrag, allerdings negativ, ein.

Hängende Einzüge sind eine wunderbare Methode, um Aufzählungen zu setzen. In der ersten Zeile steht das Aufzählungszeichen, dann folgt ein Tabulator, der an der gleichen Position wie der linke Einzug steht. Der Rest des Absatzes wird somit genauso weit wie der Beginn der ersten Zeile nach dem Aufzählungszeichen eingezogen. Auch der EINZUG BIS HIERHIN wäre eine geeignete Methode, um Aufzählungen elegant umzusetzen.

18.1.4 Hängende Initialen

Als weitere und ebenfalls sehr beliebte Art, Absätze zu kennzeichen, können Sie hängende Initialen verwenden, wie im nächsten Absatz demonstriert. Im Feld EIN ODER MEHRERE ZEICHEN ALS INITIALE geben Sie die Anzahl der Zeichen ein, und im Feld INITIALHÖHE (ZEILEN) legen Sie fest, über wie viele Zeilen Ihr(e) Inital(en) »hängen« soll(en).

Hängende Initialen sind zwar eine reizvolle typografische Spezialität, sie wollen jedoch gut dosiert sein. Als Trennung aller Absätze sind sie absolut nicht geeignet. Üblicherweise wird lediglich ein Artikelbeginn in einer Zeitung damit versehen. Weiters sollten Sie beachten, dass ein Absatz mit einem hängenden Initial zumindest doppelt so viele Zeilen lang sein sollte, wie sein Initial hoch ist. Eine Kombination mit Einzügen – auch dem Einzug bis hierhin, z. B. nach dem oder den Initialzeichen – ist natürlich möglich.

Tipp zum Setzen von Initialen in älteren InDesign-Versionen

Bei serifenlosen Schriften entfernt InDesign CS2 das »Vorfleisch« nicht korrekt, was dazu führt, dass Initialen mit geraden Strichen – wie H oder D – nicht optisch bündig am linken Rand stehen. Setzen Sie in diesem Fall vor das gewünschte Initialzeichen einen Weißraum (z. B. ein Achtelgeviert), und erhöhen Sie die Anzahl der Initialzeichen um eins. Nun unterschneiden Sie die beiden (Kerning verringern), bis die Initiale korrekt ausgerichtet ist.

Hängende Initialen verursachen bei sämtlichen Zeichen mit Unterlängen – Unterlängen gibt es auch bei manchen Versalien – das Problem, dass die Unterlänge in die Zeile(n) unterhalb der Initiale reicht und damit die dortigen Zeichen überlagert. Jedes Zeichen ist von Weißraum umgeben, was bei Glyphen mit geraden Strichen und ohne Serifen dazu führt, dass das erste Zeichen nicht bis zum linken Rand reicht. Dieser Weißraum muss bei einem hängenden Initial an der linken Seite entfernt werden – rufen Sie Initialen und verschachtelte Formate aus dem Bedienfeldmenü des Steuerung- oder Absatz-Bedienfelds auf.

Initialen und verschachtelte Formate
Initialen
Zeilen
Zeichen
Zeichenformat
3
1
[Ohne]
Linke Kante ausrichten
Skalierung für Unterlängen
OK
Abbrechen
Vorschau
Verschachtelte Formate
Klicken Sie auf "Neues verschachteltes Format", um ein verschachteltes Format zu erstellen.
Neues verschachteltes Format
Löschen
Verschachtelte Zeilenformate
Klicken Sie auf "Neues Zeilenformat", um ein Zeilenformat zu erstellen.
Neues Zeilenformat
Löschen

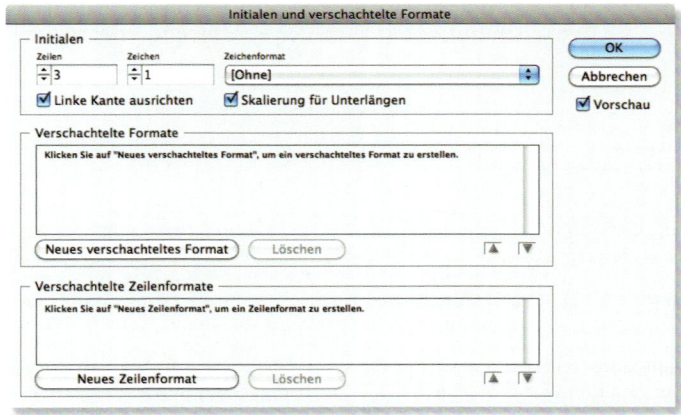

Abbildung 18.7 ▶
Der Initialen und verschachtelte Formate-Dialog zur Steuerung von hängenden Initialen

Um den Weißraum am linken Rand der Initiale zu entfernen, wählen Sie Linke Kante ausrichten. Um ein Initialzeichen so zu skalieren, dass die Unterlänge nicht mehr in die folgenden Zeilen reicht, entscheiden Sie sich für Skalierung für Unterlängen.

Immer wieder das gleiche Problem: der Winter ist zu lang und wenn der Frühling dann da ist: „Es ist viel zu warm, das war ja gar kein Winter"…
Immer wieder das gleiche Problem: der Winter ist zu lang und wenn der Frühling dann da ist: „Es ist viel zu warm das war ja gar kein Winter"…
Jahr für Jahr das gleiche Problem: der Winter ist zu lang und wenn der Frühling dann da ist: „Es ist viel zu warm, das war ja gar kein Winter"…
Jahr für Jahr das gleiche Problem: der Winter ist zu lang und wenn der Frühling dann da ist: „Es ist viel zu warm, das war ja gar kein Winter"…

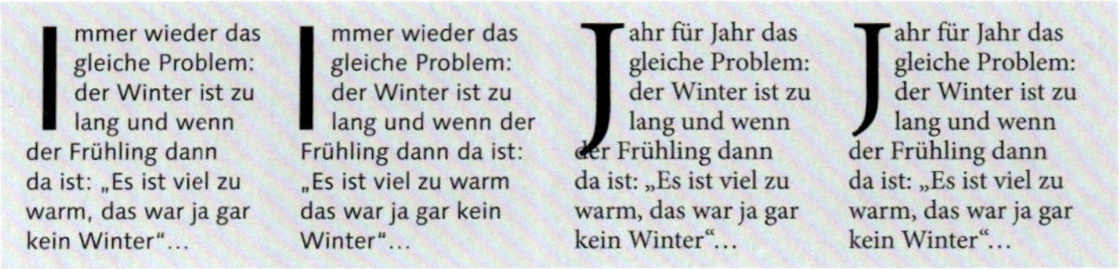

Abbildung 18.8 ▶
In den beiden linken Spalten sehen Sie die Funktion Linke Kante ausrichten in Aktion und in den beiden rechten Spalten Skalierung für Unterlängen.

Sie können und müssen beide Optionen manchmal kombinieren. Das ist vor allem bei Kursiven der Fall, egal ob diese einen kursiven Schnitt darstellen oder kursiv im Sinne von handschriftlichem Charakter sind.

Zusätzlich können Sie hier den Initialzeichen ein ZEICHENFORMAT zuweisen. Dies ist nötig, wenn Sie z. B. Ornamente als Initialen verwenden. Solange Sie nur manuelle Formatierungen vornehmen, können Sie das allerdings auch direkt im Text machen. Die beiden Abschnitte VERSCHACHTELTE FORMATE und VERSCHACHTELTE ZEILENFORMATE sind ebenfalls bei manueller Formatierung nicht sinnvoll anzuwenden – wir werden sie ausführlich in Kapitel 19, »Textformatierung«, behandeln.

Ein besonders kräftiges Initial gebraucht üblicherweise einen fetteren Schnitt der verwendeten Schrift.

18.1.5 Grundlinienraster

Wie wir bereits ausgeführt haben, ist es bei textlastigen Publikationen anzustreben, die Lesetextanteile an einem Grundlinienraster auszurichten. Dadurch wird verhindert, dass bei mehrspaltigen Texten nebeneinanderliegende Spalten gegeneinander verlaufen. Noch wichtiger ist, dass ein Grundlinienraster verhindert, dass der Inhalt der Rückseite eines Blattes – der ja im Regelfall durch das Papier scheint – sich mit dem Inhalt der Vorderseite überlagert:

◄ **Abbildung 18.9**
Der Text auf der Rückseite der Seite scheint auf die Vorderseite durch.

Die linke Spalte stammt aus einem nicht registerhaltigen Dokument – das Textmuster der Rückseite überlagert den Text der Vorderseite. Das Muster der Rückseite ist auch in der rechten Spalte zu sehen. Das Textmuster orientiert sich jedoch am Grundlinienraster, wodurch zumindest die Struktur der Weißräume erhalten bleibt und die Zeilenführung nicht gestört wird.

Wie Sie ein Grundlinienraster einrichten, haben Sie bereits in Abschnitt 7.3, »Grundlinien- und Dokumentraster«, erfahren. Um

> **Grundlinienraster in Textrahmen**
>
> In Abschnitt 10.7, »Textrahmenoptionen«, haben Sie bereits erfahren, wie Sie ein Grundlinienraster definieren können, das von dem des Dokuments abweicht. Damit können Sie z. B. dafür sorgen, dass in der Marginalspalte ein abweichendes Grundlinienraster verwendet wird – und trotzdem in diesen Bereichen Registerhaltigkeit gewährleisten.
>
> Ein Grundlinienraster eines Textrahmens überschreibt dabei immer lokal das dokumentweite Raster.

einzelne Absätze am Grundlinienraster auszurichten, klicken Sie auf ≣ und, um die Ausrichtung wieder aufzuheben, auf ≣ des Absatz-Bedienfelds bzw. des Steuerung-Bedienfelds.

Im Regelfall werden Sie ein Grundlinienraster definieren, das den Zeilenabstand des Mengentextes in Ihrem Dokument abbildet. Allerdings können Sie auch ein feineres Raster definieren, um es etwa als Montageraster zu verwenden. Dabei muss Ihnen allerdings bewusst sein, dass dann zumindest jede zweite Zeile des Rasters vom Text übersprungen wird. Diese Tatsache ist kein Problem, solange Sie dies kontrolliert einsetzen.

Allerdings gibt es eine Reihe von Situationen, in denen Sie dieses Verhalten grundsätzlich abschalten möchten. In diesen Fällen müssen Sie die betreffenden Absätze eben nicht am Grundlinienraster ausrichten, was aber auch oft nicht befriedigend wirkt. Aus dieser Misere hilft Ihnen InDesign mit der Option NUR ERSTE ZEILE AN RASTER ausrichten im Bedienfeldmenü des Absatz-Bedienfelds bzw. des Steuerung-Bedienfelds:

Einfluss der Stereotypie auf die Schriftform:	Einfluss der Stereotypie auf die Schriftform:	Einfluss der Stereotypie auf die Schriftform:
Das Problem liegt in der Erstellung der Matrize. Da die Matrize unter sehr hohem Druck erstellt wird, können feine Serifen oder dünne Haarstriche verbogen werden oder gar abbrechen. Für dieses Druckverfahren sind also Schrifttypen notwendig, die einen soliden und möglichst gleichmäßigen Duktus und ausgeprägte und stabile Serifen aufweisen.	Das Problem liegt in der Erstellung der Matrize. Da die Matrize unter sehr hohem Druck erstellt wird, können feine Serifen oder dünne Haarstriche verbogen werden oder gar abbrechen. Für dieses Druckverfahren sind also Schrifttypen notwendig, die einen soliden und möglichst gleichmäßigen Duktus und ausgeprägte und stabile Serifen aufweisen.	Das Problem liegt in der Erstellung der Matrize. Da die Matrize unter sehr hohem Druck erstellt wird, können feine Serifen oder dünne Haarstriche verbogen werden oder gar abbrechen. Für dieses Druckverfahren sind also Schrifttypen notwendig, die einen soliden und möglichst gleichmäßigen Duktus und ausgeprägte und stabile Serifen aufweisen.

Abbildung 18.10 ▶
NUR ERSTE ZEILE AN RASTER AUSRICHTEN kann in solchen Situationen harmonische Platzverhältnisse schaffen.

In der linken Spalte sehen Sie den Titelabsatz, der nicht am Grundlinienraster ausgerichtet ist. In der mittleren Spalte wird der Titel ins Grundlinienraster gezwungen und überspringt somit eine Zeile des Rasters, was außerordentlich hässliche Platzverhältnisse schafft. In der rechten Spalte wurde lediglich die erste Zeile der Überschrift am Grundlinienraster ausgerichtet. Dadurch wird das Ideal der Registerhaltigkeit weitgehend eingehalten, und trotzdem sind die Zeilenabstände innerhalb des Titel-Absatzes vollständig kontrollierbar.

> **Nur erste Zeile an Raster ausrichten**
>
> Diese Funktion wirkt unscheinbar, ist aber tatsächlich eine großartige Sache. XPress-Anwender mussten bis Version 8 auf eine so flexible Handhabung des Grundlinienrasters warten.

In Zeitschriften haben Artikel-Vorspänne meist einen größeren Schriftgrad und somit einen größeren Zeilenabstand als der restliche Text. Deshalb können sie nicht am Grundlinienraster ausgerichtet werden. Damit der Text in der danebenliegenden Spalte trotzdem auf derselben Höhe wie der Vorspann beginnt, wird der Vorspann nur an der ersten Zeile ausgerichtet. Am Beispiel oben können Sie beim Vergleich der ersten beiden Spalten noch erkennen, dass die beiden Spalten ansonsten gegeneinander verlaufen würden.

Selbstverständlich kann diese Option auch auf Grundlinienraster von Textrahmen angewendet werden. Sie ist dann aber nur für mehrspaltige Textrahmen sinnvoll, da in diesem Fall der Bezug zum umgebenden Raster des Dokuments nicht mehr vorhanden ist.

18.1.6 Silbentrennung

Hinter der kleinen Option SILBENTRENNUNG verbirgt sich eine enorm leistungsstarke Funktion, die große Auswirkungen auf sämtliche Ausrichtungsarten von Absätzen hat. Sie steht in einer Wechselwirkung mit allen anderen Technologien, die InDesign zum Zeilenausgleich im Flatter- und Blocksatz einsetzt und die Sie in der Folge noch kennenlernen werden.

Die Standardeinstellungen, die wirksam werden, wenn Sie diese Option im Absatz-Bedienfeld bzw. dem Steuerung-Bedienfeld einschalten, sind von Adobe ganz gut gewählt, sollten aber über den Menübefehl SILBENTRENNUNG aus den entsprechenden Bedienfeldmenüs an die jeweilige Satzsituation angepasst werden.

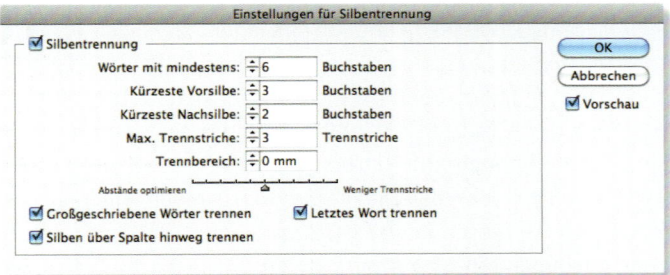

◄ **Abbildung 18.11**
EINSTELLUNGEN FÜR SILBEN-TRENNUNG: Diese Einstellungen eignen sich für Texte mit einer Spaltenbreite von unter 40 mm und einem Schriftgrad von unter 9 Pt.

Silbentrennung | Aktiviert die Silbentrennung für den ausgewählten Absatz und deckt sich mit der Option im Steuerung- und Absatz-Bedienfeld.

- WÖRTER MIT MINDESTENS: Damit ein Wort zur Trennung in Frage kommt, muss es zumindest so viele Zeichen lang sein, wie Sie sie in diesem Feld eintragen.
- KÜRZESTE VORSILBE: Die Silbe, die vor der Trennung in der Zeile stehen bleibt, muss zumindest so viele Zeichen lang sein wie hier angegeben.
- KÜRZESTE NACHSILBE: Der Wortteil, der in die nächste Zeile umbricht, muss mindestens so viele Zeichen lang sein, wie hier angegeben ist. In der Regel darf diese letzte Silbe um ein Zeichen kürzer sein als der Wortteil, der in der vorherigen Zeile stehenbleibt. Da der erste Wortteil mit einem Trennstrich abgeschlossen wird, entsteht am rechten Rand also etwas mehr Weißraum, der durch ein zusätzliches Zeichen kompensiert

> **Maximale Anzahl von Trennstrichen**
>
> Ab drei Trennstrichen in Serie entsteht am rechten Bund ein optisches Loch – Sie sollten also die Anzahl der Trennstriche auf maximal drei beschränken.

> **Trennbereich = Silbentrennzone**
>
> Der Trennbereich heißt in QuarkXPress »Silbentrennzone« und ist dort standardmäßig auf 0 gesetzt.
>
> Der korrekte Wert ist von der Spaltenbreite, der Schriftgröße und der Laufweite der Schrift abhängig. Der Standardwert von 12,7 mm erscheint uns jedoch als Ausgangspunkt in jedem Fall zu hoch.

[Rausatz]
Der Trennbereich dient dazu, einen stark flatternden Satz etwas zu entschärfen, indem starke Unterschiede in der Zeilenlänge durch Worttrennungen ausgeglichen werden. Diese Vorstufe zum Blocksatz wird »Rausatz« genannt.

wird. Vor dem umbrochenen Wortteil gibt es keinen überschüssigen Weißraum, der kompensiert werden müsste.

▶ MAX. TRENNSTRICHE: Da die Trennstriche also sehr wenig Substanz aufweisen und eine Häufung von Trennstrichen am rechten Rand somit ebenfalls viel Weißraum entstehen lassen würde, können Sie die maximale Anzahl von Trennstrichen in Folge beschränken.

▶ TRENNBEREICH: Der Trennbereich wird nur im Flattersatz wirksam und nur bei Verwendung des Adobe Ein-Zeilen-Setzers (siehe nächster Abschnitt). Er stellt eine Zone am rechten Rand (bei linksbündigem Flattersatz) dar, in den ein Wort hineinragen muss, um getrennt zu werden. Ein brauchbarer Wert wäre hier die Breite von maximal zwei Gevierten. Ein Wert von 0 veranlasst InDesign dazu, zu trennen, wo immer es möglich ist. Das entspricht der Standardeinstellung von QuarkXPress.
Je breiter diese Zone ist, umso mehr Weißraum wird am rechten Rand der Spalte entstehen, da Wörter dann ja früher geteilt werden.

▶ ABSTÄNDE OPTIMIEREN – WENIGER TRENNSTRICHE: Mit diesem Regler können Sie festlegen, ob Sie eher gewillt sind, viele Trennzeichen zu akzeptieren, oder ob eher die Abstände zwischen den Wörtern verändert werden sollen. Obwohl eine Änderung der Abstände nur im Blocksatz infrage kommt, wirkt die Einstellung auch auf Flattersatz und verändert die Anzahl der Trennungen. Um InDesign CS5 so einzustellen wie InDesign 1.5, stellen Sie diesen Regler ganz nach links.

▶ GROSSGESCHRIEBENE WÖRTER TRENNEN: QuarkXPress-Benutzer kennen das Problem, dass in QuarkXPress bis Version 4 diese Option standardmäßig abgeschaltet ist. Adobe hat offensichtlich auf die nationalen Anforderungen Rücksicht genommen und schaltet die Trennung großgeschriebener Wörter grundsätzlich ein. Im deutschsprachigen Satz würden ansonsten die Hauptwörter nicht getrennt, was praktisch nie zu guten Ergebnissen führt.

▶ LETZTES WORT TRENNEN: Wenn das letzte Wort eines Absatzes geteilt wird, kann sich eine kurze Silbe als letztes Textelement in der letzten Zeile ergeben. Gerade dann, wenn der folgende Absatz einen Einzug in der ersten Zeile hat, kann ein hässliches Loch zwischen den Absätzen entstehen.
Mit dieser Option können Sie diese Situation entschärfen, indem Sie sie abschalten. Das letzte Wort wird dann nicht geteilt, sondern in seiner gesamten Länge in die letzte Zeile umbrochen. Dadurch verschieben sich jedoch die Platzverhältnisse in der vorletzten Zeile bzw. im gesamten Absatz.

▶ Silben über Spalte hinweg trennen: Wenn ein Text in die nächste Spalte oder den nächsten Rahmen umbricht, sind Worttrennungen an genau dieser Stelle eher ungünstig. Wenn Sie diese Option ausschalten, wird das betroffene Wort zur Gänze in die nächste Spalte umbrochen, wodurch sich natürlich wiederum die Platzverhältnisse im Absatz ändern.

Die Silbentrennung wird von den Einstellungen gesteuert, die Sie unter Voreinstellungen • Wörterbuch vorgenommen haben. Wie Sie die automatische Silbentrennung manuell korrigieren können, lesen Sie auf Seite 612.

Die Auswirkungen aller Einstellungen sind so vielfältig, dass sie nicht alle beschrieben werden können. Wenn Sie mit den Einstellungen experimentieren, sollten Sie deshalb in jedem Fall die Option Vorschau aktivieren und genau beobachten, wie sich Ihre Änderungen auswirken.

18.1.7 Absatz- und Ein-Zeilen-Setzer

Im Blocksatz besteht die Kunst darin, die Zeilen eines Absatzes so an beiden Rändern auszurichten, dass innerhalb der Zeile keine allzu großen (idealerweise gar keine) Abstände mit einer Breite über dem normalen Wortabstand entstehen. Im Bleisatz war das eine Hauptbeschäftigung der Setzer und eine sehr langwierige Aufgabe, die große Genauigkeit erforderte.

Als Maß für einen gut ausgeglichenen Absatz dient die gute Grauwertverteilung. Wenn ein Absatz aus einem bestimmten Abstand betrachtet wird, sollte das Textmuster möglichst gleichmäßig erscheinen.

Satzprogramme erleichtern uns diese Aufgabe ganz enorm, dennoch gibt es verschiedene Methoden, die unterschiedlich gute Ergebnisse liefern. Die klassische Methode, wie sie von Handsetzern angewendet wurde und wie sie z. B. auch QuarkXPress verwendet, ist die Einzelbetrachtung jeder Zeile. Jede Zeile wird unter Berücksichtigung verschiedener Optimierungsparameter, wie Anzahl der Trennungen in Folge oder Weißräume, die hinzugefügt oder entfernt werden können, ausgeglichen. Die Grauwertverteilung des Absatzes ergibt sich als Summe der einzelnen Zeilen. Eine Änderung in einer Zeile kann natürlich Auswirkungen auf die folgenden Zeilen haben und sogar dazu führen, dass sämtliche Zeilen neu bearbeitet werden müssen. Am Prinzip, jede Zeile getrennt zu bearbeiten, ändert sich dadurch allerdings nichts.

Diese Arbeitsmethode kennt InDesign natürlich auch, und dieser Modus wird **Adobe Ein-Zeilen-Setzer** genannt. Darüber hinaus beherrscht InDesign aber auch eine Methode, die den gesam-

---

In diesem Absatz wird das letzte Wort geteilt, wodurch eine einzelne Silbe in die letzte Zeile umbricht.

Hier wird das letzte Wort nicht geteilt, also in seiner gesamten Länge in die nächste Zeile umbrochen.

Dadurch sieht zwar der Einzug besser aus, allerdings leidet durch den Umbruch die vorletzte Zeile.

▲ **Abbildung 18.12**
Im ersten Absatz wird das letzte Wort abgeteilt, wodurch eine Lücke zum nächsten Absatz entsteht. Das letzte Wort des mittleren Absatzes wurde nicht geteilt. Die längere letzte Zeile wirkt für den folgenden Einzug besser, allerdings enthält die vorletzte Zeile nun größere Löcher.

[Austreiben]
Der Fachbegriff für das Ausgleichen einer Zeile ist »Austreiben«.

TOP-TIPP: Probleme mit dem Adobe-Absatzsetzer
Der Adobe-Absatzsetzer liefert grundsätzlich sehr gute Ergebnisse, er optimiert jedoch rein technisch. Wenn Sie manuelle Umbrüche anbringen müssen oder der Workflow in der Zeitschriftenproduktion eine nachfolgende Textkorrektur durch Korrektoren und Chefredakteure vorsieht, funktioniert das oft nicht, weil sich dieser Umbruch auf den gesamten Absatz auswirken würde. Wenn Sie Ihren Text also sehr fein manuell umbrechen möchten, verwenden Sie am besten den Adobe Ein-Zeilen-Setzer. Das gilt ganz besonders für QuarkXPress-Benutzer, die viel Erfahrung im manuellen Umbruch gesammelt haben – lassen Sie sich nicht vom Absatzsetzer ins Handwerk pfuschen! Die Grauwertoptimierung des Adobe-Absatzsetzers funktioniert auch dann nicht richtig, wenn Schriften im Text gemischt sind oder z. B. Bilder in den Text eingebettet sind.

ten Absatz beim Ausgleichen aller Zeilen berücksichtigt und das technische Kriterium »Grauwert« direkt als Optimierungsziel anwendet – diese Methode nennt sich **Adobe-Absatzsetzer**.

Welchen Setzer Sie verwenden wollen, wählen Sie im Bedienfeldmenü des Absatz-Bedienfelds bzw. des Steuerung-Bedienfelds unter den entsprechenden Namen. Im Normalfall liefert der Absatzsetzer ganz ausgezeichnete Ergebnisse. Für Umsteiger von XPress ist sein Verhalten allerdings etwas gewöhnungsbedürftig. Kleine Änderungen in einer Zeile führen unter Umständen zu einem drastischen Umbruch des ganzen Absatzes. Typografie-Experten können zur gezielten Kontrolle des Zeilenausgleichs auf den Ein-Zeilen-Setzer zurückgreifen und ihn für die üblichen Blocksatzregeln einstellen.

Um eine Zeile im Blocksatz gut auszurichten, gibt es grundsätzlich drei Möglichkeiten:

▶ **Silbentrennung**: Wenn ein Wort nicht mehr in die Zeile passt, soll es nach Möglichkeit so getrennt werden, dass ein Wortteil mit einer Länge zur Verfügung steht, die die Zeile möglichst optimal auffüllt.

▶ **Änderung der Wortabstände**: Muss nach der Silbentrennung die Zeile noch immer aufgefüllt werden (der Regelfall), kommt nur noch die Veränderung der Wortabstände infrage, die entweder so weit vergrößert werden, bis die Zeile gefüllt ist, oder auch verringert werden, bis ein größerer Teil des getrennten Wortes oder das ganze Wort in die Zeile passt. Nach einer geänderten Silbentrennung müssen natürlich wiederum die Wortabstände neu betrachtet und gegebenenfalls korrigiert werden.

▶ **Änderung der Zeichenabstände**: Zu guter Letzt können noch die Abstände zwischen den Zeichen verändert – verringert oder vergrößert – werden. Solche Änderungen beeinflussen allerdings auch sehr schnell den Charakter der Schrift, weshalb sie nur sehr fein dosiert werden sollten.

[Keil]
Schriftsetzer nennen den Wortabstand auch »Keil«.

Wie Sie sehen, ist das Austreiben einer einzelnen Zeile Schwerstarbeit. Wenn wir uns diese Arbeit von einem geeigneten Werkzeug abnehmen lassen, ist allerdings klar, dass dieses Werkzeug eben auch nur Standardergebnisse liefern kann. Deshalb wird im digitalen Satz meist ein Satz an Regeln vorgegeben, der einen Rahmen definiert, in dem sich die Programme bewegen müssen, um ein möglichst ideales Ergebnis zu erreichen. Diese Spielräume müssen der jeweiligen Situation angepasst sein und die Spaltenbreite, die Schriftgröße und die Laufweite der Schrift berücksichtigen.

Die Vorgaben zur Silbentrennung, die Teil dieser Regeln sind, haben Sie bereits kennengelernt. Die Definition der Spielräume für Abstandsänderungen finden Sie im Bedienfeldmenü des Absatz-Bedienfelds bzw. des Steuerung-Bedienfelds unter ABSTÄNDE.

◄ **Abbildung 18.13**
Abstände definieren

WORTABSTAND und ZEICHENABSTAND bilden die beiden Strategien zum Austreiben einer Zeile, wie oben beschrieben, ab. Beim Wortabstand können drei Werte eingegeben werden, die sich jeweils als prozentuale Werte des »normalen Wortabstands« verstehen. Adobe bietet somit eine Bezugsgröße an, die die meisten Benutzer erwarten. Viele altgediente XPress-Benutzer gehen fälschlicherweise davon aus, dass sich XPress bei den vergleichbaren Einstellungen am Wortzwischenraum orientiert – tatsächlich ist es aber ein Halbgeviert. Der Wert für OPTIMAL legt fest, wie der unveränderte Wortabstand aussehen soll; MINIMAL definiert, wie weit der Wortzwischenraum verringert werden darf – ein Wert von 75 % bedeutet also, dass der Zwischenraum um 25 % reduziert werden kann. MAXIMAL bestimmt, um wie viel der Wortzwischenraum verbreitert werden darf: Ein Wert von 135 % lässt somit einen zusätzlichen Raum von 35 % des Wortabstandes zu.

Nach dem gleichen Prinzip können die Zeichenabstände verändert werden, wobei als Bezugsgröße die gesamte verfügbare Information aus Kerning und Laufweite berücksichtigt wird.

Minimale und maximale Werte werden nur beim Blocksatz berücksichtigt, der optimale Wert auch beim Flattersatz.

Die dritte Zeile, GLYPHENSKALIERUNG, bietet ein zusätzliches Verfahren an, das im Bleisatz nicht möglich war und vielen Typografen eher suspekt erscheinen. Vermutlich ist das der Grund, warum diese Funktion mehrfach umbenannt wurde. Bis InDesign CS2 wurde diese Funktion noch »Glyphe-Skalierung« genannt, dann bis CS4 »Glyphenabstand«, und schließlich sind wir nun in InDesign CS5 (wieder) bei »Glyphenskalierung« gelandet, was aber tatsächlich am besten beschreibt, was diese Funktion wirklich tut.

InDesign bietet hier nämlich an, die Schriftzeichen zu skalieren, um einen besseren Blocksatz zu ermöglichen. Unsere Meinung

Maximaler Wortabstand

Die Einstellung für den maximalen Wortabstand wird als letztes Kriterium berücksichtigt und kann oft nicht eingehalten werden. Überschüssiger Weißraum muss ja schließlich irgendwo untergebracht werden, und so muss InDesign diesen Wert oft ignorieren, um eine Zeile tatsächlich austreiben zu können.

S&B = Abstände…

Die unter QuarkXPress nicht zu Unrecht gefürchteten S&B-Einstellungen (Silbentrennung & Blocksatz) sind in InDesign auf mehrere Funktionen aufgeteilt. SILBENTRENNUNG haben Sie bereits kennengelernt. Die Blocksatzregeln verbergen sich hinter ABSTÄNDE im Bedienfeldmenü und sind aufgrund der beiden unterschiedlichen Satzmethoden etwas verfeinert und deshalb umso mehr mit etwas Respekt zu betrachten.

Abbildung 18.14 ▶
Auch bei extremen Werten (rechte Spalte) wirkt das Ergebnis von Glyphenabstand nicht verzerrt.

zum Verzerren von Schrift haben wir bereits dargelegt, und Adobe selbst empfiehlt Glyphenskalierung nur für den Ein-Zeilen-Setzer, da er in Verbindung mit dem Absatzsetzer ungewöhnliche Ergebnisse liefert. Tatsächlich wendet InDesign auch bei sehr großzügigen Werten die Glyphenskalierung nur sehr dezent an:

Einfluss der Stereotypie auf die Schriftform:	Einfluss der Stereotypie auf die Schriftform:
Das Problem liegt in der Erstellung der Matrize. Da die Matrize unter sehr hohem Druck erstellt wird, können feine Serifen oder dünne Haarstriche verbogen werden oder gar abbrechen. Für dieses Druckverfahren sind also Schrifttypen notwendig, die einen soliden und möglichst gleichmäßigen Duktus und ausgeprägte und stabile Serifen aufweisen.	Das Problem liegt in der Erstellung der Matrize. Da die Matrize unter sehr hohem Druck erstellt wird, können feine Serifen oder dünne Haarstriche verbogen werden oder gar abbrechen. Für dieses Druckverfahren sind also Schrifttypen notwendig, die einen soliden und möglichst gleichmäßigen Duktus und ausgeprägte und stabile Serifen aufweisen.

Die rechte Spalte wurde mit dem Ein-Zeilen-Setzer und einer Glyphenskalierung von 60%, 100%, 160% gesetzt – das Ergebnis ist besser, als es zu erwarten wäre. Dennoch ist das Verzerren von Schrift eine heikle Angelegenheit. Unter Autom. Zeilenabstand können Sie den Zeilenabstand absatzbezogen festlegen – sofern Sie nicht ohnehin ein Grundlinienraster verwenden.

Wenn im Blocksatz ein einzelnes Wort im Absatz auf einer eigenen Zeile steht – das kann nur bei im Verhältnis zur Schriftgröße sehr schmalen Spalten passieren –, stellt sich die Frage, wie mit diesem Wort zu verfahren ist. Unter Einzelnes Wort ausrichten können Sie unter vier Möglichkeiten wählen: Blocksatz treibt das Wort über die Spaltenbreite aus und sperrt es somit; Linksbündig ausrichten, Zentriert und Rechtsbündig ausrichten verändern das Wort nicht und richten es nur entsprechend aus, was natürlich zu Weißräumen am Beginn oder Ende der Zeile führt.

Zu guter Letzt können Sie noch den Setzer für den Absatz wählen – dies entspricht den Einstellungen des Bedienfeldmenüs.

18.1.8 Flattersatzausgleich

Wie Sie gesehen haben, hat der Blocksatz seine Tücken. Aber auch wenn Sie eine Publikation im Flattersatz erstellen, sollten Sie sich einige Gedanken über den Zeilenumbruch machen. Extrem flatternde Zeilen behindern den Lesefluss und sollten deshalb vermieden werden.

Aber natürlich bietet InDesign auch diesbezüglich Unterstützung: Die Option Flattersatzausgleich im Bedienfeldmenü sorgt

---

Nur Mut!

Glyphenskalierung ist für alte Hasen sicher eine recht ungewöhnliche Methode, aber versuchen Sie einmal folgende Einstellungen:
95%   100%   135%
0%   0%   0%
98%   100%   100%
Mit freiem Auge ist die sehr geringe Skalierung nicht festzustellen, schafft aber trotzdem sehr günstige Platzverhältnisse.

Verwechslungsgefahr!

Verwechseln Sie den Flattersatzausgleich nicht mit dem Trennbereich! Der Trennbereich legt fest, *wann* ein Wort getrennt werden soll, der Flattersatzausgleich stellt gleiche Zeilenlängen her, greift dabei aber auf die Einstellungen der Silbentrennung inklusive des Trennbereichs zurück.

dafür, dass Zeilen in linksbündigen, zentrierten oder rechtsbündigen Absätzen in ihrer Länge aneinander angepasst werden. Das funktioniert allerdings nur mit dem Absatzsetzer; der Ein-Zeilen-Setzer ignoriert diese Einstellung.

Adobe empfiehlt die Verwendung des Flattersatzausgleichs bei mehrzeiligen Zwischentiteln und für zentriert gesetzten Text. Wir können uns diesen Empfehlungen nur beschränkt anschließen. In Abbildung 18.15 sehen Sie die Auswirkungen bei bestimmten – zugegebenermaßen ungünstigen – Satzsituationen.

Die erste Headline wurde ohne, die zweite mit Flattersatz gesetzt. Das Ziel, gleich lange Zeilen zu erzeugen, führt zu einer ungünstigen Silbentrennung, die Sie manuell korrigieren müssen. Bei einer noch schmaleren Spalte funktioniert zwar die Teilung in der vierten Headline, allerdings sollten Sie Worttrennungen in Titeln vermeiden, was genau zu dem Ergebnis in der dritten Headline führen würde, die sich ohne Flattersatzausgleich selbst einstellt.

Verwenden Sie den Flattersatzausgleich nicht, um Headlines auszugleichen. Kritsche Satzsituationen sollten Sie besser manuell mit harten Zeilenumbrüchen erledigen.

Der Einfluss der Stereotypie auf die Schriftform

Der Einfluss der Stereotypie auf die Schriftform

Der Einfluss der Stereotypie auf die Schriftform

Der Einfluss der Stereotypie auf die Schriftform

▲ **Abbildung 18.15**
Auswirkungen des Flattersatzausgleichs. Der rechte Spaltenrand ist zur Orientierung eingezeichnet.

18.1.9 Optischer Randausgleich

Typografie ist der ständige Kampf mit dem Weißraum. In allen gängigen Satzprogrammen – und ganz besonders bei InDesign – wird von den Softwareherstellern enormer Aufwand betrieben, um die Platzverhältnisse genau zu kontrollieren und exakte Bünde einhalten zu können.

Dieser technische Ansatz war von jeher der Hauptkritikpunkt am Desktop-Publishing. Die exakte technische Ausrichtung eines Textes an einem Bund berücksichtigt nicht die ästhetischen Erfordernisse mancher Zeichen. So sollte z. B. ein A oder ein W etwas über den Bund hinausgezogen werden, damit die weißen Keile, von denen diese Zeichen umgeben sind, nicht zu sehr stören. Adobe hat diese Kritik zwar gehört und in InDesign die Möglichkeit eingebaut, Text mit einem optischen Randausgleich zu versehen, die Umsetzung erfolgte allerdings ziemlich halbherzig.

Diesen Randausgleich können Sie nämlich nicht gezielt auf einzelne Absätze anwenden – er gilt immer für einen ganzen Textabschnitt. InDesign versteht darunter einen oder mehrere verkettete Textrahmen.

Um den optischen Randausgleich für einen Textabschnitt festzulegen, öffnen Sie das Textabschnitt-Bedienfeld 📄, indem Sie den Menübefehl Schrift • Textabschnitt oder Fenster • Schrift und Tabellen • Textabschnitt aufrufen. Wählen Sie einen Text-

QuarkXPress 8

Mit Version 8 von XPress hat Quark Adobe in Sachen optischer Randausgleich eindeutig überholt. Auch in InDesign CS5 hat sich daran nichts geändert.

TIPP

Verwenden Sie den optischen Randausgleich nicht bei mehrspaltigem Text, weil schmale Spaltenzwischenräume (Stege) dabei zu sehr »verwischt« würden.

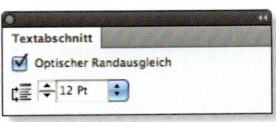

▲ **Abbildung 18.16**
Das Textabschnitt-Bedienfeld

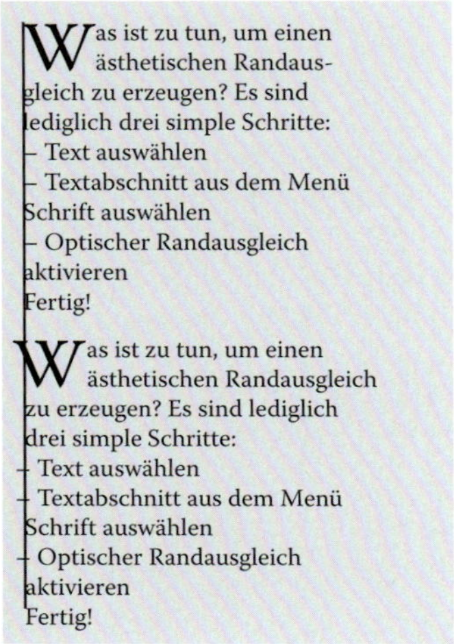

> Was ist zu tun, um einen ästhetischen Randausgleich zu erzeugen? Es sind lediglich drei simple Schritte:
> – Text auswählen
> – Textabschnitt aus dem Menü Schrift auswählen
> – Optischer Randausgleich aktivieren
> Fertig!
>
> Was ist zu tun, um einen ästhetischen Randausgleich zu erzeugen? Es sind lediglich drei simple Schritte:
> – Text auswählen
> – Textabschnitt aus dem Menü Schrift auswählen
> – Optischer Randausgleich aktivieren
> Fertig!

▲ **Abbildung 18.17**
Technischer Randausgleich (oben) im Vergleich zum optischen Stegausgleich (unten)

rahmen, oder setzen Sie den Textcursor in den Textfluss, und aktivieren Sie die Option OPTISCHER RANDAUSGLEICH im Textabschnitt-Bedienfeld. Da die Einstellung auf die ganze Textkette wirkt und in einem umfangreichen Text natürlich auch unterschiedliche Schriftgrößen vorkommen können, müssen Sie festlegen, an welcher Schriftgröße sich der optische Randausgleich orientieren soll. Stellen Sie jene Schriftgröße ein, die in Ihrem Text am häufigsten vorkommt. Sie können jedoch für einzelne Absätze den optischen Randausgleich deaktivieren, indem Sie den Textcursor in den betreffenden Absatz stellen und OPTISCHEN STEG IGNORIEREN aus dem Bedienfeldmenü des Steuerung- oder Absatz-Bedienfelds wählen.

Wie sich der optische Randausgleich bemerkbar macht, sehen Sie in Abbildung 18.17. Der obere Ausschnitt eines Absatzes ist technisch am linken Rand ausgerichtet. Alle Zeichen orientieren sich an einem gemeinsamen Bund. Der untere Absatz verwendet den optischen Randausgleich, und somit werden das hängende Initial W und die Halbgeviertstriche als Aufzählungszeichen recht deutlich über den Bund hinausgezogen.

18.1.10 Absatzumbrüche, Schusterjungen und Hurenkinder

Beim Satz umfangreicher Texte wie in diesem Buch oder in Zeitschriften dürfen einige Dinge nicht passieren, die allesamt wiederum mit der Platzverteilung auf einer Seite zu tun haben. Es gibt eine Fülle von Regeln, die unter einen Hut gebracht werden müssen, was aber oft schlicht und einfach nicht gelingt. Die wichtigsten Regeln wären:

1. Wenn ein Text in die nächste Spalte oder Seite umbricht, sollen im Absatz, der dadurch getrennt wird, zumindest zwei Zeilen vor dem Umbruch stehen bleiben. Eine Verletzung dieser Regel – es bleibt nur die erste Zeile des Absatzes stehen – führt zu einem sogenannten »Schusterjungen«.
2. Andererseits muss der Anteil des Absatzes, der in die nächste Spalte oder Seite umbricht, aus mindestens zwei Zeilen bestehen. Eine Verletzung dieser Regel nennt man »Hurenkind«.
3. Ein Zwischentitel darf nicht als letzter Absatz in einer Spalte/Seite stehen, und er darf nicht umbrochen werden, auch wenn er über mehrere Zeilen läuft. Einem Zwischentitel müssen zumindest zwei Zeilen folgen.
4. Alle Texte auf einer Doppelseite – auch in Spalten – müssen auf derselben Höhe enden, sofern dort nicht ein anderes Element, wie z. B. ein Bild, den Text verdrängt.

Schusterjunge und Hurenkind

Die beiden Begriffe sind alte Setzersprache. Da man die in ihnen steckende Diffamierung heutzutage vermeiden möchte, bürgern sich langsam die englischen Fachbegriffe »orphan« und »widow« ein – ob das wirklich vernünftiger klingt, überlassen wir Ihrem Urteil. Wir versuchen, die Setzersprache nicht zu verändern. Ansonsten müssten wir hier – als Österreicher – auch »Schusterbub« sagen.

Österreichische Setzer verwenden hier tatsächlich ein paar Fachbegriffe, die noch etwas würziger sind – wir werden sie Ihnen deshalb verschweigen.

Gerade die vierte Regel verkompliziert die Aufgabe erheblich. Alle anderen Regeln sind vergleichsweise einfach zu befolgen, wenn keine einheitliche Kolumnenhöhe eingehalten werden muss.

> Wenn die erste Zeile eines Absatzes als letzte Zeile in einer Textspalte steht, nennen Setzer das einen »Schusterjungen«.
> In diesem Absatz ist das auch schon passiert. Andererseits soll eine Textspalte auch nicht mit einer Zeile beginnen, die noch zum vorhergehenden Absatz gehört. So eine Zeile nennen die Setzer ein »Hurenkind«.
> Das sehen Sie oben. Hurenkinder und Schusterjungen stören den Grauwert einer Textspalte und sollten vermieden werden.

▲ **Abbildung 18.18**
In der ersten Spalte sehen Sie einen klassischen Schusterjungen, in der dritten Spalte ein Hurenkind.

Sie können diese Umbruchregeln steuern, indem Sie im Bedienfeldmenü des Absatz-Bedienfelds oder des Steuerung-Bedienfelds den Menüpunkt UMBRUCHOPTIONEN aufrufen.

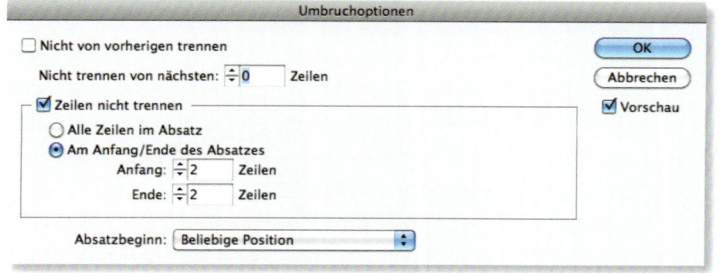

◀ **Abbildung 18.19**
UMBRUCHOPTIONEN: Die Option NICHT VON VORHERIGEN TRENNEN wurde erst mit InDesign CS5 eingeführt.

▶ NICHT VON VORHERIGEN TRENNEN: Wenn Sie diese Option für einen Absatz aktivieren und dieser Absatz bricht zur Gänze um, so wird automatisch zumindest eine Zeile aus dem vorherigen Absatz ebenfalls umbrochen. Die Option wäre z. B. geeignet, um einen Zwischentitel an seinen Folgeabsatz zu binden, damit der Zwischentitel nicht alleine am Ende einer Spalte stehen bleibt. Die Funktion wirkt also auf den Absatz vor dem Absatz, für den Sie die Option aktivieren.

▶ NICHT TRENNEN VON NÄCHSTEN [X] ZEILEN: Dies wäre die Umkehrung der Funktion NICHT VON VORHERIGEN TRENNEN. Die Anzahl der Zeilen, die Sie hier eintragen, bezieht sich also auf den Absatz, der dem Absatz folgt, für den Sie diese Einstellung vornehmen. Muss dieser Folgeabsatz umbrochen werden, geschieht das nur, wenn zumindest so viele Zeilen, wie Sie hier angegeben haben, unter dem vorhergehenden Absatz stehen bleiben können. Ansonsten würde dieser Absatz ebenfalls in die nächste Spalte übernommen. Sie können maximal fünf Zeilen angeben. Diese Funktion ist ideal für Zwischentitel, denen zumindest drei Zeilen folgen sollen.

▶ ZEILEN NICHT TRENNEN: Hier aktivieren Sie die Regelung für Schusterjungen und Hurenkinder, die Sie dann noch näher definieren müssen.

Zumindest eine Zeile?

Wie viele Zeilen des vorhergehenden Absatzes von der Option NICHT VON VORHERIGEN TRENNEN wirklich umbrochen werden, können Sie über die Option ENDE unter AM ANFANG/ENDE DES ABSATZES beeinflussen. Die Funktion NICHT VON VORHERIGEN TRENNEN löst also nur den Umbruch aus, kümmert sich jedoch nicht um die Anzahl der Zeilen, die umbrochen werden.

Spalten- und Seitenumbruch

Technisch gesehen besteht hier kein Unterschied. Ein Absatzumbruch auf die nächste Seite erfolgt genau genommen ja ebenfalls in eine Spalte. Wir verwenden die beiden Begriffe gleichwertig.

▶ Alle Zeilen im Absatz: Dies ist die generelle Vermeidung von Absatzumbrüchen und somit auch von Schusterjungen und Hurenkindern. Die Zeilen eines so eingestellten Absatzes werden nie getrennt, und es wird immer der gesamte Absatz in die nächste Spalte umbrochen. Das ist z. B. bei mehrzeiligen Zwischentiteln notwendig – Zwischentitel sollten zwar nicht über mehrere Zeilen laufen, aber auch lediglich zwei Zeilen dürfen keinesfalls getrennt werden. Diese Strategie führt dann allerdings zu einem »tanzenden Kolumnenfuß«, weil nur selten alle Spalten mit derselben Linie abschließen.

▶ Am Anfang/Ende des Absatzes: Die Einstellung für Anfang regelt die Behandlung von Schusterjungen. Bei einer Einstellung von »2« wird der gesamte Absatz in die nächste Spalte umbrochen, wenn nur die erste Zeile in der vorherigen Spalte stehen bliebe. Das führt natürlich zu einer Leerzeile am Ende der vorherigen Spalte. Je größer Sie diese Einstellung wählen, umso größer wird auch die Lücke. Ende legt fest, wie viele Zeilen mindestens in die nächste Spalte umbrochen werden müssen. Bei einer Einstellung von »2« wird also mindestens eine zweite Zeile »mitgenommen« – auch dadurch entsteht natürlich eine Lücke, die umso größer werden kann, je höher der Wert eingestellt ist.

▶ Absatzbeginn: Wenn ein Absatz umbrochen werden muss, wird er im Regelfall an der nächsten freien Position der Textkette positioniert. Sie können allerdings auch andere Ziele festlegen. Diese Ziele haben wir in Abschnitt 17.3.4, »Umbrüche«, bereits als manuelle Umbrüche vorgestellt.

▲ **Abbildung 18.20**
Die sechs Möglichkeiten für das Ziel eines Textumbruchs aus dem Menü Absatzbeginn der Umbruchoptionen

Die verschiedenen Einstellungen sind in sich immer logisch, können aber oft in der Realität nicht angewendet werden. Wenn ein Absatz nur drei Zeilen lang ist und sowohl Schusterjungen als auch Hurenkinder vermieden werden sollen, steht InDesign vor einem Dilemma, aus dem es sich auch nicht selbstständig befreien kann. Muss ein dreizeiliger Absatz umbrochen werden, können schlicht nicht alle Regeln eingehalten werden. In solchen Fällen müssen Sie manuell eingreifen. Um diese Problemstellen aufzuspüren, können Sie Verstöße gegen die Umbruchregeln sichtbar machen, indem Sie unter Voreinstellungen • Satz die Option Absatzumbruchverletzungen aktivieren. InDesign hinterlegt die betroffenen Umbrüche nun in verschiedenen Gelbtönen, je nach Schwere der Verletzung.

18.1.11 Spaltenspanne und unterteile Spalte

Gleich zwei neue Funktionen unter einem Dach hat uns Adobe mit InDesign CS5 spendiert. Die vor allem im Zeitschriftenbereich schon lange überfällige Funktion SPALTENSPANNE erlaubt es, einen Absatz über mehrere Spalten eines Textrahmens hinweg laufen zu lassen. Die Funktion UNTERTEILTE SPALTE ermöglicht genau das Gegenteil: Sie können damit innerhalb einer Spalte bzw. eines Textrahmens Absätze auf mehrere Spalten aufteilen. Beide Funktionen können über SPALTEN aus den Bedienfeldmenüs des Steuerung- bzw. Absatz-Bedienfelds aufgerufen werden.

Zusätzlich gibt es eine Abkürzung zu gängigen Einstellungen über das Menü SPALTEN im Steuerung-Bedienfeld.

Spaltenspanne (Anwendung am Beginn eines mehrspaltigen Rahmens) | Um Absätze über zwei Spalten hinweg laufen zu lassen, klicken Sie in den betroffenen Absatz und rufen SPALTEN aus einem der Bedienfeldmenüs des Steuer- bzw. Absatz-Bedienfelds auf.

> **Leider nicht für Fußnoten**
>
> Fußnoten über mehrere Spalten laufen zu lassen wäre eine wichtige – und oft verlangte – Funktion. Dummerweise funktioniert die neue Funktion SPALTENSPANNE aber genau bei Fußnoten, genauer gesagt bei Absätzen, die von Fußnoten abstammen, nicht.

◄ **Abbildung 18.21**
Der Textrahmen ist zweispaltig, Titel und Anleser laufen jedoch über beide Spalten. Vor InDesign CS5 musste in solch einem Fall ein eigener Textrahmen verwendet werden oder ein Textrahmen im Text verankert werden, was aber nur mit sehr abenteuerlichen Einstellungen zu erreichen war.

Stellen Sie ABSATZLAYOUT auf SPALTENSPANNE. Die ANZAHL können Sie auf ALLE stellen oder auch auf genau 2. Mit ALLE sind Sie jedoch in den meisten Fällen flexibler. Die Abstände vor und nach solchen Absätzen können zwar über die normalen Einstellungen für Absätze kontrolliert werden, können aber zusätzlich (!) unter ABSTAND VOR SPALTE bzw. ABSTAND NACH SPALTE angegeben werden (die Bezeichnungen sind hier wiederum etwas unglücklich gewählt).

Spaltenspanne (Anwendung zwischen Absätzen eines mehrspaltigen Rahmens) | Wenn Sie die SPALTENSPANNE nicht am Beginn, sondern mitten im Text eines mehrspaltigen Rahmens anwenden, müssen Sie beachten, dass sich die Anzahl der Spalten, über die der Absatz läuft, auch auf den Text oberhalb auswirkt.

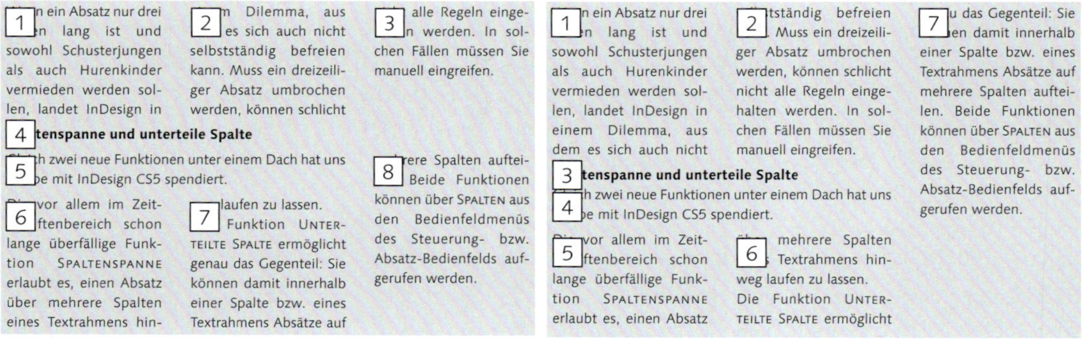

▲ **Abbildung 18.22**
Der Absatz, der dem Zwischentitel folgt, reicht in beiden Fällen über zwei Spalten. Wenn Sie ihn im rechten Beispiel über alle drei Spalten laufen lassen, wird die dritte Spalte von keinem Text mehr genutzt. Um das zu ändern, müssen Sie auch den Zwischentitel über drei Spalten laufen lassen (auch wenn er gar nicht lang genug ist).

Im linken Beispiel reicht der fette Zwischentitel über drei Spalten (auch wenn er nicht so lang ist). Der oberhalb liegende Text wird deshalb auch auf drei Spalten aufgeteilt. Der Text fließt ganz anders (rechtes Beispiel), wenn der Zwischentitel lediglich über zwei Spalten reicht: Die dritte Spalte wird in diesem Fall vom Ende des Textes verwendet.

Unterteilte Spalte | Um innerhalb einer Spalte oder eines (einspaltigen) Textrahmens einen Absatz auf zwei Spalten aufzuteilen und so einen Einschub im Text zu erzeugen (wie in Abbildung 18.24), klicken Sie in den betroffenen Absatz und rufen SPALTEN aus einem der Bedienfeldmenüs des Steuer- bzw. Absatz-Bedienfelds auf.

Abbildung 18.23 ▶
Die Funktion UNTERTEILTE SPALTE teilt Spalten auf Absatzebene auf mehrere Spalten auf und kann somit eigentlich nur bei sehr breiten Spalten verendet werden.

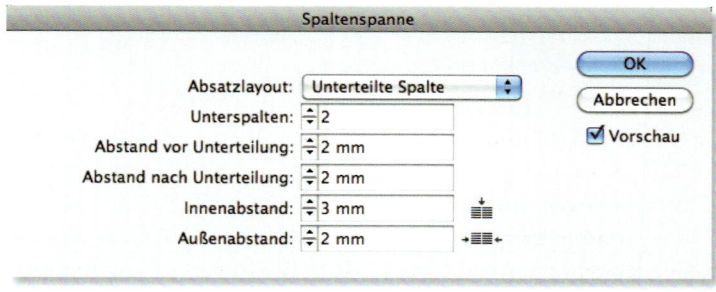

Stellen Sie für ABSATZLAYOUT UNTERTEILTE SPALTE ein, und wählen Sie 2 für die Option UNTERSPALTEN, um einen zweispaltigen Absatz zu erzeugen. Auch hier können Sie die Absatzabstände über die normalen Funktionen einstellen oder auch über die beiden Optionen ABSTAND VOR UNTERTEILUNG bzw. ABSTAND NACH UNTERTEILUNG.

Den Spaltenabstand kontrollieren Sie mit dem Parameter INNENABSTAND, der AUSSENABSTAND bezieht sich auf die Abstände der Spalten links und rechts zur Breite derjenigen Spalte, in der die unterteilten Spalten enthalten sind. Sie können für diesen unterteilten Absatz auch mit den üblichen Einzügen arbeiten.

> **Spaltenspanne und unterteile Spalte**
> Gleich zwei neue Funktionen unter einem Dach hat uns Adobe mit InDesign CS5 spendiert. Die vor allem im Zeitschriftenbereich schon lange überfällige Funktion SPALTENSPANNE erlaubt es, einen Absatz über mehrere Spalten eines Textrahmens hinweg laufen zu lassen.
>
> Vor InDesign CS5 musste in solch einem Fall ein eigener Textrahmen verwendet oder ein Textrahmen im Text verankert werden, was aber nur mit sehr abenteuerlichen Einstellungen zu erreichen war.
>
> Die Funktion UNTERTEILTE SPALTE ermöglicht genau das Gegenteil: Sie können damit innerhalb einer Spalte bzw. eines Textrahmens Absätze auf mehrere Spalten aufteilen. Beide Funktionen können über SPALTEN aus den Bedienfeldmenüs des Steuerung- bzw. Absatz-Bedienfelds aufgerufen werden.

◄ **Abbildung 18.24**
Hier haben wir es mit einem einspaltigen Textrahmen zu tun, in dem über UNTERTEILTE SPALTE ein Einschub über zwei Spalten erzeugt wurde. Solche Einschübe sind in vielen Zeitschriften mangels Marginalspalte recht beliebt. Wenn Sie den Text farblich unterlegen oder mit einem Rahmen versehen wollen, müssen Sie jedoch nach wie vor einen Textrahmen in den Text einbetten, was allerdings eine einfache Übung ist.

Menü Spaltenspanne | Das Menü SPALTENSPANNE im Steuerung-Bedienfeld bietet lediglich die Spaltenanzahl an und ist deshalb nur eingeschränkt sinnvoll, weil Sie die restlichen Parameter nicht dauerhaft ändern können.

18.1.12 Absatzlinien

In Abschnitt 18.1.3, »Abstände und Einzüge«, haben wir Ihnen gezeigt, wie Absätze mit Weißraum voneinander getrennt werden. In vielen Publikationen ist Platz aber derartige Mangelware, dass eine weitere Methode der Absatztrennung zum Einsatz kommt. In Versandhauskatalogen kommt zumeist dem Produkt selbst in Form einer Abbildung der meiste Platz zu. Die Beschreibung des Artikels muss demnach eher platzsparend ausfallen. Jede Leerzeile und sogar ein Einzug wäre verschenkter Platz für die Produktpräsentation. Hier wird zumeist mit Linien zwischen Absätzen gearbeitet. Aber auch in Tageszeitungen sind Linien als Trennung zwischen Kurzmeldungen zu finden.

In unserem Beispiel in Abbildung 18.25 sehen Sie eine typische Artikelbeschreibung, wie sie in Warenkatalogen verwendet wird. Die einzelnen Artikel sind mit einer Suchziffer gekennzeichnet, um ein Artikelbild dem Text zuordnen zu können. Nach einer kurzen Beschreibung folgt eine kleine Tabelle mit Bestellnummer, Größenangaben und Preis in jeder Zeile. Die letzte Zeile ist mit einer Linie abgeschlossen, damit die nächste Artikelbeschreibung

> **Stegitis?**
> Adobe hat mit InDesign CS5 viele Abstände und Ränder einheitlich in »Stege« umbenannt und dabei stellenweise auch kräftig übertrieben. Warum für einen typischen »Steg« wie den Spaltenabstand plötzlich die Bezeichnung »Innenabstand« erfunden wurde, ist eines der vielen Geheimnisse, die wir Ihnen leider auch nicht erklären können.

3 Pullover in modisch-körpernaher Form mit rundem Ausschnitt. Grau-meliert. Material: 50% Polyacryl, 25 % Mohair, 25% Polyester.
15-711-1 Größe 38, 40, 42   298,–
15-711-2 Größe 44, 46   319,–
4 Pullover mit V-Ausschnitt mit Streifen im Maschinenstrick. Länge 52 cm. Rot. Material: 100% Polyacryl.
21-654-1 Größe 32, 34, 36   199,–
21-654-2 Größe 38, 40   219,–
21-654-3 Größe 42, 44   239,–

▲ **Abbildung 18.25**
Ein Beispiel für Absatzlinien

leichter von der vorherigen unterschieden werden kann. Derartige Linien könnte man natürlich als grafisches Objekt unter der letzten Zeile einziehen, allerdings hätten Sie das Problem, dass Sie bei jeder Positionsänderung auch die Position der Linie korrigieren müssten. Solche Positionsänderungen ergeben sich aber ständig durch Änderungen der Artikelbeschreibung.

Deshalb haben Sie die Möglichkeit, Absätze mit Linien vorher oder nachher zu versehen. Die nötigen Einstellungen können Sie über den Aufruf von Absatzlinien im Bedienfeldmenü des Absatz-Bedienfelds vornehmen.

Abbildung 18.26 ▶
Absatzlinien: Beachten Sie, dass in diesem Dialog eigentlich zwei Dialoge versteckt sind. Sie müssen zunächst im Menü oben links auswählen, ob Sie die Linie darunter oder die Linie darüber bearbeiten wollen.

Die Einstellungsmöglichkeiten sind den Optionen für Unterstreichung und Durchstreichung sehr ähnlich, und auch die standardmäßig verfügbaren Linien sind die gleichen.

▶ Linie darunter/Linie darüber: Wählen Sie, ob Sie eine Linie unter oder über dem Absatz erstellen wollen.
▶ Absatzlinie ein: Um die Linie sichtbar zu machen, aktivieren Sie diese Option. Wenn Sie sowohl vor als auch nach dem Absatz eine Linie haben möchten, müssen Sie beide Linien getrennt aktivieren.
▶ Stärke, Art, Farbe, Farbton, Kontur überdrucken, Farbe für Lücke, Farbton für Lücke und Lücke überdrucken: Diese Einstellungen sind identisch mit den Einstellungen der Unterstreichungs- und Durchstreichungsoptionen auf Seite 398.
▶ Breite: Wählen Sie Spalte, wenn die Linie über die gesamte Spaltenbreite reichen soll. Wenn die Linie so lang sein soll wie die zugehörige Textzeile, wählen Sie die Option Text.
▶ Versatz: Ein Versatz von 0 bedeutet, dass die Linie auf der Grundlinie der Zeile steht. Ein positiver Wert bei Linie darunter schiebt die Linie unter die Grundlinie, ein negativer Wert schiebt sie darüber. Bei Linie darüber ist es genau umgekehrt.
▶ Einzug links und Einzug rechts: Neben den beiden Einstellungen für Breite können Sie hier zusätzlich Einzüge auf beiden

Negative Einzüge

Die Einträge für Einzug links und Einzug rechts können auch negativ sein. Dann reichen die Linien über die Spaltenränder hinaus. Das wird gebraucht, wenn ein Textrahmen mit einem sichtbaren Rand über Versatzabstände verfügt, die Linien aber bis zum Rand reichen sollen. Bei einem linken Versatzabstand von 2 mm stellen Sie den Einzug links auf –2 mm.

Seiten der Linie definieren und die Länge der Linie bzw. ihre Reichweite weiter einschränken.

- Im Rahmen belassen: Diese Option ist nur für eine Linie darüber aktivierbar und wird lediglich aktiv, wenn der betroffene Absatz als erster in einem Rahmen bzw. einer Spalte liegt. Wird die Option aktiviert und treffen diese Bedingungen zu, kann die Linie mit dem Versatz nur bis zur Oberkante des Rahmens verschoben werden. Übersteigt der Versatz diese Distanz, wird der Absatz nach unten geschoben. Diese Option ist in InDesign CS3 eingeführt worden und verursacht gelegentlich Probleme mit der Vorschau.

Beispiel 1 | Mit Absatzlinien können Sie interessante Zwischentitel gestalten. In den folgenden Beispielen verwenden wir eine Spaltenbreite von 42 mm. Die Schrift der Zwischentitel – und nur die interessieren uns hier – ist die Helvetica Bold Condensed mit einem Schriftgrad von 10 Pt. Auf die Kontrolle der Abstände vor und nach den Zwischentiteln werden wir nicht näher eingehen.

Einstellungen für die Abbildung 18.27 – »Kontakte«:

Linie darüber:	Stärke:	12 Pt
	Farbe:	[Schwarz]
	Farbton:	70 %
	Breite:	Spalte
	Versatz:	–0,8 mm
	Einzug links:	0 mm
	Einzug rechts:	0 mm

Bei einem Schriftgrad von 12 Pt ragt die Linie 2 Pt über den Text hinaus und wird deshalb um 0,8 mm unter die Grundlinie gezogen. Die Schriftfarbe muss natürlich auf [Papier] gesetzt werden. Eine Linie darunter gibt es hier nicht.

Beispiel 2 | In unserem zweiten Beispiel (Abbildung 18.28) entwickeln wir diese Version weiter – die Einstellungen für Linie darüber sind deshalb identisch zu den Einstellungen des ersten Beispiels. Die Linie darunter ist um 2 Pt schmaler und wird mit einem Versatz von –3,1 mm genau über die obere Linie gelegt – dadurch entstehen die »Rahmenlinien« oben und unten. Damit auch am linken und rechten Rand eine Linie entsteht, wird die Linie auf beiden Seiten um 0,35 mm eingezogen. An diesem Beispiel ist gut zu sehen, dass die »Linie darunter« über der »Linie darüber« liegt (wie in einer Ebene). Der Rahmen besteht also

Mercedes 230 SEL, Bj. 1988, Privatverkauf, 128.000 km, Garagenzustand, VB: 3.400,– €, Tel.: 04852/65556 (ab 18.00 Uhr)

Opel Astra 1,9 TD, Bj.1998, Autohaus Mazda-Eder, 177.000 km, gutem Zustand, VB: 9.000,– €, Tel.: 04877/2323

Kontakte
Landwirt, 39 sucht nette, arbeitsame Frau für Bewirtschaftung eines Bergbauernhofes in Südbayern, Heirat nicht ausgeschlossen; Zuschriften unter C-23456-1 an die Red.

Hausfrau, 55 gut erhalten und noch willig sucht (München) Hausmann zur gemeinsamen Betreuung der schuldenfreien Küche, neben Arbeit auch noch Liebe erbeten; Zuschriften unter C-23456-2 an die Redaktion

▲ **Abbildung 18.27**
Ein inverser Zwischentitel auf einem grauen Feld

nicht aus echten Linien, sondern aus der Überlappung der Flächen, die von den Absatzlinien gebildet werden.

Einstellungen für die Abbildung 18.28 – »Kontakte«:

Linie darüber:	Stärke:	12 Pt
	Farbe:	[SCHWARZ]
	Farbton:	100 %
	Breite:	SPALTE
	Versatz:	−0,8 mm
	Einzug links:	0 mm
	Einzug rechts:	0 mm
Linie darunter:	Stärke:	10 Pt
	Farbe:	[SCHWARZ]
	Farbton:	20 %
	Breite:	SPALTE
	Versatz:	−3,1 mm
	Einzug links:	0,35 mm
	Einzug rechts:	0,35 mm

▲ **Abbildung 18.28**
Ein Zwischentitel auf einem grauen Feld

Beispiel 3 | Das dritte Beispiel (Abbildung 18.29) ist eine Mischform aus den beiden ersten Beispielen. Die Linien sind gleich breit und werden per VERSATZ-Einstellung so verschoben, dass sie genau übereinanderliegen.

Einstellungen für die Abbildung 18.29 – »Heiratssachen«:

Linie darüber:	Stärke:	12 Pt
	Farbe:	[SCHWARZ]
	Farbton:	100 %
	Breite:	SPALTE
	Versatz:	−0,8 mm
	Einzug links:	0 mm
	Einzug rechts:	35,5 mm
Linie darunter:	Stärke:	12 Pt
	Farbe:	[SCHWARZ]
	Farbton:	20 %
	Breite:	SPALTE
	Versatz:	−3,42 mm
	Einzug links:	7,5 mm
	Einzug rechts:	0 mm

▲ **Abbildung 18.29**
Die beiden Absatzlinien wurden mit einem Einzug zusammengestutzt und mit Offsets nebeneinandergestellt.

Allerdings werden die Linien mit Einzügen so weit gekürzt, dass sie sich optisch nicht berühren, sondern ein Abstand bleibt. Die »Linie darüber« hat einen rechten Einzug von 35,5 mm. Bei einer Spaltenbreite von 42 mm ist sie somit 6,5 mm lang. Die Länge der

»Linie darunter« ergibt somit 34,5 mm. In der Gesamtlänge fehlt also ein Betrag von 1 mm, der sich als Lücke zwischen den beiden Linien bemerkbar macht.

Der Text des Zwischentitels ist etwas eingezogen, und die Ziffern »3.2« wurden auf [PAPIER] eingefärbt. Das Wort »Heiratssachen« beginnt an einem Tabulator, der genau so weit hinter der Lücke steht, dass sich der Text harmonisch in die graue Fläche einfügt.

Solche Beispiele sind natürlich immer mit etwas Tüftelei verbunden, aber einmal ausgearbeitet, sind sie eine sehr bequeme Methode, um schnell und elegant recht anspruchsvolle Gestaltungsaufgaben zu lösen. Werden sie über Absatzformate (siehe die folgenden Abschnitte) umgesetzt, können sie mit einem einzigen Klick in Ihrem Layout angewendet werden.

Die letzte Option aus dem Bedienfeldmenü des Absatz-Bedienfelds – GREP-STILE – bleiben wir Ihnen an dieser Stelle weiterhin schuldig. Diese recht leistungsstarke Funktion ist nur in Kombination mit Absatzformaten sinnvoll einsetzbar, weshalb wir sie in Abschnitt 19.4, »Absatzformate«, behandeln werden.

18.1.13 Aufgaben

Wie Sie sehen, sind die Einsatzgebiete für Absatzlinien sehr vielfältig. Versuchen Sie, die beiden Aufgaben aus Abbildung 18.30 und Abbildung 18.31 selbstständig zu lösen. Mögliche Lösungen finden Sie auf der Buch-DVD. Versuchen Sie in Aufgabe 18.1, den Rahmen und die Linie zwischen dem Wochentag und dem Datum mit Absatzlinien zu realisieren. In Aufgabe 18.2 werden Sie allein mit Absatzlinien nicht zum Ziel kommen. Bedenken Sie, dass auch Durch- und Unterstreichung Linien sind.

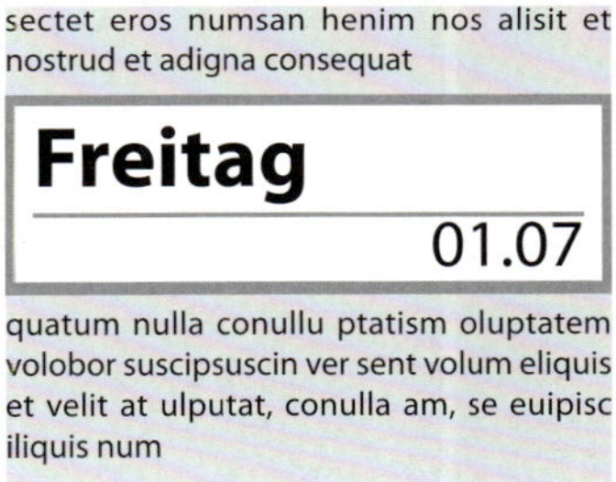

18.2 Tabulatoren

Für das Beispiel in Abbildung 18.32 benötigen Sie die Möglichkeit, die tabellarischen Zeilen genau zu kontrollieren – so etwas wird bei solchen Aufgabenstellungen mit Tabulatoren gelöst. Möglicherweise empfinden Sie den letzten Satz als banal. Allerdings scheinen Tabulatoren zu den großen Geheimnissen der elektronischen Textbearbeitung zu gehören. Gerade bei EDV-Anfängern und bei Umsteigern von Textverarbeitungen (manchmal aber auch bei Umsteigern von XPress) erleben wir in Schulungen immer wieder, dass versucht wird, Tabellenspalten über Leerzeichen auszurichten. Bei Proportionalschrift ist das nahezu unmöglich.

Einzüge

Die Einzüge sind in mm angegeben, die Linienstärke allerdings in Pt – deshalb unterscheiden sich die Stärken der horizontalen und der vertikalen Linien geringfügig. Um auch die Einzüge in Pt zu definieren, muss lediglich bei der Eingabe die Einheit hinzugefügt werden.

Lösungen und Lösungshinweise zu den beiden Aufgaben finden Sie auf der Buch-DVD im Ordner BEISPIELMATERIAL • KAPITEL_14.

sectet eros numsan henim nos alisit et nostrud et adigna consequat

Freitag 01.07

quatum nulla conullu ptatism oluptatem volobor suscipsuscin ver sent volum eliquis et velit at ulputat, conulla am, se euipisc iliquis num

▲ **Abbildung 18.30**
Ergebnis von Aufgabe 18.1

Sonderschau

▲ **Abbildung 18.31**
Ergebnis von Aufgabe 18.2

```
3 Pullover in modisch-körperna-
  her Form mit rundem Ausschnitt.
Grau-meliert. Material: 50% Polyac-
ryl, 25 % Mohair, 25% Polyester.¶
815-711a»Größe 38, 40, 42  ↧  298,¬
815-711b»Größe 44, 46      ↧  319,¬
4 Pullover mit V-Ausschnitt mit
  Streifen im Maschinenstrick.
Länge 52 cm. Rot. Material: 100%
Polyacryl¶
321-654a»Größe 32, 34, 36  ↧  199,¬
321-654b»Größe 38, 40      ↧  219,¬
321-654c»Größe 42, 44      ↧  239,¬
```

▲ **Abbildung 18.32**
Beispiel einer Artikelbeschreibung mit allen Steuerzeichen

Tatsächlich sind Tabulatoren eigenartige »Zeitgenossen«. Wir sind ihnen schon als einzelne Zeichen im Menü SCHRIFT • SONDERZEICHEN EINFÜGEN • ANDERE begegnet, woraus ja folgt, dass ein Tabulator zunächst einmal ein einzelnes Zeichen ist. Andererseits nimmt ein Tabulator in der Regel wesentlich mehr Platz ein als ein einzelnes Zeichen, und dieser Platz schwankt zusätzlich auch noch.

Tabulatoren sind also Steuerzeichen (einzelne Zeichen), die im Normalfall Weißraum schaffen, der aber immer genau so viel Platz einnimmt, dass der dem Tabulator folgende Text stets an der gleichen Stelle beginnt. Sehen wir uns das Beispiel aus einem Versandhauskatalog in Abbildung 18.32 einmal näher an. Wir werden dieses Beispiel im nächsten Kapitel noch weiter strapazieren; an dieser Stelle interessieren wir uns lediglich für die Zeilen mit den Artikelnummern, Größenangaben und Preisen.

Die letzte Stelle der Artikelnummer ist immer ein Buchstabe. In proportionalen Schriften nehmen die einzelnen Buchstaben (oft aber auch die einzelnen Ziffern) immer nur genau so viel Platz ein, wie sie wirklich benötigen. Die mittlere Spalte beginnt hier immer mit dem Wort »Größe« und sollte über alle Zeilen immer im gleichen Abstand zum linken Spaltenrand beginnen.

An dieser Stelle benötigen wir einen Tabulator, der ganz nach Bedarf den variablen Platz zwischen Artikelnummer und mittlerer Spalte auffüllt.

18.2.1 Tabulatoren-Bedienfeld

Rufen Sie das Tabulatoren-Bedienfeld über SCHRIFT • TABULATOREN auf, oder öffnen Sie es mit dem Tastenbefehl [Strg]+[⇧]+[T] bzw. [⌘]+[⇧]+[T]. Zunächst ist zum Tabulatoren-Bedienfeld zu sagen, dass es sich nicht so verhält wie die anderen Bedienfelder – es kann nicht in Registerkarten abgelegt werden und ist deshalb immer ein schwebendes Bedienfeld. Dafür kann es allerdings an Textspalten oben angedockt werden.

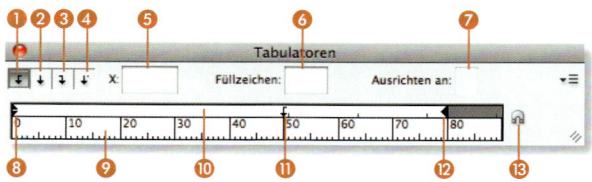

Abbildung 18.33 ▶
Tabulatoren-Bedienfeld

Im unteren Bereich des Bedienfelds finden Sie das Spaltenlineal ❾ und den Ablagebereich für die einzelnen Tabulatoren ❿. Hier können Sie auch die linken Einzüge der Textspalte verändern. Wenn Sie das obere Dreieck des linken Einzugs ❽ verschieben, verändern

Sie damit den Einzug in der ersten Zeile; mit dem unteren Dreieck beeinflussen Sie den Einzug der gesamten Spalte. Der rechte Einzug ⓬ ist folglich nur ein einziger Regler.

Um einen neuen Tabulator zu setzen, legen Sie zunächst fest, welchen Sie verwenden wollen:

- LINKSBÜNDIGER TABULATOR ❶: Der Text, der diesem Tabulator folgt, wird ab seiner Position nach rechts verdrängt.
- ZENTRIERTER TABULATOR ❷: Text, der an dieser Position eingegeben wird, wird zentriert an diesem Tabulator ausgerichtet.
- RECHTSBÜNDIGER TABULATOR ❸: Ein Text, der diesem Tabulator folgt, wird ab dieser Position nach links verdrängt.
- DEZIMAL (ODER ANDERES ANGEGEBENES ZEICHEN) ❹: Gebraucht wird dieser Tabulator für Zahlenkolonnen, die am Dezimaltrenner ausgerichtet werden. Im deutschsprachigen Raum ist das ein Komma, das schon für Sie in AUSRICHTEN AN ❼ eingetragen ist, sobald Sie einen solchen Tabulator in die Tabulatorablage setzen. Sie können aber jedes beliebige Zeichen eintragen und auf diese Art einen Tabulator definieren, der sich an diesem Zeichen (z. B. €, –, :) orientiert.

```
Preise:                    12,80
                            7,–

Sport:                       0:1
                            7:12

Distanzen:          Paris – Dakar
                    Linz – Matrei
```

▲ **Abbildung 18.34**
Beispiele für Tabulatoren, die sich an unterschiedlichen Zeichen orientieren

18.2.2 Setzen von Tabulatoren

Nachdem Sie einen Tabulator ausgewählt haben, klicken Sie in den Ablagebereich ⓫ an die Stelle, an die der Tabulator gesetzt werden soll. Sofern Sie den Tabulator nur optisch ausrichten, ist die Sache damit erledigt.

Wenn Sie den Tabulator allerdings an einer bestimmten Stelle absetzen wollen, müssen Sie meistens die Position numerisch festlegen. Dazu markieren Sie den Tabulator und tragen im Feld X: ❺ die gewünschte Position ein.

Grundsätzlich wird der Weißraum bis zur Tabulatorposition nicht gesondert gekennzeichnet. Für Inhaltsverzeichnisse, Preislisten etc. werden jedoch manchmal FÜLLZEICHEN ❻ benötigt. Tragen Sie hier das gewünschte Zeichen oder die Zeichenkombination ein. Das Ergebnis könnte dann z. B. so aussehen:

- Füllzeichen 1:. . . . . ⸱Leerzeichen
- Füllzeichen 2: · · · · · · ⸱Leerzeichen⸱Leerzeichen

Die Zeichensequenz darf maximal acht Zeichen lang sein. Zur Eingabe besonderer Zeichen – wie in Füllzeichen 2 der Mittelpunkt – müssen Sie die Zeichensequenz in Ihrem Text zusammenstellen und dann in das FÜLLZEICHEN-Feld kopieren. Eine Direkteingabe über das Glyphen-Bedienfeld funktioniert hier nicht.

Sie werden feststellen, dass sich der Abstand des ersten Füllzeichens zum Text vor dem Tabulator verändert. Das liegt daran,

---

Tabulator für rechte Ausrichtung

Bereits seit InDesign CS2 übernimmt der Tabulator für rechte Ausrichtung ⇧+↹ das Füllzeichen von jenem Tabulator, der am nächsten zum rechten Rand steht, und zwar unabhängig davon, ob er vor oder nach dieser Tabulatorposition eingesetzt wird.

dass sich die Position des ersten Füllzeichens am linken Bund der Textspalte orientiert. Damit ist sichergestellt, dass die Füllzeichen in mehreren Zeilen nicht gegeneinander versetzt erscheinen. Über zusätzliche Weißräume ist dieser schwankende Abstand somit auch nicht zu kontrollieren.

Wenn Sie auf gleiche Abstände zwischen Füllzeichen und Text Wert legen, können Sie jedoch vor und nach dem Tabulator z. B. ein Halbgeviert setzen und für den Tabulator selbst die Unterstreichung aktivieren. Passen Sie die STÄRKE der Unterstreichung an die verwendete Schrift an, wählen Sie einen geeigneten Stil, und setzen Sie den VERSATZ auf 0. Bei unterbrochenen Unterstreichungen werden die Linienmuster nun zwar gegeneinander verlaufen, aber die Abstände zum »Füllzeichen« können Sie jetzt exakt kontrollieren.

18.2.3 Handhabung des Tabulator-Bedienfelds

Die Tatsache, dass das Tabulatoren-Bedienfeld grundsätzlich ein schwebendes Bedienfeld ist, macht sich insofern unangenehm bemerkbar, als Sie die Tabulatoren an einer Stelle auf der Arbeitsfläche festlegen, sie aber an einer anderen Stelle wirksam werden. Deshalb sollten Sie das Tabulatoren-Bedienfeld über die Spalte stellen, in der Sie die Tabulatoren positionieren.

Das können Sie manuell vornehmen oder sich von InDesign helfen lassen: Klicken Sie auf BEDIENFELD ÜBER TEXTRAHMEN POSITIONIEREN ⓭.

Das funktioniert nur, wenn über dem Textrahmen ausreichend Platz ist, um das Bedienfeld anzuzeigen. Die Bildschirmansicht wird von InDesign nicht verändert, um den nötigen Platz zu schaffen! Aber auch, wenn das Bedienfeld nicht über dem Textrahmen positioniert werden kann, lässt sich die Position eines Tabulators noch gut einschätzen, indem Sie ihn anklicken und die Maustaste gedrückt halten. InDesign blendet dann in der Textspalte eine Linie ein, an der Sie sich orientieren können. Wenn Sie einen Tabulator auf diese Art verschieben, folgt die Linie Ihren Einstellungen.

18.2.4 Tabulatoren löschen und duplizieren

Um einen Tabulator zu löschen, ziehen Sie ihn einfach aus dem Lineal heraus. Wenn Sie alle Tabulatoren löschen möchten, wählen Sie ALLE LÖSCHEN aus dem Bedienfeldmenü.

Dort finden Sie auch einen Befehl, um Tabulatoren zu duplizieren. Setzen Sie zunächst einen Tabulator, oder nehmen Sie einen bestehenden, und wählen Sie dann TABULATOR WIEDERHOLEN aus dem Bedienfeldmenü. Der ausgewählte Tabulator wird so lange

---

Unterstreichung für Tabulator

Wenn Sie statt eines Füllzeichens eine Unterstreichung für den Tabulator wählen, müssen Sie einige Parameter für die Unterstreichung verändern. Bei vielen Tabulatoren ist das mühsam und fehleranfällig. Genau dafür gibt es Zeichenformate, die Sie im nächsten Kapitel kennenlernen werden.

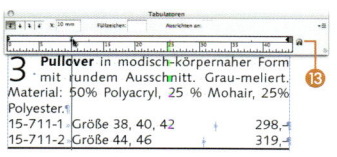

▲ **Abbildung 18.35**
Markierungslinie beim Verschieben eines Tabulators und BEDIENFELD ÜBER TEXTRAHMEN POSITIONIEREN

Tabulatoren in XPress

QuarkXPress zeigt das Lineal mit den Tabulatoren in der Regel direkt im Textrahmen an. Das funktioniert allerdings nicht, wenn der Rahmen gedreht ist – dann wird das Lineal im Tabulator-Fenster angezeigt. In InDesign dreht sich das Bedienfeld natürlich auch nicht mit einem Rahmen, aber die Markierungslinie wird auch im gedrehten Text korrekt angezeigt.

wiederholt, bis die gesamte Spaltenbreite überschritten ist. Als Basis für die Abstände der neuen Tabulatoren dient der Abstand zum linken Einzug oder – wenn zwischen dem zu duplizierenden Tabulator und dem Einzug andere Tabulatoren stehen – der Abstand zum nächstgelegenen Tabulator.

Wenn das Tabulatoren-Bedienfeld über dem Textrahmen positioniert wurde, reicht das Spaltenlineal im Regelfall genau über die Spaltenbreite. Sollten Sie auf den Bereich außerhalb der Spaltenbreite zugreifen wollen, können Sie das Lineal jedoch verschieben, indem Sie es mit dem Mauszeiger fassen – er verwandelt sich in eine Hand, sobald Sie ihn über das Lineal stellen – und nach links verschieben.

18.3 Aufzählungszeichen und Nummerierung

Bei der Erstellung von Listen werden meistens verschiedene Aufzählungszeichen wie Ziffern, Punkte, Striche etc. gebraucht. InDesign unterstützt Sie hier einerseits über das Glyphen-Bedienfeld und Glyphen-Sätze, wenn es sich um exotische Zeichen handelt. Andererseits können Sie die Funktion AUFZÄHLUNGSZEICHEN UND NUMMERIERUNG aufrufen, um Listen und Aufzählungen automatisch erstellen zu lassen.

18.3.1 Grundfunktionen für Listen

Die beiden Funktionen LISTE MIT AUFZÄHLUNGSZEICHEN und NUMMERIERTE LISTE können Sie über die Bedienfeldmenüs des Steuerung- und des Absatz-Bedienfelds aufrufen. Sie wirken auf alle ausgewählten Absätze. Außerdem können Sie sämtliche Funktionen über das Menü SCHRIFT • AUFZÄHLUNGS- UND NUMMERIERTE LISTEN aufrufen.

Die Funktion NUMMERIERTE LISTE nummeriert alle Absätze durch und fügt in der Standardeinstellung entsprechende Einzüge hinzu. LISTE MIT AUFZÄHLUNGSZEICHEN versieht die Absätze mit einem Aufzählungszeichen, das Sie natürlich – genauso wie die Darstellung der Ziffern – konfigurieren können. Wie so etwas aussehen könnte, sehen Sie in Abbildung 18.36. Die Standardnummerierung erfolgt mit arabischen Ziffern, und das Aufzählungszeichen ist der Punkt • (auch als »Bullet« bekannt).

Diese Standardeinstellungen dürften zwar in den meisten Fällen die grundsätzlich gewollten sein, müssen aber doch zumeist in den Details etwas justiert werden.

DIN-16518:
I: Venezianische Renaissance-Antiqua
II: Französische Renaissance-Antiqua
III: Barock-Antiqua
IV: Klassizistische Antiqua
V: Serifenbetonte Linear-Antiqua
VI: Serifenlose Linear-Antiqua
VII: Antiqua-Varianten
VIII: Schreibschriften
IX: Handschriftliche Antiqua
X: Gebrochene Schriften
 • Gotisch
 • Rundgotisch
 • Schwabacher
 • Fraktur
 • Fraktur-Varianten
XI: Fremde Schriften

▲ **Abbildung 18.36**
Nummerierte Absätze

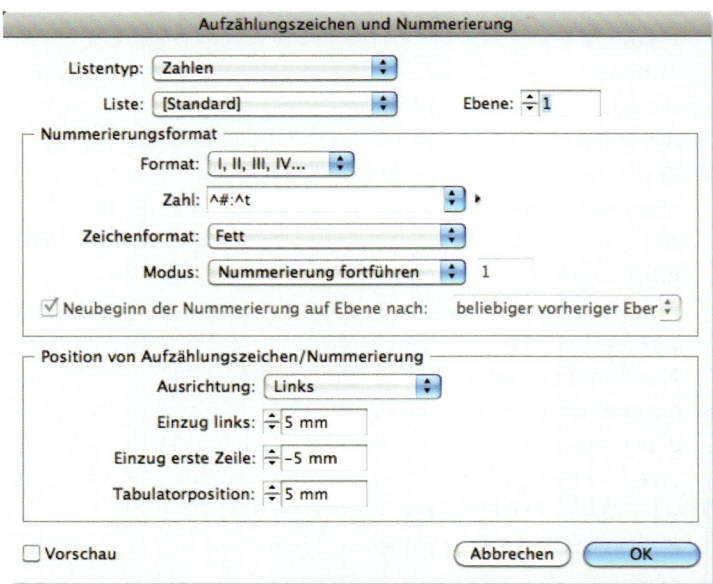

Abbildung 18.37 ▶
Das NUMMERIERUNGSFORMAT, mit dem die Liste mit den römischen Ziffern in Abbildung 18.36 erstellt wurde

> **Listen ein- und ausschalten**
>
> Egal ob Sie die Funktion über die Schaltflächen im Steuerung-Bedienfeld oder über einen Aufruf von AUFZÄHLUNGSZEICHEN UND NUMMERIERUNG zuweisen: Im Steuerung-Bedienfeld wird die Anwendung der jeweiligen Funktion markiert und kann dort auch wieder deaktiviert werden, indem Sie ein weiteres Mal auf die markierte Schaltfläche klicken.

Dazu können Sie im Bedienfeldmenü des Absatz-Bedienfelds oder des Steuerung-Bedienfelds den Menüpunkt AUFZÄHLUNGSZEICHEN UND NUMMERIERUNG aufrufen oder auf eines der beiden Symbole mit gedrückter [Alt]- bzw. [⌥]-Taste klicken. Wenn Sie mehrere Absätze ausgewählt haben und diese Funktionen aufrufen, können Sie die gewünschte Listendarstellung für diese Absätze aktivieren.

Im Fenster AUFZÄHLUNGSZEICHEN UND NUMMERIERUNG können Sie unter LISTENTYP zwischen den drei Möglichkeiten OHNE, AUFZÄHLUNGSZEICHEN und ZAHLEN wählen. Abhängig von Ihrer Auswahl verändert sich die obere Hälfte des Fensters.

Hinter dem Menü LISTE versteckt sich nicht etwa die Möglichkeit, die Einstellungen zu speichern, sondern eine Funktion zur Definition von Listen, die über mehrere Textabschnitte und sogar mehrere Dokumente hinweg nummeriert werden sollen. Listen sind für jede Art von Nummerierung sehr praktisch, da sie aber auch über Dokumente hinweg funktionieren, werden wir sie Ihnen erst in Abschnitt 26.1, »Listen«, ab Seite 641 näher vorstellen. Die Option EBENE, die dazu dient, verschachtelte Listen (Adobe nennt sie »Konturlisten«) zu erstellen, werden wir später in diesem Kapitel an einem Beispiel beschreiben.

18.3.2 Nummerierte Liste

Bei der Erstellung einer automatisch nummerierten Liste können Sie im Bereich NUMMERIERUNGSFORMAT folgende Einstellungen vornehmen:

- FORMAT: Hier legen Sie fest, nach welchem System die Liste nummeriert werden soll. Neben allen Nummerierungsarten, die auch für die Pagina verwendet werden können, finden Sie hier zusätzliche Optionen mit mehreren führenden Nullen.
- ZAHL: Hier wird die komplette Absatznummerierung zusammengestellt. In unserem Fall (siehe Abbildung 18.36 und Abbildung 18.40) besteht sie aus ^# (dem Platzhalter für die Nummer), einem Doppelpunkt und einem Tabulator ^t. Sichtbare Zeichen und einige Leerräume können Sie aus dem Menü auswählen, das sich über das Dreieck öffnet. Einige zusätzliche Nummernoptionen – dazu kommen wir später noch – können aus demselben Menü unter ZAHLENPLATZHALTER EINFÜGEN festgelegt werden. Weitere druckbare Zeichen können Sie natürlich direkt eintragen. Sollten Sie mit Ihren Eingaben die vorgeschriebene Reihenfolge der Einzelteile verletzen, werden Sie durch einen Warndialog davon abgehalten.
- ZEICHENFORMAT: Grundsätzlich werden die Formateinstellungen für die Nummerierung aus dem ausgewählten Absatz übernommen. Wenn Sie Nummern anders darstellen wollen, können Sie hier ein Zeichenformat auswählen. Wie Sie Zeichenformate erstellen, werden Sie in Kapitel 19, »Textformatierung«, kennenlernen. Für die Standardformatierung einer Liste benötigen wir sie vorerst nicht.
- MODUS: Natürlich muss eine Nummerierung nicht bei 1 beginnen. Hier können Sie festlegen, mit welchem Wert eine Liste starten soll. Für Listen, die von anderen Absätzen unterbrochen werden, können Sie bestimmen, wie nach dieser Unterbrechung weiter nummeriert werden soll.
- NEUBEGINN DER NUMMERIERUNG AUF EBENE NACH: Sobald Sie mit Konturlisten – also verschachtelten Listen über zumindest zwei Ebenen – arbeiten, können Sie festlegen, wann eine Hierarchiestufe wieder bei 1 starten soll. Näheres erfahren Sie in Abschnitt 26.1, »Listen«, ab Seite 641.

Im Bereich POSITION VON AUFZÄHLUNGSZEICHEN/NUMMERIERUNG legen Sie fest, wo die Nummerierung oder die Aufzählungspunkte platziert werden sollen. Diese Einstellungen sind für nummerierte Listen und Aufzählungslisten identisch.

- AUSRICHTUNG: Die AUSRICHTUNG bezieht sich auf die Nummerierung, die Einstellung wirkt sich aber nur aus, wenn ausreichend Platz links der Nummerierung vorhanden ist. Das ist nur dann der Fall, wenn der Listeneintrag selbst einen linken Einzug besitzt.

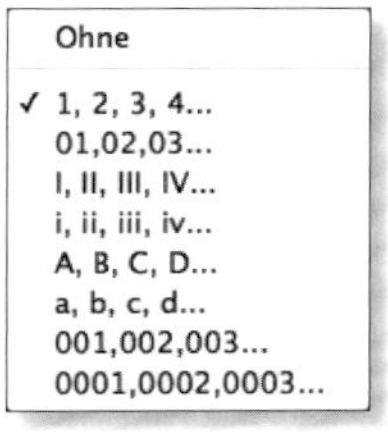

▲ Abbildung 18.38
Die verschiedenen Nummernformate

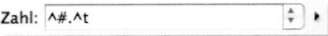

▲ Abbildung 18.39
Die Absatznummern werden aus einer laufenden Nummer, einem Punkt und einem Tabulator zusammengestellt.

▲ Abbildung 18.40
Die Standardformatierung der Liste mit Aufzählungszeichen (oben) und der nummerierten Liste

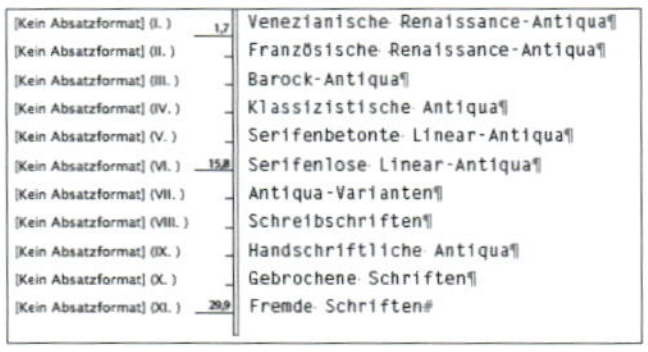

▲ **Abbildung 18.41**
Im Textmodus wird zwar die Nummerierung einer Liste in der Formatierungsspalte angezeigt, eine Aufzählungsliste ist hier aber nicht zu erkennen.

Abbildung 18.42 ▶
Einstellungen für AUFZÄHLUNGSZEICHEN

> **Listensymbole sind kein Text**
>
> Die von InDesign automatisch erstellten Listensymbole sind nicht Bestandteil des Textes. Sie können sie weder auswählen noch nach ihnen im Text suchen. Die Textformatierung erfolgt ausschließlich über Zeichenformate und die Funktion AUFZÄHLUNGSZEICHEN UND NUMMERIERUNG.

▶ EINZUG LINKS: Genau hier können Sie den Einzug einstellen, um die Ausrichtung auch wirksam werden zu lassen.
▶ EINZUG ERSTE ZEILE: Die erste Zeile kann gesondert eingezogen werden. Die Standardeinstellung ist hier ein hängender Einzug, der bis zum Spaltenrand zurückreicht.
▶ TABULATORPOSITION: InDesign setzt einen »virtuellen« Tabulator zwischen Nummernzeichen und Inhalt (deshalb das ^t in ZAHL). Standardmäßig ist dieser Tabulator nicht sichtbar, und er wird von InDesign nur intern verwendet, um auch die erste Zeile eines Eintrags mit dem Einzug der folgenden Zeilen abschließen zu lassen. Wenn Sie diesen Abstand verändern möchten, definieren Sie hier eine Tabulatorposition – dies funktioniert, obwohl das Feld inaktiv erscheint. Ein so gesetzter Tabulator wird dann auch im Absatz sichtbar sein und kann auch nur dort gelöscht werden.

18.3.3 Aufzählungszeichen

Im Modus AUFZÄHLUNGSZEICHEN werden die Einstellungen für LISTE und EBENE deaktiviert, der Abschnitt für die Positionseinstellungen bleibt unverändert, aber der mittlere Abschnitt des Fensters wird umgeschaltet:

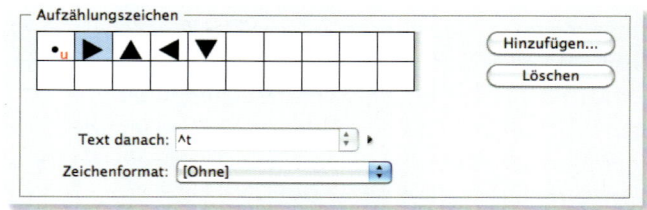

Unter AUFZÄHLUNGSZEICHEN können Sie neben den Einstellungen für die Schrift über ein ZEICHENFORMAT noch ein Zeichen aus der Tabelle auswählen. Über HINZUFÜGEN können Sie noch weitere Zeichen in die Tabelle einfügen. In TEXT DANACH können Sie Zeichen festlegen, die dem Aufzählungszeichen folgen sollen – standardmäßig ist hier wiederum ein Tabulator eingetragen.

Schritt für Schritt: Eine verschachtelte Liste erstellen

1 Text vorbereiten

Tippen Sie den Text aus Abbildung 18.43 ab, oder erstellen Sie einen vergleichbaren Text. Legen Sie die grundsätzlichen Parameter fest, z. B. Schriftgröße 9 Pt bei einer Spaltenbreite von 65 mm. Eine geeignete Schrift wäre z. B. Gill Sans.

2 Liste erstellen

Wählen Sie alle Zeilen nach der Überschrift aus, und klicken Sie auf NUMMERIERTE LISTE im Steuerung-Bedienfeld ABSATZ.

3 Hauptliste formatieren

Rufen Sie AUFZÄHLUNGSZEICHEN UND NUMMERIERUNG aus dem Bedienfeldmenü des Steuerung- oder Absatz-Bedienfelds auf, und schalten Sie die VORSCHAU ein. Stellen Sie das FORMAT auf römische Ziffern in Versalien, stellen Sie den EINZUG LINKS auf 8 mm und EINZUG ERSTE ZEILE auf −8 mm.

4 Unterliste umstellen

Wählen Sie die Zeilen XI bis XV aus, und klicken Sie auf LISTE MIT AUFZÄHLUNGSZEICHEN im Steuerung-Bedienfeld ABSATZ. Wie Sie sehen, erkennt InDesign automatisch, dass die Hauptliste unterbrochen wurde, und korrigiert die Nummerierung selbstständig. Dieser Schritt war für die weitere Gestaltung eigentlich nicht nötig, aber so haben Sie gesehen, dass InDesign unterschiedliche Listentypen automatisch verschachtelt.

5 Unterliste formatieren

Rufen Sie AUFZÄHLUNGSZEICHEN UND NUMMERIERUNG aus dem Bedienfeldmenü des Steuerung- oder Absatz-Bedienfelds auf (die VORSCHAU sollte bereits eingeschaltet sein). Stellen Sie den LISTENTYP auf ZAHLEN um. Die Nummerierung der Liste ist nun wieder fortlaufend. Allerdings sollte die Unterliste eine eigene Nummerierung haben. Indem Sie EBENE auf »2« stellen, erreichen Sie genau das. Die Nummerierung läuft nun innerhalb des ausgewählten Blocks von I bis V. Stellen Sie jetzt das FORMAT auf kleine römische Ziffern um.

6 Unterliste einziehen

Erhöhen Sie den EINZUG LINKS auf 16 mm, um die Unterliste weiter einzuziehen, und stellen Sie die AUSRICHTUNG auf MITTE (hier ist nun genug Platz, um die Auswirkung zu sehen).
Legen Sie die TABULATORPOSITION mit 12 mm fest, um den Listentext näher an die Nummerierung heranzurücken. ■

Da solche Konstruktionen also schnell relativ aufwendig werden und solche Listendefinitionen nicht gespeichert werden können, empfiehlt es sich, für Listen, die mehrfach gestaltet werden müssen, Absatzformate zu erstellen – wie dies funktioniert, werden Sie im nächsten Kapitel erfahren.

DIN-16518:
Venezianische Renaissance-Antiqua
Französische Renaissance-Antiqua
Barock-Antiqua
Klassizistische Antiqua
Serifenbetonte Linear-Antiqua
Serifenlose Linear-Antiqua
Antiqua-Varianten
Schreibschriften
Handschriftliche Antiqua
Gebrochene Schriften
Gotisch
Rundgotisch
Schwabacher
Fraktur
Fraktur-Varianten
Fremde Schriften

DIN-16518:
1. Venezianische Renaissance-Antiqua
2. Französische Renaissance-Antiqua
3. Barock-Antiqua
4. Klassizistische Antiqua
5. Serifenbetonte Linear-Antiqua
6. Serifenlose Linear-Antiqua
7. Antiqua-Varianten
8. Schreibschriften
9. Handschriftliche Antiqua
10. Gebrochene Schriften
11. Gotisch
12. Rundgotisch
13. Schwabacher
14. Fraktur
15. Fraktur-Varianten
16. Fremde Schriften

DIN-16518:
I. Venezianische Renaissance-Antiqua
II. Französische Renaissance-Antiqua
III. Barock-Antiqua
IV. Klassizistische Antiqua
V. Serifenbetonte Linear-Antiqua
VI. Serifenlose Linear-Antiqua
VII. Antiqua-Varianten
VIII. Schreibschriften
IX. Handschriftliche Antiqua
X. Gebrochene Schriften
XI. Gotisch
XII. Rundgotisch
XIII. Schwabacher
XIV. Fraktur
XV. Fraktur-Varianten
XVI. Fremde Schriften

▲ **Abbildung 18.43**
Oben: Schritt 1
Mitte: Schritt 2
Unten: Schritt 3
Bitte beachten Sie auch Abbildung 18.44 auf der folgenden Seite.

DIN-16518:	DIN-16518:	DIN-16518:

I. Venezianische Renaissance-Antiqua
II. Französische Renaissance-Antiqua
III. Barock-Antiqua
IV. Klassizistische Antiqua
V. Serifenbetonte Linear-Antiqua
VI. Serifenlose Linear-Antiqua
VII. Antiqua-Varianten
VIII. Schreibschriften
IX. Handschriftliche Antiqua
X. Gebrochene Schriften
• Gotisch
• Rundgotisch
• Schwabacher
• Fraktur
• Fraktur-Varianten
XI. Fremde Schriften
	I. Venezianische Renaissance-Antiqua
	II. Französische Renaissance-Antiqua
	III. Barock-Antiqua
	IV. Klassizistische Antiqua
	V. Serifenbetonte Linear-Antiqua
	VI. Serifenlose Linear-Antiqua
	VII. Antiqua-Varianten
	VIII. Schreibschriften
	IX. Handschriftliche Antiqua
	X. Gebrochene Schriften
	  i. Gotisch
	  ii. Rundgotisch
	  iii. Schwabacher
	  iv. Fraktur
	  v. Fraktur-Varianten
	XI. Fremde Schriften
		I. Venezianische Renaissance-Antiqua
		II. Französische Renaissance-Antiqua
		III. Barock-Antiqua
		IV. Klassizistische Antiqua
		V. Serifenbetonte Linear-Antiqua
		VI. Serifenlose Linear-Antiqua
		VII. Antiqua-Varianten
		VIII. Schreibschriften
		IX. Handschriftliche Antiqua
		X. Gebrochene Schriften
		  i. Gotisch
		  ii. Rundgotisch
		  iii. Schwabacher
		  iv. Fraktur
		  v. Fraktur-Varianten
		XI. Fremde Schriften

▲ **Abbildung 18.44**
Linke Spalte: Schritt 4
Mittlere Spalte: Schritt 5
Rechte Spalte: Schritt 6

Sollten Sie hingegen eine Liste nicht mehr verändern wollen, können Sie sie von der jeweiligen Funktion entkoppeln und die Formatierung in einen »normalen« Text umwandeln. Wählen Sie hierzu die betreffende Liste aus, und klicken Sie auf AUFZÄHLUNGSZEICHEN IN TEXT KONVERTIEREN bzw. NUMMERIERUNG IN TEXT KONVERTIEREN aus dem Bedienfeldmenü des Absatz-Bedienfelds oder aus dem Kontextmenü der ausgewählten Liste.

Die Möglichkeit, die Formatierung der Liste weiterhin über AUFZÄHLUNGSZEICHEN UND NUMMERIERUNG zu steuern, geht damit jedoch verloren. Sie können nun allerdings unterschiedliche Listen ineinanderkopieren und zusammenschneiden, wie Sie es möchten.

18.3.4 Nummerierte Listen aus Word übernehmen

Im Office-Bereich ist MS Word sicher das Flaggschiff in Sachen Textverarbeitung. Viele Funktionen in Word sind kompliziert, und Word neigt auch dazu, bestimmte Dinge mit einer gewissen Automatik zu erledigen, die nicht jedermanns Geschmack ist. Beim Erstellen von verschachtelten Listen ist Word jedoch vorbildlich. Die Hierarchiestufen werden einfach über die Tabulatortaste gesteuert. [⇥] rückt die Hierarchiestufe weiter ein, und [⇧]+[⇥] legt einen Listeneintrag wieder eine Hierarchiestufe höher.

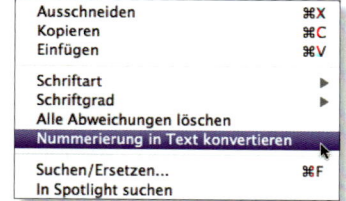

▲ **Abbildung 18.45**
Ausschnitt aus dem Kontextmenü einer Liste, wo Sie – neben vielen anderen Funktionen – auch die Möglichkeit finden, eine Liste in einen Text zu konvertieren.

Wir müssen es leider zugeben: Bei manuell formatierten Listen kann InDesign von Word noch etwas lernen. Allerdings spielt InDesign seine Kraft erst aus, wenn die eigenen – und recht gut kontrollierbaren – Automatismen ins Spiel kommen. Details dazu erfahren Sie in Kapitel 26, »Text verwalten lassen«, ab Seite 641.

Wie können Sie jedoch Listen aus Word-Dokumenten übernehmen? Prinzipiell haben Sie zwei Möglichkeiten, die wiederum jeweils – abhängig von Ihren Voreitellungen – zwei Ergebnisse produzieren.

Per Drag & Drop bzw. Copy & Paste | Markieren Sie eine Liste in Word, und ziehen Sie den Text in ein InDesign-Dokument. Abhängig von den InDesign-Voreinstellungen in ZWISCHENABLAGE-OPTIONEN erhalten Sie zwei unterschiedliche Ergebnisse.

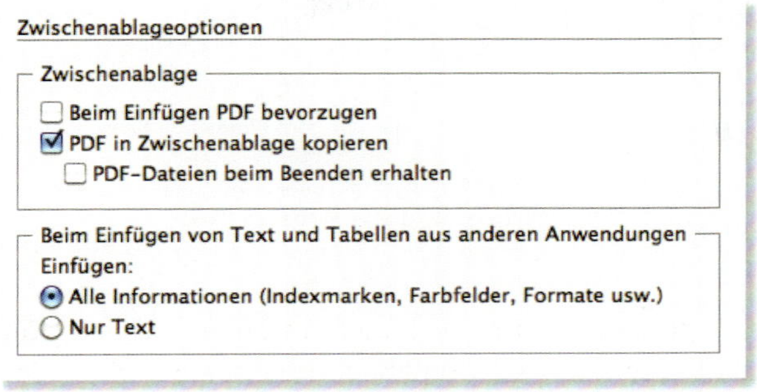

Drag & Drop vs. Copy & Paste
InDesign unterscheidet bei Word-Daten die beiden Möglichkeiten nicht – die Ergebnisse sind die gleichen. Ob Sie also lieber Texte kopieren und einsetzen oder per Mausbewegung verschieben, hängt ganz von Ihrer Arbeitsweise ab.

◀ **Abbildung 18.46**
Die ZWISCHENABLAGEOPTIONEN aus den InDesign-Voreinstellungen

- **Nur Text:** Unter BEIM EINFÜGEN VON TEXT UND TABELLEN AUS ANDEREN ANWENDUNGEN ist die Option NUR TEXT gewählt: Sie erhalten die Liste in einer reinen Textform. Die Nummern und Aufzählungszeichen sind zwar vorhanden, aber es gibt weder Tabulatoren noch werden irgendwelche Listenfunktionen übertragen.
- **Alle Informationen (Indexmarken, Farbfelder, Formate usw.):** Unter BEIM EINFÜGEN VON TEXT UND TABELLEN AUS ANDEREN ANWENDUNGEN ist die Option ALLE INFORMATIONEN (INDEXMARKEN, FARBFELDER, STILE USW.) gewählt: Sie erhalten eine Liste mit sämtlichen Einstellungen für Hierarchieebenen und sämtlichen Absatzeinstellungen in Form von Absatzformaten. Damit sind solche Listen voll weiterverwendbar und mit den InDesign-eigenen Optionen bearbeitbar.

Unformatiert einfügen
Sie können Text aus dem Clipboard jederzeit über BEARBEITEN • UNFORMATIERT EINFÜGEN oder [Strg]+[⇧]+[V] bzw. [⌘]+[⇧]+[V] oder – sofern der Textcursor in einem Textrahmen steht – mit dem gleichnamigen Befehl aus dem Kontextmenü als unformatierten Text einsetzen. Wenn Sie den Text mit der Maus verschieben, führt die Tastenkombination [Strg]+[Alt]+[⇧] bzw. [⌘]+[Alt]+[⇧] zum gleichen Ziel.

Platzieren von Word-Dateien | Die MICROSOFT WORD-IMPORT-OPTIONEN werden wir in Abschnitt 19.5.7, »Formate aus Word-Dokumenten übernehmen«, ab Seite 498 noch näher beleuchten. Je nachdem, welche Einstellungen Sie für den Import setzen, passieren wieder zwei unterschiedliche Dinge.
- **Formate und Formatierung aus Text und Tabellen entfernen:** Unter FORMATIERUNG ist die Option FORMATE UND FORMATIERUNG AUS TEXT UND TABELLEN ENTFERNEN gewählt: Sie erhalten wiederum reinen Text, allerdings ohne Nummern oder Aufzählungszeichen.
- **Formate und Formatierung in Text und Tabellen beibehalten:** Wenn unter FORMATIERUNG die Option FORMATE UND FORMATIERUNG IN TEXT UND TABELLEN BEIBEHALTEN gewählt ist, erhalten Sie eine Liste mit sämtlichen Einstellungen für Hierar-

chieebenen und sämtlichen Absatzeinstellungen in Form von Absatzformaten. Damit sind solche Listen voll weiterverwend- und bearbeitbar.

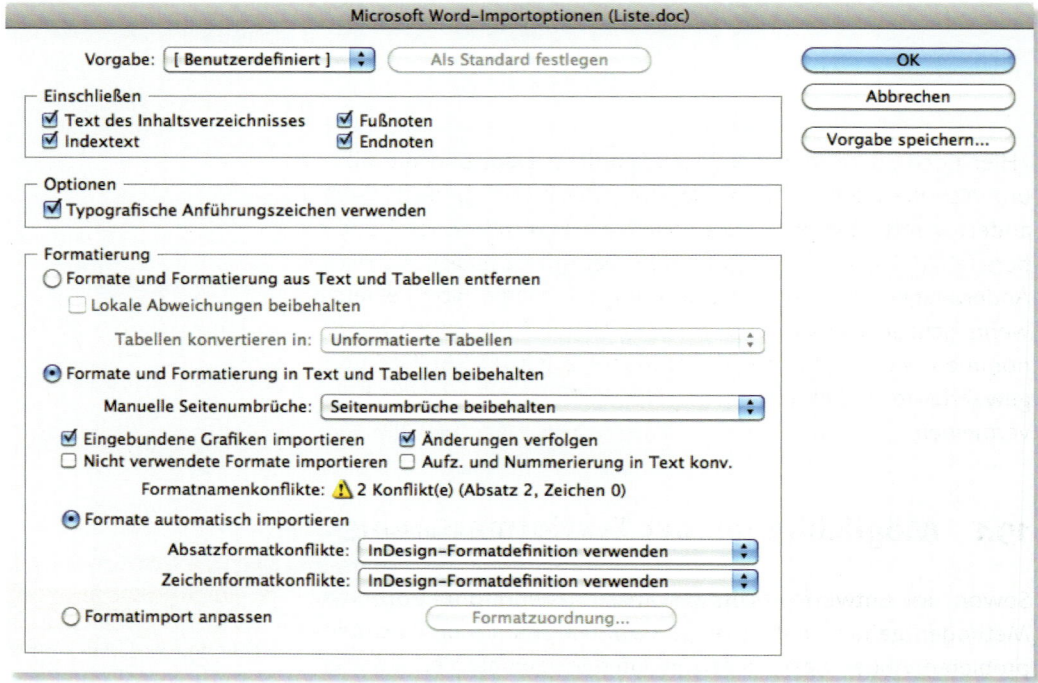

Abbildung 18.47 ▲
MICROSOFT WORD-IMPORTOPTIONEN – sie erscheinen, wenn Sie im PLATZIEREN-Fenster die Option IMPORTOPTIONEN ANZEIGEN auswählen.

Um jedoch alle diese Einstellungen wirklich ausnutzen zu können, ist es notwendig, den nächsten Schritt zu tun. Im nächsten Kapitel werden Sie erfahren, wie Absatzformate funktionieren und wie Sie so die aus dem Word-Dokument stammenden Formate bearbeiten und an Ihre Bedürfnisse anpassen können.

19   Textformatierung

»Hier noch auszeichnen, hier die Schrift in Blau, und die Bildunterschriften sehen langweilig aus – die musst du auch noch ändern.« Mit solchen Sätzen kann man Layoutern viel Freude bereiten und ihnen den Tag versüßen. Der Arbeitsalltag ist voll von Änderungen. Das kostet Zeit und birgt die Gefahr von Fehlern, wenn nicht an allen Stellen exakt die gleichen Änderungen vorgenommen werden. InDesign hilft Ihnen, zügig zu arbeiten, und gewährleistet dabei auch noch, Fehler so weit wie möglich zu vermeiden.

19.1   Möglichkeiten der Textformatierung

Sowohl im Entwurfsprozess als auch in der Produktion sind Methoden gefragt, mit denen Sie schnell und sicher Varianten probieren, Änderungen umsetzen und den gewünschten Zustand einheitlich herstellen können. Hier bietet InDesign viele Möglichkeiten, Formatierungen zwischen Textteilen und Dokumenten auszutauschen, und liefert mit den Absatz- und Zeichenformaten darüber hinaus die notwendige Sicherheit und Schutz vor Formatierungsfehlern.

19.1.1   Textformatierung mit Bedienfeldern

In den beiden vorhergehenden Kapiteln haben Sie Text über das Zeichen- und das Absatz- bzw. das Steuerung-Bedienfeld in den beiden Modi ZEICHENFORMATIERUNG bzw. ABSATZFORMATIERUNG und die Bedienfeldmenüs dieser Bedienfelder formatiert. Wir haben bereits mehrfach darauf hingewiesen, dass für eine sichere und schnelle Textformatierung der Einsatz von Zeichen- und Absatzformaten unumgänglich ist. Die Beschreibung der Formate wird den größeren Teil dieses Kapitels einnehmen.

Im Entwurfsprozess jedoch sind und bleiben die Bedienfelder die erste Wahl, wobei es prinzipiell egal ist, ob Sie über das Steuerung-Bedienfeld arbeiten oder über das Zeichen- und Absatz-Bedienfeld. Trotzdem gibt es kleine Unterschiede, aber auch Vor- und Nachteile.

Absätze teilen

Nicht nur das wiederholte Erstellen bestimmter Formatierungseinstellungen ist lästig, oft müssen Einstellungen zurückgenommen werden. Wenn Sie einen Absatz mit einer normalen Zeilenschaltung teilen, bleiben die Formatierungen natürlich für beide Absätze erhalten. Gerade bei sehr auffälligen Formatierungen wie hängenden Initialen oder Absatzlinien führt das gelegentlich zu Irritationen und in den meisten Fällen eben dazu, dass einige Klicks notwendig sind, um nun überflüssige Formatierungen zurückzunehmen.

Unterschiede | Die Absatzausrichtung Blocksatz, letzte Zeile rechtsbündig gibt es nur im Absatz-Bedienfeld.

Vorteile | Da das Steuerung-Bedienfeld kontextsensitiv ist, können Sie keine Textformatierungen auf Basis von Textrahmen vornehmen. Das Steuerung-Bedienfeld schaltet in diesem Fall auf die Objekteigenschaften des Textrahmens um. Da Zeichen- und Absatz-Bedienfeld ihren Status nicht ändern, können Sie mit diesen beiden Bedienfeldern einen oder mehrere Textrahmen auswählen und Formatierungen auf den gesamten in diesen Rahmen enthaltenen Text anwenden.

Nachteil | Der wesentliche Nachteil der Formatierung über die Bedienfelder ist, dass diese Formatierungen eben manuell gemacht werden müssen – bei gleichen Einstellungen an mehreren Stellen im Text also mehrfach. Und das ist mit vielen Klicks und oft auch mit Fehlern verbunden. In der Entwurfsphase können Sie bei solchen Problemen auf das Pipette-Werkzeug zurückgreifen.

19.1.2 Textformatierung mit der Pipette

Die Pipette ist ein Standardwerkzeug, das Sie aus dem Werkzeug-Bedienfeld oder mit der ⬜-Taste auswählen können. Es dient dazu, Objektattribute aufzunehmen und auf andere Objekte zu übertragen – das funktioniert auch mit Textattributen. Die Pipette ist das ideale Werkzeug, um in der Entwurfsphase verschiedene Varianten gegenüberzustellen und zu vergleichen.

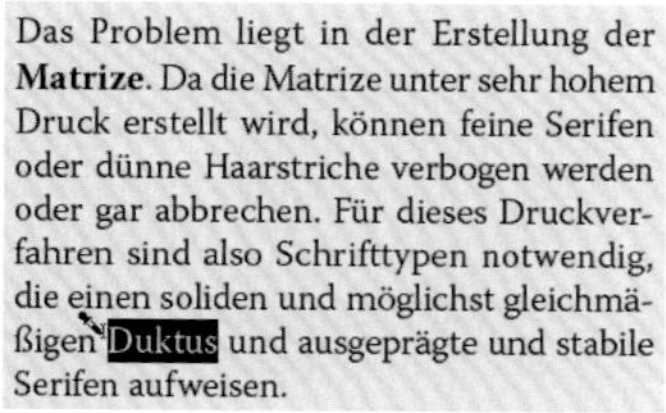

Sobald Sie die Pipette ausgewählt haben, wird Ihr Mauszeiger leer dargestellt – das bedeutet, dass die Pipette nun bereit ist, eine Formatierung aufzunehmen. Dies geschieht, indem Sie auf den Textteil klicken, dessen Attribute Sie auf andere Texte übertragen möchten. Damit ändert sich der Pipette-Zeiger und sieht nun gefüllt aus. Wenn Sie diesen Zeiger über einen anderen Textteil bewegen, ändert er sich in einen gefüllten Zeiger mit einer kleinen Einfügemarke, die anzeigt, dass Sie einen Text, den Sie nun auswählen, mit den aufgenommenen Textattributen formatieren können. Ein Doppelklick auf ein Wort überträgt die Formatierung auf dieses Wort und ein Dreifachklick auf die ganze Zeile.

Eine zweite Möglichkeit funktioniert umgekehrt: Markieren Sie zunächst den Text, den Sie formatieren möchten. Wählen Sie dann das Pipette-Werkzeug aus, und klicken Sie auf den Text, dessen Formatierung auf die Auswahl übertragen werden soll.

Bei beiden Methoden bleiben die ausgewählten Textattribute in der Pipette gespeichert. Sie bleibt also gefüllt, und Sie können die aufgenommene Formatierung auf weitere Textteile übertra-

---

Das Problem liegt in der Erstellung der **Matrize**. Da die Matrize unter sehr hohem Druck erstellt wird, können feine Serifen oder dünne Haarstriche verbogen werden oder gar abbrechen. Für dieses Druckverfahren sind also Schrifttypen notwendig, die einen soliden und möglichst gleichmäßigen **Duktus** und ausgeprägte und stabile Serifen aufweisen.

▲ **Abbildung 19.1**
Klicken Sie zuerst mit der Pipette auf das Wort »Matrize«, und wählen Sie dann das Wort »Duktus« aus, um die Formatierung zu übertragen.

gen. Die in der Pipette gespeicherte Vorlage wird zurückgesetzt, sobald Sie ein anderes Werkzeug auswählen. Sie können aber jederzeit eine neue Einstellung aufnehmen, indem Sie bei gefüllter Pipette die [Alt]- bzw. die [⌥]-Taste drücken. Während Sie die Taste gedrückt halten, ändert sich der Mauszeiger wieder in die leere Pipette 🖉, und Sie können eine neue Formatierung aufnehmen.

In der Standardeinstellung ist bei beiden beschriebenen Methoden entscheidend, wie der Text formatiert wurde. Ist der Text mit Formaten gestaltet worden, werden die gesamten Formatinformationen übernommen. Das macht sich so bemerkbar, dass Sie zwar einen Text markieren können, wenn Sie aber dann mit der Pipette Attribute aus einem Text übernehmen, der mit einem Absatzformat gestaltet wurde, wird nicht nur der ausgewählte Text neu formatiert, sondern die gesamte Absatzformatierung übernommen.

Mit Formaten machen wir Sie im Anschluss bekannt. Das Problem ist aber insofern ein universelles, als es immer wieder Situationen geben kann, in denen Sie das Standardverhalten der Pipette ändern und ihre Funktion auf einige Attribute einschränken möchten. Das erreichen Sie, indem Sie auf das Pipette-Werkzeug doppelklicken.

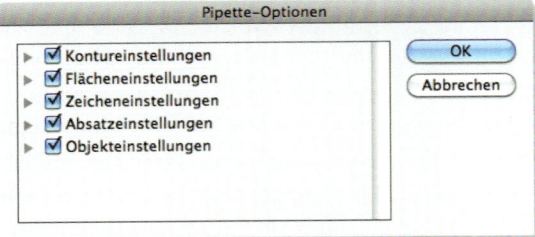

In den erscheinenden PIPETTE-OPTIONEN können Sie genau festlegen, welche Attribute aufgenommen/übertragen werden sollen. Die insgesamt fünf Einstellungsbereiche können aufgeklappt werden und bieten Ihnen dann die Möglichkeit, jedes Detail der Formatierung ein- und auszuschalten. Wenn Sie im Abschnitt ZEICHENEINSTELLUNGEN alle Optionen mit Ausnahme von FARBE und FARBTON ausschalten, werden in der Folge eben auch nur die Farbinformationen auf das Ziel übertragen; alle anderen Textattribute bleiben unverändert.

Leider können die PIPTETTE-OPTIONEN nicht verändert werden, wenn bereits eine Formatierung aufgenommen wurde, weil das Aufrufen der Optionen die Pipette zurücksetzt. Es wäre gelegentlich sehr praktisch, wenn man einzelne Attribute nachträglich

Das Problem liegt in der Erstellung der **Matrize**. Da die Matrize unter sehr hohem Druck erstellt wird, können feine Serifen oder dünne Haarstriche verbogen werden oder gar abbrechen. Für dieses Druckverfahren sind also Schrifttypen notwendig, die einen soliden und möglichst gleichmäßigen Duktus und ausgeprägte und stabile Serifen aufweisen.

▲ **Abbildung 19.2**
Markieren Sie erst den zu formatierenden Text, und klicken Sie dann mit der Pipette auf die Vorlage.

TIPP

Die Pipette kann zum Austausch von Formatinformationen zwischen Dokumenten verwendet werden. Sie können also in einem Dokument eine Formatierung aufnehmen und die gefüllte Pipette in einem anderen Dokument anwenden. Zeichen- und Absatzformate werden dabei natürlich ebenfalls übertragen.

◄ **Abbildung 19.3**
PIPETTE-OPTIONEN: Neben Zeichen- und Absatzeinstellungen werden von der Pipette auch die verschiedenen Objekteigenschaften aufgenommen.

TOP-TIPP
Nur Absatzattribute übertragen

Wenn Sie bei geladener Pipette die [⇧]-Taste drücken, ändert sich die Werkzeugdarstellung in 🖋. Wenn Sie nun auf einen Text klicken, werden nur die Absatzattribute übertragen.

▲ **Abbildung 19.4**
Zeichenoptionen der
PIPETTE-OPTIONEN

abschalten und somit unterschiedliche Varianten erstellen könnte. Die Stärke der Pipette liegt gerade in der Möglichkeit, sehr schnell kleine Korrekturen vorzunehmen. Für die Gestaltung umfangreicher Publikationen ist das Pipette-Werkzeug nicht geeignet. Deshalb bieten professionelle Satzprogramme hier weitergehende Möglichkeiten – in QuarkXPress werden sie »Stilvorlagen« genannt; InDesign nennt sie »Zeichen- und Absatzformate«.

19.1.3 Textformatierung mit Zeichen- und Absatzformaten

Das manuelle Formatieren langer und textlastiger Dokumente – egal ob mit oder ohne Pipette – hat im Wesentlichen folgende drei Nachteile:

1. Sich wiederholende Textformatierungen müssen für jedes Element neu vorgenommen werden. Das kann bei exzessiver Nutzung der Formatierungsoptionen eine langwierige Arbeit sein.
2. Die immer wiederkehrenden Formatierungen bergen viele Fehlerquellen in sich. Einmal wird die Schriftgröße falsch eingestellt, ein anderes Mal möglicherweise der Schriftschnitt.
3. Änderungen in der Typografie ziehen sich immer durch alle Details der Publikation. Jedes Element muss stets neu bearbeitet werden.

Deshalb wird das Konzept der Vorlagen, die Sie bereits in Form von Musterseiten kennengelernt haben, auch auf die Textgestaltung und auf andere Bereiche der Gestaltung übertragen.

Dabei wird zunächst abstrakt beschrieben, wie ein bestimmter Textteil oder Absatz aussehen soll. In einem zweiten Schritt wird die abstrakte Vorlage auf die realen Elemente Ihrer Publikation übertragen. Dieser Zusatzaufwand rechtfertigt sich dadurch, dass Sie mit dieser Strategie alle potenziellen Probleme auf einmal erledigen können.

Da die Vorlage alle Formatierungsattribute enthält, sparen Sie sich beim Übertragen der Vorlage die Einstellung aller einzelnen Attribute. Einmal definiert, können alle Auszeichnungsmerkmale mit einem Klick auf bestehende Elemente übertragen werden.

Das führt unmittelbar zum zweiten Vorteil: Da es nur eine zentrale Definition gibt, ist sichergestellt, dass alle davon abgeleiteten Formatierungen auch genauso aussehen, wie Sie es beabsichtigt haben. Es kann kein Detail übersehen werden.

Die Textanteile, die über Formate gestaltet wurden, übernehmen nicht die Attribute der Vorlage auf der physikalischen Ebene, sondern auf einer logischen: »Dieser Textteil sieht so aus wie die Vorlage.« Das bedeutet, dass Sie die abstrakte Definition – »das Aussehen« – ändern können und sich somit alle davon abgeleite-

> **TIPP**
>
> Um verschiedene Textattribute (auch die Schriftfamilie oder den Schriftschnitt) eines ausgewählten Texts zu verändern, können Sie in allen Eingabefeldern, die der Textformatierung dienen, entweder über die Pfeile neben dem Feld oder auch (wenn Sie den Cursor in das Feld setzen) mit den Cursortasten Ihrer Tastatur blättern.

ten Textelemente automatisch anpassen. Die entsprechenden Textelemente erben das Aussehen, nicht die einzelnen Attribute. Änderungen in der Typografie sind somit mit wenigen Mausklicks erledigt. Das bewährt sich besonders in der Entwurfsphase einer Publikation, kann aber auch bei Anpassungen periodischer Publikationen den Aufwand drastisch reduzieren.

Ein Element, das mit einer Formatvorlage formatiert wurde, ist dabei jedoch nicht starr auf das vorgegebene Format eingestellt, sondern Sie können jederzeit einzelne Attribute im Text korrigieren oder ergänzen. Einer Feinarbeit steht damit also nichts im Wege.

Da Formate darüber hinaus voneinander lernen können, können Sie hierarchische Beziehungen aufbauen, in denen, von einem Wurzelformat ausgehend, alle anderen Formate abgeleitet und nur noch in Details angepasst werden. Eine Änderung des Wurzelformats (oder jedes in der Hierarchie übergeordneten Formats) überträgt sich auf alle davon abgeleiteten Formate.

Formate können zwischen Dokumenten ausgetauscht werden. Abhängig von den gewählten Voreinstellungen passiert das automatisch bei Drag & Drop- und Copy & Paste-Operationen, aber auch dann, wenn Sie mit Snippets (siehe Seite 707) oder Bibliotheksobjekten (siehe Seite 701) arbeiten.

Formate, die Sie in Word-Dokumenten angelegt haben, können beim Textimport auf InDesign-Formate abgebildet werden. Darüber hinaus sind Formate die Grundlage für viele Weiterverarbeitungsprozesse, wie z. B. für das Erstellen von Inhaltsverzeichnissen, die Übergabe von Daten an andere Programme und den XHTML- oder XML-Export. Da hier zumeist der Inhalt vom Erscheinungsbild getrennt wird, sind Formate notwendig, um das Erscheinungsbild sauber zu beschreiben.

An dieser Stelle möchten wir nur die Zeichenformate und Absatzformate betrachten. Beide werden über eigene Bedienfelder abgebildet, die standardmäßig in den Registerkarten am Bildschirmrand untergebracht sind. Diese Bedienfelder stellen eine Liste der definierten Formate zur Verfügung und geben Ihnen die Möglichkeit, Formate aus anderen Dokumenten zu übernehmen, Formate zu definieren, zu ändern und wieder zu löschen.

Die Absatzformate können alle Absatzattribute abbilden, die Sie in Kapitel 18, »Absätze«, zur Absatzformatierung kennengelernt haben. Darüber hinaus enthalten sie auch alle Informationen zum Text, den der jeweilige Absatz trägt. Die Details zur Anwendung von Absatzformaten erfahren Sie in Abschnitt 19.4, »Absatzformate«, auf Seite 471.

Trennung von Form und Inhalt

Die Trennung von Inhalt und Erscheinungsbild ist keine Spezialität von Layout-Programmen. In der Produktion aller möglichen digitalen Medien wird dieses Prinzip angewandt, weil Daten so leichter zwischen den unterschiedlichen Medien ausgetauscht werden können.

Im Webdesign wird üblicherweise bei der Gestaltung von HTML-Seiten auf CSS (Cascading Style Sheets) zurückgegriffen, die die Funktion von Stilvorlagen bzw. Formaten übernehmen.

Auch die Gestaltung von platzierten XML-Daten funktioniert nur über die Anwendung von Absatz- und Zeichenformaten.

▲ **Abbildung 19.5**
Das Absatzformate- und das Zeichenformate-Bedienfeld in einer schwebenden Registerkarte mit einigen Formaten, die wir in diesem Buch verwenden

19.2 Grundlegende Handhabung von Absatz- und Zeichenformaten

Betrachten wir nun einige Eigenschaften, die beide Arten von Formaten (aber auch andere Hilfsmittel, wie Tabellen- und Zellenformate oder Objektformate) gemeinsam haben, und sehen wir uns an, wie Sie diese Eigenschaften in der Praxis am besten nutzen können.

19.2.1 Die Bedienfelder

Die Bedienfelder **Zeichenformate** und **Absatzformate** sind standardmäßig am rechten Bildschirmrand angedockt oder können im Menü FENSTER • FORMATE aufgerufen werden. Das Zeichenformate-Bedienfeld können Sie auch mit Strg+⇧+F11 bzw. ⌘-⇧+F11 und das Absatzformat-Bedienfeld über Strg+F11 bzw. ⌘+F11 aufrufen.

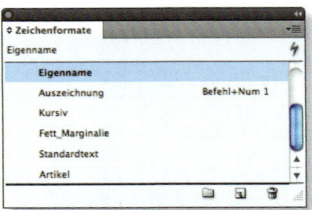 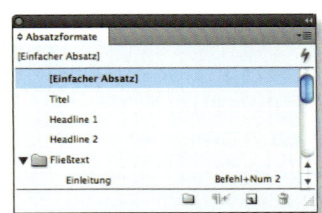

Abbildung 19.6 ▶
Das Absatzformate- und das Zeichenformate-Bedienfeld. Im Absatzformate-Bedienfeld sind einige Formate zu einer Gruppe zusammengefasst.

Beide Bedienfelder sind gleich aufgebaut. Die Unterschiede werden wir bei den jeweiligen Formaten behandeln. Das Anlegen neuer Formate funktioniert bei beiden Varianten gleich.

19.2.2 Formate anlegen

Um ein neues Zeichen- oder Absatzformat zu erstellen, rufen Sie NEUES ZEICHENFORMAT aus dem Bedienfeldmenü des Zeichenformat-Bedienfelds bzw. NEUES ABSATZFORMAT aus dem Bedienfeldmenü des Absatzformate-Bedienfelds auf.

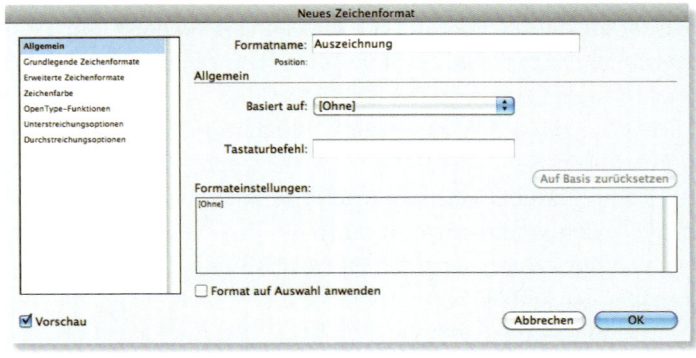

Abbildung 19.7 ▶
Der Abschnitt ALLGEMEIN des Fensters NEUES ZEICHENFORMAT. Unter FORMATEINSTELLUNGEN zeigt InDesign eine Zusammenfassung aller derzeitigen Einstellungen Ihres Formats.

Alternativ können Sie mit gedrückter Alt- bzw. ⌥-Taste auf 🔳 klicken. Wenn Sie einen einfachen Klick auf 🔳 machen, wird zwar ein neues Format angelegt, Sie müssen es jedoch über einen Doppelklick zur Bearbeitung aufrufen.

In der Folge erscheint das Fenster NEUES ZEICHENFORMAT bzw. NEUES ABSATZFORMAT. Beide Fenster sind in mehrere Abschnitte gegliedert, mit denen Sie sämtliche Attribute definieren können. Der erste Abschnitt, ALLGEMEIN, dient zur Verwaltung des Formats. Legen Sie zunächst einen Namen für Ihr Format fest, und tragen Sie ihn unter FORMATNAME ein.

Sie sind in der Namenswahl nicht eingeschränkt. Vermeiden Sie aber sowohl die Sonderzeichen &, :, < und > in den Namen als auch Zahlen am Beginn des Namens von Formaten. Wenn Ihr Layout auf Basis von XML weiterverarbeitet wird, kann dies zu Fehlern führen. Umlaute dürfen Sie allerdings verwenden.

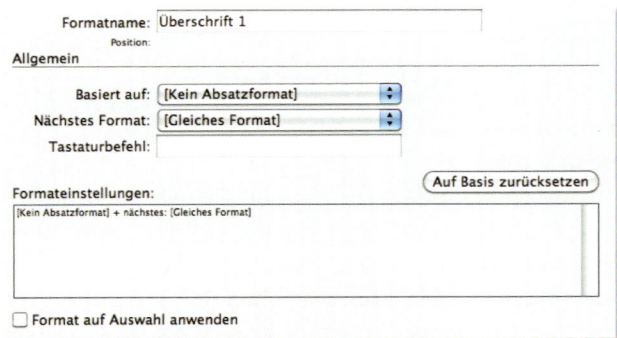

◀ **Abbildung 19.8**
Der Abschnitt ALLGEMEIN des Fensters NEUES ABSATZFORMAT: Der einzige Unterschied zu NEUES ZEICHENFORMAT liegt in der Option NÄCHSTES FORMAT, die wir später noch ausführlich behandeln werden.

Sie können folgende zusätzliche Einstellungen bei beiden Formaten vornehmen:

- **Basiert auf:** Mit BASIERT AUF können Sie festlegen, welche Attribute von einem bestehenden Zeichenformat übernommen werden sollen. Zu dieser leistungsstarken Funktion werden wir uns später noch ein paar Gedanken machen und sie in Abschnitt 19.4, »Absatzformate«, näher durchleuchten.
- **Tastaturbefehl:** Sie könnten dem Zeichenformat einen Tastaturbefehl zuordnen, über den Sie das Format auf Textteile anwenden könnten. Der Konjunktiv im letzten Satz ist bewusst gewählt. InDesign bietet eine fast unüberschaubare Menge an Tastaturbefehlen, und die freien Möglichkeiten sind beschränkt. Als Tastaturbefehle für Formate lässt InDesign nur die Ziffern der Zehnertastatur zu. Dazu muss die Num-Taste gedrückt sein. Unter Windows können Sie dann eine beliebige Kombination aus Strg-, Alt- oder ⇧-Taste und zusätzlicher Ziffer der Zehnertastatur drücken. Unter Mac OS X benötigen Sie die

Zehnertastatur

Bei portablen Systemen, die ja zumeist keine Zehnertastatur haben, ist eine Verwendung dieser Tastaturbefehle unter Umständen gar nicht möglich, jedoch im Regelfall zumindest unpraktisch, weil meistens ein Teil der normalen Tastatur in den Zehnerblockmodus umgeschaltet wird.

üblichen Steuertasten `ctrl`, `⌘`, `⌥` und `⇧`. Die gewählte Tastenkombination wird im Zeichenformate-Bedienfeld neben dem Eintrag Ihres Formats auch angezeigt, sofern der Platz dazu ausreicht. Unzulässige Tastenkombinationen werden von InDesign verweigert; Fehler sind also nicht möglich.

▶ **Auf Basis zurücksetzen:** Wenn Sie bei Ihren Experimenten viele Einstellungen verändert haben, können Sie alle Änderungen rückgängig machen, indem Sie auf AUF BASIS ZURÜCKSETZEN klicken. Das Absatzformat wird in den Zustand zurückversetzt, in dem es sich befand, als Sie es neu angelegt haben.

▶ **Format auf Auswahl anwenden:** FORMAT AUF AUSWAHL ANWENDEN ist nur aktiv, wenn Sie ein neues Format definieren. Wenn Sie diese Option aktivieren, wird die neue Definition sofort auf den ausgewählten Text angewendet. Diese Option ist praktisch, wenn Sie ein Format aus einem bereits gestalteten Text ableiten und es diesem Text in einem Arbeitsgang zuweisen möchten. Wenn Sie ein bestehendes Zeichenformat ändern, ist diese Option nicht auswählbar.

19.2.3 Formate sinnvoll benennen

Jedes Format muss einen eindeutigen Namen haben. Gleichnamige Formate können zwar existieren, müssen aber in unterschiedlichen Formatgruppen liegen. Da die Formatgruppen wiederum eindeutige Namen haben, ist der einzelne Formatname somit automatisch wieder eindeutig. InDesign stellt bei allen Funktionen den Namen der Formatgruppe in Klammern hinter den Formatnamen. Wie Sie solche Formatgruppen anlegen, werden Sie in Abschnitt 19.2.6 erfahren.

In der Praxis zeigt sich, dass Sie sich, wenn Sie viele Formate haben, ein Schema zurechtlegen sollten, um das gewünschte Format leichter aufzufinden. In der Realität finden wir immer wieder Zeichenformate mit Namen wie »Times fett 9 Pt« vor. Solche Namen sollten Sie vermeiden, denn der Vorteil von Formaten ist ja gerade, dass sie jederzeit die gesamte Typografie in Ihrem Dokument umstellen können, indem Sie wenige Formate ändern. Ändert sich die Schrift, müssen Sie aber auch den Namen des Formats ändern. Oftmals wird dies jedoch übersehen. Werden solche Dokumente weitergegeben, ist die Verwirrung groß. Verwenden Sie also sprechende Namen!

Der Name sollte die Funktion des Formats wiedergeben, nicht den Inhalt. Das gilt auch für extreme Abkürzungen oder Wortkreationen wie »qudlbrmft«. Dies mag Sie persönlich erheitern, wer jedoch auch immer Ihr Dokument weiterbearbeiten muss, benötigt ausgesprochen viel Humor, um mit solchen Bezeichnungen

---

Neues Format erstellen

Wenn Sie ohne gedrückte `Alt`- bzw. `⌥`-Taste ein Format anlegen und dann editieren, bearbeiten Sie auch ein bereits existierendes Format – deshalb ist dann die Option FORMAT AUF AUSWAHL ANWENDEN ebenfalls nicht verfügbar.

Welche Funktion hat »Times fett 9 Pt«?

Es ist manchmal schwierig, einen »Funktionsnamen« für ein Format zu finden. Wenn Sie ein Zeichenformat definieren, über das Sie einzelne Wörter fett auszeichnen wollen, können Sie das Format einfach »fett« oder »Auszeichnung« nennen. Wenn Sie einen fetten Schnitt sowohl in Ihrem Haupttext als auch in Bildunterschriften, aber in unterschiedlichen Größen verwenden, wären z. B. »Auszeichnung Haupttext« und »Auszeichnung BU« geeignete Namen. Ändert sich die Auszeichnungsmethode dann auf »kursiv«, muss der Name der Formate nicht geändert werden – ihre Funktion hat sich ja auch nicht geändert.

arbeiten zu können. Den Namen eines Zeichenformats können Sie über FORMATOPTIONEN im Bedienfeldmenü ändern. Die Namen können aber auch direkt in der Liste des Bedienfelds geändert werden, indem Sie auf den Namen eines bereits ausgewählten Formats klicken. Es erscheint ein Editierrahmen, in dem Sie einen neuen Namen eingeben können. Wenn Sie die ⏎-Taste drücken oder auf eine Stelle außerhalb des Editierrahmens klicken, wird die Änderung übernommen.

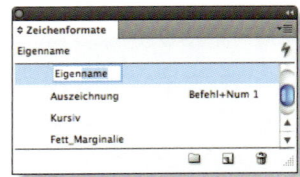

▲ **Abbildung 19.9**
Formatnamen können direkt im Bedienfeld editiert werden.

19.2.4 Wann sollen Formate aufeinander basieren?

Sie haben sicher schon viel in unserem Buch gelesen, und es ist Ihnen sicher aufgefallen, dass der Haupttext zum größten Teil aus zwei Arten von Absätzen besteht: Absätze ohne Einzug in der ersten Zeile (sie stehen am Beginn einer Seite oder nach Objekten, die in den Text eingefügt sind – nennen wir sie »Startabsatz«) und Absätze mit einem solchen Einzug (sie folgen dem Absatz ohne Einzug bis zum Seitenende oder bis zu einem in den Text eingefügten Objekt – nennen wir diese Art »Standardabsatz«).

Die beiden Absatzarten unterscheiden sich wirklich nur im Einzug. Genau das ist die Situation, in der Absätze aufeinander basieren sollen. Wenn der Startabsatz auf dem Standardabsatz basiert, können Sie sich in der Definition darauf beschränken, den Einzug zu korrigieren. Alle anderen Attribute werden vom Standardabsatz übernommen, und diese Attribute bleiben auch mit dessen Definition verbunden. Wird die Schriftgröße im Standardabsatz verändert, ändert sich somit die Schriftgröße im Startabsatz ganz automatisch. Alle Attribute werden auf das abgeleitete Format übertragen, solange sie nicht im abgeleiteten Format manuell verändert wurden. Diese Vererbung würde bei unseren Formaten also nicht mehr funktionieren, wenn die Schriftgröße im Startabsatz bereits auf einen konkreten Wert gesetzt wurde. Würde beim Standardabsatz z. B. der Einzug in der ersten Zeile ergänzt, würde der Startabsatz seinen eigenen Einzug behalten.

Bei umfangreichen Publikationen ist allerdings eine gewisse Planung notwendig. Die dafür notwendige Zeit ist gut investiert, wenn es Änderungen an der Typografie gibt, seien es Planungsänderungen oder Fehlerkorrekturen. Eine gut ausgearbeitete Struktur erlaubt Änderungen mit wenigen Mausklicks.

19.2.5 Formate sortieren

InDesign legt neu angelegte Formate nach keinem erkennbaren Muster im jeweiligen Bedienfeld ab. Die Anordnung/Abfolge der Einträge können Sie auf unterschiedliche Art selbst festlegen. Greifen Sie ein Zeichenformat einfach mit dem Mauszeiger, und

[Auszeichnung]
Die Hervorhebung eines Textteils, z. B. eines einzelnen Wortes

[Aktive Auszeichnung]
Eine Auszeichnung, die sich stark von dem umgebenden Text abhebt, z. B. **fett** oder <u>unterstrichen</u>

[Integrierte Auszeichnung]
Eine Auszeichnung, die sich gut in den umgebenden Text einfügt, z. B. *kursiv* oder KAPITÄLCHEN

Nachträgliche Änderungen

Die Information, auf welchem Format ein anderes Format basiert, kann auch nachträglich geändert werden. Die Ergebnisse sind aber unter Umständen nicht ohne Weiteres vorher zu sehen.

Sprachversionen

In einem mehrsprachigen Projekt, wie in Teil II unseres Buchs, sind die Absatzformate für die unterschiedlichen Sprachen ideale Kandidaten, um aufeinander zu basieren. »FT_Italienisch« entspricht »FT_Deutsch«, lediglich die Einstellungen für das zu verwendende Wörterbuch unterscheiden sich.

▲ **Abbildung 19.10**
Zeichenformate anordnen

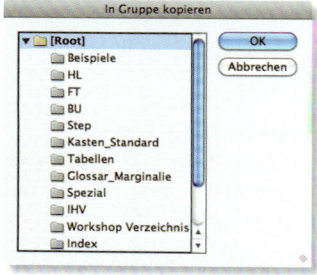

▲ **Abbildung 19.11**
Wenn Sie mehrere Formate in eine Gruppe kopieren wollen, müssen Sie das Ziel aus der Liste der existierenden Gruppen auswählen.

Mehrere Formate auswählen

Eine zusammenhängende Liste von Formaten können Sie auswählen, indem Sie zunächst das erste Format markieren und dann mit gedrückter ⇧-Taste das letzte Format.

Nicht beieinander liegende Formate wählen Sie aus, indem Sie bei jedem Klick auf ein zusätzliches Format die Strg-bzw. ⌘-Taste gedrückt halten.

---

verschieben Sie es an eine andere Stelle in der Liste. Sollten Sie eine alphabetische Ordnung vorziehen, können Sie NACH NAME SORTIEREN im Bedienfeldmenü aufrufen.

Bei kleinen Dokumenten mit wenigen Formaten ist der Überblick über alle Definitionen auf diese Weise zwar zu wahren, in umfangreichen Projekten wäre die Scrollerei und Sucherei in den Bedienfeldern allerdings außerordentlich mühsam. Deshalb gibt es die Möglichkeit, Formate in Gruppen bzw. Ordnern zusammenzufassen.

19.2.6 Formate in Gruppen zusammenfassen

Klicken Sie auf NEUE FORMATGRUPPE ERSTELLEN 🗀 , oder wählen Sie NEUE FORMATGRUPPE aus dem Bedienfeldmenü. Beim Anlegen über das Bedienfeldmenü werden Sie zunächst nach einem Namen für die Gruppe gefragt. Ein Klick auf 🗀 erzeugt eine Formatgruppe mit einem Standardnamen, den Sie aber direkt im Bedienfeld ändern können (wie zuvor bei den Formatnamen beschrieben).

Ein Klick auf NEUE FORMATGRUPPE ERSTELLEN mit gedrückter Alt- bzw. ⌥-Taste führt wiederum direkt zum Fenster NEUE FORMATGRUPPE, wo Sie den Namen der Gruppe eingeben können. Dabei müssen Sie jedoch auf eindeutige Namen achten – eine Gruppe kann nicht genauso wie ein einzelnes Format genannt werden, solange sich die beiden auf der gleichen Ebene in der Liste befinden.

Einzelne Formate können Sie nun direkt in den entsprechenden Ordner ziehen. Mehrere Formate können Sie zunächst auswählen und dann blockweise in einen Ordner bewegen, oder Sie nutzen IN GRUPPE KOPIEREN aus dem Bedienfeldmenü. Allerdings entstehen dann wirklich lediglich Kopien. Die Originale müssen noch gezielt gelöscht werden, was zu lästigen Zuordnungsfragen führen kann. In einem solchen Fall ist es einfacher, wenn Sie alle Formate auswählen und NEUE GRUPPE AUS FORMATEN aus dem Bedienfeldmenü aufrufen. Sie werden nun nach einem Namen für die neue Gruppe gefragt; die Gruppe wird angelegt, und alle Formate werden in diese Gruppe verschoben.

Die Gruppenordner können natürlich wieder nach Belieben in der Liste verschoben werden. Zusätzlich können diese Ordner aber auch ineinander verschachtelt werden, was endgültig die Möglichkeit bietet, auch eine große Anzahl an Formaten zu bändigen und zu strukturieren. Formatgruppen werden über das Dreieck neben dem Namen auf- und zugeklappt. Befehle, über die Sie alle Gruppen gleichzeitig auf- oder zuklappen – ALLE FORMATGRUPPEN ÖFFNEN und ALLE FORMATGRUPPEN SCHLIESSEN –, finden Sie im Bedienfeldmenü. Wenn Sie eine Gruppe löschen, werden auch alle darin enthaltenen Formate gelöscht – InDesign fragt Sie jedoch zur Sicherheit vorher noch nach Ihrem Einverständnis und gibt Ihnen die Möglichkeit, Nachfolger für die zu löschenden Formate zu nominieren.

19.3 Zeichenformate

Alle Attribute, die Sie in Zeichenformaten festlegen können, finden Sie später auch in den Absatzformaten. Allerdings werden alle Zeichenattribute in Absatzformaten auf den gesamten Text eines Absatzes übertragen. Zeichenformate sind für Textmengen gedacht, die kleiner als ein Absatz sind. Dadurch ergeben sich einige Unterschiede in Struktur und Anwendung.

▲ **Abbildung 19.12**
Einzelne Formate und verschachtelte Formatgruppen im Absatzformate-Bedienfeld

19.3.1 Das Zeichenformat »[Ohne]«

Das Zeichenformat [Ohne] existiert in jedem neuen Dokument. Es wird von InDesign vorgegeben und kann weder verändert noch gelöscht werden. Es hat im Wesentlichen zwei Funktionen:
1. Prinzipiell basiert jedes Zeichenformat auf einem anderen. Wenn Sie eine neue Verkettung aufeinander basierender Formate starten wollen, dann wählen Sie für Basiert auf das Zeichenformat [Ohne]. Da dieses Format keinerlei Eigenschaften hat, beginnen Sie also wieder bei null.
2. Zeichenformate werden immer auf ausgewählten Text angewendet. Dieser Text hat jedoch schon Schriftattribute auf Basis des Absatzes erhalten. Wenn Sie die Formatierung in einem Text über ein Zeichenformat rückgängig machen wollen, weisen Sie dem Text das Zeichenformat [Ohne] zu. Da dieses Format keinerlei Eigenschaften hat, werden die Schriftattribute des Absatzes wieder wirksam.

> **»[Ohne]« wirkt nur auf Zeichenformate**
>
> Das Zurücksetzen der Textattribute mit dem Zeichenformat [Ohne] funktioniert nur für Texte, die mit Zeichenformaten gestaltet wurden. Manuelle Änderungen an den Textattributen werden davon nicht erfasst!

19.3.2 Ein Zeichenformat anlegen

Erstellen Sie nun ein neues Zeichenformat, und blättern Sie durch die einzelnen Bereiche. Sie werden alte Bekannte aus den bisherigen Kapiteln antreffen, deren Wiederholung wir Ihnen hier ersparen. Wenn Sie sich in der Auswirkung der einzelnen Textattribute noch nicht ganz sicher sind, wählen Sie vor der Definition des Zeichenformats einen Text aus, und aktivieren Sie im Fenster Neues Zeichenformat die Option Vorschau – Sie können dann alle Einstellungen direkt in Ihrem Dokument nachvollziehen.

Wir haben in Kapitel 17, »Zeichen«, schon gezeigt, wie Sie Zeichen mit den neuen Optionen im Steuerung-Bedienfeld einfärben

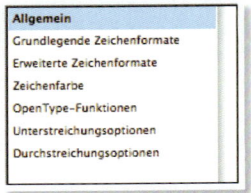

▲ **Abbildung 19.13**
Sämtliche Zeichen-Attribute sind für die Definition von Zeichenformaten in sieben Bereiche gegliedert.

können. Da die diesbezüglichen Optionen in der Definition von Zeichenformaten jedoch ganz anders aussehen, werfen wir zuerst einen Blick auf das Register ZEICHENFARBE, das für die Farbeinstellungen für Texte bzw. deren Konturen zuständig ist.

Abbildung 19.14 ▶
Der Abschnitt ZEICHENFARBE – Einstellungen für die Schriftfläche

> **TIPP**
>
> Wenn Sie öfter Wörter fett und mit 80 % Grau setzen müssen, dann legen Sie sich dafür ein Zeichenformat an. In Zeichenformaten müssen Schriftfamilie, Schriftgrad usw. nicht definiert sein. Ein Format, das nur die Information »fett, 80 % Grau« enthält, überträgt auch nur diese Information auf den Text und verändert die anderen Schriftattribute nicht.

▶ **Fläche T:** Wenn Sie die Schrift einfärben wollen, aktivieren Sie dieses Symbol und wählen aus der Liste der definierten Farben die gewünschte Farbe aus. Bei neu angelegten Formaten ist die Farbe zunächst undefiniert, und FLÄCHE (und auch die Kontur) wird mit Fragezeichen gekennzeichnet. In diesem Fall lässt InDesign die Farbe des Textes, auf den das Zeichenformat angewendet wird, unverändert. Sollten Sie in der Liste der definierten Farben die richtige Farbe nicht finden, können Sie mit einem Doppelklick auf eines der Symbole Textfarbe T oder Konturfarbe T ein Fenster zum Definieren eines neuen Farbfeldes aufrufen.

▶ **Farbton:** Diese Einstellung können Sie sowohl für die Zeichenfarbe als auch für die Kontur vornehmen. Wir empfehlen Ihnen jedoch, dafür ein Farbtonfeld zu definieren und zu verwenden.

▶ **Fläche überdrucken:** Wenn die Schrift überdrucken soll, aktivieren Sie diese Option (standardmäßig ist sie schon aktiviert, was allerdings nur bei schwarzem Text sinnvoll ist), ansonsten würde die Schrift aus dem Hintergrund ausgespart.

Für Zeichenkonturen gibt es folgende Einstellungen:

▶ **Zeichenkontur T oder ⃞:** Text kann als Umriss dargestellt werden. Hier legen Sie die Farbe des Umrisses fest. Ist die Farbe des Umrisses nicht definiert, existiert auch die Kontur nicht, und InDesign stellt die Fläche der einzelnen Zeichen dar. Ansonsten müssen Sie noch weitere Einstellungen vornehmen und der Kontur z. B. auch eine STÄRKE geben.

▶ **Stärke:** Dies bezieht sich auf die Stärke der Schriftkontur und ist deshalb nur auswählbar, wenn Sie das Zeichenkontur-Sym-

> **Zeichenkontur für Unterstreichung nutzen**
>
> Sie können – seit InDesign CS4 – Zeichenkonturen nutzen, um Unterstreichungen zu entschärfen. Geben Sie dem Text eine feine, weiße, außenliegende Kontur, um folgenden Effekt zu erreichen:
>
> # Typografie

bol aktiviert haben. Legen Sie die STÄRKE der Kontur fest, indem Sie eine Vorgabe aus dem Menü wählen oder den gewünschten Wert eintragen.

◄ **Abbildung 19.15**
Der Abschnitt ZEICHENFARBE – Einstellungen für die Schriftkontur

- **Kontur überdrucken:** Wie bei der Schriftfläche legen Sie hier fest, ob die Kontur aus dem Hintergrund ausgespart werden oder ob sie den Hintergrund überdrucken soll.
- **Gehrungsgrenze:** Hier gelten alle Regeln für Konturen; beachten Sie vor allem, dass eine numerische Eingabe der GEHRUNGSGRENZE nur für GEHRUNGSECKEN möglich ist und auch dann die Kontur eine bestimmte Mindeststärke haben muss, damit die GEHRUNGSGRENZE aktiv bzw. sichtbar wird. Das dürfte nur bei sehr großen Schriftgraden der Fall sein.
- **Konturausrichtung:** Da Schriftkonturen nicht auf Pfaden basieren, gibt es hier keine Möglichkeit, die Kontur mittig auszurichten. Die Möglichkeiten KONTUR MITTIG AUSRICHTEN und KONTUR AUSSEN AUSRICHTEN waren eine der zwar kleinen, aber sehr praktischen Neuerungen von InDesign CS4. Allerdings funktioniert die Sache auch nur dann ordentlich, wenn der Schriftgrad in einem vernünftigen Verhältnis zur Kontur steht – es ist einsichtig, dass eine 10 Pt starke Kontur nicht in einer 10 Pt großen Schrift liegen kann.

Überdrucken und kleine Schriften

Wenn Sie kleine Schriften in einer anderen Farbe als [SCHWARZ] setzen, hängt das Ergebnis vom Hintergrund ab, vor dem der Text steht. Wenn Sie FLÄCHE ÜBERDRUCKEN einschalten, wird sich die Schriftfarbe verändern. Schalten Sie das Überdrucken aus und hat die Schriftfarbe keine gemeinsamen Farbkomponenten mit dem Hintergrund, kann es auch bei den heutigen, sehr genauen Offset-Maschinen zu Blitzern kommen, die die Lesbarkeit ziemlich stören können.

Da die Schriftkontur in der Regel noch feiner ist als Schrift, verstärkt sich das Problem entsprechend (sofern so feine Konturen überhaupt noch gedruckt werden können).

Schritt für Schritt: Zeichenformat definieren

1 Das Zeichenformate-Bedienfeld aufrufen

Blenden Sie das Zeichenformate-Bedienfeld ein, oder rufen Sie es über SCHRIFT • ZEICHENFORMATE auf.

2 Neues Zeichenformat

Wählen Sie NEUES ZEICHENFORMAT aus dem Bedienfeldmenü. Das Fenster NEUES ZEICHENFORMAT erscheint.

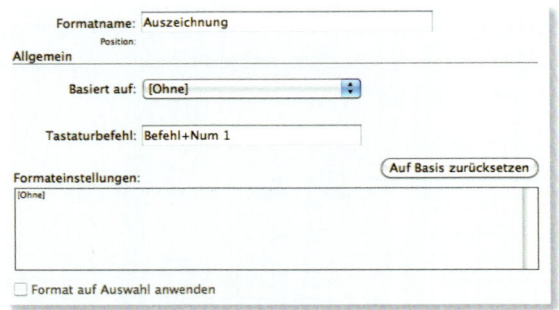

Abbildung 19.16 ▶
Neues Zeichenformat mit bereits zugewiesenem Tastaturbefehl 1. Format auf Auswahl anwenden ist aktiviert, um das neue Format dem Absatz zuzuweisen, von dem es abgeleitet wurde.

3 Benennen und Tastaturbefehl festlegen

Nennen Sie das neue Zeichenformat »Auszeichnung«. Stellen Sie sicher, dass die ⌜Num⌝-Taste gedrückt ist, setzen Sie den Cursor in das Feld Tastaturbefehl, und drücken Sie die Tastenkombination ⌜Strg⌝+⌜1⌝ bzw. ⌜⌘⌝+⌜1⌝, wobei Sie die Tasten des Zehnerblocks verwenden müssen. Das Festlegen des Tastaturbefehls ist optional.

4 Zeichenattribute festlegen

Wählen Sie den Abschnitt Grundlegende Zeichenformate aus, und stellen Sie für Schriftfamilie »Minion Pro«, für den Schriftschnitt »Semibold Italic«, als Grösse »9 Pt« und bei Laufweite »5« ein. Die Schrift Minion Pro wird mit InDesign installiert und sollte Ihnen somit zur Verfügung stehen. Klicken Sie auf OK, um die Definition des Zeichenformats abzuschließen.

Abbildung 19.17 ▶
Grundlegende Einstellungen für unser Zeichenformat

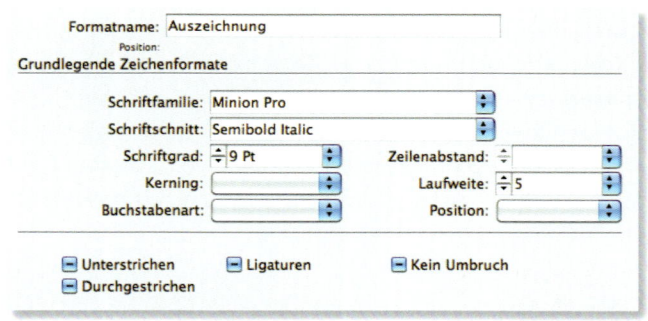

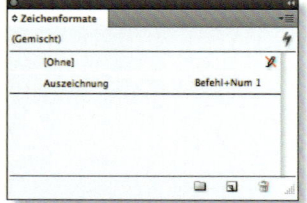

▲ **Abbildung 19.18**
Unser Zeichenformat erscheint im Zeichenformate-Bedienfeld. Der vergebene Tataturbefehl ist eingeblendet.

Das Zeichenformat wird nun im Zeichenformate-Bedienfeld angezeigt und kann ab sofort verwendet werden. ■

19.3.3 Zeichenformate anwenden und ändern

Das soeben definierte Zeichenformat ist dafür gedacht, in einem Text, der aus der Warnock Pro Regular in 9 Pt gesetzt ist, einzelne Wörter auszuzeichnen. Um das Format anzuwenden, markieren

Sie im betreffenden Text ein Wort und klicken auf AUSZEICHNUNG im Zeichenformate-Bedienfeld. Wenn Sie den Tastaturbefehl eingetragen haben, können Sie auch [Strg]+[1] bzw. [⌘]+[1] verwenden – jeweils mit gedrückter [Num]-Taste und den Ziffern auf der Zehnertastatur. Der ausgewählte Text wird nun in der Definition des Zeichenformats dargestellt.

Wenn Sie danach der Meinung sind, dass die Darstellung der Auszeichnung etwas unglücklich gewählt wurde, können Sie das Zeichenformat und somit alle damit formatierten Textanteile einfach ändern, müssen aber auf ein kleines Problem Rücksicht nehmen: Grundsätzlich können Sie die Definition des Formats ändern, indem Sie im Zeichenformate-Bedienfeld auf das Format doppelklicken. Haben Sie dabei allerdings einen Text ausgewählt, wird der erste Klick das Format auf den ausgewählten Text anwenden. Um dies zu vermeiden, halten Sie die Tasten [Strg]+[Alt]+[⇧] bzw. [⌘]+[⌥]+[⇧] gedrückt und doppelklicken auf den Namen des Zeichenformats. Nun wird das Fenster ZEICHENFORMATOPTIONEN angezeigt, in dem Sie alle Einstellungen des Formats verändern können. In diesem Fall wäre eine Umstellung des Schriftschnitts auf ITALIC eine gute Idee. Sobald Sie das Fenster wieder mit OK schließen, werden alle Änderungen in die Formatierung des Textes übernommen.

19.3.4 Abweichendes Zeichenformat

Wenn Sie nun mit der Definition des Zeichenformats zufrieden sind, kann es dennoch sein, dass Sie in Einzelfällen die Textformatierung geringfügig verändern wollen. So können Sie z. B. in einzelnen Wörtern die Laufweite noch etwas erhöhen. Das ist grundsätzlich kein Problem, aber die abstrakte Definition des Zeichenformats deckt sich damit nicht mehr mit der realen Darstellung. InDesign macht Sie auf diesen Zustand aufmerksam, indem neben dem Namen des Formats im Zeichenformate-Bedienfeld ein Plus ❶ dargestellt wird.

Um festzustellen, welche Abweichung genau vorliegt, positionieren Sie den Mauszeiger über dem Namen des betroffenen Zeichenformats. InDesign blendet nach kurzer Zeit einen Tipp-Rahmen ein, in dem die abweichenden Attribute angeführt sind.

Es werden nur Abweichungen erkannt, die in der Definition des Zeichenformats **eindeutig** zugewiesen wurden. In unserem Beispiel würde also eine Änderung der Zeichenkontur nicht als Abweichung gewertet. Deshalb erkennen Sie nicht, wenn ein Attribut manuell verändert wurde, da InDesign es nicht als Abweichung anzeigt. Wenn Sie also die Unterstreichung im Zeichenformat nicht explizit abschalten, werden Sie am Namen des Zeichenformats

> **Format ohne Schriftfamilie**
>
> Die Angabe der SCHRIFTFAMILIE ist nicht notwendig, wenn sichergestellt ist, dass im Absatz, in dem das Zeichenformat angewendet wird, die SCHRIFTFAMILIE auf WARNOCK PRO gestellt ist.

> **Doppelklick auf den Formatnamen**
>
> Ein zweiter Klick auf den Namen eines Formats bewirkt, dass der Name editiert werden kann. Ab wann der zweite Klick als Doppelklick gewertet wird, hängt von Ihren Systemeinstellungen ab. Doppelklicken Sie zum Aufruf der FORMATOPTIONEN am besten links vor den Namen.

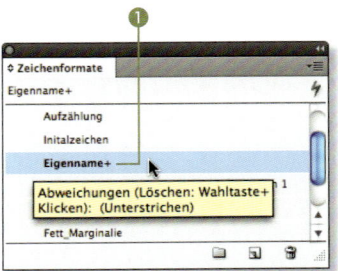

▲ **Abbildung 19.19**
InDesign zeigt Ihnen die Abweichungen in einem Zeichenformat, wenn Sie den Mauszeiger über den Formatnamen stellen.

nicht erkennen, ob Ihr Dokument eine manuelle Unterstreichung enthält. Das ist insofern fatal, als Sie unter Umständen sehr wohl ein Zeichenformat mit einer Unterstreichung einsetzen und die manuelle Unterstreichung natürlich nicht verändert wird, wenn Sie im Zeichenformat z. B. den Versatz der Linie verändern. In diesem Fall wird die manuelle Unterstreichung im Zeichenformat zwar nachträglich als Abweichung markiert – dies ist allerdings sehr leicht zu übersehen.

Weiters erkennen Sie eine Abweichung nur, wenn der ausgewählte Text nicht mehrere Abweichungen enthält. Bei mehreren Abweichungen wird kein Zeichenformat im Zeichenformate-Bedienfeld markiert, und über der Liste der Formatnamen wird (Gemischt) angezeigt.

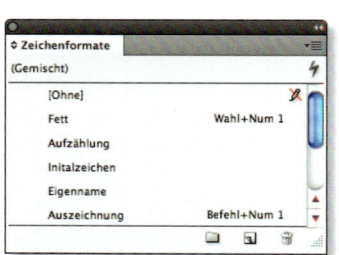

▲ **Abbildung 19.20**
Im ausgewählten Text gibt es mehrere Abweichungen. Deshalb wird im Zeichenformate-Bedienfeld (Gemischt) eingeblendet.

Wenn Sie eine Abweichung eindeutig identifiziert (und ausgewählt) haben, klicken Sie auf den Namen des Zeichenformats, um die Textattribute wieder an die Zeichenformat-Definition anzupassen, oder auf [Ohne], um die Zuordnung des Formats wieder aufzuheben. Eine Mischform dieser beiden Varianten erreichen Sie, wenn Sie Verknüpfung mit Format aufheben aus dem Bedienfeldmenü aufrufen. Die Formatierung bleibt erhalten, aber dem Text wird das Format [Ohne] zugewiesen – ganz so, wie wenn Sie den Text manuell verändert hätten.

19.3.5 Formate duplizieren, löschen und neu definieren

Im Regelfall werden Sie sogar bei kleineren Publikationen eine beachtliche Anzahl an Formaten erreichen. Zur Verwaltung und Organisation benötigen Sie noch einige Funktionen, die Sie im Zeichenformate-Bedienfeld bzw. dessen Bedienfeldmenü finden.

Abbildung 19.21 ▶
Weitere Funktionen des Zeichenformate-Bedienfelds

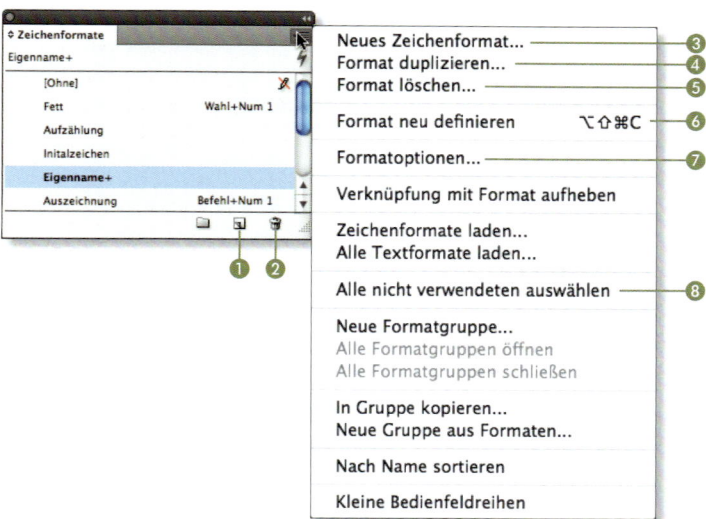

Wie Sie ein neues Format über das Menü NEUES ZEICHENFORMAT ❸ erstellen, wissen Sie schon. Wie bei Adobe-Programmen üblich, können Sie das aber auch über einen Klick auf NEUES FORMAT ERSTELLEN ❶ erledigen. Eine Kopie eines bestehenden Formats können Sie über das Menü FORMAT DUPLIZIEREN ❹ anlegen, aber auch, indem Sie es aus der Liste auf das Symbol NEUES FORMAT ERSTELLEN ❶ ziehen.

Nicht mehr benötigte Formate können Sie über das Menü FORMAT LÖSCHEN ❺ oder einen Klick auf das Symbol AUSGEWÄHLTE FORMATE LÖSCHEN ❷ entfernen. Sofern das Zeichenformat auf einen Text in Ihrem Dokument angewendet wurde – also in Gebrauch ist – müssen Sie festlegen, wie in der Folge zu verfahren ist.

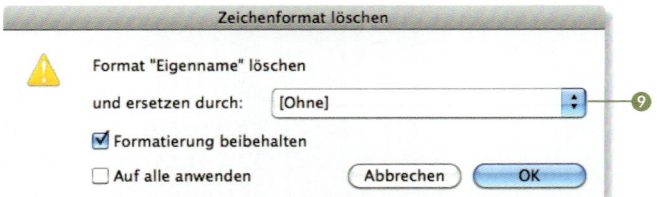

◄ **Abbildung 19.22**
Wenn Sie ein Zeichenformat löschen, das noch in Verwendung ist, müssen Sie entscheiden, wie die betroffenen Textanteile formatiert werden sollen.

Aus dem Menü FORMAT LÖSCHEN UND ERSETZEN DURCH ❾ können Sie ein Zeichenformat auswählen, mit dem der Text, der mit dem zu löschenden Format gesetzt wurde, nach dem Löschen des Originalformats gestaltet werden soll. Wenn Sie [OHNE] auswählen, müssen Sie entscheiden, ob der Text seine Formatierung behalten soll. Aktivieren Sie in diesem Fall die Option FORMATIERUNG BEIBEHALTEN. Wenn Sie diese Option abschalten, wird der Text mit den Standardattributen formatiert.

Wurde ein Zeichenformat in Ihrem Dokument nicht verwendet, löscht InDesign es ohne Rückfragen. Sollten Sie mehrere Zeichenformate nicht oder nicht mehr verwenden und diese löschen wollen, können Sie zunächst einmal das Menü ALLE NICHT VERWENDETEN AUSWÄHLEN ❽ aufrufen. InDesign markiert dann alle nicht verwendeten Formate für Sie, und Sie können diese dann als Block auf AUSGEWÄHLTE FORMATE LÖSCHEN ❷ ziehen. Wenn Sie mehrere Formate löschen möchten, die noch in Verwendung sind, werden Sie für jedes Format mit dem Fenster ZEICHENFORMAT LÖSCHEN konfrontiert. Allerdings erscheint dann die Zusatzoption AUF ALLE ANWENDEN, mit der Sie für sämtliche zu löschenden Formate genau einen Nachfolger bestimmen können.

Um die Attribute eines Formats zu verändern, wählen Sie FORMATOPTIONEN ❼ oder doppelklicken auf das gewünschte Format. Sie gelangen dann in das Fenster ZEICHENFORMATOPTIONEN,

Zeichenformat in Verwendung

Ein Zeichenformat gilt auch dann als verwendet, wenn ein anderes Format auf ihm basiert – es muss also nicht zwingend auch auf einen Text angewendet sein.

> **Erst gestalten, dann definieren**
>
> Die meisten Profis arbeiten so, dass sie zunächst einen Prototyp gestalten, aus dem dann das Format abgeleitet wird.

das sich vom Fenster Neues Zeichenformat nur durch den Namen unterscheidet.

Eine ausgesprochen praktische Funktion versteckt sich hinter Format neu definieren ❻, die Sie auch über die Tastenkombination Strg+Alt+↑+C bzw. ⌘+⌥+↑+C schnell erreichen können. Wenn Sie die Formatierung eines Textteils verändern (und somit ein abweichendes Zeichenformat erhalten), sich genau diese Änderung aber als günstiger erweist, können Sie mit diesem Befehl die aktuelle Formatierung auf die Definition übertragen und somit in einem Arbeitsgang alle Formatierungen in Ihrem Dokument entsprechend ändern. Dazu ist es allerdings notwendig, dass bereits ein Zeichenformat existiert und dass Sie einen Text ausgewählt haben, der zwar ursprünglich mit dem Format gestaltet wurde, nun aber anders formatiert wurde.

> **Beachten Sie**
>
> Wenn Sie Zeichenformate anhand eines manuell formatierten Textes definieren, werden nicht gesetzte Attribute ebenfalls als nicht definiert behandelt – Absatzformate verhalten sich hier anders.

Falls Sie nun eine Funktion vermissen, mit der aus der Formatierung eines Textes die Definition eines Zeichenformats abgeleitet werden kann, unterschätzen Sie InDesign: Sie können einen Text beliebig formatieren, auswählen und dann Neues Zeichenformat aufrufen. In diesem Fall sind alle Textattribute im Fenster Neues Zeichenformat bereits für Sie eingetragen. Benennen Sie Ihr neues Format, und legen Sie gegebenenfalls einen Tastaturbefehl fest, und die Definition ist bereits erledigt.

19.3.6 Zeichenformate in verschachtelten Absatzformaten

Zeichenformate sind für Textmengen bestimmt, die kleiner als ein Absatz sind. Sie haben bereits zwei Funktionen in Kapitel 18, »Absätze«, kennengelernt, in denen Sie nun Zeichenformate einsetzen können:

Hängende Initiale | Um ein oder mehrere Initialzeichen in Farbe und etwas fetter als den restlichen Text zu setzen, definieren Sie ein Zeichenformat »Fett«, in dem der Schriftschnitt auf den Bold-Schnitt des zugrunde liegenden Textes gestellt und eine Farbe ausgewählt wird, und weisen es in der Funktion Initialen und verschachtelte Formate als Zeichenformat zu.

▼ **Abbildung 19.23**
Anwendung eines Zeichenformats bei hängenden Initialen

> **A**ktive Auszeichnung: eine Auszeichnung, die sich stark aus dem umgebenden Text abhebt, z. B. »fett« oder »unterstrichen«

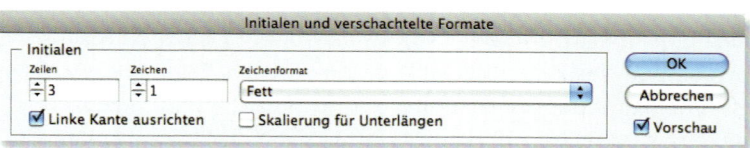

Aufzählungszeichen und Nummerierung | Wenn Sie eine nummerierte Liste mit römischen Ziffern verwenden und diese Ziffern etwas »römischer« aussehen lassen wollen, definieren Sie ein Zeichenformat mit einem Schriftschnitt, der der römischen Capitalis nachempfunden ist (die Schrift Trajan wäre so ein Kandidat), und weisen dieses Format in der Funktion AUFZÄHLUNGSZEICHEN UND NUMMERIERUNG ebenfalls als ZEICHENFORMAT zu.

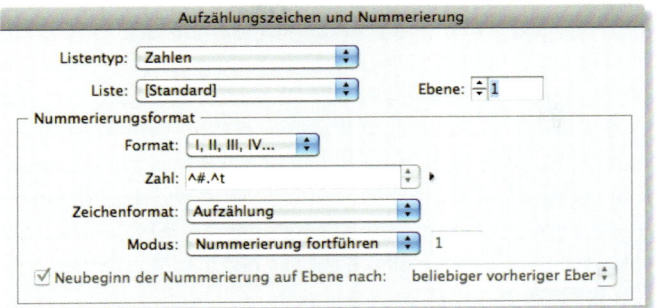

IV. Aktive Auszeichnung: eine Auszeichnung, die sich stark aus dem umgebenden Text abhebt, z. B. »fett« oder »unterstrichen«

◀ ▲ **Abbildung 19.24**
Anwendung eines Zeichenformats bei einer nummerierten Liste

Wir sprechen bei solchen Konstruktionen von **verschachtelten Formaten**. Um das »Verschachteln« der Zeichenformate in den Absatz sorgt InDesign auf unsere Anweisung hin – und hier liegt auch der Nachteil: Wir müssen InDesign bei jeder Anwendung wieder von Neuem anweisen, die entsprechenden Zeichenformate auch anzuwenden. Solche Verschachtelungen können wesentlich komplexer werden und sind (auch bei diesen beiden Funktionen, darauf haben wir bereits hingewiesen) sinnvoll und effizient nur über Absatzformate einzusetzen.

19.4 Absatzformate

Es ist nun nicht mehr schwierig zu erraten, dass das zentrale Element für Absatzformate das Absatzformate-Bedienfeld ist, das im Standard-Arbeitsbereich in einer Registerkarte am rechten Bildschirmrand sichtbar sein sollte. Ansonsten können Sie sie es über SCHRIFT • ABSATZFORMATE, über FENSTER • FORMATE • ABSATZFORMATE oder F11 aufrufen.

19.4.1 Das Absatzformat »Einfacher Absatz«

Auch im Absatzformate-Bedienfeld ist bereits ein Format von InDesign vorgegeben, aber anders als beim Zeichenformat [OHNE] sind alle Attribute gesetzt. Sobald Sie einen Textrahmen erzeugen, wird dem darin befindlichen Text zunächst einmal das Absatzformat [EINFACHER ABSATZ] zugewiesen – durch dieses Standardverhalten ist das Format [EINFACHER ABSATZ] auch als Teil der Voreinstellungen von InDesign zu betrachten. Sie können dieses Absatzformat zwar nicht löschen, allerdings können Sie es verän-

Formatierter Text

Wenn Sie formatierten Text platzieren oder über die Zwischenablage einsetzen, werden die Formate verwendet (und gegebenenfalls erst erzeugt), über die der Text schon verfügt, da in diesem Fall natürlich nicht auf eine Standard-Einstellung zurückgegriffen werden muss.

> **Standardeinstellungen**
>
> Sie können auch z.B. den Schriftschnitt über die jeweiligen Bedienfelder ändern, wenn kein Dokument geöffnet ist. Jeder neu angelegte und bislang unformatierte Text wird dann diese Schrift verwenden. Da dem Text aber weiterhin [EINFACHER ABSATZ] zugeordnet wird und nun die Schriftinformation abweicht, wird [EINFACHER ABSATZ] ab dann aber mit einem Plus als abweichend gekennzeichnet.
>
> Wenn Sie also die Standard-Einstellungen für noch unformatierte Texte ändern wollen, ändern Sie bitte immer das Absatzformat [EINFACHER ABSATZ].

dern. Wenn Sie die Änderung vornehmen und dabei kein Dokument geöffnet ist, gilt die neue Definition für jedes neue Dokument. Bestehende Dokumente verwenden selbstverständlich die Definition von [EINFACHER ABSATZ], die im Dokument zuletzt gültig war. Wenn Sie einen Absatz in ein Dokument mit einer abweichenden Definition für [EINFACHER ABSATZ] einsetzen, wird die Definition des aktuellen Dokuments verwendet, und die Formatierung wird sich folglich ändern.

Was [EINFACHER ABSATZ] mit dem Zeichenformat [OHNE] gemeinsam hat, ist jedoch, dass auch dieses Format als Ausgangspunkt für aufeinander basierende Formate verwendet wird. Wenn Sie einem bereits formatierten Absatz das Format [EINFACHER ABSATZ] zuweisen, werden alle Attribute auf die Standardeinstellung zurückgesetzt. Ein Text, dem das Zeichenformat [OHNE] zugewiesen wird, übernimmt in dieser Situation also auch wieder die Einstellungen von [EINFACHER ABSATZ] – hier sieht man, dass das Standardverhalten dieser beiden vorgegebenen Formate durchaus durchdacht ist.

19.4.2 Absatzformat erstellen, ändern und neu zuweisen

Das Absatzformate-Bedienfeld ist ähnlich aufgebaut wie das Zeichenformate-Bedienfeld, und auch die Verwaltungsfunktionen sind identisch. Einige Unterschiede gibt es jedoch im Bedienfeldmenü, in dem drei zusätzliche Befehle untergebracht sind.

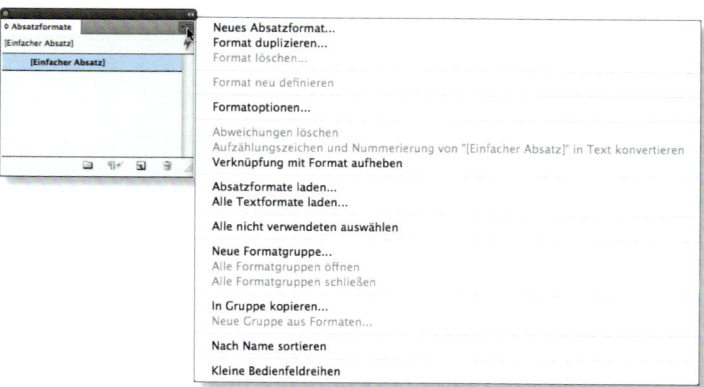

Abbildung 19.25 ▶
Das Absatzformate-Bedienfeld mit seinem Bedienfeldmenü. Den Befehl AUFZÄHLUNGSZEICHEN UND NUMMERIERUNG IN TEXT KONVERTIEREN kennen Sie bereits aus dem Absatz- bzw. dem Steuerung-Bedienfeld.

> **Abweichungen löschen**
>
> Um alle Abweichungen zu löschen, können Sie auch die Alt - bzw. ⌥ -Taste drücken und auf den Namen des Absatzformats klicken.

Entfernen von Abweichungen | ABWEICHUNGEN LÖSCHEN erlaubt es, abweichende Absatzattribute wieder auf die definierten Einstellungen zurückzusetzen. Das erreichen Sie auch über einen Klick auf die Funktion ABWEICHUNG IN AUSWAHL LÖSCHEN im Steuerung-Bedienfeld ABSATZ. Allerdings können Sie damit über zusätzliche Tastenkombinationen etwas feiner beeinflussen, welche Änderungen vorgenommen werden sollen.

Noch feiner lässt sich dies über das Kontextmenü eines Absatzformats erledigen – darauf werden wir gegen Ende dieses Abschnitts noch im Detail eingehen.

Definieren von Absatzformaten | Das Definieren neuer Absatzformate funktioniert analog zur Definition von Zeichenformaten, umfasst aber wesentlich mehr Einstellungsmöglichkeiten, da Sie hier neben der Formatierung für den Text alle Absatzattribute festlegen. Es gibt lediglich eine Ausnahme:

Nächstes Format | Die Option NÄCHSTES FORMAT ist sehr sinnvoll, sofern Sie die Texte Ihrer Publikation selbst verfassen (sie kann aber auch nachträglich noch verwendet werden). Die meisten Publikationen halten sich an ein bestimmtes Schema, was die Abfolge von Absätzen betrifft. In unserer Projektarbeit gliedern wir den Text mit Zwischentiteln. Diesen Zwischentiteln folgen Absätze, die keinen Einzug haben. Alle folgenden Absätze haben dagegen einen Einzug von 4 mm in der ersten Zeile.

Daraus ergibt sich eine logische Folge, die in der Definition von Absatzformaten abgebildet werden kann. Wenn Sie einen Zwischentitel schreiben und den Absatz mit dem Format »Überschrift 3« formatieren, ist vollkommen klar, dass der nächste Absatz ein Absatz ohne Einzug in der ersten Zeile – wir nennen ihn hier »Standard« – sein muss. Sobald also der Zwischentitel mit der Zeilenschaltung abgeschlossen wird, entsteht ein neuer Absatz, der von InDesign automatisch mit dem Absatzformat »Standard« formatiert wird. In dieser Definition ist wiederum festgelegt, dass der nächste Absatz das Format »Standard mit Einzug« tragen soll, in dem eben ein Einzug in der ersten Zeile definiert ist.

> **Nächstes Format**
>
> Dieser Mechanismus erspart es dem Autor, jeden Absatz formatieren zu müssen, wenn die logische Folge der Formate ohnehin immer gleich ist. Solche verketteten Formate können auch nachträglich über das Kontextmenü eines Formats auf existierenden Text angewendet werden. Wie das geht, zeigen wir Ihnen ab Seite 489.

Schritt für Schritt: Das Absatzformat »Preistabelle« definieren und anwenden

Im Folgenden werden wir alle Zeichen- und Absatzformate für unser Beispiel »Artikelbeschreibung« anlegen – als Gedankenstütze finden Sie es am Rand noch einmal abgebildet. Wir beginnen mit der Definition der Preistabelle, die aus den Zeilen mit den Artikelnummern, Größen und Preisen besteht und die tatsächlich aus zwei Formaten aufgebaut ist. Ein Format stellt eine Zeile ohne abschließende Linie dar – wir nennen dieses Format »Preistabelle« –, und ein zweites Format schließt die Zeile bzw. den Absatz mit einer Linie ab.

> **4 Pullover** mit V-Ausschnitt mit Streifen im Maschinenstrick.
> Länge 52 cm. Rot. Material: 100% Polyacryl
> 321-654a Größe 32, 34, 36   199,–
> 321-654b Größe 38, 40   219,–
> 321-654c Größe 42, 44   239,–
>
> ▲ **Abbildung 19.26**
> So soll unsere Artikelbeschreibung am Ende aussehen.

19.4 Absatzformate | **473**

Die Spaltenbreite für unser Beispiel wird 35 mm betragen. Alle Einstellungen wie Schriftschnitt und Schriftgröße sind auf diese Spaltenbreite angelegt. Wenn Sie abweichende Einstellungen verwenden, müssen Sie unter Umständen die Spaltenbreite und damit auch andere Parameter verändern – für das Prinzip spielt dies natürlich keine Rolle.

1 Neues Absatzformat

Wählen Sie NEUES ABSATZFORMAT aus dem Bedienfeldmenü des Absatzformate- bzw. über den Button ¶. des Steuerung-Bedienfelds, oder klicken Sie mit gedrückter [Alt]- bzw. [⌥]-Taste auf 🔳 im Absatzformate-Bedienfeld.

2 Allgemein

Benennen Sie das Format »Preistabelle«, und aktivieren Sie die Option FORMAT AUF AUSWAHL ANWENDEN.

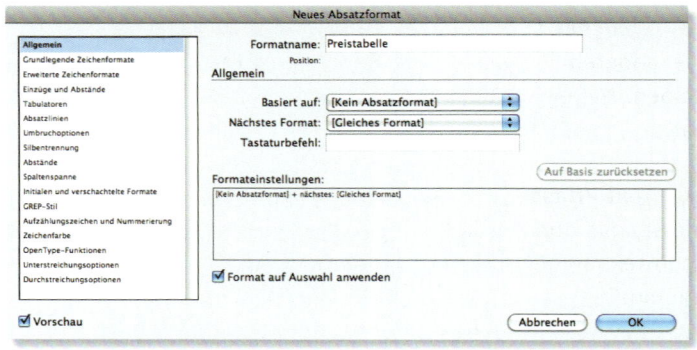

Abbildung 19.27 ▶
Allgemeine Einstellungen für das Absatzformat »Preistabelle«

Dieses Format basiert auf keinem anderen Format – lassen Sie deshalb die Einstellung BASIERT AUF auf [KEIN ABSATZFORMAT] eingestellt. Der Mechanismus zum automatischen Formatieren der Absätze kann hier noch nicht gewinnbringend eingesetzt werden.

3 Grundlegende Zeichenformate

Legen Sie in GRUNDLEGENDE ZEICHENFORMATE die SCHRIFTFAMILIE, den SCHRIFTSCHNITT und den SCHRIFTGRAD fest. In unserem Beispiel wird Helvetica Regular in 6 Pt mit automatischem Zeilenabstand verwendet.

4 Tabulatoren

Legen Sie im Abschnitt TABULATOREN einen linksbündigen Tabulator an der Position 10 mm fest. Sie können hier auch einen weiteren, rechtsbündigen Tabulator am rechten Rand der Spalte definieren.

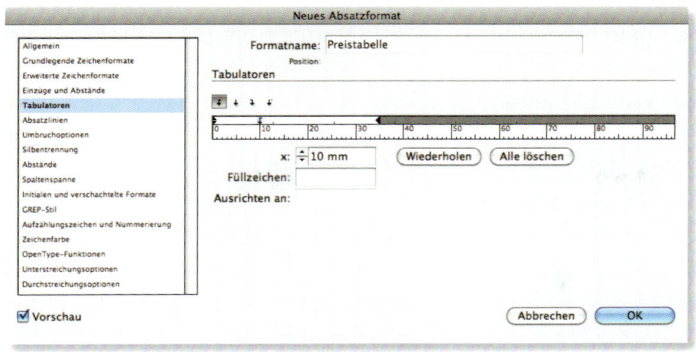

◄ **Abbildung 19.28**
Die Tabulator-Einstellungen für das Absatzformat »Preistabelle«

In der Praxis werden Sie bei der Texteingabe einen Tabulator für rechte Ausrichtung verwenden, womit kein weiterer Tabulator gesetzt werden muss. Zu Erinnerung: Sie erreichen dieses Steuerzeichen über ⇧+⇥ bzw. das Menü Schrift • Sonderzeichen einfügen • Andere • Tabulator für rechte Ausrichtung.

5 Speichern
Alle anderen Einstellungen können auf ihren Standardwerten bleiben. Mit einem Klick auf OK sichern Sie Ihr neues Absatzformat.

6 Text erfassen
Erfassen Sie nun den Text für die Artikelbeschreibung. Legen Sie einen Textrahmen mit 35 mm Breite an, und geben Sie folgenden Text ein:

»4 Pullover mit V-Ausschnitt mit Streifen im Maschinenstrick. Länge 52 cm. Rot. Material: 100 % Polyacryl
321-654a ⇥ Größe 32, 34, 36 ⇧+⇥ 199,–
321-654b ⇥ Größe 38, 40 ⇧+⇥ 219,–
321-654c ⇥ Größe 42, 44 ⇧+⇥ 239,–«

Um den Überblick nicht zu verlieren, können Sie die Schriftgröße vorerst auf 6 Pt stellen. Geben Sie nach der Suchziffer ein Achtelgeviert-Leerzeichen ein. Ignorieren Sie ansonsten die Formatierung der Artikelbeschreibung. Nach den einzelnen Artikelnummern fügen Sie einen Tabulator ein, und nach den Größenangaben richten Sie die Preisangaben mit dem Tabulator für rechte Ausrichtung aus.

> **Zur Erinnerung – Achtelgeviert**
> Das Achtelgeviert erreichen Sie über Strg+Alt+⇧+M bzw. ⌘+⌥+⇧+M. Die Tabulatoren haben wir direkt im Text für Sie eingetragen.

7 Absatzformat anwenden
Positionieren Sie nun den Textcursor in der ersten Zeile der Liste, und klicken Sie auf Preistabelle im Absatzformate-Bedienfeld.

Der Absatz wird nun entsprechend formatiert. Wiederholen Sie die Formatierung für die zweite Zeile der Tabelle. Die dritte Zeile wird später formatiert werden. ∎

Zur Definition des Absatzformats für die Tabellenzeilen mit den abschließenden Linien müssten wir nun alle Einstellungen noch einmal wiederholen und lediglich im Abschnitt ABSATZLINIEN dafür sorgen, dass an der richtigen Stelle eine Linie auftaucht.

Das werden wir aber nicht tun! Zum einen erledigen wir identische Arbeiten offensichtlich zweimal. Viel gravierender ist aber, dass eine Änderung der Schriftgröße oder eines anderen Attributs des gesamten Absatzes dazu führt, dass beide Absatzformate verändert werden müssen. So etwas stellt immer ein erhebliches Fehlerrisiko dar.

19.4.3 Aufeinander basierende Absatzformate

Als Ergebnis unserer Schritt-für-Schritt-Anleitung sollten wir folgende Situation vorfinden: Die Zeilen/Absätze mit Linien sehen genauso aus wie die Zeilen/Absätze ohne Linien, haben nur – logisch – zusätzlich eine Linie. Und genauso kann eine Definition des nächsten Absatzformats auch aussehen: Die Option BASIERT AUF im Abschnitt ALLGEMEIN in der Definition eines neuen Absatzformats bedeutet genau das. Ein Absatzformat, das Sie hier einstellen, dient als Vorlage für das aktuelle Format. Alle Attribute werden übernommen, bleiben dabei aber vollständig bearbeitbar.

Für unser Beispiel bedeutet das konkret, dass wir die Text- und Tabulatoreigenschaften unverändert übernehmen und lediglich eine Linie nach dem Absatz hinzufügen. Sollte sich später die Schriftgröße verändern, muss nur die Vorlage verändert werden. Diese Änderungen werden automatisch in das abgeleitete Format übernommen, da es ja auf dem Format »Preistabelle« basiert.

Im nächsten Schritt werden wir das Format für die letzte Zeile von unserem bestehenden Format ableiten und anwenden.

> **Auf Basis zurücksetzen**
>
> Wenn Sie sich in der Definition eines Formats, das auf einem anderen basiert, verzetteln, dann klicken Sie auf AUF BASIS ZURÜCKSETZEN in den allgemeinen Einstellungen. Alle Optionen werden dann auf die des übergeordneten Absatzes zurückgesetzt.
>
> Das sollten Sie auch machen, wenn Sie die Einstellung BASIERT AUF ändern und somit die Optionen eines anderen Absatzes übernommen werden. Meistens stimmen dann ja die vorgenommenen Änderungen nicht mehr.

Schritt für Schritt: Neues Format »Preistabelle mit Linie« auf bestehendem Format definieren und anwenden

1 **Format festlegen**

Setzen Sie den Textcursor in eine bereits als »Preistabelle« formatierte Zeile. Dieser Schritt stellt sicher, dass Ihnen InDesign dieses Format gleich als Vorlage vorschlägt.

2   Neues Absatzformat

Legen Sie ein neues Absatzformat an, und nennen Sie es »Preistabelle mit Linie«. In BASIERT AUF ist schon das vorhin definierte Format »Preistabelle« eingetragen. Sie können nun die Einstellungen für GRUNDLEGENDE ZEICHENFORMATE und TABULATOREN überprüfen und werden feststellen, dass alle Einstellungen schon stimmen.

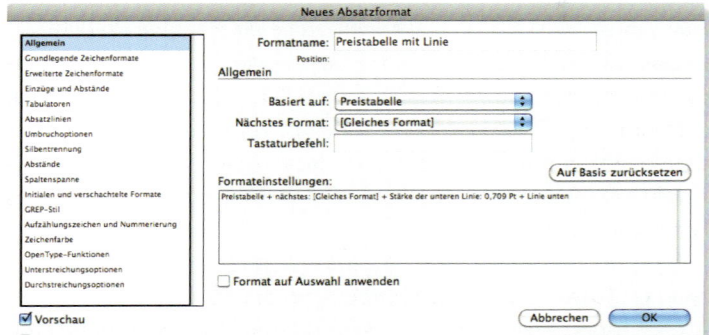

◀ **Abbildung 19.29**
Allgemeine Einstellungen für das Absatzformat »Preistabelle mit Linie«

3   Absatzlinien festlegen

Nehmen Sie im Bereich ABSATZLINIEN folgende Einstellungen vor: Legen Sie einen VERSATZ von 0,5 mm für die Linie fest. Die Linienstärke 0,709 Pt entspricht 0,25 mm, was Sie auch genauso eingeben können. InDesign rechnet den Betrag dann in Pt um.

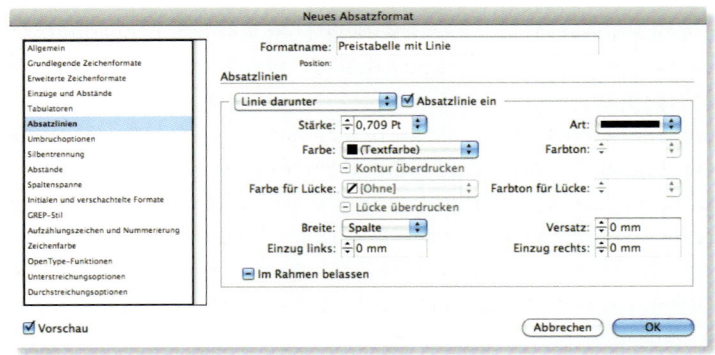

◀ **Abbildung 19.30**
Einstellungen der ABSATZLINIEN für das Absatzformat »Preistabelle mit Linie«

Speichern Sie das neue Format mit einem Klick auf OK.

4   Absatzformat anwenden

Positionieren Sie nun den Textcursor in der letzten Zeile der Preistabelle, und weisen Sie dem Absatz das Format »Preistabelle mit Linie« zu, indem Sie auf das entsprechende Format im Absatzformate-Bedienfeld klicken. Der Text sollte nun wie in Abbildung 19.31 aussehen. ■

4 Pullover mit V-Ausschnitt mit Streifen im Maschinenstrick. Länge 52 cm. Rot. Material: 100% Polyacryl
321-654a Größe 32, 34, 36   199,–
321-654b Größe 38, 40   219,–
321-654c Größe 42, 44   239,–

▲ **Abbildung 19.31**
Vorläufiges Ergebnis für unsere Artikelbeschreibung. Die Tabelle ist fertig, die Artikelbeschreibung selbst folgt im nächsten Schritt.

Die eigentliche Artikelbeschreibung ist etwas knifflig aufgebaut, weil sie sich aus unterschiedlichen Formatierungen zusammensetzt. Legen Sie zunächst zwei Zeichenformate an:

- **Standardtext:** Schrift: Linotype Syntax Light (bzw. die Schrift, die Sie für unser Beispiel bisher verwendet haben), Schriftgröße: 6 Pt, automatischer Zeilenabstand
- **Artikel:** Schrift: Linotype Syntax Bold (bzw. der Fett-Schnitt Ihrer Schrift), Schriftgröße: 6 Pt, automatischer Zeilenabstand

19.4.4 Initialen und verschachtelte Absatzformate

Die Artikelbeschreibung besteht zunächst einmal aus einem hängenden Initial. Bei der Texterfassung sollten Sie nach der Suchziffer, die in einem Katalog verwendet wird, um dem Artikel ein Bild zuordnen zu können, Achtelgeviert-Leerzeichen eingefügt haben. Dieser geringe Weißraum soll das Initialzeichen etwas weiter vom Artikeltext absetzen. Damit das ordentlich funktioniert, muss der Weißraum dem hängenden Initial zugeordnet werden – wir haben es also hier mit zwei Initialzeichen zu tun, die über zwei Zeilen hängen.

Der Suchziffer folgt die Artikelbezeichnung, die fett gesetzt werden soll. Der gesamte Absatz ist im Blocksatz gesetzt; die letzte Zeile des Absatzes bleibt linksbündig. Hier kommt also einiges zusammen. Das Formatieren solcher Absätze bei einem Warenkatalog mit einigen Hunderten oder gar Tausenden von Artikeln ist ausgesprochen mühsam.

Mit InDesign können solche Problemstellungen allerdings sehr elegant gelöst werden. Die Arbeitstechnik INITIALEN UND VERSCHACHTELTE FORMATE kann zwar grundsätzlich über das Absatz-Bedienfeld auch in der direkten Formatierung von Absätzen eingesetzt werden, allerdings wäre dies für ein einmaliges Auftreten einer entsprechenden Problemstellung zu aufwendig. Die volle Leistung können verschachtelte Formate erst im Zusammenhang mit Absatzformaten ausspielen. Allerdings ist es nicht leicht, mit ihnen zu arbeiten. Es erfordert einige Übung, um alle Möglichkeiten auszureizen.

Prinzipiell werden Sie zur Definition verschachtelter Formate so vorgehen, dass Sie im zu formatierenden Text bestimmte Trennzeichen festlegen oder hinterlassen. Diese Trennzeichen gliedern den Text in Abschnitte, die innerhalb des Absatzes über Zeichenformate gestaltet werden.

Als Trennzeichen kommen nahezu alle Sonderzeichen infrage, die Sie eingeben können: Tabulatoren, verschiedene Leerzeichen oder Zeilenumbrüche. Darüber hinaus können Textelemente (wie Sätze, Wörter, Zeichen und Zeichengruppen) direkt angesprochen

---

[Initial]
Das oder die ersten Zeichen eines Absatzes

Früher nur Zeichenformate

Früher konnten Layouter mit InDesign – aber auch mit dem Konkurrenten QuarkXPress – lediglich das hängende Initial mit Absatzformaten bzw. Stilvorlagen umsetzen. Die Artikelbezeichnung aus unserem Beispiel musste jedoch manuell in jedem Artikel gesondert vorgenommen werden. Zeichenstilvorlagen sind hier natürlich eine große Hilfe, dennoch verbrachten bisher viele Layouter kostbare Zeit mit überflüssigem Geklicke.

```
Sätze
✓ Wörter
  Zeichen
  Buchstaben
  Ziffern
  Endzeichen für verschachteltes Format

  Tabulatorzeichen
  Harter Zeilenumbruch
  "Einzug bis hierhin"-Zeichen
  Geschützte Leerzeichen
  Geviert-Leerzeichen
  Halbgeviert-Leerzeichen

  Marke für verankertes Objekt
  Autom. Seitenzahl
  Abschnittsmarke
```

▲ **Abbildung 19.32**
Marken und Bereiche für verschachtelte Formate

werden. Sollten Sie in diesem Repertoire trotzdem nicht das finden, was Sie suchen, haben Sie die Möglichkeit, eine eigens dafür bestimmte Marke in Ihrem Text zu hinterlassen. Diese Markierung erreichen Sie über SCHRIFT • SONDERZEICHEN EINFÜGEN • ANDERE • VERSCHACHTELTES FORMAT HIER BEENDEN.

Die eigentliche Formatierung wird definiert, indem Sie für die einzelnen Bereiche des Textes in der Reihenfolge ihres Auftretens Regeln in Form von Zeichenformaten festlegen, die InDesign dann anwendet. Wie bereits angedeutet, ist das keine triviale Angelegenheit. Wir werden unser Beispiel nun mit einem verschachtelten Format vollenden, um zu verdeutlichen, wie die Sache funktioniert.

> **Mehrere Trennzeichen**
>
> Sie können auch mehrere Trennzeichen festlegen. Wenn Sie z. B. sowohl einen Doppelpunkt als auch ein Divis als Trennzeichen eintragen, wird das verschachtelte Format beendet, sobald eines dieser Zeichen im Text gefunden wird.

Schritt für Schritt: Verschachteltes Absatzformat »Artikelbeschreibung« definieren und anwenden

1 Neues Absatzformat

Legen Sie ein neues Absatzformat an, und bestimmen Sie die Zeichenattribute entsprechend den bisherigen Formaten (Linotype Syntax Light, 6 Pt). Nennen Sie das neue Format »Artikelbeschreibung«.

2 Initialen

Legen Sie zunächst im Abschnitt INITIALEN UND VERSCHACHTELTE FORMATE das hängende Initial fest, indem Sie jeweils »2« für ZEILEN und ZEICHEN (die Suchziffer und das Achtelgeviert) eintragen. Legen Sie als Zeichenformat »Standardtext« fest – dieses Zeichenformat sollten Sie bereits definiert haben –, und aktivieren Sie die Option LINKE KANTE AUSRICHTEN.

> **Skalierung für Unterlängen auch bei Ziffern?**
>
> Bei Mediävalziffern hat die Option SKALIERUNG FÜR UNTERLÄNGEN durchaus Sinn – diese Ziffern haben ja teilweise Unterlängen, die Probleme mit der darunterstehenden Zeile verursachen können.

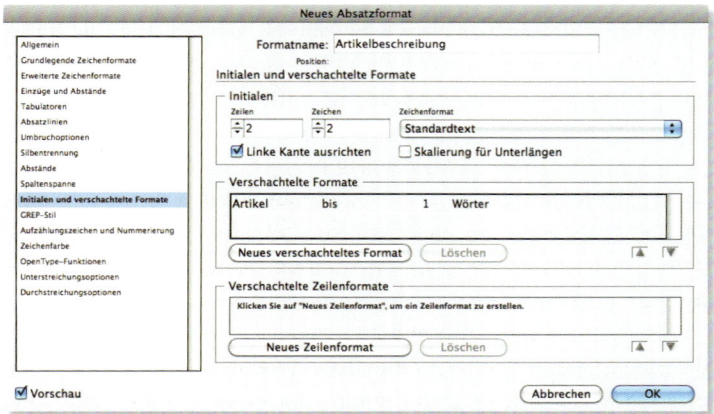

◄ **Abbildung 19.33**
INITIALEN UND VERSCHACHTELTE FORMATE für unsere Artikelbeschreibung. Der Abschnitt VERSCHACHTELTE ZEILENFORMATE spielt an dieser Stelle keine Rolle und wird später noch behandelt werden.

3 Neues verschachteltes Format

Klicken Sie auf NEUES VERSCHACHTELTES FORMAT. Im Rahmen VERSCHACHTELTE FORMATE erscheint ein neuer Eintrag.

4 Formatierungsregeln festlegen

Wählen Sie in der ersten Spalte das Zeichenformat ARTIKEL aus. Stellen Sie in der zweiten Spalte BIS ein. Die Auswahl ÜBER bezöge das ausgewählte Zeichen ebenfalls in die Formatierung mit ein. Nun tragen Sie in der dritten Spalte »1« ein und wählen in der letzten Spalte WÖRTER aus. Somit wird das erste Wort nach den Initialzeichen mit dem Zeichenformat »Artikel« formatiert. Der Rest des Absatzes bleibt unverändert. Speichern Sie die Absatzvorlage, indem Sie auf OK klicken.

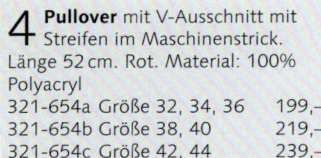

5 Absatzformat anwenden

Setzen Sie den Textcursor in den ersten Absatz, und klicken Sie auf ARTIKELBESCHREIBUNG im Absatzformate-Bedienfeld.

Damit ist die Definition der Absatzformate und zugleich die Gestaltung der ersten Artikelbeschreibung abgeschlossen – das Ergebnis sollte aussehen wie in Abbildung 19.34. ■

▲ **Abbildung 19.34**
Fertig! Das Ergebnis unserer Anleitungen zum Erstellen und Anwenden von Absatzformaten.

Das war einfach – vielleicht zu einfach. Deshalb wollen wir noch ein weiteres Beispiel präsentieren, das etwas komplexer ist und für viele Layouter relevant sein dürfte: In nahezu allen Zeitschriften und vielen Büchern werden Bilder mit Bildtexten versehen, die näher erklären, was zu sehen ist, und oftmals Quellenangaben enthalten. Diese Bildunterschriften sind zwar meistens kurz, erreichen aber gelegentlich eine beachtliche Komplexität, was sich natürlich im Zeitbedarf für die Formatierung niederschlägt.

In Abbildung 19.35 ist das erste Wort fett gesetzt. Es folgen die eigentliche Bildbeschreibung und eine Quellenangabe, die ihrerseits aus zwei unterschiedlichen Zeichenformaten besteht. Die Quellenangabe ist mit einem rechtsbündigen Tabulator am rechten Spaltenrand ausgerichtet. Das verschachtelte Format selbst bestimmt die Schrift (Warnock Pro Light, 6 Pt) und legt einen rechtsbündigen Tabulator am rechten Spaltenrand fest – hier 35 mm. Zusätzlich benötigen wir zwei Zeichenformate:

▶ FETT: Schriftschnitt: Bold
▶ KURSIV: Schriftschnitt: Light Italic

▲ **Abbildung 19.35**
Ein Foto mit einer typischen Bildunterschrift

Schriftfamilie und -größe beziehen beide Formate aus dem Absatzformat. Wesentlicher ist hier allerdings, wie das verschachtelte Format aus diesen Zeichenformaten aufgebaut wird:

◄ **Abbildung 19.36**
Verschachteltes Format
»Bildunterschrift«

Wir beginnen mit dem »Bildtitel«, der über das erste Wort des Absatzes reicht (FETT BIS 1 WÖRTER). Der weitere Text wird nicht verändert – die Schriftformatierung wird aus dem Absatzformat übernommen ([OHNE] ÜBER 1 TABULATORZEICHEN), bis ein Tabulator auftaucht. Dann wird der Text bis zum nächsten Doppelpunkt kursiv formatiert (KURSIV ÜBER 1 :). Der restliche Text wird bis zum Zeilenende wieder fett formatiert (FETT BIS 1 HARTER ZEILENUMBRUCH).

Um solche Bildunterschriften vernünftig formatieren zu können, müssen Sie ohnehin die Zeichenformate definieren. Der Zusatzaufwand des verschachtelten Formats ist also vergleichsweise gering – der Nutzen hingegen enorm.

19.4.5 Verschachtelte Formate wiederholen

In manchen Absätzen werden bestimmte Muster von Zeichenformatierungen wiederholt. Solange die Anzahl dieser Wiederholungen immer gleich ist, können sie – wenn auch mühsam und aufwendig – über verschachtelte Formate abgebildet werden. Wenn die Anzahl der Wiederholungen allerdings schwankt, helfen Ihnen verschachtelte Formate nicht weiter. Deshalb gibt es die Möglichkeit, auch solche Wiederholungen zu definieren.

Nehmen Sie an, Sie erstellen CD-Cover. Innerhalb einer Serie von CDs sieht die Titelliste immer gleich aus, z. B. so:

Tabulatoren

Wenn Sie statt eines fixen Tabulators einen TABULATOR FÜR RECHTE AUSRICHTUNG verwenden möchten, müssen Sie als Zeichen ^y eintragen, weil dieser Tabulator nicht direkt auswählbar ist.

Alternative Trennzeichen

Wenn z. B. die Artikelbezeichnung oder der Bildtitel aus mehreren, aber unterschiedlich vielen Wörtern besteht, können Sie zwischen den Wörtern, die fett ausgezeichnet werden sollen, geschützte Leerzeichen einfügen. Damit wird die Wortgruppe vom Format als ein Wort behandelt.

◄ **Abbildung 19.37**
CD-Titelliste, die über wiederholende verschachtelte Formate gestaltet werden kann

Wir haben hier auch unsichtbare Trennzeichen eingeblendet, damit der Aufbau des Textes deutlicher wird. Schriftschnitte und -größen spielen hier keine Rolle, allerdings müssen alle Formatierungen über Zeichenformate umgesetzt werden. Das Absatzformat definiert die Basis-Schriftparameter. Folgende Zeichenformate werden gebraucht:

▶ CD: Für den Titel der CD bis zum ersten Doppelpunkt (»The Blues:«). Dieser Text wird etwas größer sein als die eigentliche Titelliste.

- NUMMER: Für die Nummerierung der einzelnen Titel – dieses Format ist bis zum nächsten Punkt wirksam. Auf diese Art können die Nummern auch mehrstellig werden. In unserem Fall ist die Nummer so groß wie der restliche Text der Titelliste, allerdings fett.
- ZEIT: Für die Laufzeit der einzelnen Titel. Hier so groß wie der normale Text, allerdings fett und kursiv.

Der Titel selbst ist von der Laufzeit mit einem Geviert-Leerzeichen getrennt und übernimmt die Formatierung aus dem Absatzformat, genauso wie das Komma, das jeden Titel abschließt. Das verschachtelte Format können Sie nun wie folgt aufbauen:

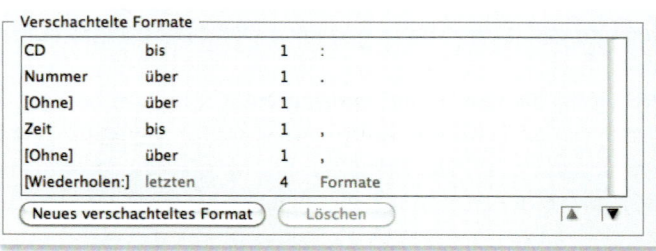

Abbildung 19.38 ▶
Verschachteltes Format, das mit einer Wiederholung arbeitet. In der dritten Zeile ist als Trennzeichen ein Geviert-Leerzeichen eingetragen, das hier nicht erkennbar ist.

Lassen Sie sich hier nicht von der Darstellung irritieren – Sie werden nur vier Zeilen auf Ihrem Monitor sehen. Wir mussten mit Photoshop nachhelfen, um den Zusammenhang zu wahren …

CD läuft bis zum ersten Doppelpunkt; es folgt die Nummer, die mit einem Punkt abgeschlossen wird. Für den Titel wird die Schriftinformation aus dem Absatzformat übernommen ([OHNE]) – diese Formatierung ist bis zu einem Geviert-Leerzeichen gültig. Das Geviert-Leerzeichen können Sie aus dem Menü neben dem Eingabefeld (hier nicht sichtbar) auswählen.

Die Zeitangabe ist bis zum nächsten Komma gültig. Die Formatierung des Kommas selbst wird jedoch aus dem Absatz übernommen – Eintrag 5: [OHNE] ÜBER 1 , (Komma).

Die Abfolge Nummer – Titel – Zeit – Komma wiederholt sich bis zum Ende des Absatzes. InDesign sieht hier ein Pseudoformat [WIEDERHOLEN] vor, für das Sie lediglich die Anzahl der zu wiederholenden Formate festlegen können. In unseren Fall sind das eben die letzten vier Formate. Das erste Format zur Gestaltung des CD-Titels wird nur einmal zu Beginn angewendet.

Wenn Sie die einzelnen Titeleinträge lieber untereinander darstellen möchten, müssen Sie zwischen den einzelnen Titeln einen harten Zeilenumbruch ⇧+↵ einfügen. Der harte Zeilenumbruch führt zwar zu einer Zeilenschaltung, trennt aber den Absatz nicht, sodass das verschachtelte Format bis zum Ende des Textes

Anzeigefehler

Wenn Sie ein bestehendes verschachteltes Format editieren, zeigt InDesign statt [WIEDERHOLEN] immer [OHNE] an und stellt die Anzahl der zu wiederholenden Formate auf »2« – die Definition ist allerdings intakt; es handelt sich hier also nur um eine falsche Darstellung.

Dieser Fehler wurde mit InDesign CS3 mit den verschachtelten Formaten eingeführt und hat es unverändert bis in InDesign CS5 geschafft!

Harter Zeilenumbruch

Vermeiden Sie den harten Zeilenumbruch im Blocksatz, da sich damit extreme Löcher in den Zeilen ergeben können.

durchlaufen kann. Sie können den harten Zeilenumbruch aus dem Menü des Trennzeichenfelds für ein verschachteltes Format auswählen.

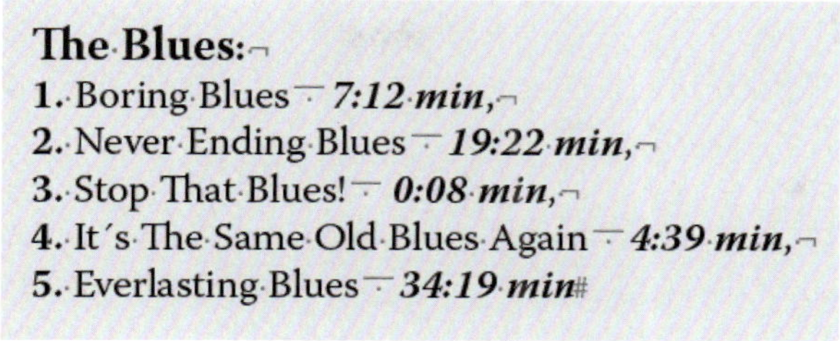

The Blues:
1. Boring Blues — 7:12 min,
2. Never Ending Blues — 19:22 min,
3. Stop That Blues! — 0:08 min,
4. It´s The Same Old Blues Again — 4:39 min,
5. Everlasting Blues — 34:19 min

◀ **Abbildung 19.39**
Mit dem harten Zeilenumbruch kann ein wiederholendes verschachteltes Format über mehrere Zeilen angewendet werden. Selbstverständlich kann eine solche Struktur aber auch mit einzeiligen Absätzen und einem Absatzformat pro Zeile erzeugt werden.

In diesem Fall können Sie sich eventuell auch das Komma noch sparen und somit das Format noch wesentlich verkürzen.

19.4.6 Verschachtelte Zeilenformate

Im letzten Bereich im Abschnitt INITIALEN UND VERSCHACHTELTE FORMATE finden Sie Optionen, die es ermöglichen, jeder Zeile oder ganzen Blöcken von Zeilen in einem Absatz ein bestimmtes Zeichenformat zuzuweisen. Das ist mit »normalen« verschachtelten Formaten nicht möglich, weil es kein Markierungszeichen für den aktuellen Zeilenumbruch gibt, an dem Sie sich orientieren könnten.

Und hier liegt der einzige Vorteil dieser Formate: Egal, wie lang die Zeile wird oder ob der Text noch umbricht – der oder den Zeile(n) wird immer über die gesamte aktuelle Länge das entsprechende Zeichenformat zugewiesen.

Sie können dieses Format so einsetzen wie hier in diesem Absatz. Neben einem hängenden Initial (ebenfalls aus der Klasse der verschachtelten Formate) möchten Sie die erste Zeile fett und blau setzen. Sogar wenn ein Wort geteilt und in die neue Zeile umbrochen wird, wird das Format zur Darstellung dieser Auszeichnung genau bis zum Ende der Zeile zugewiesen. Wir wünschen Ihnen nicht, so etwas manuell formatieren und vor allem kontrollieren zu müssen.

Sie können auch mehrere Zeilenformate definieren – das funktioniert genauso wie bei den verschachtelten Formaten – und so im Extremfall jede Zeile anders aussehen lassen.

Eine Abfolge von Zeilenformaten können Sie auch wiederholen lassen, indem Sie – ebenfalls genau wie bei verschachtelten Formaten – aus dem Menü der Zeichenformate die Option [WIEDERHOLEN:] wählen. Die Gültigkeit springt dann von FÜR auf LETZTEN, und Sie müssen lediglich noch die Anzahl der Wiederholungen eintragen.

Reihenfolge

Wenn Sie alle Arten der verschachtelten Formate in einem Absatz einsetzen, werden zuerst die hängenden Initialen wirksam, dann die Zeilenformate und dann die verschachtelten Formate. Wenn Sie also ein Zeilenformat verwenden, das die ganze erste Zeile blau einfärbt, und ein Zeichenformat (in einem verschachtelten Format), das z. B. das dritte Wort des Absatzes (und somit vermutlich der ersten Zeile) rot färbt, dann wird das dritte Wort rot und der Rest der ersten Zeile blau sein.

Abbildung 19.40 ▶
Durch einen Klick auf NEUES ZEI-LENFORMAT können Sie weitere Zeilenformate anlegen und diese sogar wiederholen lassen – freuen wir uns, dass wir es könnten, aber nicht tun müssen…

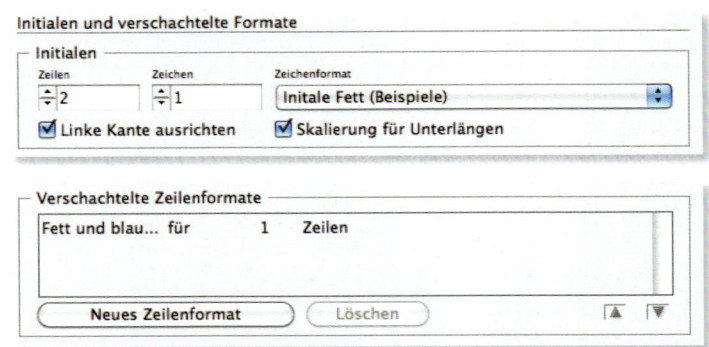

Allerdings führt das zwangsweise zu heftigen Schrift- und Auszeichnungsmischungen im Absatz, was typografisch eher bedenklich ist. Zumindest wollen uns hier keine vernünftigen Anwendungsbeispiele einfallen. Die Anwendung eines Zeichenformats auf die erste Zeile eines Absatzes hat allerdings wirklich bislang gefehlt. Und wann bekommt man schon mehr als gewünscht?

19.4.7 GREP-Stile

Eine weitere Variante der verschachtelten Formate sind GREP-Stile, die mit InDesign CS4 eingeführt wurden. GREP stammt aus der Frühzeit der Unix-Betriebssysteme und wurde entwickelt, um Texte automatisiert zu durchsuchen und zu modifizieren. In dieser Epoche der EDV war die Benutzung eines Computers gleichbedeutend mit seiner Programmierung.

Und das sieht man GREP deutlich an. GREP ist ein Textprozessor, der an einem Ende einen Text erwartet und dazu eine Beschreibung, was mit dem Text zu tun ist, und dann an seinem anderen Ende den modifizierten Text wieder ausspuckt. Wie GREP das macht, kann uns egal sein, aber die Beschreibung, was mit dem Text zu tun ist, müssen wir selbst formulieren. Diese Beschreibungen nennt man »regular expressions« (eigentlich nicht übersetzbar, aber im Deutschen hat sich die wörtliche Übersetzung »reguläre Ausdrücke« durchgesetzt). Die Syntax der regulären Ausdrücke wurde von Programmierern erdacht, und das bedeutet, dass sie einerseits vollkommen logisch, andererseits aber für Außenstehende vollkommen kryptisch ist – seien Sie gewarnt: Reguläre Ausdrücke sind wilde Tiere, die nur schwer zu zähmen sind.

Sehen Sie sich die regular expression in Abbildung 19.41 an. Imponierend, oder? So sieht ein »ganz normaler« regulärer Ausdruck aus. Bitte haben Sie Verständnis, dass wir hier nicht sehr ins Detail gehen können und Ihnen lediglich einige Beispiele zeigen, wie Sie GREP-Stile einsetzen können.

[GREP]
Es herrscht Einigkeit darüber, dass GREP eine Abkürzung ist, allerdings nicht darüber, wofür die Abkürzung steht. Eine plausible und halbwegs sprechende Formulierung lautet »**g**lobal search for a **r**egular **e**xpression and **p**rint out matched lines«.

Informationsquellen

Die allerwichtigsten Grundlagen zu GREP erfahren Sie in Kapitel 29, »GREP«.

Bei einer Recherche über GREP im Internet werden Sie einige Millionen Treffer finden. Auch wenn Sie »GREP« mit »InDesign« kombinieren, werden Sie noch ziemlich viel zu lesen haben.

Wenn Sie auf deutschsprachige Informationen Wert legen, suchen Sie nach »reguläre Ausdrücke«.

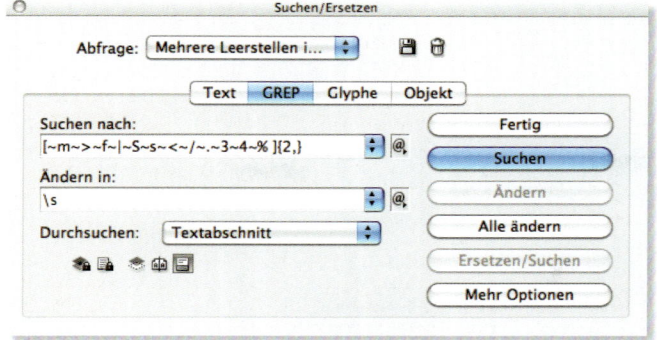

◄ **Abbildung 19.41**
Wählen Sie BEARBEITEN • SUCHEN/ERSETZEN. Im Fenster SUCHEN/ERSETZEN finden Sie ganz oben das Menü ABFRAGE. Wählen Sie hier MEHRERE LEERSTELLEN IN EINZELNE LEERSTELLE. Nun wird automatisch in den Bereich GREP umgeschaltet, und im Feld SUCHEN NACH erscheint der reguläre Ausdruck, mit dem per GREP nach zwei oder mehreren Leerzeichen gesucht wird.

Einige Vorüberlegungen | Ein »normales« verschachteltes Format orientiert sich an bestimmten Punkten in einem Text, die vorhanden sind oder geschaffen werden müssen. Dem Text jeweils zwischen zwei solcher Punkte wird entweder inklusive oder exklusive der Begrenzungspunkte ein Zeichenformat zugewiesen. Das verschachtelte Format kümmert sich nicht darum, was zwischen zwei Begrenzungspunkten steht.

Ein GREP-Stil dagegen kann auf den Inhalt eines Textes Rücksicht nehmen. Positionsangaben wären zwar möglich, aber die Leistung von GREP liegt primär darin, dass eben bestimmte Textstrings unabhängig von ihrer Position bearbeitet werden können (das dritte Wort eines Absatzes können Sie auch mit einem verschachtelten Format behandeln).

Beispiel Titel und Name | Nehmen Sie an, Sie setzen einen Geschäftsbericht, in dem mehrfach der Name des Vorstandes Dr. Huber auftaucht. In diesem Fall sollte der Name nie vom Titel getrennt werden, und der Name selbst sollte auch nicht getrennt werden. Auf den Titel können Sie schon bei der Texterfassung Rücksicht nehmen, indem Sie zwischen »Dr.« und »Huber« ein geschütztes Leerzeichen einfügen. Allerdings bekommen Sie den Text ja angeliefert und müssen ihn nicht selbst tippen. Der komplette Name (also Titel plus Nachname) soll zusätzlich fett ausgezeichnet werden.

Diese Problemstellung schreit also nach einem Zeichenformat »Name«, das zum einen den Schriftschnitt auf »Fett« stellt und zum anderen den Text auf KEIN UMBRUCH setzt – damit haben Sie beide Probleme in einem Aufwasch erledigt und müssen den Text nicht verändern (auch der GREP-Stil tut das nicht, er weist lediglich ein Zeichenformat zu).

Allerdings müssen Sie nun den Text nach dem Auftreten des Textes »Dr. Huber« durchsuchen und überall das Zeichenformat anwenden. Genau diese Arbeit nimmt Ihnen aber ein GREP-Stil

Verschachteltes Format hier beenden

Über das Sonderzeichen VERSCHACHTELTES FORMAT HIER BEENDEN können Sie in einem Absatz natürlich schon Strukturen schaffen, die sehr komplexe Zuordnungen zu Zeichenformaten erlauben, aber dazu müssen Sie den Text verändern und können keine Formatierungen vornehmen, die vom Text selbst abhängen.

Suchen und Ersetzen

Sie können die Arbeit der GREP-Stile natürlich manuell über SUCHEN/ERSETZEN erledigen, aber dazu ist zumindest ein zusätzlicher Arbeitsschritt nötig. Ändern sich die Voraussetzungen, müssen Sie alles noch einmal machen und möglicherweise vorher alle Änderungen rückgängig machen.

19.4 Absatzformate | **485**

ab. Legen Sie ein neues Absatzformat an, wechseln Sie in den Abschnitt GREP-STIL, und klicken Sie auf NEUER GREP-STIL:

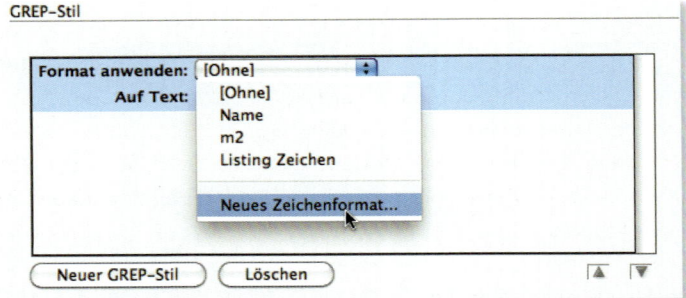

Abbildung 19.42 ▶
Zeichenformate können auch in den verschiedenen Bereichen der Absatzformate definiert werden. In diesem Fall existiert das Zeichenformat »Name« aber bereits.

man-Page unter Mac OSX

Wenn Sie einen Macintosh benutzen, können Sie die Originaldokumentation von GREP lesen. Mac OS X ist ja ein Unix-basierendes System.

Starten Sie das Programm Terminal im Dienstprogramme-Ordner, den Sie im Programme-Ordner finden. Geben Sie »man grep« ein, und drücken Sie ↵. In der Dokumentation können Sie mit ↓ bzw. ↑ zeilenweise blättern, mit der Leertaste seitenweise, und mit Q können Sie die Anzeige der Dokumentation wieder beenden.

Wenn Sie noch kein Zeichenformat für die Formatierung des Namens definiert haben, können Sie auch hier noch eines anlegen. Nennen Sie es »Name«, stellen Sie in GRUNDLEGENDE ZEICHENFORMATE den SCHRIFTSCHNITT auf »Fett«, und aktivieren Sie die Option KEIN UMBRUCH. Wenn Sie schon ein Zeichenformat definiert haben, wählen Sie es unter STIL ANWENDEN aus.

Nun muss noch unter AUF TEXT ein regulärer Ausdruck definiert werden, der den Text beschreibt, auf den das Zeichenformat angewendet werden soll. Tragen Sie hier den Text `Dr\.\sHuber` ein. Sie können die einzelnen Komponenten des regulären Ausdrucks auch aus dem Menü @ auswählen. Der obere Bereich des Menüs bis ANDERE enthält nur Zeichen, die Sie schon als Sonder- und Steuerzeichen kennen. Ab PLATZHALTER finden Sie GREP-spezifische Steuerzeichen und Funktionen.

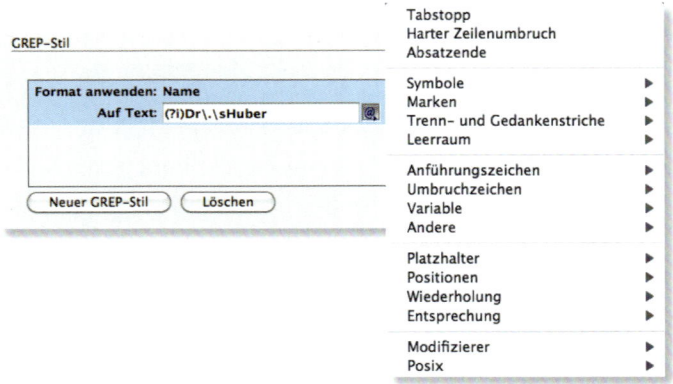

Abbildung 19.43 ▶
Reguläre Ausdrücke könne entweder direkt eingetippt oder – Stück für Stück – aus dem Menü zusammengestellt werden.

▶ `Dr` – ist hier einfach der erste Teil des Textes, den wir suchen.
▶ `\.` – steht für einen Punkt. Der Punkt hat für GREP eine besondere Bedeutung und beschreibt genau ein beliebiges Zeichen. Deshalb muss ein Backslash vorangestellt werden. Da der

Punkt, den wir suchen, auch ein beliebiges Zeichen ist, würde die Sache hier auch ohne Backslash funktionieren, wäre aber nicht mehr eindeutig.

- `\s` – ist die GREP-Formulierung für »ein beliebiges Leerzeichen«. Egal, ob zwischen Titel und Name ein geschütztes, irgendein anderes oder ein ganz normales Leerzeichen steht.
- `Huber` – muss wohl nicht erklärt werden, Sie sollten jedoch wissen, dass GREP grundsätzlich zwischen Groß- und Kleinschreibung unterscheidet. Es wird also wirklich nur genau diese Schreibweise des Nachnamens gefunden.

> **Schreibweise ignorieren**
>
> Wenn Sie Groß- und Kleinschreibung nicht unterscheiden möchten, stellen Sie vor den regulären Ausdruck noch `(?i)`.

Das Absatzformat, in dem Sie diesen GREP-Stil definiert haben, wird vermutlich noch eine Reihe anderer Formatierungen vornehmen, die uns hier aber nicht interessieren müssen. Wichtig ist, dass ab sofort die Zeichenkette »Dr. Huber« automatisch fett ausgezeichnet wird, der Titel nicht vom Namen und der Name selbst nicht getrennt wird – und zwar unabhängig davon, wo die Zeichenkette auftaucht und ob der Text noch umbricht.

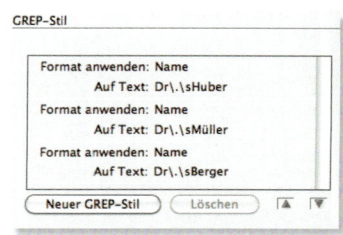

▲ **Abbildung 19.44**
Diese Variante hat eventuell die Nebenwirkung, dass ein Stil weiter unten in der Liste mit einem Stil darüber kollidiert (in diesem Beispiel kann das nicht der Fall sein), deshalb können Sie die Reihenfolge der Stile mit den Pfeilen ▲ ▼ verändern.

Verfeinerung | Was wäre nun, wenn der Vorstand aus drei Personen – Dr. Huber, Dr. Müller und Dr. Berger – bestünde, die natürlich alle drei mehrfach im Geschäftsbericht erwähnt werden? In diesem Fall haben Sie zwei Möglichkeiten:

1. Sie können für jeden Namen einen eigenen Stil definieren, indem Sie auf NEUER GREP-STIL klicken und im Wesentlichen die gleichen Einstellungen vornehmen und lediglich den Namen im regulären Ausdruck ändern.
2. Sie können sich aber auch etwas mit intensiver mit GREP auseinandersetzen und einen regulären Ausdruck formulieren, der alle drei Namen in einem Arbeitsgang abarbeitet:

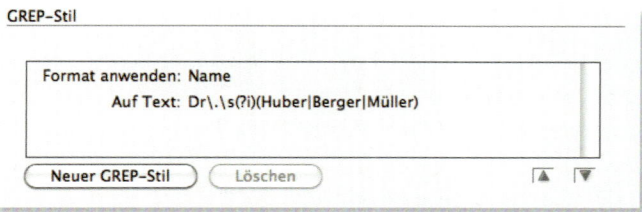

◀ **Abbildung 19.45**
Wenn mehrere Bedingungen in einem regulären Ausdruck zusammengefasst werden, können Widersprüche leichter vermieden werden. Damit wird der reguläre Ausdruck allerdings auch komplexer.

Der erste Teil des regulären Ausdrucks bleibt hier gleich, aber statt eines spezifischen Namens wird eine Aufzählungsliste (das Zeichen dafür ist die Klammer) mit allen Suchbegriffen eingesetzt. Die senkrechten Striche zwischen den Namen bedeuten für GREP »oder«, also Huber *oder* Berger *oder* Müller. Eigentlich ganz einfach – wenn man es weiß…

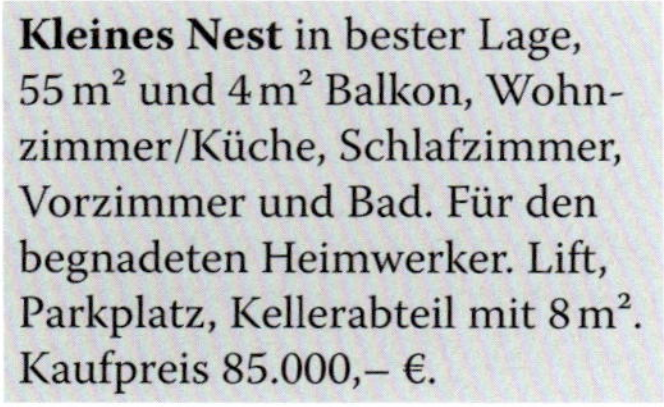

Kleines Nest in bester Lage, 55 m² und 4 m² Balkon, Wohnzimmer/Küche, Schlafzimmer, Vorzimmer und Bad. Für den begnadeten Heimwerker. Lift, Parkplatz, Kellerabteil mit 8 m². Kaufpreis 85.000,– €.

▲ **Abbildung 19.46**
Eine typische Immobilien-Anzeige mit unterschiedlichen Ziffern und dem Hauptproblem m².

▲ **Abbildung 19.47**
LOOKBEHIND und LOOKAHEAD finden Sie unter ENTSPRECHUNG.

Anwendungen für GREP-Stile

GREP ist leistungsstark und entsprechend komplex. GREP-Stile wenden Sie eher für Kleinigkeiten an, wie z. B. für das Umstellen von Jahreszahlen (alle vierstelligen Ziffern) auf Mediävalziffern oder für das Hochstellen von Cent-Beträgen (zwei Ziffern nach einem Komma) in Preisangaben.

Das leidige Quadratmeter-Problem | Im Kleinanzeigen-Bereich sind Immobilien-Anzeigen besonders aufwendig, sofern man sie anständig setzen will. Das Sorgenkind ist hier immer die m²-Angabe, wie in Abbildung 19.46 zu sehen ist.

Wenn Sie nun mit GREP-Stilen etwas experimentiert haben, ist Ihnen vermutlich aufgefallen, dass Ihnen InDesign beim Anlegen eines neuen Stils als regulären Ausdruck immer \d+ vorschlägt. Dieser Ausdruck bedeutet »eine oder mehrere Ziffern«. Es wäre allerdings keine gute Idee, diesem Vorschlag einfach ein Zeichenformat zuzuweisen, das die Ziffer 2 hochstellt (vorzugsweise natürlich mit dem OpenType-Layout-Feature HOCHGESTELLT). Schließlich befinden sich ja auch andere Ziffern in unserem Anzeigetext. Wir müssen also eine Bedingung einführen: »2« ist nur dann hochzustellen, wenn unmittelbar davor ein »m« steht.

In GREP nennt man so etwas **positives Lookbehind**. »Positiv«, weil überprüft werden muss, ob ein bestimmter Text existiert (»negativ« gibt es auch; es überprüft, ob ein bestimmter Text nicht existiert). »Lookbehind«, weil der Text, von dem wir die Formatierung abhängig machen, vor dem Text stehen muss, der formatiert wird. Analog dazu gibt es auch positives/negatives Lookahead, wo die Existenz eines Textes *nach* dem zu formatierenden Text überprüft wird. Sie finden diese Steueranweisungen im Menü @ neben dem Eingabefeld für den regulären Ausdruck.

Sie benötigen natürlich wieder ein Zeichenformat, in dem der Text hochgestellt wird. Wenn Sie keine OpenType-Schrift verwenden oder Ihr Schnitt das Layout-Feature HOCHGESTELLT nicht unterstützt, müssen Sie – trotz der Ihnen bekannten Probleme der Schriftskalierung – auf die InDesign-eigene Funktion HOCHGESTELLT zurückgreifen.

Erstellen Sie ein neues Absatzformat und im Bereich GREP-STIL einen neuen Stil, dem Sie Ihr Zeichenformat zuweisen. Als regulären Ausdruck tragen Sie unter AUF TEXT: (?<=m)2 ein. Der gesuchte Text ist »2«, wird aber nur behandelt, wenn »m« davorsteht. Der Ausdruck (?<=m) formuliert also ein positives Lookbehind, wobei m der Text ist, von dem die Formatierung abhängt.

19.4.8 Abweichende Formate

In Abschnitt 19.3.4, »Abweichendes Zeichenformat«, haben Sie bereits erfahren, wie Sie abweichende Formate zurücksetzen können. Bei Absatzformaten ist dies allerdings etwas kniffliger, weil Absatzformate von Zeichenformaten, manuellen Änderungen in den Absatzattributen oder manuellen Änderungen in den Zeichenattributen überlagert sein können.

Erkennen von Abweichungen | Klären wir zunächst, wie InDesign die unterschiedlichen Modifikationen registriert:
1. Wenn ein Absatz mit einem Absatzformat formatiert wurde und Sie nachträglich manuell z. B. den linken Einzug verändern, so wird das als abweichendes Absatzformat gewertet, und im Namen des betreffenden Formats erscheint ein Plus ❶ als Kennzeichnung.
2. Ändern Sie die Darstellung eines Textteils im Absatz, indem Sie z. B. einen anderen Schriftschnitt zuweisen, so wertet InDesign das auch als Abweichung, und das Absatzformat wird markiert, wenn der Textcursor im veränderten Text steht.
3. Wenn Sie dagegen Textteile mit einem Zeichenformat auszeichnen, wird das nicht als Abweichung gewertet, weil es für diesen Fall ja eine gültige Definition gibt.

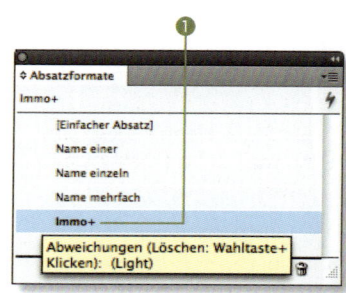

▲ **Abbildung 19.48**
Auch bei Absatzformaten zeigt Ihnen InDesign die Abweichungen, wenn Sie den Mauszeiger über dem Formatnamen positionieren.

Abweichungen löschen | Für die ersten beiden Fälle bietet InDesign die Funktion ABWEICHUNGEN IN AUSWAHL LÖSCHEN im Absatzformate-Bedienfeld: . Ein einfacher Klick setzt alle manuellen Änderungen im Absatz zurück – Formatierungen mit Zeichenformaten bleiben jedoch bestehen. Ein Klick mit gedrückter [Strg]- bzw. [⌘]-Taste auf dieses Symbol setzt alle manuellen Änderungen an Textattributen zurück, und bei einem Klick mit gedrückten [Strg]+[⇧]- bzw. [⌘]+[⇧]-Tasten werden lediglich die Absatzattribute zurückgesetzt.

Da eine Formatierung mit Zeichenformaten (Fall 3) von InDesign nicht als Abweichung gewertet wird, ist diese Funktion im Absatzformate-Bedienfeld nicht anwendbar, wenn alle anderen Attribute »sauber« sind. Trotzdem können Sie auch solche Formatierungen aufheben. Sie haben dazu zwei Möglichkeiten:

Wenn Sie eine einzelne Formatierung mittels Zeichenformat im Absatz rückgängig machen wollen, markieren Sie den betreffenden Text, wechseln in das Zeichenformate-Bedienfeld und weisen [KEINE] zu. Die Zeichendefinition des Absatzformats wird nun für diesen Text wieder aktiv.

Um alle Formatierungen mit Zeichenformaten im Absatz zurückzunehmen, rufen Sie das Kontextmenü des Absatzformats auf und wählen [ABSATZFORMAT] ANWENDEN, ZEICHENFORMATE LÖSCHEN. Nun werden nur alle Formatierungen mittels Zeichenformat zurückgesetzt; alle manuellen Änderungen an Zeichen- und Absatzattributen bleiben erhalten.

> **Abweichungen löschen**
> Die Methode der früheren InDesign-Versionen, mit gedrückter [Alt]- bzw. [⌥]-Taste auf den Namen des Absatzformats zu klicken, funktioniert in InDesign CS5 nach wie vor.

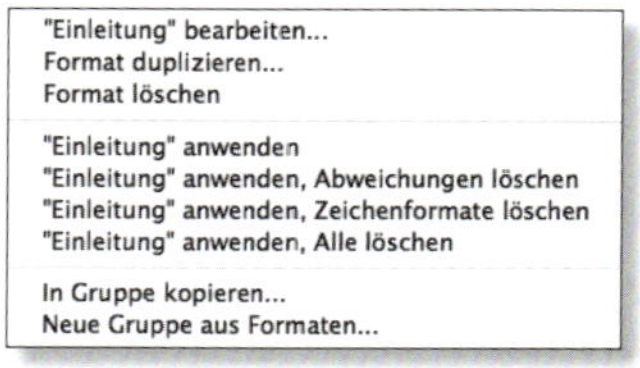

▲ **Abbildung 19.49**
Kontextmenü eines Absatzformats

19.4.9 »Nächstes Format« nachträglich anwenden

Sofern Sie mehrere Absätze ausgewählt haben, erscheinen im Kontextmenü eines Absatzformats weitere Menüpunkte, mit denen Sie verkettete Formate – für die ein Nächstes Format definiert wurde – auf eine ganze Serie von Absätzen anwenden können.

Wenn Sie einen fertigen Text platzieren und die Publikation klare Strukturen für die Anwendung von Absatzformaten aufweist, können Sie so die Formatierung wesentlich beschleunigen. Die Bedingungen dafür sind bei den meisten Zeitschriften oder Büchern gegeben. In Abbildung 19.50 oben sehen Sie einen typischen Fachtext, der immer gleich strukturiert ist: Einem Titel folgt der Vorspann, der immer einen Absatz lang ist (ähnlich wie in diesem Buch). Dem Vorspann folgt ein Zwischentitel, dem wiederum eine Reihe von Absätzen folgt, die gleich formatiert werden sollen.

Wenn diese Abfolge über die Option Nächstes Format in den einzelnen Definitionen der entsprechenden Absatzformate korrekt festgelegt wurde, markieren Sie alle Absätze vom Titel bis zum letzten Absatz des Textes nach dem Zwischentitel und wählen aus dem Kontextmenü des Absatzformats für den Titel [Absatzformat] und dann Nächstes Format anwenden aus. InDesign weist nun dem ersten Absatz – also dem Titel – das richtige Absatzformat zu, arbeitet für alle folgenden Absätze die Nachfolger ab und weist sie zu. Das Ergebnis sehen Sie in Abbildung 19.50 unten.

Die Angelegenheit funktioniert natürlich nur so lange, bis sich das Muster ändert. In unserem Beispiel können dem Zwischentitel beliebig viele Absätze folgen. Sobald aber der nächste Zwischentitel auftaucht, müssen Sie eine neue Auswahl treffen und die Zuweisung der Formatkette ab dem Zwischentitel neu auslösen.

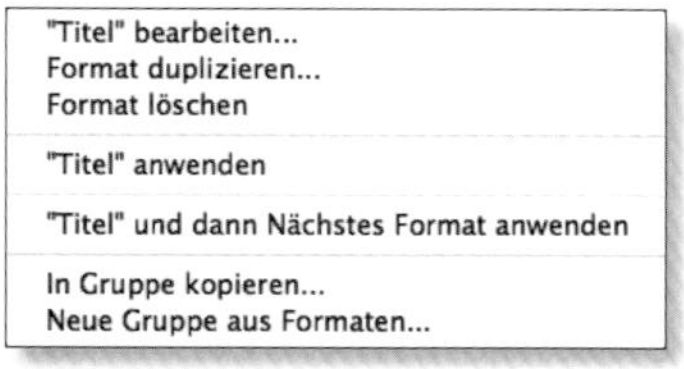

Wurde Ihr Text bereits manuell gestaltet und weisen die Absatzformate somit Abweichungen auf, so wird das Kontextmenü der Absatzformate nochmals erweitert, und Sie haben dann die Möglichkeit, alle Abweichungen in Zeichen- und Absatzattributen sowie zugewiesene Zeichenformate in einem Arbeitsgang zurückzusetzen und gleichzeitig eine Serie von Absatzformaten zuzuweisen. Die Befehle zum Zurücksetzen der Formatierung, wie oben beschrieben, werden dann von InDesign im Kontextmenü einfach mit der Funktion und dann nächstes Format anwenden kombiniert.

19.4.10 Formate löschen und Formatverknüpfung aufheben

Wenn Sie Absatzformate löschen, passiert exakt das Gleiche wie bei Zeichenformaten, und auch die gesamte Handhabung ist gleich. Sie können sich erst vergewissern, dass nur unbenutzte Formate gelöscht werden, indem Sie zuächst Alle nicht verwen-

▲ **Abbildung 19.50**
Eine Serie von Absätzen kann nachträglich noch über Nächstes Format anwenden formatiert werden.

▲ **Abbildung 19.51**
Kontextmenü eines Absatzformats

deten auswählen aus dem Bedienfeldmenü des Absatzformate-Bedienfelds aufrufen. Wenn Sie ein Absatzformat löschen wollen, das noch verwendet wird, werden Sie mit der gleichen Abfrage konfrontiert, in der Sie einen Nachfolger für das zu löschende Format festlegen.

Selbstverständlich können auch Absatzformate neu definiert werden – den entsprechenden Befehl finden Sie ebenfalls im Bedienfeldmenü des Absatzformat-Bedienfelds; das dazugehörige Tastenkürzel lautet hier allerdings [Strg]+[Alt]+[⇧]+[R] bzw. [⌘]+[⌥]+[⇧]+[R].

Verknüpfung mit Format aufheben – ebenfalls im Bedienfeldmenü – löst die Verbindung zwischen Formatdefinition und Absatz auf. Die letzte Formatierung des Textes bleibt dabei erhalten. Zunächst ändert sich optisch also nichts! Was bewirkt dann aber diese Funktion? Sie werden es feststellen, wenn Sie ein Format anschließend ändern. Da nun keine Verbindung zur Definition des Formats mehr existiert, werden Änderungen folglich auch nicht mehr auf den Text übernommen.

Wenn Sie diese Funktion verwenden, sollte Ihnen aber bewusst sein, dass wirklich nur die Definition des Absatzformats betroffen ist. Sind Textstellen im Absatz mit Zeichenformaten gestaltet worden, so bleibt diese Zuweisung zu den Zeichenformaten erhalten.

> **Verknüpfung mit Format aufheben**
>
> In früheren Versionen von InDesign wurde das Format [Kein Absatzformat] zugewiesen. Die Verbindung zur Formatdefinition wurde damit zwar aufgelöst, aber es erschien nicht logisch, dass das nur über die Zuweisung eines anderen Formats funktioniert. [Kein Absatzformat] erscheint zwar nicht mehr im Absatzformate-Bedienfeld, existiert aber weiterhin. Wenn Sie z. B. ein Format löschen, können Sie [Kein Absatzformat] als Nachfolger nominieren.

19.5 Arbeiten mit Formaten

Einmal geleistete Arbeit sollte natürlich möglichst oft verwertet werden können. Gerade in der Definition von Formaten kann viel Zeit stecken. Deshalb ist es wichtig, vorhandene Definitionen schnell und elegant anwenden, verwalten und in anderen Dokumenten weiterverwenden zu können.

19.5.1 Formate erst bei Bedarf anlegen

Es hat in der Entwicklung von InDesign lange gedauert – bis InDesign CS4 – bis es endlich möglich war, Formate erst bei Bedarf anzulegen (QuarkXPress kann das schon lange). Diese kleine Änderung machte endlich Schluss damit, dass man die Definition eines verschachtelten Formats manchmal mehrfach abbrechen bzw. in mehreren Schritten durchführen musste. Es war oft wirklich hinderlich, dass man zwar das gewünschte Ergebnis im Kopf vor sich hatte, aber erst einmal vom Ziel abweichen musste, um die nötigen Vorbereitungen zu treffen.

Zugegeben: Wenn Sie erst einen Prototyp erstellen, aus dessen Formatierungen Sie dann die Zeichenformate und das Absatzfor-

> **Neues Format bei Bedarf aufrufen**
>
> Sie finden den Befehl Neues Zeichenformat bzw. Neues Absatzformat immer als letzten Eintrag des Menüs – deshalb wird diese sinnvolle Funktion auch oft von InDesign-Anwendern übersehen, die schon länger mit InDesign CS4 gearbeitet haben.

mat erstellen, hilft Ihnen dieses Feature nicht viel. Aber auch dann werden Sie diese Funktion schätzen, wenn Sie manuell z. B. eine nummerierte Liste erstellen und schon beim Design des Prototyps ein Zeichenformat definieren können – sollte es sich noch ändern, müssen Sie lediglich am Ende das FORMAT NEU DEFINIEREN: ⌃Strg⌄+⌃Alt⌄+⌃⇧⌄+⌃C⌄ bzw. ⌃⌘⌄+⌃⌥⌄+⌃⇧⌄+⌃C⌄.

Beim Aufruf der Funktion NEUES ZEICHENFORMAT bzw. NEUES ABSATZFORMAT landen Sie in den normalen Fenstern, um die jeweiligen Formate zu definieren. Das Einzige, was nun noch fehlt, ist eine Möglichkeit, auch bestehende Formate in solchen Situationen zu verändern.

19.5.2 Formate austauschen

Sie möchten ein Format, das Sie in einem Dokument definiert haben, auch in einem anderen Dokument verwenden? Kein Problem: Es gibt eine Reihe von Möglichkeiten. Welche Methode Sie anwenden, hängt davon ab, ob Sie Zugriff auf alle beteiligten Dokumente haben. Solange Sie beide Dokumente im direkten Zugriff haben – sie also gleichzeitig öffnen können –, haben Sie grundsätzlich drei Möglichkeiten:

- **Copy & Paste:** Kopieren Sie einen mit dem gewünschten Format gesetzen Text per ⌃Strg⌄+⌃C⌄ bzw. ⌃⌘⌄+⌃C⌄, und setzen Sie ihn im Zieldokument ein – ⌃Strg⌄+⌃V⌄ bzw. ⌃⌘⌄+⌃V⌄. Natürlich können Sie dazu auch die entsprechenden Kommandos aus dem BEARBEITEN-Menü verwenden. InDesign übernimmt nicht nur die Formatierung des Absatzformats, sondern auch die Definitionen aller beteiligten Zeichenformate. Existieren im Zieldokument die eingesetzten Formate noch nicht, dann werden sie einfach angelegt. Existieren jedoch Formate mit identischen Namen im Zieldokument, dann werden auf den eingesetzten Text die schon vorhandenen Formate angewendet, was natürlich zu Änderungen an der Typografie des Textes führen kann.
- **Drag & Drop:** Sie können komplette Textrahmen jederzeit aus einem Dokument in ein anderes ziehen und dort absetzen. Alle darin angewendeten Formate werden im Zieldokument angelegt bzw. angewendet, wie bei Copy & Paste auch. Wenn Sie nur ausgewählten Text per Drag & Drop ins Zieldokument übertragen wollen, dann muss einerseits InDesign dafür konfiguriert sein und der bewegte Text andererseits im Zieldokument in einem Textrahmen abgelegt werden.
- **Pipette:** Sie haben die Pipette am Beginn dieses Kapitels ja schon als Werkzeug zur Textformatierung kennengelernt. Sie funktioniert auch zwischen zwei Dokumenten. Beachten Sie

---

Unformatiert einfügen

Wenn Sie die Funktion UNFORMATIERT EINFÜGEN – ⌃Strg⌄+⌃⇧⌄+⌃V⌄ bzw. ⌃⌘⌄+⌃⇧⌄+⌃V⌄ – verwenden, werden logischerweise auch keine Formatdefinitionen übernommen.

Unterschiedliche Versionen

Sie können per Drag & Drop und Copy & Paste keine Objekte aus InDesign CS3 nach InDesign CS4 übertragen – von InDesign CS4 nach InDesign CS5 funktioniert das jedoch schon.

Drag & Drop für Text einschalten

Um ausgewählten Text innerhalb eines Dokuments oder zwischen Dokumenten bewegen zu können, müssen Sie in den InDesign-Voreinstellungen im Bereich EINBABE die Option TEXTBEARBEITUNG DURCH ZIEHEN UND ABLEGEN • IN LAYOUTANSICHT AKTIVIEREN einschalten.

Darüber hinaus kann Drag & Drop natürlich nur zwischen zwei eigenständig bewegbaren Fenstern funktionieren.

dabei unbedingt, dass die Pipette aber für die Übertragung von Formaten konfiguriert werden muss. Der Vorteil der Pipette ist, dass sie wirklich nur die Formate überträgt und Sie keinen Text in das Zieldokument übertragen müssen.

In Abschnitt 28.1, »Bibliotheken«, werden wir Ihnen weitere Methoden vorstellen, um jegliche Art von InDesign-Objekten – also auch Texte bzw. Textrahmen – zu verwalten. Objekte in Bibliotheken, die als Container für mehrere unabhängige Objekte dienen, speichern auch alle Formateinstellungen. Werden solche Objekte in einem neuen Dokument platziert, werden die betreffenden Definitionen automatisch angelegt.

19.5.3 Formate über Snippets weitergeben

Snippets verhalten sich genauso wie Objekte in Bibliotheken. Die einzelnen Objekte oder Objektgruppen werden jedoch als einzelne Elemente ohne übergeordneten Container abgespeichert. Der Vorteil von Snippets ist, dass Sie keinen Zugriff auf die Ursprungsdatei haben müssen. Snippets sind eigenständige InDesign-Dokumente, die über einen beliebigen Datenträger oder ein Netzwerk, Mail usw. transportiert werden können.

Snippets entstehen, wenn Sie ein InDesign-Objekt, also z. B. einen Textrahmen, auf den Schreibtisch oder in Adobe Bridge CS5 ziehen – sie tauchen dort als Datei auf, deren Name mit »Snippet« beginnt und ansonsten aus einer zufälligen Zeichenfolge besteht. Die Endung lautet seit CS4 ».idms«. Sie können auch zumindest ein Objekt auswählen und dann DATEI • EXPORTIEREN aufrufen. Wählen Sie unter DATEITYP (Windows) bzw. FORMAT (Mac OS X) die Option INDESIGN-SNIPPET. Hier können Sie den Namen des Snippets natürlich frei wählen.

Sie können eine Snippet-Datei in eine beliebige InDesign-Datei ziehen oder über DATEI • PLATZIEREN in ein Dokument einsetzen. Dabei wird das Ursprungsobjekt wiederhergestellt, und alle Formate werden angelegt bzw. zugewiesen wie bei den bisherigen Methoden auch.

19.5.4 Schnell anwenden

Um Formate noch effizienter anzuwenden, können Sie auf die Funktion SCHNELL ANWENDEN zurückgreifen, die Sie im Steuerung-Bedienfeld und in allen Format- und Stil-Bedienfeldern über das Symbol ⚡ erreichen. Sie erreichen SCHNELL ANWENDEN auch, indem Sie [Strg]+[↵] bzw. [⌘]+[↵] drücken. Es erscheint nun ein schwebendes Bedienfeld, in das Sie einen Suchbegriff eingeben können.

> **Snippets aus Texten**
>
> Wenn Sie unter Mac OS X die Voreinstellungen zum Bewegen von Text per Drag & Drop aktiviert haben, können Sie auch reinen Text auf den Schreibtisch ziehen. Dabei übernimmt aber das Betriebssystem das Kommando, und es wird kein Snippet erstellt, sondern eine Datei mit der Endung ».textClipping«. Wenn Sie eine solche Datei wieder in ein InDesign-Dokument ziehen, verhält sie sich aber wie ein Snippet. Platzieren können Sie solch eine Datei allerdings nicht.
>
> Unter Windows funktioniert dieser Mechanismus nicht.

> **Keine Snippets aus verankerten Objekten?**
>
> Im Text verankerte Objekte können nicht aus dem Dokument gezogen werden, weil InDesign die Bewegung als Positionsänderung im Text interpretiert – hier müssen Sie auf DATEI • EXPORTIEREN zurückgreifen.

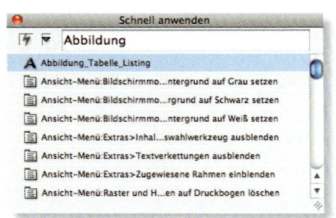

▲ **Abbildung 19.52**
SCHNELL ANWENDEN: Zum Begriff »Abbildung« werden nicht nur Formate gefunden, sondern auch Menübefehle, die auf die derzeitige Auswahl angewendet werden können. Klicken Sie auf das Dreieck neben dem Eingabefeld, um festzulegen, dass z. B. nur Formate, aber keine Menübefehle mehr angezeigt werden.

Gültigkeitsbereich für Textsuchen
Die Optionen DOKUMENT und ALLE DOKUMENTE im Menü DURCHSUCHEN bewirken, dass alle Texte durchsucht werden, unabhängig davon, ob sie irgendwie verkettet sind.
TEXTABSCHNITT und ZUM ENDE DES TEXTABSCHNITTS berücksichtigen, wo der Textcursor im Text steht. Allerdings ist die Bezeichnung »Textabschnitt« unglücklich gewählt. Texte außerhalb des Textabschnitts werden ignoriert.
Wenn Sie einen Textbereich ausgewählt haben, taucht die zusätzliche Option AUSWAHL auf, mit der Sie die Suche also ganz genau einschränken können.

In der Liste erscheinen alle Formate, die zu Ihrem Suchbegriff passen und die anhand des derzeit ausgewählten Objekts zugewiesen werden können. Das können auch Absatzformate oder Objektformate sein, die Sie später noch kennenlernen werden.

Die Länge dieser Liste ist also von der Eindeutigkeit Ihres Suchbegriffs abhängig. Zusätzlich erscheinen nicht nur Formate und Stile, sondern auch Funktionen, die über einen Menübefehl aufgerufen und auf die derzeitige Auswahl angewendet werden können.

Sie können nun aus der Liste das richtige Format (oder gegebenenfalls einen Menübefehl) auswählen bzw. zuweisen, indem Sie darauf klicken. Sie können in der Liste allerdings auch mit den Cursortasten navigieren und einen Eintrag auswählen, indem Sie die ⏎-Taste drücken. Das Format wird auf Ihre Auswahl angewendet, und das Fenster SCHNELL ANWENDEN wird automatisch wieder geschlossen.

Sollten Sie kein Format zuweisen wollen, können Sie das Fenster schließen, indem Sie ein weiteres Mal auf ⚡ klicken, irgendwo außerhalb des Fensters klicken oder die Esc-Taste drücken. So können Sie auch sehr lange Formatlisten bändigen, ohne Ihre Hände von der Tastatur nehmen zu müssen

19.5.5 Formate suchen und ersetzen

Wenn Sie Formate löschen, die in Ihrem Dokument nicht verwendet wurden, erledigt InDesign das ohne Murren. Wenn ein Format jedoch verwendet wird, fragt InDesign nach, welches Format den verwaisten Texten zugewiesen werden soll – das kennen Sie schon. Allerdings wäre es in so einem Fall interessant zu wissen, welche Absätze oder Textteile eigentlich betroffen sind. Und genau das verschweigt uns InDesign.

Bevor Sie in diesem Fall beherzt auf OK klicken und dann möglicherweise einige Überraschungen erleben, sollten Sie sich zunächst einmal ansehen, wo das betreffende Format eigentlich noch zugewiesen ist. Rufen Sie BEARBEITEN • SUCHEN/ERSETZEN auf, oder drücken Sie Strg+F bzw. ⌘+F. Das SUCHEN/ERSETZEN-Fenster wird geöffnet.

Sie haben bereits bei den GREP-Stilen kurz Bekanntschaft mit diesem Fenster gemacht. Die Suche von Texten und Glyphen werden wir in Kapitel 23, »Text suchen und korrigieren«, behandeln. An dieser Stelle interessiert uns der untere Bereich des Fensters mit den beiden Feldern FORMAT SUCHEN und FORMAT ERSETZEN. Sollte dieser Teil des Fensters nicht sichtbar sein, klicken Sie auf MEHR OPTIONEN, um die Darstellung zu erweitern.

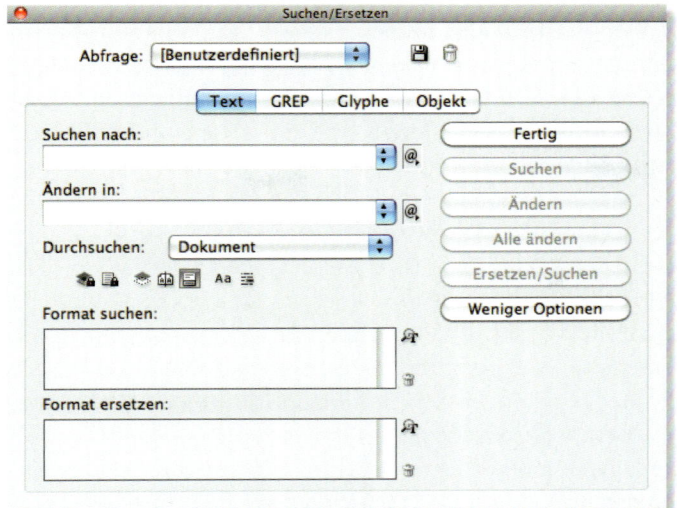

◂ **Abbildung 19.53**
Bei der Suche nach Text kann nicht nur nach dem Inhalt, sondern nach allen Formatierungsattributen gesucht werden.

Klicken Sie in das Feld FORMAT SUCHEN oder auf das Symbol. Im nun folgenden Fenster FORMATEINSTELLUNGEN SUCHEN können Sie im Abschnitt FORMATOPTIONEN auswählen, ob Sie nach einem ZEICHENFORMAT, einem ABSATZFORMAT oder auch beidem suchen wollen. Wenn Sie nach beidem suchen, werden nur Textstellen gefunden, deren Absatz mit dem Absatzformat formatiert wurde *und* in denen Texte mit dem Zeichenformat formatiert wurden.

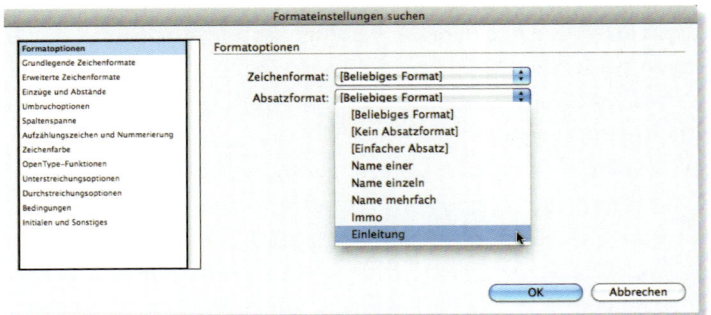

◂ **Abbildung 19.54**
Durch die vielen Kriterien, mit denen nach einer Formatierung gesucht werden kann, haben wir es hier mit einer sehr leistungsfähigen Funktion zu tun. In der Praxis werden Sie jedoch kaum mehr als zwei Kriterien kombinieren bzw. sich zumeist auf die Suche nach Formaten beschränken.

Wie Sie sehen, gibt es eine ganze Menge weiterer Bereiche, mit denen Sie nach manuellen Formatierungen suchen können. Auch diese Einstellungen werden logisch so miteinander verknüpft, dass alle Bedingungen erfüllt sein müssen. Allerdings können Sie für viele Optionen die Bedingungen umkehren. Eine Option, die mit ☑ markiert ist, muss zutreffen, und mit ☒ darf sie nicht zutreffen. Das Symbol ☐ bedeutet, dass nach diesem Kriterium nicht gesucht werden soll.

Nehmen Sie Ihre Einstellungen vor, und klicken Sie auf OK. Wieder zurück im Fenster SUCHEN/ERSETZEN können Sie alle gewählten Einstellungen im Feld FORMAT SUCHEN kontrollieren. Legen Sie den Gültigkeitsbereich Ihrer Suche über das Menü DURCHSUCHEN fest. Wählen Sie DOKUMENT, und klicken Sie auf SUCHEN. InDesign zeigt Ihnen nun die erste Fundstelle oder benachrichtigt Sie, dass es keinen Text gibt, der Ihren Kriterien entspricht. Bei mehreren Fundstellen ändert sich der Name des Buttons SUCHEN in WEITERSUCHEN. Nach der letzten Fundstelle informiert InDesign Sie, dass es keine weiteren Treffer gibt. Die einzelnen Fundstellen werden Ihnen im Dokument gezeigt und zur Bearbeitung ausgewählt, womit Sie sich auch selbst davon überzeugen können, dass die Suche korrekt abläuft. Um eine neue Suche zu definieren, klicken Sie zunächst auf ANGEGEBENE ATTRIBUTE LÖSCHEN, um alle Einstellungen zurückzusetzen.

Sie können im Feld FORMAT ERSETZEN genau die gleichen Einstellungen wie in FORMAT SUCHEN vornehmen und, sofern es Fundstellen in Ihrem Dokument gibt, mit einem Klick auf ÄNDERN jede einzelne Fundstelle oder mit ALLE ÄNDERN alle Treffer in einem Arbeitsgang umformatieren lassen.

19.5.6 Formate aus anderen Dokumenten übernehmen

Wenn Sie in einem InDesign-Dokument Formate definiert haben, die Sie in einem anderen Dokument verwenden möchten, können Sie Zeichenformate und Absatzformate laden. Die entsprechenden Funktionen ZEICHENFORMATE LADEN und ABSATZFORMATE LADEN finden Sie in den Bedienfeldmenüs der Formate-Bedienfelder. In beiden Bedienfeldmenüs finden Sie auch den Befehl ALLE TEXTFORMATE LADEN, um Zeichen- und Absatzformate in einem Arbeitsgang zu laden.

Die beiden Varianten unterscheiden sich lediglich dadurch, dass InDesign bei Zeichen- und Absatzformaten bereits eine Vorauswahl trifft. Diese Auswahl können Sie allerdings übergehen und immer alle Formate laden bzw. aus allen Formaten wählen.

Sobald Sie einen dieser Befehle aufrufen, müssen Sie im DATEI ÖFFNEN-Dialog ein InDesign-Dokument auswählen, aus dem InDesign dann alle Formatdefinitionen laden wird. Das kann bei umfangreichen Dokumenten mit vielen Formaten etwas dauern. Sobald InDesign alle Formate ausgelesen hat, müssen Sie entscheiden, welche Formate tatsächlich geladen werden sollen.

In der Liste werden alle gefundenen Formate angezeigt. Zu jedem Namen einer Formatdefinition ist angegeben, ob es sich um ein Zeichen- oder um ein Absatzformat handelt. Mit der Checkbox am Beginn eines Listeneintrags können Sie auswählen, ob Sie das Format laden wollen. Hier zeigt sich der Unterschied

---

Verschachtelte Formate

Bis InDesign CS4 wurden Texte, die über ein verschachteltes Format mit Zeichenformaten versehen waren, nicht bei der Suche nach diesen Zeichenformaten gefunden.

In InDesign CS5 funktioniert dies zwar prinzipiell, allerdings werden Fundstellen oft nicht korrekt ausgewählt/markiert, weshalb diese neue Fähigkeit natürlich praktisch unbenutzbar ist.

Auch ältere CS-Dateien

InDesign CS4 kann Formate auch aus Dateien der älteren CS-Versionen laden, ohne dass diese vorher in das CS4-Format umgewandelt werden müssen.

Eine Umwandlung findet zwar temporär statt – weshalb das Laden auch ein Weilchen dauern kann –, die Originaldatei wird dabei aber nicht verändert.

zwischen ZEICHEN-/ABSATZFORMATE LADEN und ALLE FORMATE LADEN – wenn Sie z. B. ZEICHENFORMATE LADEN gewählt haben, werden auch nur diese für Sie ausgewählt, was Sie aber nicht weiter behindert. Sie können immer eine eigene Auswahl treffen oder mit ALLE AKTIVIEREN bzw. ALLE DEAKTIVIEREN sämtliche Markierungen ein- oder ausschalten.

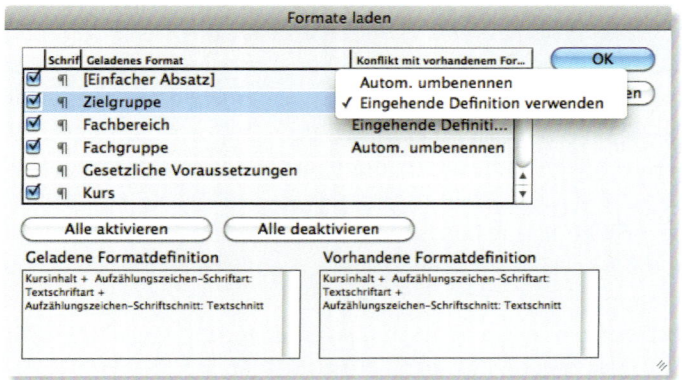

◄ **Abbildung 19.55**
FORMATE LADEN – das Format GESETZLICHE VORAUSSETZUNGEN wird nicht geladen, das Format FACHGRUPPE wird geladen, dabei aber umbenannt. ZIELGRUPPE und FACHBEREICH werden geladen und überschreiben die schon existierenden gleichnamigen Formate. KURS existiert in der Zieldatei noch nicht und wird angelegt.

Wenn Sie eine Zeile in der Liste auswählen, erscheint unter GELADENE FORMATDEFINITION die Beschreibung des Formats. Sofern im Zieldokument ein Format mit gleichem Namen existiert, erscheint auch das Textfeld VORHANDENE FORMATDEFINITION. So können Sie leicht entscheiden, ob es sich dabei tatsächlich um ein identisches Format handelt oder ob Abweichungen vorliegen. Sollten beide Formate identisch sein, gibt es eigentlich keinen Grund, das Format zu importieren (obwohl Sie das trotzdem machen können).

Sollte die Definition abweichen, müssen Sie in jedem Fall in der Spalte KONFLIKT MIT VORHANDENEM FORMAT festlegen, wie diese Abweichung zu handhaben ist:

▶ AUTOM. UMBENENNEN importiert das Format, benennt es dabei aber anders (es wird das Wort »Kopie« an den Namen angehängt) und tastet die existierende Formatdefinition nicht an.

▶ EINGEHENDE DEFINITION VERWENDEN dagegen überschreibt die existierende Definition, was sich natürlich auf die Formatierung Ihres Dokuments dramatisch auswirken kann, da sich die Abweichungen sofort auf alle mit diesem Format gestalteten Textelemente auswirken. Alle importierten Formate erscheinen in ihrem jeweiligen Bedienfeld und unterscheiden sich in der Folge nicht mehr von Formaten, die Sie manuell angelegt haben. Lediglich ein kleines Diskettensymbol 💾 rechts neben dem Formatnamen deutet darauf hin, dass das Format aus einer anderen Datei geladen wurde.

▲ **Abbildung 19.56**
Absatzformate-Bedienfeld mit importierten Formaten. Die Diskettensymbole zeigen an, dass sich die jeweilige Formatdefinition mit der Originaldefinition der Ursprungsdatei deckt. Sobald Sie eine Änderung an einem solchen Format vornehmen, wird es zum InDesign-Format, und das Symbol verschwindet. Diese Diskettensymbole werden auch bei Formaten aus Word-Dateien sichtbar.

19.5.7 Formate aus Word-Dokumenten übernehmen

Die verschiedenen Methoden zum Austausch von Formaten zwischen Dokumenten funktionieren deshalb problemlos, weil es sich in jedem Fall um InDesign-Objekte und -Dokumente handelt.

Viele Redaktionen arbeiten mit freiberuflichen Redakteuren zusammen, die nicht unmittelbar in die Produktion der Publikation eingebunden sind. Diese Redakteure liefern üblicherweise ihre Texte im Microsoft-Word-Format (».doc«) an.

Den meisten Layoutern ist es lieber, wenn sich die Redakteure aus der Textgestaltung heraushalten. Leider leben wir aber nicht in einer idealen Welt, und deshalb treibt so mancher Redakteur tatsächlich mehr Aufwand mit der Textformatierung als mit dem Inhalt. Da diese Gestaltungsarbeiten nur selten etwas mit dem tatsächlichen Erscheinungsbild zu tun haben, müssen diese Formatierungen entfernt oder Strategien gesucht werden, wie mit ihnen umzugehen ist.

InDesign bietet einen sehr leistungsstarken Importfilter für Word-Dokumente, der auch Formatdefinitionen aus Word übernehmen kann. Formate, die aus Word-Dokumenten stammen, sind im betreffenden Bedienfeld ebenfalls mit einem Diskettensymbol 💾 gekennzeichnet, das wieder verschwindet, sobald Sie in InDesign Änderungen an der Format-Definition vornehmen.

Der Word-Importfilter kann sehr fein eingestellt werden. Um die Importoptionen festzulegen, müssen Sie im PLATZIEREN-Dialog die Option IMPORTOPTIONEN ANZEIGEN aktivieren oder beim Importieren die ⇧-Taste gedrückt halten. Wenn Sie Änderungen an den Importoptionen vornehmen und beim nächsten Platzieren einer ».doc«-Datei IMPORTOPTIONEN ANZEIGEN abschalten, werden die letzten Einstellungen des Filters verwendet.

So kann sich der Filter auch bemerkbar machen, wenn Sie ihn nicht gezielt einblenden, aber z. B. in der Word-Datei Schriften verwendet werden, die auf Ihrem System nicht verfügbar sind.

Abbildung 19.57 ▶
Der Word-Importfilter macht sich auch bemerkbar, wenn Sie ihn nicht über seine Importoptionen steuern.

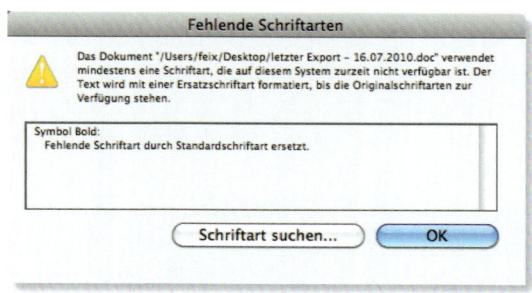

Bei aktivierten Importoptionen werden Sie mit einem sehr umfangreichen Dialog konfrontiert. Da die Einstellungsmöglichkeiten so umfangreich sind, haben Sie – wie in anderen Bereichen von InDesign auch – die Möglichkeit, verschiedene Einstellungen zu speichern und bei Bedarf wieder aufzurufen.

◄ **Abbildung 19.58**
MICROSOFT WORD-IMPORT-OPTIONEN: Wenn Sie öfter gleichartige Word-Dateien verarbeiten müssen, sollten Sie die fertigen Einstellungen als VORGABE SPEICHERN.

Einschließen | Unter EINSCHLIESSEN ❶ legen Sie fest, welche Textbereiche eines Word-Dokuments importiert werden sollen. Sämtliche Textbereiche werden dabei in einem InDesign-Textabschnitt platziert.

- TEXT DES INHALTSVERZEICHNISSES importiert ein Inhaltsverzeichnis als reinen Text. Ein Inhaltsverzeichnisformat entsteht hierbei nicht, und auch die aktuellen Inhaltsverzeichnis-Einstellungen bleiben unverändert. Sie werden das Inhaltsverzeichnis also mit den InDesign-eigenen Funktionen neu erstellen müssen, haben aber bereits einen Überblick über den Platzbedarf.
- INDEXTEXT importiert einen Index, sofern er existiert. Die indizierten Begriffe werden in InDesign auch weiterhin als Indexbegriffe markiert.
- FUSSNOTEN und ENDNOTEN erledigen jeweils die gleiche Aufgabe für Fuß- und Endnoten. Sämtliche Fußnoten bleiben dabei funktional erhalten und können weiterbearbeitet werden. Endnoten werden als Text an das Ende des Textabschnittes gestellt.

Probleme mit dem Einschließen

Wenn Textteile, die Sie in EINSCHLIESSEN auswählen, nach dem Import fehlerhaft erscheinen, sollten Sie die Word-Datei als RTF-Datei speichern und den Import noch einmal versuchen. Die Probleme lassen sich so oft beheben.

Optionen | Unter OPTIONEN existiert tatsächlich nur eine Option, die auch gut in den letzten Abschnitt passen würde (wo sie in früheren Versionen auch untergebracht war):
- TYPOGRAFISCHE ANFÜHRUNGSZEICHEN VERWENDEN ❷ sorgt dafür, dass beim Textimport Anführungszeichen paarweise zusammengestellt und den Voreinstellungen entsprechend im Textabschnitt dargestellt werden.

Typografische Anführungszeichen

Welche Anführungszeichen verwendet werden, legen Sie in den InDesign-Voreinstellungen im Register WÖRTERBUCH fest.

19.5 Arbeiten mit Formaten | **499**

Formatierung | Die Einstellungen unter FORMATIERUNG beeinflussen, wie vorhandene Textformatierungen importiert und gehandhabt werden:

- FORMATE UND FORMATIERUNG AUS TEXT UND TABELLEN ENTFERNEN ❸: Ist diese Option nicht aktiviert (Standard), werden alle Formatdefinitionen und alle Tabellen in InDesign-Tabellen übernommen. Wenn Sie diese Option einschalten, werden keine Formate in das Zieldokument importiert.
- Ist die Option LOKALE ABWEICHUNGEN BEIBEHALTEN aktiviert, bleibt die Formatierung zwar erhalten, allerdings wird diese nicht über Formate zugewiesen, sondern landet so in Ihrem Dokument, als ob Sie den Text manuell formatiert hätten.
- Unter TABELLEN KONVERTIEREN IN legen Sie fest, wie mit Tabellen zu verfahren ist:
    - UNFORMATIERTE TABELLEN erzeugt InDesign-Tabellen, deren Inhalt allerdings nicht mehr formatiert ist.
    - UNFORMATIERTER TEXT MIT TABULATORTRENNZEICHEN erstellt keine Tabellen mehr, sondern puren unformatierten Text, in dem an den ehemaligen Spaltengrenzen Tabulatoren eingefügt sind.
- FORMATE UND FORMATIERUNG IN TEXT UND TABELLEN BEIBEHALTEN ❹: Diese Option legt fest, dass die Formatierung inklusive der Stile weitgehend erhalten bleibt, und gibt Ihnen die Möglichkeit, Word-Stile in InDesign-Formate umzuwandeln bzw. vorhandene Stile InDesign-Formaten zuzuweisen.
    - Mit MANUELLE SEITENUMBRÜCHE legen Sie fest, wie Seitenumbrüche – Word arbeitet ja seitenorientiert – in InDesign abgebildet werden sollen. Sie können entscheiden, ob SEITENUMBRÜCHE BEIBEHALTEN werden sollen, ob Sie sie IN SPALTENUMBRÜCHE UMWANDELN wollen oder ob überhaupt KEINE UMBRÜCHE importiert werden sollen. Ist EINGEBUNDENE GRAFIKEN IMPORTIEREN aktiviert, werden alle Bilder der Word-Datei in Ihr InDesign-Dokument eingebettet, ansonsten werden sie einfach ausgelassen (was zumeist die klügere Entscheidung ist). Derartige Bilddaten werden im Text verankert und können mit allen Attributen für verankerte Objekte versehen werden.
    - Wenn Sie NICHT VERWENDETE FORMATE IMPORTIEREN aktivieren, werden Stile, die in Word zwar definiert, aber nicht verwendet werden, in Ihr InDesign-Dokument übertragen – dafür gibt es kaum einen Grund.
    - Word verfügt über eine interne Protokollfunktion für Änderungen. Seit InDesign CS5 können solche Textänderungen

---

Bilddaten aus Word

Alle Bilder werden als ».png«-Dateien in das InDesign-Dokument eingebettet. Sie können die Einbettung aufheben und so die Bilddaten wieder lokal speichern. Die Auflösung der Bilder bleibt grundsätzlich erhalten, sofern sie in Word erhalten blieb – ein 300-ppi-Bild bleibt also auch ein 300-ppi-Bild. Allerdings werden alle Bilder von Word bereits beim Importieren in ein Word-Dokument in den RGB-Raum umgewandelt – sogar Graustufenbilder.

Verankerte Objekte

Beliebige InDesign-Objekte können anstelle eines einzelnen Zeichens in einen Text eingefügt werden und fließen dann im Text mit. Wie Sie solche Objekte anlegen und steuern, zeigen wir Ihnen in Abschnitt 22.2, »Verankerte Objekte«.

direkt in InDesign über das Bedienfeld Fenster • Redaktionelle Aufgaben • Änderungen verfolgen ausgewertet werden. Wenn Sie das nicht möchten, schalten Sie in diesem Fall Änderungen verfolgen aus, dann wird nur die letzte Version des Dokuments importiert.

- Wenn Sie die Option Aufz. und Nummerierung in Text konv. einschalten, werden Word-Listen in normal gestalteten Text konvertiert; schalten Sie sie dagegen aus, werden Word-Listen in Aufzählungslisten bzw. nummerierte InDesign-Listen umgewandelt.
- Unter Formatnamenkonflikte werden eventuelle Kollisionen mit bereits existierenden Formaten angezeigt. Solche Konflikte können Sie mit den folgenden Optionen auflösen:
- Ist Formate automatisch importieren ❺ aktiviert, kümmert sich InDesign darum, dass alle Word-Stile korrekt importiert werden, wobei Sie sowohl für Zeichen- als auch für Absatzformate festlegen können, wie Kollisionen mit existierenden Formaten aufgelöst werden sollen. InDesign-Formatdefinition verwenden ignoriert die Word-Definition und verwendet die bereits existierenden InDesign-Formate. InDesign-Format neu definieren überträgt die Stil-Definition aus dem Word-Dokument in die gleichnamige InDesign-Format-Definition. Autom. umbenennen überträgt die originalen Stile aus dem Word-Dokument in neue Formate des InDesign-Dokuments und korrigiert die Namen so, dass keine Konflikte mehr auftreten.
- Mit der Option Formatimport anpassen ❻ können Sie schließlich die Zuordnung von Word-Stilen zu InDesign-Formaten manuell regeln.

Änderungen verfolgen

Bis InDesign CS2 wurden diese Textanteile immer importiert, was den Text natürlich ziemlich entstellen kann. Seit InDesign CS3 können Sie entscheiden, ob sie importiert werden sollen. Sichtbar wurden sie dann allerdings nur in InCopy. Seit InDesign CS5 können Textänderungen nun auch direkt in InDesign bearbeitet werden.

Listen

Formate aus Nummerierung und Aufzählungszeichen (z. B. der Stil »eins, zwei, drei«) und dergleichen können aus Word-Dokumenten nicht übernommen werden.

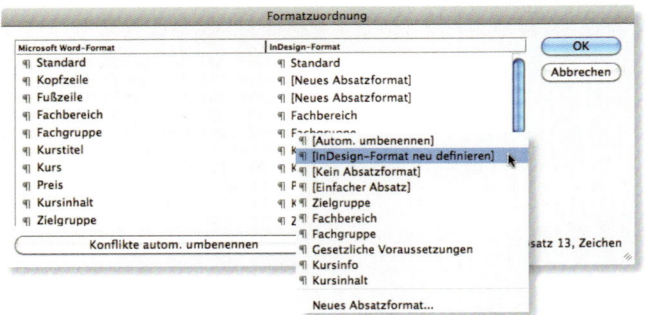

◂ **Abbildung 19.59**
Manuelle Zuordnung von Word-Stilen zu InDesign-Formaten

Klicken Sie auf Formatzuordnung, und wählen Sie zu jedem Word-Stil das gewünschte InDesign-Format aus dem Menü in der zweiten Spalte aus. Mit einem Klick auf Kon-

FLIKTE AUTOMATISCH UMBENENNEN erreichen Sie das gleiche Ergebnis, als wenn Sie unter FORMATE AUTOMATISCH IMPORTIEREN die Option AUTOM. UMBENENNEN auswählen würden.

Bitte beachten Sie, dass es seit InDesign CS4 auch hier möglich ist, in einem Zwischenschritt ein NEUES ABSATZFORMAT zu definieren, was auch den Word-Importfilter um ein Stück flexibler macht.

So ausgefeilt der Word-Importfilter auch arbeitet, wirklich gute Ergebnisse können doch nur erzielt werden, wenn alle Formatierungsregeln bereits bei der Texterfassung befolgt wurden. Wird Word nicht von einem ausgesprochenen Profi bedient, der auch mit Formaten umzugehen versteht, neigt Word dazu, bei jeder Zeilenschaltung ganz nebenbei Formate anzulegen oder zuzuweisen.

Es bleibt fraglich, ob unter diesen Bedingungen eine Struktur sichergestellt werden kann, in der Formate so konsequent eingesetzt werden, wie es für eine direkte Abbildung in InDesign nötig ist.

19.5.8 Formate aus RTF-Dokumenten übernehmen

[RTF]
Das Rich Text Format wurde von Microsoft als Austauschformat entwickelt und hat sich als solches auch durchgesetzt. Da es ein reines Textformat ist, kann es leicht von den unterschiedlichsten Programmen verarbeitet werden.

Um gestaltete Textdaten zwischen verschiedenen Systemen auszutauschen, ist das Dateiformat RTF (Rich Text Format) relativ beliebt. Es kann sämtliche Word-Formatierungen und auch eingebundene Bilder speichern. InDesign behandelt RTF-Daten zwar mit dem RTF-Importfilter und bezeichnet das dazugehörige Fenster auch als RTF-IMPORTOPTIONEN, allerdings sind sämtliche Optionen identisch zum Word-Importfilter, und InDesign behandelt RTF-Dateien auch ganz genauso wie ».doc«-Dateien.

Da ».doc«-Dateien strukturell eher komplex werden können, können Sie bei Problemen während der Übernahme von Word-Dokumenten versuchen, die Datei als ».rtf« zu speichern und dann zu importieren. Beim Speichern als ».rtf«-Datei werden alle strukturellen Verklemmungen in der Regel behoben, und ein Import läuft oft etwas runder und sauberer.

20 Tabellen

In vielen Publikationen werden Daten in Tabellenform verwendet, weil damit sehr effizient große Mengen an Fakten in komprimierter Form dargestellt werden können. Aufgrund der hohen Informationsdichte sind Tabellen unter Layoutern gefürchtet, weil sie sehr fehleranfällig sind. Lange Jahre hindurch boten die diversen Satzprogramme praktisch keine Werkzeuge für einen komfortablen Tabellensatz. InDesign bot schon in frühen Versionen einen leistungsstarken Tabelleneditor, der einmal mehr und einmal weniger weiterentwickelt wurde.

> **Stand der Dinge**
>
> Als letzte große Änderung wurden in InDesign CS3 die Tabellenformate und die Möglichkeit, Tabellendaten unter Beibehaltung ihrer Formatierung zu aktualisieren, eingeführt. In InDesign CS4 haben sich in diesem Bereich keine nennenswerten Neuerungen ergeben. Allerdings wurden einige Fehler eingebaut, die nun in InDesign CS5 endlich korrigiert wurden.

20.1 Texttabellen

InDesign bietet eine Fülle an Funktionen zur Tabellengestaltung, aber es wäre falsch, für jede kleine Tabelle solch schwere »Geschütze aufzufahren«. In unserem Beispiel aus einem Versandhauskatalog in den Abschnitten 18.2, »Tabulatoren«, ab Seite 441 und 19.4, »Absatzformate«, ab Seite 471 haben Sie bereits gesehen, wie Sie begrenzte Datenmengen als Tabelle mit Absatzformaten erstellen können.

Bei einer solchen Problemstellung wäre es unsinnig, eine komplexe Tabellenstruktur aufzubauen. Die Tabellenzeilen sind Teil des Textes und sollen auch so behandelt werden, und tatsächlich ist jeder Inhalt einer noch so umfangreichen Tabelle zunächst einmal ein Text, den es zu formatieren gilt. Solch ein Text kann auf unterschiedliche Art entstehen.

Zunächst einmal kann der Text direkt vom Setzer eingetippt werden. Meistens werden die Daten aber bereits als Datei angeliefert. Das bevorzugte Format ist hier ein reines Textformat, in dem die einzelnen Datenelemente einer Zeile mit Tabulatoren getrennt sind. Eine solche Datei können Sie direkt in InDesign platzieren. Wie platzierte Daten in ihrer rohen Version aussehen, hängt von den InDesign-Importoptionen ab. Der rohe Text kann nach dem Importieren ziemlich chaotisch aussehen, was Sie nicht beunruhigen sollte. Mit Absatzformaten ist es einfach, den Text schnell in eine ansprechende Form zu bringen.

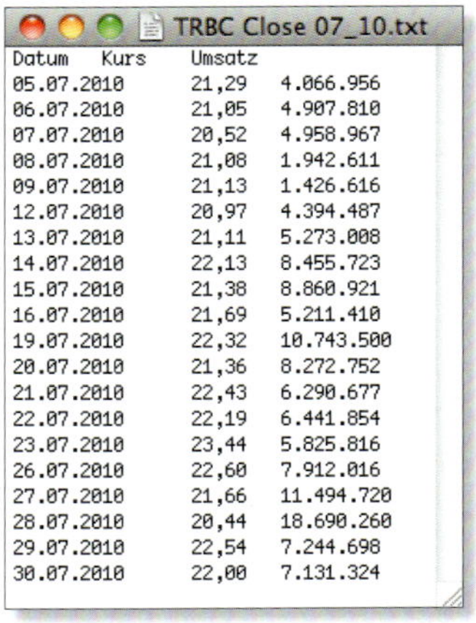

▲ **Abbildung 20.1**
Aktienkurse von »The Real Big Company« (TRBC) als mit Tabulatoren gegliederter Text. Darstellung in TextEdit unter Mac OS X.

Als Grundlage für unser Beispiel verwenden wir die Aktienkurse von »The Real Big Company« (TRBC) aus dem Juli 2020, die wir als einfache Tabelle darstellen möchten.

Die Rohdaten enthalten Spalten mit dem Datum, dem Schlusskurs und dem Tagesumsatz der TRBC-Aktien. Solche Daten können Sie sich von jedem Internet-Auftritt einer Börse (für Adobe z. B. unter unter *www.nasdaq.com*) besorgen, Sie finden die Daten für unser Beispiel aber auch auf der Buch-DVD. Die Struktur dieser Daten ist so einfach, dass Sie sicher reichlich Beispiele in Ihrer Umgebung finden werden, die Sie natürlich auch verwenden können.

Das gewünschte Ergebnis sehen Sie in Abbildung 17.2. Den Tabellenkopf müssen wir manuell korrigieren (übersetzen). Wir benötigen drei Absatzformate: für den Tabellenkopf, die Kurszeile und die letzte Kurszeile der Woche, die mit einer Linie abschließt.

Abbildung 20.2 ▶
Die fiktiven TRBC-Aktienkurse der ersten Juli-Wochen des Jahres 2010. Die erste Juli-Woche umfasst nicht fünf Tage und wird deshalb übersprungen.

Datum	Kurs	Umsatz
05.07.2010	21,29	4.066.956
06.07.2010	21,05	4.907.810
07.07.2010	20,52	4.958.967
08.07.2010	21,08	1.942.611
09.07.2010	21,13	1.426.616
12.07.2010	20,97	4.394.487
13.07.2010	21,11	5.273.008
14.07.2010	22,13	8.455.723
15.07.2010	21,38	8.860.921
16.07.2010	21,69	5.211.410
19.07.2010	22,32	10.743.500
20.07.2010	21,36	8.272.752
21.07.2010	22,43	6.290.677
22.07.2010	22,19	6.441.854
23.07.2010	23,44	5.825.816

Die Datei »TRBC Close 07_10.txt« finden Sie im Ordner BEISPIELMATERIAL • KAPITEL_20.

Schritt für Schritt: Tabelle mit Absatzformaten gestalten

1 Text laden oder erfassen

Tippen Sie einen geeigneten Tabellentext, oder laden Sie unseren Beispieltext von der Buch-DVD (»TRBC Close 07_10.txt«). Kümmern Sie sich zunächst nicht um die Position der Tabulatoren, achten Sie aber darauf, dass sich zwischen den zukünftigen Spalten Tabulatoren befinden. Aktivieren Sie nötigenfalls SCHRIFT • VERBORGENE ZEICHEN EINBLENDEN oder ⌈Strg⌉+⌈Alt⌉+⌈I⌉ bzw. ⌘+⌥+⌈I⌉, damit die Tabulatoren auch eingeblendet werden.

2 Überschrift korrigieren

Fügen Sie eine erste Zeile mit dem Text »Datum ↹ Schlusskurs ↹ Umsatz« hinzu, bzw. korrigieren Sie die vorhandenen Überschriften entsprechend.

3 Absatzformat »Kurszeile«

Definieren Sie ein Absatzformat »Kurszeile« mit folgenden Einstellungen:

- BASIERT AUF: [Kein Absatzformat]
- SCHRIFTFAMILIE: Helvetica
- SCHRIFTSCHNITT: Regular, GRÖSSE: 7 Pt
- ZEILENABSTAND: 9 Pt
- TABULATOREN: Dezimaltabulator an Position 30 mm, AUSRICHTEN AN: (,) rechtsbündiger Tabulator an Position 60 mm

4 Absatzformat »Kurszeile Wochenbeginn«

Definieren Sie ein Absatzformat »Kurszeile Wochenbeginn«. Dieses Absatzformat wird von »Kurszeile« abgeleitet und bekommt eine Absatzlinie nach dem Absatz. Sie müssen also nur die abweichenden Einstellungen festlegen:

- BASIERT AUF: »Kurszeile«
- ABSATZLINIE DARUNTER, STÄRKE 0,25 mm, VERSATZ 2 Pt

5 Absatzformat »Tabellenkopf«

Die Tabellenüberschrift kann nun wiederum vom Absatzformat »Kurszeile Wochenbeginn« abgeleitet werden. Definieren Sie ein Absatzformat »Tabellenkopf« mit folgenden Einstellungen:

- BASIERT AUF: »Kurszeile Wochenbeginn«
- SCHRIFTSCHNITT: Bold
- TABULATOREN: Ändern Sie den Dezimaltabulator an Position 30 in einen zentrierten Tabulator.

6 Formate zuweisen

Wählen Sie zunächst alle Zeilen Ihrer Tabelle aus, und weisen Sie ihnen das Absatzformat »Kurszeile« zu. Klicken Sie nun in die Überschriftzeile, und weisen Sie ihr das Absatzformat »Tabellenkopf« zu. Um die Wochentrennung mit einer Linie zu versehen, klicken Sie auf die entsprechenden Zeilen und weisen ihnen das Absatzformat »Kurszeile Wochenbeginn« zu. Natürlich können Sie sich auch durch die einzelnen Zeilen klicken und jeder Zeile einzeln das entsprechende Format zuweisen. Mit der vorgegebenen Methode sind Sie jedoch schneller.

Ihre Tabelle sollte nun wie in Abbildung 20.2 aussehen.

> **Lange Tabellen**
> Bei sehr langen Tabellen, die über mehrere Seiten reichen, bricht die Arbeitsgeschwindigkeit von InDesign deutlich ein. Wenn es gestalterisch möglich ist, sollten Sie in solchen Fällen mit Absatzformaten gestaltete Texttabellen verwenden.

Tabellen über Absatzformate zu erstellen, ist nach wie vor in vielen Fällen der beste und problemloseste Weg. Durch den konsequenten Einsatz von Absatzformaten sind kleine Korrekturen leicht umzusetzen, und der Arbeitsaufwand hält sich in Grenzen. Allerdings sind damit die Gestaltungsmöglichkeiten schon ziemlich ausgereizt. Mehrzeilige Spalteneinträge innerhalb einer Zeile oder das Einfärben von Zeilen verursachen einen enormen Aufwand.

Um derartige Problemstellungen zu lösen, benötigen Sie eine »echte« Tabelle, die aus Zellen besteht, die in Zeilen und Spalten gruppiert, aber trotzdem einzeln bearbeitbar sind. Diese Zellen verhalten sich wie einzelne Textrahmen, können also eigene Formatierungen, Hintergründe usw. haben, teilen sich aber gemeinsame Begrenzungslinien, die ihrerseits beliebig gestaltet werden können.

> **Tabellen in QuarkXPress**
>
> In QuarkXPress werden Tabellen mit dem Tabellenwerkzeug zunächst aus Textrahmen aufgebaut. Die einzelnen Rahmen können in Bildrahmen umgewandelt werden. Das hat den Vorteil, dass QuarkXPress-Anwender die einzelnen Tabellenzellen mit gewohnten Werkzeugen bearbeiten können.
>
> InDesign-Anwender müssen hier anders vorgehen, kommen dafür aber in den Genuss vieler Gestaltungsmöglichkeiten, die mit Rahmen nicht abbildbar wären.

20.2 Tabellen einfügen, umwandeln und importieren

Zur Erstellung von Tabellen benötigen Sie kein eigenes Werkzeug. Tabellen sind mit dem Textwerkzeug verbunden und liegen deshalb immer in einem Textrahmen.

20.2.1 Leere Tabellen einfügen

Um eine Tabelle im Text zu erstellen, ziehen Sie zuerst einen Textrahmen in der gewünschten Tabellenbreite auf oder stellen den Textcursor in einen existierenden Text. Wählen Sie den Menüpunkt TABELLE • TABELLE EINFÜGEN. Im dann erscheinenden Fenster legen Sie die Eigenschaften der neuen Tabelle fest:

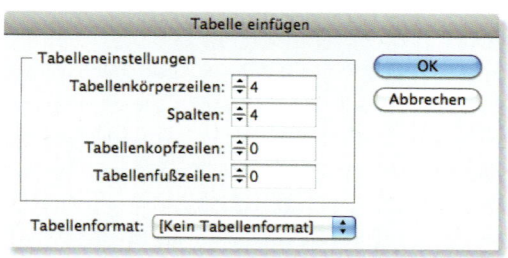

Abbildung 20.3 ▶
TABELLE EINFÜGEN:
Alt + ⇧ + Strg + T
bzw. ⌥ + ⇧ + ⌘ + T

- ▶ TABELLENKÖRPERZEILEN: Unter dem Tabellenkörper versteht InDesign die Tabellenzeilen ohne Spaltenüberschriften (Kopfzeilen) oder Fußzeilen. Legen Sie hier also die Nettoanzahl der Zeilen fest.
- ▶ SPALTEN: Die einzelnen Zeilen sind in Spalten geteilt – die gewünschte Anzahl von Spalten legen Sie hier fest.
- ▶ TABELLENKOPFZEILEN: Die Spaltenüberschriften sind in eigenen Kopfzeilen untergebracht. Diese Kopfzeilen haben die ange-

nehme Eigenschaft, dass sie automatisch wiederholt werden, wenn die Tabelle in einen weiteren Rahmen oder eine Textspalte umbricht. So erscheint also bei jedem Umbruch immer die korrekte Spaltenüberschrift. Der hier eingetragene Wert legt somit fest, wie viele Zeilen bei einem Umbruch wiederholt werden sollen. Diese Kopfzeilen werden zu der Anzahl der Körperzeilen hinzugerechnet. In Abbildung 20.1 wäre also die Tabelle 21 Zeilen lang: 20 Körperzeilen + 1 Kopfzeile.

- Tabellenfusszeilen: Hier gilt das für die Kopfzeilen Gesagte, nur legen Sie nun fest, wie viele Zeilen am Ende der Tabelle hinzugefügt und gegebenenfalls wiederholt werden sollen.
- Tabellenformat: So, wie es Absatzformate für Textabsätze und Zeichenformate für Textteile gibt, können Sie auch Tabellenformate bzw. Zellenformate für Tabellen definieren – wir widmen diesen Möglichkeiten später den Abschnitt 20.7, »Zellen- und Tabellenformate«.

Anlegen von Tabellen | Steht der Textcursor in einer leeren Zeile, wird die Tabelle in dieser Zeile angelegt. Enthält die Zeile allerdings Text, wird die Tabelle in der nächsten Zeile angelegt. Die Tabelle wird immer so breit wie die Textspalte, in der sie angelegt wird. Die Spalten werden innerhalb dieser Breite gleichmäßig verteilt. Sämtliche Eigenschaften können natürlich später verändert werden.

Diese Art, eine Tabelle zu erstellen, werden Sie wählen, wenn Sie die Dimension der Tabelle genau kennen und die Tabelle manuell mit Inhalt füllen müssen.

> **Tabellenbreite**
>
> Wenn Sie eine Tabelle in einer vorgegebenen Textspalte erstellen müssen, haben Sie keine Möglichkeit, bei der Erstellung auf die absolute Breite Einfluss zu nehmen. Wenn Sie eine isolierte Tabelle erstellen, legen Sie den Textrahmen am besten gleich in der gewünschten Breite der Tabelle an.

Text in Tabelle einfügen | Sie können allerdings auch einen mit Tabulatoren aufgebauten Text in eine Tabelle einsetzen, indem Sie ihn kopieren und in die Tabelle einfügen.

Wichtig: Vor dem Einsetzen müssen Sie aber zumindest zwei Tabellenzellen auswählen. Dann wird der Text in der Tabelle verteilt. Wenn Sie lediglich eine Zelle markiert haben, wird der gesamte Text als Tabelle in diese eine Zelle eingefügt. Den Text können Sie auch aus anderen Programmen – z. B. Microsoft Excel – kopieren und dann direkt in InDesign weiterverarbeiten.

Dabei werden auch bereits vorformatierte Texte berücksichtigt, wenn Sie in den InDesign-Voreinstellungen im Bereich Zwischenablageoptionen unter Beim Einfügen von Text und Tabellen aus anderen Anwendungen die Option Alle Informationen (Indexmarken, Farbfelder, Formate usw.) aktivieren. Bei Nur Text werden alle Texteigenschaften verworfen, und nur der unformatierte Text wird eingesetzt.

Navigation in Tabellen | Sie können die einzelnen Zellen direkt mit der Maus auswählen oder zwischen den Zellen mit ⇥ zur nächsten Zelle bzw. mit ⇧+⇥ zur vorherigen Zelle springen. Wenn Sie die letzte Zelle der Tabelle erreicht haben und noch einmal ⇥ drücken, wird eine neue Zeile angelegt und zur nächsten Zelle gesprungen.

Die einzelnen Tabellenzellen verhalten sich grundsätzlich wie Textrahmen, die natürlich auch Bilder in Form von verankerten Bildrahmen aufnehmen können.

20.2.2 Text in Tabelle umwandeln

Wenn Sie eine Tabelle über die Zwischenablage befüllen, sollten Sie vorher den Platzbedarf der Daten genau kennen; deshalb ist es oft einfacher, wenn Sie den Text zunächst in Ihrem Dokument platzieren, dann mit dem Textwerkzeug die Zeilen auswählen, die Sie in eine Tabelle umwandeln wollen, und den Menübefehl TABELLE • TEXT IN TABELLE UMWANDELN aufrufen.

Im folgenden Dialog legen Sie fest, wie die Daten umgewandelt werden sollen. Sofern die ausgewählten Daten schon in einer Struktur vorliegen, die für eine klassische Tabelle geeignet wäre, können Sie die Standardeinstellungen verwenden.

> **Tabellen aus formatiertem Text**
>
> Textattribute, wie z. B. die Ausrichtung am Grundlinienraster oder eine deaktivierte Silbentrennung, haben in Tabellen manchmal unerwünschte Nebeneffekte. Wenn Sie bereits formatierten Text umwandeln, sollten Sie darauf achten, dass diese Attribute nicht verwendet werden. Sofern Sie das Absatzformat [EINFACHER ABSATZ] nicht verändert haben, können Sie es dem umzuwandelnden Text zuweisen, da in diesem Format die kritischen Attribute standardmäßig korrekt gesetzt sind.

Abbildung 20.4 ▶
TEXT IN TABELLE UMWANDELN

▶ SPALTENTRENNZEICHEN: Im Normalfall liegen die Daten als durch Tabulatoren getrennter Text vor – deshalb ist die Einstellung TABSTOPP meist die richtige Wahl. Alternativen wären KOMMA und ABSATZ oder jedes andere Zeichen, das Sie in dieses Feld eingeben. Allerdings sind hier nur einzelne Zeichen und keine Zeichenkombinationen erlaubt, und selbstverständlich muss es sich um Zeichen handeln, die im Text selbst nicht vorkommen.

▶ ZEILENTRENNZEICHEN: Auch hier ist die Standardeinstellung ABSATZ zumeist die gewünschte. Sie können aber auch hier andere Trennzeichen festlegen.

▶ ANZAHL DER SPALTEN: Dieses Feld wird nur aktiv, wenn sich aus den Einstellungen in Spalten- und Zeilentrennzeichen keine eindeutige Dimension der Tabelle ergibt. Das ist dann der Fall, wenn als SPALTENTRENNZEICHEN ABSATZ gewählt wurde, weil ein Text immer eine Reihe von Absätzen ist, oder wenn in bei-

> **Trennzeichen**
>
> Legen Sie für den Zulieferer der Daten eindeutige Trennzeichen fest. Eine Definition der Zeilen aus dem Abzählen von Spalten kann lückenhafte Datenbestände vollkommen verstümmeln und eine Übernahme der Daten sogar unmöglich machen.

den Feldern identische Trennzeichen festgelegt wurden. In diesen Fällen muss festgelegt werden, nach wie vielen erkannten Spaltentrennzeichen die Zeile zu beenden ist. Die Anzahl der Absätze, die eine Zeile bilden, muss im Text natürlich immer gleich sein.
- ▶ TABELLENFORMAT: Sollten bereits Tabellenformate existieren, können Sie auch hier schon festlegen, mit welchem Format die neue Tabelle gestaltet werden soll.

Datum	Kurs	Umsatz	
05.07.2010	21,29		•
06.07.2010	21,05		•
07.07.2010	20,52		•
08.07.2010	21,08		•

▲ **Abbildung 20.5**
Der Punkt in der rechten Spalte der Tabelle zeigt einen Übersatz an. Wie alle Steuerzeichen oder auch die »normale« Anzeige für einen Übersatz in einem Textrahmen sind diese Übersatzpunkte mit aktivierter Vorschau oder der Überdruckenvorschau nicht sichbar.

Die Tabelle, die durch diese Umwandlung entsteht, ist so breit wie die Textspalte, die den Ursprungstext enthalten hat. Die Spalten sind gleichmäßig verteilt. Dadurch kann es sich ergeben, dass Datenbestände nicht in die einzelnen Zellen passen. Solche Zellen werden mit einem roten Punkt markiert. Die Daten sind zwar vorhanden, können aber nicht angezeigt werden, bis der entsprechende Platz geschaffen wird.

20.2.3 Tabelle in Text umwandeln

Auch der umgekehrte Weg ist möglich, indem Sie einen Teil einer Tabelle aktivieren und den Menübefehl TABELLE • TABELLE IN TEXT UMWANDELN auswählen. Die Optionen im entsprechenden Fenster sind allerdings reduziert, da in diesem Fall keine Zweifel an den Tabellendimensionen bestehen. Es reicht, den Cursor in einer Zelle der Tabelle positioniert zu haben, da dieser Befehl immer auf die gesamte Tabelle wirkt.

Zellenübersatz in QuarkXPress

Da in QuarkXPress Tabellenzellen tatsächlich Textrahmen sind, können sie verkettet werden – in InDesign funktioniert das leider nicht.

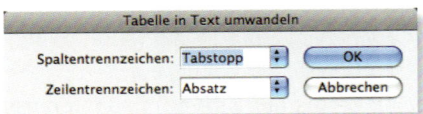

◀ **Abbildung 20.6**
TABELLE IN TEXT UMWANDELN

Auf diese Funktion werden Sie dann zurückgreifen, wenn Sie bestehende Tabellen als Text mit Absatzformaten gestalten wollen.

20.2.4 Excel-Tabellen importieren

In Abschnitt 19.5.7, »Formate aus Word-Dokumenten übernehmen«, haben Sie bereits gesehen, wie Word-Dateien importiert werden können und dass dabei Tabellen aus Word-Dokumenten in InDesign-Tabellen umgewandelt werden – schlagen Sie nötigenfalls dort noch einmal nach.

Natürlich werden tabellarische Daten auch in Word-Dokumenten verwendet, aber im Regelfall werden vor allem größere Datenmengen als Excel-Dateien verwaltet und transportiert. Wenn Sie eine Excel-Datei (».xls«, ».xlsx«) platzieren, sollten Sie im PLATZIEREN-Fenster IMPORTOPTIONEN ANZEIGEN aktivieren. Sie können

Unformatierte Tabellen bevorzugen

Übernehmen Sie Excel-Daten als unformatierte Tabellen. Sie ersparen es sich damit, alle Formatfehler zu korrigieren und überflüssige RGB-Farbfelder zu löschen.

dann in den MICROSOFT EXCEL-IMPORTOPTIONEN festlegen, welche Teile der Excel-Datei platziert werden sollen und wie diese zu formatieren sind.

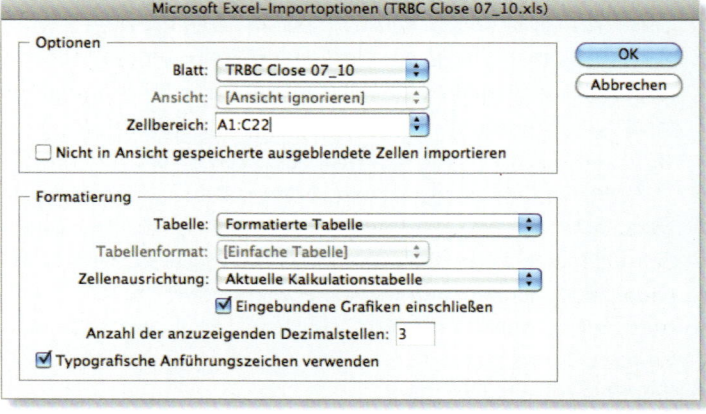

Abbildung 20.7 ▶
MICROSOFT EXCEL-IMPORTOPTIONEN: Diese erscheinen nur, wenn Sie im PLATZIEREN-Fenster die Option IMPORTOPTIONEN ANZEIGEN auswählen oder wenn Sie mit gedrückter ⌥-Taste auf den ÖFFNEN-Button klicken.

Optionen | Unter OPTIONEN legen Sie fest, welche Daten aus der Excel-Datei übernommen werden sollen.

- BLATT: Excel-Dateien – auch »Arbeitsmappen« genannt – können in mehrere Arbeitsblätter gegliedert sein. Wählen Sie aus, welches Blatt Sie importieren möchten.
- ANSICHT: Zusätzlich zu den einzelnen Tabellen kann ein Excel-Benutzer eigene Ansichten der Daten definieren. Sind solche Ansichten definiert worden, können Sie sie hier auswählen – ansonsten ist diese Option nicht aktiv.
- ZELLBEREICH: InDesign importiert standardmäßig jene Zellbereiche eines Blatts, in denen Werte eingefügt wurden. Auch eingefärbte Zellen werden als gefüllt betrachtet. In den Importoptionen wird angezeigt, in welchem Bereich Daten gefunden wurden. Diese Vorgabe wird zumeist Ihren Vorstellungen entsprechen – zumindest unter der Voraussetzung, dass die Excel-Tabelle nur genau die Daten enthält, die benötigt werden. Wurden in der Tabelle andere Daten »vergessen« oder wurde auch nur eine Zelle mit einem Rand versehen, wertet InDesign das als Datenbestand. In diesem Fall können Sie den Bereich selbst festlegen und nur die benötigten Daten auswählen.
- NICHT IN ANSICHT GESPEICHERTE AUSGEBLENDETE ZELLEN IMPORTIEREN: Zeilen und Spalten können in Excel ausgeblendet werden, wenn sie z. B. nur Zwischenergebnisse enthalten, die in der Darstellung des Endergebnisses nicht benötigt werden. Wenn Sie diese Option aktivieren, werden diese unsichtbaren Daten übernommen.

Daten über Drag & Drop einfügen

Sie können tabellarische Daten aus Office-Programmen auch übernehmen, indem Sie die entsprechenden Daten in Excel auswählen und in Ihr InDesign-Dokument ziehen. Auch dann werden die ZWISCHENABLAGEOPTIONEN aus den VOREINSTELLUNGEN wirksam, und es entsteht entweder ein Text, der mit Tabulatoren getrennt ist – Option NUR TEXT –, oder eine InDesign-Tabelle – Option ALLE INFORMATIONEN (INDEXMARKEN, FARBFELDER, STILE USW.).

Formatierung | Unter FORMATIERUNG bestimmen Sie, ob und welche Formatierungen übernommen werden sollen.

- TABELLE: FORMATIERTE TABELLE übernimmt fast alle Formate aus der Excel-Datei. InDesign versucht, die Darstellung möglichst genau nachzubilden. Gedrehte Texte in Tabellenzellen werden allerdings nur in der Einstellung ± 90° übernommen. UNFORMATIERTE TABELLE erzeugt zwar eine InDesign-Tabelle, die Formatierungen aus Excel gehen dabei aber verloren. UNFORMATIERTER TEXT MIT TABULATORTRENNZEICHEN importiert nur die Textinformation, es wird keine InDesign-Tabelle erstellt. Einen solchen Text müssen Sie folglich selbst in eine Tabelle umwandeln oder über Formate gestalten. Diese Einstellungen entsprechen den gleichnamigen Word-Importoptionen.
  NUR EINMAL FORMATIERT wirkt sich nur aus, wenn Sie mit Verknüpfungen zu Texten und Tabellen arbeiten. Details dazu werden Sie in Abschnitt 20.8, »Importierte Inhalte aktualisieren«, erfahren.
- TABELLENFORMAT: Hier haben Sie abermals die Möglichkeit, der neuen Tabelle bereits ein Aussehen über Tabellenformate zu geben. Diese Option ist nur bei UNFORMATIERTE TABELLE auswählbar.
- ZELLENAUSRICHTUNG: Für FORMATIERTE TABELLE und NUR EINMAL FORMATIERT – nur dann ist diese Option aktiv – können Sie die Ausrichtung des Textes innerhalb der Zellen auswählen. AKTUELLE KALKULATIONSTABELLE bedeutet, dass auch die Ausrichtung aus der Excel-Datei übernommen wird. Ansonsten können Sie zwischen LINKS, ZENTRIERT und RECHTS wählen.
- EINGEBUNDENE GRAFIKEN EINSCHLIESSEN: Sofern Sie eine formatierte Tabelle platzieren, können Sie entscheiden, ob enthaltene Grafiken ebenfalls importiert werden sollen. Diese Option bezieht sich nur auf Bilddaten, die in Excel eingefügt wurden, und nicht auf Diagramme, die von Excel selbst erstellt wurden. Darüber hinaus ist die Zuordnung zu den Tabellenzellen nicht immer klar – an welcher Position ein Bild also erscheinen wird, ist gelegentlich dem Zufall überlassen.
  Für Bilddaten gelten dieselben Probleme wie beim Word-Importfilter auch: Alle Daten sind als RGB-Bilder angelegt und deshalb mit Vorsicht zu genießen. Eine Farbraumumwandlung kann bei der Ausgabe erfolgen – beachten Sie dabei aber Ihre Farbeinstellungen.
- ANZAHL DER ANZUZEIGENDEN DEZIMALSTELLEN: Die Bezeichnung ist etwas irreführend. Tatsächlich legen Sie hier nicht nur fest, wie viele Dezimalstellen angezeigt werden, sondern auf wie viele Stellen kaufmännisch gerundet werden soll.

Textverknüpfungen

Importierte Excel-Daten – wie auch andere Textdaten – können dynamisch mit ihrer Quelle verbunden werden, sofern Sie in den InDesign-Voreinstellungen im Abschnitt DATEIHANDHABUNG, Bereich VERKNÜPFUNGEN, die Option BEIM PLATZIEREN VON TEXT- UND TABELLENDATEIEN VERKNÜPFUNGEN ERSTELLEN aktiviert haben.

> TYPOGRAFISCHE ANFÜHRUNGSZEICHEN VERWENDEN: Ist in den Daten Text enthalten, der in Anführungszeichen steht, kümmert sich InDesign darum, dass die Anführungszeichen entsprechend Ihren Voreinstellungen richtig dargestellt werden.

Die MICROSOFT EXCEL-IMPORTOPTIONEN in InDesign haben seit Version CS3 keine erkennbaren Änderungen durchlaufen. Probleme der früheren Versionen mit der Anzeige der Importoptionen und vor allem mit dem korrekten Import von Datumsformaten wurden mit InDesign CS3 behoben.

20.3 Tabellen bearbeiten

Zur Gestaltung von Tabellen und ihren Einzelteilen bietet InDesign eine fast unüberschaubare Menge an Funktionen, die auch noch über mehrere Wege erreicht werden können. Darüber hinaus sind manche Optionen – abhängig von der jeweiligen Situation – manchmal verfügbar und manchmal nicht. Um den Einstieg in die Tabellenformatierung möglichst schmerzfrei zu gestalten, zeigen wir Ihnen zunächst, wie Sie leicht die Übersicht bewahren und wie Ihnen die wichtigsten Funktionen stets zur Verfügung stehen. Die Details werden wir Ihnen erst in einem zweiten Schritt vorführen.

20.3.1 Tabellen, Zeilen und Spalten auswählen

Grundsätzlich werden Tabellen mit dem Textwerkzeug angesprochen. Der Mauszeiger verändert sich je nach Position innerhalb der Tabelle, um die jeweils mögliche Aktion anzuzeigen.

Tabellenbereiche auswählen | Mauszeiger ❶ erscheint nur über der linken oberen Ecke einer Tabelle – Sie können nun die gesamte Tabelle auswählen. Zeiger ❷ taucht nur am oberen Rand der Tabelle auf und dient zum Auswählen ganzer Spalten. Analog dazu erscheint Zeiger ❸ nur am linken Rand und wählt Zeilen aus. Sobald mit einem dieser beiden Werkzeuge eine Spalte/Zeile ausgewählt wurde, können Sie durch Ziehen des Zeigers die Auswahl erweitern oder, nachdem Sie die Maustaste losgelassen haben, mit gedrückter ⇧-Taste weitere Spalten/Zeilen der Auswahl hinzufügen.

Zusammenhängende Zellen innerhalb der Tabelle können Sie auswählen, indem Sie den Mauszeiger mit gedrückter Maustaste über den gewünschten Bereich ziehen. Nicht zusammenhängende Bereiche können leider nicht ausgewählt werden.

Anführungszeichen in Excel

Wie die meisten Programme, die nicht für Satz und Layout gedacht sind, verwendet Excel standardmäßig die Darstellung " " und ' '.

Lückenwerkzeug

Das in InDesign CS5 neue Lückenwerkzeug wirkt bei gruppierten oder verschachtelten Objekten nur auf den Gruppierungsrahmen bzw. den Container. Da Tabellen immer in Textrahmen eingebettet sind, kann es folglich nicht zum Bearbeiten der Tabellen- und Zellendimensionen verwendet werden.

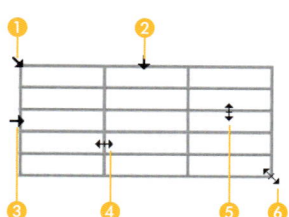

▲ **Abbildung 20.8**
Die verschiedenen Mauszeiger zum Auswählen und zur Größenänderung von Tabellenelementen

Spaltenbreite und Zeilenhöhe ändern | Berühren Sie mit dem Mauszeiger eine vertikale Begrenzungslinie, erscheint Zeiger ④, und Sie können die Spaltenbreite verändern. Zeiger ⑤ verändert die Zeilenhöhe, und mit Zeiger ⑥ können Sie die Tabellendimensionen ändern. Dazu muss aber die gesamte Tabelle sichtbar sein – sie muss also zur Gänze in den umgebenden Textrahmen passen.

Umgang mit einzelnen Zellen | Ein Klick in eine Zelle wählt nicht die Zelle aus, sondern positioniert den Textcursor im Inhalt der Zelle. Um eine Zelle auszuwählen, klicken Sie in die Zelle und drücken die Tastenkombination [Strg]+[#] bzw. [⌘]+[#]. Diese Auswahl einer einzelnen Zelle kann mit den Cursortasten [↑], [↓], [→] und [←] bewegt werden. Halten Sie dabei die [⇧]-Taste gedrückt, erweitern Sie wiederum die Auswahl. Ist lediglich der Inhalt einer Zelle aktiviert, bewegen Sie sich mit den Cursortasten innerhalb des Zelleninhalts; ist die Zelle leer, springt der Cursor in die nächste Zelle (abhängig von der Cursortaste, die Sie gedrückt haben).

Um in einzelnen Zellen zwischen Inhalt- und Zellenauswahl zu wechseln, drücken Sie die [Esc]-Taste.

Die wichtigsten Auswahlbefehle sind zusätzlich im Menü TABELLE • AUSWÄHLEN und im Kontextmenü unter AUSWÄHLEN untergebracht. Eine Übersicht aller Tastaturbefehle zur Navigation innerhalb einer Tabelle und zum Auswählen von Tabellenbereichen finden Sie im Anhang.

20.3.2 Tabellenformatierung mit dem Steuerung-Bedienfeld

Ist nun der richtige Bereich Ihrer Tabelle ausgewählt, können Sie jedes Attribut bis in das kleinste Detail verändern. Einige Eigenschaften werden dabei üblicherweise häufiger gebraucht, andere seltener. Egal, wie Ihre Auswahl auch aussehen mag, sie besteht immer aus einzelnen Zellen, und in den meisten Fällen werden diese Zellen Text enthalten. Die Formatierung dieses Textes bestimmt natürlich den Platzbedarf, und da die einzelne Zelle grundsätzlich ein Textrahmen ist, wird der verfügbare Platz von allen Textrahmenattributen beeinflusst, wie z. B. von Versatzabständen an allen vier Seiten des Textes.

InDesign bietet die wichtigsten Einstellungen im Steuerung-Bedienfeld an, wobei in InDesign CS5 nun auch die Möglichkeit gegeben ist, Flächen- und Konturfarben für Zellen einzustellen. Als nächste Instanz käme dann die Kombination von Tabelle- und Kontur-Bedienfeld in Frage, die einige zusätzliche Funktionen anbietet. Zu guter Letzt werden hier – und natürlich über das

---

Tabellendimensionen unverändert lassen

Um eine Spalte oder Zeile in einer Tabelle zu verändern, ohne dass dabei die Tabellenbreite oder -höhe verändert wird, halten Sie die [⇧]-Taste gedrückt, während Sie Zeilen- und Spaltenbegrenzungen verschieben.

Platz gleichmäßig verteilen

Wenn Sie die ganze Tabelle auswählen und die Tabellenbreite oder -höhe verändern, indem Sie die letzte bzw. rechte Begrenzungslinie bewegen und dabei die [⇧]-Taste drücken, werden die Spaltenbreite bzw. Zeilenhöhe aller Spalten/Zeilen gleichmäßig der neuen Dimension angepasst.

TIPP

Zum manuellen Verändern der Spaltenbreite und Zeilenhöhe empfehlen wir Ihnen, die Ebenenfarbe auf eine kräftige Farbe einzustellen, damit Sie die Tabellen-Konturen leichter erkennen können.

Kontextmenü der jeweiligen Tabellenauswahl – die beiden Schlachtschiffe TABELLENOPTIONEN und ZELLENOPTIONEN aufgerufen, mit deren Einstellungsmöglichkeiten Sie ganze Wochenenden verbringen können.

Wenn Sie einen Teil einer Tabelle ausgewählt haben, wechselt die rechte Hälfte des Steuerung-Bedienfelds vom Textmodus in den Tabellenmodus, der sich je nach Umfang der Auswahl in der Darstellung der Zellenkonturen unterscheidet.

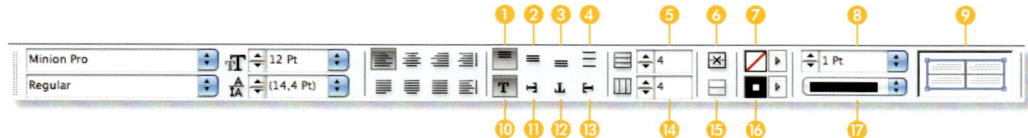

Abbildung 20.9 ▲
Das Steuerung-Bedienfeld im Tabellenmodus. Rechts die Darstellung der Zellenkonturen, wenn mehrere Zellen ausgewählt sind. In der linken Hälfte des Bedienfelds stehen die wichtigsten Einstellungen für die Textformatierung zur Verfügung.

Hier können Sie nun einstellen, wie der Text in den ausgewählten Zellen innerhalb einer Zelle positioniert ist. OBEN AUSRICHTEN ❶ lässt einen Text am oberen Rand der Zelle beginnen, ZENTRIEREN ❷ richtet ihn vertikal zentriert aus. UNTEN AUSRICHTEN ❸ positioniert den Inhalt am unteren Rand der Zelle. BLOCKSATZ VERTIKAL ❹ entspricht der vertikalen Ausrichtung in den Textrahmenoptionen und erhöht somit den Zeilendurchschuss so weit, dass die Textzeilen über die gesamte Zellenhöhe ausgetrieben werden. Diese Einstellungen stehen natürlich mit der Textformatierung selbst in Verbindung. Versatzabstände, Einzüge und fixe Zeilenabstände beeinflussen die Platzverhältnisse enorm.

Die Textorientierung legen Sie mit den vier Funktionen TEXT DREHEN UM 0° ❿, TEXT DREHEN UM 90° ⓫, TEXT DREHEN UM 180° ⓬ und TEXT DREHEN UM 270° ⓭ fest. Aus einer Excel-Tabelle können lediglich die Einstellungen ±90° übernommen werden; andere Winkel werden ignoriert, da sie hier auch nicht eingestellt werden können.

Die ANZAHL DER ZEILEN ❺ und ANZAHL DER SPALTEN ⓮ können mit diesen beiden Feldern verändert werden. Wenn Sie die Anzahl reduzieren, werden immer die letzten Zeilen bzw. die rechts stehenden Spalten entfernt. Da es hier zu Datenverlusten kommen kann, warnt InDesign Sie entsprechend (auch bei leeren Zeilen und Spalten).

Mehrere Zellen können mit ZELLEN VERBINDEN ❻ zu einer Zelle zusammengefasst werden. Diese Verbindung kann mit ZELLVERBINDUNG AUFHEBEN ⓯ wieder rückgängig gemacht werden. Sehr schön hat Adobe das Problem gelöst, was mit Zellinhalten passieren soll, wenn Zellen verbunden werden: InDesign erhält die Inhalte aller Zellen und wandelt sie in Absätze um, die in der neu entstandenen Zelle platziert werden. Umgekehrt funktioniert das leider nicht mehr. Wenn Sie eine Verbindung auflösen, müssen Sie die einzelnen Absätze manuell in die neuen Zellen kopieren, sofern das nötig ist.

Die FARBE der Fläche der einzelnen Zellen ❼ merkt sich InDesign jedoch und stellt somit die ursprügliche Farbe wieder her, wenn eine Zellverbindung wieder gelöst wird.

Die Begrenzungslinien von Zellen, Spalten und Zeilen können über ihre STÄRKE ❽, ihren STIL ⓱ und ihre Farbe ⓰ (unglücklicherweise hier auch als KONTUR bezeichnet) verändert werden. Welche Linien davon betroffen sein sollen, legen Sie im Konturfeld ❾ vor der Änderung der Stärke fest. Grundsätzlich gilt, dass eine Änderung nur auf Linien angewendet wird, die blau dargestellt werden.

Sie können eine Linie deaktivieren, indem Sie einen einfachen Klick darauf machen. Sie wird dann grau dargestellt und von jeder folgenden Änderung an Linienstärke oder Stil ausgenommen. Ein Klick auf die Eckpunkte stellt den Modus aller den Punkt berührenden Linien um. Sind mehrere Zellen ausgewählt, bildet das Konturfeld die grundsätzliche Struktur der Auswahl ab. Dabei wird aber innerhalb der Auswahl immer nur ein Stellvertreter der horizontalen und vertikalen Trennlinien dargestellt.

> **TOP-TIPP: Liniengruppen aktivieren und deaktivieren**
>
> Beachten Sie darüber hinaus auch noch folgende Abkürzungen zum Aktivieren/Deaktivieren von Liniengruppen:
> - Dreifachklick in das Konturfeld: alle Linien ein-/ausschalten
> - Doppelklick auf eine Randlinie: Tabellenrand ein- bzw. ausschalten
> - Doppelklick auf eine horizontale oder vertikale Trennline: sämtliche Trennlinien ein-/ausschalten

20.3.3 Erweitertes Steuerung-, Tabelle- und Kontur-Bedienfeld

Mit dem Steuerung-Bedienfeld kommen Sie also in der Gestaltung von Tabellen schon sehr weit, aber es hat doch einen entscheidenden Nachteil: Die Zellen müssen wirklich immer ausgewählt sein. Es reicht nicht, wenn der Textcursor in der Zelle positioniert ist. Drücken Sie nötigenfalls die ⎋-Taste, um die Zelle zu aktivieren. Sofern Sie mehrere Zellen gleichzeitig bearbeiten, ist das kein großes Problem; wenn Sie jedoch viele Veränderungen in einzelnen Zellen vornehmen müssen, ist das dauernde Umschalten zwischen Inhalt und Zelle eine lästige Angelegenheit.

Tabelle-Bedienfeld | Abhilfe schafft hier das Tabelle-Bedienfeld, das Sie über FENSTER • SCHRIFT UND TABELLEN • TABELLE bzw. den Tastaturbefehl ⇧+F9 öffnen. Im Standard-Arbeitsbereich ist es bereits in einer Registerkarte am rechten Bildschirmrand verfügbar. Es ändert alle auf den Inhalt bezogenen Attribute auch dann, wenn nur der Textcursor in der Zelle steht, bietet darüber hinaus weitere Funktionen, die die gesamte Tabelle oder einzelne Zellen betreffen, und zeigt alle Funktionen, die sonst nur in der »langen« Version des Steuerung-Bedienfelds sichtbar sind.

> **Funktionstasten unter Mac OS**
>
> Dashboard und Exposé belegen unter Mac OS X einige der Funktionstasten, die auch InDesign verwendet. Wenn solche Tastenkürzel also nicht funktionieren, überprüfen Sie Ihre Systemeinstellungen und ändern Sie nötigenfalls die Tastenkürzel der kollidierenden Funktionen.

Abbildung 20.10 ▶

Erweiterte Version des Steuerung-Bedienfelds und das Tabelle-Bedienfeld: Sind Eingabefelder leer, so wie hier, bedeutet das, dass die Zellenhöhe und Zellenbreite der markierten Zellen unterschiedlich ist.

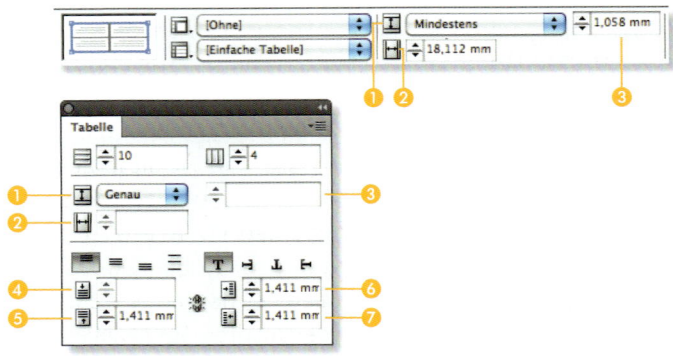

Zeilenhöhe

Wenn Sie die Zeilenhöhe auf 14 Pt eingestellt haben und der Zeilenabstand des Textes ebenfalls 14 Pt beträgt, passt der Text trotzdem nicht in die Zelle, weil es in den Zellen einen Standard-Versatz von 1,4 mm an allen vier Seiten der Zelle gibt.

Bei der ZEILENHÖHE ❶ legen Sie zunächst fest, ob der gewählte Wert ❸ als Mindesthöhe zu interpretieren ist – in diesem Fall passt sich die Zeilenhöhe automatisch an den Inhalt an (unterschreitet aber den eingetragenen Wert nicht) – oder ob die Höhe GENAU eingehalten werden soll. Dadurch ändert sich die Zeilenhöhe nicht automatisch, was zu einem Übersatz in der Zelle führen kann. Einen solchen Übersatz erkennen Sie an einem roten Punkt in der Zelle. Die SPALTENBREITE ❷ wird immer absolut festgelegt. Die Möglichkeit, die Tabellenbreite festzulegen, gibt es leider nicht. InDesign berechnet die Tabellenbreite immer aus der Summe der Spaltenbreiten zuzüglich der Außenlinien der Tabelle.

Mit OBERER ZELLENVERSATZ ❹, UNTERER ZELLENVERSATZ ❺, LINKER ZELLENVERSATZ ❻ und RECHTER ZELLENVERSATZ ❼ legen Sie die Abstände des Zelleninhalts zu den Begrenzungslinien fest.

Alle anderen Funktionen, die Sie schon aus dem Steuerung-Bedienfeld kennen, verhalten sich natürlich vollkommen identisch, werden aber auch aktiv, wenn lediglich der Zelleninhalt aktiv ist.

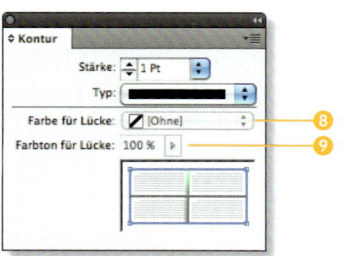

◀ **Abbildung 20.11**

Das Kontur-Bedienfeld mit zusätzlichen Tabellenattributen. Selbstverständlich funktionieren auch hier die Mehrfachklicks zur Auswahl von Liniengruppen.

Kontur-Bedienfeld | Das Kontur-Bedienfeld ist in den Standardeinstellungen für den Arbeitsbereich immer sichtbar. Auch hier lohnt sich ein Blick auf die Tabellenfunktionen, wobei das Kontur-Bedienfeld die Tabellenfunktionen ebenfalls nur anzeigt, wenn Zellen ausgewählt sind – dieses Verhalten erscheint allerdings logisch, weil der Zelleninhalt (z. B. Text) auch eigene Konturen besitzen kann. An zusätzlichen Funktionen bietet das Kontur-Bedienfeld die Möglichkeit, für Linienstile mit Lücken eine Farbe ❽ und einen Farbton ❾ festzulegen.

20.3.4 Zeilen und Spalten einfügen und löschen

Die Möglichkeit, Zeilen und Spalten über das Tabelle-Bedienfeld hinzuzufügen bzw. zu löschen, ist zwar praktisch, betrifft aber nur die Randbereiche einer Tabelle. Um gezielt Zeilen oder Spalten einzufügen bzw. zu löschen, benötigen Sie die Menübefehle Einfügen und Löschen, die Sie im Tabelle-Menü, im Kontextmenü und auch im Bedienfeldmenü des Tabelle-Bedienfelds finden.

Um Zeilen oder Spalten einzufügen, reicht es aus, den Textcursor in einer Zelle zu platzieren. InDesign nimmt diese Zelle als Bezugspunkt und fragt Sie nach dem Menübefehl Tabelle • Einfügen • Zeile bzw. Tabelle • Einfügen • Spalte, an welcher Stelle von der ausgewählten Zelle aus gesehen die neuen Zeilen bzw. Spalten eingefügt werden sollen. In den entsprechenden Fenstern wählen Sie die Anzahl der Spalten bzw. Zeilen und legen fest, wo diese eingefügt werden sollen.

Auch bei den Menübefehlen Tabelle • Löschen • Zeile und Tabelle • Löschen • Spalte ist es nicht nötig, die Zeilen oder Spalten auszuwählen. InDesign löscht immer die Zeile/Spalte, in der der Textcursor blinkt. Wollen Sie mehrere Zeilen/Spalten löschen, müssen Sie natürlich alle betroffenen Elemente auswählen. Beachten Sie dabei aber immer, dass hier keine Sicherheitsabfrage mehr erscheint. InDesign löscht Ihre Auswahl bedingungslos. Unter Löschen finden Sie die zusätzliche Funktion Tabelle – auch hier ist es nicht nötig, die gesamte Tabelle vorher auszuwählen.

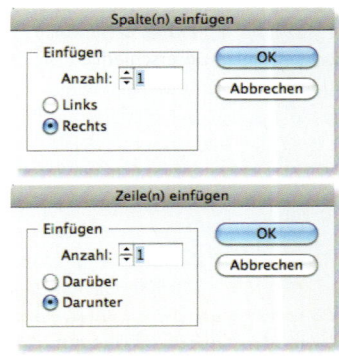

▲ **Abbildung 20.12**
Zeilen und Spalten einfügen

Funktion	Windows	Mac OS
Zeile(n) einfügen	`Strg` + `9`	`⌘` + `9`
Spalte(n) einfügen	`Strg` + `Alt` + `9`	`⌘` + `⌥` + `9`
Zeile löschen	`Strg` + `←`	`⌘` + `←`
Spalte löschen	`⇧` + `←`	`⇧` + `←`
Zeile oder Spalte beim Ziehen der Begrenzungslinie einfügen	Greifen Sie eine Begrenzungslinie, und drücken Sie dann die `Alt`-Taste, während Sie ziehen.	Greifen Sie eine Begrenzungslinie, und drücken Sie dann die `⌥`-Taste, während Sie ziehen.

▲ **Tabelle 20.1**
Tastaturbefehle zum Einfügen und Löschen von Zeilen und Spalten

Wenn Sie eine oder mehrere Zeilen oder Spalten ausgewählt haben und löschen, bleibt die Auswahl erhalten, und die nächsten Zeilen/Spalten rücken einfach nach. Dieses Verhalten kann man manchmal ausnutzen, wenn viele Zeilen gelöscht werden müssen, aber nicht alle zu sehen sind, weil sie im Übersatz stehen. Sie ersparen sich das Auswählen der nächsten Zeilen, bis Sie auf Zeilen treffen, die nicht gelöscht werden sollen.

Das Einfügen und Löschen von Zeilen und Spalten führt in der Regel zu einer Änderung der Tabellenbreite bzw. -höhe. Deshalb werden Sie in einem nächsten Schritt die Breite und Höhe der Tabelle anpassen müssen und sich anschließend damit konfron-

> **Textrahmen an Tabelle anpassen**
>
> Wenn Sie die endgültige Größe Ihrer Tabelle gefunden haben und den Textrahmen an die Tabelle anpassen möchten, doppelklicken Sie auf einen Eckpunkt des Textrahmens, oder klicken Sie auf ⊞ im Steuerung-Bedienfeld. Wenn Sie nur die horizontale oder vertikale Ausdehnung des Rahmens anpassen möchten, funktioniert das über einen Doppelklick auf einen der vertikalen oder horizontalen Anfasser des Rahmens.

tiert sehen, dass die Randbereiche der Tabelle wiederum ihre Dimensionen verändert haben. Um gegen dieses Dilemma vorzugehen, können Sie zunächst einmal dafür sorgen, dass alle Zeilen bzw. Spalten innerhalb der Tabelle gleich verteilt sind.

Markieren Sie die Zeilen oder Spalten, die Sie anpassen möchten, oder die gesamte Tabelle (Strg+Alt+A bzw. ⌘+⌥+A), und wählen Sie ZEILEN GLEICHMÄSSIG VERTEILEN bzw. SPALTEN GLEICHMÄSSIG VERTEILEN aus dem Menü TABELLE, dem Bedienfeldmenü des Tabelle-Bedienfelds oder dem Kontextmenü der Tabelle. Die ausgewählten Elemente behalten ihre Gesamtbreite bzw. -höhe: InDesign teilt den zur Verfügung stehenden Platz unter allen Elementen auf. Feinjustierungen können Sie mit gedrückter ⇧-Taste vornehmen, ohne die Breite der Tabelle zu verändern.

20.3.5 Zellen verbinden und teilen

Die beiden Funktionen ZELLEN VERBINDEN ⊞ und ZELLVERBINDUNG AUFHEBEN ⊟ des Steuerung-Bedienfelds haben Sie bereits kennengelernt. Die beiden Funktionen gehören insofern zusammen, als dass das Aufheben einer Zellverbindung eben nur dann möglich ist, wenn für die betreffende Zelle vorher eine Verbindung vorgenommen wurde. Wenn Sie eine Zelle teilen möchten, die nicht aus der Verbindung mehrerer Zellen entstanden ist, kommen Sie mit dieser Funktion nicht weiter.

> **Übersatz in Zellen**
>
> Die Spaltenbreite zu reduzieren, führt oft zu Übersatz in einzelnen Zellen, wenn Sie die Zeilenhöhe auf einen festen Wert eingestellt haben. Klicken Sie in die betroffene Zelle, und drücken Sie zweimal die Esc-Taste. Dann ist der gesamte Inhalt ausgewählt, und Sie können z. B. die Schriftgröße ändern oder den Text ausschneiden und in einem normalen Textrahmen editieren. Das ist oft einfacher als eine erneute Breitenänderung der Spalte.

Um eine solche »jungfräuliche« Zelle zu teilen, wählen Sie ZELLE HORIZONTAL TEILEN bzw. ZELLE VERTIKAL TEILEN aus dem TABELLE-Menü, dem Bedienfeldmenü des Tabelle-Bedienfelds oder dem Kontextmenü der Zelle. Damit wird innerhalb der Zelle eine weitere Spalte bzw. Zeile hinzugefügt, die aber in der Gesamtspalten- oder -zeilenanzahl der Tabelle nicht mitgezählt wird.

Um die dabei entstandenen Zellen wieder zu verbinden, können Sie erneut auf die Funktion im Steuerung-Bedienfeld zurückgreifen, die Sie mit ihrem Gegenstück ebenfalls in allen Menüs finden. Geteilte Zellen, die über ZELLEN VERBINDEN zusammengefasst wurden, befinden sich wieder im Originalzustand und können nicht mehr über ZELLVERBINDUNG AUFHEBEN geteilt werden.

20.3.6 Und nun zusammen …

Wir werden den grundlegenden Ablauf der Tabellenformatierung wieder mit dem einfachen Beispiel vom Beginn des Kapitels durchexerzieren. Sämtliche Textformatierungen sollten sinnvollerweise über Formate umgesetzt werden – aus Platzgründen und um den Blick auf das Wesentliche nicht zu verstellen gestalten wir hier allerdings die Textanteile ohne Absatz- und Zeichenformate.

Schritt für Schritt: Grundlegende Tabellenformatierung

Die Daten für dieses Beispiel finden Sie auf der Buch-DVD (»TRBC Close 07_10.txt«).

Sie finden die Datei »TRBC Close 07_10.txt« im Ordner BEISPIELMATERIAL • KAPITEL_20.

1 Text erfassen

Platzieren oder erfassen Sie einen geeigneten Text. Die Spalten sollten mit Tabulatoren getrennt sein. Fügen Sie nötigenfalls eine Kopfzeile mit den Spaltenüberschriften hinzu.

2 Text roh formatieren

Markieren Sie den Rohtext, stellen Sie den Text auf eine geeignete Schrift um – z. B. Helvetica Regular in 9 Pt –, stellen Sie den Zeilenabstand auf AUTOM., und setzen Sie den Text *nicht* auf Grundlinienraster.

Diese Einstellungen werden gleich in die Tabelle übernommen und bilden eine gute Basis für die weiteren Einstellungen. Die vorläufige Tabelle sollte nun etwa so aussehen wie in Abbildung 20.13:

Datum	Kurs	Umsatz
05.07.2010	21,29	4.066.956
06.07.2010	21,05	4.907.810
07.07.2010	20,52	4.958.967
08.07.2010	21,08	1.942.611
09.07.2010	21,13	1.426.616
12.07.2010	20,97	4.394.487
13.07.2010	21,11	5.273.008

◀ **Abbildung 20.13**
Da keine eindeutigen Tabulatorpositionen gesetzt wurden, stehen die Überschriften noch nicht korrekt über den Spalten.

3 In Tabelle umwandeln

Markieren Sie alle Textzeilen der zukünftigen Tabelle, und wählen Sie TABELLE • TEXT IN TABELLE UMWANDELN. Richten Sie die Spaltenbreiten so ein, dass in keiner Zelle der rote Übersatzpunkt erscheint. Vergessen Sie nicht, nötigenfalls die ⇧-Taste zu drücken, um die Breite der Tabelle nicht zu ändern.

Datum	Kurs	Umsatz
05.07.2010	21,29	4.066.956
06.07.2010	21,05	4.907.810
07.07.2010	20,52	4.958.967
08.07.2010	21,08	1.942.611
09.07.2010	21,13	1.426.616
12.07.2010	20,97	4.394.487
13.07.2010	21,11	5.273.008

▲ **Abbildung 20.14**
Schritt 3: die umgewandelte Tabelle

4 Alle Begrenzungslinien ausblenden

Wählen Sie die gesamte Tabelle aus, und setzen Sie im Steuerung-Bedienfeld die Linienstärke aller Begrenzungslinien – schließen Sie keine Linien aus – auf 0 Pt.

5 Kopfzeile gestalten

Wählen Sie die erste Zeile der Tabelle aus, und ändern Sie den Schriftschnitt auf BOLD. Wählen Sie lediglich die untere Begrenzungslinie im Konturfeld aus (z. B. indem Sie zunächst mit einem Dreifachklick alle Linien ausschalten und dann mit einem Einfachklick die untere Linie wieder aktivieren), und stellen Sie die Linienstärke auf 1,5 Pt.

Datum	Kurs	Umsatz
05.07.2010	21,29	4.066.956
06.07.2010	21,05	4.907.810
07.07.2010	20,52	4.958.967
08.07.2010	21,08	1.942.611
09.07.2010	21,13	1.426.616
12.07.2010	20,97	4.394.487
13.07.2010	21,11	5.273.008

◂ **Abbildung 20.15**
Schritt 5: Die Kopfzeile ist nun fett und entsprechend der Abbildung des Konturenfelds unterstrichen.

6 Zusätzliche Spalte einfügen

Markieren Sie die erste Spalte, wählen Sie TABELLE • EINFÜGEN • SPALTE, und fügen Sie eine Spalte links von der ausgewählten Spalte ein. Diese Spalte darf relativ schmal sein – Sie können sie in etwa so breit wie die Zeilenhöhe machen.

7 Trennlinien einfügen

Die Beispieldaten stellen den Kursverlauf der Adobe-Aktien über einen Zeitraum von vier Wochen dar. Wir wollen die einzelnen Wochen mit Linien trennen. Wählen Sie also die letzte Zeile der ersten Woche, und nehmen Sie die Einstellungen wie für die Überschriftzeile vor. Wiederholen Sie die Formatierung für alle Wochenwechsel.

8 Wochenbeschriftung

Die einzelnen Einträge für jede Woche werden nun noch entsprechend beschriftet. Wählen Sie die Zellen in der linken Spalte aus, die zu einer Woche gehören. Klicken Sie auf ZELLEN VERBINDEN im Steuerung-Bedienfeld.

Legen Sie die restliche Textformatierung fest, solange die neue Zelle noch ausgewählt ist, indem Sie die Textausrichtung auf ZENTRIERT und die Textorientierung auf TEXT DREHEN UM 270° stellen. Heben Sie die Auswahl der Zelle mit `Esc` auf, und tippen Sie den Text »Woche 27« in die Zelle. Wiederholen Sie diesen Schritt für alle Wochen, wobei in unserem Beispiel die Wochen von 27 bis 30 laufen (hier aber nur zwei Wochen zu sehen sind).

	Datum	Kurs	Umsatz
Woche 27	05.07.2010	21,29	4.066.956
	06.07.2010	21,05	4.907.810
	07.07.2010	20,52	4.958.967
	08.07.2010	21,08	1.942.611
	09.07.2010	21,13	1.426.616
Woche 28	12.07.2010	20,97	4.394.487
	13.07.2010	21,11	5.273.008
	14.07.2010	22,13	8.455.723
	15.07.2010	21,38	8.860.921
	16.07.2010	21,69	15.211.410

▲ **Abbildung 20.16**
Schritt 8: Die Zellen der gedrehten linken Spalte beschriften die Wochenabschnitte.

9 Abstände korrigieren

Um eine bessere Platzausnutzung zu erreichen, reduzieren wir nun noch die Abstände der Zelleninhalte zu den Zellengrenzen. Öffnen Sie das Tabelle-Bedienfeld, sofern es nicht sichtbar ist, und wählen Sie wieder die gesamte Tabelle aus. Stellen Sie OBERER ZELLENVERSATZ und UNTERER ZELLENVERSATZ im Tabelle-Bedienfeld auf 0,5 mm.

Linker und rechter Zellenversatz dürfen auf den Standardwerten stehen bleiben, da in unserem Beispiel ohnehin keine Begrenzungslinien sichtbar sind und somit die Spaltenzwischenräume optisch durch die Spaltenbreiten entstehen.

▲ **Abbildung 20.17**
Schritt 10: Fertig!

10 Feineinstellungen

Nun können Sie die Spaltenbreiten noch nach Belieben verändern und die beiden Spalten »Kurs« und »Umsatz« rechtsbündig ausrichten. ∎

Während Sie die Trennlinien auch mit Texttabellen realisieren können, wäre eine Beschriftung der Wochen in dieser Art nur mit erheblichem Aufwand möglich und in der Folge nur sehr schwer zu warten. Eine ganze Reihe von Gestaltungselementen wäre aber auch mit großem Aufwand fast gar nicht umzusetzen, da die entsprechenden Einstellungen in den TABELLENOPTIONEN und ZELLENOPTIONEN untergebracht sind.

Die Verwendung von Absatzformaten haben wir in dieser Schritt-für-Schritt-Anleitung ja bewusst unterlassen und auch die Ausrichtungsarbeiten nur optisch und »nach Gefühl« vorgenommen. In der Praxis werden Sie für die Textgestaltung natürlich Formate verwenden und die Zeilenhöhen absolut auf die Absatzformate abstimmen. Dabei müssen Sie immer die Versatzabstände der Zellen berücksichtigen bzw. entscheiden, ob Sie Texteinzüge über ein Absatzformat oder über den Textversatz der Zellen realisieren.

Wenn Sie ein Grundlinienraster verwenden, an dem Sie auch Text in Zellen ausrichten wollen, müssen alle Abstände exakt berechnet werden, weil in diesem Fall schon geringste Abweichungen zu sehr kuriosen Ergebnissen führen können.

20.3.7 Tabellenkopf und -fuß

Tabellenkopf und -fuß sind ein Einstellungsbereich der TABELLENOPTIONEN, die wir erst später behandeln werden. Trotzdem muss an dieser Stelle ein kleiner Vorgriff erfolgen, da hier zunächst einige grundlegende Funktionen geklärt werden müssen.

Tabellen im Textmodus

Bis InDesign CS3 wurde im Textmodus, den Sie über Strg+Y bzw. ⌘+Y aufrufen können, eine Tabelle nur als Platzhalter dargestellt – Sie hatten somit keinen Zugriff auf den Inhalt der Zellen und somit auch nicht auf einen möglichen Übersatz.

Seit InDesign CS4 werden auch Zelleninhalte im Textmodus angezeigt. Bei komlexen Tabellen ist die Darstellung allerdings etwas verwirrend, woran sich auch in InDesign CS5 nicts geändert hat.

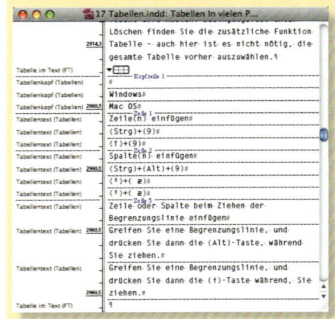

Tabellen und Grundlinienraster

Bei Tabelleninhalten ist Registerhaltigkeit kaum zu erreichen. Sie sollten deshalb in Tabellen grundsätzlich ohne Grundlinienraster arbeiten.

In Abschnitt 20.2.1, »Leere Tabellen einfügen«, haben Sie schon erfahren, dass InDesign eine sehr praktische Funktion zum Wiederholen eines Tabellenkopfes oder -fußes zur Verfügung stellt. Früher hatten Layouter das riesige Problem, dass sie typische Spaltenüberschriften manuell einfügen mussten, wenn eine Tabelle über mehrere Textrahmen oder -spalten verteilt war.

Der klassische Fall ist, dass eine sehr lange Tabelle über mehrere Seiten läuft und somit die Bezeichnung der Spalten zwingend auf jeder Seite zu wiederholen ist, weil der Leser sonst hin- und herblättern müsste. Das Unangenehme an dieser Aufgabenstellung ist, dass diese Kopfzeilen – hier stellvertretend für Kopf- und Fußzeilen – bei jeder Änderung in der Tabelle, die die Zeilenanzahl verändert, neu platziert werden müssen.

InDesign erlaubt es, eine bestimmte Anzahl von Zeilen am Beginn und am Ende einer Tabelle zu definieren, die bei einem Umbruch der Tabelle automatisch wiederholt werden. Diese Kopf- und Fußzeilen können beim Anlegen einer Tabelle bereits festgelegt werden – Sie haben das bei der Funktion TABELLE EINFÜGEN schon gesehen.

> **Kopf und Fuß definieren**
>
> Auch wenn nicht vorgesehen ist, dass eine Tabelle umbricht, sollten Sie Tabellenkopf und -fuß festlegen, sofern die Struktur Ihrer Tabelle sie vorsieht. Die meisten Formatierungsarbeiten können dann in der Folge etwas einfacher umgesetzt werden (und Sie erleben keine Überraschungen, wenn die Tabelle wider Erwarten doch umbrochen werden muss).

Tabellenkopf erzeugen | Um einen Bereich in eine Kopf-/Fußzeile zu verwandeln, müssen Sie zusammenhängende Zeilen am Tabellenbeginn bzw. am Tabellenende auswählen und dann die Befehle TABELLE • ZEILEN UMWANDELN • IN TABELLENKOPF bzw. IN TABELLENFUSS ausführen. Dabei ändert sich die Anzahl der Zeilen nicht – Sie definieren ja bestehende Zeilen um.

Verständlicherweise ist es nicht möglich, eine Zeile aus dem Innenbereich der Tabelle zu Fuß oder Kopf zu ernennen. In TABELLE • ZEILEN UMWANDELN finden Sie auch die Funktion IN TABELLENKÖRPER, mit der Sie beide Umstellungen wieder rückgängig machen können.

> **Texttabellen mit Kopf- und Fußzeilen**
>
> Wenn Sie sehr lange Tabellen als Texttabellen ausführen, können Sie auf keinen vergleichbaren Mechanismus zurückgreifen. In einem solchen Fall sollten Sie Kopf oder Fuß in einem eigenen Textrahmen unterbringen, damit die eigentliche Tabelle frei umbrechen kann. Um den Inhalt von Kopf bzw. Fuß flexibel zu halten und zentral zu verwalten, können Sie mit Textvariablen vom Typ BENUTZERDEFINIERTER TEXT arbeiten. Da in diesen Variablen allerdings keine Tabulatoren existieren können, werden Sie pro Spalte eine eigene Variable brauchen.

Tabellenoptionen | In den TABELLENOPTIONEN im Abschnitt TABELLENKOPF UND -FUSS können Sie nun gezielt Zeilen hinzufügen und dabei zu Kopf- oder Fußzeilen erklären.

▶ TABELLENEINSTELLUNGEN ❶: Legen Sie die Anzahl der TABELLENKOPFZEILEN bzw. der TABELLENFUSSZEILEN fest. Die Zeilen werden der Tabelle hinzugefügt, zählen aber später bei abwechselnden Konturen und Flächen nicht mit!

▶ KOPFZEILE ❷: Die Option TABELLENKOPF WIEDERHOLEN legt fest, wann der Kopf tatsächlich wiederholt werden soll. Für Tabellen, die sich in einem Textrahmen mit mehreren Spalten befinden, wählen Sie BEI JEDER TEXTSPALTE.

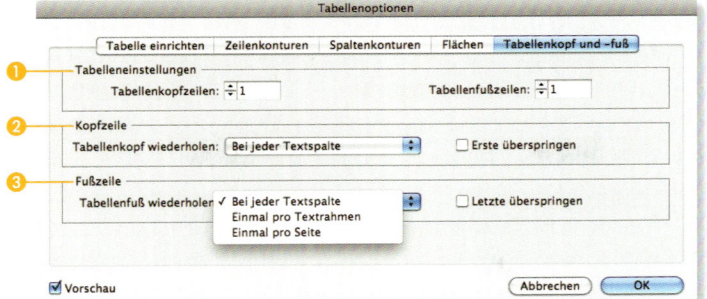

◄ **Abbildung 20.18**
TABELLE • TABELLENOPTIONEN • TABELLENKOPF UND -FUSS, um z. B. Überschriften bei langen Tabellen nach jedem Umbruch wiederholen zu lassen

Befindet sich die Textspalte in verketteten Textrahmen ohne Spalten, wird in den meisten Fällen EINMAL PRO TEXTRAHMEN die passende Einstellung sein. Wenn Sie dagegen verkettete Rahmen haben, die z. B. untereinander auf der Seite stehen, ist EINMAL PRO SEITE die bessere Wahl.

Datum	Kurs	Umsatz	Datum	Kurs	Umsatz
05.07.2010	21,29	4.066.956	19.07.2010	22,32	10.743.500
06.07.2010	21,05	4.907.810	20.07.2010	21,36	8.272.752
07.07.2010	20,52	4.958.967	21.07.2010	22,43	6.290.677
08.07.2010	21,08	1.942.611	22.07.2010	22,19	6.441.854
09.07.2010	21,13	1.426.616	23.07.2010	23,44	5.825.816
12.07.2010	20,97	4.394.487	26.07.2010	22,60	7.912.016
13.07.2010	21,11	5.273.008	27.07.2010	21,66	11.494.720
14.07.2010	22,13	8.455.723	28.07.2010	20,44	18.690.260
15.07.2010	21,38	8.860.921	29.07.2010	22,54	7.244.698
16.07.2010	21,69	15.211.410	30.07.2010	22,00	7.131.324

◄ **Abbildung 20.19**
Aktienkurse in zwei Spalten mit automatisch wiederholten Kopfzeilen in jeder Spalte

Die Option ERSTE ÜBERSPRINGEN werden Sie eher selten brauchen, und sie ist eigentlich nur sinnvoll, wenn Sie keine Überschrift wiederholen, sondern den Mechanismus ausnutzen wollen, um Hinweise wie »Fortsetzung von ...« umzusetzen.

▶ FUSSZEILE ❸: Alle Funktionen für die Kopfzeile sind identisch für die Fußzeile anzuwenden. Die Option LETZTE ÜBERSPRINGEN entspräche hier »Fortsetzung auf ...«.

Bei sehr großen Tabellen kann es hilfreich sein, wenn Sie die Kopf- bzw. Fußzeile direkt »anspringen« können, um sie zu bearbeiten. Diese Möglichkeit bieten die beiden Menübefehle TABELLE • KOPFZEILE BEARBEITEN bzw. TABELLE • FUSSZEILE BEARBEITEN. Sie dienen lediglich zur Navigation und haben keine weitere Funktion.

Bitte beachten Sie in diesem Zusammenhang auch, dass sehr große Tabellen, die über mehrere Seiten reichen, viel Rechenleistung erfordern. Halten Sie Tabellen also so klein wie möglich. In Problemfällen sollten Sie die Tabelle mit Absatzformaten aufbauen.

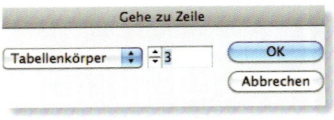

▲ **Abbildung 20.20**
Kopf- und Fußzeile; aber auch jede andere Zeile einer Tabelle können Sie über TABELLE • GEHE ZU ZEILE auswählen.

20.4 Tabellenoptionen

Die Tabellenoptionen vereinen alle Einstellungen, die sich auf die gesamte Tabelle beziehen und somit auch auf die untergeordneten Einheiten wie Zeilen, Spalten und einzelne Zellen wirken, obwohl es dafür auch eigene Einstellungsmöglichkeiten gibt.

Sie erreichen die Tabellenoptionen über TABELLE • TABELLENOPTIONEN, aber wie üblich können Sie die TABELLENOPTIONEN in allen Menüs der Tabellensteuerungen aufrufen, wobei Sie aus einem Untermenü unter fünf Einstellungsbereichen wählen können. Alle Menüpunkte führen zum Fenster TABELLENOPTIONEN, in dem mit den Reitern TABELLE EINRICHTEN, ZEILENKONTUREN, SPALTENKONTUREN, FLÄCHEN und TABELLENKOPF UND -FUSS zwischen den fünf Funktionsbereichen umgeschaltet werden kann.

Alle Optionen erschöpfend zu behandeln, wäre hier nicht möglich; zu einem großen Teil ist dies jedoch auch nicht nötig. Sämtliche Einstellungen für Rahmen und Konturen entsprechen den Einstellungen, die Sie schon in früheren Kapiteln kennengelernt haben.

20.4.1 Tabelle einrichten

Hier sind sämtliche Einstellungen versammelt, die Sie beim Anlegen einer Tabelle schon kennengelernt haben. Darüber hinaus legen Sie hier den Tabellenrahmen fest und geben an, wie die Tabelle in den umgebenden Textrahmen eingebunden ist.

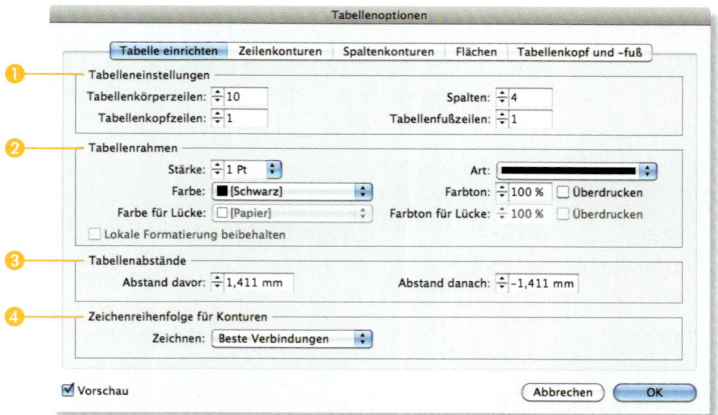

Abbildung 20.21 ▶
TABELLE • TABELLENOPTIONEN • TABELLE EINRICHTEN: Sie erreichen dieses Fenster mit der Tastenkombination [Alt]+[⇧]+[Strg]+[B] bzw. [⌥]+[⇧]+[⌘]+[B].

▶ TABELLENEINSTELLUNGEN ❶: Diese Optionen entsprechen denen von TABELLE EINFÜGEN bzw. denen des Tabelle-Bedienfelds und können hier nachträglich verändert werden.

▶ TABELLENRAHMEN ❷: Unter »Tabellenrahmen« versteht InDesign den Umriss der Tabelle. Die Einstellungen entsprechen denen des Kontur-Bedienfelds, wenn alle Trennlinien abgeschaltet sind. Allerdings können Sie alle Parameter für die Farbgebung der Linien und ihrer eventuellen Lücken mit den entsprechenden Überdrucken-Einstellungen festlegen. Da der Rand der Tabelle einzelne Zellen umfasst, denen möglicherweise bereits Linienattribute zugewiesen sind, können Sie mit der Option LOKALE FORMATIERUNG BEIBEHALTEN festlegen, dass diese Formatierungen nicht verändert werden sollen.

- TABELLENABSTÄNDE ❸: Tabellen sind immer in Textrahmen verankert und stellen innerhalb des Rahmens einen Absatz dar. Wie bei allen anderen Absätzen auch können Sie die Abstände zum vorherigen Absatz (ABSTAND DAVOR) oder zum folgenden Absatz (ABSTAND DANACH) definieren.
- ZEICHENREIHENFOLGE FÜR KONTUREN ❹: »Zeichen« hat hier die Bedeutung von »Zeichnen« – Sie können grundsätzlich jede Linie Ihrer Tabelle mit eigenen Attributen gestalten. Da sich diese Linien berühren und überschneiden, können Sie festlegen, welche Linie sich »durchsetzt«. Die beiden Optionen ZEILENKONTUREN IM VORDERGRUND und SPALTENKONTUREN IM VORDERGRUND beschreiben die jeweilige Strategie recht deutlich. BESTE VERBINDUNG bedeutet, dass InDesign für Sie entscheidet (leider verschweigt uns Adobe, wie ...), und mit INDESIGN 2.0-KOMPATIBILITÄT verhält sich InDesign CS5 wie sein betagter Vorgänger, wobei auch hier die angewandte Strategie tatsächlich nicht bekannt ist.

> **Standardabstand**
>
> Wenn Sie in einem Textrahmen zwei Tabellen unmittelbar nacheinander erstellt haben, befindet sich immer ein Abstand zwischen den beiden Tabellen, weil in den TABELLENOPTIONEN im Abschnitt TABELLE EINRICHTEN standardmäßig je ein Abstand von 1,411 mm vor der Tabelle eingetragen ist.

20.4.2 Zeilen- und Spaltenkonturen

Die Einstellungen für die ZEILENKONTUREN und die SPALTENKONTUREN regeln die Linienattribute für Trennlinien zwischen Spalten und Zeilen und legen fest, in welcher Regelmäßigkeit sie anzuwenden sind. Sie funktionieren vollkommen identisch, weshalb wir hier stellvertretend nur die Zeilenkonturen behandeln.

Beachten Sie, dass diese Funktionsbereiche ABWECHSELNDE ZEILENKONTUREN und ABWECHSELNDE SPALTENKONTUREN heißen, wenn sie über das Menü TABELLE • TABELLENOPTIONEN aufgerufen werden, im Fenster aber nur in ihrer Kurzform ZEILENKONTUREN und SPALTENKONTUREN erscheinen. Das ist insofern erwähnenswert, als für das Verständnis der Funktionen klar sein muss, dass hier immer *abwechselnde* Konturen definiert werden.

- ABWECHSELNDES MUSTER ❺: Die Option OHNE bedeutet, dass die Zeilenkonturen nicht wechseln, womit auch keine Trennlinien gesetzt werden können. Bei der Einstellung NACH JEDER ZEILE werden zwei Zeilen miteinander betrachtet und die Trennlinien entsprechend den Einstellungen ERSTE und NÄCHSTE

> **Muster nur in Tabellenkörper**
>
> Der Bereich ABWECHSELNDES MUSTER bezieht sich nur auf den Tabellenkörper und berücksichtigt somit Tabellenkopf und -fuß nicht.

im Abschnitt ABWECHSELND wiederholt. Die beiden Einstellungen ALLE ZWEI ZEILEN und ALLE DREI ZEILEN funktionieren entsprechend, wobei zunächst zwei/drei Zeilen mit der Kontur für ERSTE und die nächsten zwei/drei Zeilen mit der Kontur für NÄCHSTE dargestellt werden. Dieses Muster wird bis zum Tabellenende wiederholt, wobei die Optionen ÜBERSPRINGEN: ERSTE(N) und ÜBERSPRINGEN: LETZTE(N) allerdings die Anzahl der Zeilen am Anfang bzw. am Ende der Tabelle festlegen, die von diesem Wechsel der Konturen ausgenommen werden sollen.

Die Vorgaben ALLE ZWEI/DREI ZEILEN legen die Anzahl der Zeilen für ERSTE und NÄCHSTE mit den gleichen Werten fest. Sobald Sie im Eingabefeld ERSTE bzw. NÄCHSTE einen Wert ändern, stellt sich die Option ABWECHSELNDES MUSTER auf BENUTZERDEFINIERTE ZEILE/SPALTE um.

Sie können somit festlegen, dass z. B. nach zwei Zeilen mit einer bestimmten Kontur sieben Zeilen mit einer anderen Kontur folgen sollen.

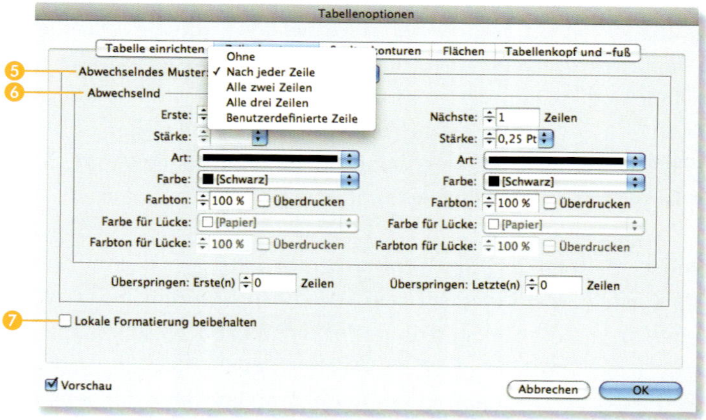

Abbildung 20.22 ▶
TABELLENOPTIONEN – ZEILENKONTUREN, die genauso anzuwenden sind wie die SPALTENKONTUREN

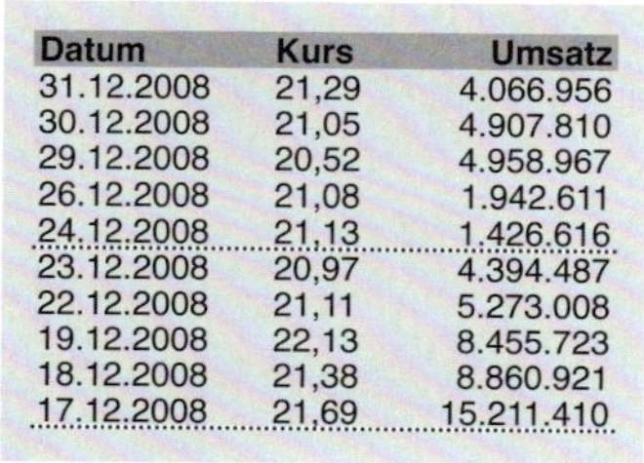

Datum	Kurs	Umsatz
31.12.2008	21,29	4.066.956
30.12.2008	21,05	4.907.810
29.12.2008	20,52	4.958.967
26.12.2008	21,08	1.942.611
24.12.2008	21,13	1.426.616
23.12.2008	20,97	4.394.487
22.12.2008	21,11	5.273.008
19.12.2008	22,13	8.455.723
18.12.2008	21,38	8.860.921
17.12.2008	21,69	15.211.410

▲ **Abbildung 20.23**
Das Einfügen der Trennlinien kann mit ABWECHSELNDE ZEILENKONTUREN in einem Arbeitsgang erledigt werden. Die ERSTE Zeile verwendet eine Kontur mit 0,75 Pt STÄRKE, die nächsten vier Zeilen haben keine Kontur – ihre STÄRKE beträgt 0 Pt. Da die erste Zeile eine Kopfzeile ist, werden in diesem Muster die ersten vier Zeilen übersprungen. Die Linien erscheinen in der Folge nach jeweils fünf Zeilen.

▶ ABWECHSELND ❻: Wie die wechselnden Konturen tatsächlich aussehen sollen, wird hier festgelegt, wobei Sie sämtliche Einstellungen schon von den Kontureinstellungen aus verschiedenen anderen Anwendungen, wie z. B. UNTERSTREICHUNGS- und DURCHSTREICHUNGSOPTIONEN, kennen.

▶ LOKALE FORMATIERUNG BEIBEHALTEN ❼: Wenn Sie in Ihrer Tabelle bereits Formatierungen vorgenommen haben, wird diese Einstellung aktiv. Um die entsprechenden Formatierungen zu erhalten, aktivieren Sie diese Option, da InDesign ansonsten sämtliche Formatierungen überschreiben würde.

20.4.3 Abwechselnde Flächen

Auch die Einstellung für FLÄCHEN sollte korrekterweise wie im Menü TABELLE • TABELLENOPTIONEN • ABWECHSELNDE FLÄCHEN heißen. Die Methode ist hier nämlich identisch mit der Handhabung bei den Zeilen- bzw. Spaltenkonturen. Allerdings sind hier Spalten und Zeilen zusammengefasst, woraus folgt, dass Sie entweder nur Füllungen für Spalten oder für Zeilen festlegen können. Beides zusammen lässt sich nicht einstellen, was nicht unbedingt logisch ist. Offensichtlich wollte Adobe sich nicht auf die Probleme einlassen, die sich bei überkreuzenden Flächen ergeben.

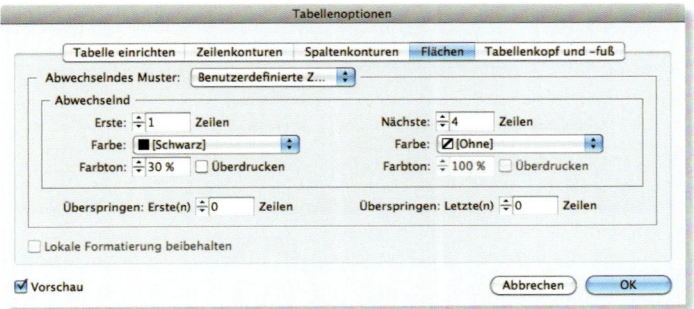

◄ **Abbildung 20.24**
TABELLENOPTIONEN • FLÄCHEN: Das Schema der Anwendung abwechselnder Flächen ist identisch mit den abwechselnden Linien. Sämtliche Einstellungen sind Ihnen von anderen Farbgebungen für Flächen bereits bekannt.

Wählen Sie aus dem Menü ABWECHSELNDES MUSTER eine der Vorgaben für Spalten oder Zeilen aus, oder legen Sie Ihre eigenen Einstellungen mit BENUTZERDEFINIERTE ZEILE/SPALTE fest, und bestimmen Sie die Farbgebung für die Flächen.

	Datum	Kurs	Umsatz
Woche 27	05.07.2010	21,29	4.066.956
	06.07.2010	21,05	4.907.810
	07.07.2010	20,52	4.958.967
	08.07.2010	21,08	1.942.611
	09.07.2010	21,13	1.426.616
Woche 28	12.07.2010	20,97	4.394.487
	13.07.2010	21,11	5.273.008
	14.07.2010	22,13	8.455.723
	15.07.2010	21,38	8.860.921
	16.07.2010	21,69	15.211.410

▲ **Abbildung 20.25**
Mit den Einstellungen aus Abbildung 20.24 wird der Wochenschlusskurs unserer Tabelle grau hinterlegt. Da die verbundenen Zellen wie die erste Zelle der Gruppe behandelt werden, werden die Wochenbezeichnungen ebenfalls grau hinterlegt. Da die Kopfzeile ohnehin nicht mitspielt, müssen auch keine Zeilen übersprungen werden.

20.4.4 Tabellenkopf und -fuß

Wir erwähnen den Abschnitt TABELLENKOPF UND -FUSS hier nur noch der Vollständigkeit halber. Um Ihnen die Prinzipien der Kopf- und Fußzeilen und die Mechanik der Tabellenumbrüche näherzubringen, haben wir diese Optionen bereits in Abschnitt 20.3.7, »Tabellenkopf und -fuß«, ab Seite 521 beschrieben.

20.5 Zellenoptionen

Wie die TABELLENOPTIONEN können Sie die ZELLENOPTIONEN in allen Menüs der Tabellensteuerungen und natürlich über TABELLEN • ZELLENOPTIONEN aufrufen, wobei Sie aus vier Einstellungsbereichen wählen können. Die vier Bereiche sind im Fenster ZELLENOPTIONEN untergebracht, in dem Sie mit den Reitern TEXT, KONTUREN UND FLÄCHEN, ZEILEN UND SPALTEN sowie DIAGONALE LINIEN zwischen den vier Funktionsbereichen umschalten können.

20.5.1 Text

Wie schon erwähnt, benehmen sich Tabellenzellen prinzipiell wie kleine Textrahmen. Die Einstellungen für Text in einer Zelle sind deshalb nahezu identisch mit den TEXTRAHMENOPTIONEN.

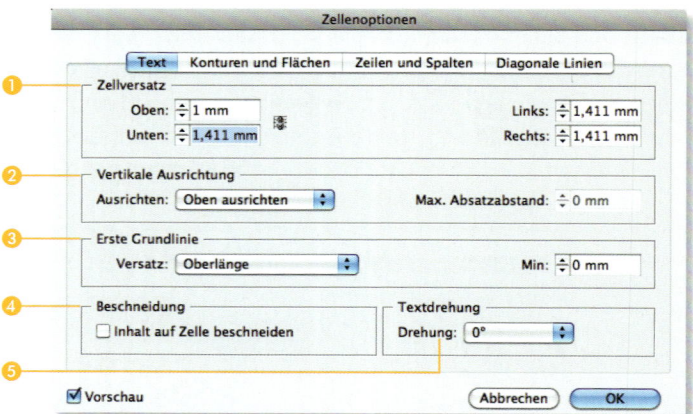

Abbildung 20.26 ▶
ZELLENOPTIONEN • TEXT: Sie erreichen dieses Fenster mit der Tastenkombination [Alt]+[Strg]+[B] bzw. [⌥]+[⌘]+[B].

- ▶ ZELLVERSATZ ❶: Die Abstände zwischen Trennlinien und Inhalt einer Zelle kennen Sie bereits aus dem Tabelle-Bedienfeld.
- ▶ Die VERTIKALE AUSRICHTUNG ❷ für den Zelleninhalt haben Sie beim Tabelle-Bedienfeld kennengelernt. Darüber hinaus finden Sie hier die Zusatzoption MAX. ABSATZABSTAND, die Sie schon von den TEXTRAHMENOPTIONEN kennen.
- ▶ ERSTE GRUNDLINIE ❸: Tabellenzellen verhalten sich wie Textrahmen – deshalb ist auch diese Option vollkommen identisch mit der Option ERSTE GRUNDLINIE in den TEXTRAHMENOPTIONEN.
- ▶ BESCHNEIDUNG ❹: Die Höhe von Tabellenzellen wird im Normalfall an den Inhalt angepasst. Bei Textzellen, die eine fixe Höhe haben, oder bei Zellen, die ein Bild enthalten, funktioniert das allerdings nicht. Dann führt ein Text zu einem Übersatz, gegen den Sie, außer den Inhalt an die Platzverhältnisse anzupassen oder umgekehrt, nicht viel tun können – einen Textübersatz können Sie in keinen weiteren Behälter fließen lassen. Obwohl die BESCHNEIDUNG im Abschnitt TEXT der ZELLENOPTIONEN steht, wirkt die Option INHALT AUF ZELLE BESCHNEIDEN lediglich auf Bilder, die auf Zellengröße abgeschnitten werden, wenn sie über die Zelle hinausragen.
- ▶ TEXTDREHUNG ❺: Die Option DREHUNG entspricht den Einstellungen des Tabelle-Bedienfelds, mit denen Sie den Inhalt der Zelle in 90°-Schritten drehen können. Um Bilder in einer Zelle zu drehen, können Sie einen Wert im Eingabefeld DREHWINKEL des Steuerung-Bedienfelds eintragen oder seit InDesign CS5 den Rahmen einfach über einen Eck-Anfasser frei drehen.

> **TOP-TIPP: Bilder in Tabellenzellen platzieren**
>
> Stellen Sie die Option AUSRICHTEN auf UNTEN, die Option VERSATZ auf FESTER WERT, und aktivieren Sie die Option INHALTE AUF ZELLE BESCHNEIDEN, wenn Sie Bilder in Zellen platzieren, skalieren und drehen wollen.

20.5.2 Konturen und Flächen

Unter KONTUREN UND FLÄCHEN haben Sie folgende Einstellungsmöglichkeiten:

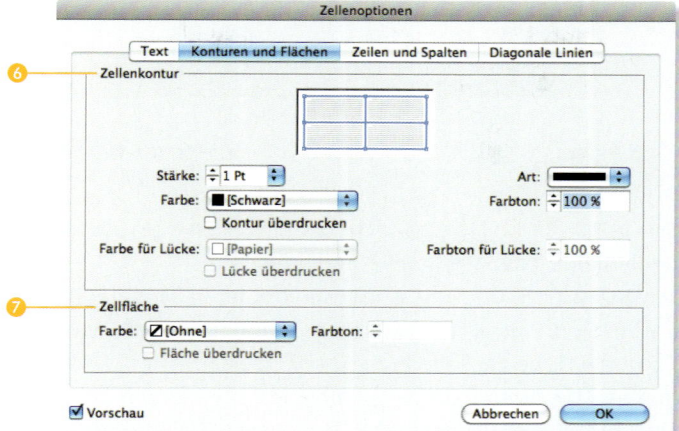

◄ **Abbildung 20.27**
ZELLENOPTIONEN • KONTUREN UND FLÄCHEN: Die meisten Optionen finden Sie auch in anderen Bedienfeldern, wie dem Steuer- und dem Kontur-Bedienfeld.

- ZELLENKONTUR ❻: Der Abschnitt ZELLENKONTUR erweitert das Kontur-Bedienfeld um die FARBE, den FARBTON und die Überdrucken-Einstellung für die Begrenzungslinien sowie um die Option LÜCKE ÜBERDRUCKEN, sofern Sie eine Linienart mit Zwischenräumen gewählt haben.
- ZELLFLÄCHE ❼: Die Farbfüllung der Zellfläche kann in keinem Bedienfeld festgelegt werden, weil Sie sämtliche Füllungen über das Farbfelder-Bedienfeld bzw. das Werkzeug-Bedienfeld erledigen können. Hier haben Sie zusätzlich die Möglichkeit, einen FARBTON festzulegen und mit FLÄCHE ÜBERDRUCKEN zu bestimmen, ob die Fläche überdruckt oder ausgespart werden soll.

Farbtöne
Wenn Sie Farbtöne als Zellenfüllung verwenden, sollten Sie entsprechende Farbtonfelder definieren. Nur so können Sie schnell Änderungen an der Farbgebung umsetzen.

20.5.3 Zeilen und Spalten

Auch in diesem Abschnitt finden Sie hauptsächlich Optionen, die Sie ohnehin schon in den verschiedenen Bedienfeldern gesehen oder benutzt haben. Lediglich die – allerdings enorm wichtigen – UMBRUCHOPTIONEN finden Sie nur hier.

- ZEILENHÖHE ❽ (siehe Abbildung 20.28): Diese Option mit den beiden Einstellungen MINDESTENS und GENAU entspricht den Einstellungen des Steuerung-Bedienfelds bzw. des Tabelle-Bedienfelds. Zusätzlich können Sie ein Maximum für die Höhe der Zelle festlegen. Zellen, die mit einem Maximum versehen wurden, passen sich dem Inhalt nur noch bis zum eingetragenen Wert an. Inhalte, die über diese Größe hinausgehen, werden als Übersatz (roter Punkt) gekennzeichnet.

Unerwarteter Übersatz
Sollte in einer Zelle ein Übersatzpunkt erscheinen, obwohl die Höhe der Zelle für den Text ausreichen müsste, ist die Ursache zumeist ein zu langes Wort, das nicht geteilt werden konnte. Vergrößern Sie die Spaltenbreite, fügen Sie in langen Wörtern ein flexibles Trennzeichen ein, und stellen Sie die ursprüngliche Spaltenbreite wieder her. Natürlich können Sie den Text auch ausschneiden und in einem normalen Textrahmen editieren oder besser einfach im Textmodus bearbeiten.

Abbildung 20.28 ▶

ZELLENOPTIONEN • ZEILEN UND SPALTEN: Wie in anderen Einstellungsfenstern auch bedeutet das leere Feld hinter ZEILENHÖHE, dass mehrere Zeilen mit unterschiedlichen Höhen ausgewählt sind. Die SPALTENBREITE ist hier dagegen für alle ausgewählten Zellen gleich.

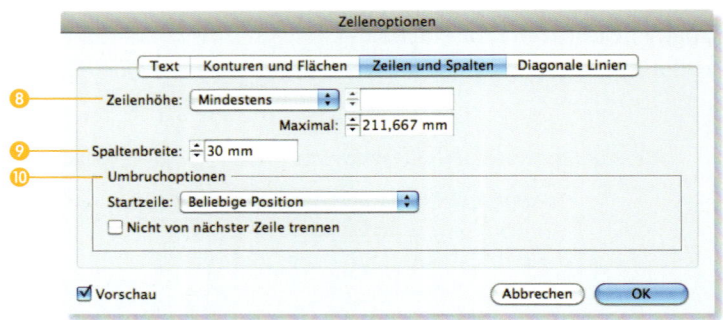

▶ SPALTENBREITE ❾: Sie entspricht der Einstellung des Steuerung-Bedienfelds bzw. des Tabelle-Bedienfelds.

▶ UMBRUCHOPTIONEN ❿: Da Tabellen immer in Textrahmen verankert sind, verhalten sie sich grundsätzlich auch wie Text. Führt die Höhe der Tabelle zu einem Übersatz, kann die Tabelle in einen weiteren Rahmen umbrechen. Genau wie bei einem Textabsatz werden dabei aber stets ganze Zeilen umbrochen. Und genau wie bei einem Textabsatz können Sie Einfluss darauf nehmen, wie Zellen zusammengehalten oder geteilt werden sollen. Ist ein Umbruch notwendig, bedeutet die Einstellung BELIEBIGE POSITION, dass InDesign die Tabellenzeilen so trennt, dass der zur Verfügung stehende Platz optimal genutzt wird. Das Ziel für den Umbruch ergibt sich aus der Rahmenverkettung, die Sie festgelegt haben.

Sie können aber auch selbst einen Umbruch in der Tabelle festlegen, indem Sie für die Option STARTZEILE festlegen, an welches Ziel die betroffene Zeile umbrechen soll. Die Optionen IN NÄCHSTER TEXTSPALTE, IN NÄCHSTEM RAHMEN, AUF NÄCHSTER SEITE und AUF NÄCHSTER UNGERADER/GERADER Seite bestimmen das Ziel innerhalb einer Textverkettung näher und entsprechen den Umbruchregeln für Textabsätze. Diese Umbrüche erfolgen allerdings bedingungslos!

Wenn Sie verhindern wollen, dass zwei oder mehrere Tabellenzeilen getrennt werden, können Sie sie auswählen und mit der Option NICHT VON NÄCHSTER ZEILE TRENNEN verbinden. Die Zeilen werden dann miteinander umbrochen, sofern dies möglich ist. Wie Sie bereits von den Absatzumbruch-Regeln wissen, können solche Einstellungen nicht immer eingehalten werden.

Tabellen umbrechen

Regeln Sie einen benutzerdefinierten Tabellenumbruch, indem Sie die Höhe des Textrahmens verändern, der die Tabelle umfasst.

20.5.4 Diagonale Linien

InDesign konfrontiert uns im Bereich DIAGONALE LINIEN ein weiteres Mal mit den gesamten Einstellungen für Konturen. Der interessante Teil dieses Fensters ist der eher unscheinbare Bereich über den Kontureneinstellungen. Mit den vier Funktionen ▢ ◨ ◩ ◪

legen Sie fest, mit welchen diagonalen Linien die ausgewählten Zellen versehen werden sollen – die Symbole sind selbsterklärend.

◄ **Abbildung 20.29**
ZELLENOPTIONEN • DIAGONALE LINIEN: Eigentlich ist es verwunderlich, dass für KEINE DIAGONALEN LINIEN (wie hier) trotzdem Einstellungen wie STÄRKE und ART vorgenommen werden können.

Sofern Sie die Diagonalen nicht verwenden, um eine Zelle als leer zu markieren, überlappen sich die diagonalen Linien in der Tabellenzelle mit dem eigentlichen Inhalt der Zelle. Neben den normalen Einstellungen für die LINIENKONTUR können Sie mit der Option ZEICHNEN festlegen, ob die DIAGONALEN IM VORDERGRUND oder ob der INHALT IM VORDERGRUND stehen soll. Farbfüllungen stehen immer im Hintergrund.

Diese Einstellung kann mit den Überdrucken-Einstellungen für die Linienkontur kollidieren. Wenn Sie eine gelbe Schrift vor eine schwarze Diagonale stellen, darf die Linie natürlich nicht überdrucken. An dieser Stelle wird die gelbe Schrift natürlich ausgespart.

20.6 Verschiedene Zelleninhalte

Wenn Zellen Text enthalten, können sie natürlich auch alles andere beinhalten, was in einen Text eingebunden werden kann. Aber auch für Text ist eine Kleinigkeit zu beachten.

20.6.1 Textrahmen

Warum sollte man einen Textrahmen in einer Zelle verankern? Zum Beispiel, weil Sie den Inhalt von Zellen nur in 90°-Schritten drehen können. Wenn Sie andere Winkel benötigen, können Sie sich behelfen, indem Sie den Inhalt in einem eigenen Rahmen drehen und dann in eine Tabellenzelle einsetzen.

Damit Sie die Struktur der Tabelle leichter erkennen können, haben wir in Abbildung 20.31 alle Begrenzungslinien eingeblendet. Für solche Konstruktionen müssen Sie unbedingt zwei Dinge beachten:

▲ **Abbildung 20.30**
Die um 30° gedrehten Datumseinträge sind mit InDesign-Bordmitteln nicht zu realisieren. Dazu müssen Sie gedrehte Textrahmen in Tabellenzellen einfügen.

1. Sie müssen den Zellenversatz der Kopfzeile an allen vier Seiten auf 0 stellen, damit sich die Rahmen gut in die Zelle einschmiegen können. Allerdings wird es Ihnen auch dann nicht gelingen, die Zeilenhöhe genau auf den eingebetteten Rahmen einzustellen.
2. InDesign sieht immer Platz für Schrift vor – setzen Sie den ZEILENABSTAND der Tabellenzellen auf 0 Pt. Erst dann steht die gesamte Zellenfläche zur Verfügung.

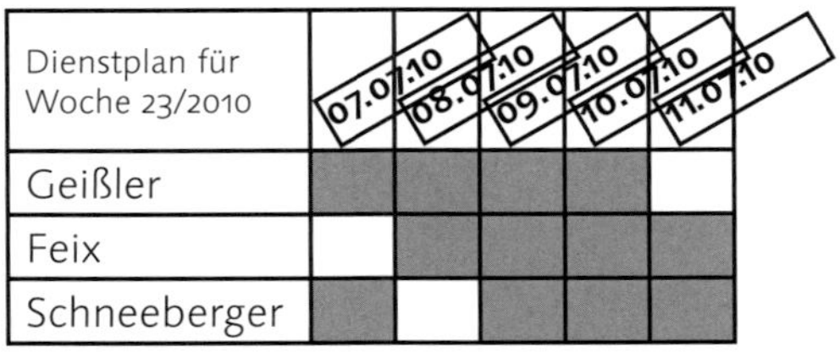

Abbildung 20.31 ▶
Gedrehte Rahmen in Tabellenzellen mit sichtbaren Begrenzungslinien

Auf diese Art können Sie jedes Element – auch Bilder – in einer Zelle beliebig drehen.

20.6.2 Bilder

Der Vorteil von Tabellen, in denen Bilder eingebettet werden können, ist offensichtlich. Eine Texttabelle, in der sich an bestimmten Stellen Bilder befinden sollen, ist zwar möglich, jedoch sind solche Aufgaben geeignet, jeden Layouter in den Wahnsinn zu treiben.

Auch bei Bildern in Zellen sollten Sie auf die Zellenversätze achten, und unser Tipp mit dem Zeilenabstand vereinfacht die Sache. Selbstverständlich können Sie Bilder in ihren Rahmen verschieben, um einen Ausschnitt zu wählen, aber Sie haben auch die Möglichkeit, Bilder über die Funktion INHALT AUF ZELLE BESCHNEIDEN im Abschnitt TEXT der ZELLENOPTIONEN zu beschneiden. Wenn Sie wirklich nur das Bild und nicht die Form des Rahmens drehen müssen, sollten Sie die Drehung in der Bildbearbeitung erledigen – das gilt aber ohnehin in jedem Fall.

[HTML]
Die Hypertext Markup Language ist eine sehr simple Seitenbeschreibungssprache, in der die Seiten im WWW verfasst sind. HTML beschreibt primär Strukturen. Aussehen und Position von Layoutelementen sind nur sehr schwer zu kontrollieren. Deshalb ist das Erstellen eines Layouts für den Printbereich eine vollkommen andere Problemstellung als das Erstellen von Webseiten.

20.6.3 Inhalte für das Webdesign

Bilder in Tabellen, aber auch jeder andere Inhalt, haben auch eine Bedeutung, wenn Sie planen, Ihr Layout per DATEI • FÜR DREAMWEAVER EXPORTIEREN in ein Weblayout zu überführen. Der Export in ein Weblayout ist nämlich nicht so einfach, wie die Softwarehersteller Sie glauben machen wollen. Seiten im WWW sind in HTML abgefasst und unterliegen dramatischen Einschränkungen.

So können z. B. keine Elemente auf einer Seite positioniert werden, weil eine HTML-Seite noch nicht einmal ein Koordinatensystem hat. Mit HTML kann lediglich beschrieben werden, wie die

Struktur einer Seite aussieht. Die Position der einzelnen Elemente ergibt sich aus der Abfolge aller Komponenten auf der Seite. HTML-Designer verwenden aus diesem Grund ebenfalls oft Tabellen, die als Strukturelemente in HTML zur Verfügung stehen und zumindest eine grobe Platzverteilung auf einer Seite ermöglichen. Diese Eigenheit wird zwar zumeist über CSS umgangen, trotzdem ist es weiterhin so, dass es in Texten z. B. keine Tabulatoren geben kann. Da Tabellen in beiden Welten existieren, ist es leichter, tabellarische Texte aus einem InDesign-Layout ins Web-Publishing zu übernehmen, wenn sie schon in Tabellen aufgebaut sind. Reine Texttabellen würden hier also nicht funktionieren.

[CSS]
Cascading Stylesheets: Ein Mechanismus, der es auch im Webdesign ermöglicht, die Textformatierung und das Layout besser zu kontrollieren

Adobe hat in der Creative Suite 3 nach der Übernahme von Macromedia den Webeditor GoLive gegen Dreamweaver ausgetauscht und auch die Exportfunktion an Dreamweaver angepasst – in der Creative Suite 4 wurde dieser Bereich überarbeitet und in der Creative Suite 5 noch einmal kräftig erweitert. Dadurch entsteht relativ sauberer HTML-Code, der in jedem Fall eine gute Basis für die meisten Webdesigner darstellen dürfte.

20.6.4 Tabellen in Tabellen

Ein weiterer wichtiger Inhalt, den Sie in Tabellenzellen platzieren können, sind Tabellen selbst. Durch das Verbinden und Teilen von Zellen können Sie zwar recht komplexe Strukturen aufbauen; allerdings kann diese Aufgabe sehr mühsam sein. Wenn Sie eine Tabelle erstellen müssen, die sehr fein unterteilt ist, dabei aber viele gleiche Strukturen enthält, können Sie die Tabellenzellen mit Tabellen füllen und diese Tabellen natürlich auch in anderen Zellen wiederverwenden. Das Gestalten von Formularen wird damit zwar nicht unbedingt zum Vergnügen, aber wesentlich einfacher.

Bezeichnung der Lehrveranstaltung:	
Nummer der Lehrveranstaltung:	
Lehrveranstaltungsleiter:	Nachname: Vorname: Dienststelle: Personalnummer:
Referent 1:	Nachname: Vorname: Dienststelle: Personalnummer:
Referent 2:	Nachname: Vorname:

◂ **Abbildung 20.32**
Ausschnitt eines typischen Formulars mit verschachtelten Tabellen

Möglicherweise lässt dieser Ausschnitt eines Formulars Bürokratenherzen höherschlagen, bei einem Layouter sorgt selbst so eine simple Struktur nicht für Begeisterung. Mit verschachtelten Tabel-

20.6.5 Tabulatoren in Tabellen

Wenn Texttabellen in InDesign-Tabellen umgewandelt werden, können Sie verschiedene Spaltentrennzeichen auswählen. Meistens werden Spalten in tabellarischen Daten mit Tabulatoren getrennt, die bei der Umwandlung verschwinden. An ihre Stelle treten die Zellen-Begrenzungslinien. Allerdings können Tabellen wiederum Daten enthalten, bei denen Sie einen Tabulator benötigen. Der klassische Fall wäre eine Preisliste, in der die Preise an einem Dezimaltabulator ausgerichtet sein sollen.

Bei einer Preisliste wie in Abbildung 20.33 oben hilft das rechtsbündige Ausrichten der Preisspalte nicht weiter, da eventuell proportionale Ziffern und Auslassungsstriche verwendet werden. Die einzelnen Preise müssen am Dezimalkomma ausgerichtet werden. Für diesen Fall hat Adobe InDesign mit einer besonderen Verhaltensweise ausgestattet, die aber nur funktioniert, wenn alle beteiligten Zellen über keine besondere Ausrichtung verfügen. Richten Sie also zunächst alle Zellen der Preisspalte linksbündig aus – wie in Abbildung 20.33 Mitte. Wählen Sie die gesamte Spalte aus, und öffnen Sie das Tabulator-Bedienfeld mit Strg+⇧+T bzw. ⌘+⇧+T, oder rufen Sie es über Schrift • Tabulatoren auf.

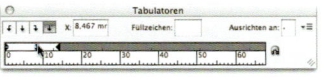

▲ **Abbildung 20.33**
Tabelleninhalt an einem Dezimaltabulator ausrichten

Setzen Sie an der gewünschten Stelle einen Dezimaltabulator (tragen Sie ein Komma im Feld Ausrichten an ein; siehe Abbildung 20.33 unten). InDesign richtet alle Ziffern am Komma aus. Sie müssen also keinen Tabulator über die Tastatur eingeben. Allerdings ist das wirklich ein Sonderfall, der nur mit dem Dezimaltabulator und nur dann funktioniert, wenn Sie nicht in die Ausrichtung des Zelleninhalts eingegriffen haben.

Sollten Sie einen oder mehrere andere Tabulatoren benötigen, können Sie sie über das Tabulator-Bedienfeld natürlich genauso festlegen wie gewohnt. Allerdings stehen Sie dann vor dem Problem, wie Sie die Tabulatorpositionen in den Zellen anspringen können. Die ⇥-Taste bewirkt in Tabellen, dass in die nächste Zelle gesprungen wird. Nun klärt sich, warum Tabulatoren über den Menübefehl Schrift • Sonderzeichen einfügen • Andere • Tabulator in einen Text eingefügt werden können. Tabulatoren, die Sie so in eine Tabellenzelle einfügen, werden im Text positioniert und bewirken nicht, dass die nächste Zelle angesprungen

> **Tabellen in Tabellen**
>
> Prinzipiell sollten tabellarische Strukturen auch in Tabellenzellen mit Tabellen aufgebaut werden. Linksbündige, rechtsbündige und zentrierte Ausrichtungen können Sie für einzelne Spalten ohnehin über die Ausrichtung der Tabellenzelle festlegen.

wird. Dafür gibt es leider kein Tastaturkürzel; bei vielen Tabulatoren wird die Sache also aufwendig.

20.7 Zellen- und Tabellenformate

Bei der Fülle an Einstellungsmöglichkeiten ist es nur konsequent, dass es auch für Zellen und Tabellen eine Möglichkeit gibt, die Formatierung zunächst abstrakt zu beschreiben und dann auf das reale Layout zu übertragen. Adobe hat InDesign allerdings erst in Version CS3 mit dieser Option ausgestattet und sie bis CS5 nur geringfügig überarbeitet.

Die dabei umgesetzte Strategie entspricht der Umsetzung der Zeichen- und Absatzformate. Entsprechend gibt es ein Zellenformate-Bedienfeld (für Zellen als Untermenge der Tabelle) und ein Tabellenformate-Bedienfeld, mit dem die Tabellen in die übergeordnete Struktur integriert werden können. Zusätzlich können Zellenformate auf Absatzformate zugreifen, um den Inhalt der Zelle ebenfalls formatieren zu können. Das Zusammenspiel dieser drei Ebenen ist eher mit verschachtelten Formaten zu vergleichen.

Zellenformate sind also von Grund auf wesentlich stärker miteinander verbunden als Zeichen- und Absatzformate. Wir betrachten sie deshalb hier auch gemeinsam. Die Optionen, die Sie über die beiden Format-Arten verwenden können, sind dabei mit den Zellen- bzw. Tabellenoptionen identisch. Wir beschränken uns im Folgenden somit auf die Optionen, die allein durch die jeweiligen Formate bestimmt sind, werden mit Ihnen jedoch ein Beispiel zur Anwendung von Tabellenformaten durchexerzieren.

20.7.1 Zellenformate-Bedienfeld

Sollte das Zellenformate-Bedienfeld in Ihrer gewählten Arbeitsumgebung nicht in einer Registerkarte am rechten Bildschirmrand eingeblendet sein, rufen Sie es über FENSTER • FORMATE • ZELLENFORMATE auf. Einen Tastaturbefehl zum Aufrufen gibt es nicht.

Aufbau und Handhabung des Zellenformate-Bedienfelds entsprechen der Struktur und der Bedienung der Formate-Bedienfelder, die Sie schon kennen. Im Bedienfeldmenü finden Sie vertraute Befehle, wie FORMAT NEU DEFINIEREN, NEUE FORMATGRUPPE, nach NAME SORTIEREN usw. Schlagen Sie gegebenenfalls in Kapitel 19, »Textformatierung«, ab Seite 453 nach, in dem diese Funktionen am Beispiel des Zeichenformate-Bedienfelds erklärt werden. Selbstverständlich können Formate auch über die Funktion SCHNELL ANWENDEN ⚡ zugewiesen werden.

▲ **Abbildung 20.34**
Das Zellenformate-Bedienfeld: Der Eintrag [OHNE] ❷ dient dazu, die Zuweisung eines Zellenformats zu einer Zelle wieder zurückzusetzen. Selbst definierte Formate, wie z. B. »Tabellenkopf« ❸, werden in diesem Bedienfeld angezeigt und verwendet wie in allen anderen Format-Bedienfeldern auch. In der Zeile über der Liste der Formate ❶ wird das derzeit zugewiesene Format eingeblendet.

Am unteren Rand des Bedienfelds finden Sie neben den üblichen Symbolen Neues Format erstellen ❼, Ausgewählte Formate/Gruppen löschen ❽ und Neue Formatgruppe erstellen ❹ zwei weitere Funktionen: Nicht vom Format definierte Attribute löschen ❺ löscht die Attribute einer Zelle, die bei der Definition nicht explizit gesetzt wurden.

Wie bei Zeichenformaten müssen in Zellenformaten nur die Eigenschaften gesetzt werden, die nicht aus der Tabellendefinition abgeleitet werden sollen. Wenn also die Kontur der Zelle nicht definiert wurde (weil sie z. B. als abwechselnde Kontur aus der Tabellendefinition kommt) und Sie die Kontur nachträglich manuell verändern, können Sie die Kontur so wieder zurücksetzen – also löschen. Die Funktion Abweichungen in Auswahl löschen ❻ würde diese Änderung in der veränderten Zelle nicht erkennen, aber sehr wohl in den benachbarten, da sich die Zellen ja die Kontur teilen und in den Nachbarzellen nun Abweichungen vorliegen.

Abweichungen erkennen

Genau wie bei Zeichen- und Absatzformaten erscheint neben dem Namen eines Zellenformats ein Plus, wenn die aktuellen Einstellungen von der Definition des Formats abweichen. Bewegen Sie den Mauszeiger auf den Namen des Formats, und InDesign zeigt die Abweichungen in einem QuickInfo-Feld an.

20.7.2   Ein Zellenformat anlegen

Um ein Zellenformat zu definieren, klicken Sie mit gedrückter ⎇- bzw. ⌥-Taste auf Neues Format erstellen, oder wählen Sie Neues Zellenformat aus dem Bedienfeldmenü des Zellenformate-Bedienfelds, um direkt zur Definition zu gelangen.

Allerdings können diese Funktionen nur aufgerufen werden, wenn gar kein Objekt oder aber eine Tabelle oder ein Tabellenteil ausgewählt ist.

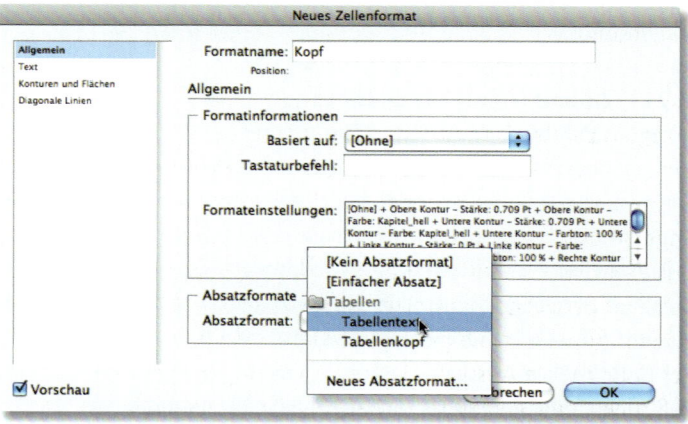

Abbildung 20.35 ▶
Neues Zellenformat • Allgemein: Formatgruppen erscheinen hier natürlich schon aufgeklappt, damit Sie die enthaltenen Formate auswählen können.

Im Abschnitt Allgemein können Sie die üblichen Einstellungen für Formate vornehmen, einen Namen vergeben, einen Tastaturbefehl zuweisen und bestimmen, ob das Format auf einem bereits bestehenden basieren soll.

Da die Zelle ja auf jeden Fall einen Text enthalten wird – auch eingesetzte Bilder sind im Text der Zelle verankert –, können Sie unter ABSATZFORMATE bereits ein Format auswählen, mit dem der Zelleninhalt formatiert werden soll.

In den restlichen drei Abschnitten von NEUES ZELLENFORMAT treffen wir nur alte Bekannte, da hier die Attribute der Zellenoptionen aus dem TABELLE-Menü festgelegt werden können. Tatsächlich entsprechen die drei Abschnitte TEXT, KONTUREN UND FLÄCHEN und DIAGONALE LINIEN exakt den Einstellmöglichkeiten der gleichnamigen ZELLENOPTIONEN. Lediglich der Bereich ZEILEN UND SPALTEN fehlt hier, weil Zeilenhöhe und Spaltenbreite wohl kaum allgemeingültig festgelegt werden können. Das Gleiche gilt für die Umbruchoptionen – an welcher Stelle umbrochen werden soll, hängt von der realen Satzsituation ab und nicht von einer abstrakten Definition.

Wie bei Zeichenformaten auch stellen Sie hier zumeist nur die Abweichungen von der Tabelle ein. Zellenformate werden angewendet, indem Sie eine oder mehrere Zellen einer Tabelle auswählen und das Format mit einem Klick auf den Formatnamen im Zellenformat-Bedienfeld zuweisen – also ebenfalls vollkommen identisch zu den bisherigen Formaten.

Zellenformate allein sind schon sehr praktisch, und bei unregelmäßig aufgebauten Tabellen sind sie die einzige Möglichkeit, um das Biest zu zähmen. Folgt eine Tabelle jedoch einem bestimmten Muster, in dem bestimmte Zellenformatierungen wiederholt werden müssen, können Sie den Nutzen der Zellenformate zusätzlich über ihre Anwendung in Tabellenformaten steigern. Ein Anwendungsbeispiel für Zellenformate werden wir deshalb auch in den nun folgenden Abschnitt verlegen.

Stile wurden Formate
Bis InDesign CS4 wurden Zellenformate noch in manchen Fenstern als »Stile« bezeichnet. Mit InDesign CS5 wurden diese uneinheitlichen Bezeichnungen zumindest in diesem Bereich beseitigt. Wenn Sie also mit einer früheren Version von InDesign arbeiten, lassen Sie sich nicht von den alten Bezeichnungen irritieren – funktional hat sich nichts geändert!

Zellenformate über Prototyp erstellen
Bei einem Absatzformat können Sie zunächst einen Prototyp erstellen und daraus die Definition des Absatzformats ableiten. So können Sie mit Zellenformaten auch verfahren. Sie sollten dann aber beachten, dass wirklich nur Attribute der Zelle übernommen werden. Ein bereits eingestelltes Absatzformat für den Inhalt wird nicht erkannt und muss bei der Definition explizit angegeben werden.

20.7.3 Tabellenformate-Bedienfeld
Alle allgemeinen Anmerkungen zum Zellenformate-Bedienfeld gelten sinngemäß auch für das Tabellenformate-Bedienfeld. Allerdings gibt es hier nur die Funktion ABWEICHUNGEN IN AUSWAHL LÖSCHEN, da es ja kein übergeordnetes Format mehr gibt. Der Name ist darüber hinaus nicht ganz passend, weil sich die Änderungen immer auf die gesamte Tabellendefinition beziehen und nicht nur auf die Auswahl. Sollten Änderungen nicht in dem Ausmaß rückgängig gemacht werden, wie Sie es erwarten, werfen Sie einen Blick auf das Zellenformate-Bedienfeld. Formatierungen, die über Zellenformate zugewiesen wurden, werden niemals als Abweichung erkannt (genau wie bei den Absatzformaten).

Jedes Dokument enthält die beiden Formate [EINFACHE TABELLE], das standardmäßig auf neu erstellte Tabellen angewen-

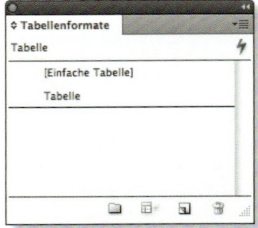

▲ **Abbildung 20.36**
Das Tabellenformate-Bedienfeld. Die Handhabung ist vollkommen identisch zum Zellenformate-Bedienfeld – lediglich die Funktion NICHT VOM FORMAT DEFINIERTE ATTRIBUTE LÖSCHEN fehlt.

> **Standardeinstellungen für Tabellen**
>
> Wenn Sie [Einfache Tabelle] verändern, während kein Dokument geöffnet ist, ändern Sie damit die Standardeinstellungen, mit denen Tabellen ab diesem Zeitpunkt in neuen Dokumenten erstellt werden. Bestehende Dokumente bzw. deren Tabellen ändern sich dadurch natürlich nicht.

det wird, und das Format [Kein Tabellenformat], das Sie im Tabellenformate-Bedienfeld jedoch nicht sehen – es dient lediglich als Ausgangspunkt für aufeinander basierende Tabellenformate. Sie können das Format [Einfache Tabelle] zwar bearbeiten, aber weder löschen noch umbenennen.

20.7.4 Ein Tabellenformat anlegen

Um ein Tabellenformat zu definieren, klicken Sie mit gedrückter ⌥- bzw. ⌥-Taste auf Neues Format erstellen, oder wählen Sie Neues Tabellenformat aus dem Bedienfeldmenü des Tabellenformate-Bedienfelds, um direkt zur Definition zu gelangen.

Abbildung 20.37 ▶
Neues Tabellenformat • Allgemein – diese Einstellungen werden wir im nächsten Beispiel verwenden.

Allgemein | Hier finden Sie neben den bekannten Einstellungen Formatname, Tastaturbefehl und Basiert auf die zentrale Beschreibung der Tabellenstruktur.

Die Tabellenstruktur wird im Bereich Zellenformate in fünf Bereiche aufgeteilt, die existieren können, aber nicht müssen. Diesen fünf Bereichen können Zellenformate zugewiesen werden, die dann die Gestaltung der Bereiche übernehmen und dabei – wie Sie wissen – ihrerseits auf Absatzformate zur Gestaltung des Inhalts zurückgreifen können.

Die drei Bereiche Tabellenkopfzeilen, Tabellenfußzeilen und Tabellenkörperzeilen kennen Sie bereits. Sie werden – sofern sie existieren – in der Regel unterschiedlich gestaltet sein. Wählen Sie die entsprechenden Zellenformate aus. Die Option [Ohne] bedeutet dabei, dass kein Zellenformat zugewiesen wird. Existiert z. B. eine Tabellenkopfzeile und wird ihre Formatierung hier auf [Ohne] gestellt, wird die Kopfzeile nicht automatisch formatiert und muss folglich manuell gestaltet werden. [Wie Tabellenkörperzeilen] (nur bei Kopf- und Fußzeilen auswählbar) übernimmt die Zellenformateinstellung von Ihrer Auswahl für die Körperzeilen. Deshalb ist hier neben den vorhandenen Zellenformaten auch nur [Ohne] auswählbar.

Die beiden Tabellenbereiche Linke Spalte und Rechte Spalte gehen davon aus, dass in vielen Tabellen die am weitesten links stehende Spalte und/oder die am weitesten rechts stehende Spalte eine besondere Bedeutung hat. Bei einer manuellen Formatierung einer Tabelle übernehmen Sie die Gestaltung dieser besonderen Rollen ohnehin selbst; bei einer automatischen Formatierung muss eine spezielle Auszeichnung auch vorgesehen sein und taucht deshalb in den Tabellenformaten auf: Sie können die Spalten nicht formatieren (stellen Sie dann [Ohne] ein), Sie können sie über die gleichnamige Funktion wie Tabellenkörperzeilen aussehen lassen oder ihnen ein bestimmtes Format zuweisen.

Wenn Sie eine Tabelle manuell formatieren, können Sie in den Tabellenoptionen einen Tabellenkopf und -fuss festlegen. Diese Möglichkeit fehlt bei der Definition eines Tabellenformats. Bei einer allgemeinen Beschreibung einer Tabelle ist ja nicht klar, ob es diese Zeilen geben wird. Sofern es sie gibt, können sie aber wie oben beschrieben gestaltet werden.

Restliche Abschnitte | Auch in den restlichen vier Abschnitten Tabelle einrichten, Zeilenkonturen, Spaltenkonturen und Flächen fehlen teilweise bestimmte Optionen, die nur bei konkreten Tabellen angewendet werden können. Wir bilden im folgenden Beispiel dennoch zwei dieser vier Bereiche ab und geben Ihnen dort auch noch ein paar Hinweise zu den Abweichungen.

	Datum	Kurs	Umsatz
Woche 27	05.07.2010	21,29	4.066.956
	06.07.2010	21,05	4.907.810
	07.07.2010	20,52	4.958.967
	08.07.2010	21,08	1.942.611
	09.07.2010	21,13	1.426.616
Woche 28	12.07.2010	20,97	4.394.487
	13.07.2010	21,11	5.273.008
	14.07.2010	22,13	8.455.723
	15.07.2010	21,38	8.860.921
	16.07.2010	21,69	15.211.410
Woche 29	19.07.2010	22,32	10.743.500
	20.07.2010	21,36	8.272.752
	21.07.2010	22,43	6.290.677
	22.07.2010	22,19	6.441.854
	23.07.2010	23,44	5.825.816
Woche 30	26.07.2010	22,60	7.912.016
	27.07.2010	21,66	11.494.720
	28.07.2010	20,44	18.690.260
	29.07.2010	22,54	7.244.698
	30.07.2010	22,00	7.131.324

▲ **Abbildung 20.38**
Die Spalte ganz links spielt eine besondere Rolle. Um bei der Automatisierung der Tabellengestaltung auch solche besonderen Spalten berücksichtigen zu können, gibt es eigene Einstellungen für Linke Spalte und Rechte Spalte. Besondere Rollen, die von Spalten *innerhalb* der Tabelle übernommen werden sollen, können aber nicht automatisch formatiert werden.

Schritt für Schritt: Tabellenformat erstellen

Wir verwenden für dieses Beispiel die Datei »TRBC Close 07_10 v2.txt«, die Sie auf der Buch-DVD finden. In ihr sind die Wochengrenzen angepasst und bereits beschriftet. Das Ergebnis soll wie Abbildung 20.38 aussehen.

Die Datei »TRBC Close 07_10 v2.txt« finden Sie im Ordner Beispielmaterial • Kapitel_20.

1 Absatzformate anlegen
Definieren Sie zunächst folgende drei Absatzformate, die von den Zellenformaten benötigt werden, um den Zelleninhalt zu gestalten:

»Kopftext:«
Helvetica Bold, 9 Pt
Ausrichtung: Rechts

»Zeilentext«:
Helvetica Regular, 9 Pt
Ausrichtung: Rechts

»Wochentext«:
Helvetica Regular, 8 Pt
Ausrichtung: Rechts

Lassen Sie die restlichen Einstellungen undefiniert, oder entscheiden Sie selbst, wie sie aussehen sollen. Wie Sie wissen, müssen

Sie an dieser Stelle noch nicht alle Entscheidungen treffen, weil die Formate jederzeit geändert werden können.

2 Zellenformate anlegen

Definieren Sie folgende drei Zellenformate; lassen Sie nicht angegebene Attribute undefiniert:

»Kopf«:
Allgemein: Absatzformat »Kopftext«
Text: 0,5 mm an allen vier Seiten; Vertikale Ausrichtung: Zentrieren
Untere Zellenkontur: 0,5 mm, Schwarz

»Zeile«:
Allgemein: Absatzformat »Zeilentext«
Text: 0,5 mm an allen vier Seiten
Zellenkonturen: 0 Pt

»Woche«:
Allgemein: Absatzformat »Wochentext«
Text: 0,5 mm an allen vier Seiten; Ausrichten: Zentriert; Textdrehung 270°
Konturen und Flächen: Zellfläche 20%, Schwarz; Zellenkonturen: 0 Pt

3 Tabellenformat anlegen – Tabelle einrichten

Definieren Sie ein Tabellenformat »Kurse«, und legen Sie alle Einstellungen im Abschnitt ALLGEMEIN wie in Abbildung 20.37 auf Seite 538 fest. Definieren Sie folgende Einstellungen für TABELLE EINRICHTEN:

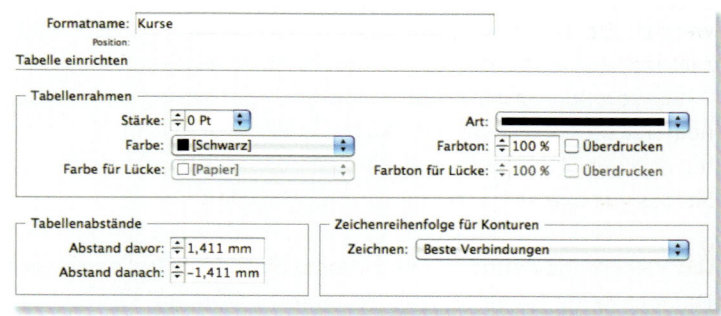

Abbildung 20.39 ▶
Unter TABELLE EINRICHTEN fehlen die Einstellungen für die Tabellendimensionen und die Anzahl der Kopf- und Fußzeilen. Die TABELLENABSTÄNDE und die ZEICHENREIHENFOLGE FÜR KONTUREN sind lediglich etwas anders angeordnet als im gleichnamigen Abschnitt der TABELLENOPTIONEN.

Unsere Tabelle benötigt keinen Rahmen, wir setzen die STÄRKE der Rahmenlinien daher auf 0 Pt. Da die Tabelle alleine stehen wird, müssen wir uns um die Abstände davor und danach nicht kümmern.

4 Tabellenformat anlegen – Konturen

In ZEILENKONTUREN und SPALTENKONTUREN müssen Sie keine Einstellungen vornehmen – vergewissern Sie sich aber, dass hier ABWECHSELNDES MUSTER auf [OHNE] steht. ZEILENKONTUREN und SPALTENKONTUREN decken sich vollständig mit den Einstellungen der TABELLENOPTIONEN.

5 Tabellenformat anlegen – Flächen

Eine Kurswoche umfasst fünf Tage. Um den Wochenwechsel zu betonen, wird der erste Tag der Woche grau hinterlegt, die restlichen vier Tage werden nicht gefüllt.

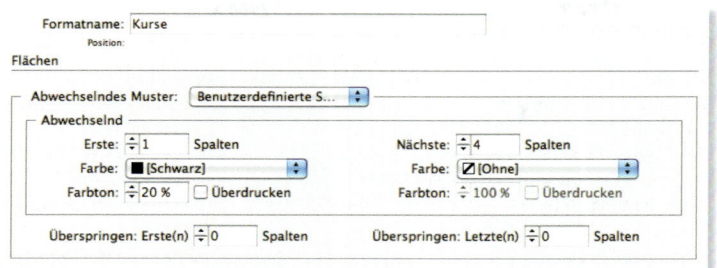

◀ **Abbildung 20.40**
Neues Tabellenformat • Flächen: Die Flächen unterscheiden sich ebenfalls nicht von den Tabellenoptionen.

6 Text laden

Platzieren Sie den Text »TRBC Close 07_10 v2.txt« von der Buch-DVD, und stellen Sie die Rahmenbreite auf 80 mm. Machen Sie sich dabei noch keine Gedanken über den Textumbruch.

Die Datei »TRBC Close 07_10 v2.txt« finden Sie im Ordner Beispielmaterial • Kapitel_20.

7 Text in Tabelle umwandeln

Wählen Sie den Text aus, und wandeln Sie ihn in eine Tabelle um, indem Sie Tabelle • Text in Tabelle umwandeln wählen. Verwenden Sie als Spaltentrennzeichen Tabstopp und als Zeilentrennzeichen Absatz, und klicken Sie auf OK.

Sie könnten an dieser Stelle bereits als Tabellenformat das neu erstellte Format »Kurse« auswählen, es ist aber für Sie leichter nachverfolgbar, was in der Folge noch passieren wird, wenn Sie das erst später machen.

8 Kopfzeile definieren und Wochenbeschriftung einrichten

Da noch keine Kopfzeile definiert wurde, stimmen im Folgenden die Wochengrenzen noch nicht. Markieren Sie die erste Zeile der Tabelle, und wählen Sie Zeilen umwandeln • In Tabellenkopf aus dem Menü Tabelle.

Markieren Sie die ersten fünf Zeilen nach der Kopfzeile, und wählen Sie Tabelle • Zellen verbinden, oder klicken Sie auf ⊠ im Steuerung-Bedienfeld. Wiederholen Sie diesen Schritt für alle Wochen der Tabelle.

9 Tabellenformat anwenden

Für diesen Schritt reicht es, wenn der Textcursor in irgendeiner Zelle der Tabelle steht. Klicken Sie nun auf den Eintrag »Kurse« im Tabellenformate-Bedienfeld, um sämtliche Einstellungen auf die Tabelle zu übertragen.

Das Ergebnis hat bereits viel Ähnlichkeit mit dem gewünschten Zustand, jedoch müssen noch einige Korrekturen gemacht werden, die im Format nicht abgebildet werden konnten. Nun können Sie die Breite der ersten Spalte und eventuell auch der anderen Spalten anpassen und mit dem Feintuning der Absatz- und Zellenformate beginnen, bis es der Vorlage in Abbildung 20.38 auf Seite 539 entspricht. ∎

Sollte sich irgendein Schritt nicht so verhalten, wie Sie es erwarten, stellen Sie sicher, dass in keinem der Format-Bedienfelder eine Auswahl getroffen ist, wenn Sie den Text platzieren. Sollten hier noch Zeichen-, Absatz- oder Zellenformate von vorherigen Experimenten ausgewählt sein, überlagern sich diese Einstellungen mit den Formatierungen des Tabellenformats, wodurch sich Abweichungen ergeben können.

20.7.5 Formate organisieren

Selbstverständlich können auch Tabellen- und Zellenformate verwaltet und organisiert werden wie alle anderen Formate auch – Sie können sie duplizieren, gruppieren, nicht verwendete auswählen (um sie dann zu löschen) und abweichende Formate neu definieren.

Lediglich in der Funktion VERKNÜPFUNG MIT FORMAT AUFHEBEN gibt es eine Besonderheit aufgrund ihrer Verbindung mit Absatzformaten: Diese Verbindungen mit den verwendeten Absatzformaten werden nicht aufgehoben, und somit wird das Zellenformat [OHNE] logischerweise als abweichend markiert. Absatzformate müssen Sie also manuell entknüpfen, was aber sehr einfach über die Auswahl der gesamten Tabelle und den anschließenden Aufruf der Funktion VERKNÜPFUNG MIT FORMAT AUFHEBEN im Bedienfeldmenü des Absatzformate-Bedienfelds erledigt werden kann.

Nach Zellen- und Tabellenformaten kann nicht gesucht werden. Ein Austausch von angewendeten Formaten funktioniert somit nur, indem Sie das angewendete Format löschen und beim Bestätigungsfenster einen Nachfolger nominieren.

Die beiden Funktionen TABELLENFORMATE LADEN und TABELLEN- UND ZELLENFORMATE LADEN aus dem Bedienfeldmenü sowohl des Tabellenformate- als auch des Zellenformate-Bedienfelds unterscheiden sich nur in der Vorauswahl der zu importierenden Formate. Grundsätzlich bieten Ihnen beide Funktionen an, Tabellenformate, Zellenformate und alle darin angewendeten Zeichenformate zu importieren. ZELLENFORMATE LADEN trifft hier lediglich die Vorauswahl, die Tabellenformate nicht zu importieren. Sollten

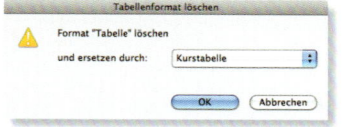

▲ **Abbildung 20.41**
Das Löschen von angewendeten Formaten führt dazu, dass Sie einen Nachfolger für das zu löschende Format bestimmen müssen. Nur über diesen Weg können Sie Tabellen- und Zellenformate gezielt austauschen. Die an sich sehr leistungsfähige Suchen-und-Ersetzen-Funktion von InDesign könnte hier noch etwas ausgebaut werden.

ein oder mehrere Absatzformate verschachtelte Formate sein, so werden Ihnen natürlich auch die darin verwendeten Zeichenformate zum Import angeboten.

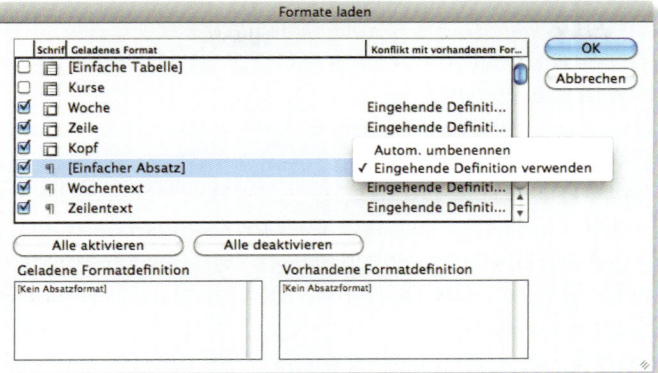

◄ **Abbildung 20.42**
(Zeller-)FORMATE LADEN bietet Ihnen zwar an, auch Tabellenformate zu importieren, wählt sie jedoch nicht für Sie aus. Es werden nur die Absatz- und Zeichenformate für den Import angeboten, die auch in den Tabellen- und Zellenformaten verwendet wurden.

Die Möglichkeiten, Konflikte mit bereits vorhandenen Formaten aufzulösen, entsprechen den Möglichkeiten in Absatz- und Zeichenformaten.

20.8 Importierte Inhalte aktualisieren

Bei all diesen Gestaltungsmöglichkeiten darf man einen wesentlichen Punkt nicht aus den Augen verlieren: Es geht um effiziente Informationsvermittlung. Dummerweise (oder glücklicherweise?) neigen Informationen – und das gilt ganz besonders für tabellarische Daten – dazu, sich zu verändern. Unser zentrales Beispiel der Aktienkurse zeigt das recht eindrucksvoll (solche Daten sind bereits nach einem Tag veraltet). Das Gestalten der Tabelle ist eine Sache; den Inhalt immer aktuell zu halten, eine ganz andere. Dank der Tabellenformate ist es in InDesign möglich, tabellarische Daten zu aktualisieren, ohne dass dabei die gesamte Formatierung verlorengeht.

20.8.1 Textverknüpfungen

Bei Bilddaten war es in allen Satz- und Layoutprogrammen schon immer üblich, die Originaldaten nicht in das Layoutdokument zu integrieren. Gespeichert werden lediglich eine Voransicht des Bildes und der Verweis auf die Originaldatei. Das hält die Satzdokumente kompakt und macht Änderungen an den Bilddaten einfach.

Gerade diese Änderungen haben in der Vergangenheit in der Produktion viele Tragödien verursacht. Die gängigen Werkzeuge warnen den Benutzer zwar, wenn sich Daten verändert haben,

XML in InDesign

Die Unterstützung für XML-Daten wurde mit jeder neuen Version von InDesign ausgebaut und ist nun eine Alternative für die Übernahme von tabellarischen Daten und deren Formatierung. Wir werden Ihnen in Kapitel 47 dieses Buchs einen kurzen Überblick zu XML geben.

[XML]
Extensible Markup Language: eine Struktur-Beschreibungssprache. Damit kann der Aufbau beliebiger Datenstrukturen beschrieben werden – die Formatierung wird dabei nicht berücksichtigt. Allerdings können XML-Daten leicht in andere Datenformate umgewandelt und mit Stylesheets versehen werden, die die entsprechenden Daten dann formatieren.

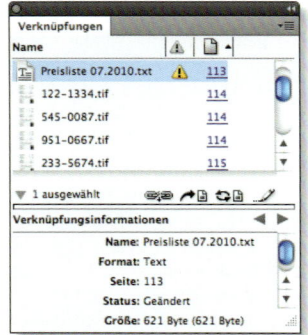

▲ **Abbildung 20.43**
Im Verknüpfungen-Bedienfeld werden auch veränderte Textdateien und Tabellen mit einem Warndreieck gekennzeichnet.

aber diese Warnung wurde oft mit einem einfachen Klick ignoriert. Doch nicht diese Bedienungsfehler sind hier interessant, sondern die Tatsache, dass Sie diesen Mechanismus in InDesign auch für Textdaten ausnutzen können. Hier steht weniger die Effizienz als die Möglichkeit im Vordergrund, veränderte Daten automatisch in das Layout zu übernehmen.

Damit InDesign eine aktuelle Verbindung zu externen Textdaten aufbaut, muss in den Voreinstellungen für DATEIHANDHABUNG die Option BEIM PLATZIEREN VON TEXT- UND TABELLENDATEIEN VERKNÜPFUNGEN ERSTELLEN aktiviert sein. Diese Voreinstellung bezieht sich nur auf das aktuelle Satzdokument, es sei denn, Sie hätten beim Einstellen dieser Option kein Dokument geöffnet. In diesem Fall gilt die Einstellung für alle neuen Dokumente – davon raten wir jedoch ab.

Wenn Sie nun eine Tabelle platzieren, hält InDesign eine Verbindung zu den Originaldaten und überprüft, ob sich die Daten geändert haben. Ist das der Fall, macht InDesign Sie beim Öffnen Ihrer Satzdatei darauf aufmerksam.

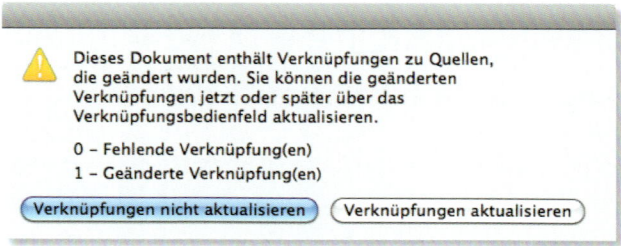

Abbildung 20.44 ▶
Eine externe Datei hat sich verändert.

Einen Überblick, welche Dateien sich geändert haben oder fehlen, bekommen Sie im Verknüpfungen-Bedienfeld. Wenn Sie entscheiden, eine Verknüpfung zu aktualisieren, markieren Sie die betroffene Datei im Verknüpfungen-Bedienfeld und klicken auf VERKNÜPFUNG AKTUALISIEREN. InDesign stellt nun den aktuellen Zustand her. In unserem Beispiel könnten so also jeden Monat die Aktienkurse von Adobe automatisch in Ihre Publikation übernommen werden. Voraussetzung dafür ist, dass InDesign auch feststellen kann, dass sich die Kurs-Datei verändert hat. Als Faustregel gilt hier, was auch für Bilddateien gilt: Verändern Sie weder den Namen noch den Speicherort der Datei.

Allerdings hat die Sache einen großen Haken: Sie werden im Regelfall die Rohdaten formatiert haben. Beim Aktualisieren gehen diese Formatierungen jedoch grundsätzlich verloren. Seit InDesign CS3 und Zellen- und Tabellenformaten haben Sie jedoch die Möglichkeit, zu bestimmen, ob Ihre Formatierungen erhalten bleiben sollen – allerdings funktioniert das nur bei Tabellen, die

> **Verknüpfung aufheben**
>
> Wenn Sie eine Verbindung zu einer Textdatei auflösen wollen, markieren Sie die entsprechende Datei im Verknüpfungen-Bedienfeld, und wählen Sie VERKNÜPFUNG AUFHEBEN aus dem Bedienfeldmenü. Der aktuelle Zustand der platzierten Daten bleibt erhalten.
>
> Umgekehrt funktioniert das leider nicht. Wenn Sie also einen Text bereits platziert haben, können Sie diesem Text keine externe Datei zuweisen, mit deren Inhalt er überschrieben werden soll.

mit Zellenformaten gestaltet wurden, und auch nur dann, wenn Sie beim ersten Platzieren der Daten bereits auf eine geplante Aktualisierung Rücksicht nehmen.

Wenn Sie dabei Zellenformate im Umfeld von Tabellenformaten einsetzen, funktioniert das zusätzlich nur bei Tabellen, die vollkommen gleichmäßig aufgebaut sind.

Reine Textdateien, die Sie erst in InDesign in eine Tabelle umwandeln, profitieren von diesem Mechanismus nicht, da ja ein reiner Text ohne Formatierung vorliegt.

> **TOP-TIPP**
> **Nur Zellenformate verwenden**
>
> Wenn Sie unregelmäßige Tabellen aktualisieren wollen, so raten wir dringend davon ab, dies mit Tabellenformaten zu machen. Formatieren Sie Ihre Tabelle nur mit Zellenformaten. Eine Aktualisierung funktioniert damit sehr gut!

20.8.2 Excel-Tabellen

Tabellen, die aus Microsoft Excel stammen, gelten dagegen prinzipiell immer als bereits formatiert. Wie wir Ihnen bereits gezeigt haben, können Sie diese Formatierung beim Platzieren der Datei in den Importoptionen allerdings ignorieren.

Da Sie in der Regel wenig Einfluss darauf haben, in welcher Form die Excel-Daten bereits formatiert wurden, ist das oft die beste Wahl. Wenn Sie jedoch festlegen können, wie die Formatierung der zu platzierenden Tabellen aussehen soll, achten Sie darauf, dass zumindest schon korrekte Schriftinformationen vorliegen, also schon in Excel dieselben Schriften wie im Satz verwendet werden. Vermeiden Sie Formatierungen, die in InDesign ohnehin nicht abgebildet werden können, wie z. B. in Zellen gedrehten Text.

> **Importoptionen**
>
> InDesign merkt sich die Importoptionen, mit denen Daten zum ersten Mal platziert wurden. Wenn Sie also ursprünglich eine Excel-Datei als unformatierte Tabelle geladen haben, wird sie nach jeder Aktualisierung wieder eine Texttabelle sein. Um die Importoptionen umzustellen, müssen Sie einen neuen Textrahmen anlegen!

Im Zweifelsfall gilt: Weniger ist mehr. Die typografische Gestaltung ist nicht Aufgabe von Excel. Je weniger Formatierungen Sie zurücknehmen müssen, umso besser, und umso leichter klappt eine Aktualisierung von Excel-Daten.

20.8.3 Excel-Importoptionen

Wenn Sie Excel-Tabellen platzieren, haben Sie die Möglichkeit, eine aus vier Optionen zu wählen. Wählen Sie UNFORMATIERTE TABELLE oder NUR EINMAL FORMATIERT, können Sie dann bestimmen, ob und mit welchem Tabellenformat die neue Tabelle gestaltet werden soll. Sie können dies aber auch erst später entscheiden.

Werden Tabellen, die mit einer dieser Optionen platziert wurden, aktualisiert, werden dabei nur die Inhalte ausgetauscht; die Formatierung auf Basis der Zellenformate bleibt dabei bestehen. Bei den beiden Optionen FORMATIERTE TABELLE und UNFORMATIERTER TEXT MIT TABULATORTRENNZEICHEN gehen Formatierungen aus InDesign – egal ob manuell oder über ein Tabellenformat vorgenommen – wieder verloren.

Abbildung 20.45 ▶
Nur einmal formatiert – die Tabelle übernimmt zunächst die Formatierung aus der Excel-Datei. Ändern Sie die Formatierung dann mit einem Tabellenformat und aktualisieren später den Tabelleninhalt, wird die Formatierung der Excel-Datei ignoriert, und die Formatierung in InDesign bleibt erhalten.

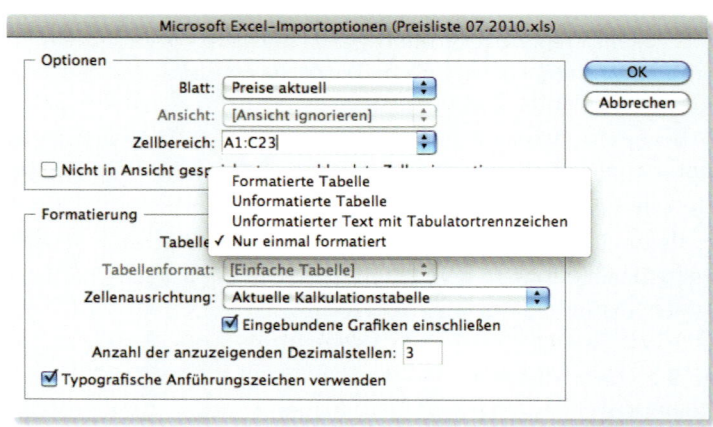

Ob die Formatierung im aktuellen Fall verloren gehen wird oder nicht, können Sie den entsprechenden Warnungen entnehmen, die Sie erhalten, bevor die Daten tatsächlich aktualisiert werden:

Abbildung 20.46 ▶
Die Warnmeldungen beim Aktualisieren von Textdaten unterscheiden sich abhängig davon, wie die Daten ursprünglich platziert wurden und ob sie mit Tabellenformaten gestaltet wurden. Manuelle Änderungen gehen aber in jedem Fall verloren.

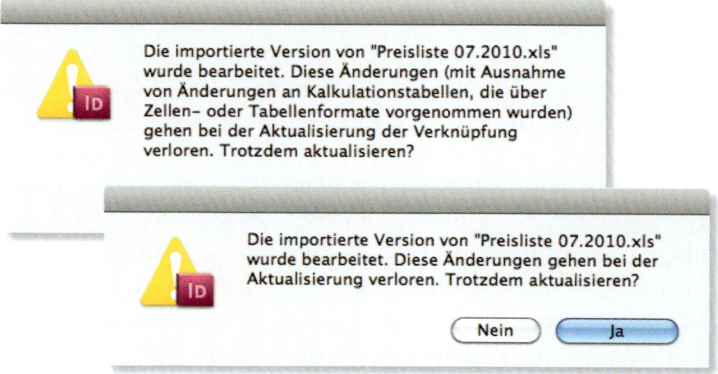

Nur einmal formatiert liefert die Originalformatierung der Tabelle beim ersten Platzieren. Werden die Daten nicht über ein Tabellenformat gestaltet, gehen diese Formatierungen bei den folgenden Aktualisierungen verloren. Diese Variante ist dafür gedacht, dass Sie sich zunächst einen Eindruck darüber verschaffen, wie die Tabelle aussehen sollte, und auf dieser Basis ein Tabellenformat und die dazugehörigen Zellenformate erstellen, die Originalformatierung aber dann ohnehin verwerfen. Unformatierte Tabelle liefert niemals die formatierte Tabelle und überlässt die Gestaltung der Formate zur Gänze Ihnen.

20.8.4 Inhalte über die Zwischenablage aktualisieren

Damit die Aktualisierung auf Basis der Importoptionen und der Tabellenformate gut funktioniert, ist für die jeweilige Situation eine Strategie notwendig, die dann strikt eingehalten werden muss. Sollen Tabellen nur sporadisch aktualisiert werden, so können Sie das auch spontan über die Zwischenablage erledigen.

InDesign verhält sich dabei abhängig davon, woher die Daten in der Zwischenablage stammen (wie sie da hineinkommen), recht unterschiedlich. Durch Drag & Drop funktioniert ein Update jedoch nie.

Für jede Art von Daten muss unterschieden werden, welcher Teil einer Tabelle als Ziel festgelegt wurde:

Der Textcursor steht in einer Tabellenzelle | Der Inhalt der Zwischenablage wird unverändert in diese Zelle, gegebenenfalls in den Text der Zelle, eingefügt.
- Mit Tabulatoren getrennter Text bleibt ein mit Tabulatoren getrennter Text – in der Zelle entsteht für jede Zeile der Auswahl in der Zwischenablage ein eigener Absatz.
- Eine InDesign-Tabelle (bzw. ein Teil davon) wird als verschachtelte Tabelle in die Zelle eingefügt. Alle Formatierungen bleiben erhalten.
- Eine Excel-Tabelle (bzw. ein Teil davon) wird wie eine InDesign-Tabelle behandelt und folglich als verschachtelte Tabelle in die Zelle eingesetzt.

Es ist eine einzelne Zelle ausgewählt | (Es wurde also z. B. durch Drücken der `Esc`-Taste vom Inhalt der Zelle auf die Zelle selbst umgeschaltet.) In diesem Fall wird die tabellarische Struktur des Inhalts der Zwischenablage in die Ziel-Tabelle eingefügt:
- Mit Tabulatoren getrennter Text: Die Tabulatoren werden also als Spaltentrennzeichen interpretiert. Die Textformatierung bleibt dabei grundsätzlich erhalten.
- InDesign-Tabellen werden ebenfalls in die Tabelle eingepasst, wobei alle manuellen Formatierungen erhalten bleiben. Die Formatierungen, die aus abwechselnden Flächen und Konturen resultieren, werden ignoriert.
- Excel-Tabellen werden seit InDesign CS5 – wie es zu erwarten ist – wie InDesign-Tabellen behandelt und in die vorhandene Tabelle eingepasst. In InDesign CS4 hat das noch nicht funktioniert.

Wenn Sie auf die Formatierung der Excel-Tabelle verzichten können, können Sie auch in den Voreinstellungen für die Zwischenablageoptionen die Option Beim Einfügen von Text und Tabellen aus anderen Anwendungen auf Nur Text stellen. Der Inhalt der Zwischenablage wird dann als mit Tabulatoren getrennter Text behandelt.

> **Unformatiert einfügen**
>
> Bei mit Tabulatoren getrenntem Text können Sie den Inhalt der Zwischenablage auch über Bearbeiten • Unformatiert einfügen in die Tabelle übernehmen. In diesem Fall wird der eingesetzte Text so formatiert wie der Text in den Tabellenzellen, in die der Text eingesetzt wird.
>
> Bei normalen Textoperationen finden Sie diese Funktion auch im Kontextmenü – sobald Tabellenzellen im Spiel sind, können Sie sie nur noch über das Menü Bearbeiten aufrufen.

Es sind zumindest zwei nebeneinander/untereinander liegende Zellen ausgewählt | Das Ergebnis unterscheidet sich nicht von einer einzelnen ausgewählten Zelle – InDesign nimmt als Bezugspunkt für das Einsetzen die linke bzw. obere respektive die am weitesten links und oben liegende Zelle Ihrer Auswahl. Seit InDesign CS5 werden dabei automatisch Spalten und Zeilen eingefügt, um dem Inhalt der Zwischenablage auch ausreichend Platz zu bieten. Bis InDesign CS4 wurde das Einsetzen in diesem Fall kommentarlos verweigert.

20.8.5 Smart Styles

Zellen- und Tabellenstile von InDesign CS5 passen genau zur Strategie der Formate und Vorlagen. Bei unregelmäßigen Gestaltungsmustern sind diese Stile jedoch noch mit einiger Handarbeit verbunden. Möglicherweise lässt Adobe aber ganz bewusst etwas Platz für Partner, die sinnvolle Plug-ins entwickeln. Wenn Sie viele Tabellen aktualisieren müssen, werden Sie nicht um Smart Styles CS5 von *WoodWing Software bv* herumkommen.

Dieses Plug-in beschränkt sich dabei nicht auf die Formatierung von Tabellen, sondern kann – ähnlich wie die Pipette – eine ganze Reihe von Attributen auf vorhandene Objekte übertragen: bei Tabellen z. B. auch die Spaltenbreite und Zeilenhöhe, was mit den InDesign-Formaten nicht funktioniert. Dazu werden eigene Smart-Styles-Bibliotheken angelegt, in denen die Formatierung von schon existierenden Objekten – auch von Tabellen – als Vorlage abgelegt werden kann.

Die Formatierung dieser Vorlagen wird auf Objekte übertragen, indem sie aus der Bibliothek auf das betreffende Objekt gezogen wird. Das Geniale dabei ist, dass das bei Tabellen auch funktioniert, wenn die Tabellen recht unregelmäßig aufgebaut sind. Die InDesign-eigenen Tabellenstile versagen hier kläglich.

Somit ist Smart Styles ein fast unverzichtbares Werkzeug, um sich häufig ändernde Tabellen zu bändigen. Wenn Sie viele Tabellen zu formatieren haben, sollten Sie sich zumindest einmal die Demoversion ansehen.

Demoversion

Eine 30-Tage-Demoversion von Smart Styles können Sie sich vom Webserver von WoodWing unter *www.woodwing.com* herunterladen. Der Installer platziert das Plug-in automatisch an der richtigen Stelle, und beim nächsten Start von InDesign wird es aktiviert.

21 Konturensatz und Text auf Pfad

Die typografischen Funktionen von InDesign bestimmen, wie ein Text aussehen soll. Für große Textmengen benötigen Sie nun noch Funktionen, um Mengentext zu strukturieren und zu verwalten. Auf der übergeordneten Ebene des Layouts wird der Text dann geformt, in der Fläche angeordnet und mit grafischen Elementen versehen – oder der Text wird selbst zur Grafik.

21.1 Konturenführung und Formsatz

Sie haben sich nun schon ausgiebig mit Pfaden vertraut gemacht und wissen, dass Pfade frei geformt und jederzeit in einen Textrahmen umgewandelt werden können, indem Sie mit dem Textwerkzeug in den Pfad klicken (abhängig von der Option TEXTWERKZEUG WANDELT RAHMEN IN TEXTRAHMEN UM im Register EINGABE der InDesign-Voreinstellungen) oder über das Menü OBJEKT • INHALT gehen. Solche Rahmen formen den Text, den sie enthalten, durch ihre Kontur – sei sie nun sichtbar oder nicht. Aber nicht alle Probleme sind durch Formänderungen zu lösen.

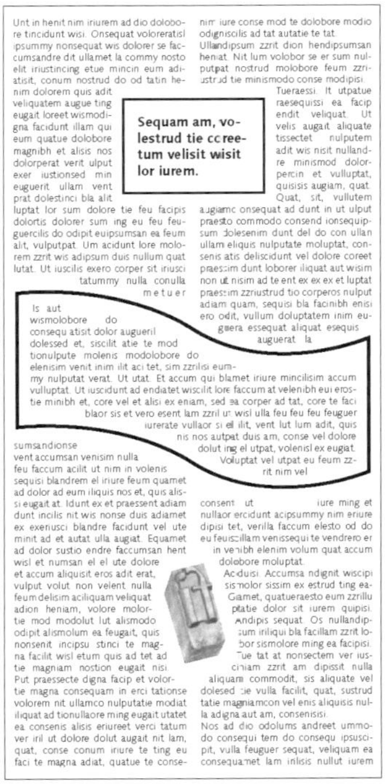

21.1.1 Konturenführung-Bedienfeld

Ein Textrahmen, der grundsätzlich eine rechteckige Fläche belegt, muss nicht selbst verformt werden, Text kann auch im Rahmen entlang einer Kontur geführt und so geformt werden. Der Textrahmen wird dabei nicht angetastet und bleibt rechteckig. Dabei müssen allerdings zwei Voraussetzungen erfüllt sein:

1. Für den Textrahmen, dessen Text von einer Kontur geformt werden soll, darf die Option KONTURENFÜHRUNG IGNORIEREN in den TEXTRAHMENOPTIONEN *nicht* aktiviert sein.
2. Wenn in den InDesign-Voreinstellungen im Register SATZ die Option KONTURENFÜHRUNG WIRKT SICH NUR AUF TEXT UNTERHALB AUS aktiviert ist, muss das Objekt, dessen Kontur den Text verdrängt, auch wirklich über dem Textrahmen liegen, dessen Text verdrängt werden soll.

▲ **Abbildung 21.1**
Verschiedene Konturenführungen

> **Konturenführung für QuarkXPress-User**
>
> In QuarkXPress hat die Konturenführung den – etwas sprechenderen – Namen UMFLIESSEN.

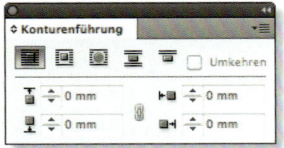

▲ **Abbildung 21.2**
Das Konturenführung-Bedienfeld – weitere Optionen sind ausgeblendet.

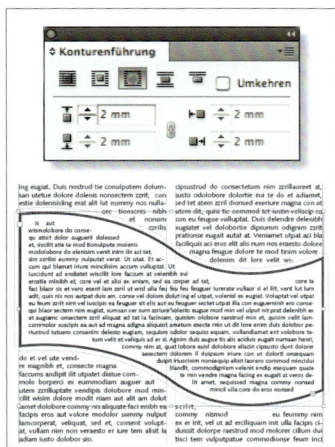

▲ **Abbildung 21.3**
Ein frei geformter Rahmen mit eingeblendeter Konturenführung und einem Außenabstand von 2 mm. In den Einstellungen im Konturenführung-Bedienfeld sehen Sie, dass nur ein Wert für den Abstand eingetragen werden kann, weil der Rahmen nicht rechteckig ist.

In Abbildung 21.1 sehen Sie unterschiedliche Varianten einer Konturenführung. Oben verdrängt ein Textrahmen die beiden Textspalten nach links und rechts, in der Mitte schmiegt sich der Text der beiden Textspalten an einen frei geformten Textrahmen, und unten wird der Text an das Motiv angepasst.

Denkbar wären auch Textverdrängungen, die in eine Textspalte hineinreichen, oder ein Objekt, das zur Gänze in einer Textspalte liegt und den Text auseinandertreibt. Diese letzte Variante macht einen Text aber praktisch unleserlich, weil das Auge beim Lesen viel zu große Sprünge machen müsste. Technisch gesehen sind alle Arten gleich zu behandeln.

Rufen Sie das Konturenführung-Bedienfeld aus dem Menü FENSTER • KONTURENFÜHRUNG auf, oder drücken Sie die Tasten [Strg]+[Alt]+[W] bzw. [⌘]+[⌥]+[W]. Stellen Sie ein Objekt über einen Text. Im Normalfall überlagern sich die beiden Objekte. Im Konturenführung-Bedienfeld können Sie die Art der Textverdrängung festlegen. Wählen Sie das Objekt aus, das den Text verdrängen soll, und stellen Sie im Konturenführung-Bedienfeld eine der folgenden Optionen ein:

▶ KEINE KONTURENFÜHRUNG : Das ist der Standardfall – Objekte überlagern sich, es wird kein Text verdrängt.

▶ KONTURENFÜHRUNG UM BEGRENZUNGSRAHMEN : Der Begrenzungsrahmen eines Objekts verdrängt Text, auf den er trifft. Dies entspricht dem oberen Beispiel aus Abbildung 21.1. Die verdrängte Fläche ist immer rechteckig.

▶ KONTURENFÜHRUNG UM OBJEKTFORM : Jedes Objekt, auch ein frei verformter Pfad, verfügt über solch einen rechteckigen Auswahlrahmen. Wenn Sie den Text an die eigentliche Form angleichen wollen, müssen Sie diese Option aktivieren – siehe Abbildung 21.3. Diese Option wählen Sie auch, wenn Sie einen Photoshop-Pfad, der im Bild gespeichert wurde, für die Konturenführung verwenden wollen – dazu sollten Sie alle Optionen des Konturenführung-Bedienfelds einblenden. Nur dann können Sie die verschiedenen Pfade auswählen, die im Bild vorhanden sein können. In den erweiterten Optionen können Sie in der Folge auch noch feiner kontrollieren, wie sich der Text genau um das Objekt herum anpassen soll.

▶ OBJEKT ÜBERSPRINGEN : Bei der Standardeinstellung dieser Option findet eine Textverdrängung nur vertikal statt, d. h., links und rechts des Objekts wird kein Text angepasst. Der Text wird erst nach dem Objekt weitergeführt. Allerdings kann auch hier das Verhalten noch feiner eingestellt werden.

▶ IN NÄCHSTE SPALTE SPRINGEN : Hier verhält sich der Text ähnlich, allerdings beginnt er nicht unmittelbar nach dem verdrän-

genden Objekt, sondern wird in die nächste Spalte/Seite umbrochen. Nach dem Objekt ist also kein Text mehr in der Spalte sichtbar.
▶ Umkehren: Diese Option können Sie für alle Funktionen aktivieren, sie zeigt aber nicht bei allen eine Wirkung, und wenn, dann zumeist eine vollkommen unbrauchbare. Diese Option auf Konturenführung um Begrenzungsrahmen anzuwenden, würde z. B. bewirken, dass der Text nur innerhalb des verdrängenden Objekts sichtbar würde. Sie werden selten eine passende Anwendung für diese Option finden.

Für alle fünf Funktionen können Sie im Konturenführung-Bedienfeld zusätzliche Abstände definieren. Bei frei geformten Objekten können Sie nur einen einheitlichen Abstand für alle Seiten festlegen. Die Konturenführung wird als Pfad eingeblendet und kann auch wie jeder andere Pfad bearbeitet werden.

21.1.2 Konturenführungsoptionen

Blenden Sie nun alle Optionen des Konturenführung-Bedienfelds ein, indem Sie Optionen einblenden aus dem Bedienfeldmenü aufrufen.

Für die beiden Methoden Konturenführung um Begrenzungsrahmen und Konturenführung um Objektform können Sie mit dem Menü Konturenf. ❶ einstellen, wie sich Text links und rechts eines verdrängenden Objekts verhalten soll:
▶ Die Standardeinstellung Rechte und linke Seite bewirkt (wie oben beschrieben und in Abbildung 21.4 zu sehen ist), dass der Text an beiden Seiten des Objekts verdrängt wird. Weitere Einstellungen sind:
▶ Rechte Seite: Der Text wird an der rechten Seite des Objekts vorbeigeführt, die linke Seite bleibt frei. Liegt das Objekt zwischen zwei Spalten, wird es in der linken Seite vom Text übersprungen – siehe Abbildung 21.6 oben.
▶ Linke Seite: Diese Option verhält sich genau umgekehrt zu Rechte Seite.
▶ Dem Rücken zugewandte Seite: Mit »Rücken« ist der Bund eines doppelseitigen Dokuments gemeint. Befindet sich das konturenführende/textverdrängende Objekt auf der linken Seite, wird der Text rechts am Objekt vorbeigeführt und links vollkommen verdrängt. Auf der rechten Seite verhält es sich umgekehrt.
▶ Vom Bund abgewandte Seite: Der Text wird auf der Seite des Bundes übersprungen und an der gegenüberliegenden Seite am Objekt vorbeigeführt.

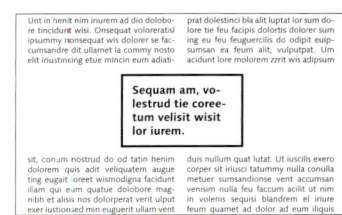

▲ Abbildung 21.4
Die Standardeinstellung der Funktion Objekt überspringen sorgt dafür, dass links und rechts des Objekts kein Text stehen bleibt.

▲ Abbildung 21.5
Wenn alle Optionen des Konturenführung-Bedienfelds eingeblendet sind, können Sie über das Menü Konturenf. feiner einstellen, wie ein Text verdrängt werden soll.

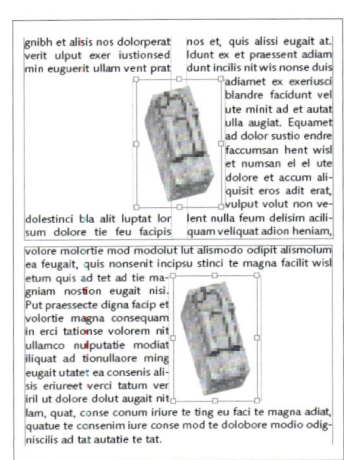

▲ Abbildung 21.6
Längere Zeile: Der Text wird an der Seite am Bild vorbeigeführt, an der der meiste Platz verfügbar ist.

| **Umfluss in QuarkXPress**
| LÄNGERE ZEILE entspricht dem Standardverhalten von QuarkXPress für die Einstellung OBJEKT unter UMFLUSS.

▶ LÄNGERE ZEILE: Reicht das Objekt über zwei oder mehr Textspalten, wirkt sich diese Option nicht aus. Liegt das Objekt zur Gänze in einer Spalte, wird der Text an der Seite vorbeigeführt, an der der meiste Platz zur Verfügung steht – siehe Abbildung 21.6 unten.

Konturenführung und Mustervorlage | Wenn für ein Objekt, das sich auf der Mustervorlage befindet, eine Konturenführung aktiviert ist, stellt sich die Frage, wie sich die Konturenführung auf die Objekte der realen Satzseiten auswirken soll. Wie InDesign mit dieser Frage umgeht, hat sich über die bisherigen Versionen verändert.

| **Voreinstellungen beachten**
| Da sich Objekte, die nicht von der Mustervorlage gelöst wurden, immer unter Objekten derselben Ebene befinden, die auf der Dokumentseite platziert werden, dürfen Sie die Option KONTURENFÜHRUNG WIRKT SICH NUR AUF TEXT UNTERHALB AUS im Register SATZ der InDesign-Voreinstellungen nicht aktivieren, es sei denn, Sie regeln die Objektreihenfolge gezielt über Ebenen.

Wenn Sie ein Objekt auf einer Mustervorlage platzieren und mit einer Konturenführung versehen, dann wirkt diese Konturenführung standardmäßig auch auf einen Text, der sich auf der Dokumentseite befindet und das konturenführende Objekt der Mustervorlage überlappt. Allerdings können Sie dieses Standardverhalten ändern.

Aktivieren Sie die Option NUR AUF MUSTERSEITE ANWENDEN im Bedienfeldmenü des Konturenführung-Bedienfelds, um zu verhindern, dass die Konturenführung auf die Dokumentseite durchschlägt. Diese Option kann nur im Zusammenhang mit Objekten auf Mustervorlagen angewendet werden. Für alle anderen Objekte ist sie deaktiviert.

Wenn Sie die Option abgeschaltet lassen, wirkt sich die Konturenführung nur dann in der realen Seite aus, wenn das Objekt z.B. mit einem Klick auf das Objekt bei gedrückten ⌃+⇧- bzw. ⌘+⇧-Tasten von der Mustervorlage gelöst wird.

| **HINWEIS**
| Die Konturenführung kann keine Texte in Tabellen verdrängen!

21.1.3 Bilder mithilfe von Freistellpfaden umfließen

Bilder sind grundsätzlich immer rechteckig. Das würde bedeuten, dass ein Bild einen Text nur wie die Optionen KONTURENFÜHRUNG UM BEGRENZUNGSRAHMEN und KONTURENFÜHRUNG UM OBJEKTFORM verdrängen könnte.

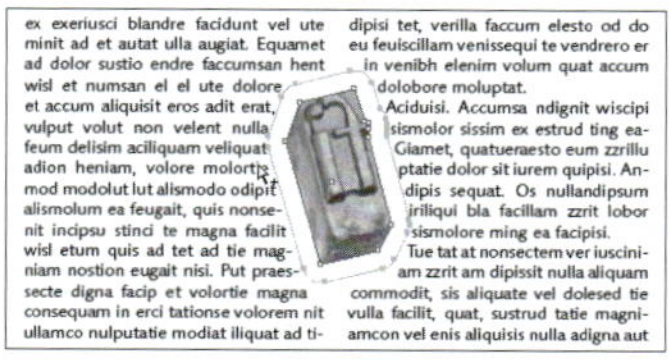

In solch einem Fall könnten Sie natürlich einen eigenen Bildrahmen formen oder einen eigenständigen Pfad erstellen, der dem Bildmotiv überlagert wird. In der Praxis wird hier aber anders vorgegangen. Für solche Fälle werden bereits in der Bildbearbeitung Freistellpfade (Photoshop nennt sie »Beschneidungspfade«) im Bild untergebracht. Diese Pfade sind ursprünglich dafür gedacht, ein Bildmotiv vom Hintergrund zu isolieren, ohne dabei die Bilddaten auf Pixelebene zu verändern. Photoshop kann in einem Bild mehrere Pfade speichern und einen Pfad zum Beschneidungspfad ernennen – InDesign unterscheidet zwar zwischen

▲ **Abbildung 21.7**
Ein Bild mit einem Beschneidungspfad und einem aus einem Zusatzabstand resultierenden Verdrängungspfad. Beide Pfade können bearbeitet werden; allerdings sollten Sie keine Pfade bearbeiten, die in Bildern gespeichert wurden.

»normalen Pfaden« und Beschneidungspfaden, kann aber alle Pfade zur Konturenführung verwenden.

Auf die Pfade eines Bildes haben Sie im Konturenführung-Bedienfeld Zugriff, sobald Sie für dieses Bild KONTURENFÜHRUNG UM OBJEKTFORM aktivieren. Es werden dann die KONTURENFÜHRUNGSOPTIONEN aktiv, in denen Sie weitere Einstellungen vornehmen können. Befinden sich keine Pfade im Bild, haben Sie hier allerdings weniger Möglichkeiten, auf die wir später noch eingehen werden.

Im Menü TYP legen Sie zunächst fest, welcher Art das Objekt ist, das als Konturenführung dienen soll. Die beiden Optionen GRAFIKRAHMEN und BEGRENZUNGSRAHMEN entsprechen dem Bildrahmen bzw. der Bildbegrenzung wie in den Standardfunktionen. Die Funktion KANTEN SUCHEN versucht anhand hoher Kontrastunterschiede, selbstständig einen Pfad zu erstellen.

WIE BESCHNEIDUNG wählt den Beschneidungspfad des Bildes aus. Wenn ein Bild weitere Pfade enthält, können Sie die Option PHOTOSHOP-PFAD wählen. Im Menü PFAD bestimmen Sie dann aus allen Pfaden des Bildes den gewünschten. Photoshop kann in Bildern auch Masken in Form von Alpha-Kanälen speichern. Mit der Option ALPHA-KANAL können Sie auch diese Alpha-Kanäle als konturenführende Struktur auswählen. Wenn ein Pfad ein »Loch« enthält – zwei Pfade überlagern sich –, können Sie dieses Loch mit der Option INNENKANTEN EINSCHLIESSEN tatsächlich freilegen.

Prinzipiell können Sie alle Pfade in Bildern auch noch in InDesign bearbeiten, akzeptieren Sie jedoch Folgendes als Faustregel: Pfade in Bildern werden nur in der Bildbearbeitung erstellt; meiden Sie die Funktion KANTEN SUCHEN, wenn das Bild vor einem farbigen Hintergrund steht.

▲ **Abbildung 21.8**
Wenn sich Photoshop-Pfade im Bild befinden, können Sie sie unter TYP auswählen und dann unter PFAD bestimmen, welchen Photoshop-Pfad Sie verwenden wollen.

Wie Beschneidung

Befindet sich kein Beschneidungspfad im Bild, dann ist WIE BESCHNEIDUNG identisch mit dem Begrenzungsrahmen des Bildes.

21.1.4 Beschneidungspfad in Rahmen umwandeln

Sollten Sie einen Pfad aus einem Bild für andere Möglichkeiten nutzen wollen, spricht allerdings nichts dagegen, den Pfad aus dem Bild zu lösen und ihn anschließend weiterzubearbeiten.

Zunächst muss ein Bild natürlich einen Pfad enthalten – InDesign unterscheidet auch hier nicht zwischen Freistellpfad und Photoshop-Pfad. Welcher Pfad aus einem Bild gelöst werden kann, definiert sich allein aus den Einstellungen in OBJEKT • BESCHNEIDUNGSPFAD • OPTIONEN. Sobald ein Pfad zum Beschneidungspfad ernannt wurde, können Sie OBJEKT • BESCHNEIDUNGSPFAD • BESCHNEIDUNGSPFAD IN RAHMEN KONVERTIEREN oder den gleichnamigen Befehl im Kontextmenü des betreffenden Bildes aufrufen. InDesign passt nun einerseits den ursprünglichen Objektrahmen an den Umriss des Beschneidungspfades an und

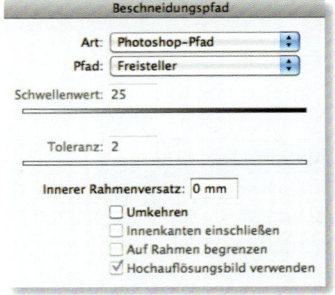

▲ **Abbildung 21.9**
Menü OBJEKT • BESCHNEIDUNGSPFAD • OPTIONEN: Die hier verfügbaren Optionen sind im Wesentlichen eine Untermenge der Einstellungen im Konturenführung-Bedienfeld.

> **Importoptionen**
>
> Findet InDesign beim Platzieren eines Bildes einen Freistellpfad im Bild, so wird er grundsätzlich automatisch aktiviert. Sie können aber beim Platzieren die IMPORTOPTIONEN ANZEIGEN lassen und dort die Option PHOTOSHOP-BESCHNEIDUNGSPFAD ANWENDEN deaktivieren, um diesen Automatismus abzuschalten.

löscht andererseits die Information über den Beschneidungspfad – allerdings können Sie diese Einstellungen im Beschneidungspfad-Fenster jederzeit neu vornehmen. Das Bild selbst wird jedoch nicht angetastet.

Um den Pfad bearbeiten zu können, müssen Sie das Bild zunächst mit dem Auswahl-Werkzeug aktivieren und dann zum Direktauswahl-Werkzeug – z. B. mit einem Doppelklick – wechseln. InDesign blendet nun den neuen Rahmen ein, und Sie können ihn bearbeiten wie jeden anderen Pfad auch.

 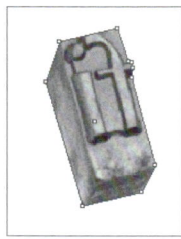 

Abbildung 21.10 ▶
Ein Bild ohne Beschneidung (links), mit aktivem Beschneidungspfad (Mitte) und der isolierte und mit einer Kontur versehene Pfad (rechts)

Wenn Sie das Bild aus dem Rahmen entfernen, bleibt der Pfad bestehen und unterscheidet sich nicht von einem Pfad, den Sie selbst gezeichnet hätten. Solche Pfade können z. B. wunderbar für partielle Lackierungen verwendet werden.

Schritt für Schritt: Partielle Lackierung erstellen

Sie finden die Datei »Ligatur.psd« im Ordner BEISPIELMATERIAL • KAPITEL_21.

1 Bild platzieren und duplizieren
Platzieren Sie ein Bild mit einem Beschneidungspfad. Ist in Ihrem Bild tatsächlich ein Beschneidungspfad enthalten und haben Sie in den BILDIMPORTOPTIONEN nichts Gegenteiliges festgelegt, wird der Beschneidungspfad automatisch wirksam und das Bildmotiv auch wirklich gleich freigestellt dargestellt. Ansonsten wählen Sie in den BESCHNEIDUNGSPFAD-Optionen des Bildes einen PHOTOSHOP-PFAD aus. Duplizieren Sie das Bild, indem Sie es zunächst in die Zwischenablage kopieren und über BEARBEITEN • AN ORIGINALPOSITION EINFÜGEN oder Strg+Alt+⇧+V bzw. ⌘+⌥+⇧+V wieder einsetzen. Dadurch liegt das Duplikat genau über dem Original. Dies ist notwendig, weil das Bild einerseits freigestellt bleiben soll, der Beschneidungspfad bei der Umwandlung in einen Rahmen aber verloren geht.

[Partielle Lackierung]
Eine partielle Lackierung ist ein Veredelungsverfahren, um einem bestimmten Motiv einerseits einen besonderen Glanz zu verleihen und andererseits auch den haptischen Eindruck eines Druckwerks zu verändern. Dabei wird ein Transparenzlack wie eine zusätzliche Druckfarbe in einem eigenen Arbeitsgang auf die Seite aufgetragen.

2 Beschneidungspfad konvertieren
Die oben liegende Kopie sollte bereits ausgewählt sein. Wählen Sie nun OBJEKT • BESCHNEIDUNGSPFAD • BESCHNEIDUNGSPFAD IN

RAHMEN KONVERTIEREN. Klicken Sie dann mit dem Direktauswahl-Werkzeug in den neuen Rahmen, um den Inhalt auszuwählen, und löschen Sie diesen mit ⌫ bzw. ⌦.

3 Lack definieren

Öffnen Sie das Farbfelder-Bedienfeld, und wählen Sie NEUES FARBFELD aus dem Bedienfeldmenü. Definieren Sie eine Vollton-farbe (wir benötigen ja einen zusätzlichen Druckdurchlauf), der aber tatsächlich keine Farbe aufträgt, und nennen Sie die Farbe »Lack«.

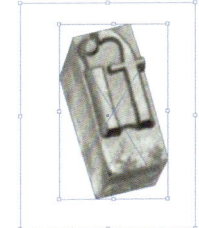

▲ **Abbildung 21.11**
Der Beschneidungspfad wurde in einen Rahmen umgewandelt, der Inhalt dieses Rahmens wurde entfernt. Hier ist der neue Rahmen neben dem Bild noch einmal abgebildet – tatsächlich sollte er natürlich genau über dem Bild liegen.

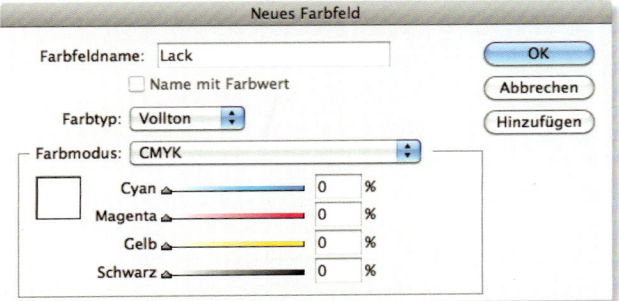

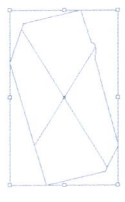

◀ **Abbildung 21.12**
Der Lack trägt keine sichtbaren Farben auf – um ihn aber wirklich transparent zu machen, benötigt er noch eine Sonderbehandlung.

4 Rahmen einfärben

Wenn unser Rahmen bei der Farbdefinition ausgewählt war, wurde ihm die Füllfarbe »Lack« bereits zugewiesen, ansonsten wählen Sie ihn aus, und weisen Sie ihm die Flächenfarbe »Lack« zu. Da unser Lack ja keine Farbe aufträgt, verhält er sich wie die Farbe [PAPIER] und spart somit den Hintergrund aus – unser Motiv ist nicht mehr zu sehen.

5 Sichtbarkeit korrigieren

Technisch ist das vollkommen in Ordnung, allerdings möchten wir, dass sich der Transparenzlack auch im Layout verhält wie in der Realität – also durchsichtig ist. Sofern der Lack-Rahmen nicht ausgewählt ist, wählen Sie ihn aus und öffnen das Effekte-Bedienfeld über FENSTER • EFFEKTE oder Strg+⇧+F10 bzw. ⌘+⇧+F10. Stellen Sie die FÜLLMETHODE auf MULTIPLIZIEREN. Da unser Lack dem Papierweiß entspricht, kann er im CMYK-Farbraum jeder Farbe zugemischt werden, ohne sie zu verändern (da das Papier ja ohnehin vorhanden ist).

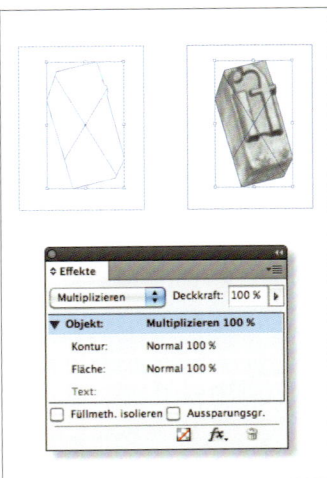

▲ **Abbildung 21.13**
Indem der Lack mit dem Hintergrund multipliziert wird, wird er tatsächlich transparent.

6 Ergebnis überprüfen

Öffnen Sie das Separationsvorschau-Bedienfeld über FENSTER • AUSGABE • SEPARATIONSVORSCHAU oder über ⇧+F6. Wählen Sie im Menü ANSICHT die Option SEPARATION, und klicken Sie auf den Eintrag LACK, der unsere fünfte Druckfarbe darstellt. Ihr Motiv sollte nun schwarz dargestellt werden, weil an dieser Stelle ja im Druck der Lack zu 100 % aufgetragen werden wird. ■

Weitere Informationen zum Überprüfen der Ausgabe und zur Separationsvorschau finden Sie in Abschnitt 36.4, »Die Separationsvorschau«, auf Seite 780.

21.1.5   Frei geformte Textrahmen

Im Zeitschriften- und Buchsatz wird ein möglichst ruhiges und gleichmäßiges Layout angestrebt. Beim Satz von Anzeigen und Plakaten, aber auch bei Szene-Magazinen werden offenere Formen zum Gestalten von Text und für das Gesamtlayout benötigt. Um einen Textrahmen zu verformen, können Sie auf das gesamte Repertoire der Pfadwerkzeuge inklusive Skripte zur Formänderung zurückgreifen. Sie können Ankerpunkte hinzufügen oder löschen und den Umriss des Rahmens verzerren und verbiegen – oder sich einen eigenen Textrahmen bauen.

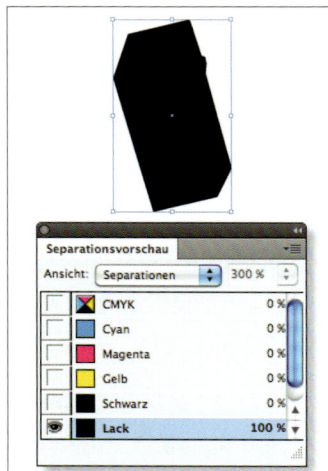

▲ **Abbildung 21.14**
In der SEPARATIONSVORSCHAU können Sie überprüfen, ob der Lack vorhanden ist und auch zu 100 % aufgetragen wird.

[Formsatz]
Wenn Text in eine nicht rechteckige Form eingepasst wird oder die Grundlinie selbst einer Form folgt, sprechen Setzer von Formsatz.

Schritt für Schritt: Einen Textrahmen konstruieren

1   Eine geschwungene Linie erstellen
Erstellen Sie mit dem Zeichenstift-Werkzeug eine geschwungene Linie. Sie besteht aus drei Ankerpunkten, die horizontal und vertikal versetzt sind. Lediglich aus dem mittleren Ankerpunkt ziehen Sie eine Tangente rechts heraus und drehen sie um ca. 30° nach unten.

2   Linie duplizieren
Wählen Sie die Form mit dem Auswahl-Werkzeug aus. Drücken Sie ⇧ und Alt bzw. ⌥. Ziehen Sie die Linie ein Stück nach unten. Alt bzw. ⌥ sorgt dabei dafür, dass ein Duplikat erzeugt wird. Die ⇧-Taste hilft, dass die vertikale Ausrichtung exakt dem Original entspricht.

3   Form schließen
Wählen Sie das Zeichenstift-Werkzeug, und verbinden Sie auf beiden Seiten die untereinanderliegenden Endpunkte.
Alternativ dazu können Sie natürlich auch die beiden linken Endpunkte der Linien auswählen, mit OBJEKT • PFADE • ECKE verbinden und dann mit OBJEKT • PFADE • PFAD SCHLIESSEN die Form komplettieren. Beide Funktionen finden Sie auch im Pathfinder-

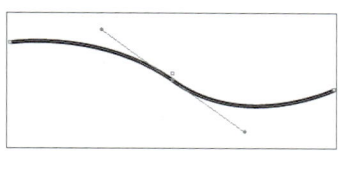

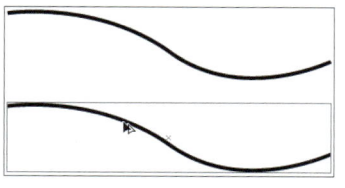

▲ **Abbildung 21.15**
Schritt eins und zwei der Anleitung

Bedienfeld, wie Sie in Abschnitt 13.3.2, »Pathfinder«, auf Seite 325 nachlesen können.

4 **In Textrahmen umwandeln und Text gestalten**
Klicken Sie mit dem Textwerkzeug in die Form. Damit wandeln Sie die Form in einen Textrahmen um; füllen Sie den Rahmen mit Text (z. B. über das Menü SCHRIFT • MIT PLATZHALTERTEXT FÜLLEN), und gestalten Sie den Text wie gewünscht. ■

In unserem Beispiel wurde der Text auf Blocksatz und der Versatzabstand auf 3 mm gesetzt sowie der Adobe Ein-Zeilen-Setzer verwendet, der mit solchen Formen besser umzugehen scheint. Bei solchen verformten Rahmen können Sie nur einen einzigen Versatzabstand für alle Begrenzungslinien festlegen.

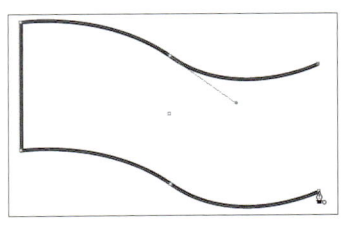
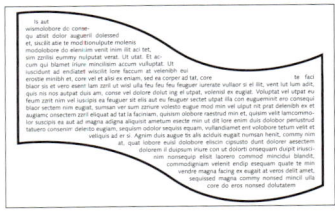

▲ Abbildung 21.16
Schritt 3 und 4 der Anleitung

21.2 Texte und Pfade

Zu Beginn dieses Kapitels haben Sie gesehen, wie Sie per Konturenführung die Fläche formen können, die ein Text belegt. Auch die Grundlinie, auf der der Text läuft, kann verformt werden, und schließlich kann auch der Text selbst eine Form darstellen.

21.2.1 Text auf Pfad

Um den Text selbst auf einem Pfad laufen zu lassen, bietet InDesign das Text auf Pfad-Werkzeug, das Sie im Werkzeug-Bedienfeld aus dem Menü des Textwerkzeugs bzw. mit ⇧+T auswählen können.

Wenn Sie damit auf einen Pfad klicken – natürlich funktioniert das auch bei Rahmen, auch bei einem Textrahmen –, wird der Textcursor auf den Pfad gesetzt, und Sie können nun Text eingeben, der dem Verlauf des Pfades folgt. Dieser Text kann ganz normal gestaltet werden. Zusätzlich können Sie den Text auf dem Pfad verschieben und über einen Doppelklick auf das Text auf Pfad-Werkzeug noch weitere Attribute des Textes festlegen. Grundsätzlich können Sie den Text aber auch mit dem normalen Textwerkzeug bearbeiten.

Sofern Sie die Länge und Position des Textes zu diesem Zeitpunkt schon einzuschätzen vermögen, können Sie einen Pfad mit dem Text auf Pfad-Werkzeug anklicken und bei gedrückter Maustaste bereits die Anfangs- und Endklammer durch Ziehen festlegen.

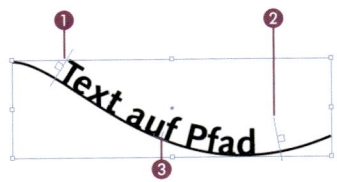

▲ Abbildung 21.17
Ein Text auf einem Pfad. Mit der Anfangsklammer ❶ und der Endklammer ❷ beschränken Sie den Bereich des Pfades, der vom Text genutzt werden kann. Mit der Mittelpunktklammer ❸ können Sie den Text am Pfad spiegeln.

Pfadtextoptionen | Die Art, wie sich der Text an den Pfad schmiegt und ob die Zeichen dabei verzerrt werden sollen, können Sie in den PFADTEXTOPTIONEN einstellen, die Sie über SCHRIFT • PFADTEXT • OPTIONEN, aber auch über das Kontextmenü des Pfadtexts aufrufen können.

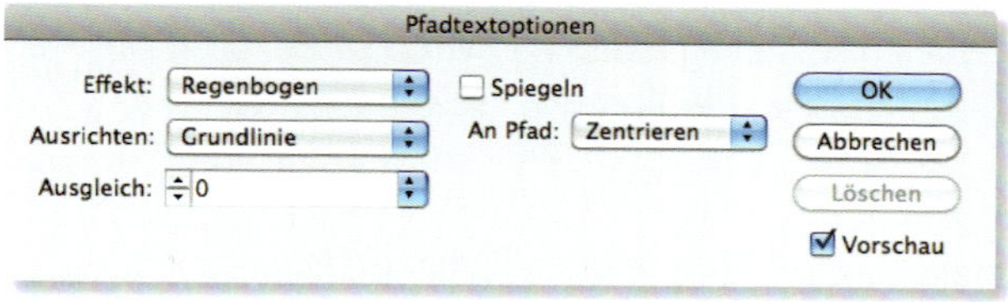

Abbildung 21.18 ▶
Die PFADTEXTOPTIONEN regeln die Kopplung von Pfad und Text.

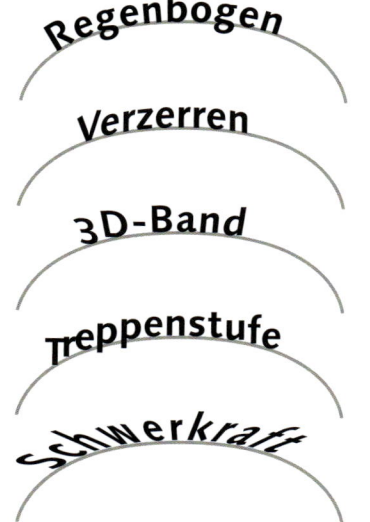

▲ **Abbildung 21.19**
Die fünf Effekte für einen Text auf einem Pfad

- EFFEKT: Über das Menü EFFEKT können Sie festlegen, wie der Text auf dem Pfad »sitzen« soll.
  - REGENBOGEN setzt die einzelnen Buchstaben unter einem Winkel von 90° auf den Pfad, dreht sie also, um sie an den Pfad anzupassen.
  - VERZERREN verwendet den Pfad als Verzerrungsfunktion des Textes.
  - 3D-BAND wendet die ersten beiden Funktionen gleichzeitig an.
  - TREPPENSTUFE dreht die Buchstaben nicht, sondern ändert ihre vertikale Position, um sie am Pfad entlanglaufen zu lassen.
  - Mit dem Effekt SCHWERKRAFT werden die einzelnen Zeichen so verzerrt, als würden sie von einem gemeinsamen Schwerpunkt angezogen. Bei stark gekrümmten Pfaden wird der Text dadurch vollkommen unleserlich.
- AUSRICHTEN: Die vier Optionen GRUNDLINIE, ZENTRIERT, UNTERLÄNGE und OBERLÄNGE legen fest, welcher Teil des Textes sich am Pfad ausrichten soll.
- AUSGLEICH: Bei scharfen Ecken und starker Pfadkrümmung können, je nach verwendetem Effekt, große Löcher zwischen den einzelnen Zeichen entstehen. Über die Einstellungen in AUSGLEICH können Sie solche Stellen entschärfen – dies entspricht einer Veränderung der Laufweite, abhängig von der Krümmung des Pfades.
- SPIEGELN: Wenn Sie diese Option aktivieren, wird der Text am Pfad gespiegelt, also im Normalfall nach unten geklappt. Diese Spiegelung können Sie auch erreichen, wenn Sie an der Mittelpunktklammer ziehen – diese Markierung wird nur bei Texten auf einem Pfad eingeblendet.
- AN PFAD: Hat der Pfad, auf dem der Text sitzt, eine sichtbare und etwas stärkere Kontur, können Sie hier festlegen, ob der

Text OBEN, UNTEN oder ZENTRIERT an der Kontur ausgerichtet werden soll. Feiner können Sie diesen Abstand über den Grundlinienversatz des Textes kontrollieren. Hat der Pfad keine sichtbare Kontur, funktioniert diese Option natürlich auch, aber ohne optischen Bezugspunkt verändern Sie letztlich nur die Krümmung des Textes.

▶ LÖSCHEN: Durch einen Klick auf LÖSCHEN entfernen Sie den Text. Diese Funktion kann nur eingesetzt werden, wenn der Text auf dem Pfad mit dem Auswahl- oder Direktauswahl-Werkzeug ausgewählt wurde – also nicht, wenn Sie einzelne Zeichen ausgewählt haben oder der Textcursor im Text steht. Sie erreichen die Löschfunktion auch über das Menü SCHRIFT • PFADTEXT • TEXT AUS PFAD LÖSCHEN.

> **Im Pfadtext verankerte Objekte**
>
> Sie können auch in Pfadtexten Objekte verankern, allerdings ist dann die Option ABSTAND VOR nicht verfügbar.
>
> Wie Sie Objekte im Text verankern, lesen Sie ab Seite 579.

Texte auf Pfaden verhalten sich wie Texte in normalen Textrahmen: Sie haben einen Ein- und einen Ausgang, über den sie mit anderen Rahmen verkettet werden können. Wenn Sie einen Text auf einem Pfad löschen, der mit einem anderen Textrahmen verkettet ist, bricht er in diesen Textrahmen um, wird also tatsächlich nicht gelöscht.

Sie können alle Zeichen- und Absatzattribute anwenden. Lediglich Absatzlinien und Absatzabstände werden bei Texten auf Pfaden nicht wirksam; Unter- und Durchstreichungen dagegen schon.

21.2.2 Text in Pfad umwandeln

Manchmal muss die Schrift selbst in einen Pfad umgewandelt werden, wenn Sie z. B. einen Schriftzug mit einem Bild füllen wollen oder einzelne Zeichen in ihrer Form modifizieren müssen – in der Logo- und Signetgestaltung ist das Bestandteil der täglichen Arbeit. Die Umwandlung ist simpel – markieren Sie einen Text oder einen ganzen Textrahmen, und wählen Sie IN PFADE UMWANDELN aus dem Menü SCHRIFT, oder drücken Sie die Tastenkombination [Strg]+[⇧]+[0] bzw. [⌘]+[⇧]+[0]. Das können Sie auch mit einem Text auf einem Pfad machen. InDesign kann alle TrueType-, Type 1- und OpenType-Schriften umwandeln.

Auswahl in Pfade umwandeln | Wenn Sie ein Wort innerhalb eines Textes in einen Pfad umwandeln, werden nur die ausgewählten Buchstaben in Pfade umgewandelt und miteinander verbunden. Dabei ist es wesentlich, dass dieser verknüpfte Pfad nun im Text verankert ist und bei Textänderungen wie ein einzelnes Zeichen im Text mitläuft. Alle Eigenschaften wie Textfarbe etc. werden in diese Pfade übernommen. Binnenräume (Punzen) von

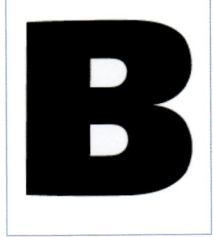

▲ **Abbildung 21.20**
Der Buchstabe B wurde in einen Pfad umgewandelt, und ein Bild wurde im Pfad platziert.

▲ **Abbildung 21.21**
Eine Füllung bei verknüpften Pfaden (oben) und bei nicht verknüpften Pfaden (unten)

Buchstaben wie A, B, P werden dabei ebenfalls über einen verknüpften Pfad abgebildet.

Textrahmen in Pfade umwandeln | Wenn Sie einen ganzen Textrahmen umwandeln, geht der Objektrahmen bei der Umwandlung verloren, und Sie bekommen direkt den verknüpften Pfad geliefert.

Bei einer mehrzeiligen Auswahl oder einem Textrahmen mit mehreren Zeilen wird jede Zeile zu einem eigenständigen verknüpften Pfad. Bei der Umwandlung eines Textrahmens werden die einzelnen Zeilen automatisch gruppiert.

Das ist eine wichtige Tatsache, wenn Sie anschließend den gesamten in Pfade umgewandelten Text mit einem Inhalt füllen wollen. Bevor das funktioniert, müssen Sie die einzelnen Pfade abermals mit dem Befehl OBJEKT • PFADE • VERKNÜPFTEN PFAD ERSTELLEN (Strg+8 bzw. ⌘+8) miteinander verknüpfen.

Wenn Sie ein TIFF/PSD (Graustufen- oder Bitmap-Bild) im Pfad platzieren, wird der Hintergrund in den weißen Bereichen durchscheinen. Bei einem schwarzen Hintergrund – bei Texten dürfte das der Standardfall sein – müssen Sie die Füllung also entfernen, damit das Bild auch angezeigt wird.

Mengentext als Pfad | Oft ist es Praxis, auch größere Textmengen in Pfade umzuwandeln, um potenzielle Belichtungsprobleme wegen fehlender Schriften zu vermeiden.

Dadurch verlieren Sie die Möglichkeit, den Text noch zu korrigieren. Tun Sie das also bitte nur, wenn sich Produktionsprobleme nachweislich nicht anders lösen lassen. Ansonsten greifen Sie auf die Funktionen aller gängigen Grafik- und Layoutprogramme zurück, die sich für Sie um die Schriften kümmern, wenn Sie Daten weitergeben wollen.

TEIL III
Effizienz steigern

22 Objektformate und verankerte Objekte

Komplexe Layouts bestehen aus vielen Objekten, die zumeist nach einheitlichen Prinzipien gestalten sein sollen – dies kann mit Objektformaten sichergestellt werden (wie Absatz- und Zeichenformate das für Texte erledigen). Da diese Objekte ja auch mit dem Text in Beziehung stehen, können sie auch direkt in den Text eingebunden werden und den Layouter damit davor bewahren, einzelne Layoutobjekte bei umbrechenden Texten immer wieder auf der Seite verschieben zu müssen. Und kombiniert mit Objektformaten, wird diese Arbeit sogar fast zum Kinderspiel.

22.1 Objektformate

Wie Sie Texte und Tabellen schnell mit Formaten gestalten können, haben Sie ja bereits mit der Erstellung und Anwendung von Absatz-, Zeichen-, Zellen- und Tabellenformaten gelernt. Mit Objektformaten sind Sie in der Lage, genauso schnell Rahmen zu formatieren, und können dabei auf alle Attribute für Konturen und Flächen zurückgreifen.

Objektformate enthalten Einstellungen für Kontur, Farbe, Transparenz, Schlagschatten, Absatzformate, Konturenführungen, Effekte, die Formatierungsoptionen für Text- und Grafikrahmen sowie für verankerte Objekte, die Sie getrennt voneinander oder als gesamte Gruppe zur Formatierung einzelner Objekte einstellen können.

Objektformate können auf Objekte und Objektgruppen einschließlich Textrahmen angewandt werden. Dabei kann ein Format entweder alle Objekteinstellungen anwenden, löschen und ersetzen oder nur bestimmte Attribute auf Objekte anwenden und die restlichen Einstellungen beibehalten. Welche Einstellungen sich dabei auf das jeweilige Objekt in welcher Weise auswirken, legen Sie bei der Definition eines Formats im OBJEKTFORMATE-Dialog fest.

> **Objektformate in anderen Programmen**
>
> Objektformate in InDesign ähneln von der Funktionsweise her den »Grafikstilen« in Adobe Illustrator oder den »Stilen« in Adobe Photoshop (die allerdings auf Ebenen und nicht auf Objekte angewendet werden).

22.1.1 Das Objektformate-Bedienfeld

Das zentrale Element zum Aufbau eines Objektformats ist das Objektformate-Bedienfeld 🗔, das Sie über den Befehl FENSTER • FORMATE • OBJEKTFORMATE oder über das Tastenkürzel [Strg]+[F7] bzw. [⌘]+[F7] aufrufen können.

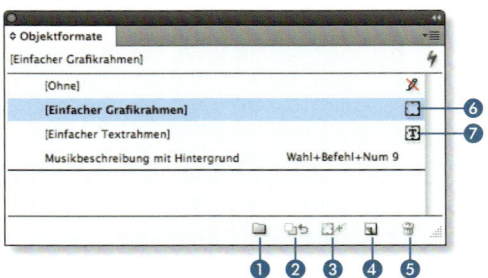

Abbildung 22.1 ▶
Das Objektformate-Bedienfeld mit den beiden Standard-Rahmenformaten und einem selbst definierten Objektformat.

Über das Objektformate-Bedienfeld können Sie ein NEUES FORMAT ERSTELLEN ❹, dieses benennen und durch Klick auf den Eintrag anwenden. Standardmäßig befindet sich, sobald Sie ein neues Dokument anlegen, ein Standardsatz an Objektformaten im Bedienfeld, zu denen die Formate [EINFACHER GRAFIKRAHMEN] ❻ und [EINFACHER TEXTRAHMEN] ❼ zählen. Diesen beiden Formaten können Sie jene Einstellungen zuweisen, die Sie erwarten, wenn Sie einen Bild- bzw. Textrahmen in Ihrem Dokument verwenden wollen.

Doch Achtung: Damit werden keine Voreinstellungen getroffen, die Sie durch Aufziehen von Textrahmen mit dem Textrahmen-Werkzeug bzw. von Bildrahmen mit dem Rechteckrahmen-Werkzeug erhalten würden. Beide Werkzeuge bleiben neutral – keine Kontur und keine Fläche –, solange Sie nicht den beiden Werkzeugen als Default-Wert ein Objektformat [EINFACHER TEXTRAHMEN] bzw. [EINFACHER GRAFIKRAHMEN] zuweisen.

Löschen Sie nicht mehr benötigte Objektformate durch Klick auf das Symbol AUSGEWÄHLTES FORMAT LÖSCHEN ❺. Da in Objektformaten nur gewisse Einstellungen enthalten sein können, können sie die Eigenschaften eines bereits ausgezeichneten Objekts überlagern.

Um ein Objekt auf das Ursprungsformat zurückzusetzen, klicken Sie auf NICHT VOM FORMAT DEFINIERTE ATTRIBUTE LÖSCHEN ❷. Wurde an einem Objekt, das zuvor mit einem Objektformat formatiert wurde, nachträglich eine Einstellung, die das Objektformat ebenfalls beschreibt, manuell verändert, so können Sie durch Ausführen des Befehls ABWEICHUNGEN LÖSCHEN ❸ die Differenzen zum Objektformat eliminieren. Wie in allen anderen

---

TOP-TIPP: Voreinstellungen für einen Textrahmen

Schließen Sie alle Dokumente. Ändern Sie zuerst die Voreinstellungen für das Objektformat [EINFACHER TEXTRAHMEN] nach Ihren Vorstellungen. Aktivieren Sie das Textrahmen-Werkzeug, und klicken Sie einmal auf das Objektformat [EINFACHER TEXTRAHMEN]. Ab diesem Zeitpunkt werden alle neu erstellten Textrahmen in der eingestellten Art und Weise formatiert. Genauso verfahren Sie mit dem Rechteckrahmen-Werkzeug. Schneller geht das, wenn Sie STANDARDTEXTRAHMENFORMAT aus dem Bedienfeldmenü des Objektformate-Bedienfelds aufrufen und dort das gewünschten Format auswählen.

Formate-Bedienfeldern auch, können Sie eine NEUE FORMATGRUPPE ERSTELLEN ❶ und Ihre Objektformate in Ordnern organisieren.

22.1.2 Anlegen von Objektformaten

Objektformate können grundsätzlich auf zwei Arten angelegt werden:

- Sie versehen ein bereits bestehendes Objekt mit allen Attributen, und zwar durch Anwenden der entsprechenden Befehle aus den Bedienfeldern FARBFELDER, KONTUR, TRANSPARENZ und KONTURENFÜHRUNG sowie aus den Dialogen zu den TEXTRAHMENOPTIONEN, dem SCHLAGSCHATTEN und der weichen Kante, und erstellen das Objektformat durch Klick auf NEUES FORMAT ERSTELLEN.
- Sie legen ein Objektformat von Grund auf an, ohne dass zuvor ein Objekt ausgewählt wurde. Wir empfehlen die erste Variante.

Um Ihnen die verschiedenen Optionen besser vorstellen zu können, haben wir uns hier jedoch für den zweiten Weg entschieden. Wir wollen Ihnen in der folgenden Schritt-für-Schritt-Anleitung die Erstellung des Textrahmens aus Abbildung 22.2 erklären.

Das Ziel des Objektformats ist es, dass der Text (Bandname, Albumtitel, Album-Format und Album-Beschreibung – jeweils durch eine Zeilenschaltung voneinander getrennt) in einen in der Breite nicht bestimmten Textrahmen eingegeben werden kann und durch Zuweisen des Objektformats »Musikbeschreibung mit Hintergrund« in einem Aufwasch das gewünschte Aussehen erhält.

Supertramp
Crime of the Century
LP/CD
Once upon a time in 1969, a young Dutch millionaire by the name of Stanley August Miesegaes gave his acquaintance, vocalist and keyboardist Rick Davies, a »genuine opportunity« to form his own band. After placing an ad in Melody Maker, Davies assembled Supertramp. Supertramp released two long-winded progressive rock albums before Miesegaes withdrew his support. With no money or fan base to speak of, the band was forced to redesign their sound. Coming up with a more pop-oriented form of progressive rock, the band had a hit with their third album, Crime of the Century.

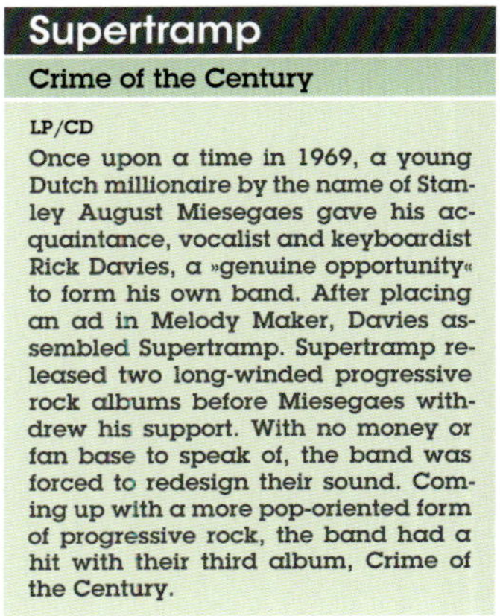

▲ **Abbildung 22.2**
Vorlage für die Schritt-für-Schritt-Anleitung zum Erstellen eines Objektformats

Sie finden das folgende Beispiel auf der Buch-DVD unter BEISPIELMATERIAL • KAPITEL_22 • MUSIKBESCHREIBUNG.INDD.

Schritt für Schritt: Ein Objektformat zur Formatierung eines Textrahmens erstellen

1 Anlegen der benötigten Farbfelder

Für unser Objekt benötigen wir vier verschiedene Farben, die wir der Einfachheit halber zu Beginn anlegen. Erstellen Sie über das Farbfelder-Bedienfeld neben der Farbe [SCHWARZ] noch die Farbe C, M, Y, K = 70, 50, 50, 50, die Farbe 30, 5, 30, 0 und 15, 5, 20, 0. Wir haben ein Farbschema aus Kuler übernommen – siehe Seite 357. Das Farbfelder-Bedienfeld sollte danach wie in Abbildung 22.3 aussehen.

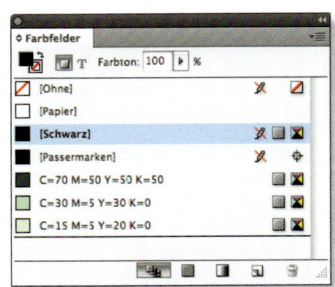

▲ **Abbildung 22.3**
Neben [SCHWARZ] werden drei weitere Farben benötigt, die Sie als Farbfelder anlegen müssen.

2 Anlegen der Absatzformate

Die Musikbeschreibungen im Magazin »Posthof« werden immer im selben Schema aufgebaut. Zuerst steht der Bandname, gefolgt vom Album-Titel, dem Album-Tonträger und der Album-Beschreibung. Für jeden dieser Einträge erstellen wir ein Absatzformat. Legen Sie die Absatzformate »Band-Name« und »Album-Titel« durch Definition nachstehender Werte an.

Absatzformat:			»Band-Name«	»Album-Titel«
Grundlegende Zeichenformate:		Schriftfamilie:	ITC Avant Garde Gothic Std	ITC Lubalin Graph Std
		Schriftschnitt:	Demi	Demi
		Schriftgrad:	10 Pt	7 Pt
		Zeilenabstand:	11 Pt	8,4 Pt
		Kerning:	metrisch	metrisch
		Laufweite:	0 mm	0 mm
Einzüge und Abstände:		Ausrichtung:	links	links
		Abstand danach:	1,1 mm	2,117 mm
		An Raster ausrichten:	ohne	ohne
Absatzlinien:		Linie darüber:	aktivieren	aktivieren
		Stärke:	13 Pt	10 Pt
		Farbe:	C=70 M=50 Y=50 K=50	C=30 M=5 Y=30 K=0
		Farbton:	100 %	100 %
		Breite:	Spalte	Spalte
		Einzug links:	−2 mm	−2 mm
		Einzug rechts:	−2 mm	−2 mm
		Versatz:	−1,2 mm	−0,8 mm
Absatzlinien:		Linie darunter:	aktivieren	aktivieren
		Stärke:	1 Pt	1 Pt
		Farbe:	(Textfarbe)	[Papier]
		Breite:	Spalte	Spalte
		Einzug links:	−2 mm	−2 mm
		Einzug rechts:	−2 mm	−2 mm
		Versatz:	1 mm	0,9 mm
Zeichenfarbe:		Fläche:	[Papier]	[Schwarz]
		Kontur:	[Ohne]	[Ohne]

Da sich das Absatzformat »Album-Titel« sehr von »Band-Name« unterscheidet, stellen wir keinen Bezug zum zuvor definierten Absatzformat her.

Legen Sie danach das Absatzformat »Album-Tonträger« fest. Dieses Format lassen wir auf dem Album-Titel basieren und ändern nur folgende Werte:

Grundlegende Zeichenformate:	Größe:	5 Pt
Einzüge und Abstände:	Absatz danach:	0,5 mm
Absatzlinien:	Linie darüber:	deaktivert
Absatzlinien:	Linie darunter:	deaktivert

Legen Sie noch das Absatzformat »Album-Beschreibung« fest. Dieses Absatzformat wird wiederum gesondert angelegt, ohne Bezug auf ein bestehendes Absatzformat.

Grundlegende Zeichenformate:	Schriftfamilie:	ITC Lubalin Graph Std
	Schriftschnitt:	Demi
	Schriftgrad:	6 Pt
	Zeilenabstand:	7 Pt
	Kerning:	metrisch
	Laufweite:	10 mm
Silbentrennung:	Wörter mit mindestens:	4
	Kürzeste Vorsilbe:	2
	Kürzeste Nachsilbe:	2
	Max. Trennstriche:	3
	Trennbereich:	12,7 mm
	Abstände optimieren:	Pfeil ganz links
	Trennung gr. Wörter:	aktivieren
Abstände:	Wortabstand:	85 % 100 % 150 %
	Zeichenabstand:	0 % 0 % 0 %
	Glyphenabstand:	97 % 100 % 100 %
	Setzer:	Adobe-Absatzsetzer
Zeichenfarbe:	Fläche (Text):	C=70 M=50 Y=50 K=50
	Kontur (Text):	[Ohne]

3 Den Absatzformaten noch mehr Intelligenz zuweisen

Wie Sie bereits wissen, können Sie in einem Absatzformat festlegen, was zu geschehen hat, wenn bei der Eingabe durch Drücken der ⏎-Taste ein neuer Absatz erzeugt wird. Diese Option – NÄCHSTES FORMAT – machen wir uns hier für die Erstellung des Objektformats zunutze. Öffnen Sie erneut den Einstellungsdialog zum Absatzformat »Band-Name« (Doppelklick auf den Namen), wählen Sie in der Option NÄCHSTES FORMAT das Format »Album-Titel« aus, und bestätigen Sie die Änderungen mit OK. Ändern Sie danach im Einstellungsdialog zum Absatzformat »Album-Titel« die Option NÄCHSTES FORMAT auf »Album-Tonträger«. Genauso gehen Sie auch im Absatzformat »Album-Tonträger« vor und ändern dort die Option auf »Album-Beschreibung«. Wir haben nun alle Grundlagen definiert, sodass wir zur Definition des Objektformats schreiten können.

4 Alles deaktivieren

Bevor Sie ein neues Objektformat anlegen, sollten Sie zuvor den Befehl BEARBEITEN • AUSWAHL AUFHEBEN ausführen, da dadurch sichergestellt wird, dass keine Formatanweisungen eines bereits bestehenden Objekts irrtümlich dem neuen Objektformat zugrunde liegen.

5 Anlegen des Objektformats

Öffnen Sie das Objektformate-Bedienfeld, und wählen Sie dort NEUES FORMAT ERSTELLEN bzw. NEUES OBJEKTFORMAT.

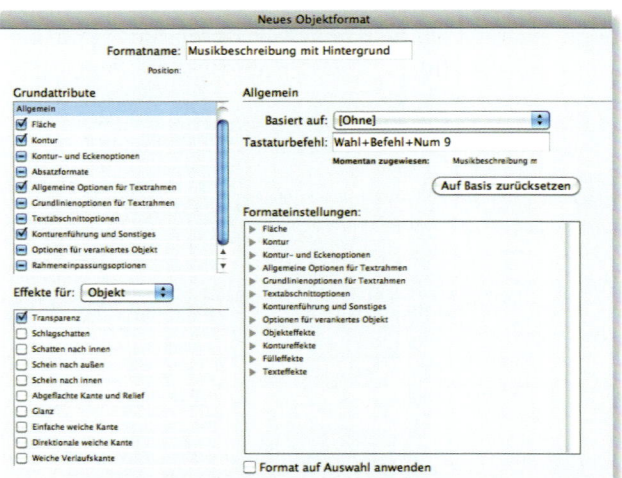

Abbildung 22.4 ▶
Auch Effekte können über Objektformate angewendet werden. Lassen Sie unter EFFEKTE FÜR die Option TRANSPARENZ aktiviert, da die Standardeinstellung den Verrechnungsmodus NORMAL verwendet und somit keine Transparenz erzeugt.

Legen Sie FORMATNAME im gleichlautenden Eingabefeld fest, und deaktivieren Sie die Registereinträge KONTUR- UND ECKENOPTIONEN, GRUNDLINIENOPTIONEN FÜR TEXTRAHMEN, TEXTABSCHNITTOPTIONEN, OPTIONEN FÜR VERANKERTES OBJEKT und RAHMENEINPASSUNGSOPTIONEN, da Einstellungen aus diesen Bereichen für unseren Textrahmen nicht benötigt werden. Als deaktiviert gilt ein Eintrag dann, wenn er im Kontrollkästchen gedimmt ist (Windows) bzw. einen Strich zeigt (Mac OS X). Das bedeutet, dass Attribute eines Objekts in diesem Bereich vom Format ignoriert werden.

Wenn Sie also eine solche Eigenschaft manuell verändern, wird diese Änderung vom Format nicht als Abweichung registriert. Vollständig abschalten können Sie diesen Bereich nicht, weil die dazugehörigen Attribute trotzdem existieren.

So wie Absatzformate können auch Objektformate auf einem Grundformat basieren. Wählen Sie den Eintrag [OHNE] aus, und definieren Sie, wenn dieses Format häufig angewandt werden muss, ein Tastenkürzel, das nur über Steuerungstasten und Zahlen aus dem numerischen Tastenfeld erstellt werden kann, wie Sie bereits von den Absatz- und Zeichenformaten her wissen.

6 Definieren der Attribute für Fläche und Kontur

Klicken Sie auf den Registereintrag FLÄCHE, und bestimmen Sie die Flächenfarbe des Textrahmens als C=15 M=5 Y=20 K=0. Der FARBTON bleibt in diesem Fall auf 100 %.

Da unser Textrahmen keine Kontur besitzen darf, legen wir im Registereintrag KONTUR fest, dass die Farbe der Kontur [OHNE] ist, und setzen die STÄRKE auf 0 Pt. Diese Einstellung wurde von uns bewusst vorgenommen, da somit die Definition einer Kontur im Layout zu einem abweichenden Objektformat führt, das uns im Objektformate-Bedienfeld durch ein angehängtes Pluszeichen als Fehler angezeigt wird.

▼ **Abbildung 22.5**
Einstellungen für FLÄCHE und KONTUR

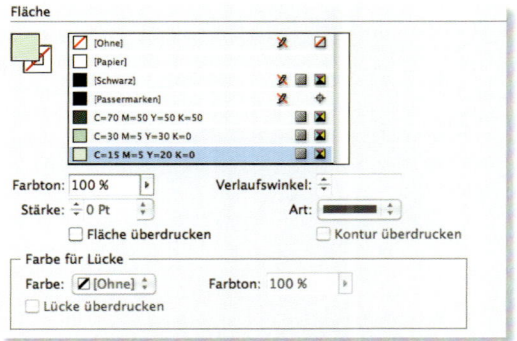

7 Definieren der Attribute für Absatzformate

Mit dem Zuweisen von Absatzformaten innerhalb eines Objektformats können sehr interessante Lösungen erzielt werden.

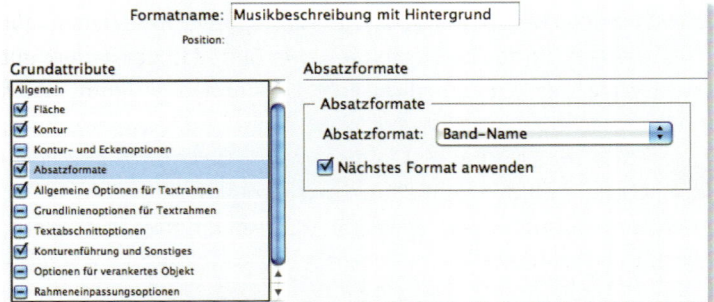

◄ **Abbildung 22.6**
Mit diesen Einstellungen funktioniert die Textformatierung automatisch, indem einander folgende Absatzformate nachträglich auf den Text angewendet werden.

Da unsere Musikbeschreibung immer mit dem Bandnamen beginnt, wählen Sie in der Option ABSATZFORMAT »Band-Name« aus, wodurch allen Texten im Textrahmen dieses Absatzformat zugewiesen wird.

Durch Aktivierung der Option NÄCHSTES FORMAT ANWENDEN kommt nun die gesamte Intelligenz der Absatzformate vollständig zum Tragen: InDesign greift auf die im Absatzformat hinterlegten Einträge der Option NÄCHSTES FORMAT zurück und formatiert somit alle nachstehenden Absätze im definierten Absatzformat.

8 Definieren der allgemeinen Optionen für Textrahmen

Als vorletzten Schritt müssen wir noch die Optionen für den Textrahmen festlegen. Klicken Sie dazu auf den Registereintrag Allgemeine Optionen für Textrahmen. Legen Sie die Anzahl der Spalten mit »1« fest, und lassen Sie die Option Feste Spaltenbreite deaktiviert.

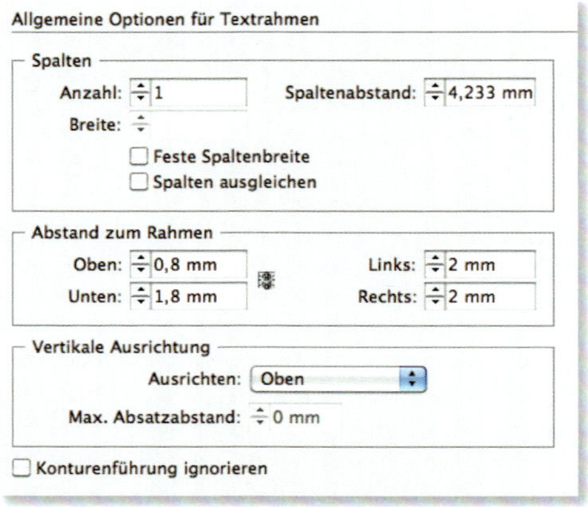

Abbildung 22.7 ►
Allgemeine Optionen für Textrahmen: Der Text orientiert sich an der Oberkante des Rahmens und hält nach unten nur einen Mindestabstand ein.

Dadurch erreichen Sie, dass der Textrahmen jede beliebige Breite haben darf. Im Bereich Abstand zum Rahmen legen Sie den Einzug des Textes vom Textrand für alle vier Seiten fest. Geben Sie die Werte so wie in Abbildung 22.7 gezeigt ein. Im Bereich Vertikale Ausrichtung brauchen Sie keine Einstellungen vorzunehmen, da unser Text lediglich durch den oberen Versatz nach unten verschoben werden soll.

9 Definieren der restlichen Einstellungen

Im letzten Schritt wollen wir noch dem Textrahmen eine Konturenführung zuweisen.

Abbildung 22.8 ►
Durch die Aktivierung der Konturenführung kann der Textrahmen auch über Text in vorhandenen Spalten gestellt werden.

Texte, die dahinterstehen (das hängt von den getroffenen Voreinstellungen zur Konturenführung ab), sollen automatisch den Textrahmen umfließen. Dazu wählen Sie das Register Konturenführung und Sonstiges aus und nehmen die in Abbildung 22.8 dargestellten Einstellungen vor.

Bestätigen Sie zum Schluss die vorgenommenen Einstellungen durch einen Klick auf OK. ■

Sie haben damit ein sehr effizientes Objektformat festgelegt. Die Arbeitserleichterungen, die Sie so erreichen, werden die doch sehr aufwendige Erstellungsarbeit belohnen.

Alle nicht verwendeten Einstellungen sind diesem Objektformat nicht zugeordnet. Welche Werte in den einzelnen Registereinträgen einzustellen wären, entnehmen Sie den jeweiligen Kapiteln des Buchs. Eine neuerliche Beschreibung der gesamten Einstellungsmöglichkeiten würde den Rahmen dieses Kapitels sprengen.

22.1.3 Anwenden von Objektformaten

Um das soeben erstellte Objektformat anwenden zu können, benötigen Sie nur noch einen Textrahmen, in den Sie den Text aus Abbildung 22.9 schreiben (oder die Vorlage auf der Buch-DVD verwenden). Wenn Sie einen eigenen Text verwenden, achten Sie darauf, dass nach jeder Bezeichnung eine harte Zeilenschaltung erfolgt und dass unser definiertes Objektformat speziell nur für den Aufbau eines solchen Textkastens bestimmt ist. Eine Änderung des Formats – etwa die Eingabe eines zweizeiligen Bandnamens – ist in unserem Objektformat nicht vorgesehen. Um auf den soeben geschriebenen Textrahmen das erstellte Objektformat anzuwenden, stehen Ihnen zwei Möglichkeiten zur Verfügung:

▸ Markieren Sie zuerst den Textrahmen mit dem Auswahl- oder Direktauswahl-Werkzeug. Klicken Sie im Anschluss im Objektformate-Bedienfeld auf den entsprechenden Eintrag (in der Vorlage »Musikbeschreibung mit Hintergrund«), oder wählen Sie das Objektformat im Steuerung-Bedienfeld aus.

▸ Wählen Sie das Objektformat im Objektformate-Bedienfeld aus, und ziehen Sie das Objektformat per Drag & Drop auf den gewünschten Rahmen. Sobald sich der Cursor in eine Faust mit Pluszeichen verwandelt, können Sie die Maustaste loslassen. Der betroffene Rahmen muss dazu nicht aktiviert sein.

Alle definierten Einstellungen werden dadurch auf das markierte Objekt übertragen. Einfach genial!

```
Supertramp ↵
Crime of the Century ↵
LP/CD ↵
Once upon a time in 1969, a
young Dutch millionaire by
the name of Stanley August
Miesegaes gave his ac-
quaintance, vocalist and
keyboardist Rick Davies, a
»genuine opportunity« to
form his own band. After
placing an ad in Melody Ma-
ker, Davies assembled Super-
tramp. Supertramp released
two long-winded progressive
rock albums before Miesegaes
withdrew his support. With
no money or fan base to
speak of, the band was
forced to redesign their
sound. Coming up with a more
pop-oriented form of pro-
gressive rock, the band had
a hit with their third al-
bum, Crime of the Century.
```

▲ **Abbildung 22.9**
Das Textbeispiel – Sie finden es auf der Buch-DVD unter Beispielmaterial • Kapitel_22 • Musikbeschreibung.indd.

Schnell anwenden

Wir möchten Sie noch einmal darauf hinweisen, dass Sie zur noch schnelleren Zuweisung den Befehl BEARBEITEN • SCHNELL ANWENDEN benutzen können. Sie rufen diesen Befehl über das Tastenkürzel [Strg]+[↵] bzw. [⌘]+[↵] auf und geben anschließend den Anfangsbuchstaben des Objektformats ein. Nach erfolgter Auswahl müssen Sie nur noch die [↵]-Taste betätigen.
Wenn Sie »o:« vor dem Suchbegriff eingeben, werden nur Objektformate angezeigt.

Festlegen des einfachen Grafik- und Textrahmens

Es ist bei manchen Projekten oft ratsam, die Default-Einstellungen der Standardobjektformate [EINFACHER GRAFIKRAHMEN] und [EINFACHER TEXTRAHMEN] zu ändern. Definieren Sie solche Einstellungen, während das Dokument geöffnet ist. Somit werden diese abweichenden Formate dem Dokument – und nicht als Standardeinstellung für das Programm – zugeordnet.

Abweichungen bei der Formatanwendung löschen

Diese Funktion finden Sie im Bedienfeldmenü des Objektformate-Bedienfelds. Adobe verlautbart dazu, dass man sich – sofern sie aktiviert ist – die [Alt]- bzw. [⌥]-Taste sparen könne, wenn man Abweichungen löschen möchte. Ein einfacher Klick auf den Formatnamen sollte dazu reichen.
Wir können das leider nicht bestätigen.

22.1.4 Arbeiten mit Objektformaten

Ist einmal ein Objekt, Text- oder Grafikrahmen mit einem Objektformat versehen worden, so können dennoch im Nachhinein Änderungen am Objekt vorgenommen werden. Wenn Sie die durchgeführten Änderungen generell dem Objektformat zuweisen wollen, wählen Sie den Befehl FORMAT NEU DEFINIEREN aus dem Bedienfeldmenü aus. Achten Sie darauf, dass alle Objekte, die im Dokument mit dem Objektformat formatiert wurden, ebenfalls diese Veränderung erfahren.

Abweichende Objektformate | Ob einem Objekt ein vom Objektformat abweichendes Attribut zugewiesen wurde, erkennen Sie am Pluszeichen am Ende des Objektformatnamens. Da die Bedienfelder oft zu schmal eingestellt sind und der Formatname somit nicht zur Gänze dargestellt werden kann, ist das Erkennen solcher Abweichungen eher schwierig. Absolut sicher erkennen Sie eine Abweichung, indem Sie das Objekt markieren und die Zeichen am Fuß des Objektformate-Bedienfelds beobachten. Bleibt das Symbol gedimmt, so liegt keine Abweichung vor. Ist das Symbol jedoch aktiv, so können Sie die Abweichung auf zwei verschiedene Arten aufheben:

▶ Klicken Sie mit gedrückter [Alt]- bzw. [⌥]-Taste auf den Namenseintrag im Objektformate-Bedienfeld. Diese Vorgehensweise sind Sie aus QuarkXPress bzw. aus Vorgängerversionen von InDesign CS5 gewohnt.
▶ Klicken Sie auf das aktive ABWEICHUNGEN LÖSCHEN-Symbol im Objektformate- bzw. Steuerung-Bedienfeld.

Abweichungen erkennen | Wenn Sie jedoch vorher wissen wollen, welche Attribute eigentlich vom Objektformat abweichen, so müssen Sie den Cursor nur auf den Eintrag im Objektformate-Bedienfeld bewegen. In der erscheinenden QuickInfo sind alle abweichenden Einstellungen aufgelistet.

Eine andere Situation ist gegeben, wenn einem formatierten Objekt ein zusätzliches Attribut zugeordnet wird, das nicht durch die Einstellungen im Objektformat abgedeckt ist. Dies ist dann keine Abweichung zum bestehenden Format, sondern eine Überlagerung eines anderen Attributs. Die Auswirkungen zeigen wir Ihnen bei einem Ausflug in das Thema »Effekte in Objektformaten«, anhand dessen der Sachverhalt gut dargestellt werden kann.

22.1.5 Objektformate und Effekte

Wir versehen nun unseren formatierten Textrahmen mit einem Schlagschatten. Dazu könnten wir einfach das Menü OBJEKT •

EFFEKTE • SCHLAGSCHATTEN oder das Effekte-Bedienfeld verwenden. Damit würden wir jedoch eine Abweichung vom Objektformat produzieren. Deshalb verändern wir natürlich die Definition des Formats selbst.

Wenn der Textrahmen ausgewählt ist, können Sie das Fenster OBJEKTFORMATOPTIONEN mit einem Doppelklick auf den Namen des Objektformats aufrufen – bzw. besser auf die Spalte links des Namens, weil Sie sonst u. U. nur den Namen zur Änderung auswählen. Alternativ verwenden Sie den Befehl FORMATOPTIONEN des Bedienfeldmenüs. Ist der Textrahmen nicht ausgewählt, erreichen Sie die OBJEKTFORMATOPTIONEN am einfachsten, indem Sie im Kontextmenü des Objektformats den Befehl »OBJEKTFORMATNAME« BEARBEITEN aufrufen. Im Fenster OBJEKTFORMATOPTIONEN nehmen Sie nun unter EFFEKTE FÜR: OBJEKT für den Schlagschatten die Einstellungen laut Abbildung 22.10 vor:

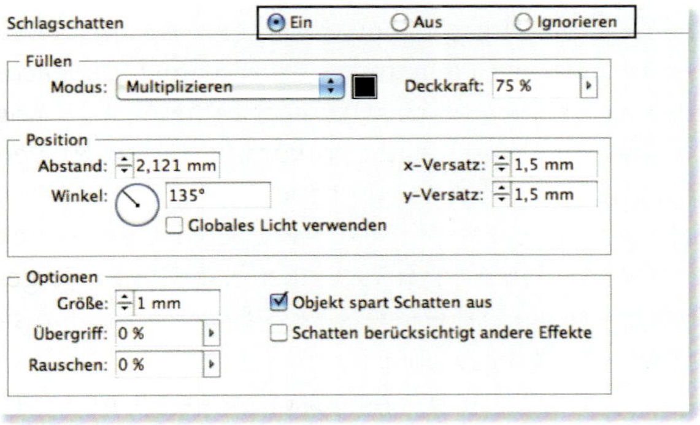

Objekt mit Schatten skalieren

Wenn Sie ein Objekt mit einem Schatten skalieren, werden der eingestellte X- und Y-Versatz des Schattens nicht mitskaliert. Um dieses Problem in den Griff zu bekommen, bietet InDesign CS5 leider keine Standardroutinen an. Eine Vereinfachung bei der Lösung der Probleme könnten die zuerst behandelten Objektformate bieten. Definieren Sie Objektformate, die nur den Versatz und die Einstellungen für den Schlagschatten enthalten. Damit können Sie zumindest schnell den skalierten Objekten den korrekten Schlagschattenversatz zuweisen. Genauso verfahren Sie mit konturengeführten Objekten.

◀ **Abbildung 22.10**
SCHLAGSCHATTEN: Ob ein Effekt ein- oder ausgeschaltet ist oder ignoriert wird, kann über die Kontrollfelder neben dem Effektnamen, aber auch über die drei im Bild eingerahmten Optionen festgelegt werden.

Ab sofort werden alle Rahmen, die mit unserem Objektformat formatiert wurden, mit einem Schlagschatten versehen. Genauso verfahren Sie mit allen anderen Effekten, die Sie einem Objekt noch hinzufügen möchten.

Was passiert nun, wenn Sie eine Einstellung des Schlagschattens nachträglich manuell verändern? Das hängt davon ab, in welchem Modus Sie den Effekt angelegt haben. Für einen ausgeschalteten Effekt ☐ wird in diesem Fall die Funktion ABWEICHUNGEN LÖSCHEN aktiv, wie soeben beschrieben. Das Gleiche passiert, wenn der Effekt eingeschaltet ☑ wird. Wird der Effekt dagegen auf IGNORIEREN ☑ bzw. ☐ gestellt, wird bei nachträglichen manuellen Änderungen die Funktion NICHT VOM FORMAT DEFINIERTE ATTRIBUTE LÖSCHEN aktiv. Da im Format keine eindeutige Definition hinterlegt wurde, wird dieser Zustand nicht als Abweichung erkannt und der Name des Objektformats folglich auch nicht mit einem Plus versehen. Um die Abweichung zu löschen, klicken Sie auf .

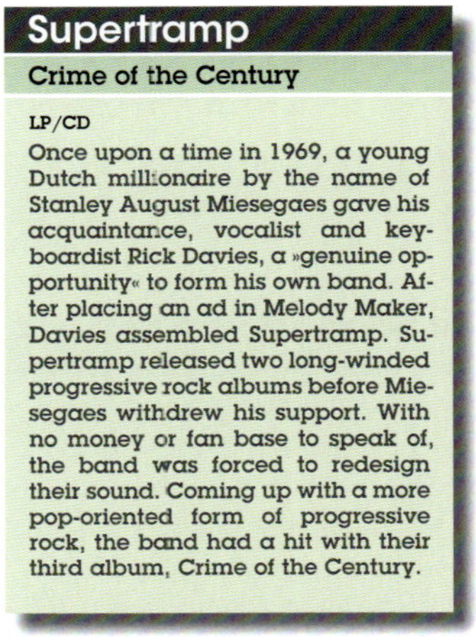

Supertramp
Crime of the Century

LP/CD

Once upon a time in 1969, a young Dutch millionaire by the name of Stanley August Miesegaes gave his acquaintance, vocalist and keyboardist Rick Davies, a »genuine opportunity« to form his own band. After placing an ad in Melody Maker, Davies assembled Supertramp. Supertramp released two long-winded progressive rock albums before Miesegaes withdrew his support. With no money or fan base to speak of, the band was forced to redesign their sound. Coming up with a more pop-oriented form of progressive rock, the band had a hit with their third album, Crime of the Century.

▲ **Abbildung 22.11**
Formatierter Textrahmen mit zusätzlichem Schlagschatten

22.1.6 Objektformate verwalten

Im Objektformate-Bedienfeld haben Sie die üblichen Möglichkeiten, Formate zu verwalten, inklusive der Möglichkeit, Formatgruppen – also Ordner für Objektformate – anzulegen, mit den entsprechenden Funktionen, um ein oder mehrere Objektformate in oder zwischen Gruppen zu verschieben.

Objektformate importieren | Objektformate aus Dokumenten können in neue bzw. bestehende Dokumente importiert werden. Dabei werden alle benötigten Ressourcen wie Farbfelder, eigene Konturen sowie Absatz- und Zeichenformate ebenfalls übernommen. Liegt dabei ein Farbfeld mit demselben Namen vor, so wird das neue Farbfeld durch eine fortlaufende Zahl im Namen ergänzt.

Importieren Sie Objektformate, indem Sie im Bedienfeldmenü den Befehl OBJEKTFORMATE LADEN ausführen und danach das Ausgangsdokument öffnen. Im erscheinenden Dialog können Sie die zu importierenden Objektformate auswählen und sich bei bestehenden Namenskonflikten für eine Vorgehensweise entscheiden. Welche Einstellung welchem Format zugeordnet ist, können Sie in den beiden Beschreibungsfeldern unten im Dialog ausführlich einsehen.

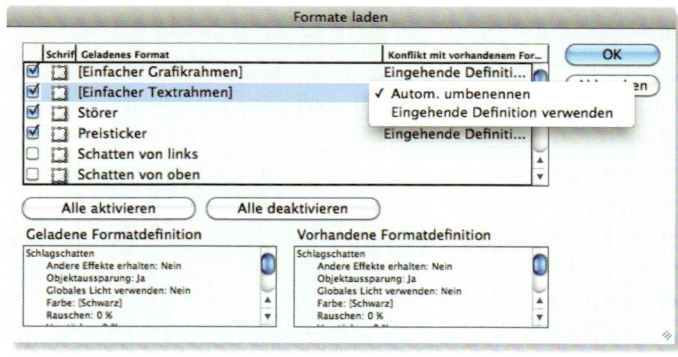

Abbildung 22.12 ▶
Aktivieren Sie die zu importierenden Objektformate, und lösen Sie auftretende Namenskonflikte im FORMATE LADEN-Dialog.

Objektformate duplizieren | Duplizieren Sie ein Objektformat, indem Sie es auswählen und im Bedienfeldmenü des Objektformate-Bedienfelds oder über das Kontextmenü den Befehl OBJEKTFORMAT DUPLIZIEREN auswählen.

> **Objektformate kopieren**
>
> Eine Möglichkeit des Importierens besteht darin, dass Sie formatierte Objekte aus dem Ausgangsdokument kopieren und in das Zieldokument einfügen. Damit werden dieselben Vorgänge aktiviert, lediglich bei Konflikten zwischen Formaten werden diese automatisch umbenannt.

Objektformate löschen | Beim Löschen von Objektformaten sollten Sie vorsichtig sein. Beim Löschen über das Symbol 🗑 oder über den Menübefehl FORMAT LÖSCHEN aus dem Bedienfeldmenü werden Sie aufgefordert, ein Ersatzformat festzulegen. Durch diesen Vorgang wird allen Objekten, die mit dem gelöschten Objektformat ausgezeichnet wurden, sofort die neue Auszeichnung zugewiesen. Bei unvorsichtiger Vorgehensweise kann dieser Schritt katastrophale Folgen haben.

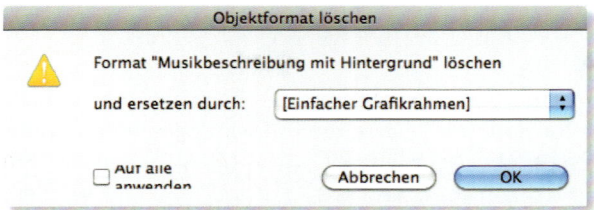

◀ **Abbildung 22.13**
Warnmeldung beim Löschen von Objektformaten. Die etwas verstümmelte Option AUF ALLE ANWENDEN erscheint nur, wenn Sie mehrere Formate löschen, die noch in Verwendung sind.

Diesem Problem können Sie nur begegnen, indem Sie die Objekte, denen das Objektformat zugewiesen ist, markieren und über den Befehl VERKNÜPFUNG MIT FORMAT AUFHEBEN aus dem Bedienfeldmenü die Zuweisung entkoppeln. Besteht keine Verbindung zwischen einem Objektformat und einem Objekt, so wird das Objektformat ohne Warnmeldung gelöscht.

22.1.7 Nach Objektformaten suchen

Vielleicht haben Sie sich beim letzten Absatz gefragt: »Nur woher weiß ich, wo ein Objektformat angewendet wurde?« – eine berechtigte Frage.

Suchen/Ersetzen | In Abschnitt 23.1, »Das Fundbüro: Suchen/Ersetzen«, werden wir Ihnen zeigen, wie die sehr umfangreiche Suchfunktion in InDesign funktioniert, und in Abschnitt 14.8.6, »Farbfelder suchen und ersetzen«, haben Sie bereits nach Objektattributen gesucht, die manuell zugewiesen wurden. Hier zeigen wir Ihnen lediglich die Möglichkeit, gezielt nach Objekten zu suchen, denen bestimmte Objektformate zugewiesen wurden.

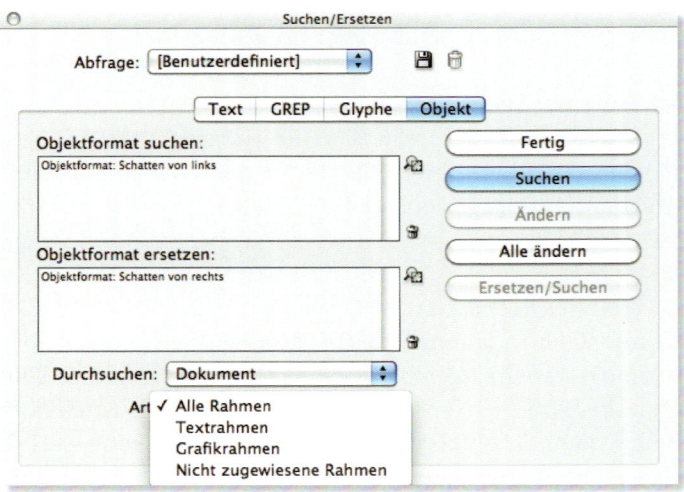

◀ **Abbildung 22.14**
In dieser Suche werden alle Objekte mit einem Schatten von links auf eine andere Lichtsituation umgestellt.

Öffnen Sie das Suchen/Ersetzen-Fenster über Bearbeiten • Suchen/Ersetzen oder [Strg]+[F] bzw. [⌘]+[F], und wählen Sie das Register Objekt aus. In den beiden Feldern Objektformat suchen und Objektformat ersetzen erscheinen in der Folge die von Ihnen gewählten Kriterien für die Suche.

Eine Suche formulieren | Sollten sich noch Eingaben aus einer vorherigen Suche in den beiden Feldern befinden, klicken Sie zunächst auf Angegebene Attribute löschen 🗑, um das entsprechende Feld – und somit die Suche – zurückzusetzen. Klicken Sie dann auf Suchattribute angeben 🔍, um in das sehr große Fenster Optionen für Objektformatsuche zu gelangen.

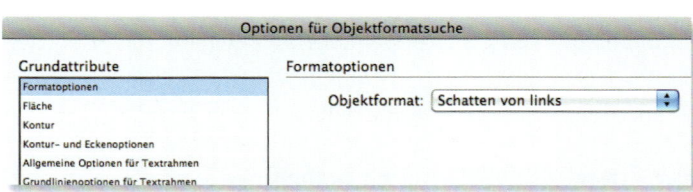

Abbildung 22.15 ▶
Wählen Sie das Objektformat, das Sie suchen wollen, im ansonsten vollkommen leeren Register Formatoptionen aus.

In der Liste Grundattribute können Sie sämtliche Attribute festlegen, über die ein Objekt verfügen kann. All diese Attribute können auch in Objektformaten angewendet sein, und da wir ja hier Objektformate suchen wollen, wählen Sie Formatoptionen aus der Liste Grundattribute. Sie können dann nur noch genau eine Option Objektformat auswählen.

Der Rest der Suche dürfte nun klar sein: Wählen Sie das gesuchte Objektformat aus, und verfahren Sie auch für das Feld Objektformat ersetzen genauso, sofern Sie auf Objekte angewendete Formate auch austauschen wollen. Der Rest läuft ab wie bei einer normalen Text-, GREP- oder Glyphe-Suche auch. Schlagen Sie gegebenenfalls ab Seite 591 nach.

Reichweite der Suche beschränken | Mit der Option Durchsuchen können Sie die Suche auf die ausgewählten Objekte beschränken – eine sehr sinnvolle Option und auch die Standardeinstellung. Alternativ können Sie die Suche auf das gesamte Dokument oder Alle Dokumente ausdehnen, die Sie derzeit geöffnet haben.

Da es keine Objekte gibt, die sich nicht in einem Rahmen befinden, aber Rahmen unterschiedliche Inhalte haben können, können Sie die Art der Rahmen, nach denen gesucht werden soll, noch weiter einschränken: auf Textrahmen, Grafikrahmen oder Rahmen, deren Inhalt nicht spezifiziert ist – Nicht zugewiesene Rahmen. Die Standardeinstellung ist Alle Rahmen.

Verankerte Objekte

Die Suchfunktion für Objektformate findet natürlich auch Objekte, die in einem Text verankert sind. Die Art Textrahmen hat darauf keinen Einfluss. Gesucht wird das Objekt selbst, nicht worin es enthalten ist.

Über verankerte Objekte können Sie im nächsten Abschnitt mehr lesen.

22.1.8 InDesign benimmt sich plötzlich komisch?

Egal ob Sie erst beginnen, mit Objektformaten zu arbeiten, oder Ihre ersten Erfahrungen schon gemacht haben – Sie werden bestimmt schon den Fall erlebt haben, dass sich InDesign plötzlich eigenartig benimmt. Textrahmen haben eine Kontur, obwohl sie keine haben sollten, oder ein neuer Grafikrahmen präsentiert einen Schlagschatten, den Sie ganz sicher nicht eingestellt haben.

Die Ursache für dieses Verhalten sind die Objektformate (auch wenn Sie bislang keine verwendet haben, aber ganz besonders dann, wenn Sie schon mit Objektformaten arbeiten). Adobe hat sich zwar ein geniales Konzept einfallen lassen, was die Kontrollierbarkeit dieses Konzepts betrifft, setzt Adobe aber eine sehr strenge Disziplin voraus, die im hektischen Arbeitsalltag kaum aufgebracht werden kann.

Die Standardobjektformate | Jedes neu angelegte Dokument wird mit drei Objektformaten bestückt, die neuen Objekten zugewiesen werden:

- [OHNE]: Dieses Format wird einem platzierten Bild und jeder Platzhalter-Form (alle Objekte, die mit ihren Diagonalen dargestellt werden) zugewiesen. Außerdem wird es als Ausgangspunkt für Objektformate verwendet, die auf keinem anderen Format basieren sollen. [OHNE] kann nicht verändert und nicht gelöscht werden.
- [EINFACHER TEXTRAHMEN]: Dieses Format wird jedem neuen Textrahmen zugewiesen. Es ist also grundsätzlich mit dem Textwerkzeug verbunden, muss es aber nicht bleiben (eine der Ursachen für das Übel). Dieses Format kann verändert, aber nicht gelöscht werden.
- [EINFACHER GRAFIKRAHMEN]: Dieses Format wird allen anderen Objekten zugewiesen, die mit einem der anderen Werkzeuge (alle Rahmen, Zeichenstift usw.) erstellt werden. Auch dieses Format kann bearbeitet, aber nicht gelöscht werden.

Sobald weitere Objektformate existieren, können sie zu neuen Standardobjektformaten ernannt werden, indem Sie im Bedienfeldmenü die Funktionen STANDARD-TEXTRAHMENFORMAT oder STANDARD-GRAFIKRAHMENFORMAT verwenden.

Hinter beiden Menüs erhalten Sie die Liste aller definierten Objektformate, aus der Sie das neue Standardformat auswählen. Das aktuelle Standard-Textrahmenformat ist dann mit ⊞ im Objektformate-Bedienfeld gekennzeichnet, das Standard-Grafikrahmenformat mit ⊡. Neue Objekte werden mit diesen Formaten erstellt.

Ändern der Standardformate

Die Tatsache, dass die beiden Objektformate [EINFACHER GRAFIKRAHMEN] und [EINFACHER TEXTRAHMEN] verändert werden können, ist tatsächlich sehr praktisch. Wir haben Sie an mehreren Stellen in diesem Buch darauf hingewiesen, dass Sie das Standardverhalten von InDesign damit sehr umfassend verändern können. Und dafür gibt es wirklich reichlich Gründe in den unterschiedlichsten Produktionsbedingungen.

Allerdings sollten die Änderungen eher sparsam eingesetzt werden, und alle Mitarbeiter, die an einem so modifizierten Arbeitsplatz arbeiten, sollten auch über die veränderte Situation und deren Konsequenzen informiert sein.

Einen 50 % transparenten Textrahmen mit einem 5 mm starken Schlagschatten sollten Sie aber immer als eigenes Objektformat anlegen.

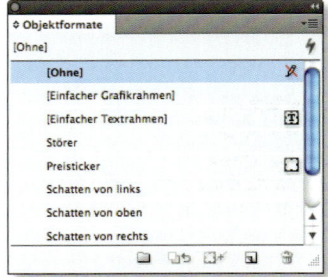

▲ **Abbildung 22.16**
Der Objektformat »Preisticker« wurde als neues Standard-Grafikrahmenformat definiert.

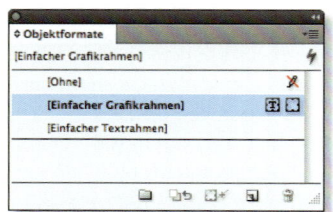

▲ **Abbildung 22.17**
Ein unbedachter Klick genügt, und [Einfacher Grafikrahmen] übernimmt auch die Arbeit von [Einfacher Textrahmen].

So weit ist die Sache durchaus logisch und leicht nachvollziehbar. Leider hat Adobe ein Zusatzverhalten in InDesign eingebaut, das nicht unbedingt logisch ist und oft zur totalen Verwirrung führt.

Automatische Änderung der Standardformate | Um dieses Verhalten zu verstehen, probieren Sie Folgendes: Legen Sie ein neues Dokument an, und öffnen Sie das Objektformate-Bedienfeld. Wählen Sie nun das Textwerkzeug, und klicken Sie im Objektformate-Bedienfeld auf [Einfacher Grafikrahmen]. Damit ist es auch schon passiert. Ob Sie nun noch einen Textrahmen aufziehen oder nicht, ist für die weiteren Überlegungen unwesentlich.

Das Format [Einfacher Grafikrahmen] übernimmt nun die Rolle von Standard-Text- und Standard-Grafikrahmen. Diese automatische Umstellung der Standardformate tritt immer dann auf, wenn Sie keine Objekte ausgewählt haben und mit einem beliebigen Werkzeug, mit dem Objekte erzeugt werden können, auf ein Objektformat klicken.

Bei vielen Objektformaten können Sie so bei fast jedem zweiten Klick im Objektformate-Bedienfeld ein anderes Objektformat zum Standardformat für jedes beliebige Werkzeug machen und somit auch jedes zweite neue Objekt anders aussehen lassen. Solange Sie das bewusst machen, ist das natürlich okay – nur manchmal treibt dieses InDesign-Verhalten auch gefestigte Layouter in den Wahnsinn.

Marschverschärfung »Abweichende Formate« | Um die Sache nicht zu einfach werden zu lassen, müssen Sie auch noch auf folgendes Verhalten Rücksicht nehmen: Wenn kein Objekt ausgewählt ist, Sie gerade das Auswahl-Werkzeug verwenden und eine Änderung an der Kontur im Kontur-Bedienfeld vornehmen, wird der nächste Grafikrahmen die neue Kontureinstellung verwenden, und das Format [Einfacher Grafikrahmen] – bzw. das aktuell als Standard-Grafikrahmenformat gewählte Format – wird mit einem Plus als abweichend gekennzeichnet. Diese abweichende Einstellung wird aber bei der Erstellung neuer Grafikrahmen verwendet, bis sie wieder geändert wird.

Die Kombinationen aus beiden Automatismen im Umgang mit Objektformaten sind derart vielfältig, dass wir sie hier gar nicht aufzählen könnten, zumal es ja immer von den realen Gegebenheiten abhängt, wie sich veränderte Standardformate und abweichende Formate überlagern. Viel wichtiger ist auch, Ihnen zu erklären, wie Sie sich aus diesem Dilemma am besten wieder befreien.

Format neu definieren

Sie können abweichende Objektformate natürlich auch eliminieren, indem Sie sie mit dem Befehl Format neu definieren im Bedienfeldmenü des Objektformate-Bedienfelds zur neuen Definition des Formats machen. Bei Objektformaten kann es aber sein, dass dieser Befehl gar nicht verfügbar ist. In diesem Fall sind die abweichenden Attribute nicht Teil der Objektformatdefinition.

Klare Verhältnisse schaffen | Wenn plötzlich jedes neue Objekt anders und unerwartet aussieht, machen Sie Folgendes:
1. Aktivieren Sie das Auswahl-Werkzeug.
2. Heben Sie eventuelle Auswahlen auf, indem Sie [Strg]+[⇧]+[A] bzw. [⌘]+[⇧]+[A] drücken.
3. Ernennen Sie [Einfacher Grafikrahmen] und [Einfacher Textrahmen] wieder zu den Standardformaten, indem Sie die entsprechenden Funktionen aus dem Bedienfeldmenü des Objektformate-Bedienfelds aufrufen.
4. Inspizieren Sie nun die beiden Standardformate im Objektformate-Bedienfeld. Wenn Sie ein Plus neben einem oder beiden Einträgen finden, drücken Sie die [Alt]- bzw. [⌥]-Taste, und klicken Sie links neben den Namen der beiden Objektformate [Einfacher Grafikrahmen] und [Einfacher Textrahmen].

Nun sollten wieder klare Verhältnisse herrschen, und InDesign sollte sich wieder so benehmen, wie Sie es erwarten – zumindest so lange, bis die automatische Formatzuordnung wieder zuschlägt. Kehren Sie in diesem Fall zu Punkt 1 zurück.

22.2 Verankerte Objekte

Große Textmengen, die auch noch reichlich bebildert sind, stellen Layouter vor das immer gleiche Problem: Bilder und Illustrationen sollen sich in der Nähe des Textes befinden, auf den sie Bezug nehmen. Dazu können sie entweder direkt in den Text eingebunden oder z. B. in einer Marginalspalte neben der entsprechenden Textstelle positioniert werden, und sie sollten den Text, auf den sie Bezug nehmen, bei Umbrüchen begleiten.

22.2.1 Objekte in Text einbinden

In den Text eingebundene Bilder sehen Sie in diesem Buch auf nahezu allen Seiten. Sämtliche Screenshots und Beispiele, die in der Textspalte platziert sind, sind im Text verankert und laufen so bei Umbrüchen selbstständig und gleich ausgerichtet im Text mit. Die einzelnen Bilder haben dabei den Charakter eines einzelnen Zeichens. Bei Abbildungen von Werkzeugen oder Symbolen, die wir an vielen Stellen im Text untergebracht haben – z. B. ▣ –, ist das deutlich zu sehen. Diese Bilder sind klein und orientieren sich an der Schriftgröße und am Zeilenabstand unseres Textes. Aber auch die Screenshots sind, technisch gesehen, lediglich einzelne Zeichen im Text. Allerdings stehen diese »Zeichen« zumeist allein

> **Nicht nur Bilder**
>
> Wir verwenden hier Bilder als Beispiele für verankerte Objekte, aber tatsächlich können Sie jedes Objekt, das Sie in InDesign erstellen können, im Text verankern, also auch Pfade und Textrahmen. Tabellen liegen sogar immer als in einen Textrahmen eingebundenes Objekt vor.

in einem Absatz, um die Position und die Abstände nach oben und unten besser kontrollieren zu können.

Objekt über Zwischenablage einsetzen | Ein solches Objekt in den Text einzufügen ist simpel: Erstellen oder platzieren Sie das betreffende Objekt zunächst einmal an einer beliebigen Stelle in Ihrem Dokument, und bringen Sie es in die gewünschte Form und Größe. Markieren Sie es, und schneiden Sie es aus, oder kopieren Sie es. Setzen Sie nun den Textcursor an die Stelle im Text, an der das Objekt verankert werden soll, und fügen Sie es aus der Zwischenablage ein.

Das Objekt behält dabei natürlich alle Eigenschaften, die es zum Zeitpunkt des Einsetzens bereits besaß, und diese Eigenschaften können natürlich auch im verankerten Zustand noch geändert werden. Um ein eingebundenes Objekt zu löschen, können Sie es mit dem Auswahl-Werkzeug markieren und wie gewohnt löschen.

Die Position im Text können Sie aber vorerst nur so weit beeinflussen, wie es auch für einzelne Zeichen möglich wäre. Zu den umfangreichen Möglichkeiten, mit denen Sie festlegen können, wie sich das Objekt im Textumfeld verhält, kommen wir gleich.

> **Mehrere Objekte im Text verankern**
>
> Wenn Sie mehrere Objekte im Text platzieren wollen, müssen Sie alle Einzelobjekte zunächst gruppieren, da nur dann der Charakter eines einzelnen Zeichens hergestellt werden kann. Die einzelnen Objekte in der Gruppe können allerdings auch im Text noch mit dem Direktauswahl-Werkzeug bearbeitet werden. Um ein Objekt der Gruppe auszuwählen, doppelklicken Sie mit dem Auswahlwerkzeug auf das gewünschte Objekt.

Einen Platzhalter einfügen | Wenn Sie noch kein Objekt zur Verfügung haben, das Sie einsetzen könnten, können Sie zunächst einen Platzhalter im Text verankern. Platzieren Sie den Textcursor an der gewünschten Stelle, und rufen Sie aus dem Menü OBJEKT das Kommando VERANKERTES OBJEKT • EINFÜGEN auf.

Sie landen im Fenster VERANKERTES OBJEKT EINFÜGEN, das in zwei Bereiche gegliedert ist. Da zu diesem Zeitpunkt noch kein Objekt existiert, müssen Sie im Bereich OBJEKTOPTIONEN zunächst die Eigenschaften eines Platzhalters festlegen. Ignorieren Sie vorerst die Einstellungen im unteren Bereich des Fensters.

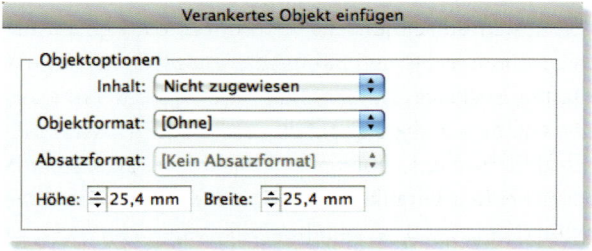

Abbildung 22.18 ▶
Bei einem Aufruf über OBJEKT • VERANKERTES OBJEKT • EINFÜGEN müssen Sie unter OBJEKTOPTIONEN zunächst einen Platzhalter definieren.

Objektoptionen | Das neue Objekt muss zunächst in seinen Grundeigenschaften festgelegt werden.

▶ INHALT: Ein Objekt ist immer von einem Rahmen umgeben, und im Normalfall ist zum Zeitpunkt der Verknüpfung klar,

welche Art von Daten dieser Rahmen enthalten wird. Wählen Sie TEXT oder GRAFIK oder, falls der Inhalt noch nicht festgelegt wurde, NICHT ZUGEWIESEN.
- OBJEKTFORMAT: Mit Objektformaten können Sie in einem Arbeitsgang die Eigenschaften des Objekts und auch nahezu alle Eigenschaften des Inhalts festlegen.
- ABSATZFORMAT: Sofern Sie beim Erstellen des Objekts den INHALT schon mit TEXT festgelegt haben, können Sie hier gleich das Absatzformat auswählen, mit dem der Text des Objekts formatiert werden soll.
- HÖHE und BREITE: Wenn Sie den Platzbedarf des Objekts schon kennen, können Sie die entsprechenden Dimensionen des Rahmens hier festlegen.

InDesign geht bei den Standardeinstellungen, die zum Zeitpunkt des Einfügens zugewiesen werden, bei den beiden beschriebenen Methoden, ein Objekt zu verankern, von unterschiedlichen Anwendungsarten aus:
- **Eingebunden oder über Zeile:** Ein Objekt, das über die Zwischenablage eingesetzt wird, bekommt Eigenschaften zugewiesen, die es im Text mitlaufen lassen. Dabei bestimmt das Textumfeld die Position des Objekts – es bewegt sich *im* Text.
- **Benutzerdefiniert:** Bei einem Platzhalter wird jedoch davon ausgegangen, dass lediglich eine Position im Text definiert wird, an der sich das Objekt orientiert, das sich selbst aber außerhalb des Textes befinden kann (aber nicht muss). Bei beiden Methoden wird das verankerte Objekt aber bei Textumbrüchen mit dem Text bewegt. Die Position des Objekts im Bezug zum Text wird hier vom Benutzer festgelegt. Es bewegt sich *mit*, aber nicht zwangsläufig im Text.

22.2.2 Eingebunden oder über Zeile

Um die Art, wie sich ein Objekt ins Textumfeld einfügt, besser kontrollieren zu können, wählen Sie für das ausgewählte Objekt das Menü OBJEKT • VERANKERTES OBJEKT • OPTIONEN oder aus dem Kontextmenü des Objekts ebenfalls die Funktion VERANKERTES OBJEKT • OPTIONEN aus. Bei einem Objekt, das Sie über die Zwischenablage im Text verankert haben, sollte im nun erscheinenden Fenster OPTIONEN FÜR VERANKERTES OBJEKT unter POSITION bereits die Option EINGEBUNDEN ODER ÜBER ZEILE vorausgewählt sein.

Eingebunden | EINGEBUNDEN bedeutet, dass ein über die Zwischenablage im Text platziertes Objekt mit der Unterkante auf der

Inhalt ändern

Sie können den Inhalt für Ihren Platzhalter jederzeit über OBJEKT • INHALT verändern. Da InDesign aber sehr dynamisch Inhalte von Rahmen an die jeweiligen Gegebenheiten anpasst, ist das zumeist nicht notwendig.

Objektformate

Objektformate haben Sie in Abschnitt 22.1 kennengelernt – schlagen Sie nötigenfalls auf Seite 563 nach.

Grundlinie der Textzeile steht, in die es eingebunden wurde. Ist das Objekt höher als der Zeilenabstand, ragt es über die Zeile hinaus und verdeckt den Text oberhalb.

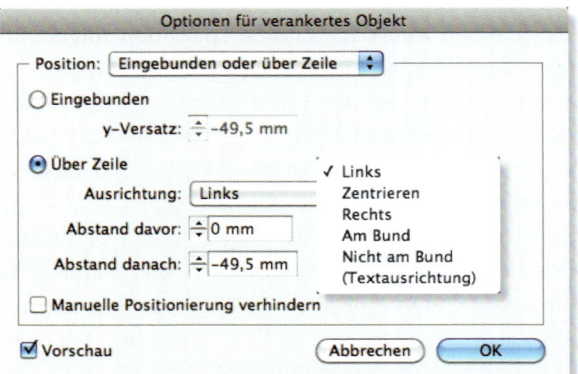

Abbildung 22.19 ▶
Für ein über die Zwischenablage im Text verankertes Objekt sollte die Option EINGEBUNDEN ODER ÜBER ZEILE vorausgewählt sein, ansonsten wählen Sie sie im Menü POSITION aus.

Das Objekt kann mit den Cursortasten von der Grundlinie versetzt und – da es ja technisch als einzelnes Zeichen behandelt wird – natürlich auch per Grundlinienversatz verschoben werden. Wenn Sie den Grundlinienversatz mit den Cursortasten verändern, entspricht das dem Y-VERSATZ. Diese Methode ist hauptsächlich für sehr kleine Objekte geeignet, die gut in einer Zeile mitlaufen können, oder für Objekte, die in einem eigenen Absatz im Text mitlaufen sollen.

Über Zeile | Bei der Methode ÜBER ZEILE ist der Unterschied zu EINGEBUNDEN der, dass solch ein Objekt den Text verdrängt – der Text oberhalb des Objekts wird also nicht mehr verdeckt. Dadurch wird der Text an der Stelle getrennt, an der das Objekt steht und das eingebundene Objekt belegt nun – scheinbar – einen eigenen Absatz.

Dadurch kann das Objekt nun gesondert vom Text eine eigene Ausrichtung besitzen. Neben den Standardausrichtungen LINKS, ZENTRIERT und RECHTS können Sie festlegen, ob sich das Objekt AM BUND (gemeint ist der Innensteg) oder NICHT AM BUND (gemeint ist die Außenseite einer Seite) orientieren soll. Beide Optionen verändern die Ausrichtung des Objekts abhängig davon, ob es sich auf einer linken oder der rechten Seite befindet. So richtet sich ein Objekt mit AM BUND linksbündig aus, wenn es auf einer rechten Dokumentseite steht, und rechtsbündig, wenn es auf der linken Seite steht. NICHT AM BUND richtet das Objekt immer an der Außenseite der jeweiligen Dokumentseite aus. Die Option (TEXTAUSRICHTUNG) übernimmt die Ausrichtung von dem Absatz, in den das Objekt eingebunden ist.

Textspalte zu schmal?

Die meisten QuarkXPress-Benutzer haben sicher schon diese schmerzhafte Erfahrung gemacht: Wenn Sie ein Objekt in einer Textspalte verankern wollen, das breiter als die Textspalte ist, versucht XPress, die Zeile neu zu umbrechen. Da das Objekt davon nicht kleiner wird, hat es auch in der nächsten Zeile keinen Platz und wird wieder umbrochen usw. Möglicherweise landet das Objekt irgendwann innerhalb der Textverkettung in einer Spalte, die breit genug ist, ansonsten landet es im »Übersatz-Nirwana«.

InDesign verhält sich hier vorbildlich: Passt ein Objekt nicht in eine Spalte, ragt es eben je nach Ausrichtung links oder rechts über die Spalte hinaus.

Möchten Sie zum Text oberhalb des Objekts zusätzlichen Abstand einhalten, können Sie das über ABSTAND DAVOR festlegen. Ein negativer Wert führt dabei zu einer Überlappung mit dem Text oberhalb des Objekts.

Ein positiver Wert in ABSTAND DANACH rückt den folgenden Text entsprechend vom Objekt ab, wie es bei Absätzen üblich ist. Ein negativer Betrag zieht den Text unterhalb des Objekts allerdings nach oben und führt somit dazu, dass der Text über dem Objekt liegt.

In dieser Standardeinstellung ist der Vorteil nicht unmittelbar zu sehen. Wenn Sie jedoch die KONTURENFÜHRUNG für das Objekt aktivieren, können Sie dafür sorgen, dass der dem Objekt folgende Text nun am Objekt vorbeiläuft. Wenn Sie den Abstand auf die Höhe des Objekts (oder größer) stellen, erreichen Sie also, dass das Objekt einerseits mit dem Text läuft und umbricht und dass andererseits der dem Objekt folgende Text neben dem Objekt vorbeigeführt wird.

Manuelle Positionierung verhindern | Verankerte Objekte können beschränkt in der Vertikalen verschoben werden. Auch die Größe kann verändert werden. Beide Manipulationen führen jedoch zu geänderten Umbrüchen. Wenn Sie solche Änderungen unterbinden möchten, aktivieren Sie die Option MANUELLE POSITIONIERUNG VERHINDERN.

22.2.3 Benutzerdefiniert – »freilaufende« Objekte

Die gesamte Leistung verankerter Objekte verbirgt sich jedoch hinter BENUTZERDEFINIERT im Fenster OPTIONEN FÜR VERANKERTES OBJEKT. Tatsächlich ist diese leistungsstarke Funktion etwas komplex und abstrakt, weshalb wir zunächst das grundlegende Konzept erklären müssen.

Ein Besipiel für Objekte, die sich mit dem Text bewegen sollen, halten Sie gerade in den Händen: dieses Buch. Wir verwenden in unserem Buch Bilder und Illustrationen, die im Text verankert sind. Diese Bilder sind mit einer Bildunterschrift versehen, die, immer mit ihrer letzten Textzeile an der Unterkante des Bildes ausgerichtet, in der Marginalspalte stehen soll. Darüber hinaus gibt es Abbildungen und Infokästen, die direkt in der Marginalspalte stehen und natürlich in der Nähe des Textes platziert sein sollen, auf den sie sich beziehen.

Das ist an sich schon knifflig, viel schlimmer ist jedoch, dass alle Elemente in der Marginalspalte versetzt werden müssen, wenn der Haupttext auch nur um eine Zeile umbricht. Noch aufwendiger sind natürlich größere Verschiebungen, die dazu führen kön-

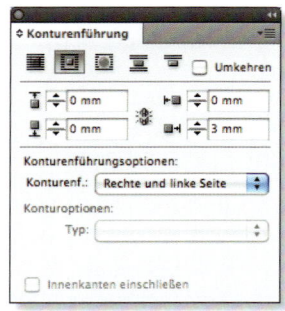

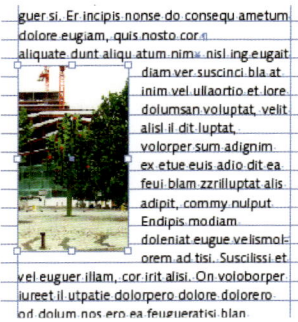

▲ **Abbildung 22.20**
Die KONTURENFÜHRUNG für dieses im Text eingebundene Objekt wurde aktiviert. Die OPTIONEN FÜR VERANKERTES OBJEKT sind wie in Abbildung 22.19 eingestellt. Das »Vorbeiführen« von Text wirkt nur auf den Text, der dem Objekt folgt, und nicht für die Zeile, in der das Objekt eingesetzt wurde.

Optionen

Bedenken Sie: Alle diese Optionen können Sie jederzeit verändern, indem Sie für ein verankertes Objekt OBJEKT • VERANKERTES OBJEKT • OPTIONEN (oder das gleichnamige Kontextmenü) aufrufen. Lediglich die Eigenschaften des Platzhalters werden dann natürlich nicht mehr angezeigt.

Dabei können die beiden Arten in die jeweils andere umgewandelt werden – dadurch gehen allerdings viele Eigenschaften verloren.

nen, dass ein bestimmtes Objekt plötzlich von einer linken auf eine rechte Seite wechselt. Ein Element in der Marginalspalte, das gerade noch genug Platz fand, könnte bei einem ungünstigen Textumbruch plötzlich der nächsten Seite zugeordnet sein – deren Marginalspalte ist aber bereits gut gefüllt und muss dadurch ebenfalls umorganisiert werden.

Kurz und gut: Diese Objekte sollten ebenfalls im Text verankert werden. Der Unterschied zur bereits beschriebenen Art der verankerten Objekte ist, dass diese Objekte nicht *im* Text mitlaufen und umbrechen, sondern *mit dem* Text. Sie befinden sich in der Regel außerhalb der Textspalte. All diese Probleme können Sie mit den OPTIONEN FÜR VERANKERTE OBJEKTE in BENUTZERDEFINIERT lösen.

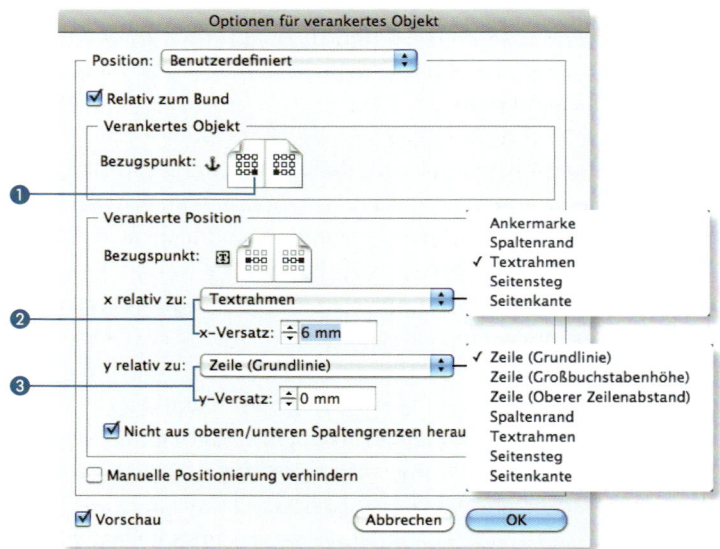

Abbildung 22.21 ▶
Benutzerdefinierte Position: Diese Bildunterschrift ist links vom zugehörigen Bild verankert, auf der linken Seite dient die linke untere Ecke als Bezugspunkt ❶, der sich auf der Seite am Spaltenrand des Haupttextes ausrichtet und 6 mm Abstand zum Textrahmen ❷ einhält. Die Unterkante des Textrahmens liegt auf der gleichen Grundlinie wie das Bild ❸ – deshalb ist der Y-VERSATZ 0 mm.

Die vielen Parameter, die Sie hier einstellen können, stehen alle in Beziehung zueinander. Das macht es schwierig, vorherzusehen, wie sich die verschiedenen Kombinationen auswirken werden – abhängig von den verschiedenen Konstellationen unterscheiden sich manche Parameter tatsächlich nicht voneinander.

Relativ zum Bund | Diese auf den ersten Blick unscheinbar wirkende Option stellt tatsächlich eine großartige Funktion zur Verfügung: Sämtliche Einstellungen, die Sie im Folgenden vornehmen, werden automatisch gespiegelt, und zwar abhängig davon, ob sich das Objekt, das automatisch verschoben wird, auf einer linken oder einer rechten Seite befindet.

Im Pfadtext verankerte Objekte

Sie können auch in Pfadtexten Objekte verankern, allerdings ist dann die Option ABSTAND VOR nicht verfügbar.

Verankertes Objekt | Ein Objekt wird an der Position des Textcursors im Text verankert. Wenn sich der Bezugspunkt bewegt, wird sich auch das verankerte Objekt bewegen, wobei Sie festlegen müssen, welchen horizontalen und vertikalen Abstand es dabei einhalten soll. Damit diese Abstände eindeutig definiert sind, müssen Sie einen Bezugspunkt für das verankerte Objekt festlegen. Dies entspricht den üblichen Einstellungen für Positionen und Dimensionen in InDesign.

Verankerte Position | Der Bezugspunkt für die Abstände zum verankerten Objekt wurde bereits festgelegt – um einen eindeutigen Abstand zu erhalten, muss nun der Bezugspunkt festgelegt werden, von dem aus der jeweilige Abstand gemessen werden soll.

- Bezugspunkt: Dieser Ausgangspunkt kann sich auf die Position im Text oder auf ein Objekt (Rahmen, Spalte …) beziehen, das den Bezugspunkt enthält. Diese Objekte belegen eine Fläche, und deshalb muss festgelegt werden, auf welchen Teil der Fläche sich der Punkt bezieht, ab dem der Abstand zum verankerten Objekt gemessen werden soll. Die Einstellung machen Sie wieder nach dem üblichen Schema, wobei aber in manchen Situationen nicht alle Positionen ausgewählt werden können.
- x relativ zu: Wenn Sie Ankermarke auswählen, wird sich das verankerte Objekt auch in der Horizontalen bewegen können, da die Ankermarke den Punkt festlegt, an dem der Textcursor stand, als Sie das Objekt eingefügt haben. Da diese Position im Text mitläuft, folgt das verankerte Objekt allen Positionsänderungen, die durch Textumbrüche entstehen. Spaltenrand unterscheidet sich von Textrahmen nur dann, wenn der Textrahmen mindestens zwei Spalten enthält. Springt die Ankermarke in die nächste Textspalte, wird sich die horizontale Position des verankerten Objekts verändern; existiert nur eine Spalte, ist der Rand des Rahmens identisch mit dem Rand der Spalte. Seitensteg bedeutet, dass sich der horizontale Abstand des verankerten Objekts auf den Steg der Seite (somit also auf den Seitenspiegel) bezieht. Seitenkante legt die Beschnittkante des Endformats Ihrer Seiten als Bezugspunkt fest.
- x-Versatz: Da nun beide Bezugspunkte für den horizontalen Abstand des verankerten Objekts zur Position im Text festgelegt sind, können Sie hier den Abstand zwischen beiden Bezugspunkten absolut festlegen.
- y relativ zu und y-Versatz: Die Einstellungen für die vertikale Position des verankerten Objekts entsprechen im Wesentlichen

> **Drei oder neun Positionen**
>
> Wenn Sie unter y relativ zu eine Zeilenoption auswählen, wird die vertikale Position des Bezugspunkts eben durch die Zeile definiert, in der sich die Ankerposition befindet – Sie können deshalb nur noch zwischen den drei horizontalen Positionen wählen.

denen der horizontalen Position, allerdings spielt die Ankermarke hier keine Rolle, da sich die vertikale Position aus der Zeile ergibt, in der sich das verankerte Objekt befindet. Dafür können Sie mit den drei Optionen ZEILE (GRUNDLINIE), ZEILE (GROSSBUCHSTABENHÖHE) und ZEILE (OBERER ZEILENABSTAND) festlegen, auf welchen Abstand innerhalb der Zeile sich der Y-VERSATZ beziehen soll.

Während ZEILE (GRUNDLINIE) und ZEILE (GROSSBUCHSTABENHÖHE) übliche Bezugsgrößen in der Typografie sind, erschließt sich der Sinn von ZEILE (OBERER ZEILENABSTAND) nicht unmittelbar. Sie können diese Option verwenden, wenn Sie z. B. ein Bild im Text verankert haben. Da dieses Bild vermutlich über mehrere Zeilen reicht, können Sie eine Ankerposition, die neben dem Bild festgelegt wurde, tatsächlich an die Oberkante des Bildes legen, da die Zeile, in der das Bild steht, tatsächlich über mehrere Textzeilen reicht. Die praktische Bedeutung dieser Funktion erscheint uns eher gering.

Sie finden die Datei »Projektarbeit.indd« im Ordner BEISPIELMATERIAL • KAPITEL_22.

Schritt für Schritt: Ein verankertes Objekt in eine Marginalspalte einfügen

Für diese Schritt-für-Schritt-Anleitung benötigen Sie ein doppelseitiges Dokument, wie Sie es in Kapitel 5, »Neue Dokumente«, erstellt haben.

1 **Dokument einrichten und Bildmaterial bereitstellen**

Falls Sie kein passendes Dokument zur Hand haben, legen Sie unser Projekt anhand der folgenden Dokumentvorgaben an und füllen einige Textspalten mit Text.

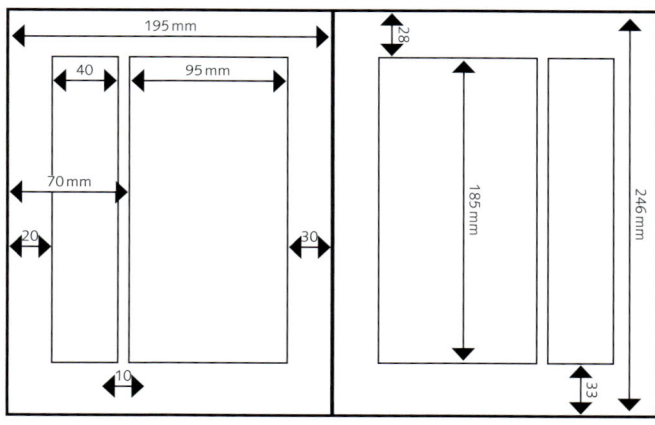

Abbildung 22.22 ▶
Die Projektarbeit aus Kapitel 5 ist ein geeigneter Kandidat, um das Verhalten verankerter Objekte zu testen.

Halten Sie ein Bild bereit, das Sie in den Text einfügen können. Dieses Bild wird im Text mitlaufen, und die dazugehörende Bildunterschrift wird es bei jedem Umbruch in der Marginalspalte begleiten.

2 Bild platzieren und im Text verankern

Laden Sie ein Bild, und platzieren Sie es am besten auf der Montagefläche. Bringen Sie es in eine geeignete Größe, schneiden Sie es aus (Strg+X bzw. ⌘+X), und platzieren Sie den Textcursor im Text. Eine geeignete Stelle wäre im unteren Drittel der Textspalte auf der linken Seite – so können Sie das Verhalten des Bildes beim Umbruch auf die rechte Seite leicht überwachen. Erzeugen Sie einen neuen Absatz, und setzen Sie den Zeilenabstand dieses Absatzes auf AUTOM. Setzen Sie das Bild nun in diesen Absatz ein (Strg+V bzw. ⌘+V). Damit sollte das Ergebnis in etwa so aussehen wie in Abbildung 22.23:

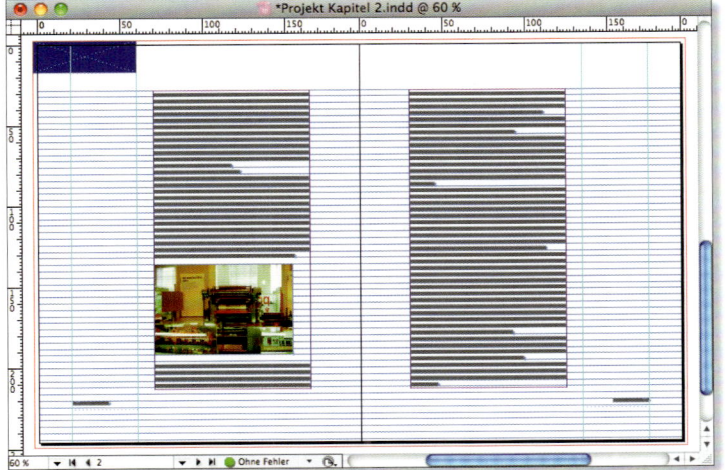

◄ **Abbildung 22.23**
Das Bild ist im Text verankert und läuft nun bei Textumbrüchen wie ein eigenständiger Absatz in der Textspalte weiter, solange es genügend Platz findet.

Das Bild läuft nun im Text mit – fügen Sie oberhalb des Bildes zusätzlichen Text ein, und beobachten Sie, wie das Bild auf die rechte Seite umbricht, sobald es in der Spalte auf der linken Seite keinen Platz mehr findet. Dadurch können sich natürlich Textspalten ergeben, die nicht vollständig gefüllt sind.

3 Bildunterschrift erstellen

Erstellen Sie einen Textrahmen mit den Dimensionen 40 x 20 mm, und legen Sie die Bildunterschrift an. Unsere Marginalspalte ist 40 mm breit – dieser Textrahmen wird also genau in die Spalte passen. Die Höhe wird später je nach Platzbedarf der Bildunterschrift angeglichen.

4 Verankertes Objekt einfügen und einrichten

Kopieren Sie den Textrahmen in die Zwischenablage, platzieren Sie dann den Textcursor neben dem Bild – verwenden Sie nötigenfalls die Pfeiltasten –, und setzen Sie den Rahmen aus der Zwischenablage in den Text ein. Objekte, die aus der Zwischenablage eingesetzt werden, werden von InDesign zunächst über der Zeile eingefügt. Rufen Sie OBJEKT • VERANKERTES OBJEKT • OPTIONEN auf, und nehmen Sie alle Einstellungen so vor, wie in Abbildung 22.24 gezeigt. Danach klicken Sie auf OK.

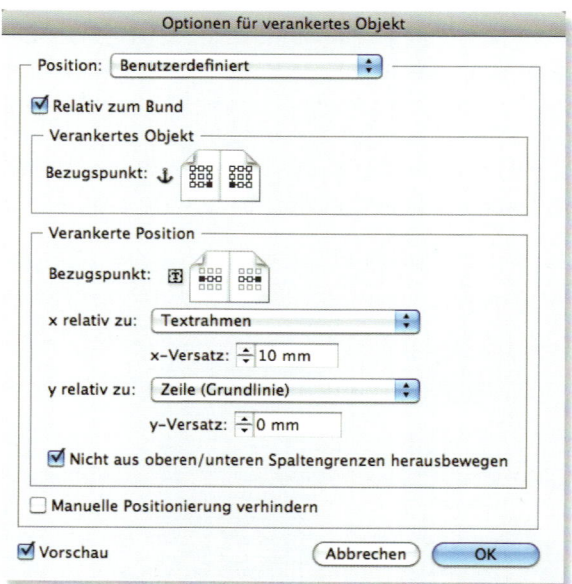

Abbildung 22.24 ▶
Die Position des neuen Objekts wird automatisch am Bund gespiegelt. Es wird durch den X-VERSATZ gleich neben dem Steg zwischen Haupttext- und Marginalspalte platziert. Sollte das bei Ihnen nicht der Fall sein, haben Sie die Bezugspunkte vermutlich falsch eingestellt.

Korrigieren Sie eventuell die Höhe des Rahmens. Da wir die Option MANUELLE POSITIONIERUNG VERHINDERN nicht aktiviert haben, können Sie den Rahmen z. B. in seiner vertikalen Position versetzen. Halten Sie dazu die ⇧-Taste gedrückt, um die horizontale Position nicht zu verändern.

5 Objektinformationen einblenden

Der neue verankerte Rahmen ist mit einem Anker an seinem Ursprungspunkt gekennzeichnet, siehe Abbildung 22.25.

Abbildung 22.25 ▶
Hier ist die Ankermarke deutlich zu sehen, da sie direkt neben dem Bild steht und deshalb in der Größe an das Bild angepasst wird. Steht die Ankermarke im Text, wird sie an die Größe des Texts angepasst.

Falls das Ankersymbol nicht angezeigt wird, rufen Sie Ansicht • Extras • Rahmenkanten einblenden auf. Wählen Sie Ansicht • Extras • Textverkettungen einblenden, um die virtuelle Verbindungslinie zwischen den beiden Ursprüngen der Verankerung vom Text zum Objekt sichtbar zu machen, sobald Sie das verankerte Objekt ausgewählt haben. Die Ankermarke im Text wird angezeigt, wenn Sie Schrift • Verborgene Zeichen einblenden aktivieren.

6 Umbruch testen

Fügen Sie nun oberhalb des Bildes Text – oder einfach ein paar Leerzeilen – ein, und beobachten Sie, wie sowohl das Bild als auch die Bildunterschrift auf der Seite weiterrücken. Sobald das Bild auf der linken Seite keinen Platz mehr findet, wird es in die rechte Seite umbrochen, wobei die Bildunterschrift automatisch mit dem Bild umbrochen und korrekt in der Marginalspalte der rechten Seite platziert wird.

Sofern Sie als Ausrichtung für die Bildunterschrift Am Bund ausrichten gewählt haben, sollte sich der rechtsbündige Text auf der linken Seite in einen linksbündigen Text auf der rechten Seite verwandeln. ■

> **Schrift in Pfade umwandeln**
> Wenn Sie die Funktion Schrift • In Pfade umwandeln nur auf einen ausgewählten Text in einem Textrahmen anwenden und nicht auf den Textrahmen selbst, dann wird das Ergebnis als Eingebunden im Text verankert.

Verankerte Objekte und Zeilenabstand | Wenn Sie ein Objekt so, wie in Schritt 2 beschrieben, in einen Absatz einsetzen, hängt der Platz, der dem Objekt zugewiesen wird, davon ab, ob Sie für den Text des Absatzes einen fixen oder einen automatischen Zeilenabstand eingestellt haben.

Bei einem fixen Zeilenabstand steht das Objekt in der Zeile und verdeckt den Text oberhalb, weil der Zeilenabstand in diesem Fall von InDesign nicht verändert wird. Ist der Zeilenabstand dagegen auf Autom. gesetzt, wird er von InDesign so angepasst, dass das Objekt Platz zwischen den Absätzen findet, den Text also vollständig verdrängt.

Objektformate | Da doch einige Einstellungen – und in der Regel für alle Objekte gleich – vorzunehmen sind, brauchen Sie noch einen Mechanismus, der es Ihnen ermöglicht, auch die Optionen für verankerte Objekte mit einem Mausklick zuzuweisen. Dieser Mechanismus heißt Objektformate, und Sie haben ihn im vorherigen Abschnitt bereits kennengelernt. Die Optionen für verankertes Objekt finden Sie bei der Definition von Objektformaten in einem eigenen Abschnitt. Wir empfehlen, zuerst manuell einen Prototyp einzurichten und aus diesem Prototyp ein Objektformat abzuleiten, indem Sie das verankerte Objekt auswählen und dann ein neues Objektformat anlegen.

22.2.4 Verankertes Objekt lösen

Wenn Sie den Text, der die Verankerung eines Objekts enthält, löschen, wird auch das verankerte Objekt entfernt – schließlich ist es ja nichts anderes als ein einzelnes Zeichen im Text. Um das verankerte Objekt zu erhalten, müssen Sie es auswählen und die Funktion OBJEKT • VERANKERTES OBJEKT • LÖSEN aufrufen. Die Verbindung zwischen Text und Objekt wird aufgehoben, das Objekt jedoch bleibt erhalten.

Wenn Sie das verankerte Objekt selbst löschen, wird die Verbindung zum Text selbstverständlich auch aufgelöst und die Position der Verankerung im Text gelöscht.

Wenn Sie Text, in dem ein Objekt verankert ist, ausschneiden und an einer anderen Position wieder einfügen, wird das verankerte Objekt natürlich ebenfalls kopiert. Zwischen zwei Dokumenten mit unterschiedlichen Satzspiegeln kann das zu unerwarteten Ergebnissen führen.

> **Lösen funktioniert nicht**
>
> Die Funktion LÖSEN kann nicht auf Objekte angewendet werden, die EINGEBUNDEN ODER ÜBER ZEILE im Text verankert sind.

23 Text suchen und korrigieren

Es gibt eine Reihe von Gründen, einen Text zu durchsuchen: Entweder haben Sie einen Text »verlegt« (»Wo habe ich eigentlich zuletzt in meinem Text das Finanzamt verflucht?«), oder Sie möchten einen Text inhaltlich oder auch gestalterisch verändern – nur wo steht dieser Text eigentlich? Oder Sie suchen Texte, die zweifelhaft sind (Rechtschreibung, Wortwiederholungen). Mit InDesign sind Sie für alle diese Fälle gerüstet.

23.1 Das Fundbüro: Suchen/Ersetzen

Sie werden in der Folge mit drei unterschiedlichen Konzepten der textbezogenen Suchen vertraut gemacht. Die Suche nach Objekten und deren Eigenschaften behandeln wir in Abschnitt 22.1.7, »Nach Objektformaten suchen«, ab Seite 575.

23.1.1 Die Möglichkeiten

Grundsätzlich müssen wir unterscheiden, ob eine Suche nach einem statischen Text (Abfolge von Zeichen) durchgeführt wird oder ob auch die Eigenschaften eines Textes in die Suche einfließen sollen. Schließlich können wir noch nach einzelnen Glyphen suchen, wofür es in alphabetischen Schriftsystemen allerdings kaum eine Notwendigkeit gibt. InDesign bezeichnet diese drei Bereiche als:

- **Text:** Ein statischer Text wird gesucht und gegebenenfalls gegen einen anderen statischen Text ausgetauscht und/oder mit einer Formatierung versehen. Wortteile werden dabei standardmäßig wie einzelne Wörter behandelt, sofern dieses Verhalten nicht explizit abgeschaltet wird.
- **GREP:** Der zu suchende Text kann »weichgezeichnet« werden. Dabei werden Bedingungen festgelegt und Eigenschaften des Texts abgefragt – z. B. an welcher Stelle im Wort ein Textstring steht. Auch ob und wie ein Text ersetzt wird, kann von Bedingungen abhängig gemacht werden.
- **Glyphe:** In einem lateinischen Zeichensatz ist eine Glyphe gleichbedeutend mit einem einzelnen druckbaren Zeichen.

> **Grundwissen?**
> Wir ersparen Ihnen (und uns) an dieser Stelle eine grundlegende Erklärung, was mit Suchen und Ersetzen gemeint ist und wie es prinzipiell funktioniert.
> Möglicherweise haben Sie Erstkontakt mit InDesign, aber wir gehen davon aus, dass Ihnen die grundlegenden Methoden der Textverarbeitung bekannt sind. Andernfalls wären Sie sicher nicht bis zu dieser Stelle des Buches vorgedrungen.

Nach solchen Zeichen können Sie auch mit den obigen beiden Methoden suchen. In Schriftsystemen wie z. B. dem chinesischen sind Glyphen allerdings gleichbedeutend mit ganzen Wörtern. Eine Suche eines bestimmten Wortes muss also über eine einzelne Glyphe definiert werden, und diese Glyphen müssen leicht in die Suche einzugeben sein.

23.1.2 Das Suchen/Ersetzen-Fenster

Was auch immer Sie in Ihren InDesign-Dokumenten suchen, alle dazu nötigen Funktionen finden Sie im Suchen/Ersetzen-Fenster, das Sie über Bearbeiten • Suchen/Ersetzen oder über [Strg]+[F] bzw. [⌘]+[F] aufrufen können. Dieses Fenster ist »schwebend« ausgeführt – das heißt, Sie könnten es eigentlich immer offen halten und trotzdem Ihr Dokument bearbeiten. Allerdings erübrigt sich das aufgrund der Größe.

Abbildung 23.1 ▶
Das Suchen/Ersetzen-Fenster: Über Mehr Optionen ⑫ können noch die Funktionen für die Suche nach Textformatierungen eingeblendet werden – Sie kennen sie bereits aus Kapitel 19, »Textformatierung«.

Eine fertig ausformulierte Suche kann ziemlich kompliziert werden. Deshalb haben Sie – wie fast überall in InDesign – die Möglichkeit, Ihre Suche zu speichern ❼ 💾. Gespeicherte Suchen nennt InDesign Abfrage ❶, und sie können im gleichnamigen Menü ausgewählt werden. Sobald hier eine Abfrage ausgewählt ist, kann sie auch wieder gelöscht werden ❼ 🗑. Solange Sie Ihre Suchabfrage frei formulieren, steht das Menü auf [Benutzerdefiniert]. Die Art der Suche ❷ entscheidet über die Möglichkeiten und Funktionen der Suche. Text und GREP unterscheiden sich nur geringfügig in der Oberfläche, Glyphe erfordert wie gesagt eigene Methoden. Einige Funktionen und Attribute haben jedoch alle Arten gemeinsam.

Vordefinierte Abfragen

Im Menü Abfrage finden Sie drei Bereiche mit vordefinierten Suchabfragen für Text, GREP und Objekt. Gerade die Abfragen für GREP sind zumindest interessant, einmal anzusehen – sie sind gute Beispiele dafür, worauf Sie sich bei GREP einlassen müssen.

23.1.3 Gemeinsame Funktionen

Hier wäre zunächst einmal die Möglichkeit zu nennen, das gesuchte Textelement in Suchen nach ❸ festzulegen. Soll der gefundene Text ausgetauscht werden, legen Sie den Ersatztext in

Ändern in ❹ fest. In beiden Eingabefeldern können Sie schwer einzugebende Sonderzeichen aus dem Menü 🔍 auswählen. InDesign führt über die Einträge in diesen Eingabefeldern für Sie Protokoll. Die zuletzt verwendeten Begriffe können über die Menüs der beiden Felder aufgerufen werden. Darüber hinaus können Sie Abfragen natürlich auch aus der Zwischenablage in die Eingabefelder kopieren.

Durchsuchen | Die Reichweite der Suche wird über Durchsuchen ❺ festgelegt. Alle Dokumente durchsucht alle Texte in allen derzeit geöffneten Dokumenten. Dokument beschränkt sich auf alle Texte im aktuellen Dokument. Textabschnitt durchsucht nur den Textfluss – das sind alle verketteten Textrahmen –, in dem derzeit der Textcursor steht. Sie können diese Suche auch auf den Text von der aktuellen Position des Textcursors Bis zum Ende des Textabschnitts eingrenzen. Wenn Sie einen Text ausgewählt haben, taucht ein weiterer Menüpunkt (Auswahl) auf, mit dem Sie die Reichweite der Suche also gezielt einschränken können.

Anwenden der Suche auf | Auf welche Elemente des Dokuments die Suche angewendet wird, legen Sie über die Symbolleiste ❻ fest, wobei alle Arten der Suche die folgenden fünf Optionen kennen (die Textsuche hat zwei mehr – siehe nächste Seite):

- Gesperrte Ebenen einbeziehen (nur »Suchen«) 🔒: Bei einer reinen Suche können gesperrte Ebenen selbstverständlich mit durchsucht werden. Einen gefundenen Text können Sie genauso selbstverständlich nicht ersetzen.
- Gesperrte Textabschnitte und Objekte einschliessen (nur für »Suche«) 🔒: Das Gleiche gilt für gesperrte Textabschnitte, mit denen Sie aber nur in Redaktionssystemen, in Verbindung mit InCopy und bei VersionCue in Berührung kommen können.
- Ausgeblendete Ebenen und Objekte einschliessen 👁: Ob Sie einen derzeit nicht sichtbaren Text suchen und gegebenenfalls ersetzen wollen, hängt zumeist davon ab, ob dieser Text jemals wieder sichtbar sein soll. Wenn nicht, stellt sich allerdings die Frage, warum er existiert.
- Musterseiten einbeziehen 📄: Diese Option dürfte selbsterklärend sein, genauso wie:
- Fussnoten einbeziehen 📄: Entscheiden Sie nach Ihren Bedürfnissen und je nachdem, ob Textteile in diesen Dokumentbereichen überhaupt existieren.

Mit einem Klick auf Suchen ❽ starten Sie Ihre Suche. Wenn ein Treffer erzielt wurde, wird Ihnen die Fundstelle im Dokument-

---

HINWEIS

Gespeicherte Abfragen sind Ihrem Arbeitsplatz zugeordnet und nicht einem Dokument. Da sie aber als XML-Dateien im InDesign-Programmordner in Presets/Find-Change Queries gespeichert sind (dort finden Sie die Ordner GREP, Object und Text), können Sie diese Dateien zwischen Arbeitsplätzen austauschen.

Schalter

Die Symbole in der Leiste ❻ funktionieren wie Schalter. Ein Klick auf ein Symbol aktiviert die Option, ein weiterer Klick deaktiviert sie wieder.

Gesperrte Textabschnitte

Sie haben keine Möglichkeit, direkt in InDesign einen Textabschnitt zu sperren. Wenn Sie jedoch mit InCopy arbeiten, kann das der Administrator tun, der nur die Teile des Dokumentes für Sie freigibt, die Sie auch bearbeiten müssen. Alle anderen Teile des Dokuments sehen Sie zwar und können Sie auch durchsuchen, aber eben nicht verändern.

Wenn Sie mit dem Adobe-eigenen Versionsverwaltungssystem VersionCue arbeiten, kann es sein, dass Sie gerade ein Dokument geöffnet haben, das aber von einem anderen Mitglied Ihrer Arbeitsgruppe vor Ihnen geöffnet wurde und derzeit bearbeitet wird. Auch in diesem Fall können Sie zwar im Dokument suchen, aber Ihrem Kollegen nicht Textteile unter den Fingern wegziehen.

fenster angezeigt und die Textstelle ausgewählt. Sie können dann entweder auf Ändern ❾ klicken (sofern Sie einen Ersatztext eingegeben haben) oder auf Weitersuchen – der Button Suchen ❽ wird nun so genannt, bis keine Treffer mehr erzielt werden. Wenn Sie nicht jede Änderung einzeln bestätigen wollen, klicken Sie auf Alle ändern ❿, und alle Treffer werden in einem Arbeitsgang auf den neuen Text umgestellt. Um den Treffer auszutauschen und anschließend gleich den nächsten zu suchen, klicken Sie auf Ersetzen/Suchen ⓫.

23.2 Textsuche

Eine Textsuche kann sich einerseits auf den Inhalt des Textes beschränken, andererseits aber auch sämtliche Formatierungsoptionen und andere Attribute, wie z. B. die zugewiesene Sprache, berücksichtigen.

23.2.1 Text

Das Suchen und Ersetzen von statischem Text sollte nach der Beschreibung der Grundfunktionen eigentlich schon für Sie durchführbar sein. Allerdings müssen wir noch drei Ergänzungen anbringen.

Schreibweisen | Zunächst verfügt die Textsuche über die beiden zusätzlichen Funktionen Gross-/Kleinschreibung beachten [Aa] und Ganzes Wort [≣]. Wenn Sie beispielsweise einen Text über InDesign setzen wollen (so etwas soll vorkommen), müssen Sie bei diesem Produktbegriff auf die exakte Schreibweise achten. Wenn der Autor des Textes aber immer oder gelegentlich »Indesign« verwendet, kann eine Suche nach dieser falschen Schreibweise mühsam sein, weil der Begriff »InDesign« vermutlich öfter vorkommen wird.

Wenn Sie nach der exakten Falschschreibung – also mit einem kleinen d – suchen wollen, müssen Sie die Option Gross-/Kleinschreibung beachten [Aa] aktivieren. Ansonsten liefert die Suche auch alle korrekten Schreibweisen.

Wie wir schon erwähnt haben, betrachtet InDesign den Suchbegriff grundsätzlich als beliebigen Teil des Textes, in dem gesucht wird. Der Begriff »Feld« wird sowohl in »Eingabefeld« als auch in »Bedienfeld« als auch in »Feldtheorie« gefunden. Soll der Begriff nur als eigenständiges Wort gefunden werden, aktivieren Sie die Option Ganzes Wort [≣].

> **Textvariablen**
>
> Sie können zwar nach allen verschiedenen Textvariablen suchen (Menü [@] · Variablen), nicht aber nach deren Inhalt.

> **Ganzes Wort**
>
> Ein eigenständiges Wort wird von InDesign dann erkannt, wenn es von jeder Art von Weißraum (inklusive Tabulatoren) oder von beliebigen Satzzeichen begrenzt wird. Bedingte Zeichen, wie z. B. das bedingte Trennzeichen, begrenzen ein Wort jedoch nicht.

Platzhalter | In den Menüs @ der beiden Eingabefelder finden Sie sämtliche Sonderzeichen, die InDesign anbietet. Bei der Suche gibt es einen zusätzlichen Eintrag PLATZHALTER. Hier können Sie noch vier »Sonderzeichen« in Ihre Suche einsetzen, die es als druckbare Zeichen in dieser Form nicht gibt. BELIEBIGE ZIFFER steht für jede Ziffer im Bereich 0 bis 9, BELIEBIGER BUCHSTABE für jedes Zeichen des Alphabets, nicht jedoch für Satzzeichen oder Leerräume. Diese können Sie unabhängig von ihrer Breite oder Funktion über ALLE LEERRÄUME einsetzen. Aber Vorsicht: Der normale Wortzwischenraum ist hier nicht inkludiert. Um nach diesem zu suchen, müssen Sie im Feld SUCHEN NACH ganz normal die Leertaste benutzen. Zwischen allen anderen Leerzeichen – Geviert und Bruchteile davon – wird jedoch nicht unterschieden.

All diese Sonderzeichen werden von InDesign in ihrer internen Darstellung formuliert. Der Platzhalter für ALLE LEERRÄUME liest sich somit als ^w. Lassen Sie sich nicht von dieser Darstellung verwirren. Sollten Sie öfter nach gleichartigen Zeichen suchen, können Sie sich die Codierung dieser Zeichen merken und direkt in das Suchfeld eintragen und sparen sich somit das »Zusammenklicken« der Suchbegriffe.

Inhalt der Zwischenablage | Auch das Menü @ des ÄNDERN IN-Eingabefelds kann mit interessanten Zusatzfunktionen aufwarten. Hier finden Sie unter ANDERE die beiden zusätzlichen Funktionen INHALT DER ZWISCHENABLAGE, FORMATIERT (^C) und INHALT DER ZWISCHENABLAGE, UNFORMATIERT (^C).

Die Namen der beiden Funktionen beschreiben sehr gut, was sie tun, das wirklich Interessante daran ist jedoch, dass sich in der Zwischenablage auch etwas anderes als Text befinden kann. Mit diesen Funktionen können Sie somit auch Text gegen im Text verankerte Objekte, wie Bilder, austauschen.

Um dies zu verdeutlichen, gehen wir von folgender Problemstellung aus: Es gibt eine Reihe von Magazinen, die sich dem Genuss widmen. Dabei geht es um eine bestimmte Lebensart und bestimmte Luxusartikel wie z. B. Wein, edle Brände oder Tabakwaren, wie Zigarren und Pfeifentabak. Die verschiedenen Produkte werden in Form von »Tastings« beschrieben und bewertet, damit der Connaisseur auch weiß, was ihn erwartet – ein solches Tasting sehen Sie in Abbildung 23.2. Die Bewertungen des – in diesem Fall – Pfeifentabaks werden in der Texterfassung über Sternchen (von * bis *****) formuliert, die gegen etwas ausgetauscht werden sollen, was etwas mehr mit dem Produkt zu tun hat.

Alternative Datumsformate

Um in einem Text Datumsangaben im EDV-freudlichen ISO 8601-Datumsformat – also JJJJ-MM-TT – zu suchen, verwenden Sie ^9^9^9^9-^9^9-^9^9. Um das Datum auf das deutsche Format TT.MM.JJJJ umzustellen, benötigen Sie jedoch GREP.

Eine Übersicht aller Text-Sonderzeichen für die Suche finden Sie auf der Buch-DVD in ZUSATZKAPITEL • C_TASTENKUERZEL.PDF.

Jahrestabak 2009

Stärke: **
Volumen: ****
Aroma: ***
Raumnote: *****

Der Tabakspiegel besticht durch eine bunte Mischung aus hellen Virginias und schwarzem Black Cavendish. Der Tabak duftet nach Himbeeren und Zimt, die Raumnote ist süß und sehr intensiv.

Jahrestabak 2009

Stärke: 🍃🍃
Volumen: 🍃🍃🍃🍃
Aroma: 🍃🍃🍃
Raumnote: 🍃🍃🍃🍃🍃

Der Tabakspiegel besticht durch eine bunte Mischung aus hellen Virginias und schwarzem Black Cavendish. Der Tabak duftet nach Himbeeren und Zimt, die Raumnote ist süß und sehr intensiv.

▲ **Abbildung 23.2**
In der Bewertung dieses Luxusartikels sollen die profanen Sternchen (oben) gegen Tabakblätter ausgetauscht werden (unten).

Schritt für Schritt: Text gegen Bild austauschen

🔘 Die Datei »Tasting.indd« finden Sie im Ordner BEISPIEL-MATERIAL • KAPITEL_23.

Auf der DVD zu unserem Buch finden Sie die notwendigen Materialien, um diese Anleitung nachzuvollziehen, im Dokument »Tasting.indd«.

1 Datei öffnen
Öffnen Sie die Datei »Tasting.indd«. Sie finden hier die typografisch schon fertig gestaltete Version (Abbildung 23.2 oben) und das Symbol der Tabakblätter bereits in der richtigen Größe. Es handelt sich dabei um eine Vektorgrafik aus InDesign-Vektoren.

2 Suche vorbereiten
Wählen Sie das Symbol 🍃 in der Vorlage aus, und kopieren Sie es in die Zwischenablage mit ⌜Strg⌝+⌜C⌝ bzw. ⌜⌘⌝+⌜C⌝ oder über ABLAGE • KOPIEREN. Setzen Sie den Textcursor in den Rahmen, der noch die Bewertungen mit den Sternchen enthält.

3 Suchoptionen einstellen
Öffnen Sie das SUCHEN/ERSETZEN-Fenster über ⌜Strg⌝+⌜F⌝ bzw. ⌜⌘⌝+⌜F⌝ oder den Befehl BEARBEITEN • SUCHEN/ERSETZEN. Nehmen Sie die Einstellungen gemäß Abbildung 23.3 vor:

Abbildung 23.3 ▶
Führen Sie SUCHEN/ERSETZEN mit diesen Einstellungen aus. Beachten Sie besonders, dass es in einem solchen Fall sinnvoll ist, die Suche auf den Textabschnitt zu beschränken.

Setzen Sie in ÄNDERN IN über 📋 das Zeichen ANDERE • INHALT DER ZWISCHENABLAGE, FORMATIERT ein. Da die Zwischenablage ein Bild enthält, sollte die Formatierung eigentlich keine Rolle spielen. Wenn Sie den Inhalt unformatiert einsetzen, funktionieren aber gruppierte Objekte nicht richtig.

4 Suchen/Ersetzen ausführen
Klicken Sie zunächst auf SUCHEN, und beobachten Sie, dass InDesign nun den ersten Stern markiert. Um diesen Stern austauschen zu lassen, klicken Sie auf ÄNDERN – statt des Sterns steht

nun die Abbildung im Text. Um die Sache zu beschleunigen, klicken Sie auf ALLE ÄNDERN.

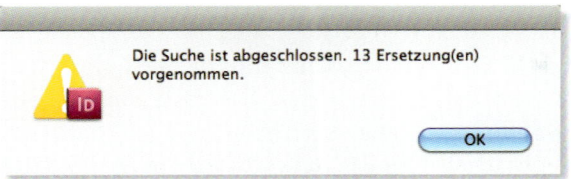

◀ **Abbildung 23.4**
Wenn Sie ALLE ÄNDERN benutzen, meldet InDesign Ihnen, wie viele Änderungen durchgeführt wurden. 14 Sternchen waren vorhanden, eines haben wir allerdings über ÄNDERN ausgetauscht.

Sobald alle Änderungen durchgeführt sind, informiert InDesign Sie über die Anzahl der ausgetauschten Treffer. ■

In Abschnitt 19.4.7, »GREP-Stile«, haben wir Ihnen gezeigt, wie Sie »das leidige Quadratmeter-Problem« mit einem GREP-Stil lösen können. Die Voraussetzung dafür war, dass Sie entweder eine OpenType-Schrift und deren Layout-Feature HOCHGESTELLT verwenden oder bereit sind, die typografisch nicht sehr günstige Funktion HOCHGESTELLT von InDesign zu verwenden. Die meisten Schriften (also auch Type 1 und TrueType) verfügen jedoch über das Zeichen ², das Sie leicht im Glyphen-Bedienfeld finden.

Sie können also einmal die korrekte Darstellung »m²« herstellen und in die Zwischenablage kopieren. Suchen Sie dann nach dem Text »m2«, und ersetzen Sie ihn durch den INHALT DER ZWISCHENABLAGE, FORMATIERT. Sie benötigen in diesem Fall also weder eine OpenType-Schrift noch ein Zeichenformat noch einen GREP-Stil und erreichen trotzdem ein typografisch korrektes Ergebnis.

23.2.2 GREP

Der Abschnitt GREP unterscheidet sich rein optisch von TEXT nur darin, dass die beiden Funktionen GROSS-/KLEINSCHREIBUNG BEACHTEN und GANZES WORT hier fehlen. Diese Vorgaben werden direkt im regulären Ausdruck formuliert und können dort auf Teile einer Suche beschränkt werden.

Die entsprechenden Codes finden Sie in . • MODIFIZIERER • NICHT ZWISCHEN GROSS- UND KLEINSCHREIBUNG UNTERSCHEIDEN bzw. ZWISCHEN GROSS- UND KLEINSCHREIBUNG UNTERSCHEIDEN. Die restliche Handhabung der Suche entspricht ansonsten der Textsuche.

Der Vorteil von GREP ist jedoch, dass Sie nicht nach statischen Texten suchen, sondern zumeist nach Textmustern. Die Textsuche beherrscht zwar einige allgemeine Platzhalter, kann sie aber nicht flexibel austauschen. Anderseits kann GREP natürlich auch

Eine Übersicht über alle Zeichen und Funktionen, die Sie mit der GREP-Implementierung in InDesign verwenden können, und deren Codierung finden Sie auf der Buch-DVD in ZUSATZKAPITEL • C_TASTENKÜRZEL.PDF.

statisch Texte suchen, aber das wäre ja nicht neu – Sie sehen, die Übergänge sind fließend.

Vor der Komplexität von GREP und regulären Ausdrücken haben wir Sie schon mehrfach gewarnt. Auch an dieser Stelle ist es nicht möglich, das Thema umfassend zu behandeln. Wir beschränken wir uns hier auf ein Beispiel: Wenn Sie einen Katalog eines Reisebüros setzen, erhalten Sie die Texte zumeist direkt aus der Buchungsdatenbank, und wie es bei Datenbanken üblich ist, sind die darin enthaltenen Datumsangaben im EDV-freundlichen ISO 8601-Datumsformat verfasst. Datumsangaben gibt es bei Reiseveranstaltern naturgemäß reichlich.

Mit der Textsuche können Sie ein so formatiertes Datum zwar finden (siehe den Kasten »Alternative Datumsformate« auf Seite 595), müssten es aber dann manuell ändern. Hier kommt GREP ins Spiel, weil Sie damit nicht nur das Textmuster erkennen, sondern auch die Ersetzung des Textes flexibel halten können.

Um das auszuprobieren, erstellen Sie einen Text und spicken ihn mit Datumsangaben wie »2010/08/17«, also im Format JJJJ/MM/TT. Rufen Sie die Suche auf ([Strg]+[F] bzw. [⌘]+[F]), und schalten Sie in den Bereich GREP:

> **Datumsformate**
>
> Das EDV-freundliche und gelegentlich im englischen Sprachraum verwendete Datumsformat Jahr/Monat/Tag ist im deutschsprachigen Raum nicht gebräuchlich – bzw. nur im EDV-Bereich, weil solche Daten sehr einfach sortiert werden können. In Lesetexten wird natürlich das Format Tag.Monat.Jahr verwendet.

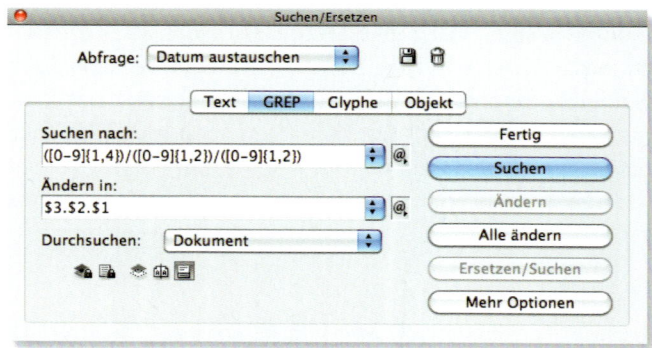

Abbildung 23.5 ▶
Die Suche (ABFRAGE) wurde bereits unter dem Namen »Datum austauschen« gespeichert und steht nun in allen Dokumenten zur Verfügung.

Der hier in SUCHEN NACH verwendete reguläre Ausdruck ist folgendermaßen zu lesen:

▶ **([0-9]{1,4})**: Gesucht werden alle Zahlen zwischen 0 und 9, und zwar egal, ob sie ein-, zwei-, drei- oder vierstellig daherkommen. Dies ist der erste Teil des Treffers, der für sich allein betrachtet wird. {1,4} bedeutet »eine Stelle bis maximal vier Stellen«.

▶ **/([0-9]{1,2})**: Der zweite Teil des Treffers besteht aus einem Schrägstrich und umfasst in der Folge nur noch ein- oder zweistellige Zahlen.

▶ **/([0-9]{1,2})**: Genauso ist es mit dem dritten Teil des Treffers.

> **Runde Klammern**
>
> Die runden Klammern umfassen die drei gesuchten Teile und begrenzen, was wir zur Weiterbearbeitung von GREP geliefert bekommen – da wir die Schrägstriche nicht brauchen, stehen sie also nicht in den Klammern.

Diese drei Teile werden, sofern sie in dieser Reihenfolge gefunden werden, in drei getrennten Variablen abgelegt. Das ÄNDERN IN erfolgt hier einfach, indem festgelegt wird, dass zuerst der dritte Teiltreffer ($3 – die Tage), dann ein Punkt, dann der zweite Teiltreffer ($2 – der Monat) und ein Punkt und schließlich der erste Teiltreffer ($1 – das Jahr) an der Position des gesamten gefundenen Texts eingesetzt werden soll. Das Datum wird somit in die Schreibweise TT.MM.JJJJ umgewandelt.

Sie können nun wie gewohnt SUCHEN, ÄNDERN oder ALLE ÄNDERN. Bei ALLE ÄNDERN teilt Ihnen InDesign am Ende wieder mit, wie viele Änderungen vorgenommen wurden.

23.2.3 Formatierte Texte suchen

In den beiden Abschnitten TEXT und GREP können Sie MEHR OPTIONEN einblenden und somit die Optionen zur Suche nach formatierten Texten aktivieren. Wie Sie dabei vorgehen müssen, haben wir Ihnen bereits in Abschnitt 19.5.5, »Formate suchen und ersetzen«, gezeigt.

An dieser Stelle deshalb nur noch folgender Hinweis: Wenn Sie nach einem Text *und* seiner Formatierung suchen, werden Sie auch nur Treffer erhalten, wenn der Text in genau dieser Formatierung vorliegt. Das klingt zwar banal, führt aber in der Praxis zumeist dazu, dass kein Text gefunden wird. Sie müssen in umfangreichen Dokumenten schon sehr genau wissen, wo welcher Text wie formatiert sein könnte, um Treffer zu erhalten (dann brauchen Sie die Suche aber vermutlich gar nicht). In kurzen Dokumenten dagegen brauchen Sie kaum so feine Suchmethoden.

> **Abweichende Syntax!**
>
> Falls Sie mit GREP bereits vertraut sind, werden Sie einwenden, dass in unserem Beispiel einige Sonderzeichen geradezu fahrlässig eingesetzt sind und der reguläre Ausdruck eigentlich nicht funktionieren dürfte.
>
> Stimmt! Allerdings handhabt InDesign die GREP-Syntax sehr locker. So soll es offensichtlich Nicht-Technikern einfacher gemacht werden, damit zu arbeiten. Leider bringt das auch mit sich, dass die gängigen Syntax-Beschreibungen oft nicht direkt anwendbar sind.

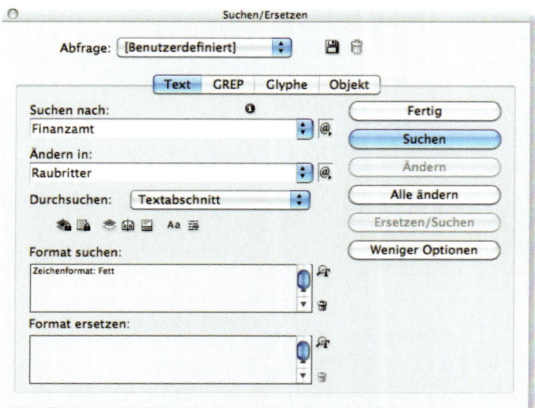
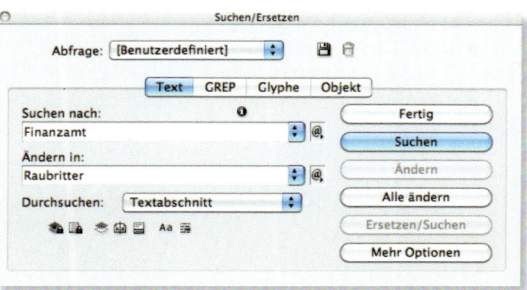

◄ ▲ **Abbildung 23.6**
Achten Sie immer darauf, ob im SUCHEN/ERSETZEN-Fenster das Symbol ❶ auftaucht, das Sie darauf hinweist, dass Sie eine kombinierte Text/Format-Suche durchführen.

Fatal kann sich diese Tatsache aber dann auswirken, wenn Sie an mehreren Dokumenten arbeiten und in Dokument 1 eine Text-

> **TOP-TIPP**
> **Treffer, aber keine Fundstelle?**
>
> Wenn Sie einen Text schrittweise über einzelne Klicks auf SUCHEN durchsuchen, könnte es sein, dass sich die Suche zwar normal verhält, aber keine Fundstelle angezeigt wird. Sehen Sie sich das SUCHEN/ERSETZEN-Fenster genau an. Wenn neben SUCHEN NACH (ÜBERSATZTEXT) angezeigt wird, ist der Text zwar vorhanden, kann aber verständlicherweise nicht angezeigt werden.
> Um die Fundstelle zu sehen, schalten Sie in den Textmodus um: [Strg]+[Y] bzw. [⌘]+[Y].

mit einer Zeichenformat-Suche kombinieren und dann z. B. MEHR OPTIONEN ausschalten und zu Dokument 2 wechseln, wo es das gesuchte Zeichenformat gar nicht gibt. InDesign merkt sich in diesem Fall nämlich die Einstellungen der Format-Suche, und Sie werden auch dann keinen Text in Ihrem Dokument finden, wenn dieses nur aus dem gesuchten Text besteht.

InDesign macht Sie auf dieses mögliche Problem durchaus aufmerksam. Aber leider sehr dezent. Sobald Sie nach einer Formatierung suchen, wird neben SUCHEN NACH das Symbol ⓘ eingeblendet, und zwar unabhängig davon, ob Sie MEHR OPTIONEN oder WENIGER OPTIONEN verwenden.

23.2.4 Glyphen suchen

Sie lesen dieses Buch auf Deutsch – das deutet darauf hin, dass Sie InDesign vermutlich im westlichen Kulturkreis einsetzen. Wenn dem so ist, dann werden Sie die GLYPHE-Suche selten oder nie brauchen, da sie bei der Verwendung von alphabetischen Schriftsystemen wenig Nutzen bringt.

Die GLYPHE-Suche ist primär für nicht-alphabetische Schriftsysteme gedacht. Die chinesische Sprache und große Teile der japanischen Sprache werden in chinesischen Schriftzeichen (Kanji) geschrieben. Bei geschätzten 40.000 Schriftzeichen (also Glyphen) in der chinesischen Schrift ist es nicht mehr so einfach, ein bestimmtes Zeichen zu formulieren oder auf geringe, aber bedeutende Unterschiede Rücksicht zu nehmen.

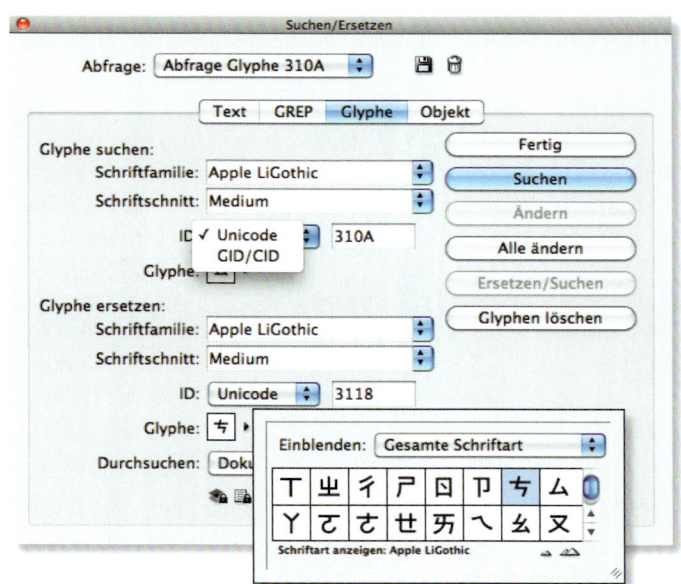

Abbildung 23.7 ▶
Die GLYPHE-Suche ist für nicht-alphabetische Schriftsysteme gedacht. Da unser beider Kenntnisse dieser Schriftsysteme sehr dürftig sind, bitten wir vorweg um Entschuldigung, falls wir eine besonders ungeeignete Glyphe erwischt haben sollten.

Ein konkretes Schriftzeichen ist natürlich immer mit einem Zeichensatz (der ja die Form beschreibt) verbunden. Deshalb können Sie Glyphe suchen nur nutzen, wenn Sie einen Zeichensatz in Schriftfamilie und Schriftschnitt auswählen. Als Nächstes muss die Glyphe festgelegt werden, die Sie suchen wollen. Dabei haben Sie unter ID die Möglichkeit, entweder nach GID/CID (der internen Nummer im Zeichensatz) oder Unicode (der Nummer der Glyphe in der Unicode-Spezifikation) zu suchen. Oder aber Sie wählen die betreffende Glyphe direkt unter Glyphe aus – dieses Menü sieht genauso aus, wie Sie es schon vom Glyphen-Bedienfeld oder auch von der Liste mit Aufzählungszeichen kennen. Erst wenn alle Einstellungen vorgenommen sind, wird der Suchen-Button aktiv.

▲ **Abbildung 23.8**
GID und Unicode einer Glyphe können Sie im Glyphen-Bedienfeld feststellen, wenn Sie den Mauszeiger über eine Glyphe stellen.

Um GID oder Unicode einer Glyphe zu erfahren, können Sie das Glyphen-Bedienfeld benutzen. Stellen Sie den Mauszeiger über ein Zeichen, und die gesuchten Daten werden in einem gelben Tipp eingeblendet. Wenn Sie jedoch ohnehin mit dem Glyphen-Bedienfeld arbeiten, können Sie auch eine Abkürzung benutzen und über das Kontextmenü einer Glyphe die beiden Funktionen Glyphe in »Suchen« laden und Glyphe in »Ersetzen« laden verwenden. InDesign schaltet dann für Sie in die Glyphe-Suche und öffnet auch das Suchen/Ersetzen-Fenster für Sie, sofern es nicht geöffnet ist.

Bei Glyphe ersetzen verfahren Sie genauso, allerdings können Sie hier jeden beliebigen verfügbaren Zeichensatz wählen, was naheliegend ist.

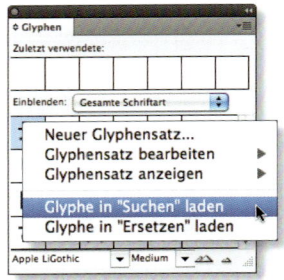

▲ **Abbildung 23.9**
Über das Kontextmenü einer Glyphe im Glyphen-Bedienfeld können Sie Glyphen direkt in Suchen/Ersetzen kopieren.

Die restlichen Parameter wählen Sie nach Bedarf – diese Einstellungen entsprechen denen der Text- und der GREP-Suche. Sie können eine definierte Glyphe-Suche natürlich auch speichern. Wenn Sie die gespeicherte Abfrage aber in einem Dokument verwenden wollen, in dem der Zeichensatz der zu suchenden Glyphe nicht verwendet wird, werden Sie mit einer entsprechenden Warnung konfrontiert:

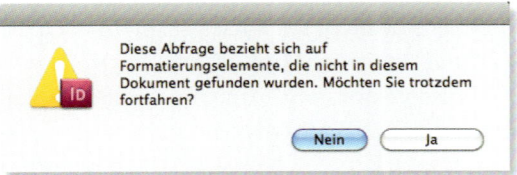

◄ **Abbildung 23.10**
Da sich Glyphen auf Zeichensätze beziehen, können gespeicherte Abfragen nur verwendet werden, wenn im aktuellen Dokument die benötigte Schrift zur Verfügung steht.

Selbstverständlich können Sie die Glyphe-Suche auch mit alphabetischen Schriftsystemen benutzen, allerdings ist das immer komplizierter, als wenn Sie die normale Textsuche verwenden würden.

23.3 Rechtschreibung

Die Suche nach zweifelhaft geschriebenen Wörtern kann verständlicherweise nicht über eine normale Suchfunktion abgewickelt werden, und selbstverständlich hält sich InDesign in diesem Bereich an die üblichen Standards der Textverarbeitung. InDesign findet falsch geschriebene Wörter, Wortwiederholungen, kleingeschriebene Wörter und kleingeschriebene Satzanfänge und kümmert sich auch um die Silbentrennung.

23.3.1 Wörterbücher

Zu jeder Sprache, die Ihnen InDesign anbietet, gibt es zumindest ein Wörterbuch, das systemweit zur Verfügung steht, auf das jedoch nur InDesign zugreift. Zusätzlich wird für jeden Benutzer ein eigenes Benutzerwörterbuch angelegt, auf das nur Sie – natürlich mithilfe von InDesign – zugreifen können.

In diesen Benutzerwörterbüchern werden eigene Wörter, von der Rechtschreibprüfung ausgenommene Wörter und eigene Trennregeln für Wörter gespeichert. Sie können mehrere Benutzerwörterbücher anlegen, diese zur Verwendung durch mehrere Personen auch auf einem Server ablegen und zur Weitergabe Ihrer Satzdaten auch in ein InDesign-Dokument einbetten.

Die Verwaltung der Wörterbücher und des Grundverhaltens der Rechtschreibprüfung wird in den entsprechenden Voreinstellungen vorgenommen.

23.3.2 Voreinstellungen »Wörterbuch«

Öffnen Sie die Voreinstellungen für die Wörterbücher über BEARBEITEN • VOREINSTELLUNGEN • WÖRTERBUCH bzw. INDESIGN • VOREINSTELLUNGEN • WÖRTERBUCH.

Sprache | Für jede SPRACHE ❶ existiert zunächst ein eigenes Benutzerwörterbuch. Wie Sie weitere Benutzerwörterbücher anlegen, werden wir Ihnen gleich zeigen. Von der Sprache hängen auch noch andere Verhaltensweisen von InDesign ab, so auch die SILBENTRENNUNG ❷ und selbstverständlich die RECHTSCHREIBUNG ❸ (bzw. die Rechtschreibprüfung). Im Originalzustand von InDesign können Sie in diesen beiden Menüs nur PROXIMITY auswählen – dies ist die Herstellerbezeichnung für die Silbentrennungs- und Rechtschreibprüfungsmethoden. Ebenfalls der Sprache zugeordnet ist die Verwendung der typografisch korrekten Anführungszeichen, jeweils für DOPPELTE und EINFACHE ANFÜHRUNGSZEICHEN ❹. Die doppelten Anführungszeichen setzt InDesign für Sie, wenn Sie selbst einen Text erfassen. Sie können aber

---

Gemeinsame Verwendung von Wörterbüchern

Sie können Benutzerwörterbücher in einem Netzwerk zwar gemeinsam verwenden, aber nicht bearbeiten.

Der erste Nutzer des Wörterbuchs – in der Regel der erste Mitarbeiter einer Gruppe, der sein auf dieses Wörterbuch eingestelltes InDesign startet – sperrt es für alle anderen Benutzer. Diese können keine Änderungen oder Ergänzungen im Wörterbuch vornehmen, es aber als »Nachschlagewörterbuch« ganz normal verwenden.

Anführungszeichen im Deutschen

In der Typografie deutschsprachiger Texte sind zwei doppelte Anführungszeichen(paare) zulässig: entweder entsprechend der Regel 99–66, so wie „hier", oder die »umgekehrten französischen« Anführungszeichen, die wir auch in diesem Buch verwenden.

auch deren Anwendung beim Platzieren von Texten in den jeweiligen Importfiltern festlegen. Hier können Sie jedoch auch Anführungszeichen auswählen, die für die jeweilige Sprache eigentlich nicht vorgesehen sind.

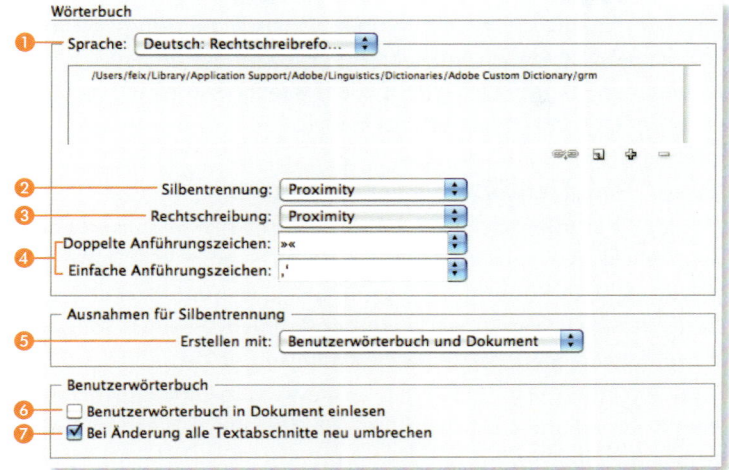

◄ **Abbildung 23.11**
In den Voreinstellungen • Wörterbuch legen Sie fest, welche Sprache verwendet wird und wo Benutzerwörterbücher und Ausnahmen für Silbentrennung gespeichert werden.

Ausnahmen für Silbentrennung | InDesign kümmert sich natürlich auch um die Silbentrennung (sofern Sie sie nicht abgeschaltet haben). Da eine korrekte Silbentrennung vor allem im Blocksatz enorm wichtig ist und der Silbentrennalgorithmus von InDesign manchmal sehr kreative Trennungen vornimmt, haben Sie die Möglichkeit, eigene Trennungen zu definieren – wie, das werden wir Ihnen in Abschnitt 23.4, »Silbentrennung«, zeigen. In diesem Abschnitt der Wörterbuch-Voreinstellungen müssen Sie festlegen, wo diese Abweichungen von den Trennregeln gespeichert werden sollen. Unter Erstellen mit ❺ können Sie zwischen Benutzerwörterbuch, Dokument und Benutzerwörterbuch und Dokument wählen. Diese drei Möglichkeiten dürften selbsterklärend sein – egal, welche Einstellung Sie wählen, sollten Sie jedoch spätestens bei der Weitergabe Ihres Dokuments in der Funktion Datei • Verpacken die dokumentspezifischen Trennausnahmen im Dokument speichern.

Benutzerwörterbuch | Sie können Ihr Benutzerwörterbuch in das Dokument einbetten, indem Sie die Option Benutzerwörterbuch in Dokument einlesen ❻ auswählen. Das wäre nur dann sinnvoll, wenn Sie es mit Ihrem Dokument weitergeben wollen. Da Sie das Benutzerwörterbuch aber auch als eigenständige Datei speichern können, gibt es dafür keinen Grund. Die Rechtschreibprüfung an sich sollte bei der Weitergabe eines Dokuments ent-

Sprache ≠ Rechtschreibung

Die Einstellungen, die Sie für Wörterbücher vornehmen, geben lediglich den Arbeitsrahmen für die Rechtschreibprüfung vor. Durchgeführt wird die Rechtschreibprüfung dann anhand der Einstellungen für Ihren Text, die Sie in den Zeichen-Einstellungen und dort natürlich am besten in Zeichen- und Absatzformaten festgelegt haben.

Wenn Sie mehrsprachige Texte setzen und in jeder Sprache z. B. Trennausnahmen festlegen wollen oder müssen, dann sollten Sie auch identische Einstellungen der Benutzerwörterbücher für jede Sprache in den Voreinstellungen vornehmen.

> **Neuumbruch auslösen**
>
> Sie können einen Neuumbruch Ihres Dokuments auch jederzeit selbst auslösen – das ist gerade bei gemeinsam benutzten Wörterbüchern auch notwendig. Drücken Sie dazu [Strg]+[Alt]+[/] bzw. [⌘]+[⌥]+[/].

weder schon erledigt sein oder beim Empfänger unabhängig von Ihren Vorstellungen erfolgen. Durch das Einlesen des Benutzerwörterbuchs werden die Dokumente zusätzlich unnötig groß.

Die Option BEI ÄNDERUNG ALLE TEXTABSCHNITTE NEU UMBRECHEN ❼ (siehe Abbildung 23.11) bezieht sich auf Änderungen, die Sie unter ERSTELLEN MIT vornehmen. Wenn Sie für Ihr geöffnetes Dokument hier Änderungen vornehmen und somit z. B. die Trennausnahmen für Ihr Dokument nicht mehr verwendet werden, wird das Dokument neu umbrochen.

23.3.3 Benutzerwörterbücher verwalten

Um ein Benutzerwörterbuch anzulegen, klicken Sie auf das Symbol  NEUES BENUTZERWÖRTERBUCH unter der Liste der Benutzerwörterbücher im Abschnitt SPRACHE – das Fenster NEUES BENUTZERWÖRTERBUCH wird geöffnet. Wählen Sie einen Speicherort und einen Namen; die Dateierweiterung sollte dabei natürlich ».udc« bleiben. Am von Ihnen ausgewählten Ort legt InDesign eine Datei an und trägt diese Datei in die Liste der Benutzerwörterbücher ein. Das Vorhandensein dieser Datei wird nicht sehr streng überprüft, sondern lediglich beim Start von InDesign. Wenn die Datei fehlt, verschoben oder umbenannt wurde, werden Sie von InDesign darauf hingewiesen.

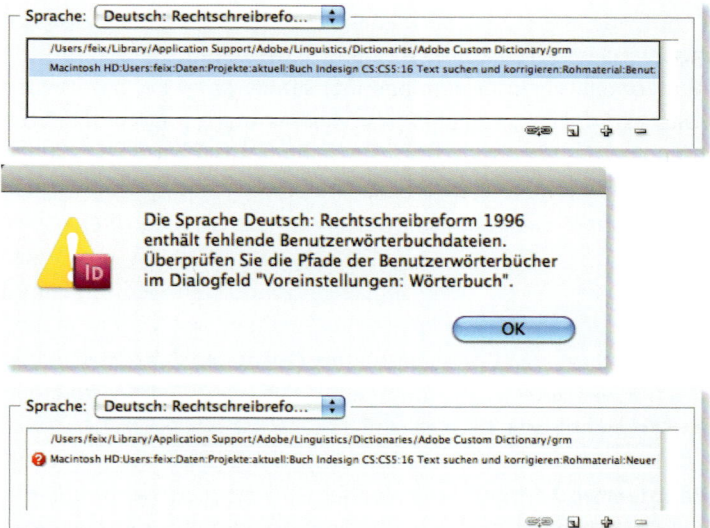

Abbildung 23.12 ▶
Ein neues Benutzerwörterbuch wurde angelegt (oben), dann aber offensichtlich verschoben, umbenannt oder gelöscht, worauf Sie von InDesign beim Programmstart hingewiesen werden (Mitte). In den VOREINSTELLUNGEN • WÖRTERBUCH wird das Benutzerwörterbuch nun als fehlend markiert. Nun sollten Sie die Verbindung zum Wörterbuch aufheben oder neu zuweisen.

Bei einer fehlenden Benutzerwörterbuch-Datei können Sie mit einem Klick auf ➖ das BENUTZERWÖRTERBUCH ENTFERNEN. Wurde die Datei lediglich umbenannt oder verschoben, klicken Sie auf 🔗 BENUTZERWÖRTERBUCH ERNEUT VERKNÜPFEN, um die ursprüngliche Einstellung wiederherzustellen. Wollen Sie ein Benutzerwörterbuch neu in die Liste aufnehmen, klicken Sie auf ✚ Benutzerwörterbuch hinzufügen und wählen im gleichnamigen Fenster die neue Datei aus.

23.3.4 Voreinstellungen »Rechtschreibung«

Die Arbeitsbedingungen für die Rechtschreibung sind nun abgesteckt. Nun sollten Sie noch einige wenige Voreinstellungen für den Umfang der Rechtschreibung festlegen. Wechseln Sie in den Voreinstellungen in das Register Rechtschreibung:

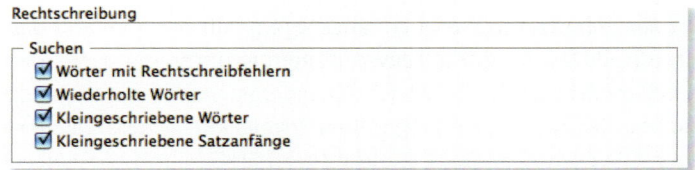

◄ **Abbildung 23.13**
Im Register Rechtschreibung finden Sie auch die Voreinstellungen für die dynamische Rechtschreibkorrektur, die wir vorerst noch ignorieren.

Die einzelnen Optionen, die Sie hier einstellen können, bedürfen wohl kaum einer besonderen Erklärung. Zur Option Kleingeschriebene Satzanfänge sollten Sie jedoch wissen, dass InDesign jeden Punkt in einem Text als Ende eines Satzes betrachtet. Wenn Sie in Ihrem Text viele Abkürzungen verwenden, kann sich das Aktivieren dieser Option als sehr lästig herausstellen.

> **Benutzerwörterbuch entfernen**
>
> Wenn Sie ein Benutzerwörterbuch aus den Voreinstellungen entfernen, wird nur die Verbindung zwischen dem Wörterbuch und InDesign aufgehoben, die Wörterbuch-Datei wird dabei nicht gelöscht. Wenn Sie die zum Wörterbuch gehörige Datei wirklich löschen wollen, müssen Sie das über Ihr Betriebssystem erledigen.

23.3.5 Manuelle Rechtschreibprüfung

Nun können wir unser Dokument von InDesign auf alle in den Voreinstellungen festgelegten Fehler durchsuchen lassen – rufen Sie die Rechtschreibprüfung über Bearbeiten • Rechtschreibprüfung • Rechtschreibprüfung oder ⌃Strg+I bzw. ⌘+I auf.

◄ **Abbildung 23.14**
Im Fenster Rechtschreibprüfung suchen Sie nach Fehlern im Text, die Sie dann korrigieren oder auch ignorieren können. Darüber hinaus können Sie vermeintlich falsch geschriebene Wörter ins Wörterbuch aufnehmen und auch in die Bearbeitung der Wörterbücher springen. Gefundene Problemstellen werden im Dokumentfenster angezeigt und ausgewählt.

InDesign öffnet das Fenster RECHTSCHREIBPRÜFUNG und beginnt auch sofort mit der Prüfung. Welcher Teil Ihres Dokuments geprüft wird, ist dabei über das Menü DURCHSUCHEN ❼ bestimmt – hier haben Sie genau die gleichen Auswahlmöglichkeiten wie bei allen anderen Suchvorgängen auch. In unserem Fall war ein Text ausgewählt und die Rechtschreibprüfung auf die AUSWAHL eingeschränkt.

Die erste Fehlerstelle wird in NICHT IM WÖRTERBUCH ❶ angezeigt und zugleich in ÄNDERN IN ❷ übertragen, wo Sie eine manuelle Korrektur vornehmen können. Sie können aber auch einen der KORREKTURVORSCHLÄGE ❸ annehmen, indem Sie auf den entsprechenden Eintrag der Liste klicken. Sobald Sie die Korrektur gemacht oder ausgewählt haben, klicken Sie auf ÄNDERN ❿. Falls es sich bei diesem Fehler um Ihren Lieblingsschreibfehler handelt, und Sie davon ausgehen, dass dieser Fehler noch mehrmals auftaucht, klicken Sie auf ALLE ÄNDERN ⓬; InDesign wird Sie bei weiteren Fundstellen nicht mehr um eine Korrekturentscheidung bitten, sondern alle gleichen Schreibweisen im Rahmen dieses Korrekturlaufs ohne Rückfrage ersetzen.

Andererseits muss ein Wort ja nicht falsch geschrieben sein, nur weil es nicht im InDesign-Wörterbuch enthalten ist (z. B. Eigennamen). In diesem Fall können Sie auf ÜBERSPRINGEN ❾ klicken, um diesen Einzelfall zu übergehen, oder auf ALLE IGNORIEREN ⓫, um auch alle weiteren Fundstellen nicht mehr angezeigt zu bekommen.

Um ein Wort dauerhaft im Wörterbuch aufzunehmen, dürfen Sie bei einem von InDesign reklamierten Wort weder eine manuelle Korrektur vornehmen noch einen Korrekturvorschlag ausgewählt haben. Nur dann ist der Button HINZUFÜGEN ⓮ aktiv. Bevor Sie aber auf ihn klicken, sollten Sie aus HINZUFÜGEN ZU ❹ das Wörterbuch auswählen, zu dem Sie das Wort hinzufügen wollen, und festlegen, ob die Rechtschreibprüfung die GROSS-/KLEINSCHREIBUNG BEACHTEN ❺ soll oder nicht. Eine Auswahl haben Sie in HINZUFÜGEN ZU nur dann, wenn Sie zumindest ein zweites Benutzerwörterbuch angelegt haben. Sobald Sie auf HINZUFÜGEN klicken, wird das Wort Teil des Wörterbuchs, somit nicht mehr als Fehler erkannt, und InDesign setzt die Suche nach Fehlern fort. Die Sprache, auf der das ausgewählte Wörterbuch basiert, wird unter SPRACHE ❻ eingeblendet. Über WÖRTERBUCH ⓭ können Sie den Inhalt der Wörterbücher bearbeiten – wie das geht, zeigen wir Ihnen in Abschnitt 23.3.7, »Wörterbücher bearbeiten«.

Wenn kein Fehler (mehr) gefunden wird, wird anstelle von NICHT IM WÖRTERBUCH das Symbol ✅ mit dem Text BEREIT FÜR RECHTSCHREIBPRÜFUNG angezeigt, was insofern komisch klingt, als

---

Nicht im Wörterbuch

Dieser Text ändert sich abhängig von der Art des gefundenen Fehlers z. B. in »Kleingeschriebener Satzanfang«.

Alle ignorieren

InDesign führt eine Liste der ignorierten Wörter. Wenn Sie also ein Wort irrtümlich über ALLE IGNORIEREN aus der Prüfung ausschließen und das Wort doch wieder prüfen möchten, müssen Sie es manuell aus dieser Liste entfernen – wir zeigen Ihnen in Abschnitt 23.3.7, »Wörterbücher bearbeiten«, wie das geht.

HINWEIS

Wenn Sie einem Benutzerwörterbuch ein Wort hinzufügen, dann wird dieses Wort in allen Sprachen als richtig geschrieben erkannt.

in diesem Fall eben keine Rechtschreibprüfung mehr durchgeführt wird. Klicken Sie also auf FERTIG ❽, oder schließen Sie das Fenster.

23.3.6 Dynamische Rechtschreibprüfung

Wenn Sie vorhandenen Text typografisch gestalten, ist die manuell gestartete Rechtschreibprüfung eine gute Wahl. Wenn Sie den Text jedoch selbst erfassen, könnte es eine Hilfe sein, wenn Sie schon während des Schreibens eine Rückmeldung zu potenziellen Schreibfehlern erhalten. Wenn Sie das möchten, rufen Sie BEARBEITEN • VOREINSTELLUNGEN • RECHTSCHREIBUNG bzw. INDESIGN • VOREINSTELLUNGEN • RECHTSCHREIBUNG auf. In der unteren Hälfte des Registers RECHTSCHREIBUNG können Sie die DYNAMISCHE RECHTSCHREIBPRÜFUNG AKTIVIEREN. Ohne Umweg über die Voreinstellungen können Sie die dynamische Rechtschreibprüfung auch über BEARBEITEN • RECHTSCHREIBPRÜFUNG • DYNAMISCHE RECHTSCHREIBPRÜFUNG oder über das Kontextmenü eines Textes mit RECHTSCHREIBPRÜFUNG • DYNAMISCHE RECHTSCHREIBPRÜFUNG aktivieren.

Sobald das geschehen ist, beginnt InDesign mit der Rechtschreibprüfung (und sieht Ihnen ab dann auch beim Schreiben auf die Finger) und unterstreicht zweifelhafte Wörter – hier gelten die Regeln, die Sie im selben Register unter SUCHEN festgelegt haben – mit Wellenlinien. Die Farben dieser Wellenlinien können Sie frei wählen.

> **Dynamische Rechtschreibprüfung und Typografie**
>
> Wenn Sie an der Typografie eines Textes arbeiten, müssen Sie die dynamische Rechtschreibprüfung nicht unbedingt abschalten. Im Vorschaumodus werden die Wellenlinien ausgeblendet und stören nicht das Schriftbild.

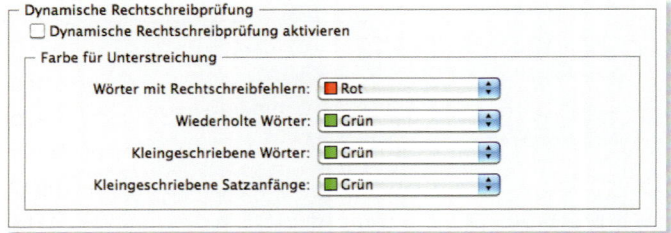

◀ **Abbildung 23.15**
Unter FARBE FÜR UNTERSTREICHUNG legen Sie fest, wie Schreibfehler markiert werden sollen. Es werden aber nur Fehler markiert, für die die Rechtschreibprüfung auch konfiguriert wurde.

Bei umfangreichen Dokumenten kann die dynamische Rechtschreibprüfung die Arbeit ziemlich bremsen. Sie beginnt automatisch, sobald das Dokument geöffnet wird, und es kann eine Weile dauern, bis alle Fehler gefunden und markiert sind, und somit auch ein Weilchen, bis Sie flüssig arbeiten und scrollen können. Auch wenn die Arbeit in der Folge wieder flüssiger wird, benötigt die dynamische Rechtschreibprüfung aber auch weiterhin einiges an Rechenleistung.

Um einen Fehler zu korrigieren, rufen Sie das Kontextmenü des markierten Worts auf – unter Windows mit der rechten Maustaste, unter Mac OS X ebenfalls oder (falls Sie keine Maus mit

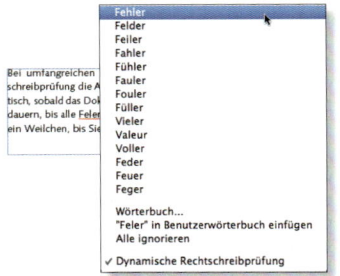

▲ **Abbildung 23.16**
Das Kontextmenü eines Wortes, das von der dynamischen Rechtschreibprüfung als fehlerhaft markiert wurde.

Button »Wörterbuch«

Der Button WÖRTERBUCH im Fenster RECHTSCHREIBPRÜFUNG wird nur aktiv, wenn bei der Rechtschreibprüfung Wörter gefunden wurden, die sich nicht im Wörterbuch befinden.

---

rechter Taste haben) mit gedrückter [ctrl]-Taste. Im Kontextmenü werden einige Korrekturvorschläge gemacht und die wichtigsten Funktionen für die Handhabung der Wörterbücher angeboten. Das Kontextmenü erscheint nur, wenn Sie das Textwerkzeug benutzen.

Wenn Sie die dynamische Rechtschreibprüfung aktivieren und nahezu der gesamte Text als fehlerhaft markiert wird, dann haben Sie Ihrem Text eine falsche Sprache zugeordnet. Somit gibt es auch kein Wörterbuch, in dem irgendein Wort gefunden werden könnte. Wird hingegen keinerlei Korrektur vorgenommen und keine Silbentrennung durchgeführt, dann haben Sie Ihrem Text vermutlich [KEINE SPRACHE] zugewiesen.

23.3.7 Wörterbücher bearbeiten

In diesem Kontextmenü, im Menü BEARBEITEN • RECHTSCHREIBPRÜFUNG und über den Button WÖRTERBUCH im Fenster RECHTSCHREIBPRÜFUNG können Sie das Fenster WÖRTERBUCH aufrufen, in dem Sie Wörterbücher ergänzen, korrigieren und Wortlisten exportieren und importieren können.

InDesign ändert nie die vorhandenen Wörterbücher, sondern protokolliert die vorgenommenen Änderungen lediglich in den Benutzerwörterbüchern. Ignorierte Wörter werden allerdings auch hier nicht dauerhaft gespeichert.

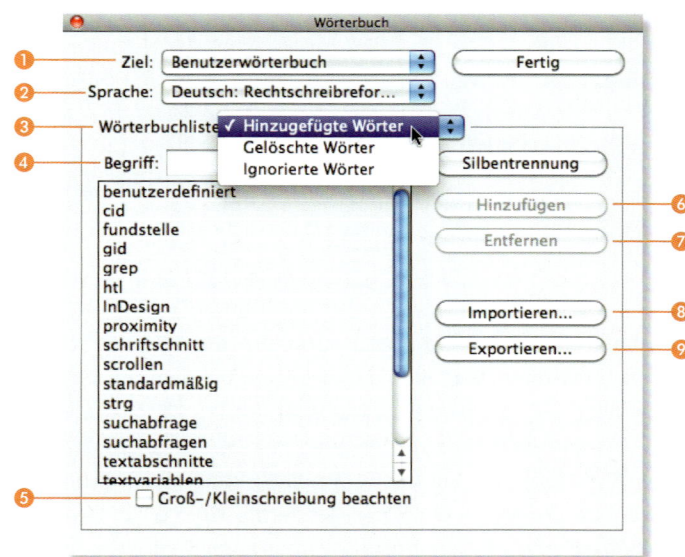

Abbildung 23.17 ▶
Die Bearbeitung von Benutzerwörterbüchern ist zwar simpel, achten Sie jedoch darauf, dass Sie die richtige WÖRTERBUCHLISTE auswählen. Die Option GROSS-/KLEINSCHREIBUNG BEACHTEN bezieht sich nur auf die Liste HINZUGEFÜGTE WÖRTER.

In ZIEL ❶ haben Sie die Möglichkeit, neben dem Benutzerwörterbuch auch jede geöffnete Datei zu wählen und so das Benutzerwörterbuch eines Dokuments zu ergänzen. Die SPRACHE legt wiederum fest, auf welcher Sprache ❷ die Rechtschreibprüfung basieren soll.

Sie können ein Wort ins Wörterbuch aufnehmen, indem Sie es in BEGRIFF ❹ eintragen und auf HINZUFÜGEN ❻ klicken. HINZUFÜGEN wird nicht aktiv, wenn Ihre Eingabe Leerzeichen enthält – es können also wirklich nur Wörter aufgenommen werden. Interpunktionszeichen (z. B. für Abkürzungen) dürfen Sie jedoch verwenden.

Wörterbuchlisten editieren | Bevor Sie ein Wort dem Wörterbuch hinzufügen, sollten Sie festlegen, welcher WÖRTERBUCHLISTE ❸ es zugeordnet werden soll. Der Inhalt der jeweiligen Liste erscheint unter BEGRIFF. Sie haben drei Möglichkeiten:

▶ HINZUGEFÜGTE WÖRTER: Hier werden alle Wörter aufgelistet, die Sie während eines Korrekturlaufs oder manuell dem Wörterbuch hinzugefügt haben. Die Option GROSS-/KLEINSCHREIBUNG BEACHTEN ❺ existiert nur für diese Liste. Um in der Rechtschreibprüfung z. B. zwischen »InDesign« und »Indesign« unterscheiden zu können, aktivieren Sie diese Option, bevor Sie ein Wort hinzufügen. Um diese Einstellung nachträglich zu ändern, müssen Sie das gewünschte Wort aus der Liste mit einem Doppelklick in das Feld BEGRIFF übertragen, die Schreibweise im Feld BEGRIFF korrigieren, GROSS-/KLEINSCHREIBUNG BEACHTEN aktivieren und das Wort erneut hinzufügen.

▶ GELÖSCHTE WÖRTER: Einträge in diese Liste müssen Sie immer manuell im Fenster WÖRTERBUCH machen. Sie haben damit die Möglichkeit, Wörter, die von InDesign als korrekt betrachtet werden, von Ihnen jedoch nicht, aus der Rechtschreibprüfung auszuschließen. Die Ihrer Meinung nach korrekte Schreibweise sollten Sie dann natürlich in die Liste HINZUGEFÜGTE WÖRTER aufnehmen.

▶ IGNORIERTE WÖRTER: In diese Liste nimmt InDesign alle Wörter auf, die Sie in der Korrektur mit ALLE IGNORIEREN gekennzeichnet haben. Natürlich können Sie auch manuell Einträge hinzufügen. Allerdings überlebt diese Liste einen Neustart von InDesign nicht. Diese Einträge werden also nicht dauerhaft gespeichert. Deshalb wird auch die Auswahl für ZIEL deaktiviert, sobald Sie diese Wörterbuchliste auswählen.

> **Wenn Sie Abkürzungen verwenden…**
>
> Wenn nach kleingeschriebenen Satzanfängen gesucht wird, ist es sinnlos, Abkürzungen ins Wörterbuch aufzunehmen, da dann die verwendeten Punkte immer als Satzende interpretiert werden.

Um einen Eintrag aus einer Liste zu löschen, wählen Sie die gewünschte Liste, markieren den entsprechenden Eintrag und klicken auf ENTFERNEN ❼. Editierte und neu hinzugefügte Begriffe müssen manuell aus der jeweiligen Liste entfernt werden.

<table>
<tr><td>

TOP-TIPP
Gestörte Rechtschreibprüfung

Sollten Sie eine falsch codierte Wörterliste importieren und sollte das Benutzerwörterbuch dadurch Schaden nehmen, können Sie keine Wörter mehr hinzufügen oder löschen. Die gesamte Rechtschreibprüfung ist dadurch erheblich gestört, weil Sie natürlich auch im Rahmen eines Korrekturlaufs dem Wörterbuch keine Wörter mehr hinzufügen können.

Beenden Sie InDesign, löschen Sie die Datei
- C:\Dokumente und Einstellungen\[Benutzer]\Anwendungsdaten\Adobe\Linguistics\Dictionaries\Adobe Custom Dictionary\grm\added.clam (Windows XP),
- C:\Users\[Benutzer]\AppData\Adobe\ Linguistics\Dictionaries\Adobe Custom Dictionary\grm\added.clam (Windows Vista),
- C:\Users\[Benutzer]\AppData\LocalLow\Adobe\ Linguistics\Dictionaries\Adobe Custom Dictionary\grm\added.clam (Windows 7) bzw.
- [Benutzer]/Library/Application Support/Adobe/Linguistics/Dictionaries/Adobe Custom Dictionary/grm/added.clam (Mac OS X jeweils für die deutsche Rechtschreibung),

und starten Sie InDesign neu. Die Datei »added.clam« wird dann neu angelegt, ist allerdings leer – Sie verlieren dabei also Ihre Listen.

</td></tr>
</table>

Wortlisten exportieren und importieren | Um Ihre mühsam erstellten Listen zu sichern oder auf einen anderen Arbeitsplatz zu übertragen, wählen Sie entweder HINZUGEFÜGTE WÖRTER oder GELÖSCHTE WÖRTER aus. Klicken Sie auf EXPORTIEREN ❾, wählen Sie im Fenster SPEICHERN UNTER ein Ziel und einen Namen für die Wortliste, und klicken Sie auf SICHERN. Die dabei entstehende Datei ist eine reine Textdatei, die ASCII-codiert ist. Sie können diese Datei mit jedem Texteditor öffnen und bearbeiten. Achten Sie jedoch darauf, dass Sie sie auch wieder als ASCII-Datei speichern. Eine Textdatei, die UTF-codiert (Unicode) ist, kann zwar in der Folge importiert werden, aber sie kann Zeichen enthalten, die die Struktur des Benutzerwörterbuchs möglicherweise so sehr stören, dass die Rechtschreibprüfung den Dienst verweigert und Sie die Wörterbuchlisten auch nicht mehr editieren können.

Um eine exportierte Wörterbuchliste wieder zu laden, klicken Sie auf IMPORTIEREN ❽ und öffnen die Datei im dann folgenden Fenster BENUTZERWÖRTERBUCH IMORTIEREN.

Da die Liste IGNORIERTE WÖRTER nur temporär existiert, funktioniert weder der Export noch der Import. Die entsprechenden Buttons sind schlicht nicht sichtbar, wenn Sie IGNORIERTE WÖRTER ausgewählt haben.

23.3.8 Autokorrektur

Der Name dieser Funktion deutet darauf hin, dass Adobe sie der Rechtschreibprüfung zuordnet. Sie können Tipp- und Rechtschreibfehler, die Sie häufig machen, schon von InDesign korrigieren lassen, während Sie schreiben, und so z. B. »giebt« automatisch durch »gibt« ersetzen lassen.

Eine mindestens genauso sinnvolle Anwendung wäre jedoch, bestimmte Abkürzungen durch ihre vollständige Formulierung austauschen zu lassen – jede bessere Textverarbeitung verfügt über eine solche Funktion.

Um die Autokorrektur zu verwenden, müssen Sie zunächst eine Liste aus Originalbegriffen und deren Austausch-Begriffen definieren. Rufen Sie hierzu BEARBEITEN • VOREINSTELLUNGEN • AUTOKORREKTUR bzw. INDESIGN • VOREINSTELLUNGEN • AUTOKORREKTUR auf.

Optionen | Schalten Sie die AUTOKORREKTUR ein, indem Sie die Option AUTOKORREKTUR AKTIVIEREN ❶ anhaken. Damit wird auch die Funktion FALSCHE GROSSSCHREIBUNG AUTOMATISCH KORRIGIEREN ❷ aktivierbar, die unabhängig davon funktioniert, ob Sie eine Liste von zu korrigierenden Wörtern definieren, die aber aufgrund des schon beschriebenen Verhaltens von InDesign, dass Punkte in

Abkürzungen als Satzende interpretiert werden, zu ziemlich verstümmelten Texten führen kann.

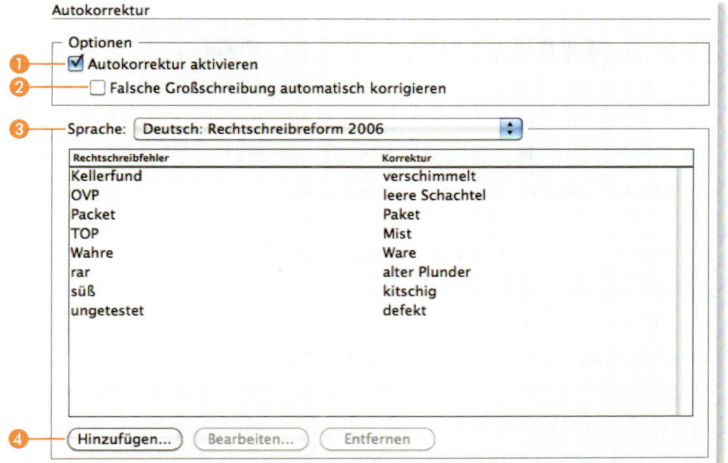

◄ **Abbildung 23.18**
Die AUTOKORREKTUR kann sowohl als Rechtschreibkorrektur als auch als Formulierungskorrektur eingesetzt werden. In dieser Liste finden Sie einige Ersetzungen, die wir manchen Händlern auf einer großen Online-Auktionsplattform empfehlen würden.

Sprache | Auch hier ist in SPRACHE ❸ eine Angabe notwendig, welchem Wörterbuch diese Korrekturen zugeordnet sein sollen. Wenn Sie hier eines der englischsprachigen Wörterbücher auswählen, werden Sie die Liste RECHTSCHREIBFEHLER und KORREKTUR bereits gut gefüllt vorfinden. Eine Liste für deutschsprachige Ersetzungen müssen Sie selbst aufbauen – klicken Sie auf HINZUFÜGEN ❹:

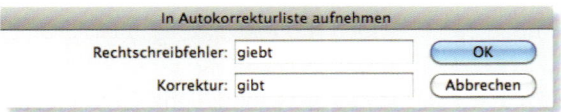

◄ **Abbildung 23.19**
Die Erfassung von Begriffspaaren erfolgt über ein sehr spartanisches Interface, das leider keine Hinweise zu problematischen Begriffen gibt.

Für Wortpaarungen, die Sie IN AUTOKORREKTURLISTE AUFNEHMEN wollen, gelten folgende Regeln:
▶ RECHTSCHREIBFEHLER: Er muss aus genau einem Wort bestehen, darf also keine Leerzeichen oder Satzzeichen enthalten.
▶ KORREKTUR: Hier dürfen Sie zwar Phrasen mit Interpunktion eintragen, alle verwendeten Zeichen müssen jedoch im Alphabet vorkommen. Somit dürfen Sie also keine speziellen Leerräume oder Sonderzeichen verwenden.

Sobald Sie eine Liste aus RECHTSCHREIBFEHLER/KORREKTUR erstellt haben, schaut InDesign Ihnen beim Tippen genau auf die Finger und ersetzt alle Wörter in der Spalte RECHTSCHREIBFEHLER durch den dazugehörigen Eintrag in der Spalte KORREKTUR.

Für Typografie bedeutungslos

Aufgrund der Einschränkungen, wie die Begriffe beschaffen sein müssen, können Sie die Autokorrektur leider nicht für feintypografische Probleme einsetzen. Es wäre schön, wenn man »z.B.« (ohne Leerraum) durch »z. B.« (getrennt mit einem Achtelgeviert) per Autokorrektur ersetzen lassen könnte.

Sie können Einträge in der Liste zwar bearbeiten, können dabei allerdings nur noch die KORREKTUR verändern. Wenn Sie einen »falschen Rechtschreibfehler« definiert haben, müssen Sie den betreffenden Eintrag ENTFERNEN und neu definieren.

Die Autokorrektur bezieht sich nur auf Texte, die Sie selbst eintippen. Die Funktion ist nicht auf bereits bestehende Texte anwendbar. Deshalb funktioniert sie auch nicht, wenn Sie z. B. die Paarung »giebt/gibt« definiert haben, dann aber erst »geibt« schreiben und es später in »giebt« ändern.

23.4 Silbentrennung

Auf die Bedeutung der Silbentrennung für eine qualitativ hochwertige Typografie – vor allem im Blocksatz – haben wir bereits mehrfach hingewiesen. Die Standard-Trennverfahren in InDesign sind jedoch stellenweise deutlich verbesserungsbedürftig. Beachten Sie dabei jedoch, dass auch die besten Wörterbücher und Trennverfahren nichts helfen, wenn InDesign aufgrund der Platzverhältnisse eine Trennung an der gewünschten Stelle verweigert.

23.4.1 Eigene Silbentrennungen definieren

Änderungen an der Silbentrennung sind den Wörterlisten in Ihrem Benutzerwörterbuch zugewiesen und müssen deshalb über die Wörterbuch-Verwaltung erledigt werden. Rufen Sie also BEARBEITEN • RECHTSCHREIBPRÜFUNG • WÖRTERBUCH auf.

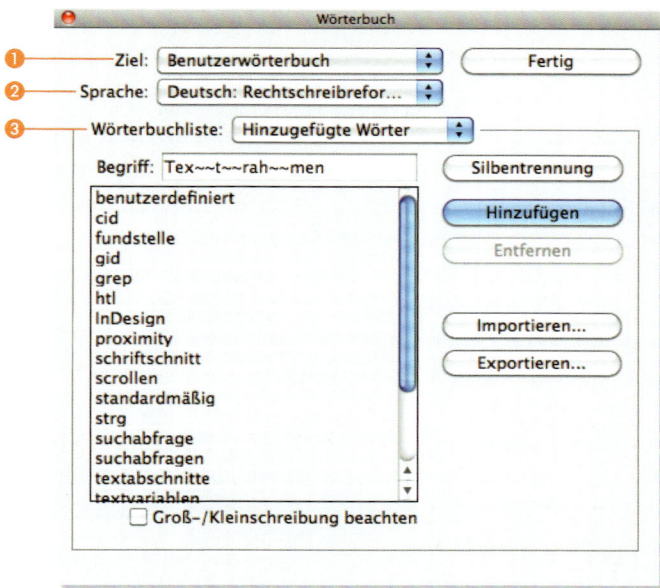

Abbildung 23.20 ▶
Die Trennvorschläge in den vorhandenen Wörterbüchern sind teilweise etwas eigenwillig, aber auch korrigierte Trennregeln führen oft nicht zum gewünschten Ergebnis. Vor allem der Adobe Absatzsetzer, der sich allein nach dem Grauwert eines Absatzes richtet, verweigert oft Trennungen, obwohl sie möglich erscheinen.

Wählen Sie ZIEL ❶ (BENUTZERWÖRTERBUCH oder DOKUMENT) und die SPRACHE ❷ aus. Wählen Sie eine WÖRTERBUCHLISTE ❸ und dann durch Doppelklick ein Wort der Liste aus. Wenn Sie noch keine Wörterbuchlisten definiert haben, tragen Sie das Wort, dessen Trennung Sie bearbeiten möchten, im Feld BEGRIFF ein.

Klicken Sie nun auf SILBENTRENNUNG, um die Trennstellen im Wort anzeigen zu lassen – die Trennstellen sind mit einer, zwei oder drei Tilden ~ markiert. Um eine Trennstelle zu löschen, entfernen Sie einfach die dazugehörigen Tilden. Um Trennstellen einzufügen, tragen Sie an der gewünschten Stelle Tilden ein, wobei die Anzahl der Tilden die Priorität der Trennung festlegt:

- **Eine Tilde** definiert die einzige bzw. optimale Trennstelle.
- **Zwei Tilden** legen alternative und zusätzliche Trennstellen fest.
- Mit **drei Tilden** definieren Sie eine Trennung, die zwar noch akzeptiert wird, aber nach Möglichkeit zu vermeiden ist.
- **Eine Tilde** am **Beginn des Wortes** bedeutet, dass dieses Wort gar nicht getrennt werden darf.
- Ist die Tilde ein Bestandteil des Wortes, geben Sie sie als \~ ein.

Klicken Sie auf HINZUFÜGEN, um das Wort mit der neuen Trennregel in die Wortliste aufzunehmen. Die Trennstellen und ihre Priorität werden in der Liste angezeigt.

> **Tilden eingeben**
>
> Sie können eine Tilde im Feld BEGRIFF kopieren und an der gewünschten Stelle einsetzen. Über die Tastatur können Sie eine Tilde unter Windows mit `AltGr`+`+` eingeben und unter Mac OS X, indem Sie zuerst `⌥`+`N` drücken und dann die Leertaste.

23.4.2 Silbentrennung und Verpacken

Benutzerdefinierte Trennausnahmen machen sich bei der Weitergabe von Dokumenten ungünstig bemerkbar, wenn sie nicht im Dokument gespeichert werden.

◀ **Abbildung 23.21**
Die Funktion VERPACKEN stellt sicher, dass alle Ausnahmen für die Silbentrennung im Dokument gespeichert werden – somit werden unerwartete Umbrüche bei der Datenübergabe vermieden.

Wenn Sie ein Dokument weitergeben, werden Sie auf die Funktion VERPACKEN zurückgreifen, die Sie unter DATEI • VERPACKEN finden.

Achten Sie beim Verpacken eines Dokuments zur Weitergabe unbedingt darauf, die Option NUR DOKUMENTSPEZIFISCHE AUSNAHMEN FÜR SILBENTRENNUNG VERWENDEN ❹ zu aktivieren. Damit stellen Sie sicher, dass das Benutzerwörterbuch des öffnenden Rechners nicht zum Neuumbruch des Textes führt.

23.5 Mit anderen Wörterbüchern arbeiten

Wörterbücher und Silbentrennung von InDesign waren über alle bisherigen Versionen ziemlich dürftig. Wenn Sie also selbst schreiben oder unkorrigierte Texte verarbeiten müssen und nicht – wie wir – auf ein professionelles Korrektorat zurückgreifen können, sollten Sie über die Anschaffung eines besseren Wörterbuchs für InDesign nachdenken.

Im deutschen Sprachraum bietet sich hier natürlich die Rechtschreibprüfung nach Duden an. Informationen über den »Duden Korrektor« erhalten Sie auf der Website **http://www.duden-downloadshop.de/**. Neben einer korrekten Rechtschreibung hat der »Duden Korrektor« noch den Vorteil, dass Sie die Wörterbücher gemeinsam einrichten und verwenden können.

Sobald Sie ein alternatives Wörterbuch installiert haben, müssen Sie die Voreinstellungen für die Rechtschreibprüfung entsprechend anpassen. Beachten Sie bitte, dass die Rechtschreibprüfung für jede verwendete Sprache eingestellt werden muss. Im Fall »Duden Korrektor« stellen Sie die Sprache in BEARBEITEN • VOREINSTELLUNGEN • WÖRTERBUCH bzw. INDESIGN • VOREINSTELLUNGEN • WÖRTERBUCH zunächst auf DEUTSCH: RECHTSCHREIBREFORM 2006 und anschließend sowohl die Option SILBENTRENNUNG als auch RECHTSCHREIBUNG auf DUDEN.

> **Vielen Dank**
>
> Leider müssen wir es zugeben: Wir sind in Sachen Rechtschreibung und Silbentrennung keine sehr hellen Lichter…
>
> Deshalb ist an dieser Stelle ein Dank an unsere Korrektorin Frau Friederike Daenecke fällig, die mit scharfen Augen und spitzem Stift alle Fehler aufdeckt und sehr präzise anzeichnet. Wenn einzelne Fehler stehen bleiben, dann liegt das allein daran, dass wir sie in der Ausführung der Korrektur übersehen haben oder bei der Korrektur neue Fehler eingebaut haben.

24   Redaktionelle Aufgaben

Im redaktionellen Umfeld sind aus Sicht von InDesign zwei Personengruppen zu unterscheiden: die eine Gruppe (Redakteure) kümmert sich um die inhaltliche Gestaltung der Publikation, und die andere Gruppe (Layouter) kümmert sich um die optische Gestaltung. Beide Gruppen haben ihre eigenen Methoden und verwenden unterschiedliche Werkzeuge. Da es aber keine vollständige Trennung der beiden Bereiche geben kann, stellt Adobe zunehmend Redaktionsfunktionen in InDesign zur Verfügung.

24.1   InCopy

InCopy stellt eine alternative Methode dar, mit InDesign-Dokumenten zu arbeiten, und ist allein für das redaktionelle Umfeld gedacht. In großen Redaktionen kümmern sich die Redakteure im Kern nur um den Text. Satz und Layout gehören nicht zu ihren Aufgaben. Es ist allerdings trotzdem wünschenswert, dass die Redakteure ihre Texte bereits im Layoutumfeld erstellen und korrigieren. So kennen sie z. B. den für ihren Artikel noch zur Verfügung stehenden Platz, und die Layouter ersparen sich das Platzieren von (Word-)Texten, die noch behandelt werden müssten.

InCopy erlaubt es, *ein* InDesign-Dokument, das in mehrere Teile zerlegt wurde, und verschiedene Aufgaben (Artikel, Kolumnen) auf mehrere Redakteure zu verteilen. Einige Funktionen tauchten schon immer in InDesign auf – das Bearbeiten eines Textabschnitts im Textmodus ist z. B. eine typische InCopy-Funktion, die in jedem Dokument und jedem Arbeitsumfeld sehr praktisch ist.

InCopy bietet darüber hinaus noch weitere Funktionen, um Änderungen in Dokumenten zu kontrollieren und zu verfolgen. InDesign zeichnete diese Änderungen bisher zwar auf, sichtbar gemacht und verwaltet werden können sie bis InDesign CS4 jedoch nur in InCopy.

Da es kaum reine InCopy-Arbeitsumgebungen gibt, implementiert Adobe mit jeder InDesign-Version einige InCopy-Funktionen auch in InDesign. Die Bedeutung dieser Funktionen in einer rei-

Zusatzkapitel »InCopy«
Das Zusatzkapitel »InCopy.pdf« finden Sie auf der Bonus-Seite zum Buch: *www.galileodesign.de*

> **Aufgaben und weitere Funktionen**
>
> Um Aufgaben zu erstellen und zu verteilen, gibt es ein eigenes Bedienfeld AUFGABEN in InDesign und ein eigenes Untermenü INCOPY im Menü BEARBEITEN.
>
> Da die damit verbundenen Funktionen nur auf InCopy-Aufgaben-Paketen operieren, behandeln wir sie an dieser Stelle nicht.

nen Layout-Arbeitsumgebung ist aber eher gering, weshalb wir uns auf einen kurzen Überblick über zwei Funktionen beschränken, die auch von Layoutern sinnvoll eingesetzt werden können.

Zusätzliche Informationen zu InCopy und dem damit verbundenen Workflow in gemischten Arbeitsumgebungen aus InCopy und InDesign finden Sie als Bonuskapitel auf der Buch-DVD.

Fenster • Redaktionelle Aufgaben

Die Tatsache, dass Adobe mit InDesign CS5 eine eigene Menügruppe für REDAKTIONELLE AUFGABEN im Menü FENSTER eingeführt hat, lässt vermuten, dass in zukünftigen Versionen von InDesign auch noch weitere InCopy-Funktionen auftauchen werden.

24.2 Benutzer

Jede Art von redaktioneller Aufgabe ist für das Zusammenspiel mehrerer Meschen in einer Arbeitsgruppe gedacht. Dafür ist es wichtig, dass jeder Bearbeiter eines Dokuments – am besten eindeutig – identifiziert werden kann.

Damit diese Identifikation möglich ist, müssen Sie für alle Arbeiten, die eine Arbeitsgruppe betreffen können, eine Benutzerkennung verwenden. Diese Kennung wird bei der Installation von InDesign aus Ihren Registrierungsdaten abgeleitet. Da in Unternehmen mit vielen InDesign-Lizenzen die einzelne Lizenz oft nicht einem einzelnen Mitarbeiter zugeordnet ist, sondern eher einer Abteilung, können Sie den Benutzernamen jederzeit ändern, indem Sie DATEI • BENUTZER aufrufen.

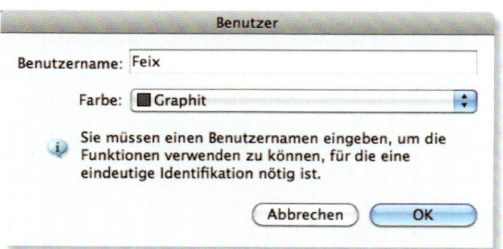

Abbildung 24.1 ▶
Einstellungen für den Benutzer – die FARBE dient nur dem Überblick und dem leichteren Erkennen zusammengehöriger Notizen.

Legen Sie hier Ihren Benutzernamen fest. Mit der FARBE, die Sie zusätzlich auswählen können, werden alle Spuren gekennzeichnet, die Sie in einem Dokument hinterlassen und die benutzerbezogen sind.

24.3 Textänderungen verfolgen

Änderungen an einem Text verfolgen zu können, ist nicht nur sinnvoll, wenn mehrere Benutzer einen Text bearbeiten – alle, die selbst schreiben, können so leicht unterschiedliche Textvarianten ausprobieren und zwischenlagern, um erst später zu entscheiden, welche Version letztlich wirklich die bessere ist.

24.3.1 Änderungsarten

InDesign CS5 kann für Sie folgende Textänderungen aufzeichnen:

- GELÖSCHTER TEXT: Text, der gelöscht wurde, bleibt zunächst erhalten und wird erst gelöscht, wenn Sie diese Änderung annehmen.
- HINZUGEFÜGTER TEXT: Hinzugefügter Text wird natürlich normal angezeigt, Sie haben jedoch die Möglichkeit, diese Änderung später abzulehnen, womit der eingefügte Text aus Ihrem Layout wieder verschwindet.
- VERSCHOBENER TEXT: Diese Kombination aus Löschen und Hinzufügen entsteht, wenn Sie einen Textblock per Mauszeiger verschieben.

Lediglich hinzugefügter Text wird in der Layoutansicht für Sie sichtbar, gelöschter Text wird nur im Textmodus angezeigt und dort einerseits mit der Benutzerfarbe des betreffenden Benutzers hinterlegt und anderseits mit der Art der Änderung markiert. Mit den Standardeinstellungen sieht das z. B. so aus:

> **Textbearbeitung durch Ziehen und Ablegen**
>
> Ob Sie einen Text durch Ziehen mit dem Mauszeiger verschieben können, hängt von den Voreinstellungen für EINGABE ab. Dort können Sie entscheiden, ob Sie die TEXTVERARBEITUNG DURCH ZIEHEN UND ABLEGEN IN LAYOUTANSICHT AKTIVIEREN oder IM TEXTMODUS AKTIVIEREN (oder beides) wollen.

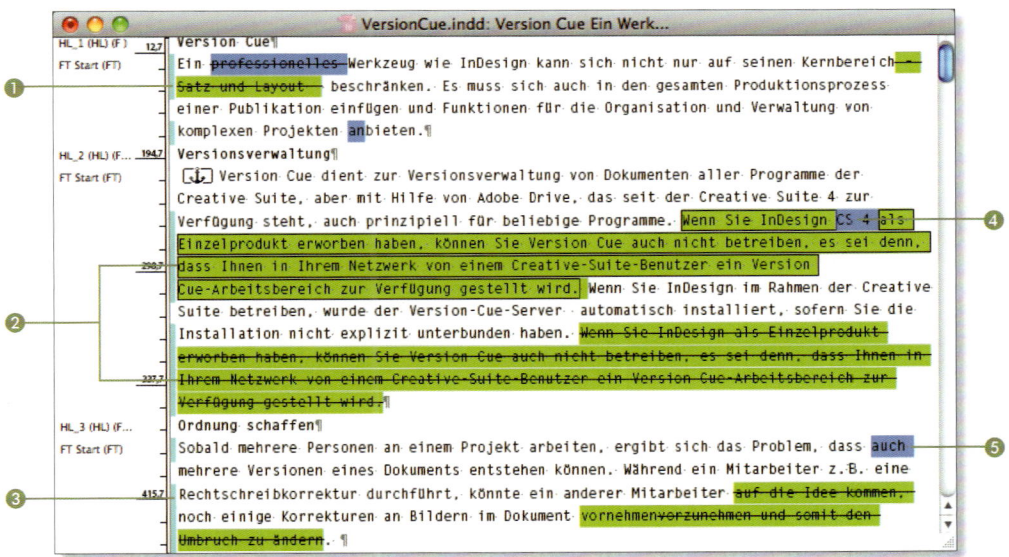

▲ **Abbildung 24.2**
ÄNDERUNGEN VERFOLGEN können Sie nur im Textmodus, indem Sie den Textcursor im gewünschten Text platzieren und [Strg]+[Y] bzw. [⌘]+[Y] drücken oder BEARBEITEN • IM TEXTMODUS BEARBEITEN aufrufen.

Dieses Dokument wurde von zwei Benutzern bearbeitet; Benutzer Schneeberger verwendet die Farbe Blau und Benutzer Feix die Farbe Grün. Grün hinterlegter Text ❶, der im Textmodus durchgestrichen erscheint, wurde somit von Benutzer Feix gelöscht (und ist in der Layoutansicht deshalb auch nicht mehr sichtbar). Ein Textblock wurde im Textfluß nach oben verschoben ❷ – er erscheint deshalb an seiner Originalposition als durchgestrichen und an seiner neuen Position umrandet. Sowohl an einer bislang unveränderten Stelle ❺ als auch in einem verschobenen Text ❹ wurde zusätzlicher Text eingefügt. Alle Textstellen, die von InDesign als verändert erkannt werden, werden am linken Rand des Textbereichs mit ÄNDERUNGSLEISTEN ❸ markiert.

Das Erscheinungsbild der verschiedenen Textänderungen definiert sich somit einerseits über die Benutzerfarbe und andererseits über die Voreinstellungen für ÄNDERUNGEN VERFOLGEN.

24.3.2 Voreinstellungen

Rufen Sie BEARBEITEN • VOREINSTELLUNGEN • ÄNDERUNGEN VERFOLGEN bzw. INDESIGN • VOREINSTELLUNGEN • ÄNDERUNGEN VERFOLGEN auf.

> **Copy & Paste**
>
> Bitte beachten Sie, dass alle Textverschiebungen, die per Copy & Paste erledigt werden, nicht als Änderung verfolgt werden. Verschobene Texte werden nur mit ZIEHEN UND ABLEGEN erfasst.

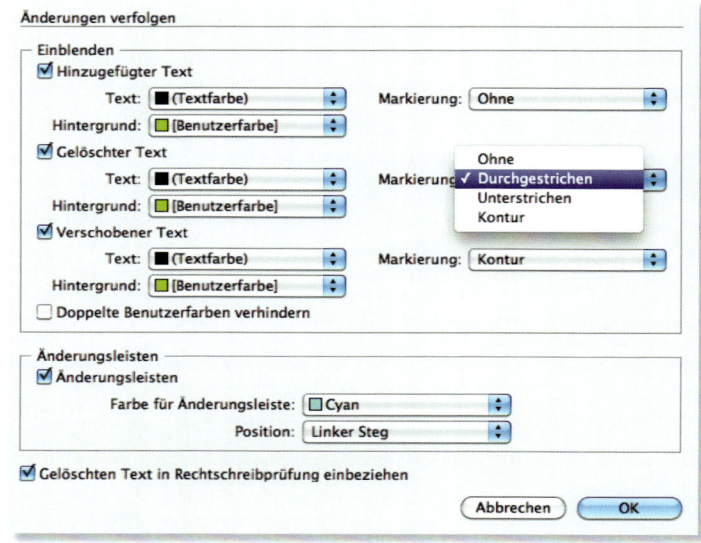

Abbildung 24.3 ▶
Sie können die Hintergrundfarbe auch jeweils auf OHNE setzen, allerdings wird der Text dadurch sehr schnell praktisch unlesbar. Auch mehr als einmal die MARKIERUNG OHNE zu verwenden, führt dazu, dass Sie den Überblick über die Änderungen schnell verlieren werden. Die von Adobe gewählten Standardeinstellungen sind durchaus sinnvoll gewählt.

Einblenden | Sie können im Abschnitt EINBLENDEN über die Checkbox neben den drei Änderungsarten HINZUGEFÜGTER TEXT, GELÖSCHTER TEXT und VERSCHOBENER TEXT festlegen, ob die Änderungen überhaupt angezeigt werden sollen. Für Änderungen, die sichtbar werden sollen, legen Sie jeweils eine Farbe für den TEXT selbst oder für den HINTERGRUND fest. Die BENUTZERFARBE ist dafür perfekt geeignet. Sollte ein anderer Benutzer die gleiche Farbe wie Sie selbst verwenden, können Sie InDesign anweisen, für diesen Benutzer eine andere Farbe zu wählen, indem Sie die Option DOPPELTE BENUTZERFARBEN VERHINDERN aktivieren. Wie die Art der Änderung dargestellt werden soll, legen Sie über das Menü MARKIERUNG für die drei Arten fest. Neben den drei Möglichkeiten OHNE, DURCHGESTRICHEN und KONTUR (siehe Abbildung 24.2) können Sie einen Text auch UNTERSTRICHEN darstellen.

Änderungsleisten und Rechtschreibprüfung | Legen Sie fest, ob die Änderungsleisten sichtbar sein sollen, indem Sie die Option Änderungsleisten Ihren Wünschen entsprechend ändern, und legen Sie für sichtbare Änderungsleisten eine Farbe und eine Position (Linker Steg oder Rechter Steg) fest. Bestimmen Sie, ob Sie Gelöschten Text in Rechtschreibprüfung einbeziehen wollen.

Rechtschreibprüfung für gelöschte Texte

Bedenken Sie, dass in der Folge ein gelöschter Text wieder zurückgenommen und somit wieder Bestandteil des sichtbaren Textes werden kann. Wenn Sie also auf die Rechtschreibprüfung von InDesign setzen, sollte diese sich auch um einen nur momentan nicht sichtbaren Text kümmern.

24.3.3 Änderungen mit InDesign verfolgen

Rufen Sie das Änderungen-verfolgen-Bedienfeld über Fenster • Redaktionelle Aufgaben • Änderungen verfolgen auf, und positionieren Sie den Textcursor in dem Textabschnitt, für den Sie die Änderungen-Verfolgen-Funktion verwenden möchten. Unter »Textabschnitt« versteht InDesign einen oder mehrere miteinander verkettete Textrahmen (nicht zu verwechseln mit den Textabschnitten der Funktion Nummerierungs- und Abschnittsoptionen!).

Die einzige Aktion, die Sie auch in der Layoutansicht ausführen können, ist ein Klick auf Änderungen verfolgen für aktuellen Textabschnitt aktivieren im Änderungen-verfolgen-Bedienfeld. Ein weiterer Klick deaktiviert die Funktion wieder. Sie können auch den Befehl Änderungen im aktuellen Textabschnitt verfolgen aus dem Bedienfeldmenü des Bedienfelds verwenden. Dort finden Sie auch die beiden Funktionen Änderungsverfolgung in allen Textabschnitten aktivieren bzw. Änderungsverfolgung in allen Textabschnitten deaktivieren.

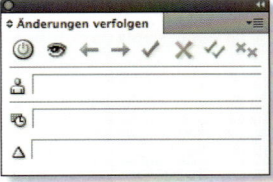

▲ **Abbildung 24.4**
Über das Änderungen-verfolgen-Bedienfeld können Sie die Verfolgungsfunktion und die Sichtbarkeit der Änderungen im Textmodus steuern, innerhalb der Änderungen navigieren und Änderungen annehmen oder ablehnen.

Ab sofort protokolliert InDesign alle Änderungen, die Sie im Text vornehmen – Ihre Arbeitsweise ändert sich damit nicht, solange Sie in der Layoutansicht arbeiten. Um die vorgenommenen Änderungen auch verwalten zu können, schalten Sie in den Textmodus um, indem Sie entweder Bearbeiten • Im Textmodus bearbeiten aufrufen oder das Tastenkürzel ⌃+Y bzw. ⌘+Y verwenden.

Nun können Sie zunächst einmal die Änderungen einblenden bzw. ausblenden. Sind die Änderungen ausgeblendet, sehen Sie denselben Text wie in der Layoutansicht.

Navigation | Sobald Änderungen protokolliert wurden, werden Sie im Textmodus entsprechend den Voreinstellungen angezeigt. Sichtbarer Text (also Text, der nicht als gelöscht markiert ist) kann ganz normal editiert werden, allerdings greift dann die Änderungsverfolgung nicht mehr! Alle Änderungen, die Sie im Textmodus vornehmen, werden also unmittelbar in Ihren Text übernommen. Um Änderungen gezielt zu bearbeiten, sollten Sie sie über das Änderungen-verfolgen-Bedienfeld auswählen. Dafür benut-

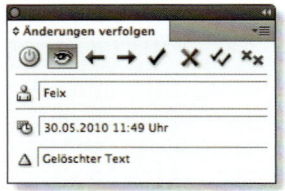

▲ **Abbildung 24.5**
Eine Änderung ist im Textmodus-Fenster ausgewählt. Der Benutzer Feix hat zum angegebenen Zeitpunkt einen Text gelöscht.

> **Ziehen und Ablegen**
>
> Wurde ein Text mit ZIEHEN UND ABLEGEN bewegt, führt das zu zwei Änderungen, die getrennt angenommen oder abgelehnt werden müssen/können.

Abbildung 24.6 ▶
Jede Blockabfertigung von Änderungen muss von Ihnen bestätigt werden (es sei denn, Sie aktivieren NICHT WIEDER ANZEIGEN), weil es dabei zu umfangreichen Umbrüchen kommen kann.

zen Sie die beiden Funktionen VORHERIGE ÄNDERUNG ← bzw. NÄCHSTE ÄNDERUNG →, die die entsprechenden Änderungen für Sie markieren.

Ist eine Änderung einmal ausgewählt, erscheinen im Änderungen-verfolgen-Bedienfeld Zusatzinformationen zum ZEITPUNKT DER ÄNDERUNG, zur ART DER ÄNDERUNG und der BENUTZERNAME des Benutzers, der die Änderung gemacht hat.

Änderungen annehmen und ablehnen | Für »Änderungen an Änderungen« sind die Änderungen-Funktionen nicht ausgelegt, sondern dafür, den gewünschten Zustand des Textes herzustellen, indem Sie Änderungen annehmen und somit in Ihrem Layout verbindlich machen oder diese eben ablehnen und damit gemachte Änderungen verwerfen. Im Änderungen-verfolgen-Bedienfeld finden Sie dafür folgende Funktionen:

▶ **Änderung annehmen** ✓ : Wenn Sie eine Änderung annehmen, wird Sie in Ihr Layout übernommen. Die Änderung verschwindet damit aus dem Protokoll und somit auch aus der Darstellung im Textmodus. Die Darstellung in der Layoutansicht ändert sich dadurch nicht, da diese ja immer den aktuellen Zustand anzeigt.

▶ **Änderung ablehnen** ✗ : Wenn Sie eine Änderung ablehnen, wird sich Ihr Layout dagegen verändern, weil damit ja ein vorheriger Zustand wiederhergestellt wird.

▶ **Alle Änderungen im Textabschnitt annehmen** ✓ : Alle Änderungen im Textabschnitt werden in einem Aufwasch für Sie angenommen. Die Auswirkungen entsprechen natürlich denen der schrittweisen Annahme. InDesign warnt Sie jedoch vor der Durchführung und fragt noch einmal nach, bevor alle Änderungen angenommen werden.

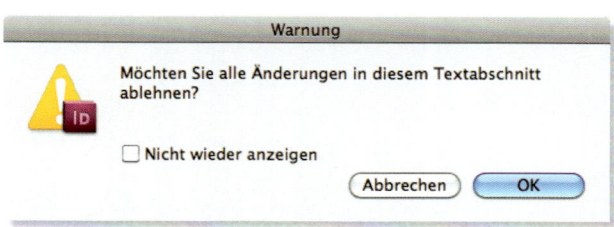

▶ **Alle Änderungen im Textabschnitt ablehnen** ✗ : Hier müssen Sie mit einigen Umbrüchen in Ihrem Layout rechnen, weshalb Sie ebenfalls von InDesign um Bestätigung gebeten werden. Diese Funktion ist zwar etwas gefährlich, kann aber über ⌃+Z bzw. ⌘+Z rückgängig gemacht werden. Darüber hinaus finden Sie im Bedienfeldmenü des Änderungen-verfolgen-Bedienfelds die beiden Funktionen ALLE ÄNDERUNGEN ANNEHMEN • IN DIESEM TEXTABSCHNITT und ALLE ÄNDERUNGEN ANNEHMEN • IN DIESEM DOKUMENT. Mit Zweiterem können Sie also Schaden im ganzen Dokument anrichten.

Weiters können Sie die Entscheidung über Annahme und Ablehnung von Änderungen über ALLE ÄNDERUNGEN VON DIESEM BENUTZER ANNEHMEN/ABLEHNEN jeweils wiederum in den beiden Varianten IN DIESEM TEXTABSCHNITT und IN DIESEM DOKUMENT treffen. Auch diese Funktionen müssen bestätigt werden.

24.3.4 Änderungen aus InCopy überprüfen

Wenn Sie als Layouter in einem redaktionellen Umfeld Dokumente bearbeiten, die mit InDesign modifiziert wurden, sollten Sie vor der Ausgabe dieser Dokumente einen Blick in den Textmodus werfen und feststellen, ob ungelöste Änderungsverfolgungen vorliegen, und diese gegebenenfalls auflösen. Es kann sonst zu Umbrüchen und Änderungen kommen, die in der Layoutansicht nur schwer zu erkennen sind.

24.4 Notizen

Notizen sind zunächst reine Textinformationen, die zwar in den Text eingefügt werden, im Endergebnis aber nicht sichtbar sein werden. Die Notizen-Funktionen sind zwar im InCopy-Umfeld enorm wichtig, weil sie es dem Redakteur erleichtern, den Text genau auf eine bestimmte Länge hin zu verfassen, indem Textvarianten einmal zwischengelagert werden, ohne die Layoutgegebenheiten zu kennen. In InDesign arbeiten wir aber direkt am Layout und benötigen diesen Aspekt der Notizen deshalb weniger. Sinnvoll anwendbar sind sie jedoch auch in InDesign.

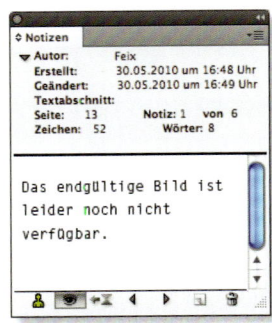

▲ **Abbildung 24.7**
Im oberen Bereich des Notizen-Bedienfelds finden sich Informationen zum Autor, Datums- und Zeitstempel und Längen- und Positionsangaben zur Notiz. Die Darstellung der Notiz im unteren Bereich kann nicht verändert werden. Sie können allerdings den Notiz-Bereich wegschalten, indem Sie NOTIZINFORMATIONEN AUSBLENDEN aus dem Bedienfeldmenü aufrufen.

24.4.1 Notizenmodus

Um Notizen in einem Dokument zu hinterlassen, müssen Sie in den Notizenmodus wechseln. Dazu muss der Textcursor in einem Text stehen, es sollte jedoch noch kein Text ausgewählt sein.

Sie können nun den Befehl SCHRIFT • NOTIZEN • NOTIZENMODUS aufrufen oder die Tastenkombination [Strg]+[F8] bzw. [⌘]+[F8] drücken. InDesign öffnet das Notizen-Bedienfeld und legt auch sofort die erste Notiz an der aktuellen Cursorposition an. Sie können das Notizen-Bedienfeld auch selbst unter FENSTER • REDAKTIONELLE AUFGABEN • NOTIZEN öffnen. InDesign schaltet in den Notizenmodus, sobald Sie die erste Notiz erstellen.

Im Notizenmodus werden alle Nicht-Text-Funktionen und Nicht-Text-Werkzeuge deaktiviert, und InDesign wird in einen reduzierten Arbeitsmodus geschaltet, dessen Möglichkeiten in etwa denen im Textmodus – und somit denen von InCopy – entsprechen. Um den Notizenmodus wieder zu beenden, müssen Sie das Notizen-Bedienfeld schließen. Sie können aber auch mit dem Textwerkzeug außerhalb des Textes klicken, um den Notizmodus zu beenden – das Notizen-Bedienfeld bleibt dann sichtbar.

24.4.2 Mit Notizen arbeiten

Neben zwei Arten, eine Notiz anzulegen, können Sie Notizen natürlich löschen, durch Notizen blättern und den Inhalt einer Notiz verändern. Allerdings lässt sich die Sichtbarkeit der Notizen im Text im Notizenmodus nur sehr eingeschränkt kontrollieren – Notizen gelten in der Layoutansicht grundsätzlich als ausgeblendet. Im Textmodus haben Sie dagegen die volle Kontrolle.

Notizen können nicht in eine PDF-Datei ausgegeben und gedruckt werden. Auch in einem aus InDesign exportierten Text erscheinen sie nicht.

Notizen anlegen | Um eine Notiz im Text einzufügen, haben Sie zwei Möglichkeiten:

- **Leere Notiz anlegen:** Der Textcursor blinkt im Text, und Sie rufen den Notizenmodus über SCHRIFT • NOTIZEN • NOTIZEN-MODUS oder [Strg]+[F8] bzw. [⌘]+[F8] auf. An der Stelle des Cursors wird eine leere Notiz verankert. Weitere Notizen können Sie anlegen, indem Sie den Textcursor an der gewünschten Stelle platzieren und auf NEUE NOTIZ im Notizen-Bedienfeld klicken oder NEUE NOTIZ aus dem Menü SCHRIFT • NOTIZEN bzw. dem Bedienfeldmenü des Notizen-Bedienfelds aufrufen. Der Inhalt des Menüs NOTIZEN und des Bedienfeldmenüs des Notizen-Bedienfelds sind im Übrigen vollkommen gleich. Den Text der neuen Notiz erfassen Sie im Notiz-Bereich des Notizen-Bedienfelds.
- **Ausgewählten Text in Notiz verwandeln:** Wenn Sie einen Text ausgewählt haben, sind die Methoden zum Anlegen einer neuen Notiz nicht verfügbar. Wählen Sie IN NOTIZ UMWANDELN aus dem Bedienfeldmenü des Notizen-Bedienfelds. Der ausgewählte Text wird nun ausgeblendet und als Notiz in das Notizen-Bedienfeld übernommen.

Die Position der Notiz wird im Text mit einem Notizanker in der jeweiligen Benutzerfarbe gekennzeichnet. Dieser Anker ist auch sichtbar, wenn Sie VERBORGENE ZEICHEN AUSBLENDEN im Menü

Bilder und andere Objekte in Notizen

Gedacht ist die Notizen-Funktion primär für Text. Je nachdem, wie Sie eine Notiz in Ihrem Dokument anlegen, können aber auch andere Objekte in Notizen enthalten sein. Jedes im Text verankerte Objekt wird ja grundsätzlich als einzelnes Zeichen im Text behandelt und kann deshalb auch in einer Notiz enthalten sein.

Textvarianten

Bis InDesign CS3 war es nicht unüblich, mit Notizen unterschiedliche Textvarianten auszuprobieren, ohne die Texte auszulagern oder z. B. auf die Montagefläche zu verbannen, indem Textteile in eine Notiz verwandelt und gegebenenfalls wieder zurückverwandelt wurden. Seit InDesign CS4 gibt es dafür die Funktion »Bedingter Text«, die wir Ihnen im nächsten Kapitel vorstellen werden. Und natürlich können Sie auch die Verfolgungsfunktionen von InDesign CS5 für solche Zwecke verwenden.

SCHRIFT aktiviert haben, verschwindet aber im Vorschaumodus. Um Notizanker ein- und auszublenden, klicken Sie auf das Auge im Notizen-Bedienfeld.

Notizen verwalten | Sie können durch alle Notizen blättern, indem Sie auf GEHE ZU VORHERIGER NOTIZ bzw. GEHE ZU NÄCHSTER NOTIZ klicken oder die entsprechenden Befehle aus einem der Menüs aufrufen. InDesign bringt dabei die Position der Notiz im Text in Ihr Blickfeld. Wenn Sie den Mauszeiger über einen Notizanker stellen, erscheinen die Informationen zur Notiz und natürlich die Notiz selbst in einem QuickInfo-Feld. Einen Anker können Sie gezielt anspringen bzw. auswählen, indem Sie auf GEHE ZU NOTIZANKER klicken. Mit etwas Geschick können Sie einen Anker auch im Text auswählen; die dazugehörige Notiz erscheint dann im Notizen-Bedienfeld.

- **Notiz löschen:** Eine Notiz können Sie löschen, indem Sie den Notizeintrag im Notiz-Bedienfeld auswählen und auf NOTIZ LÖSCHEN klicken. Alle Notizen löschen Sie mit dem Befehl NOTIZEN AUS TEXTABSCHNITT ENTFERNEN bzw. ALLE NOTIZEN ENTFERNEN aus dem Bedienfeldmenü.
- **Notizen teilen:** Wenn Sie in den Text der Notiz im Notiz-Bedienfeld klicken und NOTIZ TEILEN aus dem Bedienfeldmenü wählen, wird die Notiz an der ausgewählten Stelle in zwei Notizen aufgeteilt. Das funktioniert natürlich nicht bei leeren Notizen oder wenn der Textcursor am Beginn oder am Ende der Notiz steht.
- **Notiz in Text umwandeln:** Wie Sie bereits wissen, können Sie einen Text in eine Notiz umwandeln, indem Sie ihn auswählen und den Befehl IN NOTIZ UMWANDELN aus dem Bedienfeldmenü aufrufen. Das Gegenstück, um eine Notiz wieder in einen Text zu verwandeln, finden Sie ebenfalls im Bedienfeldmenü des Notiz-Bedienfelds unter IN TEXT UMWANDELN.

Textmodus | In der Layoutansicht Ihres Dokuments machen sich Notizen nur über ihre Notizanker bemerkbar. Wenn Sie Ihren Text jedoch über Strg+Y bzw. ⌘+Y im Textmodus betrachten, können Sie mit NOTIZEN IN TEXTABSCHNITT MAXIMIEREN/MINIMIEREN aus dem Bedienfeldmenü des Notizen-Bedienfelds diese zur Gänze im Text einblenden – hier ist die Herkunft aus InCopy sehr deutlich bemerkbar.

24.4.3 Voreinstellungen für Notizen

Wenn Sie viel mit Notizen arbeiten (müssen), sollten Sie auch einen Blick in die Voreinstellungen für Notizen werfen. Allzu viel

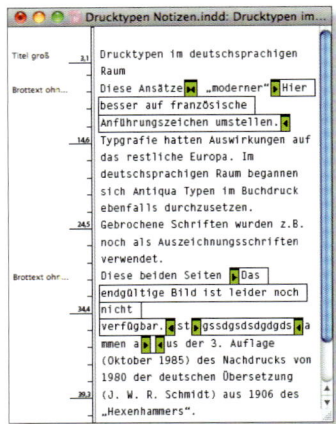

▲ **Abbildung 24.8**
Im Textmodus können Sie nicht nur alle Notizen gleichzeitig maximieren/minimieren, sondern auch einzelne Notizen, und zwar indem Sie auf eine der beiden Buchstützen einer Notiz klicken. Die erste Notiz in diesem Text ist minimiert.

können Sie hier allerdings nicht einstellen, und vor allem können Sie keinerlei grundsätzliche Funktionen beeinflussen. Rufen Sie in den InDesign-Voreinstellungen das Register NOTIZEN auf:

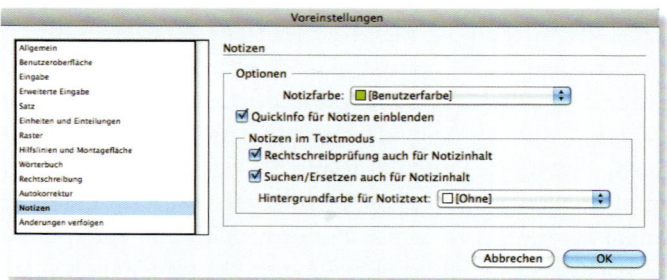

Abbildung 24.9 ▶
Die Voreinstellungen für Notizen deuten ebenfalls darauf hin, dass Notizen – als InCopy-Funktion – eher für eine Verwendung im Textmodus gedacht sind. Deaktivieren Sie die Rechtschreibprüfung für Notizen, wenn Sie Notizen nicht zum Auslagern von Texten benötigen, sondern zum Anbringen von Verarbeitungshinweisen.

Lediglich zwei der verfügbaren Optionen beziehen sich auf die Layoutansicht in InDesign: Die NOTIZFARBE kann für den Benutzer vorgegeben werden. Wenn Sie hier eine Farbe auswählen, kann der Benutzer zwar eine eigene Farbe in den Benutzer-Einstellungen im DATEI-Menü wählen, diese wird aber für Notizen-Einträge nicht verwendet. Lassen Sie die Standardeinstellung (BENUTZERFARBE) ausgewählt, wird die selbstgewählte Farbe des Benutzers verwendet. Das beschriebene Verhalten, dass über den Notizankern QuickInfo-Felder mit dem Notizinhalt angezeigt werden, wenn sie mit dem Mauszeiger berührt werden, können Sie mit der Option QUICKINFO FÜR NOTIZEN EINBLENDEN ein- bzw. ausschalten.

InDesign blendet Notizen in der Layoutansicht nicht nur aus, es ignoriert auch deren Inhalt. Für den Textmodus können Sie dagegen festlegen, ob die RECHTSCHREIBPRÜFUNG AUCH FÜR NOTIZINHALT und SUCHEN/ERSETZEN AUCH FÜR NOTIZINHALT angewendet werden soll.

Beachten Sie jedoch: Wenn Sie in SUCHEN/ERSETZEN die Funktion ALLE ERSETZEN ausführen, werden auch die Inhalte von Notizen bearbeitet und gegebenenfalls ersetzt!

Mit der Option HINTERGRUNDFARBE FÜR NOTIZTEXT legen Sie fest, ob im Textmodus lediglich Buchstützen, die den Notiztext umfassen, in der Benutzerfarbe dargestellt werden sollen oder auch der dazwischenliegende Text.

25 Text verwalten

Gerade in umfangreichen Dokumenten gibt es zumeist auch viel Text zu bändigen. Der Textfluss verläuft dabei nicht immer linear – es gibt Fußnoten zu verwalten, die Sichtbarkeit von Textalternativen zu kontrollieren und vieles mehr. In diesem Kapitel wollen wir Ihnen die Funktionen vorstellen, mit denen Sie verschiedene Textteile innerhalb eines Textes erstellen und verwalten können. Diese Texte kommen also inhaltlich immer von Ihnen, InDesign hilft Ihnen lediglich, sie zu verwalten. Textanteile, die von InDesign erstellt und selbstständig verwaltet werden, folgen im nächsten Kapitel.

25.1 Fußnoten

Wissenschaftliche Publikationen, Sach- und Fachbücher, aber auch Verträge benötigen sehr häufig Fußnoten. Eine Fußnoten-Funktion gehört für jede Textverarbeitung zur Standardausstattung. Insofern ist es erstaunlich, dass Adobe diese Funktion erst seit InDesign CS2 anbietet. Dafür ist sie relativ komfortabel ausgefallen und kann aus Word-Dokumenten vorhandene Fußnoten übernehmen und teilweise auch weiterverwalten.

25.1.1 Eine Fußnote einfügen

Das Einfügen einer Fußnote ist simpel: Setzen Sie den Textcursor an die Stelle im Text, wo der Verweis auf die Fußnote erscheinen soll, und wählen Sie FUSSNOTE EINFÜGEN aus dem Menü SCHRIFT. Alternativ können Sie das Kontextmenü im Text aufrufen und dort ebenfalls die Funktion FUSSNOTE EINFÜGEN aufrufen. Sobald Sie das gemacht haben, passieren drei Dinge:

1. An der Position des Textcursors wird eine fortlaufend nummerierte Indexziffer in den Text gesetzt.
2. Am Fuß des Textrahmens bzw. der Textspalte wird die gleiche Indexziffer, gefolgt von einem Tabulator, eingefügt und der Textcursor nach diesem Tabulator positioniert. Sie können nach dem Einfügen einer Fußnote sofort den zugehörigen Text schreiben. Die Fußnoten selbst werden in einem eigenen

---

Fußnoten in der Textverarbeitung

In normalen Textverarbeitungssystemen wird üblicherweise zwischen zwei Arten von Fußnoten unterschieden: jenen, die am Ende der Seite stehen, und jenen am Ende des Dokuments. Da InDesign zum Aufbau von Dokumentseiten vollkommen andere Strategien einsetzt, bezieht sich die Position der Fußnoten zunächst auf Textrahmen oder Spalten, die sich auf Seiten oder Druckbögen befinden. Dies erfordert in der Folge ein Umdenken in der Verwaltung von Fußnoten, wenn Sie bislang nur mit Textverarbeitungssystemen gearbeitet haben.

Abschnitt innerhalb der Textspalte verwaltet, der vom eigentlichen Text des Rahmens durch eine kurze, schwarze Linie abgeteilt wird. Jede Fußnote bekommt innerhalb dieses Abschnitts einen eigenen Bereich zugewiesen.

3. Nachdem der Text der Fußnote erfasst ist, wollen Sie in der Regel wieder an die Stelle im Text zurückkehren, an der die Fußnote eingefügt wurde. Befindet sich der Textcursor im Bereich einer Fußnote, wird deshalb der Menüpunkt FUSSNOTE EINFÜGEN in GEHE ZU FUSSNOTENVERWEIS umbenannt (auch im Kontextmenü) – rufen Sie diesen Befehl auf, und Sie landen wieder im Text an der zugehörigen Indexziffer. Wenn Sie viele Fußnoten setzen müssen, sollten Sie diese Funktion mit einem Tastenkürzel belegen.

> **In Fußnoten blättern**
>
> Bei einzeiligen Fußnoten können Sie zwischen den Einträgen mit der ↑- und ↓-Taste blättern.

Das Einfügen einer Fußnote ist also kein Problem, allerdings dürfte die Gestaltung der Fußnote in der Standardeinstellung nur in den seltensten Fällen zur Typografie Ihrer Publikation passen.

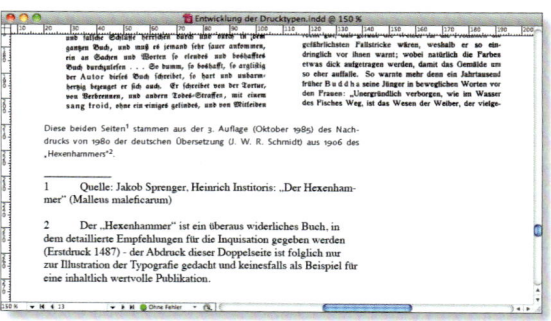

Abbildung 25.1 ▶
Die Fußnoten befinden sich standardmäßig am Ende des Textrahmens und sind vom Haupttext durch eine kurze Linie getrennt.

Die Fußnoteneinträge werden von InDesign in der Standardeinstellung mit dem Absatzformat [EINFACHER ABSATZ] formatiert.

25.1.2 Fußnoten verwalten und gestalten

Die sehr umfangreichen Einstellungsmöglichkeiten für Fußnoten finden Sie ebenfalls im Menü SCHRIFT unter OPTIONEN FÜR DOKUMENTFUSSNOTEN. Im Fenster FUSSNOTENOPTIONEN legen Sie einerseits die Methode der Nummerierung und das Aussehen der Fußnoten fest und andererseits, wie sie im Text eingebunden werden sollen.

Nummerierung und Formatierung | Hier legen Sie fest, wie Indexziffern nummeriert werden und aussehen sollen und wie die Formatierung der Fußnoteneinträge selbst erfolgen soll. NUMMERIERUNG bezieht sich dabei auf die Indexziffern, die in den Text eingefügt werden.

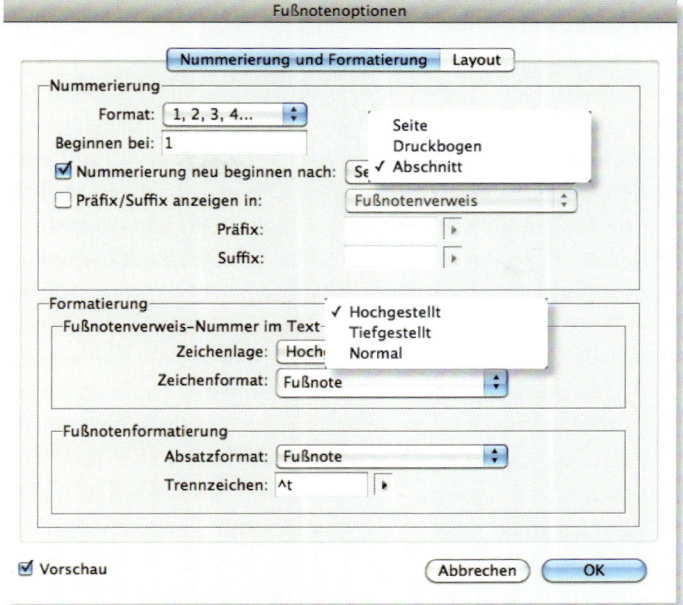

◀ **Abbildung 25.2**
Der Abschnitt NUMMERIERUNG UND FORMATIERUNG der FUSSNOTENOPTIONEN, in dem Sie die Nummerierung der Fußnoten steuern und die Gestaltung der Fußnotenziffer und der Fußnote selbst festlegen können

▶ **Nummerierung:** Hier legen Sie die Art der Nummerierung des Fußnotenverweises im Text fest und bestimmen, wann die Nummerierung neu beginnen soll und ob der Verweis mit zusätzlichen Texten versehen werden soll:

▶ FORMAT: Neben der gebräuchlichen Nummerierung mit arabischen Zahlen können Sie auch römische Ziffern und eher exotische Alternativen, wie Sterne oder andere Sonderzeichen, auswählen.

▶ BEGINNEN BEI: Legen Sie hier fest, mit welchem Startwert die Nummerierung beginnen soll. Dieser Wert gilt standardmäßig für jeden Textabschnitt (einen oder mehrere verkettete Textrahmen).

▶ NUMMERIERUNG NEU BEGINNEN NACH: Ist diese Option abgeschaltet, werden sämtliche Fußnoten in einem zusammenhängenden Text durchnummeriert. Schalten Sie die Option jedoch ein, können Sie festlegen, ob die Nummerierung auf jeder SEITE, auf jedem DRUCKBOGEN oder in jedem ABSCHNITT neu beginnen soll.

▶ PRÄFIX/SUFFIX ANZEIGEN IN: Die Indexziffern können von einer Vor- und einer Nachsilbe eingefasst sein, die Sie unter PRÄFIX und SUFFIX auswählen bzw. frei eingeben können. Ob diese mit der Ziffer angezeigt werden sollen und ob dies sowohl im FUSSNOTENVERWEIS als auch im FUSSNOTENTEXT geschehen soll, wählen Sie im Menü für PRÄFIX/SUFFIX ANZEIGEN IN aus.

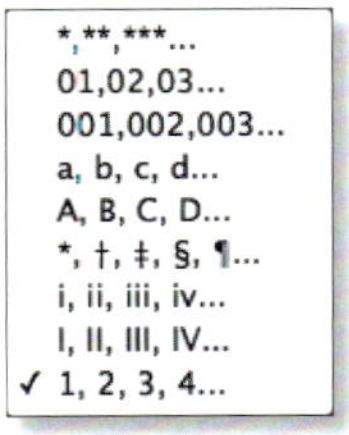

▲ **Abbildung 25.3**
Die verschiedenen Arten von Fußnotenziffern

Abstände besser kontrollieren

Wenn Sie den Weißraum zwischen dem Text und der Fußnotenziffer im Fußnotentext genauer kontrollieren wollen, können Sie z. B. ein Geviert-Leerzeichen aus dem Text kopieren und als PRÄFIX aus der Zwischenablage einfügen.

> **Vorsicht!**
>
> Wenn Sie die Formatierung des betreffenden Absatzes auf die Originaldefinition zurücksetzen, geht natürlich auch die Formatierung der Fußnotenziffer verloren.

- **Formatierung:** Unter Formatierung legen Sie das Erscheinungsbild der Fußnotenverweise und -einträge fest:
    - Fussnotenverweis-Nummer im Text: Unter Zeichenlage können Sie auswählen, ob auf die Indexziffer das Zeichenattribut Hochgestellt oder Tiefgestellt angewendet werden soll. Da beide Optionen zu Ziffern führen, die in ihrer Strichstärke nicht mehr zum restlichen Text passen, sind Sie besser beraten, wenn Sie ein Zeichenformat definieren, in dem die Formatierung der Ziffer über einen richtigen Indexziffern-Schnitt definiert wird. Beachten Sie aber, dass nur Indexziffern verwendet werden können, die als Alternativen zu den normalen Ziffern angeboten werden. Dieses Zeichenformat wählen Sie unter Zeichenformat aus und stellen Zeichenlage auf Normal, wie in Abbildung 25.2 zu sehen.
    - Fussnotenformatierung: Die Fußnoteneinträge selbst werden natürlich über ein Absatzformat gestaltet, das Sie zunächst definieren müssen und dann unter Absatzformat auswählen können. Das standardmäßig eingestellte Trennzeichen ist der Tabulator – damit werden Sie im Normalfall auch bestens versorgt sein. Berücksichtigen Sie jedoch eine entsprechende Tabulatorposition in dem Absatzformat, das Sie für die Formatierung der Einträge verwenden.

Layout | Im Reiter Layout der Fussnotenoptionen legen Sie fest, wie sich die Fußnoteneinträge in Ihr Dokument einfügen sollen.

- Abstandsoptionen: Wie weit der gesamte Fußnotenbereich im Textrahmen vom Text abgesetzt werden soll, können Sie im Eingabefeld Mindestabstand vor erster Fussnote bestimmen. Dieser Abstand kann auch größer ausfallen, wenn der Text umbrochen wird oder ein Grundlinienraster im Spiel ist. Den Abstand zwischen den einzelnen Fußnoteneinträgen legen Sie über den Wert für Abstand zwischen Fussnoten fest.
- Erste Grundlinie: Die einzelnen Fußnoteneinträge werden wie eigenständige Textrahmen behandelt. Wo im Bereich der Text der Fußnote beginnen soll, legen Sie mit diesen Optionen fest, die Sie bereits aus den Textrahmenoptionen kennen.
- Platzierungsoptionen: Wenn ein Textrahmen bzw. eine Textspalte nicht vollständig mit Text gefüllt ist, stellt sich die Frage, ob die Fußnoten am Ende des Textes stehen sollen (dann aktivieren Sie die Option Fussnoten des Textabschnittsendes am Textende platzieren) oder ob die Fußnoten am unteren Ende des Textrahmens platziert werden sollen (dann schalten Sie diese Option aus).

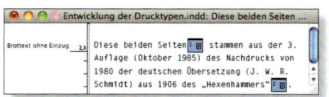

▲ **Abbildung 25.4**
Sie können mit Fußnoten auch im Textmodus arbeiten. Dort können Sie sie über Ansicht • Textmodus • Alle Fussnoten maximieren (oben) bzw. Alle Fussnoten minimieren (unten) ein- bzw. ausblenden.

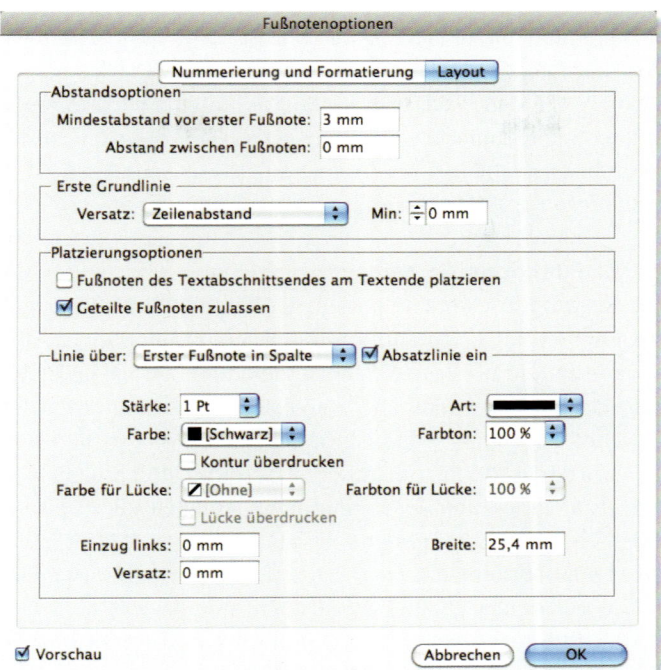

◄ **Abbildung 25.5**
Der Abschnitt LAYOUT der FUSS-NOTENOPTIONEN, in dem Sie Platzverhältnisse und Umbrüche der Fußnoten regeln können

Fußnoten bringen immer das Problem mit sich, dass sie den vorhandenen Platz für den Text beschneiden. Durch diese Verkürzung des Textbereichs kann es sein, dass die Indexziffer für eine neue Fußnote in den nächsten Rahmen bzw. in die nächste Spalte umbricht. Da damit auch der Fußnoteneintrag seine Position verändert, wäre also plötzlich wieder Platz, um den Textumbruch rückgängig zu machen, wodurch aber auch die Fußnote wieder mit dem Text übersiedelt und den Platz wiederum so weit verknappt, dass es zu einem Umbruch der Indexziffer kommt usw. Bei langen Fußnoten steigt die Gefahr für dieses Dilemma deutlich. Wenn Sie die Option GETEILTE FUSSNOTEN ZULASSEN aktivieren, ermöglichen Sie InDesign, Fußnoten zu umbrechen und so hoffentlich Platzverhältnisse zu schaffen, die eine bessere Verteilung der Fußnoten erlauben.

▶ LINIE ÜBER: Vor dem Bereich der Fußnoten im Textrahmen kann eine Linie eingefügt werden – wählen Sie aus dem Menü ERSTER FUSSNOTE IN SPALTE, und schalten Sie die Linie ein. Das ist allerdings ohnehin die Standardeinstellung. Nahezu alle Einstellungen für Linien kennen Sie bereits von den Absatzlinien oder den Tabellenkonturen. Eine nähere Beschreibung erübrigt sich also an dieser Stelle. Lediglich die Option BREITE funktioniert hier etwas anders. Die Länge der Linien kann hier nämlich über einen absoluten Betrag festgelegt und muss somit nicht

Fußnoten umbrechen

Auch wenn Sie GETEILTE FUSSNOTEN ZULASSEN aktiviert haben, können Sie verhindern, dass eine bestimmte Fußnote umbrochen wird, indem Sie die Absatzumbruchoptionen der Fußnote entsprechend einstellen, z. B. ZEILEN NICHT TRENNEN/ALLE ZEILEN IM ABSATZ. Andererseits können Sie Fußnoten auch gezielt umbrechen, indem Sie an der gewünschten Stelle ein Umbruchzeichen aus dem Menü SCHRIFT • UMBRUCHZEICHEN EINFÜGEN auswählen.

> **Absatzformate**
>
> Einige dieser Einstellungen – speziell bei Linien – können Sie genauso gut in einem Absatzformat vornehmen, das Sie für die Fußnoteneinträge definieren. Änderungen in der Typografie können dann flexibler gehandhabt werden. Andererseits müssen Sie die verschiedenen Einträge dann auch selbst formatieren.

über einen rechten Einzug beeinflusst werden, wie das z. B. bei Absatzlinien der Fall ist.

Sofern Sie den Umbruch von Fußnoten zulassen, können Sie eine eigene Linie für die FORTGESETZTEN FUSSNOTEN aus dem Menü auswählen und einschalten. Diese Linie wird nur vor Fußnoten gesetzt, die umbrochen wurden.

25.1.3 Fußnoten löschen

Eine Fußnote löschen Sie, indem Sie die Fußnotenziffer aus dem Text löschen. InDesign entfernt dann den dazugehörigen Eintrag im Bereich der Fußnoten. Ein Entfernen der Fußnote selbst löscht lediglich den Text, erhält aber den Platz für die Fußnote.

Sollten Sie – aus welchen Gründen auch immer – die Fußnote inklusive der Indexziffer im Fußnotenbereich gelöscht haben, können Sie die Indexziffer wieder einsetzen, indem Sie den Textcursor in den Bereich des Fußnotentextes stellen und SCHRIFT • SONDERZEICHEN EINFÜGEN • MARKEN • FUSSNOTENNUMMER auswählen.

> **Fußnoten kopieren und einsetzen**
>
> Wenn Sie einen Textteil mit einer Fußnotenziffer kopieren oder ausschneiden, landet auch der Fußnotentext in der Zwischenablage und erscheint somit auch wieder, wenn Sie den Text an einer anderen Stelle einsetzen. Fügen Sie einen solchen Text in ein anderes Dokument ein, werden die OPTIONEN FÜR DOKUMENTFUSSNOTEN zur Formatierung dieses Dokuments verwendet.

25.1.4 Fußnoten aus Word-Dokumenten übernehmen

Fußnoten, die aus dem Import einer Word-Datei entstanden sind, unterscheiden sich nicht von Fußnoten, die Sie selbst anlegen, und können folglich mit allen hier beschriebenen Optionen bearbeitet werden.

Da InDesign allerdings keine Endnoten kennt, gilt das nicht für aus Word-Dokumenten importierte Endnoten. Diese werden am Ende des Textabschnitts (im letzten Rahmen der Textverkettung, in der der Word-Text platziert wird) als normaler Text eingefügt. Vor den importierten Endnoten fügt InDesign noch den Text »(Endnotes)« zur Kennzeichnung ein.

Die Fußnotenziffern der Endnoten sind im Text zwar eingefügt und entsprechend formatiert, sie haben jedoch keinerlei Verbindung zu den Texten unter »(Endnotes)«.

25.1.5 Einschränkungen

Adobe hat sich selbst beim Leistungsumfang der Fußnoten noch etwas Platz für zukünftige Versionen gelassen. Neben den gerade beschriebenen Einschränkungen durch fehlende Endnoten sollten Sie bei der Planung von Layout und Struktur einer Publikation noch Folgendes berücksichtigen:

Fußnoten und mehrspaltiger Text | Leider können Fußnoten in einem zwei- oder mehrspaltigen Text nicht über die Rahmenbreite hinweg gesetzt werden. Dazu müssen Sie auch in InDesign CS5 noch auf Plug-ins von anderen Herstellern – z. B. Footnote –

zurückgreifen. Das ist insofern bemerkenswert, als ja in InDesign CS5 die Funktion SPALTENSPANNE eingeführt wurde, die es erlaubt, einzelne Absätze über mehrere Spalten hinweg laufen zu lassen – siehe Seite 435. Allerdings bietet InDesign Ihnen diese Funktion im Steuerung-Bedienfeld nicht an, wenn der Textcursor in einem Fußnoten-Text steht. Sie kann dann zwar noch über das Bedienfeldmenü des Steuerung-Bedienfelds aufgerufen werden, Änderungen an den Optionen im Fenster SPALTENSPANNE werden allerdings nicht wirksam.

> **Konturenführung**
> Objekte mit Konturenführung verdrängen weder den Text in Fußnoten noch in Tabellen.

Fußnoten über mehrere Dokumente hinweg | Obwohl InDesign ansonsten jede Art von Nummerierung mithilfe der Buch-Funktionen über mehrere Dokumente hinweg weiterführen kann, funktioniert das mit Fußnoten nicht. In jedem neuen Dokument beginnt die Nummerierung der Fußnoten zwangsläufig bei 1 bzw. dem Wert, den Sie in den FUSSNOTENOPTIONEN vergeben haben. Sie müssen also den Startwert für jedes Dokument neu setzen, überwachen und bei Änderungen selbst korrigieren.

25.2 Bedingter Text

Wie Sie in Abschnitt 24.4, »Notizen«, gesehen haben, können Notizen dafür missbraucht werden, Text bei Bedarf ein- und auszublenden. Sehr übersichtlich ist die Handhabung jedoch nicht, und vor allem muss jede per Notiz verwaltete Textstelle einzeln behandelt werden. Da Notizen für solche Anwendungen aber auch nie gedacht waren und Adobe offensichtlich den Bedarf an der Möglichkeit, Teile eines zusammenhängenden Textes ein- und auszublenden, erkannt hat, wurde bereits mit InDesign CS4 die Möglichkeit geschaffen, die Sichtbarkeit von Text anhand von frei definierbaren Bedingungen zu steuern.

> **Notizen**
> Notizen sind eine typische InCopy-Funktion, die es einem Redakteur einerseits erlaubt, unsichtbare Informationen zu hinterlassen, und andererseits, die Textlänge über unterschiedliche Versionen zu variieren.

25.2.1 Anwendungsgebiete

Viele Probleme mit alternativen Texten – als Stellvertreter seien hier unterschiedliche Sprachversionen wie in unserem Projekt genannt – können über Ebenen gelöst werden. Sollen jedoch Textteile in einem Absatz sichtbar/unsichtbar gemacht werden, kommen Sie mit Ebenen nicht weiter.

Typische Fälle wären z. B. Preislisten, die in einer Großhändler-Version mit den Einkaufspreisen und in einer Verkaufspreisliste inkl. Mehrwertsteuer aufgelegt werden sollen. Ob Sie eine solche Preisliste als vollständige Duplikate in Ebenen oder gleich in zwei Dokumenten verwalten, ist schon ziemlich gleichgültig.

Im Text verankerte Objekte

Da jedes im Text verankerte Objekt grundsätzlich als einzelnes Zeichen im Text behandelt wird, kann es deshalb auch – wie in Notizen – als bedingter Text aus- und eingeblendet werden.

Oder wir könnten unser Buch in einer Windows- und einer Mac-Version erscheinen lassen. Hierzu müssten in der Windows-Ausgabe alle Tastenkürzel für Windows anstelle der Tastenkürzel für Mac OS X dargestellt werden – Sie sehen: mit Ebenen unlösbar. Was wäre in diesem Fall mit den Screenshots? Wir müssten alle Screenshots von Mac OS X gegen Screenshots von Windows austauschen. Da alle Bilder, Marginalien, Glossareinträge aber im Text eingebunden sind, wäre das als bedingter Text kein Problem.

Als letztes Beispiel und Basis für die Funktionsbeschreibung seien noch Lehrunterlagen genannt. Arbeitsblätter für Schüler gibt es zumeist in zwei Versionen: das »echte« Arbeitsblatt, in das die Schüler die hoffentlich richtige Lösung der Aufgaben eintragen müssen, die sie auf dem Arbeitsblatt vorfinden. Und als zweite Version gibt es zumeist das Lösungsblatt, das alle richtigen Antworten bereits enthält.

Ob ein Lehrer das Lösungsblatt verwendet, um seine Kompetenz vor den Schülern zu stärken, oder ob er es den Schülern auch aushändigt, um ihnen eine Selbsteinschätzung der eigenen Leistung zu ermöglichen, sei dahingestellt. Typische Ergänzungsübungen, in denen z. B. in freie Stellen einzelne Wörter eingetragen werden, sind über Ebenen ebenfalls nicht abbildbar.

25.2.2 Bedingten Text verwenden

Die Mechanik von bedingten Texten ist eigentlich recht simpel, aber relativ schwierig (und trocken) abstrakt zu beschreiben. Wir beginnen deshalb mit einem Beispiel und liefern Ihnen die Details später nach.

English Lesson 12 – Irregular Verbs — Arbeitsblatt

Fill in:

Infinitive	Past Tense	Past Participle	Translation
to awake		awoke, awaked	aufwachen, aufwecken
to be	was		sein
to become	became		werden
to begin		begun	beginnen
	bit	bitten	beißen
to break	broke		brechen
to build	built	built	
to buy		bought	kaufen
to choose	chose		wählen
	came	come	kommen
to cut		cut	schneiden
to do	did	done	
to drink		drunk	trinken

English Lesson 12 – Irregular Verbs — Lösung

Fill in:

Infinitive	Past Tense	Past Participle	Translation
to awake	awoke	awoke, awaked	aufwachen, aufwecken
to be	was	been	sein
to become	became	become	werden
to begin	began	begun	beginnen
to bite	bit	bitten	beißen
to break	broke	broken	brechen
to build	built	built	bauen
to buy	bought	bought	kaufen
to choose	chose	chosen	wählen
to come	came	come	kommen
to cut	cut	cut	schneiden
to do	did	done	tun
to drink	drank	drunk	trinken

▲ **Abbildung 25.6**
Arbeitsblätter können aus ein und demselben Text abgeleitet werden, wenn Sie bedingten Text einsetzen.

Solche Arbeitsblätter kennen wir alle aus der Schule. In diesem Fall sollen die Irregular Verbs im Englischen trainiert und überprüft werden. Die Schüler müssen den jeweils fehlenden Teil in jeder Zeile eintragen.

Schritt für Schritt: Arbeits- und Lösungsblatt erstellen

Um es Ihnen zu ersparen, Ihre Schulbücher zu suchen oder den obigen Text abzutippen, haben wir den hier verwendeten Text auf der Buch-DVD untergebracht (»Irregular_Verbs.txt«). Es handelt sich um reinen, mit Tabulatoren versehenen Text.

Sie finden die Datei »Irregular_Verbs.txt« im Ordner BEISPIELMATERIAL • KAPITEL_25.

1 Text einrichten

Platzieren Sie den Text, und formatieren Sie ihn nach Ihren Vorstellungen. Der Text sollte mit Tabulatoren (nicht in einer Tabelle) ausgerichtet werden. Bei einem A4-Dokument mit »normalen« Rändern und einer Schriftgröße von 12 Pt sollten Sie bei drei Tabulatoren mit je 40 mm Abstand gut mit dem Text zurechtkommen. Es versteht sich von selbst, dass für die Formatierung Absatzformate verwendet werden – für die Anwendung von bedingtem Text und die folgenden Schritte ist das jedoch nicht zwingend notwendig.

2 Das Bedingter-Text-Bedienfeld – Bedingungen definieren

Öffnen Sie das Bedingter-Text-Bedienfeld über FENSTER • SCHRIFT UND TABELLEN • BEDINGTER TEXT. Ein Tastenkürzel gibt es dafür nicht. Klicken Sie auf NEUE BEDINGUNG, und tragen Sie im nun erscheinenden Fenster NEUE BEDINGUNG unter NAME »Arbeitsblatt« ein. Unter KENNZEICHNUNG legen Sie fest, wie der bedingte Text markiert sein soll, wenn er eingeblendet ist. Wenn Sie in METHODE die Option UNTERSTRICHEN auswählen, können Sie eine DARSTELLUNG der Linie wählen; entscheiden Sie sich aber für MARKIEREN, wird der Text mit der gewählten FARBE hinterlegt. Auch eine Linie als Markierung wird in der gewählten FARBE dargestellt. Sie legen hier lediglich fest, wie der bedingte Text dargestellt wird, sofern er sichtbar ist; ob die Kennzeichnung überhaupt sichtbar ist, können Sie später noch bestimmen.

▲ **Abbildung 25.7**
Das Bedingter-Text-Bedienfeld: Die beiden Bedingungen aus unserem Beispiel sind bereits angelegt, und die Bedienfeldoptionen sind eingeblendet.

Legen Sie eine zweite Bedingung »Lösung« an, und legen Sie die gewünschten Optionen fest. Wenn Sie eine dieser Optionen nachträglich ändern wollen, doppelklicken Sie auf den Bedingungseintrag im Bedingter-Text-Bedienfeld, oder rufen Sie BEDINGUNGSOPTIONEN aus dem Bedienfeldmenü auf.

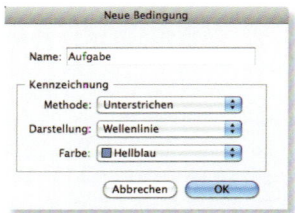

3 Bedingte Texte für das Lösungsblatt festlegen

Der volle Text, den Sie gesetzt haben, entspricht ja dem Lösungsblatt. In dieser vollständigen Lösung markieren wir nun die Texte, die nur auf der Lösung sichtbar sein sollen. Alle nicht als bedingter Text gekennzeichneten Texte werden sowohl auf dem Arbeitsblatt als auch auf der Lösung sichtbar sein.

▲ **Abbildung 25.8**
Die Optionen von Bedingungen legen nur fest, wie ein bedingter Text gekennzeichnet sein soll, wenn er sichtbar ist; ob die Markierung dann wirklich sichtbar sein soll, können Sie hier noch nicht einstellen.

Wählen Sie mit einem Doppelklick in jeder Zeile einen Begriff aus, und klicken Sie auf Lösung im Bedingter-Text-Bedienfeld. Dadurch wird der ausgewählte Text mit der von Ihnen festgelegten Markierung unter- bzw. hinterlegt.

Wenn Sie das für alle Zeilen erledigt haben (vergessen Sie das Wort »Lösung« in der Überschrift nicht), klicken Sie auf das Auge neben dem Eintrag Lösung. Damit legen Sie die Sichtbarkeit des Textes auf dem Lösungsblatt fest. Ihr Text sollte nun etwa so aussehen wie in Abbildung 25.9.

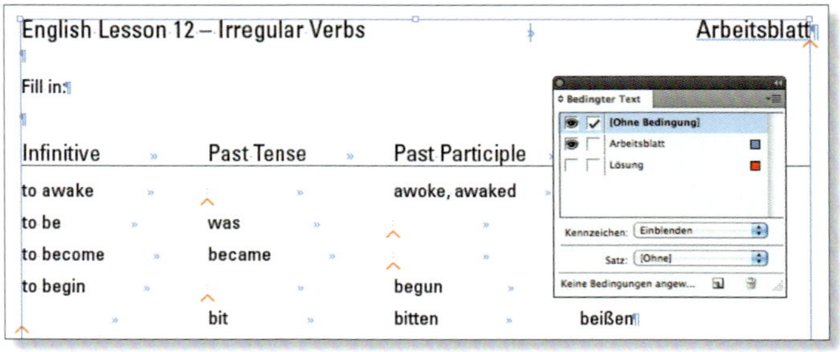

Abbildung 25.9 ▶
Der Text, der nur auf der Lösung sichtbar sein soll, ist ausgeblendet. Im Text sind jedoch Marken eingeblendet, die die Position der unsichtbaren Texte anzeigen.

4 Bedingte Darstellung für das Lösungsblatt erstellen

Erstellen Sie eine horizontale Linie mit 0,5 Pt Stärke, 30 mm Länge und einem Stil, der Ihnen geeignet erscheint, z. B. Japanische Punkte. Diese Linie wird den unsichtbaren Lösungstext vertreten. Da wir die Linien im Text verankern, können wir ihre Sichtbarkeit über eine Bedingung bestimmen.

Kopieren Sie die Linie in die Zwischenablage, klicken Sie der Reihe nach rechts neben die Markierungen für den unsichtbaren Text, und fügen Sie die Linie per [Strg]+[V] bzw. [⌘]+[V] in den Text ein. Das Ergebnis sollte etwa so aussehen wie in Abbildung 25.10.

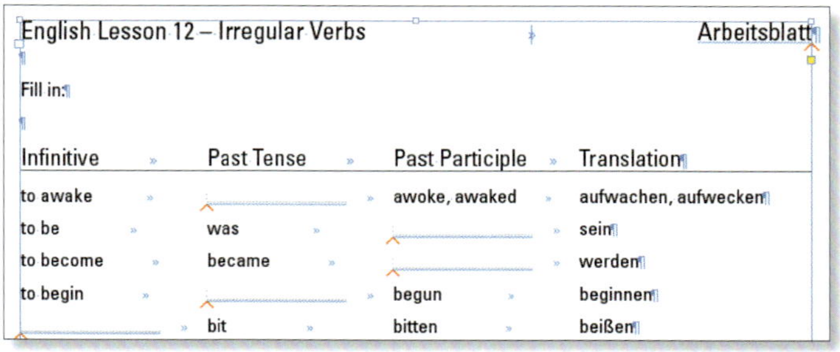

Abbildung 25.10 ▶
Die Linien sollen auf dem Arbeitsblatt sichtbar sein, nicht jedoch auf dem Lösungsblatt. Deshalb müssen sie ebenfalls mit einer Bedingung ausblendbar werden.

5 Den verankerten Linien eine Bedingung zuweisen

Wir könnten nun die einzelnen Linien mit dem Textwerkzeug auswählen und ihnen die Bedingung »Arbeitsblatt« zuweisen, damit sie nur auf dem Arbeitsblatt sichtbar sind und in der Lösung ausgeblendet werden können. Allerdings wäre das sehr mühsam. Wie Sie wissen, kann in InDesign nach nahezu allem gesucht werden. Deshalb werden wir nun alle verankerten Linien suchen und ihnen per Ersetzen-Funktion die Bedingung »Arbeitsblatt« zuweisen.

Rufen Sie SUCHEN/ERSETZEN über [Strg]+[F] bzw. [⌘]+[F] auf, und wählen Sie das Register TEXT. Wählen Sie aus dem Menü neben SUCHEN NACH die Option MARKEN • MARKE FÜR VERANKERTES OBJEKT aus. Im Feld SUCHEN NACH erscheint der InDesign-Code für verankerte Objekte: ^a. Wir suchen also gar keinen echten Text (siehe Abbildung 25.11).

Wir ersetzen auch nicht die Linie selbst, sondern ändern ihr Attribut für bedingten Text von [OHNE BEDINGUNG] in LÖSUNG. Klicken Sie dazu auf ÄNDERUNGSATTRIBUTE EINGEBEN neben dem Feld FORMAT ERSETZEN.

Im Fenster FORMATEINSTELLUNGEN ERSETZEN wählen Sie das Register BEDINGUNGEN und aktivieren die Checkbox neben dem Eintrag ARBEITSBLATT. Schließen Sie das Fenster mit OK, und klicken Sie im SUCHEN/ERSETZEN-Fenster auf ALLE ÄNDERN.

Linie auswählen

Die einzelnen Linien in dieser Situation mit dem Auswahl-Werkzeug zu markieren, würde nicht zum Erfolg führen. Sie müssen die Position der Linie *im* Text *als* Text auswählen!

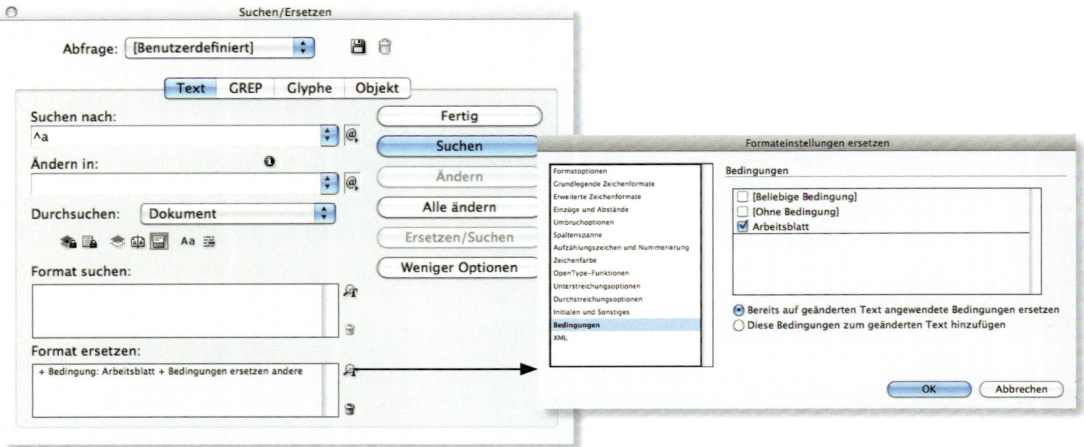

Nun werden alle Linien wie Text behandelt, und ihnen wird die Sichtbarkeit für das Arbeitsblatt zugewiesen. Sie können dies wiederum mit einem Klick auf das Auge überprüfen und durch wechselweises Auswählen der beiden Bedingungen bzw. deren Sichtbarkeit einen Blick auf Arbeitsblatt und Lösung werfen.

Dieses wechselweise Auswählen kann bei zwei Bedingungen noch praktikabel sein, bei vielen Bedingungen, die womöglich zu mehreren Sichtbarkeitskombinationen zusammengefasst werden müssen, wäre diese Methode sehr mühsam und fehlerträchtig.

▲ **Abbildung 25.11**
Die Suchoptionen, um eine im Text verankerte Linie zu suchen und ihr eine Bedingung zuzuweisen.

25.1 Bedingter Text | **635**

6 Einen Bedingungssatz erstellen
Stellen Sie zunächst den Zustand her, der die Sichtbarkeit für das Arbeitsblatt (also Linien, aber keine Lösungen) darstellt, indem Sie die Sichtbarkeit ARBEITSBLATT ein- und die Sichtbarkeit LÖSUNG ausschalten. Wählen Sie nun aus dem Menü SATZ im Bedingter-Text-Bedienfeld NEUEN SATZ ERSTELLEN aus. Tragen Sie im dann folgenden Fenster NAME DES BEDINGUNGSSATZES einen Namen ein. Es ist hier kein Problem, wenn Sie als Name »Arbeitsblatt« wählen, obwohl es schon eine gleichnamige Bedingung gibt.

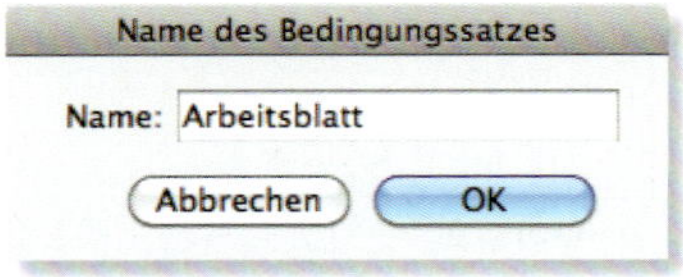

Ändern Sie die Sichtbarkeit so, dass nur die Lösung sichtbar wird, und legen Sie damit einen Bedingungssatz LÖSUNG an. Von nun an können Sie die beiden Zustände des Dokuments aus dem Menü SATZ auswählen und so ohne viel Herumgeklicke zwischen den beiden Textvarianten wie in Abbildung 25.6 auf Seite 632 wechseln. ■

▲ **Abbildung 25.12**
Ein Bedingungssatz muss zwar einen eindeutigen Namen haben, der darf aber schon gleichlautend mit einer Bedingung sein.

Wenn Sie unsere Schritt-für-Schritt-Anleitung bis zum Ende durchgearbeitet haben, haben Sie die wesentlichen Methoden inklusive Suchen und Ersetzen von Bedingungen durchgespielt. Im Folgenden wollen wir Ihnen nur noch einige Optionen nachreichen und Ihnen noch ein paar Hinweise zur Dokument-Planung bei der Benutzung von bedingtem Text geben.

25.2.3 Zusätzliche Funktionen für bedingten Text
Neben den Funktionen, die Sie in unserer Schritt-für-Schritt-Anleitung kennengelernt haben, gibt es noch folgende Möglichkeiten:

Bedingter-Text-Bedienfeld | Beim Anlegen einer neuen Bedingung haben Sie bereits festgelegt, wie ein Text, dem eine Bedingung zugewiesen ist, gekennzeichnet werden soll. Da diese Kennzeichnung aber auch störend sein kann, können Sie im Menü KENNZEICHEN festlegen, wo die Kennzeichnung wirklich dargestellt werden soll. Die drei Möglichkeiten EINBLENDEN, EINBLENDEN UND DRUCKEN und AUSBLENDEN dürften selbsterklärend sein.

Neben der Möglichkeit, einzelne Bedingungen und somit den damit belegten Text ein- und auszublenden, indem Sie auf das Auge 👁 neben der entsprechenden Bedingung klicken, können Sie im Bedienfeldmenü noch ALLE EINBLENDEN und ALLE AUSBLENDEN wählen. Beide Optionen sind gute Ausgangspunkte, um Zustände herzustellen, die Sie dann als Bedingungssatz speichern.

Sofern Sie VERBORGENE ZEICHEN EINBLENDEN aus dem Menü SCHRIFT aktiviert haben, werden aufgrund einer Bedingung aus-

> **Neue Bedingung**
>
> Das Bedingter-Text-Bedienfeld verhält sich beim Aufruf der Funktion NEUE BEDINGUNG über das Symbol 🔲 anders als die meisten anderen Bedienfelder. Sie werden dann nämlich sofort mit dem Fenster NEUE BEDINGUNG konfrontiert. Halten Sie die [Alt]- bzw. [⌥]-Taste gedrückt, wird kommentarlos eine neue Bedingung angelegt, deren Optionen Sie dann erst festlegen müssen.

geblendete Texte mit dem Marker ⋋ im Text gekennzeichnet. Für jeden ausgeblendeten Text an derselben Stelle kommt dabei ein Doppelpunkt über dem Winkel dazu.

Bedingungen und Bedingungssätze | Sie können ein und demselben Text auch mehrere Bedingungen zuweisen. In diesem Fall können Sie die einzelnen Bedingungen zurücknehmen, indem Sie den entsprechenden Text auswählen und die Bedingung mit einem Klick auf das Häkchen ☑ neben der Bedingung ausschalten. Möchten Sie alle einem Text zugewiesenen Bedingungen auf einmal zurücknehmen, wählen Sie den Text aus und weisen ihm [OHNE BEDINGUNG] aus dem Bedingter-Text-Bedienfeld zu. Grundsätzlich ist einem Text immer [OHNE BEDINGUNG] zugewiesen – dadurch ist Text prinzipiell immer sichtbar.

Wenn Sie einen Bedingungssatz ausgewählt haben und Änderungen an der Sichtbarkeit der beteiligten Bedingungen im Bedingter-Text-Bedienfeld vornehmen, wird diese Abweichung – analog zu Formaten – durch ein Plus neben dem Namen des Bedingungssatzes angezeigt. Sie haben dann die Möglichkeit, über BEDINGUNGSSATZ NEU DEFINIEREN im Menü SATZ die Abweichung zur neuen Definition des Bedingungssatzes zu machen. Wenn Sie den Satz [OHNE] auswählen, bleibt der letzte Zustand von sichtbaren Bedingungen erhalten, und Sie können weitere manuelle Änderungen vornehmen, ohne eine Abweichung in einem bestimmten Bedingungssatz zu produzieren.

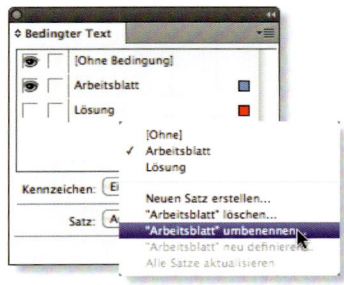

▲ **Abbildung 25.13**
Um einen Bedingungssatz umzubenennen, müssen Sie ihn zunächst auswählen. Sie können dann aus dem Menü SATZ den Befehl UMBENENNEN auswählen.

Verwalten von Bedingungen und Bedingungssätzen | Um eine Bedingung zu löschen, markieren Sie sie im Bedingter-Text-Bedienfeld und klicken auf 🗑 oder wählen BEDINGUNG LÖSCHEN aus dem Bedienfeldmenü. Wenn die zu löschende Bedingung einem Text zugewiesen ist, müssen Sie einen Nachfolger bestimmen.

Einen Bedingungssatz löschen Sie, indem Sie ihn zuerst auswählen und dann aus dem Menü SATZ den Befehlt BEDINGUNGSSATZ LÖSCHEN auswählen. Das Löschen von Bedingungssätzen erfolgt kommentarlos und ohne Rückfrage.

Um Bedingungen und Bedingungssätze aus anderen Dokumenten zu laden, wählen Sie entweder BEDINGUNGEN LADEN bzw. BEDINGUNGEN UND BEDINGUNGSSÄTZE LADEN aus dem Bedienfeldmenü des Bedingter-Text-Bedienfelds. Sie werden dann aufgefordert, eine Datei auszuwählen, aus der die entsprechenden Definitionen geladen werden sollen. Das Laden selbst erfolgt wiederum ohne jegliche Rückmeldung, und zwar auch dann, wenn im Zieldokument bereits Bedingungen und Bedingungssätze

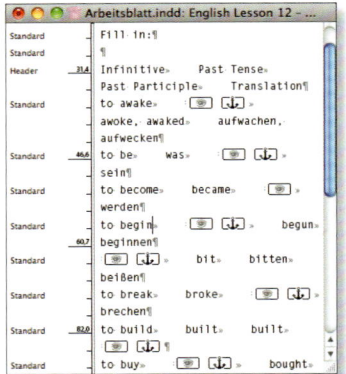

▲ **Abbildung 25.14**
Bedingter Text wird im Textmodus durch ein Auge-Symbol markiert, kann aber nicht bearbeitet werden.

> **InDesign CS4**
>
> In InDesign CS4 wurde beim Laden eines Satzes ein vorhandener Satz gleichen Namens einfach überschrieben. Mit InDesign CS5 haben Sie nun also die Möglichkeit, die Definition einzelner Sätze zu übernehmen, indem Sie sie NEU DEFINIEREN und verbleibende abweichende Definitionen über ALLE SÄTZE AKTUALISIEREN wieder zurücksetzen.

mit gleichen Namen existieren. Bei Bedingungen ist das prinzipiell verständlich, weil Abweichungen letztlich nur die Optik betreffen. Bei Bedingungssätzen kann es jedoch funktionale Unterschiede geben. In diesem Fall wird die Definition des geladenen Bedingungssatzes aktiv und der vorhandene Bedingungssatz somit als abweichend markiert (mit einem + neben dem Namen). Mit InDesign CS5 können Sie nun bestimmen, dass die zuletzt gültige Definition (also vor dem Laden) aktiv werden soll, indem Sie ALLE SÄTZE AKTUALISIEREN aus dem Menü SATZ wählen.

Suchen/Ersetzen-Optionen | Wie Sie einem Text per SUCHEN/ERSETZEN eine Bedingung zuweisen können, haben wir Ihnen bereits gezeigt. Wenn Sie eine Bedingung suchen, haben Sie die Möglichkeit, im Reiter BEDINGUNGEN des Fensters FORMATEINSTELLUNG SUCHEN zusätzlich zu real vorhandenen Bedingungen auch nach [BELIEBIGE BEDINGUNG] zu suchen – dabei wird nur überprüft, ob einem Text eine Bedingung zugewiesen wurde, jedoch nicht welche. Wählen Sie jedoch [OHNE BEDINGUNG], wird Text, der mit einer Bedingung belegt ist, von der Suche ausgeschlossen.

Die gleichen Bedingungen können Sie auch auswählen, wenn Sie unter FORMAT ERSETZEN die ÄNDERUNGSATTRIBUTE ANGEBEN. Allerdings gibt es hier die Eigenheit, dass Sie nur reale Bedingungen auswählen können, die aktuell auch sichtbar sind. Sie suchen ja auch nach einem Text und nicht nach einer Bedingung – ausgeblendeter Text wird grundsätzlich nicht behandelt. Zusätzlich finden Sie zwei Optionen:

- BEREITS AUF GEÄNDERTEN TEXT ANGEWENDETE BEDINGUNGEN ERSETZEN: Wird ein Text gefunden, dem bereits andere Bedingungen zugewiesen sind, dann werden diese Bedingungen gelöscht und die neue(n) Bedingung(en) zugewiesen.
- DIESE BEDINGUNGEN ZUM GEÄNDERTEN TEXT HINZUFÜGEN: Alle bereits bestehenden Bedingungen, die dem gefundenen Text zugewiesen sind, bleiben erhalten, und die ausgewählte(n) Bedingung(en) wird/werden zusätzlich zugewiesen.

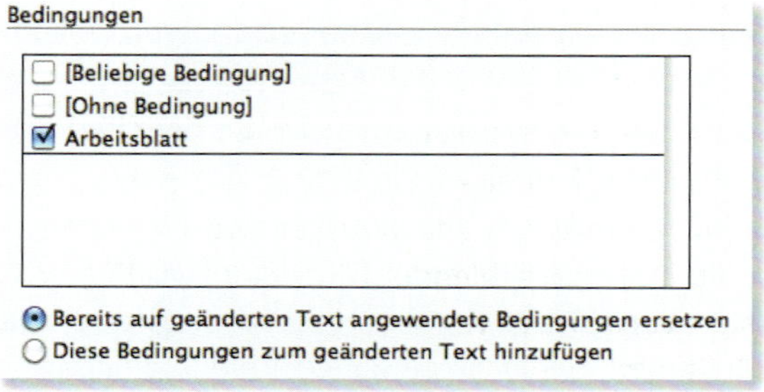

> **Text, nicht Bedingung**
>
> Wenn Sie bei der Suche nach Text Bedingungen ins Spiel bringen, muss Ihnen klar sein, dass Sie dabei nie die Bedingung suchen, sondern immer einen Text, der die Bedingung erfüllt.
>
> Deshalb können Sie vermutlich auch nicht nach Bedingungssätzen suchen, obwohl das ja nichts anderes wäre, als eine bestimmte Kombination von Bedingungen als Vorauswahl anzubieten. Möglicherweise können wir das aber in einer zukünftigen InDesign-Version.

Abbildung 25.15 ▶
Zusätzliche Optionen beim Ersetzen von Texten, die mit Bedingungen belegt sind.

Die Zuweisung von [Beliebige Bedingung] beim Ersetzen verändert den Text tatsächlich auf dieser Ebene nicht. Sie können diese Möglichkeit jedoch nutzen, um einem bedingten Text z. B. ein Zeichenformat zuzuweisen.

25.2.4 Den Einsatz von bedingtem Text planen

Je größer die Textmenge, die über Bedingungen ein- und ausgeblendet wird, umso heftiger werden die Umbrüche ausfallen. Wenn Sie also ein Drittel einer Publikation über Bedingungen verwalten wollen, sollten Sie auch über die klassische Methode nachdenken, die Sichtbarkeit über Ebenen oder sogar über ein alternatives Dokument abzubilden. Bedingte Texte sind keine Wundermedizin und mit Nebenwirkungen versehen – probieren Sie den Einsatz zunächst an kleineren Textmengen, um abschätzen zu können, ob Sie mit den zwangsläufig auftretenden Umbrüchen zurechtkommen. Ein Einsatz bei sehr kleinen Textmengen – wie in unserer Schritt-für-Schritt-Anleitung – sollte dagegen immer gut funktionieren.

Berücksichtigen Sie beim Einsatz von bedingtem Text auch folgende potenzielle Problemfelder:

- **Intelligenter Textumfluss:** Wenn Sie bedingten Text in Kombination mit intelligentem Textumfluss einsetzen, führen stark unterschiedliche Textlängen unter Umständen dazu, dass je nach Sichtbarkeit des Textes automatisch Dokumentseiten hinzugefügt oder entfernt werden.
- **Reihenfolge festlegen:** Wenn Sie z. B. drei Textvarianten planen, sollten Sie die Reihenfolge der Texte – also z. B. deutsch/englisch/französisch – verbindlich festlegen und bei der Erfassung des Textes einhalten.
- **Interpunktion:** Legen Sie darüber hinaus fest, wie Interpunktionszeichen und Leerzeichen den bedingten Texten zugeordnet werden sollen. Steht ein bedingter Text am Satzende, müssen alle Textalternativen entweder mit oder ohne Punkt – in jedem Fall aber einheitlich – als bedingter Text dargestellt werden (oder eben nicht). Ansonsten kann es sein, dass in einer Variante ein Punkt sichtbar ist, in einer anderen dagegen kein Punkt und in einer dritten womöglich zwei Punkte.
- **Fußnoten:** Das Problem der Textumbrüche kann sich bei Fußnoten potenzieren. Hier reicht es im Wesentlichen, einen Fußnotenverweis auszublenden (ein Zeichen), um eine oder mehrere Zeilen im gesamten Text zu verlieren, weil damit auch die zugehörige Fußnote ausgeblendet wird.
- **Von InDesign verwaltete Texte:** Über eine Bedingung ausgeblendeter Text wird von InDesign so behandelt, als wäre er gar

---

Zeichenformate

Es wäre sinnvoll, wenn Bedingungen auch in Zeichenformaten angegeben werden könnten.

Adobe hat sich vermutlich dagegen entschieden, weil je nach definierter Sichtbarkeit Texte beim Zuweisen eines solchen Zeichenformats plötzlich verschwinden könnten.

Fußnotennummern

Selbstverständlich blendet InDesign nicht nur Fußnoten aus, die zu einem ausgeblendeten Text gehören, es korrigiert auch die Nummern der Fußnoten selbstständig.

nicht vorhanden. Das ist auch logisch, sinnvoll und gut so. Wenn Sie auf InDesign-Funktionen zurückgreifen, um aus einem Text Inhaltsverzeichnisse, Indexeinträge oder Querverweise abzuleiten, so haben bedingte Texte nicht nur eine Auswirkung auf die Stelle im Text, an der sie sichtbar/unsichtbar sind, sondern auch auf die Ergebnisse ebendieser Funktionen. Einen Index müssen Sie also in jedem Fall für jede Textvariante gesondert erstellen lassen und im Dokument selbst verwalten. Querverweise müssen bei Änderung der Sichtbarkeit ebenfalls manuell aktualisiert werden. Ein Querverweis, bei dem Quelle und Ziel nicht zum selben Zeitpunkt sichtbar sind, zerstört die gesamte Logik des Textes.

Wie Sie sehen, gibt es eine Reihe von Zusammenhängen zu beachten, wenn Sie bedingten Text einsetzen wollen. Trotzdem sind bedingte Texte eine interessante Funktion, die – dosiert eingesetzt – einige bislang unlösbare Probleme beseitigen kann.

> **Schnell anwenden**
>
> Sie können Bedingungen zwar keine Tastenkürzel zuweisen, aber Sie können sie über die Funktion SCHNELL ANWENDEN aufrufen.

26 Text verwalten lassen

Im letzten Kapitel haben Sie Texte angelegt und deren Sichtbarkeit kontrolliert. Mit den Funktionen, die wir Ihnen in diesem Kapitel vorstellen, bestimmen Sie zwar auch Inhalt, Aussehen und Position von Texten, um Änderungen kümmert sich InDesign jedoch für Sie.

26.1 Listen

In Kapitel 18, »Absätze«, haben wir Ihnen gezeigt, wie Sie mit AUFZÄHLUNGSZEICHEN UND NUMMERIERUNG Absätze nummerieren können. Die manuelle Anwendung dieser Funktion ist etwas mühsam, weshalb Sie sie in einem Absatzformat definieren werden. Dadurch können Sie auch leicht Absätze nummerieren lassen, die nicht zusammenhängen, wie z. B. Kapitelüberschriften, zwischen denen sich ja immer eine Reihe nicht nummerierter Absätze befinden.

InDesign verwendet für diese Nummerierung eine Liste [STANDARD], die bei Bedarf einfach die nächste Nummer liefert. Welche die nächste Nummer ist, ermittelt die Liste aus Ihren Einstellungen in NUMMERIERTE LISTE. Sie erstellt die Nummern also nicht selbst, sondern befolgt lediglich die Vorgaben, die Sie in NUMMERIERTE LISTE festgelegt haben. Dadurch können Sie die Nummerierung auch immer neu starten.

26.1.1 Probleme der Standardnummerierung

Die Grundfunktion der nummerierten Liste (Aufzählungszeichen sind hier belanglos) verfügt jedoch über folgende Einschränkungen:

1. Die Liste [STANDARD] gibt es nur einmal. Wenn Sie mehrere Nummerierungen vornehmen oder Nummerierungen verschachteln wollen, können Sie zwar den Startwert der Liste verändern, allerdings müssen Sie das wirklich manuell machen.
2. Die Liste [STANDARD] ist nur bis zum Ende einer Textrahmen-Verkettung gültig; InDesign nennt das einen »Textabschnitt«. Da ein neues Dokument logischerweise mit einem neuen Text-

> 1. **Typografie**
> 1.1 Fonttechnologie
> TrueType-Schriften, OpenType-Schriften, Schriften installieren, Der InDesign Fonts-Ordner
> 1.2 Das Zeichen
> Die Zeichen- und Steuerung-Palette, Zusatzfunktionen der Steuerung-Palette, Tastaturbefehle, Kerning und Laufweite, Verzerren von Schrift, OpenType, Ligaturen, Unterstreichungs- und Durchstreichungsoptionen
> 1.3 Besondere Zeichen
> Leerräume, Verschiedene Striche, Weitere Sonderzeichen, Glyphen und Glyphensätze
> 1.4 Steuerzeichen
> Seitenzahlen, Abschnittsmarke und Fußnotennummer, Tabulatoren, Einzug bis hierhin, Umbrüche, Löschen von Steuerzeichen

▲ **Abbildung 26.1**
Kapitelüberschriften aus einem Fachbuch. Die Überschriften verteilen sich über viele Seiten und für das ganze Buch über mehrere Dokumente. Wird die Reihenfolge der Kapitel in einzelnen Dokumenten, zwischen mehreren Dokumenten oder in einem ganzen Buch verändert, ist eine Neunummerierung notwendig.

> **Abschnitt ≠ Textabschnitt**
>
> Verwechseln Sie nicht einen Abschnitt im Dokument, den Sie mit den NUMMERIERUNGS- UND ABSCHNITTSOPTIONEN für eine Dokumentseite festlegen, mit einem Textabschnitt. InDesign versteht unter einem Textabschnitt einen oder mehrere – dann verkettete – Textrahmen.

abschnitt beginnt, kann die Liste [STANDARD] auch nicht über mehrere Dokumente hinweg funktionieren und muss für jedes Dokument neu gestartet werden.

Wir benötigen also eine Funktion, um mehrere unabhängige Nummerierungslisten definieren zu können, deren Gültigkeit auch über mehrere Textabschnitte und auch Dokumente hinweg gegeben sein soll. Diese Funktion wurde bereits mit InDesign CS3 unter dem Namen »Listen« eingeführt.

26.1.2 Listen anlegen

Um eine neue Liste zu erstellen, wählen Sie SCHRIFT • AUFZÄHLUNGS- UND NUMMERIERTE LISTEN • LISTEN DEFINIEREN. Klicken Sie im nun erscheinenden Fenster LISTEN definieren auf NEU, und Sie landen im Fenster NEUE LISTE.

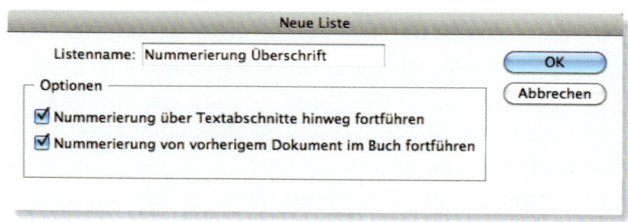

Abbildung 26.2 ▶
Eine Liste hat nur eine Steuerungsfunktion, deshalb können Sie hier keine Werte für die Nummern vorgeben, die von der Liste ausgegeben werden.

Legen Sie einen eindeutigen Namen für die Liste unter LISTENNAME fest. Unter OPTIONEN erkennt man gut, dass eine Liste keine Nummern generiert, sondern nur deren Gültigkeitsbereich kontrolliert.

▶ NUMMERIERUNG ÜBER TEXTABSCHNITTE HINWEG FORTFÜHREN: Diese Option bestimmt, ob die Liste fortlaufende Zahlen nur bis zum Beginn eines neuen Textabschnitts ausgibt und dann die Nummerierung neu beginnt oder eben auch zwischen Textabschnitten fortgeführt wird. Wenn Sie diese Option abschalten, können Sie die Wirksamkeit einer Liste auf einen Teil Ihres Dokuments beschränken.

▶ NUMMERIERUNG VON VORHERIGEM DOKUMENT IM BUCH FORTFÜHREN: Wenn Sie mehrere Dokumente mithilfe der Buch-Funktion später miteinander verbinden wollen, erlaubt es diese Option, eine Folge von Nummern auch über mehrere Dokumente, die zum selben Buch gehören, weiterzuführen. Wenn Sie einen mit dieser Liste nummerierten Absatz in ein anderes Dokument desselben Buchs übertragen, wird die Nummerierung automatisch angepasst. Die Voraussetzung dafür ist, dass in beiden Dokumenten eine Liste mit gleichem Namen und gleichen Einstellungen existiert.

> **Die Liste [Standard]**
>
> Für die Liste [STANDARD] sind die beiden Optionen des Fensters NEUE LISTE deaktiviert. Da die [STANDARD]-Liste nicht verändert werden kann, sollten Sie für jede Nummerierungsaufgabe in Ihrem Dokument eine eigene Liste erstellen. So bleiben Sie bei möglichen Änderungen flexibel.

Sobald Sie auf OK klicken, wird die Liste angelegt, und Sie landen wieder im Fenster LISTEN DEFINIEREN:

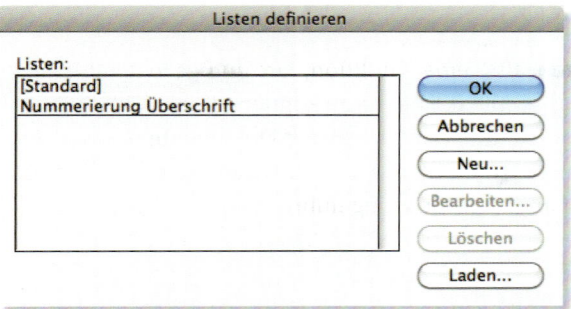

◄ **Abbildung 26.3**
Wenn Sie Listen über mehrere Dokumente hinweg verwenden wollen, sollten Sie sie über LADEN Ihrem Dokument hinzufügen.

Um sicherzustellen, dass alle Dokumente, die später zu einem Buch zusammengefasst werden sollen, die gleichen Listen verwenden, können Sie hier aus anderen InDesign-Dokumenten Listen LADEN. Die restlichen Funktionen wie BEARBEITEN und LÖSCHEN bedürfen an dieser Stelle sicher keiner näheren Erklärung mehr.

26.1.3 Fortlaufende Listen

Um eine Liste zum Leben zu erwecken, werden Sie sinnvollerweise Absatzformate für Ihre nummerierten Überschriften erstellen und in diesen Formaten das Nummerierungsschema über AUFZÄHLUNGSZEICHEN UND NUMMERIERUNG festlegen.

Schritt für Schritt: Eine fortlaufende Liste erstellen

Wir werden nun automatisch nummerierte Überschriften wie in Abbildung 26.1 erstellen. Die Gestaltung der Absätze zwischen den Überschriften überlassen wir Ihnen, genauso wie die typografischen Details in den Absatzformaten. Wir konzentrieren uns hier nur auf die Mechanik der Listen. Gehen Sie jedoch davon aus, dass die Kapitelüberschriften mehrere Seiten voneinander entfernt sein können und dass sich in den einzelnen Kapiteln auch weitere nummerierte Listen befinden können.

> **Listen bei Bedarf anlegen**
>
> Sie können bei der Definition eines Absatzformates im Register AUFZÄHLUNGSZEICHEN UND NUMMERIERUNG im Menü LISTE auch die Funktion NEUE LISTE aufrufen und so Listen erst anlegen, sobald Sie sie brauchen.

1 Liste erstellen
Erstellen Sie, wie in Abbildung 26.2 zu sehen, eine neue Liste.

2 Absatzformat für »Überschrift Ebene 1«
Erstellen Sie ein Absatzformat »Überschrift 1« für die erste Hierarchiestufe, wie in Abbildung 26.4 vorgegegeben.

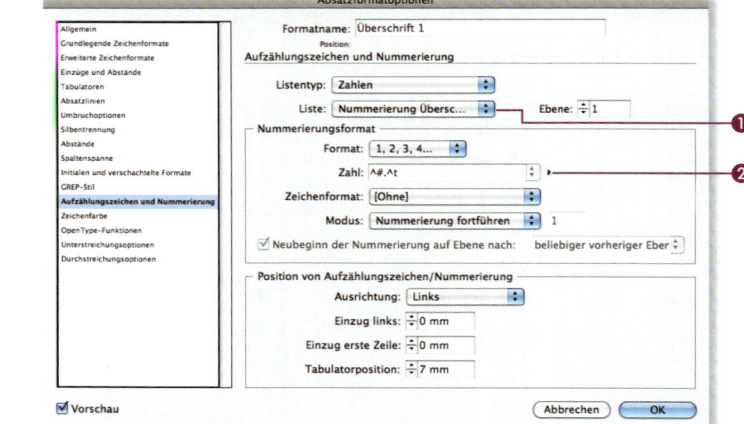

Abbildung 26.4 ▶
Durch die Angabe einer LISTE können Absätze nummeriert werden, die an beliebigen Stellen im Textfluss stehen. InDesign kümmert sich dabei um die richtige Reihenfolge der Nummern, wenn solche Absätze ihre Position im Text ändern.

Hier handelt es sich um eine Standardnummerierung mit arabischen Ziffern. Der LISTENTYP ist ZAHLEN, die als aktuelle EBENE (^#), gefolgt von einem Punkt und einem Tabulator, dargestellt werden ❷. Wichtig ist hier, dass unter LISTE unsere Liste für die nummerierte Überschrift ausgewählt ist ❶. Das stellt sicher, dass alle Absätze, die mit diesem Format gestaltet werden, eine fortlaufende Nummer von genau dieser Liste zugewiesen bekommen und somit keine Kollisionen mit anderen Nummerierungen auftreten können.

3 Absatzformat für »Überschrift Ebene 2«

Erstellen Sie ein Absatzformat »Überschrift 2« für die zweite Hierarchiestufe, wie in Abbildung 26.5 vorgegeben (es sollte auf dem Absatzformat »Überschrift 1« basieren, damit die bereits gültigen Parameter der beiden Formate verknüpft werden).

Auch hier wird unsere Liste verwendet – wir benötigen sie, um die Unterkapitel mit der aktuellen Nummer der Hierarchiestufe 1 zu versehen. Die Nummerierung selbst ist dieser Ebene aber untergeordnet, deshalb muss EBENE auf »2« gestellt werden. Wir können unsere Liste also auf unterschiedlichen Ebenen mehrfach verwenden. Sobald im Text eine weitere »Überschrift 1« verwendet wird, stellt die Option NEUBEGINN DER NUMMERIERUNG AUF EBENE NACH, die hier nur auf BELIEBIGER VORHERIGER EBENE gestellt werden kann, sicher, dass die zweite Hierarchiestufe wieder bei 1 zu zählen beginnt.

Die Darstellung der Nummer – ZAHL – sollte zunächst mit der Nummer der obersten Hierarchiestufe beginnen (^1), danach folgt ein Punkt und dann erst die Nummerierung der zweiten Hierarchieebene (^2). Dieser Nummerierung folgt unmittelbar der Tabulator (^t), der den Text von der Nummerierung trennt.

Neubeginn der Nummerierung

In diesem Beispiel, das einer strengen Hierarchie folgt, ist die Einstellung BELIEBIGER VORHERIGER EBENE korrekt, da mit dem Auftreten einer neuen »Überschrift 1« alle untergeordneten Ebenen neu starten müssen.

Sie können eine Liste jedoch auch auf Ebene 3 neu starten lassen, wenn sich Ebene 1 ändert – tragen Sie in diesem Fall in das Feld NEUBEGINN DER NUMMERIERUNG AUF EBENE NACH einfach »1« ein. Eine hierarchische Struktur geht damit natürlich verloren.

Die nötigen Sonderzeichen können Sie aus dem Menü neben dem Eingabefeld unter ZAHLENPLATZHALTER EINFÜGEN auswählen.

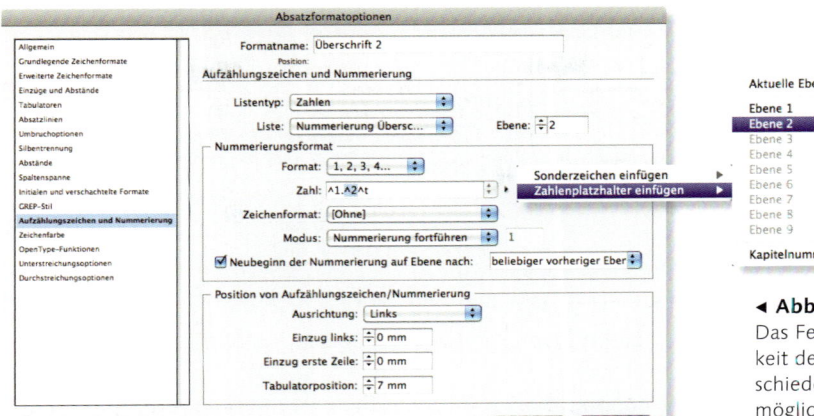

◀ **Abbildung 26.5**
Das Feld ZAHL regelt die Sichtbarkeit der Listenziffern auf den verschiedenen Ebenen. Die neun möglichen Ebenen werden dabei als ^1 bis ^9 formuliert.

4 Text erstellen und formatieren

Erstellen Sie einen Text wie in der Vorlage (erste Spalte in Abbildung 26.6). Formatieren Sie die erste Zeile als »Überschrift 1«, die restlichen Zwischentitel als »Überschrift 2«. Sie werden feststellen, dass sich alle Zwischentitel in der Nummerierung automatisch dem Haupttitel unterordnen (zweite Spalte).

◀ **Abbildung 26.6**
Der Originaltext (links) und die formatierte Version (Mitte). Wenn Sie diesen Textrahmen duplizieren, wird die neue »Überschrift Ebene 1« automatisch weiternummeriert und somit auch alle untergeordneten Nummerierungen (rechts).

5 Die Liste testen

Am einfachsten können Sie die Funktion der Liste überprüfen, wenn Sie Ihren Textrahmen duplizieren – der Text ändert sich dabei natürlich nicht, aber die Absatzformate übernehmen in Zusammenarbeit mit der Liste die Kontrolle über die Nummerierung und führen sie weiter (dritte Spalte). Hätten Sie die Liste [STANDARD] verwendet, würde die Nummerierung wieder beim gewählten Startwert beginnen. ■

26.1.4 Listen verwalten

Bei der Verwaltung von Listen stoßen Sie auf keine Neuigkeiten im Vergleich zu anderen InDesign-Elementen, wie z. B. Formaten. Sie finden alle Funktionen im Fenster LISTEN DEFINIEREN:

- **Laden:** Wenn Sie Listen aus einem anderen Dokument laden und im Zieldokument bereits eine gleichnamige Liste existiert, wird die Definition der geladenen Liste aktiv, die bestehende Liste also überschrieben.
- **Löschen:** Wenn Sie eine Liste löschen wollen, die in Verwendung ist, müssen Sie eine Liste als Nachfolger bestimmen.
- **Die Liste [Standard]:** Wie bereits erwähnt wurde, kann diese Liste nicht verändert oder gelöscht werden. InDesign greift auf [STANDARD] zu, wann immer etwas zu nummerieren ist und Sie keine eigene Liste vorgeben.

26.2 Textvariablen

In Kapitel 16, »Mustervorlagen«, haben Sie bereits Bekanntschaft mit Variablen gemacht. Die automatische Seitennummer (Pagina) und die Abschnittsmarke sind nichts anderes als Platzhalter mit einem variablen Inhalt. Neben diesen beiden bietet InDesign noch weitere Variablen, mit denen verschiedene Inhalte Ihres Dokuments verwaltet werden können.

26.2.1 Die Standardvariablen

Jedes *neue* InDesign CS5-Dokument wird mit einem Satz aus acht Variablen angelegt. Die Betonung liegt hier bewusst auf »neu«, weil die Herkunft des Dokuments darüber entscheidet, ob es bereits Standardvariablen enthält oder nicht.

Werfen Sie zunächst einen Blick in das Menü SCHRIFT • TEXTVARIABLEN. Hier finden Sie lediglich drei weitere Menüpunkte, um Variablen zu definieren, einzusetzen und in normalen Text zu konvertieren. Wenn Sie im Menü VARIABLE EINFÜGEN keine weiteren Einträge finden, stammt das Dokument sehr wahrscheinlich noch aus früheren InDesign-Versionen. Natürlich könnten die Standardvariablen aber auch aus einem InDesign CS3- oder CS4-Dokument gelöscht worden sein. Wenn Sie ein neues Dokument anlegen, sehen Sie im Menü in jedem Fall die acht Standardvariablen.

Diese Standardvariablen – Sie sehen im Menü übrigens nicht alle, die es geben kann – sind eine bunte Mischung aus Funktionen, deren Inhalt Sie teils beeinflussen können und müssen und teils auch nicht beeinflussen können. Das Erscheinungsbild können Sie allerdings in jedem Fall ändern.

Seit InDesign CS3

Mit InDesign CS3 hat Adobe einen ganzen Satz von Variablen eingeführt und die – allerdings sehr beschränkte – Möglichkeit vorgesehen, eigene Variablen zu definieren. In InDesign CS4 wurden an diesen Variablen keine erkennbaren Änderungen vorgenommen.

Erst mit InDesign CS5 ist die neue Variable BILDNAME vom Typ METADATENBESCHRIFTUNG dazugekommen, mit der nicht nur Bildnamen, sondern eine ganze Reihe anderer Informationen über platzierte Bilder angezeigt werden können.

Variable	Standardformatierung	Bedeutung
Ausgabedatum	07.10.11	Datum, an dem das Dokument zuletzt gedruckt oder exportiert wurde
Erstellungsdatum	19.12.09	Datum, an dem das Dokument erstmalig gespeichert wurde
Änderungsdatum	3. März 2010, 12:05 nachm.	Datum, an dem das Dokument zuletzt gespeichert wurde
Dateiname	Typografie	Der Name der Datei ohne Dateierweiterung
Letzte Seitenzahl	36	Die letzte Seitenzahl im Textabschnitt

▲ **Tabelle 26.1**
Bei diesen fünf Standardvariablen wird der Inhalt von InDesign verwaltet. Die Darstellung der Variablen ÄNDERUNGSDATUM ist nicht besonders klug gewählt und hängt auch von Ihren Betriebssystemeinstellungen ab, deshalb werden wir sie im Folgenden ändern.

Die Variablen LAUFENDE KOPFZEILE, KAPITELNUMMER und die noch gar nicht existierende Variable BENUTZERDEFINIERTER TEXT bekommen ihre Werte von Ihnen vorgegeben. Verwaltet werden sie natürlich auch durch InDesign. Die Variable BILDNAME organisiert sich ihre Inhalte aus dem Kontext, in dem sie angewendet wird.

26.2.2 Variablen einfügen

Um eine Textvariable in Ihren Text einzusetzen, platzieren Sie den Textcursor an der gewünschten Stelle in Ihrem Text und rufen die entsprechende Variable über das Menü SCHRIFT • TEXTVARIABLEN • VARIABLE EINFÜGEN auf. Anders als es bei automatischer Seitennummer und Abschnittsmarke der Fall ist, wird nun der Inhalt der Variablen angezeigt, auch wenn Sie sie auf der Mustervorlage platzieren.

Für alle Variablen – auch Pagina und Abschnittsmarke – gilt, dass sie von InDesign wie ein Zeichen behandelt werden, das in einen Text eingefügt ist. Ein einzelnes Zeichen kann nicht umbrechen – Variablen bestehen aber zumeist aus mehreren Zeichen. Trotzdem werden sie von InDesign nicht umbrochen, was in einem Fließtext oft zu erheblichen Problemen führen kann. Da aufgrund der variierenden Länge der Platzbedarf nicht immer eingeschätzt werden kann, muss für Variablen, die allein in einem Textrahmen stehen, viel Platz vorgesehen werden.

26.2.3 Die Variablentypen

Variablen stellen unterschiedliche Inhalte dar. Das können verschiedene Datumsangaben, Seitenziffern oder andere Texte sein, wobei jede Variable für einen bestimmten Inhalt zuständig ist. Deshalb können wir Variablen nach ihren Inhaltstypen unterscheiden.

Rahmen anpassen

Wenn Sie Rahmen, die nur eine Textvariable enthalten, mit der Funktion RAHMEN AN INHALT ANPASSEN verkleinern, wird immer etwas Weißraum übrig bleiben.

Variablentyp feststellen

Wenn Sie eine Datumsvariable in einem Text vorfinden, sehen Sie lediglich das Datum als Text. Wenn Sie wissen möchten, welche Variable eingesetzt wurde, dann markieren Sie die Variable mit einem Doppelklick und rufen SCHRIFT • TEXTVARIABLEN • DEFINIEREN auf. InDesign markiert dann in der Liste des Fensters TEXTVARIABLEN den gewählten Variablentyp.

Die Datumsvariablen | Die Bedeutung der drei Datumsvariablen können Sie Tabelle 26.1 entnehmen. Konzentrieren wir uns auf die Anwendungsmöglichkeiten. Dazu sollten Sie sich in Erinnerung rufen, dass alle Variablen wie einzelne Zeichen behandelt werden. Das macht sie teilweise hochgradig ungeeignet für eine Verwendung im Fließtext, da die Länge grundsätzlich unbekannt ist, was zu erheblichen Umbruchproblemen führen kann, wenn sich der Inhalt der Variablen ändert.

Besonders gravierend ist dies, wenn ein Format gewählt wird, das unter Windows anders dargestellt wird als unter Mac OS X. Das ist z. B. bei der Verwendung der Zeitzone der Fall. Unter Mac OS X wird sie immer in der Form GMT+02:00 (Greenwich Mean Time + 2 Stunden) dargestellt, unter Windows wird sie als Mitteleuropäische Sommerzeit formuliert. Da die Angabe der Zeitzone zumeist nur ein Anhängsel an die Zeitangabe ist, kann die Länge der angezeigten Zeitangaben also beträchtlich werden. Wenn Dokumente mit solchen Zeitangaben zwischen Windows und Mac OS X ausgetauscht werden, wird der Text garantiert anders umbrechen.

Unter den Standardvariablen befindet sich keine, die die Zeitzone anzeigt, allerdings ist die Variable Änderungsdatum für eine Verwendung in Kontinentaleuropa derart ungünstig gewählt, dass sie unbedingt verändert werden muss. Bei dieser Gelegenheit sehen Sie auch, wie Sie neue Variablen anlegen können.

Änderung der Variablen »Änderungsdatum« | Rufen Sie Schrift • Textvariablen • Definieren auf – es erscheint das Fenster Textvariablen. Markieren Sie hier den Eintrag Änderungsdatum. Im Vorschaubereich des Fensters sehen Sie, wie die Darstellung der Variablen derzeit definiert ist. Sie können die Variable per Doppelklick ändern oder indem Sie auf Bearbeiten klicken. Sie können allerdings auch eine eigene Änderungsdatum-Variable definieren, indem Sie auf Neu klicken. In diesem Fall dient die aktuell ausgewählte Variable als Vorlage.

Art ist von InDesign bereits auf Änderungsdatum voreingestellt. Sie können hier den Typ der Variablen ändern und auch Variablen anlegen, die im Standardumfang nicht enthalten sind.

In den beiden Feldern Text davor und Text danach können Sie eigene Texte unterbringen, wie z. B. »geändert am:«. Um Trennzeichen – z. B. ein Leerzeichen – zwischen den drei Textteilen müssen Sie sich selbst kümmern. Aus den Menüs neben den Feldern können Sie aus dem üblichen Repertoire an Sonderzeichen wählen, die Sie bereits aus anderen Eingabefeldern und dem Schrift-Menü kennen.

Eigener Textrahmen

Datums- und Zeitangaben sind Statusinformationen zum Dokument, die zumeist in Randbereichen wie Fußzeilen oder – im Endergebnis dann gar nicht sichtbar – im Infobereich des Dokuments platziert werden. Für den eigentlichen Inhalt des Dokuments sind sie meistens unbrauchbar. Platzieren Sie deshalb die Datumsvariablen immer in einem eigenen Rahmen, den Sie groß genug machen sollten, damit sich eventuelle Umstellungen im Darstellungsformat nicht unangenehm auswirken.

Mehrere Datumsvariablen

Wenn Sie eine neue Datumsvariable definieren, definieren Sie tatsächlich nur eine neue Formatierung der bereits existierenden Variablen. Da z. B. das Änderungsdatum ja für Ihr ganzes Dokument einheitlich ist, ändert sich der Inhalt der Variablen selbstverständlich nicht.

Text davor und Text danach

Diese Textteile werden Bestandteil des Variableninhalts. InDesign bricht somit auch an den Übergängen dieser Textkomponenten nicht um. Wenn Sie das Änderungsdatum um den Text davor »geändert am: « ergänzen und diese Information auf der Mustervorlage unterbringen wollen, sollten Sie den Zusatztext besser einfach vor die Variable in die Mustervorlage schreiben.

◄ **Abbildung 26.7**
Wenn Sie eine neue Variable definieren, ändern Sie den Namen im Feld NAME; wenn Sie lediglich die Definition der Variablen ändern (wie hier), können Sie den Namen auch ändern, müssen es aber nicht.

Der spannende Teil ist die Formulierung der Datums- bzw. Zeitdarstellung im Feld DATUMSFORMAT. Diese Formulierung können Sie als Textstring vornehmen, Sie müssen sich dazu aber mit den unterschiedlichen Kürzeln der Datums- und Zeitangaben auseinandersetzen. Viel einfacher ist es, die einzelnen Teile aus dem Menü neben dem Feld auszuwählen. Für Trennzeichen zwischen den Textelementen müssen Sie auch selbst sorgen.

Menü	Beschreibung	Beispiel	Kürzel
Uhrzeit			
Stunde (1–12)	Stunde ohne führende Null, 12-Stunden-Format	4	h
Stunde (01–12)	Stunde mit führender Null, 12-Stunden-Format	04	hh
Stunde (0–23)	Stunde ohne führende Null, 24-Stunden-Format	16	H
Stunde (00–23)	Stunde mit führender Null, 24-Stunden-Format	16	HH
Minute	Minute ohne führende Null	7	m
Minute (01)	Minute mit führender Null	07	mm
Sekunde	Sekunde ohne führende Null	7	s
Sekunde (01)	Sekunde mit führender Null	07	ss
AM/PM	Zusatz zur 12-Stunden-Anzeige	vorm. bzw. nachm.	a
Zeitzone Zeitzone (kurz)	Zeitzone (abgekürzt oder ausgeschrieben)	systemabhängig	z oder zzzz
Tag			
Zahl	Tageszahl ohne führende Null	4	d
Zahl (01)	Tageszahl mit führender Null	04	dd

◄ **Tabelle 26.2**
Diese Datums- und Zeitkomponenten können Sie im Menü neben dem Feld DATUMSFORMAT auswählen.

Weitere Zeichen

Zeichen, die Sie im Menü neben den Eingabefeldern nicht auswählen können, können Sie immer noch über die Zwischenablage einfügen. Das ist zwar relativ aufwendig, aber zumindest eine Lösung.

26.2 Textvariablen | **649**

Abweichende Bezeichnungen

Einige Ergebnisse können sich abhängig von Ihren Systemeinstellungen ändern. Auf die unterschiedliche Formulierung der Zeitzone zwischen Mac OS X und Windows wurde bereits hingewiesen.

Unter Mac OS X wird zusätzlich kein Unterschied zwischen langer und kurzer Darstellung der Zeitzone gemacht. Die unglückliche Übersetzung »vorm.« und »nachm.« dürfte jedoch eine fixe Übersetzung in InDesign sein, da sich die Änderung der Systemeinstellungen unter Windows (dort könnte man diese Einstellung nämlich vornehmen) nicht bis zu InDesign durchspricht.

Ära

ÄRA ist eine weitere Angabe, deren Darstellung vom Betriebssystem bzw. den Systemeinstellungen abhängt. In der deutschsprachigen Version scheint es auch keinen Unterschied zwischen abgekürzt und ausgeschrieben zu geben.

Datumsformat: dd.MM.yyyy, HH:mm

InDesign als Übersetzer

Wenn Sie eine Datumsvariable im Text auswählen und dann die Sprache für diesen Text auf eine andere Sprache stellen, übersetzt InDesign die Textanteile – z. B. die Monatsnamen – in die gewählte Sprache.

Menü	Beschreibung	Beispiel	Kürzel
Name	Vollständiger Wochentagsname	Freitag	EEEE
Name (kurz)	Wochentagsname zweistellig abgekürzt	Fr	E
Monat			
Zahl	Monatszahl ohne führende Null	9	M
Zahl (01)	Monatszahl mit führender Null	09	MM
Name	Vollständiger Monatsname	September	MMMM
Name (kurz)	Monatsname dreistellig abgekürzt	Sep	MMM
Jahr			
Zahl	Vollständige Jahreszahl	2007	y oder YYYY
Zahl (kurz)	Jahreszahl (letzte zwei Stellen)	07	yy oder YY
Ära	Ära (abgekürzt oder ausgeschrieben)	n. Chr.	G oder GGGG

▲ **Tabelle 26.2**
Diese Datums- und Zeitkomponenten können Sie im Menü neben dem Feld DATUMSFORMAT auswählen. (Forts.)

Das Problem der Originaldefinition des Änderungsdatums liegt in der 12-Stunden-Darstellung. Diese ist im deutschsprachigen Raum ungebräuchlich, aber auch wenn Sie persönlich das nicht stören würde, würden Sie sicher die im englischen Sprachraum üblichen Zusätze »am« und »pm« verwenden wollen. Die Übersetzungen »vorm.« und »nachm.« sind sehr unglücklich gewählt.

Ändern Sie deshalb den Eintrag in DATUMSFORMAT wie in der Marginalspalte zu sehen, und klicken Sie auf OK und im Fenster TEXTVARIABLEN auf FERTIG. Damit ist die neue bzw. veränderte Variable gespeichert und kann ab sofort verwendet werden.

Bildname | Diese Textvariable haben Sie bereits in Kapitel 12, »Bilder und Grafiken anpassen und managen«, kennengelernt. Sie wird von der in InDesign CS5 neuen Funktion OBJEKT • BESCHRIFTUNGEN • DYNAMISCHE BESCHRIFTUNG ERSTELLEN verwendet und wurde deshalb auch erst mit InDesign CS5 eingeführt. An dieser Funktion ist gut ersichtlich, dass sich diese Variable nicht für eine Anwendung im Fließtext eignet. Damit InDesign den Namen eines platzierten Bilds auswerten kann, muss der Textrahmen, in dem die Variable BILDNAME eingesetzt wurde, mit eben diesem Bild Kontakt haben (es überlappen oder zumindest berühren) oder mit diesem Bild gruppiert sein. Dies ist eine Situation, die in einem Fließtext oft nicht erreicht werden kann.

Der Variablentyp der Variablen BILDNAME ist METADATENBESCHRIFTUNG – dahinter verbirgt sich die Möglichkeit, auf sage und schreibe 59 Attribute eines platzierten Bildes zuzugreifen und diese abermals mit TEXT DAVOR und TEXT DANACH anzuzeigen. So sinnvoll es sein mag, sich über alle diese Daten informieren zu können, so stellt sich doch die Frage, was all diese Daten in einem Fließtext verloren haben könnten. Etwa die Hälfte der Attribute fällt in InDesign selbst an, und diese wurden über die verschiedenen Bedienfelder festgelegt und sind deshalb dort zu sehen, und die andere Hälfte stammt aus dem platzierten Bild, kann existieren, muss es aber nicht und ist für einen Fließtext ungeeignet, aber auch für eine Bildunterschrift eher zweifelhaft. Adobe ist hier eindeutig etwas über das Ziel hinausgeschossen.

Die Beschreibung aller Attribute erscheint uns deshalb hier unsinnig, würde den Rahmen sprengen und den meisten unserer Leser keinen Vorteil bringen. Wenn Sie sich die verschiedenen Attribute ansehen wollen, können Sie einen Blick auf die Buch-DVD werfen, wo wir ein Dokument mit allen definierbaren Metadatenbeschriftung-Variablen für Sie vorbereitet haben. In dieser Datei können Sie auch sehen, welche Zustände solche Variablen noch haben können (zumeist KEINE DATEN VON VERKNÜPFUNG).

> **Preflight**
> Die Preflight-Funktion greift ebenfalls auf diese Metadaten zu, was für Attribute wie Auflösung und Farbraum natürlich sehr sinnvoll ist – nähere Informationen finden Sie in Kapitel 37, »Preflight«.

Sie finden die Datei mit allen Metadatenbeschriftungen im Ordner BEISPIELMATERIAL • KAPITEL_26 • VARIABLEN.

Dateiname | Die Textvariable DATEINAME ist ebenfalls eine Statusvariable, deren Inhalt allein von InDesign verwaltet wird. Auch hier können Sie Änderungen vornehmen oder alternative Darstellungen wählen. Rufen Sie wiederum SCHRIFT • TEXTVARIABLEN • DEFINIEREN auf, und gehen Sie wie eben beschrieben vor, um die bestehende Variable zu ändern oder eine neue anzulegen.

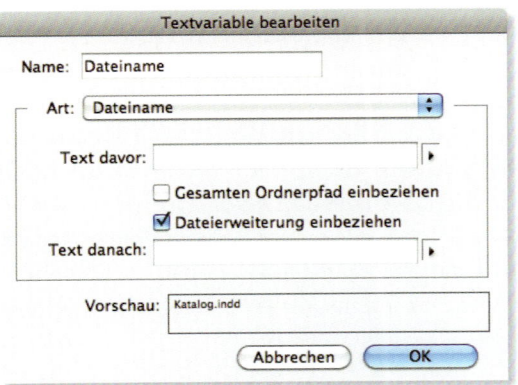

◄ **Abbildung 26.8**
Dem Dateinamen kann der Zugriffspfad voran- und die Dateiendung nachgestellt werden. Das aktuelle Aussehen können Sie im Feld VORSCHAU überprüfen.

26.2 Textvariablen

Neben der Möglichkeit, wieder einen TEXT DAVOR und einen TEXT DANACH einzutragen, können Sie festlegen, ob Sie den GESAMTEN ORDNERPFAD EINBEZIEHEN wollen. Dann wird nicht nur der Dateiname angezeigt, sondern der gesamte Zugriffspfad, beginnend beim Namen des Volumes, auf dem sich die Datei befindet. Die Option DATEIERWEITERUNG EINBEZIEHEN fügt dem Dateinamen noch die Erweiterung ».indd« hinzu.

Letzte Seitenzahl | Die Situationen, in denen eine Pagina als »Seite 1 von X« oder ähnlich formuliert werden muss, sind bei Geschäftspapieren recht häufig, und in jeder durchschnittlichen Textverarbeitung gibt es eine Standardfunktion dafür. In früheren Versionen von InDesign musste diese Information manuell zur Pagina gesetzt und natürlich auch gewartet werden.

Nun gibt es aber diese Variable, und sie kann sowohl in ihrem Erscheinungsbild als auch in ihrem Gültigkeitsbereich modifiziert werden. Mit dem Menü FORMAT legen Sie fest, wie die Seitenzahl dargestellt werden soll. Es gibt hier dieselben Möglichkeiten wie für die Pagina, und Sie werden im Normalfall auch dieselbe Einstellung verwenden. Genau das legen Sie über die Option [AKTUELLES NUMMERIERUNGSFORMAT] fest.

Im Menü BEREICH bestimmen Sie, ob sich der Wert auf den ABSCHNITT beziehen soll (die Standardeinstellung) oder auf das DOKUMENT. Allerdings könnte es für den Leser Ihrer Publikation verwirrend sein, wenn Sie im Dokument mehrere Abschnitte mit unterschiedlichen Paginierungsbereichen verwenden.

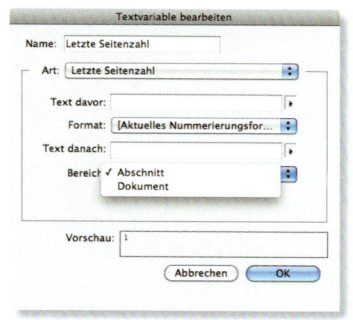

▲ **Abbildung 26.9**
Die Einstellungen für LETZTE SEITENZAHL erreichen Sie wie bei allen bisherigen Variablen auch. Die Möglichkeit, Zusatztexte einzutragen, kennen Sie bereits.

Kapitelnummer | Den Wert der Variablen KAPITELNUMMER müssen Sie selbst festlegen – tun Sie das nicht, hat sie immer den Wert 1. Die Kapitelnummer ist immer für das gesamte Dokument gültig und kann pro Dokument auch nur einmal existieren. Um den Wert zu ändern, rufen Sie LAYOUT • NUMMERIERUNGS- UND ABSCHNITTSOPTIONEN auf.

Die Abschnittsoptionen kennen Sie bereits aus Abschnitt 16.6, »Setzen von Abschnitten«. Im oberen Teil des Fensters stellen Sie die Optionen für den Textabschnitt ein. Da die Kapitelnummer ohnehin für das ganze Dokument gültig ist, ist es irrelevant, für welche Seite Sie die NUMMERIERUNGS- UND ABSCHNITTSOPTIONEN aufrufen. Allerdings sollten Sie dann die Option ABSCHNITTSANFANG deaktivieren, sofern Sie nur den Wert der Kapitelnummer ändern und keinen neuen Textabschnitt beginnen wollen, oder die Einstellung auf Seite 1 des Dokuments, die ja einen Abschnittsanfang darstellt, vornehmen.

> **Planung und Konsequenz erforderlich**
>
> Sie sollten bei neuen Projekten, die mehrere Dokumente umfassen, die Kapitelnummer schon ab Projektstart einsetzen, wann immer Sie können. Der Mehraufwand rechnet sich bei Korrekturen und Textverschiebungen bald. Glauben Sie zwei geplagten Buchschreibern: Das passiert häufiger, als Ihnen lieb sein wird.
>
> Ein nachträgliches Umstellen umfangreicher Dokumente auf Kapitelnummern ist dagegen sehr mühsam.

◄ **Abbildung 26.10**
Adobe dürfte nicht allzu viel Zeit für die Planung verschwendet haben, als beschlossen wurde, den Bereich KAPITELNUMMERIERUNG IM DOKUMENT im gleichen Fenster wie den ABSCHNITTSANFANG unterzubringen. Während Abschnitte Dokumentteile definieren, ist die Kapitelnummer für das ganze Dokument gültig. Am besten legen Sie die Kapitelnummer im ersten Abschnitt des Dokuments auf Seite 1 fest, so wie hier – damit vermeiden Sie, ungewollt einen Abschnittsanfang im Dokument anzulegen.

Wie kann die Kapitelnummer aber ausgenutzt werden? Nehmen wir dieses Buch als Beispiel. In diesem Kapitel mit der Nummer 26 sind einige Elemente mit der Kapitelnummer gekennzeichnet: die Überschriften in der zweiten Hierarchiestufe (z. B: »26.2 Textvariablen« und die Bild- und Tabellenunterschriften (z. B. »Abbildung 26.9«).

Bei der Erstellung dieser Textanteile ist es sinnvoll, die Kapitelnummer auf 26 zu setzen und sie anstelle der Ziffer 26 in allen Texten einzusetzen, die sich auf die Kapitelnummer beziehen. Das klingt nach mehr Arbeit und ist es auch! Allerdings macht sich der Aufwand bezahlt, wenn Textteile in ein anderes Kapitel wandern. Diese Teile nehmen dann nämlich automatisch die Kapitelnummer des Dokuments an, in dem sie platziert werden.

Wenn Sie mehrere Dokumente über die Buch-Funktion verbinden (siehe Seite 671), kann die Kapitelnummer sogar automatisch fortlaufend verwaltet werden. Dazu benötigen Sie die beiden Optionen AUTOMATISCHE KAPITELNUMMERIERUNG und WIE VORHERIGES DOKUMENT IM BUCH in den NUMMERIERUNGS- UND ABSCHNITTSOPTIONEN – was sie bedeuten, zeigen wir Ihnen auf Seite 675.

Kapitelnummer in einzelnen Dokumenten

Da die Kapitelnummer immer für das ganze Dokument gilt, bietet sie für Satzprojekte, die nur aus einem Dokument bestehen, relativ wenig Nutzen. Eine Möglichkeit wäre z. B. das zentrale Austauschen einer Jahreszahl in einem Geschäftsbericht, der sich textlich nur wenig ändert.

Benutzerdefinierter Text | Im Standardsatz der Textvariablen fehlt eine Variable vom Typ BENUTZERDEFINIERTER TEXT – das ist einsichtig, da InDesign natürlich keine solchen Texte vorgeben kann. Diese Art von Variablen existiert schon, Sie müssen sie jedoch selbst anlegen und definieren.

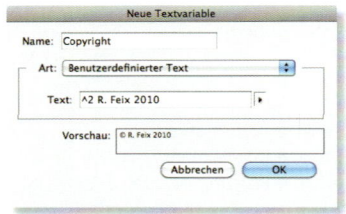

▲ **Abbildung 26.11**
BENUTZERDEFINIERTER TEXT erlaubt es, bequem an einer Stelle einen Text zu ändern, der mehrfach in Ihrem Dokument vorkommt.

Textlänge

Bitte achten Sie besonders bei benutzerdefiniertem Text auf die Länge bzw. genug Platz im Textrahmen – auch diese Variable bricht nicht um.

[Lebender Kolumnentitel]
Textteile, die auf jeder Seite der Publikation immer an derselben Stelle im Satzspiegel auftauchen, ihren Inhalt aber ändern, nennt man lebende Kolumnentitel. Ändern Sie ihren Inhalt nicht, gelten sie folglich als »tot«. Die Pagina ändert sich zwar, gilt aber trotzdem als tot.

Hier ändert sich die Vorgehensweise geringfügig, da Sie keine existierende Variable als Vorlage benutzen können. Rufen Sie SCHRIFT • TEXTVARIABLEN • DEFINIEREN auf, und klicken Sie direkt auf NEU. Wählen Sie im Menü ART die Option BENUTZERDEFINIERTER TEXT aus. Im Eingabefeld TEXT können Sie nun einen beliebigen Text eintragen und dazu natürlich wieder alle Sonderzeichen im Menü neben dem Eingabefeld verwenden.

Wenn Sie in Ihrer Publikation z. B. das gesamte Bildmaterial mit einem Copyrightvermerk versehen müssen, dann löschen Sie – falls eine Datumsvariable ausgewählt war, als Sie auf NEU geklickt haben, schlägt Ihnen InDesign nämlich ein Datum vor – zunächst das Feld TEXT. Wählen Sie dann aus dem Menü neben dem Textfeld das Copyrightsymbol, und tragen Sie Ihren Namen und die entsprechende Jahreszahl ein. Das Copyrightsymbol wird von InDesign als ^2 dargestellt. Speichern Sie Ihre Textvariable ab.

Ab sofort können Sie es sich ersparen, den kompletten Copyrightvermerk einzugeben oder zu duplizieren. Sollte sich die Schreibweise des Namens oder die Jahreszahl ändern, dann ändern Sie einfach die Variable, und die gesamte Änderungsarbeit ist erledigt. Für mehrere Rechte-Inhaber können Sie pro Inhaber eine eigene Textvariable anlegen und leicht pflegen.

Lebender Kolumnentitel | Der Variablentyp LEBENDER KOLUMNENTITEL ist im Standardset der Textvariablen zwar vorhanden und direkt einsetzbar, kann mit den Standardeinstellungen aber nicht sinnvoll verwendet werden, da die dafür notwendigen Einstellungen nicht über Standardeinstellungen vorgegeben werden können.

Der Inhalt eines lebenden Kolumnentitels wird zwar von InDesign festgelegt, Sie definieren allerdings, mit welchen Werten diese Variable jeweils gefüllt werden soll. Insgesamt gibt es vier Varianten dieser Variablen, die sich jedoch alle gleich verhalten – am besten sehen wir uns zunächst ein Problem an, das mit lebenden Kolumnentiteln gelöst werden kann.

Im folgenden Beispiel wird ein Jazzmusiker-Lexikon aufgebaut. Zu jedem Namen gibt es eine kurze Beschreibung – momentan existieren nur Blindtexte. Wie in einem Lexikon üblich, soll der erste Name der linken Spalte als Suchbegriff über der Spalte stehen, der letzte Name der rechten Spalte dagegen über der rechten Spalte.

Während die Texte eingesammelt und aktualisiert werden, ist es nahezu unmöglich, die Suchbegriffe über den Spalten aktuell zu halten. In dieser Phase ist das aber auch noch nicht unbedingt nötig. In der Endphase der Produktion können sich jedoch auch kleinste Umbrüche so auswirken, dass die Suchbegriffe über viele Seiten hinweg nicht mehr stimmen. Anstelle der Suchbegriffe müsste eine Variable stehen, die ihren Inhalt abhängig von einem Kriterium verändert. Die Suchbegriffe sind die Namen der Musiker, und diese werden wiederum mit einem bestimmten Zeichenformat gestaltet.

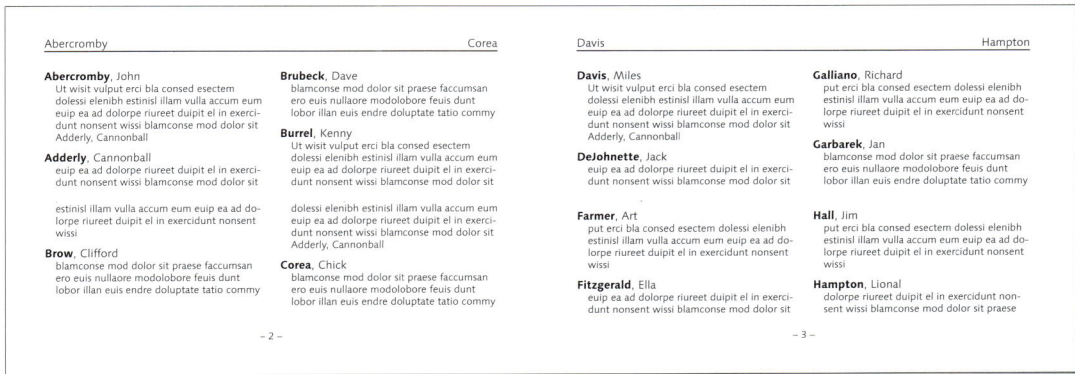

Um den Suchbegriff über der rechten Spalte abzubilden, muss unsere Variable lediglich den Text wiederholen, der als Erster in der linken Spalte steht und mit dem Zeichenformat für die Künstlernamen formatiert ist. Für die rechte Spalte gilt dies adäquat für den letzten Text im gleichen Format – genau das machen lebende Kolumnentitel.

▲ **Abbildung 26.12**
Die Suchbegriffe über den Spalten eines Lexikons sind nur sehr schwer aktuell zu halten, da sie sich bei kleinsten Umbrüchen über Seiten hinweg ändern können.

Schritt für Schritt: Lebende Kolumnentitel erstellen

Um Ihnen den doch recht aufwendigen Nachbau dieses Beispiels zu ersparen, haben wir die ersten drei Seiten des Lexikons auf die Buch-DVD gestellt (»Lexikon_ohne_Variablen.indd«).

In der folgenden Anleitung gehen wir nur auf die einzelnen Schritte ein, die Sie durchführen müssen, um unser Problem zu lösen. Detaileinstellungen sind hier wenig interessant und können dieser Vorlage entnommen werden.

Die Datei »Lexikon_ohne_Variablen.indd« finden Sie im Ordner BEISPIELMATERIAL • KAPITEL_26.

1 Zeichenformat anlegen

Da der Mechanismus auf Zeichen- und Absatzformaten basiert, legen wir zunächst alle beteiligten Formate an. Der Nachname der Musiker, nach dem dann ja gesucht werden soll, benötigt ein Zeichenformat »Nachname«, in dem wir als einzige Abweichung vom Absatzformat, in dem es angewendet wird, die Schrift auf Bold setzen.

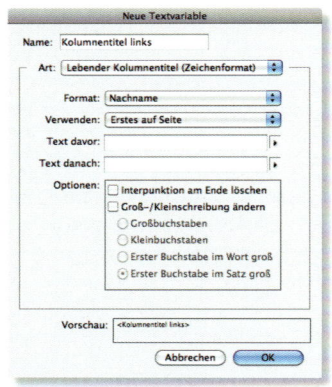

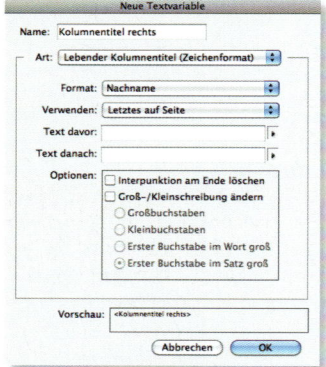

▲ **Abbildung 26.13**
Die Definition der beiden Textvariablen unterscheidet sich lediglich in der Option VERWENDEN.

2 **Absatzformat anlegen**
Das Absatzformat für die Namenseinträge, »Musiker«, ist ein verschachteltes Format, das den Beginn des Absatzes bis zum ersten Komma mit dem Zeichenformat »Nachname« setzt.

3 **Textvariablen für die lebenden Kolumnentitel definieren**
Rufen Sie SCHRIFT • TEXTVARIABLEN • DEFINIEREN auf, und klicken Sie auf NEU. Wählen Sie LEBENDER KOLUMNENTITEL (ZEICHENFORMAT) aus dem Menü ART aus. Nennen Sie die Variable »Kolumnentitel links«, und wählen Sie im Menü FORMAT das Zeichenformat »Nachname« aus. Unter VERWENDEN wählen Sie ERSTES AUF SEITE.

Damit haben Sie festgelegt, dass der Inhalt der Variablen der Text sein soll, der als Erstes auf der Seite auftaucht und mit dem Zeichenformat »Nachname« formatiert wurde. Die Option LETZTES AUF SEITE benötigen Sie für die zweite Variable, »Kolumnentitel rechts«.

4 **Zusatzoptionen festlegen**
Neben den nun schon bekannten Möglichkeiten, Zusatztexte hinzuzufügen, können Sie bei laufenden Kopfzeilen noch INTERPUNKTION AM ENDE LÖSCHEN. Das wäre z. B. nötig, wenn Sie im Absatzformat »Musiker« das Zeichenformat »Nachname« nicht bis vor, sondern über das erste Komma laufen lassen. Darüber hinaus können Sie die GROSS-/KLEINSCHREIBUNG ÄNDERN. Dafür gibt es in unserem Beispiel keinen Grund – die Optionen sind Ihnen aus Kapitel 17, »Zeichen«, bekannt und decken sich mit den Einstellungen, die Sie in SCHRIFT • GROSS-/KLEINSCHREIBUNG ÄNDERN finden.

5 **Variablen im Layout platzieren**
Die beiden Textvariablen werden in Ihrem Layout über den betreffenden Textspalten platziert, indem sie über SCHRIFT • TEXTVARIABLEN • VARIABLE EINFÜGEN in einen Textrahmen eingesetzt werden – in unserem Beispiel sind sie von einem TABULATOR FÜR RECHTE AUSRICHTUNG getrennt, was sie automatisch an den beiden Enden des Textrahmens über den beiden Spalten platziert. Die Variablen sollten sinnvollerweise auf der Mustervorlage platziert werden, funktionieren aber auch an jeder anderen Stelle im Dokument.

6 **Text platzieren und mit Formaten gestalten**
Beginnen Sie nun mit dem Satz des Lexikons, und formatieren Sie die Musikernamen mit unserem Absatzformat »Musiker« (in der

Datei »Lexikon ohne Variablen.indd« ist das schon für Sie erledigt). Damit wird der Nachname des jeweiligen Musikers automatisch mit dem Zeichenformat »Nachname« formatiert. Ab sofort sollte sich der Kolumnentitel automatisch ändern.

7 Auf Absatzformate umstellen

Um den Künstlernamen inklusive Vorname als Suchbegriff anzuzeigen, müssen Sie die beiden Textvariablen lediglich auf LAUFENDE KOPFZEILE (ABSATZFORMAT) stellen und als Format »Musiker« auswählen. Zur Formatierung der Textvariablen können Sie leider das Absatzformat »Musiker« nicht verwenden, da der Inhalt der Variablen ja den Charakter eines einzelnen Zeichens hat und das verschachtelte Format somit nicht funktionieren kann. ■

Darstellung aktualisieren

Wenn sich Variablen scheinbar nicht ändern, zwingen Sie InDesign dazu, die Ansicht zu aktualisieren, indem Sie entweder in den Vorschau-Modus wechseln, die Skalierung Ihrer Dokumentansicht verändern oder die Tasten ⇧+F5 drücken. Zumeist reicht es auch, wenn Sie den fraglichen Bereich kurz aus dem Fenster scrollen, da ja auch dann die Darstellung neu berechnet werden muss.

Sie finden die fertige Datei ebenfalls auf der DVD (»Lexikon_fertig.indd«) und können somit auch erst in Schritt 7 einsteigen.

Die Datei »Lexikon_fertig.indd« finden Sie im Ordner BEISPIELMATERIAL • KAPITEL_26.

26.2.4 Variablen verwalten

Einige wesentliche Funktionen zur Verwaltung von Variablen haben Sie bereits zu Beginn dieses Themas kennengelernt: Den Inhalt einer Textvariablen in Ihrem Text löschen Sie wie jedes andere Textelement auch.

Variablen löschen | Wenn Sie dagegen die Definition der Variablen – und somit die Variable selbst – im Fenster TEXTVARIABLEN LÖSCHEN entfernen, stellt sich die Frage, was mit dem Inhalt der Variablen in Ihrem Text passieren soll. Und genau diese Frage müssen Sie beantworten, wenn Sie eine Variable löschen, die in Ihrem Dokument verwendet wird.

Variable einfügen

Die Funktion EINFÜGEN im Fenster TEXTVARIABLEN entspricht dem Menübefehl SCHRIFT • TEXTVARIABLEN • VARIABLE EINFÜGEN, hat im Fenster TEXTVARIABLEN aber den Vorteil, dass eine gerade definierte Variable direkt an der Position des Textcursors eingesetzt werden kann. Eingefügt wird immer die Variable, die in der Liste ausgewählt ist.

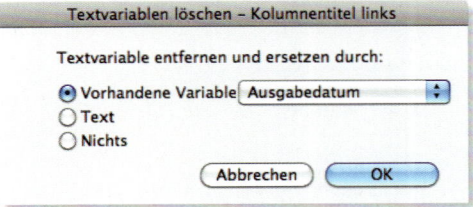

◂ **Abbildung 26.14**
Wird eine Variablendefinition gelöscht, obwohl diese Variable in Ihrem Dokument in Verwendung ist, müssen Sie eine Entscheidung treffen.

Entscheiden Sie, ob die betroffene Variable in Ihrem Dokument durch eine andere VORHANDENE VARIABLE ersetzt werden soll, ob sie in einen TEXT konvertiert oder ob der Inhalt einfach gelöscht werden soll – Einstellung NICHTS.

> **TOP-TIPP**
> **Variablen und InCopy**
>
> InCopy kann nicht auf Elemente der Mustervorlage zugreifen. Wenn ein Redakteur, der mit InCopy arbeitet, aber z. B. eine Rubrik für eine längere Textstrecke ändern können muss, dürfte der Text der Rubrik also nicht auf der Mustervorlage platziert werden, was wiederum die Verwaltung des Layouts verkompliziert.
>
> Sie können dann den Rubriktext in einer Textvariablen unterbringen und diese Variable auf der Mustervorlage positionieren. InCopy kann nämlich nur die Variable einfügen. Der Wert kann jedoch nicht geändert werden.

In Text wandeln | Das Umwandeln einer Variablen bzw. von deren Inhalt in einen Text können Sie auch gezielt auslösen, wobei Sie zwei Möglichkeiten haben: Um alle Inhalte einer Variablen im Text umzuwandeln, rufen Sie das Fenster Textvariablen auf, wählen die gewünschte Variable und klicken auf In Text konvertieren. Um gezielt das Auftreten einer Variablen im Text umzuwandeln, wählen Sie den Inhalt der Variablen aus und dann Schrift • Textvariablen • Variable in Text konvertieren. In diesem Fall bleiben alle anderen Anwendungen der Variablen im Text weiterhin bestehen.

Beide Anwendungen der Funktion In Text konvertieren heben die Verbindung zur Variablen auf, d. h., der Inhalt der Variablen bleibt im Text zwar bestehen, wird aber nun als Text aus einzelnen Zeichen behandelt. Eine Änderung der Variablendefinition hat keine Auswirkungen mehr auf diesen Text.

Variablen laden | Rufen Sie Schrift • Textvariablen • Definieren auf. Es erscheint das Fenster Textvariablen. Klicken Sie auf Laden, und wählen Sie das Dokument, aus dem Sie Variablendefinitionen übernehmen wollen.

Im Fenster Textvariablen laden erscheinen jetzt die Textvariablen des gewählten Dokuments, die im Zieldokument noch nicht existieren. Ist lediglich der Name gleich, nicht aber die Definition der Variablen, können Sie in der Spalte Konflikt mit vorhandener Textvariablen wählen, ob Sie sie umbenennen oder die bestehende Variable überschreiben wollen.

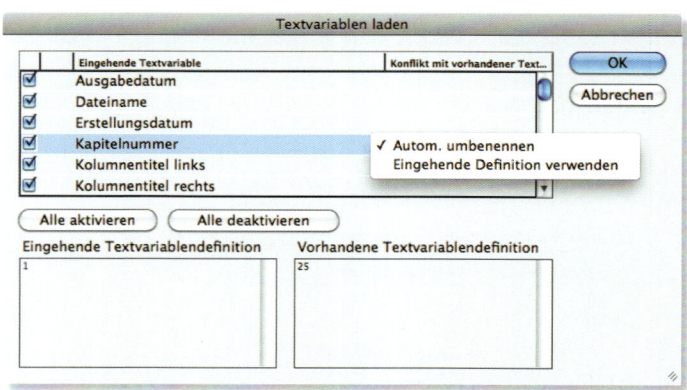

Abbildung 26.15 ▶
Wenn in Ihrem Dokument bereits eine Textvariable mit gleichem Namen und gleicher Definition existiert, wird sie Ihnen in diesem Fenster erst gar nicht zum Import angeboten.

Wählen Sie Variablen aus, indem Sie die entsprechenden Checkboxen markieren oder auf Alle aktivieren klicken, um alle Variablen auszuwählen, und beenden Sie den Dialog mit OK, um alle ausgewählten Variablen in Ihr Dokument zu übernehmen.

26.3 Querverweise

Bei komplexen Inhalten ist es oft notwendig oder wünschenswert, den Leser an eine andere Stelle der Publikation oder sogar auf eine andere Publikation (PDF, Weblink etc.) zu verweisen. In einer gedruckten Publikation haben solche Verweise immer eine Textform. Der Leser/die Leserin sucht in der Publikation die angegeben Stelle (eine Seite, eine Abbildung …) selbst. In elektronischen Dokumenten wie PDF-Dateien oder HTML-Dokumenten können solche Verweise zusätzlich eine funktionale Ebene haben – ein Klick auf die Textinformation führt Sie direkt zum Ziel des Querverweises. Das ganze WWW basiert auf solchen Verweisen. Wir betrachten an dieser Stelle die erste Art von Verweisen, also Texte, die einen Hinweis auf andere Textstellen geben.

26.3.1 Einen Querverweis anlegen

Das Anlegen und die Verwaltung von Querverweisen erfolgt über das Hyperlinks-Bedienfeld (Sie haben richtig gelesen), das in zwei Bereiche aufgeteilt ist: HYPERLINKS und QUERVERWEISE. Diese Verquickung beider Funktionen im gleichen Bedienfeld unterstreicht die nahe Verwandtschaft und führt auch dazu, dass Sie von mehreren Stellen aus auf ein und dieselben Funktionen zugreifen können. So können Sie das Hyperlinks-Bedienfeld über FENSTER • SCHRIFT UND TABELLEN • QUERVERWEISE und über FENSTER • INTERAKTIV • HYPERLINKS aufrufen und die wichtigsten Funktionen beider Bereiche über SCHRIFT • HYPERLINKS UND QUERVERWEISE.

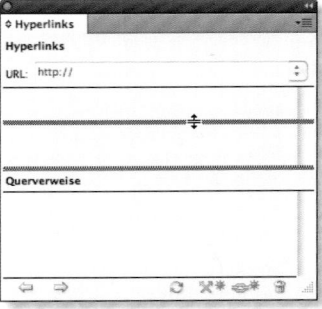

▲ **Abbildung 26.16**
Wenn Sie nur mit Textverweisen innerhalb von InDesign-Dokumenten arbeiten, können Sie den Bereich HYPERLINKS ausblenden, indem Sie die Trennlinien zwischen den beiden Bereichen unter den Kartenreiter schieben.

Die beiden Bereiche des Bedienfelds können aus- und eingeblendet werden, indem Sie die Trennlinie ganz nach oben oder unten schieben. Um den jeweils anderen Bereich wieder sichtbar zu machen, ziehen Sie die Trennlinie wieder in den mittleren Bereich des Bedienfelds.

Um einen Querverweis in einen Text einzufügen, positionieren Sie den Textcursor im Text an der gewünschten Stelle und klicken auf NEUEN QUERVERWEIS ERSTELLEN im Hyperlinks-Bedienfeld, oder rufen Sie SCHRIFT • HYPERLINKS UND QUERVERWEISE • QUERVERWEIS EINFÜGEN auf. Wenn Sie einen Text ausgewählt haben, wird er vom neuen Querverweis ersetzt werden.

Im Fenster NEUER QUERVERWEIS können/müssen Sie nun eine Reihe von Einstellungen vornehmen:

Verknüpfen mit | Sie haben zwei Möglichkeiten, ein Ziel des Querverweises festzulegen, die wir noch im Detail beschreiben werden; hier zunächst der Unterschied der beiden Optionen:

▶ ABSATZ: Der Querverweis bezieht sich auf einen ganzen Absatz in Ihrem Text. Dieser Absatz kann sich auch in einem anderen Dokument befinden, und Sie können in der Folge festlegen, ob der Inhalt des Absatzes, seine Position oder beides als Querverweis erscheinen soll.

▶ TEXTANKER: Ein Textanker ist ein benanntes Ziel in einem InDesign-Dokument, das einen bestimmten Text umfassen kann, aber nicht muss. Sie können in der Folge alle Entscheidungen für den Absatz, in dem sich der Textanker befindet, treffen oder auch nur den Namen des Textankers als Querverweis in Ihren Text aufnehmen.

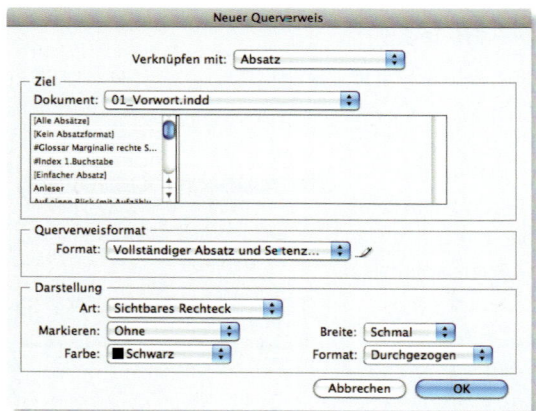 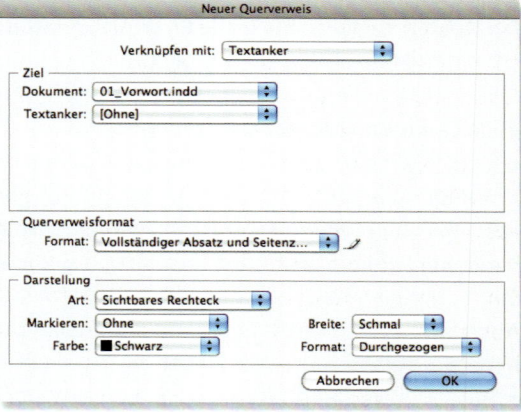

▲ **Abbildung 26.17**
Sie können einen neuen Querverweis auf einen ABSATZ (links) oder einen TEXTANKER (rechts) im selben oder einem anderen InDesign-Dokument zeigen lassen.

Ziel | Unabhängig davon, ob Sie einen Absatz oder einen Textanker verwenden, müssen Sie zunächst das Dokument auswählen, in dem das Ziel liegen soll. Hier werden alle derzeit geöffneten Dokumente angezeigt. Möchten Sie auf ein Dokument verweisen, das noch nicht geöffnet ist, rufen Sie DURCHSUCHEN aus dem Menü ZIEL auf und wählen dann das gewünschte Dokument.

Das Dokument wird geöffnet und, sobald Sie ein Ziel festlegen, von InDesign auch verändert. Sie müssen das Dokument selbst wieder schließen und dabei auch speichern, ansonsten wird der neu angelegte Verweis ins Leere zeigen – ein solcher Verweis wird im Hyperlink-Bedienfeld mit einem roten Fähnchen 🚩 gekennzeichnet.

Querverweisformat | Der Inhalt des Querverweises – welche Anteile aus dem Ziel übernommen werden sollen – und eingeschränkt auch die typografische Erscheinung des Verweises werden über Querverweisformate festgelegt. InDesign bringt einige vordefinierte Formate mit. Wie diese Formate aufgebaut sind und wie Sie selbst welche definieren können, zeigen wir Ihnen später.

Darstellung | Hier legen Sie fest, wie der Querverweis in Ihrem Dokument dargestellt werden soll. Sie können wählen, ob Sie ein SICHTBARES oder ein UNSICHTBARES RECHTECK verwenden möchten. Ist das Rechteck sichtbar, können Sie ihm eine FARBE und mit BREITE den Linien eine Stärke (BREIT, MITTEL oder SCHMAL) geben. Darüber hinaus können Sie in FORMAT festlegen, ob die Linien DURCHGEZOGEN oder GESTRICHELT sein sollen. Die Auswirkung der Optionen unter MARKIEREN werden Sie in InDesign nie sehen – hier legen Sie fest, wie der Querverweis in einer PDF- oder SWF-Datei aussehen soll, wenn der Benutzer gerade darauf klickt.

26.3.2 Querverweis auf Absatz

Für Ihre ersten Versuche legen Sie am besten ein neues Dokument an und ziehen einen leeren Textrahmen auf. Fügen Sie einen Querverweis wie beschrieben in Ihren noch leeren Text ein, um in das Fenster NEUER QUERVERWEIS zu gelangen, und stellen Sie dort die Option VERKNÜPFEN MIT auf ABSATZ.

Wählen Sie im Bereich ZIEL unter DOKUMENT das Dokument aus, auf das Sie verweisen wollen. Öffnen Sie nötigenfalls ein vorhandenes Dokument über DURCHSUCHEN im Menü DOKUMENT. Ein geeigneter Kandidat wäre das Lexikon, das Sie bereits aus Abschnitt 26.2, »Textvariablen«, kennen bzw. dort angelegt haben.

Alle weiteren Einstellungen im Bereich ZIEL hängen davon ab, welche Absatzformate im Zieldokument existieren. In unserem Lexikon-Dokument wären das lediglich zwei, womit die Übersicht sicher gewahrt bleibt.

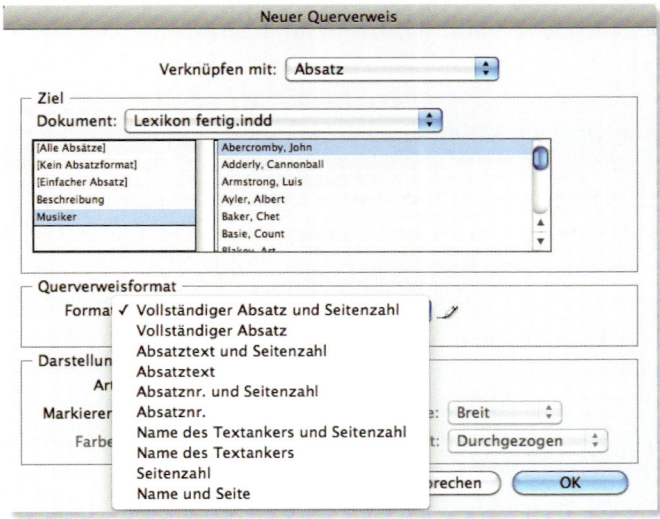

„Zawinul, Joe" auf Seite 5

„Zawinul, Joe" auf Seite 5

„Zawinul, Joe" auf Seite 5

„Zawinul, Joe" auf Seite 5

„Zawinul, Joe" auf Seite 5

▲ **Abbildung 26.18**
Von oben nach unten: Ein Querverweis ohne Rechteck und mit einem violetten Rechteck.
Und in einer PDF-Datei aktiviert mit MARKIEREN-Optionen UMKEHREN, KONTUR und INNERER VERSATZ.

Überlegungen zur Darstellung

In der finalen Version einer Printpublikation werden Sie in der Regel keine Markierung wünschen. Sie können aber auch in einer Printproduktion ein besonderes Aussehen eines Verweises wählen, um z. B. noch zu ändernde Verweise zu kennzeichnen.

Wenn Ihre Publikation allerdings nur elektronisch aufgelegt wird und dann natürlich einen funktionalen Verweis enthalten soll, sollten Sie die Querverweise entsprechend kennzeichnen, damit Ihre Leser auch wissen, dass dieser Verweis auf ihren Klick reagieren kann.

◄ **Abbildung 26.19**
Die hier sichtbaren Querverweisformate sind von InDesign vorgegeben und können verändert und gelöscht werden. Die beiden Formate NAME DES TEXTANKERS UND SEITENZAHL und NAME DES TEXTANKERS sind bei einer Verknüpfung mit einem Absatz nicht sinnvoll anzuwenden.

26.3 Querverweise | **661**

Im nächsten Schritt legen Sie fest, nach welcher Absatzformatierung Sie suchen wollen. Dazu bekommen Sie in der linken Spalte im Bereich ZIEL alle Absatzformate angeboten, die im Zieldokument existieren. Für jedes InDesign-Dokument werden immer folgende drei Absatzformate angeboten:

▶ [ALLE ABSÄTZE]: Die Auswahlmethode basiert zwar auf Absatzformaten, Sie können diese Tatsache aber ignorieren und einfach [ALLE ABSÄTZE] auswählen, um in der rechten Spalte eine Auflistung aller Absätze im Zieldokument zu erhalten.

▶ [EINFACHER ABSATZ]: Wenn im Zieldokument gar nicht mit Absatzformaten gearbeitet wurde, ist trotzdem allen Absätzen das Format [EINFACHER ABSATZ] zugewiesen, das lokal dann sehr wahrscheinlich von der Standarddefinition abweicht. Wenn Sie nach einem bestimmten Absatzformat suchen, den dazugehörigen Absatz in der rechten Liste jedoch nicht sehen, dann finden Se ihn sehr wahrscheinlich, wenn Sie in der rechten Spalte [EINFACHER ABSATZ] auswählen.

▶ [KEIN ABSATZFORMAT]: Diese Auswahl dürfte eigentlich nie ein Ergebnis liefern, da Sie das Format [KEIN ABSATZFORMAT] gar nicht auf einen Absatz anwenden können.

[Einfacher Absatz]

Querverweise sind ein weiterer Grund, warum Sie immer sämtlichen Text in Ihren Dokumenten mit Absatzformaten gestalten sollten – nur so können Sie die Dokumentstruktur leicht überblicken und Ziele in einem Dokument schnell finden.

[Kein Absatzformat]

Dieses Format wird zwar verwendet, um beim Löschen enes Absatzformats, das noch in Verwendung ist, festzulegen, dass ein Nachfolger zur Formatierung verwendet werden soll. Aber auch in diesem Fall wird den betroffenen Absätzen letztlich das Format [EINFACHER ABSATZ] zugewiesen.

Wenn Sie unserem Rat gefolgt sind, unser Lexikon-Dokument zu verwenden, finden Sie noch die beiden Absatzformate »Musiker« und »Beschreibung« in der Liste. Bringen Sie das Fenster NEUER QUERVERWEIS in eine Position, sodass Sie den Textcursor in Ihrem Dokument sehen können, und klicken Sie auf »Musiker«.

InDesign listet nun alle Absätze in der rechten Spalte auf, die mit diesem Absatzformat gestaltet wurden, und wählt den ersten Eintrag auch gleich aus; dadurch wird auch das entsprechende Ergebnis gleich in Ihrem Dokument sichtbar. Ändern Sie die Auswahl in der rechten Spalte, und beobachten Sie, dass sich damit auch der Querverweis im Dokument ändert.

Format | Probieren Sie nun die verschiedenen Querformatverweise im Menü FORMAT aus. Diese Formate sind von InDesign vorgegeben und beschreiben mit ihren Namen ganz gut, welche Informationen zum Ziel verwendet werden. Wie Sie diese Formate definieren, zeigen wir Ihnen später in diesem Kapitel.

Die beiden Formate ABSATZNR. und ABSATZNR. UND SEITENZAHL beziehen sich auf Absätze, die in nummerierten Listen verwendet werden, und liefern für unser Dokument keine verwertbaren Ergebnisse. NAME DES TEXTANKERS UND SEITENZAHL und NAME DES TEXTANKERS beziehen sich nicht auf Absätze, sondern auf die zweite Methode, Querverweise zu erstellen.

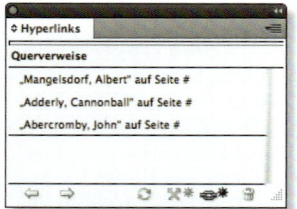

▲ Abbildung 26.20
Das Hyperlinks-Bedienfeld mit Querverweisen, die sich auf das Jazz-Lexikon aus Abschnitt 26.2, »Textvariablen«, beziehen.

26.3.3 Querverweis auf Textanker

Der Nachteil der Methode, auf Absätze zu verweisen, ist, dass Sie als Text des Querverweises entweder den Inhalt des Absatzes (bzw. den Beginn des Absatzes) oder nur die Position des Zieles – und natürlich beides kombiniert – in Ihr Dokument einblenden können. Wenn Sie den Vorteil von Querverweisen nutzen wollen, dass InDesign sich um die Verwaltung kümmert, aber den Text des Verweises flexibler halten möchten, müssen Sie auf selbst definierte Textanker zurückgreifen.

Textanker anlegen | Damit Sie auf einen Textanker verweisen können, müssen Sie zunächst einen definieren. Das können Sie im selben Dokument oder wiederum in einem anderen machen.

Positionieren Sie den Textcursor im Jazz-Lexikon neben dem Eintrag »Adderly, Cannonball«, oder wählen Sie den Text aus. Rufen Sie nun Neues Hyperlinkziel aus dem Bedienfeldmenü des Hyperlinks-Bedienfelds auf.

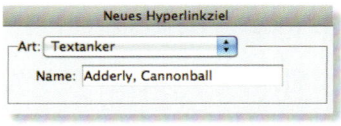

▲ **Abbildung 26.21**
Textanker sind benannte Ziele, auf die auch ein Querverweis zeigen kann.

Wählen Sie im Menü Art die Option Textanker. Wenn Sie einen Text ausgewählt haben, wurde er für Sie im Eingabefeld Name eingesetzt; korrigieren Sie ihn nach Ihren Vorstellungen oder für unser Beispiel wie in Abbildung 26.21. Wenn Sie keinen Text ausgewählt haben, schlägt InDesign den Namen »Anker« mit einer laufenden Nummer vor, den Sie nach Ihren Bedürfnissen ändern können. Klicken Sie auf OK, um den Textanker zu definieren.

Auf einen Textanker verweisen | Kehren Sie nun in Ihr Ausgangsdokument zurück, und legen Sie einen neuen Querverweis wie in Abbildung 26.22 an:

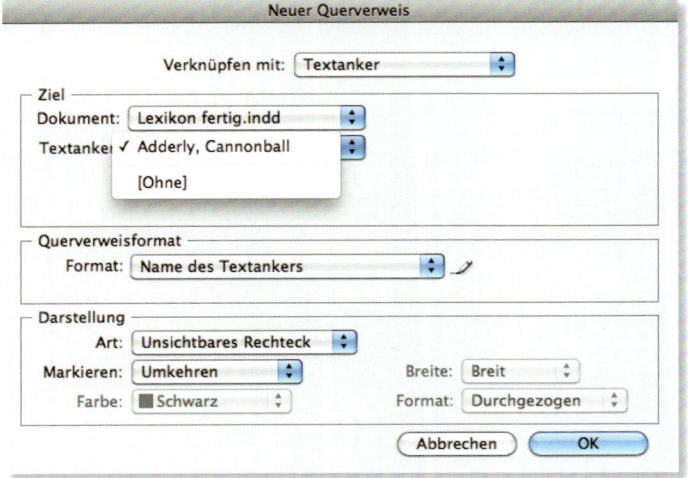

◄ **Abbildung 26.22**
Um den Text eines Querverweises flexibel zu halten, können Sie einen Textanker definieren und dessen Name als Text für den Querverweis verwenden.

Ziele auf Mustervorlagen

Ein Querverweis kann auch auf einen Text auf einer Mustervorlage verweisen – dann wird für die Position des Textes anstelle der Seitennummer allerdings <MS> angezeigt, was zumeist nicht hilfreich ist.

Querverweis im Querverweis?

Da der Text eines Querverweises als vollständig editierbare Zeichenkette in Ihren Text eingesetzt wird, können Sie auch den Textcursor im Verweistext platzieren. Dann können Sie allerdings keinen Querverweis mehr anlegen. InDesign erlaubt solche Verschachtelungen nicht.

▼ **Abbildung 26.23**
Um im Fenster QUERVERWEISFORMATE lediglich den Namen eines Formats zu ändern, klicken Sie auf das gewünschte Format, ändern den Inhalt des Felds NAME und klicken noch einmal auf den Namen des Formats in der linken Liste.

Wählen Sie aus VERKNÜPFEN MIT nun TEXTANKER aus und in DOKUMENT abermals unser Jazz-Lexikon. Im Abschnitt ZIEL können Sie nun unseren soeben angelegten Textanker »Cannonball Adderly« auswählen. Querverweisformate, die sich auf Absätze beziehen, funktionieren auch hier, da sich der Textanker ja in einem Absatz befindet; die beiden Optionen NAME DES TEXTANKERS und NAME DES TEXTANKERS UND SEITENZAHL bekommen allerdings erst jetzt ihre Bedeutung, da diese beiden Formate nun anstelle des Absatztextes den Namen des Ankers und somit einen von Ihnen gewählten Text als Querverweis in Ihr Dokument einblenden.

26.3.4 Querverweisformate

Die von InDesign vorgegebenen Querverweisformate sind in vielen Situationen schon direkt verwendbar, aber eben nicht in allen. Zusätzlich bieten Querverweisformate zwei Features, die Sie nur über eigene Formate definieren können.

Ein Querverweisformat definieren | Rufen Sie QUERVERWEISFORMATE DEFINIEREN aus dem Bedienfeldmenü des Hyperlinks-Bedienfelds auf. Alternativ können Sie auch beim Einfügen eines Querverweises im Abschnitt QUERVERWEISFORMATE auf das Symbol QUERVERWEISFORMATE ERSTELLEN ODER BEARBEITEN klicken. Sie gelangen in das Fenster QUERVERWEISFORMATE:

Sie können Querverweisformate ändern, indem Sie auf einen Eintrag in der linken Liste doppelklicken, oder ein bestehendes Format löschen, indem Sie das Format auswählen und auf das Minus unter der Liste klicken. Ein neues Querverweisformat legen Sie an, indem Sie auf das Plus klicken. Da in der Liste der existierenden Formate immer ein Eintrag ausgewählt ist, wird das ausgewählte Format als Vorlage für das neue Format verwendet und auch der Name des Formats kopiert – ändern Sie also zunächst den Namen.

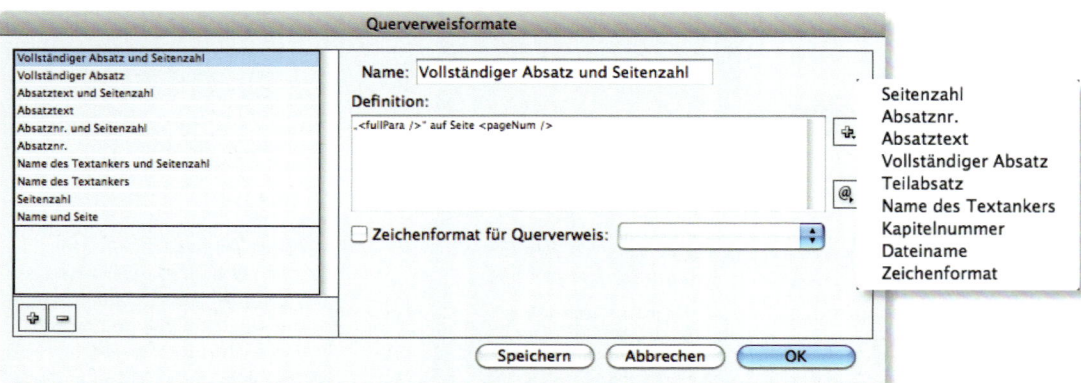

Die Definition des Formats erfolgt, indem Sie verschiedene Elemente aus dem Menü ▣ in das Feld DEFINITION kopieren; nötige Sonder- oder Trennzeichen können Sie aus dem Menü ▣ einfügen. Diese Elemente – Adobe nennt sie »Bausteine« – beschreiben die verschiedenen Komponenten, aus denen der Querverweis zusammengesetzt werden soll:

- SEITENZAHL: die Seitenzahl der Seite des Dokuments, auf der sich das Ziel befindet
- ABSATZNR.: Ist der Absatz als nummerierte Liste formatiert, die Nummer des Absatzes, ansonsten – also auch bei Listen mit Aufzählungszeichen – leer.
- ABSATZTEXT: Ist der Absatz als nummerierte Liste formatiert, wird hier nur der Text des Absatzes ohne Nummerierung geliefert. Aufzählungszeichen werden jedoch ignoriert.
- VOLLSTÄNDIGER ABSATZ: wie Absatztext, nur inklusive Nummerierung, sofern vorhanden
- TEILABSATZ: Dies ist eines der Features, die in den vorgegebenen Formaten nicht verwendet werden (können). Sie können hier ein Trennzeichen festlegen, bis zu dem der Text des Absatzes verwendet werden soll, und somit nur den Beginn des Absatzes als Text in Ihrem Querverweis verwenden – wie das funktioniert, zeigen wir Ihnen noch an einem Beispiel.
- NAME DES TEXTANKERS: Diesen Baustein haben Sie als Format bereits kennengelernt – es wird der Name eines Textankers geliefert. Funktioniert somit nur, wenn Sie einen Verweis auf einen Textanker verwenden.
- KAPITELNUMMER: Setzt die aktuelle Kapitelnummer des Zieldokuments ein.
- DATEINAME: Liefert den Dateinamen des Zieldokuments.
- ZEICHENFORMAT: Dieser Baustein liefert keinen Text, sondern ermöglicht es, Teile des Textes, den Sie aus den restlichen Bausteinen zusammenstellen, zu formatieren. Das erfordert ein wenig Tüftelei, deshalb zeigen wir Ihnen dieses Feature an einem Beispiel.

Das Zusammenklicken der Bausteine ist etwas gewöhnungs- und sicher auch noch erklärungsbedürftig. Die einzelnen Teile folgen der XML-Syntax, und InDesign sieht Ihnen genau auf die Finger: Wenn Sie unkorrekte Änderungen machen, erhalten Sie Hinweise, die unter dem Feld DEFINITION eingeblendet werden.

Sie haben zu guter Letzt noch die Möglichkeit, dem Querverweistext in seiner Gesamtheit ein Zeichenformat zuzuordnen. Aktivieren Sie die Option ZEICHENFORMAT FÜR QUERVERWEIS, und wählen Sie aus dem Menü ein Zeichenformat aus, oder definieren

> **Bausteine als Variablen**
>
> Die Bausteine, mit denen Sie Verweistexte zusammenstellen können, verhalten sich – mit einer Ausnahme: ZEICHENFORMAT – wie Variablen, und die betreffenden Inhalte werden von InDesign auch wie Textvariablen verwaltet.
>
> Von der Handhabung her gibt es nur den Unterschied, dass Verweistexte umbrechen können.

▲ **Abbildung 26.24**
Querverweise werden im Textmodus angezeigt und ansonsten wie normaler Text behandelt.

Sie nötigenfalls ein NEUES ZEICHENFORMAT über den gleichnamigen Menübefehl.

Allerdings können Sie das auch gezielt für bestimmte Bausteine im Feld DEFINITION erledigen. Dann allerdings muss die Option ZEICHENFORMAT FÜR QUERVERWEIS unbedingt abgeschaltet sein.

Schritt für Schritt: Querverweisformat definieren

1 Neues Querverweisformat anlegen

Rufen Sie NEUES QUERVERWEISFORMAT aus dem Bedienfeldmenü des Hyperlinks-Bedienfelds auf.

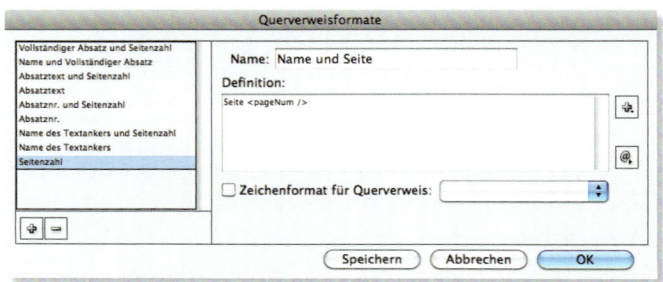

Abbildung 26.25 ▶
Das ausgewählte Format dient als Vorlage für ein neues Format. Wir wählen SEITENZAHL, da wir die Seitenzahl ohnehin benötigen, aber sonst alle anderen Bausteine selbst hinzufügen wollen.

Markieren Sie in der linken Spalte den Eintrag SEITENZAHL, um ihn als Vorlage zu verwenden, klicken Sie auf das Plus unter der Liste, und ändern Sie den Namen des Formats auf »Name und Seite«.

2 Vorspann und Gedankenstrich ergänzen

Im Feld DEFINITION steht bereits `Seite <pageNum />`. Setzen Sie den Textcursor vor `Seite`, und ergänzen Sie den Text mit `(siehe `. Klicken Sie nun hinter `>`, tippen Sie ein Leerzeichen, wählen Sie aus dem Menü den HALBGEVIERTSTRICH, und tippen Sie noch ein Leerzeichen ein. Der Halbgeviertstrich wird als ^= dargestellt.

3 Zeichenformat anlegen und einfügen

Wenn Sie noch kein Zeichenformat »kursiv« definiert haben, tun Sie es jetzt, indem Sie aus dem Menü neben der Option ZEICHENFORMAT FÜR QUERVERWEIS den Befehl NEUES ZEICHENFORMAT aufrufen. Es reicht, wenn Ihr Zeichenformat lediglich den Schnitt auf den Kursivschnitt Ihrer Schrift setzt. Beachten Sie, dass das neu definierte Zeichenformat, nachdem Sie die Definition beendet haben, nun ausgewählt ist und InDesign auch die Option ZEICHENFORMAT FÜR QUERVERWEIS aktiviert hat – deaktivieren Sie

---

Zeichenformat für Querverweis

Nehmen Sie an, für das Jazz-Lexikon wird auch ein geschichtlicher Überblick zur Entwicklung des Jazz erscheinen. An unterschiedlichen Stellen werden die verschiedensten Musiker genannt werden, und es soll in diesem Fall immer ein Querverweis in der Form »(siehe Seite 26 – *Abercromby*)« eingefügt werden. Für diese Darstellung können Sie keines der vorgegebenen Formate verwenden, und auch um die Formatierung des kursiven Namens müssen Sie sich gesondert kümmern.

die Option unbedingt! Setzen Sie den Textcursor hinter das letzte Leerzeichen aus Schritt 2, und wählen Sie aus dem Menü ⊞ den Eintrag ZEICHENFORMAT. Damit wird der Text `<cs name="" ></cs>` eingefügt. Fügen Sie zwischen den beiden Anführungszeichen »kursiv« – also den Namen Ihres Zeichenformats – ein.

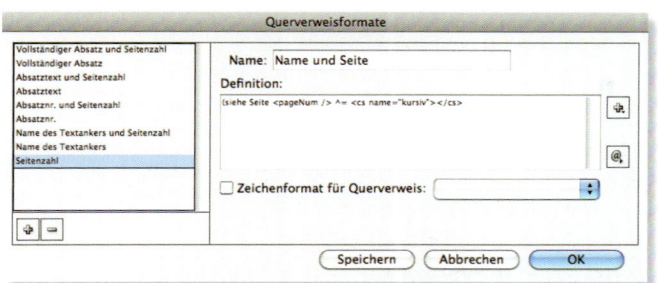

◄ **Abbildung 26.26**
Wenn Sie ein Zeichenformat neu definieren, achten Sie darauf, anschließend die Option ZEICHENFORMAT FÜR QUERVERWEIS zu deaktivieren.

Der vollständige Text im Feld DEFINITION sollte nun so lauten: `(siehe Seite <pageNum /> ^= <cs name="kursiv"></cs>`.

4 Teilabsatz festlegen

Um nur den Nachnamen des Musikers in den Querverweis zu übernehmen, legen wir nun einen Teilabsatz fest, der bis zum ersten Komma reicht – also genau bis zum Ende des Nachnamens.

Positionieren Sie den Textcursor nach `<cs name="kursiv">`, und wählen Sie TEILABSATZ aus dem Menü ⊞. Nun wird der Text `<fullPara delim="" includeDelim="false"/>` eingefügt.

Wir müssen nun das Trennzeichen eintragen, bis zu dem der Absatz übernommen werden soll. Fügen Sie zwischen den Anführungszeichen von `delim=""` ein Komma ein. Die Option `includeDelim="false"` besagt, dass das Trennzeichen selbst nicht mehr zur Textauswahl zählen soll. Wenn Sie das jedoch möchten, setzen Sie statt `false` das Wort `true` ein. Statt `false` können Sie auch `0` und statt `true` auch `1` verwenden. Wir verändern hier diese Einstellung nicht.

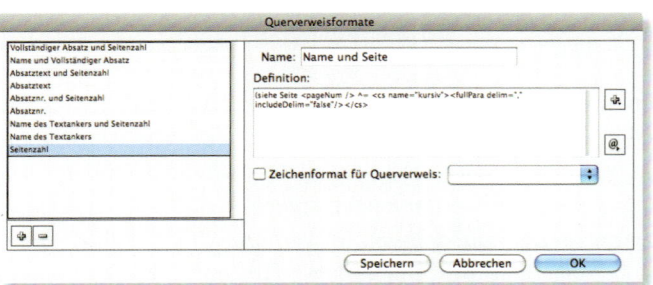

> **Zeichenformat für Querverweis**
>
> Wenn Sie ein Zeichenformat auf einen Teil des Textes anwenden, müssen Sie die Option ZEICHENFORMAT FÜR QUERVERWEIS deaktivieren, weil sie sonst auf das gesamte Ergebnis angewendet würde und somit den bereits formatierten Text wieder umformatieren würde.

> **includeDelim ändern**
>
> Die Option `includeDelim` wird nur bei der ersten Definition eines Querverweisformats angezeigt. Wenn Sie die Definition des Formats später wieder aufrufen, taucht sie nicht mehr auf und kann somit nicht ohne Weiteres geändert werden. Sie müssen sie zu diesem Zweck selbst dazuschreiben.

◄ **Abbildung 26.27**
Das fertige Querverweisformat erstellt Verweise im Format »(siehe Seite 26 – *Abercromby*)«.

Setzen Sie nun noch eine Klammer) ans Ende der Definition, und klicken Sie auf OK, um die Definition des Querverweisformats abzuschließen. ■

26.3.5 Querverweise verwalten

Die Tatsache, dass bei Querverweisen zwei – unter Umständen weit – voneinander entfernte Stellen in einem oder zwei Dokumenten verbunden sind, bringt es mit sich, dass sich an der Beziehung zwischen den beiden Textstellen gewollt oder ungewollt etwas ändert. InDesign überwacht die Querverweise und macht Sie auf Probleme aufmerksam.

Status von Querverweisen | Es gibt einige Gründe, warum ein Querverweis von InDesign nicht aufgelöst werden kann. Im Hyperlinks-Bedienfeld wird dann neben dem Eintrag eines Querverweises der konkrete Grund für das Problem eingeblendet:

- **Montagefläche MF :** Das Ziel befindet sich auf der Montagefläche und wird deshalb nicht sichtbar sein.
- **Mustervorlage MS :** Das Ziel befindet sich auf der Mustervorlage und ist deshalb nicht eindeutig.
- **Ausgeblendete Ebene AE :** Das Ziel befindet sich auf einer ausgeblendeten Ebene und wird deshalb nicht sichtbar sein.
- **Übersatz ÜS :** Das Ziel ist derzeit nicht sichtbar, weil es sich im Übersatz befindet.
- **Verborgener Text VT :** Das Ziel ist ein bedingter Text, der derzeit ausgeblendet ist.
- **Ziel wurde verändert ⚠ :** Der Zielabsatz existiert zwar und ist auch sichtbar, er hat sich aber inhaltlich verändert. Der Querverweis ist zwar intakt, sein Inhalt deckt sich jedoch nicht mehr mit dem Ziel. Diesen Status erhalten Sie auch, wenn Sie bei einem Querverweis auf einen Textanker den Namen des Ankers ändern.
- **Ziel fehlt ⚑ :** Entweder wurde der Zielabsatz oder Textanker gelöscht, oder das Dokument, in dem sich das Ziel befindet, wurde verschoben, gelöscht oder umbenannt.

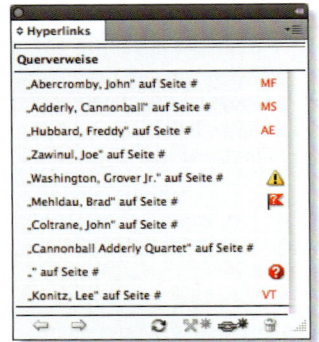

▲ **Abbildung 26.28**
Alle möglichen Zustände von Querverweisen. Lediglich drei Einträge sind in Ordnung, alle anderen gelten als »ungelöst«.

Kontrolle im Preflight-Bedienfeld

Sie sollten das Preflight-Bedienfeld so konfigurieren, dass ungelöste Querverweise als Fehler angezeigt werden und Sie so unmittelbar einen Hinweis auf veränderte oder fehlende Querverweis-Ziele bekommen, auch wenn das Hyperlinks-Bedienfeld nicht geöffnet ist.

Quelle und Ziel suchen | Bei vielen Querverweisen ist die reine Auflistung der Verweise im Hyperlinks-Bedienfeld für einen Überblick nicht mehr ausreichend. Um die Quelle eines Querverweises – also die Stelle, an der er eingeblendet wird – aufzusuchen, markieren Sie den Querverweis im Bedienfeld und wählen Gehe zu Quelle aus dem Bedienfeldmenü. Um zum Ziel zu springen, wählen Sie Gehe zu Ziel.

Wenn Sie den Textcursor in einer Querverweis-Quelle positionieren, wird der dazugehörige Eintrag im Hyperlinks-Bedienfeld für Sie ausgewählt. Somit ist es sehr einfach, auch das dazugehörige Ziel aufzusuchen.

Querverweise aktualisieren und bearbeiten | Wird für einen Verweis ein verändertes Ziel angezeigt ⚠, klicken Sie auf den Eintrag im Hyperlinks-Bedienfeld und anschließend auf QUERVERWEISE AKTUALISIEREN ⟳, oder wählen Sie QUERVERWEIS AKTUALISIEREN aus dem Bedienfeldmenü des Hyperlinks-Bedienfelds.

Fehlt die Datei, die ein Ziel enthält, können Sie eine andere Datei neu mit dem Querverweis verbinden. Markieren Sie den Eintrag im Bedienfeld, und wählen Sie QUERVERWEIS ERNEUT VERKNÜPFEN aus dem Bedienfeldmenü des Hyperlinks-Bedienfelds. Existiert im neuen Dokument die Position des alten Ziels nicht, wird der Verweis weiterhin mit einem fehlenden Ziel markiert, und Sie können dann auch keine neue Datei mehr verknüpfen. In diesem Fall müssen Sie den Querverweis bearbeiten, um ein neues Ziel festzulegen.

Doppelklicken Sie auf den betreffenden Eintrag im Hyperlinks-Bedienfeld, und Sie landen im Fenster QUERVERWEIS BEARBEITEN, in dem Sie sämtliche Optionen identisch zum Fenster NEUER QUERVERWEIS vorfinden. Der einzige Unterschied ist, dass in diesem Fall die Quelle bereits existiert und auch nicht verändert wird, egal wo der Textcursor derzeit im Text steht.

Änderung der Quelle | Wenn Sie den Text des Querverweises inhaltlich ändern, wird der Querverweis als abweichend ⚠ gekennzeichnet. Wenn Sie diesen Querverweis aktualisieren, wird Ihre Textänderung mit dem Originaltext des Ziels überschrieben.

Änderungen an der Typografie der Quelle verhalten sich etwas eigenwillig. Wenn Sie einen Teil des Querverweis-Textes z. B. auf FETT setzen und der Verweis später aktualisiert werden muss, geht auch die Formatierung verloren, und zwar unabhängig davon, ob Sie die Änderung manuell oder über ein Zeichenformat gemacht haben.

Wenn Sie dagegen den gesamten Querverweistext abweichend vom Absatz gestalten und diesen Verweis aktualisieren, bleibt die Formatierung erhalten.

Querverweise löschen und kopieren | Wenn Sie einen Querverweis im Hyperlinks-Bedienfeld markieren und auf AUSGEWÄHLTE HYPERLINKS UND QUERVERWEISE LÖSCHEN 🗑 klicken, werden Sie darauf hingewiesen, dass der Text des Querverweises erhalten

---

Mehrere Querverweise aktualisieren

Weichen mehrere Verweise ab, ist aber kein bestimmter ausgewählt, aktualisiert der Befehl QUERVERWEIS AKTUALISIEREN alle Querverweise.

Beachten Sie, dass sich der veränderte Querverweis auf den Textumbruch auswirken kann. Bei vielen Aktualisierungen kann die Auswirkung auch sehr heftig sein – aktualisieren Sie Querverweise im Zweifelsfall also lieber Stück für Stück.

TOP-TIPP: Querverweise in Inhaltsverzeichnissen

In vielen Magazinen werden die Aufmacher der verschiedenen Rubriken im Inhaltsverzeichnis besonders hervorgehoben und sind deshalb mit den üblichen Methoden zur Erstellung eines Inhaltsverzeichnisses nicht verwaltbar.

Um die Seitenziffern auf dem Bogen mit dem Inhaltsverzeichnis (siehe unten) trotzdem aktuell zu halten, können Sie Querverweise einsetzen und so nicht nur die Seitenziffer einblenden lassen, sondern auch Änderungen in der Zeitschrift gut überwachen.

> **Querverweise einsetzen**
>
> Da sich zwischen dem Kopieren und Einsetzen bei einer normalen Arbeitsweise das Ziel kaum verändern wird, ist das Aktualisieren eines eingesetzten Querverweises grundsätzlich kein Problem. Da sich aber logischerweise die Quelle des Verweises ändert, wird er als verändert gekennzeichnet.

bleibt – es wird dabei also lediglich die Verbindung zum Ziel gelöscht.

Es ist keine Standardmethode vorgesehen, um Querverweise zwischen Dokumenten auszutauschen. Der Bedarf dafür dürfte auch wirklich begrenzt sein. Wenn Sie jedoch Text, der einen Querverweis enthält, über die Zwischenablage in ein anderes Dokument kopieren, muss Ihnen bewusst sein, dass damit auch die Querverweisdefinition inklusive Querverweisformat in das Zieldokument übertragen wird. Dabei entsteht ein als verändert gekennzeichneter Querverweis, um den Sie sich kümmern sollten.

Laden und löschen von Querverweisformaten | Um bestehende Querverweisformate aus einem anderen Dokument zu laden, wählen Sie QUERVERWEISFORMATE LADEN aus dem Bedienfeldmenü des Hyperlinks-Bedienfelds. Wählen Sie dann das Dokument aus, aus dem die Formate geladen werden sollen.

Das Laden erfolgt ohne jegliche Rückmeldung. Sollten im Zieldokument bereits Querverweisformate mit gleichen Namen existieren, so werden sie von den geladenen Formaten überschrieben.

Ein Querverweisformat löschen Sie, indem Sie es im Fenster QUERVERWEISFORMATE markieren und auf das Minus unter der Auflistung der Formate klicken. Das funktioniert aber nur, wenn das Format nicht in einem Querverweis verwendet wird. Sie müssen also im Zweifelsfall erst alle Querverweise löschen, die das fragliche Format verwenden, und dabei die Querverweise in reinen Text umwandeln.

> **Querverweise und InCopy**
>
> Querverweisformate können in InCopy nur in eigenständige Dokumente importiert werden.
>
> Querverweisformate aus reinen InCopy-Dokumenten können jedoch nicht in InDesign-Dokumente geladen werden.

27 Buch, Inhaltsverzeichnis und Index

Der klassische Vertreter einer umfangreichen Publikation ist ein Buch, das zumeist aus mehreren Dateien besteht und mit einem Inhaltsverzeichnis und oft mit einem Index versehen werden muss. Über alle Dokumente hinweg muss für eine fortlaufende Paginierung, aber auch für die Kapitelnummerierung gesorgt werden.

27.1 Bücher

Der Zeitdruck in der Medienproduktion erlaubt es nicht, umfangreiche Publikationen linear zu erstellen. Zumeist arbeiten mehrere Personen parallel an einem Projekt. Damit ergibt sich aber das Problem, dass die unterschiedlichen Teile der Publikation zu einem Gesamtwerk zusammengefügt werden müssen.

27.1.1 Das Buchdokument

InDesign bezeichnet die Zusammenstellung von Dokumenten generell als »Buch«. Selbstverständlich können Sie jede Art von Publikation als Buch verwalten. Den logischen Zusammenhang zwischen den Einzelteilen müssen Sie selbst herstellen, InDesign kümmert sich für Sie um alle technischen Aspekte wie Paginierung, Inhaltsverzeichnisse, Indexerstellung und die Ausgabe über mehrere Dokumente hinweg.

Um ein neues Buchdokument anzulegen, wählen Sie DATEI • NEU • BUCH. Im dann folgenden Dialog NEUES BUCH wählen Sie einen Namen für Ihr Buch und legen einen Speicherort fest. Die neue Datei erhält die Endung ».indb« (InDesign Book). Das Buchdokument wird von InDesign in einem Bedienfeld dargestellt, dessen Name mit dem Namen des Buchdokuments identisch ist. Da das Bedienfeld ein reales Dokument darstellt, gibt es keine allgemeine Form des Bedienfelds, die Sie im Menü FENSTER aufrufen könnten. Ihr neues Buchdokument ist zunächst leer und muss erst mit den einzelnen Dokumenten bestückt werden.

> **Arbeitsgruppen und Version Cue**
>
> Ein Werkzeug, mit dem die Daten ganzer Arbeitsgruppen verwaltet werden können, war Version Cue, das in der Creative Suite 4 noch fixer Bestandteil war, dessen Entwicklung mit der Creative Suite 5 jedoch eingestellt wurde und das mittelfristig auch nicht mehr gewartet werden wird.

Buch.indb

Abbildung 27.1 ▶
Das Buch-Bedienfeld mit einem kompletten Buchprojekt. Die einzelnen Dateien wurden dem Projekt gerade hinzugefügt. Bei »04 Kapitel 3« wurde offensichtlich der Startwert der Seitennummerierung fix mit 1 festgelegt. Deshalb sind die Dokumente noch nicht durchgängig paginiert.

Mehrere Dokumente öffnen

Um mehrere Dokumente im Fenster DOKUMENT HINZUFÜGEN auswählen zu können, halten Sie die [Strg]- bzw. [⌘]-Taste gedrückt, während Sie auf die einzelnen Dateien klicken.

Bis 1.000 Dokumente

Sie können bis zu 1.000 Dokumente in ein Buchdokument aufnehmen. Diese Angabe stammt von Adobe – wir haben diese Grenze noch nie erreicht und können sie daher nicht verifizieren.

Namensgebung für Dokumente

Es ist sinnvoll, die Reihenfolge der Dokumente schon in deren Namensgebung zu berücksichtigen, wie in Abbildung 27.1 zu sehen ist. InDesign legt die einzelnen Dokumente dann gleich in der richtigen Reihenfolge im Buchdokument an. Eine Änderung der Dokumentenreihenfolge führt bei den Standardeinstellungen nämlich zu einer Neupaginierung, was Ihnen zwar eine kleine Arbeitspause verschafft, aber auch lästig sein kann.

Um ein Dokument in das Buch aufzunehmen, klicken Sie auf DOKUMENTE HINZUFÜGEN ❼ und wählen im folgenden Fenster DOKUMENTE HINZUFÜGEN ein oder mehrere Dokumente aus. Alternativ können Sie auch InDesign-Dokumente direkt aus dem Explorer bzw. dem Finder in das Bedienfeld ziehen (oder auch aus anderen Buch-Bedienfeldern, sofern schon welche existieren).

Die Dokumente erscheinen nun im Bedienfeld. Wenn Sie mehrere Dokumente ausgewählt haben, ist die Wahrscheinlichkeit recht groß, dass die Reihenfolge der Dokumente nicht stimmt. Sie können die einzelnen Dokumente in die richtige Reichenfolge bringen, indem Sie ein Dokument an die gewünschte Position verschieben ❸. Die neue Position wird mit einem schwarzen Balken angezeigt.

Die verschiedenen Dokumente sollten natürlich die gleichen Formate und Farbdefinitionen verwenden. In der Praxis zeigt sich aber, dass unterschiedliche Personen auch unterschiedliche Vorlieben in ihren Dokumenten abbilden. Deshalb können alle Dokumente an die Einstellungen *eines* Dokuments angepasst werden. Welches Dokument als Vorlage dienen soll, legen Sie mit einem Klick in ein Formatquelle-Feld ❷ fest. Das Vorlagen-Dokument wird dann in dieser Spalte entsprechend gekennzeichnet ❶. Ein Klick auf FORMATE UND FARBFELDER MIT FORMATQUELLE SYNCHRONISIEREN ❹ überträgt Farben, Absatz- und Zeichen- und auch Objektformate. Zuvor sollten Sie jedoch festlegen, wie diese Synchronisation aussehen soll – dazu kommen wir später.

Falls Sie das Bedienfeld BUCH jetzt schließen, werden Sie dazu aufgefordert, das Buch zu speichern. Diese Sicherheitsabfrage ist im Zusammenhang mit dem Schließen des Bedienfelds etwas ungewöhnlich, da wir es hier aber mit einem Dokument zu tun haben, sollten Sie dieses in jedem Fall sichern. Eine Sicherung lösen Sie mit einem Klick auf BUCH SPEICHERN ❺ aus. Diesen Befehl finden Sie auch im Bedienfeldmenü. Dort finden Sie auch den Befehl BUCH SPEICHERN UNTER, mit dem Sie eine Kopie Ihres Buchdokuments anlegen können. Der Sinn der Buch-Funktionen ist es ja, ein komplettes Dokument zu erstellen. Das Ausdrucken des Buchs ❻ ist dabei natürlich eine wesentliche Funktion. Sollten Sie einzelne Dokumente des Buchs entfernen wollen, können Sie das über DOKUMENTE ENTFERNEN ❽ erledigen. Ein gesamtes Buch löschen Sie, indem Sie das Buchdokument selbst löschen – den einzelnen Kapiteln des Buchs geschieht dabei selbstverständlich nichts.

Somit wäre Ihr Buch nun zusammengestellt. Um jetzt auch ein produzierbares Buch zu erstellen, müssen Sie allerdings noch einige Einstellungen vornehmen. Die nötigen Befehle finden Sie im Bedienfeldmenü des Buch-Bedienfelds, wobei Sie bei den verschiedenen Befehlen immer unterscheiden müssen, ob und wie viele Dokumente im Bedienfeld ausgewählt sind. Ist kein Dokument ausgewählt (oder sind alle ausgewählt), beziehen sich die Befehle auf das gesamte Buch. Sind einzelne Dokumente – auch mehrere, aber nicht alle – ausgewählt, beziehen sich die Funktionen auf die ausgewählten Dokumente. Auf die Standardbefehle wie DOKUMENT HINZUFÜGEN oder BUCH SPEICHERN in den oberen beiden Abschnitten des Bedienfeldmenüs werden wir nicht mehr näher eingehen.

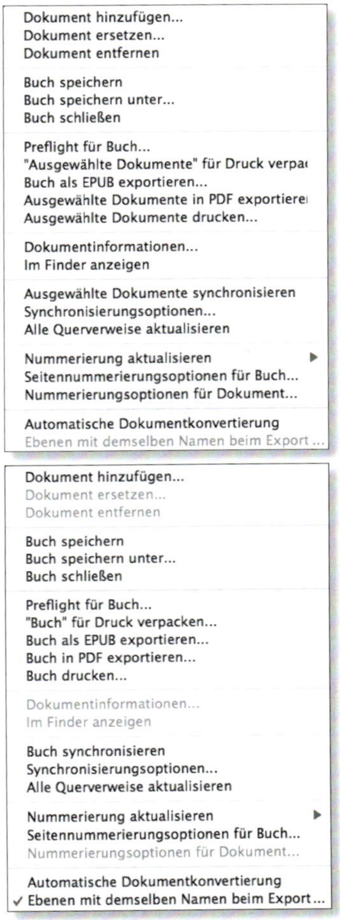

27.1.2 Nummerierungsoptionen

In der rechten Spalte des Buch-Bedienfelds finden Sie die Angaben zu den aktuellen Seitenzahlen der Dokumente, wobei die Notation aus den Vorgaben der NUMMERIERUNGS- UND ABSCHNITTSOPTIONEN der einzelnen Dokumente übernommen wird.

Einen Teil der NUMMERIERUNGS- UND ABSCHNITTSOPTIONEN haben Sie bereits in Kapitel 16, »Mustervorlagen«, kennengelernt, und Sie wissen, wie Sie ein einzelnes Dokument logisch gliedern und lebende Kolumnentitel erstellen.

Hier benötigen wir diese Optionen wieder, um die einzelnen Kapitel miteinander zu verbinden, damit InDesign die Seitennummern des gesamten Buchs korrekt ermitteln und verwalten kann.

Der Ausgangspunkt ist das erste Kapitel (= erstes Dokument), an das alle anderen Dokumente in einer Kette angehängt werden. Wählen Sie also das zweite Dokument von oben im Buch-Bedienfeld aus und NUMMERIERUNGSOPTIONEN FÜR DOKUMENT aus dem Bedienfeldmenü, oder doppelklicken Sie auf die Seitennummern. InDesign öffnet das entsprechende Dokument und ruft die NUMMERIERUNGSOPTIONEN FÜR DOKUMENT für Sie auf. Diese Funktion ist identisch mit den NUMMERIERUNGS- UND ABSCHNITTSOPTIONEN; sie ist lediglich anders bezeichnet. Schalten Sie hier die Option AUTOMATISCHE SEITENNUMMERIERUNG ein. Damit übergeben Sie die Kontrolle über die Paginierung an InDesign. Lassen Sie

▲ **Abbildung 27.2**
Das Bedienfeldmenü des Buch-Bedienfelds für einzelne Dokumente (oben) und das gesamte Buch (unten)

Dokumente öffnen

Ein Doppelklick auf den Namen eines Dokuments öffnet das Dokument. Ein Doppelklick auf die Seitenziffern im Buch-Bedienfeld öffnet das Dokument und ruft die NUMMERIERUNGSOPTIONEN FÜR DOKUMENT auf.

alle anderen Einstellungen bestehen, und sichern Sie das Dokument. Da InDesign das Dokument geöffnet lässt – Sie sehen das auch im Buch-Bedienfeld am Symbol –, müssen Sie es selbst schließen. Wiederholen Sie diese Einstellungen für alle Dokumente des Buchs, mit Ausnahme des Startdokuments.

Abbildung 27.3 ▶
ABSCHNITTSANFANG kann für ein Dokument eines Buchs nicht deaktiviert werden. Eine sinnvolle Anwendung für KAPITELNUMMERIERUNG IM DOKUMENT gibt es nur im Buch-Umfeld, weil es innerhalb eines einzelnen Dokuments nur eine Kapitelnummer geben kann.

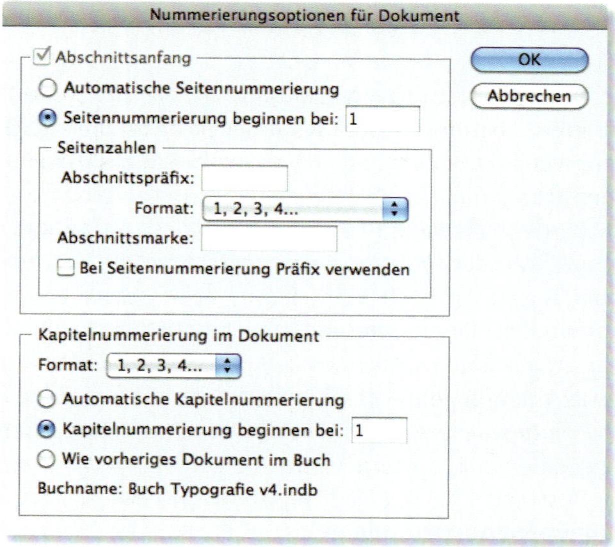

Kapitelnummerierung im Dokument | Für die einzelnen Dokumente können Sie seit InDesign CS3 auch die KAPITELNUMMERIERUNG IM DOKUMENT festlegen. Für ein Dokument, das nicht einem Buch zugeordnet ist, sind diese Einstellungen nur beschränkt hilfreich, da Sie nur eine Kapitelnummer pro Dokument vergeben können. Die beiden anderen Optionen werden erst im Umfeld eines Buchs aktiv.

Jedem InDesign-Dokument kann genau eine Kapitelnummer zugeteilt werden. Diese Nummer kann über einen Platzhalter (seit InDesign CS3 wird hier von Textvariablen gesprochen, die Sie in Abschnitt 26.2, »Textvariablen«, auf Seite 646 bereits kennengelernt haben) in Ihr Dokument eingeblendet werden. Setzen Sie dazu die Textvariable KAPITELNUMMER über das Menü SCHRIFT • TEXTVARIABLEN • VARIABLE EINFÜGEN in Ihr Dokument ein. Der Platzhalter zeigt dann den Wert, der unter KAPITELNUMMERIERUNG BEGINNEN BEI eingetragen wurde, im jeweils eingestellten FORMAT.

Bei einem einzigen Dokument, das niemals über die Buch-Funktionen mit anderen Dokumenten in Berührung kommt, beschränkt sich der Nutzen darauf, dass Sie nun den Wert des Platzhalters zentral ändern können. Da es aber dennoch nur *einen* Platzhalter gibt, sind die Anwendungsmöglichkeiten beschränkt.

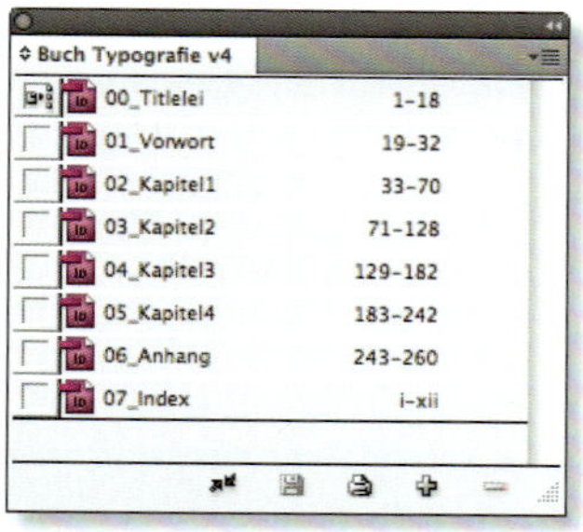

▲ **Abbildung 27.4**
Die einzelnen Kapitel des Buches sind nun miteinander verbunden, und ihre Seiten sind fortlaufend nummeriert. Eine Ausnahme ist hier der Index, der wieder mit 1 beginnt und dessen Pagina mit kleinen römischen Ziffern dargestellt wird.

Völlig anders verhält es sich bei Dokumenten, die einem Buch zugeordnet sind. Wenn Sie die Kapitelüberschriften in Ihren Dokumenten nummerieren (wie in diesem Buch), können Sie anstelle einer fixen Nummer die Textvariable KAPITELNUMMER verwenden und in den NUMMERIERUNGSOPTIONEN FÜR DOKUMENT auf die Option AUTOMATISCHE KAPITELNUMMERIERUNG umschalten. Wenn Sie nun für Ihr erstes Kapitel die Kapitelnummer 1 festlegen, werden in den folgenden Dokumenten die Kapitelnummern pro Dokument jeweils um 1 erhöht, und Sie müssen sich keine Gedanken über die korrekte Nummerierung machen, auch dann nicht, wenn einzelne Kapitel innerhalb des Buchs verschoben werden.

Natürlich muss nicht jedes Dokument ein eigenständiges Kapitel darstellen. Wenn zwei oder mehr Dokumente in Folge die gleiche Kapitelnummer verwenden sollen, stellen Sie in diesen Dokumenten auf die Option WIE VORHERIGES DOKUMENT IM BUCH um.

Damit die Änderungen in den Kapitelnummern auch in die restlichen Dokumente Ihres Buchs übernommen werden, müssen Sie aus dem Bedienfeldmenü des Buch-Bedienfelds NUMMERIERUNG AKTUALISIEREN • KAPITEL- UND ABSATZNUMMERIERUNG AKTUALISIEREN aufrufen. InDesign weist Sie nach Änderungen an der Kapitelnummer auf diesen Umstand mit einer eigenen Warnmeldung hin, die aber unterdrückt werden kann.

27.1.3 Seitennummerierungsoptionen für Buch

Bücher sind die typischen Vertreter doppelseitiger Dokumente, da sich immer zwei Dokumentseiten gegenüberstehen. Sollte eines der Dokumente allerdings im Buchdokument eine ungerade Seitenanzahl haben, würde dadurch die Abfolge von linken und rechten Seiten durcheinanderkommen. Deshalb sollten Sie im nächsten Schritt festlegen, wie in diesem Fall zu verfahren ist. Wählen Sie SEITENNUMMERIERUNGSOPTIONEN FÜR BUCH aus dem Bedienfeldmenü des Buch-Bedienfelds.

Keine Textvariablen verfügbar?

Beim Konvertieren älterer Dokumente – in denen es Variablen noch nicht gab – wird dieser Standard-Variablensatz nicht ergänzt. Sie müssen die Variablen entweder selbst anlegen oder aus einem neuen Dokument laden.

Wie Sie das machen können, haben wir Ihnen in Abschnitt 26.2, »Textvariablen«, bereits gezeigt.

Anzeige aktualisieren

KAPITEL- UND ABSATZNUMMERIERUNG AKTUALISIEREN stellt zwar die richtigen Zustände innerhalb der Dokumente her, aktualisiert jedoch nicht die Anzeige im Dokumentfenster. Sollten sich Änderungen nicht bemerkbar machen, zwingen Sie InDesign dazu, die Bildschirmdarstellung zu aktualisieren, indem Sie die Tastenkombination ⇧+F5 drücken, auf die Vorschau umschalten oder die Darstellungsgröße des Dokuments verändern.

◄ **Abbildung 27.5**
SEITENNUMMERIERUNGSOPTIONEN FÜR BUCH

Hier gibt es lediglich einen Abschnitt OPTIONEN, in dem Sie festlegen, wie Seitenlücken ausgeglichen werden sollen.

- Seitenabfolge: Von vorherigem Dokument fortfahren bedeutet, dass die Seitennummern unabhängig davon, ob es sich um linke oder rechte Seiten handelt, einfach fortlaufend vergeben werden. So kann es also dazu kommen, dass eine rechte Seite eine gerade Seitennummer bekommt, was natürlich falsch wäre und auch zu Umbrüchen in Ihrem Layout führen würde. Auf nächster ungerader Seite fortfahren würde dafür sorgen, dass ein Kapitel (= Dokument) in jedem Fall auf einer ungeraden Seite beginnt. Auf nächster gerader Seite fortfahren entspricht genau dem Gegenteil. Wo ein Kapitel beginnen soll, ist letztlich eine Frage der Konventionen, deshalb hat diese Option durchaus ihre Berechtigung.
- Leere Seite einfügen: Da bei den letzten beiden Optionen Lücken in der Seitennummerierung entstehen, können Sie hiermit festlegen, ob diese Lücken mit Leerseiten geschlossen werden sollen. Da sich das Problem also nur mit den beiden Optionen Auf nächster ungerader Seite fortfahren und Auf nächster gerader Seite fortfahren stellt, können Sie Leere Seite einfügen auch nur anklicken, wenn Sie eine dieser beiden Optionen ausgewählt haben.
- Seitenzahlen und Abschnittsnummerierung automatisch aktualisieren: Diese Option ist standardmäßig eingeschaltet. Änderungen an den Buchdokumenten werden somit auch unmittelbar in das Buch übernommen. InDesign nummeriert die Seiten also neu, sobald sich die Seitenzahl in einem der Dokumente ändert. Bei umfangreichen Büchern kann das zu unfreiwilligen Pausen führen. Deshalb können Sie InDesign die Kontrolle über die Seitennummern entziehen, indem Sie diese Option abschalten. Eine Neunummerierung müssen Sie dann allerdings über Nummerierung aktualisieren • Seitenzahlen und Abschnittsnummerierung aktualisieren aus dem Bedienfeldmenü selbst veranlassen.

> **Pagina formatieren**
>
> Mit den Seitennummerierungsoptionen für Buch legen Sie die logische Abfolge der Seiten fest. Die Darstellung der Pagina wird allein über die Nummerierungs- und Abschnittsoptionen bzw. die Nummerierungsoptionen für Dokument festgelegt.

Das Buchdokument verwaltet lediglich Verweise auf die Originaldokumente. Wenn also ein Dokument abhandenkommt oder umbenannt wurde, wird im Buch-Bedienfeld der Seitenbereich des fehlenden Dokuments mit einem Fragezeichen ❓ gekennzeichnet, da die Seitenziffern natürlich nicht berechnet werden können.

Befinden sich die Dokumente des Buchs auf einem Server und hat ein anderer Benutzer ein Dokument geöffnet, kann keine Funktion ausgeführt werden, die das gesamte Buch betrifft. Grundsätzlich verfügbare, aber bereits geöffnete Dokumente werden mit einem kleinen Vorhängeschloss 🔒 gekennzeichnet. Ähn-

> **Dokumente in Verwendung**
>
> Ob InDesign tatsächlich bereits im Buch-Bedienfeld erkennt, ob ein Dokument bereits von jemand anderem geöffnet wurde, hängt von Ihrem Fileserver ab. Es kann somit vorkommen, dass ein Dokument zwar nicht als gesperrt angezeigt wird, InDesign sich aber trotzdem mit einer Fehlermeldung weigert, das Dokument zu öffnen.

lich wie Bilder in normalen Satzdokumenten können Dokumente eines Buchs auch außerhalb des Buchs verändert werden. In diesem Fall werden sie mit einem Warndreieck ⚠ markiert. Sobald Sie das betreffende Dokument über das Buch-Bedienfeld öffnen und dann wieder speichern, wird der aktuelle Zustand wiederhergestellt.

27.1.4 Buch synchronisieren

Damit alle Dokumente des Buchs identische Formate, Farbdefinitionen, Objektformate usw. verwenden, können Sie einzelne oder alle Dokumente abgleichen und so einen gemeinsamen Zustand herstellen.

Für diesen Abgleich werden Formate und Farben von einem Vorlagendokument auf die anderen Dokumente, die synchronisiert werden sollen, übertragen. Welches Buchdokument als Formatquelle dienen soll, definieren Sie, indem Sie in das entsprechende Formatquelle-Feld klicken. Vor dem Dokumentnamen erscheint dann das Symbol . Mit einem Klick auf FORMATE UND FARBFELDER MIT FORMATQUELLE SYNCHRONISIEREN oder durch den Befehl AUSGEWÄHLTE DOKUMENTE SYNCHRONISIEREN bzw. BUCH SYNCHRONISIEREN aus dem Bedienfeldmenü des Buch-Bedienfelds starten Sie den Abgleich.

InDesign geht dabei folgendermaßen vor: Definitionen, die in den zu synchronisierenden Dokumenten mit denselben Namen wie in der Formatquelle existieren, werden mit den Definitionen der Formatquelle überschrieben. Definitionen, die in den Zieldokumenten nicht existieren, werden aus der Formatquelle in das Dokument kopiert. Definitionen, die im Zieldokument existieren, in der Formatquelle jedoch nicht, werden nicht angetastet.

Dieser Mechanismus birgt natürlich einige Gefahren und kann das Layout eines Dokuments drastisch verändern. Deshalb sollten Sie einen Plan entwickeln, bevor Sie mit einem umfangreichen Projekt beginnen. Falls Erstellung und Bearbeitung der einzelnen Dokumente nicht Ihrer Kontrolle unterliegen, sollten Sie die Dokumente am besten nicht synchronisieren.

Wenn Sie im Zweifelsfall einen Test machen wollen, müssen Sie Folgendes beachten: Zum Synchronisieren müssen die einzelnen Dokumente nicht geöffnet sein. InDesign öffnet, ändert, speichert und schließt die Dokumente selbstständig. Das bedeutet, dass Sie die durchgeführten Änderungen nicht rückgängig machen können! Wenn Sie jedoch alle Dokumente, die Sie synchronisieren wollen, vor der Synchronisation selbst öffnen, macht InDesign zwar die Änderungen, sichert und schließt die Dokumente jedoch nicht – Sie können dann noch eine Notbremse ziehen, indem Sie

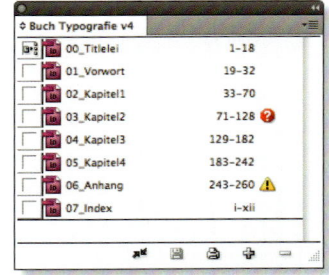

▲ **Abbildung 27.6**
Ein Buchdokument fehlt (»03_Kapitel2«) – eine automatische Seitennummerierung kann somit nicht mehr durchgeführt werden. Kapitel »06_Anhang« wurde außerhalb des Buchdokuments verändert und muss aktualisiert werden.

Verwenden Sie ein Masterdokument

Bei einem Buchprojekt sollten Sie zunächst ein »Masterdokument« anlegen. Der Teil des Buchs, der später das Inhaltsverzeichnis tragen soll, ist dafür ein idealer Kandidat. Alle anderen Buchdokumente sollten Sie von diesem Masterdokument ableiten. Damit ist bereits zum Start des Projekts sichergestellt, dass einheitliche Formate und Farbfelder verwendet werden. Legen Sie anschließend ein Buch an, und definieren Sie das Masterdokument als Formatquelle. Sollten Formatänderungen notwendig werden, ändern Sie nur das Masterdokument innerhalb des Buchs, und synchronisieren Sie alle anderen Dokumente. Die Überarbeitung der einzelnen Dokumente, die aufgrund der Änderungen voraussichtlich notwendig ist, fällt auf diese Weise relativ dosiert aus.

die Änderungen über BEARBEITEN • RÜCKGÄNGIG zurücknehmen oder die Dokumente schließen, ohne sie zu speichern.

Prinzipiell werden nur Dokumente synchronisiert, die im Buch-Bedienfeld ausgewählt sind. So können Sie im Testfall den potenziellen Schaden ebenfalls begrenzen. Sind keine Dokumente ausgewählt, werden alle Dokumente synchronisiert. Um die Auswahl für ein bestimmtes Dokument aufzuheben, halten Sie die ⌃Strg- bzw. ⌘-Taste gedrückt, während Sie das Dokument anklicken.

Wenn Sie bestimmte Stile, Formate oder Farbfelder von vornherein aus der Synchronisation ausklammern möchten, wählen Sie vor der Synchronisation SYNCHRONISIERUNGSOPTIONEN aus dem Bedienfeldmenü des Buch-Bedienfelds.

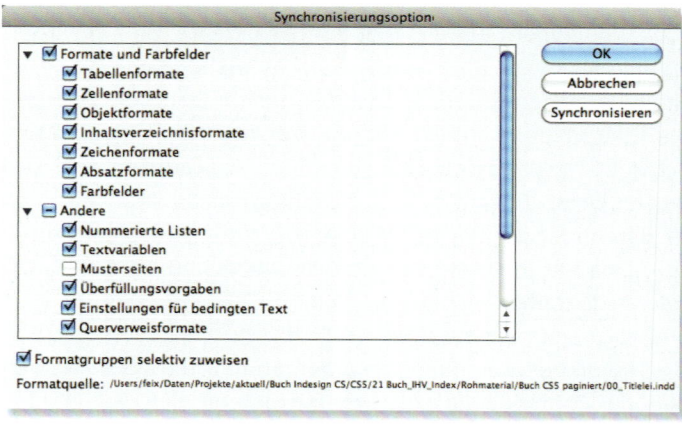

Abbildung 27.7 ▶
SYNCHRONISIERUNGSOPTIONEN: Um ungewollte Änderungen in Ihren Dokumenten zu vermeiden, sollten Sie hier wirklich nur Optionen wählen, deren Auswirkung Sie auch abschätzen können.

Wählen Sie aus, welche Formate bei der Synchronisation in die Zieldokumente übertragen werden sollen, und klicken Sie auf OK. Stile, Formate und Farbfelder, die nicht explizit ausgewählt sind, werden nun nicht mehr synchronisiert.

Der Synchronisationsprozess kann einige Zeit in Anspruch nehmen und wird lediglich mit einer kleinen Information abgeschlossen. Sie erfahren also nicht im Detail, welche Änderungen an den Dokumenten vorgenommen wurden.

Synchronisieren von Mustervorlagen

Adobe selbst warnt vor dem Synchronisieren von Mustervorlagen, da Objekte, die vor der Mustervorlage abgetrennt und deren Attribute übergangen wurden, bei einer Synchronisation Eigenschaften annehmen, die nicht ohne Weiteres vorhersehbar sind. Besonders kritisch erscheinen hierarchische Mustervorlagen, bei denen solche Objekte erstellt wurden.

27.1.5 Listen in Büchern

Seitennummern und Kapitelnummern werden von InDesign im Rahmen der Buch-Funktion einwandfrei verwaltet, und innerhalb eines Dokuments funktioniert die Nummerierung per Liste anstandslos. Um die Nummerierung über mehrere Dokumente hinweg sicherzustellen, müssen folgende Voraussetzungen erfüllt sein:

1. In allen beteiligten Dokumenten müssen identische Listen existieren (gleicher Name, gleiche Einstellungen).

2. Für diese Liste(n) müssen die Optionen Nummerierung über Textabschnitte hinweg fortführen und Nummerierung von vorherigem Dokument im Buch fortführen aktiviert sein.
3. Um die Neunummerierung zu veranlassen, müssen Sie Nummerierung aktualisieren • Kapitel und Absatznummerierung aktualisieren aus dem Bedienfeldmenü des Buch-Bedienfelds aufrufen.

Sie können nummerierte Listen zwar zwischen Buchdokumenten synchronisieren, wenn Sie jedoch nicht auf diese Vorsichtsmaßnahmen Rücksicht nehmen, können die Ergebnisse unerwartet ausfallen und sind dann auch schwer zu korrigieren.

27.1.6 Querverweise im Buch

Wie Sie wissen, können Querverweise auch auf Absätze und Textanker in anderen InDesign-Dokumenten zeigen (siehe Abschnitt 26.3, »Querverweise«). Da solche Dokumente ja offensichtlich in Beziehung zueinander stehen, ist es wahrscheinlich, dass sie auch zu einem Buch zusammengefasst werden.

Beim Anlegen des Buchs und später bei jedem Seitenumbruch wird sich das Ziel der Querverweise bzw. deren Position im Dokument/Buch verändern, und die betroffenen Querverweise müssen aktualisiert werden. Da Querverweise in einem Buch aber durchaus »kreuz und quer« angelegt sein können, kann eine Änderung des einen Querverweises eine Änderung eines anderen Querverweises nach sich ziehen und damit die gesamte Aktualisierung sehr mühsam werden lassen.

Für diesen Fall hat Adobe vorgesorgt und bietet Ihnen die Möglichkeit, alle Querverweise im gesamten Buch in einem Arbeitsgang zu aktualisieren – wählen Sie Alle Querverweise aktualisieren aus dem Bedienfeldmenü des Buch-Bedienfelds. Die Aktualisierung startet und kann ein Weilchen laufen. Am Ende bekommen Sie eine Information über den Erfolg:

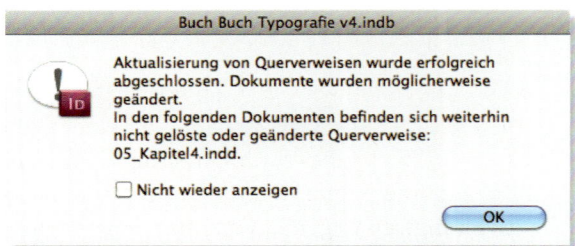

◂ **Abbildung 27.8**
Der Bericht nach dem Aktualisieren aller Querverweise in einem Buch – in einem Dokument befindet sich noch ein ungelöster Querverweis.

Beachten Sie besonders die zweite Hälfte der Meldung. Hier erhalten Sie wichtige Hinweise auf eventuell noch ungelöste

Querverweise. Wir empfehlen hier auch den Profis, die Option NICHT WIEDER ANZEIGEN nicht zu aktivieren.

27.1.7 Das Buch ausgeben

Ein vollständig eingerichtetes Buch auszugeben, ist nun keine Kunst mehr. Insgesamt haben Sie vier Möglichkeiten für die Ausgabe des Buches, die Sie alle im Bedienfeldmenü des Buch-Bedienfelds auswählen können. Zuerst sollten Sie jedoch das gesamte Buch auf Vollständigkeit und Produzierbarkeit überprüfen.

Buch oder Dokumente
Haben Sie im Buch-Bedienfeld einzelne Dokumente ausgewählt, beziehen sich alle vier Ausgabemethoden natürlich nur auf diese Dokumente.

Preflight für Buch | Bereits mit InDesign CS4 haben sich im Bereich des Preflights dramatische Änderungen ergeben, die sich auch auf die Buchverwaltung auswirken – um diese Änderungen und das gesamte Konzept kennenzulernen, schlagen Sie bitte in Kapitel 37, »Preflight«, auf Seite 783 nach.

Rufen Sie PREFLIGHT FÜR BUCH aus dem Bedienfeldmenü des Buch-Bedienfelds auf. Dieser Befehl heißt immer so – auch wenn Sie einzelne Dokumente im Buch-Bedienfeld ausgewählt haben. Eine Entscheidung, ob Sie das Preflight nur für diese Dokumente durchführen wollen, können Sie erst im Fenster OPTIONEN FÜR BUCH-PREFLIGHT treffen:

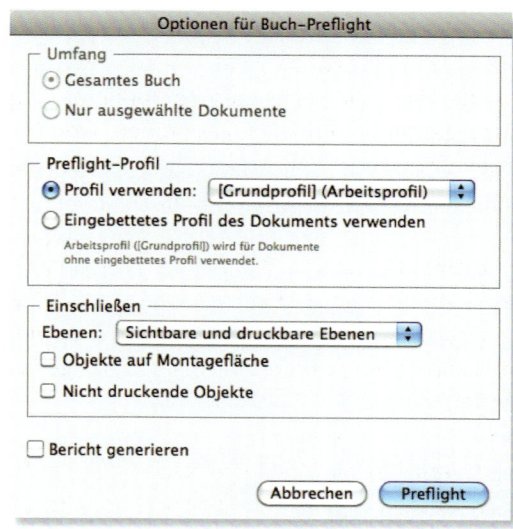

Abbildung 27.9 ▶
Als die Funktion PREFLIGHT FÜR BUCH aufgerufen wurde, war kein Buchdokument ausgewählt, deshalb ist der UMFANG des Preflights auf GESAMTES BUCH gesetzt und kann auch nicht verändert werden. Wenn Sie zumindest ein Dokument ausgewählt haben, können Sie entscheiden, ob NUR AUSGEWÄHLTE DOKUMENTE oder GESAMTES BUCH geprüft werden sollen.

▶ PREFLIGHT-PROFIL: Der Preflight-Mechanismus basiert auf Profilen, die auch im Dokument eingebettet sein können. Wählen Sie aus, ob Sie ein bestimmtes Profil für alle Dokumente verwenden wollen oder ob jedes Dokument mit seinem eingebetteten Profil geprüft werden soll.

- EINSCHLIESSEN: Wählen Sie hier, wie mit Objekten verfahren werden soll, die unter Umständen im Ergebnis nicht sichtbar sein werden. Unter EBENEN können Sie bestimmen, ob SICHTBARE UND DRUCKBARE EBENEN, nur SICHTBARE EBENEN oder ALLE EBENEN beim Preflight berücksichtigt werden sollen. Entscheiden Sie außerdem, ob Sie auch OBJEKTE AUF MONTAGEFLÄCHE und NICHT DRUCKENDE OBJEKTE prüfen lassen wollen, da ja beide nicht im Ergebnis erscheinen werden.
- BERICHT GENERIEREN: Wir empfehlen, auf jeden Fall einen Bericht erstellen zu lassen. Dieser kann als Text- oder PDF-Datei erzeugt werden und sehr detailliert ausfallen.

Sobald Sie ein PREFLIGHT FÜR BUCH durchgeführt haben, wird das automatische Preflighting für alle beteiligten Dokumente aktiviert, und Sie werden im Buch-Bedienfeld über den aktuellen Status der einzelnen Dokumente durch grüne (keine Fehler gefunden) oder rote (Fehler gefunden) Punkte informiert.

Wie Sie mit roten Punkten umgehen und Fehler korrigieren, erfahren Sie in Kapitel 37, »Preflight«. Sobald alle Fehler behoben sind, können Sie mit der Ausgabe des Buchs fortfahren.

Buch verpacken | Sie können zunächst das gesamte Buch oder einzelne Dokumente für den Druck verpacken. Dabei werden alle Satzdokumente mit allen benötigten externen Daten und Schriften und das Buchdokument selbst in einen neuen Ordner kopiert. Die Funktion stellt sicher, dass alle benötigten Komponenten für eine Weitergabe des gesamten Projekts gesammelt werden. Details zum Verpacken und wie Sie mit Fehlern beim Verpacken umgehen, erfahren Sie in Kapitel 40, »Verpacken«.

Buch als EPUB exportieren | Mit BUCH ALS EPUB EXPORTIEREN entsteht eine Datei, die mit dem Programm Adobe Digital Editions gelesen werden kann. Eine derartige Datei besteht intern aus XHTML-Dateien und kann somit für unterschiedliche Anzeigesysteme angepasst werden.

Buch in PDF exportieren | Selbstverständlich können Sie das gesamte Buch auch in PDF exportieren. Die gewünschte Vorlage können Sie erst im Fenster ADOBE PDF EXPORTIEREN auswählen. Details zum Erstellen von PDF-Dateien erfahren Sie in Kapitel 42, »PDF-Export für die Druckvorstufe«. Allerdings gibt es im Umfeld eines Buches eine Besonderheit für den PDF-Export, die Sie nur hier finden: die Option EBENEN MIT DEMSELBEN NAMEN BEIM EXPORTIEREN ZUSAMMENFÜHREN, die Sie im Bedienfeldmenü des

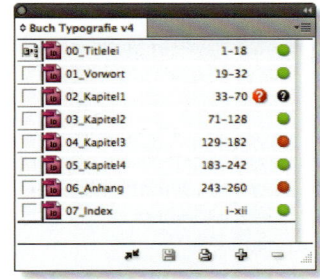

▲ **Abbildung 27.10**
Nach einem PREFLIGHT FÜR BUCH wurden zwei Dokumente mit einem roten Punkt gekennzeichnet. Diese Dokumente können eine fehlerfreie Ausgabe des Buch gefährden oder gar unmöglich machen. Ist der Status des Dokuments nicht bekannt – z. B. weil es fehlt –, wird ein schwarzer Punkt mit einem Fragezeichen eingeblendet.

».epub«-Dateien öffnen

Die Dateien, die von BUCH FÜR DIGITAL EDITIONS EXPORTIEREN erzeugt werden, sind tatsächlich ZIP-Dateien. Ändern Sie Endung ».epub« in ».zip«, entpacken Sie die Datei, und Sie werden einen Ordner erhalten, der Ihr Buch in einer XHTML- bzw. XML-Version und alle Bilder (nicht jedoch die Schriften) enthält.

> **Ebenen erst ab PDF 1.5**
>
> Ebenen können nur dann in eine PDF-Datei übernommen werden, wenn diese zumindest der PDF-Version 1.5 (Acrobat 6) entspricht und Sie im Fenster ADOBE PDF EXPORTIEREN unter ALLGEMEIN die Option EBENEN EXPORTIEREN aktivieren.

Buch-Bedienfelds ein- und ausschalten können. Wenn einzelne Dokumente Ihres Buchs Ebenen verwenden, können diese in eine PDF-Datei übertragen werden. In einer PDF-Datei landen grundsätzlich alle Ebenen aller InDesign-Dokumente, wodurch viele gleichnamige Ebenen entstehen können. Wenn Sie die Option EBENEN MIT DEMSELBEN NAMEN BEIM EXPORTIEREN ZUSAMMENFÜHREN aktivieren, werden gleichnamige Ebenen auf eine Ebene zusammengelegt, was zumeist der gewollten Struktur entspricht.

Buch drucken | Zu guter Letzt muss das Buch natürlich gedruckt werden können. Wählen Sie BUCH DRUCKEN aus dem Bedienfeldmenü. Sie landen im DRUCKEN-Fenster, in dem Sie sehr genau einstellen können, wie Ihr Buch gedruckt werden soll – Details zum Drucken erfahren Sie im gleichnamigen Kapitel 41.

27.1.8 Automatische Dokumentkonvertierung

Wenn Sie komplette Buchprojekte von einer früheren InDesign-Version übernehmen, gibt es zwei Ansätze: Entweder öffnen Sie alle Dokumente, wandeln sie in das InDesign CS5-Format um und fassen sie in einem neuen Buchdokument zusammen, oder Sie öffnen das alte Buchdokument mit InDesign CS5 und lassen die Konvertierung von InDesign vornehmen.

> **Besser manuell umwandeln**
>
> Im Sinne der Kontrollierbarkeit empfehlen wir Ihnen, die Datenübernahme aus älteren InDesign-Versionen selbst vorzunehmen, sofern der Umfang des Projekts es zulässt. Sollten bei der automatischen Umwandlung kleine Probleme auftreten unterscheidet sich der Aufwand aber ohnehin nur mehr unmerklich.

Das klingt allerdings komfortabler, als es ist. Aktivieren Sie zunächst die Option AUTOMATISCHE DOKUMENTKONVERTIERUNG im Bedienfeldmenü des Buch-Bedienfelds. Sobald Sie eine der beiden Funktionen BUCH SYNCHRONISIEREN oder SEITENZAHLEN UND ABSCHNITTSNUMMERIERUNG AKTUALISIEREN auswählen, werden die alten Dokumente in das InDesign CS5-Format umgewandelt und unter den alten Namen gespeichert. Die Originaldateien werden dabei überschrieben.

Ist die Option deaktiviert, werden Sie beim Öffnen jeder Datei nach einem neuen Namen für die umgewandelte Datei gefragt, haben somit aber auch die Möglichkeit, die Originaldatei zu überschreiben. Sie müssen das allerdings für jede Datei selbst vornehmen, was der ersten Methode entspricht. Das alte Buchdokument müssen Sie in jedem Fall entweder überschreiben oder unter einem neuen Namen speichern.

AUTOMATISCHE DOKUMENTKONVERTIERUNG bezieht sich nur auf ganze Buchprojekte. Wenn Sie einem InDesign CS5-Buch ein älteres InDesign-Dokument hinzufügen, wird das alte Dokument beim Hinzufügen in jedem Fall geöffnet und umgewandelt.

27.2 Inhaltsverzeichnisse

Eine wirklich umfangreiche Publikation wie z. B. ein Fachbuch kommt ohne Inhaltsverzeichnis nicht aus. Natürlich wäre das manuelle Erstellen eines Inhaltsverzeichnisses nicht nur viel Arbeit, solch ein Inhaltsverzeichnis müsste auch ständig angepasst werden, oder das Dokument müsste wirklich »eingefroren« werden, bevor ein Inhaltsverzeichnis erstellt werden könnte. Im Bleisatz war das auch der Fall. Im digitalen Satz gibt es glücklicherweise entsprechende Hilfsmittel, die das Erstellen und Verwalten von Inhaltsverzeichnissen wesentlich vereinfachen.

27.2.1 Die Voraussetzungen

Damit sich InDesign um das Inhaltsverzeichnis kümmern kann, müssen einige Bedingungen erfüllt sein. In irgendeiner Form muss in Ihrem Dokument ja festgelegt werden, welche Textanteile in das Inhaltsverzeichnis aufzunehmen sind.

Die Lösung ist einfach: Da Titel und Zwischentitel in Ihrer Publikation ohnehin gleich aussehen müssen und ein großes Satzprojekt ohne Formate praktisch nicht abgewickelt werden kann, werden zur Kennzeichnung der Inhaltsverzeichniseinträge Absatzformate verwendet.

Bei einem sauberen Arbeitsstil ist das Kriterium Absatzformat also ohnehin erfüllt, und da die benötigten Absatzformate keine besonderen Merkmale aufweisen müssen, stellt diese Voraussetzung keinerlei Einschränkung dar. Alle Textanteile, die in das Inhaltsverzeichnis aufgenommen werden sollen, müssen mit den entsprechenden Absatzformaten gestaltet sein.

Spätestens zu diesem Zeitpunkt sollten auch die »harten Handformatierer« vom Sinn der Formate überzeugt sein, denn die simple Regel lautet: Keine Absatzformate = kein Inhaltsverzeichnis!

27.2.2 Inhaltsverzeichnis erstellen

Sind diese Voraussetzungen erfüllt, können Sie mit der Funktion INHALTSVERZEICHNIS aus dem Menü LAYOUT Inhaltsverzeichnisse erstellen lassen und auch sehr fein einstellen, wie das Ergebnis aussehen soll.

Das Grundprinzip dabei ist, dass InDesign Ihr Dokument nach jedem Text durchsucht, der mit bestimmten Absatzformaten formatiert wurde, diesen Text in eine Liste schreibt und jeden Eintrag mit der Nummer der Seite versieht, auf der er gefunden wurde.

Am Ende dieser Suche wird die Liste in Ihrem Dokument platziert und kann grundsätzlich als ganz normaler Text bearbeitet werden. Allerdings merkt sich InDesign, welcher Teil des Doku-

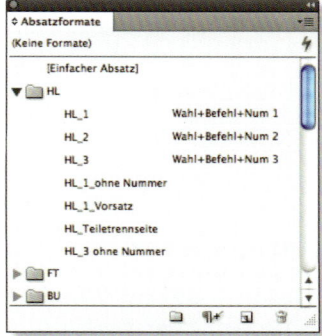

▲ **Abbildung 27.11**
Legen Sie für alle Titel, Zwischentitel, Überschriften usw. Absatzformate an, und benennen Sie sie entsprechend. In der Folge müssen diese Formate dann auch angewendet werden, wenn Sie ein Inhaltsverzeichnis automatisch erstellen wollen.

Einträge übergehen

Manchmal ist es nötig, bestimmte Überschriften nicht in das Inhaltsverzeichnis aufzunehmen. Legen Sie sich in einem solchen Fall ein zweites Absatzformat für die auszulassenden Einträge an. Dieses Format kann auf dem ursprünglichen Format basieren und ansonsten unverändert bleiben. Durch den anderslautenden Namen können Sie es bei der Erstellung des Inhaltsverzeichnisses dann auslassen.

Bitte in einem eigenen Textrahmen!

Das Inhaltsverzeichnis sollte immer in einem eigenen Textrahmen angelegt werden. Sie können es zwar auch vor einem existierenden Text in einen Rahmen einfügen lassen, dann würde der gesamte Inhalt des Rahmens aber verloren gehen, wenn Sie später das Inhaltsverzeichnis aktualisieren lassen!

ments das Inhaltsverzeichnis ist, und kann so Änderungen am Dokument auch in das Inhaltsverzeichnis übernehmen. Änderungen am Inhaltsverzeichnis gehen dann verloren.

Da Sie nun gesehen haben, dass das Grundprinzip recht einfach ist, werden Sie hoffentlich nicht erschrecken, wenn Sie das Fenster der Funktion sehen – die Angelegenheit ist wirklich nicht so unübersichtlich, wie sie aussieht.

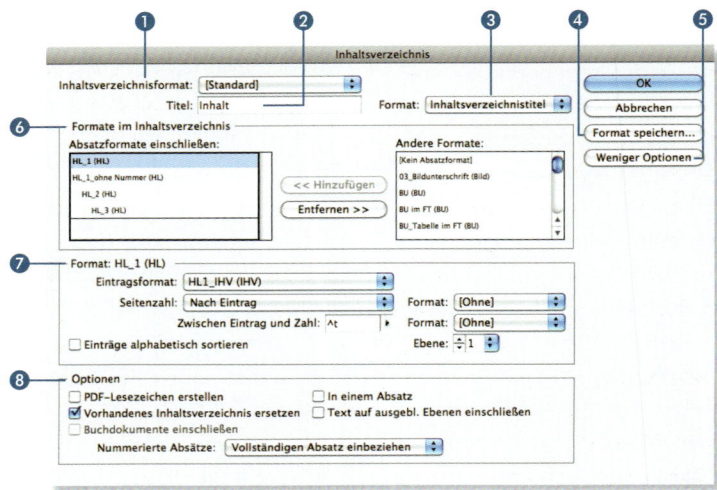

Abbildung 27.12 ▶
Das Fenster der INHALTSVERZEICHNIS-Funktion sieht standardmäßig etwas weniger kompliziert aus. Blenden Sie dann mit einem Klick auf MEHR OPTIONEN alle Funktionen ein.

Neben den drei Bereichen, mit denen Sie die Erstellung, die Formatierung und zusätzliche Optionen des Inhaltsverzeichnisses festlegen und die wir im Folgenden noch im Detail beschreiben werden, gibt es noch folgende Steuerelemente:

▶ INHALTSVERZEICHNISFORMAT ❶ und FORMAT SPEICHERN ❹: Da Sie in diesem Fenster sehr viele Einstellungen vornehmen können, ist es sinnvoll, die fertigen Einstellungen zu speichern. Die aktuellen Einstellungen können Sie über einen Klick auf FORMAT SPEICHERN sichern.

Bestehende Formate können Sie aus dem Menü INHALTSVERZEICHNISFORMAT auswählen, wobei die Einstellung [STANDARD] bewirkt, dass alle Einträge im Inhaltsverzeichnis so aussehen, wie Sie im Dokument formatiert wurden. Diese Einstellung werden Sie im Normalfall sicher verändern.

▶ TITEL ❷: Ein Inhaltsverzeichnis kann eine Überschrift haben, muss es aber nicht. Tragen Sie die gewünschte Überschrift – beispielsweise »Inhalt« – ein, oder lassen Sie das Feld leer.

▶ FORMAT ❸: Wenn Sie einen Titel festgelegt haben, können Sie hier ein Absatzformat auswählen, mit dem diese Überschrift im Endergebnis formatiert werden soll.

- MEHR OPTIONEN/WENIGER OPTIONEN ❺: Über MEHR OPTIONEN bekommen Sie zusätzliche Optionen zur Formatierung des Ergebnisses.

Formate im Inhaltsverzeichnis | Hier ❻ legen Sie fest, mit welchen Absatzformaten ein Text in Ihrem Dokument formatiert sein muss, damit er als Eintrag im Inhaltsverzeichnis landet. Die Liste ANDERE FORMATE zeigt Ihnen alle Absatzformate Ihres Dokuments an. Um eines dieser Formate für einen Inhaltsverzeichniseintrag vorzusehen, markieren Sie es und klicken auf <<HINZUFÜGEN. Alternativ können Sie einen Eintrag auch einfach in die Liste ABSATZFORMATE EINSCHLIESSEN ziehen. In beiden Fällen steht der Formatname nun im Listenfeld ABSATZFORMATE EINSCHLIESSEN, das alle Formate zeigt, die bei der Suche nach Einträgen berücksichtigt werden.

Legen Sie alle Absatzformate, mit denen ein Eintrag des Inhaltsverzeichnisses formatiert sein kann, in die Liste ABSATZFORMATE EINSCHLIESSEN. Dabei werden Sie Folgendes beobachten: Ist bereits ein Formatname ausgewählt, wird der neue Eintrag mit einem kleinen Einzug unter den markierten Eintrag gestellt. InDesign versucht auf diese Weise, die Hierarchie des Inhaltsverzeichnisses darzustellen. Diese Einrückung können Sie auch nachträglich noch ändern. Grundsätzlich ist diese Darstellung sehr sinnvoll und beeinflusst bei bestimmten Einstellungen auch das Endergebnis.

Wenn Sie die Reihenfolge der Einträge ändern wollen, fassen Sie einen Eintrag mit dem Mauszeiger und verschieben ihn an die gewünschte Stelle. Die neue Position wird von einem schwarzen Balken gekennzeichnet. Um einen Eintrag zu löschen, markieren Sie ihn und klicken anschließend auf ENTFERNEN>>.

Format | Damit wäre nun festgelegt, welche Textanteile in das Inhaltsverzeichnis aufgenommen werden sollen. Im nächsten Schritt muss nun definiert werden, wie das Inhaltsverzeichnis aussehen soll ❼. Hierzu markieren Sie einen Formatnamen in der Liste ABSATZFORMATE EINSCHLIESSEN. Der Abschnitt FORMAT ändert seine Bezeichnung in FORMAT: NAME DES ABSATZFORMATS. Sie müssen die folgenden Einstellungen also für jedes einzelne Format des Inhaltsverzeichnisses vornehmen.
- EINTRAGSFORMAT: Hier legen Sie fest, mit welchem Absatzformat der Eintrag im Inhaltsverzeichnis formatiert werden soll. [GLEICHES FORMAT] bedeutet, dass der Eintrag genauso aussehen wird wie in Ihrem Dokument – das ist jedoch zumeist nicht die gewünschte Formatierung.

> **Zuerst alle Optionen einblenden**
>
> Beim Erstellen Ihrer ersten Einstellungen für Ihr Inhaltsverzeichnis sollten Sie immer alle Optionen einblenden. Haben Sie die richtigen Einstellungen gefunden und als Format gespeichert, brauchen Sie diese zusätzlichen Optionen natürlich nicht mehr einzublenden.

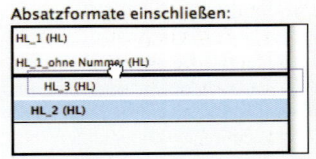

▲ **Abbildung 27.13**
Die Hierarchie der Überschriften wird von InDesign mit Einzügen dargestellt. Um die Reihenfolge der Formate zu verändern, können einzelne Einträge einfach verschoben werden. Die Reihenfolge hat jedoch keine Auswirkungen auf das Ergebnis.

> **Neues Absatzformat**
>
> Wenn Sie noch kein Absatzformat für das EINTRAGSFORMAT definiert haben, können Sie den letzten Menüpunkt NEUES ABSATZFORMAT aufrufen und das auch noch hier erledigen, ohne die Erstellung des Inhaltsverzeichnisses abbrechen zu müssen.

> **Zahlenformat der Seitenzahl**
>
> Sie können lediglich die Textformatierung der Seitenzahl beeinflussen. Das Zahlenformat – also z. B. eine Darstellung als römische Ziffern – wird in den Nummerierungs- und Abschnittsoptionen im Menü Layout festgelegt.
> InDesign übernimmt zur Darstellung der Seitenzahl im Inhaltsverzeichnis diese Optionen.

> **Füllzeichen**
>
> Wenn Sie im Inhaltsverzeichnis das Auffinden der Seitennummern erleichtern wollen, können Sie das z. B. tun, indem Sie eine gepunktete Linie verwenden, um das Auge des Lesers zu führen. Nun kommen Sie nicht umhin, einen Tabulator zu setzen, für den Tabulatur lässt sich dann nämlich ein Füllzeichen verwenden.

▶ Seitenzahl: Die Seitenzahl wird von InDesign automatisch erstellt. Sie müssen nur festlegen, wo die Seitenzahl stehen soll, wobei Sie drei Möglichkeiten haben: Nach Eintrag bedeutet, dass die Seitenziffer rechts vom Eintrag stehen wird; Vor Eintrag stellt die Seitenziffer vor den Eintrag, was allerdings in Inhaltsverzeichnissen von Büchern und Magazinen eher unüblich ist. Sie können die Inhaltsverzeichnis-Funktion allerdings für jede Art von Liste verwenden. So erklärt sich auch die Option Keine Seitenzahl – sie ist dann sinnvoll, wenn Sie lediglich eine Liste mit bestimmten Einträgen erstellen wollen, dazu die Seitennummer aber nicht benötigen.
Aus dem Menü Format können Sie ein Zeichenformat auswählen, mit dem die Seitenzahl formatiert werden soll.

▶ Zwischen Eintrag und Zahl: Die Seitenzahl wird im Normalfall nicht unmittelbar an den Eintrag anschließen. Wie die beiden Elemente getrennt werden sollen, können Sie über dieses Menü festlegen, wobei Sie aus dem Großteil der InDesign-Sonderzeichen auswählen oder selbst ein Trennzeichen bzw. eine Zeichenkette eingeben können.
Eine Serie von Sonderzeichen geben Sie ein, indem Sie mehrere Zeichen aus dem Menü auswählen, ohne eine Auswahl im Eingabefeld gemacht zu haben – die ausgewählten Zeichen werden dann einfach an die schon existierenden Zeichen angehängt. Sonderzeichen werden in ihrer kodierten Form angezeigt, das wohl gebräuchlichste Zeichen – der Tabulator – sieht dann so aus: ^t. Auch hier gibt es wieder ein eigenes Format-Menü, mit dem Sie ein Zeichenformat für das/die Trennzeichen auswählen können.

▶ Einträge alphabetisch sortieren: Auch diese Option ist in einem Inhaltsverzeichnis wenig sinnvoll, wenn Sie allerdings z. B. ein Namensverzeichnis erstellen wollen, ist sie praktisch.

▶ Ebene: Die Abbildung der Hierarchie in der Liste Absatzformate einschliessen haben Sie bereits kennengelernt. Mit der Option Ebene können Sie die Hierarchieebene der Formate verändern. Wenn Sie die Option Einträge alphabetisch sortieren ausgewählt haben, werden alle Einträge der gleichen Hierarchiestufe alphabetisch sortiert – so entsteht also für jede Hierarchiestufe ein eigener sortierter Block.

Optionen | Im letzten Abschnitt, Optionen ❽, können Sie noch einige Feineinstellungen vornehmen, die den Erstellungsprozess beeinflussen.

▶ PDF-Lesezeichen erstellen: Wenn Sie diese Option aktivieren, werden im Inhaltsverzeichnis Informationen versteckt, die bei einem Export der Datei als PDF dazu führen, dass ein funktionsfähiges Inhaltsverzeichnis erzeugt wird. Das bedeutet, dass die Einträge des Inhaltsverzeichnisses auf Mausklicks reagieren und mit einem Klick die entsprechenden Seiten im Dokument angesprungen werden.

- VORHANDENES INHALTSVERZEICHNIS ERSETZEN: Hat InDesign bereits ein Inhaltsverzeichnis für Ihr Dokument erstellt, kann mit dieser Option das bestehende Inhaltsverzeichnis ersetzt werden. Diese Option kann nur ausgewählt werden – und ist dann standardmäßig eingeschaltet –, wenn bereits ein Inhaltsverzeichnis existiert und entweder der Textcursor in diesem Inhaltsverzeichnis steht oder der Textrahmen ausgewählt ist, der das Inhaltsverzeichnis enthält.

- BUCHDOKUMENTE EINSCHLIESSEN: Falls das aktuelle Dokument Teil eines Buchs ist, können Sie hier festlegen, dass alle Dokumente, die zum Buch gehören, bei der Erstellung des Inhaltsverzeichnisses berücksichtigt werden sollen. Sie können grundsätzlich jedes in einem der Dokumente definierte Inhaltsverzeichnisformat benutzen. Platziert wird das Inhaltsverzeichnis allerdings nur in dem Dokument, für das Sie die Funktion aufrufen. Es empfiehlt sich also, das entsprechende Format in dem Dokument anzulegen, in dem das Inhaltsverzeichnis auch enthalten ist. Wenn Sie unseren Tipp zum Masterdokument auf Seite 677 befolgen, ist das automatisch der Fall.

- IN EINEM ABSATZ: Diese Option bewirkt, dass alle Einträge der gleichen Hierarchiestufe mit ihren Seitenzahlen in einem Absatz zusammengefasst werden. Als Trennzeichen für die einzelnen Einträge wird ein Semikolon (;) eingefügt.

- TEXT AUF AUSGEBL. EBENEN EINSCHLIESSEN: Eine Anwendung für diese Option wäre z. B., wenn Sie ein Sponsorenverzeichnis erstellen wollten, im Textteil die Sponsoren aber nicht vorkommen sollen. Bringen Sie die aktuellen Einträge der Sponsoren auf einer ausgeblendeten Ebene unter, und aktivieren Sie dann diese Option. Für so einen Fall werden Sie ein eigenes Format »Sponsorenliste« erstellen.

- NUMMERIERTE ABSÄTZE: Wenn Sie Listen verwenden, um Absätze zu nummerieren, müssen Sie entscheiden, ob diese Nummerierung im Inhaltsverzeichnis verwendet werden soll. Stellen Sie VOLLSTÄNDIGEN ABSATZ EINBEZIEHEN ein, damit die Nummerierung vollständig übernommen wird. Für nummerierte Überschriften wäre das der Standard. ZAHLEN AUSSCHLIESSEN würde nur den Text der Überschriften übernehmen – das ist nur dann sinnvoll, wenn Sie längere Absätze nummeriert haben und aus diesen Absätzen eine Auflistung erstellen wollen. In

Inhaltsverzeichnisse editieren

Sollte das Inhaltsverzeichnis nicht so aussehen, wie Sie es sich vorstellen, und sollten Sie mit den Formatierungseinstellungen nicht weiterkommen, dann überdenken Sie den Aufbau Ihres Dokuments.

Vermeiden Sie es nach Möglichkeit, das automatisch erzeugte Inhaltsverzeichnis zu editieren. Alle manuellen Änderungen gehen verloren, wenn Sie das Inhaltsverzeichnis aktualisieren, und Sie müssen die manuellen Änderungen erneut vornehmen!

[Gleiches Format] verboten!

Wenn Sie nummerierte Absätze im Inhaltsverzeichnis aufnehmen wollen, dürfen Sie keinesfalls [GLEICHES FORMAT] als EINTRAGSFORMAT wählen, da die Einträge dann in jedem Fall nummeriert würden – nur entweder falsch oder doppelt!

einem typischen Inhaltsverzeichnis wäre das relativ unübersichtlich. Genau umgekehrt wirkt Nur Zahlen einbeziehen. Diese Option kann verwendet werden, um Kontrolllisten zu erstellen. In einem Inhaltsverzeichnis oder jeder Art von Liste den eigentlichen Eintrag zu unterdrücken, widerspricht dem Sinn eines Verzeichnisses.

Nun sind alle Einstellungen getroffen – klicken Sie auf OK, und InDesign durchsucht nun das Dokument und stellt die Einträge des Inhaltsverzeichnisses zusammen. Sobald dieser Prozess abgeschlossen ist, verwandelt sich der Mauszeiger in die Markierung zum Einfügen von Text. Platzieren Sie nun das Inhaltsverzeichnis wie jeden anderen Text in Ihrem Dokument.

27.2.3 Inhaltsverzeichnisformate

Die Verwaltung der gespeicherten Formate können Sie unmittelbar im Inhaltsverzeichnis-Fenster vornehmen. Adobe hat InDesign allerdings mit einer eigenen Funktion zur Verwaltung der Formate ausgestattet, die Sie über das Menü Layout • Inhaltsverzeichnisformate erreichen. Hier können Sie neue Formate anlegen, wobei Sie dann wieder im Inhaltsverzeichnis-Fenster landen. Sie können bestehende Formate Bearbeiten und Löschen. Da das Löschen im Inhaltsverzeichnis-Fenster nicht möglich ist, ist das eine der Situationen, in der Sie auf diese Funktion zurückgreifen müssen.

> **Speichern!**
> Wie Sie nun gesehen haben, können und müssen Sie viele Einstellungen verändern, um ein optimales Ergebnis zu erzielen. Speichern Sie deshalb eine einmal funktionierende Einstellung unbedingt ab. Die Formate werden im InDesign-Dokument gespeichert, können aber auch in andere Dokumente übernommen werden.

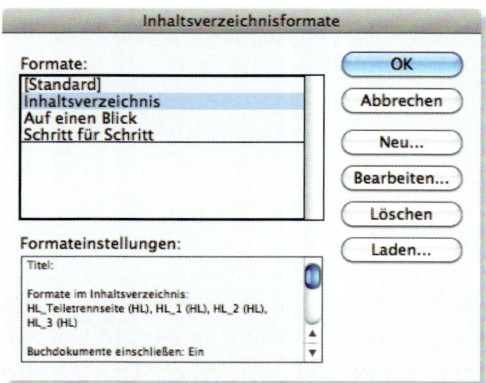

Abbildung 27.14 ▶
Neue Formate definieren und bestehende Formate bearbeiten können Sie auch im normalen Inhaltsverzeichnis-Dialog. Inhaltsverzeichnisformate löschen und aus anderen Dokumenten laden können Sie nur hier.

Eine zweite derartige Situation wäre, wenn Sie aus anderen InDesign-Dokumenten Inhaltsverzeichnisformate Laden wollen. Klicken Sie auf die gleichnamige Schaltfläche, und wählen Sie im dann folgenden Datei öffnen-Fenster ein InDesign-Dokument aus. Sie haben keine weitere Möglichkeit mehr, gezielt ein Format auszuwählen – es werden immer alle Formate importiert. Aber nicht nur das: Da auch die beteiligten Absatzformate geladen werden und diese die Definition der bestehenden Formate überschreiben, kann es nach dem Laden zu deutlichen Umbrüchen kommen, sofern sich die importierten Formate nicht mit den bestehenden decken.

27.2.4 Inhaltsverzeichnis aktualisieren

Als Vorteil des digitalen Satzes haben wir zu Beginn dieses Abschnitts aufgeführt, dass Sie mit der Erstellung und Verwaltung eines Inhaltsverzeichnisses nicht warten müssen, bis ein Dokument seinen endgültigen Zustand erreicht hat. Da sich Dokumente also noch ändern dürfen, müssen diese Änderungen auch ihren Weg in das Inhaltsverzeichnis finden.

Sie können dazu jederzeit die Inhaltsverzeichnis-Funktion erneut aufrufen. Existiert schon ein Inhaltsverzeichnis und steht der Textcursor in diesem Inhaltsverzeichnis oder ist zumindest der Textrahmen ausgewählt, der das Inhaltsverzeichnis enthält, dann ist die Option VORHANDENES INHALTSVERZEICHNIS ERSETZEN bereits für Sie ausgewählt, und Sie können mit einem Klick auf OK das Inhaltsverzeichnis aktualisieren. Eine Abkürzung stellt die Funktion INHALTSVERZEICHNIS AKTUALISIEREN im Menü LAYOUT zur Verfügung. Hier wird ohne Zwischenschritt ein vorhandenes Inhaltsverzeichnis auf den letzten Stand gebracht.

Aber auch hier gilt: Da durchaus mehrere Inhaltsverzeichnisse oder andere Listen, wie z. B. Inserentenverzeichnisse, in einem Dokument vorhanden sein können, müssen Sie den Textrahmen, der das Inhaltsverzeichnis enthält, ausgewählt haben oder den Textcursor in den Text des betreffenden Inhaltsverzeichnisses stellen. Andernfalls ist der Menübefehl INHALTSVERZEICHNIS AKTUALISIEREN nicht auswählbar.

> **Text im Übersatz**
>
> Wenn Sie beim Erstellen oder Aktualisieren eines Inhaltsverzeichnisses von InDesign gefragt werden, ob Sie Einträge im Übersatztext einschließen wollen, bedeutet das, dass derzeit nicht der gesamte Text in Ihrem Dokument sichtbar ist. Oft handelt es sich dabei nur um eine Leerzeile. Sie sollten trotzdem in Ihrem Dokument dafür sorgen, dass kein Übersatz existiert, weil Sie sonst beim Erstellen von Inhaltsverzeichnissen nie sicher sein können, ob es sich hier um einen wirklichen Fehler oder um eine Nichtigkeit handelt.

27.3 Index erstellen

Bei Fach- und Sachbüchern ist nun noch ein Index oder ein Glossar notwendig. InDesign bietet für diese Aufgabe umfangreiche Funktionen, mit denen Sie komplexe Indizes aufbauen können. Problematisch sind hierbei Konzept und Planung, da jeder Index an die jeweilige Publikation angepasst werden muss und es keine allgemeingültigen Rezepte gibt.

27.3.1 Das Index-Bedienfeld

Öffnen Sie das Index-Bedienfeld über den Menübefehl FENSTER • SCHRIFT UND TABELLEN • INDEX bzw. den Tastaturbefehl ⇧+F8.

Das Index-Bedienfeld kennt zwei Arbeitsmodi. Im Modus VERWEIS ❶ werden Sie am häufigsten arbeiten. Hier legen Sie Indexeinträge fest. Für jeden Eintrag müssen Sie bestimmen, in welchem Bereich des Dokuments bzw. Buchs er gültig sein und in welcher Form er im Index erscheinen soll.

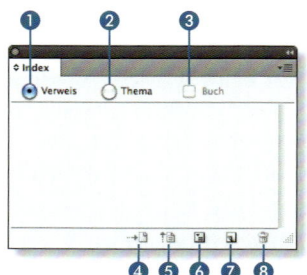

Abbildung 27.15 ▶
Das noch leere Index-Bedienfeld – seinen Inhalt zeigt es erst, wenn mindestens ein Indexeintrag existiert.

Der Modus THEMA ❷ erlaubt es, eine Struktur aufzubauen, in der Sie zunächst festlegen, welche Begriffe indiziert werden sollen und in welcher Hierarchie sie zueinander stehen. Diese Begriffe erscheinen grundsätzlich auch als Verweise, allerdings müssen Sie die Verweise erst näher definieren, damit sie letztlich auch im Index erscheinen. Über Themen können Indexeinträge auch zwischen Dokumenten ausgetauscht werden.

Ist das Dokument, das Sie aktuell bearbeiten, Teil eines Buchs, können Sie die Option BUCH ❸ aktivieren. Die Anzeige im Index-Bedienfeld stellt dann alle Indexeinträge aller Buchdokumente dar.

Geändertes Tastenkürzel

Bis InDesign CS3 wurde das Tastenkürzel Strg+U bzw. ⌘+U für NEUER SEITENVERWEIS verwendet. Ab InDesign CS4 werden damit die intelligenten Hilfslinien ein- und ausgeschaltet.

Abkürzung

Um einen Eintrag ohne Umweg über das Fenster NEUER SEITENVERWEIS mit den Standardeinstellungen anzulegen, benutzen Sie die Tastenkombination Strg+Alt+⇧+0 bzw. ⌘+⌥+⇧+0.

Indexeintrag erstellen | Einen neuen Indexeintrag erstellen Sie, indem Sie im Modus VERWEIS auf NEUEN INDEXEINTRAG ERSTELLEN ❼ klicken oder die Tastenkombination Strg+7 bzw. ⌘+7 drücken. Tatsächlich wird der Eintrag nicht sofort angelegt, sondern lediglich das Fenster NEUER SEITENVERWEIS geöffnet, in dem Sie den Eintrag definieren. Dieses Fenster können Sie auch über NEUER SEITENVERWEIS aus dem Bedienfeldmenü des Index-Bedienfelds aufrufen.

Indexeinträge können über AUSGEWÄHLTEN EINTRAG LÖSCHEN ❽ wieder aus dem Index entfernt werden. Da InDesign keine Mehrfachauswahl zulässt und bei jedem Löschen eines Eintrags fragt, ob Sie den Eintrag wirklich löschen wollen, werden Sie die Taste Alt bzw. ⌥ zu schätzen wissen, mit der Sie Einträge ohne Nachfrage löschen können, wenn Sie sie beim Klick auf AUSGEWÄHLTEN EINTRAG LÖSCHEN gedrückt halten.

Sobald Indexeinträge existieren, können Sie die einzelnen Fundstellen mit GEHE ZU AUSGEWÄHLTER MARKE ❹ in Ihrem Dokument anzeigen lassen. Wenn Sie Textstellen ändern, die den Index beeinflussen, können Sie die Auflistung mit VORSCHAU AKTUALISIEREN ❺ auf den letzten Stand bringen.

Der Index wird mit einem Klick auf INDEX GENERIEREN ❻ erzeugt und kann, nachdem der Prozess abgeschlossen ist, als Text in Ihrem Dokument platziert werden. Die Indexerstellung verhält sich hier genau wie die Inhaltsverzeichniserstellung. Bei einem Buch bedeutet das, dass Sie sinnvollerweise ein eigenes Dokument für den Index anlegen und die Indexgenerierung nur von diesem Dokument aus starten sollten.

Die Indexerstellung kann erhebliche Zeit in Anspruch nehmen, denn bei einem Buch mit vielen Dokumenten und Hunderten von Seiten wird Ihr Computersystem stark gefordert.

Sonderzeichen

Sollte der ausgewählte Text Sonderzeichen enthalten, werden diese im Fenster NEUER SEITENVERWEIS kodiert dargestellt, im Index selbst jedoch korrekt. Andere Objekte (z. B. Bildrahmen), die im Text verankert sind, werden immer ignoriert.

27.3.2   Einen einfachen Index aufbauen

Indizes können eine beachtliche Komplexität erreichen. Wir zeigen zunächst, wie ein einfacher Index aufgebaut wird. Der Übersichtlichkeit halber gehen wir von einem einzelnen Dokument aus. Die Indexerstellung für ein Buch läuft technisch genauso ab, Sie müssen nur viel mehr logische Zusammenhänge Ihrer Indexeinträge im Auge behalten.

Markieren Sie einen Begriff in Ihrem Text, und klicken Sie auf NEUEN INDEXEINTRAG ERSTELLEN . Das Fenster NEUER SEITENVERWEIS öffnet sich, und der markierte Begriff wird in das Fenster NEUER SEITENVERWEIS übernommen. Solange der Textcursor in einem Text steht, können Sie NEUEN INDEXEINTRAG ERSTELLEN bzw. NEUER SEITENVERWEIS ebenfalls aufrufen, da Indexeinträge grundsätzlich frei formuliert werden können.

Zwei Namen

Die Funktion NEUEN INDEXEINTRAG ERSTELLEN wird über das Bedienfeldmenü mit NEUER SEITENVERWEIS aufgerufen – warum ein und dieselbe Funktion unterschiedlich benannt wurde, ist unklar.

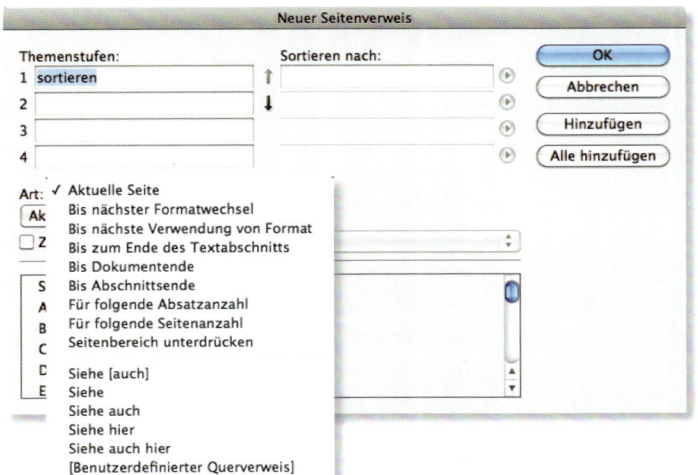

◀ Abbildung 27.16
Das Fenster NEUER SEITENVERWEIS – die vom Menü verdeckten Elemente sind für den ersten Indexeintrag belanglos. Sie erreichen dieses Fenster auch über [Strg]+[7] bzw. [⌘]+[7]. Wenn Sie mit gedrückter [Alt]- bzw. [⌥]-Taste auf das Symbol NEUEN INDEXEINTRAG ERSTELLEN klicken, wird die Textauswahl ignoriert, und Sie können/müssen den Eintrag frei formulieren.

Indexeinträge können in THEMENSTUFEN angeordnet sein – dazu später mehr. Für einen einzelnen Eintrag verwenden wir die THEMENSTUFE 1. Wenn Sie Text markiert haben, ist dieser Text hier schon für Sie eingesetzt. Der einfachste Fall wäre, dass jedes Auftreten des Begriffs im Index aufgelistet werden soll. Ein Klick auf ALLE HINZUFÜGEN erledigt das, indem das gesamte Dokument nach dem Begriff durchsucht und jede Fundstelle im Index-Bedienfeld aufgelistet wird, wobei die Seitenziffer jedes Treffers angeführt wird. Bei einem mehrfachen Auftreten des Begriffs auf einer Seite wird die betreffende Seitennummer natürlich nur einmal aufgeführt. Im Index-Bedienfeld werden jedoch alle Fundstellen eingetragen.

Alle Fundstellen aufzunehmen ist jedoch nur bei ausgesprochenen Fachbegriffen eine gute Idee. Wenn in einem Buch zu InDesign der Begriff »InDesign« mit ALLE HINZUFÜGEN im Index aufgenommen würde, wäre mit einer mehrzeiligen Liste von Seitenziffern zu rechnen. Deshalb wird man im Normalfall den Bereich, für den ein Indexeintrag Gültigkeit besitzt, beschränken.

InDesign legt für jeden Indexeintrag, der im Dokument festgelegt wurde, eine Indexmarke an, die im Dokument auch als Steuerzeichen sichtbar ist, sofern Sie VERBORGENE ZEICHEN EINBLENDEN aus dem Menü SCHRIFT aktiviert haben.

Seitenbereich

Wenn Sie einen Seitenbereich festlegen, der über mehrere Seiten reicht, und in diesem Bereich der Indexeintrag auf mehreren unmittelbar aufeinanderfolgenden Seiten gefunden wird, werden im Index nur die erste und die letzte Seite, verbunden mit einem Halbgeviertstrich, aufgeführt.

Seitenbereiche festlegen | Der Seitenbereich, der ab dieser Indexmarke für den Index durchsucht wird, kann im Menü ART festgelegt werden.

▶ AKTUELLE SEITE: Ein weiteres Auftreten des Begriffs wird nur bis zum Seitenende ausgewertet. Da Seitennummern ohnehin nur einmal im Index erscheinen, führt das also zu genau einer Seitenangabe zu diesem Begriff.

▶ BIS NÄCHSTER FORMATWECHSEL: Der Begriff wird so lange auf jeder Seite aufgenommen, bis sich das Absatzformat des Textes ändert.

▶ BIS ZUR NÄCHSTEN VERWENDUNG VON FORMAT: Wenn Sie diese Option auswählen, erscheint rechts neben dem Menü ART ein zusätzliches Menü, aus dem Sie ein Absatzformat auswählen können. Der Indexeintrag wird geführt, bis im Text dieses Absatzformat angewendet wurde.

▶ ZUM ENDE DES TEXTABSCHNITTS: Die Indexmarke bleibt gültig, bis das Ende des Textes erreicht ist. Bei verketteten Textrahmen ist das also der letzte Textrahmen in der Kette.

▶ BIS DOKUMENTENDE: Es werden alle Fundstellen ab der Seite mit der Indexmarke bis zur letzten Dokumentseite aufgelistet.

- BIS ABSCHNITTSENDE: Der Indexeintrag wird so lange geführt, bis im Dokument ein neuer Abschnitt beginnt. Gemeint sind hier Abschnitte, die mit der Funktion LAYOUT • NUMMERIERUNGS- & ABSCHNITTSOPTIONEN definiert wurden.
- FÜR FOLGENDE ABSATZANZAHL: Neben dem Menü ART erscheint ein Eingabefeld, in das Sie die Anzahl der Absätze eintragen können, die nach der Indexmarke noch berücksichtigt werden sollen.
- FÜR FOLGENDE SEITENANZAHL: Hier müssen Sie die Anzahl der Seiten festlegen, die nach der Indexmarke nach dem Begriff durchsucht werden sollen.
- SEITENBEREICH UNTERDRÜCKEN: Es wird lediglich der Begriff selbst im Index aufgeführt. Eine Fundstelle dazu wird im Index nicht angegeben. Im Index-Bedienfeld wird für einen solchen Eintrag die Seitenzahl in Klammern dargestellt.

```
A
Absatzformate 30
Automatische Dokument-
umwandlung 31
B
Buch 3, 17
Buchdokumente 30
```

▲ **Abbildung 27.17**
Ein Index, der mit den Standardeinstellungen erzeugt wurde

Zu jedem Indexeintrag können Sie festlegen, ob die Seitenziffer(n) besonders hervorgehoben werden soll(en). Aktivieren Sie die Option ZAHLENFORMAT ÜBERGEHEN, und wählen Sie aus dem Menü rechts daneben ein Zeichenformat aus. Die Seitenziffer wird mit diesem Format gestaltet.

Wortgruppen indizieren | Sie können auch Wortgruppen indizieren. Diese werden standardmäßig als zusammenhängender Begriff in den Index aufgenommen – auch dann, wenn Sie mehrere Absätze markiert haben sollten.

Sie können einzelne Absätze allerdings getrennt aufnehmen lassen – ohne Umweg über das Fenster NEUER SEITENVERWEIS wiederum mit dem Tastenkürzel [Strg]+[Alt]+[⇧]+[Ö] bzw. [⌘]+[⌥]+[⇧]+[Ö]. Auf diese Art können Sie sehr schnell Listen indizieren, die nicht zwangsläufig als Absätze vorliegen müssen. InDesign akzeptiert bei dieser Funktion folgende Trennzeichen für die einzelnen Einträge: Zeilenschaltung, harte Zeilenschaltung, Tabulator für rechte Ausrichtung, Strichpunkt und Komma.

27.3.3 Indexeinträge sortieren

Neben dem Indexeintragsfeld finden Sie im Fenster NEUER SEITENVERWEIS ein Eingabefeld SORTIEREN NACH. Wenn Sie in einem Kunstlexikon den Maler Giorgio De Chirico unter C wie »Chirico« in den Index aufnehmen wollen, dort allerdings den korrekten Namen »De Chirico« anführen wollen, dann indizieren Sie den Begriff »De Chirico«, tragen aber unter SORTIEREN NACH »Chirico« ein. Der Name »De Chirico« wird dann unter C aufgeführt.

▲ **Abbildung 27.18**
Index-Bedienfeld mit einigen Verweisen. Bei diesen Einträgen findet sich nur ein einziger, der sinnvoll indiziert werden kann – »Baker« auf Seite 19. Die restlichen Einträge befinden sich auf Dokumentbereichen, die im Endergebnis unter Umständen nicht sichtbar sein werden. *Redaktion* ist der Name der Mustervorlage, auf der sich der Eintrag befindet. *Brubeck (PN)* befindet sich im Übersatz, *Blakey (MF: 19)* auf der Montagefläche neben Seite 19. *Brown (HL)* befindet sich auf einer ausgeblendeten Ebene.

B
Bonichi, Gino 678
C
Chirico. Siehe De Chirico, Giorgio
D
De Chirico, Giorgio 513
De Kooning, Willem 224
K
Kooning. Siehe De Kooning, Willem
S
Scipione. Siehe Bonichi, Gino

▲ **Abbildung 27.19**
Beispiel für Verweise in einem Index

Abbildung 27.20 ▶
Einen solchen Verweis können Sie jederzeit erstellen. Wenn der Textcursor nicht im Text steht (also z. B. ein Objekt ausgewählt ist oder gar keine Auswahl existiert), wird im Bedienfeldmenü des Index-Bedienfelds statt NEUER SEITENVERWEIS auch NEUER QUERVERWEIS angezeigt.

TOP-TIPP
Namen indizieren

Namen werden normalerweise in der Form »Nachname, Vorname« (mit Komma dazwischen) indiziert. Dafür bietet InDesign ein eigenes Tastenkürzel:
[Strg]+[Alt]+[⇧]+[X̄] bzw.
[⌘]+[⌥]+[⇧]+[X̄]. Dabei wird das letzte Wort einer Auswahl als erstes Wort in den Index gestellt. Die restlichen Wörter werden danach angeführt, und zwar durch ein Komma getrennt. Aus »Robert Feix« wird somit »Feix, Robert«, und aus »Hans Peter Schneeberger« wird »Schneeberger, Hans Peter«.
Der Eintrag erfolgt direkt, also ohne Umweg über das Fenster NEUER SEITENVERWEIS.

27.3.4 Verweise erstellen

Begriffe über die Sortierung zu verschieben, ist nicht unbedingt immer die ideale Lösung. Deshalb können Sie auch Verweise definieren. In diesem Fall wäre der Name korrekt als »De Chirico« indiziert, unter »Chirico« würde der Leser jedoch einen Querverweis auf den richtigen Namenseintrag finden.

Einen Verweis anlegen | Um einen Querverweis zu erstellen, klicken Sie auf NEUEN INDEXEINTRAG ERSTELLEN 🔳 oder wählen NEUER SEITENVERWEIS aus dem Bedienfeldmenü des Index-Bedienfelds.

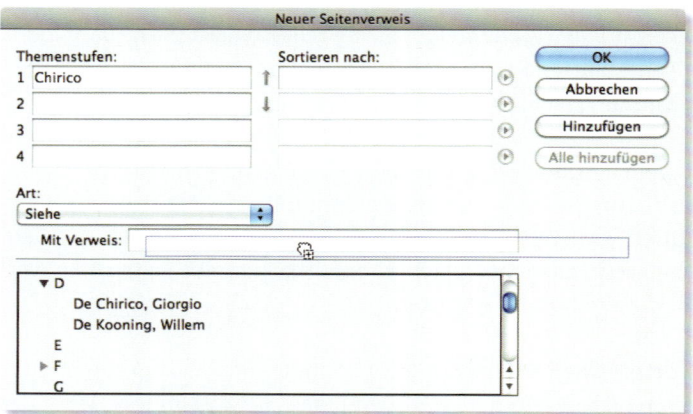

Tragen Sie den Querverweis in THEMENSTUFE 1 ein. Falls Sie einen Text ausgewählt haben und deshalb hier schon ein Eintrag vorhanden ist, können Sie diesen einfach überschreiben. Stellen Sie im Menü ART die Option SIEHE ein, und suchen Sie in der Liste am unteren Fensterrand den Eintrag, auf den verwiesen werden soll. Fassen Sie diesen Eintrag, und ziehen Sie ihn in das Feld MIT VERWEIS.

Mit den weiteren Optionen im Menü ART können Sie für die Formulierung des Verweises noch weitere Möglichkeiten auswählen. SIEHE, SIEHE AUCH, SIEHE HIER, SIEHE AUCH HIER sind fixe Texte, die Sie aussuchen können. SIEHE [AUCH] führt das Wort »auch« abhängig davon an, ob der Indexeintrag selbst eine Seitenzahl besitzt oder Untereinträge hat – dann lautet die Formulierung »Siehe auch«; andernfalls wird »auch« weggelassen.

[BENUTZERDEFINIERTER QUERVERWEIS] ermöglicht Ihnen die freie Auswahl des Textes – mit dieser Option erscheint ein Eingabefeld BENUTZERDEFINIERT, in dem Sie Ihren Text festlegen können.

27.3.5 Themenstufen

Ein Indexeintrag kann auch untergeordnete Einträge aufweisen. InDesign kann bis zu vier solcher Hierarchiestufen verwalten. Um einen Indexeintrag einem anderen Eintrag zu unterstellen, legen Sie zunächst einen Indexeintrag an und nehmen im Fenster Neuer Seitenverweis die Einstellungen so vor wie in Abbildung 27.21.

Neuer Seitenverweis
Themenstufen:
Sortieren nach:
1 Künstler
2 De Chirico, Giorgio
3
4
OK
Abbrechen
Hinzufügen
Alle hinzufügen
Art:
Aktuelle Seite
Zahlenformat übergehen
[Ohne]
Künstler
Bonichi, Gino
De Chirico, Giorgio
De Kooning, Willem
L
M

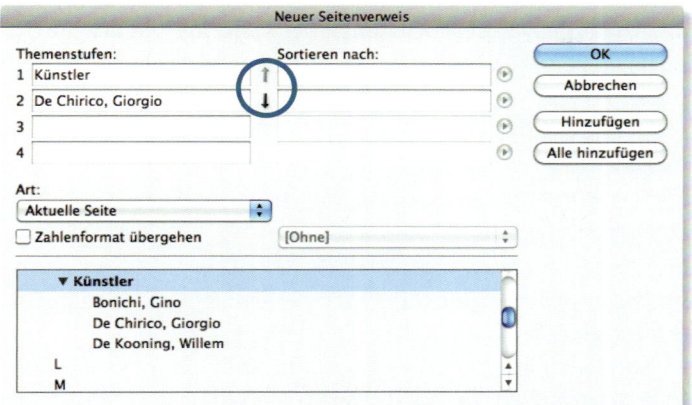

◄ **Abbildung 27.21**
Arbeiten mit Themenstufen. Vier Hierarchiestufen erscheinen vielleicht wenig – bedenken Sie aber, dass ein Index auch bei vier Stufen schon sehr unübersichtlich wird.

Verschieben Sie den Eintrag, der nun in Themenstufe 1 erscheint, mit dem Pfeil (in der Abbildung mit einem Kreis markiert) nach unten in die Themenstufe 2, und setzen Sie den Textcursor in das nun frei gewordene Feld Themenstufe 1. Suchen Sie in der Liste den Eintrag, dem Sie den neuen Begriff unterordnen wollen, und kopieren Sie ihn mit einem Doppelklick in das Feld Themenstufe 1.

So können Sie sehr komplex verschachtelte Indizes aufbauen. In der Folge ist es egal, ob ein Eintrag einem anderen untergeordnet ist, wenn Sie z. B. einen Verweis auf einen solchen Indexeintrag festlegen wollen. Wir können hier nicht auf alle Details eingehen, aber schon aus diesen Grundfunktionen können Sie schließen, dass für einen guten Index auch ein sehr gutes Konzept erstellt werden muss.

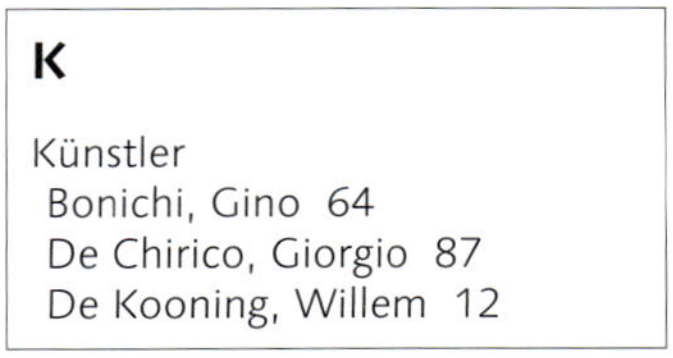

K
Künstler
Bonichi, Gino 64
De Chirico, Giorgio 87
De Kooning, Willem 12

▲ **Abbildung 27.22**
Unter dem Eintrag »Künstler« befindet sich eine zweite Hierarchiestufe mit den Namen.

Seitenverweis oder Thema ändern | Einen Seitenverweis können Sie ändern, indem Sie im Index-Bedienfeld auf die Seitennummer des entsprechenden Eintrags doppelklicken oder den Eintrag markieren und aus dem Bedienfeldmenü Seitenverweisoptionen wählen. Für ein Thema doppelklicken Sie im Index-Bedienfeld auf den Text des Eintrags, oder markieren Sie ihn, und wählen Sie Themenoptionen aus dem Bedienfeldmenü.

Da ein Thema lediglich den Text des Eintrags beschreibt – also ohne Angaben zum Ort –, können Sie in diesem Fall auch nur den Text und die Sortierung ändern.

27.3.6 Index generieren

Tatsächlich werden Sie noch Änderungen an Ihrem bisherigen Index vornehmen wollen. Um das erste Ergebnis einmal zu überprüfen, klicken Sie auf INDEX GENERIEREN , oder wählen Sie den gleichnamigen Menübefehl aus dem Bedienfeldmenü.

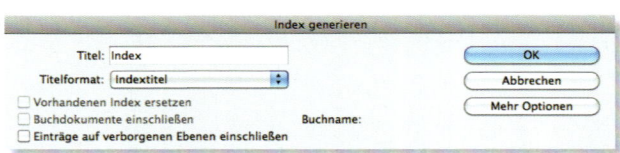

Abbildung 27.23 ▸
INDEX GENERIEREN ohne zusätzliche Optionen

Hier lassen sich noch weitere Optionen einblenden. Für den ersten Versuch reicht jedoch diese Darstellung.

Tragen Sie unter TITEL die Überschrift für Ihren Index ein, oder lassen Sie das Feld leer, und wählen Sie unter TITELFORMAT ein Absatzformat aus, mit dem dieser Titel gestaltet werden soll.

Wurde bereits ein Index erstellt, ist die Option VORHANDENEN INDEX ERSETZEN standardmäßig eingeschaltet. Der vorhandene Index wird dann von der aktuellen Version überschrieben. Wie beim Erstellen von Inhaltsverzeichnissen auch, führt diese Option dazu, dass sämtliche manuellen Formatierungen, die Sie im Index vorgenommen haben, verloren gehen. Sie sollten Änderungen nach Möglichkeit also über Änderungen an den verwendeten Absatz- und Zeichenformaten umsetzen.

Handelt es sich bei dem Dokument, für das Sie den Index erstellen, um ein Dokument, das einem Buch zugeordnet ist, können Sie die Option BUCHDOKUMENTE EINSCHLIESSEN aktivieren, um die Indexerstellung auf das gesamte Buch auszudehnen. Der BUCHNAME wird zu Ihrer Information eingeblendet.

Die Option EINTRÄGE AUF VERBORGENEN EBENEN EINSCHLIESSEN ist mit Vorsicht zu genießen. Sollte die Ebene bei der Ausgabe des Dokuments auch ausgeblendet sein, enthält der Index Einträge, die in der Publikation möglicherweise nicht zu sehen sind.

Nach einem Klick auf OK erstellt InDesign den Index, den Sie dann als Text im Dokument platzieren können. Das Ergebnis ist bereits brauchbar formatiert, wird aber in den meisten Fällen noch an die Gestaltung des Dokuments angepasst werden müssen. Das ist relativ einfach, da InDesign für sämtliche Formatierungen, die es am Index vornimmt, automatisch Absatzformate anlegt, die Sie lediglich ändern müssen.

Bedingter Text

Ausgeblendeter bedingter Text wird nicht in den Index aufgenommen.

Vorschau aktualisieren

Wenn Sie Ebenen ein- und ausblenden, spricht sich das nicht unmittelbar bis zum Index-Bedienfeld durch – benutzen Sie nach solchen Manipulationen immer die Funktion VORSCHAU AKTUALISIEREN , die Sie auch im Bedienfeldmenü des Index-Bedienfelds aufrufen können.

Die Einstellungen für die professionellere Methode, den Index schon während der Erstellung zu gestalten, erreichen Sie, wenn Sie im Fenster INDEX GENERIEREN mit einem Klick auf MEHR OPTIONEN alle Formatierungsoptionen einblenden lassen.

»Verschachtelt« und »In einem Absatz« | Die Formatierung funktioniert ganz ähnlich wie die Formatierung von Inhaltsverzeichnissen – wir beschränken uns deshalb auf einen groben Überblick. Die gesamten Formatierungseinstellungen können zwischen zwei Arten umgeschaltet werden, wobei sich an den Optionen allerdings nichts ändert.

Mit VERSCHACHTELT werden alle Seitenzahlen zusammen mit ihrem Indexeintrag in einen Absatz gestellt, der ab der zweiten Zeile einen Einzug besitzt. IN EINEM ABSATZ macht genau das Gleiche, zieht die Zeilen aber nicht ein.

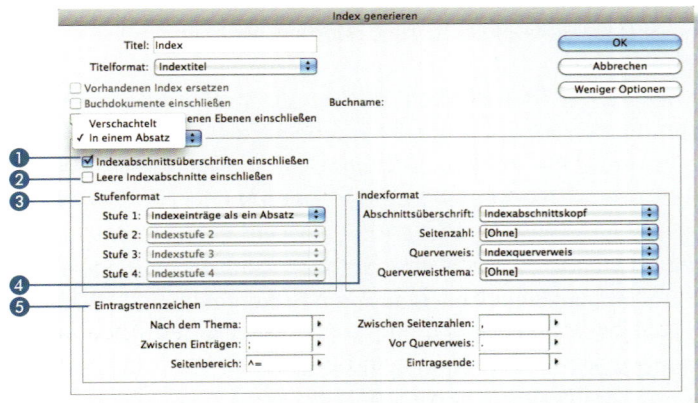

◀ **Abbildung 27.24**
INDEX GENERIEREN mit allen Optionen zum Formatieren des Index. Sämtliche Absatz- und Zeichenformate werden von InDesign automatisch angelegt und können dann Ihren Wünschen entsprechend geändert werden.

▶ INDEXABSCHNITTSÜBERSCHRIFTEN EINSCHLIESSEN ❶ ist standardmäßig aktiviert und bewirkt, dass der jeweils passende Indexbuchstabe (A, B, C …) über die alphabetisch geordneten Gruppen gesetzt wird.
▶ LEERE INDEXABSCHNITTE EINSCHLIESSEN ❷ ist standardmäßig ausgeschaltet – dadurch werden Indexbuchstaben, zu denen es keine Einträge gibt, auch nicht aufgeführt.
▶ Die Einstellungen in STUFENFORMAT ❸ und INDEXFORMAT ❹ sind genauso zu verstehen wie bei den Inhaltsverzeichnissen. An den Standardeinstellungen sehen Sie, welche Absatzformate InDesign für Sie anlegt, wenn sie für den Index benötigt werden.
▶ Auch die EINTRAGSTRENNZEICHEN ❺ sind für Sie nichts Neues mehr, wenn Sie sich bereits mit Inhaltsverzeichnissen auseinandergesetzt haben. Da die Indexeinträge über mehrere Kom-

Formatnamen bei konvertierten Dokumenten

Bei Dokumenten, die Sie aus früheren Versionen von InDesign übernommen haben, müssen Sie damit rechnen, dass einige Namen der automatisch erstellten Formate wie in der englischsprachigen Version von InDesign lauten. Das ist nicht weiter schlimm, da Sie die Formate ohnehin anpassen werden und dabei natürlich den Namen ändern können.

27.3 Index erstellen | **697**

ponenten verfügen können, müssen Sie hier auch mehrere Einstellungen vornehmen. Allerdings sind die Standardeinstellungen sehr gut gewählt.

27.3.7 Themen

Der Themen-Modus des Index-Bedienfelds kann Ihnen behilflich sein, die Struktur des Index schnell zu erfassen, da hier die Fundstellen der Indexeinträge nicht erscheinen.

Sein eigentliches Einsatzgebiet ist die Verwaltung des Index auf abstrakter Ebene. Das macht sich bemerkbar, wenn Sie Themen aus anderen Dokumenten importieren. Der Befehl THEMEN IMPORTIEREN heißt in beiden Modi des Index-Bedienfelds gleich. Wenn Sie ihn aufrufen, können Sie die Themenliste aus einem anderen InDesign-Dokument übernehmen. Mit den realen Verweisen könnten Sie in Ihrem Dokument natürlich nichts anfangen, aber die Themen dienen zum Austausch von Begriffen. Die Begriffe sind auf alle Fälle gleichlautend, und so bleibt Ihr Index konsistent.

Gerade bei Themenlisten, die Sie aus anderen Dokumenten übernommen haben, ist die Wahrscheinlichkeit recht hoch, dass Sie gar nicht alle Themen benötigen. Um nur die Verweise anzuzeigen, die auch verwendet werden, rufen Sie die Funktion NICHT VERWENDETE THEMEN AUSBLENDEN aus dem Bedienfeldmenü des Index-Bedienfelds auf. Wenn Sie Ihren Index fertig aufgebaut haben, können Sie ebenfalls aus dem Bedienfeldmenü des Index-Bedienfelds NICHT VERWENDETE THEMEN ENTFERNEN aufrufen und überflüssige Themen endgültig löschen.

27.3.8 Indexeinträge suchen

Um in Ihren Indexeinträgen zu suchen, rufen Sie SUCHFELD EINBLENDEN aus dem Bedienfeldmenü des Index-Bedienfelds auf. Tragen Sie im Textfeld SUCHEN Ihren Suchbegriff ein, und klicken Sie auf einen der beiden Pfeile ↓ ↑, um ausgehend von der momentanen Auswahl den nächsten oder vorherigen Begriff zu finden.

Sofern sich das Index-Bedienfeld im Verweis-Modus befindet, können Sie auf einen realen Eintrag klicken und über die Funktion GEHE ZU AUSGEWÄHLTER MARKE direkt zum dazugehörigen Begriff in Ihrem Dokument springen.

27.3.9 Großbuchstaben

InDesign unterscheidet bei der Verwaltung eines Index genau zwischen Groß- und Kleinschreibung. Bei Wörtern, die sowohl groß- als auch kleingeschrieben werden können, müssten Sie deshalb

---

Themen verwalten

Themen sind nur abstrakte Begriffe, die im Dokument nicht erscheinen müssen. Ein Thema gilt dann als nicht verwendet, wenn es nicht zu einem realen Verweis führt. Die Funktionen zum Verwalten der Themen sind deshalb nur im Verweis-Modus des Index-Bedienfelds aufrufbar.

▲ **Abbildung 27.25**
Über das Suchfeld suchen Sie zunächst in der Verweisliste und können dann über GEHE ZU AUSGEWÄHLTER MARKE direkt zum Indexbegriff im Dokument springen.

beide Varianten in Ihren Index aufnehmen. Um dieses Problem zu umgehen, markieren Sie einen Verweis im Index-Bedienfeld und wählen GROSSSCHREIBEN aus dem Bedienfeldmenü.

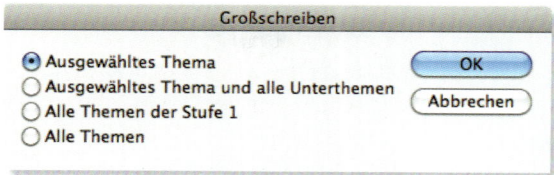

◄ **Abbildung 27.26**
Mit der Funktion GROSSSCHREIBEN können Sie unterschiedliche Schreibweisen von Wörtern als gleichwertig im Index aufnehmen.

Wählen Sie aus, ob beide Schreibweisen nur für das ausgewählte Thema, für das Thema und alle dazugehörigen Themenstufen, für alle Themen der Stufe 1 oder für alle Themen im Index gleich behandelt werden sollen.

27.3.10 Sortieroptionen

Im Normalfall wird ein Index der alphabetischen Ordnung des lateinischen Schriftsystems folgen. Bei fremdsprachigen/mehrsprachigen Texten, die auch unterschiedliche Schriftsysteme verwenden, müssen Sie festlegen, wie Indexeinträge in die alphabetische Ordnung aufgenommen werden sollen. Bei Schriftsystemen, die nicht alphabetisch organisiert sind (z. B. asiatischen Schriftsystemen), ist das natürlich auch nur beschränkt möglich.

Rufen Sie SORTIEROPTIONEN aus dem Bedienfeldmenü des Index-Bedienfelds auf, und legen Sie hier fest, wie mit anderen Schriftsystemen verfahren werden soll.

▲ **Abbildung 27.27**
Für jede Sprache, die Sie in den SORTIEROPTIONEN aktivieren, erscheint im Index-Bedienfeld ein eigener Abschnitt.

◄ **Abbildung 27.28**
Mit den SORTIEROPTIONEN können Sie festlegen, wie Begriffe in fremden Schriftsystemen in Ihren Index eingebunden werden sollen.

Bei den Einstellungen wie in Abbildung 27.28 würden kyrillische Begriffe in der russischen Sortierordnung in den Index aufgenommen. Schriftsysteme, die hier nicht angeboten werden oder abgeschaltet sind, erscheinen als Symbole im Index.

27.3 Index erstellen | **699**

Mit den Pfeilen ▲▼ regeln Sie die Reihenfolge der Sortierung. Schriftsysteme, die in der Liste weiter oben stehen, werden vor die anderen Schriftsysteme gesetzt. Begriffe des kyrillischen Schriftsystems würden mit diesen Einstellungen also nach den Begriffen des lateinischen Schriftsystems in den Index eingereiht.

28 Recycling – Objekte wiederverwenden

Bei immer wiederkehrenden Aufgaben benötigen Sie auch die diversen Layoutelemente immer wieder. Oft ist es üblich, ganze Dokumente zu kopieren und zu überarbeiten oder die einzelnen Komponenten aus bestehenden Dokumenten herauszukopieren. Diese Strategie ist allerdings mit Problemen behaftet. Wenn Sie ein neues Rechnungsformular für einen Kunden erstellen und das alte Rechnungsdokument öffnen, um z. B. das Logo oder den Bankverbindungstext zu kopieren, kann es natürlich sein, dass sich diese Daten in der Zwischenzeit geändert haben.

Deshalb sollten Sie auch in solchen Fällen einen einzigen Datenbestand mit den aktuellen Layoutkomponenten Ihres Kunden verwalten. So halten Sie alle Bestandteile an einem einzigen Ort und stellen sicher, dass Sie immer aktuelle Versionen verwenden. InDesign bieten Ihnen dafür zwei Möglichkeiten: Bibliotheken und Snippets.

28.1 Bibliotheken

Die erste Methode zur Verwaltung von Objekten wird von InDesign über Bibliotheken abgewickelt. Eine Bibliothek ist ein InDesign-Dokument, das lediglich als Behälter für Layoutobjekte dient.

28.1.1 Das Bibliothek-Bedienfeld

Um eine neue Bibliothek anzulegen, wählen Sie den Menübefehl DATEI • NEU • BIBLIOTHEK. Sie werden nach einem Namen und einem Speicherort gefragt. Das Bibliothek-Dokument wird später in einem Bedienfeld angezeigt. Der Name des Bedienfelds ist mit dem Dateinamen identisch, den Sie hier festlegen.

Das ist das erste und letzte Mal, dass Sie ein Bibliothek-Dokument sichern müssen. Ab sofort erledigt InDesign das automatisch für Sie. Das Bibliothek-Dokument – Dateiendung ».indl« – kann wie jedes andere Dokument ganz normal zwischen Arbeitsplätzen

Copy & Paste, Drag & Drop

Wenn Sie Objekte zwischen Dokumenten per Copy & Paste oder Drag & Drop kopieren, können diesen Objekten Formate und Stile zugewiesen sein, die es im Zieldokument bereits gibt. Sind die Definitionen dieser Formate und Stile gleich, ändert sich in Ihrem Dokument nichts. Weichen die Definitionen aber ab, kommt es darauf an, welche Art von Definition mit dem Objekt kopiert wurde.

Absatz- und Zeichenformate, Tabellen- und Zellenformate, Objekt- und Querverweisformate werden dann nicht kopiert, bzw. wird die Definition des Zieldokuments erhalten bleiben und angewendet.

Farbfelder und Konturenstile werden in diesem Fall neu angelegt, und ihr Name wird mit einer laufenden Nummer versehen, um die beiden Definitionen unverändert zu erhalten.

Bibliothek.indl

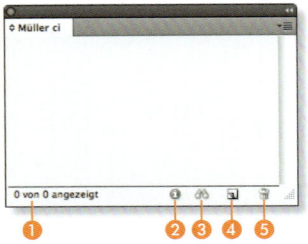

▲ **Abbildung 28.1**
Ein noch leeres Bibliothek-Bedienfeld

Bibliotheken automatisch öffnen

InDesign merkt sich, welche Bibliothek geöffnet war, wenn Sie das Programm beenden, und öffnet diese automatisch beim nächsten Start wieder.

Allerdings werden Bibliotheken nicht mit einem Arbeitsbereich gespeichert.

Mehrere Objekte aufnehmen

Wenn Sie mehrere Objekte ausgewählt haben und die ganze Gruppe in das Bibliothek-Bedienfeld ziehen, so wird die ganze Gruppe als ein einziges Bibliothekselement gespeichert.

Objektinformationen beim Aufnehmen des Objekts eingeben

Wenn Sie die Alt - bzw. ⌥ -Taste gedrückt halten, während Sie ein Objekt in das Bibliothek-Bedienfeld ziehen, erscheint das Fenster OBJEKTINFORMATIONEN für das neue Objekt automatisch.

ausgetauscht werden. Sollte es auf einem Server liegen, kann es aber immer nur von einem einzigen Benutzer geöffnet werden.

Wenn Sie ein Bibliothek-Dokument öffnen, wird es in einem Bedienfeld ❧ angezeigt. Öffnen Sie mehrere Bibliotheken gleichzeitig, werden alle Bibliothek-Bedienfelder in einer gemeinsamen Registerkarte untergebracht. Die einzelnen Bedienfelder verfügen natürlich auch über die üblichen Bedienfeldoptionen im Bedienfeldmenü zum SCHLIESSEN des Bedienfelds (und somit der Bibliothek) und zur Auswahl einer LISTENANSICHT, einer MINIATURANSICHT und einer GROSSEN MINIATURANSICHT (danke, Adobe, für diese Wortkreation …).

Die Objekte in der Bibliothek können in Untergruppen zusammengefasst werden, deshalb wird angezeigt, wie viele Objekte die Bibliothek enthält und wie viele derzeit sichtbar sind ❶. Neben den üblichen Funktionen zum Anlegen ❹ und Löschen ❺ gibt es eine Funktion, um BIBLIOTHEKSOBJEKTINFORMATIONEN ❷ anzuzeigen, und die Suchfunktion BIBLIOTHEKSUNTERGRUPPE EINBLENDEN ❸.

28.1.2 Bibliotheken aufbauen

Um ein Objekt in der Bibliothek abzulegen, haben Sie grundsätzlich zwei Möglichkeiten: Entweder ziehen Sie ein Objekt oder eine Objektgruppe Ihres Dokuments in das Bedienfeld, oder Sie wählen ein Objekt Ihres Dokuments aus und klicken auf NEUES BIBLIOTHEKSOBJEKT ❧ des Bibliothek-Bedienfelds oder wählen OBJEKT HINZUFÜGEN aus dem Bedienfeldmenü.

Objekte in Bibliothek ablegen | Die einfachere Methode ist natürlich das Hineinziehen von Objekten, allerdings können Sie dadurch nicht alle Objekte in der Bibliothek ablegen, die sie auch aufnehmen kann. Bibliotheken können nämlich nicht nur sämtliche Elemente eines Layouts, sondern auch Strukturhilfen wie Hilfslinien speichern. Hilfslinien können Sie nur in der Bibliothek aufnehmen, indem Sie sie auswählen und über NEUES BIBLIOTHEKSELEMENT oder OBJEKT HINZUFÜGEN in die Bibliothek befördern.

Zusätzlich können Sie alle Objekte einer Seite in der Bibliothek ablegen, indem Sie aus dem Bedienfeldmenü des Bibliothek-Bedienfelds ELEMENTE AUF SEITE XX HINZUFÜGEN wählen. Wenn Sie dagegen den Befehl ELEMENTE AUF SEITE XX ALS SEPARATE OBJEKTE HINZUFÜGEN aufrufen, landen die einzelnen Elemente der Seite als eigenständige Objekte in der Bibliothek.

Sobald ein Objekt in die Bibliothek aufgenommen wurde, bekommt es den Standardnamen »Unbenannt«. Objekte wie z. B.

platzierte Bilder, die ja einen Dateinamen haben, werden mit ihrem Dateinamen bezeichnet. Um den Namen zu ändern, doppelklicken Sie auf das Objekt und klicken auf BIBLIOTHEKSOBJEKT-INFORMATIONEN ❶ oder wählen OBJEKTINFORMATIONEN aus dem Bedienfeldmenü.

Im Fenster OBJEKTINFORMATIONEN können Sie nun einen entsprechenden Namen unter OBJEKTNAME eintragen. Die OBJEKTART beschreibt den Typ des Objekts näher. Die meisten Objektarten sind selbsterklärend; Hilfslinien werden als SEITE und eine Vektorgrafik wird als GEOMETRIE bezeichnet. Eine Änderung dieser Einstellung wirkt sich bei der Suche nach Objekten aus, am Datenbestand ändert sich damit nichts. Es ändert sich lediglich das Symbol im Bedienfeld und ermöglicht eine andere Sortierung.

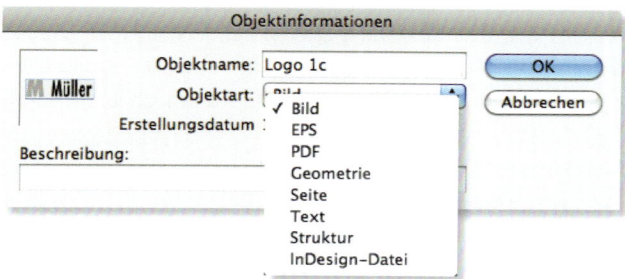

◀ **Abbildung 28.2**
OBJEKTINFORMATIONEN für Bibliotheksobjekte: Da seit InDesign CS3 ganze InDesign-Dokumente in einem Dokument platziert werden können, gibt es dafür die neue OBJEKTART INDESIGN-DATEI.

Aus dem ERSTELLUNGSDATUM lässt sich ablesen, ob das Objekt tatsächlich aktuell ist, und unter BESCHREIBUNG können Sie einen Kommentar zum Objekt ablegen.

Bibliothekselemente verwenden | Um ein Bibliotheksobjekt auf der Seite zu platzieren, nehmen Sie den umgekehrten Weg wie beim Aufnehmen von Objekten in die Bibliothek. Ziehen Sie ein Bibliothekselement einfach aus dem Bedienfeld auf eine Seite Ihres Dokuments, oder markieren Sie ein Objekt der Bibliothek, und wählen Sie OBJEKT(E) PLATZIEREN aus dem Bedienfeldmenü. Aus der Schreibweise geht bereits hervor, dass Sie in einem Arbeitsgang mehrere Objekte platzieren können – es werden alle ausgewählten Objekte verwendet.

Koordinaten

Wenn Sie ein Objekt mit der Maus aus dem Bedienfeld ziehen, wird es an der Position abgesetzt, an der Sie die Maustaste loslassen. Wenn Sie OBJEKT(E) PLATZIEREN verwenden, werden sie an ihrer ursprünglichen Position abgesetzt.

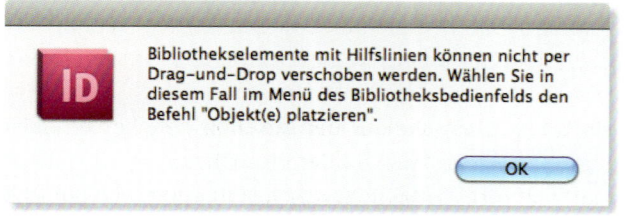

◀ **Abbildung 28.3**
Objekte mit Hilfslinien können nicht aus dem Bedienfeld gezogen werden.

Bei Hilfslinien müssen Sie wiederum den Menübefehl wählen, weil diese Objektart nicht direkt aus dem Bedienfeld gezogen werden kann.

28.1.3 Bibliotheksobjekte verwalten

Neben den Funktionen, um Bibliothekselemente zu löschen oder umzubenennen, wartet das Bibliothek-Bedienfeld mit der Möglichkeit auf, in Bibliotheken zu suchen. Adobe hat sich dafür allerdings eine ungewöhnliche Bezeichnung ausgedacht.

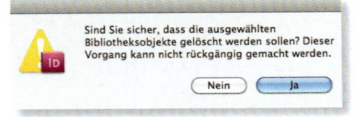

▲ **Abbildung 28.4**
InDesign warnt sehr ausdrücklich, wenn Sie Objekte aus einer Bibliothek löschen.

Bibliothekselemente löschen und aktualisieren | Um ein Bibliotheksobjekt zu löschen, wählen Sie es im Bedienfeld aus und klicken auf Bibliotheksobjekt löschen oder wählen den Befehl Objekt(e) löschen aus dem Bedienfeldmenü. Dabei werden Sie darauf hingewiesen, dass Sie das Löschen eines Bibliotheksobjekts nicht rückgängig machen können. Diesen Hinweis können Sie allerdings übergehen, wenn Sie beim Löschen [Alt] bzw. ⌥ gedrückt halten.

Natürlich können Bibliotheksobjekte auch aktualisiert werden. Wählen Sie dazu zunächst das veränderte Objekt in Ihrem Layout aus und dann das entsprechende Objekt im Bibliothek-Bedienfeld. Wählen Sie nun Bibliotheksobjekt aktualisieren aus dem Bedienfeldmenü des Bibliothek-Bedienfelds. Beachten Sie dabei aber, dass InDesign keine Beziehung zwischen den beiden Objekten erkennt. Es wird immer das im Bedienfeld ausgewählte Objekt ausgetauscht, egal ob es sich tatsächlich um eine ältere Version des neuen Elements handelt oder nicht. Das kann sich fatal auswirken, weil Sie auf diese Tatsache nicht hingewiesen werden und die Aktualisierung auch nicht rückgängig gemacht werden kann.

Bibliotheksobjekte tragen alle Eigenschaften des Objekts, aus dem sie abgeleitet wurden. Wenn ein Text über Zeichen-, Absatz-, Objektformate und Farbfelder formatiert wurde und diese Formate im Dokument, in dem der Text platziert wurde, existieren, so werden die vorhandenen Formate verwendet. Existieren die Formate nicht, werden sie beim Platzieren eines Bibliotheksobjekts automatisch angelegt.

Ebeneninformationen werden nur dann in Ihr Dokument übernommen, wenn Sie im Bedienfeldmenü des Ebenen-Bedienfelds Ebenen beim Einfügen erhalten aktiviert haben.

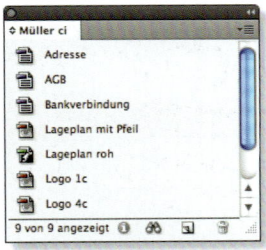
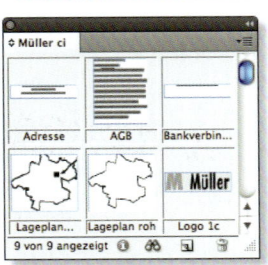

▲ **Abbildung 28.5**
Listenansicht und Miniaturansicht eines Bibliothek-Bedienfelds. Wählen Sie die gewünschte Darstellung aus dem Bedienfeldmenü.

Objekte zwischen Bibliotheken austauschen | Sie können Bibliotheksobjekte zwischen zwei Bibliotheken austauschen, indem Sie ein oder mehrere Objekte von einem Bedienfeld auf das andere ziehen. Das Originalobjekt wird dabei kopiert, es existiert nun also in beiden Bibliotheken. Wenn Sie die Alt - bzw. ⌥-Taste gedrückt halten, wird das Objekt verschoben, also aus der ursprünglichen Bibliothek gelöscht.

Prinzipiell kann eine Bibliothek beliebig groß werden, eine Einschränkung stellt lediglich der verfügbare Speicherplatz dar. Bei sehr großen Bibliotheken kann aber der Überblick nur schwer behalten werden.

In Bibliotheken suchen – Untergruppen | Um den Überblick zu wahren, können Sie Untergruppen bilden – was damit gemeint ist, wird besser über das Symbol 🔍 beschrieben. Es handelt sich hier um eine Suchfunktion. Klicken Sie auf das Symbol BIBLIOTHEKSUNTERGRUPPE EINBLENDEN, oder wählen Sie UNTERGRUPPE ANZEIGEN aus dem Bedienfeldmenü.

> **Objekte zwischen Bibliotheken kopieren**
>
> Sollten mehrere Bibliothek-Bedienfelder in einem gemeinsamen Bedienfeldstapel untergebracht sein, müssen Sie zumindest eines der beteiligten Bedienfelder in ein schwebendes Bedienfeld verwandeln, indem Sie es an seinem Kartenreiter auf die Arbeitsfläche ziehen.

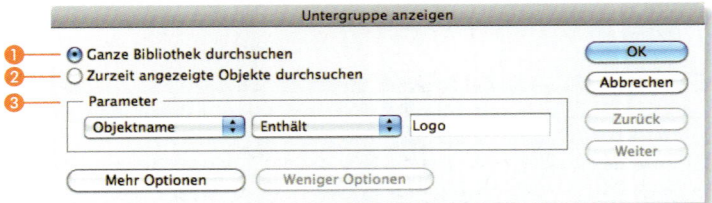

◀ **Abbildung 28.6**
Die Suchfunktion UNTERGRUPPE ANZEIGEN des Bibliothek-Bedienfelds

Legen Sie zunächst fest, welchen Bereich der Bibliothek Sie durchsuchen möchten. GANZE BIBLIOTHEK DURCHSUCHEN ❶ bezieht sich auf alle Objekte. Wenn Sie allerdings bereits eine Suche durchgeführt haben, die Sie nun weiter einschränken möchten, wählen Sie ZURZEIT ANGEZEIGTE OBJEKTE DURCHSUCHEN ❷.

Unter PARAMETER ❸ können Sie die Kriterien für die Suche bestimmen. Sie können nach OBJEKTNAME, ERSTELLUNGSDATUM, OBJEKTART und BESCHREIBUNG suchen. Nach welchen Einträgen innerhalb dieser Kategorien gesucht werden soll, legen Sie in den nächsten beiden Spalten fest. Abhängig vom Kriterium unterscheiden sich die weiteren Einstellungsmöglichkeiten. Für OBJEKTNAME und BESCHREIBUNG können Sie in der dritten Spalte einen Text eintragen und in der zweiten Spalte festlegen, ob dieser Text im Namen oder in der Beschreibung enthalten oder nicht enthalten sein soll.

Beim ERSTELLUNGSDATUM können Sie festlegen, ob es im Vergleich zum vorgegebenen Datum GRÖSSER ALS, KLEINER ALS, GLEICH oder UNGLEICH sein soll. Unter OBJEKTART bestimmen Sie, ob das Objekt im Vergleich zu einem vorgegebenen Typ GLEICH oder UNGLEICH sein soll. Sobald Sie Ihre Einstellungen vorgenommen haben, klicken Sie auf OK. Damit wird die Suche gestartet, und das Ergebnis wird angezeigt. Sollten keine Objekte, die Ihren

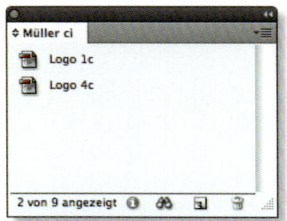

▲ **Abbildung 28.7**
Das Ergebnis der Suche – zwei der zehn Objekte haben den Suchkriterien entsprochen und werden als Untergruppe angezeigt.

Abbildung 28.8 ▶
Die Suchfunktion UNTERGRUPPE ANZEIGEN mit mehreren Suchkriterien. Ein Klick auf ZURÜCK stellt die letzte Abfrage wieder her.

Verknüpfte Objekte
Sowohl Bibliotheksobjekte als auch Snippets können natürlich Verknüpfungen zu Bildern, Texten oder Tabellen enthalten. Wenn Sie in einer Arbeitsgruppe solche Objekte austauschen und alle beteiligten Komponenten auf einem gemeinsamen Server liegen, ist das kein Problem. Ansonsten müssen Sie nach dem Einfügen solcher Objekte die Verknüpfungen aktualisieren. Eingebettete Bilder werden natürlich mit dem Bibliotheksobjekt (und auch in Snippets) gespeichert.

Kriterien entsprechen, in der Bibliothek gefunden werden, bleibt das Bibliothek-Bedienfeld leer.

Alle Objekte anzeigen | Sie können nun alle Objekte wieder anzeigen lassen, indem Sie ALLE EINBLENDEN aus dem Bedienfeldmenü aufrufen, oder Sie können die Suche wiederholen. Werden zu viele Objekte gefunden, haben Sie wiederum zwei Möglichkeiten:

▶ Rufen Sie das Fenster UNTERGRUPPE ANZEIGEN noch einmal auf, stellen Sie die Option ZURZEIT ANGEZEIGTE OBJEKTE DURCHSUCHEN ein, und legen Sie ein Suchkriterium fest, das die Suche weiter einschränkt.

▶ Die zweite Methode ist, dass Sie im Rahmen einer neuen Suche von vornherein die Suchkriterien weiter verfeinern. Dazu klicken Sie im Fenster UNTERGRUPPE ANZEIGEN auf MEHR OPTIONEN.

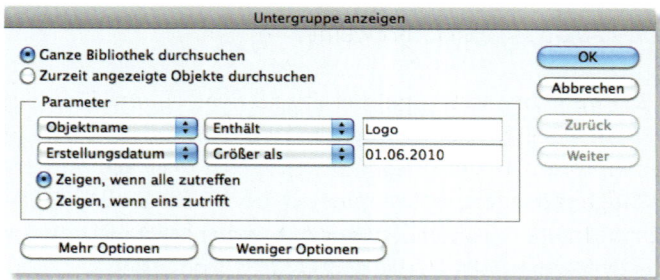

Mit jedem Klick auf MEHR OPTIONEN wird der Parameterliste eine weitere Zeile hinzugefügt, in der Sie ein zusätzliches Kriterium festlegen können. Die beiden zusätzlichen Optionen regeln, wie diese einzelnen Kriterien miteinander verknüpft werden sollen.

▶ ZEIGEN, WENN ALLE ZUTREFFEN bedeutet, dass alle angegebenen Kriterien für ein Objekt zutreffen müssen, damit es als Treffer in Frage kommt.

▶ ZEIGEN, WENN EINS ZUTRIFFT findet ein Objekt, wenn zumindest ein Suchkriterium erfüllt ist, also auch, wenn mehrere Kriterien zutreffen.

Objekte sortieren | Die aktuell angezeigten Objekte einer Bibliothek können zusätzlich sortiert werden. Wählen Sie aus dem Bedienfeldmenü OBJEKTE SORTIEREN und eine der Sortierreihenfolgen NACH NAME, NACH DATUM (ÄLTESTES), NACH DATUM (NEUESTES) oder NACH TYP aus.

28.2 Snippets

Snippets (wörtlich »Schnipsel«) sind InDesign-Objekte oder -Objektgruppen, die als eigenständige Dateien gespeichert werden können. Sämtliche Objekte, die Sie in Bibliotheken ablegen können, können Sie auch als InDesign-Snippets speichern. Snippets können in Adobe Bridge umfassend verwaltet werden. Sie haben ebenfalls eine Vorschau, können Schlüsselwörter hinzufügen und haben sämtliche Such- und Sortiermöglichkeiten. Wir empfehlen Ihnen, die Arbeitsweise mit Snippets zu organisieren, da damit eine zentrale Verwaltung der einzelnen Elemente auf einem Server ermöglicht wird und somit der Austausch von Bibliotheken nicht notwendig ist.

> **Technischer Hintergrund**
>
> Snippets sind XML-Dateien, deshalb können Sie sie mit einem Texteditor öffnen und auch außerhalb von InDesign bearbeiten. Andererseits können Sie somit ein Snippet auch zur Gänze – z. B. automatisiert – außerhalb von InDesign erstellen und in ein InDesign-Dokument einfügen.

28.2.1 Snippets erstellen

Sie können Snippets auf zwei Arten erstellen, wobei – wie bei Bibliotheksobjekten – bestimmte Layoutobjekte nur mit einer der beiden Methoden gespeichert werden können.

Drag & Drop | Um ein Snippet per Drag & Drop zu erstellen, ziehen Sie ein InDesign-Objekt, also z. B. einen Textrahmen, auf den Schreibtisch oder in Adobe Bridge CS5 und natürlich auch auf das Mini Bridge-Bedienfeld – das Snippet taucht dort als eine Datei auf, deren Name mit »Snippet« beginnt und ansonsten aus einer zufälligen Zeichenfolge besteht. Die Endung lautet seit CS4 ».idms« (bis InDesign CS3 ».inds«).

Exportieren | Sie können auch zumindest ein Objekt auswählen und dann Datei • Exportieren aufrufen. Wählen Sie unter Dateityp (Windows) bzw. Format (Mac OS X) die Option InDesign-Snippet. Hier können Sie den Namen des Snippets natürlich frei wählen.

Die dabei entstehende Datei ist grundsätzlich identisch mit einer, die per Drag & Drop entstanden ist. Sie müssen jedoch auf die Export-Funktion zurückgreifen, wenn Sie entweder Hilfslinien in Ihrem Objekt oder ein im Text verankertes Objekt als Snippet speichern wollen. Im Text verankerte Objekte können nicht aus dem Dokument gezogen werden, weil InDesign die Bewegung als Positionsänderung im Text interpretiert.

> **Masterdokumente über Snippets kompakt halten**
>
> Speziell bei umfangreichen Projekten wie Magazinen empfehlen wir, die Musterdokumente so schlank wie möglich zu halten und sich wiederholende Seitenaufbauten über Snippets abzubilden.

28.2.2 Snippets einfügen

Sie können eine Snippet-Datei in eine beliebige InDesign-Datei ziehen oder über Datei • Platzieren in ein Dokument einsetzen. Dabei wird das Ursprungsobjekt wiederhergestellt, und alle For-

> **Kompatibilität**
>
> Das Datenformat der Snippets wurde mit InDesign CS4 geändert – die Dateiendung lautet seitdem ».idms«. Sie können in InDesign CS5 Snippets aus früheren InDesign-Versionen (Dateiendung ».inds«) einfügen und auch in InDesign CS4 Snippets aus InDesign CS5 platzieren. InDesign CS5-spezifische Funktionen, wie z.B. die neuen Eckenoptionen gehen dabei allerdings verloren. Snippets mit der Dateiendung ».idms« können jedoch nicht in InDesign-Versionen vor CS4 verwendet werden.

> **Keine Snippets aus Texten**
>
> Wenn Sie unter Mac OS X die Voreinstellungen zum Bewegen von Text per Drag & Drop aktiviert haben, können Sie auch reinen Text auf den Schreibtisch ziehen. Dabei übernimmt aber das Betriebssystem das Kommando, und es wird kein Snippet erstellt, sondern eine Datei mit der Endung ».textClipping«. Wenn Sie eine solche Datei wieder in ein InDesign-Dokument ziehen, verhält sie sich aber wie ein Snippet. Platzieren können Sie solch eine Datei allerdings nicht.

mate werden angelegt bzw. zugewiesen wie beim Kopieren über die Zwischenablage auch. Ebeneninformationen werden auch bei Snippets nur dann in Ihr Dokument übernommen, wenn Sie im Bedienfeldmenü des Ebenen-Bedienfelds EBENEN BEIM EINFÜGEN ERHALTEN aktiviert haben.

Beim Platzieren eines Snippets haben Sie mehr Kontrolle über die Position, an der der Inhalt des Snippets in Ihrem Dokument platziert werden soll, da Sie einen Platzier-Cursor erhalten, wie z.B. bei Bildern oder Text. Da in einem Snippet aber auch die Originalposition eines Objekts gespeichert wird, hängt die Position von den InDesign-Voreinstellungen für Snippets ab, in denen Sie bestimmen, wo ein Snippet standardmäßig platziert werden soll.

28.2.3 Voreinstellungen für Snippets

Wenn Sie in den InDesign-Voreinstellungen im Bereich DATEI-HANDHABUNG unter SNIPPET-IMPORT die Option URSPRÜNGLICHE POSITION auswählen, werden Snippets an der Position der Seite platziert, an der sich das Originalobjekt zum Zeitpunkt des Exports befand. Bei abweichenden Seitengrößen funktioniert das natürlich nur beschränkt. Innerhalb einer Dokumentserie – z.B. Drucksachen für ein Unternehmen, in denen sich Logo, Kontoinformationen usw. immer an derselben Stelle befinden und alle Seiten gleich groß sind – ist das unheimlich praktisch. Um diesen Mechanismus temporär außer Kraft zu setzen, halten Sie [Alt] bzw. [⌥] gedrückt, wenn Sie ein Snippet platzieren oder in Ihr Dokument ziehen – beachten Sie, dass Sie die [Alt]- bzw. [⌥]-Taste erst loslassen dürfen, wenn das Snippet bereits an der Zielposition steht. Das Snippet wird dann an der Position des Mauszeigers abgesetzt.

Wenn Sie jedoch CURSORPOSITION wählen, wird das Snippet standardmäßig an der Cursorposition platziert. Wenn Sie nun wiederum [Alt] bzw. [⌥] beim Platzieren drücken, wird die Voreinstellung ebenfalls temporär in das gegenteilige Verhalten geschaltet und das Snippet an seiner Originalposition eingefügt.

InDesign erstellt für platzierte Snippets keine Verknüpfungen. Das ist insofern unverständlich, weil ja auch ganze InDesign-Dokumente platziert werden können und dabei sehr wohl ein Link zum Original entsteht. Andererseits können Snippets aber auch nicht mit InDesign editiert werden, können sich also im Gegensatz zu InDesign-Dokumenten auch nicht ohne Weiteres verändern.

TEIL IV
Technologien

29 GREP

Wir haben Sie an mehreren Stellen in unserem Buch auf die Anwendung von GREP-Suchen und GREP-Stilen verwiesen und beide Methoden in den Kapiteln 23, »Text suchen und korrigieren«, ab Seite 591 und 19, »Textformatierung«, ab Seite 453 auch angewendet. Die Grundprinzipien von GREP zu erläutern, hätte an den jeweiligen Stellen die Sache aber unnötig in die Länge gezogen. Wir reichen sie deshalb an dieser Stelle nach.

29.1 Was ist GREP?

GREP stammt aus der Frühzeit der EDV und wurde als Textprozessor und -filter konzipiert. Die Interna müssen uns für das grundsätzliche Verständnis von GREP nicht interessieren. Wir betrachten GREP einfach als Black Box, die zwei Eingänge und einen Ausgang besitzt.

[GREP]
Es gibt mehrere Ansichten, was die Abkürzung GREP eigentlich bedeutet. Wir gehen von folgender Bedeutung aus: »**g**lobal search for a **r**egular **e**xpression and **p**rint out matched lines«.

◄ **Abbildung 29.1**
Die Anwendung von GREP ist kompliziert genug. Kümmern Sie sich nicht darum, was in der Black Box passiert.

Wir schicken Text in den Texteingang und Anweisungen, wie mit dem Text zu verfahren ist, in den Eingang für Steueranweisungen. Die Black Box GREP modifiziert den Text entsprechend den Steueranweisungen – **Regular Expressions** oder auf deutsch »reguläre Ausdrücke« genannt – und gibt ihn am Textausgang wieder an uns zurück, wobei die Steueranweisungen immer zwei Dinge beschreiben:

- **Suche:** Es muss beschrieben werden, auf welche Anteile des Textes am Texteingang Operationen anwendet werden sollen.
- **Operation:** Hier wird festgelegt, wie die betreffenden Textanteile modifiziert werden sollen, wobei InDesign in seiner GREP-Implementierung wiederum zwei Möglichkeiten unterscheidet:

1. Textanteile sollen ausgetauscht und der Text somit inhaltlich verändert werden. Dafür ist die Funktion SUCHEN/ERSETZEN zuständig, die einen eigenen Abschnitt für die Verwendung von GREP anbietet.

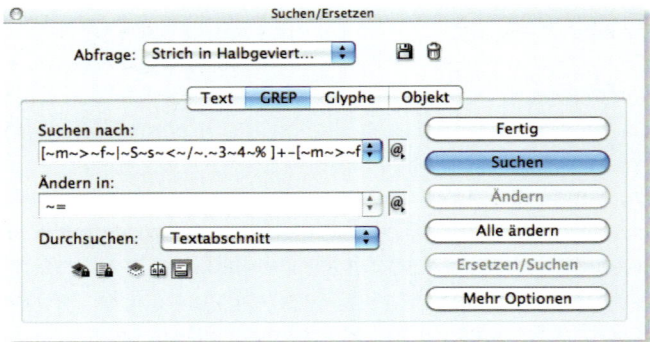

Abbildung 29.2 ▶
Der Text, der in den GREP-Eingang geschickt wird, wird über DURCHSUCHEN festgelegt – hier wird der Text des gesamten Abschnitts durchsucht. Die Steueranweisung besteht aus zwei Teilen: aus der Suche in SUCHEN NACH und aus der Operation in ÄNDERN IN. Der ausgegebene Text wird nach der Änderung wieder im Textabschnitt sichtbar sein (Texteingang = Textausgang).

2. Textteile sollen formatiert werden. Hierfür sind GREP-Stile zuständig, die den Text inhaltlich nicht verändern, sondern als Sonderform der verschachtelten Formate den gefundenen Textteilen Zeichenformate zuweisen.

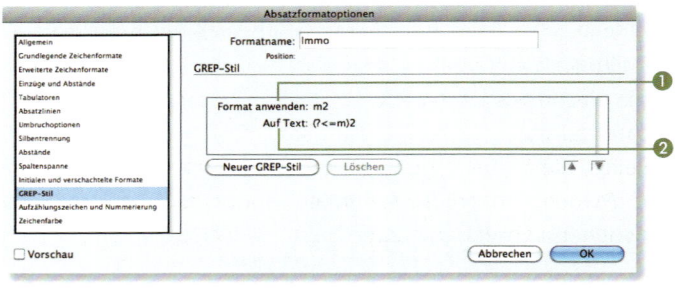

Abbildung 29.3 ▶
Der Text, der in den GREP-Eingang geschickt wird, ist hier der Absatz, auf den das Absatzformat angewendet wird. Die Suche ist in AUF TEXT ❷ formuliert, die Operation in FORMAT ANWENDEN ❶. Das Ergebnis ist wieder der Absatz selbst, auf den das Format angewendet wird.

Da die Suche der Textanteile bei beiden Anwendungen die Voraussetzung ist, ist die Formulierung einer GREP-Suche das zentrale Element im Umgang mit GREP.

29.2 Textteile suchen

Um einen fix vorgegebenen Text zu suchen, brauchen Sie GREP nicht – dafür reicht die normale Textsuche aus. Die Leistung von GREP liegt darin, dass Sie sehr flexibel (aber auch sehr abstrakt) eine unscharfe Suche formulieren können. Das kann bedeuten, dass Sie z. B. ein Wort nur behandeln wollen, wenn es am Anfang eines Absatzes steht, oder den Text »2« nur dann verändern/formatieren wollen, wenn vor dem Text ein Leerzeichen und ein »m«

stehen und nach dem Text wiederum ein Leerzeichen. Was wir hier beschrieben haben, wäre dann nämlich die Einheit »m²«, die entweder über den Austausch der Glyphe 2 gegen ² oder durch Anwendung eines Zeichenformats, das die Hochstellung erledigt, korrekt dargestellt werden soll.

Es wird in diesem Fall zwar ein bestimmtes Zeichen gesucht, allerdings nur unter bestimmten Bedingungen, was mit einer normalen Textsuche nur beschränkt oder gar nicht erreicht werden kann.

29.2.1 Reguläre Ausdrücke

Auch bei der Anwendung von GREP im InDesign-Umfeld ist es notwendig, reguläre Ausdrücke zu formulieren. Diese sind oft total kryptisch formuliert und erschließen sich nicht unbedingt von selbst. Der gesuchte Text ist gespickt mit Sonderzeichen, Klammern in unterschiedlichen Formen {[()]} und Slashes in allen Geschmacksrichtungen (\ | /). Wir werden in diesem Kapitel die regulären Ausdrücke nur aus ihren grundsätzlichen Elementen aufbauen.

Seien Sie trotzdem gewarnt: Das Vorhandensein eines einzelnen Zeichens oder eben das Fehlen ebendieses Zeichens ist für die Funktion zumeist entscheidend, obwohl InDesign die Syntax der regulären Ausdrücke eher locker handhabt. Dies ist zum einen durch eine gewissen Fehlertoleranz begründet, um uns das Leben leichter zu machen, und andererseits durch spezielle InDesign-Objekte, die in der Syntax reguärer Asudrücke nicht vorgesehen sind. Manche Ausdrücke sehen also anders aus, wie sie laut verschiedenen Lehrbüchern zum Thema aussehen sollten.

29.2.2 Zeichen, Wörter, Satzteile

Wenn wir im Folgenden von »Suchen«, »Suchstrings« oder »Regular Expressions« sprechen, meinen wir immer dasselbe. Diese Ausdrücke sind dafür gedacht, entweder in der SUCHEN/ERSETZEN-Funktion (siehe Abbildung 29.2) oder in GREP-Stilen (siehe Abbildung 29.3) verwendet zu werden. Vollständige reguläre Ausdrücke, die Sie in der Beispiel-Datei finden, sind jeweils am Rand abgedruckt.

Einzelne Zeichen und Wörter | Um nach einem einzelnen Zeichen zu suchen, tragen Sie es einfach in den Suchstring ein. Das Gleiche gilt für Wörter. GREP findet auch Wortteile über Wortgrenzen – also z. B. ein Leerzeichen – hinweg.

Wenn Sie im vorherigen Absatz nach dem Text »EP fin« suchen, so werden Sie einen Treffer erhalten.

Die verwendeten Beispiele finden Sie in BEISPIELMATERIAL • KAPITEL_29 • GREP_BEISPIELE.INDD in der Reihenfolge ihres Auftretens in diesem Kapitel.

> **Sonderzeichen**
>
> Einige Zeichen haben in GREP eine besondere Bedeutung und müssen für eine Suche entsprechend gekennzeichnet werden – dazu kommen wir gleich. Grundsätzlich kann aber nach allen Zeichen gesucht werden.

Bis hier hin unterscheidet sich GREP noch nicht von einer normalen Textsuche, die von InDesign in Fragen der Groß-Kleinschreibung sogar komfortabler angeboten wird.

Groß- und Kleinschreibung | Die Textsuche kann über die Funktion GROSS-/KLEINSCHREIBUNG BEACHTEN Aa dazu angehalten werden, auf die Schreibweise zu achten. Genau diese Funktion fehlt in der GREP-Suche. Standardmäßig unterscheidet GREP zwischen Groß- und Kleinschreibung. Wenn Sie einem Suchtext die GREP-Anweisung (?i) voranstellen, so wird der folgende Text unabhängig von seiner Schreibweise gesucht.

> (?i)grep
> findet das Wort »grep« in allen Schreibweisen.

Das ist zunächst natürlich ein Zusatzaufwand, hat aber den Vorteil, dass Sie in einem Suchstring nach Belieben zwischen der Berücksichtigung der Groß-/Kleinschreibung und deren Nichtbeachtung hin- und herschalten können. Um auf die Beachtung der Schreibweise umzuschalten, stellen Sie dem Suchtext die GREP-Anweisung (?-i) voran.

Sie können beide Befehle aus dem Untermenü MODIFIZIERER im Menü @ neben den Eingabefeldern sowohl in der SUCHEN/ERSETZEN-Funktion als auch bei der Definition eines GREP-Stils aufrufen.

> [0123456789]
> [0-9]
> findet alle Ziffern.

Zeichenklassen | Um mehrere Zeichen in einem Arbeitsgang zu suchen, können Sie auf Zeichenklassen zurückgreifen. Alle Zeichen, die Sie in eckige Klammern stellen, werden als einzelne Zeichen gesucht. Um alle Jahreszahlen in einem Text auf einen fetten Schnitt zu stellen, können Sie einen GREP-Stil definieren, der mit [0123456789] sucht und ein entsprechendes Zeichenformat zuweist. Allerdings werden damit wirklich alle Ziffern fett ausgezeichnet – GREP erkennt natürlich keine Jahreszahlen. Zur Korrektur dieses Problems kommen wir später.

Eine solche Aufzählung von Zeichen wird primär dafür verwendet, um eine bestimmte Gruppe von Zeichen (z. B. die Symbole der Grundrechnungsarten: + – × ÷) anzusprechen, und kann für einen zusammenhängenden Zeichenbereich verkürzt werden. So können Sie statt [0123456789] auch einfach [0-9] schreiben. Da solche bestimmten Klassen vor allem in technischen Anwendungen häufig gebraucht werden, wurde GREP um eigene Zeichenklassen erweitert, die bestimmte Zeichen zusammenfassen.

> **[POSIX]**
> Portable Operating System Interface (for Unix): Standardisierte Schnittstelle zum Austausch von Daten zwischen dem Betriebssystem (im konkreten Fall Unix-artigen Betriebssystemen) und den Programmen, die auf dem System laufen.

Posix-Klassen | Diese speziellen Klassen fassen einige oft miteinander verwendete Zeichenbereiche unter eigenen Namen zusammen. Sie finden die in InDesign verfügbaren Posix-Klassen im Menü @ neben den Eingabefeldern sowohl in der SUCHEN/

Ersetzen-Funktion als auch bei der Definition eines GREP-Stils unter Posix. Die normale GREP-Schreibweise dieser Klassen und ihre Beschreibung entnehmen Sie bitte Tabelle 29.1:

POSIX-Klasse	GREP-Formulierung	Beschreibung
[[:alnum:]]	[A-Za-z0-9]	Alphanumerische Zeichen (ohne Satzzeichen)
[[:word:]]	[A-Za-z0-9_]	Alphanumerische Zeichen und zusätzlich Unterstreichung
[[:alpha:]]	[A-Za-z]	Alphabetische Zeichen
[[:digit:]]	[0-9]	Ziffern
[[:lower:]]	[a-z]	Kleingeschriebene alphabetische Zeichen
[[:punct:]]	[-!"#$%&'()*+,./:;<=>?@[\\\]^_`{|}~]	Satzzeichen
[[:space:]]	[\t\r\n\v\f]	Alle Weißräume
[[:upper:]]	[A-Z]	Großgeschriebene alphabetische Zeichen
[[:xdigit:]]	[A-Fa-f0-9]	Hexadezimale Ziffern
[[=a=]]	—	Beliebiges Zeichen eines Glyphensatzes

▲ **Tabelle 29.1**
Die in InDesign definierten Posix-Klassen

Die letzte Klasse in unserer Übersicht ist ein Sonderfall, der nur innerhalb von InDesign existiert und deshalb auch von der GREP-Syntax abweicht bzw. in normaler GREP-Syntax nicht formulierbar ist. Mit »Glyphensatz« ist hier kein Glyphensatz gemeint, den Sie im Glyphen-Bedienfeld selbst definieren können, sondern vielmehr die Sammlung von Zeichen, die Sie im Glyphen-Bedienfeld für eine einzelne Glyphe mit ALTERNATIVEN FÜR AUSWAHL aufrufen können – siehe Abbildung 29.4. Das Zeichen, das Sie zwischen den beiden =-Zeichen eintragen, ist der Stellvertreter für alle Alternativen des Zeichens.

▲ **Abbildung 29.4**
In der Schrift »Minion Pro« wurde ein »a« ausgewählt und die ALTERNATIVEN FÜR AUSWAHL aufgerufen. Alle Versionen des »a« bilden eine Posix-Klasse.

Aufzählungen | Viel wahrscheinlicher als die Formatierung einzelner Zeichen ist die Auszeichnung bestimmter Wörter. Um eine Auflistung von Wörtern zu definieren, verwenden Sie eine Klammer. Die einzelnen Wörter innerhalb der Klammer werden durch einen geraden Strich | (er steht für »oder«) getrennt.

Beachten Sie bitte, dass Sie keine ungewollten Leerzeichen im Suchstring (etwa vor und nach dem Strich) setzen, da diese Leerzeichen dann als zum Wort gehörig betrachtet werden. Sind die Wörter im Text jedoch durch Tabulatoren getrennt oder stehen sie am Ende eines Satzes, werden sie nicht gefunden.

(Schneeberger|Feix)
(?i)(Schneeberger|Feix)
findet beide Namen in der angegebenen Schreibweise (oben) oder in jeder Schreibweise (unten).

Wenn Sie bei einer Aufzählung die Berücksichtigung der Schreibweise ausschalten möchten, stellen Sie (?i) vor die Klammer der Aufzählung.

29.2.3 X oder u?

Bislang haben wir nur fixe Texte gesucht. Um die Suche etwas aufzuweichen, können wir die bisherigen Methoden kombinieren. Wenn Sie nach den Wörtern »Geld« und »Gold« suchen, könnten Sie zwar eine Aufzählung definieren, Sie können sich jedoch auch auf das Wesentliche konzentrieren und lediglich die abweichenden Zeichen in die Aufzählung aufnehmen: G(e|o)ld

G(e|o)ld findet sowohl »Geld« als auch »Gold«.

Sie sehen hier zwei der Probleme von GREP: Es führen unterschiedliche Wege zum Ziel, und je kürzer eine Formulierung wird, umso kryptischer wird sie in der Regel.

29.2.4 Platzhalter

Da es die Wörter »Gald«, »Gild« und »Guld« in der deutschen Sprache nicht gibt, können Sie das obige Beispiel noch allgemeiner formulieren. Da nur die Wörter »Geld« und »Gold« vorkommen, müssen sie die beiden Varianten gar nicht aufzählen, sondern können sie durch einen Platzhalter ersetzen. GREP kennt eine Vielzahl von Platzhaltern für alle möglichen Lebenslagen. Der einfachste ist der Punkt – er steht einfach für genau ein beliebiges Zeichen.

G.ld
G\Sld
findet jedes Wort, das mit »G« beginnt und mit »ld« endet. Dazwischen darf genau ein Zeichen stehen.

Allerdings erlaubt GREP wesentlich feinere Unterscheidungen, welche Eigenschaften ein Platzhalter haben kann. In unserem Fall wäre »Jedes Zeichen, das kein Leerraum ist« ebenfalls ein geeigneter Platzhalter – er wird in GREP als \S formuliert. Unser Suchstring mutiert damit zu G\Sld. Nur noch der Verfasser eines solchen Strings weiß, was damit gewollt ist.

Platzhalter für die unterschiedlichen Situationen finden Sie im Untermenü PLATZHALTER im Menü @ neben den Eingabefeldern sowohl in der SUCHEN/ERSETZEN-Funktion als auch bei der Definition eines GREP-Stils. Eine vollständige Auflistung aller Platzhalter für die GREP-Suche finden Sie auf der Buch-DVD. Die gängigsten Platzhalter listen wir aber auch hier für Sie auf:

Eine Übersicht aller Text- und GREP-Sonderzeichen für die Suche finden Sie auf der Buch-DVD in ZUSATZKAPITEL • C_TASTENKUERZEL.PDF.

Platzhalter	GREP-Formulierung
Beliebige Ziffer	\d
Beliebiges Zeichen, das keine Ziffer ist	\D

▲ Tabelle 29.2
Gängige GREP-Platzhalter für unterschiedliche Zeichen

Platzhalter	GREP-Formulierung
Beliebiger Buchstabe	[\l\u]
Leerraum (beliebiger Leerraum oder Tabulator)	\s
Beliebiges Zeichen, das kein Leerraum ist	\S
Alle Wortzeichen	\w
Beliebiges Zeichen, das kein Wortzeichen ist	\W
Alle Großbuchstaben	\u
Beliebiges Zeichen, das kein Großbuchstabe ist	\U
Alle Kleinbuchstaben	\l
Beliebiges Zeichen, das kein Kleinbuchstabe ist	\L

▲ **Tabelle 29.2**
Gängige GREP-Platzhalter für unterschiedliche Zeichen (Forts.)

Wie Sie den ersten Beispielen und unserer Tabelle entnehmen können, werden Zeichen mit einer besonderen Bedeutung (also Steueranweisungen für GREP) formuliert, indem sie mit einem Backslash \ eingeleitet werden.

29.2.5 Sonderzeichen

Das Problem bei der Syntax der GREP-Anweisungen ist, dass mit ihr z. B. nach »\« nicht unmittelbar gesucht werden kann. Und dabei ist das nicht das einzige Zeichen, das in GREP eine eigene Bedeutung hat. Alle diese Sonderzeichen müssen auch gesondert behandelt werden, wenn sie im durchsuchten Text vorkommen.

GREP-Sonderzeichen | Grundsätzlich gilt, dass einem Zeichen, das als GREP-Anweisung interpretiert werden kann, ein Backslash »\« vorangestellt werden muss. Und das gilt auch für den Backslash selbst – also formulieren Sie eine Suche nach »\« als »\\«.

Ein Backslash bedeutet einfach, dass das folgende Zeichen buchstäblich zu interpretieren ist. So logisch das eigentlich ist, so irritierend kann es auch sein. Ein weiteres wichtiges Zeichen, das mit einem »\« formuliert werden muss, ist der Punkt – wie Sie bereits wissen, steht er in der GREP-Syntax nämlich als Platzhalter für ein einzelnes Zeichen.

Wenn Sie eine Pfadangabe unter Mac OS X wie »Festplatte/Library/Adobe« in »Festplatte • Library • Adobe« ändern möchten, suchen Sie also nach »\ / «, und um dasselbe für einen Windows-Pfad zu erledigen, verwenden Sie »\\«.

InDesign-Sonderzeichen | Sie haben nun bereits mehrfach einen Blick in das Menü @ geworfen und dabei festgestellt, dass es eine ganze Reihe von Untermenüs gibt, die verschiedene Platzhalter und Sonderzeichen anbieten. Die meisten davon betreffen InDesign-Spezialitäten, die in GREP in dieser Form gar nicht definiert sind. Die sichtbaren Zeichen finden Sie in den Untermenüs SYMBOLE, TRENN- UND GEDANKENSTRICHE, LEERRAUM und ANFÜHRUNGSZEICHEN. Die InDesign-Steuerzeichen finden Sie zum einen direkt im Menü @ (TABSTOPP, HARTER ZEILENUMBRUCH, ABSATZENDE) und zum anderen im Untermenü ANDERE.

Die InDesign-eigenen Platzhalter finden Sie im Untermenü MARKEN und alle Textvariablen im Untermenü VARIABLE. Damit können Sie nach den meisten Elementen in einem InDesign-Text suchen und sie mit GREP-Stilen formatieren. Für die SUCHEN/ERSETZEN-Funktion benötigen Sie jedoch noch einige Hilfsmittel, um den gefundenen Text modifizieren zu können.

29.2.6 Die Suche in Gruppen aufteilen

Um einen gefundenen Text fachgerecht transformieren zu können, ist es sinnvoll, die verschiedenen Textelemente zu Gruppen zusammenzufassen, um sie später z. B. in eine unterschiedliche Reihenfolge zu bringen oder entscheiden zu können, welche Treffer im Ergebnis sichtbar sein sollen und welche gelöscht werden.

Nehmen Sie an, Sie bekommen regelmäßig Texte, in denen bestimmte Fachbegriffe in Anführungszeichen stehen. In der fertigen Publikation sollen diese Begriffe jedoch fett ausgezeichnet sein, die Anführungszeichen sollen verschwinden. Eine Suche nach solchen Begriffen kann nun in drei Abschnitte geteilt werden: Zuerst kommt ein Anführungszeichen, dann ein beliebig langer Text und zu guter Letzt das schließende Anführungszeichen. In der Folge wollen wir die beiden Anführungszeichen löschen, die Zeichen zwischen den Anführungszeichen jedoch in das Ergebnis übertragen und dabei noch mit einem Zeichenformat versehen.

Um die Fundstelle in drei Teile zu teilen, müssen Sie im Suchstring Klammern verwenden: (")(\w+)("). Der erste und der dritte Teil sucht nach den Anführungszeichen als eigenständiges Element. Der zweite Teil (\w+) bedeutet »ein oder mehrere beliebige Zeichen« und setzt sich zusammen aus \w für alle Wortzeichen und einem Plus für die Mengenangabe »zumindest ein Zeichen« – mehr zu solchen Mengenangaben folgt später.

GREP findet nun alle Begriffe, die in Anführungszeichen stehen, und hält sie intern als drei getrennte Treffer für uns vorrätig. Nun müssen wir diese drei Teile in das Ergebnis einsetzen.

(")(\w+)(")
findet alle Textstellen, die von Anführungszeichen umfasst sind.

29.3 Text austauschen

Eine Suche, wie wir sie gerade beschrieben haben, ist nur sinnvoll in der Suchen/Ersetzen-Funktion anzuwenden, da wir Textteile austauschen wollen, was die GREP-Stile ja nicht erlauben. Betrachten wir zunächst den einfachen Fall, dass wir den Text gegen einen bestimmten neuen Text austauschen wollen.

29.3.1 Zeichen, Wörter, Textteile

Im Eingabefeld ÄNDERN IN des Fensters SUCHEN/ERSETZEN können Sie alle Zeichen(ketten) eintragen, die Sie über die Tastatur formulieren können. Sonder- und Steuerzeichen können Sie aus dem Menü @ neben dem Feld auswählen. Die Untermenüs bedürfen großteils keiner Erklärung mehr, weil Sie sie bereits aus der Suche kennen. Allerdings muss festgehalten werden, dass Sie nach mehr Elementen suchen können, als Sie als Ersatztext verwenden können. Sie können z. B. nach Textvariablen suchen, können sie aber hier nicht als Ersatztext auswählen.

29.3.2 Fundstellen

In unserem letzten Beispiel haben wir den Suchstring in drei Gruppen geteilt. Wenn GREP einen solchen Suchstring verarbeitet, dann werden den Gruppen (also Ausdrücken in Klammern) einfach laufende Nummern zugewiesen. Sie können bis zu neun Gruppen verwenden, die dann intern Speicherplätzen zugeordnet werden, die von 1 bis 9 nummeriert sind.

> **TOP-TIPP**
> **Inhalt der Zwischenablage**
>
> Sie können auch Textteile oder Bilder für ÄNDERN IN verwenden – dazu müssen Sie die Zwischenablage verwenden. Wie das geht, haben wir Ihnen in Abschnitt 23.2, »Textsuche«, auf Seite 595 gezeigt. Diese Methode funktioniert auch mit der GREP-Suche.

`(")(\w+)(")`
`$2`
findet alle Textstellen, die in Anführungszeichen stehen, und gibt sie ohne Anführungszeichen aus.

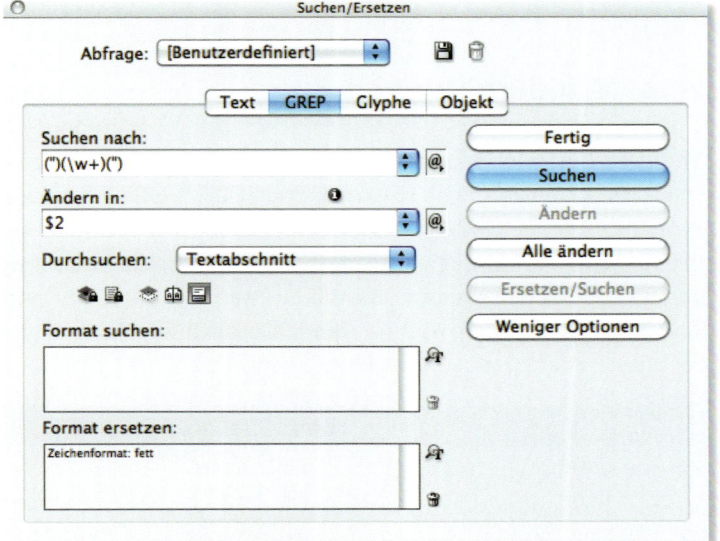

◀ **Abbildung 29.5**
Der Suchstring besteht aus drei Teilen. Verwendet wird nur der zweite Teil, $2, der unverändert in das Ergebnis übertragen und dabei mit dem Zeichenformat »fett« formatiert wird.

In unserem Fall haben wir nun nach einer erfolgreichen Suche auf den Speicherplätzen 1 und 3 jeweils ein Anführungszeichen und auf Speicherplatz 2 den Text zwischen den Anführungszeichen verfügbar.

Um GREP mitzuteilen, welche der gespeicherten Treffer Sie verwenden wollen, können Sie im Feld Ändern in die Nummer des Speicherplatzes mit einem vorangestellten $-Zeichen eintragen. Da die beiden Speicherplätze 1 und 3 nicht in das Ergebnis übernommen werden, werden die beiden Anführungszeichen also aus dem Text gelöscht.

Wenn Sie den gesamten gefundenen Text in das Ergebnis übernehmen wollen, dann müssen Sie das als $0 formulieren. Diese GREP-Funktion und alle neun Speicherplätze können Sie über das Menü @ neben dem Eingabefeld Ändern in aus dem Untermenü Gefunden auswählen.

Verfeinerung | Für komplexe Suchen erscheinen neun Speicherplätze unter Umständen etwas wenig, aber selbstverständlich lässt sich hier auch wieder einiges optimieren. Wir möchten die beiden Anführungszeichen zwar suchen, benötigen sie jedoch nicht im Ergebnis. Wenn wir unseren Suchstring als (?:")(\w+)(?:") formulieren, dann belegen die Treffer für die Anführungszeichen keinen der neun Speicherplätze, und der Text, den wir verwenden wollen, erscheint unmittelbar in Speicherplatz 1. InDesign nennt das einen unmarkierten Unterausdruck. Eine Gruppe, deren Treffer einen der neun Speicherplätze belegt, ist folglich ein markierter Unterausdruck.

29.4 Wiederholungen

Im letzten Beispiel haben wir nebenbei das Wiederholungszeichen »Plus« eingeführt. Es wurde dem GREP-Befehl für »alle Wortzeichen« nachgestellt und bewirkte, dass der gesuchte String beliebig lang werden kann. Solche Wiederholungsanweisungen gibt es nun wieder mehrere, die Sie im Menü @ unter Wiederholung aufrufen können. GREP kennt allerdings noch mehr – die wichtigsten haben wir in Tabelle 29.3 aufgelistet.

(?:")(\w+)(?:")
$1
findet alle Textstellen, die in Anführungszeichen stehen, und gibt sie ohne Anführungszeichen aus.

Tabelle 29.3 ▶
Wiederholungsanweisungen

Wiederholung	Code
Ein- oder keinmal	?
Keinmal oder mehrmals	*
Einmal oder mehrmals	+

Wiederholung	Code
Genau n-mal	{n}
Mehr als n-mal	{n,}
Zwischen n- und m-mal	{n, m}

▲ **Tabelle 29.3**
Wiederholungsanweisungen (Forts.)

Mit den Wiederholungsanweisungen können wir nun Jahreszahlen von »normalen« Ziffern besser unterscheiden. Wenn wir eine Jahreszahl als vierstellige Zahl definieren (was natürlich etwas einfach dargestellt ist), können wir für einen GREP-Stil einen Suchstring als \d{4} definieren. Wir suchen nach beliebigen Ziffern (\d), allerdings müssen genau vier Ziffern aufeineinander folgen – {4}. Die Anwendung der einstelligen Wiederholungszeichen haben Sie ja bereits kennengelernt.

\d{4}
findet vier beliebige aufeinander folgende Ziffern.

29.5 Entsprechungen und Bedingungen

Mit den Wiederholungszeichen ziehen in GREP die ersten Bedingungen ein. Im obigen Beispiel werden Ziffern *nur dann* behandelt, *wenn* genau vier Ziffern aufeinander folgen.

Auch solche Bedingungen lassen sich in GREP noch wesentlich verfeinern. In Kapitel 19, »Textformatierung«, auf Seite 488 haben wir Ihnen schon das leidige Quadratmeter-Problem vorgestellt. Die Bedingung, die formuliert werden muss, um m² korrekt zu erkennen, lautet, dass »2« nur dann hochzustellen ist, wenn unmittelbar vorher ein »m« steht. Der entsprechende Suchstring lautet: (?<=m)2.

(?<=m)2
findet die Ziffer »2«, wenn unmittelbar davor ein »m« steht.

Wir suchen zunächst einmal gezielt nach der Ziffer »2«. Allerdings wollen wir, dass unmittelbar vorher – (?<=) – ein »m« steht, womit die gesamte Bedingung nun also (?<=m) lautet: Der Text, von dem die Bedingung abhängt, wird also unmittelbar vor der schließenden Klammer eingefügt.

m³
Wenn Sie sowohl m² als auch m³ suchen möchten, dann tauschen Sie die Ziffer »2« gegen »(2|3)« aus.

Wir überprüfen also einerseits die Existenz eines Textes, aber auch die Position, an der er steht. GREP nennt das ein Positives Lookbehind. Und GREP wäre nicht GREP, wenn es nicht weitere Möglichkeiten gäbe. Insgesamt gibt es vier Arten dieser Bedingungen. Diese vier Befehle finden Sie im Menü @ im Untermenü Entsprechung, und wir listen sie für Sie in Tabelle 29.4 mit Erklärungen auf. Weiters finden Sie im Untermenü Entsprechung den Befehl Zeichensatz, der ein Paar aus eckigen Klammern erzeugt, die Sie für Zeichenklassen benötigen und somit schon kennen.

Der Befehl MARKIERTER UNTERAUSDRUCK ist Ihnen ebenfalls schon bekannt; er erzeugt Klammern für die Gruppierung in Suchstrings.

Entsprechung		Code
Positives Lookbehind	Ein bestimmter Text existiert vor dem zu bearbeitenden Text.	(?<=)
Negatives Lookbehind	Ein bestimmter Text existiert nicht vor dem zu bearbeitenden Text.	(?<!)
Positives Lookahead	Ein bestimmter Text existiert nach dem zu bearbeitenden Text.	(?=)
Negatives Lookahead	Ein bestimmter Text existiert nicht nach dem zu bearbeitenden Text.	(?!)

▲ Tabelle 29.4
Die Lookbehind- und Lookahead-Varianten

Wie Sie bereits wissen, belegen die Treffer, die aus diesem Befehl resultieren, je einen Speicherplatz; im Gegensatz zu UNMARKIERTER UNTERAUSDRUCK, dem letzten Befehl in diesem Menü.

29.6 Sinnvoll und kryptisch

Leider müssen wir Ihnen einige Details zur Anwendung von GREP auch in diesem Kapitel schuldig bleiben. Die Grundlagen sollten aber ausreichen, um sich selbst entsprechend weiterzubilden. Die Abhandlung aller GREP-Möglichkeiten wäre ohnehin nicht zielführend, da es für jedes Problem viele Möglichkeiten gibt, es zu lösen.

Je anspruchsvoller die Probleme werden, um so kryptischer werden die regulären Ausdrücke, um sie zu lösen. Für Ihre selbstständige Beschäftigung mit dem Thema können Sie auf die beiden folgenden Suchstrings zurückgreifen – sie sind sehr hilfreich, aber auch sehr kompliziert …

Mailadressen | Um allen Mailadressen in einem Absatz ein Zeichenformat zuzuweisen, das die Adressen kursiv darstellt, verwenden Sie folgenden Suchstring: [\l\u\d_%-.]+@[\l\u\d_%-.]+

Internet-Links | Um allen Internet-Links in einem Absatz ein Zeichenformat zuzuweisen, das die Links unterstreicht, verwenden Sie folgenden Suchstring: [\l\u\d:/]+[.][\l\u\d_%-/]+

Diese beiden Suchen (und noch weitere) finden Sie auf: http://indesignsecrets.com/5-cool-things-you-can-do-with-grep-styles.php.

30   Digitale Schrift

Bevor Schrift – hoffentlich korrekt und respektvoll – angewendet werden kann, ist oft eine technische Hürde zu nehmen: Welche Schriften funktionieren technisch gut, wie unterscheiden sich die diversen Fontformate, und welche sind zu bevorzugen?

30.1   Fonttechnologie

Schaffen wir also zunächst die Basis, um Schriften in der Folge auch richtig anwenden zu können, wobei wir die technischen Details nicht zu sehr übertreiben wollen – sie würden den Rahmen dieses Buches sprengen und auch nicht bei allen Lesern auf Interesse stoßen.

30.1.1   Vorgeschichte

Als Apple Computer 1984 den Macintosh vorstellte, staunte die Fachwelt nicht schlecht – Grafik, Schrift und Bilder wurden so dargestellt, wie sie später auch gedruckt wurden. Aus heutiger Sicht wirkt diese Leistung allerdings etwas mickrig. Die Schriften und Grafiken waren nämlich als 72-dpi-Lineart-Bilder ausgeführt. Jedes gängige Mobiltelefon bietet heute auf seinem Display eine bessere Grafikdarstellung.

Das Problem der ersten Generation der digitalen Schriften war, dass sämtliche Ausgaben – egal ob auf dem Monitor oder auf Papier – aus Punkten zusammengesetzt werden müssen. Ist die Auflösung (das Auflösungsvermögen) des Ausgabegeräts gering, sind die Punkte im Verhältnis zur zu füllenden Form relativ groß. Bei höheren Auflösungen tritt das Problem ebenfalls bei kleinen Schriften auf.

Feinheiten in der Formgebung der einzelnen Zeichen gehen so verloren, und die Schriften können nicht skaliert werden, weil die Punkte in einer größeren/kleineren Fläche anders verteilt werden müssen.

Für jede Schriftgröße muss ein eigener Bitmap-Zeichensatz vorhanden sein. Um die Ergebnisse auf Papier zu bringen, waren Nadeldrucker im Einsatz, die in ihrer Frühzeit gerade einmal die

[Font]
In der Zeit des Lichtsatzes wurden Schriften auf Filmstreifen belichtet und von diesen Filmen wiederum neue Filme mit dem gewünschten Text – schon frei skalierbar – belichtet. Diese Filmstreifen wurden Fonts genannt. Dieser Name hat sich auch für digitale Schriften eingebürgert.

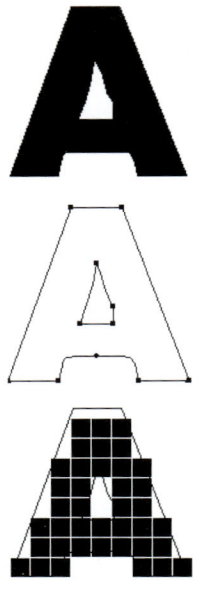

▲ **Abbildung 30.1**
Ein Zeichen, sein Umriss und eine – sehr unzulängliche – Füllung des Umrisses

[RIP]
Raster Image Prozessor – Software, die die Beschreibung von Grafik und Schrift in Punkte umwandelt, die dann gedruckt werden können. Da RIPs oft auf eigenständigen Computern laufen, wird gelegentlich die Kombination aus Rechner und RIP-Software als RIP bezeichnet.

Zeichencodierung

PostScript-Schriften sind pro Schriftschnitt auf 256 Zeichen beschränkt. TrueType-Schriften können aufgrund eines erweiterten Codebereichs wesentlich mehr Glyphen aufnehmen, was ein echter Vorteil der TrueType-Schriften ist, der jedoch kaum genutzt wurde.

doppelte Bildschirmauflösung erreichten. Es war klar, dass dieser Zustand nicht auf Dauer durchgehalten werden konnte.

Die Einschränkungen des Bildschirms konnten nicht ohne Weiteres behoben werden, im Druck allerdings konnten Technologien genutzt werden, die eine dramatische Qualitätsverbesserung brachten.

30.1.2 Fontformate

Die Definition solcher hochqualitativen Schriften war zunächst von einigen Konkurrenzkämpfen geprägt. Die folgende Auflistung ist vor diesem Hintergrund in chronologischer Abfolge zu verstehen.

Type 1-Schriften (PostScript-Schriften) | Zunächst bot Adobe eine geniale Lösung an: Die Darstellung von grafischen Daten auf dem Bildschirm wurde von der Druckausgabe entkoppelt. Beim Drucken wurden die Funktionen, die die Darstellung von Daten auf dem Bildschirm realisieren, in eine neutrale Seitenbeschreibungssprache umgewandelt. Das Ausgabegerät interpretiert diese Seitenbeschreibung und setzt sie, den Möglichkeiten des jeweiligen Ausgabegerätes entsprechend, um. Schrift wurde nur noch durch ihren Umriss beschrieben, der frei skalierbar war. Die möglichst exakte Füllung der Fläche war Aufgabe des RIPs. Die neue Seitenbeschreibungssprache wurde PostScript getauft und dominiert heute die gesamte Druckvorstufe.

Allerdings waren und sind Type 1-Schriften auch mit Problemen behaftet: Zum einen können in einem Schnitt lediglich 256 Glyphen abgebildet werden, und zum anderen konnten und können Type 1-Schriften nicht ohne Weiteres zwischen Windows und Mac OS X ausgetauscht werden. Da Adobe mit PostScript eine Monopolstellung im Bereich der Druckausgabe innehatte und die interne Codierung der Type 1-Schriften zunächst auch nicht veröffentlichte, war es außer Adobe niemandem möglich, PostScript-Schriften zu erstellen, und neben der RIP-Software mussten auch die Schriften von Adobe bezogen werden.

TrueType-Schriften | Um nicht von Adobe abhängig zu sein, definierte Apple eine eigene Schrift-Technologie mit der Bezeichnung TrueType, und Microsoft lizenzierte sie. TrueType-Schriften verfolgen die gleiche Strategie wie PostScript-Schriften. Die einzelnen Glyphen werden als skalierbare Pfade beschrieben, die den Umriss der Schrift definieren. Das »Rastern« der Schrift, also die Umsetzung der Form in eine mit Punkten gefüllte Fläche, wurde von den Betriebssystemen erledigt. Dies ermöglichte eine qualitativ hochwertige Ausgabe von Schrift auf Geräten, die nicht PostScript unterstützten.

Adobe reagierte auf diese Kampfansage. 1990 und somit noch ein Jahr vor dem Erscheinen von TrueType wurde die Type 1-Spezifikation veröffentlicht – eine Ausgabe von TrueType-Schriften auf den RIPs von Adobe wurde jedoch zunächst noch nicht unterstützt. Da die TrueType-Schriften mit der PostScript-Technologie nicht gut zusammenspielten, kam es zu extrem schwierigen Produktionsbedingungen in der Druckvorstufe. Anwender ignorierten die Inkompatibilitäten zwischen der aktuellen PostScript-Technik und den TrueType-Schriften und verwendeten fröhlich TrueType-Schriften, die in der Qualitätsproduktion nicht ausgegeben werden konnten. Erst mit PostScript Level 2 (Version 2017.104) implementierte Adobe in seinen PostScript-RIPs auch die Unterstützung von TrueType-Schriften über den TrueType-Scaler, der TrueType-Schriften in das Type 1-ähnliche Type 42-Format umwandelte.

Die technischen Probleme aus ihrer Anfangszeit haften den TrueType-Schriften auch heute noch an. Obwohl sie mit heutiger Technik problemlos produziert werden können, sind sie in vielen Druckvorstufen-Unternehmen nach wie vor nicht gern gesehen. Und tatsächlich haben es Apple und Microsoft lange nicht geschafft, die eigene TrueType-Definition so weit umzusetzen, dass die gleichen Schriftdateien auf den Betriebssystemen beider Hersteller verwendbar gewesen wären. Auch dieses Problem ist heute gemildert: Mac OS X kann Windows-TrueType-Schriften direkt übernehmen – umgekehrt funktioniert das allerdings nach wie vor nicht.

OpenType-Schriften | In den folgenden zehn Jahren war die Schriften-Landschaft von Problemen gekennzeichnet:
- Type 1-Schriften konnten nicht zwischen den beiden dominierenden Betriebssystemen ausgetauscht werden.
- Zur Darstellung von Type 1-Schriften auf dem Bildschirm war bis zum Erscheinen von Windows 2000 bzw. Mac OS X der ATM notwendig.
- Type 1-Schriften sind Single-Byte-Schriften und deshalb auf 256 Zeichen pro Schriftschnitt beschränkt.
- TrueType-Schriften waren nicht zwischen den Systemen austauschbar.
- Nach anfänglichen technischen Problemen konnten sich TrueType-Schriften in der Druckindustrie nicht durchsetzen.
- Obwohl TrueType eine erweiterte Zeichencodierung bot, gab es keine Struktur, mit der diese Fähigkeit auch sinnvoll genutzt

Hinting und Instructions

Das Kernproblem der Darstellung digitaler Schrift wurde mit der Beschreibung als Vektor allerdings nicht eliminiert. Bei geringen Ausgabeauflösungen oder sehr kleinen Schriften konnte zwar der Umriss der Schrift frei skaliert werden, die Füllung mit den in der Relation zu großen Punkten hätte das Ergebnis jedoch nach wie vor ziemlich entstellt. Deshalb wurden die PostScript-Schriften mit zusätzlichen »Fähigkeiten« ausgestattet. Die Schriftdesigner konnten Hinweise für den RIP in der Schrift hinterlegen, mit denen der RIP bei ungünstigen Skalierungen eine verbesserte Darstellung erzeugen konnte. Diese Technologie ist als »Hinting« (Type 1) oder »Instructions« (TrueType) bekannt.

TrueType und Normen

Aus unverständlichen Gründen wird in vielen Normen (z. B. ÖNORM 1305: Inseratenanlieferung für österreichische Tageszeitungen) die Verwendung von TrueType explizit ausgeklammert.

OpenType-Unterstützung

OpenType ist zwar die jüngste Entwicklung im Bereich der digitalen Schriften, aber auch kein Neuling mehr. OpenType-Schriften sind bereits seit 1997 verfügbar, wurden aber in den Betriebssystemen erst mit größeren Release-Sprüngen und somit zum Teil verzögert eingebaut.

[Unicode]
Unicode ist ein internationaler Standard, der die Kodierung fast aller weltweit verwendeten Glyphen regelt. Pro Glyphe stehen 16 Bit zur Verfügung, womit in Unicode-Zeichensätzen genügend Platz für alle gängigen Schriftsysteme inklusive Kyrillisch, Arabisch, Hebräisch und die asiatischen Schriftsysteme ist.

Layout-Features
Layout-Features können eine Reihe von typografischen Feinheiten abbilden. Alle Zeichensätze können in unterschiedlichen nationalen Ausprägungen vorhanden sein, und alle Funktionen sind so strukturiert, dass sie untereinander verknüpft werden können, womit z. B. alternative Glyphen angeboten und ausgewählt werden können. Wie Sie diese Funktionen in InDesign nutzen, erfahren Sie in Abschnitt 17.1.5, »OpenType«, ab Seite 393.

Std und Pro
Schriften der Schriftbibliotheken von Adobe und Linotype sind im Namen mit Zusätzen gekennzeichnet. »Std« bedeutet, dass die Schrift dem Umfang der PostScript-Variante entspricht und zusätzlich zumindest das €-Zeichen besitzt, »Pro« als Teil des Namens deutet dagegen auf eine gut ausgebaute OpenType-Schrift hin.

werden konnte. Multinationale Zeichensätze oder Expert-Schnitte, die den Satz typografischer Spezialitäten wie Linien, Ligaturen, Brüchen, spezieller osteuropäischer Zeichen etc. ermöglichten, wurden als eigenständige Schriften erstellt und waren nur schwer anzuwenden.

Mit diesen Zuständen waren nicht nur die Anwender und die Dienstleister in der Druckvorstufe unglücklich, sondern auch die Schriftenhersteller. Qualitätsschriften, deren Herstellung ganz erheblichen Aufwand verursacht, mussten für beide Betriebssysteme gewartet, verwaltet und vertrieben werden. Deshalb erfolgte mit der Definition der OpenType-Schriften durch Adobe und Microsoft der nächste Versuch, Ordnung ins Chaos zu bringen.

OpenType ist kein neues Schriftformat, sondern lediglich ein »Containerformat«, das sowohl PostScript- als auch TrueType-Schriften enthalten kann. Der Container stellt sicher, dass die Schrift zwischen den Betriebssystemen ausgetauscht werden kann. Darüber hinaus sind die in OpenType-Dateien enthaltenen Schriften Unicode-codiert. Dadurch kann ein wesentlich erweiterter Zeichensatz abgebildet werden. Diese Zeichensätze können in Ebenen angeordnet sein, die jeweils eine unterschiedliche Funktion haben und **Layout-Features** genannt werden.

OpenType-Schriften können grundsätzlich auf allen modernen Betriebssystemen mit Unicode-Unterstützung verwendet und mithilfe des ATM auch auf älteren Betriebssystemen eingesetzt werden. Das bedeutet allerdings nicht, dass Sie in allen Programmen problemlos mit OpenType arbeiten können. Unicode-Fähigkeit ist die Voraussetzung für Programme, um OpenType-Schriften in vollem Umfang zu nutzen. Bei den derzeit aktuellen Programmen für die Druckvorstufe können Sie von Unicode- und somit OpenType-Unterstützung ausgehen.

Eine Vielzahl der OpenType-Schriften bietet allerdings auch noch keine Layout-Features. Zumeist wurden nur die bekannten Schriftschnitte in das OpenType-Format übertragen und mit wichtigen Ergänzungen, wie dem €-Zeichen, ausgestattet. Ein kleiner Teil der OpenType-Schriften liegt bereits in voll ausgestatteten Versionen vor. Diese Schriften bieten meist einen Großteil der Layout-Features an und sind für eine qualitativ hochwertige Typografie die erste Wahl.

30.1.3 Welche Schriftentechnologie soll ich verwenden?

OpenType-Schriften sind bereits recht weit verbreitet, und die Zukunft gehört ganz sicher den OpenType-Schriften. Allerdings gibt es keinen Grund, bestehende Schriftsammlungen zu entsorgen. Erfreulicherweise sind die technischen Probleme in der Verwendung der diversen Technologien größtenteils behoben.

Wenn Sie gezwungen sind, in einer Arbeitsgruppe mit unterschiedlichen Softwareprodukten zu arbeiten, achten Sie beim Einsatz von OpenType-Schriften darauf, dass alle beteiligten Softwarekomponenten auch problemlos damit umgehen können. Innerhalb der Creative Suite ist das selbstverständlich der Fall.

30.2 Schriften verwalten

Die aktuellen Betriebssysteme bringen einen umfangreichen Satz an Schriften mit – diese sind jedoch zumeist für die Bildschirmdarstellung optimiert und für seriöse Typografie nur beschränkt verwendbar.

Sie werden also zusätzliche Schriften installieren müssen. Dazu gibt es eine Reihe von Tools und natürlich die bordeigenen Methoden Ihres Betriebssystems. All diese Möglichkeiten haben mit InDesign wenig zu tun, weshalb wir sie hier nicht behandeln. Allerdings haben wir einige Schritt-für-Schritt-Anleitungen für die Installation von Schriften auf den gängigen Betriebssystemen im Ordner dieses Kapitels auf unserer Buch-DVD für Sie deponiert.

> **dfont**
> Mac OS X-Benutzer sind mit Schriften konfrontiert, die die Dateiendung ».dfont« aufweisen. Diese Schriften werden primär vom Betriebssystem selbst verwendet und sind ein Überbleibsel aus der vorherigen Systemversion. Es handelt sich dabei um TrueType-Schriften. Sie sollten sie trotzdem nicht verwenden, weil Sie sonst mit Problemen bei der Datenübergabe an Windows-User rechnen müssen.

Sie finden die Datei »Digitale Schrift Anleitungen.pdf« im Ordner BEISPIELMATERIAL • KAPITEL_30.

30.3 InDesign kümmert sich

Um nicht auf die Schriftverwaltung der verschiedenen Betriebssysteme angewiesen zu sein, hat Adobe für InDesign immer schon eine eigene Möglichkeit vorgesehen, Schriften für InDesign verfügbar zu machen. Mit InDesign CS5 ist eine weitere Methode dazugekommen, die schon lange überfällig war und nun endlich implementiert wurde.

30.3.1 Fonts-Ordner der Creative Suite

Mit der Creative Suite werden Schriften ausgeliefert, die zum Teil in Schriftordnern untergebracht sind, die für die gesamte Creative Suite verwendbar sind. Sie finden diese Ordner unter Windows z. B. in C:\COMMON FILES\ADOBE\ und auf dem Mac unter FESTPLATTE:LIBRARY:ADOBE:. Diese Ordner können wir für die Creative Suite-weite Verwaltung von Schriften nicht empfehlen. Verwenden Sie besser die Schriftverwaltung des Betriebssystems, wenn Sie mehrere Programme mit einheitlichen Schriften versorgen wollen.

> **TIPP**
>
> Sie müssen nicht einzelne Schriften in die Fonts-Ordner kopieren. InDesign akzeptiert auch Schrift-Ordner, die vollständig nach Schriften durchsucht werden.

30.3.2 Der InDesign-Fonts-Ordner

Im Programmordner von InDesign finden Sie einen Ordner FONTS, der standardmäßig leer ist. Sie können Ihre Schriften manuell direkt in diesen Ordner kopieren – auch wenn InDesign bereits gestartet ist – und sofort verwenden. Allerdings wirklich nur mit InDesign.

Der enorme Zusatznutzen dieses Ordners ist, dass damit nicht nur OpenType-, sondern auch TrueType-Schriften zwischen Windows und Mac OS X ausgetauscht und Windows Type 1-Schriften auf den Mac übernommen werden können, obwohl das von den Betriebssystemen selbst nicht oder nur eingeschränkt unterstützt wird.

> **Schriften in den Fonts-Ordnern**
>
> TrueType-Schriften von Windows werden von Mac OS X direkt unterstützt, Type 1-Schriften dagegen nicht, sie können aber über den Fonts-Ordner doch verwendet werden. Unter Windows funktionieren Type 1-Schriften vom Macintosh aufgrund des Datenformats, das von Windows nicht gelesen werden kann, leider immer noch nicht.

30.3.3 Der Document fonts-Ordner

Das Gleiche gilt für den Ordner DOCUMENT FONTS, der entsteht, wenn Sie ein Dokument mit der Option SCHRIFTARTEN KOPIEREN (AUSSER CJK) verpacken.

Existiert ein Ordner DOCUMENT FONTS am selben Ort, wie Ihre Satzdatei, verwendet InDesign CS5 die Schriften in diesem Ordner ebenfalls. Der Ordner DOCUMENT FONTS hat also keine besonderen Eigenschaften. Lediglich der Name führt dazu, dass die enthaltenen Schriften von InDesign verwendet werden – Sie können diesen Ordner also auch selbst anlegen und mit Schriften bestücken und müssen ihn nicht über eine Verpackung erstellen. Dabei wird er lediglich auf Ihren Wunsch von InDesign erstellt.

> **Document fonts**
>
> Auch wenn InDesign Schriften aus dem DOCUMENT FONTS-Ordner an anderen Orten zur Verfügung stehen, so werden trotzdem die Schriften im DOCUMENT FONTS-Ordner verwendet und bereits vorhandene Schriften somit ignoriert.

30.3.4 Reihenfolge

Da einerseits das jeweilige Betriebssystem Schriften zur Verfügung stellt und InDesign selbst mehrere Ordner überwacht, können Schriften also auch mehrfach existieren. InDesign CS5 geht bei der Anwendung der verfügbaren Schriften wie folgt vor:
1. Zuerst wird der Schriftordner des Dokuments verwendet, das Sie öffnen. Finden sich darin nicht alle nötigen Schriften, wird
2. der InDesign-eigene Fonts-Ordner durchsucht. Findet sich auch darin die nötige Schrift nicht, wird
3. noch in den Schriftordnern der Creative Suite nachgesehen und schließlich
4. auf die Schriften des Betriebssystems zurückgegriffen.

31 Farbmanagement

Farbmanagement ist das wohl heißeste Eisen, das im grafischen Gewerbe angefasst werden kann. Jeder versteht darunter etwas Spezielles und Unterschiedliches. Ganze Bücher wurden zu diesem Thema geschrieben, eine Reihe von Seminaren wurde abgehalten und Spezialwissen in den einzelnen Abteilungen angehäuft, doch nach wie vor ist jedem bei der Anwendung von Farbmanagement unwohl zumute. Doch klammheimlich hat das Farbmanagement bereits Einzug in unsere tägliche Arbeit gehalten. Viele wollen es nicht wahrhaben, doch wer mit aktuellen Programmversionen arbeitet, ist mittendrin.

Ist eine Auseinandersetzung mit dem Thema in diesem Buch überhaupt angebracht? Die Frage ist mit einem klaren Ja zu beantworten. Es müssen ja keine technischen Hintergründe vermittelt werden, es ist aber unsere Aufgabe, Ihnen die Vorteile des aktivierten Farbmanagements näherzubringen und zu erklären, wie Sie für die Druckvorstufe eine sinnvolle Grundeinstellung vornehmen und was Sie bei der Ausgabe zu beachten haben.

31.1 Eine kleine Einführung

Der Sinn und Zweck digitalen Farbmanagements liegt vornehmlich in der farblich richtigen Wiedergabe von Farben auf den Ausgabegeräten wie Monitor oder Drucker. Farbmanagement stellt dabei so weit wie möglich sicher, dass die Farbwahrnehmung bestimmter Farbwerte auf verschiedenen Ein- und Ausgabegeräten für das menschliche Auge »gleichgeschaltet« wird. Dabei müssen RGB- bzw. CMYK-Werte verändert werden, um ein visuelles Gleichbild zu erlangen.

Farbmanagement wird bereits im Alltag in fast allen Bereichen zum Vorteil des Anwenders eingesetzt. Wir möchten aber an dieser Stelle darauf hinweisen, dass es im Umfeld von Farbe kein absolutes Ideal gibt. Es geht dabei vielmehr um den Zustand, dass jeder »gleich« bei Farbanpassungen und Farbkonvertierungen vorgeht und somit innerhalb einer definierten Bandbreite Farben erzeugt bzw. Farben für die Ausgabe optimiert.

Damit Farbmanagement verstehbar gemacht werden kann, müssen zuvor vier Grundbegriffe – Color Gamut, ICC-Profil, Color Engine und Rendering-Intent – klargestellt werden.

31.1.1 Color Gamut

Der Begriff Color Gamut beschreibt die Anzahl der darstellbaren bzw. aufnehmbaren Farben eines Ein- oder Ausgabegerätes. Während das menschliche Auge einen doch sehr großen Farbumfang erkennen kann – den *absoluten Farbraum* (dargestellt im chromatischen Diagramm: linkes Bild in Abbildung 31.1) –, können, bedingt durch die verwendete Technik (Tinte, Wachs, Druckfarbe, Papier) bzw. den verwendeten Farbraum (additive und subtraktive Farbmischung), die Ein- und Ausgabegeräte nur eine beschränkte Anzahl von Farben abbilden.

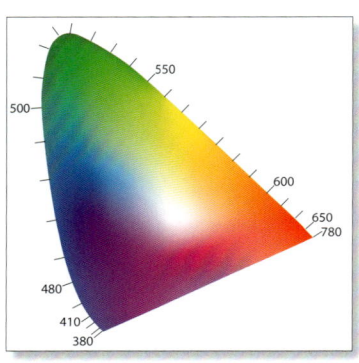 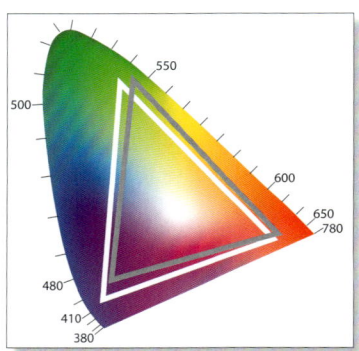 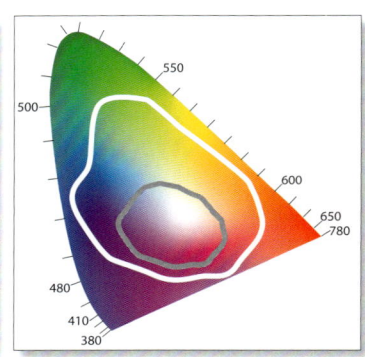

▲ **Abbildung 31.1**
Links: Das chromatische Diagramm nach DIN 5033. Der sichtbare Bereich für das menschliche Auge liegt zwischen 380 und 780 nm.
Mitte: Zwei Monitore bedeuten auch zwei unterschiedliche Color Gamuts.
Rechts: Zwei Drucker bzw. Drucker- und Medienkombinationen bedeuten auch zwei unterschiedliche Color Gamuts.

Wie aus der Abbildung gut erkennbar ist, können am Monitor bzw. im Druck bestimmte Farben nicht mehr reproduziert werden. Wir unterscheiden somit:

▶ **Nicht darstellbare und nicht druckbare Farben:** Das sind Farben, die weder am Monitor noch im Druck wiedergegeben werden können.
▶ **Darstellbare, jedoch nicht druckbare Farben:** Das sind jene Farben, die am Monitor, jedoch nicht im Druck wiedergegeben werden können.
▶ **Druckbare, jedoch nicht darstellbare Farben:** Ja, auch das gibt es! Speziell wenn billige Monitore verwendet werden, die nicht einmal den Color Gamut des Druckers abbilden können.
▶ **Druckbare und darstellbare Farben:** Das sind jene Farbwerte, die sowohl im Druck als auch am Monitor wiedergegeben werden können.

Farbmanagement versucht, Sie aus diesem Schlamassel, die Unterschiede im Farbumfang auszugleichen, etwas herauszuhalten.

31.1.2 ICC-Profile

ICC-Profile beschreiben den farbreproduktionsspezifischen Charakter des Farbraums eines Geräts in der Terminologie des absoluten Farbraums. Anders gesagt: Ein Profil ist eine Tabelle, in der die Farbwerte (RGB oder CMYK) aller verfügbaren Farben des Geräts und die entsprechenden Farbwerte in Lab (die Farbnummernbeschreibung des absoluten Farbraums) aufgelistet werden.

▼ **Abbildung 31.2**
Die linke Tabelle zeigt am Beispiel des »ECI-RGB v2.icc«-RGB-Profils, welche Lab-Werte den entsprechenden RGB-Werten zugewiesen sind. Die rechte Tabelle zeigt dies am Beispiel des »ISO Coated v2.icc«-Druckprofils.

R	G	B		L	a	b		L	a	b		C	M	Y	K
255	255	255	▶	100	0	0		100	0	0	▶	0	0	0	0
255	255	254	▶	100	0	1		100	0	1	▶	0	0	1	0
255	255	253	▶	100	0	1		100	1	1	▶	0	1	1	0
...	...	...		...	...	...		...	...	...		...	...	...	...
146	237	89	▶	81	–71	62		81	–71	62	▶	72	0	97	0
147	236	89	▶	81	–70	62		81	–70	62	▶	72	0	96	0
147	236	90	▶	81	–70	62		81	–70	61	▶	72	0	96	0
147	236	91	▶	81	–70	61		81	–70	60	▶	73	0	95	0
147	236	92	▶	81	–70	61		81	–69	60	▶	72	0	95	0
...	...	...		...	...	...		...	...	...		...	...	...	...
5	0	0	▶	1	3	1		1	1	2	▶	80	78	72	92
4	0	0	▶	1	2	1		1	1	1	▶	80	78	69	92
3	0	0	▶	1	2	1		1	1	0	▶	84	79	66	92
2	0	0	▶	1	1	0		0	1	0	▶	86	81	64	92
1	0	0	▶	0	1	0		0	0	0	▶	88	79	65	93

Damit eine Farbkonvertierung stattfinden kann, wird immer ein Quell- und ein Zielprofil vorausgesetzt. Fehlt eines der beiden Profile, so muss, um eine Farbverrechnung durchführen zu können, auf ein Default-Profil zurückgegriffen werden.

Eine Konvertierung von RGB nach CMYK läuft somit in folgenden drei Schritten ab:
1. Ein Pixel in einem Bild besitzt den Farbwert RGB = 146|237|89.
2. Dieser Farbwert wird im Quellprofil gesucht und der danebenstehende Lab-Wert = 81|–71|62 ausgelesen.
3. Der ausgelesene Lab-Wert wird dann im Zielprofil gesucht und in den danebenstehenden CMYK-Wert = 72|0|97|0 konvertiert.

Eine Farbkonvertierung wird somit immer über den absoluten Farbraum (Lab) geführt, was im Falle einer RGB-zu-CMYK-Konvertierung unproblematisch ist. Wird jedoch eine CMYK-zu-CMYK-Konvertierung durchgeführt, so bedeutet das, dass eine zuvor optimierte Separation wiederum in einen 3-Kanal-Farbraum

Nicht die gesamte Anzahl der Farben ist beschrieben

Da mit RGB 16,7 Millionen Farben definiert werden können, müsste ein RGB-Profil 16,7 Millionen Farbeinträge in der Tabelle besitzen. Die Realität: Es wird nur eine bestimmte Anzahl von Farben (Stützpunkte) in ein Profil aufgenommen.

Zwischenwerte werden anhand von Algorithmen, die u. a. durch die Rendering-Intents vorgegeben sind, durch den Farbrechner errechnet.

überführt und erneut – möglicherweise mit einem anderen Schwarzaufbau oder mit Untertönen in ehemals reinen Primärfarben – separiert wird. Und genau darin liegen die Grenzen des klassischen Farbmanagements.

31.1.3 Color Engine

Die Color Engine – der Farbrechner – ist für die Verrechnung der Farben vom Quell- in den Zielfarbraum zuständig. Dabei ist das kleine Stück Software einerseits für die Suche von Farbwerten in ICC-Profilen und andererseits für die Berechnung fehlender Farbwerte in den ICC-Profilen zuständig.

31.1.4 Rendering-Intent

Bei einer Reproduktion für den Druckprozess muss häufig der größere RGB-Farbraum eines Eingabesystems auf den kleineren CMYK-Farbraum des Drucksystems projiziert werden.

Eine Farbraumprojektion muss dabei so erfolgen, dass eine für das Auge empfindungsgemäß ideale Farbanpassung herauskommt. In der Reproduktion für den Druck handelt es sich bei diesem Vorgang meist um eine Farbraumkompression (Gamut Mapping). Dabei werden u. a. die Behandlung des Bildweißpunkts, des Bilddynamikumfangs sowie die Behandlung der eigentlich nicht mehr darstellbaren Farben festgelegt. Da es in der Reproduktionstechnik unterschiedliche Abbildungsabsichten gibt, sind in der ICC-Spezifikation vier verschiedene Rendering-Intents (RI) definiert. Diese sind:

Fotografisch | Die wahrnehmungsorientierte Farbumfanganpassung (engl. *perceptual*) bewirkt die empfindungsgemäß bestmögliche Anpassung des Quellfarbraums (Vorlagenfarbraum) an den Zielfarbraum (Ausgabefarbraum). Die Farben eines Bildes werden so auf den Zielfarbraum abgebildet, dass alle Farben etwas verändert werden, um Platz für die außerhalb des darstellbaren Farbraums liegenden Farben zu schaffen. Insgesamt wird also der Farbraum so komprimiert, dass möglichst alle vor der Transformation unterscheidbaren Farben auch nachher noch unterscheidbar bleiben. Dabei erfolgt diese Farbumfanganpassung stets unter Beibehaltung der Graubalance.

Dieser Rendering-Intent wird vor allem bei der Separation von Bildern zur harmonischen Wiedergabe von Vorlagenfarben eingesetzt.

Absolut farbmetrisch | Die absolut farbmetrische Farbumfanganpassung (engl. *absolute colorimetric*) bewirkt, dass alle innerhalb

---

Farbrechner unter Mac OS, Windows und Windows Vista

Das kleine Stück Software wird unter Mac OS durch **ColorSync**, unter Windows durch **ICM** und unter Windows Vista und Windows 7 durch **WCS** zur Verfügung gestellt.

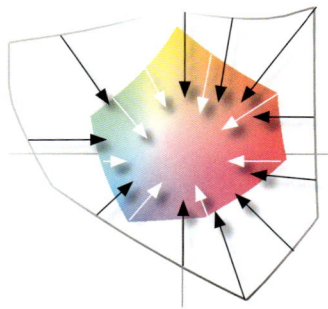

▲ Abbildung 31.3
Beim fotografischen Rendering-Intent wird der Quellfarbraum so weit gestaucht, bis er in seinen ursprünglichen Proportionen in den Zielfarbraum passt. Dadurch bleiben die Abstände der einzelnen Farben zueinander erhalten, eine Verkleinerung der Abstände erfolgt jedoch. Der Weißpunkt wird dem Zielfarbraum angepasst.

des Zielfarbraums liegenden Farben inklusive des Weißpunkts identisch abgebildet werden und alle außerhalb des Zielfarbraums liegenden Farben auf den Rand des Farbraums verschoben werden, sie werden quasi abgeschnitten. Eine »Ansammlung« von Farbwerten in den gesättigten Farbbereichen und der Verlust von Details, die durch Farbunterschiede außerhalb des Farbraums zuerst noch sichtbar waren, sind die Folge dieser Vorgehensweise.

Diese Farbumfanganpassung wird empfohlen, wenn die Farbräume von Quell- und Zielfarbraum fast identisch (sehr groß) sind oder der Zielfarbraum größer ist als der Quellfarbraum. Beim Erstellen eines Soft- bzw. Papierproofs ist die Verwendung des absolut farbmetrischen Rendering-Intents Pflicht, da dadurch der Weißpunkt – das Papierweiß – des zu simulierenden Ausgabefarbraums im Proof erhalten bleibt, womit die Anmutung des Bedruckstoffs annähernd abgebildet werden kann.

Relativ farbmetrisch | Die relativ farbmetrische Farbumfanganpassung (engl. *relative colorimetric*) funktioniert wie der absolut farbmetrische Rendering-Intent, jedoch wird hier der Weißpunkt des Quellfarbraums an den Weißpunkt des Zielfarbraums angepasst. Damit werden alle außerhalb des Zielfarbraums liegenden Farben auf den Rand des Farbraums verschoben und alle druckbaren Farben relativ zum neuen Weißpunkt neu positioniert.

Dieser Rendering-Intent wird zur exakten und medienbezogenen Wiedergabe der Vorlagenfarbe herangezogen. Eine gute Ausgangsbasis dafür besteht, wenn der Zielfarbraum sich nicht sehr stark vom Quellfarbraum unterscheidet oder sich im Ausgangsbild nicht sehr viele »nicht druckbare« Farben befinden. Dieser Rendering-Intent ist in der Praxis für viele Anwender der bevorzugte Intent, da damit möglichst gesättigte Farben erzielt werden und Weiß für den Betrachter als Weiß erhalten bleibt.

Sättigungserhaltend | Die sättigungserhaltende Farbumfanganpassung (engl. *saturation* = Sättigung) wird vor allem bei Bildern angewendet, die aus hochgesättigten Farben bestehen, wie dies bei Farbgrafiken (Business Charts) häufig der Fall ist. Die Sättigung besitzt bei diesem Rendering-Intent einen höheren Stellenwert als der Farbton, wodurch nicht druckbare Farben durch Verschieben auf den nächstliegenden gesättigten Farbton gemappt werden. Helligkeit und Farbtreue werden dabei vernachlässigt, solange eine Steigerung der Sättigung gewährleistet werden kann.

Dieser Rendering-Intent wird somit für die Ausgabe von Geschäftsgrafiken und Präsentationen empfohlen, nicht jedoch zur Verarbeitung von Bildern in der Druckvorstufe.

[Proofen]
Als Proofen bezeichnet man die Simulation eines Offset-, Tief- oder Siebdrucks auf einem gewöhnlichen Farbdrucker. Dazu werden heutzutage fast ausschließlich Drucker eingesetzt, die auf Basis der Tintenstrahltechnologie funktionieren.

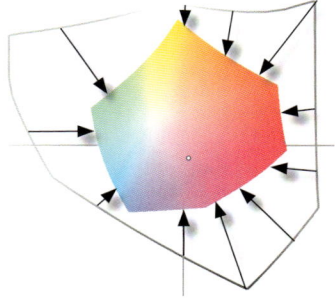

▲ **Abbildung 31.4**
Beim relativ farbmetrischen Rendering-Intent werden alle Farben des Quellfarbraums, die nicht im Zielfarbraum enthalten sind, in die nächste Farbe des Zielfarbraums verschoben.

Nicht nur »relativ farbmetrisch« verwenden

Ein genereller Tipp, nur den relativ farbmetrischen Rendering-Intent für die Druckvorstufe zu verwenden, kann nicht gegeben werden, da eine Farbumfanganpassung immer auf Basis des verwendeten Bildes zu erfolgen hat. Eine Konvertierung von RGB-Bildern nach CMYK erfolgt in der Regel jedoch immer unter Einsatz des relativ farbmetrischen oder des fotografischen Rendering-Intents (RI). Seit der Einführung von ISO Coated v2 wird sogar nur noch zum Einsatz des fotografischen RI geraten.

31.2 Farbeinstellungen

Das Farbmanagement wird bei Adobe-Applikationen in Farbeinstellungssets niedergeschrieben und dann den jeweiligen Programmen zugewiesen.

31.2.1 Welche Profile sollten verwendet werden?

Eine allgemeingültige Aussage zu dieser Frage ist nicht möglich. Sollte die Druckerei kein spezielles RGB- und Druckprofil, das die Druckbedingungen und das verwendete Papier am eindeutigsten kennzeichnet, zur Verfügung stellen, so greifen Sie je nach Ausgabemedium auf ein Standardprofil der ISO zurück. Diese können Sie unter www.eci.org im Bereich DOWNLOAD laden.

Kopieren Sie nur die Profile im Anschluss in den Profile-Ordner Ihres Systems. Unter Mac OS X empfiehlt es sich, diese Profile unter FESTPLATTE/LIBRARY/COLORSYNC/PROFILES zu installieren, damit sie benutzerunabhängig zur Verfügung stehen. Unter Windows XP kopieren Sie die Profile für die Verwendung von Adobe-Programmen unter C:\PROGRAMME\GEMEINSAME DATEIEN\ADOBE\COLOR\PROFILES. Unter Windows Vista kopieren Sie die Profile für die Verwendung in der Creative Suite 5 unter C:\PROGRAMME\COMMON FILES\ADOBE\COLOR\PROFILES oder fügen sie über SYSTEMSTEUERUNG • FARBVERWALTUNG im Register ALLE PROFILE systemübergreifend hinzu.

RGB-Profil | Wir empfehlen die Verwendung des ECI-RGB v2-Farbprofils. Damit ist garantiert, dass sich alle druckbaren Farben – auch in Bezug auf das ISO COATED v2 – zumindest im RGB-Farbraum befinden können.

CMYK-Profile | Wir empfehlen, die Profile der ECI – sie repräsentieren den aktuellen »Prozess-Standard Offsetdruck« des Bundesverbands Druck und Medien – zu verwenden.

Im Jahre 2007 wurde der bis dahin geltende Standard ISO COATED (basierend auf den FOGRA27-Messdaten) durch den aktuellen Standard mit der Bezeichnung ISO COATED v2 (ECI) (basierend auf den FOGRA39-Messdaten) abgelöst. Mit der Installation der Creative Suite 5 wird von Adobe zusätzlich zum COATED FOGRA27- das COATED FOGRA39-Profil standardmäßig mitinstalliert. Ob Sie dabei das Profil ISO COATED v2 (ECI) oder COATED FOGRA39 (ISO 12467-2:2004) einstellen, ist Geschmackssache – wir empfehlen jedoch, der Einfachheit halber die Profile der ECI zu verwenden.

Praxistests zeigen, dass durch die Verwendung dieser Profile Details in den gesättigten Bereichen erhalten bleiben und eine

---

TOP-TIPP
Profile der ECI laden

Greifen Sie bei der Herstellung von Druckprodukten in Europa immer auf die Profile der ECI (European Color Initiative) zurück, auch wenn Adobe gleiche Basisprofile mit anderen Namen – z.B. ISO COATED v2 = COATED FOGRA 39 (ISO 12647-2:2004) – zur Verfügung stellt.

Die aktuellen Profilsets – ECI_OFFSET_2009.ZIP (für Offset) bzw. ECI_GRAVURE_PSR_V2_2009.ZIP (für Tiefdruck) und ECIRGBV20.ZIP (Stand Juni 2010) – können im Downloadbereich unter www.eci.org kostenlos geladen werden. Sie finden die aktuellen Profile auch auf unser Buch-DVD.

Auf der Buch-DVD finden Sie alle Profile für Offset- und Tiefdruck im Ordner SETTINGS • FARBPROFILE (STAND JUNI 2010).

```
   ISO Coated v2 (ECI)
 ✓ ISO Coated v2 300% (ECI)
   ISO Uncoated Yellowish
   ISOnewspaper26v4
   Photoshop 4 Default CMYK
   Photoshop 5 Default CMYK
   PSO Coated 300% NPscreen ISO12647 (ECI)
   PSO Coated NPscreen ISO12647 (ECI)
   PSO LWC Improved (ECI)
   PSO LWC Standard (ECI)
   PSO MFC Paper (ECI)
   PSO SNP Paper (ECI)
   PSO Uncoated ISO12647 (ECI)
   PSO Uncoated NPscreen ISO12647 (ECI)
   PSRgravureMF
   PSR_LWC_PLUS_V2_PT
   PSR_LWC_STD_V2_PT
   PSR_SC_PLUS_V2_PT
   PSR_SC_STD_V2_PT
   SC paper (ECI)
```

▲ Abbildung 31.5
Nach der Installation der ISO/PSO-Profile stehen diese in der erweiterten Liste zur Auswahl zur Verfügung. Das ISOnewspaper26v4-Profil müssen Sie sich von der Webseite der IFRA unter www.ifra.com laden.

Konvertierung von RGB-Verläufen nach CMYK meistens harmonischer (geglätteter) vonstattengeht und dadurch weniger Abrisse im Verlauf feststellbar sind.

31.2.2 Der Farbeinstellungen-Dialog

Nachdem Sie die Profile installiert haben, können Sie darauf aufbauend Farbeinstellungen vornehmen. Legen Sie ein Farbeinstellungsset immer in Photoshop an. Rufen Sie dort den Befehl Bearbeiten • Farbeinstellungen oder das Tastenkürzel ⌘+⇧+K bzw. Strg+⇧+K auf.

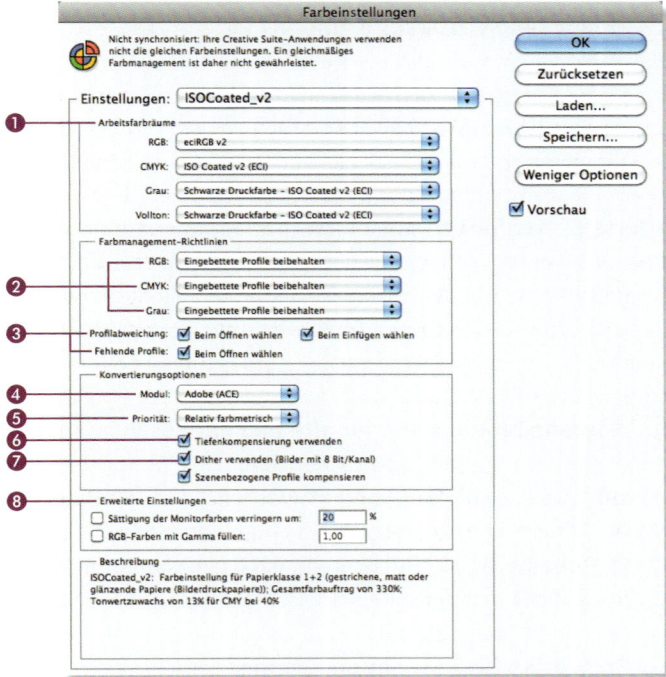

◄ **Abbildung 31.6**
Der Farbeinstellungen-Dialog in Adobe Photoshop CS5. Die Farbeinstellungen, die Sie darin festlegen, können als Farbeinstellungsdatei gespeichert und somit in jeder Adobe-Applikation der Creative Suite 3 bis 5 aktiviert werden. Warum sollen Farbeinstellungsdateien nur in Adobe Photoshop eingestellt werden? Ganz einfach: Nur in Photoshop sind alle Einstellungen, die in einer Farbeinstellungsdatei gespeichert werden sollen, auch tatsächlich einstellbar.

Arbeitsfarbräume | Die Arbeitsfarbräume ❶ stellen die innerhalb der Anwendung verwendeten Farbräume dar. Bei allen neu angelegten Dateien werden standardmäßig die eingestellten Profile der Datei hinterlegt. Um den Arbeitsfarbraum eines InDesign-Dokuments zu ändern, rufen Sie den Befehl Bearbeiten • Profile zuweisen auf.

Farbmanagement-Richtlinien | Das sind Vorgaben, was das Programm tun soll, wenn eine zu öffnende Datei bereits mit einem ICC-Profil versehen ist. Um eine versehentliche oder unbemerkte Konvertierung zu vermeiden, sollten Sie die Richtlinie Eingebettete Profile beibehalten ❷ sowie die Optionen Profilabwei-

CHUNG: BEIM ÖFFNEN WÄHLEN, PROFILABWEICHUNG: BEIM EINFÜGEN WÄHLEN und FEHLENDE PROFILE: BEIM ÖFFNEN WÄHLEN ❸ aktivieren. Im Zweifelsfall fragt das Programm Sie nun beim Öffnen der Datei, was zu tun ist.

Konvertierungsoptionen | Darin bestimmen Sie die zu verwendende Color Engine und den Rendering-Intent.

Wählen Sie die Color Engine ADOBE (ACE) ❹ aus, da sie unter Windows wie auch am Macintosh identisch zur Verfügung steht. Die PRIORITÄT (Rendering-Intent) legen Sie mit RELATIV FARBMETRISCH ❺ fest.

Die Option TIEFENKOMPENSIERUNG VERWENDEN ❻ ist im ICC-Standard zwar nicht definiert, sollte aber dennoch aktiviert werden, da es zu einer besseren Helligkeits- und Tiefenanpassung bei der Konvertierung kommt. Die Option DITHER VERWENDEN ❼ sollten Sie aktivieren, da damit homogenere Verläufe entstehen.

Erweiterte Einstellungen ❽ | Da die Auswirkungen beider Einstellungen in einem standardisierten ICC-basierten Workflow nicht definiert sind, sollten Sie diese Optionen nicht aktivieren. Vor allem werden Änderungen in diesem Bereich nur in Photoshop wirksam.

31.2.3 Farbeinstellungssets für alle Papierklassen anlegen

Nachdem Sie nun wissen, was in den einzelnen Bereichen des Farbeinstellungen-Dialogs festgelegt werden kann, können wir nun daran gehen, Farbeinstellungssets zu definieren und abzuspeichern. Abgespeicherte Farbeinstellungssets stehen damit allen Programmen der Creative Suite im Farbeinstellungen-Dialog zur Verfügung. Doch welche Profile und welche Parameter sollten dabei in der Farbeinstellung gewählt werden?

Um die Antwort einfach zu halten, beschränken wir uns hier einerseits auf die Offsetdruckverfahren und andererseits auf Standards hinsichtlich der Papiere und Farbprofile innerhalb des Prozess-Standard Offset (PSO), der in der ISO-Norm 12647-2 verankert ist.

Bei den **Farbprofilen** beschränken wir uns auf die Profile der ECI, die Sie bereits geladen und installiert haben. Informationen dazu, wo Sie diese erhalten bzw. diese installieren müssen, erhalten Sie in Abschnitt 31.2.1, »Welche Profile sollten verwendet werden?«, auf Seite 734.

In einem Farbprofil wird einerseits der farbreproduktionsspezifische Charakter des Farbraums eines Geräts in der Terminologie des absoluten Farbraums beschrieben, und andererseits werden

---

Tiefenkompensierung

Wird der wahrnehmungsorientierte Rendering-Intent verwendet, so kann die Option TIEFENKOMPENSIERUNG VERWENDEN vernachlässigt werden. Hingegen sind bei der Verwendung des relativ farbmetrischen Rendering-Intents deutliche Unterschiede mit und ohne Tiefenkompensierung zu erkennen.

[Dithering]

Dithering (engl. Schwanken, Zittern) ist eine Technik in der Bildverarbeitung, um bei Bildern mit einer geringeren Farbtiefe die Illusion einer größeren Farbtiefe zu erzeugen. Fehlende Farben (= geringe Farbtiefe) werden durch eine bestimmte Pixelanordnung aus verfügbaren Farben nachgebildet.

dort die Separationstabellen für den jeweils gewählten Rendering-Intent inklusive der Tonwertzunahme hinterlegt. In der jeweiligen Separationstabelle sind auch der Schwarzaufbau und der Gesamtfarbauftrag festgelegt.

Für **Papier** gibt es – im Gegensatz zur Farbe – keine eigene ISO-Norm. Stattdessen werden die Anforderungen an den Bedruckstoff durch die PSO-Norm 12647-2 mit geregelt. Festgelegt sind darin Papierweiße, Farbort, Glanz und Flächengewicht. Die Papiere für den PSO werden in fünf Papierklassen eingeteilt:

▸ Papierklasse 1 = glänzend gestrichen Bilderdruck 115 g/qm
▸ Papierklasse 2 = matt gestrichen Bilderdruck 115 g/qm
▸ Papierklasse 3 = LWC-Papier 65 g/qm
▸ Papierklasse 4 = ungestrichen weißes Papier 115 g/qm
▸ Papierklasse 5 = ungestrichen gelbliches Papier 115 g/qm

Nun gilt es für die jeweilige Papierklasse ein Farbeinstellungsset zu erzeugen und abzuspeichern, damit dieses in den jeweiligen Programmen der Creative Suite sowie über die gesamte Creative Suite hinweg verwendet werden kann.

[Tonwertzunahme]
Der Begriff Tonwertzunahme (auch Punktzunahme, Druckpunktzunahme, Druckzuwachs genannt) wird die Punktvergrößerung des Rasterpunktes im Druck gegenüber dem in der Druckvorstufe definierten Rastertonwert beschrieben. Die Ursachen dafür liegen in der Druckmaschine, wo die Farbe gequetscht wird.
Die Tonwertzunahme wird mittels Kennlinien beschrieben. Mit Kennlinien kann der Effekt ausgeglichen werden, indem der Rasterpunkt im Vorfeld also kleiner angelegt wird, womit er dann durch den Punktzuwachs die gewünschte Größe im Druck erreicht.

Schritt für Schritt: Farbeinstellungsset für Papierklasse 1 erstellen

1   Farbeinstellungen-Dialog in Photoshop aufrufen
Starten Sie Adobe Photoshop CS5, und rufen Sie dort den Befehl BEARBEITEN • FARBEINSTELLUNGEN auf, oder drücken Sie das Tastenkürzel ⌘+⇧+K bzw. Strg+⇧+K.

2   Default-Set wählen
Im Dialog wählen Sie in der Option EINSTELLUNGEN das Set EUROPA, DRUCKVORSTUFE 3 aus. Dieses Set stellt eine gute Ausgangslage für weitere Änderungen zur Verfügung.

3   Arbeitsfarbräume festlegen
Bevor Sie die Profile für die Arbeitsfarbräume wählen, sollten Sie den Button MEHR OPTIONEN anklicken, damit Photoshop auf alle Profile im Profile-Ordner des Systems zugreifen kann. Wenn Sie diesen Button nicht wählen, so sehen Sie in der Auswahlliste der jeweiligen Optionen RGB, CMYK, GRAU und VOLLTON keines der installierten Profile der ISO/ECI.

Wählen Sie dann aus der Option RGB den Eintrag ECIRGB V2 und in CMYK den Eintrag ISO COATED V2 (ECI) aus. In den Optionen GRAU und VOLLTON wählen Sie den Befehl GRAUSTUFEN-

bzw. VOLLTON-FARBEINSTELLUNGEN LADEN aus. Wählen Sie dann für beide das Profil ISO COATED V2 aus dem jeweiligen Profile-Ordner aus. Dadurch erscheint der Eintrag für SCHWARZE DRUCKFARBE – ISO COATED V2 (ECI) in der Option GRAU und VOLLTON.

4 Farbmanagement-Richtlinien festlegen

Durch die Wahl des Sets EUROPA, DRUCKVORSTUFE 3 sind bereits die empfohlenen Vorgaben für die Farbmanagement-Richtlinien definiert word. Beachten Sie, dass in allen Richtlinien der Eintrag EINGEBETTETE PROFILE BEIBEHALTEN gewählt ist und dass PROFILABWEICHUNGEN und PROFILFEHLER aktiviert sind.

5 Konvertierungsoptionen festlegen

Auch hier sind durch das Set EUROPA, DRUCKVORSTUFE 3 bereits optimale Vorgaben gewählt worden. Behalten Sie diese Einstellungen bei, und ändern Sie maximal den bevorzugten Render-Intent auf PERZEPTIV.

6 Abspeichern des Farbeinstellungssets

Nun müssen wir nur noch diese Einstellungen in einem Set – einer .csf-Datei – abspeichern und darauf achten, dass diese Datei sich im richtigen Ordner befindet.

Klicken Sie auf den Button SPEICHERN. Im Speichern-Dialog geben Sie einen bezeichnenden NAMEN – den Namen des Profils oder die damit zu bearbeitende Papierklasse – ein. Beachten Sie, dass Sie das Set in den Ordner SETTINGS speichern. Wo sich dieser Ordner befindet, entnehmen Sie dem Hinweis »Verzeichnisse für ›.csf‹-Farbeinstellungsdateien«.

Durch Drücken des Buttons SPEICHERN gelangen Sie in den FARBEINSTELLUNGEN: ANMERKUNG-Dialog. Darin können Sie weitere Hinweise für die Verwendung des Farbeinstellungssets hinterlegen. Wir empfehlen beispielsweise folgenden Text:

Verzeichnisse für ».csf«-Farbeinstellungsdateien

Kopieren Sie die Farbeinstellungssets mit der Endung ».csf« unter Windows in C:\DOKUMENTE UND EINSTELLUNGEN\BENUTZERNAME\ANWENDUNGSDATEN\ADOBE\COLOR\SETTINGS und unter Mac OS X in FESTPLATTE/BENUTZER/BENUTZERNAME/LIBRARY/APPLICATION SUPPORT/ADOBE/COLOR/SETTINGS.

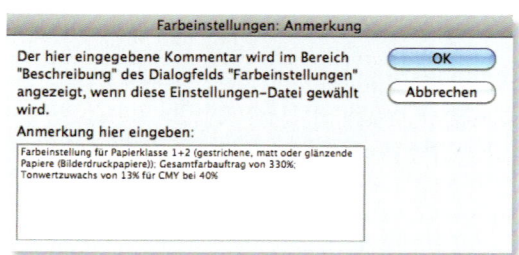

Abbildung 31.7 ▶
Durch die Eingabe von Farbeinstellungsinformationen kann ein Anwender das Einsatzgebiet für dieses Set schneller erkennen.

Nachdem Sie den Text eingegeben und den Button OK gedrückt haben, sollte sich Ihnen der Farbeinstellungen-Dialog so wie in Abbildung 31.6 auf Seite 735 zeigen. ■

Die Vorgehensweise aus der Schritt-für-Schritt-Anleitung können Sie nun für alle gewünschten Papierklassen bzw. Profile heranziehen. Damit Sie nicht alle Sets anlegen müssen, haben wir für Sie die gängigen Sets auf der beiliegenden DVD (beachten Sie den Hinweis auf dieser Seite in der Randspalte) abgespeichert. Kopieren Sie diese Sets in die dafür vorgesehenen Verzeichnisse. Achtung: Beachten Sie, dass mit dem Laden der .csf-Dateien nur die Einstellungen geladen werden, die auf im System verfügbare Profile zeigen. Haben Sie keine Profile installiert, würde die Wahl der Einstellungsdatei fehlschlagen und somit keine korrekte Farbzuordnung für die Datei erfolgen.

Auf der Buch-DVD finden Sie alle .csf-Dateien im Ordner Settings • CSF-Dateien.

Farbeinstellungen nur für InDesign CS5 vornehmen | Wenn Sie jedoch kein Adobe Photoshop besitzen, sondern nur InDesign installiert haben, so müssen Sie die Farbeinstellungen analog zur zuvor beschriebenen Vorgehensweise bzw. zu Abbildung 31.6 vornehmen. Für Sie ist damit die Farbeinstellung abgeschlossen, das Synchronisieren der Farbeinstellungen über andere Programme hinweg entfällt für Sie zur Gänze.

In der folgenden Tabelle stellen wir für Sie einen Gesamtüberblick über die Papierklassen und die dazu zu berücksichtigenden Parameter dar. Dabei werden die Begriffe »Tonwertzuwachs« mit TWZ und »Gesamtfarbauftrag« mit TAC (*total amount of color*) abgekürzt.

▼ **Tabelle 31.1**
Gesamtüberblick zu den Papierklassen und den damit zu verwendenden Farbprofilen

Papierklasse	Papierbeschreibung	TWZ	TAC	Profilbezeichnung
Papierklasse 1	glänzend gestrichenes Bilderdruckpapier 115 g/qm (Bogenoffset)	13 %	330 %	ISO Coated v2
		13 %	300 %	ISO Coated v2_300
Papierklasse 2	matt gestrichenes Bilderdruckpapier 115 g/qm (Bogenoffset)	13 %	330 %	ISO Coated v2
		13 %	300 %	ISO Coated v2_300
Papierklasse 3	LWC-Papier (light weight coated) – Magazinpapiere 65 g/qm (Rollenoffset)	15 %	300 %	PSO LWC Standard
		15 %	300 %	PSO LWC Improved
	holz- oder altpapierhaltige Papiere – Zeitungspapiere 52 g/qm (Rollenoffset)	22 %	240 %	ISOnewspaper26v4
Papierklasse 4	ungestrichene weiße (gebleichte) Papiere – Offsetpapiere (Laserdruckpapiere) 115 g/qm (Bogenoffset)	17 %	30 %	PSO Uncoated ISO 12647 (ECI)
Papierklasse 5	ungestrichene gelbliche (ungebleichte) Papiere – Naturpapiere 115 g/qm (Bogenoffset)	17 %	30 %	PSO Uncoated ISO 12647 (ECI)

31.2.4 Farbeinstellungen synchronisieren

Nachdem Sie die Profile und die CSF-Dateien in das richtige Verzeichnis kopiert bzw. sich Ihre Einstellungsdatei selbst erstellt haben, steht einer Synchronisierung der Farbeinstellungen für die

[CSF]
CSF steht für »Color Setting File«. In einer CSF-Datei sind alle Werte in Bezug auf Arbeitsfarbräume, Farbmanagement-Richtlinien und die Konvertierungsoptionen hinterlegt. Diese Einstellung kann als Datei auf andere Systeme übertragen und in den Adobe-Applikationen der Creative Suite aktiviert werden.

gesamte Adobe Creative Suite von Version 3 bis Version 5 über Adobe Bridge CS5 nichts mehr im Wege.

Wie Sie Farbeinstellungen synchronisieren, haben Sie bereits in den vorbereitenden Schritten in Abschnitt 3.3.3, »Synchronisieren der Farbeinstellungen«, auf Seite 88 erfahren.

31.3 Zuweisen oder konvertieren?

Bei der täglichen Arbeit gilt es, diese Farbeinstellungssets zu verwenden und bereits vor dem Anlegen des Dokuments bzw. der Erzeugung von Dateien die Entscheidung zu treffen, für welche Papierklasse schlussendlich das Druckdokument erzeugt werden soll. Das klingt sehr einfach. Doch die Praxis zeigt uns immer wieder, dass Änderungen bis in letzter Sekunde die Realität sind.

Sobald sich die Farbeinstellungen geändert haben, werden Sie beim Öffnen der Datei auf den Missstand hingewiesen. Um die Dateien den geänderten Farbeinstellungen anzupassen, stehen Ihnen zwei Verfahren zur Verfügung. Der Umgang damit ist entscheidend für die letztendliche Farbreproduktion.

31.3.1 Profile zuweisen

Durch das Aufrufen des Befehls BEARBEITEN • PROFILE ZUWEISEN können Sie dem Dokument ein anderes Quellprofil zuweisen. Durch das Zuweisen eines anderen Profils können sich zwar am Monitor die jeweiligen Farben beachtlich ändern, die Farbwerte im Dokument bleiben jedoch dadurch unangetastet.

Das beantwortet die Frage: Wie würden die Farben wiedergegeben, wenn sie unverändert auf einem anderen Papier ausgegeben würden? PROFILE ZUWEISEN stellt somit die Ausgabesimulation dar.

HINWEIS
Die Befehle PROFILE ZUWEISEN und IN PROFIL UMWANDELN stehen den Programmen Photoshop, Illustrator und InDesign jeweils unter dem Menü BEARBEITEN zur Verfügung.

31.3.2 In Profil umwandeln

Durch Aufruf des Befehls BEARBEITEN • IN PROFIL UMWANDELN können Sie die Farben des Dokuments an den neuen Zielfarbraum anpassen. Dadurch ändern sich die Farben am Monitor zwar nur marginal, die Farbwerte hingegen können damit drastisch modifiziert werden.

Diese Vorgehensweise wird dann herangezogen, wenn Sie die Farben an die neue Ausgabegegebenheit anpassen müssen. Wie Sie ein InDesign-Dokument an geänderte Bedingungen anpassen, erfahren Sie in Abschnitt 3.4.7, »Beim Öffnen von InDesign-Dokumenten mit Profilwarnungen umgehen«, auf Seite 97.

32 Transparenzen

Als das Desktop-Publishing noch in den Kinderschuhen steckte, konnten Grafik-, Pixel- und Layoutprogramme lediglich deckende und überdruckende Objekte erstellen. Mit der Zeit lernten die Pixelprogramme (z. B. Adobe Photoshop), durch Ebenen und Verrechnungsmethoden mit Transparenzen zu arbeiten. Um eine Weiterverwendung der Daten in Grafik- und Layoutprogrammen zu gewährleisten, mussten diese Daten reduziert und in universellen Formaten wie EPS oder TIFF abgespeichert werden.

Das Erstellen von Transparenzen ist heutzutage für viele Designer und Grafiker nichts Neues mehr. Mit der Vorstellung von Adobe InDesign 2.0 und Acrobat 5.0 im Jahre 2001 wurde das Thema »Transparenz« sehr rasch in die Druckvorstufe getragen. Zu verführerisch waren Funktionen wie Schlagschatten und weiche Verlaufskanten, durch die im Design kreative Freiheit ermöglicht wurde. Mit der Ausgabe von Transparenzen wusste allerdings nicht jeder umzugehen. Ausführlichere Informationen dazu hätten so manches Problem gar nicht erst aufkommen lassen.

Transparenzen in Programmen
Transparenzen werden seit InDesign 2.0, Acrobat 5.0, Photoshop 3.0 und Illustrator 9.0 angeboten.

32.1 Transparenzformen

Spricht man von Transparenzen und deren möglichen Problemen, so sind meist die Begriffe **reduzierte** bzw. **native Transparenz** zu hören. Bevor wir uns ansehen, wie Transparenzen reduziert werden und was alles für Adobe InDesign eine Transparenz ist, wollen wir zuvor diesen beiden Begriffen auf den Grund gehen.

32.1.1 Reduzierte Transparenzen

In den Adobe-Applikationen InDesign und Illustrator konnten Anwender bereits frühzeitig Transparenzen erstellen und diese auch im Eigenformat, ohne eine Reduzierung dieser neuen Objekte, abspeichern. Sobald jedoch eine Ausgabe über PostScript vorgenommen wurde, führte das Vorhandensein von Transparenzen entweder zu PostScript-Fehlern oder zu falschen bzw. sehr schlechten Ergebnissen.

[Eigenformate]
Eigenformate sind Dateiformate, die alle Funktionen der Applikation abspeichern können. Das Eigenformat von Photoshop ist das ».psd«-Format, das von Adobe Illustrator ».ai« und das von Adobe InDesign ».indd«.

Fremdformate ohne Transparenzen

Zu den reduzierenden Dateiformaten gehören PostScript, EPS, DCS, Adobe PDF 1.3 und älter, JPEG und BMP. Darüber hinaus sind in diesem Zusammenhang noch TIFF-Dateien zu erwähnen, die nicht mit Photoshop 6.0 und neuer erstellt wurden.

OPI und DCS

Das Vorhandensein von Feindaten und Composite-Dateien lässt Arbeitsweisen mit Transparenzen in Verbindung mit OPI- und DCS-Workflows scheitern. Wie Sie dennoch eine Ausgabe mit DCS meistern können, erfahren Sie in Abschnitt 34.3.2, »Transparenzreduzierung für DCS-Workflows«, auf Seite 761.

▼ **Abbildung 32.1**
Das Ergebnis der Transparenzreduzierung ist eine Zerteilung der Objekte. Im rechten Bild wurden die einzelnen (atomaren) Bereiche zur Verdeutlichung leicht verschoben.

Die Gründe für diese Missstände sind schnell erklärt. Transparenzen können im Seitenbeschreibungsmodell von PostScript nicht abgebildet werden. Das bedeutet, dass Transparenzen für eine Ausgabe reduziert (verflacht) werden müssen. Aus diesem Grund hat Adobe seit 2000 in allen Grafik- und Layoutprogrammen (nicht jedoch im Adobe Reader) die Transparenzreduzierungsoption eingebaut. Beim Export einer Datei in ein Fremdformat sorgt der **Flattener** in der Applikation dafür, dass eine Reduzierung der Transparenz erfolgt. Um eine erfolgreiche Verflachung durchzuführen, müssen im Vorfeld bestimmte Bedingungen erfüllt sein:

▶ Eine exakte Reduzierung kann nur bei vorliegenden Feindaten durchgeführt werden. Da das Reduzieren beim Ausdruck oder Export noch vor dem Generieren des PostScript-Codes passiert, ist darauf zu achten, dass bei der Ausgabe die Feindaten verfügbar sind. Liegen nur Grobdaten (OPI-Daten) vor, so erfolgt eine Berechnung der Transparenz auf Basis dieser Grobdaten.

▶ Damit transparente Bereiche korrekt verarbeitet werden, sind bei der Reduzierung Composite-Daten erforderlich. Das Vorhandensein vorseparierter Inhalte (DCS-Dateien) führt ebenfalls zu einer Verflachung der Transparenz mit der für die Darstellung der Platzierung verwendeten Auflösung.

Liegen dem InDesign-Dokument die Fein- und Composite-Daten vor, so kann der Flattener eine korrekte Wiedergabe berechnen. Der Anwender kann bei der Ausgabe selbst Reduzierungsparameter zur Berechnung der Transparenzen definieren. Beim Verflachen werden die Transparenzen dann durch Beschneiden in komplexe Bereiche (atomare Regionen) zerlegt. Dies führt dazu, dass Bilder, Vektorgrafiken und Text in viele kleine Elemente aufgeteilt werden. Die daraus erzeugten Segmente können weder im Quellprogramm noch in PDF-Editoren sinnvoll geändert werden.

Das Verflachen bzw. Reduzieren von Ebenen auf eine Hintergrundebene in Adobe Photoshop kann man sich noch relativ gut vorstellen. Dabei werden z. B. zwei Pixelpunkte, die übereinanderstehen und ineinander multipliziert wurden, einfach miteinander verrechnet, indem die Farbwerte gemischt werden. In Photoshop werden dabei, bis auf wenige Ausnahmen, immer Pixelwerte in ihrem jeweiligen Farbmodus ineinander verrechnet. Das Ergebnis ist ein neues RGB- oder CMYK-Pixel. InDesign hingegen ist ein Layoutprogramm, in dem Vektordaten, Texte und Pixelbilder platziert sein können, die darüber hinaus in verschiedenen Farbräumen von Bitmap bis zu Lab vorliegen können. Transparenz kann dabei auf alle Objekte angewendet werden. Damit tut sich schnell die Frage auf, was der Flattener macht, wenn Elemente unterschiedlicher Herkunft verrechnet werden müssen.

> **TOP-TIPP**
> **Eine Reduzierung wirkt sich immer auf die Seite aus**
>
> Eine Transparenzreduzierung wirkt sich beim Verflachen immer auf die ganze Seite aus. Wird beim PDF-Export oder beim Druck die Option DRUCKBÖGEN ausgewählt, so behandelt InDesign diesen Druckbogen als eine Seite, was somit zur Transparenzreduzierung des gesamten Druckbogens führt.

32.1.2 Native (Live-)Transparenzen

Man spricht von nativen Transparenzen, wenn Objekte in InDesign oder in einer PDF-Datei noch eine echte transparente Eigenschaft (Objektbeschreibung) besitzen. Im Unterschied zu reduzierten Transparenzen können aus Dateien, die Live-Transparenzen enthalten, die transparenten Objekte in der Quellanwendung bearbeitet werden. Für den Druck müssen sich Transparenzen immer als Bildpunkt auf der Druckplatte wiederfinden. Da Druckpunkte nicht transparent sein können, müssen Transparenzen in irgendeiner Weise in einen Druckpunkt umgewandelt werden.

Live-Transparenzen können in den nativen Formaten von Photoshop (».psd«), Illustrator (».ai«) und InDesign (».indd«, ».idms«), in Dateien des Formats PDF 1.4 und höher sowie in TIFF enthalten sein.

> **HINWEIS**
>
> Live-Transparenzen können aus InDesign lediglich über den PDF-Export in Verbindung mit PDF 1.4 und höher in eine PDF-Datei übergeben werden. Der Weg über den Acrobat Distiller – somit die Ausgabe über PostScript – erzeugt, ebenso wie PDF 1.3, reduzierte Transparenzen.

32.2 Die Transparenzreduzierung

Das Verflachen von Transparenzen – auch Flattening genannt – kann vereinfacht als Prozess verstanden werden, durch den alle überlappenden Bereiche in einem Stapel transparenter Objekte in deckende Objekte umgewandelt werden, wobei das Aussehen der ursprünglichen transparenten Objekte beibehalten wird.

Der Flattener muss beim Reduzieren drei Schritte durchlaufen, um alle Konstellationen korrekt zu verrechnen:

▶ **Aufspüren der transparenten Bereiche:** Während der Transparenzreduzierung sucht InDesign nach Bereichen, in denen Objekte von transparenten Objekten überlagert werden. Das gefundene Bildmaterial wird in eine Sammlung von Bereichen unterteilt. Diese Bereiche werden dabei von Adobe als »atomare Bereiche« bezeichnet. Die Form eines atomaren Bereichs

> **Transparente Bereiche**
>
> Was mit dem Aufspüren von transparenten Bereichen gemeint ist, erkennen Sie am schnellsten, wenn Sie das Reduzierungsvorschau-Bedienfeld zum Anzeigen der transparenten Objekte verwenden. Wo und wie das funktioniert, steht in Abschnitt 36.3, »Reduzierungsvorschau«, auf Seite 776.

folgt dabei normalerweise den Linien, Kurven und Formen der entsprechenden Objekte.

▶ **Beibehalten der Eigenschaften von Objekten:** Jeder atomare Bereich wird analysiert, um zu ermitteln, ob er im Vektorformat dargestellt werden kann oder in Pixelbilder umgewandelt werden muss, um den erwarteten Transparenzeffekt zu erzielen. Es kann allerdings vorkommen, dass Schrift oder Vektordaten gerastert oder Teile von Schriften in Outlines – Glyphen werden dabei durch ihre Kontur abgebildet – konvertiert werden müssen. Dies ist dann der Fall, wenn Transparenzen in Verbindung mit Schrift und Pixelbildern auftreten.

▶ **Rastern der transparenten Bereiche:** Der Flattener rastert die Bereiche mit den jeweils in der Transparenzreduzierungsvorgabe definierten Auflösungen für Text und Strichgrafik sowie für Verlauf, Schatten und Gitterobjekte. Welche Farbe das Endpixel besitzt, wird durch die Einstellungen im Farbmanagement und durch den gesetzten Transparenzfarbraum bestimmt.

> **Transparenzreduzierung bei deaktiviertem Farbmanagement**
>
> Ist das Farbmanagement deaktiviert – SIMULIEREN: ADOBE INDESIGN 2.0 CMS DEAKTIVIERT –, so wird das Profil U.S. Web Coated (SWOP) v2 oder das Monitor-RGB-Profil zur Verrechnung herangezogen.

Die gerasterten Flächen und die teilweise in Konturen umgewandelten Objekte werden als reduzierte (verflachte) Transparenz in den PostScript-Code übergeben. Damit ist jeder PostScript-Level-2-Interpreter in der Lage, diese Daten zu verarbeiten.

32.3 Transparenzen in InDesign

Transparenzen können in InDesign auf unterschiedlichste Weise entstehen. In diesem Abschnitt möchten wir aufzeigen, wann im Designprozess durch welche Option eine Transparenz entsteht.

32.3.1 Transparenz verursachende Optionen

Im Bedienfeld EFFEKTE finden Sie jene Funktionen, mit denen in InDesign Transparenzen mit Bordmitteln angelegt und erstellt werden können. Dazu gehören:

▶ **Deckkraft:** Bei Änderung des Prozentsatzes
▶ **Füllmethoden:** Bei Auswahl der Füllmethoden MULTIPLIZIEREN, NEGATIV MULTIPLIZIEREN, INEINANDERKOPIEREN, WEICHES LICHT, HARTES LICHT, FARBIG ABWEDELN, FARBIG NACHBELICHTEN, ABDUNKELN, AUFHELLEN, DIFFERENZ, AUSSCHLUSS, FARBTON, SÄTTIGUNG, FARBE und LUMINANZ

> **HINWEIS**
>
> Wenn Sie mehr Informationen zu den einzelnen Füllmethoden und den Effekten nachlesen wollen, so finden Sie darüber mehr in Kapitel 15, »Effekte«, auf Seite 359.

▶ **Effekte:** Beim Aktivieren von SCHLAGSCHATTEN, SCHATTEN NACH INNEN, SCHEIN NACH AUSSEN, SCHEIN NACH INNEN, ABGEFLACHTE KANTE UND RELIEF, GLANZ, EINFACHE WEICHE KANTE, DIREKTIONALE WEICHE KANTE und WEICHE VERLAUFSKANTE

Beachten Sie dabei, dass Sie auch dann eine Transparenz erzeugen, wenn Sie im Steuerung-Bedienfeld die Optionen DECKKRAFT ❸, SCHLAGSCHATTEN ❶ und EFFEKT ❷ verwenden oder mit dem WEICHE-VERLAUFSKANTE-WERKZEUG ▒ aus dem Werkzeug-Bedienfeld einen transparent auslaufenden Verlauf erzeugen. All diese Funktionen stellen wiederum eine Möglichkeit aus dem Effekte-Bedienfeld dar.

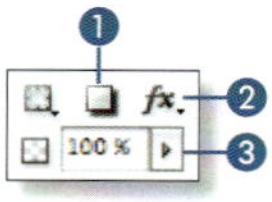

▲ **Abbildung 32.2**
Die Effekte-Optionen aus dem Steuerung-Bedienfeld

32.3.2 Importierte Transparenzen

Neben den zuvor beschriebenen Möglichkeiten können Transparenzen natürlich auch über einen Import von Dateien bzw. über das Kopieren von Objekten über die Zwischenablage aus anderen Programmen in InDesign gebracht werden.

Live-Transparenzen können wie zuvor beschrieben in Dateien der Formate ».psd«, ».ai«, ».inds«, ».idms«, ».png«, ».gif«, in PDF 1.4 und höher und ».tif« enthalten sein.

Werden Live-Transparenzen importiert, so verhalten sich die Einstellungen so, wie diese in den Ursprungsprogrammen vorgenommen wurden. Eine Änderung des Verhaltens muss deshalb auch in der Originalapplikation stattfinden. Weitere Effekte über die Bordmittel von InDesign auf solch importierte Dateien anzuwenden, ist darüber hinaus jederzeit möglich. Dabei entstehen oft ganz neue Möglichkeiten.

> **HINWEIS**
>
> Beachten Sie, dass wenn Sie eine Photoshop-Datei in Photoshop nicht auf die Hintergrundebene reduzieren, dies automatisch zu einer Transparenz in InDesign führt!.

32.4 Ausgabe von Transparenzen

Spätestens auf der Druckplatte gibt es nur noch druckende und nicht-druckende Stellen. Demnach muss es im Workflow von der InDesign-Datei bis hin zur Druckplatte zu einer Umwandlung von »transparenten« Teilen kommen. Werden Transparenzen nicht schon beim Erstellen der PDF-Datei reduziert, so muss spätestens beim Erzeugen der »Pixel« für die Druckplatte eine Umwandlung durchgeführt werden.

Genau an dieser Stelle können wir zwischen zwei technischen Möglichkeiten unterscheiden. Eine dieser Möglichkeiten ist im »Ausgabe-RIP« der Plattenbelichtungseinheiten sicherlich integriert. Neuere Ausgabe-RIPs besitzen sogar meist beide Technologien. Doch worin liegen die Unterschiede?

32.4.1 Über PostScript (CPSI)

Mit der CPSI-Technologie wird eine PDF-Datei, die an die Ausgabestation übertragen wird, wiederum in eine PostScript-Datei umgewandelt, die dann für die Ausgabe auf einer Druckplatte in

[CPSI]
Der Begriff CPSI steht für Configurable PostScript Software Interpreter. Es handelt sich dabei um einen PostScript-RIP dessen Aufgabe darin besteht, Informationen aus einer Postscript-Datei so in Pixel zu konvertieren, dass sie auf dem gewünschten Gerät ausgegeben werden können.

> **TIFF-Varianten**
>
> Das Dateiformat TIFF kann in verschiedenen Ausprägungen abgespeichert werden. Jede dieser Ausprägungen besitzt eine eigene Bezeichnung.
> *TIFF-G:* Enthält nur einen Farbkanal.
> *TIFF-B:* Enthält ein 1-Bit-Bitmap.
> *TIFF-R:* Enthält drei Farbkanäle.

eine Matrix von Druckpunkten gerendert wird. Diese »Bilddatei« wird dabei im Dateiformat TIFF-B abgespeichert und anschließend auf die angeschlossenen Rekorder (z.B. Belichter) ausgegeben.

Hinsichtlich der Transparenzen muss beim Umwandeln der PDF-Datei nach PostScript die Verflachung durchgeführt werden. Adobe nimmt dazu den im RIP installierten **Adobe Flattener** zur Hilfe, der im Wesentlichen mit derselben Technologie, wie sie bei InDesign oder Acrobat angewandt würde, eine Transparenzreduzierung durchführt. Sind in der PDF-Datei beispielsweise noch RGB-Bilder vorhanden, so würde beim Reduzieren eine Farbraumtransformation nach CMYK – mit den im RIP hinterlegten Farbmanagementeinstellungen – durchgeführt werden. Treten dabei Probleme in Form von Farbverschiebungen bei angrenzenden atomaren Bereichen auf, so ist dieser Fehler erst im Druck zu sehen.

Da PostScript ein 8-Bit-basierter Code ist, kann speziell zur Berechnung von Farbwerten beim Reduzieren nur auf 256 Abstufungen zurückgegriffen werden. Dies führt unter anderem dazu, dass es bei angrenzenden einfarbigen Flächen zu messtechnisch unterschiedlichen Farbwerten kommt, was in ungünstigen Konstellationen zu sichtbaren Farbstößen führen kann.

> **[JDF]**
>
> JDF (**J**ob **D**efinition **F**ormat) ist ein offenes Dateiformat, das basierend auf XML den direkten Datenaustausch zwischen verschiedenen EDV-Systemen und den dahinterliegenden Maschinen, vom Produkt-Design über die Vorstufe, den Druck und die Weiterverarbeitung beschreiben kann. Mittels JDF werden Management- und Produktionsdaten zusammengeführt.

32.4.2 Über Adobe PDF Print Engine (APPE)

Die Adobe PDF Print Engine ist eine neue Softwaregeneration, die im Unterschied zu CPSI ausschließlich mit PDF-Daten arbeitet und vollständig durch JDF/JMF gesteuert wird. Die Daten werden dabei vom RIP (Raster Image Processor) in Druckdaten umgewandelt, als TIFF-B-Datei abgespeichert und anschließend auf die angeschlossenen Rekorder (z.B. Plattenbelichter) ausgegeben.

Hinsichtlich der Transparenzen erfolgt hier das Flattening nicht über den Adobe Flattener, sondern zeitgleich mit dem Erzeugen der Druckdaten. Dies hat folgende Vorteile:

- Muss eine Farbkonvertierung noch angewandt werden, so wird diese einheitlich für alle Objekte durchgeführt.
- Bei der Generierung von Farbwerten, die aufgrund von transparenten Objekten entstehen würden, ist keine Limitierung auf 256 Abstufungen mehr gegeben.
- Da alle Objekte – egal ob Vektoren, Texte oder Pixel – in derselben Auflösung hochauflösend gerastert werden, kann es keine Abstufungen mehr zwischen Vektoren und Pixel geben.

> **TOP-TIPP**
> **Korrekte PDF-Dateien für die Adobe PDF Print Engine**
>
> Die einizig brauchbare Form einer PDF-Datei für den PDF-to-PDF-Workflow – somit auch für die Adobe PDF Print Engine – stellt PDF/X-4 dar. Erstellen Sie also in Absprache mit der Druckerei nur noch PDF/X-4-Dateien aus InDesign, wenn Sie technischen Einschränkungen hinsichtlich der Transparenzreduzierung aus dem Weg gehen wollen.

Dem Verfahren, PDF-Daten über die PDF-Print Engine zu rastern, gehört die Zukunft. Transparenzprobleme sollten somit obsolet sein.

33 PDF-Technologie

Mit dem Portable Document Format hat die Firma Adobe ein universelles Dateiformat geschaffen, um Daten der visuellen Kommunikation abspeichern zu können. Diese universelle Einsetzbarkeit bringt viele Vorteile, womit PDF in vielen Bereichen der Kommunikationsindustrie eingesetzt werden kann. Auf der anderen Seite ist genau diese Vielfältigkeit auch das größte Manko, denn gearde für den Einsatz von PDF in der Druckindustrie muss diese Vielfalt stark reduziert werden und müssen nicht druckbare Inhalte in druckbare umgewandelt bzw. eliminiert werden.

In diesem Kapitel wollen wir Ihnen das notwendige Hintergrundwissen zu PDF vermitteln, damit Sie als Datenersteller einerseits mit den Anforderungen der Druckerei zur PDF-Erstellung zurechtkommen und andererseits im Gespräch mit den Datenverarbeitern bei Problemen bei der Verarbeitung eine gute Figur abgeben.

33.1 Allgemeines zu PDF

Mit dem Portable Document Format (PDF) ist ein plattformübergreifender Austausch von Dokumenten zur Darstellung von Inhalten ermöglicht worden. Dabei spielt es keine Rolle, auf welchem Betriebssystem und in welcher Applikation das Dokument erstellt worden ist, und auch nicht, auf welchem Ausgabegerät das PDF angezeigt werden soll. PDF wurde aber nicht nur zur Abbildung von druckbaren Inhalten entwickelt, vielmehr hat sich das Format wegen der Abbildung multimedialer Inhalte und wegen der PDF-Formulare einen guten Namen gemacht.

PDF ist ein sehr mächtiges Format. Unterschiedlichste Inhalte können darin abgebildet werden, wodurch nicht jeder Empfänger – Druckerei, Webagentur, Konsument – in der Lage ist, mit den angelieferten Daten etwas anzufangen. PDF-Dateien müssen in der Erstellung somit exakt für das Verwendungsgebiet aus InDesign heraus aufbereitet werden. Die dafür notwendigen Einstellungen müssen im Exportdialog von InDesign oder auch im Adobe Distiller korrekt gesetzt werden.

> **PDF als Container**
>
> Neben grafischen Elementen – Pixel, Vektoren, Text und seit PDF 1.4 auch Transparenzen – können in eine PDF-Datei auch Videos, Sounds und Animationen integriert werden. Ja, sogar ganze Dokumente anderen Ursprungs können in einer PDF-Datei eingebettet sein. PDF fungiert dabei als reiner Container für verschiedene Inhalte. Das Zauberwort **PDF-Portfolio** wurde dafür mit Acrobat 9 eingeführt.

33.2 PDF-Erstellung

Zur Erstellung von PDF-Dateien unterscheiden wir aus InDesign heraus grundsätzlich zwischen zwei Vorgehensweisen. Welche Vorgehensweise dabei zu wählen ist, hängt entscheidend vom Verwendungszweck – für die Druckausgabe, für das Langzeitarchiv, für Präsentationen usw. – der PDF-Datei ab.

33.2.1 PDF-Erstellung über PostScript

In Kapitel 41, »Drucken«, werden Sie erfahren, wie Sie eine PostScript-Datei erstellen, die für die Generierung einer PDF-Datei optimal ist. Die Erstellung der PostScript-Datei ist Basis für die Generierung einer PDF-Datei mit dem Adobe Distiller. Das Ergebnis hängt allerdings von den Einstellungen im Druckdialog von InDesign und den getroffenen Konvertierungseinstellungen des Adobe Distillers ab. In der PostScript- und somit auch der PDF-Datei sind alle Informationen vorhanden, die für eine hochauflösende Ausgabe von Inhalten auf Papier benötigt werden. Multimediale Inhalte können jedoch über PostScript nicht transportiert werden! PostScript ist und bleibt eine Seitenbeschreibungssprache zur Beschreibung von druckbaren Inhalten in einem Dokument. Worin liegen die Vor- und die Nachteile?

> **PostScript versus PDF**
>
> Während PostScript eine Seitenbeschreibungssprache (Programmiersprache zur Beschreibung von Elementen auf einer Seite) darstellt, ist PDF ein Dateiformat, in dem beschriebene Elemente gespeichert werden.

- Der **Vorteil** dieses Erstellungsprozesses ist, dass mit diesem Zwischenschritt die Produzierbarkeit eines Dokuments überprüft werden kann. Würde die Konvertierung fehlschlagen, so würde auch eine Ausgabe auf einem RIP nicht funktionieren. Somit können Sie sicher sein, dass PDF-Dateien, die über PostScript mit dem Distiller erstellt wurden, auch ausgegeben werden können.

- Ein **Nachteil** dieses Erstellungsprozesses ist, dass Anwender sowohl bei der Erstellung der PostScript-Datei als auch bei der Wahl von Konvertierungsoptionen im Adobe Distiller Fehler begehen können, was in diesem Fall zu einem unbrauchbaren Ergebnis führen würde. Des Weiteren kann InDesign in der PDF-Erstellung für den multimedialen Gebrauch nicht eingesetzt werden, da PostScript diese Inhalte nicht transportiert.
Der wesentlichste Nachteil ist jedoch, dass durch die Erstellung einer PostScript-Datei alle in InDesign erstellten und importierten nativen Transparenzen verflacht werden müssen. Damit werden alle Bilder mit Transparenzen in Teilsegmente zerlegt, was eine Editierbarkeit der PDF-Datei unmöglich macht. Es können somit bei der Farbkonvertierung leichte Farbunterschiede an den Grenzen zu den Teilsegmenten entstehen, da Teilsegmente teilweise als Pixel- und als Vektorbild vorliegen.

33.2.2 PDF-Erstellung über nativen Export

Adobe hat die Erstellung von PDF-Dateien in den eigenen Applikationen durch einen einfachen Export in eine PDF-Datei implementiert. Dabei werden in InDesign alle InDesign-Objekte in PDF-Objekte überführt, ohne zuvor nach PostScript umgewandelt werden zu müssen. Die hierzu notwendige Technologie liegt in Form der Adobe PDF Library vor, die auch von anderen Softwareherstellern lizenziert werden kann. Damit kann ein PDF-to-PDF-Workflow von InDesign ausgehend angestoßen werden.

- Die **Vorteile** dieses Erstellungsprozesses liegen in einer verkürzten Erstellungszeit, einer Minimierung der möglichen Anwenderfehler und in der Abbildung aller in InDesign verfügbaren Inhalte, wodurch nun auch PDF-Dateien für Multimedia erstellt werden können.
- Der **Nachteil** dieser Art des Erstellungsprozesses ist, dass nicht alle Druckdienstleister – moderne PDF-Workflow-Systeme haben damit überhaupt kein Problem – in der Lage sind, solche PDF-Dateien überhaupt auszugeben, da sie zur Ausgabe in fast allen Fällen einen PostScript-RIP (Version 3011) benötigen.

> **HINWEIS**
>
> Wenn Sie PDF-Dateien über den Exportdialog von InDesign mit unseren empfohlenen Einstellungen aus Kapitel 42, »PDF-Export für die Druckvorstufe«, erzeugen, sollten Sie den Produktionsweg zuvor mit dem Druckdienstleister absprechen. Fragen Sie Ihren Druckdienstleister, ob er exportierte PDF-Dateien aus InDesign verarbeiten kann oder ob Sie die PDF-Datei über den Adobe Distiller erstellen sollen. Sollte der Dienstleister exportierte PDF-Dateien aus InDesign verarbeiten können, so fragen Sie ihn auch, ob sein Workflow auch PDF/X-4-Dateien verarbeiten kann. Folgen Sie in jedem Fall den Empfehlungen des Dienstleisters.

33.3 PDF-Spezifikationen

Die Programme zur Erstellung, Be- und Verarbeitung von PDF-Dateien sind der Adobe Reader sowie Adobe Acrobat Professional und Adobe Distiller. Im Jahre 1993 wurde die erste Suite von Programmen unter dem Namen Acrobat vorgestellt. Seither gab es einige Updates, die sowohl den Funktionsumfang als auch die Bearbeitbarkeit von PDF-Dateien wesentlich erweitert haben.

Jeder neuen Acrobat-Version folgte auch eine neue PDF-Spezifikation. Tabelle 33.1 stellt jeweils die Acrobat-Version der PDF-Spezifikation und der PostScript-Version gegenüber.

Acrobat-Version	PDF-Version	PostScript-Version	PostScript-Bezeichnung	Jahr
Carousell	1.0	PostScript Level 1	–	1992
Acrobat 2.0	1.1	PostScript Level 2	2014	1993
Acrobat 3.0	1.2	PostScript Level 2	2017	1996
Acrobat 4.0	1.3	PostScript 3	3010	1999
Acrobat 5.0	1.4	PostScript 3	3011	2001
Acrobat 6.0	1.5	PostScript 3	3015	2003

◄ Tabelle 33.1
Zu jeder Acrobat-Version – ausgenommen Acrobat 9 – wurde eine neue PDF-Spezifikation vorgestellt.

Acrobat-Version	PDF-Version	PostScript-Version	PostScript-Bezeichnung	Jahr
Acrobat 7.0	1.6	PostScript 3	3016	2004
Acrobat 8.0	1.7	PostScript 3	3016	2006
Acrobat 9.0	1.7	PostScript 3	3018	2008

▲ **Tabelle 33.1**
Zu jeder Acrobat-Version – ausgenommen Acrobat 9 – wurde eine neue PDF-Spezifikation vorgestellt. (Forts.)

> **PDF 1.3**
>
> Verwenden Sie PDF 1.3, wenn Sie nicht wissen, welche Reader-Version der Empfänger des PDF-Dokuments besitzt. Da durch PDF 1.3 alles, was in PostScript beschrieben werden kann, auch abgebildet wird, ist dies die ideale Basis für den Austausch von WYSIWYG-Dokumenten. Somit ist PDF 1.3 die richtige Wahl, wenn Sie über den Adobe Distiller PDF-Dateien erzeugen.

> **PDF 1.4**
>
> Verwenden Sie PDF 1.4 bzw. PDF/X-4, wenn Sie aus InDesign PDF-Dateien exportieren und dabei sichergehen wollen, dass bei der Erzeugung der PDF-Datei die Originaldaten bedingt durch die Transparenzreduzierung nicht verändert werden. Sprechen Sie dies aber mit dem Druckdienstleister ab.

Wie aus der Tabelle hervorgeht, wurden, im Gegensatz zu PostScript, die PDF-Spezifikationen stetig weiterentwickelt. Mit jeder neuen PDF-Version überraschte Adobe den Anwender durch teilweise strategisch wichtige Neuerungen. PostScript wurde hingegen lediglich geringfügig angepasst, damit eine Abbildung der neuen Funktionen in der Druckvorstufe in gewissen Teilen möglich ist.

Mit der Vorstellung der PDF-Version 1.3 wurde die erste Gleichschaltung zwischen PostScript und PDF für die Ausgabe von Printmedien erreicht. Seither haben sich beide Technologien auseinanderentwickelt. PDF hatte mit der PDF-Spezifikation 1.4 PostScript bereits überholt.

Mit der PDF-Version 1.7 kam die kontinuierliche Weiterentwicklung der PDF-Spezifikation etwas zum Stillstand. Der Grund dafür ist, dass Adobe die PDF-Spezifikation der ISO übergeben hat. Diese strategische Entscheidung verlangsamt zwar einerseits die permanente Weiterentwicklung des Funktionsumfangs, hat jedoch andererseits die Basis für die ISO geschaffen, PDF weit über die Druckvorstufe hinaus als das Standardformat für viele Bereiche in der Industrie zu etablieren.

Der Druckvorstufe ist diese Verlangsamung nur willkommen, denn es gibt wirklich fast keinen offenen Wunsch mehr, der in PDF berücksichtigt werden muss, damit alles Druckbare das entsprechende Gegenstück in der PDF-Datei findet. Der Standard für die Druckvorstufe wurde PDF/X. Was sich dahinter verbirgt und welchen Standard Sie zukünftig verwenden sollten, lesen Sie noch in diesem Kapitel.

Wer PDF-Dateien erstellen möchte, sollte die notwendigen Hintergrundinformationen zu den PDF-Versionen kennen und verstanden haben. Nur wer dieses Hintergrundwissen mitbringt, kann für das jeweilige Anwendungsgebiet eine perfekte PDF-Datei erstellen. In Tabelle 33.2 weisen wir die Eigenschaften und die Anwendungsgebiete den PDF-Versionen zu. Prüfen Sie also vor der PDF-Erstellung anhand der Tabelle, für welches Anwendungsgebiet Sie die PDF-Datei benötigen.

PDF	Neuerungen	Anwendungsgebiet
1.0	Urversion, die die Abbildung von Dokumenten in WYSIWYG ermöglicht	Keines – es können nur RGB-Bestände abgebildet werden.
1.1	▶ Darstellung von geräteabhängigen Farben (Device-Grey, -RGB und -CMYK) ▶ Dokumentenschutz und Artikelfluss ▶ Hyperlinks in Verbindung mit Aktionen ▶ Binärdaten abspeichern ▶ Dateiinformationen	**Austausch von Office-Dokumenten**. Hat heute keine Bedeutung mehr und ist für die Druckvorstufe nicht geeignet.
1.2	▶ Radio Buttons und Checkboxen ▶ TrueType-Einbettung ▶ Movies und Sounds ▶ CID – Composite Fonts ▶ Mouse Events ▶ Unbeschränkte Anzahl von Hyperlinks ▶ Halbtonraster und Transferfunktionen abspeicherbar ▶ CIE-basierende Farben	**Zum Austausch von PDF-Dokumenten im Office-Umfeld**, wenn von einer installierten Basis des Acrobat Readers der Version 3.0 ausgegangen werden muss **Dokumente für die Druckvorstufe**, ohne Schmuckfarben, eingefärbte TIFF-Dateien sowie Verläufe Erstellen **einfacher Formulare**
1.3	▶ Konvertierung von HTML nach PDF ▶ Digitale Signaturen ▶ »Named Destinations« ▶ Speichern von alternativen Bildauflösungen für die Monitordarstellung ▶ Einbetten jeglichen Objekttyps als Dateianlage ▶ JavaScript-Unterstützung ▶ Speichern von Überfüllungen ▶ DeviceN – ICC-basierende Farben sind implementiert. ▶ Smooth Shades – mathematische streifenfreie Verläufe ▶ CID-Fonts (Doppelbyte für asiatische Zeichensätze) ▶ Portable Job Ticket (PJTF) ▶ OPI 2.0	Erstellen **intelligenter Formulare**, die auf JavaScript basieren Zum **Archivieren von HTML-Seiten** im PDF-Format **Dokumente für die Druckvorstufe**, die nun alle Formen von Farbräumen, Spezialfarben und Verläufen enthalten können. Alles, was durch PostScript abbildbar war, kann nun auch in PDF abgespeichert werden. **Austausch von Office-Dokumenten**, in denen Dateiinformationen und Hyperlinks verwendet wurden
1.4	▶ Animierte GIFs ▶ Erweitertes JavaScript ▶ Transparenzen ▶ Objektkompression	Für alle **Druckvorstufen-Dokumente**, die native Transparenzen aus Adobe-Applikationen in PDF speichern und somit einen PDF-to-PDF-Workflow abbilden wollen
1.5	▶ JPEG2000 ▶ Erweiterte DeviceN-Farbtiefe ▶ Ebenen (optional content) ▶ Video- und Sounddateien können innerhalb von PDF-Dateien gespeichert werden. ▶ Integrieren von Flash-Animationen	Alle PDF-Dokumente, die auf Ebenen aufbauen und auf die neue Kompressionsform JPEG2000 zurückgreifen wollen. Anwendung findet das PDF 1.5 in **technischen Zeichnungen** oder **Dokumentationen** wie auch im Layout, wo **alternative Inhalte** in einem Dokument in Ebenen angelegt werden.
1.6	▶ OpenType-Fonts einbettbar ▶ Korrekte Farbdarstellung von Sonderfarben (Pantone) ▶ Das Dokumentformat kann über 5 x 5 m betragen. ▶ Ebenen können »intelligent« zugeordnet werden.	**Große PDF-Dokumente**, die u. a. zur korrekten Abbildung von Farben erstellt wurden
1.7	▶ NChannel	Große PDF-Dokumente, die u. a. zur korrekten Abbildung von Farben und speziell mit vielen Schmuckfarben erstellt wurden

▲ **Tabelle 33.2**
Mit jeder PDF-Version wurden Neuerungen hinzugefügt. Damit hat sich auch das Anwendungsgebiet erweitert.

33.4 PDF/X

> **Was ist PDF/A?**
>
> PDF/A beschäftigt sich mit Empfehlungen zur Erstellung von PDF-Dateien, die als Archivbestände gelagert werden müssen, um eine Verarbeitung der Dateien in Zukunft zu ermöglichen. Speziell hinsichtlich der vollständigen Einbettung aller Glypheninformationen gibt es die wohl größten Unterschiede. Eine Annäherung beider Normen ist jedoch bereits in Planung. Bei der Erstellung und Überprüfung von PDF/X-4-Dateien werden Sie schon die genauere Handhabung dieser Informationen feststellen.

Wie Sie aus den vorangegangenen Ausführungen erkennen konnten, können in einer PDF-Datei sehr unterschiedliche Datenbestände integriert sein. Der Traum der Druckvorstufe, vom Kunden ein zum Drucken optimal aufbereitetes PDF-Dokument zu erhalten, schien mit jeder PDF-Spezifikation in weitere Ferne zu rücken. Durch PDF/X könnte der Traum in der Praxis in Erfüllung gehen.

Bei PDF/X handelt es sich nicht um eine PDF-Spezifikation, sondern um ISO-Normen, die die Erfahrungen der letzten fünfzehn Jahre aus dem Bereich »PDF-Erstellung für die Druckvorstufe« zusammenfassen. Die PDF/X-Norm beschreibt, was nicht in einer PDF-Datei enthalten sein darf, was enthalten sein muss, was enthalten sein kann und, wenn es enthalten ist, wie es dann beschaffen sein muss. PDF/X und Empfehlungen für den Dokumentenersteller ermöglichen es, ein für die Druckvorstufe geeignetes PDF zu erstellen.

Doch auch bei PDF/X gibt es verschiedene Normen. Es können dabei zwei Gruppen unterschieden werden:

- PDF/X-Normen, die einen **vollständigen Datenaustausch** zwischen Datenersteller und Druckdienstleister ermöglichen
- PDF/X-Normen, die einen **unvollständigen Datenaustausch** zwischen den beteiligten Gruppen ermöglichen. Dabei geht man davon aus, dass u. a. der Datenersteller nur mit Layoutbildern arbeitet und die Originalbilder beim Druckdienstleister vor der Ausgabe ausgetauscht werden. Dasselbe gilt hier auch für Schriften. Sie müssen nicht in der PDF-Datei hinterlegt sein.

Tabelle 33.3 gibt einen Überblick über den aktuellen Stand der ISO-Normen zu PDF/X.

▼ **Tabelle 33.3**
Alle aktuell gültigen ISO-Normen zu PDF/X (ISO 15930) im Überblick.

PDF/X-Bezeichnung	Teil von 15930	Vollständiger Austausch	CMM möglich	Unterstützte Farbräume	Zulässige PDF-Versionen
PDF/X-1a:2001	1	Ja	Nein	S/W, Grau, CMYK, Spot	1.2–1.3
PDF/X-1a:2003	4	Ja	Nein	S/W, Grau, CMYK, Spot	1.2–1.4
PDF/X-2:2003	5	Nein	Ja	S/W, Grau, RGB, CMYK, Spot, ICCbased	1.2–1.4
PDF/X-3:2002	3	Ja	Ja	S/W, Grau, RGB, CMYK, Spot, ICCbased	1.2–1.3
PDF/X-3:2003	6	Ja	Ja	S/W, Grau, RGB, CMYK, Spot, ICCbased	1.2–1.4
PDF/X-4:2008	7	Ja	Ja	S/W, Grau, RGB, CMYK, Spot, ICCbased	1.2–1.6
PDF/X-4p:2008	7	Nein	Ja	S/W, Grau, RGB, CMYK, Spot, ICCbased	1.2–1.6
PDF/X-5g:2008	8	Nein	Ja	S/W, Grau, RGB, CMYK, Spot, ICCbased	1.2–1.6
PDF/X-5pg:2008	8	Nein	Ja	S/W, Grau, RGB, CMYK, Spot, ICCbased	1.2–1.6
PDF/X-5n:2008	8	Nein	Ja	zuzüglich n-colorant	1.2–1.6

Für die Ausgabe aus InDesign stehen nur PDF/X-1a, PDF/X-3 und PDF/X-4 in Verbindung mit der Erstellung druckfähiger PDF-Dateien zur Verfügung. Während der Unterschied zwischen PDF/X-1a und PDF/X-3 in den verwendbaren Farbräumen liegt (PDF/X-3 kann alles, was PDF/X-1a kann; es können jedoch zusätzlich RGB-, Lab- und ICC-basierte Farbräume enthalten sein), kommt mit PDF/X-4 zu den bisherigen Elementen (Pixel, Vektor und Text) einer Seite noch die Transparenz als Seitenbeschreibungsobjekt hinzu. Damit kann erstmals ein nativer PDF-Export innerhalb einer ISO-Norm abgebildet werden. Die Verantwortung zur Reduzierung liegt in diesem Falle beim Druckdienstleister.

In Tabelle 33.4 sind exemplarisch einige Bestimmungen (Spielregeln) aufgelistet, die einer PDF/X-1a- und PDF/X-3-Datei zugrunde liegen.

> **PDF-Export für andere Normen in InDesign nicht möglich**
>
> Während mit dem Acrobat Distiller 7.0 bereits PDF/A Einzug gehalten hat, ist die Implementierung anderer ISO-Normen in InDesign nicht vorgesehen.

▼ **Tabelle 33.4**
PDF/X-Spielregeln, die zur Erstellung einer PDF/X-Datei eingehalten werden müssen

Spielregel	Bedeutung
Vollständige Einbettung von Fonts	Es müssen alle Schriften als Font-Untergruppen oder vollständig eingebettet vorliegen.
Empfohlene Dateinamen	PDF/X-Dateien sollen immer im Dateinamen die zugrunde liegende Norm enthalten, z. B. »name_x1.pdf«.
Eindeutige Dateikennungen	Informationen darüber, wer das Dokument wann mit welcher Ausgangsapplikation und mit welchem PDF-Erstellungstool generiert hat
Keine Druckkennlinien	Druckkennlinien dienen der Gegensteuerung in Sachen Punktzuwachs. Sie müssen im PDF entfernt oder eingerechnet sein.
PDF-Version	PDF/X-1a aus 2001 und PDF/X-3 aus 2002 müssen in PDF 1.3 oder älter abgespeichert sein. Die überarbeiteten Versionen PDF/X-1a und PDF/X-3 aus 2003 basieren bereits auf PDF 1.4, dürfen jedoch keine nativen Transparenzen enthalten.
Composite-PDF-Datei	Dateien dürfen nicht separiert vorliegen.
Alle für die Wiedergabe benötigten Ressourcen müssen in der PDF/X-1a- und PDF/X-3-Datei enthalten sein.	Neben Schriften müssen auch alle Bilder vollständig in der PDF-Datei vorliegen. Somit sind OPI-Workflows in Verbindung mit PDF/X-1a und PDF/X-3 nicht zulässig. Mögliche Varianten dafür sind PDF/X-2 und PDF/X-5.
Farbräume	PDF/X-1a-Dateien können neben Bitmap- auch Graustufen- und CMYK-Farbbestände sowie Schmuckfarben beinhalten. PDF/X-3 hingegen kann Farbbestände von PDF/X-1a und darüber hinausgehend Lab- und RGB-Farbbestände enthalten.
Transparenzen	Obwohl auch PDF 1.4 bei PDF/X-1a und PDF/X-3 erlaubt ist, müssen alle Transparenzen in der Ausgabe verflacht vorliegen.
Output-Intent (Ausgabeabsicht)	Mit dem Output-Intent wird dem Druckdienstleister mitgeteilt, auf welcher Basis die Bilddaten und die Layoutdatei aufgebaut wurde.
Anmerkungen; JavaScripts und PostScript-XObjects	Anmerkungen (wie Haftnotizen usw.) dürfen in der PDF-Datei enthalten sein; sie müssen jedoch außerhalb des druckbaren Bereiches positioniert sein. Programmiersprachen wie JavaScript und PostScript dürfen nicht in einer PDF-Datei verwendet werden.

> **HINWEIS**
>
> Nähere Informationen zur Erstellung von PDF- und PDF/X-Dateien, zur Überprüfung, Bearbeitung und Ausgabe entnehmen Sie dem Buch »PDF in der Druckvorstufe – Aktuell zu PDF 1.3 bis PDF 1.7« (ISBN: 978-3-89842-673-2), ebenfalls erschienen bei Galileo Press.

Die vorher aufgelisteten Spielregeln gelten natürlich auch für den aktuellen PDF/X-4-Standard. Worin liegt denn dann der Unterschied? Der Unterschied zwischen PDF/X-3 und PDF/X-4 ist, dass PDF/X-4 alles, was PDF/X-3 enthalten kann, und darüber hinaus zusätzlich die PDF-Spezifikation 1.6 unterstützt, womit neben **nativen Transparenzen** auch noch **Ebenen** (Optional Content) sowie **JPEG2000** und **OpenType-Schriften** in der PDF-Datei sein können.

33.4.1 Was ist PDF/X nicht?

PDF/X-Normen beschreiben jedoch nur die technischen Rahmenbedingungen, die einer PDF-Datei zugrunde liegen müssen. Ob bzw. wie viele Schmuckfarben verwendet werden, mit welcher Auflösung Bildbestände vorliegen sollen, ob ein Anschnitt definiert wurde, ob Haarlinien in der PDF-Datei vorkommen und ob RGB-Farbräume vorliegen, das wird in der ISO-Norm nicht beschrieben. Eine qualitative Überprüfung der PDF-Datei werden Sie somit auf Basis der PDF/X-Rahmenbedingungen immer noch durchführen müssen. Die hierzu notwendigen Prüfungen stehen innerhalb von Acrobat Professional durch das Werkzeug Preflight oder auch teilweise in InDesign über das Preflight-Bedienfeld zur Verfügung. Eine vollständige Prüfung anhand von drucktechnischen Gesichtspunkten ist jedoch über Preflight in Acrobat umfangreicher möglich.

Wer jedoch nicht nur prüfen, sondern bei der Prüfung zugleich kleine automatische Korrekturen vornehmen oder eine PDF-Datei als PDF/X abspeichern will, der kann dies mit Acrobat Professional, dem Plug-in PitStop sowie mit der pdfToolbox 4 aus dem Hause callas innerhalb von Acrobat Professional oder auch mit der Standalone-Applikation pdfToolbox 4 erledigen.

> **PDF/X-4 Hausaufgaben**
>
> Wie in diesem Kapitel beschrieben, können in einer PDF/X-4-Datei neben den druckbaren Elementen Pixel, Vektoren und Grafiken auch noch Transparenzen nativ vorliegen. Bis dorthin folgt Adobe auch den Erfordernissen beim Export einer PDF/X-4-Datei.
>
> Doch in einer PDF/X-4-Datei können darüber hinaus noch Ebenen, JPEG2000-komprimierte Bilder und OpenType-Schriften eingebettet sein. All diese Funktionen sind von Adobe noch nicht beim PDF-Export berücksichtigt worden. Zeit wäre es schon langsam, denn schließlich wurde PDF/X-4 im Jahre 2008 finalisiert, und in der Creative Suite 5 hat diese Verabschiedung der ISO-Norm noch keinen Niederschlag gefunden.

33.5 Quo vadis PDF?

Durch die Übergabe der PDF-Spezifikation an die ISO sind Neuerungen hinsichtlich des Funktionsumfangs nicht vor 2013 zu erwarten. Auch wenn Adobe mit der nächsten Acrobat-Version 10 eine neue PDF-Version angeben wird, so hat diese Bezeichnung aller Wahrscheinlichkeit nach nichts mit der aktuell vorliegenden PDF-Version 1.7 zu tun.

Datenersteller und Datenverarbeiter können sich also in den nächsten Jahren sehr gut auf die Möglichkeiten der aktuellen Version 1.7 einstellen. Adobe muss hinsichtlich des PDF/X-4-Exports aus den Programmen heraus noch einige Hausaufgaben erledigen.

TEIL V
Printproduktion – Prüfung und Ausgabe von Dokumenten

34 Ausgabe von Transparenzen

In fast jedem Layout sind Transparenzen zu finden. Ob diese mit den transparenzverursachenden Werkzeugen innerhalb von InDesign angelegt worden sind oder ob diese durch den Import einer mit nativer Transparenz versehenen Datei zustande kamen, spielt dabei keine Rolle. Transparenzen müssen zu irgendeinem Zeitpunkt »reduziert« – in druckbare Rasterpunkte – umgewandelt werden. Wann dieser Zeitpunkt ist, hängt von den jeweiligen Workflows und dem Zusammenspiel mit der Druckerei ab. Wenn Sie dabei unseren Empfehlungen folgen, keine Transparenzreduzierung durchzuführen und die Übergabe an die Druckerei in Form einer PDF/X-4-Datei vorzunehmen, so können Sie dieses Kapitel überfliegen. Sie müssen nur etwas überprüfen: Überprüfen Sie unter BEARBEITEN • TRANSPARENZFÜLLRAUM, ob dieser in InDesign auf DOKUMENT-CMYK gesetzt ist!

Wenn Sie jedoch von Ihrer Druckerei angehalten werden, die Transparenzen zu reduzieren bzw. eine PDF/X-1a- oder PDF/X-3-Datei abzuliefern, so müssen Sie sich dieses Themas sehr genau annehmen. Wie Sie in Kapitel 32, »Transparenzen«, bereits gelesen haben, kann einiges bei einer Transparenzreduzierung passieren, womit es an der Zeit ist, sich jetzt über eine fehlerfreie Ausgabe Gedanken zu machen.

Die sicherste Ausgabe von Transparenzen erfolgt beim Rastern der Daten für die Plattenausgabe im Druckvorstufenbetrieb, denn nur er kennt die technischen Eigenschaften seiner Ausgabegeräte wirklich. Doch nicht jeder Betrieb hat bereits das Equipment, um dem Ersteller eines InDesign-Dokuments diesen Komfort zu bieten. Deshalb ist es wichtig, Transparenzen auch unabhängig vom ausgebenden Betrieb verflachen zu können.

34.1 Der Transparenzfüllraum

In InDesign können sich unterschiedliche Farbräume auf einer Seite befinden. Müssen Bilder oder Objekte aufgrund einer Transparenz verflacht werden, so müssen die erstellten neuen Pixel in einen Zielfarbraum abgespeichert und somit konvertiert werden.

> **HINWEIS**
>
> Was unter transparenzverursachenden Werkzeugen bzw. importierten Transparenzen verstanden wird, können Sie in Abschnitt 32.3.2, »Importierte Transparenzen«, auf Seite 745 bzw. in Abschnitt 32.3.1, »Transparenz verursachende Optionen«, auf Seite 744 nachlesen.

> **HINWEIS**
>
> Wie Sie eine PDF/X-1a- bzw. eine PDF/X-4-Datei erstellen können, erfahren Sie in Abschnitt 42.1, »PDF exportieren«, auf Seite 877.

> **Adobe PDF Print Engine 2**
>
> Besitzt der Druckvorstufenbetrieb einen RIP mit integrierter Adobe PDF Print Engine 2, so ist er technisch in der Lage, die Transparenzreduzierung für den Kunden zu übernehmen.
>
> Wo dabei der Unterschied zur herkömmlichen Ausgabe über PostScript liegt, können Sie in Abschnitt 32.4.2, »Über Adobe PDF Print Engine (APPE)«, auf Seite 746 nachlesen.

> **TOP-TIPP: Harte Schlagschatten und Downsampling**
>
> Wenn Sie »harte« Schlagschatten beim Generieren einer PDF-Datei erstellen, müssen Sie dringend das Downsampling für die Farbbilder deaktivieren, da ansonsten der »harte« Schlagschatten, der ja nach der Transparenzreduzierung als CMYK-Datei vorliegt, auf die Auflösung der Halbtonbilder heruntergerechnet wird.

Durch die Auswahl des Transparenzfüllraums über das Menü BEARBEITEN • TRANSPARENZFÜLLRAUM können Sie in InDesign diesen Zielfarbraum bestimmen. Sie haben dabei nur die Möglichkeit, entweder **Dokument-RGB-** oder **Dokument-CMYK-Farbraum** zu wählen. Als Zielfarbraum kann also immer nur der RGB- bzw. CMYK-Farbraum eingestellt werden, den Sie durch das Aktivieren des Farbmanagements definiert haben.

Im Falle eines »harten« schwarzen Schlagschattens bedeutet dies, dass dieser nicht in eine Bitmap-Datei (schwarzweiß), sondern in CMYK umgewandelt wird. Der Schlagschatten wird dabei glücklicherweise nicht auf alle Auszüge separiert, sondern sauber auf den Schwarzauszug der CMYK-Datei bzw. in einen Schmuckfarbkanal Schwarz gestellt.

34.2 Die Transparenzreduzierungsvorgaben

In welcher Auflösung Bilder nach der Transparenzreduzierung vorliegen und ob Texte in Pixelbilder oder in Vektorgrafiken umgewandelt werden, das können Sie über den Befehl BEARBEITEN • TRANSPARENZREDUZIERUNGSVORGABEN bestimmen.

Sie müssen für jedes Ausgabegerät, vom Kopierer über den Proof-Drucker bis hin zur Film- oder CtP-Erstellung, eine Einstellung vornehmen, damit Sie diese im Druck- bzw. im PDF-Export-Dialog auswählen können.

Um eine Transparenzreduzierungsvorgabe anzulegen, müssen Sie den Befehl BEARBEITEN • TRANSPARENZREDUZIERUNGSVORGABEN aufrufen. Im Dialog können Sie bestehende Vorgaben bearbeiten und löschen sowie mit NEU eigene Vorgaben erstellen. Getroffene Vorgaben können, nachdem sie markiert wurden, über SPEICHERN exportiert und dann über LADEN auf andere Arbeitsstationen übertragen werden.

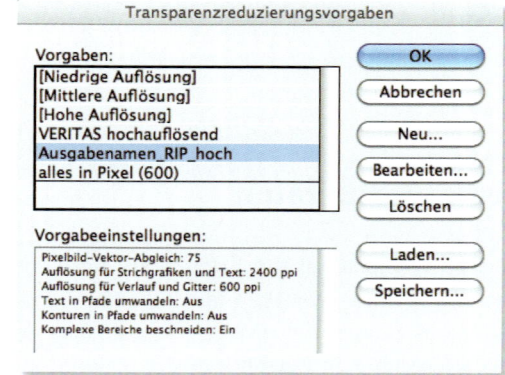

Abbildung 34.1 ▶
Der TRANSPARENZREDUZIERUNGSVORGABEN-Dialog. Drei Sets sind mit InDesign standardmäßig vorinstalliert. Bauen Sie darauf die Einstellung für Ihre Ausgabegeräte auf. Sie können auch die TRANSPARENZREDUZIERUNGSVORGABEN nutzen, um während des Reduzierungsvorgangs Texte in Pfade oder alle Objekte in Pixel zu konvertieren.

Im Transparenzreduzierungsvorgaben-Dialog können Sie durch Drücken des Buttons Neu Ihre eigenen Vorgaben definieren. Markieren Sie dazu zuerst die Einstellung [Hohe Auflösung]. Damit werden die Einstellungen, die diesem Set hinterlegt sind, als Grundlage für die neue Vorgabe verwendet.

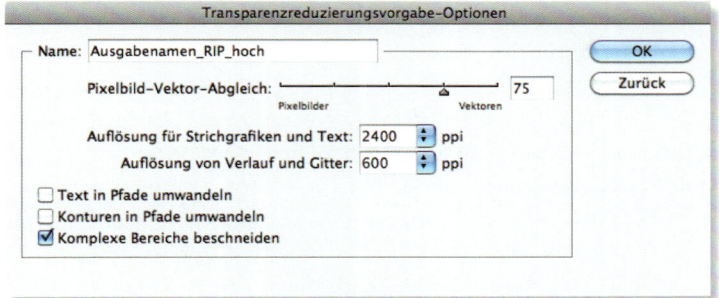

◄ **Abbildung 34.2**
Die Transparenzreduzierungsvorgabe für die Ausgabe auf hochauflösenden RIPs für Film oder CtP. Die Komplexität der atomaren Bereiche wird vorwiegend durch den Pixelbild-Vektor-Abgleich bestimmt.

- **Name:** Geben Sie der Vorgabe den Namen des Ausgabegeräts.
- **Pixelbild-Vektor-Abgleich:** Wenn Sie den Schieberegler ganz nach links stellen, wird der Flattener dazu angehalten, alle Transparenzen in Pixelbilder umzuwandeln. Steht der Schieberegler ganz rechts, so wird versucht, so viel wie möglich in Vektoren zu erhalten. In welcher Auflösung eine Umwandlung in Pixel geschieht, hängt von den Einstellungen darunter ab.
- **Auflösung für Strichgrafiken und Text:** Legt die Auflösung für Vektorobjekte und Strichgrafiken fest, die durch die Transparenzreduzierung in Pixelbilder umgewandelt werden. Ist der Flattener gezwungen, Bitmaps (Strichgrafiken) oder Text zu konvertieren, so generiert er dafür eine CMYK-Datei mit der eingestellten Auflösung von 2.400 dpi.
- **Auflösung für Verlauf und Gitter:** Legt die Auflösung für Verläufe, Schlagschatten, weiche Kanten und Gitter fest. In unserem Beispiel werden diese Elemente mit 400 dpi berechnet. Führen Sie auch dazu Tests durch: Bei manchen Geräten muss, bedingt durch den Druckertreiber, der Wert etwas angehoben werden.

Wenn Sie den Schieberegler für den Pixelbild-Vektor-Abgleich ganz nach links gestellt haben, sind die weiteren Parameter im Dialog ausgegraut. Steht jedoch der Schieberegler ganz rechts, können weitere zwei Optionen aktiviert werden:

- **Text in Pfade umwandeln:** Mit diesem Befehl werden alle Texte auf Seiten, auf denen sich Transparenzen befinden (und nur dort), in Pfade umgewandelt. Wichtig zu wissen ist, dass auch Texte, die gar nicht von einer Transparenz betroffen sind,

TOP-TIPP
Probleme bei der Reduzierung

Wenn InDesign während der PDF-Erstellung bei der Transparenzreduzierung den Geist aufgibt, so liegt das meistens an der zu hohen Komplexität bei der Reduzierung. Verringern Sie in diesem Fall den Wert des Pixelbild-Vektor-Abgleichs. Der Wert von 75 % funktioniert meistens.

[Gitter]
Unter »Gitter« versteht Adobe jene Verläufe, die auf dem aus PostScript 3 bekannten Operator »Smooth Shades« basieren. Illustrator-Anwender kennen den Begriff durch das Gitter-Werkzeug des Programms.

Vorgabe für eine niedrigauflösende Ausgabe

Stellen Sie die Auflösung für Strichgrafiken und Text bei niedrigauflösenden Ausgabegeräten immer auf die vom Hersteller genannte Ausgabeauflösung.

> **Transparenzreduzierung erfasst alle Objekte einer Seite**
>
> Sobald sich auf einer Seite eine Transparenz befindet, werden alle Objekte der Seite durch die Transparenzreduzierung mit einer Farbkonvertierung und einer Auflösungsberechnung verarbeitet, auch wenn sie überhaupt nicht mit der Transparenz in Berührung kommen. Alle Bilder der Seite liegen somit im selben Farbraum und in derselben Auflösung vor.
>
> Das Aufsetzen eines medienneutralen PDF/X-3-Workflows in Verbindung mit platzierten RGB-Bildern und Transparenzen ist somit trotz der Wahl der Option KEINE FARBKONVERTIERUNG im Druck- bzw. PDF-Export-Dialog nicht möglich, da alle Objekte der Seite in CMYK-Bildbestände konvertiert werden.
>
> Die Lösung des Problems erfolgt beim Exportieren in ein PDF/X-4, womit Farbräume erhalten bleiben und Transparenzen bis zur Ausgabe nativ als eigenständiges Element bearbeitet werden können.

in Konturen umgewandelt werden. Diesen Sachverhalt können Sie bewusst ausnutzen, um den gesamten Text in Pfade umzuwandeln.

▶ KONTUREN IN PFADE UMWANDELN: Dabei werden alle Konturen auf der Seite in ihre gefüllten Umrisse umgewandelt. Dadurch wird bei der Transparenzreduzierung sichergestellt, dass alle Linienstärken durch das Verflachen eine konstante Breite besitzen. Beachten Sie, dass durch die Aktivierung dünne Linien in der Ausgabe etwas stärker erscheinen.

KOMPLEXE BEREICHE BESCHNEIDEN: Diese Option lässt sich nur dann aktivieren, wenn der Schieberegler für den PIXELBILD-VEKTOR-ABGLEICH nicht ganz links und nicht ganz rechts steht. Durch diese Option werden die Grenzen zwischen Vektorgrafiken und Pixelbildern auf bestehende Objektpfade gelegt. Dadurch reduziert sich das »Stitching« von Grafiken, das entsteht, wenn ein Teil eines Objekts in ein Pixelbild umgewandelt wird, während der andere Teil seine Vektorform behält.

34.3 Problemfelder der Reduzierung

Wenn Sie zu einer Transparenzreduzierung angehalten werden, so müssen Sie im Aufbau von Layoutdateien auf bestimmte Gegebenheiten Rücksicht nehmen, damit nicht die eine oder andere Überraschung beim Erstellen der PDF-Datei auftreten kann. Nachstehend sind speziell Szenarien beschrieben, die mögliche Problemfelder aufzeigen.

> **Überdruckenvorschau aktivieren**
>
> Um auch Volltonfarben mit Transparenzen verarbeiten zu können, muss der Flattener manche Objekte auf Überdrucken stellen. Sollte Ihnen bei der Betrachtung der PDF-Datei die Volltonfarbe nicht angezeigt werden, so müssen Sie nur den Überdruckenvorschau-Modus in Acrobat – durch Drücken von [Strg]+[⇧]+[7] bzw. [⌘]+[⇧]+[7] in Acrobat 8 bzw. durch Aufruf der AUSGABEVORSCHAU in Acrobat 9 – aktivieren, den es seit Acrobat 5.0 gibt.

34.3.1 Transparenzen und Vollton

In InDesign werden Volltonfarben – sogar jene, die in Verbindung mit Transparenzen und »Überdrucken« verwendet werden – und Duplexfarben korrekt verarbeitet. Damit Transparenzen in Verbindung mit Volltonfarben verarbeitet werden können, muss der Flattener bei der Reduzierung atomare Bereiche mit Volltonfarben auf ÜBERDRUCKEN stellen. Somit werden alle überlappenden Bereiche auf ÜBERDRUCKEN gestellt. Eine Simulation der Ausgabe am Monitor erfolgt durch Aktivierung des Menüs ANSICHT • ÜBERDRUCKENVORSCHAU. Damit werden am Monitor alle auf dem Zieldrucker erreichbaren Zustände dargestellt, vorausgesetzt, dass der Drucker (RIP) die Überdruckeneinstellungen auch ausführt.

Dienstleister, die InDesign-Dokumente oder PDF-Dokumente aus InDesign in Verbindung mit Volltonfarben ausgeben sollen, müssen ihren Workflow überdenken. Überprüfen Sie Ihre RIP-

Konfiguration, damit nicht alle überdruckenden Objekte automatisch auf nicht überdruckend gestellt werden.

Achten Sie bei der Erstellung darauf, dass sich alle Flächen mit Volltonfarben in der Objektanordnung so weit oben wie möglich befinden. Das Anbringen von Transparenzen auf Objekte mit Volltonfarben ist mit Ausnahme der DECKKRAFTÄNDERUNG und der Füllmethode MULTIPLIZIEREN verboten. Eine Missachtung dieser Empfehlung führt in der Produktion unweigerlich zu Problemen.

34.3.2 Transparenzreduzierung für DCS-Workflows

Damit transparente Bereiche korrekt verarbeitet werden, sind bei der Transparenzreduzierung Composite-Daten erforderlich. Da DCS-Dateien vorsepariert sind, werden sie von der Reduzierung nicht richtig erkannt. Es wird nur die Vorschau (das Layoutfile, meistens ein 72-dpi-RGB-Bild) verrechnet. Bei der Ausgabe sollten jedoch die Feindaten verwendet werden – die korrekte Verrechnung von Transparenzen ist somit nicht möglich.

Verwenden Sie also in Verbindung mit InDesign keine DCS-Dateien. Sollten Sie diese jedoch zur Ausgabe bekommen, so müssen Sie diese Daten zuvor in eine PSD- oder TIFF-Datei konvertieren, damit eine Verflachung und Composite-Ausgabe für die PDF-Erstellung funktioniert.

34.3.3 Verhindern von Transparenzproblemen

Um transparenzbezogene Probleme auf ein Mindestmaß zu beschränken, sollten Sie nachstehende Probleme kennen und bei der Erstellung von Transparenzen Folgendes beachten:

Textobjekte auf die oberste Ebene | Verschieben Sie alle Textobjekte, die nicht mit Transparenzen zusammenwirken sollen, in die oberste Ebene des Dokuments. So verhindern Sie, dass Textstellen teilweise in Pfade umgewandelt werden, wodurch Texte bei der Betrachtung in Acrobat und bei der Ausgabe auf niedrigauflösenden Druckern »fetter« erscheinen würden.

Verwendung von OPI-Workflows | Verzichten Sie auf die Verwendung von Transparenzen, wenn der Einsatz eines OPI-Workflows geplant ist und falls Sie die dafür nicht notwendigen Erweiterungen auf den Produktionsservern (z.B. PDF HandShake von Helios) besitzen. InDesign wäre zwar in der Lage, zur Transparenzreduzierung die hochaufgelösten Bildbestände vom OPI-Server einzubeziehen, eine unproblematische Produktionsweise kann dabei aber nur mit viel Disziplin und Fachwissen erzielt werden. In Verbindung mit Erweiterungen ist es unproblematisch.

[DCS]
Eine DCS-Datei ist eine spezielle Form einer EPS-Datei, die eine vorseparierte Abspeicherung von Farbauszügen zulässt. Es wird zwischen DCS 1.0 und 2.0 unterschieden.
Mit *DCS 1.0* wird ein 5-File-EPS erstellt, wobei vier Dateien für die Abspeicherung der CMYK-Bestände dienen und die fünfte Datei als Vorschaudatei verwendet wird.
Mit *DCS 2.0* können die einzelnen Auszüge und der Platzhalter in einer Datei abgelegt werden. Darüber hinaus können Sonderfarben abgespeichert werden.

[OPI-Workflows]
OPI – Open Prepress Interface – wurde ursprünglich dafür entwickelt, im Layout mit niedrigaufgelösten Ansichtsdateien zu arbeiten und trotzdem auf hochaufgelöste Feindaten für die Druckausgabe zurückgreifen zu können. Damit können Ladezeiten beim Platzieren und Ausgabezeiten beim Drucken stark reduziert werden. In der Praxis sind jedoch OPI-Workflows immer seltener anzutreffen, da Dateigrößen und Bandbreiten fast schon unbeschränkt zur Verfügung stehen.

Verzicht auf DCS-Dateien | Verzichten Sie auf die Verwendung von DCS-Dateien. Die Möglichkeit, Volltonfarben aus Photoshop- oder TIFF-Dateien über InDesign separiert auszugeben, ist nicht mehr auf die Verwendung von DCS 2.0-Dateien beschränkt.

Verwendung von Volltonfarben und Überdrucken | Seien Sie bei der Verwendung von Volltonfarben in Verbindung mit dem Überdrucken bei der Transparenzreduzierung vorsichtig. Beachten Sie bereits beim Aufbau von Layoutdateien nebenstehende Warnung. In der Ausgabe ist es dann schon zu spät!

Das Verwenden der Optionen FLÄCHE ÜBERDRUCKEN, KONTUR ÜBERDRUCKEN und LÜCKE ÜBERDRUCKEN aus dem Attribute-Bedienfeld ist hingegen nicht so problematisch. Die Option NICHT DRUCKEND ist jedoch auch hier niemals nützlich.

> **TOP-VERBOT**
> **Schmuckfarben und Effekte**
>
> Verwenden Sie für Objekte mit Volltonfarben aus dem Effekte-Bedienfeld nur die Option DECKKRAFT und MULTIPLIZIEREN. Alle anderen Methoden können zu Fehlern in der Ausgabe führen!

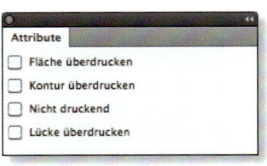

▲ **Abbildung 34.3**
Das Attribute-Bedienfeld. Alle Optionen können in Verbindung mit Transparenzen verwendet werden.

Aktivieren der Überdruckenvorschau | Zur Simulation der Transparenzeffekte wählen Sie in InDesign den Befehl ANSICHT • ÜBERDRUCKENVORSCHAU. In Acrobat oder Adobe Reader müssen Sie die Überdruckenvorschau in den Voreinstellungen aktivieren, damit transparenzreduzierte PDF-Dateien mit Volltonfarben genauso wie in InDesign dargestellt werden. Ist die Überdruckenvorschau deaktiviert, können ganze Objekte am Monitor fehlen.

Beim Betrachten der PDF-Datei in Acrobat sind weiße Linien an den Kanten der atomaren Bereiche zu erkennen | Dabei handelt es sich lediglich um einen Darstellungsfehler in Acrobat. Je nach Zoomstufe verschwinden und erscheinen diese weißen Linien. Ausblenden können Sie diese Ungereimtheit, indem Sie in Acrobat bzw. dem Reader im Register SEITENANZEIGE der Voreinstellungen die Option VEKTORGRAFIKEN GLÄTTEN deaktivieren.

▲ **Abbildung 34.4**
Weiße dünne Linien, die sich nach der PDF-Erstellung am Monitor zeigen, sind meistens nur am Monitor zu sehen. Verändern Sie die Zoomeinstellung, und beobachten Sie, ob die weißen Linien damit verschwinden. Haben Sie in den TRANSPARENZREDUZIERUNGSVORGABEN den PIXELBILD-VEKTOR-ABGLEICH unter 100 % gestellt und die Option KOMPLEXE BEREICHE BESCHNEIDEN aktiviert, so tritt dieser Darstellungsfehler nicht mehr so häufig auf.

Bilder werden unscharf | Der Grund dafür liegt meistens in der zu niedrig eingestellten Reduzierungsauflösung, die als Grundlage für alle Bilder der Seite verwendet wird. Wenn sich trotz höherer Auflösung im Ergebnis nichts ändert, sind bei der PDF-Generierung in der Registerkarte BILDER die Distiller- bzw. PDF-Export-Einstellungen anders einzustellen.

Text erscheint in Acrobat und auf niedrigauflösenden Druckern fetter | Dieses Problem entsteht, wenn Glyphen teilweise von einer Transparenz überlagert sind. Die Lösung liegt in der Umrechnung auf Pixelbilder durch die Transparenzreduzierung. Ein Auftreten der fetteren Schrift gibt es bei hochauflösenden Ausgabegeräten (ab 500 Linien pro cm) nicht.

35 Überfüllen, Überdrucken, Aussparen und Anzeigen

Die Tatsache, dass durch eine fehlende Überfüllung bzw. ein überdruckendes oder ein ausgespartes Objekt ungewollte Effekte oder Blitzer entstehen, sind für so manche Produktion schon des Öfteren Grund für Reklamationen gewesen. Darum müssen wir uns mit diesem Thema kurz auseinandersetzen und dabei auch die Optionen für die Darstellung am Monitor etwas näher betrachten.

> **»Überfüller«**
>
> Sprechen Sie gegenüber einem Österreicher (von Wien bis Innsbruck) nie von einem »Überfüller«, wenn Sie »Überfüllen« meinen. Der »Überfüller« ist hierzulande der Anschnitt eines Dokuments.

35.1 Überfüllen

Der Begriff **Trapping**, auch »Überfüllen« oder »Überstrahlen« genannt, kann mit dem Über- und Unterfüllen zwischen benachbarten Flächen beschrieben werden. Trapping ist ein notwendiger Schritt in der Produktion, der als vorletzter vor dem Rastern in PostScript-RIPs bzw. vor dem Rendern im PDF-Renderer erfolgen soll. Die Entscheidung, ob überfüllt werden soll oder nicht, kann nur der ausführende Druckvorstufenbetrieb bzw. die Druckerei treffen. Dies ist keine Aufgabe für die Datenersteller wie Grafiker, Designer, Verlage oder Agenturen. Lassen Sie einfach die Finger davon, denn Sie können nur verlieren!

Das Überfüllen in InDesign funktioniert nur auf Basis von Farbunterschieden und nicht auf Basis von unterschiedlich gefärbten Objekten, so wie es in QuarkXPress üblich ist. Damit kann ganz eindeutig auf jede Konstellation von Farbanordnung Rücksicht genommen werden. Mit der anwendungsintegrierten Überfüllung können sowohl Objekte, die in InDesign erstellt wurden, als auch platzierte Bilder überfüllt werden. Überfüllungen in Verbindung mit platzierten EPS- und PDF-Dateien funktionieren damit nicht. Daran erkennen Sie auch schon die Schwächen, die eine anwendungsintegrierte Überfüllung mit InDesign mit sich bringen kann.

Das Trapping von Dateien wird in Druckvorstufenbetrieben entweder über Überfüllungsoptionen in der Adobe PDF Print Engine 2 bzw. dem PostScript-RIP oder immer öfter auf Basis von PDF-Dateien durchgeführt.

▲ **Abbildung 35.1**
Oben: Passungenauigkeiten ohne Überfüllen;
Unten: mit Überfüllung

> **Wie wird überfüllt?**
>
> Überfüllungen erfolgen, indem die hellere Farbe die dunklere Farbe »überstrahlt«. Wäre es umgekehrt, so käme es zu einer optischen Vergrößerung des dunkleren Objekts.

> **Berechnen von Trapps benötigt Speicherplatz**
>
> Bei der integrierten Überfüllung wird für die Verarbeitung eine temporäre Datei auf der Festplatte angelegt. Stellen Sie sicher, dass genügend Festplattenkapazität zur Verfügung steht. Der benötigte Speicherplatz ist nicht vorhersehbar.

> **TrueType-Schriften in Pfade umwandeln**
>
> Da bei einer anwendungsinternen Überfüllung nur Type 1-Fonts korrekt getrappt werden können, müssen Sie vor der Ausgabe alle TrueType-Schriften in Pfade umwandeln.

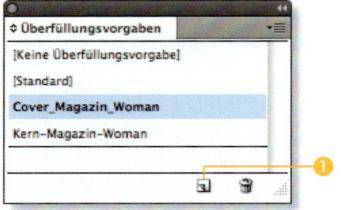

▲ **Abbildung 35.2**
Das Überfüllungsvorgaben-Bedienfeld zum Definieren der Überfüllungsparameter

Abbildung 35.3 ▶
Das Register AUSGABE des Druckdialogs zur Aktivierung der Überfüllung

35.1.1 Überfüllungen aus InDesign heraus durchführen

Das Überfüllen kann nur in der Ausgabe über PostScript entweder durch die **anwendungsintegrierte Überfüllung** erfolgen (d. h., die Berechnung der Trapps erfolgt durch InDesign) oder durch die **Adobe In-RIP-Überfüllung** (die eingestellten Überfüllungsparameter werden dem PostScript-Code übergeben), die in sehr vielen PostScript 3-Belichtern zu finden ist. Zwischen der anwendungsintegrierten Überfüllung und der Adobe In-RIP-Überfüllung bestehen jedoch Unterschiede:

- Die Überfüllungsbreite ist bei der anwendungsintegrierten Überfüllung auf 4 Punkt beschränkt.
- Sollen importierte Bilder überfüllt werden, so können bei der integrierten Überfüllung nur Bilder, die in einem Pixelformat (TIFF, PSD, JPEG) vorliegen, korrekt überfüllt werden.
- Platzierte AI-, DCS-, EPS-, InDesign-, PDF- und PostScript-Dateien können mit der anwendungsintegrierten Überfüllung nicht überfüllt werden.
- Sie sollten zur Überfüllung von Texten in Verbindung mit der anwendungsintegrierten Überfüllung nur Type 1-Schriften verwenden.

35.1.2 Das Überfüllungsvorgaben-Bedienfeld

Das Festlegen der Überfüllungsparameter erfolgt in InDesign über das Überfüllungsvorgaben-Bedienfeld . Rufen Sie dazu den Menübefehl FENSTER • AUSGABE • ÜBERFÜLLUNGSVORGABEN auf.

Im Bedienfeld können Sie neue Überfüllungsformate anlegen ❶ und über den Befehl ÜBERFÜLLUNGSVORGABE ZUWEISEN im Bedienfeldmenü den einzelnen Seiten zuweisen. In anderen Dokumenten gespeicherte Überfüllungsvorgaben können Sie durch den Befehl ÜBERFÜLLUNGSVORGABEN LADEN des Bedienfeldmenüs hinzufügen.

Ob überfüllt wird oder nicht, bestimmen Sie im Druckdialog, in dem Sie im Register AUSGABE die Option FARBE auf SEPARATIONEN oder IN-RIP-SEPARATIONEN stellen.

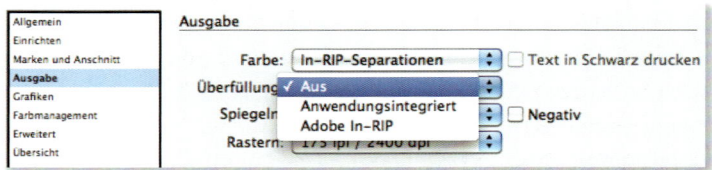

Ob Sie bei der Option ÜBERFÜLLUNG auf ANWENDUNGSINTEGRIERT oder auf ADOBE IN-RIP zurückgreifen, hängt von den vorhandenen technischen Ressourcen ab.

Wie überfüllt wird, muss zuerst durch Zuweisen der Überfüllungsparameter auf die jeweiligen Seiten des Dokuments festgelegt werden. Wählen Sie die Option Aus, wenn keine Überfüllung in der Separation erfolgen soll.

35.1.3 Überfüllungsvorgaben definieren

Im Überfüllungsvorgaben-Bedienfeld befinden sich bereits die zwei Fixeinträge [Keine Überfüllungsvorgabe] und [Standard], die Sie nicht löschen können. Das Erstellen eines Überfüllungsformats erfolgt durch den Befehl Neue Vorgabe aus dem Bedienfeldmenü. Welche Parameter dabei hinterlegt sind, hängt vom zuvor ausgewählten Eintrag im Bedienfeld ab. Das Ändern einer Überfüllungsvorgabe erfolgt durch Doppelklick auf die bestehende Vorgabe oder über Vorgabeoptionen aus dem Bedienfeldmenü.

> **Voraussetzungen für die Adobe In-RIP-Option**
>
> Damit Sie im RIP überfüllen können, muss ein PostScript 2- oder ein PostScript 3-RIP mit installierter **Adobe Trapping Engine** oder der modernen **PDF Print Engine 2** vorhanden sein. Ist diese Software nicht installiert, können zwar Überfüllungsparameter mit der Adobe In-RIP-Option übergeben werden, jedoch ist keine Auswirkung zu sehen.

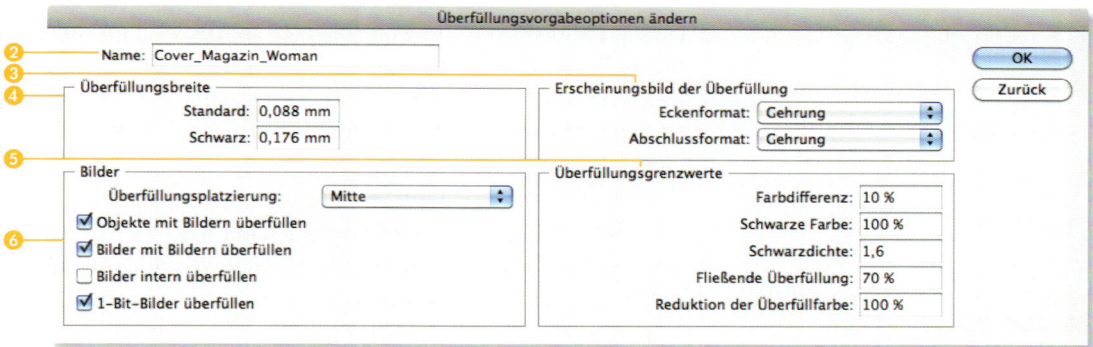

▶ **Name ❷:** Geben Sie eine Bezeichnung für die Vorgabe an.

▶ **Überfüllungsbreite ❹:** Damit wird der Wert für die Stärke der Überlappung von Druckfarben bestimmt. Bei der Adobe In-RIP-Option können Werte bis 8 Punkt, bei der anwendungsintegrierten Überfüllung Werte bis 4 Punkt verwendet werden.

   ▶ Standard: Dadurch wird die Überfüllungsbreite für alle Farben ausgenommen »Schwarz« definiert. InDesign versteht unter »Schwarz« alle Werte, die einen Schwarzwert von 100 % K besitzen oder deren Dichte den Wert von 1,6 übersteigt. Alle Werte, die darüberliegen, werden mit der Überfüllungsbreite von Schwarz berechnet. Beide Parameter, Schwarzwert und Dichte, können durch die Optionen Schwarze Farbe und Schwarzdichte im Bereich Überfüllungsgrenzwerte angepasst werden.

   ▶ Schwarz: Dieser Wert beträgt meistens das 1,5- bis 2-fache des eingetragenen Werts der Option Standard.

▶ **Erscheinungsbild der Überfüllung ❸:** Treffen zwei Überfüllungen in einem Punkt zusammen, entsteht eine Ecke. Über die

▲ **Abbildung 35.4**
Das Ändern von Überfüllungsvorgaben ist den Spezialisten vorbehalten. Auswirkungen zeigen diese Angaben erst, wenn aus InDesign separiert ausgegeben wird oder die Überfüllungsvorgaben dem RIP in PostScript mitgegeben werden.

> **Eckenformat**
>
> Mit den Optionen in Eckenformat kann die Form der äußeren Ecke von Überfüllungen bestimmt werden. Sie können dabei zwischen (von links nach rechts) Gehrung, Abgerundete Kante und Abgeflachte Kante wählen.
>
>

> **Abschlussformat**
>
> Das ABSCHLUSSFORMAT bestimmt, wie die Überfüllung bei einer »Dreiwegsüberfüllung« auszusehen hat. Es kann dabei zwischen GEHRUNG (links) und ÜBERLAPPUNG (rechts) gewählt werden.
>
>
>
> In der Praxis wird eher empfohlen, die Option GEHRUNG auszuwählen.

> **Verarbeitungszeit reduzieren**
>
> Überfüllen ist eine sehr rechenintensive Angelegenheit. Verarbeitungszeit kann eingespart werden, wenn nicht zu überfüllenden Seiten – z. B. Seiten mit nur schwarzem Text – kein Überfüllungsformat zugewiesen wird.

> **Überfüllungsvorgaben aus InDesign in eine PDF-Datei**
>
> Wenn Sie vermuten, dass die getroffenen Vorgaben beim Exportieren in eine PDF-Datei erhalten bleiben, haben Sie sich leider getäuscht. Das Zuordnen von Überfüllungsvorgaben hat nur in der separierten Ausgabe aus InDesign heraus seine Berechtigung. Das Zuweisen von Überfüllungsvorgaben ist somit nur in Acrobat Professional sinnvoll.

Optionen ECKENFORMAT und ABSCHLUSSFORMAT können die Form dieser Ecken und die Art und Weise gesteuert werden, wie die Überfüllung dabei aussehen soll.

▶ **Bilder** ❻: In diesem Bereich legen Sie fest, wie Überfüllungen innerhalb von Bildern bzw. wie Überfüllungen zwischen Pixelbildern und Vektorgrafiken erfolgen sollen.

   ▶ ÜBERFÜLLUNGSPLATZIERUNG: Damit regeln Sie die Überfüllungsposition, wenn Vektorobjekte gegen Pixelbilder überfüllt werden sollen. Die Wahl der Optionen MITTE, ABSCHWÄCHEN, NEUTRALE DICHTE oder ÜBERGRIFF (sollte »Überfüllen« heißen) erzeugt eine durchgängige Kante. MITTE erstellt Trapps, die zwischen beiden Objekten platziert werden. Mit ABSCHWÄCHEN wird das angrenzende Bild von der Vektorgrafik überlappt. Mit ÜBERGRIFF überstrahlt das angrenzende Bild die Vektorgrafik. Durch die Wahl der Option NEUTRALE DICHTE können beim Überfüllen eines Vektorobjekts gegen ein Foto sichtbar ungleichmäßige Kanten entstehen.

   ▶ OBJEKTE MIT BILDERN ÜBERFÜLLEN: Ob Vektorobjekte gegen Bilder überfüllt werden, wird durch die Aktivierung dieser Option geregelt. Wie die Überfüllung erstellt wird, hängt von der gewählten Option in ÜBERFÜLLUNGSPLATZIERUNG ab.

   ▶ BILDER MIT BILDERN ÜBERFÜLLEN: Damit werden Trapps entlang der Grenze sich überlappender Bitmap-Bilder erzeugt.

   ▶ BILDER INTERN ÜBERFÜLLEN: Verwenden Sie diese Option nur für Seitenbereiche, in denen Pixelbilder mit starkem Kontrast (wie Screenshots oder Karikaturen) enthalten sind.

   ▶ 1-BIT-BILDER ÜBERFÜLLEN: Damit werden Schwarzweiß-Bilder gegen angrenzende Vektorobjekte überfüllt. Da nur eine Farbe verwendet wird, werden dafür die Einstellungen aus der Option ÜBERFÜLLUNGSPLATZIERUNG nicht angewandt.

▶ **Überfüllungsgrenzwerte** ❺: Legen Sie in diesem Bereich Schwellenwerte fest, die die Grundlage der Berechnung sind.

   ▶ FARBDIFFERENZ: Legt den Schwellenwert fest, der bestimmt, inwieweit sich angrenzende Farben unterscheiden müssen, damit InDesign eine Überfüllung erstellt. Die besten Ergebnisse erzielen Sie mit den Werten 8% bis 20%. Je niedriger der Prozentsatz ist, desto mehr Trapps werden berechnet.

   ▶ SCHWARZE FARBE: Der Prozentsatz gibt die Mindestmenge an schwarzer Druckfarbe an, die erforderlich ist, damit die Breiteneinstellung für Schwarz angewendet wird.

   ▶ SCHWARZDICHTE: Dieser Wert bestimmt, ab wann eine Druckfarbe von InDesign als Schwarz angesehen wird.

   ▶ FLIESSENDE ÜBERFÜLLUNG: Damit regeln Sie, ab welchem Prozentwert Verläufe nicht überfüllt, sondern unterfüllt werden.

▶ REDUKTION DER ÜBERFÜLLFARBE: Damit regeln Sie, wie die Trapp-Farbe aussehen soll. Stellen Sie 0 % ein, wenn die Trapp-Farbe eine neutrale Dichte bekommen soll, die der neutralen Dichte der dunkleren Farbe entspricht. Geben Sie 100 % ein, um schrittweise eine hellere Trapp-Farbe zu generieren. Dies verhindert, dass Trapps erzeugt werden, die dunkler als die Grundfarben selbst sind.

35.1.4 Überfüllungsvorgaben zuweisen

Nachdem Sie die Überfüllungsformate angelegt haben, können Sie diese den einzelnen Seitenbereichen zuordnen.

Rufen Sie dazu den Befehl ÜBERFÜLLUNGSVORGABE ZUWEISEN aus dem Bedienfeldmenü auf. Wählen Sie im Dialog das gewünschte Überfüllungsformat unter der Option ÜBERFÜLLUNGSVORGABE aus, und bestimmen Sie, ob die Vorgabe auf ALLE SEITEN oder nur auf Seitenbereiche angewandt werden soll. Für jeden Bereich drücken Sie den Button ZUWEISEN.

> **White Framing**
>
> Damit beim Überfüllen von Pastelltönen keine dunkleren »Speckränder« entstehen, gibt es neben der Reduktion von Überfüllfarben eine weitere Möglichkeit, die sich hinter dem Begriff *White Framing* versteckt.
>
> Durch White Framing werden in solchen Fällen bewusst »Blitzer« erstellt.

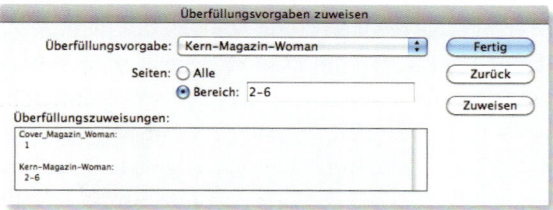

◀ Abbildung 35.5
Das Zuweisen von Überfüllungsvorgaben auf einzelne Seitenbereiche

35.1.5 Überfüllungsvorgaben löschen

Wenn Sie alle nicht verwendeten Überfüllungsvorgaben löschen wollen, so rufen Sie den Befehl ALLE NICHT VERWENDETEN AUSWÄHLEN aus dem Bedienfeldmenü auf. Dadurch werden die nicht verwendeten Vorgaben ausgewählt. Das Löschen dieser erfolgt durch einfachen Klick auf das Symbol 🗑 im Bedienfeld.

35.2 Überdrucken und Aussparen

Unter dem Begriff *Überdrucken* wird das objektbezogene Setzen von überdruckenden Teilen mithilfe des Attribute-Bedienfelds verstanden. Sie rufen es über FENSTER • AUSGABE • ATTRIBUTE auf. Zusätzliche Informationen erhalten Sie in Abschnitt 36.2, »Die Überdruckenvorschau«, auf Seite 771.

Unter dem Begriff *Aussparen* wird das gezielte »Ausstanzen« von Objekten oder Flächen aus dem Hintergrund in der Separation verstanden. InDesign geht dabei grundsätzlich davon aus, dass alle überlappenden Objekte ausgespart werden. Die einzige

> **Warum wird ein »harter« Schlagschatten ausgespart?**
>
> Wird ein »harter« Schlagschatten mit der Farbe [SCHWARZ] erstellt und dabei der Füllmodus NORMAL gewählt, so wird der Schlagschatten aus dem Hintergrund ausgestanzt.
>
> Da wir nun wissen, dass einerseits die Farbe [SCHWARZ] standardmäßig auf Überdrucken gestellt ist, andererseits der Schlagschatten beim Drucken oder Exportieren als CMYK-Bild gerechnet wird, wäre eigentlich zu erwarten, dass dieses Schwarz gegenüber einer Hintergrundfläche überdruckt.
>
> Da wir es durch die Transparenzreduzierung mit einem CMYK-Bild zu tun haben, wird der Schwarzauszug selbstverständlich ausgespart. Aus diesem Grund müssen Sie die Füllmethode für diese Anwendung immer auf MULTIPLIZIEREN stellen.

> **Hinweis**
> Eine Checkbox zum Aussparen von Objekten werden Sie in InDesign nicht finden.

Ausnahme dabei ist die Farbe [Schwarz], die durch die Voreinstellung standardmäßig auf Überdrucken gestellt ist. Auf die Unterschiede wurde bereits in Abschnitt 14.7.1, »Die Farben Schwarz und [Schwarz]«, auf Seite 348, hingewiesen.

35.3 Hochauflösende Darstellung

Die qualitativ hochwertige Darstellung von platzierten Objekte ist für perfektes Arbeiten enorm wichtig.

35.3.1 Anzeigeoptionen

In den Voreinstellungen von InDesign ist im Bereich Anzeigeleistung die Standardansicht auf Typisch gestellt. Neben dieser Anzeigeoption gibt es zwei weitere Möglichkeiten:

- **Schnell:** Damit werden alle Bilder durch graue Flächen ersetzt, Effekte und Text mit mäßiger Qualität abgebildet.
- **Typisch:** Damit werden Bilder etwas unscharf abgebildet, Texte und Effekte mit sehr guter Darstellung am Monitor erzeugt.
- **Hohe Qualität:** Damit wird jedes Pixel, das Sie auch in Photoshop sehen würden, auf dem Monitor dargestellt. Wurden im Layout EPS-Dateien platziert, so müssen dabei enorme Datenmengen dekodiert und dargestellt werden.

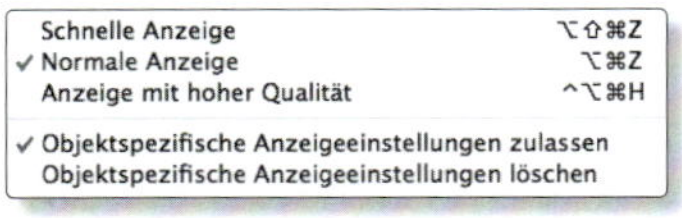

> **Tastenkürzel: Anzeigeoptionen**
> Schalten Sie über [Alt]+[Strg]+[⇧]+[Z] bzw. [⌥]+[⌘]+[⇧]+[Z] die Darstellung aller Objekte auf Schnelle Anzeige um.
> Schalten Sie über [Alt]+[Strg]+[Z] bzw. [⌥]+[⌘]+[Z] die Darstellung aller Objekte auf Typische Anzeige um.
> Schalten Sie über [Alt]+[Strg]+[H] bzw. [Ctrl]+[⌥]+[⌘]+[H] die Darstellung aller Objekte auf Anzeige mit hoher Qualität um.

35.3.2 Anzeigeoptionen für Bereiche wählen

Um Bilder hochaufgelöst darzustellen, können Sie in InDesign zwischen zwei Vorgehensweisen wählen:

- **Ändern der Anzeigeoptionen für das gesamte Dokument:** Über das Menü Ansicht • Anzeigeleistung wählen Sie die Darstellungsqualität aus, die dann für das gesamte Dokument berechnet wird. Wenn Sie ein umfangreiches Dokument geöffnet haben, kann dies schon etwas Zeit in Anspruch nehmen. Standardmäßig ist die Option Objektspezifische Ansichtseinstellungen zulassen aktiviert. Deaktivieren Sie die Option, wenn der Anwender keine Änderungen an der Ansicht vornehmen soll. Mit der Option Objektspezifische Anzeigeeinstellungen löschen können Sie die Anzeige auf die gesetzten Voreinstellungsparameter zurückstellen.
- **Ändern der Anzeigeoptionen für ein ausgewähltes Objekt:** Um jedoch abweichend von der voreingestellten Anzeigeoption ein Objekt auf die hochaufgelöste Darstellung umzuschalten, müssen Sie das Objekt mit dem Auswahl-Werkzeug markieren und über den Befehl Objekt • Anzeigeleistung oder im Kontextmenü die gewünschte Anzeigeleistung auswählen.

▲ Abbildung 35.6
Mögliche Einstellungen im Menü Ansicht • Anzeigeleistung, die zum Umschalten der Darstellung für das gesamte Dokument verwendet werden. Die Option Objektspezifische Anzeigeeinstellung beibehalten aus den Voreinstellungen sollte nicht aktiviert werden.

> **TOP-TIPP**
> **Hochauflösende Darstellung**
> Um eine hochauflösende Darstellung für die jeweils gezeigte Seite bzw. den Druckbogen herbeizuführen, aktivieren Sie am einfachsten die Überdruckenvorschau. Lesen Sie mehr dazu auf Seite 771.

36 Ausgabehilfen

Die Kontrolle von Dokumenten im Vorfeld der PDF-Erstellung bzw. der Ausgabe auf Druckern bzw. RIPs ist für den Datenersteller enorm wichtig. Der *Bildschirm-Modus*, die *Überdruckenvorschau*, die *Separationsvorschau* und das Erkennen von Transparenzen über die *Reduzierungsvorschau* erleichtern Ihnen die Kontrolle von InDesign-Dokumenten und ersparen Ihnen damit unnötige Kosten für die Überarbeitung von PDF-Dateien in der Druckvorstufe.

36.1 Die Bildschirm-Modi

Bevor das Dokument ausgegeben werden soll, können wichtige Teile im Bildschirm-Modus überprüft werden. Um zwischen dem *normalen Ansichts-Modus* und dem *Vorschau-Modus* zu wechseln, müssen Sie auf die entsprechenden Symbole im Werkzeug-Bedienfeld klicken oder das Tastenkürzel W drücken. Sie können zwischen fünf verschiedenen Ansichten wählen:

Vorschau-Modus | In diesem Modus werden die Seiten so angezeigt, wie sie später beschnitten gedruckt werden, also ohne Anschnitt und ohne nicht druckbare Objekte.

Zu den nicht druckbaren Objekten zählen Lineale, Hilfslinien, Dokument- und Grundlinienraster, Objektrahmen und all jene Objekte, die speziell mit der Option NICHT DRUCKBAR im Attribute-Bedienfeld gekennzeichnet wurden.

Anschnitt-Modus | Es werden hier zusätzlich alle druckbaren Objekte angezeigt, die innerhalb des Anschnitts liegen. Begrenzt wird der Anschnittbereich standardmäßig durch eine rote Linie. Die Druckindustrie verlangt, dass der Anschnittbereich mindestens 3 mm außerhalb des Endformats im Dokument angelegt wird. Die schwarze Linie kennzeichnet das Endformat.

Infobereich-Modus | In diesem Modus werden außerdem alle angebrachten Informationen wie Schriftenlisten, Farbcodes,

---

Tastaturkürzel zur Aktivierung der Vorschau im Textmodus

Da das Standard-Tastenkürzel W zum Umschalten in den Vorschau-Modus im Textmodus nicht funktioniert, sollten Sie speziell für die Aktivierung des Vorschau-Modus während der Texteingabe ein Tastaturkürzel über den Befehl BEARBEITEN • TASTATURBEFEHLE festlegen. Für Mac OS X-Anwender drängt sich die Kombination ctrl + W auf.

die Pfadangabe für das Dokument in unserer Projektarbeit usw. angezeigt, die vom Dokumentenersteller angelegt und in den Infobereich gestellt wurden.

Präsentation-Modus | Dieser Modus erlaubt es das aktive InDesign-Dokument als Präsentation anzuzeigen. Dabei werden alle Menüs, Bedienfelder, Hilfslinien und Rahmenkanten ausgeblendet und das Dokument vollflächig am Monitor angezeigt. Weicht die Größe des Dokuments von der Proportion des Monitors ab, so wird standardmäßig ein schwarzer Hintergrund angezeigt. Die Hintergrundfarbe kann jedoch über Tastenkürzel – [W] für Weiß, [G] für Grau und [B] für Schwarz – geändert werden. Wenn Sie sich im Präsentation-Modus befinden, können Sie die Präsentation durch Drücken von weiteren Tastenkürzeln steuern:

- **Vorwärts blättern:** Dies können Sie durch einen Mausklick oder durch Drücken der [→]/[↓]-Taste herbeiführen.
- **Vorwärts blättern:** Dies können Sie durch einen [⇧]-Mausklick oder durch Drücken der [←]/[↑]-Taste herbeiführen.
- **Gehe zum ersten Druckbogen:** Drücken Sie dazu [Pos1] unter Windows bzw. die [↥]-Taste unter Mac OS X.
- **Gehe zum letzten Druckbogen:** Drücken Sie dazu [Ende] unter Windows bzw. die [↧]-Taste unter Mac OS X.
- **Präsentation-Modus aktivieren:** Dies können Sie entweder über die Auswahl des Symbols im Werkzeug-Bedienfeld oder durch Drücken der Tastenkombination [⇧]+[W] erreichen.
- **Präsentation-Modus beenden:** Drücken Sie dazu die [Esc]-Taste oder erneut die [⇧]+[W]-Tastenkombination.

Normal-Modus | Durch Klicken auf den Button für den Normal-Modus wechseln Sie wiederum in Ihre vorherige Ansicht zurück. Ob Sie Rahmenkanten, Hilfslinien, Dokumentraster oder Grundlinienraster sehen, ist dabei unter anderem auch von den Einstellungen im Menü Ansicht • Raster und Hilfslinien abhängig. Wenn Ihnen irgendwelche Objektrahmen, Rasterlinien oder Hilfslinien nicht angezeigt werden, so finden Sie die Lösung meistens in diesem Menüeintrag.

Visuelle Kontrolle | Aktivieren Sie einen der Bildschirm-Modi, und blättern Sie das Dokument am Monitor zur visuellen Kontrolle durch. Um einen visuellen Eindruck von dem finalen Dokument zu haben, empfehlen wir die Wahl des Vorschau-Modus. Zur Kontrolle, ob alle Objekte auch genügend im Anschnitt verankert wurden, ist der Anschnitt-Modus sicherlich die richtige Wahl.

> **TOP-TIPP**
> **Arbeiten mit zwei Monitoren**
>
> Im Präsentation-Modus kann das InDesign-Dokument nicht bearbeitet werden. Wenn Sie jedoch zwei Monitore besitzen, so können Sie zwei unterschiedliche Modi auf den zwei Monitoren aktivieren.
> Rufen Sie dazu den Befehl Fenster • Anordnen • Neues Fenster auf, womit Sie dasselbe Dokument in einer neuen Ansicht betrachten können. Verschieben Sie dann ein Fenster auf den zweiten Monitor, und aktivieren Sie für dieses Dokument den Präsentation-Modus. Damit können Sie das Dokument in zweierlei Ansichten – eine im Präsentationsmodus und eine editierbar – bearbeiten.

> **Deaktivieren des gewählten Vorschau-Modus**
>
> Wenn Sie den Vorschau-Modus aktiviert haben, wird automatisch auf die Normalansicht umgeschaltet, wenn Sie eine Hilfslinie aus dem Lineal auf das Dokument ziehen.

> **Ganze Druckbögen anzeigen**
>
> Zur visuellen Kontrolle sollten Sie den ganzen Druckbogen ansehen. Sie können durch Drücken der Tastenkombination [Strg]+[Alt]+[0] bzw. [⌘]+[⌥]+[0] den ganzen Druckbogen am Monitor einpassen.
> Sie können dafür aber auch den Präsentation-Modus wählen.

36.2 Die Überdruckenvorschau

Mit der Funktion ÜBERDRUCKENVORSCHAU aus dem Menü ANSICHT oder durch Drücken der Tastenkombination [Strg]+[Alt]+[⇧]+[Y] bzw. [⌘]+[⌥]+[⇧]+[Y] werden am Monitor Transparenzen und überdruckte Objekte so simuliert, wie sie in der Ausgabe erscheinen würden. Dabei greift InDesign auf alle importierten Dateien zu, egal ob Objekte innerhalb von EPS-Dateien oder PDF-Dateien auf ÜBERDRUCKEN gestellt wurden. Viele Fehler können damit bereits im Vorfeld erkannt werden. InDesign hat sich so zu einem der leistungsstärksten Digitalproof-Systeme entwickelt.

Das zentrale Bedienfeld zum Steuern überdruckter Elemente ist das Attribute-Bedienfeld aus dem Menü FENSTER • AUSGABE • ATTRIBUTE. Sie können darin die Optionen FLÄCHE ÜBERDRUCKEN, KONTUR ÜBERDRUCKEN, NICHT DRUCKBAR und LÜCKE ÜBERDRUCKEN aktivieren. Alle Optionen dürften selbsterklärend sein.

QuarkXPress- und Macromedia-FreeHand-Anwender werden jedoch die Option **Aussparen** im Bedienfeld vermissen. Der Grund ist einfach: Überlagernde Objekte werden in InDesign generell gegenüber dahinterliegenden Objekten ausgespart. In InDesign können Teile von Objekten – Fläche und Kontur – nur auf überdruckend gestellt werden, ganze Elemente können darüber hinaus auf NICHT DRUCKBAR gestellt werden.

Eine Ausnahme von dieser Arbeitsweise gibt es aber. In den VOREINSTELLUNGEN ist im Register SCHWARZDARSTELLUNG die Option FARBFELD [SCHWARZ] ZU 100 % ÜBERDRUCKEN standardmäßig aktiviert. Dies ist vor allem für Text gedacht, der fast immer überdruckt werden soll. Diese allgemeine Grundeinstellung wirkt sich jedoch auch auf schwarze Flächen aus, die in InDesign mit der Farbe [SCHWARZ] eingefärbt wurden. Abhilfe schafft nur die Erzeugung einer zweiten Schwarzfarbe, die zwar vom Prozentwert identisch mit der Farbe [SCHWARZ] ist, bedingt durch den anderen Farbnamen jedoch ausgespart wird.

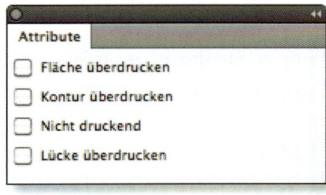

▲ Abbildung 36.1
Das Attribute-Bedienfeld. Alle Optionen lassen sich nur dann aktivieren, wenn ein Objekt eine Fläche und eine gestrichelte Kontur besitzt.

> **Welches Schwarz wird überdruckt?**
>
> Nur Objekte/Texte, die mit dem Farbfeld [SCHWARZ] eingefärbt wurden, werden in der Ausgabe überdruckt!
>
> Einzig davon ausgenommen sind platzierte 1-Bit-Bilder. Diese müssen immer von Hand auf Überdrucken gestellt werden.

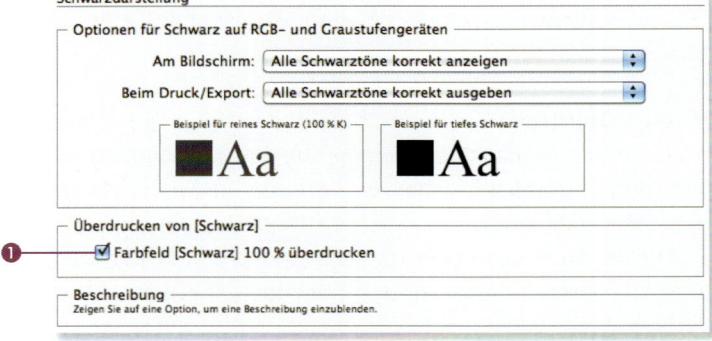

◀ Abbildung 36.2
Durch die Wahl der Option FARBFELD [SCHWARZ] 100 % ÜBERDRUCKEN ❶ werden standardmäßig alle in dieser Farbe ausgezeichneten Elemente überdruckt.

Die durch die Überdruckenvorschau am Monitor erzielten Farben sind eigentlich ganz brauchbar. Ein Proof-Druck ist dadurch jedoch nicht zu ersetzen. Bedingt durch die verbesserte Farbdarstellung, die Adobe im Adobe Graphics Manager seit InDesign CS2 in Verbindung mit der Adobe Color Engine implementiert hat, ist durch die Überdruckenvorschau am Monitor sogar ein deutlicher Unterschied zwischen einer Volltonfarbe und dem alternativen CMYK-Wert zu sehen.

36.2.1 Überdrucken und dessen Sinnhaftigkeit

Die Möglichkeit, einzelne Flächen und Texte zu überdrucken, ist eine recht alte Methode, um transparenzähnliche Darstellungen zu erzeugen. Besonders im Zusammenhang mit Schmuckfarben wird Überdrucken zu kreativen Zwecken eingesetzt.

Da jedoch in InDesign schon seit Einführung des Programmes Transparenzeinstellungen möglich sind, stellt sich für uns an dieser Stelle die Frage, ob überhaupt noch das Überdrucken als Gestaltungselement für die Kreation eingesetzt werden soll.

Schwarzer Text | Die Grundeinstellung für die Farbe [SCHWARZ] lautet immer: Schwarz überdrucken. Dies ist absolut sinnvoll, wenn Sie schwarzen Text in kleinen Schriftgrößen (4 bis 12 pt) auf eine farbige Fläche stellen. In der Ausgabe – im Druck – werden dann Schriftfarbe und Hintergrundfarbe zusammengemischt, womit Blitzer an den Schriftkonturen vermieden werden.

Sobald größere Schriftgrade verwendet werden, kann es in ungünstigen Konstellationen schon mal zu ungewollten Effekten – Objekte, die darunter liegen, schimmern in Teilen der Schrift durch – bzw. zu Einfärbungen von Schrift oder zu einem Abrieb kommen. Beachten Sie die mögliche negative Auswirkung aus dem Beispiel in der folgenden Schritt-für-Schritt-Anleitung.

Schwarze Flächen | Überlagert eine schwarze Fläche einen farbigen Hintergrund, so ist ein ähnliches Ergebnis zu erwarten, wie dies zuvor bei schwarzem Text in Verbindung mit größeren Schriftgraden beschrieben wurde.

Farbige Objekte | Das Überdrucken von farbigen Objekten – egal ob Texte oder Flächen –, um damit Effekte zu erzielen, ist aus der Sicht der Druckvorstufe erlaubt. Technisch gesehen können Sie diese Methode uneingeschränkt verwenden.

Aus der Sicht des Anwenders bzw. Ihres Kunden würden wir auf die Verwendung dieser Technik jedoch eher verzichten. Die Gründe dafür sind:

[Abrieb]
Beim Zeitungsdruck taucht unter anderem das Problem des Abriebs auf – noch nicht getrocknete Objekte der gegenüberliegenden Seite färben ab. Die Reduktion des Gesamtfarbauftrages durch einen Unbuntaufbau oder durch Deaktivieren von schwarz überdruckenden Elementen ist dabei oft ein gefragtes Instrument.

Überdrucken von Schwarz bei zu hohem Farbauftrag

Für den Druck auf stark saugenden Papieren wird gegebenenfalls die Druckfarbe Schwarz nicht überdruckt oder der Schwarzaufbau reduziert. Das können Sie sich einmal ansehen, wenn Sie einen Comic zur Hand nehmen und dort die Schattenflächen genauer betrachten. Hier werden diese generell mit nur 100 % Schwarz gedruckt, um den Farbauftrag zu reduzieren und den Farbverbrauch, der bei Comics auch durch das verwendete Papier selbst sehr hoch ist, zu minimieren.

1. Anwender müssen bei der Betrachtung sowohl in InDesign als auch in Acrobat die Überdruckenvorschau aktiviert haben, um den zu erzielenden Effekt zu sehen.
2. Beim Ausdruck auf Farbkopierern können viele vorgeschaltete RIPs mit der Überdrucken-Einstellung meistens nichts anfangen, wodurch der Effekt beim Ausdruck auf Papier nicht sichtbar gemacht werden kann.
3. Viele Druckvorstufenbetriebe sind noch immer der Ansicht, dass es sich bei überdruckenden Elementen in einer Datei um ein ungewolltes Konstrukt seitens des Datenerstellers handelt, weshalb sie alle überdruckenden Elemente in der Datei – bis auf Schwarz – auf Aussparen setzen.

In der folgenden Schritt-für-Schritt-Anleitung legen wir eine Testseite – mit allen ungewollten und gewollten Effekten – an.

Überdrucken simulieren

Wenn Sie im Druck- bzw. PDF-Export-Dialog die Option ÜBERDRUCKEN SIMULIEREN aktivieren, bekommen Sie dasselbe Ergebnis in der PDF-Datei und sogar im Ausdruck simuliert, wie dies durch die Überdruckenvorschau am Monitor dargestellt wird. Damit InDesign eine möglichst getreue Farbdarstellung erzielen kann, werden zur Simulation die Lab-Farbwerte der einzelnen Farben verwendet.

Schritt für Schritt: Überdrucken, Aussparen und die Darstellung von Schwarz und Schmuckfarben austesten

1 Anlegen des Dokuments mit verschiedenen Farben

Legen Sie ein neues InDesign-Dokument an, und überprüfen Sie, ob die Grundfarben CYAN, MAGENTA und YELLOW angelegt sind. Sollten Ihre Grundeinstellungen dies nicht vorsehen, so legen Sie für diese Testseite diese drei Grundfarben an.

Erstellen Sie zusätzlich die Farbe PANTONE ORANGE 021 C aus der Pantone-solid-coated-Farbtabelle und als zusätzliche Farbe das entsprechende CMYK-Äquivalent mit den Werten C=0, M=53, Y=100, K=0.

Legen Sie darüber hinaus zwei weitere Schwarz-Farben an. Aktivieren Sie dazu die Farbe [SCHWARZ], und duplizieren Sie diese Farbe über das Bedienfeldmenü FARBFELD DUPLIZIEREN des Farbfelder-Bedienfelds. Nennen Sie diese Farbe SCHWARZ AUSSPAREND. Zusätzlich legen Sie die Farbe TIEFSCHWARZ, bestehend aus den Werten C=50, M=50, Y=0, K=100 an.

Das entsprechende Dokument zu dieser Schritt-für-Schritt-Anleitung finden Sie auf der Buch-DVD im Ordner BEISPIELMATERIAL • KAPITEL_36 unter dem Namen »Schwarz_Ueberdrucken.indd«.

◀ **Abbildung 36.3**
Ihr Farbfelder-Bedienfeld sollte nach Schritt 1 wie in dieser Abbildung gezeigt aussehen.

2 Erstellen der Testobjekte in Bezug auf Schwarz

Erstellen Sie im oberen Drittel des Dokuments drei Flächen, und färben Sie diese mit MAGENTA ein. Mittig darüber stellen Sie jeweils eine kleinere schwarze Fläche. Färben Sie die linke Fläche mit der Farbe [SCHWARZ], die mittlere Fläche mit SCHWARZ AUSSPAREND und die rechte Fläche mit der Farbe TIEFSCHWARZ ein.

Darunter erstellen Sie drei lange Balken jeweils in den Primärfarben CYAN, MAGENTA und YELLOW. Darüber stellen Sie einen schwarzen Text. Den Text »[Schwarz]« färben Sie mit der gleichnamigen Farbe ein, den Text »Tief« (am Ende der Zeile) färben Sie hingegen mit der Farbe TIEFSCHWARZ ein. Ihre Seite sollte nun so aussehen wie in Abbildung 36.4.

▼ **Abbildung 36.4**
Unterschiedliche Schwarzdefinitionen zum besseren Verständnis für Probleme, die sich daraus ergeben können.

3 Aktivieren der Überdruckenvorschau

Aktivieren Sie die Überdruckenvorschau aus dem Menü ANSICHT • ÜBERDRUCKENVORSCHAU. Am Monitor sollten Sie nun die Effekte wie im Beispiel gedruckt erkennen können.

Bei der linken schwarzen Fläche – Schwarz wird überdruckt – müsste der über die Magentafläche hinausragende Teil in einem reinen Schwarz erscheinen, beim unteren Teil schimmert die dahinterliegende Magentafläche durch.

Bei der mittleren schwarzen Fläche – Schwarz spart gegenüber Magenta aus – müssten der obere und der untere Teil der schwarzen Fläche identisch sein.

Beim rechten Schwarz – es wurde das Farbfeld TIEFSCHWARZ mit einem 50%igen Cyan- und Magenta-Unterton verwendet – müssten die obere und untere Hälfte ebenfalls identisch sein. In der Summe müssten jedoch Sie als Betrachter dieses Schwarz als »gesättigteres/dunkleres« Schwarz empfinden.

Im Falle unseres Textbeispiels können Sie beim Text »[Schwarz]« – Schwarz wird hier überdruckt – erkennen, dass die Unterfarben durch den Text durchschimmern, was in den meisten Fällen zu

Unterfarbe scheint durch
Dies ist der Fall, wenn schwarze Flächen oberhalb eines »undefinierten« Hintergrunds – eines Pixelbilds oder eines Verlaufs – gestellt und mit der Farbe [SCHWARZ] gefüllt wurden.

einem unerwünschten Ergebnis führen würde. Das Wort »Tief« wurde hingegen mit der Farbe TIEFSCHWARZ eingefärbt.

Wenn Sie dieses Ergebnis auf dem Monitor nicht erkennen können, so haben Sie entweder nicht die Überdruckenvorschau markiert, oder Sie haben die VOREINSTELLUNGEN für die SCHWARZDARSTELLUNG nicht wie in Abbildung 36.2 gezeigt eingestellt.

Vergleichen Sie die Unterschiede in der Darstellung der Farben am Monitor, die sich durch Aktivierung der Überdruckenvorschau nicht negativ verändert.

4 Erstellen der Testobjekte in Bezug auf Farbe

Erstellen Sie zuerst zwei Flächen nebeneinander, und färben Sie die linke Fläche mit PANTONE 021 C und die rechte Fläche mit dem CMYK-Äquivalent der Pantone-Farbe ein.

Darunter erstellen Sie drei Objekte, die sich teilweise überlagern, und färben diese in den Primärfarben CYAN, MAGENTA und YELLOW ein. Duplizieren Sie das Gebilde, und verschieben Sie dieses an den rechten Rand.

Markieren Sie die rechten Objekte, und aktivieren Sie für diese im Attribute-Bedienfeld die Option FLÄCHE ÜBERDRUCKEN.

▼ **Abbildung 36.5**
Die normale Darstellung ohne aktivierte Überdruckenvorschau

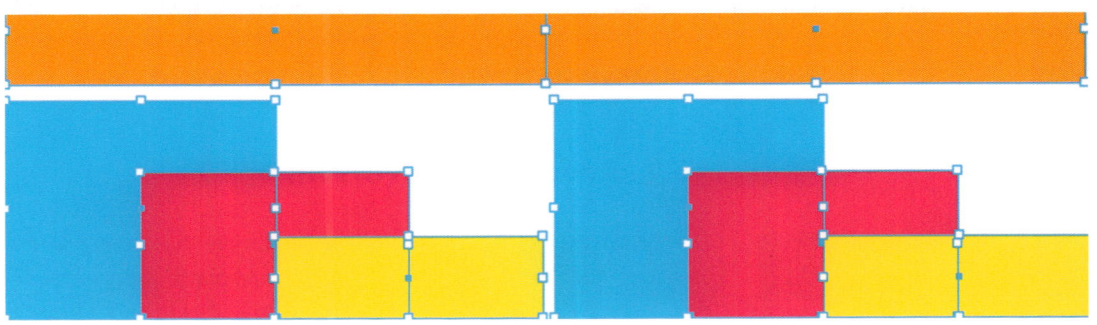

5 Aktivieren der Überdruckenvorschau

Mit aktivierter Überdruckenvorschau zeigt sich:

▼ **Abbildung 36.6**
Mit aktivierter Überdruckenvorschau

> **Das Aktivieren der Überdruckenvorschau dauert zu lange**
>
> Das Umschalten auf den Vorschau-Modus kann bei sehr komplexen Seiten auch etwas Zeit in Anspruch nehmen. Der Grund dafür ist, dass zur Darstellung der importierten Grafiken diese in einer höheren Auflösung gerendert werden müssen. Dieser Vorgang kann bei Verwendung von komprimierten EPS-Dateien darüber hinaus noch länger dauern – ein Grund mehr, sich das Dateiformat für Bilder bereits beim Umstieg auf InDesign zu überlegen.

Sie müssten einerseits einen deutlichen Unterschied zwischen der Farbwiedergabe der Pantone-Farbe und deren CMYK-Äquivalent am Monitor und andererseits die Farbabbildung der überdruckenden Farben erkennen können. Sollten sich also beim Aktivieren der Überdruckenvorschau so enorme Farbunterschiede ergeben, so wird wahrscheinlich anstelle einer CMYK-Farbe eine Schmuckfarbe verwendet. Die Wiedergabe der Schmuckfarbe auf einem 4c-Ausgabegerät entspricht somit eher der Farbwiedergabe bei nicht aktivierter Überdruckenvorschau.

Neben der Simulation von überdruckten Objekten werden durch das Aktivieren der Überdruckenvorschau am Monitor auch die durch den Druckfarben-Manager gemappten Farben in der jeweiligen Alias-Farbe angezeigt.

Beachten Sie jedoch, dass all jene Überfüllungsergebnisse, die mit der internen Überfüllung bzw. der Adobe In-RIP-Überfüllung erzeugt werden, von der Überdruckenvorschau nicht dargestellt werden können. Nähere Informationen zum Thema Überfüllen erhalten Sie in Kapitel 35, »Überfüllen, Überdrucken, Aussparen und Anzeigen«. ■

Beachten Sie also ganz genau, welches Schwarz Sie für die Erstellung der Daten benötigen.

36.3 Reduzierungsvorschau

> **PDF-Workflow-Systeme, die Transparenzen verarbeiten**
>
> Zu den PDF-Workflow-Systemen, die Transparenzen verarbeiten können, zählen alle Renderer, die mit der **Adobe PDF Print Engine 2** oder mit aktuellen **Harlequin-RIPs** ausgestattet sind. Die Firmen Kodak, Heidelberg und Esko bieten diese Funktionalität bereits in ihren Workflow-Systemen an. Hersteller wie OCE oder GMG setzen ebenfalls bereits die Adobe Print Engine 2 für ihre Softwarelösungen ein.

Die Problematik der Transparenzen – für die Ausgabe müssen Transparenzen auf eine Bildebene pro Druckplatte reduziert werden – wurde bereits ausführlich in Kapitel 32, »Transparenzen«, ab Seite 741 besprochen.

Die Reduzierung kann einerseits erst in der Ausgabe durch am Markt befindliche PDF-Workflow-Systeme erfolgen, die bereits in der Lage sind, PDF 1.4-Dateien mit Transparenzen zu verarbeiten. Andererseits müssen Transparenzen auch auf älteren Systemen ausgegeben werden können. Dazu wurden in InDesign Funktionen geschaffen, die eine Ausgabe durch das Reduzieren der Transparenzen sicherstellen. Zusatzfunktionen, die bereits im Vorfeld Problemfelder erkennen lassen bzw. das konsistente Verarbeiten von Transparenzen ermöglichen, stehen darüber hinaus in InDesign CS5 zur Verfügung. Zu diesen Möglichkeiten zählen:

Transparenzreduzierungsvorgaben | Durch das Vorhandensein von Transparenzreduzierungsvorgaben wird eine konsistente

Reduktion für alle Aufträge in der Ausgabe bzw. während des Exports sichergestellt. Nähere Informationen dazu erhalten Sie in Abschnitt 34.2, »Die Transparenzreduzierungsvorgaben«, auf Seite 758.

Schnelles Erkennen von Transparenzen | Für den ausgebenden Betrieb ist es wichtig, schnell zu erkennen, auf welchen Seiten Transparenzen zur Anwendung kommen. Dabei ist es unerheblich, ob Transparenzen in InDesign erstellt oder dem InDesign-Dokument in Form von importierten Dateien hinzugefügt wurden.

> **Auch Schlagschatten zählen zu den Effekten**
>
> Fragen Sie den Ersteller der InDesign-Datei besser nicht, ob Effekte in der Arbeit verwendet wurden. Viele Anwender sind sich der Tatsache nicht bewusst, dass bereits durch die Verwendung von Schlagschatten eine Transparenz entsteht.

Um ein Dokument auf Transparenzen zu überprüfen, aktivieren Sie das Seiten-Bedienfeld. Sobald auf einer der beiden Seiten eines Druckbogens Transparenzen verwendet wurden, wird dem Seitensymbol rechts oben ein kariertes Quadrat ❶ hinzugefügt. Achtung: Beachten Sie, dass dieses Symbol nicht angezeigt wird, wenn Sie in den BEDIENFELDOPTIONEN des Seiten-Bedienfelds die Größe der Seitensymbole auf KLEIN gestellt haben. Auf den Seiten 64–67 der Abbildung 36.7 befinden sich transparente Objekte. Ob sich das Element auf der linken bzw. auf der rechten Seite oder auf beiden Seiten befindet, kann daraus nicht geschlossen werden, da InDesign die Seite als kleinste Einheit zur Transparenzreduzierung heranzieht.

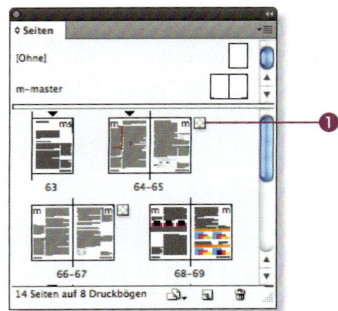

▲ **Abbildung 36.7**
Über das Seiten-Bedienfeld können Sie schnell erkennen, ob sich auf einer Seite bzw. einem Druckbogen Transparenzen befinden.

Transparente Objekte können entweder direkt in InDesign erstellt oder durch den Import aus folgenden Formaten entstanden sein: Illustrator 9, 10 oder CS, CS2 und CS3 im nativen AI-Format (nicht jedoch EPS), Photoshop 4.0 oder höher des nativen Photoshop-PSD- bzw. TIFF-Formats oder importiertes PDF 1.4 und höher, das in Applikationen wie Illustrator, Photoshop, Acrobat oder InDesign erstellt worden ist.

Erkennen von Problemen durch die Reduzierungsvorschau | Da Sie nun wissen, auf welchen Seiten Transparenzen vorkommen, können Sie mit der in InDesign implementierten REDUZIERUNGSVORSCHAU jede Seite bereits vor der Ausgabe auf Probleme in Bezug auf die Transparenzreduzierung begutachten. Rufen Sie dazu das gleichnamige Bedienfeld unter FENSTER • AUSGABE • REDUZIERUNGSVORSCHAU auf. Falls Sie jedoch das Bedienfeld REDUZIERUNGSVORSCHAU bereits in Ihrem Arbeitsbereich eingerichtet haben, so klicken Sie auf das Symbol.

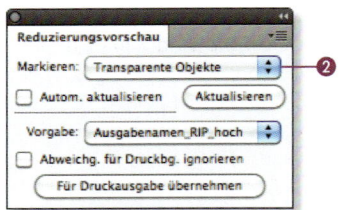

▲ **Abbildung 36.8**
Das Reduzierungsvorschau-Bedienfeld. Damit können Sie sehr schnell erkennen, welche Objekte mit Transparenzen versehen wurden und ob die Objekte in der richtigen hierarchischen Reihenfolge stehen.

Um alle transparenten Objekte der Seite zu erkennen, müssen Sie nur im Reduzierungsvorschau-Bedienfeld im Popup-Menü MARKIEREN die Option TRANSPARENTE OBJEKTE ❷ auswählen. Dadurch werden alle transparenten Objekte rötlich ❸ und alle Objekte ohne Transparenzen grau ❼ eingefärbt – so erkennen Sie die betroffen Objekte sofort. Sie sollten darüber hinaus in der Option VORGABE ❺ die von Ihnen erstellte Transparenzreduzierungsvorgabe – wir hatten die Vorgabe AUSGABENAMEN_RIP_HOCH in Abschnitt 34.2, »Die Transparenzreduzierungsvorgaben«, auf Seite 758 angelegt – auswählen: So wird die der Ausgabe entsprechende Reduzierung im Bedienfeld auch angezeigt. Nach dem Umstellen müssen Sie jedoch noch einmal auf den Button AKTUALISIEREN ❹ klicken, damit InDesign die Seite erneut analysiert und die Transparenzen hervorhebt.

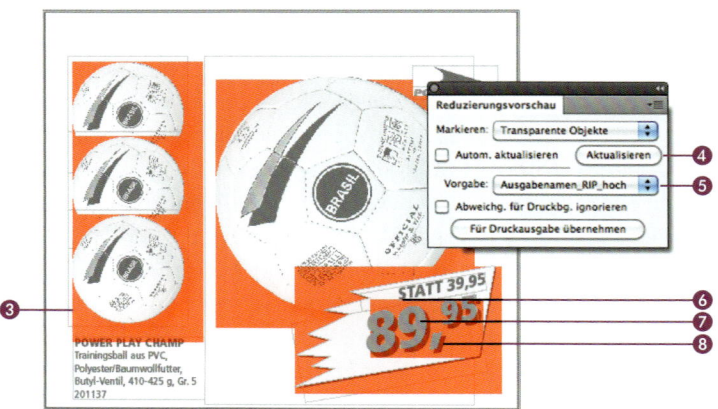

Abbildung 36.9 ▶
Durch die Auswahl des Eintrags TRANSPARENTE OBJEKTE in der Option MARKIEREN des Bedienfelds REDUZIERUNGSVORSCHAU werden alle transparenten Objekte rötlich eingefärbt.

Aus der Abbildung können Sie einige Rückschlüsse auf den Aufbau der InDesign-Datei und auf die daraus resultierende Transparenzreduzierung ziehen:

1. Der harte Schlagschatten im Preissticker ❽ wurde durch den Effekt SCHLAGSCHATTEN in InDesign erstellt. Viele Layouter bedienen sich dieser Funktion, damit sie elegant Preisänderungen durchführen können, bei denen sich der Schlagschatten automatisch ändert.
2. Der harte Schlagschatten ist vom Aufbau der InDesign-Datei unterhalb des »STATT«-Preises angelegt. Dies kann daraus geschlossen werden, dass der untere Teil des S ❻ von »STATT« nicht rötlich eingefärbt ist.
3. Der Preis »89,95« ❼ hingegen ist deckend.
4. Alle Bälle dürften freigestellt und in Adobe InDesign ebenfalls mit einem Schlagschatten versehen worden sein.
5. Die Artikelbeschreibung links unten im Inserat dürfte für einige Ausgaben zum Problem werden, da hier nur Teile des Textes ❾ von einer Transparenz betroffen sind. Um dies zu prüfen, wurde im Menü MARKIEREN die Option IN PFADE UMGEWANDELTER TEXT oder die Option TEXT UND KONTUREN MIT PIXELBILDFÜLLUNG ❿ ausgewählt.

POWER PLAY CHAMP
Trainingsball aus PVC,
Polyester/Baumwollfutter,
Butyl-Ventil, 410-425 g, Gr. 5
201137

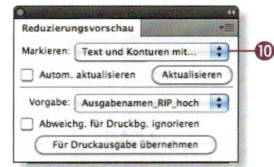

◀ **Abbildung 36.10**
Erkennen Sie Problemstellen, die durch Überlappung von Text und Transparenzen entstehen können, durch die Reduzierungsvorschau.

Es ist deutlich zu erkennen, dass nur ein Teil des Textes in eine Outline konvertiert würde, der Rest des Textes als Duplikat jedoch im Hintergrund bestehen bliebe. Durch diese Option werden auch noch Konturen, die in Pixel umgewandelt werden, gekennzeichnet. Auch dabei könnte es in der Ausgabe, vor allem bei niedrigauflösenden Ausgabegeräten bis zu 600 ppi, zu ungewollten Kanten mit unterschiedlicher Breite der Linie kommen. Die Lösung des Textproblems liegt darin, dass lediglich der Text auf die vorderste Ebene gehoben werden muss. Eine Überprüfung durch die Reduzierungsvorschau ergibt dann, dass der Text als Text erhalten bleibt und nicht wie vorher teilweise in Konturen umgewandelt wird.

Das Problem mit den Linien kann auf dieselbe Art und Weise behoben werden. Generell werden beide Probleme weniger oft auftreten, da in der PDF Library 9.0 (verwendet in InDesign CS4) und in der PDF Library 9.9 (verwendet in InDesign CS5) diesbezüglich viel geändert wurde.

Was wird durch die Transparenzreduzierung erzeugt? | Über die Option MARKIEREN ❿ können Sie verschiedene Einträge auswählen, wodurch Sie schon im Vorfeld erkennen können, was durch die Transparenzreduzierung mit den jeweiligen Objekten passieren wird. Was bedeuten jedoch die verschiedenen Einträge?

▶ IN PIXELBILDER UMGEWANDELTE KOMPLEXE BEREICHE: Dabei werden jene Bereiche markiert, die je nach eingestelltem PIXEL-BILD-VEKTOR-ABGLEICH der gewählten Transparenzreduzierungsvorgabe in Pixelbilder umgewandelt werden. Wurde der Regler im PIXELBILD-VEKTOR-ABGLEICH ganz nach links geschoben, so wird die gesamte Seite in ein Pixelbild umgewandelt und somit mit dieser gewählten Funktion vollständig in Rot eingefärbt.

▶ TRANSPARENTE OBJEKTE: Markiert jene Objekte, die mit Transparenzen versehen sind. Objekte, die eventuell unabsichtlich mit Transparenzen versehen wurden und somit Verursacher einer Transparenzreduzierung sind, können damit schnell lokalisiert und eliminiert werden.

> **TOP-TIPP**
> **Eigene Textebene anlegen**
>
> Werden komplexe Montagen in InDesign erstellt und wird dabei viel mit Effekten – somit Transparenzen – gespielt, empfiehlt es sich, dafür eine eigene Textebene anzulegen, damit Sie sichergehen, dass solche Konstellationen nicht entstehen können.

▲ **Abbildung 36.11**
Alle möglichen Einträge in der Option MARKIEREN

> **TIPP**
>
> Beachten Sie, dass an den Grenzen der markierten Bereiche mit größerer Wahrscheinlichkeit keine glatten Übergänge entstehen können, da dies von den Einstellungen im Druckertreiber und der Pixelbild-Auflösung abhängt. Wählen Sie deshalb in den Transparenzreduzierungsvorgaben die Option KOMPLEXE BEREICHE BESCHNEIDEN aus, um Probleme mit sichtbaren Übergängen zu minimieren.

In Pfade umgewandelter Text

Ist Text in einem Transparenzstapel eingebunden, so werden die einzelnen Glyphen bei der Transparenzreduzierung nicht nur in ein Pixelbild umgewandelt, sondern darüber hinaus noch durch Pfadkonturen der Glyphen maskiert.

Die Option IN PFADE UMGEWANDELTER TEXT zeigt Ihnen alle davon betroffenen Textstellen an.

HINWEIS

Der Schnittpunkt von zwei Verläufen wird immer in ein Pixelbild umgewandelt, selbst wenn der PIXELBILD-VEKTOR-ABGLEICH 100 ist.

- ▶ ALLE BETROFFENEN OBJEKTE: Markiert alle Objekte, die an der Transparenz beteiligt sind, einschließlich transparenter Objekte und Objekte, die von transparenten Objekten überlappt sind.
- ▶ BETROFFENE GRAFIKEN: Der Eintrag ist speziell für Druckdienstleister wichtig, da damit nur platzierte Objekte, die mit Transparenzen versehen sind, markiert werden. In der Ausgabe ist auf diese Bereiche besonders zu achten.
- ▶ IN PFADE UMGEWANDELTE KONTUREN: Damit werden alle Konturen hervorgehoben, die in Pfade umgewandelt werden, wenn sie an der Transparenz beteiligt sind oder wenn die Option KONTUREN IN PFADE UMWANDELN in der gewählten Transparenzreduzierungsvorgabe ausgewählt ist.
- ▶ TEXT UND KONTUREN MIT PIXELBILDFÜLLUNG: Markiert Textstellen und Konturen, die durch die Transparenzreduzierung als Pixelbild und dabei maskiert ausgegeben werden.
- ▶ ALLE PIXELBILDBEREICHE: Markiert Objekte und Schnittpunkte von Objekten, die durch die Transparenzreduzierung in Pixel umgewandelt werden, weil sie auf keine andere Weise in PostScript dargestellt werden können oder weil sie komplexer als der Schwellenwert sind, der durch den PIXELBILD-VEKTOR-ABGLEICH-Regler angegeben wurde.

36.4 Die Separationsvorschau

Auch in Adobe Illustrator

Die Separationsvorschau steht seit der Creative Suite 4 auch in Adobe Illustrator zur Verfügung.

Mit Acrobat 6.0 Professional wurde erstmals die Separationsvorschau, d. h. die Möglichkeit, eine digitale Auszugskontrolle bereits am Monitor durchzuführen, in einer Adobe-Applikation implementiert. Die hervorragende Funktionalität wurde sodann in InDesign CS integriert, womit Sie nun bereits im Layout unter anderem Volltonfarben, die für die Ausgabe verwendet werden, aufspüren und durch Deaktivieren der einzelnen Auszüge eine digitale »Filmkontrolle« durchführen können. Kontrollieren Sie darüber hinaus, ob richtig ausgespart oder überdruckt wird und welche CMYK-Prozentwerte hinter den jeweiligen Farbflächen liegen.

Das Separationsvorschau-Bedienfeld können Sie über das Menü FENSTER • AUSGABE • SEPARATIONSVORSCHAU oder über die Tastenkombination ⇧+F6 aufrufen. Wird das Bedienfeld in der Bedienfeldleiste angedockt, bekommt es das Symbol.

Bevor Sie sich jedoch die einzelnen Separationen anschauen können, müssen Sie zuerst in der Option ANSICHT ❶ den Eintrag SEPARATION auswählen. Damit sind alle Funktionen scharfgeschaltet. Die Handhabung ist dann ein Kinderspiel.

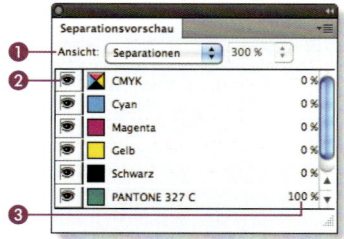

▲ Abbildung 36.12
Über die Separationsvorschau können Sie schnell einzelne Farbauszüge digital begutachten und darüber hinaus die Farbwerte auslesen.

- **Auszüge ein- und ausblenden:** Das Deaktivieren einzelner Kanäle erfolgt durch Klick auf das Symbol 👁 vor dem Kanal. Wollen Sie beispielsweise nur den Magentakanal sehen, so empfehlen wir Ihnen, auf irgendein ein Symbol 👁 zu klicken und mit gedrückter Maustaste auf das Symbol 👁 vor dem Magentakanal zu fahren. Alle anderen Kanäle sind dann deaktiviert. Sie können einzelne Auszüge auch über Tastaturkürzel einblenden. Das Tastenkürzel für die zuvor genannte Funktion wäre ⌘+Alt+⇧+2 bzw. ⌘+⌥+⇧+2. Alle dazu passenden Tastaturkürzel finden Sie in Zusatzkapitel C, »Tastenkürzel«, auf der Buch-DVD.
- **Nur Schmuckfarben anzeigen:** Wenn Sie auf das Symbol 👁 vor den Eintrag CMYK ❷ klicken, werden alle Vierfarbkanäle deaktiviert. Es bleiben somit nur noch die Schmuckfarbkanäle eingeblendet.
- **Der Auszug Cyan wird am Monitor schwarz angezeigt:** Ist nur noch ein Kanal sichtbar, so wird dieser in Schwarz angezeigt. Wollen Sie den Kanal in der Eigenfarbe sehen, so müssen Sie im Bedienfeldmenü die Option EINZELPLATTEN IN SCHWARZ ANZEIGEN deaktivieren.
- **Anzeigen der Farbwerte:** Wenn Sie den Mauszeiger über InDesign-Objekte oder über importierte Bilder bzw. Grafiken des Dokuments bewegen, erscheinen am rechten Rand des Bedienfelds ❸ die dazugehörigen Prozentwerte. Schneller geht es nicht! Achtung: Die angezeigten CMYK-Prozentwerte lassen jedoch nicht den Schluss zu, dass es sich bei den importierten Bildern, über die Sie gerade mit dem Cursor streichen, auch wirklich um CMYK-Bilder handelt. Selbst wenn Sie RGB- oder Lab-Farbinformationen im Dokument platziert haben, werden immer die entsprechenden CMYK-Werte angezeigt. Die Basis für die Berechnung der CMYK-Werte ist der in dem Dokument hinterlegte CMYK-Arbeitsfarbraum. Die angezeigten Prozentwerte geben somit jene Werte wieder, die bei einer Separation des Dokuments aus InDesign heraus durch das eingestellte ICC-Ausgabeprofil generiert würden. Ein Grund mehr, warum das Colormanagement eingeschaltet und korrekt eingestellt werden sollte.
- **Tiefschwarze Objekte erkennen:** Das Erkennen »tiefschwarzer« Objekte, der irrtümlichen Verwendung der Farbe [PASSERMARKEN] bzw. von Texten, die in RGB in InDesign vorliegen, ist über das Separationsvorschau-Bedienfeld auch sehr schnell möglich. Deaktivieren Sie dazu einfach den Schwarzauszug. Sind schwarze Objekte noch immer sichtbar bzw. ist schwarzer Text noch immer grau abgebildet, so wurden diese als tief-

---

Warum wird automatisch die Überdruckenvorschau aktiviert?

Sobald in InDesign die Separationsvorschau aktiviert wird, wendet das Programm automatisch den Überdruckenvorschau-Modus an, um damit auch die Transparenzen und die überdruckenden Elemente durch die Separationsvorschau korrekt abbilden zu können.

Schwarz-Sättigung verringern

Durch die Aktivierung der Option SCHWARZ-SÄTTIGUNG VERRINGERN aus dem Bedienfeldmenü des Separationsvorschau-Bedienfelds wird alles, was schwarz ist, gräulich dargestellt. Damit können Sie auch sehr schnell tiefschwarze Objekte erkennen.

[ICC-Ausgabeprofil]

Ein ICC-Profil beschreibt den Farbumfang eines Mediums. Handelt es sich dabei um ein Ausgabeprofil (auch Druckerprofil genannt), so wird damit die Charakteristik der Farben auf einem bestimmten Drucker, einem bestimmten Papier und der verwendeten Farbe beschrieben.

[Tiefschwarz]

Als Tiefschwarz werden Farben bezeichnet, denen neben einem hohen K-Anteil auch noch Unterfarben aus den anderen Primärfarben hinzugefügt wurden. Wir empfehlen für Tiefschwarz die Werte K = 100 % und C = 60 % bzw. K = 100 %, C = 50 % und M = 50 %. Zusätzliche Unterfarben würden den Gesamtfarbauftrag nur nach oben treiben.

Die Farbe [Passermarken]

Darunter wird jene Farbe verstanden, die auf allen Auszügen jeweils zu 100 % gedruckt wird. InDesign weist diese Farbe den Schnitt- und Passermarken sowie der Seiteninformation in der Ausgabe zu.

schwarz oder mit der Farbe [PASSERMARKEN] eingefärbt bzw. mit einer in RGB definierten Farbe ausgezeichnet.

▶ **Überdruckende und aussparende Objekte erkennen:** Speziell durch das Deaktivieren des Schwarzauszugs können Sie schnell erkennen, ob in importierten Objekten oder in InDesign CS5 geschriebene Texte und Objekte hinsichtlich der Farbe Schwarz auf Überdrucken oder auf Aussparen gestellt sind.

36.5 Gesamtfarbauftrag-Vorschau

[Gesamtfarbauftrag]

Unter dem Gesamtfarbauftrag versteht man die Summe aller Prozentwerte der einzelnen Auszüge für die ausgewählten Pixel.

Eine sehr nützliche Funktion in InDesign ist die Kontrolle des Gesamtfarbauftrags. Damit können Problemstellen aufgedeckt werden, die zu einem »Zuschmieren« von Farben führen würden.

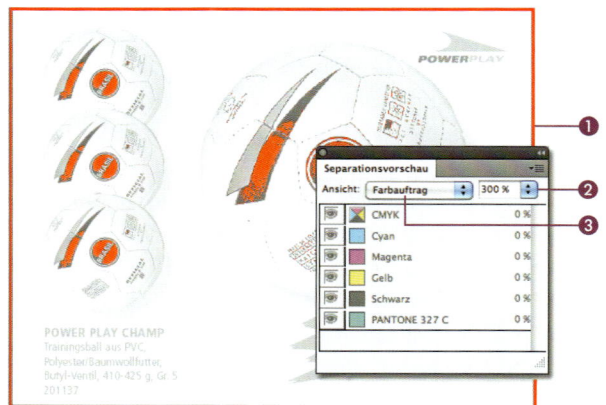

Abbildung 36.13 ▶

Erkennen Sie schnell jene Bereiche innerhalb einer Seite, die einen bestimmten Gesamtfarbauftrag überschreiten. InDesign analysiert dabei auch alle importierten Grafiken, Bilder und PDF-Dateien.

Gesamtfarbauftrag in Pixelbildern und externen Grafiken

Die Behebung dieser Problembereiche muss in der Ausgangsapplikation der platzierten Datei durch Konvertieren von Bildbeständen in einen anderen Farbumfang erfolgen.

Welcher Gesamtfarbauftrag der richtige ist, wird am einfachsten über die Vorgabe eines ICC-Profils bestimmt.

Wählen Sie unter dem Menü FENSTER • AUSGABE • SEPARATIONSVORSCHAU im Submenü ANSICHT ❸ die Option FARBAUFTRAG. Wählen Sie im Eingabefeld den gewünschten Gesamtfarbauftrag ❷ in Prozent aus. Alle Bereiche, die den eingegebenen Wert überschreiten, werden rot eingefärbt. Stellen Sie sich gelegentlich selbst auf die Probe, und überprüfen Sie mit dieser Funktion Ihre Dokumente. Sie werden verblüfft sein, wie wenig Sie sich bisher mit dieser Frage auseinandergesetzt haben.

Routinemäßig stellen wir beim Überprüfen von Kundendokumenten den Farbauftrag im Eingabedialog auf 400 %. Es kommt regelmäßig vor, dass noch rote Bereiche ❶ im Dokument zu sehen sind. Der Grund dafür: Der Ersteller hat meistens beim Zuweisen von Farben irrtümlich dem Rahmen oder der Fläche die Farbe [PASSERMARKEN] zugewiesen. Dadurch veranlassen Sie InDesign, den Rahmen bzw. die Fläche auf allen vorhandenen Auszügen zu erzeugen.

37 Preflight

Bevor Sie ein Dokument ausdrucken, ein PDF erstellen oder die offenen Daten dem Druckdienstleister übergeben, sollten Sie unbedingt das Dokument hinsichtlich qualitativer Mängel überprüfen. Die Bezeichnung *Preflight* ist der dafür branchenübliche Begriff. Neben der manuellen Überprüfung von Bildern über das Informationen-Bedienfeld und der Überprüfung der verwendeten Schriften über den SCHRIFTART SUCHEN-Dialog besaß InDesign bereits ab Version 1.0 die integrierte Option PREFLIGHT aus dem Menü DATEI zum Überprüfen des Dokuments. Damit konnten Sie das geöffnete Dokument auf Fehler in Bezug auf *Schriften, Verknüpfungen* und *Bildinformationen* sowie auf *verwendete Farben* und *Zusatzmodule* überprüfen.

Mit InDesign CS4 wurde die Funktion von PREFLIGHT grundlegend überarbeitet und so enorm ausgebaut, dass nicht nur Objekte in InDesign, sondern auch platzierte Objekte weit über den Farbraum und die Auflösung hinaus geprüft werden können. Hinsichtlich welcher Kriterien die Prüfung erfolgen soll, kann sehr fein eingestellt und als Prüfprofil abgespeichert werden. Besonders interessant ist, dass eine permanente Prüfung des Dokuments in Form eines **Live-Preflights** zur Verfügung steht, mit der bereits in der Erstellungsphase jeder Schritt und jedes Objekt in Hinblick auf Probleme im Druck validiert werden kann.

Damit Sie die Vorteile der Live-Preflight-Prüfung voll ausnutzen können, sollten Sie gleich zu Beginn der Bearbeitung eines Dokuments ein Preflight-Profil erstellen oder angeben.

> **HINWEIS**
>
> InDesign CS3-Anwender können über den Befehl DATEI • PREFLIGHT nur auf eingeschränkte Preflight-Funktionen zurückgreifen. Die im PREFLIGHT-Dialog von InDesign CS3 angebotenen Funktionen sind identisch mit den in InDesign CS4 bzw. CS5 beim Verpacken von Daten angebotenen Überprüfungen. Informationen dazu erhalten Sie in Kapitel 40, »Verpacken«, auf Seite 829.

37.1 Grundlagen zu Preflight

Das Prüfen von Dokumenten ist unerlässlich, will man sich im Nachhinein Diskussionen und auch Kosten ersparen. Auch wenn Profis am Werk sind, passiert es in der Hitze des Gefechts immer wieder, dass sich Fehler in der Produktion einschleichen. Diese Fehler können unterschiedlicher Art sein:

▶ **Grundlegende Fehler:** Dazu zählen Fehler in der Anlage des Dokuments, wie das falsche Seitenformat, die falsche Ausrich-

> **HINWEIS**
>
> Nähere Informationen zu möglichen Fehlerquellen in der Produktion von Druckdaten entnehmen Sie dem Buch »PDF in der Druckvorstufe – Aktuell zu PDF 1.3 bis PDF 1.7« (ISBN: 978-3-89842-673-2), ebenfalls erschienen bei Galileo Press.

> **OPI und Schmuckfarben sind keine Fehler?**
>
> Grundsätzlich müssen OPI-Bilder und Schmuckfarben keine Fehler in einer Produktion darstellen. Bei bestimmten Arbeitsweisen und Produktionen können diese Parameter jedoch erhebliche Fehler verursachen.

tung, eine falsch gewählte Seitenanzahl oder das Vorhandensein von leeren Seiten in einem Dokument.

- **Qualitative Fehler:** Dazu zählen Fehler wie Weiß überdruckende Objekte, Schwarz aussparende Elemente, zu dünne Linien (speziell wenn diese aus zwei Primärfarben gemischt sind), zu geringe Auflösung, das Platzieren von Objekten zu nahe am Beschnitt, das Nichtplatzieren von Objekten im angelegten Anschnitt, das Unterschreiten von Mindestschriftgrößen, das Vorhandensein eines Übersatzes oder das Vorhandensein von verzerrten Bildern und Texten.
- **Produktionstechnische Fehler:** Dazu zählen Fehler wie die Verwendung von OPI-Bildern, das Fehlen von Schriften oder Glyphen, das Fehlen von Verknüpfungen zu extern geladenen Objekten oder das Vorhandensein von RGB- oder Schmuckfarben.

Die Vielfalt an möglichen Fehlern zeigt uns schon, dass dem Anwender die Möglichkeit gegeben werden muss, sich die gewünschten Parameter auszusuchen und in einem Preflight-Profil zusammenzusetzen. Während produktionstechnische Fehler in jedem Dokument auf dieselbe Art und Weise abgefragt werden müssen, ist dies bei den qualitativen und speziell bei den allgemeinen Fehlern nicht immer gegeben.

Warum sollte man im Layoutprogramm schon eine Prüfung durchführen? Ist es nicht ausreichend, wie wir Ihnen in Kapitel 42, »PDF-Export für die Druckvorstufe«, erklären, ein unverändertes PDF zu exportieren, um dieses dann vollständig über PREFLIGHT in Acrobat 9 Professional zu prüfen? Die Antworten dazu sind:

- **Die PDF-Prüfung in Acrobat ist zwingend durchzuführen:** Einerseits muss eine PDF/X-Prüfung erfolgen, und andererseits können nicht alle Parameter in PREFLIGHT von InDesign in der gewünschten Güte überprüft werden. Darüber hinaus schleichen sich Fehler manchmal erst beim Erstellen der PDF- oder PostScript-Datei ein.
- **Die Prüfung im Layoutprogramm erspart viel Zeit:** Wird der Fehler erst im PDF erkannt, muss der Fehler zuerst im Layoutprogramm oder in der platzierten Datei behoben und erneut ein PDF exportiert werden. Das kostet Zeit!
- **Die Prüfung im Layoutprogramm hat erzieherischen Wert:** Auch wenn wir Grafiker, Designer, Layouter und Druckvorstufenprofis von unserem Können überzeugt sind, so machen doch auch wir nicht unbedingt wenige Fehler. Die Prüfung im Layoutprogramm kann Azubis und auch Profis permanent unterstützend zur Seite stehen.

37.2 Eine Prüfung durchführen

Standardmäßig ist PREFLIGHT in InDesign aktiviert. Ist PREFLIGHT nicht scharfgeschaltet, so können Sie das in der Statuszeile – am linken unteren Rand im Dokumentenfenster – an der Kennzeichnung PREFLIGHT AUS ❶ erkennen. Wenn die PREFLIGHT-Funktion aktiviert ist, wird in der Statusleiste ein roter Punkt ❷ angezeigt, sobald InDesign ein Problem feststellt. Ist hingegen alles im Dokument korrekt, so lacht Ihnen das grüne Symbol ❸ entgegen.

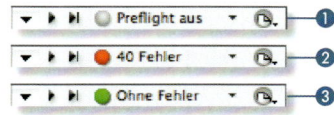

▲ **Abbildung 37.1**
In der Statuszeile des Dokuments können Sie den jeweiligen Zustand von Preflight erkennen.

Das Preflight-Bedienfeld können Sie auf verschiedene Art und Weise aufrufen:

▶ über das Menü FENSTER • AUSGABE • PREFLIGHT
▶ durch Drücken der Tastenkombination [Strg]+[Alt]+[⇧]+[F] bzw. [⌘]+[⌥]+[⇧]+[F]
▶ über das Symbol , wenn das Bedienfeld in der Bedienfeldleiste angedockt wurde
▶ durch Doppelklick in den Bereich in der Statusleiste

> **Prüfungen über ein Buch hinweg durchführen**
>
> Wie Sie ein ganzes InDesign-Buch mit Preflight prüfen, erfahren Sie in Abschnitt 27.1.7, »Das Buch ausgeben«, auf Seite 680.

Ist das Preflight-Bedienfeld geöffnet, so können Sie die Prüfung einschalten, indem Sie die Checkbox EIN ❹ aktivieren. InDesign beginnt sofort mit der Dokumentenanalyse und meldet am linken unteren Rand ⓬ des Preflight-Bedienfelds, wie viele Fehler gefunden wurden. Welche Fehler gefunden werden, ist abhängig vom gewählten PROFIL ❺ und vom gewählten Seitenbereich ⓫, den Sie zur Prüfung freigegeben haben. In zwei Bereichen werden die Fehler und die dazu passenden Informationen angezeigt.

Fehler-Bereich | Dieser Bereich listet alle gefundenen Fehler auf. Dabei erfolgt die Gruppierung anhand der Hauptgruppen VERKNÜPFUNGEN, FARBE, BILDER UND OBJEKTE, TEXT und DOKUMENT. Die Zahl ❽, die hinter der Hauptgruppenbezeichnung eingeblendet wird, gibt an, wie viele Fehler in der Hauptgruppe insgesamt gefunden wurden.

Durch das Aufklappen der Hauptgruppe – durch Klick auf den Pfeil ❻ – können Sie alle in dieser Gruppe gefundenen Fehler einsehen. Die Zahl hinter dem Eintrag ❼ gibt die Anzahl der gefundenen Objekte an, die diesen Fehler aufweisen. Durch Klick auf die Seitenzahl ❾ springen Sie direkt zum Objekt, das den Fehler verursacht hat.

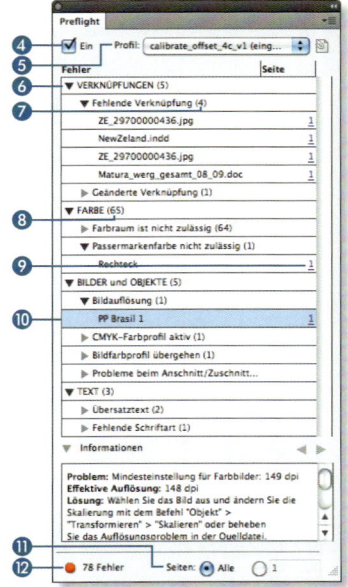

▲ **Abbildung 37.2**
Verschaffen Sie sich den Überblick über alle im Dokument vorhandenen Fehler.

Informationen-Bereich | Darin werden grundlegende Anleitungen zum Beheben des markierten Fehlers ❿ angezeigt. Konvertierte und neu angelegte Dokumente in InDesign werden standardmäßig mit dem Profil [GRUNDPROFIL] geprüft. Dieses Profil erfasst zumindest fehlende oder geänderte Verknüpfungen, Übersatztexte und fehlende Schriftarten.

37.3 Parameter eines Preflight-Profils

Die Güte der Prüfung ist entscheidend von den gewählten Parametern im zugewiesenen Profil abhängig. Das Profil [GRUNDPROFIL] kann weder bearbeitet noch gelöscht werden. Deshalb ist es ratsam, sich selbst ein Preflight-Profil zu erstellen (lesen Sie dazu die Schritt-für-Schritt-Anleitung auf Seite 797) oder sich ein vordefiniertes Profil vom Druckdienstleister zu besorgen und zu laden.

Die Parameter werden in Preflight in fünf Hauptgruppen – VERKNÜPFUNGEN, FARBE, BILDER UND OBJEKTE, TEXT und DOKUMENT – unterteilt. Die jeweilige Hauptgruppe erscheint jedoch nur, wenn in dieser ein Fehler im Dokument gefunden worden ist.

▲ **Abbildung 37.3**
Die fünf Hauptgruppen des PREFLIGHT-Bedienfelds

37.3.1 Parameter der Hauptgruppe »Verknüpfungen«

In dieser Hauptgruppe legen Sie fest, ob OPI, nicht aktualisierte oder fehlende Verknüpfungen – für Bilder und Querverweise – als Fehler erkannt werden sollen.

- **Links fehlen oder wurden geändert:** Die Aktivierung des Parameters ist für jede Prüfung eines Dokuments sinnvoll. Fehlende bzw. nicht aktualisierte Verknüpfungen würden in der PDF-Produktion dazu führen, dass nur die Bildschirmauflösung – meist nur 72 ppi – in die PDF-Datei übernommen würde. Darüber hinaus stehen diese Vorschaubilder nur als RGB zur Verfügung.
- **Nicht verfügbare URL-Verknüpfungen:** Sind Verknüpfungen zu Textdateien, die Sie beispielsweise über Buzzword platziert haben, nicht mehr aktuell, so wird ein Fehler angezeigt, der Sie auf die modifizierte Version aufmerksam machen soll.
- **OPI-Verknüpfungen:** Damit werden platzierte Bilder auf das Vorhandensein eines OPI-Kommentars überprüft. Die Aktivierung dieses Parameters ist kein Muss, da Sie ohnehin für die Übergabe von PDF-Dateien in der Druckvorstufe den PDF/X-Standard (X-1a; X-3 oder X-4) wählen. Da bei diesen Standards das Vorhandensein von OPI-Kommentaren nicht zulässig ist, werden solche Einträge spätestens bei der PDF/X-Erstellung gelöscht. Lediglich wenn Sie mit OPI-Workflows noch arbeiten und sichergehen wollen, dass Sie vor der Ausgabe einen vollständigen Austausch von Low-Res- durch High-Res-Bilder durchgeführt haben, ist die Aktivierung sinnvoll.

Eine vollständige Prüfung durchführen

Damit PREFLIGHT in InDesign wirklich alle Objekte überprüfen kann, müssen alle Verknüpfungen aktuell sein. Sind modifizierte oder fehlende Verknüpfungen vorhanden, kann PREFLIGHT diese Objekte nicht intern überprüfen.

HINWEIS

Zum besseren Verständnis gewisser Fachbegriffe empfehlen wir Ihnen, sich das Handbuch für die Druckvorstufe von Adobe zu Gemüte zu führen, das Sie sich als PDF unter http://www.adobe.com/designcenter/cs4/articles/cs4_printguide.html herunterladen können.

37.3.2 Parameter der Hauptgruppe »Farbe«

Legen Sie damit fest, welcher Transparenzfüllraum erforderlich ist, ob Elemente nur in Schwarz oder einer Schmuckfarbe angelegt sind und welche Farbräume oder Überdruckeneinstellungen für Objekte in der InDesign-Datei zulässig sind. Die möglichen Parameter sind:

- **Transparenzfüllraum erforderlich:** Diese Checkbox überprüft, welcher Transparenzfüllraum für das Dokument im Menü BEARBEITEN • TRANSPARENZFÜLLRAUM eingestellt ist. Aktivieren Sie diese Prüfung für die Druckvorstufe immer, und stellen Sie den zu prüfenden Wert auf DOKUMENT-CMYK ein. Sollten Sie nämlich ein Dokument bearbeiten, wo irrtümlich der TRANSPARENZFÜLLRAUM auf DOKUMENT-RGB gestellt ist, so würde bei der Transparenzreduzierung das gesamte Dokument in RGB umgewandelt. Das muss zwar für Bilder nicht unbedingt schlecht sein, für Text ist diese Umwandlung aber ein Horror.

- **Cyan-, Magenta- und Gelb-Platten sind nicht zulässig:** Die Aktivierung dieser Option ist nur dann sinnvoll, wenn Sie eine reine 1c- bzw. eine 1c-mit-Schmuckfarben-Produktion ausgeben möchten. Objekte, die in der Ausgabe separiert werden müssten und somit einen Cyan-, Magenta- oder Yellow-Auszug erzeugen würden, werden als Fehler angezeigt.

- **Unzulässige Farbräume und -modi:** Damit wird das Dokument auf Farbräume der in InDesign erstellten und aller platzierten Objekte untersucht. Eine Unterscheidung hinsichtlich Device- oder ICC-basierten Farbräumen wird leider nicht gemacht. Wenn Sie eine 4c-Produktion planen, sollten Sie unbedingt die Checkboxen RGB, VOLLTONFARBE und LAB aktivieren. Wenn Sie jedoch eine medienneutrale Produktion planen, dürften Sie die Checkboxen für RGB und LAB nicht aktivieren.

- **Volltonfarbeinrichtung:** Darin überprüfen Sie einerseits die Anzahl der zulässigen Volltonfarben und andererseits, ob die Umrechnung nach CMYK über Lab oder über den alternativ hinterlegten CMYK-Farbraum bestimmt ist.
    - MAXIMAL ZULÄSSIGE ANZAHL VOLLTONFARBEN: Wenn Sie eine Produktion aufgebaut aus 1c- mit einer Volltonfarbe erstellen wollen, so müssen Sie einerseits in dieser Option die Anzahl auf 1 beschränken und andererseits die Checkbox VOLLTONFARBEN im Parameter UNZULÄSSIGE FARBRÄUME UND -MODI deaktivieren.
    - VORDEFINIERTE VOLLTONFARBEN MÜSSEN LAB-WERTE VERWENDEN: Durch die Auswahl dieses Eintrags überprüfen Sie, ob die Umrechnung der Volltonfarbwerte nach CMYK über

> **HINWEIS**
>
> Mehr Informationen zur Transparenzreduzierung erhalten Sie in Abschnitt 34.3, »Problemfelder der Reduzierung«, auf Seite 760.

> **[Device- und ICC-basiert]**
>
> Die Farbräume Grau, RGB und CMYK können sowohl als geräteabhängige (Device) wie auch als geräteunabhängige Farbe vorliegen. Der Unterschied besteht lediglich darin, ob ein ICC-Profil (Farbprofil) dem Farbraum angehängt ist oder nicht. Ist ein ICC-Profil angehängt, so spricht man vom geräteunabhängigen Farbraum.

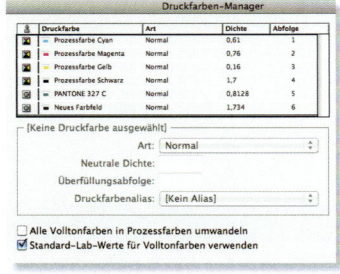

▲ **Abbildung 37.4**
Der DRUCKFARBEN-MANAGER mit aktivierter Option STANDARD-LAB-WERTE FÜR VOLLTONFARBEN VERWENDEN

TIPP

Damit Sie die Option [PASSERMARKEN]-FARBE ANGEWENDET immer aktivieren können, sollten Sie beispielsweise vor dem Platzieren von Inseraten entweder die Passermarken im Inserat entfernen oder die Passermarken-Farbe durch reines K ersetzen lassen. Beide Möglichkeiten stehen Ihnen im kostenpflichtigen Plug-In PDFToolbox4 von Callas Software als Funktion zur Verfügung. Testen Sie dieses aus, und holen Sie sich die 30-Tage-Testversion unter www.callassoftware.com.

HINWEIS

Beachten Sie, dass, obwohl korrekt aufgelöste Bilder im Layout platziert sind, in der PDF-Datei dennoch 150-ppi-Bilder gefunden werden können. Die Gründe dafür können vielschichtig sein. Einerseits könnte die falsche Transparenzreduzierungsvorgabe oder bei TIFF-Bildern die Option OPTIMIERTE ABTASTAUFLÖSUNG im Export- oder Druckdialog gewählt worden sein.

Lab erfolgt oder nicht. Ob dies so passiert oder nicht, bestimmen Sie ja bekanntlich im DRUCKFARBEN-MANAGER über die Aktivierung der Option STANDARD-LAB-WERTE FÜR VOLLTONFARBEN VERWENDEN.

▸ **Überdrucken in InDesign angewendet:** Diese Option findet alle Objekte, die über das Attribute-Bedienfeld in InDesign auf ÜBERDRUCKEN gestellt wurden. Aktivieren Sie also diese Option, wenn Sie die irrtümlich überdruckenden Objekte – solche kommen vor, wenn Sie überdruckende Objekte aus anderen InDesign-Dokumenten ausschneiden und in das neue Dokument einfügen – in InDesign aufspüren wollen.

▸ **Überdrucken auf Weiß oder [Papier]-Farbe angewendet:** Die Aktivierung dieser Option ist in jedem Fall zu empfehlen, denn wenn irrtümlich weiße Flächen oder Texte auf ÜBERDRUCKEN gestellt worden sind, würden diese im Druck fehlen. Hervorragend dabei ist, dass auch weiß überdruckende Elemente in platzierten PDF- und InDesign-Dateien erkannt werden.

▸ **[Passermarken]-Farbe angewendet:** Die Verwendung dieser Farbe ist nur für die Kennzeichnung von Schneide- und Passermarken von InDesign vorgesehen. Das Verwenden im Layout würde zu einem 400%igen Gesamtfarbauftrag führen, womit wiederum ein Abrieb im Druck möglich wird. Aktivieren Sie somit immer diese Option, um eine mögliche Fehlleistung im Layout schnell erkennen zu können. Der einzige Nachteil hier ist, dass die Fehlermeldung Sie auch dann warnt, wenn Sie ein PDF, das mit Schnittmarken erstellt wurde, in InDesign platzieren, auch wenn Sie die Schnittmarken durch Verkleinern des Bilderrahmens oder durch Platzieren auf die TrimBox hin ausgeblendet haben.

37.3.3 Parameter der Hauptgruppe »Bilder und Objekte«

Im Bereich BILDER UND OBJEKTE werden die Anforderungen für Bildauflösung, Transparenz, Konturstärken, interaktive Elemente und Objektpositionen im Dokument angegeben.

▸ **Bildauflösung:** Die Bildauflösung spielt für die Qualität in der Ausgabe eine sehr wichtige Rolle. Aktivieren Sie für FARBBILDER, GRAUSTUFENBILDER und 1-BIT-BILDER immer die gewünschte MINIMALAUFLÖSUNG. Welcher Wert dabei herangezogen werden muss, hängt von der auszugebenden Rasterweite bzw. vom Druckverfahren ab. Für das 60er-Raster sollte die MINIMALAUFLÖSUNG eigentlich nicht den Wert von 240 ppi für Farb- und Graustufenbilder unterschreiten. Für 1-Bit-Bilder läge die MINIMALAUFLÖSUNG somit bei 960 ppi. Ob Sie die Überschreitung einer MAXIMALAUFLÖSUNG ebenfalls abfragen möchten, bleibt Ihnen überlassen – für manche Layouter und für ältere RIPs ist selbst diese Prüfung ein Muss.

- **Nicht proportionale Skalierung des platzierten Objekts:** Das nicht proportionale Skalieren von Objekten ist in den meisten Fällen ein nicht beabsichtigter Vorgang. Aktivieren Sie also diese Option immer dann, wenn Sie sich viel Zeit durch Drohanrufe von Personen ersparen wollen, die reklamieren, dass sie nicht so dick seien. Leider können beabsichtigte Verzerrungen in InDesign nicht von der Prüfung ausgeschlossen werden.
- **Verwendet Transparenz:** Auch wenn Sie sicherlich keinen Effekt in InDesign angewandt haben, können dennoch über das Platzieren von Dateien Transparenzen in das InDesign-Dokument gelangen. Aktivieren Sie also die Option, wenn Sie alle transparenten Objekte finden wollen. Damit finden Sie irrtümlich angebrachte Effekte in InDesign-Objekten oder vorhandene Transparenzen in platzierten Dateien sehr schnell.
- **ICC-Profil des Bildes:** Beide darin befindlichen Optionen machen einerseits darauf aufmerksam, dass es in der Ausgabe zu einer CMYK-Verrechnung kommen könnte, und andererseits darauf, dass vom eingestellten Farbmanagement abweichende Profile in platzierten Objekten gefunden wurden.
  - Profileinstellung kann CMYK-Umwandlung zur Folge haben: Durch Aktivierung dieser Option werden alle Objekte gefunden, denen ein vom Dokumentenstandard abweichendes Profil zugewiesen wurde, womit es in der Ausgabe zu einer CMYK-Verrechnung kommen würde. Um eine Verrechnung zu verhindern, gibt es zum Glück noch im Ausgabedialog entsprechende Möglichkeiten. Informationen dazu können Sie im Unterpunkt »Druckerprofil: Dokumentenprofil ist nicht identisch mit dem Zielprofil«, auf Seite 858 nachlesen.
  - Alle Profilabweichungen: Damit werden alle Objekte gefunden, die entweder vom Dokumentenstandard abweichen oder denen kein Profil zugewiesen ist. Letzteres kann durch Aktivierung der zusätzlichen Option Bilder ohne eingebettetes Profil ausschliessen unterbunden werden.
- **Abweichungen von Ebenensichtbarkeit:** Grundsätzlich stellt sich in InDesign das Arbeiten mit verschiedenen Views auf platzierte PSD-Dateien als sehr nützliches Instrument beim Layouten dar. Man kann sich damit sehr schnell Mutationen ansehen und exportieren. In einigen Workflows sind jedoch solche Daten verboten, speziell dann, wenn automatisch Bilder im Workflow ausgetauscht werden müssen. Hier besteht einfach die Gefahr, dass Ebenensichtbarkeiten durch die Aktualisierung

---

Unterschiedlicher Default-Wert der Ebenensichtbarkeit

Der Default-Wert für die Ebenensichtbarkeit in InDesign CS3 war Ebenensichtbarkeit von Photoshop verwenden. In CS4 wurde dieser Default-Wert Gott sei Dank auf Benutzerdefinierte Ebenensichtbarkeit erhalten umgestellt. Denn nur mit der zuletzt genannten Option kann ein automatisierter Austausch von Bildern erfolgen. Überprüfen Sie also diese Einstellungen für Objekte über den Befehl Objekt • Objektebenenoptionen.

[Haarlinie]
Darunter wird eine Linie mit einer Liniendicke bzw. Strichstärke von 0,075 mm bzw. 1/5 Didot-Punkt verstanden.

> **HINWEIS**
>
> Da in InDesign CS5 verschiedenste Dateiformate für interaktive Elemente platziert werden können, wurde die Überprüfung dahingehend ausgebaut.
>
> Sie können die Prüfung nun hinsichtlich Video, animierte Objekte, Schaltflächen, Audio, Objekt mit mehreren Status und Inkompatibel mit Flash Player durchführen lassen. Speziell bei der Printproduktion stellen Animierte Objekte, Schaltflächen und die verschiedenen Status eines Objekts ein Problemfeld dar.

[Zuschnitt]
Unter Zuschnitt wird das Nettoformat, also das Endformat, des finalen zusammengetragenen und beschnittenen Druckwerks verstanden.

in InDesign oder durch die Verflachung von PSD-Dateien nicht mehr zum Tragen kommen.

- **Mindestkonturstärke:** Die lange Zeit gefürchtete Haarlinie, die beim Umkopieren vom Film auf die Druckplatte gerne verloren ging, ist bei heutiger Technologie – Verwendung von CtP – eigentlich kein Thema mehr. Sollte sich in Druckdaten dennoch eine Haarlinie befinden, so wird diese meistens durch das ausgebende RIP auf die Mindeststärke hochgerechnet.
  - Auf Konturen mit mehreren Druckfarben oder Weiss beschränken: Besonders zu beobachten sind jedoch sehr dünne Linien, die entweder weiß oder mehrfarbig sind. Dünne weiße Linien können im Druck durch das »Verlaufen« der Farbe verschwinden, mehrfarbige dünne Linien können bei kleinen Passerungenauigkeiten bedingt durch ihren Tonwert ebenfalls nicht mehr sichtbar sein. Aktivieren Sie deshalb diese Option, wenn Sie auf eine Mindestkonturstärke abfragen.
  - Mindestkonturstärke: Der Wert für die dünnsten mehrfarbigen und weißen Linien sollte 0,05 Pt für den Offsetdruck nicht unterschreiten.
- **Interaktive Elemente:** Damit werden alle interaktiven Elemente in einer Datei aufgespürt. Aktivieren Sie diese Option für Druckdaten, da interaktive Elemente – beispielsweise könnte sich die Farbe eines Buttons je nach Aktivitätszustand ändern – im Druck keine Verwendung haben.
- **Probleme beim Anschnitt/Zuschnitt:** Mit dieser Option können Sie prüfen, ob sich ein Objekt, ein Bild- oder ein Textrahmen in der Nähe des Zuschnitts bzw. Anschnitts befindet. Sie können dazu die notwendigen zu überprüfenden Abstände für Oben, Unten, Links/Innen und Rechts/Aussen in separaten Feldern eingeben. Folgende Regeln gelten:
  - Ist kein Anschnitt im Dokument festgelegt, so muss jedes Objekt ausgehend vom Zuschnitt außerhalb des eingegebenen Bereiches liegen. Liegen Objekte genau am Zuschnitt, so werden sie nicht erkannt.
  - Ist ein Anschnitt im Dokument definiert, so gilt auch das zuvor Gesagte. Darüber hinaus müssen Objekte, die im Anschnitt platziert wurden, vollständig den Anschnittbereich ausfüllen. Objekte, die also bei einem 3-mm-Anschnitt nur 2,8 mm in den Anschnitt hineinragen, werden erkannt. Objekte, die darüber hinausragen, werden nicht erkannt.
  - Auf Objekte in der Nähe des Bundes prüfen: Durch Aktivieren dieser Option wird zusätzlich geprüft, ob Objekte im Bund nicht in die gegenüberliegende Seite hineinragen.

- **Ausgeblendete Seitenelemente:** Die mit InDesign CS5 eingeführte Möglichkeit, einzelne Objekte über den Befehl Objekt • Ausblenden von der Darstellung am Monitor und somit auch von der Ausgabe auszuschließen, stellt für die Druckproduktion ein enormes Problem dar. Aktivieren Sie deshalb immer diese Option, um sicherzugehen, dass alle Objekte, die sich auch im Layout befinden, ausgegeben werden.

37.3.4 Parameter der Hauptgruppe »Text«

In der Kategorie Text werden Fehler für Elemente wie fehlende Glyphen, fehlende Schriftarten, Mindestschriftgrößenverletzungen, verwendete Fonttypen, Abweichungen von Zeichen- und Absatzformaten, gefundener Übersatztext, nicht aufgelöste Beschriftungsvariablen, Probleme mit der Spaltenspanne und unaufgelöste Änderungsverfolgungen, Querverweise und druckende Hinweise für bedingten Text angezeigt.

- **Übersatztext:** Übersatztexte können ein Zeichen dafür sein, dass sich durch eine Layoutänderung auch der Umbruch des Textes geändert hat und somit nicht mehr der gesamte Text angezeigt werden kann. Diese Option ist generell zu aktivieren, da fehlende Textstellen so manche Werbebotschaft, Romane und Bücher vernichten können.
- **Absatz- und Zeichenformatabweichungen:** Wenn Texte in einem Dokument mit Absatz- und Zeichenformaten versehen sind, so erkennen Sie mit dieser Option schnell, welcher Absatz abweichend vom zugewiesenen Absatzformat gesetzt wurde. Diese Option ist nur für spezielle Projekte und von Art-Direktoren zu aktivieren, die sich sicher sein wollen, dass alle Vorgaben hinsichtlich Typografie eingehalten wurden. Um dieser Prüfung etwas an Aggressivität zu nehmen, hat Adobe zusätzliche Optionen eingebaut, die bestimmte Vorkommnisse ausschließen. Dazu zählen:
    - Schriftschnittabweichungen ignorieren: Streng genommen sollte es diesen Fall nicht geben, da Abweichungen vom Schriftschnitt eigentlich mit Zeichenformaten überlagert werden sollen.
    - Sprachabweichungen ignorieren: Speziell bei mehrsprachigen Dateien ist für die Rechtschreibprüfung und für die Silbentrennung darauf zu achten, dass nicht irrtümlich einem französischen Text die Sprache Neue Deutsche Rechtschreibung 2006 zugewiesen wurde.
    - Abweichungen bei Kerning/Laufweite ignorieren: Gerade diese Option wäre als eigenständige Prüfung für manche Art-Direktoren und Typografen von Bedeutung. Das Aus-

---

Ausgeblendete Objekte einblenden

Um alle ausgeblendeten Objekte des Druckbogens wiederum einzublenden, machen Sie Folgendes: Gehen Sie zu dem Druckbogen, und führen Sie den Befehl Objekt • Alles auf Druckbogen anzeigen aus bzw. nutzen Sie das Tastenkürzel `Strg`+`Alt`+`3` bzw. `⌘`+`⌥`+`3`.

HINWEIS

Auch wenn Sie die Prüfung auf Übersatztext nicht aktivieren, so bekommen Sie dennoch beim Aufrufen des Druck- bzw. PDF-Export-Dialogs eine Warnmeldung, die Sie noch einmal auf Übersatztexte hinweist.

Sollten Sie diesen Dialog trotz vorhandenem Übersatztext nicht bekommen, so haben Sie einmal die in diesem Dialog angebrachte Checkbox Nicht wieder anzeigen aktiviert. Klicken Sie in diesem Fall auf den Button Alle Warndialogfelder zurücksetzen im Register Allgemein der InDesign-Voreinstellungen.

schließen von Spationierungsfehlern ist unserer Ansicht nach nicht sinnvoll.

- FARBABWEICHUNGEN IGNORIEREN: Diese Option ist nur sinnvoll, wenn in einem Dokument ein und dasselbe Absatz- und Zeichenformat in verschiedenen Farbausprägungen gesetzt werden soll. Strukturierte Layoutkonzepte würden für diesen Fall eigene Absatz- und Zeichenformate vorsehen bzw. mit Ressortfarben in einem Dokument arbeiten.
- **Schriftart fehlt:** Wenn eine Schriftart – Schriftfamilie oder Schriftschnitt – fehlt, so ist dies in jedem Fall anzuzeigen.

[Glyphe]
Ein übergeordneter Begriff für »Schriftzeichen«

- **Glyphe fehlt:** Dieser ganz schwerwiegende Fehler, auch wenn es sich nur um ein Leerzeichen handelt, muss eigentlich in jedem Druckprodukt gefunden werden. Fehlende Glyphen unterbinden die Generierung von PDF/X-4-Dokumenten.
- **Dynamische Rechtschreibprüfung meldet Fehler:** Damit orthografische und grammatikalische Fehler gefunden werden können, stellt InDesign bessere Möglichkeiten zur Verfügung. Eine Aktivierung dieser Option ist kontraproduktiv.
- **Unzulässige Schrifttypen:** In Verbindung mit gewissen Schrifttypen kann es bei bestimmten Workflows und RIPs Probleme geben. Für diesen Fall steht eine große Auswahl an Schrifttypen und Ausprägungen zur Verfügung, vor denen explizit gewarnt werden kann. Diese sind:
  - GESCHÜTZTE SCHRIFTARTEN: Diese Option sollte immer aktiviert sein, da ansonsten ein PDF/X-Export immer fehlschlägt. Textstellen, die mit geschützten Schriften gesetzt worden sind, müssen somit zuvor in Pfade umgewandelt werden. Diese Umwandlung sollte auf ganze Textblöcke über den Befehl SCHRIFT • INPFADE UMWANDELN erfolgen.
  - BITMAP: Diese Fonts sind nur für die Bildschirmdarstellung erstellt worden; eine Outlinebeschreibung für die Ausgabe fehlt. Typische Vertreter dieser Fonts sind Schriften mit Städtenamen wie Chicago, Geneva, NewYork und dergleichen.

[CFF]
CFF steht für den Begriff »Compact Font Format«.

  - OPENTYPE CFF: Dieses Fontformat erlaubt eine sehr kompakte und effiziente Beschreibung von Glyphen und reduziert somit das Datenvolumen bei komplexen 2-Byte-Fonts. OpenType CFF-Schriften basieren auf PostScript-Outlines. Es sind also Type 1-Fonts im OpenType-Gewand, die plattformunabhängig den modernen Systemen zur Verfügung stehen. Sie werden auch als **Type 0-Font** bezeichnet. Die File-Extension dieses Typs ist ».otf«.

[CID]
CID-Fonts (steht für **C**haracter **ID**entifier) nutzen das Zweifach-Byte-Encoding. Sie werden auch »Doppelbyte-Fonts« oder »Mehrbyte-Fonts« genannt.

  - OPENTYPE CFF CID: Darunter werden wie zuvor beschrieben kompakte Fontbeschreibungen verstanden, die darüber hinaus als CID-Fonts vorliegen.

- OPENTYPE TT: Darunter werden TrueType-Schriften verstanden, die im plattformunabhängigen OpenType-Gewand vorliegen. Sie werden auch als **Type 2-Font** bezeichnet. Die File-Extension dieses Typs ist ».ttf.«
- TRUETYPE: Darunter werden die klassischen, von Apple entwickelten und an Microsoft lizenzierten TrueType-Schriften verstanden. TT-Schriften sind nicht plattformunabhängig – Mac OS X kann jedoch alle TT-Schriften verarbeiten.
- TYPE 1 MULTIPLE MASTER: Diese Schrifttechnologie, die als Erweiterung zum Type 1-Fontformat 1991 eingeführt wurde, ist heutzutage – es steht ohnehin eine Unzahl von Schriften zur Auswahl – fast zur Gänze aus dem Repertoire der Grafiker und Layouter verschwunden. Speziell wenn Sie noch ältere RIPs oder RIP-Klone einsetzen, ist es ratsam, zu prüfen, ob dieser Schrifttyp verwendet wird, da diese RIPs in sehr vielen Fällen nicht mit dieser Erweiterung des Fontformats umgehen können.
- TYPE 1: Darunter werden die klassischen, von Adobe Systems entwickelten PostScript-Schriften verstanden, die nicht plattformunabhängig sind. Das Vorhandensein von Type 1-Schriften dürfte in der Druckvorstufe eigentlich nur in Kombination mit TrueType-Schriften des gleichen Namens zu Problemen führen. Die Überprüfung auf Type 1-Schriften macht nur Sinn, wenn Sie InDesign-Dokumente auf einem anderen Betriebssystem weiterverarbeiten möchten.
- TYPE 1 CID: Darunter werden die zuvor beschriebenen Type 1-Schriften verstanden, die darüber hinaus als CID-Fonts vorliegen.
- ATC (ADOBE TYPE COMPOSER): Darunter werden die mit dem Dienstprogramm **Adobe Type Composer** (ATC) erstellen Schriften verstanden. Mit dem ATC können Sie beispielsweise eine zusammengesetzte japanische Schrift erzeugen, die verschiedene Schriften für verschiedene Zeichenarten verwenden kann: eine Schrift für Kanji und eine andere für Kana oder Gaiji. Aktivieren Sie, wenn Sie sich nicht sicher sind, dass Ihr Ausgabesystem ATC-Schriften ohne Probleme weiterverarbeiten kann, diesen Parameter sicherheitshalber immer. Im doch eher unwahrscheinlichen Falle, dass solch eine Schrift zur Weiterverarbeitung zum Einsatz kommt, werden Sie dann darauf aufmerksam gemacht und können auf eventuelle Probleme in der Ausgabe gezielter reagieren.
- **Nicht proportionale Schriftenskalierung:** Das Verzerren von Schriften ist nur aus typografischer Sicht bedenklich. Vom technischen Standpunkt aus können solche Verzerrungen ohne

---

TrueType-Schriften in der Druckvorstufe

TrueType-Schriften können in der Druckvorstufe uneingeschränkt verwendet werden, solange einerseits aktuelle RIP-Technologie zum Einsatz kommt und andererseits nicht dieselbe Schrift mit demselben Fontnamen als Type 1-Font in einem Dokument verwendet wird.

Die beispielsweise gleichzeitige Verwendung der Schrift Times sowohl als TrueType- wie auch als Type 1-Font führt in der Ausgabe gerne zum Fehlen von Glyphen!

> **TOP-TIPP: Mindestschrift-größen-Werte für die Praxis**
>
> Der Wert von 6 pt für die Mindestschriftgröße und die Aktivierung der Option AUF TEXT MIT MEHREREN DRUCKFARBEN ODER WEISS BESCHRÄNKEN ist in der Praxis eine gute Wahl.

Einschränkungen umgesetzt werden. Dieser Parameter wird deshalb wohl nur von Art-Direktoren und feinfühligen Typografen aktiviert werden.

- **Mindestschriftgröße:** Die Überprüfung auf Mindestschriftgrößen ist einerseits für die Ausgabe auf niedrigauflösenderen Geräten und andererseits für Typografen interessant, für die Lesbarkeit von Text im Vordergrund steht. Schriftgrößen kleiner als 4 Pt sind, bezogen auf den normalen Leseabstand von 30 cm, nicht wirklich lesbar!
  - AUF TEXT MIT MEHREREN DRUCKFARBEN ODER WEISS BESCHRÄNKEN: Durch die Aktivierung der zusätzlichen Option können drucktechnische Problemfälle für zu kleine Schriftgrade in Verbindung mit weißem bzw. mehrfarbigem Text schnell erkannt werden.
- **Querverweise:** Querverweise können innerhalb eines Dokuments bzw. über Dokumente hinweg angelegt werden und müssen hin und wieder aktualisiert werden. Speziell in umfangreicheren Projekten ist vor der Ausgabe immer die Aktualität der Verweise zu überprüfen. Aktivieren Sie diese Option in jedem Fall, denn ein fehlender ❓ bzw. ungelöster 🚩 Querverweis kann so manche Aussage in einem Buch überflüssig machen. Es stehen zwei Optionen zu dieser Prüfung zur Verfügung:
  - QUERVERWEISE SIND VERALTET: Diese Option überprüft auf aktualisierte Verweise. Das Symbol ⚠ bei einem Querverweis im Hyperlinks-Bedienfeld führt somit zum Fehler.
  - QUERVERWEISE SIND UNGELÖST: Die Option überprüft alle angelegten Querverweise dahingehend, ob überhaupt eine Referenz auf eine andere Stelle im Dokument oder auf eine Stelle in einem anderen Dokument angelegt wurde.

Sollten anstelle der Symbole Buchstabenpaare erscheinen, so bedeuten diese Folgendes:
- AE – Der Verweis zeigt auf ein ausgeblendetes Element bzw. eine ausgeblendete Ebene.
- MF – Der Verweis zeigt auf ein Element der Montagefläche.
- MS – Der Verweis zeigt auf ein Element auf der Musterseite.
- ÜS – Der Verweis zeigt auf ein Element dass sich im Übersatz befindet.
- VT – Der Verweis zeigt auf einen verborgenen Text. Dies kann durch Optionen beim bedingten Text entstehen.
- **Kennzeichen für bedingten Text werden gedruckt:** Da schon der Wert EINBLENDEN UND DRUCKEN für die Option KENNZEICHNEN im Bedienfeld BEDINGTER TEXT zur Verfügung steht, ist eine Überprüfung auf diese Option gerade für die Druckvor-

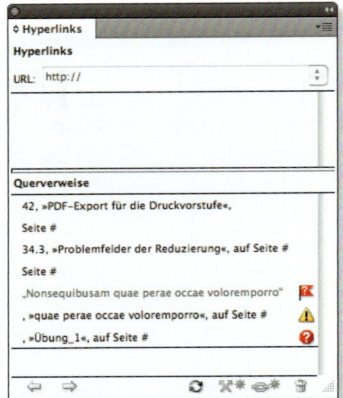

▲ Abbildung 37.5
Das Hyperlinks-Bedienfeld mit angelegten Querverweisen, die ungelöst – das Ziel hat sich verändert – oder veraltet sind bzw. nicht gefunden werden können.

stufe sehr sinnvoll, denn in der Ausgabe sollte zwar der bedingte Text ausgegeben werden, jedoch die Kennzeichnung, dass es sich um Texte für die Lehrerausgabe eines Schulbuches handelt, sollte besser unterbleiben. Leider fehlt eine Option, die generell auf das Vorliegen von bedingten Texten im Dokument hin überprüft. Druckdienstleister sollten eigentlich auf bedingte Texte vor der Ausgabe hingewiesen werden.

- **Nicht aufgelöste Beschriftungsvariable:** Das dynamische Auslesen von Werten aus den Metadaten ist seit InDesign CS5 erstmals über den Befehl OBJEKT • BESCHRIFTUNGEN • DYNAMISCHE BESCHRIFTUNG ERSTELLEN möglich. Wenn in Projekten diese Arbeitsweise gewählt wurde, so muss vor der Ausgabe auch auf die Vollständigkeit und Aktualität dieser Informationen geachtet werden. Aktivieren Sie diese Überprüfung also immer! Wenn Sie diesbezüglich einen Fehler finden, so können Sie, wenn Sie keine Aktualisierung wünschen, die Beschriftung in eine statische Beschriftung über den Befehl OBJEKT • BESCHRIFTUNGEN • IN STATISCHE BESCHRIFTUNG KONVERTIEREN.

- **Einstellung »Spaltenspanne« wurde nicht berücksichtigt:** Wenn Sie beispielsweise eine Headline im Layout mit der neuen Funktion SPALTENSPANNE in InDesign CS5 über zwei Spalten gesetzt und nachträglich diesen Rahmen von zwei auf eine Spalte reduziert haben, so kann die Einstellung in der Option SPALTENSPANNE nicht berücksichtigt werden. Dies würde somit zu einem Fehler in Preflight führen, wenn Sie die Checkbox in Ihrem Prüfprofil aktivieren. Aktivieren Sie diese Option, da sich jemand, der die Spaltenspanne für eine Headline im Layout aktiviert hat, sicherlich etwas dabei gedacht hat.

- **Verfolgte Änderung:** Über die Funktion ÄNDERUNGEN VERFOLGEN können seit InDesign CS5 Texte beim Löschen und Verschieben ausgeblendet werden, um diese eventuell zu einem späteren Zeitpunkt wiederum hervorzuholen. Durch Aktivierung der Checkbox im Prüfprofil werden Sie darauf aufmerksam gemacht, dass sich noch nicht aufgelöste verfolgte Änderungen im Text befinden. Änderungen müssen angenommen oder abgelehnt werden, damit sie »aufgelöst« werden.

▲ **Abbildung 37.6**
Das Bedienfeld BEDINGTER TEXT, in dem die KENNZEICHEN auf den Status EINBLENDEN UND DRUCKEN gestellt wurden.

> **HINWEIS**
>
> Nähere Informationen zum Erstellen und Verwalten von Beschriftungen erhalten Sie in Abschnitt 12.3.3, »Bildunterschriften aus Metadaten erzeugen«, auf Seite 278.

> **HINWEIS**
>
> Nähere Informationen zur Änderungsverfolgung erhalten Sie in Abschnitt 24.3, »Textänderungen verfolgen«, auf Seite 616.

37.3.5 Parameter der Hauptgruppe »Dokument«

Die Parameter in der Hauptgruppe DOKUMENT zielen vorwiegend auf die allgemeinen Fehlermöglichkeiten wie Seitengröße und -ausrichtung, Seitenanzahl, leere Seiten und das Einrichten von Anschnitt und Infobereich ab.

- **Seitenformat und Ausrichtung:** Diese Überprüfung hinsichtlich SEITENFORMAT UND AUSRICHTUNG ist für wiederkehrende

Projekte sinnvoll, die immer im selben Format (z.B. Periodika, Anzeigen) erscheinen.

- Ausrichtung ignorieren: Damit wird nur auf das Seitenformat hin überprüft.

▶ **Anzahl erforderlicher Seiten:** Die Überprüfung auf einen Mindestumfang, auf eine bestimmte Seitenanzahl, auf eine maximale Seitenanzahl und auf ein Vielfaches von Seiten ist für den Ausschuss wichtig, was von vielen Grafikern leider nicht beachtet wird. Sie sollten projektabhängig immer einen bestimmten Seitenumfang durch Preflight überprüfen lassen.

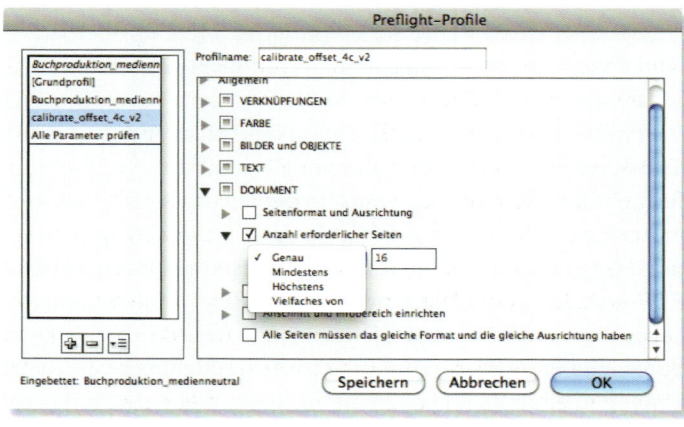

Abbildung 37.7 ▶
Bei der Überprüfung der erforderlichen Seiten kann auf eine exakte Seitenanzahl, auf eine minimale und maximale und ein Vielfaches von Seiten überprüft werden.

▶ **Leere Seiten:** Die Überprüfung auf das Vorhandensein von leeren Seiten ist in einigen Projekten sinnvoll. Durch zwei weitere Optionen kann der Frage »Wann ist eine Seite als leere Seite zu erkennen?« auf den Grund gegangen werden:

- Seiten gelten als leer, wenn sie nur Musterseitenobjekte enthalten: Beachten Sie, dass damit eine Seite, auf der Sie nur ein Musterseitenobjekt herausgelöst haben, nicht mehr erkannt wird. In der Regel müssen jedoch auch solche Seiten gedruckt werden.
- Seiten gelten als leer, wenn sie nur nichtdruckende Objekte enthalten: Damit werden Vakatseiten, auf denen beispielsweise nur die Pagina der Musterseite zu sehen ist, nicht mehr als Vakatseite erkannt.

▶ **Anschnitt und Infobereich einrichten:** Über die beiden darin befindlichen Optionen können Sie getrennt das Vorhandensein von Anschnitt und Infobereich in Bezug auf eine minimale, exakte oder maximale Größe der eingegebenen Werte prüfen.

- Erforderliche Grösse des Anschnitts: Hier können Sie getrennt die Werte für den Anschnitt für Oben, Unten, Links und Rechts eingeben.

Unterschiedlicher Anschnitt

Wenn Druckereien die Datenersteller immer wieder mit unterschiedlichen Anschnittwerten konfrontieren, so führt das dazu, dass diese genau aus diesem Grund unterschiedliche Prüfprofile anlegen müssten, um keine Fehlermeldung durch Preflight angezeigt zu bekommen.

Wir empfehlen, einfach generell einen Anschnitt von 3 mm den Dokumenten hinzuzufügen und damit auch immer die Prüfung durchzuführen. Sollte ein Druckdienstleister jedoch 5 mm benötigen, so kann dies am Ende vor der Ausgabe noch umgestellt werden.

- Erforderliche Grösse des Infobereichs: Hier können Sie getrennt die Werte für den Infobereich für Oben, Unten, Links und Rechts eingeben.
- **Alle Seiten müssen das gleiche Format und die gleiche Ausrichtung haben:** Das mit InDesign CS5 erstmals unterschiedliche Seitenformate in einem Dokument angelegt werden können, ist eine Überprüfung dahingehend unabdingbar. Aktivieren Sie somit immer diese Checkbox!

37.4 Erstellen eines Preflight-Profils

Nun haben Sie einen umfassenden Überblick über die Parameter erhalten, die zur Prüfung von Layoutdokumenten in InDesign zur Verfügung stehen. Eine doch sehr umfangreiche Anzahl möglicher Checks kann herangezogen werden. Eine umfassendere Überprüfung der Inhalte kann jedoch erst in der PDF-Datei über Preflight in Acrobat 9 Professional erfolgen, da es sich dabei ja schließlich um die Druckdaten handelt und somit alle möglichen Fehler der PDF-Erstellung ebenfalls eingeschlossen sind. Fehler, die zwar im Layoutdokument vorliegen, jedoch durch die PDF-Erstellung (z.B. durch eine unbeabsichtigte Farbkonvertierung) behoben wurden, können in einer PDF-Datei natürlich nicht mehr erkannt werden.

In der nachfolgenden Schritt-für-Schritt-Anleitung wollen wir Ihnen zeigen, wie Sie ein Preflight-Profil für unser Projekt erstellen. Dieses Profil »projekt_4c_v1.idpp« – es steht auf der beigefügten DVD zum Laden zur Verfügung – können Sie auch für die klassische 4c-Produktion von InDesign-Dokumenten heranziehen.

Auf der Buch-DVD finden Sie im Ordner Settings • Pruefprofile das Prüfprofil mit der Bezeichnung »projekt_4c_v1.idpp«.

Schritt für Schritt: Erstellen eines Preflight-Profils

Zum Anlegen eines Preflight-Profils muss kein Dokument geöffnet sein. Es ist aber ratsam, sich zuerst ein Dokument mit bewusst angelegten Fehlern zurechtzulegen, um sofort beim Erstellen des Profils Rückmeldungen hinsichtlich der Verhaltensweisen von Optionen zu erhalten.

1 Ausgangspunkt Preflight-Bedienfeld
Öffnen Sie das Preflight-Bedienfeld, wählen Sie in der Option Profil den Eintrag [Grundprofil] (Arbeitsprofil) ❷ aus, und aktivieren Sie die Checkbox Ein ❶, um sofort die Prüfung für das geöffnete Testdokument durchzuführen.

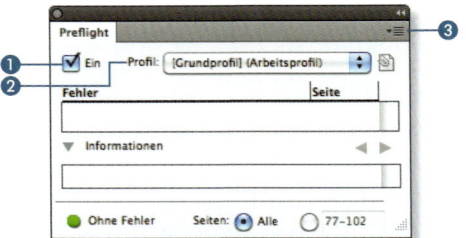

Abbildung 37.8 ▶
Das Standard-Preflight-Bedienfeld

2 Anlegen des Preflight-Profils

Wählen Sie aus dem Bedienfeldmenü ❸ des Preflight-Bedienfelds den Eintrag PROFILE DEFINIEREN aus. Der Dialog aus Abbildung 37.9 wird Ihnen angezeigt, das [GRUNDPROFIL] ❺ ist ausgewählt.

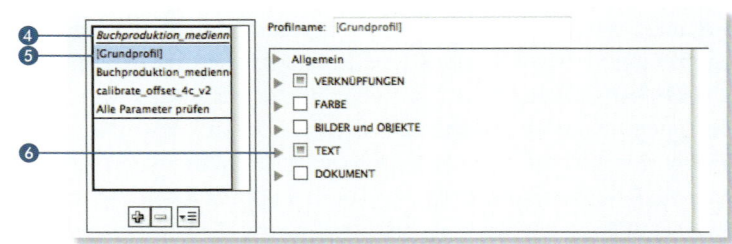

Abbildung 37.9 ▶
Anlegen eines Preflight-Profils auf Basis des Grundprofils

Graue Kästchen ❻ bei den Hauptgruppen zeigen, dass dieses Grundprofil nicht alle Parameter hinsichtlich VERKNÜPFUNGEN und TEXT abfragt. Der Eintrag BUCHPRODUKTION_MEDIENNEUTRAL ❹ zeigt, dass das geöffnete Dokument mit diesem Profil geprüft wird. Der Eintrag ⓫ am Fuße des Dialogs zeigt darüber hinaus an, dass es dem InDesign-Dokument angehängt wurde.

Das Anlegen eines neuen Preflight-Profils erfolgt durch Klick auf das Symbol ❾, wodurch ein Duplikat vom zuvor ausgewählten Preflight-Profil angelegt wird. Benennen Sie das Profil mit der Bezeichnung »projekt_4c_v1« im Feld PROFILNAME ❼.

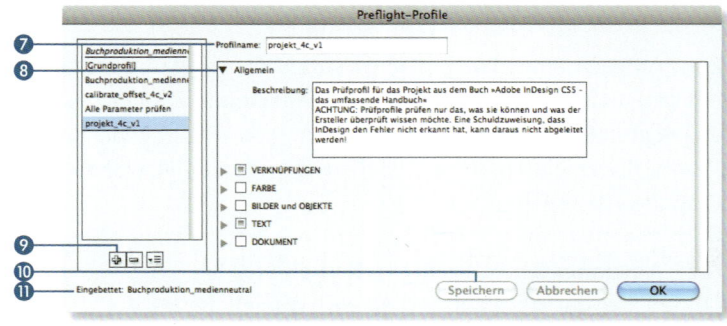

Abbildung 37.10 ▶
Die Hauptgruppe ALLGEMEIN beim Anlegen eines Preflight-Profils

Durch Klick auf das Symbol ▼ ❽ vor dem Haupteintrag ALLGEMEIN können Sie eine Beschreibung zum Profil eingeben. Die

Beschreibung sollte zumindest den Zweck und eventuelle Warnungen wiedergeben.

Klicken Sie nach der Anlage des Profils zwischenzeitlich einmal auf den Button SPEICHERN ❿, um zumindest den Grundstein einmal abzuspeichern.

3 Festlegen der Parameter in »Verknüpfungen«

In diesem Hauptbereich ist die Überprüfung hinsichtlich fehlender und geänderter Verknüpfungen zu Bildern und URLs vollkommen ausreichend, da die OPI-Kommentare bei der PDF/X-Erstellung ohnedies eliminiert werden.

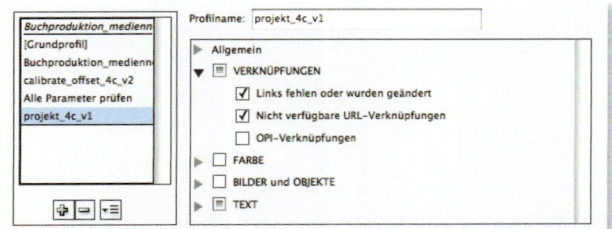

◄ **Abbildung 37.11**
Die Hauptgruppe VERKNÜPFUNGEN beim Anlegen eines Preflight-Profils

Aktivieren Sie also in diesem Bereich die Option NICHT VERFÜGBARE URL-VERKNÜPFUNGEN, und schalten Sie dann auf den Hauptbereich FARBE um.

4 Festlegen der Parameter in »Farbe«

Lassen Sie hier immer eine Überprüfung auf den ERFORDERLICHEN TRANSPARENZFÜLLRAUM auf CMYK ⓫ und hinsichtlich UNZULÄSSIGER FARBRÄUME ⓬ zumindest auf RGB, VOLLTONFARBEN und LAB durchführen.

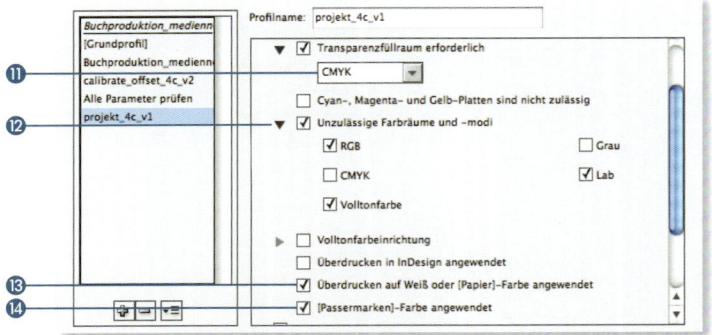

◄ **Abbildung 37.12**
Die Hauptgruppe FARBE beim Anlegen eines Preflight-Profils

Die Optionen ÜBERDRUCKEN AUF WEISS ODER [PAPIER]-FARBE ANGEWENDET ⓭ und [PASSERMARKEN]-FARBE ANGEWENDET ⓮ können auch für jedes Projekt als Standardcheck aktiviert werden.

5 Festlegen der Parameter in »Bilder und Objekte«

In Abhängigkeit von Rasterweite und Druckverfahren legen Sie hier in der Option Bildauflösung die Minimalauflösungen ❶ für Farbbilder, Graustufenbilder und 1-Bit-Bild fest. Die in der Abbildung gezeigten Werte entsprechen den Empfehlungen für das 60er-Raster.

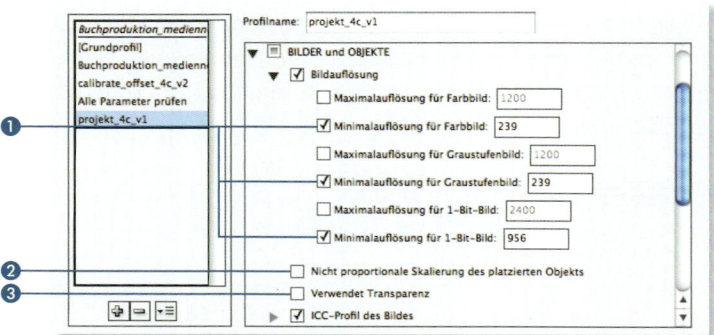

Abbildung 37.13 ▶
Die Hauptgruppe Bilder und Objekte beim Anlegen eines Preflight-Profils

Die Option Nicht proportionale Skalierung des platzierten Objekts ❷ sollte eventuell bei ungeübten Anwendern von InDesign oder bei Tageszeitungs- oder Magazinproduktionen, wo Redakteure als Layouter fungieren wollen, aktiviert werden.

Wenn Sie transparente Objekte aufspüren wollen, können Sie die Option Verwendet Transparenz ❸ aktivieren.

Das Aufspüren von Bildern mit ICC-Profilen, die entweder vom gewählten Arbeitsfarbraum abweichen oder überhaupt fehlen, kann in jedem Fall auf mögliche Farbkonvertierungen in der Ausgabe hinweisen. Speziell wenn Sie eine medienabhängige Produktion von Beginn an umsetzen, sollten Sie immer die Option ICC-Profil des Bildes ❹ und alle Suboptionen aktivieren.

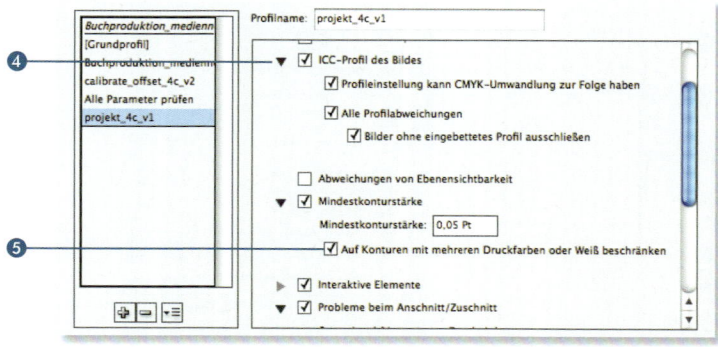

Abbildung 37.14 ▶
Die Hauptgruppe Bilder und Objekte (Fortsetzung) beim Anlegen eines Preflight-Profils

Das Finden von Mindestkonturstärken sollte über die Suboption Auf Konturen mit mehreren Druckfarben oder Weiss

BESCHRÄNKEN ❺ eingeengt und die zu findende Stärke auf 0,05 Pt gesetzt werden. INTERAKTIVE ELEMENTE ❻ gehören nicht zu Druckdokumenten und müssen somit gefunden und eliminiert werden.

Die Möglichkeit, Objekte zu prüfen, die zu nahe am Zuschnitt bzw. Anschnitt sind, kann in Abhängigkeit vom zu bewältigenden Projekt über die Parameter in der Option PROBLEME BEIM ANSCHNITT/ZUSCHNITT ❼ aktiviert werden. Grundsätzlich sollten Layouter für klassische Tageszeitungs- und Magazinproduktionen zumindest auf die möglichen Fehler aufmerksam gemacht werden. Optional können Sie auch noch AUF OBJEKTE IN DER NÄHE DES RÜCKENS PRÜFEN ❽.

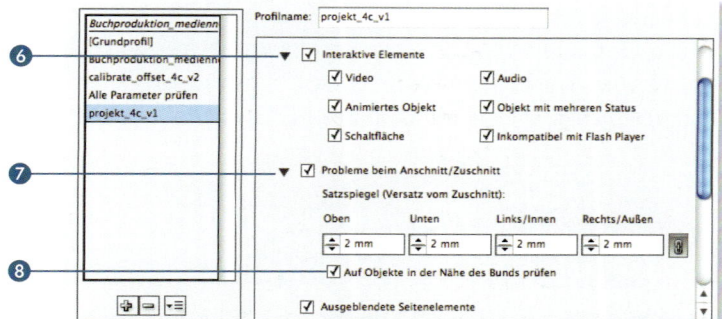

◄ **Abbildung 37.15**
Die Hauptgruppe BILDER UND OBJEKTE (Fortsetzung) beim Anlegen eines Preflight-Profils

6 Festlegen der Parameter in »Text«

Hinsichtlich der Prüfung auf TEXT sollten zumindest die Optionen ÜBERSATZTEXT ❾, SCHRIFTART FEHLT ❿ und GLYPHE FEHLT ⓫ aktiviert werden. Bezüglich unzulässiger Schrifttypen empfehlen wir, unbedingt nach GESCHÜTZTE SCHRIFTARTEN ⓬ zu suchen und optio- nal nach BITMAP-FONTS ⓭ (diese sind für die Verwendung am Monitor konzipiert und enthalten keine Outline-Beschreibung für eine hochauflösende Ausgabe) sowie nach ATC ⓮, da Sie speziell mit diesem Fonttyp sicherlich noch keine große Erfahrung haben.

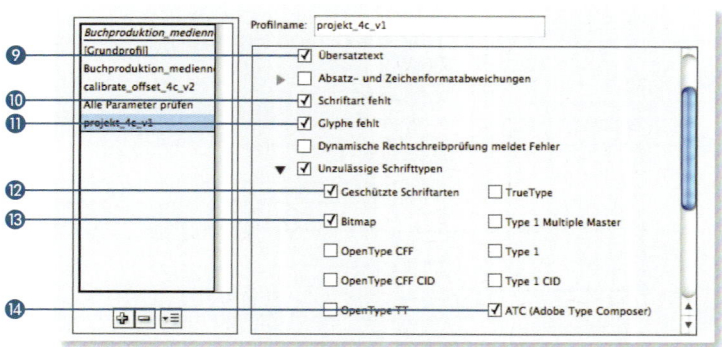

◄ **Abbildung 37.16**
Die Hauptgruppe TEXT beim Anlegen eines Preflight-Profils

37.4 Erstellen eines Preflight-Profils | **801**

Wenn Sie überhaupt auf die Mindestschriftgröße überprüfen wollen, so sollten Sie die Prüfung über die Option AUF TEXT MIT MEHREREN DRUCKFARBEN ODER WEISS BESCHRÄNKEN ❶.

Speziell bei längeren Dokumenten und bei der Arbeit mit Büchern innerhalb von InDesign sollte zumindest die Option QUERVERWEISE SIND VERALTET und optional die Option QUERVERWEISE SIND UNGELÖST aktiviert werden ❷. Im ersten Fall würde eine falsche Seitenzahl oder Textstelle im Druck erscheinen.

Unbedingt sollten Sie jedoch die Option KENNZEICHEN FÜR BEDINGTEN TEXT WERDEN GEDRUCKT ❸ aktivieren, denn diese Möglichkeit im Bedienfeld BEDINGTER TEXT ist nur für die Erstellung eines Korrekturabzugs gedacht. Im Druck sollte auf keinen Fall diese Kennzeichnung erfolgen!

Die Optionen NICHT AUFGELÖSTE BESCHRIFTUNGSVARIABLE ❹, EINSTELLUNG »SPALTENSPANNE« WURDE NICHT BERÜCKSICHTIGT ❺ und VERFOLGTE ÄNDERUNG ❻ sollten alle aktiviert werden.

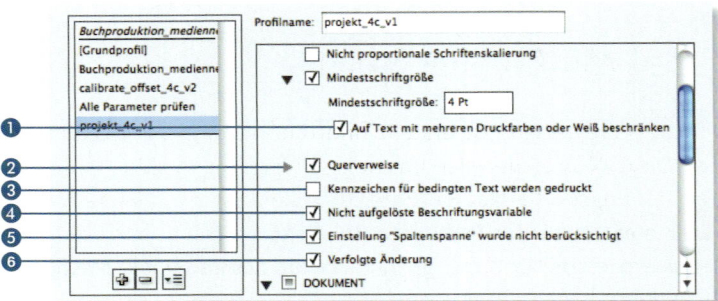

Abbildung 37.17 ▶
Die Hauptgruppe TEXT (Fortsetzung) beim Anlegen eines Preflight-Profils

❼ Festlegen der Parameter in »Dokument«

Die Parameter für den Bereich DOKUMENT müssen dokumentenspezifisch angelegt werden. Eine Grundeinstellung könnte zumindest die Überprüfung der Anzahl von Seiten im Dokument umfassen. Bestimmen Sie dann in der Option ANZAHL ERFORDERLICHER SEITEN ❼, dass diese zumindest ein VIELFACHES VON 2 sein soll.

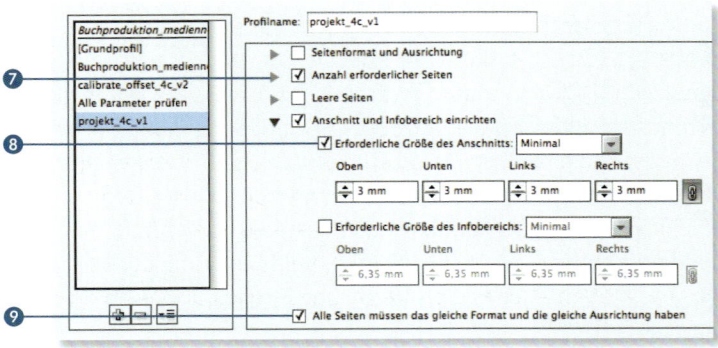

Abbildung 37.18 ▶
Die Hauptgruppe DOKUMENT beim Anlegen eines Preflight-Profils

Dass generell immer ein Anschnitt von 3 mm beim Anlegen des Dokuments vorgesehen werden soll, können Sie über die Option Anschnitt und Infobereich einrichten und dort über die Suboption Erforderliche Grösse des Anschnitts ❽ mit Minimal 3 mm festlegen.

Die Option Alle Seiten müssen das gleiche Format und die gleiche Ausrichtung haben ❾ sollte immer aktiviert sein.

8 Profil speichern

Damit haben wir die notwendigen Parameter für das Projekt-Prüfprofil festgelegt. Speichern Sie nun das Profil durch einen Klick auf den Button Speichern.

Durch Klick auf OK gelangen Sie wiederum zurück in das Preflight-Bedienfeld. InDesign beginnt dann das Dokument mit dem Prüfprofil zu überprüfen. ∎

37.5 Mit Profilen arbeiten

Das Preflight-Profil ist erstellt und die Prüfung des Dokuments aktiviert. Nun stellen sich uns noch einige Fragen: Gibt es Grundeinstellungen, die man berücksichtigen muss? Kann ich festlegen, dass zukünftig jedes Dokument beim Anlegen standardmäßig mit meinem erstellten Profil geprüft wird? Müssen Dokument und Preflight-Profil getrennt voneinander abgespeichert und dem Dienstleister übergeben werden? Kann man die Anzahl der dargestellten Fehler minimieren? Kann man sich einen Prüfbericht erstellen lassen und diesen auch den Erfordernissen im Unternehmen anpassen? All diese Fragen möchten wir Ihnen in diesem Abschnitt beantworten.

37.5.1 Festlegen der Preflight-Optionen

Bevor Sie mit Preflight in InDesign arbeiten, sollten Sie sich eine Strategie zurechtlegen, wie zukünftig Ihre selbst erstellten sowie übernommenen Dokumente geprüft werden sollen. Soll jedes geöffnete Dokument automatisch geprüft werden? Mit welchem Profil soll es geprüft werden? Diese Überlegungen können in den Arbeitsweisen berücksichtigt werden und als Grundeinstellung für InDesign in den Preflight-Optionen hinterlegt werden.

Rufen Sie den Menüeintrag Preflight-Optionen aus dem Bedienfeldmenü des Preflight-Bedienfelds auf, und legen Sie darin Ihre Vorgaben – jene, die Ihrer Arbeitsweise am besten entsprechen – fest.

> **TOP-TIPP: InDesign stürzt laufend im Betrieb ab**
>
> Sollte InDesign während dem Arbeiten nach unbestimmter Zeit immer wieder mal abstürzen oder eine extrem langsame Verarbeitungsgeschwindigkeit aufweisen, so kann die Ursache meistens bei Preflight gesucht werden. Dies ist vor allem dann der Fall, wenn Sie EPS-Dateien im Layout platziert haben.
>
> Deaktivieren Sie in diesem Fall zuerst einmal Preflight. Sollte sich dadurch keine Besserung zeigen, so überprüfen Sie, ob eventuell Querverweise im Dokument bestehen, die besonders für eine Verlangsamung der Arbeitsgeschwindigkeit von InDesign verantwortlich sein können.

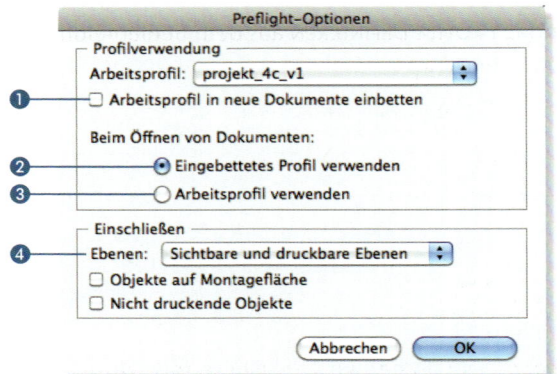

Abbildung 37.19 ▸
Die PREFLIGHT-OPTIONEN regeln das generelle Verhalten und die Verfahrensweise, mit welchem Preflight-Profil geprüft werden soll.

Nehmen Sie in den PREFLIGHT-OPTIONEN die Einstellungen vor.

▸ **Arbeitsprofil:** Wählen Sie darin unser zuvor erstelltes Profil – »projekt_4c_v1« – aus. Durch die Wahl des Arbeitsprofils wird dieses standardmäßig für alle neu angelegten Dokumente und Dokumente ohne angehängtes Profil verwendet.

▸ **Arbeitsprofil im neuen Dokument einbetten:** ❶ Wenn Sie jedem neuen Dokument Ihr »Arbeitsprofil« zuweisen und dieses einbetten wollen, aktivieren Sie diese Checkbox.

▸ **Beim Öffnen von Dokumenten:** Durch die Option EINGEBETTETES PROFIL VERWENDEN ❷ wird das im Dokument eingebettete Preflight-Profil verwendet. Die Prüfung erfolgt somit auf Basis dieses Profils. Den Druckdienstleistern empfehlen wir die Aktivierung der Option ARBEITSPROFIL VERWENDEN ❸, denn damit wird das Dokument mit Ihrem Prüfprofil geprüft.

▸ **Einschließen:** Durch die Wahl der dortigen Optionen können Sie die Prüfung generell erweitern bzw. eingrenzen.

  ▸ EBENEN: Wählen Sie hier SICHTBARE UND DRUCKBARE EBENEN ❹, wenn Sie Objekte von ausgeblendeten Ebenen nicht prüfen wollen.

  ▸ OBJEKTE AUF MONTAGEFLÄCHE: Wenn PREFLIGHT auch alle Objekte auf der Montagefläche prüfen soll, so müssen Sie diese Option aktivieren. Da Objekte auf der Montagefläche nicht gedruckt werden, ist die Aktivierung dieser Option nur in sehr speziellen Fällen sinnvoll.

  ▸ NICHT DRUCKBARE OBJEKTE: So wie zuvor beschrieben wurde, ist die Prüfung von nicht druckbaren Objekten ebenfalls nicht wirklich sinnvoll.

37.5.2 Exportieren, Löschen, Laden und Einbetten von Preflight-Profilen

Das Laden, Löschen, Exportieren und Einbetten von Preflight-Profilen können Sie im PREFLIGHT-PROFILE-Dialog erledigen. Rufen

Sie dazu den Eintrag PROFILE DEFINIEREN aus dem Bedienfeldmenü des Preflight-Bedienfelds auf.

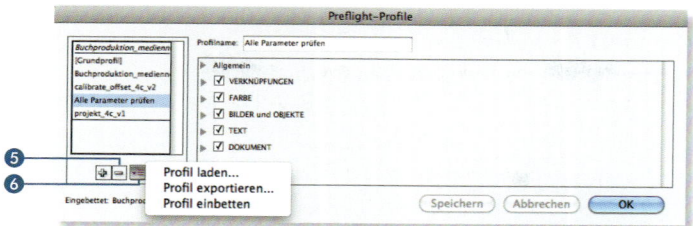

◀ **Abbildung 37.20**
Das Laden, Exportieren, Löschen und Einbetten von Preflight-Profilen erfolgt über den PREFLIGHT-PROFILE-Dialog.

- **Profile löschen:** Das Löschen von Profilen erfolgt durch Auswahl des entsprechenden Profils und Klick auf das Symbol ❺. InDesign warnt Sie, sofern Sie nicht die Alt- bzw. ⌥-Taste drücken, ob das Profil gelöscht werden soll oder nicht.
- **Profile laden:** Um das Preflight-Profil von der beigefügten DVD in InDesign zu laden, klicken Sie auf das Symbol ❻ und wählen im erscheinenden Menü den Eintrag PROFIL LADEN aus. Im erscheinenden Dialog können Sie nun entweder alle Dateien mit der Endung ».idpp« oder ein InDesign-Dokument auswählen, in dem das gewünschte Preflight-Profil eingebettet ist, und es importieren.
- **Profile exportieren:** Das Exportieren von Profilen erfolgt durch Auswahl des entsprechenden Profils und Ausführen des Befehls PROFIL EXPORTIEREN (Klick auf das Symbol).
- **Profile einbetten:** Das Einbetten von Profilen in InDesign-Dokumente kann auf zweierlei Art und Weise erfolgen. Sie können einerseits das entsprechende Profil auswählen und den Befehl PROFIL EINBETTEN ausführen, den Sie durch Klick auf das Symbol erhalten, oder das Profil im Preflight-Bedienfeld auswählen und das Symbol anklicken.

IDPP-Dateien
Die Endung IDPP steht für »InDesign Preflight Profile«. Solche Dateien besitzen das in der Headline gezeigte Icon und können in InDesign nur über PROFIL LADEN hinzugefügt werden.

HINWEIS

Beim Laden von Preflight-Profilen werden diese den InDesign-Präferenzen hinzugefügt. Sichern Sie somit immer alle erstellten Profile, damit Sie im Falle des Resets der Präferenzen alle Profile erneut laden können.

37.5.3 Einbettung von Profilen ändern oder aufheben

Sind Preflight-Profile durch den Befehl PROFIL EINBETTEN dem InDesign-Dokument hinzugefügt worden, so besteht öfter seitens der weiterverarbeitenden Betriebe der Wunsch, das eingebettete Profil zu entfernen, abzuändern oder gegen das eigene Profil auszutauschen. Die Vorgehensweisen sind:

- **Austausch des eingebetteten Profils:** Wählen Sie im Preflight-Bedienfeld das gewünschte Profil aus, und führen Sie eine der beiden zuvor beschriebenen Möglichkeiten zum Einbetten des Profils durch.
- **Abändern des eingebetteten Profils:** In einigen Fällen ist es sinnvoll, dass Sie das eingebettete Prüfprofil abändern. Ist beispielsweise die Überprüfung der Auflösung für Sie zu streng

eingestellt, so ändern Sie den Schwellenwert im Prüfprofil, indem Sie den PREFLIGHT-PROFIL-Dialog aufrufen, das eingebettete Profil auswählen und dann die Parameter in der jeweiligen Hauptkategorie ändern.

▶ **Entfernen des eingebetteten Profils:** Dazu rufen Sie den PREFLIGHT PROFILE-Dialog auf, wählen das eingebettete Profil aus ❶ und führen den Befehl PROFILEINBETTUNG AUFHEBEN ❷ aus, den Sie durch Anklicken des Symbols 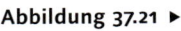 erhalten.

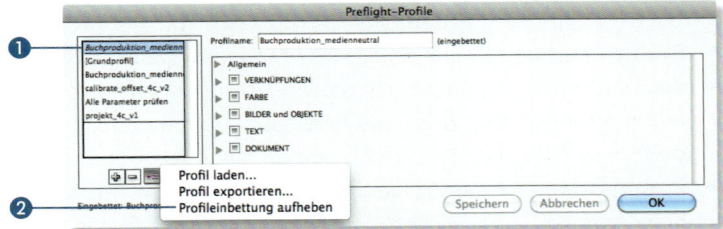

Abbildung 37.21 ▶
Das Aufheben der Profileinbettung ist etwas versteckt.

Damit haben Sie die Zuordnung des Prüfprofils zum InDesign-Dokument aufgehoben.

37.6 Fehler anzeigen und beheben

Nachdem wir nun die Voreinstellung und ein Projekt-Prüfprofil definiert und angelegt haben, können wir ein Dokument öffnen und an dessen Analyse gehen.

Alle gefundenen Fehler werden in der Fehlerliste angezeigt. Es werden dabei nur jene Hauptkategorien aufgeführt, in denen auch tatsächlich Fehler gefunden wurden. Die Zahl hinter dem Kategorieeintrag ❸ gibt an, wie viele Fehler in dieser Kategorie festgestellt wurden.

▲ **Abbildung 37.22**
Durch die Prüfung wurden 83 Fehler in allen fünf Hauptkategorien gefunden.

Klicken Sie auf den Pfeil ❹ neben der jeweiligen Kategorie, um sie zu maximieren bzw. zu minimieren. Alle gefundenen Fehler dieser Kategorie werden angezeigt. Durch einen weiteren Klick auf den Pfeil ❻ neben der jeweiligen Subkategorie können Sie die Liste aller gefundenen Objekte einsehen. Beachten Sie jedoch beim Anzeigen der Fehlerliste folgende Aspekte:

▶ Wurde beispielsweise ein niedrig auflösendes RGB-Bild platziert, so werden zwei Fehler angezeigt: einer für die Auflösung und der andere für das RGB-Bild. Somit kann ein und dasselbe Bild in mehreren Kategorien zu einem Fehler führen.

▶ In manchen Fällen verursachen Designobjekte wie Farbfelder, Absatz- oder Zeichenformate ein Problem. Das Designobjekt selbst wird dabei nicht als Fehler in der Fehlerliste angezeigt.

Stattdessen werden alle Seitenobjekte aufgeführt, auf die das Designobjekt angewendet wurde. Achten Sie in diesem Fall darauf, das Problem im Designobjekt zu beheben.
- Fehler, die in Übersatztext oder ausgeblendetem bedingten Text (siehe Seite 636) auftreten, werden nicht aufgeführt.
- Ein Musterseitenobjekt, in dem ein Fehler aufgetreten ist, wird nicht aufgeführt, wenn die Mustervorlage nicht angewendet (d.h., einer Originalseite zugewiesen) wurde. Wenn in einem Musterseitenobjekt ein Fehler vorliegt, wird es in der Preflight-Fehlerliste nur einmal aufgeführt, obwohl es auf jeder Seite vorhanden ist, auf die das Muster angewendet wurde.
- Durch Klick auf die Seitennummer ❺ eines Seitenobjekts können Sie sehr schnell das fehlerhafte Seitenobjekt anspringen. Wird jedoch keine Seitennummer angezeigt, so handelt es sich um gefundene Fehler wie »Falsche Einstellungen im Druckfarben-Manager« oder »Falsche Anzahl von Volltonfarben«, die nicht einzelnen Seitenobjekten zuzuordnen sind. In manchen Fällen stehen anstelle einer Seitennummer andere Buchstabenkombinationen.
  - A: Damit ist ein Seitenobjekt gemeint, das sich auf der A-Mustervorlage befindet.
  - MF: Seitenobjekte befinden sich auf der Montagefläche.
- Fehler, die in nicht druckbaren Seitenobjekten, in Seitenobjekten auf der Montagefläche oder auf verborgenen oder nicht druckbaren Ebenen auftreten, werden nur dann in der Fehlerliste aufgeführt, wenn in den Preflight-Optionen die entsprechenden Optionen (siehe dazu Seite 803) angegeben sind.
- Es werden unter Umständen nicht alle Fehler angezeigt, da die Anzahl der Einträge pro Fehler begrenzt sein kann. Die Begrenzung der Fehlereinträge erfolgt dabei über das Menü Anzahl Zeilen pro Fehler begrenzen aus dem Bedienfeldmenü des Preflight-Bedienfelds. Standardmäßig ist die Anzahl auf 100 Einträge beschränkt. Um jedoch die Übersichtlichkeit zu wahren, sollten Sie die Anzahl der Einträge auf 25 begrenzen.
- Wenn Sie nur bestimmte Seiten ausgeben möchten, können Sie die Preflight-Prüfung auf einen bestimmten Seitenbereich einschränken. Geben Sie unten im Preflight-Bedienfeld einen Seitenbereich an.

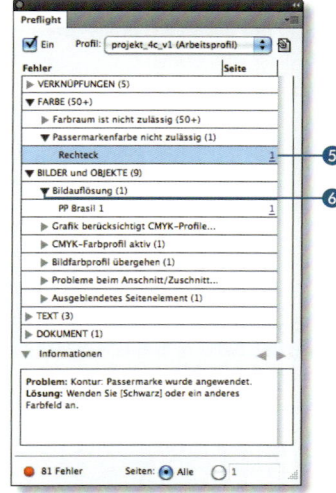

▲ **Abbildung 37.23**
Durch das Maximieren der Haupt- und Unterkategorien kann auf jedes fehlerhafte Seitenobjekt zugegriffen werden.

Aus dem Preflight-Bedienfeld können Sie durch Doppelklick auf die Seitennummer oder auf den Eintrag in der Fehlerliste direkt zum betroffenen Seitenobjekt springen. Lösungsvorschläge zur Behebung des Fehlers können Sie dem Informationen-Bereich des Preflight-Bedienfelds entnehmen.

37.7 Preflight-Report

Fehlerberichte, in denen alle Fehler aufgeführt werden, die im Preflight-Bedienfeld angezeigt wurden, können als reine Textdatei oder als PDF-Datei abgespeichert werden. Darüber hinaus enthält der Bericht zusätzliche statistische Angaben wie Zeit, Dokumentname und Profilname.

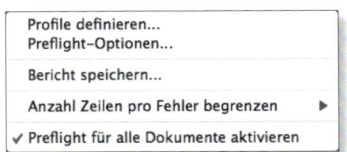

▲ Abbildung 37.24
Das Bedienfeldmenü des Preflight-Bedienfelds

37.7.1 Prüfbericht in Form einer PDF-Datei erstellen

Das Speichern eines Fehlerberichts erfolgt durch Ausführen des Befehls BERICHT SPEICHERN aus dem Preflight-Bedienfeldmenü. Im erscheinenden Dialog wählen Sie dann PORTABLE DOCUMENT FORMAT (*.PDF) in der Option FORMAT aus und vergeben einen entsprechenden Namen.

Da Sie PDF gewählt haben – Prüfberichte können auch als Textdatei ausgegeben werden – erstellt InDesign den Prüfbericht auf Basis einer vordefinierten InDesign-Vorlage, die Sie zumindest vom Layout her Ihren Erfordernissen anpassen können.

HINWEIS

Die Datei PREFLIGHTREPORT.INDT – ein InDesign-Template – liegt im Programmordner ADOBE INDESIGN CS5/SCRIPTS/PREFLIGHT.

Auf der Buch-DVD finden Sie im Ordner BEISPIELMATERIAL • KAPITEL_37 den angepassten Prüfbericht unter der Bezeichnung »PREFLIGHTREPORT.INDT«.

Schritt für Schritt: Anpassen des Prüfberichts

Um den Prüfbericht der CI des Unternehmens anzupassen, müssen Sie die entsprechende InDesign-Vorlage bearbeiten.

1 Öffnen der Vorlage
Öffnen Sie die InDesign-Vorlage mit der Bezeichnung »Preflight-Report.indt« aus dem Ordner Adobe InDesign CS5/Scripts/Preflight.

2 Ändern der Absatzformate und Textvariablen
Die Vorlage ist mit Absatzformaten für Texte und Textvariablen auf der Mustervorlage und der Layoutseite erstellt.

Ändern Sie die Absatzformate nach Ihrem Geschmack. Entbinden Sie dazu am besten alle Absatzformate vom Format mit der Bezeichnung BASE, da Sie ansonsten immer Minion Pro anstelle der von Ihnen gewählten Schriftfamilie eingefügt bekommen.

Wenn Sie noch das Erstellungsdatum des Berichtes einfügen wollen, erzeugen Sie eine entsprechende Textvariable – ÄNDERUNGSDATUM – und formatieren diese nach Ihrem Geschmack.

▲ Abbildung 37.25
Mögliche Form eines modifizierten PREFLIGHT-Berichts

3 Speichern der Vorlage
Überschreiben Sie das Original mit derselben Bezeichnung. Vergessen Sie nicht, den Prüfbericht als VORLAGE abzuspeichern. ■

38 Übernahme von Dokumenten nach InDesign

In vielen Umstellungsprojekten soll eine große Zahl von Dokumenten, Seitenobjekten, Bibliotheken und Musterseiten möglichst rasch auf InDesign-Niveau angehoben werden. Adobe hat seit der Einführung von InDesign immer darauf Wert gelegt, dass eine Übernahme von Adobe-PageMaker- und QuarkXPress-Dokumenten möglich ist. Dieses Kapitel beschäftigt sich nun ausschließlich mit den jeweiligen Problemfeldern, die sich aus der Konvertierung von anderen Formaten nach InDesign CS5, aber auch von InDesign-Dokumenten verschiedener Versionen ergeben.

> **HINWEIS**
>
> Aufgrund der Tatsache, dass in der Praxis seit geraumer Zeit fast keine Übernahmen von Adobe PageMaker-Dokumenten mehr gemacht werden müssen, haben wir die Hinweise zur Übernahme von solchen Dokumenten aus diesem Kapitel entfernt.

38.1 Übernahme und Prüfung von älteren InDesign-Dokumenten

Generell können in InDesign CS5 Dokumente aller Vorversionen geöffnet werden. Durch Doppelklick auf das Dokument-Icon wird je nach Hinterlegung im Betriebssystem bzw. in Adobe Bridge CS5 das Dokument mit InDesign CS5 geöffnet.

Das Öffnen von Dokumenten aus Vorversionen stellt in InDesign immer eine Konvertierung dar. Wenn Sie ein Dokument öffnen, so beobachten Sie bitte immer die Titelleiste des Dokuments. Wenn es sich um ein Dokument einer älteren Version handelt, so wird dem Dokumentnamen der Text [UMGEWANDELT] angehängt. Es stellt sich gerade für Druckdienstleister dann die Frage, wie sie damit umgehen sollen.

> **Ausgabe von älteren InDesign-Dokumenten**
>
> Geben Sie grundsätzlich die Dokumente in der InDesign-Version aus, mit der sie auch erstellt wurden. Auch Adobe nimmt zwischen den Programmversionen entscheidende Änderungen vor, was nach der Konvertierung zu geänderten Textumbrüchen und Verschiebungen in der Bildplatzierung und in der Darstellung der platzierten Bilder führen kann.

38.1.1 Konvertieren von ID 2.x- bis CS4-Dokumenten

Es wurden bis dato keine Probleme bei der Konvertierung von InDesign 2.0- bis CS4-Dokumenten nach InDesign CS5 festgestellt. Dennoch sollten Sie vorsichtig sein, denn mit der Einführung von InDesign CS wurde im Einstellungsdialog für die Silbentrennung der Schieberegler zur Bestimmung der Trennungsanzahl eingeführt. Der Schieberegler müsste ganz links stehen, wenn die Einstellungen des InDesign 2.0-Dokuments erhalten geblieben sind. Bei Konvertierungen von InDesign CS-Dokumenten ist dies nicht gegeben. Änderungen im Textumbruch können dennoch passieren, wenn benutzerdefinierte Silbentrennungen nicht im Dokument abgespeichert wurden.

Natürlich treten bei der Konvertierung von InDesign-Dokumenten nicht so viele Unannehmlichkeiten wie bei QuarkXPress- und PageMaker-Dokumenten auf.

38.1.2 Wissenswertes bei der Konvertierung von InDesign-Dokumenten

Wenn Sie Magazine, Zeitungen oder einfache Inserate von früheren InDesign-Versionen nach InDesign CS5 übernehmen, gibt es gewisse Bereiche, auf die Sie achten müssen, damit das konvertierte Dokument vollständig die Möglichkeiten der aktuellen Version ausnutzt. Diese Bereiche sind:

Farbmanagement | In den letzten 10 Jahren wurden unter anderem auch die grundlegenden Farbstandards überarbeitet und dabei den aktuellen Gegebenheiten, z. B. ISOCoated v2, angepasst. Deshalb kann es bei der Konvertierung des InDesign-Dokuments dazu kommen, dass Farbwarnungen erscheinen, die auf diesen Umstand hinweisen. Wie Sie dabei vorgehen sollten, lesen Sie in Abschnitt 3.4.7, »Beim Öffnen von InDesign-Dokumenten mit Profilwarnungen umgehen«, auf Seite 97.

Wörterbücher | Frühere InDesign-Versionen haben die aktuellste neue deutsche Rechtschreibung verwendet. Diese »alte« neue deutsche Rechtschreibung ist natürlich auch noch in InDesign CS5 vorhanden. Die aktuellste neue deutsche Rechtschreibung steht mit dem Wörterbuch DEUTSCH: RECHTSCHREIBREFORM 2006 zur Verfügung. Wenn Sie also zukünftig mit dieser Rechtschreibung die Silbentrennung und die Rechtschreibprüfung durchführen wollen, so müssen Sie diese in allen Absatz- und Zeichenformaten entsprechend umstellen. Ein einfaches Umstellen in den Voreinstellungen von InDesign CS5 ist nicht ausreichend.

Plug-ins | Wenn in alten InDesign-Dokumenten Plug-ins zur Formatierung verwendet wurden, sollten Sie prüfen, ob Sie diese Plug-ins auch in der aktuellen Version installiert haben. Das Fehlen dieser Plug-ins könnte zu einer Veränderung im Textumbruch oder im Layout führen.

Schriften | Speziell bei der Konvertierung von InDesign CS-Dokumenten kann es bei einigen Schriften vorkommen, dass, obwohl

---

Übernahme von älteren Dokumenten

Bei der Übernahme von älteren Dokumenten in InDesign CS5 steht einerseits die Konvertierung des Dokuments in den aktuell eingestellten Farbraum oder andererseits die weitere Verwendung des damals definierten Farbraumes zur Verfügung.

Fehlerbehebung – Wörterbuch

Umstellung aller Absatz- und Zeichenformate auf: DEUTSCH: RECHTSCHREIBREFORM 2006

Fehlerbehebung – Schriften

Diesen Fehler können Sie nur beheben, indem Sie eine Schriftzuweisung über den SCHRIFTART SUCHEN-Dialog erzwingen. Markieren Sie dort auch die Option SCHNITT BEIM ÄNDERN ALLER INSTANZEN NEU DEFINIEREN.

Sie nichts am System oder bei den Schriften geändert haben, viele Textstellen rosarot hinterlegt dargestellt werden. Der Grund dafür ist, dass bei InDesign CS Fonts anders angesprochen wurden und somit beispielsweise anstelle des Schriftschnittes REGULAR die Bezeichnung BOOK oder NORMAL verwendet wurde. Seit InDesign CS2 werden Fonts wiederum korrekt angesprochen.

Volltonfarben | Pantone-Farben besitzen einen Alternate Color Space, der unter anderem für die Konvertierung nach CMYK genutzt werden kann. Im Laufe der Jahre haben sich Farbzusammensetzungen, bedingt durch bessere Farbpigmentierung, geändert, was auch dazu geführt hat, dass die CMYK-Pendant-Werte für Pantone-Farben ebenfalls angepasst wurden. Mit der Einführung der Creative Suite 3 wurde letztmalig die Pantone-Farbbibliothek geändert. Beachten Sie also immer bei Konvertierungen von Volltonfarben aus älteren Dokumenten, dass in der Ausgabe andere Farbwerte für diese Volltonfarbe entstehen würden.

Absatz- und Zeichenformate | Die einzige Möglichkeit, Absatz- und Zeichenformate in irgendeiner Weise sortiert im Bedienfeld anzuzeigen, war bis inklusive InDesign CS2 das Hinzufügen von führenden Zahlen, z. B. »01_Head_1, »02_Head_2«. In InDesign CS5 können Sie natürlich noch mit dieser Ordnung weiterarbeiten. Wäre es aber nicht sinnvoller, diese Struktur aufzulösen und auf die Ordnerstruktur in den Bedienfeldern zurückzugreifen?

Verschachtelte Formate | Mussten Sie in früheren InDesign-Versionen noch mit sehr viel Mühe Auszeichnungen für Absätze mit einleitenden Fettwörtern durchführen, kann das Umstellen des konvertierten Dokuments auf verschachtelte Formate in der täglichen Arbeit sehr viel Zeit sparen.

GREP-Stile | Wenn Sie Dokumente übernehmen, sollten Sie bei der Überarbeitung der Absatzformate über das Einbauen von GREP-Stilen zur automatisierten Formatierung nachdenken.

Aufzählungszeichen | Bis InDesign CS2 konnten Aufzählungszeichen direkt im AUFZÄHLUNGSZEICHEN UND NUMMERIERUNG-Dialog hinsichtlich verwendeter Schrift und Größe definiert werden. Seit InDesign CS3 fällt diese Möglichkeit weg, denn seither müssen Aufzählungszeichen über Zeichenformate formatiert werden. Die Konvertierung von älteren Dokumenten führt also dazu, dass automatisch Zeichenformate mit der Bezeichnung AUFZÄHLUNGSZEICHEN 1, AUFZÄHLUNGSZEICHEN 2 usw. erzeugt werden.

Fehlerbehebung – Volltonfarben

Volltonfarben müssen in einer 4c-Produktion bereits vor der Ausgabe in die entsprechenden CMYK-Werte umgestellt werden, da es durch die Konvertierung von Volltonfarben durch InDesign CS5 zu anderen CMYK-Farbwerten (ist bedingt durch aktuelle Farbumrechnugstabellen in aktuellen Versionen) kommen kann. Speziell beim Nachdruck von Printprodukten ist darauf zu achten!

Fehlerbehebung – Aufzählungszeichen

Versuchen Sie zuerst herauszufinden, welches der Zeichenformate mit der Bezeichnung AUFZÄHLUNGSZEICHEN 1 ... AUFZÄHLUNGSZEICHEN XX zu welchem Absatzformat gehört. Danach passen Sie die Zeichenformate den Gegebenheiten an und vergeben diesen auch einen entsprechenden Namen, damit eine Zuordnung leichter vorgenommen werden kann.

38.1.3 Öffnen von InDesign-Dokumenten mit unterschiedlichen Wörterbüchern

Wenn Sie ein InDesign-Dokument öffnen, das nicht auf Ihrer Arbeitsstation erstellt worden ist, kann es zu einem Konflikt zwischen dem Silbentrennungswörterbuch der Originaldatei – der Ersteller hat Modifikationen im Benutzerwörterbuch vorgenommen – und dem aktuell installierten Benutzerwörterbuch kommen. Ist dies der Fall, so wird die Fehlermeldung aus Abbildung 38.1 angezeigt:

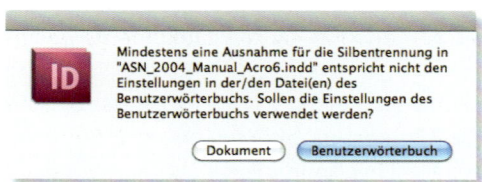

Abbildung 38.1 ▶
Warnmeldung, die erscheint, wenn zwei divergierende Benutzerwörterbücher – ein lokales und ein dem Dokument angefügtes – angetroffen werden

Es stehen Ihnen nun zwei Möglichkeiten zur Verfügung:
▶ **Dokument:** Dadurch werden die Änderungen im Wörterbuch des Originaldokuments beibehalten.
▶ **Benutzerwörterbuch:** Dadurch wird das Dokument durch das wahrscheinlich divergierende Wörterbuch aktualisiert.

Völlig unverständlich ist, dass Adobe als Standard vorschlägt, man solle auf den Button BENUTZERWÖRTERBUCH klicken, wodurch es zu geänderten Textumbrüchen kommt, da der Ersteller sicherlich eine Modifizierung der Silbentrennung im Wörterbuch abgespeichert hat. Selbst bei QuarkXPress wird dem Anwender in diesem Fall vorgeschlagen, dass er den Button EINSTELLUNGEN ERHALTEN aktivieren soll.

Hinweis für die Druckvorstufe

Aus Sicht eines Druckvorstufenbetriebs ist auf das Wörterbuch des Dokuments zurückzugreifen, da es sonst zu unerwünschten Textumbrüchen durch geänderte Silbentrennungen kommen kann. Stellen Sie in den Voreinstellungen von InDesign im Register WÖRTERBUCH in der Option ERSTELLEN MIT standardmäßig DOKUMENT ein. Dadurch greift InDesign beim Öffnen nie auf Ihr geändertes Benutzerwörterbuch zurück. Diese Fehlermeldung wird somit nicht mehr erscheinen.

38.1.4 Konvertieren von InDesign-Bibliotheken

Auch wenn die Konvertierung von Bibliotheken anscheinend reibungslos funktioniert – Sie werden bei Dokumenten vor CS3 nur nach dem neuen Speicherort gefragt –, raten wir Ihnen dennoch, alle Bibliotheksobjekte zuerst in einem neuen InDesign-Dokument zu platzieren, für CS5 zu optimieren und davon eine neue CS5-Bibliothek anzulegen.

38.2 QuarkXPress-Dateien konvertieren

InDesign konnte bereits mit der Vorstellung des Programmes im Jahre 1999 *einsprachige* Dokument- und Vorlagendateien aus QuarkXPress der Versionen 3.x bis 4.11 konvertieren. Seit der Version CS3 können Sie auch Dokument- und Vorlagendateien aus *mehrsprachigen* QuarkXPress-Passport-4.1x-Dateien konvertieren, sodass es nicht länger notwendig ist, diese Dateien zuerst als einsprachige Dateien zu speichern.

Durch das Öffnen der QuarkXPress-Datei werden die ursprünglichen XPress-Objekte in native InDesign-Objekte konvertiert.

38.2.1 Vorbereitende Schritte vor der Konvertierung

Vor der Konvertierung der QuarkXPress-Datei sollten bestimmte Vorkehrungen getroffen werden, damit nicht allzu viele Konvertierungsfehler die weitere Verwendung des Dokuments beeinträchtigen.

- Zum Konvertieren von Dokumenten aus QuarkXPress 5.0 oder höher müssen Sie die Dokumente in QuarkXPress öffnen und im 4.0-Format speichern. Dies kann, wenn Sie QuarkXPress 8 verwenden, in einen immensen Arbeitsaufwand ausarten, da Sie immer nur eine Version niedriger abspeichern können. Durch diese Rückkonvertierung können bereits erste Fehler entstehen.
- Kopieren Sie das zu konvertierende XPress-Dokument und alle dazugehörenden Verknüpfungen unbedingt auf Ihre Festplatte. Wenn sich Dokumente auf einem Netzwerkserver oder einem Wechsellaufwerk befinden, kann die Datei aufgrund instabiler Netzwerkzugriffe möglicherweise nicht richtig geöffnet, ja sogar zerstört werden.
- Fehlerhafte Grafikverknüpfungen im XPress-Dokument müssen vor der Konvertierung repariert werden. Dies sollte entweder durch letztmaliges Öffnen der Datei in QuarkXPress durchgeführt und über den Befehl FÜR AUSGABE SAMMELN vervollständigt werden. Sollten Sie jedoch keine QuarkXPress-Version besitzen, so kopieren Sie alle verknüpften Dateien in denselben Ordner, in dem das XPress-Dokument gespeichert ist. Dadurch haben Sie sichergestellt, dass für die Konvertierung alle Verknüpfungen gefunden werden können.
- Stellen Sie sicher, dass alle benötigten Schriftarten dem Programm InDesign CS5 zur Verfügung stehen. Wird bei der Konvertierung festgestellt, dass eine Schrift nicht verfügbar ist, so werden Sie in einer Warnmeldung über die fehlende Schrift informiert.
- Wenn beim Konvertieren großer XPress-Dokumente Probleme auftreten, teilen Sie das Dokument mit QuarkXPress in Teile auf, um so das Problem zu isolieren.

Haben Sie alle diese Vorkehrungen getroffen, so steht der Konvertierung der XPress-Datei nichts im Wege. Doch bevor wir die

> **Q2ID-Plug-in**
> Sollte es Ihnen nicht möglich sein, in eine frühere Version von QuarkXPress zurückzukonvertieren – Sie arbeiten mit QuarkXPress 6.5, 7.5 oder 8 und besitzen kein QuarkXPress 5 –, so müssen Sie wohl oder übel auf ein kostenpflichtiges Plug-in von Markzware mit der Bezeichnung Q2ID zurückgreifen – *www.markzware.com*.

> **TOP-TIPP**
> **Probleme mit dem konvertierten XPress-Dokument**
> Bei Problemen mit der konvertierten Datei sollten Sie Folgendes ausprobieren: Exportieren Sie in InDesign CS5 die Datei in das InDesign Markup-Format (IDML). Öffnen Sie dann die IDML-Datei, und speichern Sie sie als InDesign-Dokument. Dadurch haben Sie einen Vollwaschgang mit der InDesign-Datei durchgeführt.

Konvertierung anhand einer Schritt-für-Schritt-Anleitung durchspielen, sollten Sie sich die Hinweise durchlesen, die zeigen, was sich bei der Konvertierung von XPress-Dokumenten abspielt.

38.2.2 Hinweise zum konvertierten Dokument

Durch eine Konvertierung werden die ursprünglichen Daten in native InDesign-Daten umgewandelt. Folgende Einschränkungen bzw. Änderungen müssen Ihnen für eine fehlerfreie Weiterverarbeitung der Dokumente in InDesign bekannt sein:

> **Seitenformat überprüfen**
>
> Überprüfen Sie nach der Konvertierung als Erstes das Dokumentformat über den Befehl Datei • Dokument einrichten.

- **Seitenformate:** Standardseitenformate wie DIN A4 werden durch die Konvertierung nicht verändert. Bei benutzerdefinierten Seitenformaten kann es durch die Konvertierung zu geringen Abweichungen in der Dateianlage des Dokumentenformats kommen.
- **Stilvorlagen:** QuarkXPress-Stilvorlagen werden in InDesign-Absatz- und -Zeichenformate umgewandelt. Aufgrund anderer Konzepte, die Sie beim Aufbau von Zeichen- und Absatzformaten in InDesign CS5 anwenden würden, sollten Sie unbedingt alle Absatz- und Zeichenformate überarbeiten und eine Entkoppelung der gesetzten Texte von zugewiesenen Zeichenformaten erwirken, denn meistens sind den Texten gleichnamige Absatz- und Zeichenformate zugewiesen. Durch diese Doppelgleisigkeit würde das Überarbeiten von Absatzformaten in der Formatierung des InDesign-Textes keine allzu große Auswirkung zeigen.

> **Konturenführung auf XPress-Niveau bringen**
>
> Damit die in QuarkXPress festgelegten Umfliessen-Einstellungen korrekt in InDesign CS5 umgesetzt werden können, müssen Sie in den InDesign-Voreinstellungen im Reiter Satz die Option Konturenführung wirkt sich nur auf Text unterhalb aus aktivieren.

- **Konturenführung:** XPress-Textfelder werden positionsgenau in InDesign-Textrahmen umgewandelt, ebenso Bildrahmen aus XPress in InDesign-Rechteckrahmen. Die Konturenführungswerte (sie wurden in QuarkXPress »Umfließen« genannt) werden sauber übernommen.
- **Colormanagement:** Da das Farbmanagement bei QuarkXPress 4 einerseits von den meisten Anwendern nie aktiviert war und andererseits komplett anders aufgebaut ist, werden Farbprofile in InDesign ignoriert, und dem konvertierten Dokument werden die aktuellen Farbeinstellungen aus InDesign zugewiesen.
- **OLE (Object Linking and Embedding):** OLE wird von InDesign nicht unterstützt. Daher werden OLE-Grafiken bei der Konvertierung ausgelassen und somit auch nicht angezeigt.

> **Bilder sind auf »nicht druckbar« gestellt**
>
> Grafikverknüpfungen, die im XPress-Dokument vor der Konvertierung nicht aktualisiert wurden, werden mit dem Attribut Nicht druckbar aus dem Attribute-Bedienfeld versehen.

- **Grafikverknüpfungen:** Diese bleiben erhalten und werden im Verknüpfungen-Bedienfeld von InDesign CS5 angezeigt. Grafiken, die über die Zwischenablage in ein QuarkXPress-Dokument eingefügt wurden, werden nicht konvertiert.
- **Tabellen:** Da es in QuarkXPress 4.0 keine Tabellen gibt, können somit auch keine Tabellen durch die Konvertierung erstellt wer-

den. Sind Tabellen in einer XPress-Datei vorhanden, so wurden diese durch Absatzlinien, Textstellen und von Hand angebrachte Trennlinien erstellt. Eine Konvertierung dieser Objekte erfolgt analog zu den InDesign-Objekten. Eine Überführung in eine InDesign-Tabelle findet nicht statt.

- **QuarkXTension:** Erweiterungen zu QuarkXPress können von InDesign CS5 nicht verarbeitet werden.
- **Musterseiten:** Diese werden in saubere Mustervorlagen umgewandelt. Die Namensgebung bleibt erhalten, die Zuweisung der Mustervorlagen zu den Originalseiten ebenfalls.
- **Gruppierte Objekte:** Diese bleiben gruppiert, sofern keine nicht druckbaren Elemente in der Gruppe enthalten sind.
- **Hilfslinien:** Diese werden standgerecht auf den jeweiligen Seiten und Mustervorlagen platziert. Alle Hilfslinien werden dabei der Ebene EBENE 1 zugewiesen.
- **Ebenen:** Da QuarkXPress 4.1x keine Ebenenfunktion besessen hat, müssen Ebenen nicht konvertiert werden. Ebenen aus höheren QuarkXPress-Versionen werden durch das Rückspeichern sowieso im Vorfeld eliminiert.
- **Alle Konturen und Linien (einschließlich Absatzlinien):** Diese werden in jene Konturenstile konvertiert, denen sie am ehesten entsprechen. Benutzerdefinierte Konturen und Striche werden in benutzerdefinierte Konturenstile umgewandelt.
- **Versatz von Absatzlinien:** Absatzlinien, deren Position durch Versatz in Prozent eingegeben wurde, werden auf einen Millimeterwert gesetzt. Speziell bei Tabellen mit Absatzlinien stimmen die Positionen der Linien nicht mehr.
- **Geänderte Silbentrennung:** In InDesign wird eine andere Silbentrennung als in QuarkXPress verwendet. Es kann daher zu Unterschieden bei den Zeilenumbrüchen und in der Silbentrennung kommen.
- **Künstliche Fettung und Kursivierung:** Texte, denen das Attribut KURSIV oder FETT in der QuarkXPress-Steuerleiste zugewiesen wurde, werden nicht den entsprechenden Schriftschnitten ITALIC und BOLD zugewiesen. Nach der Konvertierung werden diese Texte rosarot unterlegt im Dokument angezeigt.
- **Spezielle Zeichen:** In QuarkXPress gibt es spezielle Zeichen, denen keine Entsprechungen in InDesign gegenüberstehen. So wird z.B. das flexible Leerzeichen in ein Halbgeviert-Leerzeichen konvertiert.
- **Text mit Schatten:** Das in QuarkXPress noch verfügbare Attribut SCHATTEN steht InDesign Gott sei Dank nicht mehr zur Verfügung. Deshalb werden alle mit Schatten versehenen Textstellen in gewöhnlichen InDesign-Text umgewandelt.

HINWEIS

Lesen Sie zu Tabellen auch den Hinweis zu Absatzlinien durch.

Umgang mit XTensions

Wenn das XPress-Dokument nicht konvertiert wird, überprüfen Sie das Original, und entfernen Sie alle Objekte, die mit einer XTension erstellt wurden. Speichern Sie anschließend das Dokument, und versuchen Sie dann erneut, die Datei zu konvertieren.

Standardebene – Ebene 1

Da jedes neue InDesign-Dokument eine Standardebene mit der Bezeichnung *Ebene 1* besitzt, werden durch die Konvertierung alle Objekte dieser Ebene zugewiesen.

Auf die aktuelle Silbentrennung umstellen

Um eine einwandfreie und korrektere Silbentrennung in InDesign zu erhalten, müssen Sie alle Zeichen- und Absatzformate auf die aktuelle Rechtschreibprüfung umstellen.

Konvertierter Text wird unter Mac OS X als Box dargestellt

Werden Texte nach der Konvertierung nur als Box [] dargestellt, so können diese Schriften nicht unter Mac OS X verarbeitet werden.

- ▶ **Text mit Outline:** Auch das Attribut OUTLINE steht in InDesign nicht mehr zur Verfügung. Texte in QuarkXPress, die mit diesem Attribut versehen waren, werden in Text mit einer Konturstärke von 0,25 Pt konvertiert und mit der Farbe [PAPIER] gefüllt.
- ▶ **S&B:** Die Einstellungen der Silbentrennung und Blocksatzmethode aus QuarkXPress werden übernommen. Es kommt dennoch zu gravierenden Textumbrüchen, da für konvertierte Texte der Adobe-Absatzsetzer zugewiesen wird.
- ▶ **Index:** Alle Zeichen, die in QuarkXPress in der Steuerleiste durch INDEX ausgezeichnet wurden, werden in InDesign CS5 in hochgestellt ausgezeichnete Zeichen umgewandelt.
- ▶ **Farben:** Wurden nur RGB- und CMYK-Farben in einem QuarkXPress-Dokument angelegt, so sollten auch keine Probleme bei der Konvertierung auftreten. HSB- und Lab-Farben werden durch die Konvertierung in RGB umgewandelt. Pantone-, Truematch- und Focoltone-Farben werden in die CMYK-Entsprechungen konvertiert.
- ▶ **Farbfeld Schwarz:** Die Farbe SCHWARZ aus QuarkXPress wird als Farbfeld SCHWARZ – nicht als [SCHWARZ] – im Farbfelder-Bedienfeld angelegt. Beachten Sie, dass diese Farbe standardmäßig in InDesign aussparend (siehe dazu Seite 774) angelegt ist, womit alle Texte, denen diese Farbe zugewiesen ist, in der Ausgabe nicht überdrucken. Die Folge könnten »Blitzer« in der Ausgabe sein.
- ▶ **Farbfeld Weiß:** Die in QuarkXPress angelegte Standardfarbe WEISS wird als Farbfeld WEISS im Farbfelder-Bedienfeld angelegt. Eine automatische Konvertierung in die InDesign-Farbe [PAPIER] erfolgt leider nicht.
- ▶ **Eingefärbte Bilder:** Wurden in QuarkXPress Bilder eingefärbt, so werden diese nur dann richtig konvertiert, wenn es sich dabei um TIFF-Schwarzweiß-Bilder handelt. Bei anderen Dateiformaten geht die Zuweisung der Farben verloren.
- ▶ **Beschneidungspfade:** Wurden Beschneidungspfade in QuarkXPress zum Freistellen der Bilder ausgewählt, so werden sie in der Regel auch richtig konvertiert. In einigen Fällen geht jedoch dieser Beschneidungspfad verloren. Sie müssen alle Beschneidungspfade nach der Konvertierung überprüfen.
- ▶ **Anschnitt:** Da in QuarkXPress kein Anschnittbereich definiert werden kann, müssen Sie dies in InDesign nachholen. Geben Sie den gewünschten Anschnitt unter DATEI • DOKUMENT EINRICHTEN, entsprechend den Vorgaben der Druckerei, ein.
- ▶ **Platzierte Bitmap-Dateien:** Kontrollieren Sie die Position der platzierten Bitmap-Dateien im Bildrahmen.

Vervollständigen der Farbfelder

Wenn in der XPress-Datei nicht alle Objekte mit einer in QuarkXPress definierten Farbe versehen wurden, so können Farben im Dokument vorkommen, die nicht im Farbfelder-Bedienfeld zu finden sind. Führen Sie deshalb aus dem Bedienfeldmenü den Befehl UNBENANNTE FARBEN HINZUFÜGEN aus. Damit haben Sie die Liste der Farbfelder vervollständigt.

Schlussendlich können Sie dann mit der korrekten Umsetzung beginnen: Stellen Sie alle Farben auf CMYK um, und ersetzen Sie die Farbe SCHWARZ durch die Farbe [SCHWARZ] und die Farbe WEISS durch [PAPIER].

Es könnten noch viele weitere Themenbereiche beschrieben werden. Wie bei allen Konvertierungen gilt auch hier, dass eine Konvertierung eben eine Konvertierung ist und sich somit meistens gravierend von der Originaldatei unterscheidet. Obwohl sich die Konvertierung von QuarkXPress-Dokumenten schon in früheren InDesign-Versionen stark verbessert hat, müssen Sie noch viel Arbeit in InDesign CS5 übernommene Dokument stecken.

Schritt für Schritt: Speichern von XPress-Dokumenten und Konvertieren in InDesign CS5

1 QuarkXPress 4.1x-Datei erzeugen

Kopieren Sie alle Daten, die zum Verarbeiten des XPress-Dokuments benötigt werden, auf Ihre lokale Festplatte, um bei einer Konvertierung mögliche Aktualisierungsfehler auszuschalten.

Laden Sie alle Schriften, die für das Dokument benötigt werden, und öffnen Sie das Dokument in Ihrer aktuellen Version von QuarkXPress. Aktualisieren Sie alle externen Verknüpfungen, und speichern Sie das Dokument als Version 4.x ab.

2 Voreinstellungen in InDesign CS5 ändern

Bevor Sie nun das Dokument in InDesign CS5 öffnen, empfehlen wir, zuerst in den VOREINSTELLUNGEN im Register SATZ die Option KONTURENFÜHRUNG WIRKT SICH NUR AUF TEXT UNTERHALB AUS auszuwählen. Dadurch verhält sich InDesign CS5 in Bezug auf die Konturenführung (Umfließen) wie QuarkXPress.

3 Öffnen des QuarkXPress-Dokuments

Öffnen Sie danach in InDesign CS5 das QuarkXPress-Dokument über den Befehl DATEI • ÖFFNEN. Achten Sie darauf, dass zuvor die Originaldatei in QuarkXPress geschlossen wurde.

Wählen Sie im ÖFFNEN-Dialog unter Windows den Dateityp QUARKXPRESS (3.3 ODER 4.1X) aus, und klicken Sie auf ÖFFNEN.

Sollten nicht aktualisierte Verknüpfungen im Dokument gefunden werden, so erscheint die Fehlermeldung aus Abbildung 38.2.

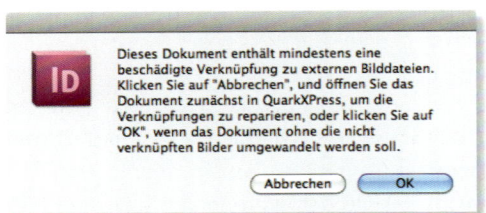

◄ **Abbildung 38.2**
Warnmeldung bei einer Konvertierung eines XPress-Dokuments nach InDesign, wenn die Verknüpfungen im zu konvertierenden Dokument zuvor nicht aktualisiert wurden

Aktualisieren Sie die Verknüpfungen zuvor im Originaldokument, und führen Sie die Konvertierung erneut durch.

4 Warnmeldungen der Konvertierung beachten

Nach dem Konvertieren erscheint immer eine Warnmeldung, die manchmal lediglich darauf hinweist, dass gruppierte Objekte weiterhin als gruppierte Objekte in InDesign vorliegen oder dass bestimmte Schriften nicht verfügbar sind. Falls darüber hinausgehende Warnungen vorliegen, so sollten Sie diesen nachgehen.

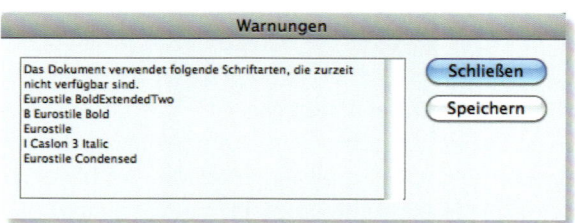

Abbildung 38.3 ▶
Anzeigen der WARNUNGEN, die beim Konvertieren angetroffen wurden

5 Dokumentformat überprüfen

Nach der Konvertierung überprüfen Sie zuerst das Dokumentformat. Gehen Sie dazu auf DATEI • DOKUMENT EINRICHTEN. Falls ein Fehler vorliegt, stellen Sie die InDesign-Datei wieder in Originalgröße her.

6 Farbfelder-Definitionen überprüfen

Das Aussehen des Farbfelder-Bedienfelds nach einer Konvertierung mit den angelegten Farben SCHWARZ, WEISS und PASSKREUZE ist typisch für ein konvertiertes XPress-Dokument.

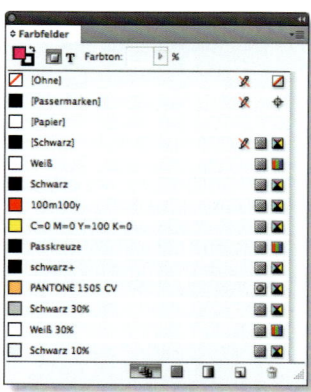

Abbildung 38.4 ▶
Das typische Aussehen des Farbfelder-Bedienfelds einer aus QuarkXPress konvertierten Datei. Wer und weshalb im QuarkXPress-Dokument die Farben SCHWARZ, SCHWARZ+ und WEISS 30 % angelegt hat, ist besser nicht zu hinterfragen. Beachten Sie auch, dass eine Konvertierung der PANTONE 1505 CV nach CMYK in QuarkXPress 4.x einen anderen CMYK-Wert erzeugt hat, als dies in der aktuellen Version von InDesign passieren würde.

Korrigieren Sie alle Farbeinträge im Farbfelder-Bedienfeld. Durch die Konvertierung werden alle in QuarkXPress angelegten Farben, auch wenn sie nicht verwendet wurden, an InDesign CS5 übergeben.

Löschen Sie alle überflüssigen Farben. Führen Sie dazu den Befehl ALLE NICHT VERWENDETEN AUSWÄHLEN aus dem Bedienfeldmenü des Farbfelder-Bedienfelds aus. Es werden dadurch alle nicht verwendeten Farben markiert. Durch einfachen Klick auf das Symbol 🗑 werden alle markierten Farben entfernt.

Löschen Sie auch die Farbe WEISS, und weisen Sie dieser beim Löschen die Ersatzfarbe [PAPIER] zu. Genauso verfahren Sie mit der Farbe SCHWARZ. Weisen Sie ihr beim Löschen die Farbe [SCHWARZ] zu. Dadurch werden mit einem Schlag alle schwarzen Texte auf ÜBERDRUCKEND gestellt.

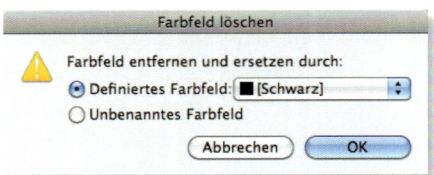

◄ **Abbildung 38.5**
Beim Löschen eines Farbfelds kann dieses durch ein anderes Farbfeld ersetzt werden.

7   Absatz- und Zeichenformate überprüfen

Überprüfen Sie die Absatz- und Zeichenformate. Gehen Sie dabei strukturiert vor, und löschen Sie nicht einfach die Einträge aus der Liste. Definieren Sie zuerst in InDesign CS5 die korrekten Absatz- und Zeichenformate, und beginnen Sie erst dann, einzelne Formate zu löschen. InDesign fragt Sie beim Löschen eines Formates, welchem Absatz- bzw. Zeichenformat der Text zugeordnet werden soll.

Stellen Sie in den Absatzformaten im Register ABSTÄNDE die Option SETZER auf ADOBE EIN-ZEILEN-SETZER. Dadurch kommt es zu weniger geänderten Zeilenumbrüchen. Der Adobe-Absatzsetzer – er wird standardmäßig für die Konvertierung verwendet – versucht, Weißräume im Mengensatz durch eine geänderte Silbentrennung zu entfernen, womit geänderte Textumbrüche vorprogrammiert sind.

Ändern Sie beim Flattersatz die SILBENTRENNZONE auf 0 mm. Damit sollten Textumbrüche nicht allzu unterschiedlich sein.

Speziell bei Absatzlinien sollten Sie in den Absatzformaten versuchen, durch Eingabe eines Millimeterwerts für den Versatz der Linie – Register ABSATZLINIEN und Option VERSATZ – eine entsprechende Position für die in QuarkXPress durch Prozentwerte definierten Abstände einzugeben.

Zeichen, die in XPress künstlich gefettet oder kursiviert wurden, werden in den meisten Fällen in den korrekten Schriftschnitt überführt. Da jedoch InDesign anders als QuarkXPress auf die Schriftnamen zugreift, könnte die eine und andere Falschzuordnung in den Schriftschnitten die Folge sein. Das Ergebnis der

> **HINWEIS**
>
> Stand in QuarkXPress bereits der Schriftschnitt »Bold« nicht zur Verfügung – weshalb auch künstlich gefettet wurde –, so steht natürlich in InDesign dieser richtige Schnitt auch nicht zur Verfügung. Eine korrekte Zuweisung entfällt dadurch sicherlich!

Falschzuordnung wäre, dass bestimmte Textstellen rosarot unterlegt angezeigt werden. Lösen Sie das Problem, indem Sie den Befehl Schrift • Schriftart suchen aufrufen und darin fehlende Schriften korrekt zuweisen. Damit die korrekte Zuweisung auch in allen Absatz- und Zeichenformaten durchgeführt wird, aktivieren Sie darin die Option Formate neu definieren, wenn »Alle ändern« gewählt wird.

8 Positionen der Rahmen und Rahmeninhalte überprüfen

Überprüfen Sie auch alle Rahmenpositionen und die Positionen der platzierten Bilder innerhalb der Bildrahmen. Vor allem bei Bitmap-Bildern kommt es gerne zu unerwünschtem Versatz.

Ersetzen Sie bei Bildrahmen die zugewiesene Flächenfarbe Weiss bzw. [Papier] durch [Keine]. Damit werden überflüssige Fehlermeldungen wie »Weiß ist auf Überdrucken gestellt« udgl. in der Prüfung der PDF-Datei vermieden. Ein Muss ist dies jedoch nicht.

Bei Konturenführungen (Umfließungen) können, bedingt durch die geänderte Maßgenauigkeit, teilweise gravierende Änderungen im Textumfluss festgestellt werden.

Wenn platzierte Bilder nach der Konvertierung von einer weißen Linie umrandet werden, so lösen Sie das Problem am elegantesten, indem Sie im Kontur-Bedienfeld die Ausrichtung der Rahmen von Mittig auf Nach innen stellen.

9 Speichern des InDesign-Dokuments

Speichern Sie das Dokument nun als InDesign-Dokument bzw. als InDesign-Vorlage ab.

Durch die Konvertierung haben Sie sich in einigen Fällen viel Zeit erspart. Wir möchten Sie dennoch darauf hinweisen, dass es eben immer nur eine Konvertierung bleibt. ■

> **Übernahme von Dokumenten**
>
> In der Praxis werden einseitige Dokumente wie Inserate oder Flyer meist ohne mit der Wimper zu zucken übernommen. Kleine Ungenauigkeiten in der Positionierung bzw. der Dokumentengröße, mögliche Farbverschiebungen durch nicht korrekt umgesetzte RGB-, CMYK- oder Pantone-Farben oder nicht ordnungsgemäß umgesetzte Absatz- und Zeichenformatierung spielen für solche Produktionen nicht unbedingt die tragende Rolle. Bei umfangreicheren Projekten, Tageszeitungen, Magazinen, Jahresberichten, Katalogen und Büchern ist eine Konvertierung meist mit mehr Arbeitsaufwand verbunden, als dies durch einen Neuaufbau der Dokumentvorlagen der Fall wäre.

Die Tatsache, dass InDesign in der Lage ist, komplexe Dokumente zu importieren, die mit einer anderen Layoutsoftware erstellt worden sind, ist sehr beeindruckend und ermöglicht eine vereinfachte Dokumentenübernahme. Darauf basierend jedoch einen völlig identischen Nachdruck eines Dokuments zu realisieren, ist leider utopisch.

Es stellt sich somit immer die Frage, wann eine Konvertierung erfolgen soll und ab wann es sich lohnt, in InDesign ein gesamtes Projekt vollkommen von der Pike auf zu erstellen. Letztere Variante würden wir bei der Umstellung von Periodika in jedem Fall bevorzugen.

39 Schriftprobleme lösen

Ohne Schriftprobleme hätten die Druckvorstufen-Mitarbeiter einige graue Haare weniger. Auch InDesign CS5 reagiert speziell bei Schriftproblemen wie Schriftnummernkollisionen von geladenen Schriften oder bei Verwendung von defekten Schriften mit absoluter Arbeitsverweigerung – das Starten von InDesign scheint dann nicht mehr möglich zu sein.

Damit ein Druckjob richtig ausgegeben werden kann, müssen alle verwendeten Schriften geladen sein. Wie Sie Schriften für InDesign zur Verfügung stellen können, haben Sie ja schon in Abschnitt 30.3, »InDesign kümmert sich«, auf Seite 727 gelernt.

Man glaubt, alle Schriften geladen zu haben, und dennoch können Sie beim Öffnen von Fremddokumenten mit der Fehlermeldung konfrontiert werden, dass Schriften fehlen. Nachstehende Ausführungen gehen der Frage nach, wie Sie divers gelagerte Sachverhalte erkennen können. Dies sind:

- Welche Schrift fehlt eigentlich?
- Welche Schriften werden in den importierten Grafiken benutzt?
- Welche Fonttypen werden eigentlich verwendet?
- In welchen Absatz- und Zeichenformaten werden Schriften verwendet?
- Verwendet InDesign CS5 auch wirklich die Kundenschriften, oder greift das Programm auf andere Schriften im Dateisystem zurück?
- Verwende ich geschützte, nicht einbettbare Schriften?

39.1 Schriften und InDesign

Welche Schriften verwendet ein Dokument, und sind die verwendeten Schriften auch wirklich jene, die ich als Druckdienstleister von Kunden bekommen habe?

Diese zentralen Fragen stellen sich Grafiker, Layouter und viele Mitarbeiter in der Druckvorstufe, wenn diese mit InDesign-Dokumenten arbeiten müssen. Adobe hat sich diesem Thema in den letzten Versionen von InDesign immer stärker gewidmet und spe-

> **InDesign stürzt unter Mac OS X beim Starten ab**
>
> Der Hauptgrund, weshalb Adobe InDesign bereits beim Starten des Programms abstürzt, liegt meistens in Problemen mit Fonts. Um der Sache auf den Grund zu gehen, raten wir Ihnen, zuerst einmal alle geladenen Schriften über Ihr Schriftverwaltungssystem zu deaktivieren und erneut einen Start zu versuchen.
>
> Sollte dennoch InDesign wiederum abstürzen, so müssen Sie die Schriftenverzeichnisse des Systems – den Benutzer-Font- und den globalen Font-Ordner – ebenfalls entleeren. Falls weitere Probleme auftauchen, so sollten Sie den Font-Cache der Programme und des Systems löschen. Dazu könnten Sie unter Mac OS X den **Linotype Font-Explorer X** – www.linotype.com – oder andere Hilfsprogramme wie **ONYX** oder **Cocktail** benutzen, die diese Funktion unterstützen. Ein Neustart des Systems ist dabei erforderlich.

ziell zum Erkennen der verwendeten Schriften bereits Funktionen in Adobe Bridge zur Verfügung gestellt. Mit InDesign CS5 hat Adobe diesbezüglich noch nachgelegt. Aber mal der Reihe nach.

39.1.1 Wie Sie die benötigten Schriften erkennen

Wie Sie in Kapitel 4, »Adobe Bridge CS5 – Überblick«, auf Seite 101 erfahren haben, schreibt Adobe alle verwendeten Schriften eines InDesign-Dokuments in die Metadaten des InDesign-Dokuments hinein. Damit können Sie mit Adobe Bridge CS5, bevor Sie das Dokument öffnen, alle benötigten Schriften aus dem Metadaten-Bedienfeld von Adobe Bridge CS5 herauslesen, um nur die benötigten Schriften in Ihrer Schriftverwaltung zu aktivieren.

Diese Möglichkeit bestand schon für frühere InDesign- und Adobe Bridge-Versionen. Es sei nur an dieser Stelle noch einmal darauf hingewiesen.

39.1.2 Verfahren bei Schriftnamensgleichheit

Beim Installieren der Adobe Creative Suite bzw. von InDesign CS5 werden Zugaben in Form von Schriften immer mit installiert. Adobe benutzt dafür bestimmte Ordner, die nur für die Applikationen der Creative Suite bzw. InDesign zugänglich sind. Darüber hinaus benötigt jedes Betriebssystem ebenfalls bestimmte Schriften, die das Betriebssystem auch in speziellen Ordnern ablegt. Welche Ordner Adobe dabei verwendet, können Sie in Kapitel 30, »Digitale Schrift«, auf Seite 723 nachlesen.

Aufgrund der vielen Speicherorte und der speziell bei Mac OS X-Anwendern beliebten Schriftverwaltungsprogramme kann es schon mal passieren, dass dieselben Schriften für das geöffnete InDesign-Dokument zur Verfügung stehen. Es stellt sich somit die Frage, »Welcher Font wird eigentlich verwendet, wenn Namensgleichheit bei zwei verfügbaren Schriften gegeben ist?« Folgende Vorgehensweisen werden dabei von Adobe eingehalten:

▶ Wenn zwei oder mehr Schriftarten aktiv sind, die den gleichen Familiennamen, aber unterschiedliche Adobe PostScript-Namen haben, sind die Schriftarten in InDesign auch mehrfach verfügbar. Doppelt vorkommende Schriftarten werden im Schriftmenü als TIMES (TT), als TIMES (T1) oder als TIMES (OTF) aufgeführt und könnten verwendet werden.

▶ Wenn zwei oder mehr Schriftarten aktiv sind und denselben PostScript-Namen haben und der Name der einen Schriftart .DFONT enthält, wird Letztere nicht verwendet.

▶ Sind zwei oder mehrere Schriftarten aktiv, die den gleichen Familien- und PostScript-Namen besitzen, jedoch unterschiedliche Versionsnummern in der Schrift aufweisen, so findet keine

▲ Abbildung 39.1
Das Metadaten-Bedienfeld aus Adobe Bridge CS5 mit aufgeklappter Rubrik SCHRIFTEN. Diese Rubrik steht nur zur Verfügung, wenn Sie ein InDesign-Dokument zuvor im Inhalt-Bedienfeld ausgewählt haben.

HINWEIS

Werden zwei Schriften mit gleichem Schriftnamen jedoch unterschiedlichem PostScript-Namen in einem InDesign-Dokument verwendet, so empfehlen wir, vor der Ausgabe unbedingt diese zu vereinheitlichen, um mögliche fehlende Glyphen in der Ausgabe auszuschalten!

Unterscheidung im Schriftmenü statt – es wird die zuerst gefundene Schrift verwendet.

▶ Welche Schrift als »zuerst gefundene« gilt, hängt vom Speicherort der Schrift ab. Grundsätzlich gilt für InDesign folgende Hierarchie: DOCUMENTS FONTS | PROGRAMME/INDESIGN/FONTS | ADOBE APPLICATION FONTS bzw. Adobe benutzerspezifische Font-Ordner | Betriebssystem individuelle Font-Ordner.

39.1.3 Der Dokument-Schriftarten-Ordner

Wie Sie in Kapitel 40, »Verpacken«, erfahren werden, werden beim Verpacken alle im Dokument verwendeten Schriftarten in einen DOCUMENT FONTS-Ordner kopiert, der sich auf derselben hierarchischen Ebene wie das InDesign-Dokument befindet.

Findet InDesign beim Öffnen eines Dokuments diesen DOCUMET FONTS-Ordner, so werden diese Fonts beim Öffnen des Dokuments geladen, wodurch alle anderen Schriftarten mit demselben PostScript-Namen ersetzt werden. Der Ersetzungsvorgang gilt jedoch nur für die Schriftarten innerhalb dieses Dokuments. Wird das Dokument geschlossen, so werden auch die Schriften wieder geschlossen.

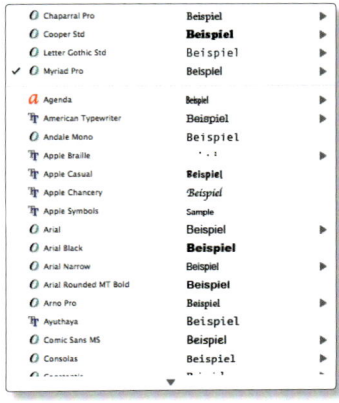

◀ **Abbildung 39.2**
Die von InDesign aus dem DOCUMENT FONTS-Ordner geladenen Schriften werden in einem Untermenü des Schriftmenüs aufgelistet.

39.2 Arbeitsweise bei nicht geladenen oder fehlenden Schriften

Beim Öffnen eines Dokuments, das Schriften verwendet, die nicht in Ihrem System installiert sind, nicht über das Schriftverwaltungsprogramm geladen werden, dem InDesign-Font-Ordner nicht hinzugefügt worden sind, oder für das kein DOCUMENT FONTS-Ordner gefunden wurde, zeigt InDesign eine Fehlermeldung an, in der alle fehlenden Schriften aufgelistet werden – auch jene, die in importierten Grafiken fehlen.

> **Automatisches Aktualisieren von Schriften**
>
> InDesign erkennt manchmal Schriften als fehlend, bevor Suitcase bzw. Linotype FontExplorer diese durch die automatische Aktualisierung laden können. Wir empfehlen ohnehin, die automatische Aktualisierung von Schriften zu unterbinden.

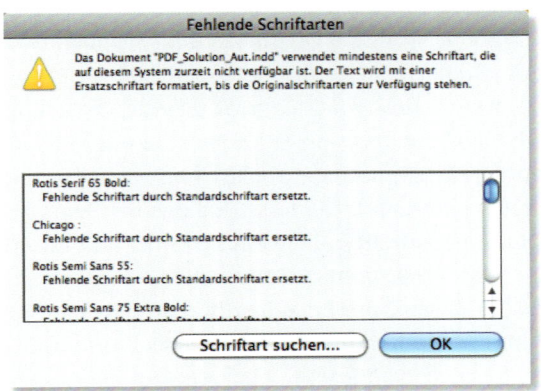

◀ **Abbildung 39.3**
Warnmeldung zu fehlenden Schriften beim Öffnen eines Dokuments

> **Fehlende Schriften in importierten Grafiken**
>
> InDesign erkennt bei der Schriftanalyse auch alle fehlenden Schriften in platzierten EPS-, PSD-, TIFF und PDF-Dateien. Fehlt eine Schrift in mehreren Grafiken, so wird in der Liste im Dialogfeld Schriftart suchen für jede Grafik einzeln die Schrift angezeigt. QuarkXPress-Anwender wurden auf fehlende Schriften innerhalb von platzierten Dateien erst beim Drucken aufmerksam. Dabei kam es vor, dass der Druckdialog viele Male ausgeführt werden musste, bis alle Schriften nachgeladen waren.

▲ **Abbildung 39.4**
Warnmeldung beim Platzieren von Dateien, in denen Schriften fehlen

Entweder möchten Sie nun gleich den Schriftart suchen-Dialog aufrufen, oder Sie akzeptieren die Fehlermeldung durch Bestätigung des Buttons OK und führen den Befehl Schrift • Schriftart suchen zu einem späteren Zeitpunkt aus.

Nach dem Bestätigen wird das Dokument geöffnet, und alle fehlenden Schriften werden durch eine Ersatzschrift dargestellt, die dem Original aber sehr nahekommt. Visuell erkennen Sie fehlende Schriften im Dokument, wenn Sie den Normal-Modus im Werkzeug-Bedienfeld aktivieren. Alle ersetzten Textstellen, nicht jedoch Texte in importierten Grafiken, werden in Rosarot – Standardeinstellung – hinterlegt. Deaktivieren Sie in den Voreinstellungen im Register Satz die Option Ersetzte Schriftarten, wenn Sie diese farbige Kennzeichnung fehlender Schriften nicht wünschen. Wir empfehlen, diese Einstellung nicht zu deaktivieren. Speziell QuarkXPress-Umsteiger werden diese einfache Kennzeichnung bald nicht mehr missen wollen.

Fehlen beim Platzieren von Grafiken bereits Schriften, so werden Sie unmittelbar auf den Missstand aufmerksam gemacht. Beheben Sie diesen Umstand sofort, und gehen Sie bitte nicht davon aus, dass der Druckerei die Schrift vorliegt. Für Fehler in der Ausgabe von Schriften ist immer der Ersteller verantwortlich.

39.3 Der »Schriftart suchen«-Dialog

Um zu überprüfen, ob und welche Schriften fehlen, können Sie jederzeit über den Befehl Schrift • Schriftart suchen die Liste aller verwendeten Schriften im Dokument einsehen. Dies entspricht dem Register Schrift im Verwendung-Dialog von QuarkXPress, wo der Zugriff sowohl auf die Bilder als auch auf die Schriften vereint wird.

Im Schriftart suchen-Dialog können Sie die Schriftenliste einsehen und damit alle fehlenden Schriften im Dokument erkennen. Die Schriftenliste ist in erster Linie nach den Gruppen *fehlende, geladene, in Grafiken fehlende* und *in Grafiken geladene* Schriften sortiert, in der jeweiligen Gruppe erfolgt die Sortierung dann alphabetisch. Die Schriften sind mit einem Schrifttyp-Symbol dargestellt. Fehlende Schriften des Dokuments, zu erkennen am Symbol ⚠, stehen am Anfang der Liste. Anhand der Symbole ist zu erkennen, welcher Schrifttyp verwendet wird. Dabei steht das Symbol *a* für Type 1-Schriften, das Symbol 𝕋 für TrueType-Schriften, das Symbol *O* für OpenType-Schriften, das Symbol MM für MultipleMaster-Schriften und das Symbol ▦ für Composite-Schriften.

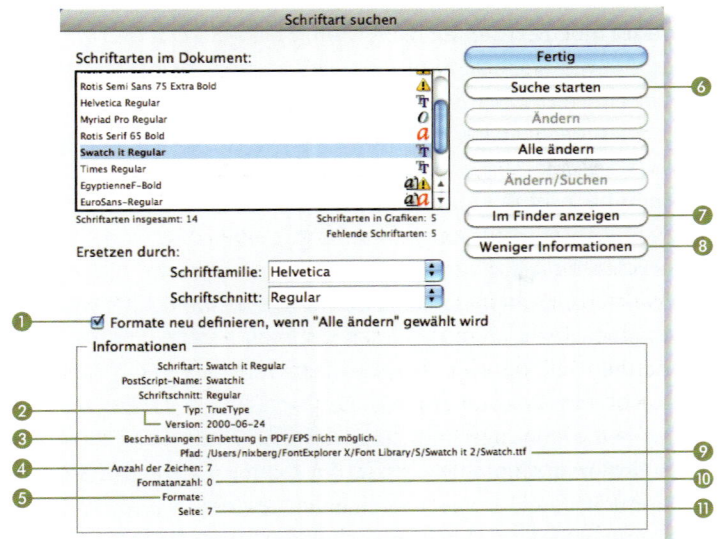

◄ **Abbildung 39.5**
Sie erkennen im SCHRIFTART SUCHEN-Dialog, welche Schriften im Dokument verwendet werden und welche InDesign zurzeit nicht zur Verfügung stehen. Dort finden Sie auch alle Schriften, die durch importierte Grafiken im Dokument benötigt werden.

Über den Button MEHR INFORMATIONEN ❽ können Sie wichtige Detailinformationen zur aktivierten Schrift einsehen.

▶ **Typ und Version** ❷**:** Damit können Sie das verwendete Schriftformat und die der Schrift zugrunde liegende Version ausfindig machen. Diese Funktion wird seit InDesign CS2 angeboten, da es in der Vergangenheit gewisse Probleme mit Schriften gab, die zwar vom Namen her identisch waren, sich jedoch in der Darstellung oder in der Laufweite unterschieden.

▶ **Beschränkungen** ❸**:** Welchen BESCHRÄNKUNGEN der verwendete Font unterliegt, erfahren Sie aus diesem Eintrag. NORMAL lässt eine uneingeschränkte Verarbeitung beim Exportieren zu. Erscheint jedoch, wie in Abbildung 39.5 zu sehen ist, der Eintrag EINBETTUNG IN PDF/EPS NICHT MÖGLICH, dann kann ein PDF/X-Export, bei dem alle Schriften eingebettet sein müssen, nicht vorgenommen werden.

▶ **Pfad** ❾**:** Von großer Bedeutung ist diese Information, um sicherzugehen, dass wirklich die vom Kunden mitgelieferten Schriften verwendet werden. Da Sie sicherlich mehrere Varianten der Schriften Helvetica, Times, Arial oder ZapfDingbats auf Ihrer Festplatte haben, kann InDesign beim Öffnen des Dokuments auf eine dieser Varianten zurückgreifen. Für InDesign ist dieser Zustand okay, weshalb für diese Schrift auch keine Fehlermeldung ausgegeben wird. Ob die geladene Schrift auch wirklich identisch mit der verwendeten Schrift im Kundendokument ist, kann aber nicht mit Sicherheit gesagt werden. Überprüfen Sie also vor der Ausgabe immer, auf welche Schrift InDesign für die Verarbeitung des Dokuments zurückgreift!

Geschützte Schriften

Innerhalb von TrueType- und OpenType-Schriften können Schriftdesigner ihre Schriften gegen eine Weitergabe in Form einer Einbettung schützen. Achten Sie vor dem Erstellen von PostScript- und PDF-Dateien darauf, ob für Ihre Dokumentenschriften solche Beschränkungen vorliegen. Spätestens beim PDF-Export werden Sie jedoch auf diesen Umstand hingewiesen.

Schriften in Pfade umwandeln

Eine generelle Konvertierung aller Mengentext-Schriften ist aufgrund der nicht mehr gegebenen Editierbarkeit nicht zu empfehlen.

- **Anzahl der Zeichen** ❹: Zu wissen, wie viele Zeichen von der ausgewählten Schrift betroffen sind, ist deshalb interessant, da es in einigen Fällen oft nur um ein Zeichen – z. B. einen Leerraum – geht, wo eine Zuweisung der Brotschrift schnell durchgeführt werden kann.
- **Formatanzahl** ❿: Gibt Ihnen an, in wie vielen Absatz- und Zeichenformaten die ausgewählte Schrift verwendet wird.
- **Formate** ❺: Auf einen Blick können Sie erkennen, in welchen Absatz- und Zeichenformaten die ausgewählte Schrift verwendet wird.
- **Seite** ⓫: Die Anzeige, welche Seite bzw. welche Seiten die Schrift verwenden, hilft Ihnen bei der Suche nach den Zeichen und Textstellen mit falsch zugewiesener Schrift.
- **Im Finder anzeigen (Mac)** bzw. **Im Explorer anzeigen (PC)** ❼: Damit öffnen Sie das Verzeichnis, in dem die verwendete Schrift abgelegt ist. So können Sie sehr schnell eine im System doppelt verwendete Schrift lokalisieren und eliminieren.
- **Formate neu definieren, wenn »Alle ändern« gewählt wird** ❶: Sie können damit alle falschen Schriftzuordnungen in Absatz- und Zeichenformaten in einem Aufwasch auflösen. Diese sehr wichtige Option wurde erst mit InDesign CS3 zur Verfügung gestellt. Zuvor mussten alle Absatz- und Zeichenformate manuell geändert werden, was extrem mühselig war, wenn in Magazinen Hunderte von Formaten zu ändern waren.

39.3.1 Verwendete Schriften in platzierten Grafiken

Der SCHRIFTART SUCHEN-Dialog zeigt Ihnen auch, welche Schriften in importierten Grafiken vorhanden sind. Befindet sich eine für InDesign verfügbare Schrift in einer Grafik (PSD, TIFF, PDF, EPS), so wird dies mit dem Symbol gekennzeichnet. Durch Klicken auf den Button GRAFIK SUCHEN ❻ (in Abbildung 39.5 steht SUCHE STARTEN, da keine verwendete Schrift aus einer Grafik aktiviert ist) kann die entsprechende Grafik angezeigt werden. Wird jedoch das Symbol angezeigt, so bedeutet dies, dass eine Schrift in der Grafik verwendet wird, die zurzeit nicht geladen ist oder als fehlend erkannt wurde. Beachten Sie jedoch, dass Sie fehlende Schriften in eingebetteten Grafiken nicht über InDesign ersetzen können. Das Erkennen des Fehlers bzw. die Lokalisierung und Behebung des Problems kann zusammen mit dem Dokumentenhersteller damit aber sehr schnell durchgeführt werden.

39.3.2 Umgang mit geschützten Schriften

Sind Schriften vor dem Einbetten in eine PDF- bzw. PowerPoint-Datei geschützt, so wird Ihnen diese Information im SCHRIFTART

Ersetzen von Schriften mit Null-Zeichen

Befindet sich im SCHRIFTART SUCHEN-Dialog eine Schrift, die Ø-Zeichen verwendet, so handelt es sich in den meisten Fällen um leere Textkästen und dabei meistens um Textkästen, in denen Tabellen erstellt wurden. Sollten Sie diese Schrift nicht ersetzen können, so liegt das meistens daran, dass dem Objektstil [EINFACHER TEXTRAHMEN] eine nicht geladene Schrift zugewiesen ist. Ändern Sie in jedem Fall diesen Zustand. Sollten sich dadurch noch immer Schriften mit Ø-Zeichen im Dokument befinden, so hilft das Abspeichern des Dokuments in das InDesign-Austauschformat. Öffnen Sie danach das Dokument erneut in InDesign. Führt auch dieser Schritt nicht zum gewünschten Erfolg, so müssen Sie auf die Suche nach den leeren Rahmen gehen.

SUCHEN-Dialog (siehe Abbildung 39.5) im Eintrag BESCHRÄNKUNGEN angezeigt.

Lösen können Sie dieses Problem durch eine Umwandlung der Texte in Pfade. Dies können Sie entweder über den entsprechenden Menübefehl SCHRIFT • IN PFADE UMWANDELN oder während der Ausgabe im Zuge der Transparenzreduzierung durch die Verwendung einer Transparenzreduzierungsvorgabe erledigen, die Schriften beim Reduzieren in Pfade umwandelt.

39.3.3 Schriften ersetzen

Gerade bei Umstellungen von Periodika, Zeitungen oder auch Buchprojekten von anderen Layoutprogrammen auf InDesign wird auch gleichzeitig gern die verwendete Schrifttechnologie auf OpenType umgestellt. Wir empfehlen Ihnen, dieses in jedem Fall auf der Prioritätenliste ganz nach oben zu stellen.

Wie Sie beispielsweise am schnellsten diesen Arbeitsschritt nach der Konvertierung in ein InDesign-Dokument durchführen, beschreibt nachstehende Schritt-für-Schritt-Anleitung.

> **Das Laden von Schriften schlägt fehl**
>
> Wenn Schriften beim Laden über die Schriftverwaltung Probleme machen, so legen Sie diese Schriften einfach in den Ordner ADOBE INDESIGN CS5/FONTS bzw. erstellen auf derselben Hierarchie des InDesign-Dokuments einen DOCUMENT FONTS-Ordner, in den Sie die Schrift kopieren.
>
> Beachten Sie auch, dass hier unter Mac OS X auch Windows-Type 1-Schriften, jedoch unter Windows keine Mac-Typ1- bzw. Mac-TrueType-Fonts verarbeitet werden können.

Schritt für Schritt: Fehlende Schriften ersetzen

1 Dokument öffnen

Öffnen Sie zuerst das zuvor konvertierte Dokument. Sollte eine Warnung zu fehlenden Schriften erscheinen, so ignorieren Sie dies an dieser Stelle und drücken den Button OK.

Das Dokument ist geöffnet, und alle Textstellen – ausgenommen bei importierten Grafiken –, denen keine installierte Schrift zuzuordnen ist, werden rosarot unterlegt angezeigt.

2 Den »Schriftart suchen«-Dialog aufrufen

Führen Sie den Befehl SCHRIFT • SCHRIFTART SUCHEN aus. Sollte sich der SCHRIFTART SUCHEN-Dialog nicht wie in Abbildung 39.5 darstellen, so müssen Sie noch auf den Button MEHR INFORMATIONEN klicken. Kann InDesign die Schriften einer am Rechner installierten Schrift zuweisen, so wird das Schrittypen-Symbol *a*, *T*, *O*, *MM*, 欧文 für Dokumentenschriften angezeigt, bei platzierten Grafiken das Symbol *aa*. Fehlende Schriften im Dokument sind mit dem Symbol ⚠ gekennzeichnet, fehlende Schriften in importierten Grafiken zeigen durch das Symbol *aa*⚠.

3 Schriften markieren und Textstellen lokalisieren

Markieren Sie den Eintrag einer fehlenden Dokumentenschrift in der Schriftenliste. Beachten Sie dabei im INFORMATIONEN-Bereich,

> **Schriften nachladen**
>
> Wenn Sie jedoch die Schriften nicht ersetzen, sondern nachladen wollen, so können Sie während des Hinzuladens von Schriften den SCHRIFTART SUCHEN-Dialog geöffnet lassen. Sobald dem System eine neue Schriftart zur Verfügung steht, aktualisiert InDesign automatisch – etwas Geduld ist schon erforderlich – die Schriftenliste im SCHRIFTART SUCHEN-Dialog.

wie viele Zeichen ❺ und welche Formate ❻ die gesuchte Schrift nutzen. Klicken Sie auf den Button Suche Starten ❶, wird Ihnen das erste Vorkommen der Schrift im Text angezeigt. Der Button verwandelt sich dann in Weitersuchen, womit Sie durch weiteres Drücken zu den jeweils nächsten Vorkommen im Dokument springen können.

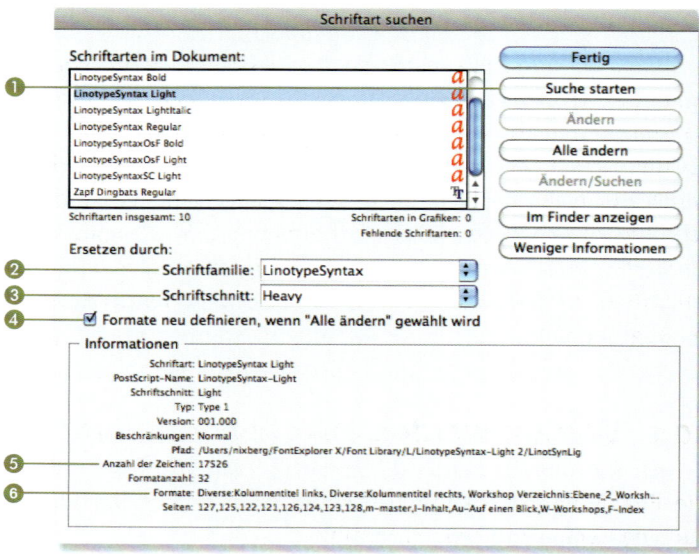

Abbildung 39.6 ▶
Der Schriftart suchen-Dialog beim Ersetzen von Schriften

Grafiken, in denen eine Schrift fehlt, können Sie finden, indem Sie den entsprechenden Eintrag in der Schriftliste markieren und den Button Grafik suchen anklicken.

4 Ersetzen der Schrift

Wählen Sie jetzt die Ersatzschrift im Feld Schriftfamilie ❷ und Schriftschnitt ❸ aus. Durch Drücken des Buttons Ändern bzw. Alle ändern kann dann die gewünschte Schrift ersetzt werden.

Sollen auch alle Absatz- und Zeichenformate durch diesen Vorgang geändert werden, so vergessen Sie nicht, die wichtige Option Formate neu definieren, wenn »Alle ändern« gewählt wird ❹ zu aktivieren.

Bei Grafiken kann keine Schriftersetzung durchgeführt werden. Dies muss in der Ausgangsapplikation erledigt werden.

5 Kontrollieren der verwendeten Schriften

Bevor Sie den Schriftarten suchen-Dialog wieder schließen, nehmen Sie sich bitte noch die Zeit, alle Einträge zu markieren, um zu überprüfen, aus welchem Verzeichnis InDesign CS5 die Schrift zur Darstellung und Ausgabe aktuell bezieht. ■

40 Verpacken

Nachdem wir nun zuerst eine umfassende Prüfung der Layoutdaten mit PREFLIGHT durchgeführt und darüber hinaus alle produktionsrelevanten Überprüfungen abgeschlossen haben, kann ein vollständiges Paket geschnürt werden. Das Paket muss dabei neben der eigentlichen InDesign-Datei auch alle verwendeten Schriften und Bilder bzw. Grafiken enthalten. Wirklich vollständig ist das Paket erst dann, wenn es auch die Schriften aller verknüpften Dateien umfasst, die selbstverständlich zur perfekten Ausgabe benötigt werden.

40.1 Warum werden Pakete geschnürt?

Die Erstellung von InDesign-Paketen kann aus verschiedenen Motiven heraus erfolgen. Dazu zählen:

- die Übergabe von »offenen« Datenbeständen zur Weiterverarbeitung durch andere Layouter, Grafiker, Motiondesigner und Datenbankverantwortliche
- die Übergabe von »offenen« Datenbeständen zur Ausgabe in der Druckvorstufe. Vor allem bei spezifischen OPI-Workflows ist der Übergabe in dieser Form oft der Vorzug zu geben.
- das Erstellen von Paketen für nachfolgende PDF-Workflows, die automatisiert aus dem InDesign-Dokument eine PDF-Datei erstellen und dabei auf alle verwendeten Schriften und Bilder zugreifen müssen. Eine automatisierte Verarbeitung kann dabei nur garantiert werden, wenn Schriften und Verknüpfungen in vordefinierten Ordnern gesammelt zur Verfügung stehen.
- zur vollständigen Archivierung von Projekten, sodass auch noch in einigen Jahren auf den Bildbestand und vor allem auf die damals verwendeten Schriften – in Form des DOCUMENT FONTS-Ordners – zurückgegriffen werden kann.

Das Erstellen von InDesign-Paketen ist ein Kinderspiel. Nur wenige Schritte sind dabei erforderlich. Es sollte jedoch zuvor sichergestellt sein, dass InDesign zum Verpacken auf alle benötigten Daten Zugriff hat.

> **Automatisierte PDF-Generierung aus InDesign-Paketen**
>
> Zu den PDF-Workflow-Systemen, die eine automatisierte PDF-Erstellung auf Basis von InDesign-Paketen durchführen können, zählen die **Switch**-Produkte Power- und FullSwitch von Enfocus – www.enfocus.com – und das InDesign-Plug-in **MadeToPrint** aus dem Hause Axaio – www.axaio.com.
> Der Installer zu Made to Print befindet sich auf der Buch-DVD im Ordner Plug-ins.

40.2 Verpacken eines Dokuments

Bevor Sie ein Dokument verpacken, sollten alle Verknüpfungen aktualisiert und das Dokument gespeichert sein. Die nachstehende Schritt-für-Schritt-Anleitung zeigt Ihnen, wie Sie ein vollständiges Paket für die Druckvorstufe erstellen können.

Schritt für Schritt: Verpacken von InDesign-Dokumenten

1 Befehl »Verpacken« ausführen

Führen Sie DATEI • VERPACKEN oder [Strg]+[Alt]+[⇧]+[P] bzw. [⌘]+[⌥]+[⇧]+[P] am geöffneten Dokument aus.

Eine automatische Dokumentenüberprüfung – wie wir sie noch aus InDesign CS3 kennen – wird gestartet. Es wird der PAKET-Dialog angezeigt, der Sie darüber informiert, ob bestimmte Fehler in der InDesign-Datei gefunden wurden oder nicht.

2 Gesamtanalyse im Register »Übersicht«

Auf einen Blick erkennen Sie, dass in unserem Dokument Probleme mit Schriften und importierten Bildern vorliegen. Dies wird durch das verwendete Symbol ⚠ ❶ sofort jedem Anwender klar.

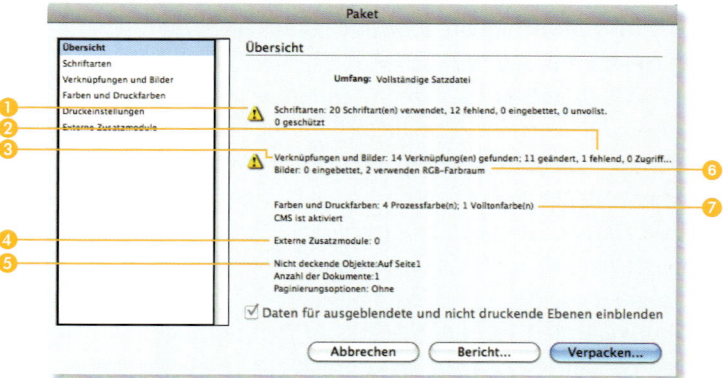

Abbildung 40.1 ▶
Das Register ÜBERSICHT im PAKET-Dialog, den Sie durch den VERPACKEN-Befehl aufrufen.

Wenn Sie den Dialog jedoch etwas genauer betrachten, können Sie darüber hinaus feststellen, dass ein Bild fehlt ❷, von 14 Verknüpfungen 11 mit dem Status »geändert« ❸ vorhanden sind, zwei RGB-Bilder ❻ verwendet werden und neben CMYK-Farbbeständen eine Volltonfarbe ❼ sowie keine weiteren EXTERNE ZUSATZMODULE ❹ im Dokument zur Anwendung gekommen sind. Durch den Eintrag NICHT DECKENDE OBJEKTE ❺ wird Ihnen mitgeteilt, dass sich Transparenzen auf dieser Seite befinden.

Mehr Informationen zu den einzelnen Fehlern können Sie in den jeweiligen Registern einsehen.

3 Fehler in »Schriftarten« analysieren und beheben

Werden beim Verpacken fehlende Schriften, inklusive fehlender Schriften aus platzierten PDF- und EPS-Dateien, im Dokument gefunden, so wird die erste Fundstelle ausgewiesen.

Wenn Sie die Option NUR PROBLEME ANZEIGEN ❽ aktivieren, werden Ihnen nur die fehlenden Schriften in der Liste aufgeführt. Über SCHRIFTART SUCHEN ❾ können Sie alle Informationen zur Schrift auslesen und die entsprechende Zuweisung vornehmen.

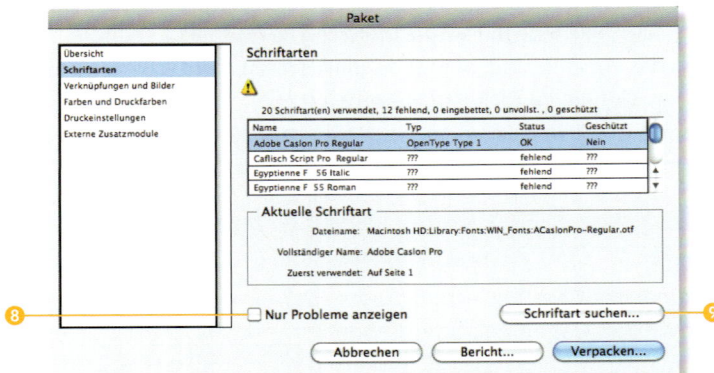

◀ **Abbildung 40.2**
Das Register SCHRIFTARTEN im PAKET-Dialog. Lassen Sie sich hier alle Problemfelder hinsichtlich verwendeter Schriften anzeigen.

4 Fehler in »Verknüpfungen und Bilder« analysieren und beheben

Hier werden alle Informationen zum Status der platzierten Dateien in Bezug auf Farbraum, Dateityp, Status der Verknüpfung und ICC-Profil angezeigt. Zusätzlich können die Informationen zur Auflösung ❿ – ORIGINAL PPI und PPI EFFEKTIV – und der Speicherort ⓫ für jedes einzelne Bild ausgelesen werden.

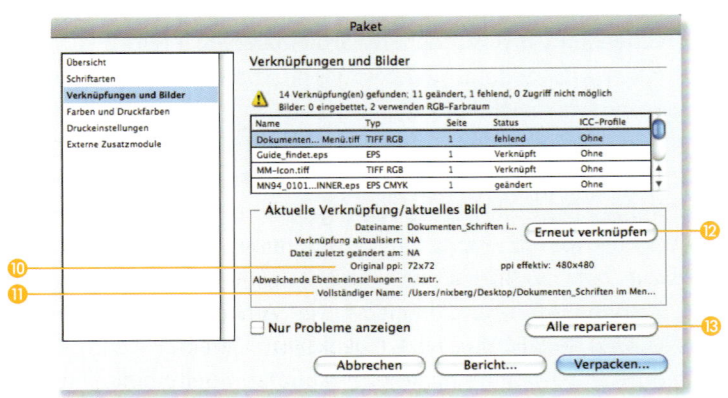

◀ **Abbildung 40.3**
Das Register VERKNÜPFUNGEN UND BILDER im PAKET-Dialog. Fehlende Bilder können noch beim Verpacken der InDesign-Datei erneut verknüpft werden.

Als Fehler werden Bildverknüpfungen, die fehlen oder nicht aktualisiert sind, sowie verwendete RGB-Bilder erkannt.

Mit dem Button AKTUALISIEREN bzw. ERNEUT VERKNÜPFEN ⓬ werden modifizierte bzw. fehlende Verknüpfungen aktualisiert. Mit ALLE REPARIEREN ⓭ werden fehlende Bilder durch Neuzuweisung aktualisiert. Zu empfehlen ist dies in diesem Stadium nicht. Führen Sie eine Aktualisierung immer kontrolliert im Dokument durch, da Sie sonst meistens in der Ausgabe eine ungute Überraschung erwartet.

5 Register »Farben und Druckfarben«

Hier können alle verwendeten Prozess- und Volltonfarben inklusive aller Farben, die in platzierten EPS- und PDF-Dateien verwendet worden sind, auf einen Blick erfasst werden. Die verwendeten Winkel- und Rasterweiteneinträge – für eine Composite-Ausgabe spielen diese keine Rolle – basieren auf der aktuell ausgewählten PPD-Datei (PostScript Printer Description).

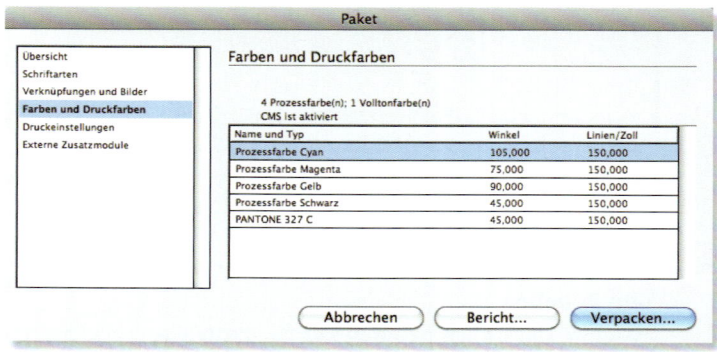

Abbildung 40.4 ▶
Das Register FARBEN UND DRUCKFARBEN im PAKET-Dialog

Wenn es sich beim zu verpackenden Dokument um eine reine 4c-Datei handeln soll, so müsste die überflüssige Volltonfarbe eliminiert werden. Aus dem PAKET-Dialog heraus kann dieser Schritt nicht erfolgen. Sie müssen dafür zuerst den Verpacken-Vorgang abbrechen und die Farben im Farbfelder-Bedienfeld in CMYK-Farbfelder umwandeln oder im Druckfarben-Manager zur Konvertierung kennzeichnen.

6 Register »Druckeinstellungen«, »Externe Zusatzmodule«

Im Register DRUCKEINSTELLUNGEN werden die aktuell gewählten Parameter für das Drucken zusammengefasst. Im Register EXTERNE ZUSATZMODULE sind jene zusätzlichen Plug-ins aufgelistet, die neben den Standard-Plug-ins von InDesign CS5 verwendet werden. Zum Öffnen des Dokuments auf einer anderen Station dürften diese Plug-ins jedoch nicht benötigt werden.

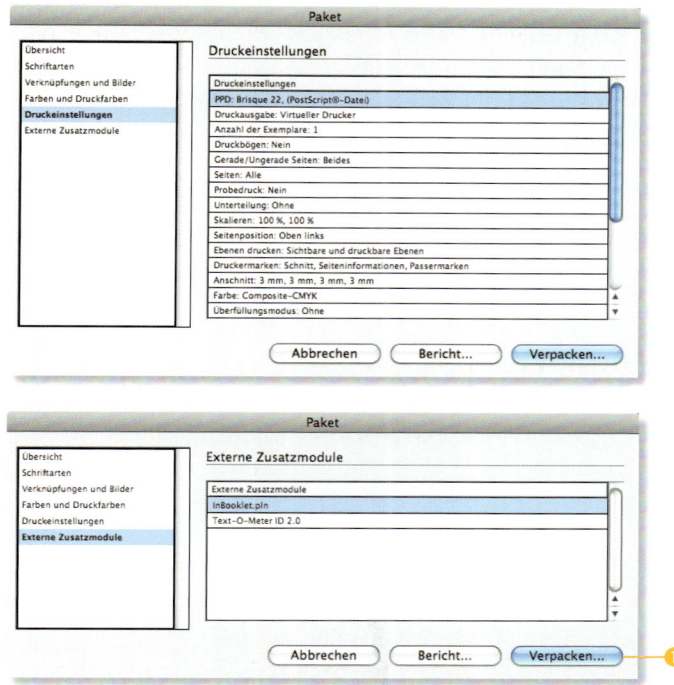

◀ **Abbildung 40.5**
Das Register Druckeinstellungen im Paket-Dialog

◀ **Abbildung 40.6**
Das Register Externe Zusatzmodule im Paket-Dialog

Um überflüssige Zusatzmodule entfernen zu können, müssten Sie zuerst den Vorgang des Verpackens abbrechen und die »Waschmaschinen-Funktion« in InDesign durch Export in das InDesign-Markup-Format durchführen (dazu folgt mehr in Abschnitt 43.3.1, »IDML – InDesign Markup-Format«, auf Seite 905).

7 Vorbereitungen zum Verpacken treffen

Sind alle Probleme behoben, so kann mit dem Verpacken – d. h. dem Anlegen einer Sammlung in Form eines Ordners, in dem sich neben dem InDesign-Dokument zwei Ordner mit der Bezeichnung Fonts und Links befinden – des gesamten Jobs begonnen werden. Klicken Sie dazu auf den Button Verpacken ❶. Wurde vor dem Ausführen des Verpacken-Befehls das Dokument nicht gespeichert, so erscheint die Warnmeldung aus Abbildung 40.7.

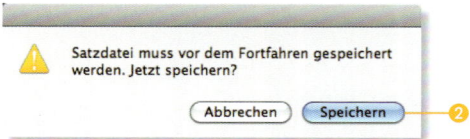

◀ **Abbildung 40.7**
Vor dem Verpacken eines Dokuments muss dieses selbstverständlich gespeichert werden.

Sie müssen den Button Speichern ❷ drücken, damit das geöffnete Dokument im aktuellen Zustand gespeichert wird und der Verpacken-Vorgang fortgeführt werden kann.

Danach erscheint ein Dialog, in dem Sie die Informationen zum Dokument, Adressinformationen und Anweisungen für die Druckerei hinterlegen können. Nach dem Ausfüllen klicken Sie auf FORTFAHREN.

Abbildung 40.8 ▶
Geben Sie die Grundinformationen zum Auftrag im DRUCKANLEITUNGEN-Dialog ein. Diese Eingaben werden als Textdatei im verpackten Ordner abgespeichert.

Sie werden aufgefordert, einen Namen für den Verpackungsordner im Eingabefeld SICHERN UNTER ❶ zu vergeben. Standardmäßig schlägt InDesign den Dateinamen mit dem Zusatz »Ordner« vor. Wählen Sie danach den Speicherort aus, und aktivieren Sie die von Ihnen gewünschten Parameter im Optionenbereich ❷ des VERPACKUNGSORDNER ERSTELLEN-Dialogs.

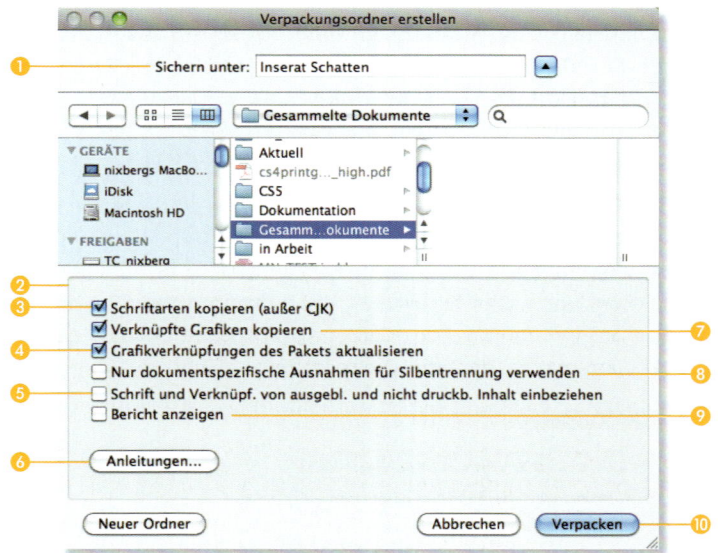

Abbildung 40.9 ▶
Bestimmen Sie im Dialog VERPACKUNGSORDNER ERSTELLEN, welche Zusätze zur aktuellen InDesign-Satzdatei mit verpackt werden.

Durch die Option SCHRIFTARTEN KOPIEREN (AUSSER CJK) ❸ – C=Chinesisch, J=Japanisch, K=Koreanisch – werden alle benötigten Schriften, nicht jedoch die gesamte Schriftfamilie kopiert. Aktivieren Sie immer die Option VERKNÜPFTE GRAFIKEN KOPIE-

REN ❼, da dadurch alle verknüpften Grafiken, Bilder, InDesign-Dateien, Texte und Tabellen in einen Ordner mit der Bezeichnung LINKS kopiert werden. Wurden unterschiedliche Bilder mit demselben Namen in einem InDesign-Dokument platziert, so wird dieser Konflikt bereits beim Importieren in InDesign durch eine interne Namensänderung behoben. Somit kann eine Kollision, wie sie bei früheren QuarkXPress-Versionen möglich war, in InDesign beim Verpacken überhaupt nicht auftreten. Wichtig: Verknüpfte Textdateien werden unabhängig von dieser Option immer kopiert.

Durch die Aktivierung der Option GRAFIKVERKNÜPFUNGEN DES PAKETS AKTUALISIEREN ❹ werden alle Pfade auf den neuen Speicherort aktualisiert, und die Vorschaudatei wird neu errechnet. Textverknüpfungen werden selbstverständlich nicht aktualisiert!

Um alle platzierten Dateien, auch die der nicht aktiven Ebenen, ebenfalls zu übertragen, müssen Sie die Option SCHRIFT UND VERKNÜPF. VON AUSGEBL. UND NICHT DRUCKB. INHALT EINBEZIEHEN ❺ aktivieren.

Die Option BERICHT ANZEIGEN ❾ öffnet nach dem Verpacken automatisch die erstellte Druckanleitung.

Aktivieren Sie die Option NUR DOKUMENTSPEZIFISCHE AUSNAHMEN FÜR SILBENTRENNUNG VERWENDEN ❽, wenn Sie das Dokument einem Druckvorstufenbetrieb zur Weiterverarbeitung übergeben. Dadurch wird das Dokument mit Kennzeichnungen versehen, damit kein neuer Textumbruch stattfindet, wenn ein anderer Benutzer die Datei auf einem anderen Computer öffnet.

Um die Druckanleitung einzusehen, aktivieren Sie den Button ANLEITUNGEN ❻.

> **Kein Konflikt durch Verknüpfungen mit gleichem Namen**
>
> Wurden in einem InDesign-Dokument Dateien aus verschiedenen Ordnern/Verzeichnissen, jedoch mit gleichen Namen, platziert, so kommt es beim Verpacken zur Umbenennung einzelner Dateien. Aus diesem Grunde ist es sehr wichtig, dass nach dem Verpacken die Grafikverknüpfungen noch aktualisiert werden.

8 Verpacken der InDesign-Datei

Starten Sie nun das Verpacken des Jobs durch Klicken des Buttons VERPACKEN ❿. Bevor InDesign jedoch den Auftrag erledigt, werden Sie mit einem Warndialog konfrontiert, der Sie darauf aufmerksam macht, dass die Weitergabe von Schriften illegal ist.

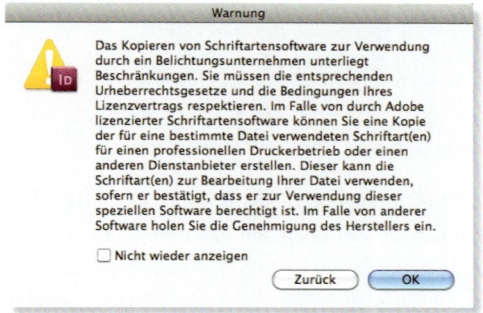

◀ **Abbildung 40.10**
InDesign warnt, dass es illegal ist, Schriften zu kopieren. Wenn Sie nicht bei jedem Verpackungsvorgang hinsichtlich des Rechtsproblems gewarnt werden wollen, aktivieren Sie hier ausnahmsweise die Checkbox NICHT WIEDER ANZEIGEN.

Die Weitergabe von Schriften innerhalb einer PDF-Datei würde in den meisten Fällen nicht zu einer Lizenzverletzung führen. Drücken Sie OK, und InDesign erstellt einen vollständigen Jobordner. Das erstellte Paket sieht dann so schön geordnet aus, wie in Abbildung 40.11 gezeigt.

Abbildung 40.11 ▶
Die Struktur eines verpackten Ordners mit dem DOCUMENT FONTS-Odner und dem LINKS-Ordner, in den alle platzierten Dateien gespeichert werden.

Beachten Sie, dass Sie zur Übergabe von Paketen an den Druckdienstleister diesen Ordner darüber hinaus noch ZIP-komprimieren sollten, da speziell bei Schriften – es sei denn es sind nur OpenType-Schriften – eine Übertragung auf Dateisysteme anderer Betriebssysteme immer noch Probleme bereitet. ■

40.3 Verpacken von Büchern

Besonders angenehm beim Verpacken ist, dass die Funktionalität, über ein gesamtes InDesign-Buch hinweg das Verpacken durchzuführen, zur Verfügung steht. Wenn Sie mehrere oder alle Dokumente eines Buches auswählen, kopiert InDesign die ausgewählten Dateien in einen Ordner und legt ebenfalls die Unterordner FONTS und LINKS an. Zusätzlich wird die Buchdatei (».indb«) mit gespeichert. Die Buchdatei enthält die Verknüpfungen zu allen im Ordner befindlichen InDesign-Dateien.

> **Verpacken bei OPI-Workflows**
>
> Bitte beachten Sie Folgendes: Wurden Low-Res-Bilder (OPI-Daten) platziert, so werden beim Verpacken natürlich nur die Low-Res-Bilder verpackt. Ein Austausch durch Hi-Res-Bilder ist über die VERPACKEN-Funktion nicht möglich.

Abbildung 40.12 ▶
Das Inhaltsverzeichnis eines über ein InDesign-Buch hinweg erzeugten Pakets. Nähere Informationen erhalten Sie in Abschnitt 27.1.7, »Das Buch ausgeben«, auf Seite 680.

41 Drucken

Die Broschüre, der Flyer, das Magazin oder der Geschäftsbericht ist fertig gestaltet und muss nun erstmals auf Papier ausgegeben werden. Die Ausgabe auf Papier, aber auch die Ausgabe in eine PostScript-Datei erfolgt in InDesign CS5 über den Druckdialog, in dem Sie je nach Ausgabeabsicht passende Werte setzen können. Damit Sie Ihre Arbeit auch in der gewünschten Qualität ausgeben können, sollten Sie diesem Kapitel die notwendige Aufmerksamkeit schenken, denn ein falscher Klick, eine missbräuchlich aktivierte Option oder die Wahl der falschen PPD-Datei kann zu einer ungewollten, fehlerhaften oder niedrigauflösenden Ausgabe führen und damit Ihre gesamte Arbeit vernichten.

In diesem Kapitel möchten wir Ihnen zuerst die einzelnen Bereiche des Druckdialogs vorstellen und danach die einzelnen Druckoptionen und deren Auswirkungen auf die Ausgabe exakt beschreiben. Zum Schluss werden noch Spezialgebiete im Druckdialog und der Broschürendruck behandelt. Sie sollten danach in der Lage sein, jegliche gewünschte Form der PostScript-Datei zu erstellen, und für den Hausgebrauch die Ausgabe einer Broschüre meistern können.

41.1 Bereiche des Druckdialogs

Im Druckdialog können zur Ausgabe von Dokumenten alle druckerspezifischen Parameter wie z. B. Seitenformate, der Ausgabefarbraum, die Transparenzreduzierung sowie der Umgang mit Schriften eingestellt werden. Immer wiederkehrende Einstellungen im Druckdialog können als Druckvorgabe abgespeichert und somit zur rascheren Verarbeitung von Druckjobs aufgerufen und ausgeführt werden.

Bereits mit der Vorstellung der ersten Creative Suite – in der Druckvorstufe sprach man bereits von PDF/X – wurde der Druckdialog mit den notwendigen Colormanagement-Funktionen ausgestattet, um unter anderem eine medienneutrale Produktion zu ermöglichen. Mit der Markteinführung von InDesign CS3 flossen die Neuerungen im Bereich PDF/X und die Änderungen in Bezug

> **Drucken von Büchern**
>
> Um Dokumente auszudrucken, die über die Buch-Funktion zu einem Buch zusammengefasst wurden, müssen Sie zuerst im Buch-Bedienfeld alle bzw. keines oder die gewünschten Dokumente auswählen und danach im Bedienfeldmenü den Befehl Buch drucken bzw. Ausgewählte Dokumente drucken ausführen.

auf Ebenen in den Druckdialog ein. Mit InDesign CS5 wurden nur Änderungen in der Übersetzung von Begriffen eingearbeitet und die notwendige Anpassung hinsichtlich der Ausgabe unterschiedlicher Seitengrößen vorgenommen.

Den Druckdialog können Sie über den Befehl DATEI • DRUCKEN oder über das Tastaturkürzel [Strg]+[P] bzw. [⌘]+[P] aufrufen.

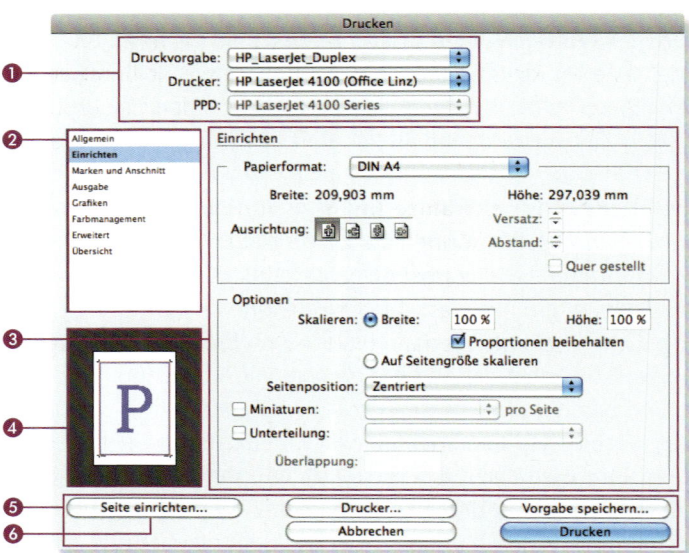

Abbildung 41.1 ▶
Der Druckdialog ist in fünf Bereiche eingeteilt: Wahl des Druckers ❶, Wahl des Registers ❷, Einstellungen für das gewählte Register ❸, Vorschauansicht ❹ und Wahl der gerätespezifischen Optionen ❺.

[PPD]
Verwechseln Sie nicht den Begriff »Druckertreiber« mit dem Begriff »PPD«! PPD steht für »PostScript Printer Description«. In ihr stehen alle gerätespezifischen Parameter wie RIP-Version, verfügbare Schriften, verwendete Farbräume, Auflösung und die zur Verfügung stehenden Papierformate. Der geräteunabhängige PostScript-Code aus InDesign wird durch die Wahl der zum Ausgabegerät passenden PPD-Datei in einen geräteabhängigen PostScript-Code umgewandelt.

41.1.1 Wahl des Druckers

Das Einstellen von DRUCKVORGABE, DRUCKER und PPD-Datei steht logischerweise am Beginn des Druckdialogs, da von deren Auswahl auch der Inhalt der einzelnen Registerbereiche abhängt. Alle drei Menüs sind voneinander abhängig. Die Auswahl sollte jedoch von oben nach unten erfolgen.

Druckvorgabe | Druckvorgaben sind Sets von Einstellungen, die für eine bestimmte Ausgabe auf einem dafür gewählten Ausgabegerät erstellt worden sind. Mit der Auswahl einer DRUCKVORGABE können Sie daher sehr schnell Druckaufträge absetzen, ohne dabei immer wieder die Voreinstellungen Ihres Druckers überarbeiten zu müssen. Wie Sie Druckvorgaben definieren, erfahren Sie später in Abschnitt 41.5, »Druckvorgaben«, auf Seite 867.

Drucker und PPD | Mit den Optionen DRUCKER und PPD bestimmen Sie, wie die Ausgabe Ihres Dokuments über PostScript erfolgen soll. InDesign kann dabei ein geräteabhängiges (durch die Wahl einer PPD-Datei) oder ein geräteunabhängiges PostScript (PostScript ohne Geräteparameter) generieren.

Die Auswahl der PPD-Datei ist meistens durch den ausgewählten PostScript-Drucker bestimmt und deshalb ausgegraut dargestellt. Wenn Sie jedoch eine PostScript-Datei über eine bestimmte PPD generieren wollen, so ist in der Option DRUCKER der Eintrag POST-SCRIPT-DATEI zu wählen. Dadurch können Sie auf alle verfügbaren PPD-Dateien zugreifen.

41.1.2 Register wählen und Einstellungen vornehmen

In der Liste der Registereinträge ❷ können Sie auf die unterschiedlichen Bereiche des Druckdialogs zugreifen. Mit den Cursorpfeilen ⇑/⇓ springen Sie schnell zwischen den Registern hin und her.

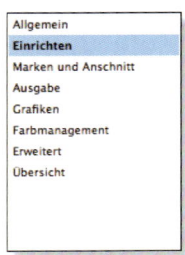

Einstellungen für gewählte Register vornehmen | Wurde ein Register ausgewählt, können die Einstellungen für das Register im OPTIONEN-Bereich ❸ vorgenommen werden. Welche Optionen zu wählen sind und was die einzelnen Optionen, Werte und Checkboxen bedeuten, erfahren Sie in Abschnitt 41.2, »Druckoptionen«, auf Seite 840.

▲ **Abbildung 41.2**
Verschiedene Registereinträge stehen Ihnen zur Verfügung, um genauere Einstellungen vorzunehmen.

41.1.3 Vorschauansicht

In der Vorschauansicht ❹ können Sie jene Informationen auslesen, die benötigt werden, um zu beurteilen, ob sich die bisherigen Einstellungen auch mit den Einstellungen des Papierformats decken. Die Darstellung wird permanent aktualisiert und lässt somit zu jedem Zeitpunkt eine Kontrolle zu.

Durch einfachen Klick in die Fläche können Sie zwischen drei verschiedenen Vorschauansichten wählen. Damit werden Ihnen wichtige Informationen zugänglich gemacht.

▲ **Abbildung 41.3**
Durch einen Klick in diesen Bereich können Sie zwischen drei Vorschauansichten wählen.

Standard-Vorschauansicht | Diese Art der Darstellung gibt Antwort auf die Fragen »Wie steht die Seite bzw. der Bogen relativ zum Papierformat?« und »Wurde ein Anschnitt – durch den rötlichen Bereich ersichtlich – angelegt?«.

Alle Änderungen in den verschiedenen Optionen, wie Papierformat, Anschnitt, Druckmarken und die Miniaturansicht, werden hier angezeigt.

▲ **Abbildung 41.4**
Die Standard-Vorschauansicht

Ansicht für benutzerdefinierte Seiten oder Einzelblätter | Diese benutzerdefinierte Ansicht zeigt die Auswirkungen bestimmter Druckeinstellungen. Sie können erkennen, wie das Medium an das Ausgabegerät angepasst wird, welchen maximalen druckbaren Bereich das Ausgabegerät besitzt und welche Werte für Versatz, Abstand und Querstellung festgelegt wurden.

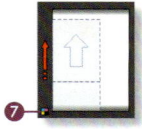

▲ **Abbildung 41.5**
Die Vorschau für benutzerdefinierte Seiten. Hier ist das gewählte Papierformat um einiges kleiner als die zur Verfügung stehende Mediengröße (die Papiergröße im Drucker).

▲ **Abbildung 41.6**
Die Vorschau in der Textansicht

TIPP

Einstellungen wie SEITENBEREICH, SEITENGRÖSSE, POSTSCRIPT-LEVEL und SCHRIFTHANDLING kommen unter anderem im **InDesign-Druckdialog** und im **Seite einrichten-Dialog** vor. Stellen Sie alle Parameter im Druckdialog ein, denn diese überschreiben Einstellungen, die Sie im Dialog SEITE EINRICHTEN vorgenommen haben.

Für nicht-PostScript-fähige Drucker muss die Druckersteuerung jedoch immer über den druckereigenen Dialog erfolgen.

Bei Einzelseiten, z. B. einer A4-Seite, zeigt die Vorschau das Verhältnis zwischen druckbarem Bereich und Mediengröße an. Mit dieser Ansicht wird die Frage »Wie steht die Seite auf dem Ausgabemedium?« beantwortet.

Ein kleines Symbol ❼ in der linken unteren Ecke gibt darüber Auskunft, in welchem Ausgabemodus – SEPARIERT, COMPOSITE-GRAU, COMPOSITE-RGB oder COMPOSITE-CMYK – ausgegeben wird. Der Ausgabemodus COMPOSITE UNVERÄNDERT bedient sich keines eigenen Symbols. Das Symbol sagt uns, dass derzeit eine Ausgabe in COMPOSITE-GRAU erfolgt und ein Schwarzweiß-Drucker ausgewählt ist.

Textansicht | Die Vorschau in der Textansicht zeigt die numerischen Werte des Medien-Rahmens, des Endformat-Rahmens und des Skalierungsfaktors auf Basis der getroffenen Druckeinstellungen an. Wenn Sie ein Übersichtsblatt ausgeben, so wird Ihnen im Bereich MINIATUREN ❽ angezeigt, wie viele Seiten auf dem gewählten Papierformat in der Übersicht erscheinen. Müssen Sie ein großes Plakat auf einem A4/A3-Drucker ausgeben, so muss eine Zerteilung erfolgen. Ob die Ausgabe für eine Teilung angelegt wurde, können Sie an dem Eintrag in UNTERTEILUNGEN ❾ sehen.

41.1.4 Gerätespezifische Optionen

Einige Ausgabegeräte haben spezielle Funktionen, die nicht in einem Druckdialog untergebracht werden können. Um auf gerätespezifische Funktionen ❺ – beispielsweise die Ansteuerung einer Duplex- und Heftungseinheit, die Anordnung der Seiten auf einem Ausschussbogen sowie die Ansteuerung der Papierladen – zurückzugreifen, müssen Sie auf den Button SEITE EINRICHTEN ❻ (Abbildung 41.1) klicken (Windows: EINRICHTEN) und im erscheinenden Dialog in den Druckoptionen jene Parameter auswählen, die Sie zur Ausgabe benötigen.

Achten Sie dabei jedoch darauf, dass die entsprechenden Einstellungen, wenn Sie Parameter verändern, nicht bereits getroffene Einstellungen im Druckdialog beeinflussen. Die gewählten Optionen können jedoch zu den Einstellungen im Druckdialog auch in einem Druckformat abgespeichert werden.

41.2 Druckoptionen

Die ideale Form zur Übergabe von Druckdaten erfolgt über eine PDF-Datei. Deshalb erklären wir nachstehend exemplarisch den Druckdialog anhand der Generierung einer PostScript-Datei, die zur Erstellung von PDF-Dateien verwendet wird. Diese PostScript-Datei sollte alle hochaufgelösten Bilder, Schriften, Farben und die zur Produktion relevanten Druckermarken sowie den Anschnitt und eventuell auch den Infobereich enthalten. Einer Weitergabe für den Adobe Distiller, den Normalizer von Agfa und den Prinergy Refiner von Heidelberg steht dann nichts mehr im Wege.

41.2.1 Druckdialog aufrufen

Nach dem Ausführen des Befehls DATEI • DRUCKEN erscheint der Druckdialog. Bevor Sie mit den Einstellungen in den einzelnen Registern beginnen, sollten Sie zuerst unter DRUCKER POSTSCRIPT®-DATEI ❶ auswählen. Damit wird Ihnen die Möglichkeit geboten, direkt im Druckdialog eine PostScript-Datei auf der Festplatte zu speichern, ohne separat den Drucker zu konfigurieren. Der Button DRUCKEN wird durch die Auswahl von POSTSCRIPT®-DATEI sofort in SPEICHERN ❸ umbenannt.

> **TOP-TIPP**
> **PostScript-Datei für die Druckvorstufe erstellen**
>
> Wenn Sie die Einstellungsempfehlungen aus diesem Abschnitt zum Erstellen von PostScript-Dateien für die Druckvorstufe wählen, sind Sie immer auf der sicheren Seite. Die gewählten Einstellungen versuchen, alle Informationen aus InDesign *unverändert* zu übergeben. Lediglich die Transparenzreduzierung muss, bedingt durch die Ausgabe in eine PostScript-Datei, die Daten verändern.

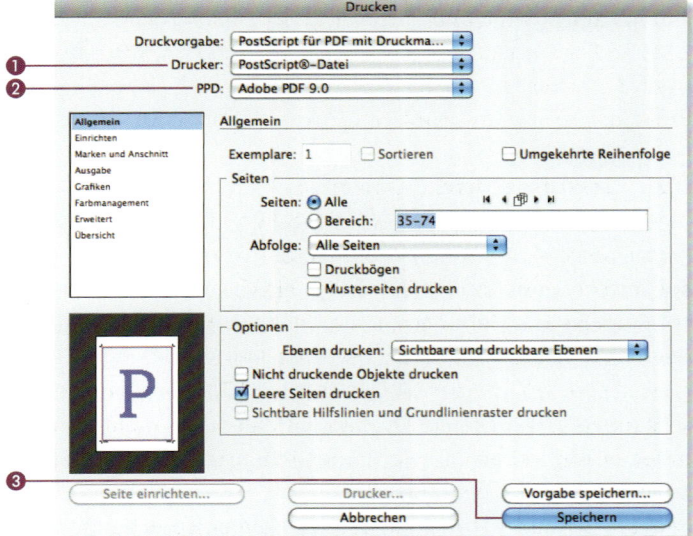

◀ **Abbildung 41.7**
Bevor Sie mit der Auswahl der Einstellungen in den Registern beginnen, wählen Sie den Zieldrucker und die dazu passende PPD-Datei aus. Wurde der Zieldrucker vom Systemadministrator korrekt installiert, so wird die korrekte PPD-Datei automatisch in PPD ❷ ausgewählt. Das Ändern der PPD-Datei ist damit hier nicht mehr möglich.

Wählen Sie unter PPD ADOBE PDF 9.0 ❷ aus. Die Verwendung dieser PPD ist für die Druckvorstufe fast immer die richtige Wahl. Sollten Ihnen Workflowspezialisten von Heidelberg, Kodak und dergleichen die PPD-Dateien NORMALIZER und PRINERGY REFINER einstellen, so sind diese ebenfalls zu verwenden.

Nachdem Sie den Drucker und die dazu passende PPD-Datei gewählt haben, werden Ihnen nun im OPTIONEN-Bereich die entsprechenden geräteabhängigen Optionen in den einzelnen Registern angezeigt. Das Register ALLGEMEIN wird standardmäßig beim Öffnen des Druckdialogs angezeigt.

> **HINWEIS**
>
> Wie bereits erwähnt, wählen Sie die Registereinträge am einfachsten über die ↓/↑-Tasten aus.

41.2.2 Das Register »Allgemein«

Legen Sie bei der Ausgabe auf einen Laserdrucker zuerst fest, wie viele EXEMPLARE ❷ Sie für die Ausgabe benötigen. Der Einsatz der Optionen EXEMPLARE und SORTIEREN ist nur in Zusammenhang mit der direkten Ausgabe auf einem Laserdrucker oder einer Kopierstation möglich, bei der Erstellung einer PostScript-Datei machen diese Optionen keinen Sinn.

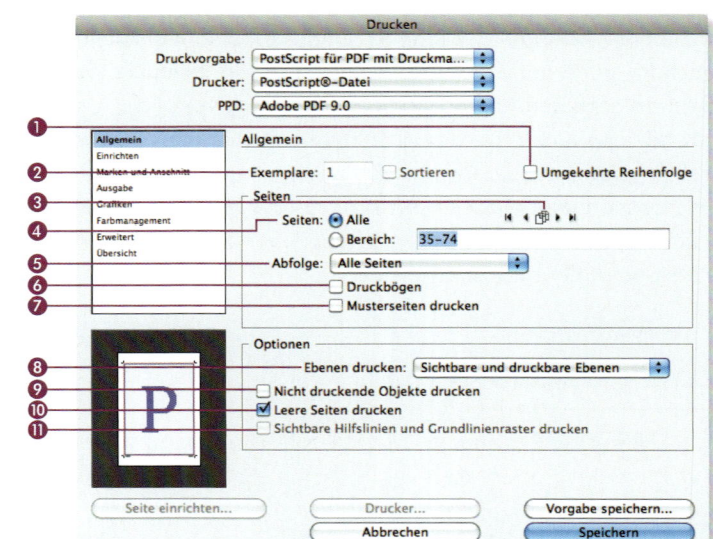

Abbildung 41.8 ▶
Das Register ALLGEMEIN des Druckdialogs. Darin legen Sie Grundeinstellungen wie die Anzahl der zu druckenden Kopien, die zu druckenden Seiten und die Seitenfolge fest. In den OPTIONEN können darüber hinaus bestimmte Objekte vom Druckvorgang ausgeschlossen oder in ihn aufgenommen werden.

Die Option UMGEKEHRTE REIHENFOLGE ❶ kann hingegen auch bei der Erstellung einer PDF-Datei über den ADOBE PDF 9.0-Drucker angewandt werden. Ob diese Option bei der PDF-Erstellung Sinn macht, ist zu hinterfragen. Mit den letzten beiden Optionen können Sie sich viel manuelle Sortierarbeit ersparen; der Druckvorgang wird dadurch jedoch drastisch verlängert.

Bereich »Seiten« | Hier können Sie über die Auswahl SEITEN ❹ bestimmen, ob ALLE oder nur bestimmte Bereiche des Dokuments ausgegeben werden sollen. Die Angabe von Seitenbereichen kann dabei in absoluter Nummerierung (die Position der Seite im aktuellen Dokument) oder in der Abschnittsnummerierung (die der Seite zugewiesene Abschnitts- und Seitennummer) erfolgen. Standardmäßig wird im Druckdialog der im Menü VOREINSTELLUNGEN • ALLGEMEIN • SEITENNUMMERIERUNG angegebene Eintrag – meistens ABSCHNITTSNUMMERIERUNG – verwendet. Die folgende Betrachtung geht von der ABSCHNITTSNUMMERIERUNG aus.

Wenn Sie z. B. unter BEREICH »1–8« eingeben, so werden nur die Seiten 1 bis 8 ausgegeben. Wenn Sie »1–8,15,19–24« einge-

[Absolute Nummerierung]
Durch die Wahl des Eintrags ABSOLUTE NUMMERIERUNG entsprechen die Nummern, die Sie für Seiten oder Seitenbereiche angeben, der absoluten Position der Seiten im Dokument. Um zum Beispiel die fünfte Seite eines Dokuments zu drucken, würden Sie im Druckdialog unter BEREICH die Zahl 5 eingeben.

[Abschnittsnummerierung]
Durch die Wahl des Eintrags ABSCHNITTSNUMMERIERUNG entsprechen die Nummern, die Sie für Seiten oder Seitenbereiche angegeben haben, den Seitennummern, wie sie im Layout bezeichnet sind.

ben, werden die Seiten 1 bis 8, die Seite 15 und die Seiten 19 bis 24 in eine PostScript-Datei ausgegeben.

Dem Umstand, dass seit InDesign CS5 **unterschiedliche Seitengrößen in einem Dokument** vorhanden sein können, hat Adobe Rechnung getragen, indem für diesen Spezialfall eine Möglichkeit geschaffen wurde, alle Seitenbereiche, die das gleiche Endformat besitzen, schnell auszuwählen. Ist das Symbol ◄ ◄ ▯ ► ► ❸ im Druckdialog ausgegraut, so besitzen alle Seiten des aktuell zu druckenden Dokuments dieselbe Seitengröße. Können Sie jedoch eines der Symbole auswählen, so liegen unterschiedliche Seitengrößen im Dokument vor. Gehen Sie wie folgt vor:

- Klicken Sie auf ◄ , um den ersten Bereich von Seiten auszuwählen, die dieselbe Größe besitzen.
- Klicken Sie auf ▯ , um alle Bereiche von Seiten auszuwählen, die dieselbe Seitengröße besitzen wie die im Dokument aktuell ausgewählte Seite.
- Klicken Sie auf ◄ , um den vorherigen Bereich von Seiten auszuwählen, die dieselbe Größe besitzen.
- Klicken Sie auf ► , um den nächsten Bereich von Seiten auszuwählen, die dieselbe Größe besitzen.
- Klicken Sie auf ► , um den letzten Bereich von Seiten auszuwählen, die dieselbe Größe besitzen.

Ein weiterer Spezialfall ist gegeben, wenn Sie im Bedienfeldmenü des Seiten-Bedienfelds in den NUMMERIERUNGS- & ABSCHNITTSOPTIONEN das Präfix »Politik« für das Ressort »Politik« und »Gesundheit« für das Ressort »Gesundheit« in einem Magazin eingegeben haben. In diesem Fall müssen Sie diese Präfixangabe zur Seitennummer hinzufügen. Wenn Sie z. B. Seite 1 (liegt im Ressort »Politik«) bis Seite 17 (liegt im Ressort »Gesundheit«) ausgeben wollen, müssen Sie unter BEREICH »Politik1–Gesundheit17« eingeben.

Wählen Sie mit der Option ABFOLGE ❺, ob ALLE SEITEN, NUR GERADE SEITEN oder NUR UNGERADE SEITEN ausgegeben werden sollen. Die Checkbox DRUCKBÖGEN ❻ entspricht der Checkbox MONTAGEFLÄCHE im Druckdialog von QuarkXPress. Durch die Anwahl dieser Option wird der Druckbogen – gegenüberliegende bzw. nebeneinander angeordnete Seiten – auf einer (größeren) Seite ausgegeben. Aktivieren Sie diese Option, wenn Sie auf Ihrem A3-Drucker zwei A4-Seiten nebeneinander ausgeben möchten. Zur Produktion von PDF-Dateien ist die Checkbox DRUCKBÖGEN fast immer zu deaktivieren. Die Checkbox MUSTERSEITEN DRUCKEN ❼ ist nur zu aktivieren, wenn Sie den Standbogen Ihrer Musterseiten zur Kontrolle ausdrucken möchten.

TOP-TIPP
Ausgabe von Bereichen

»5–« gibt Seiten von Seite 5 bis zum Ende des Dokuments aus. »–5« gibt alle Seiten vom Anfang bis einschließlich Seite 5 aus. »+–5« gibt alle Seiten mit Ausnahme von Seite 5 aus.

HINWEIS

Werden keine geänderten Parameter für die Seitenbereiche unterschiedlicher Seitengröße eingegeben, so wird das gesamte Dokument mit den gewählten Optionen ausgegeben. Dass in diesem Fall auch Teile des Dokuments nicht ausgedruckt werden können, ist somit logisch.

Überprüfen Sie also beim Drucken immer, ob unterschiedliche Seitengrößen im Dokument vorhanden sind.

HINWEIS

Beachten Sie, dass über PostScript die Abschnittsnummerierung auch in die PDF-Datei übertragen wird. Die Seitennavigation ist damit auch dort etwas unhandlicher.

[Standbogen]
Unter einem Standbogen versteht man eine Papiervorlage der Doppelseite eines Layouts, auf der alle Ränder, Grundlinien und Hilfslinien zum Scribbeln bzw. Reinzeichnen eines Layouts zur Verfügung stehen.

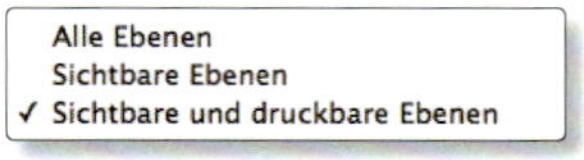

▲ **Abbildung 41.9**
Möglichkeiten, um noch in der Ausgabe auf den Status von Ebenen Rücksicht zu nehmen

▲ **Abbildung 41.10**
Mögliche Ebenenoptionen, die für die Ausgabe von Bedeutung sind. Die Ebene LAYOUT ist auf sichtbar und druckbar gestellt. Die Ebene PLATZHALTER ist sichtbar, jedoch nicht druckbar (der Ebenenname ist kursiv). Die Ebene INSERATE ist zwar druckbar, jedoch nicht sichtbar.

Leere Seiten

Als leer gilt in InDesign eine Seite auch dann, wenn sie nur Elemente der Mustervorlage – z. B. die Pagina – enthält.

HINWEIS

Die Auswahl der Checkbox SICHTBARE HILFSLINIEN UND GRUNDLINIENRASTER DRUCKEN ist bei der Erstellung einer PostScript-Datei nicht möglich.

Bereich »Optionen« | Hier befindet sich die Option EBENEN DRUCKEN ❽, mit der Sie im Druckdialog auf die gewählte Sichtbarkeit und Druckbarkeit der Ebenen in InDesign reagieren können. Diese Funktion ist speziell für den Verpackungsbereich wichtig, in dem Stanzformen für einen Korrekturauszug ausgedruckt, aber in der hochaufgelösten Ausgabe in ein PDF nicht ausgedruckt werden sollen.

In Abbildung 41.9 sind im Ebenen-Bedienfeld auf drei Ebenen alle Ebenenoptionen abgebildet, die für die Ausgabe von Relevanz sind. Die Auswirkung der gewählten Option – ALLE EBENEN; SICHTBARE EBENEN und SICHTBARE UND DRUCKBARE EBENEN – kann folgendermaßen beschrieben werden:

▶ ALLE EBENEN: Damit werden alle Ebenen ausgegeben, egal ob diese nichtdruckbar oder ausgeblendet sind. Somit würden die Ebenen »Inserate«, »Platzhalter« und »Layout« aus unserem Beispiel ausgegeben werden.

▶ SICHTBARE EBENEN: Damit würden nur die Ebenen »Layout« und »Platzhalter« aus unserem Beispiel ausgegeben werden.

▶ SICHTBARE UND DRUCKBARE EBENEN: Wurde beispielsweise eine »nicht druckbare« Ebene für das Anbringen von internen Layout- und Korrekturanweisungen im Dokument angelegt, so werden diese Objekte für die Ausgabe ausgeblendet. Das Resultat unseres Beispiels: Nur die Ebene »Layout« würde ausgegeben werden. Wählen Sie diese Option standardmäßig aus.

Über die Checkbox NICHT DRUCKENDE OBJEKTE DRUCKEN ❾ – das sind Objekte, die über das Attribute-Bedienfeld auf NICHT DRUCKBAR gestellt worden sind – können Sie auch diese Objekte dem PostScript-Stream übergeben. Es sei hier darauf hingewiesen, dass es im Druckdialog nur die Möglichkeit gibt, alle nicht druckbaren Elemente auf druckbar zu stellen. Eine selektive Auswahl, wie sie in QuarkXPress möglich ist, gibt es nicht.

Aktivieren Sie die Checkbox LEERE SEITEN DRUCKEN ❿, damit freigeschlagene Seiten – echte Vakatseiten – auch in einer PDF-Datei erhalten bleiben. Die Ausgabe von Leerseiten bei der Ausgabe auf Laserdruckern oder Farbkopierern ist unerwünscht, da unnötige »Klicks« und somit Kosten entstehen würden. Für die Ausgabe in der Druckvorstufe sind Leerseiten immer auszugeben.

Die Checkbox SICHTBARE HILFSLINIEN UND GRUNDLINIENRASTER DRUCKEN ⓫ kann Sie beim Layouten unterstützen. Durch Aktivierung der Checkboxen DRUCKBÖGEN und SICHTBARE HILFSLINIEN UND GRUNDLINIENRASTER DRUCKEN können Sie einen Standbogen inklusive aller Grundelemente Ihres Layouts ausgeben – eine ideale Ausgangsbasis, um das Layout im Vorfeld reinzuzeichnen.

41.2.3 Das Register »Einrichten«

In EINRICHTEN definieren Sie die Parameter, die sich auf den Medien-Rahmen, die Positionierung innerhalb des Medien-Rahmens sowie die Skalierung des Ausgangsformats beziehen.

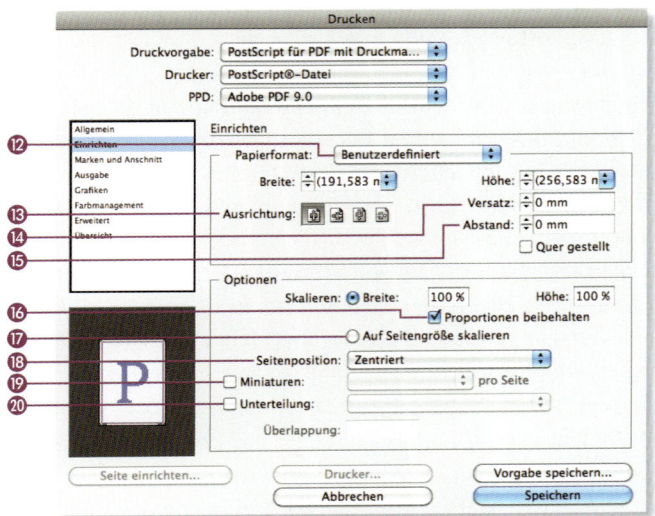

◀ **Abbildung 41.11**
Das Register EINRICHTEN des Druckdialogs. Darin legen Sie das Ausgabepapierformat und die Position der zu druckenden Seite auf dem Papier fest.

Bereich »Papierformat« | Hier können Sie im Pop-up-Menü aus den in der PPD-Datei hinterlegten Standardpapierformaten auswählen. Wollen Sie eine bestimmte Größe für die Ausgabe festlegen oder wird Ihnen vom Druckdienstleister eine bestimmte Größe vorgegeben, so wählen Sie BENUTZERDEFINIERT ⓬ aus. Dadurch können Sie beispielsweise die BREITE auf 240 mm und die HÖHE auf 327 mm setzen, um somit A4 + 15 mm Rand pro Seite festzulegen. A4 ist dabei das Seitenformat, das Papierformat ist dabei um 30 mm höher und breiter. Diese Maße sind für den Medien-Rahmen (Papierformat) – entspricht der MediaBox in PDF – zuständig und sorgen somit dafür, dass genügend Rand zur Abbildung von Anschnitt und Druckermarken zur Verfügung steht. Wenn Sie von Ihrem Druckdienstleister kein spezielles Papierformat vorgegeben bekommen, ändern Sie die BREITE und HÖHE nicht. InDesign CS5 berechnet die für die Ausgabe benötigte Größe automatisch. Die Werte für die BREITE und die HÖHE stehen dann in runden Klammern.

Wählen Sie durch Klicken auf eines der Symbole, wie die AUSRICHTUNG ⓭ des Inhalts im Medien-Rahmen erfolgen soll. Über die Eingabe eines Werts im Feld VERSATZ ⓮ können Sie den Startpunkt der Belichtung, ausgehend vom linken Rand des Materials, eingeben. Im Eingabefeld ABSTAND ⓯ definieren Sie den Seitenvorschub, der zwischen zwei Belichtungen erfolgen soll. Akti-

[MediaBox]
Unter einer MediaBox wird der *Medien-Rahmen* in einer PDF-Datei verstanden – die Papiergröße entspricht dem Netto- zuzüglich Bruttoformat und dem Weißraum, auf dem die Druckermarken platziert sind.

[Papier- oder Seitenformat]
Es ist wichtig, zwischen dem Seitenformat, wie es im Dialogfeld DOKUMENT EINRICHTEN eingestellt wird, und dem Papierformat – dem Papierbogen, Filmstück oder bedruckten Bereich der Platte – zu unterscheiden. So kann es vorkommen, dass Sie als Seitenformat A4 verwenden, zum Druck jedoch einen größeren Bogen oder Film verwenden müssen, damit Druckermarken und der Anschnitt- und Infobereich eingefügt werden können.

> **HINWEIS**
>
> Bei der Erstellung einer PostScript-Datei sind die Optionen AUSRICHTUNG, VERSATZ, ABSTAND und QUER GESTELLT unbedeutend, da diese nur für die Ausgabe auf Film Anwendung finden.

> **Skalierung bei der Ausgabe für den Tiefdruck**
>
> Eine nicht proportionale Ausgabe wird speziell für den Tiefdruck benötigt, wo es, bedingt durch den verwendeten Zylinder, zu Verkürzungen in der Ausgabe kommen muss.

Abbildung 41.12 ▶
Durch die Auswahl der Option MINIATUREN ⓭ kann sehr schnell ein Kontaktabzug für die Ausgabe erstellt werden. In der Vorschauansicht können Sie das daraus resultierende Ergebnis sofort ableiten.

> **TOP-TIPP**
> **Seitenformat benutzerdefiniert**
>
> Wenn Sie InDesign veranlassen, das Papierformat über die Option BENUTZERDEFINIERT automatisch zu berechnen, so müssen Sie die SEITENPOSITION nicht auf ZENTRIERT stellen, da InDesign automatisch denselben Rand um das Seitenformat anlegt.

vieren Sie die Checkbox QUER GESTELLT, womit Sie bei der Filmausgabe von A4-Seiten einiges an Filmmaterial sparen können. Diese Option ist nur bei einem benutzerdefinierten Papierformat zugänglich und auch nur für die separierte Ausgabe auf Film – alte Produktionsweise – von Bedeutung.

Bereich »Optionen« | Hier können Sie eine Skalierung von 1 % bis 1000 % – auch Kommastellen sind zugelassen – für die Ausgabe erreichen. Sollten Sie eine unproportionale Verzerrung wünschen, müssen Sie die Checkbox PROPORTIONEN BEIBEHALTEN ⓰ deaktivieren. Wollen Sie, dass Ihr Dokument automatisch auf den verfügbaren Druckbereich verkleinert/vergrößert wird, so aktivieren Sie die Checkbox AUF SEITENGRÖSSE SKALIEREN ⓱. Achten Sie dabei darauf, dass der druckbare Bereich in den meisten Fällen nicht mit der verwendeten Papiergröße identisch ist. Oft ist der druckbare Bereich eines Tintenstrahldruckers um bis zu 1,5 cm auf allen Seiten kleiner. Nähere Informationen finden Sie im Handbuch des jeweiligen Druckers.

Die Option SEITENPOSITION ⓲ stellen Sie auf ZENTRIERT. Somit kann in der Weiterverarbeitung, z. B. beim Ausschießen, mit konstanten Rändern gerechnet werden. Aktivieren Sie die Checkbox MINIATUREN ⓳, um ein mehrseitiges Dokument verkleinert und in Form eines Übersichtsblatts (Kontaktabzug) ausdrucken zu lassen. Sobald Sie die Checkbox aktiviert haben, können Sie im Popup-Menü aus vordefinierten Schemata von 1 x 2 bis 7 x 7 auswählen.

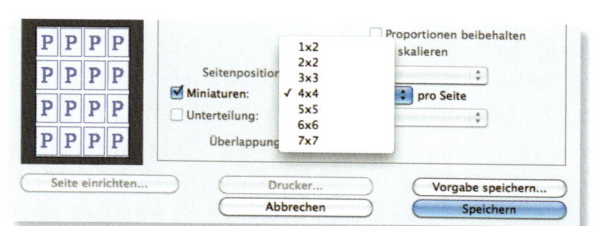

Durch Aktivieren der Checkbox UNTERTEILUNG ⓴ haben Sie die Möglichkeit, beispielsweise ein A0-Plakat auf einem A3-Drucker, aufgeteilt auf mehrere Seiten, auszugeben. Damit beim Zusammenkleben der Einzelseiten noch genügend überlappende Bereiche zur Verfügung stehen, können Sie den Bereich definieren, in dem sich Teilbereiche der Seite überlappen sollen. Auch hierbei hilft die Vorschauansicht enorm.

41.2.4 Das Register »Marken und Anschnitt«

Hier haben Sie die Möglichkeit, alle druckrelevanten Parameter wie SCHNITTMARKEN, ANSCHNITTSMARKEN, PASSERMARKEN, FARB-

Kontrollstreifen, Seiteninformationen sowie eine Erweiterung des Ausgabebereichs, um den Anschnitt oder den Infobereich einzustellen. Auch hier sehen Sie in der Vorschauansicht die Auswirkungen der aktivierten Optionen.

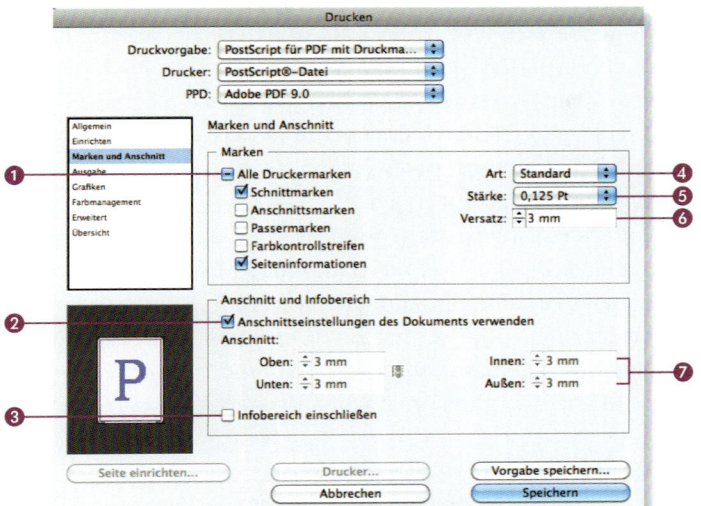

[Anschnittsmarken]
Diese kennzeichnen den Anschnittsbereich. In manchen Fällen, in denen zuerst auf den Anschnitt beschnitten wird, sind somit auch diese Marken von zentraler Bedeutung. In früheren InDesign-Versionen wurden diese mit Beschnittzugabemarken benannt.

◀ Abbildung 41.13
Das Register Marken und Anschnitt des Druckdialogs. Darin können alle druckrelevanten Parameter wie Schnittmarken, Anschnittsmarken, Passermarken, Farbkontrollstreifen und die Seiteninformationen gesetzt werden. Auch die Ausgabe des Anschnitt- bzw. des Infobereiches kann hier für die verschiedensten Workflows ein- oder ausgeblendet werden.

Bereich »Marken« | Aktivieren Sie hier jene Druckermarken ❶, die Sie für die Weiterverarbeitung benötigen. Unser Vorschlag in Abbildung 41.13 stellt einen guten Wert dar, sobald Sie mit Druckermarken arbeiten müssen. Wählen Sie bei Art ❹ den Typ der verwendeten Passermarken aus. Im Lieferumfang von InDesign CS5 steht dabei nur Standard zur Verfügung. Setzen Sie die Stärke ❺, die zur Abbildung der Druckermarken verwendet wird, auf 0,125 Pt, und legen Sie den Abstand für diese Marken in der Option Versatz ❻ mit 3 mm fest. Damit werden alle Druckermarken mit der angegebenen Stärke erstellt und außerhalb des Anschnitts positioniert. In manchen Fällen ist es jedoch erwünscht, dass die Schnittmarken in den Anschnitt wachsen, damit auch nach dem Beschnitt auf die Anschnittsmarken immer noch die Schnittmarken ersichtlich sind. Vermeiden Sie jedoch in jedem Falle, dass die Schnittmarken zu nahe an das Endformat (Seitenformat) verschoben werden.

Bereich »Anschnitt und Infobereich« | In diesem Bereich bestimmen Sie, ob eine Erweiterung des gedruckten Bereichs erfolgen soll. Ist für das Dokument kein Anschnitt festgelegt, so werden alle über die Seiten hinausstehenden Teile am Seitenrand abgeschnitten. Haben Sie jedoch einen Anschnitt eingestellt, so müssen Sie nur die Checkbox Anschnittseinstellungen des

HINWEIS

Wenn Sie Seiteninformationen aktivieren, werden diese in der Schrift Helvetica in 6 Pt hinzugefügt. Wundern Sie sich also nicht, wenn Sie in der PDF-Datei eine Helvetica finden.

[TrimBox]
Unter »TrimBox« wird der *Endformat-Rahmen* – das Nettoformat des beschnittenen Produkts – in einer PDF-Datei verstanden.

[BleedBox]
Unter »BleedBox« wird der *Anschnitt-Rahmen* – das Bruttoformat inklusive des abfallenden Bereichs – in einer PDF-Datei verstanden.

Dokuments verwenden ❷ aktivieren. Ein fehlender Anschnitt im Dokument kann über die vier Eingabefelder nachträglich für die Ausgabe hinzugefügt werden. Geben Sie in den vier Feldern Anschnitt 3 mm für alle Seitenränder ein. Ist Ihr Dokument ein doppelseitiges Dokument, so steht statt der Werte Links und Rechts die Bezeichnung Innen und Aussen ❼. In diesem Fall sollten Sie den Innen-Wert, er liegt ja im Bund, mit 0 mm definieren. Bei einseitigen Dokumenten sollten alle Werte gleichmäßig mit 3 mm beschneiden. Der einzugebende Wert ist in der Regel 3 mm, es empfiehlt sich jedoch, dies vorher mit dem Druckdienstleister abzusprechen.

Wurde für das Dokument zusätzlich ein *Infobereich* festgelegt – Sie haben z. B. außerhalb des Endformates eine Textvariable zur Ausgabe des gesamten Dokumentenpfads eingefügt –, so können Sie diesen durch Aktivierung der Checkbox Infobereich einschliessen ❸ ausgeben. Alles, was über den Infobereich hinausragt, wird abgeschnitten und nicht ausgegeben.

> **Infobereich wird BleedBox**
>
> Wenn Sie die Checkbox Infobereich einschliessen aktivieren, so wird dieser Bereich zur *BleedBox* innerhalb der PDF-Datei. Aktivieren Sie somit diese Option nicht, wenn Sie lediglich 3 mm Anschnitt in der PDF-Datei benötigen.

41.2.5 Das Register »Ausgabe«

Bestimmen Sie in diesem Register die Form der Ausgabe in Bezug auf Farbe, Ausgabe als Composite oder Ausgabe als separierter Farbauszug.

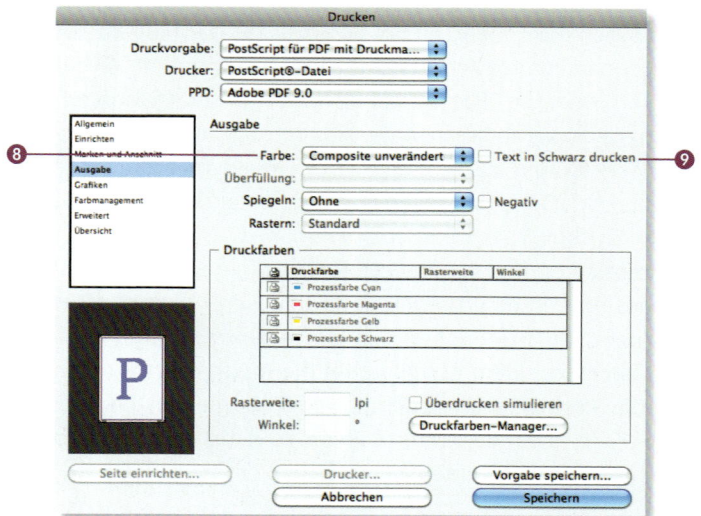

Abbildung 41.14 ▶
Das Register Ausgabe des Druckdialogs. Darin kann die Ausgabe als Composite oder als separierte Einzelseite erfolgen. Speziell bei der separierten Ausgabe – ältere Produktionsweise – müssen zusätzliche Informationen im Vergleich zur Composite-Ausgabe vorgegeben werden.

Wählen Sie unter Farbe ❽ aus, ob Sie eine der Composite- oder eine der Separationsvarianten ausgeben möchten

Wenn Sie zusätzlich die Checkbox Text in Schwarz drucken ❾ aktivieren, bedeutet dies, dass Text immer als 100 % K gedruckt wird, unabhängig davon, ob es sich um farbigen oder weißen Text handelt und ob das Layoutdokument mit CMYK- oder RGB-Farben angelegt wurde. Diese Option ist für Textkorrekturabzüge sinnvoll, es sollten dazu jedoch auch die Bilddaten für die Ausgabe deaktiviert werden.

Composite-Modi | Die Composite-Ausgabe von InDesign-Dokumenten wirkt sich auf platzierte Pixelbilder und auf InDesign-Objekte aus. Platzierte EPS- und PDF-Dateien bleiben in einigen Fällen – meist in Verbindung mit alten Logos – unverändert!

An einem einfachen Beispiel wollen wir Ihnen zeigen, was bei der Ausgabe in einen definierten Composite-Modus alles passieren kann. Die Ausgabedatei, versehen mit einigen Schmankerln, in InDesign CS5 sieht aus wie in Abbildung 41.15.

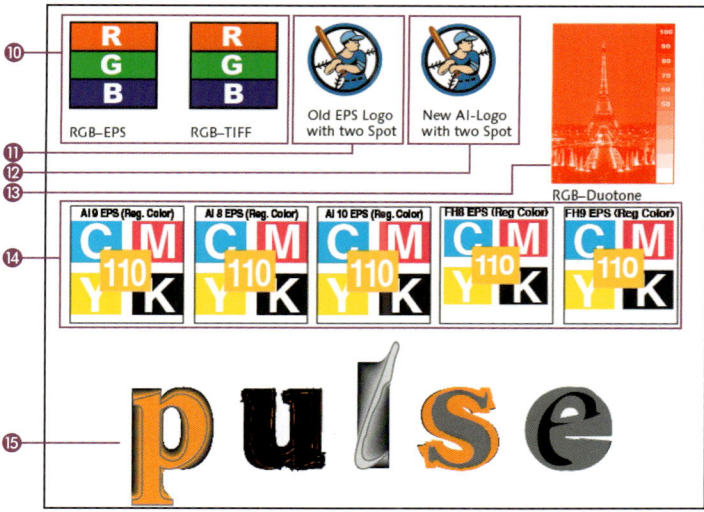

Text in Schwarz drucken

Die Checkbox TEXT IN SCHWARZ DRUCKEN ❾ ist in Verbindung mit COMPOSITE-GRAU, -RGB und -CMYK, nicht jedoch mit PostScript aktivierbar. Beachten Sie, dass Texte aus platzierten EPS- oder PDF-Dateien nicht berücksichtigt werden.

Auf der Buch-DVD finden Sie dieses Beispiel im Ordner BEISPIELMATERIAL • KAPITEL_41 unter der Bezeichnung »Farbausgabe Testseite.indd«.

◄ **Abbildung 41.15**
Die Originaldatei besteht aus einem RGB-Bild, das als EPS bzw. als TIFF abgespeichert ist ❿, einem EPS-Logo mit zwei Schmuckfarben, einmal als altes EPS ⓫ und einmal als neueres AI-Logo ⓬ abgespeichert, aus einem Duotone-Bild aus Magenta und Pantone 110 ⓭, aus einem EPS-Logo, bestehend aus CMYK und der Pantone 110. Dieses Arrangement wurde jeweils in Illustrator 8, 9 und 10 und FreeHand 8 und 9 erstellt und abgespeichert ⓮. Das Logo »pulse« ⓯ ist ein 4c-Vektor.

Nachstehende Screenshots belegen, dass das Umwandeln in den gewünschten Composite-Modus meistens ein Zufallsergebnis ist.

Wählen Sie COMPOSITE-GRAU aus, um eine Graustufen-Version der Seiteninhalte in die PostScript-Datei zu übergeben und dabei im besten Fall alle platzierten Objekte in Grau zu wandeln.

▼ **Abbildung 41.16**
Links: Gesamtergebnis nach der Ausgabe; Mitte: Anzeige des Schwarzkanals; rechts: Anzeige aller Volltonfarben

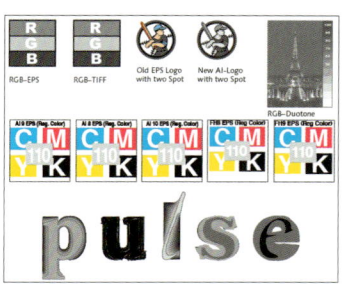 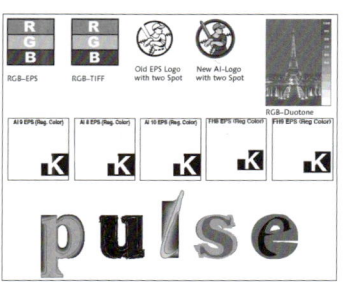 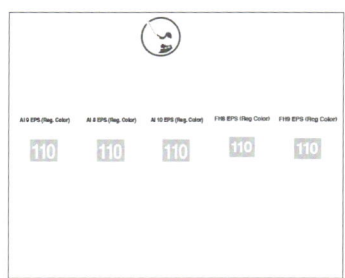

41.2 Druckoptionen | **849**

Fazit-Composite-Grau

COMPOSITE-GRAU ist nur für die Ausgabe auf Schwarzweiß-Laserdruckern geeignet. Die Umwandlung einer 4c-Satzdatei für die reine Ausgabe in einem Kanal ist nicht zu empfehlen.

Das Ergebnis: CMYK-Werte aus platzierten EPS-Dateien werden nicht konvertiert; Duotone-Bilder werden konvertiert; Volltonfarben bleiben erhalten, werden aber in ein äquivalentes Grau – jedoch als Volltonfarbe – konvertiert. Das ist ein unbrauchbares Ergebnis, wenn man die Ausgabe in Schwarzweiß in einer PDF-Datei beabsichtigt.

Wählen Sie COMPOSITE-RGB, um eine RGB-Version der Seiteninhalte in die PostScript-Datei zu übergeben. Dabei werden nicht alle im Dokument verwendeten Farben nach RGB konvertiert. In welchen RGB-Farbraum dabei konvertiert wird, hängt von den Einstellungen im Register FARBMANAGEMENT ab bzw. davon, welche Einstellungen im Adobe Distiller vorgenommen wurden.

▼ **Abbildung 41.17**
Links: Gesamtergebnis nach der Ausgabe; Mitte: Anzeige aller RGB-Objekte; rechts: Anzeige der Volltonfarben

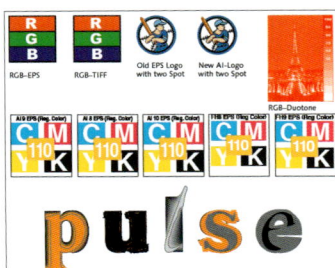

Fazit-Composite-RGB

COMPOSITE-RGB funktioniert nur sauber, wenn keine Volltonfarben verwendet und aktuelle Dateiformate platziert werden.

Das Ergebnis: Bis auf die Volltonfarben und das alte EPS-Logo (bleibt CMYK) werden alle Inhalte sauber nach RGB konvertiert. Die Volltonfarben bleiben sauber als Volltonfarbe in der PDF-Datei erhalten. Ein etwas ungewöhnliches Konstrukt ergibt das Duotone-Bild: Der Magenta-Kanal wird nach RGB konvertiert, die Volltonfarbe bleibt erhalten.

Wählen Sie COMPOSITE-CMYK aus, um eine 4c-Variante mit Volltonfarben in die PostScript-Datei zu übergeben. Die Ausgabe nach Composite-CMYK führt bei fast allen Dateien zum gewünschten Ergebnis.

▼ **Abbildung 41.18**
Links: Gesamtergebnis nach der Ausgabe; Mitte: Anzeige aller CMYK-Objekte; rechts: Anzeige der Volltonfarben

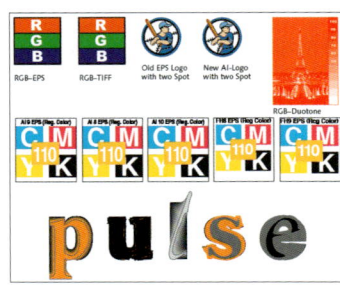
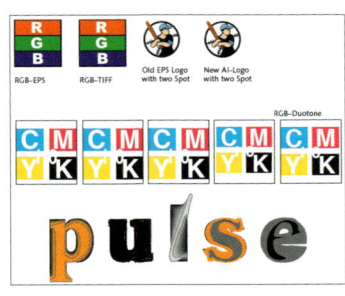

Das Ergebnis: Bis auf die Volltonfarben werden alle Objekte nach CMYK konvertiert bzw. bleiben in CMYK sauber erhalten. In welchen Ausgabefarbraum RGB-Objekte und ob CMYK-Objekte konvertiert werden, hängt von den Einstellungen im Register FARBMANAGEMENT ab.

Mit COMPOSITE UNVERÄNDERT – der Ausgabeform für eine medienneutrale Erstellung einer PostScript-Datei – erstellen Sie eine PostScript-Datei, in der die verwendeten Farbräume auch als solche erhalten bleiben. Wurden RGB-Dateien platziert, so bleiben diese RGB. CMYK-, Graustufen-, Bitmap- und Volltonfarbdateien bleiben ebenfalls als solche erhalten, solange sich keine Transparenzen auf der entsprechenden Seite befinden. Sobald sich Transparenzen auf der Seite befinden, werden alle RGB-, Lab- und Bitmap-Informationen nach CMYK konvertiert.

Schmuckfarben bleiben somit bei jeglicher Composite-Variante erhalten. Eine Konvertierung dieser nach CMYK kann nur über den Druckfarben-Manager bzw. eine Änderung des Farbmodus im Farbfelder-Bedienfeld herbeigeführt werden.

Fazit-Composite-CMYK

COMPOSITE-CMYK funktioniert in den meisten Situationen. Die Volltonfarben bleiben jedoch erhalten. Das Umwandeln der Volltonfarben kann nur über den Druckfarben-Manager erfolgen.

▼ **Tabelle 41.1**
Eine Zusammenfassung zur Frage: »Welcher Farbraum wird durch welchen Modus in welchen Zielfarbraum konvertiert?«

Farbraum	Composite-Grey	Composite-RGB	Composite-CMYK	Comp.-unverändert
Bitmap	Graustufen	RGB	DeviceN-K (Grau)	DeviceN-K (Grau)*
Graustufen	Graustufen	RGB	DeviceN-K (Grau)	DeviceN-K (Grau)*
RGB	Graustufen	RGB	CMYK	RGB*
CMYK	Graustufen, bis auf 4c-EPS-Dateien	RGB, bis auf ältere 4c-EPS-Dateien	CMYK	CMYK
Volltonfarben	Volltonfarben werden in graue Volltöne konvertiert.	Volltonfarben bleiben erhalten.	Volltonfarben bleiben erhalten.	Volltonfarben bleiben erhalten.

* Solange keine Transparenz in der zu exportierenden Seite angebracht wurde, bleiben die Farbräume erhalten. Sind Transparenzen enthalten, so werden alle Objekte, auch wenn diese nicht mit der Transparenz in Berührung kommen, in den Transparenzfüllraum – er ist standardmäßig auf CMYK gestellt – konvertiert.

Separierte Ausgabe | Während für die Composite-Ausgabe die Parameter für Rasterweite, Rasterwinkel und Punktform nicht benötigt werden, gewinnen Rastereinstellungen bei der vorseparierten Ausgabe – diese wird nur in älteren Produktionsweisen verwendet – an Bedeutung.

▶ Wählen Sie **Separationen** in der Option FARBE ❶ aus, wenn Sie aus InDesign CS5 Farbseparationen für eine Ausgabe auf Film oder Platte durchführen wollen.
▶ Wählen Sie **In-RIP-Separationen** aus, wenn Sie quasi eine Composite-Ausgabe mit hinterlegten Rastereinstellungen an den RIP übertragen wollen. Die übertragenen Rastereinstellungen werden durch den RIP ausgewertet, sofern der RIP nicht generell alle Informationen dieser Art ignoriert. Die Wahl der Werte muss mit dem Druckdienstleister abgesprochen sein!

Rasterweite und Winkel

Über die Eingabe der Rasterweite und des Rasterwinkels kann auf die Lage (Winkel) und die Punktgröße (Rasterweite) des Rasterpunktes Einfluss genommen werden.
Die Vergabe falscher Werte für RASTERWEITE und WINKEL ❺ würde in den meisten Fällen zu einem Moiré im Druck führen.

Wenn Sie eine PDF-Datei erstellen wollen, wählen Sie immer eine der Composite-Varianten aus, denn für die korrekte Wahl der Rastereinstellungen ist der Dienstleister bei der Ausgabe der PDF-Datei verantwortlich. Dieser logischen Folgerung wurde im Druckdialog von InDesign CS5 Rechnung getragen, weshalb unter RASTERWEITE und WINKEL ❺ keine Werte bei der Wahl einer Composite-Ausgabe eingegeben werden können.

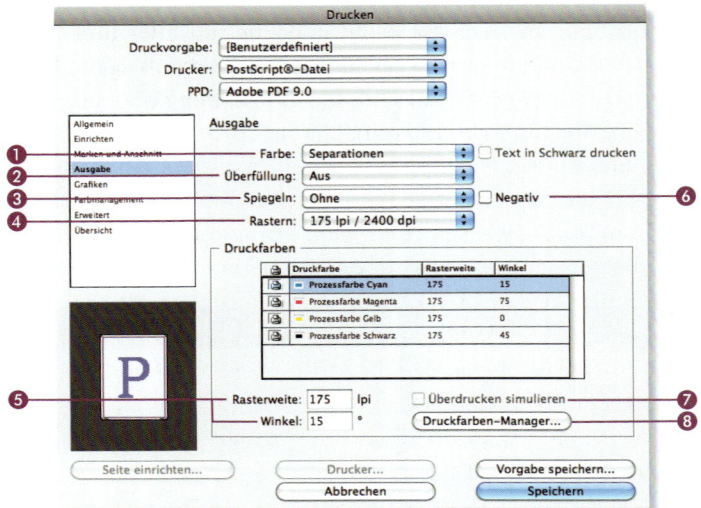

Abbildung 41.19 ▶
Das Register AUSGABE des Druckdialogs. Darin können alle für die separierte Ausgabe benötigten Parameter wie Rasterweite, Rasterwinkel ❺ und die Spiegelung ❸ bestimmt werden.

Bereich »Druckfarben« | Sobald Sie einen der Ausgabemodi Separationen bzw. In-RIP-Separationen gewählt haben, können Sie zusätzlich in den Optionen ÜBERFÜLLUNG sowie SPIEGELN und RASTERN Einstellungen vornehmen und die Checkbox NEGATIV aktivieren. Diese drei Optionen sind für eine direkte Ausgabe auf PostScript-RIPs sehr wichtig.

Wählen Sie in der Option ÜBERFÜLLUNG ❷ jene Überfüllungsvorgabe aus, die Sie sich für den jeweiligen Ausgabefall angelegt haben. Wie Sie Überfüllungsvorgaben definieren, können Sie in Abschnitt 35.1.3, »Überfüllungsvorgaben definieren«, auf Seite 765 nachlesen.

Die Option SPIEGELN ❸ erlaubt es Ihnen, für die Ausgabe auf Film die zu wählende Schichtseite zu berücksichtigen. Die Option NEGATIV ❻ ermöglicht in Kombination auch noch die Negativausgabe auf Film. Die Angaben unter RASTERN ❹ sind feste Voreinstellungen, die aus der gewählten PPD-Datei ausgelesen werden. Die Wahl des Rasters und der dazu passenden Rasterwinkelungen ist je nach Produktionsweise temporär in den Optionen RASTERWEITE und WINKEL ❺ vorzunehmen. Wollen Sie andere Raster-

---

Überfüllen

InDesign kann sehr fein einstellbare Überfüllungen für Seiten bzw. Seitenbereiche verarbeiten. Überfüllen ist ein sehr komplexes Thema, weshalb es den Spezialisten in der Druckvorstufe vorbehalten bleiben soll, denn nur sie wissen, bei welchen Druckmaschinen in Verbindung mit welchem Papier bzw. bei welchen Druckmaschinen ein Überfüllen überhaupt notwendig ist.

Das Überfüllen *(Trappen)* sollte somit immer einer der letzten Schritte bei der Ausgabe einer Datei sein.

winkel und Rasterweitenkombinationen standardmäßig in der Auswahlliste angeboten bekommen, so müssen Sie diese in der PPD-Datei mithilfe eines einfachen Texteditors eintragen. Das permanente Ändern der Werte in den Optionen RASTERWEITE und WINKEL würde dadurch entfallen.

Die Option ÜBERDRUCKEN SIMULIEREN ❼ ist eine hervorragende Möglichkeit, eine Visualisierung aller überdruckten Elemente in einem Composite-Workflow zu ermöglichen. Dadurch werden Elemente, die im Layout oder in importierten EPS- und PDF-Dateien auf überdruckend gestellt wurden, in der Ausgabe farblich miteinander verrechnet, was einer Simulation der überdruckten Farben im Druck gleichkommt. Für den Druck ist diese Option jedoch unbrauchbar! Achten Sie daher darauf, dass die Option ÜBERDRUCKEN SIMULIEREN nur im Zusammenhang mit elektronischen Bürstenabzügen (Korrekturabzug) über PDF oder für die Ausgabe auf einem Farbkopierer zu verwenden ist.

Die Funktion vom DRUCKFARBEN-MANAGER ❽ wurde bereits in Abschnitt 14.7.4, »Druckfarben-Manager«, auf Seite 352 beschrieben. Sie haben damit im Druckdialog vor der Ausgabe einer Composite- oder vorseparierten Datei noch einmal die Möglichkeit, Volltonfarben zu »mappen«, Volltonfarben für die PDF-Erstellung in CMYK-Farben umzuwandeln oder durch Einstellung der Farbdichten den Überfüllungsprozess zu beeinflussen.

41.2.6 Das Register »Grafiken«

Im Register GRAFIKEN werden die Parameter in Sachen vollauflösende Daten, Laden von Schriften und unterstützte PostScript-Level festgelegt. Die Wahl der richtigen Parameter ist dabei sehr produktionsentscheidend.

Bereich »Bilder« | Hier wählen Sie über die Option DATEN SENDEN ❾, welche Bildauflösung bzw. ob überhaupt ein Bild an den Drucker gesendet werden soll.

- **Alle:** Wählen Sie für eine hochaufgelöste Ausgabe immer ALLE aus dem Popup-Menü aus. Diese Option sollte für die Erzeugung von PDF-Dateien immer gewählt sein.
- **Auflösung reduzieren:** Diese Option eignet sich hervorragend zur Ausgabe von Dateien mit importierten TIFF-Beständen auf PostScript-fähigen Laserdruckern und Farbkopierern, da damit die Berechnungszeiten des RIP drastisch verringert werden können. Beachten Sie jedoch, dass, wenn Sie diese Wahl vornehmen, das Phänomen des Subsamplings von platzierten TIFF-Bildern auftreten kann. QuarkXPress-Anwender würden denselben Effekt erzielen, wenn sie im Druckdialog im Reiter

---

> **TOP-TIPP**
> **Überdrucken simulieren**
>
> Verwenden Sie ÜBERDRUCKEN SIMULIEREN ❼ nur im Zusammenhang mit elektronischen Bürstenabzügen über PDF oder für die Ausgabe auf einem Farbkopierer oder Farbtintenstrahldrucker.
>
> Fehler, wie weiße Schrift, die auf einer farbigen Fläche auf überdruckend gestellt wurde, sind somit sofort im Korrekturabzug erkennbar.

> **Druckfarben-Manager**
>
> Ihre Einstellungen im Druckfarben-Manager gelten nach Bestätigung der Änderung im Dialog mit OK für das gesamte Dokument und sind somit nicht nur temporär für die Ausgabe von Bedeutung.

> **Subsampling und TIFF**
>
> InDesign hat die Eigenschaft, dass TIFF-Bilder – Halbtonbilder – bei der Ausgabe auf das Zweifache der eingestellten Auflösungseinstellung (Rasterweite in lpi) heruntergerechnet werden. Es erfolgt somit ein Subsampling. Ein Bild, das beispielsweise in einer effektiven Auflösung von 450 dpi in InDesign vorliegt, wird bei der Ausgabe für ein 30er-Raster = 76,2 lpi (30 x 2,54 = 76,2) auf 152,4 dpi heruntergerechnet.

Optionen die Checkbox Vollauflösende TIFF-Ausgabe deaktiviert hätten.

▶ **Bildschirmversion:** Durch die Wahl dieses Eintrags werden alle platzierten Bitmap-Bilder mit der Bildschirmauflösung an das Ausgabegerät bzw. den PostScript-Code übergeben. Es empfiehlt sich, diese Einstellung nur zu wählen, wenn Sie einen Probedruck erstellen möchten.

▶ **Ohne:** Wählen Sie Ohne, so werden bei der Ausgabe alle Bildrahmen als graue Fläche dargestellt, um die Position der Grafiken und Bilder auf den Seiten sehen zu können. Die Ausgabe ohne diese grauen Flächen ist leider nicht möglich.

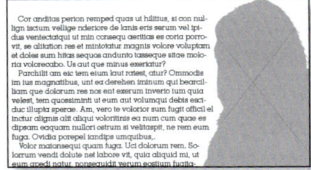

Abbildung 41.20 ▶
Durch die Wahl der Option Ohne werden Bilder ausgegraut.

Seit InDesign CS5 funktioniert die Option Ohne nun, so wie es erwartet wird. Graue Flächen verdecken nun keinen Text mehr.

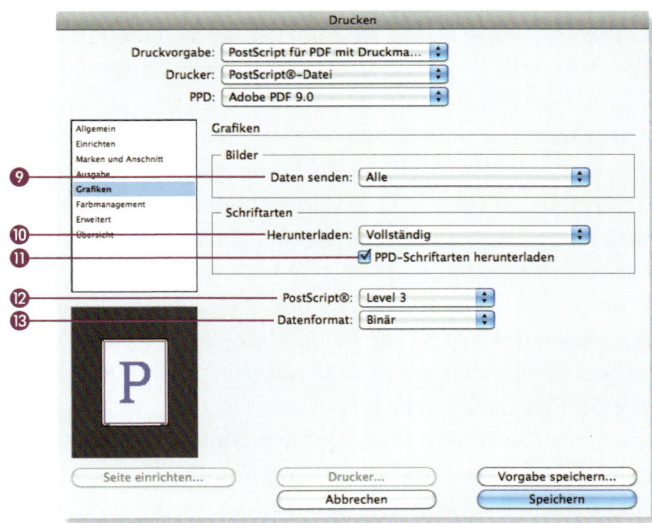

Abbildung 41.21 ▶
Das Register Grafiken des Druckdialogs. In welcher Auflösung Bilder und ob überhaupt Bilder und Schriften in die PostScript-Datei übergeben werden, bestimmt entscheidend, wie das gedruckte Ergebnis schlussendlich aussieht. Profis aus der Druckvorstufe fragen sich zu Recht, weshalb man hier überhaupt Änderungen machen kann. InDesign wird nicht nur im professionellen Umfeld eingesetzt, sondern auch im Marketing- und Office-Bereich. Und gerade hier spielt die Optimierung des PostScript-Codes eine wichtige Rolle in Sachen Performance.

[Volleinbettung]
Die Volleinbettung veranlasst, dass alle Zeichen des verwendeten Schriftschnitts vollständig eingebettet werden.

Bereich »Schriftarten« | In diesem Bereich regeln Sie, in welcher Form die Schriftinformationen in die PostScript-Datei geschrieben werden. Wählen Sie in der Option Herunterladen ❿ einen der drei Einträge Ohne, Vollständig oder Untergruppe aus.

▶ **Vollständig:** Wählen Sie diesen Eintrag, wenn Sie alle Glyphen (auch solche Glyphen, die nicht im Layout verwendet wurden) des verwendeten Schriftschnitts in den PostScript-Stream einbinden möchten. Ob dadurch wirklich alle Glyphen eingebettet werden, hängt von verschiedenen Faktoren ab. Aufgrund der Voreinstellungen des Programms werden bei OpenType- und TrueType-Schriften lediglich Schriften, die weniger als 2000 Zeichen besitzen, vollständig in den PostScript-Stream eingebunden. Hat die OpenType-Schrift mehr als 2000 Zeichen, so wird eine Fontuntergruppe (nur alle verwendeten Glyphen des Schriftschnitts) eingebettet.

- **Untergruppe:** Wird der Eintrag UNTERGRUPPE aktiviert, so werden dagegen Subsets von allen verwendeten Schriftschnitten in die PostScript-Datei eingebunden.
- **Ohne:** Diese Auswahl ist nur in Verbindung mit einem PDF/X-2- bzw. PDF/X-5-Workflow von Interesse oder dann, wenn Sie erzwingen möchten, dass die Schriften des Druckers für die Ausgabe verwendet werden. Ein Risiko!

Aktivieren Sie in jedem Fall die Checkbox PPD-SCHRIFTARTEN HERUNTERLADEN ⓫. Wird diese nicht aktiviert, so werden alle in der PPD aufgelisteten Fonts – jene Schriften, die ein PostScript-RIP lokal im RIP vorrätig hat – nicht in die PostScript-Datei gepackt. Es wird dabei davon ausgegangen, dass diese Schrift dem Adobe Distiller (bzw. dem RIP) zur Verfügung steht. Allein diese Kleinigkeit kann Produktionen vernichten, wenn beispielsweise der Distiller zwar auf eine Times zugreifen kann, diese Version der Times aber im Gegensatz zur verwendeten Schrift kein Euro-Zeichen besitzt.

Wählen Sie unter POSTSCRIPT® ⓬, wenn möglich, LEVEL 3 aus. InDesign unterstützt nur PostScript-Level-2- und PostScript-3-RIPs. Die Ausgabe auf PostScript-Level-1-Geräten war bereits seit der ersten Version von InDesign nicht möglich. Bei der Erstellung von PostScript-Dateien für die PDF-Erstellung wählen Sie immer LEVEL 3 aus, da alle Acrobat-Distiller-Versionen seit Acrobat 4.0 auf einem PostScript 3-Interpreter basieren.

Wenn Sie darüber hinaus das DATENFORMAT ⓭ auf BINÄR stellen, kann die PostScript-Datei um bis zu 25 % kleiner werden und damit die Übertragung im Netzwerk beschleunigen.

41.2.7 Das Register »Farbmanagement«

Im Register FARBMANAGEMENT nehmen Sie die Einstellungen für eine mögliche Farbverrechnung vor. Die in diesem Dialog gezeigten Parameter sind dabei von den Einstellungen im Register AUSGABE und dem für das Dokument definierten Farbmanagement abhängig.

[Fontuntergruppe]
Unter einer Fontuntergruppe (Font-Subset) versteht man nicht etwa einen Schriftschnitt einer Schriftfamilie, sondern nur die verwendeten Zeichen eines Schriftschnitts.

Vorteile von PostScript 3

Smooth Shading – Damit werden Verläufe erst beim Rastern der Ausgabe berechnet und nicht im Vorfeld durch Aneinanderreihung von farbig abgestuften Farbflächen erzeugt.
Device-N – Das Abbilden von Duplexbildern und die Verarbeitung von mehreren Volltonfarben sind damit kein Problem mehr.
Flate-Kompression – Alle LZW-komprimierten Bildbestände werden in die lizenzfreie Flate-Kompression umgewandelt.
Idiom Recognition – Existierender »alter« PostScript-Code (z.B. streifiger Verlauf) wird dynamisch durch modernen, optimierten PostScript-Code ersetzt.
CID-Fonts – Die Verarbeitung von »Zwei-Byte-Schriften« ist nun vollständig möglich.

Binär oder ASCII

Die Erzeugung von ASCII-codierten Daten ist aus heutiger Sicht nicht mehr sinnvoll, da alle gängigen Betriebssysteme inzwischen Binärdaten verarbeiten können.

> **TIPP**
>
> Zum Erstellen einer medienneutrale PDF-Datei wählen Sie im Register Ausgabe den Ausgabemodus Composite unverändert und im Register Farbmanagement die Option kein Farbmanagement aus.
>
> Damit werden alle Daten im Ursprungsfarbraum (wenn keine Transparenzen vorhanden sind) in den PostScript-Stream übergeben. Mögliche Farbkonvertierungen werden dann zu einem späteren Zeitpunkt durchgeführt. Sprechen Sie sich dazu mit Ihrem Dienstleister ab.

Abbildung 41.22 ▶
Das Register Farbmanagement des Druckdialogs. Die abgebildete Einstellung entspricht der Empfehlung für die Erstellung einer medienneutralen PDF-Datei. Die Durchführung einer Farbkonvertierung bei der Erstellung einer PostScript-Datei ist aus unserer Sicht der falsche Zeitpunkt. Sie sind dabei auf die Willkür einer Implementierung von Adobe angewiesen. Eine »sichere« Farbkonvertierung ist nicht in allen Fällen gewährleistet.

Bereich »Drucken« | Hier kann zwischen den Optionen Dokument und Proof ausgewählt werden. Wählen Sie Dokument ❶, wenn Sie eine Ausgabe auf einen RIP oder eine PostScript-Datei für die PDF-Erstellung wünschen. Damit wird der im Druckdialog ausgewählte Ausgabefarbraum zur Verrechnung der Bildbestände verwendet. Wählen Sie Proof ❷, wenn Sie den über den Menübefehl Ansicht • Proof einrichten hinterlegten Farbraum als Arbeitsfarbraum für die Ausgabe verwenden wollen. Das Einrichten eines Soft-Proofs sowie die Wahl der korrekten Einstellungen für die Durchführung eines Hard-Proofs werden in Abschnitt 41.4, »Proofen«, auf Seite 864 noch in Form von Schritt-für-Schritt-Anleitungen näher ausgeführt.

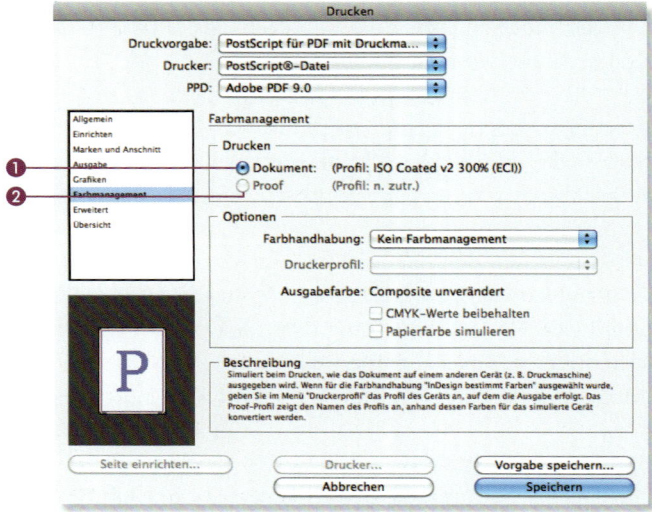

Bereich »Optionen« | Hier müssen Sie zuerst entscheiden, ob eine Farbkonvertierung in den Ausgabefarbraum von InDesign CS5 oder erst im RIP erfolgen soll. Haben Sie sich im Register Ausgabe für den Farbmodus Composite unverändert entschieden, so können Sie in der Option Farbhandhabung ❸ nur zwischen Kein Farbmanagement und PostScript®-Drucker bestimmt Farben wählen. In diesem Fall ist dieses Register für Sie nicht von Bedeutung. Haben Sie sich jedoch für Composite-CMYK oder einen der anderen Composite-Modi entschieden, so können Sie verschiedene Arbeitsweisen abbilden. Nachstehende Ausführungen beschreiben die Ausgabe im Composite-CMYK-Modus, durch den Lab- und RGB-Daten beim Drucken nach CMYK umgewandelt werden sollen.

▶ **Die Farbkonvertierung erfolgt erst im RIP:** Diese Ausgabeform bleibt den Druckvorstufenbetrieben vorbehalten, denn nur sie wissen, welche Parameter auf ihren Ausgabesystemen verwendet werden. Durch die Einstellung der Option Post-Script®-Drucker bestimmt Farben ❸ werden alle platzierten Bildbestände, denen ein ICC-Profil zugewiesen ist, unverändert in ihrem Farbraum in den PostScript-Stream übergeben. Bilder ohne zugewiesenes Profil und InDesign-Objekte (Farbflächen, Konturen und vor allem schwarzer Text) bekommen den eingestellten Arbeitsfarbraum als CSA – Quellprofile werden in PostScript als CSA beschrieben – zugewiesen. Gerade für letzteren Fall spielt die Option CMYK-Werte beibehalten ❹ eine wichtige Rolle.

> **PostScript Colormanagement (PCM) und CSA**
>
> PCM ist seit PostScript Level 2 – ab Version 2017 – in PostScript implementiert. Zur Beschreibung der Konvertierung wird in PCM ebenfalls mit Profilen gearbeitet. Das *CSA* (Color Space Array) entspricht dabei einem Eingabeprofil.

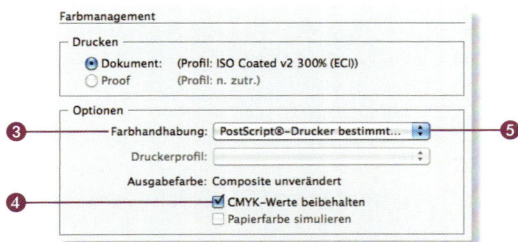

◄ **Abbildung 41.23**
Das Register Farbmanagement des Druckdialogs mit eingestellten Optionen zur Ausgabe von PostScript-Dateien, wobei eine mögliche Farbkonvertierung durch den RIP erfolgen soll

Ist die Option aktiviert, so bleiben die Farbnummern aller Bilder ohne zugewiesenes Profil wie auch alle InDesign-Objekte – und hier vor allem der schwarze Text – von einer Farbkonvertierung durch das im RIP eingestellte Color Rendering Dictionary (CRD = Ausgabeprofil) verschont. Damit haben Sie sichergestellt, dass schwarzer Text sich in der Ausgabe nicht plötzlich aus allen vier Farbauszügen aufbaut und dass sich reine Farbtöne, die Sie in InDesign CS5 erstellt haben (z. B. ein Rot: C = 0, M = 100, Y = 100, K = 0), nicht farbnummernmäßig (z. B. C = 5, M = 98, Y = 94, K = 0) verändern.

▶ **Die Farbkonvertierung erfolgt in InDesign:** Liegen Bild- und Vektorbestände in einem Farbraum vor, der nicht dem Farbraum des Zielfarbraums entspricht, so muss eine Konvertierung erfolgen. Wählen Sie dazu InDesign bestimmt Farben in der Option Farbhandhabung ❻ aus.

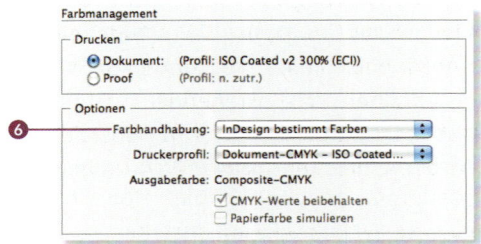

◄ **Abbildung 41.24**
Standardeinstellung des Registers Farbmanagement im Druckdialog bei gewähltem Composite-CMYK-Ausgabeverfahren

Sie wollen ein InDesign-Dokument inklusive aller InDesign- und Vektor-Grafiken sowie Pixelbilder, egal in welchem Farbraum sie vorliegen, in ein PDF überführen, das nur aus Vollton- und CMYK-Farben besteht. Wählen Sie dabei aus den drei möglichen Vorgehensweisen aus:

1. **Druckerprofil: Dokument-CMYK – Profilname**
   Abbildung 41.24 zeigt die Standardeinstellung, die Ihnen angeboten wird, wenn Sie COMPOSITE-CMYK ausgeben wollen. Das Profil des Dokuments ist dabei dem Druckerprofil (Zielprofil in der Ausgabe) gleichgeschaltet. Die Option CMYK-WERTE BEIBEHALTEN ist hier standardmäßig aktiviert. Das Ergebnis dieses Vorgangs lässt sich folgendermaßen darstellen: Volltonfarben-, CMYK-, Graustufen- und 1c-Bilder bleiben in ihrem Farbraum erhalten; alle Lab- oder RGB-Daten werden nach CMYK – auf Basis des Druckerprofils – transformiert. Schwarzer Text wird nicht konvertiert und bleibt somit auf 1c.

2. **Druckerprofil: Dokumentenprofil ist nicht identisch mit dem Zielprofil**
   Wählen Sie das gewünschte Profil in der Option DRUCKERPROFIL ❼, und aktivieren Sie unbedingt die Checkbox CMYK-WERTE BEIBEHALTEN ❽.

> **TIPP**
>
> Um PDF/X-1a-konforme PDF-Dateien zu erstellen, wählen Sie eine der ersten beiden Vorgehensweisen. Es empfiehlt sich dabei jedoch, die Option CMYK-WERTE BEIBEHALTEN zu aktivieren, da sonst schwarzer Text in 4c aufgelöst wird.

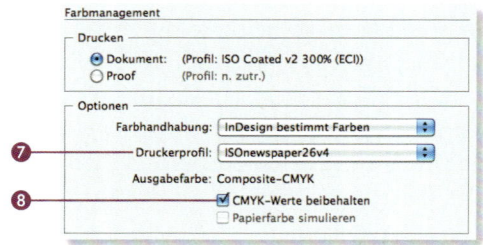

Abbildung 41.25 ▶
Das Register FARBMANAGEMENT im Druckdialog mit eingestellten Optionen zur Ausgabe in einem anderen Zielfarbraum

Das Ergebnis dieser Einstellungen kann wie folgt beschrieben werden: Volltonfarben-, Graustufen- und Bitmap-Bilder bleiben in ihrem Farbraum erhalten, alle Lab- oder RGB-Daten werden auf Basis des neuen Zielprofils (ISONEWSPAPER26V4) nach CMYK transformiert. CMYK-Bilder ohne angehängtes ICC-Profil sowie in InDesign erstellte Objekte (sie haben das Dokumentenprofil hinterlegt) werden durch die Aktivierung der Checkbox CMYK-WERTE BEIBEHALTEN nicht farbverrechnet. Schwarzer Text bleibt auf 1c-Schwarz. Wurden jedoch CMYK-Bilder mit Quellprofilen, abweichend vom Dokumentenprofil, platziert, erfolgt eine CMYK-zu-CMYK-Konvertierung. Mithilfe dieser Einstellungen werden also nur CMYK-Bilder mit anderen Quellprofilen in den Ziel-

> **TIPP**
>
> Wenn Sie Ihr Dokument durchgängig medienneutral – alle platzierten Bilder liegen in RGB mit angehängtem Profil vor – aufgebaut haben, so führt diese Einstellung im Druckdialog dazu, dass alle Bilder in den Zielfarbraum konvertiert werden und dabei auch den gewünschten Gesamtfarbauftrag besitzen. Sobald ein gemischter Aufbau des Dokuments vorliegt, empfiehlt es sich, Variante 1 zu wählen.

farbraum konvertiert. Damit wird der Gesamtfarbauftrag der Bilder in den Gesamtfarbauftrag des Zielfarbraums überführt.

3. **Druckerprofil: Dokumentenprofil ist nicht identisch mit dem Zielprofil, und »CMYK-Werte beibehalten« ist nicht aktiviert**
Wird die Checkbox CMYK-WERTE BEIBEHALTEN ❽ deaktiviert, so werden alle CMYK-Bestände (Bilder und InDesign-Objekte) in den Zielfarbraum konvertiert – zum Erschrecken aller wird auch der schwarze Text in ein 4c-Schwarz umgewandelt.

Vorsicht beim Konvertieren
Die Konvertierung ganzer Seiten in den Zielfarbraum kann mit der Einstellung aus Variante 3 erzwungen werden. Das Einsatzgebiet dafür ist relativ klein, da sich schließlich in jeder Datei schwarzer Text befindet und dieser in diesem Fall in ein 4c-Schwarz konvertiert würde.

Die sauberste Produktionsweise wäre es, wenn Sie alle Bilder in einem vereinbarten Zielfarbraum (mit angehängtem ICC-Profil) abspeichern und eine Ausgabe COMPOSITE UNVERÄNDERT durchführen. Damit wären alle Bilder und InDesign-Objekte – selbst Bilder ohne eingebettetes Profil – in der PDF-Datei mit dem vereinbarten CMYK- oder RGB-Profil versehen: ein optimaler Ansatz zur PDF/X-3-Generierung.

41.2.8 Das Register »Erweitert«
Im Register ERWEITERT nehmen Sie die zusätzlichen Einstellungen in Bezug auf Ausgabeauflösung, OPI und Transparenzreduzierung vor.

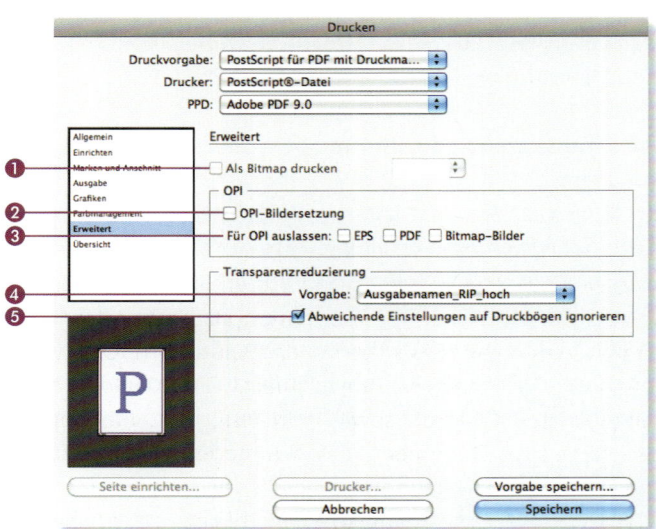

◄ **Abbildung 41.26**
Das Register ERWEITERT des Druckdialogs. Vor allem die Optionen im Bereich Transparenzreduzierung sind von essenzieller Bedeutung für die Qualität des Druckergebnisses.

Durch die Option ALS BITMAP DRUCKEN ❶ können Sie auf nicht-PostScript-fähigen Druckern alle Grafiken bereits für die Ausgabe durch InDesign rastern lassen. Besonders wichtig ist diese Option beim Drucken von Dokumenten mit komplexen Objekten (Objekte mit weichen Kanten oder Verläufen) auf nicht-PostScript-fähigen Druckern unter Windows, da dadurch die Fehlerwahrscheinlichkeit verringert wird.

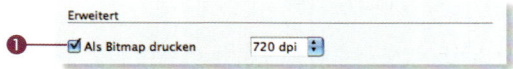

Abbildung 41.27 ▶
Ausgeben auf nicht-PostScript-fähigen Druckern

Stellen Sie die Auflösung für den Bitmapdruck auf denselben Wert, wie er für die gewählte Papierart und die gewählte Ausgabeauflösung im Druckertreiber hinterlegt ist. Damit sollten Sie höchste Qualität aus InDesign heraus auf Ihrem nicht-PostScript-fähigen Drucker ausgeben können.

Bereich »OPI« | Deaktivieren Sie OPI-BILDERSETZUNG ❷ zur Erstellung einer PostScript-Datei, die für die Generierung einer PDF/X-Datei gedacht ist. Verwenden Sie diese Option nur, wenn die Ausgabe über einen OPI-Server erfolgt. In diesem Fall können Sie über die Checkboxen EPS, PDF und BITMAP-BILDER in der Option FÜR OPI AUSLASSEN ❸ bestimmen, welche Bilddaten in PostScript nur mit einem OPI-Kommentar gekennzeichnet sind oder ob die Originaldaten inklusive des OPI-Kommentares in der PostScript-Datei vorliegen sollen. Bei Transparenzen wird InDesign dazu angehalten, alle Bildinformationen, die für die Transparenzreduzierung benötigt werden, durch Originaldaten auszutauschen und danach in den PostScript-Stream als verflachten Datenbestand einzubetten.

Abweichende Einstellungen ignorieren

Um sicherzugehen, dass in der Ausgabe nicht unterschiedliche Transparenzreduzierungen zum Einsatz kommen, aktivieren Sie diese Einstellung immer. Anwender von InDesign können nämlich im Bedienfeldmenü des Seiten-Bedienfelds über das Menü DRUCKBOGENREDUZIERUNG pro Seite abweichende Einstellungen vornehmen.

Bereich »Transparenzreduzierung« | Da die Übergabe von nativen Transparenzen in PostScript nicht möglich ist, müssen Sie die Option VORGABE: AUSGABENAMEN_RIP_HOCH ❹ (die definierte Transparenzreduzierungseinstellung Ihres Ausgabegerätes – siehe dazu Abschnitt 34.2, »Die Transparenzreduzierungsvorgaben«, auf Seite 758) aktivieren.

Zusätzlich aktivieren Sie ABWEICHENDE EINSTELLUNGEN AUF DRUCKBÖGEN IGNORIEREN ❺, um sicherzustellen, dass keine benutzerdefinierte Transparenzreduzierung zur Anwendung kommt.

41.2.9 Das Register »Übersicht«

Alle im Druckmenü vorgenommenen Einstellungen werden in diesem Register zusammengefasst und lassen sich als Textdatei, quasi als Report, abspeichern. Der Bericht kann mit den Daten archiviert werden und erlaubt bei einem späteren Nachdruck einen schnelleren Abgleich der Ausgabesituation.

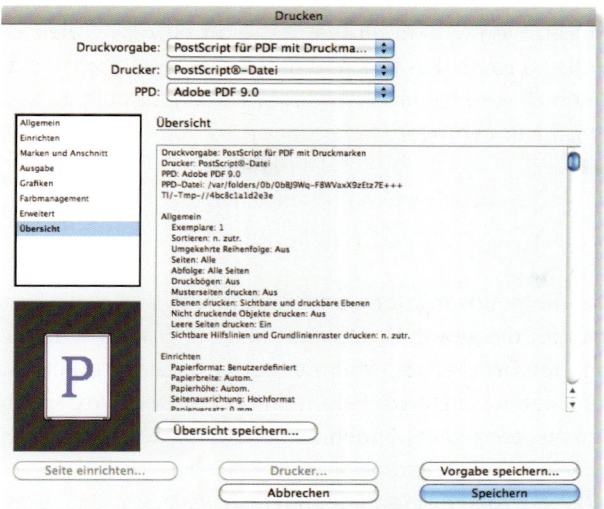

◄ **Abbildung 41.28**
Das Register ÜBERSICHT des Druckdialogs. Die gewählten Druckeinstellungen werden zusammengefasst und können als Textdatei abgespeichert und dem Auftrag in digitaler Form hinzugefügt werden.

41.3 Tintenstrahl- und PCL-Drucker

Für einen Probedruck, einen Korrekturauszug oder eine Präsentation müssen Sie eventuell das Layout auf einem Tintenstrahldrucker ausgeben. Bei den meisten Tintenstrahldruckern handelt es sich um nicht-PostScript-fähige Ausgabegeräte. Aus diesem Grund wird die Aufbereitung der Druckdaten über den installierten Druckertreiber vorgenommen, wodurch es nicht möglich ist, einen positionsgenauen Druck anzufertigen. So werden Linienstärken anders berechnet als in der Ausbelichtung, oder das Kerning der Schrift wird nicht präzise umgesetzt. Viele Laserdrucker hingegen verfügen über einen eingebauten PostScript-RIP oder eine PCL-Emulation. Ist dem Tintenstrahldrucker kein PostScript-RIP vorgeschaltet und der Laserdrucker auf die Verarbeitung von PCL-Daten eingestellt, so liegen die Unterschiede zu der bisher gezeigten Vorgehensweise in der fehlenden PPD-Datei und den Einträgen in den Registern AUSGABE, FARBMANAGEMENT und ERWEITERT.

Wählen Sie zuerst den gewünschten Tintenstrahldrucker bzw. Laserdrucker in der Option DRUCKER aus. Wird in der Option PPD ein Eintrag angezeigt, so handelt es sich um einen Tintenstrahldrucker bzw. Laserdrucker, der über ein PostScript-RIP angesteuert wird. Die Verarbeitung der Druckdaten erfolgt somit wie zuvor beschrieben. Ist hingegen kein Eintrag in der Option PPD zu sehen, so wird für den Tintenstrahldrucker der eingebaute Druckertreiber des Druckerherstellers bzw. PCL als Druckersprache verwendet.

[PCL]
PCL – Printer Command Language – ist eine von Hewlett-Packard entwickelte Befehlssprache zum Steuern von Laser- und Tintenstrahldruckern. PCL ist viel einfacher als PostScript (eine komplexe Programmiersprache, die einen Interpreter voraussetzt) aufgebaut.

Im Folgenden zeigen wir Ihnen die Einstellungen, die Sie brauchen, um eine Ausgabe eines »Layout-Dummys« optimal aufzubereiten. Dabei können wir die Register ALLGEMEIN (siehe Seite 842) und EINRICHTEN (siehe Seite 845) überspringen, da hier keine Abweichungen hinsichtlich der Einstellungsmöglichkeiten gegeben sind. Sie müssen darin nur auf einige Optionen verzichten.

41.3.1 Das Register »Marken und Anschnitt«

Obwohl es sich um keinen PostScript-fähigen Drucker handelt, können Sie dennoch die SCHNITTMARKEN, ANSCHNITTSMARKEN, PASSERMARKEN, FARBKONTROLLSTREIFEN, SEITENINFORMATIONEN sowie eine Erweiterung des Ausgabebereichs um die Beschnittzugabe (ANSCHNITT) oder den Infobereich einstellen.

Wenn Ihnen einige Optionen dabei nicht geläufig sind, lesen Sie auf Seite 846 in diesem Kapitel nach.

41.3.2 Das Register »Ausgabe«

Tintenstrahldrucker arbeiten zwar in der Ausgabe mit CMYK bzw. mit sechs oder acht Farben (CMYK + helles Magenta + helles Cyan + Grau + helles Schwarz), intern werden die Daten jedoch durch den Druckertreiber nach RGB konvertiert, da so die Berechnung der Farbwerte für die Ausgabe auf Basis der acht Farben optimiert erfolgen kann. Im Unterschied zu PostScript-Druckern kann somit im Popup-Menü FARBE nur noch COMPOSITE-GRAU oder COMPOSITE-RGB ❶ ausgewählt werden. Der Druckertreiber liefert dadurch nur RGB-Informationen – selbst wenn Sie COMPOSITE-GRAU aktiviert haben – an den Drucker.

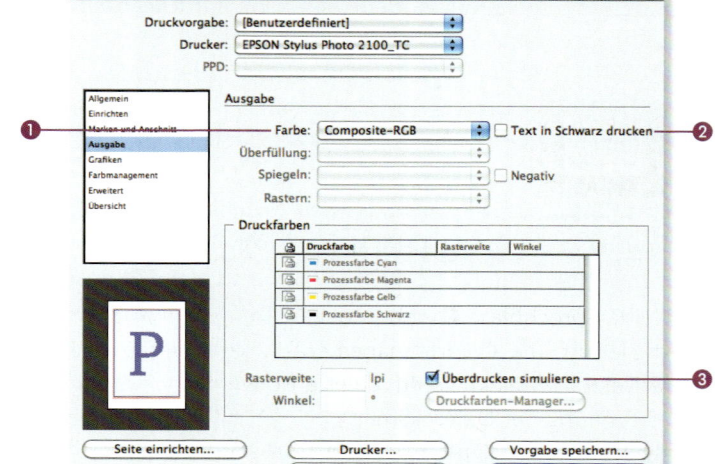

Abbildung 41.29 ▶
Das Register AUSGABE des Druckdialogs, wenn ein nicht-PostScript-fähiger Drucker – keine PPD ist auswählbar – gewählt ist. Bei den meisten Tintenstrahldruckern werden dabei die Farbinformationen nach RGB umgewandelt, um somit den größeren Farbumfang dieser Ausgabegeräte besser abbilden zu können.

Die Aktivierung der Checkbox TEXT IN SCHWARZ DRUCKEN ❷ ist daher auch nicht zielführend, da generell alle Farben nach RGB transformiert werden. Auch Text wird dabei nach RGB als R = 0, G = 0, B = 0 transformiert.

Die Aktivierung der Option ÜBERDRUCKEN SIMULIEREN ❸ ist bei der Ausgabe auf Tintenstrahl- oder PCL-Druckern sinnvoll, da Sie dadurch alle im Dokument versteckten Überdruckeneinstellungen erkennen können, egal ob sie in InDesign CS5 erstellt oder über eine PDF- oder EPS-Datei importiert wurden.

41.3.3 Das Register »Farbmanagement«

Durch die Erkenntnis aus dem Register AUSGABE (Informationen finden Sie auf Seite 848) ist somit die Wahl des Profils von großer Wichtigkeit. Wählen Sie, um gute und sehr farbenkräftige Ergebnisse zu erzielen, eines der vom Hersteller mitgelieferten RGB-Profile aus. Beachten Sie, dass die meisten Hersteller verschiedene Profile für das jeweils verwendete Papier zur Verfügung stellen.

Wählen Sie in DRUCKERPROFIL ❹ das Profil, das zum verwendeten Papier passt. Aufgrund der unterschiedlichen Farbräume, die durch verschiedene Papiersorten abgebildet werden können, sind die Unterschiede durch die Verwendung der Profile enorm.

Profile installieren

Kopieren Sie die ICC-Profile des Herstellers unter Mac OS X in das Verzeichnis FESTPLATTE/LIBRARY/COLORSYNC/PROFILES und unter Windows 7 in C:\WINDOWS\SYSTEM32\SPOOL\DRIVERS\COLOR. Somit haben Sie in den Adobe-Programmen Zugriff darauf.

Drucktests durchführen

Die Qualität der mitgelieferten Profile lässt bei einigen Herstellern zu wünschen übrig bzw. ist natürlich nur auf die vom Hersteller empfohlenen Papiersorten abgestimmt. Führen Sie deshalb zuerst einen Drucktest durch. Sollte keines der Profile für Sie adäquat sein, so müssen Sie sich ein Druckprofil erstellen lassen.

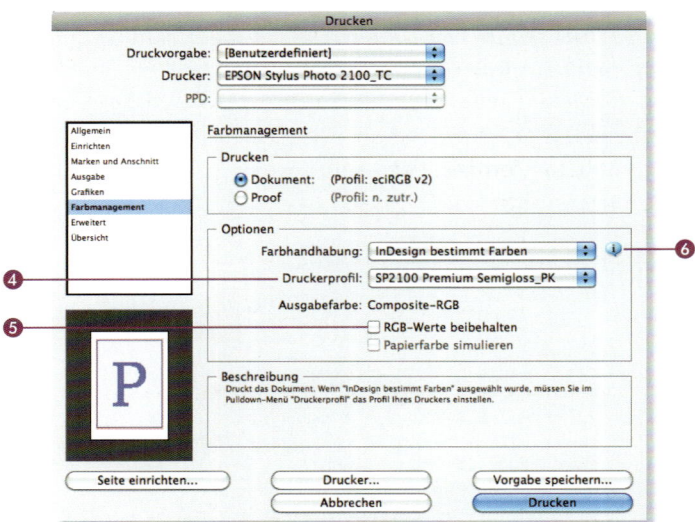

◀ **Abbildung 41.30**
Das Register FARBMANAGEMENT des Druckdialogs, wenn ein nicht-PostScript-fähiger Drucker gewählt ist. Greifen Sie in der Wahl des Druckerprofils in erster Linie auf Profile zurück, die Ihnen der Hersteller zu dem gewählten Gerät zur Verfügung stellt. In den meisten Fällen können damit auch sehr gute Ergebnisse erzielt werden.

Eine kleine Sprechblase ❻ neben der Option FARBHANDHABUNG fordert Sie auf, die Colormanagement-Funktionalität in Ihrem Druckertreiber zu deaktivieren, da es ansonsten zu einer doppelten Verrechnung der Daten käme.

Aktivieren Sie die Option RGB-WERTE BEIBEHALTEN ❺, wenn für platzierte RGB-Bilder und RGB-Objekte keine Farbverrechnung in den Zielfarbraum erfolgen soll. Die Verrechnung aller RGB-Daten führt jedoch meistens zu besseren Ergebnissen.

41.3.4 Das Register »Erweitert«

Um einen homogeneren Ausdruck zwischen Text, Pixeln und Grafik zu erhalten, aktivieren Sie die Option ALS BITMAP DRUCKEN ❶. Stellen Sie dabei die Ausgabeauflösung des Druckers ein.

Abbildung 41.31 ▶
ALS BITMAP DRUCKEN wandelt alles vor der Ausgabe in eine Bitmap um.

41.4 Proofen

Testtarget

Da der Druckertreiber alle vorliegenden CMYK-Werte nach RGB konvertiert, muss auch ein entsprechendes Testtarget zur Vermessung ausgedruckt werden. Verwenden Sie das Testtarget mit der Bezeichnung »TC9.18 RGB.tif«, das meistens der Profilierungssoftware beigefügt ist.

Sollten Sie kein hochwertiges Proof-System zur Verfügung haben, so bietet Ihnen InDesign dennoch die Möglichkeit, auf einfache Art und Weise den Abzug Ihrer Daten zu simulieren. Alles, was Sie dazu brauchen, ist ein geeignetes Proof-Profil. Entweder greifen Sie auf die entsprechenden Profile der Hersteller zurück oder besser: Sie erstellen sich ein Profil selbst.

Um ein Druckprofil zu erstellen, müssen Sie zuerst die Testtargets ohne eingeschaltetes Farbmanagement ❷ aus Adobe Photoshop CS5 über den Befehl DATEI • DRUCKEN auf dem zu profilierenden Papier ausdrucken.

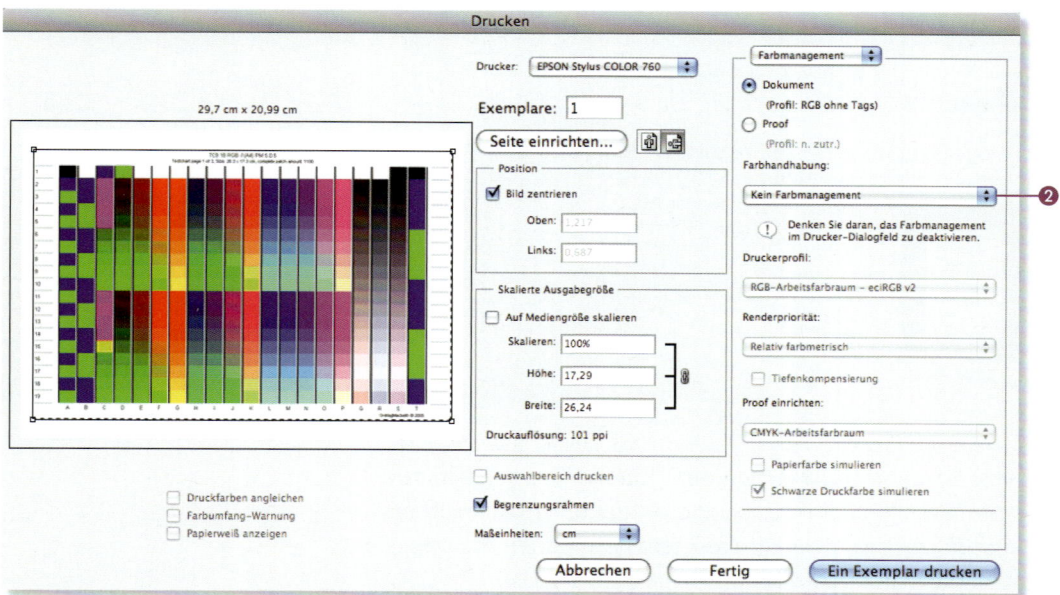

▲ **Abbildung 41.32**
Der Druckdialog aus Adobe Photoshop mit deaktiviertem Farbmanagement für die Ausgabe.

Im Anschluss müssen Sie Ihre ausgedruckten Testcharts farbmetrisch vermessen. Hersteller wie X-Rite oder Color Solution bieten dazu Softwarepakete und geeignete Messgeräte an. Wer sich jedoch diese Kosten nicht antun möchte, der hat immer noch die Möglichkeit, sich so ein Profil ausmessen und berechnen zu lassen. Es gibt sicherlich auch in Ihrem Umfeld einen Farbexperten, der diese Arbeit gegen Entgelt ausführt. Beachten Sie, dass Sie für jedes Papier, das Sie gedenken zu verwenden, ein eigenes Druckprofil erstellen müssen. Die ICC-Profile müssen Sie dann nur noch in das richtige Verzeichnis kopieren (siehe dazu den Hinweis »Profile installieren« auf Seite 863) und in einigen Fällen die verwendeten Applikationen neu starten. Damit sind Sie nun bereit, einen Proof-Ausdruck auf ihrem gewählten Papier durchzuführen.

In der folgenden Schritt-für-Schritt-Anleitung gehen wir davon aus, dass Sie auf einem Epson SP2100 simulieren wollen, wie das Inserat in der Tageszeitung aussehen wird.

Schritt für Schritt: Proofen auf einem Farblaserdrucker

Bevor Sie einen Proof-Druck durchführen können, müssen Sie zuerst in InDesign die Proof-Bedingungen für einen Soft-Proof – simulierende Farbwiedergabe am Monitor – festlegen.

1 Proof-Bedingung einrichten

Wählen Sie dazu den Befehl ANSICHT • PROOF EINRICHTEN • BENUTZERDEFINIERT aus. Diese Simulationseinstellung wird in der Ausgabe für die Simulation auf dem Druckpapier verwendet.

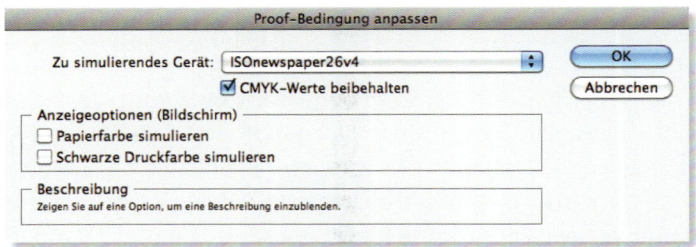

◀ **Abbildung 41.33**
Anpassen der Proof-Bedingung zur Simulation am Monitor. Diese hat auch für die Ausgabesimulation eine große Bedeutung.

Wählen Sie in der Option ZU SIMULIERENDES GERÄT das Zielprofil der Tageszeitung aus, und aktivieren Sie RGB-WERTE BEIBEHALTEN oder CMYK-WERTE BEIBEHALTEN. Das Aktivieren dieser Option wird beim sicheren CMYK-Workflow empfohlen, bei RGB-Ausdrucken müssen Sie diese Checkbox nicht aktivieren.

Aktivieren Sie auch die Option PAPIERFARBE SIMULIEREN, wenn Sie den »Graustich« des Zeitungspapiers auf dem Proof bzw. auf dem Monitor sehen möchten, und klicken Sie auf OK. Nicht erschrecken, auf dem Monitor sehen Sie nun den Soft-Proof mit dem Graustich.

Ob Sie einen Farbdruck am Monitor simulieren oder nicht, erkennen Sie im Dokumentenreiter. Das simulierte Profil wird in Klammern ⊗ 41_Drucken.indd @ 287 % (ISOnewspaper26v4) [Überdruckenvorschau] angegeben.

2 Druckbefehl aufrufen und Einrichten der Parameter

Führen Sie den Druckbefehl über DATEI • DRUCKEN aus, und wählen Sie im Register ALLGEMEIN in der Option DRUCKER den Proof-Drucker aus. Nehmen Sie in den Registern ALLGEMEIN, EINRICHTEN, MARKEN UND ANSCHNITT, AUSGABE und GRAFIKEN die gewünschte Einstellung vor, und schalten Sie dann auf das Register FARBMANAGEMENT.

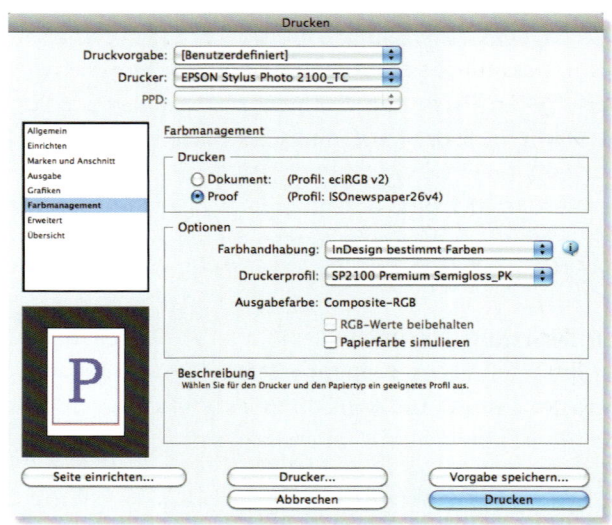

Abbildung 41.34 ▶
Das Register FARBMANAGEMENT für die Ausgabe eines Proofs

Im Bereich DRUCKEN wählen Sie den Button PROOF aus. Das zuvor eingestellte Profil für den Soft-Proof wird daraufhin angezeigt. Durch die Option PROOF kann eine Simulation des Zielprofils auf Basis des gewählten Druckerprofils erfolgen. Um auch die Anmutung des Bedruckstoffs zu simulieren, kann die Option PAPIERFARBE SIMULIEREN aktiviert werden.

Im Bereich OPTIONEN wählen Sie bei FARBHANDHABUNG die Option INDESIGN BESTIMMT FARBEN. In der Option DRUCKERPROFIL wählen Sie das zum Papier passende Proof-Profil – in unserem Fall das Hersteller-Profil SP2100 PREMIUM SEMIGLOSS_PK – aus. Aktivieren Sie die Checkbox PAPIERFARBE SIMULIEREN nur dann, wenn Sie auch im Ausdruck den »Graustich« des Papiers simuliert bekommen möchten.

3 **Überprüfen der Druckertreiber-Einstellung**

Überprüfen Sie noch einmal Ihre Druckertreiber-Einstellungen, und schalten Sie das Farbmanagement im Druckertreiber aus. Durch Drücken des Buttons DRUCKER können Sie die Druckertreiber-Einstellungen ändern. Sollte der Druckertreiber das Deaktivieren der Farbeinstellungen nicht zulassen, so ist eine farbverbindliche Ausgabe nicht gewährleistet.

Nachdem Sie das Farbmanagement im Druckertreiber deaktiviert und die geänderten Einstellungen bestätigt haben, können Sie mit dem Ausdruck beginnen. ■

41.5 Druckvorgaben

Die aus QuarkXPress bekannten Druckstile werden in InDesign als Druckvorgaben bezeichnet. Der Unterschied zu QuarkXPress besteht darin, dass mit den Druckvorgaben auch Einstellungen des Druckers, wie Auflösung oder Endfertigungsoptionen (Duplexdruck, Anordnungen, Farbmanagement, verwendetes Papier und Ausgabeprofil usw.) gespeichert werden können.

Schritt für Schritt: Anlegen einer Druckvorgabe

Diese Schritt-für-Schritt-Anleitung zeigt Ihnen, wie Sie eine Druckvorgabe zur Ausgabe von geprooften Einzelseiten mit Anschnitt auf A3 auf Ihrem Minolta-Farbkopierer einrichten sollten.

1 **Aufrufen des Druckvorgaben-Dialogs**

Führen Sie den Menübefehl DATEI • DRUCKVORGABEN • DEFINIEREN aus. Im erscheinenden Dialog können Sie Druckvorgaben neu erstellen, bearbeiten, löschen, laden oder speichern. Das Verteilen von Druckvorgaben wird dem Systemadministrator somit sehr erleichtert.

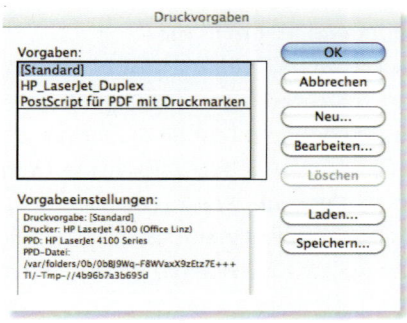

◀ **Abbildung 41.35**
Der DRUCKVORGABEN-Dialog zum Verwalten und Anlegen von Druckstilen (wie es QuarkXPress-Anwender noch in Erinnerung haben)

- **Neu:** Durch Drücken des Buttons Neu öffnet sich der Dialog Neue Druckvorgabe, in dem Sie den Namen der Druckvorgabe eingeben sowie die für die jeweilige Ausgabeform bestimmten Druckparameter in den jeweiligen Registern angeben können.
- **Bearbeiten:** Wählen Sie eine bestehende Druckvorgabe aus, und klicken Sie auf Bearbeiten, um darin Änderungen vorzunehmen.
- **Löschen:** Wählen Sie die zu löschende Vorlage aus, und klicken Sie auf Löschen.
- **Laden:** Importieren Sie gespeicherte Druckvorgaben durch Klick auf den Button Laden. Werden Druckvorgaben importiert, die auf einen im System nicht vorhandenen Drucker oder eine nicht vorhandene PPD-Datei verweisen, so erscheint eine Fehlermeldung, die auf diesen Zustand hinweist. In diesem Fall müssen Sie die importierte, jedoch fehlerhafte Druckvorgabe überarbeiten, indem Sie auf den Button Bearbeiten klicken und den korrekten Drucker bzw. die PPD-Datei auswählen.
- **Speichern:** Markieren Sie jene Druckvorlagen, die Sie für die Verwendung auf anderen Rechnern exportieren wollen. Sie können durch Drücken der Strg- bzw. ⌘-Taste weitere Einträge aus der Liste markieren. Durch Drücken des Buttons Speichern öffnet sich der Speichern-Dialog, in dem Sie den Namen der Druckvorlage eingeben können. Achten Sie darauf, dass die Endung ».prst« dabei erhalten bleibt.

2 Neue Druckvorgabe anlegen

Drücken Sie im Druckvorgaben-Dialog nun den Button Neu. Im erscheinenden Dialog geben Sie im Feld Name die Bezeichnung für die Druckvorgabe – in unserem Fall »Farbkopierer_A3-Proof« – ein. Wählen Sie daraufhin den gewünschten Drucker in der Option Drucker aus. Handelt es sich dabei um einen Postscript-fähigen Laserdrucker, so wird die entsprechende PPD-Datei in der Option PPD (ausgegraut) angezeigt.

3 Die Register »Allgemein« und »Einrichten«

In diesen Registern wählen Sie die Optionen aus Abbildung 41.36. Da wir beabsichtigen, eine Seite in Originalgröße auf einem A3-Papier auszugeben, darf die Option Druckbögen im Register Allgemein und die Option Auf Seitengrösse skalieren im Register Einrichten nicht aktiviert werden.

Weiterführende Informationen zum Register Allgemein erhalten Sie auf Seite 842 und zum Register Einrichten ab Seite 845.

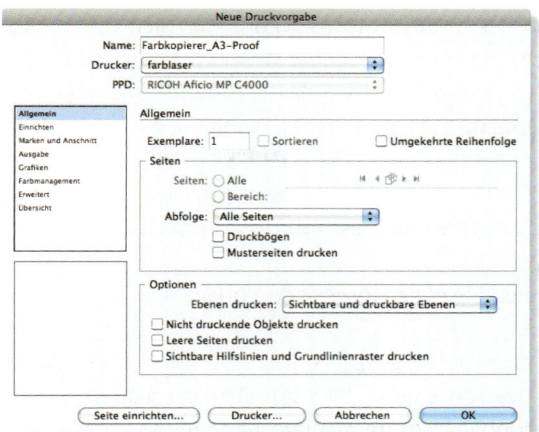
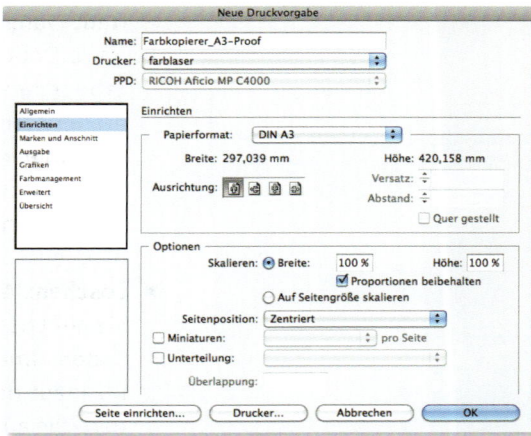

▲ **Abbildung 41.36**
Die Register ALLGEMEIN und EINRICHTEN

4 **Die Register »Marken und Anschnitt« und »Ausgabe«**
In diesen Registern wählen Sie die Optionen aus Abbildung 41.37. Ob Schnittmarken benötigt werden oder ob der Anschnitt mit ausgegeben werden soll, können Sie beim Aufruf der Druckvorgabe noch dem Druckjob angepasst einstellen.

Da standardmäßig fast alle Farblaserdrucker- und Farbkopierersysteme überdruckende Objekte aus InDesign nicht korrekt ausgeben können, aktivieren Sie im Register AUSGABE zusätzlich die Option ÜBERDRUCKEN SIMULIEREN.

Weiterführende Fragen zu den Optionen im Register MARKEN UND ANSCHNITT werden auf Seite 846 und zum Register AUSGABE ab Seite 848 beantwortet.

▼ **Abbildung 41.37**
Die Register MARKEN UND ANSCHNITT und AUSGABE

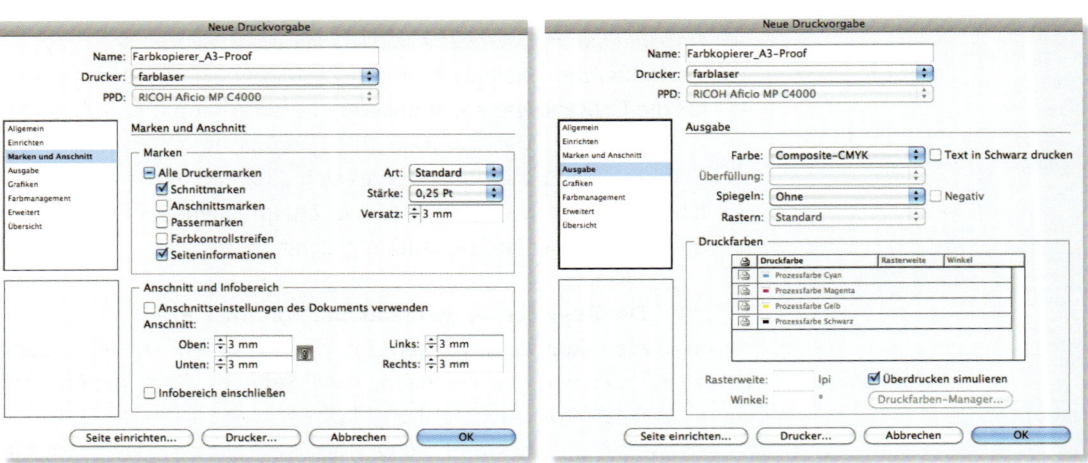

5 **Die Register »Grafiken« und »Farbmanagement«**
In diesen Registern wählen Sie die Optionen aus Abbildung 41.38. Im Register FARBMANAGEMENT müssen Sie die Option PROOF akti-

vieren und in der Option DRUCKERPROFIL das von Ihnen erstellte bzw. das vom Druckerhersteller zur Verfügung gestellte Druckerprofil auswählen. Für die Proof-Ausgabe sollten Sie auch die Option PAPIERFARBE SIMULIEREN aktivieren, da dadurch die Anmutung des Druckergebnisses – durch Verschieben der Farben in Richtung Papierweiß – simuliert werden kann.

▼ Abbildung 41.38
Die Register GRAFIKEN und FARBMANAGEMENT

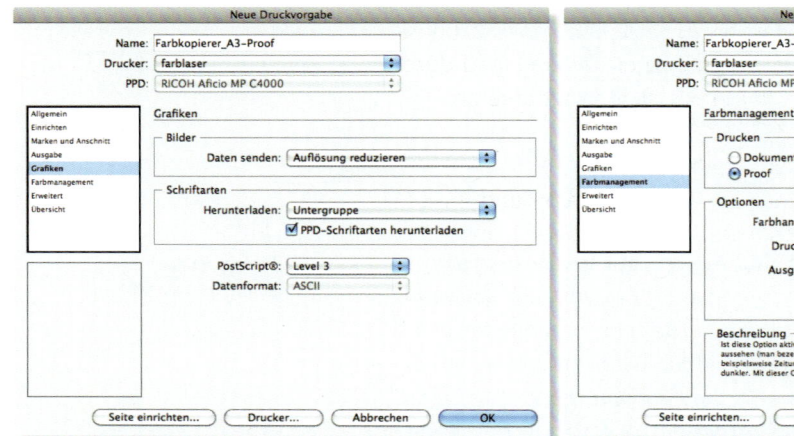
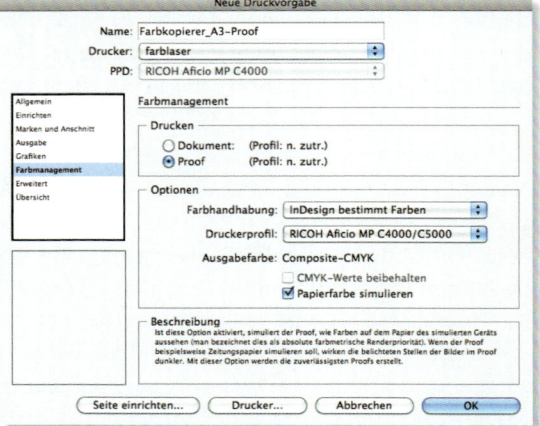

Weiterführende Fragen zu den Optionen im Register GRAFIKEN werden auf Seite 853 und zu den Optionen im Register FARBMANAGEMENT ab Seite 855 beantwortet.

6 Die Register »Erweitert« und »Übersicht«

Im Register ERWEITERT wählen Sie die für den Drucker erstellte Tranzparenzreduzierungsvorgabe aus.

Im Register ÜBERSICHT können Sie noch die Zusammenfassung der gewählten Optionen nachlesen.

▼ Abbildung 41.39
Die Register ERWEITERT und ÜBERSICHT

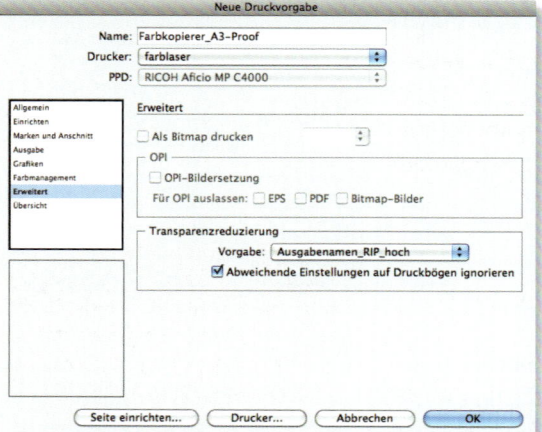
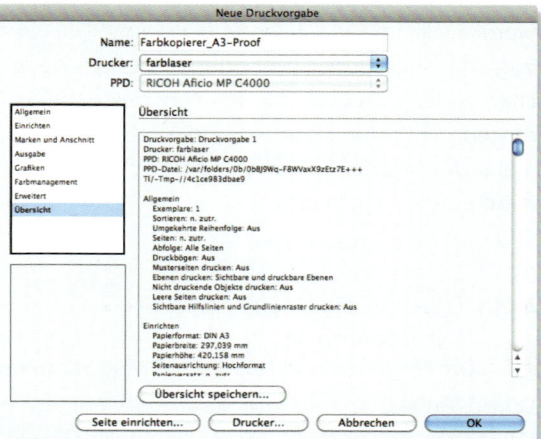

Sollen noch Parameter des Druckertreibers – Anpassung der Farbe, Wahl des Papierschachts, Wahl des Papiers, Wahl der Ausgabeauflösung und dergleichen – in der Druckvorgabe berücksichtigt werden, so klicken Sie auf den Button DRUCKER. Damit rufen Sie den Einstellungsdialog des Druckertreibers auf. Nehmen Sie dort die gewünschten Einstellungen vor. Achten Sie bei der Proof-Ausgabe darauf, dass das Farbmanagement im Druckertreiber in jedem Fall deaktiviert ist. Eine doppelte Verrechnung der Farben – einmal durch InDesign und ein zweites Mal durch den Druckertreiber – kann in der Praxis nicht funktionieren.

7 Finalisierung der Druckvorgabe

Nachdem wir nun alle Parameter – im Druckdialog und im Einstellungsdialog des Druckertreibers – gewählt haben, muss nur noch der Button OK geklickt werden. Damit haben wir die Einstellungen abgeschlossen und kommen wiederum zurück in den DRUCKVORGABEN-Dialog.

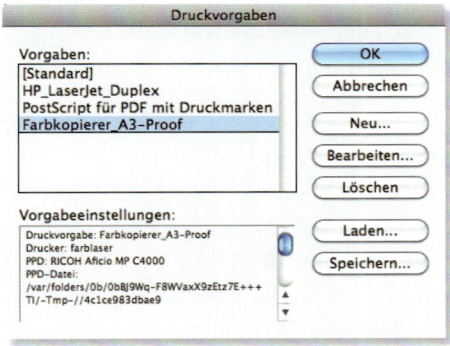

◄ **Abbildung 41.40**
Der DRUCKVORGABEN-Dialog mit dem angelegten Druckstil

Die Druckvorgabe ist nun definiert und kann über den Button SPEICHERN für die Verwendung auf anderen Systemen exportiert werden. Sichern Sie in jedem Fall immer Ihre definierten Druckvorgaben, da diese nur in den InDesign-Präferenzen abgespeichert werden. Sollten Sie zu einem bestimmten Anlass die Präferenzen löschen müssen, so sind auch Ihre Druckvorgaben eliminiert. Durch erneutes LADEN der Druckvorgaben ersparen Sie sich dann eine Menge Zeit. ■

41.5.1 Alternative Vorgehensweise zum Anlegen einer Druckvorgabe

Sie können eine Druckvorgabe nicht nur wie in der Schritt-für-Schritt-Anleitung gezeigt anlegen. Sie können auch einfach den Druckbefehl ausführen, die gewünschten Parameter im Druckdia-

Default-Einstellung im Druckdialog

InDesign merkt sich die zuletzt getätigte Einstellung, auch wenn das Dokument zwischenzeitlich geschlossen wurde.

log und im Einstellungsdialog des Druckertreibers vornehmen und dann über den Button Vorgabe speichern eine Druckvorgabe direkt aus dem Druckdialog anlegen.

Notwendige Anpassungen für die Druckvorgabe führen Sie dann über den Befehl Datei • Druckvorgaben • Definieren und dort über den Button Bearbeiten aus.

41.5.2 Ausführen des Druckbefehls über Druckvorgaben

Um auf die getroffene Druckvorgabe für die Ausgabe zurückzugreifen, stehen Ihnen zwei Möglichkeiten zur Verfügung:

▶ Führen Sie den Befehl Datei • Drucken aus. Im Druckdialog können Sie dann über die Option Druckvorgabe die zuvor gespeicherte Vorgabe auswählen.

▶ Führen Sie den Befehl Datei • Druckvorgaben • Name der Druckvorgabe aus. Dadurch öffnet sich der Druckdialog, und die gewählte Druckvorgabe ist bereits in der Option Druckvorgabe ausgewählt.

Sie sehen, dass man sich durch die Definition von Druckvorgaben in der Ausgabe viel Zeit ersparen kann.

41.6 Broschüre drucken

Nachdem Sie nun die Parameter des Druckdialogs kennen und für bestimmte Ausgabeformen die entsprechenden Druckvorgaben angelegt haben, sollten wir nun noch eine spezielle Ausgabe, das Ausschießen von umfangreicheren Dokumenten direkt auf dem Drucker oder in eine PDF-Datei, behandeln.

41.6.1 Was ist ausschießen, und was ist montieren?

Das Ausschießen beschreibt den Vorgang, einzelne Dokumentenseiten in der richtigen Reihenfolge und Ausrichtung für den Druckbogen zu sortieren. Die Montage ist hingegen die passergenaue Fixierung auf dem gesamten Druckbogen. Dabei ist wichtig, je nach Größe des Druckbogens und späterer Verarbeitung wie Schneiden, Binden, Klammern, Heften, Falzen oder Stanzen die Seiten in der richtigen Position und Ausrichtung zu platzieren, so dass das Endprodukt – z. B. ein gebundenes Buch – eine richtige Seitenfolge erhält.

Mit der Funktion Broschüre drucken aus dem Menü Datei können Sie Druckbögen für die professionelle Druckausgabe – ausgeschossen – ausgeben. Damit können Agenturen sehr schnell Dummys von kleinen Broschüren erstellen.

> **HINWEIS**
>
> Das Aufrufen des Druckdialogs mit einer bereits gewählten Druckvorgabe über ein Tastaturkürzel ist leider nicht möglich. Sie können lediglich den Druckdialog über [Strg]+[P] bzw. [⌘]+[P] aufrufen und dann in der Option Druckvorgabe auf die gewünschte Einstellung zurückgreifen.

41.6.2 Ausgabe einer Broschüre auf einem Farbkopierer

Ein achtseitiger abfallend gesetzter Folder soll im Digitaldruck auf einen Farbkopierer ausgeschossen ausgegeben werden. Der Folder hat eine Breite von 105 mm und eine Höhe von 210 mm. Der Folder wird einmal gefalzt und am Rücken durch zwei Klammern zusammengefasst.

Der achtseitige Folder wird dazu in InDesign geöffnet und über den Befehl DATEI • BROSCHÜRE DRUCKEN direkt auf dem Farbkopierer auf A3-Papier ausgegeben. Durch das Ausführen des Befehls erscheint der BROSCHÜRE DRUCKEN-Dialog. Dieser ist in die drei Register EINRICHTEN, VORSCHAU und ÜBERSICHT unterteilt.

Register »Einrichten« | Gehen Sie in das Register EINRICHTEN, in dem Sie zuerst das gewünschte Ausgabegerät durch Wahl der DRUCKVORGABE ❶ auswählen. Steht keine entsprechende Vorgabe zur Verfügung, so können Sie über den Button DRUCKEINSTELLUNGEN ❺ in den Druckdialog schalten, wo Sie die zuerst beschriebenen Einstellungen in den jeweiligen Registern für den Ausdruck vornehmen können.

> **Druckvorgaben und Broschüren**
>
> Für die Ausgabe einer Broschüre ist es ratsam, zuerst eine Druckvorgabe zu definieren, da der BROSCHÜRE DRUCKEN-Dialog am schnellsten durch die Auswahl einer Druckvorgabe abgearbeitet werden kann.
>
> Sollten Sie dennoch Änderungen im Druckdialog durchführen wollen, so können Sie dies natürlich durch einen Klick auf den Button DRUCKEINSTELLUNGEN ❺ im Nachhinein durchführen.

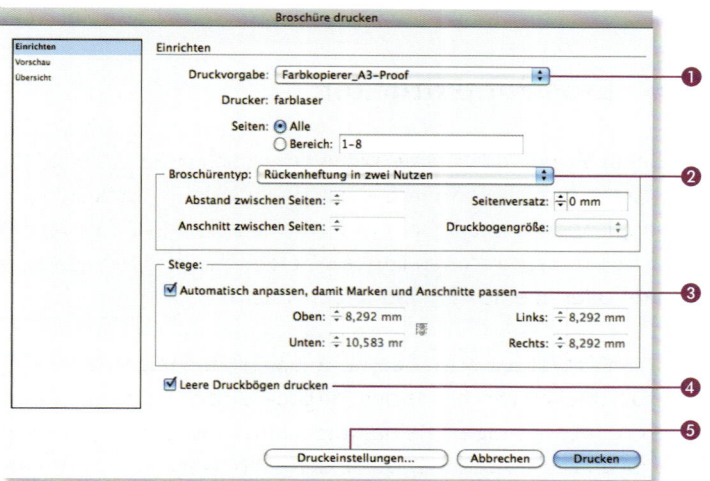

◄ **Abbildung 41.41**
Der Dialog BROSCHÜRE DRUCKEN aus InDesign. Wählen Sie den BROSCHÜRENTYP aus, und definieren Sie die dazu notwendigen Parameter.

Sind der Drucker und speziell das Papierformat gewählt, so bestimmen Sie als Nächstes die Art des Ausschusses über die Option BROSCHÜRENTYP ❷. Es stehen dabei fünf Typen zur Auswahl – siehe Abbildung 41.42.

Wählen Sie für unseren Folder-Dummy die Option RÜCKENHEFTUNG IN ZWEI NUTZEN. Für die Rückenheftung müssen einzelne Druckbögen ineinandergeschoben werden, damit diese durch eine Klammer zusammengeheftet werden können. Dafür muss sichergestellt werden, dass Seite 8 und 1, 7 und 2, 6 und 3, 5 und

```
✓ Rückenheftung in zwei Nutzen
  Klebebindung in zwei Nutzen
  Zwei Nutzen – fortlaufend
  Drei Nutzen – fortlaufend
  Vier Nutzen – fortlaufend
```

▲ **Abbildung 41.42**
Broschürentypen des Dialogfelds BROSCHÜRE DRUCKEN

4 gegenüberliegend auf der Seite ausgegeben werden. Beachten Sie besonders genau – wenn Ihr Farbkopierer doppelseitig drucken kann –, ob die Position auf der Vorder- und Rückseite nach der Ausgabe stimmt. Ansonsten müssen Sie noch in den DRUCKEINSTELLUNGEN die Feinabstimmung dafür vornehmen.

Markieren Sie im Bereich RÄNDER die Option AUTOMATISCH ANPASSEN, DAMIT MARKEN UND ANSCHNITTE PASSEN ❸, um die Druckmarken in entsprechender Entfernung zum Endformat zu positionieren.

Die Option LEERE DRUCKBÖGEN DRUCKEN ❹ kann in einigen Fällen sinnvoll sein, führt jedoch bei der direkten Ausgabe auf einem Laserdrucker möglicherweise zur unnötigen Ausgabe von weißem Papier. Beachten Sie den Hinweis in der Marginalie!

Leere Seiten
Als leer gilt in InDesign eine Seite auch dann, wenn sie nur Elemente der Mustervorlage – z. B. die Pagina – enthält.

Register »Vorschau« | Hier können Sie sich vor der Ausgabe noch einmal visuell – durch Blättern zwischen den einzelnen Druckbögen – davon überzeugen dass sich Ihre Einstellungen auch wirklich so verhalten, wie Sie es beabsichtigen. Sind alle Einstellungen korrekt, so steht der Ausgabe nichts mehr im Wege.

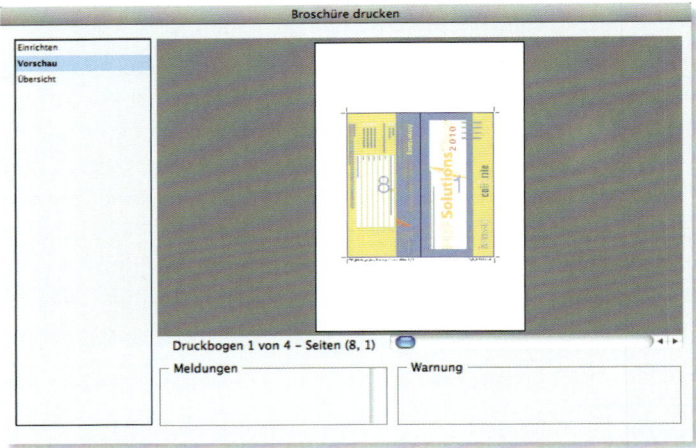

Abbildung 41.43 ▶
Das Register VORSCHAU im Dialog BROSCHÜRE DRUCKEN. Darin wird visuell noch einmal das gezeigt, was Sie nach der Ausgabe erwarten wird.

41.6.3 Ausgabe eines Buchs als PDF für die Klebebindung

Zur Ausgabe eines Buches, das durch Klebebindung am Rücken verleimt werden soll, müssen andere Einstellungen gewählt werden, da bei einer Klebebindung im Unterschied zur Rückenheftung die einzelnen Druckbögen aneinander gereiht und dann verleimt werden.

Nach dem Aufruf des Befehls DATEI • BROSCHÜRE DRUCKEN wählen Sie die in diesem Kapitel beschriebene Druckvorgabe POSTSCRIPT FÜR PDF MIT DRUCKMARKEN und in der Option BROSCHÜRENTYP den Eintrag KLEBEBINDUNG IN ZWEI NUTZEN ❶ aus.

[Nutzen]
Als Nutzen wird die größtmögliche Anzahl darstellbarer Seiten pro Seite oder Doppelseite inklusive Anschnitt und weiterer Druckermarken bezeichnet.

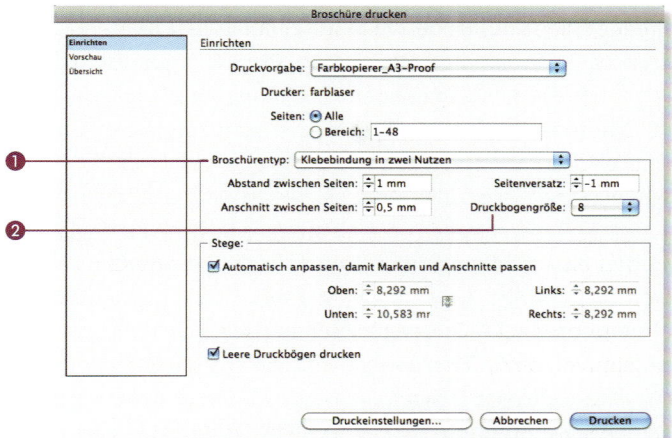

◀ **Abbildung 41.44**
Das Register EINRICHTEN im Dialog BROSCHÜRE DRUCKEN, wenn der BROSCHÜRENTYP KLEBEBINDUNG IN ZWEI NUTZEN gewählt ist. Durch die zusätzlichen Optionen können Papierstärke und die dazu benötigte Verjüngung für die Ausgabe berücksichtigt werden.

Wir wollen ein achtundvierzigseitiges Dokument in KLEBEBINDUNG IN ZWEI NUTZEN ausgeben. Bei einer DRUCKBOGENGRÖSSE ❷ von acht Seiten (vier Seiten auf der Schön- und vier Seiten auf der Widerdruckseite) benötigen wir zur Ausgabe somit sechs Bögen (Signatur).

[Schön- und Widerdruck]
Als Schöndruckseite wird die Vorderseite (erstdruckende) des Papiers bezeichnet. Die Widerdruckseite ist somit die Rückseite.

41.6.4 Seitenverdrängung beim Ausschießen

In InDesign stehen zwei Ausschussschemas, die *Rückenheftung* und die *Klebebindung*, zur Verfügung. Speziell bei der Rückenheftung, wo mehrere Druckbögen ineinandergeschoben werden, kann es beim Zuschneiden der Seiten dazu kommen, dass die in der Mitte der Broschüre liegenden Seiten am Rand zu weit beschnitten werden.

Um diesen Fehler zu vermeiden, müssen die außen liegenden Druckbögen von der Mitte heraus etwas verdrängt werden. InDesign sieht dazu im Bereich BROSCHÜRENTYP verschiedene Optionen vor, die eine perfekte Ausgabe ermöglichen. Die Optionen sind:

Abstand zwischen Seiten | Diese Option gibt die Größe des Abstandes zwischen den gegenüberliegenden Seiten an. Sie legt fest, um wie viel die Außenseite eines Bogens – diese besitzt, bedingt durch den entstandenen Bug, die größte Breite – durch Hinzufügen eines Abstandes vergrößert werden muss. In unserem Beispiel wurde der Außenseite des Druckbogens 1 mm Abstand gegeben. Diese Option ist bei der Rückenheftung nicht zulässig, da diese nur innerhalb des Druckbogens zur Anwendung kommt.

Anschnitt zwischen Seiten | Diese Einstellung gibt den Anschnittbereich an, der bei gegenüberliegenden Seiten in die andere Seite

▼ **Abbildung 41.45**
Auf einen Bogen werden acht Seiten ausgeschossen und dann zusammengefalzt. Daraus ergeben sich zwei Blätter, die ineinandergesteckt werden. Auf dem äußeren Blatt (zwei linke Abbildungen) befinden sich auf der Schöndruckseite die Seiten 8 und 1 und auf der Widerdruckseite 2 und 7. Auf dem inneren Blatt befinden sich auf der Schöndruckseite die Seiten 6 und 3 und auf der Widerdruckseite die Seiten 5 und 4. Bedingt durch die Papierstärke muss das äußere Blatt aus dem Bund heraus etwas verschoben werden, damit auf der linken und der rechten Kante des Bogens kein Versatz stattfindet und somit die orangefarbene Randmarke nicht flattert.

hineinragen darf, um keine weißen Ränder zwischen den ausgeschossenen Seiten entstehen zu lassen. Der Wert liegt zwischen 0 und der Hälfte des eingegebenen Abstands zwischen den Seiten. Diese Option ist bei der Rückenheftung nicht zulässig.

Seitenversatz | Durch die Eingabe des Seitenversatzes bestimmen Sie die Verdrängung – die Verringerung des Abstands zwischen den gegenüberliegenden Seiten –, die pro Seite im Druckbogen durchgeführt werden soll. Werden, wie in unserem Fall, acht Seiten pro Bogen ausgeschossen und wird der Abstand zwischen den Seiten mit 1 mm festgelegt, so kann der SEITENVERSATZ für die Innenseite des Druckbogens auf –1 mm gestellt werden.

Bei der Rückenheftung kann über diese Option eingestellt werden, um wie viel die Seite von außen nach innen in der Mitte verkürzt wird. Beachten Sie, dass damit die innenliegenden Seiten entsprechend verkürzt werden!

Druckbogengröße | Hier geben Sie an, wie viele Seiten die einzelnen Signaturen (Druckbögen) enthalten. Wenn die Anzahl der auszuschießenden Seiten nicht durch den Wert für die DRUCKBOGENGRÖSSE teilbar ist, werden am Ende des Dokuments so viele Leerseiten wie notwendig eingefügt.

Markieren Sie im Bereich STEGE die Option AUTOMATISCH ANPASSEN, DAMIT MARKEN UND ANSCHNITTE PASSEN, um die Druckmarken in entsprechender Entfernung zum Endformat zu positionieren. Aktivieren Sie die Option LEERE DRUCKBÖGEN DRUCKEN, da ansonsten Vakatseiten beim Auschuss ausgelassen werden.

41.6.5 Unterschiede in den Broschürentypen

Wie sich die Broschürentypen hinsichtlich des Ausschusses unterscheiden, entnehmen Sie den schematischen Illustrationen in Abbildung 41.46.

▼ **Abbildung 41.46**
Die fünf Broschürentypen. Den Seitenabstand können Sie dabei ausgenommen von der Rückenheftung bei jedem Broschürentyp eingeben.

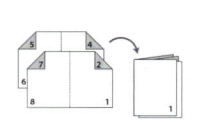
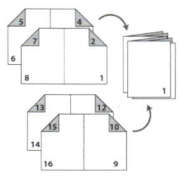
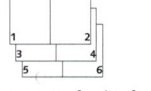
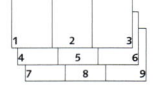
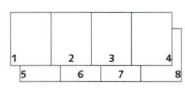

Rückenheftung in zwei Nutzen   Klebebindung in zwei Nutzen   Zwei Nutzen fortlaufend   Drei Nutzen fortlaufend   Vier Nutzen fortlaufend

42 PDF-Export für die Druckvorstufe

Ob für das Internet, für den Digitaldruck, für die Druckvorstufe oder als PDF/X: InDesign bietet für jede Ausgabeform eine PDF-Vorgabe an, die Sie verwenden könnten. Doch nicht immer entsprechen vordefinierte Sets den geforderten Qualitäten. Das Erstellen von eigenen Vorgaben ist aus unserer Sicht unerlässlich, denn der Anwender sollte verstehen, was bei den gewählten Einstellungen eigentlich mit den Originaldaten passiert.

In diesem Kapitel wollen wir Ihnen an einem Beispiel die PDF-Export-Einstellungen näherbringen. Nach dem Studium des Kapitels sollten Sie in der Lage sein, für jegliches Anwendungsgebiet – Internet, Office-Umgebung, Digitaldruck oder Druckvorstufe – das richtige PDF zu erstellen. Einstellungen, die Ihnen ein Druckdienstleister zur Verfügung stellt, können Sie somit ignorieren, denn leider sind sich auch in dieser Branche nicht alle wirklich sicher, was denn eingestellt werden muss.

> **HINWEIS**
> Wollen Sie mehr über PDF erfahren, so können Sie Kapitel 33, »PDF-Technologie«, auf Seite 747 lesen.

42.1 PDF exportieren

Das Exportieren von PDF-Dateien über die Exportfunktion von InDesign CS5 erfolgt auf Basis der eingebauten aktuellen Adobe PDF Library 9.9. InDesign-Objekte werden dabei in PDF-Objekte überführt. Ob es dabei zu einer Veränderung der Objekte kommt, hängt von den getroffenen Einstellungen ab.

42.1.1 Überlegungen zum PDF-Export

Bevor wir Ihnen die Einstellungen in den einzelnen Registern näherbringen, möchten wir vorab die Diskussion »Welche PDF-Datei ist die richtige?« zu Papier bringen.

Viele Druckereien und Druckdienstleister fordern von den Kunden »druckfähige« PDF-Dateien. »Druckfähig« ist ein sehr weiter Begriff, mit dem der Datenersteller eigentlich nicht wirklich viel falsch machen kann. Einige Druckereien hingegen fordern von ihren Zulieferern bereits PDF/X-Dateien und verlangen dabei besonders gerne PDF/X-3. PDF/X-3 ist für viele das Zauberwort, mit dem sichergestellt werden soll, dass es sich um eine sehr gute und druckfähige PDF-Datei handelt. Aus unserer Sicht ist das Fordern einer PDF/X-Datei sicherlich niemals falsch. Dennoch sollten zum Begriff PDF/X zusätzliche Fragen abgeklärt werden. Diese wären:

- Welche Mindestauflösung ist gefordert?
- In welchen Farbräumen sollten die angelieferten Daten vorliegen, und dürfen Schmuckfarben enthalten sein oder nicht?
- Sind die Anschnitte (Beschnittzugaben) gesetzt, und wurden auch alle Objekte ausreichend im Anschnitt gesetzt?
- Sind technische Raster im Dokument vorgesehen oder nicht?
- Sind Druckkennlinien in Bildern hinterlegt?
- Sollte PDF/X-1a, PDF/X-3 oder PDF/X-4 verwendet werden?

Die Aufforderung der Druckerei an den Datenersteller, dieser möge eine 4c-PDF/X-4-Datei mit 3 mm Anschnitt erstellen, in der die Bildauflösung von 300 ppi für Farbbilder und 800 ppi für Schwarzweiß-Bilder gegeben sein soll, ist sicherlich noch perfekter, als nur eine PDF/X-Datei zu fordern. Absolut perfekt wäre dann noch der Hinweis der Druckerei, dass alle technischen Raster und Druckkennlinien im Workflow eliminiert werden. Eine solche Formulierung würde so einige Diskussionen überflüssig werden lassen.

Doch bevor Sie die »druckfähige« PDF/X-Datei erstellen und es möglicherweise bereits beim Exportieren je nach gewählter PDF/X-Norm zu Änderungen an den Daten kommt, sollten Sie aus unserer Sicht nachstehende Checkliste in der PDF/X-Datei-Erstellung durchlaufen:

1. Erstellen Sie die Daten nach bestem Gewissen in InDesign.
2. Erstellen Sie eine unveränderte PDF/X-4-Datei über den PDF-Export-Dialog von InDesign CS5. Damit bleiben alle Auflösungen, Farbräume, Kompressionen und vor allem auch Transparenzen erhalten, womit jeglicher Fehler, den Sie schon in der Datenerstellung gemacht haben, sich auch in der PDF-Datei wiederfindet.
3. Prüfen Sie die PDF-Dateien mit dem Werkzeug PREFLIGHT aus Acrobat 9.3 Professional. Dabei sollte nur eine Qualitätsprüfung hinsichtlich Farben, Auflösungen, überdruckenden Inhalten, Strichstärken, Druckkennlinien, OPI-Informationen, technischen Rastern und nicht hinsichtlich der vom Druckdienstleister geforderten PDF/X-Version erfolgen. Eine visuelle Überprüfung der Daten, ob alle Bilddaten korrekt an der Position stehen und ob Objekte, die im Anschnitt verschoben wur-

---

TOP-TIPP
PDF/X-4 verwenden

Sprechen Sie sich mit Ihrem Druckdienstleister ab, und versuchen Sie, alle Ihre Druckjobs auf Basis von PDF/X-4 abzuwickeln. Dadurch bleiben alle Informationen in der PDF-Datei für nachfolgende Verarbeitungsschritte erhalten. Die Durchführung der Transparenzreduzierung sollte auf den letztmöglichen Zeitpunkt verschoben werden, und dieser ist kurz vor dem Druck oder besser noch erst im RIP mit der Adobe PDF Print Engine!

Qualitätsprüfprofil

Wenn Sie sich fragen, welches Prüfprofil Sie für die qualitative Prüfung verwenden sollten, so schauen Sie gleich auf der beigelegten DVD nach, und laden Sie sich das dort zur Verfügung gestellte Profil – 01_STANDARDPRÜFUNG_CMYK V 2.0.KFP aus dem Ordner SETTINGS • PRUEFPROFILE – doch einmal in Acrobat Preflight, und prüfen Sie damit Ihre Dateien. Das zur Verfügung gestellte Acrobat-Prüfprofil erhebt jedoch nicht den Anspruch auf Vollständigkeit. Da das Profil für Sie frei zugänglich ist und Sie es jederzeit ändern können, steht einer persönlichen Adaptierung nichts im Wege.

den, auch genügend im Anschnitt stehen, muss natürlich auch erfolgen.
4. Gefundene Fehler werden in der Originaldatei behoben, und diese wird erneut unverändert als PDF/X-4 exportiert und erneut geprüft. Dieser Kreislauf sollte sich so lange fortsetzen, bis keine qualitativen Probleme mehr in den Originaldateien erkennbar sind und Sie somit alle Ihre Fehler eliminiert haben.
5. Zum Schluss kann nun die geforderte »druckfähige« PDF/X-Datei auf zweierlei Wegen erstellt werden: Der erste Weg ist die Erstellung der PDF/X-Datei in Acrobat oder über erneuten Export aus InDesign CS5 heraus, wobei nur die notwendigen Änderungen in den Einstellungen des PDF-Export-Dialogs vorgenommen werden müssen. Unsere Empfehlung geht eher dahin, dass Sie die geforderte PDF/X-Konvertierung in der aktuellen Acrobat-Version durchführen. Besonders zu empfehlen ist dabei die pdfToolbox 4 von callas software, die als Plug-in käuflich erworben werden kann.

Auf der Buch-DVD finden Sie im Ordner PLUGINS_DEMOVERSIONEN den aktuellen Installer zur pdfToolbox 4 als eine 30-Tage-Testversion von callas software. Sie werden sehen, wie einfach es ist, eine PDF/X-konforme Datei für den Druckdienstleister zu erstellen.

Wenn Sie diese Checkliste bei allen Ihren Produktionen einhalten, kann technisch gesehen nicht wirklich viel schiefgehen.

Nachstehend möchten wir Ihnen demnach die Erstellung einer möglichst unveränderten PDF/X-4-Datei näherbringen. In den Hinweiskästen mit der Bezeichnung »Kunden-PDF« sind darüber hinaus die jeweiligen Einstellungen im gerade besprochenen Register zur Erzeugung einer PDF-Datei aufgeführt, die zu Korrekturzwecken erstellt werden soll.

Führen Sie den Befehl DATEI • EXPORTIEREN oder das Tastaturkürzel Strg+E bzw. ⌘+E aus. Es erscheint der EXPORTIEREN-Dialog, in dem Sie aufgefordert werden, den Dateinamen, das gewünschte FORMAT ❷ ADOBE PDF (DRUCK) – wir wollen eine PDF-Datei für den Druck und kein interaktives PDF erstellen – und den ORT ❶ der Speicherung auszuwählen. Dann klicken Sie auf SICHERN ❸.

HINWEIS

Sollte Abbildung 42.1 nicht mit der Darstellung auf Ihrem Monitor übereinstimmen, so befinden Sie sich noch in einer früheren InDesign-Version und haben dort den von Adobe integrierten ADOBE DIALOG gewählt. Schalten Sie in diesem Fall mithilfe des Buttons OS DIALOG auf die Macintosh- bzw. Windows-Dialogführung um.

◄ Abbildung 42.1
Wählen Sie das gewünschte Exportformat aus. Neben ADOBE PDF (DRUCK) stehen weitere Formate zur Verfügung. Mit InDesign CS5 wurde der PDF-Export für die Anwendungsgebiete DRUCK und INTERAKTIV in zwei unterschiedliche Dialoge aufgeteilt.

42.1.2 Das Register »Allgemein«

Nach dem Absetzen des Speichern-Befehls kommen Sie zu den Einstellungen im Register ALLGEMEIN. Hier werden grundlegende Einstellungen zur PDF-Version, zur zugrunde gelegten PDF/X-Norm, für die Seitenbereiche und diverse allgemeine Einstellungen vorgenommen, die vor allem für die Behandlung von multimedialen Daten von Bedeutung sind.

Damit Sie Ihr benutzerdefiniertes Set erstellen können, empfiehlt es sich, auf eine der vordefinierten Vorgaben zurückzugreifen. Wir raten, unter der Option ADOBE PDF-VORGABE ❶ das Set [PDF/X-4:2008] auszuwählen. Damit ist eine sehr gute Grundeinstellung für die Erstellung von unveränderten PDF/X-4-Dateien gegeben. Durch die Wahl dieser Vorgabe werden in den Optionen STANDARD ❷ und KOMPATIBILITÄT ❸ sofort die entsprechenden Einträge aktiviert. Obwohl wir [PDF/X-4:2008] ausgewählt haben, wird PDF 1.4 aktiviert. PDF 1.6 wäre laut ISO-Norm erlaubt, kann aber in InDesign in Verbindung mit der PDF/X-4-Erstellung nicht aktiviert werden.

> **HINWEIS**
>
> InDesign greift mit der Option ADOBE PDF-VORGABE auf alle Einstellungsdateien zurück, die Sie im Adobe Distiller 9, in InDesign CS3, CS4 und CS5 und allen anderen Programmen der Creative Suite 3 bis 5 erstellt haben. Der Abgleich der Sets bietet einerseits dem Anwender eine große Vereinfachung in der Handhabung der vielen Einstellungsdateien, bringt jedoch andererseits in der Anwendung immer wieder Fehler mit sich, da die Einstellungsdateien für die jeweilige Applikation entsprechend adaptiert werden müssen.

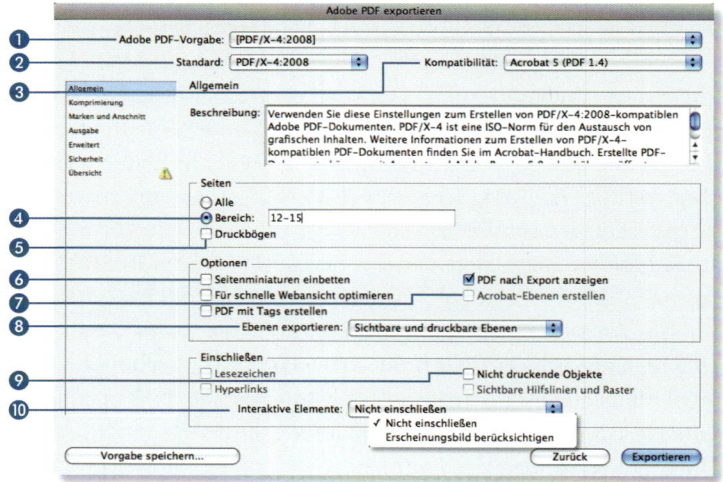

Abbildung 42.2 ▶
Das Register ALLGEMEIN. Hier werden die entscheidenden Weichen für das Anwendungsgebiet der PDF-Datei gestellt. Die Wahl der PDF-Version bildet dabei die entscheidende Basis.

Seiten | Wählen Sie hier aus, ob Sie das gesamte Dokument oder nur einen BEREICH ❹ ausgeben möchten. Das Bestimmen des Bereiches folgt denselben Regeln, die in Kapitel 41, »Drucken«, beschrieben worden sind.

Ob Sie Einzelseiten oder Druckbögen – in QuarkXPress auch »Montageflächen« genannt – ausgeben wollen, bestimmen Sie durch Aktivieren der Option DRUCKBÖGEN ❺.

Optionen | Hier können Sie die Optionen SEITENMINIATUREN EINBETTEN, PDF NACH EXPORT ANZEIGEN und FÜR SCHNELLE WEBANsicht optimieren optional aktivieren. Die Wahl der Option Seitenminiaturen einbetten ❻ ist überflüssig, da Acrobat ohnehin selbstständig die Vorschauansichten im Seiten-Fenster von Acrobat immer neu berechnet. Die Option PDF nach Export anzeigen kann in einigen Arbeitsweisen – wenn Sie immer gleich nach dem Export eine Prüfung der PDF-Datei vornehmen wollen – sehr hilfreich sein und den Prüfprozess beschleunigen.

Wenn Sie beabsichtigen, jeglichen Inhalt – auch die Ebenen der InDesign-Datei – in die PDF-Datei zu übergeben, müssten Sie in der Option Kompatibilität ❸ eine höhere PDF-Spezifikation auswählen. Wählen Sie dort dazu Acrobat 7 (PDF 1.6) aus. Durch die Wahl der höheren PDF-Spezifikation wird in der Option Standard ❷ die zuvor gewählte PDF/X-4-Norm wiederum auf Ohne umgestellt. Durch die Wahl der höheren PDF-Spezifikation und die Aktivierung der Option Acrobat-Ebenen erstellen ❼ werden zwar alle Ebenen aus InDesign in die PDF-Datei überführt und auch die Registermarken auf eine eigene Ebene in der PDF-Datei gelegt, jedoch würden Sie damit auf die PDF/X-4-Kompatibilität verzichten.

Die Funktion, Ebenen als sichtbar, aber nicht druckbar zu kennzeichnen, findet ihren Niederschlag in der Option Ebenen exportieren ❽. Wählen Sie den Eintrag Sichtbare und druckbare Ebenen aus, wenn Sie die aktuell sichtbaren Ebenen mit Ausnahme der als »nicht druckbar« gekennzeichneten Ebenen ausgeben wollen. Achtung: Diese Funktion ist immer, auch wenn nur eine Ebene in der InDesign-Datei angelegt ist, aktivierbar; darüber hinaus muss dazu nicht die Option Acrobat-Ebenen erstellen gewählt sein.

Das Aktivieren der Option PDF mit Tags erstellen hat in einer PDF-Datei, die zur Ausgabe erstellt wird, keinen Sinn. Die Aktivierung der Option bewirkt, dass in der PDF-Datei Absätze, Formatierungen, Listen und Tabellen mit entsprechenden Tags versehen werden, wodurch eine mögliche Weiterverarbeitung der Inhalte aus PDF-Dateien künftig vereinfacht wird. Die Aktivierung der Option in Verbindung mit einer Kompatibilitätseinstellung höher als PDF 1.5 bewirkt, dass diese Tags zusätzlich in der PDF-Datei komprimiert werden.

Einschließen | In diesem Bereich sind die meisten Optionen in Verbindung mit die Erstellung einer PDF/X-Datei nicht zu aktivieren. Die Aktivierung dieser Checkboxen ist nur möglich, wenn Sie die Option Standard ❷ auf Ohne gestellt haben.

Durch die Aktivierung der Optionen Lesezeichen und Hyperlinks werden alle in InDesign erstellten Lesezeichen und Hyper-

> **HINWEIS**
>
> Obwohl in PDF/X-4 bereits PDF 1.6 und somit Transparenzen, Ebenen und OpenType-Schriften erlaubt sind, können davon nur Transparenzen in eine PDF/X-4-Datei aus InDesign übergeben werden. Selbst PDF 1.6 ist in InDesign CS4 noch immer nicht in vollem Befehlsumfang implementiert. Der Export von in InDesign verwendeten OpenType-Schriften ist leider noch immer nicht möglich.

> **HINWEIS**
>
> Zusätzliche Informationen zum Verhalten der Optionen in Ebenen exportieren erhalten Sie auf Seite 862 in Kapitel 41.

> **»Kunden-PDF« Allgemein**
>
> ▸ Standard: Ohne
> ▸ Druckbögen: Nur aktivieren, wenn keine Einzelseiten erzeugt werden sollen.
> ▸ Kompatibilität: Acrobat 4
> ▸ Für schnelle Webansicht optimieren: ja
> ▸ PDF mit Tags erstellen: ja
> ▸ PDF nach Export anzeigen: Ja, wenn das Ergebnis sofort angezeigt werden soll.
> ▸ Nicht druckbare Objekte: ja
> ▸ Alle anderen Optionen sollten nicht aktiviert werden.

> **Lesezeichen exportieren**
>
> Damit Lesezeichen überhaupt in ein PDF überführt werden können, müssen sie zuerst in InDesign über das Lesezeichen-Bedienfeld angelegt werden. Das Anlegen eines Lesezeichens dort erfolgt einfach durch Markieren des entsprechenden Wortes bzw. Objekts und und einen Klick auf das Symbol 🔖 im Bedienfeld.

links an die PDF-Datei übergeben. Wurde darüber hinaus beim Erstellen eines Inhaltsverzeichnisses in InDesign die Option PDF-LESEZEICHEN ERSTELLEN aktiviert, so werden dadurch alle Einträge im Inhaltsverzeichnis mit einem Hyperlink hinterlegt, was einer Navigation in der PDF-Datei sehr dienlich ist.

Sind Objekte über das Bedienfeld ATTRIBUTE auf NICHT DRUCKBAR – in QuarkXPress als »Ausgabe unterdrücken« bezeichnet – gestellt worden, so werden sie durch Aktivierung der Option NICHT DRUCKENDE OBJEKTE ❾ dennoch gedruckt. Selektiv können nicht druckbare Objekte im PDF-Export-Dialog nicht auf druckbar gestellt werden. Hier lautet die Formel immer »alles oder nichts«. Kontrollieren Sie dies jedoch vorher visuell durch Aktivieren der Vorschau 🔲 im Werkzeug-Bedienfeld, um nicht in der PDF-Datei mit Überraschungen konfrontiert zu werden.

Durch die Aktivierung der Option SICHTBARE HILFSLINIEN UND RASTER können Sie alle Hilfslinien und das Grundlinienraster als sichtbare Objekte in die PDF-Datei übernehmen. Eine sehr nützliche Option, wenn es darum geht, ganze Standbögen in eine PDF-Datei zu überführen.

In der Option INTERAKTIVE ELEMENTE ❿ können Sie sich nur zwischen NICHT EINSCHLIESSEN und ERSCHEINUNGSBILD BERÜCKSICHTIGEN entscheiden. Beachten Sie, dass in einem Druck-PDF keinerlei interaktive Elemente platziert sein sollten und Sie durch Wahl der Option ERSCHEINUNGSBILD BERÜCKSICHTIGEN lediglich die Bildschirmauflösung des Videobildes in das PDF überführen.

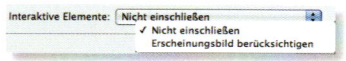

▲ Abbildung 42.3
Die Einträge der Option INTERAKTIVE ELEMENTE des Registers ALLGEMEIN kommen der Entscheidung zwischen Cholera und Pest gleich.

42.1.3 Das Register »Komprimierung«

Im Register KOMPRIMIERUNG sind alle Einstellungen zur Neuberechnung bzw. Komprimierung von Bildbeständen vorzunehmen, und Sie bestimmen hier, ob über den Objektrand hinausstehende Bildbestände beschnitten werden.

Aktivieren Sie zum Erstellen einer unveränderten PDF/X-4-Datei die Einstellungen wie in Abbildung 42.4 dargestellt, wodurch keine Neuberechnung und eine verlustfreie Kompression für Bilder vorgenommen wird. Diese Einstellung garantiert, dass alle Bildbestände, die in InDesign platziert wurden, auch in der PDF-Datei unverändert vorliegen.

Ob eine Neuberechnung der Bilder erfolgen soll, können Sie über die Auswahl von KEINE NEUBERECHNUNG ❶, DURCHSCHNITTLICHE NEUBERECHNUNG AUF, SUBSAMPLING AUF und BIKUBISCHE NEUBERECHNUNG AUF bestimmen. Welcher Neuberechnungsalgorithmus gewählt wird, hängt vom gewünschten Ergebnis ab. In der Praxis werden Halbtonbilder – **Farb-** und **Graustufenbilder** – fast ausschließlich mit der bikubischen Neuberechnung herun-

> **Subsampling auf**
>
> Bei dieser Methode wird der Farbton des mittleren bzw. rechten unteren Pixels für das neu berechnete Pixel verwendet.

tergerechnet, **einfarbige Bilder** hingegen meistens nie reduziert. Wird dennoch eine Reduktion gewünscht, so wählen Sie DURCHSCHNITTLICHE NEUBERECHNUNG AUF, da hier die bikubische Berechnung zu einer stärkeren »Ausfransung« der »scharfen« Kanten führen würde. In der Praxis werden zur Erstellung einer PDF-Datei für das 60er-Raster nicht die Einstellungen aus Abbildung 42.4 verwendet, da dadurch zu speicherintensive Dateien entstünden. Die Wahl der Option BIKUBISCHE NEUBERECHNUNG AUF mit einer Auflösung von 300 ppi für die Farb- und Graustufenbilder und einer KOMPRIMIERUNG: AUTOMATISCH (JPEG) mit BILDQUALITÄT: MAXIMAL stellt für gängige Produktionsweisen und »druckfähige« PDF-Dateien akzeptable Parameter dar.

Durchschnittliche Neuberechnung auf
Bei dieser Methode wird der Durchschnittswert der betroffenen Pixel ermittelt und damit das neu berechnete Pixel eingefärbt.

Bikubische Neuberechnung auf
Bei dieser Methode wird die Bildung des Mittelwerts im Unterschied zur durchschnittlichen Neuberechnung gewichtet. Die Gewichtung des Mittelwerts ist dabei von der Umgebung der einzelnen Pixel abhängig. Noch geringere Qualitätseinbußen sind die Folge, und Verläufe lassen sich so besser darstellen.

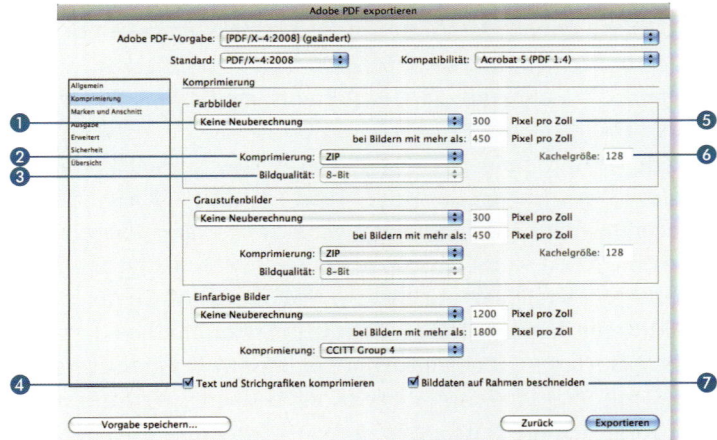

◄ **Abbildung 42.4**
Das Register KOMPRIMIERUNG. In den Bereichen FARBBILDER, GRAUSTUFENBILDER und EINFARBIGE BILDER können Sie die dafür vorgesehene Endauflösung und die zu verwendende KOMPRIMIERUNG auswählen.

Den gewünschten Auflösungsbereich, in den hochaufgelöste Bilder heruntergerechnet werden, können Sie in den dahinterstehenden Eingabefeldern ❺ wählen. Geben Sie im oberen Feld die zu erreichende Zielauflösung an. Die Empfehlung für den unteren Wert lautet: Eingabe von zumindest der 1,5-fachen Zielauflösung. Doch auch dieser Wert hat in einigen Fällen schon zur »Verzahnung« von feinen Linien geführt, da InDesign einen anderen (schlechteren) Downsampling-Algorithmus als Adobe Photoshop besitzt. Die Eingabe von zumindest der 2-fachen Zielauflösung hat für fast alle Fälle das gewünschte Ergebnis gebracht.

Ob komprimiert wird oder nicht, legen Sie mit der Option KOMPRIMIERUNG ❷ fest. Dabei stehen **ZIP** (eine verlustfreie Kompression), **JPEG** (eine verlustbehaftete Kompression) und bei EINFARBIGE BILDER noch **CCITT** und **Run Lengh**, beides verlustfreie Kompressionsverfahren, zur Verfügung. Durch die Wahl von AUTOMATISCH (JPEG) bei der Option BILDQUALITÄT ❸ werden 8-Bit-Graustufen- und 8-, 16-, 24- und 32-Bit-Farbbilder mit flie-

[Verlustbehaftete Kompression]
Eine verlustbehaftete Kompression führt zur Erzeugung von Dateien mit sehr kleinen Dateigrößen. Dies wird dadurch erreicht, dass Bildinformationen aus dem Bild genommen bzw. Farbpixel mit den benachbarten Farbpixeln gleichgeschaltet werden. JPEG ist der prominenteste Vertreter.

[Verlustfreie Kompression]
Bei verlustfreien Kompressionen werden sich wiederholende Informationen in Dateien zusammengefasst und durch kleinere Einheiten abgespeichert.

42.1 PDF exportieren | **883**

> **Downsampling**
>
> Das Reduzieren von Dateigrößen durch Reduzieren der Bildauflösung ist die effektivste Variante, Bilder möglichst kompakt abzuspeichern. Es stehen Ihnen dazu drei Verfahren zur Auswahl. Verwenden Sie in fast allen Fällen BIKUBISCHE NEUBERECHNUNG AUF, da dadurch auch die Farben der Umfeldpixel in die Berechnung des neuen, reduzierten Pixels einbezogen werden.
>
> Wir weisen jedoch darauf hin, dass durch Downsampling schneller Störungen im Bild erkennbar sind als durch eine verlustbehaftete Kompression.

ßenden Farbverläufen mit JPEG komprimiert; 2- und 4-Bit-Graustufen- wie auch 4-Bit-Farbbilder und indizierte Farbbestände werden mit ZIP komprimiert. Zu ZIP sei nur noch angemerkt, dass ZIP im Grunde zu den verlustfreien Kompressionsverfahren zählt. Werden jedoch 32-Bit-Farbbilder platziert und beim PDF-Export mit ZIP komprimiert, so wird die Farbtiefe dabei auf 8 Bit pro Kanal reduziert.

Wenn Sie in der Option KOMPATIBILITÄT: den Wert ACROBAT 6 (PDF 1.5) bzw. ACROBAT 7 (PDF 1.6) auswählen und damit auf die PDF/X-4-Kompatibilität verzichten, so können Sie darüber hinaus noch auf **JPEG2000** in einer verlustbehafteten (MINIMUM, NIEDRIG, MITTEL, HOCH, MAXIMUM) und einer verlustfreien (VERLUSTFREI) Komprimierung zurückgreifen. Erst durch die Auswahl von JPEG2000 können Sie Werte im Eingabefeld KACHELGRÖSSE ❻ eingeben. Der Vorteil von JPEG2000 liegt darin, dass sich beim Bildaufbau zunehmend die Qualität von unscharf bis scharf verbessert (progressiv). Die Berechnung erfolgt hierbei auf Basis verschiedener Auflösungen, die in den jeweiligen Kacheln hinterlegt werden. Die Kachelgröße – jener Wert, den der Algorithmus zur Berechnung der neuen Farbwerte heranzieht – kann über die Eingabe beschränkt werden. Gründe für die Beschränkung der maximalen Kachelgröße können nicht wirklich genannt werden.

Aktivieren Sie die Optionen TEXT UND STRICHGRAFIKEN KOMPRIMIEREN ❹ – unter Strichgrafik wird hier eine Vektorgrafik verstanden – und BILDDATEN AUF RAHMEN BESCHNEIDEN. Ersteres reduziert zusätzlich die Dateigröße der PDF-Datei durch »verkürzte« Kodierung (Flate Compression) von Zeichen und Vektorgrafiken. Die Flate-Kompression ist der ZIP-Kompression von Pixelbeständen sehr ähnlich.

Die Option BILDDATEN AUF RAHMEN BESCHNEIDEN ❼ bettet nur den Ausschnitt des Bildes ein, der durch die Beschneidung des Bildes durch den Objektrahmen in InDesign festgelegt wurde. Wird die Option nicht aktiviert, so wird das gesamte Bild in die PDF-Datei eingebettet. Da für die Ausgabe im Druck die restlichen Informationen nicht mehr benötigt werden, ist diese Option in der Druckvorstufe zur Erzeugung kleinerer PDF-Dateien immer zu aktivieren. Lediglich zur Erstellung von universellen, weiterbearbeitbaren PDF-Dateien kann die Deaktivierung der Option zielführend sein.

In Tabelle 42.1 möchten wir Ihnen typische Einträge des Registers KOMPRIMIERUNG vorschlagen, die je nach Anwendungsgebiet eingestellt werden sollten. In der Spalte »Neuberechnung« steht dabei der erste Wert für alle Farb- und Graustufenbilder, der zweite Wert steht für einfarbige Bilder.

> **»Kunden-PDF« Komprimierung**
>
> ▶ Farb- und Graustufenbilder: BIKUBISCHE NEUBERECHNUNG AUF; 150–200 ppi; AUTOMATISCH (JPEG); MITTEL
> ▶ Einfarbige Bilder: DURCHSCHNITTLICHE NEUBERECHNUNG AUF; 600–900 ppi; CCITT-GROUP 4; MITTEL
> ▶ Text und Strichgrafiken komprimieren: ja
> ▶ Bilddaten auf Rahmen beschneiden: ja

Verwendung	Neuberechnung	Komprimierung
High-End-PDF ohne Verluste (entspricht der direkten Ausgabe)	KEINE NEUBERECHNUNG	ZIP – 8 Bit CCITT Group 4
High-End-PDF für das 60er-Raster ohne sichtbare Verluste	BIKUBISCHE NEUBERECHNUNG AUF 300 bis 600 ppi für Farb- und Graustufenbilder und KEINE NEUBERECHNUNG für einfarbige Bilder	JPEG – maximal CCITT Group 4
High-End-PDF für das 80er-Raster ohne Verluste (Kunstdruckpapier)	BIKUBISCHE NEUBERECHNUNG AUF 350 bis 700 ppi für Farb- und Graustufenbilder und KEINE NEUBERECHNUNG für einfarbige Bilder	ZIP – 8 Bit CCITT Group 4
High-End-PDF für das 30er-Raster ohne sichtbare Verluste (Zeitungspapier)	BIKUBISCHE NEUBERECHNUNG AUF 150 bis 300 ppi für Halbtonbilder und DURCHSCHNITTLICHE NEUBERECHNUNG auf 900–1.200 ppi für einfarbige Bilder	JPEG – mittel CCITT Group 4
PDF-Dateien für den Austausch, zum Ausdruck auf Farbdruckern ausreichend	BIKUBISCHE NEUBERECHNUNG auf 100 bis 200 ppi für Farb- und Graustufenbilder und DURCHSCHNITTLICHE NEUBERECHNUNG auf 600 ppi für einfarbige Bilder	JPEG – mittel CCITT Group 4
PDF-Dateien zum Betrachten im Web, ein Ausdruck der PDF-Datei wird nicht erwartet	BIKUBISCHE NEUBERECHNUNG AUF 72 bis 108 ppi Farb- und Graustufenbilder und DURCHSCHNITTLICHE NEUBERECHNUNG auf 300 ppi für einfarbige Bilder	JPEG – minimal CCITT Group 4
PDF-Dateien für Multimedia	Wie bei PDF-Dateien zum Betrachten im Web	JPEG2000 verlustfrei
PDF zur Archivierung	KEINE NEUBERECHNUNG für Farb- und Graustufenbilder und einfarbige Bilder	ZIP – 8 Bit

▲ **Tabelle 42.1**
Komprimierungseinstellungen für verschiedene Anwendungsgebiete

42.1.4 Das Register »Marken und Anschnitt«

Die korrekte Definition der Optionen im Register MARKEN UND ANSCHNITT ist dafür verantwortlich, dass die produktionsrelevanten Parameter wie *Passkreuze* und *Schnittmarken* sowie der *Anschnitt*, egal ob im Dokument ein Anschnittbereich hinterlegt ist oder nicht, in die PDF-Datei übernommen werden. Natürlich entbindet die Aktivierung des Anschnitts den Datenersteller nicht davon, die Objekte genügend weit im Anschnitt zu positionieren.

Marken | Aktivieren Sie hier die gewünschten Druckermarken ❽, deren ART ⓬, STÄRKE ⓭ und den benötigten Versatz ⓮ der Marken vom Endformat. Zusätzliche Informationen zu den Marken können Sie in Abschnitt 41.3.1, »Das Register »Marken und Anschnitt««, auf Seite 862 nachlesen.

Anschnitt und Infobereich | Aktivieren Sie hier die Option ANSCHNITTSEINSTELLUNGEN DES DOKUMENTS VERWENDEN ❾ nur dann, wenn für den Export die BleedBox – das ist der Anschnittbereich in einer PDF-Datei – auf den Wert, den der Benutzer beim

> **Art, Stärke und Offset**
>
> Die Form der Passkreuze kann in der Option ART ausgewählt werden. InDesign stellt keine anderen Formen zur Verfügung. Mit STÄRKE bestimmen Sie die Linienstärke, die für die Schneidemarken verwendet wird. Der Wert von 0,125 Pt ist für die Ausgabe über CtP (Computer to Plate) ideal. Setzen Sie den VERSATZ auf denselben Wert, den Sie für die Anschnitt definiert haben. Dadurch ragen die Schnittmarken nicht mehr in den Anschnittbereich hinein.

[BleedBox]
Die BleedBox ist eine der fünf Boxen in einer PDF-Datei. Mit der BleedBox wird der Anschnittbereich der Seite in der PDF-Datei gekennzeichnet.

Anlegen des Dokuments beim Anschnitt vorgesehen hat, gesetzt und in die PDF-Datei eingebettet werden soll. Sollte kein Anschnitt im Dokument festgelegt sein, so können Sie den gewünschten Anschnittwert für den Export in den Eingabefeldern ❿ OBEN, UNTEN, INNEN und AUSSEN eintragen. Haben Sie kein doppelseitiges Dokument angelegt, so steht anstelle von INNEN und AUSSEN RECHTS und LINKS. Das Festlegen eines Anschnittes von 3 mm ist hier eigentlich nie falsch. Halten Sie diesbezüglich aber Rücksprache mit Ihrem Druckdienstleister. Alle Objekte, die über den Anschnitt im Originaldokument hinausragen, werden in der Ausgabe nur bis zum Anschnitt gedruckt.

Abbildung 42.5 ▶
Das Register MARKEN UND ANSCHNITT. Alle Druckermarken werden durch die Aktivierung der Option ACROBAT-EBENEN ERSTELLEN im Register ALLGEMEIN auf eine eigene Ebene in der PDF-Datei gesetzt.

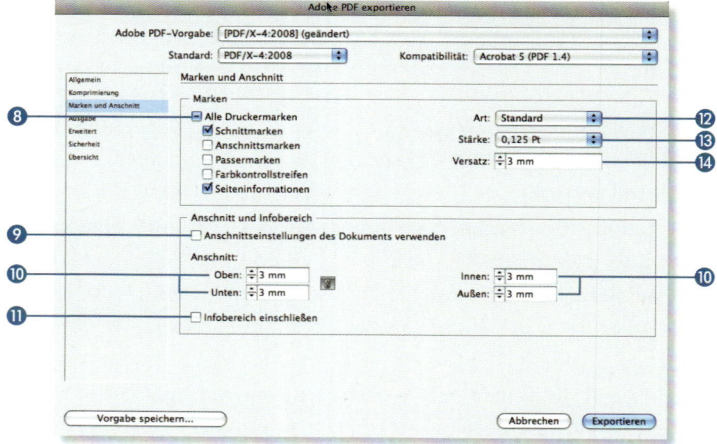

»Kunden-PDF« Marken und Anschnitt
Deaktivieren Sie in diesem Register alle Checkboxen. Den Betrachter des PDFs würden solche Marken verwirren.

Durch die Aktivierung der Option INFOBEREICH EINSCHLIESSEN ⓫ wird der Anschnitt erweitert bzw., wenn der Infobereich im Dokument kleiner als der Anschnitt angelegt wurde, verkleinert, und alle Objekte werden durch den Infobereich in der Ausgabe beschnitten. Verwenden Sie den Infobereich unter anderem dazu, Dokumentname und Dokumentpfad in der Ausgabe über die Textvariablen in InDesign auszugeben.

42.1.5 Das Register »Ausgabe«

Im Register AUSGABE sind alle Einstellungen in Bezug auf Farbverarbeitung und Kennzeichnung von PDF/X-Dateien vorzunehmen. Ob eine Farbverarbeitung im Zuge der PDF-Erstellung sinnvoll ist, sei aus unserer Sicht in Frage gestellt. Die Konvertierung von Farben sollte aus unserer Sicht entweder ganz zu Beginn oder möglichst am Ende der Produktionsstrecke erfolgen. Nachstehend werden vier mögliche Vorgehensweisen im Umgang mit Farbkonvertierungen beschrieben.

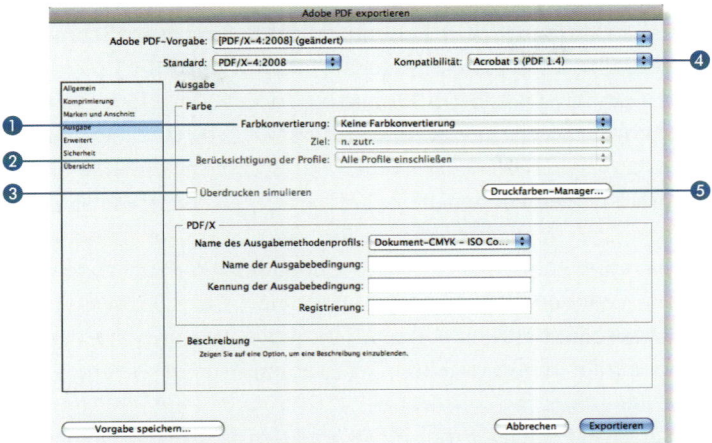

◀ **Abbildung 42.6**
Das Register AUSGABE zur Ausgabe einer medienneutralen PDF/X-4-Datei

Erstellen einer medienneutralen PDF-Datei (Option »Standard«: »PDF/X-4«) | Wählen Sie KEINE FARBKONVERTIERUNG in der Option FARBKONVERTIERUNG ❶ aus. Damit stellen Sie sicher, dass alle ursprünglichen Farbräume in die PDF-Datei übergeben werden. Der Eintrag ALLE PROFILE EINSCHLIESSEN ❷ in der Option BERÜCKSICHTIGUNG DER PROFILE weist darauf hin, dass Bilder mit getagten ICC-Profilen, die in InDesign importiert wurden, das ICC-Profil in der PDF-Datei beibehalten, wenn das Profil nicht mit dem ICC-Profil des Dokuments übereinstimmt. InDesign-Objekte und importierte CMYK-Bilder ohne zugewiesenes ICC-Profil besitzen hingegen kein Profil in der PDF-Datei, da die entsprechende Ausgabekennzeichnung über den Output-Intent (Dokument-Profil) erfolgt.

Die Optionen ÜBERDRUCKEN SIMULIEREN ❸ (ist in Verbindung mit der Wahl eines PDF/X-Standards nicht aktivierbar) und DRUCKFARBEN-MANAGER ❺ verhalten sich identisch, wie dies bereits in Abschnitt 41.3.2, »Das Register ›Ausgabe‹«, auf Seite 862 und in Abschnitt 14.7.4, »Druckfarben-Manager«, auf Seite 352 beschrieben wurde.

Das **Ergebnis der Konvertierung** sieht wie folgt aus:
▶ Alle Farbräume – auch Schmuckfarben – bleiben im PDF erhalten. Eine Konvertierung der RGB- und der CMYK-Objekte in den Zielfarbraum des ICC-Profils des Dokuments erfolgt nicht.
▶ Da die Option KOMPATIBILITÄT ❹ durch die Wahl von PDF/X-4 höher als ACROBAT 4.0 (PDF 1.3) ist, bleiben auch alle nativen Transparenzen in der PDF-Datei erhalten. Wird hingegen ACROBAT 4 (PDF 1.3) eingestellt, so verhält sich das Ergebnis wie im nächsten Szenario – Erstellung einer PDF/X-3-Datei – beschrieben.

Überdrucken simulieren

Wählen Sie diese Option nur, wenn Sie auf einen Farblaserdrucker ausgeben oder ein Kontroll-PDF erstellen. Die Aktivierung dieser Checkbox bei der Ausgabe auf Proofern führt zu einer falschen Farbsimulation.

»Kunden-PDF« Ausgabe

Stellen Sie den Eintrag in der Option STANDARD auf OHNE. Stellen Sie die Option FARBKONVERTIERUNG auf KEINE FARBKONVERTIERUNG und die Option BERÜCKSICHTIGUNG DER PROFILE auf PROFILE NICHT EINSCHLIESSEN. Dadurch bleiben CMYK-Bilder in ihrem Farbraum erhalten; eine Konvertierung nach RGB erfolgt nicht.

Sie können aber auch alternativ den Eintrag IN ZIELPROFIL KONVERTIEREN und das Zielprofil auf sRGB IEC61966-2.1 stellen. Dadurch werden alle Bilder nach RGB konvertiert. Damit dies wirklich auch so geschieht, müssen Sie den TRANSPARENZFÜLLRAUM ebenfalls auf RGB umstellen.

In jedem Fall raten wir Ihnen, die Option ÜBERDRUCKEN SIMULIEREN ❸ zu aktivieren. Dadurch ist die Betrachtung der PDF-Datei unabhängig von einer möglicherweise eingeschalteten Überdruckenvorschau gewährleistet.

Erstellen einer PDF/X-4-Datei mit CMYK- und/oder Schmuckfarbobjekten (Option »Standard«: »PDF/X-4:2008« | Durch die Wahl von PDF/X-4 in der Option STANDARD wird der Eintrag IN ZIELPROFIL KONVERTIEREN (WERTE BEIBEHALTEN) ❼ in der Option FARBKONVERTIERUNG ausgewählt. Damit stellen Sie sicher, dass alle RGB-Objekte in den Zielfarbraum des gewählten Profils in der Option ZIEL konvertiert werden. Alle CMYK-Objekte – auch wenn Sie ein vom Dokument-Profil abweichendes ICC-Profil angehängt haben – werden hingegen nicht konvertiert. Der Eintrag ZIELPROFIL EINSCHLIESSEN ❽ in der Option BERÜCKSICHTIGUNG DER PROFILE weist darauf hin, dass Bilder mit getagten ICC-Profilen, die in InDesign importiert wurden, das ICC-Profil in der PDF-Datei beibehalten, wenn das Profil nicht mit dem ICC-Profil des Dokuments übereinstimmt. InDesign-Objekte und importierte CMYK-Bilder ohne zugewiesenes ICC-Profil besitzen hingegen kein Profil in der PDF-Datei, da die entsprechende Ausgabekennzeichnung über den Output-Intent (Dokument-Profil) erfolgt.

Alle Optionen im Bereich PDF/X sind nun anwählbar, da unter STANDARD ❻ eine PDF/X-Version PDF/X-4:2008 ausgewählt ist. Da in diesem Szenario eine PDF/X-Datei erstellt wird, muss das für eine PDF/X-Datei erforderliche Ausgabemethodenprofil in der Option NAME DES AUSGABEMETHODENPROFILS ❾ festgelegt werden. Die Ausgabeabsicht (Output-Intent) wird dabei am einfachsten durch die Auswahl eines ICC-Profils beschrieben. Es ist ratsam, immer DOKUMENT-CMYK – NAME DES ICC-PROFILS ⓭ auszuwählen, da damit automatisch der dem Dokument aktuell zugewiesene Farbraum in Form eines Ausgabeprofils (ICC-Profil) hinzugefügt wird und somit auch eine Konvertierung von RGB-Objekten – jedoch keine Sonderfarben – in diesen durchgeführt wird.

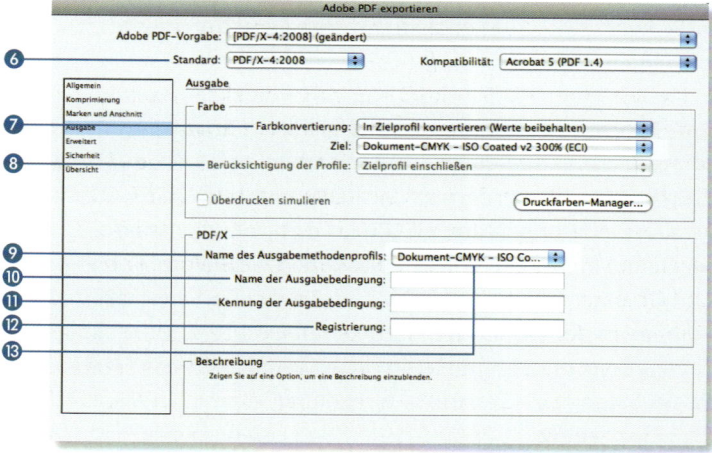

Abbildung 42.7 ▶
Das Register AUSGABE zur Ausgabe von PDF/X-4-Dateien, wobei alle platzierten RGB-Objekte nach CMYK umgewandelt werden.

Im Eingabefeld NAME DER AUSGABEBEDINGUNG ❿ können zusätzliche Erläuterungen optional erfolgen. Die KENNUNG DER AUSGABEBEDINGUNG ⓫ kennzeichnet eine Ausgabeabsicht in einer für Maschinen und Menschen lesbaren Form. Ist das ausgewählte Profil beim Server der ICC registriert, so wird die Kennung automatisch eingetragen. Dasselbe gilt für den Eintrag im Feld REGISTRIERUNG ⓬. In diesem Feld wird die URL der Registratur hinterlegt. Das Ändern der Einträge ist nicht immer möglich. Führen Sie Änderungen nur durch, wenn Sie wissen, was Sie tun. Ein falscher Eintrag könnte zu missverständlichen Anweisungen führen.

> **Registratur**
>
> Sind ICC-Profile beim ICC registriert, so ist dafür ein Eintrag in der »ICC Characterization Data Registry« hinterlegt.

Das **Ergebnis der Konvertierung** sieht wie folgt aus:
- Alle CMYK-Objekte werden auf Basis der getroffenen Farbeinstellungen unangetastet in das PDF überführt. Dabei werden die in InDesign zugewiesenen Farbprofile – egal ob sie vom Dokument-Profil abweichen oder nicht – entfernt, da für alle CMYK-Objekte die Kennzeichnung des Dokumentenfarbraumes über den Output-Intent erfolgt.
- Alle RGB-Objekte werden in das Dokument-Profil konvertiert – jenes ICC-Profil, das in der Option ZIEL eingetragen ist.
- Graustufenbilder werden als Schmuckfarbe K in der PDF-Datei abgespeichert. Das Öffnen solcher Konstrukte in Photoshop über das OBJEKT-TOUCHUP-WERKZEUG von Acrobat ist deshalb nicht möglich, da dieser Farbraum von Photoshop nicht unterstützt wird.
- Alle Schmuckfarben bleiben erhalten, da diese in jeder PDF/X-Norm uneingeschränkt verwendet werden können. Sollten auch Sonderfarben nach CMYK konvertiert werden, so muss dies über die Option DRUCKFARBENMANAGER gelöst werden. Aus welchen zwei Möglichkeiten Sie dabei wählen können, lesen Sie auf Seite 354 nach.
- Schwarzer Text bleibt als schwarzer Text erhalten.

> **TIPP**
>
> Wenn Sie nur CMYK-Bestände in der PDF-Datei ausgeben wollen, sollten Sie diese Ausgabeform bevorzugt einsetzen. Eine Fehlerprüfung erfolgt ohnehin mit Acrobat 9.

Erstellen einer PDF/X-1a-Datei mit korrekter Konvertierung der Farben in einen vom Arbeitsfarbraum abweichenden Zielfarbraum | Wählen Sie bei FARBKONVERTIERUNG ⓰ den Eintrag IN ZIELPROFIL KONVERTIEREN (WERTE BEIBEHALTEN) und bei ZIEL das gewünschte Zielprofil (hier ISO UNCOATED YELLOWISH) ⓱ aus. Entscheiden Sie darüber hinaus, ob Sie das neue Zielprofil den Bildern und Objekten in der PDF-Datei hinterlegen wollen oder nicht. Die Einträge in der Option BERÜCKSICHTIGUNG DER PROFILE ⓲ – ZIELPROFIL EINSCHLIESSEN bzw. PROFILE NICHT EINSCHLIESSEN – sind dafür maßgebend. Diese Option kann jedoch nur ausgewählt werden, wenn die Option STANDARD ⓯ auf OHNE gestellt ist. Wird, wie in Abbildung 42.8, jedoch der STANDARD: PDF/X-1A:2001 ausgewählt, so wird die Option BERÜCKSICHTIGUNG DER PROFILE automatisch auf PROFILE NICHT EINSCHLIESSEN ⓲ gestellt.

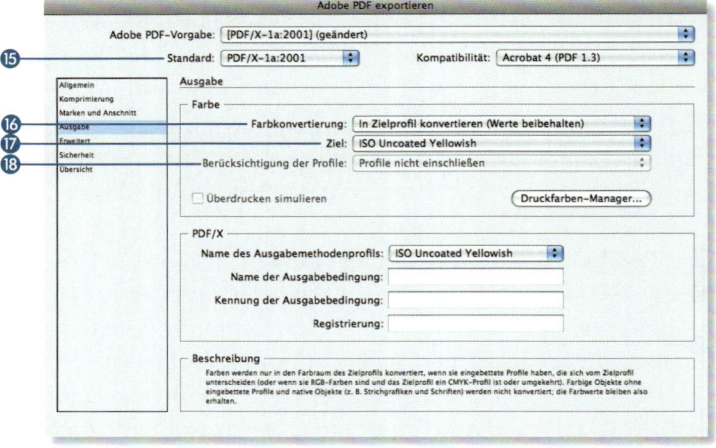

Abbildung 42.8 ▶
Das Register AUSGABE zur Konvertierung in ein vom Arbeitsfarbraum abweichendes Zielprofil, wobei bereits in CMYK vorliegende Bild- und Vektordaten unangetastet bleiben

TIPP

Wählen Sie zur Konvertierung in einen Zielfarbraum immer die Option IN ZIELPROFIL KONVERTIEREN (WERTE BEIBEHALTEN) ⓰, wenn alle importierten Bilder und Objekte im Dokument-Profil vorliegen. Dieser Empfehlung folgt auch die von Adobe vordefinierte PDF-Vorgabe PDF/X-1A.

Das **Ergebnis dieser Konvertierung** sieht wie folgt aus:
▶ RGB-Bilder und -Objekte werden in den neuen Zielfarbraum ISO UNCOATED YELLOWISHED konvertiert.
▶ Auf Basis unserer getroffenen Farbeinstellungen werden CMYK-Bilder und -Objekte mit den definierten Farbnummern durchgereicht – eine Reduzierung des Gesamtfarbauftrages auf 280 % erfolgt damit also nicht.
▶ Schwarzer Text bleibt somit auf K = 100 % erhalten.
▶ Alle Schmuckfarben bleiben erhalten, da diese in jeder PDF/X-Norm uneingeschränkt verwendet werden können. Sollten auch Sonderfarben nach CMYK konvertiert werden, so muss dies über die Option DRUCKFARBENMANAGER gelöst werden.
▶ Da die Option BERÜCKSICHTIGUNG DER PROFILE ⓲ wegen PDF/X-1a auf PROFILE NICHT EINSCHLIESSEN steht, entfällt die Kennzeichnung der Objekte mit dem Zielfarbraum in der PDF-Datei.
▶ Transparente Objekte werden reduziert und dabei auch in den Zielfarbraum konvertiert.

Erstellen einer PDF/X-1a-Datei mit Konvertierung der Farben in einen vom Arbeitsfarbraum abweichenden Zielfarbraum |
Wählen Sie wie zuvor in der Option FARBKONVERTIERUNG den Eintrag IN ZIELPROFIL KONVERTIEREN ❶ und in der Option ZIEL ❷ das gewünschte Zielprofil. Sofort nach Auswahl dieses Eintrags erscheint ein Warndreieck ❹, das einen Umstand signalisiert, der wahrscheinlich nicht dem gewünschten Ergebnis entspricht.

Besonders der Satzteil »ALLE FARBEN WERDEN IN DEN FARBRAUM DES ZIELPROFILS UMGEWANDELT (ES SEI DENN , IHRE PROFILE STIMMEN MIT DEM ZIELPROFIL ÜBEREIN)«, den Sie im Bereich WARNUNG ❺ lesen können, sollte Sie schon etwas stutzig machen. Die Einträge in der Option BERÜCKSICHTIGUNG DER PROFILE ❸ – PROFILE NICHT EINSCHLIESSEN – weist darauf hin, dass in der PDF-Datei keine Kennzeichnung der CMYK-Objekte erfolgen wird.

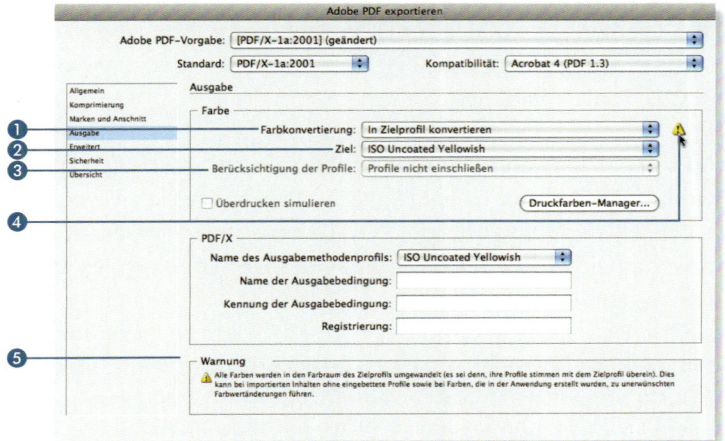

◄ **Abbildung 42.9**
Das Register AUSGABE zur Konvertierung in ein vom Arbeitsfarbraum abweichendes Zielprofil, wobei alle Objekte des InDesign-Dokuments in den Zielfarbraum konvertiert werden

Das **Ergebnis dieser Konvertierung** sieht folgendermaßen aus:
▶ Alle Bilder und Objekte, egal ob sie in InDesign mit einem Profil versehen waren oder nicht, werden in den Zielfarbraum konvertiert. Damit werden auch alle in InDesign definierten Farben in den Zielfarbraum verrechnet, wodurch schwarzer Text nun in 4c aufgelöst wird. (Wir wollen ja viel erreichen, aber diesen Zustand kann ein Druckvorstufenbetrieb am wenigsten gebrauchen!)
▶ Alle Schmuckfarben bleiben erhalten, da diese in jeder PDF/X-Norm uneingeschränkt verwendet werden können. Sollten auch Sonderfarben nach CMYK konvertiert werden, so muss dies über die Option DRUCKFARBENMANAGER gelöst werden.

42.1.6 Das Register »Erweitert«
Im Register ERWEITERT sind die Einstellungen in Bezug auf Schriften, OPI, Transparenzreduzierung und JDF vorzunehmen.

Bereich »Schriftarten« | Stellen Sie den Prozentwert in der Option SCHRIFTEN TEILWEISE LADEN, WENN ANTEIL VERWENDETER ZEICHEN KLEINER ALS auf 0 % ❼, damit theoretisch die Einbettung der Schrift in vollem Umfang möglich ist. Werden OpenType- und TrueType-Fonts verwendet, die mehr als 2000 Glyphen besitzen,

HINWEIS

Die unsinnige Vorgehensweise, alle Farben in einen Zielfarbraum zu konvertieren, entsprach den Einstellungen aus InDesign CS, wenn in ein anderes Zielprofil konvertiert wurde. Verwenden Sie diese Einstellungen *nie* oder nur dann, wenn kein Text im Dokument ist – also *nie*!

HINWEIS

Auch wenn Sie den Prozentsatz in diesem Register auf 0 % und die Vorgabe in InDesign hinsichtlich Grenze von 2.000 Glyphen zur Volleinbettung auf 70.000 Glyphen stellen und die PDF-Version 1.6 wählen, kann InDesign CS4 selbst in der aktuellen Version noch keine OpenType-Schriften einbetten.

42.1 PDF exportieren | **891**

> **»Kunden-PDF« Erweitert**
> - Schriften: 100 %
> - OPI: DEAKTIVIEREN
> - Transparenzreduzierung: [MITTLERE AUFLÖSUNG]
> - JDF-Datei mit Acrobat erstellen: Deaktivieren

[CID]
CID-Schriften sind Zwei-Byte-Schriften, die mehr als 256 Zeichen pro Schriftschnitt abbilden. Dies wurde für Adobe durch die Ausweitung der Technologie im asiatischen Markt ein Muss.

so werden sie standardmäßig als Fontuntergruppe eingebettet. Möchten Sie Fontuntergruppen – zur sicheren Ausgabe – in die PDF-Datei einbetten, so wählen Sie den gewünschten Prozentsatz. Der Prozentwert 100 % garantiert, dass alle Schriftarten mit Ausnahme jener, die das Schutz-Flag gegen eine unerlaubte Einbettung enthalten, nur als Untergruppe in die PDF-Datei eingebettet werden. Seit InDesign CS2 werden nicht mehr zwingend alle Schriften beim Export in CID umgewandelt. OpenType-Schriften, die mehr als 2000 Glyphen besitzen – der Wert ist durch die Voreinstellung in InDesign bestimmt –, müssen jedoch weiterhin in CID-Fonts konvertiert werden.

OPI | Das Aktivieren der Option FÜR OPI AUSLASSEN ❽, mit der Grob- und Feindaten wie EPS, PDF und BITMAP-BILDER innerhalb eines OPI-Workflows für die PDF-Generierung ausgelassen werden können, ist nur möglich, wenn die Option STANDARD ❻ auf OHNE gestellt ist.

Für die Erstellung von Composite-PDF-Dateien in Verbindung mit niedrigauflösenden »Layoutbildern« sind die PDF/X-Standards PDF/X-2 und PDF/X-5 vorgesehen. Da diese Arbeitsweisen in sehr wenigen Workflows Niederschlag finden, wurden diese Standards in InDesign nicht implementiert. Sollten innerhalb Ihrer Produktionsstrecke OPI-Server zum Einsatz kommen, so kann dies ohne die Wahl eines Standards abgebildet werden.

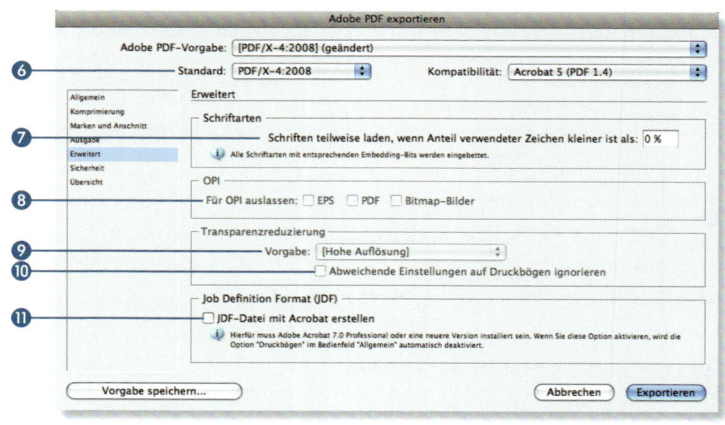

Abbildung 42.10 ▶
Das Register ERWEITERT regelt das Schrifthandling, das Einfügen von OPI-Kommentaren, die Transparenzreduzierung und die Verarbeitung der PDF-Datei mit JDF in Verbindung mit Acrobat 8 und 9.

Transparenzreduzierung | Sobald Sie eine PDF-Version höher als PDF 1.3 oder den STANDARD: PDF/X-4 ❻ ausgewählt haben, ist dieser Bereich ausgegraut. Alle Transparenzen werden nativ – ohne eine Reduzierung – in die PDF-Datei überführt. Sollen Sie ein Druck-PDF auf Basis von PDF 1.3 erstellen, so wählen Sie in der Option VORGABE ❾ das für Ihr Ausgabegerät bestimmte Set aus. Falls Ihnen von Ihrem Druckvorstufenbetrieb kein Set zur Verfügung gestellt wurde, wählen Sie das in Abschnitt 34.2, »Die Transparenzreduzierungsvorgaben«, auf Seite 758 erstellte Set »Ausgabename_RIP_hoch« oder [HOHE AUFLÖSUNG] aus.

Aktivieren Sie dann die Option ABWEICHENDE EINSTELLUNGEN AUF DRUCKBÖGEN IGNORIEREN ❿, da Anwender im Dokument eigene Einstellungen zur Transparenzreduzierung für diverse Druckbögen definiert haben könnten, die Ihre Auswahl überschreiben würden.

Job Definition Format (JDF) | Im Bereich JOB DEFINITION FORMAT (JDF) können Sie durch Aktivieren der Checkbox JDF-DATEI MIT ACROBAT ERSTELLEN ⓫ eine separate JDF-Datei zur PDF-Datei erstellen. Nach der Erstellung wird Acrobat – dies ist nur in Verbindung mit Acrobat 7.0, 8.0 oder Acrobat 9.0 Professional möglich – gestartet und die JDF-Datei in die JDF-Auftragsinformationen von Acrobat übergeben. Deaktivieren Sie diese Option so lange, bis Ihnen ein Druckdienstleister die Verwendung empfiehlt. Zukünftige Workflows werden in wenigen Jahren auf einer durchgängigen Protokollierung des Arbeitsauftrags basieren.

42.1.7 Das Register »Sicherheit«

Im Register SICHERHEIT können Sie Schutzrechte festlegen, die das Drucken, das Entnehmen von Inhalten und das Öffnen der PDF-Datei in einfacher Art und Weise regeln. Haben Sie einen PDF/X-Standard gewählt, so können keine Schutzrechte gesetzt werden.

> **TOP-TIPP**
> **Eigenes Set für Transparenzreduzierung verwenden**
>
> Das Anlegen und die Verwendung eines eigenen Transparenzreduzierungssets ist dringend zu empfehlen, da Sie sonst bei jedem Update und Versionssprung von Adobe jedes Mal austesten müssten, ob sich nicht zufällig oder absichtlich Werte im Set [HOHE AUFLÖSUNG] geändert haben.

[JDF]

JDF ist ein offenes, auf XML basierendes Dateiformat, das sich als Standard für die grafische Industrie durchgesetzt hat. JDF wird zum Datenaustausch zwischen verschiedenen Systemen verwendet – ausgehend von der Erstellung über die Druckvorstufe und die anschließende Weiterverarbeitung bis hin zu E-Business-Anwendungen.

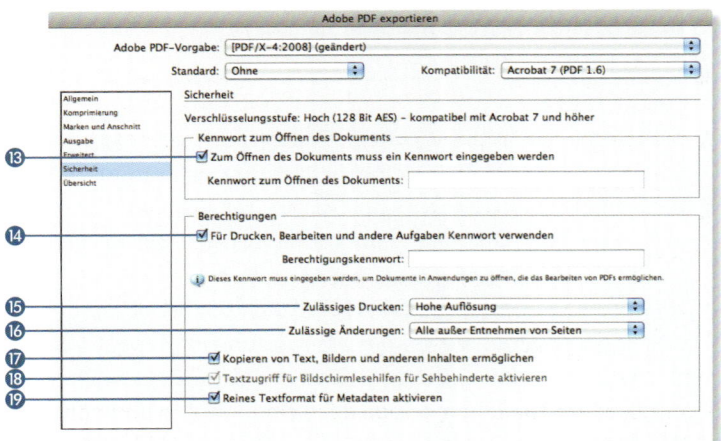

◀ **Abbildung 42.11**
Das Register SICHERHEIT regelt die Beschränkungen hinsichtlich Editierung und Entnahme von Inhalten der exportierten PDF-Datei.

Kennwort zum Öffnen des Dokuments | Ob jedermann die exportierte PDF-Datei öffnen darf, können Sie durch die Eingabe

> **Passwörter**
>
> Folgen Sie bei der Vergabe der Passwörter nicht den Gepflogenheiten Ihrer Mitmenschen, und beschränken Sie somit den Passwortumfang nicht auf die Namen der Kinder, Frau(en), Katzen und Hunde, sondern folgen Sie in der Vergabe von Passwörtern den Empfehlungen der Experten zum Aufbau eines Passworts. Sonderzeichen wie #,*,%,| und die Verwendung von Zahlen gemischt mit dem Namen eines geliebten Menschen erhöhen allemal den Sicherheitslevel.

> **HINWEIS**
>
> Die Beschränkung der PDF-Dateien durch Vergabe von Passwörtern stellt einen einfachen Schutz dar. Wir warnen eindringlich davor, darin eine absolute Sicherheit zu sehen!

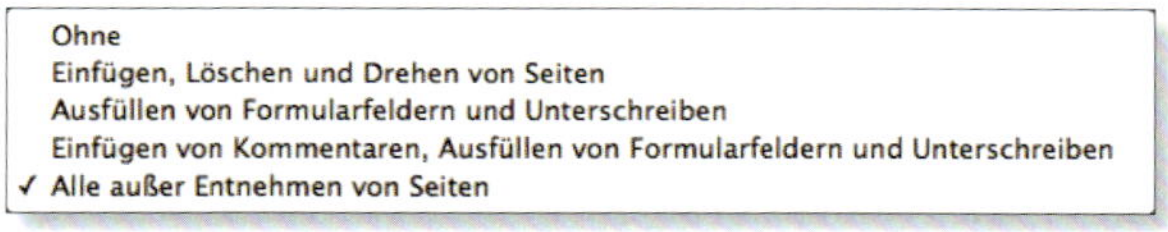

Abbildung 42.12 ▶
Die Möglichkeiten der Option ZULÄSSIGE ÄNDERUNGEN BESCHRÄNKEN

> **»Kunden-PDF« Sicherheit**
>
> ▸ Zum Öffnen des Dokuments muss ein Kennwort eingegeben werden: deaktivieren
> ▸ Für Drucken, Bearbeiten und andere Aufgaben Kennwort verwenden: Kennwort
> ▸ Zulässiges Drucken: HOHE AUFLÖSUNG
> ▸ Zulässige Änderungen: OHNE

eines Kennwortes und die Aktivierung der Option ZUM ÖFFNEN DES DOKUMENTS MUSS EIN KENNWORT EINGEGEBEN WERDEN ⓑ bestimmen. Das Kennwort muss mindestens achtstellig sein.

Der Schutz erfolgt dabei über den **RC4-Standard**, der mit PDF 1.3 in 48 Bit und seit PDF 1.4 mit einer Schlüssellänge von 128 Bit erfolgen kann. Obwohl seit PDF 1.6 auch der **AES** (Advanced Encryption Standard) zur Verschlüsselung herangezogen werden kann, ist die Wahl dieses Verschlüsselungsstandards beim Exportieren aus InDesign noch immer nicht möglich.

Berechtigungen | In diesem Bereich können Sie den Zugriff auf den Inhalt sowie die Ausgabequalität beim Drucken bestimmen. Dafür müssen Sie zuerst die Option FÜR DRUCKEN, BEARBEITEN UND ANDERE AUFGABEN KENNWORT VERWENDEN ⓮ aktivieren und anschließend ein Kennwort eingeben.

Durch die Wahl des Eintrags HOHE AUFLÖSUNG in der Option ZULÄSSIGES DRUCKEN ⓯ kann uneingeschränkt ausgedruckt werden. Wählen Sie hier jedoch den Eintrag NIEDRIGE AUFLÖSUNG (150 DPI) oder OHNE, so kann nur eine niedrigauflösende Version bzw. gar nicht ausgedruckt werden.

In der Option ZULÄSSIGE ÄNDERUNGEN ⓰ beschränken Sie den Betrachter der PDF-Datei im Funktionsumfang, also darin was er mit dem Text bzw. mit den Bildern im PDF anstellen kann. Die Möglichkeiten in dieser Option sind selbsterklärend. Eine genauere Beschreibung entfällt aus diesem Grund.

```
Ohne
Einfügen, Löschen und Drehen von Seiten
Ausfüllen von Formularfeldern und Unterschreiben
Einfügen von Kommentaren, Ausfüllen von Formularfeldern und Unterschreiben
✓ Alle außer Entnehmen von Seiten
```

Die Optionen KOPIEREN VON TEXT, BILDERN UND ANDEREN INHALTEN ERMÖGLICHEN ⓱, TEXTZUGRIFF FÜR BILDSCHIRMLESEHILFEN FÜR SEHBEHINDERTE AKTIVIEREN ⓲ und REINES TEXTFORMAT FÜR METADATEN AKTIVIEREN ⓳ können darüber hinaus aktiviert werden.

PDF-Dateien für die Druckvorstufe | PDF/X-Dateien und PDF-Dateien, die unverändert für die Überprüfung in Acrobat übergeben werden, dürfen nicht geschützt werden. Deaktivieren Sie somit für den Druck immer jegliche Option in diesem Register.

PDF-Dateien für das Office-Umfeld | Nehmen Sie Einstellungen in diesem Register nur bei der Erstellung von PDF-Dateien im Office-Umfeld, für Kunden-PDFs oder in Verbindung mit Formularen vor. Speziell bei der Erstellung von Kunden-PDFs ist es ratsam, den Zugriff auf Änderungsmöglichkeiten zu beschränken.

42.1.8 Das Register »Übersicht«

Im Register ÜBERSICHT werden alle von Ihnen getroffenen Einstellungen noch einmal zusammengefasst. Sollte ein Warndreieck ⚠ den Eintrag zieren, so beachten Sie dieses, um eventuell falsch vorgenommene Einträge noch im Vorfeld zu korrigieren. Lesen Sie dazu die Warnmeldung im Feld WARNUNGEN ❷ durch.

Durch Drücken auf den Button ÜBERSICHT SPEICHERN ❸ können Sie die getroffenen Einstellungen inklusive der BESCHREIBUNG ❶ aus dem Register ALLGEMEIN als Textdatei exportieren.

> **TOP-TIPP**
> **Erweiterter Schutz im PDF**
>
> Aufgrund der beschränkten Möglichkeiten und des doch eher alten Sicherheitsstandards, der aus InDesign exportiert werden kann, empfehlen wir, Sicherheitsbestimmungen für PDF-Dateien in Acrobat hinzuzufügen. Die Möglichkeiten dort sind vielfältiger und sicherer. Darüber hinaus kann dort u. a. auch ein Schutz des Dokumenteninhalts und nicht nur des -containers abgebildet werden.

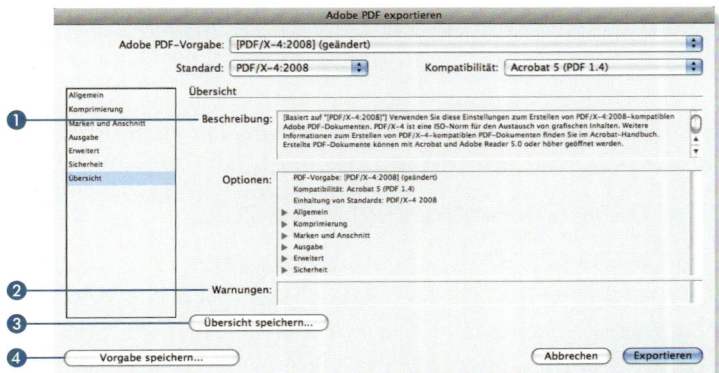

◀ **Abbildung 42.13**
Das Register ÜBERSICHT. Alle getroffenen Einstellungen können im Überblick eingesehen und für die Dokumentation exportiert werden.

42.2 Adobe PDF-Vorgaben anlegen, speichern und importieren

Nachdem Sie alle Einstellungen in den Registern vorgenommen haben, sollten Sie die Einstellungen als Vorgabe speichern. Klicken Sie dazu auf den Button VORGABE SPEICHERN ❹. Im erscheinenden Dialog geben Sie die Bezeichnung für die Vorgabe ein. Hinsichtlich der Namensgebung sollten Sie zwei Punkte berücksichtigen:

- **Voranstellen der Applikationskennzeichnung:** Da sich alle Vorgaben aus allen CS3- bis CS5-Applikationen und Adobe Distiller im selben Ordner befinden, ist es ratsam, jedem Setting eine Kennzeichnung im Dateinamen der Vorgabe zu geben, damit eine Unterscheidung beim Export aus den einzelnen Programmen erfolgen kann.
- **Namensbezeichnung:** Namen wie »PDF-High-End«, »Druck-PDF«, »PDF-hochauflösend« und dergleichen sagen dem jeweiligen Anwender nicht viel. Sie gaukeln sogar oft nur vor, ein

> **Wo sind die Settings gespeichert?**
>
> Die gespeicherte Vorgabe wird unter FESTPLATTE/BENUTZER/LIBRARY/APPLICATION SUPPORT/ADOBE/ADOBE PDF/SETTINGS (Mac OS X) oder unter C:\DOKUMENTE UND EINSTELLUNGEN\ALL USERS\ANWENDUNGSDATEN\ADOBE\ADOBE PDF\SETTINGS (Windows) abgelegt. Diese Dateien können sehr einfach vom Systemadministrator über ein Roll-out betriebssystemübergreifend verteilt werden.

> **TOP-TIPP**
> **Sinnvolle Settings**
>
> Legen Sie sich zumindest vier Vorgaben – »ID_PDF_unver_16«, »ID_PDFX4_JPEG_300_14«, »ID_PDFX3_JPEGmax_300_13« und »ID_PDF_JPEGmin_72_ueberdrucken_13« – an, um jederzeit eine entsprechende hochaufgelöste und eine zur Korrektur gedachte PDF-Datei exportieren zu können.

geglücktes Set zu sein. Klare Informationen im Dateinamen erinnern Sie bei jedem Export an die getroffenen Einstellungen.
Unser Vorschlag: Vergeben Sie Namen wie:
- »ID_PDF_unver_Ebenen_16«: Damit ist klar, dass das Set für den Export aus InDesign ist, worin alle Informationen unverändert (mit Ebenen als PDF 1.6) verwendet werden sollen.
- »ID_PDFX4_Bikub_300_JPEGmax_14«: Dieser Name bedeutet, dass mit dieser Vorgabe eine PDF/X-4-Datei aus InDesign erstellt wird, wobei die Farb- und Graustufenbilder auf 300 ppi mit JPEG-Kompression unter Beibehaltung der maximalen Qualität in der PDF-Version 1.4 erstellt werden.

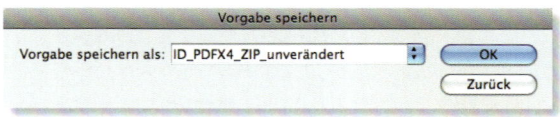

Abbildung 42.14 ▶
Der VORGABE SPEICHERN-Dialog

Weitere Vorgaben können Sie durch Aufrufen des Befehls DATEI • ADOBE PDF-VORGABEN • DEFINIEREN festlegen.

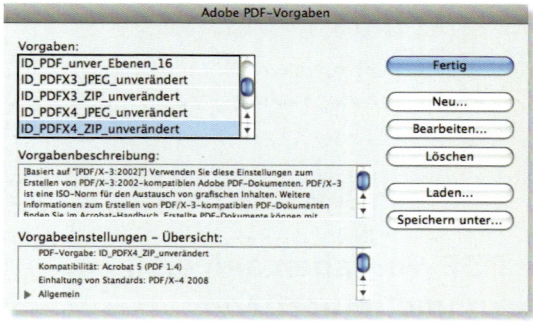

Abbildung 42.15 ▶
Im ADOBE PDF-VORGABEN-Dialog können Sie ausgewählte Vorgaben durch Drücken des Buttons SPEICHERN UNTER exportieren. Gespeicherte Vorgaben können über den Button LADEN importiert werden. PDF-Vorgaben in eckiger Klammer befinden sich in der globalen Library, alle anderen PDF-Vorgaben sind in der Benutzer-Library gespeichert.

Das LÖSCHEN, BEARBEITEN und Anlegen neuer PDF-Vorgaben erfolgt in derselben Form, wie wir es bereits im DRUCKVORGABEN-Dialog auf Seite 867 beschrieben haben.

42.2.1 PDF-Export über PDF-Export-Vorgaben ausführen
Um mit einer gespeicherten Vorgabe zu drucken, führen Sie den Befehl DATEI • ADOBE PDF-VORGABEN • NAME DER VORGABE aus. Legen Sie darin nur noch den Seitenbereich fest, und klicken Sie auf SICHERN bzw. DRUCKEN.

▲ **Abbildung 42.16**
Das neue HINTERGRUNDAUFGABEN-Bedienfeld aus InDesign CS5. Sie können es über FENSTER • HILFSPROGRAMME • HINTERGRUNDAUFGABEN aufrufen.

42.2.2 PDF exportieren im Hintergrund
Mit InDesign CS5 kann während des PDF-Exports weitergearbeitet werden. Adobe lagert den PDF-Export als Hintergrundaufgabe aus. Den jeweiligen Fortschritt des Exports können Sie im Bedienfeld HINTERGRUNDAUFGABE verfolgen.

TEIL VI
Kollaborierendes Arbeiten

43 Daten per Export austauschen

Die zentrale Möglichkeit, InDesign-Daten mit anderen Benutzern per PDF auszutauschen, haben Sie gerade kennengelernt. Darüber hinaus haben Sie die Möglichkeit, Texte mit anderen Benutzern auszutauschen, InDesign-Dokumente oder Teile daraus als Bilder zu speichern, sowie für eine Weiterverwendung in InDesign (z. B. zur Verwendung in früheren Versionen oder um sie erneut zu platzieren) oder zur Weiterverarbeitung in anderen Programmen (für Web oder andere Medien) zu exportieren.

43.1 Text-Export

InDesign bietet drei Möglichkeiten, um Text entweder neutral, formatiert – zumeist für Word-Benutzer – oder für InDesign formatiert zu exportieren.

43.1.1 Nur Text

Um einen neutralen Text zu exportieren, wählen Sie einen Text aus oder stellen den Textcursor in einen Textrahmen (in diesem Fall wird der gesamte Text in diesem und allen damit verketteten Rahmen exportiert). Wählen Sie Datei • Exportieren, oder drücken Sie [Strg]+[E] bzw. [⌘]+[E]. Legen Sie einen Namen und ein Verzeichnis für die exportierte Datei fest. Wählen Sie unter Dateityp (Windows) bzw. Format (Mac OS) die Option Nur Text, und klicken Sie auf Sichern.

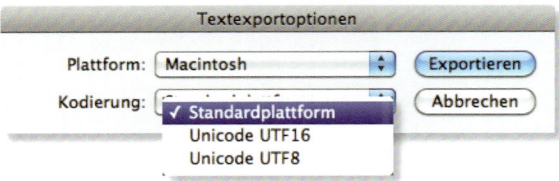

◀ **Abbildung 43.1**
Plattform bezieht sich hier auf den Prozessor Ihres Computers. Macs mit Intel-Prozessoren unterscheiden sich hier eigentlich nicht mehr von den üblichen Windows-PCs.

Wählen Sie die Plattform, auf der der Text weiterbearbeitet werden soll (Macintosh oder PC), und lassen Sie zunächst die Kodierung auf Standardplattform. Dadurch wird der Text so kodiert, wie es den Gepflogenheiten der jeweiligen Hardware-Plattform

> **Neutraler Text**
>
> Bei einem Export von Nur Text gehen alle Formatierungen verloren. Dies kann sich auch auf nationale Sonderzeichen auswirken, da es in einem neutralen Text keine Möglichkeiten mehr gibt, auf alle Sonderfälle Rücksicht zu nehmen.

entspricht. Sollten die Empfänger der Daten Probleme – nationale Sonderzeichen werden falsch dargestellt – mit dem Text haben, versuchen Sie eine der Optionen Unicode UTF8 oder Unicode UTF16. Dadurch wird die Kodierung des Textes auf Unicode-Kodierung mit 8 bzw. 16 Bit umgestellt. Die Software, mit der der Text weiter bearbeitet wird, muss diese Standards unterstützen. Dann allerdings funktionieren auch exotische Glyphen.

Eine generelle Empfehlung können wir hier leider nicht geben, weil die korrekten Einstellungen eben von der Empfänger-Applikation, aber auch von der Sprache des Textes abhängen.

43.1.2 RTF

Wenn Sie die Formatierung des Textes übernehmen wollen, wählen Sie den Export als RTF-Text. Das RTF-Format wurde von Microsoft für MS Word definiert. Soll der Text in Word weiterbearbeitet werden, ist RTF also die erste Wahl. Allerdings hat sich RTF als Standard-Austauschformat für Texte etabliert und wird von den meisten Programmen unterstützt, die zur Textverarbeitung gedacht sind.

> **RTF-Einschränkungen**
>
> Erwarten Sie von den Ergebnissen eines RTF-Exports allerdings nicht allzu viel. InDesign beherrscht Feinheiten in Sachen Textformatierung, die in RTF nicht abgebildet werden können, deshalb wird der Text auf den kleinsten gemeinsamen Nenner zusammengestutzt, und dabei gehen einige Formatierungen wie z. B. Absatzlinien, aber auch Sonderzeichen wie die verschiedenen Bruchteile eines Gevierts verloren.

Um einen RTF-Text zu exportieren, gehen Sie wie beim Export eines neutralen Textes vor. Wählen Sie aber unter Dateityp bzw. Format die Option Rich Text Format, und klicken Sie auf Sichern. Da der kleinste gemeinsame Nenner von Word und InDesign den Rahmen des Exports vorgibt, gibt es keine Optionen, die Sie beim Export festlegen könnten.

43.1.3 Adobe InDesign-Tagged-Text

Um Text innerhalb der InDesign-Produktlinie auszutauschen und dabei die Formatierung inklusive Definitionen von Absatz- und Zeichenformaten zu erhalten, können Sie auf Tagged-Text zurückgreifen.

Dabei ist auch ein Austausch zwischen unterschiedlichen Versionen von InDesign möglich, allerdings können Textattribute, die es nur in der neueren Version gibt, verständlicherweise nicht oder nur begrenzt übertragen werden.

> **[Tags]**
>
> Tags sind Textmarkierungen (also ihrerseits Text), die in Text eingefügt werden und beschreiben, wie der Text formatiert werden soll. Die Software, die für die Darstellung des Textes zuständig ist, muss die Tags getrennt vom eigentlichen Inhalt interpretieren. Die bekanntesten Vertreter von Tags sind wohl HTML-Tags, die zur Beschreibung von Webseiten dienen.

Neben der Möglichkeit, Texte zwischen unterschiedlichen InDesign-Versionen auszutauschen, kann das Tagged-Text-Format zum Einsatz kommen, wenn Texte zur Gänze außerhalb von InDesign entstehen, dann aber bereits formatiert platziert werden sollen. Da Tagged-Text eben ein Textformat ist, kann er leicht bearbeitet oder bereits beim Export von Daten aus einer Datenbank den eigentlichen Daten hinzugefügt werden. In einem solchen Fall ist es sinnvoll, einen Text-Prototyp, der lediglich beschreibt, wie der Text auszusehen hat, als Tagged-Text zu exportieren, um daraus die Syntax der Tags zu übernehmen und Platzhalter zu definieren, die beim Export der Daten aus der Datenbank zu ersetzen sind.

Um einen Tagged-Text zu exportieren, gehen Sie wie beim Export eines neutralen Textes vor. Wählen Sie unter DATEITYP bzw. FORMAT aber die Option ADOBE INDESIGN-TAGGED-TEXT, und klicken Sie auf SICHERN.

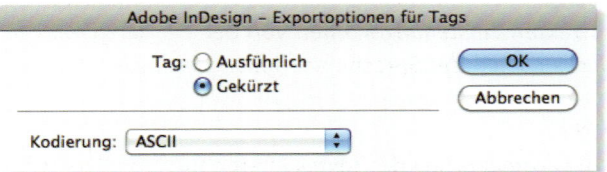

◀ **Abbildung 43.2**
AUSFÜHRLICH erzeugt größere, dafür aber besser lesbare Dateien. Das Ergebnis des Exports ist in jedem Fall eine Textdatei mit der Dateierweiterung ».txt«.

Exportoptionen | Tags folgen einer strengen Syntax, die in InDesign jedoch zwei Schreibweisen vorsieht. In der Version AUSFÜHRLICH liest sich das Tag zur Anwendung eines Absatzformats z. B. so: <ParaStyle:Name>, in der Version GEKÜRZT dagegen so: <pstyle:Name>.

Die KODIERUNG sieht einige Alternativen vor, allerdings sind Sie mit der Option ASCII immer auf der sicheren Seite, da dann alle Zeichen – auch nationale Sonderzeichen – so kodiert werden, dass sie in jedem Fall sauber rekonstruiert werden können.

Tagged-Text importieren | Obwohl es in diesem Kapitel um den Export geht, möchten wir Ihnen noch kurz den Import von Tagged-Text zeigen. Platzieren Sie einen Tagged-Text wie einen anderen Text auch, aktivieren Sie jedoch IMPORTOPTIONEN ANZEIGEN im PLATZIEREN-Fenster:

> **TOP-TIPP**
> **Definitionen auslesen**
>
> Wenn Sie einen InDesign-Tagged-Text-Export mit ausführlicher Tag-Kennzeichnung durchführen, können Sie in textueller Form alle Formatbeschreibungen der einzelnen Absatz- und Zeichenformate auslesen. Speziell wenn Sie eine Dokumentation zu einem Projekt erstellen müssen, ersparen Sie sich damit eine Menge Arbeit.

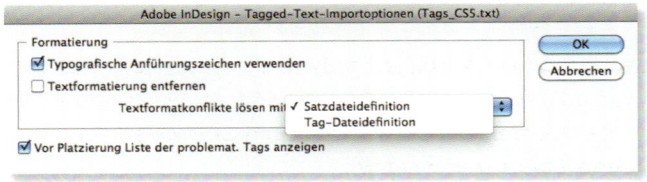

◀ **Abbildung 43.3**
InDesign erkennt einen Tagged-Text beim Platzieren zwar selbstständig, die dazugehörigen Importoptionen werden jedoch nur auf Ihre Anweisung hin angezeigt.

Legen Sie unter FORMATIERUNG fest, ob der platzierte Text TYPOGRAFISCHE ANFÜHRUNGSZEICHEN VERWENDEN soll – gemeint ist hier »entsprechend den aktuellen Einstellungen Ihres Dokuments« – und ob Sie die TEXTFORMATIERUNG ENTFERNEN wollen.

Wenn der Text formatiert platziert wird, legen Sie im Menü TEXTFORMATKONFLIKTE LÖSEN MIT fest, wie zu verfahren ist, wenn im Tagged-Text Absatz- und Zeichenformate definiert werden, die in Ihrem Dokument bereits existieren. SATZDATEIDEFINITION bedeutet, dass die Definitionen des Tagged-Textes verworfen werden, TAG-DATEIDEFINITION heißt dagegen, dass die Format-Definitionen in Ihrer Datei vom Tagged-Text überschrieben werden.

Da in einem Tagged-Text Tags verwendet werden können, die von Ihrer InDesign-Version nicht interpretiert werden können (z. B. wenn Sie einen Tagged-Text aus InDesign CS5 in InDesign CS4 platzieren), sollten Sie VOR PLATZIERUNG LISTE DER PROBLEM. TAGS ANZEIGEN auswählen. Stößt InDesign dann beim Platzieren auf Tags, die nicht verarbeitet werden können, werden Sie darauf aufmerksam gemacht und können bereits abschätzen, welche Textteile davon betroffen sind.

43.2 Bild-Export

Um Seiten Ihres InDesign-Dokuments oder Teile daraus in anderen Programmen platzieren zu können, gibt es die Möglichkeit, Ihre Dokumente auch als Bild zu exportieren.

43.2.1 EPS

So wie PDF-Dateien können auch EPS-Dateien mit den notwendigen Informationen für die Druckvorstufe wie Anschnitt, Schriften und OPI-Kommentare exportiert werden. Legen Sie den zu exportierenden Bereich ❶ – InDesign CS5 kann keine Auswahl als EPS-Datei exportieren – fest, und wählen Sie bei Bedarf die Option DRUCKBÖGEN ❷ für die Ausgabe gegenüberliegender Seiten aus.

▼ **Abbildung 43.4**
Für jede Seite des Bereiches wird eine eigene EPS-Datei gespeichert. Sie können nur ganze Seiten und keine Auswahl exportieren.

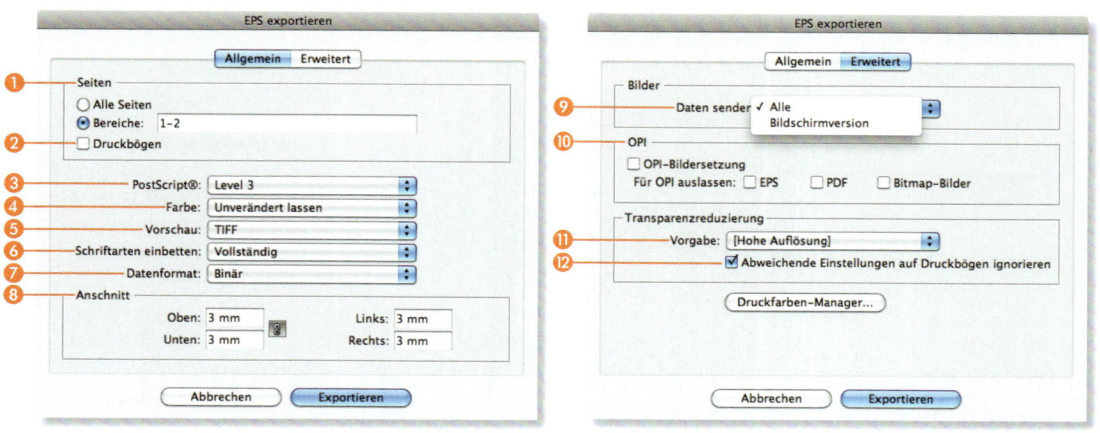

Allgemein | Legen Sie den gewünschten POSTSCRIPT-Level ❸, die FARBE ❹ für eine CMYK-, RGB-, Graustufen- oder medienneutrale Übergabe, die Schrifteinbettung ❻ und das DATENFORMAT ❼ fest. Wählen Sie immer unter VORSCHAU ❺ die Option TIFF – damit ist eine plattformübergreifende Verwendbarkeit garantiert –, und fügen Sie, wenn gewollt, einen ANSCHNITT ❽ zur EPS-Datei hinzu. Schriften sollten Sie immer vollständig in die EPS-Datei exportieren.

Erweitert | Bestimmen Sie, welche Daten – ALLE oder BILDSCHIRMVERSION ❾ – in der PostScript-Datei eingeschlossen sein sollen, ob Sie mit OPI ❿ arbeiten wollen und vor allem, welche Transparenzreduzierungsvorgabe ⓫ zum Verflachen der Transparenzen verwendet werden soll. Aktivieren Sie auch hier die Option ABWEICHENDE EINSTELLUNGEN AUF DRUCKBÖGEN IGNORIEREN ⓬.

Nur einseitig
Im Unterschied zu PDF können EPS-Dateien nur einseitig sein. Wenn Sie mehrere Seiten als EPS exportieren, so erhalten Sie für jede Seite eine eigene Datei. Die Größe der »BoundingBox« in der EPS-Datei wird dabei durch das Seitenformat zuzüglich des eingetragenen Werts für den Anschnitt bestimmt.

43.2.2 JPEG
Während beim Export in eine PDF- oder EPS-Datei immer nur ganze Seiten oder Druckbögen exportiert werden können, ist mit JPEG-Export das Exportieren einzelner Seiten, Druckbögen und Objekte möglich.

Um ein Objekt zu exportieren, muss das gewünschte Objekt mit dem Auswahlwerkzeug ausgewählt werden. Wird kein Objekt auf der Seite ausgewählt, so wird die ganze Seite oder, wenn die Option DRUCKBÖGEN markiert ist, auch der gesamte Druckbogen in eine JPEG-Datei exportiert. Führen Sie dazu den Befehl DATEI • EXPORTIEREN oder das Tastaturkürzel [Strg]+[E] bzw. [⌘]+[E] aus. Treffen Sie Ihre Einstellungen entsprechend den bisherigen Export-Operationen, und wählen Sie in der Option DATEITYP (Windows) bzw. FORMAT (Mac OS) JPEG aus.

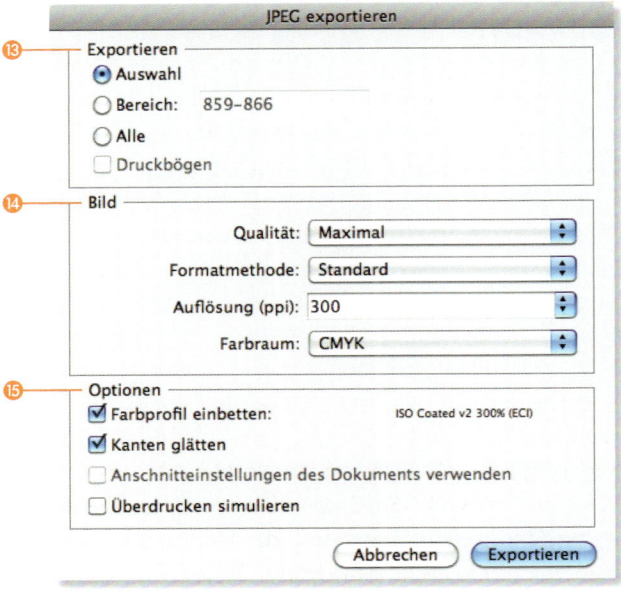

◄ **Abbildung 43.5**
Der JPEG-Export wurde in InDesign CS5 wesentlich erweitert und hat nun einen endlich einen Standard erreicht, der sinnvoll eingesetzt werden kann. Endlich kann der Farbraum ausgewählt werden, und der komplette Bereich OPTIONEN wurde neu eingeführt.

43.2 Bild-Export | **903**

Exportieren | Hier ⓭ können Sie zwischen Auswahl, der Anzahl der zu exportierenden Seiten – Bereich und Alle – wählen und bestimmen, ob Seiten als Einzelseiten oder als Druckbögen exportiert werden sollen. Ist die Option Auswahl gewählt, so können selbstverständlich keine Druckbögen angewählt werden.

Bild | Legen Sie hier ⓮ die Qualität (Maximal, Hoch, Mittel und Niedrig), die Formatmethode (Standard und Progressiv) und die Zielauflösung in ppi fest.

Durch die Wahl der Formatmethode Standard werden JPEG-Dateien, die im Internet zur Betrachtung geladen werden, erst dann angezeigt, wenn die gesamte Datei übertragen ist. Die Option Progressiv baut die JPEG-Datei schichtweise auf, womit eine Darstellung von unscharf bis scharf im Browser erzielt wird.

Mit InDesign CS5 gibt es nun endlich die Möglichkeit, den Ziel-Farbraum – RGB, CMYK oder Grau – auszuwählen. Bisher wurde grundsätzlich nach RGB umgewandelt, was das Ergebnis nur beschränkt brauchbar machte.

Optionen | Ebenfalls neu in InDesign CS5 sind die Optionen ⓯ um weiter Bildparameter zu definieren:

- Farbprofil einbetten: Dabei wird abhängig vom gewählten Farbraum entweder Ihr RGB- oder CMYK-Profil des Dokument-Arbeitsfarbraums eingebettet; Graustufenbilder bleiben folglich unprofiliert.
- Kanten glätten legt im Wesentlichen einen dezenten Weichzeichner über das Ergebnis, was durchaus sinnvoll ist, da hohe Kontrastübergänge in JPEG dazu neigen, zackig zu werden.
- Anschnitteinstellungen des Dokuments verwenden ist nur auswählbar, wenn Sie Seiten oder einen Seitenbereich ausgeben. Abfallende Objekte reichen somit bis zum Rand des erzeugten Bilds, ansonsten entsteht ein weißer Rand.
- Wenn Sie in Ihrem Dokument Volltonfarben verwenden, so können diese nicht in die JPEG-Datei übernommen werden und werden somit in den gewählten Farbraum umgewandelt. Mit der Option Überdrucken simulieren legen Sie fest, dass die umgewandelte Volltonfarbe mit ihrem Hintergrund verrechnet wird, sich also mit einer darunterliegenden Farbe vermischt. Das Ergebnis entspricht also nur dann der Darstellung auf Ihrem Monitor, wenn Sie die Überdruckenvorschau aktiviert haben. Die normalen Prozessfarben werden unabhängig davon immer mit dem Hintergrund verrechnet, wenn Sie Objekte, auf die diese Farben angewendet wurden, über das Attribute-Bedienfeld auf Überdrucken gestellt haben.

Qualitätseinstellung »Niedrig«

Bei der Qualitätseinstellung Niedrig berücksichtigt InDesign die Auflösung von Pixelbildern im auszugebenden Bereich. Es wird dann nämlich lediglich auf die Vorschauauflösung der platzierten Bilder zurückgegriffen. Wenn Sie eine Exportauflösung von 150 ppi gewählt haben, wird die nötige Auflösung also aus einem 72-ppi-Bild errechnet, auch wenn das platzierte Bild eine höhere Auflösung zu Verfügung stellen würde.

Die deutlich überarbeiteten JPEG-Exportoptionen in InDesign CS5 begrüßen wir sehr; was sich Adobe bei dieser Strategie gedacht hat, bleibt uns aber ein Rätsel.

43.3 Weiterverarbeitung in InDesign

InDesign-Dokumente zur Verarbeitung mit InDesign zu speichern klingt zunächst merkwürdig, ist aber die Voraussetzung, um Dokumente in der jeweiligen Vorgängerversion von InDesign bearbeiten zu können. Um nur einzelne Objekte oder Objektgruppen innerhalb von InDesign auszutauschen, können Sie auf Snippets zurückgreifen.

> **Snippets**
>
> Snippets haben wir Ihnen bereits als Alternative zu Bibliotheken in Abschnitt 28.2, »Snippets«, auf Seite 707 vorgestellt.

43.3.1 IDML – InDesign Markup-Format

Mit InDesign CS4 ist ein neues Format definiert worden – IDML –, das es erleichtert, InDesign-Dokumente ganz ohne InDesign zu erstellen. Und ab InDesign CS5 ist dieses Format auch dafür zuständig, Daten mit InDesign CS4 auszutauschen. Versionen vor InDesign CS4 können dieses Format nicht bearbeiten.

Die praktische Bedeutung des IDML-Formats besteht, neben dem Datenaustausch mit InDesign CS4, auch darin, dass Sie aufgrund der sehr starren Strukturen von XML damit Störungen in Dokumenten beheben können. Bei einem Export nach IDML müssen alle Dokumentstrukturen in das streng strukturierte XML umgewandelt und somit strukturelle Schäden aufgelöst werden – Adobe empfiehlt, z. B. dann auf IDML zurückzugreifen, wenn sich Farbfelder nicht löschen lassen.

Um eine InDesign Markup-Datei zu exportieren, wählen Sie Datei • Exportieren oder drücken [Strg]+[E] bzw. [⌘]+[E]. Legen Sie einen Namen und ein Verzeichnis für die exportierte Datei fest, wählen Sie unter Dateityp bzw. Format die Option InDesign Markup (IDML), und klicken Sie auf Sichern. Der Export ist nicht parametrierbar, deshalb gibt es auch keine Exportoptionen.

> **IDML = XML**
>
> Die Besonderheit von IDML ist, dass es ein reines XML-Format ist, womit es möglich wird, InDesign-Dokumente vollkommen ohne InDesign – theoretisch mit einem Texteditor – zu erstellen. In der Praxis würde diese Aufgabe allerdings ebenfalls per Software erledigt, da die Angelegenheit nicht so einfach ist.

43.3.2 Übernahme einer InDesign CS5-Markup-Datei nach InDesign CS4

Öffnen Sie die Datei nun in InDesign CS4 – wie bereits angedeutet, können ältere InDesign-Versionen damit nichts anfangen. Die IDML-Datei wird wieder in eine InDesign-Datei konvertiert. Bei Dateien, die schon länger in Verwendung sind, werden Sie jedoch feststellen, dass die neue Datei wesentlich kleiner geworden ist, da alle nicht mehr benötigten Altlasten beim Export entfernt wurden.

Dies ist besonders dann bedeutsam, wenn Sie Dateien von QuarkXPress, PageMaker oder älteren InDesign-Versionen übernommen und damit Probleme haben. Versuchen Sie in diesen Fällen, die Probleme mit einem Export nach IDML zu beheben.

Magazin.idml

▲ **Abbildung 43.6**
Das Icon einer InDesign Markup-Datei. Diese Datei ist tatsächlich ein ZIP-Archiv, das Sie auch entpacken können (fügen Sie notfalls die Dateiendung ».zip« hinzu). Dabei entsteht ein Ordner, der Ihr komplettes InDesign-Dokument, auf mehrere XML-Dateien aufgeteilt, enthält. Der Ordner Stories enthält z. B. die Texte der einzelnen Textrahmen.

> **Update**
>
> Bevor Sie IDML-Dateien mit InDesign CS4 öffnen, sollten Sie InDesign CS4 unbedingt auf die neueste verfügbare Version updaten!

> **XML-Reader**
>
> ».inx«-Dateien sind XML-Daten, die vom in InDesign eingebauten XML-Reader interpretiert werden müssen. Damit dieser XML-Reader auch immer die aktuellen Definitionen verwendet, müssen Sie auch ältere InDesign-Versionen aktuell halten, solange sie noch im Einsatz sind.
>
> Auch nachdem eine neue Version erschienen ist, können durchaus noch Wartungsupdates für die Vorgängerversion erscheinen. Lassen Sie also regelmäßig die Update-Funktion von InDesign bzw. der Creative Suite laufen, um eventuelle Updates nicht zu übersehen.

Bedenken Sie beim Öffnen der Datei in InDesign CS4, dass es sich bei diesem Datenaustausch um eine Konvertierung handelt. Alle neuen Funktionen, wie Spaltenspannen, dynamische Beschriftungen etc. können dabei nicht abgebildet werden. Eine Überprüfung des konvertierten Dokuments ist daher unumgänglich.

43.3.3 Speichern einer InDesign CS4-Datei für InDesign CS3

Vor InDesign CS4 war zum Datenaustausch mit der unmittelbaren Vorgängerversion (also CS4 auf CS3, CS3 auf CS2 usw.) das Interchange-Format im Einsatz. Um eine InDesign CS5-IDML-Datei für InDesign CS3 umzuwandeln, müssen Sie sie also in InDesign CS4 öffnen und das Dokument über das Interchange-Format (Dateiendung ».inx«) auf das InDesign CS3-Format umspeichern.

Eine InDesign CS3-Datei mit InDesign CS4 erzeugen | Das Exportieren der InDesign CS3-Datei erfolgt abermals über den Befehl DATEI • EXPORTIEREN oder das Tastaturkürzel [Strg]+[E] bzw. [⌘]+[E]. Daraufhin erscheint der EXPORTIEREN-Dialog. Wählen Sie im Menü FORMAT bzw. DATEITYP die Option INDESIGN CS3 INTERCHANGE-FORMAT (INX) aus. Durch einen Klick auf SICHERN wird eine XML-Datei erstellt, die vom XML-Reader in InDesign CS3 interpretiert werden kann. Nun können Sie über den Befehl DATEI • ÖFFNEN in InDesign CS3 die zuvor exportierte ».inx«-Datei öffnen.

Ältere Versionen | Wie mehrfach angedeutet, müssen Sie das Spiel für jede ältere Version von InDesign erneut spielen. Sie müssen also zuerst die Dokumente aus InDesign CS3 für InDesign CS2 exportieren, dann in InDesign CS2 die Austauschdatei öffnen und erneut wie beschrieben vorgehen. Bei jedem Schritt werden Eigenschaften des Dokuments, die es in der älteren Version noch nicht gab, auf der Strecke bleiben.

Eine 1:1-Übernahme für InDesign CS aus InDesign CS5 heraus ist damit unmöglich. Es fragt sich aber auch, wer eine derartige Vorgehensweise benötigt, da eine Rückkonvertierung immer mit Problemen behaftet ist.

▲ **Abbildung 43.7**
Das Icon einer InDesign-Austauschdatei

44 Integration von Buzzword

Buzzword ist ein webbasierter Texteditor innerhalb von *Acrobat.com*, mit dem Benutzer Textdateien auf einem Webserver erstellen und speichern können. Mit InDesign CS5 wurde eine Integration von Buzzword eingebaut, wodurch Sie aus InDesign Texte in Buzzword-Dokumente importieren und daraus exportieren können. In diesem Kapitel geht es nun darum, Ihnen zu zeigen, wie Sie diesen Online-Dienst von Adobe integrieren und wie Sie damit eventuell eigene Arbeitsabläufe vereinfachen können.

Adobe Online-Dienste
Nähere Informationen zu den Online-Diensten von Adobe erhalten Sie in Abschnitt 3.5, »Adobe Online-Dienste«, auf Seite 99.

44.1 Arbeiten mit Buzzword

Um mit Buzzword arbeiten zu können, müssen Sie eine Adobe-ID besitzen und sich auf *Acrobat.com* einloggen. Rufen Sie dazu *www.acrobat.com* auf, und melden Sie sich über Ihre Adobe-ID an.

Haben Sie die Oberfläche von *Acrobat.com* vor sich, so starten Sie Buzzword, indem Sie entweder den Befehl BUZZWORD-DOKUMENTE aus dem Menü NEU (siehe Abbildung 44.1) aufrufen oder auf das Dokument »Willkommen bei Buzzword« doppelklicken, das standardmäßig im Dateiverzeichnis gespeichert ist.

◀ **Abbildung 44.1**
Über das Menü NEU können Sie auf verschiedene Dienste innerhalb von Acrobat.com zurückgreifen. Auch das Aufrufen von Buzzword wird damit über den Befehl BUZZWORD-DOKUMENTE ermöglicht.

Wir empfehlen Ihnen, erstmal das Dokument »Willkommen bei Buzzword« zu studieren, denn darüber erhalten Sie einen wirklich guten und ausführlichen Überblick über den Funktionsumfang des Texteditors. Wie Sie Dokumente formatieren, wie Sie Bilder darin einbinden und wie Sie eine Tabelle innerhalb eines Dokuments anlegen, erfahren Sie dort.

44.1.1 Die Oberfläche

Eine kurze Beschreibung der Oberfläche wollen wir Ihnen hier jedoch nicht vorenthalten, und darüber hinaus führen wir jene Funktionen auf, die für die Integration des Online-Texteditors mit lokal gespeicherten Programmen von Bedeutung sind.

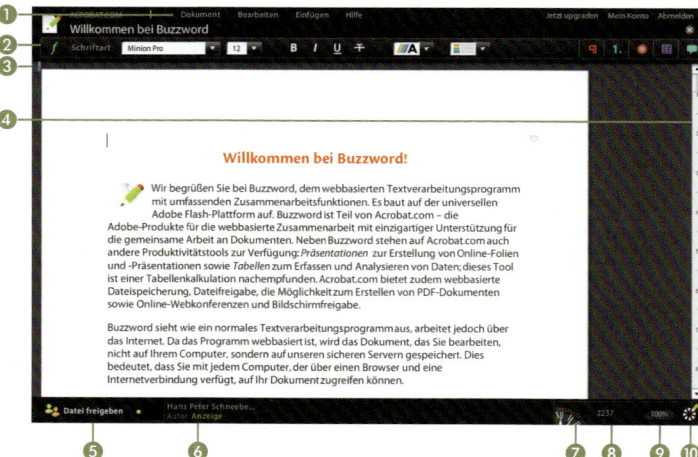

Abbildung 44.2 ▶
Die Oberfläche von Buzzword. Adobe zeigt damit eine vollkommen neue Art und Weise, wie zukünftig das User-Interface von Programmen aussehen könnte. Etwas gewöhnungsbedürftig ist es schon und für professionelle Anwender doch etwas zu verspielt.

> **Mehrere Dokumente**
>
> Wenn Sie glauben, dass Sie in Buzzword, so wie in jedem anderen Programm auch, mehrere Dokumente zur selben Zeit bearbeiten können, so haben Sie sich leider geirrt.

▶ **Menüleiste ❶:** In der Menüleiste können Sie die drei Hauptmenüpunkte zum Verwalten (Dokument) und Bearbeiten von Dokumenten und zum Einfügen von Objekten in das geöffnete Dokument auswählen.

▶ **Symbolleiste ❷:** In der Symbolleiste befinden sich auf der rechten Seite einzelne Symbole. Wenn Sie auf ein Symbol klicken, wird die ausgewählte Symbolleiste erweitert, womit Sie auf die Formatierungsoptionen für Schriftart, Absatz, Liste, Bild, Tabelle und Kommentare kommen. Zum Schließen des Dokuments klicken Sie auf das Symbol über der Symbolleiste.

▶ **Lineal ❸:** Über das Symbol kann das Dokumentlineal eingeblendet werden.

▶ **Rollbalken ❹:** Die Funktion des Rollbalkens dürfte jedem klar sein. Neuartig ist, dass darin die Seitenzahl steht, auf die Sie klicken müssen, um auf die gewünschte Seite zu gelangen.

▶ **Fußzeile:** Darin können Sie auf die Wortanzahl ❽, den Versionsverlauf ❼, die Zoomstufe ❾ und die Freigabe ❺ (welcher Benutzer hat welche Rolle ❻ zugewiesen bekommen?) zurückgreifen.

44.1.2 Dokumentversionen

Das wohl Beeindruckendste ist, dass Buzzword nicht nur das Dokument während des Arbeitens speichert, sondern auch für jeden Speichervorgang eine Version ablegt. Damit können Sie älteren Versionen Ihres Dokuments anzeigen lassen, indem Sie auf das Verlaufssymbol ❼ in der rechten unteren Ecke des Bildschirms klicken.

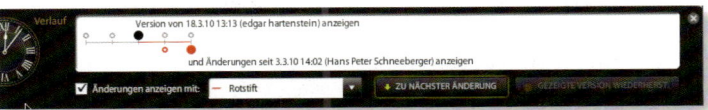

◀ **Abbildung 44.3**
Der Verlaufsbalken einer Datei, die von zwei Personen bearbeitet worden ist

In der erscheinenden Zeitleiste klicken Sie dazu einfach auf einen Punkt, um eine bestimmte Version des Dokuments zu öffnen. Wollen Sie zwei Versionen des Dokuments vergleichen, um sich die Änderungen zwischen den Versionen anzeigen zu lassen, so klicken Sie auf das Kontrollkästchen vor Änderung anzeigen mit.

44.1.3 Für andere Benutzer freigeben

Das Wesentliche an einem Online-Texteditor ist, dass Textdokumente von mehreren Personen online, und das auch noch zur selben Zeit, bearbeitet werden können. Als Dokumentersteller haben Sie in Buzzword die Möglichkeit, das Dokument einem ausgewählten Benutzerkreis freizugeben und dabei noch festzulegen, welche Rechte dieser Benutzer an diesem Dokument hat.

Klicken Sie dazu auf die Freigabe-Schaltfläche ❺. Daraufhin wird ein Freigabe-Dialogfeld angezeigt, über das Sie andere Personen per E-Mail zur Bearbeitung bzw. zum Lesen des Dokuments einladen können.

> **Dokumente freigeben**
>
> Sie können auch das aktuell geöffnete Dokument über das Menü Dokument • Freigeben anderen Benutzern zur Verfügung stellen. Die Freigabe von gespeicherten Dokumenten aus dem Datenbereich in Acrobat.com erfolgt durch Klick auf das Symbol ⬤, das erscheint, wenn Sie den Cursor über den Namen der Datei stellen.

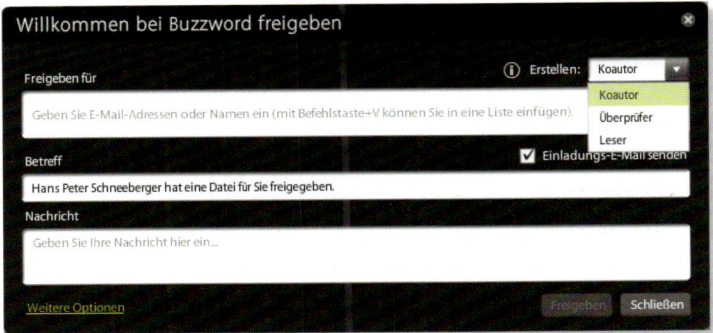

◀ **Abbildung 44.3**
Der Freigabe-Dialog von Buzzword. Bestimmen Sie darin, welche Rechte der Benutzer haben soll. Der *Koautor* besitzt volle Schreibrechte, der *Überprüfer* kann dem Dokument lediglich Kommentare hinzufügen, und der *Leser* darf eben bloß lesen.

Nach der Freigabe wird einerseits das Dokument über ein Symbol in der Freigabe-Schaltfläche ❺ markiert, und andererseits erkennen Sie in der Fußzeile von Buzzword, wer an dem gerade ausgewählten Dokument mitarbeitet und welche Rollen der betreffende Benutzer hat. Sie können außerdem darin sehen, ob weitere Personen das Dokument geöffnet haben und daran arbeiten.

44.2 Texte nach Buzzword bringen

Damit überhaupt ein Dokument für andere Personen zum Bearbeiten freigegeben werden kann, muss ein Buzzword-Dokument zuvor erstellt werden. Dies kann auf unterschiedliche Art und Weise erfolgen.

44.2.1 Buzzword-Dokument anlegen oder importieren

Dass Sie ein neues Buzzword-Dokument über den Befehl DOKUMENT • NEU erstellen können, erscheint klar. Dass Sie dabei ein neues Browserfenster öffnen und Sie sich erneut in Acrobat.com einloggen müssen, erscheint ungewöhnlich. In jedem Fall erstellen Sie damit ein neues Dokument, das Sie in Ihrem Arbeitsbereich von Acrobat.com abspeichern müssen.

Wenn Sie jedoch bereits eine Textvorlage haben, so können Sie diese in Buzzword importieren. Führen Sie dazu den Befehl DOKUMENT • IMPORTIEREN aus – auch dabei müssen Sie sich erneut einloggen –, um den Datei-öffnen-Dialog Ihres Systems zu erhalten. Wählen Sie dann die gewünschte Datei aus, und klicken Sie auf ÖFFNEN. Dabei wird die Textdatei in den Datenspeicher von Acrobat.com hochgeladen und nach Buzzword konvertiert.

44.2.2 Buzzword-Dokument aus InDesign exportieren

In diesem Buch ist es jedoch für uns speziell von Interesse, wie InDesign CS5 mit Buzzword zusammenarbeiten kann. Die Möglichkeit, Texte aus InDesign als Buzzword-Dokument zu exportieren, ist erstmals mit InDesign CS5 implementiert worden. Gehen Sie dazu wie folgt vor.

Schritt für Schritt: Texte aus InDesign als Buzzword-Dokument exportieren

1 **Text oder Textabschnitt auswählen**
Sie können kein gesamtes InDesign-Dokument nach Buzzword exportieren, sondern immer nur einen Textabschnitt.

Stellen Sie deshalb die Texteinfügemarke in den Textabschnitt, den Sie exportieren wollen. Beachten Sie, dass immer der gesamte Textabschnitt exportiert wird, auch wenn Sie nur einen bestimmten Text ausgewählt haben.

2 **Exportieren des Textabschnitts**
Rufen Sie den Befehl DATEI • EXPORTIEREN IN • BUZZWORD auf. Wenn Sie bereits bei CS Live angemeldet sind – der Status der

Anmeldung wird über das Symbol ![CS Live] in der Anwendungsleiste von InDesign angezeigt –, so erscheint folgender Dialog.

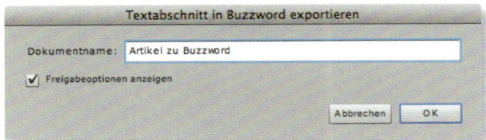

◄ **Abbildung 44.4**
Dialog beim Exportieren von Textabschnitten in Buzzword zur Eingabe des Dokumentnamens

Geben Sie den DOKUMENTNAMEN für das Buzzword-Dokument ein, und aktivieren Sie die Checkbox FREIGABEOPTIONEN ANZEIGEN. Dadurch wird automatisch das erstellte Dokument in Buzzword geöffnet.

3 Buzzword-Dokument hochladen und freigeben
Klicken Sie auf OK, womit das Dokument auf Acrobat.com hochgeladen und automatisch in Buzzword geöffnet wird.

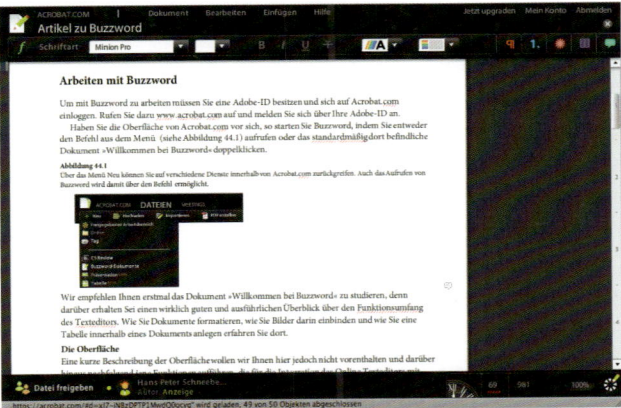

◄ **Abbildung 44.5**
Der exportierte Artikel in Buzzword. Beachten Sie, dass auch Bilddaten und die Bildunterschriften übergeben worden sind. Dies kann jedoch nur dann erfolgen, wenn Bilder und Textrahmen im Textfluss verankert sind. Nähere Informationen zum Verankern von Objekten finden Sie in Abschnitt 22.2, »Verankerte Objekte«, auf Seite 579.

Sie können dann das Dokument über die Freigabe-Schaltfläche für andere Koautoren oder Lektoren freigeben. ■

44.3 Buzzword-Dokumente in InDesign platzieren

Auch der Import von Buzzword-Dokumenten wurde mit der aktuellen Version von InDesign implementiert. Der Import erfolgt über den Befehl DATEI • AUS BUZZWORD PLATZIEREN bzw. über den Befehl PLATZIEREN AUS BUZZWORD, den Sie über das CS Live-Menü aufrufen können.

Da sich die Buzzword-Datei im Datenbereich von Acrobat.com befindet, müssen Sie bei CS Live online sein, um auf Buzzword-

Dateien zugreifen zu können. Es erscheint der Dialog aus Abbildung 44.6 mit folgenden Optionen.

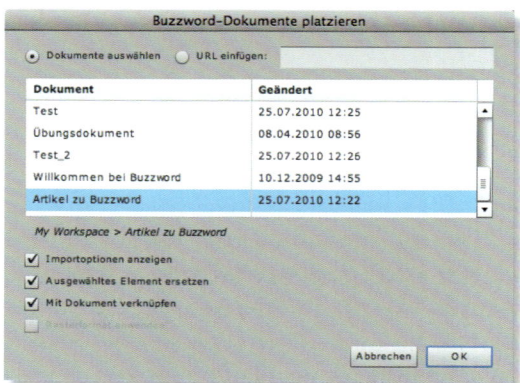

Abbildung 44.6 ▶
Der BUZZWORD-DOKUMENTE PLATZIEREN-Dialog. Bestimmen Sie mit der Option MIT DOKUMENT VERKNÜPFEN, ob InDesign mit dem Dokument verbunden bleiben soll, um eine spätere Aktualisierung durchführen zu können.

▶ IMPORTOPTIONEN ANZEIGEN: Damit wird Ihnen derselbe Importoptionen-Dialog zur Verfügung gestellt, den Sie beim Platzieren von RTF- bzw. Word-Dateien angezeigt bekommen.
▶ AUSGEWÄHLTES ELEMENT ERSETZEN: Wählen Sie diese Option, um das aktuell im Dokument ausgewählte Objekt zu ersetzen.
▶ MIT DOKUMENT VERKNÜPFEN: Wählen Sie diese Option, um eine Verknüpfung – im Verknüpfungen-Bedienfeld – zwischen dem Buzzword-Dokument und dem platzierten Text herzustellen.

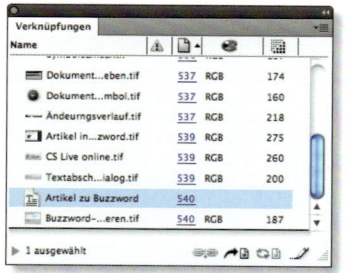

▲ **Abbildung 44.7**
Durch die Aktivierung der Option MIT DOKUMENT VERKNÜPFEN wird, auch ohne Aktivierung der Option BEIM PLATZIEREN VON TEXT- UND TABELLENDATEIEN VERKNÜPFUNGEN ERSTELLEN, aus dem Register DATEIHANDHABUNG der InDesign-Voreinstellungen eine Verknüpfung zum Buzzword-Dokument erstellt.

Wird das Buzzword-Dokument vom Autor online bearbeitet, werden Sie im Verknüpfungen-Bedienfeld darauf hingewiesen. Beim Aktualisieren der Verknüpfung gehen jedoch alle vorgenommen Textänderungen und Formatierungen aus InDesign verloren, da in Buzzword aktuell keine Absatz- und Zeichenformate zur Verfügung stehen und somit ein »Mappen« mit den Absatz- und Zeichenformaten in InDesign nicht umgesetzt werden kann.

Adobe hat für zukünftige Versionen Besserung gelobt. Ob dann diese Funktion des »Mappens« von Absatz- und Zeichenformaten aus Buzzword mit InDesign-Formaten kostenlos sein wird, entzieht sich unserer Kenntnis. Solange die Möglichkeit nicht gegeben ist, kann die Funktion AUS BUZZWORD PLATZIEREN nur zur Übernahme von Buzzword-Dokumenten nach InDesign verwendet werden. An eine Aktualisierung sollte solange noch nicht gedacht werden. Wenn die Funktionalität zur Verfügung steht, können damit sicherlich ideal Projekte abgebildet werden, bei denen kooperatives Publizieren gefragt ist.

45 Layouts zur Überprüfung senden

Layoutdokumente werden während des Erstellungsprozesses mehrfach den verantwortlichen Personen vorgelegt. Dabei erfolgen in verschiedenen Stufen Korrekturen am Layout, inhaltlich und orthografische Änderungen im Text und auch Anweisungen für die Farbkorrektur. Diese Korrekturprozesse werden heutzutage meistens noch papierbasierend – Ausdruck des Layouts und Übersenden an die betreffende Person mit Boten – durchgeführt. In den letzten Jahren wurde, aufgrund immer kürzer werdender Produktionszeiten, immer häufiger versucht, gerade in der Korrekturphase viel Zeit einzusparen und dabei auf elektronische Formen umzusteigen.

In diesem Kapitel wollen wir Ihnen zeigen, in welcher Form sich digitale Korrekturprozesse ausgehend von InDesign CS5 abbilden lassen. Speziell in der aktuellen Version wird über CS Review ein ganz neuartiger Prozess geboten, um noch schneller die Korrekturphasen abwickeln zu können. Doch beginnen wir zuerst einmal mit der vielleicht bekannten Arbeitsweise.

> **CS Review**
>
> CS Review ist ein Online-Service von Adobe, der mit der Creative Suite 5 eingeführt wurde. Dieser Service wird technisch über Acrobat.com abgewickelt und kann einerseit dort und andererseits direkt aus den Programmen InDesign CS5, Photoshop CS5 und Ilustrator CS5 angestoßen werden.
>
> Sie benötigen also dafür ebenfalls eine Adobe-ID und den Zugriff auf Acrobat.com, den Sie sich jederzeit kostenlos besorgen können.

45.1 Überprüfung auf der Basis von PDF

Ein in InDesign erstelltes Layout wird in ein niedrigauflösendes PDF exportiert und dann per E-Mail an den jeweiligen Adressaten gesandt. Dieser kann sich einerseits die PDF-Datei ausdrucken und Korrekturen auf dem Papier anbringen, oder er fügt die Korrekturen bereits elektronisch durch Hinzufügen von Anmerkungen in das PDF ein. Dazu wird das Programm Adobe Acrobat Pro oder der aktuelle Adobe Reader (ab Version 8) benötigt.

Adobe bietet speziell mit Adobe Acrobat Pro ein gesamtes System an, mit dem PDF-Dateien entweder E-Mail-basierend oder online verteilt werden können, um Kommentare in elektronischer Form einerseits hinzuzufügen und andererseits an einer zentralen Stelle zu sammeln. Dabei wird dieser Prozess wiederum über Acrobat.com abgebildet. Eine Adobe-ID ist somit Voraussetzung!

> **HINWEIS**
>
> Das Buch »PDF in der Druckvorstufe« ist bei Galileo Press erhältlich. Die ISBN für dieses Buch lautet 978-3-89842-673-2.

Wir wollen hier nicht diese verschiedenen Prozesse beschreiben, denn dieses Thema ist Bestandteil des Buches »PDF in der Druckvorstufe«, das ebenfalls im Galileo-Verlag erschienen ist. Was wir hier aber dennoch beschreiben wollen ist, wie Sie mit einigen Handgriffen PDF-Dateien für den elektronischen Korrekturlauf aufbereiten, damit diese auch im Adobe Reader mit Anmerkungen versehen werden können. Folgen Sie der nachfolgenden Schritt-für-Schritt-Anleitung.

Schritt für Schritt: PDF-Datei aus InDesign erzeugen und für die elektronische Korrektur aufbereiten

1 InDesign-Dokument als PDF exportieren

Das geöffnete InDesign-Dokument muss im ersten Schritt in ein PDF überführt werden. Dies erledigen Sie am einfachsten, indem Sie den Befehl DATEI • ADOBE PDF-VORGABEN • [KLEINSTE DATEIGRÖSSE] ausführen.

Sie werden danach aufgefordert, dem Dokument einen Dateinamen zu geben und den gewünschten Speicherort für das Korrektur-PDF auszuwählen.

Klicken Sie auf SICHERN, womit Sie in den ADOBE PDF EXPORTIEREN-Dialog kommen. Zum Erstellen einer niedrigauflösenden PDF-Datei sind die darin getroffenen Voreinstellungen ideal. Erstellen Sie das PDF durch Klick auf den Button EXPORTIEREN.

2 PDF-Datei zum Kommentieren in Adobe Reader freischalten

InDesign erstellt im Hintergrund die PDF-Datei und öffnet diese automatisch in Adobe Acrobat Pro, wenn Sie keine Änderungen an den PDF Export-Voreinstellungen vorgenommen haben.

Um die Datei zum Kommentieren in Adobe Reader freizuschalten, müssen Sie in Adobe Acrobat Pro den Befehl ERWEITERT • FUNKTIONEN IN ADOBE READER ERWEITERN ausführen. Klicken Sie im erscheinenden Dialog auf JETZT SPEICHERN, und speichern Sie das Dokument mit neuem Namen ab. Beachten Sie, dass dabei Acrobat Verbindung mit Diensten bei Adobe aufnimmt, um die Echtheit des Programms zu verifizieren.

> **HINWEIS**
>
> Wenn Sie in Adobe Acrobat Pro die Befehle KOMMENTARE • ZUR E-MAIL-ÜBERRÜFUNG SENDEN bzw. ZUR GEMEINSAMEN ÜBERPRÜFUNG SENDEN, so wird der Schritt, die PDF-Datei für Adobe Reader zu erweitern, automatisch ausgeführt.

3 PDF-Datei in Adobe Reader kommentieren und nur die Kommentare zurücksenden

Das zuvor abgespeicherte PDF senden Sie dann per Mail oder FTP – Sie können auch Acrobat.com zum Verteilen verwenden – an den Empfänger. Dieser kann dieses Dokument dann mit dem

Adobe Reader öffnen (Version 8 oder 9 ist dafür Voraussetzung) und Kommentare hinzufügen. In Adobe Reader zeigt sich die PDF-Datei wie in Abbildung 45.1 gezeigt.

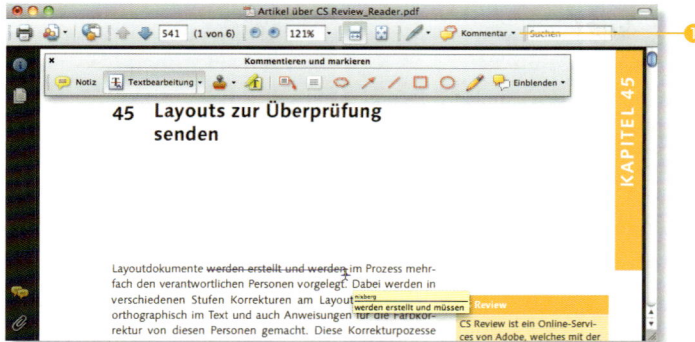

◄ **Abbildung 45.1**
Die Ansicht einer PDF-Datei in Adobe Reader 9. Wurde das PDF-Dokument zuvor nicht mit dem Befehl FUNKTIONEN IN ADOBE READER ERWEITERN behandelt, so stünde der Button KOMMENTAR ❶ in der Werkzeugleiste von Adobe Reader nicht zur Verfügung.

Klicken Sie in der Werkzeugleiste auf KOMMENTAR ❶, und wählen Sie darin den Befehl WERKZEUGLEISTE »KOMMENTIEREN UND MARKIEREN« EINBLENDEN aus. Damit können Sie mit den zur Verfügung stehenden Werkzeugen Anmerkungen in der PDF-Datei anbringen. Welche Kommentieren-Werkzeuge Sie für welche Anmerkung am besten verwenden, sollte zwischen Datenersteller und Datenempfänger zuvor abgesprochen sein.

Haben Sie alle Anmerkungen angebracht, so können Sie nun entweder das gesamte PDF-Dokument mit den darin enthaltenen Kommentaren an den Initiator zurücksenden oder einfach die Anmerkungen exportieren und nur diese an den Absender zurücksenden.

Führen Sie dazu den Befehl DOKUMENT • KOMMENTARE • KOMMENTARE IN DATENDATEI EXPORTIEREN in Adobe Reader 9 aus, und speichern Sie diese in einer separaten Datei (.fdf) ab. Diese enthät nur die Kommentare und ist somit um ein Vielfaches kleiner als die kommentierte PDF-Datei. Der Empfänger kann über den Befehl KOMMENTARE • KOMMENTARE IMPORTIEREN in Adobe Acrobat Pro die .fdf-Datei in das Original-PDF übernehmen und findet alle Kommentare so vor wie in der Originaldatei. ■

45.2 Überprüfung über CS Review

Im zuvor beschriebenen Arbeitsablauf, ein PDF zu erstellen und dieses dann elektronisch über Adobe Reader zu kommentieren, findet jedes Mal ein Medienbruch – die Umwandlung in PDF – statt. Da PDF quasi eine WYSIWYG-Abbildung des InDesign-Dokumentes abgibt, erscheint dieser Medienbruch nicht all zu schlimm. Was jedoch den Layouter dabei etwas nervt, ist, dass er die Kommentare in der PDF-Datei suchen oder sich eine Kommentarliste ausdrucken lassen muss und somit immer ein Programmwechsel oder ein weiterer Medienbruch stattfinden muss.

Mit der Einführung der Creative Suite 5 hat Adobe den Online-Service **CS Review** über Acrobat.com zur Verfügung gestellt und darüber hinaus noch die Initiierung des Prozesses in den Programmen InDesign CS5, Illustrator CS5 und Photoshop CS5 über den Befehl DATEI • NEUEN REVIEW ERSTELLEN ermöglicht. Die Initiierung, die Verwaltung und das Absetzen von Kommentaren werden dabei über das Bedienfeld CS REVIEW abgewickelt.

Die folgende Schritt-für-Schritt-Anleitung zeigt Ihnen, wie Sie einen Review-Prozess initiieren, die Daten bereitstellen und mit erhaltenen Kommentaren umgehen können.

Schritt für Schritt: Ein InDesign-Dokument in einem elektronischen Korrekturprozess über CS Review abbilden

1 Vorbereitende Schritte

Öffnen Sie das InDesign-Dokument, das Sie in den elektronischen Korrekturprozess schicken wollen, und speichern Sie es noch einmal ab.

Öffnen Sie über FENSTER • ERWEITERUNGEN • CS REVIEW das Bedienfeld, über das der Abstimmungsprozess initiiert und verwaltet wird.

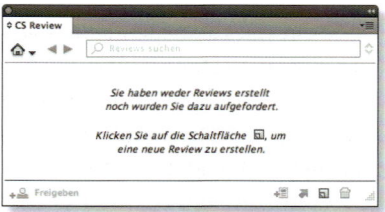

Abbildung 45.2 ▶
Das CS Review-Bedienfeld zu Beginn eines Abstimmungsprozesses

2 Seiten des aktuellen Dokuments hochladen

Wie aus der Abbildung ersichtlich ist, wurde noch kein Abstimmungsprozess initiiert. Um den ersten Abstimmungsprozess zu starten, klicken Sie auf das Symbol 🖻 in der Fußzeile des Bedienfelds oder rufen den Befehl NEUER REVIEW ERSTELLEN aus dem Menü DATEI oder über das Menü CS LIVE auf.

Im erscheinenden Dialog NEUEN REVIEW ERSTELLEN vergeben Sie einen REVIEWNAMEN und aktivieren die Option DER REVIEW EIN AKTIVES DOKUMENT HINZUFÜGEN, damit das aktuell geöffnete Dokument dem Review hinzugefügt werden kann.

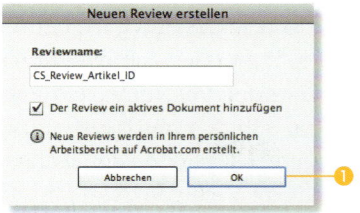

◀ **Abbildung 45.3**
Über den REVIEWNAMEN kann jederzeit der Bezug zwischen InDesign-Dokument und dem Abstimmungsprozess hergestellt werden.

Sobald Sie auf OK ❶ geklickt haben, müssen Sie im nächsten Dialog noch bestimmen, welcher Seitenbereich ❷ in welcher Qualität ❸ und zu welchem Zweck ❹ hochgeladen werden soll.

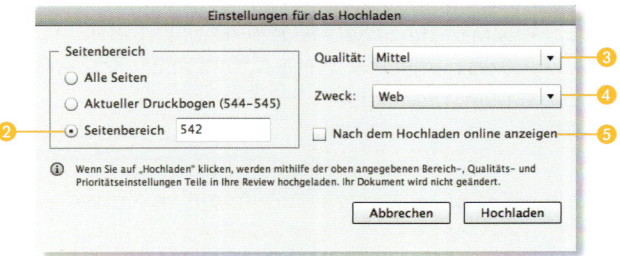

◀ **Abbildung 45.4**
Die Einstellungen für die Qualität, die beim Hochladen generiert werden soll. Sollten Sie vergessen haben, die Option NACH DEM HOCHLADEN ONLINE ANZEIGEN ❺ zu aktivieren, so können Sie dies immer noch durch Klick auf FREIGEBEN in der Fußzeile des Bedienfelds nachholen.

Durch Aktivieren der Option NACH DEM HOCHLADEN ONLINE ANZEIGEN ❺ würde nach dem Hochladen des Dokuments automatisch das Dokument in Acrobat.com angezeigt werden. Wir empfehlen, diese Option beim Initiieren eines Abstimmungsprozesses immer zu aktivieren, da Sie die Datei über Acrobat.com immer Koautoren und Überprüfern freigeben müssen.

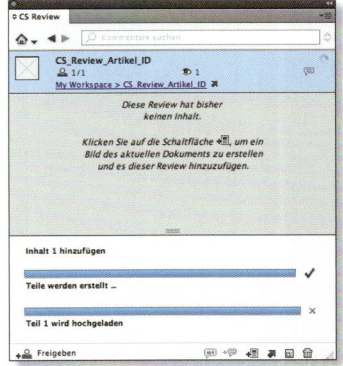

▲ **Abbildung 45.5**
Das CS Review-Bedienfeld, während eine Datei hochgeladen wird

3 Zum Kommentieren verteilen

Nachdem Sie auf HOCHLADEN geklickt haben, beginnt InDesign, die Datei auf Acrobat.com hochzuladen. Danach öffnet sich das Dokument in Acrobat.com, worin Sie nun mit dem Verteilen bzw. dem Verschicken der Einladungsmails zum Abstimmungsprozess beginnen können. Es erscheint folgender Dialog.

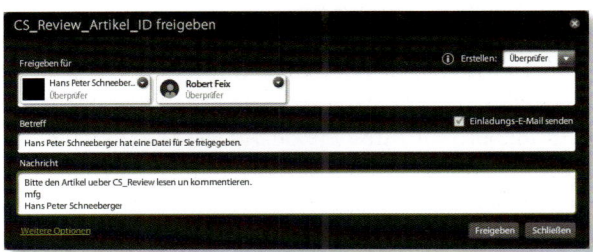

◀ **Abbildung 45.6**
Der Dialog von Acrobat.com zum Freigeben von Dokumenten

Geben Sie die E-Mail-Adressen ein, und verfassen Sie eine kurze Nachricht. Durch Klick auf FREIGEBEN werden an die Personen E-Mails mit entsprechendem Link zur Datei versandt.

▼ **Abbildung 45.7**
Online können über CS Review innerhalb von Acrobat.com Seiten betrachtet und kommentiert werden. Das Anbringen von Kommentaren ist für jedermann verständlich im User-Interface implementiert.

4 Korrekturen online eingeben

Durch Klick auf den Link öffnet sich die Datei in einem Browserfenster. Sie können darin von einer Seite auf die andere springen ❷, die Ansicht vergrößern bzw. verkleinern ❸, Kommentare einblenden ❶ und einen Kommentar durch Klick auf KOMMENTAR HINZUFÜGEN ❹ an der gewünschten Stelle anbringen.

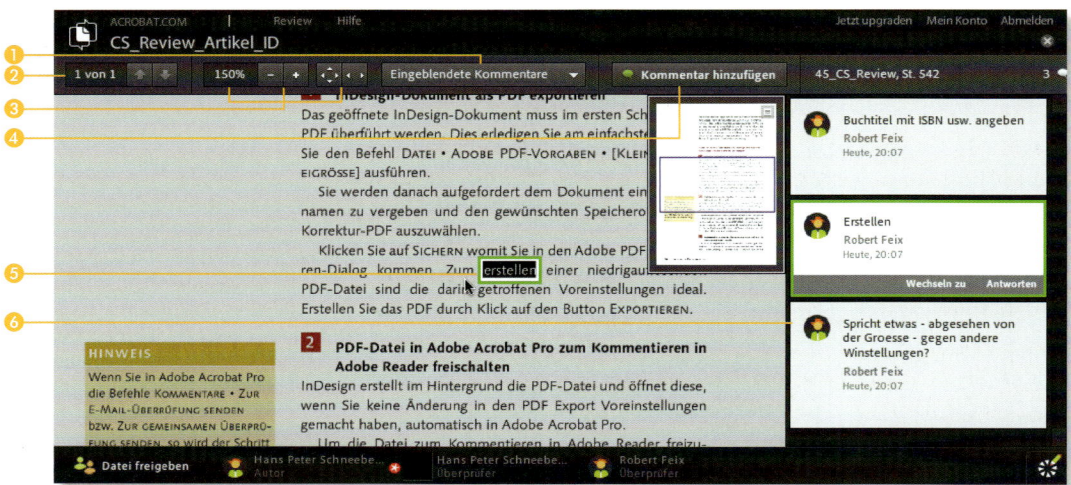

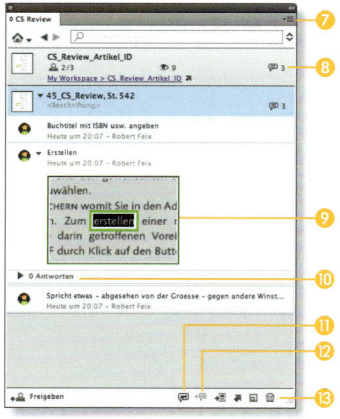

▲ **Abbildung 45.8**
Das CS Review-Bedienfeld mit Kommentaren. Bitte beachten Sie, dass Sie die Anmerkung durch Klick auf KOMMENTARE IN LAYOUT EINBLENDEN ⓫ nur sehen können, wenn der Vorschaumodus auf NORMAL gestellt ist. Im Bedienfeldmenü ❼ stehen weitere Befehle zur Verfügung, wie z.B. das Hinzufügen von weiteren Teilen, die aus anderen Programmen stammen können.

In der rechten Leiste ❻ werden alle Kommentare aufgelistet. Ein Klick auf den Eintrag zeigt die Stelle ❺ im Dokument an.

5 Kommentare in InDesign sichten

Während der Kollege eifrig kommentiert, wird dem CS Review-Bedienfeld über Acrobat.com automatisch mitgeteilt, dass neue Kommentare vorhanden sind.

Durch den Doppelklick auf das Symbol 💬₃ ❽ erscheinen alle Kommentare in der Liste des CS Review-Bedienfelds. Durch Auswahl eines Kommentars wird eine Grobvorschau ❾ im Bedienfeld angezeigt.

Damit Sie möglichst schnell die Stelle im InDesign-Dokument finden können, aktivieren Sie zuerst die Option KOMMENTARE IN LAYOUT EINBLENDEN ⓫ und klicken dann auf das Symbol GO TO COMMENT ⓬. Es wird damit automatisch auf die Stelle der Anmerkung gezoomt. Die Änderung im Dokument müssen Sie aber schon noch selbst durchführen.

Wollen Sie einen Kommentar kommentieren, so öffnen Sie den Bereich ANTWORTEN ❿ und schreiben darin eine Rückmeldung. Haben Sie alle Komentare im InDesign-Dokument eingearbeitet, so können Sie die Kommentare durch Klick auf den Papierkorb ⓭ löschen. So einfach geht das! ■

46 Database-Publishing mit Bordwerkzeugen

Wenn von Database-Publishing gesprochen wird, so fallen im gleichen Atemzug auch Begriffe wie »XML« und »Skripting«. Database-Publishing kann jedoch auch für Arbeiten wie die Erstellung von Serienbriefen, Produktdatenblättern, Urkunden oder Visitenkarten schon mit dem Bordwerkzeug **Datenzusammenführung** aus InDesign einfach umgesetzt werden. Wie das geht, zeigen wir Ihnen in diesem Kapitel anhand der Erstellung von Badges, die für die Besucher einer Konferenz, versehen mit Symbolen und Texten, möglichst rasch ausgegeben werden müssen.

Eine Datenzusammenführung in InDesign basiert auf wenigen Elementen:

- einer gestalteten InDesign-Datei, in der die notwendigen Platzhalter für die variablen Daten mit den notwendigen Attributen versehen worden sind
- einer Datenquelle für die Texte, die dafür als reine Text- oder CSV-Datei abgespeichert worden sein müssen
- den Bildern, die zum Platzieren benötigt werden

Alle diese Daten können der Einfachheit halber in ein Verzeichnis kopiert und über das Datenzusammenführung-Bedienfeld verschmolzen werden. Dazu müssen Sie vor der Ausgabe zuerst den Platzhaltern in der InDesign-Datei die Werte aus dem Bedienfeld zuordnen.

Auf der Buch-DVD finden Sie im Ordner BEISPIELMATERIAL • KAPITEL_46 alle Daten und alle InDesign-Zwischendokumente, die Sie zum Nachvollziehen der Anleitung benötigen.

[CSV]
Comma-separated Values sind Textdaten, deren Spaltenwerte nicht wie üblich durch einen Tabulator, sondern durch ein Komma getrennt werden. CSV ist nicht standardisiert und basiert meistens auf dem 7-Bit-ASCII-Code.

46.1 Vorbereitende Schritte

Die Arbeitsvorbereitung ist bei Database-Publishing sehr wichtig. Die **Aufgabenstellung**: Wir wollen für den Kongress der Firma Calibrate Besucherbadges erstellen, auf denen einerseits der Name mit der Anrede und der Job-Bezeichnung dargestellt wird und andererseits das Zutrittsrecht zu den einzelnen Vorträgen und Seminaren anhand von variierenden Symbolen für die Kontrollorgane leicht ersichtlich gemacht werden soll.

▲ **Abbildung 46.1**
Beispiel möglicher Bildzustände. Ist eine Person für das InDesign-Seminar zugelassen, so soll das linke Icon erscheinen. Wenn diese Person dazu nicht berechtigt ist, soll das rechte Icon erscheinen.

46.1.1 Bilddaten vorbereiten

Alle Bilder, die für den variablen Austausch benötigt werden, müssen erstellt und mit einem eindeutigen Namen abgespeichert werden. Welches Dateiformat dabei verwendet wird, ist unbedeutend, es muss lediglich für InDesign importierbar sein.

Für unser Vorhaben geben wir dem linken Icon aus Abbildung 46.1 den Namen »IDJ« (InDesign-Ja) und dem rechten Icon logischerweise den Namen »IDN« (InDesign-Nein). Für die anderen Icons für die Seminare Photoshop, Illustrator, Acrobat, Flash und Dreamweaver verfahren wir analog.

46.1.2 Datenquellen erstellen

Werden die Daten aus einer Datenbank exportiert, so müssen sie in eine bestimmte Form gebracht werden:

5. Die Spalten müssen entweder durch einen Tabulator oder durch ein Komma getrennt werden.
6. Die erste Zeile dient zur Spaltenbeschriftung. Handelt es sich dabei um einen Texteintrag, so muss nur die Bezeichnung eingetragen werden. Handelt es sich jedoch um einen Bildaufruf, so muss vor der Spaltenkopfbezeichnung ein @-Zeichen eingefügt werden, da dieses Zeichen für die Datenzusammenführung der Hinweis ist, dass es sich um den Bildaufruf handelt.
7. Die Werte zu den einzelnen Datensätzen müssen dann, getrennt durch eine Zeilenschaltung, jeweils tab- bzw. kommagetrennt aufgelistet werden.

> **Ein Komma in kommaseparierten Dateien**
>
> Wenn Sie in einem Datenfeld ein Komma benutzen und diese Datei kommasepariert abspeichern wollen, so müssen Sie das Komma in Anführungsstriche setzen. Damit wird das Komma nicht als Trennung zum nächsten Datenfeld, sondern als Textinformation erkannt.

Datenquelle in Excel erstellen | In vielen Fällen werden die Daten als Excel-Liste angeliefert. Im Excel-Arbeitsblatt können die Daten noch über Funktionen in Excel für die Ausgabe vorbereitet werden. Wenn Sie beispielsweise die Anrede »Sehr geehrte Frau« bzw. »Sehr geehrter Herr« für einen Serienbrief benötigen, so ist es immer notwendig, diese Verbindungen in Excel vorweg zu erledigen, da über die Datenzusammenführung in InDesign keine Wenn-dann-Abfragen durchgeführt werden können.

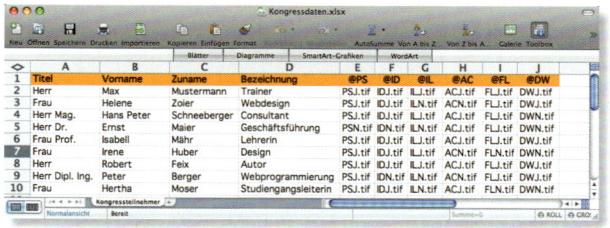

Abbildung 46.2 ▶
Die Liste für die Besucherbadges, als Excel-Liste aufbereitet. Schwierigkeiten ergeben sich in Excel nur durch das @-Zeichen, das vor der Spaltenbeschriftung eines Bildaufrufs eingegeben werden muss.

Für die Bildaufrufe muss vor der Spaltenbeschriftung ein @-Zeichen einfügen werden, und das ist nicht einfach. Da Tabellenkalkulationsprogramme die Eingabe eines @-Zeichens für den Text nicht erlauben – sie vermuten dahinter sofort eine Funktion oder einen Link –, muss vor die Spaltenbeschriftung ein Apostroph gesetzt werden: '@Spaltenbeschriftung.

Datenquellen in Word | Auf ähnliche Weise kann eine Datenquelle in Word oder jedem anderen Texteditor aufbereitet werden. Hinsichtlich der Eingabe gibt es hier beim @-Zeichen keine Beschränkung, jedoch ist die Eingabe in vielen Fällen unübersichtlicher.

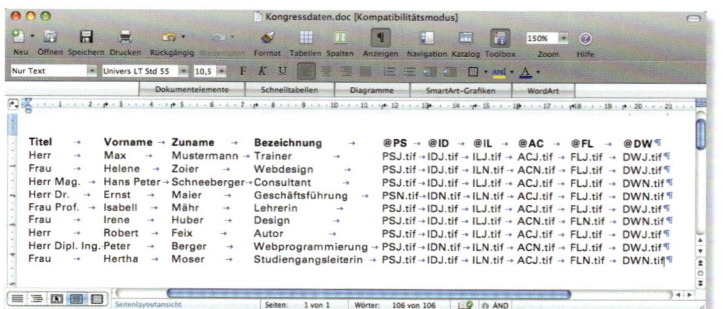

◂ Abbildung 46.3
Die Liste der Besucher, in Word aufbereitet. Zur übersichtlicheren Darstellung wurden in Word Tabulatoren gesetzt, was in jedem Fall für die Eingabe von großen Datenmengen zu empfehlen ist.

Die Liste muss aus Excel bzw. aus Word nun nur noch als Text- oder CSV-Datei abgespeichert werden. Achten Sie dabei immer auf die zu verwendende Kodierung bei Textdateien.

46.1.3 InDesign-Layoutvorlage erstellen

Erstellen Sie in InDesign die Layoutvorlage für den Badge. Sie können dabei auf alle Funktionen, die Ihnen bekannt sind, zurückgreifen. Bedenken Sie jedoch bei der Erstellung immer, dass irgendwann die Badges erstellt und ausgegeben werden müssen, was Sie nun indirekt auffordert, mit Effekten etwas zu geizen.

◂ Abbildung 46.4
Der Badge wurde in einer InDesign-Datei in Originalgröße abfallend angelegt. Auf der Hintergrundebene wurden das Hintergrundbild, das Firmenlogo und der Kongresstitel platziert; auf der Arbeitsebene wurden die Textfelder für die Datenfelder Titel, Zuname, Vorname und Bezeichnung und auch die Platzhalter für die Icons angebracht. Damit die leeren Bildrahmen besser sichtbar sind, wurden sie für diese Abbildung weiß eingefärbt.

46.2 Datenzusammenführung

Nachdem nun alle Bilder, die Datenquelle für den Text und das Layout in InDesign erstellt sind, steht einer Datenzusammenführung nichts mehr im Wege. Öffnen Sie die InDesign-Vorlage, und bringen Sie das Datenzusammenführung-Bedienfeld über Fenster • Hilfsprogramme • Datenzusammenführung in den Vordergrund. Ein kurzer Erklärungstext im Bedienfeld gibt Ihnen schon den Hinweis, welche Schritte Sie nun durchführen müssen.

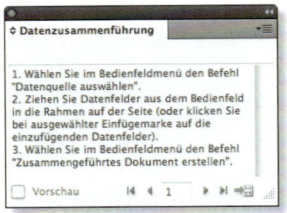

▲ **Abbildung 46.5**
Das Datenzusammenführung-Bedienfeld im Originalzustand

46.2.1 Datenquelle wählen

Rufen Sie den Befehl Datenquelle auswählen aus dem Bedienfeldmenü des Datenzusammenführung-Bedienfelds auf. Im erscheinenden Dialog wählen Sie die Datenquelle aus und öffnen diese.

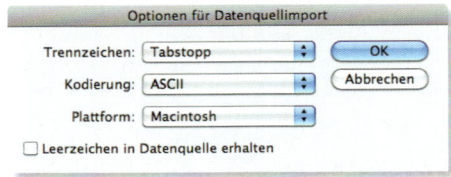

Abbildung 46.6 ▶
Die Importoptionen beim Datenimport, wenn die Datenquelle eine Textdatei ist. Bei CSV-Dateien werden andere Optionen angeboten.

Sollten irgendwelche Importoptionen festgelegt werden müssen, so aktivieren Sie die Checkbox Importoptionen im Datei öffnen-Dialog. Bestätigen Sie den Import durch Klick auf OK. Damit werden die Bezeichnungen der Datenfelder aus der ersten Zeile in der Besucherliste ausgelesen und als Liste im Bedienfeld angezeigt. Anhand der Symbole ist nun klar erkennbar, was ein Text-Datenfeld **T** und was eine Bildreferenz ist. Die Zuweisung ist für das Bedienfeld durch das @-Zeichen erfolgt.

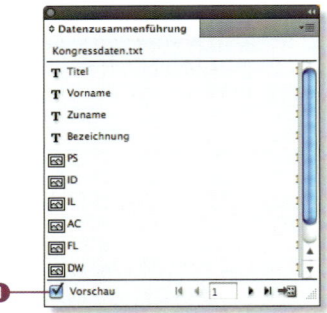

▲ **Abbildung 46.7**
Das Bedienfeld nach Auswahl einer Datenquelle. Aktivieren Sie Vorschau ❶, wenn Sie das Ergebnis sehen wollen.

46.2.2 Datenfelder in das Layout übertragen

Das Verknüpfen der InDesign-Platzhalter mit den Einträgen aus dem Bedienfeld erfolgt auf intuitive Art und Weise.

▶ **Text-Platzhalter:** Markieren Sie die Textstelle, die zuvor bereits vorformatiert beim Erstellen des InDesign-Layouts angelegt wurde, und führen Sie einen Doppelklick auf den Eintrag im Bedienfeld aus. Dadurch wird anstelle des Textes (z. B. Zuname) die Bezeichnung des Datenfelds in doppelten Tag-Klammern (also so: <<Zuname>>) eingesetzt.

▶ **Bild-Referenzen:** Um die Bildrahmen zuzuweisen, ziehen Sie den Eintrag aus dem Bedienfeld auf einen leeren Bildrahmen. Eine Zuweisung wird durch die Anzeige des Texteintrags <<PS>> im Bildrahmen angezeigt.

▲ **Abbildung 46.8**
Badge mit verlinkten Datenfeldern

46.2.3 Optionen für die Inhaltsplatzierung festlegen

In unserem Beispiel liegen die Bilder alle in derselben Größe und Proportion, jedoch nicht in Originalgröße vor. Aus diesem Grund müssen noch die OPTIONEN FÜR INHALTSPLATZIERUNG festgelegt werden.

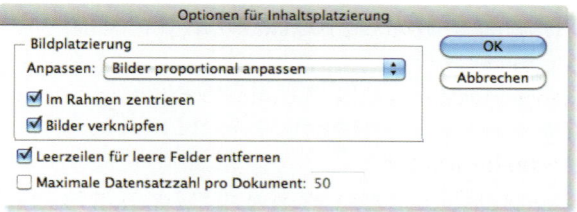

◄ Abbildung 46.9
Die OPTIONEN FÜR INHALTSPLATZIERUNG sind hinsichtlich der Bildplatzierung in der Grundeinstellung fast immer brauchbar. Probieren Sie die verschiedenen Optionen aus.

Bildplatzierung | In diesem Bereich regeln Sie, wie InDesign beim Import des Bildes hinsichtlich der Bildskalierung und Bildanpassung vorgehen soll.

- ANPASSEN: In dieser Option finden Sie altbekannte Optionen. Sollten Sie diesbezüglich mehr Informationen benötigen, so schlagen Sie dazu auf Seite 268 nach.
- IM RAHMEN ZENTRIEREN: Wenn Sie unter ANPASSEN die Option BILDER PROPORTIONAL ANPASSEN gewählt haben, so ist es je nach Layout von Vorteil, dass Sie die Bilder auch gleich IM RAHMEN ZENTRIEREN. Ist letztere Option deaktiviert, so wird immer von der linken oberen Kante als Ursprung ausgegangen und entsprechend platziert.
- BILDER VERKNÜPFEN: Diese Option sollte immer aktiviert bleiben, um damit ein zusammengeführtes InDesign-Dokument nicht durch das Einbetten von Bildern zu stark aufzublähen.

▲ Abbildung 46.10
Bilder unterschiedlicher Formate aus der Datenquelle müssen eventuell angepasst werden. Dazu wählen Sie aus der Liste der Möglichkeiten in der Option ANPASSEN aus. Wenn Sie jedoch im Layout die Bildrahmen bereits mit den Rahmeneinpassungsoptionen versehen haben, so müssen Sie den Eintrag RAHMEN- UND BILDGRÖSSE BEIBEHALTEN aktivieren.

Restliche Optionen | Damit regeln Sie, wie InDesign mit leeren Datenfeldern umgehen soll und wie viele Datensätze in einem zusammengeführten Dokument angelegt werden sollen.

- LEERZEILEN FÜR LEERE FELDER ENTFERNEN: Wenn in der Datenquelle einzelne Felder leer sind, so würde InDesign ohne Aktivierung dieser Option den Platzhalter mit einem Leerzeichen befüllen. Wäre die Anordnung <<Titel>> <<Zuname>> <<Vorname>> im Layout in einer Zeile vorgegeben, so würde das dazu führen, dass bei einem Namen ohne Titel die Zeile um ein Leerzeichen eingerückt gedruckt würde. Durch die Aktivierung dieser Option würden unschöne Leerzeichen und Leerzeilen unterbunden. Für unser Beispiel wäre die Aktivierung der Option nicht sinnvoll, da dadurch im Falle eines fehlenden Titels die erste Zeile gelöscht und somit der ganze Textblock eine Zeile nach oben verschoben würde (siehe Abb. 46.11).

▲ Abbildung 46.11
Bild oben: mit aktivierter Option LEERZEILEN FÜR LEERE FELDER ENTFERNEN; Bild unten: ohne Aktivierung dieser Option

▶ Maximale Datensatzanzahl pro Dokument: Bis zu 9999 Datensätze können für den Import bei der Datenzusammenführung verarbeitet werden. Sollten Sie Tausende von Datensätzen in einem Dokument zusammenführen, so würde dieses extrem groß und durch die vielen Verknüpfungen auch extrem langsam werden. Aus diesem Grunde können Sie die Anzahl der Datensätze pro Dokument beschränken.

46.3 Ausgabe zusammengeführter Daten

Bevor wir zur Zusammenführung des Dokuments schreiten, müssen wir folgende Überlegungen anstellen:

▶ Benötigen wir ein Dokument pro Datensatz, oder benötigen wir Mehrfachnutzen von einem Datensatz?
▶ Sollen Produktionskosten minimiert und deshalb auf einem Blatt Papier mehrere Datensätze ausgegeben werden?

In unserem Fall der Produktion von Besucherbadges möchten wir natürlich Produktionskosten minimieren und nur einen Badge pro Besucher ausdrucken. Dem Wunsch, für einige Besucher mehrere Badges auszudrucken, kann nur über einen Mehrfacheintrag desselben Datensatzes in der Datenquelle Rechnung getragen werden. Optionen dazu stehen in InDesign nicht zur Verfügung.

46.3.1 Vorbereitende Arbeiten

Da wir unseren Badge in InDesign in der Endgröße von 85 x 55 mm angelegt haben und da wir auf einem A4-quer-Blatt neun Badges ausgeben wollen, müssen wir vor dem Zusammenführen das Dokument auf A4 quer stellen.

Diesen Schritt erledigen Sie am schnellsten, indem Sie die Seitengröße des Badges über den Befehl Datei • Dokument einrichten auf A4 quer stellen und den Dialog bestätigen. Da für die Zusammenführung mit mehreren Datensätzen pro Seite auf alle Objekte des Layouts zugegriffen werden muss, müssen wir Objekte der Mustervorlage über den Befehl Alle Musterseitenobjekte übergehen aus dem Bedienfeldmenü des Seiten-Bedienfelds – [Strg]+[Alt]+[⇧]+[L] bzw. [⌘]+[⌥]+[⇧]+[L] – herauslösen. Sie können den Badge an jeder Stelle stehen lassen, da InDesign bei der Zusammenführung den gesamten Inhalt auf der Seite ausrichtet.

Da am Ende mehrere Badges auf einer Seite stehen sollen und sie somit auseinandergeschnitten werden müssen, ist es noch ratsam, im Vorfeld Schneidemarken hinzufügen. Dazu zeichnen Sie

---

Schneidemarken mit dem Skript »CropMarks.jsx« anlegen

Da das Skript »CropMarks« Schneide- und Passmarken auf Basis der getroffenen Auswahl oder für jedes einzelne Objekt der Auswahl erstellen würde und wir einen abfallend zu druckenden Badge ausgeben möchten, müssten Sie folgende Schritte durchführen, um mit dem Skript zu einem sinnvollen Ergebnis zu kommen:
1. Gruppieren Sie alle Objekte des Badges.
2. Erstellen Sie einen Leerrahmen in der Größe 85 x 55 mm, und positionieren Sie diesen exakt an die Endformatposition des Badges.
3. Markieren Sie den Leerrahmen, und führen Sie erst dann das Skript »CropMarks.jsx« aus dem Skripte-Bedienfeld aus. Entscheiden Sie sich dabei nur für die CropMarks. Registration Marks wären für unseren und auch für die meisten anderen Fälle überflüssig.

einfach Linien an den Ecken, oder Sie greifen dazu auf das standardmäßig in-stallierte Skript »CropMarks.jsx« zurück. Wie Sie dabei am besten vorgehen, lesen Sie im Infokasten auf Seite 924 nach.

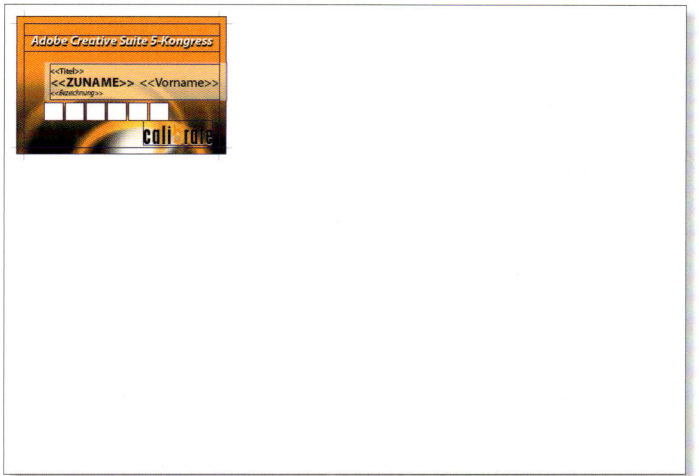

◄ **Abbildung 46.12**
Das Template vor der Datenzusammenführung. Der »verlinkte« Badge ist abfallend angelegt und mit Schnittmarken versehen. Die Position des Badges ist nicht relevant, da InDesign beim Zusammenführen alle Objekte auf der Seite als ein Objekt ausliest und dieses zur Anordnung auf der Seite heranzieht. Achten Sie darauf, dass sich kein leerer Text- oder Bildrahmen auf dem Druckbogen befindet!

Seit InDesign CS4 kann eine Zusammenführung durch Ausgabe einer PDF-Datei erfolgen – in früheren Versionen wurde immer eine InDesign-Datei erstellt. Führen Sie, wenn Sie ein neues InDesign-Dokument erstellen wollen, den Befehl ZUSAMMENGEFÜHRTES DOKUMENT ERSTELLEN aus, für ein PDF jedoch den Befehl ALS PDF EXPORTIEREN aus dem Bedienfeldmenü des Datenzusammenführung-Bedienfelds.

Im erscheinenden Dialog müssen Sie noch entscheiden, ob Sie einen Datensatz pro Seite oder mehrere Datensätze pro Seite ausgeben wollen. Je nachdem, welche Wahl Sie treffen, können weitere Optionen im Dialog eingestellt werden.

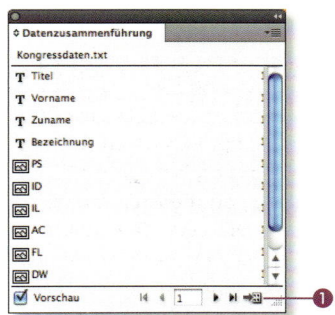

▲ **Abbildung 46.13**
Durch Anklicken des Symbols ❶ wird der Befehl ZUSAMMENGEFÜHRTES DOKUMENT ERSTELLEN aufgerufen.

46.3.2 Zusammenführen einzelner Datensätze

Das Zusammenführen einzelner Datensätze ist für die Erstellung von Serienbriefen, Urkunden und allen Dokumenten, die bereits in einem Standardformat wie A4 oder A3 angelegt wurden, eigentlich immer die richtige Wahl.

Wenn Sie jedoch Visitenkarten oder unsere Badges im Mehrfachnutzen ausgeben wollen, so müssten Sie das Template vor der Datenzusammenführung so aufbauen, dass ein und derselbe »verlinkte« Badge mehrfach auf der Seite platziert wird. InDesign würde somit einen Datensatz in allen Platzhaltern einfügen und somit einen Mehrfachnutzen erstellen.

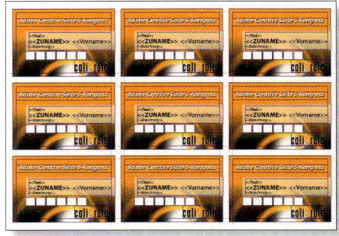

▲ **Abbildung 46.14**
Die Mustervorlage für den Mehrfachnutzen

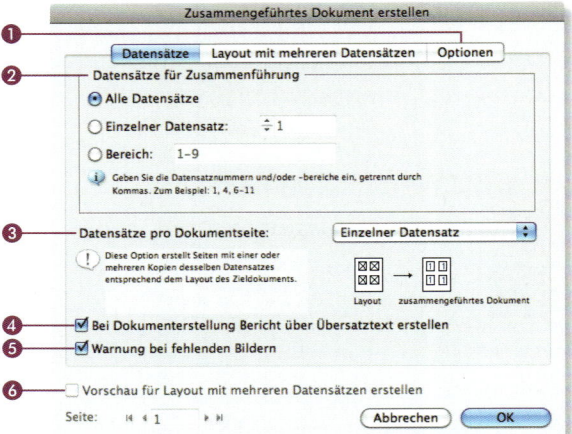

Abbildung 46.15 ▶
Das Register DATENSÄTZE des Dialogs ZUSAMMENGEFÜHRTES DOKUMENT ERSTELLEN. Darin regeln Sie die entscheidende Frage, ob Sie MEHRERE DATENSÄTZE oder nur einen EINZELNEN DATENSATZ pro Dokumentseite erzeugen wollen.

Register »Layout mit mehreren Datensätzen«

Dieses Register ist nur verfügbar, wenn in der Option DATENSÄTZE PRO DOKUMENTSEITE der Eintrag MEHRERE DATENSÄTZE ausgewählt ist.

Datensätze | In diesem Register bestimmen Sie, welche Datensätze beim Zusammenführen verwendet werden, ob einzelne Datensätze oder mehrere Datensätze pro Dokument angebracht werden und ob Fehlermeldungen angezeigt werden sollen.

▶ **Datensätze für Zusammenführung** ❷**:** Bestimmen Sie hier, ob Sie ALLE DATENSÄTZE, EINZELNE oder einen bestimmten BEREICH von Daten aus den Datenquellen verarbeiten wollen.

▶ **Datensätze pro Dokumentseite** ❸**:** Wählen Sie damit, ob nur ein EINZELNER DATENSATZ pro Seite oder ob MEHRERE DATENSÄTZE pro Seite verarbeitet werden sollen.

▶ **Warnmeldungen:** Sie sollten immer beide Warnmeldungen, BEI DOKUMENTERSTELLUNG BERICHT ÜBER ÜBERSATZTEXT ERSTELLEN ❹ und WARNUNG BEI FEHLENDEN BILDERN ❺, aktiviert lassen. Damit könnten eventuelle Fehler – ein zu langer Name kann nicht abgebildet werden und erzeugt somit einen Übersatz; der Dateiname eines aufgerufenen Bildes ist nicht korrekt – vor dem Ausdruck noch behoben werden.

Optionen | Im Register OPTIONEN ❶ können Sie alle Parameter zur Platzierung von Bildern festlegen (siehe dazu Abschnitt 46.2.3, »Optionen für die Inhaltsplatzierung festlegen«, auf Seite 923).

Leider ist in diesem Dialog keine Vorschau ❻ möglich, was Sie somit dazu zwingt, einen Test mit einem Datenbereich durchzuführen, um das Ergebnis zu sehen.

46.3.3 Erstellen von mehreren Datensätzen pro Seite

Die Anzahl der DATENSÄTZE PRO DOKUMENTSEITE kann in der gleichnamigen Option ❸ umgestellt werden. Der Dialog im Register DATENSÄTZE ändert sich nur marginal.

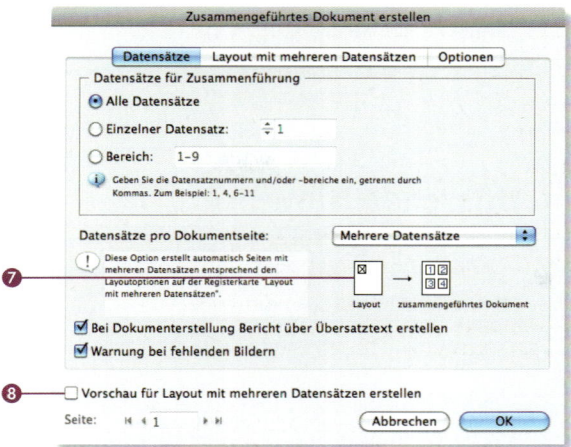

▸ **Abbildung 46.16**
Das Register DATENSÄTZE mit gewählter Option MEHRERE DATENSÄTZE

Die Symboldarstellung ❼ unterhalb des gewählten Eintrags MEHRERE DATENSÄTZE signalisiert uns genau, was damit nun erzielt werden kann. Darüber hinaus können Sie sich nun auch eine Vorschau ❽ anzeigen lassen, um sicherzugehen, dass Ihr Ergebnis so aussieht wie erwartet.

Layout mit mehreren Datensätzen | Bestimmen Sie in diesem Register, mit welchem Seitenrand – OBEN, UNTEN, LINKS und RECHTS ❾ – eine Positionierung der Badges auf der A4-quer-Seite erfolgen soll und welcher Abstand zwischen den Badges ZWISCHEN ZEILEN ⓬ und ZWISCHEN SPALTEN ⓫ von InDesign eingefügt werden soll.

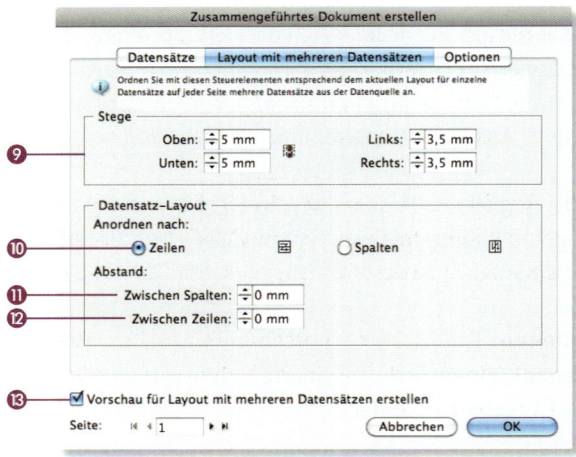

▸ **Abbildung 46.17**
Bestimmen Sie im Register LAYOUT MIT MEHREREN DATENSÄTZEN, mit welchem Versatz die Positionierung von den STEGEN erfolgen soll und wie die Objekte zueinander angelegt werden sollen. Über die Option ANORDNEN NACH ❿ können Sie auswählen, ob die Datensätze der Zeile oder der Spalte nach eingetragen werden.

Wenn Sie dabei die Option VORSCHAU FÜR LAYOUT MIT MEHREREN DATENSÄTZEN ERSTELLEN ⓭ aktiviert haben, so können Sie sich schnell ein Bild von den Auswirkungen machen.

Haben Sie die Parameter nach Ihren Bedürfnissen eingestellt, so müssen Sie das Zusammenführen noch durch einen Klick auf OK bestätigen.

46.4 Weiterführende Hinweise

Beim Aufbau des Projekts »Zusammenführung von Daten« sollten Sie noch gewisse Kleinigkeiten berücksichtigen.

Bildauflösung | Stellen Sie beim Anlegen der Bilder sicher, dass genügend Auflösung für die Ausgabe zur Verfügung steht, denn durch die automatische Bildeinpassung kann es auch zur Vergrößerung von Bildern und somit zur Reduktion der effektiven Auflösung kommen.

Aktualisieren von Datenquellen | Beachten Sie, dass durch die Wahl des Befehls DATENQUELLE AUSWÄHLEN aus dem Bedienfeldmenü die Daten für InDesign importiert werden. Ändert sich die Datenquelle, so greift InDesign beim Zusammenführen nicht auf die geänderten Daten zurück. Sie müssen aus diesem Grund den Befehl DATENQUELLE AKTUALISIEREN aus dem Bedienfeldmenü des Datenzusammenführung-Bedienfelds ausführen.

Bilder in anderen Verzeichnissen | In unserem Beispiel sind wir davon ausgegangen, dass sich die Datenquelldatei, die InDesign-Datei und die gesamten Bilder im selben Verzeichnis befinden. Bei größeren Projekten ist diese Vorgehensweise oft unrealistisch. Sollten beispielsweise alle Bilder aus ihren Ursprungsverzeichnissen aufgerufen werden, so müsste im Texteintrag in der Quelldatei nicht nur der Dateiname für das Bild, sondern auch der gesamte absolute Pfad zum Bild eingetragen werden.

Beachten Sie in diesem Fall, dass Sie die Pfadangaben betriebssystemabhängig eingeben müssen. Typische Beispiele wären:
- **Für Mac OS X:**
  `Festplatte:Benutzer:Benutzername:Bilder:PSJ.tif`
- **Für Windows:**
  `C:\Eigene Dateien\Bilder\PSJ.tif`

Datenfeldbezüge eingeben | Wenn Sie einen Bezug zur Datenquelle erzeugen wollen, so müssen Sie den Platzhalter aus dem Datenzusammenführung-Bedienfeld einfügen. Das einfache Tippen der Zeichenkette `<<Vorname>>` stellt noch keinen Bezug zur Datenquelle her.

Datenquelle im Verknüpfungen-Bedienfeld

Sobald Sie eine Datenquelle auswählen, erscheint die entsprechende Datei auch im Verknüpfungen-Bedienfeld, wo Sie alle Funktionen für verknüpfte Dateien aufrufen können, also auch ERNEUT VERKNÜPFEN und VERKNÜPFUNG AKTUALISIEREN. Diese beiden Befehle entsprechen dann den Funktionen DATENQUELLE AUSWÄHLEN bzw. DATENQUELLE AKTUALISIEREN des Datenzusammenführung-Bedienfelds.

Löschen von Datenquellen

Wenn Sie Ihre »verlinkte« Vorlage von der Datenquelle entkoppeln möchten, so führen Sie den Befehl DATENQUELLE ENTFERNEN aus dem Bedienfeldmenü des Datenzusammenführung-Bedienfelds aus.

**TOP-TIPP
Dateipfade formulieren**

Wenn Sie es mit sehr komplizierten Pfaden (z. B. auf Fileservern) zu tun haben, platzieren Sie ein Bild aus dem fraglichen Verzeichnis in ein InDesign-Dokument, markieren es und wählen INFORMATION KOPIEREN • PLATTFORMSTILPFAD KOPIEREN aus dem Bedienfeldmenü des Verknüpfungen-Bedienfelds.

47 Publishing mit XML

XML – Extensible Markup Language – ist eine Metasprache zur Beschreibung und Strukturierung beliebiger Dokumente. Layoutdokumente erhalten durch XML in InDesign eine zusätzliche Datenstruktur, die sowohl von InDesign als auch von anderen XML-fähigen Anwendungen verstanden wird.

47.1 Was kann man mit XML erreichen?

In vielen Publishing-Projekten tauchen immer häufiger Fragen auf wie: »Können wir die Daten aus InDesign für unser Online-Archiv in einer gewissen Struktur exportieren?«, »Können wir Daten aus unserer Datenbank in InDesign zur automatischen Befüllung von statischen Seiten verwenden?« oder »Können wir unseren Katalog aus Daten unserer Datenbank in InDesign automatisch aufbauen lassen?«.

Während sich die ersten beiden Fragen klar mit »Ja« beantworten lassen, muss bei der dritten Frage die Antwort ganz klar »Ja. Aber ohne zusätzliche Programmierung geht dabei gar nichts« lauten.

47.1.1 Sinnvoller XML-Einsatz

Warum soll man auf XML zurückgreifen, wenn doch das automatische Erstellen von Katalogen aus einem Datenkonvolut nicht möglich ist? Auch wenn Sie bislang Ihre Online-Datenbank durch Kopieren und Einsetzen von Texten schon befüllt haben oder Sie den Kleinanzeiger Ihrer Wochenzeitschrift durch einfaches Setzen bzw. bereits durch Import von InDesign-Tagged-Text oder XPress-Tagged-Text erzeugt haben, sollten Sie sich mit dem Thema XML auseinandersetzen. Folgende Gründe sprechen dafür:

▶ **Wiederverwendbarkeit:** Durch das Exportieren von Texten in eine XML-Struktur können Formatierungen aus dem Layout gekennzeichnet übergeben werden, was eine Zuweisung – auch Mappen genannt – von Formaten für z. B. Ihre Online-Präsenz über CSS-Dateien wesentlich vereinfacht und Zuweisungsarbeit von Hand überflüssig macht.

InDesign-Tagged-Text

Mehr Informationen zum Im- und Export von InDesign-Tagged-Text-Dateien finden Sie in Abschnitt 43.1.3, »Adobe InDesign-Tagged-Text«, auf Seite 900.

Plug-ins

Es gibt eine Reihe von Plug-ins für InDesign, mit denen Sie sehr elegant strukturierte Dateien aus verschiedenen Datenquellen erzeugen können. Neben den Kosten für diese Plug-ins sollten Sie beachten, dass Sie natürlich auch dann jedes Layout-Projekt gesondert einrichten müssen und dass Sie dann auf genau diese Plug-ins festgenagelt sind.

XML stellt sicher, dass Daten in einem universellen Format gespeichert werden, die so strukturiert sind, dass Layouter, Datenbanker, Programmierer und Webentwickler Ihre Daten gut weiterverarbeiten können, ohne auf kostenintensive Werkzeuge zurückgreifen zu müssen.

▶ **Standardisierung:** Wenn Sie beispielsweise den Kleinanzeiger der Wochenzeitung mit QuarkXPress und dem Import von XPress-Tagged-Text erledigen und auf InDesign umsteigen wollen, so liegt eigentlich nahe, dass Sie in InDesign ebenfalls die InDesign-Tagged-Text-Technologie verwenden werden. An dieser Stelle sollten Sie sich jedoch überlegen, ob Sie sich den Arbeitsaufwand der Umstellung auf InDesign mit InDesign-Tagged-Text – dieser unterscheidet sich gravierend von den XPress-Tagged-Text-Strukturen – antun wollen oder ob Sie sich nicht doch, mit sicherlich geringerem Zeitaufwand, mit der XML-Thematik auseinandersetzen sollten.

▶ **Effizienz:** Wenn Sie ein klar strukturiertes und standardisiertes Publishing-Projekt regelmäßig mit Inhalten befüllen und eine oder mehrere Personen damit die Zeit totschlagen, Absätze zu formatieren und bestimmte Wörter auszuzeichnen, so ist es wirklich an der Zeit, dieses Projekt durch den Import von strukturierten Daten auf Basis von XML umzustellen.

XML ist ein offener Standard. Wenn Sie also auf XML setzen, liefern Sie sich keinem bestimmten Hersteller aus. Genau deshalb ist XML auch in vielen Bereichen der Datenverarbeitung die bevorzugte Methode für den Datenaustausch.

47.2 XML-Struktur

Bevor wir tiefer in unser Beispiel und somit in die XML-Thematik einsteigen, müssen hier drei Grundprinzipien erläutert werden:
▶ Jeder Inhalt besteht aus gleichwertigen Elementen.
▶ Elemente sind hierarchisch gegliedert.
▶ Form und Inhalt sind voneinander getrennt.

47.2.1 Ein Beispiel

Ein umfangreicher Kleinanzeiger besteht im Wesentlichen aus den variablen *Seitenelementen* – Ausgabedatum und Ausgabenummer –, die Sie auf jeder Seite aktualisiert ausgeben lassen wollen, und den eigentlichen *Kleinanzeigern*. Der Kleinanzeiger selbst ist gegliedert in die Elemente *Hauptrubriken*, *Subrubriken* und *Inserate*. Das einzelne Inserat hingegen kann darüber hinaus Schlagwörter, Bilder und den eigentlichen Text enthalten.

Diese möglichen Elemente müssen in eine geordnete Reihenfolge gebracht werden. Dabei können einige Elemente als Unterelemente in verschiedener Tiefe eingesetzt werden. Meistens sind

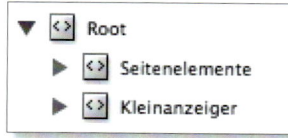

▲ **Abbildung 47.1**
Die Hauptstruktur des Kleinanzeigenprojektes

bei solchen Strukturen die Elemente nicht nur hierarchisch gegliedert, sondern besitzen auch eine Reihenfolge, die nicht verändert werden darf. Setzen Sie beispielsweise das Schlagwort an das Ende eines Inserats, so wäre die Logik eines Inserats gestört, und der Leser würde wahrscheinlich das Schlagwort dem nachfolgenden Inserat zuordnen.

47.2.2 Tag-Definition

Eine XML-Struktur verhält sich vergleichbar. Die Elemente eines Kleinanzeigers, die wir zuvor beschrieben haben, werden in einer XML-Struktur mit den sogenannten Tags markiert, die den Gültigkeitsumfang eines Elements kennzeichnen. Tags stehen in spitzen Klammern. So wird mit dem Tag `<Hauptrubrik>` der Anfang und mit dem Tag `</Hauptrubrik>` das Ende der Kennzeichnung unserer Hauptrubrik vorgenommen. Zu Tags sollten Sie noch folgende Hinweise berücksichtigen:

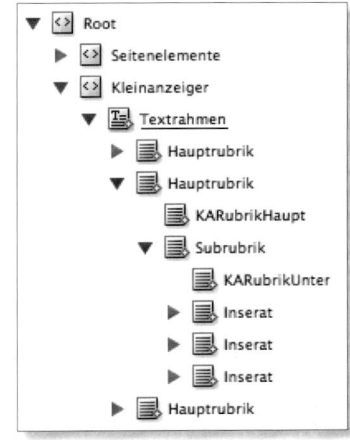

▲ **Abbildung 47.2**
Die erweiterte und hierarchisch gegliederte Struktur des Kleinanzeigenprojekts

- XML-Tags können in der Bezeichnung frei gewählt werden, womit sich XML ganz klar von Beschreibungssprachen wie HTML, das eine klare Tag-Definition benötigt, unterscheidet.
- XML unterscheidet zwischen Groß- und Kleinschreibung. Verwenden Sie daher einheitliche Schreibweisen beim Anlegen von Tag-Definitionen.
- XML-Tags dürfen Zeichen und Zahlen beinhalten. Tag-Bezeichnungen mit voranstehender Zahl sind jedoch verboten.
- Während bei HTML das Fehlen eines `</Ende>`-Tags von vielen Browsern ignoriert werden kann, wird bei XML das Fehlen eines schließenden Tags nicht verziehen.

47.2.3 DTD und Validierung

Der große Vorteil von XML ist, dass eine strukturierte Datenbasis für andere Anwendungen erstellt werden kann. Beim Empfänger der Datenbasis müssen somit auch die Tags verstanden werden. Das bedeutet, dass die Tags in ihrer Bezeichnung und der Hierarchie genau vereinbart werden müssen. Wenn dies nicht der Fall ist und in der Datei beim Importieren statt eines erwarteten Tags `<Inserat>` ein Tag namens `<inserat>` angetroffen wird, werden sowohl das Tag als auch sein Inhalt ignoriert!

Und genau hier setzt unter anderem eine DTD an. In einer XML-Umgebung wird die Überprüfung der XML-Datei auf Basis der DTD vorgenommen, in der einerseits die Struktur und andererseits alle aufzurufenden Definitionen zur XML-Datei hinterlegt sind. Beim Importieren kann die XML-Datei gegenüber der DTD validiert werden – Aufbau und Hierarchie werden mit der vorge-

[DTD]
Eine Dokumenttyp-Definition – Document Type Definition – ist ein Satz an Regeln, der benutzt wird, um Dokumente eines bestimmten Typs zu deklarieren. Dabei werden in der Hauptsache zwei Definitionen, die Dokumenttyp-Deklaration und die Markup-Deklaration, beschrieben.

▲ Abbildung 47.3
Das Fenstermenü des Strukturfensters

Weiterführende Hinweise

Da das Thema Regelsätze ein umfangreiches Wissen über XML-Strukturen, InDesign-Technologien und Skriptsprachen erfordert und wir dies in diesem Buch niemals erschöpfend behandeln könnten, möchten wir Sie auf das Scripting Center von Adobe unter *http://www.adobe.com/devnet/scripting/* verweisen.

Auf der Buch-DVD finden Sie im Ordner SONSTIGES weitere Informationen zum Scripting.

gebenen Struktur verglichen. Stimmt die Struktur der XML-Datei mit der DTD überein, wird das Dokument akzeptiert; weist die Datei dagegen Abweichungen auf, wird das Dokument zunächst abgelehnt.

DTD-Datei importieren | Eine DTD-Datei kann in InDesign über das Fenstermenü des Strukturfensters geladen werden. Öffnen Sie dazu das Strukturfenster über ANSICHT • STRUKTUR • STRUKTUR EINBLENDEN, oder drücken Sie [Strg]+[Alt]+[1] bzw. [⌘]+[⌥]+[1]. Damit erscheint am linken Dokumentrand das Strukturfenster, in dem alle für die Arbeit mit XML notwendigen Befehle versteckt sind.

Da sich die Arbeit mit einer DTD immer nach der Komplexität der XML-Struktur richtet, können wir Ihnen an dieser Stelle keine allgemeingültigen Vorgehensweisen empfehlen. Für unseren Fall des Kleinanzeigers wäre die Verwendung einer DTD wohl etwas über das Ziel hinausgeschossen. Es ist auch in den meisten Fällen eher gefragt, dass Sie sich vor dem Import der XML-Daten mit der Struktur der XML-Daten aus Ihrer Datenbank beschäftigen und bei Bedarf einen Programmierer hinzuziehen, der eventuelle Importprobleme durch eine Umformung der XML-Datei löst. Dabei fallen für Programmierer immer wieder die Schlagwörter XSLT – quasi ein CSS für XML – und GREP, eine Technologie, die Sie ja schon in unserem Buch kennengelernt haben.

47.2.4 XML-Regelsätze

Neben der eigentlichen Datenquelle im XML-Format, der DTD und dem Tagging im Layout bietet InDesign eine weitere Möglichkeit, über das reine Zuweisen von XML-Inhalten durch Tagging konkrete Regeln festzulegen.

Dies kann der Fall sein, wenn beispielsweise in der XML-Struktur auf die Rubriküberschrift ein Absatzelement folgt. Dann kann festgelegt werden, wie unter dieser Bedingung vorgegangen werden soll. Wird der Überschrift und dem Absatz ein konkretes Absatzformat zugewiesen? Werden für andere Bedingungen Platzhalterrahmen mit vorgegebenen Rahmeneinpassungsoptionen angelegt?

Solche Bedingungen werden in Skriptsprachen wie *JavaScript*, *AppleScript* oder *VBScript* abgefragt. Trifft der Fall zu, so wird durch das Skript eine Aktion – beispielsweise das Zuweisen des Absatzformates, das Aufziehen eines Bildrahmens und das Zuweisen von Rahmeneinpassungsoptionen, also das Einpassen von Bildern in vordefinierte Rahmengrößen – ausgeführt.

47.3 XML exportieren

In den meisten Produktionsumgebungen kommt zuerst immer die Frage: »Wie kann ich die vorhandene InDesign-Datei in eine bestimmte XML-Struktur bringen und exportieren?« Genau dieser Gedankengang ist für uns immer der erste, denn es muss zunächst geklärt werden, wie eine InDesign-Datei aufgebaut sein muss, damit durch einen XML-Import auch wirklich ein zufriedenstellendes Ergebnis erreicht wird.

Und genau diesen Schritt machen Sie am besten, wenn Sie zuerst das InDesign-Layout mit allen Kniffen und Tricks aufbauen und sich dann überlegen, in welcher Form Sie nun die XML-Daten für eine Übergabe benötigen.

47.3.1 Aufbau des Beispiels

Bei der Erstellung unseres Kleinanzeigers haben wir darauf geachtet, möglichst viele Symbole und Auszeichnungen auf Basis von verschachtelten Absatzformaten zu erstellen.

◄ **Abbildung 47.4**
Das Beispiel: ein Kleinanzeiger aus einer Wochenzeitung, gespickt mit einigen kleinen InDesign-Schmankerln

Schauen wir uns einmal das Beispiel etwas genauer daraufhin an, wie es aufgebaut wurde:

- **Seitenelemente ❶:** In der Kopfzeile der Wochenzeitung müssen die Ausgabenummer und das Ausgabedatum mit der importierten XML-Datei übereinstimmen. Beide Felder wurden als Textvariablen auf der Musterseite angelegt.
- **Hauptrubrik ❷:** Für den Kleinanzeiger stellt die Hauptrubrik die oberste Hierarchie dar. Die Formatierung erfolgt durch eine Absatzlinie und durch ein vorangestelltes Aufzählungszeichen.
- **Subrubrik ❸:** Unterhalb der Hauptrubrik gibt es mehrere Subrubriken, die ähnlich wie die Hauptrubrik – lediglich mit einer helleren Absatzlinie und einem anderen vorangestellten Aufzählungszeichen – formatiert wurden.

Auf der Buch-DVD finden Sie im Ordner Beispielmaterial • Kapitel_47 • Kleinanzeiger_Beispiel die Datei »Kleinanzeiger_Start.indd«. Öffnen Sie diese Datei, und folgen Sie damit unseren Beschreibungen.

- **Superwörter ❹:** Ein Inserat kann mit einem Superwort eingeleitet werden. Es wurden zur vielfältigeren Auszeichnung mehrere Superwörter-Formatierungen angelegt, die sich nur in der Farbe unterscheiden.
- **Kleinanzeiger-Text ❻:** Ein normaler Text, der nur in einer bestimmten Schrift im Blocksatz gesetzt wird.
- **Kleinanzeiger-Initial ❺:** Zu manchen Kleinanzeigen wurden Eyecatcher (Logos) verkauft. Damit die Logos verankert über zwei Zeilen vorangestellt werden können, wurde ein verankerter Rahmen vor der Kleinanzeige in einer bestimmten Größe eingefügt und, wie der Name KLEINANZEIGER-INITIAL schon andeutet, die Absatzformatierung mit einem zweizeiligen Initial ausgestattet.
- **Bilder ❼:** Bilder von Immobilien oder Autos wurden auch verkauft. Diese Bilder sind ebenfalls, in voller Spaltenbreite und einer beliebigen Höhe, im Text verankert.

Bevor wir starten, muss noch betont werden, dass ein automatisiertes Zuweisen der XML-Tags nur dann erfolgen kann, wenn jedem Absatz ein eindeutiges Absatzformat und jeder Auszeichnung – den fetten Wörtern – ebenfalls ein eindeutiges Zeichenformat zugewiesen wurde.

Aus diesem Grunde besitzt unsere Datei eine gewisse Anzahl von Absatz- und Zeichenformaten, die alle mit der Bezeichnung »KAName« (»KARubrikHaupt«, »KARubrikUnter«, »KASuperC«, »KASuperM«, »KASuperK« bzw. »KATextFett«) versehen wurden.

47.3.2 Anlegen der Tags

Nachdem alle Absatz- und Zeichenformate korrekt angelegt und den jeweiligen Texten zugewiesen wurden, können wir nun an den nächsten Schritt, Tags für das Dokument anzulegen, herangehen. Dazu rufen Sie das Bedienfeld TAGS über das Menü FENSTER • HILFSPROGRAMME • TAGS auf.

Wir müssen nun alle Tags anlegen, die zur Strukturierung und der Kennzeichnung in der XML-Datei dienen sollen. Dabei unterscheiden wir zwischen dreierlei Sorten von Tags:

- Tags, die zur Kennzeichnung im Text mit den Absatz- und Zeichenformaten – »KARubrikHaupt«, »KARubrikUnter«, »KATextFett« usw. – dienen
- Tags, die wir zur hierarchischen Abbildung einer Struktur – Hauptrubrik, Subrubrik, Inserat – verwenden wollen
- Tags, die InDesign zur Kennzeichnung von Rahmen – Bild, Bild-Initial, Kleinanzeige – benötigt, damit eine Zuweisung des XML-Textes zu den Rahmen ermöglicht wird

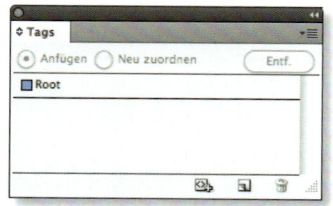

▲ **Abbildung 47.5**
Das Tags-Bedienfeld im Originalzustand

Sie können alle benötigten Tags aus der Datei »Tags.xml« aus dem Ordner BEISPIELMATERIAL • KAPITEL_47 • KLEINANZEIGER_BEISPIEL laden.

Legen Sie nun alle benötigten Tags an. Klicken Sie, wie gewohnt, mit gedrückter Alt- bzw. ⌥-Taste auf das Symbol.

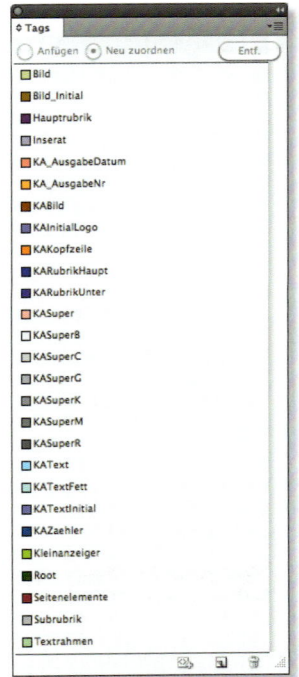

◄ Abbildung 47.6
Der Eingabedialog zum Definieren eines Tags

Vergeben Sie den Namen des Tags. Bedenken Sie bei der Namensvergabe einerseits, dass bestimmte Namen für die Struktur benötigt werden – diesen geben wir »normale« Namen –, und andererseits, dass Tags für eine automatische Zuordnung den gleichen Namen, der in den Absatz- und Zeichenformaten bestimmt wurde, besitzen müssen. Letztere Tags beginnen somit immer mit »KA«. Damit können wir in der XML-Struktur immer schnell erkennen, ob das Tag für die Formatierung benötigt wird oder zur Strukturkennzeichnung dient.

Die Kennzeichnung durch Farbe hat den Sinn, dass Tags, die ähnlichen Inhalt adressieren – »KASuperK«, »KASuperM«, etc. – optisch auch beim Betrachten der Tags in InDesign als gleichwertig erkennbar sind.

Legen Sie nun alle Tags an. Das Tag-Bedienfeld müsste sich dann schlussendlich so wie in Abbildung 47.7 präsentieren. Damit diese Arbeit nicht in wirklich viel Arbeit auswächst, lesen Sie bitte den DVD-Hinweis auf Seite 934.

47.3.3 Rahmen mit Tags versehen

Im nächsten Schritt müssen wir nun den Textrahmen, in denen Texte aus der Datenbank landen sollen, die dafür angelegten Tags zuordnen. Zuvor öffnen Sie das Strukturfenster – Ansicht • Struktur • Struktur einblenden –, damit Sie mitverfolgen können, was anschließend in der XML-Struktur passiert.

▲ Abbildung 47.7
Alle Tags sind im Bedienfeld für das Projekt angelegt.

Seitenelemente-Rahmen taggen | Gehen Sie dazu auf die Mustervorlage, und markieren Sie beide Textrahmen – darin stehen Ausgabedatum und Ausgabenummer – in der Mitte des Druckbogens, und klicken Sie im Tags-Bedienfeld auf den Tag-Eintrag KAKopfzeile. Damit haben Sie dem Textrahmen dieses Tag zugewiesen, und die ersten beiden Einträge im Strukturfenster werden sichtbar.

▲ Abbildung 47.8
Das Strukturfenster nach erfolgreichem Zuweisen der Tags zu den jeweiligen Textrahmen

Textrahmen für Inserate taggen | Gehen Sie nun auf die Originalseite, und markieren Sie den Textrahmen, in dem die ganzen Inserate gesetzt werden sollen. Sind Textrahmen über Seiten hinweg verkettet, so reicht die Aktivierung des ersten Textrahmens

47.3 XML exportieren | **935**

▲ **Abbildung 47.9**
Durch die Auswahl des Befehls Rahmen mit Tags einblenden kann eine Kontrolle über die Zuweisungen von Tags zu Rahmen erfolgen.

in der Kette. Verfahren Sie nun wie zuvor, und weisen Sie dem Textrahmen das Tag Textrahmen aus dem Tag-Bedienfeld zu. Auch hier können Sie beobachten, dass im Strukturfenster ein weiteres Tag hinzugefügt wurde.

Rahmen mit Tags einblenden | Wenn Sie sich nicht ganz sicher sind, welchem Rahmen ein Tag zugewiesen wurde, so können Sie das kontrollieren, indem Sie den Befehl Ansicht • Struktur • Rahmen mit Tags einblenden ausführen. Damit sehen Sie alle Rahmen, denen ein Tag zugewiesen wurde, in der dem Tag zugewiesenen Farbe.

47.3.4 Formate den Tags zuordnen

Eigentlich müssten Sie nun jeden Absatz auswählen und das entsprechende Tag aus dem Tag-Bedienfeld zuweisen. Bitte hören Sie nun nicht auf zu lesen!

InDesign bietet für diesen Schritt den Befehl Formate zu Tags zuordnen, den Sie aus dem Bedienfeldmenü des Tags-Bedienfelds aufrufen können.

Abbildung 47.10 ▶
Viel Arbeit beim Taggen können Sie sich durch das Aufrufen dieses Dialogs und die automatische Zuordnung nach Namen sparen.

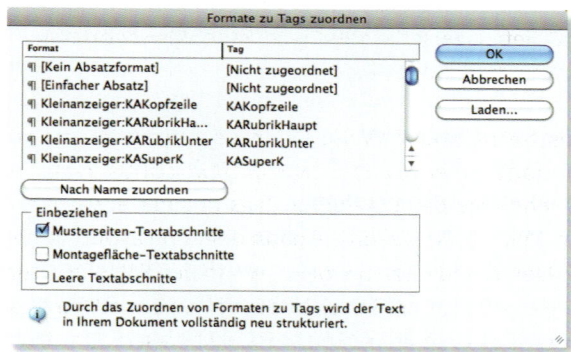

▲ **Abbildung 47.11**
Die Struktur im Strukturfenster nach dem Zuordnen der Tags zu den Formaten

Und hier zahlt es sich aus, wenn Sie im Vorfeld mitgedacht haben. Durch Drücken des Buttons Nach Name zuordnen erfolgt die Zuweisung der gleichnamigen Tag-Bezeichnungen zu den Absatz- und den Zeichenformaten. Sie können aber auch von Hand den einzelnen Formaten dasselbe Tag zuweisen. Ein Beispiel dafür wäre, wenn Sie »KASuperC«, »KASuperM« usw., die nur der unterschiedlichen Auszeichnung in InDesign dienen, beim Exportieren einem Tag mit der Bezeichnung »KASuper« zuweisen wollen. Damit haben Sie die Struktur erhalten und die Formatierung gleichgeschaltet.

Hierdurch haben Sie sich viel Arbeit erspart, und durch einen Klick auf OK erfolgt die Generierung aller Tags in unserer XML-Struktur im Strukturfenster.

Ganz sind wir noch nicht fertig. Durch das Zuordnen von Tags zu Formaten wurde zwar das Taggen aller absatz- und zeichenformatierter Textstellen erledigt – Sie sehen, dass ein sauberes Zuordnen von Absatz- und Zeichenformaten notwendig war, da sonst gewisse Textstellen nicht in die Struktur aufgenommen worden wären –, die Bilder wurden damit jedoch nicht getaggt. Und genau hier gibt es keine andere Möglichkeit, als diese Bilder, wenn sie in den XML-Export aufgenommen werden sollen, von Hand zu taggen. Ziehen Sie somit auf alle großen Bilder das Tag »Bild« und auf alle kleinen Bilder/Logos, die im Inseratentext verankert sind, das Tag »Bild_Initial« aus dem Tag-Bedienfeld.

Objekte aus der Struktur schnell auswählen

Wenn Sie im Strukturfenster einen Eintrag auswählen, so können Sie den dazugehörenden Text im Layout durch den Befehl GEHE ZU OBJEKT markieren. Den Befehl erreichen Sie im Kontextmenü.

47.3.5 Anzeige von Struktur und Tags

Um einen Überblick über die Struktur und die Tags zu bekommen, können Sie zwei Wege einschlagen.

Tag-Marken einblenden | Durch Ausführen des Befehls TAG-MARKEN EINBLENDEN aus dem Menü ANSICHT • STRUKTUR werden Ihnen vor und nach jedem getaggten Eintrag eckige Klammern in der jeweils definierten Tag-Farbe angezeigt. In sehr komplexen Strukturen und tiefen Verschachtelungen kann das schon mal in ein unüberschaubares Farbspiel ausarten.

▲ Abbildung 47.12
Darstellung der getaggten Rahmen inklusive der Tag-Marken

Im Textmodus betrachten | Wenn Sie in den Text klicken und dann den Textmodus über BEARBEITEN • IM TEXTMODUS BEARBEITEN aufrufen, sehen Sie die angefügten Tags in einer etwas markanteren Form. Wichtig ist: Wenn Sie darin oder im Layoutmodus einen Text markieren und wissen wollen, wo in der XML-Struktur im Strukturfenster sich dieser Eintrag befindet, so können Sie dies durch Ausführen des Befehls IN STRUKTUR MARKIEREN tun. Den Befehl erreichen Sie im Kontextmenü des ausgewählten Textes bzw. Objekts.

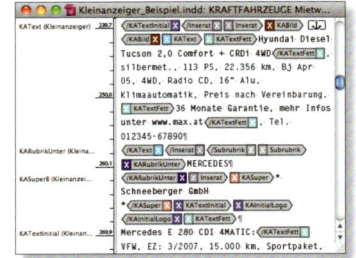

▲ Abbildung 47.13
Tags werden im Textmodus etwas markanter dargestellt – allerdings müssen Sie den Befehl TAG-MARKEN EINBLENDEN im Textmodus gesondert aufrufen.

47.3.6 Struktur verfeinern

Das, was wir bis hierhin geschaffen haben, wäre eigentlich schon genug, um einen vollständigen XML-Export zu bewerkstelligen. Doch wenn man XML richtig versteht, so sollten über die Struktur ganz klar geschlossene Einheiten (Elemente) erkennbar sein. Wenn Sie sich Ihre XML-Struktur ansehen, so können Sie beispielsweise keine ganze Subrubrik, ja nicht einmal das einzelne Inserat, isoliert greifen. Damit sind das Löschen, das Verschieben oder das Auswählen einer Kleinanzeige fast nicht möglich. Probieren Sie es. Es stehen zu viele Tags herum, sodass das Markieren damit nicht vereinfacht wird.

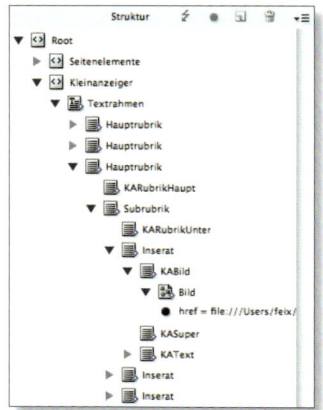

▲ **Abbildung 47.14**
Ein sauber strukturierter Kleinanzeiger. Das Verschieben von einzelnen Inseraten ist damit ganz einfach durch Drag & Drop innerhalb der Struktur möglich.

Abbildung 47.15 ▶
Über Attribute können Werte hinterlegt werden, die von Skripten aufgegriffen werden können.

▼ **Abbildung 47.16**
In zwei Registern – ALLGEMEIN und BILDER – können Sie die Parameter für den Export einer XML-Datei festlegen.

Um die Struktur zu perfektionieren, sollten zumindest Überbegriffe wie »Hauptrubrik«, »Unterrubrik« und »Inserat« als übergeordnetes Element eingefügt werden.

Dies erledigen Sie, indem Sie zusammengehörende Tags im Strukturfenster auswählen und aus dem Strukturfenstermenü (oder das Kontextmenü) den Befehl NEUES ÜBERGEORDNETES ELEMENT aufrufen. Im erscheinenden Dialog wählen Sie dann das dafür geeignete Tag (»Inserat«) aus. Damit werden alle ausgewählten Tags dem neuen Element hierarchisch untergeordnet.

Fassen Sie alle dazugehörenden Elemente zusammen. Beginnen Sie dabei bei der untersten Ebene – das sind die Inserate –, und arbeiten Sie sich so schön langsam bis zu den Hauptrubriken durch. Das Ergebnis Ihrer Bemühungen sollte schlussendlich in einer sehr übersichtlichen Struktur im Strukturfenster enden.

Sollen Knoten für Programmierer eingefügt werden – damit können Werte für Regelsätze in der Struktur hinterlegt werden –, wählen Sie den Befehl NEUES ATTRIBUT aus dem Strukturmenü des Strukturfensters bzw. klicken auf ATTRIBUT HINZUFÜGEN ●.

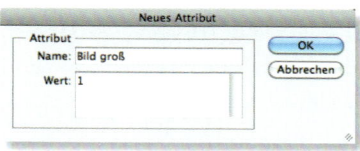

Durch diese Knoten können Werte in der XML-Datei hinterlegt werden, die bestimmte Aktionen auslösen, die über ein Skript ausgeführt werden müssen.

47.3.7 Exportieren

Wollen Sie alles exportieren, so markieren Sie dazu den obersten Eintrag in der Struktur und führen den Befehl XML EXPORTIEREN aus dem Strukturmenü oder aus dem Kontextmenü aus.

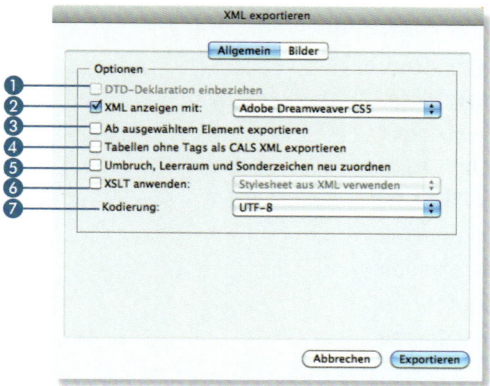

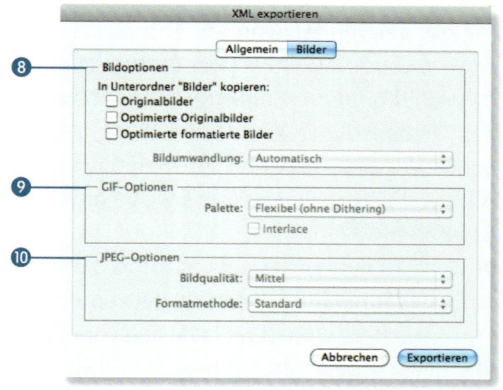

Allgemein | DTD-Deklaration einbeziehen ❶ wird nur aktiv, wenn in der Strukturansicht ein DOCTYPE-Element vorhanden ist. Die DTD-Referenz wird dann zusammen mit der XML-Datei exportiert. Bestimmen Sie mit XML anzeigen mit ❷, mit welchem XML-Editor die erzeugte XML-Datei nach dem Export angezeigt werden soll. Im Menü finden Sie den Eintrag Andere, mit dem Sie Ihr Wunschprogramm auswählen können. Durch die Anwahl eines Tags in der XML-Struktur können Sie über die Option Ab ausgewähltem Element exportieren ❸ bestimmen, dass nur ein Teil der Struktur exportiert werden soll. Tabellen ohne Tags als CALS XML exportieren ❹ formuliert Tabellen nach dem CALS-Standard. Das funktioniert nur, wenn eine Tabelle zwar nicht getaggt, der Rahmen, der sie enthält, jedoch schon getaggt ist. Wenn Sie die Option Umbrüche, Leerraum und Sonderzeichen neu zuordnen ❺ auswählen, werden die genannten Steuer- und Sonderzeichen nicht als Zeichen, sondern als Dezimalzahl der Form #8220; codiert in das Ergebnis übertragen. Wollen Sie gleich beim Export die XML-Datei für eine andere Verarbeitung »transformieren«, so können Sie dies durch das Zuweisen einer XSLT (sie entspricht in etwa einer CSS-Datei bei einer HTML-Datei) durch die Option XSLT anwenden ❻ erledigen. Beachten Sie auch, dass unterschiedliche Kodierungen ❼ für den Export zur Verfügung stehen.

Da einige InDesign-Sonderzeichen in XML nicht erlaubt sind (z. B. die aktuelle Seitenzahl, diverse Geviert-Leerräume), werden Sie beim Export gegebenenfalls darauf hingewiesen, dass einige Zeichen im Ergebnis nicht erscheinen werden.

Bilder | Im Bereich Bildoptionen ❽ legen Sie fest, ob und wohin Bilder exportiert werden sollen. Die Bilder landen in der ausgewählten Qualität in einem Ordner Bilder, der beim Export zusammen mit der XML-Datei angelegt wird. Mit Originalbilder werden die Bilder nicht angetastet und so exportiert, wie sie im Layout verwendet wurden. Sobald Sie eine der Optionen Optimierte Originalbilder oder Optimierte formatierte Bilder auswählen, können Sie in Bildumwandlung festlegen, ob die Bilder als GIF oder JPEG gespeichert werden sollen oder ob Sie die Entscheidung darüber InDesign überlassen wollen – Option Automatisch. Der Unterschied zwischen den Optimierungsoptionen ist folgender:

- ▶ Optimierte Originalbilder: Die Originalbilder werden auf die im Layout verwendete Größe skaliert und nötigenfalls auf 72 ppi neu berechnet. Das Bildformat wird entsprechend Ihren Einstellungen in Bildwandlung festgelegt.

[DOCTYPE]
Ein anderes Wort für DTD. In einem XML-DOCTYPE-Tag kann die benutzte DTD definiert werden.

[CALS]
Das Computer-aided Acquisition and Logistics Support-System definiert eine abstrakte Beschreibung für Tabellen. Diese Definition ist übrigens in die HTML-Spezifikation eingeflossen; die Syntax ist also sehr ähnlich.

▶ **Optimierte formatierte Bilder:** Zusätzlich zur Skalierung und Auflösungsveränderung werden auch noch Bilddrehung und Beschnitt berücksichtigt. Im Layout gedrehte Bilder werden also auf ein gedrehtes Bild umgerechnet, und von beschnittenen Bildern landet nur der sichtbare Teil der Bilder im Ordner Bilder. Das bedeutet, dass Bilder auch doppelt erscheinen können, wenn sie im Layout einmal beschnitten und einmal unbeschnitten verwendet wurden.

Wie ein Bild von InDesign beim Export behandelt wurde, erkennen Sie an den geänderten Dateinamen der Bilder, denen entweder _opt oder _fmt nachgestellt wird.

In den GIF-Optionen ❾ bestimmen Sie unter Palette, wie die Color Lookup Table (CLUT) von GIF-Dateien aufgebaut werden soll. Neben den Standard-Tabellen für die beiden Betriebssysteme Mac OS und Windows und dem alten Web-Standard der frühen Netscape-Browser gibt es lediglich die Option Flexibel (ohne Dithering), die versucht, möglichst viele Farben in Ihren Bildern zu erhalten. Die Option Interlace sorgt dafür, dass ein Browser die Datei in zwei Schritten mit zunehmender Qualität darstellt.

Die JPEG-Optionen ❿ sind im Vergleich zu einem Export aus z. B. Photoshop stark reduziert und beschränken sich auf die Wahl der Bildqualität. Sie können lediglich festlegen, ob ein Browser das Bild in einem Durchgang darstellen soll (Option Standard) oder ob das Bild in mehreren Schritten mit zunehmenden Auflösungen an den Browser übertragen werden soll (Option Progressiv).

47.3.8 Die XML-Datei

Die XML-Datei sieht dann in Dreamweaver so wie in Abbildung 47.17 dargestellt aus. Diese Testdatei übergeben Sie den Datenbankprogrammierern, die aus der Datenbank heraus diese Struktur liefern sollen, damit ein XML-Import in InDesign ohne zusätzliche Plug-ins ermöglicht wird.

Abbildung 47.17 ▶
Ausschnitt aus dem XML-Code. Dieser steht auf der beiliegenden DVD im vollen Umfang zum Austesten zur Verfügung.

```
<Subrubrik>
    <KARubrikUnter>HYUNDAI </KARubrikUnter>
    <Inserat>
        <KASuper>DENZEL-FEIX</KASuper>
        <KATextInitial>
            <KAInitialLogo>
                <Bild_Initial href="file:///Users/nixberg/Desktop/xml_katext-7-810/peugeotrgb.pdf"></Bild_Initial>
            </KAInitialLogo>
            Direktionswagen. Santa Fe Automatik 2,2 CRDI Style, Zul.Dat.12.2006, Schwarz, Leder Schwarz, jetzt 36.490,-, Tel. 0234
        </Inserat>
    <Inserat>
        <KABild>
            <Bild href="file:///Users/nixberg/Desktop/xml_katext-7-810/0f220871-fe94-463e-9447-15c3f52fc330.jpg"></Bild>
        </KABild>

        <KATextInitial>
            <KAInitialLogo>
                <Bild_Initial href="file:///Users/nixberg/Desktop/xml_katext-7-810/sparkassergb.pdf"></Bild_Initial>
            </KAInitialLogo>
            <KATextFett>Hyundai mehrere JAHRES-JUNGWAGEN Getz 1,1 Flair DIESEL ODER BENZIN</KATextFett>
            , silber met., 63 PS, ab 5.000 km, Bj ab 03, Klima, Radio.
            <KATextFett>36 Monate Garantie, Infos unter www.max.at</KATextFett>
            , Tel. 12345-6789 </KATextInitial>
    </Inserat>
```

47.4 XML importieren

Damit wir die soeben erstellte XML-Datei wiederum in ein neues Layout importieren können, sind nur noch wenige Schritte zu erledigen.

47.4.1 Datei vorbereiten

Wir benötigen ein neues InDesign-Dokument, in dem alle Absatz- und Zeichenformate angelegt sind. Legen Sie also dazu ein neues Dokument an, und übertragen Sie die Absatz- und Zeichenformatierungen durch Ausführen des Befehls ALLE TEXTFORMATE LADEN aus dem Bedienfeldmenü des Absatzformate-Bedienfelds. Damit werden alle Zeichen- und Absatzformate und die dazu benötigten Farben im neuen Dokument angelegt.

Sie können auch das auf der Buch-DVD befindliche Dokument »Kleinanzeiger_Leer.indd« verwenden, das lediglich den Textrahmen und die definierten Absatz- und Zeichenformate beherbergt.

Auf der Buch-DVD finden Sie im Ordner BEISPIELMATERIAL • KAPITEL_47 • KLEINANZEIGER_BEISPIEL die Datei »Kleinanzeiger_Leer.indd«, mit der Sie den XML-Import durchspielen können.

47.4.2 XML importieren

Führen Sie aus dem Fenstermenü des Strukturfensters den Befehl XML IMPORTIEREN aus, und aktivieren Sie im erscheinenden Dialog nur die Option WIEDERHOLTE TEXTELEMENTE KOPIEREN.

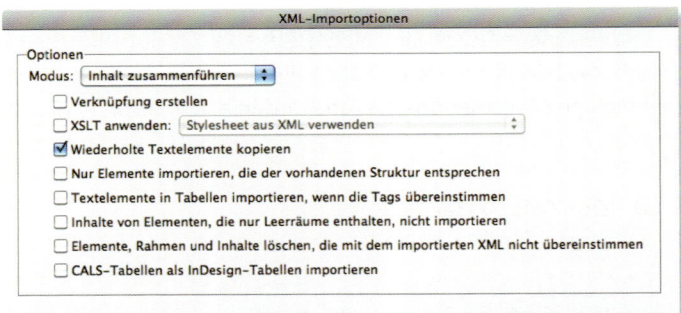

◄ **Abbildung 47.18**
Aktivieren Sie die Option XML-IMPORTOPTIONEN ANZEIGEN im Fenster XML IMPORTIEREN, um die Importoptionen zu erreichen. Die Optionen sprechen – für XML-erfahrene Anwender – für sich und können bei bestimmten Konstellationen angewählt werden.

Nach dem Bestätigen mit dem OK-Button wird die XML-Datei eingelesen. Sie erkennen das nur im Strukturfenster, wo nun alle Tags und die zuvor abgespeicherte Struktur auftauchen.

Sie müssen nun InDesign bekanntgeben, wo der Text einfließen soll. Dies erledigen Sie einfach dadurch, dass Sie das Tag TEXTRAHMEN aus der XML-Struktur im Strukturfenster auf den leeren Textrahmen im Dokument ziehen. Die XML-Struktur wird nun unformatiert im Textrahmen abgebildet – allerdings erst, nachdem Sie sich um die Bilder gekümmert haben, die zumeist neu zugewiesen werden müssen.

Weitere Informationen

Sie finden zusätzliche Informationen zum XML-Import in Abschnitt 10.3.4, »XML importieren«, auf Seite 232.

Befinden sich in der importierten XML-Datei nämlich absolute Pfade zu den Bildern (InDesign macht das z. B. dummerweise so), so müssen Sie jeder Anwendung eines Bildes ein Bild zuweisen – bei mehrfach verwendeten Bildern also auch mehrfach. Dieser Vorgang kann nicht geblockt abgewickelt werden und auch nicht für alle Bilder abgebrochen werden, wobei das Abbrechen des Vorgangs ohnehin keine gute Idee wäre, da keine Platzhalter für die Bilder platziert werden und diese dann manuell platziert werden müssen.

Wenn die Bildpfade in der XML-Datei also nicht vor dem Import überprüft und nötigenfalls korrigiert werden, ist die Zuordnung der Bilder mit einer Reihe von Klicks verbunden. Hier wäre noch einige Luft für Verbesserungen in InDesign CS6.

47.4.3 Tags zu Formaten zuordnen

So wie wir zuvor Formate den einzelnen Tags zugeordnet haben, können Sie nun durch Aufrufen des Befehls TAGS ZU FORMATEN ZUORDNEN die umgekehrte Zuordnung vornehmen.

Im erscheinenden Dialog – Abbildung 47.19 – können Sie durch Klick auf den Button NACH NAME ZUORDNEN eine Zuweisung sehr schnell vornehmen. Drücken Sie dann OK, und InDesign weist damit den getaggten Textstellen die entsprechenden Absatz- und Zeichenattribute zu.

Sie sehen, dass der einfache Import einer XML-Datei nicht ohne größere Vorbereitungen abläuft und dass er ohne Absprache mit dem XML-Datei-Ersteller scheitern muss.

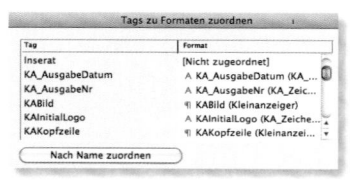

▲ **Abbildung 47.19**
Mit TAGS ZU FORMATEN ZUORDNEN werden getaggte Textstellen mit den Absatz- und Zeichenformatierungen versehen.

TEIL VII
Infoteil

48 Plug-ins

Mit jeder neuen Version von InDesign werden natürlich auch Funktionen hinzugefügt. Aber nicht alle Funktionen sind auch für alle Problemlösungen geeignet oder einfach zu handhaben. Folgende Plug-ins können Ihnen bei speziellen Produktionsproblemen helfen oder ergänzen InDesign um sinnvolle Funktionen.

Bitte beachten Sie, dass die Entwicklung von Updates für die verschieden Plug-ins naturgemäß dem Erscheinen von InDesign bzw. der Creative Suite immer etwas hinterherhinkt. Wir haben Verfügbarkeitsinformationen der Hersteller eingeholt und bei den jeweiligen Plug-ins den Stand der Dinge im Juli 2010 angegeben. Da es sich bei allen vorgestellten Plug-ins um bewährte Produkte handelt, gehen wir nicht davon aus, dass sie nicht weiterentwickelt werden, auch wenn noch kein konkretes Datum des Herstellers vorliegt.

Wenn keine Verfügbarkeitsinformation angegeben ist, dann ist das betreffende Plug-ins bereits für InDesign CS5 lieferbar.

Linkliste im Netz
Wollen Sie diese Links nicht mühselig abtippen, finden Sie eine Linkliste auf der Bonus-Seite zum Buch: *www.galileodesign.de*

Woodwing Smart Catalog | Dieses Plug-in unterstützt Sie beim automatisierten Erstellen von Katalogen, indem es aus unterschiedlichen Datenquellen (ODBC, XML, Text) die entsprechenden Daten importiert und platziert. Es kann dabei mit anderen Plug-ins aus dem Hause Woodwing kombiniert werden, um ein flexibles Layout einzurichten. Darüber hinaus können Layoutbestandteile als Bibliotheksobjekte abgelegt und somit wiederverwendet und mit neuen Daten befüllt werden.
- Windows und Mac
- *www.woodwing.com/de/Smart_Catalog*

Codeware Xactuell | Auch »Xactuell« ermöglicht den direkten Zugriff auf SQL-Datenbanken über ODBC, aber auch auf Datenquellen in XML- und Textform. Wie bei »Smart Catalog« erlaubt die ODBC-Schnittstelle auch den Einsatz von Desktop-Datenbanken wie MS Access und Filemaker.
- Windows und Mac
- *www.codeware.de*

> **Verfügbarkeit InData**
>
> Mitte Juli 2010 waren die Plug-ins von Em Software für InDesign CS5 noch nicht verfügbar, jedoch für Ende Juli angekündigt. Bitte überprüfen Sie bei Bedarf die tatsächliche Verfügbarkeit auf der Site des Herstellers.

Em Software InData | »InData« hilft, große und komplex strukturierte Datenmengen (z. B. Datenbank-Exporte, Spreadsheets) zu bändigen. Sie können über eine eigene Skriptsprache die Datenstruktur und ihre Formatierung in InDesign festlegen und steuern, wobei Sie auch Bedingungen festlegen und so die Datenübernahme und -formatierung feiner kontrollieren können. Bilder können ebenfalls importiert und nach Ihren Vorgaben skaliert werden.

- ▶ Windows und Mac
- ▶ www.emsoftware.com/products/indata/

Em Software InCatalog | Während »InData« aus von Ihnen definierten Vorlagen immer neue Daten erstellt, kann »InCatalog« direkt auf die Datenquelle zugreifen und bereits erstellte Dokumente mit geänderten Daten aktualisieren bzw. Änderungen an den Daten im InDesign-Dokument wieder auf die Datenquelle zurückschreiben.

- ▶ Windows und Mac
- ▶ www.emsoftware.com/products/incatalog/

Eine Demo-Version von »Smart Styles« für Windows und Mac OS finden Sie auf der Buch-DVD im Ordner PLUG-INS-DEMOVERSIONEN.

Woodwing Smart Styles | Obwohl InDesign Objektstile und Tabellen-/Zellenformate sehr flexibel auf die unterschiedlichsten Objekte anwenden kann, so zeigt »Smart Styles« doch, dass es noch komfortabler geht. Darüber hinaus können mit diesem Plug-in Berechnungen und Summenbildungen in Tabellen vorgenommen werden. Beliebige InDesign-Objekte können über eigene Bibliotheken verwaltet und flexibel wiederverwendet werden. Objektstile können – ähnlich wie mit der Pipette – auf vorhandene Objekte übertragen werden. Den Einsatz dieses Plug-ins im Tabellen-Satz haben wir Ihnen in Abschnitt 20.8, »Importierte Inhalte aktualisieren«, bereits vorgestellt.

- ▶ Windows und Mac
- ▶ www.woodwing.com/de/Smart_Styles

DTP Tools History | Wie viele Schritte Ihrer Arbeit machen Sie pro Tag rückgängig? InDesign kann viele Schritte wieder rückgängig machen, aber es fehlt eine Übersicht, wie Photoshop sie mit der Protokoll-Palette bietet. Das Plug-in »History« bietet genau das. Sie sehen in einem eigenen Bedienfeld alle aufgezeichneten Schritte und können sie einzeln oder in Gruppen wieder rückgängig machen.

- ▶ Windows und Mac
- ▶ www.dtptools.com/product.asp?id=hsin

Knowbody Cool Kerning | Nicht alle Schriften sind gut zugerichtet – das gilt vor allem für Freeware-Schriften aus dem Internet. Um die Spationierung dieser Schriften zu korrigieren und die Laufweiten der Schrift zu verbessern, können Sie auf dieses Plug-in zurückgreifen.
- ▶ Windows und Mac
- ▶ www.knowbody.dk

vjoon Overset-Manager | Die Preflight-Funktion wurde bereits mit InDesign CS4 wesentlich verbessert und kann Sie unmittelbar warnen, sobald in einem Textrahmen ein Übersatz auftritt. Über das Preflight-Bedienfeld finden Sie den betroffenen Rahmen einfach und schnell. Nur können Sie diesen Fehler hier nicht sofort korrigieren, sondern müssen dazu in die Textansicht wechseln. Und obwohl diese für Tabellen ebenfalls deutlich verbessert wurde, ist die Arbeit mit ihr oft kein Vergnügen. Der »Overset Manager« blendet Übersatz ein, macht ihn so bearbeitbar und sogar druckbar.
- ▶ Windows und Mac
- ▶ www.vjoon.com/products/vjoon-overset-manager/

axaio MadeToPrint | Ein wichtiges Plug-in für Druckdienstleister und PDF-Produzenten. Damit können Sie die Ausgabe mehrerer Dateien auf mehreren Ausgabegeräten über einen zentralen Dialog steuern. Über den MadeToPrint-Server können Sie so in Verbindung mit dem InDesign-Server automatisierte Produktionsstrecken erstellen und betreiben.
- ▶ Windows und Mac
- ▶ www.axaio.com

Markzware Q2ID | Die Möglichkeit, QuarkXPress-Daten direkt nach InDesign zu übernehmen, endete mit Dateien der XPress-Version 4, da Quark das Datenformat der neueren XPress-Versionen geheim hält. Wie »Q2ID« es trotzdem schafft, XPress-Dateien der Versionen 3 bis 8.x zu öffnen, wird dagegen das Geheimnis von Markzware bleiben. Wenn Sie oft XPress-Daten unterschiedlicher Versionen übernehmen müssen, sollten Sie unbedingt einen Blick auf dieses Plug-in werfen.
- ▶ Windows und Mac
- ▶ markzware.com/products/q2id/

Recosoft PDF2ID | Auch PDF-Dateien können in editierbare InDesign-Dateien verwandelt werden. Sie können dabei entscheiden, ob Sie nur bestimmte Elemente wie Texte und Bilder oder

---

Verfügbarkeit Cool Kerning

Leider war Knowbodys Cool Kerning bei der Drucklegung noch nicht für InDesign CS5 verfügbar – beobachten Sie bei Interesse und Bedarf die Website des Herstellers.

Verfügbarkeit Overset-Manager

vjoons Overset-Manager für InDesign CS5 war im Juli 2010 zwar noch nicht vorgestellt, aber laut Auskunft des österreichischen Vertriebs bereits lieferbar.

Eine Demo-Version von »MadeToPrint« für Windows und Mac OS finden Sie auf der Buch-DVD im Ordner Plug-ins-Demoversionen.

komplette Seiten übernehmen wollen. Dabei werden Textfluss und auch Tabellen so gut es geht rekonstruiert. Dass eine solche Konvertierung nicht perfekt sein kann, ist aber offensichtlich und wird vom Hersteller auch nicht versprochen.
- Windows und Mac
- *www.recosoft.com/products/pdf2id/pdf-to-indesign.htm*

Duden Korrektor | Die Rechtschreibprüfung von InDesign ist wirklich keine Offenbarung. Um Ihre Dokumente in InDesign und InCopy nach Duden-Standard zu prüfen (inklusive Trennung, Grammatik- und Stilprüfung), können Sie auf dieses Plug-in zurückgreifen. Die Wörterbücher können im Netzwerk verwendet und konfiguriert werden, um sicherzustellen, dass eine Arbeitsgruppe immer auf die gleiche Rechtschreibprüfung zugreift.
- Windows und Mac
- *www.duden.de/produkte/detail.php?isbn=978-3-411-10906-7*

Duden

Die Duden Korrektor-Version für InDesign CS5 wurde für August 2010 angekündigt und sollte somit mit dem Erscheinen unseres Buchs verfügbar sein.

Woodwing Smart Image | Die lästige Arbeit, Bilder mit Bildunterschriften und Quellenangaben zu versehen, wurde in InDesign über die neue Funktion Beschriftungen deutlich erleichtert. Die Abbildung dieser Funktion über Textvariablen und die Tatsache, dass der Textrahmen, der die Textvariable enthält, mit dem Bild Kontakt haben muss und somit nicht frei positioniert werden kann, lässt allerdings noch Raum für Verbesserungen. Woodwing hat bereits deutlich vor Adobe das elegante Erstellen von Bildunterschriften mit dem Plug-in »Smart Image« vorgemacht. Sie definieren damit für Ihr Dokument einen Stil, der festlegt, wo und wie diese Informationen im Bildumfeld erscheinen sollen. Wie Beschriftungen auch, liest »Smart Image« die dazugehörigen Informationen aus den Metadaten des Bildes aus und platziert sie in Textrahmen, die es mit vorgegebenen Objekt-, Absatz- und Zeichenformaten gestaltet. Diese Textrahmen sind zwar mit dem Bild verbunden, können aber – im Gegensatz zur Adobe-eigenen Lösung – entkoppelt werden. Ihr Inhalt kann aktualisiert werden, wenn sich die Metadaten ändern.
- Windows und Mac
- *www.woodwing.com/de/Smart_Image*

Woodwing

Leider war die Version von Smart Image für InDesign CS5 zur Drucklegung unseres Buchs noch nicht verfügbar. Wir sind aber zuversichtlich, dass dieses Plug-in auch weiterhin verfügbar sein wird. Bitte prüfen Sie bei Interesse die Website des Herstellers.

Diese kleine Übersicht kann keinen Anspruch auf Vollständigkeit erheben. Wenn Sie ein Plug-in für eine bestimmte Problemlösung suchen oder sich einen Überblick verschaffen wollen, welche Probleme lösbar sind, dann sollten Sie den Plug-in-Bereich auf der Adobe-Website unter *http://www.adobe.com/products/plugins/indesign/* besuchen.

49 Links

Wir freuen uns, dass Sie unser Buch als Informationsquelle gewählt haben, aber uns ist auch bewusst, dass wir nicht auf jedes Detail eingehen konnten. Darüber hinaus können wir Ihnen auch nur einen Schnappschuss bieten: Adobe führt in InDesign (hoffentlich) fortlaufend Wartungsarbeiten durch und ändert bei Fehlerkorrekturen auch Verhaltensweisen. Wir haben einige Informationsquellen im Internet für Sie ausgewählt, wo Sie weitergehende Informationen zu InDesign oder Hintergrundinformationen zu grundlegenden Technologien finden.

Linkliste im Netz
Wollen Sie diese Links nicht mühselig abtippen, dann finden Sie eine Linkliste auf der Bonus-Seite zum Buch: *www.galileodesign.de*

49.1 Informationen von Adobe

Adobe bietet eine Fülle von Informationen zu den verschiedenen Komponenten der Creative Suite und somit auch zu InDesign und InCopy, aber auch zu Grundsatzthemen wie Scripting und datenzentrierter Produktion.

www.adobe.com/designcenter/index.html | Dies ist der zentrale Anlaufpunkt zu allen Adobe-Produkten und deren Support- und Hilfe-Seiten.

www.adobe.com/products/indesign/index.html | Die Homepage von InDesign. Hier finden Sie technische Hintergründe, eine Übersicht zu Plug-ins und viele weitere Informationsquellen, z. B. auch einen Verweis zu:

www.adobe.com/products/indesign/scripting/index.html | Skripting und Dokumentverabeitung auf XML-Basis erfordert einiges an Zusatzinformationen – diese finden Sie hier, vor allem in Form von verschiedenen Handbüchern für die einzelnen Skriptsprachen.

Eine Scripting-Einführung, die Handbücher zu den Skriptsprachen und zum Entwicklungssystem »ExtendScript Toolkit« finden Sie auch auf der Buch-DVD im Ordner SONSTIGES.

www.adobe.com/products/incopy/index.html | Dies ist die Homepage für InCopy-User.

www.indesignusergroup.com | Adobe betreibt auch ein eigenes InDesign-User-Forum. Hier müssen Sie sich allerdings (kostenlos) anmelden.

http://forums.adobe.com/community/international_forums/ deutsche | Dies ist ein deutschsprachiges Forum zu allen Adobe-Produkten.

49.2 Andere Organisationen und Unternehmen

www.eci.org | Die European Color Initiative bietet Farbprofile und deren Dokumentation an. Zusätzlich werden hier die ISO-Normen zu den PDF/X-Standards verwaltet. Die Informationen sind sehr technisch, aber für die farbverbindliche Produktion werden Sie zumindest um die ECI-Profile nicht herumkommen, die Sie hier herunterladen können.

www.fogra.de | In der Standardisierung der drucktechnischen Farbproduktion spielt auch die Forschungsgesellschaft Druck e. V. eine wichtige Rolle. Auf deren Website finden Sie viele PDF-Dokumente zu grundsätzlichen, aber auch sehr speziellen Themen der Druckvorstufe.

49.3 Foren und Blogs

http://indesignsecrets.com | Der Name sagt eigentlich alles: Hier finden Sie viele Tipps und Tricks, wie Sie InDesign dazu bringen, Dinge zu tun, die es eigentlich nicht kann.

http://blogs.ulrich-media.ch | Die ulrich-media GmbH bietet in ihrem Blog ebenfalls viele nützliche Tipps unter anderem zu InDesign.

http://hilfdirselbst.org | Hier finden Sie Tutorials zu den unterschiedlichsten Themen der Druckproduktion, aber auch eine Linksammlung für InDesign-Skripte.

www.desktoppublishingforum.com | Etwas allgemeiner geht es in diesem Forum zu – hier werden nicht nur Themen zur Druckvorstufe, sondern auch zu Webpublishing und Typografie diskutiert.

50 Die DVD zum Buch

Damit Sie sowohl als Einsteiger wie auch als Umsteiger zügig mit InDesign CS5 loslegen können, haben wir für Sie auf der dem Buch beiliegenden DVD einige wichtige Hilfsmittel und Informationen zusammengestellt.

50.1 Adobe-Testversionen

Im Ordner ADOBE-TESTVERSIONEN finden Sie aktuelle Demoversionen von InDesign CS5 und InCopy CS5, jeweils für Windows und Mac OS. Diese Versionen laufen 30 Tage; um sie zu installieren, starten Sie die jeweiligen Installer-Programme.

Bitte beachten Sie: Wenn Sie bereits eine Demoversion installiert haben, diese aber schon abgelaufen ist, können Sie die Laufzeit mit diesen Testversionen nicht verlängern.

50.2 Beispielmaterial

Hier finden Sie weitere Ordner mit Materialien, die Sie für unsere Schritt-für-Schritt-Anleitungen in den einzelnen Kapiteln verwenden können (aber natürlich nicht müssen). Im Ordner zu Kapitel 17, »Zeichen«, finden Sie zusätzlich die Datei »Mikrotypografie.pdf« mit den wichtigsten Tastenkürzeln zur mikrotypografischen Gestaltung und im Ordner zu Kapitel 30, »Digitale Schrift«, die Datei »Digitale Schrift Anleitungen.pdf« zum Thema Schrift-Installation für Windows und Mac OS X.

50.3 Settings

Die Einstellungen für Arbeitsbereiche und Tastenkürzel, die wir im Buch empfehlen, erscheinen uns so wichtig, dass wir sie in einem eigenen Ordner im Hauptverzeichnis der DVD untergebracht haben.

50.4 Zusatzkapitel

Leider war es nicht möglich, alle Informationen im Buch unterzubringen. Damit Sie aber auf diese Informationen nicht verzichten müssen, haben wir im Ordner »Zusatzkapitel« drei zusätzliche Kapitel als PDF-Dateien für Sie hinterlegt:

- **A_Voreinstellungen.pdf:** Eine Übersicht zu den sehr umfangreichen Voreinstellungen von InDesign CS5, die den Rahmen des Buchs gesprengt hätten. Dort, wo wir bestimmte Voreinstellungen voraussetzen, haben wird die betreffenden Einstellungen natürlich im Buch erwähnt.
- **B_Skripte.pdf:** Skripte ergänzen InDesign um Funktionen, die es von Haus aus nicht mitbringt. In diesem Kapitel finden Sie eine tiefergehende Erklärung der Skripte, eine Übersicht zu den Standardskripten und Hinweise, wie Sie eigene Skripte erstellen können.
- **C_Tastenkuerzel.pdf:** InDesign lässt sich über weite Strecken über die Tastatur bedienen, manche Funktionen sind sogar ausschließlich über die Tastatur erreichbar. Die wichtigsten Tastaturbefehle haben wir an den entsprechenden Stellen im Buch natürlich angegeben, eine vollständige Übersicht aller Tastenkürzel hätte den Rahmen jedoch gesprengt – bei Bedarf finden Sie alle Tastenkürzel in dieser Datei.

Bitte beachten Sie auch die dem Buch beiliegende Referenzkarte und die Datei »Mikrotypografie.pdf« im Ordner BEISPIELMATERIAL • KAPITEL_17.

50.5 Video-Lektionen

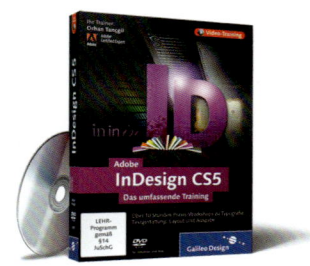

In diesem Ordner finden Sie ein attraktives Special: Als Ergänzung zum Buch möchten wir Ihnen relevante Lehrfilme zur Verfügung stellen. So haben Sie die Möglichkeit, dieses neue Lernmedium kennenzulernen und gleichzeitig Ihr Wissen um InDesign CS5 zu vertiefen. Sie schauen einem Trainer bei der Arbeit zu und verstehen intuitiv, wie man die erklärten Funktionen anwendet.

Die Video-Lektionen wurden dem Video-Training »Adobe In Design CS5 – Das umfassende Training«, von Orhan Tançgil (ISBN 978-3-8362-1573-2) entnommen.

Um das Video-Training zu starten, klicken Sie als Windows-Benutzer die Datei »start.exe« auf der obersten Ebene doppelt an (als Mac-Anwender die Datei »start.app«). Alle anderen Dateien können Sie ignorieren. Sie finden folgende Lektionen:

Kapitel 1: Effizient arbeiten
1.1 Grafiken beschriften (04:36 Min.)
1.2 Platzieren mit der Tastatur (07:41 Min.)
1.3 Mit Bibliotheken arbeiten (04:11 Min.)

Kapitel 2: Interaktivität
2.1 Hyperlinks hinzufügen (05:36 Min.)
2.2 Schaltflächen (03:06 Min.)
2.3 Objekte animieren (05:16 Min.)
2.4 Lesezeichen setzen (03:49 Min.)
2.5 Flash-Datei erzeugen (02:06 Min.)
2.6 Ein interaktives SWF (07:26 Min.)

Kapitel 3: InDesign-Projekte
3.1 Tabellen gestalten (09:57 Min.)
3.2 Listen erstellen (08:00 Min.)

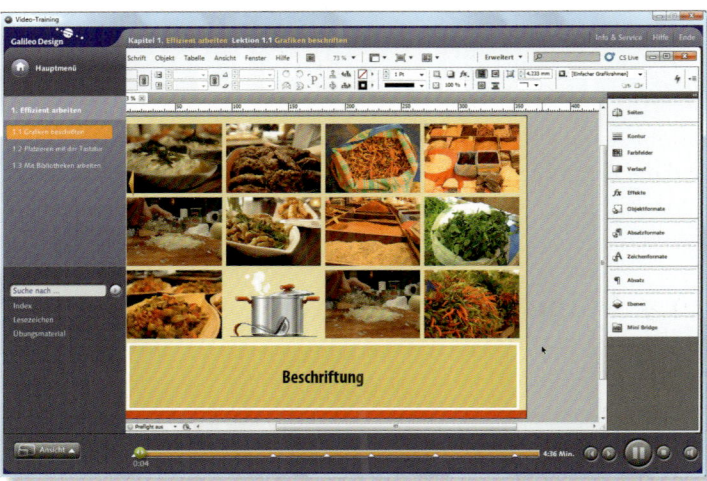

50.6 Sonstiges

Im Ordner SONSTIGES finden Sie eine Scripting-Einführung, die Handbücher zu den Skriptsprachen JavaScript, VBScript und AppleScript sowie das Handbuch des Entwicklungssystems »ExtendScript Toolkit«.

50.7 Plug-ins-Demoversionen

In Kapitel 48, »Plug-ins«, haben wir Ihnen eine Auswahl an sinnvollen Plug-ins vorgestellt. Einige dieser Plug-ins haben wir als Demo-Versionen für Windows und Mac OS in diesem Ordner untergebracht. Die Beschreibung dieser Plug-ins finden Sie ab Seite 945.

Index

1/24-Geviert-Leerzeichen 404
3D-Band 558
60er-Raster 118
.ai 741
[Alle Absätze] 662
.csf 740
.doc 226, 498
[Einfacher Absatz] 471, 662
[Einfacher Grafikrahmen] 577
[Einfacher Textrahmen] 577
.fdf 915
.idms 493, **707**, 743
.idpp 805
.indb 388, **671**, 836
.indd 388, 743
.indl 388, 701
.inds 388, 707
.indt 388
[Kein Absatzformat] 662
<MS> 664
[Ohne] (Zeichenformat) 463
[Ohne] (Objektformat) 577
[Ohne Bedingung] 637
[Papier] 333
   editieren 333–334
.rtf 502
.textClipping 493, 708
.txt 226
.udc 604
[Wiederholen:]
   verschachtelte Zeilenformate 483
.xls 509

A

Abfallend 123
Abfrage 592, 598
Abgeflachte Kante und Relief 368
Abrieb 772, 788
Absatz 417
   ausrichten an Grundlinienraster 418
   nummeriert 687
Absatzausrichtung 417
Absatz-Bedienfeld 382, **417**, 433
Absatzbeginn 434
Absatzformat 456
   ändern und neu zuweisen 472
   anlegen 504
   anwenden 473
   auf Basis zurücksetzen 476

   aufeinander basierend 476
   aus Dokumenten übernehmen 496
   basiert auf 474
   erstellen 472, 473
   Initiale 478
   Kontextmenü 489
   laden 496
   neues erstellen 474, 491
   sortieren 462
   Tabulator anlegen 474
   verschachtelt 470, **478**–480
Absatzformate-Bedienfeld 472
Absatzformatierung
   Absatzlinie 438
   Abstand 429
   autom. Zeilenabstand 430
   Grundlinienraster 422
   hängende Initiale 421
   hängender Einzug 421
   optischer Randausgleich 431
   Silbentrennung 425
Absatzlayout 435
Absatzlinie **437**–439, 815, 819
   Versatz 819
Absatzmarke 408
Absatznr. 665
Absatztext 665
Absatzumbruch 415
   vermeiden 434
Absatzumbruchverletzung 434
Abschlussformat 766
Abschnitt 386
   Abschnittsanfang 387, 388
   Optionen 673
   setzen 386
Abschnittsmarke 372, **386**–388, 412
   erstellen 376, 377
Abschnittsnummerierung 676, **842**, 845
Abschnittsoption 652
Abschwächen 364, 766
Absolute Nummerierung 842
Absoluter Farbraum 730
Absolut farbmetrisch 732
Abstand 429
   danach 525
   davor 418, 525
   verteilen 201
   verwenden 203

   zum Rahmen 570
Abstandsoption 628
Abwechselnde
   Flächen 527
   Spaltenkonturen 525
   Zeilenkonturen 525
Abweichung
   bei der Formatanwendung löschen 572
   in Auswahl löschen 489, 536
   löschen 564
ACE 736
Achtelgeviert 404
Acrobat 913
   Ebenen erstellen 881
   Kommentare importieren 915
   Kommentare in Datendatei exportieren 915
   Objekt-TouchUp-Werkzeug 889
   Preflight 754
   Werkzeugleiste »Kommentar« 915
   Zur E-Mail-Überprüfung senden 914
   Zur gemeinsamen Überprüfung senden 914
Acrobat.com 99, 907
   zum Kommentieren verteilen 917
Acrobat-Voreinstellungen
   Vektorgrafiken glätten 762
AdjustLayout 168
Adobe-Absatzsetzer 428, 819
Adobe Application Manager 83
Adobe Bridge
   alle platzierten Bilder anzeigen 110
   Ansicht drehen 111
   Anwendungsleiste 102
   Arbeitsoberfläche 101
   bei Anmeldung starten 88
   Dateien anzeigen 108–110
   Dateien bewerten 106–107
   Dateien filtern 108–110
   Dateien kennzeichnen 106
   Dateien sortieren 111
   Dateien umbenennen 111
   Dateien verschieben 110
   Farbeinstellung synchronisieren 88
   Filter 108
   Filter löschen 109
   Filtermöglichkeiten 109

Grundeinstellungen 101
Inhalte aller Unterordner anzeigen 110
Inhalte organisieren 110–112
Kompaktmodus 113
Kriteriengruppen 108
Lupe 113
Metadaten 114
Navigation 105–106
Oberfläche 102
Präsentation 112
Qualität der Vorschaubilder bestimmen 108
Sammlung 113
Stapeln von Dateien 111
Stichwörter 114
Überprüfungsmodus 112
Voreinstellungen 86
Vorschaubilder generieren 108
Vorschaudateien 110
Adobe Bridge-Arbeitsbereich
 Ausgabe 104
 Filmstreifen 103
 Grundlagen 103
 Leuchttisch 104
 Metadaten 104
 Ordner 104
 Stichwörter 104
 Vorschau 104
Adobe Bridge-Voreinstellungen
 allgemein 87
 Dateizuordnungen 88
 Miniaturen 87
Adobe CS5 Cleaner Tool 81
Adobe Dialog 879
Adobe Ein-Zeilen-Setzer 426, 427, 819
Adobe InCopy 227
Adobe Kuler 357
Adobe Output Module 86
Adobe PageMaker
 Story Editor 243
 Tastaturbefehle 77
Adobe PDF Library 9.0 877
Adobe PDF Print Engine 757, 776, **878**
Adobe Reader 913
Adobe Story 99
Adobe Type Composer 793
AE 794
AES 894
AI 249

AICB 249
Aktuelle Seitenzahl 376
Alle Formate laden 496
Alle nicht verwendeten auswählen 819
Alle platzierten Bilder anzeigen 110
Alle Profile einschließen 887
Alle Sätze aktualisieren 638
Alles auf Druckbogen anzeigen 211
Alles auf Druckbogen entsperren 211
Alles in Kapitälchen 396
Allonge 117
 erstellen 388
Alpha-Kanal 283, 553
 auslesen 273
Als Bitmap drucken 859
Als Raster erstellen 197
Alternate Color Space 811
Am Bund ausrichten 589
Am Rücken ausrichten 419
Änderungen verfolgen 616
 Änderungen ablehnen 620
 Änderungen annehmen 620
 Navigation 619
 Voreinstellungen 618
Änderungsattribut
 eingeben 635
Änderungsdatum 647
 neu definieren 648
An Dokumentraster ausrichten 164
An Druckbogen ausrichten 201, 204
Anführungszeichen 408, 602
 doppeltes 602
 einfaches 602
 typografische verwenden 230
Anker 588
Ankermarke 585
Ankerpunkt 303
 auswählen 309
 hinzufügen 305, **310**, 314
 löschen 305, **310**, 311, 314
 verschieben 307, **309**, 314
 versetzen 309
Ankersymbol 589
Anmerkung 753
 anbringen 140
Anordnen 199
An Originalposition einfügen 151, 196
Anpassen des Rahmens
 an den Inhalt 186

Anschlusspunkt 304
Anschnitt 124, 129, 847
 anlegen 124
 Anschnittsmarken 847
 drucken 847, 862
 Einstellungen des Dokuments verwenden 885
 Modus 769
 nachträglich ändern 167
 Rahmen 847
An Seite ausrichten 201, 204
Ansicht
 aktualisieren 657
 Struktur 932
Ansichtsmodi 67
 Anschnitt 67
 Infobereich 67
 Normal 67
 Präsentation 67
 Vorschau 67
An Stegen ausrichten 201, 204
Anwendungsleiste 42–43
 Dokument anordnen 384
 ein- und ausblenden 42
Anwendungsrahmen 44–46
Anzeigeeinstellung
 objektspezifisch beibehalten 94
Anzeigeleistung 768
 ändern 768
 für Objekt ändern 768
 hochauflösend 768
 mit hoher Qualität 258, 768
 schnelle Anzeige 768
 typische Anzeige 768
 Vorschau 902
Anzeigeschwellenwert 161, 166
APPE 746
AppleScript 932
Arbeitsbereich
 Datei 63
 löschen 64
 neu 62
 speichern 62
 Tastaturbefehle zuweisen 62
 Werkzeug 48
Arbeitsoberfläche 41, 42–50
ASCII-Datei
 importieren 229
ASE-Datei 355
ATC → Adobe Type Composer
Attribute-Bedienfeld 762, 769, **771**, 844, 882

Attribute-Bedienfeldoptionen
  Fläche überdrucken 762
  Kontur überdrucken 762
  Lücke überdrucken 762
  Nicht druckend 762, 814
Aufhellen 359
Auf Inhalt anwenden 265
Auflösung
  effektive 272, 928
  für Strichgrafiken und Text 759
  für Verlauf und Gitter 759
  reduzieren 853
  tatsächliche 272
Auf Seitengröße skalieren 846
Aufzählung
  nummeriert 641
Aufzählungszeichen 408, 448
Aufzählungszeichen und Nummerierung **446**, 470, 643
  in Text konvertieren 472, 501
Ausblenden 211
Aus Buzzword platzieren 100
Ausgabedatum 647
Ausgabe-Farbmodus 848
Ausgabemethodenprofil 888
Ausgabemodus
  Composite CMYK 840
  Composite Grau 840
  Composite RGB 840
  Composite Unverändert 840
  separiert 840
Ausgabeprofil 781
Ausgeblendetes Objekt einblenden 791
Auslassungsstrich 405
Auslassungszeichen 408
Ausrichten
  an Dezimaltrenner 443
  an Druckbogen 204
  an Seite 204
  an Stegen 204
  aneinander ausrichten 201
Ausrichten an 534
Ausrichten-Bedienfeld 201
Ausrichten von Objekten
  an Druckbogen 201
  an Seite 201
  an Stegen 201
Ausrichtung 127
  drucken 845
Außenabstand
  für unterteilte Spalten 437

Aussparen 763, 767, 771
Aussparungsgruppe 361
Austreiben 427
Auswahl
  aufheben 309
Auswahl von gesperrten Objekten verhindern 210
Auszoomen 75
Autokorrektur 93
Automatische Seitennummerierung 387
  bei Büchern 387
Autom. Zeilenabstand 430

B

Basiert auf 459
Bedienfeld 49, 50–80
  Absatz 166, 382, **417**
  Absatzformate 472
  Anordnung verändern 49
  Attribute 762, 769, **771**, 844, 882
  Ausrichten 201
  automatisch auf Symbole minimieren 49, **54**, 91
  automatisch ausblenden 49
  Bedingter Text 633
  Bibliothek 702
  Buch 672, 837
  Ebenen 147–150, 199
  Effekte 66, 255, **362**
  Eingabe von Werten 49
  Einträge anordnen 60
  Farbe 331, 337, **345**
  Farbfelder 60, 331, **333**–335, 352, 818
  Glyphen 409
  Hintergrundaufgaben 896
  Hyperlinks 659
  Index 690
  Informationen 238–239, **272**
  Kontur **318**, 321, 513, 515
  Konturenführung 549
  Objektformate 564
  Pathfinder 325–327
  Reduzierungsvorschau 62, 777
  schwebend 50
  Seiten 73–80, 122, **129**–138, 373, 387, 777, 843
  Separationsvorschau 62, 354, **780**
  Steuerung 48, **50**–78, 166, 176, 184, 264, 265, 320, 344, 389, 417, 518

Tabelle 515
Tabellenformate 537
Tabulatoren 442, 534
Transformieren 158, **176**, 184
Überfüllungsvorgaben 764
Verankerungsbereich 48
Verknüpfungen **287**, 292, 295, 544, 814
Verlauf 66
Werkzeug 49, 50–51, **64**–68, 160, 317, 333, 769, 824, 882
Werkzeughinweise 210
Wert eingeben 61
Zeichen 389–392
Zellenformate 535
zu Stapel hinzufügen 54
Bedienfeldmenü 60–61, 68
  Ausgewählte Dokumente drucken 837
  Buch drucken 837
  Dokumentseitenanordnung zulassen 71
  Globales Licht verwenden 364
  Inhalte transformieren 180
  Nummerierungs- & Abschnittsoptionen 843
  Oben andocken 51
  Skalierung als 100 % neu definieren 217
  Überfüllungsvorgabe laden 764
  Überfüllungsvorgabe zuweisen 767
  unten andocken 51
  verschiebbar 51
Bedienfeld-Optionen 60
Bedienfeldstapel 49
  Höhe 56
  maximieren 55
  minimieren 55
  Reihenfolge 54
Bedingte Ligatur 394
Bedingter Text 631
  alle ausblenden 636
  alle einblenden 636
  alle Sätze aktualisieren 638
  Bedienfeld 633
  Bedingungen definieren 633
Bedingter Trennstrich 406
Bedingter Zeilenumbruch 415
Bedingung
  definieren 633
  laden 637

löschen 637
Suchen/Ersetzen-Optionen 638
und Querverweise 640
Bedingungssatz 636
  erstellen 636, 637
  laden 637
  löschen 637
  umbenennen 637
Bei Änderung alle Textabschnitte neu umbrechen 604
Beim Platzieren von Text- und Tabellendateien Verknüpfungen erstellen 511
Belichtung
  Versatz 845
Benutzer 616
Benutzerdefiniertes Format 127
Benutzerwörterbuch 603, 812
  entfernen 604
  erneut verknüpfen 604
  hinzufügen 605
  in Dokument einlesen 603
  verwalten 604
Beschneidungspfad 552, 816
  in Rahmen konvertieren 284
Beschnitt 784
Beschnittzugabemarken → Anschnittsmarken
Beschriftung 278
  Format festlegen 279
  in statische Beschriftung konvertieren 280
  Metadatenbeschriftung 279
  mit Bild gruppieren 279
  Position festlegen 279
  Statische Beschriftung erstellen 280
  überprüfen mit Preflight 795
Bezugspunkt 156, 177
Bibliothek
  aufbauen 702
  austauschen zwischen Arbeitsplätzen 701
  automatisch öffnen 702
  durchsuchen 705
  füllen 702
  sichern 701
Bibliothek-Bedienfeld 702
Bibliotheksobjekt
  aktualisieren 704
  anlegen 702
  austauschen 704

Informationen 703
löschen 704
sortieren 706
verschieben in Bibliothek 704
verwalten 704
Bikubische Neuberechnung 882
Bild
  aktualisieren 295
  Alpha-Kanäle auslesen 283
  auf Rahmen beschneiden 884
  benutzerdefinierte Ansicht 285
  beschneiden 263
  Einbettung aufheben 300
  einfärben 350
  Herauslösen von eingefügten Bildern 300
  in Excel-Datei 511
  Komprimierung 882
  platzieren 249
  positionieren 263
  skalieren 263
  umfließen 552
  Verzerrungen erkennen 291
Bildaufbau
  progressiver 884
Bildauflösung
  an den Drucker senden 853
Bilddaten auf Rahmen beschneiden 884
Bildimportoptionen
  EPS 256–257
  PSD 255–256
  TIFF 254–255
Bild-platzieren-Symbol 251
Bildschirmdarstellung
  aktualisieren 675
Bildschirm-Modus 769
  Anschnitt-Modus 769
  Infobereich-Modus 769
  Normal-Modus 770
  Präsentation-Modus 770
  Vorschau-Modus 769
Bildschirmversionserstellung 257
Bindestrich 406
Bis-Strich 405
Bitmap- und Graustufenbilder einfärben 349
Blättern 74
BleedBox 847, 885
Blindtext 234 → Platzhaltertext
Blitzer 349, 767
Blocksatz, vertikal 240

Bogenoffset 739
BoundingBox 903
Bridge → Adobe Bridge
Broschürentyp 873
BrowserLab 99
Bruttoformat 845, 847
Buch 671
  ausgeben 680
  Dokument entfernen 673
  Dokument hinzufügen 671
  Dokumentreihenfolge ändern 672
  drucken 673
  Ebenen mit demselben Namen beim Exportieren zusammenführen 681
  für Druck verpacken 680
  Index 696
  Inhaltsverzeichnis 687
  in PDF exportieren 681
  Kapitelnummerierung im Dokument 674
  konvertieren 682
  leere Seite einfügen 676
  Liste 678
  nummerieren 673
  Nummerierungsoptionen 673
  Preflight 680, 681
  sichern 672
  Synchronisierungsoptionen 678
Buch-Bedienfeld 672, 837
  Fragezeichen 676
  Vorhängeschloss 676
Buchdokument
  anlegen 671
  fehlendes 677
Buchstabenkombinationen im Verknüpfungen- und im Hyperlink-Bedienfeld
  AE 794
  MF 794
  MS 794
  ÜS 794
  VT 794
Buntstift-Werkzeug 305, 315
  Voreinstellungen 315
Buzzword 100, 231, **907**
  aus InDesign exportieren 910
  Benutzer freigeben 909
  Dokument anlegen 910
  Dokument in InDesign platzieren 911
  Oberfläche 908

C

Callas Software 754, 879
CALS 234
    Tabellen als InDesign-Tabellen importieren 234
Camera-Raw 114
    Einstellungen in Bridge per Doppelklick bearbeiten 87
CCITT 883
Chromatisches Diagramm 730
CID 751, 855, **892**
CMYK 334
Coated FOGRA39 734
Cocktail 821
Color Engine 732
Color Gamut 730
Color Rendering Dictionary 857
Color Solution 865
ColorSync 732
Composite
    CMYK 850
    mit Rastereinstellungen 851
    PDF 753
    RGB 850
    unverändert 851
Container 213
Copy & Paste 492
    Daten übernehmen 451
Copyright
    Informationen auslesen 292
Copyrightsymbol 408
Copyrightvermerk 654
CornerEffects 190
CPSI 745
CRD 857
Creative-Suite-Farbeinstellungen 88
CropMarks.jsx 924
CSA 857
CS Live 916
CS Review 99, 100, 913, **915**–918
    Kommentare in Layout einblenden 918
    Korrekturen online eingeben 918
CSS 533, 929
CSV 919

D

Dahinterliegendes Objekt
    auswählen 200
    verschieben 200
Database-Publishing 919–928
Dateien
    nicht verarbeiten, wenn größer als 87
    verschieben über Adobe Bridge 111
Dateierweiterung erneut verknüpfen 297
Dateiformat
    BMP 249
    DCS 742, 761
    EPS 824, 902
    InDesign-Markup 813
    JDF 892
    JPEG 903
    JPEG2000 751
    mit Alpha-Kanal 283
    mit Beschneidungspfad 284
    TIFF-B 746
    TIFF-G 746
    TIFF-R 746
Datenaustausch
    unvollständig 752
    vollständig 752
Daten senden 853
Datenzusammenführung 922–926
    als PDF exportieren 925
    Bildplatzierung 923
    Datenfelder im Layout übertragen 922–923
    Datenquelle
        auswählen 928
        entfernen 928
        wählen 922
    Komma in kommaseparierte Dateien einfügen 920
    Layout mit mehreren Datensätzen 927
    Leerzeilen für leere Felder entfernen 923
    maximale Datensatzanzahl pro Dokument 924
    Mehrfachnutzen 925
    Optionen für die Inhaltsplatzierung festlegen 923–924
    Rahmen- und Bildgröße beibehalten 923
    Wenn-dann-Abfragen 920
    zusammengeführtes Dokument erstellen 925
Datumsvariable 648
DCS 248, 742
    DCS 1.0 761
    DCS 2.0 761
Deckkraft 337, 361
DeviceN 751, 855
Dezimaltabulator 534
dfont 727
Diagonale Linie 530
Digital Editions 681
DIN 5033 730
Direktauswahl-Werkzeug 185, 314
    Verschieben von Bildern 265
Dithering 736
Divis 406
Dokument
    anordnen 384
    einrichten **133**, 167, 818
    Format ändern 167
    Größe nachträglich ändern 167
    neu anlegen 121
    Raster einblenden 164
    Seitenanordnung zulassen 71, 135, **138**
    Vorgaben definieren 124
    zusammenstellen 671
Dokumentfenster
    verschieben 76
Dokumentraster 164
Dokumenttyp-Deklaration 931
Doppelklick auf Formatnamen 467
Doppelseite 122
    anhängen 135
Doppelseitenlayout
    in einseitiges Layout ändern 167
Drag & Drop 492
    Daten übernehmen 451
Drehen
    des Inhalts 180
    des Objekts mit Inhalt 180
    des Rahmens ohne Inhalt 180
Drehen-Werkzeug 330
Drittelgeviert 404
Drittelsatz 404
Druckbogen **71**, 843, 880, 903
    Drehung 131
    drucken 843
    duplizieren 138
    in Dokumentfenster einpassen 75
    in Fenster einpassen 72
    neue Anordnung zulassen 135
    zusammenhalten 135
Drucken
    auf PCL-Drucker 861
    leere Seiten drucken 844
    von Büchern 837
Druckermarken 847

Druckertreiber 838
Druckfarben-Manager **352**–354, 832, 887, 853, 853
Druckoptionen 840–843
  Abstand 845
  Abweichende Einstellungen auf Druckbögen ignorieren 860
  Alle Ebenen 844
  Alle Seiten 843
  Allgemein 842–843
  Als Bitmap drucken 859
  Anschnitteinstellungen des Dokuments verwenden 847
  Anschnittsmarken 846, 862
  Art der Druckmarken 847
  Auflösung reduzieren 853
  Auf Seitengröße skalieren 846
  Ausrichtung 845, 846
  Bereich 842
  Bildschirmversion 854
  Breite 845
  CMYK-Werte beibehalten 859
  Datenformat 855
  Daten senden 853
  Druckbögen 843
  Druckfarben-Manager 853
  Ebenen drucken 844
  Exemplare 842
  Farbe 848
  Farbkontrollstreifen 846, 862
  Farbmangement 856
  Höhe 845
  InDesign bestimmt Farben 857
  In-RIP-Separationen 851
  Montagefläche 843
  Musterseiten 843
  Nur gerade Seiten 843
  Nur ungerade Seiten 843
  Ohne 854
  OPI auslassen 860
  Optimierte Abtastauflösung 853
  Passermarken 846, 862
  PostScript®-Drucker bestimmt Farben 856
  PPD-Schriftarten herunterladen 855
  Proof 856
  Proportionen beibehalten 846
  Proxy 854
  Rasterweite 852
  Schnittmarken 846, 862
  Seitenposition 846
  Sichtbare Ebenen 844
  Sichtbare und druckbare Ebenen 844
  Sortieren 842
  Stärke der Druckmarken 847
  Überdrucken simulieren 853
  Überfüllung 852
  Umgekehrte Reihenfolge 842
  Unterteilung 846
  Versatz 846
  Versatz der Druckmarken 847
  Winkel 852
Druckpunktzunahme → Tonwertzuwachs
Druckstil 867
Druckvorgabe
  anlegen 868
Druckzuwachs → Tonwertzuwachs
DTD 931–932
  importieren 932
Duplizieren 196
  und versetzt einfügen 196, 197
Durchschnittliche Neuberechnung 883
Durchstreichungen 398
Dynamische Beschriftung
  erstellen 795
Dynamische Bildschirmaktualisierung 91
Dynamische Ecken 190
Dynamische Rechtschreibprüfung 93

E

Ebene
  aktive 147
  auf eine reduzieren 152
  ausgewählte Objekte auf andere Ebene kopieren 153
  beim Einfügen erhalten 151
  duplizieren 152
  einblenden 149
  Hilfslinien 149
    sperren 150
  Markieren aller Objekte 150
  Optionen 149
  Sichtbarkeit 147
  sperren 147, 150
  unbenutze löschen 152
  verschieben 150
  Zugriff auf gesperrte 152
Ebenen-Bedienfeld 147–150

Ebenenkomposition 248, 285
Ebenensichtbarkeit
  benutzerdefiniert 789
  von Photoshop verwenden 789
ECI-RGB 731, 734
Ecken
  dynamisch verändern 190
  entfernen 190
  Form 189
  Form skalieren 191
  Größe 189
  Optionen 189
Eckenform
  Abgeflachte Kante 189
  Abgerundet 189
  Innerer Versatz 189
  Nach innen gewölbt 189
  Ornament 189
Eckenformat (Trapping) 765
Effekte 359
  Abgeflachte Kante und Relief 368, 744
  auf Objekte übertragen 363
  Direktionale weiche Kante 369, 744
  Einfache weiche Kante 369, 744
  Einstellungen 360, 363
  Füllmethode 360
  Glanz 369, 744
  löschen 363
  Schatten nach innen 368, 744
  Schein nach außen 368, 744
  Schein nach innen 744
  Schlagschatten 365, 744
  Weiche Verlaufskante 370, 744
Effekte-Bedienfeld 255, 359, **362**
Eigenformat 741
Einbettung
  der Datei aufheben 300
  von Verknüpfung aufheben 289
Einfacher Absatz 471
Einfacher Eckpunkt 304
Einfacher Grafikrahmen 564
Einfacher Textrahmen 564
Einfügen von Text 451
Eingabefeld 61
  Werte berechnen 61
Einheiten 61
Einteilung alle 242
Ein-Zeilen-Setzer 427
Einzelplatten in Schwarz anzeigen 781

Einzoomen 75
Einzug 413, 417, **420**, 441
  bis hierhin 413
  hängender 421
  in der ersten Zeile 420
Elektronische Korrektur 914
Element(e) auf »Name der Ebene«
  auswählen 151
Ellipsenrahmen 65
EM-Software 227
Endformat-Rahmen 847
Enfocus 829
Entketten-Werkzeug 65
EPS 248
  aus Photoshop 299
  Bildimportoptionen 256
  Export 902–903
  Verwendung in InDesign 247
EPUB 681
Ergänzungsstrich 406
Erneut mit Ordner verknüpfen 297
Erneut transformieren 197
  Abfolge 218
  Abfolge, Einzeln 220
  Einzeln 220
Erneut verknüpfen 289, 832
  Importoptionen anzeigen 295
  Nach fehlenden Verknüpfungen in
    diesem Ordner suchen 295
Ersetzen 591
Erste Grundlinie 241
Erstellungsdatum 647
Excel-Datei
  Anführungszeichen 512
  Arbeitsmappe 510
  Importoptionen 509, 510
  platzieren 509
  verknüpfen 511
Exemplare drucken 842
Expert-Schnitt 395
Export-Format
  EPS 902–906
  IDML 905
  InDesign Interchange-Format 906
  JPEG 903–906
Exportieren
  als InDesign Markup-Format 905
Externe Zusatzmodule 832

F

Falsche Großschreibung automatisch korrigieren 610
Farbauftrag 782
Farbe 331–345
  alle nicht verwendeten
    auswählen 337
  anwenden 67, 345
  auf Flächen und Konturen
    anwenden 344
  duplizieren 355
  ersetzen 354
  für Lücke 319
  löschen 354
  Pantone-Farbe 335
  Prozessfarben 334
  [Schwarz] 334
  unbenannte hinzufügen 354
  Vollton 334
Farbe-Bedienfeld 337, 345
Farbfeld
  alle einblenden 333
  den Farbfeldern hinzufügen 346
  duplizieren 355
  einblenden 333
  exportieren 355
  laden 356
  löschen 337
  neues erstellen 335
  speichern 355
  unbenanntes 337
  zusammenführen 355
Farbfelder-Bedienfeld 60, 331,
  333–335, 352, 818
  Alle nicht verwendeten aus-
    wählen 819
Farbhandhabung 856
Farbkontrollstreifen
  drucken 846, 862
Farbliste 334
Farbmanagement
  beim Drucken 855
Farbmodus 334, 336
Farbort 737
Farbprofil einbetten 904
Farbraum
  nicht im Verknüpfungen-Bedienfeld angegeben 291
Farbrechner → Color Engine
Farbtonfeld 336
  erstellen 336, 345
Farbtyp 334–335
Farbumfangswarnung 332
Fehlerarten
  grundlegende 783
  produktionstechnische 784
  qualitativ 784
Feste Spaltenbreite 239
Flächengewicht 737
Fläche überdrucken 464, 762
Flate-Kompression 884, 855
Flattening 743
FOGRA27 734
FOGRA39 734
FontCache 821
FontExplorer 823
Font-Subset → Font-Untergruppe
Fonttechnologie
  OpenType **725**, 751, 891
  TrueType 724, 891
  Type 1 (PostScript-Schrift) 724
Font-Untergruppe 892, 855
Form
  in Rechteck konvertieren 191
  konvertieren 190
  verändern 190
  verändern mit dynamischen Ecken
    190
Format 563
  abweichendes 488
  alle nicht verwendeten auswählen 469
  auf Auswahl anwenden 460
  aus anderen Dokumenten übernehmen 496
  aus RTF-Dokumenten übernehmen 502
  austauschen 492
  aus Word-Dokumenten 498
  basiert auf 476
  duplizieren 469
  ersetzen 494, 496
  Gruppe erstellen 462
  in Ordner sortieren 462
  laden 496
  löschen und ersetzen 469
  mit Pipette übertragen 493
  neu definieren **470**, 572, 578
  nicht verwendete importieren 500
  nicht vom Format definierte
    Attribute löschen 564, 573
  Quelle synchronisieren 672
  sortieren 461
  suchen 494, 496
  Übertragen mit Pipette 454
  Verknüpfung aufheben 491
  verschachteltes 496

verwalten 468
Vorlage 127
Format auf Auswahl anwenden 460
Formateinstellungen ersetzen 635
Formate neu definieren, wenn »Alle ändern« gewählt wird 820, **826**, 828
Formatgruppe 462
neue erstellen 462
Formatierte Tabelle 511
Zellenausrichtung 511
Formatierung
im Dokument übertragen 470
Rahmen 333
Text 333
übernehmen 223
Formatname
ändern 467
Formatnamenkonflikt 501
Formatquelle 672, 677
Formatsatz 396
Formsatz 549
Fotografisch 732
Freihand-Werkzeuge 315
Fremdformat
ohne Transparenzen 742
Füllmethode 360
Abdunkeln 361, 744
Aufhellen 744
Ausschluss 744
Differenz 744
Farbe 744
Farbig abwedeln 361, 744
Farbig nachbelichten 361, 744
Farbton 361, 744
Hartes Licht 361, 744
Ineinanderkopieren 361, 744
isolieren 361
Luminanz 361, 744
Multiplizieren **360**, 744, 767
Negativ multiplizieren 360, 744
Normal 767
Sättigung 744
Weiches Licht 361, 744
FullSwitch 829
Für OPI auslassen 860
Fußnote 625, 639
beginnen bei 627
einfügen 625
einsetzen 630
Format 627

geteilte zulassen 629
kopieren 630
Layout 628
löschen 630
Nummerierung 627
Optionen 626, 630
umbrechen 629
verwalten 626
Fußnotennummer 412, **630**, 639
Fußzeile
bearbeiten 523

G

Gamut-Mapping 732
Ganze Montagefläche 72
Gedankenstrich 405, 406
Gehrungsgrenze 318
Geladenes Format 497
Gesamtfarbauftrag 737, 782
Geschützter Trennstrich 407
Geschütztes Leerzeichen 403
Gesperrte Textabschnitte einbeziehen 593
Geviert 376, 403
Geviertstrich 405
GID/CID 601
GIF 248, 249
Gitter 759
Werkzeug (Illustrator) 759
Glanz 369, 737
Glätten-Werkzeug 305, 315, **316**
Globales Licht 364
verwenden 364
Glossar 689
Glyphe 409, 591
Alternativen 409
entfernen 411
ersetzen 601
in »Ersetzen« laden 601
in »Suchen« laden 601
Skalierung 429
suchen 600
Glyphen-Bedienfeld 409
Glyphensatz 408
Glyphe-Skalierung 429
Grafik
einbetten 299
platzieren 249
rastern lassen 859
suchen 826, 828
Grafikrahmen
in Textrahmen umwandeln 225

Grafikstil 563
GREP 597, **711**, 932
$0 – $9 719
Bedingungen 721
Entsprechungen 721
Fundstellen 719
Glyphensatz 715
GREP-Stile 597, 712
Groß- und Kleinschreibung 714
Lookahead, positives und negatives 722
Lookbehind, positives und negatives 721
markierter Unterausdruck 720
Modifizierer 714
Oder 716
Platzhalter 716
Posix 714
Regular Expressions 711
Sonderzeichen 717
Suchen/Ersetzen 712
unmarkierter Unterausdruck 720
Verwendung der Zwischenablage 719
Wiederholungen 720
Zeichenklassen 714
Zeichensatz 721
Zeichen und Wörter suchen 713
Großbuchstabenhöhe 242
Groß-/Kleinschreibung beachten 594, 606
Grundlinienoptionen 241
Grundlinienraster 164, 242, 374, **422**
Absatz ausrichten 418
am Grundlinienraster ausrichten 424
Anfang 165
Anzeigeschwellenwert 166
definieren 165
einblenden 166, 374
Einteilung alle 166
Farbe 166
flexibles 165
für verkettete Rahmen definieren 241
Gründe für die Verwendung 165
Relativ zu Kopfsteg 165
Relativ zu oberem Seitenrand 165
Startpunkt 165
Grundlinienversatz 390
Gruppenauswahl-Werkzeug 213

Gruppieren
 auf Ebenen 212
 aufheben 211
Guillemets 230

H

Halbgeviert 403
Halbgeviertstrich 405
Halbkreis 188
Hängende Initiale 418, 470
Harlequin-RIP 776
Harter Zeilenumbruch 415, 482
Hilfslinie **161**, 374–375
 alle markieren 158
 auf einer Seite erstellen 157
 ausblenden 160
 auswählen und kopieren 159
 einfärben 375
 entsperren 159–160
 erstellen **157**, 161, 163
 erstellen, positionieren und löschen 157–159
 Farbe zuordnen 161
 für einen Druckbogen erstellen 157
 Herauslösen aus Mustervorlage 160
 in Bibliothek ablegen 702
 in Verbindung mit Ebenen 159
 Kopieren zwischen Dokumenten 159
 löschen 160
 positionieren 158
 schnelles Anfassen 157
 sperren 159
 um InDesign-Objektrahmen erstellen 158
 Zoomstufe zuordnen 161
Hilfslinienraster
 anlegen 162
 erstellen 161
Hilfslinienrasteroptionen
 Seite 162
 Stege 162
 vorhandene Hilfslinien entfernen 162
Hilfslinien und Montagefläche 206
Hilfsprogramme
 Hintergrundaufgaben 896
Hilfsprogramme für Mac OS X
 Cocktail 821
 Linotype FontExplorer X 821
 ONYX 821
Hintergrundaufgaben 896
Hinting 725
Horizontale Stege 71, 93
HSB 816
HTML 532
Hurenkind 432, 434
Hyperlink 751, 881
Hyperlinks-Bedienfeld 659
Hyperlinkziel 663

I

ICC-Ausgabeprofil 781
ICC-Profil **731**–732, 887, 888
 anhängen 255
ICM 732
IDML 813, 905
IFRA 734
Im Finder anzeigen 302
Import
 Adobe InDesign-Tagged-Text-Datei 230
 aus Buzzword 231
 EPS-Datei 256
 Excel-Datei 224
 PSD-Datei 255, 285
 reine Textdatei 229
 RTF-Datei 230
 Tagged-Text-Datei 230
 TIFF-Datei 254
 Word-Datei 230
 XML 232
Importoptionen
 anzeigen 254, 498
 Microsoft Excel 545
 Word 498
Im Rahmen belassen 439
Im Textmodus bearbeiten 243
In Bridge anzeigen 302
InCopy 615
In den Hintergrund 199
In den Vordergrund 199
InDesign
 bestimmt Farben 857
 Tagged-Format 224
InDesign CS3-kompatible Datei erzeugen 906
InDesign-Defaults 90
InDesign-Fonts-Ordner 728
InDesign Interchange-Format 906
InDesign-Markup 813, 905
InDesign-Plug-ins
 Cool Kerning 947
 Duden Korrektor 948
 History 946
 InCatalog 946
 InData 946
 MadeToPrint 829, 947
 Overset-Manager 947
 PDF2ID 947
 Q2ID 947
 Smart Catalog 945
 Smart Image 948
 Smart Styles 946
 Xactuell 945
InDesign-Präferenzen 90
InDesign-Voreinstellungen →
 Zusatzkapitel A, »Voreinstellungen« auf der Buch-DVD
 alle Schwarztöne korrekt anzeigen 94
 Abschnittsnummerierung 842
 Allgemein 90, 842
 Anzeigeleistung 93
 Auf Inhalt anwenden 91
 Autokorrektur 93, 610
 beim Druck/Export 94
 Benutzeroberfläche 91
 Dateihandhabung 94
 Dynamische Bildschirmaktualisierung 91
 Eingabe 91
 Erweiterte Eingabe 92
 Hilfslinien und Montagefläche 92, 206
 In Layoutansicht aktivieren 237
 Raster 92
 Rechtschreibung 93, 605, 607
 Satz 92, 434
 Schwarzdarstellung 94
 Skalierungsprozentsatz anpassen 265
 Textmodusanzeige 93, 243
 Textwerkzeug wandelt Rahmen in Textrahmen um 173
 Wörterbuch 92, 602
 Zwischenablageoptionen 94
Index
 Buchdokumente einschließen 696
 Einträge sortieren 693
 erstellen 689
 gehe zu ausgewählter Marke 690
 generieren 691, 696

Großbuchstaben 698
leere Indexabschnitte einschließen 697
Verweise erstellen 694
Indexabschnittsüberschrift 697
Index-Bedienfeld 689
Themen-Modus 698
Indexeintrag
alle hinzufügen 692
erstellen 690, 691
gehe zu 691
gilt für welchen Bereich? 692
löschen 690
suchen 698
Themenstufe 692
In die Auswahl einfügen 328, 329
Infobereich **124**, 129, 847, 862
einschließen 848, 886
nachträglich ändern 167
Infobereich-Modus 769
Informationen-Bedienfeld **238**–246, 272–302, 301, 783
für Bilderrahmen 272
für Text 238
Inhalt 214
auf Zelle beschneiden 528, 532
transformieren 180
Inhaltsauswahl-Werkzeug 185, 266
Inhaltsverzeichnis 683
aktualisieren 689
Buchdokumente einschließen 687
Ebene 686
Einträge alphabetisch sortieren 686
Formate 685
in einem Absatz 687
nummerierte Absätze 687
PDF-Lesezeichen erstellen 686
Seitenzahl 686
Voraussetzungen 683
vorhandenes ersetzen 687
Inhaltsverzeichnisformat 684
Inhalt zusammenführen 232
Initial 478
hängend 421
und verschachtelte Formate 470
Initialhöhe 421
In Layoutansicht aktivieren 237
Innenabstand für unterteilte Spalten 437
Innen einsetzen 328
In Pfade umwandeln 778

In Profil umwandeln 740
In-RIP-Separation 851
In statische Beschriftung konvertieren 795
Instructions 725
In Tabellenkopf bzw. in Tabellenfuß umwandeln 522
Intelligente Hilfslinien 206
An Objektkante ausrichten 207
An Objektmitte ausrichten 206
deaktivieren 206
Intelligente Abmessungen 207
Intelligente Abstände 208
Intelligenter Textumfluss 122
beim Platzieren von Texten 246
Interpunktionsleerzeichen 404
In Zielprofil konvertieren 890
(Nummern beibehalten) 889
ISO 15930 752
ISO Coated v2 731, 734
Italic 402

J

Jabber 234
JavaScript 932
JDF 746, **891**, 893
Datei mit Acrobat erstellen 893
JMF 746
JPEG 248, 883
Export 903
JPEG2000 751, **884**–885
Kachelgröße 884

K

Kapitälchen 391
Kapitelanfang 382
Kapitelnummer 372, 386, **652**, 665
Buch 674
Wert ändern 652
Kapitel- und Absatznummerierung
aktualisieren 675
Keil 428
Keine Konturenführung 240
Keine Neuberechnung 882
Kein Umbruch 392
Kerning 376, 390
metrisch 400
optisch 400
Klebebindung 874, 875
Kolumnentitel 118, 376
erstellen 655
Kompaktmodus 113

Kompression
JPEG 883
JPEG2000 884
verlustbehaftete 883
verlustfreie 883, 884
ZIP 883
Konflikt mit vorhandenem Format 497
Kontaktabzug 846
Kontextmenü 68
Kontur
an Außenkante 318
ausrichten 318
Ecke 318
Gehrungsgrenze 318
mittig 318
Pfeile 318
skalieren 215, 216
Typen 320
überdrucken 399, 465
Kontur-Bedienfeld **318**, 321, 513, 515
Konturenführende Struktur 552
Konturenführung 92, 549
bei ausgeblendeten Ebenen unterdrücken 150
ignorieren 549
in nächste Spalte springen 550
nur auf Musterseite anwenden 552
Objekt überspringen 550
umkehren 551
um Objektform 550
wirkt sich nur auf Text unterhalb aus 92, 814
Konturenführung-Bedienfeld 549
Konturenstil
erstellen 320
sichern 321
Konturen und Flächen 529
Konturstärke bei Skalierung anpassen 215
Kontur überdrucken 762
Konvertieren
InDesign-Bibliothek 812
Tabelle 500
Konvertierungs-Warnmeldung 818
Kopfsteg 165
Kopfzeile
bearbeiten 523
definieren 541

Kopieren
　versus Platzieren　249
Korrektur　611
Korrekturen online eingeben　918
Kreis
　aufziehen　174
　Segment erstellen　188
Kuler　357
Kurvenpunkt　304
　symmetrischer　304

L

Lab　**332**, 334, 353, 816
Laserdrucker　861
Laserdruckpapiere　739
Laufweite　390
Layoutanpassung aktivieren　168
Layout-Feature　410, 726
I-Beam　221
Lebender Kolumnentitel　654
Leerraum　402
　Ausgleichs-Leerzeichen　404
　einfügen　376
　Geschütztes Leerzeichen　403
　Geviert　627
　Interpunktionsleerzeichen　404
　Ziffernleerzeichen　404
Leerzeile　420
Lesezeichen　881
Ligatur　394
Lineal
　am Bund　156
　ausblenden　156
　einblenden　155
　Nullpunkt　156
　pro Druckbogen　156
　pro Seite　156, 374
Linie
　Abschluss　318
　als Pfad　317
　darüber　438
　darunter　438
　duplizieren　556
　Ecken　318
　erstellen　317
　Stärke　318
　ziehen　405
Linienarten　399
Linienzeichner-Werkzeug　317
Linksbündig　419
Linotype FontExplorer X　821

Liste　447, 641
　anlegen　642
　aus Word übernehmen　450
　fortlaufend　643
　mit Aufzählungszeichen　445
　neu　642
Listentyp　446
Live-Preflight → Preflight
Lokale Formatierung beibehalten
　525–526
Löschen
　Objekt　580
　über Adobe Bridge　111
Lücke　399
　auswählen　209
　überdrucken　762
　verändern　210
Lückenwerkzeug　65, 209
Luminanz　332
Lupe　74

M

MadeToPrint　829
Magazinpapiere　739
Magnetische Hilfslinien →
　Intelligente Hilfslinien
Marginalspalte　381
Marke　408
Marken und Anschnitt　846, 885
Markup-Deklaration　931
Markzware　813
Maßpalette　48
Max. Trennstriche　426
MediaBox　845
Mediävalziffer　398
　für Tabellen　397
　proportionale　397
Medien-Rahmen　845
Mehrere Objekte am Mittelpunkt
　ausrichten　202
Mehrere Verknüpfungen mit gleicher Quelle minimieren　288
Mehrsprachiger Text　603
Meinen Bildschirm freigeben　100
Mengentext
　als Pfad　560
Menü　67
　konfigurieren　68
　sortieren　68
Menü • Ansicht
　Anzeigeleistung　768
　Auszoomen　75

　Druckbogen drehen　131
　Druckbogen in Fenster einpassen　72
　Einzoomen　75
　Ganze Montagefläche　72
　Grundlinienraster einblenden　374
　Lineale einblenden　155
　Proof einrichten　856
　Rahmenkanten ausblenden　178
　Raster und Hilfslinien　164, 770
　Überdruckenvorschau　150, 774
Menü • Bearbeiten
　An Originalposition einfügen　151, 183
　Auswahl aufheben　225
　Im Textmodus bearbeiten　243
　Schnell anwenden　69
　Tastaturbefehle　77, 79
　Transparenzfüllraum　758
　Unformatiert einfügen　223
Menü • Bearbeiten (Bridge)
　Creative-Suite-Farbeinstellungen　88
Menü • Datei
　Adobe PDF-Vorgaben　896
　Aus Buzzword platzieren　911
　Broschüre drucken　872, 874
　Dokument einrichten　**133**, 167, 818
　Drucken　838, 841
　Druckvorgaben　838, 867
　Exportieren　879, 906
　Exportieren in Buzzword　910
　Neu　**121**, 125, 128
　Neuen Review erstellen　916–917
　Platzieren　224, 261
　Verpacken　830
　XML importieren　232–234, 941
Menü • Fenster
　Anwendungsleiste　42
　Anwendungsrahmen　44
　Arbeitsbereich　62
　Effekte　360
　Mini Bridge　251
　Schrift und Tabellen　633
　Seiten　73
Menüformen
　Bedienfeldmenü　68
　Kontextmenüs　68
　Menüs der Menüleiste　68
Menü • Layout
　Erste Seite　74

Hilfslinien 161
Hilfslinien erstellen 161, 163
Letzte Seite 74
Nächste Seite 74
Stege und Spalten 168
Vor 74
Vorherige Seite 74
Zurück 74
Menüleiste 47
Menü • Objekt
　Alles auf Druckbogen anzeigen 211
　Alles auf Druckbogen entsperren 211
　Anpassen 268
　Anzeigeleistung 258
　Ausblenden 211
　Beschneidungspfad 283
　Beschriftungen 278
　Eckenoptionen 189
　Effekte 360
　Erneut transformieren 217
　Form konvertieren 326
　Inhalt 172
　Objektebenenoptionen 256, 285
　Punkt konvertieren 311
　Sperren 210
　Textrahmenoptionen 238
　Transformieren 184
Menüsatz 68
　ausblenden 69
　erstellen 68
Menü • Schrift
　Absatz 377
　Fußnote einfügen 625
　In Pfade umwandeln 827
　Leerraum einfügen 376, 403
　Mit Platzhaltertext füllen 234
　Optionen für Dokumentfußnoten 626
　Schriftart suchen 820, **824**–826
　Sonderzeichen einfügen 376, 382, **407**, 630
　Textvariablen 646
　Umbruchzeichen einfügen 414
　Verborgene Zeichen einblenden 403
Menü • Stapel (Bridge)
　Als Stapel gruppieren 111
　Stapel lösen 112
Menü • Werkzeuge (Bridge)
　Stapel-Umbenennung 111

Messwerkzeug 66
Metadaten 301
　Adobe Bridge 114
MF 289, 794
Microsoft Word 222
　Dokument übernehmen 498
　eingebundene Grafik 500
　Formate und Formatierung 500
　Importoptionen 451, 499
　manueller Seitenumbruch 500
　typografische Anführungszeichen 499
Mindestkonturstärke 790
Mindestschriftgröße
　unterschreiten 784
Miniaturen
　drucken 846
　In Namensspalte anzeigen 288
Mini Bridge 101
　Ansichtseinstellungen 253
　Anzeigen der Miniaturbilder 253
　aufrufen 252
　Bilder platzieren 251
　Dateien lokalisieren 252
　Voreinstellungen wählen 252
Minus 406
Mischdruckfarbe 334, 341
　erstellen 341
Mischdruckfarben-Gruppe 343
　erstellen 343
Modifizierer 597
Moiré 851
Montagefläche 71
MS 794
Musterdruckbogen
　duplizieren 380
　löschen 384
Musterelemente dürfen überschrieben werden 378
Musterfarbe verwenden 134
Musterseitenobjekt
　alle übergehen 380
Musterseitenüberlagerung 127
　anzeigen 127
Mustertextrahmen 122
Mustervorlage 133, **371**–384, 815
　alle Objekte abtrennen 380
　anwenden 385
　auf Seiten anwenden 385
　ausgewählte Objekte abtrennen 380

　basiert auf 379
　erstellen 378
　Herauslösen von Elementen 380
　hierarchische 378
　Optionen 372
　Sinn und Zweck 371
　verschieben 384
　zuweisen 385–386
　zwischen Dokumenten austauschen 381

N

Nächstes Format 473, 490
　anwenden 569
Name
　indizieren 694
Namensverzeichnis 686
Navigation 70
Neigen (Pseudo-Kursiv) 390
Nettoformat 845
Neu **121**, 125, 128
Neue Ebene 151
Neuen Review erstellen 100
Nicht druckend 762, 882
Nicht im Wörterbuch 606
Nicht vom Format definierte Attribute löschen 536
Normalizer 841
Normal-Modus 770, 824
Notiz 621
　anbringen 140
　anlegen 622
　in Textabschnitt maximieren/minimieren 623
　leere Notiz anlegen 622
　löschen 623
　teilen 623
　Text in Notiz verwandeln 622
　Voreinstellungen 623
Notizanker 622
Notizen-Bedienfeld 621
Notizenmodus 621
Notiz-Werkzeug 66
Null mit Schrägstrich 396
Nullpunkt
　auf Standard zurücksetzen 156
　fixieren **157**, 169, 374
　lösen 157
　verschieben 156
Nummerierte Liste 445
Nummerierung 445
　aktualisieren 676

nicht bei 1 beginnen 447
über Textabschnitte hinweg fortführen 642
von vorherigem Dokument im Buch fortführen 642
Nummerierungsformat 446
Nummerierungs- und Abschnittsoptionen 387
Nur einmal formatiert 545
Nur erste Zeile am Raster ausrichten 424
Nur-Text-Dateien importieren 229
Nutzen 874

O

Oberlänge 241
Objekt
  am Layout ausrichten 204
  anordnen 199
  ausblenden 211, 791
  ausrichten 201
  auswählen 212
  auswählen in einer Gruppe 213
  einblenden 211
  entsperren 211
  erneut transformieren 217
  Form konvertieren 190
  Gruppierung aufheben 211
  horizontal ausrichten 202
  lösen 590
  nach dem Einfügen nicht auf der Zielebene 151
  nicht deckend 830
  Optionen für verankertes Objekt 581
  skalieren 215
  sperren 210
  überspringen (Konturenführung) 550
  verdecktes auswählen 212
  verteilen 201, 203
  vertikal ausrichten 201
Objekt anordnen
  In den Hintergrund 199
  In den Vordergrund 199
  Schrittweise nach hinten 200
  Schrittweise nach vorn 200
Objektart
  InDesign-Datei 703
Objekt • Auswählen
  Container 213
  Inhalt 213
  Nächstes Objekt 213
  Vorheriges Objekt 213
Objektebenenoptionen 256, 285
Objekte werden mit Seite verschoben 127
Objektformat 563–571
  abweichendes Attribut 572
  Abweichung 572
  ändern 572
  anlegen 565, 568
  anwenden 571
  Bedienfeld 564
  duplizieren 574
  Effekt 572
  Einsatzzweck 563
  ersetzen 576
  importieren 574
  kopieren 574
  laden 574
  löschen 574
  nachträglich ändern 573
  organisieren 565
  Plus-Zeichen 572
  suchen 575, 576
  verwalten 565, 574
  zuweisen 572
Objektformate-Bedienfeld 564
Objektformate-Dialog 563
Objektformatoptionen 573
Objektgruppe 330
Objektinformationen 703
Objektoption 580
Oblique 402
Office
  Bilder 300
Offsetpapiere 739
Online-Dienst
  Acrobat.com 100
  Adobe Story 99
  BrowserLab 99
  Buzzword 100
  CS Review 913
  Präsentation 100
  SiteCatalyst NetAverages 99
  Tabellen 100
ONYX 821
OpenType 393, **725**–727, 726, 751
  Layout-Feature 394
OPI 257, 742, 751, 753, 761, **891**
Optionen für verankertes Objekt 581, 583
Optischen Steg ignorieren 432
Optischer Randausgleich 431
Ordner
  Verschieben über Adobe Bridge 111
Original bearbeiten 299
OS-Dialog 879
Output-Intent **753**, 887–890

P

PageMaker
  Story Editor 243
Pagina → Seitenzahl
Pantone 336, 751
  Konvertierung von InDesign-Dokument 811
Papiereigenschaften
  Farbort 737
  Flächengewicht 737
  Glanz 737
  Papierweiße 737
Papierformat 845
Papierklassen 737
Papierkorb 60
Papierweiße 737
Paragrafenzeichen 408
Passermarken 333, 782, 885
  drucken 846, 862
Pathfinder 191, 325
PCL 861
PCL-Drucker 861
PCM 857 → PostScript Colormanagement
PDF 824
  Ausgabe 886
  Erstellung über nativen Export 749
  Export 877–888
  für Office erstellen 894
  Lesezeichen erstellen 882
  mit Tags erstellen 881
  nach Export anzeigen 880
  Spezifikationen 749
  Version 1.3 743, 750
  Versionen 750–752
  Vorgaben 880
PDF-Datei 248
  alle Seiten einer Datei platzieren 259
  beschneiden 259
PDF-Exportdialog
  Register »Allgemein« 880

Register »Ausgabe« 886
Register »Erweitert« 891
Register »Komprimierung« 882
Register »Marken und Anschnitt« 885
Register »Sicherheit« 893
Register »Übersicht« 895
PDF-Export-Optionen
　Abtastauflösung ändern auf 882
　abweichende Einstellungen auf Druckbögen ignorieren 893, 903
　Acrobat-Ebenen erstellen 881
　Anschnitt 885
　Anschnitteinstellungen des Dokuments verwenden 885
　Ausgabemethodenprofil 888
　Bereich 880
　Bikubische Neuberechnung auf 882
　Bilddaten auf Rahmen beschneiden 884
　Druckbögen **880**, 902, 904
　Druckfarben-Manager 887
　Durchschnittliche Neuberechnung auf 882
　Ebenen exportieren 881
　einfarbige Bilder 883
　Farbbilder 883
　Farbkonvertierung 887
　für schnelle Webansicht optimieren 880
　Graustufenbilder 883
　Infobereich einschließen 886
　Job Definition Format (JDF) 893
　keine Neuberechnung 882
　Kennung der Ausgabebedingung 889
　Kompatibilität 880
　Lesezeichen und Hyperlinks 881
　Passkreuze 885
　PDF mit Tags erstellen 881
　PDF-Vorgabe 880
　Schnittmarken 885
　Seitenminiaturen einbetten 880, 881
　Sicherheit 893
　Standard 880, 881
　Text und Strichgrafik komprimieren 884
　Überdrucken simulieren 887
　Versatz 885

　zulässiges Drucken 894
　zum Öffnen des Dokuments muss ein Kennwort eingegeben werden 894
PDF HandShake 761
PDF-Portfolio 747
PDF-Vorgaben 896
PDF/X 752
　Norm 880
　Schutz 894
　Spielregel 753
PDF/X-1a 752, 858
PDF/X-2 855
PDF/X-3 880, 887
PDF/X-4 753, 881
PDF/X-5 855
perceptual 732
Pfad 303
　addieren 326
　Ankerpunkt hinzufügen 310
　aus geraden Linien 305
　auslesen 273
　bearbeiten 309
　beenden 306
　eines Bildes 553
　erstellen 305
　für Konturenführung 553
　geschlossener 306
　glätten 316
　hinteres Objekt abziehen 327
　in Bildern 553
　lösen von Verknüpfungen 323
　offenen füllen 306
　offenen nachträglich schließen 312
　offener 306
　öffnen 313
　schließen 312, 313
　Schnittmenge bilden 326
　skalieren 321
　subtrahieren 326
　Überlappung ausschließen 326
　umkehren 324
　verändern 307
　verbinden 311
　verknüpfen 322
　verknüpften lösen 323
　verzerren 304
　zerschneiden 311
Pfadpunkt
　löschen 188
Pfadsegment
　verschieben 314

Pfadtext 559
Pfadwerkzeuge 305
Photoshop
　Beschneidungspfad anwenden 257
　Farbeinstellungen 735, 737
Photoshop-Farbeinstellungsoptionen
　Adobe (ACE) 736
　Dither verwenden 736
　Eingebettete Profile beibehalten 735
　Fehlende Profile beim Öffnen wählen 736
　Priorität 736
　Profilfehler beim Einfügen wählen 736
　Profilfehler beim Öffnen wählen 735
　Tiefenkompensierung 736
PICT-Vorschau verwenden 257
Pipette **454**–455, 492
　leeren 455
　Optionen 455
　Textformatierung 454
PitStop 754
Pixelbild-Vektor-Abgleich 759
PJTF 751
Plattformstilpfad 928
Platzhalter 595
Platzhaltertext
　eigenen Text erstellen 234
　füllen 234
Platzieren 224, 225, 261
　Bilder 249
　EPS-Datei 257
　Excel-Datei 224, 509
　Grafik 249
　ohne einen Rahmen 225
　PDF-Datei 249
　Text 224
　versus Kopieren 249
Plug-in → InDesign-Plug-ins
Pluszeichen
　Format 467
Polygon 65, 175
　Anzahl der Seiten verändern 175
　Verändern der Sternform 175
Positionalform 396
Posix 714
PostScript
　Level 1 749
　Level 2 749

Version 3011 749
versus PDF 748
PostScript 3 749
PostScript Colormanagement 857
PostScript®-Drucker bestimmt Farbe 857
PostScript-Schrift 724
PowerSwitch 829
PPD 832, 838
   Schriften herunterladen 855
ppi
   effektiv 831
   Original 272
Präfix 373, 627
Präfix/Suffix anzeigen 627
Präsentation-Modus 67, 770
Preflight 830
   Abändern des eingebetteten Profils 805
   Austausch des eingebetteten Profils 805
   durchführen 785–786
   grundlegende Fehler 783
   Hauptgruppe »Bilder und Objekte« 788–795
   Hauptgruppe »Dokument« 795–797
   Hauptgruppe »Farbe« 787–788
   Hauptgruppe »Verknüpfungen« 786
   mit InDesign CS3 783
   Optionen festlegen 803–804
   produktionstechnische Fehler 784
   Profil einbetten 805
   Profil erstellen 797
   Profil laden 805
   Profil löschen 805
   qualitative Fehler 784
Preflight-Bedienfeld 668
Preflight-Parameter
   Absatz- und Zeichenformatabweichungen 791
   Abweichungen bei Kerning/Laufweite ignorieren 791
   Abweichungen von Ebenensichtbarkeit 789
   Alle Profilabweichungen 789
   Anschnitt und Infobereich einrichten 796
   Anzahl erforderlicher Seiten 796
   ATC 793

[Preflight-Parameter, Forts.]
   Auf Konturen mit mehreren Druckfarben oder Weiß beschränken 790
   Auf Objekte in der Nähe des Bundes prüfen 790
   Auf Text mit mehreren Druckfarben oder Weiß beschränken 794
   Ausgeblendete Seitenelemente 791
   Ausrichtung ignorieren 796
   Bildauflösung 788
   Bitmap 792
   Cyan-, Magenta- und Gelb-Platten sind nicht zulässig 787
   Dynamische Rechtschreibprüfung meldet Fehler 792
   Einstellung »Spaltenspanne« wurde nicht berücksichtigt 795
   Erforderliche Größe des Anschnitts 796
   Erforderliche Größe des Infobereichs 797
   Farbabweichungen ignorieren 792
   Geschützte Schriftarten 792
   Glyphe fehlt 792
   ICC-Profil des Bildes 789
   Interaktive Elemente 790
   Kennzeichen für bedingten Text werden gedruckt 794
   Leere Seiten 796
   Maximal zulässige Anzahl Vollton-farben 787
   Mindestkonturstärke 790
   Mindestschriftgröße 794
   Nicht aufgelöste Beschriftungsvariable 795
   Nicht proportionale Schriftenskalierung 793
   Nicht proportionale Skalierung des platzierten Objekts 789
   Nicht verfügbare URL-Verknüpfungen 786
   OpenType CFF 792
   OpenType CFF CID 792
   OpenType TT 793
   OPI-Verknüpfungen 786
   [Passermarken]-Farbe angewendet 788
   Probleme beim Anschnitt/Zuschnitt 790

[Preflight-Parameter, Forts.]
   Profileinstellung kann CMYK-Umwandlung zur Folge haben 789
   Querverweise 794
   Querverweise sind ungelöst 794
   Querverweise sind veraltet 794
   Schriftart fehlt 792
   Schriftschnittabweichungen ignorieren 791
   Seitenformat und Ausrichtung 795
   Seiten gelten als leer, wenn sie nur Musterseitenobjekte enthalten 796
   Seiten gelten als leer, wenn sie nur nichtdruckende Objekte enthalten 796
   Sprachabweichungen ignorieren 791
   Transparenzfüllraum erforderlich 787
   TrueType 793
   Type 1 793
   Type 1 CID 793
   Type 1 Multiple Master 793
   Überdrucken auf Weiß oder [Papier]-Farbe angewendet 788
   Überdrucken in InDesign angewendet 788
   Übersatztext 791
   Unzulässige Farbräume und -modi 787
   Unzulässige Schrifttypen 792
   Verfolgte Änderung 795
   Verwendet Transparenzen 789
   Volltonfarbeinrichtung 787
   Vordefinierte Volltonfarben müssen Lab-Werte verwenden 787
Preflight-Profil 680
Prinergy Refiner 841
Profile zuweisen 740
Proofen 733
   einrichten 865
   Farblaserdrucker 865
Proportionen beibehalten 846
Proxy 854
Prozessfarbe **334**–335, 353
Prüfung durchführen 785
PSD 248
   Bildimportoptionen 255
PSO 736
Punktzunahme → Tonwertzuwachs
Punze 214

Q

Q2ID 813
Quadrat
   aufziehen 174
   aus dem Zentrum heraus 174
QuarkXPress
   Einzug bis hierhin 413, 414
   Entkettungswerkzeug 244
   EPS 247
   erzwungener Blocksatz 419
   Für Ausgabe sammeln 813
   Index 392
   Index-Auszeichnung 816
   Kapitel 386
   Löschen von überflüssigen
      Farben 819
   Maßpalette 48
   Montagefläche 843, 880
   Rahmen 173, 303
   S&B 429
   Schrittweite 242
   Spationierung 400
   Stilvorlage 814
   Tabelle 506, 509
   Tabulator 444
   Tags 230
   Tastaturbefehle 77
   Text ziehen und loslassen 236
   Überprüfen von Absatz- und
      Zeichenformaten 819
   Umfließen 817
   Umfluss 549
   Unterschneidung 400
   Verkettungswerkzeug 244
   Verwendung 286, 824
QuarkXPress-Begriff
   Beschneidungspfad 816
   Focoltone-Farbe 816
   Musterseite 815
   S&B 816
   Text mit Schatten 815
Querverweis 659, 694
   aktualisieren 669
   alle Querverweise aktualisieren
      679
   anlegen 659
   auf Absatz 661
   bearbeiten 669
   benutzerdefinierter 694
   Darstellung 661
   Format 662

   im Buch 679
   im Textmodus 665
   kopieren 669
   löschen 669
   Quelle 668
   Status 668
   verwalten 668
   Zeichenformat 666
   Ziel 668
Querverweisformat 660, 664
   Absatznr. 665
   Absatztext 665
   Dateiname 665
   definieren 664, 666
   in InCopy 670
   laden 670
   löschen 670
   Name ändern 664
   Name des Textankers 665
   Seitenzahl 665
   Teilabsatz 665
   Vollständiger Absatz 665
   Zeichenformat 665
QuickInfo 49, 88

R

Radieren-Werkzeug 305, 315, 316
Rahmen
   Breite 174
   Breite nachträglich ändern 167
   drehen 178
   erstellen 174
   erstellen eines Quadrats 174
   Farbe zuweisen 344
   für Bilder 172
   für Text 172
   Größe 176
   Höhe 174
   Höhe nachträglich ändern 167
   Inhalt 187
   Kontur 187
   Konturfarbe zuweisen 345
   Konzepte 171–173
   mit Farbe versehen 333
   mit Kontur versehen 174
   mit Tags einblenden 936
   mit Tags versehen 935–936
   nachträglich umwandeln 173
   Pfadpunkte 187
   Position 176
   proportional füllen 270
   scheren 181

   skalieren 182
   teilen 188
   Ursprung 177
   verschieben 182
   zerschneiden 312
Rahmen an Inhalt anpassen 187
Rahmenkanten einblenden 589
Rahmenkanten ausblenden 178
Rahmenumbruch 414
Randsteg 118
Raster im Hintergrund 164
Raster und Hilfslinien-Optionen
   An Dokumentraster ausrichten 164
   Dokumentraster 164
   Grundlinienraster 165
Raster von Objekten erstellen 198
Rasterweite 851
Rasterwinkel 851
Rausatz 426
Rauschen (Effekt) 364
Raw 87
RC4-Standard 894
Rechteckrahmen-Werkzeug 172
Rechtsbündig 419
Rechtschreibfehler 611
Rechtschreibprüfung 93
   dynamische 607
   manuelle 605
Rechtschreibung 602
Reduzierungsvorschau 776–782, 777
Reduzierungsvorschau-Bedienfeld
   62, 777
Regenbogen 558
Registerhaltigkeit 420, 424
Registerkartengruppen → Bedien-
   feldstapel
Reguläre Ausdrücke 711, 713
Relativ farbmetrisch 733
Rendering-Intent 255, 732–734
   absolut farbmetrisch 732
   fotografisch 732
   relativ farbmetrisch 733
   sättigungserhaltend 733
Renderingpriorität 255
Ressort → Abschnitt
RGB 334
Richtungspunkt 305
   umwandeln 314
RIP 746, 851
Rollenoffset 739
Rotationspunkt
   verschieben 179, 181

Rotationswinkel 179
RTF 230, 502
Rückenheftung 873, 876
Run Lengh 883

S

Saturation 733
Satzspiegel 118, 374
   ändern 168, 170
S&B 429
Schatten
   nach innen 368
   x-Versatz 364
Schattierung 369
Schein
   nach außen 368
   nach innen 368
Scheren-Werkzeug 181
Schere-Werkzeug 312
Schlagschatten **365**–368, 573
   Aussparung 767
   hart 366
   harter Schatten und Downsampling 758
Schlagschatten-Technik
   Präzise 365
   Weicher 365
Schmuckfarbe 334
Schnell anwenden 69, 493, 572, 640
Schnelle Anzeige 768
Schnittmarken 885
   drucken 846, 862
Schnittmaske 328
Schöndruck 875
Schrift 723
   ersetzen 827
   fehlende 823, 831
   in einer Grafik 826
   in Pfade umwandeln 327
   nicht geladene 823
   serifenlose 422
   verzerren 401
Schriftart
   drucken 854
   kopieren 834
   suchen 820, 827
Schriftart suchen-Optionen
   Anzahl der Zeichen 826
   Beschränkungen 825
   Formatanzahl 826
   Formate 826

Formate neu definieren, wenn »Alle ändern« gewählt wird 820, 826
   Pfad 825
   Typ 825
Schriftauszeichnung
   Index 816
Schriftfamilie 409
Schriftformat 825
Schriftgießer-Regel 119
Schriftgrad 390
Schriftschnitt 390, 409
Schriftsippe 119
Schrift und Tabellen 390, 409, 417, 431
Schriftversion 825
Schrittweise nach hinten 200
Schrittweise nach vorn 200
Schrittweite 166
Schusterjunge 432, 434
Schwarz
   aussparend 774
   nicht überdruckend 784
Schwarzdarstellung 771
Schwarzdichte 766
Schwarz-Sättigung verringern 781
Schwerkraft 558
Schwungschrift 395
Sechstelgeviert 404
Seite
   blättern 73
   direkt ansteuern 73
   duplizieren 138
   einfügen 132
   einrichten 840
   in Bibliothek ablegen 702
   in einem Dokument auswählen 73
   in Fenster einpassen 72
   löschen 133
   nach dem Verschieben löschen 137
   Seitenformat bearbeiten 134
   Seitenformat zuweisen 133
   verschieben 136
   von einem Dokument übernehmen 137
Seitenabfolge 676
Seiten-Bedienfeld 73–80, 122, **129**–138, 373, 387, 777, 843
   Bedienfeldoptionen 130
   Darstellung verändern 132
   Miniaturen einblenden 131

Seitenformat 118, 129, 845
   bearbeiten 134
   unterschiedliche Größe anlegen 126–127
   zuweisen 133
Seitenformatänderung
   Ausrichtung 127
   Benutzerdefiniertes Format 127
   Layoutanpassung aktivieren 127
   Musterseitenüberlagerung anzeigen 127
   Objekte werden mit Seite verschoben 127
Seiteninformationen
   drucken 847, 862
Seitenlücke 675
Seitennummerierung 387
   automatische 673
Seitenposition 846
Seitenspiegel 118
Seitensteg 585
Seitenübergang 131
Seitenumbruch 415, 433
Seitenverweis
   Art 692
   neuer 693
Seitenwerkzeug 65, 126
Seitenzahl 118, 372, 665
   aktuelle 412
   automatische 376, 412
   duplizieren 377
   nächste 412
   vorherige 412
Seitenzahlen und Abschnittsnummerierung
   automatisch aktualisieren 676
Separation 851
Separationsvorschau 780
Separationsvorschau-Bedienfeld 62, 354, 780
   Einzelplatten in Schwarz anzeigen 781
Separationsvorschau-Optionen
   Einzelplatten in Schwarz anzeigen 781
   Schwarz-Sättigung verringern 781
Setzer
   Adobe Absatzsetzer 819
   Adobe-Ein-Zeilen-Setzer 819
Sichtbare Hilfslinien und Grundlinienraster drucken 844

Sichtbarkeit 634
Signatur 876
Silbentrennung 418, 612
   definieren 612
   dokumentenspezifische Ausnahmen verwenden 835
   nur dokumentenspezifische Ausnahmen für Silbentrennung verwenden 614
   verpacken 613
Silbentrennungswörterbuch 812
Silbentrennzone 426, 819
SiteCatalyst NetAverages 99
Skalieren-Werkzeug 181
Skalierung 390
   als 100 % neu definieren 217
   für Unterlängen 479
   horizontal 401
   Punkt verschieben 181
Skalierungsprozentsatz anpassen 265
Skripte
   AdjustLayout 168
   CornerEffects 190
   CropMarks.jsx 924
   Smooth Shades 751, 855
Snippet 493, 707
   an Cursorposition einfügen 708
   an Originalposition einfügen 708
   einfügen 707
   erstellen 707
   exportieren 493, 707
   Kompatibilität 708
   per Drag & Drop erstellen 707
   platzieren 493, 707, 708
   über Exportieren erstellen 707
   Voreinstellungen 708
Sonderfarben 334
Sonderzeichen
   einfügen 376, 382, **406**, 408, 413, 414, 442, 534
Sortieren 842

Spalte 435, 506
   anlegen 123
   Anzahl verändern 514
   auswählen 512
   einfügen 516
   gleichmäßig verteilen 518
   löschen 516
   unregelmäßige Spalteneinteilung 168

Spaltenbreite 516, 530
   verändern 513
Spaltenhilfslinien sperren 169
Spaltenkontur 525, 540
   im Vordergrund 525
Spaltenrand 585
Spaltenspanne 435
Spaltenumbruch 414, 433
Speicherformate
   AI 249
   BMP 249
   DCS 248
   EPS 248
   GIF 248, 249
   JPEG 248
   PDF 248
   PSD 248
   RTF 230
   TIFF 248, 289
Speicherpfad
   auslesen 292
Sprache 602
Standardflächen 345
Standard-Grafikrahmenformat 577
Standardkontur 345
Standardobjektformat 577
Standardordner
   für Bildverknüpfung wählen 295
Standard-Textrahmenformat 577
Standardvariablen 646
Standardzahlenformat 397
Standbogen 843
Stanzform 844
Stapel lösen 112
Stapel-Umbenennung 111
Startseitennr. 122, 167
Statische Beschriftung 280
Statusleiste 73
Steg 119, **123**, 129
   anlegen 123
Stege und Spalten 168
   Layoutanpassung aktivieren 168
Steuerung-Bedienfeld 48, **51**–80, 166, 176, 184, 264, 265, 344
   Ausrichten von Objekten 204
   in Verbindung mit Objekten 51
   in Verbindung mit Tabellen 52
   in Verbindung mit Text 52–53
   Konfiguration 53
   Manipulation 51
Tabellenformatierung 513, 518
Zeichen 389

Steuerzeichen 412, 415
   löschen 415
Story Editor 243
Strich 405, 815
Strukturfenster 936
Subsampling 853, 882
Subset → Font-Untergruppe
Suchen 591
   alle ändern 594
   alle ignorieren 606
   alle Leerräume 595
   ändern in 593
   ausgeblendete Ebenen einbeziehen 593
   formatierte Texte 599
   Fußnoten einbeziehen 593
   ganzes Wort 594
   gelöschte Wörter 609
   gesperrte Ebenen einbeziehen 593
   gesperrte Textabschnitte 593
   Glyphe 591, 600
   GREP 591
   Inhalt der Zwischenablage, formatiert 595
   Inhalt der Zwischenablage, unformatiert 595
   kombinierte Text/Format-Suche 599
   Musterseiten einbeziehen 593
   Objektformat 575
   Suchen nach 592
   Text 591
   Textvariable 594
   weitersuchen 594
Suchen/Ersetzen 494, **575**, 591, 592, 712
   durchsuchen 495
SWOP 744
Symbole 408
Synchronisierungsoptionen 678

T

Tabelle
   abwechselndes Muster 525
   aktualisieren 543, 548
   anlegen 507
   aus formatiertem Text 508
   auswählen 512, 513
   bearbeiten 512
   Begrenzungslinien 515
   Begrenzungslinien ausblenden 519
   Bild in Zelle 532

Bild platzieren 528
diagonale Linie 530
Drag & Drop 510
einfügen **506**–510
eingebundene Grafiken einschließen 511
einrichten **524**–525, 540
Fläche 541
formatieren 512
für das Web 533
Grundlinienraster 521
importieren 506–510
Importoptionen 545
Inhalte auf Zellen beschneiden 528
in Text umwandeln 509
Kontur 525
Platz gleichmäßig verteilen 513
roter Punkt 509, 516
Spalte auswählen 512
Spalte einfügen 516
Spalte löschen 516
Spalten gleichmäßig verteilen 518
Tabellenabmessungen 522
Tabellenkopf und -fuß 521, 527
Textabschnitt 431
Text in Tabellen umwandeln 508
umbrechen 530
Umbruchoptionen 530
Verknüpfung 543
Zeile auswählen 512
Zeile einfügen 516
Zeile löschen 516
Zeilen gleichmäßig verteilen 518
Zeilenhöhe 516
Zellenoptionen 527
Zellen verbinden 518
Zelle teilen 518
Tabelle-Bedienfeld 515
Tabellenabstände 525
Tabellenbereiche 539
Tabellenbreite 507
Tabelleneinstellungen 524
Tabellenformat
 einrichten 538
 erstellen 539
Tabellenformate-Bedienfeld 537
Tabellenfuß 521, 527
Tabellenfußzeile 507, **522**, 538
Tabellenkopf 521, 527
Tabellenkopfzeile 506, **522**, 538
Tabellenkörperzeile 538

Tabellenoptionen 514
Tabellenrahmen 524
Tabellenstruktur 538
Tabellenzelle
 mit Tabellen füllen 533
Tabulator 416, 441
 dezimal 443
 duplizieren 444
 einblenden 504
 Füllzeichen 443
 für rechte Ausrichtung 416
 in Tabellen 534
 löschen 444
 mit Unterstreichung 444
 rechtsbündig 443
 setzen 443
 skalieren 413
 über Menü 413
 wiederholen 444
Tabulatoren-Bedienfeld
 über Textrahmen positionieren 444
TAC → Gesamtfarbauftrag
Tagged-Text-Format 227
Tag-Marken einblenden 937
Tags
 alle Textformate laden 941
 anlegen 934–935
 Formate zuordnen 936
 nach Name zuordnen 942
 zu Formaten zuordnen 942
Tastaturbefehl
 anlegen 77
 Arbeitsbereich 62
 definieren 78
 für Format anlegen 459
 Kontext 78
Tastaturkürzel
 Aufrufen der Pfadwerkzeuge 305
 einfügen und löschen von Zeilen und Spalten 517
 Trennzeichen 407
TC9.18RGB.tif 864
Technik 365
Teilabsatz 665
Text
 fetter 762
 formatiert einfügen 223
 gegen Bild austauschen 596
 in Notiz umwandeln 623
 in Tabelle 528
 in Tabelle umwandeln 508, 519

 kopieren 222
 korrigieren 591
 markieren 235
 Markieren einer Zeile 235
 Markieren eines Absatzes 235
 Markieren eines Wortes 235
 mit Farbe auszeichnen 333
 platzieren 222
 rosarot 824
 schreiben 222
 suchen 591
 umfließen 549
 wortweise markieren 235
 zeichenweise markieren 235
 ziehen und loslassen 91
Textabschnitt 235, 431
 gesperrter 593
Textanker 663
 anlegen 663
Text auf Pfad 557
Text auf Pfad-Werkzeug 557
Text aus Pfad löschen 559
Textbearbeitungsmodus 222
Textdatei
 verknüpfen 301
Textdrehung 528
Textfluss 244
 Rahmen löschen 244
 steuern 246
 vollautomatisch 246
Textformatierung
 Pipette 454
Text-Import-Filter 224
Textimportoptionen 228
Text in Schwarz drucken 848
Textmarke 221
Textmodus 243, 637
Text-platzieren-Symbol 225, 245, 246, 251
Textrahmen 172
 aus Textfluss löschen 244
 auswählen 142
 duplizieren ohne Übersatz 246
 Grundlinienraster 241
 konstruieren 556
 mit Effekt versehen 572
 verformen 556
 verketten 244
 verknüpfen 244
 verknüpfen, manuell 246
 Verschieben im Textbearbeitungsmodus 222

vertikal ausrichten 240
Textrahmenoptionen **238**–240, 528
	aufrufen 238
	für mehrere Rahmen festlegen 239
Texttabelle 503
Textvariable 594, 646
	Änderungsdatum 647
	Ausgabedatum 647
	benutzerdefinierter Text 653
	Dateiname 647, 650–651
	Datumsvariablen 648
	definieren 648
	einsetzen 647
	Erstellungsdatum 647
	in Text konvertieren 658
	Kapitelnummer 652, 674
	laden 658
	letzte Seitenzahl 647
	löschen 657
	neu anlegen 648
Text-verketten-Symbole 245
Textverkettungen einblenden 245, 589
Textverknüpfung 543
Textwerkzeug 52, 221
	Tabellen 506
Textwerkzeug wandelt Rahmen in Textrahmen um 173
Text ziehen und loslassen 236
Themenstufe 692
Tiefenkompensierung 736
Tiefschwarz 349, 774, 781
TIFF 248
	Bildimportoptionen 254
	Vorschau verwenden 257
TIFF-B 746
TIFF-G 746
Tilde eingeben 613
Titelschriftvarianten 395
Tonwertzuwachs 737, 739
Total amount of color → Gesamtfarbauftrag
Transformation 176
	wiederholen 217
Transformieren-Bedienfeld 158, 176, 184
Transparenter Bereich
	rastern 744
Transparenz 753
	Live-Transparenz 743

OPI 761
reduzierte 741
überprüfen 777
und Volltonfarben 760
Transparenzfüllraum 744, 851
Transparenzprobleme
	verhindern 761–762
Transparenzreduzierung 891
	bei deaktiviertem Farbmanagement 744
	DCS-Workflow 761
	Optionen 742
	und Volltonfarben 762
Transparenzreduzierungsvorgaben 758–762, 776, 903
	Optionen 759
Trapping 763, 852
Trennbereich 426
Trennstrich 405, **406**, 426
	bedingter 406
Trennung verhindern 407
Trennzeichen 406, 508
Treppenstufe 558
TrimBox 847
Truematch 816
TrueType 824
Type 0-Font 792
Type 1-Schrift 724, 824
Type 2-Font 793
Typische Anzeige 768
Typografische Anführungszeichen verwenden 512

U

Überdrucken 763, 767, 819
	simulieren 773, 853, **887**, 894
	von Schwarz 772
Überdruckenvorschau 150, 160, 258, 341, **771**
	aktivieren 762, 774
Überfüller → Anschnitt (für Österreicher)
Überfüllung 763
	Abschlussformat 766
	Adobe In-RIP 764
	anwendungsintegriert 764
	Ausgabe 852
	Bilder intern 766
	Bilder mit Bildern 766
	Eckenformat 765
	Erscheinungsbild 765

festlegen über Druckdialog 764
	Objekte mit Bildern 766
	Reduktion der Überfüllfarbe 767
	schwarze Farbe 766
	von Pixelbildern 766
	Vorgehen 763
Überfüllungsabfolge 354
Überfüllungsbreite 764, 765
Überfüllungsgrenzwerte 766
Überfüllungsoptionen
	Abschlussformat 766
	Eckenformat 765
Überfüllungsparameter 764
Überfüllungsplatzierung 766
Überfüllungsvorgaben 764, 766
	in einer PDF-Datei 766
	laden 764
	zuweisen 764, 767
Überfüllungsvorgaben-Bedienfeld 764, 765
Überfüllungsvorgabenoptionen 765
Übergriff 364, 766
Übernahme
	von formatierten Texten aus InDesign 227
	von Formatvorlagen aus MS-Word 222
	von Textdumps aus Datenbanken 227
	von unformatierten Texten 226
	von vorformatierten Texten 226
Überprüfung von Dokumenten auf Basis von PDF 913
Übersatztext 529, 600, 791
	in Tabellenzelle 243
	in Zellen 518
Übersatzpunkt 509
Überschrift
	automatisch nummerierte 643
Überspringen 606
Überstrahlen 763
UE 289
Umbenennen
	über Adobe Bridge 111
Umbruch
	Absatzumbruch 416
	bedingter Zeilenumbruch 416
	einfügen 414
	für gerade Seite 415, 416
	für ungerade Seite 415, 416
	harter Zeilenumbruch 416
	Optionen 433

Rahmenumbruch 416
Regeln 433
Seitenumbruch 416
Spaltenumbruch 416
Umfließen 549, 817
Umgekehrte Reihenfolge 842
Unformatiert einfügen 223
Unformatierter Text mit Tabulatortrennzeichen 511
Unformatierte Tabelle 511, 545
Unicode 601, 726
Unicode-Format UTF-8 229
Unscharf 762
Unterfarbe
 scheint durch 774
Untergruppe 705
 anzeigen 705
Unterschneidung 400
Unterstreichung 398
 für Tabulator 444
Unterstreichungsoptionen 399
Unterteile Spalte 435, 436
Unterverknüpfung
 aktualisieren 293
 Auslesen der Anzahl 293
Ursprung 92
ÜS 794

V

Vakatseiten 844
Variable
 einfügen 657
 verwalten 657
VBScript 932
Vektorgrafik
 glätten 762
Verankerte Position 585
Verankertes Objekt 500, **576**, 632
 Bezugspunkt 585
 einfügen 580, 588
 in Marginalspalte 586
 lösen 590
 manuelle Positionierung verhindern 583
 Marke für 635
 Optionen 581
 über Zeile 582
Verankerungsbereich 48
Verbindung unterdrücken 398
Verborgene Zeichen einblenden 416, 504, 589
Verdrängung 876

Verketten-Werkzeug 65
Verknüpfte Dateien anzeigen 110
Verknüpfte Grafik kopieren 834
Verknüpfung 286, 287
 aktualisieren 289, **295**, 544, 832
 anzeigen 295
 aufheben 301, 544
 Bearbeiten mit 302
 einbetten 299
 fehlende 288
 fehlende vor dem Öffnen des Dokuments suchen 94
 Im Explorer anzeigen 302
 Im Finder anzeigen 302
 In Bridge anzeigen 302
 mit Excel 511
 mit Format aufheben 491
 modifizierte 289
 überprüfen 294
 vor dem Öffnen des Dokuments überprüfen 94
Verknüpfungen-Bedienfeld 287, **288**, 292, 295, 544, 814
 Dateierweiterung erneut verknüpfen 297
 Erneut mit Ordner verknüpfen 297
Verknüpfungsinformationen anzeigen 288
Verlauf
 anwenden 67, 345
 erstellen 338–340
Verlauf-Bedienfeld 66
Verlaufsfarbfeld-Werkzeug 66
Verlaufsfeld
 einblenden 333
 neues erstellen 338
Verpacken 613, **830**, 833
Versalie 391
Versalziffer
 für Tabellen 397
 proportionale 397
Versatz 845
Verschachteltes Absatzformat 470
Verschachteltes Format 479–482, 496
 hier beenden 479
 wiederholen 481
Verschachteltes Zeilenformat 483
Version Cue 593, 671
Vertikale Ausrichtung 240, 528
Vertikaler Keil 240

Vertikale Skalierung 401
Vertikale Stege 71, 93
Verzerren 558
Viertelgeviert 404
Viertelsatz 404
Vollauflösende TIFF-Ausgabe 854
Volleinbettung 854
Volltonfarbe 334, 335, **341**, 353, 780
 in Prozessfarbe umwandeln 354
 mappen 354
 Standard-Lab-Werte verwenden 354
Volltonfarbeinrichtung 787
Voreinstellungen → InDesign-Voreinstellungen
Vorhandene Formatdefinition 497
Vorschau-Ansicht 839
Vorschau-Modus **67**, 72, 769
VT 794

W

Wagenrücklauf 229
Wahrnehmungsorientiert 732
WCS 732
Weiche Kante 369
Weiche Verlaufskante 370
Weiche-Verlaufskante-Werkzeug 66, 348
Weiße Linien im PDF 762
Weißpunkt
 an den Zielfarbraum anpassen 732
Weißraum 402, 403
Weiß überdruckend 784
Weitersuchen 496, 594
Werkzeug 64
 Ankerpunkt hinzufügen 310
 Ankerpunkt löschen 310
 Auswahl 64, 185
 Buntstift 65, 305
 Direktauswahl 64, **185**–187
 Drehen 66
 Ellipse 65
 Fläche 333
 Freihand 315–317
 Frei Transformieren 66, 182
 Gitter (Illustrator) 759
 Glätten 65, 305
 Gruppenauswahl 214
 Hand 67, 75, 76
 Inhaltsauswahlwerkzeug 185
 Kontur 333

Linienzeichner 65, 317
Lückenwerkzeug 65
Pipette 66, 454
Radieren 65, 305
Rechteck 65, 171, **173**
Rechteckrahmen 65, 171
Richtungspunkt umwandeln 310
Schere 66, 188
Scheren 181
Seitenwerkzeug 65, 126
Skalieren 66
Text 52, 65, **172**
Verlauf 66
Verlaufsfarbfeld 346
Weiche-Verlaufskante 348
Zeichenstift 65, **188**, 305
Zoom 67, 74, 75
Werkzeug-Bedienfeld 48–50, **64**–80, 160, 333, 769, 824, 882
   umschalten 50
   verschiebbar 51
Werkzeughinweise 210
Wert
   berechnen 61
   eingeben 61
White Framing 767
Widerdruck 875
Wiederholte Textelemente kopieren 941
WoodWing 548
Word-Dateien
   platzieren 451
Word-Import 498
   Bilddaten 500
   eingebundene Grafiken importieren 500
   Filter 498
   Formatierung entfernen 500
   Formatimport anpassen 501
   manueller Seitenumbruch 500
   Word-Liste 501
Wortabstand ändern 428
Wörterbuch 602, 812
   bearbeiten 608
   hinzugefügte Wörter 609
   ignorierte Wörter 609
Wörterbuchliste 609, 613
Wortlisten
   exportieren 610
   importieren 610
Wort nicht trennen 407
Wortzwischenraum 376

X

XML 543, 893
   ab ausgewähltem Element exportieren 939
   anhängen 232
   anhängen beim Import 232
   anzeigen mit 939
   CALS-Tabellen 234
   exportieren 933–937, 938
   importieren 941
   Importoptionen 232
   Inhalt zusammenführen 232
   neues Attribut 938
   neues übergeordnetes Element 938
   Regelsätze 932–933
   Tags im Textmodus betrachten 937
   XSLT Transformation 233
XML-Struktur 930–932
XMP 114
XPert-Tools 158
XPress-Tagged-Text 929
XPress-Tags 230
X-Rite 865
XSLT 233, **932**, 939
   anwenden 232, 939
   Version 1 233
Xtags 227

Z

Zahlenplatzhalter
   einfügen 645
Zähler und Nenner 397
Zeichenabstand 428
   ändern 429
Zeichen-Bedienfeld 389
Zeichenfarbe 464
Zeichenformat 391, 456, 459, **463**, 465, 665
   abweichendes 467
   alphabetisch formatieren 462
   ändern 467
   anlegen 463
   anordnen 462
   anwenden 466
   aus Dokumenten übernehmen 496
   aus Text erstellen 470
   basiert auf 459
   duplizieren 468
   erstellen 465
   Fläche überdrucken 464
   für Querverweis 666–667
   Kontur überdrucken 465
   Kopie und Original 462
   laden 496
   löschen 469
   neue Gruppe aus Formaten 462
   neues erstellen 458, 463, 491
   [Ohne] 463
   Optionen 467
   Ordner 462
   Pluszeichen 467
   sortieren 462
   Tastaturbefehl 459
   Zeichenfarbe 464
Zeichenformatierung
   Brüche 395
   durchstreichen 392
   Durchstreichungsoptionen 398
   hochgestellt 391, 397
   Kapitälchen 391, 396
   Kerning 400
   kontextbedingte Varianten 395
   Laufweite 400
   Layout-Feature 394
   Mediävalziffer 397
   Ordinalzeichen 395
   Skalierung 401
   tiefgestellt 391, 397
   unterstreichen 392
   Unterstreichungsoptionen 392
   Versalziffer 397
Zeichenformatoptionen 469
Zeichenkontur 464
Zeichen sichtbar machen 403
Zeichenstift-Werkzeug 305, **312**–314
   in Direktauswahl umwandeln 308
Zeichenweg 303
Zeile
   Anzahl verändern 514
   auswählen 512
   einfügen 516
   gleichmäßig verteilen 518
   löschen 516
   nicht trennen 433, 629
   umwandeln 522
   vertikale Ausrichtung 528
Zeilenabstand 390
   auf Absatz anwenden 390
   auf ganze Absätze anwenden 91
Zeilenausgleich 428

Zeilenformat 483
    wiederholen 484
Zeilenhöhe 516
    verändern 513
Zeilenkontur 525, 540
    im Vordergrund 525
Zeilenlänge
    Lesbarkeit 119
Zeilenschaltung
    entfernen 229
Zeilentrennzeichen 508
Zeilenumbruch 406
    bedingter 415
    harter 415
Zeilen und Spalten 529
Zeitungspapiere 739
Zelle
    Ausrichtung 511
    Beschneidung 528
    Bilder 532
    drehen 531
    erste Grundlinie 528
    horizontal teilen 518
    teilen 518
    verbinden 514, 518
    vertikal teilen 518
Zellenformat
    erstellen 535
Zellenformate-Bedienfeld 535
Zelleninhalt 531
Zellenkontur 529
Zellenoptionen 514, 527
    diagonale Linie 530
    Kontur und Fläche 529
    Text 528
    Zeile und Spalte 529
Zellenverbindung aufheben 514, 518
Zellenversatz 516, 521, **528**
Zellfläche 529
Zentrieren 419
Ziehen und Ablegen 492
Zielprofil
    einschließen 889
Ziffernleerzeichen 404
ZIP 883
Zoomen 74
    mit Scrollrad 75
    über Auswahlrahmen 76
Zoom-Stufen 75
Zum Kommentieren in Adobe Reader freischalten 914
Zusatzmodule 833
    konfigurieren 47
Zuschnitt 790
Zwischenablage 546

InDesign

Hans Peter Schneeberger
PDF in der Druckvorstufe
PDF-Dateien erstellen, prüfen, korrigieren, automatisieren und ausgeben

Dieses Handbuch erläutert die verschiedenen Standards der PDF-Technologie, erklärt die Erzeugungsmethoden für Druckvorstufen-PDFs und zeigt, wie Sie Ihre PDFs prüfen, korrigieren und ausgeben. Themen sind: Farbmanagement, Schriften, Überfüllungen, Softproofs und Preflight-Checks.

Gehört auf den Schreibtisch eines jeden Content-Produzenten. MACup

826 S., 2008, mit Farbseiten, 69,90 €
ISBN 978-3-89842-673-2
www.galileodesign.de/996

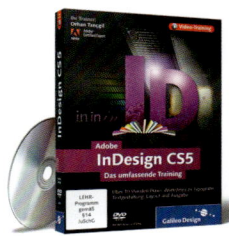

▶ Video-Training

Orhan Tançgil
Adobe InDesign CS5
Das umfassende Training

▸ Die umfassende InDesign-Schulung am Bildschirm
▸ Mit kompletten Layout-Workshops
▸ Zahlreiche Tipps zur Druckvorstufe vom Layout-Profi

DVD, Windows und Mac, 12 Stunden Spielzeit, 39,90 €, ISBN 978-3-8362-1573-2
www.galileodesign.de/2342

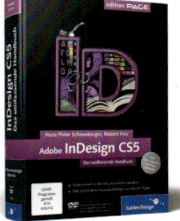

Hans Peter Schneeberger, Robert Feix
Adobe InDesign CS5
Das umfassende Handbuch

▸ Professionell in der Druckvorstufe arbeiten
▸ Mit zahlreichen Praxisworkshops und Insider-Tipps
▸ Ideal auch für Umsteiger von QuarkXPress

Wenn Sie InDesign CS5 in vollem Umfang und professionell nutzen wollen, sollten Sie sich auf dieses umfassende Handbuch verlassen, denn mit seiner Hilfe meistern Sie InDesign CS5 gekonnt. Themen des Buchs: Einstieg in InDesign, Typofunktionen, Formate, Bilder, Buch-Funktionen, GREP, Druckausgabe, XML, Variablen, InCopy.

978 S., mit DVD und Referenzkarte, 59,90 €, ISBN 978-3-8362-1589-3
www.galileodesign.de/2359

Andrea Forst
Adobe InDesign CS5
Schritt für Schritt zum perfekten Layout

▸ Mit praktischen Anleitungen zum Ziel
▸ Lösungen für typische Gestaltungsaufgaben
▸ Visitenkarten, Briefbögen, Flyer, Anzeigen u. v. m. gestalten
▸ Inkl. DVD mit allen Beispieldateien zum direkten Nacharbeiten der Workshops und Video-Lektionen

400 S., mit DVD, 39,90 €,
ISBN 978-3-8362-1592-3
www.galileodesign.de/2360

Karsten Geisler
Einstieg in Adobe InDesign CS5
Werkzeuge und Funktionen verständlich erklärt

Dieses Buch richtet sich an Einsteiger in die Layoutarbeit mit InDesign CS5. Alle wichtigen Themen werden leicht verständlich erläutert: Layout, Mustervorlagen, Formate, Tabellen, Ausgabe. Viele Tipps und zahlreiche Praxisworkshops machen es zu einem unverzichtbaren Begleiter.

450 S., mit DVD, 29,90 €
ISBN 978-3-8362-1587-9
www.galileodesign.de/2352

Neue Funktionen der Creative Suite 5 …
» www.galileodesign.de/CS5

Layout & Typografie

Markus Wäger

Grafik und Gestaltung
Das umfassende Handbuch

▸ Perfekte Drucksachen erstellen: Form, Farbe, Schrift und Bild
▸ Alle Prinzipien und Layouttechniken sicher im Griff
▸ Auflösung, Farbmanagement, Druckverfahren u. v. m.

Was macht eine Drucksache perfekt? Dieses umfassende Praxisbuch zeigt Ihnen, wie Sie mit Form, Farbe, Schrift und typografischen Rastern und Bildern ansprechende Layouts erstellen. Es erwarten Sie wertvolles Hintergrundwissen zur Druckvorstufe sowie zahlreiche Tipps und Tricks aus der Praxis.

620 S., 2010, 39,90 €
ISBN 978-3-8362-1206-9
www.galileodesign.de/1812

Markus Wäger ist Grafikdesigner und Software-Trainer für InDesign, Illustrator und Photoshop. Seine Leidenschaft für Typografie und gutes Design gibt er in zahlreichen Schulungen, Vorlesungen und Artikeln zum Thema weiter.

Aus dem Inhalt
Grundlagen
· Gestaltgesetze der Wahrnehmung
· Formenlehre und Blickführung
· Proportion und Anordnung
· Format und Seitenverhältnis

Farben und Bilder
· Farbräume: RGB, CMYK und Co.
· Farbharmonien und Farbempfinden
· Bildgestaltung, Goldener Schnitt
· Bildwirkung und Bildaussage

Typografie und Satz
· Schriftgeschichte, -arten und -gruppen
· Lesbarkeit, Mikrotypografie, Textgestaltung
· Satzspiegel, Gestaltungsraster

Corporate Design
· Logo, Hausschrift und Hausfarbe
· CD-Manual

DTP-Grundlagen
· Pixel, Vektoren, Auflösung
· Überdrucken und Überfüllen
· Datenübergabe, PDF-Erzeugung
· Druck, Bindung, Veredelung

Claudia Runk

Grundkurs Grafik und Gestaltung
Mit konkreten Praxislösungen

Wer sich zum ersten Mal mit dem Thema Grafik und Gestaltung beschäftigt, hat zahlreiche Fragen. Wo soll man anfangen, wenn man vor einer leeren weißen Seite steht, die »gestaltet« werden will? Dieses verlässliche Praxisbuch führt Sie Schritt für Schritt in die Geheimnisse guter Gestaltung ein. Es zeigt Ihnen, welche Grundregeln es zu beachten gilt und wie sich auf die verschiedenen Bereiche wie Layout, Farbe, Bilder und Schriften angewendet werden können. Mit zahlreichen Beispielen, Vorher-nachher-Vergleichen und praktischen Checklisten!

314 S., 2010, 24,90 €, ISBN 978-3-8362-1437-7
www.galileodesign.de/2157

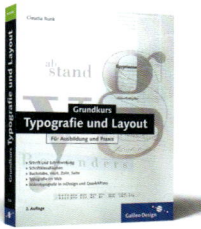

Claudia Runk

Grundkurs Typografie und Layout
Für Ausbildung und Praxis

▸ Das Praxishandbuch zum Nachschlagen
▸ Werten Sie Ihre Printprodukte durch gute Typografie auf
▸ Mit Anwendungsbeispielen in InDesign und QuarkXPress

Besonders gut: die Praxistipps und die vielen konkreten Hilfestellungen
World of Print

320 S., 2. Auflage 2008, 24,90 €
ISBN 978-3-8362-1207-6
www.galileodesign.de/1813

Galileo Press jetzt auch auf facebook

Uwe Koch, Dirk Otto, Mark Rüdlin

Recht für Grafiker und Webdesigner, Ausgabe 2010

Verträge, Schutz der kreativen Leistung, Selbstständigkeit, Versicherungen, Steuern

▸ Die wichtigsten Fragen leicht verständlich erklärt – ohne Juristen-Deutsch
▸ Mit fertigen Vertragsmustern und Checklisten
▸ Aktuell zum Thema Urheberrecht und Barrierefreiheit
▸ Neu: Die wichtigsten Fragen zum Fotorecht beantwortet

417 S., 8. Auflage 2010, 39,90 €
ISBN 978-3-8362-1510-7
www.galileodesign.de/2261

Mac OS X

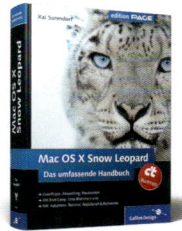

komplett in Farbe

Jörg Rieger, Markus Menschhorn
Das Mac-Buch für Einsteiger

Mit diesem Buch werden Sie schnell und unkompliziert den Umgang mit Ihrem Mac lernen: Dateisystem, iPhoto und iTunes, Datensicherung, Automatisierung, Internet und vieles mehr. Auch für Umsteiger von Windows geeignet.

401 S., 24,90 €, ISBN 978-3-8362-1477-3
www.galileodesign.de/2215

Kai Surendorf
Mac OS X Snow Leopard
Das umfassende Handbuch

Mit diesem Buch lernen Sie, Ihren Mac optimal zu bedienen und zu konfigurieren, sicher Benutzer, Netzwerke und Drucker zu administrieren sowie Aufgaben zu automatisieren und Probleme selbstständig zu lösen.

856 S., 2010, 39,90 €, ISBN 978-3-8362-1475-9
www.galileodesign.de/2213

▶ Video-Training

Jens Martens
Mac OS X Snow Leopard
Das umfassende Training

Mit diesem Video-Training machen Sie sich fit für den Schneeleoparden. Jens Martens, Mac-Profi und Applezertifizierter Trainer, führt Sie mit vielen Tipps durch das Mac-System. Ideal für Einsteiger, die Ihr System endlich richtig kennen lernen wollen.

DVD, Mac und Windows, 14 Stunden Spielzeit, 34,90 €, ISBN 978-3-8362-1503-9
www.galileodesign.de/2241

Für Umsteiger!

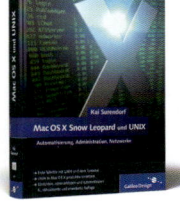

Jörg Rieger, Markus Menschhorn
Das Mac-Buch für Windows-Umsteiger
Aktuell zu Mac OS X 10.6 Snow Leopard

In diesem Buch werden alle Ihre Fragen beim Umstieg beantwortet!

336 S., 2010, 19,90 €,
ISBN 978-3-8362-1495-7
www.galileodesign.de/2237

 Video-Training

Benjamin Bischoff
Das Mac-Training für Windows-Umsteiger
Aktuell zu Mac OS X 10.6 Snow Leopard

DVD, Mac und Windows, 7 Stunden Spielzeit, 29,90 €, ISBN 978-3-8362-1515-2
www.galileodesign.de/2266

Thomas Armbrüster
Einstieg in Mac OS X 10.6 Snow Leopard
Inkl. iTunes und iPhoto '09

▸ Klar strukturiert, gründlich und verständlich
▸ Snow Leopard auf den Punkt gebracht
▸ Inkl. Troubleshooting

417 S., 2010, 24,90 €
ISBN 978-3-8362-1387-5
www.galileodesign.de/2236

Kai Surendorf
Mac OS X Snow Leopard und UNIX
Automatisierung, Administration, Netzwerke

▸ Erste Schritte mit UNIX und dem Terminal
▸ UNIX in Mac OS X produktiv einsetzen
▸ Einrichten, administrieren und automatisieren

556 S., 5. Auflage 2010, mit Referenzkarte, 39,90 €, ISBN 978-3-8362-1476-6
www.galileodesign.de/2214

Alles zum Thema Mac & iLife
» www.galileodesign.de/mac

Photoshop

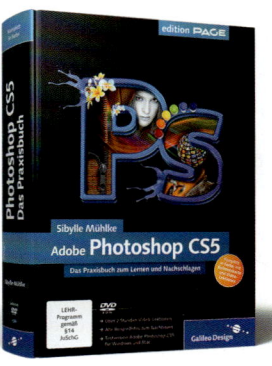

Sibylle Mühlke
Adobe Photoshop CS5
Das Praxisbuch zum Lernen und Nachschlagen

- Topseller in aktualisierter Neuauflage
- Umfassendes Lern- und Nachschlagewerk
- Inkl. Referenzkarte und DVD mit Video-Lektionen
- Großer Infoteil mit Tastenkürzeln, Insidertipps u. v. m.

1150 S., mit DVD und Referenzkarte, 49,90 €, ISBN 978-3-8362-1586-2, Sept. 2010
www.galileodesign.de/2353

Dieses Handbuch hat sich zum Ziel gesetzt, alles nötige Wissen rund um Photoshop CS5 für Sie aufzubereiten und leicht zugänglich zu präsentieren. Komplett in Farbe, mit DVD, Referenzkarte, Infoteil, Glossar und Zusatzinfos im Web – hier finden Sie immer, was Sie brauchen!

Aus dem Inhalt:
- Was ist neu in Photoshop CS5?
- Nützliche Helfer, Tipps und Tricks
- Kontraste, Helligkeit und Schärfe
- Farbkorrektur und Gradationskurven
- Camera Raw, Adobe Bridge
- Reparatur und Retusche
- Ebenenmasken und Ebenenstile
- Smartfilter und Smart-Objekte
- Text und Pfade
- Automatisierung, Farbmanagement
- Ausgabe für Druck und Web
- Troubleshooting, Glossar
- Werkzeuge und Tastenkürzel

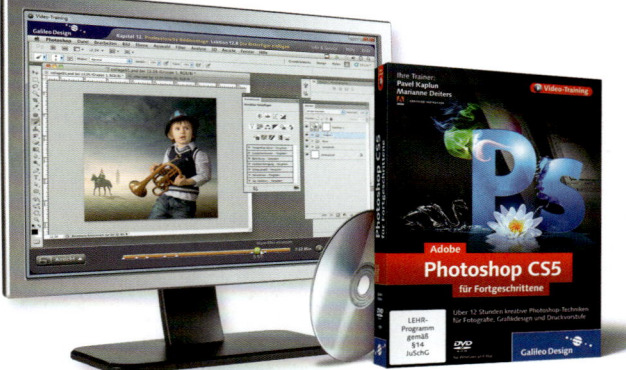

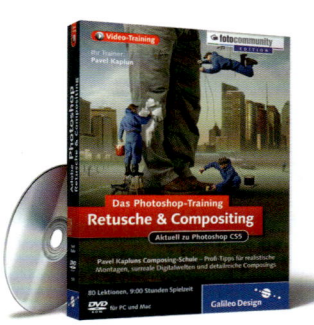

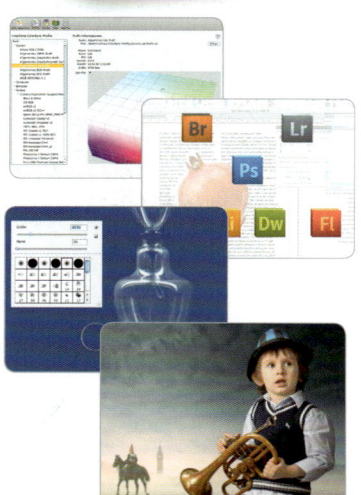

▶ **Video-Training**

Pavel Kaplun, Marianne Deiters
Adobe Photoshop CS5 für Fortgeschrittene

Sie möchten Photoshop CS5 endlich richtig beherrschen und suchen Rezepte für einen effizienten Workflow? Dann liegen Sie mit diesem Training genau richtig. Der bekannte Fotokünstler Pavel Kaplun und die Grafikdesign-Expertin Marianne Deiters zeigen Ihnen anschaulich, wie Sie Photoshop CS5 professionell einsetzen. Mit vielen Tipps auch zur Arbeit in der Druckvorstufe.

DVD, Windows und Mac, 12 Stunden Spielzeit, 39,90 €, ISBN 978-3-8362-1570-1
www.galileodesign.de/2341

▶ **Video-Training**

Pavel Kaplun
Faszinierende Composings mit Photoshop
Aktuell zu Photoshop CS5

- Die Composing-Schule zum Zuschauen und Mitmachen
- Professionelle Retusche- und Freistellungstechniken
- Alle Übungsbilder auf DVD

DVD, Windows und Mac, 1c Stunden Spielzeit, 39,90 €, ISBN 978-3-8362-1579-4, Sept. 2010
www.galileodesign.de/2350

Photoshop

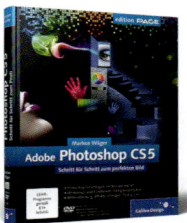

▶ Video-Training

Marc Wolf
Adobe Photoshop CS5 – Die Grundlagen
Der perfekte Einstieg in die Bildbearbeitung mit Photoshop CS5

Ihr persönlicher Trainer Marc Wolf zeigt Ihnen, wie Photoshop CS5 funktioniert und wie Sie es richtig bedienen. Sie lernen, mit Ebenen und Masken umzugehen, Farbakzente zu setzen und spannende Photoshop-Effekte in Ihre Bilder einzufügen. Schauen Sie Ihrem Trainer live über die Schulter!

DVD, Windows und Mac, 10 Stunden Spielzeit, 34,90 €, ISBN 978-3-8362-1569-5
www.galileodesign.de/2373

▶ Video-Training

Alexander Heinrichs
Kreative Fotomontagen mit Photoshop
Aktuell zu Photoshop CS5

▸ Dem Fotodesigner über die Schulter geschaut
▸ Fotografische Spezialeffekte zum Nachbauen
▸ Photoshop-Techniken, mit denen Sie Ihre Zuschauer verblüffen

DVD, Windows und Mac, 8 Stunden Spielzeit, 39,90 €, ISBN 978-3-8362-1580-0, Sept. 2010
www.galileodesign.de/2371

Markus Wäger
Adobe Photoshop CS5
Schritt für Schritt zum Profi

Dieses Workshopbuch erklärt Adobe Photoshop CS5 anhand von attraktiven Praxisbeispielen und löst so typische Anwenderprobleme. Schritt für Schritt werden alle wichtigen Themen behandelt: Fotofunktionen, Retusche, Malen, Text, Freistellen, Auswählen, Masken, Filter, Muster, Ausgabe u. v. m.

440 S., mit DVD, 39,90 €,
ISBN 978-3-8362-1590-9
www.galileodesign.de/2357

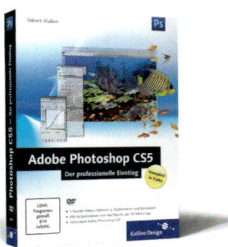

Robert Klaßen
Adobe Photoshop CS5 – Der professionelle Einstieg

Mit diesem Buch meistern Sie den Einstieg in Photoshop CS5 und legen sofort los mit den wirklich interessanten Themen wie Bildkorrektur, Retusche, Beleuchtungs- und Farboptimierung, der Automatisierung und der Ausgabe.

Die Themen:
· Bilder importieren & verwalten
· Freistellen und auswählen
· Ebenen, Filter, Pfade
· Fotobearbeitung & Retusche
· Camera Raw, Panoramen
· Ausgabe für Druck und Web

459 S., mit DVD, 24,90 €,
ISBN 978-3-8362-1561-9
www.galileodesign.de/2355

Photoshop

Maike Jarsetz

Das Photoshop-Buch für digitale Fotografie

Aktuell zu Photoshop CS5

- Das erfolgreichste Lösungsbuch zu Photoshop
- Fotos bearbeiten Schritt für Schritt – mit Vorher-nachher-Technik
- Mit Lösungsbildern und über 1 Stunde Video-Lektionen auf DVD

Maike Jarsetz ist ausgebildete Fotografin, Grafikdesignerin, Beraterin und Trainerin. Sie ist Adobe Certified Expert für Photoshop, InDesign und Illustrator.

Mit diesem Buch lösen Sie Ihre Fotoprobleme, denn es zeigt Ihnen, wie Sie als Fotograf mit Photoshop das Beste aus Ihren Bildern herausholen. Die kurzen und prägnanten Schritt-für-Schritt-Anleitungen können Sie direkt mit den Beispielbildern von der Buch-DVD nacharbeiten – ›learning by doing‹ unter Anleitung der Fotografin und Photoshop-Expertin Maike Jarsetz! Es wird der gesamte fotografische Workflow behandelt: von der Bildorganisation über die Fehlerkorrektur und Optimierung bis hin zur Stilisierung und schließlich zur Ausgabe der Fotos.

520 S., mit DVD, 39,90 €, ISBN 978-3-8362-1647-0
www.galileodesign.de/2433

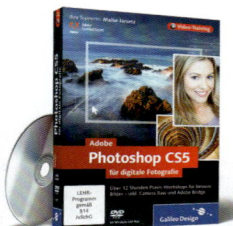

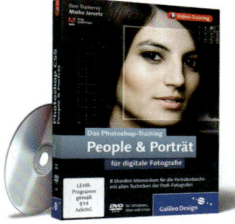

Maike Jarsetz

Adobe Photoshop CS5 für digitale Fotografie

- Über 100 Workshops
- Lösungen für alle Foto-Probleme
- Alle Werkzeuge Film für Film erklärt

Suchen Sie nach schnellen Wegen, um Schärfe, Belichtung und Farbe zu korrigieren? In diesem Training zeigt Ihnen die Photoshop-Expertin Maike Jarsetz Film für Film, wie alles aus Ihren Bildern herausholen. Lernen Sie direkt am Bildschirm, wie Sie RAW-Dateien entwickeln, HDR-Bilder erstellen und die wichtigsten Photoshop-Funktionen für Fotografen optimal nutzen können.

DVD, Windows und Mac, 12 Stunden Spielzeit, 39,90 €, ISBN 978-3-8362-1577-0
www.galileodesign.de/2369

Maike Jarsetz

Das Photoshop-Training für People und Porträt

Aktuell zu Photoshop CS5

So werden Ihre Porträtfotos perfekt! Mehr Ausdruck und Schönheit, feinerer Teint und bessere Proportionen – in diesem Training zeigt Ihnen die Foto-Expertin Maike Jarsetz die ganze Kunst der Porträtretusche. Schauen Sie einfach zu und lernen Sie, wie Sie mit Photoshop Haut und Haar retuschieren, Gesichter verschönern, Figurprobleme lösen und Ihre Peoplefotos optimal finishen.

DVD, Windows und Mac, 8 Stunden Spielzeit, 39,90 €, ISBN 978-3-8362-1578-7, September 2010
www.galileodesign.de/2370

Maike Jarsetz

Das Photoshop-Buch People und Porträt

Inkl. Beauty- und Glamour-Retusche

Der Intensivkurs für die Bearbeitung von Peoplefotos und Porträts in Photoshop! Lernen Sie an vielen kleinen Praxisbeispielen Schritt für Schritt alle Techniken der Porträtretusche kennen. Setzen Sie die erlernten Techniken an realen Projekten aus der Praxis eines Porträtfotografen um, und geben Sie Ihren Bildern den richtigen Feinschliff, von der Wahl des Bildausschnitts bis zur angepassten Schärfung. So entwickeln Sie das nötige Fingerspitzengefühl für die Porträtretusche.

433 S., 2010, mit DVD, 39,90 €
ISBN 978-3-8362-1056-0
www.galileodesign.de/1505

Digitale Fotopraxis

Jacqueline Esen
Digitale Fotopraxis.
Rezepte für bessere Fotos

- Der Einstieg in die digitale Fotografie
- Besser fotografieren, Fotoprobleme meistern
- Motive sehen, Bilder gestalten
- Eigene Fotoprojekte verwirklichen

Dieses Buch bietet praktische, problemorientierte Anleitungen, um die digitale Fotografie in den Griff zu bekommen. Die Fotografin Jacqueline Esen gibt Ihnen wertvolle Tipps, wie Sie bessere Bilder machen und eigene Fotoprojekte realisieren können. Lernen Sie, schwierige Aufnahmesituationen sicher zu bewältigen, und schärfen Sie Ihren Blick für das Motiv. Viele Vergleichsbilder zeigen Ihnen, wie Sie mit Licht, Blende und Brennweite kreativ werden können.

375 S., 2009, 29,90 €, ISBN 978-3-8362-1213-7
www.galileodesign.de/1823

fotocommunity (Hrsg.)
Das neue fotocommunity-Buch
Die Tricks der Foto-Experten

- Fotografisches Know-how für bessere Bilder
- Das Beste aus Porträt, Akt, Natur, Makro u. v. m.
- Inkl. DVD mit Beispielbildern zu den Workshops

Das Wissens- und Inspirationsbuch der fotocommunity – von Fotografen für Fotografen! Hier bekommen Sie eine breite Einführung in die Möglichkeiten der digitalen Fotografie und in die interessantesten Fotothemen. Sie lernen beim »Blick über die Schulter« eines Experten wichtige Aufnahmetechniken sowie die Regeln für die Bildgestaltung kennen. So bekommen Sie neue Impulse und profitieren von den vielen praktischen Tipps der Autoren. Die Themen reichen von Porträt-, Natur- und Aktfotografie bis hin zu Fotomontagen, Schwarzweißfotografie und Tipps für das Heimstudio.

360 S., mit DVD, 39,90 €, ISBN 978-3-8362-1607-4, Sept. 2010
www.galileodesign.de/2382

Unsere Kamera-Handbücher

Funktionen, Programme und Menüs Ihrer Kamera im Detail erklärt

100 % Know-how zu Ihrer Kamera – von der ersten bis zur letzten Seite

Fotografieren in der Praxis – mit Zubehör-Ratgeber

Zu folgenden Modellen bieten wir Ihnen Kamera-Handbücher:

- Canon EOS 7D
- Canon EOS 550D
- Canon EOS 1000D
- Canon EOS 50D
- Canon EOS 500D
- Canon EOS 450D
- Nikon D90
- Nikon D5000
- Nikon D60
- Panasonic LUMIX Superzoom

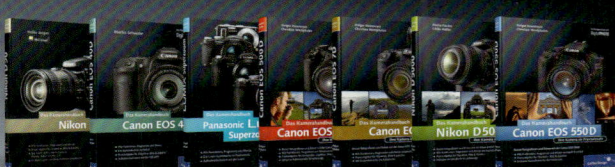

www.galileodesign.de/fotografie

Digitale Fotopraxis: Porträt & Studio

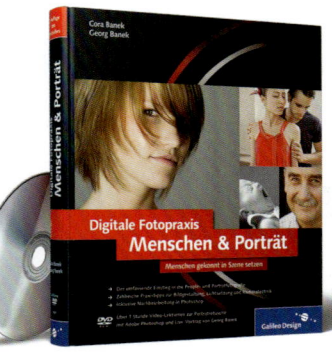

Cora Banek, Georg Banek
Digitale Fotopraxis. Menschen und Porträt
Inklusive Nachbearbeitung in Photoshop

- Das umfassende Praxisbuch für den Einstieg
- Menschen gekonnt in Szene setzen
- Profi-Rezepte für die Bildbearbeitung
- Inkl. Live-Shooting und Video-Lektionen zur Porträtretusche auf DVD

Hier erleben Sie die Vielfalt der Porträtfotografie! Die Fotografen Cora und Georg Banek zeigen Ihnen, wie Sie Ihren Blick für das Motiv Mensch schärfen und durch gezielte Bildgestaltung wirkungsvolle Aufnahmen erzielen können. Lernen Sie auch, wie Sie eigene Bildprojekte verwirklichen, Ihre Motive vor der Kamera zielgerichtet anleiten und die Bildergebnisse anschließend mit Hilfe der Nachbearbeitung und der sensiblen Porträtretusche noch weiter veredeln.

383 S., 3. Auflage 2010, mit DVD, 39,90 €, ISBN 978-3-8362-1491-9
www.galileodesign.de/2232

Kathy Hennig, Lars Ihring, Michael Papendieck
Die Fotoschule in Bildern. Porträtfotografie

Dieses Buch ist mehr als ein Bildband, es ist pure Fotopraxis: Hier sehen Sie nicht nur viele inspirierende Bilder, sondern Sie erfahren auch gleich, wie die Fotografen zu dem gezeigten Ergebnis gekommen sind, und wie Sie selbst die Bilder nachfotografieren können. Seite für Seite finden Sie dazu alle Aufnahmedaten, die Aufnahme- und Lichtsituation oder auch die Beschreibung der besonderen Bildidee. So lernen Sie nach und nach alle Aspekte der vielseitigen Porträtfotografie kennen; der ideale Einstieg ins Genre – Bild für Bild.

316 S., 2010, mit DVD, 29,90 €, ISBN 978-3-8362-1457-5
www.galileodesign.de/2196

Cora Banek, Georg Banek
Das Fotoshooting-Buch Menschen und Porträt
28 Shootings live erleben

Exzellente Porträts und Peoplefotografien sind keine Zufallsprodukte! In diesem Buch zeigen Ihnen die erfolgreichen Fotografen Cora und Georg Banek, wie ihre Bilder entstehen – von der Idee bis zum fertigen Bild. Profitieren Sie von der reichhaltigen Erfahrung der Autoren, und begleiten Sie sie bei ihren Shootings. So lernen Sie spielend, eigene Shootings zu planen und durchzuführen. Dieses Buch ist pure Inspiration für Ihre Fotopraxis!

349 S., 2009, mit DVD, 39,90 €
ISBN 978-3-8362-1392-9
www.galileodesign.de/2097

Oliver Gietl
Fotografieren im Studio
Technik und Licht perfekt beherrschen

Dieses Buch führt Sie Schritt für Schritt in die Geheimnisse der Studiofotografie ein! Sie starten mit einem umfassenden Überblick über die Studiotechnik: Welche Blitzanlagen gibt es, welche Leistung ist die richtige, welche Lichtformer gibt es und wann setzt man sie am besten ein? Viele Beispielprojekte zeigen Ihnen, wie Sie konkrete Lichtsituationen einrichten können – arbeiten Sie mit den »Klassikern« Low und High Key, oder leuchten Sie ein Glamourshooting perfekt aus. Schließlich bekommen Sie auch noch Tipps zur Nachbearbeitung Ihrer Bilder.

229 S., 2010, mit DVD, 39,90 €, ISBN 978-3-8362-1410-0
www.galileodesign.de/2123

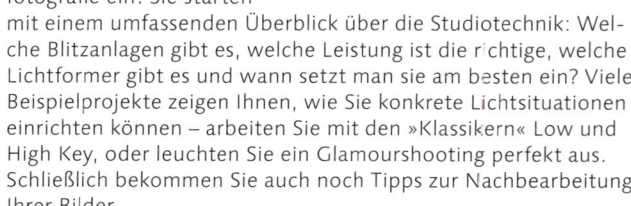

Natur, Makro & HDR

NaturFoto

Hans-Peter Schaub
Digitale Fotopraxis. Naturfotografie
Naturmotive gekonnt in Szene setzen

- Der umfassende Einstieg in die Naturfotografie
- Landschaften, Tiere und Makro
- Inkl. Nachbearbeitung mit Lightroom

Lernen Sie in diesem umfassenden Handbuch alles, was Sie als ambitionierter Naturfotograf wissen möchten! Der erfahrene Naturfotograf Hans-Peter Schaub führt Sie vor die Haustür und zeigt Ihnen, dass überall um Sie herum Naturmotive zu finden sind – egal, ob Sie bevorzugt Landschaften, Tiere oder Pflanzenmakros fotografieren. Dieses Buch möchte Sie mit wunderschönen Bildern zu Ihren eigenen Fotografien inspirieren und liefert Ihnen wichtige Praxistipps, damit Sie im richtigen Moment bei bestem Licht auslösen können!

356 S., 2010, mit DVD, 39,90 €, ISBN 978-3-8362-1408-7
www.galileodesign.de/2116

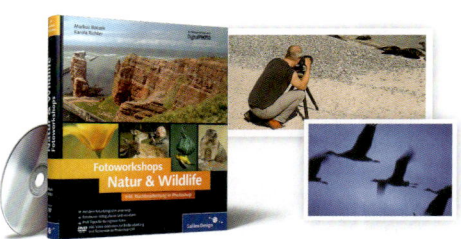

Markus Botzek, Karola Richter
Fotoworkshops Natur & Wildlife
Inklusive Nachbearbeitung in Photoshop

Lassen Sie sich vom Profi inspirieren, und begleiten Sie den Fotografen Markus Botzek bei seinen Foto-Streifzügen durch die Natur! Das Buch zeigt Ihnen von A bis Z, wie exzellente Aufnahmen entstehen: von der Bildidee über das Finden der richtigen Location, die Vorbereitung und die Durchführung bis hin zur Nachbearbeitung in der digitalen Dunkelkammer. Fast wie in einem Präsenzworkshop erleben Sie auch, was alles schiefgehen kann, und Sie lernen, was Sie beachten sollten, um Ihre eigenen Fototouren in die Natur zu planen.

442 S., 2009, mit DVD, 39,90 €
ISBN 978-3-8362-1205-2
www.galileodesign.de/1814

Tipp: »Aus dem Leben eines Naturfotografen«, Live-Vortrag von Markus Botzek
www.galileodesign.de/techtalks/fotoforum2009

Sandra Bartocha, Markus Botzek
Die Fotoschule in Bildern. Naturfotografie
Das Praxisbuch für Naturmotive

Dieses Buch ist mehr als ein Bildband, es ist pure Fotopraxis: Hier sehen Sie nicht nur viele inspirierende Bilder, sondern Sie erfahren auch gleich, wie die Fotografen zu dem gezeigten Ergebnis gekommen sind, und wie Sie selbst die Bilder nachfotografieren können. Seite für Seite finden Sie dazu alle Aufnahmedaten, die Aufnahme- und Lichtsituation oder auch die Beschreibung der besonderen Bildidee. So lernen Sie nach und nach alle Aspekte der vielseitigen Naturfotografie kennen; der ideale Einstieg ins Genre.

270 S., 2010, mit DVD, 29,90 €
ISBN 978-3-8362-1456-8
www.galileodesign.de/2195

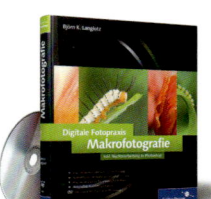

Björn K. Langlotz
Digitale Fotopraxis. Makrofotografie
Inkl. Nachbearbeitung in Photoshop

- Mit Video-Training zu Photoshop auf DVD
- Aufnahme und Beleuchtung verständlich erklärt
- Praxisworkshops zu Techniken und Motiven
- Mit großem Ausrüstungsratgeber

317 S., 2009, mit DVD, 39,90 €
ISBN 978-3-8362-1185-7
www.galileodesign.de/1778

Tipp: »Makrofotografie«, Live-Vortrag von Björn Langlotz im Web:
www.galileodesign.de/techtalks/fotoforum2009

Jürgen Held
HDR-Fotografie

- Der perfekte Einstieg in die HDR-Technik
- Mit vielen Workshops zum Nacharbeiten
- Inkl. DVD mit allen Beispielbildern
- Für Photoshop, Lightroom und alle wichtigen HDR-Programme

Das beste Buch zur HDR-Fotografie auf dem deutschen Markt
psd-tutorials.de

368 S., 2. Auflage 2009, mit DVD, 39,90 €
ISBN 978-3-8362-1403-2
www.galileodesign.de/2111

blende 8 » www.foto-podcast.de

Illustrator & Flash

Monika Gause
Adobe Illustrator CS5
Das Praxisbuch zum Lernen und Nachschlagen

- Attraktives Beispielmaterial
- Alle Funktionen praxisnah erklärt
- Plus: Umsteigerkapitel von FreeHand
- Zahlreiche Workshops zum Mitmachen

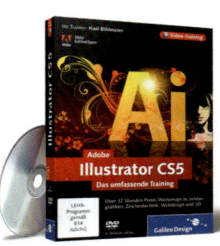

Karl Bihlmeier
Adobe Illustrator CS5
Das umfassende Training

- Alle Illustrator-Werkzeuge per Klick erklärt
- Logos, Pläne und Webdesigns entwerfen
- Zeichentechniken vom Profi vorgestellt

Klar strukturiert und leicht verständlich finden Sie hier Erläuterungen zu allen wichtigen Funktionen von Adobe Illustrator CS5. Dass die Arbeit mit Illustrator in erster Linie aber Spaß macht, zeigt dieses Buch durch eine Fülle liebevoll gestalteter Zeichnungen. Die Fachzeitschrift DOCMA sagt: »Selbst alte Vektorhasen können hier eine Menge lernen.«

792 S., mit DVD, 59,90 €, ISBN 978-3-8362-1588-6
www.galileodesign.de/2361

DVD, Windows und Mac, 12 Stunden Spielzeit, 39,90 €, ISBN 978-3-8362-1574-9
www.galileodesign.de/2347

Was ist neu in Illustrator?
» www.galileodesign.de/cs5

Kai Flemming
Adobe Illustrator CS5 – Der professionelle Einstieg

- Illustrator Schritt für Schritt
- Zeichnungen, Logos, Diagramme, Weblayouts u. v. m.
- Mit zahlreichen Praxis-Workshops und Profi-Tricks
- Extra-Kapitel für FreeHand-Umsteiger

Dieses Buch führt Sie praxisnah und leicht verständlich in die komplexe Software Adobe Illustrator CS5 ein. Dank der vielfältigen und verständlich gestalteten Beispiele lernen Sie vom Zeichnen und Entwerfen von Illustrationen und Logos bis hin zu komplexen Info-Grafiken alle Möglichkeiten des Programms kennen.

360 S., mit DVD, 34,90 €
ISBN 978-3-8362-1562-6, Sept. 2010
www.galileodesign.de/2356

Nick Weschkalnies, Sven Gasser
Adobe Flash CS5
Das umfassende Handbuch

- Flash CS5 von A bis Z: Alle Werkzeuge und Techniken
- Inkl. Einführung in ActionScript 3

Mit diesem Buch haben Sie Flash CS5 fest im Griff. Von den Grundlagen über Zeichnen, Animation, Sound und Video bis hin zu Spieleentwicklung, dem Einsatz von PHP, XML und ActionScript 3 zeigt es Ihnen in zahlreichen Workshops alles, was Sie für moderne Flash-Anwendungen benötigen. Die anschaulichen Beispiele und nützlichen Praxistipps lassen dabei keine Frage offen. Mehr gibt es nicht zu wissen.

850 S., mit DVD, 39,90 €
ISBN 978-3-8362-1564-0, Sept. 2010
www.galileodesign.de/2335

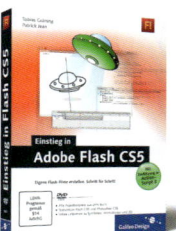

Tobias Gräning, Patrick Jean
Einstieg in Adobe Flash CS5
Eigene Flash-Filme erstellen. Schritt für Schritt

- Schritt für Schritt zum eigenen Flash-Film
- Oberfläche, Werkzeuge und Animations-Techniken verständlich erklärt
- Mit kompaktem Einstieg in ActionScript 3

Wenn Sie einen leichten und praktischen Einstieg in Flash CS5 suchen, dann ist dieses Buch genau das Richtige für Sie. Sie lernen die Text- und Zeichen-Werkzeuge kennen, importieren Grafiken, Sounds und Videos und erstellen anspruchsvolle Animationen.

440 S., mit DVD, 24,90 €
ISBN 978-3-8362-1563-3, Dez. 2010
www.galileodesign.de/2334

Flash & Dreamweaver

Richard Beer, Susann Gailus
Adobe Dreamweaver CS5
Das umfassende Handbuch

- Dreamweaver CS5 von A bis Z
- Mit komplettem Beispiel-Projekt und zahlreichen Praxistipps
- Vollversionen XAMPP, PHP 5.3 und MySQL 5.4 auf DVD
- Inkl. Testversion von Dreamweaver CS5

Alles, was Sie für Ihre tägliche Arbeit mit Dreamweaver CS5 wissen müssen, finden Sie in diesem umfassenden Handbuch! Sie lernen sämtliche Funktionen im Praxiseinsatz kennen und erfahren, wie Sie attraktive und moderne Websites erstellen. Im ersten Teil des Buchs werden der Aufbau statischer Websites mit Bildern, Tabellen und Formularen sowie CSS-Layouts und Effekte mit JavaScript und Spry behandelt. Der zweite Teil führt Sie dann in die Entwicklung dynamischer Websites mit PHP und MySQL sowie weitere fortgeschrittene Themen ein.

730 S., mit DVD, 39,90 €, ISBN 978-3-8362-1567-1
www.galileodesign.de/2338

Hussein Morsy
Adobe Dreamweaver CS5
Der praktische Einstieg

Sie möchten professionelle und ansprechende Webseiten mit Dreamweaver CS5 erstellen? Hussein Morsy zeigt Ihnen Schritt für Schritt alles, was Sie benötigen. Neben den Funktionen von Dreamweaver erlernen Sie dabei die Grundlagen von HTML, CSS und JavaScript. Selbstverständlich erfahren Sie auch, wie Sie z. B. Flash-Filme, YouTube-Videos oder Google Maps in Ihre Webseiten integrieren oder einen einen WordPress-Blog erstellen.

390 S., 24,90 €, ISBN 978-3-8362-1566-4
www.galileodesign.de/2337

Mehr zu HTML, CSS & Co.
»www.galiloedesign/web

Helge Maus
Adobe Flash CS5
Das umfassende Training

Schauen Sie dem Flash-Profi Helge Maus bei der Arbeit über die Schulter, und lassen Sie sich von ihm auf unterhaltsame Art zeigen, wie Sie Flash sicher bedienen. Erstellen Sie eigene Animationen, 3D-Clips, importieren Sie Sounds und Videos in Ihr Projekt und lernen die Grundlagen von ActionScript 3 kennen.

DVD, Windows und Mac, 13 Stunden Spielzeit, 39,90 €, ISBN 978-3-8362-1572-5
www.galileodesign.de/2375

Tobias Hauser, Armin Kappler, Christian Wenz
Das Praxisbuch ActionScript 3
Aktuell zu Adobe Flash CS5

- Vom Programmiereinstieg bis zu fortgeschrittenen Techniken
- Mit zahlreichen Schritt-für-Schritt-Anleitungen
- Inkl. 3D-Funktionen und Inverser Kinematik

750 S., mit DVD, 39,90 €
ISBN 978-3-8362-1565-7, Oktober 2010
www.galileodesign.de/1893

Video-Training zu ActionScript 3:
» www.galileodesign.de/1764

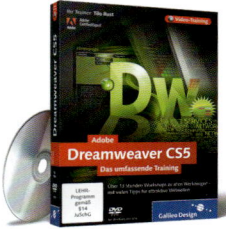

Tilo Rust
Adobe Dreamweaver CS5
Das umfassende Training

Die ideale Schulung für angehende Webdesigner! Lernen Sie die Grundlagen der Webgestaltung und die vielfältigen Werkzeuge von Dreamweaver kennen. Sie begleiten Ihren Trainer Tilo Rust bei der Entwicklung kompletter Projekte vom grafischen Entwurf bis hin zur Endabnahme. Lernen Sie die Anforderungen bei der Erstellung einer Webpräsenz kennen und machen Sie es von Anfang an richtig.

DVD, Windows und Mac, 12 Stunden Spielzeit, 39,90 €, ISBN 978-3-8362-1571-8
www.galileodesign.de/2374

Webdesign

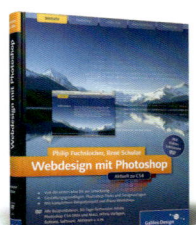

Manuela Hoffmann
Modernes Webdesign
Gestaltungsprinzipien, Webstandards, Praxis

- Von der ersten Idee bis zur fertigen Website
- Prinzipien und Grundlagen guten Designs
- Kreativ mit Webstandards, (X)HTML und CSS

Ein Wegweiser für modernes Webdesign, der gleichzeitig Praxis, Anleitung und Inspiration liefert. Die Grafikerin und Webdesignerin Manuela Hoffmann (pixelgraphix.de) führt Sie von der Idee über erste Entwürfe bis hin zur technischen Umsetzung mit HTML und CSS. Inkl. Vorlagen und Templates für Photoshop und WordPress.

397 S., 2. Auflage 2010, mit DVD, 39,90 €, ISBN 978-3-8362-1502-2
www.galileodesign.de/2244

Philip Fuchslocher, René Schulze
Webdesign mit Photoshop
An erster Stelle bei der Entwicklung eines Webdesigns steht immer der Entwurf in Photoshop: Unser Buch führt Sie von der Idee über die Gestaltung der einzelnen Bestandteile einer Website hin zur Umsetzung mit HTML und CSS: Farbwahl, Hintergründe, Buttons, Navigation, Bilder, Texte und alles, was sonst noch zum Design einer Site dazugehört, wird ausführlich besprochen.

Ein umfangreiches Werk, das keine Fragen offen lässt.
prophoto-online.de

432 S., 2009, mit DVD, 39,90 €
ISBN 978-3-8362-1242-7
www.galileodesign.de/1881

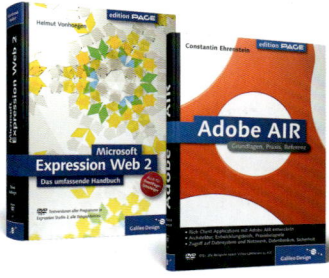

Nils Pooker
Der erfolgreiche Webdesigner
Der Praxisleitfaden für Selbstständige

Nils Pooker vermittelt Techniken, Strategien und Lösungen für Webdesigner, die erfolgreich sein wollen. In diesem Buch erfahren Sie alles über Kundengewinnung, Marketing, SEO, Usability und Konzeption, was Sie für die professionelle und effiziente Arbeit wissen sollten.

559 S., 2009, mit DVD, 39,90 €
ISBN 978-3-8362-1166-6
www.galileodesign.de/1727

Helmut Vonhoegen
Microsoft Expression Web 2
Das umfassende Handbuch

Dieses Lern- und Nachschlagewerk zeigt Ihnen, wie Sie Ihren Webauftritt modern und ausdrucksvoll gestalten. Ein Schwerpunkt liegt auf dynamischen Websites und der Nutzung von ASP.NET, XML, PHP, Datenbanken und Ajax.

847 S., 2008, mit DVD, 39,90 €
ISBN 978-3-8362-1170-3
www.galileodesign.de/1748

Constantin Ehrenstein
Adobe AIR
Grundlagen, Praxis, Referenz

406 S., 2009, mit DVD, 34,90 €
ISBN 978-3-8362-1208-3
www.galileodesign.de/1817

Heiko Stiegert
CSS-Design
Die Tutorials für Einsteiger

- Schritt-für-Schritt-Anleitungen zu allen wichtigen Anwendungen
- Navigationen, Layouts, Bilder, Formulare, Mikroformate
- DVD mit Video-Lektionen und allen Beispieldateien

Dieses komplett vierfarbige Buch zeigt Ihnen in ausführlichen Praxisworkshops, wie Sie moderne Webseiten gestalten. Inkl. zahlreicher Tipps und Tricks. Hilfreich und interessant für Anfänger und Fortgeschrittene.
digital production

460 S., 2008, mit DVD, 39,90 €
ISBN 978-3-8362-1155-0
www.galileodesign.de/1704

Webdesign

Daniel Mies
Webseiten erstellen für Einsteiger
Schritt für Schritt zur eigenen Website

In lockerer und verständlicher Sprache erklärt Daniel Mies, wie Sie die Techniken HTML, CSS, JavaScript und Suchmaschinenoptimierung nutzen. Dabei wird immer Wert auf aktuelle Standards, Techniken und modernes Design gelegt. Alle Themen werden anhand zahlreicher Praxisbeispiele veranschaulicht und fürs bessere Nachschlagen in einer Referenz übersichtlich zusammengefasst.

Das schönste Grundlagenbuch zum Thema!
photoshop-weblog

362 S., 2. Auflage 2010, mit DVD, 19,90 €
ISBN 978-3-8362-1514-5
www.galileocomputing.de/2265

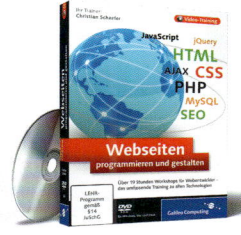

▶ Video-Training

Christian Schaefer
Webseiten programmieren und gestalten
Das umfassende Training

Sie suchen eine umfassende, anschauliche Einführung in die Webprogrammierung? In diesem Video-Training zeigt Ihnen Web-Experte Christian Schaefer nicht nur, wie Sie mit HTML und CSS eine Web-seite erstellen und gestalten, sondern auch, welche Möglichkeiten Ihnen moderne Webtechniken bei der Gestaltung und Optimierung bieten.

DVD, Windows, Mac und Linux,
19 Stunden Spielzeit, 39,90 €,
ISBN 978-3-8362-1633-3
www.galileocomputing.de/2414

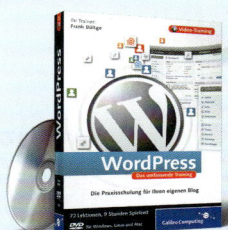

▶ Video-Training

Frank Bültge
WordPress
Das umfassende Training

Dieses Video-Training behandelt WordPress umfassend und richtet sich an Einsteiger, aber auch an ambitionierte Anwender. Von der Installation bis hin zur Anpassung von Themes und der Erweiterung mit Hilfe von Plugins: Frank Bültge lässt kein Thema aus und macht Sie in neun Stunden zum WordPress-Experten.

DVD, Win, Mac, Linux, 9 Stunden Spielzeit, 34,90 €, ISBN 978-3-8362-1532-9
www.galileocomputing.de/2291

Galileo Press jetzt auch auf

▶ Video-Training

Thomas Kötter
Modernes Webdesign mit CSS
Kreative Praxislösungen für moderne Webseiten

CSS-Profi Thomas Kötter zeigt Ihnen anhand praktischer Beispiele, wie Sie ein modernes Web-Layout mit CSS und HTML professionell umsetzen können. Angefangen von der Textgestaltung bis hin zu Navigation, Formular und Bildergalerien.

DVD, Win, Mac, Linux, 9½ Stunden Spielzeit, 39,90 €, ISBN 978-3-8362-1496-4
www.galileocomputing.de/2238

Corina Rudel, Ingo Chao
Fortgeschrittene CSS-Techniken
Inkl. Debugging und Performance-Optimierung

▸ CSS-Prinzipien verstehen und sicher anwenden
▸ Analyse und Fehlerbehebung von CSS-Layouts
▸ Verschachtelte Navigationslisten, Mehrspaltenlayouts,
▸ Typografie u. v. m. Inkl. IE 8

436 S., 2. Auflage 2010, mit DVD, 39,90 €
ISBN 978-3-8362-1426-1
www.galileocomputing.de/2148

Sebastian Erlhofer
Suchmaschinen-Optimierung für Webentwickler
Das umfassende Handbuch

Das Standardwerk der Suchmaschinen-Optimierung bietet Grundlagenwissen zur Arbeitsweise von Google und Co. und zeigt im umfangreichen Praxisteil, wie der Internetauftritt optimiert werden kann.

504 S., 4. Auflage 2008, 34,90 €
ISBN 978-3-8362-1233-5
www.galileocomputing.de/1861

Der Name Galileo Press geht auf den italienischen Mathematiker und Philosophen Galileo Galilei (1564–1642) zurück. Er gilt als Gründungsfigur der neuzeitlichen Wissenschaft und wurde berühmt als Verfechter des modernen, heliozentrischen Weltbilds. Legendär ist sein Ausspruch *Eppur se muove* (Und sie bewegt sich doch). Das Emblem von Galileo Press ist der Jupiter, umkreist von den vier Galileischen Monden. Galilei entdeckte die nach ihm benannten Monde 1610.

Lektorat Katharina Geißler
Korrektorat Friederike Daenecke, Zülpich
Herstellung Steffi Ehrentraut
Einbandgestaltung Klasse 3b, Hamburg
Satz Hans Peter Schneeberger, Robert Feix
Druck Himmer AG, Augsburg
Coverbilder Fotolia.com: Emilia Stasiak 883398; MATTHIEU FABISIAK 919649; claudio 3279715; pdtnc 4401269; demarco 4508905; Marina Lohrbach 128c0865; MhLam 16592706; sirylok 19361397; Alexandr Sidorov 20711767

Dieses Buch wurde gesetzt aus der Linotype Syntax (9,25 pt/13 pt) in Adobe InDesign CS5. Gedruckt wurde es auf mattgestrichenem Bilderdruckpapier (115 g/m²).

Gerne stehen wir Ihnen mit Rat und Tat zur Seite:
katharina.geissler@galileo-press.de
bei Fragen und Anmerkungen zum Inhalt des Buches

service@galileo-press.de
für versandkostenfreie Bestellungen und Reklamationen

julia.bruch@galileo-press.de
für Rezensions- und Schulungsexemplare

Bibliografische Information der Deutschen Nationalbibliothek
Die Deutsche Nationalbibliothek verzeichnet diese Publikation in der Deutschen Nationalbibliografie; detaillierte bibliografische Daten sind im Internet über *http://dnb.d-nb.de* abrufbar.

ISBN 978-3-8362-1589-3

© Galileo Press, Bonn 2010
1. Auflage 2010

Das vorliegende Werk ist in all seinen Teilen urheberrechtlich geschützt. Alle Rechte vorbehalten, insbesondere das Recht der Übersetzung, des Vortrags, der Reproduktion, der Vervielfältigung auf fotomechanischem oder anderen Wegen und der Speicherung in elektronischen Medien. Ungeachtet der Sorgfalt, die auf die Erstellung von Text, Abbildungen und Programmen verwendet wurde, können weder Verlag noch Autor, Herausgeber oder Übersetzer für mögliche Fehler und deren Folgen eine juristische Verantwortung oder irgendeine Haftung übernehmen. Die in diesem Werk wiedergegebenen Gebrauchsnamen, Handelsnamen, Warenbezeichnungen usw. können auch ohne besondere Kennzeichnung Marken sein und als solche den gesetzlichen Bestimmungen unterliegen.

In unserem Webshop finden Sie unser aktuelles
Programm mit ausführlichen Informationen,
umfassenden Leseproben, kostenlosen Video-Lektionen –
und dazu die Möglichkeit der Volltextsuche in allen Büchern.

www.galileodesign.de

Know-how für Kreative.